21st Edition

「경제학 이해

economics

McConnell
Brue
Flynn

McGraw Hill Education

생능

Campbell R. McConnell, Stanley L. Brue, Sean M. Flynn 지음
박강우 · 옥우석 · 정기화 옮김

경제학 이해

초판인쇄 2019년 2월 21일
초판발행 2019년 3월 4일

지은이 Campbell R. McConnell, Stanley L. Brue, Sean M. Flynn
옮긴이 박강우, 옥우석, 정기화
펴낸이 김승기, 김민정
펴낸곳 (주)생능 / **주소** 경기도 파주시 광인사길 143
출판사 등록일 2014년 1월 8일 / **신고번호** 제406-2014-000003호
대표전화 (031)955-0761 / **팩스** (031)955-0768
홈페이지 www.booksr.co.kr

책임편집 신성민 / **편집** 김민보, 유제훈, 권소정 / **디자인** 유준범
마케팅 최복락, 최일연, 김민수, 심수경, 차종필, 백수정, 최태웅, 김범용
인쇄 · 제본 상지사P&B

ISBN 979-11-86689-18-9 93320
정가 36,000원

- 이 도서의 국립중앙도서관 출판예정도서목록(CIP)은 서지정보유통지원시스템 홈페이지(http://seoji.nl.go.kr)와 국가자료공동목록시스템(http://www.nl.go.kr/kolisnet)에서 이용하실 수 있습니다. (CIP제어번호: CIP2017035732)

Twenty-First Edition

Economics

PRINCIPLES, PROBLEMS, AND POLICIES

Campbell R. McConnell
University of Nebraska

Stanley L. Brue
Pacific Lutheran University

Sean M. Flynn
Scripps College

Mc Graw Hill Education

생능

Economics, 21st Edition

1 2 3 4 5 6 7 8 9 10 LPP 20 19

Original: Economics, 21st Edition © 2018
By Campbell R. McConnell, Stanley L. Brue, Sean Masaki Flynn
ISBN 978-1-259-72322-3

This authorized Korean translation edition is jointly published by McGraw-Hill Education Korea, Ltd. and Life & Power Press. This edition is authorized for sale in the Republic of Korea

This book is exclusively distributed by Life & Power Press.

When ordering this title, please use ISBN 979-11-86689-18-9

Printed in Korea

역자 서문

'경제학 이해'는 McGraw-Hill 출판사에서 출간된 Economics 21판을 번역한 것입니다. 이 책은 미국에서 경제학에 입문하는 학생들이 가장 많이 택하는 경제학원론 교과서의 하나입니다. 그 이유는 간단합니다. 미국경제의 흐름을 가장 잘 설명하고 있기 때문입니다. 현실에서 제기되는 다양한 경제문제와 정책을 비교적 균형 잡힌 시각으로 접근하고 있습니다. 그리고 이론에 치우치기 보다는 여러 사례들을 통해 현실적 응용을 강조하고 있습니다.

이 책을 번역하면서 역자들은 많은 고민을 하였습니다. 주변에는 뛰어난 경제학자들이 저술한 경제학원론 교재들이 많이 있습니다. 또한 경제학을 전공하려는 학생들에게 경제이론을 체계적으로 설명하는 교재들도 많이 있습니다.

역자들은 경제학을 가르치면서 항상 느끼는 아쉬움이 있었습니다. 그것은 한국경제의 흐름 속에서 경제이론을 설명하는 교과서가 부족하다는 것입니다. 경제학이론은 어느 나라에나 적용되는 보편적 이론입니다. 하지만 처음 경제학에 입문하는 학생들이 흥미를 잃지 않고 경제이론을 익히도록 하려면 우리 주변의 사례나 제도 · 정책 등에서 경제적 사고가 출발하여야 한다는 것입니다.

역사들은 원저자의 의도를 살리면서 한국경제를 소재로 번역하려고 노력하였습니다. 그래서 누구나 '경제학 이해'를 읽으면 한국경제의 흐름을 잘 이해할 수 있도록 구성도 새롭게 하였습니다. 정부의 정책은 미시경제정책과 거시경제정책으로 따로 구분하여 구성하였습니다. 소득분배 정책은 한국의 사례로 새롭게 서술하기도 하였습니다. 또한 국민소득에 내한 설명노 한국의 GDP로 대체하였습니다.

'경제학 이해'는 이전에 여러 역자가 참여하여 번역된 적이 있습니다. 그 때 번역된 책이 많은 참고가 되었습니다. 그 때 번역에 참여한 많은 분들께 감사드립니다. 하지만 그 당시의 번역은 원서에 충실하여 한국경제를 이해하는데 아쉬움이 남아 있었습니다. 다른 경제학원론 교재처럼 많은 범위를 다루다 보니 분량도 적지 않았습니다. 그래서 강의 분량에 맞게 30개장으로 줄였습니다.

번역을 하는데 많은 사람들이 도움을 주었습니다. 특히 종이책 시장이 갈수록 어려워지고 있음에도 역자들의 희망을 수용하여 새롭게 '경제학 이해'를 출판할 기회를 준 생능출판사의 사장님과 직원들에게 감사를 드립니다.

이 책을 통해 경제학에 입문하는 학생들이 한국경제를 이해할 수 있고 경제학에 흥미를 갖게 되기를 간절히 바랍니다.

2019년 1월
역자 일동

저자 서문

'경제학 이해' 21판을 통해 만나게 되어 반갑습니다. 경제학 이해는 세계에서 가장 많아 팔리는 경제학 교과서의 하나입니다. 지금까지 약 1천5백만 명의 학생들이 '경제학 이해'나 저자들이 저술한 '미시경제학' 그리고 '거시경제학' 교재를 사용하였습니다. '경제학 이해'는 캐나다와 호주에서 새로운 판으로 출간되었고 이탈리아, 러시아, 중국, 프랑스, 스페인, 포르투갈 등 여러 나라의 언어로 번역되었습니다. 다행스럽게도 '경제학 이해'는 시장의 검증을 만족시키고 있습니다. 경제학원론을 수강하는 미국 대학생의 20% 정도가 '경제학 이해'의 20판을 사용하였습니다.

이 책의 목적은 3가지로 표현할 수 있습니다.

- 초보자들이 경제문제나 특정한 경제이슈 그리고 경제정책을 이해하는데 필요한 기본원리를 익히도록 한다.
- 학생들이 경제적 관점을 이해하고 이를 경제현상에 적용하여 객관적이고 과학적으로 추론할 수 있도록 한다.
- 학생들이 경제학과 경제 현실에 대해 흥미를 계속 갖도록 한다.

시장에서 검증을 받은 경제학 교재의 장점은 이를 수정할 수 있는 기회가 주어진다는 점입니다. 오래된 자료를 새롭게 하고 불분명하거나 잘못된 표현을 고치며 관련된 사례를 새로 소개하며 책의 구성이나 학습 자료를 개선할 수 있다는 것입니다. 여러분은 우리가 개정판의 출간 기회를 현명하게 잘 이용하였다는 점을 알 수 있을 것입니다.

이 밖에 독점적 경쟁과 과점에 대한 설명을 보완하였고 특히 게임이론과 전략적 행동에 대한 설명을 보다 상세하게 하였습니다. 그리고 대침체 때 등장한 비전통적 통화정책과 이자율의 정상화 과정도 추가하였습니다.

'경제학 이해'는 포괄적이고 분석적이지만 여러 배경의 학생들이 충분히 도전해 볼 수 있는 책입니다. 여러 주제를 알기 쉽게 설명하고 있어서 담당 교수가 주제를 선별하여 강의를 하더라도 학생들은 다른 주제를 쉽게 이해하고 접할 수 있습니다. 필요한 곳에 추가적인 설명도 덧붙여 놓았습니다. 간결성을 위해 명확성을 희생하는 것은 좋은 방법이 아닙니다.

시장경제와 관련하여 재산권, 기업가 정신, 선택의 자유와 영업의 자유, 경쟁, 이윤의 역할 등을 자세히 설명하였습니다. 초보자들이 이러한 개념들을 잘못 오해하는 경우가 많기 때문입니다. 현대 자본주의 경제에서 정부부문은 주요한 구성요소입니다. 그래서 미시 · 거시경제 부분에 걸쳐 정부의 역할, 정부정책 등을 자세히 검토하고 있습니다. 그 밖에 기업이론, 기술변화와 경제성장, 경제 이슈와 경제정책 등도 빠뜨리지 않고 분석하고 있습니다.

이 책의 출간은 많은 사람의 도움을 받아 가능했습니다. 특히 McGraw-Hill의 뛰어난 전문가들이 출판과 마케팅에 큰 도움을 주었습니다. 많은 교수들이 '경제학 이해' 21판을 읽고 다양한 제안을 해 주었습니다. 이들을 비롯하여 '경제학 이해'를 개선하는데 음으로 양으로 많은 도움을 준 분들에게 진정 감사를 드립니다.

Campbell R. McConnell
Stanley L. Brue
Sean M. Flynn

차례

Chapter 4 수요와 공급의 탄력성

Chapter 5 시장실패: 공공재와 외부성, 정보의 비대칭성

PART 3 상품시장의 분석

Chapter 6 소비자 행동

Chapter 30 환율과 국제수지

PART 1

경제학의 기초

1 Chapter

희소성, 대안과 선택

학습내용

1 경제학의 정의와 경제적 시각의 특징
2 경제이론의 역할
3 미시경제학과 거시경제학, 실증경제학과 규범경제학
4 개인의 경제문제와 예산선
5 자원의 유형과 사회의 경제문제
6 생산가능곡선: 기회비용의 체증과 성장
7 경제성장과 국제무역을 통한 소비기회의 확대

인간의 욕구는 다양하고 끝이 없다. 생물학적 생존을 위해서라면 인간은 공기와 물, 그리고 의식주만 필요할 것이다. 그러나 현대의 인간은 보다 안락하고 풍요로운 생활에 필요한 재화나 서비스를 원한다. 자연에서 구해지는 개울물에 그치지 않고 병에 담긴 생수, 과일주스, 유기농 음료 등을 원한다. 쌀밥과 고기 국에 만족하지 않고 삼겹살, 궁중전골, 파전 등을 소비하고자 한다. 옷도 무명옷에 머물지 않고 청바지, 신사정장, 모피코트 등을 입고자 한다. 집도 초가집이나 기와집에 그치는 것이 아니라 아파트나 콘도 그리고 전원주택 등을 원한다. 이것은 원하는 것의 절반에도 미치지 못한다. 인간의 욕구는 평면 TV, 인터넷서비스, 교육, 국방, 휴대폰, 의료 등 끝이 없다.

다행히 사회에는 노동, 경영능력, 각종 도구와 기계설비, 토지와 광물 등 생산자원이 존재한다. 경제부문은 이러한 자원을 고용하여 우리의 경제적 욕구를 충족시키는 수많은 재화와 서비스를 생산한다. 그러나 불편한 진실은 우리의 경제적 욕구가 이러한 희소한 생산자원의 생산능력을 크게 초과한다는 것이다. 그래서 우리는 선택을 할 수 밖에 없다. 이러한 확고한 진실을 기초로 하여 경제학은 출발한다. 즉 경제학은 희소성이 존재할 때 개인이나 기관, 사회의 최적 선택을 탐구하는 사회과학이다.

경제적 시각

경제적 시각

경제학자들은 독특한 시각으로 사물을 본다. 이러한 **경제적 시각** 즉 경제적 사고방식은 몇 가지 중요한 개념에 바탕을 두고 있는데 이들은 서로 밀접하게 관련되어 있다.

희소성과 선택

경제적 자원이 희소하다는 것은 재화와 서비스가 부족하다는 것을 의미한다. 희소성 때문에 선택의 범위가 제한되고 따라서 무엇인가를 선택할 수밖에 없다. 모든 것을 가질 수 없기에 우리는 어떤 것을 포기해야할지 그리고 어떤 것을 가져야할지를 결정해야 한다.

기회비용

경제적 사고방식의 핵심은 '공짜 점심은 없다'는 것이다. 대접받은 당신의 입장에서 점심은 '공짜'지만 누군가는 점심의 비용을 부담한다. 점심제공을 위해 토지, 주방시설, 음식재료, 요리사와 웨이터의 노동, 그리고 경영능력 등 희소한 생산자원들이 사용된다. 이러한 자원은 점심 제공에 쓰이지 않았다면 다른 것을 생산할 수 있었을 것이다. 즉 점심 제공을 위해 다른 재화나 서비스의 생산이 희생된 셈이다. 경제학자들은 어떤 선택을 위해 희생된 것을 선택에 따른 **기회비용**이라고 말한다. 즉 **어떤 선택을 하게 되면 그러한 선택을 하지 않았을 때 행하였을 차선의 것을 반드시 포기해야 한다**. 이때 희생된 것을 선택에 따른 기회비용이라고 한다.

의도적 행동

효용

경제학은 인간이 '합리적 사익'을 추구한다고 가정한다. 개인들은 자신의 효용을 증대시킬 기회를 찾고자 노력한다. 여기에서 **효용**이란 어떤 재화나 서비스를 소비함으로써 얻을 수 있는 즐거움이나 행복 또는 만족 등을 말한다. 개인은 자신의 만족을 극대화하기

사례연구: 모든 것이 공짜?

주변을 살펴보면 공짜 상품이 넘쳐난다. 인터넷에서는 소프트웨어를 무료로 다운받을 기회가 적지 않다. 마트에서는 무료 시식이 행하여지고 길거리에서는 무료로 화장품 샘플이 제공된다.

무료로 제공되는 상품이 많다는 것은 '공짜 점심이 없다'는 경제학자들의 주장과 모순되지 않는가? 결코 모순되지 않는다. 무료로 제공되는 상품의 생산에도 자원이 사용되었다. 이러한 자원은 다른 상품의 생산에 쓰일 수 있었기 때문에 무료로 제공되는 상품의 생산을 위해 다른 상품의 생산이 희생된 것이다. 그런 점에서 공짜가 아니라는 것이다.

이런 상품들은 왜 공짜로 제공되는 것일까? 한마디로 마케팅 때문이다. 기업은 소비자들에게 무료로 상품을 제공하여 자사 상품을 써보도록 유인한다. 그래서 나중에 소비자들이 자사 상품을 유료로 구입할 것을 기대한다. 무료 소프트웨어를 사용하면 소프트웨어가 업그레이드되었을 때 이를 구입할 가능성이 크다. 무료로 제공되는 관광지 안내책자에는 상점과 식당에 대한 광고가 담겨져 있다. 무료 인터넷 콘텐츠에 접속하면 중간 중간에 광고가 끼어든다. 비싼 상품을 구매해야 공짜를 얻는 경우도 있다. 예를 들어 큰 판의 피자를 사야 음료수가 무료로 제공되며 비싼 요금제에 가입해야 공짜 폰을 얻을 수 있다.

공짜 상품은 이를 얻는 개인에게는 공짜이겠지만 사회적으로 결코 공짜일 수 없다.

위하여 시간, 에너지, 돈을 적절히 배분한다. 이 과정에서 개인은 비용과 편익을 저울질하기 때문에 이들의 경제적 결정은 '의도적'이며 '합리적'인 것이지 '우연'이 이루어지거나 '무질서'한 것이 아니다.

소비자들은 어떤 재화와 서비스를 구입할지 의도적으로 결정한다. 기업들은 무엇을 생산하고 이를 어떻게 생산할지 의도적으로 결정한다. 정부는 어떤 공공서비스를 제공하고 어떻게 재원을 조달할지 의도적으로 결정한다.

의도적 행동

사람들이 의도적으로 행동한다고 해서 이들이 잘못된 논리에 빠지지 않는다거나 항상 완벽하게 의사결정을 한다는 것은 아니다. 이들도 실수할 때가 있다. 또한 감정에 치우치거나 주변 사람의 영향을 받아 결정할 때도 있다. 경제학자들은 사람들이 충동적이며 모방적인 측면이 있다는 것을 인정한다. 경제학자들이 **의도적 행동**이라고 말하는 것은 그것이 어떤 동기에서 비롯되었는지 알 수 없지만 어떤 결과를 기대하며 이루어지는 행동이라는 것이다.

사익추구

그리고 합리적 사익추구는 이기심과는 다르다. 자신의 임금이나 집세, 이자 혹은 이윤이 증가하려면 다른 사람들의 욕구를 파악하여 이를 충족시켜야 한다. 물론 사람들이 다른 사람을 위해 자신을 희생할 때도 있다. 하지만 이들이 시간과 돈을 들여 자선행위를 하는 것도 그러한 행동에서 개인적 기쁨을 얻기 때문이다. 부모들이 자식들의 교육비를 지원하는 것도 마찬가지다. 이러한 행동은 사익추구이지만 이기적인 것은 아니다. 개인적 만족을 위해 재화나 서비스를 구입하듯이 기부자의 만족을 위해 기부행위가 이루어지는 것이다. 간단히 말하자면 **사익추구** 행위란 동기가 무엇이든 개인적 만족을 높이려는 행동을 말한다.

한계분석: 편익과 비용의 비교

한계

의사결정에 대한 경제 분석은 대부분 한계분석 즉 **한계편익과 한계비용의 비교에 기초**하고 있다. 경제학자에게 **한계**라는 의미는 '추가된 것', '여분의 것' 혹은 '변화된 것'을 의미한다. 대부분의 선택이나 결정은 기존의 상태 즉 현재의 상태를 변화시키게 된다.

학교를 일 년 더 다닐까? 시험공부를 한 시간 더 할까? 알바시간을 줄일까? 식당의 규모를 늘릴까? 정부의 복지 예산을 축소해야 할까 아니면 증가시켜야 할까?

모든 선택에는 희소한 자원이 사용되기 때문에 한계편익과 함께 한계비용이 발생한다. 합리적 의사결정을 하려면 의사결정자는 한계편익과 한계비용을 함께 비교해야 한다. 예를 들어 당신의 약혼자와 함께 신혼 아파트를 구하려는 경우를 살펴보자. 선택 가능한 아파트는 $60m^2$, $80m^2$, $120m^2$, $150m^2$ 등이다. 이 때 아파트의 평수가 증가하는데 따른 한계비용은 이 보다 적은 아파트의 구입가격에 새롭게 추가되는 비용이다. 즉 $80m^2$의 아파트를 선택한데 따른 한계비용은 $80m^2$ 아파트의 구입가격에서 $60m^2$ 아파트의 구입가격을 뺀 것이다. 그리고 한계편익은 좀 더 아파트를 구입하였을 때 얻게 되는 만족(효용)의 증가분이다. 더 큰 아파트를 구입하였을 때 얻게 되는 한계편익이 한계비용을 초과하고 구입할 능력이 있으면 이를 구입해야 한다. 그러나 한계비용이 한계편익을 초과하면 비록 구입할 능력이 있더라도 그보다 작은 아파트를 구입해야 한다.

사례연구: 터미널에서 줄서기

경제적 시각은 모든 종류의 행동을 분석하는데 도움이 된다. 일상생활의 예로써 고속버스 터미널에서 표를 사려는 여행객의 행동을 생각해 보자. 터미널에 가면 표를 파는 여러 창구에 줄이 서있다. 여행객은 가장 짧은 줄로 간다. 그 줄에 서야 표를 사는데 드는 시간이 기장 적을 것이라고 여긴다. 이러한 행동은 의도적인 것으로 긴 줄에 서는 것보다 시간을 절약할 수 있다.

한 줄이 일시적으로 다른 줄보다 짧아진다면 그쪽으로 옮기는 사람들이 생긴다. 이 사람들은 틀림없이 짧은 줄로 옮겼을 때의 시간절약(한계편익)이 줄을 옮기는데 따른 비용(한계비용)보다 크다고 여기고 있다. 이런 줄바꾸기로 줄 길이가 같아진다. 모든 줄의 길이가 비슷해지면 소비자들은 더 이상 줄을 바꾸려하지 않을 것이다.

표를 파는 새로운 창구가 열리면 고객은 또 다른 선택에 직면한다. 그쪽으로 옮겨가야 할까 아니면 그대로 있을까. 새 줄로 옮긴 사람들은 그로 인한 시간절약이 육체적 움직임에 따른 비용을 초과한다고 판단한 것이다. 이런 결정을 할 때 여행객은 다른 고객들보다 재빨리 새로운 창구로 이동해야 한다. 머뭇거리며 실제 행동에 옮기지 않으면 기회를 놓치기 때문이다.

여행객은 줄을 선택할 때 완전한 정보를 가지고 있지 않다. 따라서 모든 결정이 기대한 대로 실현되지 않는다. 예를 들어 짧은 줄에 섰지만 바로 앞사람이 매표원에게 여러 가지를 물어볼 수 있다. 더군다나 매표원이 일에 서툰 인턴 사원일 수 있다. 이러한 정보를 알 수 없었기에 줄을 선택할 때 짧은 줄을 선택하는 것이 최선이라고 여겼을 것이다.

경제학자들은 터미널에서 여행객의 행동을 지배하던 원리가 일반적인 경제행위에서도 마찬가지로 적용된다고 여긴다. 수많은 선택에 직면하는 소비자나 근로자, 기업은 의사결정을 할 때 한계비용과 한계편익을 합리적으로 비교한다는 것이다.

희소성의 세상에서 한계편익을 얻기 위한 어떤 선택도 항상 한계비용 즉 포기된 어떤 것을 수반한다. 더 큰 아파트를 사기 위해 돈을 지출하면 다른 것을 살 기회가 사라진다. 기회비용이란 포기된 차선의 기회에서 얻었을 가치인데 이것은 무엇을 선택을 하더라도 항상 존재하기 마련이다.

이론, 기본원리 및 모형

물리학, 생명과학뿐 아니라 다른 사회과학처럼 경제학은 과학적 방법에 의존한다. 이 방법은 다음과 같은 몇 가지 절차로 구성된다.

기본원리

- 현실에서 이루어지는 행동과 결과를 관찰한다.
- 관찰에 근거해서 원인과 결과에 대한 해석(가설)을 구성한다.
- 가설을 근거로 예측한 결과와 실제 결과를 비교하여 이러한 해석을 검증한다.
- 이런 비교를 통해 가설을 수락, 기각 혹은 수정한다.
- 사실에 대한 가설검증을 반복한다. 가설을 수락하는 결과들이 누적되면 가설은 이론이 된다. 검증이 잘 이루어졌고 널리 인정되는 이론은 법칙 혹은 **기본원리**라고 한다. 이러한 법칙이나 원리를 결합하여 경제모형을 구성하며 이러한 경제모형을 이용하여 특정 시장이나 경제부문의 작동원리를 단순하게 설명한다.

경제학자들은 상품의 생산, 교환, 소비에 참여하는 개인(소비자나 근로자)을 비롯하여 조직(기업이나 정부)의 행동을 이론화한다. 경제이론이나 기본원리, 경제모형은 '의도적으로 단순화'되어 있다. 전체적인 경제 현실은 너무 복잡하고 혼란스러워 전체를 있는 그대로 서술하면 이해하기 어렵다. 그래서 경제학자들은 이론과 기본원리, 경제모형을 발전시키는 과정에서 복잡한 것을 제거하고 이를 단순화시킨다.

경제 원리와 모형들은 경제행위를 분석하고 경제의 작동원리를 이해하는데 매우 유용하다. 이러한 도구를 통해 경제 내에서 발생하는 사건의 원인과 결과를 찾아낸다. 좋은 이론은 해석과 예측을 잘한다. 좋은 이론의 여부는 개인과 조직이 상품의 생산, 교환, 소비에서 실제로 어떻게 행동하는지에 대한 사실 검증을 통해 확인할 수 있다.

경제 원리에 대해 추가로 알아야 할 것들은 다음과 같다.

일반화 경제 원리는 경제 행위 혹은 경제 그 자체를 **일반화**한다. 경제 원리는 대표적 또는 평균적인 소비자, 근로자, 기업들의 행동을 분석한다. 예를 들어 경제학자들은 재화의 가격이 하락하면 소비자들은 재화를 더 많이 구입한다고 말한다. 경제학자들은 소비자에 따라 많은 양을 구입하기도 하고 적은 양을 구입하기도 하며 아예 전혀 구입하지 않는다는 것을 알고 있다. 다만 가격이 하락하면 구입량이 증가한다는 수요의 법칙은 전형적인 소비자나 소비자 집단 전체에 타당하게 적용된다는 것이다.

일반화

다른 조건은 동일하다는 가정 다른 과학자들과 마찬가지로 경제학자들은 이론을 구성할 때 **다른 여건은 동일**하다는 가정을 한다. 분석을 할 때 당장 고려하고 있는 변수를 제외한 모든 변수가 동일하다고 가정한다는 것이다. 예를 들어 우유의 가격과 구입량과의 관계를 분석한다고 하자. 우유 구입량에 영향을 줄 수 있는 요인들은 우유의 가격, 두유의 가격, 소비자 소득이나 선호 등이 있지만 이중에서 우유의 가격만이 변한다고 가정하는 것이 분석에 도움이 된다. 이런 가정을 통해 경제학자들은 우유의 가격과 우유의 구매량 사이의 관계에 집중할 수 있다. 그래서 다른 변수들의 변화에 따른 혼동을 피할 수 있다.

경제 변수 경제이론에는 수요, 공급, 가격을 비롯하여 통화량, 이자율 등 많은 변수들이 등장하는데 이를 경제변수라고 한다. 경제학자들은 이들 경제변수를 약자로 표시하는데 이에 해당하는 영어의 첫 자를 흔히 약자로 사용한다. 예를 들어 가격은 이에 해당하는 영어인 'Price'의 첫 자를 따와서 P로 표시하고 수량은 이에 해당하는 영어인 'Quantity'의 첫 자를 따와서 Q로 표시한다. 경제변수는 화폐로 표시되거나 수량으로 표시되는데 화폐로 나타낸 변수를 명목변수 그리고 수량을 나타낸 변수를 실질(수량)변수라고 한다. 경제학자들은 명목변수는 대부분 대문자로 표시하고 수량변수는 대부분 소문자로 표시한다. 예를 들어 국민소득을 표시할 때 명목국민소득은 Y로 표시하고 실질국민소득은 y로 표시한다. 그러나 재화의 종류를 표시할 때는 대부분 대문자로 나타내며 재화의 수량을 나타낼 때는 소문자를 사용한다. 예를 들어 X재의 수량은 x이고 Y재의 수량은 y로 표시한다. 그리고 경제학자들은 문자에 첨자를 붙여 변수의 특징을 나타내기도 한다. 예를 들어 수량이 수요와 관련된 것이면 Q_d로 표시하고 공급과 관련된 것이면 Q_s 등으로 나타낸다.

함수와 그래프 경제모형은 경제변수 간의 관계를 함수로 나타낸다. **함수**란 어떤 변수(종속변수)의 값이 이에 영향을 주는 다른 변수들(독립변수)의 값에 의하여 결정되는 관계를 말한다. 예를 들어 우유의 구입량은 우유의 가격을 비롯하여 두유의 가격이나 소

함수

비자의 소득의 영향을 받는다. 이 때 우유의 구입량은 우유의 가격, 두유의 가격, 소비자의 소득 등의 함수라고 말한다. 우유의 가격, 두유의 가격, 소비자의 소득이 주어지면 우유의 구입량이 정해진다는 것이다. 수학에서는 함수를 나타내기 위해 f를 사용하지만 경제학은 관련된 함수의 영어 첫 자를 이용하여 함수를 나타낸다. 예를 들어 소비자의 효용이 X재, Y재의 소비량에 의해 결정된다면 효용함수는 효용을 뜻하는 'Utility'의 첫 자인 이용하여 $U=U(x, y)$라고 표시한다. 여기에서 앞에 나오는 U는 종속변수인 효용수준을 말하지만 뒤에 나오는 U는 효용이 X재, Y재의 소비량 x, y에 의해 결정된다는 것을 나타내는 함수 표시인 것이다.

경제변수 간의 관계는 대부분 그래프를 이용하여 표현한다. 그런데 경제학자들은 전통적으로 가격변수를 Y축에 표시하여 왔다. 수학의 일반적인 관습은 독립변수를 X축에 표시하는 것이지만 경제학자들은 **가격변수가 독립변수이지만 이를 X축에 표현하지 않고 Y축에 표시**한다. 따라서 가격변수가 Y축에 오면 X축 변수와 Y축 변수의 관계는 수학에서 표시되는 것과는 반대라는 점을 명심해야 한다. 그림 1.1(a)에서 볼 수 있듯이 일반적인 그래프는 독립변수인 X값이 x_0이면 이 때의 함수 값 y_0는 x_0에서 수직선을 그려 그래프와 만나는 점을 구한 다음 그 점에서 수평선을 그어 Y축과 만나는 점에서 구해진다. 그러나 독립변수가 가격이면 그림 1.1(b)에서처럼 가격이 Y축에 그려진다. 그러면 가격이 P_1일 때 이에 대응하는 함수 값은 P_1에서 수평선을 그어 그래프와 만나는 점을 구한 다음 그 점에서 수직선을 그어 X축과 만나는 점 q_1이다.

대부분의 그래프는 2차원 공간을 이용하므로 그래프는 2 경제변수만의 관계를 나타낼 수 있다. 그런데 경제변수 간의 관계는 2변수 간의 관계에 그치지 않는다. 따라서 경제변수 간의 관계를 그래프로 표시하려면 2변수 간의 관계만을 먼저 그래프로 그린 다음 다른 변수의 변화는 그래프의 이동으로 표시한다. 예를 들어 우유의 수요량은 우유의 가격, 두유의 가격, 소비자의 소득에 의하여 결정된다고 하자. 우유의 수요량을 Q_d, 우유의 가격을 P_m, 두유의 가격을 P_b, 그리고 소비자의 화폐소득을 M이라고 하면 이들의 함수관계는 $Q_d=f(P_m, P_b, M)$으로 나타낼 수 있다. 그러나 경제학자들은 f 대신에 수요를 나타낸다는 의미에서 D을 사용하여 $Q_d=D(P_m, P_b, M)$로 표시한다. 이를 그래

[그림 1.1] 경제 변수와 그래프

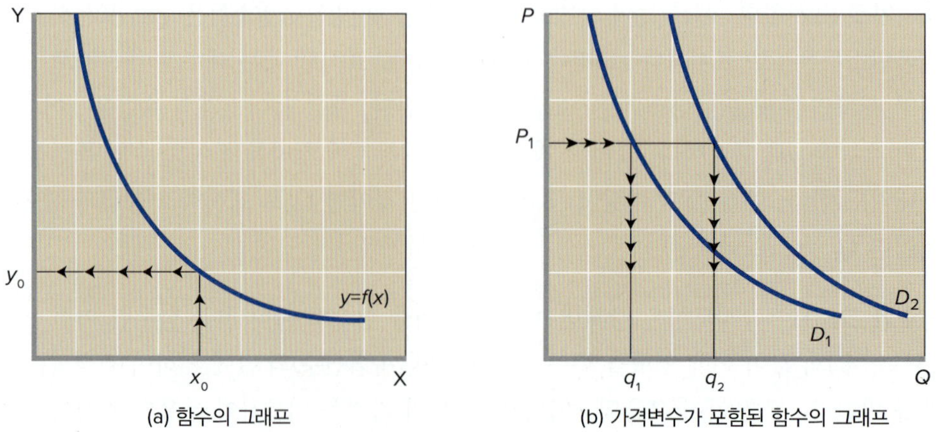

(a) 함수의 그래프

(b) 가격변수가 포함된 함수의 그래프

프로 표시하려면 4차원 공간이 필요한데 4차원 공간에 표시하기 어렵다. 그래서 우유의 가격을 제외한 다른 변수는 변하지 않고 동일하다고 가정하게 된다. 그러면 우유의 소비량과 우유의 가격이라는 2변수 간의 관계를 그래프로 쉽게 표시할 수 있다. 이를 표시한 것이 그림 1.1(b)의 D_1이다. 앞에서 지적하였듯이 우유의 가격은 독립변수임에도 불구하고 Y축에 그려져 있고 우유의 소비량은 종속변수임에도 X축에 그려져 있다. 따라서 그래프는 화살표를 따라서 우유의 가격과 우유의 소비량의 관계가 표시된다. 즉 Y축의 값이 P_1 이면 X축의 값이 q_1으로 주어진다.

이 때 변하지 않는다고 가정하였던 두유의 가격이 상승하거나 소비자의 소득이 증가하면 이들 그래프가 이동한다. 가격 이외의 변수가 우유의 소비량에 미치는 효과를 그래프의 이동으로 표시하게 되는 것이다. 즉 그래프가 D_1에서 D_2로 이동한다. 수학을 이용하면 이러한 번거로운 과정을 피할 수 있어서 경제학자들은 수학을 자주 이용하게 된다.

균형 분석

대부분의 경제모형은 균형분석을 기초로 구성된다. 균형분석은 경제에서 가격이 행하는 기능을 설명하는데 도움이 된다.

외부충격
균형

균형 경제모형은 경제현실을 있는 그대로 설명하려는 것이 아니다. 경제모형은 외부충격이나 사건이 경제에 미치는 결과를 예측하려는 것이다. **외부충격**이란 경제정책을 비롯하여 경제에 영향을 주는 여러 가지 사건들을 말한다. 경제학자들은 이러한 외부충격의 효과를 분석하기 위해 외부충격이 없을 때의 경제 상태를 먼저 서술한다. 이러한 상태를 흔히 균형이라고 한다. **균형**이란 외부충격이 없다면 경제에 참여한 개인이나 조직이 자신의 행동을 변경하지 않는 상태를 말한다. 즉 누구나 균형의 상태에 만족하여 자신의 행동을 변경하지 않는다는 것이다.

경제학자들은 균형을 구성하기 위해 관련 시장의 참여자를 식별하고, 이들의 목적이 무엇인지 그리고 어떠한 제약에서 행동하는지를 관찰한다. 그리고 이들의 행동을 지배하는 시장의 규칙이 무엇인지를 찾아낸다. 마지막으로 이들이 모두 만족하여 자신의 행동을 변화시키지 않는 균형을 찾아낸다. 이 때 경제학자들은 균형의 존재, 균형의 유일성, 균형의 안정성 등을 확인하게 된다.

불균형
공급충격
수요충격

외부충격 균형을 정의하고 나면 이제 외부충격이 경제에 어떤 영향을 주는지 분석한다. 외부충격이 주어지면 균형은 더 이상 유지될 수 없게 된다. 즉 외부충격이 주어지면 **불균형**이 초래된다. 외부충격으로 인해 경제에 참여한 개인이나 조직은 자신의 의도가 실현되지 못하는 불만족한 상태에 빠진다는 것이다. 이러한 충격은 흔히 공급충격과 수요충격으로 구분된다. **공급충격**이란 시장의 공급자에게 미치는 충격을 말하며 **수요충격**이란 시장의 수요자에게 미치는 충격을 말한다.

불균형의 조정 외부 충격이 발생하면 시장은 더 이상 이전의 균형을 유지하지 못하고 불균형에 빠지게 된다. 즉 시장 참여자의 의도가 실현되지 못하는 상태가 된다는 것이다. 불균형에서 시장참여자는 의도를 실현할 수 없기에 누구나 만족할 수 없는 상태에 빠진다. 경제학은 이러한 불균형이 대부분 가격의 변화를 초래한다고 여긴다. 즉 **불균형은 가격을 통해 조정된다**는 것이다. 불균형이 초래되면 가격이 변하고 이에 따라 경제에 참여한 개인이나 조직의 행동이 변한다는 것이다. 개인이나 조직은 불만족한 상태를 스스로 해결하지 않고 가격의 변화에 반응하여 수동적으로 자신의 행동을 변화시키는 것이다. 즉 경제학에서 불균형은 가격의 조정을 초래하고 이러한 가격 조정이 개인이나 조직의 행동을 변화시킨다고 여기는 것이다.

가격 조정

새로운 균형 가격이 변하면 개인이나 조직의 행동이 변하게 되는데 가격 조정은 개인이나 조직의 의도가 모두 실현되어 자신의 행동을 다시 변경하지 않을 때까지 계속 진행된다. **가격 조정**을 통해 개인이나 조직은 외부충격이 초래한 달라진 환경에서 새로운 균형에 도달하게 된다. 새로운 균형에서 개인이나 조직의 행동은 과거의 균형과 달라져 있게 마련이다. 경제학은 새로운 균형과 과거의 균형을 비교하여 달라진 것이 무엇인지 찾아내어 이러한 변화를 충격의 결과라고 여긴다. 즉 새로운 균형에서 경제변수가 어떻게 달라졌는지 개인이나 조직의 행동이 어떻게 달라졌는지 과거의 균형과 비교하여 외부충격의 효과를 분석하는 것이다. 이러한 분석방법을 균형분석이라고 하며 경제학의 기초를 이룬다.

실증경제학
규범경제학

균형의 평가: 실증경제학과 규범경제학 외부충격의 결과 나타나는 경제변수의 변화를 예측하는 경제학을 **실증경제학**이라고 한다. 이를 위해 현상을 서술하고 이론모형을 개발하여 이를 검증한다. 실증경제학은 이러한 모형을 이용하여 어떠한 충격이 주어지면 어떤 결과가 초래될 것이라고 예측한다. 그래서 실증경제학은 사실과 인과관계를 주로 다루며 이러한 결과가 바람직한지에 대한 가치평가를 하지 않는다. 이에 그치지 않고 외부충격이 초래한 새로운 균형이 과거에 비하여 바람직한지를 분석하기도 하는데 이러한 경제학을 규범 경제학이라고 한다. **규범경제학**은 어떤 경제상태가 바람직한지 이를 위해 어떤 경제정책이 필요한지를 주로 분석한다. 이를 위해 규범경제학은 어떤 상태가 바람직한지를 먼저 정의한다. 파레토에 따르면 새로운 균형 상태에서 누구도 손해를 보지 않았고 누군가 이익을 보았다면 과거의 균형에 비하여 경제의 개선이 이루어졌다고 여긴다. 이에 비하여 칼도-힉스에 따르면 바람직한 상태란 시장 참여자의 이익의 합이 증가한 상태를 말한다. 경제학은 대부분 칼도-힉스의 기준에 따라 외부충격이 바람직한 결과를 초래하였는지를 평가한다.

결국 실증경제학은 충격이 어떤 결과를 초래하는지에, 규점경제학은 그 결과가 바람직한지에 관심을 가진다. 예를 들어 실증경제학은 최저임금이 인상되면 실업이 증가한다고 말하지만 규범경제학은 최저임금이 인상되면 한국경제의 사회후생이 감소한다고 말한다. 경제학자들의 의견이 주로 갈리는 곳이 가치판단과 관련된 경제정책 부분이다. 어떤 경제이론이 경제를 잘 설명하는가에 대해 의견을 달리하는 경우가 없지 않지만 대부분의 경제학자들은 대부분의 경제 원리에 대해 일치된 의견을 보이고 있다. 대부분의 경제논쟁은 어떤 상태가 바람직한지에 대한 견해나 가치판단이 다르기 때문에 등장한다.

균형분석의 한계 균형분석은 무질서하게 보이는 시장거래가 가격을 통해 어떻게 조정되는지 잘 보여준다. 그러나 균형분석은 가격이 어떤 과정을 통하여 변하는지를 잘 설명하지 못한다. 예를 들어 주식의 가격은 끊임없이 변한다. 균형분석은 주식시장의 불균형이 주가의 변동을 통해 어떻게 조정되는지를 잘 설명한다. 그러나 주식시장의 투자자는 균형분석에서 가정하고 있듯이 주식의 가격에 수동적으로 반응하지 않는다. 어떤 주식이 저평가되었는지 또는 고평가되었는지를 분석하며 기민하게 행동한다. 주식시장이 불균형 상태일 때 오히려 주식투자자는 자신의 이윤기회를 찾을 수 있다. 오스트리아 경제학에 따르면 기업가는 불균형상태에서 **이윤기회**를 발견하는 사람들이다. 이러한 기업가의 행동을 통해 경제는 균형을 향해간다는 것이다. 그런 점에서 균형분석은 현실을 왜곡한다는 비판을 받기도 한다.

이윤기회

미시경제학과 거시경제학

경제학자들은 경제 원리와 경제모형의 분석수준을 2가지로 구분한다.

미시경제학

미시경제학은 개별적인 소비자, 가계, 기업들의 의사결정을 다루는 경제학 분야이다. 이 분석 수준에서는 비유로 말하자면 현미경으로 들여다보듯 이들의 행동을 자세히 관찰한다. 특정한 생산물의 가격이나 단일 기업에 고용된 근로자수, 특정 기업이나 가계의 수입 또는 소득을 비롯하여 구체적인 어느 기업이나 정부기관 또는 가족의 지출을 분석 대상으로 한다. 미시경제학은 해변이 아니라 모래, 바위, 조개껍질 등을 분석한다.

거시경제학

거시경제학은 경제 전체 혹은 경제의 기본부문을 다룬다. 경제의 기본부문은 정부, 가계 그리고 기업부문과 같은 집계부문(aggregate)으로 구성된다. 집계부문이란 특정 경제단위들의 집합을 말하는데 이들을 마치 하나의 경제단위인 것처럼 취급한다. 예를 들어 한국 경제의 수백만 소비자를 동일집단으로 묶어 이를 마치 '소비자'라는 하나의 경제단위인 것처럼 여기는 것이다.

거시경제학

집계부문을 이용하여 거시경제학은 경제의 전반적 윤곽을 조망하고 **주요 집계변수들 간의 관계를 규명**한다. 거시경제학이 주로 논하는 것들은 총산출, 총고용, 총소득, 총지출, 일반 물가수준 등과 같은 경제변수들이다. 여러 집계부문을 구성하는 있는 개별 경제단위에 대해서는 관심을 거의 기울이지 않는다.

비유적으로 말하자면 거시경제학은 모래나 바위, 조개껍질을 보지 않고 해변을 분석한다.

미시경제학과 거시경제학으로 구분된다고 하여 모든 경제 문제가 양자택일처럼 미시경제학이나 거시경제학 중 반드시 어느 하나에 속한다고 볼 수는 없다. 많은 경제 문제나 세부 경제학 전공은 미시경제학과 거시경제학 모두에 뿌리를 두고 있다. 예를 실업이 총산출과 관련되어 있어서 실업문제는 대부분 거시경제학의 주제로 다루어진다. 그러나 얼마동안 직업을 탐색할 것인지에 대한 개별 근로자의 의사결정과 개별 노동시장의 고용 관행이라는 미시경제학의 주제가 실업률에 큰 영향을 준다는 점도 알아야 한다.

개인의 경제적 문제

경제적 욕구는 무한하고 이를 충족시킬 수 있는 수단이 제한되어 있기 때문에 무엇을 선택할 것인가라는 **경제문제**가 발생한다. 이러한 경제문제를 자세히 살펴보면 경제모형에 대한 이해를 높일 수 있으며 미시분석과 거시분석의 차이도 알 수 있다. 먼저 개인이 직면하는 경제문제의 미시경제 모형을 살펴보자.

제한된 소득

가장 부유한 사람조차도 소득은 제한되어 있다. 삼성이나 현대그룹 회장도 자신의 돈을 어떻게 지출해야 할지 선택해야 한다. 하물며 보통사람들의 소득은 훨씬 더 제한되어 있다. 우리의 소득은 임금, 이자, 임대료, 이윤 등으로 주어지거나 정부의 복지지출이나 친척의 도움에서 비롯된 것일 수 있다. 지구촌 전망 1.1에 나타나듯이 2014년 한국인의 1인당 국민소득은 27,090달러였다. 하지만 500달러에도 미치지 못하는 가난한 나라들도 있다.

지구촌 전망 1.1

주요 국가의 1인당 국민소득(2014년)

1인당 국민소득(총소득/인구)과 개인의 예산제약은 국가에 따라 매우 차이가 난다.

국가	1인당 국민소득(2014년) (단위: 미국 달러, 환율로 계산)
노르웨이	$103,630
스웨덴	61,610
미국	55,200
싱가포르	55,150
프랑스	42,960
한국	27,090
멕시코	9,870
중국	7,400
이라크	6,500
인도	1,570
마다가스카르	440
말라위	250

출처: 세계은행, www.worldbank.org

무한한 욕구

정도의 차이가 있지만 사람들의 욕구는 대부분 무한하다. 사람들은 자신에게 유용한 다양한 재화와 서비스를 원한다. 의식주 같은 필수품을 비롯하여 향수, 요트, 스포츠카 같은 사치재까지 다양한 생산물을 원한다. 기본적 의식주는 생물학적 생존을 위해서 필요하다. 하지만 사회적 관습이나 전통에 의해 특별한 종류의 의식주를 바라기도 한다.

시간이 지남에 따라 새로운 생산물이 나타나면 경제적 욕구도 변하고 다양해진다. 최근에 와서 디지털 TV, 인터넷, 디지털 카메라, 스마트폰 등을 대부분 사용하지만 이런 것들은 몇 십 년 전에는 있지도 않았던 것들이다. 그리고 어떤 욕구가 충족되면 이보다 나은 욕구를 충족하고자 노력하기도 한다. 저가 소형차인 가아의 모닝이나 프라이드를 구입하고 나면 이제는 현대의 그랜저나 수입차 등 고급차를 구매하려고 애쓰게 되는 것이다.

재화뿐 아니라 서비스도 우리의 욕구를 충족시킨다. 자동차 수리, 성형수술, 법률 및 회계 자문, 의료 등도 인간의 욕구를 충족시킨다. 일부 재화는 재화 그 자체보다 거기에서 나오는 서비스를 얻기 위해서이다. 예를 들어 자동차와 세탁기 같은 재화는 그 재화에서 나오는 서비스를 얻기 위해 구입한다. 사실 재화와 서비스의 차이는 생각보다 크지 않다.

대부분의 사람들은 재화와 서비스를 얻고자 하는 자신의 욕구를 완전히 충족시킬 수 없다. 빌 게이츠는 자신이 원하는 것을 거의 가질 수 있겠지만 자신의 욕구를 완전히 충족시키고 있는 것은 아니다. 그는 지구촌 가난한 사람들의 건강을 위해 막대한 기부를 하고 있지만 이러한 욕구를 완전히 충족시킬 수는 없을 것이다. 어떤 재화나 서비스에 대한 욕구가 1회적이라면 이는 쉽게 충족될 수 있을 것이다. 며칠간 쓸 수 있는 치약이나 비누는 누구나 쉽게 가질 수 있다. 그리고 성형수술도 1번에 끝난다면 그러한 욕구도 어느 정도 충족할 수 있을 것이다. 그러나 재화나 서비스를 많이 갖고 싶다거나 더 좋은 것을 갖고 싶다는 욕구를 충족시키는 것은 다른 문제다.

소득이 제한되어 있고 욕구는 만족을 모르기 때문에 경제적 선택을 하는 것이 사익에 부합하는 것이다. 즉 우리가 직면하는 제약을 주어진 것으로 여기고 만족을 극대화하는 재화와 서비스를 선택해야 하는 것이다.

예산선

소비자가 직면하는 경제 문제는 예산선, 즉 예산제약을 그래프로 그려 쉽게 설명할 수 있다. **예산선**이란 소비자가 주어진 화폐소득으로 구입 가능한 2재화의 다양한 조합을 보여주는 표 혹은 곡선이다. 여기에서는 2재화를 가정하였지만 재화의 수가 여러 개라도 동일한 결론을 얻을 수 있다.

이해를 위해 생일 선물로 교보나 영풍 서점의 상품권을 받았다고 가정해보자. 12만 원짜리 상품권의 유효기간이 곧 끝난다고 하자. 그리고 서점에서 상품권으로 살 수 있는 것은 DVD와 책, 2가지에 한정된다고 하자. DVD는 1장에 2만 원이고 책은 1권에 1만 원이다. 그러면 구입 가능한 선택은 그림 1.2의 표와 같다.

[그림 1.2] 소비자의 예산선

예산선(예산제약)은 주어진 소비자의 화폐소득으로 구입 가능한 생산물의 조합을 나타낸다.

예산선: 12만 원의 소득으로 구입할 수 있는 DVD와 책의 모든 조합		
DVD 단위 (가격=2만 원)	책 단위 (가격=1만 원)	총지출(단위: 1만 원)
6	0	12 = (12 + 0)
5	2	12 = (10 + 2)
4	4	12 = (8 + 4)
3	6	12 = (6 + 6)
2	8	12 = (4 + 8)
1	10	12 = (2 + 10)
0	12	12 = (0 + 12)

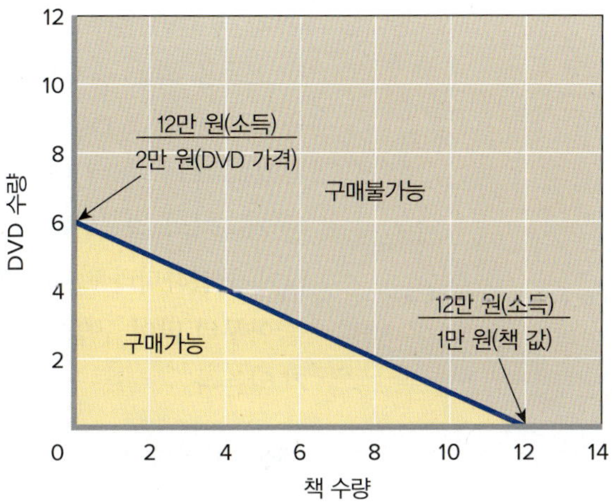

극단적으로 12만 원의 '소득'을 모두 DVD 구매에 지출한다면 DVD 6장을 구입할 수 있고 책을 구매할 돈은 남아있지 않게 된다. 혹은 2장의 DVD 구매를 포기하고 거기서 생기는 4만 원을 책 구입에 사용하면 4장의 DVD와 4권의 책을 가질 수 있다. 책 구매를 계속 늘려 극단적으로 모든 돈을 책 구입에 지출하면 권당 1만 원인 책 12권을 구매할 수도 있으며 DVD를 구매할 돈은 남지 않게 된다.

연속적

이를 그래프로 나타낸 것이 그림 1.2의 예산선이다. 여기에서는 책이나 DVD의 구입량을 자연수만으로 표시하지 않고 소수점 이하의 구매량도 가능하다고 여겨 **연속적**인 곡선으로 표시하였다. 즉 예산선 위의 점은 주어진 화폐소득으로 구매 가능한 모든 DVD와 책의 조합을 나타낸다. 따라서 그래프의 곡선은 표에 나타난 DVD와 책의 구매량 조합에 국한되지 않음에 주의해야 한다. 그리고 예산선의 기울기는 DVD 가격(P_{dvd})에 대한 책 가격(P_b)의 비율을 나타낸다. 정확히 표현하면 기울기는 $P_b/P_{dvd} = -10/20 = -1/2$이다. 따라서 수평축으로 측정된 2권의 책을 사기위해 수직축으로 측정된 1장의 DVD를 포기해야 한다. 이로 인해 기울기는 −1/2 혹은 −0.5가 되는 것이다. 이러한 기울기는 책 1권을 구입하기 위하여 포기하여야하는 DVD의 수량을 나타내며 책 1권의 기회비용을 뜻한다.

예산선에서 다음과 같은 몇 가지 개념을 알 수 있다.

구매 가능한 조합과 구매 불가능한 조합 예산선 위 또는 안에 있는 모든 DVD와 책의 조합은 12만 원의 화폐소득으로 구매가능하다. 예를 들어 3장의 DVD와 6권의 책은 구입할 수 있다. 그리고 2장의 DVD와 책 5권도 구매 가능한데 그러면 12만 원의 상품권 중 9만 원만 지출하게 된다. 그러나 12만 원을 모두 지출해야 최대의 만족을 얻을 수 있다. 예산선 자체는 12만 원 모두를 지출해서 구매할 수 있는 DVD와 책의 조합을 나타낸다.

반면에 예산선 바깥에 있는 모든 점들은 구매 불가능하다. 예를 들어 5장의 DVD와 책 5권은 구매에 12만 원을 넘기 때문에 이를 구입할 수 없다. 이를 구입하려면 15만 원이 필요한데 이것은 12만 원이라는 소득제약을 분명히 초과한다. 그림 1.2에서 구매 가능한 조합은 예산선 위나 안에 위치하며 구매 불가능한 조합들은 예산선 바깥에 위치한다.

상충관계

상충관계와 기회비용 그림 1.2의 예산선은 제한된 소득에서 발생하는 **상충관계**를 보여준다. 즉 DVD를 더 구매하려면 책의 구매를 일부 포기해야 하는 것이다. 예를 들어 모든 소득을 책을 구매에 지출하였는데 이제 DVD를 1장 구매한다고 하자. 그러면 책 2권을 포기해야 DVD를 1장 구매할 수 있다. 그래서 처음 구매한 DVD 1장의 기회비용은 책 2권이다. 2번째 DVD를 구입하더라도 기회비용은 역시 책 2권이다. 예산선이 일정한 기울기의 직선이라는 것은 기회비용이 일정하다는 것을 뜻한다. 즉 DVD를 아무리 많이 구입하더라도 추가적인 DVD 1장의 기회비용은 책 2권으로 일정하다. 역으로 책을 아무리 많이 구입하더라도 추가적인 책 1권의 기회비용은 DVD 1/2장으로 역시 변하지 않는다.

선택 한정된 소득 때문에 사람들은 무엇을 사고 무엇을 포기해야 하는지 선택해야 한

사례연구: 노무현, 서태지 그리고 장종훈의 선택은 잘못된 것인가?

누구나 어떤 것을 선택할 때 기회비용을 고려하게 된다. 이것은 사람들이 대학진학을 선택할 때 잘 드러난다. 대학졸업자는 고등학교 졸업자보다 많은 월급을 받는다. 그래서 주변에서 '대학에 진학하라'는 조언은 쉽게 들을 수 있다.

그러나 노무현 전직 대통령은 상고를 졸업하고 대학진학을 포기한 채 독학으로 사법시험에 합격하였다. 아직도 많은 인기를 누리고 있는 서태지는 고등학교를 중퇴하고 음악활동에 전념하였다. 장종훈은 고등학교를 졸업하고 프로야구 구단의 연습생으로 입단하여 뛰어난 활약을 보여 연습생 신화를 썼다. 이들은 왜 이러한 선택을 하였을까? 노무현 전직 대통령은 대학에 진학하지 않고 사법고시를 준비하였다. 대학진학에 따른 기회비용이 너무 컸기 때문이다. 서태지는 중학교 시절부터 밴드를 만들어 활동하였다. 그는 다른 친구들이 대학진학을 위해 공부하던 고등학교 시절에 자퇴서를 제출하고 17살 때부터 밴드에 합류하였다. 학업에 열중하면 음악활동의 포기라는 기회비용을 지불하여야 했기 때문이다. 그래서 또래 친구들이 대학을 다니던 19살 때 '서태지와 아이들'을 결성하여 엄청난 음악적 성공을 거두었던 것이다. 장종훈도 18살 때 연봉 300만 원을 받으며 연습생 생활을 시작하였다. 장종훈 선수가 대학에 진학하였다면 야구선수로서의 성공을 포기하는 기회비용을 지불하였을 수 있다.

이처럼 노무현 전직 대통령, 가수 서태지, 장종훈 선수 등은 대학진학에 따른 기회비용을 깨닫고 있었던 것이다. 그래서 자신에게 도움이 될 수 있는 선택을 한 것이다. 이처럼 기회비용의 크기는 개인들이 선택을 할 때 대단히 중요하게 작용한다.

다. 누구나 자신에게 가장 바람직한 DVD와 책의 조합을 선택할 것이다. 즉 한계편익과 한계비용(여기서는 가격)을 평가하여 자신의 만족을 극대화하는 선택을 할 것이다. 그러나 각자가 평가하는 한계편익은 다를 것이므로 비록 12만원의 동일한 상품권을 가지고 있더라도 사람마다 대부분 다른 선택을 할 것이다.

소득변화 예산선의 위치는 화폐소득에 따라 달라진다. 화폐소득이 증가하면 예산선은 오른쪽으로 이동하고 감소하면 왼쪽으로 이동한다. 이를 확인해보려면 상품권의 가치(소득)가 24만 원이나 6만 원이라고 가정하고 그림 1.2의 표를 다시 계산한 다음 이를 새로운 예산선으로 그려보면 된다. 사람들이 더 많은 소득을 원하는 것은 너무나 당연하다. 소득이 많아야 예산선이 바깥으로 이동하고 그래서 더 많은 재화와 서비스를 구매할 수 있다. 그러나 소득이 많아지더라도 사람들은 여전히 상충관계, 선택 그리고 기회비용에 직면하게 된다.

사회의 경제적 문제

제한된 자원

사회도 역시 희소성이라는 제약을 받으며 선택을 하여야 한다. 그래서 개인과 마찬가지로 경제적 문제에 직면한다. **제한된 자원**을 경찰이나 법원, 교도소와 같은 법질서 유지에 더 많이 투입해야 할까 아니면 교사나 교재, 학교시설과 같은 교육에 더 투입해야 할까? 양쪽 모두에 더 많은 자원을 투입한다면 이를 위해 어떤 재화와 서비스를 희생해야 할까? 의료비 보조를 줄일까? 국방비 지출을 줄일까? 아니면 에너지 개발비용을 줄일까?

희소한 자원

경제적 자원

사회의 경제적 자원은 제한되어 있거나 희소하다. **경제적 자원**이란 재화나 서비스의 생산에 투입되는 모든 자연자원, 인적자원뿐 아니라 인간이 생산을 위해 제작한 각종 자원을 말한다. 그래서 모든 공장 건물과 농사용 창고를 비롯하여 상품의 생산에 사용되는 모든 설비, 도구, 기계류들이 경제적 자원에 포함된다. 그리고 교통시설 및 통신시설 뿐 아니라 모든 형태의 노동력 그리고 토지와 광물자원도 모두 경제적 자원에 포함된다.

자원의 유형

경제학자들은 일반적으로 경제적 자원을 다음의 4가지 유형으로 분류한다.

자연자원

토지 경제학자들이 의미하는 토지는 보통 사람들이 생각하는 토지보다 범위가 넓다. 경제학자들은 생산과정에 투입되는 모든 **자연자원**(자연의 선물)을 토지로 분류한다. 그래서 경작지만이 아니라 산림, 광산, 유전, 수자원 등이 이에 포함된다.

노동 **노동**이라는 자원은 재화나 서비스의 생산에 기여하는 육체적 활동과 정신적 활동으로 구성된다. 농부, 백화점 판매원, 자동차 수리공, 초등학교 교사, 프로축구선수, 물리학자들이 행하는 작업 관련 활동은 모두 '노동'이라는 범주에 포함된다.

자본 경제학자들에게 **자본** 즉 자본재는 인공적으로 제조되어 소비재나 서비스 생산에 사용되는 모든 자원을 포함한다. 도구나 기계뿐 아니라 공장, 창고, 교통시설, 유통시설 등이 포함된다. 경제학자들이 사용하는 투자라는 용어는 자본재의 생산과 축적을 위해 지불한 비용을 뜻한다.

소비재는 인간의 욕구를 직접 만족시키는데 비해 자본재는 소비재 생산을 보조함으로써 인간의 욕구를 간접적으로 만족시킨다. 그런 점에서 자본재는 소비재와 다르다. 예를 들어 커다란 트랙터는 자본재로서 소비재인 쌀 생산을 돕는다. 주의해야 할 점은 경제학자들이 사용하는 '자본'이라는 용어는 **화폐가 아니라 도구나 기계를 비롯하여 여러 생산시설을 의미한다**는 것이다. 화폐 자체가 생산하는 것은 없기에 경제학자들은 화폐를 경제적 자원에 포함시키지 않는다. 화폐나 금융자본은 자본재나 재화 및 서비스 등을 구입하는 수단에 지나지 않는다.

기업가적 능력

기업가적 능력 마지막으로 노동과 구별되는 특별한 인적 자원으로서 **기업가적 능력**이 있다. 기업가는 사회적으로 유용한 기능을 수행한다.

- 기업가는 토지, 노동, 자본과 같은 생산요소를 결합해서 재화와 서비스의 생산을 주도한다. 오케스트라의 지휘자나 영화감독으로 비유될 수 있는 기업가는 생산을 배후에서 이끄는 원동력이며 생산요소를 결합하는 경제주체로서 모험적인 사업을 성공으로 이끈다.
- 기업가는 전략적인 사업결정을 통해 기업이 나가야 할 길을 정한다.

- 기업가는 혁신을 한다. 새로운 생산물, 새로운 생산기술을 비롯하여 새로운 형태의 사업조직까지도 사업의 영역으로 삼는다.
- 기업가는 위험을 감수한다. 새로운 생산물과 아이디어가 항상 성공을 가져다주는 것은 아니며 실패할 수도 있기에 혁신은 위험하다. 위험을 기꺼이 감수하는 기업가가 없다면 생활의 개선은 일어나지 않는다. 이들은 자신의 시간과 노력, 능력뿐 아니라 자신의 자금과 타인의 자금을 다 바쳐 사회의 생활수준을 높일 수 있는 새로운 생산물과 아이디어를 사업화하고 이에 따른 위험을 감수한다.

토지, 노동, 자본 및 기업가적 능력은 서로 결합되어 재화와 서비스를 생산하기에 이들을 **생산요소** 혹은 단순히 '투입물'이라고 한다.

생산가능곡선

사회는 희소한 자원을 사용해서 재화와 서비스를 생산한다. 이때 사회가 직면하는 선택은 **생산가능곡선**으로 잘 이해할 수 있다. 분석을 단순화하기 위해 다음과 같이 가정하자.

생산가능곡선

- **완전고용** 경제는 모든 가용 자원을 모두 고용하여 생산한다.
- **고정된 자원** 생산요소의 수량이나 품질은 고정되어 있다.
- **고정된 기술** 산출물을 생산하는 데 이용되는 기술수준은 변하지 않는다.
- **2재화** 경제는 쌀과 트랙터라는 2개의 재화만을 생산한다. 쌀은 소비재를 상징하며 우리의 욕구를 직접 만족시킨다. 이에 비해 트랙터는 자본재를 상징하며 소비재를 보다 효율적으로 생산하게 만들어 우리의 욕구를 간접적으로 충족시킨다.

생산가능표

생산가능표란 자원을 완전 고용하여 생산할 수 있는 생산물의 다양한 조합을 나타낸 것이다. 표 1.1은 쌀과 트랙터를 생산하는 단순한 경제를 나타내며 표 안의 자료는 가상의 것이다. A라는 대안은 모든 가용 자원을 자본재인 트랙터 생산에만 사용하는 것이다. E라는 대안은 모든 자원을 소비재인 쌀 생산에만 사용하는 것이다. 이런 대안은 극단적 선택으로 현실에서는 잘 일어나지 않으며 경제는 보통 대안 B, C, D와 같이 자본재와 소비재를 함께 생산한다. A라는 대안에서 E라는 대안으로 점차 이동하면 트랙터 생산을 희생하면서 쌀의 생산을 늘릴 수 있다.

〈표 1.1〉 쌀과 트랙터의 생산가능표

생산물의 종류	생산물의 조합				
	A	B	C	D	E
쌀(십만 톤)	0	1	2	3	4
트랙터(천 대)	10	9	7	4	0

소비재는 우리의 욕구를 직접 만족시키기에 E점 쪽으로 이동하는 것이 솔깃한 선택으로 여겨질지 모른다. 그러나 더 많은 쌀을 생산하면 현재의 욕구를 더 충족시킬 수 있지만 거기에는 비용이 따른다. 더 많은 쌀을 생산하면 트랙터 생산이 감소한다. 이러한 소비재로의 자원 이동은 시간이 지나면 사회의 발목을 잡게 된다. 자본재의 축적이 천천히 이루어지고 이로 인해 미래의 생산이 감소하기 때문이다. 대안 E로의 이동은 '미래의 더 많은 소비'를 희생하면서 '현재의 더 많은 소비'를 선택하는 것이다.

A 쪽으로 이동하면 사회는 현재의 소비를 희생하고 이로 인해 절약된 자원을 자본재 생산에 투입하는 선택을 하는 셈이다. 이런 방식으로 자본재의 양을 늘리면 사회는 미래의 생산을 증가시킬 수 있고 그래서 미래에 더 많은 소비를 할 수 있다. A 쪽으로의 이동은 '현재의 더 적은 소비'를 대가로 지불하고 '미래의 더 많은 소비'를 선택한 것이다.

일반적으로 자원이 완전 고용되어 있는 경제에서는 **어떤 재화를 더 많이 생산하려면 다른 재화를 일부 희생**하여야 한다. 자원이 희소하므로 두 재화 모두를 더 많이 가질 수는 없다. 사회는 여러 대안들 중에 하나를 선택해야 한다. 공짜 쌀이나 공짜 트랙터와 같은 것은 없다. 어떤 하나를 더 많이 가지면 다른 것은 줄어든다.

생산가능곡선

생산가능표의 자료는 그래프로 나타낼 수 있다. 그림 1.3에 트랙터의 산출량을 수직축에 그리고 쌀인 소비재의 산출량을 수평축에 표시하였다. 수평축, 수직축의 선택은 임의로 정한 것이다.

[그림 1.3] 쌀과 트랙터의 생산가능곡선

생산가능곡선 위의 한 점은 주어진 자원을 완전 고용하여 효율적으로 생산하였을 때 얻을 수 있는 최대의 산출량 조합을 나타낸다. 곡선 위에서 쌀의 생산을 증가시키려면 트랙터의 생산이 감소한다. 생산가능곡선의 바깥 점(W)은 주어진 자원과 기술로 생산이 불가능하다. 생산가능곡선의 내부에 있는 점은 생산이 가능하지만 완전고용이 달성되지 못한 상태를 나타낸다.

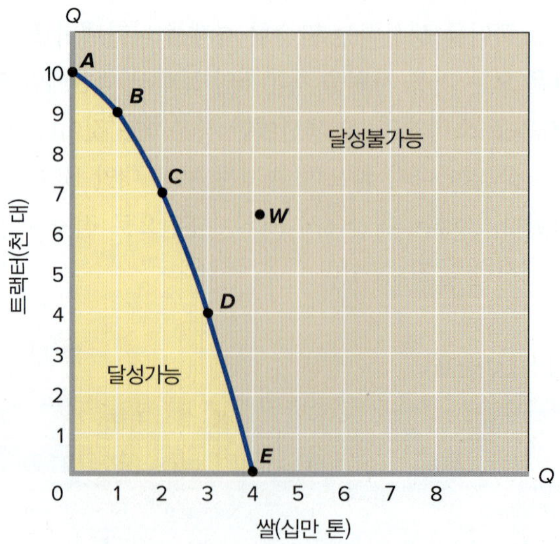

생산가능곡선 위의 각 점은 주어진 자원으로 생산 가능한 최대의 산출량 조합을 나타낸다. 즉 곡선 위의 점은 경제의 모든 가용 자원을 사용해야 달성 가능하다. 달성 가능한 최대의 산출량이라는 점에서 **생산가능곡선**은 경제가 직면하는 '제약'을 나타낸다. 곡선 내부의 점들도 달성 가능하기는 하다. 그러나 총산출량이 더 적어서 곡선 위의 점에 비해 바람직하지 않다. 곡선 내부에 머물러 있다는 것은 경제가 자원을 완전 고용하지 못하거나 비효율적으로 사용하고 있다는 것을 뜻한다. W와 같이 생산가능곡선의 바깥에 있는 점은 곡선 위의 어떤 점보다 생산량이 많다. 그러나 이런 점은 현재의 자원과 기술수준으로는 달성할 수 없다.

기회비용 체증의 법칙

그림 1.3이 명확히 보여주는 것은 쌀 생산이 증가하려면 트랙터 생산이 감소해야 한다는 것이다. 쌀 1단위를 더 얻기 위해 포기해야 하는 트랙터의 대수는 추가된 쌀 1단위의 기회비용이다.

그림 1.3의 표에 있는 대안 A에서 대안 B로 이동할 때 쌀 1단위의 추가 생산에 따른 기회비용은 감소된 트랙터 1단위이다. 그러나 B에서 C, C에서 D, D에서 E로 쌀의 생산이 1단위 추가적으로 늘어날 때 중요한 경제원리가 드러난다. 즉 쌀 생산이 1단위 늘어날 때마다 **쌀 생산의 기회비용은 증가한다**는 것이다. A에서 B로 이동하면 쌀 1단위 추가에 따른 트랙터의 감소는 1단위에 지나지 않았다. 그러나 B에서 C로 가면 트랙터를 2단위 희생해야 하고 그 다음에는 3단위, 마지막에는 트랙터 4단위를 희생해야 쌀 1단위의 생산을 증가시킬 수 있다. 반대로 E에서 A로 계속 이동하면 트랙터 1단위 추가에 따른 기회비용은 각각 1/4, 1/3, 1/2, 1단위의 쌀이 된다.

앞의 예는 **기회비용 체증의 법칙**을 잘 설명해주고 있다. 즉 재화의 생산이 계속 증가할 때 추가적인 1단위 생산에 따른 기회비용은 점차 증가한다는 것이다.

기회비용 체증의 법칙

곡선의 형태 기회비용체증의 법칙은 생산가능곡선의 형태에도 반영되어 있다. 곡선은 **원점에 대하여 오목**하다. 그림 1.3은 경제가 A에서 E로 연속적으로 이동할 때 1단위라는 동일한 양의 쌀의 생산을 증가시키려면 점차 1, 2, 3, 4단위만큼의 트랙터를 포기해야 함을 보여주고 있다. 이것은 생산가능곡선의 기울기로 나타나는데 기울기가 A에서 E로 가면서 점점 가파르게 된다.

경제적 근거 기회비용 체증의 법칙은 경제적 자원이 **다른 용도로 사용될 때 적합성이 떨어진다**는 사실에서 기인한다. 대부분의 자원은 특정한 재화를 생산할 때 제 성능을 발휘한다. 예를 들어 일부 토지는 쌀의 경작에 매우 적합하다. 그러나 쌀 생산이 증가하면 쌀 경작에 부적합한 토지가 사용되기 시작한다. 어떤 토지들은 광물이 풍부해서 트랙터 생산에 필요한 물자를 생산하는데 아주 적합하다. 이런 토지는 트랙터 생산에 최우선적으로 사용될 것이다. 그러나 트랙터 생산이 점차 증가하면 트랙터 생산에 부적합한 자원이 점차 트랙터 생산에 투입되어야 한다.

그림 1.3의 A에서 B로 이동하면 트랙터 생산에는 생산성이 낮지만 쌀 생산에는 생산

사례연구: 국방비 지출의 경제학

생산가능분석은 국방비 지출에 따른 비용과 편익을 평가하는데 도움이 된다. 스웨덴의 스톡홀름 국제평화연구소의 자료에 따르면 2013년 한국의 국방비 지출은 339억 달러로 세계 172개국 중에서 10번째를 차지하고 있다.

경제의 모든 생산물을 '군수물자'와 '민수품'으로 구분하여 이를 생산가능곡선의 두 축에 표시하면 그림 1.3의 모양이 될 것이다. 군수물자 생산을 위해 자원을 더 많이 투입하였을 때 발생하는 기회비용은 이로 인해 희생된 민수품의 양이다. 완전고용상태에서 군수물자를 더 많이 생산하려면 의료, 교육, 공해방지, 컴퓨터, 주택 등 민수품의 생산 감소라는 기회비용을 지불해야만 한다. 국방비로 인한 기회비용은 이로 인해 포기된 다른 재화들이다. 국방비 지출의 편익은 수없이 많고 다양하다. 분명한 것은 미래에 발생할 수 있는 한국인의 생명과 재산, 소득, 복지 등의 피해를 줄이고 이를 보호하는데 따른 이익이 국방비 지출의 편익에 포함된다는 것이다.

군수물자의 최적 생산량 즉 생산가능곡선 위에서 최적의 군수물자와 민수품 생산의 조합을 구하려면 군수물자의 한계편익과 한계비용을 추정해야 한다. 한계편익과 한계비용을 정확하게 추정하는 방법은 없다. 하지만 한계편익과 한계비용이라는 개념은 여전히 유용하다. 배분의 효율성이 달성되려면 군수물자의 생산은 한계편익과 한계비용이 같아지는 점에서 이루어져야 하는 것이다.

연평도 포격이나 천안함 피격 같은 사건은 군수물자의 한계편익에 대한 인식을 제고시킨다. 그림 1.4에서 수평 축이 '군수물자'로 하자. 이 때 한계편익곡선이 오른쪽으로 이동하면 군수물자의 최적 생산량은 증가할 것이다. 군사적 위협의 증대는 군수물자의 생산에 더 많은 자원을 배분하는 결과를 초래한다. 그러나 한계편익 · 한계비용 분석이 지적하는 것은 군수물자의 과소생산이 발생할 수 있지만 과다생산도 나타날 수 있다는 점이다. 한계 편익과 한계비용이 같아지는 점 이상으로 군수물자의 생산이 늘어나면 군수물자보다 더 큰 가치를 가진 민수품을 희생하게 되는 것이다.

성이 높은 자원이 제일 먼저 트랙터 생산에서 쌀 생산으로 이동한다. 그러나 B에서 C, C에서 D 등으로 계속 이동하면 쌀 생산에 적합한 자원들이 점점 줄어든다. 그래서 더 많은 쌀을 생산하려면 트랙터 생산에 적합하였던 자원들마저도 쌀 생산에 투입된다. 이러한 자원이 쌀 생산에 투입될수록 쌀 1단위 생산을 위해 희생되어야 하는 트랙터의 수는 점차 증가한다. 자원이 모든 용도에 적합하지 않다는 점이 기회비용증가의 원인인 것이다.

최적 배분

그림 1.3에 있는 곡선 위의 어떤 점이 최적 또는 최선일까? 즉 구체적으로 얼마만큼의 쌀과 트랙터를 생산하는 것이 사회의 만족을 극대화할까?

기억해야 할 것은 경제적 의사결정은 한계편익과 한계비용의 비교에 초점을 맞춘다는 점이다. 한계편익이 한계비용을 초과하면 그러한 경제활동은 확대하고 한계비용이 한계편익을 초과하면 그러한 경제 활동은 줄어야 한다. 최적의 경제활동 수준은 한계편익과 한계비용이 같을 때다. 사회적 생산 수준의 결정도 이와 유사한 평가를 거쳐야 한다.

쌀을 살펴보자. 기회비용 체증의 법칙을 통해 알고 있듯이 쌀 생산이 점차 늘어남에 따라 추가적인 쌀 생산에 따른 한계비용은 증가한다. 이 때 알아야 할 것은 쌀 생산이 늘어남에 따라 쌀 소비에 따른 한계편익은 점차 감소한다는 것이다. 결과적으로 쌀 생산이 점차 증가하면 한계비용은 체증하는 한편 한계편익은 체감한다.

[그림 1.4] 최적산출: 한계편익=한계비용

최적산출을 달성하려면 한계편익(MB)과 한계비용(MC)이 일치할 때까지 재화의 생산을 확대시켜야 한다. 그러나 그 점 이상으로 생산을 증가시켜서는 안 된다. 200,000단위의 쌀을 생산하는 것이 최적산출량이다.

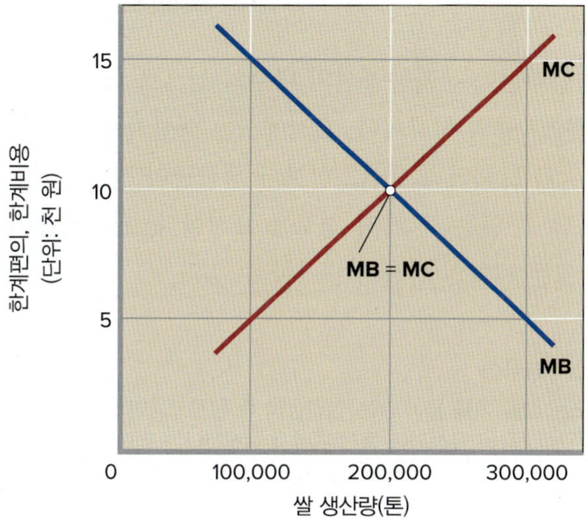

최적의 쌀 생산은 한계편익 곡선과 한계비용 곡선의 교차점에서 구할 수 있는데 그림 1.4에서 200,000단위로 나타나 있다. 이 생산량이 최적인 이유를 설명해보자. 쌀을 100,000단위만 생산하고 있을 때 그 점에서 쌀을 1단위 더 생산한다고 하자. 그러면 한계편익이 한계비용을 초과한다. 화폐로 표시하면 한계편익은 15,000원이고 한계비용은 5,000원이다. 한계비용 5,000원을 희생하고 15,000원만큼의 가치가 있는 쌀을 얻게 되면 사회의 생활수준은 개선된다. 그림 1.4를 보면 이런 순이익은 쌀 생산이 늘면서 점차 줄어들기는 하지만 쌀 생산이 200,000 단위가 될 때까지 계속 실현된다.

반면에 300,000단위의 쌀 생산은 너무 많다. 그 생산량에서 쌀 생산의 한계비용은 15,000원인데 비해 한계편익은 5,000원에 불과하다. 쌀 1단위의 가치는 5,000원에 지나지 않는데 이를 생산하는데 15,000원이 들었다는 의미이다. 이것은 사회적으로 손해 보는 장사다.

그래서 자원은 생산물의 **한계편익과 한계비용이 일치할 때 효율적으로 배분**된다. 이러한 분석을 트랙터에 적용하였을 때 한계편익과 한계비용이 일치하는 트랙터의 최적 생산량이 7,000단위라고 가정하여보자. 그러면 그림 1.3에서 생산가능곡선 위에 있는 대안 C 즉 쌀을 200,000단위 생산하고 트랙터 7,000단위 생산하는 것이 최적이 된다.

실업, 성장, 미래

때때로 대부분의 국가들은 경기하락으로 인해 광범위한 실업과 생산설비의 유휴상태를 경험한다. 예를 들면 2000년 이후만 하더라도 우리나라를 비롯하여 아르헨티나, 독일, 일본, 멕시코, 독일 등은 경기하락과 실업을 경험하였다. 1930년대의 대공황 시기에 미국 근로자들의 1/4이 실업이었으며 미국 생산시설의 1/3이 유휴상태였다.

이런 사실들은 생산가능곡선과 어떻게 관련되어 있을까? 모든 가용 자원이 완전 고용되어 있다는 가정을 완화하면 지금까지의 분석과 결론은 달라진다. 표 1.1에 있는 다섯 개의 생산물 조합은 최대의 산출량을 나타낸다. 즉 경제가 완전고용 상태일 때 생산 가능한 쌀과 트랙터의 조합을 나타낸다. 실업이 존재한다면 표에 나타난 것보다 적은 양이 생산될 것이다.

내부의 점

그래프에서 실업상태는 생산가능곡선의 **내부의 점**으로 나타난다. 이것이 그림 1.5에 나타나 있다. *U*점은 그 중의 하나이다. *U*점에서는 생산가능곡선 위의 여러 점들 즉 생산 가능한 최대의 쌀과 트랙터의 생산조합보다 생산량이 적다. 그림 1.5의 화살표는 완전고용으로 되돌아갈 수 있는 세 가지 경로를 표시한다. 완전고용이 달성되면 한 재화 혹은 두 재화 또는 모든 재화의 생산이 증가할 수 있다.

[그림 1.5] 실업과 생산가능곡선

생산가능곡선 내부의 모든 점들 예를 들어 *U*는 실업상태 즉 완전고용이 달성되지 못한 상태를 나타낸다. 화살표가 보여 주는 것은 완전고용이 달성되면 곡선 위에서 생산한다는 것이다. 그래서 *U*점에서 생산하는 것보다 한 재화 혹은 두 재화 모두의 생산이 증가할 수 있다.

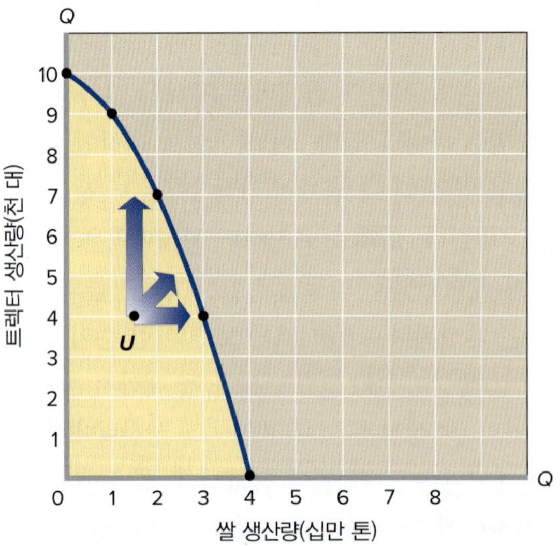

성장하는 경제

자원의 양과 질, 기술수준이 불변이라는 가정을 없애면 생산가능곡선은 이동하고 그 경제의 잠재적 최대 생산량은 변한다.

생산요소의 공급증가 생산요소의 공급양은 특정 시점에서는 고정되어 있지만 시간이 지나면서 변한다. 예를 들어 인구가 증가하면 노동공급을 비롯하여 기업가적 능력이 증가한다. 또한 노동의 질도 시간이 지남에 따라 개선된다. 자본재의 양은 지속적으로 증가하지는 않았지만 장기적으로 보면 크게 증가하여 왔다. 일부 에너지자원과 광물자원은 고갈되었지만 새로운 자원이 계속 발견되고 있다. 간척지를 늘이면 경작 가능한 토지가 늘어난다.

이러한 생산요소의 공급이 증가하면 생산능력이 늘어나 소비재와 자본재 모두를 더 많이 생산할 수 있게 된다. 따라서 지금으로부터 20년 후가 되면 그림 1.3의 생산가능

[그림 1.6] 경제성장과 생산가능곡선

동태적인 경제에서는 생산요소의 질이 개선되고 생산요소의 공급이 증가하며 기술이 진보하는데 그 결과 생산가능곡선이 바깥으로 이동한다. 그래서 두 유형의 재화를 더 많이 생산할 수 있다.

생산물의 종류	생산물의 조합				
	A′	B′	C′	D′	E′
쌀(십만 톤)	0	2	4	6	8
트랙터(천 대)	14	12	9	5	0

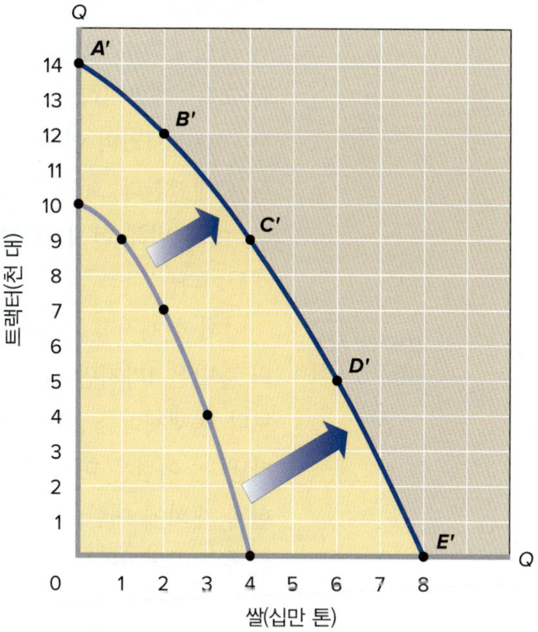

곡선은 그림 1.6의 생산가능곡선으로 대체될 수 있다. 생산요소가 더 많아지면 한 재화나 두 재화 모두의 잠재적 생산량이 증가한다. **경제성장**이란 잠재적 생산량의 확대라는 형태로 달성된다. 따라서 생산요소의 양이나 질이 높아지면 생산가능곡선은 우상향의 바깥쪽으로 이동하는데, 이것은 그림 1.6에서 A'에서 E'로 이어지는 새로운 생산가능곡선으로 표시된다. 이런 종류의 이동은 생산능력의 확대를 나타내며 이처럼 총생산이 증가하는 과정이 곧 경제성장이다.

경제성장

기술진보 기술진보로 인해 품질이 향상된 새로운 재화가 생산되고 이를 생산하는 방식도 개선된다. 예를 들어 재고관리와 생산계획을 전산화하는 방식으로 기술진보가 일어났다고 하자. 이러한 기술진보로 인해 주어진 생산요소로 더 많은 것을 생산할 수 있다. 기술진보는 생산요소의 공급증가 때와 마찬가지로 쌀과 트랙터의 생산을 동시에 증가시킬 수 있게 한다.

결론적으로 경제성장은 (1) 생산요소의 공급증가 (2) 생산요소의 품질개선 (3) 기술진보의 결과로 달성된다. 경제성장이 이루어지면 완전고용경제라도 소비재와 자본재를 모두 더 많이 생산할 수 있다. 정태적인 경제는 성장을 하지 않으므로 어떤 재화의 생산을 늘리려면 다른 재화를 희생해야 한다. 그러나 동태적인 경제는 성장하므로 두 재화 모두 더 생산할 수 있다.

현재의 선택이 미래의 생산가능 곡선에 미치는 영향

현재 시점에서 생산가능곡선 위의 어떤 점을 선택하느냐에 따라 미래의 생산가능곡선이 달라진다. 생산가능곡선의 수직축을 '미래재화' 그리고 수평축을 '현재재화'로 나타내면 그림 1.7이 된다. 미래재화는 미래의 생산을 증가시킬 수 있는 재화로 자본재, 연구와 교육, 예방의학 등이 이에 속한다. 자본재는 미래의 자본총량을 증가시켜 미래의 생산을 증가시키며 연구와 교육은 기술관련 정보량을 확대시키며 예방의학은 인적자원의 질을 개선한다. 이미 보았듯이 자본재와 같은 미래재화는 경제성장을 가져다주는 요소다. 이에 비해 현재 재화는 현재의 요구를 충족시키는 식품, 의류 및 오락과 같은 소비재들이다.

현재지향 사회
미래지향 사회

이제 현재지향 사회과 미래지향 사회라는 가상의 두 경제가 있다고 하자. 이들 경제의 출발은 1가지만 제외하고 모든 면에서 동일하다고 하자. **현재지향 사회**는 미래재화보다 현재재화를 보다 강력히 선호한다는 것이다. 그림 1.7(a)의 P점은 그런 선택을 나타낸다. 이점은 미래 재화를 적게 생산하여 곡선의 오른쪽 아래에 치우쳐있다. 이것은 현재 재화에 대한 우선순위가 아주 높다는 것을 나타낸다. 이에 비해 **미래지향 사회**의 선택은 미래재화를 많이 생산하고 현재재화를 적게 생산하는 것이다. 이를 나타낸 것이 그림 1.7(b)의 F점이다.

이제 다른 조건이 동일하다면 미래의 생산가능곡선을 짐작할 수 있는데 미래지향 사회의 것이 현재지향 사회의 것보다 훨씬 오른쪽에 있을 것이라는 것이다. 미래지향 사회는 생산요소의 양과 질을 높이고 기술을 발전시키는데 유리한 점을 선택함으로써 현재지향 사회보다 더 높은 경제성장을 달성할 수 있다. 자본재에 국한하여 보면 미래지향 사회는 현재지향 사회보다 더 많은 자본재를 생산하여 '사회전체의 생산시설'을 늘리

[그림 1.7] 현재의 선택과 미래의 생산가능곡선

(a)의 현재지향 사회처럼 '현재재화'를 선호하는 선택을 하면 미래의 생산가능곡선은 바깥으로 약간 이동한다. (b)의 미래지향 사회처럼 '미래재화'를 선호하는 선택을 하면 미래의 생산가능곡선은 바깥으로 크게 이동한다.

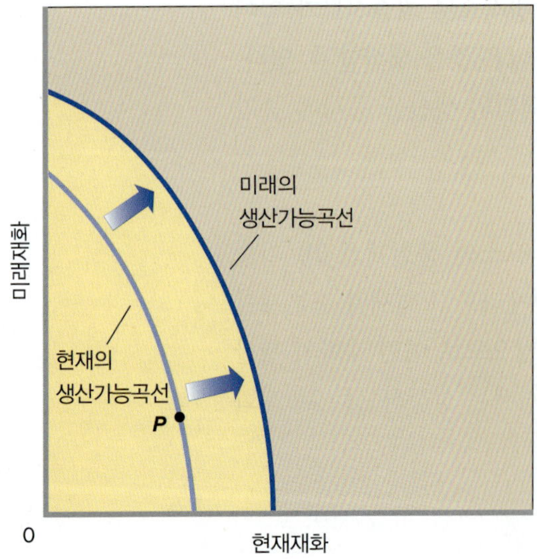

(a) 현재지향사회

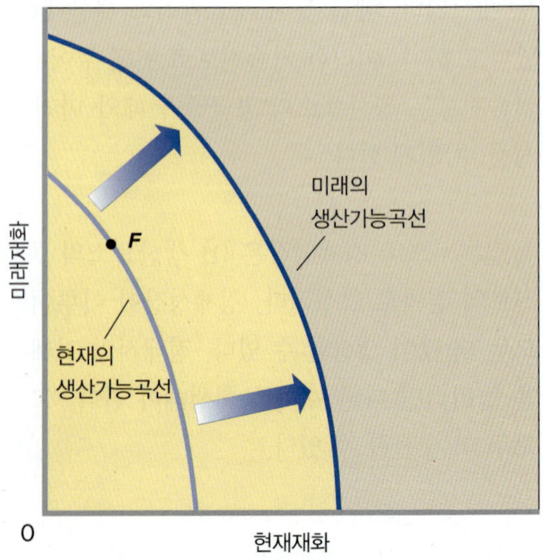

(b) 미래지향사회

는 선택을 한 것이다. 이러한 선택의 결실로 미래지향 사회는 미래의 생산능력을 늘려 경제성장의 과실을 누릴 수 있다. 이 따른 기회비용은 현재 즐길 수 있었던 소비재의 감소이다.

이러한 미래지향 사회의 선택이 현재지향 사회보다 반드시 '우월'하다고 할 수 있을까? 그렇다고 할 수는 없다. 선택의 차이는 **두 사회의 선호도와 우선순위가 다르다는 것**만을 말해줄 뿐이다. 그러나 두 사회는 선택의 결과를 감수하며 살아야 할 것이다.

한계: 국제무역

생산가능곡선 분석에 따르면 어떤 국가라도 생산가능곡선으로 표시된 생산물의 조합을 선택할 수밖에 없다. 그러나 국제간 분업이 이루어져 국제교역이 발생하면 그렇지 않다.

나중에 자세히 논의하겠지만 국제간 분업과 무역이 발생하면 경제는 생산가능곡선이라는 한계를 벗어날 수 있다. 국제무역이 존재하면 각국은 상대적으로 기회비용이 가장 낮은 상품의 생산에 **전문화**하게 된다. 이들 상품 생산에 필요한 자원이 상대적으로 풍부해서 가장 낮은 비용으로 생산할 수 있다. 그런 다음 다른 국가가 가장 낮은 기회비용으로 생산한 생산물과 교환하게 된다.

전문화

국제 분업과 무역이 존재하면 각국은 원하는 상품을 자국 내에서 생산할 때보다 낮은 기회비용을 지불하고 얻을 수 있다. 표 1.1에서 3번째 단위의 쌀을 국내에서 추가로 생산하려면 3단위 트래터의 생산을 희생하여야 했다. 그러나 국제무역이 존재하면 이보다 적은 양을 희생하고 3번째 단위의 쌀을 얻을 수 있다. 예를 들어 이 국가는 트랙터의 생산에 전문화한다고 하자. 그리고 교역상대방 국가는 쌀 생산에 전문화한다고 하자. 이 때 국제간에 트랙터 2단위와 쌀 1.5단위가 교환된다면 이 국가는 쌀 3단위를 모두 얻는데 트랙터 4단위만 지불하면 된다. 그러면 이 국가는 쌀 3단위와 트랙터 6단위(10단위−4단위)를 갖게 된다. 이것은 **자원이 증가하거나 기술이 진보한 효과와 동일**하다. 즉 국제무역이 발생하기 전보다 더 많은 트랙터와 쌀을 갖게 된 것이다. 국제무역은 국내의 생산가능곡선이 확장하는 것과 마찬가지로 더 많은 재화를 갖게 해준다.

경제적 추론에서 빠지기 쉬운 함정

우리는 개인적으로 여러 함정에 빠지기 쉽기 때문에 경제이슈를 정확하고 객관적으로 추론하는데 어려움을 겪는다.

다음은 흔히 빠지기 쉬운 함정들로 성공적인 경제 분석을 위해서는 이를 피해야 한다.

편향 대부분의 사람들은 많은 편향과 선입견을 가진 채 경제분석을 행한다. 예를 들어 어떤 사람들은 기업은 과도한 이윤을 얻고 있다거나 돈을 빌리는 것보다 빌려주는 것이 언제나 바람직하다고 생각한다. 정부는 틀림없이 기업보다 비효율적이라고 믿거나 이와 반대로 정부 규제가 부족하다고 믿는 사람도 있다. 편향은 사고를 불분명하게 하고 객관적 분석을 방해할 수 있다. 사실 여부가 확인되지 않은 편향과 선입견은 기꺼이 버려야만 한다.

오염된 용어 신문과 방송이 사용하는 경제학 용어는 감정적으로 편향되어 오염되어 있는 경우가 적지 않다. 칼럼 기고자나 앵커들은 내세울 대의명분이나 숨은 속셈이 있을 때 편향된 논평을 한다. 많은 이윤을 내면 이를 '비정상적'이라고 평하고, 임금이 낮으면 이를 '착취'라고 부른다. 사익 추구 행동에 대해서는 '탐욕'이라는 수식어를 붙인다. 공무원을 '영혼 없는 관료'라 부르며, 강력한 정부규제를 주장하는 사람들을 '사회주의자'로 명명한다. 경제이슈를 객관적으로 분석하려면 이러한 용어를 사용하지 않거나 의미를 부여하지 않아야 한다.

구성의 오류 경제적 사고에서 빠지기 쉬운 또 다른 함정은 한 개인이나 부분에 타당한 것이 개인들 집단이나 전체에도 반드시 타당하다는 가정이다. 이러한 가정은 잘못된 것으로 이러한 논리적 오류를 구성의 오류라고 한다. 개인이나 부분에 타당한 명제가 더 큰 집단이나 전체에 반드시 타당한 것은 아니다. 야구장의 관중석에서 한 개인이 일어서면 그는 게임을 잘 볼 수 있다. 하지만 이것은 전체 관중에는 타당하지 않는다. 모든 관중이 일어서면 모두 앉아서 볼 경우보다 못하게 된다.
2가지 경제적 사례를 들어보자. 예를 들어 삼성전자의 주식을 보유한 한 개인이 이를 팔면 주가는 거의 달라지지 않는다. 개인 지분은 전체 거래량의 아주 작은 부분이기 때문에 주가하락은 거의 일어나지 않는다. 이것은 개인에게는 타당하지만 전체 주주가 그렇게 행동하면 결과가 달라진다. 모든 개인들이 삼성전자 주식을 한꺼번에 팔면 시장에 매도 물량이 넘쳐나 삼성전자 주가는 폭락할 것이다. 딸기를 재배하는 농가의 경우도 마찬가지이다. 농가 한 곳에서 딸기 재배면적을 늘이면 그 농가의 수입은 증가할 수 있다. 추가적으로 경작한 딸기가 시장에 나오더라도 딸기의 시장가격은 거의 달라지지 않기 때문이다. 그러나 모든 농가가 딸기 재배면적을 늘이면 딸기 생산량이 크게 늘어 딸기가 출하되었을 때 딸기의 가격은 하락할 것이다. 딸기 가격의 하락률이 딸기 생산량의 증가율보다 크면 딸기 재배농가 전체의 수입은 딸기를 더 많이 팔았지만 감소할 것이다.

인과 오류 A라는 사건이 있은 후에 B라는 사건이 발생하게 되면 A가 B의 원인이라는 결론을 내리기 쉬운데 이러한 결론에 신중해야 한다. 이로 인해 발생한 논리적 오류를 거짓원인의 오류라고 한다. 즉 시간적으로 선행하여 발생하였기 때문에 그것을 원인으로 여기는 오류이다. 경제영역바깥의 사례를 들어보자. 프로 야구팀이 새로운 감독을 영입한 후에

성적이 좋아졌다고 하자. 새 감독이 성적 개선의 원인이라고 할 수 있는가? 그럴 수도 있을 것이다. 그러나 부상선수들이 돌아왔거나 홈경기가 많았던 것이 진짜 원인일 수 있다. 수탉이 동이 트기 전에 울었다고 수탉의 울음이 일출의 원인은 아니다.
경제적 사례를 들어 설명하여 보자. 많은 사람들은 1929년의 주가폭락을 1930년대의 대공황의 원인이라고 탓한다. 그러나 주가폭락이 대공황을 일으킨 원인이 아니었다. 주가폭락을 야기한 허약한 경제가 대공황의 진짜 원인이었던 것이다. 주가폭락이 먼저 발생하지 않았더라도 대공황은 일어났을 것이다.

인과관계에 있지 않는 상관관계 상관관계 즉 관련성을 인과관계와 혼동하면 안 된다. 2사건 또는 2변수가 서로 상관관계를 갖는다는 것은 이들 사이에 일부 체계적이고 의존적인 관계가 존재하고 있다는 점을 나타낼 뿐이다. 예를 들어 X변수가 증가할 때 Y도 증가한다는 것을 발견하였다고 하자. 이러한 상관관계가 반드시 인과관계 즉 X의 증가가 Y 증가의 원인이라는 것을 뜻하지 않는다. 이들 사이의 상관관계는 지극히 우연적이거나 이 분석에 포함되지 않은 다른 요인 때문일 수 있다.
예를 들어 보자. 경제학자들은 교육과 소득 사이에 양(+)의 상관관계가 있음을 발견하였다. 일반적으로 교육 수준이 높을수록 소득이 높다. 상식에 따르면 교육이 원인이고 고소득은 결과이다. 교육수준이 높을수록 지식이 많아 생산성이 높을 것이므로 그런 근로자가 더 많은 급여를 받는다는 것이다.
그러나 교육과 소득의 상관관계를 다른 방식으로 설명할 수도 있다. 교육 수준을 높이는데 필요한 자질은 능력과 동기부여인데 이러한 자질은 생산성을 높이는데도 필요한 자질일 수 있다. 따라서 능력과 동기부여가 뛰어난 사람이 교육수준이 높을 뿐 아니라 생산성이 높아 고임금을 받을 가능성이 크다. 그것이 사실이라면 교육수준이 고소득의 원인은 아니지만 이들 사이에 상관관계가 존재할 수 있다. 즉 높은 교육수준이 고소득의 유일한 원인은 아닌 것이다.

요약

1. **경제학의 정의와 경제적 시각의 특징**

   경제학은 희소성이 존재할 때 개인이나 기관, 사회의 선택을 탐구하는 사회과학이다. 기회비용은 경제학의 핵심개념이다. 이것은 어떤 것을 얻기 위해 포기해야 하는 재화나 서비스 또는 시간의 가치를 뜻한다.

   경제적 시각은 3가지 개념에 바탕을 두고 있다. 즉 희소성과 선택, 의도적 행동 그리고 한계분석 등이다. 경제학자들은 소비자나 근로자, 기업들이 선택에 따른 한계비용과 한계편익을 합리적으로 비교한다고 여긴다.

2. **경제이론의 역할**

   경제학자들은 과학적 방법에 의존한다. 원인과 관계에 대한 가설을 수립하고 이를 검증하여 이론, 법칙 그리고 경제 원리를 만든다. 흔히 경제학자들은 이론들로 구성된 경제모형으로 현실 경제를 표현한다.

3. **미시경제학과 거시경제학, 실증경제학과 규범경제학**

   미시경제학은 개별적인 소비자, 가계, 기업들의 의사결정을 다룬다. 거시경제학은 경제 전체나 경제의 기본 부문을 다룬다.

   실증경제학은 경제모형을 이용하여 어떠한 충격이 주어지면 어떤 결과가 초래될 것이라고 예측한다. 규범경제학은 외부충격이 초래한 새로운 균형이 과거에 비하여 바람직한지를 분석한다.

4. **개인의 경제문제와 예산선**

   개인들은 경제적 문제에 직면한다. 개인의 소득은 제한되어 있고 욕구는 만족을 모르기 때문에 무엇을 구매하고 무엇을 포기해야 할지를 결정해야 한다. 사회도 역시 경제적 문제에 직면한다. 사회적 욕구를 충족시키는데 필요한 가용 자원이 부족하기 때문이다. 따라서 사회는 무엇을 생산하고 무엇을 포기해야 할지를 결정해야 한다.

   예산선 즉 예산제약은 개인의 경제적 문제를 그래프로 보여준다. 예산선은 화폐소득과 재화의 가격이 주어져 있을 때 소비자가 구매할 수 있는 두 재화의 다양한 조합을 보여준다.

5. **자원의 유형과 사회의 경제문제**

   경제적 자원은 생산과정에 투입되는 각종 자원을 말한다. 이는 토지, 노동, 자본, 기업가적 능력으로 구분된다. 경제적 자원은 생산요소 혹은 투입물이라고도 한다.

   사회의 경제적 문제는 생산가능곡선으로 나타낼 수 있다. 생산가능표와 생산가능곡선은 경제적 자원의 양과 질, 기술수준이 불변이라는 가정 아래 완전고용경제에서 생산 가능한 재화와 서비스의 다양한 조합을 보여준다.

6. **생산가능곡선: 기회비용의 체증과 성장**

   경제가 완전고용상태이면 생산가능곡선 위에서 생산하게 되는데 이때에는 어떤 재화나 서비스의 생산을 증가시키려면 다른 것의 생산을 희생해야 한다. 어떤 재화나 서비스의 생산 증가는 항상 기회비용을 수반한다. 이 때 기회비용은 다른 것의 생산 감소로 발생한 손실이다.

   자원은 여러 용도에서 동일한 생산성을 보이지 않기 때문에 한 용도에서 다른 용도로 자원이 이동하면 기회비용이 체증한다. 어떤 재화의 생산을 계속 늘리면 이로 인해 희생되는 다른 재화의 양은 계속 증가한다.

   생산가능곡선 위에서 최적의 점은 재화의 조합이 가장 바람직스러울 때이다. 이것은 모든 재화의 생산에서 한계편익과 한계비용이 일치할 때 달성된다.

7. **경제성장과 국제무역을 통한 소비기회의 확대**

   시간이 지나면 기술이 진보하고 생산요소의 양이 증가하며 질이 개선된다. 그래서 모든 재화나 서비스를 더 많이 생산할 수 있게 되는데 이것이 경제성장이다. 현재 시점에서 어떤 소비재와 자본재의 조합을 택하느냐에 따라 미래의 생산가능곡선이 결정된다. 즉 경제성장의 정도가 결정된다. 국제간 분업과 무역이 발생하면 경제는 생산가능곡선이라는 한계를 벗어날 수 있다.

주요 용어와 개념

거시경제학	기회비용	자본
경제문제	기회비용체증의 법칙	자본재
경제성장	노동	집계부문
경제원리	다른 조건이 동일하다는 가정	토지
경제적 시각	미시경제학	투자
경제적 자원	생산가능곡선	한계분석
경제학	생산요소	효용
과학적 방법	소비재	
기업가적 능력	예산선	

연습문제

1. 다음에서 경제적 사고와 연계성이 낮은 개념은?

(1) 희소성 (2) 선택
(3) 의도적 행동 (4) 한계분석
(5) 최선의 결과

2. 다음에서 기회비용을 잘못 설명한 것은?

(1) 선택할 수 없다면 기회비용은 0이다.
(2) 공짜 점심을 먹었다면 내가 지불한 기회비용은 0이다.
(3) 대학 다니면서 먹은 점심 값은 대학진학의 기회비용에 포함된다.
(4) 1,000원을 주고 볼펜을 샀다면 볼펜의 기회비용은 1,000원이다.
(5) 자기 집에 살면서 집세를 내지 않았더라도 기회비용을 지불하고 있다.

3. 균형 분석에 대한 설명으로 잘못된 것은?

(1) 균형에서 경제주체들은 자신의 의도가 실현되므로 행동을 변화시키지 않는다.
(2) 균형은 안정적이다.
(3) 불균형이 발생하면 대부분 가격의 변화가 초래된다.
(4) 균형분석은 가격의 기능을 잘 설명한다.
(5) 균형분석은 기업가의 역할을 과소평가한다.

4. DVD 1장의 가격이 2만 원이고 책 1권은 1만 원이다. 다음의 설명 중 틀린 것은?

(1) DVD 1장의 기회비용은 책 2권이다.
(2) 책 1권의 기회비용은 DVD 0.5장이다.
(3) 소득이 증가하더라도 DVD의 기회비용은 변하지 않는다.
(4) 책값이 오르면 책의 기회비용은 증가한다.
(5) A, B 소비자의 소득이 동일하다면 이들이 구매하는 DVD의 양은 동일하다.

5. 다음에서 경제적 자원에 해당하지 않는 것은?

(1) 강물 (2) 축구선수의 경기력
(3) 시내버스 (4) 지갑 속의 현금
(5) 기업가의 사업전략

6. 다음에서 생산가능곡선을 원점에서 멀리 이동시키는 것은?

가. 교육품질의 개선	나. 실업자의 증가
다. 새로운 기술의 개발	라. 지진의 발생

(1) 가, 나 (2) 가, 다
(3) 나, 다 (4) 나, 라
(5) 가, 나, 다

7. 생산가능곡선에 대한 설명으로 틀린 것은?

(1) 기회비용이 체증하면 생산가능곡선은 원점에 대해 볼록하다.
(2) 경제가 성장하면 생산가능곡선은 바깥으로 이동한다.
(3) 생산가능곡선의 바깥 점은 생산이 불가능하다.

(4) 경제에 실업이 존재하면 생산가능곡선의 안쪽 점에서 생산이 이루어진다.
(5) 생산가능곡선상의 모든 점에서 생산의 효율과 배분의 효율이 달성된다.

8. 다음의 설명 중 틀린 것은?

(1) 현재의 자본재 생산을 늘리면 현재의 소비재 생산은 감소한다.
(2) 현재의 자본재 생산을 늘리면 미래의 성장률이 높아진다.
(3) 현재의 자본재 생산을 늘리면 미래 세대가 이익을 본다.
(4) 현재의 자본재 생산을 늘리는 것은 미래 소비재에 대한 선호도가 높다는 것을 뜻한다.
(5) 현재의 자본재 생산을 늘리는 것이 바람직하다.

9. 동철이 알바에 쓸 수 있는 시간은 1주일에 15시간이다. 대학 구내서점에서는 시간당 6,000원에 원하는 시간만큼 일할 수 있다. 대학 인근 카페에서 일하면 시간 당 12,000원을 벌 수 있지만 1주일에 6시간까지 일할 수 있다. 주유소에서 일하면 시간당 8,000원을 벌지만 1주일에 5시간까지 일할 수 있다.

(1) 동철이 알바를 통해 얻을 수 있는 수입을 극대화하고자 한다면 대학구내서점에서 몇 시간 일할 것인가?
(2) 동철은 대학구내서점에서 15시간 일하는 것을 택하였다. 이러한 선택은 비합리적인가? 이러한 선택이 의미하는 바는 무엇인가?

10. 규식은 무인도에 거주하고 있다. 감자를 30개, 생선을 18마리 가지고 있다. 그런데 이웃 무인도에 거주하는 민수가 감자 2개에 생선 1마리의 비율로 교환하자고 제안하였다. 이에 비해 다른 무인도에 거주하는 수철은 감자 3개에 생선 1마리의 비율로 교환하자고 제안하였다. 그래프를 그릴 때 감자를 X축, 생선을 Y축에 표시하시오.

(1) 규식이 민수와 교환을 선택하였을 때 규식의 예산선을 그려보시오.
(2) 규식이 수철과 교환을 선택하였을 때 규식의 예산선을 그려보시오.
(3) 규식은 수철과의 교환을 선택하기보다 민수와의 교환을 선택하였다. 이러한 선택은 합리적인가? 이러한 선택을 통해 규식의 소비행태에 대해 무엇을 짐작할 수 있는가?

11. 고등학교 학생들에게 무상점심이 제공되었다.

(1) 학부모에게 점심은 공짜인가?
(2) 경제학자들이 무상급식이 공짜가 아니라고 하는 이유는 무엇인가?
(3) 무상급식의 사회적 기회비용은 무엇인가?

12. 경제적 자원 즉 생산요소에는 어떤 종류가 있는가? 화폐자본이 생산요소에 포함되지 않는 이유는 무엇인가? 기업가적 능력은 노동력이 수행하는 역할과 어떻게 다른가?

2

Chapter

시장경제와 경제 순환

학습내용

1 자유방임 자본주의와 통제경제

2 시장경제의 특징

3 5가지 경제문제와 시장경제

4 시장경제의 장점과 통제경제의 문제점

5 소득순환모형

6 시장경제와 위험관리

당신은 지금 쇼핑몰에 있다. 당신의 숙제는 그곳에 있는 재화와 서비스의 목록을 작성하는 것이다. 동일품목이더라도 브랜드가 다르거나 형태가 약간 다른 것은 목록에 포함된다. 이러한 작업은 대단히 힘들며 재화와 서비스의 목록은 무척 길 것이다. 쇼핑몰 한 군데에 그토록 많은 종류의 상품과 수량이 있지만, 그것은 국민경제의 지극히 적은 일부에 지나지 않는다.

쇼핑몰이나 경제 전체에 존재하는 재화나 서비스의 종류나 생산량을 누가 결정하는가? 어떤 기술이나 생산요소를 이용하여 이들 상품을 생산할지 생산자들은 어떻게 결정하는가? 이들 산출물을 누가 소비하는가? 새로운 상품이나 개선된 상품이 등장하는 이유는 무엇인가? 이번 장은 이와 관련된 문제를 설명할 것이다.

경제체제

경제체제

모든 사회는 경제문제에 대응해 **경제체제**를 발전시키게 된다. 여기에서 경제체제란 일정한 방식으로 결합된 여러 제도적 장치와 조정 메커니즘을 말한다. 경제체제는 어떤 재화를 얼마나 생산할지, 어떻게 생산할지, 누가 소비하게 될지, 어떻게 변화에 적응할지, 그리고 어떻게 기술진보를 향상시킬지를 결정해야한다.

이러한 의사결정은 분권화된 시장과 가격을 기초로 이루어지거나 정부에 집중된 강제와 명령을 기초로 이루어질 수 있다. 어느 쪽에 더 의존하느냐에 따라 경제체제가 구분된다. 한쪽 끝에는 정부의 개입이 드물고 시장과 가격이 대부분의 경제활동을 지배하는 순수 자본주의가 있다. 그리고 다른 쪽 끝에는 정부가 거의 모든 경제활동을 지배하는 통제경제가 있다. 이들은 (1) 생산요소의 소유자 (2) 경제활동의 동기부여, 조정, 지도방식에서 크게 다르다. 대부분의 경제는 두 극단의 사이에 있으며 정부의 규제와 분권화된 시장과 가격을 모두 이용하고 있다. 이러한 경제를 시장경제 또는 혼합경제라 한다.

순수 자본주의

자유방임 자본주의

순수 자본주의 즉 **자유방임 자본주의**에서 정부의 역할은 외부의 침략이나 강탈로부터 사유재산을 보호하고 법질서를 유지하는 일에 한정된다. 이를 통해 계약이 이행되고 시장에서 재화나 서비스 그리고 자원이 거래된다.

'자유방임'이라는 용어는 프랑스어로 **그냥 내버려 둔다**라는 뜻으로 정부가 경제에 개입하지 않는다는 것이다. 자유방임을 지지하는 사람은 정부의 개입이 사회의 후생수준을 떨어뜨린다고 믿는다. 경제에 광범위하게 개입하는 정부는 특수 이익집단에 의해 결국 부패하게 된다는 것이다. 그것은 특수 이익집단이 정부의 영향력을 이용하여 사회보다 자신의 이익을 추구하기 때문이다.

이들의 주장에 따르면 정부의 부패를 줄이려면 정부의 역할은 개인이나 기업의 물리적 강요를 방지하는 것에 한정되어야 한다. 그러면 상호 이익인 경제거래만 이루어지게 되어 사회의 후생수준은 최대수준에 도달하게 된다. 사람들이 원하는지 바는 자신이 가장 잘 알기 때문이다.

그러나 지금까지 어떤 경제도 자유방임 자본주의를 채택한 적이 없다. 즉 정부의 경제개입이 자유방임에서 허용되는 몇 가지에 머물러 있었던 적이 없다. 역사적 사실은 모든 정부가 광범위하게 경제활동을 수행하였다는 것이다. 산업안전 규제를 비롯하여 조세와 보조금, 면허제도, 그리고 소득재분배 등을 시행하였던 것이다.

따라서 자유방임 자본주의는 가상의 경제체제로 지지자들은 이를 모든 경제체제가 지향하여야하는 이상형으로 여기고 있다. 하지만 이를 반대하는 사람도 있으며 이들은 정부의 경제개입이 더 확대되어야 한다고 주장한다.

통제경제

자유방임 자본주의의 반대쪽에 통제경제가 있다. **통제경제**는 사회주의 또는 공산주의로도 알려져 있다. 통제경제에서 정부는 대부분의 물적 자원을 소유하며 경제적 의사결정은 정부가 입안하고 시행하는 경제계획에 의해 이루어진다.

통제경제

통제경제에서 정부는 경제계획을 담당하는 위원을 임명하는데, 이들이 자원의 사용, 산출물의 구성과 분배, 생산의 조직화 등에 관한 거의 모든 결정을 행한다. 정부는 대부분의 사업체를 소유하며, 이들 사업체는 정부의 지침에 따라 생산한다. 중앙의 **계획위원회**는 기업의 생산목표를 정해주고, 이를 달성하기 위하여 이들 기업에 할당될 자원의 양을 구체적으로 정한다. 산출물을 자본재 또는 소비재로 쓸 것인가의 구분도 중앙에서 결정되며, 자본재의 산업간 배분도 중앙 계획위원회의 장기적인 우선순위에 따라 이루어진다.

계획위원회

순수통제경제는 중앙의 경제계획에 전적으로 의존하며 경제계획에 따라 정부소유의 물적 생산요소가 배분된다. 그러나 현실에서는 극단적 통제경제였던 소련도 일부 사유재산을 허용하였고 1992년 붕괴하기 전에는 시장을 일부 도입하였다. 러시아를 비롯하여 대부분의 동유럽국가은 최근 들어 경제개혁을 통해 통제경제를 어느 정도 자본주의적인 시장 지향적 경제체제로 전환하였다. 중국의 개혁은 그 정도로 진행되지 않았지만, 중앙의 경제계획에 의존하는 바를 크게 줄였다. 중국에서는 정부가 자원과 자본을 아직 광범위하게 소유하고 있지만, 자유 시장에 의존하여 경제를 조직하고 조정하는 바가 점차 커지고 있다. 북한과 쿠바는 아직 중앙 계획에 크게 의존하고 있는데, 이들은 아직 통제경제를 택하고 있는 주요 국가에 속한다. 그밖에 주로 통제경제체제를 채택하는 국가들은 투르크메니스탄, 라오스, 벨로루시, 리비아, 미얀마 그리고 이란 등이다. 이장의 뒤 부분에서 통제경제체제가 대부분 종말을 고하게 되는 주된 이유를 설명할 것이다.

시장경제

대부분의 국가는 **시장경제**를 채택하고 있는데, 이것은 **자본주의** 또는 **혼합경제**라고도 불린다. 시장경제의 특징은 정부의 중앙 집중적 경제주도권과 개인과 기업의 분권화된 경제활동이 혼합되어 있다는 점이다. 혼합의 정도는 나라마다 다르지만 어느 경우나 자원은 사적으로 소유되며, 경제활동은 시장과 가격을 통해 조정되고 통제된다.

시장경제
자본주의
혼합경제

시장경제에서 개인과 기업은 자신의 경제적 목표를 달성하기 위하여 노동, 소비, 생산 등에 대한 결정을 스스로 내린다. 자본의 사적 소유가 허용되며 가격을 통해 의사소통이 이루어지고 시장을 통해 경제활동이 조정된다. 시장이란 판매자와 구매자가 함께 모여 재화, 서비스 그리고 자원 등을 사고파는 곳이다.

시장참여자는 누구나 자신의 이익을 추구하며 의지와 능력만 있으면 재화와 서비스를 구매하거나 판매할 수 있다. 그 결과 개별 산출물이나 자원마다 서로 독립적인 판매자와 구매자가 있게 되며 이들 사이에 경쟁이 존재하게 된다. 그래서 경제적 의사결정은 중앙에 집중되어 있지 않고 널리 분산되어 있다.

금전적 대가

또한 시장경제는 **금전적 대가**를 강력한 인센티브로 제공한다. 그래서 기존의 기업들은 기술을 혁신하고 기업가들은 신제품과 새로운 생산방법을 시도한다. 이에 따른 재무적 위험이 적지 않고 대부분의 혁신이 소비자의 이목을 끌지 못하지만 금전적 대가라는 인센티브에 이끌려 그렇게 하는 것이다.

그러나 미국을 비롯한 대부분의 자본주의 국가에서 정부는 경제에서 상당한 역할을 행한다. 경제활동의 규칙을 제공할 뿐 아니라 경제의 안정과 성장을 촉진한다. 또한 시장에서 과소 생산되거나 아예 생산되지 않았을 재화나 서비스를 공급한다. 그리고 소득을 재분배하기도 한다. 그러나 정부가 무엇을 생산할지, 어떻게 생산할지, 그리고 누가 갖게 될지를 주도적으로 결정하지 못한다. 그 힘은 시장이 가지고 있다.

시장경제의 특징

시장경제의 주요 특징을 자세히 살펴보는 것은 매우 유익할 것이다.

사유재산

사유재산권
계약의 자유

시장경제에서 대부분의 물적 생산요소(토지와 자본)는 정부가 아니라 개인이나 민간 기업이 소유한다. 자본주의라는 이름도 자본의 광범위한 사적 소유에서 비롯된 것이다. 이러한 **사유재산권**과 함께 법적 구속력이 있는 **계약의 자유**가 주어져야 개인이나 기업은 자신에게 적합한 방식으로 물적 생산요소를 획득, 사용 그리고 처분하게 된다. 그리고 재산 소유자에게 유산을 상속할 권리가 주어져야 사유재산제도는 유지된다.

상호 합의

재산권은 경제거래가 **상호 합의**할 때만 이루어지게 하여 자발적 협동을 조장한다. 이를 알기위해 재산권이 보호되지 않는 세계를 상상해보자. 그러한 세계에서 강자들은 약자에게 어떤 것도 보상하지 않고 자신이 원하는 것을 빼앗아간다. 그러나 재산권이 보호되면 누구든지 당신에게서 어떤 것을 얻고자하면 당신의 동의를 받아야 한다. 당신은 팔라는 제안을 거절할 수 있다. 따라서 누군가 당신의 소유물을 진정 원한다면 당신에게 대가를 제시해야 한다. 이러한 대가는 당신이 생각하는 소유물의 가치보다 커야 한다. 그래야 당신은 그러한 제안에 동의할 것이다. 그래서 **상호 합의로 이루어지는 거래는 당신의 소유물을 원한 사람뿐 아니라 당신에게도 이익**인 것이다.

또한 재산권은 투자, 기술혁신, 교환, 재산의 유지 그리고 경제성장을 촉진한다. 정부 또는 누군가가 타인의 재산을 마음대로 빼앗아 갈 수 있다면 누가 상점에 물건을 쌓아 놓으며 공장을 건설하거나 농지를 간척하려고 할 것인가?

지적재산

재산권은 특허, 저작권 및 상표 등 **지적재산**에도 적용된다. 이들 권리가 장기간 보호되기 때문에 누군가 자신의 지적재산과 이로부터 얻게 되는 수익을 훔쳐갈 것이라는 걱정 없이 책, 음악, 컴퓨터 프로그램 등을 저작하거나 신상품이나 새로운 생산 공정을 발명할 수 있게 된다.

게다가 재산권은 교환을 용이하게 한다. 자동차 등록증이나 주택의 등기서류는 판매자가 적법한 소유자임을 구매자에게 확인시켜준다. 그리고 재산권이 있어서 재산의 소유자는 재산 가치의 유지나 증대를 위해 재산을 관리하고 개량한다. 마지막으로 재산권이 존재하기 때문에 사람들은 더 많은 시간과 자원을 재화와 서비스 생산에 투입할 수 있다. 재산권이 없다면 생산하거나 취득한 기존의 재산을 보호하는데 더 많은 시간과 자원을 사용하여야 한다.

영업 및 선택의 자유

시장경제에서는 다양한 경제단위가 선택을 하여야 한다. 이들의 선택은 여러 시장에서 표출되고 실현된다. 이러한 선택을 보장하는 것이 영업의 자유와 선택의 자유이며 이러한 자유가 보장되어야 사유재산제도가 구체적 의미를 갖게 된다.

- **영업의 자유**가 있어야 기업가나 민간 기업은 재화나 서비스의 생산에 필요한 생산요소를 자유롭게 취득하거나 사용할 수 있고 이를 시장에서 자유롭게 판매할 수 있다.
- **선택의 자유**가 있어야 누구나 자신의 재산이나 화폐를 자유롭게 사용하거나 처분할 수 있다. 근로자도 자신이 원하는 직업을 자유롭게 선택할 수 있다. 그리고 소비자도 예산범위에서 자신이 원하는 재화나 서비스를 자유롭게 살 수 있다.

지구촌 전망 2.1

경제자유도 지수(2014)

경제자유도 지수는 무역정책, 사유재산권, 정부개입 등 10가지 분야에서 각 분야별 50가지가 넘는 구체적 기준을 이용하여 측정한다. 이 지수는 184개국을 평가하여 작성된 것으로 경제자유의 정도에 따라 순위가 매겨져 있다. 2014년의 경제자유도 지수에서 한국은 31위로 차지하였으며 자유도가 비교적 높은 나라에 속한다. 다른 국가들의 순위는 아래와 같다.

자유도 높음
1. 홍콩
3. 호주
5. 뉴질랜드

자유도 비교적 높음
12. 미국
20. 스웨덴
25. 일본
31. 한국

자유도 비교적 낮음
114. 브라질
137. 중국
140. 러시아

자유도 낮음
173. 이란
175. 베네수엘라
178. 북한

자료: 헤리티지 재단, www.heritage.com

이러한 자유는 물론 광범위한 법적 제한을 받는다. 인간장기의 판매나 마약류의 구입 같은 불법적인 선택은 범금과 징역형으로 처벌된다(지구촌 전망 2.1을 보면 경제적 자유의 정도는 나라마다 큰 차이가 있다).

영업의 자유
선택의 자유

사익추구

시장경제에서 **사익추구**는 다양한 경제주체가 자유로운 선택을 할 때 그 배후에서 작동하는 추진력이다. 사익추구란 개별경제주체가 자신의 목적을 달성하고자 노력한다는 것을 뜻한다. 자신의 목적을 달성하려면 무엇인가를 희생해야만 한다. 그런 점에서 사익추구는 이기심과는 다르다. 기업가의 사익추구는 이윤의 극대화나 손실의 최소화로 나타난다. 자산소유자는 가장 비싼 값을 받고 자원을 팔거나 임대해주고자 한다. 근로자는 자신의 효용(만족)을 극대화하기 위해 임금, 근로시간, 부가급여 및 작업 여건 등이 최적으로 결합된 직장을 구하고자 한다. 소비자는 상품을 가장 싼 가격에 사고자 노

사익추구

력하며 소비재의 선택을 통해 자신의 효용을 극대화하려고 한다. 사익추구라는 동기는 자칫 혼란에 빠질 수 있는 경제를 한 방향으로 나아가게 만든다.

경쟁

경쟁

시장경제는 경제주체들 간의 **경쟁**에 의존한다. 이러한 경쟁의 기초는 사익추구 과정에서 행해지는 선택의 자유이다. 넓게 정의하자면 경쟁은 다음의 조건을 필요로 한다.

진입 및 퇴출의 자유

- 특정의 생산물시장이나 요소시장에서 독립적으로 행동하는 2이상의 구매자와 판매자(보통은 2보다 훨씬 많은 구매자와 판매자가 존재한다)
- 경제적 사익을 추구하는 판매자나 구매자의 **진입 및 퇴출의 자유**

구매자와 판매자의 경쟁으로 경제 권력은 많은 기업과 가계들에 분산된다. 시장에 많은 구매자와 판매자가 있어서 단일의 구매자나 판매자는 **자기 마음대로 가격을 정할 수 없다**. 다른 구매자나 판매자가 이보다 가격을 낮추면 손해를 보기 때문이다.

그리고 경쟁이 가능하려면 생산자의 산업 진입 또는 퇴출이 자유로워야 한다. 즉 산업의 확장이나 수축을 방해하는 장벽이 지나치지 않아야 한다. 확장 또는 수축이 자유로워야 경제에 신축성이 주어져 시간이 지나면서 경제는 효율적인 상태에 이르게 된다. 또한 진입과 퇴출의 자유가 있어야 경제는 소비자의 기호, 기술 그리고 자원의 가용성이 변하더라도 이에 적응할 수 있다.

경제력의 분산

경쟁에 따른 **경제력의 분산**은 경제력이 남용되는 것을 줄인다. 가격을 경쟁자보다 높게 매긴 기업은 경쟁기업에 시장을 빼앗긴다. 경쟁기업보다 낮은 임금을 지불하는 고용주는 다른 기업에 근로자를 빼앗기게 된다. 신기술을 개발하지 못한 기업은 신기술을 개발한 다른 기업에 이윤을 빼앗긴다. 소비자는 경쟁기업이 만든 품질 좋은 상품으로 구매를 전환함으로써 허접한 상품을 생산한 기업을 처벌한다. 시장경제에서 **경제주체를 견제하는 기본적인 규제력은 경쟁**이다.

시장과 가격

사익추구에 기초한 경제는 난장판이 될 것이라고 우려할 수 있다. 소비자는 우유를 원하는데 기업은 요구르트를 생산한다든지 기업은 소프트웨어 기술자를 원하는데 근로자는 은행원이 되고 싶어 할 수 있다. 그러면 이들의 자유로운 선택들이 서로 일치하지 않아 경제가 마비에 빠질 것처럼 보인다.

시장

그러나 현실에서 가계나 기업이 행하여지는 수많은 의사결정은 시장과 가격에 의해 조정된다. 시장과 가격은 시장경제의 핵심요소다. 이를 통해 매일 행하여지는 수많은 경제적 의사결정이 조정된다. **시장**이란 구매자(수요자)와 판매자(공급자)가 서로 만나 거래를 할 수 있게 만드는 제도 또는 작동장치이다. 시장은 상품이나 자원에 대한 구매자나 판매자의 의사결정을 서로에게 전달한다. 시장의 양편에 구매자와 판매자가 존재하여 이들은 구매나 판매에 대한 여러 의사결정을 행한다. 이들의 의사결정으로 가격이 결정되고 이러한 가격이 서로 알지 못하는 다른 구매자나 판매자에게 정보를 제공한다. 그러면 자원의 소유자, 기업가 및 소비자는 가격이 제공하는 정보를 바탕으로 새로운 선택을 하거나 자신의 의사결정을 수정하면서 사익을 추구하는 것이다.

경쟁이 시장경제를 견제하는 수단이라면 시장은 경제를 통합하고 조정하는 수단이다. 시장은 정교한 **의사소통망**인 것이다. 이를 통해 수많은 개인의 자유로운 선택이 알려지고 조정되면서 선택이 한쪽으로 치우지지 않게 된다. 시장의 신호와 방향에 주의를 기울이는 사람은 이윤과 소득이라는 보상을 얻지만, 이를 무시하는 사람은 처벌을 받는다. 이러한 작동기구를 통하여 경제가 무엇을 생산해야 할지, 생산을 어떻게 효율적으로 조직할지 그리고 생산의 과실을 어떻게 경제를 구성하는 다양한 경제주체들에게 배분할지 등이 결정된다.

의사소통망

기술과 자본재

시장경제에서는 경쟁, 선택의 자유, 사익추구 그리고 개인적 보상 등이 기술진보의 기회와 동기를 부여한다. 기술혁신자는 신제품이나 새로운 생산기술에 따른 금전적 보상을 직접 얻는다. 따라서 시장경제는 복잡한 자본재를 폭넓게 사용하게 하고 이의 신속한 개발을 촉진한다. 여기에서 **자본재**란 작업도구, 기계설비, 대규모 공장, 창고, 통신, 수송, 마케팅 등을 말한다.

자본재

직접적인 생산방법에 의존하는 것은 비효율적일 때가 많기 때문에 앞선 기술이나 자본재는 중요하다. 농부가 맨손으로 농사를 짓는 것은 어리석다. 이러한 비효율성을 피할 수 있는 유일한 방법은 자본재에 의존하는 것이다. 분무기, 트랙터, 곡물저장고와 같은 자본장비를 사용하면 생산성이 커진다. 자본재 사용으로 생산이 효율적으로 되면 생산량도 늘어난다.

전문화

시장경제는 **전문화**에 크게 의존하고 있다. 전문화란 개인이나 기업, 지역, 국가 등이 모든 종류의 재화와 서비스를 생산하는 것이 아니라 몇 가지의 재화와 서비스만을 생산하는 것을 말한다. 이렇게 생산한 것을 시장에 팔아 자신이 원하는 상품을 구입하는 것이다. 실제로 소비자들 중에 자신이 소비하는 재화나 서비스를 생산하는 사람은 거의 없다. 자신이 생산한 상품을 직접 소비하는 사람도 거의 없을 것이다. 쌀농사를 짓는 농부도 자신이 경작한 쌀을 대부분 시장에 내다 판다. 스마트폰 부품을 생산하는 기업이 이를 직접 사용하는 것은 지극히 드문 일이다. 자동차 수리업자는 자동차수리로 얻은 수입으로 자신이 필요한 상품을 시장에서 사다 먹는다. **자급자족이 비효율이라는 것은 오래된 깨달음에서 체득한 것**이다. 만물박사는 개인의 다재다능함을 보여줄지 모르지만, 결코 효율적인 생산자가 될 수 없다.

전문화

분업 인적 전문화 즉 **분업**은 여러 가지 방법으로 생산증가에 기여한다.

분업

- 전문화는 능력의 차이를 활용하게 한다.

전문화를 하면 개인 간에 존재하는 능력과 기술의 차이를 활용할 수 있게 된다. 선동렬 야구선수는 신체건장하고 어릴 적부터 공 던지기에 능하였다. 소녀시대는 예쁘고, 날렵하며 노래를 잘 부른다. 선동렬 선수가 프로야구에서 뛰고 소녀시대가 노래를 취입하여 콘서트를 연다면 이들의 재능은 가장 효율적으로 사용되는 셈이다.

- 전문화는 학습효과를 촉진한다.

두 사람의 능력이 똑같더라도 전문화는 이익이 될 수 있다. 하나의 작업에 전념하면 여러 작업을 할 때에 비하여 기술의 개발이나 개선이 훨씬 쉬워진다. 능력이 떨어진 교수라도 어느 한 전공분야에 몰두하다보면 학습효과가 누적되어 훌륭한 전문가가 될 수 있다.

- 전문화는 시간을 절약시켜준다.

시간 손실

하나의 작업에 전념하면 여러 작업을 할 때 발생할 수 있는 작업 전환에 따른 **시간 손실**을 피할 수 있다. 또한 해 본적이 없는 작업을 하다가 발생하는 실수도 피할 수 있어 시간을 절약시켜준다.

이러한 이유 때문에 전문화가 되면 제한된 자원으로부터 얻을 수 있는 사회의 총산출은 증가한다.

지리적 전문화 전문화의 이익은 지역적으로 그리고 국제적으로도 적용된다. 추운 강원도에서도 한라봉을 재배할 수는 있다. 그러나 지질이나 강우량, 기온 등이 재배에 적합하지 않아 비용이 매우 높을 것이다. 따뜻한 제주도에서도 감자를 경작할 수는 있다. 그러나 지리적 여건 때문에 비용이 무척 많이 들 것이다. 그래서 강원도 사람들은 지리적 여건에 가장 적합한 상품, 특히 감자를 생산하고 제주도 사람들은 한라봉을 비롯한 감귤류를 생산한다. 전문화를 하면 두 지역 사람들은 자기들이 필요한 것보다 훨씬 많은 양을 생산하게 된다. 그리고 아주 현명하게도 이들은 잉여생산물의 일부를 서로 맞바꾼다. 제주도 사람은 한라봉을 주고 감자를 얻고, 강원도 사람은 감자를 주고 한라봉을 얻는다.

국제적으로도 마찬가지이다. 한국은 자동차나 스마트폰과 같은 상품을 전문화하여 생산한 다음 이를 팔아 미국으로부터 항공기를, 필리핀에서 바나나를, 중국으로부터 농산물 등을 구입한다. 인적 전문화나 지역적 전문화는 제한된 자원을 효율적으로 사용하는 데 매우 중요한 요소다.

화폐의 사용

교환의 매개수단

어떤 경제에서라도 화폐가 널리 사용된다는 것은 분명한 사실이다. 화폐는 여러 가지 기능을 수행하지만 가장 중요한 것은 **교환의 매개수단**으로 사용된다는 것이다. 즉 거래를 보다 용이하게 한다.

물물교환

전문화가 이루어지려면 교환이 전제되어야 한다. 교환은 **물물교환**의 형태로 일어날 수 있으며 실제로 발생하기도 한다. 즉 감자와 한라봉을 서로 바꾸듯이 물건과 물건을 맞바꾸는 것이다. 그러나 물물교환은 **구매자와 판매자 간 욕망의 일치**라는 심각한 문제를 안고 있다. 앞의 예에서 강원도 사람은 잉여의 감자를 가지고 있으며 한라봉을 필요로 한다고 가정하였다. 그리고 제주도 사람은 한라봉을 가지고 있고 감자를 사려고 한다고 가정하였다. 이런 상황에서는 거래가 발생할 수 있지만 욕망이 일치하지 않으면 교환은 좌절되고 만다.

강원도 사람은 제주도의 한라봉이 아니라 전라도의 양파를 원한다고 하자. 그리고 전라도 사람은 강원도의 감자가 아니라 제주도의 한라봉을 원한다고 가정하자. 좀 더 복잡하게 제주도 사람은 전라도의 양파가 아니라 강원도의 감자를 원한다고 하자. 이러한 상황이 그림 2.1에 표시되어 있다.

사회적 발명품

그림에서 두 당사자 간에는 욕망이 서로 일치하지 않는다. 따라서 물물교환을 통해 거래가 이루어질 수 없음은 분명하다. 그 때문에 각 지역의 주민들은 화폐를 사용한다. 화폐란 간단히 말하면 재화와 서비스의 교환을 용이하게 하는 **사회적 발명품**이다. 과거에 화폐로 사용된 것은 가축, 담배, 조개껍질, 원석, 금속조각 등의 상품들인데, 이들의 화폐로서의 성공 정도는 달랐다. 어떤 상품이 화폐로 사용되려면 다음과 같은 단 하나의 기준을 통과해야 한다. 즉 판매자들이 자신의 재화와 서비스를 제공한 대가로 이를 기꺼이 받아야 한다는 것이다. 따라서 사회가 교환수단으로 인정하고 있는 것 즉 누구나 교환의 매개수단으로 받아주는 것은 무엇이든 화폐가 될 수 있다. 이처럼 화폐는 **사회적으로 규정되는 것**이다.

오늘날 대부분의 국가는 지폐를 화폐로 사용한다. 우리나라의 경우 교환수단으로 한국은행권(현금)을 사용하고 있어서 강원도, 제주도, 전라도 주민들은 그림 2.1에서 보여준 거래의 장애물을 극복할 수 있다.

국제 경제에서 각국은 서로 다른 통화를 사용하고 있어서 국제간의 전문화나 교환은 약간 복잡하다. 그러나 각국의 통화가 사고 팔리는 시장이 있어서 여러 국가의 국민들은 물물교환에 의존하지 않고 재화와 서비스를 서로 교환할 수 있다.

[그림 2.1] 화폐의 역할

화폐를 교환수단으로 사용하면 욕망의 불일치가 존재하더라도 교환이 가능하다. (1) 강원도는 제주도에 감자를 팔아 화폐를 얻는다. (2) 강원도는 화폐를 주고 전라도에서 양파를 구입한다. (3) 전라도는 강원도에서 받은 화폐를 제주도에 주고 원하는 한라봉을 얻는다.

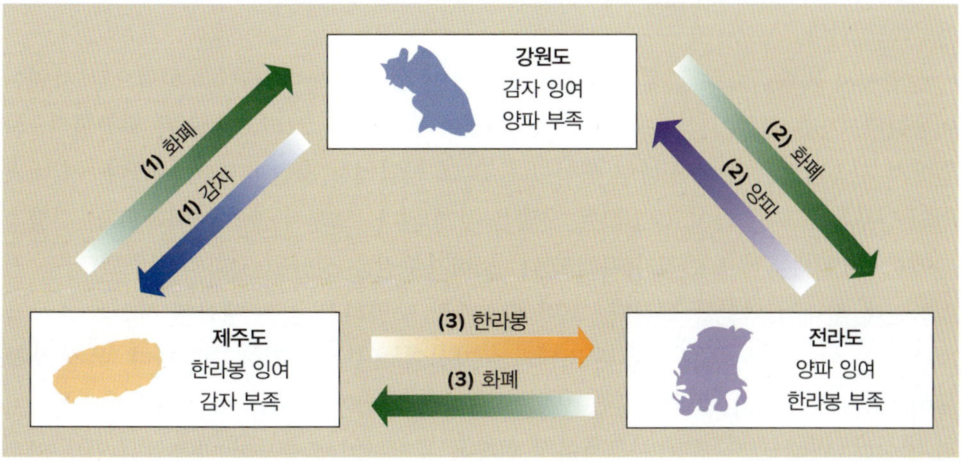

능동적이지만 제한된 정부

시장의 실패
정부실패

능동적이지만 제한된 정부가 현대의 선진국 시장경제의 마지막 특징이다. 시장경제가 자원사용의 효율성을 고도로 촉진시키지만 내재적으로 **시장의 실패**라는 단점을 가지고 있다. 차후의 장들에서 정부가 어떤 방법으로 시장경제의 효율성을 증대시킬 수 있는지 발견할 수 있을 것이다. 그렇더라도 정부 역시 약점을 가지고 있어서 이로 인해 자원배분이 상당히 왜곡될 수 있다. 나중에 다양한 형태의 **정부실패**를 살펴볼 것이다.

5가지 근본 경제문제

시장경제가 다음과 같은 5가지 근본 경제문제를 어떻게 해결하는지 시장경제의 특징으로부터 설명하여 보자.

- 무엇을 생산할 것인가?
- 어떻게 생산할 것인가?
- 누가 소비할 것인가?
- 어떻게 여건변화에 적응할 것인가?
- 경제생활의 개선을 어떻게 촉진할 것인가?

위의 질문은 1장에서 논의한 생산가능 곡선에서 분명히 드러났듯이 경제적 선택에 관한 것이다.

무엇을 생산할 것인가?

경제적 이윤

시장경제에서 생산되는 재화의 종류와 수량은 어떻게 결정될까? 이에 대한 답은 간단하다. 즉 생산해서 지속적으로 이윤을 내는 재화와 서비스를 생산하고, 지속적으로 손실을 내는 것은 생산하지 않는다는 것이다. **경제적 이윤**이란 기업이 생산한 것을 팔아 얻은 총수입에서 생산에 든 총비용을 뺀 것이다. 경제학자들은 총비용에 노동에 대한 임금이나 급여, 자본과 토지에 대한 이자나 지대뿐 아니라 기업가에게 지급되는 기회비용을 포함한다.

소비자주권
돈 투표

산업에서 지속적으로 경제적 이윤이 발생하면 생산이 확대되고 그 산업으로 자원이 이동한다. 기존 기업이 성장하고 새로운 기업이 진입한다. 그리고 산업은 확장한다. 산업에서 지속적으로 손실이 나면 생산이 줄고 그 산업에서 자원이 빠져 나간다. 기존 기업의 일부는 규모를 줄이고, 일부는 사업을 접게 된다. 그래서 산업은 위축된다. 시장경제에서 소비자는 최고 주권자(지배자)다. **소비자주권**은 생산될 재화의 종류와 양을 결정하는데 절대적 역할을 행한다. 소비자는 가장 구입하고 싶은 재화에 자신의 소득을 지출한다. 이러한 **돈 투표**를 통해 소비자는 자신의 욕구를 시장에 전달한다. 특정 생산물에 대한 돈 투표가 쌓여 이윤을 낼만큼 크다면 기업가는 이를 생산하여 판매하고자 할 것이다. 반대로 돈 투표가 부족하여 비용을 충당하기에 충분할 만큼의 수입을 얻을

사례연구: 대박과 쪽박

맥도널드는 수십 년에 걸쳐 여러 가지 새로운 메뉴를 도입하였다. 일부는 이윤이 많은 '대박'이었고, 일부는 '쪽박'이었다. 어떤 메뉴가 이윤을 많이 남겨 맥도널드의 메뉴판에 그대로 남아있을지를 결정한 것은 결국 소비자였다.

- 훌라 버거(1962) 쪽박
- 딸기 숏케익(1966) 쪽박
- 핫 애플파이(1968) 대박
- 드라이브 스루(1975) 대박
- 엑스트라밸류 밀(1991) 대박
- 아치 디럭스(1996) 쪽박
- 빅 엑스트라(1999) 대박
- 맥 그리들(2003) 대박
- 피쉬 맥바이트(2012) 쪽박
- 필렛 오 피쉬(1963) 대박
- 빅맥(1968) 대박
- 달걀 머핀(1975) 대박
- 치킨 맥너겟(1983) 대박
- 맥 린 디럭스(1991) 쪽박
- 55센트 스페셜(1997) 쪽박
- 맥 샐러드 쉐이커(2000) 쪽박
- 스낵 랩(2006) 대박

자료: Passikoff, "MacDonald's Fish McBites Flounders", Forbes, March 12, 2013. forbes.com; Machan, Dyan, "Polishing the Golden Arches", Forbes, June 15, 1998. pp.42-43. 최신자료가 보완된 것. 포브스 미디어의 사용허락을 득하여 전제함.

수 없으면 기업가는 그 생산물을 생산하지 않을 것이다. 그런 점에서 소비자가 최고 주권자이다. 이들의 집단적 의사결정은 이들의 욕구를 충족시키는 산업으로 자원이 흘러가도록 명령하고 그렇지 않은 산업에서 자원이 빠져나오도록 명령한다.

소비자의 돈 투표는 **어떤 산업이 지속적으로 생존할지를 결정할 뿐 아니라 특정 생산물의 생사여부도 결정**한다. 경제적 이윤을 남기는 산업이나 기업 그리고 생산물만 살아남는다. 기업이 자신이 원하는 것을 무엇이든 자유롭게 생산할 수 있을 것 같지만 그렇지 않다. 소비자의 구매여부가 무엇을 생산할지에 대한 기업의 선택을 제약한다. 소비자가 구매하는 상품만이 이윤을 남길 수 있고 그렇지 않는 상품은 손실을 입기 때문이다. 기업은 소비자의 선택에 부합하는 생산물을 선택하여야 한다. 그렇지 않으면 손실을 입고 결국 파산할 것이다.

이것은 자원의 공급자에게도 마찬가지로 적용된다. 자원을 고용하는 것은 고용된 자원을 통해 생산한 재화나 서비스가 팔리기 때문이다. 기업은 자동차가 팔리기 때문에 근로자를 고용한다. 예전에는 전화교환원이 많았지만 요즘은 어떤 기업도 전화교환원을 고용하지 않는다. 자원의 공급자는 소득을 벌고자하기 때문에 마음대로 공급처를 정할 수 없다. 즉 소비자가 찾지 않는 상품의 생산에 자원을 공급하지 못한다. 소비자는 자신의 선호를 시장에 드러내며 생산자나 자원의 공급자는 사익을 얻기 위해 소비자의 선호에 부응하려고 하는 것이다.

어떻게 생산할 것인가?

재화와 서비스를 생산하기 위하여 자원과 기술을 어떻게 결합할 것인가? 생산을 어떻게 조직할 것인가? 이에 대한 답은 생산물의 **단위비용을 최소화하는 방법으로 한다**는 것이다. 그렇지 않으면 비효율성이 발생하여 비용이 높아지고 이윤이 낮아지기 때문이다. 따라서 이윤 극대화를 추구하는 기업은 생산비용을 최소화하기 위해 막대한 노력을 기울여야한다. 이러한 노력에는 생산요소의 가격과 생산성이 주어져 있을 때 이들을 적절하게 결합하는 것을 비롯하여 생산 및 수송비용을 낮추기 위해 최적의 공장입지를 찾는 것도 포함된다.

이러한 노력은 기업이 경쟁에 직면할 때 치열해진다. 소비자는 낮은 가격을 선호하며 따라서 동일 품질이라면 이를 가장 낮은 가격으로 생산하는 기업의 생산품을 구매할 것이기 때문이다. 기업이 어리석게도 고비용의 생산방법을 사용하면 결국 파산하게 된다. 낮은 가격에 팔면서 이윤을 낼 수 있는 효율적인 경쟁자가 더 싸게 팔 것이기 때문이다. 간단히 말하자면 경쟁은 고비용 생산자를 솎아낸다.

효율적인 생산기술

최저비용으로 생산한다는 것은 기업이 생산할 때 경제적으로 가장 효율적인 생산기술을 이용해야 한다는 것을 뜻한다. 가장 **효율적인 생산기술**은 다음의 2가지 요인의 영향을 받는다.

- 이용 가능한 기술 즉 경제적 자원을 결합하여 원하는 상품을 생산할 때 이용 가능한 다양한 지식과 기술
- 투입에 필요한 경제적 자원의 가격

어떤 자원의 시장가격이 매우 높을 때 이러한 자원을 반드시 투입하여야 하는 생산기술은 경제적으로 매우 비효율적일 수 있다. 경제적 효율성이 달성되려면 가장 적은 화폐적 비용을 들여 생산할 수 있어야 한다. 예를 들어 만5천 원짜리 헤드폰을 생산할 때 가장 비용이 적게 드는 방법으로 자원을 결합하는 것이 가장 효율적이다.

만5천 원짜리 헤드폰을 생산하는 기술이 3가지 있다고 하자. 그리고 각 생산기술에 들어가는 자원의 양과 이들 자원의 가격이 표 2.1처럼 주어져 있다고 하자.

〈표 2.1〉 만5천 원짜리의 헤드폰 생산기술

자원	단위가격 (천 원)	생산에 필요한 자원의 투입량과 비용					
		생산기술 1		생산기술 2		생산기술 3	
		투입량	비용(천 원)	투입량	비용(천 원)	투입량	비용(천 원)
노동	2	4	8	2	4	1	2
토지	1	1	1	3	3	4	4
자본	3	1	3	1	3	2	6
기업가 능력	3	1	3	1	3	1	3
전체비용			15		13		15

각 생산기술에 필요한 자원의 투입량에 자원의 가격을 곱하면 생산기술별로 만5천 원짜리의 헤드폰의 생산에 들어가는 총비용을 구할 수 있다.

생산기술 2가 가장 비용이 낮기 때문에 경제적으로 가장 효율적이다. 이 기술을 택하면 만5천 원짜리 상품을 다른 생산방법보다 낮은 비용을 들여 생산할 수 있다. 경쟁이 존재하면 기업은 생산기술 2를 이용하게 된다. 이것은 기업이 어떻게 생산하는 지를 보여준다. 즉 가장 비용이 적게 드는 방법으로 생산한다는 것이다.

그러나 기술이 변하거나 자원의 가격이 변하면 기업이 택하는 생산기술이 달라진다. 예를 들어 노동의 단위가격이 500원으로 하락하면 이제는 생산기술 1이 보다 효율적이 된다. 기업은 가격이 하락한 자원을 더 사용하는 생산기술을 택하면 비용을 낮출 수 있다. 자원의 가격은 변하지 않았는데 노동을 1단위, 토지를 4단위, 자본을 1단위, 기업가 능력을 1단위 투입하는 새로운 기술이 등장하였다고 하자. 그러면 기업이 이러한 새로운 기술을 택할 것인지 검토해보기 바란다.

누가 소비할 것인가?

지불능력
지불의사

시장경제는 최종 산출물의 분배를 결정할 때 2가지를 고려한다. 그것은 시장가격에 대한 소비자의 **지불능력**과 **지불의사**인데 모든 산출물은 이를 기초로 분배되는 것이 일반적이다. 예를 들어 소형자동차의 가격이 1,000만 원이면 그 가격을 지불할 의사와 능력이 있는 소비자는 '일을 서시른다.' 그러나 그 가격을 지불할 의사가 없거나 능력이 없으면 소비자는 '먼 산만 쳐다본다.'

자동차를 비롯하여 여러 생산물에 대한 지불능력은 소비자의 소득수준에 의존한다. 그리고 이들 재화의 가격과 소비자의 신호에도 의존한다. 소비자가 충분한 소득을 가지고 있고 이를 특정 재화의 구입에 지출하면 그는 그 재화를 소유할 수 있다. 그런데 소비자의 소득수준은 (1) 이들이 생산요소시장에 공급하는 물적 인적요소의 수량 (2) 시장에서 결정되는 생산요소의 가격 등에 따라 달라진다. 생산요소의 가격(임금, 이자, 지대, 이윤)은 개인의 소득 수준을 정하는데 결정적 역할을 한다. 이에 따라 생산물에 대한 개인의 구매능력도 달라지는 것이다. 변호사는 시간 당 20만 원을 벌고 청소부는 시간당 만 원을 번다고 하자. 두 사람이 매년 동일한 시간 일한다면 변호사의 구매력은 청소부의 20배가 된다.

어떻게 여건변화에 적응할 것인가?

시장여건은 끊임없이 변한다. 소비자의 선호가 변하고 기술혁신이 일어나며 자원의 공급량도 달라진다. 이에 따라 현재 가장 효율적이었던 자원배분은 낡은 것이 되어 비효율적이 될 수 있다. 시장경제는 이러한 여건변화에 어떻게 적응하는가?

소비자의 선호가 바뀐 경우를 살펴보자. 예를 들어 소비자들이 지금보다 과일주스의 구매를 늘이고 우유의 구매를 줄인다고 하자. 이러한 변화는 과일주스의 지출을 증가시키고 우유에 대한 지출을 감소시킨다. 이로 인해 다른 조건이 동일하다면 과일주스의 가격이 상승하고 과일주스산업의 이윤이 증가한다. 사익추구에 이끌려 기존기업은 생산량을 증가시키고 새로운 기업이 산업에 진입하기도 한다. 이에 비해 우유의 가격은 하락하고 우유 산업의 이윤은 감소하며 우유의 생산량은 줄어든다. 이처럼 소비자의 기호가 변하면 이러한 **정보가 시장가격의 변동을 통하여 생산자에게 전달되는 것**이다.

과일주스 가격의 상승과 과일주스 산업의 이윤 증가는 과일주스의 생산을 증가시킬 뿐 아니라 과일주스 생산에 필요한 자원의 고용을 증가시킨다. 과일주스 산업은 생산 증가를 위하여 다른 상품의 생산에 고용된 자원을 끌어들여야 하는데 이것은 증가된 이윤을 통하여 가능하다. 우유 산업은 이와 반대의 과정을 겪는다. 그래서 근로자를 비롯하여 다른 자원의 고용량도 감소한다. 이러한 조정과정을 통해 시장경제는 소비자의 선호가 변하였을 때 이에 잘 적응할 수 있다. 여기에서도 소비자 주권은 작동하는 것이다.

시장경제는 막대한 정보가 소통되는 제도이다. 시장 경제는 가격과 이윤의 변동을 통하여 경제여건의 변화를 전달한다. 그리고 기업과 자원공급자로 하여금 이에 적절히 대응하도록 만든다. 소비자 선호 등이 변하면 가격과 이윤이 달라지고 이에 따라 어떤 산업의 생산은 증가하고 어떤 산업의 생산은 감소한다. 생산량의 조정은 생산요소 시장에 전달된다. 번창하는 산업은 생산요소의 고용을 늘이고 쇠퇴하는 산업의 고용은 감소한다. 그래서 임금이나 지대와 같은 자원의 가격이 변하고 소득흐름이 달라져 쇠퇴하는 산업으로부터 번창하는 산업으로 자원의 이동이 이루어지는 것이다.

가격과 이윤의 자원 배분조정 기능

이처럼 **가격과 이윤의 자원 배분조정 기능**이 시장경제의 핵심적 요소이다. 시장경제가 아니라면 중앙의 계획당국이나 행정부처가 기업이나 자원의 공급자로 하여금 적절한 사업에 종사하도록 지시하여야 한다. 기술 혁신이나 자원의 가격이 변하였을 때 시장경제가 이에 어떻게 적응하는지는 앞의 분석과 유사하다는 점을 확인하기 바란다.

어떻게 경제생활의 개선을 촉진할 것인가?

사회는 경제성장(총산출의 증가)과 생활수준의 향상을 바란다. 사회의 생활수준이 향상되려면 기술진보와 자본축적이 필요한데, 시장경제는 이를 어떻게 촉진하는가?

기술진보 시장경제는 기술진보에 강력한 인센티브를 제공하며 개선된 생산물과 생산과정이 이보다 저급한 것을 대체하게 만든다. 인기 있는 신제품을 출시한 기업은 경쟁자를 희생 삼아 경제적 이윤을 올린다. 하지만 한 때의 성공이 영원한 성공을 보장하는 것은 아니다. 어느 해 이윤을 많이 낸 기업이더라도 몇 년 지나지 않아 경제적 어려움을 겪을 수 있다.

생산비용뿐 아니라 유통비용을 절감하는 새로운 방법이나 개선된 방법도 기술진보라고 할 수 있다. 이러한 방법을 찾아낸 기업은 가격을 낮춤으로써 절감된 비용의 일부를 소비자에게 돌아가게 한다. 그리고 경쟁자를 희생삼아 매출을 늘릴 수 있고 경제적 이윤을 얻을 수 있다.

창조적 파괴

게다가 시장경제는 산업 전반에 **기술진보의 급속한 확산을 조장**한다. 경쟁기업들은 가장 혁신적인 기업이 앞장서 치고나간 것을 따라가야 한다. 그렇지 않으면 즉각 손실을 보게 되고 결국 망하게 된다. 그 결과 나타나는 것이 **창조적 파괴**다. 즉 새로운 상품이나 생산방법의 창조가 기존 상품과 과거의 사업방식에 얽매인 기업을 철저히 파괴하는 것이다. 이러한 사례로 스마트폰의 출현이 휴대폰 산업의 절대 강자였던 노키아를 침몰시킨 것을 들 수 있다. 뿐 만 아니라 CD의 출현은 LP 판을 대부분 침몰시켰고, 이러한 CD마저 이제는 다양한 음악 애플리케이션의 등장으로 위기를 맞고 있다.

자본축적 대부분의 기술진보는 새로운 자본재를 필요로 한다. 시장경제는 새로운 자본재의 생산에 필요한 생산요소를 공급한다. 새로운 자본재가 생산되는 것은 이들 자본재에 대한 돈 투표가 존재하기 때문이다. 시장경제에서는 소비재뿐 아니라 자본재에 대한 돈 투표가 행해진다.

소비재에 대한 돈 투표는 소비자가 하지만 자본재에 대한 돈 투표는 누가 하는 것일까? 그것은 기업가와 사업주이다. 이들은 경제적 이윤을 얻기 위해 수입의 일부를 자본재 구입에 투자한다. 이러한 자본재 구입으로 기술혁신이 성공적으로 이루어지면 미래의 이윤이 더욱 증대한다. 기업은 가계의 저축을 투자재원으로 끌어들이기 위해 차입금에 이자를 지급하거나 주식을 발행하기도 한다. 이러한 방법을 이용하면 기업은 자본재 생산에 더 많은 돈 투표를 할 수 있다.

보이지 않는 손

보이지 않는 손

아담 스미스는 자신의 저서 『국부론』(1776)에서 시장경제가 신기하게도 사적 이익을 사회적 이익으로 인도하다는 점을 처음으로 지적하였다. 기업과 생산요소의 공급자들은 경쟁시장에서 자신의 사익을 추구하는데, 이로 인해 마치 **보이지 않는 손**에 이끌린 것처럼 공익 즉 사회적 이익이 함께 증대한다는 것이다. 앞에서 살펴본 바와 같이 기업은 경쟁시장에서 이윤 증대를 위해 새로운 상품이나 개선된 상품을 생산하고자 한다. 이렇게 향상된 상품은 사회의 복지수준을 증가시킨다. 또한 기업은 사익추구를 위해 비용을 최소화하는 방식으로 생산요소를 결합하여 생산한다. 그렇게 하지 않으면 이윤이 줄거나 심지어 사업을 접어야 하는 위험에 빠질 수 있기 때문이다. 그런데 비용을 최소화하는 방법으로 생산요소를 사용하는 것은 사적 이익뿐 아니라 사회적 이익에도 부합한다. 그렇게 절약된 생산요소로 사회가 바라는 다른 것을 생산할 수 있기 때문이다.

경쟁적 시장경제는 사익추구를 인도하여 사회적 욕구 변화에 적절히 대응하게 만든다. 기업은 이윤증대와 손실회피를 추구하고 생산요소 공급자들은 금전적 보상의 증가를 추구한다. 이들은 생산요소를 어떻게 사용하고 무엇을 생산할지를 두고 시장에서 거래하게 되는데 이들의 사익추구로 결국 사회가 원하는 생산이 이루어지게 되는 것이다. 경쟁은 사익추구를 통제하거나 인도하여 최선의 사회적 이익을 달성하게 만든다. 사익추구와 경쟁이 초래한 이러한 결과는 전혀 의도하지 않았다는 점에서 보이지 않는 무엇에 인도된 것처럼 보이는 것이다. 이처럼 '보이지 않는 손'은 기업이 이윤을 극대화하고 요소공급자들이 소득을 극대화할 때 사회적 생산과 소득도 극대화되도록 만든다.

시장경제의 장점은 많지만 다음의 3가지는 특히 강조할 필요가 있다.

자원배분의 효율성

- **효율성** 시장경제는 **자원배분의 효율성**을 증진시킨다. 즉 시장경제는 **자원을 사회가 가장 원하는 재화와 서비스의 생산에 배분되도록 인도**한다. 시장경제는 자원을 가장 효율적으로 결합하는 생산기술을 사용하도록 만들며 보다 효율적인 생산기술을

개발하여 이를 채택하도록 장려한다.

- **인센티브** 시장경제는 기술습득, 작업에의 열중, 혁신을 조장한다. 숙련된 기술이나 노고는 생산을 증대시켜 소득의 증가를 가져다준다. 이것은 흔히 생활수준을 향상시킨다. 마찬가지로 기업이 위험을 감당하면 이윤증대의 기회를 얻을 수 있다. 혁신에 성공하면 이에 대한 경제적 대가를 얻게 된다.
- **자유** 경제적인 것은 아니지만 시장경제를 옹호하는 가장 중요한 근거는 시장경제가 **개인의 자유를 강조한다**는 점이다. 통제경제는 중앙계획당국의 강제력에 의존하지만 시장경제는 강제력에 의존하지 않고 경제활동을 조정한다. 시장경제는 영업의 자유와 선택의 자유를 허용하며 이를 기반으로 번영을 누린다. 기업과 근로자는 자유롭게 사익을 추구하는데 이것은 시장경제에서 주어지는 수익과 손실에 의해서만 영향을 받을 뿐이다.

물론 시장경제를 포함하여 어떤 경제체제도 문제가 없는 것은 아니다. 5장에서 시장경제의 유명한 약점 2가지를 설명할 것이다. 그리고 이를 치유하기 위한 정부의 정책도 검토할 것이다.

통제경제의 종언

시장경제가 5가지의 근본문제를 어떻게 해결하는지 살펴보았는데, 이러한 논의는 구소련, 동유럽 그리고 중국(시장개혁 이전)의 통제경제가 왜 실패하였는가에 대한 통찰력을 제공한다. 이들 체제는 극복할 수 없는 2가지의 문제에 직면하였다.

조정의 문제

조정의 문제 첫 번째 어려움은 **조정의 문제**였다. 중앙 계획당국자는 소비자, 요소공급자 그리고 기업 등이 행한 수백만 건의 개별적인 의사결정을 조정해야만 했다. 트랙터 공장을 세우는 경우를 생각해보자. 먼저 중앙 계획당국자는 실현가능한 매년의 생산목표 예를 들어 1천 대의 생산목표를 세워야 한다. 그리고 1천 대의 트랙터 생산과 수송에 필요한 노동, 기계설비, 전력, 강철, 타이어, 유리, 페인트, 운송장비 등을 모두 마련해야 한다.

많은 산업의 산출물이 다른 산업의 투입요소로도 사용되기 때문에 **어느 한 산업이 생산목표를 달성하지 못하면 연쇄적인 반작용**을 불러일으킨다. 예를 들어 철광산이 기계설비나 노동력 또는 수송수단의 부족으로 철강생산에 필요한 철광석을 공급하지 못하면 철강공장은 다른 산업에 철강을 공급하지 못하게 된다. 그러면 철강을 원료로 사용하는 산업(트랙터, 자동차, 수송기계 등)도 생산목표를 달성할 수 없게 된다. 결국 철강을 투입요소로 사용하는 모든 기업에 연쇄적으로 파급되고 최종 소비자에게까지 영향을 미치게 된다.

조정문제는 경제가 확대되면서 더욱 어려워졌다. 생산품과 생산 공정은 더욱 복잡해졌고 이에 따라 계획 대상 산업의 수도 증가하였다. 비교적 단순한 경제에서 작동하던 계획기법은 규모가 확대된 경제에는 매우 부적합하였고 비효율적이었다. 생산과정의 병목현상과 생산중단이 일상적인 일이 되었다. 이를 해결하기 위하여 계획당국자

사례연구: 남한 대 북한

북한은 아직 통제경제체제가 유지되고 있는 소수 국가 중의 하나이다. 2차 세계대전 이후 한반도는 남한과 북한으로 분단되었다. 북한은 소련의 영향아래서 국유제와 중앙계획경제를 강조하는 통제경제체제를 수립하였다. 남한은 미국의 영향으로 시장경제체제를 수립하였는데 사적소유와 이윤동기에 기초하여 경제를 발전시켰다. 오늘날 두 경제체제의 경제적 성과는 현격한 차이를 보이고 있다.

	북한	남한
GDP	400억 달러*	1조8000억 달러*
일인당 GDP	1,800달러*	34,200달러*
수출	22억 달러	9,110억 달러
수입	44억 달러	8,150억 달러
농업의 GDP 비중(%)	23%	2.3%

* 미국달러와 동일한 구매력을 기초로 평가한 것임.
자료: CIA 세계지표, 2014. www.cia.gov.

는 생산물의 종류를 줄여 각 생산물의 종류 중에서 1~2가지만 집중하여 생산하도록 하였다.

성과지표의 결여

믿을만한 **성과지표의 결여**가 통제경제의 조정문제를 더욱 가중시켰다. 앞서 살펴본 바와 같이 시장경제는 이윤을 성과지표로 삼는다. 이윤은 소비자의 수요, 생산의 효율성 그리고 생산물의 품질에 의존한다. 이에 비해 통제경제의 **주요한 성과지표는 중앙계획당국자가 배정한 양적 생산목표의 달성여부**이다. 생산비용, 생산물의 품질이나 종류 등은 부차적인 고려사항일 뿐이다. 그래서 관리자나 노동자는 생산물의 품질이나 다양성을 희생시킨다. 이들의 급여는 질적 목표가 아니라 양적 목표의 달성여부에 따라 주어지기 때문이다. 생산목표를 달성하기 위해 조립 작업이 부실해지고 생산물의 다양성이 거의 사라지더라도 그렇게 하고 만다.

계획당국자가 양적 생산목표를 제 아무리 잘 배정하더라도 의도하지 않게 생산이 왜곡되는 것을 막을 수 없다. 못의 생산목표를 무게(즉 못의 무게)로 정해놓으면 사업소는 큰 못만을 만들 것이다. 생산 목표를 수량(즉 못의 개수)으로 정해놓으면 사업소는 엄청난 양의 작은 못만을 만들 것이다. 이것이 중앙통제경제에서 실제 일어났던 일이다.

인센티브 문제 통제경제는 인센티브 문제에도 봉착한다. 통제경제에서는 중앙 계획당국자가 생산물의 양과 종류를 직접 결정하였다. 정부가 정한 가격에서 자동차, 신발, 작업복, 컴퓨터 등의 수요가 얼마나 될지 계획당국자가 잘못 판단하면 이들 생산물에 대한 물자부족이나 잉여가 발생한다. 그럼에도 생산을 감독하는 관리자는 생산목표의 달성여부에 따라 보상을 받았기 때문에 물자부족이나 잉여를 조정할 인센티브를 갖지 못하였다. 또한 가격이나 수익성이 시장여건에 따라 변하지 않기 때문에 생산물의 부족이나 과잉을 알 수도 없었다. 따라서 많은 생산물은 공급부족에 직면하였고 일부 생산물은 과잉 생산되어 몇 개월 또는 몇 년씩 창고에 처박혀 있기도 하였다.

정치적 위계질서

시장개혁 이전의 중국이나 구소련의 통제경제는 기업가 정신의 부족에도 시달렸다. 통제경제는 이윤동기를 유발하지 못하였고 혁신이나 모험에 대해 보상도 하지 않았다. 통제경제에서 남보다 앞서는 방법은 공산당의 **정치적 위계질서**에 편승하는 것이었다. 위계질서를 따라 신분이 상승하면 더 나은 주거와 의료서비스 그리고 특별 상점의 이용권 등이 주어졌다. 생산목표를 달성하고 공산당 일당정치의 지뢰밭에서 줄타기하는 것만이 사업소의 성공수단이었다. 그러나 정치적 판단만을 기초로 사업의 성과를 정하는 것은 기술진보를 이끌어낼 수 없었다. 기술진보가 흔히 기존의 생산물, 생산방법 그리고 조직구조를 와해시켜 정치적 갈등을 불러일으키기 때문이다.

경제순환 모형

경제순환도

동태적 시장경제는 재화와 서비스, 생산요소, 화폐 등의 연속적이며 반복적인 순환을 창출한다. **경제순환도**가 그림 2.2에 제시되어 있는데, 이것은 정부가 존재하지 않는 단순 경제의 순환을 보여주고 있다. 경제순환도에서 경제의 의사결정 주체를 **기업과 가계**의 두 집단으로 구분하고 있음을 알 수 있다. 여기에서 시장은 요소시장과 생산물시장으로 나누어져 있다.

[그림 2.2] 경제순환도

생산요소는 요소시장을 통해 가계에서 기업으로 흐르며, 생산물은 생산물시장을 통해 기업에서 가계로 흐른다. 이러한 실물 흐름의 반대 방향으로 화폐는 흘러간다. 가계는 요소시장에서 기업으로부터 소득(기업의 비용)을 얻고, 기업은 생산물시장에서 가계로부터 판매수입(가계의 지출)을 얻는다.

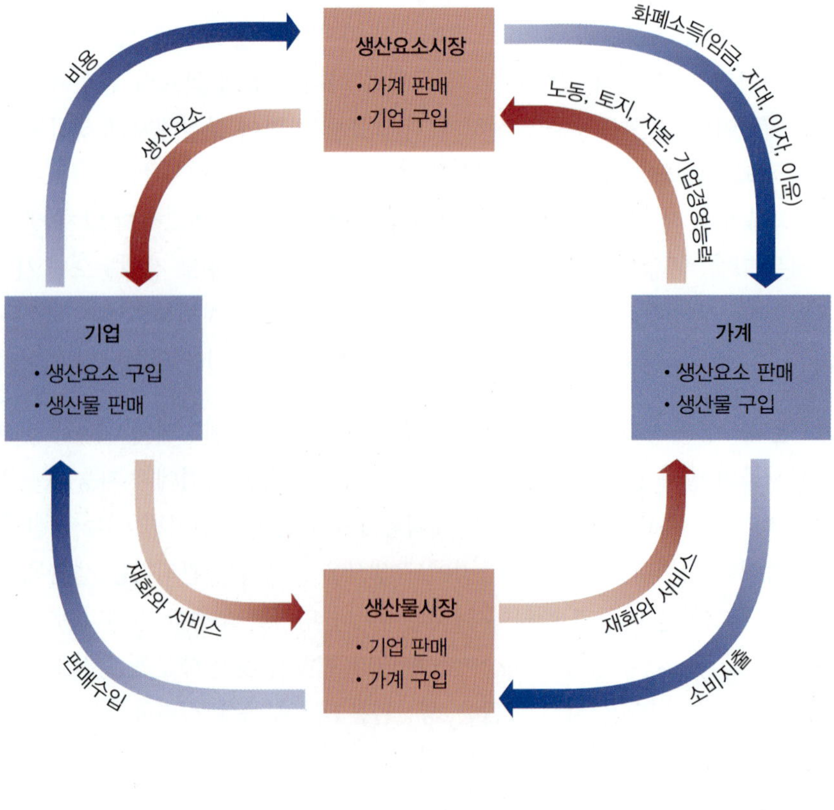

가계

그림 2.2의 경제순환도에서 오른쪽의 파란색 사각형은 **가계(가구)**를 나타낸다. 가계는 주거단위를 구성하는 1명 이상의 사람으로 정의된다. 2010년 총 가구조사에 따르면 한국경제에는 약 1,740만 가구가 있다. 이들 가계는 기업이 생산물 시장에 공급한 재화와 서비스를 구매한다. 그리고 가계는 이들 생산물의 구입에 필요한 소득을 얻기 위해 요소시장에 생산요소를 공급한다.

가계(가구)

정부가 존재하지 않는 이 경제에서 모든 생산요소는 가계의 소유로 있으며 가계가 이를 기업에 제공한다. 예를 들어 가계의 구성원들이 모든 노동과 경영능력을 직접 제공한다. 또한 경제에 존재하는 모든 토지와 자본을 소유한다. 개인이 직접 소유하거나 기업의 소유(기업이 소유하는 토지와 자본)를 통해 간접적으로 소유한다. 결국 경제 내의 모든 소득 즉 모든 임금, 지대, 이자, 이윤 등은 가계로 흘러간다. 가계는 기업에 노동, 토지, 자본, 경영 능력 등을 제공한 대가로 이를 받는다.

기업

경제순환도의 왼쪽에 있는 파란색 사각형은 **기업**을 나타낸다. 기업은 재화와 서비스의 판매를 통해 자신의 소유자가 **이윤을 얻을 수 있게 힘쓰는 상업적인 조직**이다. 기업의 법적 형태는 크게 3가지로 구분된다. 개인 사업체, 합명(합자)회사, 그리고 회사법인이다.

기업

- **개인 사업체**란 개인이 소유하고 경영하는 기업을 말한다. 개인사업자(소유주)는 홀로 사업을 경영하거나 근로자를 고용하기도 한다. 예를 들어 동네마트의 주인이나 음식점 주인은 대부분 개인사업자다.

개인 사업체

- **합자(합명)회사**란 개인사업체가 자연스럽게 성장한 형태이다. 합자(합명)회사에서는 2명 이상의 개인(동업자)이 회사를 공동으로 소유하며 운영한다. 이들은 자신이 소유한 금융 자산과 경영 능력을 공동으로 사용하며 사업운영으로 발생한 이익과 손실을 공유한다. 법무법인이나 일부 대형병원 등이 합자(합명)회사 형태로 운영되고 있다.

합자(합명)회사

- **회사 법인**이란 법에 의해 법인격체가 부여된 기업으로 자신의 이익을 위해 생산요소를 취득하고 자산을 소유한다. 법인이 상품을 생산하여 판매하고 부채를 지며 신용을 제공한다. 법인은 스스로 소송을 하거나 소송을 당할 수 있으며 다른 기업조직이 할 수 있는 활동을 모든 수행한다.

회사 법인

회사 법인은 독립된 **법인격**을 가지고 있어서 법인의 소유자는 법인의 부채나 법적 의무에 대해 어떤 금전적 책임도 지지 않는다. 예를 들어 법인이 은행의 대출을 갚지 못하였을 때 은행은 법인에 채무를 갚으라고 소송을 제기할 수 있지만 법인의 소유자를 상대로 소송을 제기할 수 없다. 주식회사가 법인의 대표적인 형태인데 전문경영인이 이를 운영하는 경우가 많다. 경영자는 이사회의 감독을 받는데 이사는 법인의 소유자가 선출한다. 삼성전자, 현대자동차를 비롯한 네이버 등이 대규모 법인에 속한다. 그러나 법인

법인격

의 규모는 다양하며 모든 산업에서 운영되고 있다.

기업의 형태와 규모는 아주 다양하다. 5년마다 행해지는 경제 총 조사에 따르면 2010년 한국의 총 사업체는 약 433만 곳에 이른다. 이중 개인 사업체가 83%를 차지하며 회사 법인이 11%를 차지하고 있다. 삼성전자는 2013년에 300조 원에 가까운 매출을 올리고 순이익도 30조원을 넘었다. 이에 비해 하루에 20~30만 원의 매출밖에 올리는 못하며 1~2인을 고용하는 근처의 맛 집도 있다.

기업은 수입을 올리기 위하여 생산물 시장에 재화와 서비스를 판매한다. 그리고 재화와 서비스의 생산에 필요한 노동, 토지, 자본 및 경영능력을 요소시장에서 구매하기 위하여 비용을 지불한다.

생산물시장

생산물시장

경제순환도의 아래쪽에 있는 붉은 사각형은 **생산물시장**을 나타낸다. 이 시장은 기업이 생산한 재화와 서비스가 사고 팔리는 장소이다. 가계는 생산요소를 판매하여 얻은 소득을 사용하여 재화와 서비스를 구매한다. 이들이 재화와 서비스의 구입에 지출한 화폐는 기업에 흘러가 기업의 수입이 된다. 기업은 이러한 수입과 비용을 비교하여 사업의 수익성을 판단한다. 그래서 어떤 재화나 서비스를 생산해야 할지를 결정한다.

생산요소시장

생산요소시장

마지막으로 경제순환도의 위쪽에 있는 붉은 사각형은 **생산요소시장**을 나타내는데, 이곳에서 가계는 생산요소를 기업에 판매한다. 가계는 소득 창출을 위해 생산요소를 판매하고 기업은 재화와 서비스의 생산을 위해 생산요소를 구입한다. 기업이 생산요소의 구입한 지불한 비용은 가계 입장에서는 임금, 지대, 이자, 이윤 등의 소득이 된다. 생산요소는 가계에서 기업으로 흘러가고 화폐는 이와 반대로 기업에서 가계로 흘러간다.

경제순환모형은 기업과 가계의 경제활동과 의사결정을 복잡한 거미줄의 형태로 기술하고 있다. 사실 경제활동 자체가 돌고 도는 것이다. 가계와 기업은 판매자이면서 구매자다. 기업은 생산요소를 구매하고 생산물을 판매한다. 가계는 생산물을 구매하고 생산요소를 판매한다. 생산요소와 최종생산물과 같은 실물은 시계반대방향으로 순환하는데 이것은 그림 2.2에서 붉은색 화살표로 표시되어 있다. 이와는 반대방향으로 화폐가 순환하는데 이것은 소득과 소비지출로 이루어져 있다. 이것은 파란색 화살표로 표시되어 있다.

시장경제의 위험관리

재화나 서비스의 생산은 위험하다. 원자재가 갑자기 부족해질 수 있고 소비자의 선호가 순식간에 바뀔 수 있다. 자연재해로 공장시설이 파괴될 수 있으며 물류체계가 무너질 수도 있다.

경제체제가 자신의 잠재력을 최대로 끌어올리려면 위험을 평가하고 이를 관리할 수 있는 방법이 마련되어야 한다. 시장경제에서 이러한 방법의 마련은 사업체 소유자의 몫이다. 이들은 자신의 의사결정에 따른 재무적 결과에 책임을 져야하기 때문이다. 이들이 위험을 잘 관리하면 사업체는 번성하고 잘못 관리하면 모든 것이 사라진다.

이윤체계

1장에서 설명하였듯이 기업가적 능력은 중요한 경제적 자원이다. 기업가적 능력은 토지, 노동, 자본 등 다른 자원을 조직하고 통제하여 이들을 생산적으로 사용한다. 기업체의 소유자는 자신의 기업가적 능력을 직접 제공하거나 전문 경영인을 고용하여 필요한 의사결정이나 통솔력을 대행시키기도 한다. 여하튼 위험을 관리하는 책임은 기업가적 능력을 발휘하는 사람의 몫이다.

이들로 하여금 합리적 의사결정을 내리도록 인도하는 것이 **이윤체계**이다. 이것은 실제로는 이윤과 손실체계라 할 수 있다. 기업가는 위험과 불확실성을 관리해야 하는데 이를 현명하게 관리하면 이윤을 얻고 그렇지 않으면 손실을 입게 된다. 이 때문에 기업가는 불필요한 위험을 회피하고 신중한 결정을 내리려는 강력한 금전적 인센티브를 갖게 된다.

이윤체계

반면에 통제경제에서 위험관리는 매우 소홀히 다루어진다. 중앙의 경제계획담당자가 자원배분과 위험관리를 담당하게 되는데 이들은 잘못된 결정을 하더라도 금전적 손실을 입는 경우가 없다. 이들은 공무원으로 결정이 잘되거나 잘못되거나 관계없이 동일한 급여를 받는다.

피고용자와 원자재 공급자의 무위험

시장경제에서 기업의 소유자만이 사업상 위험을 부담하며 재산상 손실을 볼 수 있다. 이에 비해 피고용자와 원자재 공급자는 사업상 위험으로부터 보호를 받는다. 이들은 기업의 이윤이나 손실과 무관하게 정해진 날짜에 급여와 납품대가를 받을 수 있는 법적 권리를 가지고 있다.

어떻게 그러는지 예를 들어 설명해보자. 동네의 치킨가게를 운영하는데 필요한 투자금액이 5천만 원이라고 하자. 건물과 시설을 임대하고 컴퓨터를 사들였으며 일부 자금은 비상용으로 가지고 있다.

그런 후 치킨가게는 종업원을 고용하게 된다. 가게주인은 종업원과 고용계약을 맺어 매달 일정 금액을 가게의 **이윤이나 손실과 무관하게 지불**하게 된다. 이러한 계약을 통해 기업체의 피고용자는 사업체를 소유하고 운영하는데 따른 위험으로부터 보호받는 것이다. 즉 치킨가게가 손해를 보더라도 급여를 지불받을 수 있다.

마찬가지로 기업은 원자재 공급자나 대출을 해주는 금융기관과 계약을 맺는다. 그래서 이윤을 내지 못하더라도 기업은 납품대금이나 원리금을 정해진 때에 지불해야 한다. 기업의 소유자를 제외한 모든 사람은 대가를 지불받을 법적 권리를 가지고 있다. 그래서 기업의 소유자는 **잔여청구권자**라고도 불린다. 즉 기업의 소유자는 모든 관계자에게

잔여청구권자

사례연구: 보험

보험은 감내 수준이 낮은 사람의 위험을 감내 수준이 높은 사람에게 이전하여 경제성장과 투자를 촉진한다. 화재보험의 사례를 보자. 집주인이 화재보험에 가입하면 집에 화재가 났을 때 보험회사는 이를 보상해준다. 즉 화재보험은 집주인의 화재위험을 보험회사로 이전한다. 집주인은 그러한 위험을 감당하기 싫어하고 보험회사는 기꺼이 그런 위험을 부담한다.

보험회사는 집주인의 보험료를 모아 화재를 당한 집의 복구를 돕는다. 그러나 화재가 많이 발생하면 보험료 수입이 집의 복구에 드는 비용보다 적을 수 있다. 그렇게 되면 보험회사는 손실을 입게 되고 결국 보험회사의 소유자들이 이를 감당하게 된다. 보험회사 소유자들의 재산이 줄어드는 것이다. 따라서 이들이 최종적으로 화재위험을 감당한다. 즉 보험계약은 집주인으로부터 보험회사의 소유자로 위험을 이전한다.

그러나 예상과 달리 화재가 별로 발생하지 않으면 보험회사는 이윤을 얻고 보험회사의 소유자들은 집주인이 감당하기 싫은 위험을 부담한 대가로 이익을 얻는다.

중요한 점은 보험으로 인해 경제의 전반적인 투자수준이 높아진다는 것이다. 보험이 존재하면 위험을 감당하기 싫어하는 사람들도 자금을 은행에 맡겨놓기보다 주택이나 자동차, 공장설비 등의 자본재를 구입하거나 이에 투자하게 된다.

대가를 지불하고 난 후에 남은 잔여분만(이윤이든 손실이든)을 청구할 권리만 있는 것이다.

손실관리 기업이 손실을 기록하기 시작하면 어떻게 될까? 그러면 기업의 소유자는 금전적 손실을 입게 된다. 구체적으로 3월 한 달 동안 치킨가게의 수입이 1억 원이었고 비용이 1억1천5백만 원이어서 손실이 1천5백만 원을 기록하였다고 하자. 그러면 투자자는 손실을 메우기 위해 비상용 돈을 쓸 수밖에 없어 투자자의 재산이 1천5백만 원 감소하게 된다. 몇 달간 손실이 계속되어 비상용 돈이 떨어지면 가게의 소유자는 사업을 접을 것인지 아니면 나아질 때를 기대하며 투자를 늘여야할지를 결정해야한다.

그러나 가게가 손실을 보는 동안에도 원자재 공급업자나 종업원은 보호받는다. 이들은 가게의 손실여부와 무관하게 정해진 때에 정확하게 대가를 지급받을 수 있어서 기업의 사업상 위험에서 보호받는 것이다.

따라서 사업이 번성하더라도 이들은 이윤을 배분받을 법적 권리를 갖지 못한다. 시장경제에서 **이윤배분을 받을 권리는 기업의 소유자의 것**이다. 이들은 사업상 위험을 감수한 대가로 이윤을 얻는 것이다. 사업이 잘못되었을 때 소유주를 제외한 모든 사람이 보호받도록 해준 대신에 사업이 잘 되었을 때 소유자만이 모든 이윤을 차지할 수 있는 권리가 주어진 것이다.

소유자의 사업상 위험 전담에 따른 이익

시장경제에서 사업상 위험은 소유자나 투자자에 국한되는데 이에 따른 장점은 2가지이다.

생산요소의 유인 대부분의 사람들은 위험을 싫어한다. 그래서 금전적 손실에 노출될 수 있는 벤처사업에 참여하기를 꺼려한다. 이것은 근로자의 경우도 마찬가지다. 이들은 주어진 작업을 수행하고 고용주의 손실여부와 무관하게 정해진 급여를 받고 싶어 한다. 원자재 공급업자도 같은 처지다. 이들은 기업에 원자재를 공급하고 기업의 손실여부와 무관하게 제때에 납품대금을 받고 싶어 한다.

이들에게 사업상 위험을 소유자나 투자자가 전담하는 것은 환영할만한 일이다. 이들은 기업이 잘될 것인지 걱정할 필요 없이 안심하고 노동력이나 원자재를 공급할 수 있다. 이러한 안도감이 있어야 기업은 원자재나 노동력을 쉽게 구할 수 있고 그래야 경제가 혁신을 달성하고 성장할 수 있게 된다.

관리의 집중 이윤제도는 위험관리를 신중하게 다루게 한다. **위험관리의 책임과 대가가 소유자에게 집중**되어 있기 때문이다. 이들은 위험관리에 필요한 기업가의 능력을 스스로 제공하거나 뛰어난 전문 경영인을 고용하기도 한다. 어떻든 몇 명이 전적으로 이일에 매달리면 위험관리에 전문화할 수 있고 그래서 기업 내 자원배분에 대해 신중한 결정을 내릴 수 있다. 이에 비해 통제경제에서는 위험관리의 책임이 대부분 정부의 여러 직급이나 위원회에 분산되어 있다. 그래서 나쁜 결과가 초래되더라도 이에 대해 책임지는 개인이 없다.

트럼프 카드 섞기

경제학자 도날드 보르도: 시장경제가 세계에 존재하는 수백억 가지의 개별 요소를 체계적으로 그리고 목적의식을 가지고 정리하는 방식에 경의를 표하다.

『미래사회와 그 적들』에서 버지니아 포스트렐(Postrel)은 놀라운 사실을 지적하였다. 52장의 트럼프 카드를 잘 섞었을 때 임의의 배열순서가 예전에 전혀 존재하지 않았을 확률이 실제로 보면 100%라는 것이다. 예전에 결코 존재한 적이 없다는 것이다. 당신이 카드를 섞을 때마다 역사적으로 처음 존재하게 되는 카드 배열을 만드는 것이다.

산수의 계산결과가 그렇다는 것이다. 숫자가 적을 때 이를 배열하는 가짓수는 적다. 예를 들어 3개의 사물이 있을 때 배열할 수 있는 방법은 6가지에 불과하다. 하지만 숫자가 증가할수록 이를 배열하는 가짓수는 빠른 속도 커진다. 5개를 배열할 수 있는 가짓수는 120이고, 10개는 3,628,800이며 15개는 1,307,674,368,000이다.

52개를 서로 다른 순서로 배열하는 방법은 8.066×10^{67}이다. 이것은 매우 큰 수이다. 이것이 얼마나 큰지 인간은 잘 이해할 수 없다. 비교해보자면 20개를 배열하는 가짓수는 2,432,902,008,176,640,000인데 이것은 100억 년 전부터 지금까지의 시간을 초단위로 계산한 것보다 크다. 그런데 이것도 8.066×10^{67}에 비하면 조족지혈에 불과하다.

숫자에 대한 이러한 사실이 왜 중요한가? 세계적으로 이용 가능한 요소의 가짓수가 얼마나 될지 생각해 보자. 나의 노동, 당신의 노동, 당신의 토지, 원유, 텅스텐, 삼나무, 커피원두, 닭, 하천, 엠파이어스테이트 빌딩, 윈도우즈, 휴스턴의 부두가, 옥스퍼드 대학의 수업, 마이애미 공항 등. 우리가 생산에 이용할 수 있는 요소의 가짓수가 얼마나 될지 누구도 헤아릴 수 없을 것이다. 그러나 최소한 100억 가지는 넘을 게 분명하다.

단순히 52장의 카드를 배열하는 가짓수가 얼마나 많은지 생각해보면 전 세계의 모든 요소를 배열하는 가짓수가 얼마나 될지 입을 다물 수 없을 것이다.

우리가 사는 세상이 우연한 것이라면, 마치 많은 카드를 던지듯 거인이 모든 요소를 손에 들고서 집어던져 요소의 결합이 아무렇게나 이루어진다면, 이렇게 얻어진 요소의 결합이 아무 쓸모도 없으리라는 것은 분명하다. 이러한 우연한 배열이 어떤 생산적 논리에 의해 재빨리 재배열되지 않으면 가치 있는 어떤 것도 생산할 수 없을 것이다. 그 결과 우리 모두가 굶어 죽을 수도 있다. 가능한 배열 중 지극히 일부만 인간사회의 목적에 부합하기 때문에 우연히 선택된 배열은 모두 무용지물일 것이다. 또한 각 요소를 어떻게 결합해야 생산적인지 잘 알지 못하고 배열하더라도 결과는 마찬가지다.

그러나 주변을 둘러보면 알 수 있듯이 요소의 배열은 생산적이며 인간의 목적에도 부합한다. 지금의 요소배열이 완벽한 것은 아니겠지만, 별처럼 수 없이 많은 배열의 대부분과 비교하면 지금의 요소배열은 매우 뛰어난 것이라고 할 수 있다.

쓸모 있는 극소수의 배열을 어떻게 찾아낼 수 있었을까? 그 답은 사유재산권 즉 상호간의 순응을 촉진하는 사회제도 덕분이다.

사유재산은 요소의 배열이 우연히 이루어질 가능성을 배제한다. 요소의 소유자가 일련의 행동을 선택하는 것은 이를 택하였을 때 얻게 되는 보상이 다른 행동을 택하였을 때 얻는 보상보다 크기 때문이다.

[그 결과]는 무수한 생산요소들이 엄청 복잡하면서도 생산적으로 배열된다는 것이다. 이러한 배열은 시간이 흐른 다음에야 등장하였다(그리고 지금도 진행 중이다). 이것은 사람들이 매일매일 행하는 수없이 많은 개별적이며 조그만 의사결정의 결과로 등장하였다. 사람들은 자기 소유의 요소를 잘 이용하고 다른 사람에게 도움을 주는 방식으로 일하기를 힘쓰는 과정에서 수많은 의사결정을 행하는 것이다.

출처: 다음의 자료를 The Freeman 출판사의 허락을 받고 요약한 것임. Donald J. Boudreaux, "Mutual Accomodations," Idea on Liberty, May 2000, pp.4-5.

요약

1. 자유방임 자본주의와 통제경제

자유방임 자본주의는 가상의 경제체제로 정부의 역할은 사유재산을 보호하고 계약을 집행하는 일에 한정된다. 현실의 경제체제에서 정부는 광범위한 역할을 수행한다. 통제경제에서 정부는 대부분의 자산과 자원을 소유하며 무엇을 생산할지, 어떻게 생산할지 이를 어떻게 배분할지 등의 결정을 행한다. 오늘날 미국을 비롯한 대부분의 국가는 시장경제를 택하고 있다. 시장경제에서 정부는 상당한 역할을 행한다. 그러나 대부분의 자산과 자원은 사적으로 소유되며 시장이 무엇을 생산할지, 어떻게 생산할지 이를 어떻게 배분할지 등을 주로 결정한다.

2. 시장경제의 특징

시장경제의 특징은 자본재를 비롯한 생산요소가 사적으로 소유되며 자신의 물질적 삶을 개선하기 위해 스스로 경제활동을 선택할 수 있는 개인적 자유 등이 보장된다는 것이다. 사익의 추구는 이러한 경제의 추진력이며 경쟁은 사익 추구를 규제하거나 통제하는 기제로 작동한다.

시장경제에서는 시장, 가격, 이윤 등이 매일 행해지는 개인의 수많은 경제적 의사결정을 조정하며 그러한 의사결정이 실현될 수 있게 만든다.

전문화, 첨단기술의 사용, 자본재의 광범위한 사용 등이 시장경제의 공통된 특징이다. 화폐는 교환의 매개수단으로 작용하여 물물교환의 문제를 해결하며 교역을 용이하게 할 뿐 아니라 국내외적으로 전문화를 증대시킨다.

3. 5가지 경제문제와 시장경제

모든 경제가 직면하는 5가지 근본문제는 (1) 무엇을 생산할 것인가 (2) 어떻게 생산할 것인가 (3) 누가 소비할 것인가 (4) 어떻게 경제여건의 변화에 적응할 것인가 (5) 경제생활의 개선을 어떻게 촉진할 것인가 등이다.

시장경제에서 어떤 산출물이 생산되려면 이를 생산 판매하여 얻은 총수입이 총비용을 충당할 수 있어야 한다. 총수입이 총비용에 지속적으로 미달되는 산출물은 생산되지 않는다. 경쟁은 기업으로 하여금 최저비용의 생산방법을 사용하도록 강제한다.

경제적 이윤(총수입−총비용)은 산업이 번성하고 있음을 가리키는 것으로 산업의 확장을 촉진한다. 손실은 산업이 어려움을 겪고 있다는 것을 뜻하며 산업의 위축을 재촉한다.

소비자 주권이란 기업이나 요소의 공급자들이 소비자의 욕구에 지배되고 있음을 말한다. 소비자들은 돈 투표를 통하여 산출물의 구성을 결정한다.

가계는 요소가격만큼 요소공급의 대가를 받는데 그것이 가계의 소득을 결정한다. 이러한 소득이 산출물에서 차지하는 가계의 몫을 결정한다. 소득을 가진 가계만이 시장경제에서 생산된 산출물을 소비할 수 있다.

시장경제는 소비자의 선호가 변하였을 때 가격과 이윤을 변동을 통해 이를 기업과 자원공급자에게 전달한다. 그래서 소비자의 새로운 선호에 적합한 자원배분이 이루어지도록 한다. 시장경제는 기술진보와 자본축적을 촉진하는데, 이로 인해 국민들의 생활수준이 향상된다.

4. 시장경제의 장점과 통제경제의 문제점

경쟁은 시장경제의 주요 통제메커니즘으로 사적 이익과 사회적 이익을 일치시킨다. 보이지 않는 손에 인도되는 것처럼 경쟁으로 인해 기업과 요소공급자들의 사익추구 동기는 사회적 이익을 증대시킨다.

구소련과 개혁이전의 중국에서 볼 수 있었던 통제경제는 조정의 어려움과 이윤동기 부족으로 종언을 고하였다. 조정의 어려움은 산업에서서 병목현상과 비효율성을 초래하였고 생산물의 다양성을 희생시켰다. 인센티브 문제는 생산물의 개선이나 신상품의 개발, 기업가 정신을 위축시켰다.

5. 소득순환모형

경제 순환모형은 가계에서 기업으로 생산요소가 흘러가고 기업에서 가계로 생산물이 흘러가는 과정을 보여준다. 생산요소와 생산물이 흘러가는 반대방향으로 화폐는 흘러간다. 기업은 요소시장에서 구매자로 등장하고 생산물 시장에서 판매자로 등장한다. 가계는 요소시장에서 판매자로 생산물시장에서는 구매자로 나타난다.

6. 시장경제와 위험관리

시장경제에서 사업상의 위험은 소유자에 집중되어 있다. 그래서 위험을 싫어하는 근로자나 원자재 공급자가 안심하고 노동력을 제공하고나 원자재를 공급한다. 그리고 소유자는 사업상 위험을 신중하게 관리하도록 하는 강력한 인센티브를 갖게 된다.

주요 용어와 개념

가계
개인사업체
경쟁
경제순환도
경제체제
교환의 매개수단
돈 투표
물물교환
보이지 않는 손
분업
사유재산
사익추구
생산물 시장
선택의 자유
소비자 주권
시장
시장경제
영업의 자유
요소시장
잔여청구권
전문화
창조적 파괴
통제경제
합명(합자) 회사
화폐
회사법인

연습문제

1. 시장경제에 대한 다음의 특징 중에서 '보이지 않는 손'과 가장 가까운 개념은?

(1) 재산권 (2) 영업의 자유
(3) 사익추구 (4) 경쟁
(5) 법치

2. 다음에서 재산권의 경제적 기능과 무관한 것은?

(1) 자발적 협동의 조장 (2) 외부 효과의 유발
(3) 투자의 보호 (4) 기술개발의 촉진
(5) 교환의 용이

3. 다음에서 시장의 기능과 가장 관련이 깊은 것은?

(1) 정보의 전달 (2) 사익추구의 견제수단
(3) 투자의 보상 (4) 경제력의 분산
(5) 이윤의 극대화

4. 분업과 관련된 설명으로 잘못된 것은?

(1) 개인 간의 능력 차이를 활용하게 한다.
(2) 기술 진보가 없어도 사회 전체의 생산이 증가한다.
(3) 작업 전환에 따른 시간손실을 줄인다.
(4) 화폐가 없으면 분업이 발생할 수 없다.
(5) 학습효과를 촉진한다.

5. 다음에서 경제의 5가지 기본문제에 해당하지 않는 것은?

(1) 무엇을 생산할 것인가?
(2) 어떻게 생산할 것인가?
(3) 누가 소비할 것인가?
(4) 어떻게 공평한 소득분배를 달성할 것인가?
(5) 변화를 어떻게 수용할 것인가?

6. 맥도널드의 메뉴를 보면 대박을 낸 상품은 아직도 팔리고 쪽박을 찬 상품은 메뉴판에서 사라졌다. 이것과 관련이 깊은 것은?

(1) 소비자 주권 (2) 기업가 정신
(3) 사익 추구 (4) 기술 혁신
(5) 자본 축적

7. 사회주의 통제경제의 몰락원인이라고 할 수 있는 것은?

가. 자원의 부족	나. 조정의 실패
다. 인센티브의 결여	

(1) 가 (2) 나
(3) 다 (4) 가, 나
(5) 나, 다

8. 다음에서 회사 법인의 성격이라고 할 수 없는 것은?

(1) 주식을 발행하여 자금을 마련할 수 있다.
(2) 경영자는 법인에 고용된 사람이다.
(3) 주주는 기업의 부채에 대해 책임을 진다.
(4) 경영자와 별개로 처벌받을 수 있다.
(5) 회사 자산의 소유자이다.

9. 재산권이 존재하면 당사자들이 서로 이익을 볼 때만 거래가 이루어질 수 있음을 설명하여 보시오. 거래의 당사자들이 서로 이익을 보고 있음에도 정부가 이를 불법으로 규정하는 사례를 찾아보고 왜 정부가 이를 금지하는지 설명하시오.

10. 시장경제에서 기업은 상품 생산에 필요한 생산요소를 확보할 수 있는지에 대해 거의 걱정하지 않는다. 하지만 통제경제에서는 생산요소를 확보할 수 있는지의 여부가 항상 걱정거리다. 왜 이런 차이가 발생하는가?

11. 시장경제에서 이윤과 손실이 행하는 경제적 기능은 무엇인가?

12. 기업과 가계는 생산물 시장과 요소시장에서 무엇을 사고파는가? 이를 설명하시오.

13. 다음의 소득순환모형이다. (가), (나)에 들어갈 경제학 용어를 쓰시오.

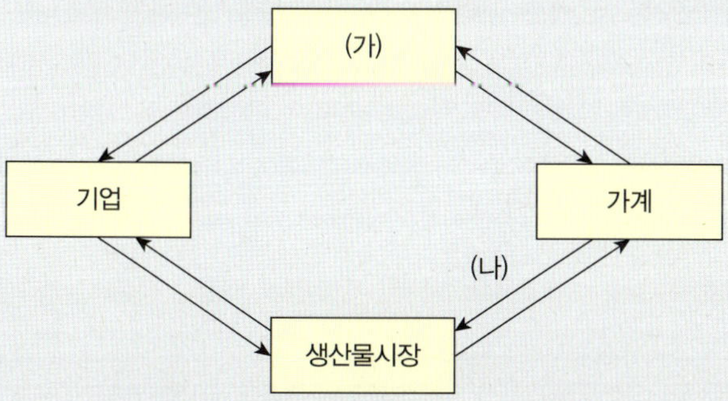

14. 경제에 A, B 두 사람만이 존재하며 이들은 a, b, c 3가지 재화를 생산한다. 이들은 1주일에 한 번씩 만나서 물물교환을 한다. 이들은 서로 만나기 전에 상대방이 어떤 재화를 가지고 나올지 그리고 어떤 재화를 필요로 하는지 알 수 없다. 이들이 만나 물물교환이 이루어질 확률은 얼마인가? a, b, c재화 중 하나가 화폐라고 하면 이들 간에 물물교환이 이루어질 확률은 얼마인가?

15. 바다에 침몰한 난파선에 적재된 보물의 가치는 1,000억 원으로 추정된다. 그리고 1개의 보물탐색 팀이 이 난파선을 찾는데 200억 원의 탐사비용이 든다고 하자.

(1) 난파선을 처음 발견한 사람에게 난파선에 적재된 보물을 소유할 수 있다. 그래서 누구나 난파선의 발견을 위한 경쟁에 참여할 수 있다. 최대 몇 팀이 난파선의 발견에 뛰어 들 것인가? 그 결과는 바람직한가? 이러한 결과가 초래된 이유는 무엇인가?

(2) 사회적 이익을 최대로 하려면 어떤 방법을 택하는 것이 바람직할까?

(3) 탐색에 뛰어드는 팀이 많아질수록 난파선을 빨리 발견할 수 있다고 하자. 그리고 빨리 발견할수록 보물의 가치는 크게 증가한다. 그러면 (1)의 결과는 달라지는가?

16. 유나는 케이블 TV 회사의 관리자로 근무하며 매년 5천만 원을 벌고 있다. 이 때 그녀에게 2가지 사업기회가 주어졌다. 하나는 직장을 그만두고 유기비누 회사를 설립하는 것이다. 다른 하나는 지방의 케이블 회사와 경쟁관계에 있는 인터넷 기반의 회사를 설립하는 것이다. 비누회사를 설립하면 매년 4억6,500만 원의 수입이 예상되며 회사에 필요한 토지, 노동, 자본 등의 비용으로 매년 3억9,500만 원이 든다. 인터넷 회사를 설립하면 매년 32억5천만 원의 비용이 들고 이에 비해 수입은 32억7천5백만 원이 될 것으로 예상된다.

(1) 그녀는 사업을 위해 현재 다니는 직장을 그만두어야 하는가? 판단기준은 무엇인가?

(2) 직장을 그만둔다면 어떤 사업을 해야 할까? 이유는 무엇인가?

PART 2

가격과 자원배분의 효율성

3
Chapter

수요 · 공급과 시장균형

학습내용

1. 시장의 유형
2. 수요와 수요의 변화요인
3. 공급과 공급의 변화요인
4. 균형가격의 결정
5. 수요 · 공급의 변화와 균형가격
6. 정부의 가격규제와 효과

수요 · 공급 모형은 경제학자들의 커다란 공헌을 통해 만들어진 것으로 인간 행동의 이해에 도움이 된다. 우리는 먹고 마시는 등 모든 소비활동을 시장에 의존하고 있는데 이 모형이 그러한 시장의 작동과정을 잘 설명하기 때문이다. 이 모형은 매우 설득력 있게 여러 분야에 이용되고 있어서 많은 사람들은 수요 · 공급모형을 경제학 자체로 여길 정도다.

이 장은 수요 · 공급 모형이 어떻게 이루어져 있으며 이 모형이 시장에서 사고 팔리는 거래량과 거래 가격을 어떻게 설명하는지 논의한다.

시장

시장에서 구매자(수요자)와 판매자(공급자)는 만나게 된다. 길모퉁이의 주유소, 인터넷 상점, 동네 편의점, 도로변의 길거리 시장 등은 우리에게 친숙한 시장들이다. 증권시장이나 선물시장처럼 세계 곳곳의 구매자와 판매자들이 채권, 주식, 원유 등을 사고팔기 위하여 서로 의견을 교환하는 시장도 있다. 그리고 노동시장에서는 대졸자들이 특정한 노동서비스를 '판매'하고 기업은 이를 '구입'한다.

어떤 시장의 거래는 주로 지역 내에서 이루어지지만 일부시장의 거래는 국민경제나 국제적 수준에서 이루어지기도 한다. 수요자와 공급자가 서로 얼굴을 마주하는 매우 개인적인 시장도 있지만 수요자와 공급자가 서로 전혀 마주치지 않고 알지도 못한 채 거래하는 시장도 있다.

표준화된 상품

그렇지만 이 장에서는 독립적인 다수의 구매자와 판매자가 **표준화된 상품**을 사고팔기 위해 만나는 시장에 초점을 맞출 것이다. 이러한 특성을 지닌 시장은 매우 경쟁적이다. 쌀 시장이나 증권시장, 외환시장이 이에 속한다. 이러한 시장에는 수요, 공급, 가격, 거래량 등이 모두 등장한다. 나중에 살펴보겠지만 가격은 **구매자와 판매자의 상호작용을 통해 '발견'**된다.

수요

수요
수요표

수요는 소비자들이 일정기간 동안 가격이 변할 때 개별 가격에서 구매의사와 지불능력을 가지고 있는 생산물의 수량을 보여주는 표 혹은 곡선이다.[1] 수요는 다른 조건이 동일하다면 그 가격에서 구입이 이루어질 수 있는 상품수량인 것이다. 수요는 표의 형태로 쉽게 보여줄 수 있다. 그림 3.1의 표는 커피라는 특정 상품을 구입하고자 하는 단일 소비자의 가상적인 **수요표**이다. 단순화를 위해 모든 종류의 커피가 포함되며 커피시장이 매우 경쟁적이라고 가정하자.

이 표가 보여주고 있는 것은 커피의 가격과 특정 소비자가 구매의사와 지불능력을 가진 커피수량과의 관계이다. **구매의사와 지불능력**이라고 한 것은 시장에서는 구매의사만으로 구매가 실현되지 않기 때문이다. 초고화질 TV에 대한 구매의사가 있더라도 이를 뒷받침하는 지불능력이 없다면 그것은 수요로 실현될 수 없다. 그림 3.1의 표는 커피가격이 5,000원이면 소비자는 매달 커피 10잔에 대한 구매의사와 지불능력이 있으며 가격이 4,000원이면 매달 커피 20잔에 대한 구매의사와 지불능력이 있음을 보여준다.

주어진 표만으로는 5가지 가격 중 어떤 것이 커피의 실제 시장가격이 될지 알 수 없다. 실제 시장가격은 수요 · 공급의 상호작용에 의해 결정된다. 수요는 커피를 **실제 구입할 수 있는지를 고려하지 않고 단순히 생산물을 구매하고 하는 구매자의 계획이나 의도를 나타낼 뿐**이다.

수요량이 의미를 가지려면 하루, 일주일, 한 달처럼 일정기간이 전제되어야 한다. '커

1) 이것은 생산물 시장을 염두에 둔 것이지만 '생산물'을 '생산요소'로 그리고 '소비자'를 '기업'으로 바꾸면 생산요소시장에도 마찬가지로 적용된다.

[그림 3.1] 개별 구매자의 커피 수요

가격과 수요량은 역의 관계에 있기 때문에 개인의 수요곡선은 D와 같이 우 하향한다. 다른 조건이 동일하다면 소비자는 가격이 내리면 더 많이 구입할 것이고 가격이 오르면 더 적게 구입할 것이다. 가격은 P, 수요량이나 공급량은 Q로 표시되어 있다.

철수의 커피수요	
커피가격(천 원)	커피의 매달 수요량(잔)
5	10
4	20
3	35
2	55
1	60

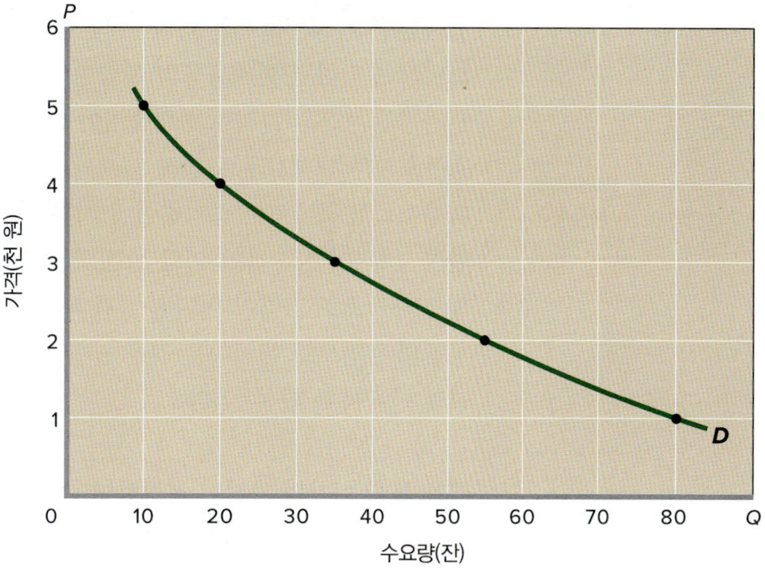

피가격이 5,000원일 때 소비자는 커피 10잔을 구매하려 한다.'고 말하는 것은 의미가 없다. 일정기간이 전제되지 않으면 수요량이 많은지 적은지 알 수 없기 때문이다.

수요의 법칙

수요의 법칙

수요가 갖는 기본적인 특징은 다음과 같다. 즉 다른 조건이 동일할 때 가격이 하락하면 수요량은 증가하며 가격이 오르면 수요량은 감소한다는 것이다. 간단히 말해 가격과 수요량은 역의 관계에 있다. 경제학자들은 이런 역관계를 **수요의 법칙**이라고 한다.

상대가격

여기에서 다른 조건이 동일하다는 가정은 매우 중요하다. 그 상품의 가격뿐 아니라 다른 많은 요인들이 수요량에 영향을 준다. 커피에 대한 수요량은 커피의 가격뿐만 아니라 홍차나 과일주스, 소다수, 생수 등과 같은 대체재의 가격에 따라 달라진다. 이 경우에 수요의 법칙이 말하는 것은 홍차나 과일주스, 소다수, 생수 등의 가격이 변하지 않은 상태에서 커피의 가격이 오르면 커피의 구매량이 줄어든다는 것이다. 즉 커피의 **상대가격**이 상승하면 커피의 구매량이 줄어든다. 커피뿐 아니라 다른 대체재의 가격이 모두 오르면 커피의 구매량은 증가 혹은 감소할 수 있으며 변하지 않을 수도 있다.

가격과 수요량이 역의 관계를 갖는 이유는 무엇인가? 다음의 3가지로 설명할 수 있다.

- 수요의 법칙은 상식이나 주변의 관찰과도 일치한다. 사람들은 통상 생산물의 가격이 비쌀 때에 비해 낮을 때 더 많이 구입한다. **가격은 소비자들의 구입을 방해하는 장애물**이라고 할 수 있다. 장애물이 높을수록 더 적게 구입하며 장애물이 낮을수록 더 많이 구입한다. 재고품을 정리하기 위해 가격을 낮춘다는 사실은 상인들도 수요의 법

칙을 믿고 있다는 증거라고 할 수 있다.

한계효용의 체감

- 일정기간 동안 구입한 상품의 소비가 추가될수록 추가된 상품으로부터 얻는 소비자의 만족(편익 또는 효용)은 줄어든다. 2번째 마신 커피는 1번째 마신 커피보다 적은 만족을 주고 3번째 마신 커피는 2번째 마신 커피보다 적은 만족을 주기 마련이다. 즉 소비가 증가하면 **한계효용의 체감**이 나타나는 것이다. 한계효용이 체감하기 때문에 추가적인 상품의 가격이 하락하여야 소비자는 이를 구매하게 된다.

소득효과
대체효과

- 소득효과와 대체효과로 인해 수요의 법칙이 성립한다. **소득효과**란 가격이 하락하면 화폐소득의 구매력이 증가하여 소비자가 추가적인 상품을 구매할 수 있다는 것을 말한다. 가격이 상승하면 이와 반대되는 효과가 발생한다. **대체효과**란 가격이 하락하면 상대적으로 가격이 비싸진 상품의 구매를 줄이고 이를 상대적으로 가격이 낮아진 상품의 구입으로 대체하는 것을 말한다. 가격이 낮아진 상품은 다른 상품에 비해 '수지맞는' 구매를 할 수 있다.

예를 들어 피자의 가격이 하락하면 예전과 동일한 소득이라도 구매력이 증가하여 추가적인 피자를 구입할 수 있다(소득효과). 그리고 피자의 가격이 하락하면 피자의 구입이 상대적으로 유리해져서 소비자는 파스타나 스테이크의 구입을 피자로 대체하려고 한다(대체효과). 이러한 소득효과와 대체효과가 결합되어 가격이 하락하였을 때 소비자는 상품의 추가구매에 대한 구입의사와 지불능력을 갖게 된다.

수요곡선

수요곡선

어떤 생산물에 대한 수요량과 가격의 역관계는 간단한 그래프로 나타낼 수 있다. 모든 가격변수를 수직축에 나타내는 경제학의 관례에 따라 가격은 수직축에 그리고 수요량은 수평축에 표시한다. 그림 3.1의 표에 있는 5개의 가격 · 수량 자료를 점으로 찍고 이 점들을 부드러운 곡선으로 연결해서 D로 표시하였다. 이 곡선이 **수요곡선**이다. 이 곡선은 수요의 법칙을 반영하여 우 하향한다. 사람들은 생산물, 서비스, 생산요소 등의 가격이 하락하면 이를 더 많이 구입한다. 그리고 가격이 상승하면 구매량을 줄인다. 즉 가격과 수요량은 역의 관계에 있다.

그림 3.1의 표와 그래프는 둘 다 동일한 자료에 바탕을 둔 것으로 가격과 수요량의 역관계를 동일하게 반영하고 있다. 그러나 가격과 수요량의 관계를 그래프로 표시하는 것이 표나 말로 설명하는 것보다 훨씬 간단하고 명확하다.

시장수요

지금까지는 수요를 단일의 소비자를 중심으로 살펴보았다. 그러나 경쟁이 되려면 각 시장에 하나 이상의 구매자가 있어야 한다. 개별 가격에서 모든 소비자의 수요량을 합하는 방식으로 개별수요에서 시장수요가 구해진다. 그림 3.2의 표나 그래프처럼 시장에 철수, 은하, 혜진 등 세 명의 구매자만 있다고 가정하면 개별 가격에 해당되는 총수요량을 쉽게 구할 수 있다. 그림 3.2는 이 과정을 보여주고 있다. 즉 각 가격에서 철수, 은

[그림 3.2] 구매자가 세 명일 때 커피의 시장수요

시장수요곡선 D는 시장에 참여한 모든 소비자들의 개별수요곡선인 D_1, D_2, D_3을 수평으로 합한 것이다. 예를 들어 가격이 3,000원일 때 세 명의 개별수요 35, 39, 26을 더하면 시장 수요 100을 구할 수 있다.

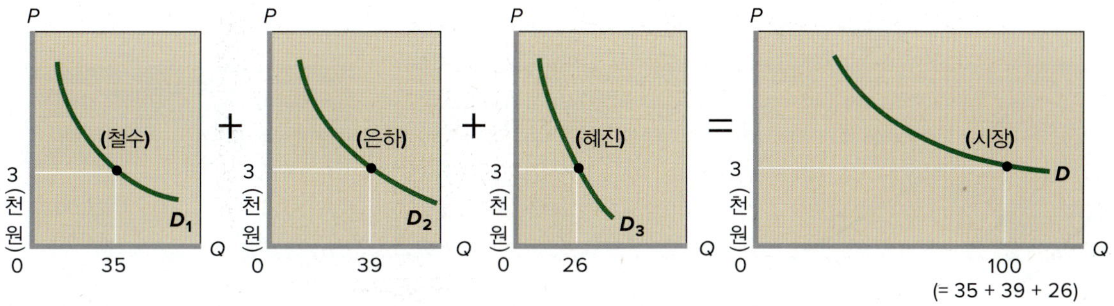

커피의 시장수요: 구매자가 3인일 때

커피가격 (천 원)	수요량						월별 총수요량
	철수		은하		혜진		
5	10	+	12	+	8	=	30
4	20	+	23	+	17	=	60
3	35	+	39	+	26	=	100
2	55	+	60	+	39	=	154
1	80	+	87	+	54	=	221

하, 혜진의 개별 수요량을 **수평으로 합하면** 총수요량이 구해진다. 그런 다음 가격과 총수요량의 조합을 그래프에 점으로 찍고 이를 연결하면 그림 3.2의 시장수요곡선이 그려진다.

보통의 경쟁에서는 생산물의 구매자가 3보다 훨씬 많다. 수십만 개의 합산을 피하기 위해 여기에서는 시장의 구매자들이 모든 가격에서 그림 3.1의 개별 구매자와 동일한 수량만큼 구매의사와 지불능력이 있다고 가정하자. 그러면 개별 구매자의 구매량에 시장의 구매자 수만큼 곱하면 시장수요를 구할 수 있다. 시장의 구매자가 200명일 때 그런 방식으로 구한 것이 그림 3.3의 표와 D_1 곡선이다.

수요곡선의 이동요인

그림 3.3의 D_1과 같은 수요곡선을 그릴 때 경제학자들은 수요에 가장 큰 영향을 주는 요인은 그 상품의 가격이라고 가정한다. 그러나 다른 요인들도 수요에 영향을 줄 수 있으며 실제 영향을 주고 있다. 이런 요인들을 **수요곡선의 이동요인**이라고 하며 이러한 요인이 변하지 않는다고 가정하고 수요곡선 D_1을 그린다. 이러한 요인들은 가격과 수요량간의 관계에서 '다른 조건이 동일하다'는 전제에 속하는 것들이다. 변하지 않는다고 여겼던 결정요인들이 변하면 경제학자들은 이를 수요곡선의 이동으로 나타낸다. 그래서 경제학자들은 가격을 제외한 수요의 결정요인을 수요곡선의 이동요인이라고 부르는 것이다.

수요곡선을 이동시키는 기본적인 요인들은 (1) 소비자의 기호 즉 선호 (2) 시장의 소비자수 (3) 소비자의 소득 (4) 관련 재화의 가격 (5) 소비자의 기대 등이다.

[그림 3.3] 커피에 대한 수요의 변화

수요곡선의 이동요인이 하나라도 변하면 수요의 변화가 초래된다. 수요의 증가는 수요곡선을 D_1에서 D_2로 오른쪽으로 이동시킨다. 수요의 감소는 수요곡선을 D_1에서 D_3로 왼쪽으로 이동시킨다. 이런 수요의 변화를 수요량의 변화와 구별해야 한다. 수요량의 변화는 가격의 변화로 초래된 것으로 예를 들어 수요곡선 D_1을 따라 점 a에서 점 b로 이동한다.

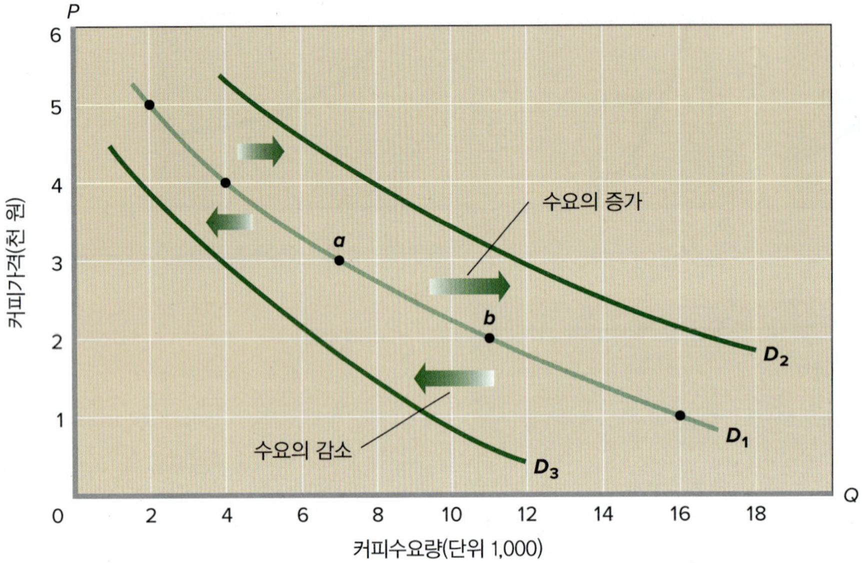

커피의 시장수요	
커피가격(천 원)	월별수요량(잔)
5	2,000
4	4,000
3	7,000
2	11,000
1	16,000

수요의 변화

수요의 변화

수요곡선의 이동요인들이 하나라도 변하면 그림 3.3에 있는 수요표 즉 수요량 자료가 변하고 이에 해당하는 수요곡선상의 위치도 달라진다. 이러한 점을 연결하여 그래프로 그리면 수요곡선이 이동하는 형태가 되는데 이를 **수요의 변화**라고 한다.

만일 소비자들이 개별 가격수준에서 그림 3.3의 표 (2)열에 있는 것보다 더 많은 커피를 구입하고자 한다면 이러한 수요의 증가는 수요곡선을 D_1에서 D_2로 오른쪽으로 이동시킨다. 반대로 소비자들이 개별 가격수준에서 커피의 구매량을 줄이면 수요의 감소가 일어난다. 이런 경우 수요곡선은 그림 3.3에서 D_1에서 D_3로 왼쪽으로 이동한다.

이제 수요곡선의 이동요인들이 변할 때 그것이 수요에 어떤 영향을 주는지를 살펴보자.

선호

기호 어떤 생산물에 대한 소비자 기호 즉 **선호**가 우호적으로 변하면 개별 가격수준에서 더 많은 양을 구입하게 된다. 개별 가격수준에서 수요량이 증가하면 수요곡선은 오른쪽으로 이동한다. 소비자의 선호가 비우호적으로 바뀌면 수요가 감소하고 이에 따라 수요곡선은 왼쪽으로 이동한다.

신제품은 소비자의 선호에 영향을 미친다. 예를 들어 디지털 카메라의 등장은 필름 카메라의 수요를 크게 줄였다. 콜레스테롤과 비만에 대한 우려가 커지면서 육류에 대한 수요가 줄고 브로콜리, 저칼로리 음료, 샐러드에 대한 수요가 증가하였다. 그리고 환경에 대한 관심이 커지면 전기자동차나 하이브리드 자동차 등 '친환경' 상품에 대한 수요가 증가하였다. 최근 들어 수입맥주나 와인에 대한 수요가 크게 증가하고 위스키에 대한 수요가 감소한 것도 소비자의 선호가 변한 때문이다.

소비자의 수 시장에 참여하는 소비자의 수가 증가하면 수요는 증가하고 소비자의 수가 감소하면 수요는 줄어든다. 예를 들면 최근 들어 노령인구가 증가하면서 요양시설이나 실버타운에 대한 수요가 증가하였다. 외국인 근로자의 수가 늘어나면서 음식에 대한 다양한 수요가 증가하였고 이에 따라 동남아 음식 등을 파는 식료품점이나 식당이 늘어났다. 자본시장이 자유화되면서 한국자본시장에 참여하는 외국투자자가 증가하면서 한국 주식이나 채권에 대한 수요가 증가하였다. 그리고 자유무역 협정 등으로 한국산 자동차나 TV에 대한 장벽이 낮아져 한국 상품을 찾는 외국소비자가 증가하여 이들 상품에 대한 수요가 증가하였다.

반대로 농촌 마을에서 이농이 이루어지면서 이들 지역에서 주택이나 가전제품, 차량 수리에 대한 수요가 줄었다.

소득 소득이 수요에 미치는 영향은 다소 복잡하다. 대부분의 재화에서 소득의 증가는 수요를 증가시킨다. 소득이 증가할 때 항공편이나 3D TV, 스마트폰, 여행 등에 대한 소비자 전체의 수요는 증가하며 소득이 감소하면 수요가 줄어든다. 이처럼 소득의 변화와 같은 방향으로 수요가 변화하는 재화를 우등재 또는 **정상재**라고 한다.

정상재

대부분의 생산물은 정상재이지만 예외가 있다. 소득이 어떤 수준을 넘어서면 중고 의류, 재생 타이어, 일부 인스턴트식품에 대한 수요가 감소할 수 있다. 높아진 소득으로 소비자는 새 옷이나 새 타이어 그리고 유기농 식품 등을 구입하기 때문이다. 그리고 소득이 증가하면 고지방우유에 대한 수요가 감소할 수 있다. 소비자들이 고지방우유보다 저지방우유를 찾을 것이기 때문이다. 소득의 변화와 반대 방향으로 수요가 변화하는 상품을 **열등재**라고 한다. 열등재는 경제용어일 뿐 이들 상품이 열등하다는 것을 의미하지 않는다.

열등재

관련 재화의 가격 **관련 재화의 가격**이 변하면 관련 재화가 대체재 혹은 보완재냐에 따라 수요량이 증가 또는 감소한다.

관련 재화의 가격

- 대체재는 다른 재화를 대신하여 사용될 수 있는 재화를 말한다.
- 보완재는 다른 재화와 함께 사용되는 재화를 말한다.

- **대체재** 소고기와 닭고기는 대체재다. 두 재화가 서로 대체재일 때 한 재화의 가격이 상승하면 다른 재화의 수요가 증가하고 한 재화의 가격이 하락하면 다른 재화의 수요는 감소한다. 예를 들어 소고기의 가격이 상승하면 소비자는 소고기의 구매를 줄이고 닭고기의 수요를 늘일 것이다. 삼양라면의 가격이 하락하면 농심라면에 대한 수요는 감소한다. 삼성의 스마트폰과 애플의 아이폰, 하이트 맥주와 카스 맥주, 현대자동차와 삼성 르노자동차 등도 마찬가지다. 이들은 소비에 있어 대체재들이다.
- **보완재** 보완재는 함께 사용되므로 흔히 이들에 대한 수요는 동시에 결합되어 나타난다. 이러한 사례로 컴퓨터와 소프트웨어, 스마트 폰과 통신서비스, 스키장과 리프트 탑승권 등을 들 수 있다. 보완재인 컴퓨터의 가격이 오르면 관련 재화인 소프트웨어의 수요는 감소한다. 반대로 등록금이 낮아지면 관련 재화인 교과서에 대한 수요

는 증가한다.

독립재

- **독립재** 대부분의 재화들은 서로 관련이 없는데 이런 재화를 **독립재**라고 한다. 우유와 골프 공, 감자와 자동차, 바나나와 휴대폰처럼 이들 재화의 수요 간에는 어떤 관계도 없다. 어떤 재화의 가격이 변하더라도 실제 다른 생산물의 수요는 어떤 영향도 받지 않는다.

소비자의 기대

소비자의 기대 **소비자의 기대**가 변하면 수요가 달라질 수 있다. 앞으로 가격이 오를 것이라는 기대가 새롭게 형성되면 소비자들은 예상되는 가격상승에 대비해 미리 구입하게 되며 따라서 현재의 수요가 증가한다. 이것은 부동산 시장이 과열될 때 흔히 나타난다. 소비자는 아파트의 가격이 급격하게 상승할 것이고 생각하며 부동산 시장에 뛰어든다. 일부 소비자는 '지붕위의 닭' 쫓는 신세가 될까 두려워 뛰어든다. 투기자들은 더 비싼 가격에 팔 수 있다고 여겨 뛰어든다. 이들의 동기가 무엇이든 이들 소비자들은 부동산에 대한 수요를 증가시킨다.

미래소득에 대한 기대가 변하면 소비자는 현재의 지출을 달리한다. 예를 들어 프로야구 드래프트에서 선택된 선수는 고액의 연봉계약을 기대하며 최고급 승용차 등에 돈을 물 쓰듯이 할 수 있다. 경제 불황으로 정리해고에 대한 우려가 커지면 사람들은 직장을 잃을까 두려워 지갑을 닫게 된다.

요약하면 수요의 증가 즉 동일한 가격에서 수요량이 증가하는 것은 다음의 요인에 의해 초래된다.

- 소비자 선호의 우호적 변화
- 소비자 수의 증가
- 소득의 증가(정상재)나 소득의 감소(열등재)

〈표 3.1〉 수요곡선의 이동요인

이동요인	사례
소비자 선호의 변화	명품 몸매 만들기의 유행 헬스 회원권에 대한 수요증가 러닝슈즈에 대한 수요증가 개인 취향의 존중 혼밥 · 혼술에 대한 수요증가
소비자 수의 변화	출생률의 하락 유아용품에 대한 수요감소
소득의 변화	소득증가 외식에 대한 수요증가 육류에 대한 수요증가
관련재화의 가격 변화	DVD 재생기의 가격하락 DVD에 대한 수요증가 영화 관람에 대한 수요감소
소비자 기대의 변화	브라질의 가뭄으로 원두커피 가격상승 예상 커피원두에 대한 수요증가

- 대체재의 가격상승이나 보완재의 가격하락
- 미래에 가격이나 소득이 증가할 것이라는 소비자의 새로운 기대

위의 요인이 반대 방향으로 작용하면 수요는 감소한다. 표 3.1은 수요의 이동요인에 대한 추가적인 사례를 보여주고 있다.

수요량의 변화

수요의 변화를 수요량의 변화와 혼동하지 말아야 한다. **수요의 변화**는 수요의 증가나 감소에 따라 수요곡선이 오른쪽으로 혹은 왼쪽으로 이동하는 것을 말한다. 수요의 변화는 수요곡선의 이동요인이 하나 이상 변한 것으로 생산물을 구매하려는 소비자들의 마음이 달라졌기 때문이다. '수요'는 표나 곡선으로 표시되므로 '수요의 변화'는 표의 변경이나 곡선의 이동을 뜻하게 된다.

수요의 변화

이에 비해 **수요량의 변화**는 주어진 수요곡선 위의 한 점에서 다른 점으로 이동하는 것을 뜻한다. 즉 어떤 가격 · 수량조합에서 다른 조합으로 이동하는 것이다. 이러한 변화는 생산물의 가격상승이나 하락으로 발생한다. 예를 들어 그림 3.3의 표에서 커피 가격이 5,000원에서 4,000원으로 하락하면 커피의 수요량은 2,000에서 4,000으로 증가한다.

수요량의 변화

그림 3.3에서 수요곡선이 D_1에서 D_2 혹은 D_3로 이동한 것은 수요의 변화이다. 그러나 수요곡선 D_1 위에 위치한 a점에서 b점으로 이동한 것은 수요량의 변화이다. 수요는 곡선 자체를 의미하는 것으로 수요가 변하지 않으면 곡선은 그 자리에 그대로 있게 된다.

공급

공급은 생산자들이 일정기간 동안 개별 가격에서 판매하길 원하는 여러 생산물의 수량을 보여주는 표나 곡선이다.[2] 그림 3.4의 표는 카페베네라는 커피 공급자의 가상적인 **공급표**이다. 이표는 '다른 조건이 동일할 때' 개별 가격수준에서 공급되는 커피의 수량을 보여준다.

공급
공급표

공급의 법칙

그림 3.4는 가격과 공급량 간에 양(+)의 관계가 존재함을 보여준다. 가격이 오르면 공급량이 증가하며 가격이 하락하면 공급량이 감소한다. 이런 관계를 **공급의 법칙**이라고 한다. 공급표나 곡선이 보여주는 것은 다른 조건이 동일할 때 기업은 낮은 가격보다 높은 가격에서 자신의 생산물을 더 많이 판매하려 한다는 것이다. 이것은 기본 상식에 속한다.

공급의 법칙

가격이란 돈을 지불하는 소비자의 입장에서 보면 하나의 장애물이다. 가격이 높을수

2) 이것은 생산물 시장을 염두에 둔 것이지만 '생산물'을 '생산요소'로, '생산자'을 생산요소의 소유자로 바꾸면 생산요소시장에도 적용된다.

[그림 3.4] 카페베네의 커피 공급

가격과 공급량은 양의 관계에 있으므로 개별 생산자의 공급곡선은 우상향의 기울기를 가진다. 다른 조건이 일정하면, 생산자들은 가격이 오르면 더 많이 판매하려고 하고 가격이 내리면 더 적게 판매하려고 한다.

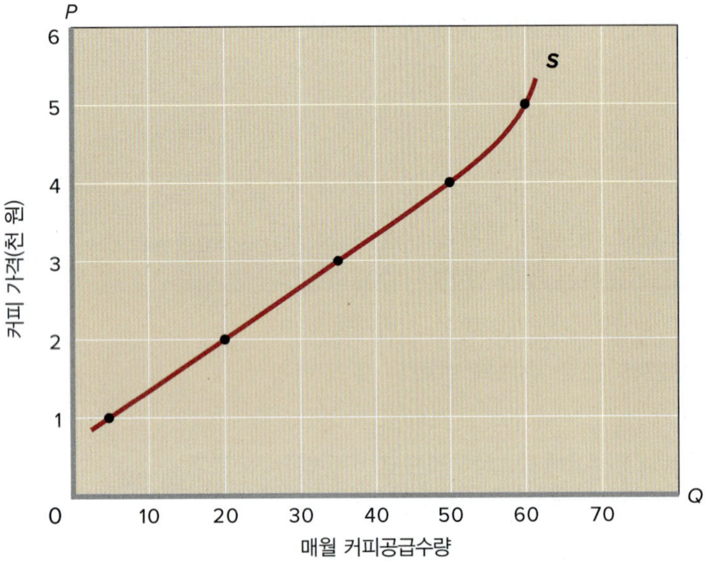

카페베네의 커피공급량	
커피가격 (천 원)	매월 커피 공급수량
5	60
4	50
3	35
2	20
1	5

수입

록 소비자는 구입량을 줄인다. 하지만 카페베네 같은 공급자는 가격을 받는 입장에 서 있다. 공급자에게 가격은 **수입**을 뜻하는 것으로 생산과 판매의 인센티브로 작용한다. 그래서 가격이 높아질수록 이윤 인센티브가 커지고 공급량이 증가한다.

카페베네가 커피가격이 달라졌을 때 얼마나 커피를 공급하려는지 살펴보자. 그림 3.4의 표에서 커피 가격이 상승하였을 때 커피의 공급을 늘이는 것이 카페베네에 이익이다. 커피공급을 늘이면 커피원두와 알바를 더 써야하고 커피머신을 더 들여와야 하지만 이러한 비용은 증가된 가격으로 충당할 수 있다. 그래서 커피공급이 증가한다.

한계비용

제조업체도 마찬가지다. 생산량이 일정수준을 넘어서면 제조업체의 **한계비용** 즉 생산량이 추가될 때마다 발생하는 비용의 증가분은 점차 커지기 마련이다. 자본설비와 같은 일부 생산요소는 곧바로 늘이기 어렵다. 그래서 제조업체는 노동투입을 늘이는 방식으로 생산량을 증가시키게 된다. 하지만 한정된 자본설비에 비해 투입되는 근로자가 점차 많아지면 추가된 근로자가 일할 공간도 부족해지고 자본설비에 대한 접근도 어려워진다. 그래서 추가된 근로자의 작업대기 시간이 길어질 수 있다. 그 결과 추가된 근로자의 작업성과는 점차 나빠지고 추가적인 생산량을 얻는데 드는 한계비용은 점차 증가한다. 제조업체는 비용이 높아진 추가적인 생산물에 대해 더 높은 가격을 받아야 이를 생산하여 공급하고자 할 것이다. 그래서 가격과 공급량은 양의 관계에 있게 되는 것이다.

공급곡선

수요와 가찬가지로 커피가격과 공급량의 관계를 그래프로 표시하는 것이 편리하다. 그림 3.4의 표에 있는 가격 · 공급량 자료를 그래프로 표시한 것이 곡선 *S*인데 이것이 공급곡선이다. 공급곡선이 우상향하는 것은 공급의 법칙을 반영한다. 즉 가격이 상승하면

[그림 3.5] 커피 공급의 변화

공급곡선의 이동요인 중 하나라도 변하면 공급이 변한다. 공급의 증가는 공급곡선을 S_1에서 S_2로 오른쪽으로 이동시킨다. 공급의 감소는 공급곡선을 S_1에서 S_3로 왼쪽으로 이동시킨다. 반면에 공급량의 변화는 가격의 변화로 인한 공급의 변화이며 이는 주어진 공급곡선 S_1 위의 점 a에서 점 b로 이동하는 것처럼 공급곡선을 따라 이동하는 것으로 나타난다.

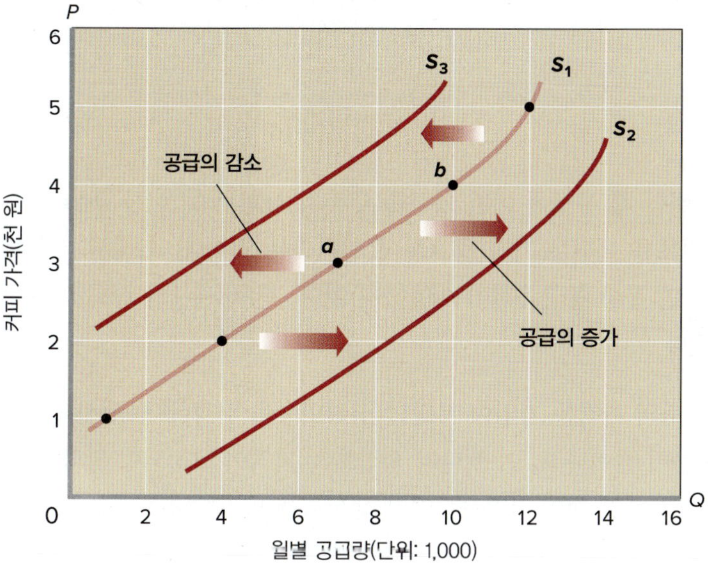

커피의 시장공급(S_1)	
(1) 커피가격 (천 원)	(2) 월간 총공급량
5	12,000
4	10,000
3	7,000
2	4,000
1	1,000

재화나 서비스, 그리고 자원의 공급량이 증가한다. 가격과 공급량은 양(+)의 관계에 있는 것이다.

시장공급

시장공급은 개별수요에서 시장수요를 도출하는 것과 똑같은 방식으로 개별공급으로부터 도출된다. 개별 가격수준에서 모든 공급자의 공급량을 합하면 된다. 즉 **개별 공급자들의 공급곡선을 수평으로 합하면 시장공급곡선**을 구할 수 있다. 그림 3.5의 표에 있는 가격 · 공급량 자료는 시장에 생산기업이 200개 있으며 이들이 모두 그림 3.4의 표와 같이 커피를 공급한다는 가정아래 만들어졌다. S_1은 이 표를 그래프로 나타낸 공급곡선이다. 그림 3.5의 수평축과 수직축은 그림 3.3에서 시장수요의 그래프를 그릴 때 사용한 것과 동일하다는 것을 알 수 있다. 유일한 차이점은 수평축이 '수요량'에서 '공급량'으로 바뀐 것이다.

공급곡선의 이동요인

공급곡선의 이동요인

공급 곡선을 그리면서 가격이 어떤 생산물의 공급에 가장 큰 영향을 준다고 가정하였다. 그러나 일정하다고 여긴 다른 요인들도 공급에 영향을 줄 수 있고 실제로 영향을 준다. 공급곡선은 이런 다른 요인들이 변하지 않는다는 가정 하에 그려진다. 그러나 이들 중 하나라도 변하면 공급의 변화가 발생하고 이로 인해 공급곡선 자체가 이동한다.

공급곡선의 이동요인은 (1) 생산요소의 가격 (2) 기술 (3) 조세 및 보조금 (4) 다른 재화의 가격 (5) 기대 가격 (6) 공급자의 수 등이다. 이런 공급곡선의 이동요인 중 하나라도 변하면 공급곡선이 왼쪽이나 오른쪽으로 이동한다. 그림 3.5에서 S_1에서 S_2로 공급곡선이 오른쪽으로 이동하는 것은 공급의 증가를 뜻한다. 즉 생산자들은 개별 가격수준에서 더 많은 수량을 공급하려고 한다. S_1에서 S_3로 공급곡선이 왼쪽으로 이동하는 것은 공급의 감소를 의미한다. 생산자들은 개별 가격수준에서 더 적은 수량을 공급한다는 것이다.

공급의 변화

공급곡선의 이동요인이 변할 때 공급에 어떤 영향을 주는지 살펴보자. 이를 푸는 열쇠는 **비용**이 공급곡선의 기초를 이루는 가장 중요한 요인이라는 점이다. 그래서 비용에 영향을 주는 요인이 변하면 통상 공급곡선이 이동하게 된다. 단 생산량의 변화로 초래된 비용의 변화는 제외된다.

생산요소의 가격

생산요소의 가격 **생산요소의 가격**은 기업이 부담할 생산비용을 결정한다. 생산요소의 가격이 상승하면 생산비용이 늘어나고, 이에 따라 생산물의 가격이 고정되어 있다면 이윤은 감소한다. 이윤이 감소하면 개별 가격수준에서 생산물을 공급하려는 기업들의 인센티브는 줄어든다. 예를 들어 커피 원두의 가격이나 인건비가 상승하면 커피의 생산비용이 증가하여 커피의 공급이 감소한다.

반면에 생산요소의 가격이 낮아지면 생산비용이 줄어들어 이윤이 증가한다. 따라서 생산요소의 가격이 하락하면 기업은 개별 가격수준에서 생산물의 공급을 늘인다. 예를 들어 모래나 자갈, 석회석 등의 가격이 하락하면 콘크리트의 공급이 증가한다.

생산기술

기술 **생산기술**이 진보하면 동일한 생산량을 더 적은 생산요소를 사용해서 생산할 수 있다. 생산요소의 사용에 비용이 들기 때문에 기술진보로 적은 생산요소를 이용하여 생산할 수 있게 되면 생산비용이 낮아져 공급이 증가한다. 예를 들어 컴퓨터의 모니터를 생산하는 기술이 발전하면서 생산비가 현저히 줄어들었다. 따라서 개별 가격수준에서 제조업체들이 공급하고자 하는 양은 예전에 비해 많아졌다. 즉 모니터의 공급이 증가하였다.

조세와 보조금 기업은 부가가치세나 재산세 등 조세를 비용으로 여긴다. 이들 조세가 인상되면 생산비용이 증가하여 공급이 감소한다. 반면에 보조금은 조세와 정반대다. 정부가 어떤 재화의 생산에 보조금을 지급하면 실질적으로 그 재화의 생산비가 감소하고 공급이 증가한다.

다른 재화의 가격 축구공처럼 특정 재화를 생산하는 기업은 자신의 공장설비나 장비를 이용하여 농구공이나 배구공 같은 다른 재화를 생산할 수 있다. 농구공 등 다른 재화의 가격이 상승하면 축구공 생산기업은 이윤을 높이기 위하여 일부 생산시설을 다른 재화의 생산에 이용한다. 이와 같은 생산의 대체로 인해 축구공의 공급이 줄어든다. 반대로 농구공이나 배구공의 상대 가격이 하락하면 이들 재화를 생산하던 기업은 이들 재화의 생산을 줄이고 축구공의 생산을 늘릴 것이므로 축구공의 공급이 증가한다.

공급자의 기대 **미래 가격에 대한 기대**가 변하면 생산자가 현재 공급하고자 하는 생산량이 달라질 수 있다. 그러나 새로운 기대가 현재의 공급량에 어떤 영향을 줄지 이를 일반화하기는 어렵다. 쌀 가격이 더 높아질 것으로 예상하는 농부들이 수확한 쌀의 일부를 시장에 내다 팔지 않고 이를 저장하면 현재의 쌀 공급이 감소한다. 반면에 대부분의 제조업체들은 가격이 오를 것이라는 새로운 기대가 형성되면 노동력을 더 많이 투입하거나 생산설비를 확장한다. 그래서 공급이 증가한다.

미래 가격에 대한 기대

공급자의 수 다른 조건이 동일한 상태에서 공급자 수가 많아지면 시장 공급도 커진다. 어떤 산업에 진입하는 기업이 많아질수록 공급곡선은 오른쪽으로 이동한다. 반대로 어떤 산업에 있는 기업수가 줄어들수록 시장 공급도 감소한다. 즉 기업들이 산업을 떠나면 공급곡선은 왼쪽으로 이동한다. 예를 들어 노래방 업체수가 증가하면 공급곡선이 오른쪽으로 이동한다. 하지만 정부가 노래방의 시설기준을 강화하는 규제를 시행하면 노래방업체수는 감소하고 공급곡선이 왼쪽으로 이동한다.

표 3.2는 공급곡선의 이동요인에 대한 추가적인 사례를 보여주고 있다.

〈표 3.2〉 공급곡선의 이동요인

이동요인	사례

생산요소의 가격 변화	마이크로칩의 가격하락
	  컴퓨터의 공급증가
	원유가격의 하락
	  휘발유의 공급증가

기술의 변화	무선통신기술의 발전 휴대폰의 공급증가

조세와 보조금의 변화	담배세의 인상
	  담배의 공급감소
	대학에 대한 재정지원 축소
	  대학설립의 감소

다른 재화의 가격 변화	무 가격의 상승 배추의 공급감소
생산자의 기대 변화	전세가격의 급격한 상승 예상 전세 물량의 감소
공급자수의 변화	프로야구팀의 증가 프로야구 경기 증가

공급량의 변화

수요의 변화와 수요량의 변화가 다르듯이 공급의 변화와 공급량의 변화는 다른 것이다. 공급은 공급표나 공급곡선 자체를 뜻하므로 공급이 변하면 공급표가 달라지고 공급 곡선이 이동한다. 공급이 증가하면 공급곡선이 오른쪽으로 이동하고 공급이 감소하면 왼쪽으로 이동한다. **공급의 변화**가 초래되는 것은 공급의 결정요인 중 하나 이상이 변할

공급의 변화

사례연구: 우버의 탄력적 가격설정

2013년에 우버는 승용차 공유 서비스를 제공하기 시작하였다. 이것은 정부규제를 받는 택시의 대안으로 소비자의 주목을 받았다. 우버의 사업내용은 승용차를 이용하고자 하는 사람과 이를 제공하려는 사람을 인터넷으로 연결시키는 것이다. 이들은 우버가 제공한 스마트폰 어플리케이션을 이용하여 상대방을 쉽게 찾을 수 있다. 이러한 서비스의 대가로 우버는 승용차 이용요금의 일정비율을 받았다.

우버의 사업은 여러 가지 점에서 혁신적이었다. 누구나 쉽게 택시를 이용할 수 있을 뿐 아니라 원하면 택시기사가 될 수 있게 된 것이다. 그러나 가장 흥미로운 것은 우버의 가격정책이다. 우버는 수요량과 공급량이 일치하도록 실시간으로 균형요금을 계속 변경시켰다. 그래서 승용차의 이용객이나 제공자의 대기시간을 크게 단축시켰다. 예를 들어 음악회가 끝나 갑자기 많은 사람들이 승용차를 이용하고자 하면 그 곳의 이용요금은 상당히 높게 설정되었다. 이용요금이 상승하면 더 많은 승용차가 그곳에 몰려들어 이용객의 대기시간이 크게 줄어든다.

우버의 탄력적 가격설정은 이용객의 대기시간을 크게 줄였는데 이것은 기존의 택시 운임체계와 아주 다르다. 기존 택시의 요금은 법에 의해 고정되어 있어서 수요 · 공급의 변화에 대응할 수 없다. 수요가 공급보다 많을 때는 택시 잡기가 무척 어렵다. 그리고 공급이 수요보다 많을 때는 택시기사는 장기간 빈차를 운행해야 한다. 우버의 탄력적 가격설정은 이러한 비효율성과 불편함을 해소하였다. 수요 · 공급이 일치하도록 시장 균형가격을 수시로 변경시켰기 때문이다.

때이다.

공급량의 변화

한편 **공급량의 변화**는 주어진 공급곡선 위의 한 점에서 다른 점으로 이동하는 것이다. 이러한 이동은 가격의 변화 때문에 나타난다.

그림 3.5의 S_1곡선을 보면 커피의 가격이 4,000원에서 3,000으로 하락하면 커피의 공급량은 매달 10,000에서 7,000으로 감소한다. 이것은 S_1곡선을 따라 b점에서 a점으로 이동하는 것으로 공급량의 변화이지 공급의 변화는 아니다. 공급은 가격과 수량으로 이루어진 공급표 전체를 의미하는 것이므로 커피가격이 변하더라도 이 표가 변하지는 않는다.

시장균형

수요 공급에 대한 지금까지의 논의를 바탕으로 철수를 비롯한 커피 수요자들의 의사결정과 카페베네 등 커피 공급자의 의사결정이 어떤 상호작용을 거쳐 어떻게 커피의 가격과 거래량을 결정하는지 살펴보자. 그림 3.6의 표에서 (1)열과 (2)열은 그림 3.5의 시장공급을, (2)열과 (3)열은 그림 3.3의 시장수요를 그대로 가져온 것이다. 그리고 경쟁적 시장을 가정하면 수요자나 공급자는 어느 누구도 자기 뜻대로 가격을 설정할 수는 없다.

균형가격과 균형거래량

균형가격

이제 균형가격과 균형거래량을 구해보자. **균형가격**은 시장에서 구매자와 판매자의 **의도가 일치하는 가격**이다. 이 가격에서 수요량과 공급량은 일치한다. 그림 3.6의 표를

[그림 3.6] 균형가격과 균형거래량

우하향하는 수요곡선 *D*와 우상향하는 공급곡선 *S*의 교차점에서 균형가격과 균형거래량이 결정된다. 여기에서는 커피가격 3,000원과 커피 수량 7,000이 균형가격과 균형거래량이다. 예를 들어 2,000원처럼 가격이 균형가격 미만이 되면 물자부족이 발생하여 가격이 상승한다. 가격이 상승하면 공급량이 증가하고 수요량이 감소하는데 이것은 균형가격에 도달할 때까지 지속된다. 그리고 4,000원처럼 가격이 균형가격을 초과하면 잉여가 발생하여 가격이 하락한다. 가격이 하락하면 공급량이 감소하고 수요량이 증가하는데 이것은 균형가격에 도달할 때까지 지속된다. 균형가격에서는 커피의 부족이나 잉여는 없다.

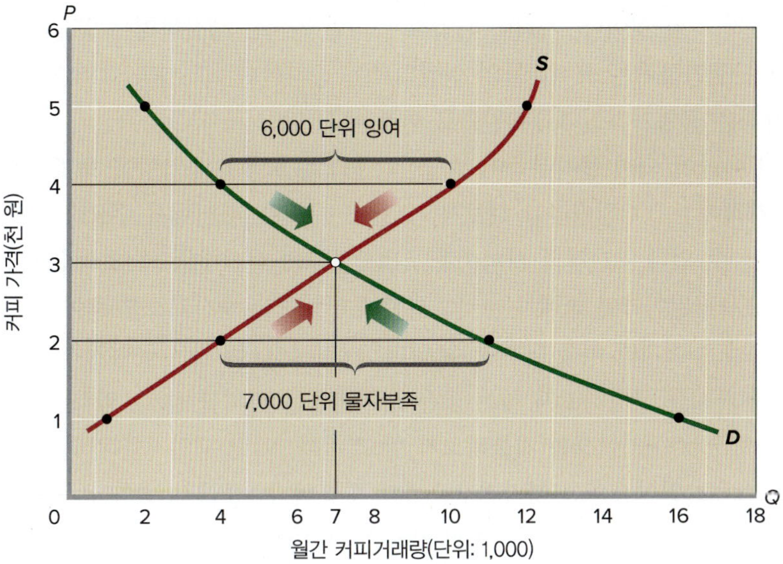

커피의 시장공급과 수요			
(1) 월간 총공급량	(2) 커피가격 (천 원)	(1) 월간 총수요량	(4) 잉여(+) 혹은 부족*(–)
12,000	5	2,000	+10,000 ↓
10,000	4	4,000	+6,000 ↓
7,000	3	7,000	0
4,000	2	11,000	-7,000 ↓
1,000	1	16,000	-15,000 ↓

*화살표는 가격에 미치는 효과를 나타낸 것임

보면 가격이 3,000원일 때만 판매자가 팔고자 하는 커피수량 7,000과 소비자들이 구입을 원하는 커피 수량 7,000이 일치한다. 가격이 3,000원이고 거래량이 7,000일 때 커피의 부족이나 잉여가 없다. 따라서 커피 수량 7,000이 **균형거래량**이다. 즉 이 수량에서 수요량과 공급량이 같으므로 **구매자와 판매자의 의도가 일치**한다.

균형거래량

그래프로 나타내면 그림 3.6에서 수요곡선과 공급곡선의 교차점에서 균형가격이 구해진다. 이때 수평 축은 수요량과 공급량 모두를 나타낸다. 부족이나 잉여가 없을 때 시장은 균형 상태에 있다고 말하며 이것은 '평형상태' 또는 '평온한 상태'를 뜻한다.

균형가격이 하나 밖에 없다는 점을 이해하려면 다른 가격을 살펴보면 된다. 가격이 균형가격을 초과하면 공급량이 수요량보다 많아진다. 예를 들어 커피 가격이 4,000원일 때 판매자들은 커피 수량 10,000을 팔고자 하지만 구매자들은 커피수량 4,000을 구

잉여

입하고자 한다. 가격이 4,000원이라면 판매자는 더 많은 양을 팔려고 하고 구매자는 구입량을 줄이려 한다. 결과적으로 6,000의 **잉여** 즉 초과공급이 발생한다. 커피 판매자가 판매하고자 하였던 모두 수량을 생산한다면 6,000만큼의 커피가 팔리지 않게 된다.

잉여가 발생하면 가격이 하락한다. 4,000원의 가격이 일시적으로 존재할 수 있지만 그 가격은 지속될 수 없다. 잉여가 발생하면 판매자들은 경쟁적으로 가격을 낮춰 소비자들의 구매를 촉진하고 할 것이다. 가격이 하락하게 되면 커피를 생산하려는 인센티브는 감소하고 커피를 구입하려는 소비자들의 인센티브는 증가한다. 그 결과 그림 3.6에 나타나 있듯 이 가격은 균형가격인 3,000원으로 하락한다.

물자부족

가격이 3,000원 미만이 되면 **물자부족**이 발생한다. 즉 수요량이 공급량을 초과하게 된다. 예를 들어 가격이 2,000원이라고 해보자. 그림 3.6 표의 (4)열에서 수요량이 공급량보다 많음을 알 수 있다. 그 결과 커피수량 7,000만큼의 물자부족 즉 초과수요가 발생한다. 가격이 2,000원이라면 판매자는 커피생산에 투입하는 생산요소를 줄이며 소비자는 커피 구입량을 늘이지만 이를 실현할 수 없다. 그래서 2,000원은 균형가격이 될 수 없다. 이 가격에 커피를 구입하고자 하는 많은 소비자들은 커피를 살 수 없다. 그들은 커피를 사기 위해 2,000원 이상을 지불하고자 할 것이다. 이런 구입자들 간의 경쟁으로 결국 가격은 3,000원이라는 균형가격수준까지 상승한다. 공급의 변화나 수요의 변화가 발생하지 않는다면 3,000원이라는 커피 가격은 지속될 것이다.

가격의 자원배분기능

가격의 자원배분기능
시장청산 가격

경쟁시장에서 가격은 판매와 구매의 의사결정이 일치하도록 조정되는데, 이것을 **가격의 자원배분기능**이라고 한다. 앞의 예에서 3,000원의 균형가격은 수요와 공급을 일치시켜 판매자들에게 부담되는 초과공급이 발생하지 않도록 하고 구매자들에게는 불편한 물자부족이 생기지 않도록 한다. 이를 흔히 시장이 청산되었다고 하는데 이러한 **시장청산 가격**은 개인들의 자유로운 의사결정으로 형성된다. 시장거래의 결과를 보면 3,000원에 커피를 구입하고자 원하였던 모든 구매자들은 커피를 구입할 수 있었다. 3,000원을 지불할 능력이 없거나 구입을 원하지 않았던 사람들은 커피를 구입하지 않았다. 비슷하게 3,000원에 커피를 팔고자 원하였던 모든 생산자들은 이를 팔았다. 그리고 3,000원에 커피를 팔 능력이 없거나 이를 원하지 않았던 모든 생산자들은 이를 팔지 않았던 것이다.

효율적 자원배분

생산의 효율성

경쟁시장은 소비자에게 재화를 공급할 뿐 아니라 생산에 투입되는 자원을 효율적으로 배분한다. 경쟁 때문에 커피공급자는 최선의 기술을 이용하고 생산요소를 적절히 결합하여야 한다. 그렇지 않으면 비용이 시장가격보다 높아져 결국 사업을 접어야 한다. 그래서 경쟁시장에서 재화는 최소비용으로 생산되는데 이를 **생산의 효율성**이라고 한다. 재화가 최소 비용으로 생산된다는 것은 가장 낮은 비용으로 자원을 결합하였다는 것이다. 그러면 다른 재화의 생산에 더 많은 자원을 사용할 수 있다. 재화의 생산에 사용될 수 있는 자원이 한정되어 있고 그 자원의 가치가 10만 원이라고 하자. 커피 1잔을 생산하는데 1,000원을 사용하였다면 나머지 9만9천 원의 자원은 다른 재화의 생산에 사용될 수 있다. 이것은 커피 1잔을 생산하는데 5,000원이 들어 다른 재화를 생산하는데 사용될 수 있는 자원이 9만5천 원 남는 경우에 비해 분명히 바람직하다. 또한 경쟁시장은 **배분의 효율성**을 가져다준다. 즉 사회적으로 가장 바람직한 재화나 서비스의 조합을 생산한다는 것이다. 사회는 소형주택만이 아니라 대형주택도 원한다. 그리고 다양한 패션의 의류를 원한다. 나아가 주택이나 의류만 필요한 것이 아니라 스마트폰이나 의료서비스도 필요하다. 이처럼 다양한 재화나 서비스를 생산하려면 이들의 생산에 자원이 투입되어야한다. 경쟁시장은 이들 상품의 생산에 필요한 자원을 효율적으로 배분한다.

배분의 효율성

경쟁시장의 균형가격과 균형거래량에서 이루어지는 자원배분은 경제적 관점에서 보면 '적절한' 자원배분이다. 수요는 재화의 한계편익을 반영한다. 한계편익은 재화의 효용에서 도출된 것이다. 그리고 공급은 재화의 한계비용을 반영한다. 경쟁시장은 기업으로 하여금 한계편익이 한계비용을 초과하는 모든 재화를 생산하게 만들고 그렇지 않는 재화는 생산하지 않게 만든다. **수요곡선과 공급곡선이 교차하는 점에서 한계편익이 한계비용과 같아져** 배분의 효율성이 달성되는 것이다. 이를 가리켜 경제학자들은 경쟁시장에서는 재화 생산을 위해 자원이 '과나배분'되거나 '과소배분'되지 않는다고 말한다.

수요 · 공급 및 균형의 변화

시장에서 가격은 변할 수 있으며 실제 변하기도 한다. 예를 들어 소비자 기호나 소득, 소비자의 기대, 관련재화의 가격 등이 변하면 수요가 달라질 수 있다. 생산요소의 가격, 기술, 조세 등이 변하면 공급이 변한다. 이러한 수요 공급의 변화가 균형가격과 균형거래량에 어떤 영향을 줄까?

수요의 변화

의료 서비스와 같이 어떤 재화의 공급은 고정되어 있는데 수요가 그림 3.7(a)처럼 증가했다고 하자. 그 결과 공급과 수요곡선의 새로운 교차점에서 가격과 수량의 값은 이전에 비해 모두 증가한다. 수요의 증가는 틀림없이 균형가격과 균형거래량을 증가시킨다. 반대로 그림 3.7(b)처럼 수요의 감소는 균형가격과 균형거래량을 줄인다. 그래프로 분석하면 편리하다. 일일이 수자를 비교할 필요가 없이 수요곡선과 공급곡선의 교차점만 찾으면 되기 때문이다.

공급의 변화

스마트 폰처럼 어떤 재화의 수요는 고정되어 있는데 그림 3.7(c)처럼 공급이 증가했다고 하자. 그러면 수요와 공급의 새로운 교차점에서 균형가격은 낮아지고 균형거래량은 많아진다. 공급의 증가는 균형가격을 낮추지만 균형거래량을 증가시킨다. 반대로 그림 3.7(d)처럼 공급의 감소는 균형가격을 상승시키고 균형거래량을 감소시킨다.

[그림 3.7] 수요 · 공급의 변화가 가격과 거래량에 미치는 효과

(a) D_1에서 D_2로 수요가 증가하면 균형가격과 균형거래량이 모두 증가한다. (b) D_3에서 D_4로 수요가 감소하면 균형가격과 균형거래량이 모두 감소한다. (c) S_1에서 S_2로 공급이 증가하면 균형가격은 하락하고 균형거래량은 증가한다. (d) S_3에서 S_4로 공급이 감소하면 균형가격은 상승하고 균형거래량은 감소한다. 각 그래프의 우상부에 있는 상자는 변화와 이에 따른 결과를 요약한 것이다. 상향 화살표는 상승 혹은 증가, 하향 화살표는 하락 혹은 감소를 나타낸다.

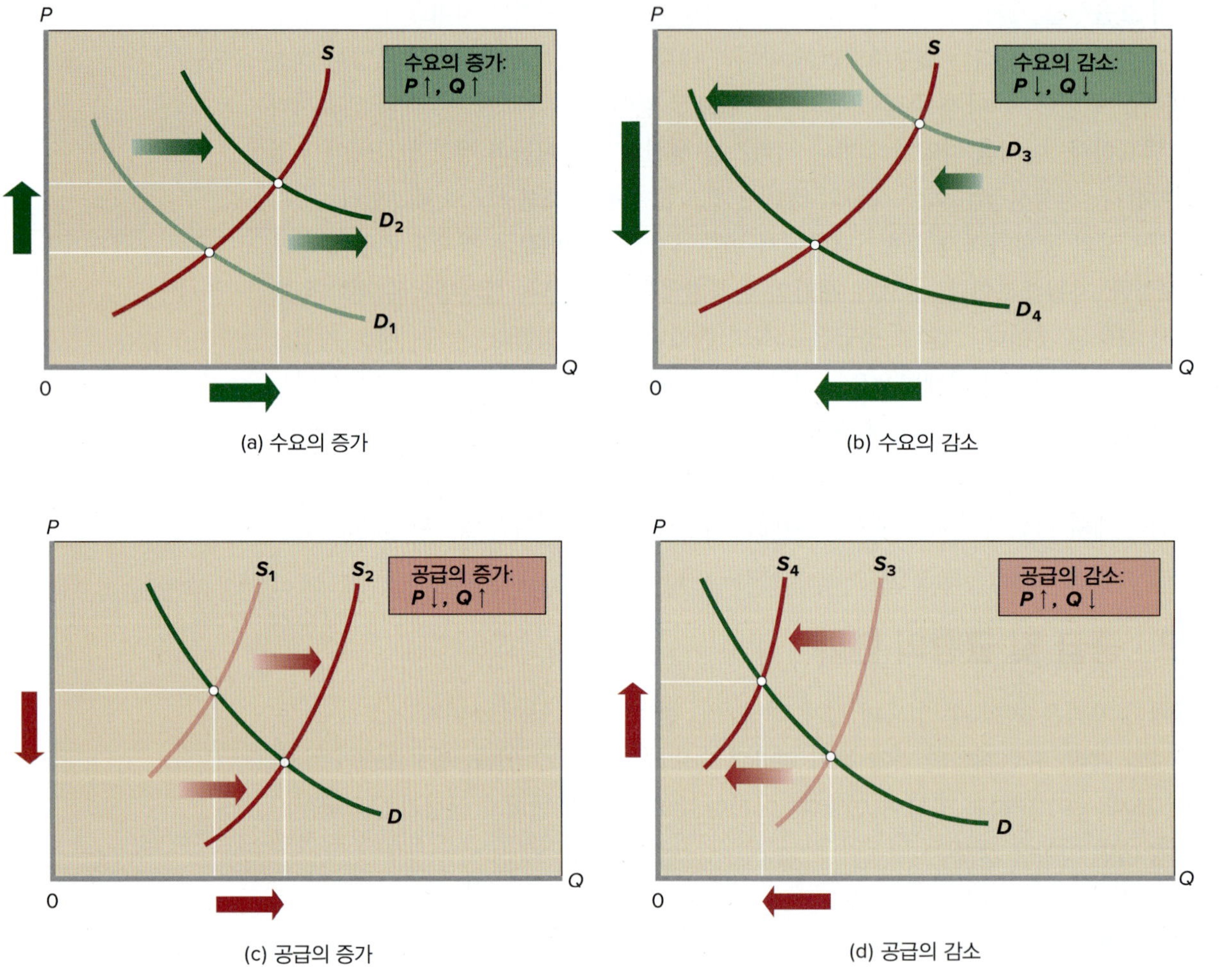

(a) 수요의 증가

(b) 수요의 감소

(c) 공급의 증가

(d) 공급의 감소

복합사례

공급과 수요가 동시에 변하면 그 결과는 개별효과를 조합하면 된다.

공급 증가 · 수요 감소 쌀의 공급은 증가하였는데 수요가 감소하였다면 균형가격은 어떤 영향을 받을까? 두 변화는 모두 가격을 하락시키므로 어느 하나만 변했을 때에 비해 가격이 더 크게 하락한다.

균형거래량은 어떻게 될까? 공급과 수요의 변화가 수량에 대해 미치는 영향은 서로 상반된다. 공급의 증가는 균형거래량을 증가시키지만 수요의 감소는 균형거래량을 감소시킨다. 균형거래량의 증가 혹은 감소여부는 **수요 및 공급 변화의 상대적 크기**에 달려있다. 공급의 증가가 수요의 감소보다 크다면 균형거래량은 증가할 것이다. 그러나 수요의 감소가 공급의 증가보다 크면 균형거래량은 감소할 것이다.

공급 감소 · 수요 증가 원유의 공급이 감소하고 수요가 증가하면 이 변화는 모두 가격을 상승시킨다. 두 변화가 결합되어 하나만 변했을 때보다 가격이 더 크게 상승한다. 그러나 균형거래량에 대한 효과는 알 수 없다. 그것은 수요 및 공급 변화의 상대적 크기에 따라 결정된다. 만일 공급의 감소가 수요의 증가보다 크면 균형거래량은 감소할 것이다. 반대로 수요의 증가가 공급의 감소보다 크면 균형거래량은 증가할 것이다.

공급증가 · 수요 증가 택배서비스에 대한 공급과 수요가 모두 증가하면 어떨까? 공급의 증가는 균형가격을 하락시키고 수요의 증가는 균형가격을 인상시킨다. 만일 공급의 증가가 수요의 증가보다 크다면 균형가격은 하락할 것이다. 반대이면 균형가격은 올라갈 것이다.

균형거래량에 대한 효과는 확실히 알 수 있다. 공급의 증가와 수요의 증가는 모두 균형거래량을 늘린다. 따라서 균형거래량은 어느 하나의 변화에서 초래된 거래량의 증가보다 더 클 것이다.

공급 감소 · 수요 감소 택시의 수요와 공급이 같이 감소한다면 어떻게 될까? 공급의 감소가 수요의 감소보다 크다면 균형가격은 오를 것이다. 반대일 경우에는 균형가격이 하락할 것이다. 두 변화가 동일한 크기로 일어나 서로의 효과를 상쇄시키면 균형가격은 변하지 않을 수 있다. 공급과 수요의 감소는 모두 균형거래량을 감소시키므로 균형거래량은 확실히 감소한다.

표 3.3은 4가지 경우의 변화를 요약하고 있다. 이를 잘 이해하려면 각 경우에 해당하는 수요 · 공급곡선을 스스로 그려 확인해 보아야 한다. 수요 · 공급이 함께 증가하고 함께 감소하면서 서로를 상쇄하는 특별한 경우에는 균형가격에 미치는 순 효과는 0이 되어 균형가격이 변하지 않게 된다.

〈표 3.3〉 수요 · 공급의 변화가 미치는 효과

공급의 변화	수요의 변화	균형가격에 미치는 효과	균형거래량에 미치는 효과
증가	감소	하락	불확실
감소	증가	상승	불확실
증가	증가	불확실	증가
감소	감소	불확실	감소

응용: 정부의 가격 통제

대부분의 시장에서 가격은 수요와 공급의 변화에 따라 자유롭게 상승 또는 하락한다. 이들 가격의 높낮이는 문제가 되지 않는다. 그러나 정부는 때때로 수요와 공급의 변화로 초래된 가격이 구매자들에게 부당하게 높다거나 판매자들에게 부당하게 낮다고 판단한다. 그래서 정부는 가격의 상한이나 하한 또는 변동 범위에 대해 법적 제한을 두기도 한다. 이것이 바람직한 생각일까?

사례연구: 자장면과 커피원두

다른 조건은 동일하다는 가정을 염두에 두지 않으면 언뜻 수요 · 공급의 법칙에 어긋나는 것처럼 보이는 사례들이 적지 않다. 예를 들어 자장면을 생각해보자. 그동안 자장면 가격은 계속 상승하였다. 그럼에도 자장면의 소비량은 계속 증가하였다. 자장면 가격이 상승하였지만 자장면 소비는 줄지 않고 늘어난 것이다. 이것은 수요의 법칙과 모순된다고 여길지 모른다.

그렇지 않다. 수요의 법칙과 모순되는 것이 아니다. 수요의 법칙은 다른 조건이 동일할 때 성립하는데 그동안 다른 조건이 변한 것이다. 소득이 증가하고 소비자의 기호도 변한 것이다. 그러면 수요가 증가하여 수요곡선이 이동한다. 그림 3.7에서 보여주었듯이 수요의 증가로 수요곡선이 오른쪽으로 이동하면 가격이 상승하고 거래량이 증가한다.

이제 커피원두를 살펴보자. 커피원두의 가격이 크게 상승하였지만 커피 수확량이 감소하는 때가 있다. 언뜻 보면 가격이 상승하면 공급량이 증가한다는 공급의 법칙에 어긋나는 것처럼 보인다. 그렇지 않다. 다른 조건이 일정하다는 가정에 어긋나는 일이 발생한 것이다. 커피 생산량이 가격의 하락으로 감소한 것이 아니라 가뭄 등으로 감소하면 공급곡선이 왼쪽으로 이동한다. 그래서 그림 3.7에서 보였듯이 공급곡선이 왼쪽으로 이동하면 균형가격이 상승하고 균형거래량은 감소한다.

여러 해에 걸친 가격과 거래량의 움직임을 보고서 수요 · 공급의 법칙을 부정할 수 없다. 그 기간 동안 수요 · 공급곡선을 이동시키는 여러 요인이 변할 수 있기 때문이다.

휘발유에 대한 가격상한제

가격상한제

가격상한제란 생산물 혹은 서비스에 대하여 판매자가 부과할 수 있는 최대가격을 법으로 정하는 것이다. 상한가격 이하의 가격은 합법이며 이를 초과하는 가격은 불법이다. 특정 생산물에 대해 가격의 상한 즉 상한가격을 설정하는 의도는 균형가격에서 소비자들이 '필수적' 재화와 서비스를 구입할 수 없으므로 구입 가능하도록 가격을 낮추자는 것이다. 이러한 사례로 통신요금 규제, 이자 상한 규제, 임대료 상한규제 등을 들 수 있다.

그래프 분석 가격상한제의 효과는 그래프로 쉽게 분석할 수 있다. 가상의 경제 상황을 생각해보자. 세계적으로 소득이 급속히 증가하여 자동차의 구입이 확대되어 휘발유의 수요가 우측으로 이동하면서 그림 3.8과 같이 시장균형가격이 리터당 2,500원이 되었

[그림 3.8] 가격상한제

상한가격은 법정 최고가격으로 균형가격보다 낮은 2,000원으로 정해진다. 이로 인해 물자 부족이 해소되지 않는다. 여기에서 물자 부족은 Q_d와 Q_s 사이의 수평거리로 나타난다.

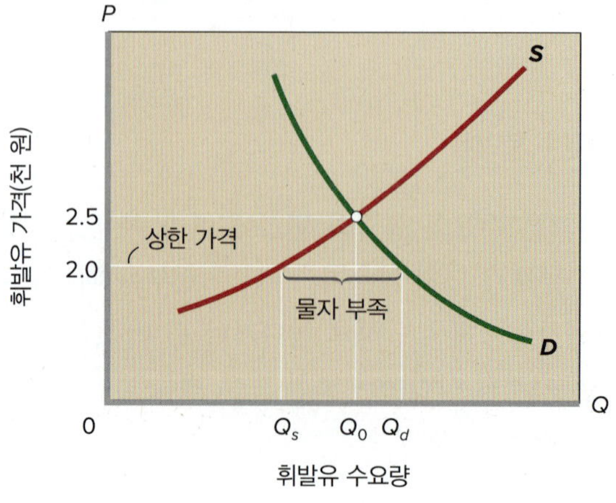

다고 하자. 휘발유가격의 급격한 상승으로 저소득층이나 서민층은 가계에 큰 부담을 느끼게 된다. 이것은 '어떤 조치를 취하도록' 정부에 압력을 가한다. 그래서 정부는 휘발유 가격을 내리기 위해 리터당 2,000원으로 가격의 상한을 정하였다. 시장에 영향을 주려면 **상한가격은 균형가격 미만**이어야 한다. 예를 들어 상한가격을 3,000원으로 정하면 현재의 휘발유 가격에 아무런 영향을 주지 않을 것이다.

시장의 자원배분기능

2,000원의 상한가격은 시장에 어떤 영향을 줄까? 무엇보다 **시장의 자원배분기능**이 상실된다. 상한가격 2,000원은 시장을 청산할 수 있는 가격인 2,500원 이하이므로 휘발유의 부족은 지속된다. 2,000원일 때 휘발유의 수요량은 Q_d이고 공급량은 Q_s에 불과하다. 그러므로 Q_d-Q_s에 해당되는 초과수요 혹은 물자부족은 해소되지 못하고 지속된다.

보통의 경우 초과 수요가 발생하면 구매자들의 경쟁으로 가격이 상승하고 그래서 더 많은 생산이 일어나고 일부 구매자들은 시장에서 빠져 나간다. 이런 조정과정은 지속되어 균형가격이 2,500원 그리고 균형거래량이 Q_0에 이르러서야 물자부족현상이 사라진다. 하지만 가격상한이 2,000원으로 정해져 있어서 이러한 시장조정이 나타날 수 없다.

가격상한제는 시장에서 가격의 자원배분기능을 사라지게 하여 2가지 문제를 제기한다.

배분의 문제 공급량은 Q_s이고 구매자들은 이보다 많은 Q_d을 원하는데 판매자들은 이를 어떻게 배분할 것인가? 선착순으로 즉 긴 줄을 서서 오랫동안 기다리는 사람들에게 배분해야 하는가? 아니면 주유소가 자기 입맛대로 배분하게 내버려 둘 것인가? 이를 규제하지 않으면 공정한 분배가 이루어지지 않기에 정부는 적절한 휘발유의 배분체계를 마련해야만 한다. 1가지 방법은 배급표를 발행하여 소지자에게 매달 일정량의 휘발유를 구입하게 하는 것이다. 먼저 Q_s만큼의 배급표를 인쇄한 다음 이 배급표를 모든 소비자들에게 동일하게 분배하는 것이다. 그래서 4인 가족의 부유한 가족이나 가난한 가족이 모두 같은 수의 배급표를 받게 하면 된다.

암시장

암시장 그러나 배급표를 배분하더라도 또 다른 문제가 발생한다. 그림 3.8의 수요곡선을 보면 상한가격 2,000원보다 많은 돈을 지불해서라도 휘발유를 구하고자 하는 소비자는 많이 있다. 그리고 주유소는 상한가격보다 비싸게 팔아 이익을 보고자 한다. 그래서 가격통제를 위해 강력한 행정력을 동원하더라도 상한가격보다 비싸게 거래되는 불법적인 **암시장**을 막을 수 없다. 나아가 배급표의 위조도 등장한다. 그리고 정부의 '통제'로 휘발유의 가격이 정해지므로 정부에 정치적 압력을 가해 가격을 더욱 낮추려는 시도도 등장한다.

임대료 규제

전세가격이나 월세가격이 상승하면 서민의 주거환경을 보호한다는 명분으로 임대료를 규제하여야 한다는 주장이 흔히 등장한다. 임대료 규제란 임대료의 상한을 법으로 정하는 것인데 최근에는 임대료의 최대 인상폭을 규제하는 방식으로 시행되기도 한다. 이러한 법의 의도는 선한 것이다. 입법의 목적은 계속되는 임대료 상승으로부터 저소득 가정을 보호하려는 것이다. 임대료 규제를 통해 주택부족을 해소하고 주거비의 부담을 줄이자는 것이다.

우리나라뿐 아니라 일부 선진국도 실제 임대료를 규제하고 있다. 임대료 규제의 경제적 효과는 실제 어떠하였을까? 수요의 측면에서 임대료가 균형가격보다 낮아지면 훨씬 많은 세입자들이 모여든다. 친구나 가족과 함께 지내던 사람들이 자신의 독립적인 공간을 마련하고자 임대주택을 찾는다. 그러나 더 큰 문제는 공급측면에서 발생한다. 가격통제로 집주인들은 임대시장에 주택을 내놓길 꺼려하여 공급이 감소한다는 것이다. 실제 임대료 규제가 행해진 미국에서는 소유자가 임대주택을 팔거나 쇼핑몰 등으로 개조하기도 하였다. 임대주택을 수리하거나 신축하는 것은 낮은 임대료 때문에 수지가 맞지 않았기 때문이다. 일부 대도시에서는 많은 아파트 건물이 빈집으로 남아있게 되었는데 이를 초래한 원인이 임대료 규제였던 것이다. 임대를 주느니 빈집으로 남겨놓는 것이 편리하였기 때문이다. 또한 보험회사, 연금기금 등 주택 투자자들은 임대료가 통제되지 않는 사무실빌딩, 쇼핑몰, 모텔 등에 투자하였다. 그것이 더 큰 수익을 가져다주었기 때문이다.

간단히 말해 임대료규제는 **시장의 신호를 왜곡하여 자원을 잘못 배분**한다. 즉 너무 적은 자원이 임대주택에 배분되고 너무 많은 것이 다른 건물의 건축에 배분된다. 역설적인 것은 주택부족을 해결하기 위해 임대료규제를 입법화하지만 오히려 **임대료규제가 주택부족을 심화시키는 원인이 된다**는 것이다. 그런 이유로 대부분의 미국 도시는 임대료규제를 포기하였거나 이를 점차 줄이는 과정에 있다.

쌀에 대한 최저가격제

최저가격제

최저가격제란 정부가 가격의 최저수준을 정하는 것이다. 최저가격 이상의 가격은 합법이며 그 미만의 가격은 불법이다. 어떤 생산자나 생산요소의 공급자가 자유로운 시장에서 충분한 소득을 얻지 못한다고 여겨질 때 시장가격 이상에서 최저가격이 정해진다. 이러한 예로 쌀에 대한 최저가격제나 근로자에 대한 최저임금제를 들 수 있다. 전자를 살펴보자.

쌀의 균형가격이 kg당 2,000원이어서 많은 농부들의 소득이 매우 낮다고 가정해보자. 정부가 이들을 돕기 위해 최저가격제 즉 쌀 가격의 지지정책을 도입하여 쌀의 가격을 kg당 3,000원으로 정한다고 하자.

결과는 어떻게 될까? 가격이 균형가격을 초과하면 공급량은 수요량보다 많게 된다. 즉 생산물의 잉여가 사라지지 않는다. 최저 가격이 3,000원이면 농부들이 생산해서 팔고자 하는 양은 소비자들이 구매하고자 하는 수량보다 많다. 가격상한제에서 보았듯이 법으로 강제된 가격은 가격의 자원배분기능을 망가뜨린다.

그래프 분석 그림 3.9는 최저가격제의 효과를 그래프로 보여준다. S와 D는 쌀의 공급곡선과 수요곡선을 나타낸다. 균형가격은 2,000원이며 균형거래량은 Q_0이다. 정부가 3,000원으로 최저가격을 정하면 농부들은 Q_s만큼 생산하지만 민간 구매자들은 Q_d만큼

[그림 3.9] 최저가격제

최저가격은 법정 최저가격으로 3,000원으로 정해져 있다. 이로 인해 생산물의 잉여가 사라지지 않는다. 그래프에서 잉여는 Q_s와 Q_d의 수평거리로 나타난다.

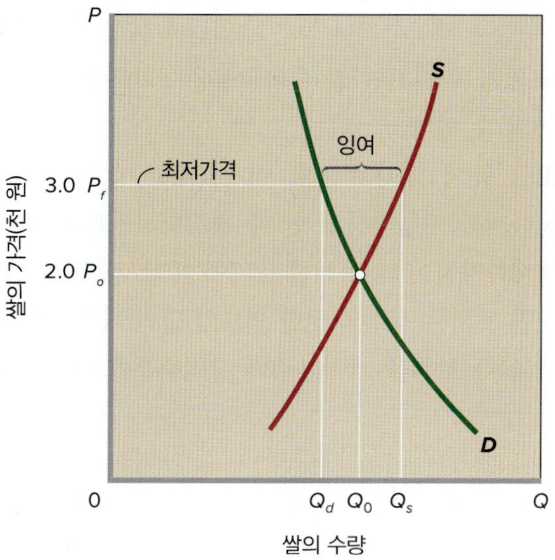

을 구입하고자 할 것이다. 잉여가 Q_d와 Q_s의 차이만큼 발생한다.

정부는 최저가격제에서 발생하는 잉여를 2가지 방식으로 대처하게 된다.

- 농부들이 스스로 토지의 일부를 경작하지 않도록 농지의 휴경제도를 도입하여 공급을 제한하거나 쌀을 이용한 새로운 상품을 개발하여 수요를 증가시키는 것이다. 이런 조치를 취하면 균형가격과 최저가격의 차이가 줄어들어 최저가격제로 인한 잉여의 크기를 줄일 수 있다.
- 앞의 노력이 충분히 효과를 발휘하지 못하면 정부는 잉여생산물을 3,000원에 구입해서 이를 비축하거나 폐기하는 두 번째 방법을 마련하여야 한다.

이것은 사실상 농부들에게 보조금을 지급하는 것과 같다.

추가적인 효과 그림 3.9에서처럼 3,000원으로 정한 최저가격은 **가격의 자원배분 기능을 훼손할 뿐만 아니라 자원배분을 왜곡**시킨다. 최저가격제가 없었다면 균형가격이 2,000원이 되는데 이로 인해 고비용으로 쌀을 생산하는 농부들은 손해를 보게 되고 그래서 다른 작물을 경작하거나 아예 농사 자체를 포기할 것이다. 그러나 최저가격이 3,000원으로 정해지면 이들은 여전히 쌀을 경작하며 농부로 남아 있게 된다. 따라서 희소한 자원이 쌀 생산에 과다 투입되고 쌀보다 가치 있는 다른 재화나 서비스의 생산에 과소 투입한다. 그래서 자원배분의 효율성이 달성되지 못한다.

이것만이 아니다. 쌀을 원료로 하는 생산물의 가격은 최저가격제로 인해 상승한다. 그리고 정부는 잉여 농산물의 구입에 필요한 정부재원을 마련하기 위해 조세를 인상해야 한다. 나아가 **최저가격제는 환경 파괴를 초래**할 수 있다. 최저가격제가 실시되면 농

한계 토지

부들이 **한계 토지**로 경작을 확대할 수 있다. 이들 토지는 대부분 언덕배기에 위치해 쉽게 침식되어 환경에 부정적 영향을 준다. 마지막으로 최저가격제로 인해 쌀 수입의 압력이 거세질 수 있다. 쌀의 수입은 쌀의 공급을 늘려 최저가격제의 기반을 약화시킬 수 있으므로 정부는 쌀 수입을 제한하거나 높은 수입관세 등을 부과하여 외국 쌀의 접근을 막게 된다. 이러한 조치가 취해지면 쌀 수출국들은 스마트폰 등 우리나라의 수출품에 대해 보복관세를 부과할 수 있다.

정치가들이 통신요금 규제, 임대료규제, 이자율제한, 농산물가격의 지지 등과 같은 최저가격제나 가격상한제를 시행하자고 할 때 경제학자들은 이에 대해 우려를 나타낼 때가 많다. 이제는 경제학자들이 왜 이러한 조치에 대해 '경종'을 울리는지 그 이유를 알 수 있을 것이다. 이러한 조치는 정부의 **선한 의도와 달리 나쁜 결과를 초래**한다. 정부의 가격규제는 물자의 잉여나 부족을 가져다주며 자원배분을 왜곡시키고 원하지 않는 부작용을 발생시킨다.

국가장학금과 대학 수업료

국가장학금은 수요를 증가시켜 대학등록금을 인상시킨다.

최근 들어 한국장학재단은 대학생들에게 국가장학금을 지급하고 있다. 소득구간에 따라 대학수업료의 일부를 무상으로 지원하기도 하고 낮은 금리의 학자금 대출을 제공하기도 한다. 이를 통해 경제적으로 어려운 대학생들이 학업을 무사히 마칠 수 있도록 돕고 있다. 언뜻 보면 이러한 무상지원이나 학자금대출이 대학생들에게 큰 도움을 줄 것으로 여겨진다. 그러나 미국의 사례를 보면 반드시 그렇지 않다.

미국은 이미 1958년부터 낮은 금리의 학자금 대출을 시행하고 있다. 그런데 대학졸업에 필요한 비용도 크게 늘고 있다. 1971~1972년 기간과 2014~2015년 기간을 비교하면 수업료와 기숙사비등이 크게 상승하였다. 4년제 사립대학의 경우 2,929달러에서 42,419달러로 상승하였고 공립학교의 경우 1,405달러에서 18,943달러로 상승하였다.

대학 수업료 등이 크게 상승하였기 때문에 학자금 대출이 대학생들에게 많은 도움을 준 것은 틀림없다고 여길지 모른다. 그러나 학자금 대출이 도움을 주려면 수업료의 인상이 다른 요인 때문에 이루어진 것이라야 한다. 즉 대학교직원들에 대한 더 많은 급여의 지급, 많은 비용이 드는 디지털 교실의 미련, 인건비기 많이 드는 디양한 교육프로그램(취업 및 온라인 강의 등)의 제공 등의 요인 때문에 수업료가 상승한 것이어야 한다. 이러한 요인 때문에 수업료가 상승하였다면 대학생들이 학업을 마칠 수 있도록 낮은 금리로 학자금을 대출해주는 것은 불가피할 수 있다.

그러나 1987년에 당시 교육부장관이었던 William Bennett는 그러한 진제가 잘못되었다고 지적한 바 있다. 학자금대출이 대학생들에게 도움을 주기보다 수업료 인상을 초래한 주요인이라는 것이다. 그가 New York Times에 기고한 글은 다음과 같다. "근래에 대학들이 수업료를 인상하면서 별 부담을 느끼지 않는 것은 대학생에 대한 재정적 지원이 커졌기 때문이다. 대학들은 학자금 대출이 수업료 인상의 충격을 흡수할 것이라고 믿고 있다."

미국 New York의 연방 준비은행이 최근 행한 연구[3]는 Bennett의 주장을 뒷받침한다. 이에 따르면 정규 대학생이 받는 학자금 대출액의 평균이 1달러 증가하면 대학 수업료는 70센트 증가하였다. 연방 준비은행의 연구는 학자금 대출이 대학수업료의 인상요인이라는 인과관계도 밝히고 있다. 2000년대 중반에 학자금 대출상한이 인상된 적이 있는데 학생들의 대출금이 증가하자 바로 수업료가 상승하였다는 것이다. 즉 인과관계를 보면 수업료 상승이 학자금 대출을 증가시킨 것이 아니라 학자금 대출의 증가가 수업료를 인상시킨 것이 분명하다는 것이다.

수요 · 공급모형으로 학자금 대출의 증가가 수업료의 인상을 초래한 이유를 설명할 수 있다. 오른쪽 그림을 보기 바란다. 일정기간 동안 대학교육의 공급곡선은 고정되어 있다. 등록학생을 늘리려면 교실 등의 신축이 필요하기 때문이다. 이에 비해 수요곡선은 고정되어 있지 않다. 대학생들의 수업료 지불능력이나 지불의사가 커지면 수요곡선은 오른쪽으로 이동한다.

이점이 중요한 것은 학자금 대출이 대학생들의 지불능력을 향상시키기

때문이다. 그래서 학자금 대출이 가능하면 대학교육에 대한 수요곡선은 D_1에서 D_2로 오른쪽으로 이동한다. 공급곡선이 고정되어 있을 때 수요곡선이 오른쪽으로 이동하면 균형가격 즉 수업료는 P_1에서 P_2로 상승한다. 학자금 대출의 증가가 수업료를 인상시키는 것이다.

이것이 의미하는 바는 대학교육을 위한 학자금 대출은 좋은 방법이 아니라는 것이다. 정규 대학생이 받는 학자금 대출액의 평균이 1달러 증가할 때마다 대학 수입료가 70센드 증가한다면 학자금 대출은 문제를 줄이기는 것이 아니라 오히려 키우는 셈이다. 어떤 것을 구매할 수 있도록 만든 조치가 오히려 그것을 구매할 수 없도록 가격을 크게 상승시키고 만 것이다.

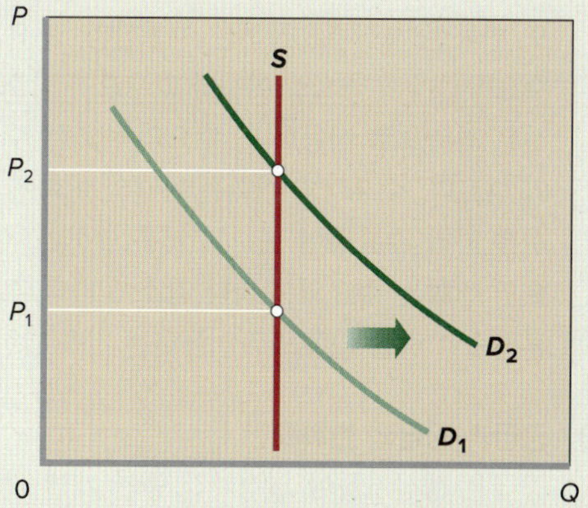

정부가 수요보다 공급에 보조금을 지급하는 것이 대안이 될 수 있다. 즉 정부가 대학교육의 공급을 늘릴 수 있는 조치를 취하면 공급곡선이 오른쪽으로 이동하여 대학교육의 균형가격이 하락할 것이다. 이러한 조치는 2차 세계대전이후 취해진 적이 있는데 이때 주로 주정부의 보조금에 의존하는 미국의 주립대학이 크게 늘어난 바 있다.

3) David O. Lucca, Tayor Nauld and Karen Shen, "Credit Supply and the Rise in College Tuition: Evidence from the Expansion in Federal Student Aid Programs", Staff Report No.733, Federal Reserve Bank of New York, July 2015.

요약

1. 시장의 유형

시장에서 구매자(수요자)와 판매자(공급자)는 만나게 된다. 어떤 시장거래는 주로 지역 내에서 이루어지지만 일부 시장거래는 국민경제나 국제적 수준에서 이루어지기도 한다. 일부 시장은 물리적 장소를 필요로 하지만 어떤 시장은 온라인 공간에 존재하기도 한다. 논의를 단순화하기 위해 이장에서는 독립적인 다수의 구매자와 판매자가 표준화된 상품을 사고팔기 위해 만나는 경쟁시장을 전제한다. 모든 시장에는 수요, 공급, 가격, 거래량 등이 모두 등장한다. 그리고 가격은 구매자와 판매자의 상호작용을 통해 '발견'된다.

2. 수요와 수요의 변화요인

수요는 소비자들이 일정기간 동안 가격이 변할 때 개별 가격에서 구입하고자 하는 생산물의 수량을 보여주는 표 혹은 곡선이다. 수요의 법칙이란 소비자들이 높은 가격보다 낮은 가격에서 생산물을 더 많이 구입한다는 것이다. 따라서 다른 조건이 동일할 때 가격이 하락하면 수요량은 증가하며 가격이 오르면 수요량은 감소한다는 것이다. 간단히 말해 가격과 수요량은 역의 관계에 있다.

시장수요곡선은 개별 가격에서 모든 소비자의 수요량을 수평으로 합하는 방식으로 구할 수 있다.

수요곡선의 이동요인(소비자의 기호, 소비자의 수, 소비자의 화폐소득, 관련 재화의 가격, 기대가격)이 하나라도 변하면 시장수요곡선은 이동한다. 수요가 증가하면 수요곡선이 우측으로 이동하고 수요가 감소하면 수요곡선은 좌측으로 이동한다. 수요의 변화는 수요량의 변화와 다르다. 수요량의 변화는 가격의 변화에 따라 수요곡선을 따라 수요량이 변하는 것을 말한다. 이에 비해 수요의 변화는 수요의 증가나 감소에 따라 수요곡선이 오른쪽으로 혹은 왼쪽으로 이동하는 것을 말한다.

3. 공급과 공급의 변화요인

공급은 생산자들이 일정기간 동안 개별 가격에서 판매하길 원하는 여러 생산물의 수량을 보여주는 표나 곡선이다. 공급의 법칙이란 다른 조건이 동일할 때 생산자들이 낮은 가격보다 높은 가격에서 더 많은 생산물을 공급한다는 것이다. 따라서 가격과 공급량 간에 양(+)의 관계가 존재하며 공급곡선은 우 상향하게 된다.

시장공급곡선은 개별 가격수준에서 공급자들의 공급곡선을 '수평'으로 합하면 구할 수 있다.

공급곡선의 이동요인(생산요소의 가격, 생산기술, 조세 및 보조금, 다른 재화의 가격, 기대 가격, 공급자의 수)이 하나라도 변하면 공급곡선은 이동한다. 공급이 증가하면 공급곡선은 우측으로 이동하고 공급이 감소하면 공급곡선은 좌측으로 이동한다. 공급의 변화는 공급량의 변화와 다르다. 공급량의 변화는 가격의 변화에 따라 공급곡선을 따라 공급량이 변하는 것을 말한다. 이에 비해 공급의 변화는 공급곡선이 오른쪽으로 혹은 왼쪽으로 이동하는 것을 말한다.

4. 균형가격의 결정

균형가격과 균형거래량은 수요 · 공급곡선의 교차점에서 결정된다. 이 점에서 시장수요와 시장공급은 일치한다. 이 점에서의 가격이 균형가격이며 이때의 수량이 균형거래량이다.

시장은 구매와 판매의 의사결정을 일치시켜 물자부족이나 잉여가 발생하지 않도록 한다. 이러한 기능을 가격의 자원배분 기능이라고 한다. 경쟁시장의 균형가격은 생산의 효율과 배분의 효율을 달성한다. 생산의 효율은 최소비용으로 생산하는 것을 말하며 배분의 효율은 적절한 생산물의 조합을 생산하는 것을 말한다.

5. 수요 · 공급의 변화와 균형가격

수요나 공급이 변하면 균형가격과 균형거래량이 달라진다. 수요가 증가하면 균형가격과 균형거래량이 모두 커진다. 수요가 감소하면 균형가격과 균형거래량이 모두 적어진다. 공급이 증가하면 균형가격은 하락하고 균형거래량은 커진다. 공급이 감소하면 균형가격이 상승하고 균형거래량이 적어진다.

수요와 공급이 동시에 변하면 그 방향과 상대적 크기에 따라 균형가격과 균형거래량은 다양하게 변한다.

6. 정부의 가격규제와 효과

가격상한제란 생산물 혹은 서비스에 대하여 판매자가 부과할 수 있는 최대가격을 법으로 정하는 것이다. 소비자들이 구입 가능하도록 가격을 낮추자는 의도로 시행된다. 가격상한제가 효과적일수록 물자부족은 해결되지 않는다. 부족한 물자를 공정하게 분배하기 위해 정부는 배급제를 실시하게 된다.

최저가격제란 정부가 가격의 최저수준을 정하는 것이다. 정부는 생산자가 충분한 소득을 얻지 못한다고 여길 때 이를 시행한다. 최저가격제는 물자의 잉여를 지속적으로 발생시킨다. 정부는 잉여 생산물의 구입, 생산의 제한, 민간 수요의 증대 등의 조치를 취하게 된다.

법으로 가격을 구제하면 가격의 자원배분 기능이 억제되어 경제를 왜곡시킨다.

주요 용어와 개념

가격상한제
공급
공급곡선
공급곡선의 이동요인
공급량의 변화
공급의 법칙
공급의 변화
균형가격
균형수량
대체재
대체효과
물자부족
배분의 효율
보완재
생산의 효율
소득효과
수요
수요곡선
수요곡선의 이동요인
수요량의 변화
수요의 법칙
수요의 변화
수요표
열등재
잉여
정상재
최저가격제
한계효용체감

연습문제

1. 다음에서 승용차 타이어의 수요곡선을 왼쪽으로 이동시키는 사건은?

(1) 승용차 타이어 가격의 상승
(2) 소득의 증가
(3) 타이어 생산기술의 혁신
(4) 소비자에 대한 보조금 지급
(5) 승용차 가격의 상승

2. 다음에서 스마트폰에 대한 공급곡선을 오른쪽으로 이동시키는 요인은?

(1) 스마트폰 가격의 상승
(2) 통신요금의 하락
(3) 소비자의 소득 증가
(4) 임금의 상승
(5) 스마트폰 생산기술의 혁신

3. 명절 때 KTX 열차의 암표가 팔리고 있다. 이에 대한 다음의 설명 중 잘못된 것은?

(1) 명절 때의 KTX 운임이 시장균형가격보다 낮다.
(2) KTX를 운영하는 코레일이 손해를 보고 있다.
(3) 암표의 구매자는 이익을 보고 있다.
(4) 암표의 거래는 자발적 거래다.
(5) 암표의 거래는 효율성을 증대시킨다.

4. 냉해로 인하여 제주도 한라봉의 수확이 감소하였다. 이에 따른 변화를 잘못 설명한 것은?

(1) 한라봉에 대한 공급곡선이 왼쪽으로 이동한다.
(2) 한라봉의 시장가격이 상승한다.
(3) 한라봉의 수요곡선이 왼쪽으로 이동한다.
(4) 사과의 수요곡선이 오른쪽으로 이동한다.
(5) 한라봉 주스의 시장가격이 상승한다.

5. 새로운 균형에서 이전의 균형과 비교하여 가격과 거래량이 감소하였다. 맞게 서술한 것은?

(1) 공급이 증가하였다 (2) 공급이 감소하였다.
(3) 수요가 증가하였다. (4) 수요가 감소하였다.
(5) 공급증가가 수요 감소보다 컸다.

6. 조류독감의 발생으로 수백만 마리의 닭이 매몰 처분되었다. 이 사건의 영향을 틀리게 설명한 것은?

(1) 닭고기의 공급곡선이 왼쪽으로 이동한다.
(2) 닭고기의 시장가격이 상승한다.
(3) 프라이드치킨의 가격이 상승한다.
(4) 오리고기의 시장가격이 상승한다.
(5) 오리고기의 공급곡선이 오른쪽으로 이동한다.

7. **프라이드치킨의 가격 상승이 미치는 효과를 잘못 설명한 것은? 마늘소스는 프라이드치킨의 보완재이며 마늘소스와 간장소스는 대체재이다.**

(1) 마늘소스의 가격이 상승한다.
(2) 프라이드치킨의 소비가 감소한다.
(3) 마늘의 가격이 하락한다.
(4) 간장소스의 가격이 상승한다.
(5) 마늘 즙의 가격이 하락한다.

8. **지난 몇 십 년 동안 자동차 가격은 크게 올랐다. 하지만 자동차에 대한 판매량도 크게 증가하였다. 이에 대한 설명으로 부적절한 것은?**

(1) 수요 법칙의 예외적인 사례다.
(2) 구매자의 소득이 증가하였다.
(3) 자동차 수요곡선이 오른쪽으로 이동하였다.
(4) 자동차 공급곡선이 오른쪽으로 이동하였다.
(5) 수요 곡선이 공급곡선보다 더 크게 이동하였다.

9. **경쟁시장에서 소비자가 지불하는 가격은 마지막 소비자가 평가하는 상품의 가치를 의미한다. 모든 재화의 가격이 그 재화의 마지막 단위를 생산하기 위해 사회가 지불한 기회비용인 한계비용과 일치할 때 이러한 상태를 무엇이 달성되었다고 하는가?**

(1) 생산의 효율성 (2) 배분의 효율성
(3) 소비의 효율성 (4) 비용의 효율성
(5) 가격의 효율성

10. **곡물시장의 한 달 동안의 쌀의 총공급과 총수요가 아래 표와 같이 주어져 있다.**

수요량(1,000kg)	kg당 가격	공급량(1,000kg)
85	3,400	72
80	3,700	73
75	4,000	75
70	4,300	77
65	4,600	79
60	4,900	81

(1) 시장의 균형가격은 얼마인가?
(2) 정부가 쌀의 최저가격을 4,600원으로 설정하면 어떤 결과가 초래되는가? 수량을 표시하시오.
(3) 정부가 쌀의 최저가격을 4,600원으로 유지하고자 한다면 얼마만큼의 재정지출이 필요할까?

11. **정부가 0~4세 유아의 보육원 교육비를 전액 지원한다고 하자. 0~4세 유아의 보육시장에 미치는 영향을 설명하시오. 정부가 기존의 보육원 이용 실태를 기초로 보육비 지원 예산을 결정하면 예산이 부족하게 된다. 그 이유는 무엇인가?**

12. **정부가 최저임금을 대폭 인상하였다. 수요공급곡선을 이용하여 설명하시오.**

(1) 고용에 미치는 효과를 설명하시오.
(2) 최저임금보다 낮은 임금을 지불하는 불법적인 노동시장이 존재한다고 하자. 이들 시장의 고용과 임금에 미치는 효과를 설명하시오.

13. **정부가 자동차 판매가격에 부과하는 소비세를 인상하였다.**

(1) 소비세를 자동차 판매자가 납부한다. 수요 · 공급곡선은 어떻게 달라지는가?
(2) 소비세를 자동차 구매자가 납부한다. 수요 · 공급곡선은 어떻게 달라지는가?
(3) 소비세를 누가 납부하느냐에 무관하게 소비자가 지불하는 비용이나 자동차판매자의 1단위 판매수입은 동일하다. 이를 수요 공급곡선을 이용하여 설명하시오.

14. **공립대학 교육과 사립대학 교육은 대체재이다. 공립대학 학생에 대해서만 정부가 등록금의 50%를 장학금을 지급한다고 한다.**

(1) 이러한 정책이 공립대학과 사립대학의 등록금과 등록인원에 미치는 영향을 국립대학 교육시장과 사립대학 교육시장의 수요공급곡선을 각각 이용하여 설명하시오. 단 공립대학과 사립대학은 입학하고자 하는 학생을 모두 선발할 수 있다고 가정한다.
(2) 정부가 공립대학의 등록금 인상을 허용하지 않고 있다. 그리고 사립대학은 등록금을 인하를 할 수 없는 처지라고 하자. (1)의 결과는 어떻게 달라지는지 설명하시오.

15. **수요 방정식이 $P=10-0.2Q_d$, 공급 방정식이 $P=2+0.2Q_s$로 주어져있다. Q_d, Q_s, P는 각각 수요량, 공급량 그리고 가격을 표시한다.**

(1) 균형가격과 균형수량을 구하시오.
(2) 정부가 1만큼의 판매세를 판매자가 납부하도록 부과하였다. 시장균형가격과 거래량을 구하시오.

16. A, B는 공동소유의 목초를 이용하여 소를 기르고 있다. 이 때 A, B가 소에게 풀을 먹이면 소의 무게가 아래와 같이 증가한다. A가 1kg의 풀을 먹이면 소의 무게가 80kg이다. 소를 시장에 팔면 1kg에 3만원을 받을 수 있다.

	1	2	3	4	5	6	7
A	80	95	106	110	113	115	116
B	60	75	83	95	105	113	115

(1) 풀이 10kg 생산된다. 소의 무게가 어떻게 늘어날지 안다면 A, B에게 목초를 어떻게 나누어주는 것이 A, B가 기르는 소의 무게의 합을 최대로 할 수 있는가?

(2) 풀 10kg을 A, B에게 각각 5kg씩 배분하였다. A, B 둘 사이에 목초의 거래가 이루어진다면 각각 얼마씩 풀을 먹일 것인가? 그리고 그 때 목초의 가격은 어디 사이에서 결정될 것인가? 단, 거래비용은 없으며 A, B는 상대방 소의 무게가 얼마나 늘어날지 알 수 없다.

(3) 목초지는 A의 소유이며, 목초를 8kg 생산하였다. A, B 사이에 목초의 거래가 가능하다고 하면 각각의 목초 소비는 얼마인가? 그리고 목초의 가격은 어디 사이에서 결정될 것인가? Walras 균형에서 가격은 결정된다.

4 Chapter

수요와 공급의 탄력성

학 습 내 용

1. 수요의 가격탄력성
2. 탄력성과 총수입의 관계
3. 가격탄력성에 영향을 주는 요인
4. 공급의 가격탄력성
5. 수요의 교차탄력성과 소득탄력성

이 장에서는 3장의 수요 · 공급모형을 확장하여 탄력성을 설명한다. 탄력성의 개념은 다음의 질문에 답을 하는데 대단히 중요하다. 예를 들어 왜 어떤 상품의 가격이 올랐을 때 소비자의 구매는 크게 감소하지만 쌀 가격이 올랐을 때 소비자의 구매는 조금만 감소하는 것일까? 왜 돼지의 판매 가격이 상승하면 돼지 사육두수가 크게 늘리지만 금의 가격이 상승하면 금의 채굴량은 거의 늘리지 않는 것일까? 왜 가계소득이 증가하였을 때 여행에 대한 수요는 크게 증가하지만 우유에 대한 수요는 조금만 증가하는 것일까?

탄력성은 시장에 대한 이해를 확장시켜 가격이나 소득의 변화가 수요와 공급에 어느 정도 영향을 미칠지 정도인지 알려준다. 때로는 가격이나 소득의 변화에 수요 · 공급이 크게 반응하기도 하지만 아예 반응하지 않을 때도 있다. 이러한 반응을 알 수 있다면 기업이나 정부는 무엇을 생산할지, 가격을 얼마로 책정할 것인지 그리고 어떤 것에 세금을 부과할지에 대해 잘 결정할 수 있다.

수요의 가격탄력성

수요의 법칙에 따르면 다른 조건이 동일할 때 상품의 가격이 하락하면 수요가 늘어나고 가격이 상승하면 수요가 감소한다. 이 때 수요자가 얼마나 많이 또는 적게 구매할 것인가? 이것은 재화에 따라서 다르고 같은 재화라도 가격 수준에 따라 다르다. 이러한 차이를 아는 것은 중요하다. 예를 들어 기업은 가격을 인상하고자 할 때 소비자의 반응을 알고 싶어 한다. 소비자들의 충성도가 매우 높아서 이들이 구매를 지속한다면 기업이 가격을 인상하였을 때 수익은 증가할 것이다. 그러나 소비자들이 집단적으로 등을 돌려 다른 판매자나 상품을 구매하면 기업의 수익은 크게 감소한다.

수요의 가격탄력성

가격 변화에 대한 수요량의 반응정도는 **수요의 가격탄력성**으로 측정한다. 예를 들어 레스토랑의 메뉴가격이 변하면 소비자들은 매우 민감하게 반응한다. 그래서 가격이 조금만 변하더라도 구매량은 크게 변한다. 경제학자들의 표현에 따르면 이러한 재화의 수요는 '비교적 탄력적' 또는 간단히 '탄력적'이다.

소비자들은 의료서비스의 가격변화에 대해서는 거의 주의를 기울이지 않는다. 그래서 가격이 크게 변하더라도 구매량은 거의 변하지 않는다. 이러한 재화의 수요는 '비교적 비탄력적' 또는 간단히 '비탄력적'이다.

가격탄력성 계수와 계산식

탄력성계수

경제학자들은 X재화 수요의 가격탄력성을 다음과 같은 **탄력성계수**(E_d)로 측정한다.

$$E_d = \frac{\text{X재화 수요량의 변화율}}{\text{X재화 가격의 변화율}}$$

여기에서 수요량의 변화율이란 수요량의 변화폭을 원래의 수요량으로 나눈 것이며 가격의 변화율은 가격의 변화폭을 원래 가격으로 나눈 것이다. 그러므로 위식은 다음과 같이 다시 쓸 수 있다.

$$E_d = \frac{\text{X재화 수요량의 변화폭}}{\text{원래 X재화의 수요량}} \div \frac{\text{X재화 가격의 변화폭}}{\text{원래 X재화의 가격}}$$

평균치 이용 안타깝게도 가격탄력성 계수를 계산할 때 귀찮은 문제가 발생한다. 가격이 4,000원에서 5,000원으로 상승하면 가격상승률은 25%이지만 동일한 수요곡선에서 가격이 5,000원에서 4,000원으로 하락하면 가격하락률은 20%다. 가격탄력성 계수를 계산할 때 둘 중 어떤 것을 분모로 하여야 할까? 그리고 수요량이 10에서 20으로 증가하면 하면 수요량은 100% 증가한 것이지만 동일한 수요곡선에서 수요량이 20에서 10으로 감소하면 수요량이 50% 감소한 것이 된다. 가격탄력성 계수를 구하기 위한 100%와 50% 중 어떤 것을 분모로 사용하여야 할까? 수요곡선의 동일한 점에서 이동하는 것이라면 탄력성의 값은 가격의 상승이나 하락에 관계없이 같아야 한다.

이 문제를 간단히 해결하는 방법은 변화 전후의 가격과 수요량의 평균을 기준점으로 삼아 백분율을 계산하는 것이다. 이를 **중간점 공식**이라고 한다.

중간점 공식

$$E_d = \frac{\text{수요량의 변화폭}}{(\text{가격변화 전후의 수요량의 합}/2)} \div \frac{\text{가격의 변화폭}}{(\text{가격변화 전후의 가격의 합}/2)}$$

가격이 4,000원에서 5,000원 또는 5,000원에서 4,000원으로 변할 때 기준가격은 4,500원[=(5,000원+4,000원)/2]이다. 그리고 수요량이 10에서 20 또는 20에서 10으로 변할 때 기준수요량은 15[=(10+20)/2)]이다. 이제 가격의 변화율은 1,000원/4,500원으로 약 22%이며, 수요량의 변화율은 10/15로 약 67%이다. 따라서 수요의 가격탄력성은 약 3이 된다. 이렇게 하면 동일한 수요곡선에서 가격의 상승 또는 하락에 따라 탄력성이 달라지는 것을 없앨 수 있다. 이러한 방식은 중간점 공식으로 알려져 있는데 앞으로 탄력성계수는 이러한 방식으로 계산할 것이다.

변화율의 사용 소비자의 반응을 변화량으로 측정하지 않고 변화율로 측정하는 이유는 무엇인가? 2가지의 이유 때문이다.

첫째, 변화량으로 측정하면 측정단위를 무엇으로 하느냐에 따라 소비자의 반응정도가 다르다고 여길 수 있다. 예를 들어 쌀 가격이 하락하였을 때 쌀에 대한 수요가 100만 톤에서 110만 톤으로 늘어났다고 하자. 언뜻 보면 소비자들이 쌀의 변화에 크게 반응하지 않은 것처럼 여겨질 수 있다. 하지만 쌀에 대한 측정단위를 kg으로 바꾸면 쌀에 대한 수요가 10억 kg에서 11억 kg으로 늘어난다. 사실 수요량의 변화에는 차이가 없지만 측정단위에 따라 10만 톤보다 1억 kg의 변화를 더 크다고 여길 수 있다. 이러한 오류를 막기 위하여 변화량이 아닌 변화율로 계산하는 것이다. 그러면 측정단위와 무관하게 수요의 변화율은 동일하게 된다.

둘째, 변화율을 사용하면 서로 다른 상품에 대한 소비자의 반응정도를 올바르게 비교할 수 있다. 가격이 1,000원 상승하였을 때 10만 원짜리가 1,000원 상승한 것과 5천 원짜리가 1,000원 상승한 것에 대한 소비자의 반응은 다르다. 10만 원짜리가 1,000원 상승한 것은 1% 오른 것이지만 5천 원짜리가 1,000원 상승한 것은 20% 오른 것이다. 따라서 서로 다른 상품의 가격이 변하였을 때 변화율로 계산하여 비교하는 것이 합리적이다.

음(−)의 부호제거 수요곡선은 우하향하기 때문에 수요의 가격탄력성 계수는 언제나 음의 값을 갖는다. 예를 들어 가격이 하락하면 수요량은 증가하므로 탄력성 계산식의 분자는 양의 값을 갖지만 분모는 음의 값을 갖게 된다. 그래서 수요의 가격탄력성 계수는 음수가 된다. 가격이 상승하면 분모는 양의 값을 갖지만 이제는 분자가 음의 값이 되어 수요의 가격탄력성 계수는 여전히 음수가 된다.

음(−)의 값 때문에 일어날 수 있는 모호성을 피하기 위해 흔히 음(−)의 부호를 무시하고 탄력성 계수의 절댓값만을 표시한다. 탄력성 계수가 −4일 때 그것이 탄력성 계수 −2보다 크다고 할 수 없다. 음(−)의 부호를 생략하면 탄력성 계수 4가 탄력성 계수 2보다 크다고 분명히 말 할 수 있다. 그래서 앞으로 수요의 가격탄력성 계수 값에서 음(−)의 부호를 무시하고 절댓값만을 나타낼 것이다.

수요의 가격탄력성 계수의 해석

수요의 가격탄력성 계수는 다음과 같이 해석될 수 있다.

탄력적

탄력적 수요 가격의 변화율이 주어져있을 때 수요량의 변화율이 이보다 크면 수요가 **탄력적**이라고 한다. 즉 수요의 가격탄력성 계수가 1보다 클 때이다. 예를 들어 꽃의 가격이 2% 하락하였을 때 수요량이 4% 증가하였다면 꽃에 대한 수요는 탄력적이다.

$$E_d = \frac{0.04}{0.02} = 2$$

비탄력적

비탄력적 수요 가격의 변화율이 주어져있을 때 수요량의 변화율이 이보다 적다면 수요는 **비탄력적**이라고 한다. 즉 수요의 가격탄력성 계수가 1보다 적을 때이다. 예를 들어 커피가격이 2% 하락하였는데 수요량이 1% 증가하였다면 커피에 대한 수요는 비탄력적이다.

$$E_d = \frac{0.01}{0.02} = 0.5$$

단위 탄력성

단위 탄력성 탄력적 수요나 비탄력적 수요와 달리 가격의 변화율이 수요량의 변화율과 같은 경우가 있다. 예를 들어 초콜릿의 가격이 2% 하락하였는데 수요량이 2% 증가할 수 있다. 이때 수요의 가격탄력성 계수는 1이 되는데 이러한 특별한 경우를 **단위 탄력성**이라 한다.

$$E_d = \frac{0.02}{0.02} = 1$$

완전 비탄력적

극단적인 경우 수요가 '비탄력적'이라 하더라도 소비자들은 어느 정도 반응한다. 하지만 소비자가 가격변화에 전혀 반응하지 않는 극단적인 경우가 있을 수 있는데 경제학자들은 이를 두고 수요가 **완전 비탄력적**이라고 말한다. 가격의 변화에 수요가 전혀 반응하지 않으므로 가격탄력성 계수는 0이 된다. 이와 가까운 사례로 당뇨병환자의 인슐린에 대한 수요나 마약중독자의 헤로인에 대한 수요를 들 수 있다. 수요가 완전 비탄력적이면 수요곡선은 그림 4.1(a)의 D_1처럼 수직선의 모양을 띄게 된다.

완전 탄력적

반대로 수요가 '탄력적'이라 하더라도 소비자들은 가격변화에 극단적으로 반응하지는 않는다. 하지만 가격이 조금만 내렸을 뿐인데 재화를 전혀 구매하지 않던 소비자들이 구매 가능한 모든 양을 사버리는 극단적인 경우가 있을 수 있는데 경제학자들은 이를 두고 수요가 **완전 탄력적**이라고 말한다. 이때의 탄력성계수는 **무한대**이다. 수요가 완전 탄력적일 때 수요곡선은 그림 4.1(b)의 D_2처럼 수평선이 된다. 순수경쟁시장을 논의할 때 다시 언급하겠지만 순수경쟁에 가까운 쌀 시장에서 농부들이 이러한 완전탄력적인 수요곡선에 직면하게 된다.

사례연구: 고무줄 늘리기

다음의 비유가 '탄력적' 수요와 '비탄력적' 수요의 차이를 구분하는데 도움이 될 것이다. 부상 관절을 고정하는데 쓰이는 탄력적 밴드와 수송물품을 고정하는데 쓰이는 단단한 고무 끈을 떠올려 보자. 같은 힘을 가하더라도 의료용 밴드는 상당히 잘 늘어나지만 고무 끈은 많이 늘어나지 않는다.

이와 유사하게 상품에 따라 가격 변화에 따른 수요량의 변화는 다르다. 어떤 재화의 가격하락은 수요량을 상당히 크게 늘린다. 이때 늘어난 것을 변화율로 나타내면 그것이 가격의 변화율보다 커서 수요는 탄력적이라고 할 수 있다. 이에 비해 어떤 재화는 가격이 하락하더라도 수요량이 거의 늘지 않는다. 이때 늘어난 것을 변화율로 나타내면 그것이 가격의 변화율보다 적어 수요는 비탄력적이 된다.

이를 요약하면 다음과 같다.

- 탄력적인 수요는 탄력적인 의료용 밴드처럼 잘 늘어난다.
- 비탄력적인 수요는 단단한 고무 끈처럼 거의 늘어나지 않는다.

이러한 개념을 확장하면 다음을 알 수 있다.

- 완전 탄력적 수요는 무한히 늘어난다.
- 완전 비탄력적 수요는 전혀 늘어나지 않는다.

[그림 4.1] 완전 탄력적 수요와 완전 비탄력적 수요

(a)의 수요곡선 D_1은 완전 비탄력적 수요를 나타낸다. 가격이 상승하더라도 수요량은 전혀 변하지 않는다. (b)의 수요곡선 D_2는 완전 탄력적 수요를 나타낸다. 가격이 상승하면 무한대이던 수요량이 0으로 떨어진다.

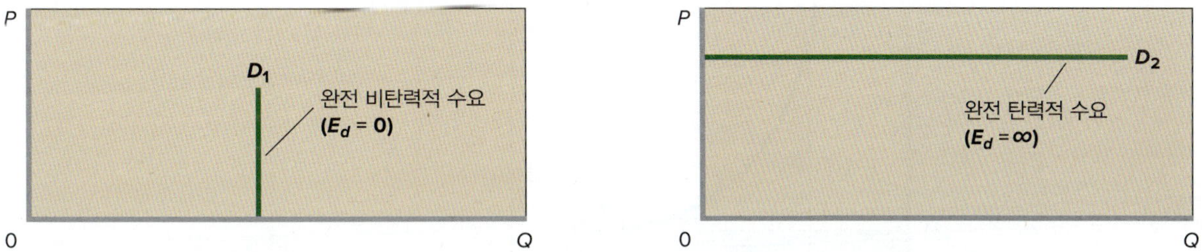

(a) 완전 비탄력적 수요　　(b) 완전 탄력적 수요

총수입 검증

기업입장에서 탄력성이 중요한 것은 탄력성에 따라 가격의 변화가 총수입 및 이윤에 미치는 영향이 달라지기 때문이다.

총수입이란 일정기간동안 공급자가 생산물의 판매로 얻는 모든 수입을 뜻한다. 이것은 생산물의 가격(P)과 판매수량(Q)의 곱으로 계산되며 계산식은 아래와 같다.

총수입

$$\text{총수입} = P \times Q$$

그래프로 표시하면 수요곡선 위의 한 점에서 수직선과 수평선을 그어 이들 선과 X, Y축으로 둘러싼 **사각형 면적**이 총수입이다. 예를 들어 그림 4.2(a)의 a점에서 가격은 2,000원이고, 수요량은 10이다. 따라서 총수입은 2,000원과 10을 곱한 20,000원이다.

[그림 4.2] 총수입의 변화를 통한 탄력성 검증

(a) 가격이 2,000원에서 1,000원으로 하락하면 총수입은 20,000원에서 40,000원으로 증가한다. 따라서 수요는 탄력적이다. 수입의 증가(파란색 면적)이 수입의 감소(노란색 면적)보다 크다. (b) 가격이 4,000원에서 1,000원으로 하락하면 총수입은 40,000원에서 20,000원으로 감소한다. 따라서 수요는 비탄력적이다. 수입의 증가(파란색 면적)가 수입의 감소(노란색 면적)보다 작다. (c) 가격이 3,000원에서 1,000원으로 하락해도 총수입은 변함이 없다. 따라서 수요는 단위 탄력적이다. 수입의 증가(파란색 면적)가 수입의 감소(노란색 면적)과 같다.

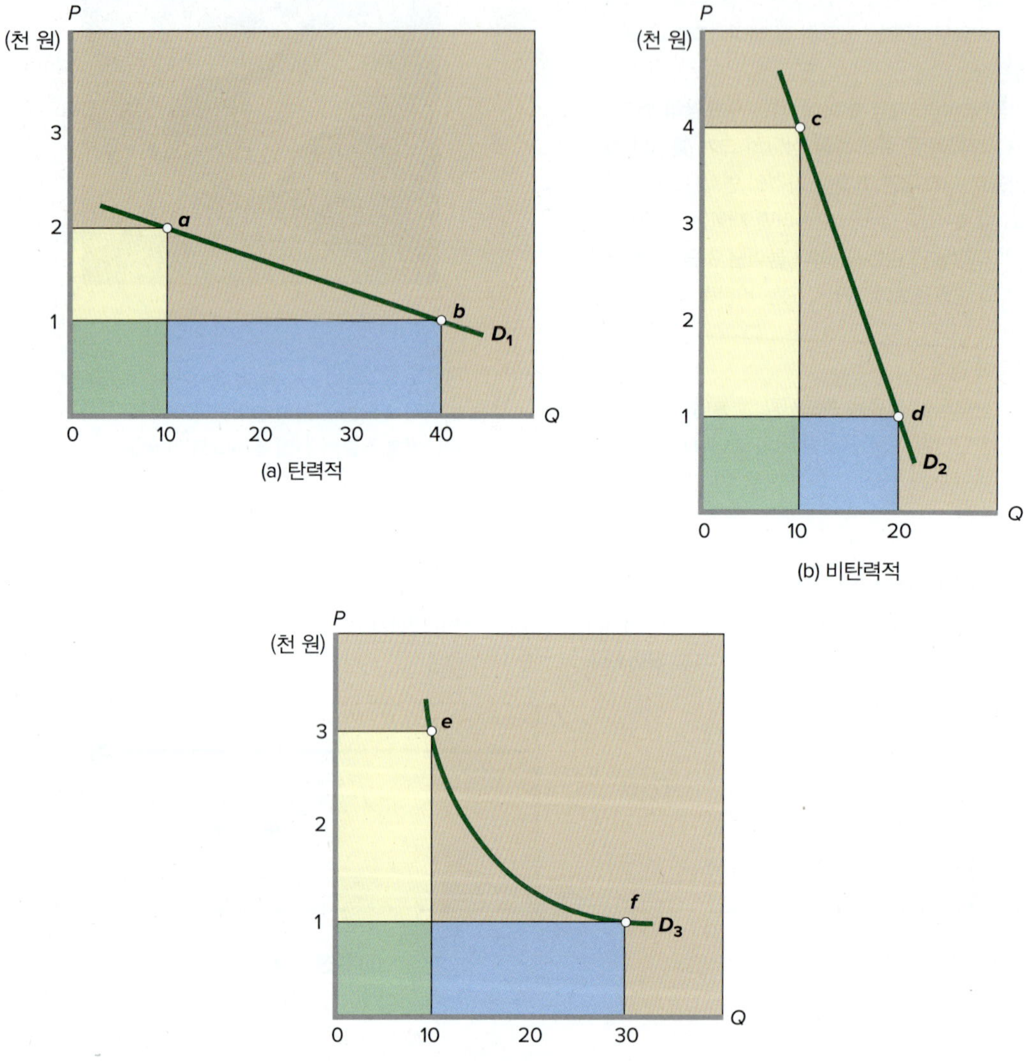

(a) 탄력적

(b) 비탄력적

(c) 단위 탄력적

그래프에서는 노란색과 초록색으로 이뤄진 사각형 면적으로 표시된다. 초보적인 기하학에 따르면 사각형의 면적은 밑변과 높이를 곱한 것이다. 여기에서 높이는 '가격'으로 2,000원이며, 밑변은 '수요량'으로 10이다.

총수입검증

총수입은 수요의 가격탄력성과 관련되어있다. 사실 수요가 탄력적인지 비탄력적인지를 추론하는 쉬운 방법은 **총수입검증**을 이용하는 것이다. 즉 가격이 변할 때 총수입이 어떻게 변하는지 살펴보는 것이다. 총수입이 가격변화와 반대방향으로 변하면 수요는 탄력적이다. 그리고 총수입이 가격변화와 같은 방향으로 변하면 수요는 비탄력적이다. 가격이 변해도 총수입에 변화가 없으면 수요는 단위 탄력적이다.

탄력적 수요 수요가 탄력적이라면 가격의 하락은 총수입의 증가를 가져다준다. 가격이 하락하면 1단위당 판매수입은 감소한다. 하지만 판매량 증가로 인한 수입의 증가가 가격하락에 따른 수입 감소를 만회하고도 남게 된다. 예를 들어 그림 4.2(a)의 수요곡선 D_1을 보자. 점 a에서의 총수입은 20,000원으로 이것은 노란색과 초록색으로 표시된 면적과 같다. 가격이 2,000원에서 1,000원으로 하락하면 수요곡선의 점 b가 되는데 이 때 수요량은 40이고 총수입은 40,000원(=1,000원×40)이다. 가격의 하락으로 총수입이 20,000원에서 40,000으로 증가한 것이다. 총수입이 증가한 이유는 다음과 같다. 2,000원에 팔리던 10단위를 1,000원에 팔게 되어 단위당 1,000원의 수입이 감소하는데 이로 인한 수입의 감소는 10,000원(노란색 면적)이다. 그러나 1,000원에 30단위를 더 팔게 되어 이로 인한 수입의 증가는 30,000원(파란색 면적)이다. 수입의 증가를 나타내는 파란색 면적이 수입의 감소를 나타내는 노란색 면적보다 크다는 것을 눈으로 확인할 수 있다. 그래서 총수입은 수입의 증가(30,000원)에서 수입의 감소(10,000원)를 뺀 20,000원 만큼 순증하게 된다.

가격이 상승하는 반대의 경우를 생각해보자. 수요가 탄력적이면 가격의 상승은 총수입의 감소를 가져다준다. 1단위당 판매 수입은 늘겠지만 이러한 수입의 증가는 판매량의 감소로 인한 수입의 감소보다 적을 것이기 때문이다. 요약하자면 다른 조건들이 동일할 때 총수입이 가격의 변화와 반대로 변하면 수요는 탄력적이다. 수요의 가격탄력성이 1보다 크다는 것은 수요량의 변화율이 가격의 변화율보다 크다는 것을 뜻한다.

비탄력적 수요 수요가 비탄력적이라면 가격의 하락은 총수입을 감소시킨다. 판매량의 증가로 수입이 증가하더라도 그러한 수입의 증가가 단위 판매가격의 하락으로 인한 수입의 감소를 만회하지 못하기 때문이다. 이를 확인하기 위해 그림 4.2(b)의 수요곡선 D_2를 보자. 수요곡선 위의 점 c에서 가격은 4,000원이고 수요량은 10이다. 따라서 총수입은 40,000원이고 이것은 노란색과 초록색 사각형 면적의 합과 같다. 가격이 1,000원으로 떨어지면 수요곡선의 점 d가 되는데 그 점에서 총수입은 20,000원으로 40,000원보다 적다. 1단위당 판매가격의 하락으로 인한 수입의 감소(노란색 면적)가 판매량의 증가로 인한 수입의 증가(파란색 면적)보다 크기 때문이다. 가격의 하락으로 총수입도 감소한 것이다.

가격이 상승하는 반대의 경우를 생각해보자. 수요가 비탄력적이면 가격상승은 총수입의 증가를 가져온다. 다른 조건들이 동일할 때 총수입이 가격의 변화와 같은 방향으로 움직인다면 수요는 비탄력적이다. 수요의 가격탄력성이 1보다 작다는 것은 수요량의 변화율이 가격의 변화율보다 작다는 것을 뜻한다.

단위탄력성 단위탄력성은 특별한 경우로 이때에는 가격이 상승하거나 하락해도 총수입은 변하지 않는다. 가격이 하락하였을 때 단위 판매가격의 하락으로 인한 수입의 감소가 판매량의 증가에 따른 수입의 증가와 정확하게 일치한다. 반대로 가격이 상승하였을 때 단위 판매가격의 상승으로 인한 수입의 증가가 판매량의 감소에 따른 수입의 감소와 정확히 일치한다. 그림 4.2(c)를 보면 수요곡선 D_3 위의 점 e에서 가격은 3,000원이고 수요량은 10이며 따라서 총수입은 30,000원이다. 가격이 1,000원으로 하락하면 판매량은 30으로 총수입은 30,000원이 된다. 2,000원의 가격하락으로 노란색 면적만큼 수입이 감소한다. 그러나 이것은 판매량의 증가로 인한 수입의 증가를 나타내는 파란색 면적과 정확히 일치한다. 따라서 총수입은 변하지 않는다. 사실 이러한 수요곡선은 특별히 그린 것으로 이 곡선을 따라 가격이 변하면 총수입은 언제나 동일하다.

다른 조건이 동일할 때 가격이 변해도 총수입이 일정하면 수요는 단위 탄력적이다. 수요의 가격탄력성이 1이라는 것은 수요량의 변화율이 가격의 변화율과 같다는 것을 뜻한다.

직선의 수요곡선과 가격 탄력성

이제 탄력성과 관련하여 중요한 점을 논의해보자. 총수입 검증을 설명할 때 그림 4.2의 수요곡선들을 이용하였는데 이 때 이용된 2개의 수요곡선은 직선이다. 수요곡선이 직선이더라도 총수입 검증을 잘 설명할 수 있지만 문제는 **동일한 수요곡선이라도 가격수준이 어디냐에 따라 탄력성이 달라진다**는 것이다. 그림 4.2(c)의 수요곡선은 예외적인 것으로 이 곡선을 따라 가격이 어떻게 변하더라도 탄력성은 1이다.

표 4.1과 그림 4.3은 동일한 수요곡선에서 가격의 변화에 따라 탄력성이 어떻게 달라지는 지를 보여주고 있다. 표 4.1의 (1)열과 (2)열은 영화입장권에 대한 가상의 자료를 보여주고 있다. 이러한 자료를 바탕으로 그림 4.3의 수요곡선 D를 그렸다. 수요곡선은 직선으로 그려져 있는데 표 4.1의 (3)열에서 볼 수 있듯이 **수요곡선을 따라 가격이 하락할수록 탄력성이 작아진다**. 모든 직선의 수요곡선은 물론 직선이 아니더라도 대부분의 수요곡선은 좌 상향으로 갈수록 가격탄력성이 커진다. 그래서 가격이 5,000원에서 8,000원으로 증가해 갈수록 탄력성은 1보다 점차 커진다. 그리고 우 하향으로 갈수록 가격탄력성은 작아진다. 가격이 4,000원에서 1,000원으로 하락할수록 탄력성은 1보다 점차 작아지는 것이다.

이것은 탄력성을 계산하는 방식에서 초래된 당연한 결과다. 그림 4.3의 수요곡선은

〈표 4.1〉 영화 관람에 대한 수요의 가격탄력성 계수와 총수입 검증

(1) 1주일 동안의 영화티켓의 총수요량 (단위: 천 장)	(2) 티켓 1장당 가격 (천 원)	(3) 탄력성 계수(E_d)	(4) 총수입 (천 원)	(5) 총수입 검증
1	8		8,000	
		5.00		탄력적
2	7		14,000	
		2.60		탄력적
3	6		18,000	
		1.57		탄력적
4	5		20,000	
		1.00		단위 탄력적
5	4		20,000	
		0.64		비탄력적
6	3		18,000	
		0.38		비탄력적
7	2		14,000	
		0.20		비탄력적
8	1		8,000	

[그림 4.3] 직선인 수요곡선의 가격 탄력성과 총수입의 관계

(a)의 수요곡선 D는 표 4.1을 바탕으로 그린 것이다. 가격이 높은 영역에서 수요곡선이 탄력적이며 낮은 영역에서 비탄력적임을 보여주고 있다. (b)의 총수입곡선은 수요곡선에서 도출된 것이다. 가격이 하락하였을 때 총수입이 증가하면 수요곡선이 탄력적이며, 총수입에 변화가 없으면 수요곡선이 단위 탄력적이고 총수입이 감소하면 수요곡선은 비탄력적이다.

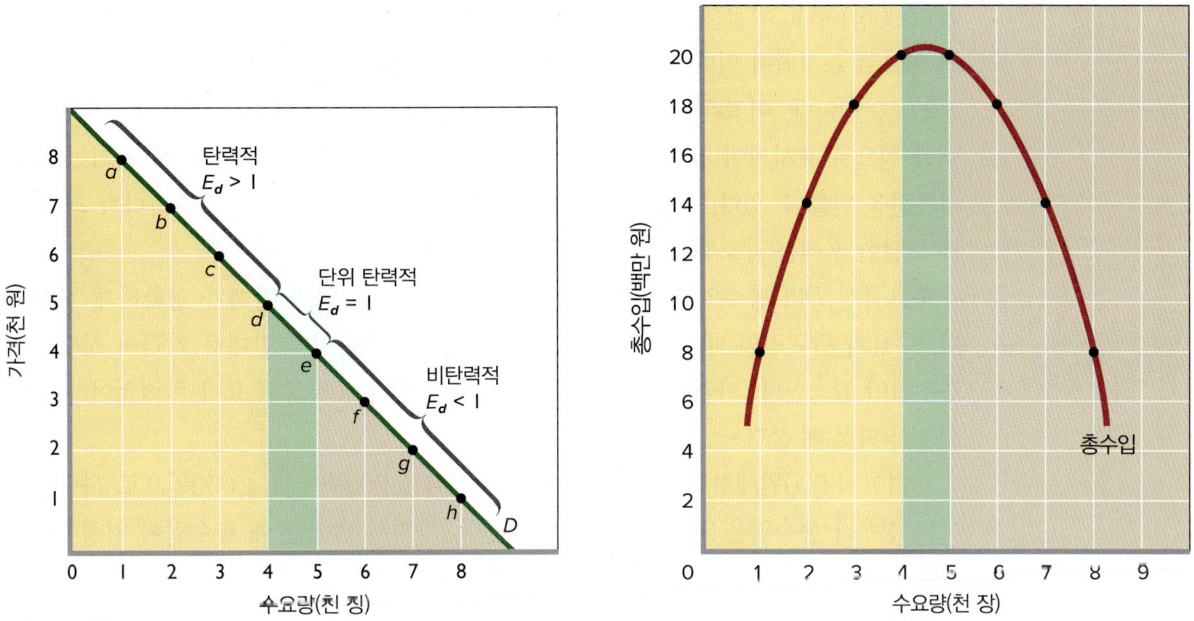

(a) 수요곡선 (b) 총수입 곡선

선형이므로 어디에서나 가격의 변화폭에 대한 수요량의 변화폭은 같아서 기울기는 항상 일정하다. 그러나 가격의 변화폭이 1,000원으로 동일하더라도 8,000원에서 1,000원 하락한 것이 4,000원에서 1,000원 하락한 것보다 가격의 변화율은 작다. 그리고 수요량이 1만큼 동일하게 증가하더라도 2에서 3으로 증가한 것이 5에서 6으로 증가한 것보다 수요량의 변화율이 더 크다. 가격의 변화율은 작은데 수요량의 변화율이 크기 때문에 탄력성이 클 수밖에 없다.

이와 반대로 수요곡선의 우 하향부분에서 가격 변화이전의 수요량은 원래 크다. 그래서 수요량의 변화율이 작을 수밖에 없다. 이에 비해 변화이전의 원래의 가격은 낮기 때문에 가격의 변화율은 클 수밖에 없다. 가격의 변화율은 큰데 수요량의 변화율이 작기 때문에 탄력성이 낮아질 수밖에 없다.

결국 수요곡선이 우하향할수록 가격이 낮아지고 수요량이 증가하므로 동일한 가격 변화폭이 동일한 수요량의 변화폭을 가져다주더라도 수요곡선을 따라 아래로 내려올수록 가격의 변화율은 점차 커지고 수요량의 변화율은 점차 작아진다. 그래서 직선의 수요곡선에서 가격이 하락할수록 탄력성이 점차 작아지는 것이다.

그림 4.3의 수요곡선을 통해 알 수 있는 것은 수요곡선의 기울기 즉 수요곡선이 가파른 가 또는 평평한 가의 여부가 탄력성의 판단기준이 될 수 없다는 것이다. 직선의 기울기는 수요량의 변화폭을 가격의 변화폭으로 나눈 값인데 비하여 탄력성은 수요량의 변화율을 가격의 변화율로 나눈 값이기 때문이다.

가격탄력성과 총수입곡선

총수입곡선

그림 4.3(b)는 그림 4.3(a)의 수요곡선을 따라 가격과 수요량이 변할 때 이에 따른 총수입의 변화를 그래프로 그린 것이다. 그림 4.3(a)의 *a*점에서 총수입은 8백만 원(8,000원×1,000장)이다. 이점은 그림 4.3(b)에서 수요량이 1,000일 때 총수입이 수직축에 8백만 원으로 표시되어 있다. 그리고 그림 4.3(a)의 *b*점에서 총수입은 천4백만 원(7,000원×2,000장)이다. 이점은 그림 4.3(b)에서 수요량이 2,000일 때 총수입이 수직축에 천4백만 원으로 표시되어 있다. 이처럼 그림 4.3(a)의 각 점을 그림 4.3(b)에 옮기면 **총수입곡선**을 얻을 수 있다. 총수입곡선은 수요량이 증가하면 처음에는 상승하다가 최대 점에 도달한 후에는 감소하는 모양으로 그려져 있다.

수요곡선 *D*와 총수입곡선을 비교하면 탄력성과 총수입의 관계가 명확하게 보여준다. 수요가 탄력적일 때 가격을 낮추면 총수입이 증가하지만 반대로 가격이 상승하면 총수입이 감소한다. 가격과 총수입이 반대로 움직인다는 것은 수요가 탄력적이라는 사실을 명확히 해 준다.

가격이 4,000원에서 5,000원으로 상승하거나 5,000원에서 4,000원으로 하락하면 어느 경우나 총수입은 2천만 원으로 일정하다. 가격이 변했을 때 총수입이 일정하다는 것은 수요곡선이 단위 탄력적이라는 것을 확인해 준다.

수요곡선이 비탄력적인 영역에서 가격이 낮아지면 총수입은 줄어든다. 이때에는 가격을 올려야 총수입이 증가한다. 가격과 총수입이 같은 방향으로 움직인다는 사실을 수요의 가격탄력성이 비탄력적임을 보여준다.

표 4.2는 수요의 가격탄력성과 총수입의 관계를 요약하여 보여주고 있다. 이를 잘 살펴보기 바란다.

〈표 4.2〉 수요의 가격 탄력성: 요약

탄력성계수의 절댓값	수요	설명	총수입에 미치는 영향	
			가격상승	가격하락
1보다 클 경우	탄력적	가격의 변화율 < 수요의 변화율	총수입 감소	총수입 증가
1일 경우	단위 탄력적	가격의 변화율 = 수요의 변화율	총수입 불변	총수입 불변
1보다 적을 경우	비탄력적	가격의 변화율 > 수요의 변화율	총수입 증가	총수입 감소

수요의 가격탄력성 결정요인

개별 상품의 가격탄력성이 어떤 요인에 결정되는지 알 수는 없다. 그러나 다음에 나오는 일반적인 요인은 이를 분석하는데 도움이 될 것이다.

대체가능성 일반적으로 대체재의 수가 많을수록 수요의 가격탄력성은 커진다. 서울우유, 매일우유, 파스테르 우유 등은 건국우유를 쉽게 대체할 수 있어서 건국우유의 수요는 탄력적이다. 극단적인 사례로 당뇨병 환자의 인슐린에 대한 수요는 완전 비탄력적이라고 하였는데 그것은 인슐린을 대체할 마땅한 것이 없기 때문이다.

수요의 가격탄력성은 **해당 상품의 범위를 어떻게 정의하느냐에 따라** 달라진다. 건국우유에 대한 수요의 탄력성은 크겠지만 유제품 전체에 대한 수요의 탄력성은 이보다 작다. 건국우유를 대체할 다른 우유제품은 많지만, 유제품을 대체할 상품은 많지 않기 때문이다.

소득에서 차지하는 비중 다른 조건들이 동일하다면 상품의 가격이 소비자의 소득에서 차지하는 비중이 높을수록 수요의 가격탄력성은 커진다. 볼펜의 가격이나 우편요금은 낮아서 가격이 10% 오르더라도 소비자의 소득에 미치는 영향은 아주 작아서 가격상승에 따른 수요량의 변화는 아주 미미할 것이다. 따라서 저렴한 상품의 가격탄력성은 낮은 경향이 있다. 그러나 상대적으로 고가인 자동차나 아파트의 가격이 10% 오르면 몇 백만 원이나 몇 천만 원을 추가로 지출해야 한다. 이러한 지출은 대부분 가정의 소득과 예산에 큰 부담을 주므로 수요량은 현저하게 감소할 것이다. 그래서 이처럼 고가인 상품의 가격탄력성은 매우 높은 경향이 있다.

사치재인가 필수품인가의 여부 일반적으로 '필수품'보다 '사치재'로 여기지는 상품일수록 수요의 가격 탄력성이 크다. 전기 없이 지내기 어렵기 때문에 전기는 흔히 필수품으로 여겨진다. 그래서 전기 요금이 오르더라도 가정이 전력 사용량은 크게 감소하지 않는다(표 4.3을 보면 가정용 전기의 가격탄력성은 매우 낮다). 극단적인 예로 수술비가 10% 올랐다고 응급 심장수술이 필요한 환자가 수술을 포기하지 않는다.

〈표 4.3〉 몇 가지 상품 및 서비스의 가격탄력성

상품 또는 서비스	수요의 가격탄력성 계수 (E_d)	상품 또는 서비스	수요의 가격탄력성 계수(E_d)
신문	0.1	우유	0.63
가정용 전기	0.13	가전제품	0.63
빵	0.15	양주	0.7
야구 티켓	0.23	영화	0.87
전화 서비스	0.26	맥주	0.9
담배	0.25	신발	0.91
설탕	0.3	오토바이	1.14
의료 서비스	0.31	쇠고기	1.27
계란	0.32	도자기, 식기	1.54
법률 서비스	0.37	주거용 택지	1.6
자동차 수리	0.4	레스토랑 음식	2.27
옷	0.49	양고기	2.65
가솔린	0.6	요리용 신선한 콩	2.83

자료: 가격탄력성에 대한 미국의 연구논문

반면에 휴가 여행이나 보석은 사치재여서 그것이 없더라도 불편을 느끼지 않는다. 그래서 이들의 가격이 오르면 꼭 살 필요가 없기 때문에 수요의 가격탄력성이 크다.

그렇다면 소금처럼 일상적인 상품의 가격탄력성은 어떤가? 이것은 3가지 이유로 가격탄력성이 매우 낮을 것이다. 즉 대체재가 거의 존재하지 않으며, 소비자의 소득에 차지하는 비중이 매우 낮고, 사치재라기보다 '필수품'이기 때문이다.

시간 보통 수요의 탄력성은 시간이 경과할수록 탄력적이 된다. 먼저 소비자들이 가격변화에 적응하는데 어느 정도 시간이 걸린다. 예를 들어 쇠고기 가격이 10% 올랐을 때 소비자들이 그 즉시 쇠고기의 구매량을 크게 줄이지는 않는다. 하지만 시간이 지나면서 닭고기나 돼지고기, 생선으로 대체할 것이다.

또 다른 요인은 상품의 내구성이다. 연구에 따르면 휘발유에 대한 '단기' 수요의 탄력성은 0.2인데 비해 '장기' 수요의 탄력성은 0.7이다. 즉 '단기' 수요가 '장기' 수요보다 비탄력적이다. 단기적으로는 휘발유 가격이 오르더라도 사람들은 자신의 자동차나 트럭을 교체하지 않는다. 그러나 시간이 흐르면서 사람들은 소형차나 연비가 효율적인 자동차로 교체할 것이다.

수요의 가격 탄력성: 응용사례

수요의 가격탄력성의 개념은 아래의 예에서 볼 수 있듯이 대단히 중요하다.

농작물의 풍년 농작물에 대한 수요는 대부분 비탄력적이다. 농작물 전체로 따지면 탄력성 계수는 0.2와 0.25 사이에 있다. 그래서 날씨가 좋거나 농업생산성 증가로 풍년이 들면 농작물의 가격이 하락하고 이에 따라 농가 소득인 총수입도 줄어든다. 농작물에 대한 수요가 비탄력적이기 때문에 **농민들로서는 풍년이 반가운 것이 아니다**. 그래서 정부는 농가소득을 높이기 위해 농작물의 생산을 제한하기도 한다.

개별 소비세

개별 소비세 정부는 수요의 탄력성을 고려하여 개별 소비세를 부과할 물품을 선택한다. **개별 소비세**란 특정 상품에 부과되는 조세를 말한다. 상품 1단위에 1,000원의 조세를 부과할 때 만개가 팔렸다면 조세수입은 천만 원이 될 것이다. 정부가 조세를 1,500원으로 올렸는데 그 상품의 수요가 탄력적이어서 판매량이 4천개로 감소하면 조세수입은 오히려 6백만 원으로 감소한다. 이처럼 수요가 탄력적인 상품에 대해 조세를 인상하면 조세수입이 감소한다.

그래서 소비세 부과대상을 고르거나 소비세를 인상하고자 할 때 술이나 담배, 휘발유, 통신서비스처럼 비탄력적인 상품을 선택하는 것은 놀라운 일이 아니다. 이들 상품에 대해 조세를 올리면 조세수입은 늘어나게 된다.

마약의 합법화

마약의 합법화 최근 들어 미국에서는 **마약의 합법화** 논란이 일고 있다. 합법화 찬성론자들은 마약이 술과 다르지 않다고 주장한다. 그래서 성인에 한하여 마약을 허용하고 마약의 효능과 순도만 규제하자는 것이다. 이들에 따르면 현재 마약과의 전쟁은 큰 성과를 거두지 못하면서 비용만 크게 증가시키고 있다는 것이다. 비용에는 경찰인력의 증

사례연구: 탄력성과 대학등록금

탄력성은 대학등록금이 비싼 이유를 설명해준다. 2차 세계대전 후부터 1970년대까지 미국의 대학은 크게 확대되었다. 주정부가 대학의 공급능력을 늘리는데 수십억 달러를 지출하였기 때문이다. 1960대 초반부터 베이비붐 세대가 대학에 진학하기 시작하면서 대학교육의 수요가 크게 늘어났지만 그만큼 공급능력의 확대가 이루어진 것이다. 공급이 수요만큼 증가하여 균형가격(대학 등록금)의 상승은 미미하였다.

1980년대에 들어서면서 상황은 급반전하였다. 미국의 주 정부가 대학교육에 대한 지출을 크게 늘리지 않자 대학교육의 공급능력은 별로 증가하지 않았다. 이와 동시에 미국의 연방정부는 대학생에 대한 장학금과 학자금 대출을 크게 늘렸다. 이러한 정책의 변경은 빈곤층이나 중산층 학생들에게 도움을 주었다. 그러나 이것은 대학교육에 대한 수요곡선을 오른 쪽으로 이동시키는 결과를 초래하였다.

이로 인한 문제는 금방 드러났다. 주 정부의 정책우선 순위 변경으로 대학의 수용능력은 거의 변하지 않았다. 그렇게 되면 대학교육의 공급곡선은 장기에 있어서도 매우 비탄력적이다. 공급이 비탄력적인데 수요는 연방정부의 장학금과 학자금 대출로 증가한 것이다. 그 결과 대학교육의 균형가격(대학 등록금)은 크게 오르기 시작한 것이다.

원, 교도소의 증축, 사법부의 부담 과중에 따른 비용만이 아니라 눈에 보이지 않는 인력 손실에 따른 비용이 포함된다. 이들은 마약을 합법화하면 마약 밀매의 이익이 줄어들어 불법거래가 크게 감소할 것이라고 여긴다. 코카인이나 헤로인은 생산비가 저렴하므로 합법화되면 시장에서 낮은 가격으로 팔릴 것이다. 마약 중독자들이 수요는 매우 비탄력적이므로 마약 가격이 하락하더라도 마약소비량은 미미하게 증가한다. 그래서 중독자들의 마약 구입비용이 줄어들어 돈을 마련하기 위해 저질렀던 길거리의 범죄가 감소한다는 것이다.

합법화 반대론자들은 코카인과 헤로인에 대한 전체 수요가 찬성론자들의 생각보다 훨씬 탄력적이라고 주장한다. 나아가 중독자들의 수요가 비탄력적일지 모르지만 수요가 비교적 탄력적인 또 다른 시장이 있다는 것이다. 이 시장의 수요자는 호기심에 어쩌다 피우는 사람들이다. 이들은 마약의 가격이 비싸면 마약 대신 술을 찾거나 마약복용을 자제하지만 가격이 낮아지면 진짜 마약을 찾는다는 것이다. 따라서 마약의 합법화로 가격이 내려가면 이들의 마약 소비가 늘어날 것이라고 주장한다. 뿐만 아니라 마약이 합법화되면 마약에 대한 사회의 인식이 관대해져서 코카인과 헤로인에 대한 수요가 늘어날 수 있다는 것이다.

많은 경제학자들의 예측에 따르면 코카인과 헤로인이 합법화되었을 때 거리에서 거래되는 마약의 가격은 얼마만큼 세금을 부과하느냐에 따라 달라지겠지만 약 60%까지 낮아진다. 마약의 가격이 60% 낮아지면 헤로인과 코카인을 가끔 복용하는 사람의 수는 각각 54%, 33% 증가하며 헤로인과 코카인의 전체 수요량은 각 각 100%, 50% 증가할 것이라는 연구도 있다.[1] 게다가 마약을 어쩌다 피우거나 처음 피우게 된 사람도 시간이

1) Henry Saffer and Frank Chaloupka, "The Demand for Illegal Drug", Economic Inquiry, July 1999, pp.401-411

흐르면서 점차 중독자로 변할 수 있다. 마약 합법화 반대론자들에 따르면 마약합법화는 거리의 범죄를 증가시킬 가능성도 있어 결국 사회적 비용을 증가시키게 된다.

공급의 가격탄력성

가격탄력성이라는 개념은 공급에도 적용된다. 공급량이 가격 변화에 민감하게 반응하면 공급은 탄력적이며 가격변화에 둔감하면 공급은 비탄력적이다.

공급의 가격탄력성

공급의 가격탄력성은 다음과 같은 탄력성계수(E_s)로 측정한다. 이것은 수요의 가격탄력성계수 계산식에서 '수요량'을 '공급량'으로 바꾼 것과 동일하다.

$$E_s = \frac{\text{X재 공급량의 변화율}}{\text{X재 가격의 변화율}}$$

앞서 설명한 바와 같이 변화 전후의 가격과 수요량의 평균 즉 중간점을 기준으로 변화율을 계산한다. 이제 어떤 재화가격이 4,000원에서 6,000원으로 오르고 공급량이 10에서 14로 증가하였다고 하자. 가격 변화율은 2/5 즉 40%이고 공급량의 변화율은 4/12 즉 33%이다. 따라서 공급의 탄력성은 다음과 같다.

$$E_s = \frac{0.33}{0.4} = 0.83$$

이 경우 탄력성계수가 1보다 작기 때문에 공급은 비탄력적이다. 탄력성계수가 1보다 크면 공급은 탄력적이며 1과 같다면 공급은 단위 탄력적이다. 그리고 탄력성계수는 절대 음수가 될 수 없는데 그것은 가격과 공급량이 같은 방향으로 변하기 때문이다. 따라서 수요의 탄력성계수와 달리 음의 부호를 제거할 필요가 없다.

공급의 가격 탄력성은 공급자가 한 상품의 생산에 투입된 생산요소들을 다른 상품의 생산을 위해 얼마나 쉽게 그리고 신속하게 이동시킬 수 있느냐에 따라 크기가 달라진다. 생산요소의 이동이 쉽고 빠를수록 공급의 가격탄력성은 커진다. 가정용 TV를 예로 들어보자. 가정용 TV의 가격이 상승할 때 기업의 반응은 PC용 모니터, 의료용 모니터 등에 투입된 생산요소를 가정용 TV 생산에 얼마나 빨리 투입할 수 있느냐에 달려있다. 생산요소의 이동에는 시간이 걸린다. 생산요소의 이동 가능성은 시간이 경과하면 커진다. 기업이 가격변화에 대응할 수 있는 시간이 길수록 기업의 반응 정도는 커지고 따라서 공급의 탄력성도 커지는 것이다.

시간이 탄력성에 미치는 영향을 분석할 때 경제학자들은 초단기, 단기 그리고 장기를 구분한다.

공급의 가격탄력성: 초단기

시장기간

초단기는 **시장기간**이라고도 하는데 가격변화 직후에 생산자가 가격변화에 반응하여 생산량을 조절하지 못하는 기간을 말한다. 예를 들어 농부가 마늘을 한 트럭 시장에 가져왔는데 그것이 그해의 마늘 총생산량이라고 하자. 그러면 농부는 마늘의 가격이 비싸든 싸든 마늘 한 트럭분량을 팔 수 밖에 없다. 그래서 마늘의 공급곡선은 완전 비탄력적으로 수직선이 된다. 왜 그럴까? 마늘가격이 기대이상으로 올랐더라도 한 트럭분량만 공급할 수 있기 때문이다. 농부는 마늘을 더 팔고 싶겠지만 하룻밤사이에 마늘을 더 생산할 수는 없다. 다음의 파종시기가 되어야 농부는 오른 가격에 반응하여 한 트럭 분량 이상의 마늘을 생산하려 할 것이다. 그리고 가격이 낮더라도 농부는 한 트럭분량의 마늘을 시장에 팔 수 밖에 없다. 마늘은 상하기 쉬워서 시장에 내다 팔지 않고 저장하기 쉽지 않기 때문이다.

덧붙이자면 농부의 마늘 생산비용은 판매를 결정할 때 고려대상이 되지 못한다. 마늘 가격이 생산비용에 훨씬 못 미치더라도 농부는 부패에 따른 전체 손실을 피하기 위해 시장에 가져온 마늘 전량을 팔 수 밖에 없다. 이처럼 초단기에는 마늘의 공급이나 공급량은 고정되어 있다. 농부는 마늘의 가격에 무관하게 한 트럭 분량의 마늘만을 공급한다.

그림 4.4에 초단기의 공급곡선이 수직선으로 그려져 있다. 수요곡선이 D_1에서 D_2로 변하더라도 농부는 이에 반응할 시간이 없어서 공급은 완전 비탄력적이다. 수요가 증가하면 가격만 P_o에서 P_m으로 상승하게 된다. 가격의 상승은 생산량의 증가를 가져다주지 못하고 **고정된 공급량을 소비자에게 배분하는 역할**만을 할 뿐이다.

그러나 초단기라 하더라도 모든 상품의 공급곡선들이 비탄력적인 것은 아니다. 어떤 생산물이 저장 가능하다면 이 상품의 공급곡선은 초단기라도 양의 기울기를 가질 수 있다. 가격이 올랐을 때 생산자는 팔리지 않아 저장해오던 재고상품을 꺼내서 공급량을 늘릴 수도 있기 때문이다. 마늘의 경우 초단기는 다음의 수확시기까지 일 것이다. 그러나 낮은 비용으로 저장할 수 있는 상품의 경우에는 초단기가 존재하지 않을 것이다.

[그림 4.4] 기간과 공급의 탄력성

수요가 D_1에서 D_2로 증가하였을 때 생산자가 이에 반응하여 생산량을 조절할 수 있는 기간이 길어질수록 공급량의 증가는 커진다. (a) 초단기에는 생산량을 조절할 수 없어서 공급곡선은 완전 비탄력적이다. (b) 단기에는 생산설비의 규모는 바꿀 수 없지만 활용도를 변경할 수 있어서 공급곡선은 탄력적이다. (c) 장기에는 모든 조정을 할 수 있어서 공급곡선의 탄력성은 매우 크다.

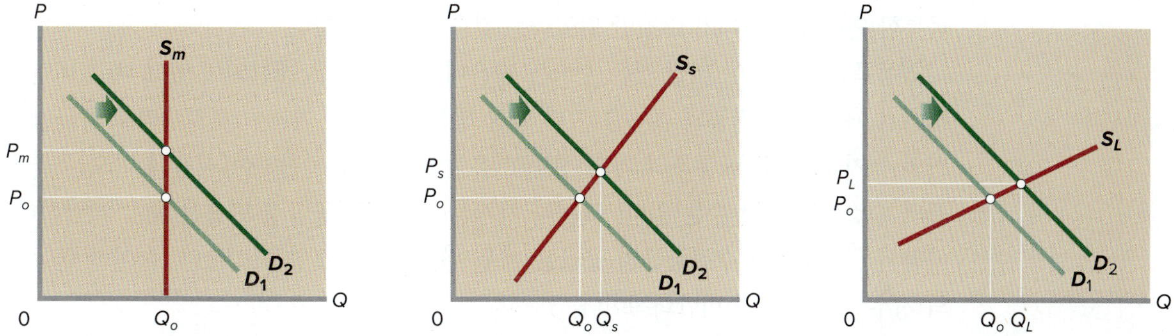

(a) 초단기 (b) 단기 (c) 장기

공급의 가격탄력성: 단기

단기 미시경제학에서 **단기**란 생산설비의 규모를 바꿀 수는 없지만 주어진 생산설비의 활용도를 변화시킬 수 있는 기간을 말한다. 단기에서 농부의 경작규모나 농기계 즉 **생산설비는 고정**되어있다. 그러나 농부는 노동자나 비료, 농약 등의 사용을 늘려 마늘의 생산을 증가시킬 수 있다. 그 결과 수요의 증가가 확실하면 이에 반응하여 어느 정도 마늘의 생산량이 증가한다. 이것은 그림 4.4(b)의 공급곡선 S_s처럼 마늘의 공급을 좀 더 탄력적으로 만든다. 이제 수요가 D_1에서 D_2로 증가하면 거래량도 Q_o에서 Q_s로 늘어난다. 그래서 초단기에 비해 가격조정은 P_o에서 P_s로 줄어든다. 따라서 단기의 균형가격은 초단기에 비해 낮다.

공급의 가격탄력성: 장기

장기 **장기**란 기업이 생산설비의 규모를 조절할 수 있으며 기업의 시장 진입이나 퇴출이 가능한 기간을 말한다. 마늘농사의 경우 농부가 경작지를 늘리거나 농기계나 장비를 새로 구매를 할 수 있는 기간을 뜻한다. 또한 이 기간에는 마늘 수요의 증가로 가격이 상승하면 다른 작물을 재배하던 농부가 새롭게 마늘 생산에 뛰어들 수도 있다. 이러한 조정이 가능하면 공급의 반응도 커져 그림 4.4(c)의 공급곡선 S_L처럼 공급의 탄력성이 훨씬 커진다. 그 결과 수요가 D_1에서 D_2로 증가하면 가격은 P_o에서 P_L로 별로 오르지 않고 거래량이 Q_o에서 Q_L로 크게 증가한다.

공급곡선의 경우 탄력성을 판별하기 위한 총수입 검증은 없다. 공급곡선에서 가격과 공급량은 같은 방향으로 변하는 양의 관계에 있기 때문이다. 공급곡선은 우 상향하기 때문에 가격과 총수입은 탄력성과 무관하게 항상 같은 방향으로 움직인다.

공급의 가격탄력성: 응용

공급의 가격탄력성의 개념은 아래의 예에서 볼 수 있듯이 광범위하게 응용할 수 있다.

골동품과 모조품 TV쇼 진품명품은 KBS방송국의 인기프로그램이다. 이 쇼에서 출연자들은 골동품을 가져와 전문가에게 감정을 맡긴다. 몇몇 출연자들은 자신들의 고가구나 독특한 민예품의 가치가 수천만 원이라는 것을 알고 기뻐한다.

골동품들의 가격이 비싼 것은 수요는 많은데 비해 공급은 제한되어 있고 매우 비탄력적이기 때문이다. 진품의 골동품은 더 이상 생산되지 않아 가격이 오르더라도 공급량은 거의 늘지 않는다. 골동품의 가격 상승이 유물의 발견을 촉진하여 시장에 나오는 골동품의 수량이 증가할 수는 있다. 그러나 가격상승에 따른 공급량 반응은 매우 미약하다. 따라서 골동품이나 수집품들의 공급은 매우 비탄력적인 경향을 갖는다. 특이한 골동품의 경우 공급은 완전 비탄력적이다.

세월이 흐르면 인구증가, 소득증가, 골동품 수집열의 증가 등으로 골동품에 대한 수요는 증가한다. 골동품의 공급은 제한되어 있고 매우 비탄력적이므로 이러한 수요의 증가는 골동품의 가격을 크게 상승시킨다.

진품 골동품의 공급은 비탄력적인데 비해 골동품처럼 보이게 만든 현대의 모조품은 공급이 탄력적이다. 모조 골동품도 꽤 인기가 많아 가구판매점이나 장식장 가게에서 이를 쉽게 구할 수 있다. 모조 골동품의 수요가 증가하면 이를 생산하는 기업은 생산량을 쉽게 늘린다. 모조 골동품의 공급은 매우 탄력적이어서 수요가 증가하더라도 가격은 미세하게 증가할 뿐이다.

변덕스러운 금 가격 금 가격은 상당히 변덕스러워 어쩔 때는 가격이 치솟았다가도 그 다음엔 가격이 급락한다. 이러한 변동성을 초래하는 주원인은 금의 공급이 매우 비탄력적이고 금의 수요는 잘 변하기 때문이다. 금을 생산하려면 금맥을 찾아내어 채굴하고 이를 정련하여야 하는데 이러한 과정에 많은 시간과 비용이 든다. 게다가 채굴 가능한 금의 양은 지극히 제한되어 있다. 이들 이유로 인해 금 가격이 상승해도 금의 공급량은 별로 늘지 않는다. 반대로 금 가격이 하락해도 금 공급량은 크게 줄지 않는다. 금광의 문을 닫는 것은 비용이 많이 들고 금괴는 고가라서 저장도 쉽지 않다. 요약하면 금의 공급은 비탄력적이다.

금은 주로 귀금속, 동전, 치과 충전재 등으로 사용하기 위해 수요 된다. 그러나 투기적 거래를 위해 이를 수요하기도 한다. 이들은 전반적인 물가상승이나 국내외적인 혼란으로 화폐나 전통적인 투자자산의 가치가 하락할 것으로 여겨지면 금에 대한 수요를 증가시킨다. 그리고 사태가 진정되면 금에 대한 수요를 줄인다. 이러한 수요가 조금만 변해도 금의 공급이 비탄력적이므로 금 가격은 크게 변하게 된다.

교차탄력성과 수요의 소득탄력성

가격탄력성은 가격이 변하였을 때 수요량이나 공급량의 반응정도를 측정한다. 그러나 재화의 소비는 관련재화의 가격이나 소득의 변화에도 영향을 받는다.

수요의 교차탄력성

수요의 교차탄력성은 어떤 재화(X)의 수요량이 다른 재화(Y)의 가격변화에 어떻게 반응하는가를 측정한다. 이것은 가격탄력성 계수를 계산하던 식에서 X재화 가격의 변화율을 Y재화 가격의 변화율로 대체하면 된다.

수요의 교차탄력성

$$\text{수요의 교차탄력성} = \frac{\text{X재화 수요량의 변화율}}{\text{Y재화 가격의 변화율}}$$

수요의 교차탄력성 개념을 이용하면 3장에서 배웠던 대체재와 보완재를 수량화할 수 있으며 이를 통해 더 잘 이해할 수 있게 된다.

대체재 수요의 교차탄력성이 양의 값이면 X재화의 판매량이 Y재화의 가격변화와 같은 방향으로 변하는 것으로 X재와 Y재는 대체재이다. 서울우유(X)와 매일우유(Y)의 예를 들어보자. 서울우유의 가격이 오르면 소비자는 매일우유의 구매를 늘일 것이므로 교차탄력성 계수는 양(+)의 값을 갖게 된다. 양(+)의 교차탄력성이 클수록 두 재화 간 대체성이 크다는 것을 의미한다.

보완재 교차탄력성이 음(−)의 값이면 한 재화의 가격이 상승하였을 때 다른 재화의 수요는 감소한다. 즉 X재화와 Y재화는 '함께 소비'되는 것으로 두 재화는 보완재이다. 예를 들어 스마트 폰 가격이 인상되면 충전기의 수요량은 감소한다. 음(−)인 교차탄력성 계수의 절댓값이 클수록 두 재화의 보완관계도 크다고 할 수 있다.

독립재 교차탄력성의 계수 값이 0이거나 0에 가까우면 두 재화는 서로 무관하거나 독립적인 재화라는 것을 뜻한다. 예로 들어 교과서의 가격이 변하더라도 사과의 소비량은 거의 영향 받지 않으며 사과의 가격이 변하더라도 교과서의 수요량은 마찬가지다. 그래서 교과서와 사과는 독립재이다.

교차탄력성의 응용 재화 간의 대체 정도를 측정하는 교차 탄력성의 크기는 정부나 기업의 주요한 관심대상이다. 예를 들어 서울우유 회사가 자사제품의 하나인 요구르트의 가격을 올릴 것인지를 고민한다고 하자. 이 회사는 요구르트의 가격탄력성을 알고 싶어 한다. 요구르트의 가격을 올렸을 때 가격 탄력성에 따라 요구르트의 판매수입이 달라지기 때문이다. 뿐만 아니라 요구르트의 가격상승이 서울우유의 판매량에 미치는 영향도 알고 싶어 한다. 서울우유의 판매량이 요구르트의 가격변화에 얼마나 민감하게 어떻게 변할 것인가? 요구르트의 가격상승이 서울우유의 판매량을 줄일 것인가? 이들 간의 교차탄력성이 낮다면 요구르트와 서울우유의 대체성은 매우 약하며 따라서 요구르트의 가격을 올리더라도 서울우유의 판매량은 큰 영향을 받지 않을 것임을 알 수 있다.

정부도 **수요의 교차탄력성 개념을 이용하여 대형 기업의 합병이 경쟁을 실질적으로 감소시켜 공정거래법을 위반하게 되는지의 여부를 평가**한다. 예를 들어 서울우유와 매일우유는 교차탄력성 값이 매우 커서 서로 강한 대체관계에 있다. 게다가 이들은 합하여 국내 우유시장의 50% 이상을 점유하고 있다. 이처럼 교차탄력성이 크고 시장점유율이 높으면 이들 기업의 합병으로 시장경쟁이 실질적으로 감소할 수 있다. 때문에 이들 기업의 합병을 정부가 막으려 할 것이다. 대조적으로 서울우유와 오일뱅크의 교차탄력성은 거의 0에 가깝다. 따라서 이들 기업 간의 합병은 시장 경쟁에 거의 영향을 미치지 못한다. 따라서 정부는 그들 기업이 합병한다면 이를 허용할 것이다.

수요의 소득탄력성

수요의 소득탄력성

수요의 소득탄력성은 소비자의 소득이 변할 때 수요량이 어떻게 반응하는지를 측정한다. 수요의 소득탄력성 계수는 다음과 같은 식으로 계산되며 음이나 양의 값을 가질 수 있다.

$$\text{수요의 소득탄력성} = \frac{\text{수요량의 변화율}}{\text{소득의 변화율}}$$

정상재 대부분의 재화에서 소득탄력성은 양(+)이다. 즉 소득이 증가하면 재화의 수요량도 증가한다. 3장에 이미 설명하였듯이 이러한 재화를 정상재 또는 우등재라고 한다. 그러나 소득탄력성의 크기는 재화에 따라 크게 다르다. 예를 들어 자동차의 소득탄력성은 3인 반면에 대부분의 농산물에 대한 소득탄력성은 0.2이다.

열등재 소득탄력성 계수의 값이 음(−)인 재화가 열등재이다. 중고 침대, 새마을 열차, 중고 의류, 냉동식품 등이 열등재일 수 있다. 소비자의 소득이 증가하면 이들은 열등재의 구매를 줄인다.

응용 수요의 소득탄력성은 경제에 대한 통찰력을 제공한다. 예를 들어 수요의 소득탄력성 계수는 경기침체로 소득이 감소하였을 때 어떤 소비재의 수요가 가장 크게 감소할지 알려준다.

자동차, 주택, 외식 등의 소득탄력성 계수는 +3, +1.5, +1.4이다. 이처럼 소득 탄력성이 큰 상품을 생산하는 기업은 경기침체 때 큰 타격을 받는다. 이에 비하여 소득탄력성이 낮거나 음(−)인 상품을 생산하는 기업은 경기침체의 영향을 덜 받는다. 농산물의 소득탄력성은 +0.2로 소득변동의 영향을 크게 받지 않는다. 소득이 감소하더라도 농산물이나 치약, 화장지 등의 수요는 거의 줄지 않는다. 이에 비하여 영화관이나 해외여행, 고화질 디지털 TV 등에 대한 수요는 크게 감소한다. 필수품은 사치재보다 소득탄력성이 낮다. 소득이 감소하더라도 필수품의 구매를 줄이거나 미루는 것은 쉽지 않기 때문이다.

표 4.4에 교차탄력성과 소득탄력성 개념이 정리되어 있다.

〈표 4.4〉 수요의 교차탄력성과 소득탄력성

탄력성 계수의 값		설명	재화의 유형
교차탄력성	양(+)	한 재화의 수요량이 다른 재화의 가격 변화와 같은 방향으로 변화	대체재
	음(−)	한 재화의 수요량이 다른 재화의 가격변화와 반대방향으로 변화	보완재
소득탄력성	양(+)	한 재화의 수요량이 소득변화와 같은 방향으로 변화	정상(우등)재
	음(−)	한 재화의 수요량이 소득변화와 반대방향으로 변화	열등재

마지막 한마디

탄력성과 가격 설정: 왜 소비자에 따라 지불하는 가격이 다른가?

기업과 비영리조직들은 흔히 수요의 가격탄력성이 다르다는 것을 알고 이익을 취한다.

개인에 따라 수요의 가격탄력성이 다르더라도 경쟁적인 시장에서 소비자가 지불하는 가격은 동일하다. 가격이 오르면 수요의 가격탄력성이 큰 철수는 구매량을 크게 감소시킬 것이고, 단위탄력적인 은하는 철수보다 구매량을 덜 감소시킬 것이고, 비탄력적인 혜진은 구매량을 거의 줄이지 않을 것이다. 이들의 수요의 가격탄력성은 다르지만 이들은 모두 동일한 가격을 지불한다.

그러나 추후에 논의하겠지만 모든 판매자가 모든 소비자에게 동일한 가격을 부과하는 것은 아니다. 일부 기업들은 '시장지배력' 즉 '가격 설정 능력'을 가지고 있어서 자신의 이익을 최대로 하는 가격을 책정한다. 기업은 소비자들의 수요의 가격탄력성이 다를 때 이를 이용하여 소비자마다 다른 가격을 부과한다. 그렇게 하는 것이 기업의 이익이 증가하기 때문이다.

하지만 모든 소비자를 대상으로 다른 가격을 부과하는 것은 지극히 어렵다. 모든 소비자들의 수요의 가격탄력성을 알기 어렵기 때문이다. 하지만 소비자 집단별로 수요의 가격탄력성을 관찰하는 것은 비교적 쉽다.

항공권을 살펴보자. 출장목적의 여행객의 경우 항공권에 대한 수요의 가격탄력성은 비탄력적이다. 이들에게 시간의 가치는 매우 크기 때문에 느린 교통수단을 현실적인 대안으로 고려하지 않는다. 또한 항공료는 출장비에 포함되어 있어서 고용주가 이를 보상해준다. 반면에 휴가목적의 여행객의 경우 항공권에 대한 수요의 가격탄력성은 탄력적이다. 이들은 비행기 대신 승용차를 이용할 수 있으며 여행을 아예 포기할 수도 있다. 그리고 이들은 항공료를 스스로 지불해야하므로 가격에 대해 대단히 예민하다.

항공사들은 이들 집단 간에 수요의 가격탄력성이 다르다는 것을 알고, 휴가목적의 여행객보다 출장목적의 여행객에게 더 높은 가격을 부과한다. 이것이 가능하려면 출장목적의 여행객이 휴가목적의 여행객을 상대로 판매되는 값싼 항공권을 살 수 없어야 한다. 1가지 방법은 값싼 항공권에 여러 가지 조건을 붙이는 것이다. 예를 들어 환불이 불가능하며 최소한 2주 전에 구매해야 하고 토요일 밤에 목적지에 머물러야 한다는 조건을 붙인다. 이러한 조건 때문에 출장목적의 여행객은 값싼 항공권을 사지 못한다. 이들은 대부분 급하게 출장을 가며 주말에는 집에서 보내기 때문이다. 결과적으로 출장목적의 여행객은 동일한 항공편을 이용하더라도 휴가목적의 여행객보다 훨씬 비싼 가격을 지불하게 된다.

집단의 가격탄력성이 다른 점을 이용하여 가격을 설정하는 다른 사례로 청소년에 대한 가격할인을 들 수 있다. 청소년의 경우 수요의 가격탄력성이 어른보다 탄력적이다. 이들은 쓸 돈이 적을 뿐 아니라 부모로부터 자금지원을 받는 경우가 많다. 판매자들은 이들의 가격탄력성을 알고서 이들에게 할인된 가격을 부과하는 것이다. 청소년의 머리를 손질하는데 걸리는 시간은 어른과 비슷하지만 이들에게는 어른보다 훨씬 싼 가격을 부과한다. 야구장에서 청소년은 어른과 마찬가지로 한 자리를 차지하지만 이들은 할인된 가격으로 입장권을 살 수 있다.

마지막으로 대학의 등록금 책정을 생각해보자. 저소득층 학생 집단에서 고등교육에 대한 수요는 고소득층 학생집단에 비해 탄력적이다. 저소득층의 가구소득에서 등록금이 차지하는 비중이 고소득층에 비해 크기 때문이다. 그래서 대학은 학생 구성의 다양성을 위해 수요의 탄력성을 기초로 이들에게 서로 다른 실 등록금을 부과한다. 여기에서 실 등록금이란 고지된 등록금에서 장학금 등 학교지원을 뺀 것이다. 고소득 집안의 학생은 성적우수 장학금을 받지 않으면 고지된 등록금을 모두 내야 한다. 저소득 집안의 학생은 상당한 장학금을 받을 수 있어서 사실상 실 등록금이 낮은 셈이다.

대학들은 흔히 등록금을 크게 올리면서 장학금도 크게 늘렸다는 점을 강조하여 이를 희석시킨다. 사실상 대학은 비탄력 수요를 가진 학생들에 대해 등록금을 인상폭만큼 올리는 셈이지만 탄력적 수요를 가진 학생들에게는 이보다 적거나 아예 올리지 않은 것이다. 이러한 방법을 통해 대학은 교육비 상승을 감당하기 위해 수입을 늘리면서도 다양한 학생들의 주머니 사정을 고려할 수 있다.

동일한 상품에 다양한 가격을 책정하는 사례들은 이 외에도 상당히 많다. 이들은 모두 수요의 가격탄력성과 관련되어 있다. 이 주제는 동일한 상품을 소비자 집단에 따라 다른 가격을 부과하는 가격차별을 분석하면서 다시 언급하게 될 것이다.

요약

1. **수요의 가격탄력성**

수요의 가격탄력성은 가격 변화에 따른 수요량의 반응 정도를 측정한다. 소비자가 가격변화에 민감하면 수요는 탄력적이다. 소비자가 가격변화에 둔감하면 수요는 비탄력적이다.

가격탄력성 계수(E_d)는 수요의 가격탄력성을 나타내는 수치이다. 이를 구하는 공식은 다음과 같다.

$$E_d = \frac{\text{X재화 수요량의 변화율}}{\text{X재화 가격의 변화율}}$$

경제학자들은 변화 전후의 가격과 수요량의 평균을 기준점으로 삼아 변화율을 계산한다. 가격탄력성 계수가 1을 초과한다면 수요는 탄력적이고 1미만이라면 비탄력적이다. 가격탄력성 계수가 1인 특별한 경우를 단위 탄력적이라고 한다.

수요가 완전 비탄력적이면 수요곡선은 세로축과 평행하며 완전히 탄력적이면 수요곡선은 가로축과 평행하게 그려진다.

동일한 수요곡선이라도 가격수준이 어디냐에 따라 탄력성이 달라진다. 좌 상향으로 갈수록 가격탄력성은 커지며 우 하향으로 갈수록 가격탄력성은 작아진다. 수요곡선이 가파른 가 또는 평평한 가의 여부가 탄력성의 판단 기준이 될 수 없다.

2. **탄력성과 총수입의 관계**

총수입이 가격의 변화와 반대로 변하면 수요는 탄력적이다. 가격과 총수입이 같은 방향으로 변한다면 수요는 비탄력적이다. 수요가 단위 탄력적이면 가격이 변하더라도 총수입은 변하지 않는다.

3. **가격탄력성에 영향을 주는 요인**

탄력성의 결정요인은 대체재의 수, 재화가 소득에 차지하는 비중, 사치재인지 필수재인지의 여부, 가격변화에 적응할 수 있는 시간 등이다.

4. **공급의 가격탄력성**

탄력성의 개념은 공급에도 적용된다. 공급의 가격탄력성 계수를 구하는 공식은 다음과 같다.

$$E_s = \frac{\text{X재 공급량의 변화율}}{\text{X재 가격의 변화율}}$$

변화 전후의 가격과 수요량의 평균이 변화율을 계산할 때의 기준점이다.

공급의 가격탄력성은 한 상품의 생산에 투입된 생산요소들을 다른 상품의 생산을 위해 얼마나 쉽게 그리고 신속하게 이동시킬 수 있느냐에 따라 크기가 달라진다.

5. **수요의 교차탄력성과 소득탄력성**

수요의 소득탄력성은 소비자의 소득이 변할 때 수요량이 어떻게 반응하는지를 측정한다. 수요의 소득탄력성 계수는 다음과 같은 식으로 계산한다.

$$\text{수요의 소득탄력성} = \frac{\text{수요량의 변화율}}{\text{소득의 변화율}}$$

우등재의 소득탄력성은 양(+)이며 열등재의 소득탄력성은 음(−)이다.

수요의 교차탄력성은 어떤 재화(X)의 수요량이 다른 재화(Y)의 가격변화에 어떻게 반응하는가를 측정한다. 수요의 교차탄력성은 다음과 같은 공식으로 구한다.

$$\text{수요의 교차탄력성} = \frac{\text{X재화 수요량의 변화율}}{\text{Y재화 가격의 변화율}}$$

교차탄력성이 양(+)이면 두 재화는 대체재이고, 음(−)이면 보완재이다.

소득 탄력성이 큰 상품을 생산하는 산업은 경기침체 때 큰 타격을 받는다. 이에 비하여 소득탄력성이 낮거나 음(−)인 상품을 생산하는 산업은 경기침체의 영향을 덜 받는다.

주요 용어와 개념

공급의 가격탄력성	수요의 교차 탄력성	중간점 공식
단기	수요의 소득 탄력성	초단기
단위 탄력성	완전 비탄력적 수요	총수입
비탄력적 수요	완전 탄력적 수요	총수입검증
수요의 가격탄력성	장기	탄력적 수요

연습문제

1. 시장 수요곡선이 다음과 같이 주어져 있다. 바르게 설명한 것은?

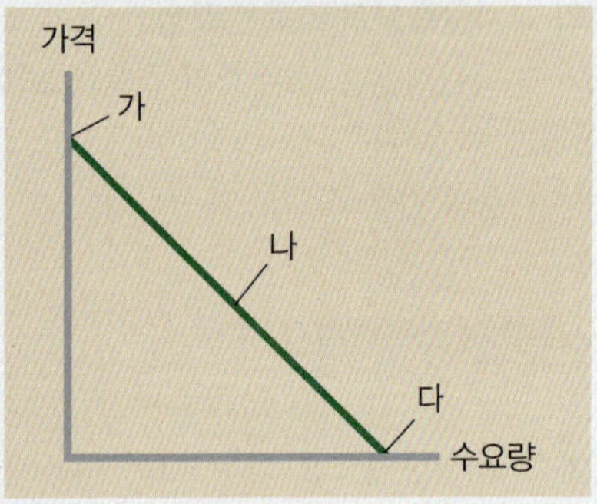

(1) '가'에서의 수요의 가격탄력성은 0이다.
(2) '나'점에서의 수요의 가격탄력성이 1이라면 '가나'의 길이는 '나다'의 길이와 같다.
(3) '다'점에서의 탄력성이 가장 크다.
(4) '가', '나', '다'점에서의 수요의 가격탄력성은 동일하다.
(5) 위의 그림만으로 수요의 가격탄력성을 비교할 수 없다.

2. '가', 나', '다'는 원점을 지나는 시장공급곡선이다. a, b, c는 이들 공급곡선의 한 점이다. 바른 설명은?

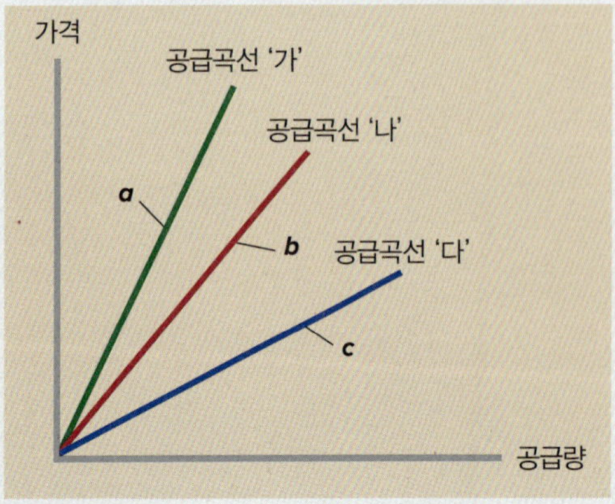

(1) a점에서 공급의 가격탄력성이 가장 크다.
(2) b점에서 공급의 가격탄력성이 가장 크다.
(3) c점에서 공급의 가격탄력성이 가장 크다.
(4) a, b, c점에서 공급의 가격탄력성은 동일하다.
(5) 위의 그림만으로 공급의 가격탄력성을 비교할 수 없다.

3. 다음에서 수요의 가격 탄력성이 커지는 경우가 아닌 것은?

(1) 대체 가능성이 크다
(2) 소득에서 차지하는 비중이 크다.
(3) 필수품이다.
(4) 시간의 경과가 크다.
(5) 상품의 내구성이 크다.

4. 맥주가격의 상승이 소주의 수요를 줄인다는 연구가 결과가 나왔다. 바른 설명은?

(1) 교차탄력성이 양이고 서로 보완재이다.
(2) 교차탄력성이 양이고 서로 대체재이다.
(3) 교차탄력성이 음이고 서로 보완재이다.
(4) 교차탄력성이 음이고 서로 대체재이다.
(5) 위의 자료를 답을 구할 수 없다.

5. 모든 대학생들이 기숙사에 살아야한다면 기숙사 수요의 가격탄력성은 얼마인가? 그리고 농구공 가격이 3만 원일 때 농구공 제조회사의 총수입이 60만 원이고 가격이 2만 원일 때에도 총수입이 60만 원이라고 하면 농구공 수요의 가격탄력성은 얼마인가? 앞의 것이 기숙사 수요의 탄력성, 뒤의 것이 농구공 수요의 가격탄력성이다.

(1) (0,0) (2) (0,1)
(3) (1,0) (4) (1,1)
(5) 위의 자료로는 알 수 없다.

6. 동철은 주어진 소득으로 쌀과 옷만을 구입한다. 그의 소득이 20% 상승하고 쌀 가격도 20% 상승하였다고 한다. 다음의 설명 중 맞는 것은?

(1) 옷에 대한 수요의 가격탄력성이 1이라면 쌀의 소비는 변화가 없다.
(2) 옷에 대한 수요의 가격탄력성이 1보다 크다면 쌀의 소비는 증가한다.
(3) 옷에 대한 수요의 소득탄력성이 1이라면 쌀의 소비는 변화가 없다.
(4) 옷에 대한 수요의 소득탄력성이 1보다 크다면 쌀의 소비는 증가한다.
(5) 맞는 설명이 없다.

7. 경희는 몇 년 동안 식료품과 다른 상품의 가격이 변하고 자신의 소득이 변하였지만 항상 소득의 1/3을 식료품소비에 지출하고 있다. 식료품 수요의 가격탄력성과 소득탄력성은 얼마인가?

8. 재화 A와 B의 수요의 교차탄력성이 +3.6이고, 재화 B와 C의 수요의 교차탄력성은 −5.4이다. A와 C재화는 어떤 관계에 있는가?

9. 지수가 1년 동안 옷을 몇 벌 구입할 것인가는 옷의 가격과 그녀의 수입 그리고 다른 소비상품의 가격 등에 달려 있다. 다음의 3개의 표는 옷의 가격이 50,000원, 35,000원, 20,000원일 때 지수가 1년 동안 구매하는 옷을 나타낸 것이다. D_1은 연간 소득이 5,000만 원이고 영화 관람료가 9,000원일 때의 옷에 대한 수요를 나타낸다. 그리고 D_2는 소득이 5,000만 원이지만 영화 관람료가 11,000원으로 올랐을 때 옷에 대한 수요를 나타내고 있다. 마지막으로 D_3는 소득이 7,000만 원이고 영화 관람료가 11,000원일 때의 옷에 대한 수요를 보여주고 있다.

가격	옷에 대한 수요량		
	D_1	D_2	D_3
50,000	15	10	15
35,000	25	15	30
20,000	40	20	50

(1) 옷과 영화 관람은 대체재인가? 보완재인가? 이러한 관계는 옷의 가격에 따라 달라지는가?
(2) 옷에 대한 소득탄력성을 중간점을 이용하여 구하시오. 소득탄력성은 옷의 가격에 따라 달라지는가?

10. 어느 동네에 자리한 붕어빵 가게에서 매일 1,000원에 100개를 팔고 있다. 단기에서 붕어빵의 가격이 1,000원에서 2,000원으로 인상되면 공급은 단위 탄력적이다. 가격이 2,000원으로 인상되면 붕어빵은 매일 몇 개씩 팔릴 것인가? 장기에서 가격이 1,000원에서 2,000원으로 인상될 때의 공급의 가격탄력성은 1.5이다. 가격이 2,000원으로 인상되면 붕어빵은 장기적으로 매일 몇 개씩 팔릴 것인가? 단, 탄력성은 중간점 공식으로 구한 것이다.

11. 농업에 풍년이 들었다. 농부의 총수입이 어떻게 될 것인지를 탄력성과 관련하여 설명하시오.

12. 지난 2005년 맥주를 생산하는 하이트맥주가 소주를 생산하는 진로를 인수하였다. 이러한 기업결합이 경쟁을 실질적으로 제한하면 공정거래위원회는 기업결합을 제한할 수 있다. 이를 판단하기 위하여 공정거래위원회가 어떤 탄력성을 사용할 것인지 추론하시오.

13. 정부는 담배가격을 평균 2,500원에서 4,500원으로 인상하려고 한다. 정부의 추산에 따르면 담뱃값을 2천원 올리면 조세수입이 6조7,427억 원에서 2조 8,000억 원 늘어난다. 정부는 담배에 대한 수요곡선의 탄력성을 얼마로 추산하고 있는지 계산하시오. 단, 2,500원 중에서 담배의 세금은 1,550원이며 4,500원으로 인상되면 담배세금은 3,318원을 차지하게 된다.

5 Chapter

시장실패: 공공재와 외부성, 정보의 비대칭성

학습내용

1. 경쟁 시장의 시장실패
2. 소비자 잉여와 생산자 잉여
3. 공공재와 무임승차
4. 외부성
5. 적정 공해의 감축
6. 시장실패: 비대칭적 정보

경쟁시장은 일반적으로 희소한 자원을 가장 큰 가치의 용도에 배분하는 놀라운 일을 한다. 이 장에서는 시장이 어떻게 효율적으로 자원을 배분하는지 먼저 설명할 것이다. 그런 다음 시장이 효율적으로 작동하지 않는 경우를 살펴볼 것이다. 시장은 경제적으로 바람직한 상품을 아예 생산하지 않을 때가 있다. 혹은 시장은 사회적으로 바람직한 수준보다 과다 생산하거나 과소 생산하기도 한다. 이러한 일이 발생하였을 때 시장실패(market failures)가 발생하였다고 하며 이 장에서는 이를 다룬다.

시장이 실패하면 정부에 경제적 역할이 주어질 수 있다. 여기에서는 정부의 역할을 공공재와 외부성과 관련하여 살펴볼 것이다. 공공재나 외부성이 존재하면 시장은 최적의 자원배분을 하지 못한다. 그 때 정부는 조세부과나 재정지출, 규제 등의 정책수단을 통해 이를 개선할 수 있다. 예를 들어 정부는 시장에서 생산되지 않는 재화의 생산을 위해 비용을 지출할 수 있다. 그리고 시장에서 과다 생산되는 재화의 생산을 줄이기 위해 여러 가지 수단을 강구한다. 그러나 이러한 정책에 많은 비용이 소요되고 시행과정이 복잡하다. 이 장의 끝에서 시장실패를 개선하려는 정부의 노력에 장애를 초래하는 정부의 비효율성을 논의할 것이다.

경쟁시장의 시장실패[1)]

시장실패

3장에서 언급하였듯이 경쟁시장은 일반적으로 경제적 관점에서 보면 '적절한' 자원 배분을 행한다. 여기에서는 일반적인 경우가 아니라 예외적인 사례를 살펴보고자 한다. 불행하게도 수많은 구매자들과 판매자들이 존재하는 경쟁시장에서도 **시장실패**는 발생할 수 있다. 경쟁 자체가 자원 배분의 적절성을 보증하는 것은 아니다. 이번 장의 초점은 경쟁시장에서 시장실패가 왜 발생하며 이를 어떻게 교정할 수 있는지를 설명하는 것이다.

다행히도 전체적인 윤곽은 간단하다. 경쟁시장의 시장실패는 다음과 같은 두 가지 범주만 있기 때문이다.

- 수요측면의 시장실패 수요곡선이 상품이나 서비스에 대한 소비자의 지불의사를 반영하지 못할 때 발생한다.
- 공급 측면의 시장실패 공급곡선이 상품이나 서비스의 총생산비용을 반영하지 못할 때 발생한다.

수요 측면의 시장실패

수요 측면의 시장실패

수요 측면의 시장실패는 소비자들이 어떤 상품에 대해 기꺼이 대가를 지불할 용의가 있지만 이를 지불하도록 하는 것이 불가능할 때 발생한다. 예를 들어 야외 불꽃놀이를 생각해 보자. 사람들은 불꽃놀이를 좋아한다. 그래서 대가를 지불해야 불꽃놀이를 구경할 자격이 생긴다면 사람들은 기꺼이 대가를 지불하고자 한다. 하지만 불꽃놀이는 야외에서 벌어지고 불특정 다수가 보게 되므로, 사람들은 실제로 돈을 지불할 필요가 없다. 대가를 지불하지 않은 사람이 불꽃놀이를 구경하지 못하도록 하는 방법이 없기 때문이다. 그래서 민간 기업은 야외 불꽃놀이를 벌일 생각을 하지 않는다. 행사 비용을 충당할 수 있는 방법이 없기 때문이다.

공급 측면의 시장실패

공급 측면의 시장실패

공급 측면의 시장실패는 기업이 총생산비용을 지불할 필요가 없을 때 발생한다. 예를 들어 화력발전소를 생각해 보자. 발전소를 운영하는 기업은 전력 생산에 필요한 토지, 노동력, 자본, 경영진 등에 대가를 지불해야 한다. 하지만 배출된 매연은 다른 사람에게 비용을 발생시킨다. 매연에 포함된 오염물질로 인해 지구온난화가 초래될 수 있고 인근 농작물이나 야생동물에 피해가 발생할 수 있다. 이러한 피해에 대해 아무런 대가를 치루지 않는다면 기업은 전력 생산에 따른 비용의 일부를 지불하지 않는 셈이다.

시장실패가 발생하는 것은 일부 비용이 포함되지 않아 시장기구가 비용과 편익을 제

1) 시장에 구매자나 공급자가 적어 경쟁이 부족하면 시장실패가 나타난다. 경쟁이 부족하면 구매자나 공급자는 자신의 이익을 위해 구매량이나 공급량을 사회적 최적 수준보다 낮은 수준에서 결정한다. 예를 들어 독점기업은 시장가격을 인상시켜 이윤을 증대할 목적으로 생산량을 제한한다. 여기에서는 시장이 경쟁적이라도 발생할 수 있는 시장실패를 다룬다.

대로 비교할 수 없기 때문이다. 그래서 화력발전소는 매연의 대가를 지불할 때에 비해 더 많은 전력을 생산하고 그래서 더 많은 오염물질을 배출하게 되는 것이다. 이때 더 많이 생산된 생산물의 비용은 사회적 편익을 초과하게 된다. 이처럼 더 많이 생산된 생산량이 줄어들어야 경제적 효율성이 달성될 수 있다.

시장의 효율성

시장의 효율성

시장실패를 잘 이해하려면 먼저 경쟁시장이 어떻게 효율적으로 작동하는지 이해할 필요가 있다. 3장에서 이 주제를 다룬바 있지만 이제는 분석을 확장하고 심도를 더 하고자 한다. 이를 통해 **시장의 효율성**을 더 잘 이해할 수 있으며 공공재와 외부성에 대한 논의를 시작할 수 있기 때문이다. 경쟁시장이 효율적 자원배분을 달성하려면 2가지 조건들이 충족되어야한다. 즉 시장수요곡선이 소비자의 지불의사를 반영해야 하고 시장공급곡선이 총생산비용을 반영해야 한다는 것이다. 이 조건이 충족될 때 시장은 편익과 비용이 같아지는 수준에서 상품을 생산하게 된다. 그리고 이때 소비자와 생산자가 누리는 이익의 합인 '총잉여'가 극대화된다.

소비자 잉여

소비자 잉여

시장에서 소비자가 얻는 이익을 **소비자 잉여**(consumer surplus)라고 한다. 소비자 잉여는 어떤 상품에 대해 소비자가 평가한 가치와 실제로 지불한 가격의 차이를 말한다. **소비자는 자신이 평가한 가치만큼 최대한 대가를 지불할 의사가 있지만 그보다 낮은 가격을 지불하게 되면 그 차이만큼 이익**을 보게 된다.

소비자가 지불하고자 하는 최대가격은 소비자의 기회비용에 따라 달라진다. 예를 들어 철수가 사과 한 개를 산다고 하자. 사과를 공짜로 얻는 것이 아니라면 철수는 다른 곳에 쓸 경우와 비교하여 사과에 지불하고자 하는 최대가격을 정하게 된다. 철수가 사과의 구입에 지불하고자하는 최대가격이 1,250원이라고 하자. 이것은 철수가 다른 상품의 구매를 최대 1,250원까지 포기할 수 있다는 것을 뜻한다. 사과를 사는데 단돈 1원이라도 더 지불해야 한다면 그는 다른 상품의 구입을 너무 많이 포기하는 셈이 된다.

이것은 철수가 사과를 1,250원보다 낮은 가격에 구입하게 되면, 철수는 1,250원과 실제 지불한 가격의 차이만큼 소비자 잉여를 얻게 된다는 것을 뜻한다. 예를 들어 시장가격이 500원이면 철수는 750원(1,250−500=750)만큼의 소비자 잉여를 얻게 된다. 소비자는 거의 모든 시장에서 개인적으로나 소비자 전체로 보았을 때 실제로 자신들이 지출한 금액(즉 상품가격×수량)보다 더 큰 총효용 즉 만족을 얻으며 이는 화폐로 측정될 수 있다. 이러한 효용의 잉여는 시장에서 상품을 구매한 모든 소비자에게 발생한다. 이들은 시장 가격보다 높은 가격을 지불할 용의가 있었는데 실제로는 이보다 낮은 가격을 지불하기 때문에 상품을 구입하는 게 이익이다. 그래서 상품을 구입한 모든 소비자는 소비자 잉여를 얻게 되는 것이다.

〈표 5.1〉 소비자 잉여

	지불하고자하는 최대가격	실제 가격(균형가격)	소비자 잉여
태연	13,000	8,000	5,000
유리	12,000	8,000	4,000
서현	11,000	8,000	3,000
윤아	10,000	8,000	2,000
수영	9,000	8,000	1,000
효연	8,000	8,000	0

소비자의 지불의사라는 개념을 이용하면 수요곡선을 다른 방식으로 해석할 수 있다. 표 5.1의 (1)열과 (2)열은 6명의 소비자들이 사과 1상자에 최대로 지불하고자하는 금액을 나타낸다. 예를 들어 태연은 사과 한 상자에 대한 최대 13,000원을 지불하고자 한다. 이에 비해 수지는 8,000원에 불과하다.

기억해야 할 점은 이들 소비자들이 지불하고 하는 최대가격은 수요곡선의 한 점이라는 것이다. 따라서 시장가격이 낮아지면 사과에 대한 수요는 증가한다. 예를 들어 사과 1상자의 가격이 12,500원이라면 태연만이 사과를 구입할 것이다. 하지만 시장가격이 11,500원으로 내려가면, 태연과 유리가 사과를 사게 된다. 시장가격이 10,500원이라면 이제 태연, 유리뿐 아니라 서현까지 사과를 사게 된다. 시장가격이 낮아질수록 지불하고자 하는 최대가격이 시장가격을 초과하는 사람이 늘어나고 이에 따라 총수요량이 증가한다.

시장가격이 하락하면 소비자 잉여는 커진다. 태연은 지불하고자하는 최대가격이 13,000원인데 시장가격이 12,500원이면 500원만큼의 소비자 잉여를 얻는다. 하지만 시장가격이 8,000원으로 하락하면 소비자 잉여는 5,000원(13,000원−8,000원)으로 증가한다. 표 5.1의 (3)과 (4)열은 시장가격인 8,000원일 때, 소비자가 얻게 되는 소비자 잉여가 얼마나 되는지를 보여준다. 여기서 6번째 소비자인 효연만이 소비자 잉여를 하나도 얻지 못한다. 왜냐하면 효연이 지불하고자하는 최대가격은 8,000원인데 그것은 시장가격과 일치하기 때문이다.

개별 소비자나 소비자 전체가 얻는 소비자 잉여를 그래프로 쉽게 보여줄 수 있다. 그림 5.1에 사과 1상자에 대한 수요곡선(D)과 8,000원의 시장균형가격이 표시되어 있다. 수요곡선은 표 5.1에 등장하는 6명의 소비자뿐이 아니라 다른 모든 소비자들까지 표시하고 있다. 이 때 개별 소비자의 잉여는 수요곡선상의 한 점 즉 소비자가 지불하고자 하는 최대가격과 시장가격 8,000과의 수직거리로 측정된다. 이렇게 표 5.1에 나타난 6명의 소비자뿐 아니라 다른 모든 소비자들의 소비자 잉여를 구하여 이를 모두 합하면 전체 소비자의 잉여가 된다. 시장수요량이 Q_1일 때 소비자들이 지불하고자하는 최대가격의 합은 그림 5.1에서 수요곡선의 Q_1 아래쪽 영역과 X, Y축으로 둘러싼 면적이다. 이것은 수요곡선 D 아래에 녹색 삼각형 부분과 노란색 사각형 부분을 합친 것이다. 하지만 소비자들이 실제로 지불하는 금액은 노란색으로 표시된 사각형 부분($=P_1 \times Q_1$)이다.

[그림 5.1] 소비자 잉여

초록색 삼각형이 소비자 잉여를 나타낸다. 소비자잉여는 개별 소비자가 지불하고자 하는 최대가격과 시장가격 8,000원과의 수직거리를 모두 합한 것이다. 생산량이 Q_1일 때 소비자가 지불하고자 하는 총액은 초록색 삼각형과 노란색 삼각형의 합이다. 그러나 실제 지불하는 것은 노란색 삼각형으로 남게 되는 초록색 삼각형이 소비자 잉여를 나타내게 된다.

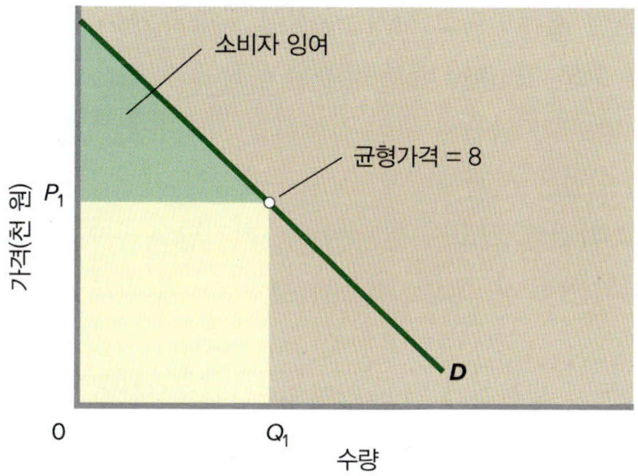

그러므로 녹색 삼각형 부분이 사과시장의 소비자 잉여가 된다. 이것은 수요곡선상의 한 점 즉 개별 소비자가 지불하고자 하는 최대가격과 시장가격 8,000과의 수직거리를 모두 합한 것이다. 따라서 소비자 잉여는 시장가격 P_1을 수평으로 그었을 때 수요곡선과 만나는 점까지의 부분과 수요곡선, 그리고 Y축으로 둘러싼 면적이다.

소비자 잉여는 가격과 역의 관계에 있다. 수요곡선이 주어져 있을 때, 가격이 올라가면 소비자 잉여는 줄어들고, 가격이 낮아지면 소비자 잉여는 늘어난다. 이 주장이 일반적으로 타당한지를 검증하려면 그림 5.1에서 8,000원보다 높은 시장가격을 구한 다음 소비자잉여를 계산해보면 된다. 시장 가격에서 수평으로 긋는 선이 위로 올라갈수록 소비자 잉여를 나타내는 녹색 삼각형의 면적이 줄어든다는 것을 알 수 있다. 시장가격이 상승하면 소비자가 지불하고자하는 최대가격과 실제가격 사이의 차이가 줄어든다. 이번에는 8,000원보다 낮은 시장가격을 구한다음 소비자잉여를 계산해보면 시장 가격에서 수평으로 긋는 선이 아래로 내려갈수록 소비자가 지불하고자하는 최대가격과 실제가격 사이의 차이가 늘어나 소비자잉여가 늘어난다는 것을 알 수 있을 것이다.

생산자 잉여

소비자들과 마찬가지로 생산자들도 시장거래를 통해 이익을 얻는다. 이를 **생산자 잉여**(producer surplus)라고 한다. 이것은 생산자가 특정 수량의 상품을 공급하려면 **받아야 하는 최소가격**과 실제 시장에서 받은 가격과의 차이로 측정한다. **생산자가 받아야 하는 최소가격은 그 단위의 상품생산에 들어가는 한계비용**과 같다. 그 단위의 상품을 추가로 생산하려면 추가적인 토지, 노동, 자본, 그리고 전문경영인의 능력 등이 필요하다. 이를 위해 추가적으로 지대, 임금, 이자, 이윤을 지불하게 되는데 이것이 그 단위의 상품생산에 들어가는 한계비용이다. 여기에서 한계비용은 모든 생산비용을 포함한다고 가정한다. 예를 들어 화력발전소는 일부 공해비용을 지불하지 않지만 여기에서는 공해비용을

생산자 잉여

포함한 모든 비용을 지불한다고 기정한다. 추후에 기업이 이러한 비용을 모두 지불하지 않을 때 발생하는 시장실패를 다룰 것이다.

생산자가 받아야 하는 최소가격은 한계비용인데 이것은 다른 상품의 생산에 사용되었을 자원을 특정 단위의 상품생산에 사용함으로써 발생하는 기회비용이기도 하다. 예를 들어 수철이 사과를 재배한다고 하자. 수철이 사과의 재배에 투입한 자원은 다른 상품을 생산에 사용될 수도 있었다. 다른 상품의 생산에 사용될 수 있었을 자원을 수철이 사과재배에 쓰게 되면 다른 상품의 생산 감소라는 기회비용이 발생한다. 이러한 기회비용이상을 지불해야 수철은 사과재배에 쓰일 추가적인 자원을 확보할 수 있다. 수철은 사과를 되도록 비싼 가격에 팔고자 할 것이다. 하지만 수철이 받고자하는 최소가격은 사과에 생산에 투입되는 토지, 노동, 자본과 경영능력의 확보를 위해 지불하는 비용과 같다.

특정 단위의 상품에서 생산자가 얻는 잉여의 크기는 생산자가 실제로 받는 가격과 생산자가 받고자 하는 최소가격과의 차이이다. 표 5.2에 6명의 사과재배 농부가 받자하는 최소가격이 표시되어 있다.

〈표 5.2〉 생산자 잉여

	생산자가 받고자하는 최소가격	실제 가격(균형가격)	생산자잉여
승환	3,000	8,000	5,000
승엽	4,000	8,000	4,000
성진	5,000	8,000	3,000
진후	6,000	8,000	2,000
민혁	7,000	8,000	1,000
영빈	8,000	8,000	0

시장가격이 8,000원일 때, 승환은 5,000원만큼의 생산자 잉여를 얻게 되는데, 이는 시장가격 8,000원에서 승환이 받고자하는 최소가격인 3,000원을 뺀 것이다. 그에 비해서 영빈은 생산자 잉여를 하나도 얻지 못하는데, 이는 그가 받고자하는 최소가격이 시장가격과 같은 8,000원이기 때문이다. 승환이 받고자하는 최소가격이 영빈보다 낮은 것은 승환이 영빈보다 효율적인 생산자이기 때문이다. 이는 승환이 영빈보다 더 적은 비용으로 생산요소들을 결합하여 사과를 생산하고 있다는 것을 뜻한다. 이들의 효율성이 다른 것은 사용하는 생산요소의 종류나 품질에 차이가 있기 때문이다. 예를 들어, 승환은 사과재배에 최적인 토지를 가지고 있지만 영빈의 농장은 사막에서 사과를 재배하고 있어서 비용이 많이 드는 관개시설이 필요할 수 있다. 그러면 영빈의 사과재배에 따른 한계비용이 승환보다 높을 수 있다.

생산자들이 받고자하는 최소가격은 공급곡선의 한 점으로 표시된다. 따라서 가격이 상승하면 사과의 공급량이 증가한다. 예를 들어 사과 1상자의 가격이 3,500원이면 승환만이 사과를 공급하고자 할 것이다. 하지만 사과가격이 5,500원이 되면 승환, 승엽, 성

[그림 5.2] 생산자 잉여

생산자 잉여는 개별 생산자가 받고자하는 최소가격과 실제 가격(8,000원)과의 차이를 모두 합한 것이다. 여기에서는 파란색 삼각형으로 표시되어 있다. 생산량이 Q_1이면 생산자의 총수입은 파란색과 노란색 삼각형의 합으로 표시된다. 생산자가 받고자하는 최소가격의 합이 노란색 삼각형이므로 파란색 삼각형이 생산자 잉여다.

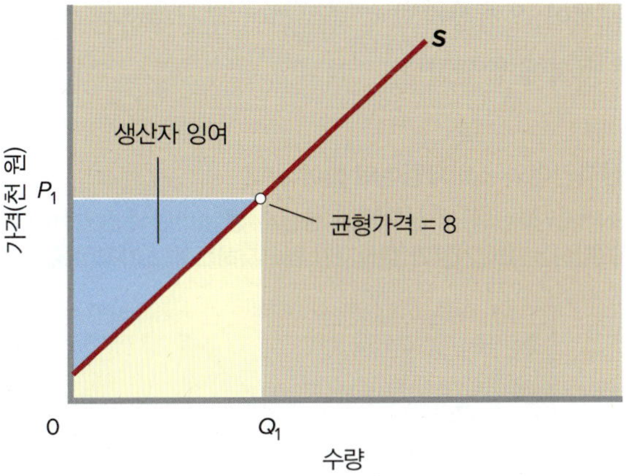

진 등 3사람이 사과를 공급할 것이다. 사과가격의 상승으로 시장가격이 더 많은 생산자의 한계비용 즉 받고자하는 최소가격을 초과하기 때문이다. 그래서 경쟁시장의 공급곡선은 한계비용곡선이면서 생산자가 받자하는 최소가격곡선인 것이다.

그림 5.2의 공급곡선은 표 5.2의 6명의 생산자뿐 아니라 시장에 사과를 공급하는 모든 생산자를 포함하고 있다. 시장가격이 8,000원이라면, 받고자하는 최소가격이 8,000원보다 낮은 생산자만이 사과를 생산하게 되어 생산량은 Q_1이 된다. Q_1보다 적은 수량에서 생산자가 받고자하는 최소가격은 P_1보다 아래쪽에 있는 공급곡선으로 표시된다.

개별 생산자의 잉여는 각 생산자가 받고자하는 최소가격과 시장가격인 8,000원의 차이인데, 그것은 공급곡선의 한 점과 시장가격에서 수평으로 그은 선과의 수직거리로 표시된다. 개별 생산자의 잉여를 모두 합한 것이 그림 5.2의 파란색 삼각형이다. 생산자의 총수입은 $P_1 \times Q_1$으로 그림에서 파란색과 노란색 삼각형의 합으로 표시된다. 이 때 생산자가 받고자하는 최소가격의 합은 공급곡선아래의 면적으로 노란색 삼각형으로 나타난다. 따라서 생산자의 총수입에서 받고자하는 최소가격의 합을 뺀 파란색 삼각형이 생산자 잉여다. 이것은 Q_1의 왼쪽에 있는 공급곡선의 한 점과 시장가격에서 수평으로 그은 선과의 수직거리를 모두 합한 것과 같다.

생산자잉여의 크기는 시장가격과 양(+)의 관계에 있다. 공급곡선이 주어져 있을 때 시장가격이 하락하면 생산자 잉여는 줄어들고 시장가격이 상승하면 생산자잉여는 증가한다. 시장가격이 8,000원보다 낮을 때 그 가격에서 수평선을 그어보면 생산자 잉여를 나타내는 파란색 삼각형의 면적이 줄어드는 것을 확인할 수 있다. 시장가격이 하락하면 생산자가 받고자하는 최소가격과 실제 가격의 차이가 줄어든다. 마찬가지로 시장가격이 8,000원보다 높을 때 그 가격에서 수평선을 그어보면 생산자 잉여를 나타내는 파란색 삼각형의 면적이 증가한 것을 확인할 수 있을 것이다. 시장가격이 상승하면 생산자가 받고자하는 최소가격과 실제 가격의 차이가 커진다.

효율성: 재론

그림 5.3은 그림 5.1과 그림 5.2의 수요 · 공급곡선을 함께 나타낸 것이다. 그리고 시장 균형가격과 균형 거래량 그리고 소비자 잉여와 공급자 잉여도 표시되어 있다. 그림에서 알 수 있듯이 **수요곡선이 우하향하고 공급곡선이 우상향하는 모든 시장에서 소비자 잉여와 생산자 잉여가 동시에 발생**한다.

[그림 5.3] 효율성: 생산자잉여와 소비자잉여의 합이 최대

균형거래량이 Q_1일 때 소비자잉여(초록색 삼각형)과 생산자 잉여(파란색 삼각형) 합이 최대가 된다. Q_1 생산량에서 소비자가 지불하고자하는 최대가격과 생산자가 받고자하는 최소가격이 같아져 효율성이 달성된다.

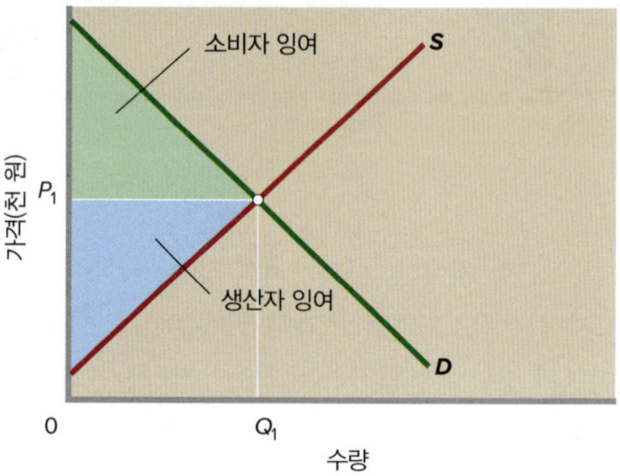

그림 5.3에서 수요곡선은 소비자의 지불의사를 모두 반영하고 있으며 공급곡선은 총 생산비용을 모두 반영한다고 여기고 그린 것이다. 균형생산량 Q_1에서 경제적 효율성이 달성되는데 이것은 생산의 효율성과 배분의 효율성으로 나누어진다.

적정 생산량

- 생산의 효율성은 경쟁으로 사과재배 농부가 최선의 기술을 이용하고 생산요소를 적절히 결합하기 때문에 달성된다. 그래서 **단위 생산비용이 최소**가 된다.
- 배분의 효율성은 사과 생산량 Q_1이 다른 상품의 생산량과 비교하였을 때 **적정 생산량**이기 때문에 달성된다.

Q_1이 적정 생산량이라는 것은 2가지 방식으로 설명할 수 있다. 어떤 방식이든 사과 생산에 투입된 모든 자원은 다른 상품의 생산하는 데 사용될 수도 있었다는 것을 전제로 하고 있다. 그래서 사과 생산량 Q_1이 정당화되려면 다른 상품을 생산하기보다 사과를 Q_1만큼 생산하기 위해 자원(토지, 노동, 자본, 기업가적 능력 등)을 투입하는 것이 더 큰 효용이나 만족을 가져다준다는 것을 보여주어야 한다.

첫 번째 설명 방식은 **수요곡선이 한계편익(MB), 공급곡선이 한계비용(MC)을 나타내 준다**는 사실에서 출발한다. 1장의 그림 1.3에서 자원의 최적배분은 산출량이 MB=MC에서 결정될 때 달성된다는 점을 설명한 바 있다. 공급곡선이 한계비용곡선이라는 점은 앞에서 지적한 바 있다. 그런데 수요곡선은 한계편익을 나타내 준다. 소비자가 상품을 한 단위 얻기 위해 지불하고자하는 최대가격은 그 소비자가 그 상품의 소비에서 얻는 편익과 같기 때문이다. 그러므로 수요곡선의 각 점은 소비자가 지불하고자하는 최대가격이기도 하지만 그 상품을 소비하여 얻는 한계편익이기도 하다.

공급곡선이 한계비용곡선이고 수요곡선이 한계편익곡선이면, 그림 5.3에서 수요곡선의 각 점은 그 생산량에서 소비자가 얻는 한계편익이며 공급곡선의 각 점은 그 생산량에서 한계비용을 나타내게 된다. 그래서 수요곡선과 공급곡선이 교차하는 점에서 MB = MC이 달성되고 이것은 균형생산량 Q_1이 자원배분의 효율성을 달성하는 적정생산량이라는 것을 의미한다.

이를 좀 구체적으로 이해하려면 생산량이 Q_1에 이를 때까지 한계편익이 한계비용을 초과한다는 사실에 유의할 필요가 있다. 한계비용은 다른 상품의 생산에 쓰였을 자원을 사과 생산에 투입하였을 때 발생하는 기회비용을 의미한다. 한계편익이 한계비용을 초과한다는 사실은 자원을 다른 상품의 생산에 배분하기보다 사과생산에 배분하는 것이 바람직하다는 것을 뜻한다.

2번째 방식은 소비자잉여와 생산자잉여의 개념을 이용하는 것이다. 여기에서 수요곡선은 소비자가 지불하고자하는 최대가격, 공급곡선은 공급자가 받고자하는 최소가격을 나타낸다. 그림 5.3을 보면 생산량이 Q_1에 이를 때까지 소비자가 지불하고자하는 최대가격이 공급자가 받고자하는 최소가격을 초과한다는 것을 알 수 있다. 이때에는 사과의 생산량이 증가할수록 소비자잉여와 생산자잉여의 합이 소비자가 지불하고자하는 최대가격에서 공급자가 받고자하는 최소가격을 뺀 양(+)의 크기만큼 증가한다.

생산량이 Q_1에 이를 때까지 소비자가 지불하고자하는 최대가격이 공급자가 받고자하는 최소가격을 초과한다는 사실은 다른 재화를 생산하기보다 사과를 생산하여 소비하는 것이 사람들의 효용을 증대시킬 수 있다는 것을 의미한다. 소비자가 지불하고자하는 최대가격이나 공급자가 받고자하는 최소가격은 기회비용을 반영하고 있다. 소비자가 지불하고자하는 최대가격은 다른 재화의 소비를 그만큼 희생할 수 있다는 것이고 공급자는 받고자하는 최소가격은 다른 재화의 생산을 그만큼 희생할 수 있다는 것이다. 소비자가 기꺼이 희생할 수 있다고 여긴 상품의 양보다 적게 다른 상품을 희생하여 생산하는 것이므로 사회적으로 이익인 것이다. 따라서 한정된 경제적 자원을 다른 상품의 생산에 배분하기보다 사과를 Q_1만큼 생산하는데 배분하는 것이 사회적으로 바람직하다. 균형생산량 Q_1에 이르러서야 소비자가 지불하고자하는 최대가격이 공급자가 받고자하는 최소가격과 같아져 사회가 이익을 얻을 수 있는 기회가 사라지는 것이다. 즉 시장에서의 균형생산량 Q_1에서 배분의 효율성이 달성된다.

사회적 후생

그림 5.3에서 보면 소비자 잉여는 초록색 삼각형, 그리고 생산자잉여는 파란색 삼각형으로 표시되어 있는데 이를 합한 것이 총잉여이다. 그리고 균형생산량 Q_1에서 소비자잉여와 생산자 잉여의 합 즉 총잉여가 최대가 된다. 총잉여는 **사회적 후생**이라고 부르기도 한다.

수요곡선이 모든 소비자의 지불의사를 반영하고 공급곡선이 총생산비용을 반영하면 경쟁시장의 균형생산량에서 소비자 잉여와 생산자 잉여의 합 즉 사회적 후생이 최대가 된다. 시장의 균형생산량이 다음의 조건을 동시에 충족시킬 때 배분의 효율성이 달성된다.

- 한계편익=한계비용(그림 1.4 참조)
- 소비자가 지불하고자하는 최대가격=생산자가 받고자하는 최소가격
- 최대의 총잉여(=소비자 잉여+공급자 잉여)

시장이 제대로 작동하면 배분의 효율성이 **스스로 달성**되기 때문에 경제학자들은 시장에 의한 자원배분을 선호한다. 물론 다른 방식으로 자원을 배분할 수 있다. 예를 들어 정부가 계획에 의해 자원을 배분할 수도 있다. 하지만 이런 배분방식은 제대로 작동하는 시장보다 나은 결과를 가져다주지 않는다. 대부분 훨씬 나쁜 결과를 초래한다. 그래서 경제학자들은 제대로 작동하는 시장을 이용할 수 있다면 언제나 시장을 통해 자원을 배분하는 것을 선호한다.

효율성 손실(후생손실 또는 자중손실)

후생손실

그림 5.4(a)와 (b)는 효율성 손실 또는 **후생손실**의 사례를 보여준다. 사회적 최적 생산량보다 과소 생산되거나 과다 생산되면 소비자 잉여와 생산자잉여의 합이 줄어든다. 먼저 그림 5.4(a)에서 과소생산을 살펴보자. 이것은 효율적인 생산량인 Q_1보다 적은 Q_2에서 생산이 이루어지기 때문에 발생한다. 그러면 총잉여 즉 사회후생수준이 abc에서 사각형 $adec$로 감소한다. 총잉여가 bde만큼 줄어드는 것이다. 이 삼각형이 소비자나 판매자에게 발생한 효율성 손실의 크기를 나타낸다. 소비자나 판매자는 사회의 구성원이므로 이 삼각형을 사회적 효율성 손실 또는 사회적 후생손실이라고 부른다.

Q_2에서 Q_1 사이의 생산량에서 소비자가 지불하고자하는 최대가격이 공급자가 받고자하는 최소가격을 초과한다. 그럼에도 생산이 이루어지지 않아 사회적 순편익이 실현되지 않는다. 예를 들어 어떤 생산량에서 소비자는 1,000원을 지불하고자 하고 생산자는 600원을 받고자 한다고 하자. 이를 생산하면 400원만큼의 사회적 순편익을 실현할 수 있지만 이를 생산하지 않으면 그만큼의 사회적 효율성 손실이 발생하는 셈이다. 비

[그림 5.4] 효율성 손실

생산량이 효율적인 생산량인 Q_1보다 많거나 적으면 효율성 손실이 발생한다. (a) 삼각형 dbe는 과소 생산량 Q_2로 인한 효율성 손실을 나타낸다. (b) 삼각형 bfg는 과다 생산량 Q_3로 인한 효율성 손실을 나타낸다.

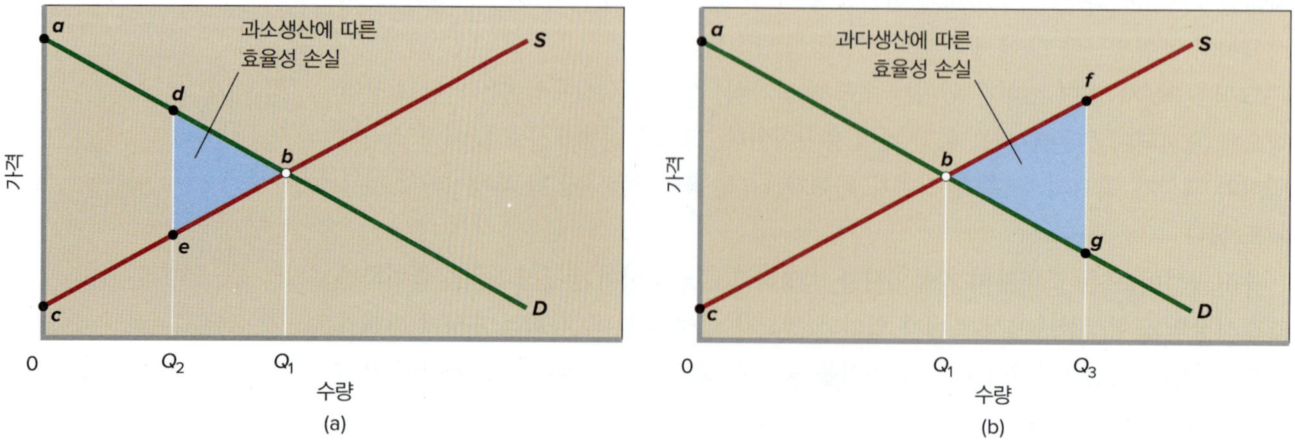

록 이를 생산하는 데 들어갔을 자원이 다른 상품의 생산에 쓰이더라도 그것은 사회적 순편익이 더 적다. 그림 5.4(a)에 표시된 삼각형 *dbe*는 Q_2에서 Q_1 사이의 생산이 이루어지지 않아 발생한 순편익의 총손실을 보여준다.

이제 그림 5.4(b)를 통해 과다생산을 살펴보자. 이것은 효율적인 생산량인 Q_1보다 많은 Q_3에서 생산이 이루어지기 때문에 발생한다. 그러면 총잉여 즉 사회후생수준은 회색으로 표시한 삼각형 *bfg*만큼 줄어든다. 즉 과다생산이 이루어지면 총잉여는 균형생산량 Q_1일 때의 총잉여 *adc*에서 *bfg*를 뺀 부분이 된다. 생산량이 0에서 Q_1 사이에 있으면 편익이 비용을 초과한다. 따라서 균형거래량 Q_1에서 총잉여는 *abc*가 된다. 그러나 Q_1에서 Q_3 사이의 생산량에서 비용이 편익을 초과한다. 이러한 손실을 모두 더한 것이 삼각형 *bfg*인 것이다. 따라서 생산이 Q_3에서 이루어지면 총잉여는 삼각형 *abc*에서 삼각형 *bfg*를 뺀 부분이 되는 것이다.

Q_1을 초과하여 생산하였을 때 경제적 손실이 발생하는 것은 생산자가 받고자하는 최소가격이 소비자가 지불하고자하는 최대가격을 초과하기 때문이다. 예를 들어 소비자가 지불하고자하는 최대가격이 700원이고 생산자가 받고자하는 최소가격이 1,000원이라고 하자. 이들의 차액인 300원만큼 효율성 손실이 발생하여 사회적 순편익을 그만큼 줄이게 된다. 이런 생산량은 경제적이지 못하고 사회적으로 효율성 손실을 초래한다. Q_1에서 Q_3 사이의 생산량은 순편익이 음(−)이다. 즉 이를 생산하여 얻는 편익이 다른 재화를 생산하지 않아 발생한 기회비용보다 적다. 따라서 이를 생산하기 위해 투입되었던 자원을 다른 상품의 생산에 사용하였다면 순손실을 줄이고 순편익을 얻을 수 있었을 것이다. 그림 5.4(b)에 표시된 삼각형 *bfg*는 Q_3에서 과다 생산하여 발생한 효율성 손실의 총량을 나타낸다.

시장에서 아무도 이를 의도하지 않았지만 마치 누가 마술을 부린 것처럼 시장의 균형생산량에서 배분의 효율이 스스로 달성된다. 이것은 수요가 소비자가 지불하고자하는 최대가격을 반영하고 공급이 모든 비용을 반영할 때 스스로 달성된다. 이러한 조건이 충족되면 과소생산이나 과다생산에 따른 효율성 손실을 걱정할 필요가 없다. 그러나 다음에 설명하겠지만 수요가 소비자가 지불하고자하는 최대가격을 제대로 반영하지 못하거나 공급이 모든 비용을 반영하지 못하면 효율성 손실이 발생한다.

공공재

공공재

경쟁시장에서 수요측면의 시장실패는 수요곡선이 소비자가 지불하고자하는 최대가격을 반영하지 못할 때 발생한다. 이러한 상황이 발생하면 시장은 순편익이 존재하더라도 이를 생산하지 못한다. 수요곡선이 **소비자의 지불의사를 과소평가**하기 때문이다. 이러한 과소평가 문제는 **공공재**에서 가장 극명하게 나타난다. 수요곡선이 소비자의 지불의사를 전혀 반영하지 못해 시장에서 공공재가 전혀 생산되지 않는 것이다. 공공재를 이해하려면 사적 재화의 특징을 먼저 알아야 한다.

사적 재화의 특징

사적 재화

시장에는 다양한 사적 재화가 생산된다. 이들은 상점이나 매장, 인터넷 등에서 다양하게 판매된다. 음식료, 자동차, 의류, 개인용 컴퓨터, 가전제품, 법률서비스 등이 이에 속한다. **사적 재화**는 2가지 특징을 가지고 있는데 그것은 '경합성'과 '배제성'이다.

경합성
배제성

- **경합성**이란 소비의 측면에서 한 사람이 어떤 상품을 구입하여 소비하면 다른 사람이 이를 구입하여 소비할 수 없다는 뜻이다. 은서가 생수를 1병을 사서 마시면 미경은 그 생수를 사서 마실 수가 없다는 것이다.
- **배제성**이란 판매자가 대가를 지불하지 않은 사람을 상품의 소비에서 배제할 수 있다는 뜻이다. 가격을 주고 생수를 구입한 사람들만이 생수가 주는 편익을 향유할 수 있다는 것이다.

사적 재화에 대한 소비자의 수요는 시장에서 충분히 드러난다. 은서가 생수를 원한다면 그러한 정보는 그녀의 구매의사를 통해 시장에 알려진다. 다른 조건이 동일하다면 생수 가격이 비쌀수록 은서의 생수 구매량은 줄어들 것이다. 따라서 은서의 생수에 대한 수요는 생수 가격과 역관계에 있다. 이것이 바로 3장에서 설명한 개별수요이다.

사적 재화에 대한 시장수요는 개별 수요를 수평으로 합한 것이다. 그림 3.2를 다시보기 바란다. 생수 시장에 소비자가 딱 2사람뿐이고 생수가격은 1병에 1,000원이라고 하자. 은서가 3병을 사고 미경이 2병을 사면 시장수요는 시장가격 1,0000원에서 소비자가 5병을 사고자 한다는 사실을 보여준다. 여러 가격수준에서 이들의 수요량을 수평으로 더하면 시장수요 및 시장수요곡선을 구할 수 있다.

이제 생수의 시장균형가격이 1,000원이라고 하자. 은서와 미경은 생수 5병을 살 것이고, 판매자의 총수입은 5,000원(=1,000원×5병)이 된다. 판매자의 1병당 비용이 800원이면 총판매비용은 4,000원(=800원×5병)이 된다. 따라서 병 당 1,000원을 받은 판매자의 총수입은 5,000원이고 총비용은 4,000원이므로 판매자는 생수 5병을 팔아 1,000원의 이윤을 얻게 된다.

기업은 사적 재화에 대한 시장수요에 '장단'을 맞추면 이익을 얻을 수 있어서 사적재화를 생산하여 판매한다. 소비자는 사적재화를 사고자하고 기업은 이익을 얻고자 수요를 충족시키는 사적 재화를 생산한다. 그리고 시장가격을 기꺼이 지불하는 소비자는 재화를 얻고, 그렇지 않은 사람은 재화를 얻을 수 없다. 경쟁시장은 소비자가 지불의사를 드러낸 사적 재화를 공급할 뿐만이 아니라 이들 재화를 효율적으로 생산한다. 사적 재화는 과소 생산되거나 과다 생산되지 않는다.

공공재의 특성

공공재는 사적 재화와 정반대되는 특징 즉 '비경합성'과 '비배제성'을 갖고 있다.

비경합성

- **비경합성**은 소비의 측면에서 한 사람이 어떤 상품을 구입하여 소비하더라도 다른 사람이 그 재화나 서비스를 소비할 수 있다는 뜻이다. GPS, 국방, 가로등, 환경보호 등

이 공공재인데 모든 사람들은 동시에 공공재의 편익을 누릴 수 있다.

- **비배제성**은 어떤 재화가 공급되면 이러한 재화의 편익을 누리지 못하게 배제할 수 있는 효과적인 방법이 없다는 뜻이다. GPS, 국방, 가로등, 환경보호 등이 제공될 때 다른 사람의 소비를 배제할 방법이 없다.

비배제성

이러한 2가지 특징은 **무임승차**의 문제를 야기한다. 공공재가 공급되면 대가를 치루지 않더라도 누구나 편익을 누릴 수 있다.

무임승차

대부분의 사람은 공짜로 얻을 수 있다면 대가를 지불하지 않으려 한다. 그래서 대부분의 사람은 무임승차하고자 한다. 생산자가 어떻게든 대가를 지불하게 만들 수 있다면 무임승차자라도 돈을 낼 것이다. 하지만 비배제성 때문에 무임승차를 배제할 수 있는 방법이 없다. 그래서 이들을 배제하려고 하면 대가를 지불할 용의가 있었던 소수의 사람들도 배제된다. 결과적으로 무임승차 때문에 시장수요에서 무임승차자의 지불의사가 빠지고 만다. 생산자의 입장에서 보면 무임승차로 인해 시장수요가 줄어드는 셈이다. 나아가 모든 소비자가 무임승차를 한다면 수요는 아예 0이 되고 말 것이다.

무임승차로 인해서 시장수요가 적거나 0이 되면 민간 기업은 공공재를 공급하더라도 이윤을 얻을 수 없다. 그 결과 민간 기업은 공공재를 생산하려고 하지 않는다. 그래서 사회적으로 비효율성이 발생한다. 어떤 재화의 한계편익이 한계비용을 초과하지만 그것이 생산되지 않기 때문이다. 따라서 사회적으로 정부가 공공재를 공급하게 된다. 정부가 나서더라도 공공재는 여전히 비배제적이므로 무임승차를 방지하거나 사람들로 하여금 대가를 지불하게 만들 별다른 방법이 없다. 그러나 정부는 **조세를 통해서 공공재 공급을 위한 재원을 마련**할 수 있어서 이윤을 걱정할 필요가 없다. 그래서 정부는 민간

사례연구: 디지털 무임승차에 대한 대응

4명의 10대 친구들이 모여 록밴드를 결성하였다. 이들은 열심히 연습하여 악기를 잘 다루게 되었고 작곡도 스스로 하였다. 이들은 경험도 쌓고 음악의 완성도를 높이기 위해 거의 무료로 카페 등에서 계속 공연하였다.

5년에 걸친 각고의 노력 끝에 이들의 음반은 한 유명 음반사에서 출간되었다. 그때가 2005년인데 불법복제로 인해 음반판매는 거의 이루어지지 않았다. 인터넷을 통한 음원공유가 등장하면서 음악은 공공재로 전락한 것이다. 음반판매는 곤두박질쳤고 수억 명의 음악 애호가들은 디지털 무임승차를 하였다.

처음에 록밴드는 새로운 현실과 사투를 벌렸다. 음반을 팔아 생계를 유지할 수 없으면 음악을 포기하고 다른 직업을 찾아야 할 처지였던 것이다. 이들이 깨닫게 된 것은 음반은 이를 원하는 사람은 누구나 공짜로 얻을 수 있지만 현장 공연은 그렇지 않다는 것이다. 티셔츠나 공연관련 기념품도 마찬가지였다.

그래서 록밴드는 온라인을 이용해 자신을 홍보하였고 오히려 무료 다운로드가 밴드의 인지도를 높이는데 도움이 되었다. 그런 후 현장공연에 높은 입장료를 받았다. 그리고 티셔츠나 공연관련 기념품도 비싸게 팔아 상당한 수입을 올릴 수 있었다. 그런 방법으로 록밴드는 음악이 공공재가 되어버린 새로운 현실에 적응하였다. 현장 공연과 티셔츠는 여전히 사적 재화로 남아 있어서 이들 품목에 높은 가격을 부과할 수 있었던 것이다.

기업들이 할 수 없을 때에도 공공재를 공급할 수 있는 것이다.

주변에서 다양한 공공재의 사례를 살펴볼 수 있다. 국방이나 야외불꽃놀이, 등대의 불빛, 야외에 전시된 공공미술작품, 야외 음악공연뿐 아니라 파일공유사이트에 올라온 음악파일이나 동영상파일, 특허나 저작권이 없는 아이디어나 기술도 공공재에 속한다. 이들 모두 비경합적이고 비배제적이다.

기업이 공공재를 공급하는 사례가 없지는 않다. 이를 통해 공공재와 밀접하게 관련된 사적재화를 생산하고 이렇게 얻은 이윤을 공공재의 생산비용에 충당할 수 있을 때 그렇게 한다. 예를 들어 민간 사업자가 행하는 TV 방송은 비경합적이고 비배제적이다. 민간 기업이 TV 방송을 하는 것은 경합적이고 배제적인 광고를 팔아 이윤을 얻을 수 있기 때문이다. 비록 주 상품인 TV 방송은 무료로 제공하더라도 광고시간을 팔아 얻은 수입으로 이윤이 발생할 수 있다.

하지만 이런 방식으로 공공재가 공급될 수 있는 사례는 많지 않다. 대부분의 공공재는 민간 기업에 이윤을 가져다주지 못한다. 따라서 2가지 방법밖에 없는데 그것은 **민간의 기부에 의존**하거나 **정부가 직접 공급**하는 것이다. 야외불꽃놀이나 공공미술처럼 비용이 적게 들고 중요성이 떨어지는 공공재는 민간의 기부에 의존하더라도 큰 문제가 없다. 그러나 국방과 같은 공공재의 공급은 누구나 정부에 의존하게 된다.

이로 인해 중요한 문제가 발생한다. 즉 정부가 특정 공공재를 공급하기로 하였다면 최적의 공급량은 어떻게 정해져야 할까? 이들 공공재의 과소생산이나 과대생산을 피할 수 있는 방법은 없을까?

공공재의 최적 공급량

공공재에 대한 소비자의 진정한 수요가 시장을 통해 드러나지 않는다면 사회는 공공재의 최적 공급량을 어떻게 결정할 수 있을까? 방법은 정부가 설문조사나 투표 등을 통해서 **공공재에 대한 수요를 추정**하는 것이다. 그런 후에 정부는 공공재의 한계편익을 한계비용과 비교하는 것이다. 한계편익=한계비용의 규칙을 적용하면 정부는 공공재의 '올바른' 수량을 제공할 수 있게 된다.

수요의 측정

공공재의 수요를 흔하게 볼 수 있는 것은 아니다. 이제 사회가 민수와 강우 두 사람만으로 구성되어 있으며 이들이 범죄와의 전쟁이라는 공공재에 대해 지불하고자 하는 금액이 표 5.3처럼 주어져 있다고 하자. (1)열과 (2)열은 민수의 것이며 (1)열과 (3)열은 강우의 것이다. 정부나 경제학자들은 **설문조사**를 통해 이러한 데이터를 얻을 수 있다. 즉 두 사람에게 공공재의 공급량을 말하면서 그 때마다 이들이 기꺼이 지불할 금액이 얼마인지 물어볼 수 있을 것이다.

〈표 5.3〉 공공재에 대한 수요(2인 경제의 경우)

(1) 공공재 공급량	(2) 민수의 지불의사 (금액)	(3) 강우의 지불의사 (금액)	(4) 집합적 지불의사(금액) (4)=(2)+(3)	(5) 한계비용
1	4,000	5,000	9,000	1,000
2	3,000	4,000	7,000	3,000
3	2,000	3,000	5,000	5,000
4	1,000	2,000	3,000	7,000
5	0	1,000	1,000	9,000

표 5.3의 (1)~(4)열은 가격과 수량을 나타낸 일종의 수요표라고 할 수 있다. 수요는 보통 개별 가격수준에서 소비자가 구매하려는 수량을 나타내지만 여기에서는 공공재의 개별 공급량에서 소비자가 기꺼이 지불하고자 하는 가격을 보여주고 있다. 즉 민수는 공공재의 1단위 공급에 대해 4,000원을 지불하려고자 하지만 2단위 공급에 대해서는 3,000원, 3단위 공급에 대해서는 2,000원을 지불하려고 한다.

정부가 공공재를 1단위만 공급한다고 하자. 비경합성 때문에 민수가 공공재를 소비하더라도 강우의 소비는 줄지 않는다. 이것은 강우가 소비하더라도 마찬가시나. 그러나 두 사람 모두 공공재를 소비하더라도 아무도 돈을 내려고 하지 않을 것이다. 하지만 표 5.1을 보면 두 사람이 공공재 1단위를 소비하기 위해 기꺼이 지불하고자 하는 금액을 알 수 있다. 표의 (2)열과 (3)열을 보면 민수는 4,000원을 내고자 하고 강우는 5,000원을 내고자 한다. 따라서 공공재의 1단위 공급에 대한 두 사람의 집합적 지불의사는 9,000원이다.

공공재의 2단위 공급에 대해서는 7,000원, 3단위 공급에 대해서는 5,000원만큼의 집합적 지불의사가 존재한다. 이렇게 공공재의 개별 공급량에서 **집합적 지불의사**를 찾아냄으로써 공공재에 대한 전체 수요를 구할 수 있다. 사적 재화의 시장수요는 개별 가격수준에서 개인의 수요량을 수평으로 더하여 구하지만 여기에서는 **공공재의 개별 공급량에서 사람들이 지불하고자하는 가격을 수직으로 더하여** 구한다.

집합적 지불의사

그림 5.5는 표 5.3의 데이터를 이용하여 수직으로 더하는 것을 그래프로 보여주고 있다.

그림 5.4의 (a)열에서 민수가 공공재의 2단위 공급에 대해 3,000원을 지불하겠다고 하는 것은 무슨 뜻인가? 그것은 민수가 2번째 단위의 공공재로부터 얻는 추가적인 편익이나 효용이 3,000원이라는 뜻이다. 3장에서 한계효용의 체감을 이미 설명한 바 있는데 이것은 상품이 추가될수록 증가되는 편익이 점차 감소한다는 것이었다. 이것은 공공재에도 적용된다. 그래서 민수와 강우를 비롯하여 사회의 지불의사를 나타내는 곡선은 모두 우 하향한다. 이들 곡선은 본질적으로 한계편익을 나타낸다.

[그림 5.5] 공공재의 최적 공급량

공공재에 대한 수요곡선이 (c)에 있는 D_c이다. 이것은 민수의 지불의사를 표시하는 (a)의 D_1 곡선과 강우의 지불의사를 표시하는 (b)의 D_2 곡선을 수직으로 더한 것이다. 공공재의 공급곡선은 우상향하는 S 곡선으로 표시되어 있는데 이것은 한계비용이 증가하고 있음을 뜻한다. 공공재의 최적공급량은 D_c와 S 곡선이 교차하는 3단위이다. 이 때 한계편익과 한계비용이 일치한다.

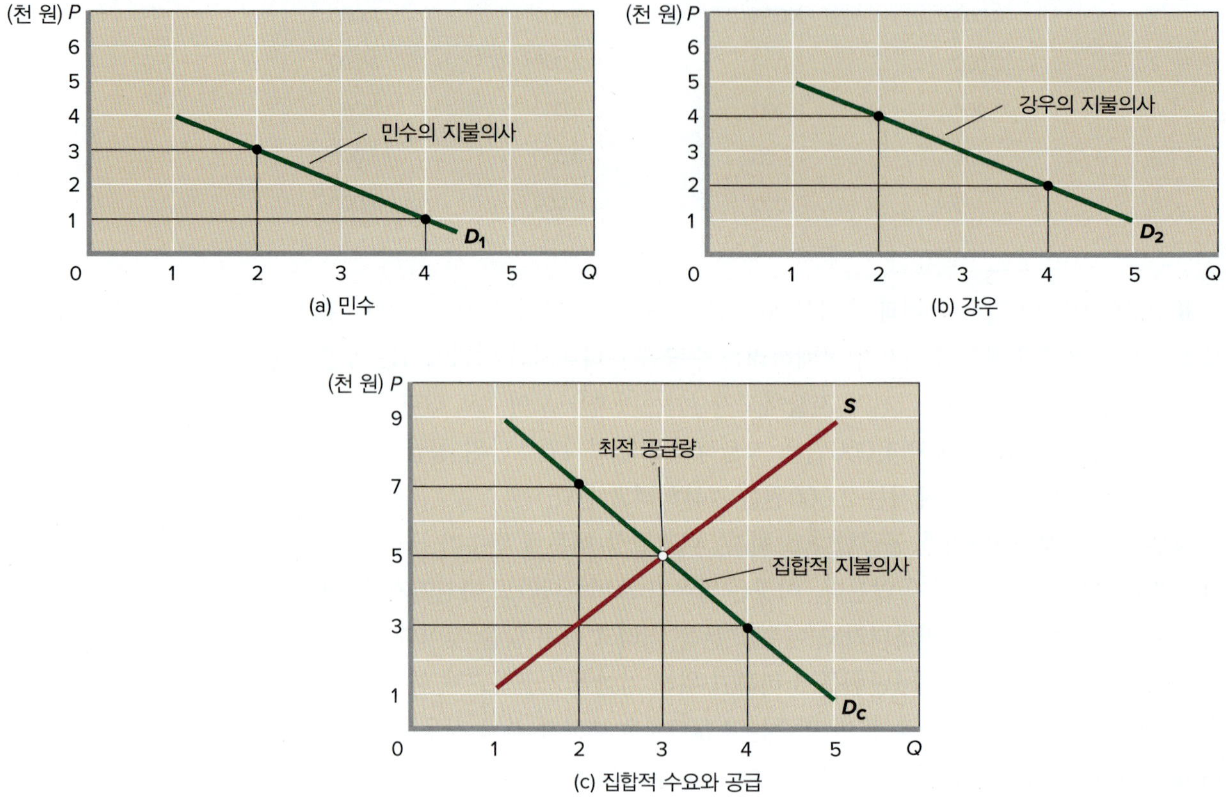

한계편익과 한계비용의 비교

이제 공공재의 최적공급량을 구할 수 있다. 그림 5.5의 집합적 수요곡선 D_c는 공공재의 공급량에 따른 사회의 한계편익을 측정한 것이다. 그리고 공급곡선 S는 공공재의 공급량에 따른 한계비용을 측정한 것이다. 공공재의 최적의 공급량은 한계편익과 한계비용이 일치하는 점 즉 D_c와 S 곡선이 교차하는 점에서 정해진다. 그림 5.5(c)를 보면 최적 공급량은 3단위이다. 그 공급량에서 집합적 지불의사 즉 한계편익이 5,000원으로 한계비용 5,000원과 일치한다. 1장에서 보았듯이 한계편익과 한계비용이 일치할 때 사회의 희소한 자원이 효율적으로 배분된다.

비용 · 편익 분석

비용 · 편익 분석

공공재의 공급여부와 공급량을 결정할 때 흔히 이용되는 것은 비용 · 편익 분석이라는 방법이다. **비용 · 편익 분석** 즉 한계비용 · 한계편익 분석은 앞의 예처럼 한계비용과 한계편익을 비교하는 것이다.

개념 정부가 도로를 건설한다고 하자. 자원이 제약되어 있으므로 공공부문의 자원사용이 증가하면 민간부문의 자원사용은 감소한다. 도로 건설로 편익도 얻지만 기회비용도 발생하는 것이다. 이때의 비용은 사적 재화의 생산 감소로 인한 만족감의 상실분이며 편익은 공공재의 공급증가로 인해 얻어지는 추가적인 만족감이다. 도로 건설에 필요한 자원을 민간부문에서 공공부분으로 이전시켜야 될까? 이것은 도로건설에 따른 편익과 비용의 크기에 달려있다. 공공재 공급증가에 따른 편익이 사적 재화의 생산 감소로 인한 비용보다 크다면 자원은 공공부문으로 이전되어야 한다. 그러나 사적 재화의 희생에 따른 비용이 공공재 공급증가에 따른 편익보다 크다면 사적 부문에 남아있어야 한다.

그러나 비용·편익분석은 공공사업의 시행 여부를 결정하는데 이용되는 것이 아니라 어느 수준에서 할 것이냐의 여부를 정할 때도 이용된다. 실제 경제문제는 보통 하느냐 마느냐로 답할 수 있는 것이 아니다. 대부분의 문제는 **어느 수준에서 할 것이냐**의 여부다.

숫자의 예 도로에 요금소를 설치하면 도로의 이용을 배제할 수 있어서 도로는 사적으로 건설될 수 있다. 하지만 대부분의 도로는 비배제적이다. 누구나 원하면 어떤 제약을 받지 않고서 이용할 수 있다. 대부분의 도로는 비배제성이라는 공공재의 특성을 가진다. 그리고 정체상태가 아니라면 한 사람의 차량운행이 다른 사람의 도로사용을 크게 저해하지 않는다는 점에서 도로는 비경합성이라는 특징도 지닌다. 즉 도로는 공공재인 것이다. 그렇다면 정부는 도로를 늘여야하는가? 늘린다면 어느 규모로 늘리는 것이 적정한가?

표 5.4에는 다양한 국도 건설계획이 비용 순서에 따라 나열되어 있다. 기존의 2차선을 확장하는 것, 새롭게 2차선을 건설하는 것, 새롭게 4차선을 건설하는 것, 그리고 새롭게 6차선을 건설하는 것 등이다. 어떤 계획을 선택할 것인가는 각 계획의 비용과 편익에 달려있다. 이 때 비용은 국도의 건설과 유지에 드는 비용이며 편익은 인적·물적 수송능력의 개선에 따른 이익이다.

표에는 다양한 국도 건설에 따라 매년 발생하는 총비용이 (2)열에 그리고 총편익이 (4)열에 나타나 있다. 이에 따르면 일부 국도건설은 경제적으로 타당하다. 이를 알아보려면 (6)열을 보면 된다. (6)열에는 (4)열의 총편익에서 (2)열의 총비용을 뺀 순 편익이 표시되어 있다. A, B, C 계획의 순편익은 양(+)의 값이다. 그러나 D 계획은 순 편익이 음(−)의 값이어서 경제적으로 타당하지 않다는 것을 뜻한다.

그러나 A, B, C 중에서 어떤 계획을 택하느냐의 문제는 여전히 남아있다. 이에 대한

〈표 5.4〉 도로 건설을 위한 비용·편익 분석 (단위: 조 원)

(1) 도로건설계획	(2) 총비용	(3) 한계 비용	(4) 총편익	(5) 한계 편익	(6) 순편익 = (4)−(2)
건설하지 않음	0	−	0	−	0
A. 기존도로 확장	4	4	5	5	1
B. 2차선 새 도로 건설	10	6	13	8	3
C. 4차선 새 도로 건설	18	8	23	10	5
D. 6차선 새 도로 건설	28	10	26	3	−2

답은 도로건설을 확대하는데 따른 한계비용과 한계 편익을 비교하면 구할 수 있다. 이 기준은 여러 번 논의하였기 때문에 이제는 익숙할 것이다. 한계편익이 한계비용을 초과하면 건설계획을 계속 확장하고 한계편익이 한계편익과 같아지는 점이나 그 근처에서 확장을 멈추는 것이다. 한계비용이 한계편익을 초과하면 그러한 건설계획은 추진하지 말아야 한다.

앞의 사례에서 C 계획 즉 도로를 4차선으로 신규로 건설하는 것이 최선의 계획이다. A, B 계획의 한계편익은 한계비용을 초과하기는 하지만 C 계획에 비해 너무 미미하다. D 계획의 한계비용은 10조 원으로 한계편익 3조 원을 초과하므로 경제적으로 타당성이 없다. 이를 추진하면 자원이 과다 배분된다. C 계획이 이론적으로 최적에 근접한다. 한계편익 10조 원이 한계비용 8조 원보다 많으면서 한계비용=한계편익이라는 최적수준에 가장 근접해 있다.

이처럼 한계비용=한계편익의 기준을 적용하면 정부는 어떤 계획을 추진하여야 총편익에서 총비용을 뺀 순편익이 최대일지 알 수 있다. 그래서 최대의 순편익을 가져다주는 계획을 찾을 수 있다. 표의 (6) 열에서 C 계획의 순편익이 5조 원으로 최대임을 직접 확인할 수 있다.

비용편익분석은 '정부의 경제성 제고'를 '정부의 지출축소'와 동일하게 여기는 신화를 부정하고 있다. '경제성 제고'란 희소한 자원을 효율적으로 사용하라는 것이다. 즉 정부의 정책이 초래할 한계비용이 한계편익보다 크다면 그러한 사업을 접으라는 것이다. 그러나 한계편익이 한계비용을 초과할 때 그러한 사업을 시행하지 않는 것이 오히려 경제적으로 타당하지 않으며 '자원의 낭비'를 초래하는 것이다. 정부의 경제성 제고가 정부지출의 최소화를 의미하는 것은 아닌 것이다. 그것은 순편익을 최대화할 수 있도록 민간부문과 공공부문 간의 자원배분이나 공공재 간의 자원배분이 행하여지는 것을 의미한다.

준 공공재

준 공공재

정부가 공급하는 재화는 대부분 경제학에서 정의하는 공공재에 부합한다. 하지만 정부는 배제성이 있어서 민간 기업이 생산할 수 있는 재화를 공급하는 때도 있다. 이러한 재화를 **준 공공재**라고 한다. 교육, 도로, 경찰 및 소방, 도서관과 박물관, 예방의료, 하수처리 등이 이에 속한다. 이들은 민간 기업이 시장을 통해 생산할 수 있다. 그런데 이들 재화가 주는 편익은 구매자가 얻는 편익보다 훨씬 크다. 그래서 **시장을 통해 공급되면 과소 생산**될 수 있다. 따라서 정부는 과소 생산을 줄이기 위해 이들 재화의 공급에 나서기도 한다.

자원의 재 배분 과정

사적 재화의 생산에 투입된 자원이 어떤 과정을 거쳐 공공재나 준 공공재의 생산에 재배분될까? 자원이 완전 고용되어 있다면 공공재나 준 공공재의 생산에 필요한 자원은 사적 재화의 생산에서 빠져 나와야 한다. 이것은 사적 재화에 대한 수요 감소에서 비롯된다. 정부가 가계나 기업에 조세를 부과하면 소득의 일부가 이들의 소득 순환에서 빠져나온다. 소득이 줄어들면 구매력이 감소하여 가계나 기업은 소비지출이나 투자를 줄인다. 그 결과 사적 재화의 생산이 감소하고 이들 재화의 생산에 필요한 자원에 대한 수요도 감소하는 것이다. 이처럼 **조세가 부과되면 구매력이 민간부문에서 정부부문으로 이전되고 이에 따라 민간부문에 사용되던 자원이 빠져나온다.**

그러면 정부는 이러한 자원을 이용하여 공공재나 준 공공재 생산에 조세수입을 지출하게 된다. 조세는 음식이나 의류 그리고 LCD TV 같은 민간부문의 소비재 생산이나 건설장비나 창고 그리고 트랙터 같은 민간부문의 자본재 생산에 투입되는 자원을 줄인다. 그리고 이러한 자원은 정부지출을 통해 우체국이나 군용트럭 같은 공공재나 준 공공재 생산에 투입되는 것이다. 이로 인해 경제에서 총산출의 구성이 달라진다.

외부성

외부성

정부는 공공재를 공급하기도 하지만 외부성으로 시장실패가 발생하였을 때 이를 교정하여 자원배분을 개선한다. **외부성**은 재화나 서비스의 일부 비용이나 편익이 거래 당사자가 아닌 제3자에게 '파급'되거나 전가될 때 발생한다. 이러한 파급을 외부성이라고 부르는 것은 제3자에게 파급된 편익이나 비용이 시장의 '외부'에서 발생하여 거래당사자들은 이를 고려하지 않기 때문이다.

외부성에는 양(+)의 외부성과 음(−)의 외부성이 있다. 오염된 공기를 호흡하는데 따른 비용이 음의 외부성에 속하며 다른 사람의 질병예방접종으로 얻게 되는 편익이 양의 외부성에 속한다. 음의 외부성이 발생하면 이를 초래한 상품은 과다생산이 되고 이들 상품의 생산에 자원이 과다배분된다. 이와 반대로 양의 외부성이 발생하면 이를 초래한 상품은 과소생산되고 자원은 과소배분된다.

음의 외부성

음(−)의 외부성

음(−)의 외부성은 공급측면에서 시장실패를 초래한다. 이것은 생산자가 다른 사람에게 부담시킨 비용을 고려하지 않기 때문에 발생한다. 생산자가 모든 비용을 고려하여 생산을 하지 않게 되면 공급곡선은 그렇지 않았을 때에 비해 아래쪽으로 이동한다. 예를 들어 매연을 배출하는 공장 인근에 거주하는 사람은 이로 인해 오염된 공기를 마시게 되는 비용을 감수하게 된다. 공장은 이러한 비용을 고려하지 않고 생산하기 때문에 과다생산이 이루어진다. 주민에게 미치는 총비용을 고려하면 과다 생산된 부분에서 총비용이 총편익을 초과하게 되는 것이다. 항공사가 항공기 소음에 따른 공항인근 주민의 비용을 고려하지 않거나 축산농가가 불쾌한 냄새에 따른 인근 주민의 비용을 고려하지 않을 때에도 마찬가지다.

그림 5.6(a)는 음의 외부성이 자원 배분에 미치는 영향을 보여주고 있다. 생산자가 비용의 일부를 외부비용의 형태로 주변의 주민에게 전가하면 생산자의 한계비용은 외부비용을 지불할 때에 비해 낮아진다. 그래서 상품을 생산할 때 당연히 고려되어야 할

[그림 5.6] 음의 외부성과 양의 외부성

(a) 음의 외부성이 존재하면 기업의 공급곡선(S)은 총비용 공급곡선(S_t)보다 아래쪽(오른쪽)에 있게 된다. 그 결과 시장의 균형생산량(Q_e)이 사회적 최적 생산량(Q_o)보다 많아진다. (b) 양의 외부성이 존재하면 시장수요곡선(D)은 총편익을 고려한 수요곡선 (D_t) 보다 아래쪽(왼쪽)에 위치하게 된다. 이로 인해 시장의 균형생산량(Q_e)은 최적 생산량(Q_o)보다 적다.

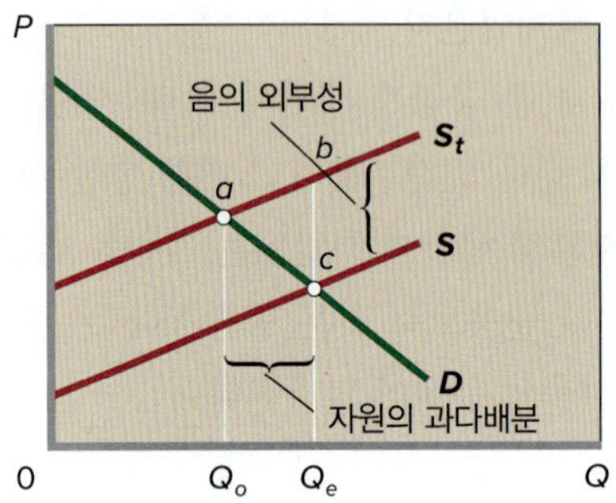

(a) 음의 외부성

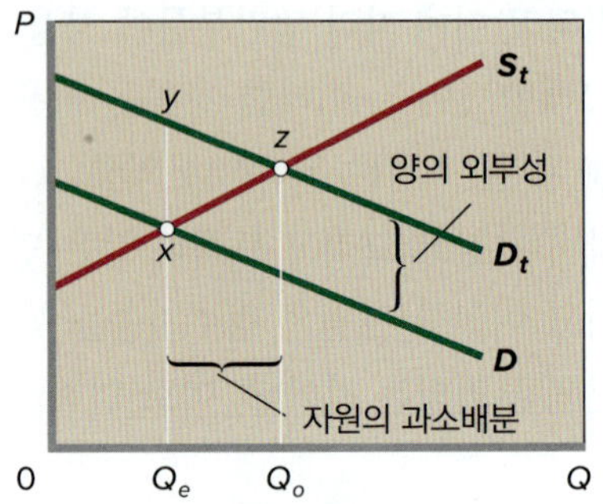

(b) 양의 외부성

비용이 '포착'되지 못하고 이들 비용은 공급곡선에 나타나지 않게 된다. 따라서 그림 5.6(a)와 같이 공급곡선(S)은 오염배출 기업의 총생산비용을 과소평가하게 된다. 오염물질을 배출하는 **기업의 공급곡선이 외부비용이 포함된 총비용 공급곡선 St보다 아래쪽에 위치**하게 되는 것이다. 기업은 오염물질을 배출하고 그 비용을 주변의 주민들에게 전가함으로써 생산비용이 낮아져 공급곡선이 S가 되는 것이다.

음의 외부성이 존재할 때 나타나는 자원배분의 결과가 그림 5.6(a)에 표시되어 있다. 시장의 균형생산량 Q_e이 사회적 최적 생산량 Q_o보다 많다. 이 재화의 생산에 자원이 과다배분되어 재화의 **생산이 과다하게 이루어지는 시장실패**가 나타난 것이다. 과다생산된 생산량 즉 Q_o에서 Q_e에 이르는 생산량은 사회적 순손실을 초래한다. 이러한 생산량에서는 총비용을 나타내는 공급곡선 S_t가 수요곡선의 위에 있다. 즉 한계비용이 한계편익을 초과하고 있다. 이를 생산하기 위해 투입된 자원은 다른 재화의 생산에 투입되어야 바람직하다고 할 수 있다. 음의 외부성은 삼각형 abc 만큼의 효율성 손실을 초래하는 셈이다.

양의 외부성

양의 외부성

양의 외부성은 수요측면에서 시장실패를 초래한다. 이것은 시장 수요곡선이 제3자가 양의 외부성으로 얻게 된 편익을 지불의사로 포착하지 못하기 때문에 발생한다. 이로 인해 시장수요곡선은 모든 편익을 포착하였을 때에 비해 아래쪽으로 이동한다. 제3자가 얻은 편익을 포함하면 편익이 비용을 초과하는 생산량이 있는데도 시장 수요곡선이 이러한 편익을 포착하지 못해 그러한 생산을 하지 못한다. 그래서 양의 외부성을 초래하는 상품은 과소생산되는 것이다.

예방접종이 이러한 사례를 잘 보여준다. 예방접종에 대한 수요곡선은 예방접종으로 제3자가 얻는 편익을 포착하지 못해 그렇지 않았을 때에 비해 아래로 이동한다. 예를 들어 지혜가 전염병 예방 접종을 하면 더 이상 질병에 걸리지 않아서 직접적인 이익을 본다. 또한 지혜의 주변사람도 편익을 얻게 되는데 그녀가 전염병을 옮기지 않을 것이기 때문이다. 이들은 지혜의 예방접종이 가져다 준 편익에 대해 다소간의 금전을 기꺼이 지불하고자 할 것이다. 그러나 이들에게 대가를 지불하게 만드는 방법이 없다. 예방접종이 공공재이기 때문이다.

지혜의 예방접종이 주변 사람에게 주는 편익은 비경합적이고 비배제적이다. 지혜의 예방접종은 어떤 사람에게 편익을 주었다고 다른 사람에게 주는 편익이 줄지 않으므로 비경합적이다. 그리고 지혜의 예방접종은 주변 사람의 편익을 배제시킬 방법이 없으므로 비배제적이다. 따라서 예방접종에 대한 시장수요는 지혜처럼 예방접종을 한 사람들의 직접적인 편익만을 지불의사로 반영하게 된다. 시장수요가 주변 사람의 편익을 반영하지 못하면 수요는 그렇지 않았을 때보다 적고 따라서 예방접종은 과소생산된다.

그림 5.6(b)는 양의 외부효과가 자원배분에 미치는 영향을 보여준다. **양의 외부성이 존재하면 시장수요곡선 D는 총편익을 고려한 수요곡선 D_t보다 아래쪽에 위치**하게 된다. 즉 시장수요곡선은 외부편익을 지불의사로 포함하지 않기 때문에 총편익을 고려한 수요곡선 D_t보다 아래쪽에 있게 되는 것이다.

그 결과 그림 5.6(b)에 나타나듯이 양의 외부효과가 존재할 때 시장의 균형생산량 Q_e는 최적 생산량 Q_o보다 적다. 충분한 백신이 생산되지 않아 백신 생산에 **자원이 과소 배분되는 시장실패**가 나타나는 것이다. 이러한 과소생산은 사회의 잠재적 순편익을 놓치고 있다는 것을 뜻한다. Q_e와 Q_o 사이의 생산량에서 총편익을 나타내는 수요곡선 D_t은 총비용을 나타내는 공급곡선보다 위에 있다. 이때 총비용은 백신을 생산하지 않고 다른 것을 생산하였을 때의 기회비용을 포함하고 있다. 따라서 Q_e와 Q_o 사이의 생산냥에서 한계편익이 한계비용을 초과한다. 다른 것의 생산에 투입된 일부 자원을 $Q_e - Q_o$만큼의 백신 생산에 투입하면 순 편익이 발생하게 된다. 결국 양의 외부성은 삼각형 xyz만큼의 효율성 손실을 초래한다.

정부의 개입

다수의 사람이 외부성의 영향을 받거나 공동체의 이익에 문제가 발생하면 정부가 경제적 효율성을 달성하기 위해 개입할 때가 있다. 정부는 음(−)의 외부성에 대해서는 **직접규제**를 하거나 조세를 부과하고 양(+)의 외부성에 대해서는 보조금을 지급하거나 직접 공공재를 생산하는 등의 여러 방법을 택할 수 있다.

직접규제

직접규제 음의 외부성을 줄이는 직접적인 방법은 법을 제정하여 **외부성을 초래하는 특정 경제활동을 규제**하는 것이다. 이러한 규제를 위반한 기업은 위반 행위로 초래된 경제적 손실을 부담해야 한다. 한국은 대기, 수질 등의 보전을 위한 법률을 제정하여 오염물질의 배출기준을 정하고 있으며 이를 넘어선 오염 배출에 대해 개선명령, 조업중지, 사용중지, 허가취소, 벌금, 심지어 징역형 등의 제재를 가하고 있다. 대기환경보전법 제16조에 따라 정부는 대기오염물질을 배출하는 시설에서 나오는 오염물질의 배출허용기준을 정하고 있다. 그리고 오염배출시설을 설치하거나 변경하려면 정부에 신고하여야 한다. 기업이 대기오염물질을 배출허용기준 이하로 배출하더라도 기본 부과금을 납부

사례연구: 꿀벌의 우화

로날드 코즈(Ronald Coase)는 코즈 정리로 노벨 경제학상을 받은 저명한 경제학자다. 이 정리에 따르면 적절한 조건이 주어졌을 때 민간 경제주체들은 대부분 사적 협상을 통해 외부성 문제를 해결한다는 것이다. 공해에 조세를 부과하는 것 같은 정부개입이 불필요하다는 것이다.

이것은 대단히 중요한 통찰력이다. 외부성의 문제가 잠재되어 있더라도 그것이 정부 개입을 의미하는 것은 아니기 때문이다. 양봉업자의 꿀벌이 주변과수원의 가루받이를 도와 과수생산을 증가시키는 양의 외부성을 생각해보자. 정부개입이 없다면 꿀벌의 숫자는 적정 수준보다 적을까? 그래서 정부가 꿀벌을 더 기르도록 보조금을 주어 더 많은 가루받이가 일어나도록 해야 할까?

밝혀진 바로는 그렇지 않다. 연구에 따르면 오래 전부터 과수업자와 양봉업자는 사적 협상을 통해 적절한 거래관행과 대가 지불방식을 발전시켜왔다. 이를 통해 과수업자의 무임승차를 막아 적정수의 벌떼가 유지될 수 있었다는 것이다. 무임승차를 막기 위해 인근지역의 과수업자들이 공동으로 양봉업자들을 고용하여 가루받이에 필요한 벌떼를 제공하는 거래관행도 있었다. 어떤 곳에서는 과수업자가 양봉업자의 가루받이 제공에 대해 대가를 지불하고 있었다. 대가를 지불하지 않으면 양봉업자는 다음에 가루받이를 제공하지 않을 것이고 그렇게 되면 가루받이의 부족으로 과수 생산이 크게 줄 것이기 때문이었다.

꿀벌의 우화는 외부성을 해결하기 위해 정부 개입이 불가피하다는 생각이 잘못되었음을 잘 보여주고 있다. 많은 경우에 민간부문은 외부성의 문제를 스스로 잘 해결할 수 있다.

하도록 하고 있다. 뿐만 아니라 정부는 연료용 유류나 그 밖의 연료에 대하여 황의 함유허용기준을 정하고 있다. 그밖에 자동차의 배기가스에 포함된 오염물질을 비롯하여 온실가스의 배출도 정부가 정한 기준에 부합하여야 한다.

수질 및 수생태계 보전에 관한 법률에 따르면 정부는 수질오염물질을 지정하여 오염물질 배출시설에 대해 배출허용량을 규제하고 있다. 이를 초과하여 배출하면 수질오염방지시설의 개선명령을 내릴 수 있고 일정기간 계속 허용기준을 초과하면 조업중지나 폐쇄조치 등을 취할 수 있다. 그리고 오염총량 초과부담금을 징수하기도 한다. 그리고 폐기물관리법은 정부가 정한 기준과 방법에 따라 폐기물을 처리하도록 규제하고 있다. 기업은 생산 공정에 폐기물 감량시설의 설치, 기술개발, 재활용 등의 방법으로 폐기물의 발생을 억제하여야 한다. 그리고 법에 의해 승인받거나 신고한 시설에서만 폐기물을 매립하거나 소각할 수 있다. 이러한 법을 위반하면 벌금을 낼 뿐 아니라 어떤 경우에는 징역형에 처해진다.

정부의 직접규제는 생산의 한계비용을 상승시킨다. 기업들이 오염관리 설비를 설치하고 이를 운영하기 때문이다. 그래서 음의 외부성을 반영하지 않았던 그림 5.7(b)의 공급곡선 S가 이제는 위로 이동하여 총비용 공급곡선 S_t 쪽을 향하게 된다. 이로 인해 가격은 상승하고 균형생산량은 Q_e에서 Q_o로 줄어든다. 그래서 그림 5.7(a)에서 나타났던 자원의 과다배분이 이제는 교정된다. 그림 5.7(b)을 보면 그림 5.7(a)에 삼각형 abc로 표시된 효율성 손실이 사라진 것을 확인할 수 있다.

탄소세

환경세의 부과 음의 외부성을 해결하는 2번째 정책은 정부가 **관련 재화에 조세나 부담금을 부과**하는 것이다. 정부는 오염물질의 배출에 대해 각종 환경부과금을 부과하고 있다. 나아가 지구 온난화를 방지하기 위하여 이산화탄소를 배출하는 석유 · 석탄 등에 **탄**

[그림 5.7] 음(−)의 외부성 교정

(a) 음(−)의 외부성이 존재하면 자원의 과다배분이 나타난다. (b) 정부는 2가지 방법으로 이를 교정할 수 있다. (1) 직접규제를 하면 공급곡선이 S에서 S_t로 이동하고 이에 따라 생산량은 Q_e에서 Q_o로 줄어든다. (2) 조세를 T만큼 부과하더라도 공급곡선이 S에서 S_t로 이동하여 자원의 과다배분이 해소된다.

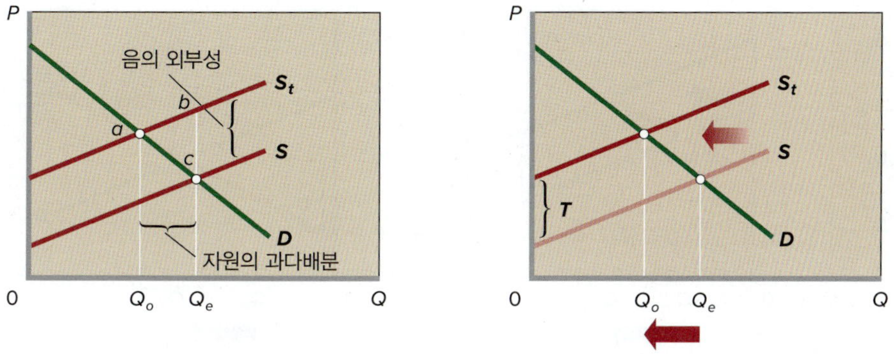

(a) 음의 외부성

(b) 직접규제나 세금부과를 통한 과다 자원배분의 교정

소세를 부과하자는 주장도 등장하고 있다. 이러한 조세가 부과되면 기업은 조세를 납부할 것인지 아니면 대체물질의 개발이나 구매에 추가적인 자금을 지출할 것인지를 결정해야 한다. 어떻게 하든 조세가 부과되면 생산에 따른 한계비용은 상승하고 사적비용만을 고려하였던 공급곡선은 위로 이동한다.

그림 5.7(b)에서 모든 생산에 T만큼의 **조세가 부과되면 한계비용이 상승하여 공급곡선이 S에서 S_t로 이동**한다. 균형가격은 상승하고 균형생산량은 Q_e에서 경제적으로 효율적인 수준인 Q_o로 줄어든다. 그래서 조세가 부과되면 음의 외부성으로 처음에 발생하였던 자원의 과다배분과 효율성 손실이 사라진다.

보조금과 정부의 직접공급 앞의 예방접종사례처럼 양의 외부성이 크고 널리 영향을 미치는 것이라면 정부는 자원의 과소배분을 교정하기 위해 다음과 같은 3가지 방법을 택할 수 있다.

- **소비자 보조금** 그림 5.8(a)는 양의 외부성이 존재할 때의 수요 · 공급 곡선을 나타낸다. 예를 들어 정부는 예방접종을 받는 **소비자에게 보조금을 지급**하여 자원의 과소배분 문제를 교정할 수 있다. 우리나라에서는 신생아에 대해 11종의 예방접종이 보건소에서 무료로 시행되고 있다. 정부가 보건소에서 예방접종을 받는 소비자에게 비용의 100%를 보조하고 있는 셈이다. 소비자에게 보조금을 지급하면 그림 5.8(b)에서처럼 예방접종에 대한 수요곡선이 D에서 D_t로 이동하게 된다. 그 결과 예방접종이 Q_e에서 경제적으로 효율적인 수준인 Q_o로 증가하여 그림 5.8(a)에서 나타났던 자원의 과소배분과 효율성 손실이 사라진다. (소비자 보조금)
- **생산자 보조금** **생산자에 대한 보조금**은 음(−)의 조세를 부과하는 것이다. 조세의 부과는 생산자의 비용을 상승시키지만 보조금의 지급은 생산자의 비용을 하락시킨다. 그림 5.8(c)에서처럼 의사나 진료소가 예방접종을 할 때마다 정부가 이들에게 U만큼의 보조금을 지급하면 이들의 한계비용이 하락하고 따라서 공급곡선이 S_t에서 (생산자에 대한 보조금)

[그림 5.8] 양(+)의 외부성 교정

(a) 양(+)의 외부성이 존재하면 자원의 과소배분이 나타난다. (b) 정부가 소비자에게 보조금을 지급하면 시장수요가 D에서 D_t로 이동하고 생산량이 Q_e에서 Q_o로 증가하여 자원배분이 개선된다. (c) 정부가 생산자에게 U만큼의 보조금을 지급하면 공급곡선이 S_t에서 S_t'으로 이동하고 생산량이 Q_e에서 Q_o로 증가하여 자원의 과소배분이 사라진다.

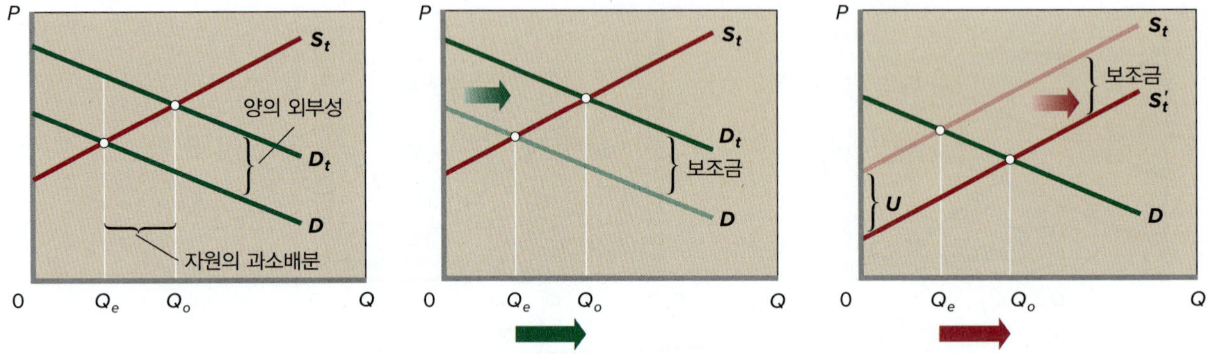

(a) 양의 외부성

(b) 소비자 보조금을 통한 자원의 과소배분 교정

(c) 생산자 보조금을 통한 자원의 과소배분 교정

S_t'으로 오른쪽으로 이동한다. 예방접종은 Q_e에서 최적수준인 Q_o으로 늘어나 그림 5.8(a)에서 나타났던 자원의 과소배분과 효율성 손실을 교정하게 된다.

- **정부의 직접공급** 마지막으로 양의 외부성이 엄청나게 크다면 정부가 무료 또는 저렴한 가격으로 이를 직접 공급할 수 있다.

표 5.5에 지금까지 논의하였던 방법을 비롯하여 외부성을 교정하기 위한 다양한 방법들이 정리되어 있다.

〈표 5.5〉 외부성을 교정하는 다양한 방법

문제	자원배분 결과	교정 방법
음의 외부성 (외부비용)	과다생산으로 인한 자원의 과다배분	1. 사적 협상 2. 손해배상 소송 3. 생산자 세금 부과 4. 직접 규제 5. 배출권 거래제도
양의 외부성 (외부편익)	과소생산으로 인한 자원의 과소배분	1. 사적 협상 2. 소비자 보조금 3. 생산자 보조금 4. 정부의 직접공급

공해의 최적 감축량

공해와 같은 음의 외부성은 피해자의 효용을 감소시킨다. 이런 외부비용은 경제적으로 바람직한 것이 아니라 나쁜 것이다. 공해가 나쁘다면 사회는 이를 모두 제거해야 할까? 왜 기업이나 지방자치단체 등이 일부 폐수를 공공수로에 배출하고 일부 매연을 대기에 배출하는 것을 허용해야 하는가?

경제학자들의 답변은 공해와 음의 외부성을 줄이는 데 돈이 든다는 것이다. 공해를 줄이면 편익 뿐 아니라 비용도 발생한다. 따라서 음의 외부성을 해결하기 위해 던져야 할 올바른 질문은 '공해물질을 배출할 것인가 하지 말 것인가'가 아니다. 전부가 아니면 전무라는 질문은 한계편익과 한계비용을 무시하는 것이다. 올바른 질문은 '**적정 공해수준**이 얼마인가'라는 것이다. 즉 **환경개선의 한계비용과 한계편익이 같아지는 적정한 수준**을 찾는 것이다.

적정 공해수준

음의 외부성을 줄이는 데는 '가격'이 존재한다. 그래서 사회는 어느 정도의 공해 감축량을 '구매'해야 할지 결정해야 한다. 비용이 크다면 공해를 완전히 줄이는 것이 기술적으로 가능하더라도 그것이 바람직하지 않을 수 있다. 수확체감의 법칙 때문에 공장 굴뚝에서 배출되는 매연을 처음 10% 줄이는 것보다 그 다음 10% 줄이는 데 더 큰 비용이 든다. 또 다시 10%를 줄이면 이전 10%를 줄일 때 비해 비용이 다시 증가한다. 따라서 마지막 10%를 줄이는 것은 가장 비용이 많이 들 것이다.

기업 즉 사회가 지불하는 한계비용은 공해물질의 감축량이 증가할수록 커진다. 이에 따라 다른 재화의 생산 감소로 인한 기회비용도 커지는 것이다. 공해의 감축이 어떤 수준을 넘어서면 추가적인 공해 감축에 따른 한계비용이 한계편익을 초과하게 된다. 이때 공해를 줄이는 것은 오히려 사회 전체의 후생수준을 낮추는 것이다. 총비용의 증가가 총편익의 증가보다 크기 때문이다.

한계비용, 한계편익, 그리고 균형 감축량

그림 5.9에서 공해감축에 따른 한계비용곡선은 우 상향하고 한계편익곡선은 우 하향하는 것으로 그려져 있다. 한계편익곡선이 우 하향하는 것은 한계효용이 체감하기 때문이다. 공해 감축량이 늘어날수록 추가적인 감축으로 얻게 되는 효용 즉 편익은 점차 작아진다.

외부성의 최적 감축량은 외부성의 감축에 따른 사회적 한계비용과 사회적 한계편익이 같을 때 구해진다. 그림 5.9에서 최적 감축량은 Q_1로 주어져 있다. 한계편익이 한계비용을 초과할 때 공해 배출량을 줄이면 경제적 효율성이 커진다. 보다 청정한 대기나 수질로 얻게 되는 추가적인 편익이 공해감축에 투입된 자원을 다른 용도에 사용하였을 때 얻게 될 편익보다 크기 때문이다. 하지만 한계비용이 한계편익을 초과할 때 공해감축은 경제적 효율성을 줄인다. 추가적인 공해감축을 위해 자원을 투입하기보다 이를 다른 용도에 사용하는 것이 더 큰 편익을 가져다주기 때문이다.

외부성의 최적 감축량

현실적으로 오염감축의 한계비용과 한계편익을 측정하는 것은 쉽지 않다. 그림 5.9가 분명히 보여주는 것은 공해를 완전히 없애는 것이 효율적이지 않다는 점이다. 이것은 공해가 바람직하기 때문이 아니다. 공해감축이 일정수준을 넘어서면 추가적인 공해감축이 사회의 순 후생을 줄일 수 있기 때문이다. 예를 들어 전국의 쓰레기를 하나도 남기지 않고 모두 수거하자면 수조 원이 들 것이다. 그래서 일부 쓰레기가 남더라도 절약된 비용을 사회적 편익이 큰 다른 곳에 지출하는 것이 나을 수 있다.

[그림 5.9] 사회적 최적 공해감축량

사회적 최적 공해감축량은 Q_1이다. 그 점에서 공해감축에 따른 사회적 한계비용(MC)과 한계편익(MB)가 일치한다.

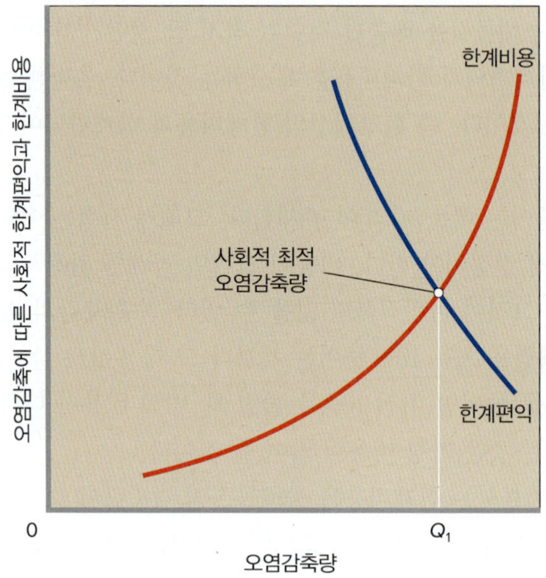

한계비용곡선과 한계편익곡선의 이동

그림 5.9의 한계비용곡선과 한계편익곡선은 영원히 고정되어 있는 것은 아니다. 시간이 흐름에 따라 이 곡선들은 이동할 수 있고 실제 이동한다. 예를 들어 공해감축기술이 크게 개선되었다고 하자. 그러면 공해감축 비용은 하락할 것이고 한계비용곡선은 아래로 이동한다. 그래서 최적의 오염감축수준은 커지게 된다. 또는 공해가 건강에 미치는 악영향을 새롭게 발견하여 사회가 좀 더 깨끗한 공기와 물을 원하게 되었다고 하자. 그러면 그림 5.9의 한계편익곡선이 위로 이동하고 최적의 오염감축수준은 Q_1보다 커지게 된다. 이를 그림 5.9에서 새로운 한계비용곡선과 한계편익곡선을 그려 확인해 보기 바란다.

시장실패: 비대칭적 정보

정보의 비대칭성

앞에서 논의하였지만 시장이 최적의 자원배분에 실패하여 사회적 욕구를 최적으로 만족시키지 못할 때 시장의 실패가 발생한다. 이러한 2가지 사례로 공공재와 외부성을 설명한 바 있다. 그러나 정보 때문에 발생하는 시장의 실패도 있다. 즉 구매자나 공급자가 불완전하거나 부정확한 정보를 가지고 있을 때 발생한다. 또는 정보를 얻는 비용이 매우 클 때 발생한다. 경제학 용어로 표현하면 **정보의 비대칭성** 때문에 시장의 실패가 나타난다. 비대칭적 정보란 시장거래의 당사자들이 동일한 정보를 갖지 못한 상태를 말한다. 구매자나 판매자가 상품의 품질이나 가격을 비롯하여 거래에 영향을 주는 요인에 대해 서로 다른 정보를 가질 수 있다.

보통은 시장정보가 충분하여 시장에서 생산과 구매는 효율적으로 이루어진다. 그러나 때때로 정보가 부족하여 신뢰할만한 판매자나 구매자를 그렇지 않은 사람과 구별하기 어려울 때가 있다. 이런 시장에서는 희소한 자원이 효율적으로 배분되지 않는다. 그러면 거래당사자들에게 제공되는 정보가 제고되도록 정부가 개입할 수 있다. 아주 드물게 정부는 정보 문제로 생산이 효율적으로 이루이지지 않은 상품을 직접 공급하기도 한다.

판매자에 대한 정보부족

판매자와 이들이 생산하는 상품에 대한 정보가 충분하지 않으면 이들 상품에 대해 자원의 과소배분이 발생할 수 있다. 2가지 사례를 들어보자.

사례1: 휘발유 시장 다음과 같은 황당한 경우를 가정해보자. 무게나 부피를 표준화하는 법이 없고 휘발유 펌프에 대한 정부의 검사도 없으며 허위광고를 규제하는 법도 없다고 하자. 그러면 주유소는 나름의 방식으로 주유량을 측정할 것이다. 즉 1리터를 원하는 방식으로 정한다는 것이다. 주유소는 청정휘발유가 아니면서 그렇다고 허위광고를 할 수도 있다. 주유 펌프를 조작하여 더 많은 양이 주유된 것처럼 속일 수도 있다.

이런 황당한 상황에서 소비자가 신뢰할만한 정보를 얻으려면 분명 엄청난 비용이 든다. 소비자나 유관단체는 여러 주유소에서 휘발유를 샘플로 사들여 품질을 검사하고 펌프가 조작되지 않았는지 검사해야 한다. 이러한 검사는 한 번에 그치지 않는다. 주유소가 마음대로 휘발유의 품질을 바꿔고 펌프를 조작할 수 있으므로 검사는 자주 행해야 한다.

판매자에 대한 정보를 얻는데 엄청난 비용이 들면 소비자는 이런 난장판의 시장을 벗어나고자 한다. 물과 휘발유가 50% 혼합된 불량 휘발유를 한번이라도 넣게 된 운전자는 아예 운전을 포기할지 모른다. 소비자가 정부개입을 약속하는 후보자에 표를 던지는 것이 보다 현실에 가까울 것이다. 정유회사와 정직한 주유소가 정부개입을 가장 반가와 할 것이다. 정확한 정보가 주어져 시장이 작동하면 이들의 총수입과 이윤이 증가할 것이기 때문이다.

판매자에 대한 정보

정부는 휘발유 시장뿐 아니라 이와 유사한 문제를 가진 시장에 실제 개입하고 있다. 도량형을 표준화하고 있으며 휘발유 펌프의 조작여부를 검사하고 허위나 과장광고를 규제하고 있다. 이러한 정부의 역할은 분명 사회적 순 편익을 증대시킨다.

사례2: 외과의사 면허 누구나 페인트공이 될 수 있듯이 아무나 외과의사의 간판을 달고 외과수술을 할 수 있다고 하자. 시장은 '진짜' 외과의사와 환자를 실험대상으로 삼아 수술경험을 쌓는 '가짜' 의사를 점차 구분해 낸다. 수술이 잘못되어 환자가 사망하면 의료과실에 대한 소송을 당할 것이므로 외과 의사를 '사칭'하는 사람은 대부분 사라진나. 그리고 자신이나 사랑하는 가족의 수술이 필요할 때 사람들은 신문이나 인터넷을 뒤지거나 수술경험자의 평가를 보고 '진짜' 외과 의사를 찾게 된다.

그러나 이러한 과정은 상당한 시간을 필요로 하고 감당하기 힘든 인적 · 물적 비용을 수반한다. 집에 페인트를 칠하는 것과 심장수술을 하는 것은 근본적으로 다른 것이다. 그래서 외과의사에 대한 정보를 얻는데 따른 한계비용은 매우 높다. 그렇다고 충분한 정보를 얻지 못하고 수술하는 것은 큰 위험을 초래하므로 외과수술은 바람직한 수준보다 적게 행해진다. 즉 외과수술에 자원이 과소 배분된다.

면허제도

정부는 이러한 시장의 실패를 의사시험과 면허제도를 통해 해결한다. **면허제도**가 있으면 소비자는 가끔 이용하는 서비스에 대한 정보를 낮은 비용으로 얻을 수 있다. 정부는 경제의 여러 부문에서 이와 유사한 역할을 행한다. 예를 들어 신약판매를 승인하고 보안 산업을 규제하며 잠재적 위험물질이 담긴 용기에 이에 대한 경고를 부착하도록 하고 있다. 뿐만 아니라 담배갑에 경고표시를 의무화하고 각종 전염병에 대한 정보를 알리고 있다. 또한 위험한 장난감에 대한 주의를 발령하고 식당에서 건강 위해요인을 검사한다.

구매자에 대한 정보부족

구매자에 대한 불완전 정보

판매자에 대한 불완전한 정보뿐 아니라 **구매자에 대한 불완전 정보**도 시장의 비효율성을 초래한다. 여기에서 구매자는 상품을 구매하는 소비자뿐 아니라 자원을 구매하는 기업도 포함한다.

도덕적 해이 문제

도덕적 해이 문제

도덕적 해이 문제가 심각하면 시장은 그 상품의 생산에 자원을 과소 배분한다. **도덕적 해이 문제**란 합의나 계약의 일방 당사자가 계약이후에 자신의 행동을 달리해서 다른 당사자가 이에 따른 비용을 부담하게 되는 것을 말한다.

예를 들어 보험회사가 이혼보험을 판매하여 이혼을 겪은 사람에게 보험금을 지불한다고 하자. 이혼보험의 장점은 이혼에 따른 경제적 위험을 회피할 수 있다는 것이다. 특히 이혼으로 경제적 어려움을 겪는 배우자나 아이들을 보호할 수 있다. 하지만 이런 보험을 판매하는 보험회사는 도덕적 해이 문제로 이익을 내기 힘들다.

일부는 이혼보험에 가입 후 보험회사에 막대한 부담을 지우는 행동을 하게 된다. 예를 들어 결혼한 부부가 이혼보험에 가입하면 결혼생활의 어려움을 함께 극복하려는 인센티브가 줄어든다. 이혼 후 보험료를 받으면서 함께 사는 부부가 나타날 수도 있다. 그래서 이혼의 어려움을 대비하기 위한 이혼보험이 오히려 이혼을 권장하는 셈이 된다. 도덕적 해이 문제로 보험회사는 보험료를 높게 책정하게 되면 보험가입자는 줄어든다. 보험 가입 후 행동을 달리할 우려가 큰 부부를 보험회사가 미리 알아낼 수 있다면 이들의 보험가입을 거절하면 되겠지만 이러한 정보를 얻는데 드는 한계비용은 한계편익에 비해 무척 클 것이다. 따라서 이혼보험은 시장에서 사라져 시장의 실패가 초래된다.

비록 이혼보험이 시장에서 공급되지 않지만 사회적으로 이혼보험은 필요하다. 그래서 이혼보험에 대한 자원의 과소배분을 교정하기 위해 법원은 이혼 소송 때 자녀 양육을 담당하는 배우자에게 자녀양육수당을 비롯하여 이혼수당을 지급하게 하고 있다. 그리고 정부는 '이혼보험'을 대신하여 아동복지법을 통해 아동과 그 보호자를 위한 지원

대책을 마련하고 있다. 이것은 이혼가정의 아동을 지원하기 위해 제정된 법은 아니지만 아동이나 보호자가 이혼으로 경제적 어려움에 처하면 이들을 지원할 수 있다. 정부는 이익을 낼 필요가 없기 때문에 도덕적 해이 문제가 영향을 주더라도 '이혼보험'과 유사한 이러한 서비스를 제공할 수 있는 것이다.

도덕적 해이 문제는 다음과 같은 말에서도 잘 들어난다.

- 자동차 보험에 가입한 운전자는 보험에 가입하지 않은 운전자보다 주의운전을 덜 한다.
- 의료과실 보험은 의료과실을 증가시킨다.
- 프로선수들이 연봉을 보장받으면 경기력이 떨어진다.
- 실업보험은 근로자의 태만을 증대시킨다.
- 금융기관의 예금보험은 위험한 대출을 증가시킨다.

역 선택의 문제

구매자에 대한 정보부족으로 초래되는 2번째 문제는 역 선택의 문제다. **역 선택의 문제**는 계약이나 합의의 일방 당사자가 알고 있는 정보를 다른 당사자가 알 수 없을 때 발생한다. 이때에는 정보를 알 수 없는 당사자가 많은 비용을 부담하게 된다. 도덕적 해이 문제는 계약 이후에 발생하지만 역 선택의 문제는 계약할 때 발생한다.

역 선택의 문제

보험에서 역 선택 문제를 설명하자면 보험금을 수령할 가능성이 높은 사람이 보험에 가입한다는 것이다. 즉 건강상태가 좋지 않은 사람이 각종 치료비를 보장받을 수 있는 보험을 가장 원한다. 극단적이기는 하지만 방화범을 고용하여 망해가는 사업장에 불을 내려고 마음먹은 사업주는 미리 화재보험에 가입하려고 할 것이다.

이혼보험이라는 가상의 사례는 도덕적 해이 문제 뿐 아니라 역 선택의 문제를 이해하는데도 도움이 된다. 보험회사가 평균적인 이혼율에 기초해 보험료를 정하면 이혼을 앞둔 부부가 제일 먼저 보험에 가입할 것이다. 이혼을 앞둔 부부는 적은 보험료를 내고 많은 이혼보험금을 수령할 수 있다. 하지만 안정된 결혼생활을 유지하는 부부는 보험에 가입하지 않게 된다.

역 선택의 문제가 있게 되면 보험회사는 저 위험의 소비자와 고 위험의 소비자를 함께 묶어 위험을 분산시킬 수 있는 보험을 판매할 수 없다. 이러한 보험은 역 선택의 문제로 보험회사에 손실을 가져다준다. 고 위험을 가진 일부 소비자는 가입하겠지만 보험료는 무척 비쌀 것이다.

정보 문제가 존재하면 민간 기업은 보험을 과소공급하게 된다. 그래서 정부는 이를 사회보험으로 대신하게 된다. 누구나 강제로 보험에 가입하게 하면 역 선택의 문제로 보험이 과소 공급되는 것을 막을 수 있다. 예를 들어 건강보험은 보험이면서 소득재분배 기능도 가지고 있다. 그리고 누구나 강제로 건강보험에 가입하여야 한다. 건강보험은 이를 원하는 사람뿐 아니라 원하지 않는 사람도 가입하여야 한다. 건강보험은 비록 도덕적 해이 문제를 초래하기는 하지만 역 선택의 문제를 발생시키지는 않는다.

마지막 한마디

탄소 배출권 거래제도와 탄소세

탄소 배출권 거래제도와 탄소세는 온실가스를 줄이는 2가지 방법이다.

외부성은 기본적으로 재산권에서 비롯된 문제다. 쓰레기 매립지를 운영하는 사업자의 예를 들어보자. 사업자는 매립지에 대한 재산권을 가지고 있어서 누군가 매립지에 쓰레기를 버리려면 사업자에게 대가를 지불해야 한다. 그리고 사업자는 대가를 받고 기꺼이 쓰레기를 받는다. 반면에 공기는 재산권이 없어서 공기오염이라는 외부성이 발생한다. 공기 오염으로 피해를 입은 사람이 오염을 초래한 사람에게 대가를 지불하게 하거나 공기를 오염시키지 말도록 할 방법이 없기 때문이다.

따라서 전통적인 재산권은 공기오염에 따른 외부성을 줄일 수 없다. 그렇다고 전혀 무용한 것은 아니다. 공기의 재산권은 정할 수 없지만 공기오염에 대한 재산권은 정할 수 있다. 이것이 배출권 거래제도이다. 기업이 매년 배출할 수 있는 오염물질의 상한을 정한다음 이러한 배출 권리를 거래하도록 하는 것이다.

이산화탄소의 예를 들어보자. 이산화탄소는 무색무취한 가스로 이를 많은 과학자들은 기후변화 즉 지구온난화의 주범으로 지목하고 있다. 2016년 한국의 이산화탄소 총배출량은 5억 톤이 넘었다. 정부가 이산화탄소의 배출 상한을 4억 톤으로 정한다고 하자. 이를 위해 정부는 4억 톤에 해당하는 이산화탄소 배출권리 증서를 발행하여 이산화탄소를 배출하는 기업에 배정한다고 하자. 그러면 이산화탄소를 합법적으로 배출하려면 이러한 권리 증서를 가지고 있어야 한다.

이렇게 하면 정부는 이산화탄소 배출을 4억 톤에서 규제할 수 있다. 이를 통해 효율성이 개선된다. 오염물질 배출의 상한이라는 희소성이 창출되기 때문이다. 그러면 기업은 배정된 오염배출량을 효율적으로 사용하여 순편익을 극대화하려는 인센티브를 갖게 된다. 이러한 배출권을 거래하게 하면 효율성이 더욱 개선된다. 기업이 배출권 거래시장에서 이를 자유롭게 거래하게 하면 시장거래에 따른 효율성 개선효과가 발생하는

논의의 한계

보증 제도
프랜차이즈 제도

정보부족에 따른 문제가 발생할 때 기업이나 소비자는 **정부의 개입이 없어도 창의적 방법을 통해 이를 극복**해왔다. 예를 들어 기업은 **보증 제도**를 통해 상품에 대한 구매자의 정보부족을 극복하고 있다. **프랜차이즈 제도**도 도움이 된다. 파리바게트나 하림통닭의 가맹점을 방문하면 소비자는 어떤 품질의 상품이 제공되는지 어느 정도 알 수 있다.

나아가 민간 기업이나 단체들이 판매자와 구매자에 대한 정보를 제공하기도 한다. 인터넷 사이트를 보면 가격 비교사이트는 물론 소비자의 후기를 제공하여 이윤을 내는 기업도 있다. 소비자 단체는 각종 상품의 안전성을 비교하여 발표하고 있고 자동차 전문잡지는 여러 자동차에 대한 각종 정보를 제공하고 있다. 그리고 신용평가회사는 금융기관의 신용도를 비롯하여 부실채권동향이나 신용정도 등의 정보를 제공하여 수익을 내고 있다. 정부가 개입하지 않더라도 주변에 정보가 넘쳐나고 있는 것이다.

그러나 대부분의 경제학자들은 시장이 정보의 문제를 모두 해결할 수 있다고 여기지 않는다. 그래서 희소한 자원의 효율적 배분을 위해 정부개입이 바람직할 때도 있다고 여긴다.

것이다.
예를 들어 어떤 완구공장이 이산화탄소를 100톤 배출할 수 있는 권리를 가지고 있다고 하자. 공장은 이 권리를 이용하여 10억 원의 이익을 낸다고 하자. 그런데 발전소가 추가적으로 100톤의 이산화탄소를 배출할 수 있을 때 50억 원의 이익을 추가적으로 낸다고 하면 발전소는 100톤의 배출권을 완구공장으로부터 사고자 할 것이다. 완구공장은 이산화탄소 배출권을 10억 원 이상에 팔면 이익이고 발전소는 50억 원보다 적은 돈을 지불하고 배출권을 살 수 있으면 이익이다. 이를 통해 사회적으로 40억 원만큼의 순편익이 발생한다.
배출권 거래를 통해 사회가 얻는 이익은 매우 크다. 어느 기업이 배출권을 가지고 있든 배출되는 이산화탄소의 총량에는 변화가 없다. 하지만 배출권의 시장 거래가 이루어지면 이를 가장 효율적으로 사용할 수 있는 기업이 배출권을 사용하고 그 결과 사회적 순편익이 증가한다.
그러나 배출권 거래제도에도 유의할 점이 있다. 이의 준수 여부를 효과적으로 파악하기 힘들면 배출권 거래제도의 시행이 어렵다는 것이다. 이 문제는 특히 유럽연합에서 심각하다. 유럽연합 역내의 모든 산업시설에서 이산화탄소가 배출되는데 모든 산업시설을 감시하는 것은 사실상 어렵다. 그렇게 되면 속이는 일이 흔히 발생한다. 게다가 일부 산업은 정치적 영향력을 이용하여 배출상한의 예외를 인정받아 무상으로 공해물질을 배출하기도 한다.
이에 비해 1980년대부터 미국의 석탄발전소에 적용되고 있는 이산화황에 대한 배출권거래제도는 비교적 잘 운영되고 있다. 이것은 석탄발전소가 수백 개에 지나지 않고 이산화황의 배출에 대한 감시제도가 이미 마련되어 있어서 속임수가 통하지 않았기 때문이다.
미국의 사례에서 오염물질의 배출권 거래제도가 거둔 성과가 확실하지 않아 경제학자들이 내린 결론은 배출권 거래제도가 이산화탄소의 배출을 줄이는 최선의 방법이 아닐 수 있다는 것이다.
오염물질을 배출하는 곳이 너무 많아 이를 모두 감시하는 것은 불가능하거나 엄청난 비용을 발생시킨다. 그리고 정치와 유착된 산업은 배출권제도의 예외로 인정받기 쉽다. 그래서 경제학자들은 배출권제도보다 탄소세를 선호한다. 탄소세는 탄소를 함유하고 있는 비율에 따라 석탄이나 휘발유 그리고 원유에 부과된다. 이를 사용하였을 때 공기에 이산화탄소를 얼마나 배출하느냐에 따라 조세를 부과하는 셈이다. 조세를 부과하여 오염물질의 배출에 따란 비용이 상승하면 소비가 줄고 이에 따라 이산화탄소의 배출에 따른 외부성이 감소하는 것이다. 이러한 조세를 피할 수 있는 방법이 거의 없기 때문에 속임수를 걱정할 필요는 거의 없다.

정부의 역할

시장실패는 정부의 경제개입을 정당화하는데 이용되기도 한다. 민간 기업은 공공재의 공급으로 수지를 맞출 수 없어서 시장은 공공재를 잘 공급하지 못한다. 그리고 외부성이 존재하면 과소생산이나 과다생산의 문제가 발생한다. 이 때문에 자원을 효율적으로 배분하여 사람들이 가장 원하는 재화나 서비스를 생산하기 위해서는 정부가 어떤 역할을 해야 할 필요성은 있다.

그러나 시장실패의 교정은 쉬운 일이 아니다. 이를 교정하려면 정부 관료는 시장실패가 존재하는지 존재한다면 그 원인이 무엇인지 정확하게 알아내야 한다. 이 자체가 어렵고 시간을 많이 잡아먹으며 막대한 비용을 필요로 한다. 그러나 시장실패의 존재 여부와 원인을 정확하게 알아냈더라도 정부가 교정에 적합한 정책을 시행하지 못할 수 있다. 정부의 경제정책은 정치의 영향을 받기 때문이다.

정치인들이 공직에 나서려면 선거에서 승리해야 한다. 그리고 대통령, 국회의원, 시장, 시의원, 교육감 등 공직자들은 공직에 계속 머무르려면 선거구민의 요구를 만족시켜 주어야 한다. 따라서 정치는 잘해야 정부의 경제 개입을 복잡하게 만들 뿐 이며 잘못되면 오히려 문제를 악화시키게 된다.

정치의 영향으로 어떤 때는 규제가 과도하게 이루어지거나 어떤 때는 미약하게 행해질 수 있다. 일부 공공재나 준 공공재는 편익이 비용보다 크기 때문에 공급되는 것이 아니라 선출직 권력자의 선거구에 소재한 기업에 혜택이 돌아가기 때문에 공급된다. 정부의 정책은 비용을 줄이려는 이윤동기가 부족하기 때문에 쉽게 비효율성에 빠져든다. 나아가 음(−)의 외부성을 유발한 바로 그 정당이 이를 교정하려는 정부의 정책을 저지할 수도 있다. 소득재분배가 과도하면 근로의욕을 비롯하여 저축이나 투자 유인이 위축될 수 있다. 간단히 말해서 정부의 경제적 역할은 경제의 원활한 작동을 위해 결정적으로 중요하지만 늘 완벽하게 이루어지는 것은 아니라는 것이다.

정부실패

경제학자들은 공공부문의 문제로 초래되는 경제적 비효율성을 정부실패라고 부른다.

요약

1. 경쟁 시장의 실패

시장실패란 시장에서 생산되는 상품이 과다 생산되거나 과소 생산되는 것을 말한다. 경쟁시장의 시장실패는 2가지 범주로 나누어진다. 수요측면의 시장실패란 수요곡선이 상품이나 서비스에 대한 소비자의 지불의사를 반영하지 못할 때 발생한다. 그리고 공급 측면의 시장실패란 공급곡선이 상품이나 서비스의 총생산비용을 반영하지 못할 때 발생한다.

2. 소비자 잉여와 생산자 잉여

소비자 잉여는 어떤 상품에 대해 소비자가 지불하고자 하는 최대가격과 실제로 지불한 가격의 차이를 말한다. 생산자 잉여란 생산자가 특정 수량의 상품을 공급하려면 받아야 하는 최소가격과 실제 시장에서 받은 가격과의 차이를 말한다. 소비자 잉여는 수요곡선 아래쪽과 시장가격 위쪽으로 둘러싸인 삼각형으로 나타나며, 생산자 잉여는 공급곡선 위쪽과 시장가격 아래쪽으로 둘러싸인 삼각형으로 나타난다.

소비자 잉여와 소비자 잉여의 합은 그래프에서 수요·공급곡선의 교차점 왼쪽에 있는 삼각형으로 수요곡선의 아래쪽과 공급곡선의 위쪽으로 둘러싸인 삼각형이다. 경쟁시장의 균형가격과 균형거래량에서 한계편익과 한계비용이 일치하는데 이것은 균형점에서 소비자의 최대 지불의사와 생산자가 받아야 하는 최소가격이 일치한다는 것을 뜻한다. 그래서 균형점에서 소비자 잉여와 생산자 잉여의 합은 최대가 된다.

경쟁시장의 균형생산량보다 생산량이 많거나 적으면 효율성 손실이 발생하는데 이를 자중손실이라고도 한다. 즉 소비자 잉여와 소비자 잉여의 합이 줄어든다. 과소 생산일 때 효율성 손실이 발생하는 것은 소비자의 최대 지불의사가 생산자가 받아야 하는 최소가격보다 높은 생산량이 존재하지만 생산이 이루어지지 않기 때문이다. 과다 생산일 때 효율성 손실이 발생하는 것은 생산자가 받아야 하는 최소가격이 소비자의 최대지불의사보다 높은 생산량이 존재하여 바람직한 못한 생산이 이루어지기 때문이다.

3. 공공재와 무임승차

공공재는 사적재화와 다르다. 사적 재화는 2가지 특징을 가지고 있는데 그것은 경합성과 배제성이다. 경합성이란 한 사람이 어떤 상품을 구입하여 소비하면 다른 사람이 이를 구입하여 소비할 수 없다는 것이다. 그리고 배제성이란 판매자가 대가를 지불하지 않은 사람을 상품의 편익에서 배제할 수 있다는 것이다. 이에 비해 공공재는 비경합성과 비배제성이라는 특징을 가지고 있다. 공공재는 대가를 치루지 않더라도 누구나 편익을 누릴 수 있어서 민간 기업은 이익을 낼 수 없다. 그래서 정부가 조세로 재원을 조달하여 공공재를 공급하게 된다.

공공재에 대한 집합적 지불의사는 공공재의 추가공급에 대해 소비자가 지불하고자하는 가격을 더하여 구한다. 이를 그래프로 나타낸 공공재에 대한 수요곡선은 개별 소비자들의 공공재 수요곡선을 수직으로 더하여 그린다. 이렇게 구한 수요곡선은 주어진 공공재 수량에 대한 소비자의 집합적 지불의사 즉 한계편익을 나타낸다.

공공재의 최적 공급량은 공공재의 한계편익 즉 추가된 공공재에 대한 집합적 지불의사와 한계비용이 일치하는 점에서 결정된다.

4. 외부성

외부성은 재화나 서비스의 일부 비용이나 편익이 거래 당사자가 아닌 제3자에게 '파급'되거나 전가될 때 발생한다. 이러한 비용이나 편익은 시장수요나 공급 곡선에 반영되지 않게 되어 생산이 최적 수준에서 이루어지지 못한다. 음의 외부성이 존재하면 재화의 생산에 자원이 과다 배분되어 지나치게 많은 재화가 생산된다. 양의 외부성이 존재하면 재화의 생산에 자원이 과소 배분되어 지나치게 적은 재화가 생산된다.

음의 외부성이 많은 사람이나 자원에게 영향을 주면 정부는 직접규제를 하거나 피구세 같은 조세를 부과하여 자원배분을 개선하고자 한다. 직접규제는 공해물질 배출기준 등을 설정하는 것이고 피구세는 유독화학물질을 배출하는 기업 등에 공해배출부담금 같은 조세를 부과하는 것이다. 이러한 조치는 기업의 생산비용을 증가시켜 가격을 상승시킨다. 그러면 생산량이 감소하여 음의 외부성이나 자원의 과다배분이 개선되어 효율성 손실이 줄어든다.

양의 외부성이 존재하면 정부는 자원의 과소배분과 효율성 손실을 교정하기 위해 생산자나 소비자에게 보조금을 지급하여 수요를 증가시키거나 생산자에게 보조금을 지급하여 공급을 증가시킨다. 그러면 생산이 증가하여 양의 외부성이나 자원의 과소배분이 개선되어 효율성 손실이 줄어든다.

5. 적정 공해의 감축

외부성의 최적 감축량은 외부성의 감축에 따른 사회적 한계비용과 사회적 한계편익이 같을 때 구해진다. 최적의 공해감축은 공해를 100% 줄이는 것이 아니다. 기술이 개선되고 공해에 대한 인식이 달라지면 외부성의 최적 감축량도 달라진다.

6. 시장실패: 비대칭적 정보

비대칭적 정보란 시장거래의 당사자들이 동일한 정보를 갖지 못한 상태를 말한다. 이로 인해 시장의 실패가 발생하여 비효율적 자원배분이 초래될 수 있다.

비대칭적 정보가 시장의 실패를 초래하는 것은 정보가 부족한 거래당사자가 우월한 정보의 거래당사자에게 이용당하게 될까 두려워 시장에 참여하지 않기 때문이다. 그렇게 되면 시장의 크기가 줄어들어 그러한 상품의 생산에 자원이 과소 배분된다.

도덕적 해이는 합의나 계약의 일방 당사자가 계약이후에 자신의 행동을 달리해서 다른 당사자가 이에 따른 비용을 부담하게 되는 것을 말한다. 예를 들어 보험가입자는 스스로 과다한 위험을 초래할 수 있다.

역 선택의 문제는 계약이나 합의의 일방 당사자가 알고 있는 정보를 다른 당사자가 알 수 없을 때 발생한다. 이때에는 정보를 알 수 없는 당사자가 많은 비용을 부담하게 된다. 예를 들어 보험회사가 건강진단을 받지 않고서도 가입이 가능한 생명보험을 판매하면 중병에 걸린 소비자가 주로 가입하게 된다.

시장의 실패가 발생하면 자원배분의 개선과 사회후생의 증가를 위해 정부가 나설 수 있다. 그러나 정부가 시장실패의 존재 여부와 원인을 정확하게 알아냈더라도 정치적 압력 때문에 정부 공무원이 적절한 해결책을 찾기 어렵고 아예 불가능할 때도 있다.

주요 용어와 개념

경합성
공공재
공급측면의 시장실패
무임승차문제
배제성
비경합성
비배제성
비용 · 편익분석
사적 재화
생산자 잉여
소비자잉여
수요측면의 시장실패
시장의 실패
외부성
외부성의 최적 감축
준 공공재
코즈 정리
피구세
한계비용 · 한계편익규칙
효율성 손실(자중손실)

연습문제

1. 공공재의 특징과 무관한 것은?

(1) 비경합성 (2) 비배제성
(3) 무임승차 (4) 과소 시장생산
(5) 대중적 소비

2. 경쟁시장에 나타나는 시장의 실패라고 할 수 있는 것은?

가. 공공재	나. 외부성
다. 정보의 비대칭성	라. 진입의 장벽

(1) 가, 나 (2) 나, 다
(3) 다, 라 (4) 가, 나, 다
(5) 나, 다, 라

3. 중국을 여행한 사람이 국내 농장에 구제역 바이러스를 옮겼다. 이를 설명하는 용어로 적합한 것은?

(1) 양의 외부성 (2) 음의 외부성
(3) 정부의 실패 (4) 비경합성
(5) 비배제성

4. 배분 효율성에 대한 다음의 설명 중 틀린 것은?

(1) 소비자 잉여와 생산자 잉여의 합이 최대가 된다.
(2) 소비자의 한계편익이 생산자의 한계비용과 일치한다.
(3) 수요곡선이 모든 소비자의 지불의사를 반영하고 공급곡선이 총생산비용을 반영하면 항상 달성된다.

(4) 소비자가 지불하고자하는 최대가격이 생산자가 받고자하는 최소가격과 일치한다.
(5) 사회적 후생이 극대화된다.

5. **외부성이 존재할 때 다음의 설명 중 틀린 것은?**

(1) 생산에 음의 외부성이 존재하면 경쟁 시장의 산출량은 사회적 최적 산출량보다 적다.
(2) 소비에 양의 외부성이 존재하면 시장 가격은 사회적 최적 수준보다 낮다.
(3) 음의 외부성을 교정하려면 조세를 부과하여야 한다.
(4) 양의 외부성을 교정하려면 보조금을 지급해야 한다.
(5) 외부성이 존재하면 정부규제가 불가피하다.

6. **생산에 음의 외부성이 존재할 때 이를 교정하기 위한 방법과 거리가 가장 먼 것은?**

(1) 손해배상 소송 (2) 직접 규제
(3) 배출권 거래제도 (4) 공기업화
(5) 조세 부과

7. **다음에서 바른 설명은?**

(1) 공공재가 존재하면 생산가능곡선의 내부에서 생산이 이루어진다
(2) 외부성이 존재하면 생산가능곡선의 내부에서 생산이 이루어진다.
(3) 공공재가 존재하면 생산의 효율성이 달성되지 않는다.
(4) 외부성이 존재하면 배분의 효율성이 달성되지 않는다.
(5) 외부성이 존재하면 정부의 개입은 불가피하다.

8. **누구나 페인트공이 될 수 있듯이 아무나 외과의사의 간판을 달고 외과수술을 할 수 있다고 하자. 수술이 잘못되면 외과의사는 손해배상을 하여야 한다. 예상되는 결과와 다른 것은?**

(1) 외과 의사의 수가 증가할 것이다.
(2) 환자가 지불하는 외과수술 비용은 감소할 것이다.
(3) 환자가 지불하는 정보비용은 증가할 것이다.
(4) 시간이 지나면 실력이 없는 외과의사는 대부분 사라질 것이다.
(5) 외과수술이 과다하게 시행될 것이다.

9. **독감 예방접종을 하면 자신뿐 아니라 다른 사람의 독감 걸릴 가능성이 줄어든다. 그러나 누가 독감예방접종을 하였을 때 주변의 누구도 이에 따른 이익을 대가로 지불하지 않는다. 즉 독감예방접종은 소비에서 양(+)의 외부성을 초래한다. 아래의 분석은 예방접종 시장을 대상으로 한다.**

(1) 정부가 예방접종의 수요자에게 양(+)의 외부성에 해당하는 금액만큼 보조금을 지불한다. 이에 따른 시장의 변화와 누가 손해를 보고 누가 이익을 보는지 이에 따른 후생의 변화는 어떻게 되는지 설명하시오.
(2) 정부가 예방접종의 생산자에게 양(+)의 외부성에 해당하는 금액만큼 보조금을 지불한다. 이에 따른 시장의 변화와 누가 손해를 보고 누가 이익을 보는지 이에 따른 후생의 변화는 어떻게 되는지 설명하시오.

10. **주류소비가 증가하면 자동차 사고가 증가한다. 주류소비는 음(−)의 외부효과를 초래하는 셈이다.**

(1) 주류시장의 생산량과 가격은 사회적 최적 생산량과 가격과 어떻게 다른지 그래프로 나타내시오.
(2) 음의 외부효과로 인한 사회후생손실을 그래프에 표시하시오.
(3) 이러한 문제를 해결하기 위한 정책을 설명하시오.

11. **도심의 건물은 서로 인접하여 건축되기 때문에 한 집의 화재가 다른 집으로 번질 가능성이 크다. 도심의 건물에 소방장비를 갖추도록 법률로 강제하는 경우와 소방장비 생산업체에 보조금을 지급하는 경우, 그리고 도심건물의 소유자에게 소방장비를 갖추면 소방장비에 지출한 비용을 세금에서 공제해주는 방법을 비교하여 설명하시오.**

12. **사과를 재배하는 과수원에서는 이웃의 양봉업자가 키우는 꿀벌들에게 꿀을 제공한다. 그 반면에 양봉업자가 키우는 꿀벌 덕에 과수원에서는 사과 꽃에 가루받이를 받을 수 있어, 과실을 맺는 데 큰 도움을 얻는다. 이렇게 양쪽으로 외부경제가 발생하는 경우에 자원배분에 어떤 결과가 초래되는지 설명하시오. 이러한 문제가 과수원 주인과 양봉업자 사이의 자발적 노력으로 어떻게 해결할 수 있는지 설명하시오.**

13. **어떤 재화에 대한 3인의 수요표가 다음과 같이 주어져 있다. D_1은 수요자 1의 수요량을 의미한다.**

가격	D_1	D_2	D_3
800	0	1	0
700	0	2	0
600	0	3	1
500	1	4	2
400	2	5	3
300	3	6	4
200	4	7	5
100	5	8	6

그리고 이 재화의 공급표가 다음과 같이 주어져 있다.

가격(원)	공급량
1,900	10
1,600	8
1,300	6
1,000	4
700	2
400	1

(1) 이 재화가 사적 재화라고 하면 시장의 균형가격은 얼마인가?

(2) 이 재화가 공공재일 때 시장균형 가격은 얼마인가? 단 공공재일 때 공급표의 가격은 공급량에 따른 한계비용을 의미한다.

14. 피혁 제품을 생산할 때 외부불경제가 존재한다.

(1) 피혁 시장의 균형 생산량과 가격을 수요 공급곡선에 표시하고 후생손실이 얼마인지 그래프에 표시하시오.

(2) 조세를 얼마나 부과하여야 하는지 그래프에 표시하시오.

15. 어떤 마을에 다음과 같은 3개의 오염배출업체가 있다.

기업	최초배출량	배출 1단위당 감축비용(만 원)
A	70	20
B	80	25
C	50	10

(1) 정부는 오염을 줄이기 위해 각 기업이 배출할 수 있는 오염배출량을 40단위로 규제하였다고 하자. 이러한 규제로 인해 발생하는 오염제거 비용은 얼마인가?

(2) 정부가 오염배출권 제도를 도입하여 오염배출량을 40단위를 초과하여 줄이면 초과분만큼 팔 수 있으며 이러한 오염배출권을 사들인 기업은 그만큼 40단위를 초과하여 오염물질을 배출할 수 있다. 이러한 제도가 도입되면 오염배출권 1단위의 가격은 얼마가 될 것인가? 그리고 어떤 기업이 오염배출권을 거래할 것인가?

(3) 오염배출권제도가 도입되었을 때 오염제거 비용은 얼마가 되는가? 이러한 이익은 어떤 기업이 얻는가?

16 0.01의 확률로 5,000만 원의 손실을 일으키는 재화가 있다. 이 재화의 소비로부터 소비자 A는 200만 원의 가치를 얻고, B는 100만 원의 가치를 얻는다. 기업의 생산비용은 75만 원으로 일정하다. 단 시장에서 기업이 설정하는 가격은 총비용과 같으며 손실에 대한 보험이 존재한다.

(1) 소비자가 손실을 보상받지 못할 때 제품의 가격은 얼마인가? 누가 소비할 것인가?

(2) 소비자의 손실에 대해 기업이 보상한다고 하면 제품의 가격은 얼마인가? 누가 소비하는가?

(3) 보험이 존재하지 않는다면 소비자의 손실에 대해 기업이 보상하도록 하는 것이 바람직할까? 그 이유는 무엇인가?

(4) 소비자는 사고의 확률을 잘 알 수 없고 기업은 이를 잘 안다. 소비자의 손실에 대해 기업이 보상하도록 하는 것이 효율적일까? 그 이유는?

17. 피용자가 자신이 직무수행 중 재해를 당하더라도 고용자에게 보상을 청구하지 않겠다고 약속하는 계약이 법적으로 가능하다고 하자. 피용자가 그러한 계약을 맺어야 한다고 할 때 다음을 설명하시오. 단 고용주나 피용자는 재해발생의 확률과 이에 따른 위험의 크기를 잘 알고 있다.

(1) 피용자의 보수는 그러한 계약이 법적으로 금지될 때에 비해 어떻게 달라지는가?

(2) 고용자의 재해방지 노력은 그러한 계약이 법적으로 금지될 때에 비해 어떻게 달라지는가?

(3) 이러한 계약의 허용이 효율적인 결과를 초래하는가?

(4) 고용주는 재해발생의 확률과 이에 따른 위험의 크기를 잘 알지만 피용자는 이를 잘 모른다. 이러한 계약의 허용이 효율적인 결과를 초래하는가?

PART 3

상품시장의 분석

6 Chapter

소비자 행동

학습내용

1. 총효용, 한계효용과 한계효용 체감의 법칙
2. 총효용 극대화 규칙
3. 수요곡선의 도출
4. 대체효과와 소득효과
5. 소비자 행동이론의 현실 응용 사례
6. 무차별 곡선이론

마트에서 두 사람의 쇼핑카트에 담긴 상품을 보면 무척 다르다. 왜 수희는 고구마, 사과, 토마토 주스를 쇼핑카트에 담고 강수는 감자, 배, 포도주스를 쇼핑카드에 담을까? 왜 수희는 복숭아나 라면을 사지 않았을까? 그리고 왜 강수는 바나나를 사지 않았을까?

이 장은 개별 소비자들이 자신의 소득을 어떻게 다양한 재화와 서비스에 배분하는지 살펴볼 것이다. 소비자는 주어진 예산을 가지고 어떤 재화를 얼마나 살지 어떻게 결정할까? 간단한 모형을 통해 답을 찾아보자.

한계효용 체감의 법칙

한계효용 체감의 법칙

기초적인 소비자 행동이론은 **한계효용 체감의 법칙**에 기초하고 있다. 이 원리는 3장에서 논의한 바와 같이 소비자가 재화의 소비를 추가하였을 때 얻어지는 만족감의 증가는 감소한다는 것이다. 흔히 소비자의 모든 욕구는 충족되기 어렵다. 하지만 특정 상품에 대한 욕구는 충족될 수 있다. 소비자의 취향이 변하지 않는다면 소비자는 특정재화나 서비스를 소득이 허용하는 수준까지 구입하게 된다. 이 때 그 상품에 대한 구매가 증가할수록 그 상품을 추가적으로 구매하려는 욕구는 감소하게 되는 것이다.

예를 들어 승용차를 살펴보자. 승용차가 없다면 이를 구매하고자하는 소비자의 욕구는 매우 강할 것이다. 그러나 배우자나 대학생 자녀를 위한 2번째 승용차를 구매하고자 하는 욕구는 그렇게 크지 않을 것이다. 3번째 차나 4번째 차를 구매하려는 욕구는 더욱 약할 것이다. 승용차 수집광이 아니라면 많은 차를 구입할 수 있는 경제적 여유가 있는 부유한 사람이라도 6대 이상의 승용차를 소유하는 경우는 드물다.

용어

효용

특정 상품을 계속 구매하여 이에 대한 욕구를 충족시킬 수 있다. 하지만 구매를 추가할 때마다 얻어지는 효용은 바로 직전에 구매하였던 것의 효용보다 적다. 소비자의 욕구를 충족시키는 상품은 효용을 가지고 있다고 말한다. 즉 효용은 욕구를 충족시키는 원천이다. 어떤 재화나 서비스의 **효용**이란 이를 소비해서 얻게 되는 만족감이나 즐거움이다. 이 개념의 3가지 특성을 염두에 둘 필요가 있다.

유용성

- 효용은 **유용성**과 다르다. 피카소의 그림은 그림 전문가에게 큰 효용을 주지만 기능적인 면에서 유용성은 거의 없다. 벽의 구멍을 메우는 데 쓰일 수 있을 뿐이다.

주관적

- 효용은 **주관적**이다. 특정 상품의 효용은 사람에 따라 다르다. 산악자전거는 험한 산길을 달리는 사람에게는 큰 효용을 주겠지만 산을 타는 산악인에게는 쓸모가 없다. 그리고 시력이 나쁜 사람에게 안경은 큰 효용이 있지만 시력이 좋은 사람에게는 효용이 없다.

유틸

- 효용은 수량화하기 힘들다. 그러나 설명을 위해 만족의 크기를 **유틸**(효용의 단위)로 측정할 수 있다고 가정을 할 것이다. 예를 들어 커피로부터 얻는 만족의 크기를 100단위 유틸, 그리고 우유로부터 얻는 만족을 10단위의 유틸로 나타낼 수 있다고 가정한다. 만족의 크기를 유틸이라는 가상의 단위로 표현하면 소비자의 행동을 수량화하여 설명하기 편하다.

총효용과 한계효용

총효용
한계효용

총효용과 한계효용은 서로 관련이 되어 있지만 다른 개념이다. **총효용**이란 특정 수량, 예를 들어 10단위의 재화나 서비스를 소비하여 얻는 만족감이나 즐거움의 총량이다. 이에 비해 **한계효용**이란 추가적인 소비, 예를 들어 추가된 11번째 상품의 소비로부터 얻는 만족감이다. 즉 한계효용이란 소비를 1단위 추가하였을 때 얻어지는 총효용의 변화

[그림 6.1] 총효용과 한계효용곡선

총효용곡선과 한계효용곡선은 표의 자료를 좌표에 옮긴 것이다. (a) 상품의 소비량이 증가하면 총효용은 처음에는 증가하지만 증가율은 체감하며 최대치에 도달한 후에는 감소한다. (b) 한계효용은 총효용의 추가분을 나타낸다. 소비량이 증가하면 한계효용은 체감하며 총효용이 극대치에 도달하면 한계효용은 0이 된다. 그리고 총효용이 감소하면 한계효용은 음(−)의 값을 갖는다. (a), (b)에서 노란색사각형으로 표시되어 있듯이 한계효용은 추가된 라면이 초래한 총효용의 변화분이다. 따라서 어떤 소비량까지의 한계효용을 모두 합하면 그 소비량에서의 총효용이 된다.

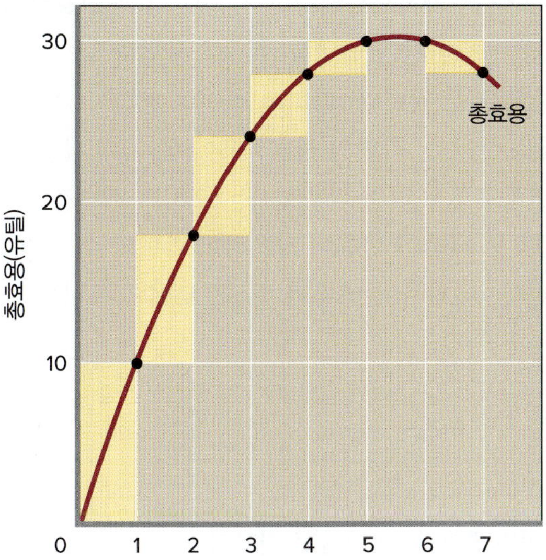

(a) 총효용

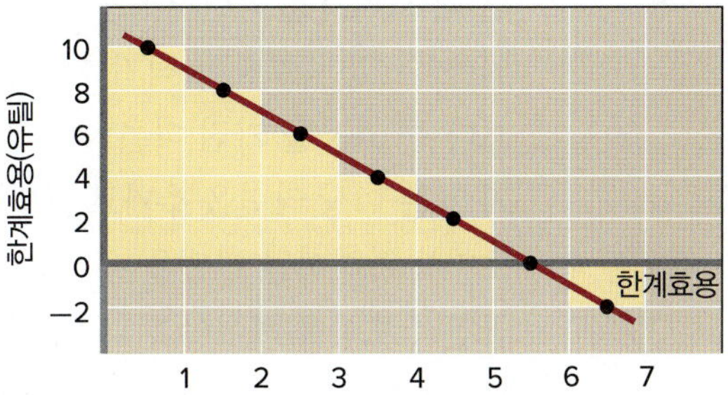

(b) 한계효용

(1) 라면의 소비량	(2) 총효용 (유틸)	(3) 한계효용 (유틸)
0	0	
1	10	10
2	18	8
3	24	6
4	28	4
5	30	2
6	30	0
7	28	-2

분이다.

그림 6.1과 옆에 있는 표는 총효용과 한계효용의 관계를 보여준다. 그림에 있는 곡선은 표를 좌표에 옮겨놓은 것이다. 표의 (2)열은 라면의 소비량에 따른 총효용을 나타낸다. 그리고 (3)열은 한계효용 즉 추가적인 라면의 소비에 따른 총효용의 변화분이다. 그림 6.1(a)을 보면 라면을 5단위 소비할 때까지 총효용은 증가하지만 증가분이 점차 감소하는 것을 알 수 있다. 라면을 6단위 소비하였을 때 총효용이 최대가 되며 그 후에는 감소한다.

한계효용 체감의 법칙

그림 6.1(b)에서 한계효용은 라면을 5단위 소비할 때 까지 양(+)의 값을 가지면서 점차 줄어들고 있다. 총효용의 증가율이 체감하고 있기 때문이다. 한계효용은 6단위가 되었을 때 0이 된다. 총효용에 변화가 없기 때문이다. 라면 소비가 7단위를 넘어서면 총효용은 감소하고 한계효용은 음(−)의 값을 갖는다. 그림 6.1(b)와 표의 (3)열을 통해 알 수 있는 것은 라면 소비가 추가될 때마다 증가하는 효용(유틸)이 줄어든다는 것이다. 이것이 **한계효용 체감의 법칙**이다.

한계효용과 수요

한계효용 체감의 법칙 때문에 수요곡선은 우 하향한다. 어떤 재화에 대한 소비가 추가되었을 때 한계효용이 체감하면 재화의 가격이 하락하여야 소비자는 추가적인 구매를 하게 된다. 어떤 소비자의 효용이 그림 6.1과 같이 주어져 있으며 라면가격이 1,000원일 때 소비자는 라면 2개를 구입한다고 하자. 추가적으로 구입하지 않는 것은 그로부터 얻을 수 있는 효용이 적기 때문이다. 그래서 소비자는 라면을 추가로 구입하기보다 그보다 큰 효용을 가진 다른 재화를 구입하고자 할 것이다. 따라서 라면의 가격이 하락하지 않는 이상 라면을 추가로 구입하지 않을 것이다. 라면의 한계효용이 음(−)의 값일 때 소비자로 하여금 라면을 추가적으로 소비하도록 하려면 라면회사는 오히려 소비자에게 금전적 보상을 하여야 한다. 따라서 한계효용 체감의 법칙이 작용하면 라면의 수요량이 증가하기 위해서는 가격이 하락하여야 한다. 이러한 소비자의 행동으로 수요곡선은 우하향하는 것이다.

소비자 행동이론

한계효용 체감의 법칙은 수요의 법칙을 설명해줄 뿐 아니라 소비자가 자신의 소득을 여러 재화와 서비스에 어떻게 배분하는지도 설명해준다.

소비자의 선택과 예산제약

간결한 설명을 위해 전형적인 소비자가 직면하는 상황은 다음과 같다고 가정한다.

- **합리적 행동** 소비자는 합리적이어서 자신의 주어진 소득으로 최대의 만족(효용)을 얻고자 노력한다. 경제학 용어로 말하자면 소비자는 자신의 총효용을 극대화하고자 한다. 소비자는 합리적 행동을 한다.
- **선호** 소비자는 구매 가능한 모든 재화나 서비스에 대해 명확한 선호를 가지고 있다. 또한 상품을 추가적으로 구입하였을 때 한계효용이 얼마인지 잘 알고 있다.
- **예산제약** 어떤 시점에서 소비자의 화폐소득은 언제나 고정되어 있으며 제한되어 있다. 소비자가 사회에 공급하는 인적 자원이나 물적 자산에 한계가 있기 때문에 소비자의 소득은 제한될 수밖에 없다. 그래서 1장에서 논의한 바와 같이 모든 소비자는 비록 매년 수십억 원을 벌더라도 예산제약에 직면하게 된다. 물론 저소득자의 예산제약이 고소득자보다 훨씬 크다.
- **가격** 재화는 수요에 비해 희소하기 때문에 모든 재화에 가격표가 붙어있다. 여기에서 재화의 가격은 특정 개인이 얼마나 구입하든 변하지 않는다고 가정한다. 개인의 구입량은 전체 수요량에 비하면 아주 작기 때문이다. 물론 소비자의 소득에 제한이 있기 때문에 소비자는 원하는 모든 것을 구입할 수 없다. 이 점이 모든 소비자로 하여금 희소성이라는 현실을 깨닫게 만든다.

결국 소비자는 현실과 타협할 수밖에 없다. 즉 소비자는 개인적으로 **가장 만족스러운 재화와 서비스의 조합**을 선택해야 한다. 선택하는 재화와 서비스의 조합은 개인마다 다를 것이다.

효용극대화 규칙

효용극대화 규칙

소비자는 자신의 예산범위 내에서 재화나 서비스의 조합을 선택하게 되는데, 이중 어떤 조합이 소비자에게 최대의 효용이나 만족을 가져다줄까? 만족을 극대화하려면 소비자는 모든 상품에 대해 **1원당 얻을 수 있는 한계효용이 같아지도록** 자신의 소득을 배분하여야 한다. 이것이 **효용극대화 규칙**이다. 소비자가 이 규칙을 이용하여 '한계적 균형'에 도달하였을 때 소비자 균형이 달성된다. 그래서 소비자는 자신이 구입한 상품의 조합을 변경시킬 인센티브를 갖지 못한다. 소비자 균형이 달성되었을 때 소비자의 선호나 소득, 생산물의 가격이 변하지 않았음에도 소비자가 자신이 구입한 상품의 조합을 변경시키면 소비자의 후생수준은 감소한다. 즉 총효용이 줄어든다.

수치로 설명

수치의 예를 들어 효용극대화 규칙을 설명해보자. 간단한 설명을 위해 재화가 사과와 오렌지 2종류만 있다고 하자. 하지만 재화가 그보다 많더라도 이 분석은 여전히 유효하다. 혜원은 매일 10,000원의 용돈을 받는데 사과와 오렌지의 조합을 어떻게 선택해야 할지 고민한다고 하자.

혜원의 선택을 결정하는 가정 중요한 기본 자료는 사과와 오렌지의 가격과 이들에 대한 혜원의 선호이다. 표 6.1에 이들 자료가 정리되어 있다. (2)열의 (a)는 사과를 추가적으로 구입하였을 때 얻을 수 있는 한계효용, 그리고 (3)열의 (a)는 오렌지를 추가적으로 구입하였을 때 얻을 수 있는 한계효용을 각각 나타낸다. 한계효용 체감의 법칙이 작용하고 있어서 2번째 단위를 구입하면서부터 한계효용이 점차 줄어들고 있다.

1원당 한계효용

1원당 한계효용 한계효용 극대화의 규칙이 어떻게 작동하는지 살펴보려면 표 6.1 (2)열의 (b)와 (3)열의 (b)처럼 **1원당 한계효용**에 대한 정보를 알아야 한다. 소비자의 선택은 사과를 추가적으로 구입하였을 때 얻게 되는 한계효용뿐 아니라 이를 위해 포기해야하는 화폐액 즉 오렌지의 수량에 의해서도 영향을 받는다.

합리적 소비자라면 각 상품의 구매로 얻는 한계효용과 이에 따른 비용 즉 가격을 비교해보아야 한다. 잠시 다른 예를 살펴보자. 피자의 한계효용이 36유틸이고 영화 관람의 한계효용이 24유틸라고 하면 당연히 피자를 선호할 것이다. 하지만 피자의 가격이 12,000원이고 영화 관람료가 6,000원이라면 피자보다 영화 관람을 택할 것이다. 왜 그럴까? 피자의 1원당 한계효용은 0.003유틸인데 비해 영화 관람의 1원당 한계효용은 0.004유틸이기 때문이다. 영화 관람을 2회 하였을 때 한계효용이 16유틸이라고 하자. 그러면 12,000원으로 영화 관람을 2회 하였을 때 총효용은 40유틸이 된다. 영화 관람을 2회 하였을 때 얻는 40유틸의 만족이 피자 1판을 구입하였을 때 얻는 36유틸의 만족보다 크다. 영화 2회 관람이 피자 1판의 구입보다 우월한 것은 분명하다.

가격이 서로 다른 재화의 한계효용을 비교하려면 한계효용을 1원당 기준으로 바꾸어 놓아야 하는 것이다. 이를 위해 (2)열의 (b)와 (3)열의 (b)에 사과와 오렌지의 한계효용을 가격으로 나눈 값을 각각 표시하였다.

〈표 6.1〉 사과와 오렌지의 효용극대화 조합(소득=10,000원)*

(1) 소비량	(2) 사과(가격=1,000원)		(3) 오렌지(가격=2,000원)	
	(a) 한계효용(유틸)	(b) 1원당 한계효용 (한계효용/가격)	(a) 한계효용(유틸)	(b) 1원당 한계효용 (한계효용/가격)
1	10	0.01	24	0.012
2	8	0.008	20	0.01
3	7	0.007	18	0.009
4	6	0.006	16	0.008
5	5	0.005	12	0.006
6	4	0.004	6	0.003
7	3	0.003	4	0.002

* 표에서 각 재화의 한계효용은 다른 재화의 소비량에 따라 달라지지 않는다고 가정한다. 예를 들어 사과의 한계효용은 오렌지의 소비량에 따라 달라지지 않는다.

의사결정 과정 표 6.1에 사과와 오렌지의 가격뿐 아니라 이들에 대한 혜원의 선호가 표시되어 있다. 10,000원이라는 소득을 가지고 어떤 순서로 사과와 오렌지를 구매해야 혜원은 최대의 효용을 달성할 수 있을까? 그리고 10,000원을 모두 지출한다면 사과와 오렌지의 어떤 조합을 택해야 할까?

표 6.1에서 (2)열의 (b)와 (3)열의 (b)를 잘 살펴보면 혜원은 1번째 오렌지의 구매에 2,000원을 지출해야 함을 알 수 있다. 오렌지 1원당 한계효용이 0.012유틸스로 1번째 사과의 1원당 한계효용 0.01보다 크기 때문이다. 그러나 1번째 오렌지를 구입한 후에는 2번째 오렌지를 구입하는 것과 1번째 사과를 구입하는 것은 혜원에게 무차별하다. 1원당 한계효용이 0.01로 동일하기 때문이다. 따라서 혜원은 2번째 오렌지와 1번째 사과를 구입할 것이다. 이제 사과 1개와 오렌지 2개를 가진 셈이고 각 재화에 지출한 마지막 1원의 한계효용은 0.01로 동일하다. 그러나 이 조합이 혜원이 얻을 수 있는 최대의 효용 수준은 아니다. 이 조합으로 혜원은 5,000원(1,000원×사과 1개+2,000원×오렌지 2개)만을 지출한 셈이고 아직 남은 5,000원을 지출해서 더 높은 수준의 총효용을 달성할 수 있다.

(2)열의 (b)와 (3)열의 (b)를 다시 살펴보면 혜원은 3번째 오렌지의 구입에 2,000원을 지출해야 한다는 것을 알 수 있다. 3번째 오렌지의 1원당 한계효용은 0.009이고 2번째 사과의 1원당 한계효용은 0.008이기 때문이다. 사과 1개와 오렌지 3개를 구입하고 나면 혜원은 2번째 사과의 구입과 4번째 오렌지의 구입에 무차별하게 된다. 1원당 한계효용

이 0.008유틸스로 동일하기 때문이다. 그래서 사과 1개와 오렌지 1개를 추가로 구입하게 된다. 이제 두 재화에 지출한 마지막 1원의 한계효용은 0.008로 동일하고 혜원의 화폐소득은 모두 소진된다.

혜원에게 효용의 극대화를 가져다주는 재화의 조합은 사과 2개와 오렌지 4개이다. (2)열의 (a)와 (3)열의 (b)에 있는 한계효용을 더하면 혜원이 2개의 사과로부터 18유틸(10+8), 그리고 4개의 오렌지로부터 78유틸(24+20+18+16)의 만족을 얻고 있음을 알 수 있다. 혜원이 10,000원을 최적으로 지출하면 96유틸(18+78)의 만족을 얻게 된다.

표 6.2에 혜원이 효용을 극대화하는 과정이 단계별로 표시되어 있다. 주의할 점은 혜원이 **자신의 소득을 모두 지출한다고 가정하고 있다**는 점이다. 즉 혜원은 돈을 차입하거나 저축을 하지 않는다. 그러나 저축은 효용을 가져다주는 '상품'으로 여길 수 있으며 이를 포함해 효용극대화를 분석할 수 있다. 저축 액수에 따라 저축의 한계효용이 달라진다고 여기고 효용극대화가 어떻게 달라지는지 살펴보기 바란다.

〈표 6.2〉 소비자 균형에 이르는 구매순서(표 6.1의 자료 기준)

선택의 순서	선택가능한 구매량 조합	1원당 한계효용	구매결정	소득 잔액
1	사과 1개 오렌지 1개	0.01 0.012	오렌지1개 구매(2,000원)	8,000원
2	사과1개 오렌지2개	0.01 0.01	사과1개 구매(1,000원) 오렌지1개 구매추가(2,000원)	5,000원
3	사과2개 오렌지3개	0.008 0.009	오렌지1개 구매추가(2,000원)	3,000원
4	사과2개 오렌지4개	0.008 0.008	사과1개 구매추가(1,000원) 오렌지1개 구매추가(2,000원)	0

비효율적 선택 혜원은 10,000원으로 다른 조합을 선택할 수 있지만 사과 2개와 오렌지 4개의 소비로 얻을 수 있는 효용수준에 도달할 수 없다. 예를 들어 10,000원으로 사과 4개와 오렌지 2개를 구입한다고 하자. 이 조합으로는 93유틸의 효용밖에 얻을 수 없다. 이것은 사과 2개와 오렌지 4개로 얻을 수 있는 96유틸의 효용수준에 미치지 못한다. 물론 지출된 마지막 1원의 한계효용이 동일한 사과와 오렌지의 조합은 더 있다. 사과 4개와 오렌지 5개를 구입하면 1원당 한계효용은 0.006으로 동일하고 사과 1개와 오렌지 2개를 구입하면 1원당 한계효용은 0.01로 동일하다. 그러나 사과 4개와 오렌지 5개는 혜원의 소득으로 구입할 수 없고 사과 1개와 오렌지 2개를 구입하면 혜원의 소득이 남아서 최대의 효용수준을 달성할 수 없다.

사례연구: 개인의 선호는 알 수 없다.

2015년 미국 연방정부는 식당메뉴판에 칼로리를 표시하도록 의무화하였다. 규제의 목적은 소비자가 건강 식단을 택하도록 하자는 것이다. 음식의 칼로리를 알면 소비자들이 섭취하는 총칼로리가 줄어들 것이라고 생각한 것이다.

그러나 이러한 규제가 시행되자 흥미로운 현상이 나타났다. 일부 소비자가 섭취하는 칼로리가 늘어난 것이다. 이들의 선호는 정부의 예상과 달랐던 것이다. 즉 가격대비 건강에 가장 유익한 식단을 선택하는 것이 아니라 가격대비 칼로리를 극대화하는 선택을 한 것이다. 이들의 효용은 식단이 건강에 미치는 유익한 정도가 아니라 식단이 제공하는 칼로리의 정도였다. 그래서 규제가 시행되어 식단의 칼로리가 알려지자 이들은 샐러드 대신에 밀크셰이크를 주문하였고 닭 꼬치 대신에 햄버거를 선택하게된 것이다. 교훈은 간단하다. 다른 사람의 행동을 변화시키려면 그들이 무엇을 추구하는지 먼저 알아야한다는 것이다.

수식을 통한 일반화

경제학자들은 소비자의 만족을 극대화하기 위한 효용극대화의 규칙을 일반화하여 제시하고 있다. 즉 각 재화에 지출한 마지막 1원의 한계효용이 동일해지도록 자신의 화폐 소득을 배분하야 한다는 것이다. 표 6.1의 (2)열의 (b)에서처럼 A재화의 구입에 따른 1원의 한계효용은 A의 한계효용을 A의 가격으로 나눈 것이다. 그리고 표 6.1의 (3)열의 (b)에서처럼 B재화의 구입에 따른 1원의 한계효용은 B의 한계효용을 B의 가격으로 나눈 것이다. **효용극대화의 규칙이란 A, B재화에 지출한 마지막 1원의 한계효용이 같아야 한다는 것**이다. 이를 수식으로 표시하면 다음과 같이 된다.

$$\frac{\text{A재의 한계효용}}{\text{A재의 가격}} = \frac{\text{B재의 한계효용}}{\text{B재의 가격}}$$

물론 이 조건에서 소비자의 소득이 모두 지출되어야 한다. 표 6.1에서 볼 수 있듯이 사과 2개와 오렌지 4개라는 조합은 이 조건을 충족시킨다.

$$\frac{\text{8유틸}}{\text{1,000원}} = \frac{\text{16유틸}}{\text{2,000원}}$$

그리고 이때 소비자의 화폐소득 10,000원이 모두 지출되고 있다.

이 조건이 충족되지 않았을 때 1원당 한계효용이 낮은 재화의 구입을 줄이고 1원당 한계효용이 낮은 재화의 구입을 늘이면 소비자의 총효용은 증가한다. 예를 들어 소비자가 10,000원을 사과 4개, 오렌지 3개의 구입에 지출한다고 하자. 그러면 수식은 다음과 같이 된다.

$$\frac{\text{A재의 한계효용(6유틸)}}{\text{A재의 가격(1,000원)}} < \frac{\text{B재의 한계효용(18유틸)}}{\text{B재의 가격(2,000원)}}$$

A재에 지출한 마지막 1원은 0.006유틸의 만족을 주지만 B재에 지출한 마지막 1원은 0.009유틸의 만족을 준다. 따라서 소비자는 A재의 구입을 줄이고 B재의 구입을 늘리면 총효용을 증가시킬 수 있다. A재의 구입을 줄이고 B재의 구입을 늘리면 A재의 한계효용은 증가하고 B재의 한계효용은 감소한다. 그러면 어느 점에서는 마지막으로 지출된 1원당 한계효용이 같아지는 A, B재의 새로운 조합에 도달하게 되고 그 점에서 소비자 균형이 달성된다. 앞의 사례에서는 사과 2개와 오렌지 4개의 조합이 이에 해당한다.

효용극대화와 수요곡선

효용극대화의 규칙을 이해하였다면 수요량이 생산물의 가격과 역의 관계에 있다는 점을 쉽게 알 수 있을 것이다. 이전에 논의하였듯이 특정 생산물에 대한 수요 곡선의 이동 요인은 (1) 소비자의 선호 즉 기호 (2) 소비자의 화폐소득 (3) 다른 재화의 가격 등이다. 이들 요인이 변하지 않는다면 수요량과 생산물의 가격과의 관계를 구할 수 있다. 소비자의 선호는 표 6.1에서 효용 자료로 주어져 있다. 화폐소득은 10,000원으로 주어져 있다고 하자, 그리고 사과는 모든 '다른 재화'를 대표한다고 하고, 이들의 가격이 1,000원으로 주어져 있다고 하자.

수요 표와 수요곡선

오렌지 가격이 변할 때 소비자가 구매하고자하는 수요량을 구하면 오렌지에 대한 소비자의 수요표를 구할 수 있다. 효용극대화의 규칙을 설명하면서 이미 수요표의 한 점을 구한 바 있다. 즉 혜원의 선호, 화폐소득 그리고 다른 재화의 가격이 주어져 있다면 혜원은 오렌지의 가격이 2,000원일 때 4개를 구입하려 한다는 것이다.

이제 오렌지의 가격이 1,000원으로 하락한다고 하자. 표 6.1 (3)열의 (b)에 있는 1원당 한계효용 자료는 2배가 된다. 가격이 1/2로 줄었기 때문이다. 오렌지를 추가적으로 구매하였을 때 1원당 한계효용이 2배가 되면 사과 2개, 오렌지 4개의 구매는 더 이상 균형이 될 수 없다. 앞에서 논의하였던 효용극대화의 규칙을 다시 적용하면 혜원은 사과 4개, 오렌지 6개의 조합에서 효용극대화를 달성하게 된다. 그림 6.2의 표에 나와 있듯이 혜원은 오렌지 가격이 1,000원이면 6개를 구입하고자 한다. 이 표의 자료를 그래프에 옮긴 것이 그림 6.2의 D_0이다. 이것이 오렌지에 대한 수요곡선으로 우하향하고 있다. 어떤 상품에 대한 개인의 수요곡선이 우하향하는 것이 개인의 효용극대화 행위와 관련되어 있다는 점을 이 사례는 분명히 보여준다.

[그림 6.2] 개인의 수요곡선 도출

오렌지의 가격이 2,000원일 때 4개를 구입하는 것이 효용을 극대화한다. 오렌지의 가격이 1,000원이 되면 처음의 효용극대화 균형점은 유지될 수 없다. 새로운 균형에서 구매량은 6개이다. 이를 나타내는 가격과 수요량의 표를 구할 수 있는데, 이것은 수요곡선의 두 점을 나타낸다.

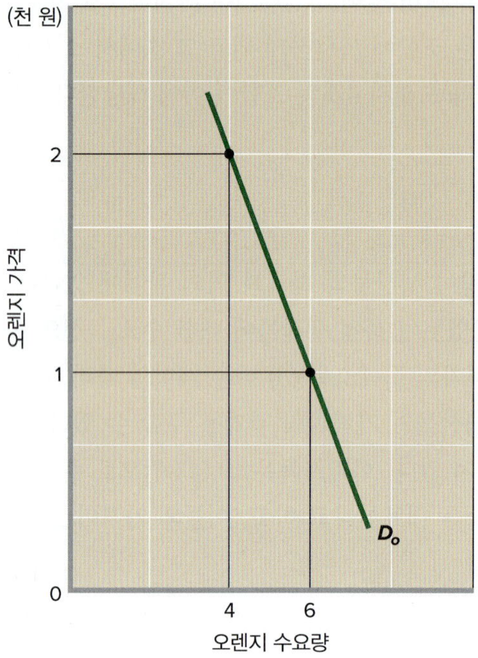

오렌지 가격(천 원)	수요량
2	4
1	6

소득효과와 대체효과

소득효과
대체효과

3장에서 논의한 바 있듯이 어떤 상품의 가격이 변하면 소비자의 실질 소득이 달라지는데 **소득효과**란 그러한 실질소득의 변화가 그 상품의 수요량에 미치는 효과를 말한다. 이에 비하여 **대체효과**란 어떤 상품의 가격 변화가 상대가격에 영향을 주게 되는데 이러한 상대가격의 변화가 그 상품의 수요량에 미치는 효과를 말한다. 이러한 2가지 효과들이 그림 6.2의 수요곡선이 우하향하는 이유를 설명하는데 도움이 된다.

먼저 대체효과를 살펴보자. 오렌지 가격이 하락하기 전에 혜원은 사과2개, 오렌지4개의 조합에서 균형 상태에 있었다. 그것은 다음의 조건이 충족되었기 때문이다.

$$\frac{\text{사과의 한계효용(8유틸)}}{\text{사과의 가격(1,000원)}} = \frac{\text{오렌지의 한계효용(16유틸)}}{\text{오렌지의 가격(2,000원)}}$$

그러나 오렌지의 가격이 2,000원에서 1,000원으로 하락하면 위의 식은 다음과 같이 달라진다.

$$\frac{\text{사과의 한계효용(8유틸)}}{\text{사과의 가격(1,000원)}} < \frac{\text{오렌지의 한계효용(16유틸)}}{\text{오렌지의 가격(1,000원)}}$$

이제 오렌지에 지출한 마지막 1원의 한계효용은 0.016유틸로 사과에 지출한 마지막

1원의 한계효용인 0.08유틸보다 확실히 크다. 이 때문에 혜원은 사과의 구매를 줄이고 이를 오렌지의 구매로 대체하여 균형을 유지하려고 한다. 이러한 대체효과로 인하여 오렌지 수요곡선에서 볼 수 있듯이 오렌지 수요량은 오렌지 가격과 역의 관계에 있게 된다. 즉 오렌지 가격이 하락하면 대체효과가 발생하고 이것이 혜원의 오렌지 수요를 증가시킨다.

소득효과는 어떨까? 오렌지의 가격이 2,000원에서 1,000원으로 하락하면 혜원의 실질 소득이 증가한다. 오렌지 가격이 하락하기 전에 혜원의 효용극대화 조합은 사과 2개, 오렌지 4개였으며 그 점에서 균형을 달성하였다. 오렌지 가격이 하락하면 이전의 효용극대화 조합을 구매하는데 이제 10,000원이 아니라 6,000원 밖에 들지 않는다. **오렌지 가격의 하락으로 절약된 4,000원을 오렌지나 사과의 추가구매에 쓸 수 있게 된 것**이다. 구체적으로 사과나 오렌지를 얼마나 더 구입할 것인가는 새롭게 효용극대화 규칙을 적용해야 알 수 있다. 그러나 오렌지 가격의 하락으로 혜원의 실질 소득이 증가하면 혜원은 이전에 비해 오렌지를 더 많이 구입할 것이 틀림없다. 이러한 오렌지 구매의 증가가 오렌지 가격의 하락으로 인한 소득효과이며 이것이 오렌지에 대한 수요곡선이 우하향하는 이유를 추가적으로 설명해준다. 오렌지 가격이 하락하면 소득효과가 발생하며 이로 인해 혜원은 오렌지의 구매를 늘이게 되는 것이다.

응용 사례와 확장

현실 세계에서 소비자 행동이론을 응용하여 많은 현상을 설명할 수 있다.

스마트폰

새로운 상품이 등장하여 소비자의 눈길을 붙잡는 경우가 흔하다. 대표적인 것이 삼성의 갤럭시 시리즈이다. 삼성의 갤럭시 S는 2010년 6월에 처음 출시되어 3개월 만에 100만대를 판매하였고, 1년이 되지 않아 천만대를 판매하게 되었다.

스마트폰이 급속히 보급된 것은 기술이 한 단계 진보하였기 때문이다. 스마트폰은 최초로 컴퓨터 응용프로그램을 이동통신 기기에 구현한 것으로 인터넷 접속, 이 메일이나 사진의 전송, 동영상 촬영 및 전송 등에서 기존의 이동기기나 데스크 탑 PC 또는 랩 탑 PC보다 훨씬 편리해 점이 큰 인기를 끌었다. 기존의 기기는 문서를 편집하거나 콘텐츠를 새롭게 만들 때 편리하지만 스마트폰은 다양한 디지털 콘텐츠를 어디에서나 쉽게 접속할 수 있다는 장점이 있었다.

앞의 분석을 적용하자면 삼성의 갤럭시 S는 소비자의 균형을 급격하게 변화시킨 것이다. 소비자들이 열광하였다는 것은 스마트폰이 다른 상품에 비해 1원당 한계효용(한계효용/가격)이 무척 컸다는 것을 말해준다. 그래서 소비자들이 총효용을 높이고자 다른 상품의 구매를 스마트폰의 구매로 대체하였던 것이다. 물론 2번째, 3번째 스마트폰 구매에 따른 1원당 한계효용은 매우 낮아서 대부분의 소비자들은 스마트폰을 1개만 구입하였다. 그러나 삼성은 갤럭시 S의 성능을 계속 개선하면서 일부 소비자들은 구형의 스마트폰을 신형으로 지속적으로 대체하게 되었다.

가치의 전달

이러한 사례는 간단하지만 중요한 시사점을 보여준다. 즉 소비자의 총효용을 증가시키는 신제품이 성공한다는 것이다. 이처럼 기업이 자신이 생산한 제품의 가치를 소비자에게 전달하는 **가치의 전달**이 이루어져야 판매 수입을 얻을 수 있다. 이러한 판매수입이 생산비용을 초과하면 기업은 삼성처럼 상당한 이윤을 창출할 수 있다.

물과 다이아몬드의 역설

아담 스미스와 같은 초기의 경제학자들은 생활에 '필수적인' 재화가 이보다 '덜 중요한' 재화보다 가격이 낮다는 사실을 수수께끼로 여겼다. 생활에 없어서는 안 되는 물이 이보다 유용성이 적은 다이아몬드보다 가격이 낮은 이유는 무엇일까? 이러한 역설은 다음과 같은 사실을 인식하면 해결될 수 있다. 즉 물은 다이몬드보다 상대적으로 공급량이 많으며 가격이 낮고, 이에 비해 다이아몬드는 대단히 희귀하며 가격이 높다는 것이다.

사실 물의 마지막 단위가 주는 한계효용은 매우 낮다. 그 이유를 효용극대화 규칙에서 찾아보자. 소비자는 물의 가격이 낮기 때문에 이를 풍족하게 사용하게 된다. 예를 들어 많은 물을 사용하여 발전을 하고 농업용수를 대며 건물의 난방을 하고 잔디에 물을 준다. 이러한 물의 소비가 증가하면 물의 한계효용이 점차 감소하게 되는데 결국 낮아지는 한계효용이 낮은 가격과 같아질 때까지 물을 소비하게 된다. 이에 비해 다이아몬드는 값이 매우 비싸기 때문에 구매량이 상대적으로 적다. 그래서 다이아몬드의 한계효용은 매우 높다. 이를 균형식으로 표현하면 다음과 같이 된다.

$$\frac{\text{물의 한계효용(낮음)}}{\text{물의 가격(낮음)}} = \frac{\text{다이아몬드의 한계효용(높음)}}{\text{다이아몬드의 가격(높음)}}$$

다이아몬드와 물의 역설

마지막으로 소비한 물의 한계효용은 낮고, 마지막으로 소비한 다이아몬드의 한계효용은 높다. 하지만 물의 총효용은 매우 크며 다이아몬드의 총효용은 아주 낮다. 추가적으로 소비되는 재화의 모든 한계효용을 합하면 총효용이 된다. 그런데 처음 몇 백만 톤의 물을 소비할 때 이들의 한계효용은 매우 높을 것이다. 하지만 물의 소비가 점차 많아지면서 마지막에 소비하는 물의 한계효용은 아주 낮게 되는 것이다. 결국 물의 소비량이 엄청나게 많기 때문에 이러한 한계효용을 모든 합한 물의 총효용은 클 수밖에 없는 것이다. 이에 비해 다이아몬드의 가격은 매우 비싸기 때문에 다이아몬드의 구매량은 상대적으로 적다. 따라서 다이아몬드의 총효용은 낮을 수밖에 없다. 결국 **다이아몬드와 물의 역설**은 다음과 같이 해명될 수 있다. 물은 다이아몬드보다 가격이 매우 낮지만 총효용 즉 유용성이 훨씬 크다. 이처럼 **상대가격과 관련된 것은 한계효용이지 총효용이 아닌 것**이다.

기회비용과 시간의 가치

소비자 행동이론은 시간의 경제적 가치를 설명하는데도 응용되고 있다. 소비나 생산 활동에는 시간이 걸린다. 시간은 가치를 지닌 경제재다. 생산적인 작업에 시간을 쓰면 자신의 교육수준이나 기술에 따라 시간당 7,000원, 1만 원 또는 5만 원 등을 벌 수 있다. 이러한 시간을 소비활동이나 여가에 쓰면 포기한 소득이라는 기회비용이 발생한다. 즉 일하였다면 벌 수 있었을 시간당 7,000원, 1만 원 또는 5만 원을 희생하게 된다.

민수라는 대학생이 야구장에 갈 것인가 또는 영화관에 갈 것인가라는 선택에 직면한다고 하자. 야구장 입장료는 7,000원이고 영화관 입장료는 10,000원이라고 하자. 그러나 야구 관람은 3시간이 걸리고 영화관 관람은 1시간 30분이 걸린다고 하자. 그리고 민수가 알바로 일할 때 시간당 8,000원을 벌 수 있다고 하면 민수에게 1시간의 가치는 8,000원이다. 따라서 야구 관람의 '총가격'은 23,000원(관람료 7,000원+시간비용 16,000원)이다. 이에 비하여 영화 관람의 총가격은 22,000원(관람료 10,000+시간 비용 12,000원)이다. 실제 관람료와 달리 영화 관람의 총가격이 야구 관람의 총가격보다 낮다는 것을 알 수 있다.

추가적으로 야구나 영화를 관람하는데 따른 한계효용이 동일하다고 하자. 시간의 가치를 고려하지 않으면 민수는 야구 관람을 영화 관람보다 많이 할 것으로 예상된다. 야구 관람료가 영화 관람료보다 싸기 때문이다. 하지만 시간의 가치를 고려하면 반대의 결과 초래된다. 야구 관람이 영화 관람보다 더 많은 시간이 들기 때문이다. 그래서 민수가 야구 관람보다 영화 관람을 많이 선택하는 것은 합리적인 것이다.

시간의 기회비용을 고려하면 수수께끼처럼 보이는 현상도 설명할 수 있다. 시간의 기회비용이 대단히 낮은 시간제 근로자나 은퇴자가 서울에서 부산까지 일반 고속버스를 이용하는 것은 합리적일 수 있다. 이에 비해 기업의 경영자가 버스보다 훨씬 비싼 항공기를 이용하는 것은 이들의 시간 가치가 매우 크기 때문이다. 전업 주부가 할인 매장에서 쇼핑하기 위해 여러 시간을 보내는 것도 일리가 있다. 또한 1주일에 52시간 일하는 고소득의 전문직 근로자가 최신형 스마트폰을 구입하거나 비싼 휴양지에서 짧은 휴가를 보내는 것도 시간비용 때문이다.

시간의 기회비용

부유한 선진국 국민들은 음식이나 물질은 '물 쓰듯이'하고 시간은 '구두쇠처럼' 아낀다. 이에 비해 저개발국 국민들은 시간은 대충 '낭비'하고 물질은 매우 소중히 여겨서 신중하게 사용한다. 이러한 차이는 국민성의 차이에서 초래된 것이 아니다. 이러한 차이는 주로 노동생산성의 차이 즉 시간당 임금의 차이에서 나타나는 합리적 결과다. 즉 선진국은 노동생산성이 높아 시간의 시장가치가 매우 높고 소득이 낮은 저개발국은 시간의 시장가치가 매우 낮다.

의료비 지출

재화나 서비스를 구입할 때 지불하는 방법에 따라 구매시점의 가격이 변하고 구매량이 크게 달라진다. 표 6.1을 살펴보자. 사과의 가격이 1,000원이면 이것은 '실제' 가격이며 기회비용이다. 그런데 어떤 이유로 가격이 2,000원이 되면 합리적 소비자는 가격이

1,000원 일 때에 비해 구매량을 틀림없이 줄일 것이다.

이러한 현상이 의료분야에서 나타난다. 국민은 누구나 건강보험에 가입하여 월 소득의 일정비율을 건강보험료로 납부하여야 한다. 그리고 건강보험에 가입하면 진료비의 평균 40%만을 지불하게 된다. 즉 병원에 지불하는 가격은 시장가격인 실제 치료비용의 40%라는 것이다. 이러한 상황에서 사람들은 어떻게 행동할까? 진료의 시장가격을 지불할 때보다 훨씬 자주 병원을 이용할 것이다. 이 때문에 의료비 지출이 크게 늘고 국민소득에서 차지하는 의료비의 비중도 계속 높아지고 있다.

이것은 뷔페식당에서도 마찬가지다. 뷔페식당에서는 한번 가격을 지불하면 원하는 것을 마음껏 먹을 수 있다. 그래서 음식을 개별적으로 구입할 때보다 훨씬 많이 먹게 된다. 한 접시 더 먹었을 때 한계효용은 양(+)인데 비해 한계비용은 0이기 때문이다. 이런 이유로 여러 차례 접시를 비우게 된다.

현금선물과 현물선물

현물선물
현금선물

한계효용 분석을 적용하면 사람들이 동일한 금액이면 **현물선물**보다 **현금선물**을 더 선호하는 이유를 이해할 수 있다. 현물선물은 받는 사람의 선호와 일치하지 않을 수 있으며 따라서 현금선물만큼의 총효용을 가져다주지 않기 때문이다. 달리 생각하면 선물을 받는 사람이 선물을 하는 사람보다 자신의 선호를 잘 안다. 그래서 현금을 받게 되면 선택의 폭이 넓어진다.

다시 표 6.1을 살펴보자. 혜원은 소득이 없지만 현금 2,000원을 받을 것인가 또는 사과 2개를 받을 것인가의 선택에 직면해 있다고 하자. 사과 2개를 사는데 2,000원이 들기 때문에 어떠한 선택도 화폐가치는 동일하다. 그러나 2,000원으로 오렌지를 사면 민수의 총효용은 24유틸로 사과 2개의 총효용인 18유틸(10+8)보다 크다. 결국 선물을 받는 사람의 효용은 현물선물일 때 현금선물에 비해 적다.

현물선물이 더 빈번히 이루어지는데 이것은 상당한 가치 손실을 가져다준다. 선물을 받는 사람의 선호와 정확히 일치하지 않기 때문이다. 예를 들어 삼촌이 명절 선물로 3만 원 짜리 헤드폰을 사주었다고 하자. 하지만 여러 분은 그것을 사는데 1만 5천 원 이상을 쓰고 싶지 않을 수 있다. 그러면 1만 5천 원만큼의 가치 손실이 발생하는 것이다. 매년 명절 때면 많은 선물을 주고받는다. 이를 모두 고려하면 천체적인 가치손실을 무척 크다고 할 수 있다.

그러나 개인들은 기발한 방법으로 그러한 손실을 일부 줄이고 있다. 예를 들어 신혼부부들은 자신이 받고 싶은 선물의 명단을 친지들에게 미리 알려준다. 그러면 자신의 선호와 일치하는 현물선물을 받을 수 있다. 또한 일부 사람들은 현물선물을 현금으로 바꾸거나 자신이 원하는 상품과 교환하기도 한다. 이렇게 하면 자신의 효용을 높일 수 있다. 나아가 사람들은 나중에 다른 사람에게 선물을 줄 때 이미 받았던 현물선물을 '재활용'하기도 한다. 이러한 3가지 행동은 개인들이 자신의 총효용을 극대화하고자 한다는 명제와 일치한다.

무차별 곡선이론

지금까지 효용극대화 규칙은 기업이 비용을 측정하고 이를 비교하는 것처럼 개인도 효용을 측정하고 비교할 수 있다는 전제에서 논의하였다. 이러한 효용을 **기수적 효용**이라고 하는데 이것은 숫자로 표시되어 더하거나 뺄 수 있으며 곱하거나 나눌 수 있다. 즉 수학에서 흔히 쓰는 수와 같은 것이다. 이러한 기수적 효용을 통해 한계효용을 정확한 양으로 측정할 수 있으며 이를 기초로 효용극대화 규칙을 도출할 수 있었다는 점이 중요하다. 사실 지금까지 설명한 한계효용이론은 경제학자들이 기수적 효용을 측정할 수 있다는 가정에 전적으로 의존하고 있다. 그러나 현실적으로 기수적 효용을 측정하는 것은 매우 어렵다. 현재 이 교과서를 읽고 있을 때 또는 커피 한잔을 마실 때 얼마만큼의 효용을 얻고 있는지 알 수 있는가?

기수적 효용

이러한 측정의 문제를 피하기 위해 경제학자들은 기수적 효용을 측정하지 않더라도 소비자 행동이나 균형을 설명할 수 있는 다른 방법을 개발하였다. 이러한 진일보한 분석에서 소비자들은 여러 재화의 조합에 대해 자신의 선호도에 맞춰 순서만을 정하면 된다. 예를 들어 지수는 A재화 4단위를 B 재화 6단위보다 선호한다고 말할 수 있으면 된다. 이 때 지수는 각각이 얼마만큼의 효용을 주는지 숫자로 말할 필요가 없다. 이처럼 선호의 순서를 기초로 소비자 행동을 분석하는 이론이 **서수적 효용이론**인데 **무차별 곡선 이론**이 이에 해당한다. 이것은 예산선과 무차별 곡선이라는 2가지 요소로 구성되어 있다.

서수적 효용이론
무차별 곡선 이론

예산선: 선택 가능한 조합

1장에서 **예산선** 즉 예산 제약이란 소비자가 주어진 화폐소득으로 구매할 수 있는 2재화의 다양한 조합을 나타내는 표나 곡선이라고 지적하였다. A재화의 가격이 1,500원이고 B재화의 가격이 1,000원일 때 소비자가 12,000원의 소득으로 구매할 수 있는 A재화와 B재화의 조합이 그림 6.3에 있는 표다. 소비자가 자신의 소득을 모두 A재화의 구입에 사용하면 8단위를 구입할 수 있다. 이제 A재화 2단위의 구매를 포기하면 3,000원의 여유 돈이 생겨 B재화를 3단위 구입하여 A재화 6단위, B재화 3단위를 선택할 수 있다. A재화를 포기하고 B재화를 계속 구매하게 되면 결국 소비자는 자신의 전 소득을 B재화의 구매에 지출하게 되어 B재화를 12단위 구매할 수 있게 된다.

예산선

그림 6.3의 그래프는 이를 보여주고 있다. 주의해서 볼 점은 그래프는 표에 있는 조합만을 표시하고 있지 않다는 것이다. 그래프는 A, B재화의 미세한 증감까지 포함하여 모든 가능한 조합을 보여주고 있다. 예산선의 기울기는 A재화의 가격(P_A)에 대한 B재화의 가격(P_B)비율이다. 즉 예산선 기울기의 절댓값은 다음과 같다.

$$\frac{P_B}{P_A} = \frac{1{,}000\text{원}}{1{,}500\text{원}} = \frac{2}{3}$$

이 식은 소비자가 B재화 3단위를 얻으려면 A재화 2단위를 포기해야한다는 사실을

[그림 6.3] 소비자의 예산선

예산선은 소득과 가격이 주어져 있을 때 소비자가 구매할 수 있는 2재화의 다양한 조합을 나타낸다.

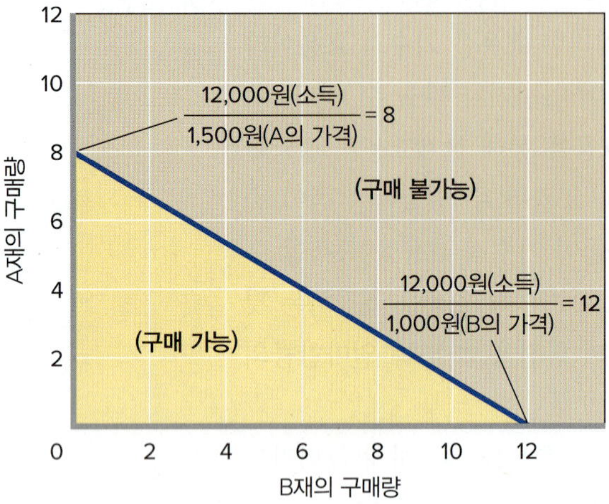

A재 구매량 (가격=1,500원)	B재 구매량 (가격=1,000원)	총지출 (단위: 천 원)
8	0	12 (= 12 + 0)
6	3	12 (= 9 + 3)
4	6	12 (= 6 + 6)
2	9	12 (= 3 + 9)
0	12	12 (= 0 + 12)

수식으로 나타낸 것이다. 예산선을 따라 아래로 이동하면 어디에서나 B재화 3단위를 얻으려면 A재화 2단위를 포기해야 한다. 그래서 기울기가 $\frac{2}{3}$로 일정하다.

주의할 점은 예산선 안쪽에 있는 A재화와 B재화의 조합은 12,000원의 화폐소득으로 구매가능하다는 것이다. 즉 예산선 위의 조합뿐 아니라 예산선 안쪽의 조합도 구매가능하다는 것이다. 예를 들어 A재화 2단위와 B재화 4단위를 구매하는데 7,000원(A재화의 가격 15,000원×2+B재화의 가격 1,000×4)밖에 들지 않는다. 그래서 12,000원의 화폐소득으로 구매 가능하다. 그러나 12,000원으로 최대의 효용을 얻으려면 소득을 모두 지출해야 한다. 그래프에 나타난 예산선은 정확하게 화폐소득 12,000원을 지출하였을 때 구매 가능한 조합을 나타내고 있다.

그 밖에 예산선은 다음과 같은 중요한 특징 2가지를 가지고 있다.

- **소득변화** 화폐소득이 변하면 예산선이 이동한다. 화폐소득이 증가하면 예산선은 오른쪽으로 이동하고 화폐소득이 감소하면 왼쪽으로 이동한다. 이를 확인해 보려면 화폐소득이 24,000원이나 6,000원으로 변하였다고 가정하고 그림 6.2의 표를 다시 작성한 다음 이를 그래프로 나타내 보기 바란다.
- **가격변화** 재화의 가격이 변하더라도 예산선이 이동한다. 2재화의 가격이 모두 상승하면 예산선은 왼쪽으로 이동하고, 2재화의 가격이 모두 하락하면 예산선은 오른쪽으로 이동한다. 이를 확인해보려면 A재화의 가격이 3,000원, B재화의 가격이 2,000원으로 모두 상승하거나 A재화의 가격이 750원, B재화의 가격이 500원으로 모두 하락한 경우를 가정하여 그림 6.3에 있는 표를 다시 작성한 다음 이를 그래프로 나타내 보기 바란다. 재화의 가격이 모두 하락하면 화폐소득에 변화가 없더라도 실질소득이 증가한 것과 같은 효과를 가져다주며, 재화의 가격이 모두 상승하면 화폐소득에 변화가 없더라도 실질소득이 감소하는 것과 같은 효과를 가져다준다.

이제 A재화의 가격과 화폐소득이 일정한데 B재화의 가격이 변한 경우를 살펴보자. 예를 들어 B재화의 가격이 1,000원에서 500원으로 하락하였다고 하자. 그러면 예산선의 Y축 절편은 변하지 않고 X축 절편이 오른쪽으로 이동한다. 반대로 B재화의 가격이 1,000원에서 1,500원으로 상승하면 예산선의 Y축 절편은 변하지 않고 X축 절편이 왼쪽으로 이동한다. 어느 경우나 Y축 절편은 A재화 8단위로 일정한데 그것은 A재화의 가격이 변하지 않았기 때문이다.

무차별 곡선: 선호도의 순서

예산선은 소득과 가격이라는 **객관적 시장여건**을 반영한다. 화폐소득과 가격이 주어져 있을 때 구매 가능한 A재화와 B재화의 조합을 보여준다. 이에 비해 무차별 곡선은 A재화와 B재화의 조합에 대한 소비자의 선호라는 **주관적 정보**를 보여준다. 무차별 곡선이란 소비자에게 동일한 만족 즉 총효용을 가져다주는 재화의 조합을 말한다.

그림 6.4의 표와 그래프는 A재화와 B재화의 조합에 대한 특정 소비자의 무차별 곡선을 나타내고 있다. 이것은 어떤 소비자의 주관적 선호를 나타낸 것으로 표나 그래프 위에 있는 모든 조합에 대해 그 소비자는 동일한 총효용을 느낀다는 것이다. 그래서 어떤 조합을 택할 것인가에 대해 무차별하다는 것이다.

무차별 곡선의 주요한 특징은 다음과 같다.

- 무차별 곡신은 우 하향한다. 무차별 곡신이 우 하향하는 이유는 어떤 재화의 양이 감소하면 다른 재화의 양이 증가해야 동일한 총효용수준에 머물 수 있기 때문이다. 예를 들어 소비자의 구매조합이 그림 6.4의 *j*점에서 *k*점으로 바뀌었다고 하자. *k*점에서 A재화의 양이 *j*점보다 감소하였다. 이 때 B재화의 양에 변화가 없다면 소비자의 총효용은 감소한다. 그러나 무차별 곡선 위의 모든 조합에서 총효용은 동일하다. 따라서 A재화의 구매량 감소로 인한 총효용의 감소분을 B재화의 구매 증가로 상쇄시켜야 한다. 따라서 무차별 곡선 위에 있으려면 A재화의 양이 감소하였을 때 반드시

[그림 6.4] 소비자의 무차별 곡선
무차별 곡선 I 위의 모든 점에 대한 소비자의 선호도는 동일하다. 즉 이 곡선 위의 모든 재화조합은 동일한 총효용수준을 나타낸다.

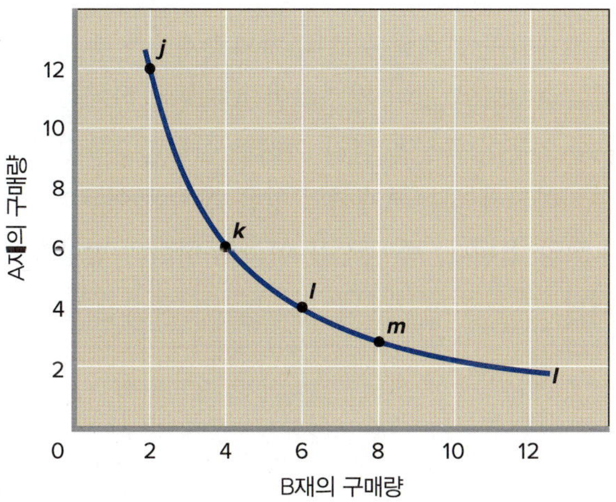

상품조합	A재의 수량	B재의 수량
j	12	2
k	6	4
l	4	6
m	3	8

B재화의 양은 증가해야 한다. 즉 A재화의 양과 B재화의 양은 역의 관계에 있다. 이를 반영하여 무차별 곡선은 우 하향한다.

한계대체율

- **무차별 곡선은 원점에 대해 볼록하다.** 그림 6.4에 있는 곡선 위의 여러 점에서 접선을 그려보면 곡선을 따라 아래로 내려올수록 기울기의 절대 값이 점차 하락한다는 것을 알 수 있다. 즉 j에서 I쪽으로 이동하면 기울기의 절대 값이 점차 낮아지고 결국에는 평평해 진다. 이것은 무차별 곡선이 원점에 대해 볼록하다는 것을 말해준다. 무차별 곡선 위의 각 점에서 그린 접선의 기울기를 경제학적으로는 그 점으로 표시된 A, B재화 조합의 **한계대체율**(MRS)이라고 한다. 한계대체율은 특정의 재화 조합에서 B재화 1단위가 A재화를 어떤 비율로 대체해야 소비자가 동일한 만족수준에 머물게 되는가를 나타낸다. 각 조합에서 B재화가 증가하면 무차별 곡선의 접선의 기울기가 점차 하락한다는 것은 B재화 1단위를 얻기 위해 기꺼이 대체하고자 하는 A재화의 양이 점차 줄어든다는 것이다. 무차별 곡선이 원점에 대해 볼록한 이유 즉 한계대체율이 하락하는 이유는 현재의 조합에서 주어진 재화의 양에 따라 A, B재화에 대한 소비자의 주관적 가치가 달라지기 때문이다. 그림 6.4의 표와 그림에서 j점부터 살펴보자. 이 점에서 소비자는 A재화를 B재화보다 상대적으로 많이 가지고 있다. 따라서 B재화 1단위의 가치가 A재화 1단위의 가치보다 상대적으로 크다. 즉 B재화의 한계효용이 A재화의 한계효용보다 상대적으로 크다. 따라서 B재화 2단위를 얻기 위해 기꺼이 포기하고자하는 A재화의 양은 6단위로 상대적으로 많다. 이것은 j점과 k점을 연결한 직선의 기울기로 한계대체율이 $\frac{6}{2}=3$이다.

  그러나 k점에서 소비자는 상대적으로 A재화의 양이 감소하고 B재화의 양이 증가하였다. 따라서 k점에서 B재화의 가치는 j점보다 하락하고 A재화의 가치는 상승한다. 이제 k점에서 l점으로 이동하는 경우를 보자. 이 때 소비자는 2단위의 B재화를 얻기 위해 2단위의 A재화를 포기하려고 한다. 즉 한계대체율이 $\frac{2}{2}=1$이다. l점에서 B재화의 양은 더욱 증가하였고 A재화의 양은 더욱 감소하였다. 따라서 이제는 B재화를 2단위 얻기 위해 포기하고자하는 A재화의 양은 1단위로 감소한다. 즉 l점에서 m점으로 이동할 때 한계대체율은 $\frac{1}{2}$로 낮아진다.

  일반적으로 B재화의 양이 증가하면 B재화의 한계효용 즉 추가된 B재화가 총효용에 기여하는 바는 감소한다. 마찬가지로 A재화의 양이 감소하면 A재화의 한계효용은 증가한다. 그래서 그림 6.4에서 볼 수 있듯이 곡선을 따라 아래로 이동할수록 B재화를 추가적으로 얻기 위해 기꺼이 포기하고자 하는 A재화의 양은 점차 줄어든다. 그 결과 무차별 곡선은 원점에 볼록한 모양이 된다. 즉 곡선을 따라 우하향의 방향으로 이동하면 한계대체율이 점차 낮아진다.

무차별 지도

그림 6.4에 무차별 곡선이 하나만 그려져 있는데 이것은 총효용수준 즉 만족수준이 임의의 수준에 정해져 있다고 여기고 그린 것이다. 총효용수준이 달라지면 이에 상응하는 여러 개의 무차별 곡선 즉 **무차별 지도**를 그릴 수 있는데 이를 나타낸 것이 그림 6.5이다. 여기에서 앞에서 논의한 무차별 곡선은 I_3로 표시되어 있다. 그리고 각 곡선은 서로 다른 총효용수준을 반영하고 있기 때문에 교차하지 않는다. I_3의 오른쪽에 있는 무차별 곡선은 I_3보다 높은 총효용수준을 나타내며, I_3보다 왼쪽에 있는 무차별 곡선은 I_3보다 낮은 총효용수준을 나타낸다. 즉 **원점에서 멀어질수록 무차별 곡선은 더 높은 수준의 총효용수준**을 나타낸다. 이를 이해하려면 원점에서 우 상향하는 직선을 그려 각 무차별 곡선과 만나는 점을 살펴보면 된다. 원점에서 멀리 떨어질수록 A재화와 B재화의 양이 모두 많아 총효용수준이 더 높다는 것을 확인할 수 있다.

무차별 지도

[그림 6.5] 무차별지도

무차별 지도는 여러 개의 무차별 곡선을 말한다. 원점에서 멀어질수록 무차별 곡선은 더 높은 수준의 총효용수준을 나타낸다. I_4로 표시된 A, B재화 조합은 I_3, I_2, I_1로 표시된 어떤 재화 조합보다 총효용수준이 높다.

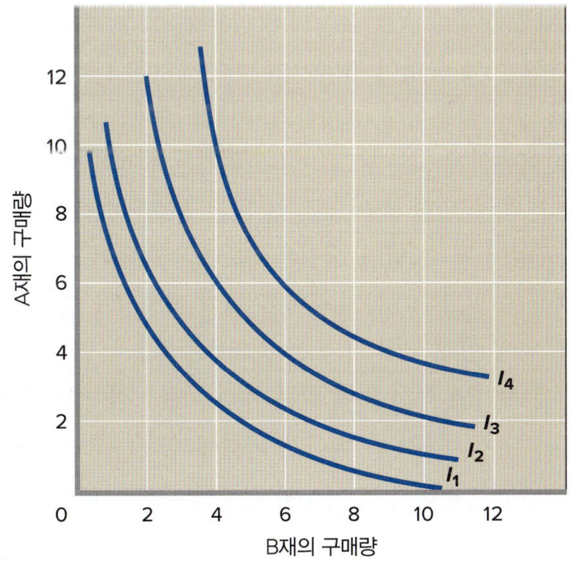

균형: 예산선과 무차별 곡선의 접점

그림 6.3과 그림 6.5의 X, Y축은 동일하기 때문에 그림 6.6에 예산선과 무차별 지도를 한꺼번에 그려 넣었다. 예산선은 소비자의 화폐소득과 재화의 가격이 주어져있을 때 소비자가 구매할 수 있는 A, B재화의 조합을 나타낸다. 소비자는 이러한 조합 중에서 자신의 총효용을 가장 높일 수 있는 점을 선택할 것이다. 그리고 이 점은 예산선 위의 다른 어떤 점보다 높은 무차별 곡선 즉 원점에서 가장 먼 쪽에 있는 무차별 곡선 위에 위치하게 된다. 이 점이 **소비자의 균형점**이다.

소비자의 균형점

[그림 6.6] 소비자균형점

소비자 균형점은 X이다. 이 점에서 예산선이 무차별 곡선 I_3와 접하고 있다. 화폐소득이 12,000원, A재화의 가격이 1,500원 B재화의 가격이 1,000원일 때 소비자는 A재화를 4단위, B재화를 6단위 구입하고 있다. Z, Y 점은 구매 가능하지만 총효용수준이 X보다 낮다. 총효용이 낮은 무차별 곡선 위에 있기 때문이다. W점은 X 점보다 총효용수준이 높지만 화폐소득 12,000원으로 구입할 수 없다.

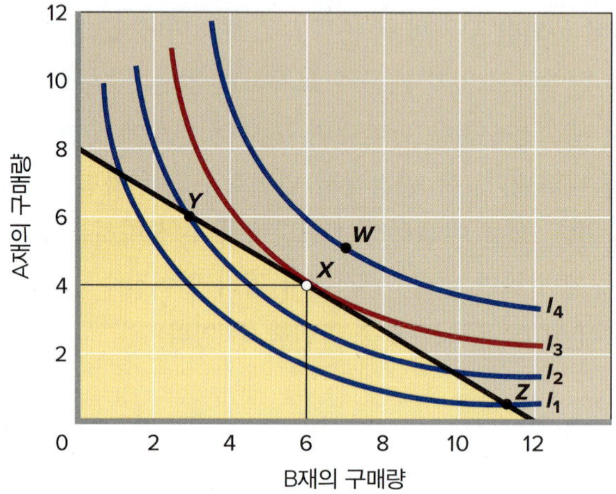

그림 6.6에 소비자 균형점이 X로 표시되어 있는데, 그 점에서 예산선과 무차별 곡선 I_3가 접하고 있다. Y점은 왜 균형이 될 수 없는가? 그것은 Y점은 I_3보다 총효용이 낮은 무차별 곡선 I_2 위에 있기 때문이다. A재화의 구매를 줄이고 B재화의 구매를 늘이면 예산선을 따라 아래로 이동하게 되는데 그러면 소비자는 원점에서 더 멀리 떨어진 무차별 곡선 위에 있게 된다. 즉 동일한 소득으로 더 높은 총효용수준을 누릴 수 있다. Y점과 마찬가지로 Z점도 균형이 될 수 없다. Z점은 I_3보다 총효용이 낮은 무차별 곡선 I_1 위에 있다. A재화의 구매를 늘리고 B재화의 구매를 줄여 예산선을 따라 위로 이동하면 소비자는 무차별 곡선 I_3 위에 있게 되어 더 높은 총효용수준을 누릴 수 있다.

그렇다면 I_4와 같은 무차별 곡선 위에 있는 W점은 균형점이 될 수 없는가? W점은 X 점보다 총효용수준이 높기는 하지만 예산선 바깥에 위치하고 있어서 주어진 소득으로 구매가 불가능하다. 결국 X점이 소비 가능한 최적의 재화 조합이다. 그런데 X점에서는 예산선과 무차별 곡선이 접하고 있다. 이것은 X점에서 **무차별 곡선 I_3의 접선의 기울기와 예산선의 기울기가 같다**는 것을 뜻한다.

무차별 곡선의 기울기는 한계대체율(MRS)을 뜻하고 예산선의 기울기는 $\frac{P_B}{P_A}$이므로 소비자의 최적 소비조합 즉 균형점에서는 다음과 같은 식이 성립한다.

$$\text{MRS} = \frac{P_B}{P_A}$$

균형점에서의 등식

앞에서 설명하였듯이 서수적인 무차별 곡선이론은 기수적인 한계효용이론과 큰 차이가 있다. 한계효용이론은 효용을 구체적인 숫자로 측정할 수 있다고 가정한다. 그래서 소비자는 추가적으로 재화를 구매할 때 한계효용이 얼마인지 알 수 있다는 것이다. 소비자는 그러한 정보를 이용하여 다음과 같은 균형점을 찾아 효용을 극대화하게 된다.

$$\frac{\text{A재화의 한계효용}(MU_A)}{\text{A재화의 가격}(P_A)} = \frac{\text{B재화의 한계효용}(MU_B)}{\text{B재화의 가격}(P_B)}$$

그러나 **무차별 곡선이론은 한계효용이론처럼 엄격한 가정을 필요로 하지 않는다**. 소비자가 2재화 조합에 대해 어떤 조합을 선호하는지 또는 덜 선호하는지 아니면 선호도가 동일한지를 알기만 하면 된다. 예를 들어 A재화 6단위와 B재화 7단위로 구성된 재화 조합을 A재화 4단위와 9단위로 구성된 재화 조합에 비해 선호하는지 아니면 덜 선호하는지를 알면 되는 것이다. 무차별 곡선이론은 소비자가 얼마만큼 더 선호하는지 구체적인 숫자로 나타낼 필요가 없다.

그렇지만 흥미롭게도 무차별 곡선이론은 한계효용이론에서 도출된 소비자 균형점과 소비행위를 수학적으로 동일하게 도출할 수 있다. 이를 이용하여 각 이론에서 도출된 균형에 대한 정보를 결합할 수 있다. 그래서 각 이론의 균형점을 비교하면 각 재화의 한계효용 사이에 성립하는 흥미로운 특성을 구할 수 있다. 무차별 곡선이론의 균형점에서 $MRS = \frac{P_B}{P_A}$이 성립하며, 한계효용이론의 균형점에서 $\frac{P_B}{P_A} = \frac{MU_B}{MU_A}$가 성립한다. 따라서 균형에서 $MRS = \frac{MU_B}{MU_A}$이다. 즉 **한계대체율은 2 재화의 한계효용의 비율과 같게 된다**.

수요곡선의 도출

앞에서 지적하였듯이 A재화의 가격이 변하지 않을 때 B재화의 가격이 상승하면 예산선의 Y축은 변하지 않고 X축이 안쪽으로 이동한다. 이를 이용하여 B재화의 수요곡선을 도출할 수 있다. 그림 6.7(a)에 그림 6.6을 옮겨 놓았는데 소비자 균형점은 X로 표시되어 있다. 여기에서 소비자의 화폐소득은 12,000원, A재화의 가격은 1,500원 그리고 B재화의 가격은 1,000원을 가정하고 있다. 이제 A재화의 가격과 화폐소득이 일정할 때 B재화의 가격이 1,500원으로 상승하면 균형점이 어떻게 변할지 살펴보자. 그 결과가 그림 6.7(a)에 나타나 있다. 예산선의 Y축은 변하지 않은 채 X축의 절편이 안쪽으로 이동한다. 새로운 균형점은 X' 점이며 그 점에서 무차별 곡선 I_2와 접하고 있다. 이전의 균형점에서는 X재화 4단위, Y재화 6단위를 구매하였는데 새로운 균형점에서는 X재화 5단위, Y재화 3단위를 구매한다. 그래서 B재화의 수요곡선 위에 있는 두 점을 구할 수 있다. 즉 균형점 X에서 B재화의 가격이 1,000원이었고 그 때의 구매량은 6단위였다. 그리고 균형점 X'에서 B재화의 가격이 1,500원이었고 그 때의 구매량은 3단위였다.

[그림 6.7] 수요곡선의 도출

(a) B재화의 가격이 1,000원에서 1,500원으로 상승하면 소비자균형점은 X에서 X'으로 이동한다. B재화의 구매량은 6단위에서 3단위로 감소한다. (b) B재화의 가격과 이에 따른 구매량을 그래프에 옮겨 놓으면 B재화의 수요곡선을 구할 수 있다.

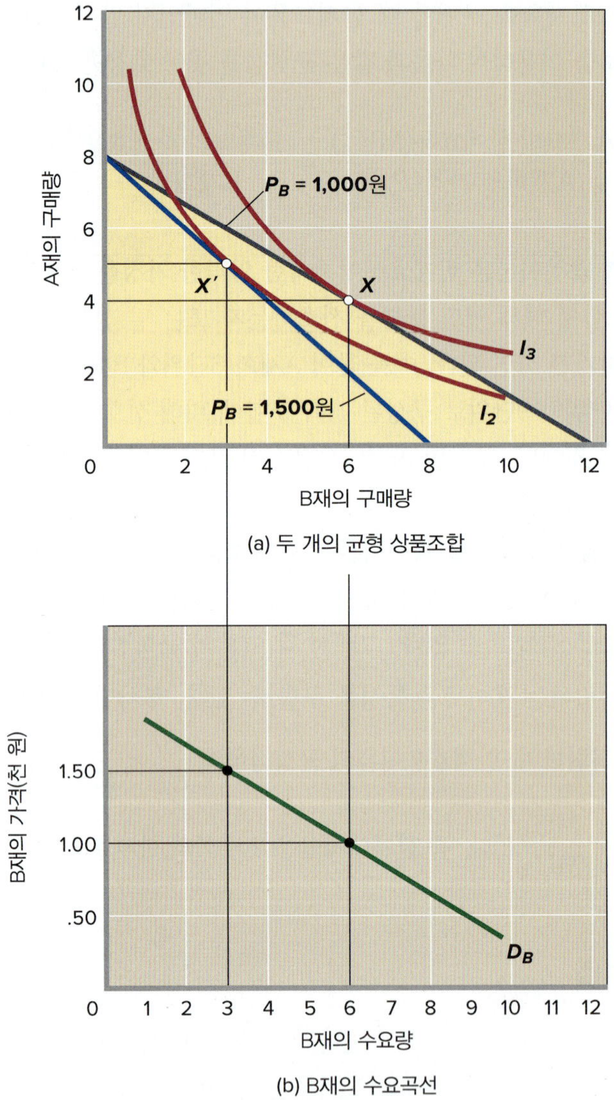

이 두 점을 그래프에 옮겨놓은 것이 그림 6.7(b)에 있는 B재화에 대한 수요곡선 위의 두 점이다. 주의할 점은 그림 6.7(a)와 (b)의 X축은 동일하게 B재화의 수요량을 나타낸다는 것이다. 그래서 그림 6.7(a)에서 Y축을 없애고 이를 B재화의 가격으로 대체하여 표시한 것이 그림 6.7(b)이다. 그림 6.7(a)에서 B재화의 가격이 변함에 따라 균형점이 어떻게 달라지는 가를 찾으면 그림 6.7(b)와 같은 우 하향하는 B재화의 수요곡선을 구할 수 있다. 이 때 A재화의 가격을 비롯하여 소비자의 화폐소득 등 다른 조건이 동일하다는 가정하고 있다는 점에 유의해야 한다. 이런 조건에서 수요의 법칙이 도출된 것이다. 이것은 소비자의 효용을 유틸이라는 구체적 숫자로 측정할 수 있다는 가정을 하지 않고서도 도출되었다. 무차별 곡선이론은 소비자가 **서로 다른 재화의 조합에 대해 선호도를 비교할 수 있다는 보다 현실적인 가정**만을 필요로 한다.

마지막 한마디

범죄행위

경제 분석은 충동범죄를 설명하는데 적합하지 않을지 모르지만 강도나 절도, 자동차 절도 등과 같은 재산범죄를 설명하는데 흥미로운 직관을 제공한다.

소비자 행동이론은 범죄행위에도 응용될 수 있으며 이에 대해 유용한 직관을 제공해 준다. 소비자들이 자신의 총효용을 극대화하려는 것처럼 범죄자들도 자신의 순편익을 극대화하려고 한다. 예를 들어 대학의 구내서점에서 경제학 교과서를 돈을 주고 살 수도 있지만 이를 훔칠 수도 있다고 하자. 돈을 주고 책을 샀다면 이러한 행동은 합법적이다. 서점은 책을 상실한 대가를 돈으로 충분히 보상받았기 때문이다. 즉 서점은 책 대신에 돈을 갖게 된 것이다. 책을 훔쳤다면 그것은 법을 어긴 것이다. 절도는 서점이 상실한 책에 대한 대가를 지불하지 않는 행동이기 때문에 법이 이를 금하고 있다. 책의 절도는 서점의 수입과 이윤을 줄일 뿐 아니라 다른 교과서 구입자에게 비용을 부담시킨다. 절도로 인하여 책의 가격이 상승하고 따라서 다른 교재 구입자들은 비싼 값을 지불하기 때문이다.

왜 책을 훔치는 것과 같은 범죄행위가 발생하는 것일까? 소비자들이 재화의 한계효용을 가격과 비교하듯이 범죄자들도 범죄행위로 얻을 수 있는 한계 편익을 이들 행위로 인해 지불해야 하는 '가격' 즉 비용과 비교한다. 범죄행위의 한계편익이 가격 즉 한계비용보다 크면 누구나 범죄행위를 저지를 수 있다.

하지만 대부분의 사람들은 절도나 강도, 사기 등을 저지르지 않는다. 왜 그럴까? 그것은 그러한 불법 행위로 그들이 지불해야 하는 가격이 한계편익보다 크다고 여기기 때문이다. 불법 행위로 지불해야 하는 가격 즉 한계비용은 여러 가지이다. 먼저, '죄의식'이다. 대부분의 사람에게 죄의식에 따른 비용은 무척 크다. 이러한 사람은 절도에 따른 처벌이 없더라도 다른 사람의 물건을 훔치지 않는다. 이들의 양심 때문에 죄의식에 따른 비용이 훔친 물건이 주는 편익보다 훨씬 크다. 그 밖에 범죄를 저지르는데 필요한 도구나 용품을 마련하는 데 직접 비용이 들며 합법적 행위를 하였다면 벌어들었을 소득(범죄 행위의 기회비용)이 희생된다.

그러나 죄의식에 따른 비용, 직접비용, 상실소득 등은 일부 범죄자의 행위를 억제하는데 불충분하다. 그래서 사회는 범법자에게 벌금이나 징역형 같은 비용을 부과하기도 한다. 벌금이 부과될 수 있기 때문에 범죄의 한계비용은 증가하며, 징역형이 부과될 수 있다면 범죄의 한계비용은 더욱 증가한다. 대부분의 사람들은 자신의 신체적 자유를 소중히 여기며 교도소에 수감되면 합법적으로 벌 수 있었을 상당한 소득이 사라지게 된다.

여러 유형의 비용이 주어져있을 때 범죄자들은 범죄를 저지른데 따른 한계비용과 한계편익을 비교한다. 예를 들어 8만 원 짜리 책을 훔치는데 따른 직접비용과 기회비용이 0이라고 하자. 그리고 책을 훔쳤을 때 체포될 확률이 0.1이고 그 때 50만 원의 벌금을 문다고 하자. 그러면 책을 훔치는데 따른 한계비용은 5만 원(0.1×50만 원)이다. 죄의식에 따른 비용이 0인 사람은 책을 훔치는 선택을 할 것이다. 한계편익 8만원이 한계비용 5만 원을 초과하기 때문이다. 그러나 죄의식에 따른 비용이 4만 원인 사람은 책을 훔치지 않을 것이다. 한계비용이 처벌에 따른 기대비용 5만 원과 죄의식에 따른 비용 4만 원을 합한 9만원인데 비해 한계편익이 8만 원이기 때문이다.

범법행위에 대한 경제학적 설명은 여러 가지 흥미로운 시사점을 제공한다. 첫째, 다른 조건이 동일할 때 범죄의 가격이 낮아지면 범죄 행위를 더욱 '구입'하여 범죄가 늘어날 것이라는 것이다. 그래서 정상적인 상황에서는 상점을 털지 않던 사람이 폭동이 일어나면 상점의 물건을 약탈하는데 가담하는 것이다. 체포에 따른 한계비용이 낮아지기 때문이다.

둘째, '범죄의 가격'을 높이면 범법행위가 줄어들 수 있다는 것이다. 가족이나 교육, 종교 등을 통해 죄의식에 따른 비용이 높아질 수 있다. 자물쇠, 경보장치나 방범 카메라와 같은 보다 정교한 보안장치를 설치하면 범죄의 직접비용이 증가할 수 있다. 범죄자들도 보다 정교한 도구를 사서 이용해야 하므로 직접비용이 증가한다. 범법 행위를 저지를 수 있는 사람을 교육 훈련하여 합법적으로 소득을 벌 수 있다면 범죄의 기회비용이 커진다. 범죄자가 체포될 수 있는 확률을 높이거나 체포되어 유죄 판결을 받았을 때 처벌 수준을 높이는 형사 정책을 시행하더라도 범죄의 가격이 상승한다.

요약

1. 총효용, 한계효용과 한계효용 체감의 법칙

총효용이란 특정 수량, 예를 들어 10단위의 재화나 서비스를 소비하여 얻는 만족감이나 즐거움의 총량이다. 이에 비해 한계효용이란 추가적인 소비, 예를 들어 추가된 11번째 상품의 소비로부터 얻는 만족감이다. 즉 한계효용이란 소비를 1단위 추가하였을 때 얻어지는 총효용의 변화분이다.

한계효용 체감의 법칙이란 소비자가 재화의 소비를 추가하였을 때 얻어지는 만족감의 증가는 감소한다는 것이다.

2. 총효용 극대화 규칙

효용극대화 모형은 소비자가 자신의 선호에 따라 합리적으로 행동한다고 가정하고 있다. 소득이 제약되어 있고 재화의 구입에 가격을 지불해야하므로 소비자는 자신이 원하는 모든 것을 구입할 수 없다. 따라서 소비자는 구입 가능한 재화의 조합에서 효용 즉 만족을 극대화하는 것을 선택해야 한다.

소비자가 자신의 효용을 극대화하려면 소비자는 모든 상품에 대해 1원당 얻을 수 있는 한계효용이 같아지도록 자신의 소득을 배분하여야 한다. 이를 수식으로 표시하면 다음과 같이 된다. 이때 자신의 소득은 모두 지출된다.

$$\frac{\text{A재의 한계효용}}{\text{A재의 가격}} = \frac{\text{B재의 한계효용}}{\text{B재의 가격}}$$

3. 수요곡선의 도출

수요곡선은 효용극대화 규칙으로부터 논리적으로 도출된다. 재화의 구입량이 증가하면 한계효용이 하락하므로 소비자의 수요량이 증가하려면 재화의 가격이 하락하여야 한다. 즉 재화의 가격이 하락하면 수요량은 증가한다.

4. 대체효과와 소득효과

효용극대화 모형은 가격변화에 따른 소득효과와 대체효과를 보여준다. 어떤 상품의 가격이 하락하면 소비자의 실질 소득이 증가하는데 그러한 실질소득의 증가로 화폐소득이 변하지 않더라도 그 상품의 수요량이 증가한다(소득효과). 그리고 어떤 상품의 가격이 하락하면 다른 재화에 비해 상대적으로 가격이 낮아져 그 상품의 수요량이 증가한다(대체효과).

5. 소비자 행동이론의 현실 응용 사례

현실 세계에서 소비자 행동이론을 응용하여 많은 현상을 설명할 수 있다. 기술혁신으로 나타난 스마트폰의 급속한 보급, 건강보험으로 의료비가 낮아진데 따른 과다진료, 현물선물보다 현금선물에 대한 선호 등을 설명할 수 있다.

6. 무차별 곡선이론

무차별 곡선이론은 예산선과 무차별곡선으로 소비자 행동을 설명한다. 예산선은 소득과 가격이 주어져 있을 때 소비자가 구매할 수 있는 2재화의 다양한 조합을 나타낸다. 소득이나 가격이 변하면 예산선은 변한다. 무차별곡선은 소비자에게 동일한 만족 즉 총효용을 가져다주는 재화의 조합을 말한다. 무차별곡선은 우하향하며 원점에 대해 볼록하다.

무차별 지도는 여러 개의 무차별 곡선을 말한다. 원점에서 멀어질수록 무차별 곡선은 더 높은 수준의 총효용 수준을 나타낸다. 소비자 균형점은 예산선 위의 재화조합 중에서 원점에서 가장 멀리 떨어진 무차별 곡선 위의 점이다. 소비자 균형점에서 예산선과 무차별 곡선은 접한다.

재화의 가격이 변하면 균형점이 이동한다. 균형점들의 가격과 수량 자료를 그래프로 옮긴 것이 수요곡선이다.

주요 용어와 개념

대체효과	소비자균형	한계효용
무차별곡선	예산선	한계효용 체감의 법칙
무차별지도	예산제약	합리적 행동
소득효과	총효용	효용
소비자 균형점의 이동	한계 대체율	효용극대화 규칙

연습문제

1. 최 씨의 사과(a)와 바나나(b) 사이의 한계대체율$\left(\frac{\Delta b}{\Delta a}\right)$이 3이고, 가격비율$\left(\frac{P_a}{P_b}\right)$은 2이다. 바르게 설명한 것은?

(1) 최 씨는 바나나를 더 많이 구입할 것이다.
(2) 최 씨는 사과와 바나나를 더 많이 구입할 것이다.
(3) 최 씨의 소비균형점에서 한계대체율은 2가 된다.
(4) 최 씨의 소비균형점에서 한계대체율은 2와 3 사이가 된다.
(5) 바른 설명이 없다.

2. X재의 가격이 1,000원이고 Y재의 가격이 2,000원이다. 그리고 소비자의 소득이 20,000원이다. 소비자의 효용함수는 $U=\sqrt{xy}$로 주어져 있다. 소비자 균형점에서 Y재의 양으로 표시한 X재의 주관적 가치를 나타내는 소비자의 한계 대체율은 얼마인가?

(1) $\frac{1}{2}$　(2) 1
(3) 2　(4) $\frac{1}{\sqrt{2}}$
(5) $\sqrt{2}$

3. 다음에서 틀린 설명은?

(1) $u=xy$, $u=\sqrt{xy}$, $u=9x^2y^2+5$라는 효용함수는 동일한 소비자의 선호도를 표시한다.
(2) 한계효용이 체감하면 무차별 곡선은 원점에 대해 볼록하다.
(3) 쓰레기와 분뇨라는 두 비재화의 선택에 직면한 정 씨의 무차별 곡선은 우상향한다.
(4) 효용함수가 $u=3x+2y$로 주어지면 X재만 소비하거나 Y재만 소비한다.
(5) 틀린 설명이 없다.

4. 은하는 매주 1,000원인 빵과 800원인 우유를 구입한다. 빵의 마지막 구매 단위의 한계효용이 80유틸이고, 우유의 마지막 구매 단위의 한계효용이 70유틸이다. 효용극대화를 위한 은하의 행동을 바르게 설명한 것은?

(1) 효용극대화가 달성되었으므로 만족한다.
(2) 빵의 구입을 늘인다.
(3) 우유의 구입을 늘인다.
(4) 빵과 우유의 구입을 모두 늘인다.
(5) 빵과 우유의 구입을 모두 줄인다.

5. 소비자의 소득이나 선호는 일정하다. 그런데 어떤 재화의 가격이 하락하였을 때 소비자의 그 재화에 대한 구매량이 감소하였다. 이러한 재화를 기펜재라고 한다. 다음의 설명 중 틀린 것은?

(1) 그 재화에 대한 수요곡선이 왼쪽으로 이동하였다.
(2) 대체효과로 그 재화에 대한 구매량은 증가한다.
(3) 소득효과로 그 재화에 대한 구매량은 감소한다.
(4) 소득효과가 대체효과보다 크다.
(5) 그 재화는 열등재다.

[6-7] 다음은 X재와 Y재의 한계효용을 나타내는 표이다. 소비자의 소득은 9,000원이다.

상품 X의 개수	X의 한계효용 (유틸)	상품 Y의 개수	Y의 한계효용 (유틸)
1	10	1	8
2	8	2	7
3	6	3	6
4	4	4	5
5	3	5	4
6	2	6	3

6. X재의 가격이 2,000원, Y재의 가격이 1,000원일 때 효용극대화를 위한 X, Y재 소비량을 구하면?

7. X재의 가격이 1,000원, Y재의 가격이 1,000원일 때 소비자가 효용극대화를 하였을 때 그 때의 효용수준은 얼마인가?

8. 우성은 커피를 몇 잔 마시더라도 1.5유틸로 일정한 한계효용을 느낀다. 그러나 도넛은 1개를 먹을 때 한계효용이 10유틸이며, 1개를 추가하여 먹을 때마다 1유틸만큼 한계효용이 감소한다. 커피나 도넛의 가격은 모두 1,000원이다.

(1) 우성이 커피 한잔을 마시기 직전의 예산은 얼마일까?
(2) 우성이 커피 한잔을 마시기 직전의 총효용은 얼마일까?

9. **헬스클럽의 1회 사용료는 2만 원인데, 만약 일정한 연회비를 내고 회원으로 가입하면 1회 사용료는 5천 원으로 할인된다. Y축은 화폐 소득, X축은 헬스클럽 이용회수로 표시하시오. 단, 소비자의 소득이 M으로 주어져 있다.**

(1) 연회비를 내지 않고 헬스클럽을 이용할 때의 예산선과 소비자 균형점을 구하시오.

(2) 1회 사용료가 5천 원으로 하락하였을 때의 예산선과 소비자 균형점을 구하시오.

(3) 1회 사용료로 5천 원을 낼 수 있는 권리를 사기 위하여 소비자가 지불하고자하는 금액, 즉 회원권의 가치는 최대한 얼마인지 (1), (2)을 이용하여 그래프에 그리시오.

10. **수로 씨는 연금의 성격으로 1년에 쌀 100kg과 쇠고기 30kg을 지급받는다. 다른 소득은 없으며 쌀과 쇠고기만을 소비한다. 단, 시장 가격으로 두 물건을 팔아 자신의 효용이 극대화되도록 소비를 할 수 있다. 현재 쌀과 쇠고기의 가격은 각각 kg당 2천 원, 1만 원이다.**

(1) 그의 예산선을 그리시오.

(2) 쌀 가격이 3천 원으로 증가하였다. 소비점을 그리시오. 단, 쌀과 쇠고기는 정상재이다.

11. **수철의 월 소득은 50만 원이다. 그는 쌀과 콩을 구입하는데, 쌀 가격은 단위당 2만 원이다. 그리고 콩의 가격은 5단위 이하를 구입하면 단위당 5만 원이지만 이를 초과하면 단위당 2만 5천 원이다.**

(1) 수철의 예산선을 그리시오.

(2) 수철의 소비 균형점을 구하고 그 의미를 설명하시오.

12. **쌀(x)과 옷(y)을 소비하는 선무의 효용함수가 $u=7xy$로 주어져있다.**

(1) 화폐소득이 1,500이고 쌀의 단위가격이 10, 옷의 단위가격이 15일 때의 소비자 균형점을 구하시오.

(2) 쌀에 대한 수요의 가격탄력성, 교차탄력성 그리고 소득탄력성을 계산하시오.

13. **가격 벡터가 P_0에서 P_1으로 변하였을 때 소비자의 소비량 벡터가 Q_0에서 Q_1으로 변하였다. 그리고 $P_1Q_0>P_1Q_1$이 성립한다. 소비자의 소비량 벡터 Q_0과 Q_1에 대한 선호도를 비교하시오.**

14. **다음과 같이 세 상품의 가격 벡터가 (P_1 ,P_2, P_3)로 주어져 있을 때 세 상품의 묶음(A, B, C)을 소비한다고 한다. P_1=(6, 6, 6)일 때 A(3, 4, 4), P_2=(6, 9, 3)일 때 B(2, 1, 4), P_3=(3, 9, 9)일 때 C(5, 2, 2)이다. 이것은 P_1=(6, 6, 6), 즉 X재 가격이 6, Y재 가격이 6, Z재 가격이 6일 때 A(3, 4, 4), 즉 X재 구매량이 3, Y재 구매량이 4, Z재 구매량이 4라는 것을 뜻한다. A, B, C에 대한 선호도의 순서를 가장 높은 순서부터 나타내시오.**

7

Chapter

기업과 생산비용

학습내용

1. 명시적 비용, 암묵적 비용 및 경제적 비용
2. 수확체감의 법칙과 기업의 단기 생산비용
3. 고정비용과 가변비용, 총비용, 평균비용 및 한계비용
4. 규모의 경제
5. 단기비용, 규모의 경제 및 최소효율규모

이제 우리의 관심을 소비자 행동에서 생산자 행동으로 옮겨보자. 시장경제에서는 매우 많은 종류의 기업들이 많은 종류의 재화와 서비스를 생산한다. 이들 기업은 제품을 생산하기 위해 경제적 자원을 필요로 한다. 경제적 자원을 획득하고 활용하기 위하여 기업은 자원 소유자들 예를 들면 근로자들에게 금전적 대가를 지불한다. 그리고 자신이 소유하고 있는 자원 예를 들면 기업가적 능력을 활용하는 경우에는 기회비용을 지불한다. 이러한 금전적 대가와 기회비용은 모두 해당 기업의 생산비용을 구성하게 되는데, 이것이 이 장의 논의 주제이다.

그리고 다음의 몇 개 장에서는 생산물에 대한 수요, 가격, 수입 등을 다시 분석에 끌어들여 기업들이 수입과 비용의 비교를 통하여 제품 생산량을 어떻게 결정하는지를 설명할 것이다. 궁극적인 목적은 기업들의 이러한 행동이 경제적 효율성과 어떤 관련이 있는지를 살펴보는 것이다.

경제적 비용

경제적 비용

기업들이 제품을 생산할 때 필요한 자원은 희소하며 다른 용도로 활용될 수 있기 때문에 비용이 발생할 수밖에 없다. 이러한 희소성으로 인하여 기업이 특정 자원을 필요로 하면 이를 다른 기업들로부터 빼앗아 와야 한다. 이 과정에서 기업들은 자원 소유자에게 대가를 지불하여야 한다. 이러한 사실로부터 경제학자들은 특정 자원을 취득하거나 유지하기 위해 치러야 하는 대가를 **경제적 비용**이라고 정의한다. 경제적 비용은 다른 용도로 사용될 수 있는 자원을 끌어들이기 위해 자원 공급자에게 지불되는 것으로 자원의 공급자에게는 수입이 된다.

이 절에서는 기업들의 경제적 비용에 기회비용이 어떻게 포함되는지에 대해 설명한다. 기회비용을 상기할 필요가 있다면 이후의 내용을 읽기에 앞서 1장에 있는 기회비용에 대한 절을 간략하게 복습하는 것이 도움이 될 것이다.

명시적 비용과 암묵적 비용

특정 기업의 경제적 비용을 제대로 계산하려면 모든 자원의 사용에 기회비용이 발생한다는 점을 유념하여야 한다. 이는 외부로부터 구입하는 자원뿐만 아니라 기업이 보유하고 있는 자원에도 마찬가지로 적용된다.

예를 들어 이번 달에 개업한 탁자 제조업체가 탁자 제조에 투입되는 참나무 숲을 보유하고 있으며 추가로 500만 원의 현금을 투입한다고 하자. 그리고 이 기업은 이 달에 500만 원의 현금을 근로자에게 보수로 지불한다고 하자. 노동력의 구입에 지출한 500만 원은 그 돈으로 살 수 있는 다른 대안을 포기하였기 때문에 당연히 기회비용이라고 할 수 있다.

하지만, 기업이 경작한 참나무를 탁자 생산에 활용했을 때, 이 참나무의 기회비용은 겉으로 잘 드러나지 않는다. 참나무의 시장가치가 150만 원이면, 다시 말해 탁자 제조업체가 참나무를 150만 원에 팔 수 있다고 가정해보자. 이는 탁자생산에 참나무를 사용하는 것의 기회비용이 150만 원이라는 것을 의미한다. 참나무를 팔기보다 탁자 생산에 사용한 것은 150만 원을 획득할 수 있는 대안을 포기했다는 것을 의미한다.

결론적으로, 외부에서 구입하였거나 이미 보유하고 있거나 관계없이 기업이 활용하는 모든 자원은 기회비용을 지니며, 따라서 경제적 비용을 발생시킨다. 경제학자들은 이들 2가지 경제적 비용을 명시적 비용과 암묵적 비용이라고 구분한다.

명시적 비용

- 기업의 **명시적 비용**은 자신이 보유하지 않은 자원을 구매할 때 그 판매자에게 지불하는 금전적 대가들이다. 이러한 비용은 금전 거래로 분명히 드러나기 때문에 명시적 비용이라 부른다. 외부 자원을 구입하기 위해 금전적 대가를 지불하면 그 돈으로 구입할 수 있었던 다른 대안을 포기한다는 점 때문에 그것은 기회비용에 포함된다.

암묵적 비용

- 기업의 **암묵적 비용**은 이미 보유하고 있는 자원을 외부에 팔아 현금을 얻는 대신에 자사 제품의 생산에 활용하기 때문에 발생하는 기회비용이다. 이들 비용은 실재하지만 겉으로 드러나지 않기 때문에 암묵적 비용이라 부른다.

기업의 경제적 비용은 명시적 비용과 암묵적 비용을 합한 것이다.

$$비용 = 명시적\ 비용 + 암묵적\ 비용$$

다음의 예는 명시적 비용과 암묵적 비용이 기업 이윤과 행동에 어떻게 영향을 미치는지를 잘 보여준다.

회계적 이윤과 정상이윤

여러분이 오랜 기간 동안 티셔츠를 생산하는 대기업의 영업 책임자로 근무한 후 내 회사를 차려 독립하기로 하였다고 하자. 다양한 잠재적인 창업 대안들을 고민한 후 티셔츠 소매점을 열기로 하였다고 하자. 여러분들은 이 신규 사업체에 2장에서 설명한 바와 같이 노동력 및 기업가적 능력이라는 2가지 다른 자원을 투입할 것이다. 여러분의 업무 중 노동력이 투입되는 부분은 고객 이 메일에 대한 응답, 재고 파악, 바닥 청소 등 사업체를 운영하기 위해 필요한 일상적인 업무들을 포함한다. 여러분 업무 중 기업가적 능력이 투입되는 부분은 사업을 조직하고 그 전략을 끌어내는 데 수반되는 비일상적인 업무들이다. 예를 들어 홍보를 위해 인터넷 광고를 활용할 것인지 아니면 대면 홍보를 진행할 것인지, 취급 품목에 아동복을 포함시킬 것인지 말 것인지를 정하는 것이다. 그리고 잠재적인 고객층을 최대한 끌어들이기 위해 업장을 어떻게 꾸며야 할지를 결정하는 것이다.

여러분들은 이러한 여러 결정들을 내리면서 새 사업체에 기업가적 능력을 투입하기 시작하였다고 하자. 여러분은 새 사업체에서 전념하기로 결정하였으며, 그 결과 연 2,200만 원의 보수를 받던 직장을 떠났다고 하자. 그리고 연 100만 원의 소득을 발생시켜왔던 저축 2,000만 원을 투자했다고 하자. 또 연간 500만 원의 임대료 수입을 발생시키던 공간을 새로운 사업체의 매장으로 활용하기로 하였다고 하자. 마지막으로 매장에 종업원을 한 사람 고용하기로 하였다고 하자. 이 종업원은 연 1,800만 원의 보수를 받고 여러분과 일하기로 하였다고 하자.

일 년 후, 여러분은 결산을 통해 다음과 같은 결과를 얻었다고 하자.

총판매수입		1억 2,000만 원
티셔츠 구입비	4,000만 원	
종업원 임금	1,800만 원	
설비비	500만 원	
총(명시적)비용		6,300만 원
회계적 이윤		5,700만 원

이 결과는 매우 좋아 보인다. 특히 여러분은 5,700만 원의 **회계적 이윤**이 발생했다는 점에 만족할 수 있다. 이 회계적 이윤은 통상 회계사들이 총판매수입에서 총 명시적 비용을 빼서 계산하는 수치며, 사업체의 재무제표에 기록되고 납세를 위해 정부에 보고되

회계적 이윤

는 이윤, 즉 순수익이다.

그러나 기뻐하기는 이르다! 여러분이 얻는 5,700만 원의 회계적 이윤은 암묵적 비용을 간과하고 있기 때문에 사업의 성공 정도를 과대평가하고 있다. '총판매수입이 총 명시적 비용을 초과한다.'는 사실만으로 성공이라고 할 수 없다. 진정한 성공은 최선의 성과를 얻고 있는지에 달려있다. 즉 다른 사업을 하는 것보다 티셔츠의 판매로 더 많은 돈을 벌어야 비로소 성공이라고 부를 수 있는 것이다.

이러한 목표의 달성여부를 판단하려면 명시적 비용뿐만 아니라 암묵적 비용도 포함된 모든 기회비용을 고려하여야 한다. 그래야만 지금 사업이 다른 사업보다 더 많은 돈을 벌게 해주는지를 알 수 있다. 이를 어떻게 계산할 것인지를 이해하기 위해 앞의 예를 계속 고려해보자.

이미 보유하고 있던 예금, 매장 및 노동력이 투입되어 한 해 동안 3가지 암묵적 비용이 발생하였다. 즉 100만 원의 이자, 500만 원의 임대료, 그리고 2,200만 원의 임금을 포기하였다. 그 이외에도 반드시 고려해야하는 다른 암묵적 비용도 존재한다. 그것은 여러분의 기업가적 능력을 다른 사업보다 티셔츠 소매업에 투입함으로 상실된 소득이다.

그런데, 기업가적 능력을 다른 사업에 투입했더라면 얻을 수 있었을 이윤의 크기는 어떻게 화폐액으로 표시될 수 있을까?

정상이윤

이에 대한 대답은 **정상이윤의 추정**을 통해서 얻을 수 있다. **정상이윤**이란 다른 사업에서 거의 확실하게 얻을 것으로 예상되는 통상적인(혹은 '정상적인') 회계적 이윤이다. 논점을 분명히 보여주기 위해 여러분들이 스스로의 숙련과 재능(기업가적 능력)을 활용하면 다른 잠재적인 사업 기회에서 평균 500만 원의 정상이윤을 얻을 수 있다고 가정하자. 이 가치를 알고 있다면 우리는 모든 암묵적 비용을 회계적 이윤에서 제외할 수 있게 된다.

회계적 이윤		5,700만 원
포기한 이자	100만 원	
포기한 임대료	500만 원	
포기한 임금	2,200만 원	
포기한 기업가 소득	500만 원	
총 암묵적 비용		3,300만 원

경제적 이윤

5,700만 원의 회계적 이윤에서 3,300만 원의 암묵적 비용을 빼면 2,400만 원의 경제적 이윤이 남는다.

경제적 이윤

회계적 이윤과 경제적 이윤을 분명히 구분하도록 하자. 회계적 이윤은 수입에서 명시적 비용만을 뺀 것이다(회계적 이윤=수입−명시적 비용). 이와 대조적으로 **경제적 이윤**은 수입에서 명시적 비용과 암묵적 비용을 포함한 모든 비용을 뺀 것이다(경제적 이윤=수입−명시적 비용−암묵적 비용).

수입에서 모든 경제적 비용을 빼고 나면 여러분은 현재 사업과 다른 최선의 사업 기회를 비교할 수 있게 된다. 앞의 예에서 2,400만 원의 경제적 이윤이 남는다는 사실은 다른 최선의 사업기회에서 벌 수 있는 돈보다 2,400만 원 더 많다는 것을 의미한다.

반대로 여러분의 사업 실적이 좋지 않아, 800만 원의 경제적 손실, 즉 음(−)의 경제적 이윤이 발생했다고 가정하자. 이는 다른 최선의 사업 기회에서 벌 수 있었을 돈보다 현 사업에서 적게 벌었다는 것을 의미한다. 그러면 여러분은 다른 사업으로 전업을 희망할 수도 있다.

이를 일반화하면, **경제적 이윤이 0원이 될 때 기업행동의 중요한 분기점이 생긴다**는 것이다. 기업이 손익분기 상태에 있다면 즉 경제적 이윤이 정확히 0원이면, 기업가는 다른 최선의 사업 기회에서 벌어들일 것으로 예상되는 금액만큼만 번고 있다는 것을 알게 있다. 이 기업가는 정상이윤을 포함한 모든 명시적, 암묵적 비용을 충당할 만큼 벌고 있는 것이다. 따라서 그는 전업할 이유가 없다. 이와 대조적으로 경제적 이윤이 양(+)의 값이면 다른 사업 기회에서 벌어들일 것으로 예상하는 것보다 많이 벌고 있다는 것이다. 따라서 현재 사업을 계속하거나 더 나아가 확장하기를 원할 것이다. 경제적 손실 즉 음(−)의 경제적 이윤이 발생하면 사람들은 다른 업종으로 전환하는 것이 더 나을 것이라는 점을 알고 있다. 경제학자들이 회계적 이윤보다 경제적 이윤에 초점을 맞추는 것은 바로 이러한 이유 때문이다. 단순히 말하면, **경제적 이윤은 경제의 자원배분방식을 결정**한다. 경제적 손실을 겪는 기업가들은 폐업을 하고 그들이 사용하고 있던 토지, 노동, 자본 및 기업가적 능력은 방출된다. 이 자원들은 양(+)의 경제적 이윤을 내는 기업이나 적어도 수지타산을 맞추고 있는 기업들이 활용하게 된다. 따라서 자원들은 순편익이 낮은 재화 및 서비스의 생산에서 순편익이 큰 재화 및 서비스의 생산으로 이동하게 된다. 기업들이 이윤 신호에 따라 소비자들이 가장 원하는 것을 더 많이 생산하게 되어 배분의 효율성은 개선된다.

그림 7.1은 방금 논의하였던 다양한 비용과 이윤 간의 관계를 보여준다. 복습을 위해 앞의 예에서 제시된 수치들을 적절한 칸에 넣어 보기 바란다.

[그림 7.1] 경제적 이윤과 회계적 이윤

경제적 이윤은 총수입에서 경제적 비용을 뺀 값이다. 경제적 비용은 명시적 비용과 암묵적 비용의 합이며 정상이윤을 포함한다. 회계적 이윤은 총수입에서 회계적(명시적) 비용을 뺀 값이다.

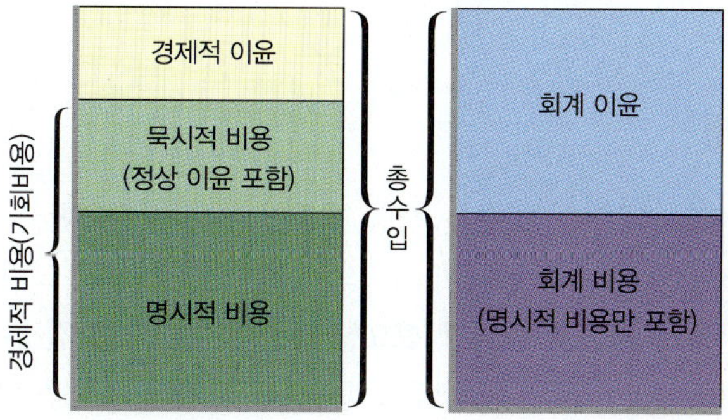

단기와 장기

기업 제품에 대한 수요가 변할 때, 기업의 수익성은 현재 활용하고 있는 다양한 자원을 얼마나 빨리 조정하느냐에 따라 달라진다. 노동, 원자재, 연료, 동력 등 많은 자원들의 사용량은 쉽고 빠르게 조정될 수 있다. 하지만 공장 건물의 규모, 기계장비의 양 등의 자본재 즉 생산설비를 조정하는 데는 훨씬 많은 시간이 필요하다. 항공기제조업과 같은 중공업 분야에서 기업은 공장규모를 바꾸는 데 수년이 걸릴 수도 있다. 이렇듯 조정 기간이 서로 다르기 때문에 경제학자들은 개념적으로 장기와 단기라는 2개의 기간을 구분하는 것이 유용하다고 생각한다. 이들 2개 기간에서 비용의 유형이 다르다는 것을 곧 확인하게 될 것이다.

단기

- **단기: 공장규모 불변** 미시경제학에서 **단기란 생산설비의 규모가 변하기에는 너무 짧은 기간이지만 생산설비의 활용도는 변할 수 있는 기간**을 의미한다. 단기에서 기업의 생산설비는 고정되어 있다. 그러나 기업은 고정된 규모의 공장에 투입되는 노동, 재료 등과 같은 자원의 양을 조절하면서 생산량을 변화시킬 수 있다. 단기에서 기업은 공장규모를 현재 수준에서 유지한 채 그 활용 정도를 조절한다.

장기

- **장기: 공장규모 가변** 미시경제학에서 **장기는 기업이 공장규모를 포함하여 모든 자원의 양을 조정할 수 있을 정도로 긴 기간**이다. 산업 차원에서 보면 장기는 또한 기존 기업이 청산되어 퇴출하거나 또는 신규 기업이 창업하여 진입할 수 있을 만큼 충분히 긴 기간이기도 하다. 단기는 공장규모가 '불변'인 기간이라면 장기는 공장규모가 '가변적'인 기간이다.
- **예시** 만약 보잉사가 민간 항공기 공장에서 100명의 근로자를 새로 고용하거나 직원의 교대 횟수를 늘린다면, 이는 단기에 해당한다. 보잉사가 생산설비를 확대하고 장비를 더 설치한다면 이는 장기에 해당한다. 전자는 단기 조정이고, 후자는 장기 조정이다.

  단기와 장기는 달력 속 기간이 아니라 개념적인 기간이다. 경공업에서는 하룻밤 사이에 공장규모가 변할 수 있다. 소규모 티셔츠 제조업체가 2~3개의 절단기와 몇 개의 재봉틀을 주문 설치하면 공장규모는 며칠 내에 확대될 수 있다. 반면 중공업에서 장기는 완전히 다른 문제이다. 정유회사가 신규 정유시설을 건설하는 데에는 몇 년이 걸릴 수도 있다.

단기 생산관계

투입과 산출의 기술적 관계

특정 제품을 생산하는 데 드는 비용은 해당 제품의 생산에 필요한 자원의 가격과 투입량에 달려 있다. 자원의 수요와 공급이 자원의 가격을 결정한다. 그리고 생산의 기술적 측면 즉 **투입과 산출의 기술적 관계**가 필요한 자원의 투입량을 결정한다. 여기서 우리는 생산규모가 주어져 있다는 전제 하에 노동–산출 관계에 초점을 맞출 것이다. 이 관계를 살펴보기 전에 다음 3개 용어에 대한 정의가 필요하다.

- **총생산**(TP)은 생산된 특정 재화나 서비스의 총량 또는 총산출이다.
- **한계생산**(MP)은 생산과정에 가변자원 즉 노동력이 1단위 더 투입되었을 때 추가적으로 발생하는 산출 또는 생산량의 증가분이다. 따라서 다음과 같이 정의된다.

총생산
한계생산

$$\text{한계생산} = \frac{\text{총생산량의 변화분}}{\text{노동투입의 변화분}}$$

- **평균생산**(AP)은 노동생산성이라고 부르기도 하는데, 투입된 노동 1단위당 생산량이다.

평균생산

$$\text{평균생산} = \frac{\text{총생산량}}{\text{노동투입량}}$$

단기에서 기업이 정해진 규모의 공장에 노동력을 추가하면 당분간 산출량이 증가한다. 그런데 노동력이 추가로 투입되었을 때 산출량은 얼마나 늘어날 것인가? 그리고 여기서 '당분간' 늘어난다는 한 이유는 무엇일까?

수확체감의 법칙

수확체감의 법칙이라는 흔히 쓰는 용어가 이에 대한 해답을 제공한다. 이 법칙은 기술이 주어져 있어서 생산기술에 변화가 없을 때 적용된다. 이 법칙에 따르면 자본이나 토지와 같은 고정자원에 결합되는 가변자원 즉 노동의 투입량이 계속 증가할 때 일정한 수준이 지나면 추가적인 가변자원의 투입으로 증가하는 추가적인 생산량 즉 한계생산은 감소한다. 예를 들어 일정량의 자본 장비를 갖고 일하는 근로자의 수가 계속 늘어날 때 일정수준을 지나면 추가적인 근로자의 투입에 따른 산출물 증가는 점점 작아진다.

수확체감의 법칙

법칙의 근거 80에이커의 옥수수 밭을 소유한 농부가 있다고 하자. 이 농부가 잡초 제거 등과 같이 밭고르기를 전혀 하지 않는다면, 에이커 당 수확량은 40톤이다. 그가 밭을 한 번 고른다면, 산출량은 에이커 당 50톤까지 오른다. 2번째 밭고르기는 산출량을 57톤, 3번째는 61톤, 4번째는 63톤으로 늘린다. 밭고르기를 계속함에 따라 밭의 수확량이 늘어나는 크기는 점점 줄어든다. 만약 그렇지 않다면 80에이커의 옥수수 밭만으로도 밭고르기를 무수히 많이 함으로써 세계 전체의 옥수수 수요를 만족시킬 수도 있을 것이다. 사실, 수확체감이 작용하지 않는다면 세계는 화분 하나로도 충분히 먹고 살 수 있다. 왜 그렇지 않겠는가? 그냥 씨와 비료, 그리고 농부를 계속 더 투입하면 되지 않겠는가!

수확체감의 법칙은 농업 이외의 산업에도 적용된다. 어떤 목재상이 가구를 생산한다고 하자. 이 목재상은 선반, 대패, 톱, 사포 등과 같은 장비들을 보유하고 있다. 이 목재상이 1~2명의 근로자만 고용한다면, 총생산량과 생산성(근로자 1인당 생산량)은 매우 낮을 것이다. 근로자들이 여러 가지 작업들을 수행해야 하며, 그래서 전문화의 이점이 실현되지 못한다. 이 작업에서 저 작업으로 옮겨 다니는데 시간을 허비할 것이고, 기

사례연구: 학습에서의 수확체감

수확체감의 개념을 잘 이해하기 위해 '투입'과 '산출'의 관계에 대한 비경제학적인 예를 들어보자. 개인의 학습과 관련하여 다음과 같은 관계가 성립한다고 하자.

학습 성과 = f(지능, 교재의 질, 강의의 질, 수업시간 및 자습시간)

여기서 f는 '함수' 표시로 학습 성과가 괄호안의 변수에 '달려 있다'는 것을 의미한다.

즉 학습 성과는 지능(여러 가지로 정의될 수 있다), 교과서와 같은 수업 교재의 질, 강의의 질, 수업시간 및 자습시간 등에 따라 결정된다.

분석을 위해 개인의 지능, 교재의 질, 강의의 질 및 수업시간은 고정되어 있다고 하자. 즉 수업이 진행됨에 따라 변화가 없다고 가정하자. 이제 학습 성과를 높이기 위해 자습시간을 늘려보도록 하자. 하루 자습시간을 1시간 늘리면 총 학습성과는 증가한다. 자습시간을 1시간에서 2시간으로 늘리면 처음 자습시간을 1시간 늘렸을 때보다 더 학습 성과가 얼마나 좋아지는가? 3시간, 4시간, 5시간, … 그리고 15시간으로 늘려갈 때, 추가된 자습시간이 총 학습성과에 기여하는 정도는 어느 정도인가?

자습시간이 증가하면 결국에는 학습 성과에 수확체감이 발생한다는 점에 동의할 것이다. 추가적인 학습시간의 한계생산은 어느 수준을 지나면 체감하며 나아가 0이 될 수도 있다.

이러한 현상은 기업의 생산에도 적용된다. 고정요소 즉 자본이 고정되어 있을 때 가변요소 즉 노동의 투입이 계속 추가되면 가변요소의 한계생산은 결국에는 체감한다. 요컨대 언젠가는 수확체감이 발생할 수밖에 없다. 총생산량은 증가하지만 증가 속도는 점차 느려지고, 최대치에 달한 후, 마침내는 감소하게 된다.

출처: © BananaStock/JupiterImages RF

계는 대부분 놀고 있을 것이다. 간략히 말해 이 공장의 직원은 부족하며, 노동량에 비해 너무 많은 자본이 투입되고 있어서 생산이 비효율적이다. 이 목재상이 근로자를 더 고용하면 이러한 어려움을 극복할 수 있다. 그러면 장비의 활용도가 높아질 것이고, 근로자들은 1가지 작업에 전문화할 수 있다. 이 작업 저 작업 옮겨 다니면서 낭비하는 시간도 없을 것이다. 추가적으로 투입되는 근로자의 수가 늘어날수록 생산은 더욱 효율적이 되고, 추가된 근로자 1명의 한계생산은 계속 증가할 것이다. 그러나 이러한 방식으로 생산이 끝없이 증가할 수는 없다. 일정 수준을 지나면 근로자 수가 늘어나면서 과밀이 발생한다. 근로자들이 기계를 사용하기 위해 줄서서 기다리게 되어 근로자들의 과소 활용이 발생한다. 공장규모가 일정하다면 근로자의 수가 늘어날수록 개별 근로자가 사용할 수 있는 자본 장비는 줄어들어 총생산량이 증가하는 속도는 점점 느려진다. 자본은 일정한데 노동의 양이 점점 더 많아지게 되어 추가되는 근로자의 한계생산은 감소한다. 근로자가 계속 늘려나면 결국에는 지나친 혼잡으로 한계생산성이 음(−)이 되어 총생산량이 감소할 수도 있다. 극단적으로 근로자가 계속 증가하여 서 있을 자리도 없게 되면 총생산량이 0이 될 것이다.

수확체감의 법칙은 투입되는 모든 노동이 동질적이라는 가정에서 출발하고 있다. 추가적으로 투입되는 근로자의 선천적 능력, 협업 능력, 교육, 훈련 및 직장 경험 등이 동일하다고 가정한다. 궁극적으로 한계생산이 체감하는 것은 추가되는 근로자들의 숙련도가 낮거나 열정이 없기 때문이 아니다. 한계생산이 체감하는 이유는 생산설비나 장비의 양에 비하여 점차 많은 근로자들이 이를 이용하기 때문이다.

수확체감의 사례: 표 표 7.1은 수치를 이용하여 수확체감을 설명하고 있다. (1)열은 가변자원(노동)을 나타내며 고정된 자본과 결합하여 얻어지는 총생산 즉 총산출이 (2)열에 표시되어 있다.

(3)열은 한계생산, 즉 추가적인 1단위의 노동투입으로 얻어지는 총생산의 증가분이다. 노동 투입이 없으면 총생산은 0이다. 근로자가 없다면 생산은 이루어질 수 없다. 맨 처음 투입된 3단위까지 노동의 한계생산은 각각 10, 15, 20으로 한계생산이 체증한다. 하지만 4번째 단위부터 한계생산은 계속 체감하며 7번째 단위의 한계생산은 0이며 8번째부터의 한계생산은 음(−)의 값을 갖게 된다.

평균생산 즉 노동 1단위당 생산은 (4)열에 주어져 있다. 평균생산은 (2)열에 있는 총생산을 거기에 필요한 (1)열의 노동투입량으로 나누어 계산한다. 예를 들어 5단위의 노동이 투입되었을 때 평균생산은 14(=70/5)이다.

〈표 7.1〉 총생산, 한계생산 및 평균생산: 수확체감의 법칙

(1) 가변자원 (노동)의 투입량	(2) 총생산(TP)	(3) 한계생산(MP)= (2)의 변화분/(1)의 변화분		(4) 평균생산 (AP)=(2)/(1)
0	0			–
		10	한계생산 체증	
1	10			10.00
		15		
2	25			12.50
		20		
3	45			15.00
		15	한계생산 체감	
4	60			15.00
		10		
5	70			14.00
		5		
6	75			12.50
		0	음(−)의 한계생산	
7	75			10.71
		−5		
8	70			8.75

수확체감의 사례: 그래프 그림 7.2는 표 7.1이 담고 있는 수확 체감의 사례를 그림으로 보여주고 있는데 총생산, 한계생산 및 평균생산 간의 관계를 더욱 분명하게 보여준다. 그림 7.2(b)에서 한계생산은 노동투입이 추가될 때 나타나기 때문에 투입된 노동량의 사이에 표시되어 있다.

그림 7.2(a)에서 총생산(TP)은 3단계로 구분된다. 처음에는 빠른 속도로 증가하다가 이후에 느린 속도로 증가하며, 마지막에는 최대치에 도달한 후 감소하게 된다.

기하학적으로 보면 한계생산(그림 7.2(b)의 MP곡선)은 총생산곡선의 접선의 기울기이다. 한계생산은 노동 투입량이 계속 증가할 때 추가된 노동으로 인한 총생산의 증가분이다. 따라서 총생산에 나타나는 3단계는 한계생산에도 반영된다. 총생산이 빠른 속도로 증가하는 단계에서 한계생산은 체증한다. 이 때, 노동 1단위가 추가로 투입될 때마다 총생산의 증가분은 점점 커진다. 비슷한 논리로, 총생산이 느린 속도로 증가하는 단계에서 한계생산은 양(+)의 값을 갖지만 체감한다. 이 경우에 노동 1단위가 추가로

투입될 때마다 총생산의 증가분은 점차 줄어든다. 총생산이 최대치에 도달했을 때 한계생산은 0이다. 총생산이 감소하면 한계생산은 음(−)의 값을 갖는다.

[그림 7.2] 수확체감의 법칙

(a) 가변자원(노동)이 일정 규모의 다른 자원들(토지 또는 자본)에 추가됨으로 인하여, 총생산(TP)은 느린 속도로 증가하다가, 최대치에 도달한 후 감소하게 된다. (b) 한계생산(MP)은 추가된 노동투입으로 인한 총생산 증가분이다. 평균생산(AP)은 총생산을 투입된 노동으로 나눈 값이다. 한계생산은 평균생산이 최대치를 갖는 점에서 평균생산과 교차한다.

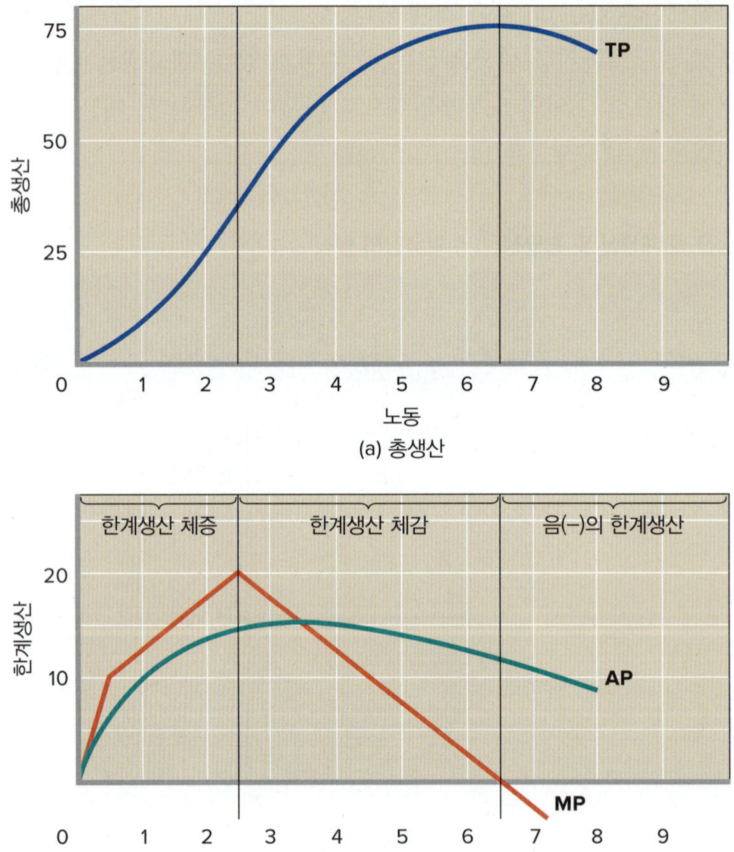

(a) 총생산

(b) 한계생산과 평균생산

한계생산과 평균생산의 관계

그림 7.2(b)에서 평균생산(AP)은 한계생산과 비슷한 모양을 가지고 있다. 평균생산은 노동 투입이 증가함에 따라 처음에는 증가하다고 최대치에 도달한 후 감소하게 된다. 이 때 **한계생산과 평균생산의 관계**를 잘 살펴볼 필요가 있다. 한계생산이 평균생산보다 크면 평균생산은 상승한다. 한계생산이 평균생산보다 작으면 평균생산은 감소한다. 따라서 한계생산은 평균생산이 최대치에 달했을 때 평균생산과 교차한다.

이러한 관계는 수학적으로 볼 때 반드시 성립할 수밖에 없다. 어떤 총량의 평균값에 그보다 더 큰 값을 더하여 새로운 평균을 구하면 새로운 평균은 증가할 수밖에 없다. 그리고 총량의 평균값에 그보다 작은 값을 더하여 새로운 평균을 구하면 새로운 평균값은 하락할 수밖에 없다. 여러분이 학점의 평균을 올리려면 추가적인 즉 한계적인 시험에서 기존의 평균평점보다 높은 점수를 받는 수밖에 없다. 여러분이 추가적인 시험에서 현재의 평균평점보다 낮은 점수를 받는다면, 평균평점은 하락할 것이다. 지금의 예에서 추가된 근로자의 한계생산이 기존 근로자들의 평균생산보다 크다면 평균생산은 증가할 것이다. 반대로 추가된 근로자의 한계생산이 기존의 평균생산보다 작다면 평균생산은 감소할 것이다.

수확체감의 법칙은 3개의 곡선은 모두 반영되어 있다. 그러나 수확체감의 법칙에 대한 정의가 말해주고 있듯이 경제학자들은 이 법칙이 한계생산에 미치는 효과를 가장 중요하게 여긴다. 한계생산이 체증 또는 체감하거나, 혹은 음의 값은 갖는 구간은 그림 7.2(b)에서 확인할 수 있다.

단기 생산비용

생산량에 따른 총생산비용 및 단위생산비용의 변화를 알려면 표 7.1과 그림 7.2(a) 및 (b)에 주어진 생산 정보와 함께 자원의 가격도 살펴보아야 한다. 단기에서 기업의 공장 설비는 고정되어 있다는 점은 이미 설명한 바 있다. 하지만 다른 자원들의 투입량은 단기에서 변화한다. 그 결과 단기 비용은 고정된 것도 있고 변하는 것도 있다.

고정비용, 가변비용, 총비용

고정비용, 가변비용, 총비용이 서로 어떻게 다른지 살펴보자.

고정비용(TFC) **고정비용**은 생산량이 변할 때 변화가 없는 비용들이다. 고정비용은 생산설비가 있다는 바로 그 사실 때문에 발생하는 비용으로 **생산량이 0이라도 지불해야 하는 비용**이다. 일반적으로 임대료, 부채에 대한 이자지급, 장비 및 건물에 대한 감가상각, 보험료 등과 같은 비용들이 고정비용으로 간주된다. 이들 비용은 고정되어 있어 기업의 생산량이 늘더라도 변하지 않는다. 표 7.2의 (2)열에서 기업의 총고정비용은 100만 원으로 고정되어 있다. 이 비용은 정의에 의해 생산을 하지 않는 경우를 포함하여 모든 생산량에서 일정하다. 단기에서 기업이 고정비용을 지불하지 않을 수 없다.

고정비용

가변비용(TVC) **가변비용**은 생산량이 변함에 따라 달라지는 비용이다. 이들 비용은 재료, 연료, 전기, 운송 서비스, 대부분의 노동 등 가변자원들을 활용하기 위해 지불하는 대가들로 이루어져 있다. 그림 7.2의 (3)열에서 총가변비용은 생산량이 변하면 즉각 달라진다는 것을 확인할 수 있다. 하지만 생산량이 1단위씩 증가할 때 가변비용의 증가분은 일정하지 않다. 생산이 시작되면 가변비용은 잠깐 동안은 느린 속도로 증가한다. 표 7.2에서 생산물 4번째 단위까지가 이에 해당한다. 하지만 4번째 단위가 지나면 가변비용은 생산량이 1단위 증가할 때마다 빠른 속도로 증가하게 된다. 그 이유는 한계생산 곡선의 형태에서 찾을 수 있다. 그림 7.2(b)에서 처음에는 한계생산이 증가하기 때문에 생산량이 1단위 증가할 때 추가적으로 투입되어야 하는 가변자원의 양은 점점 더 작아진다. 따라서 생산량을 1단위 증가시키는데 드는 가변비용은 감소한다. 하지만, 수확체감이 발생하면 한계생산은 감소하기 시작하며, 따라서 생산량이 1단위 증가할 때마다 추

가변비용

가적으로 투입되어야 하는 가변자원의 양은 점점 더 커지게 된다. 따라서 총비용은 점점 더 빠른 속도로 증가하게 된다.

총비용

총비용(TC) **총비용**은 주어진 산출수준에서 고정비용과 가변비용의 합이다(TC=TFC+TVC). TC는 표 7.2의 (4)열에 주어져 있다. 생산량이 0일 때 총비용은 고정비용과 같다. 그 다음 생산량이 변화할 때마다 **총비용은 가변비용이 변화하는 양만큼 변화**한다.

그림 7.3은 표 7.2에 주어진 고정비용, 가변비용 및 총비용 데이터를 그림으로 표시한 것이다. 총가변비용(TVC)은 수평축에 표시된 생산량 수준에서 그린 수직선의 높이로 측정된다. 총고정비용(TFC)과 총가변비용을 수직으로 더하면 총비용(TC)를 얻을 수 있다.

〈표 7.2〉 단기 개별 기업에 대한 총비용, 평균비용, 한계비용 (비용의 단위: 1,000)

총비용데이터				평균비용데이터			한계비용
(1) 총생산 (Q)	(2) 총고정비용 (TFC)	(3) 총가변비용 (TVC)	(4) 총비용 (TC) TC = TFC + TVC	(5) 평균고정비용 (AFC) $AFC = \frac{TFC}{Q}$	(6) 평균가변비용 (AVC) $ATC = \frac{TVC}{Q}$	(7) 평균총비용 (ATC) $ATC = \frac{TC}{Q}$	(8) 한계비용 (MC) $MC = \frac{\text{TC의 변화분}}{\text{Q의 변화분}}$
0	100	0	100				
1	100	90	190	100.00	90.00	190.00	90
2	100	170	270	50.00	85.00	135.00	80
3	100	240	340	33.33	80.00	113.33	70
4	100	300	400	25.00	75.00	100.00	60
5	100	370	470	20.00	74.00	94.00	70
6	100	450	550	16.67	75.00	91.67	80
7	100	540	640	14.29	77.14	91.43	90
8	100	650	750	12.50	81.25	93.75	110
9	100	780	880	11.11	86.67	97.78	130
10	100	930	1030	10.00	93.00	103.00	150

[그림 7.3] 총비용(TC)은 총고정비용(TFC)과 총가변비용(TVC)의 합이다.

총가변비용은 생산량에 따라 변한다. 총고정비용은 생산량과 무관하다. 모든 산출량 수준에서 총비용은 해당 산출량에서 총고정비용과 총가변비용의 수직적 합이다.

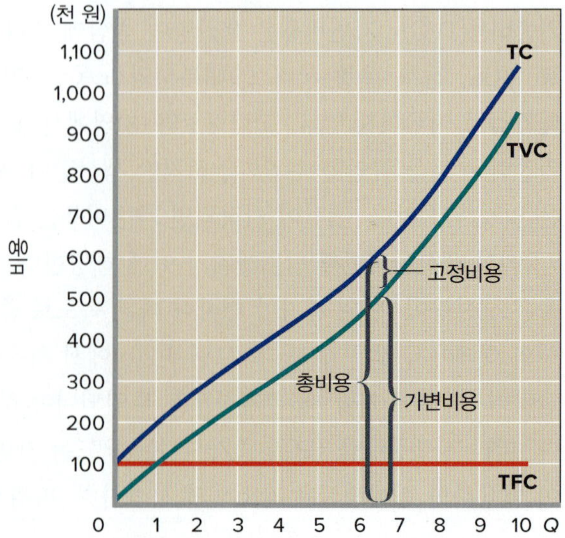

기업 경영자에게 고정비용과 가변비용을 구분하는 것은 매우 중요하다. 가변비용은 단기에서 생산수준을 변화시키기 위해 통제하거나 변경할 수 있다. 고정비용은 기업 경영자의 통제 밖에 있다. 이 비용은 단기에서 발생하며 생산량과 무관하게 지불할 수밖에 없는 비용이다.

단위비용 또는 평균비용

생산자들은 총비용과 마찬가지로 단위비용, 달리 표현하면 **평균비용**에도 관심을 갖는다. 평균비용 관련 자료는 가격과 비교할 때 의미가 있는데, 가격은 항상 제품 1단위로 표시되기 때문이다. 평균고정비용, 평균가변비용 및 평균총비용은 표 7.2의 (5)열~(7)열에 주어져 있다.

평균비용

평균고정비용(AFC) **평균고정비용**은 주어진 생산량에서 총고정비용을 생산량(Q)으로 나누어 구한다. 즉

평균고정비용

$$AFC = \frac{TFC}{Q}$$

총고정비용은 생산량과 무관하게 일정하므로, 평균고정비용은 생산량이 증가하면 감소하게 된다. 즉 생산량이 증가하면 총고정비용은 더 많은 생산물에 분산된다. 표 7.2에서 생산량이 1단위일 때, 총고정비용과 평균고정비용은 100만 원으로 동일하다. 하지만, 생산량이 2단위이면, 총고정비용은 100만 원으로 일정하지만 평균고정비용, 즉 1단위당 고정비용은 50만 원이 된다. 그 다음에는 생산량이 3단위이면 33.3만 원, 4단위이면 25만 원으로 분산된다. 이러한 과정은 흔히 **고정비용의 분산**이라고 불린다. 따라서 그림 7.4에서 평균고정비용의 그래프는 총생산이 증가함에 따라 계속 하락하는 모양을 띠게 된다.

고정비용의 분산

[그림 7.4] 평균비용곡선

평균고정비용(AFC)은 일정한 금액의 비용이 점점 더 많은 양의 제품에 분산되기 때문에 감소한다. 평균가변비용(AVC)은 처음에는 한계수확체증 때문에 감소하다가 그 이후에는 한계수확체감에 의해 증가한다. 평균총비용(ATC)은 평균가변비용과 평균고정비용의 수직 합이다.

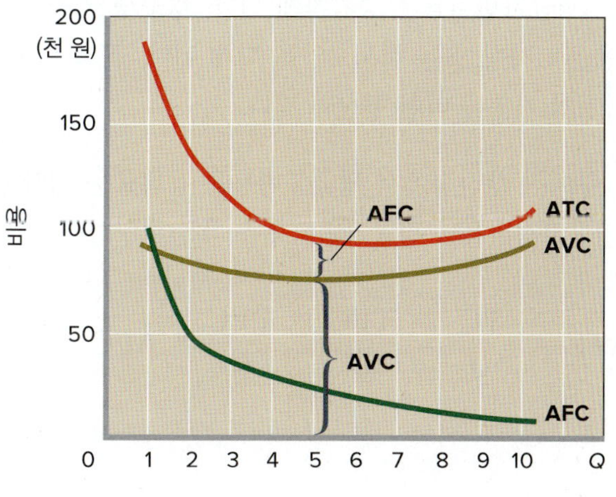

평균가변비용

평균가변비용(AVC) **평균가변비용**은 주어진 생산량에서 총가변비용을 생산량으로 나누어 구한다.

$$\text{AVC} = \frac{\text{TVC}}{Q}$$

수확체증 이후에 수확체감이 나타나기 때문에 평균가변비용은 처음에는 감소하다가 최소치에 도달한 후 마지막에는 다시 증가하게 된다. 평균가변비용의 그래프는 그림 7.4에서와 같이 U자형, 또는 접시모양을 띠게 된다.

총가변비용이 수확체감의 법칙을 반영하고 있기 때문에 거기에서 도출되는 평균가변비용도 이 법칙을 반영할 수밖에 없다. 처음에는 한계생산이 증가하므로 생산물을 처음 4단위를 생산할 때까지 추가적 생산에 필요한 가변자원의 양은 점점 작아진다. 그 결과 단위 당 가변비용 즉 평균가변비용은 줄어든다. 평균가변비용은 생산량이 5단위일 때 최소치에 도달한다. 그 이후에는 수확체감의 법칙이 작용하여 추가적 생산에 필요한 가변자원의 양이 증가하며 그래서 평균가변비용은 커지게 된다. 달리 표현하면, 생산량이 적을 때 생산은 상대적으로 비효율적이어서 비용이 더 많이 든다. 생산설비에 비해 종업원이 부족하기 때문에 평균가변비용은 상대적으로 높다. 그러나 생산량이 늘어나면서 전문화가 확대되고 자본설비의 활용도가 높아져 효율성이 개선되면서 단위당 가변비용은 감소한다. 가변자원이 추가적으로 계속 투입되면 과밀로 인하여 수확체감이 발생하는 점에 도달하게 된다. 일단 수확체감이 발생하게 되면, 추가적인 생산요소의 투입으로 늘어나는 생산량은 예전에 비해 보다 더 적어진다. 이는 평균가변비용이 결국에는 증가하게 될 것이라는 것을 의미한다.

평균가변비용 곡선이 U자형, 혹은 접시모양을 띤다는 것은 표 7.1을 보면 알 수 있다. 노동의 가격이 1단위에 10만 원이라고 가정하자. 이 때 산출 1단위당 노동비용은 노동 1단위의 가격인 10만 원을 노동 1단위당 생산량인 평균생산으로 나눈 값이다. 노동이 유일한 가변요소라고 가정하고 있기 때문에 산출 1단위당 노동비용은 산출 한 단위당 가변비용과 같다. 처음에 평균생산이 작을 때 평균가변비용은 크다. 근로자가 추가될수록 평균생산은 증가하고 평균가변비용은 감소한다. **평균생산이 최대치에 도달하면, 평균가변비용은 최소치**를 갖게 된다. 그리고 근로자가 계속 추가되면서 평균생산이 감소하기 시작하면, 평균가변비용은 증가하게 된다. 평균생산 곡선이 산봉우리 모양이므로, 평균가변비용은 U자형 또는 접시모양을 띠게 된다. 곧 확인하겠지만 평균생산과 평균가변비용은 각자의 거울에 비친 형상과 같다.

평균총비용

평균총비용(ATC) 주어진 생산량에서 **평균총비용**은 총비용을 생산량으로 나누거나 주어진 생산량에서 평균고정비용과 평균가변비용을 더하여 구한다.

$$\text{ATC} = \frac{\text{TC}}{Q} = \frac{\text{TFC}}{Q} + \frac{\text{TVC}}{Q} = \text{AFC} + \text{AVC}$$

그림으로 살펴보면 평균총비용은 그림 7.4에서 평균고정비용과 평균가변비용 곡선을 수직적으로 더하여 구한다. 따라서 모든 산출량에서 **평균총비용과 평균가변비용의 수직거리가 평균고정비용**이 된다.

한계비용(MC)

마지막으로 매우 중요한 비용 개념이 하나 남아 있다. **한계비용**은 제품을 1단위를 더 생산하는데 따른 추가적 비용이다. 한계비용은 생산물이 1단위 추가되었을 때 그로 인해 발생하는 총비용의 변화분이다.

한계비용

$$\text{MC} = \frac{\text{TC의 변화분}}{Q\text{의 변화분}}$$

계산 표 7.2의 (4)열에서 1번째 단위를 생산하면 총비용은 100만 원에서 190만 원으로 증가한다. 따라서 1번째 단위로 인해 추가적으로 발생하는 비용, 즉 한계비용은 (8)열에 나타나 있듯이 90만 원이다. 2번째 단위의 한계비용은 80만 원(=270만 원−190만 원), 3번째 단위의 한계비용은 70만 원(=340만 원−270만 원)이다.

한계비용은 총가변비용으로부터 구할 수도 있다. 총비용과 총가변비용의 차이는 고정된 액수의 총고정비용(100만 원)뿐이다. 따라서 생산물 1단위 증가에 따른 총비용의 증가분은 총가변비용의 증가분과 같다.

한계적 결정 한계비용은 기업이 직간접적으로 통제할 수 있는 비용이다. 구체적으로 한계비용은 1단위를 추가적으로 생산할 때 발생하는 비용이다. 따라서 1단위를 추가적으로 생산하지 않으면 이를 '절약'할 수 있다. 평균비용은 이러한 정보를 제공하지 않는다. 예를 들어 기업이 3단위 생산할지 4단위 생산할지 결정한다고 하자. 표 7.2에서 생산량이 4단위일 때 평균총비용은 100만 원이다. 그런데 이 기업은 4번째 단위를 생산해서 총비용이 100만 원 증가한 것은 아니며 이를 생산하지 않더라도 100만 원이 절약되는 것은 아니다. 표 7.2의 (8)열에 있는 한계비용에서 확인할 수 있듯이 4번째 단위의 생산으로 인한 비용의 변화는 60만 원이다. 기업의 결정은 전형적으로 한계적 결정, 즉 더 많이 생산할 것인가 아니면 더 적게 생산할 것인가를 정하는 것이다. 한계비용은 1단위가 더 많이 생산하거나 더 적게 생산될 때 발생하는 비용의 변화분이다.

기업은 **한계비용을 한계수입과 비교하여 생산의 확대나 축소가 수익에 도움이 되는지 판단**하게 된다. 10장에서 다시 논의하겠지만 한계수입은 제품 1단위를 더 생산하거나 덜 생산하는데 따른 수입의 변화분이다. 다음의 장에서는 이러한 한계적 계산을 분석한다.

그래프 설명 그림 7.5는 한계비용을 그래프로 설명하고 있다. 한계비용은 처음에는 급격히 감소하다가 최소치에 도달한 후, 다소 빠르게 증가한다. 이는 가변비용, 따라서 총비용이 처음에는 느린 속도로 증가하다가 나중에는 빠른 속도로 증가한다는 사실을 반영한다(표 7.2의 (3)열과 4(열) 참조).

[그림 7.5] 한계비용곡선과 평균총비용곡선 및 평균가변비용 곡선의 관계

한계비용곡선(MC)은 평균총비용곡선(ATC) 및 평균가변비용(AVC)의 최저점을 지난다. 한계비용이 평균총비용보다 작으면 평균총비용은 감소하며, 한계비용이 평균총비용보다 크면 평균총비용은 증가한다. 마찬가지로 한계비용이 평균가변비용보다 작으면 평균가변비용은 감소하며, 그보다 크면 평균가변비용은 증가한다.

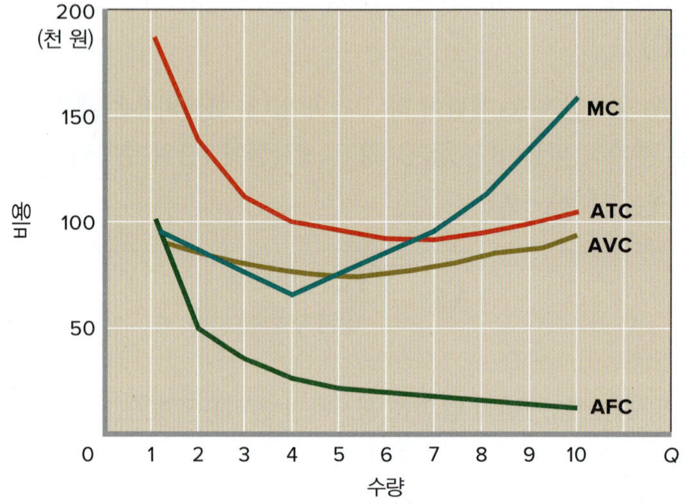

한계비용과 한계생산 한계비용곡선의 모양은 수확체감법칙에 의해 결정된다. 표 7.1을 다시 살펴보면, 한계생산과 한계비용의 관계를 확인할 수 있다. 가변자원(노동)의 가격이 일정할 때 추가된 근로자의 한계생산이 증가하는 한 추가 생산되는 제품의 한계비용은 감소한다. 한계비용은 추가된 근로자 1명으로 발생한 비용(일정하다)을 한계생산으로 나눈 값이기 때문이다. 표 7.1에서 근로자 1명을 1만 원에 고용한다고 가정하자. 1번째 근로자의 한계생산은 10단위이고 근로자 1명을 고용한데 따른 비용은 1만 원이므로, 추가된 10단위의 한계비용은 모두 1,000원(=1만 원/10단위)이다. 2번째 근로자를 고용하면 비용은 1만 원 증가하고 한계생산은 15단위이므로, 추가된 15단위의 한계비용은 모두 670원(=1만 원/15단위)이다. 마찬가지로, 3번째 근로자가 추가되면 한계생산이 20단위이므로 이들의 한계비용은 모두 500원(=1만 원/20단위)이다. 일반적으로 한계생산이 증가하면 한계비용은 감소한다.

하지만, 4번째 근로자부터 수확체감이 작동하기 시작하여 한계비용이 증가하기 시작한다. 4번째 근로자가 추가되었을 때 한계비용은 670원(=1만 원/15단위), 5번째 근로자가 추가되면 1,000원(=1만 원/10단위), 그리고 6번째 근로자가 추가되면 2,000원(=1만 원/5단위)이다. 가변자원의 가격(비용)이 일정하다면 한계수확체증은 한계비용의 체감으로 나타나고, 한계수확체감은 한계비용의 체증으로 나타난다. 한계비용곡선은 한계생산 곡선을 거울에 비추었을 때 나타나는 상과 같다. 그림 7.6에서 확인할 수 있듯, 한계생산이 증가하면 한계비용은 반드시 감소한다. 한계생산이 최대치에 도달하면, 한계비용은 최소치에 도달한다. 그리고 한계생산이 감소하면 한계비용은 증가한다.

한계비용과 평균가변비용 및 평균총비용의 관계 그림 7.5에서 **한계비용곡선(MC)이 평균가변비용 및 평균총비용곡선의 최저점을 지난다**는 것을 확인할 수 있다. 앞에서 밝힌 바 있듯이, 이러한 한계와 평균의 관계는 수학적으로 필연적인데, 다음의 간단한 예

사례연구: 매몰비용 무시하기

사람들은 습관적으로 한계편익과 한계비용을 비교할 때 과거에 발생한 비용 즉 매몰비용을 고려한다. 이러한 습관을 매몰비용의 오류라고 한다.

그러한 사례를 들어보자. 어떤 가족이 길가에 차를 세우고 사과를 샀다고 하자. 그런데 얼마간 차를 몰고 간 후에야 사과가 상했다는 것을 알아챘다고 하자. 이 때 '이미' 많은 돈을 지불했기 때문에 상한 사과를 먹어야 한다는 아버지의 고집은 타당한가?

절대 그렇지 않다. 새로운 결정을 내릴 때 이 결정과 무관한 비용은 모두 무시해야 한다. 이전에 사과를 사기로 한 결정이 나쁜 것으로 드러났어도 그러한 결정이 이후의 결정에 영향을 미쳐서는 안 된다. 그래서 상한 사과를 먹는데 따른 한계편익이 한계비용보다 적음에도 '이미' 지불한 비용에 사로잡혀 이를 먹어서는 안 되는 것이다.

사업에서 나타나는 예를 들어보자. 어떤 기업이 신제품을 개발하기 위해 연구개발에 10억 원을 지출하였는데 해당 제품의 판매가 매우 저조하다고 하자. 미래에 제품의 판매가 크게 늘어날 것이라는 희망이 전혀 없는데도 기업은 손해를 보면서 계속 생산을 해야 할까? 명백히 그렇지 않다. 제품 개발에 지출한 비용은 이러한 결정과 무관하다는 점을 깨달아야 한다. 이 기업은 생산을 중단하여 손실을 줄여야 한다.

과거의 지출에 대해 '돈값'을 구하려는 정서적 욕구 때문에 매몰비용의 오류가 발생한다. 하지만 이러한 감정에 굴복하면 '귀한 돈을 나쁜 곳에 허비'하게 된다. 과거의 비용은 모두 무시하고 지금의 결정에 따라 달라질 수 있는 비용에만 집중하는 것이 옳다.

를 보면 분명히 이해할 수 있다. 어떤 농구선수가 시즌 첫 3경기에서 경기당 20점을 득점하였다고 가정하자. 그러면 4번째(한계적) 경기 후에 평균득점이 상승할지 아니면 하락할지의 여부는 4번째 경기의 득점이 현재까지의 평균득점인 20점보다 많은지 아니면 적은지에 달려 있다. 4번째 경기의 득점이 20점보다 적으면 평균득점은 감소한다. 예를 들어, 4번째 경기의 득점이 16점이면 총득점은 60점에서 76점으로 오를 것이고 평균득점은 20점에서 19점(=76점/4)으로 줄어든다. 반대로 4번째(한계) 경기의 득점이 20점보다 많아 24점이면, 총득점은 60점에서 84점으로 증가하고 평균득점은 20점에서 21점(=84점/4)으로 오를 것이다.

[그림 7.6] 생산성곡선과 비용곡선

(b)의 한계비용곡선(MC)과 평균가변비용 곡선(AVC)은 (a)의 한계생산 곡선(MP) 및 평균생산 곡선(AP)을 거울에 비친 상과 같다. 노동이 유일한 가변자원이고 그 가격(임금)이 일정하다면, 한계생산이 증가할 때 한계비용은 감소한다. 그리고 한계생산이 감소할 때 한계비용은 증가한다. 같은 가정에서 평균생산이 상승할 때 평균가변비용은 하락하고 평균생산이 하락할 때 평균가변비용은 상승한다.

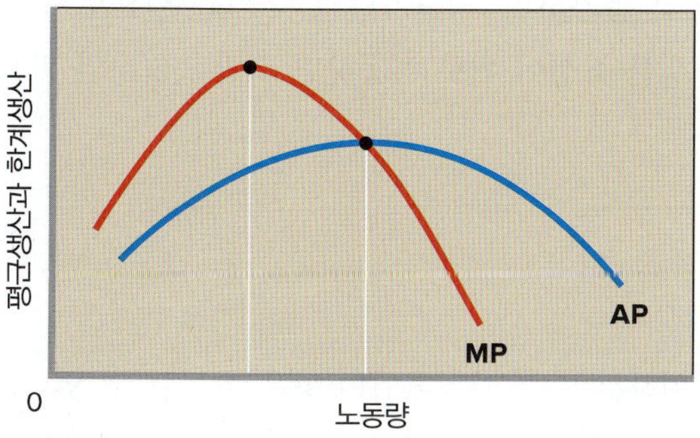

(a) 생산곡선

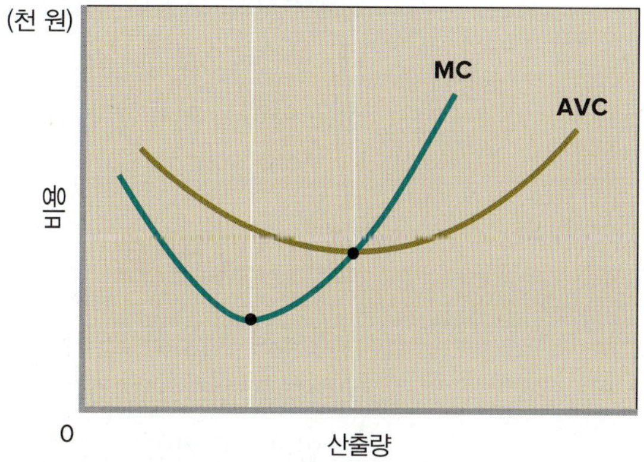

(b) 비용곡선

비용도 마찬가지다. 총비용에 추가되는 비용(한계비용)이 현재의 평균총비용보다 적으면 평균총비용은 감소한다. 반대로 한계비용이 평균총비용을 초과하면, 평균총비용은 증가한다. 그림 7.5에서 한계비용곡선이 평균총비용곡선보다 아래쪽에 있으면 평균총비용 곡선은 하락하며, 한계비용곡선이 평균총비용곡선보다 위에 있으면 언제나 평균총비용곡선은 상승한다. 따라서 한계비용곡선과 평균총비용곡선의 교차점에서 평균총비용곡선이 하락하는 것을 멈추지만 그렇다고 증가하기 시작하는 것도 아니다. 이 점이 정의상 평균총비용곡선의 최저점이다. **한계비용곡선은 평균총비용곡선의 최저점에서 평균총비용곡선과 교차**한다.

한계비용은 산출 1단위의 증가에 따른 총비용 또는 총가변비용의 증가분으로 정의된다. 따라서 **한계비용곡선이 평균가변비용 곡선의 최저점을 지나는 이유도 같은 논리로 설명**할 수 있다. 한계비용과 평균고정비용은 관련이 없기 때문에 이러한 관계가 존재하지 않는다. 한계비용은 생산량에 따라 변하는 비용들만을 포함하며, 고정비용은 정의상 생산량과 관계가 없는 비용이다.

비용곡선의 이동

자원의 가격이나 기술이 변하면 비용이 달라지고 따라서 비용곡선이 이동한다. 고정비용이 100만원에서 200만원으로 두 배가 되면, 그림 7.5의 평균고정비용 곡선은 위로 이동한다. 각각의 생산량 수준에서 고정비용은 더 커지게 된다. 평균고정비용은 평균총비용의 구성요소이므로 평균총비용 곡선 역시 위로 이동한다. 평균가변비용 곡선과 한계비용곡선은 고정된 생산요소(생산설비)가 아니라 가변자원(노동)의 가격에 따라 변하는 것이기 때문에 이동하지 않는다. 하지만 노동의 가격(임금) 등 가변자원의 가격이 상승하면, 평균가변비용, 평균총비용 및 한계비용은 상승하고 따라서 이들 비용곡선들은 모두 위로 이동한다. 이 때 고정비용은 변하지 않았기 때문에 평균고정비용 곡선은 제자리에 그대로 있다. 그리고 고정자원이나 가변자원의 가격이 하락하면 비용이 줄기 때문에 비용곡선들은 방금 앞에서 설명했던 바와 정확히 반대로 이동한다.

효율적인 기술이 발견되면 모든 자원의 생산성이 상승한다. 그래서 표 7.2에 주어진 비용수치들은 모두 낮아질 것이다. 예를 들어, 노동이 유일한 가변자원일 때, 임금이 시간당 1만원, 그리고 평균생산이 10단위라면, 평균가변비용은 1,000원이다. 하지만 기술발전으로 노동의 평균생산이 20단위로 증가하면, 평균가변비용은 500원으로 하락한다. 일반적으로 말하면 그림 7.6(a)의 생산 곡선이 위로 이동하면 그림 7.6(b)의 비용곡선은 아래로 이동한다.

장기 생산비용

장기에서 특정 산업이나 개별 기업은 원하는 만큼 자원투입의 양을 조절할 수 있다. 즉 기업들은 모든 투입요소의 양을 변화시킬 수 있다. 기업은 생산설비의 규모를 변화시킬 수 있다. 이 기업은 표 7.2에 주어진 것보다 생산설비를 크게 하거나 작게 할 수 있다.

산업도 전반적인 생산규모를 변화시킬 수 있다. 장기는 새로운 기업이 진입하거나 기존 기업이 퇴출하기에 충분한 시간이다. 기업의 진입과 퇴출이 미치는 영향은 다음 장에서 논의할 것이다. 여기서는 개별 기업이 생산설비의 규모를 변화시키는 경우만 생각하자. 장기에서는 모든 자원이 가변적이어서 생산에 따라 모든 비용이 달라지므로 가변비용만 존재한다. 따라서 고정비용과 가변비용을 구분할 필요가 없어서 평균총비용에 대해서만 분석하면 된다.

기업의 규모와 비용

공장이 하나 뿐인 어떤 제조업자가 사업에 성공하여 이제 공장의 규모를 키워 생산능력을 늘린다고 하자. 평균총비용은 어떻게 달라질까? 당분간은 공장규모가 커지면서 평균총비용은 감소할 것이다. 하지만 공장규모가 더욱 커지면 결국에는 평균총비용이 증가하게 된다.

그림 7.7은 5가지의 공장규모를 예로 들어 이러한 상황을 묘사하고 있다. ATC-1은 공장이 가장 작은 규모일 때의 단기 평균총비용곡선이며, ATC-5는 규모가 가장 클 때의 단기 평균총비용곡선이다. 3번째 공장규모에 도달할 때까지는 공장 규모를 늘리면 평균총비용의 최소치가 하락한다. 하지만, 그 이후에 공장규모를 늘리면 평균총비용의 최소치는 상승하게 된다.

장기비용곡선

기업이 장기에서 평균총비용을 최대한 낮추려면 그림 7.7의 수직선에 표시된 생산량에서 공장규모를 변경해야 한다. 이 생산량에서 공장규모를 늘리면 단위당 생산비용이 규모를 늘리기 전에 비해 낮아지게 된다. 생산량이 20단위에 이를 때까지는 1번째 규모를

[그림 7.7] 장기 평균총비용곡선: 5가지 공장규모

장기 평균총비용곡선은 다양한 공장규모에 대응하는 단기 비용곡선들(ATC-1, ATC-2 등)의 일부를 연결한 것이다. 울퉁불퉁한 설비계획곡선(장기 평균비용곡선)의 각 점은 공장규모를 마음대로 변경할 수 있는 장기에서 기업이 주어진 생산량을 얻기 위해 지불해야하는 가장 낮은 수준의 평균총비용을 나타낸다.

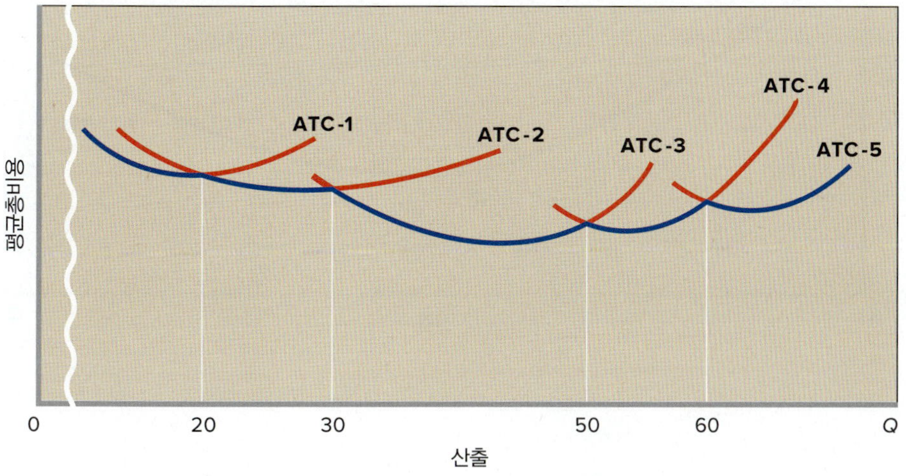

갖추어야 평균총비용이 가장 낮다. 그러나 생산량이 20단위를 넘지만 30단위보다 작을 때에는 2번째 규모의 공장을 지어야 단위당 생산비용이 낮아진다. 생산량의 증가로 총비용은 커지지만, 제품 1단위당 생산비용은 작아지는 것이다. 생산량이 30단위~50단위일 경우에는 3번째 규모의 공장을 지어야 평균총비용이 가장 작다. 생산량이 50단위~60단위일 경우에는 기업은 4번째 규모의 공장을 지어야 한다. 생산량이 60단위 이상일 경우에는 5번째 규모의 공장을 건설할 필요가 있다.

장기 평균총비용 곡선
설비계획곡선

이러한 조정과정을 추적하면 기업의 **장기 평균총비용 곡선**은 다양한 공장규모에 대응하는 단기 평균총비용 곡선들의 일부를 연결한 것임을 알 수 있다. 장기 평균총비용 곡선은 공장규모를 마음대로 변경할 수 있는 장기에서 기업이 주어진 생산량을 얻기 위해 지불해야하는 가장 낮은 수준의 평균총비용을 나타낸다. 그림 7.7에서 파란색의 울퉁불퉁한 곡선이 기업의 장기 평균총비용 곡선인데, 이것은 기업의 **설비계획곡선**이라고도 불린다.

대부분의 생산라인에서 공장규모의 선택범위는 앞의 예에서 보다 훨씬 더 넓다. 대부분의 산업에서 공장규모의 선택범위는 거의 무한하며 생산량이 조금 달라져도 공장규모가 변하기도 한다. 그림으로 살펴보면 이는 무수히 많은 단기 단기총비용 곡선이 있어서 그림 7.8에서 볼 수 있듯이 각 생산량에 대응한 단기 평균총비용 곡선이 하나 존재한다는 것을 의미한다. 그래서 **장기 평균총비용 곡선은 그림 7.7과 같이 단기 평균총비용 곡선의 일부를 연결한 것이 아니라 무수한 단기 평균총비용 곡선의 접점으로 구성된다**고 할 수 있다. 따라서 설비계획곡선은 울퉁불퉁한 것이 아니라 매끄러운 곡선의 형태를 띤다. 이 곡선의 각 점은 개별 생산량을 생산할 때 지불해야 하는 가장 작은 평균총비용을 나타낸다.

[그림 7.8] 장기 평균총비용곡선: 무수히 많은 수의 공장규모

공장규모의 선택범위가 매우 크면, 장기 평균총비용곡선은 부드러운 곡선에 가까워진다. 규모의 경제가 나타난 후에 규모의 불경제가 나타나기 때문에 곡선은 U자형을 띤다.

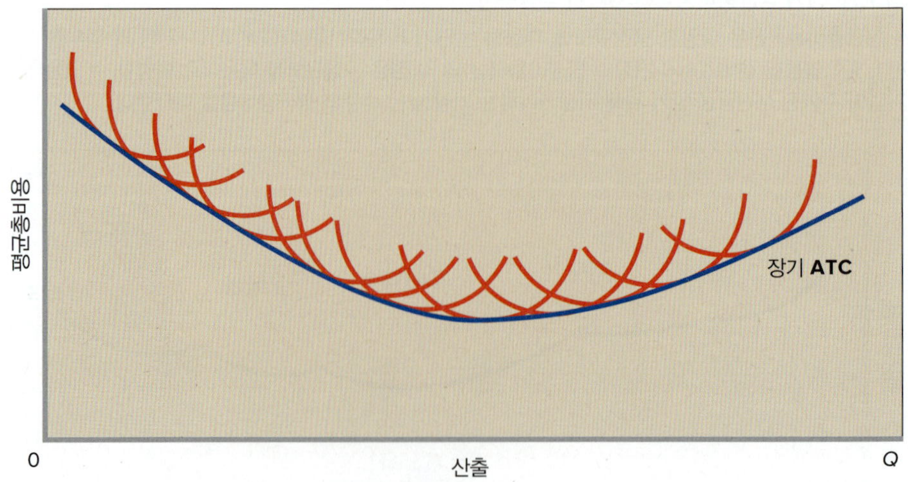

규모의 경제와 규모의 불경제

우리는 처음에는 공장규모가 커질수록 평균총비용이 낮아지지만, 어느 수준을 지나면 공장규모가 커질수록 평균총비용은 증가한다고 가정하였다. 즉 우리는 장기 평균총비용 곡선이 U자형을 띤다고 가정하였다. 왜 그래야만 할까? 이러한 U자형은 규모의 경제와 규모의 불경제 때문에 생겨나는데 이에 대하여 다음에 설명할 것이다. 하지만 그 전에 장기 평균총비용곡선이 U자형인 이유가 자원의 가격이 상승한다거나 수확체감이 발생하기 때문은 아니라는 점을 이해해야 한다. 첫째, 우리는 자원의 가격이 일정하다고 가정한 채 논의를 진행하고 있다. 둘째, 수확체감의 법칙은 장기 생산에는 적용되지 않는다. 수확체감의 법칙은 최소한 하나의 자원 혹은 투입요소가 일정하게 고정되어 있는 상황에만 적용되기 때문이다. '장기'의 정의에 따르면 장기에서 모든 자원과 투입요소는 가변적이다.

규모의 경제

규모의 경제 **규모의 경제**, 즉 대량생산으로 인한 비용절감효과는 그림 7.9 그래프 (a), (b) 및 (c)에서 장기 평균총비용 곡선의 우하향하는 부분을 설명해 준다. 즉 공장규모가 커지면 일정 수준까지는 몇 가지 요인 때문에 평균비용이 낮아진다.

노동 전문화 공장규모가 커지면 노동을 활용함에 있어 전문화의 확대가 훨씬 용이해진다. 많은 근로자를 고용하면 직무를 분할하고 세분화할 수 있다. 따라서 이제는 1사람의 근로자가 5~6개 직무를 수행하는 대신 단 1가지만을 담당하게 된다. 근로자들은 스스로 특별한 숙련을 지닌 업무에 전적으로 매달릴 수 있다. 반대로 소규모 공장에서 일하는 숙련 기계공은 업무 시간의 많은 부분을 비숙련 직무를 수행하면서 보내기 때문에 생산비용이 증가하게 된다.

더 나아가, 근로자가 적은 수의 직무를 담당하면 해당 업무에 훨씬 더 능숙해진다. 5~6가지 직무를 수행하는 '다재다능한 사람'은 어떤 직무에도 효율적이기 어렵다. 이 사람이 1가지 직무에 집중하면 훨씬 더 효율적일 수 있다.

마지막으로, 노동의 전문화가 확대되면 근로자들이 이일저일 옮겨 다닐 때 발생하는 시간낭비를 줄일 수 있다.

경영 전문화 대규모 생산은 경영능력을 더 잘 활용하고 더 전문화할 수 있도록 한다. 20명의 근로자를 관리할 수 있는 감독자가 10명만 고용한 작은 공장에서 일하면 능력이 과소 활용된다. 이 경우 생산인력을 2배로 늘리더라도 감독비용은 증가하지 않는다.

작은 규모의 기업들은 전문경영인의 이점을 최대한 활용할 수 없다. 예를 들어 작은 공장에서 일하는 마케팅 전문가는 자신의 전문 영역 이외의 역할, 예를 들어, 회계, 인사, 재무 등과 같은 업무에 시간을 보낼 수 있다. 사업 규모가 커지면 그는 마케팅에 전념하고 다른 업무는 다른 전문가가 담당하면 된다. 그 결과 생산성과 효율성은 개선되고, 단위비용은 낮아지게 될 것이다.

자본의 효율적 활용 작은 규모의 기업들은 대부분 가장 효율적인 장비를 구입할 수 없다. 이러한 장비는 대부분 엄청나게 비싸고 규모도 크다. 게다가 이러한 장비를 효율적

[그림 7.9] 다양한 형태의 장기 평균총비용곡선

(a) 공장규모가 확대될 때 규모의 경제가 비교적 빨리 달성되지만 규모의 불경제는 상당한 생산량에 도달하기 전에는 나타나지 않는다. 따라서 장기 평균총비용곡선은 상당히 넓은 구간의 생산량에서 일정하다. (b) 규모의 경제가 매우 크고, 규모의 불경제는 생산량이 매우 클 때 비로소 나타난다. (c) 규모의 경제가 매우 빨리 사라지고, 곧바로 규모의 불경제가 나타난다. 따라서 생산량이 비교적 작을 때 평균총비용이 최소치에 도달한다.

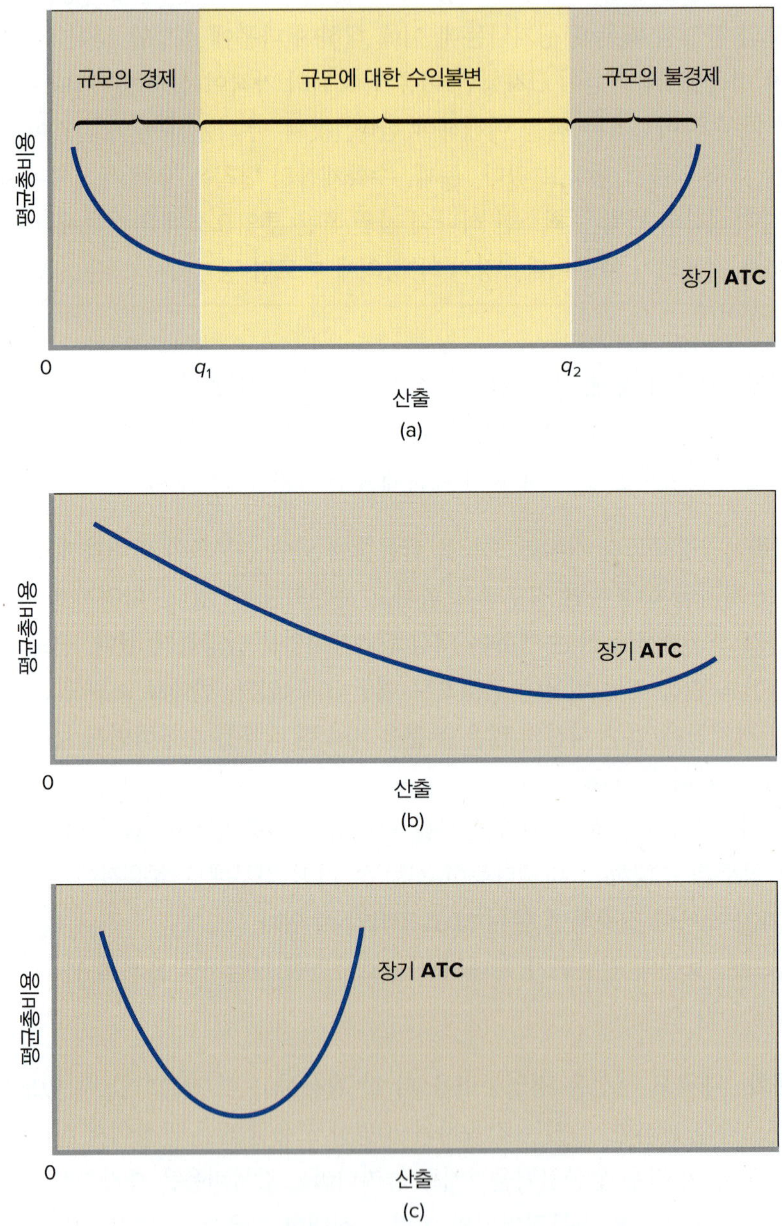

으로 사용하려면 생산량이 매우 많아야 하므로 대규모 생산자만이 이를 사용할 수 있다.

자동차 산업에서 가장 효율적인 제조 방식은 로봇 및 첨단 조립라인 장비를 활용하는 것이다. 이 장비를 효율적으로 사용하려면 연간 수십만 대의 자동차를 생산해야 한다. 그래서 대규모 생산자들만이 이들 장비를 구입하여 효율적으로 사용할 수 있다. 소규모 생산자들은 딜레마에 빠지게 된다. 다른 장비를 사용하여 자동차를 생산하면 비효율적이어서 단위당 비용이 커진다. 하지만, 대규모 제조업자들이 사용하는 장비를 구매하더라도 제대로 이용할 수 없어 비효율적이기는 마찬가지다. 장비 구입에 드는 비싼 비용을 많은 생산량에 분산할 수 없어서 소규모 생산자들은 제품 1단위당 높은 비용에서 벗어날 수 없다.

실행에 의한 학습효과

기타 요인들 제품을 생산하려면 대부분 디자인 비용, 개발 비용, 그리고 다른 '창업' 비용이 든다. 이들 비용은 매출액과 상관없이 발생하는 고정비용이다. 따라서 생산량이 증가하면 이들의 단위당 비용은 감소한다. 광고비용도 마찬가지다. 자동차, 컴퓨터, 스테레오시스템, 세제의 단위당 광고비용은 생산량이 증가할수록 낮아진다. 그리고 생산량과 판매량이 커지면 기업의 생산 및 마케팅의 전문성은 높아진다. 이러한 **실행에 의한 학습효과**(learning by doing)는 규모의 경제의 또 다른 원천이 된다.

이러 모든 요인들 덕분에 기업들이 사업 규모를 확장하면 평균총비용이 낮아진다. 규모의 경제가 있을 때 모든 생산요소를 늘리면(예를 들어 10%) 산출량은 그 이상(예를 들어 20%) 증가한다. 그 결과 평균총비용은 하락하게 된다.

한국의 제조업에서도 규모의 경제는 매우 중요한 역할을 수행하였다. 대량생산에 따른 규모의 경제를 실현하기 위해 사업을 확장한 기업들은 생존에 성공하여 번창하였다. 확장에 실패한 기업들은 상대적으로 고비용 생산자들이 되었으며, 생존을 걱정하는 처지에 놓이게 되었다.

규모의 불경제

규모의 불경제 기업의 확장이 일정수준을 넘으면 **규모의 불경제**가 나타나 평균총비용이 커지게 된다. 규모의 불경제를 낳는 가장 중요한 요인은 생산규모가 커지면 기업의 효율적 통제와 조정이 어렵게 된다는 것이다. 공장규모가 작을 때에는 단 한 사람의 핵심 경영자가 공장 운영의 모든 주요 결정을 내릴 수 있다. 기업의 규모가 작기 때문에, 해당 경영자는 생산라인에 가까이 있으면서, 기업의 운영방식을 잘 이해하여 효율적인 결정을 내릴 수 있다. 기업의 규모가 작으면 생산의 최적화를 위해 검토하고 이해해야 하는 정보가 상대적으로 적기 때문이다.

관료주의

기업이 성장하면 상황은 그렇게 되지 않는다. 한 사람이 대량의 의사결정에 필요한 모든 정보를 취합하고 소화하여 이해할 수 없다. 권한이 다수의 부사장, 전무, 상무들에 위임되어야 한다. 이렇듯 경영의 위계구조가 확대되면 소통과 협력의 문제가 발생하고 **관료주의**가 횡횡하게 되며 의사결정의 조율이 어렵게 될 가능성이 발생한다. 그렇지만 이러한 새로운 관리자에게도 임금을 지불해야 한다. 이렇듯 관료주의가 어느 수준을 넘어서면 의사결정과 집행의 효율성이 떨어지고 이에 따라 평균총비용이 상승하게 된다.

소외감
근무태만

대규모 생산시설의 근로자들은 고용주로부터 **소외감**을 느끼게 되어 효율적 업무수행에 무관심해 질 수 있다. 자리에 앉아 빈둥거리며 업무에 열중하지 않는 **근무태만**의 기회는 소규모 공장보다 대규모 공장에서 더 많다. 근로자들의 소외감이나 근무태만을 줄이려면 근로감독을 많이 해야 하는데 이 역시 비용이 든다.

규모의 불경제가 있을 때 모든 투입요소가 증가하면(예를 들어 10%), 생산량은 그보다 덜(예를 들어 5%) 증가한다. 그 결과 평균총비용은 상승한다. 그림 7.9에서 장기비용곡선이 상승하는 부분은 규모의 불경제를 나타낸다.

규모에 대한 수확불변

규모에 대한 수확불변 어떤 산업에서는 규모의 경제가 끝나는 생산량과 규모의 불경제가 시작하는 생산량의 간격이 상당히 넓을 수도 있다. 즉 장기 평균총비용에 변화가 없는 **규모에 대한 수확불변**이 나타날 수 있다. 그림 7.9(a)에 표시되어 있는 생산량 구간 q_1q_2가 그 예이다. 이때에는 모든 투입요소가 일정 비율(예를 들어 10%)로 증가할 때 생산량도 정확히 같은 비율(예를 들어 10%) 증가한다. 따라서 이 구간에서 평균총비용은 일정하다.

최소효율규모와 산업구조

최소효율규모

규모의 경제와 규모의 불경제는 산업구조를 결정하는 주요요인이다. 여기서 **최소효율규모**(MES)라는 개념을 도입해야 하는데, 이것은 기업의 장기 평균비용이 최소화되는 생산량이다. 그림 7.9(a)에서 이러한 생산량은 q_1이다. 규모에 대한 수확불변이 나타나는 구간이 길기 때문에 생산량이 많은 기업도 장기 평균비용의 최소치에서 생산할 수 있다. 구체적으로 말하면, q_1과 q_2 사이에서 생산하는 모든 기업의 효율성은 동일하다. 따라서 비용조건이 이러한 산업에서 규모가 크게 다른 기업들이 공존하고 있다는 사실에 놀랄 필요가 없다. 예를 들어 의류, 식품가공, 가구, 목제품, 스노보드, 은행, 소형가전 등의 산업들이 이에 속한다. 규모에 대한 수확불변이 나타나는 구간이 길면 산업 내에 크고 작은 기업들이 공존하면서 비슷한 성과를 낼 수 있다.

이 상황을 그림 7.9(b)와 비교해보자. 그림 7.9(b)에서 규모의 경제가 긴 구간에 나타나고 규모의 불경제는 생산량이 크게 증가하여야 나타난다. 장기 평균총비용이 이러한 형태를 보이는 산업은 자동차, 알루미늄, 철강 및 기타 중공업 등이다. 컴퓨터 마이크로칩, OS 소프트웨어, 인터넷 서비스 등 정보기술과 관련된 일부 신 성장산업도 마찬가지의 형태를 보인다.

자연독점

이러한 산업에서는 소비자의 수요가 일정할 때 소수 대규모 생산자만이 효율적으로 생산할 수 있다. 소규모 기업들은 최소효율규모를 실현할 수 없어 경쟁에서 뒤처지게 된다. 극단적인 경우, 규모의 경제가 현재의 시장규모를 넘는 수준까지 지속된다면 소위 **자연독점**이라고 부르는 현상이 발생한다. 이러한 시장은 상대적으로 드물다. 이 시장에서는 단 하나의 기업이 특정한 재화나 서비스를 모두 생산할 때 평균총비용이 최소화된다.

그림 7.9(c)를 보면 규모의 경제가 미약하여 생산량이 크게 증가하지 않아도 규모의 불경제가 금방 나타난다. 그래서 최소효율규모는 적은 생산량에서 발생한다. 이러한 특성의 산업에서 상대적으로 소규모인 다수의 기업이 소비자의 수요를 충족시킨다. 대부분의 소매상이나 일부 농업이 이 범주에 속한다. 제빵, 맞춤복, 수제화 등과 같은 다수의 경공업들도 여기에 속한다. 이러한 산업에서는 꽤 작은 기업들이 대규모 생산자보다 효율적이다.

요점은 장기 평균총비용곡선의 모양이 생산기술과 이에 따른 규모의 경제 및 규모의 불경제에 의해 결정된다는 것이다. 장기 평균총비용 곡선의 모양은 산업이 많은 수의 소기업으로 채워질지 아니면 소수의 대기업에 의해 지배될지, 또는 그 사이에 있을지를 결정하는 주요 요인인 것이다.

그런데 산업구조는 비용조건에 의해서만 결정되지 않기 때문에 위의 설명에 주의를 기울여야 한다. 특정한 산업의 구조를 설명하려면 정부정책, 지리적 시장규모, 경영전략 및 수준, 그 이외에도 많은 요인들을 고려하여야 한다.

응용과 사례

현실은 단기비용, 규모의 경제, 최소효율규모 등에 대한 다양한 사례를 보여준다. 몇 가지 사례를 살펴보자.

휘발유 가격 인상

3장에서 논의하였듯이, 수요와 공급의 변화로 휘발유 가격이 급격하게 상승할 때가 있다. 휘발유는 영업용을 포함한 대부분의 자동차에 연료로 사용된다. 그래서 휘발유 가격이 상승하면 기업의 단기 가변비용, 한계비용 및 평균총비용이 상승한다. 앞서의 분석을 적용해보면, 휘발유 가격의 상승으로 생산비용이 증가하므로 이들 기업의 평균가변비용, 한계비용 및 평균총비용 곡선은 위로 이동한다. 얼마나 이동하는지는 기업의 개별 생산 공정에서 휘발유가 가변 투입요소로서 얼마나 중요한지에 따라 다르다. 택배회사와 같이 휘발유 자동차를 많이 사용하는 배송기업의 곡선은 상당히 많이 이동한다. 그러나 혼글과 컴퓨터와 같이 인터넷을 통하여 제품을 판매하는 소프트웨어 회사의 곡선은 조금만 위로 이동할 것이다.

성공적인 창업기업들

미국 경제의 예를 들면 지난 수십 년 동안 창업기업들이 큰 성공을 거두며 폭발적으로 성장하면서 많은 기여를 하였다. 이들 기업들은 단기 비용곡선에서 비용이 낮은 생산수준을 택하여 비용을 줄이기도 하였지만 규모의 경제를 통하여 단기 비용곡선을 우 하향으로 이동시켜 비용을 절감하기도 하였다. 이러한 성공적인 창업기업의 사례로 인텔(마이크로칩), 스타벅스(커피), 마이크로소프트(소프트웨어), 델(퍼스널컴퓨터), 구글(인터넷 검색), 시스코시스템(인터넷스위칭) 등을 들 수 있다.

빠르게 성장하는 기업들의 평균총비용이 낮아진 주된 요인은 막대한 제품개발 비용과 광고비용이 많은 양의 제품에 분산될 수 있었기 때문이다. 그리고 이들 기업들은 실행에 의한 학습효과와 노동, 경영, 장비 등의 전문화 확대를 통해 규모의 경제를 달성할 수 있었다. 이들 기업들은 창업 후 수년, 더 나아가 수십 년 동안 평균총비용의 감소를 실현하면서 자신들의 최소효율규모에 도달하였다.

버손(Verson) 압인기

1996년에 버손(시카고에 위치한 미국 기업)은 49피트 높이의 금속 압인기를 개발하였는데, 이 기계는 크기가 집채만 하고 기관차 12대와 맞먹는 무게를 지니고 있었다. 3천만 달러에 달하는 이 기계는 철판을 자르고 눌러서 자동차 후드나 펜더를 만드는 데 사

마지막 한마디

3-D 프린터

3-D 프린터는 곧 기존의 대량생산체제를 대량주문제작으로 바꿀 것이다.

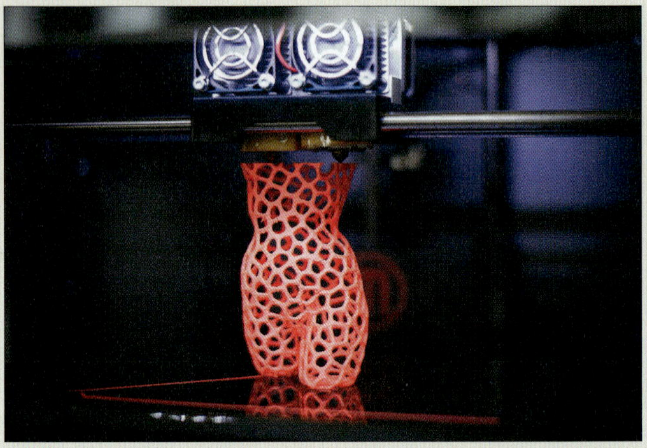

백만장자든 평범한 사람이든 주머니칼을 1만원에 살 수 있는 것은 똑같다. 이들은 아이폰을 똑같이 100만 원 정도의 가격에 살 수 있으며, 새 소형승용차를 2천만 원 정도의 가격에 구입할 수 있다.

이들 품목들을 백만장자든 평범한 사람이든 모두 구입할 수 있는 것은 대량생산과 규모의 경제가 존재하기 때문이다. 예를 들어 아이폰은 지금까지 만들어진 기기 중 가장 복잡한 것 중 하나이다. 이 제품은 그래픽, 음성인식, 배터리 용량, 스크린 내구성, 그리고 그 이외에도 많은 측면에서 첨단기술을 담고 있다. 이들 기술 중 대부분은 개발에 백만, 심지어는 천만 달러까지 들고, 아이폰과 그 부품들을 생산하는 공장 자체도 건설에 수십억 달러가 소요된다. 그런데 이 아이폰의 가격이 이렇게 싸기 때문에 일반인들이 이를 구입할 수 있는 것이다. 이렇게 많은 대중이 구매할 수 있는 가능성은 대량생산과 대량판매가 결합되어 만들어낸 결과이다. 대량생산에서는 일반적으로 한계비용이 상당히 낮다. 따라서 제조사가 규모가 큰 시장의 문을 두드려 대량으로 자사의 제품을 판매할 수 있다면, 신기술 개발과 공정 설립에 소요되는 엄청난 액수의 고정비용을 많은 양의 제품에 분산시킴으로써 단위당 비용을 낮게 만들 수 있다. 그렇게 함으로써 규모의 경제가 발생하고, 단위당 평균총비용이 낮아져서, 결국에는 일반인들이 구입할 수 있을 정도로 가격이 싸지는 것이다.

대량생산과 대량판매가 처음 가능해진 것은 산업혁명 시기인데, 이는 영국에서 18세기 후반에 시작하여 이후 2세기 동안 전 세계 대부분으로 확산되었다. 산업혁명은 매우 강력한 증기엔진이 개발되어 공장 설비를 가동하고 선박과 기차를 구동할 수 있을 정도가 됨으로 인하여 발생하였다. 엔지니어들과 발명가들은 증기동력을 활용하여 공장을 자동화하고, 소비재를 저비용으로 대량생산할 수 있도록 만들었다. 19세기 말 소위 제2차 산업혁명이 발생하여 전기를 활용하여 공장을 가동하고 조명을 밝힐 수 있게 됨으로써 이러한 발전의 속도가 빨라지게 되었다.

그런데 대량판매는 쉬운 일이 아니었다. 대량판매는 대규모 유통망과 엄청난 규모의 광고비를 필요로 하며, 가장 중요하게는 공장에서 만들어진 제품을 소비자들에게 전달할 수 있는 값싼 배송수단을 필요로 한다. 따라서 제1차, 제2차 산업혁명 동안 운송수단의 급속한 발전도 결정적으로 중요한 역할을 하였다. 선박 성능과 육로의 개선, 그리고 값싼 철도 운송

용된다. 자동차 제조업자들은 이 기계를 사용하여 기존에 8시간 걸리던 작업시간을 단 5분으로 줄이게 되었다. 이 기계 하나로 연간 5백만 개의 자동차 부품을 제조할 수 있다. 따라서 이 기계로 비용을 절감하려면 자동차 제조업자는 그만큼의 부품을 사용할 수 있을 정도의 자동차를 생산하여야만 했다. 대규모 기업은 비용절감을 가져오는 이 장비를 사용할 수 있어서 규모의 경제를 달성할 수 있다.

일간신문

미국의 일간지들은 불황이 깊어진 지난 수년간 광고주와 독자를 인터넷에 뺏기면서 빈번히 파산하고 있다. 한국에서도 많은 일간지들이 파산에 이른 것은 아니지만 경영상 어려움을 겪고 있기는 마찬가지다. 판매부수가 감소하면 신문사는 막대한 고정비용을 분산할 수 없어서 평균총비용이 급속히 상승하게 된다. 평균고정비용이 높아지게 되면 신문들은 판매가격을 급격하게 인상하게 된다. 예를 들어 2007년 7월과 2009년 7월 사이에 뉴욕타임지는 광고수입의 급감과 판매부수의 감소로 평균고정비용이 상승하자 신문판매가격을 세 차례나 인상하였다. 가격은 1부당 1달러에서 1.25달러, 1.5달러, 그리

등이 없었더라면 운송비용이 너무 비싸서 소비자들이 먼 거리의 공장에서 대량으로 생산된 제품을 소비하기 어려웠을 것이다.

오늘날에는 새로운 기술이 제3차 산업혁명을 가져오고 있는데, 이 혁명의 특징은 제품 가격을 낮출 뿐만 아니라 운송비용을 거의 0으로 만든다는 것이다. 더 나아가 이들 특징이 제품이 단 한 단위만 생산된다고 하더라도 적용될 수 있다는 점이다. 게다가, 제품 각 단위는 개별 고객이 필요로 하고 원하는 바에 따라 완전히 주문 제작될 수 있다. 그 결과 대량주문제작의 세상이 대량생산의 세상을 곧 대체할 것으로 보인다.

이 신기술은 적층 가공(additive manufacturing)이라고 불리며, '3-D 프린터'라고 알려진 컴퓨터로 제어하는 장치를 활용하여 물건을 제작하는 기술이다. 3-D(3차원) 프린터는 작은 금속가루나 플라스틱 입자를 통 속에 넣어 작동한다. 레이저가 이 가루 위로 빠른 속도로 움직이면서, 그 광선 열이 작은 가루 덩어리들을 녹여 붙인다. 이렇듯 빠른 속도로 움직이는 레이저는 컴퓨터에 입력된 청사진에 따라 단 몇 초 사이에 복잡한 사물의 상을 구현하기 위한 레이어를 만들어낸다.

통이 조금 내려가면서 다른 레이어를 그 위에 놓은 후, 그 후에 다시 광선을 쏘아 이전에 만들어진 레이어와 지금 만들어진 레이어를 융합한다. 한 레이어를 다른 레이어에 붙이는 이러한 과정을 수없이 반복하여 최종적으로 온전한 입체 형상이 만들어지는데, 그 결과 만들어진 입체 형상이 얼마나 정밀한지는 청사진에 달려 있다. 레이저가 닿지 않아 형상 속에 녹아 들어가지 않은 가루들은 나중에 재활용된다.

3-D 프린터는 그리 비싸지 않기 때문에 거의 어디든지 비치할 수 있다. 그래서 고객들이 자신의 집이나 아니면 차로 몇 분 거리에 있는 동네 작업장에서 물건을 직접 제작할 수 있기 때문에 운송비용을 걱정할 필요가 전혀 없게 된다. 재료가 되는 가루들은 값싸고 기계장치가 필요로 하는 전기량은 매우 작으므로, 3-D 프린터로 만드는 모든 제품은 단 하나만 만든다고 하더라도 값이 저렴하다.

제1, 2차 산업혁명 때에는 엄청난 액수의 고정비용을 많은 양의 제품에 분산시킴으로써 가격을 낮출 수 있었다. 제3차 산업혁명에서는 대규모 공장을 건설하기 위해 필요한 엄청난 액수의 고정비용과, 생산자원을 공장으로 나르고 또 그 다음에는 최종재를 소비자에게 전달할 때 소요되는 운송비용이라는 두 종류의 비용을 제거함으로써 가격을 낮출 수 있게 된다.

하지만 주요 비용 중 하나는 여전히 남아 있다. 이는 3-D 프린터를 작동시키는 청사진을 제작하는 사람들에게 지불하는 비용이다. 그러나 마치 디지털 파일 공유로 인하여 음원 가격이 거의 0에 가깝게 되었듯이, 많은 전문가들은 디지털 파일 공유로 인하여 청사진의 가격도 매우 낮아질 것으로 예측하고 있다. 그렇게 된다면, 제조업 제품의 가격은 대량생산 시대보다 더 낮아질 수 있을 것이다.

지금까지는 3-D 프린터를 활용하여 비교적 간단한 사물만을 만들 수 있을 뿐이다. 하지만 일부 엔지니어들은 그리 멀지 않은 시일 내에 적층 가공을 활용하여 아이폰과 같은 복잡한 장치도 만들 수 있을 것으로 내다보고 있다. 그렇게 된다면, 사람들은 저렴한 청사진을 다운로드하여, 자신의 용도에 맞게 약간 수정한 후, 자신들이 원하는 제품을 "인쇄할" 수 있게 될 것이다.

고 2달러로 인상하였다. 독자가 계속 감소하면 신문사는 평균고정비용이 계속 상승하여 파멸에 이르는 악순환에 빠지게 된다. 평균고정비용의 상승 때문에 신문의 가격을 올릴수록 판매부수는 더욱 줄어든다. 판매부수가 줄어들면서 평균고정비용이 다시 상승하고 따라서 가격을 다시 올려야 한다. 결국 종이신문은 과거의 유물로 전락하고 광고와 뉴스는 대부분 인터넷의 차지가 될 수 있다.

항공기 공장 및 콘크리트 공장

미국에 대형 상용 항공기를 생산하는 공장은 보잉이 운영하는 2군데 밖에 없다. 그 이유는 무엇인가? 반면에 레미콘은 수백 개의 기업이 소유한 수천 군데의 생산시설에서 생산된다. 그 이유는 무엇인가? 이에 대한 가장 단순한 대답은 2산업의 최소효율규모가 완전히 다르다는 것이다. 그 이유는 무엇인가? 첫째, 규모의 경제가 대형 상용 항공기를 조립할 때에는 매우 크지만 레미콘 생산에서는 그리 크지 않기 때문이다. 항공기 제조는 거대 설비, 수천 명의 근로자 및 고가의 특수기계가 필요한 복잡한 공정이다. 그래서 규모의 경제가 공장규모가 매우 큰 경우에도 계속 나타날 수 있다. 반면, 시멘트, 모래, 자갈, 물 등을 혼합하여 레미콘을 생산하려면 몇 명의 근로자들과 그리 비싸지 않은 장비만 필요하다. 그래서 공장규모가 조금만 커져도 규모의 경제 효과는 사라져버린다.

시장의 지리적 규모

시장의 지리적 규모가 크게 다르다는 점도 최소효율규모가 다른 이유의 하나이다. 상용 항공기 시장은 전 세계를 대상으로 하며 항공기 제조사들은 새로 만든 항공기를 비행시켜 세계 어디든지 배달할 수 있다. 이와 대조적으로 레미콘 시장은 대략 반경 50마일 이내에 있어야 굳기 전에 배달할 수 있다. 따라서 수천 개의 소규모 레미콘 공장이 미국의 크고 작은 수백 개 도시에 가까이 위치하고 있다.

요약

1. **명시적 비용, 암묵적 비용 및 경제적 비용**

재화나 서비스를 생산하기 위해 사용하는 생산자원의 경제적 비용은 해당 자원이 다른 최선의 대안에 사용되었을 때 지니는 가치이다. 경제적 비용은 다른 사람이 소유하여 공급하는 생산자원에 지급되는 명시적 비용과, 스스로 소유한 생산자원을 스스로 활용하는 것의 대가인 암묵적 비용을 포함한다. 기업가에 대한 정상이윤은 암묵적 비용의 일종이다. 경제적 이윤은 총수입이 총비용(=명시적 비용+정상이윤을 포함한 암묵적 비용)을 초과할 때 발생한다.

단기에서 기업의 공장규모는 일정하다. 기업은 가변 생산자원 양을 늘리거나 줄이면서 공장을 얼마나 집약적으로 활용할지 조절할 수 있지만, 단기에서는 공장규모를 변경할 수 있을 만큼 충분한 시간이 없다.

2. **수확체감의 법칙과 기업의 단기 생산비용 사이의 관계**

수확체감의 법칙은 일정한 규모의 공장이 점점 더 집약적으로 사용될 때 생산량은 어떻게 변화하는지를 설명한다. 노동과 같은 가변자원이 추가적 일정한 규모의 공장에 한 단위씩 차례로 투입되면, 일정 시점이 지나면 매 한 단위에 대응하는 한계생산은 감소한다.

3. **고정비용과 가변비용, 총비용, 평균비용 및 한계비용**

단기에서는 어떤 생산자원은 가변적이고 다른 자원들은 일정하기 때문에, 비용을 가변비용과 고정비용으로 분류할 수 있다. 고정비용은 생산량 수준과 무관한 반면, 가변비용은 생산량에 따라 변화한다. 모든 생산량에서 총비용은 해당 생산량에서의 고정비용과 가변비용의 합이다.

평균고정비용, 평균가변비용 및 평균총비용은 각각 단위당 고정비용, 단위당 가변비용 및 단위당 총비용이다. 평균고정비용은 생산량이 증가함에 따라 일정한 금액이 점점 더 많은 양의 제품에 분산되기 때문에 계속 체감한다. 평균가변비용 곡선은 U자형인데, 이는 수확체감이 먼저 발생하고 뒤이어 수확체증이 발생한다는 사실을 반영한다. 평균총비용은 평균고정비용과 평균가변비용의 합이며, 그 그래프 역시 U자형이다.

한계비용은 제품 한 단위를 더 생산할 때 추가적으로 발생하는, 또는 늘어나는 비용이다. 이는 생산이 한 단위 늘어나거나 줄어들 때 총비용이나 총가변비용이 늘어나거나 줄어드는 액수이다. 그림으로 표현하면 한계비용 곡선은 평균총비용 곡선과 평균가변비용의 최저점을 지난다.

생산자원의 가격이 낮아지거나 기술이 진보하면 비용곡선들은 아래로 이동한다. 투입요소의 가격이 높아지면 비용곡선들은 위로 이동한다.

4. **규모의 경제**

장기는 공장규모를 포함하여 기업이 활용하는 모든 생산자원의 양을 변경할 수 있을 만큼 충분히 긴 시간이다. 장기 평균총비용 곡선 즉 시설계획곡선은 단기 평균총비용 곡선들의 일부분들로 구성되며, 기업들이 장기에 건설할 수 있는 다양한 공장규모에 대응한다.

장기 평균총비용 곡선은 일반적으로 U자 모양을 띤다. 소규모 기업들이 규모를 확장함에 따라 먼저 규모의 경제가 발생한다. 노동과 경영의 전문화 확대, 장비의 최적 활용 및 많은 양의 제품에 창업비용의 분산 등과 같은 요인들이 규모의 경제를 발생시킨다. 기업들이 계속 성장하면, 어느 순간에는 대규모 생산과 결부된 경영상 복잡성으로 인한 규모의 불경제가 발생한다. 특정 산업에서 규모의 경제 및 불경제가 발생하는 생산량의 범위가 해당 산업의 구조를 결정하는 중요한 요인이 되는 경우가 많다.

기업의 최소효율규모는 장기 평균비용이 최소가 되는 생산량 중 가장 작은 생산량이다. 어떤 산업에서는 최소효율규모가 생산량이 매우 작을 때 달성되기 때문에 수많은 기업들로 차고 넘치게 된다. 다른 산업에서는 최소효율규모가 생산량이 매우 클 때 달성되므로 장기에서는 소수 기업들만이 남는다.

5. **단기비용, 규모의 경제 및 최소효율규모**

휘발유 가격이 인상되면 택배회사와 같이 생산 공정에서 휘발유를 투입으로 사용하는 기업들의 평균가변비용, 평균총비용, 한계비용 곡선들은 위로 이동한다.

스타벅스, 페이스북 및 급격한 성장을 경험한 다른 창업기업들은 비용을 절감하여 비용곡선을 오른편 아래쪽으로 이동시켰는데, 이는 제품개발이나 광고에 드는 비용을 많은 양의 제품에 분산시켰고, 또 실행에 의한 학습효과와 노동, 경영 및 장비의 전문화 확대 덕택에 발생하는 규모의 경제를 누림으로써 가능해졌다.

상용 항공기의 경우 최소효율규모는 극도로 크다. 보잉은 미국 내 단 두 곳 생산설비를 지니고 있을 뿐이다. 이와 대조적으로 콘크리트 제조업에서 최소효율규모는 매우 작다. 따라서 미국에는 수천 개의 콘크리트 제조업자들이 존재한다.

주요 용어와 개념

가변비용
경제적 비용
경제적 이윤
고정비용
규모에 대한 수확불변
규모의 경제
규모의 불경제
단기
명시적 비용
수확체감의 법칙
암묵적 비용
자연독점
장기
정상이윤
총비용
총생산(TP)
최소효율규모(MES)
평균가변비용(AVC)
평균고정비용(AFC)
평균생산(AP)
평균총비용(ATC)
한계비용(MC)
한계생산(MP)
회계적 이윤

연습문제

1. **현지는 수제 케첩을 1통에 1만 원씩 100통 판매하고 있다. 재료, 병, 상표 등에 들어가는 비용은 70만 원이다. 그에 더하여 현지는 케첩 생산에 20시간이 걸렸는데, 이를 위해 그녀는 시간당 2만 원을 받는 직장에서 무급 휴가를 얻었다. 현지의 회계적 이윤과 경제적 이윤은 각각 얼마인가?**

(1) 70만 원; 40만 원 (2) 30만 원; 10만 원
(3) 30만 원; −10만 원 (4) 30만 원; 30만 원
(5) 100만 원; −110만 원

2. **다음 중 명시적 비용에 대한 설명으로 옳은 것은?**

(1) 기업의 화폐 지출을 수반한다.
(2) 기업의 기회비용을 모두 포함한다.
(3) 기업이 현재 보유하고 있는 자원을 사용하는 댓가를 포함한다.
(4) 노동 및 자본을 활용하기 위해 지불한 댓가이다.
(5) 경제적 이윤의 계산에서 제외된다.

3. **다음 중 한계비용과 총평균비용 사이의 관계를 설명한 것으로 틀린 것은?**

(1) 총평균비용이 하락할 때 한계비용은 총평균비용보다 크다.
(2) 한계비용곡선은 총평균비용곡선의 최저점을 지난다.
(3) 한계비용이 최저일 때 한계비용은 평균비용보다 작다.
(4) 고정비용이 0이고 한계비용이 일정하면 한계비용과 총평균비용은 같다.
(5) 한계비용이 일정하면 총평균비용도 일정하다.

4. **다음 중 산출량이 0인 기업의 총비용과 같은 것은?**

(1) 단기와 장기에서 모두 0이다.
(2) 단기에서는 고정비용이고 장기에서는 0이다.
(3) 단기에서는 고정비용이고, 장기에서는 가변비용이다.
(4) 단기에서는 0이고, 장기에서는 알 수 없다.
(5) 단기와 장기에서 모두 가변비용과 같다.

5. **다음 중 규모의 경제와 관련된 상황이 아닌 것은?**

(1) 대형마트가 확산되면서 동네 슈퍼마켓들이 시장에서 퇴출하였다.
(2) 한국 자동차 시장에서 국산 자동차 회사는 2~3개에 불과하다.
(3) 중앙 일간지가 지방 일간지보다 생산비용이 더 낮다.
(4) 자동차 생산 기업이 차종 다양화를 통하여 생산비용을 절감하였다.
(5) 많은 나라에서 전력발전소는 공기업으로 운영된다.

6. **다음 예들이 단기 조정인지, 장기 조정인지 구별하시오.**

(1) 롯데리아가 새 점포를 열었다.
(2) 기아자동차가 생산직 근로자 200명을 더 채용하였다.
(3) 농부가 쌀농사에 비료 양을 늘렸다.
(4) 셀트리온이 2교대제에서 3교대제로 교대 차수를 늘렸다.

7. 어떤 기업의 고정비용은 6만 원이고 가변비용은 아래 표와 같이 주어져 있다. 표를 완성하고 아래의 질문에 답하시오.

총생산	총고정비용 (천 원)	총가변비용 (천 원)	총비용 (천 원)	평균고정비용 (천 원)	평균가변비용 (천 원)	평균총비용 (천 원)	한계비용 (천 원)
0		0					
1		45					
2		85					
3		120					
4		150					
5		185					
6		225					
7		270					
8		325					
9		390					
10		465					

(1) 고정비용곡선, 가변비용곡선 및 총비용곡선을 그려라. 수확체감의 법칙이 가변비용곡선 및 총비용곡선의 모양에 어떤 영향을 미치는지 설명하시오.

(2) AFC, AVC, ATC, 및 MC, 각 곡선을 그리시오. 이들 4개 곡선을 어떻게 도출하였는지 설명하고, 각 곡선들 서로 간의 관계를 설명하라. 특히 MC 곡선이 AVC 및 ATC와 최저점에서 만나는 이유를 직관적으로 설명하시오.

(3) (a) 총고정비용이 6만 원에서 10만 원으로 오른 경우, 그리고 (b) 총가변비용이 모든 생산량에서 1만 원 감소한 경우, 위의 문항 (2)에서 그린 4개 곡선 각각 어떻게 이동하는지 설명하시오.

8. **다음 각각의 변화가 기업의 (1) 한계비용곡선, (2) 평균가변비용곡선, (3) 평균총고정비용곡선 및 (4) 평균총비용곡선을 어떻게 이동시키는지 설명하시오. 모든 경우에 이동 방향을 분명히 설명하시오.**

(1) 법인 재산세율 인하
(2) 생산직 근로자 명목임금 상승
(3) 전기가격 하락
(4) 공장 및 장비 보험료 인상
(5) 운송비 증가

9. 장기 ATC곡선이 U자형을 띠는 이유는 수확체감 때문이다. 이 명제는 참인가 거짓인가?

10. 어떤 기업이 선택할 수 있는 공장규모가 그림의 ATC 곡선들로 주어진 바와 같이 3개밖에 없다고 가정하자. 이 기업은 생산량이 (a) 50단위, (b) 130단위, (c) 160단위, (d) 250단위일 때 각각 어떤 공장규모를 선택할까? 이 기업의 장기평균비용곡선을 그림 위에 그리고 이를 설명하시오.

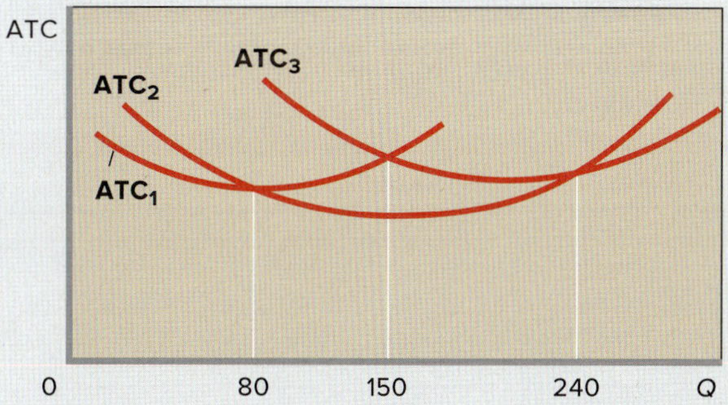

11. 영호는 자그마한 도자기 회사를 운영하고 있다. 그는 1년에 1,200만 원을 주고 조수를 고용하고 있으며, 500만 원을 연간 점포 임대료로 지급하고, 재료비로 연간 2,000만 원을 지출한다. 그는 (도자기물레, 가마 등등) 장비에 자기 돈 4,000만 원을 투자하였는데, 이를 다른 곳에 투자했다면 연간 400만 원을 벌 수 있었다. 그는 경쟁기업으로부터 도공으로 일하면 연간 1,500만 원을 지불하겠다는 제안을 받은 바 있다. 그는 자신의 경영 능력이 연간 300만 원의 가치가 있다고 추정하고 있다. 도자기 판매에서 발생하는 연간 총수입은 7,200만 원이다. 영호의 도자기 회사의 회계적 이윤과 경제적 이윤을 계산하시오.

12. 여러분이 몇 명의 근로자와 몇 대 휴대용 컴퓨터를 이용하여 창고의 재고조사를 한다고 가정해 보자. 재고조사에는 수확체감이 발생한다. 근로자 1인당 컴퓨터 1대를 사용한다면, 시간당 100개 품목을 조사할 수 있다. 2명의 근로자가 컴퓨터 1대를 함께 사용한다면 시간당 150개 품목을 조사할 수 있다. 3명의 근로자가 컴퓨터 1대를 함께 사용하면 시간당 160개 품목을 조사할 수 있다. 그리고 4명 이상 근로자가 컴퓨터 1대를 공유하면 시간당 160개 미만의 품목을 조사할 수 있다. 컴퓨터 값은 1대당 10만원이고 각 근로자에게는 시간당 25,000원을 지불해야 한다. 컴퓨터 1대당 근로자 1명을 배당한다면, 품목 1개를 조사하는데 드는 비용이 얼마인가? 컴퓨터 1대당 근로자 2명을 배당한다면 비용은 얼마인가? 컴퓨터 1대당 3명을 배당한다면 비용은 얼마인가? 품목 1개당 비용을 최소화하려 한다면 컴퓨터 1대당 몇 명의 근로자를 배당하여야 하는가?

13. 여러분이 신문 발행자라고 하자. 여러분은 신문발행을 위한 인쇄공장을 월 5억 원씩 1년간 계약하고 있다고 하자. 또 여러분은 해지할 수 없는 월 10억 원의 근로계약에 묶여 있다고 하자. 신문 1부를 더 인쇄할 때 한계비용은 250원이고, 1부를 더 배송할 때 드는 한계비용은 100원이다. 판매부수가 월 100만 부에서 80만 부로 20% 감소한다면, 신문 1부당 AFC, MC, 그리고 여러분이 손익을 맞추기 위해 최소한 받아야 하는 최소금액은 어떻게 변하는가?

14. 목장 운영에는 규모의 경제가 있다. 규모의 경제는 특히 울타리를 칠 때 발생한다. 가시 달린 철사로 울타리를 치는 경우 1km당 1,000만원이 든다고 하자. 해당 목장이 각 변이 1km인 정사각형으로 면적이 1km^{2}이라면 이 목장에 울타리를 치는 데 얼마나 들 것인가? 이런 목장이 4개가 있어 이들 4개 목장 총 4km^{2}를 모두 따로 울타리를 친다면 얼마의 비용이 드는가? 이제 각 변이 2km인 정사각형 모양으로 면적이 4km^{2}인 목장이 있다고 하자. 이 목장은 울타리를 치는 데 얼마나 드는가? 면적이 1km^{2}인 4개 목장과 면적이 4km^{2}인 1개 목장을 울타리를 치는 데 어느 쪽이 더 비용이 많이 드는가?

8 Chapter

순수경쟁

학습내용

1. 4가지 기본적인 시장모형과 주요 특징
2. 순수경쟁시장의 전제조건
3. 순수경쟁기업이 직면한 수요의 특징
4. 순수경쟁기업 단기 이윤극대화를 위한 총수입 · 총비용 접근
5. 순수경쟁기업 단기 이윤극대화를 위한 한계수입 · 한계비용 접근
6. 경쟁기업의 한계비용곡선과 공급곡선의 관계
7. 순수경쟁에서 장기와 단기의 차이
8. 순수경쟁의 장기조정과정에서 이윤의 역할
9. 비용불변산업, 비용체증산업 및 비용체감산업
10. 순수경쟁 장기균형에서의 자원의 효율적 배분
11. 혁신에서 창조적 파괴와 이윤의 역할

4장에서는 제품에 대한 수요와 총수입 사이의 관계를, 그리고 7장에서는 생산비용을 검토한 바 있다. 이제 기업이 가격을 얼마나 책정하고 얼마나 많은 양을 생산할 것인지를 어떻게 결정하는지 알아보기 위해 수입과 비용을 함께 결합하여 살펴보고자 한다. 가격과 생산에 관한 기업의 결정은 해당 기업이 속한 산업의 특징에 따라 크게 달라진다. '평균적'이거나 '전형적'인 산업이란 존재하지 않는다. 한 극단에는 단 하나의 생산자가 시장을 지배하는 산업들이 있는 반면, 다른 극단에는 수천 개 기업이 각자 시장공급의 아주 작은 부분만을 생산하는 산업들도 존재한다. 이 양 극단 사이에 또 다른 많은 유형의 산업들이 있다.

이들 모든 산업을 일일이 검토할 수는 없으므로, 우리는 시장구조의 4가지 기본 모형에 초점을 맞출 것이다. 산업 내 개별 기업들이 현행 공장규모와 고정비용을 변화시킬 수 없는 단기에서 순수경쟁기업은 가격이 너무 낮으면 조업을 중단하고, 가격이 너무 높으면 손실을 최소화하거나 이윤을 극대화하는 점에서 생산한다. 이들 기업이 이윤을 내는지 아니면 손실을 입는지는 비용에 비해 시장가격이 얼마나 높은지에 달려 있다. 그렇다고 한다면, 이윤과 손실이 순수경쟁에 대한 이야기의 끝이 아니다. 순수경쟁의 핵심적인 특징들 중 하나가 기업들의 자유로운 진입과 퇴출이기 때문이다.

이 장에서는 진입과 퇴출이 배분의 효율이나 생산의 효율과 어떤 관련이 있는지 유심히 살펴볼 것이다. 또 끊임없는 경쟁으로 인하여 어떻게 창조적 파괴라고 불리는 과정을 통해 기존 제품이나 경영방식을 대체하는 신제품과 새로운 경영방식이 등장하게 되는지 관심을 갖고 살펴볼 것이다.

4가지 시장모형

경제학자들은 산업들을 순수경쟁, 순수독점, 독점적 경쟁 및 과점 등 서로 다른 4개의 시장구조로 구분한다. 이 4가지 시장모형은 산업 내에 몇 개의 기업이 있는지, 표준적인 제품을 생산하는지 아니면 다른 기업 제품과 차별화하려 하는지, 산업에 진입하는 것이 얼마나 어려운지 등 여러 가지 측면에서 서로 다르다.

이 4가지 모형을 매우 간략히 설명하면 다음과 같다.

순수경쟁

- **순수경쟁**에서는 매우 많은 수의 기업들이 **표준화된 제품** 즉 면직물과 같이 각 생산자의 제품이 다른 모든 생산자의 제품과 거의 동일한 제품을 생산한다. 신규기업은 산업에 매우 쉽게 진입하고 퇴출한다.

순수독점

- **순수독점**은 1개 기업이 특정 제품이나 서비스의 **유일한 판매자**(예를 들어, 한전)인 시장구조이다. 기업이 추가로 진입하는 것이 봉쇄되어 있으므로 하나의 기업이 전체 산업을 구성한다. 순수 독점기업은 단 하나뿐인 제품을 생산하므로 가격차별화는 아무런 의미가 없다.

독점적 경쟁

- **독점적 경쟁**은 비교적 많은 수의 판매자들이 **차별화된 제품들**(옷, 가구, 책 등)을 생산한다는 특징을 지닌다. 이 모형에서는 **비가격경쟁**, 즉 기업들이 가격이 아니라 디자인이나 솜씨 같은 제품 속성에 기초하여 스스로를 차별화하려 하는 판매전략(제품 차별화)이 널리 퍼져 있다. 독점적 경쟁 산업에서 진입과 퇴출은 상당히 쉽다.

과점

- **과점**은 단 몇 개의 기업이 표준적이거나 차별화된 제품을 판매한다. 따라서 각 기업은 경쟁사의 결정에 영향을 받으며, 이들 **경쟁사의 결정을 감안하여 자신의 가격과 생산량을 결정**한다.

표 8.1은 비교와 이후의 참고를 위해 4가지 모형의 특징들을 요약하고 있다. 이들 시장에 대해 논할 때 종종 순수경쟁의 특징들을 다른 3가지 기본 시장구조가 갖는 특징들

〈표 8.1〉 4개 기본적인 시장모형의 특징들

	시장모형			
특징	순수경쟁	독점적 경쟁	과점	순수독점
기업의 숫자	매우 많음	많음	몇 개	1개
산출물 유형	표준화된 상품	차별화된 상품	표준화되었거나 차별화된 상품 모두 가능	유일무이한 상품으로 가까운 대체재 없음
가격통제력	없음	약간 있지만 그 폭이 넓지 않음	상호 독립적인 영업으로 제한적이지만, 담합에 성공할 경우 상당히 강력함	상당함
진입 조건	매우쉬움 장벽 없음	상대적으로 쉬움	상당히 어려움	봉쇄
비가격 경쟁	없음	상당한 광고경쟁, 브랜드와 상표 중요시	특히 제품차별화에 중점을 두고 대개 격렬하게 이루어짐	거의 대부분 기업 이미지 제고를 위한 광고에 치중
사례	농업	소매업, 의류, 신발 등	철강, 자동차, 다양한 가전제품	전력회사

과 대비할 것인데, 앞으로 이들 다른 3가지 기본시장구조를 통틀어 불완전경쟁이라 부를 것이다.

순수경쟁: 특징과 사례

현실에서 순수경쟁은 비교적 드물기는 하지만 몇 개 산업에 대해서는 상당히 높은 설명력을 지닌다. 특히 농산물, 수산물, 외환, 기초금속 및 주식 등과 같은 시장은 순수경쟁 모형을 공부함으로써 배울 수 있는 바가 많다. 또한 순수경쟁은 가격과 생산량의 결정과 관련하여 논의할 때에는 언제든지 중요한 출발점을 제공한다. 게다가 순수경쟁이 운용되는 방식은 **현실 경제의 효율성을 평가할 때 기준**이 된다.

- **매우 많은 수의 기업들** 순수경쟁시장의 가장 기본적인 특징은 독립적으로 활동하는 **매우 많은 수의 판매자**들이 존재한다는 점이다. 이들은 국내외의 커다란 시장에 자사 제품을 공급한다. 예를 들면 농산물시장, 주식시장 및 외환시장 등이 여기에 속한다.

매우 많은 수의 판매자

- **표준화된 제품** 순수경쟁기업은 **표준화된(똑같은 또는 동질적인) 제품**을 생산한다. 가격이 같은 한, 소비자들은 해당 제품을 어느 판매사로부터 구입하든 똑같다고 생각한다. 구매자들은 B사, C사, D사, E사 등의 제품을 A사 제품의 완전대체재로 본다. 순수경쟁기업은 표준화된 제품을 판매하므로, 자사 제품을 차별화하기 위한 어떠한 노력도 하지 않으며, 또 그 외에 다른 형태의 비가격경쟁도 하지 않는다.

표준화된(똑같은 또는 동질적인) 제품

- **가격수용자** 순수경쟁시장에서 개별 기업은 제품 가격을 통제할 수 없다. 각 기업은 총생산량의 극히 작은 부분만을 생산하기 때문에, 자사 생산량을 늘리거나 줄임으로써 시장공급에 눈에 띄는 영향을 미칠 수 없으며 따라서 제품 가격에도 영향을 미치지 못한다. 간단히 말해 경쟁기업은 **가격수용자**이다. 이 기업은 시장가격을 변화시킬 수 없으며, 단지 **시장가격의 변화에 순응**할 뿐이다. 이는 개별 경쟁기업은 시장의 처분에 맡겨져 있음을 의미한다. 시장가격보다 높은 가격을 요구하는 것은 부질없는 짓이다. 소비자들은 9,999개 경쟁사들이 똑같은 제품(따라서 완전대체재)을 2,000원에 팔고 있는데, A사로부터 이를 2,050원을 주고 구매하려 하지는 않을 것이다. 반대로, A사는 단위당 2,000원으로 원하는 양만큼 얼마든지 팔 수 있기 때문에, 그보다 더 낮은 가격(예를 들면, 1,950원)을 부과할 이유도 없다. 그렇게 하면 이윤이 줄어들 것이기 때문이다.

가격수용자

- **자유로운 진입과 퇴출** 순수경쟁 산업에서 신규 기업은 자유롭게 진입하고 기존 기업은 자유롭게 퇴출할 수 있다. 경쟁시장에서 신규 기업이 자사 제품을 판매하는 것을 가로막는 법적이거나 기술적인, 또는 금융적이거나 그 외의 다른 형태의 장애물은 전혀 존재하지 않는다.

순수경쟁기업이 직면한 수요

먼저 수요가 수입에 어떤 영향을 미치는지를 알아보기 위해, 순수경쟁기업이 수요를 어떻게 바라보고 있는지 살펴보는 것으로부터 출발한다. 밀 농부, 딸기 재배농가, 돼지사육농가, 외환 브로커 등등이 바로 이러한 순수경쟁기업이 될 수 있다. 개별 순수경쟁기업은 **전체 시장공급의 무시할 수 있을 만큼 작은 부분만을 공급**하기 때문에 시장에 의해 결정된 가격을 수용하여야 한다. 이 기업은 가격수용자이지 가격설정자가 아니다.

완전탄력적 수요

개별 기업이 직면한 수요표

그림 8.1에서 보이고 있듯, 순수경쟁 산업에서 **개별 기업이 직면한 수요표**는 **시장가격에서 완전탄력적**이다. 그림 8.1 표의 (1)열에 주어진 바와 같이, 시장가격은 131,000원이다. 기업은 생산량을 줄여 가격을 올릴 수 없으며, 판매량을 늘리기 위해 가격을 더 낮출 필요도 없다. (1)열과 (2)열에서 볼 수 있듯, 이 기업은 131,000원의 시장가격에서 원하는 만큼의 양을 생산하여 판매할 수 있다.

여기서 주의할 점은 경쟁시장의 시장수요가 완전탄력적인 것은 아니라는 점이다. **시장수요곡선은 우하향**하는 곡선이다. 산업 전체(특정 제품을 생산하는 모든 기업들)는 산업 생산량을 변화시킴으로써 가격에 영향을 미칠 수 있다. 예를 들어 모든 독립적인 기업들이 동시에 생산량을 줄인다면 가격을 올릴 수 있다. 하지만 개별 경쟁기업은 그렇게 할 수 없다. 자신의 생산량이 산업 전체 생산량의 아주 작은 부분만을 차지하기 때문이다.

따라서 개별 경쟁기업들에게 있어 시장가격은 변하지 않는 값이며, 그 가격에서 원하는 양만큼 판매할 수 있다. 그림으로 설명하면 이는 개별 경쟁기업들의 수요곡선을 그림 8.1의 *D*와 같은 수평선으로 그릴 수 있다는 것을 의미한다.

평균수입, 총수입, 한계수입

평균수입

기업의 수요표는 동시에 평균수입표이기도 하다. 구매자들이 지불하는 단위당 가격은 판매자에게는 단위당 수입 즉 **평균수입**이다. 모든 구매자들이 단위당 131,000원을 지불하다고 있다는 것은 판매자의 단위당 수입 즉 평균수입이 131,000원이라는 것과 같은 말이다. 가격과 평균수입은 똑같은 것이다.

각 판매량 수준에서 총수입은 가격에 판매량을 곱하여 구할 수 있다. 즉 그림 8.1의 표에서 (1)열과 (2)열을 곱하면 (3)열이 구해진다. 이 경우, 총수입은 판매량이 늘어날 때마다 일정한 액수(131,000원)로 증가한다. 제품 한 단위를 추가로 판매할 때마다 총수입은 정확하게 일정하게 주어진 그 가격만큼 증가한다.

한계수입

어떤 기업이 생산량을 변화를 고려할 때, 이로 인한 총수입의 변화를 생각할 것이다. **한계수입**은 제품 1단위의 추가 판매로 발생하는 총수입의 변화분(또는 추가된 수입)이다. 그림 8.1의 표에서 (3)열을 보면 판매량이 0단위일 때 총수입은 0원이다. 제품 1번째 단위가 팔리면 총수입은 0원에서 131,000원으로 증가하며, 따라서 이 단위의 한계수입은 131,000원이다. 제품 2번째 단위가 팔리면 총수입은 131,000원에서 262,000원으

[그림 8.1] 순수경쟁기업의 수요곡선과 수입곡선

순수경쟁기업의 수요곡선(*D*)은 수평선(완전 탄력적)이다. 이 기업은 시장가격(여기서는 131,000원)에서 원하는 만큼 판매할 수 있기 때문이다. 한 단위를 추가로 판매할 때마다 총수입은 가격과 같은 액수만큼 증가하므로, 이 기업의 총수입곡선(TR)은 우상향하는 직선이고, 그 한계수입곡선(MR)은 수요곡선과 일치한다. 평균수입곡선(AR)도 수요곡선과 일치한다.

(단위: 천 원)

기업의 수요		기업의 수입	
(1) 재화의 가격(P) (평균수입)	(2) 수요량(Q)	(3) 총수입(TR) = (1)×(2)	(4) 한계수입(MR)
131	0	0	
			131
131	1	131	
			131
131	2	262	
			131
131	3	393	
			131
131	4	524	
			131
131	5	655	
			131
131	6	786	
			131
131	7	917	
			131
131	8	1048	
			131
131	9	1179	
			131
131	10	1310	

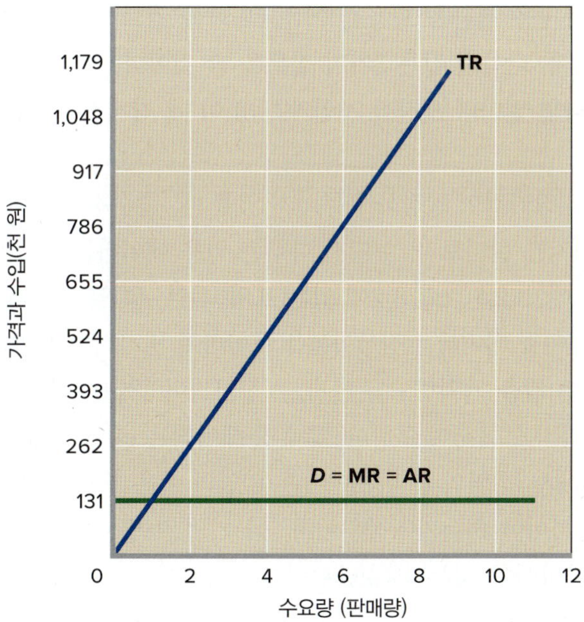

로 늘어나며, 한계수입은 역시 131,000원이다. (4)열에서 한계수입은 가격과 마찬가지로 131,000원으로 일정하다는 사실을 눈여겨보도록 하자. 순수경쟁에서 한계수입과 가격은 같다.

그림 8.1은 순수경쟁기업의 총수입곡선, 수요곡선, 한계수입곡선, 그리고 평균수입곡선을 보여주고 있다. 총수입곡선(TR)은 우상향하는 직선이다. 판매량이 1단위씩 늘어날 때마다 총수입은 131,000원만큼 증가하므로, 총수입곡선의 기울기는 일정하다. 수요곡선(*D*)은 수평이며, 이는 완전탄력적임을 의미한다. 가격이 일정하므로 한계수입곡선(MR)은 수요곡선과 일치한다. 평균수입(AR)은 가격과 같기 때문에 마찬가지로 수요곡선과도 일치한다.

단기 이윤극대화: 총수입 · 총비용 접근

순수경쟁기업은 가격수용자이므로 자신이 가격을 올리거나 내려서 이윤극대화를 꾀할 수 없다. 가격은 시장의 수요와 공급으로 결정되기 때문에 **기업이 통제할 수 있는 유일한 변수는 생산량**이다. 따라서 순수경쟁기업은 생산량을 조절하여 경제적 이윤을 극대화하거나 경제적 손실을 최소화하려 한다. 그리고 단기에서 기업의 공장규모는 일정하다. 결국 기업이 생산량을 조절할 수 있는 방법은 자신이 생산에 투입하는 가변자원(재료, 노동)의 양을 변화시키는 것뿐이다. 기업은 가변자원을 조절하여 이윤을 극대화하거나 손실을 최소화하는 생산량 수준에 도달한다.

경쟁기업은 이윤극대화나 손실최소화를 실현하는 생산량을 2가지 방법으로 결정한다. 하나는 총수입과 총비용을 비교하는 것이고, 다른 하나는 한계수입과 한계비용을 비교하는 것이다. 이 2가지 방법은 순수경쟁기업이나 순수 독점기업, 그리고 독점적 경쟁기업이나 과점기업에 관계없이 모든 기업에 적용된다.[1)]

먼저 총수입 · 총비용 접근을 활용한 이윤극대화를 검토해보자. 경쟁기업은 시장가격이 주어져 있을 때, 다음과 같은 3가지 질문을 할 것이다. (1) 제품을 생산해야 할 것인가? (2) 생산한다면 얼마나 생산할 것인가? (3) 이 때 경제적 이윤(또는 손실)은 얼마인가?

비용 데이터와 시장가격이 일정하게 주어져 있을 때, 순수경쟁기업이 이들 질문에 어떤 답을 내릴 것인지를 살펴보자. 여기서 다루는 비용 데이터는 표 7.2의 고정비용, 가변비용 및 총비용 데이터를 그림 8.2에 있는 표의 (1)열~(4)열에 옮겨놓은 것이므로 이미 익숙할 것이다. 이들 데이터는 정상이윤을 포함하여 명시적 비용과 암묵적 비용을 모두 반영하고 있다는 점을 기억하도록 하자. 시장가격이 131,000원이라고 가정하면, 총수입은 생산량에 가격을 곱하여 구한다. 총수입 데이터는 (5)열에 주어져 있다. 그런 다음 (5)열의 총수입에서 (4)열의 총비용을 빼면 (6)열의 이윤 또는 손실을 구할 수 있다.

이 기업은 생산하여야 하는가? 물론이다. 이 기업은 생산함으로써 이윤을 얻을 수 있다. 얼마나 생산하여야 하는가? 9단위이다. (6)열에서 생산량이 9단위일 때 경제적 이윤이 최대치임을 확인할 수 있다. 이 때 경제적 이윤(손실)은 얼마인가? 총수입(1,179,000원)과 총비용(880,000원)의 차액인 299,000원이 경제적 이윤이다.

1) 이 2가지 방법에 대한 이해를 확실히 하기 위해 순수경쟁의 생산량 결정에서 이 둘을 모두 적용해본다. 하지만 한계적 접근을 더 강조하기 위해, 총수입 접근을 그림을 통해 분석하는 것은 기업 이윤극대화의 경우만으로 한정한다. 그 다음, 한계적 접근은 이윤극대화, 손실최소화 및 조업중단 등 3가지 경우 모두를 검토하는 데 적용해 볼 것이다.

[그림 8.2] 순수경쟁기업의 이윤극대화를 위한 총수입 · 총비용 접근

(a) 이 기업의 이윤은 총수입(TR)이 총비용(TC)의 차이가 가장 큰 생산량(9단위)에서 극대화된다. (b) (a)에서 총수입과 총비용의 수직적 거리를 경제적 이윤 곡선으로 나타내었다. 극대화된 경제적 이윤은 생산량이 9단위일 때 299,000원이다.

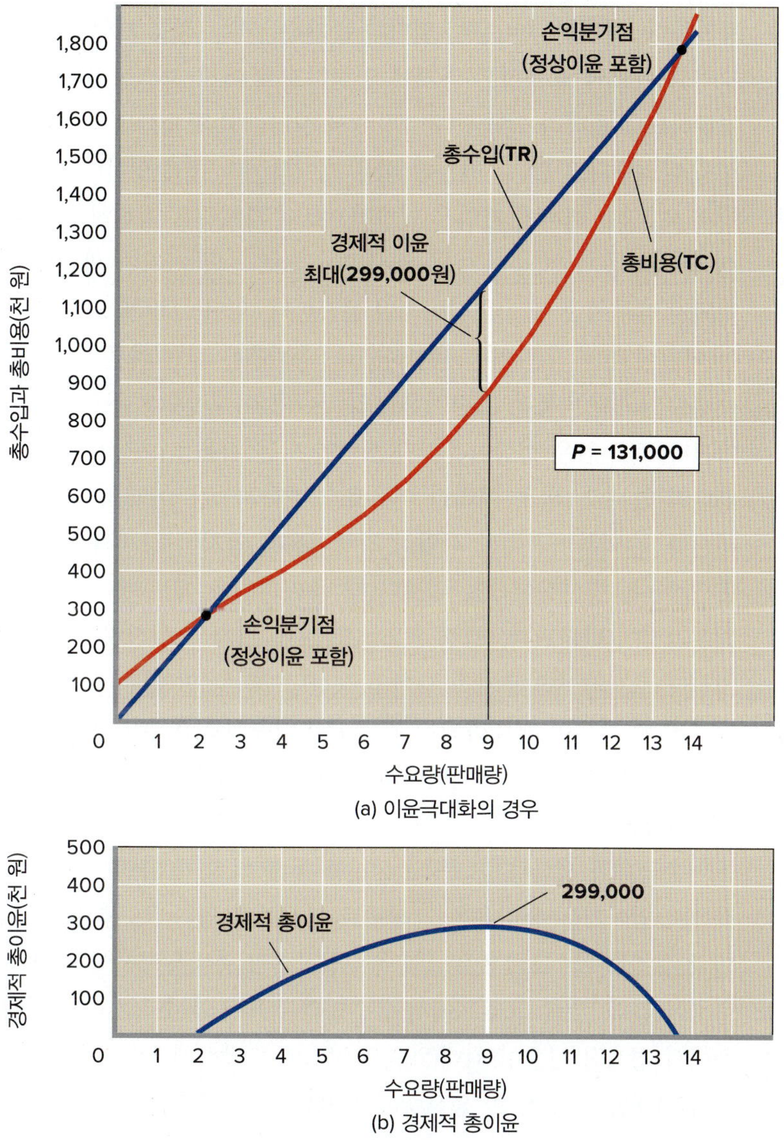

(단위: 천 원)

(1) 총생산량(Q)	(2) 총고정비용(TFC)	(3) 총가변비용(TVC)	(4) 총비용(TVC)	시장가격 = 131 (5) 총수입(TR)	(6) 이윤(+) 또는 손실(−)
0	100	0	100	0	−100
1	100	90	190	131	−59
2	100	170	270	262	−8
3	100	240	340	393	+53
4	100	300	400	524	+124
5	100	370	470	655	+185
6	100	450	550	786	+236
7	100	540	640	917	+277
8	100	650	750	1,048	+298
9	100	780	880	1,179	+299
10	100	930	1,030	1,310	+280

그림 8.2(a)는 위의 이윤극대화 사례에 대하여 총수입과 총비용을 그림을 통해 비교하고 있다. 순수경쟁기업의 총수입곡선은 직선이라는 사실을 다시 한 번 확실하게 하자(그림 8.1). 더 많이 생산하면 더 많은 생산자원이 필요하므로 총비용은 생산량과 함께 증가한다. 하지만 총비용이 얼마나 증가하는지는 해당 기업의 효율성에 따라 달라진다. 그리고 기업의 효율성은 단기에 일정하게 주어진 자본설비에 가변 투입요소를 어떻게 결합하느냐에 따라 달라진다. 7장에서 설명한 수확체감의 법칙은 자원결합에 따른 효율성을 나타낸다고 할 수 있는데 비용 데이터는 이를 반영하여 주어진다. 생산량이 0단위에서 4단위일 때까지 기업은 일시적으로 수확체증을 경험하기 때문에 총비용이 점점 느린 속도로 증가한다. 하지만, 생산량이 그보다 더 커지면 과밀로 인하여 수확체감이 시작되기 때문에 효율성이 떨어지기 시작한다. 일단 그렇게 되면, 새롭게 토입된 투입요소는 이전에 비해 작은 양을 생산하므로, 총비용은 점점 빠른 속도로 증가하게 된다.

손익분기점

총수입과 총비용은 그림 8.2(a)의 두 곡선이 만날 때 즉 생산량이 대략 2단위일 때 같아진다. 총수입은 정상이윤까지 포함한 모든 비용을 보전할 뿐이어서 경제적 이윤은 발생하지 않는다. 바로 이러한 이유로 경제학자들은 이때의 생산량을 **손익분기점**이라고 부른다. 손익분기점이란 기업이 **정상이윤은 얻지만 경제적 이윤은 얻지 못하는 생산량**을 말한다. 생산량이 10단위보다 더 증가하였을 때도 총비용과 총수입이 같아지는 손익분기점이 나타난다. 그림 8.2(a)를 보면 그것은 생산량 13단위와 14단위 사이에 위치한다. 2개의 손익분기점 사이의 생산량에서는 언제나 경제적 이윤이 발생한다. 그러나 기업의 이윤이 극대화되는 것은 총수입곡선과 총수입곡선의 수직거리가 가장 클 때이다. 여기에 주어진 데이터에서는 산출량이 9단위일 때이며, 이 때 극대화된 이윤은 299,000원이다.

이윤극대화 생산량은 그림 8.2(b)를 통해 더 쉽게 확인할 수 있다. 이 그림은 각 생산량에서 얻어지는 총이윤을 그래프로 표시하고 있다. 그림 8.2(b)의 총이윤곡선에서 확인할 수 있듯이, 그림 8.2(a)의 총수입곡선과 총비용곡선이 만나는 점에서 경제적 이윤은 0이 된다. 위쪽 그래프에서 총수입과 총비용의 수직거리가 가장 클 때, 아래쪽 그래프에서 경제적 이윤이 최대(299,000원)에 도달하게 된다. 이 기업은 9단위를 생산하는 것을 선택할 것이다. 이 생산량에서 이윤이 극대화되기 때문이다.

단기 이윤극대화: 한계수입 · 한계비용 접근

2번째 방법은 생산량이 증가할 때 증가된 생산량으로 인해 총수입과 총비용이 얼마나 늘어나는지를 비교하는 것이다. 다시 말하면, 기업은 생산량이 1단위 늘어날 때마다 그 때의 한계수입과 한계비용을 비교하는 것이다. 조업을 중단하기보다 생산을 계속하는 것이 낫다고 가정할 때, 각 생산량 수준에서 한계수입이 한계비용보다 크다면 언제든지 추가로 생산하여야 한다. 이 1단위의 판매수입이 그것의 생산비용보다 크기 때문이다. 반대로 한계비용이 한계수입보다 더 크다면, 이 단위를 추가로 생산하면 안 된다. 이 단위를 생산하면 수입보다 비용이 더 많이 증가할 것이고, 따라서 이윤이 감소하거나 손실이 더 커질 것이기 때문이다.

생산량이 비교적 작은 생산 초기 단계에서는 보통(항상은 아니다) 한계수입이 한계비용보다 크다. 따라서 이 구간에서 조업을 하면 이윤을 얻는다. 하지만 생산량이 비교적 크면 한계비용이 체증하면서 한계수입보다 커지게 된다. 이윤을 극대화하는 기업은 이 구간에서 생산하지 말아야하는 것은 분명하다. 한계수입과 한계비용이 같아지는 점을 기준으로 생산 구간이 2개로 구분된다. 이 점은 생산량을 결정하는 규칙을 정하는 데 있어 핵심이 된다. 단기에서는 조업을 중단하는 것보다는 계속하는 것이 더 나을 때 한계수입과 한계비용이 같아지도록 생산하면 기업의 이윤이 극대화되거나 손실이 최소화된다. 이윤극대화에 대한 이 지침은 **한계수입=한계비용 규칙**으로 알려져 있다.

한계수입=한계비용 규칙

한계수입 = 한계비용 규칙이 지닌 다음과 같은 특징들을 기억하도록 하자.

- 대부분의 데이터에서 한계수입과 한계비용이 일치하는 생산량이 정수가 아닐 수 있다. 이 경우 기업은 **한계수입이 한계비용을 초과하는 생산량 중 마지막으로 정수가 되는 생산량**을 택해야 한다.
- 앞에서 언급하였듯, 이 규칙은 조업을 계속하는 것이 중단하는 것보다 나을 경우에만 적용된다. 잠시 후에 살펴보겠지만, 한계수입이 평균가변비용보다 작다면 이 기업은 한계수입=한계비용을 충족하는 양을 생산하기 보다는 차라리 조업을 중단하게 된다.
- 이 규칙은 순수경쟁기업, 순수독점기업, 독점적 경쟁기업, 과점기업 등 모든 종류의 기업의 이윤극대화에 대한 정확한 지침을 제공한다.
- 순수경쟁기업에 적용하면 이 규칙은 **가격=한계비용**으로 다시 쓸 수 있다. 경쟁기업이 직면한 수요표는 현행 시장가격에서 완전 탄력적이므로, 제품의 가격과 한계수입은 일치한다. 따라서 순수경쟁 하에서는 그리고 순수경쟁 하에서만 이 규칙에서 한계수입에 가격을 대입할 수 있다. 조업을 계속하는 것이 중단하는 것보다 나은 경우라면, 이윤극대화 혹은 손실최소화를 추구하는 기업은 가격이 한계비용(MC)과 같아지는 점(P=MC)에서 생산해야 한다.

가격=한계비용

이제 한계수입=한계비용 규칙(또는 여기서는 순수경쟁을 살펴보고 있으므로 가격=한계비용규칙)을 이윤극대화의 총수입 · 총비용 접근에서 예로 들었던 데이터를 써서 적용해볼 것이다. 그 다음에는 가격을 변화시키면서 손실최소화와 조업중단이라는 2가지 다른 상황을 추가로 살펴볼 것이다. 이하에서 설명하는 한계수입=한계비용 분석은 이후 9장과 10장에서도 다시 나타나므로 반드시 이해하고 넘어가야 한다.

이윤극대화의 경우

그림 8.3의 표에 있는 처음 5개 열은 표 7.2에서의 평균고정비용, 평균가변비용, 평균총비용 및 한계비용 데이터를 다시 제시하고 있다. 여기서 각 생산량 수준에서 가격(=한계수입)과 비교할 것은 (5)열의 한계비용 데이터이다. 먼저 가격(따라서 한계수입)이 (6)열에 주어진 바와 같이 131,000원이라고 가정하자.

[그림 8.3] 순수경쟁기업의 단기 이윤극대화

순수경쟁기업은 한계수입=한계비용을 충족하는 양을 생산함으로써 이윤을 극대화하거나 손실을 최소화한다. 이 경우 한계수입(순수경쟁에서는 가격)과 한계비용은 생산량이 9단위일 때 거의 같아진다. 이 때 가격이 평균총비용 *A*(=97,780원)보다 높기 때문에, 이 기업은 단위당 (*P*–*A*)만큼의 경제적 이윤을 얻는다. 총 경제적 이윤은 초록색 사각형으로 표시되어 있으며, 9×(*P*–*A*)이다.

(단위: 천 원)

(1) 총생산량(Q)	(2) 평균고정비용 (AFC)	(3) 총편균가변비용 (AVC)	(4) 평균총비용 (AVC)	(5) 한계비용 (MC)	(6) 가격=한계수입 (P=MR)	(7) 경제적 총이윤(+) 또는 총손실(–)
0						–100
1	100.00	90.00	100.00	90	131	–59
2	50.00	85.00	135.00	80	131	–8
3	33.33	80.00	113.33	70	131	+53
4	25.00	75.00	100.00	60	131	+124
5	20.00	74.00	94.00	70	131	+185
6	16.67	75.00	91.67	80	131	+236
7	14.29	77.14	91.43	90	131	+277
8	12.50	81.25	93.75	110	131	+298
9	11.11	86.67	97.78	130	131	+299
10	10.00	93.00	103.00	150	131	+280

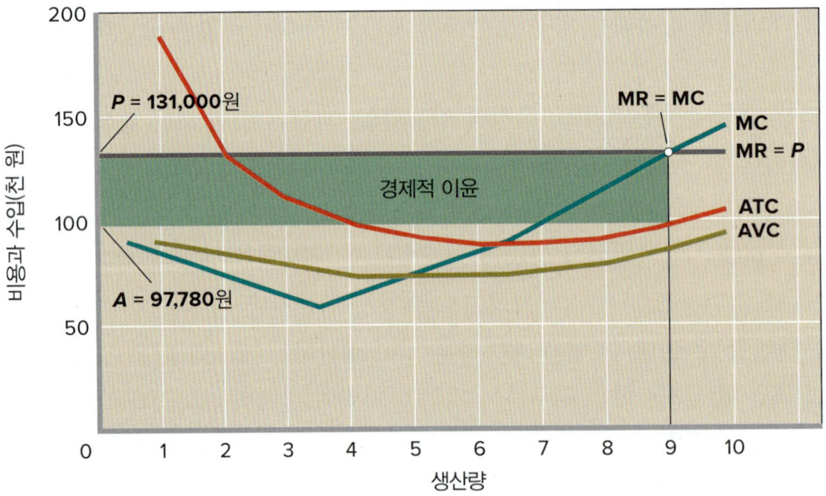

이윤극대화 산출량은 무엇인가? 9번째 단위에 이르기까지 한계수입은 한계비용보다 크다. 따라서 9단위까지 1단위씩 추가로 생산할 때마다 이윤은 늘어나므로 9단위까지 생산되어야 한다. 그러나 10번째 단위는 생산하면 안 된다. 이 단위를 생산하면 비용(150,000원)이 수입(131,000원)보다 더 많이 늘어난다. 따라서 9단위가 이윤극대화 생산량이다.

9단위를 생산하여 얻는 경제적 이윤은 총수입에서 총비용을 빼서 구할 수 있다. 가격(131,000원)을 생산량(9단위)으로 곱하면 총수입 1,179,000원을 얻는다. (4)열의 평균총비용 데이터에서 평균총비용은 생산량이 9단위일 때 97,780원임을 알 수 있다.

97,780원에 9단위를 곱하면 총비용 880,000원을 얻는다.[2] 총수입과 총비용의 차이인 299,000원(=1,179,000원−880,000원)이 경제적 이윤이다. 이 기업은 조업을 중단하는 것보다 생산하는 것을 선호할 것이라는 점은 분명하다.

아마도 다음과 같은 간단한 등식을 이용하면 경제적 이윤을 더 쉽게 구할 수 있을 것이다. 여기서 A는 평균총비용을 의미한다.

$$\text{이윤} = (P - A) \times Q$$

여기서 제품 가격(131,000원)에서 평균총비용(97,780원)을 빼서 단위당 이윤 33,220원을 얻는다. 이 액수에 산출량 9단위를 곱하면 이윤은 299,000원으로 결정된다. 이 때 (7)열에 주어진 수치를 찬찬히 확인해보라. 한계수입=한계비용이 성립하는 수준 이외의 어떤 생산량에서라도 이윤은 299,000원보다 작거나 손실이 발생한다는 것을 확인할 수 있을 것이다.

그림 8.3의 그래프는 가격(한계수입)과 한계비용을 그림으로 보여준다. 이윤극대화 생산량 9단위에서 가격과 한계비용은 일치한다. 여기서 단위당 경제적 이윤은 (P−A)로 나타낼 수 있는데, 이 때 P는 시장가격, A는 생산량이 9단위일 때 평균총비용을 의미한다. 총 경제적 이윤은 9×(P−A)이고, 초록색 사각형의 면적으로 표시되어 있다.

이 기업은 **단위당 이윤이 아니라 총이윤을 극대화하고자 한다**는 점을 명심하라. 단위당 이윤은 생산량이 7단위일 때 가장 큰데, 이 때 가격은 평균총비용보다 39,570원(=131,000원−91,430원)만큼 더 높다. 하지만 이 기업이 7단위만 생산한다면, 확실히 총이윤을 늘릴 수 있는 제품 2단위의 추가 생산을 포기하는 것이다. 이 기업은 이 2단위를 추가적으로 생산함으로써 단위당 이윤이 줄어드는 것을 수용할 것이다. 총이윤이 늘어나기 때문이다.

손실최소화의 경우

이제 시장가격이 131,000원이 아니라 81,000원이라고 가정해보자. 이 기업은 여전히 생산해야 하는가? 그렇다면, 얼마나 생산해야 하는가? 그리고 생산의 결과 이윤 또는 손실의 크기는 얼마인가? 이 질문들에 대한 답은 각각, '그렇다', '6단위', 그리고 '64,000원의 손실'이다.

그림 8.4에 있는 표의 처음 5개열은 그림 8.3에 있는 표의 처음 5개열과 같다. 하지만, 그림 8.4에 있는 표의 (6)열에서는 새로운 가격(한계수입)이 81,000원임을 나타내고 있다. (5)열과 (6)열을 비교하면 1번째 단위를 생산하였을 때 비용은 90,000원만큼 늘지만 총수입은 81,000원밖에 늘지 않음을 알 수 있다.

이 때 "생산하지 마라! 조업을 중지하라!"라고 결론 내릴 수도 있다. 하지만 이 결론

2) 대부분의 단위비용 데이터는 반올림한 수치들이다. 따라서 그로부터 구한 경제적 이윤은 총수입−총비용 접근에서 얻은 이윤과 몇 원 정도 차이가 나는 것이 보통이다. 여기서 얻는 답과 총수입−총비용 접근에서 얻은 결과 사이의 일관성이 있는지를 확인할 때 이렇게 발생하는 몇 십 원 차이는 그냥 무시하기로 하자.

[그림 8.4] 순수경쟁기업의 단기 손실최소화

만약 가격이 평균가변비용의 최소치(여기서는 Q=5일 때, 74,000원)보다 높지만 평균총비용보다는 낮다면, 한계수입=한계비용을 충족하는 생산량(여기서는 6단위)에서 이 기업은 손실을 최소화한다. 이 경우 손실은, A를 생산량이 6단위일 때의 평균총비용이라고 하면, 단위당 $(A-P)$이다. 총손실은 붉은색 면적으로 표시되어 있으며, $6\times(A-P)$이다.

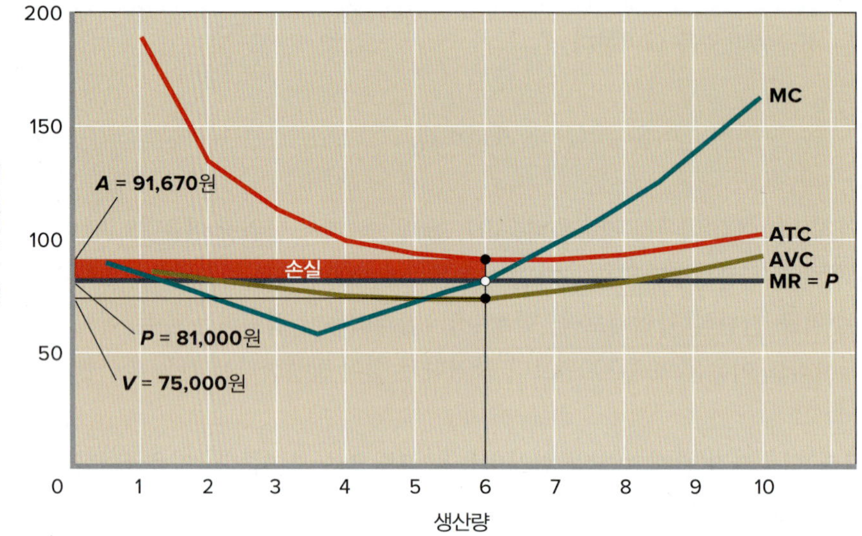

(단위: 천 원)

					손실을 최소화하는 경우		조업을 중단하는 경우	
(1) 총생산량 (산출량)	(2) 평균 고정비용 (AFC)	(3) 총평균 가변비용 (AVC)	(4) 평균 총비용 (AVC)	(5) 한계비용 (MC)	(6) 가격(P) =한계수입 (MR)	(7) 가격이 81일 때의 이윤(+) 또는 손실(−)	(8) 가격(P) =한계수입 (MR)	(9) 가격이 71일 때의 이윤(+) 또는 손실(−)
0						−100		−100
1	100.00	90.00	100.00	90	81	−109	71	−119
2	50.00	85.00	135.00	80	81	−108	71	−128
3	33.33	80.00	113.33	70	81	−97	71	−127
4	25.00	75.00	100.00	60	81	−76	71	−116
5	20.00	74.00	94.00	70	81	−65	71	−115
6	16.67	75.00	91.67	80	81	−64	71	−124
7	14.29	77.14	94.43	90	81	−73	71	−143
8	12.50	81.25	93.75	110	81	−102	71	−182
9	11.11	86.67	97.78	130	81	−151	71	−241
10	10.00	93.00	103.00	150	81	−220	71	−320

은 너무 성급하다. 생산이 아주 적은 초기 단계에서는 한계생산이 낮기 때문에 한계비용이 비정상적으로 높을 수 있다는 점을 기억하라. 생산량이 증가함에 따라 한계비용은 점점 적어져 가격보다 낮아진다. 2번째 단위에서 6번째 단위까지의 구간에서 가격이 한계비용보다 높다. 이들을 생산하면 비용보다 수입이 더 늘어나고, (7)열에서 확인할 수 있듯이 총손실은 감소하게 된다. 이들의 이익을 모두 합하면 1번째 단위에서 발생한 '손실'을 상당부분 보전하게 된다. 하지만 6번째 단위부터는 한계비용이 한계수입(가격)보다 커진다. 따라서 이 기업은 6단위를 생산하는 것이 옳다. 일반적으로 이윤을 추구하는 생산자는 한계비용이 체증하고 있는 생산량에서 한계수입(순수경쟁에서는 가격)과

한계비용을 비교하여야 한다.

이 생산에서 이윤을 얻고 있는가? 그렇지 않다. 6단위를 생산할 때 평균총비용은 91,670원인데 이것은 가격(81,000원)보다 10,670원만큼 크다. 이 액수에 생산량 6단위를 곱하면 해당 기업의 총손실은 64,000원이 된다. 총수입 486,000원(=6단위×81,000원)을 총비용 550,000원(=6단위×91,670원)과 비교하더라도 이 기업의 손실이 64,000원임을 알 수 있다.

그렇다면 왜 생산해야 하는가? 이 **손실이 해당 기업의 고정비용 100,000원보다 작기 때문**이다. 고정비용은 기업이 조업을 중단하였을 때 단기에서 발생하는 손실이다. 기업은 75,000원의 평균가변비용을 보전하기에 충분한 81,000원의 단위당 수입을 얻으며, 단위당 6,000원 즉 총 36,000원만큼 고정비용에서 발생한 손실을 줄일 수 있다. 따라서 이 기업의 손실은 100,000원보다 적은 64,000원(=100,000원−36,000원)이 된다.

그림 8.4의 그래프는 손실최소화의 경우를 보여주고 있다. 가격이 총가변비용(AVC)보다 높지만 평균총비용보다 낮다면 기업은 조업을 계속함으로써 고정비용의 일부라도 보전할 수 있다. 손실은 한계비용=한계수입이 성립하는 생산량(여기서는 6단위)에서 최소화된다. 이 생산량에서 매 단위의 생산을 통해 고정비용으로 인해 발생한 손실을 $(P-V)$만큼 메꿀 수 있다. 이 때 V는 생산량이 6단위일 때의 평균가변비용이다. 단위당 손실은 $(A-P)$= 10,670원이고, 총손실은 붉은색 면적으로 주어진 바와 같이 6×$(A-P)$, 즉 64,000원이다.

조업중단의 경우

이제 시장에서 가격이 71,000원에 결정되었다고 해보자. 이 기업은 생산하여야 하는가? 그렇지 않다. 모든 생산량에서 이 기업의 평균가변비용이 가격보다 크기 때문이다. 그림 8.4에 있는 표의 (3)열과 (8)열을 비교해보면 알 수 있다. 조업을 하면서 손실을 가장 작게 줄이더라도 그 때의 손실이 조업중단으로 발생하는 손실인 100,000원의 고정비용보다 더 크다. 이는 (9)열을 보면 알 수 있다.

이러한 **조업중단**의 경우를 그림 8.5에서 확인할 수 있다. 한계수입(가격)=한계비용을 충족하는 5단위를 생산하면 가격이 평균가변비용에 가장 가까워진다. 하지만 이때도 가격 즉 단위당 수입은 평균가변비용보다 3,000원(=74,000원−71,000원) 적다. 기업이 한계수입(가격)=한계비용인 점에서 생산하면 고정비용(100,000원)에 더하여 15,000원(5단위×3,000원)의 손실이 추가로 발생하여 총손실은 115,000원이 된다. 기업이 조업을 중단하면 고정비용(100,000원)만큼의 손해가 발생하는데 그것보다 나은 상황이 아닌 것이다. 따라서 가격이 71,000원일 때, 즉 **가격이 평균가변비용의 최소치(74,000원)보다 낮으면 기업은 조업을 계속하기보다는 중단**하는 것이 바람직하다.

조업중단

조업중단의 경우는 한계수입(가격)=한계비용 규칙이 적용되지 않는 경우를 보여준다. 경쟁기업이 단기에서 한계수입(가격)=한계비용을 충족하는 생산량을 택하면 이윤이 극대화되거나 손실이 최소화된다. 단, 시장가격이 평균가변비용의 최소치보다 높은 경우에만 그러하다.

[그림 8.5] 순수경쟁기업의 단기 조업중단

만약 가격이 평균가변비용의 최소치(여기서는 Q=5일 때, 74,000원)보다 낮으면 단기에서 조업을 중단해야 순수경쟁기업의 손실이 최소화된다. 조업을 계속하면서 총고정비용보다 손실을 작게 할 수 있는 생산량은 없다.

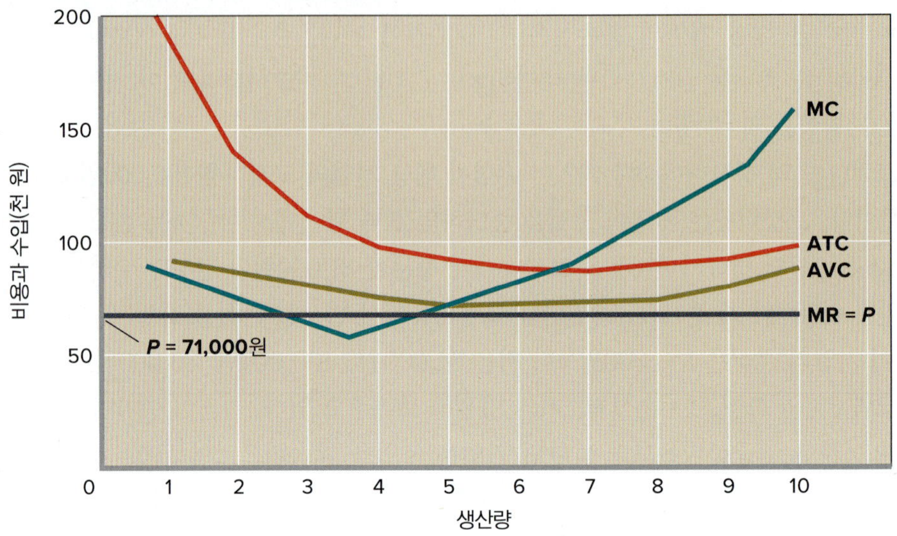

한계비용과 단기공급

앞 절에서는 3개의 가격을 선택한 후, 각 가격에서 이윤극대화 경쟁기업이 비용이 일정할 때 얼마만큼을 공급할지에 대해 설명하였다. 각 가격에 대응하는 기업의 이윤극대화 공급량이 경쟁기업 공급표의 일부를 구성한다.

〈표 8.2〉 그림 8.3 표의 비용 데이터에 직면한 경쟁기업의 공급표

가격(천 원)	공급량	이윤(+) 또는 손실(−)(천 원)
151	10	+480
131	9	+299
111	8	+138
91	7	−3
81	6	−64
71	0	−100
61	0	−100

표 8.2는 앞의 3개 가격(131,000원, 81,000원, 71,000원)에 다른 4개 가격이 추가되었을 때의 공급표를 보여주고 있다. 이 표는 3장에서 도출하였던 제품 가격과 공급량의 직접적인 관계를 다시 한 번 확인하고 있다. 먼저 이 기업은 가격이 61,000원이거나 71,000이면 평균가변비용의 최소치인 74,000원보다 낮으므로 조업하지 않을 것이다. 그리고 가격이 상승하여 평균가변비용의 최소치를 초과하면 공급량이 증가한다. 마지막으로 가격이 평균총비용의 최소치를 초과하면 생산이 증가할수록 경제적 이윤도 증가한다는 점도 짚고 넘어가도록 하자.

일반화된 설명

그림 8.6는 한계수입(MR)=한계비용(MC)의 규칙과 **기업의 단기 생산비용과 공급 사이의 관계**를 일반화하고 있다. 평균총비용곡선, 평균가변비용 곡선 및 한계비용 곡선이 다양한 시장가격에서 주어진 한계수입곡선과 함께 제시되어 있다. 이들 가격에서 공급량이 어떻게 주어지는지 확인해보도록 하자.

기업의 단기 생산비용과 공급 사이의 관계

- 가격이 P_1일 때에는 가격이 이 기업의 평균가변비용보다 낮으므로 기업은 전혀 조업을 하지 않는다. 공급량은 P_2보다 낮은 다른 모든 가격에서와 마찬가지로 0이 된다.
- 가격이 P_2일 때에는 가격이 평균가변비용의 최소치와 똑같다. 이 기업은 (MR_2=MC가 성립하는) Q_2 단위를 생산하여 총가변비용을 정확하게 보전한다. 이 기업의 손실은 총고정비용과 같다. (사실 이 기업은 조업을 중단하든지 Q_2를 생산하든지 똑같은 결과를 얻지만, 여기서는 조업을 한다고 가정한다.)
- 가격이 P_3일 때에는 이 기업은 단기 손실을 최소화하기 위해 Q_3 단위를 생산한다. 또 가격이 P_2와 P_4 사이라면 이 기업은 어느 가격에서든지 한계수입=한계비용이 충족되는 양을 생산하여 공급함으로써 손실을 최소화할 것이다.
- 이 기업은 가격이 P_4일 때 정확히 손익이 일치한다. 이 때 기업은 (MR_4=MC가 성립

[그림 8.6] 가격=한계비용의 규칙과 경쟁기업의 단기공급곡선

조업중단의 경우를 제외하고 가격=한계비용의 규칙을 적용하면, 한계비용 곡선 중 평균가변비용의 최소치보다 위쪽에 있는 실선 부분이 이 기업의 단기공급곡선이 된다. 구체적으로 말하면, 가격이 P_1일 때, a점에서는 가격=한계비용이지만 P_1이 평균가변비용의 최소치보다 낮기 때문에 이 기업은 아무것도 생산하지 않는다. 가격이 P_2일 때에는 이 기업은 b점에서 조업하며, 이 때 Q_2단위를 생산하여 총고정비용과 같은 금액의 손실을 입는다. 가격이 P_3일 때에는 이 기업은 c점에서 조업하며, 생산량은 Q_3이고 손실을 총고정비용보다 작다. 가격이 P_4로 주어지면, 이 기업은 d점에서 조업한다. 이 경우 생산량이 Q_4일 때 가격과 평균총비용이 일치하므로 이 기업은 정상이윤을 얻는다. 가격이 P_5일 때에는 이 기업은 e점에서 조업하고, Q_5단위를 생산하여 경제적 이윤을 극대화한다.

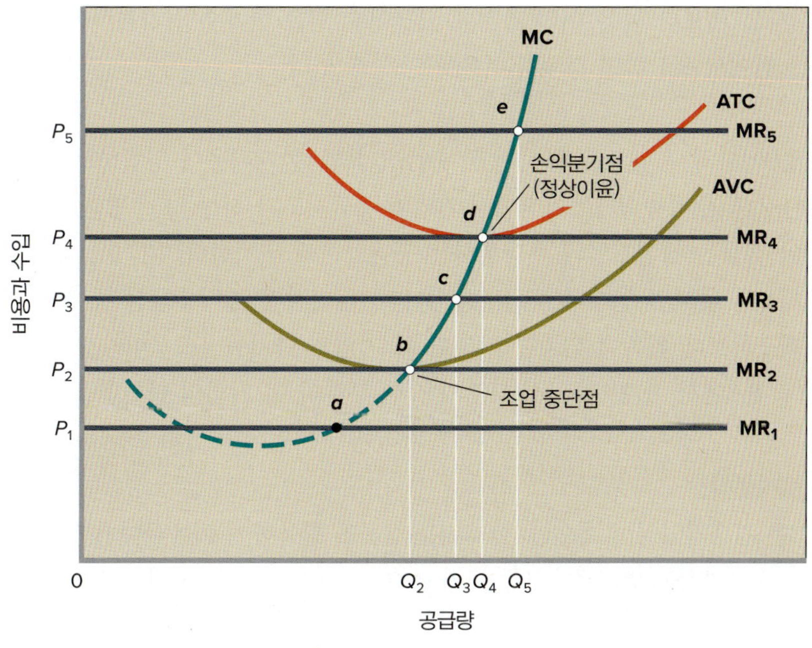

사례연구: 다 무너져가는 채 운영하고 있는 모텔

여러분들은 관리를 하지 않아 낡아빠진 상점을 지나치면서 주인이 왜 건물을 고치는 것도 아니고 장사를 그만두지도 않는 것인지 궁금하게 생각한 적이 있는가? 여기에는 다소 놀라운 이유가 있다. 시설을 정비하는 것은 수익성이 없고 오히려 낡아빠진 채로 장사하는 것이 이득이라는 것이다. 그 이유를 살펴보면 수요가 위축되고 있는 기업이 '문을 열 것인지 닫을 것인지'에 대한 결정을 어떻게 내리는지를 이해할 수 있을 것이다.

오래된 고속도로변에 있는 모텔의 예를 생각해보자. 이 모텔 소유주는 수십 년 전 주변 교통 상황과 경쟁 여건을 고려하여 모텔을 지었다. 하지만, 이후 새 고속도로들이 들어서면서, 이 모텔의 위치는 다소 외진 곳이 되어 버렸다. 또 이 모텔은 새 고속도로들과 더 가까운 곳에 위치한 프랜차이즈 호텔들과 치열한 경쟁에 빠져들게 되었다.

수요가 줄고 수입이 적어지면서, 이 모텔은 흑자에서 적자로 돌아서게 되었다(P<ATC). 하지만 처음에는 이 호텔의 객실료와 연간 수입은 총가변비용을 보전하기에 충분하였고, 보험료나 재산세 등 고정비용의 일부를 충당하는 데에도 어느 정도 역할을 하였다(P>AVC). 이 모텔은 계속 문을 열면 조업을 중단할 때보다 손실이 더 적었다. 하지만 총수입이 총비용을 모두 보전하지는 못하므로(P<ATC), 모텔 주인은 장기에는 무언가 대책을 마련해야 한다고 생각하게 되었다. 모텔 주인은 연간 보수 · 유지비용을 줄임으로써 총비용을 줄이기로 하였다. 사실상 이 주인은 일시적으로 수익성을 회복하는 수단으로 모텔이 낡아가는 것을 방치하기로 결정한 것이다.

이렇게 유지비용을 계속 줄이는 것은 불가능하므로, 회복된 수익성은 오래 갈 수 없다. 모텔 시설이 낡아 가면, 객실료는 더 싸지게 될 것이고, 따라서 총수입은 더 줄어들게 된다. 이 모텔 주인은 연간 유지비가 0으로 떨어진다고 하더라도, 조만간 총수입이 총비용보다 작아지게 되리라는 것 즉 가격이 다시 평균가변비용 아래로 떨어질 것이라는 것을 알고 있다. 그렇게 되면, 주인은 모텔을 폐업하고, 건물을 부셔서 빈 땅이라도 팔려 할 것이다. 하지만 당분간은 이 모텔은 계속 낡아가지만 여전히 문을 연 채 그 자리에 있는 것이 손실을 줄이는 방법이다.

하는) Q_4 단위를 공급하여, 정상이윤은 얻지만 경제적 이윤은 없다. 총수입은 정상비용을 포함하여 총비용을 정확히 보전할 것이다. 단위당 수입(P_4)과 단위당 총비용(ATC)이 일치하기 때문이다.

- 가격이 P_5일 때 이 기업은 제품을 Q_5 단위 생산하여 공급함으로써 경제적 이윤을 얻는다. 사실 P_4보다 높은 어떤 가격에서도 이 기업은 한계수입(가격)=한계비용이 성립하는 점에서 생산하면 경제적 이윤을 얻을 수 있다.

단기공급곡선

그림 8.6에서 b, c, d, e로 표시된 한계수입(가격)=한계비용이 성립하는 각각의 점들은 다양한 가격(수직축)과 그 가격에서 기업이 공급하고자 하는 양(수평축)을 나타낸다. 따라서 이 점들은 경쟁기업의 우상향하는 공급곡선에 위치한다. 가격이 평균가변비용의 최소치보다 낮다면 언제나 공급량은 0이다. 따라서 한계비용곡선 중 평균가변비용곡선의 최소치보다 위쪽에 위치한 부분이 이 기업의 단기공급곡선이라고 결론내릴 수 있다. 그림 8.6에서 한계비용곡선(MC)의 실선 부분이 이 기업의 **단기공급곡선**이다. 이 곡선은 다양한 가격이 주어져 있을 때 그 가격에서 기업이 공급하고자 하는 제품의 공급량을 보여준다.

표 8.3은 경쟁기업이 한계수입=한계비용 접근을 활용하여 이윤극대화 생산량을 결정하는 방식을 요약하고 있다. 이 표는 또한 총수입 · 총비용 접근도 함께 요약하고 있다.

〈표 8.3〉 단기 순수경쟁의 생산량 결정

질문	답변
생산을 해야 하나?	가격이 평균가변비용의 최소치와 같거나 높으면 생산해야 한다. 그렇게 하면 기업은 이윤을 얻을 수도 있고 손실을 고정비용미만으로 줄일 수 있다.
얼마만큼 생산해야 하나?	한계수입이 한계비용과 일치하는 점에서 생산해야 한다. 그 점에서 이윤(총수입과 총비용의 차이)이 극대화되거나 손실이 최소화된다.
생산하면 경제적 이윤을 얻을 수 있나?	가격이 평균총비용보다 높으면 그래서 총수입이 총비용을 초과하면 경제적 이윤을 얻는다. 평균총비용이 가격보다 높으면 그래서 총비용이 총수입보다 크다면 이윤을 얻지 못한다.

수확체감, 생산비용, 공급

지금까지의 논의를 통해 단기에서 수확체감의 법칙(7장), 생산비용 및 공급이 서로 어떤 관계가 있는지 알 수 있었다. 수확체감의 법칙으로 인해 생산량이 늘어나면 결국에는 한계비용이 증가한다. 그리고 한계비용은 생산량이 증가하면 상승하므로 순수경쟁기업이 제품을 추가적으로 생산하려면 가격이 계속 상승해야만 한다.

다른 각도에서 살펴보면, 가격이 이전에 비해 상승하면 한계수입이 증가하고 순수경쟁기업의 생산량은 늘어난다. 생산량이 증가하면 수확체감의 법칙에 따라 기업의 한계비용은 체증한다. 그래서 증가한 한계비용이 이전보다 상승한 가격(한계수입)과 같아지는 생산량에 도달하게 된다. 그러면 다시 한 번 이윤이 이전보다 증가된 수준에서 극대화된다. 공급량의 증가는 가격 상승과 이윤극대화의 직접적인 결과로 나타나는 것이다.

공급의 변화

7장에서 우리는 가변 투입요소의 가격이나 기술 등의 요인들이 변하면 비용이 달라지고 이에 따라 한계비용곡선 즉 단기 공급곡선이 이동한다는 사실을 확인한 바 있다. 예를 들어 다른 조건이 일정할 때 임금이 오르면 한계비용이 상승하여 그림 8.6의 공급곡선은 수평축으로부터 바라볼 때 위쪽으로(수직축으로 보면 왼쪽으로) 이동할 것이다. 즉 공급은 감소한다. 마찬가지로 기술이 진보하여 노동생산성이 상승하면 한계비용이 줄어들고 한계비용곡선과 공급곡선은 수평축으로부터 바라볼 때 아래쪽으로(수직축으로 보면 오른쪽으로) 이동할 것이다. 이는 공급이 증가함을 의미한다.

기업과 산업: 균형가격

앞 절에서는 한계수입(가격)=한계비용 규칙을 적용하여 경쟁기업의 단기 공급곡선을 도출하였다. 그러면 여러 가격 중 실제 시장균형가격은 무엇일까?

3장에서 우리는 시장균형가격은 총공급량과 총수요량이 일치할 때의 가격이라는 것을 배웠다. 그렇다면 균형가격을 구하기 위해서는 먼저 총공급표와 총수요표를 구해야 한다. 산업 내 일정한 수의 기업이 조업하고 있고 이들 각 기업이 그림 8.6의 대표적 기업과 똑같은 개별 공급표를 갖는다고 가정하면 모든 기업의 총공급표를 얻을 수 있다.

그 다음 각각의 가격에서 모든 기업의 개별 공급량을 모두 더하면 총(또는 시장)공급표를 구할 수 있다. 표 8.4의 (1)열과 (3)열은 표 8.2에서의 개별 경쟁기업의 공급표를 다시 보여주고 있다. 이 산업에서 1,000개의 기업이 경쟁하고 있고, 이들 기업 모두가 앞에서 예로 들었던 단일 기업과 총비용이나 단위비용이 똑같다고 가정하자. 그러면 (1)열에 있는 단일 기업의 공급량에 1,000으로 곱하면 시장공급표((2)열과 (3)열)가 구해진다.

시장가격과 이윤 시장균형 가격과 균형 생산량을 결정하기 위해서는 이 총공급 데이터를 총수요 데이터와 비교해야 한다. 총수요는 표 8.4의 (3)열과 (4)열과 같이 주어진다고 가정하자. 7개 서로 다른 가격에서 총공급과 총수요를 비교하면 이 산업에서 균형가격은 111,000원이고 균형생산량은 8,000단위임을 알 수 있다. 이는 1,000개의 기업이 각자 8단위를 생산한다는 의미다.

시장공급과 시장수요가 이렇게 주어져 있을 때 산업은 수익성이 있는가, 없는가? 제품 가격(111,000원)을 생산량(8단위)로 곱하면 개별 기업의 총수입은 888,000원임을 알 수 있다. 총비용은 그림 8.2에 있는 표의 (4)열에서 알 수 있듯 750,000원이다. 총수입과 총비용의 차이 138,000원이 각 기업의 경제적 이윤이다. 산업 전체의 경제적 이윤은 138,000,000원이므로, 이 산업은 수익성이 있다.

경제적 이윤을 계산하는 다른 방법은 제품 가격(111,000원)에서 평균총비용(93,750원)을 빼서 단위당 이윤을 구한 다음, 이 차이(단위당 17,250원의 이윤)에 해당 기업의 균형생산량(8단위)을 곱하여 얻을 수 있다. 다시 한 번 기업별로는 138,000원, 산업 전체로는 138,000,000원의 이윤을 얻는다.

〈표 8.4〉 기업의 공급, 시장공급 및 시장수요

(1) 개별기업 공급량	(2) 1,000개 기업들의 총공급량	(3) 가격(천 원)	(4) 총수요량
10	10,000	151	4,000
9	9,000	131	6,000
8	8,000	111	8,000
7	7,000	91	9,000
6	6,000	81	11,000
0	0	71	13,000
0	0	61	16,000

그림 8.7은 이를 그림으로 보여준다. 그림 8.7(a)에 s = MC로 주어진 바와 같이 동질적인 1,000개 **기업의 개별 공급곡선을 수평적으로 합하면 그림 8.7(b)에 주어진 총공급곡선($S=\Sigma$ MCs)을 얻을 수 있다.** 총수요곡선이 D로 주어져 있다면 균형가격은 111,000원이고 산업 전체의 균형거래량은 8,000단위이다. 개별 기업들은 이 균형가격을 주어진 것이며 변경할 수 없는 것으로 받아들인다. 즉 각 기업의 수요곡선은, 그림 8.7(a)에 주어진 d와 같이, 균형가격에서 완전 탄력적이다. 개별 기업은 가격수용자이기 때문에 그 한계수입곡선은 수요곡선 d와 일치한다. 111,000원의 가격은 한계수입=한계비용을 충족하는 균형생산량(8단위)에서의 평균총비용보다 높기 때문에, 개별 기업은 그림

[그림 8.7] 기업(a) 및 산업(b)의 단기균형

1,000개 기업의 개별 공급곡선(s)들을 수평적으로 합하면 산업 공급곡선(S)을 얻는다. 주어진 수요(D)에서 이 산업의 단기 균형가격과 균형생산량은 111,000원과 8,000단위이다. 개별 기업들은 균형가격을 주어진 것으로 간주하여 이윤극대화 생산량을 8단위로 결정하고, 초록색 면적으로 표시된 경제적 이윤을 얻는다.

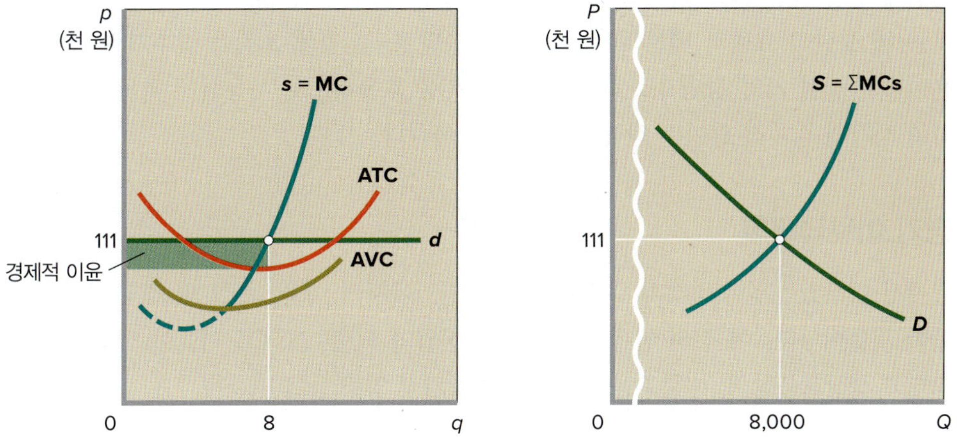

(a) 개별 기업 (b) 산업

8.7(a)의 초록색 면적만큼의 경제적 이윤을 벌어들인다.

비용이나 시장수요가 변하지 않는다고 가정하면 이 그림들은 진정한 **단기균형**을 보여준다. 시장에서 물자부족도 잉여도 없기 때문에 가격이나 총거래량도 변하지 않는다. 산업 내 어느 기업도 생산량을 변경하여 이윤을 늘릴 수 없다. 한편 평균비용이나 한계비용이 높아지거나, 시장수요가 작아지면 그림 8.7(a)의 상황은 달라지며 그래서 그림 8.4나 그림 8.5에서 묘사했던 상황과 비슷한 일이 발생할 수도 있다.

단기균형

그림 8.7은 앞에서 내렸던 결론을 다시 한 번 되짚고 있다. 개별 기업은 제품 가격을 주어진 것으로 받아들인다. 그러나 모든 경쟁기업이 집단적으로 공급계획을 변경하면 제품 가격이 달라질 수 있다. 구성의 오류(1장의 '마지막 한마디')를 다시 떠올려보면 이것이 터무니없는 논리가 아님을 확인할 수 있다. 총공급에서 무시할 만큼 아주 작은 부분만을 생산하는 일개 기업은 가격에 영향을 미치지 못한다. 그러나 산업 내 모든 기업의 공급곡선을 합하면 그것이 산업 공급곡선이 되고 이 산업 공급곡선이 가격을 결정하는 중요한 역할을 한다.

순수경쟁에서의 장기

우리가 살펴보는 시장모형들에서 기업의 진입과 퇴출은 오직 장기에서만 일어난다. 단기에서 산업은 일정한 수의 기업들로 구성되어 있으며, 이들 개별 기업의 생산설비는 고정되어 있어서 이를 변경할 수 없다. 기업들은 단기에서 생산을 중단한다는 의미에서 조업을 중단할 수 있지만, 생산설비를 처분하고 폐업할 수 있을 만큼 충분한 시간을 갖지는 못한다.

반대로 장기에서는 산업 내 기존 기업들이 공장규모를 늘리거나 줄이기에 충분한 시간이 있다. 더 중요한 점은 신규 기업이 진입하거나 퇴출함에 따라 산업 내 기업의 수가 늘어나거나 줄어들 수 있다는 것이다.

하지만 장기를 구성하는 시간의 길이는 산업마다 다르기 때문에 몇 년이나 몇 달 혹은 며칠 등을 지칭하는 것은 아니다. 그래서 이윤이나 손실로 인해 기업들이 순수경쟁산업에 진입하거나 퇴출하게끔 하는 유인 구조가 어떻게 되는지, 그리고 이러한 유인들로 인해 생산의 효율과 배분의 효율이 어떻게 달성되는지에 초점을 맞추기로 한다. 이윤이나 손실이 기업 경영자로 하여금 생산자원을 효율적으로 사용하게 하는 과정에 비하면 시간의 절대적 길이는 전혀 중요한 것이 아니다.

장기 이윤극대화

앞에서 다루었던 순수경쟁과 관련된 논의는 단기에서의 이윤, 손실 및 조업 중단 등에 대한 것들이었다. 이 장의 남은 부분에서는 진입과 퇴출, 그리고 이들이 산업의 규모, 그리고 생산효율성 및 배분효율성에 미치는 장기적 영향 등을 다룬다.

이들 논의를 잘 이해하려면 그래프의 분석을 통해 장기에서 순수경쟁기업의 이윤극대화를 검토할 필요가 있다. 단순화를 위해 몇 가지 가정을 할 터인데, 이들 가정 중 어느 것도 결론을 바꾸지는 않는다.

- **진입 · 퇴출만을 통한 조정** 그래프를 통한 분석에서 장기조정은 기업의 진입과 퇴출을 통해서만 이루어진다. 나아가 장기조정의 효과에 집중하기 위해 단기조정은 모두 무시한다.
- **동일한 비용** 산업 내 모든 기업의 비용곡선은 동일하다. 이 가정에 따라 우리는 '평균적'인 혹은 '대표적'인 기업을 다룬다. 즉 장기조정은 산업 내 모든 기업에 똑같은 영향을 미친다.
- **비용불변산업** 여기서 다루는 산업은 비용불변산업이다. 즉 기업의 진입과 퇴출이 자원의 가격에 영향을 주지 않는다. 따라서 진입과 퇴출이 이루어지더라도 개별 기업의 평균총비용곡선은 달라지지 않는다.

순수경쟁에서의 장기조정 과정

우리가 설명하고자 하는 기본적인 결론은 다음과 같다. 순수경쟁 산업에서 모든 장기조정이 끝나면 **가격은 정확히 각 기업의 평균총비용의 최소치와 일치하며 생산은 평균총비용이 최소가 되는 점에서 이루어진다**는 것이다.

이 결론은 다음과 같은 2가지 기본적인 사실로부터 도출된다. (1) 기업들은 이윤을 추구하고 손실을 회피한다. (2) 순수경쟁에서 기업들은 자유롭게 진입과 퇴출을 행한다. 처음의 시장가격이 평균총비용의 최소치보다 높으면 경제적 이윤이 발생하고 이로 인해 신규 기업들은 해당 산업에 진입하게 될 것이다. 기업이 진입하면 공급이 증가하여 가격이 하락한다. 가격이 평균총비용의 최소치와 같아질 때까지 신규기업의 진입은 계속된다. 반대로 처음의 가격이 평균총비용이 최소치보다 낮으면 이로 인한 발생하는 손실 때문에 기업들이 해당 산업을 떠나게 될 것이다. 기업들이 퇴출되면 공급이 감소하여 가격은 다시 평균총비용의 최소치와 같아진다.

장기균형

장기 시장공급곡선

처음부터 순수경쟁 산업의 평균적인 기업이 장기균형 상태에 있다고 생각해보자. 그림 8.8은 이러한 기업을 묘사하고 있는데, 이 기업의 한계수입 = 한계비용이고 가격은 평균총비용의 최소치인 50,000원이다. 그리고 경제적 이윤은 0이다. 이 산업에 기업들의 진입이나 퇴출이 전혀 없기 때문에 이 산업은 균형 상태이며 '현상유지'를 하고 있다. 기존 기업들은 정상이윤을 얻고 있는데, 이것은 이들 기업의 소유자들이 다른 산업에서 평균적으로 얻을 것으로 예상하는 정도의 회계적 이윤만을 얻고 있다는 것을 의미한다. 그래서 이들 기업들은 산업에 진입하거나 퇴출하려고 하지 않는 것이다. 그림 8.8(b)에서 시장가격 (50,000원)은 시장수요(D_1)와 시장공급(S_1)에 의해 결정된다. 여기에서 S_1은 산업의 단기 공급곡선이다. 이후 논의에서 **장기 시장공급곡선**을 도출할 것이다. 그리고 이 기업들이 벌어들이는 정상이윤은 기회비용이므로 기업의 비용곡선에 포함되어 있다는 사실을 명심도록 하자.

두 그래프의 생산량 축에서 볼 수 있듯이, 이 산업의 균형생산량은 100,000단위이고 개별기업의 균형생산량은 100단위이다. 산업 내 모든 기업들이 동질적이므로 이 산업에는 틀림없이 1,000개(=100,000/100)의 기업이 있을 것이다.

[그림 8.8] 일시적 이윤의 발생과 장기균형의 회복: (a) 개별기업 (b) 산업

수요가 D_1에서 D_2로 증가하면 이 산업은 최초의 균형에서 벗어나게 되어 경제적 이윤이 발생한다. 그러나 이 이윤으로 인하여 신규 기업들이 진입하게 되어 공급은 S_1에서 S_2로 증가하고 가격은 경제적 이윤이 다시 0이 될 때까지 하락한다.

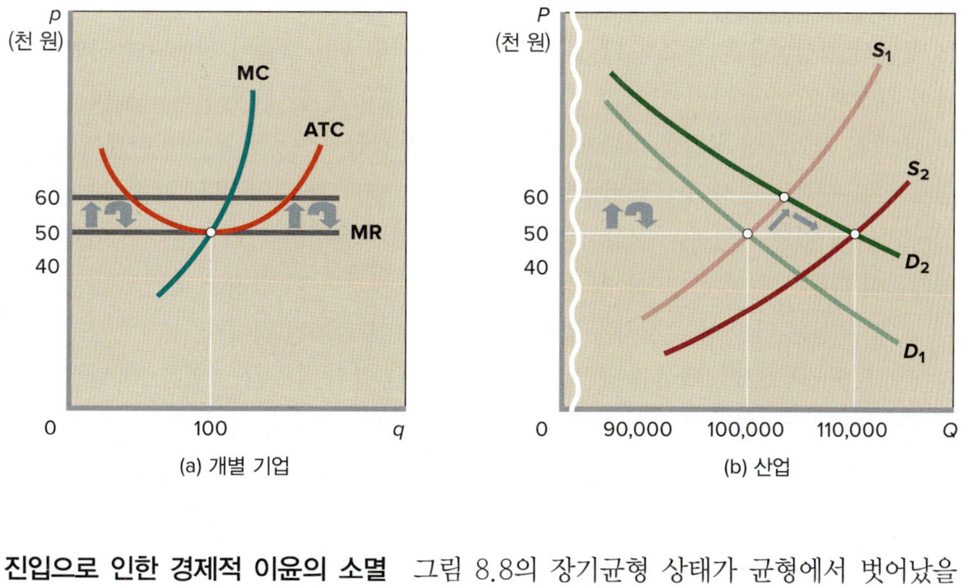

진입으로 인한 경제적 이윤의 소멸 그림 8.8의 장기균형 상태가 균형에서 벗어났을 때 어떤 일이 벌어지는지 살펴보자. 소비자의 취향이 변하여 제품에 대한 수요가 D_1에서 D_2로 증가했다고 가정해보자. 가격은 D_2와 S_1이 만나는 점에서 결정되어 60,000원으로 오를 것이고, 이 기업의 한계수입곡선은 60,000원까지 위쪽으로 이동할 것이다. 60,000원의 가격은 생산량이 100단위일 때 이 기업의 평균총비용 50,000원보다 크기 때문에 단위당 10,000원의 경제적 이윤이 발생한다. 이 경제적 이윤이 새로운 기업들의 진입을 유도한다. 진입기업은 신규 창업기업일 수 있고, 상대적으로 상황이 좋지 못한 다른 산업에서 이동해온 기업들일 수 있다.

기업들이 진입함에 따라 해당 제품에 대한 시장공급은 증가하여 제품의 가격은 60,000원보다 낮아진다. 경제적 이윤이 존재하면 진입이 이루어지는데 진입은 단기공급이 S_2까지 증가할 때까지 계속될 것이다. 그러면 시장가격은 50,000원까지 하락할 것이고, 이 기업의 한계수입도 50,000원까지 하락한다. 이 때 가격은 평균총비용의 최소치인 50,000원과 다시 같아진다. 수요의 증가로 인해 발생한 경제적 이윤은 소멸되고, 그 결과 산업에 존재하는 기업들은 정상이윤(0의 경제적 이윤) 밖에 얻지 못하기 때문에, 많은 기업들의 진입을 유도하였던 유인은 사라지게 된다. 진입이 멈추게 되어 새로운 장기균형에 도달하게 된 것이다.

그림 8.8(a)와 8.8(b)에서 총공급량은 이제 110,000단위이고 각 기업은 100단위를 생산하고 있음을 확인해보자. 이제 산업에 처음의 1,000개가 아니라 1,100개의 기업이 존재하게 된다. 경제적 이윤으로 인하여 100개의 기업이 산업에 더 유치되었다.

퇴출로 인한 손실의 소멸 이제 반대 방향으로의 변화를 생각해보자. 그림 8.9(b)에서는 공급곡선 S_1과 수요곡선 D_1로부터 출발한다. 이 때 가격이 50,000원이라는 점까지 포함하여 앞의 상황과 동일하다.

소비자 수요가 D_1에서 D_3로 감소했다고 가정하자. 그 결과 시장가격과 한계수입은 40,000원으로 하락하는데 이 때 평균총비용의 최소치가 50,000원이므로 조업을 하더라도 수익을 얻을 수 없다. 그 결과 경제적 손실이 발생하여 기업들은 산업을 떠나게 된다. 기업의 소유자들은 정상이윤에 미치지 못하는 이윤, 즉 손실을 수용하기보다는 다른 곳에서 정상이윤을 얻고자 할 것이다. 이렇듯 기업들의 퇴출이 진행되면 산업의 공급이 감소하고 이에 따라 가격은 40,000원보다 상승하게 된다. 여전히 손실이 존재하면 더 많은 기업들이 산업을 떠나게 되고 이에 따라 공급곡선은 S_3로 이동하게 된다. 그렇게 되면 가격은 다시 평균총비용의 최소치인 50,000원과 같아진다. 이 때 손실은 소멸되고 남아 있는 기업들은 정상이윤 즉 0의 경제적 이윤만을 얻게 된다. 이 이윤은 기업가들이 다른 사업에서 벌어들일 것으로 예상하는 것보다 더 크지도 작지도 않기 때문에, 퇴출 유인은 더 이상 존재하지 않는다. 장기균형이 회복된 것이다.

그림 8.9(a)와 8.9(b)에서 총공급량은 이제 90,000단위이고 각 기업은 100단위를 생산한다. 이제 산업에는 처음의 1,000개가 아니라 900개의 기업만이 존재한다. 손실로 인하여 100개의 기업이 퇴출당한 것이다.

이미 눈치 채었을 것이지만 어느 기업이 퇴출할 것인지에 대해서는 답하지 않았다. 모든 기업들이 동일한 비용곡선을 지닌다고 가정하고 있기 때문이다. 하지만 현실 세계에서는 경영자들의 재능이 모두 다르다. 생산자원의 가격과 기술이 동일하더라도, 미숙하게 운영되는 기업의 비용은 더 높아서 수요가 감소할 때 이들 기업이 가장 먼저 퇴출된다. 마찬가지로 노동생산성이 낮거나 운송비용이 큰 기업들은 생산비용이 높아서 수요가 감소할 때 먼저 퇴출할 가능성이 크다.

[그림 8.9] 일시적 손실의 발생과 장기균형의 회복: (a) 개별 기업 (b) 산업

수요가 D_1에서 D_3로 감소하면 이 산업은 최초의 균형에서 벗어나게 되고 손실이 발생한다. 그러나 이 손실로 인하여 기업들이 산업을 떠나게 되어 공급은 S_1에서 S_3로 감소하고 가격은 모든 손실이 사라질 때까지 상승한다.

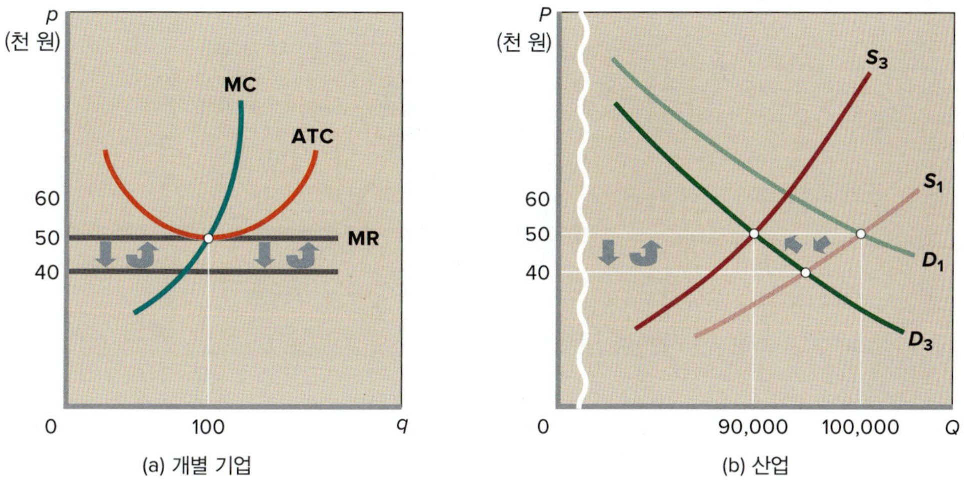

이제 우리가 도달하고자 하는 바의 중간 목표까지 도달하였다. 즉 **기업의 진입과 퇴출이라는 경쟁을 통해 가격이 장기 평균총비용의 최소치와 같게 조정되고 이에 따라 경제적 이윤이나 손실이 소멸한다**는 것이다. 게다가 이러한 **경쟁 압력으로 인해 기업들은 평균총비용이 최소화되는 생산량을 선택**할 수밖에 없다.

장기공급곡선

지금까지 장기를 다루고 있지만, 그림 8.8(b)와 8.9(b)에 주어진 시장공급곡선들은 단기 곡선들이라는 점에 주의할 필요가 있다. 그렇다면 **경쟁 산업의 장기공급곡선**은 어떤 형태를 지닐까? 앞의 분석이 이에 대한 대답으로 이끌 것이다. 여기서 핵심적인 요소는 산업 내 기업의 수가 달라지면 산업 내 개별 기업들의 비용이 어떻게 변하느냐는 것이다.

경쟁 산업의 장기공급곡선

비용불변산업의 장기공급

지금까지 순수경쟁의 장기균형을 분석하면서 검토 대상 산업을 비용불변산업이라고 가정하였다. 산업이 확장하거나 수축하더라도 생산자원의 가격, 따라서 생산비용은 변하지 않는다는 것이다. 그림으로 나타내면 이는 기업의 진입과 퇴출이 개별 기업의 장기 평균총비용곡선을 이동시키지 않는다는 것을 의미한다. 생산자원에 대한 해당 산업의 수요가 이 생산자원에 대한 전체 수요와 비교할 때 아주 작은 경우가 이에 해당한다. 이 때 해당 산업이 확장하거나 수축하더라도 생산자원 가격이나 비용은 변하지 않는다.

비용불변산업의 장기공급곡선은 어떻게 생겼을까? 앞에서의 분석이 이에 대한 해답을 담고 있다. 앞에서 기업의 진입과 퇴출이 산업 생산량을 변화시키지만, 항상 제품 가

비용불변산업의 장기공급곡선

[그림 8.10] 비용불변산업의 장기 공급곡선

비용불변산업에서는 기업의 진입과 퇴출이 생산자원의 가격, 따라서 단위비용에 영향을 미치지 않는다. 따라서 수요가 D_1에서 D_2로 증가하면 산업 생산량은 Q_1에서 Q_2로 증가하지만, 가격(50,000원)은 상승하지 않는다. 이와 유사하게 수요가 D_1에서 D_3으로 감소하면 산업생산량은 Q_1에서 Q_3으로 감소하지만, 가격은 하락하지 않는다. 따라서 이 산업의 장기공급곡선(S)은 Z_1, Z_2, Z_3를 통과하는 수평선이다.

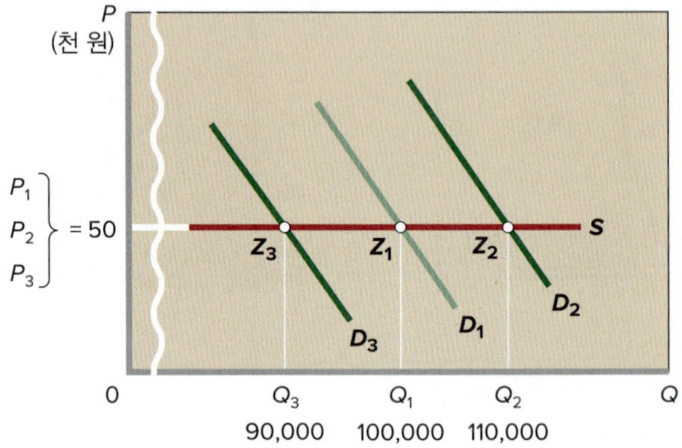

격을 원래 수준으로 되돌려 놓는다는 것을 확인한 바 있다. 이 수준은 평균총비용곡선의 최소치와 똑같으며, 변함없이 일정하다. 구체적으로 말해 이 산업이 90,000단위를 생산하건, 100,000단위를 생산하건, 아니면 110,000단위를 생산하건, 항상 가격은 단위당 50,000원이다. 다시 말해, **비용불변산업의 장기공급곡선은 완전 탄력적**이다.

그림 8.10은 그림 8.8과 8.9의 데이터를 활용하여 이를 그림으로 보여주고 있다. 처음에 산업수요는 D_1, 산업 생산량은 Q_1(100,000단위), 그리고 제품 가격은 P_1(50,000원)으로 주어져 있다고 가정하자. 그림 8.8로부터 확인할 수 있듯 이 상황은 장기균형이다. 앞에서 수요가 D_2로 증가하면, 이 균형에서 벗어나게 되고, 그로 인해 경제적 이윤이 발생하여 신규 기업들의 진입을 유도한다는 사실을 확인한 바 있다. 이 산업은 비용불변이므로 가격이 평균총비용곡선의 최소치 수준(변함이 없다!)까지 하락할 때까지 진입은 계속되고 산업 생산량은 증가한다. 이렇게 결정되는 최종 가격이 P_2(50,000원)이고 최종 생산량은 Q_2(110,000단위)이다.

그림 8.9에서는 시장수요가 D_1에서 D_3로 감소함에 따라 기업들이 퇴출하여, 궁극적으로는 P_3(50,000원)의 가격과 Q_3(90,000단위)의 생산량에서 균형이 회복된다는 것을 확인하였다. 그림 8.10의 Z_1, Z_2, Z_3와 같은 점들은 이 같은 3가지 가격 · 생산량 조합을 표시하고 있다. 이 점들 모두를 연결하는 직선이나 곡선은 기업들이 수요 변화에 원하는 만큼 적응할 충분한 시간을 가질 때 결정되는 다양한 가격 · 생산량 조합들을 보여준다. 이 직선이나 곡선은 해당 산업의 장기공급곡선이다. 비용불변산업에서 이 직선은 그림 8.10에서처럼 수평선이며, 따라서 완전탄력적인 공급을 나타낸다.

비용체증산업의 장기공급

비용불변산업은 예외적인 경우이다. 대부분의 산업은 비용체증산업으로, 기업들의 평균총비용 곡선은 산업이 확장할 때 위쪽으로 이동하고 산업이 수축할 때 아래쪽으로 이동한다. 통상적으로, 신규 기업들이 진입할 때 생산자원의 가격이 상승하는 현상은 전문화된 생산자원을 활용하는 산업들에서 특히 자주 나타난다. 그것은 생산자원에 대한 수요가 증가하더라도 장기적으로도 전문화된 생산자원의 공급이 쉽게 늘지 않기 때문이다. 생산자원의 가격이 상승하면 그 결과 산업 내 모든 기업들의 장기 평균총비용이 증가한다. 이렇듯 비용이 증가하면 각 기업의 장기 평균총비용 곡선도 위쪽으로 이동한다.

따라서 비용체증산업에서 제품 수요가 증가하여 경제적 이윤이 발생하고 신규 기업들이 진입하게 되면, 2가지 경로를 통해 이들 이윤이 소멸하게 된다. 첫째, 앞에서처럼 신규 기업들이 진입함에 따라 시장공급이 증가하고 시장가격은 하락한다. 둘째, 개별 기업의 평균총비용 곡선이 위쪽으로 이동하게 된다. 그래서 최종적으로 새로운 균형가격이 처음 균형가격보다 더 높은 수준에서 결정된다. 산업은 예전보다 많은 양을 더 높은 가격에서 생산하게 되는데, 산업이 확장함에 따라 생산자원의 가격과 평균총비용의 최소치가 상승하기 때문이다.

생산량이 증가하면 가격도 상승하므로 이 산업의 **장기공급곡선은 우 상향**한다. 90,000단위, 100,000단위, 아니면 110,000단위를 50,000원이라는 같은 가격에서 공급하는 것이 아니라, 비용체증산업은 90,000단위를 45,000원에, 100,000단위를 50,000원에, 그리고 110,000단위를 55,000원에 공급하게 된다. 생산이 확대됨에 따라 단위당 비용이 증가하기 때문에 더 많은 생산이 이루어지려면 더 높은 가격이 책정되어야 한다.

그림 8.11은 이러한 상황을 잘 묘사하고 있다. 최초의 시장수요는 D_1이고, 균형점 Y_1에서 산업 가격과 생산량은 각각 P_1(50,000원)과 Q_1(100,000단위)이다. 수요가 D_2로 증가하면 균형에서 벗어나 경제적 이윤이 발생한다. 신규 기업이 산업에 진입하면서 시장공급과 개별 기업의 생산비용이 모두 증가한다. Y_2점에서 새 가격이 결정되고, 이 때 P_2는 55,000원, Q_2는 110,000단위이다.

[그림 8.11] 비용체증산업의 장기 공급곡선

비용체증산업에서는 수요가 D_3에서 D_1로, D_1에서 D_2로 증가함에 따라 신규 기업이 진입하면 생산자원의 가격이 상승하고 따라서 단위비용이 증가하게 된다. 그 결과 산업 생산량은 Q_3에서 Q_1로, Q_1에서 Q_2로 증가하지만, 이 때 가격도 45,000원, 50,000원, 55,000원으로 상승한다. 따라서 이 산업의 장기공급곡선(S)은 Y_1, Y_2, Y_3를 통과하면서 우 상향한다.

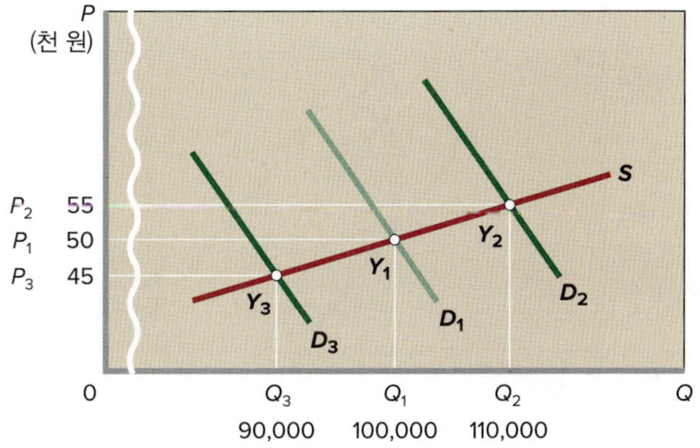

반대로 수요가 D_1에서 D_3로 감소하면 생산은 수익성이 없어지고, 따라서 기업들이 해당 산업을 떠나게 된다. 그 결과 생산자원의 가격이 하락하여 남아 있는 기업들의 평균총비용의 최소치는 하락한다. 새로운 균형가격은 Y_3점과 같이 처음보다 낮은 어딘가에서 결정될 것이고, 이 때 P_3은 45,000원, Q_3은 90,000단위이다. 이 3개의 균형점을 모두 이음으로써 그림 8.11에서와 같은 우 상향하는 장기공급곡선 S를 얻을 수 있다.

비용체감산업의 장기공급

비용체감산업에서는 산업이 확장함에 따라 기업들은 더 낮은 비용을 경험하게 된다. 퍼스널컴퓨터산업이 대표적이다. 퍼스널컴퓨터에 대한 수요가 증가하면서, 신규 컴퓨터 생산자들이 산업에 진입하여 메모리칩, 하드드라이브, 모니터, 운영체제 등과 같이 컴퓨터 조립에 들어가는 부품에 대한 수요가 크게 증가하였다. 부품의 생산이 늘어나면서 이들 부품의 생산자들은 상당한 정도의 규모의 경제를 누리게 되었다. 부품의 생산비용이 낮아짐에 따라 그 가격이 하락하였고, 이는 다시 컴퓨터 제조업자들의 평균비용을 크게 낮추었다. 퍼스널컴퓨터의 공급은 수요보다 크게 증가하였고, 이에 따라 가격은 하락하였다.

하지만 불행하게도 생산이 확대될 때 비용이 낮아지는 산업은 생산이 위축될 때는 비용이 증가한다. 세계적 경쟁으로 인해 위축되어왔던 신발제조업이 이를 보여주는 좋은 예이다. 이 산업이 잘 나갈 때에는 신발 제조사들의 수가 많았다. 그런데 신발 제조 장비를 정비하려면 전문화된 기술자들이 필요하였다. 이들을 활용하는 데 드는 비용은 많은 수의 기업에 분산될 수 있었다. 여러 공장들은 다양한 장비의 정비를 필요로 하였기 때문에, 이 정비공들은 매일 이 공장 저 공장을 옮겨 다니며 독립 사업자로 일할 수 있었다. 국산 신발에 대한 수요가 시간이 흐르면서 감소하고 이에 따라 공장의 수는 점점 줄어들었다. 따라서 정비기술자들을 쓰는 데 드는 비용은 점점 더 적은 수의 기업에 분

[그림 8.12] 비용체감산업의 장기 공급곡선

비용체감산업에서는 수요가 D_3에서 D_1, D_1에서 D_2로 증가함에 따라 신규 기업이 진입하면 생산자원의 가격이 하락하고 따라서 단위비용이 감소하게 된다. 그 결과 산업 생산량은 Q_3에서 Q_1, Q_1에서 Q_2로 증가하고 가격도 55,000원, 50,000원, 45,000원으로 하락한다. 따라서 이 산업의 장기공급곡선(S)은 X_1, X_2, X_3를 통과하면서 우 하향한다.

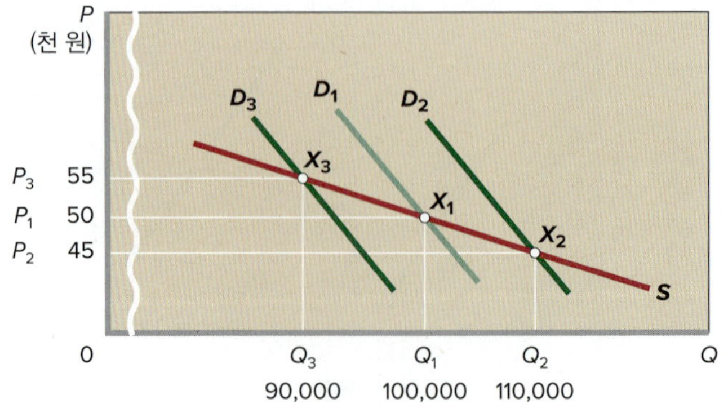

산되었다. 결국 기업의 단위당 생산비용은 증가하게 되었다.

그림 8.12는 이러한 상황을 묘사하고 있다. 처음의 시장수요는 D_1이고, 균형점 X_1점에서 산업의 가격과 생산량은 각각 P_1(50,000원)과 Q_1(100,000단위)로 주어져 있다. 수요가 D_2로 증가하면 균형에서 벗어나 경제적 이윤이 발생하게 된다. 신규기업들이 산업에 진입하면 시장공급이 증가하고 동시에 개별 기업들의 생산비용은 감소하게 된다. 새 가격은 X_2점에서 결정되는데, 이 때 P_2는 45,000원, Q_2는 110,000단위이다.

반대로 수요가 D_1에서 D_3으로 하락하면 생산의 수익성이 없어져 기업들이 산업을 떠나게 된다. 그 결과 투입요소의 가격이 상승하여 남아 있는 기업들의 평균총비용의 최소치가 높아진다. 새로운 균형가격은 X_3점과 같이 최초 가격보다 높은 어딘가에서 결정되며, 이 때 P_3은 55,000원, Q_3은 90,000단위이다. 그림 8.12에서 이 3개의 균형점을 모두 연결하면 **비용체감산업의 우하향하는 장기공급곡선** S를 구할 수 있다.

순수경쟁과 효율성

그림 8.13은 순수경쟁에서 장기조정이 이루어진 후 개별 기업(그림 8.13(a))과 시장(그림 8.13(b))의 효율성을 보여준다. 비용불변산업이나 비용체증산업을 가정하면 이 기업들은 모두 최종 장기균형에서 효율성과 관련하여 기본적으로 동일한 특징을 갖는다. 그림 8.13(a)에서 볼 수 있듯, 가격(한계수입)은 평균총비용의 최소치와 같은 점에서 결정될 것이다. 즉 가격(한계수입)=평균총비용의 최소치가 성립한다. 게다가 한계비용곡선은 평균총비용이 최소일 때 그것과 만나므로, 한계비용과 평균총비용은 일치한다. 즉 한계비용=평균총비용의 최소치가 성립한다. 따라서 장기균형에서는 **가격(한계수입)=한계비용=평균총비용의 최소치**라는 3중의 등식이 성립한다. 이렇듯 장기균형에서 각

가격(한계수입)=한계비용=평균총비용의 최소치

[그림 8.13] 장기균형: 경쟁기업과 경쟁시장

(a) 생산량 Q_f에서 가격, 한계비용 및 평균총비용의 최소치가 모두 일치한다. 이것은 기업이 생산의 효율과 배분의 효율을 달성하고 있다는 것을 의미한다. 이 기업은 가장 효율적인 기술을 사용하고 가장 낮은 가격을 책정한다. 그리고 주어진 비용에서 생산가능한 최대의 양을 생산한다. 이 기업은 정상이윤만 얻는데, 이 정상이윤은 평균총비용에 포함되어 있다. 가격과 한계비용이 일치한다는 것은 사회가 소비자들의 선호에 맞게 희소한 자원을 배분하고 있다는 것을 의미한다. (b) 순수경쟁시장에서 배분의 효율은 시장 균형생산량(Q_e)에서 달성된다. 소비자잉여(초록색 면적)와 생산자잉여(푸른색 면적)의 합이 극대화된다.

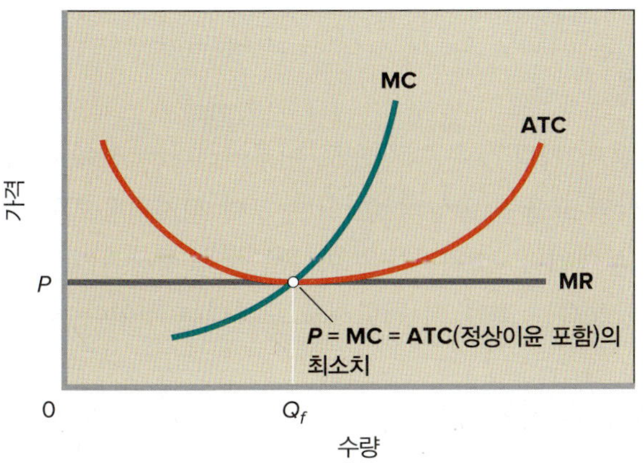

(a) 개별 기업

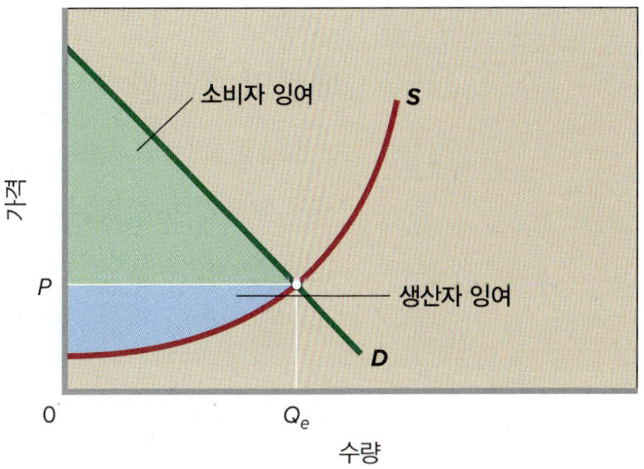

(b) 시장

기업은 이 3중의 등식이 성립하는 생산량(Q_f)을 생산한다.[3)]

이 3중의 등식은 장기균형에 대해 2가지 매우 중요한 사실을 알려준다. 그 첫 번째는 경쟁기업은 단기에서는 경제적 이윤이나 손실이 생길 수 있지만, 장기에서는 한계수입(가격)=한계비용의 규칙에 따라 생산하더라도 **정상이윤밖에는 얻지 못한다**는 것이다. 두 번째는 장기균형에서 각 기업이 이윤극대화 규칙에 따라 생산하게 되면, 각 기업은 **평균총비용이 최소가 되는 생산량(Q_f)을 생산하게 된다**는 것이다.

이것은 매우 중요한 결론이다. **순수경쟁에서는 사회의 생산자원이 가장 효율적인 방식으로 사용된다는 것을 의미**하기 때문이다. 게다가 5장에서 살펴보았던 공공재 및 외부성이라는 예외적인 경우만 아니면 비용불변산업 또는 비용체증산업으로 구성된 이상적인 순수경쟁시장은 생산효율성과 배분효율성을 모두 달성한다.

생산의 효율성: 가격 = 평균총비용의 최소치

생산의 효율성이 달성되려면 재화는 비용이 가장 작게 드는 방식으로 생산되어야 한다. **장기에서 순수경쟁 기업들은 평균총비용이 최소일 때 생산하며 가격은 평균총비용의 최소치와 같다**. 이용 가능한 최선의 생산방법(최소의 생산비용)과 자원의 조합을 활용하지 않으면 기업은 생존할 수 없기 때문이다.

왜 그런지 알아보기 위해, 그림 8.13이 오이산업의 순수경쟁을 보여주고 있다고 가정해보자. 그림 8.13(a)과 같이 최종 균형에서 이 오이산업의 각 기업은 5백만 원(=평균총비용 50,000원×100단위) 상당의 생산자원을 활용하여 100단위(말하자면, 트럭 한 대분)를 생산하고 있다고 하자. 어떤 기업이 이보다 높은 총비용(예를 들어 7백만 원)으로 같은 양을 생산한다면, 이 기업은 자원을 낭비하고 있는 것이다. 산업 내 다른 모든 기업들은 같은 양을 5백만 원의 자원을 이용하여 생산할 수 있기 때문이다. 사회 전체로 보면 다른 것을 생산하였다면 얻었을 2백만 원만큼의 자원이 낭비된 것이다. 그러나 순수경쟁에서는 이러한 일이 일어날 수 없다. 이 기업은 2백만 원의 손실을 볼 것이고, 따라서 비용을 줄이거나 아니면 폐업해야 할 것이다.

소비자들도 현재의 기술과 비용조건에서 가장 낮은 가격을 지불하고 있어서 생산의 효율성으로부터 이득을 얻는다는 점을 명심하도록 하자. 그리고 기업들은 정상이윤만을 얻는데 이것은 경제적 비용의 일부로 평균총비용에 포함되어 있다.

배분의 효율성: 가격 = 한계비용

생산의 효율성

순수경쟁의 장기균형에서 생산은 비용이 가장 낮은 방식으로 이루어진다는 점에서 **생산의 효율성**이 보장된다. 하지만 생산의 효율이 달성되었다고 누구나 최저비용으로 생산된 품목을 구입하고 싶어 하는 것은 아니다. 소비자들은 이 품목들을 생산하기 위해 활용된 자원을 다른 제품의 생산에 사용하는 것을 더 원할지도 모른다는 것이다. 다행

3) 특정 개별 기업이 전체 시장 생산량의 큰 부분을 생산하는 비용체감산업에서는 이 3중의 등식이 반드시 성립하지는 않는다. 이 경우, 평균총비용이 체감하고 있다면 한계비용이 평균총비용보다 낮을 수 있다. 이러한 '자연독점' 상황은 10장에서 다룰 것이다.

배분의 효율성

스럽게도 순수경쟁의 장기균형은 **배분의 효율성**을 보장한다. 즉 사회의 희소한 자원이 사람들이 가장 소비하고 싶어 하는 재화와 서비스의 생산에 사용되도록 유도한다. 정확하게 표현하면, 배분의 효율성은 주어진 자원을 이용하여 재화 및 서비스의 조합을 어떻게 달리 생산하더라도 추가적 이득을 얻을 수 없을 때 달성된다.

순수경쟁이 어떻게 배분의 효율성에 도달하는지를 이해하기 위해서 기회비용의 개념을 상기하면서 그림 8.13(b)를 살펴보도록 하자. 이 그림에서 순수경쟁 산업의 기업들이 균형에서 Q_e단위를 생산하고 있다. Q_e단위에 이르기까지의 모든 생산량에서 시장수요곡선 *D*는 시장공급곡선 *S*보다 위쪽에 위치하고 있다. 5장에서 한계편익과 한계비용이라는 개념을 활용하여 이에 대해 설명했던 바를 떠올려보자.

- 수평축의 각 생산량에 대응하는 수요곡선(*D*)의 점들은 소비자들이 해당 단위를 얻기 위해 포기할 용의가 있는 다른 재화 및 서비스의 화폐가치를 나타낸다. 따라서 수요곡선은 소비자들이 각 단위에 부여하는 한계편익을 화폐가치로 표현한 것이다.
- 수평축의 각 생산량에 대응한 공급곡선(*S*)의 점들은 해당 제품 각 단위를 생산하기 위해 투입된 생산자원이 다른 제품을 생산하였다면 얻었을 화폐가치를 나타낸다. 따라서 공급곡선(*S*)은 각 단위의 한계적 기회비용을 화폐가치로 표현한 것이다.

이 정의들을 염두에 둔다면, Q_e단위에 이르기까지 수요곡선이 공급곡선보다 위에 있다는 사실은 이들 생산량의 한계편익이 한계비용보다 더 크다는 것을 의미한다. 다르게 표현하면 이들 단위를 생산하여 소비하면 순편익이 발생한다는 것이다. 소비자들은 이 단위들을 얻기 위해 실제 생산에서 포기되었던 다른 재화의 양(기회비용)보다 더 많이 포기할 용의가 있기 때문이다. 공급곡선은 한계적 기회비용 즉 이 단위들의 생산에 생산자원이 투입됨으로 인해 포기해야만 하는 다른 재화들의 생산량을 의미한다. 따라서 소비자들이 생산자원을 다른 제품의 생산보다 이 단위의 생산에 투입하는 것을 선호한다는 것은 확실하다. 달리 표현하면, 생산자원이 다른 제품의 생산에 사용된다면 사람들의 만족도가 감소하므로 이 단위의 상품을 생산하여야 배분의 효율성이 달성된다고 할 수 있다.

순수경쟁에서 배분의 효율성이 달성된다는 사실은 장기균형에서 각 개별 기업이 직면하고 있는 상황을 살펴보면 더 잘 이해할 수 있다. 이를 위해 그림 8.13(b)에서 결정된 시장균형가격(*P*)이 그림 8.13(a)에 있는 개별 기업들의 행동에 어떻게 영향을 미치는지를 살펴보도록 하자. 이윤극대화 기업은 가격(*P*)을 주어진 것으로 간주하고, 가격 = 한계비용이 성립하는 생산량 수준인 Q_f를 생산한다.

가격(*P*)에서 그린 수평선과 우상향하는 한계비용곡선을 비교해보면, Q_f에 이르는 모든 단위에서는 가격이 한계비용보다 높다는 것을 알 수 있다. 이는 이 단위의 생산비용보다 소비자들이 평가하는 가치가 크다는 것을 의미한다. 왜 그런가? 소비자들이 이 단위들의 구입에 *P*원을 지불한다는 것은 *P*원어치의 다른 재화나 서비스를 포기할 용의가 있다는 것이다. 그런데 기업들은 이 단위를 생산하는데 *P*원에 못 미치는 액수의 자원만 활용하면 된다. 따라서 이 단위들이 생산되어 소비된다면 순편익이 발생하고 전체 사회의 후생은 개선된다. 그리고 앞의 분석에서 알 수 있듯이 소비자들이 이들 단위의 구입에 P원의 가격을 지불하게 되면 생산자원이 다른 재화의 생산에 투입되기보다 이들 단위의 생산에 투입되어 배분의 효율성이 달성되는 것이다.

생산자잉여 및 소비자 잉여의 극대화

그림 8.13(b)를 통해 순수경쟁 시장에서 배분의 효율성이 달성됨을 확인할 수 있었다. 그 때 소비자 잉여와 생산자 잉여의 합이 최대가 된다는 것을 알 수 있다. 5장에서 살펴보았듯이 소비자잉여란 특정 제품에 대하여 소비자들이 지불할 용의가 있는 최고가격(수요곡선)과 시장가격의 차이로 나타낼 수 있음을 상기하자. 그림 8.13(b)에서 소비자잉여는 초록색 삼각형으로 표현되어 있으며 이는 수요곡선과 균형가격 사이의 수직적 거리의 합이다. 반대로 생산자잉여는 생산자들이 특정 재화에 대해 수용할 용의가 있는 최저가격(공급곡선)과 시장가격의 차이이다. 생산자잉여는 균형가격과 공급곡선 사이의 수직적 거리의 합이다. 여기에서 생산자잉여는 푸른색 면적으로 표현되어 있다.

균형거래량(Q_e)에서 소비자잉여와 생산자잉여의 합은 최대가 된다. Q_e에서 수요곡선으로 표시된 한계편익은 공급곡선으로 표시된 한계비용과 같다. 달리 표현하면, Q_e번째 단위에 대해 소비자들이 지불하고자하는 최대가격이 생산자가 수용할 용의가 있는 최저가격과 같다. 생산량이 Q_e보다 작으면 소비자잉여와 생산자잉여의 합(초록색 면적과 푸른색 면적의 합)이 그림에서 보는 것보다 적다. 생산량이 Q_e보다 크면 초록색 및 푸른색 면적으로 주어진 소비자잉여와 생산자잉여의 합이 줄어들어 효율성 손실(자중손실)이 발생한다.

장기조정이 이루어지면 **순수경쟁은 생산의 효율성과 배분의 효율성을 모두 달성**한다. 이때의 생산량 수준에서 가격=한계비용=평균총비용의 최소치이며 한계편익=한계비용이다. 그리고 마지막 단위에 대해 소비자가 지불하고자하는 최대가격이 생산자가 수용할 용의가 있는 최저가격과 같으며 소비자잉여와 생산자잉여의 합이 최대가 된다.

동태적 조정

자원의 재배치과정

순수경쟁시장의 또 다른 장점은 경제에 변화가 발생하여 **장기균형의 효율성이 교란되더라도 다시 회복될 수 있다**는 점이다. 소비자 취향, 자원의 공급, 기술 등에서 변화가 발생하면 **자원의 재배치과정**이 자동적으로 이루어진다. 예를 들어 사람들이 갑작스럽게 오이를 더 좋아하게 되었다고 가정하자. 먼저 시장에서 오이의 수요가 증가하면, 오이의 가격이 상승한다. 그러면 현재 생산량에서 오이의 가격은 한계비용보다 높게 된다. 그렇게 되면 효율성이 상실되지만, 가격의 상승으로 오이농사에서 경제적 이윤이 생기고 그 결과 오이농사는 늘어나게 된다. 오이농사를 짓는 게 수익을 가져다주기 때문에 수박농사 등 덜 급한 곳에 쓰였던 자원이 오이농사를 짓는데 이동하여 투입된다. 오이농사의 확장이 멈추는 것은 오이공급의 증가로 오이가격이 하락하여 다시 한계비용과 같아질 때이다. 즉 배분의 효율성이 다시 회복되는 것이다.

이와 유사하게 예를 들어 오이를 수확하는 농업근로자들처럼 특정한 생산자원의 공급이나 생산기술이 변할 수 있다. 그러면 한계비용이 증가하거나 감소하여 현재의 생산량에서 가격=한계수입이 성립하지 않게 된다. 이렇게 한계비용이 가격과 일치하지 않으면 이윤을 추구하거나 손실을 회피하려는 생산자들은 생산량을 조정하기 위해 자원을 재배분하게 된다. 이러한 조정과정을 통해 가격이 다시 한계비용과 같아진다. 그래서 경제여건의 변화로 경제에 일시적으로 나타났던 **자원배분의 비효율성이 교정**되는 것이다.

'보이지 않는 손': 재론

순수경쟁시장이 자원을 효율적으로 배분하는 것은 기업이나 자원 공급자들이 사익을 추구하기 때문이다. 외부성(5장 참조)이 없는 사적재화의 경우 2장에서 논의한 '보이지 않는 손'이 작동한다. 경쟁시장은 개별 생산자들의 이윤을 극대화할 뿐 아니라 소비자들의 만족을 극대화하도록 자원을 배분한다. **보이지 않는 손은 생산자들의 사적 이익을 인도하여 사회적 이익과 완전히 일치시킨다.** 즉 희소한 자원을 효율적으로 사용하게 만든다. 이윤 획득을 위한 발버둥이 매우 바람직한 경제적 결과를 가져다주는 것이다.

기술진보와 경쟁

순수경쟁모형을 설명할 때 단순화를 위해 산업 내 모든 기업들의 비용이 동일하다고 가정하였다. 그 결과 시장가격의 변화로 이윤이 달라졌을 때 경쟁은 기업의 진입과 퇴출의 형태로만 묘사된다. 이러한 형태의 경쟁도 중요하지만, 이것은 단순히 보방방식의 경쟁에 지나지 않는다. 신규진입 기업은 기존기업의 생산방법과 비용곡선을 단순히 복제할 뿐이기 때문이다. 그렇더라도 이들은 기존 기업처럼 정상이윤 이상을 복제하듯이 얻을 수 있다. 이러한 유형의 경쟁은 역동성도 없고 혁신도 없다. 똑같은 기업이 늘어난 것에 불과하다.

이에 비해 경쟁의 가장 역동적이고 흥미로운 측면은 새로운 생산기술과 신제품의 개발을 둘러싼 기업 간의 투쟁이다. 기업들은 기존의 생산 방식을 개선하고 완전히 새로운 제품을 개발하여 이윤을 창출하고자 하는 강력한 인센티브를 갖고 있다. 이러한 인센티브의 전후사정을 이해하려면 방금 배웠던 순수경쟁의 장기균형이 갖는 1가지 사실을 떠올릴 필요가 있다. 즉 순수경쟁에서 기업들의 생산기술이 같고 따라서 비용구조가 같다면, 진입과 퇴출을 통해 장기에서 모든 기업들은 정확하게 동일한 정상이윤만을 얻는다는 것이다.

당연하게도 기업가들은 정상이윤보다 많이 벌려고 한다. 그래서 이들은 이윤을 늘리기 위해 2가지 전략을 끊임없이 시도한다. 1번째 전략은 기술 개발이나 기업조직의 개선을 통해 생산비용을 낮추는 것이다. 순수경쟁에서는 개별 기업들은 시장가격에 영향을 미치지 못한다. 그래서 혁신 기업이 생산비용을 낮추면 이윤이 늘어난다. 혁신 기업의 단위당 수입(시장가격)은 그대로인데 단위당 비용은 생산기술 개선으로 낮아지기 때문이다.

정상이윤 이상의 수익을 거두는 2번째 전략은 소비자의 인기를 끌 수 있는 완전히 새

사례연구: 기업의 경영은 고된 사업이다.

미국 사업체들의 기대 수명은 10.2년에 불과하다. 매년 미국 기업들의 약 9.5%가 문을 닫는다. 게다가 신규 창업기업의 22%가 2년 내에, 53%가 5년 내에 그리고 약 65%가 10년 내에 파산한다.

이 수치가 보여주는 것은 경쟁으로 인해 생산비용이 높거나 팔리지 않는 제품을 생산하는 기업들이 대단히 빨리 사라진다는 것이다. 경쟁적 환경에서 기업의 수익성은 금방 드러나고 수익성이 없는 것으로 판명되면 기업주는 사업체의 문을 바로 닫게 된다.

죽어가는 기업들의 빈자리를 신생기업이 채운다. 신규 창업기업들은 폐업한 기업이 사용하던 자원을 활용하여 낮은 비용이나 개선된 제품을 생산고자 한다. 미국에서는 평균 연간 650,000개 이상의 신생기업들이 창업한다. 대부분의 신생기업은 결국에는 창조적 파괴와 경쟁 압력의 희생양이 되지만 일부 기업은 차세대의 구글, 스타벅스 또는 월마트가 될 수도 있다.

로운 제품을 개발하는 것이다. 신제품을 처음 시장에 출시한 기업은 이를 유일하게 생산하게 되므로 어떠한 경쟁도 없을 것이다. 이 제품이 인기를 유지하고 이를 유일하게 생산하는 동안 기업은 생산비용보다 높은 가격을 책정할 수 있어서 정상이윤 이상을 벌 수 있다. 이에 대해서는 순수 독점을 다룰 때 상세하게 설명할 것이다.

기술혁신

하지만, 주목해야 할 점은 **기술혁신**으로 생산비용을 낮추거나 완전히 새로운 제품을 생산하더라도 혁신 기업의 모든 우위는 흔히 오래 지속되지 않는다는 것이다. 혁신적 기업가는 일부 경쟁자를 퇴출시킬 수 있겠지만, 새로운 아이디어를 가진 기업가들이 항상 나타나기 마련이다. 따라서 얼마 지나지 않아 다른 혁신기업가에 의해 문을 닫는 희생양이 될 수도 모른다. '사례연구'는 새로운 기업들이 얼마나 빨리 생겨나서 사라지는지를 보여주고 있다.

창조적 파괴

창조적 파괴

많은 경제학자들은 경쟁으로 인해 기업들이 실현하는 혁신이 경제성장과 생활수준의 향상을 이끄는 주된 동력이라고 생각하고 있다. 이렇듯 경쟁이 변화를 이끌어내는 효과를 흔히 **창조적 파괴**라고 표현한다. 이 개념은 신제품 및 새로운 생산기술의 창조가 기존 제품이나 과거의 경영방식에 얽매인 기업의 시장 지위를 파괴한다는 점을 보여주고 있다. 게다가 새로운 기술이나 제품을 갖춘 **경쟁자가 등장할 수 있다는 위협 자체가 기업의 혁신을 촉진하여 기존 경영방식이 대체되거나 수정**된다. 하버드 대학의 경제학 교수였던 슘페터는 이미 수십 년 전에 경쟁의 가장 중요한 형태를 다음과 같이 주장한 바 있다.

> 신제품, 신기술, 새로운 공급원 및 새로운 기업조직 형태 등에서 초래되는 경쟁이다. 이러한 형태의 경쟁은 비용이나 품질 면에서 결정적인 우위를 결정하고, 기존 기업의 이윤규모뿐 아니라 그들의 근본과 생존 자체를 위협한다. 이러한 종류의 경쟁은 너무나 중요하기 때문에 단기나 장기에서 일반적 의미의 경쟁이 잘 작동하는지의 여부는 상대적으로 중요하지 않다. 우리가 지금 염두에 두고 있는 유형의 경쟁은 실재 존재하는 경우뿐만 아니라 그것이 나타날 수 있다는 위협만으로도 영향을 미치게 된다. 실

> 제 경쟁이 나타나기 전에라도 기업은 이에 대비하게 된다. 기업가는 자신이 그 분야에 유일할지라도 경쟁 상태에 놓여 있다고 느낄 수 있다.[4)]

창조적 파괴의 예는 많이 찾아볼 수 있다. 1800년대에는 수레, 선박, 바지선 등이 유일한 화물 운송수단이었지만, 나중에 철도가 등장하여 이들의 독점을 붕괴시켰다. 철도가 누리던 지배적인 시장지위는 다시 트럭, 그리고 그 이후에는 항공기에 의해 잠식되었다. 한 때 도시에서 유일하게 현장공연이 이루어졌던 오페라나 연극 등의 극장공연은 이제 영화라는 새로운 경쟁자를 맞게 되었다. 그러나 영화는 나중에 공중파 방송의 도전을 받았고, 공중파 방송은 이후에 케이블텔레비전의 도전을 받고 있다. 공중파 방송과 케이블텔레비전은 이제 넷플릭스, 네이버, 옥수수 등 온라인 VOD 서비스 공급업자들의 도전을 받고 있다. 카세트는 음반을 대체하였는데, 그 후 CD가 다시 그 자리를 차지하였다. 그 다음에는 CD가 아이팟 및 MP3 플레이어 등으로 인해 구식이 되고 말았다. 그 후에는 스마트폰으로 음악을 들을 수 있게 되면서 아이팟과 MP3 플레이어도 끝장이 나고 말았다. 지금은 멜론이나 카카오 뮤직 등과 같은 서비스를 통해 음원을 구입하지 않고서도 스트리밍으로 이를 들을 수 있다. 팩스나 이메일 등 전자통신이 발전하면서 미국의 우체국은 2015년에 51억 달러의 적자를 기록하면서 파산위기에 처해 있다. 아마존닷컴과 같은 온라인 사업자들은 오프라인 소매상의 시장을 상당히 빼앗아갔다.

'창조적 파괴'의 '창조'를 통해 신제품과 저비용의 생산기술이 등장하면 사회의 이익이 크게 증가한다. 사회의 희소한 자원이 더 효율적으로 사용될 수 있기 때문이다. 그러나 '창조적 파괴'의 '파괴'는 신기술의 등장으로 사라져가는 산업의 근로자들에게는 시련을 안겨준다. CD 생산 공장의 근로자는 소비자들이 온라인으로 음악을 다운로드받기 시작하면 일자리를 잃을 수 있다. 미국의 우체국은 2005년에서 2015년 사이에 213,000개(전체의 30%)의 일자리를 줄였다. 이것은 이메일이 우편서비스 수요를 줄였기 때문이다. 그리고 소매업의 수많은 일자리들이 아마존닷컴 등 온라인 사업자와 경쟁하면서 사라졌다.

보통 창조적 파괴 과정은 느리게 진행된다. 그래서 구조조정 대상 기업의 근로자들이 무리 없이 성장 기업으로 옮겨갈 수 있다. 하지만 가끔은 변화가 너무 빨라 이들 모두가 새로운 일자리를 쉽게 찾지 못할 수도 있다. 그리고 탄광촌이나 소도시의 대규모 자동차 공장처럼 대부분의 주민들이 하나의 기업에 고용되는 경우도 있다. 이 때 이 기업이 사라지게 되면 심각한 결과가 초래될 수 있다. 그 지역에 기업이 많지 않아 해고한 근로자들 모두 고용할 수 없기 때문이다.

지속적인 경제성장과 생활수준의 향상에 미치는 효과 등을 고려하면 창조적 파괴의 순 효과는 이론의 여지가 없이 긍정적이다. 하지만 비용도 발생시킨다는 점을 잊지 말아야 한다. 그리고 **편익은 널리 분산되지만 비용은 사양 산업의 비교적 소수의 근로자에게 전적으로 집중**된다. 이들 근로자는 대부분 새로운 직업을 쉽게 찾기 어려운 처지에 있기 마련이다.

---

4) Joseph A. Schumpeter, Capitalism, Socialism, and Democracy, 3d ed. (New York: Harper & Row, 1950), pp. 84-85.

특허의 실패?

특허가 창조적 파괴를 가로막을 수 있다고 해서 특허를 폐지해야 하는가?

특허 덕택에 발명가들은 20년 동안 자신의 새로운 아이디어를 시장화하고 판매할 수 있는 독점적 권리를 갖게 된다. 따라서 특허제도의 득실을 따질 때에는 다음과 같은 사실로부터 출발해야 한다. 즉 특허취득이 주는 금전적 인센티브로 인해 발명가들은 연구개발에 드는 비용을 감내하면서 이전의 문제를 해결하는 혁신적 해법을 찾는다는 것이다.

그렇지만 특허제도를 통해 특허권자들은 다른 발명가들의 창조적 에너지를 억제할 수 있다. 특허권자는 사용허락도 없이 자신의 발명품을 생산하거나 활용하여 자신의 특허권을 '침해'하였다고 여겨지는 개인이나 기업을 고소하거나 고소하겠다고 위협할 수 있다는 것이다.

단 하나의 제품에 수천 개의 기술이 내장되어 있는 스마트 폰에서 이러한 문제가 가장 첨예하게 드러난다. 이들 수천 개 기술 중 몇 개가 다른 기업의 특허를 침해할 수 있기 때문이다. 그래서 단 하나의 기술이라도 법적 분쟁에 휘말리면 제품 전체의 생산과 판매가 중단될 수도 있다. 의혹이 제기된 침해가 전혀 의도하지 않은 것이거나 단순한 소유권 분쟁일 수도 있다. 그렇지만 특허권자는 스마트 폰의 일부 기술이 자신의 특허권을 침해하고 있다고 생각하면 소송을 제기하거나 생산중단을 요청하겠다는 위협을 통해 특허사용료를 지급받으려 한다.

마이크로소프트의 경우를 생각해보자. 이 기업은 30년 전에는 윈도우 운영체제 덕택에 성공한 혁신가라고 할 수 있었다. 하지만, 지난 10년 동안을 생각해보면 윈도우 체제에 기초한 스마트폰은 실패로 판명되었다. 그럼에도 불구하고 마이크로소프트의 CEO 스티브 발머는 안드로이드 폰의 생산을 모두 중단시키겠다고 위협하였다. 위협의 이유는 인기 폭발인 안드로이드 폰의 소프트웨어에 회의 일정을 잡는 기능이 포함되어 있다는 것이었다. 대부분의 안드로이드 폰 사용자들은 이러한 기능이 있는지 조차 모른다. 그러나 이러한 기능에 대해 마이크로소프트는 이동통신 장치에 대해 특허로 보유하고 있다. 안드로이드 폰 전체의 생산을 중단시킬 수 있는 법적 소송을 피하기 위해 안드로이드 폰의 대부인 구글은 안드로이드 폰이 하나 생산될 때마다 마이크로소프트에 특허 수수료를 지불하고 있다.

창조적 파괴와 관련하여 이 상황은 매우 심각하다. 오랫동안 성공적인 제품을 개발하지 못한 노쇠한 기업이 특허제도를 이용하여 젊은 경쟁기업의 성공적인 혁신에 '세금'을 매겨 이득을 취하고 있기 때문이다. 따분하고 노쇠한 기업들은 혁신적 경쟁사들과 창조적 파괴의 압력에 맞서 자신들의 생명을 연장하기 위한 수단으로 특허제도를 활용하고 있는 셈이다.

더 심각한 것은 단순히 특허소송을 제기하여 수수료만을 챙길 목적으로 특허권을 사들이는 '특허괴물'이라는 기업들이 생겨났다는 사실이다. 이 특허괴물들은 발명이나 생산을 전혀 하지 않는다. 하지만 현행 특허제도에서 이들은 혁신적 기업들을 제소하여 연간 수십억 달러에 달하는 돈을 벌어들이고 있다.

이러한 상황을 보면서 일부 경제학자들은 특허제도의 장점이 과장되어 있으며 어떤 산업에서는 특허가 폐지되었다면 혁신이 더 빨랐을 것이라고 주장하고 있다. 이들 주장의 핵심적 통찰은 특허의 순 이익은 경쟁자들이 특허를 얼마나 쉽게 복제하여 이를 혁신적 제품으로 상용화할 수 있는가에 따라 달라진다는 것이다.

제약 산업을 한 번 생각해보자. 일단 신약의 화학공식이 알려지면, 경쟁사들은 화학적으로 완전히 똑같은 제품을 쉽게 만들어 이를 시장에 판매할 수 있다. 이렇게 만들어진 복제품은 신약과 동일한 성능을 갖기 때문이다. 그리고 제약 산업의 경쟁은 매우 치열하여 특허의 보호가 없다면

신약의 가격은 거의 즉각적으로 한계비용 수준으로 떨어질 수밖에 없다. 이는 매우 심각한 문제를 초래한다. 시장가격이 너무 낮으면 약효가 뛰어난 신약의 식별과 개발에 드는 막대한 연구개발비용을 회수할 수 없기 때문이다. 특허가 없다면 연구개발이 멈추고 더 이상 신약이 개발되지 못할 것이다.

따라서 제품의 복제가 쉬운 제약 산업 등에서는 특허가 계속 보장되어야 한다. 혁신과 창조적 파괴가 계속 이루어지기를 바란다면 특허를 통해 기업에 금전적 인센티브를 제공하는 것만이 기업의 연구개발을 가능하기 때문이다.

하지만 복제나 시장화가 매우 어려운 수천 개의 기술들로 생산되는 복잡한 소비재의 경우는 상황이 다르다. 예를 들어, 애플의 경쟁사들이 아이폰의 제조기술을 얻었다고 하더라도 아이폰의 복제생산에 필요한 공장을 짓는 데 엄청난 비용을 지출해야 한다. 그것이 가능하더라도 아이폰 복제품이 원 제품만큼이나 품질이 좋다는 것을 소비자들에게 납득시켜야 한다. 따라서 제약 산업과 달리 복잡한 소비재를 생산하는 기업에게는 신제품의 개발과 연구개발에 대한 투자 인센티브를 제공하기 위해 특허가 반드시 필요한 것은 아니다.

오히려 스마트폰이나 자동차 같은 복잡한 소비재의 특허를 없애면 사회적 이득이 더 커질 수 있다. 그러면 혁신적 기업은 특허권 침해 소송을 걱정하지 않게 되고 노쇠한 경쟁자들은 혁신기업에 '세금'을 부과하면서 생명을 연장하는 것이 어려워지게 된다. 창조적 파괴가 더 활발히 이루어질 것이기 때문이다.

따라서 일부 경제학자들은 특허권이 복제와 시장화가 쉬운 간단한 제품들을 생산하는 산업에만 적용되어야 한다고 주장한다. 복제와 시장화가 어려운 복잡한 제품을 다루는 산업에서 특허는 폐지되어야 한다는 것이다.

요약

1. **4가지 기본적인 시장모형과 주요 특징**
경제학자들은 산업들을 시장구조에 따라 (a) 순수경쟁, (b) 순수독점, (c) 독점적 경쟁, (d) 과점 등 4가지 모형으로 구분한다.

2. **순수경쟁시장의 전제조건**
순수경쟁산업은 표준적인 제품을 생산하는 아주 많은 수의 독립적인 기업들로 구성된다. 순수경쟁은 기업들과 자원들이 서로 다른 산업들 간에 자유롭게 이동한다고 가정한다.

3. **순수경쟁기업이 직면한 수요의 특징**
순수경쟁산업에서는 어떤 개별 기업도 시장가격에 영향을 미치지 못한다. 이는 기업의 수요곡선이 완전탄력적이고 가격은 한계수입과 일치한다는 것을 의미한다.

4. **순수경쟁기업 단기 이윤극대화를 위한 총수입 · 총비용 접근**
경쟁기업의 단기 이윤극대화는 총수입과 총비용을 비교하거나 또는 한계적 분석을 적용하여 분석할 수 있다. 기업은 총수입이 총비용보다 가장 많이 클 때 자신의 단기 이윤을 극대화한다.

5. **순수경쟁기업 단기 이윤극대화를 위한 한계수입 · 한계비용 접근**
가격이 평균가변비용 최솟값보다 높다면 경쟁기업은 단기에서 가격(또는 한계수입)이 한계비용과 일치하는 양을 생산하여 이윤을 극대화하거나 손실을 최소화한다.
가격이 평균가변비용 최솟값보다 낮다면, 경쟁기업은 조업을 중단하여 손실을 최소화한다. 가격이 평균가변비용보다는 높지만 평균총비용보다는 낮다면, 경쟁기업은 P=MC를 충족하는 양을 생산하여 손실을 최소화한다. 가격이 평균총비용보다도 높다면, 이 기업은 P=MC를 충족하는 생산량에서 경제적 이윤을 극대화한다.

6. **경쟁기업의 한계비용곡선과 공급곡선의 관계**
여러 시장가격에 대하여 MR(=P)=MC 규칙을 적용해 보면, 기업의 단기 한계비용곡선 중 평균가변비용곡선보다 더 위쪽에 위치하는 부분이 단기 공급곡선이 된다는 결론을 얻을 수 있다.
경쟁적 기업은 가격이 평균가변비용 최솟값보다 낮다면 적어도 일시적으로 조업을 중단한다. 이러한 상황에서는 제품 한 단위라도 생산하면 가변비용이 수입보다 항상 커지기 때문이다. 따라서 조업을 계속하는 경우 고정비용 외에 가변비용이 수입보다 더 크기 때문에 발생하는 금전적 손실까지 발생하는 반면, 조업을 중단하면 고정비용만을 잃기 때문에 손실이 더 작아진다.
가격이 평균가변비용보다는 높지만 평균총비용보다는 낮은 경우에는 경쟁기업은 언제나 조업을 계속하는 것을 선택한다. 이러한 상황에서는 항상 수입이 가변비용보다 크기 때문이다. 수입이 가변비용을 넘어서는 만큼은 고정비용 일부를 보전하는 데 사용될 수 있다. 따라서 이 기업은 조업을 중단하는 경우(해당 기업이 고정비용에 해당하는 금액 모두를 손해 보는 경우)보다 조업을 계속하는 경우(그래서 고정비용의 일부를 보전하는 경우) 손실이 더 적다.

7. **순수경쟁에서 장기가 단기의 차이**
공장과 장비의 규모가 일정한 단기에서, 순수경쟁산업 내 기업들은 이윤을 얻을 수도 있고 손실을 입을 수도 있다. 공장과 장비의 규모를 조절할 수 있는 장기에서는, 이윤은 진입을 유도하는 반면 손실은 기존 기업들이 산업을 떠나게끔 한다.

8. **순수경쟁의 장기조정과정에서 이윤의 역할**
기업들이 진입하거나 퇴출하면 산업 공급이 변화한다. 진입과 퇴출은 산업 내 기업들이 시장공급과 시장수요의 상호작용에 의해 결정된 시장가격에서 정상이윤을 얻게 될 때까지 계속될 것이다. 기업들이 정상이윤을 얻으면 진입과 퇴출에 대한 유인은 더 이상 존재하지 않는다. 이때가 순수경쟁산업의 장기균형이다.
진입과 퇴출로 인하여 자원배분이 개선된다. 낮은 수익성으로 인해 퇴출하는 기업은 자신들이 사용하던 생산자원을 다른 산업에서 더 높은 수익성으로 활용될 수 있게끔 방출한다. 더 큰 이윤을 추구하면서 진입하는 기업들은 다른 산업에서 더 낮은 수익성으로 활용되던 자원을 함께 갖고 들어온다. 이 두 과정이 모두 배분효율성을 개선시킨다.
장기에서 제품의 시장가격은 평균총비용의 최솟값과 같다. 가격이 그보다 더 높으면 경제적 이윤이 발생하여 이 이윤이 완전히 상쇄될 때까지 기업들이 진입한다. 가격이 그보다 더 낮으면, 손실이 발생하여 제품 가격이 평균총비용과 같은 수준으로 오를 때까지 기업들이 퇴출한다.

9. 비용불변산업, 비용체증산업 및 비용체감산업

장기공급곡선은 비용불변산업에서는 직선이고, 비용체증산업에서는 우상향, 비용체감산업에서는 우하향한다.

10. 순수경쟁 장기균형에서의 자원의 효율적 배분

장기에서 가격과 평균총비용 최솟값이 같아진다는 것은 경쟁기업이 현존하는 가장 효율적인 기술을 활용하여 주어진 생산비용에 대응하는 가장 낮은 가격을 책정한다는 것을 의미한다. 즉 순수경쟁기업은 생산효율성을 달성한다.

장기에서 가격과 한계비용이 일치한다는 것은 자원들이 소비자의 취향에 부합하게끔 배분된다는 것을 의미한다. 배분효율성이 달성된다. 시장에서는 소비자잉여와 생산자잉여의 합이 최대가 된다.

경쟁가격체계는 소비자 취향, 기술 또는 자원 공급 등에서의 변화에 따라 자원을 재배분하여, 시간이 흘러도 배분효율성이 유지되게끔 한다.

11. 혁신에서 창조적 파괴와 이윤의 역할

경쟁으로 인하여 기업가들과 관리자들은 신제품 또는 기존 제품에 대한 저비용 생산방식을 개발하여 정상이윤보다 큰 이윤을 얻고자 끊임없는 시도를 하게 된다. 이 노력들의 결과 창조적 파괴가 일어난다. 즉 신제품이나 혁신적 경영방식을 보유한 새로운 기업들이 기존 제품을 과거 경영방식으로 생산하는 기업들의 시장 지위를 파괴한다.

주요 용어와 개념

가격수용자	비용체증산업	장기공급곡선
과점	생산자잉여	창조적 파괴
단기공급곡선	생산의 효율성	총수입
독점적 경쟁	소비자잉여	평균수입
배분의 효율성	손익분기점	한계수입
불완전 경쟁	순수경쟁	MR=MC 규칙
비용불변산업	순수독점	
비용체감산업	시장구조	

연습문제

1. 연필 시장이 완전경쟁이라고 가정하자. 또 연필의 가격은 자루 당 200원이라고 하자. 이 산업 내 개별 기업들이 직면하고 있는 수요곡선은 어떤 모양을 지닐 것인가?

(1) 자루 당 200원에서 그린 수평선
(2) 자루 당 200원에서 그린 수직선
(3) 연필의 시장수요곡선의 모양과 같다.
(4) 항상 해당 기업의 MC곡선보다 더 위에 있다.
(5) 수요곡선을 그릴 수 없다.

2. 완전경쟁기업이 조업을 중단하지 않고 생산함으로써 재정적으로 더 나은 결과를 얻을 수 있다면, 이 때 해당 기업은 어떤 조건 하에서 생산해야 하는가?

(1) MR<MC (2) MR=MC
(3) MR>MC (4) MR=AC
(5) 위 4개 보기 중에는 답이 없다.

3. 이윤을 극대화하는 것이 목표인 순수경쟁기업이 생산량을 선택하는 조건은 다음 중 무엇인가?

(1) TR과 TC가 같을 때
(2) TR이 TC보다 최대한 많이 클 때
(3) TC가 TR보다 최대한 많이 클 때
(4) TR이 TC보다 최대한 많이 작을 때
(5) 위 4개 보기 중에는 답이 없다.

4. 자동차 배터리를 만드는 완전경쟁기업은 월 1,000만원의 고정비용이 든다. 이 회사는 자사 제품을 배터리 1개 당 100,000원의 시장가격으로 판매한다. 이 기업의 AVC 최솟값은 배터리 1개 당 105,000원이다. 이 기업은 현재 MR=MC를 충족시키는 생산량인 매월 500개의 배터리를 생산하고 있다. 이 기업은 ________ 을 보고 있으며, __________ 해야 한다.

(1) 이윤; 생산량을 유지 (2) 이윤; 조업을 중단
(3) 손실; 생산량을 확대 (4) 손실; 조업을 중단
(5) 손실; 생산량을 유지

5. 순수경쟁에서 장기는 __________ 만큼 충분히 긴 기간을 의미한다.

(1) 산업 내 기존 기업들이 생산설비를 확대하거나 줄일 수 있을
(2) 신규 기업이 진입하거나 기존 기업이 퇴출할 수 있을
(3) 새로운 기술을 개발할 수 있을
(4) (1)과 (2)가 모두 해당
(5) (2)와 (3)이 모두 해당

6. 펜 제조 산업이 완전경쟁이라고 가정하자. 또 기존 기업들이나 잠재적으로 진입이 가능한 기업들 모두가 동일한 비용곡선을 지니고 있으며, ATC 최솟값은 한 자루 당 1,250원이라고 하자. 펜의 시장균형가격이 현재 1,500원이라면, 장기 시장균형가격은 얼마이겠는가?

(1) 250원 (2) 1,000원
(3) 1,250원 (4) 1,500원
(5) 알 수 없다.

7. 핸드폰의 생산이 증가하면 터치스크린 및 다른 부품 생산에 드는 비용은 하락한다고 가정하자. 핸드폰 산업이 순수경쟁이라면 핸드폰의 장기공급곡선은 어떤 모양을 띨 것인가?

(1) 우상향 (2) 우하향
(3) 수평 (4) 수직
(5) U자형

8. 어떤 순수경쟁기업의 제품의 시장가격이 20,000원이라고 하자. 고정비용이 100,000원이고, 처음 50단위의 가변비용은 단위 당 10,000원, 그리고 그 이후 생산되는 모든 단위의 가변비용은 단위 당 25,000원이라고 하자. 이 제품의 가격은 처음 50단위에 대한 평균가변비용보다 더 높은가? 처음 100단위에 대한 평균가변비용에 비해서는 어떤가? 처음 50단위에 대해 제품 1단위 당 한계비용은 얼마인가? 51번째 단위와 그 이후 생산되는 단위의 한계비용은 얼마인가? 처음 50단위 중 각 단위에 대하여 MR은 MC보다 큰가? 51번째 단위와 그 이후 생산되는 단위들의 경우는 어떠한가? 이 순수경쟁기업이 가능한 한 가장 큰 이윤을 얻을 수 있는 생산량은 얼마인가? (힌트: 이 기업에 대한 데이터를 활용하여 그림 8.2와 비슷한 그래프를 그려보라.)

9. 민성이는 대기업에 포스터를 납품하는 인쇄소를 경영한다. 인쇄산업에서의 경쟁은 매우 치열하다. 현재 포스터 1장 당 시장가격은 1,000원이다. 민성의 인쇄소가 지불하는 고정비용은 250,000원이다. 가변비용은 처음 1,000장의 포스터에 대해서는 1,000,000원이고, 2번째 1,000장의 포스터에 대해서는 800,000원, 그리고 그 다음부터는 1,000장 당 750,000원이다. 민성이 1,000장의 포스터를 인쇄할 때 포스터 1장 당(1,000장 당이 아니다!) AFC는 얼마인가? 2,000장을 인쇄할 때는 얼마인가? 10,000장을 인쇄할 때는 얼마인가? 민성이 포스터를 1,000장 인쇄할 때, 2,000장 인쇄할 때, 10,000장 인쇄할 때, 포스터 1장 당 ATC는 각각 얼마인가? 포스터의 가격이 1장 당 700원으로 하락하면, 민성이 즉각 조업을 중단하지 않고 생산을 계속할 수 있는 생산량이 존재하는가?

10. 순수경쟁기업의 비용 데이터가 아래 표와 같이 주어져 있다고 하자.

(단위: 천 원)

총생산량	평균고정비용	평균가변비용	평균총비용	한계비용
0				
1	60.00	45.00	105.00	45
2	30.00	42.50	72.50	40
3	20.00	40.00	60.00	35
4	15.00	37.50	52.50	30
5	12.00	37.00	49.00	35
6	10.00	37.50	47.50	40
7	8.57	38.57	47.14	45
8	7.50	40.63	48.13	55
9	6.67	43.33	50.00	65
10	6.00	46.50	52.50	75

(1) 시장가격이 56,000원이라면, 단기에서 이 기업은 생산을 계속할 것인가? 생산하는 것이 더 낫다면, 해당 기업의 이윤극대화 또는 손실최소화 생산량은 얼마인가? 해당 기업의 제품 1단위 당 이윤이나 손실의 크기는 얼마인가?

(2) 제품 가격이 41,000원일 때 (1)의 질문에 답하시오.

(3) 제품 가격이 32,000원일 때 (1)의 질문에 답하시오.

(4) 아래 표에서 해당 기업의 단기공급표(칼럼 1과 칼럼 2)를 완성하고, 칼럼 3에는 각 생산량에 대응하는 이윤이나 손실을 쓰시오.

(단위: 천 원)

(1) 가격	(2) 공급량, 단일기업	(3) 이윤(+) 또는 손실(−)	(4) 공급량 (1,500개 기업)
26	______	______	______
32	______	______	______
38	______	______	______
41	______	______	______
46	______	______	______
56	______	______	______
66	______	______	______

(5) 이제 이 경쟁산업에 1,500개의 동질적인 기업이 있다고 가정하자. 즉 이들 1,500개 기업 각각이 똑같이 표에 주어진 비용구조를 갖고 있다고 하자. 칼럼 4에 산업의 공급표를 완성하시오.

(6) 해당 제품에 대한 시장수요 데이터는 아래와 같이 주어져 있다고 가정하자.

가격	총수요량
26	17,000
32	15,000
38	13,500
41	12,000
46	10,500
56	9,500
66	8,000

이 때 균형가격은 얼마인가? 산업 전체의 균형생산량은 얼마인가? 개별 기업의 균형생산량은? 제품 1단위당 이윤 또는 손실은 얼마인가? 기업별 이윤 또는 손실은 얼마인가? 장기에 이 산업은 확장할 것인가, 아니면 수축할 것인가?

11. 순수경쟁산업 내 어떤 기업이 전형적인 비용구조를 지니고 있다고 하자. 해당 경제의 정상이윤율은 5%이다. 이 기업은 창업자의 투자로부터 50,000원 당 5,500원을 벌어들인다. 이 기업의 수익률은 얼마인가? 이 기업은 경제적 이윤을 얻고 있는가? 만약 그렇다면, 경제적 이윤의 크기는 얼마인가? 이 산업에서는 진입이 발생하는가, 아니면 퇴출이 발생하는가? 해당 산업이 장기균형에 도달했을 때 이 기업의 수익률은 얼마인가?

12. 순수경쟁산업 내 어떤 기업이 현재 450,000원의 총비용으로 하루 1,000단위를 생산하고 있다. 이 기업이 하루 800단위를 생산했더라면 총비용은 300,000원일 것이고, 하루 500단위를 생산했더라면 총비용은 275,000원이었을 것이다. 이 3개 생산량 수준에서 이 기업의 ATC는 얼마인가? 해당 산업 내 모든 기업이 동일한 비용구조를 지니고 있다고 한다면, 이 산업은 장기경쟁균형에 도달해 있다고 할 수 있는가? 이 기업의 비용구조에 대해 알고 있는 정보로부터 유추할 때, 장기균형에서 시장가격이 도달할 수 있는 가장 높은 값은 얼마인가? 이 가격이 시장가격이고, 또 정상이윤율이 10%라면, 해당 산업 내 각 기업의 단위당 회계적 이윤은 얼마일까?

13. 지역 낙농 시장에 300개의 순수경쟁기업이 있다고 하자. 이들 300개 낙농 기업 중, 298개는 투자한 매 300,000원 당 24,000원의 이윤을 얻는 비용구조를 지니고 있다고 하자. 이들 기업의 수익률은 얼마인가? 다른 2개 기업은 투자한 매 200,000원 당 22,000원의 이윤을 얻는 비용구조를 지니고 있다고 하자. 이 2개 기업의 수익률은 얼마인가? 해당 경제의 정상이윤율이 10%라고 할 때, 진입이 발생할 것인가, 아니면 퇴출이 발생할 것인가? 진입이나 퇴출로 인하여 기업 수가 변화하면 매 200,000원 당 22,000원을 버는 2개 기업이 그 영향을 받을 것인가? 장기균형에서 해당 산업 내 대다수 기업의 수익률은 얼마인가? 기업들이 서로 다른 기업의 기술을 모방할 수 있다면, 궁극적으로 모든 기업들이 누리는 수익률은 얼마가 될 것인가?

9 Chapter

순수독점

학습내용

1. 순수독점의 특징
2. 순수독점에서의 진입장벽
3. 순수독점이 직면한 수요의 특징
4. 순수독점의 이윤극대화 생산량 및 가격
5. 독점의 경제적 효과
6. 독점기업의 가격차별
7. 사회적 최적가격 및 적정수익가격

이제 우리의 관심을 순수경쟁에서 순수독점으로 돌려보자. 순수독점은 표 8.1에 나열된 산업에서 순수경쟁의 반대편 극단에 위치하고 있다. 독점은 생각보다 자주 상대하게 된다. 여러분 컴퓨터에서 마이크로소프트 로고가 눈에 띌 때, 여러분은 독점(아니면 최소한 유사 독점)을 상대하고 있는 것이다. 처방약을 구매할 때에도 여러분은 독점 제품을 구입하는 것이다. 유선전화를 걸거나, 전등을 켜거나 혹은 지하철을 탈 때에도 독점기업을 이용하고 있는 것이다. 순수독점은 정확히 무엇을 의미하며, 순수독점이 생겨나 생존할 수 있도록 하는 조건은 무엇인가? 순수독점은 어떻게 이윤극대화 가격과 생산량을 결정하는가? 순수독점은 순수경쟁에서 나타나는 효율성을 달성하는가? 그렇지 않은 경우 정부가 어떤 역할을 할 수 있다면 그것은 무엇인가? 단순한 순수독점 모형은 이들 질문에 대한 답을 제공할 것이다. 순수독점은 3가지 불완전경쟁 모형 중 1번째이다.

순수독점의 개요

순수독점은 단 하나의 기업이 밀접한 대체재가 없는 제품의 유일한 생산자일 때 발생한다. 순수독점의 주요 특징은 아래와 같다.

- **단일 판매자** 순수독점, 혹은 절대독점은 단일한 생산자가 특정 재화나 서비스의 유일한 생산자인 산업이다. 따라서 **기업과 산업은 동의어**가 된다.

가격설정자

- **가격설정자** 순수독점 기업은 총공급량을 통제함으로써 가격에 대해 상당한 정도의 통제력을 행사한다. 따라서 통제력이 없어서 가격수용자로 행동하는 순수경쟁기업과는 달리 독점기업은 **가격설정자**이다. 순수독점 기업은 우하향하는 일반적인 형태의 수요곡선에 직면한다. 이 기업은 자사 제품의 생산량을 변화시켜 가격을 바꿀 수 있다. 독점기업은 자신에게 유리하다면 언제든지 이러한 능력을 활용한다.

진입장벽

- **진입의 봉쇄** 순수독점 기업은 여러 형태의 **진입장벽**이 있어 잠재적인 경쟁자들이 산업에 진입하는 것이 불가능하므로 직접적인 경쟁자가 없다. 이 진입장벽은 경제적인 것일 수도 있고, 기술적인 것일 수도 있으며, 법적이거나 혹은 다른 형태를 띨 수도 있다. 어쨌든 순수독점에서 진입은 완전히 봉쇄되어 있다.
- **비가격경쟁** 순수독점기업이 생산하는 제품은 천연가스나 전기처럼 표준화되어 있을 수도 있고, 현대차처럼 차별화되어 있을 수도 있다. 표준화된 제품을 생산하는 독점기업들은 공익광고를 주로 하는 반면, 차별화된 제품을 생산하는 독점기업은 제품의 특징에 대한 광고를 주로 한다.

독점의 예

순수독점기업은 그 예를 찾기가 비교적 어렵지만, 독점에 가까운 경우는 많이 찾아볼 수 있다. 한국에서는 가스공사, 한국전력, 수자원공사, KORAIL 등과 같이 공기업들이나 정부가 관여하는 기업들은 모두 독점이거나 또는 잠재적으로 독점이다.

유사 독점

특정 산업에서 단 하나의 기업이 대부분의 매출을 차지하는 **유사 독점**도 다수 존재한다. 예를 들어 인텔과 같은 기업은 퍼스널컴퓨터에 쓰이는 중앙처리장치(CPU)의 80%를 생산한다. 카카오톡은 한국 모바일 메신저 시장의 90% 이상을 점유하고 있다. 웜-O는 프리스비 상표로 장난감 원반 시장의 90%를 판매하고 있으며, 구글은 미국 시장에서 인터넷 검색 시장의 70% 가까이 점유하여 미국 검색 시장 광고 수입의 75% 가까이를 벌어들이고 있다.

어떤 의미에서는 프로스포츠 팀들도 독점기업이다. 넓은 지역에 걸쳐 특정한 서비스를 제공하는 유일한 공급자이기 때문이다. KBO 야구팀들의 경우 서울을 제외하면 단 하나의 구단이 해당 지역에 서비스를 제공한다. 만약 인천이나 부산에서 KBO 리그 경기를 직접 관전하려면 SK 와이번즈나 롯데 자이언츠 경기 표를 구입해야만 한다. 이러한 지리적 독점에는 다른 예들도 있다. 예를 들어 지방 소도시의 경우 항공이나 철도 서비스를 제공하는 기관은 하나 밖에 없을 수도 있다. 외지고 작은 마을의 경우 이발소나 세탁소, 또는 채소가게 등이 거의 독점에 가까울 수도 있다. 또 항공기에서 기내 여객들에게 인터넷 서비스를 제공할 수 있는 것은 해당 항공사뿐이다.

물론, 어느 정도의 경쟁은 대부분 존재한다. 위성텔레비전은 케이블텔레비전의 대체재이고, 고등학교야구는 프로야구의 대체재이다. 리눅스 운영체재는 윈도우즈의 대체재가 될 가능성이 있으며, 그 외에도 비슷한 예들은 많이 있다. 그러나 이러한 대체재들은 더 비싸거나 매력이 떨어지는 경우가 많다.

독점을 학습하는 2가지 이유

독점은 그 자체로서 공부할 가치가 있다. 그리고 독점적 경쟁이나 과점(10장)과 같이 주변에서 흔히 접하게 되는 시장구조를 이해하는 데 중요한 단서를 제공하기 때문에 공부할 필요가 있다. 이들 2가지 시장구조는 정도의 차이가 있지만 순수경쟁과 순수독점의 특징들을 모두 가지고 있다.

진입장벽

기업의 산업진입을 저지하는 요인들을 진입장벽이라 부른다. 순수독점에서는 진입장벽이 매우 높아 **모든 잠재적인 경쟁이 효과적으로 봉쇄**된다. 진입장벽이 비교적 낮으면 몇몇 소수 기업이 시장을 지배하는 과점이 발생할 수 있다. 진입장벽이 그보다 낮다면 상당히 많은 수의 기업이 진입하여 독점적 경쟁이 발생할 수 있다. 그리고 실효성 있는 진입장벽이 전혀 없다면 매우 많은 수의 기업이 진입하여 순수경쟁이 발생할 수 있는 토대가 마련된다. 따라서 진입장벽은 순수독점이라는 극단적인 경우뿐만 아니라 독점과 유사한 특징들이나 행동들을 보이는 다른 시장구조에서도 중요하다.

이제 가장 중요한 4가지 진입장벽에 대해 논의해보도록 하자.

규모의 경제

몇몇 산업에서 활용되는 현대적 기술은 **규모의 경제**(기업 규모가 확대되면 평균총비용이 하락하는 현상)가 현저하게 나타나는 경우가 많다. 이러한 경우 기업의 장기평균비용은 상당히 긴 구간의 생산량 수준에서 하락한다. 주어진 시장수요에서 몇몇 소수 기업이나 극단적으로는 단일한 대규모 기업만이 낮은 수준의 평균총비용에 도달할 수 있다. 그림 9.1에서 규모의 경제는 상당히 긴 구간의 생산량 수준에서 나타나고 있다. 만약 소비자의 수요가 이 구간의 생산량 수준을 넘어서지 못한다면 **단 하나의 생산자만이 최저 비용을 달성**할 수 있다. 예를 들어 독점기업이 단위당 10,000원의 비용으로 200단위의 제품을 생산하면 총비용은 2백만 원이다. 이 산업에서 2개 기업이 활동하면서 각각 100단위의 제품을 생산한다면, 단위비용은 15,000원이고 총비용은 3백만 원(=200단위×15,000원)으로 증가할 것이다. 보다 경쟁적이 되어 4개 기업이 각각 50단위씩 생산하면 단위비용과 총비용은 각각 20,000원 및 400만 원으로 상승할 것이다. 결론적으로 장기 평균총비용이 체감하면 단 하나의 생산자, 즉 독점기업만이 특정 생산량을 가장 낮은 총비용으로 생산할 수 있다.

규모의 경제

[그림 9.1] 규모의 경제: 자연독점

장기 평균총비용곡선(ATC)이 넓은 범위의 생산량에 걸쳐 하락하면 규모의 경제가 크다고 할 수 있다. 예를 들어 200단위의 제품을 독점기업이 생산하면 2~3개 기업이 함께 200단위를 생산할 때보다 낮은 비용(단위당 10,000원)으로 생산할 수 있다.

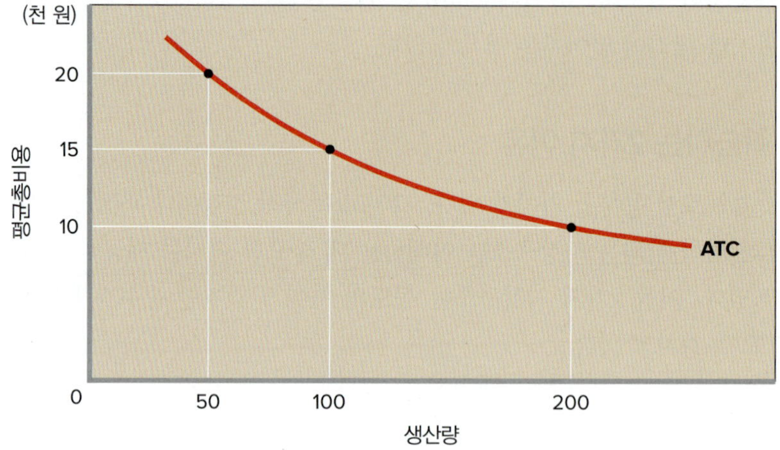

비용의 이점

만약 위와 같은 특징의 산업에서 순수독점이 발생하면, 이때에는 규모의 경제가 진입장벽으로 작용하여 독점기업은 경쟁을 피할 수 있다. 작은 규모로 진입하려는 신규 기업들은 독점기업이 누리는 **비용의 이점**을 누릴 수 없다. 따라서 이들 기업은 시장을 상실하고 독점기업에 의해 퇴출될 수밖에 없다. 독점기업은 규모의 경제 덕택에 단위당 비용이 낮아 훨씬 낮은 가격에 판매하면서도 이윤을 얻을 수 있기 때문이다. 물론 신규 기업이 처음부터 큰 규모로 시작할 수는 있다. 즉 규모의 경제를 누리기 위해 큰 생산규모로 시장에 진입할 수 있다. 하지만 엄청난 액수의 공장설비 비용이나 기존 제품에 대한 소비자의 애착 등으로 인해 진입은 커다란 위험을 초래한다. 따라서 경험이 부족한 **신규 기업들은 창업 자금의 조달에 어려움**을 겪게 된다. '대규모 창업'에 따르는 위험과 자금조달의 어려움 때문에 진입은 대부분 불가능하다. 바로 이러한 이유 때문에 컴퓨터 운영체제, 상용 항공기, 가정용 세탁기 등의 산업에서 신규 기업의 진입시도가 거의 없는 것이다.

자연독점

평균총비용곡선이 체감하는 구간에서 시장수요곡선이 장기 평균총비용곡선과 교차할 때 발생하는 독점기업을 **자연독점**이라 한다. 시장수요곡선이 장기 평균총비용과 만나는 생산량에서 자연독점기업이 설정하는 가격이 장기평균비용과 같다면 그 가격은 산업이 경쟁적일 때에 비해 낮을 것이다. 하지만 현실적으로 자연독점기업은 그보다 높은 가격을 책정하게 된다. 다른 독점기업들과 마찬가지로 자연독점기업은 평균총비용보다 훨씬 높은 가격을 책정하여 상당한 정도의 경제적 이윤을 누리게 된다. 그렇게 되면 자연독점기업이 최저 단위비용을 실현할 수 있다고 해서 소비자들이 낮은 가격으로 살 수 있는 것은 아니며 오히려 자연독점기업의 이윤만 커지게 된다. 바로 이러한 이유 때문에 정부는 일부 독점기업을 규제하여 이들이 부과할 수 있는 가격을 구체적으로 정해주고 있다. 이에 대해서는 나중에 다시 살펴볼 것이다.

법적 진입장벽: 특허와 면허

정부는 특허와 면허를 발급하여 법적 진입장벽을 만들어 낸다.

특허 **특허**란 발명가가 자신의 발명품을 배타적으로 사용하거나 다른 사람에게 배타적 사용권을 허용해 줄 수 있는 권리를 의미한다. 특허 및 특허법의 목적은 발명가의 보호를 위해 경쟁자들이 특허개발에 소요된 노력과 비용을 분담하지 않은 채 이를 사용하는 것을 막는 것이다. 특허는 **특허의 존속기간동안 발명가에게 독점적 지위를 부여**한다. 세계 모든 나라들은 특허의 존속기간을 일률적으로 신청 시점부터 20년으로 하는 데 합의하였다. 특허로 인하여 IBM, 화이자, 인텔, 제록스, GE, 뒤퐁 등과 같은 거대기업들이 탄생하였다.

특허

특허가능한 발명과 제품은 대부분 **연구개발**의 결과 탄생한다. 기업들은 자체 연구를 통한 특허나 타인의 특허를 매입하여 독점력을 획득함으로써 시장지위를 강화할 수 있다. 특허로부터 얻은 이윤은 특허 가능한 새로운 제품의 개발에 필요한 연구재원으로 활용될 수 있다. 제약 산업에서 처방약에 대한 특허는 막대한 독점이윤을 가져다주어 특허 가능한 새로운 신약개발의 재원이 되었다. 따라서 특허기간의 소멸로 나중에는 복제품이 원래의 브랜드와 경쟁하게 되더라도 처음의 특허로 획득한 독점력은 또 다른 독점력을 낳아 독점력이 계속 재생산될 수 있다. 8장의 '마지막 한마디'에서 이에 대한 보다 상세한 논의가 다루어지고 있다.

연구개발

면허 정부는 산업이나 직업에 대한 **면허**를 발급하여 진입을 제한하고 있다. 우리나라의 공중파 방송은 방송통신위원회의 허가를 받아야 한다. 변호사가 되려면 면허(변호사 자격증)를 취득해야만 한다. 변호사 자격제도로 변호사의 공급이 제한되면 변호사나 법무법인은 경제적 이윤을 얻을 수 있다. 경제적 이윤이 있더라도 진입이 제한되어 가격은 이윤이 0이 될 때까지 하락할 수 없다. 드물기는 하지만 정부는 스스로에게 '면허'를 발급하여 **정부 독점**을 창출하기도 한다. 예를 들어 과거에 담배나 인삼은 정부가 소유한 한국담배인삼공사만이 판매할 수 있었다. 또한 정부는 기획재정부 복권위원회에 '면허'를 발급하여 복권 사업을 운영하고 있다.

면허
정부 독점

필수 자원의 소유 또는 통제

독점기업은 자사 소유의 자원을 경쟁자들의 진입을 막는 수단으로 활용할 수도 있다. 예를 들어 생산에 필수적인 자원을 소유하고 있거나 이를 통제할 수 있는 기업은 경쟁사의 진입을 막을 수 있다. 과거 캐나다의 인터내셔널 니켈컴퍼니(지금은 베일캐나다로 명칭변경)는 세계 니켈 보유량의 90%를 통제하고 있었다. 지역 기업이 주변의 모래와 자갈을 모두 소유할 수도 있다. 그리고 프로스포츠에서 기존 리그는 최고의 선수들과 계약을 맺고 주요 경기장을 장기 임대하고 있어서 새로운 리그의 출범은 매우 어렵다.

가격책정 및 기타 전략적 진입장벽

진입장벽의 창출

규모의 경제나 필수 자원의 소유 등을 활용하여 경쟁사의 진입을 막을 수 없더라도, 일부 독점기업은 다양한 전략을 통해 경쟁사의 산업진입을 효과적으로 봉쇄하고 있다. 신규 진입에 직면하여 독점기업은 대폭적인 가격인하나 광고 확대 등 진입을 어렵게 하는 여러 전략적 조치를 취함으로써 **진입장벽의 창출**을 꾀할 수 있다.

진입 억제의 몇 가지 사례는 다음과 같다. 미국의 덴츠플라이는 2005년에 틀니 시장의 시장점유율이 80%에 달하는 지배적 생산자였다. 그런데 불법적으로 독립 유통업자의 경쟁 브랜드 취급을 가로막다가 발각되었다. 잠재적인 해외 경쟁자들은 유통업자들을 찾을 수 없어서 미국 시장에 진입할 수 없었다. 다른 예로 2015년 아메리칸 익스프레스는 자사 신용카드를 취급하는 모든 상인들에게 비자카드나 마스터카드 등 경쟁사의 신용카드를 고객들에게 홍보하는 것을 금지하였다. 이것은 불법적인 거래 제한행위로 밝혀지기도 하였다.

독점 수요

이제까지 독점의 원인에 대해 살펴보았다면, 지금부터는 순수독점 모형을 만들어 순수독점기업이 가격과 생산량을 어떻게 결정하는지 분석해 보자. 먼저 다음과 같은 3개의 가정으로부터 출발하도록 하자.

- 면허, 규모의 경제 또는 자원 소유 등으로 인해 기업의 독점력이 보장된다.
- 기업에 대한 정부의 규제가 없다.
- 기업은 단일 가격을 책정하는 독점기업이다. 즉 이 기업은 모든 제품에 대해 같은 가격을 부과한다.

순수독점기업과 순수경쟁기업의 결정적인 차이는 기업의 수요 측면에 있다. 순수경쟁기업은 시장의 수요 · 공급에 의해 결정된 가격에서 수평인 완전탄력적인 수요에 직면하고 있다. 경쟁기업은 시장가격에서 원하는 양만큼 판매할 수 있는 가격수용자이다. 제품 1단위를 팔 때마다 기업의 총수입은 가격만큼 일정하게 증가한다. 이는 경쟁기업의 한계수입은 일정하며 제품 가격과 같다는 것을 의미한다. 순수경쟁기업의 가격, 한계수입 및 총수입의 관계에 대해서는 그림 8.1의 표와 그래프를 참고하라.

독점기업의 수요곡선

독점기업(그리고 모든 불완전경쟁기업)이 직면한 수요곡선은 순수경쟁기업의 수요곡선과 크게 다르다. 순수독점기업은 그 자체가 산업이므로, **시장수요곡선이 독점기업이 직면하는 수요곡선**이다. 그리고 시장수요는 완전 탄력적이 아니므로 **독점기업의 수요곡선**은 우 하향한다. 표 9.1의 (1)열과 (2)열은 이러한 개념을 묘사하고 있다. 가격이 하락할수록 수요량은 증가한다는 점을 눈여겨 볼 필요가 있다.

그림 8.7에서 순수경쟁산업의 수요곡선과 개별 기업의 수요곡선을 따로 살펴본 바 있다. 그런데 순수독점에서는 기업과 산업이 완전히 일치하므로 하나의 수요곡선만이 필요할 뿐이다. 표 9.1의 수요 데이터의 일부는 그림 9.2에 수요곡선 D로 그려진다. 이

〈표 9.1〉 순수독점기업의 수입 및 비용 데이터 (단위: 천 원)

수입데이터				비용 데이터			
(1) 생산량	(2) 가격 (평균수입)	(3) 총수입 (1)×(2)	(4) 한계수입	(5) 평균총비용	(6) 총비용 (1)×(2)	(7) 한계비용	(8) 이윤(+) 또는 손실(−)
0	172	0			100		−100
1	162	162	162	190.00	190	90	−28
2	152	304	142	135.00	270	80	+34
3	142	426	122	113.33	340	70	+86
4	132	528	102	100.00	400	60	+128
5	**122**	**610**	**82**	**94.00**	**470**	**70**	**+140**
6	112	672	62	91.67	550	80	+122
7	102	714	42	91.43	640	90	+74
8	92	736	22	93.75	750	110	−14
9	82	738	2	97.78	880	130	−142
10	72	720	−18	103.00	1,030	150	−310

곡선은 독점기업의 수요곡선인 동시에 시장수요곡선이다. 수요곡선이 우 하향한다는 사실은 독점 모형을 이해하는 데 있어 필수적인 3가지 사항을 함축하고 있다.

한계수입은 가격보다 작다

우하향하는 수요곡선이 주어져 있을 때 순수독점기업이 매출을 증가시키려면 가격이 하락하여야 한다. 그 결과 1번째 단위를 제외한 모든 단위의 **한계수입(생산량 1단위 증가에 따른 총수입의 증가분)은 가격(평균수입)보다 작다**. 왜 그런가? 그 이유는 1단위를 추가로 팔려면 가격을 낮추어야 하는데 그러면 앞서 생산된 모든 생산량의 가격도 낮아져야하기 때문이다. 독점기업이 1단위를 추가로 생산하여 판매하지 않았다면 앞서 생산된 단위들은 더 높은 가격에 판매되었을 것이다. 제품 1단위를 더 판매하였을 때 총수입의 증가는 1단위 판매가격에서 앞서 생산된 단위의 가격 하락분에 생산량을 곱한 금액을 뺀 만큼 이루어진다.

확실한 이해를 위해 그림 9.2를 살펴보자. 그림은 독점기업의 수요곡선에서 2개의 가격 · 생산량 조합을 선택하여 설명하고 있다. 독점기업이 1단위를 더 생산하여 132,000원에 판매하면 132,000원의 추가적인 수입(푸른색 면적)이 얻어진다. 그러나 이 4번째 단위를 판매하기 위해서 독점기업은 처음 3단위를 142,000원이 아니라 132,000원에 팔아야 한다. 이들 3단위의 가격이 10,000원만큼 하락하여 30,000원의 수입 감소(붉은색 면적)가 발생한다. 따라서 4번째 단위의 판매로 얻게 되는 총수입의 증가는 4번째 단위의 판매수입인 132,000원에서 처음 3단위의 가격하락으로 인한 수입 감소인 30,000원을 뺀 102,000원이 된다. 4번째 단위로부터 얻은 102,000원의 총수입의 증가(한계수입)는 4번째 단위의 가격인 132,000원보다 분명히 작다.

표 9.1의 (4)열에 있는 한계수입은 1번째 단위를 제외하면 항상 (2)열의 가격보다 작다는 것을 알 수 있다. 한계수입은 추가된 생산으로 얻게 되는 총수입의 증가분이므로,

[그림 9.2] 순수독점에서 가격과 한계수입

*D*와 같이 우하향하는 수요곡선을 갖는 순수독점기업이나 불완전경쟁기업은 제품을 더 많이 팔려면 가격을 낮추어야 한다. 이 그림에서 독점기업은 142,000원 대신 132,000원을 받으면 1단위(4번째 단위)를 더 팔 수 있어 132,000원을 추가로 벌 수 있다. 하지만 처음 3단위에 대해 10,000원을 덜 받기 때문에 늘어난 수입에서 30,000원을 빼야한다. 따라서 4번째 단위의 한계수입은 가격 132,000원보다 훨씬 작은 102,000원(=132,000원－30,000원)이다.

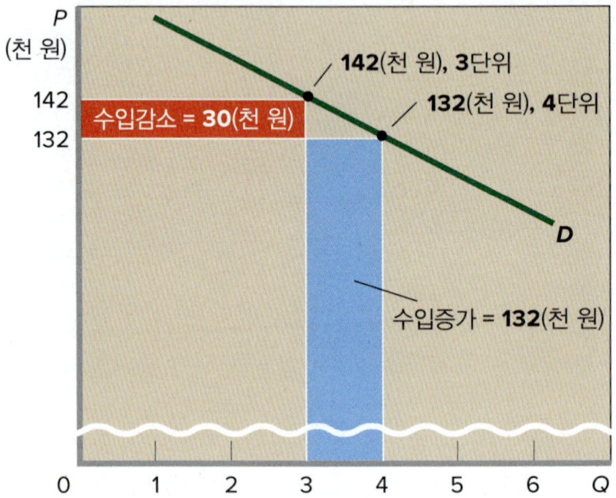

(4)열에서 한계수입이 체감한다는 사실은 총수입이 점차 느린 속도로 증가한다는 것을 의미한다. 이것은 (3)열에서 확인할 수 있다.

그림 9.3에서 독점기업의 한계수입곡선과 총수입곡선의 관계를 살펴볼 수 있다. 그림에서는 가격이 10,000원 하락할 때마다 판매량이 1단위를 증가한다고 가정하고 있다. 즉 독점기업은 62,000원에 11단위, 52,000원에 12단위 등과 같이 판매할 수 있다고 가정하고 있다. 그리고 표 9.1의 (1)열~(4)열에 주어진 수요와 수입 데이터를 확장하여 보여주고 있다.

독점기업의 **한계수입곡선이 수요곡선의 아래에 있다**는 점에 주목하기 바란다. 이는 한계수입이 1번째 단위를 제외하고 모든 생산량 수준에서 가격보다 작다는 것을 의미한다. 또 그림 9.3(b)의 총수입과 그림 9.3(a)의 한계수입 사이에 특수한 관계가 있음을 확인하기 바란다. 한계수입은 총수입의 증가분이므로 총수입이 증가하고 있다는 것은 한계수입이 양(+)이라는 것을 뜻한다. 총수입이 최대치에 도달하면 한계수입은 0이 된다. 그리고 총수입이 감소하면 한계수입은 음(−)이 된다.

독점기업은 가격설정자이다

순수독점이나 과점, 독점적 경쟁 등 모든 불완전경쟁시장의 기업은 우하향하는 수요곡선에 직면한다. 그 결과 생산량이 달라지면 수요곡선을 따라 이동하면서 기업이 부과할 수 있는 가격도 변하게 된다. 경제학자들은 이를 "**우하향하는 수요곡선을 지닌 기업들은 가격설정자다**"라는 말로 표현한다.

이는 순수독점에서 가장 분명하게 나타난다. 순수독점 산업은 단 하나의 기업으로 구성되어 있어서 산업 전체의 생산량은 정확하게 독점기업의 생산량과 같다. 그래서 독점기업은 우하향하는 수요곡선에 직면하게 되는데 이러한 수요곡선에서 각 생산량에 단

[그림 9.3] 순수독점기업의 수요, 한계수입 및 총수입

(a) 판매량을 늘리려면 모든 단위의 가격을 인하해야 하므로 불완전경쟁기업의 한계수입곡선(MR)은 수요곡선(*D*)의 아래쪽에 위치한다. 수요가 탄력적인 구간과 비탄력적인 구간이 표시되어 있다. (b) 총수입(TR)은 점차 느린 속도로 증가하여 최대치에 도달한 후 결국에는 하락한다. 수요가 탄력적인 구간에서는 총수입이 증가하므로 한계수입은 양(+)이다. 총수입이 최대치에 도달하면 한계수입은 0이다. 수요가 비탄력적인 구간에서, 생산이 증가하면 총수입은 감소하고 따라서 한계수입은 음(−)이 된다.

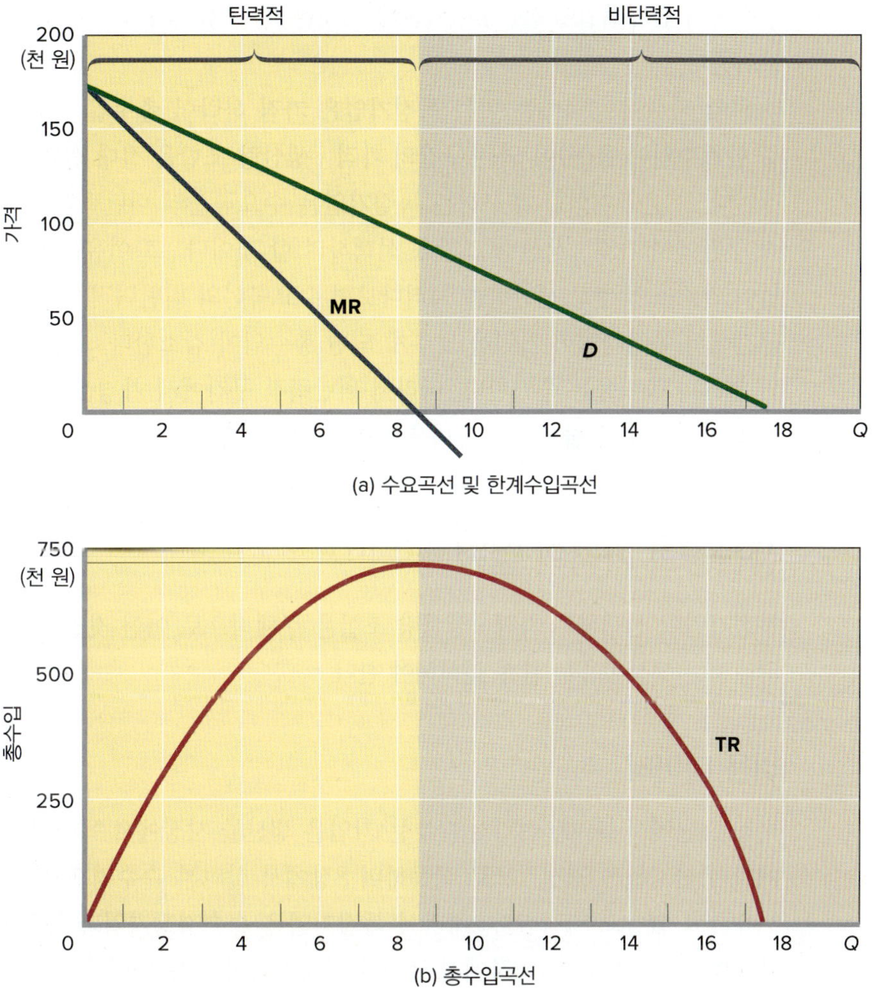

(a) 수요곡선 및 한계수입곡선

(b) 총수입곡선

하나의 가격이 대응한다. 따라서 독점기업이 **생산량을 결정하면 가격도 함께 결정되는 것**이다. 독점기업이 생산량을 결정하면 가격도 함께 '설정'하게 되는 것이다. 표 9.1의 (1)열과 (2)열에서 독점기업이 10단위를 생산하여 판매하면 72,000원의 가격을 매길 수 있고, 9단위를 생산하여 판매하면 82,000원의 가격을 매길 수 있다. 이런 방식으로 독점기업은 생산량의 결정을 통해 가격도 설정하게 되는 것이다.

독점기업은 수요가 탄력적인 구간에서 가격을 설정한다

4장에서 총수입 검증을 통해 수요의 가격탄력성을 알 수 있다고 설명한 바 있다. 이것이 독점기업이 수요곡선의 탄력적 구간에서 가격을 설정한다는 사실의 토대를 제공한다. 4장에서 총수입검증을 통해 수요가 탄력적일 때 가격이 하락하면 총수입이 증가한다는 사실을 확인할 수 있었다. 마찬가지로 수요가 비탄력적일 때 가격이 하락하면 총수입은 감소한다. 그림 9.3(a)의 수요곡선 D를 따라 가격이 172,000원에서 82,000원으로 하락하는 동안 총수입은 증가한다. 즉 한계수입은 양(+)이다. 이것은 이 가격구간에서 수요가 탄력적임을 의미한다. 이제 가격이 82,000원 이하로 하락하면 총수입은 감소하여 한계수입이 음(−)이 되는데 이것은 이 구간에서 수요가 비탄력적이라는 것을 보여준다.

위의 사실이 함축하는 바는 **독점기업은 가격 하락이 총수입 감소로 이어지는 구간, 즉 한계수입이 음(−)이 되는 구간의 가격 · 생산량 조합을 절대 선택하지 않을 것**이라는 점이다. 이윤극대화를 추구하는 독점기업은 수요곡선의 비탄력적 구간을 피하여 탄력적 구간에서 가격 · 생산량 조합을 선택하려 할 것이다. 그 이유는 다음과 같다. 독점기업이 가격을 낮추고 생산량을 늘리다보면 수요곡선의 비탄력적 구간에 이르게 된다. 이 구간에서 독점기업이 가격을 낮추게 되면 총수입이 감소한다. 그런데 생산량이 증가하면 언제나 총비용은 증가한다. 따라서 **비탄력적 구간에서 가격을 낮추고 생산량을 늘리게 되면 총수입은 줄어들고 총비용은 커져 이윤이 감소**하게 되는 것이다.

생산량과 가격의 결정

독점기업이 선택하는 가격 · 생산량 조합은 구체적으로 어떤 것일까? 이 질문에 답하기 위해서는 생산비용을 함께 분석해야 한다.

비용 데이터

비용 측면에서 볼 때, 여기서 다루는 기업은 생산물 시장에서 독점기업이지만 요소시장에서 생산자원을 경쟁적으로 획득하며 8장에서 살펴본 순수경쟁기업과 동일한 기술을 보유하고 있다고 가정한다. 따라서 독점기업은 순수경쟁기업과 동일한 비용구조를 갖게 된다. 그러면 7장과 8장에서 논의한 경쟁기업의 비용 데이터를 그대로 사용할 수 있어서 독점기업의 가격 및 생산량 결정을 순수경쟁기업과 비교할 수 있다. 즉 순수독점의 가격과 생산량 결정이 순수경쟁기업과 다른 것은 비용의 차이가 아니라는 것이다. 표 9.1의 (5)열~(7)열은 표 7.2의 비용 데이터를 그대로 옮겨놓은 것이다.

한계수입 = 한계비용 규칙

이윤극대화를 추구하는 독점기업은 순수경쟁 산업의 기업과 동일한 규칙을 따르게 된다. 즉 조업을 중단하기보다 생산을 계속하는 것이 바람직한 상황이라면 독점기업은 한계수입과 한계비용이 일치하는 생산량을 택한다는 것이다.

표 9.1의 (4)열과 (7)열을 비교해보면 이윤극대화 산출량은 5단위임을 알 수 있다. 이 5번째 단위는 한계수입이 한계비용보다 큰 마지막 단위이기 때문이다. 이 독점기업은 가격을 얼마에 책정할 것인가? 표 9.1의 (1)열과 (2)열에 있는 수요표에 따르면 5단위가 판매될 수 있는 가격은 122,000원이다.

이러한 분석을 보여주고 있는 것이 그림 9.4이다. 이 그림은 표 9.1의 수요, 한계수입, 평균총비용 및 한계비용 데이터를 그래프로 나타내고 있다. 이윤극대화 생산량은 한계수입곡선과 한계비용곡선이 만나는 5단위(Q_m)이다. 여기서 한계수입=한계비용이 성립한다.

독점기업이 책정하는 가격을 구하기 위해서 Q_m의 위쪽으로 수요곡선 D에 이르는 수직선을 그려보자. Q_m 단위가 판매될 수 있는 가격은 P_m으로 122,000원이다. 즉 122,000원이 이윤극대화 가격인 것이다. 따라서 독점기업은 생산량을 Q_m으로 결정하고 이윤극대화 가격인 122,000원을 책정한다.

표 9.1의 (2)열과 (5)열에서, 생산량이 5단위일 때 가격(122,000원)이 평균총비용(94,000원)보다 높다는 것을 확인할 수 있다. 따라서 독점기업은 단위당 28,000원의 경제적 이윤을 얻을 수 있어서 총 경제적 이윤은 140,000원(=5단위×28,000원)이 된다. 그림 9.4에서 단위당 이윤은 A를 Q_m단위를 생산할 때의 평균총비용이라고 할 때 ($P_m - A$)로 표시할 수 있다. 총 경제적 이윤(초록색 사각형)은 단위당 이윤에 이윤극대화 생산량(Q_m)을 곱하여 구할 수 있다.

이윤극대화 생산량을 달리 구하는 방법은 총수입과 총비용을 비교하여 양(+)의 차이를 가장 크게 하는 생산량을 선택하는 것이다. 표 9.1의 (3)열과 (6)열을 이용하면 5단위가 이윤극대화 생산량임을 확인할 수 있다. 총수입과 총비용을 정확히 그래프로 나타내면 차이가 가장 커지는 점 즉 이윤이 극대화되는 점이 5단위임을 확인할 수 있다. 표 9.2는 순수독점에서 이윤극대화 생산량, 이윤극대화 가격, 그리고 경제적 이윤을 결정하는 과정이 요약되어 있다.

[그림 9.4] 순수독점기업의 이윤극대화

순수독점기업은 한계수입=한계비용을 충족하는 Q_m(여기서는 5단위)을 생산하여 이윤을 극대화한다. 그런 다음 수요곡선에 나타나 있듯이 122,000원의 가격(P_m)을 책정한다. 평균총비용은 A(94,000원)이고, 따라서 단위당 이윤은 (P_m − A), 총이윤은 5×(P_m − A)이다. 따라서 총 경제적 이윤은 초록색 사각형으로 표시된다.

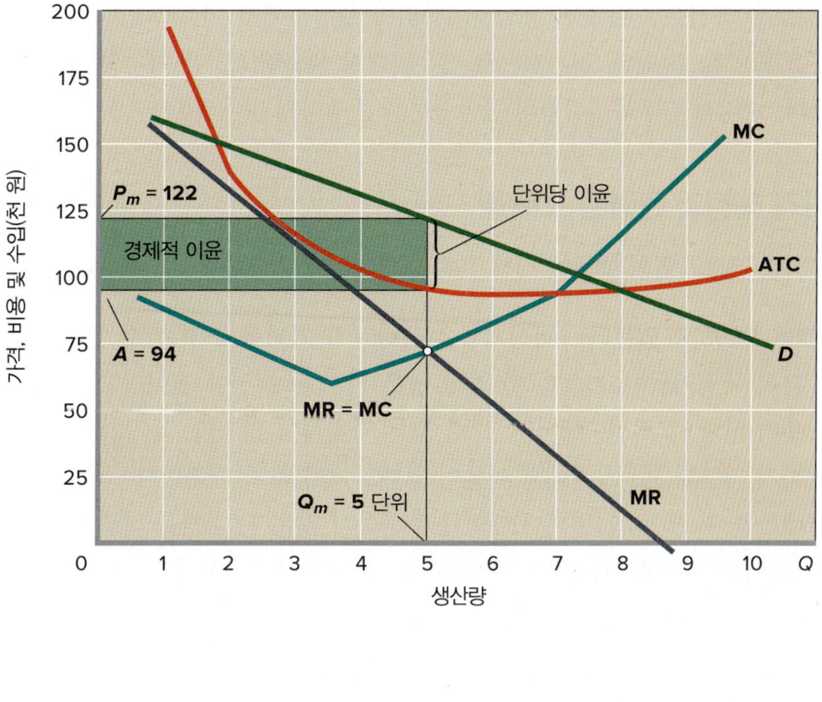

〈표 9.2〉 그림을 통해 순수독점의 이윤극대화 생산량 및 가격, 경제적 이윤을 구하는 절차

1단계	한계수입=한계비용이 일치하는 이윤극대화 생산량을 구한다.	
2단계	1단계에서 결정된 생산량에서 수요곡선까지 수직선을 그려 이윤극대화 가격을 구한다.	
3단계	다음과 같은 2가지 방법 중 하나를 활용하여 순수독점기업의 경제적 이윤을 구한다.	
	방법1	이윤극대화 가격에서 이윤극대화 생산량에서의 평균총비용을 빼서 단위당 이윤을 구한다. 이렇게 구한 단위당 이윤에 이윤극대화 생산량을 곱해 경제적 이윤을 구한다.
	방법2	이윤극대화 생산량에서의 평균총비용에 생산량을 곱해 총비용을 구한다. 그 다음 총수입에서 총비용을 빼서 경제적 이윤을 구한다.

독점기업은 공급곡선이 없다

순수독점기업의 공급곡선

순수경쟁에서 한계수입은 가격과 같으며 가격= 한계비용의 규칙을 이용하여 경쟁기업의 공급곡선을 구할 수 있었다. 즉 시장가격이 주어지면 이윤극대화를 추구하는 순수경쟁기업은 한계비용이 시장가격과 일치하는 생산량을 공급한다. 시장가격이 오르거나 내리면 경쟁기업은 생산량을 늘리거나 줄인다. 따라서 하나의 시장가격은 하나의 생산량과 대응하며 이러한 가격 · 생산량 조합이 공급곡선이 된다. 이 공급곡선은 그림 8.6에서 보았듯이 경쟁기업의 한계비용곡선 중 평균가변비용 곡선의 최소치보다 위에 있는 부분이다. 얼핏 보기에 순수독점기업의 한계비용곡선이 공급곡선인 것처럼 보일 수 있다. 하지만 이는 사실이 아니다. **순수독점기업의 공급곡선은 없다**. 독점기업의 경우 가격과 공급량은 단일의 관계를 보이지 않는다. 경쟁기업과 마찬가지로, 독점기업은 생산량을 결정할 때 한계수입과 한계비용을 일치시키지만, 독점기업의 한계수입은 가격보다 적다. 독점기업의 한계비용은 가격과 같지 않기 때문에, 수요조건이 달라지면 동일한 생산량이라도 부과하는 가격이 달라질 수 있다. 이 점을 이해하려면 그림 9.4에서 한계수입곡선과 한계비용곡선이 교차하는 점을 지나도록 새로운 한계수입곡선을 그려보면 된다. 그러면 새로운 한계수입곡선에 적합한 새로운 수요곡선을 대충 그려볼 수 있다. 새로운 곡선을 이용하면 동일한 5단위의 생산량에서 이윤극대화 가격이 달라진다는 것을 확인할 수 있다. 결론적으로 이윤극대화 생산량(Q_m)은 하나의 가격에 대응하지 않으며, 따라서 **순수독점기업의 공급곡선**은 존재하지 않게 된다.

독점가격 책정과 관련된 오해들

앞의 분석은 독점기업의 행동에 대해 흔히 범하는 2가지 오류를 확인해주고 있다.

최고가격을 부과하지 않는다. 독점기업은 생산량과 가격을 조절할 수 있기 때문에, 사람들은 흔히 독점기업이 '가능한 한 가장 높은 가격'을 책정할 것이라고 믿고 있다. 이 믿음은 옳지 않다. 그림 9.4에서 P_m보다 높은 가격들이 많지만, 독점기업은 이 가격들을 선택하지 않는다. 이 가격에서 이윤이 극대화되지 않기 때문이다. 독점기업은 총이윤의 극대화를 추구하지 가격의 최대화를 추구하지 않는다. 가격을 너무 높게 책정하면 매출과 총수입의 감소분이 총비용의 감소분을 모조리 상쇄해버리게 된다.

단위당 이윤이 아니라 총이윤을 극대화한다. 독점기업은 총이윤을 극대화하려 하지 단위당 이윤을 극대화하지 않는다. 그림 9.4에서 평균총비용과 가격의 수직거리를 주의 깊게 비교하여 보면 단위당 이윤은 이윤극대화 생산량 Q_m보다 약간 왼쪽에서 더 크다는 것을 알 수 있다. 이는 표 9.1에서도 확인할 수 있다. 이 표에서 생산량이 4단위일 때 단위당 이윤은 32,000원(=132,000원 - 100,000원)이지만, 이윤극대화 생산량인 5단위일 때 단위당 이윤은 28,000원(=122,000원 - 94,000원)임을 확인할 수 있다. 즉 독점기업은 단위당 이윤을 극대화하지 않고 이보다 낮은 수준을 택하고 있다. 그것은 제품 한 단위의 추가 판매로 얻는 이윤의 증가가 단위당 이윤의 감소를 보충하고도 남기 때문이다. 독점기업은 단위당 32,000원의 이윤을 얻으면서 4단위를 판매(128,000원의 총이윤)하기보다, 단위당 28,000원의 이윤을 얻으며 5단위를 판매(140,000원의 총이윤)하려 할 것이다.

독점기업이 손실을 입을 가능성

순수독점기업이 경제적 이윤을 얻을 가능성은 순수경쟁기업보다 더 크다. 장기에서 순수경쟁기업은 정상이윤만을 얻지만 **독점기업은 진입장벽의 존재로 경제적 이윤을 지속적으로 얻을 수 있다.** 순수독점에서 신규 진입은 이루어질 수 없어서 공급의 증기로 인한 가격하락이 일어나지 않는다. 그래서 경제적 이윤은 소멸되지 않는다.

그렇지만 순수독점이라고 해서 항상 이윤이 보장되는 것은 아니다. 소비자의 취향이 변하면 독점기업 제품에 대한 수요는 감소할 수밖에 없다. 그리고 생산자원의 가격이 폭등하면 독점기업의 비용곡선은 위로 이동하게 된다. 만약 독점기업이 직면하는 수요조건이나 비용조건이 그림 9.4보다 훨씬 불리하다면, 독점기업은 단기에 손실을 볼 수 있다. 그림 9.5에 주어진 독점기업을 생각해보자. 이 독점기업이 예를 들어 가정용 재봉틀 공급자라고 하면 비록 시장을 지배하고 있지만 수요가 작고 비용이 상대적으로 높아 손실을 보게 된다. 하지만 총손실이 고정비용보다는 작기 때문에 독점기업은 당분간은 영업을 계속한다. 구체적으로 말하자면 생산량이 Q_m일 때 독점기업의 가격(P_m)은 평균가변비용(V)보다 높다. 따라서 독점기업의 단위당 손실은 ($A-P_m$)이고, 총손실은 붉은색 사각형으로 표시된다. 여기에서 A는 생산량이 Q_m일 때의 평균총비용이다. 순수경쟁기업과 마찬가지로 독점기업도 적자를 보며 계속 영업을 할 수는 없다. 손실이 계속되면 장기에서 독점기업의 소유자는 생산자원을 더 많은 이윤을 얻을 수 있는 다른 산업으로 이동시킬 것이다. 그림 9.5와 같은 독점기업이 장기에서 정상이윤조차 얻지 못한다면 결국 폐업할 것이다.

[그림 9.5] 순수독점기업의 손실 최소화

수요곡선 D가 아래쪽에 있고 비용이 높으면, 순수독점기업은 이윤을 남길 수 없다. 가격(P_m)이 평균가변비용인 V보다 낮기 때문에 독점기업이 MR=MC를 충족하는 생산량(Q_m)에서 생산하면 손실을 최소화할 수 있다. 단위당 손실은 ($A-P_m$)이고 총손실은 붉은색 사각형이 된다.

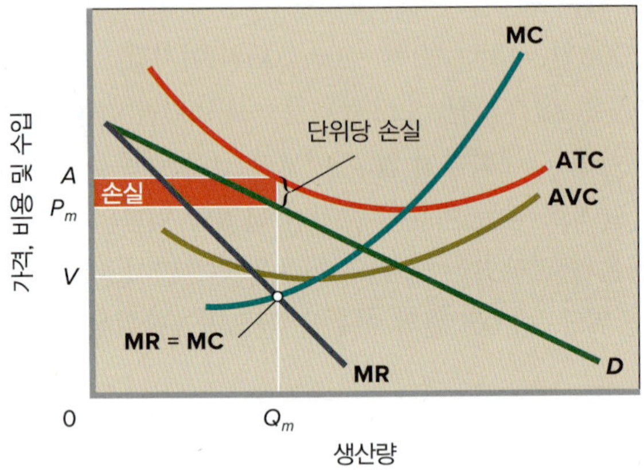

독점의 경제적 효과

이제 순수독점을 사회적 관점에서 평가해보자. 이러한 평가는 가격=한계비용=평균총비용의 최소치라는 3중의 등식이 나타내는 순수경쟁시장의 장기 효율성과 비교하여 이루어질 것이다.

가격, 생산량 및 효율성

그림 9.6은 순수독점산업과 순수경쟁산업의 가격, 생산량 및 효율성을 그래프를 통해 비교하고 있다. 그림 9.6(a)의 S=MC 곡선은 순수경쟁 산업의 시장공급곡선이다. 이것은 산업 내 모든 기업들의 한계비용곡선들을 수평으로 합한 것이다. 산업에 1,000개의 기업이 있다고 하자. 이들의 공급곡선을 모두 합한 것과 시장수요 D를 비교하면, 순수경쟁 산업의 가격과 생산량은 각각 P_c와 Q_c임을 알 수 있다.

이러한 가격 · 생산량 조합에서는 생산효율성과 배분효율성이 달성된다는 사실을 상기하자. 생산의 효율성이 달성되는 것은 진입과 퇴출을 통해 생산이 평균총비용이 최소인 점에서 이루어지기 때문이다. 평균총비용이 최소일 때 1,000개 순수경쟁기업의 생산량을 모두 더하면 산업의 생산량(Q_c)을 구할 수 있다. 가격은 평균총비용과 마찬가지로 가장 낮은 수준에서 결정된다. 순수경쟁에서 배분의 효율성이 달성되는 것은 가격(사회적 가치 또는 사회적 한계편익을 측정하는 척도)이 한계비용(어떤 상품을 생산하기 위해 사회적으로 포기된 다른 상품의 가치)과 같아지는 점에서 생산이 이루어지기 때문이다. 간단히 표현하면, 가격=한계비용=평균총비용의 최소치에서 생산효율성과 배분효율성이 달성된다.

이제 한 기업이 모든 경쟁기업을 인수하여 순수독점이 되었다고 가정해보자(그림 9.6(b)). 이렇게 산업구조가 변하더라도 비용이나 시장수요에는 변화가 없다고 가정하자. 예전에 1,000개의 경쟁기업으로 구성되었던 산업이 이제는 서로 경쟁하지 않는

[그림 9.6] 순수경쟁 산업과 비교한 순수독점의 비효율성

(a) 순수경쟁 산업에서는 진입과 퇴출로 인하여 가격(P_c)이 한계비용(MC)과 같아지고 평균총비용이 최소인 점에서 생산량(Q_c)이 결정된다. 생산의 효율성(P=ATC 최소치)과 배분의 효율성(P=MC)이 모두 달성된다. (b) 순수독점에서는 한계수입곡선(MR)이 수요곡선의 아래쪽에 위치한다. 독점기업은 MR=MC가 성립하는 생산량(Q_m)에서 이윤을 극대화하고, 가격을 P_m으로 책정한다. 따라서 순수경쟁 산업보다 생산량은 더 작고(Q_c가 아닌 Q_m), 가격은 더 높다(P_c가 아닌 P_m). 독점이 비효율적인 것은 생산량이 평균총비용(ATC)을 최소로 하는 수준(여기서는 Q_c)보다 적고, 가격은 한계비용보다 높기 때문이다. 독점은 효율성 손실(삼각형 abc)을 초래한다. 그리고 소비자로부터 독점기업으로 소득이전(사각형 P_cP_mbd)이 발생한다.

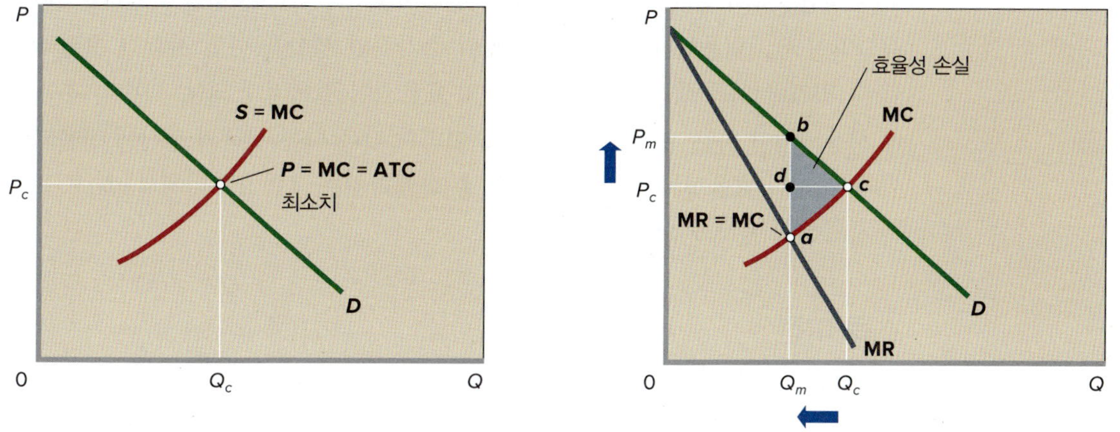

(a) 순수경쟁 산업

(b) 순수독점

1,000개의 공장으로 구성된 순수독점으로 된 것이다.

그러면 경쟁시장의 공급곡선(S)은 독점기업의 한계비용곡선이 된다. 독점기업의 한계비용곡선은 개별 공장들의 한계비용곡선을 수평으로 합한 것이다. 그리고 독점기업의 공급곡선은 존재하지 않기 때문에, S라는 표식을 제외하였다. 이에 비해 수요측면에서는 중요한 변화가 생겨난다. 1,000개의 개별 경쟁기업의 입장에서 보면 수요는 완전탄력적이며 따라서 한계수입은 시장균형가격(P_c)과 같다. 경쟁기업은 이윤을 극대화하기 위해 한계수입(P_c)이 한계비용과 같은 점에서 생산한다. 그러나 순수독점에서 시장수요와 독점기업의 수요는 같다. 기업이 곧 산업이어서 독점기업은 그림 9.6(b)와 같은 우하향하는 수요곡선 D에 직면하게 된다.

그 결과 한계수입은 가격보다 작아져, 한계수입곡선은 수요곡선보다 아래에 놓이게 된다. 독점기업은 한계수입=한계비용 규칙을 활용하여 생산량(Q_m)과 가격(P_m)을 선택한다. 그림 9.6의 두 그림을 비교하면 독점기업의 이익은 경쟁기업보다 더 높은 가격에 더 적은 양을 판매하면 더 커진다.

독점은 **생산의 효율성도 배분의 효율성도 달성하지 못한다**. 생산의 효율성이 달성되지 않다는 사실은 독점기업의 생산량(Q_m)이 평균총비용을 최소로 하는 생산량 (Q_c)보다 작다는 것을 확인하면 이해할 수 있을 것이다. 게다가 독점가격(P_m)은 경쟁가격(P_c)보다 높다. 우리는 순수경쟁의 장기균형에서 시장가격은 평균총비용의 최소치과 같다는 것을 알고 있다. 따라서 독점가격은 평균총비용의 최소치보다 높으며, 이는 독점이 생산에서 비효율적이라는 것을 다시 보여주는 것이다.

독점기업이 과소 생산한다는 사실은 배분에서도 비효율적이라는 것을 의미한다. 이를 이해하는 1가지 방법은 독점 생산량(Q_m)에서 소비자의 지불용의를 나타내는 가격

(P_m)이 한계비용보다 크다는 점을 확인하는 것이다. 독점기업이 추가적으로 생산하려면 추가적인 자원의 투입이 필요하다. 이러한 생산자원은 다른 상품의 생산에 투입될 수 있다. 그런데 소비자들은 이러한 생산자원을 다른 상품의 생산에 투입하기보다 독점기업의 추가적 생산에 투입하는 것에 더 큰 가치를 부여하고 있다는 것이다.

효율성 손실(자중손실)의 총 화폐가치

독점기업이 초래하는 배분의 비효율성을 이해하는 다른 방법은 Q_m에서 Q_c 사이의 모든 생산량에서 한계편익(수요곡선)이 한계비용보다 크다는 점을 확인하는 것이다. 한계편익이 한계비용보다 커서 독점기업이 추가적인 생산을 하면 사회적 순편익이 증가할 수 있지만 이를 생산하지 않아 배분의 효율성이 떨어지게 되는 것이다. 추가적 생산에 사용되어야 하는 자원들이 사회적 순편익이 낮은 다른 상품의 생산에 전용되기 때문이다. 이러한 **효율성 손실(자중손실)의 총 화폐가치**는 그림 9.6(b)에서 *abc*로 표시된 회색 삼각형의 면적과 같다.

소득 이전

사적 조세

일반적으로 독점은 소비자로부터 독점기업 소유자로 소득을 이전시킨다. 독점기업 소유자는 이 소득을 경제적 이윤의 형태로 얻는다. 독점은 시장지배력을 지니고 있어서 순수경쟁기업보다 높은 가격을 부과할 수 있다. 따라서 독점은 사실상 소비자들에게 **사적 조세**를 부과하는 셈이다. 산업으로의 진입이 봉쇄되어 있어서 사적 조세로 얻는 경제적 이윤의 크기는 때로는 상당히 클 수 있다.

소득이 소비자로부터 독점기업으로 이전된다는 사실은 그림 9.6(b)을 보면 분명하다. 소비자들은 Q_m의 수요량에 대해 순수경쟁일 때의 가격인 P_c가 아닌 P_m를 지불하게 된다. 소비자로부터 독점기업으로 이전되는 소득의 총액은 ($P_m - P_c$)를 판매량(Q_m)으로 곱한 값과 같다. 따라서 총 이전 금액은 사각형 P_cP_mbd이다. 소비자들의 소득상실만큼 독점기업의 소득이 증가한다. 이에 비해 효율성 손실(*abc*)은 누구에게 이전되지 않는 독점 그 자체로 인한 손실(자중손실)인데 ($Q_c - Q_m$)만큼의 생산이 이루어지지 않아 순전히 사라져버리는 순편익의 상실인 것이다.

비용 관련 복잡한 문제들

이제까지 순수독점에 대한 평가는 비용이 경쟁산업과 같다는 전제 하에서 이루어졌다. 즉 **순수독점산업은 생산비용이 동일하더라도 순수경쟁산업에 비해 더 높은 가격에 더 작은 양을 생산한다**는 것이다. 그래서 경제적 자원이 비율적으로 배분된다는 결론에 도달하였다. 이렇듯 순수독점의 나쁜 결과는 독점의 특징인 진입장벽 때문이다.

이제 순수독점과 순수경쟁의 비용은 같지 않다는 점을 인식할 필요가 있다. 독점기업의 단위비용은 비록 생산여건이 동일하더라도 순수경쟁기업에 비해 더 커질 수도 있고 더 작아질 수도 있다. 이렇듯 비용이 달라지는 이유는 (1) 규모의 경제, (2) X-비효율성 (3) 독점유지비용 (4) 기술진보에 따른 '매우 장기적인' 관점 등 4가지이다.

규모의 경제: 재론 규모의 경제에 따른 효과가 크고 시장수요가 부족하면 많은 수의 기

업이 경쟁하면서 최소효율규모에서 생산하는 것이 어려울 수 있다. 이 때 다수의 경쟁기업보다 1~2개의 기업이 생산하면 평균총비용이 낮아질 수 있다. 극단적으로 단 하나의 기업(자연독점)만이 장기 평균총비용의 최소치에 도달할 수 도 있다.

예를 들어 컴퓨터 소프트웨어, 인터넷 서비스, 무선통신 등 정보통신 신기술과 관련된 몇몇 기업들에서 규모의 경제에 따른 효과는 매우 크다. 이들 기업들이 성장하면서 장기 평균총비용은 계속 하락하여 왔다. 전문화된 투입요소가 더 많이 활용되고, 제품개발비용이 분산되었으며, 학습효과가 존재하였기 때문이다. 그리고 동시소비와 네트워크효과도 비용 절감에 일조하였다.

동시소비

특정한 제품이 다수 소비자들을 동시에 만족시킬 수 있을 때 이를 **동시소비**(또는 비경합적 소비)라고 한다. 컴퓨터는 개별 소비자의 수요량만큼 각각 생산되어야 하지만, 운용프로그램인 마이크로소프트의 윈도우즈는 단 한 번만 생산되면 된다. 따라서 마이크로소프트가 수백만의 소비자들에게 CD나 인터넷을 통해 자사의 프로그램을 판매하는 데 따른 한계비용은 매우 낮다. 인터넷 서비스 제공업자, 음원 제작자, 무선통신 기업 등의 경우에도 소비자들이 늘어날 때 추가적으로 드는 판매비용은 매우 낮다. 한계비용이 매우 낮기 때문에 소비자들이 많아질수록 평균총비용은 감소한다.

네트워크효과

사용자 개인이 느끼는 특정 제품의 가치가 사용자의 수가 증가할수록 커지는 것을 **네트워크효과**라 한다. 카카오스토리처럼 소비자들에 의해 콘텐츠가 제공되는 웹사이트나 컴퓨터 소프트웨어, 핸드폰 등이 이에 대한 좋은 예이다. 다른 사람이 인터넷 서비스에 가입하고 이에 접근할 수 있는 기기를 보유하고 있다면 이들에게 쉽게 전자 우편을 보낼 수 있다. 이들이 비슷한 소프트웨어를 사용한다면 다양한 문서들과 스프레드시트, 그리고 사진 같은 것들을 전자 우편 메시지에 첨부하여 보낼 수 있다. 시스템에 접속한 사람들이 많을수록 각 개인의 편익은 더 커진다.

이러한 네트워크효과로 인해 시장은 독점화되어간다. 소비자들은 많은 사람들이 사용하는 표준화된 제품을 선택하기 때문이다. 수요가 이들 제품에 집중되면 이들 제품의 생산기업은 급속하게 성장하고 그 결과 규모의 경제를 누리게 된다. 좋은 제품을 생산하거나 시장성이 없는 제품을 생산하거나에 무관하게 소규모 기업들은 높은 비용을 부담하게 되어 인수되거나 폐업하게 된다.

경제학자들은 일반적으로 정보산업의 일부 기업들은 아직 규모의 경제 효과를 충분히 누리고 있지 못하다고 생각한다. 하지만 대부분의 경제학자들은 이들 기업이 진정한 의미의 자연독점인지에 대해서는 의문을 제기한다. 이들 기업은 대부분 시장 수요보다 작은 생산량에서 최소효율규모에 도달한다. 이것은 기업 간의 경쟁이 가능하다는 것을 의미한다.

비록 자연독점이라고 하더라도 자연독점기업의 비용감소가 소비자 가격의 하락으로 이어질 가능성은 낮다. 따라서 일부 예외적인 경우를 제외하면 규모의 경제가 있다는 사실이 독점산업이 경쟁 산업에 비하여 비효율적이라는 결론을 바꾸지는 못한다.

X-비효율성 이 책에서 평균총비용곡선을 그릴 때마다 기업들은 현존하는 가장 효율적인 기술을 사용하여 생산한다고 가정하였다. 기업들은 비용을 최소화하지 않으면 이윤

[그림 9.7] X–비효율성

평균총비용곡선(ATC)은 특정 생산량에서 달성 가능한 최소비용을 나타낸다고 가정하고 있다. '최소비용'의 ATC곡선보다 위에 있는 X나 X'과 같은 점에서는 X–비효율성이 발생한다. 이는 특정 생산량을 최소비용보다 더 큰 비용을 들여 생산하고 있음을 의미한다.

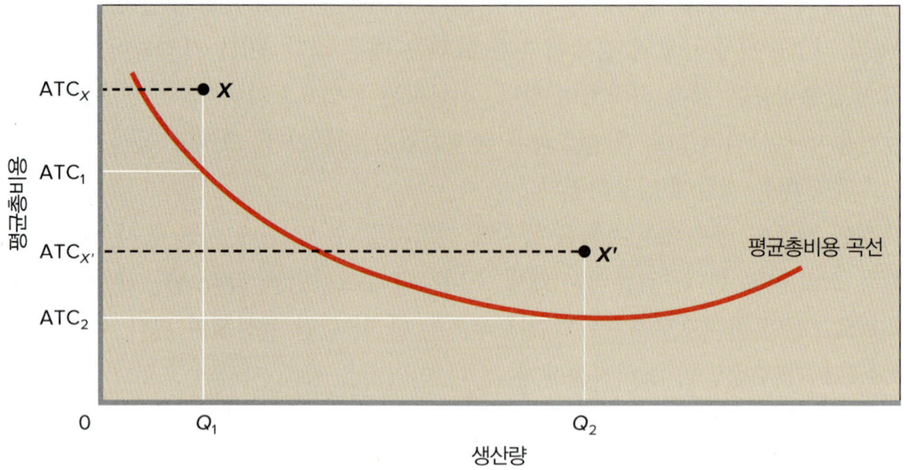

을 극대화할 수 없으므로 이 가정은 지극히 자연스러운 것이다. X–비효율성은 기업이 필요 이상의 높은 비용을 들여 생산할 때 발생한다. 그림 9.7에서 X–비효율성은 평균총비용곡선보다 위에 있는 X나 X' 같은 점에서 생산하는 것으로 표현되어 있다. 이 점들에서 단위당 비용은 생산량이 Q_1일 때는 ATC$_1$이 아니라 ATC$_X$, 그리고 생산량이 Q_2일 때에는 ATC$_2$가 아니라 ATC$_{X'}$가 된다. 그림 9.7에서 평균총비용곡선의 위쪽에 위치한 점은 **생산의 비효율성이나 방만한 경영**을 반영한다.

X–비효율성

이윤이 감소함에도 불구하고 **X–비효율성**이 생겨나는 이유는 무엇인가? 그에 대한 답은 경영자들이 비용최소화와 상반되는 다른 목적을 가지고 있어서 권한의 확대, 편안한 직장 생활, 사업 상 위험의 회피, 무능력한 친척의 채용 등에 몰두하기 때문이라는 것이다. X–비효율성은 근로자들의 동기부여가 약하거나 감독이 제대로 이루어지지 않아 발생하기도 한다. 그리고 비용과 수입을 신중히 계산하지 않고 주먹구구식으로 의사결정을 내리는 등 기업 조직 전체가 무기력증과 무사안일에 빠져 있을 때도 발생한다.

논의의 목적에 비추어보면, 가장 적합한 질문은 독점기업이 경쟁기업들에 비하여 X–비효율성이 더 큰가라는 것이다. 그렇다고 예상할 수 있다. 경쟁 산업의 기업들은 지속적으로 경쟁 압력에 처해 있어서 생존을 위해 효율성을 제고할 수밖에 없다. 하지만 독점기업은 진입장벽 덕택에 이러한 경쟁의 위협을 회피할 수 있다. 이러한 경쟁압력의 부재로 인하여 X–비효율성이 발생하는 것이다.

지대추구행위

지대추구 관련 지출 **지대추구행위**란 다른 사람이나 나아가 전체 사회를 희생시키면서 특정 기업이나 생산자원의 공급자에게 소득이나 부를 이전시키는 행위를 말한다. 독점기업이 장기에서도 경제적 이윤을 얻는다는 점은 이미 설명한 바 있다. 따라서 독점기업이 법률이나 배타적 면허 등 정부가 부여하는 독점권을 획득하거나 유지하기 위해 엄청난 비용을 지출하려고 한다는 사실은 놀라운 일이 아니다. 이러한 **지대추구 관련 지출은 기업의 생산에 어떤 기여도 하지 않고 비용만 증가**시킨다. 이것만 놓고 보면 지대추구로 인해 독점기업의 비용은 그림 9.6(b)에 그려진 것보다 높아져 효율성이 낮아지게 된다.

기술진보 기업들은 아주 긴 장기에는 신기술을 발견하고 이를 상품화하여 비용을 절감할 수 있다. 독점기업이 경쟁기업에 비해 시간이 지날수록 효율적인 생산기술을 더 잘 개발할 수 있다면 독점의 비효율성은 지나치게 과장되었다고 할 수 있다.

그러나 경제학자들은 일반적으로 순수독점이 기술진보에서 경쟁기업보다 뛰어나지 않다고 생각한다. 순수독점기업의 경제적 이윤은 커서 연구개발에 필요한 재원은 쉽게 조달될 수 있지만 신기술(또는 신제품)을 개발할 유인은 상대적으로 크지 않다는 것이다. 독점시장에서는 경쟁기업이 없어서 기술진보에 대한 외부적 압력이 없기 때문이다. 순수독점기업은 경쟁으로부터 보호되어 있어서 무사안일하고 무기력하더라도 생존할 수 있다. 독점기업은 혁신을 추구하지 않더라도 이에 대한 처벌이 없다는 것이다.

하지만 이러한 결론에 유보할 점이 있다. 독점을 가능하게 만든 진입장벽이 연구개발과 기술진보를 통해 구축될 수 있다는 것이다. 즉 독점기업은 새로운 경쟁기업의 먹잇감이 되지 않기 위해 지속적으로 기술 발전을 위해 노력할 수도 있다는 것이다. 이 경우 기술진보는 독점 유지에 필요한 핵심요소가 된다. 그렇지만 이 경우에도 **기술진보를 추동하는 힘은 독점적 시장구조가 아니라 잠재적인 경쟁**인 것이다. 순수독점에서는 **잠재적 경쟁**조차 존재하지 않으며 진입은 완전히 봉쇄되어 있다고 가정하고 있다.

잠재적 경쟁

평가와 정책수단

독점에 대한 우려는 전적으로 정당하다. 독점기업은 경쟁가격보다 높은 가격을 책정하며, 그 결과 독점상품의 생산에 자원이 과소 배분된다. 독점기업은 혁신을 억제하고, 지대추구행위에 몰입하며, X-비효율성을 조장한다. 독점기업들은 규모의 경제로 인해 비용이 낮아지더라도 낮은 가격을 부과하리라는 보장은 없다. 비용 절감의 결과 단순히 독점기업의 경제적 이윤이 더 커질 수 있다.

하지만 다행히도 독점은 그리 널리 퍼져 있지 않다. 진입장벽이 완전히 성공적으로 끝난 일은 매우 드물다. 연구개발과 기술진보를 통해 독점의 시장 지위를 강화할 수도 있지만 오히려 기술혁신이 독점력을 잠식할 수도 있다. 시간이 흐름에 따라 신기술이 창출되어 독점적 지위를 파괴하는 역할을 한다. 택배, 팩스머신, 전자우편 등이 발전함에 따라 우체국의 독점적 지위는 잠식되어 왔다. 이와 유사하게 케이블텔레비전이 향유하던 독점적 지위는 이제 위성텔레비전이나 인터넷을 통한 음향과 영상의 전송기술들이 발전하면서 도전에 직면하고 있다.

특허는 결국에는 소멸한다. 그리고 실제로 특허의 소멸이전에도 새롭고 독특한 대체재가 개발되어 기존 특허를 피해가는 일도 빈번하다. 생산자원을 독점하더라도 종종 새로운 공급처가 발견되거나 해외로부터 경쟁기업이 등장하기도 한다. 마지막으로 독점기업이 신제품 개발로 인한 미래 경쟁을 정말 우려한다면 가격을 낮게 유지하여 경쟁사들이 신제품을 개발하려는 유인을 약화시킬 수 있다. 그렇게 된다면 소비자들은 현재로서는 경쟁이 없더라도 거의 경쟁가격에 가까운 가격만 지불할 수 있을 것이다.

그렇다면 독점이 실제로 발생한다면 정부는 무엇을 해야 하는가? 경제학자들은 정부가 독점을 면밀하게 주시할 필요가 있다는 점에 공감대를 형성하고 있다. 통상적으로 활용되는 독점에 대한 정책 수단은 다음과 같은 3가지이다.

독점적 지위의 남용

- 독점이 반경쟁적인 행동을 통해 달성되어 유지되고 있고 독점의 경제적 비효율성이 적지 않으며 그러한 독점이 장기적으로 지속될 것으로 판단된다면 정부는 반독점법(공정거래법)에 따라 제소할 수 있다. **독점적 지위의 남용**이 인정되면 당국은 해당 기업의 특정 영업을 명시적으로 금지하거나 두세 개 기업으로 이를 분할할 수 있다. 실제 1911년 미국의 스탠더드 오일은 몇 개 경쟁기업으로 분할된 적이 있다. 반면에 2001년에는 마이크로소프트를 2개의 기업으로 분할하도록 명령했던 하급심 판결이 항소심에서 뒤집힌 사례도 있다. 대신에 반독점 당국은 마이크로소프트가 몇 가지 특정 반경쟁적 기업 활동을 하지 말도록 금지한 바 있다.
- 독점이 자연독점의 결과 발생한 것이라면 독점기업의 규모 확대는 용인될 수 있다. 신제품의 등장 등 경쟁이 출현하지 않으면 정부는 자연독점 기업의 가격과 생산 활동을 규제하게 된다. 이 정책수단에 대해서는 이 장의 뒷부분과 11장에서 다룰 것이다.
- 신기술의 등장으로 독점의 유지가 어려워 보인다면 단순히 무시할 수도 있다. 이러한 경우에는 그냥 8장에서 논의되었던 창조적 파괴 과정이 작동하도록 내버려두면 된다.

지구촌 전망 9.1

다국적 기업 간의 경쟁

다국적 간의 경쟁이 치열해지면서 국내에서 독점적 지위를 누리던 기업들의 시장지배력이 약화되고 있다. 아래는 미국시장에서 진출한 수백 개의 다국적 기업 중 일부를 보여주고 있다.

기업(국적)	생산 분야
바이엘(독일)	화학
다이미어(독일)	자동차
미쉐린(프랑스)	타이어
레노버(중국)	전자
네슬러(스위스)	식품
노키아(핀란드)	이동통신
파나소닉(일본)	전자
페드로브라스(브라질)	휘발유
로열더치셜(네덜란드)	휘발유
삼성(한국)	전자
도요타(일본)	자동차

자료: Fortune 지의 500대 대기업에서 발췌.
"Fortune Global 500", 2016. www.fortune.com

가격차별

이제까지는 독점기업이 모든 구매자에게 단일한 가격을 책정한다고 가정하였다. 그러나 특정 조건에서 독점기업은 **다른 구매자들에게 서로 다른 가격을 책정**함으로써 이윤을 더 크게 할 수 있다. 이 때 독점기업은 가격차별을 한다고 말한다. 가격차별이란 특정 제품을 2개 이상의 가격으로 판매하는데 이러한 **가격의 차이가 비용 차이로부터 발생하는 것이 아닌 경우**를 말한다. 가격차별은 다음과 같은 3가지 형태를 띨 수 있다.

- 단일 시장에서 개별 소비자마다 지불할 용의가 있는 최대가격을 따로 책정하는 형태
- 소비자의 일정 구매량까지는 높은 가격을 책정한 후 다음 구매량부터는 낮은 가격을 책정하는 형태
- 소비자 집단에 따라 다른 가격을 책정하는 형태

조건

모든 판매자가 **가격차별**을 시행할 수 있는 것은 아니다. 가격차별은 다음과 같은 조건이 충족되어야 가능하다.

가격차별

- **독점력** 판매자가 독점이거나 최소한 어느 정도의 독점력을 지니고 있어서 생산량과 가격을 통제할 수 있어야 한다.
- **시장 분할** 생산자가 비교적 적은 비용으로 구매자들을 몇 개 집단으로 분리할 수 있고 이들 집단의 해당 제품에 대한 지불의사와 능력이 달라야 한다. 이들 **구매자 집단의 분리**는 아래의 사례에서 명확히 볼 수 있듯이 **수요의 가격탄력성이 서로 다르다**는 사실에 기초하여 이루어진다.

구매자 집단의 분리

- **재판매 불가능** 최초 구입자가 재화나 서비스를 **재판매**할 수 없어야 한다. 낮은 가격이 부과된 시장의 구매자가 이를 높은 가격이 부과된 시장에 되팔 수 있다면 높은 가격이 부과된 시장에서 독점기업이 판매하는 상품과 재판매되는 상품 간에 경쟁이 발생하게 된다. 이러한 경쟁은 높은 가격이 부과된 시장의 가격하락을 유도하여 독점기업의 가격차별 정책의 효과를 잠식할 것이다. 이 조건이 의미하는 바는 운송 산업, 법률 및 의료 서비스 등 재판매가 불가능한 서비스 산업들에서 가격차별이 잘 나타난다는 것이다.

재판매

가격차별의 사례

현실 경제에서 가격차별은 광범위하게 시행되고 있다. 예를 들면 제6장의 '마지막 한마디'에서 항공사들이 소비자에 따라 항공권의 가격을 달리한다는 것을 살펴본 바 있다. 즉 여행에 대한 수요가 비탄력적인 업무 출장자들에게는 높은 가격을 부과하고 휴가 여행자처럼 수요가 탄력적인 사람들에 대해서는 가격이 싸지만 이용에 제한이 많고 환불이 불가능한 항공권을 제공한다는 것이다.

전력회사들은 흔히 난방이나 조명과 같은 최종 용도에 따라 시장을 분할한다. 조명에 대한 대체재는 별로 없기 때문에 조명용 전력에 대한 수요는 비탄력적이다. 따라서 이러한 용도의 전력에 대한 요금은 높은 편이다. 반면 난방은 천연가스나 석유와 같은 대체재를 사용할 수 있어서 이들 용도의 전력수요는 비교적 탄력적이고 요금은 낮게 책정된다.

영화관이나 골프장은 이용시간이나 연령에 따라 차별적으로 요금을 부과하기도 한다. 예를 들어 저녁이나 주말에 더 높은 가격을 매기고 아동이나 노인에게는 할인을 제공한다. 철도회사는 화물의 시장가치에 따라 요금을 달리 한다. 텔레비전이나 냉장고의 화물 주인은 동일한 무게의 자갈이나 석탄의 화물 주인보다 높은 요금을 낸다.

구매 시 가격을 깎아주는 할인쿠폰도 가격차별의 한 형태이다. 이 쿠폰을 통해 기업들은 가격에 민감한 탄력적 수요의 고객에게 할인을 제공할 수 있다. 가격에 덜 민감한 비탄력적 수요의 고객들은 할인쿠폰을 모으는데 시간을 허비하려 하지 않는다. 따라서 기업이 할인쿠폰을 통한 가격차별을 하게 되면 단일 가격을 부과하였을 때보다 더 큰

사례연구: 영화관에서의 가격차별

영화 보러 가요.
팝콘이랑 콜라 좀 사 주세요.

영화관들은 입장권 판매를 통해 상당한 수입을 올린다. 이들은 이윤을 극대화하기 위해 수요가 탄력적인 아동들에게 수요가 비탄력적인 어른보다 현저히 낮은 가격으로 입장권을 판매한다. 할인율이 거의 50%에 달할 때도 있다.

이렇듯 가격차별이 수입과 이윤을 더 크게 하는데, 영화관 내 매점은 왜 가격차별을 하지 않는가? 그들은 왜 아동들에게 팝콘, 땅콩, 콜라, 핫도그 등을 절반 가격에 판매하지 않는가?

이에 대한 답은 가격차별이 성공하기 위한 3가지 전제조건에 있다. 영화관 입장권은 이 3가지 조건을 충족한다. 첫째, 영화관은 독점력을 지닌다. 둘째, 영화 관람객은 연령에 따라 수요의 탄력성이 다른데 이들 집단을 따로 분리할 수 있다. 셋째, 아동은 할인 입장권을 어른들에게 재판매할 수 없다.

그러나 매점의 경우는 상황이 다르다. 특히 3번째 조건이 충족되지 못한다. 영화관이 2개의 가격을 책정하여 아동들에게 싸게 팔 때 아이들의 할인상품이 어른들에게 '재판매'되는 것을 막을 수 없다. 많은 어른들은 아이들을 보내 팝콘과 음료수를 사오게 할 것이다. "철수야, 돈 줄 테니까 가서 팝콘 2개만 사와라." 그렇게 되면 가격차별은 영화관의 이윤을 크게 하는 게 아니라 오히려 작게 만들 것이다. 따라서 매점은 어른과 아동에게 같은 가격을 책정해야 한다. 물론 영화관 내 매점의 판매가격은 동네 편의점보다 훨씬 비싸다. 영화관 내의 매점은 상당한 독점력을 지니고 있기 때문이다. 관객들은 영화관에 갇힌 신세라 다른 선택을 할 수 없다.

이윤을 얻을 수 있다.

마지막으로 국제무역에서도 가격차별이 종종 발생한다. 예를 들어 한국의 자동차 회사는 한국보다 미국에서 더 싸게 판매한다. 미국에서는 여러 공급자들이 대체재를 공급하고 있기 때문에 수요가 탄력적이다. 반면 한국에서는 자동차 제조업자의 시장점유율이 높고 수입에 대한 무역장벽 때문에 소비자들의 선택이 제한되어 있어 수요가 덜 탄력적이기 때문이다.

그림을 통한 분석

그림 9.8은 가장 흔히 보이는 가격차별을 그림으로 보여주고 있다. 순수독점기업이 자사 제품 예를 들어 소프트웨어를 2개의 분리된 시장에 판매하고 있어서 2개의 시장을 따로 보여주고 있다. 그리고 독점기업은 소비자집단에 따라 다른 가격을 책정하고 있다. 그림 9.8(a)에 소프트웨어에 대한 기업의 수요곡선, 그리고 그림 9.8(b)에 학생의 수요곡선이 표시되어 있다. 학생용 소프트웨어는 기업용 소프트웨어 동일한 것으로 학생증을 제시하는 고객에게만 1인 1개씩 판매한다. 학생들의 지불능력이 기업보다 떨어지므로 가격할인이 적용되었을 것이다.

그림 9.8(a)의 수요곡선(D_b)은 기업들의 수요가 상대적으로 비탄력적이라는 것을 보여준다. 오른쪽 그림의 수요곡선(D_s)은 학생들의 수요를 나타내고 있는데 기업에 비해 상대적으로 탄력적이다. 두 집단의 한계수입 곡선(MR_b와 MR_s)은 앞에서 설명하였던 수요와 한계수입의 관계를 반영하여 수요곡선의 아래쪽에 놓여 있다.

여기에서는 눈으로 쉽게 확인할 수 있도록 평균총비용은 일정하다고 가정한다. 따라서 한계비용은 모든 생산량 수준에서 평균총비용과 같다. 이 비용들은 학생용이나 기업용 모두 동일하며 따라서 'MC=ATC'라는 표식이 붙은 동일한 직선으로 표시된다.

[그림 9.8] 소비자집단에 따른 가격차별

독점기업이 수요의 탄력성에 따라 시장을 2개로 분리하여 가격차별을 하면 총이윤이 극대화된다. 독점기업은 각 시장에서 MR=MC를 충족하는 양을 생산하여 판매한다. 눈으로 쉽게 확인할 수 있도록 평균총비용(ATC)은 일정한 것으로 가정한다. 따라서 MC는 모든 생산량 수준에서 ATC와 같다. (a) 독점기업은 기업 고객들에게 높은 가격(P_b)을 책정하는데, 이는 기업들의 수요가 비교적 비탄력적이기 때문이다. (b) 독점기업은 학생들에게는 낮은 가격(P_s)을 책정하는데, 그것은 이들의 수요곡선이 비교적 탄력적이기 때문이다. 가격차별을 통해 독점기업이 얻는 총이윤(2개의 초록색 사각형 면적의 합)은 독점기업이 모든 고객들에게 같은 가격을 책정하였다면 얻었을 이윤(여기서는 보여주고 있지 않음)보다 크다.

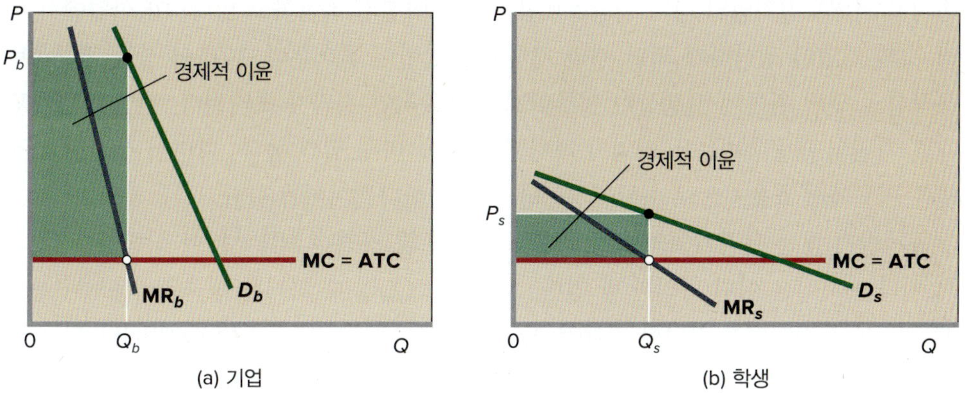

이 순수독점기업은 두 집단의 고객에 어떤 가격을 책정할까? 이윤극대화를 위한 MR=MC 규칙을 적용하면 독점기업은 기업에 Q_b단위를 공급하고 가격을 P_b로 책정한다. 학생용도 마찬가지로 MR=MC 규칙을 적용하면 학생들에게는 Q_s단위를 공급하며 기업보다 낮은 가격인 P_s를 책정한다.

기업들이 가격차별을 하는 이유는 그것이 이윤을 증가시키기 때문이다. 직접 주어지지는 않았지만 그림 9.8의 곡선에 나타나 있는 수치들을 살펴보면 녹색으로 표시된 2개 사각형 면적의 합(총이윤)은 단일의 독점가격을 책정할 때 얻는 이윤보다 크다는 것을 확인할 수 있다. 가격차별은 어떤 소비자에게 이익인가? 학생들은 단일의 독점가격이 책정될 때보다 낮은 가격을 지불하기 때문에 분명히 이득이다. 그러나 기업들은 가격차별로 더 높은 가격을 지불한다. 따라서 단일의 가격일 때 비하여 학생들은 소프트웨어를 더 구입하고, 기업들은 더 적게 구입한다.

이러한 가격차별은 현실 경제에서 광범위하게 나타난다. 가격차별은 경쟁을 제한하는 수단으로 사용될 때 불법으로 간주된다. 불법으로 여겨지는 가격차별에 대해서는 반독점정책을 다루는 11장에서 논의할 것이다.

독점의 규제

전통적으로 자연독점에 대해서는 **요금규제**(가격규제)를 시행하여 왔다. 하지만 최근의 추세는 경쟁이 가능하다고 여겨지면 자연독점기업에 대한 규제를 완화하는 것이다. 예를 들어 지난 수십 년간 많은 나라에서 정도의 차이가 있지만 장거리 전화, 천연가스, 무선통신, 케이블텔레비전, 장거리 송전 등에 대해 규제가 완화되었다. 또 어떤 나라는 기존 유선전화나 전력 공급자들과 경쟁할 수 있도록 신규 진입을 허용하기도 하였다. 요금규제

공익사업체

그럼에도 불구하고 여러 나라의 규제 당국은 여전히 대부분의 천연가스 공급자, 전화회사, 전력공급자 등의 가격을 규제하고 있다. 이렇게 규제되는 독점기업을 보통 **공익사업체**라 한다.

자연독점 규제의 예를 하나 들어보자. 예를 들어 특정 지역에서 유일하게 천연가스를 공급하는 사업자의 예를 들어보자. 그림 9.9는 이 기업이 직면하는 수요곡선과 장기 비용곡선을 나타낸다. 규모의 경제가 크기 때문에 수요곡선이 장기총비용곡선과 만나는 점에서 자연독점기업의 장기 평균총비용곡선은 여전히 하락하고 있다. 이 산업에서 여러 개의 기업이 생산하게 되면 개별 기업의 생산량이 줄어든다. 따라서 장기 평균총비용곡선의 훨씬 왼쪽에서 생산이 이루어져 비효율적인 결과가 초래된다. 간단히 말하면 개별 기업의 평균총비용은 기업이 하나뿐일 때에 비해 훨씬 높다. 따라서 생산이 가장 낮은 비용에서 효율적으로 이루어지려면 기업이 하나뿐이어야 한다.

규제받지 않는 독점기업의 이윤극대화 생산량 및 가격은 MR=MC이 성립하는 Q_m과 P_m이라는 사실은 이미 확인한 바 있다. 생산량이 Q_m일 때 가격은 평균총비용보다 높기 때문에 이 독점기업은 상당한 경제적 이윤을 얻는다. 게다가 가격이 한계비용보다 높다는 것은 생산에 자원이 과소 배분되어 있다는 것을 의미한다. 정부규제는 사회적 관점에서 더 좋은 결과를 낳을 것인가?

[그림 9.9] 독점의 규제

D와 MC가 만나는 점에서 사회적 최적가격 P_r이 구해지다. 이 가격에서 자원의 효율적 배분이 달성되지만 독점기업은 손실을 볼 수 있다. 적정수익가격(P_f)에서 독점기업은 손실을 입지 않지만 자원의 과소배분은 완전히 치유되지 않는다.

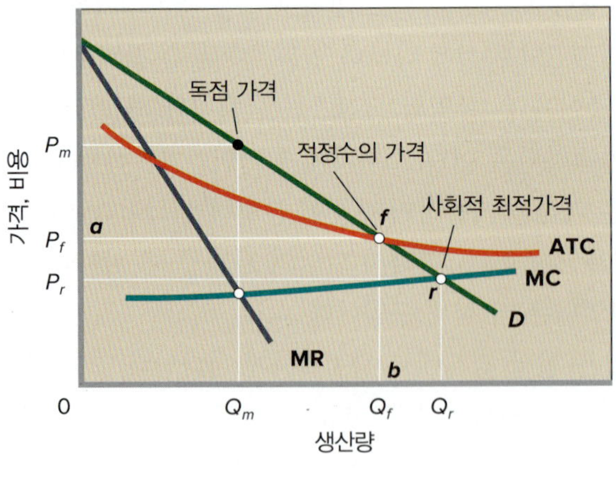

사회적 최적가격: P=MC

규제당국의 정책 목표는 독점기업의 생산량이 배분효율성이 달성되는 수준에서 결정되게 하는 것이다. 그림 9.9에서 이 생산량 수준은 Q_r인데, 이는 수요곡선(D)이 MC곡선과 만나는 점에서 정해진다. Q_r에 이르는 모든 생산량에서 수요곡선은 MC곡선보다 위에 위치하고 있어서 이들 생산량의 한계편익이 한계비용보다 더 크다. 따라서 Q_r까지 생산하여야 배분효율성이 달성되는 것이다.

그러나 실제로 규제위원회는 어떻게 독점기업이 이 양을 생산하도록 유도할 수 있을까? 비결은 규제가격(P_r)을 설정하여 독점기업이 자발적으로 배분의 효율성이 달성하는 생산량에 도달하게 하는 것이다. 이 정책이 어떻게 작동하는지 살펴보자. 규제가격(P_r)을 설정하면 독점기업은 이 가격을 수용하여야 하므로 P_r이 독점기업의 한계수입이 된다. 따라서 **독점기업의 MR곡선은 P_r에서 수평으로 그린 흰색 수평선**이 된다.

독점기업은 이윤극대화 또는 손실최소화의 규칙에 따라 한계수입과 한계비용이 일치하는 지점에서 생산할 것이다. 그 결과, 독점기업은 흰색 수평선인 MR(P_r)곡선이 MC곡선과 만나는 r점에서 생산하게 된다. 결과적으로 독점기업은 사회적 최적 생산량인 Q_r에서 생산하게 된다. 이는 독점기업이 사회의 이익을 먼저 생각해서 그렇게 된 것이 아니다. 규제당국이 제품의 가격을 P_r에서 팔도록 강제하고 있어서 Q_r에서 생산하는 것이 독점기업의 이윤을 극대화하거나 손실을 최소화하기 때문이다.

배분효율성이 달성되는 규제가격 P_r을 **사회적 최적가격**이라 한다. 이 가격은 MC곡선과 수요곡선이 만나는 점에서 결정되는 가격이어서 이러한 유형의 규제는 종종 P=MC 등식으로 표현된다.

사회적 최적가격

적정수익가격: P=ATC

사회적 최적가격은 치명적인 문제를 안고 있다. 그림 9.9에서 볼 수 있듯이 P_r이 평균총비용보다 낮을 수 있기 때문이다. 그래서 독점기업이 사회적 최적가격을 준수하면 단기적으로 손실이 발생하여 장기적으로는 독점기업이 퇴출을 택하게 된다. 앞의 예에서 해당 지역주민은 천연가스를 공급받지 못하여 가스 없이 생활하여야 하는 것이다.

이 문제를 해결할 방법은 없는가? 1가지 방법은 사회적 최적가격으로 인한 손실을 보전할 수 있도록 정부 보조금을 지급하는 것이다. 다른 방법은 독점 기업에 가격차별을 허용하여 일부 고객들에게 P_r보다 높은 가격이 책정될 수 있게 하는 것이다. 그렇게 되면 독점기업이 가격차별로 얻는 추가수입이 손실을 메꿀 수도 있다.

규제당국이 실제 사용하는 방법은 3번째 방법이다. 이것은 한계편익이 한계비용과 같아지는 점이 아니라 독점기업이 손실을 보지 않는 점에서 생산이 이루어지도록 하는 것이다. 즉 이것은 규제당국의 규제가격을 독점기업이 손해를 보지 않는 수준에서 책정하는 것이다. 이 가격은 **적정수익가격**이라고 불린다. 이것은 규제 대상 기업의 소유자들이 자신의 투자에 대해 '적정수익'을 누릴 수 있도록 규제 정책이 시행하여져야 한다는 미국 연방대법원의 판결에서 기인한 것이다.

적정수익가격

현실적으로 적정수익은 정상이윤과 같다. 즉 적정수익은 독점기업의 소유자가 다른 사업을 하였다면 벌어들였을 회계적 이윤의 평균치이다.

적정수익가격(P_f)은 평균총비용곡선과 수요곡선이 만나는 f점에서 결정된다. 앞서 설명하였듯이 이 수준에서 규제가격이 설정되면 독점기업은 Q_f를 생산하며 손익이 같아서 퇴출을 택하지 않을 것이다. 독점기업이 Q_f를 자발적으로 생산한다는 점을 이해하려면 다음과 같은 점에 유의할 필요가 있다. 독점기업은 제품 한 단위를 판매할 때마다 P_f를 받기 때문에 한계수입은 P_f가 된다는 것이다. 따라서 **P_f에서 오른쪽으로 수평으로 그린 직선이 독점기업의 MR곡선**이 된다. 이 수평의 MR곡선은 MC곡선보다 위에 있기 때문에 그림 9.9의 모든 생산량에서 한계수입은 한계비용보다 크다. 따라서 독점기업은 규제 가격이 P_f일 때 소비자의 수요량만큼 공급하고자 한다. 소비자의 수요는 수요곡선으로 나타나 있다. 소비자의 수요는 가격이 P_f일 때 정확히 Q_f이다. 따라서 규제당국은 규제가격을 P_f로 책정하면 독점기업이 자발적으로 정확하게 Q_f를 생산하게 된다.

적정수익가격의 장점은 **독점기업에 정확히 정상이윤을 보장해준다는 것**이다. 그림 9.9에서 이를 확인할 수 있다. 사각형 $0afb$의 면적은 독점기업의 총비용이면서 동시에 총수입이 된다. 따라서 독점기업의 경제적 이윤은 0이 된다. 이 때 독점기업의 소유주는 정상적인 회계적 이윤을 얻게 된다.

적정수익가격은 배분효율성을 달성할 수 있을까? 규제당국이 적정수익가격 P_f를 선택하면 독점기업은 Q_f만큼 생산한다. 이는 사회적 최적 생산량 Q_r보다 작지만 규제받지 않는 독점기업의 생산량인 Q_m보다는 크다. 따라서 적정수익가격은 배분효율성을 완전히 달성하지는 못하지만 독점기업을 마음대로 하도록 두었을 때에 비해 배분의 효율성을 개선시킨다.

규제의 딜레마

규제의 딜레마

사회적 최적가격(P=MC)과 적정수익가격(P=ATC)의 결과를 비교하면 정책 선택에서 딜레마가 발생하는데 이를 흔히 **규제의 딜레마**라고 한다. 가장 효율적인 자원배분이 달성되도록 가격을 책정하면(P=MC), 독점기업은 손실을 입기 쉽다. 독점기업은 조세수입을 통한 정부 보조금에 항구적으로 의존할 수 있다. 다른 한편 적정수익가격(P=ATC)을 설정하면 독점기업은 비용을 보전할 수 있지만 독점에서 발생하는 자원의 과소배분을 부분적으로 해결할 뿐이다. 이러한 딜레마에도 불구하고 사회적 관점에서 보면 규제는 독점의 비효율성을 개선할 여지가 있다. 적정수익가격으로 규제를 하더라도 가격이 낮아지고 생산량은 늘어나며 독점기업의 경제적 이윤은 줄어든다.

앞의 내용에 대한 완전한 이해를 전제로 중요한 주의사항을 하나 얘기해보자. 독점에 대한 '적정가격' 규제는 비교적 간단해보이지만 실제로는 엄청나게 복잡하다는 것이다. 현실 경제에서 요금규제에 필요한 관료조직의 유지에 많은 비용이 들 뿐 아니라 규제 절차는 미로와 같은 대단히 복잡하다. 또 요금을 결정하려면 서면 의견접수나 공청회 등 광범위한 여론취합 과정이 필요하다. 그리고 요금 결정은 지루한 법적 소송에 휘말릴 수 있다. 나아가 규제당국은 독점기업의 비용에 적정수익을 보장하는 수준에서 규제가격을 책정하게 되는데 그렇게 되면 규제 대상 독점기업은 평균총비용을 최소화할 유인을 갖지 못한다. 비용이 증가하면, 독점당국은 규제가격을 높일 것이기 때문이다.

그 결과 규제 기업의 임금이 경쟁시장의 임금보다 높거나 관리자와 종업원의 고용이 필요 이상으로 이루어질 수 있다. 그리고 사무실 건물이 보통 수준을 넘어 호화롭다는 등 여러 형태의 X-비효율성이 많이 나타날 수 있다. 대부분의 정부들이 경쟁의 가능성이 존재할 때 가격규제를 포기하는 것은 바로 이러한 이유 때문이다.

맞춤형 가격

온라인 가격차별의 잠재적 위험

전자상거래 사업자들은 고객들의 자료를 막대한 규모로 수집한다. 이들은 여러분들이 무엇을 구매하는지, 친구가 누구인지, 페이스북의 어떤 글을 좋아하는지, 어떤 웹사이트를 자주 방문하는지 등을 알고 있다. 또 이들 자료를 다른 자료와 연결하여 여러분의 연령, 거주지, 신용거래기록 등에 대해서도 알아내고 있다.

독점력을 지닌 사업자들은 이렇게 수집한 거대한 양의 '빅 데이터'를 활용하여 개인마다 다른 가격을 매기는 '맞춤형' 가격차별을 행한다. 이 장에서 설명하였듯이 가격차별은 비용의 차이가 없는 동일 제품을 구매자들마다 다른 가격으로 판매하는 것을 말한다.

가격차별은 전통적으로 소비자 집단별로 행해져 왔다. 예를 들어 노인들이 식당에서 할인을 받는다거나 12세 미만 아동들이 영화관 입장권의 할인을 받는 것이다. 상대적으로 비탄력적 수요의 소비자 집단에 높은 가격을 부과하고 상대적으로 탄력적 수요의 소비자 집단에 낮은 가격을 부과한다.

맞춤형 가격설정이 가능해진 비결은 전자상거래 사업자들이 이제는 빅 데이터를 활용하여 대부분의 고객에게 개인별로 가격을 책정할 수 있는 능력을 갖게 되었기 때문이다. 이러한 능력을 갖게 되면 독점력을 지닌 기업은 개인의 탄력성에 따라 개인별로 가격을 설정할 수 있게 된다. 즉 수요가 가장 비탄력적인 개인에게 가장 비싼 가격을 부과하고 수요의 탄력성이 점차 낮아지는 개인들에게 차례로 낮은 가격을 부과하는 것이다. 이와 같이 독점 판매자는 각 개인의 유보가격 즉 지불용의가 있는 최대 지불가격보다 약간 낮은 수준에서 개인별로 가격을 책정할 것이다. 그렇게 하면 독점 판매자는 개별 고객들에게 약간의 소비자잉여를 남겨두어 소비자의 구매동기를 부여하면서도 최대의 수입을 얻을 수 있다. 오프라인 매장의 예를 들어 맞춤형 가격의 작동과정을 설명해보자. 통상적으로 자동차 딜러는 흥정을 통해서 구매자의 최종가격을 결정한다. 구체적으로 여러분이 보통의 현대자동차가 아니라 값비싼 BMW 자동차를 타고 나타난다면 자동차 딜러는 훨씬 공격적으로 협상에 임한다. 딜러는 매장을 방문한 고객의 지불능력을 짐작해 최종가격을 결정할 것이기 때문이다. 빅 데이터 덕택에 온라인에서도 비슷한 전술이 가능하게 되었다. 온라인 사업자는 고객의 구매 습관, 배경, 선호 등을 많이 알수록 고객의 최대 지불능력을 어느 정도 짐작할 수 있어서 이에 따라 가격을 책정하려 할 것이다.

하지만 맞춤형 가격도 한계를 가지고 있다. 가장 중요한 한계는 맞춤형 가격을 설정할 만큼 독점력이 큰 기업이 아주 적다는 것이다. 앞의 예에서 자동차 딜러는 서로 경쟁해야 한다. 그래서 딜러가 자신에게 유리하게 흥정을 몰고 가면 고객은 다른 딜러에게 가버릴 것이다. 온라인에서 이러한 경쟁 압력은 훨씬 클 것이다. 검색엔진뿐 아니라 이베이나 아마존과 같은 거대 온라인 소매사이트를 통해 모든 품목에 대한 경쟁 판매자이 다수 노출되기 때문이다.

그리고 어떤 판매자가 온라인에서 독점력을 누리더라도, 여전히 문제는 있다. 빅 데이터를 이용하더라도 판매자들은 잠재적 구매자의 개별 유보가격이 얼마인지 알아내기 어렵다. 그래서 독점력을 지닌 기업이 맞춤형 가격을 책정하려고 해도 개인별 가격차별화의 방법을 쉽게 찾시 못할 수 있다.

다른 한편 온라인 구매자들이 판매자들을 비교하지 않는다면 그들은 자신의 모든 이점을 포기하는 셈이다. 구매자들이 처음 만난 판매자를 유일한 판매자로 여기면, 이들은 묵시적으로 판매자에게 독점력을 부여하는 것과 같다. 이렇게 되면 온라인 상점들은 맞춤형 가격을 과도하게 적용하게 된다. 예를 들어 2014년 미국의 올스테이트 보험사가 위스콘신 보험감독원에 시인한 바에 따르면 보험사의 맞춤형 가격 알고리즘은 온라인 고객들의 차이가 별로 없는데도 엄청나게 다른 보험료를 부과한 바 있다. 어떤 경우에는 800% 이상의 차이가 나기도 하였다. 대부분의 경우 한 사람 생일은 1968년 1월 12일이고 다른 사람 생일은 1968년 4월 9일이라는 등 아주 사소한 요인이 이런 가격 차이를 만들어 냈던 것이다. 올스테이트 보험사의 고객들은 다른 보험사를 둘러보지 않음으로써 지불해야 할 것보다 훨씬 비싼 보험료를 지불할 여지를 터준 것이다. 온라인 쇼핑은 빠르고 편리하기는 하다. 그러나 여기저기 온라인 매장을 둘러보는 것이 여전히 이득이다.

요약

1. **순수독점의 특징**
   순수독점기업은 밀접한 대체제가 없는 제품의 유일한 생산자이다.

2. **순수독점에서의 진입장벽**
   순수독점이나 다른 형태의 불완전경쟁 시장구조가 나타나는 이유는 (a) 규모의 경제, (b) 특허소유권 및 연구, (c) 필수적인 자원의 소유 또는 통제, (d) 가격설정 등 기타 전략적 행동 등의 모습으로 나타나는 진입장벽에서 찾을 수 있다.

3. **순수독점이 직면한 수요의 성격**
   순수독점기업이 처한 시장 상황은 경쟁기업과 달라, 수요곡선이 우하향하기 때문에 한계수입곡선이 수요곡선보다 아래쪽에 위치하게 된다. 순수독점기업은 경쟁기업과 마찬가지로 한계수입과 한계비용을 일치시킴으로써 이윤을 극대화한다. 독점기업은 진입장벽 덕분에 장기에서도 경제적 이윤을 남길 수 있다. 그렇지만, (a) 독점기업이 '가능한 가장 높은 가격'을 책정하는 것은 아니며, (b) 독점기업에게 가장 큰 이윤을 얻게끔 해주는 가격이 단위당 이윤을 가장 크게 하는 가격과 일치하는 것은 매우 드물며, (c) 독점기업은 비용이 높고 수요가 작은 경우 이윤을 전혀 남길 수 없을 수도 있고, (d) 독점기업은 수요곡선이 비탄력적인 구간에서는 생산하려 하지 않는다.

4. **순수독점의 이윤극대화 생산량 및 가격**
   순수독점기업은 순수경쟁산업의 생산자와 비교할 때 비용이 같다면 더 적은 양을 생산하고 더 높은 가격을 부과하는 것이 이득이 된다고 생각한다. 이렇게 생산량이 작아지면 잘못된 자원배분이 이루어진다. 독점시장에서 가격은 한계비용보다 크다는 사실이 이를 증명한다. 독점은 사회에 효율성 손실(또는 사중손실)을 발생시킨다. 독점기업은 같은 비용을 지닌 순수경쟁기업보다 더 높은 가격을 책정하므로 소비자에게서 독점기업으로 소득을 이전시킨다. 그래서 독점기업은 소비자들에게 사실상 '사적 조세'를 부과하며, 만약 수요가 충분히 크다면 상당한 정도의 경제적 이윤을 얻는다.

5. **독점의 경제적 효과**
   독점기업과 경쟁기업은 똑같은 비용에 처해 있지 않을 수도 있다. 한편으로, 규모의 경제로 인해 독점기업들은 단위당 비용이 더 낮아질 수 있지만, 완전경쟁기업은 그렇지 않다. 또, 순수독점은 경제적 이윤을 얻어 이를 연구개발의 재원으로 활용할 수 있기 때문에 순수경쟁과 비교하여 기술진보를 통한 비용 절감이 더 쉽다. 다른 한편, X-비효율성(비용이 가장 낮은 투입요소들의 조합에 도달하지 못하는 현상)이 경쟁기업들보다 독점기업들 사이에서 더 흔히 나타난다. 또 독점기업은 정부가 제공하는 독점의 특권을 유지하기 위해 많은 비용을 지출할 수 있다. 마지막으로, 경쟁기업의 진입을 봉쇄하면 독점기업이 기술진보를 위해 노력할 유인이 약해진다.

6. **독점기업의 가격차별**
   독점기업은 가격차별을 행함으로써 이윤을 더 크게 할 수 있는데, 이는 (a) 이 기업이 수요의 탄력성에 따라 구매자들을 분리할 수 있고, (b) 이 기업이 생산한 재화나 서비스는 이들 분리된 시장들 사이에서 쉽게 옮겨다니지 못한다는 전제가 충족된다는 가정 하에서이다.

7. **사회적 최적가격 및 적정수익가격**
   독점기업들이 자원을 과소배분하고 경제적 이윤을 얻는 상황에서는 이를 완전히 또는 부분적으로 교정하기 위해 가격규제를 활용할 수도 있다. 사회적 최적가격은 수요와 한계비용곡선이 만나는 점에서 결정되고, 적정수익가격은 수요가 한계총비용과 만나는 점에서 결정된다.

주요 용어와 개념

가격차별	사회적 최적가격	지대추구 행위
네트워크 효과	순수독점	진입장벽
동시소비	적정수익가격	X-비효율성

연습문제

1. **다음 중 독점 발생의 이유를 설명할 수 있는 것을 모두 들어라.**

(1) 특허 (2) 규모의 경제
(3) 비탄력적 수요 (4) 정부의 면허
(5) 우하향하는 시장수요

2. **완전경쟁기업의 MR곡선은 수평이다. 독점기업의 MR곡선은 ________.**

(1) 역시 수평이다. (2) 우상향한다.
(3) 우하향한다. (4) 상황에 따라 다르다.
(5) MR곡선을 정의할 수 없다.

3. **어떤 독점기업이 고객들을 2개의 다른 가격을 부과할 수 있는 2개의 다른 집단으로 분리할 수 있다고 하자. 이 기업은 이윤을 극대화하기 위해 어떤 집단에 더 높은 가격을 부과해야 하는가?**

(1) 수요의 가격탄력성이 더 높은 집단
(2) 수요의 가격탄력성이 더 낮은 집단
(3) 더 부유한 집단
(4) 수요가 더 큰 집단
(5) 두 집단에 동일한 가격을 부과하여야 한다.

4. **P=MC를 충족하는 가격이 사회적으로 최적인 이유는 무엇인가?**

(1) 독점이윤을 줄이기 때문이다.
(2) 정상이윤을 얻기 때문이다.
(3) ATC를 최소화하기 때문이다.
(4) MC를 최소화하기 때문이다.
(5) 배분효율성을 달성하기 때문이다.

5. **독점기업에 사회적 최적가격(P=MC)을 받도록 규제하는 데 발생하는 어려움은 무엇인가?**

(1) 이 가격이 너무 낮아 규제를 받는 독점기업이 수익성을 맞출 수 없다.
(2) 이 가격에서는 규제를 받는 독점기업이 가격차별을 하게 된다.
(3) 이 가격은 독점가격보다 더 높다.
(4) 이 가격에서는 자원의 과소배분을 완전히 치유할 수 없다.
(5) 독점기업이 비용을 최소화하려는 노력을 게을리 할 수 있다.

6. **순수독점기업이 다음과 같은 수요표에 직면해 있으며, 제8장 연습문제 10번에 주어진 바와 같은 비용구조를 지니고 있다고 하자. 이 독점기업의 총수입과 한계수입을 구하고 이윤극대화 가격 및 생산량을 계산하라. 이 때 이 독점기업의 이윤은 얼마인가? 그래프를 그려 총수입과 총비용을 비교함으로써 앞에서 얻은 답이 맞는지 확인하시오.**

(단위: 천 원)

가격	수요량	총수입	한계수입
115	0	______	______
100	1	______	______
83	2	______	______
71	3	______	______
63	4	______	______
55	5	______	______
48	6	______	______
42	7	______	______
37	8	______	______
33	9	______	______
29	10	______	______

7. **가격차별을 행하고 있는 독점기업이 자신의 시장을 두 집단의 고객으로 분리하였다고 가정하자. 1번째 집단이 보이는 수요와 그로부터 독점기업이 얻는 수입은 문제 6번에 주어진 데이터와 같다. 2번째 집단이 보이는 수요와 독점기업의 수입은 아래 표에 주어져 있다. 두 시장 모두에서 MC는 13,000원이고, 모든 생산량에서 MC=ATC라고 가정하자. 해당 기업이 각 시장에서 책정하는 가격은 얼마인가? 이때 구한 2개의 가격으로부터 어느 시장에서 수요의 가격탄력성이 더 크다고 유추할 수 있는가? 해당 독점기업의 총 경제적 이윤은 얼마인가?**

(단위: 천 원)

가격	수요량	총수입	한계수입
71	0	0	
			63
63	1	63	
			47
55	2	110	
			34
48	3	144	
			24
42	4	168	
			17
37	5	185	
			13
33	6	198	
			5
29	7	203	

8. **비타민 정제를 제조하는 데 가장 효율적인 생산기술의 비용구조가 아래 표와 같다고 가정하자. 생산량은 1일 생산된 비타민 병 수로 측정되어 있으며, 비용은 정상이윤을 포함하고 있다는 점을 명심하라.**

생산량(병)	총비용(천 원)	한계비용(천 원)
25,000	100,000	0.50
50,000	150,000	1.00
75,000	187,500	2.50
100,000	275,500	3.00

(1) 표의 각 생산량 수준에서 ATC는 얼마인가?
(2) 이 산업은 비용체감산업인가?
(3) 비타민 1병의 시장가격은 2,500원이고 이 가격에서 총 시장수요량은 75,000,000병이라고 하자. 이 산업에는 몇 개의 기업이 존재하는가?
(4) 이번에는 2,500원의 가격에서 시장수요량은 단 75,000병이라고 하자. 이 산업에는 몇 개의 기업이 있을 것으로 예상하는가?
(5) (2), (3), (4)에서의 답을 검토하라. 수요의 크기가 산업의 구조를 결정한다고 할 수 있는가?

9. **한 대학교수가 비타민 생산 신기술을 발명하였는데, 이 기술에 대해 특허를 출원하지 않기로 했다고 하자. 따라서 이 신기술은 모든 사람이 모방하여 활용할 수 있다. 이 기술로 생산할 때 1일 100,000병까지의 1병당 총비용은 아래 표와 같이 주어져 있다.**

생산량(병)	총비용(천 원)
25,000	50,000
50,000	70,000
75,000	75,000
100,000	80,000

(1) 표의 각 생산량 수준에서 ATC는 얼마인가?
(2) 1일 100,000병 이상 생산할 때 25,000병 더 생산할 때마다 TC는 500만 원씩 증가한다. (따라서, 예를 들면 1일 125,000병을 생산하면 총비용은 8,500만 원이고, 1일 150,000병을 생산하면 총비용은 9,000만 원이다.) 이 산업은 비용체감산업인가?
(3) 비타민 1병의 가격은 1,330원이고 이 가격에서 소비자들의 총수요량은 75,000,000병이라고 하자. 이 산업에는 몇 개의 기업이 존재하는가?
(4) 이번에는 가격이 1,330원일 때 총수요량은 단 75,000병이라고 하자. 이 산업에는 몇 개의 기업이 있을 것이라고 예상하는가?
(5) (2), (3), (4)에서의 답을 검토하라. 수요의 크기가 산업의 시장구조를 결정한다고 할 수 있는가?
(6) (4)에서 얻은 답과 8번 문제의 (4)항에서 얻는 답을 비교하라. 두 생산기술이 모두 규모수확불변이라고 할 수 있는가?

10. **콘크리트 50kg를 담는 포대를 생산하는 단일 독점기업을 규제해야한다고 하자. 이 기업은 연간 100억 원의 고정비용이 들고 포대 1장 당 가변비용은 1,000원으로 생산량에 관계없이 일정하다.**

(1) 이 기업이 생산량을 계속 늘린다면, 포대 생산의 평균비용은 언젠가는 증가하는가? 이 산업은 비용체감산업인가?
(2) 이 독점기업이 사회적 최적가격을 부과하도록 규제하길 바란다면, 그 가격은 얼마일까? 이 가격에서 해당 기업의 이윤 또는 손실의 크기는 얼마인가? 해당 기업은 산업에서 퇴출하길 원할 것인가?
(3) 가격을 포대 1장 당 2,000원으로 책정하면 소비자들은 1,000만 장의 포대를 수요할 것이라고 하자. 이 가격에서 해당 기업의 이윤 또는 손실은 얼마일까?
(4) 이제 소비자들이 포대 1장 당 2,000원의 가격에서 2,000만 장의 포대를 수요한다면, 기업의 이윤 또는 손실은 얼마일까?
(5) 수요가 2,000만 장에서 완전비탄력적이어서 소비자들은 가격과 관계없이 2,000만 장을 수요한다고 하자. 해당 기업이 적정수익만을 얻게 하려면 가격을 얼마로 규제하여야 하는가? 총비용은 정상이윤을 포함한다고 가정하라.

10 Chapter

독점적 경쟁과 과점

학습내용

1. 독점적 경쟁의 특징
2. 독점적 경쟁이 장기에서 정상이윤만 얻는 이유
3. 독점적 경쟁과 생산효율성 및 배분효율성
4. 독점적 경쟁에서 제품차별화와 효율성 사이의 관계
5. 과점의 특징
6. 게임이론과 과점
7. 굴절수요이론, 담합가격설정 및 가격선도자
8. 광고의 긍정적 효과와 부정적 효과
9. 과점의 효율성 및 독점과의 비교
10. 동시게임 및 순차게임에서의 내쉬균형

산업의 시장구조는 대부분 순수경쟁시장과 순수 독점의 양 극단 사이에 위치한다. 실제 산업을 구성하는 생산자들은 대부분 순수 경쟁시장보다 적지만 순수 독점시장의 단일 생산자보다는 많다. 그리고 대부분 산업에서 대다수 기업들은 표준화되어 있지 않은 차별화된 제품들을 생산할 뿐만 아니라, 어느 정도 재량껏 가격을 설정한다. 따라서 이들 산업의 경쟁은 흔히 가격, 품질, 입지, 서비스 및 광고 등에서 이루어진다. 마지막으로 현실 산업은 신규 진입이 매우 쉬운 산업부터 진입이 어렵지만 불가능하지는 않은 산업까지 다양하게 분포하고 있다.

이 장에서는 이렇듯 매우 다양한 현실 산업구조와 유사한 2개의 모형을 살펴본다. 독점적 경쟁에서는 약한 독점력과 치열한 경쟁이 결합되어 있다. 반대로 과점에서는 강한 독점력과 기존 기업들 간에 상당한 경쟁이 존재한다. 그리고 해외 기업 및 신기술에 의해 미래의 경쟁이 더욱 격화될 것이라는 위협이 상존하기도 한다. 이 점과 관련하여 시장구조를 비교한 표 8.1을 복습할 필요가 있다.

독점적 경쟁

독점적 경쟁

먼저 **독점적 경쟁**을 살펴보는 것으로 시작하자. 독점적 경쟁의 특징은 (1) 비교적 많은 수의 판매자 (2) 막대한 광고를 통한 판촉을 수반하는 차별화된 제품 (3) 진입과 퇴출의 용이성 등이다. 1번째와 3번째 특징은 독점적 경쟁의 '경쟁적' 측면을 나타내고, 2번째 특징은 '독점적' 측면을 반영한다. 그러나 일반적으로 독점적 경쟁 산업들은 독점보다는 경쟁적 성향이 더 강하다고 할 수 있다.

비교적 많은 수의 판매자

독점적 경쟁 산업의 기업은 순수 경쟁시장처럼 수백 개, 수천 개에 이르지는 않지만, 예를 들면 25개, 35개, 60개 혹은 70개 정도로 상당히 많은 수에 이른다. 그 결과 독점적 경쟁시장은 다음과 같은 특징을 보인다.

- **낮은 시장점유율** 개별 기업의 시장점유율은 비교적 낮은 편이며 따라서 이들이 시장가격에 미치는 영향은 제한적이다.
- **담합의 어려움** 비교적 많은 수의 기업이 존재하므로 일부 기업들이 담합하여 생산량을 제한하거나 가격을 설정하기 어렵다.
- **독립적 행동** 산업 내에 기업들이 다수 존재하기 때문에 이들은 상호 의존성을 느끼지 않는다. 각 기업은 경쟁사들의 대응을 고려하지 않고 가격을 책정한다. 개별 기업이 가격을 낮추면 판매량이 약간 늘지만, 이러한 행동이 경쟁사의 판매량에 미치는 영향은 거의 느낄 수 없는 수준이어서 경쟁사들은 어떠한 대응도 하지 않는다.

차별화된 제품

제품차별화

순수 경쟁에서는 표준화된 제품이 생산되지만 독점적 경쟁에서는 **제품차별화**가 특징적으로 행해진다. 독점적 경쟁기업은 특정 제품의 다양한 변종을 생산한다. 이 기업들은 물리적 특성이 약간 다른 제품을 생산하거나 다양한 서비스를 제공하기도 하며 상이한 입지적 접근성을 가지고 있다. 그리고 이들 기업들은 실제든 아니든 자신의 제품이 특별한 품질을 지닌다고 주장한다. 제품차별화의 3가지 특징을 좀 더 자세히 살펴보자.

제품 속성 제품차별화는 제품 그 자체의 물리적, 질적 차이를 수반한다. 기능성, 소재, 디자인, 기술 등에서 나타나는 실질적 차별성은 제품차별화에서 빼놓을 수 없는 부분이다. 예를 들어 퍼스널컴퓨터는 저장용량, 속도, 그래픽 표시 장치 및 내장 소프트웨어 등에서 서로 다르다. 경제학원론 교과서로 말하자면 내용, 편성, 설명 방식과 난이도, 학습 지원, 그래픽과 디자인 등에서 12~13종의 교과서들이 서로 경쟁하고 있다. 대부분의 도시에서 남녀 의복을 파는 가게들은 스타일, 원단, 솜씨 등에서 크게 다르다. 마찬가지로 어떤 치킨 가게에서는 프라이드치킨을 팔고, 다른 가게에서는 양념치킨을 판매하기도 한다.

서비스 서비스와 판매조건도 제품차별화를 하는 방법이다. 어떤 신발 가게는 종업원의 패션에 대한 정보와 선택에 대한 도움을 강조할 수 있다. 경쟁 점포는 신발을 신어보고 계산대로 가져오는 과정을 고객에게 맡겨두는 대신 가격을 낮게 부과할 수 있다. 드라이클리닝 고객들은 같은 품질이라면 3일보다 하루 만에 찾는 것을 선호할 수 있다. 점포의 고급스러움, 종업원의 유용함, 애프터서비스와 교환에서의 평판, 할부의 용이성 등과 같은 특징들은 모두 서비스에서 제품을 차별화하는 요소들이다.

입지 제품들은 점포 입지와 접근성에 의해 차별화될 수도 있다. 소형 편의점들의 제품 종류는 제한되어 있고 가격이 비싸지만 이들은 대형마트들과 성공적으로 경쟁하고 있다. 이들은 주로 고객 근접성과 유동인구로 인한 입지로 경쟁한다. 고속도로에 가까이 위치한 모텔은 입지적 우위 덕분에 불편한 위치에 있는 인근 모텔들보다 높은 객실료를 부과할 수 있다.

브랜드 네임과 포장 제품차별화는 브랜드 네임과 상표, 포장, 유명인사 광고 등을 통해서도 이루어진다. 대부분의 아스피린은 대부분 비슷하다. 하지만 많은 두통 환자들은 바이에른, 아나신, 버퍼린 등 특정 브랜드의 품질이 좋고 이들에 다른 일반의약품보다 비싼 값을 지불할 만하다고 생각한다. 어떤 구매자들은 특정 유명인의 이름을 붙인 시계, 향수, 운동화 등을 좋아한다. 많은 고객들이 특정 스타일의 볼펜을 다른 볼펜보다 선호한다. '친연수'라는 표기와 함께 포장된 생수가 너 많은 구매자들을 유인할 수도 있다.

어느 정도의 가격 통제력 독점적 경쟁 산업의 기업들은 비교적 수가 많지만 **제품차별화를 통해 어느 정도의 가격 통제력**을 행사한다. 소비자가 특정 제품을 선호하면 이를 구매하기 위해 일정 한도 내에서 다른 제품의 가격보다 더 지불하려고 한다. 구매자는 순수 경쟁시장에서처럼 무작위로 판매자를 선택하는 것이 아니다. 하지만 잠재적 대체재가 많이 있으므로 이러한 가격 통제력은 상당히 제한되어 있다.

진입과 퇴출의 용이성

독점적 경쟁 산업에서 진입은 과점이나 순수 독점에 비해 비교적 쉽다. 전형적인 독점적 경쟁기업들은 상대적 의미나 절대적 의미에서 규모가 작다. 따라서 규모의 경제가 작게 나타나고 진입에 필요한 자본소요량이 적다. 반면에 차별화된 제품을 개발하고 광고를 해야 하므로 순수경쟁에 비해 자금조달이 어려울 수 있다. 어떤 기업들은 영업비밀이나 브랜드 네임에 대한 상표권을 보유하고 있다. 그로 인하여 다른 기업들이 이를 모방하는 것이 어렵고 모방하더라도 비용이 많이 든다.

독점적 경쟁 산업에서 퇴출은 상대적으로 쉽다. 수익성이 없는 독점적 경쟁 기업은 창고정리 세일을 하고 언제나 폐업을 할 수 있다.

광고

소비자들이 제품 차별화를 인지하지 못하면 제품차별화에 수반되는 비용과 노력은 헛

비가격경쟁

된 것이다. 따라서 독점적 경쟁기업들은 자사 제품의 광고에 막대한 비용을 지출하는 경우가 많다. 제품차별화나 광고를 하는 이유는 소비자가 가격보다 제품의 차이를 보고 구매하게 만들려는 것이다. 이는 흔히 **비가격경쟁**(nonprice competition)이라고 불린다. 이러한 시도가 성공한다면 기업의 수요곡선은 오른쪽으로 이동하며 탄력성은 작아진다.

독점적 경쟁 산업

표 10.1은 미국 경제에서 독점적 경쟁에 가까운 몇 개 제조업을 나열하고 있다. 경제학자들은 과점 산업과 독점적 경쟁 산업을 구별하기 위해 산업 집중도(해당 산업 전체 생산에서 규모가 가장 큰 기업들이 차지하는 비중)를 살펴본다. 이 목적으로 사용되는 지표로는 상위4사 집중도와 허핀들 지수가 있다. 표의 (2)열과 (3)열에 이들 지표가 주어져 있다.

상위4사 집중도

상위4사 집중도는 백분율로 표시되며, 매출액 기준 상위 4대 기업이 전체 산업 매출액에서 차지하는 비중이다.

$$\text{상위4사 집중도} = \frac{\text{상위 4대 기업 생산량}}{\text{산업 생산량}}$$

수백, 수천 개의 기업이 활동하면서 각 기업의 시장점유율이 아주 낮은 순수 경쟁 산업에서 상위4사 집중도는 매우 작다. 이와 대조적으로 과점이나 순수 독점에서 상위4사 집중도는 매우 크다. 상위 4대 기업의 시장점유율이 40% 이상이면 그 산업은 일반적으

〈표 10.1〉 산업집중도가 낮은 산업에서 일부 미국기업의 생산량 비중

(1) 산업	(2) 상위4사 생산량*의 백분율 비중	(3) 상위 50기업의 허핀들 지수	(1) 산업	(2) 상위4사 생산량의 백분율 비중	(3) 상위 50기업의 허핀들 지수
보석	32	550	레미콘	14	89
플라스틱파이프	31	303	목판	14	93
플라스틱 가방	28	320	직물가방	13	93
도로포장	25	230	목재 팔레트	12	55
볼트, 너트, 리벳	23	198	석제품	12	56
여성의복	22	236	섬유기계	10	58
목재트러스	21	158	금속스탬프	10	52
커튼 및 휘장	20	172	간판	9	36
철재 창문 및 문	17	143	판금가공	8	29
속성인쇄	17	108	소매제빵	5	12

* 출하량 기준. 2012년 자료. www.census.gov/econ/manufacturing
자료: Bureau of Census, Census of manufactures, 2012.

로 과점으로 간주된다. 상위 4대 기업의 시장점유율이 40% 이하면, 그 산업은 독점적 경쟁에 더 가깝다. 표 10.1에서 상위4사 집중도는 5%에서 32% 사이에 분포되어 있음을 주목하기 바란다.

표 10.1에 주어진 집중도 지표는 산업의 분류에 유용하지만 유의할 점이 있다. 이 지표가 사용하는 시장점유율(전체 매출액의 비중)은 국내시장을 기준으로 측정되지만 지역적 경쟁이 중요한 산업이 많기 때문이다. 따라서 국내시장의 집중도는 낮지만 지역시장에 초점을 맞추면 실제로는 상당히 집중도가 높은 산업들도 존재한다.

예를 들면 표 10.1에 주어져 있는 레미콘 산업을 보면 국내시장의 상위4사 집중도는 11%에 불과하다. 이는 레미콘 산업이 독점적 경쟁 산업임을 시사한다. 하지만 레미콘 제품은 대량으로 거래되며 생산한지 얼마 지나지 않아 바로 굳어버린다. 그래서 관련 시장은 특정한 마을, 도시 또는 대도시 지역으로 한정된다. 이들 지역의 대부분에서 몇몇 소수 기업만이 경쟁하고 있다. 독점적 경쟁이라고 할 만큼 많은 수의 기업이 없는 것이다.

허핀들 지수

표 10.1의 (3)열은 집중도를 측정하는 2번째 방법인 **허핀들 지수**를 보여준다. 이 지수는 기업의 시장점유율(백분율로 표시)을 제곱하여 모두 더한 값으로 수식은 다음과 같이 표현된다.

$$\text{허핀들 지수} = (\%S_1)^2 + (\%S_2)^2 + (\%S_3)^2 + \cdots + (\%S_n)^2$$

여기서 $\%S_1$은 기업 1의 시장점유율의 백분율 값이고, $\%S_2$는 기업 2의 시장점유율의 백분율 값이다. 이처럼 산업 내 총 n개 기업의 시장점유율을 제곱하여 구할 수 있다. 산업 내 모든 기업들의 시장점유율을 제곱하게 되면 규모가 작은 기업보다 규모(영향력)가 큰 기업의 가중치를 의도적으로 크게 하는 셈이다. **순수경쟁시장에서 모든 기업의 점유율(%S)은 매우 작은 값이기 때문에 이 지수는 0에 가깝다.** 기업이 하나 밖에 없는 산업에서 이 지수는 최대치인 10,000(=100^2)의 값을 가지며, 이것은 순수독점 시장을 나타낸다.

과점산업의 평가에서 허핀들 지수가 중요하다는 것은 이 장의 후반부에서 살펴볼 것이다. 일단 여기서는 일반적으로 **허핀들 지수가 작을수록 과점보다 독점적 경쟁에 가깝다**는 사실을 확인해 두도록 하자. 표 10.1의 (3)열은 일부 산업의 허핀들 지수를 보여주고 있다. 여기서는 산업 내 모든 기업들이 아니라 상위 50개사에 대하여 계산되었다. 이때 지수 값들이 상한치인 10,000보다 하한치인 0에 가깝다는 사실에 주목하기 바란다.

표 10.1의 수치들은 제조업에 대한 것이다. 제조업 이외에도 식료품점, 주유소, 미용실, 세탁소, 옷 가게, 식당 등 대도시에서 영업하는 많은 소매업체들이 독점적 경쟁의 형태를 띤다. 또한 병원, 법률사무소, 부동산, 회계사무소 등 전문서비스에 종사하는 많은 사업체들도 독점적 경쟁 기업들이다.

독점적 경쟁에서 가격과 생산량

독점적 경쟁 기업은 가격과 생산량을 어떻게 결정하는가? 이를 설명하기 위해서 먼저 산업 내 개별 기업들이 차별화된 제품을 생산하고 있으며, 광고를 위하여 일정 금액을 지출하고 있다고 가정하자. 제품이나 광고 액수의 변화가 결론에 어떤 영향을 미치는지는 나중에 살펴볼 것이다.

기업 수요곡선

독점적 경쟁기업의 수요곡선

그림 10.1을 이용하여 설명하여 보자. 이 그림에서 독점적 경쟁의 판매자가 직면하는 수요곡선은 **탄력성이 매우 크지만 완전탄력적은 아님**을 확인할 수 있다. 독점적 경쟁은 바로 이러한 점에서 순수 독점이나 순수경쟁과 구분된다. **독점적 경쟁기업의 수요곡선**은 경쟁사들이 밀접한 대체재를 생산하고 있기 때문에 순수독점 기업에 비해 탄력적이다. 순수독점 기업은 경쟁자가 전혀 없기 때문이다. 그렇지만, 독점적 경쟁 기업의 수요곡선은 다음과 같은 2가지 이유 때문에 순수경쟁기업처럼 완전 탄력적이지는 않다. 첫째, 독점적 경쟁에서 경쟁기업의 수는 상대적으로 적다. 둘째, 이들 기업의 제품들은 차별화되어 있어서 완전한 대체재가 아니다.

독점적 경쟁 기업이 직면하고 있는 수요곡선의 가격탄력성은 경쟁자의 수와 제품차별화의 정도에 따라 달라진다. 경쟁자의 수가 많고 제품차별화의 정도가 약할수록 수요곡선의 가격탄력성은 커진다. 다시 말하면 이 경우 독점적 경쟁은 순수경쟁에 가까워진다.

이윤 또는 손실이 발생하는 단기

단기에서 독점적 경쟁 기업은 순수경쟁기업이나 독점기업과 정확하게 같은 규칙을 사용하여 이윤을 극대화하거나 손실을 최소화한다. 즉 이들 기업은 한계수입이 한계비용과 같아지는 점(MR=MC)에서 생산량을 결정한다. 그러므로 그림 10.1(a)에서 독점적 경쟁기업은 MR=MC가 성립하는 생산량 Q_1을 생산한다. 그리고 수요곡선 D_1을 보면 기업이 P_1의 가격을 매길 때 수요가 Q_1이 되므로 독점적 경쟁기업은 P_1의 가격을 부과한다. 이 때 기업은 그림에서 초록색 면적[$=(P_1-A_1)\times Q_1$] 만큼의 경제적 이윤을 실현한다.

그러나 수요조건이나 비용조건이 열악하면 이 기업은 단기에서 손실을 입을 수도 있다. 이 가능성은 그림 10.1(b)에서 보여주고 있다. 이 때 기업의 최선의 전략은 손실을 최소화하는 것이다. 이 기업이 MR=MC가 충족되는 Q_2에서 생산하면 손실이 최소화되며, 이 때 가격은 수요곡선 D_2을 따라 P_2에서 책정된다. P_2가 평균총비용 A_2보다 낮기 때문에 생산물 한 단위당 A_2-P_2의 손실이 발생하며 총손실은 [$=(P_2-A_2)\times Q_2$]의 면적과 같다.

[그림 10.1] 독점적 경쟁 기업: 단기와 장기

독점적 경쟁기업은 MR=MC를 만족시키는 양을 생산함으로써 이윤을 극대화하거나 손실을 극소화한다. (a)에서 나타나는 경제적 이윤으로 인하여 신규 기업이 진입하게 되고, 결국에는 경제적 이윤이 사라진다. (b)에서 나타나는 손실로 인하여 정상이윤이 회복될 때까지 기업이 퇴출하게 된다. 이러한 진입과 퇴출 과정을 거쳐 가격은 (c)에서와 같이 MR=MC를 충족시키는 생산량에서 평균총비용과 같은 수준에서 결정된다. 이렇게 얻어진 가격 P_3와 생산량 Q_3에서 독점적 경쟁 기업은 정상이윤만을 얻으며 산업은 장기 균형에 도달한다.

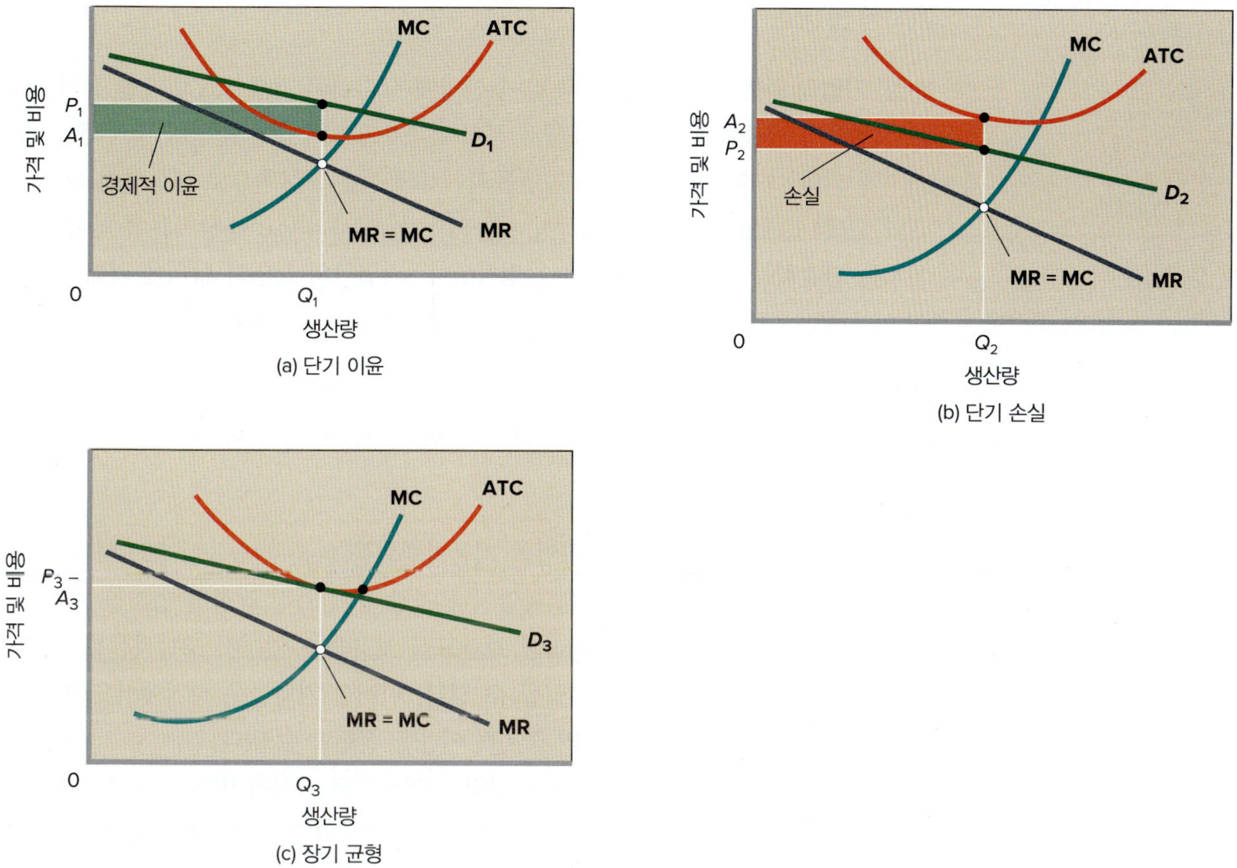

정상이윤만이 존재하는 장기

장기에서는 독점적 경쟁 산업에 경제적 이윤이 존재하면 기업들의 진입이 이루어지고 손실이 존재하면 기업의 퇴출이 발생한다. 따라서 **독점적 경쟁기업은 장기에서 정상이윤만을 얻는다**. 달리 표현하면 해당 기업의 수입과 비용은 정확히 일치한다. 비용은 명시적 비용과 암묵적 비용을 모두 포함하므로 비용에 정상이윤이 포함되어 있다는 점을 상기하기 바란다.

이윤: 기업의 진입 단기 이윤이 존재하면(그림 10.1(a)) 경제적 이윤에 이끌려 새로운 경쟁자들이 산업에 진입한다. 독점적 경쟁 산업에서 진입은 상대적으로 쉽기 때문이다. 새로운 기업의 진입에 따라 해당 기업의 수요곡선은 왼쪽으로 이동한다. 왜 그러한가? 새로운 기업의 진입으로 밀접한 대체재의 수가 많아지기 때문이다. 이 기업에 대한 수요가 감소하면 경제적 이윤이 감소한다. 신규 기업의 진입에 따라 수요곡선이 점차 왼쪽으로 이동하는데 수요곡선이 평균총비용곡선에 접하게 될 때 새로운 기업의 진입은 멈추게 된다. 그러면 기업은 정상이윤만을 얻게 된다. 이 상황은 그림 10.1(c)에 묘사되

어 있다. 이 때 수요는 D_3이며, 기업의 장기균형 생산량은 Q_3이다. 그림 10.1(c)가 보여주고 있듯이, 이보다 생산량이 많거나 적으면 평균총비용은 가격 P_3보다 크게 되어 기업은 손실을 보게 된다. 수요곡선과 ATC곡선이 접하는 점에서는 총수입은 총비용과 같아진다. 경제적 이윤이 사라졌기 때문에 신규 기업이 추가로 진입할 유인은 더 이상 존재하지 않는다.

손실: 기업의 퇴출 그림 10.1(b)와 같이 산업에서 손실이 발생하고 있다면 장기에서 일부 기업들이 퇴출하게 된다. 대체재가 적어져 총수요에서 해당 기업이 차지하는 비중이 커지게 되면 여전히 생존해 있는 기업들의 수요곡선은 오른쪽으로 이동하여 D_3와 같이 된다. 그림 10.1(c)에서 볼 수 있듯이 이들의 손실은 사라지고 정상이윤이 얻어진다. 여기서는 단순화를 위해 비용불변을 가정하였다. 기업들의 진입과 탈퇴에 따라 비용곡선이 이동하면 논의는 약간 복잡해지지만 결론에는 아무런 변화가 없다.

복잡한 문제들 독점적 경쟁 모형에서 기업은 전형적으로 장기에서 정상이윤만을 얻는다. 그러나 이론 모형과는 달리 현실의 소규모 기업들이 항상 이러한 결과를 보이는 것은 아니다.

- 시간이 아무리 흘러도 어떤 기업의 제품차별화를 다른 기업들이 모방하지 못할 수 있다. 주요 도시의 일부 호텔은 사업이나 관광 등에 가장 적합한 입지를 지닐 수 있다. 혹은 어떤 기업은 널리 알려진 브랜드를 보유하고 있어서 모방자들보다 장기적으로 지속되는 약간의 우위를 점할 수 있다. 이러한 기업들은 장기에서도 어느 정도 독점력을 지니게 되어 다소간의 경제적 이윤을 실현할 수 있다.
- 소기업들로 구성된 일부 산업에서 진입은 이론처럼 자유롭지 않을 수도 있다. 제품이 표준화되기보다 차별화되어 있으면 자금조달에 따른 진입장벽이 높을 수도 있다. 그러면 어느 정도의 독점력이 장기적으로 존재하게 되어 다소간의 경제적 이윤이 오랫동안 지속될 수 있다.

이러한 점을 모두 고려하더라도 그림 10.1(c)에서 본 바와 같이 독점적 경쟁시장의 기업들이 장기적으로 정상이윤만을 얻는다는 결론은 현실을 매우 가깝게 묘사한 것이라 여겨진다.

독점적 경쟁과 효율성

7장에서 경제적 효율성을 달성하려면 기업들이 P=MC=ATC의 최소치에서 생산하여야 함을 살펴본 바 있다. 가격이 평균총비용(ATC)의 최소치와 같다는 사실은 생산의 효율성이 달성됨을 의미한다. 재화는 가장 낮은 비용으로 생산되고 가격은 정상이윤을 포함하는 평균총비용을 겨우 충당할 뿐이다. 그리고 가격이 한계비용과 일치한다는 사실은 배분의 효율성이 달성됨을 의미한다. 재화의 생산량이 적절하며 이러한 용도에 투입되는 희소 자원의 양도 적절하다.

이러한 3중의 등식으로부터 평가할 때 독점적 경쟁은 얼마나 효율적인가? 구체적으로 독점적 경쟁 기업들은 P=MC=ATC의 최소치가 성립하는 수준에서 생산하는가?

생산의 비효율성과 배분의 비효율성

독점적 경쟁의 장기균형은 **생산의 효율성과 배분의 효율성을 달성하지 못한다**. 그림 10.2는 그림 10.1(c)의 일부를 확대하여 그린 것인데 이러한 결론을 분명하게 보여준다. 먼저 이윤극대화 가격 P_3가 평균총비용의 최소치 A_4보다 약간 높다는 점을 알 수 있다. 이윤극대화 생산량 Q_3에서 독점적 경쟁기업의 평균총비용은 사회적으로 최적인 A_4보다 약간 더 크다. 따라서 생산의 효율성이 달성되지 못한다. 그리고 이윤극대화 가격 P_3가 한계비용(M_3)보다 높은데, 이것은 독점적 경쟁이 자원을 비효율적으로 배분한다는 것을 의미한다. 이러한 비효율성이 어느 정도인지를 알려면 수요곡선 D와 MC곡선이 만나는 c점에서 배분의 효율성이 달성된다는 사실을 알아야 한다. 따라서 Q_3와 Q_4 사이의 생산량에서 한계편익은 한계비용보다 크다. 결과적으로 독점적 경쟁 기업이 Q_3에서 생산하면 acd 면적만큼 효율성 손실(경제적 순손실)이 발생한다. 산업의 총 효율성 손실은 개별 기업의 효율성손실을 합한 것이다.

[그림 10.2] 독점적 경쟁의 비효율성

독점적 경쟁 기업은 장기균형에서 생산의 효율성도 배분의 효율성도 달성하지 못한다. 생산의 효율성을 달성하지 못하는 이유는 평균총비용 A_3가 평균총비용의 최소치 A_4보다 크기 때문이다. 배분의 효율성을 달성하지 못하는 이유는 가격 P_3가 한계비용 M_3보다 크기 때문이다. 그 결과 산업 내 모든 기업들에서 자원의 과소 배분, 효율성 손실 및 유휴설비가 발생한다. 기업의 효율성 손실은 acd의 면적과 같으며, 유휴설비의 크기는 (Q_4-Q_3)와 같다.

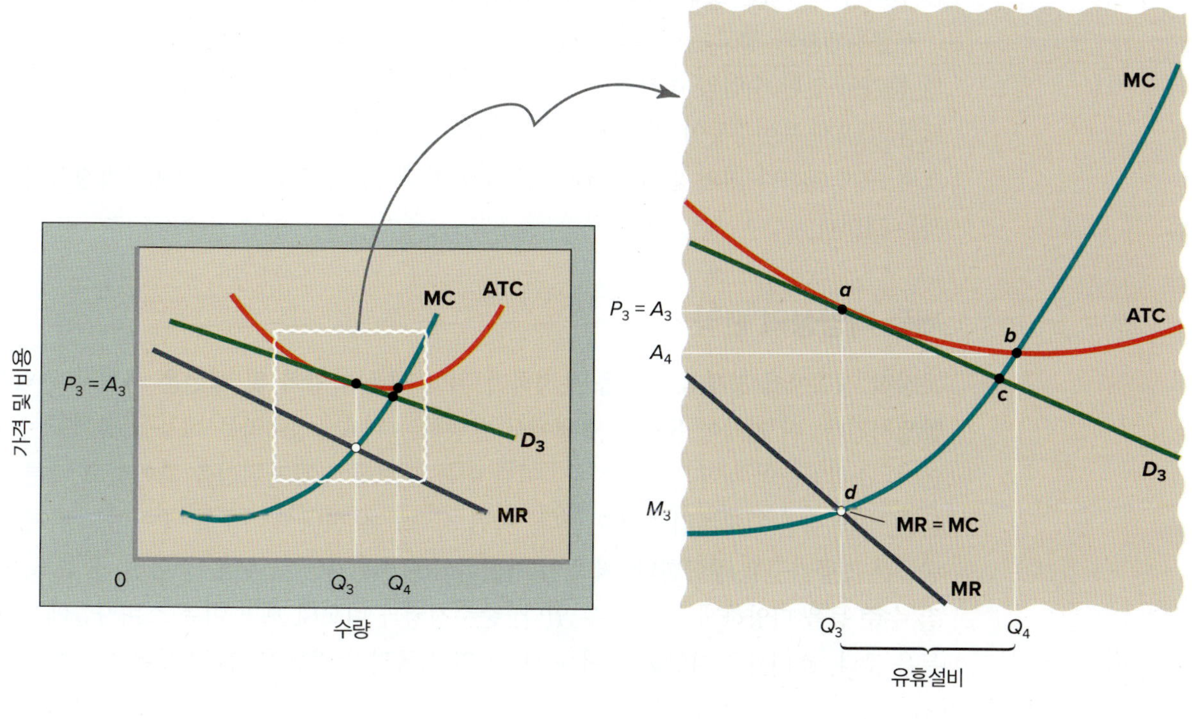

유휴설비

유휴설비

독점적 경쟁에서 평균총비용이 최저일 때의 생산량과 이윤극대화 생산량의 차이를 **유휴설비**라고 한다. 즉 기업들은 평균총비용이 최소가 되는 생산량보다 적게 생산하고 있어서 공장과 생산설비가 과소 사용되고 있는 것이다. 이 차이는 그림 10.2에서 Q_4와 Q_3의 거리로 나타난다. 그림에서 평균총비용의 최저점은 b점이다. 독점적 경쟁 기업이 이 점에서 생산하면서 수익을 낼 수 있다면 평균총비용이 더 작기 때문에 가격을 P_3보다 낮출 수 있다. 더욱 중요한 점은 기업들이 a점이 아니라 b점에서 생산한다면 동일한 산업 생산량을 달성하기 위해 필요한 기업의 수가 적어진다는 것이다. 그러나 독점적 경쟁 기업은 장기에서 a점에서 생산하기 때문에 해당 산업에 기업이 지나치게 많으며 모든 기업들이 최적보다 작은 규모로 운영된다. 이러한 상황은 대부분의 소매 사업장에서 전형적으로 나타난다. 예를 들어 대부분의 도시들은 생산 설비의 절반도 활용하지 못하는 소규모 모텔들과 식당들로 가득 차 있다.

제품 다양성

경쟁의 우위

그림 10.1(c)와 그림 10.2의 상황에 처한 독점적 경쟁 기업들은 정상이윤만을 얻기 때문에 이에 만족하지 않는다. 그래서 그림 10.1(a)에서처럼 이윤을 실현하는 기업은 새로운 경쟁자들의 등장으로 이윤이 줄어들어 결국 그림 10.1(c)와 되는 것을 수수방관하지 않는다. 그대로 있으면 경쟁기업이 자사 제품을 모방하고 비슷한 고객 서비스를 제공하며 광고를 따라하여 이윤이 줄기 때문이다. 모든 기업은 어떤 식으로든 차별화된 제품을 생산한다. 따라서 기업은 제품 차별성을 강화하거나 광고를 더 잘함으로써 **경쟁의 우위**를 지켜 이윤을 유지하려고 노력한다. 제품 개발 및 개선을 통하여 기업은 10.1(c)와 같은 결과가 나타나는 것을 최소한 일정 기간 지연시킬 수 있는 것이다.

제품차별화와 광고는 기업의 비용을 증가시키지만 동시에 수요를 증가시킨다. 수요의 증가로 인한 수입의 증가가 비용 상승보다 크다면 기업의 수익성은 개선될 것이다. 그림 10.2가 보여주듯이 기업이 가격 인하를 통해 이윤을 증가시킬 수 있는 가능성은 그리 크지 않거나 거의 없다. 그래서 독점적 경쟁기업이 광고와 같은 비가격경쟁에 나서는 것이다.

제품 다양성의 편익

독점적 경쟁에서 경제적 이윤을 유지하기 위한 **제품 다양화 및 개선은 사회적 편익을 발생**시킨다. 이 편익이 독점적 경쟁에서 발생하는 비효율성이라는 비용을 상쇄할 수도 있다. 소비자들의 취향은 다양하다. 어떤 이들은 보통의 감자튀김을 좋아하고 다른 이들은 바싹 튀긴 감자튀김을 좋아한다. 어떤 사람들은 현대식 가구를 좋아하고 다른 사람들은 전통가구를 좋아한다. 제품이 차별화되면 소비자들은 유형, 스타일, 브랜드, 품질 수준 등을 다양하게 선택할 수 있다. 순수경쟁과 비교해 보면 이는 소비자들에게 이득을 준다. 소비자은 다양한 선택을 할 수 있고 독점적 경쟁의 생산자들은 이러한 소비

사례연구: 인생의 양념

햄버거 체인인 웬디스는 1987년에 우스꽝스러운 텔레비전 광고를 시작하였다. 이 광고는 소련 공산당의 패션쇼를 풍자하였다. 한 여인이 회색 공장 작업복 스커트를 입고 런웨이를 걸어 나온다. 사회자는 "저녁파티복장이네요!"라고 외친다. 그 여인이 이번에는 비치볼을 들고 똑같은 작업복을 입고 걸어 나온다. "수영복이네요!"

공산당의 중앙 계획 담당자들은 제품차별화에 대해 신경 쓰지 않았다. 그들은 가능하면 싼 비용으로 대량생산을 할 수 있도록 제품마다 하나의 디자인만을 만들었다. 그 결과 고통스러우리만치 동질적인 사회가 탄생하였다.

웬디스의 텔레비전 광고는 단 하나의 아이디어로 가정을 공략하였다. 웬디스의 햄버거는 주요 경쟁기업인 맥도날드나 버거킹의 것과 다르다는 것이다. 구소련의 공산당 중앙계획당국과 달리 미국의 자유 시장경제는 엄청난 종류의 제품차별화를 만들어 낸다. '다양성이 인생의 양념'이라면, 미국 자본주의는 양념에 매우 잘 버무려져 있다고 할 수 있다.

출처: Wendy's, "Soviet Fashion Show", 1987.

자들의 다양한 취향을 잘 충족시켜준다.

독점적 경쟁은 제품 개선을 촉진하여 제품차별화를 한층 크게 만들어 선택의 범위를 넓힌다. 또한 특정 기업이 제품 개선에 성공하면 경쟁기업은 이를 모방하거나 이보다 뛰어나게 제품을 개선해야 한다. 그러지 못한다면 경쟁에서 뒤처질 수밖에 없다. 따라서 사회는 개선된 제품으로부터 편익을 누리게 된다.

사실 제품차별화는 **소비자 선택과 생산효율성의 상충관계**를 초래한다. 제품차별화가 커질수록 유휴설비는 늘어나고 생산의 비효율성도 커진다. 하지만 제품차별화가 커질수록 기업들이 소비자들의 다양한 취향을 충족시킬 가능성은 커진다. 유휴설비의 문제가 커질수록 소비자의 선택이 넓어진다는 것이다.

소비자 선택과 생산효율성의 상충관계

추가적인 복잡한 문제들

마지막으로 비가격경쟁에서 기업들의 능력이 다르기 때문에 독점적 경쟁 기업들의 시장 상황은 그림 10.1보다 훨씬 복잡하다. 이 그림의 상황은 제품의 속성에 변화가 없고 광고비 지출도 일정하다고 가정하고 있다. 그러나 현실에서 제품 속성이나 광고가 일정하지 않다는 사실은 잘 알려져 있다. 독점적 경쟁 기업은 이윤극대화를 추구하기 위하여 가격, 제품의 특성, 광고 등 3가지 요소를 효율적으로 저울질한다. 독점적 경쟁기업은 최대한의 이윤을 실현하기 위하여 어떤 차별화된 제품을 생산할 것인지, 어떤 가격에서 판매할 것인지, 그리고 필요한 광고의 수준은 무엇인지를 결정해야 한다. 이러한 복잡한 상황을 설명할 수 있는 단순한 경제학 모형은 찾기 힘들다. 말할 수 있는 것은 기껏해야 가격, 제품의 특성, 광고 등의 조합에 따라 기업의 수요 및 비용(생산비용+광고비용)이 달라지며, 이 중 특정한 조합만이 이윤을 극대화한다는 것이다. 현실에서 이러한 최적의 조합을 사전에 예측하는 것은 불가능하며 시행착오를 통해서 발견할 수밖에 없다.

과점

과점

경쟁의 정도에 따라 시장구조를 구분하면 순수경쟁, 독점적 경쟁, 과점, 순수 독점 순으로 배열될 수 있다. 표 8.1을 다시 보기 바란다. 지금부터 논의할 **과점**은 동질적 또는 차별화된 제품을 생산하는 소수의 대규모 생산자들이 지배하는 시장이다. 과점은 기업의 수가 적어서 과점기업은 **가격에 대하여 상당한 정도의 통제력**을 가지고 있다. 하지만 그러한 이유 때문에 과점기업은 가격 설정, 생산 및 광고 등의 결정에서 경쟁사들의 반응을 염두에 둘 수밖에 없다.

소수의 대규모 생산자들

'소수의 대규모 생산자들'이라는 표현은 모호할 수밖에 없다. 과점시장 모형은 순수 독점과 독점적 경쟁 사이에 존재하는 광범위한 시장을 포괄하고 있기 때문이다. 과점은 3개 기업이 전체 시장을 지배하는 미국 알루미늄 산업뿐 아니라 중간규모의 도시에서 비슷한 규모의 4~5개 자동차부품업체들이 존재하는 시장을 모두 포함한다. 하지만 일반적으로 '빅3', '빅4', '빅6' 등과 같은 표현은 이 산업이 과점산업이라는 점을 나타낸다.

동질적 혹은 차별화된 제품들

동질적 과점
차별화된 과점

과점은 표준화된(동질적인) 제품이 생산되는지 차별화된 제품이 생산되는지에 따라 **동질적 과점**일 수 있고 **차별화된 과점**일 수 있다. 철강, 아연, 구리, 알루미늄, 납, 시멘트, 산업용 알코올 등은 과점으로 생산되는 거의 표준화된 제품들이다. 이와 달리 자동차, 타이어, 가전제품, 전자장비, 조식용 시리얼, 담배, 다수의 스포츠 용품 등 많은 소비재 산업은 차별화된 과점시장이다. 이러한 차별화된 과점에서는 막대한 광고비 지출을 통한 비가격경쟁이 치열하게 이루어진다.

가격에 대한 통제력과 상호의존성

전략적 행위
상호의존성

과점산업에서는 기업의 수가 적기 때문에 개별 기업들은 '가격설정자'이다. 이는 독점에서처럼 기업이 이윤극대화를 위해 가격과 생산량을 정할 수 있다는 의미이다. 하지만 경쟁자가 없는 독점기업과는 달리, 과점기업은 가격, 생산량, 제품 속성, 광고 등을 정할 때 이에 대한 경쟁기업의 대응 방식을 고려해야 한다. 따라서 과점의 특징은 전략적 행위와 상호의존성이다. **전략적 행위**는 다른 기업의 반응을 고려하면서 자신의 이익을 추구한다는 것을 의미한다. 기업들은 '사업을 키워' 이윤을 늘리기 위해 가격, 품질, 입지, 서비스, 광고 등과 관련된 전략을 개발하고 이를 실행한다. 그러나 경쟁기업의 수가 적기 때문에 **상호의존성**이 발생한다. 즉 개별 기업의 이윤이 자신의 가격 및 판매 전략만이 아니라 경쟁기업의 전략에 따라 달라진다는 것이다. 따라서 과점기업들은 경쟁기업의 반응을 고려하여 생산량 등의 결정을 내린다. 한국 화장품은 화장품 가격의 인상 여부를 결정할 때 태평양화장품을 비롯한 주요 경쟁기업의 대응이 어떨지 예측하려고 노력한다. 버거킹은 광고 전략을 결정할 때 맥도날드의 대응을 고려한다.

진입장벽

순수독점을 초래하였던 진입장벽들이 과점을 초래하기도 한다. 규모의 경제는 항공기, 고무, 구리 등과 같은 여러 과점산업에서 중요한 진입장벽으로 작용한다. 이들 산업에서 3~4개 기업의 판매량은 규모의 경제를 실현할 수 있지만 신규 기업은 시장점유율이 너무 낮아서 규모의 경제를 달성하지 못한다. 따라서 이들 신규기업은 고비용 생산자가 되어 생존이 어렵다. 특정 산업에 진입하기 위한 자본지출(필요한 공장 및 설비를 취득하는 데 드는 비용의 규모)이 너무 크면 이와 관련하여 진입장벽이 발생하기도 한다. 예를 들어 항공기 엔진, 자동차, 상용 비행기, 정유 등의 산업들은 매우 큰 규모의 자본이 필요한 산업들이다.

금, 은 및 구리 등 다수의 광물산업에 과점이 존재하는 이유는 원자재에 대한 소유와 통제 때문이다. 컴퓨터, 화학, 가전, 의약 등의 산업에서는 특허가 진입장벽이 된다. 이에 더하여 과점기업들은 선제적이고 보복적인 가격전략과 광고 전략을 통하여 신규 경쟁 기업의 진입을 가로 막을 수 있다.

합병

조식용 시리얼, 추잉검, 막대사탕 등의 예처럼 주로 산업 내 지배적 기업들의 성장에 의해 과점이 형성되기도 하지만 초기의 철강 산업 그리고 최근의 항공사, 은행, 엔터테인먼트 산업 등의 예에서처럼 주로 합병에 의해 과점이 형성되기도 한다. 2이상의 경쟁기업들이 합병하거나 결합하면 시장점유율이 크게 상승하여 그 결과 새로운 합병 기업은 규모의 경제를 누릴 수 있다.

합병하려는 강력한 '충동'은 규모의 경제뿐 아니라 독점력의 강화를 위해서 야기된다. 합병으로 기업의 규모가 커지면 시장공급 나아가 제품가격에 대한 통제력이 커진다. 그리고 새로운 합병기업은 투입요소의 구매자로서의 지위가 강화되어 더 낮은 가격에 투입요소를 취득할 수 있게 된다.

합병

과점 산업

이 장의 앞부분에서 독점적 경쟁 산업의 상위4사 집중도(상위 4대 기업이 전체 산업에서 차지하는 매출액비중)를 표 10.1에서 살펴본 바 있다. 표 10.2의 (2)열은 미국 21개 과점산업에 대한 상위4사 집중도를 보여주고 있다. 예를 들어 미국 조식용 시리얼 산업에서 상위 4대 기업은 산업생산량의 78%를 차지하고 있다.

표 10.2에서처럼 특정한 산업에서 상위 4대 기업이 전체 시장의 40% 이상을 통제하고 있을 때 그 산업은 과점으로 여겨진다. 이 기준을 활용하면 미국 제조업의 절반 정도가 과점 산업이다.

집중도는 과점의 식별에 유용하지만, 다음과 같은 4가지 단점이 있다.

〈표 10.2〉 집중도가 큰 일부 미국 제조 기업들의 생산량 비중

(1) 산업	(2) 상위4사 생산*의 백분율 비중	(3) 상위 50기업의 허핀들 지수	(1) 산업	(2) 상위4사 생산*의 백분율 비중	(3) 상위 50기업의 허핀들 지수
가정용 세탁장비	100	ND**	1차 알루미늄	74	2,089
가정용 냉장고 및 냉동고	93	ND	타이어	73	1,531
담배	88	2,897	생수	71	1,564
맥주	88	3,561	가솔린 펌프	70	1,611
유리 용기	86	ND	고형 비누	70	2,250
인산염 비료	85	3,152	장례용 관	69	1,699
소형권총 탄약	84	2,848	프린터 토너	67	1,449
전구	84	3,395	증류주류	65	1,394
항공기	80	3,287	터빈 및 발전기	61	1,263
조식용 시리얼	79	2,333	자동차	60	1,178
공기분사용 캔	75	1,667	1차 구리	50	879

* 출하액 기준. 2012년 자료. www.census.gov/econ/manufacturing.html ** ND = 비공개
자료: Bureau of Census, Census of Manufacturers, 2012

국지적으로 과점

국지화된 시장 앞에서 강조하였듯이 집중도는 전국시장을 기준으로 작성되지만 일부 제품시장은 높은 운송비용으로 인하여 국지화되어 있다. 전국적으로 보면 집중도가 낮게 나타나지만 **국지적으로 과점**일 수 있다.

산업간 경쟁

산업간 경쟁 집중도를 계산할 때 산업에 대한 정의는 다소간 자의적인 측면이 있다. 이 지표는 **산업간 경쟁**(다른 산업에 속한 2제품 사이의 경쟁)을 잘 보여주지 못할 수 있다. 표 10.2에서 구리산업의 집중도가 매우 높은 것으로 보이지만, 알루미늄이 장거리 송전선을 비롯한 여러 용도에서 구리와 경쟁적인 점을 고려하면 구리 산업의 집중도는 경쟁을 과소평가할 수 있다.

수입경쟁

세계 무역 표 10.2의 자료는 미국에서 생산된 제품에 대해서만 작성된 것이다. 따라서 해외 공급자와의 **수입경쟁**을 고려하지 않아서 집중도가 과대평가되고 있다. 트럭 및 자동차 타이어 산업은 이를 잘 보여준다. 표 10.2를 보면 미국 내 타이어 총생산량의 77%가 4대 기업에 의해 생산되고 있다. 그러나 이 수치는 미국에서 판매되는 트럭 및 자동차 타이어의 상당 부분이 수입품이라는 점을 간과하고 있다. 많은 세계적 기업들이 미국기업은 아니지만 미국시장을 대상으로 사업을 하고 있다.

지배적 기업 상위4사 집중도는 상위 1~2개 기업의 산업지배력을 잘 보여주지 못한다. X산업에서는 한 기업이 산업의 전체 생산량을 차지하고 있다고 가정하자. 2번째 산업인 Y산업에서는 4개 기업이 각각 시장의 25%를 점유하면서 경쟁하고 있다고 하자. 두 산업 모두 상위4사 집중도는 100%이다. 하지만 X산업은 순수 독점이며 Y산업은 경쟁

응용 사례: 창조적인 전략적 행동

지역시장을 주제로 한 다음의 우스개는 전략적 행동을 포함한 과점의 특징을 잘 보여준다.

트레이시가 경영하는 '아메리카 민속공방'은 국립공원 끝자락의 작은 관광도시에 위치하고 있다. 초기에는 트레이시의 점포는 작은 규모의 독점기업이었다. 사업은 활발하게 이루어졌으며, 가격이 높고 이윤도 컸다.

골치 아픈 일이 벌어진 것은 그녀의 가게 양 쪽에 2개의 '모방' 점포들이 개업한 다음부터이다. 설상가상으로 경쟁 점포들은 트레이시의 광고에 편승하여 가게 이름을 지었다. 하나는 '민속공방'이었고 다른 하나는 '인디언공방'이었다. 이들 판매자들이 트레이시의 고객을 점차 뺏어가자 트레이시는 가격을 인하할 수밖에 없었다. 이 작고 고립된 도시에 나란히 영업하고 있는 3개의 점포들은 토착 민속품 시장에서 국지화된 과점을 형성하게 되었다.

트레이시는 이윤의 확대방안에 대한 전략을 생각하기 시작했다. 그녀는 고급의 고가제품을 많이 제공하고 싸구려 기념품들을 덜 판매하는 방식으로 양 옆의 점포와 차별화하기로 결정하였다. 이 전술은 일시적으로는 성공하였지만, 다른 점포들도 결국에는 그녀의 제품 구성을 모방하게 되었다.

이 때 한 경쟁 점포가 "더 낮은 가격으로 판매합니다!"라는 커다란 간판을 내다 걸면서 경쟁에 불을 지폈다. 잠시 후 다른 경쟁 점포는 "우리는 싸구려를 취급하지 않습니다!"라는 커다란 간판을 달았다.

이에 뒤질세라 트레이시는 형형색색의 간판을 문 위에 크게 매달았다. 거기에는 '정문'이라고 쓰여 있었다.

이 적지 않게 이루어지는 과점이다. 대부분의 경제학자들은 Y산업보다 X산업의 독점력(시장지배력)이 더 크다고 여기지만, 집중도는 둘 다 100%이기 때문에 이러한 사실이 드러나지 않는다.

허핀들 지수는 이러한 문제를 해결할 수 있다. 이 지수는 해당 산업 내 기업들의 시장점유율을 제곱한 후 이를 모두 더한 값이라는 점을 설명한 바 있다. 이 지수의 계산공식은 다음과 같다.

$$\text{허핀들 지수} = (\%S_1)^2 + (\%S_2)^2 + (\%S_3)^2 + \cdots + (\%S_n)^2$$

여기서 $\%S_1$은 기업 1의 시장점유율의 백분율 값이고, $\%S_2$는 기업 2의 시장점유율의 백분율 값이다. 이처럼 산업 내 총 n개 기업의 시장점유율을 제곱하여 구할 수 있다. 산업 내 모든 기업들의 시장점유율을 제곱하게 되면 규모가 작은 기업보다 규모(영향력)가 큰 기업의 가중치를 의도적으로 크게 하다는 점도 이미 설명한 바 있다. 1개 기업만이 존재하는 X산업의 허핀달 지수는 최대치인 100^2으로 이 산업의 독점력은 완벽한 수준임을 보여준다. 4개 기업이 경쟁하는 Y산업의 지수는 $25^2+25^2+25^2+25^2$, 즉 2,500으로 시장지배력이 훨씬 약하다는 것을 알 수 있다.

허핀들 지수가 클수록 특정 산업 내 시장지배력은 커진다. 표 10.2에서 컴퓨터 산업과 타이어 산업에 대한 상위4사 집중도는 76%와 77%로 비슷한 값이다. 하지만 컴퓨터 산업의 허핀들 지수는 2,662으로 1,807인 타이어 산업보다 크다. 즉 컴퓨터 산업의 시장지배력이 더 크다는 것을 알 수 있다. 또한 표 10.2의 산업과 10.1의 산업을 비교하여 보면, 과점시장의 허핀들 지수가 훨씬 더 크다는 것을 알 수 있다.

과점적 행동: 게임이론 개관

게임이론
용의자의 딜레마

과점기업의 가격 책정 행동은 포커, 체스, 브리지 등에서 나타나는 전략 게임과 유사한다. 이들 게임에서 이기기 위한 최선의 방식은 상대방이 어떻게 하느냐에 따라 달라진다. 게임 참가자들(과점기업들)은 상대방의 행동과 대응방식에 대한 예상에 따라 스스로의 행동 방식을 결정해야 한다. 전략적 행동에 대한 연구 분야를 **게임이론**(game theory)이라 한다. 게임이론의 전형적인 예는 **용의자의 딜레마**라고 불린다. 즉 두 명의 용의자는 혐의를 부정하면 무죄 방면이 될 수 있지만 결국 각자 죄를 실토하게 된다는 것이다. 이러한 결과를 뒷받침하는 논리는 다음의 '사례연구'에 설명되어 있으며, 지금 바로 읽어볼 필요가 있다.

가격전략

용의자의 딜레마에서 '자백–자백'이라는 결과는 그림 10.3의 '저가–저가'의 결과와 개념적으로 동일하다. 그림 10.3에는 복점기업 즉 2개의 과점기업이 운동화를 생산한다고 가정한다. 이들 두 기업(말표와 코끼리표)은 모두 고가 전략과 저가 전략이라는 2가지 **가격전략** 중 하나를 선택할 수 있다. 각 기업의 이윤은 이들이 선택하는 전략 '그리고' 경쟁사가 선택한 전략에 달려 있다.

보수행렬

이들 2기업이 택할 수 있는 전략 조합은 4개가 있으며, 그림에서 알파벳이 붙은 칸들은 이들 각 조합을 나타내고 있다. 예를 들면 C칸은 코끼리표가 저가 전략을 택하고 말표는 고가 전략을 택한 상황을 표현한다. 그림 10.3에서 각 칸은 전략 조합에 따른 두 기업의 보수(이윤)를 보여주고 있기 때문에 이를 **보수행렬**이라고 한다. C칸은 코끼리표가 저가 전략을 택하고 말표가 고가 전략을 택하면 코끼리표는 노란 색 부분에 주어진 150억 원, 말표는 파란색 부분에 기록된 60억 원을 벌 것임을 보여주고 있다.

사례연구: 용의자의 딜레마

게임이론에 대한 고전적 설명의 하나는 용의자의 딜레마 게임이다. 이 게임에서 2사람(순실과 용철이라고 하자)이 다이아몬드를 강탈한 후 경찰에 의해 주요 용의자로 구류되어 있다. 자신들은 모르지만 범행의 증거가 매우 취약하여 경찰이 혐의를 입증할 수 있는 유일한 방법은 이들 중 1명 혹은 2명이 모두 자백을 하는 것이다. 경찰은 순실과 용철을 분리된 취조실에 억류한 채, 각자에게 자백을 하면 징역형을 경감해주겠다는 협상을 똑같이 제안한다.

각 용의자들은 딜레마에 봉착한다. 순실이 입을 열지 않았을 때 용철이 자백하면 순실은 중형을 선고받고 만다. 순실이 자백하였을 때 용철이 아무 말도 하지 않는다면 용철은 중형을 선고받을 것이다. 어떤 일이 벌어질까? 둘 다 자백하지 않는 것이 더 좋은 결과를 낳지만 다른 사람이 자백할 것을 두려워하여 두 사람은 모두 자백하게 된다.

[그림 10.3] 두 과점기업의 이윤

각 기업이 선택할 수 있는 가격 전략은 2가지이다. 말표의 전략은 그림의 위쪽에, 코끼리표의 전략은 그림의 왼쪽에 주어져 있다. 각 칸의 알파벳은 말표와 코끼리표가 택한 전략의 조합을 나타내며 각 칸에 표시된 숫자는 이들 조합에 따른 두 기업의 이윤을 의미한다. 두 기업이 담합하지 않는다면 이 게임의 결과는 D칸으로 주어지며, 이 때 두 기업은 모두 저가 전략을 택하고 80억 원의 이윤을 얻는다.

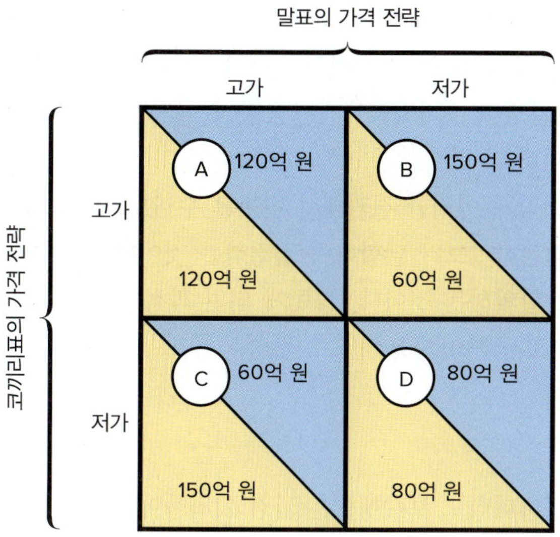

상호의존성: 다시 보기

그림 10.3의 자료는 가상적인 것이지만 현실 상황을 전형적으로 보여준다. 과점기업이 가격 전략을 바꾸면 자신의 이윤뿐 아니라 경쟁기업의 이윤도 달라진다는 점을 염두에 두기 바란다. 즉 **과점기업의 이윤은 자신의 가격전략과 경쟁기업의 가격전략에 따라 달라지는 것**이다. 그림 10.3이 보여주고자 하는 것은 과점기업들의 이러한 **상호의존성**이다. 코끼리표가 고가 전략을 취한다고 하자. 이 때 말표가 고가 전략을 채택한다면 코끼리표의 이윤은 120억 원이 된다(A칸). 하지만 말표가 저가 전략을 택하면 (B칸) 말표의 시장점유율은 늘어나고 이윤은 120억 원에서 150억 원으로 늘어난다. 말표의 이윤 증가는 코끼리표의 희생에서 비롯된 것으로 코끼리표의 이윤은 120억 원에서 60억 원으로 줄어들어 있다. 코끼리표의 고가 전략은 말표가 고가 전략을 선택하는 경우에만 좋은 전략이다.

상호의존성

담합

그림 10.3은 과점기업들이 **담합**(즉 경쟁사와의 협력)을 하면 이득을 볼 수 있다는 점을 보여준다. 담합의 이득을 살펴보기 위해 그림 10.3의 2기업이 모두 독립적으로 행동하며 고가 전략을 따르고 있다고 가정하자. 이 경우 두 기업은 모두 120억 원(A칸)의 이윤을 얻는다.

담합

이 때 말표나 코끼리표 중 하나가 저가 전략으로 전환하면(B칸 혹은 C칸) 그러한 기업의 이윤이 증가한다는 점을 확인하기 바란다. 저가 전략을 선택한 기업의 이윤은 150억 원로 상승하고 고가를 고수한 기업의 이윤은 60억 원으로 감소한다. 고가전략을 고수하던 기업이 저가전략으로 전환하면 이윤감소를 줄일 수 있다. 즉 이 기업의 이윤은 60억 원에서 80억 원으로 상승한다(D칸). 2기업이 독립적으로 행동하여 가격전략을 택하면 결국 2기업은 모두 저가전략을 택하게 되어 이윤이 120억 원(A칸)에서 80억 원(D칸)으로 감소하게 되는 것이다.

실제 과점기업들이 독립적으로 행동하면 '경쟁적인' 저가 전략이 선택되는 결과가 나타난다. 독립적인 과점기업들이 가격경쟁을 하게 되어 가격은 낮아지고 이윤은 작아지는 것이다. 이것은 분명히 소비자들에게는 좋은 일이지만 이윤이 줄어든 과점기업들에게는 좋은 일이 아니다.

과점 기업들은 어떻게 이러한 결과에서 벗어날 수 있을까? 그것은 과점기업들이 독립적으로 가격을 결정하기보다 담합하여 결정하는 것이다. 앞의 예에서 2기업이 고가전략을 유지하기로 합의하는 것이다. 그렇게 되면 과점기업의 이윤은 80억 원(D칸)에서 120억 원(A칸)으로 증가하게 된다.

속이려는 유인

담합을 어길 유혹

기업이 담합에 합의하더라도 보수행렬은 과점 기업들이 속임수를 써서 담합의 합의를 잘 지키지 않으려한다는 점을 보여준다. 코끼리표와 말표가 고가 전략을 유지하기로 합의하여 120억 원의 이윤(A칸)을 얻고 있다고 가정하자. 2기업은 상대방이 담합의 약속을 지킬 때 자신만 가격을 인하하면 이윤이 150억 원으로 늘어난다는 것을 알게 된다. 그래서 이들은 가격 설정에 대한 **담합을 어길 유혹**을 받게 된다.

예를 들어 말표가 높은 가격을 유지하고 있을 때 코끼리표가 몰래 약속을 어기고 낮은 가격으로 판매한다고 하자. 그러면 A칸에서 C칸으로 이동하여 코끼리표의 이윤은 150억 원으로 증가하고 말표의 이윤은 60억 원으로 줄어든다. 반대로 코끼리가 높은 가격을 유지하고 있을 때 말표가 몰래 약속을 어기고 낮은 가격으로 판매한다고 하자. 그러면 A칸에서 B칸으로 이동하여 말표의 이윤은 150억 원으로 증가하고 코끼리표의 이윤은 60억 원으로 줄어든다.

여기서 볼 수 있듯이 속임수를 쓰면 매우 큰 이득을 얻지만 속임수에 당하면 매우 큰 비용을 지불하게 된다. 그 결과 두 기업은 모두 속임수를 쓸려고 해서 게임은 2기업이 모두 저가 전략을 채택하는 D칸으로 되돌아가게 된다. 이는 '사례연구'에 있는 용의자의 딜레마와 유사한 결과인데 이를 다시 읽어보기 바란다. 이 장의 마지막 부분에서도 게임이론의 적용사례를 몇 가지 보여주고 있다.

3개의 과점 모형

과점 기업의 가격 및 생산량의 결정을 좀 더 분명히 이해하기 위하여 (1) 굴절수요이론 (2) 담합 (3) 가격선도제 등 3가지의 가격결정 모형을 살펴보도록 하자.

과점은 다른 시장구조와 달리 여러 가지 모형이 존재하는 이유는 무엇일까? 그 이유는 2가지이다.

- **과점의 다양성** 과점시장은 다른 시장구조와 달리 광범위하고 다양하다. 과점은 2~3개 기업이 시장 전체를 지배하는 '집중도가 높은' 과점뿐 아니라 6~7개 기업이 시장의 70~80% 정도를 차지하고 나머지 시장은 '경쟁적인 주변' 기업들이 차지하는 '집중도가 낮은' 과점을 모두 포함한다. 과점은 차별화된 제품을 생산하거나 표준화된 제품을 생산할 수도 있다. 그리고 기업들이 담합을 하거나 독립적으로 행동하기도 한다. 진입장벽이 매우 높거나 그렇지 않을 수도 있다. 간단히 말하면 과점은 너무 다양해서 단일한 시장 모형으로 과점기업들의 행동을 설명할 수 없다.
- **상호의존성의 복잡함** 과점기업들의 상호의존성은 문제를 더욱 복잡하게 만든다. 기업들은 **경쟁기업의 반응을 확실하게 예측할 수 없기 때문에 자신의 제품에 대한 수요나 한계수입 자료를 알 수 없다.** 나중에 살펴보겠지만 이러한 자료가 없으면 이윤극대화 가격과 생산량을 이론적인 수준에서조차도 결정할 수 없다.

이러한 분석의 어려움에도 불구하고 과점기업의 가격설정을 보면 2가지 서로 연관된 특징이 관찰된다. 첫째, 경제가 전반적으로 안정적이면 과점시장의 가격은 잘 변하지 않고 '경직적'이다. 과점시장의 가격은 순수경쟁이나 독점적 경쟁보다 그리고 어떤 경우에는 순수 독점일 때 보다 잘 변하지 않는다. 둘째 과점산업 내 모든 기업들이 동시에 가격을 변화시키는 때가 많다. 이는 앞에서 언급하였듯이 기업들이 담합하여 가격을 결정하고 있다는 점을 시사한다. 과점의 다양성과 상호의존성은 아래에서 살펴볼 모형들에 반영되어 있다.

굴절수요이론: 비협조적 과점

3개의 가상기업(새로나, 미리내, 그리미)으로 구성된 과점 산업을 생각해보자. 이들 3 기업은 차별화된 제품들을 생산하며 전체 시장을 3등분하고 있다. 이 기업들은 '독립적'이어서 담합을 통해 가격을 책정하지 않는다고 가정하자. 또한 그림 10.4(a)와 같이 새로나 제품의 현행 가격은 P_0이고 현재 판매량은 Q_0라고 가정하자.

새로나 기업의 수요곡선은 어떻게 생겼을까? 경쟁기업의 대응이 불확실하기 때문에 이 질문에 답하는 것은 쉽지 않다. 새로나 기업의 수요곡선은 경쟁기업이 새로나의 가격 변화에 어떻게 대응하는지에 달려 있다. 새로나 경쟁기업의 대응방식은 다음의 2가지라고 가정할 수 있다.

- **가격 변화를 따라하는 경우** 1가지 대응 방법은 미리내와 그리미가 항상 새로나의 가격 변화를 그대로 따라하는 것이다. 이 경우 새로나의 수요곡선과 한계수입곡선은 그림 10.4(a)의 D_1과 MR_1와 같은 형태를 띨 것이다. 이들 직선의 기울기가 이렇게 가파른 이유는 무얼까? 새로나가 가격을 인하하면 새로나의 우위를 막기 위하여 두 경쟁기업도 가격을 인하하게 되어 새로나의 매출 증가는 소폭에 그치기 때문이다. 새로나를 비롯한 2경쟁기업의 매출이 약간 증가하는 것은 다른 산업의 매출 감소에서 비롯된 것이다. 새로나의 매출은 미리내나 그리미에 비하여 늘어나는 것은 아니다. 새로나가 가격을 인상하는 경우에도 미리내와 그리미가 따라서 인상할 것이므로

[그림 10.4] 굴절수요곡선

(a) 비협조적 과점에서 기업의 수요곡선과 한계수입곡선의 기울기는 기업이 현재 가격(P_0)을 변화시켰을 때 경쟁기업이 따라하는지(직선 D_1과 MR_1), 아니면 무시하는지(직선 D_2와 MR_2)에 따라 달라진다. (b) 과점산업에서 경쟁기업은 가격 인상은 무시하고 가격 인하는 따라할 가능성이 매우 크다. 그 결과 과점 기업의 수요곡선은 굴절되며(D_2eD_1) 한계수입곡선은 비연속적이 되어 간극(fg)을 갖게 된다. 한계비용이 MC_1과 MC_2 사이에서 변한다면 한계수입곡선의 수직선(점선) 부분에서 만나게 되어 가격 P_0와 생산량 Q_0는 전혀 변하지 않는다.

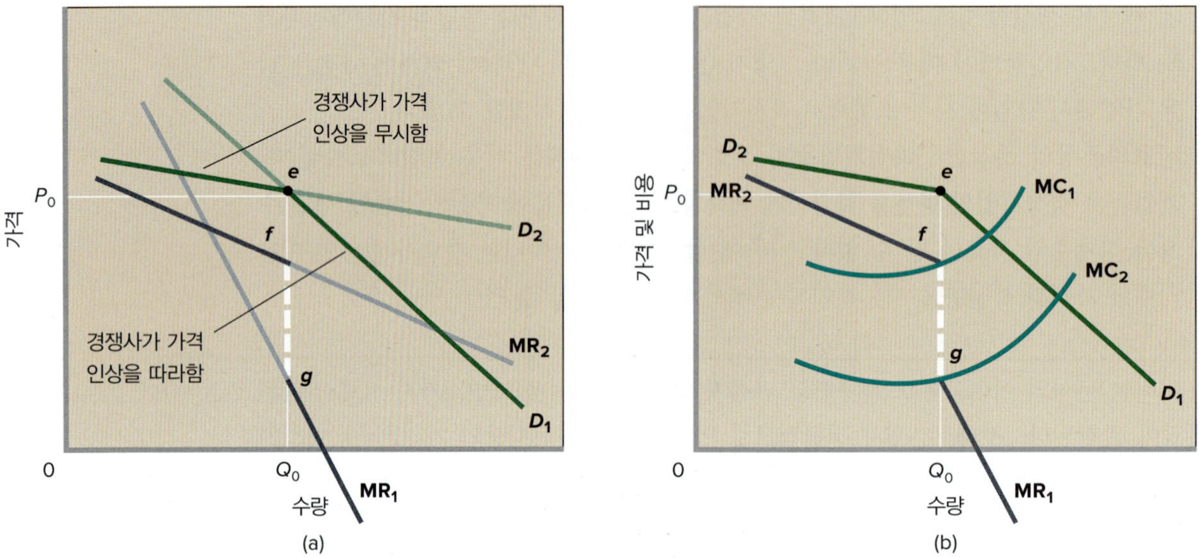

매출 감소는 소폭에 그칠 뿐이다. 해당 산업의 매출이 타 산업에 비해 감소하기는 하겠지만, 새로나가 미리내나 그리미의 고객을 빼앗지 않는다.

- **가격 변화를 무시하는 경우** 다른 가능성은 미리내와 그리미가 새로나의 가격 변경을 무시하는 것이다. 이 경우 새로나가 직면하고 있는 수요곡선과 한계수입곡선은 그림 10.4(a)의 D_2와 MR_2와 직선이 된다. 이 때 수요는 앞의 경우보다 훨씬 탄력적이다. 이유는 명백하다. 새로나가 가격을 인하하였을 때 경쟁기업이 가격을 인하하지 않는다면 새로나는 경쟁기업보다 값싸게 판매하게 된다. 따라서 경쟁기업의 매출은 감소하고 새로나의 매출은 크게 늘어난다. 반대로 새로나가 가격을 인상하였을 때 경쟁기업이 가격을 인상하지 않고 그대로 있다면 새로나의 고객은 싼 값에 공급하는 미리내와 그리미로 가게 된다. 하지만 새로나가 가격을 올리더라도 판매가 0으로 떨어지지는 않는데 그것은 제품차별화 때문이다. 새로나의 일부 고객은 새로나 제품을 너무 좋아해서 높은 가격에도 이를 구매하려기 때문이다. 그럼에도 불구하고 경쟁기업이 새로나의 가격 변화를 무시하면 새로나의 수요곡선은 경쟁기업이 가격 변화를 따라하는 경우보다 훨씬 탄력적이다.

복합 전략 새로나가 먼저 가격 변경을 하였을 때 경쟁기업은 논리적으로 어떻게 대응할까? 이에 대한 답은 "가격이 오르는지 내리는지에 따라 다르다"는 것이다. 과점산업의 관찰에서 상식적으로 얻어지는 결론은 어떤 기업이 가격을 P_0에서 내리면 경쟁기업은 고객을 뺏기지 않기 위해 가격을 따라서 내릴 것이라는 것이다. 반면에 기업이 가격을 P_0보다 올리면 경쟁기업은 이를 무시한다는 것이다. 경쟁기업은 가만히 앉아서 가격을 인상한 기업의 고객을 끌어들일 수 있기 때문이다. 달리 말하면 그림 10.4(a)에서 가격을 인상하면 수요곡선은 '경쟁사들이 무시하는 경우'의 수요곡선 D_2에서 짙은 초록색으로 표시된 왼쪽 부분이 된다. 그리고 가격을 인하하면 수요곡선은 '경쟁기업이 따라하는 경우'의 수요곡선 D_1에서 짙은 초록색으로 표시된 오른 쪽의 부분이 된다는 것이다. 따라서 비협조적 과점기업은 그림 10.4(b)와 같은 **굴절수요곡선** D_2eD_1에 직면한다고 가정하는 것이 합리적이다. 수요는 P_0 이상의 가격에서는 매우 탄력적이지만, 그 이하의 가격에서는 탄력성이 적어지며 아예 비탄력적이 될 수도 있다.

굴절수요곡선

경쟁기업이 가격인하는 따라 하지만 가격인상은 무시하면 과점기업의 한계수입곡선도 이상한 모양을 띄게 된다. 한계수입곡선은 그림 10.4(a)에서 MR_2 왼쪽에 있는 짙은 회색 부분과 MR_1의 오른쪽에 있는 짙은 회색 부분으로 구성되며 이들은 분리되어 있다. 현행 가격보다 가격이 상승하거나 하락하면 수요의 탄력성이 현저하게 달라져 **한계수입곡선은 비연속적**이 된다. 즉 한계수입곡선은 이 지점에서 수직이 된다고 볼 수 있다. 그림 11.4(b)에 2부분이 결합된 한계수입곡선이 MR_2fgMR_1의 점선으로 표시되어 있다.

가격 경직성 이 분석은 **비협조적 과점산업에서 가격이 안정적인 이유**를 설명하게 해준다. 수요측면과 비용측면에서 이유를 찾을 수 있다.

수요 측면을 보면 과점기업들은 수요곡선이 굴절되어 있어서 가격변경은 상황을 악화시킬 것이라고 믿게 된다. 기업이 가격을 인상하면 다수의 고객이 이탈한다. 가격을 인하하면 경쟁사기업이 이를 따라할 것이므로 매출 상승은 소폭에 그칠 뿐이다. 수요의 탄력성에 따라 다르겠지만, 가격 인하로 과점기업의 총수입이 다소 증가하더라도 비용도 그보다 크게 증가할 수 있다. 예를 들어 수요가 Q_0의 오른쪽에서 비탄력적이라면(그럴 가능성은 매우 크다), 가격인하로 기업의 이윤은 분명히 감소한다. 수요가 비탄력적일 때 가격이 하락하면 기업의 총수입은 감소하고 생산량의 증가로 총비용이 커지기 때문이다.

비용측면을 보면 **한계수입곡선이 비연속적**이기 때문에 과점기업의 비용이 상당히 변한다고 해도 가격이 변할 이유가 없다. 특히 그림 10.4(b)에서 한계비용곡선이 MC_1과 MC_2 사이에 위치하면 기업은 가격과 생산량을 변경하지 않을 것이다. 한계비용곡선이 이 사이에 있으면 MR과 MC가 같아지는 생산량은 Q_0이며, 이 생산량에서 가격은 P_0이 된다.

모형에 대한 비판 굴절수요모형은 2가지 결점을 지닌다. 첫째, 이모형은 그림 10.4에서 가격이 어떻게 P_0에서 결정되었는지를 설명하지 못한다. 이 모형은 과점산업에서 P_0에서 가격이 유지된다는 점을 설명하는 데 유용할 뿐이다. 굴절수요이론은 가격 그 자체를 설명하지 못하고 **가격의 경직성**을 설명할 뿐이다.

가격의 경직성

둘째, 경제가 불안정하면 과점가격은 굴절수요이론의 예측처럼 경직적이지 않다. 인플레이션 때 많은 과점 기업들은 흔히 가격을 대폭 인상한다. 또한 경기 침체기에는 가격을 인하하는 과점기업도 종종 있다. 어떤 때에는 이러한 가격 인하가 **가격전쟁**(price war)을 촉발하기도 한다. 다수 경쟁기업들이 시장점유율을 유지하기 위해 연속적이고 지속적인 가격 인하를 단행할 때 그렇게 된다.

가격전쟁

카르텔 등의 담합

앞에서 게임이론모형을 통해 과점 기업들이 담합을 하면 이득을 얻을 수 있다는 점을 확인한 바 있다. 특정 산업의 기업들이 가격설정, 시장분할, 경쟁제한 등에 합의하게 되면 담합이 행하여졌다고 할 수 있다. 담합이 없으면 과점기업은 굴절수요에 직면하는데 이에 따른 불이익과 불확실성은 분명하다. 특히 전반적인 경기 침체기에는 가격전쟁이 발발할 위험도 있다. 팔지 못한 재고가 쌓여 있고 유휴설비가 크기 때문에 가격 인하를 단행하여 시장점유율을 늘리고 단위비용을 절감하려기 때문이다. 또한 신규 기업이 진입장벽을 극복하여 새로 진입하거나 시장에서 발판을 마련하기 위하여 공격적인 가격 인하를 단행할 수도 있다. 게다가 인플레이션 때문에 비용이 증가하더라도 굴절수요곡선에 직면한 과점기업이 가격을 올리지 못하면 이들 기업의 이윤은 악화될 수 있다. 그러나 담합을 통해 가격을 통제할 수 있게 되면 과점기업이 직면하는 불확실성은 줄어들고 이윤은 증가하며 나아가서 신규 기업의 진입을 억제할 수 있게 된다.

가격과 생산량 이번에는 인터리어용 석고판넬을 생산하는 과점기업이 3곳(아르미, 마리나 및 새로미)이라고 가정하자. 이 3기업은 동질적인 제품을 생산하며 동일한 비용곡선을 지니고 있다고 하자. 이들 3기업들은 **경쟁기업의 가격 대응방식을 모른다면 자신의 수요곡선을 알 수 없다.** 따라서 모든 기업이 자신의 가격변경에 나머지 2경쟁기업이 그대로 따라할 것이라고 생각한다고 추측할 수 있다. 달리 표현하면 개별 기업들은 그림 10.4(a)의 직선 D_1과 같은 수요곡선을 갖는다. 이들의 비용, 수요 및 한계수입이 같기 때문에 그림 10.5는 이들 3과점 기업들이 처한 상황을 나타낸다고 할 수 있다.

이 때 아르미는 어떠한 가격과 생산량 조합을 선택할까? 아르미가 순수 독점기업이라면 답은 분명하다. 즉 한계수입과 한계비용이 같아지는 Q_0에서 생산량을 결정하고 가격을 P_0에서 설정하여 최대의 이윤을 누릴 것이다. 하지만 아르미에게는 동일한 제품을 판매하는 2경쟁사가 있으며, 이들이 아르미를 따라서 가격을 P_0에서 설정하지 않으면 그것은 아르미에게 재앙과 같은 결과를 가져다준다. 구체적으로 말해, 마리나와 새로미가 P_0보다 낮은 가격을 설정하면 아르미는 경쟁기업에 고객을 뺏겨 아르미의 수요곡선 D는 왼쪽으로 크게 이동할 것이다. 물론 아르미도 가격을 인하하여 보복할 수는 있다. 하지만 그렇게 되면 3기업의 수요곡선은 모두 왼쪽으로 이동하여 이윤이 감소할 것이다. 심지어 수요곡선의 이동으로 평균총비용이 가격보다 커지게 되면 손실이 발생할 수도 있다.

따라서 문제는 "마리나와 새로미가 P_0보다 낮은 가격을 설정할 것인가?"하는 것이다. 이들 경쟁기업은 자신이 P_0보다 낮은 가격을 설정한다면 아르미는 반드시 따라할 것이라고 인식하고 있다. 따라서 답은 "아니다"일 것이다. 가정에 따르면 모든 기업은 수요와 비용에서 동일한 처지이기 때문에 마리나와 새로미는 Q_0에서 생산하여 P_0의 가격을 부과하는 것이 자신의 이익에 부합한다고 생각하게 된다. 이는 매우 신기한 결과다. 즉 모든 기업들이 가격을 P_0에서 동일하게 부과하는 것이 모두에게 가장 이익이 되지만 이는 다른 경쟁기업이 동일하게 행동할 경우에만 그렇다는 것이다! 이들 3기업이 모두 가격 및 생산량을 P_0와 Q_0에서 결정하게끔 할 수 있는 방법은 무엇일까? 이보

[그림 10.5] 담합과 결합 이윤의 극대화

과점기업들의 수요 및 비용조건이 같거나 거의 비슷하면, 이 기업들은 총생산량을 제한하여 단일의 공동 가격을 책정하기 위해 담합할 수 있다. 그러면 과점기업들은 마치 하나의 순수 독점기업처럼 행동하며 Q_0에서 생산하여 P_0의 가격을 부과한다. 이러한 가격 · 생산량 조합은 개별 과점기업의 이윤(초록색 부분)뿐 아니라 과점기업 전체 이윤의 합(결합 이윤)을 극대화한다.

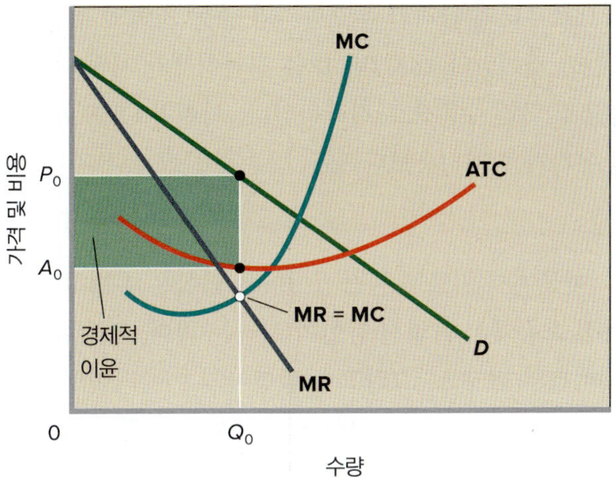

다 높거나 낮은 가격을 선택하여 수익성이 하락하는 결과를 피할 수 있는 방법은 무엇일까?

가르텔
공공연한 담합

대답은 분명하다. 담합하면 된다. 이들 3기업이 모여 P_0에서 가격을 책정하자고 합의하는 것이다. 이러한 행동은 가격전쟁의 가능성을 줄여주고 모든 기업들의 이윤을 가장 크게 만들어준다. 하지만 만약 적발되면 반독점법에 따라 기소되는 상황에 처하게 될 것이다! 사회적 관점에서 보면 이러한 담합은 3개의 동일한 공장으로 구성된 순수 독점과 같은 결과를 낳는다.

공공연한 담합: OPEC 카르텔 담합은 다양한 형태를 띨 수 있다. 가장 포괄적인 형태의 담합은 **카르텔**이다. 카르텔은 일반적으로 회원사들의 생산량과 가격에 대한 합의를 공식 문서를 통해 작성한 생산자 집단을 의미한다. 협정 가격이 유지되려면 생산량은 통제되고 시장은 분할되어야 한다. 이러한 담합을 **공공연한 담합**이라고 한다.

가장 중요한 국제 카르텔은 의심의 여지가 없이 12개 산유국으로 구성된 석유수출국기구(OPEC)이다. OPEC은 세계 원유생산량의 34%를 차지하며 국제거래량의 34%를 공급하고 있다.

OPEC은 때에 따라 공급량을 늘리거나 줄임으로써 유가를 급격하게 변동시킬 수 있었다. 예를 들어 1973

지구촌 전망 10.1

14개 OPEC 국가들의 1일 원유 생산량(2015년 겨울)

OPEC 국가들은 세계원유 생산량의 34%를 차지하고 있으며 세계원유 거래량의 34%를 점하고 있다.

OPEC 회원국	1일 원유 생산량(배럴)
사우디아라비아	10,088,000
이라크	4,309,000
UAE	2,895,000
이란	2,882,000
쿠웨이트	2,708,000
베네수엘라	2,348,000
나이지리아	1,789,000
앙골라	1,751,000
알제리	1,103,000
인도네시아	693,000
카타르	674,000
에콰도르	551,000
리비아	394,000
가봉	219,000

년에는 회원국들의 산유량 제한으로 유가가 3배 이상 치솟았다. 그리고 1990년대 말에는 산유량 제한의 결과 15개월에 걸쳐 유가가 11달러에서 34달러로 오르기도 하였다.

그렇더라도 유념할 점은 대부분의 유가 상승은 OPEC에 의해 초래된 것이 아니라는 것이다. 예를 들어 2005년과 2008년 사이에 유가는 배럴당 40달러에서 140달러로 올랐는데, 이는 중국으로부터의 급격한 수요증가와 중동 지역의 무장 분쟁으로 인한 공급의 불확실성에 기인한 것이었다. 2007년 12월 경기침체가 시작되면서 수요가 줄어들자 유가는 다시 배럴당 40달러 수준으로 하락하였다. 하지만 OPEC이 산유량 제한을 실효성 있게 강제하면 유가가 한계비용보다 훨씬 높은 수준으로 유지된다는 것은 의심의 여지가 없다.

은밀한 담합의 예 미국에서 카르텔은 불법이어서 담합은 은밀하거나 비밀리에 존재한다. 그렇지만 반독점 소송에서 밝혀진 담합의 사례는 많다. 2011년에는 미국의 월풀, 일본의 파나소닉, 덴마크의 단포스, 그리고 이탈리아의 어플라이언스콤포넌트 등은 냉각기용 압축기의 국제가격을 조작하기 위해 국제카르텔의 결성을 시도했다는 혐의로 2억 달러가 넘는 벌금을 부과받았다. 2012년에는 일본의 자동차부품업체들은 주요 자동차 조립업체들에 납품하는 부품가격을 담합했다는 혐의를 시인한 바 있다. 이들은 비밀유지를 위해 암호명을 사용하거나 가담자들에게 담합의 증거를 파괴하도록 지시하기도 하였다.

비공식적인 상호양해

많은 경우에 담합은 이보다 훨씬 더 교묘하게 이루어진다. 칵테일파티, 골프 경기, 전화 통화, 무역협회 회의 등에서 문서를 작성하지 않은 채 **비공식적인 상호양해**(전통적으로 '신사협정'이라고 불린다)가 빈번하게 이루어지곤 한다. 즉 경영진들은 가격에 대해 상호 양해하되 시장분할은 각자의 비가격경쟁에 맡긴다는 구두합의나 무언의 암묵적 합의를 하는 것이다. 이러한 형태의 합의도 반독점을 위반하는 것이어서 연루된 개인 및 기업들은 중형에 처해질 수 있다. 하지만 비공식 상호양해는 교묘하게 이루어지기 때문에 적발이 훨씬 어렵다.

담합의 장애 요소 보통 카르텔을 비롯한 여러 담합은 체결이나 유지가 쉽지 않다. 담합을 방해하는 여러 요인들은 다음과 같다.

- **수요 및 비용의 차이** 과점기업들이 서로 다른 비용곡선 및 수요곡선을 갖고 있다면 가격에 대한 합의에 이르기 어렵다. 제품이 차별화되어 있고 여건의 변화가 잦은 경우에는 특히 더하다. 매우 표준화된 제품들의 경우에도 일반적으로 기업들의 시장점유율이 다르고 생산효율성도 다르다. 따라서 동질적 과점이라도 수요곡선과 비용곡선이 같을 가능성은 매우 낮다.

  어떤 경우든 비용 및 수요가 다르면 이들 기업들의 이윤극대화 가격은 다르다. 따라서 실제로는 그림 10.5처럼 모든 기업들이 수용할 수 있는 단 하나의 가격은 존재하지 않는다. 따라서 가격담합은 타협과 양보를 통해서만 이루어질 수 있는데 타협과 양보는 항상 쉬운 일은 아니기 때문에 담합을 방해하는 장애가 된다.
- **기업의 수** 다른 조건이 일정하다면, 기업의 수가 많을수록 카르텔을 비롯한 여러 형

태의 가격담합은 어려워진다. 전체 시장을 통제하는 3~4개 기업들의 가격협정은 상대적으로 쉬울지도 모른다. 하지만 예를 들어 10개 기업이 각각 시장의 10% 정도를 점하고 있는 경우나 3대 기업이 시장의 70%를 점하면서 8~10개의 영세 경쟁기업들이 나머지 시장에서 싸우고 있는 경우에 협정에 도달하는 것은 훨씬 어렵다.

- **속임수** 게임이론에서 분명하게 확인할 수 있듯이 담합기업들은 매출과 이윤을 늘리기 위해 몰래 가격을 내리고자 하는 유혹을 받는다. 이러한 속임수에서 난점은 높은 가격을 지불하고 있는 구매자가 저가 판매를 알게 되면 가격을 낮추어달라고 요구한다는 점이다. 아니면 가격 할인을 받고 있는 구매자는 이 사실을 다른 경쟁기업으로부터 더 큰 가격 할인을 받기 위한 수단으로 활용할 수도 있다는 것이다. 구매자들의 흥정행위는 생산자들의 가격전쟁을 불러일으킬 수 있다. 은밀한 가격할인은 잠재적으로 수익성이 있지만 담합을 위협하는 요인이 된다. **속임수를 적발하고 처벌하기 쉬어야 담합의 성공가능성은 커진다**. 담합을 공모한 기업들이 가격 협정을 어기고 속일 가능성이 낮아지기 때문이다.
- **경기침체** 보통 장기간 지속되는 경기침체 동안에는 시장상황의 악화로 평균총비용이 상승하기 때문에 담합은 매우 어려워진다. 기술적으로 표현하면 경기침체의 결과 그림 10.5의 수요곡선과 한계수입곡선이 왼쪽으로 이동하게 된다. 그러면 모든 기업들의 생산량이 감소하면서 평균총비용은 증가하게 된다. 기업들의 유휴설비는 많아지고 매출은 감소하며 단위비용은 상승하고 이윤은 감소하게 되는 것이다. 이러한 조건에서 기업들은 가격 인하를 통해 경쟁사의 매출을 빼앗아 와야 심각한 이윤 감소(심한 경우에는 손실)를 피할 수 있다고 판단할 수 있다.
- **잠재적 진입** 담합의 결과 가격이 높고 이윤이 커지면 외국 기업을 비롯한 신규기업들이 시장에 진입할 수 있다. 그러면 시장공급이 증가하고 가격 인하 및 이윤 감소가 발생할 수 있다. 담합이 성공하려면 담합기업들이 새로운 생산자의 진입을 차단할 수 있어야 한다.
- **법적 장애: 반독점법** 미국에서 반독점법은 카르텔이나 가격 담합을 금지하고 있다. 따라서 미국에서 과점기업들은 잘 드러나지 않는 가격 통제 수단들을 활용해왔다.

가격선도제 모형

가격선도제는 암묵적 상호양해의 한 형태인데 과점 기업들이 공식적인 합의나 은밀한 회합 등 노골적 담합을 거치지 않고서 가격을 조정하는 방식을 뜻한다. 즉 '지배적 기업'(일반적으로 산업에서 규모가 가장 크고 가장 효율적인 기업)이 가격 변화를 선도하고 다른 기업들이 어느 정도 자동적으로 이를 따라하는 것이다. 농기계, 시멘트, 구리, 신문인쇄, 유리 용기, 철강, 맥주, 비료, 담배, 통조림 등을 포함하는 많은 산업에서 가격선도제가 최근까지 활용되었거나 현재에도 활용되고 있다. 가격선도제

가격선도자의 전술 다양한 산업의 가격선도제를 살펴보면, **가격선도자**는 다음과 같은 전술을 따른다. 가격선도자

- **드문 가격 변화** 경쟁기업사들이 가격 변화를 따르지는 않는 위험이 있기 때문에 가격 조정은 드물게 이루어진다. **가격선도자는 비용과 수요의 일상적이고 사소한 변화에는 대응하지 않는다.** 예를 들어 임금 상승, 소비세 인상, 에너지와 같은 기초 중간재 가격의 상승 등 산업 전체의 비용 및 수요 조건이 크게 변화할 때에만 가격을 변경한다. 자동차 산업에서는 전통적으로 매년 가을 신차모델이 출시된 경우에만 가격 조정이 이루어진다.
- **의사전달** 가격선도자는 종종 주요 경영진의 연설, 협회지 인터뷰, 보도자료 등을 통해 해당 산업에 가격 조정이 임박하였음을 알린다. '가격 인상의 불가피성'을 알림으로써 가격선도자는 경쟁기업들의 동의를 구하게 된다.

진입제한가격설정

- **진입제한가격설정** 가격선도자가 산업이윤을 단기적으로 극대화하는 가격을 항상 선택하는 것은 아니다. 신규기업의 진입을 방해하려하기 때문이다. 기존 기업들의 비용우위(규모의 경제)가 신규기업의 중요한 진입장벽이라고 하자. 이 때 가격선도자 및 추종기업들이 가격을 너무 높게 설정하면 신규 기업들은 진입장벽을 넘어설 가능성이 크다. 신규기업의 규모는 작아서 이들은 상대적으로 비효율적인데 가격이 높게 설정되면 진입하더라도 생존할 수 있게 된다. 따라서 신규 기업의 진입을 방해하고 현재의 과점을 유지하기 위해서 가격선도자는 단기적 이윤을 극대화하는 것보다 낮은 가격을 설정할 수 있다. 신규 기업의 진입을 차단하도록 가격을 설정하는 전략을 **진입제한가격설정**(limit pricing)이라 한다.

가격 전쟁

가격선도제의 붕괴: 가격 전쟁 과점에서 가격선도제가 일시적으로 무너지기도 하며 때로는 **가격 전쟁**이 초래되기도 한다. 가격선도제가 일시적으로 무너진 예는 조식용 시리얼 산업에서 찾아볼 수 있다. 이 산업에서 켈로그가 전통적으로 가격선도자의 역할을 수행하여 왔다. 1995년 제너럴밀스는 시리얼 제품의 가격을 11% 인하하며 켈로그의 가격선도에 반기를 들었다. 1996년 포스트는 이에 대응하여 가격을 20% 인하하였고 켈로그도 이를 뒤따랐다. 이에 뒤질세라 포스트는 11%의 추가 인하를 단행하였다.

또한 2009년 10월 월마트는 크리스마스 쇼핑 시즌이 다가옴에 따라 유망 신간 도서 10종의 가격을 권당 10달러로 인하하였다. 몇 시간이 지나지 않아 아마존닷컴이 가격 인하를 따라하였다. 월마트는 가격을 단돈 9달러까지 인하하는 것으로 대응하였다. 아마존닷컴도 따라서 할인하였으며 월마트는 가격을 8.99달러까지 내렸다. 이때까지 방관자였던 타겟이 전쟁에 뛰어들며 가격을 8.98달러까지 인하하자 아마존닷컴과 월마트도 즉시 같은 수준으로 가격을 내렸다. 가격 인하는 최종적으로 여기서 멈추었는데, 이때의 가격은 모두가 책 한권을 팔 때마다 손해를 볼만큼 너무 낮은 수준이었다.

대부분의 가격 전쟁은 자연스런 경로를 따르게 된다. 이윤이 너무 박하거나 손실을 보는 기간이 어느 정도 지나면 산업의 주요 기업 중 하나가 다시 가격선도자의 역할을 수행하게 된다. 기업들은 다시 가격을 인상하게 되고, 다른 기업들은 기꺼이 그 뒤를 따르게 된다.

과점과 광고

앞에서 확인한 바와 같이 과점기업들은 가격경쟁보다 가격담합에 나서려고 한다. 그렇지만 다음의 2가지 이유로 개별기업의 시장점유율은 제품 개발과 광고에 의해 결정된다.

- **제품 개발과 광고 캠페인은 가격 인하보다 모방하기 힘들다.** 가격 인하를 경쟁사가 신속하고 쉽게 따라하면 이 전략으로 얻을 수 있는 잠재적인 이득은 금방 사라진다. 하지만 제품 개발과 좋은 광고 전략은 가격 인하처럼 빠르고 완전하게 따라할 수 없기 때문에 시장점유율의 우위를 장기간 유지하게 해준다.
- 과점기업들은 제품개발과 광고에 필요한 자금동원 능력을 보유하고 있다. 대부분의 과점기업들은 과거에 축적된 경제적 이윤을 현재의 광고와 제품 개발에 쓸 수 있다.

2014년 미국에서는 1,410억 달러로 추정되는 광고비가 지출되었으며, 전 세계적으로는 5,390억 달러의 광고비 지출이 이루어졌다. 광고는 독점적 경쟁과 과점 모두에서 광범위하게 이루어진다. 표 10.3은 2014년 미국의 10대 광고주들을 열거하고 있다.

광고는 상황에 따라 가격, 경쟁 및 효율성 등에 부정적인 결과를 낳을 수도 있고 긍정적인 결과를 낳을 수도 있다. 여기에서는 과점기업들이 행하는 광고에 초점을 맞추겠지만, 독점적 경쟁 기업들에 대해서도 동일하게 적용될 수 있다.

〈표 10.3〉 미국의 10대 광고주(2014)

기업	광고비(백만 달러)
프록터앤갬블	4,607
AT&T	3,272
제너럴모터스	3,120
콤캐스트	3,029
버라이즌	2,526
포드자동차	2,467
아메리칸 익스프레스	2,364
피아트 크라이슬러	2,250
로레알	2,158
월트디즈니	2,109

광고의 긍정적 효과

소비자들이 합리적(효율적) 결정을 내리려면 제품의 특징과 가격에 대한 정보가 필요하다. 미디어를 통한 광고는 소비자들이 작은 비용으로 정보를 얻는 수단이 될 수 있다. 신문, 잡지, 인터넷 어디에도 광고나 판촉이 이루어지지 않는 고급 사진기 시장을 생각해보자. 합리적인 판단을 내리려면 다양한 브랜드의 판매장소, 가격, 사양 등을 알아보기 위해 며칠 동안 점포들을 방문하여야 한다. 이러한 탐색은 직접적 비용(연료비, 주차비)과 간접적 비용(시간의 가치)을 발생시킨다. 광고와 인터넷 판촉은 다양한 정보를 제공하여 탐색시간을 절약하고 직간접적 비용을 최소로 줄여준다.

광고는 **경쟁제품에 대한 정보를 제공하여 독점력을 약화**시킨다. 사실 많은 광고는 새로운 제품이 기존 브랜드와 경쟁하기 위해 도입되었을 때 이루어진다. 광고가 없었다면 도요타와 혼다가 미국 자동차업체들과 그렇게 강력한 경쟁을 펼칠 수 있었을까? 광고가 없었다면 페덱스가 UPS와 US포스탈서비스가 점하고 있던 시장을 잠식할 수 있었을까?

탐색비용

이렇게 보면 광고는 효율성을 개선시키는 활동이다. 광고는 소비자들에게 유용한 정보를 값싸게 제공하여 **탐색비용**을 절감시키는 수단이 된다. 광고는 경쟁을 촉진하여 효율성을 높이는 결과를 낳는다. 광고는 신제품 도입을 촉진하여 기술발전을 가속화한다. 광고는 매출과 생산을 늘려 기업들이 규모의 경제를 누릴 수 있게 함으로써 장기 평균총비용을 낮춘다.

광고의 부정적 효과

광고가 긍정적인 효과만을 갖는 것은 아니다. 많은 광고들은 단순히 소비자들을 기만하고 설득하기 위해 다시 말하면 소비자들의 선호를 바꾸어 광고주의 제품을 선호하도록 만들기 위해 고안되었다. 유명 인사가 특정 브랜드의 청량음료를 마시는 텔레비전 상업광고(여러분도 그러한 브랜드의 음료를 마셔야 한다는 메시지를 담은 광고)는 가격이나 품질에 대한 정보를 거의 전달하지 않는다. 게다가 광고는 때로 소비자들의 이해를 돕기보다 혼란만 가중시키는 잘못된 과장에 기초하여 이루어지기도 한다. 사실 어떤 경우에는 광고가 소비자들로 하여금 광고가 없는 값싸고 품질 좋은 제품보다 품질이 나쁜 제품에 더 높은 가격을 지불하게 만들기도 한다. 예를 들어 『컨수머리포트(Consumer Reports)』지가 밝힌 바에 따르면 광고비가 많이 투입된 고급 엔진오일이 값싼 브랜드보다 엔진의 성능과 수명의 개선에 큰 효과를 보이지 않았다.

기업들은 종종 광고를 통하여 **브랜드 네임에 대한 상당한 수준의 충성도**를 구축하여 독점력을 달성하여 왔다. 그래서 이들 기업은 매출을 늘리고 시장을 확대하여 더 큰 이윤을 누릴 수 있었다. 이윤이 크기 때문에 더 많은 광고를 수행할 수 있고 따라서 시장점유율과 이윤을 더 한층 확대할 수 있었다. 그 동안 소비자들은 경쟁시장의 이점들을 상실하고 독점시장의 불이익만 받게 된다. 더군다나 신규 기업들은 시장에 성공적으로 진입하려면 대규모의 광고비를 지출하여야 한다. 따라서 광고비가 진입장벽이 될 수도 있다.

광고는 또한 서로 상쇄될 수 있다. 특정 패스트푸드 체인의 광고는 비슷한 비용을 들인 경쟁 체인들의 광고에 의해 상쇄되어 각 기업의 수요는 사실상 변하지 않을 수 있다. 광고를 통해 몇 개가 더 팔릴 뿐 각 기업의 시장점유율은 그대로일 것이다. 그렇지만 모든 기업들의 광고비용은 적지 않기 때문에 기업의 이윤이 감소하거나 성공적인 가격선도제의 경우에는 제품 가격이 상승할 것이다.

광고가 독점력을 강화하거나 서로 상쇄되는 경우 경제적 비효율성이 발생하게 된다.

과점과 효율성

과점은 사회적 관점에서 효율적인 시장구조인가? 과점 기업들의 가격과 생산량에 대한 결정은 순수경쟁의 P = MC = ATC의 최소치라는 3중의 등식에 도달할까?

생산의 효율성과 배분의 효율성

많은 경제학자들은 일부 과점시장은 그림 10.5와 유사하다고 믿는다. 많은 과점기업들이 매년 상당한 크기의 경제적 이윤을 창출하고 있어서 이러한 심증을 굳혀준다. 이 경우 과점기업들의 생산은 가격은 한계비용 및 평균총비용보다 높은 수준에서 결정된다. 게다가 이때의 생산량은 평균총비용을 최소로 하는 생산량보다 적다. 이러한 관점에 보면 과점은 생산의 효율성(P = ATC의 최소치)과 배분의 효율성(P = MC)을 달성하지 못한다.

몇몇 관찰자들은 실제로는 과점이 순수독점보다 더 나쁘다고 주장한다. 미국에서 정부가 독점력 남용을 방지하기 위해 순수독점을 규제하고 있지만 과점은 그렇지 않다는 것이다. 과점기업들 사이의 비공식적인 담합으로 인하여 가격과 생산량은 순수독점과 비슷하게 결정되지만 외견상으로는 독립적인 기업들이 경쟁하고 있는 것처럼 보인다는 것이다.

단서조항

그러나 이러한 주장에 대하여 다음 3가지 단서조항을 달 수 있다.

- **대외 경쟁의 확대** 최근 수십 년 동안 철강, 자동차, 비디오 게임, 전기면도기, 외부 장착용 선박 모터, 복사기 등의 과점산업에서 **국제 경쟁으로 인해 경쟁이 확대**되고 있다. 그 결과 가격선도제와 같은 손쉬운 가격설정 방식이 무너지고 경쟁적 가격설정이 조장되었다.
- **진입제한가격설정** 앞서 언급하였듯이 일부 과점기업들은 진입장벽을 강화하기 위하여 의도적으로 단기적 이윤을 극대화하는 가격보다 낮은 가격을 유지한다. 자유로운 진입에 따른 경쟁은 없지만 소비자들과 사회는 경쟁의 일부 혜택을 실질적으로 누리게 된다. 가격이 한계비용과 평균총비용의 최소치에 가까워지기 때문이다.
- **기술 진보** 과점기업은 시간의 경과에 따라 순수경쟁보다 빠르게 제품을 개발하고 더 나은 생산기술의 개선을 이룰 수 있다. 과점 기업들은 큰 경제적 이윤을 얻기 때문에 비용이 많이 드는 연구개발 자금을 조달할 수 있다. 게다가 진입장벽이 존재하므로 과점기업들은 연구개발에 성공하면 자신들이 그 결과를 수확할 수 있다는 믿음을 어느 정도 가지고 있다. 따라서 과점 기업들의 단기적인 경제적 비효율성은 시간이 흐르면서 적어도 부분적으로는 상쇄된다. 과점기업들이 더 좋은 품질, 더 낮은 가격, 더 낮은 비용을 실현하기 때문이다.

게임이론과 전략적 행동

앞에서 우리는 게임이론이 과점 기업들의 상호의존성과 전략적 행위를 설명하는 데 유용하다는 것을 살펴본 바 있다. 이 절에서는 게임이론을 과점상황에 적용한 다른 예들을 살펴보기로 하자.

1회성 게임: 전략과 균형

그림 10.6을 보자. 이 그림은 D램이라 불리는 컴퓨터 메모리칩을 생산하는 2개 기업의 전략 및 결과를 보여주고 있다. 칩코는 미국에서 이 칩을 유일하게 생산하며, 디램코는 중국에서 유일하게 생산한다고 하자. 2기업은 2개의 전략을 갖고 있다. 하나는 해당 기업들이 양 국가의 시장에서 직접 경쟁하는 국제시장 전략이다. 다른 하나는 각 기업이 자국 시장에서만 판매하는 국내시장 전략이다.

1회성 게임
동시게임
포지티브섬 게임
제로섬 게임
네거티브섬 게임

그림 10.6이 보여주고 있는 게임과 보수행렬은 **1회성 게임**이다. 즉 각 기업은 다음 시점의 영향을 염두에 두지 않고 1개 시점에서 최적인 전략을 선택한다는 것이다. 그리고 이 게임은 **동시게임**으로 두 기업이 동시에 각자의 전략을 선택한다. 이 게임은 또한 **포지티브섬 게임**으로 두 기업이 얻는 결과(이윤)의 합이 양(+)의 값을 갖는다. 이에 비해 **제로섬 게임**에서는 순 이득이 0으로 한 기업의 이득은 반드시 다른 기업의 손실과 일치하며, **네거티브섬 게임**에서는 순 이득이 음(−)의 값을 갖는다. 일부 포지티브섬 게임에서는 두 기업이 모두 이득을 볼 수도 있다. 그림 10.6이 바로 이러한 상황이다.

최적의 전략을 찾기 위하여 칩코는 보수행렬에서 노란색으로 표시된 부분의 좌우로

[그림 10.6] 1회성 게임

하나의 기간만이 존재하는 포지티브섬 게임에서 칩코의 국제시장 전략은 우월전략(디램코의 행동과 상관없이 다른 어떤 전략보다도 우월한 대안)이다. 마찬가지로 디램코의 국제시장 전략도 우월전략이다. 두 기업이 모두 국제시장 전략을 선택하면 게임의 결과는 A칸으로 주어지고 두 기업은 각각 110억 원의 이윤을 얻는다. A칸은 상대기업의 전략이 주어져 있을 때 어떤 기업도 자시의 전략을 바꾸지 않기 때문에 내쉬 균형이다.

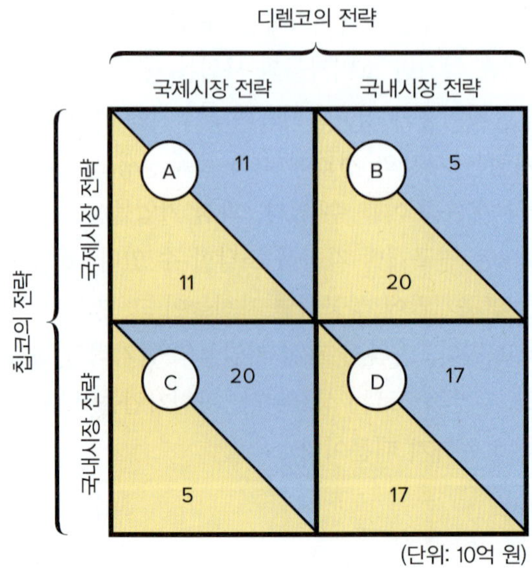

살피며 디램코는 보수행렬에서 푸른색으로 표시된 부분을 위아래로 살핀다. 보수행렬이 그림 10.6처럼 주어지면 두 기업은 모두 우월전략을 갖게 된다. 여기에서 **우월전략**이란 다른 기업의 전략과 상관없이 최선의 결과를 가져다주는 전략을 말한다. 이를 확인하려면 칩코의 국제시장 전략이 디램코의 전략과 상관없이 국내시장전략보다 큰 이윤을 발생시키는지 살펴볼 필요가 있다. 칩코가 국제시장 전략을 택하였을 때 디램코가 국제시장 전략을 취한다면 110억 원의 이윤(A칸의 노란색 부분)을 얻고 디램코가 국내시장 전략을 취하면 200억 원의 이윤(B칸의 노란색 부분)을 얻는다. 110억 원 및 200억 원의 이윤은 칩코가 국내시장 전략을 택하였을 때 얻는 5억 원(C칸)와 17억 원(D칸)보다 확실히 크다. 따라서 칩코의 국제시장 전략은 우월전략이다. 비슷한 논리를 따르면 디램코의 국제시장 전략이 우월전략이라는 결론을 얻게 된다.

우월전략

2개 우월전략이 존재하는 특별한 게임의 결과인 A칸은 **내쉬균형**이다. 즉 게임에 참가하는 2경쟁기업은 누구도 이러한 결과에서 벗어나길 원하지 않는다.[1] 내쉬균형에서 경쟁기업들은 다른 기업의 전략적 선택이 주어져 있을 때 현재 택하고 있는 전략을 최적이라고 판단한다. 그림 10.6의 보수행렬에서 도출될 수 있는 결과는 내쉬균형밖에 없다. 그래서 일단 이 점에 도달하고 나면 이 균형은 안정적이고 따라서 그 상태를 계속 유지하게 된다.[2]

내쉬균형

실질적 위협과 말뿐인 위협

칩 코와 디램코는 국제시장 전략(A칸)을 택하지 않고 둘 다 국내시장 전략(D칸)을 취하기로 합의할 수만 있다면 이윤이 110억 원에서 170억 원으로 늘어난다는 것을 알고 있다. 말하자면 양사가 모두 국내시장 전략을 선택하면 국내시장에서 순수독점 기업이 되어 더 높은 가격을 책정할 수 있고 이에 따라 더 큰 이윤을 누릴 수 있다는 것이다. 하지만 이러한 시장분할협정이 실행되면 양사는 상대기업을 속이려는 유인을 갖게 된다. 즉 D램을 다른 나라 시장에 몰래 판매하려 한다는 것이다. 그렇게 되면 게임은 일시적으로 B칸이나 C칸으로 이동한다. 그렇지만 이러한 속임수가 발각되면 시장분할 협정의 기초가 무너져 다시 내쉬균형(A칸)으로 돌아오게 된다.

이제 그림 10.6의 게임을 실질적 위협이라는 개념을 통해 새로운 각도에서 살펴보도록 하자. **실질적 위협**이란 특정 기업이 협정을 강제하기 위한 수단으로 천명한 것(위협!)을 실제 실행할 것이라고 상대 기업이 믿는 경우를 말한다. 칩코가 기술적 우위로 인하여 디램코보다 낮은 비용으로 D램을 생산할 수 있다고 가정하자. 그리고 칩코가 디램코에 다가가서 자신은 국내시장 전략을 택할 것이며 디램코도 같은 행동을 할 것을 주문했다고 하자. 디램코가 이러한 제안을 거부하거나 국내시장 전략에 동의한 후 협정을 어기고 국제시장에 내다팔면 칩코는 즉각 평균총비용 수준의 아주 낮은 가격을 책

실질적 위협

1) 내쉬균형이라는 명칭은 이를 발견한 존 내쉬(John F. Nash)의 이름을 따서 붙여졌다. 내쉬의 삶과 그의 노벨상 수상 경력은 론 호와드(Ron Howard)가 감독하고 러셀 크로우(Russell Crowe)가 연기한 영화 『뷰티풀 마인드(A Beautiful Mind)』의 주제로 활용되었다.

2) 내쉬균형은 우월전략이 없는 게임에서도 존재할 수 있다.

정한다. 그러면 칩코의 가격이 디램코보다 낮아진다는 것을 2기업은 알고 있다. 칩코가 평균총비용에서 가격을 설정하면 경제적 이윤은 0까지 떨어지겠지만 디램코는 경제적 손실을 입어 문을 닫을 수도 있다.

칩코의 위협이 실질적이면 그림 10.6의 2기업은 내쉬균형(A칸)을 택하기보다 국내시장 전략(D칸)을 택하며 이에 따라 이윤은 커진다. 이처럼 실질적 위협이 존재하면 담합협정이 성사되어 유지될 수 있다. 막강한 '담합의 집행자'가 존재하면 속임수가 억제되고 카르텔, 가격담합 및 시장분할 합의 등에 필요한 자체 규율이 유지되어 더 큰 이윤이 창출된다.

그러나 현실 경제에서 실질적 위협의 실행은 매우 어렵다. 예를 들어 디램코는 칩코가 예전에 아주 낮은 가격을 책정하여 자기를 시장에서 몰아낼 수 있었는데 그렇게 하지 않은 이유가 무엇인지 의문을 가질 것이다. 이런 의문은 당연히 생길 수 있다. 디램코는 칩코가 미국의 반독점규제 당국을 두려워하고 있다고 여길 수 있다.

디램코가 칩코의 제안에 참여하고 싶지 않으면 칩코의 전략에 대해 다음과 같이 맞설 것이다. 즉 우리에게 제안하였다는 사실조차 잊고 지내면 이 불법적 '제안'을 미국 법무부에 알리지 않겠다는 것이다. 디램코가 이러한 위협을 할 수 있는 것은 가격담합이나 시장분할협정 등 거래를 제한하려는 시도 자체가 처벌받기 때문이다.

말뿐인 위협

따라서 디램코는 칩코의 위협을 단순히 **말뿐인 위협**으로 간주할 것이다. 말뿐인 위협이란 특정 기업이 협정을 강제하기 위한 수단으로 천명한 것을 실제 실행하지 않을 것이라고 상대 기업이 믿는 경우를 말한다. 그러면 내쉬균형이 달성되고 2기업은 모두 국제시장 전략을 추구하게 된다.

반복게임과 상호주의 전략

칩코-디램코 게임은 1회성 게임이다. 하지만 많은 경우 동일한 과점기업들이 여러 차례 반복해서 전략적 상황에 마주친다. 예를 들어 코카콜라와 펩시 는 가격 책정, 광고 및 제품 개발 등에서 수십 년에 걸쳐 상호의존적 관계를 유지하고 있다. 보잉과 에어버스, 월마트와 타겟, 도요타와 제너럴모터스, 버드와이저와 밀러, 나이키와 아디다스 등 많은 지배적 경쟁자들 사이에 비슷한 현상이 나타난다.

반복게임

반복게임이란 1회 이상 반복되는 게임이다. 이때에는 다른 기업과 협조하여 되도록 경쟁을 하지 않는 것이 최적의 전략이 될 수 있다.[3] 즉 상대기업이 상호주의에 입각하여 되도록 경쟁을 피하는 전략을 택하면 그렇게 한다는 것이다. 이러한 상황이 어떻게 발생하는지 알아보기 위하여 쿨과 써스트Q라는 2개의 가상적인 탄산음료 생산기업을 살펴보자. 지금 시점에서 쿨은 써스트Q가 지나친 경쟁전략을 택하지 않기를 바란다고 하자. 그럼에도 써스트Q가 경쟁에 온 힘을 쏟으면 쿨은 이후에 상황이 역전되었을 때 써스트Q에 보복을 가하게 된다. 반대로 써스트Q가 쿨과 제1차게임에서 협조하면 써스트Q는 이후의 제2차게임에서 쿨의 화답을 기대할 수 있다. 두 기업은 서로 협력을 거부

3) 여기서는 무한히 반복되는 게임이나 종료 시점이 알려지지 않은 게임을 가정하고 있다. 종료 시점이 알려져 있는 게임에서는 상호주의 전략의 적합성이 떨어진다.

[그림 10.7] 상호주의 하에서의 반복게임

(a) 왼쪽의 보수행렬에서 쿨은 판촉을 위한 대규모 광고 예산을 투입하여 신제품 쿨콜라를 출시하였다. 경쟁사 써스트Q도 역시 많은 광고 예산 투입을 통해 쿨에 반격함으로써 결과를 B칸에서 A칸으로 옮길 수 있음에도 불구하고, 광고 예산을 보통 때처럼 유지한다. 써스트Q가 이렇듯 20억 원의 추가적인 이윤을 포기한 이유는 조만간 자사도 신제품(켄치잇)을 출시하리라는 것을 알고 있기 때문이다. (b) 오른쪽 보수 행렬에서 써스트Q는 켄치잇을 대규모 광고 예산을 투입하면서 출시하였다. 쿨은 써스트Q의 대규모 광고 예산 투입을 따라하지 않고 반복 게임의 결과가 C칸에서 이루어지도록 둠으로써 과거 써스트Q의 협력에 화답한다. 따라서 쿨과 써스트Q 두 기업이 두 기간에 걸쳐 얻는 이윤은 각자 상대방이 단일 기간에 대해 취한 전략에 공격적으로 반격하는 경우 얻는 이윤에 비하여 더 크다.

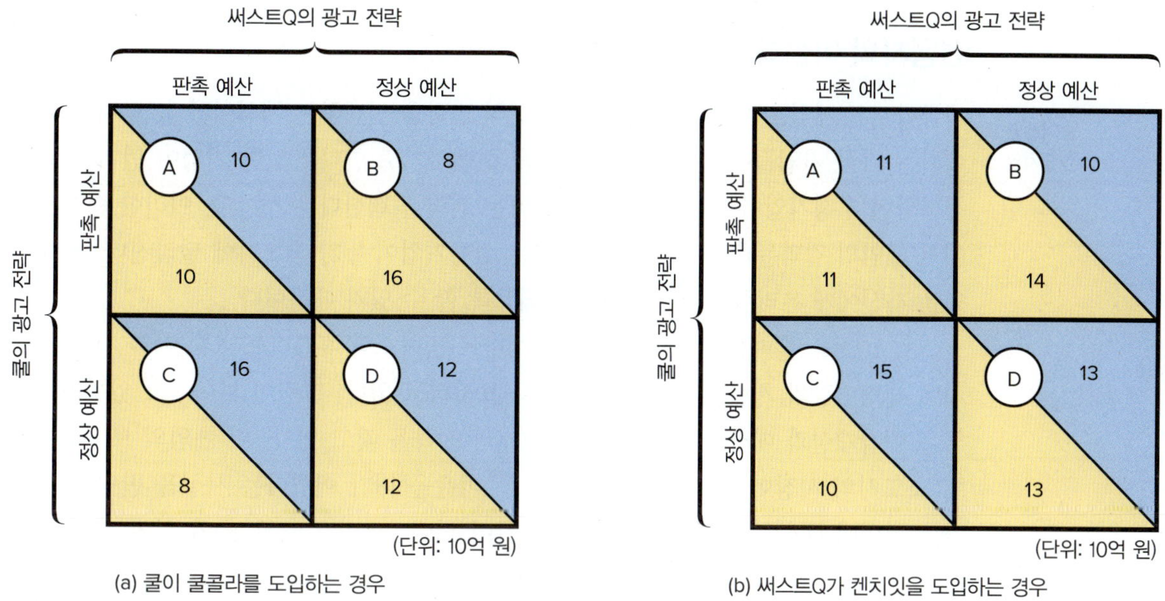

하면 장기적으로 부정적인 결과가 초래됨을 잘 알고 있다. 따라서 협력은 제2차게임에서뿐만 아니라 제3차, 제4차, 제5차 등등 추후의 모든 게임에서 계속 나타난다.

그림 10.7는 2차례 게임의 보수행렬을 나란히 보여주고 있다. 그림 10.7(a)에서 쿨은 '쿨 콜라'라는 신제품을 출시하면서 2가지 광고 전략을 택할 수 있다. 즉 광고 예산을 크게 늘리거나 아니면 이를 평소처럼 유지하는 것이다. 써스트Q도 2가지의 광고 전략을 택할 수 있는데 쿨의 신제품 출시효과를 상쇄하기 위해 대규모 광고예산을 투입하거나 아니면 통상적인 광고 예산을 투입하는 것이다.

이제는 이를 분석하는데 익숙할 것이다. 그림 10.7(a)의 제1차게임에서 2기업의 우월전략은 대규모 광고 예산을 책정하는 것이며 내쉬균형은 A칸이 된다. 2기업이 통상의 광고 예산을 투입한다면 D칸이 되어 더 큰 이윤을 누리게 된다. 쿨은 이보다도 더 나은 결과를 얻는 수 있다. 쿨 콜라의 출시 때 써스트Q가 광고 예산을 예전 수준으로 유지만 해준다면 쿨은 B칸에서 160억 원의 이윤을 얻을 수 있다.

써스트Q는 자발적으로 광고 예산을 예전수준으로 유지할 수 있다! 이 회사는 자사의 신제품 켄치잇이 출시되는 제2차게임이 그림 10.7(b)처럼 도래하리라는 것을 알고 있다. 써스트Q는 쿨이 쿨콜라를 도입할 때 광고 예산을 일상적인 수준으로 유지하여 20억 원의 이윤(A칸의 100억 원 − B칸의 80억 원)을 포기하였다. 그래서 써스트Q는 자신이 켄치잇을 도입하는 제2차게임에서는 쿨이 광고 예산을 예전수준으로 유지하는 것을 기대할 수 있다. 그렇게 되면 공식적 담합이 이루어지지 않아 반독점에 저촉될 위험은

상호주의 전략

없다. 그 결과 제1차게임은 B칸에서 끝이 나며 제2차게임은 C칸에서 끝이 나서 서로의 이익이 증가한다. 즉 **상호주의 전략**을 채택하면 쿨의 총이윤은 260억 원(제1차게임 160억 원 + 제2차게임 100억 원)으로 상호주의를 택하지 않을 때의 이윤 210억 원(= 100억원 + 110억원)보다 크다. 이것은 써스트Q도 마찬가지다. 이해를 확실히 하도록 2차례 게임의 보수행렬에 주어진 수치를 사용하여 다시 한 번 확인하기 바란다.

선행자의 이점과 진입의 선점

순차게임
선행기업

지금까지의 게임은 두 기업이 동시에 자신의 전략을 선택하는 게임이었다. 하지만 현실에서는 가끔 기업들이 순차적으로 전략을 선택하기도 한다. 즉 한 기업이 먼저 전략을 선택하면 경쟁기업이 그 후에 이에 대응하는 전략을 택한다는 것이다. 이러한 **순차게임**에서 게임의 결과는 전략을 먼저 선택하는 **선행기업**이 누가 되느냐에 달라진다. 선행기업은 자신에게 유리한 내쉬균형이 달성되도록 할 수 있기 때문이다.

그림 10.8을 살펴보자. 이 그림은 2대형마트(빅박스와 휴즈박스라 하자)가 지방 소도시에 대형매장의 개설을 고려하는 게임을 묘사하고 있다. 그림이 보여주고 있듯이 2기업은 매장개설과 매장개설의 포기라는 2개의 전략을 갖고 있다. 이 게임의 보수행렬은 이 소도시의 시장이 너무 작아 2기업 모두 이윤을 내기 어렵다는 사실을 반영하고 있다. 2기업이 매장를 낸다면 그 결과는 A칸이 되어 2기업은 모두 50억 원의 손실을 본다. 두 기업 모두 매장을 개설하지 않으면 결과는 D칸이 되어 두 기업의 이윤은 모두 0이 된다.

빅박스가 매장을 개설하고 휴즈박스가 매장개설을 포기하면 결과는 C칸이 되고 빅박

[그림 10.8] 선행자의 이점과 선점을 통한 진입 억제

전략이 순차적으로 행해지는 게임에서 선점기업은 지역 시장에서 1기업만이 수익을 낼 수 있다는 특수상황을 이용하여 이득을 취할 수 있다. 여기서는 빅박스가 '매장개설' 전략을 취해 선점하면 C칸에서 120억 원의 이윤을 얻는다. 그 후에 휴즈박스가 매장개설의 전략을 택하면 휴즈박스는 손실을 입게 된다. A칸에 주어진 바와 같이 50억 원의 손실이 발생하기 때문이다.

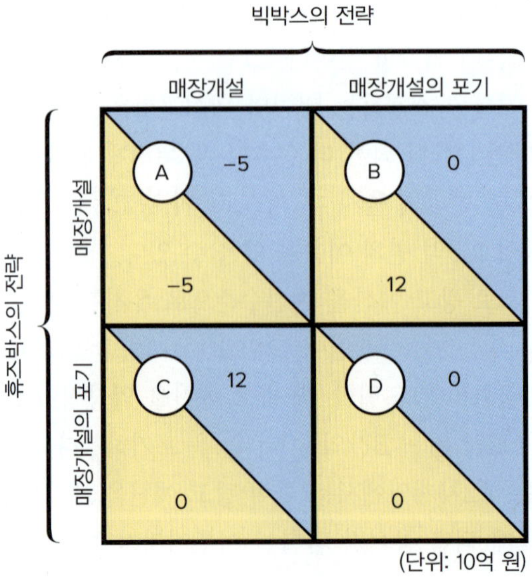

스는 120억 원의 이윤을 얻는다. 누가 먼저 매장을 개설하느냐에 따라 B칸과 C칸은 모두 내쉬균형이 될 수 있다. 두 칸에서 두 기업의 전략은 상대기업의 전략이 주어져 있을 때 최선의 선택이라고 할 수 있다.

선행자의 이점

그림 10.8의 보수행렬은 먼저 매장을 개설한 기업이 상대 기업의 시장 진입을 저지할 수 있음을 보여준다. 주어진 게임에서 **선행자의 이점**(first-mover advantage)은 극단적으로 크다. 빅박스는 치밀하게 준비한 전략과 적절한 금융 수단 덕택에 대형 매장을 신속하게 개설할 수 있었다고 가정하자. 빅박스는 선행자의 이점을 누릴 수 있어서 휴즈박스의 시장진입은 저지되며 이 게임의 결과는 C칸이 된다.

현실 경제에서 많은 기업들은 선점을 통한 선행자의 이점을 활용하고 있다. 그래서 주요 경쟁사의 시장 진입을 어느 정도 저지하거나 최소한 시장진입을 상당 기간 지연시키고 있다. 월마트, 홈디포, 코스트코, 월그린, 스타벅스 등 다수의 기업들이 이에 속한다. 그러나 이 전략은 매우 큰 위험을 내포하고 있다. 이 전략이 성공하려면 다른 기업들의 진입이 불가능하도록 막대한 투자를 하여 시장 수요를 충분히 충족시켜야한다. 농지가 시가지로 변하고 있는 지역에서 선행자가 되려면 해당 지역의 개발이 매장을 개설할 만큼 진행되지 않았더라도 미리 매장을 설립해야만 한다. 이는 수익을 낼만큼 시장이 성장하기 전에는 손실이 발생한다는 것을 의미한다. 월마트와 같은 일부 기업들은 선행자 전략을 이용하여 수익을 내는 거대 다국적 기업으로 성장하였다. 하지만 일부 기업은 극단적으로 빠르게 매장개설을 확대하였지만 수백 억 원의 손실을 입기도 하였다. 고객이 기대처럼 늘어나지 않아 대부분의 매장에서 수익을 내지 못하였기 때문이다.

전개형 순차게임

전략형
게임나무

보수행렬을 이용하여 게임을 표현하는 것을 **전략형**으로 나타낸다고 한다. 보수행렬의 행과 열은 그림 10.8에서 '매장개설'과 '매장개설의 포기'로 표시되었듯이 기업의 전략적 선택을 나타내고 있기 때문이다. 하지만 순차게임은 이와 달리 **게임나무**라는 전개형으로 나타낼 수도 있다. 길게 펼쳐지는 게임나무를 활용하면 전략의 선택뿐만 아니라 선행자로부터 시작되는 결정의 순서를 나타낼 수 있다.

의사결정 노드

그림 10.9는 그림 10.8에서 전략적 형태로 그렸던 선행자 게임을 전개형으로 보여주고 있다. 기억하고 있는 것처럼 빅박스(BB)가 먼저 진입하고 휴즈박스(HB)는 그 다음에 진입한다. 여기에는 BB, HB_1, HB_2라고 표시된 3개의 동그란 **의사결정 노드**가 주어져 있다. 의사결정 노드 BB는 빅박스가 선행자로서 취할 수 있는 2가지 전략선택을 보여준다. 빅박스는 매장개설이나 매장개설의 포기라는 2가지를 선택할 수 있다. 빅박스가 매장개설을 선택하면 게임나무는 의사결정 노드 BB에서 위쪽 길을 따라 이동한다. 반면 빅박스가 매장개설의 포기를 결정하면 의사결정 노드 BB에서 아래쪽 길을 따라 이동한다.

위쪽 길을 따라가면 의사결정 노드 HB_1에 도달하고, 아래쪽 길을 따라가면 의사결정 노드 HB_2에 도달한다. HB_1은 빅박스가 제1차게임에서 매장개설을 결정했을 때 휴즈박스가 후발자로서 직면하게 되는 선택을 나타낸다. HB_2는 빅박스가 제1차게임에서 매장개설의 포기를 결정했을 때 후발자로서 직면하게 되는 선택을 나타낸다. 2경우 모두 휴즈박스는 매장개설이나 매장개설의 포기를 선택해야 한다. 이러한 선택들의 결과 최종노드 A, B, C, D에 도달하게 되는데, 이들은 각각 그림 10.8의 전략적 형태에서 표시된 칸들에 대응한다.

최종노드에는 빅박스와 휴즈박스의 순차적인 의사결정의 결과 각 기업이 얻게 되는 이윤이 적혀 있다. 이들 이윤은 괄호 안에 빅박스 이윤, 휴즈박스 이윤의 순으로 표현되어 있다. 예를 들어 최종노드 C에서 두 기업의 이윤은 빅박스 120억 원, 휴즈박스 0원이다.

후진귀납법
하위게임

그림 10.9의 게임나무를 보면 BB에서 시작하여 위쪽으로 가는 길과 HB_1에서 아래쪽으로 가는 길 등 2개 경로가 굵은 선으로 강조되어 있다. 이 경로가 게임의 내쉬균형을 나타내기 때문이다. 전개형 게임에서 내쉬균형은 **후진귀납법**(backward induction)이라는 2단계과정을 이용하여 찾아진다. 후진귀납법에 따르면 먼저 게임나무 전체를 **하위게임**으로 나눈 뒤 오른쪽에서 왼쪽으로 후진하여 이동하면서 추론한다. 즉 오른쪽 최종노드에 표시된 이윤에서 이들 노드에 도달하기 위한 선행 의사결정들을 살펴보는 것이다.

이러한 추론이 어떻게 진행되는지 살펴보기 전에 의사결정 노드 HB_1에서 위로 가는 선택과 아래로 가는 선택은 전체 게임의 하위게임이라는 점을 확실히 할 필요가 있다. 의사결정 노드 HB_1에서 휴즈박스는 매장개설이나 매장개설의 포기를 선택할 수 있다.

[그림 10.9] 전개형으로 표현한 선행자의 이점과 선점을 통한 진입의 억제

여기서는 그림 10.8에 보여준 게임을 전략형(보수행렬)이 아닌 전개형(게임나무)으로 그리고 있다. 전개형은 왼쪽에서 오른쪽으로 가면서 의사결정이 이루어지는 순차를 살펴볼 수 있게 해 준다. 빅박스(BB)는 의사결정 노드 BB에서 먼저 행동한다. '매장개설'을 택하거나 아니면 '매장개설의 포기'를 택하면 각 결정의 결과에 따라 의사결정 노드 HB_1과 HB_2에 도달하게 된다. 휴즈박스는 빅박스가 의사결정 노드 BB에서 어떤 결정을 했는지에 따라 HB_1이나 HB_2에서 출발한다. HB_1 또는 HB_2에서 행한 휴즈박스의 의사결정의 결과에 따라 그림 10.8의 칸들에 대응하는 A, B, C, D라는 4가지 최종노드에 도달하게 된다. 굵은 선으로 표시된 부분은 하위게임완전균형 경로를 보여주고 있다. 이 경로는 각 기업이 경쟁기업의 인센티브구조를 잘 알고 있으며 이들이 자신에게 가장 유리한 선택을 한다고 할 때 게임이 어떻게 진행될지를 보여준다.

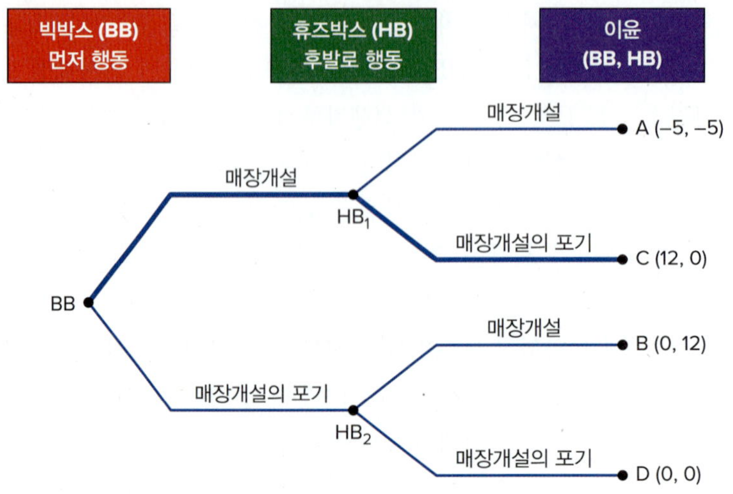

2가지 선택에 따른 보수를 살펴보면 휴즈박스는 최종노드 A에서 5억 원 손해를 보는 반면 최종노드 C에서 0의 이윤을 얻기 때문에 매장개설의 포기를 선택하리라는 것을 알 수 있다. 따라서 의사결정 노드 HB_1에서 출발하는 하위게임에서 휴즈박스는 매장개설의 포기를 선택한다. 반대로 의사결정 노드 HB_2에서 출발하는 하위게임에서는 휴즈박스는 매장개설의 포기를 택하면 이윤이 0원이지만 매장개설을 택하면 이유니 120억 원이기 때문에 매장개설을 택할 것이다.

이제 여러분은 휴즈박스가 의사결정 노드 HB_1에서 매장개설의 포기를 선택하여 게임은 최종노드 C에서 끝난다는 것을 알고 있다. 그리고 휴즈박스가 의사결정 노드 HB_2에서는 매장개설을 선택하며 게임은 최종노드 B에서 끝날 것이라는 것도 알고 있다. 이 사실은 빅박스의 경영자들도 잘 알고 있을 것이다. 따라서 빅박스는 의사결정 노드 BB에서 자신이 매장설립을 선택하면 그 결과 최종노드 C에 도달한다는 것을 확실히 알고 있다. 휴즈박스가 의사결정 노드 HB_1에서 매장개설의 포기를 선택할 것이 분명하기 때문이다. 빅박스는 의사결정 노드 BB에서 자신이 매장개설의 포기를 택하면 게임은 최종노드 B에서 끝난다는 것도 알고 있다. 휴즈박스가 의사결정 노드 HB_2에서 매장개설을 선택할 것이기 때문이다.

따라서 빅박스가 매장개설을 선택하면 C에서의 이윤을 얻고 매장개설의 포기를 선택하면 B에서의 이윤을 얻는다. 그러므로 빅박스는 의사결정 노드 BB에서 B와 C에서의 이윤을 비교하여 자신의 전략을 택하게 된다. B와 C에서 빅박스의 이윤을 비교하면 빅박스는 B보다 C의 결과를 선택한다는 것을 알 수 있다. C에서의 이윤은 120억 원이고 B에서의 이윤은 0원이기 때문이다. 그 결과 빅박스는 의사결정 노드 BB에서 매장개설을 선택한다. 이 선택의 결과 의사결정 HB_1에 도달하게 되고 이 때 휴즈박스는 매장개설의 포기를 선택할 것이다. 그 결과 두 기업은 모두 C에서의 이윤을 얻게 된다.

부분게임완전균형

게임나무에 굵게 표시한 2개의 경로는 이러한 순차적 결정으로 나타나는 경로들을 보여준다. 이것은 내쉬균형으로 두 기업이 모두 이 점에서 벗어나려고 하지 않는다. 두 기업은 각 하위게임에서 왼쪽으로 후진하면서 결과를 추론하며 이윤을 극대화하는 합리적 선택을 내릴 것이 확실하다. 따라서 게임이 왼쪽에서 오른쪽으로 정상적 순서에 따라 진행되면 어떤 기업도 굵게 표시된 경로에서 벗어나길 원하지 않는다. 경제학자들은 이 굵게 표시된 경로를 **부분게임완전균형**(subgame perfect Nash equilibrim)이라고 부른다. 이 경로를 찾기 위해 사용한 후진귀납법은 두 기업이 각 하위게임에서 행해지는 의사결정에 대해 완전한 정보를 지니고 있어야만 그래서 이를 완전히 이해하고 있어야만 이용 가능하기 때문이다.

그림 10.9의 부분게임완전균형 경로는 그림 10.8에서 게임을 전략형으로 표현하였을 때 얻은 결과와 동일하다는 사실에 유념하기 바란다. 굵게 표시된 균형경로를 따라가면 빅박스는 선행자로서 매장개설을 선택하고 휴즈박스는 후발자로서 매장개설의 포기를 선택한다. 그 결과 빅박스는 선점을 통해 휴즈박스가 지역시장에 진입하는 것을 막을 수 있다.

선도자–추종자(스타켈버그 과점) 게임

전개형 게임과 후진귀납법은 선도자(선행자)가 후발기업의 시장진입을 막지 못하는 경우의 분석에도 사용될 수 있다. 이 때 부분게임완전균형은 두 기업이 모두 산업에 진입하여 실제 제품을 얼마간 생산하는 것으로 주어진다.

스타켈버그 복점 모형

예를 들어 2기업이 공장규모와 생산량을 순차적으로 결정해야 하는 복점의 자동차산업을 생각해보자. 보통 복점 모형에서는 두 기업이 동시에 행동한다. 그러나 이 절에서는 2개의 경쟁기업이 순차적으로 행동하는 **스타켈버그 복점 모형**을 가정하자.

이러한 순차게임 모형에서 정치적 배경을 가진 트럭제조사가 먼저 움직여 공장규모를 결정한다고 하자. 그 다음에 경쟁기업이 행동을 취하여 공장규모를 결정한다. 2기업은 전체 생산량(시장공급)이 많아질수록 트럭의 시장가격이 낮아진다는 것을 알고 있다. 따라서 공장규모와 트럭 한 대당 수입은 상충관계에 있다.

선도 기업
추종기업

이러한 전략적 상황 속에서 **선도 기업**은 **추종기업**이 어떤 규모를 선택할 것인지를 합리적으로 예측하여 자신의 공장규모를 선택할 것이다. 예를 들어 추종기업이 큰 규모의 공장을 지을 것으로 예측되면 선도 기업은 트럭가격이 폭락하지 않도록 작은 공장규모를 선택할 것이다.

그림 10.10에서 선도 기업은 의사결정노드 L에서 먼저 선택한다. 이 선도 기업은 연간 5,000대의 규모의 작은 공장을 짓거나 연간 10,000대 규모의 큰 공장을 짓는 2가지 선택 중 하나를 택해야 한다. 선도 기업이 작은 규모의 공장을 선택하면 위쪽의 길을 따라 이동하여 의사결정 노드 F_1에 도달한다. 여기서 추종기업은 연간 7,000대 규모의 공

[그림 10.10] 전개형으로 표현한 선도자–추종자(스타켈버그) 게임(단위: 10억 원)

공장규모를 순차적으로 결정하는 선도기업과 추종기업이 있다. 선도 기업은 의사결정 노드 L에서 먼저 행동을 취한다. 추종자는 선도 기업의 의사결정에서 따라 의사결정 노드 F_1이나 F_2에서 출발하며 후발로 행동한다. 2기업은 모두 최대의 이익을 얻고자 하며 자동차의 생산량과 자동차 한 대당 시장가격은 상충관계에 있음을 알고 있다. 오른쪽에서 왼쪽으로 이동하면서 후진귀납법을 적용하면 하위게임완전균형은 굵은 선으로 그린 부분의 경로와 같다는 것을 알 수 있다.

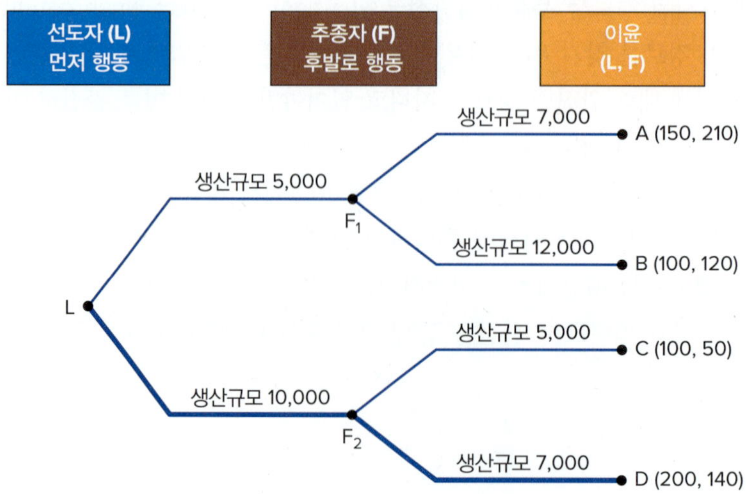

장을 짓거나 연간 12,000대 규모의 공장을 짓는 2가지 선택 중 하나를 택할 수 있다. 의사결정 노드 F_1에서 추종기업이 어떤 공장규모를 선택하더라도 이 규모는 선도 기업이 의사결정 노드 F_1로 가는 선택을 하였을 때의 공장규모(5,000대)보다 크다는 점을 잊지 말기 바란다. 이는 선도 기업이 5,000대만을 생산하기로 결정하면 추종기업은 선도 기업보다 규모가 큰 생산자가 되려고 한다는 것을 의미한다. 의사결정 노드 F_1에서 추종기업은 생산규모를 얼마나 더 크게 할지만을 결정한다.

반면에 선도 기업이 의사결정 노드 L에서 큰 규모의 공장을 선택하면 게임은 아래 길을 따라 의사결정 노드 F_2에 도달한다. 이 때 추종기업은 연간 5,000대 규모의 공장을 짓거나 연간 7,000대 규모의 공장을 짓는 2가지 선택을 할 수 있다. 이 때 추종기업은 선도 기업보다 규모가 작은 생산자로 남는다. 추종기업의 2가지 선택은 모두 선도 기업이 의사결정 노드 F_2로 가는 선택을 하였을 때의 생산량(10,000대)보다 더 작기 때문이다.이제 하위게임과 후진귀납법을 이용하여 그림 10.10의 게임나무에서 굵게 그려진 하위게임완전균형을 도출해보자. 앞에서처럼 게임나무의 오른쪽에서 왼쪽으로 후진하면서 답을 도출한다. 먼저 의사결정 노드 F_1에서 시작하는 하위게임을 살펴보자. 여기에서 추종기업은 연간 7,000대의 규모를 선택할 것이다. 그러면 연간 12,000대를 생산할 때의 이윤(1,200억 원)보다 거의 2배의 이윤을 얻을 수 있기 때문이다. 이제 의사결정 노드 F_2에서 시작하는 하위게임을 살펴보자. 이때에 추종기업은 연간 5,000대가 아니라 7,000대의 규모를 선택하려 할 것이다. 7,000대를 생산하면 1,400억 원의 이윤이 생기지만 5,000대를 생산하면 500억 원의 이윤밖에 얻지 못하기 때문이다.

이제 선도 기업은 의사결정 노드 L에서 공장규모를 선택할 때 추종기업이 의사결정 노드 F_1과 F_2에서 어떻게 행동할지를 알 수 있다. 선도 기업이 의사결정 노드 L에서 연간 5,000대의 규모를 선택하면 추종기업은 의사결정 노등 F_1에서 7,000대의 규모를 선택한다. 결국 최종노드 A에 도달하여 선도 기업은 1,500억 원의 보수를 얻는다. 이에 비해 선도 기업이 의사결정 노드 L에서 10,000대의 규모를 선택하면 추종기업은 의사결정 노드 F_2에서 7,000대 규모를 택하게 된다. 그래서 최종노드 D에 도달하며 선도 기업은 2,000억 원의 보수를 받게 된다.

선도 기업은 최종노드 A보다 D가 더 이익이라는 것을 알고 있다. 따라서 이 기업은 연간 10,000대 규모의 공장을 지을 것이다. 하위게임완전균형은 먼저 의사결정노드 L에서 아래쪽을 가는 실선부분과 그 다음에 의사결정 노드 F_2에서 아래쪽을 가는 실선부분으로 구성된다. 2기업은 자신과 상대기업의 인센티브를 완벽하게 알고 있기 때문에 어떤 기업도 이 경로에서 벗어나려 하지 않는다.

이 게임에서는 진입을 억제하는 선점이 발생하지 않는다는 점을 살펴보기 바란다. 2기업이 모두 생산하지만 생산량은 서로 다르다. 선도 기업이 더 많이 생산하고 추종기업은 더 적게 생산한다. 2개 기업만 있는 복점분석의 직관을 일반화하여 이를 여러 기업이 있는 과점산업에도 적용해볼 수도 있다. 선도 기업이 먼저 행동을 취하지만 여러 개의 최종노드에서 추종기업이 이윤을 얻을 수 있다는 것이다. 이것은 추종기업이 추가로 산업에 진입하는 것이 하위게임부분균형이라는 것을 의미한다. 추종기업은 선도자보다 더 적은 양을 생산하기는 하지만 여전히 생존을 유지하며 생산할 수 있다. 인텔이 선도자였고 AMD같은 여러 기업들이 추종자였던 마이크로칩산업이나 애플이 선도자였고 삼성, LG, 구글 등이 추종자였던 스마트폰산업이 이를 보여주는 좋은 예라고 할 수 있다.

그런데 일단 추종기업이 진입하여 경쟁이 가능해지면 일부 추종기업이 산업을 지배하며 한 때 산업을 쥐락펴락하던 선도 기업을 밀어낼 수 있다. 이러한 일은 텔레비전산업에서 발생한 바 있다. 실바니아 등 초기의 선도 기업들이 1980년대에 이르러 소니 등의 일본 브랜드에 의해 밀려났고, 2000년대에는 삼성과 같은 한국 브랜드들이 소니를 밀어내고 시장을 지배하게 된 것이다.

인터넷 과점

소수의 대기업들이 인터넷을 지배하지만, 이들 과점기업들 간 경쟁은 매우 치열하다.

인터넷은 1990년대 중반에야 평균적인 사람들이 접근할 수 있게 되었다. 지난 10년 간 인터넷은 몇 개 소수 주요 기업들이 지배하고 있는 매체로 진화하였다. 그 중 대표적인 것이 구글, 페이스북, 아마존 등이다. 마이크로소프트와 애플도 주요 참가자에 포함된다.

이들 기업들의 핵심적인 특징은 이들이 특정 기술 분야에서 준 독점적 지위를 갖고 있다는 것이다. 페이스북은 SNS를 쥐락펴락한다. 아마존은 온라인쇼핑에서 독보적인 영향력을 행사하고 있다. 마이크로소프트는 퍼스널컴퓨터 운영체제와 기업생산성제고 목적의 소프트웨어 영역에서 준 독점적 지위를 보유하고 있다. 애플은 애플 자체의 운영체제로 가동되는 컴퓨터, 스마트폰 및 태블릿의 생산에서 가장 높은 수익을 올리고 있어서 2012년에는 세계에서 자산 가치가 가장 큰 기업이 되었다.

그런데 이들 거대기업들은 자기 부문의 지배력 유지에만 그치지 않고 준 독점적 지위로 얻은 이윤을 이용하여 다른 거대기업들의 영역에서 진출하고 있다. 그 결과 자금이 풍부한 소수의 경쟁기업 간에 치열한 과점적 경쟁이 벌어졌다.

검색시장을 한 번 살펴보자. 구글은 검색시장의 64%를 점유하여 막대한 광고수익을 벌어들였다. 실제로 2015년 구글의 광고수익은 160억 달러에 달했는데, 이는 미국의 모든 잡지사와 신문사들의 광고수익보다 큰 것이었다. 이렇게 보면 마이크로소프트가 구글과 경쟁하기 위해 빙(Bing)이라는 검색엔진을 개발한 것은 놀라운 일도 아니다. 2015년 말에 이르러 빙은 검색시장의 21%를 차지하게 되었다. 빙은 시장의 13%를 차지하고 있던 야후와 함께 구글에 지속적인 경쟁 압력을 가하였고 그 결과 광고요금은 낮아지게 되었다.

지금까지 페이스북은 18억 명이 넘는 사용자를 유지하고 있어서 가장 큰 SNS 웹사이트이다. 하지만 2011년 구글은 페이스북에 도전장을 던지는 소셜 네트워크를 개발하였다. 구글은 G메일과 유튜브 등 자사의 무료서비스 사용자들에게 구글플러스 소셜 네트워크에 가입하도록 독려하여 이를 성공적으로 이루어 냈다. 2012년 말에 이르러 구글플러스는 총 5억 명의 사용자와 2.35억 명의 단골 사용자를 보유하게 되었는데, 이 정도면 페이스북과 경쟁하기에 충분하다.

구글플러스가 구글에게 그토록 중요한 이유는 페이스북이 광고주들로 하여금 구글 검색 광고보다 페이스북 베너 광고를 하도록 조장하였기 때문이다. 페이스북은 '피츠버그에 살고 있는 25세에서 30세 사이의 애완동물을 가진 남성' 등과 같이 특정 페이스북 사용자들을 타겟으로 한 광고를 가능하게 하였다.

구글은 이제 광고주들이 구글의 SNS를 이용하여 페이스북과 같은 맞춤형 광고를 할 수 있도록 함으로써 페이스북에 대응할 수 있게 되었다.

구글은 애플의 아이폰과 아이패드에 사용하는 운영체제(iOS)와 경쟁하기 위해 안드로이드 운영체제를 개발하여 애플에 도전장을 내밀었다. 그렇게 함으로써 구글은 애플이 훗날 언젠가 애플 기기에서 작동되는 검색엔진을 고안하면 구글의 검색엔진에서 얻는 수입이 줄어들 것이라는 위협에 대처하였다.

스마트폰과 태블릿에서의 애플의 지배력은 또한 다른 인터넷 거대기업들에 의해서도 도전을 받아 왔다. 구글은 안드로이드 운영체제를 원하는 스마트폰 제조업체나 태블릿 제조업체에 사용허가를 내주었다. 그리고 애플의 아이폰과 아이패드에 대항하기 위해 넥서스(Nexus) 계열의 이동통신기기들을 출시하기도 하였다. 마이크로소프트도 애플의 이동통신기기에 도전하기 위해 윈도우 운영체제를 이동통신기기와 태블릿에도 활용할 수 있도록 개선하였다. 그리고 아이패드와 경쟁하기 위해 서피스(Surface) 계열의 태블릿을 출시하였으며 독자적인 윈도우폰을 개발하여 판매하면서도 오랫동안 이동전화기를 생산해왔던 노키아를 합병하여 아이폰과 경쟁하려 하고 있다.

마이크로소프트의 근본적인 문제는 스마트폰과 태블릿은 빠른 성장을 보이지만 퍼스널컴퓨터 매출은 급격하게 줄어들고 있다는 것이다. 따라서 마이크로소프트가 스마트폰, 태블릿, 검색 등에서 수익을 내지 못하면 퍼스널컴퓨터 부문의 쇠퇴가 진행되면서 쇠락의 길을 걷게 될 것이다.

아마존 역시 자신이 지배하고 있는 온라인 소매업 부문에서 벗어나 다른 영역을 공략해왔다. 일반 대중에게 가장 잘 알려진 것은 킨들 계열의 태블릿 컴퓨터인데 이것은 애플, 구글, 마이크로소프트 및 구글의 안드로이드 운영체계를 이용하는 여러 제조업체와 경쟁하고 있다. 그러나 아마존은 막후에서 기업을 대상으로 온라인 '클라우드 컴퓨팅' 서비스를 제공하면서 이 분야에서 구글 및 마이크로소프트의 주요 경쟁자로 나서고 있다. 아마존, 구글 및 마이크로소프트는 검색 등 자사의 핵심 사업을 유지하려면 초대형 서버가 필요한데 온라인 클라우드 컴퓨팅 서비스는 초대형 서버가 있어서 제공될 수 있다. 이처럼 클라우드 컴퓨팅 서비스에서도 인터넷 거대기업의 과점적 경쟁이 나타나는데 이것은 이들 기업이 지배하던 고유의 분야에서 다른 부문으로 사업을 확장하면서 발생하고 있다.

이들이 이토록 공격적으로 경쟁하는 이유는 간단하다. 준 독점기업이 이미 자기 분야를 지배하고 있을 때 이윤을 늘일 수 있는 유일한 기회는 경쟁기업의 영역을 침범하는 것이기 때문이다.

요약

1. 독점적 경쟁의 특징

독점적 경쟁이 다른 시장구조와 구분되는 특징은 (a) 산업 내에 충분히 많은 수의 기업이 존재하여 개별 기업이 가격에 대해 갖는 통제력은 제한되어 있으며, 상호의존성이 없고, 담합은 거의 불가능하다는 점, (b) 제품들은 실제로 그렇든 아니면 그렇다고 여겨지든 차별화되어 있어서 경제적 경쟁이 가격과 비가격 양 측면 모두에서 발생한다는 점, (c) 산업 내로의 진입이 상대적으로 쉽다는 점 등이다. 소매업 및 규모의 경제가 크지 않은 일부 제조업이 독점적 경쟁과 유사한 특징을 갖는다.

상위4사 집중도는 4대 기업이 전체 산업 매출액에서 차지하는 비율이다. 허핀들 지수는 산업 내 모든 기업들의 시장점유율을 제곱한 값의 합이다.

2. 독점적 경쟁이 장기에서 정상이윤만 얻는 이유

독점적 경쟁 기업들은 단기에서는 경제적 이윤을 얻거나 손실을 입을 수 있다. 장기에서는 진입과 퇴출이 쉽기 때문에 정상이윤만을 얻는다.

3. 독점적 경쟁과 생산효율성 및 배분효율성

독점적 경쟁 기업의 장기균형에서는 순수경쟁기업에 비하여 효율성이 떨어진다. 독점적 경쟁 하에서 가격은 한계비용보다 높으므로 제품 생산에 자원이 과소 배분되고 있으며, 가격이 평균총비용 최솟값보다 크므로 소비자들은 비용 조건이 허용하는 가장 낮은 가격에서 제품을 구매할 수 없음을 알 수 있다.

4. 독점적 경쟁에서 제품차별화와 효율성 사이의 관계

비가격 경쟁은 독점적 경쟁 기업이 장기적에서 경제적 이윤이 0으로 하락하는 경향을 상쇄할 수 있는 수단이 된다. 제품차별화, 제품 개발, 광고 등을 통해 독점적 경쟁 기업은 이러한 비가격 경쟁 때문에 추가로 발생하는 비용을 보전하고도 남을 만큼 충분히 제품에 대한 수요를 확대하기 위해 노력할 것이다. 독점적 경쟁은 제품 선택의 다양성을 확대하여 소비자에게 편익을 가져다 준다.

실제로 독점적 경쟁 기업은 이윤극대화를 위한 가격, 제품 및 광고의 특정한 조합을 찾으려 노력한다.

5. 과점의 특징

과점산업의 특징은 소수의 기업만이 존재한다는 점이며, 각 개별 기업이 시장의 상당 부분을 점하고 있다. 이러한 상황에 처한 기업들은 전략으로 행동하며 상호의존적이다. 즉 특정 기업의 행동은 경쟁사의 행동에 영향을 미치고 또 그 영향을 받는다. 제품들은 거의 동질적일 수도 있고 상당히 차별화되어 있을 수도 있다. 규모의 경제를 포함한 다양한 진입장벽들이 과점을 뒷받침하고 유지한다.

집중도가 높다는 것은 과점지배력(독점력)이 크다는 것을 의미한다. 허핀들 지수는 규모가 큰 기업에 더 큰 가중치를 부여함으로써 특정 산업 내에서의 시장 지배의 정도를 측정하기 위해 고안되었다.

6. 게임이론과 과점

게임이론은 (a) 과점 기업들의 가격 정책이 상호의존적임을 보여주고, (b) 과점 기업들이 담합하려는 경향을 드러내며, (c) 과점기업들이 담합 약속을 어기고 속이려는 유혹을 받는 이유를 설명한다.

7. 굴절수요이론, 담합가격설정 및 가격선도자

비담합 과점기업들은 굴절수요곡선에 대면할 수 있다. 이 곡선과 그에 따른 한계수입곡선은 과점에서 흔히 발생하는 가격 경직성에 대한 설명을 제공한다. 그러나 이들 곡선은 제품의 현재 가격이 애초에 왜 그 수준에서 결정되었는지는 설명하지 못한다.

과점에 내재하는 불확실성은 담합을 불러일으킨다. 카르텔과 같이 담합 과점기업들은 해당 기업들 전체의 이윤을 극대화한다. 다시 말하면 이 기업들은 순수독점기업과 마찬가지로 행동한다. 수요와 비용 상의 차이, 기업의 수가 '많은' 경우, 은밀한 가격 할인 등을 통한 속임수, 경기 쇠퇴, 반트러스트 법 등은 모두 과점에서 담합을 가로막는 장벽으로 작용한다.

가격선도제는 비공식적인 담합의 한 수단으로, 통상 가장 규모가 크거나 가장 효율적인 하나의 기업이 가격 변화를 선도하고 산업 내 다른 기업들이 선도기업을 뒤따르는 방식으로 이루어진다.

8. 광고의 긍정적 효과와 부정적 효과

과점 산업에서 시장점유율은 일반적으로 제품 개발과 광고에 의해 결정된다. 과점기업들은 비가격경쟁에 초점을 맞춘다. 그 이유는 (a) 광고와 제품 다양화는 경쟁사들이 모방하기가 더 어려우며, (b) 과점기업들은 비가격 경쟁을 위해 필요한 자금을 조달할 수 있는 재원을 풍부하게 보유하고 있는 경우가 많기 때문이다.

광고는 가격, 경쟁 및 효율성의 측면에서 긍정적 영향을 끼칠 수도 있고 부정적 영향을 끼칠 수도 있다. 긍정적 영향은 소비자들에게 낮은 비용으로 서로 경쟁하고 있는 다양한 제품에 대한 정보를 제공하며, 집중도가 높은 산업에 새 경쟁 제품이 도입될 수 있도록 하고, 일반적으로 독점력 및 그에 수반된 비효율성을 완화한다는 데 있다. 부정적 영향은 고객을 현혹하고 진입장벽을 창출함으로써 독점력을 강화한다는 점이다. 게다가 경쟁사들이 모두 동시에 광고 활동을 하게 되면 광고는 자기상쇄적일 수 있다. 이 경우 별 다른 결과가 없이 비용만 늘리고 비효율성을 발생시킨다.

9. 과점의 효율성 및 독점과의 비교

과점시장에서는 생산효율성도 배분효율성도 실현되지 못하지만, 순수경쟁에 비하여 연구개발과 기술진보를 촉진하는 데 있어서는 더 우월할 수 있다.

표 8.1은 순수경쟁 및 순수독점과 비교하여 볼 때 독점적 경쟁 및 과점이 지니는 특징을 간단명료하게 검토하고 있다.

10. 동시게임 및 순차게임에서의 내쉬균형

포지티브섬 게임은 기업들에 대한 보수의 합이 양의 값을 갖는 게임을 의미한다. 제로섬 게임은 보수의 합이 0인 게임이고 네거티브섬 게임은 보수의 합이 0보다 작은 게임이다. 포지티브섬 게임은 '윈-윈'의 가능성이 있는 반면, 제로섬 게임은 항상 '내가 이익을 보면 상대방이 손해를 보는' 결과가 발생한다. 게임은 1회성 게임일 수도 있고 반복게임일 수도 있다. 게임에서 결정은 동시에 이루어질 수도 있고 순차적으로 이루어질 수도 있다.

두 기업이 전략적 게임을 하고 있는 경우 다른 기업이 무엇을 하는지와 상관없이 다른 모든 선택보다 특정한 선택이 더 나은 결과를 발생시킨다면 해당 기업은 우월전략을 갖는다고 말할 수 있다. 모든 게임이 우월전략을 갖는 것은 아니다. 내쉬균형은 두 기업이 모두 상대 기업이 전략을 선택한 상태에서 자신의 현재 전략을 최적이라고 판단하고 있기 때문에 현 상태에서 벗어나기를 원하지 않는 경우 이때의 결과를 말한다. 내쉬균형은 안정적이고 지속된다. 기업들이 해당 게임에서 다른 결과를 만들어내려 하는 시도는 실행과 유지가 어렵다. 하지만 때로는 실질적 위협이 그것을 가능하게 하기도 한다. 반면 말뿐인 위협은 어떤 결과도 내지 못하며 따라서 결국에는 내쉬균형에 계속 머무르게 된다.

기업들이 반복적으로 참가하는 게임에서 상호주의가 결과를 개선할 수 있다. 이런 게임에서 특정 기업은 상대방이 다음에 계속되는 게임에서 자사에 손해를 입히면서 이득을 취할 수 있음을 알고 있기 때문에 이번 게임에서 상대방에 손해를 입히면서 이득을 취하는 것을 피하려 한다. 이러한 상호주의가 있는 경우 기업 이윤은 상호주의 없이 얻어지는 이윤에 비하여 더 크다.

선행자의 이점이 있는 순차게임에서 가능한 내쉬균형은 2개이다. 어떤 결과가 발생하는지는 어떤 기업이 먼저 행동하는가에 따라 달라지는데, 이는 선점으로 인하여 상대방 기업이 선행자의 선택을 따라하는 것이 수익성이 없어지므로, 선행기업은 선점을 통해 상대방의 진입을 막을 수 있기 때문이다. 월마트를 포함한 실재하는 몇몇 기업들은 선점을 통해 시장을 포화상태로 만들고 경쟁기업의 진입을 가로막는 데 선행자의 이점을 성공적으로 활용하였다.

순차게임은 게임나무를 이용하여 전개형으로 표현할 수 있다. 전개형에서는 참여자들의 의사결정의 순서가 왼쪽에서 오른쪽으로 순차적으로 그려져 있다. 이 게임에서는 전체 게임의 하위게임들을 오른쪽에서 왼쪽으로 가면서 검토하는 후진귀납법을 활용하여 하위게임완전균형을 구할 수 있다.

주요 용어와 개념

가격선도제	반복게임	제로섬 게임
가격전쟁	비가격 경쟁	제품차별화
게임이론	산업간 경쟁	차별화된 과점
과점	상위4사 집중도	최종노드
굴절수요곡선	상호의존성	카르텔
내쉬균형	선행자의 이점	포지티브섬 게임
네거티브섬 게임	수입경쟁	하위게임
담합	실질적 위협	하위게임완전균형
독점적 경쟁	우월전략	허핀들 지수
동시게임	유휴설비	후진귀납법
동질적 과점	의사결정 노드	1회성게임
말뿐인 위협	전략적 행위	

연습문제

1. **어떤 산업에 10개 기업이 있고, 모든 기업이 각각 시장을 10%씩 점유하고 있다. 이 산업의 허핀들지수는 무엇인가?**

(1) 10 (2) 100
(3) 1,000 (4) 10,000
(5) 100,000

2. **제네바의 작은 마을에 시계를 제조하는 5개 기업이 있다. 이들 기업의 연간 생산량은 30개, 20개, 20개, 20개, 10개이다. 이 마을의 시계제조업의 상위4사 집중도는?**

(1) 5 (2) 18
(3) 70 (4) 90
(5) 100

3. **다음 중 독점적 경쟁기업의 효율성을 가장 잘 설명하고 있는 것은 무엇인가?**

(1) 배분은 효율적이지만, 생산은 비효율적이다.
(2) 배분은 비효율적이지만, 생산은 효율적이다.
(3) 배분효율성과 생산효율성을 모두 달성한다.
(4) 배분효율성도, 생산효율성도 달성하지 못한다.
(5) 배분은 비효율적이지만, 생산효율성에 대해서는 알 수 없다.

4. **다음 중 과점산업의 특징을 모두 골라라.**

(1) 소수 대규모 생산자들 (2) 다수 소규모 생산자들
(3) 전략적 행동 (4) 가격수용
(5) 가격차별

5. **페이스북, 구글+, 스냅햇 등은 하나의 과점산업에서 경쟁하는 기업들이다. 굴절수요이론이 이들 3개 기업에 적용된다면, 페이스북이 직면한 수요곡선에 대한 설명으로 옳은 것은?**

(1) 가격이 현행 가격보다 높을 때, 그보다 낮을 때보다 탄력적이다.
(2) 가격이 현행 가격보다 높을 때, 그보다 낮을 때보다 비탄력적이다.
(3) 가격이 현행 가격보다 높을 때나 낮을 때나 탄력성이 같다.
(4) 가격탄력성을 정의할 수 없다.
(5) 위 4개의 보기 중에는 답이 없다.

6. **모두 수요조건과 비용조건이 동일한 기업들로 구성된 과점산업을 생각해보자. 이들 기업이 단합하기로 한다면, 이들의 결합 생산량은 다음 중 무엇과 같을 것인가?**

(1) 독점적 경쟁기업 (2) 순수경쟁기업
(3) 순수독점기업 (4) 자연독점기업
(5) 위 4개 보기 중에는 답이 없다.

7. **다음 중 과점시장에서 개별 기업의 시장점유율을 결정하는 가장 일반적인 요인은 무엇인가?**

(1) 희소성과 경쟁
(2) 굴절수요곡선과 보수행렬
(3) 동질적 제품과 수입경쟁
(4) 제품개발과 광고
(5) 시장의 크기

8. 다음 중 담합이 이루어지고 유지될 수 있도록 하는 요인은 무엇인가?

(1) 실질적 위협 (2) 1회성 게임
(3) 헛위협 (4) 선점자의 이득
(5) 순차게임

9. 쇼핑몰을 짓는 개발업체들은 이마트, 홈플러스 등 전국적으로 유명한 대형 체인 소매점들을 핵심축으로 두고 싶어 한다. 이러한 '핵심축'들은 식당 수요를 많이 발생시켜 브랜드 인지도가 낮은 소규모 점포들의 매출 증가에 도움을 준다. 하지만 유명 대형 체인들은 그로부터 무슨 이득을 얻는가? 핵심축으로 입점하는 이유는 무엇인가? 다음 중 가장 좋은 답은?

(1) 핵심축이 되는 점포들은 개발업자들에 대해 실질적 위협을 만들어 내려 한다.
(2) 핵심축이 되는 점포들은 새 몰에서 몇 개 안되는 핵심축이 될 때 선점자의 이점이 있다고 생각한다.
(3) 개발업체들은 소규모 점포들에 헛위협을 만들고 있다.
(4) 소규모 점포들은 네거티브섬 게임에 직면하고 있다.
(5) 핵심축이 되는 점포들은 궁극적으로 소규모 점포들을 쇼핑몰에서 퇴출시킬 수 있다고 생각하기 때문이다.

10. 그림 10.9로 돌아가자. 게임에서 다른 모든 것들은 일정하지만 최종노드 B에서의 보수가 (13, 12)로 바뀌었다고 하자. 다음 중 새로운 하위게임완전균형은 무엇인가?

(1) BB에서 "설립" 후 HB_1에서 "설립"
(2) BB에서 "설립" 후 HB_1에서 "설립하지 않음"
(3) BB에서 "설립하지 않음" 후 HB_2에서 "설립"
(4) BB에서 "설립하지 않음" 후 HB_2에서 "설립하지 않음"
(5) 새로운 하위게임완전균형을 구할 수 없다.

11. 그림 10.9로 돌아가자. 두 기업의 입장이 바뀌어, 추종자였던 기업이 먼저 진입하는 반면, 선도자였던 기업이 나중에 진입하게 되었다고 하자. 새로운 하위게임완전균형이 도달하는 최종노드는 무엇인가?

(1) A (2) B
(3) C (4) D
(5) 알 수 없다.

12. 어떤 작은 마을에 7개의 김밥집이 있고, 이들 김밥집들은 각각 지역 김밥 시장에서 (김밥 총매출액 기준) 23%, 22%, 18%, 12%, 11%, 8%, 6%를 점하고 있다고 하자. 이 마을 김밥 산업에서 상위4사 집중도는 얼마인가? 허핀들 지수는 얼마인가? 상위 3대 점포들이 결합하여 하나의 기업이 되면 상위4사 집중도와 허핀들 지수는 어떻게 변하는가?

13. 여러분이 사는 지역에서 가장 유명한 자동차 딜러는 전체 자동차의 10%를 판매하고 있다고 가정하라. 나머지 모든 딜러들이 이 딜러와 같거나 적은 수의 자동차를 판매하고 있다면 여러분 지역의 자동차 딜러들에 대한 허핀들 지수가 가질 수 있는 가장 큰 값은 무엇인가? 같은 상황에서 상위4사 집중도는 어떻게 나타날까?

14. 과점 경쟁을 펼치고 있는 한 식당이 현재 (한계수입과 한계비용이 일치하는 산출량 수준인) 하루 230끼를 판매하고 있다. 이 산출량 수준에서 끼니 당 평균총비용은 10,000원이고 소비자들은 끼니 당 12,000원을 지불할 용의가 있다. 이 기업의 이윤 혹은 손실의 크기는 얼마나 될까? 진입이나 탈퇴가 발생할 것인가? 이 식당이 직면한 수요곡선은 왼쪽 혹은 오른쪽으로 이동할까? 장기균형에서 이 식당은 10,000원의 가격으로 180끼를 판매하며 180번째 끼니의 한계비용은 8,000원이라고 가정하자. 이 기업의 이윤은 얼마인가? 장기균형에서 배분효율성을 보장하는 산출 수준은 200끼라고 하자. 이 기업에 대한 경제적 순손실은 60,000원보다 클 것인가 아니면 작을 것인가?

15. 그림 10.3에서 보여주고 있는 바와 같은 2기업 과점 상황을 '처벌(punishment)'을 가미하여 변화시킨 상황을 생각해보자. 만약 한 기업이 높은 가격을 책정한 반면 상대 기업이 낮은 가격을 책정한다면 높은 가격을 책정한 기업은 낮은 가격을 책정한 기업에 벌금을 물릴 수 있다고 하자. 벌금이 부과되면 낮은 가격을 책정한 기업으로부터 X원 빼앗아 고가를 책정한 기업에 준다고 하자. 두 기업이 모두 항상 높은 가격을 책정하기를 원하게끔 하는 벌금 X 중 가장 낮은 액수는 얼마인가?

16 복점 기업들과 과점 기업들이 상대방에 대해 행한 약속과 위협이 항상 실질적인지 (믿을 수 있는지) 생각해보라. 그림 10.3으로 돌아가 보자. 두 기업이 같은 게임을 두 번 순차적으로 진행하며 각각의 기업이 다음과 같은 정책을 펼친다고 주장한다고 하자. 즉 각각의 기업은 만약 자신과 다른 기업이 제1회 게임에서 모두 고가를 선택한다면, (상대방 기업이 제1회 게임에서 협조한 데 대한 보상으로) 제2회 게임에서도 또한 고가를 선택할 것이라고 한다.

(1) 이러한 정책이 신뢰성이 있는지를 생각해보기 위한 첫 번째 단계로 양 기업이 제2회 게임에서 처하는 상황을 생각해보라. 만약 각각의 기업이 제2회 게임에서 무엇을 할 것인지를 전적으로 제2회 게임에서 얻게 되는 보수에 따라 결정한다면 제2회 게임에서 두 기업이 선택하는 전략은 무엇인가?

(2) 이제 시간을 한 단계 거슬러 올라가보자. 지금은 제1회 게임의 시작이며 두 기업은 모두 제1회 게임에서 무엇을 해야 할지 결정해야 한다. (1)에 대한 답에 비추어볼 때 공언된 정책은 신뢰성이 있는가? (힌트: 제1회 게임에서 어떤 결과가 발생하던지 두 기업이 제2회 게임에서 어떻게 행동하는가?)

(3) (1)과 (2)에 대한 답에 비추어 볼 때, 제1회 게임에서 두 기업이 선택하는 전략은 무엇인가?

17. 다음과 같은 게임나무를 살펴보도록 하자. 선진과 윤태는 서로 경쟁관계에 있는 식당을 창업할 계획을 갖고 있다. 2사람은 모두 점포를 임대할 것인지 아니면 구입할 것인지 결정해야 한다. 선진이 먼저 의사결정노드 F에서 선택을 한다. 윤태는 그 다음 (선진이 의사결정노드 F에서 무엇을 선택했는지에 따라) 의사결정노드 S_1이나 S_2에서 선택한다. 최종노드 A에서 윤태가 얻는 보수는 X임을 명심하라.

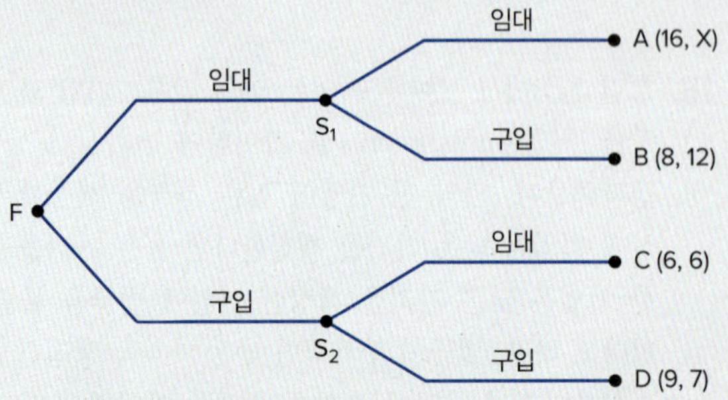

(1) 만약 X<12라면, 하위게임완전균형 경로가 도달하는 최종노드는 무엇인가?

(2) 만약 X>12라면, 하위게임완전균형 경로가 도달하는 최종노드는 무엇인가?

(3) X=11이고 선진은 이제 윤태에게 웃돈을 지불하여 최종노드 A에서 윤태의 보수가 X=11에서 X=11+V로 늘어날 수 있다고 하자. 하위게임완전균형경로가 최종노드 A에 도달할 수 있는 V의 최소액은 얼마인가? V는 (0, 1, 2, 3,…)와 같이 정수값만 가질 수 있다고 가정하라.

PART 4

미시경제정책

11 Chapter

반독점 정책과 경제규제

학습내용

1. 반독점법의 주요 내용
2. 반독점법의 법적용과 법해석의 문제
3. 자연독점의 가격규제와 문제점
4. 사회규제의 본질과 비용 · 편익

이제 앞에서 논의한 경제 분석내용을 다양한 정부정책에 적용할 수 있다. 이 장에서는 기업 활동과 관련된 3분야의 정부정책을 살펴본다. 즉 반독점 정책, 산업규제 그리고 사회규제이다. 반독점 정책은 각종 법률과 정부의 행정력을 이용하여 독점을 방지하고 경쟁을 촉진하기 위한 정책을 말한다. 산업규제란 특정 산업 특히 자연독점 산업에서 기업이 부과하는 가격 즉 '요금'에 대한 정부규제를 말한다. 사회규제란 작업환경, 상품의 안전성을 비롯하여 생산이나 소비가 환경에 미치는 영향을 정부가 규제하는 것을 말한다.

4부의 나머지 장에서는 소득빈곤, 정부재정 및 공공선택이론 등과 관련된 쟁점과 정책을 논한다.

반독점법

반독점 정책의 근본 목적은 독점화를 방지하고, 경쟁을 촉진하며 배분의 효율을 달성하려는 것이다. 모든 경제학자들은 이러한 목적의 추구가 가치 있다는 점에 대해 동의할 것이다. 하지만 미국에서 시행되고 있는 반독점 정책의 적절성이나 유효성에 대해서는 의견이 크게 갈린다. 살펴보면 알 수 있듯이 과거에 행하여진 반독점 정책은 명확하지도 않았고 그렇다고 일관성을 유지한 것도 아니었다.

역사적 배경

트러스트

미국의 남북전쟁(1861~1865) 직후 시장은 지역경제를 넘어서서 국민경제 수준으로 확대되었다. 이러한 시장의 확대는 교통시설의 개선, 생산방법의 기계화 그리고 기업 형태의 정교함에 힘입은 바 크다. 1870년대와 80년대에는 석유, 육 고기 포장, 철도, 설탕, 납, 석탄, 위스키, 담배 등 여러 산업에서 지배기업이 등장하였다. 이들은 과점기업, 준 독점기업, 독점기업 등이었는데, 이들 중 일부는 **트러스트**로 알려졌다. 트러스트는 기업에 대한 통제를 단일의 의사결정 집단('신탁 관리인')에 맡기는 기업결합이었다. 이들 트러스트들은 산업을 '독점화' 하였는데, 이 때문에 '트러스트'은 일상에서 '독점'과 동일한 것으로 여겨졌다. 일반 대중이나 정부, 그리고 역사학자들은 순수 독점모형에서 제시한 바와는 달리 판매자가 '단일 판매자'가 아니고 대규모의 지배적 판매자에 지나지 않더라도 이를 독점사업체로 정의하기 시작하였다.

흔히 이들 지배적 기업들은 의심을 살만한 책략을 이용하여 산업을 통합한 다음 소비자에게 높은 가격을 부과하였고 자원의 공급자로부터는 가격의 양보를 받아내었다. 특히 농부와 소기업 사업자가 거대 독점기업의 힘에 취약하였는데 이들이 앞장서서 대항하였다. 얼마 가지 않아 소비자, 노동조합 그리고 경제학자들이 반대 대열에 합류하였다.

9장을 통해 여러분은 독점에 반대하는 경제학의 주요 논거에 대해 익숙할 것이다. 독점기업은 산업이 경쟁적일 때에 비하여 더 적은 양을 생산하고 더 높은 가격을 부과한다. 순수경쟁일 때 개별 기업은 가격이 한계비용과 같아지는 점에서 생산을 하는 데 그것이 기업의 이윤을 극대화한다. 이 수준에서의 생산량은 배분의 효율을 가져다준다. 가격(P)은 추가적인 생산으로 사회가 얻게 되는 한계 편익을 나타내며, 한계비용(MC)은 추가적 생산에 따른 비용을 반영한다. 가격이 한계비용과 일치하는 P=MC일 때에는 생산이 추가적으로 1단위 늘거나 또는 줄더라도 사회가 얻는 이익은 없다. 이에 비하여 독점기업은 한계수입(MR)과 한계비용(MC)이 일치하는 점에서 생산한다. 그런데 한계수입은 가격보다 낮기 때문에 독점기업은 경쟁 때보다 적은 양을 생산하여야 이윤을 극대화할 수 있다. 한계수입=한계비용인 점에서는 가격이 한계 비용보다 크다. 이것은 생산을 증가시키면 사회가 부담하는 비용에 비하여 이익이 더 커진다는 것을 뜻한다. 결국 독점화된 상품 생산에 자원이 과소 배분되고 경제는 효율성 손실을 입는다. 그래서 사회의 경제적 후생수준은 경쟁이 치열할 때에 비하여 줄어든다.

독점기업이 경쟁 시장보다 높은 가격을 설정하는데 이로 인해 효율성 손실만이 초래되는 것이 아니다. 소비자의 소득이 독점기업으로 이전되는 일이 추가적으로 발생한다.

이러한 소득이전은 생산비용의 증가 탓으로 돌려 이를 합리화할 수 없으며 순전히 독점기업의 생산량 통제 능력에서 비롯된 것이다. 따라서 이러한 소득이전은 상당한 분노를 야기한다. 결국 소비자들은 자신의 분노를 선출직 공무원에게 표출하여 '무엇인가를 하게 한다.'

이러한 압력에 대응하여 정부 관료들은 1800년대 말과 1900년대 초 결론에 이르게 된다. 경쟁 산업에는 유익한 시장의 힘이 존재하여 소비자를 보호하고 공정한 경쟁을 추구하며 배분의 효율을 달성하도록 하지만 독점화된 산업에는 그러한 힘이 부족하다는 것이다. 그래서 정부는 시장의 힘을 대체하거나 보완할 수 있는 통제수단으로 2가지 제도를 도입하였다.

- **규제 기관** 생산물이나 생산기술의 성격상 **자연독점**이 형성되는 일부 시장에서 정부는 경제행위를 통제하기 위하여 공적 규제기관을 설립하였다.
- **반독점법** 대부분의 시장에서는 반독점법의 입법이라는 형태로 사회적 통제가 행하여졌는데, 이 법의 목적은 독점의 성장을 저지하거나 억제하기 위한 것이다.

자연독점

미국 연방 의회의 입법을 통해 제정된 4개의 법률이 독점구조와 독점행위를 규제하는 기본 법률인데 여러 차례의 개정을 통해 수정되고 확대되었다.

셔먼 법(1890)

1870년대와 1880년대에 출현한 트러스트에 대한 대중의 분노는 1890년 **셔먼 법**에서 절정을 이룬다. 이 법은 반독점 입법의 초석을 이루는 것으로 아주 간단하며 첫 눈에 보더라도 단도직입적이다. 법의 핵심은 두 개의 조항에 담겨있다.

셔먼 법

- **제1조** "다수의 주(州) 사이 또는 외국과의 거래 및 상업 활동에서 이를 제약하는 모든 계약, 트러스트를 비롯한 여타 형태의 기업결합, 합의는 불법임을 명시한다."
- **제2조** "다수의 주(州) 사이 또는 외국과의 거래 및 상업 활동에서 이를 독점화하거나, 독점화를 기도하거나 독점화를 위하여 타인과 결탁 또는 합의하는 자는 중죄를 저지른 것으로 여긴다."(추후에 중죄는 '경범죄'로 개정되었다.)

따라서 셔먼 법은 **독점화**뿐 아니라 **거래의 제약**(예를 들어 가격 담합과 시장 분할)을 불법화하였다. 오늘에 이르러 미 법무부, 공정거래위원회, 피해 당사자 및 주 정부의 검찰은 법을 위반한 것으로 여겨지는 피의자를 상대로 반독점소송을 제기할 수 있다. 법원은 경쟁에 반하는 거래관행을 중지하게 하는 금지명령을 내릴 수 있으며 필요하다면 독점기업을 여러 개의 경쟁기업으로 분할할 수 있다. 법원은 벌금형뿐 아니라 징역형을 내릴 수도 있다. 게다가 불법적인 결탁이나 합의로 인해 손해를 입은 당사자는 가해자를 상대로 **3배의 손해배상금**을 청구할 수 있다. 즉 피해자에게 발생한 금전적 손실액의 3배를 청구할 수 있다.

독점화
거래의 제약
3배의 손해배상금

셔먼 법은 정부로 하여금 독점사업체를 상대로 바람직한 조치를 취할 수 있도록 하는 든든한 근거를 제공한 것처럼 보였다. 그러나 시행 초기에 법원의 해석은 법의 적용 범위를 축소시켰고 법의 모호성만 드러나게 되었다. 그래서 정부의 반독점 정서를 보다 명시적으로 밝힐 필요가 있다는 점이 분명해졌다. 재계도 무엇이 합법이고 불법인지를 보다 명확하게 밝히는 조문을 원하였다.

클레이튼 법(1914)

클레이튼 법은 바라던 대로 셔먼 법을 보다 구체화하여 이를 조문에 담았다. 특히 이 법의 4개 조항은 셔먼 법의 목적을 강화하고 이를 명백히 할 목적으로 도입되었다.

가격차별

- 제2조는 다음과 같은 **가격차별**을 불법화하였다. 즉 가격차별이 비용의 차이를 반영하는 것으로 여겨지지 않으며 그리고 가격차별의 결과 경쟁이 줄어든다면 그러한 가격차별은 불법이다.

끼워 팔기

- 제3조는 끼워 팔기 계약을 금지하였다. **끼워 팔기**란 구매자가 원하는 생산물을 얻기 위한 조건으로 생산자의 생산물을 추가로 구입하거나 다른 생산물을 함께 구입하여야 하는 것을 말한다.
- 제7조는 경쟁기업의 주식을 매수한 결과 경쟁이 위축된다면 그러한 주식매수를 금지하였다.

임원의 겸직

- 제8조는 대기업 **임원의 겸직**이 행하여진 결과 경쟁이 위축된다면 그러한 임원겸직을 금지하였다. 임원겸직이란 한 기업의 이사가 경쟁기업의 이사를 겸하는 것을 말한다.

클레이튼 법은 셔먼 법의 총론 조항을 단순히 좀 더 정교하게 하고 명확하게 하였다. 그리고 기업이 독점력을 키우기 위하여 사용할 수 있는 수단들을 불법화하였다. 그런 점에서 클레이튼 법은 예방 수단이었다. 이에 비하여 셔먼 법의 제2조는 기존의 독점을 해체하는데 더 큰 목적을 두고 있었다.

공정거래위원회 법(1914)

공정거래위원회 법
금지명령

공정거래위원회 법에 따라 5명의 위원으로 구성된 공정거래위원회가 설립되었다. 공정거래위원회는 미국 연방 법무부와 함께 반독점법의 집행을 공동으로 책임지고 있다. 공정거래위원회 법에 따라 위원회는 자체 판단 또는 피해기업의 요청에 따라 불공정한 경쟁관행을 조사할 수 있는 권한을 가지고 있다. 또한 고소 사건에 대한 공청회를 개최할 수 있고 '상거래에서 불공정한 경쟁수단'을 발견한 사건에서는 필요할 경우 **금지명령**을 내릴 수 있다.

휠러-리 법(1938)에 따라 공정거래위원회 법이 개정되어 위원회는 '상거래에서 행하여지는 기만적 행위나 관행'을 감시하는 책임도 추가적으로 맡게 되었다. 이를 통해 위원회는 **허위광고나 과장광고, 그리고 생산물에 대한 부실표시로부터 대중을 보호**하고자 하였다. 결국 휠러-리 법을 통해 개정된 공정거래위원회 법은 (1) 위원회를 독립적인 반독점 정부기관으로 정립하였고 (2) 불공정하고 기만적인 판매관행을 불법화하였던 것이다.

현재 공정거래위원회는 **기만적 광고조항**을 집행하는데 아주 적극적이다. 최근의 사례로 2007년 위원회는 4곳의 다이어트 알약 생산자에게 2천5백만 달러의 벌금을 연대하여 물도록 하였다. 이들의 다이어트 알약은 의사의 처방 없이 판매되던 것으로 이들은 자신의 제품이 신속하고 항구적인 체중감소를 가져다준다고 광고하였었다.

기만적 광고조항

셀러-키포버 법(1950)

셀러-키포버 법은 클레이튼 법의 제7조를 개정하였다. 이전에는 법 제7조에 따라 기업이 주식의 매수를 통해 경쟁기업과 합병하는 것(따라서 경쟁이 줄어드는 것)만이 금지되었다. 그러나 기업들은 경쟁기업의 주식을 매수하는 대신 실물자산(공장과 기계 설비)을 매수하여 이 조항을 피해갈 수 있었다. 셀러-키포버 법은 이러한 허점을 보완하여 기업이 다른 기업의 실물자산을 매수하여 그 결과 경쟁이 위축된다면 그러한 매수를 금지시켰다. 현재에 이르러 클레이튼 법 제7조는 합병의 방법이 무엇이든 관계없이 **모든 반경쟁적 합병**을 금지하고 있다.

셀러-키포버 법

반독점 정책: 쟁점과 효과

법률의 유효성은 법원이 이를 어떻게 해석하고 정부가 법집행을 얼마나 활발하게 하느냐에 달려있다. 그런데 그동안 법원은 반독점법을 해석하는데 일관성을 보이지 못하였다. 어떤 때는 법을 의욕적으로 적용하면서 입법의 취지나 목적을 충실히 고수하였다. 하지만 다른 때에는 법원의 해석으로 말미암아 일부 법률이 거의 무기력해지기도 하였다. 미국 연방정부 자신도 법 집행의 적극성에서 큰 차이를 보였다. 어떤 정부는 반독점법의 강력한 집행에 최우선과제를 두었다. 하지만 다른 정부는 보다 자유방임적인 접근을 택하여 반독점소송을 거의 제기하지 않았고 법집행기관의 예산을 삭감하기조차 하였다.

법 해석의 문제

사법부의 법률해석 차이가 반독점법의 적용에 큰 차이를 초래하였다. 특히 2가지 문제가 법률해석에서 큰 쟁점이었다. (1) 반독점정책은 **독점적 행위**에 초점을 맞추어야 하는가 아니면 **독점적 시장구조**에 초점을 맞추어야 하는가? (2) 반독점 사건에서 **시장의 범위**를 어떻게 정할 것인가?

독점적 행위
독점적 시장구조
시장의 범위

독점적 행위 vs. 독점적 시장구조 셔먼 법 제2조의 해석과 관련하여 미연방대법원은 기념비적인 3건의 판결을 내린바 있는데 이들 판결은 독점적 행위와 독점적 시장구조에 대하여 서로 다른 입장을 보이고 있다.

1911년 **스탠더드 오일 사건**에서 연방대법원은 스탠더드 오일에 대하여 일련의 반경쟁적 행위와 남용행위를 통하여 석유산업을 독점화하였다고 유죄판결을 내렸다. 대법

스탠더드 오일 사건

원의 구제조치는 스탠더드 오일을 여러 개의 경쟁기업으로 분할하는 것이었다. 그러나 스탠더드 오일사건은 다음과 같은 중요한 문제를 여전히 미해결로 남겨두었다. 즉 모든 독점이 셔먼 법 제2조를 위반하는 것인가? 아니면 반독점 행위를 통하여 형성되었거나 유지되고 있는 독점만이 법을 위반한 것인가?

유에스 스틸사건
합리의 원칙
악의적 트러스트
선의의 트러스트

1920년 **유에스 스틸사건**에서 법원은 **합리의 원칙**을 확립하였다. 이에 따르면 모든 독점을 불법이라고 할 수 없으며 **'불합리하게' 거래를 제약하는 독점**만이 셔먼 법 제2조를 위반한 것으로 반독점소송의 대상이 된다. 크기만을 가지고 법 위반이라고 할 수 없다는 것이다. '독점화하였다'라는 혐의에 대하여 유에스 스틸은 무죄판결을 받았다. 독점력을 얻고 유지하기 위하여 경쟁자를 상대로 유에스 스틸은 불법적인 행위를 한 적이 없었기 때문이었다. 스탠더드 오일은 이른바 **악의적 트러스트**였고, 이에 비하여 유에스 스틸은 **선의의 트러스트**이므로 법 위반이 아니라는 것이다.

알코아 사건

1945년 **알코아 사건**을 계기로 법원은 그 후 20년 간 앞서의 입장을 되돌리게 하는 판결을 내리게 된다. 연방대법원은 알코아 사건을 뉴욕의 연방항소법원에 배당하였다. 대법관 4명이 대법관으로 임명되기 이전에 이 사건의 소송에 간여하였기 때문이었다. 항소법원의 주심은 러니드 핸드 판사였는데, 법원은 비록 기업의 행위가 합법적일지라도 독점력을 가지고 있다는 것(알코아는 알루미늄 주괴 시장의 90%를 점유하고 있었다)만으로도 반독점법위 반이라고 판결하였다. 그래서 알코아는 셔먼 법 위반으로 유죄판결을 받았다.

앞의 두 사건은 반독점 정책에서의 쟁점을 첨예하게 드러낸다. 즉 기업은 유에스 스틸사건에서처럼 행위로 판단해야 하는가 아니면 스탠더드 오일사건에서처럼 시장구조나 시장점유율로 판단해야 하는가?

구조주의자

- **구조주의자**들의 가정에 따르면 시장점유율이 매우 높은 기업들은 독점기업처럼 행동한다. 따라서 시장점유율이 매우 높은 기업을 반독점정책의 대상으로 삼는 것은 정당하다. 이들의 주장에 따르면 산업구조를 변화시키는 것, 예를 들어 독점기업을 여러 개의 조그만 기업으로 분할하는 것은 틀림없이 이들의 행위를 개선시키고 시장의 성과를 개선시킨다.

행동주의자

- **행동주의자**들은 시장구조와 기업의 행동, 그리고 시장성과 사이의 관계가 미약하며 불분명하다고 단언한다. 그들이 느끼기에 독점화되었거나 고도로 집중된 산업은 아마도 기술적으로 앞서 있으며 품질이 개선된 상품을 합리적 가격으로 공급하는 등 좋은 실적을 보이고 있다. 기업이 사회에 훌륭하게 기여하면서도 반경쟁적인 관행을 전혀 따르지 않고 있다면 시장점유율이 매우 높다는 이유만으로 반독점법 위반이라고 비난해서는 안 된다. 이러한 높은 시장점유율은 기술이나 상품의 우월성, 규모의 경제로 초래된 것일 수 있다. "효율적이고 기술이 뛰어나며 경영이 잘 이루어지고 있는 기업을 반독점법으로 왜 처벌해야 하는가?"이들은 묻고 있다.

법원은 지난 몇 십 년 동안 1920년 유에스스틸 사건에서 처음 정립된 합리의 원칙을 다시 적용하고 있다. 그리고 현재의 경제학자나 반독점 집행기관 대부분은 엄격한 형태의 구조주의를 배척하고 있다. 예를 들어 1982년 미국정부는 아이비엠을 상대로 제기한 독점화 혐의의 소송을 13년 만에 철회하였다. 아이비엠이 대용량 컴퓨터 시장에서 아주 높은 시장점유율을 차지하고 있지만 불합리하게 거래를 제약한 적이 없다는 이유에서였다. 보다 최근에 미국정부는 개인컴퓨터용 마이크로프로세서 판매시장에서 준 독점기업이라고 할 수 있는 인텔에 대해서는 아예 기업분할을 시도조차 하지 않았다. 그리고 마이크로 소프트 사건을 기소하는 과정에서 미연방정부는 셔먼법 위반 사항이 마이크로소프트가 독점을 유지하고 확장하기 위해 사용한 행위에 있지 단순히 시장점유율이 높다는 것이 아니라는 점을 분명히 하였다. 크게 보면 미국정부는 마이크로 소프트가 '사악한 독점기업'이며 사악한 행위를 멈추면 선의의 독점기업이 될 수 있음을 선언한 것이다.

관련 시장 법원은 지배기업이 시장지배력을 가지고 있는가를 결정할 때 흔히 시장점유율을 고려하게 된다. 법원은 독점을 정의하는데 대략 '90-60-30의 원칙'을 고수하고 있다. **기업의 시장점유율이 90%이면 틀림없이 독점기업이며 60%이면 독점기업의 개연성이 있으며 30%이면 독점기업이 명백히 아니라는 것**이다. 그런데 시장점유율은 관련시장을 어디까지 정의하느냐에 따라 달라진다. 어느 정도 유사한 상품이면 이를 모두 관련시장에 포함시켜 시장을 폭넓게 정의하면 해당 기업의 시장점유율은 낮아진다. 이러한 상품을 제외시켜 시장을 좁게 정의하면 해당 기업의 시장점유율은 높아진다. **관련 시장을 어느 정도까지 포함시켜야 하느냐는 미연방 대법원이 결정권한**을 가지고 있다. 그러나 항상 일관되게 결정되지는 않았다.

듀폰 셀로판 사건

알코아 사건에서 연방 대법원은 관련시장을 좁게 정의하여 알루미늄 주괴 시장만 고려하였다. 그러나 1956년 **듀폰 셀로판 사건**에서 연방 대법원은 시장을 매우 넓게 정의하였다. 정부는 듀폰의 특허권 사용자까지 포함하면 듀폰이 셀로판 시장의 100%를 지배하고 있다고 주장하였다. 그러나 연방대법원은 관련시장에 셀로판만이 아니라 왁스를 먹인 종이나 알루미늄 호일 등과 같은 '탄력성을 가진 포장재'를 모두 포함시켜야 한다는 듀폰의 주장을 받아들였다. 듀폰은 '셀로판 시장'에서는 독점이지만 '탄력성을 가진 포장재' 시장의 점유율은 20%에 불과하였다. 대법원은 듀폰이 독점기업이 아니라고 판결하였다.

법 집행의 문제

미국 행정부의 대통령에 따라 반독점법 집행의 적극성이 달라졌다. 이러한 법집행의 차이가 반독점소송의 전체적인 빈도에 차이를 가져다주었다. 반독점법에 따르면 개별기업도 다른 기업을 상대로 소송을 제기할 수는 있다. 예를 들어 2005년 마이크로프로세서 제소회사인 에이엠디는 인텔을 상대로 반독점소송을 제기한 적이 있다. 에이엠디는 독점기업인 인텔이 자사의 시장점유율 증가를 방해하기 위하여 반경쟁적 사업관행을 사용하였다고 주장하였다. 그런데 주요 반독점소송은 대부분 시간이 오래 걸리며 비용도 아주 많이 든다. 따라서 흔히 피해 당사자는 연방정부가 먼저 나서서 소송을 제기해 주길 기대한다. 연방정부가 소송에서 이겨 유죄판결을 얻어내면 피해 당사자는 더 이상

유죄를 입증할 필요가 없이 곧바로 법 위반자를 상대로 소송을 제기하여 피해액의 3배를 받아낼 수 있다. 따라서 많은 경우에 미국 정부의 반독점소송이 적어지면 기업의 법률소송도 줄어든다.

왜 행정부에 따라 반독점법을 집행하는 적극성에서 차이가 날까? 주요 원인은 정치철학의 차이 때문인데, 시장경제와 정부개입의 타당성에 대해 입장차이가 존재한다. 반독점정책에 대한 입장은 크게 두 개로 대비된다.

적극 개입 입장
불법적인 거래관행

적극 개입 입장에 따르면 어떤 경우에는 경쟁이 부족하여 배분의 효율을 달성할 수 없으며 소비자나 경쟁기업에 공정성을 보장할 수도 없다. 때때로 기업은 시장을 지배하기 위하여 경쟁자에게 불법적인 술책을 쓴다. 또 다른 경우에는 경쟁자들이 가격담합을 하기도 하고 독점력을 높이기 위하여 합병을 하기도 한다. **불법적인 거래관행**을 멈추게 하고 반경쟁적 합병을 방지하며 또한 독점을 치유하기 위해서는 적극적이고 엄격한 반독점법 집행이 필요하다는 것이다. 이러한 정부 개입을 통해 시장경제의 생존력과 활력이 유지되며 사회는 시장경제가 가져다주는 모든 이익을 거두어들일 수 있다. 이러한 입장에 보면 반독점 정부기관은 축구시합의 심판과 매우 유사하게 행동하여야 한다. 즉 선수들을 관찰하고 규칙위반을 적발하여 경기규칙이 집행되도록 하여야 한다는 것이다.

자유방임 입장
창조적 파괴

이에 비하여 **자유방임 입장**에 따르면 반독점 개입은 대부분 불필요하며 특히 독점과 관련하여서는 더더욱 불필요하다. 이러한 입장을 취하는 경제학자들은 **경쟁을 장기의 동태적 과정**으로 보고 있다. 이 과정에서 기업은 시장의 지배권을 얻기 위하여 서로 투쟁한다. 기업은 일부 시장에서 투쟁에 성공하여 시장을 독점화한다. 일반적으로 기술혁신이나 사업기술이 뛰어나기 때문이다. 그러나 이들 기업이 독점력을 이용하여 가격을 올리는 과정에 자신도 모르게 다른 기업들에게 이윤 인센티브나 이윤기회를 주게 된다. 즉 다른 기업이나 사업가들은 소비자에게 더 좋은 신상품이나 대체기술을 개발하면 이러한 기회를 얻을 수 있다. 2장에서 언급한 바 있고 8장에서 이를 자세히 설명한 바 있는 **창조적 파괴** 과정이 진행된다. 이를 통해 현재의 독점은 점차 잠식되고 내일의 기술이나 상품에 의해 결국 파괴되고 만다. 따라서 정부는 독점기업을 분쇄하려고 노력해서는 안 된다. 장기적 경쟁과정이 작동하도록 옆으로 비껴나야 한다는 것이다.

현재의 미국 행정부가 대비되는 두 입장의 어느 쪽을 고수하고 있느냐 또는 어느 쪽에 기울어있느냐를 알려면 반독점정책을 감독하는 정부기관에 누구를 지명하는지 보면 알 수 있다. 이들 피지명자들이 법이 얼마나 엄격하게 집행될지에 대해 큰 역할을 한다.

반독점법의 유효성

지금까지 반독점법은 효과를 발휘하여 왔는가? 이 질문에 직접 답하기는 어렵다. 하지만 최소한 독점, 기업결합, 가격담합, 가격차별, 끼워 팔기 등의 문제에 법이 어떻게 적용되어 왔는가를 살펴볼 수는 있다.

독점 합리의 원칙을 근거로 정부는 자연적으로 형성된 독점을 관대하게 취급하여 보통 반독점법을 적용하지 않고 있다. 통상적으로 연방정부가 기업을 기소하는 경우는 기업의 시장점유율이 매우 높고 그리고 시장지배력을 달성하거나 유지 또는 확장하는데 남용 행위를 하였다는 증거가 있을 때로 한정된다.

그러나 연방정부가 반독점소송에서 승소하더라도 어떤 방법의 **법적 구제조치**를 취할 것인가에 대한 문제는 여전히 남아있다. 즉 소송에서 패한 독점기업의 반경쟁적 거래관행을 고치기 위하여 법원은 어떤 조치를 명령할 것인가?

법적 구제조치

어떤 법적 구제 조치를 취할 것인가라는 쟁점은 특히 눈여겨볼 필요가 있는 2건의 독점사건에서 문제가 되었다. 첫 번째 것은 에이티엔티(미국 전신 · 전화회사) 사건이다. 이 사건에서 연방 정부는 국내전화시장의 독점을 유지할 목적으로 반경쟁적 거래관행에 간여하여 셔먼 법을 위반하였다는 혐의로 에이티엔티를 기소하였다. 정부와 에이티엔티 간에 법정 밖 합의가 이루어졌는데, 이 합의의 일환으로 1982년 에이티엔티는 22개의 지역 전화회사에 대한 소유권을 포기하여 결국 **분할**되었다.

분할

두 번째의 주요 독점 사건은 마이크로소프트 사건이다. 2000년 마이크로소프트는 개인컴퓨터 운영체계 시장에서 독점을 유지할 목적으로 여러 건의 불법적인 행위를 하여 셔먼 법을 위반하였다고 유죄판결을 받았다. 하급법원은 마이크로소프트를 2개의 경쟁기업으로 분할하도록 명령하였다. 항소법원은 독점 남용이 있었다는 하급법원의 사실발견을 인정하였지만, 마이크로소프트의 분할은 배척하였다. 최종적인 결론은 시장구조 측면에서의 법적 구제조치 대신 **행위 측면에서의 법적 구제조치**를 취하는 것이었다. 즉 마이크로소프트로 하여금 구체적으로 제시된 일군의 반경쟁적 사업관행에 관여하지 못하도록 이를 금지시켰다.

행위 측면에서의 법적 구제조치

유럽연합의 반독점 집행기구는 독점을 기소하는데 미국에 비하여 훨씬 적극적인 경우가 보통이다. 예를 들어 2004년 유럽연합은 마이크로소프트에 독점화를 하였다는 이유로 6백만 달러의 벌금을 부과하였다. 그리고 마이크로소프트의 컴퓨터 코드를 미디어 프로그램 같은 윈도우즈 응용프로그램을 제공하는 기업과 공유하도록 요구하였다. 코드공유를 요구한 목적은 마이크로소프트의 자체 응용프로그램에 맞서 경쟁기업들이 대등한 입장에서 경쟁할 수 있도록 하기 위한 것이었다. 2008년 유럽연합은 마이크로소프트에 13억 달러의 벌금을 추가로 부과하였다. 컴퓨터 코드를 공유하도록 한 2004년의 법원의 구제 명령을 마이크로소프트가 신속하게 그리고 충실하게 이행하지 않았기 때문이었다.

기업결합 **기업결합**, 즉 기존 기업들 간의 합병에 대한 법 적용은 기업결합의 유형과 그것이 경쟁에 미치는 효과에 따라 다르다.

기업결합

- **기업결합의 유형** 기업결합은 그림 11.1에서처럼 기본적으로 3가지 유형으로 나누어진다. 그림에는 자동차와 청바지라는 2가지 최종재가 있는데 각각에 대해 투입단계와 산출(최종생산)단계라는 두 가지 생산 단계가 나타나있다. A, B, C, ... X, Y, Z 라는 사각형은 개별기업을 나타낸다.

  수평 결합이란 동일한 지역에서 유사한 상품을 판매하는 두 경쟁자간의 결합을 말한다. 그림 11.1에서 이러한 유형의 결합은 유리 생산기업 T와 U의 결합으로 표시되어 있다. 이러한 결합의 실제 사례는 체이스맨해튼 은행과 케미컬 은행의 결합, 보잉 항

수평 결합

[그림 11.1] 기업결합의 유형

수평 결합(T+U)은 동일지역에서 동일한 생산물을 판매하는 기업이 결합하는 것이다. 수직 결합(F+Z)은 구매자 · 판매자간의 기업결합이다. 그리고 복합 결합(C+D)은 서로 다른 산업이나 지역에 있는 기업 간의 결합을 말한다.

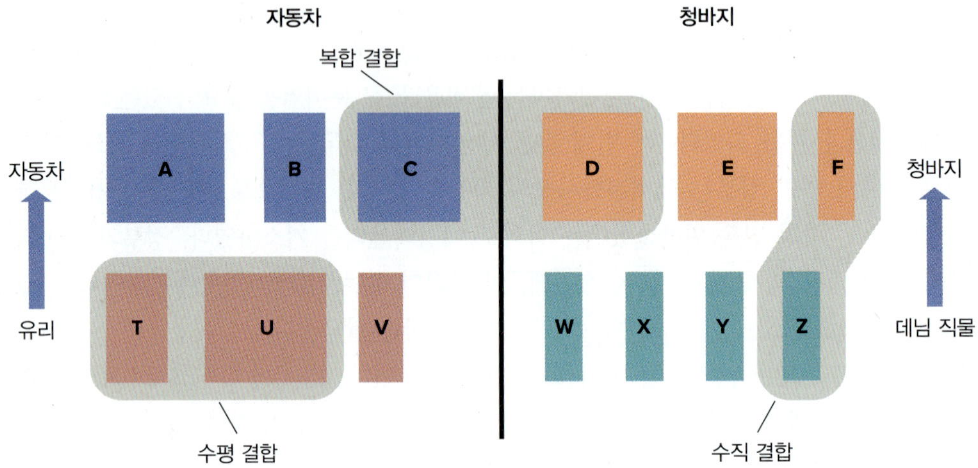

공기 제작사와 맥도널드 더글러스 사의 결합, 그리고 엑손 정유회사와 모빌의 결합 등을 들 수 있다.

수직 결합

수직 결합이란 생산단계가 서로 다른 기업 간의 결합을 말한다. 그림 11.1에서 데님 직물 생산자 Z와 청바지 생산자 F와의 결합이 수직 결합이다. 수직결합은 구매자–판매자 관계에 있는 기업들 간의 결합이다. 이러한 결합의 실제 사례는 펩시콜라와 피자헛, 타코벨, 켄터키 프라이드치킨 등의 결합이다. 펩시콜라는 이들 패스트푸드 전문매장에 음료를 공급하는 회사이다. (1997년 펩시콜라는 이들을 독립기업으로 분사시켰는데, 지금은 YUM! 상표로 알려져 있다.)

복합 결합

복합 결합은 공식적으로는 수직 결합과 수평 결합을 제외한 모든 결합을 말한다. 일반적으로 서로 다른 산업이나 지역에 있는 기업 간의 결합을 뜻한다. 판매상품의 생산라인을 담당하는 기업과 결합하거나, 또는 상품의 지역판매 기업과 결합하거나 전혀 관련이 없는 기업들이 결합하기도 한다. 그림 11.1에서 자동차 제조회사 C와 청바지 제조회사 D 간의 결합이 복합 결합이다. 현실에서 이루어진 복합 결합의 사례는 월트디즈니(영화)와 에이비시 방송사(라디오와 텔레비전) 간의 결합, 그리고 아메리칸 온라인(인터넷 서비스 공급자)과 타임워너(유선방송사업자)의 결합 등이다.

- **기업 결합의 가이드라인: 허핀들 지수** 연방정부는 허핀들 지수를 기초로 하여 기업결합에 대한 매우 느슨한 가이드라인을 설정하였다. 10장에서 지적하였듯이 경제력 집중을 측정하는 허핀들 지수는 산업 내에 있는 기업의 백분위 시장점유율을 제곱하여 더한 것이다. 산업에 4개 기업이 있고 이들 기업의 시장점유율이 각각 25%라면 허핀들 지수는 2500($=25^2+25^2+25^2+25^2$)이다. 완전경쟁에서 개별 기업의 시장점유율은 거의 0이기 때문에 허핀달 지수는 0($=0^2+0^2+\cdots+0^2$)에 가깝다. 단일 기업이 존재하는 순수 독점의 허핀들 지수는 10,000($=100^2$)이다.

미국정부는 클레이튼 법 제7조를 이용하여 경쟁을 상당한 정도 위축시키는 수평 결합을 저지한다. **기업결합 후의 허핀들 지수가 높고(1800 이상) 그리고 기업결합으로 지수가 상당한 정도 증가하면(100 이상) 그러한 수평결합은 의문시**될 수 있다. 물론 규모의 경제, 대외경쟁의 정도 그리고 신규기업의 진입 용이성 등 다른 요인도 고려한다. 나아가 결합기업의 한쪽이 심각하고 지속적인 손실을 입고 있다면 수평적 결합은 보통 허용된다.(이러한 이유로 1996년 보잉사가 맥도널드 더글러스를 인수할 수 있었다. 당시 맥도널드 더글러스는 민간 항공기를 제작하면서 손실을 보고 있었다.)

지난 수십 년간 미 연방정부는 예정된 여러 건의 수평결합을 저지하였다. 예를 들어 대형 사무용품 소매업자였던 스테이플과 오피스 디포의 결합을 비롯하여 경쟁통신회사였던 월드 콤과 스피린트의 결합, 그리고 위성 텔레비전 방송 사업자인 휴즈(다이렉트 티비)와 에코스타(DISH 네트워크)의 결합 등을 저지하였다.

최근에 이르러 연방정부는 프레첼 제조업자인 스나이더스 프리첼과 우츠 식품회사와의 결합을 비롯하여 건전지 부품제조회사인 폴리포어와 마이크로포어의 기업결합, 미시간 주의 건강보험회사인 블루크로스 블루실드와 피지션스 헬스플랜의 결합을 문제 삼는데 성공하였다.

대부분의 수직 결합은 반독점 기소대상에서 제외된다. 두 기업이 속한 시장의 어느 곳에서도 **경쟁이 상당한 정도로 감소하는 일은 발생하지 않기 때문**이다.(그림 11.1에서 Z기업과 F기업이 수직 결합하더라도 청바지 산업이나 데님 직물 산업 두 곳 중 어느 곳에서도 허핀들 지수는 변하지 않는다.) 그러나 서로 다른 산업이더라도 이들 산업이 고도로 집중되어 있다면 이들 산업에 속한 대기업들의 수직 결합은 문제가 될 수 있다. 예를 들어 1999년 미 공정거래위원회가 소송을 제기할지 모른다는 위협 때문에 반스앤노블 서점은 미국 내 최대의 도서도매상인 잉그럼 서적과의 기업결합을 서둘러 포기하였다. 결합이 이루어졌다면 반스앤노블은 서적 소매시장에서 경쟁관계에 있던 보더스나 아마존닷컴 등의 기업에 공급되는 도서의 도매가격을 설정할 수 있었을 것이다.

복합 결합은 일반적으로 허용된다. 자동차 제조회사가 청바지 제조회사를 인수하더라도 반독점 소송이 제기될 가능성은 거의 없다. **결합의 결과로 어느 기업도 자신의 시장 점유율을 증가시키지 않기 때문**이다. 어느 산업에서나 허핀들 지수는 변화가 없다.

가격 담합 경쟁자 간의 **가격담합**은 엄하게 다루어진다. 소기업이더라도 가격담합의 증거가 있으면 반독점 소송이 제기된다. 그리고 정부와의 계약에서 입찰 조작을 꾀하거나 시장의 매출을 분할하는 등 여타의 공동행위도 마찬가지이다. 반독점법에서 이러한 행위는 **당연위법**에 해당한다고 알려져 있다. 즉 **그 자체로 위법**이며 따라서 합리의 원칙이 적용되지 않는다. 정부나 기소를 담당한 기관이 재판에 이기기 위해서는 가격담합, 입찰조작, 시장분할 등의 합의가 있었다는 것만 보이면 된다. 합의가 성공적으로 수행되었다거나 다른 관련자들에게 심각한 피해를 가져다주었다는 것을 입증할 필요는 없다.

가격담합
당연위법
그 자체로 위법

가격담합에 대한 조사나 법정 소송은 일상적으로 일어난다.

사례연구: 항공요금과 전자책 가격 등의 가격담합

가격 담합의 사례는 무척 많다. 지극히 일부만 나열해본다.

- 2007년 브리티시 에어라인과 대한항공은 각각 3억 달러의 벌금을 내기로 하였는데 그것은 승객과 화물에 부과하는 유류할증료를 담합하였다는 혐의 때문이었다.
- 2008년과 2010년 사이에 엘지, 샤프, 히타치, 치메이, 충화 등 엘시디를 제조하는 5개 기업에 대해 미 법무부는 8억6천만 달러에 달하는 벌금을 부과하였다. 이들 기업이 컴퓨터 제조회사인 델에 납품한 엘시디의 가격을 담합하였다는 이유에서였다.
- 2009년 카고룩스(룩셈부르크), 일본화물(일본) 그리고 아시아나항공(한국) 등 국제 화물을 운송하는 3개 항공사에 대해 미 법무부는 국제화물 운송요금을 담합하였다는 이유로 2억1천4백만 달러의 벌금을 부과하였다.
- 2012년 9개 일본 기업을 비롯하여 독일과 스웨덴의 자동차부품업체는 7억9천만 달러의 벌금을 물었다. 자동차용 난방제어판의 가격을 담합하기로 합의하였다는 혐의 때문이다. 이들 기업임원 11명은 1년부터 2년까지의 징역형을 선고받았다.

- 2013년 애플을 비롯하여 하퍼 콜린스, 펭귄, 사이먼 앤 쉬스터, 하체트, 맥밀란 등 5곳의 출판사는 유죄판결을 받았다. 애플의 아비북에서 팔리는 전자책의 가격에 대해 수직적 가격담합을 하였다는 것이다. 이러한 가격담합으로 애플의 온라인 서점에서 팔리는 책의 가격이 20% 비쌌고 이로 인해 손해본 사람들에게 애플은 4억5천만 달러를 배상하여야 했다.

가격차별 가격차별은 흔히 일어나는 사업상의 관행으로 **경쟁을 위축시키는 일은 거의 없다**. 따라서 정부가 이를 문제 삼는 경우는 거의 없다. 그러나 진입을 봉쇄하거나 경쟁자를 쫓아내 기위한 전략의 하나로 가격차별을 행하는 경우는 예외이다.

끼워 팔기 연방정부는 끼워 팔기에 대해 특히 이를 **지배적 기업이 행하는 것을 엄히 금지**하고 있다. 예를 들어 영화배급업자가 상영관으로 하여금 블록버스터 영화를 상영하는 조건으로 상영 관련 모든 권리를 일괄 구매하도록 하던 것을 중지시켰다. 그리고 사진기 필름 시장에서 지배기업인 코닥이 자사의 필름을 코닥에서 현상하는 조건으로 판매하던 것을 막았다.

앞의 논의를 종합하여 볼 때 반독점법의 전체적인 유효성에 대하여 어떤 결론을 내릴 수 있을까? 반독점정책은 기업이 내적 확장을 통하여 합법적으로 달성한 독과점을 해체하거나 합법적으로 독과점에 이르는 것을 저지하는 데는 효과를 발휘해오지 못하였다. 그렇다고 대부분의 경제학자들은 반독점법에 허점이 있다고 여기지는 않는다. 반독점법은 약탈적 또는 남용적인 독점에 대해 효과적으로 대처하여 왔지만, 소송이 느리게 진행되고 기소로부터 법적 구제조치까지 많은 시간이 흘러 이러한 효과는 반감되었다. 이에 비하여 노골적으로 행하여지는 반경쟁적 기업결합을 저지하거나 가격담합과 끼워 팔기를 식별하여 기소하는 분야에서 반독점법은 현재까지 효과를 발휘하고 있다.

대부분의 경제학들이 내린 결론에 따르면 전반적으로 미국의 반독점정책은 경쟁과 효율의 증대라는 목표를 달성하는데 적당한 정도의 효과를 발휘하고 있다. 반독점정책의 성공은 대부분 가격담합과 반경쟁적 기업결합에 대한 억제효과에서 달성되고 있다. 그러나 일부 경제학자들은 반독점법이 대단히 미약하게 집행되고 있다고 여기고 있다.

하지만 다른 일부에서는 미국의 반독점정책이 시대에 뒤떨어진 것이라고 믿고 있다. 지금은 기술이 급속하게 변하고 있어서 기존에 존재하는 독점력의 기반이 끊임없이 흔들리고 있다는 것이다.

산업규제

반독점정책이 전제하고 있는 것은 독점이 등장하는 것을 막거나 기존의 독점을 해체하는 것이 사회에 이익이라는 것이다. 이제는 **산업의 독점이 경제적으로 불가피한 특수한 경우**를 살펴보자.

자연독점

자연독점이란 규모의 경제가 커서 여러 경쟁기업보다 단일 기업이 전체 시장에 공급하는 것이 평균 총비용을 낮출 수 있는 경우를 말한다. 명백하게 자연독점에 해당하는 경우는 상대적으로 드물지만 지역전력, 상수도, 천연가스 공급자와 같은 많은 공익사업체는 자연독점의 조건을 갖추고 있다. 9장에서 논의하였듯이 어떤 경우에는 단위비용을 낮추고 생산물의 가격을 낮추기 위해서 대규모의 공장을 가동하는 것이 필요할 수 있다. 자연독점이 존재하는 경우 경쟁이 이루어지면 경제성이 떨어진다. 많은 생산자들이 시장을 분할하게 되면 규모의 경제는 달성될 수 없고 단위비용과 가격은 필요 이상으로 높아지게 된다.

자연독점

자연독점이 존재할 때 경제적 성과를 개선하기 위해 2가지의 선택이 가능하다. 하나는 공적 소유이고 다른 하나는 공적 규제이다.

공적 소유 또는 이와 유사한 것은 몇 가지 사례에서 찾아 볼 수 있다. 예를 들면 우편서비스, 테네시 강 유역 개발사업, 전국망을 가진 암트랙 열차나 대중교통수단, 상수도 공급 그리고 지역단위의 쓰레기 처리 사업 등이다.

공적 소유

그리고 **공적 규제**는 경제학자들이 **산업규제**라고 부르는 방법으로 미국에서 공적소유보다 널리 쓰이고 있다. 공적 규제에서는 정부 위원회가 독점기업이 부과하는 가격(즉 요금)을 규제한다. 표 11.1에는 연방규제위원회 중에서 가장 주요한 두 위원회와 그 규제분야가 제시되어 있다.

공적 규제
산업규제

〈표 11.1〉 산업규제를 담당하는 주요 위원회

위원회(설립년도)	규제 분야
미국 연방 에너지 규제위원회(1930)*	전기, 가스, 가스파이프라인, 석유파이프라인, 수력발전지점
미국 연방 통신위원회(1934)	전화, 텔레비전, 케이블 텔레비전, 라디오, 전신, 시민밴드 라니오, 무신 햄
주 정부 공기업 위원회 (주에 따라 다름)	전기, 가스, 전화

*설립 당시에는 연방 전력위원회로 불렸으나 1977년 현재의 이름으로 개칭하였다.

표를 보면 알 수 있듯이 각 주마다 지역을 기반으로 하는 자연독점기업의 주 내에서의 활동과 요금을 규제하는 위원회가 존재하고 있다.

공익기반 규제이론

산업규제를 하는 경제적 목적은 **공익기반 규제이론**에 담겨져 있다. 이 이론에 따르면 산업규제가 필요한 것은 자연독점기업이 독점가격을 부과하지 못하도록 하여 소비자와 사회에 손해를 끼치는 것을 막기 위해서이다. 그래서 산업규제를 통하여 자연독점에 따른 평균총비용의 감소라는 이익의 일부를 사회가 최소한 누리면서 독점을 규제하지 않았을 때 나타나는 생산량 감소와 가격 상승을 피해보자는 것이다. 경쟁이 적합하지 않거나 아예 실현될 수 없을 때에는 사회가 독점을 허용하거나 때에 따라서는 장려하여야 한다. 그러나 가격은 규제하여야 한다. 자연독점이 달성할 수 있는 규모의 경제, 즉 낮은 단위비용 덕분에 소비자들이 이익을 볼 수 있도록 규제의 방식을 정해야만 한다.

실제 규제기관이 요금을 정하는 것을 보면 기업이 생산비용을 충당하고 '적정' 수익을 얻을 수 있는 수준에서 요금을 정한다. 목표로 삼는 것은 가격이 평균 총비용과 같아지는 것이다. 그렇게 되면 규제 당하는 기업은 9장의 '독점의 규제' 부분에서 설명하였듯이 정상이윤을 얻게 된다. 그림 9.9를 특히 유의하여 다시 살펴보기 바란다.

산업규제의 문제점

산업규제가 효과적인가에 대해서 상당한 이견이 존재한다. 2가지의 비판을 검토해 보자.

비용과 비효율 독점기업이 규제받지 않게 되면 기업은 얼마를 생산하든지 비용을 줄이려는 강력한 동기를 갖고 있다. 그래야 이윤이 늘기 때문이다. 그러나 기업을 규제하게 되면 규제위원회는 정상이윤, 즉 자산 가치에 대한 '적정수익'만을 보장하게 된다. 따라서 피 규제기업이 운영비용을 절약하여 이윤이 늘게 되면 규제위원회는 정상이윤 수준으로 낮아지도록 요금을 낮추려 할 것이다. 이 때문에 **피 규제기업은 운영비용을 절약하려는 인센티브를 거의 또는 전혀 갖고 있지 않다**.

문제를 악화시키는 것은 비용이 높아지더라도 이윤이 줄지 않는다는 것이다. 규제위원회는 공익사업체로 하여금 적정이윤을 얻도록 해주어야 하므로 피 규제 독점기업은 생산비용이 높더라도 높은 요금을 부과하는 방법으로 이를 소비자에게 전가시킬 수 있다. 피 규제기업은 근로자에게 높은 급여를 지불하고 경영진에게 풍요로운 근무여건을 제공하는 등 그렇게 하는 것이 더 낫다고 결론 내릴 수 있다. 왜냐하면 비용을 최소화하지 않더라도 '수익'은 비용의 일정 비율로 보장되기 때문이다. 따라서 자연독점이 규모의 경제를 실현하여 비용을 줄인다고 하지만 산업규제는 상당한 정도의 X-비효율(그림 9.7 참조)을 조장한다. 경쟁의 결여로 인하여 자연독점으로 얻을 수 있는 잠재적 비용절약은 현실적으로 전혀 실현되지 않을 수 있다.

독점의 고착화 통상적으로 산업규제가 초래하는 두 번째 문제는 자연독점의 성립조건이 사라진 한참 후까지 독점이 계속되는 때가 있다는 것이다.

흔히 기술변화는 피 규제 산업의 전체 혹은 일부에서라도 경쟁이 출현할 기반을 형성한다. 이러한 사례를 들자면 철도수송에 대해 화물트럭이, 전화선을 통한 음성과 데이터 전송에 대해 전파와 위성이 그리고 유선전화에 대해 무선전화가 경쟁자로 등장하였다.

그러나 규제위원회는 흔히 자신이 규제하는 피 규제기업에 끌려 다니면서 **신규 기업의 진입을 봉쇄하거나 경쟁자에게까지 규제를 확대 적용함으로써 피 규제기업을 보호**하게 된다. 결과적으로 산업규제는 더 이상 자연독점이 실현될 수 없고 따라서 약화될 수밖에 없었을 독점기업을 고착화시킬 수 있다. 처음에는 자연독점이었지만 정부의 보호로 인하여 자연독점이 필요 없게 되었음에도 여전히 보통의 독점으로 남게 된다. 그렇게 되면 규제 가격이 경쟁일 때의 가격보다 높을 수 있다. 더 이상 쓸모가 없게 된 산업규제로 인해 이익을 보는 것은 피 규제기업과 피고용자들이다. 손해를 보는 것은 소비자들과 잠재적 진입기업들이다.

- **사례** 미국 연방정부의 주(州)간 통상위원회는 철도를 규제하였는데 1800년대 말과 1900년대 초에는 그러한 규제가 정당화될 수 있었다. 그러나 1930년대에 이르러 고속도로망이 출현하면서 트럭 운송 산업이 철도의 독점력을 심각하게 잠식하였다. 즉 다양한 상품을 다양한 지역으로 운송하는 경우에 철도운송은 더 이상 자연독점이라고 할 수 없었다. 이러한 사정에 비추어 주간 통상위원회를 해체하고 철도와 트럭 나아가 바지선, 항공기 등이 서로 경쟁하도록 내버려 누는 것이 바람직하였을 것이다. 그러나 해체되기는커녕 오히려 주간 통상위원회는 요금규제를 주(州)간 화물운송에도 확대 적용하였다. 위원회는 자리를 굳건히 지키다가 1996년이 되어서야 폐지되었다. 1970년대 말과 1980년대 초에 있었던 철도와 트럭운송에 대한 탈규제로 위원회의 일이 사라졌기 때문이다.
- **두 번째 사례** 최근에 이르기까지 타임워너와 같은 유선방송사업자뿐 아니라 에이티엔티와 같은 장거리전화사업자조차도 지역 전화 사업을 할 수 없었다. 지역 전화 사업자는 피 규제기업으로 이들과 경쟁이 되기 때문이었다. 그러나 에이티엔티나 타임워너 등의 기업이 피 규제 독점기업과 경쟁하려고 한 사실 자체가 이들 지역 사업자가 진정으로 자연독점기업인지 아니면 정부보호로 인한 독점인지에 대한 문제를 제기하였다.

합법적 카르텔 이론

경쟁의 잠재력을 지닌 산업에 대한 규제로 인해 **합법적 카르텔 이론**이 탄생하였다. 이러한 이론을 지지하는 사람들은 사회적 측면을 중시하는 공무원이 소비자를 보호하기 위하여 자연독점기업을 규제한다고 여기지 않는다. 대신에 실리를 추구하는 정치인들이 지방이나 지역, 또는 전국적인 기업에 규제를 '공급'한다고 여기고 있다. 기업들은 경쟁으로 인해 이윤이 줄거나 심지어 장기적인 생존이 위협을 받을까 두려워한다. 이들 기업이 규제를 원하는 것은 사실상 이윤을 보장해줄 수 있는 합법적 독점이 가능하기 때문이다. 그러한 기능은 특히 규제위원회의 신규진입 예를 들어 지역전화사업의 진입에 대한 봉쇄를 통해 수행된다. 여러 기업이 존재할 경우에 위원회가 시장을 분할하기도 한다. 예를 들어 항공 산업에 대한 탈규제 이전에 연방정부의 민간항공위원회는 항

합법적 카르텔 이론

공사별로 항로를 배정하였다. 이것은 사실상 불법적인 카르텔이 하는 것과 거의 비슷하다. 그리고 위원회는 '카르텔'의 범위를 확대하여 잠재적 경쟁을 제한하기도 한다. 예를 들어 주간 통상위원회는 규제대상을 트럭운송에까지 확대하였다.

민간의 카르텔은 불법일 뿐 아니라 불안정하고 쉽게 붕괴한다. 그러나 **규제라는 미명으로 정부가 후원하는 카르텔은 오래 지속될 수 있다**는 점에서 특히 매력적이다. 합법적 카르텔 이론이 시사하는 바에 따르면 규제는 민간기업의 지대추구행위에서 등장할 뿐 아니라 표에 민감하게 반응하여 다음 선거에서 이기려는 정치인의 욕구에서 비롯된다(14장 참조).

규제의 합법적 카르텔 이론을 지지하는 사람들이 주목하는 것은 주간 통상위원회를 가장 지지한 것이 철도였으며 트럭운송 산업과 항공 산업도 위원회의 규제 확대를 지지하였다는 점이다. 이들 산업은 규제되지 않은 경쟁은 무자비하며 파괴적이라고 주장하였다.

직업 면허는 합법적 카르텔 이론을 노동시장에 응용한 것이다. 일부 직업군 예를 들어 이발사, 치과의사, 헤어디자이너, 실내디자이너, 영양사, 변호사 등이 되려면 대중을 돌팔이와 사기꾼으로부터 보호한다는 명분 때문에 엄중한 면허를 따야 한다. 그러나 이를 회의적으로 보는 사람들은 **면허를 요구하는 진짜 이유가 이들 직업에 대한 신규진입을 제한하여 이들 직업종사자들로 하여금 독점 소득을 취득할 수 있도록 하는 것**이라고 한다.

탈규제

탈규제

피 규제산업의 비효율성이 드러나고 경쟁 가능성이 존재하는 산업을 규제하고 있다는 주장이 제기되어 1970년대부터 **탈규제**의 물결이 시작되었다. 그 이후 연방의회나 각 주의 입법기관은 규제를 없애는 법률을 통과시켰다. 항공 산업, 트럭운송, 은행, 철도, 천연가스, 텔레비전, 전기 산업 등에서 정도는 다르지만 탈규제가 이루어졌다. 또한 반독점 당국이 벨 시스템(에이티엔티)으로 알려진 피 규제 독점기업을 해체한 바 있었던 전기통신 산업에서도 탈규제가 이루어졌다. 1970년대와 1980년대의 탈규제는 지난 50년간 시도된 여러 경제정책 중에서 가장 광범위하게 행하여진 것 중의 하나이다.

경제학자들은 **탈규제가 소비자와 사회에 막대한 순이익을 가져다주고 있다**는 점에 대해서는 일방적인 의견일치를 보이고 있다. 탈규제에 따른 이익의 대부분은 항공, 철도 그리고 트럭 운송이라는 3개 산업에서 얻어졌다. 물가상승률로 조정한 항공요금은 1/3 정도 하락하였고 항공기의 안전성은 꾸준히 개선되고 있다. 트럭 운송과 철도의 화물요금은 물가상승률로 조정하였을 경우 거의 절반 수준으로 떨어졌다.

장거리 전기통신에서도 효율성 이득이 의미 있을 정도로 실현되었다. 그리고 케이블 방송, 증권 중개업, 천연가스 산업에서는 약간의 효율성 이득이 발생하였다. 게다가 탈규제는 기술진보의 물결을 촉발시켜 팩스기기, 휴대폰, 광섬유케이블, 마이크로파 통신 방식, 인터넷 등과 같은 새롭고도 개선된 상품과 서비스를 가져다주었다.

가장 최근에 탈규제가 이루어지면서 논란거리가 된 산업이 전기이다. 기업이 전기를 시장가격으로 사고파는 도매시장은 어느 정도 탈규제가 이루어졌다. 그리고 기업들이 자유롭게 발전시설을 건설하여 가격 규제를 받지 않고 지방의 전기 공급업자에게 전기를 팔수도 있다. 게다가 여러 주에서는 전기의 소매가격에 대한 규제를 없애 가계나 기업체들이 전기 공급업자를 선택할 수 있도록 장려하였다. 이러한 경쟁은 일반적으로 소비자용 전기요금을 낮추었고 배분의 효율을 증대시켰다.

그러나 전기의 소매가격은 아니지만 도매가격에 대한 규제가 없어진 캘리포니아 주에서는 탈규제가 상당한 후퇴를 경험하였다. 2001년 캘리포니아 주가 전기부족을 겪으면서 도매가격이 치솟았다. 소매가격에 대한 규제로 캘리포니아 전기 공급자들은 도매가격 상승분을 소비자에게 전가시킬 수 없었다. 그래서 이들은 커다란 재정적 손실을 입었다. 그 때 캘리포니아 주는 여러 에너지 거래 회사를 상대로 소송을 제기하였다. 캘리포니아가 에너지 위기를 겪을 때 전기의 도매가격을 끌어올리기 위하여 전기 공급을 조절하였다는 혐의가 있었기 때문이다. 이 과정에서 수십조 달러 가치의 에너지 거래 기업인 엔론은 2002년 파산하였다. 연방정부의 조사관들이 여러 형태의 의심스러운 사기 거래관행과 부정 회계를 발견하였기 때문이다.

캘리포니아 주의 탈규제에 따른 대참사와 엔론의 파산은 전력산업의 탈규제에 대한 미국 내의 전반적 평가를 흐리게 하였다. 단순하게 말하자면 아직 **전력산업의 탈규제가 성공이라거나 실패라고 말하기에는 너무 이르다**.

사회규제

사회규제

앞 절에서 논의한 산업규제는 자연독점 기업의 가격(요금)규제에 주로 초점을 맞추고 있다. 그러나 1960년대 초에 새로운 형태의 규제가 출현하기 시작하였다. 이러한 **사회규제**가 관심을 쏟고 있는 것은 재화와 서비스의 생산여건, 생산이 사회에 미치는 영향 그리고 재화 자체의 물리적 성질 등이다.

대부분의 사회규제는 연방정부에 의하여 수행되며, 주 정부도 일부 역할을 담당하고 있다. 표 11.2에는 사회규제를 담당하고 있는 주요 연방 규제기구가 표시되어 있다.

〈표 11.2〉 연방정부의 주요 사회규제 기관

위원회(설립연도)	담당업무
식품의약청(1906)	식품, 의약품, 화장품 등의 안정성과 유효성
고용기회 평등위원회(1964)	근로자의 고용, 승진 및 해고
산업안전 보건청(1971)	산업 안전 및 보건
환경보호청(1972)	대기 및 수질 오염, 소음 공해
소비자 제품 안전위원회(1972)	소비자 제품의 안정성
소비자 금융 보호국(2011)	대부를 비롯한 금융서비스의 공정성과 투명성

산업규제와의 차이점

사회규제는 산업규제와 여러 가지 점에서 차이가 있다.

첫째, 사회규제는 산업규제보다 훨씬 많은 기업을 대상으로 한다. 사회규제는 흔히 모든 산업에 '일괄적으로' 적용되며 산업규제에 비해 생산자에 직접 영향을 준다. 예를 들어 연방 에너지 규제위원회의 산업규제는 상대적으로 적은 수의 기업에 적용되지만, 산업안전 보건청의 규칙과 규제는 모든 산업에 있는 기업에 적용된다.

둘째, 사회규제가 일상의 생산과정에 간섭하는 정도는 산업규제에 비해 훨씬 심하다. 산업규제는 요금, 비용 및 이윤 등에 초점을 맞추지만, 사회규제는 흔히 생산물의 디자인, 고용조건 및 생산 방식 등을 좌우하게 된다. 예를 들어 소비자 제품 안전위원회는 제품의 디자인이 안전성을 떨어뜨릴 가능성 있다면 이를 규제하며 환경보호청은 생산하는 동안 배출이 허용되는 오염물질의 한도를 규제한다.

마지막으로 **사회규제는 산업규제가 약화되고 있던 바로 그 기간 동안 급속하게 확대**되었다. 1970년과 1980년 사이에 미국 연방정부는 20개에 달하는 새로운 사회규제 기구를 창설하였다. 최근 들어 미국 연방의회는 새로운 사회규제를 도입하면서 이를 기존의 규제기관이 집행하도록 하였다. 예를 들어 이전까지 고용기회평등위원회는 작업장 내의 인종, 성, 나이 및 종교 등에 따른 차별을 막기 위해 제정된 법률의 집행기관이었다. 그러나 1990년에 제정된 미국인 장애법의 집행도 맡게 되었다. 미국인 장애법에 따르면 기업은 고용된 장애자와 구직 장애자를 위해 합리적인 시설을 갖추어야 한다. 또한 판매업자는 장애고객을 위해 합리적 접근시설을 제공해야 한다.

표 11.2에 있는 규제기관의 명칭을 보면 이들 기관의 창설과 성장 이유를 짐작할 수 있다. 미국은 1960년대에 이르면 생활수준이 꽤 풍요로운 상태에 이르게 된다. 그러면서 비물질적인 삶의 질을 개선하는 데로 관심이 쏠리게 된다. 이러한 새로운 관심이 보다 안전한 상품, 더 적은 오염, 개선된 근로조건 그리고 보다 평등한 경제적 기회를 요구하였던 것이다.

사회규제의 최적 수준

경제학자들은 사회규제의 필요성에 대해서는 동의한다. 그러나 현재의 **사회규제 수준이 최적인가**에 대해서는 의견이 엇갈리고 있다. 어떤 행위의 한계편익이 한계비용을 초과하면 그러한 행위는 확대되어한다는 점을 상기하기 바란다. 그래서 사회규제의 한계편익이 한계비용을 초과한다면 사회규제가 적정수준에 미달한 것이다. 그리고 한계비용이 한계편익보다 크다면 사회규제가 과다한 것이다. 하지만 불행하게도 사회규제의 한계비용과 한계편익을 측정하는 것이 항상 쉽지만은 않다. 그래서 흔히 사회규제에 대한 논쟁에서 경제적 비용 · 편익분석만이 아니라 정부의 적정 크기와 역할에 대한 이데올로기가 그 이상으로 중요한 역할을 하고 있다.

사회규제의 찬성론 사회규제의 옹호자들은 사회규제가 상당한 성공을 거두었으며 전체적으로 사회의 복지수준을 크게 높였다고 말한다. 그들이 지적하는 바는 사회규제가 겨냥하고 있는 문제는 심각하고 상당한 정도 진행되고 있다는 것이다. 미국국립안전위원회에 따르면 매년 약 5천 명의 근로자가 직업관련 재해로 사망하며 부상으로 인해 하루 이상 결근하는 근로자가 3백7십만 명이라고 한다. 그리고 대기오염으로 미국 주요도시의 하늘은 항상 뿌연 상태여서 이로 인해 부동산의 가치가 떨어지고 건강관리비용이 증대하는 등 막대한 비용이 발생한다. 수많은 어린이와 성인들이 빈약하게 디자인되거나 제조된 제품(예를 들어 자동차 타이어)이나 부패한 식품(예를 들어 대장균에 감염된 쇠고기) 때문에 죽는다. 일부 소수민족이나 인종을 비롯하여 장애인, 고령 근로자에 대한 차별 때문에 이들의 소득이 줄어 사회에 엄청난 비용을 발생시키고 있다.

사회규제의 지지자들도 사회규제로 큰 비용이 발생한다는 점은 인정한다. 그러나 그들이 정확하게 지적하듯이 어떤 것의 '가격'이 비싸다고 해서 반드시 그것을 구매하지 말라고 하는 것은 아니다. 이들이 말하는 것은 **사회규제 비용의 대소가 아니라 사회규제의 편익이 비용을 초과하는가의 여부가 적합한 경제적 기준**이라는 것이다. 더 나아가 수 십 년 동안 방치되었기 때문에 사회가 상당한 비용을 지불하지 않고서는 환경을 정화하거나 작업장의 안전성을 높이거나 모든 사람의 경제적 기회를 증대시키는 등의 일을 기대할 수 없다고 단언한다. 따라서 사회규제의 막대한 비용을 언급하는 것은 별 상관이 없다고 말한다. 편익이 그 이상이기 때문이라는 것이다. 대중들은 흔히 사회규제의 편익을 과소 평가한다. 비용보다 편익의 측정이 더 어렵기 때문이다. 그리고 지구온난화 방지의 편익처럼 한참 시간이 지나고 나서야 편익이 드러나는 경우도 흔하다.

지지자들은 사회규제의 구체적 편익을 다수 지적한다. 여기 몇 가지 사례를 들어본다. 추정한 바에 따르면 자동차의 안전규제를 강제하지 않았다면 고속도로 사망률은 40% 높았을 것이다. 어린이용 카시트를 마련하고 안전벨트를 매도록 함으로써 소아의 자동차 사망률을 크게 줄였다. 법에 의해 정해진 이산화황, 이산화질소, 그리고 납 등의 대기환경기준은 미국의 거의 모든 지역에서 준수되었다. 게다가 최근의 연구는 다른 조건이 동일할 때 대기가 맑아지면 주택의 가치도 증가한다는 점을 명백히 하고 있다. 소수자 우대를 위한 규제는 소수민족이나 인종, 여성에 대한 노동수요를 증가시켰다. 아이들이 쉽게 열지 못하는 안전 병뚜껑의 사용은 독극물을 삼키는 사고로 사망하는 어린이를 90% 감소시켰다.

일부 옹호론자들은 사회 규제의 확대로 사회적 순편익을 얻을 수 있는 분야가 아직 많이 남아 있다고 말한다. 예를 들어 식품의 안전성을 높이기 위해 육류, 닭고기, 생선 산업에 대한 규제가 확대되어야 한다는 것이다. 다른 일부는 의료 서비스의 소비자에게 '환자의 권리'를 보장하기 위해서 의료관리조합과 보험회사에 대한 규제 확대를 바란다. 또 다른 옹호론자들은 폭력적인 영화나 CD, 비디오 게임이 어린아이에게 확실히 팔리지 않도록 하기 위해 규제가 더욱 필요하다고 한다.

사회 규제의 지지자들은 규제의 편익이 상당한 비용을 지불해도 좋을 만큼 크다고 한다. 이러한 비용은 따뜻하고 지속 가능하며 정의로운 사회를 창출하기 위해 지불해야만 하는 가격에 지나지 않다는 것이다.

사회규제의 비판론 사회규제에 대한 비판자들의 주장은 많은 경우에 규제의 한계비용이 한계편익을 넘어설 만큼 규제가 너무 나갔다는 것이다. 이러한 견해에 따르면 짜증나게 하는 사회규제를 줄임으로써 사회적 순편익을 얻을 수 있다. 비판론자들은 **많은 사회규제 법률들이 어설프게 입안되어 규제의 목적과 기준을 이해하기 어렵다**고 지적한다. 그 결과 규제당국이 원래의 입법의도를 훨씬 뛰어 넘어선 규제 수준을 추구한다는 것이다. 업계의 흔한 불평은 규제당국이 비용을 생각하지도 않고 추가적인 개선을 압박한다는 것이다.

또한 정보가 부족한 상태에서 의사결정을 하고 규칙을 정해야만 하는 경우가 흔하다는 것이다. 예를 들어 소비자 제품 안전위원회의 관리들은 제품의 첨가물에 대한 결정을 내리는 경우가 많은데, 이러한 결정은 실험실에서 행해진 제한된 실험의 결과 이들 첨가물이 발암물질일 수 있다는 추측에 근거하고 있다. 또한 정부기관은 고비용을 초래하는 오염기준을 설정할 수 있다. 그런데 이러한 기준은 대기오염이 지구온난화의 주요 원인인가에 대해 확실히 알지 못한 채 지구온난화를 막기 위해 정해진다. 이러한 시도 때문에 기업에 대한 지나친 규제가 초래된다고 한다.

게다가 비판론자의 주장에 따르면 **사회 규제는 의도하지 않게 많은 고비용의 부작용을 발생**시킨다. 예를 들어 연방정부의 자동차 연비 규제는 1년에 어림잡아 2천 명에서 3천9백 명에 이르는 교통사고 희생자를 발생시킨다고 비난을 받고 있다. 자동차 제조업자들이 연비 기준을 맞추기 위해 자동차의 무게를 줄였기 때문이다. 다른 조건이 동일하다면 사고가 발생하였을 때 가벼운 차의 운전자 사망률이 무거운 차보다 더 높다.

마지막으로 사회 규제의 반대론자들이 말하는 것은 **시장경제에 적대적이고 규제를 지나치게 '과신'하는 열성적인 일꾼들이 규제당국에 몰려들 수 있다**는 것이다. 예를 들어 정부규제기관의 일부 직원들은 대기업을 '악당'으로 여기는 측면이 있다. 즉 정기적으로 오염을 일으키고 근로자에게 적절한 안전을 제공하지 않으며 고객을 속이고 공동체 내에서 자신의 권력을 일상적으로 남용하는 존재로 여긴다. 이러한 편견으로 인해 규제를 확대하는데 따른 비용과 편익을 객관적으로 평가하지 않은 채 결코 끝날 것처럼 보이지 않은 규제의 확대를 끊임없이 요구한다는 것이다.

잊지 말아야 할 2가지

사회규제의 적정 수준

사회규제의 적정 수준이 어디인가에 대한 논란은 틀림없이 앞으로도 계속될 것이다. 경제 분석은 비용과 편익을 결정하는데 도움을 줌으로써 보다 많은 정보를 가지고 토론을 할 수 있게 하고 더 나은 의사결정에 이르게 할 것이다. 이런 점에서 경제 분석은 사회규제에 대한 열혈 지지자나 반대자 모두에게 다음과 같은 점을 잊지 말도록 제언하고 있다.

공짜 점심은 없다 사회규제의 신봉자들은 "공짜 점심은 없다."는 점을 기억할 필요가 있다. **사회규제는 가격 상승을 초래하고 따라서 기술혁신을 억제하며 경쟁을 위축시킨다.**

규제의 준수비용

사회규제가 가격 상승을 초래하는 것은 2가지 경로이다. **규제의 준수비용**이 소비자에게 전가되는 것이 보통이므로 이로 인해 가격을 직접 인상시킨다. 그리고 노동생산성을 저하시켜 간접적으로 가격을 인상시킨다. 예를 들어 장애 근로자의 작업장 접근을 위해 투자된 자원은 근로자 1인당 생산성 증가를 위해 고안된 새로운 기계설비에 투자될 수 없다. 임금이 고정되어 있을 때 노동생산성이 감소하면 한계비용이나 평균비용을 증가시킨다. 생산물에 대한 공급곡선이 사실상 좌측으로 이동하는 것으로 생산물의 가격상승을 초래한다.

사회규제는 기술혁신의 속도에 부정적인 영향을 줄 수 있다. 말하자면 새로운 공장이 환경보호청의 시설기준에 미달할지 모른다는 두려움이나 신약이 식품의약청의 승인을 받는데 몇 년의 임상시험이 걸릴지 모른다는 두려움 때문에 기술진보가 위축될 수 있다.

사회규제가 경쟁을 약화시킬 수도 있다. 보통 대기업보다 소기업이 규제의 부담을 상대적으로 더 많이 받기 때문이다. 사회규제를 준수하는데 드는 비용은 사실상 고정비용이다. 상대적으로 생산량이 적은 기업은 이들 비용을 분산시키기 어려워 생산 1단위당 준수비용이 높다. 그래서 경쟁 대기업에 비하여 경쟁에서 불리하다. 사회규제는 소기업의 문을 닫게 할 가능성이 크며 결국 산업집중을 증가시키는데 기여하게 된다.

마지막으로 사회규제로 인해 미국 국내기업의 해외 이전이 가속화될 수 있다. 즉 규제가 부담스럽지 않아 상대적으로 생산비용이 낮은 국가로도 생산설비가 이전될 것이다.

작은 정부가 큰 정부보다 항상 나은 것은 아니다 쟁점의 반대 측면에서 볼 때 사회규제의 반대론자들이 기억할 필요가 있는 것은 **작은 정부가 큰 정부보다 항상 나은 것이 아니라는 점**이다. 시장경제가 재화와 서비스를 생산하고 소득을 창출하는 강력한 동력이라는 것은 분명하다. 하지만 **시장경제 역시 결점을 가지고 있으며 시장이 남용되는 것을 막지 못하고 오히려 은폐되기도 한다**. 적절한 수준의 사회규제를 통하여 정부는 분명히 경제효율을 증대시킬 수 있고 사회복지도 높일 수 있다. 사회규제는 '자본주의를 무디게' 하여 역설적이게도 자본주의에 대한 강력한 지지력이 될 수 있다. 계획을 잘 짜서 집행을 하면 사회규제는 시장경제에 대한 정치적 지지를 유지하는데 도움을 줄 수 있다. 안전하지 못한 작업장이나 생산물, 차별적인 고용, 숨 막히게 하는 오염, 사기대출 등과 같은 뉴스들이 끊임없이 쏟아지면 시장경제에 대한 지지가 급속히 사라질 수 있다. 사회규제를 통해 시장경제는 재화와 서비스 뿐 아니라 '좋은 사회'를 만들어 내는 역할을 담당하게 된다.

온라인의 반독점 규제

인터넷의 발달로 독점규제당국은 새로운 도전에 직면하다.

에어라인 태리프 퍼브리싱 사건은 디지털 통신 플랫폼이 가격담합에 이용된 첫 번째 주요 사례다. 1980년대 후반 대분의 미국 항공사들은 에어라인 태리프 퍼브리싱이라는 중앙컴퓨터 시스템을 이용하여 현재와 미래의 항공요금을 공시하기 시작하였다. 여행사들은 이 시스템을 이용하여 항공요금을 비교하여 고객들에게 제시할 수 있었다. 그러나 항공사들은 이 시스템을 이용하면 항공권 요금이 적용되는 시작일과 마지막 날을 알 수 있어서 이를 담합에 이용하였다.

예를 들어 아메리칸 항공과 델타항공이 뉴욕과 시카고 간의 편도요금에 200달러를 부과하고 있다고 하자. 아메리칸 항공이 노선요금을 250달러로 올리면서 다음 달부터 적용된다고 공시하면 델타항공도 이에 반응하여 다음 달부터 요금을 올리겠다고 할 수 있다. 이런 암묵적인 방식을 통해 두 항공사는 미리 가격을 조정하여 가격인상을 담합할 수 있다.

미 법무부의 반독점부서는 1994년에 가서야 항공사들과 행위변경의 합의안을 마련하여 이러한 행위를 중지시켰다. 즉 항공요금이 변경되면 여행사뿐 아니라 소비자에게도 즉각 알려야 한다는 것이다. 그래서 항공사들은 더 이상 미래 가격의 공시를 통해 담합하자는 신호를 보낼 수 없게 되었다.

1990년대와 2000년대 초반에 걸쳐 마이크로소프트와 구글 같은 온라인 거대기업은 독점력을 가지게 되었는데 이들의 거래관행은 독점규제당국의 분노를 일으켰다. 예를 들어 마이크로소프트는 2000년에 95%에 이르는 윈도우즈의 시장점유율을 이용하여 셔먼법을 위반하는 행위를 하였다고 270억 달러의 벌금을 부과 받았다. 즉 컴퓨터 제조업자로 하여금 인터넷 웹브라우저로 경쟁자인 넷스케이프의 네비게이터보다 자사의 인터넷 익스플로러를 사용하도록 강제하였다는 것이다.

비교적 최근인 2015년 구글은 유럽연합의 독점당국으로부터 기소를 당했다. 유럽에서 인터넷 검색시장의 90%를 점하는 구글이 이용자로 하여금 경쟁업체의 가격비교서비스보다 자사가 운영하는 구글쇼핑의 가격비교서비스를 이용하도록 만들었다는 것이다. 예를 들어 독일인이 구글 검색창에 '아이폰 중고가격'을 입력하면 검색결과의 맨 위에 구글쇼핑에서 판매되는 다양한 중고 아이폰의 이미지가 노출된다는 것이다. 반면에 다른 가격비교사이트에서 중고 아이폰의 가격을 알려면 검색결과를 한참 아래로 내려가야 한다는 것이다. 구글이 유죄 판결을 받으면 벌금이 660억 달러에 이를 것으로 여겨진다.

인터넷은 다양하게 경쟁을 위협하고 있는데 가장 최근의 위협은 소프트웨어를 통하여 담합이다. 즉 온라인에 게시된 상품의 가격이 경쟁자가 유사상품에 부과하는 가격으로 즉각 조정되도록 소프트웨어의 가격설정 알고리즘(자동적인 가격설정 규칙)을 정해놓은 것이다. 서로 다른 기업이 이런 알고리즘을 이용하여 가격을 설정하면 결국은 마치 담합을 한 것처럼 가격상승으로 이어질 수 있다. 이 점을 규제당국은 문제로 보고 있다. 이것이 특히 문제가 되는 것은 인공지능을 이용하여 미리 설정된 목표를 달성하도록 학습하는 소프트웨어다. 이러한 소프트웨어에 이윤을 극대화하도록 목표를 설정하면 서로 다른 회사의 소프트웨어들이 상호작용을 통해 경쟁보다 '담합'이 최선이라고 '깨닫게'된다는 것이다.

이러한 가능성이 골치 거리인 것은 현행의 반독점법에 따르면 기업들이 서로 반경쟁적인 '합의'를 하였을 때 처벌받기 때문이다. 소프트웨어의 알고리즘이 스스로 알아서 담합을 하면 '합의'가 없어서 이를 처벌할 수 없다. 두 소프트웨어는 사실상 독립적으로 작동하고 있어서 담합이라고 여기기 힘들다. 두 소프트웨어가 서로 직접 통신하는 일은 없기 때문이다. 게다가 인공지능으로 하여금 스스로 알아서 이윤을 극대화하라고 설정하는 것 자체가 불법이라고 할 수는 없는 것이다.

이러한 문제들은 어찌할지 아직 오리무중이지만 미국의 규제당국은 이에 정면대응하고 있다. 이들은 2015년에 가격설정 알고리즘 소프트웨어를 담합에 이용하였다는 혐의의 기소를 처음 행한바 있다. 그리고 그해에 미국의 공정거래위원회에 기술연구 및 조사를 담당하는 부서가 신설되었다.

요약

1. **반독점법의 주요 내용**

반독점정책의 초석은 셔먼 법(1890)과 클레이튼 법(1914)이다. 셔먼 법에 명기된 바와 같이 "주(州)간의 거래를 제약하는 모든 계약, 기업결합, 합의는 불법이다." 그리고 주(州)간의 거래를 독점하거나 독점화하고자 시도하는 자는 중죄의 처벌을 받는다.

셔먼 법의 반독점 조항의 위반 혐의에 대해 유죄로 밝혀지면 정부는 독점기업을 여러 개의 경쟁기업으로 분리하거나(구조변경의 구제조치) 기업이 특정한 반경쟁적 사업관행을 수행할 수 없도록 금지할 수 있다.(행위변경의 구제조치)

클레이튼 법의 목적은 셔먼 법의 조항을 개선하여 보다 명확화 하는 것이었다. 법에 따르면 가격차별, 끼워 팔기 계약, 기업 상호 간의 주식취득 그리고 임원 겸직 등이 경쟁을 줄이는 효과를 초래하면 불법이다. 공정거래위원회 법(1914)에 따라 공정거래위원회가 창설되어 반독점 위반사항을 조사하고'불공정한 경쟁 수단'의 사용을 방지하고자 하였다. 이 법은 휠러-리 법(1938)에 의해 개정되어 제품의 기만적 표시나 허위 표시를 불법화하였다. 금지명령이라는 막강한 권한을 이용하여 공정거래위원회는 기업이 자사의 제품이나 경쟁자의 제품에 대해 행하는 불공정하고 기만적이며 허위인 주장을 감시하는 역할을 하고 있다.

셀러-키포버 법(1950)에 의해 클레이튼 법(1914)이 개정되어 다른 기업의 자산 취득이 경쟁을 상당한 정도 위축시킬 때에는 그러한 자산 매입이 금지되었다.

2. **반독점법의 법적용과 법해석의 문제**

반독점법 적용에 따른 쟁점은 다음과 같다. (a) 산업을 판단할 때 시장구조에 따라 판단하여야 하는가 아니면 행위로 판단하여야 하는가? (b) 지배기업이 차지하는 시장의 크기와 범위를 어디까지로 할 것인가? (c) 반독점법을 얼마나 엄격하게 집행할 것인가?

법원은 경쟁자 간의 가격담합을 당연위법으로 여긴다. 즉 이러한 합의로 해악이 초래되었는가를 묻지 않고 불법으로 여긴다. 이에 비하여 독점을 평가할 때는 합리의 원칙을 적용한다. 불합리한 방법(남용 행위)으로 현재의 지위에 도달하였거나 현재의 지위를 유지하려는 독점기업만이 불법이다. 독점금지법 집행기관의 관리들은 기존의 독점기업을 깨기 위해 노력하기보다 가격담합, 끼워 팔기 및 수평 결합을 단속할 가능성이 더 크다. 그렇지만 연방정부의 반독점소송은 1980년대 초에 에이티엔티의 독점을 와해시켰다.

3. **자연독점의 가격규제와 문제점**

산업규제의 목적은 자연독점기업의 가격이나 품질을 규제하여 이들 기업의 시장지배력으로부터 대중을 보호하려는 것이다. 산업규제의 비판자들은 산업규제로 비효율성이 초래되고 비용 상승이 일어난다고 주장한다. 또한 많은 사례에서 볼 수 있듯이 산업규제가 피 규제기업을 위한 합법적 카르텔로 작동한다고 주장한다. 1970년대 말과 1980년대에 통과된 법률로 비록 정도의 차이가 있지만 항공, 화물트럭운송, 금융, 철도 및 텔레비전 방송 산업 등에 탈규제가 이루어졌다.

연구결과에 의하면 항공, 철도, 화물트럭운송, 전기통신 산업 등에서의 탈규제로 가격하락, 비용감소 및 생산량 증가 등이 나타나 사회에 매년 상당히 큰 이익을 주고 있다. 그러나 보다 최근에 이루어진 전력산업의 탈규제 효과는 아직 불분명하다.

4. **사회규제의 본질과 비용 · 편익**

사회규제는 제품의 안전성, 작업여건을 비롯하여 생산이 사회에 미치는 효과 등에 관심을 쏟고 있다. 산업규제는 약화되고 있지만, 사회규제는 계속 확대되고 있다. 사회규제의 최적수준은 규제의 한계편익이 한계비용과 같아지는 점이다.

사회규제의 지지자들은 사회규제가 달성한 수많은 구체적 성공사례를 지적한다. 그리고 사회규제가 사회복지를 향상시켰다고 단언한다. 이에 비하여 비판론자의 주장에 따르면 기업에 대한 규제가 지나쳐 한계비용이 한계편익을 초과하는 수준에 이르렀다고 한다. 또한 사회규제는 흔히 의도하지 않게 많은 고비용의 부작용을 발생시킨다고 한다.

주요 용어와 개념

공익기반 규제이론
금지명령
끼워 팔기 계약
당연위법
듀폰 셀로판 사건
마이크로소프트 사건
미국 연방 공정거래위원회
반독점 정책
복합결합
사회규제
산업규제
셀러-키포버 법
셔먼 법
수직결합
수평결합
스탠더드 오일 사건
알코아 사건
유에스 스틸 사건
임원 겸직
자연독점
클레이튼 법
합리의 원칙
합법적 카르텔 이론
휠러-리 법

연습문제

1. 세계 최초로 독점을 규제한 법률은 무엇인가?

(1) 셔먼 법 (2) 클레이튼 법
(3) 공정거래위원회 법 (4) 휠러리법
(5) 셀러-키포버 법

2. 자연독점 산업에서 기업이 부과하는 가격에 대한 정부 규제를 무엇이라고 하는가?

(1) 반독점정책 (2) 산업규제
(3) 담합규제 (4) 가격차별 규제
(5) 사회규제

3. 다음에서 기업결합이라고 할 수 없는 것은?

(1) 다른 기업 주식의 취득 (2) 임원 겸직
(3) 합병 (4) 영업 양수
(5) 지주회사 설립

4. 독점규제 및 공정거래에 관한 법률에 따르면 대기업집단에 대한 규제라 할 수 없는 것은?

(1) 상호출자의 금지
(2) 시장 지배적 지위의 남용금지
(3) 순환출자의 금지
(4) 채무보증의 금지
(5) 금융회사에 대한 의결권 제한

5. 다른 사업자와 공동으로 다음의 행위를 하였을 때 부당한 공동행위에 해당되지 않을 가능성이 높은 것은?

(1) 가격의 변경 (2) 거래상대방의 제한
(3) 상품의 규격 제한 (4) 입찰가격의 결정
(5) 영업시간의 변경

6. 다음의 거래가 발생하였을 때 공정거래위원회가 법적 조치를 취할 가능성이 높은 것을 모두 고르시오.

(1) 현대자동차와 쌍용자동차의 기업결합
(2) 고속도로 건설 입찰참가 업체들의 비밀 회합
(3) 신발제조 대기업과 신발소매업 업체 간의 기업결합
(4) 생명보험 회사와 TV 제조업자 간의 기업결합
(5) 예약할 때보다 현장에서 구매하는 고객에게 비싼 요금을 부과하는 가격차별

7. 합리의 원칙이란 모든 독점이 불법은 아니며 불합리하게 거래를 제약하는 독점만이 반독점법의 규제대상이라는 것이다. 다음에서 합리의 원칙이 적용된 사건은 무엇인가?

(1) 스텐더드 오일 사건 (2) 유에스 스틸 사건
(3) 알코아 사건 (4) 마이크로소프트 사건
(5) 에이티엔티 사건

8. 모든 반독점 사건에서 지배기업의 시장점유율이 문제되는가? 어떤 사건에서 문제가 되는가?

9. 1980년대에 펩시콜라는 음료수시장의 28%를 점유하고 있었는데 세븐업 회사의 매수 계획을 발표하였다. 그 직후 시잠점유율 39%이던 코카콜라는 닥터 페퍼회사의 인수의사를 내비쳤다. 세븐업과 닥터 페퍼는 각각 음료수 시장의 7%를 차지하고 있었다. 그런데 미국정부는 이들 기업 간의 기업결합을 봉쇄하였다. 미국 정부의 이러한 조치가 적절한 것이었다고 생각하는가?

10. **셔먼 법 제2조 위반으로 기소된 기업들은 자신을 변호하기 위하여 어떤 주장을 내세울 것으로 예상되는가? 그리고 크레이튼 법 제7조 위반으로 기소된 기업들은 자신을 변호하기 위하여 어떤 주장을 내세울 것인가?**

11. **사고나 사망을 일으킬 수 있는 위험을 완전히 제거하도록 규제하는 것이 바람직한가? 그 이유를 경제적으로 설명하시오.**

12. **어떤 경제에서 3가지 종류의 과일만이 팔린다고 가정하여보자. 이들 과일의 매년 판매량은 사과 백만 톤, 딸기 5백만 톤, 그리고 바나나 천만 톤이다. 이들 전체 과일 판매량 중에서 맛나 과일회사가 판매하는 물량은 사과 90만 톤, 딸기 90만 톤 그리고 바나나 7백9십만 톤이다.**

(1) 관련시장이 사과에 국한된다면 맛나 사의 시장점유율은 얼마인가? 맛나 사는 사과 시장에서 시장 지배적 기업인가?

(2) 사과와 딸기만이 관련 시장에 포함된다. 맛나 사의 시장점유율은 얼마인가? 맛나 사는 시장 지배적 업인가?

(3) 세 가지 종류의 과일이 모두 관련 시장에 포함되어 있다. 맛나 사의 시장점유율은 얼마인가? 맛나 사는 시장 지배적 기업인가?

13. **스마트폰의 터치스크린은 여러 기업이 생산하고 있다. 터치스크린을 제조하는 6개 기업의 시장점유율이 각각 19%, 18%, 14%, 16%, 20%, 13%이다.**

(1) 허핀달 지수를 계산하시오.

(2) 시장 점유율이 가장 낮은 두 기업이 합병을 발표하였다. 허핀달 지수는 얼마나 증가하는가?

(3) 터치스크린을 구매하는 스마트폰 제조업체 간의 수평 결합이 이루어졌다. 터치스크린 시장의 허핀달 지수는 어떻게 변할까?

14. **다음의 표는 어떤 국가의 산업에서 차지하는 기업들의 시장점유율을 표시한 것이다. 외국기업과의 경쟁이 존재하지 않으며 신규진입이 어려우며 어느 기업도 파산할 가능성은 거의 없다.**

산업	기업의 규모 순서별 시장 점유율						허핀달 지수
	1	2	3	4	5	6	
항공	25	20	15	15	15	10	
섬유	25	25	25	15	10		
컴퓨터	60	10	10	10	10		
화학	20	20	20	20	20		
자동차	33	22	14	12	10	9	

(1) 각 산업의 허핀달 지수를 계산하시오.

(2) 독점력이 가장 높은 산업과 낮은 산업은 어디인가?

(3) 자동차 산업의 6번째 기업과 5번째 기업이 기업결합을 하였다. 허핀달 지수는 얼마나 증가하는가. 이것이 미국에서 이루어졌다면 미국 정부는 이를 허용할 것인가?

15. **법원이 기업결합과 가격담합에 적용하는 원칙에 어떤 차이가 있는가?**

16. **어떤 도시에 있는 운동경기장에 다음과 같은 경우가 발생한다면 정부는 반독점법과 관련하여 어떤 법적 대응을 할 것으로 예상되는가? 단, 이 운동장은 도시의 주 경기장으로 알려져 있다.**

(1) 운동장 매장의 기념품이 잘 팔리지 않자 운동장 운영자는 기념품을 5,000원 이상 구입하여야 입장권을 살 수 있게 하려한다.

(2) 일반 입장객과 달리 학생, 노인들에게 낮은 입장요금을 부과하려한다.

(3) 운동장에 음료수를 독점 공급하는 회사가 경기장을 인수하려한다.

(4) 경쟁자가 등장하여 새로운 경기장을 건설하여 한다. 그러자 기존 운동장의 운영자가 신규 운동장에 대해 근거 없는 악선전을 하고 또한 시의회의 주요 인물에 대해 정치자금을 제공하지 않겠다고 위협하고 있다.

17. **'자연독점기업에 대한 규제가 효율적으로 이루어질수록 이들 기업의 시설을 유지보수하거나 현대화하는데 필요한 자금조달이 어려워진다.' 이를 설명하시오.**

18. **사회규제가 제품의 가격, 기술혁신, 그리고 경쟁에 미치는 효과를 설명하시오.**

12 Chapter

빈곤과 소득 분배 정책

학습내용

1. 소득불평등의 측정
2. 소득불평등의 현황과 원천
3. 1990년 이후 소득불평등 추이
4. 소득불평등 찬반론
5. 빈곤의 측정과 근로자 특성별 현황
6. 한국에서의 소득보장정책
7. 노동시장에서 차별 및 차별이 고용과 임금에 미치는 영향

한국에서 임금 격차가 만연해 있다는 사실은 어렵지 않게 확인할 수 있다. 프로야구 선수 이대호의 연봉은 25억 원이다. 2015년 우리나라에서 소득이 가장 높은 직업은 기업고위임원으로 평균 연소득이 1억6천만 원 정도이며, 도선사는 1억3천만 원 정도이다. 국회의원의 임금소득도 연평균 1억2천만 원 정도 된다. 반대로 중고등학교 국어교사의 평균 연 임금소득은 4,400만 원 정도이고, 2017년 최저임금으로 패스트푸드에서 최저임금을 받고 전일제로 일하는 종업원의 연 임금소득은 1,623만 원에 불과하다.

2015년에 한국에서는 약 750만 명 정도(전체 인구의 14.7%)가 빈곤에 처해 있었다. 또 2017년 현재 약 1만1천 명 정도가 주거가 없이 노숙 생활을 하고 있는 것으로 추정되고 있다. 노동연구원 연구에 따르면 2015년 한국에서 소득 상위 1%가 총소득의 14.2%를 차지하고 있으며, 상위 10%는 48.5%를 차지하고 있었다. 그리고 국회에 제출된 자료에 따르면 2015년 통합소득 기준 상위 10%의 월 평균 소득은 1억 1974만 원으로 하위 10%(166만 원)의 71.9배였다.

소득불평등의 원인은 무엇인가? 소득불평등은 증가하고 있는가, 감소하고 있는가? 한국은 빈곤 퇴치에 진전을 보이고 있는가? 한국에서 주요 소득보장정책은 무엇인가? 사람들 사이 임금 차이에 차별은 어떤 역할을 하는가? 이러한 질문들이 이 장에서 대답하고자 하는 것들 중 일부이다.

소득불평등의 현황

2015년 한국의 평균 가구 소득은 4,883만 원이었다. 그러나 이 평균은 소득불평등에 대해서는 어떤 얘기도 해주지 못한다. 소득불평등에 대해 알기 위해서는 평균값 위아래로 소득이 어떻게 분포되어 있는지를 조사해야 한다.

소득 범위에 따른 분포

소득불평등을 측정하는 1가지 방식은 일련의 소득 범위 각각에 속하는 가구의 비중을 살펴보는 것이다. 표 12.1에 의하면 월간 세전소득이 300만 원 이하인 가구의 비중이 30.9%인 반면, 600만 원 이상은 21.19%를 차지하고 있다. 표의 데이터는 한국에서 가구 소득이 상당히 넓게 펴져 있으며 소득불평등이 상당한 수준임을 보여주고 있다.

〈표 12.1〉 한국 가구의 소득 분포(2016년)

소득계층별	소득계층별 가구 비중(%)
100만 원 미만	4.60
100~200만 원 미만	11.33
200~300만 원 미만	15.06
300~400만 원 미만	18.76
400~500만 원 미만	16.65
500~600만 원 미만	12.42
600만 원 이상	21.19
전체 평균	100.00

출처: 통계청, 가계동향조사, 국가통계포털, http://kosis.kr/

5분위 분포

소득불평등을 측정하는 2번째 방법은 개인, 가구 또는 가족(출산, 결혼, 입양 등으로 연결된 2명 이상의 사람들) 총 수를 같은 수의 5개 집단(5분위)로 분류한 후, 각 5분위에 속하는 사람들의 총 (세전) 개인소득의 비중을 살펴보는 것이다. 그림 12.1의 표는 이 방법을 가구에 적용한 것으로, 각 분위의 최고소득도 함께 제공하고 있다. (3)열에 주어진 소득보다 높은 소득을 얻는 가구는 그 다음 분위에 위치한다.

로렌츠곡선과 지니계수

로렌츠곡선
5분위 분포

로렌츠곡선은 개인소득의 **5분위 분포**를 그림으로 보여준다. 그림 12.1에서 수평축에는 가구의 누적비율을 표시하고 세로축에는 그들의 소득을 표시한다. 대각선 0e는 완전히 균등한 소득분배를 표현한다. 이 대각선 위의 각 점은 특정한 가구 비중과 이들 가구의 소득의 비중이 같다는 것을 의미하기 때문이다. 다시 말하면, 이 대각선 위에서는 가구

[그림 12.1] 로렌츠곡선과 지니계수

로렌츠곡선은 소득불평등의 정도(여기서는 2016년 가구소득의 5분위 분포)를 간단하게 보여주는 방법이다. 대각선(완전히 균등한 분포를 나타내는 선)과 로렌츠곡선 사이의 면적은 총소득이 얼마나 불균등하게 분포되어 있는지를 나타낸다. 이 불평등도를 수치로 나타낸 것이 지니계수로, 그림에서 (푸른색으로 주어진) 면적 A를 면적 $A+B$(푸른색+초록색 면적)으로 나눈 값이다. 그림에 주어진 소득분포의 지니계수는 0.304이다.

분위(2016)	총소득 중 비중	최상위 소득
최하위 20%	6.6	2,303,713
차하위 20%	13.3	3,486,383
중간 20%	18.2	4,540,126
차상위 20%	24.0	6,102,987
최상위 20%	38.0	–

출처: 통계청, 가계동향조사, 국가통계포털, http://kosis.kr/

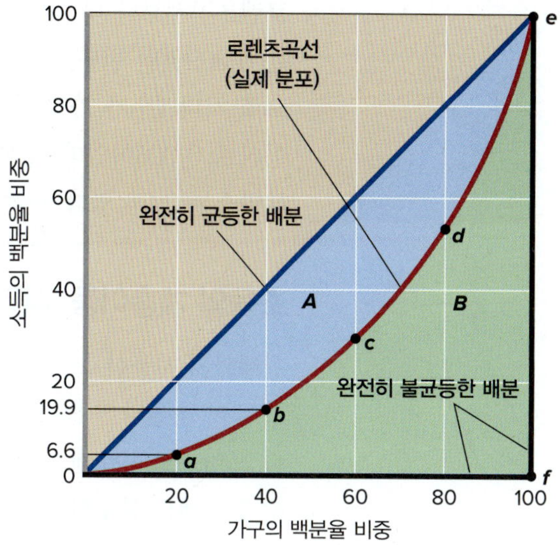

비중이 20%이면 그 소득의 비중도 20%이고, 가구의 비중이 40%이면 그 소득의 비중도 40%며, 또 가구의 비중이 60%면 그 소득의 비중도 60%라는 것이다.

그림 12.1 표의 5분위 데이터에 주어진 점들을 이어 그리면 2016년의 로렌츠곡선을 얻을 수 있다. 하위 20% 가구는 점 a가 나타내듯 소득 비중이 6.6%이다. 하위 40% 가구의 소득비중은 점 b로 주어지며 전체의 19.9%(=6.6+13.3)를 차지하고 있다. 대각선과 로렌츠곡선 사이 푸른색 면적의 크기는 로렌츠곡선과 대각선 사이 거리에 의해 결정되며, 소득불평등의 정도를 나타낸다. 만약 현재의 소득분포가 완전히 균등하다면 로렌츠곡선과 대각선은 일치하여 푸른색 면적은 사라지게 될 것이다.

반대편 극단은 완전한 불균등한 분포로 1가구를 제외한 다른 모든 가구가 소득이 없는 경우이다. 이 경우에는 로렌츠곡선은 소득비중이 0%로 0에서 점 f에 이르는 수평선과 같을 것이고, 점 e에서 갑자기 수직선을 따라 올라갈 것이다. (이는 단 1개 가구가 총소득의 100%를 차지한다는 것을 의미한다.) 대각선 아래 면적 전체(삼각형 $0ef$)가 이러한 극단적인 불평등 상태를 표현한다. 따라서 로렌츠곡선이 대각선에서 멀면 멀수록 불평등의 정도가 심하다고 할 수 있다.

로렌츠곡선이 묘사하는 소득불평등은 **지니계수**(소득편차의 전반적인 크기를 수치화한 지표)로 바꾸어 표현할 수도 있다.

지니계수

$$\text{지니계수} = \frac{\text{로렌츠곡선과 대각선 사이 면적}}{\text{대각선 아래 전체 면적}} = \frac{A\ (\text{푸른색 면적})}{A + B\ (\text{푸른색} + \text{초록색 면적})}$$

그림 12.1에서 지니계수는 0.304이다. 로렌츠곡선과 대각선 사이의 면적이 클수록

지니계수는 더 큰 값을 가지며 더 큰 불평등을 나타낸다. **지니계수의 값이 작으면 불평등이 더 작다는 것을 의미하고, 더 크면 불평등이 더 크다는 것을 표시한다.** 소득이 완전히 균등하면 지니계수는 0의 값을 갖고, 완전히 불균등하면 1의 값을 갖는다. 지니계수는 수치화되어 있기 때문에 서로 다른 인종이나 나라들 간 소득분표를 비교하는 것이 로렌츠곡선보다 더 쉽다. 예를 들어 2016년 한국에서 근로연령인구(18~65세) 지니계수는 0.309였던 반면, 은퇴연령인구(66세 이상) 지니계수는 0.547이었다.[1] 2014년 기준으로 지니계수가 가장 낮은 나라는 우크라이나로 0.247이었으며, 가장 높은 나라는 아이티로 0.608이었다. 덴마크는 0.291, 이탈리아는 0.352, 멕시코는 0.481, 그리고 온두라스는 0.574였다.[2]

소득의 계층이동: 시간에 따른 변화

이제까지 사용한 소득 데이터는 중요한 한계가 있다. 즉 1년이라는 소득 산정 기간이 너무 짧아서 별다른 의미를 지닐 수 없다는 것이다. 통계청 데이터는 단 한 해의 소득분포를 보여주므로 **수년, 수십 년, 또는 평생에 걸쳐 살펴보면 좀 더 균등한 분포가 나타날 수 있음에도 불구하고 이를 보여주지 못한다.** 현지가 연도 1에 100만 원을 벌고 연도 2에 1억 원을 번 반면, 호진은 연도 1에 1억 원을 벌고 연도 2에 100만 원을 벌었다고 하자. 이 경우 소득은 불평등하게 분포되어 있다고 할 수 있는가? 이에 대한 대답은 측정 기간에 따라 달라질 것이다. 연간 데이터에서는 소득불평등이 큰 것으로 나타날 것이고, 2년을 기준으로 보면 완전히 균등한 분포가 될 것이다.

소득의 계층이동

이 사실은 매우 중요하다. 실증을 통해 살펴보면 시간의 흐름에 따라 소득분포는 매우 들쭉날쭉하기 때문이다. 개인이나 가구들에서 나타나는 이러한 소득 변화를 **소득의 계층이동**이라 한다. 소득이 있는 사람들은 대부분 처음 젊은 시절에는 대부분 비교적 소득 수준이 낮다가 중년에 정점에 도달한 후, 그 이후에는 하락한다. **모든 사람들이 평생 동안 정확하게 소득의 흐름이 같다고 하더라도 특정 연도에서는 나이 차이 때문에 여전히 상당한 수준의 소득불평등이 나타난다.**

사진에 비유하여 볼 때, 소득 분포를 1개 연도를 '스냅숏'으로 보는 관점에서 '시간노출'을 활용해 더 긴 기간을 통해 살펴보는 관점으로 변경해서 보면, 소득 수입자들의 소득 구간 간 변화가 상당하다는 것을 알 수 있다. 예를 들어 한 연구[3]에 따르면 소득 구간을 저소득층, 중간층 및 고소득층 3구간으로 나누어 볼 때 2001~2005년 사이에 2001년에 저소득층이었던 가구 중 2005년에 더 높은 소득계층으로 이동한 가구의 비중은 약 37.4%에 달하였다. 중간층으로 이동한 가구는 약 33.5%, 고소득층으로 이동한 가구는 약 3.8%였다. 소득 계층이동은 쌍방향으로 이루어졌다. 2001년에 고소득층에 속한 가구 중 2005년에 더 낮은 소득계층으로 이동한 가구의 비중은 약 44.0%였다. 전체적으로 보아 2001~2005년 기간 동안의 소득계층 이동의 패턴은 이전 5년과 매우 유

1) 통계청, 소득분배지표, http://kosis.kr/

2) CIA World Factbook, 2014, www.cia.gov.

3) 최바울 · 김성환, 「가구특성과 소득계층 이동」, 제10회 한국노동패널 학술대회 논문집, 한국노동연구원, 2009.

사하다. 이러한 사실로부터 유추해보면 5년, 10년, 20년 정도의 기간으로 보면 단일 연도에 비해 소득이 훨씬 더 균등하게 분포되어 있을 것이라고 생각할 수 있다.

간단히 말하면 시간의 흐름에 따른 개인 및 가족의 소득 계층이동성은 상당한 수준이다. 많은 경우 '저소득'과 '고소득'은 영구히 결정되어 있는 것이 아니다. 또한 **고려하고 있는 시간의 길이가 길수록 소득분배는 더 균등해진다**.

소득 재분배 정책의 효과

표 12.1과 그림 12.1의 소득 데이터는 임금 및 급여, 배당금, 이자 등을 포함한다. 이 데이터는 또한 사회보장급여, 실업급여, 빈곤가족에 대한 사회부조 등도 포함한다. 이 데이터는 세전 자료이므로 소득을 버는 사람들에게서 직접 공제되는 개인소득세나 급여에 대한 (사회보장) 공제액 등의 효과는 고려하지 않는다. 이 데이터는 현금이 아니라 특정한 재화나 서비스 등 현물로 직접 지급되는 비현금보조도 포함하지 않는다. **비 현금보조**는 의료보호, 주거보조, 무상급식, 저소득층 식비지원 등을 포함한다. 이러한 지원은 '소득의 성격'을 갖는다. 수혜자들이 그것으로 재화나 서비스를 '구매'할 수 있기 때문이다.

비 현금보조

정부의 경제적 기능 중 하나는 사회적으로 바람직한 경우 소득을 재분배하는 것이다. 그림 12.2의 표[4]에 의하면 정부가 조세 및 이전지출을 통해 고소득 가구에서 저소득 가구로 소득을 상당한 정도로 재분배하고 있음을 알 수 있다. 조세 및 이전지출을 고려하기 전 한국 가구의 소득분포(검붉은색 로렌츠 곡선)는 조세 및 이전지출을 고려한 후 분포(연붉은색 로렌츠 곡선)에 비해 불균등한 정도가 상당히 크다는 점을 주목하라. 정부

[그림 12.2] 조세 및 이전지출이 한국의 소득불평등에 미치는 효과

조세와 이전지출을 고려한 한국의 가구 소득분포는 그 이전에 비하여 훨씬 더 균등하다. 불평등도 완화에 가장 큰 역할을 하는 것은 이전지출이며, 최하위 20% 소득계층이 얻는 소득의 대부분을 차지한다.

분위(2016)	조세 및 이전지출 이전	조세 및 이전지출 이후
최하위 20%	4.6	6.7
차하위 20%	12.3	13.7
중간 20%	18.2	18.5
차상위 20%	24.7	24.1
최상위 20%	40.1	37.0

출처: 통계청, 가계 동향조사, 국가통계포털, http://kosis.kr/, '조세 및 이전지출 이전' 소득은 소득에서 사회보장부담금, 비영리단체로부터의 이전, 타가구로부터의 이전 등의 이전소득을 제외한 소득이다. '조세 및 이전지출 이후' 소득은 이전소득을 포함하며, 세금이나 사회보장부담금, 비영리단체로 이진, 타가구로 이전 등의 비소비지출을 공제하고 남는 소득이다. 표 속 수치들은 반올림으로 인하여 합이 100%가 되지 않을 수도 있다.

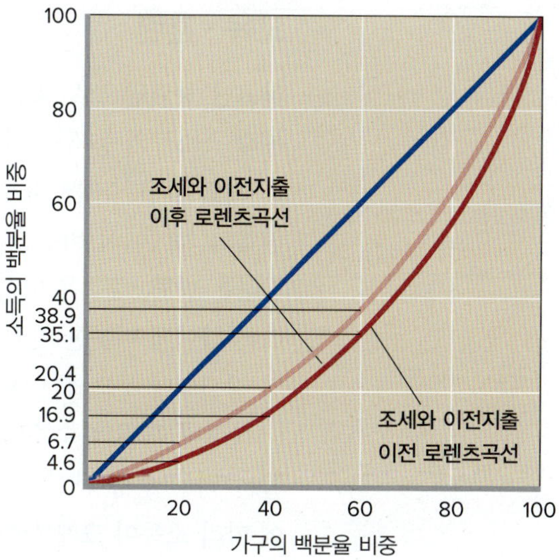

4) 이 표에 주어진 '이전지출' 데이터는 그림 12.1에 주어진 데이터와 다르다. 그림 12.1의 데이터는 현금 이전을 포함하고 있기 때문이다. 또한 그림 12.2의 데이터는 그림 12.1의 데이터보다 더 광범위한 의미의 소득에 기초한 것이다.

의 재분배가 없었더라면 2016년 최하위 20% 가구의 소득 비중은 4.6%에 불과했다. 재분배가 이루어진 다음에는 이들의 소득 비중은 6.7%로 상당히 더 큰 비중을 차지한다.

이전지출

정부 조세와 이전지출 중 어느 쪽이 재분배에 더 큰 영향을 미칠까? 그 답은 **이전지출**이다. 13장에서 살펴보겠지만 한국의 조세체계는 누진적이지만 그 정도가 그리 크지 않다. 그 결과 **소득불평등을 완화시키는 역할을 하는 것은 거의 대부분 이전지출**에 의한 것이라고 할 수 있다. 한국에서 이전지출은 고용기회와 함께 빈곤을 억제하는 가장 중요한 수단으로 활용되어 왔다.

소득불평등의 원인

소득불평등이 나타나는 이유는 여러 가지가 있다. 일반적으로 시장시스템은 높은 수준의 소득불평등을 용인하는 경향이 있다. 시장은 총생산에 대한 개인들이나 그들이 보유한 자원의 기여도에 따라 보상하기 때문이다.

더 구체적으로 말하면 소득불평등을 만들어 내는 요인들은 다음과 같다.

능력

사람들마다 지적, 육체적, 미적 재능은 모두 다르다. 어떤 사람들은 약사, 기업간부, 법률가 등 고소득 직종에 종사하기 위해 필수적으로 요구되는 특별한 지적 능력을 보유하고 있다. 다른 사람들은 고소득 운동선수가 될 수 있는 육체적 능력과 순발력을 지니고 있다. 소수의 사람들은 위대한 예술가나 음악가가 될 수 있는 재능을 지니고 있거나, 혹은 톱모델이 될 수 있는 아름다움을 타고 났다. 다른 사람들은 지적 능력이 낮아 저소득 직종에 종사하거나 또는 소득을 전혀 벌지 못할 수도 있다. 대부분 사람들의 지능과 숙련은 이들 사이의 어디쯤일 것이다.

교육 · 훈련

타고난 능력만으로 고소득을 얻을 수는 없다. 고소득을 얻기 위해서는 교육과 훈련을 통해 스스로의 능력을 개발하고 발전시킬 필요가 있다. 개인들이 받는 교육 · 훈련의 양은 사람들마다 크게 다르기 때문에 소득을 벌어들이는 능력이 다르다. 이러한 차이는 선택의 차이에서 비롯한 것일 수도 있다. 태지는 고등학교를 졸업하고 직장 생활을 시작하는 반면, 해철은 대학 졸업 이후에야 구직을 시작할 수도 있다. 자신이 원하지 않는 다른 차이에 비롯한 것일 수도 있다. 태지가 고등학교 졸업 후 직장 생활을 시작한 이유가 자신이나 부모님이 대학 교육비를 구할 수 없었기 때문일 수도 있다.

직장내 훈련의 수준도 사람마다 달라서 소득불평등에 영향을 미친다. 어떤 근로자들은 직무 수행 과정에서 해마다 새롭고 가치 있는 숙련을 쌓아감으로써 시간이 흐름에 따라 소득이 크게 성장하는 반면, 다른 사람들은 직장내 훈련이 거의 없어 50세가 되어서도 30세 때의 소득과 별반 차이가 없는 경우도 있다. 게다가 기업들은 교육 수준이 높은 근로자들을 선별하여 수준 높은 직장 내 훈련을 제공하는 경향이 있다. 이렇듯 교육 때문에 저학력자와 고학력자 사이에 이미 존재하던 소득 격차가 훈련 기회의 차이로 인하여 더욱 확대되곤 한다.

차별

교육, 채용, 훈련 및 승진에서의 **차별** 역시 소득불평등을 발생시킨다는 것은 의심의 여지가 없다. 인종별, 민족별, 성별 차이로 인하여 특정 그룹이 저소득 직종 밖에 구할 수 없다면 해당 직종에서 노동의 공급은 수요에 비해 상대적으로 더 클 것이며, 따라서 저소득 직장의 시간당 임금과 소득은 감소하게 될 것이다. 역으로 '특혜'를 받는 근로자들이 많은 고소득 직종에서는 노동의 공급이 인위적으로 제한되어 임금률과 소득이 상승하게 될 것이다. 차별은 이러한 방식으로 소득불평등을 심화시킬 수 있다. 사실, 경제학자들의 연구 결과 교육수준, 직종, 연간 근로시간 등을 모두 고려하더라도 인종별, 민족별, 성별로 소득격차가 여전히 존재한다는 사실이 확인된다. 경제학자들 중 다수는 이렇게 설명되지 않고 남아 있는 부분을 차별에 기인한 것으로 본다.

차별

그러나 경제학자들도 인종별, 민족별, 성별 차별이 소득불평등을 설명하는 지배적인 요인으로 보지는 않는다. 예를 들어 미국에서 흑인계와 같이 역사적으로 **차별이 대상이 되어 왔던 인종이나 민족 내의 소득분포는 백인계의 소득분포와 비슷**하다. 차별이외의 다른 요인들이 더 중요하다는 점은 상당히 분명한 것으로 보인다.

그럼에도 불구하고 차별은 차별받는 개인들을 해치는 동시에 사회 전체의 생산 및 소득을 감소시키기 때문에 중요한 관심사항이 된다. 이에 대해서는 이 장의 뒷부분에서 너 사세히 살펴볼 것이다.

선호와 위험

취업과 여가, 취업과 가사, 그리고 서로 다른 직종들 간에 사람들이 선호하는 바가 다르다는 사실 역시 소득이 달라지게 하는 요인이 된다. 집에서 자녀를 돌보거나, 시간제 근로를 택하거나 또는 이른 나이에 은퇴하는 것을 선택한 사람들은 보통 그 반대의 선택을 하는 사람들에 비해 소득이 더 작다. 지하 광산이나 대공사 건설현장과 같이 고되고 불쾌한 직업을 기꺼이 선택하는 사람들, 고강도 장시간 일을 할 용의가 있는 사람들, 또는 야간근무를 택하는 사람들은 소득이 더 많은 경향이 있다.

개인들마다 위험을 감수하고자 하는 용의의 정도에서도 차이가 난다. 여기서 말하는 것은 자동차경주 선수나 프로권투 선수 등과 같은 직업뿐만 아니라 기업가도 포함된다. 수많은 기업가들이 실패함에도 불구하고 신제품 개발에 성공한 다수 기업가들은 상당한 수준의 소득을 얻는다. 이 역시 소득불평등을 확대하는 요인이 된다.

부의 불균등 분배

소득은 유량으로, 2장의 국민경제순환도가 보여주는 바와 같은 임금 및 급여 소득, 임대료, 이자, 이윤 등의 흐름을 의미한다. 이와 반대로 부는 저량으로, 특정 시점에서 개인이 과거 축적한 금융자산 및 실물자산의 양을 의미한다. 은퇴자는 소득이 매우 작지만 주택, 뮤추얼펀드, 연금 등을 보유하고 있어 상당한 수준의 부를 보유하고 있을 수도 있다. 막 대학을 졸업한 사람은 회계사, 중간관리자, 엔지니어 등으로 일하며 상당한 수준의 소득을 얻지만 부는 별로 축적하지 못하였을 수도 있다.

이 장의 '마지막 한마디'에서 살펴보겠지만, 미국의 경우 부의 소유는 소득보다 훨씬 더 불균등하게 분포되어 있다. 이러한 부의 불균등한 분포로 인하여 임대료, 이자, 배당금의 차이가 발생하고 따라서 소득불평등이 확대된다. 기계설비, 부동산, 농장, 주식, 증권 등을 더 많이 보유한 사람들과 저축계좌에 돈을 더 많이 예치한 사람들은 당연히 이러한 부가 더 적은 사람들에 비하여 그로부터 발생하는 소득이 더 많다.

시장지배력

시장조작

자신의 이익을 위해 시장을 '조작'하는 능력이 크면 소득불평등도 더 커진다. 예를 들어 자원시장에서 특정한 노조나 직업군이 서비스의 공급을 제한하는 정책을 취하여 '내부자들'의 소득을 늘려왔다. 또한 의사, 치과의, 법률가 등과 같은 직업에서 면허를 필수화한 법률은 면허를 취득한 집단에 유리한 시장지배력을 부여한다. 생산물시장에서는 **시장조작**은 독점력을 획득하여 강화하는 것을 의미하며, 해당 기업 소유자의 이윤과 소득을 더 크게 만든다.

행운, 연고, 불운

소득불평등에 영향을 미치는 다른 요인들도 있다. 단순한 행운이나 '적당한 시기에 적절한 장소'에 있었다는 사실로 인하여 개인들이 횡재할 수도 있다. 목장에서 석유를 발견하거나, 신규 건설이 발표된 고속도로 교차로 근처에 땅을 보유하고 있거나, 또는 우연히 좋은 언론홍보담당자를 채용하였다거나 하는 일들로 인하여 고소득을 얻는 경우도 생긴다. 개인적으로 아는 사람들이나 정치적 연고도 잠재적으로 고소득을 얻는 또 다른 경로가 된다.

반대로 장기투병, 심각한 사고, 가장의 사망, 실직 등과 같은 경제적 불운 등은 사람들 사이에 매우 불균등하게 발생하며, 그 결과 소득불평등을 확대하는 요인이 된다.

여기서 검토하고 있는 불평등은 한국에 국한된 현상이 아니다. 소득불평등도는 토지와 자본이 비교적 소수의 부유한 가족들 손에 집중되어 있는 남미 국가들에서 가장 크게 나타난다.

소득불평등의 추이

한국에서는 지난 시기 동안 경제가 성장하면서 소득이 증가하여 왔다. 금액 기준으로 총소득은 절대적으로 증가한다고 하더라도, 소득분배는 더 균등해질 수도 있고 더 불균등해질 수도 있다. 표 12.2는 도시 2인 이상 가구의 소득분배가 1990년대 이후 어떻게 변화했는지를 보여주고 있다. 이 표에 보이고 있는 소득은 '세전'이며, 이전소득은 제외한 수치이다.

〈표 12.2〉 1990년 이후 도시 2인 이상 가구 소득 5분위 계층별 및 최하위 10% 세전 소득의 비중

	1990	1995	2000	2005	2010	2016
최하위 20%	8.7	8.5	7.6	7.0	6.6	6.6
차하위 20%	13.9	14.2	13.4	13.1	13.1	13.2
중위 20%	17.7	18.3	17.9	18.1	18.1	18.2
차상위 20%	22.7	23.3	23.3	23.9	24.0	23.9
최상위 20%	36.9	35.6	37.8	38.0	38.3	38.0
전체	100	100	100	100	100	100
최하위 10%	3.4	3.2	2.8	2.4	2.2	2.3
지니계수	0.266	0.259	0.279	0.298	0.315	0.317

출처: 통계청, 가계 동향조사, 국가통계포털, http://kosis.kr/

1990년 이후 소득불평등도의 추이

2003년 이후 한국의 소득불평등은 상당히 심화되고 있는 양상을 보이고 있다. 최하위 20% 소득계층의 소득 비중은 1990년 8.7%에서 2016년에는 6.6%까지 하락하였다. 특히 하위 10% 소득계층의 소득 비중은 1990년 3.4%였지만 2016년에는 2.3%까지 하락하였다. 반면 상위 20% 소득계층의 소득 비중은 1990년 36.9%에서 2016년 38.0%까지 상승하였다. 해당 시기 도시 2인 이상 가구의 지니계수는 1990년 0.266에서 1995년에는 0.259로 하락하였다가, 이후 꾸준히 상승하여 2016년에는 0.317을 기록하였다.

소득불평등 심화의 원인

1990년대 후반 이후 한국 경제에서 소득불평등이 심화되어온 것에 대하여 경제학자들은 몇 가지 설명을 제시하고 있다.

고숙련 근로자에 대한 수요 증가 소득불평등을 심화시켜온 원인 중 아마도 가장 중요한 것은 기업들 중 많은 수가 **숙련도가 높고 교육을 잘 받은 근로자들에 대한 수요를 늘려왔다**는 사실일 것이다. 게다가 컴퓨터 소프트웨어, 사업 컨설팅, 생명공학, 의료, 인터넷 등 고숙련 근로자를 필요로 하는 몇몇 산업들이 최근 급격한 성장을 경험하거나 아니면 완전히 새로이 출현하였다. 고숙련 근로자들은 여전히 비교적 희소한 채 남아 있으므로 이들의 임금은 상승하여 왔다. 결국, 고숙련 근로자와 미숙련 근로자 사이의 임금 격차는 확대되어왔다.

한국에서 고졸과 대졸 근로자간 임금격차는 1980년 39.6%에서 1997년 19.5%까지 하락하였으나 1998년부터 다시 확대되어 2007년 29.8%로 벌어졌다. 고졸과 전문대졸 근로자간 임금격차는 1980년 12.3%에서 1996년에 3.4%로 낮아졌고 2004년까지

p90/p10
슈퍼스타

3~4%를 유지하다가 2007년 8.5%로 확대되었다.[5] 소위 p90/p10(하위 10%의 임금 대비 상위 90%의 임금의 비율) 역시 학력별 임금격차와 유사한 추세를 보이고 있다. 특히 시간당 임금으로 본 p90/p10은 1994년 이후 2009년까지 꾸준히 증가하다가 2009년 이후 약간 감소하는 추세를 보이고 있다.[6]

숙련에 대한 수요가 증가하는 현상은 기업 최고경영자들에 대한 보수, 스톡옵션에 의한 소득, 프로 운동선수들 및 연예인들의 소득, 성공한 기업가들이 얻는 수입 등이 급격하게 증가하고 있다는 점에서도 확인할 수 있다. 슈퍼스타들에 대한 보수가 급격하게 증가한 것도 소득불평등의 심화에 영향을 끼쳤다.

인구구성의 변화 소득불평등도의 변화에는 인구구조나 가족구조의 변화도 중요한 역할을 한다. 한편으로는 1990년대 이후 여성의 경제활동참가가 꾸준히 증가하고 있는데, 이는 불평등을 완화하는 효과를 갖는다. 특히 배우자가 경제활동에 참가하는 경우 가구 내 제2소득원이 발생하므로 전체적인 소득 불평등도를 완화하는 경향이 있다. 하지만 최근에 여성노동시장이 양극화됨으로 인하여 배우자 경제활동 참가로 인한 소득불평등도의 완화 효과를 상쇄하는 경향이 나타나고 있다. 또한 중산층 여성들의 경제활동 참가가 증가하게 되면 기존에 저소득 가구 중심으로 여성 노동력 공급이 늘어날 때에 비해 소득불평등 완화효과가 줄어들 것으로 예상된다. 마지막으로, 노인가구와 1인가구의 증가 역시 소득불평등을 확대하는 결과를 낳았다. 노인이나 여성이 가구주인 가구는 제2소득원이 없으며 빈곤율이 매우 높다는 점을 감안하면, 이러한 추세는 소득불평등을 악화시켜왔다.

국제무역, 기업규모 간 격차, 비정규직 다른 요인들도 소득불평등에 영향을 미친다. 수입으로 인하여 국제 경쟁이 격화되면 전자, 조선 등의 산업에서 미숙련이지만 보수를 많이 받는 근로자에 대한 수요가 줄어들게 된다. 이들 직종에서 고용이 감소하면서 미숙련 근로자들의 평균적인 임금 수준이 하락하였다. 이들 직종에서 고용의 감소는 또한 이미 임금이 낮은 산업으로 미숙련 근로자들이 몰리는 현상을 낳았고, 그 결과 임금 하락 압력이 추가적으로 발생하였다.

이와 유사하게 중국 등 한국보다 소득 수준이 낮은 국가들로 저임금 일자리가 이전되면서 미숙련 근로자들에 대한 임금 하락 압력이 생겨났다. 특히 중국과의 무역이 증가하면서 중국 제품과 경쟁 관계에 있는 제품을 생산하는 중소기업들이 피해를 본 반면, 수출대기업들은 중간재를 값싸게 구입하면서 해외 시장에서 많은 이윤을 보게 되었다. 대기업과 중소기업 간에 교섭력의 불균형으로 인하여 대기업과 중소기업 간 수익률의 격차는 시간이 흐름에 따라 계속 커지는 경향을 보이고 있다.

정규직과 비정규직 간 임금격차

마지막으로 2000년대에 들어서 비정규직 비중이 늘어나고, 정규직과 비정규직 간 임금격차가 계속 증가한 것도 소득불평등의 확대에 큰 영향을 미쳤다. 2017년 8월 기준 한국의 비정규직 비중은 전체 근로자의 약 33%를 차지하고 있으며, 정규직 임금 대비

5) 김우영, 「고용구조의 변화와 학력별 임금격차」, 한국은행 금융경제연구원 Working Paper 제344호.

6) 성재민 · 정성미, 「임금불평등 추이에 대한 분석」, 월간노동리뷰 2013년 2월호.

사례연구: 레고무비 재미있게 보기

일부 경제학자들은 연간 소비분포가 연간 소득분포보다 후생 불평등도를 더 잘 보여준다고 생각한다. 저축이나 예금 인출, 신용카드 활용, 주택 저당 대출, 상속, 자선 지출 등의 이유로 인하여 특정 연도의 재화 및 서비스 소비는 소득보다 더 클 수도 있고 더 작을 수도 있다.

소비분포에 대한 최근의 연구는 연간 소비의 불평등도가 소득 불평등도보다 더 작다는 것을 보이고 있다. 게다가 소득불평등도는 계속 증가하여 왔지만, 소비 불평등도는 수십 년에 걸쳐 비교적 일정한 수준에 머물러 있다.*

영국의 경제 전문지 『이코노미스트』지는 최근 소득불평등도의 증가에도 불구하고 부유층과 빈곤층이 소비한 재화의 양은 기능적으로 보면 역사상 어느 때보다도 더 가깝다는 점을 들면서, 이러한 주장을 논리적으로 더 끝까지 밀고 나가고 있다.

예를 들면 공식적인 빈곤선 이하의 미국인 70% 이상이 최소한 차 한 대는 보유하고 있다. 고물 세단을 모는 것과 첨단 스포츠카를 모는 것 사이의 차이는 진흙탕 위를 차를 몰고 가는 것과 걸어가는 것 사이의 차이에 비하면 거의 눈에 띄지 않을 정도다. 평면형 텔레비전은 근사하지만 레고무비를 재미있게 보기 위해 반드시 필요한 것은 아니다.

제품 가격을 떨어뜨리는 동시에 품질을 개선함으로써 많은 돈을 번 성공적 기업가들은 삶의 질을 좌우하는 격차는 줄임과 동시에 소득격차는 늘린다.**

경제학자들이 대체로 동의하듯 과거 부유한 계층들만 누릴 수 있었던 생산물이나 경험을 이제는 대부분의 소득 계층이 향유할 수 있게 되었다. 하지만 회의적 시각을 지닌 사람들은 『이코노미스트』지의 단순화가 너무 지나치다고 주장한다. 개인 요트를 타고 그리스 섬들 사이를 항해하는 것과 동네 연못에서 빌린 보트의 페달 질을 하는 것은 둘 다 물놀이이기는 하지만 엄청난 차이가 있다는 것이다.

* Dirk Krueger and Fabrizio Perri, "Does Income Inequality Lead to Consumption Inequality?" Review of Economic Studies, 2006, pp. 163.193.

** The Economist, "Economic Focus: The New (Improved) Gilded Age", December 22, 2007, p. 122.

비정규직 임금은 2004년 65%에서 2017년 55%로 크게 하락하였다.

앞의 내용들을 이해함에 있어 2가지 주의사항이 요구된다. 첫째, 소득불평등이 심화되고 있다고 할 때, 이것이 반드시 **절대적 소득에서 '빈익빈 부익부'를 의미하는 것은 아니다.** 부유층과 빈곤층이 모두 실질소득의 증가를 경험하고 있다. 실제로 일어난 현상은 모든 소득분위에서 소득이 증가하였지만, 최상위 소득계층의 소득증가가 더 빨랐다는 것이다. 둘째, 소득불평등 심화는 한국에 국한된 현상이 아니다. 최근 다른 선진국들에서도 소득불평등은 심화되고 있다.

서로 다른 시점에서 소득분배를 비교하기 위해 로렌츠곡선을 활용할 수 있다. 표 12.2의 데이터를 로렌츠곡선으로 그린다면 2003년에서 2016년 사이에 로렌츠곡선은 대각선에서 더 먼 쪽으로 이동하였을 것이다. 2인 이상 비농가 가구의 지니계수는 2003년 0.292에서 2016년 0.318로 높아졌다.

평등 대 효율성

소득불평등과 관련한 주요 정책 이슈는 그것이 얼마나 필요하고 정당화될 수 있는 것인가 하는 것이다. **소득불평등이 어느 정도 정당화될 수 있는지**에 대하여 일반적인 합의가 있는 것은 아니지만, 소득평등에 대한 찬반론의 근거를 살펴봄으로써 그에 대한 직관을 얻을 수는 있다.

총효용 극대화

소득이 균등하게 분배되는 것이 바람직하다는 주장은 기본적으로 특정한 생산 및 소득 수준에서 소비자의 총 만족도(효용)를 극대화시키기 때문이라는 것이다. 이 주장의 핵심적 논거는 그림 12.3에 주어져 있다. 이 그림에서는 수완과 종호라는 두 사람의 화폐소득에서 한계효용체감이 발생한다고 가정한다. 모든 시점에서 소득을 얻는 사람은 처음 번 돈을 가장 큰 가치를 부여하는 제품(한계효용이 큰 제품)을 구입하는 데 지출한다. 소비자들은 가장 급한 욕구를 충족한 다음에 남은 돈을 비교적 덜 중요하고 한계효용이 작은 제품을 구입하는 데 지출한다. 수완과 종호 2사람의 소득의 한계효용곡선은 우하향하며, 두 사람의 한계효용곡선(그림에서 MU_A와 MU_B)이 똑같다는 사실은 이들이 소득으로부터 얻는 효용이 동일하다는 가정을 반영한다.

이제 1,000만 원을 수완과 종호 두 사람에게 분배한다고 가정하자. 소득평등을 옹호하는 사람들에 따르면 최적의 분배는 균등한 분배이다. 이 때 두 사람이 마지막 지출하는 1원의 한계효용이 같기 때문이다. 이는 처음의 소득분배가 균등하지 않은 경우, 소득을 더 균등하게 분배하면 두 개인의 효용을 합한 것이 더 커진다는 사실을 보임으로써 증명할 수 있다.

처음에 1,000만 원의 소득이 불균등하게 분배되어 있어, 수완은 250만 원, 종호는

[그림 12.3] 효용극대화 소득분포

수완과 종호의 소득의 한계효용곡선이 MU_A 및 MU_B와 같이 동일하다면, 이들은 소득 총액(여기서는 1,000만 원이라 하자)이 무엇이든 간에 균등하게 배분되었을 때 결합효용을 극대화한다. 만약 소득이 불균등하게 분배되어 있다면(즉 수완은 250만 원, 종호는 750만 원을 받는다면), 마지막 1원으로부터 발생하는 한계효용은 종호보다 수완이 더 클 것이며, 따라서 소득이 더 균등하게 재분배된다면 총효용이 증가한다. 두 사람이 모두 500만 원을 받도록 소득을 균등하게 재분배하였을 때 얻는 효용의 증가분((a)에서 MU_A 곡선 아래쪽 푸른색 면적)은 효용의 감소분((b)의 MU_B 곡선 아래쪽 붉은색 면적)보다 크다.

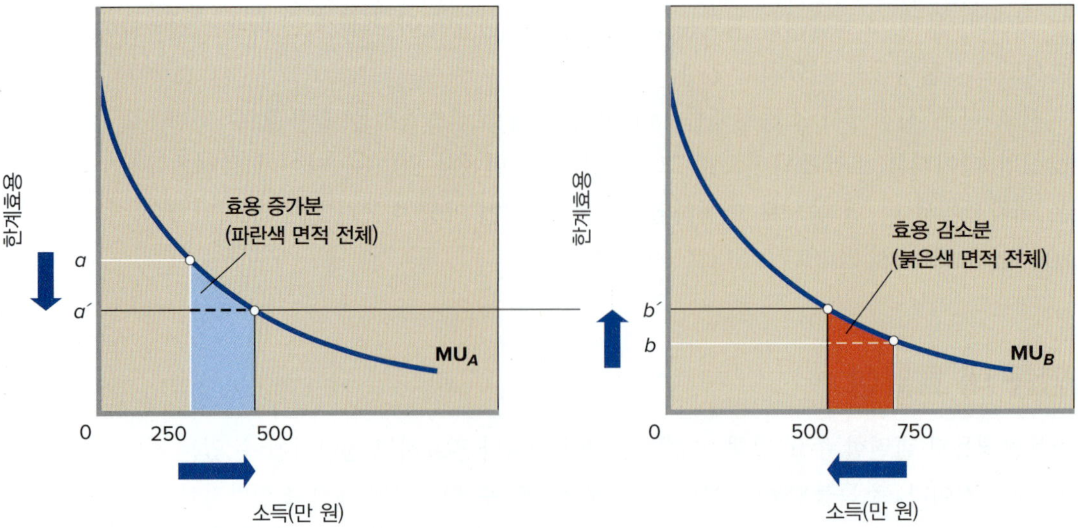

(a) 수완 소득의 한계효용

(b) 종호 소득의 한계효용

750만 원을 받는다고 하자. 수완이가 마지막 1원으로부터 얻는 한계효용 a는 크고, 종호가 마지막 1원으로 받는 한계효용 b는 작다. 만약 이 마지막 1원이 종호로부터 수완에게로 옮겨져 더 균등한 분배가 되면, 수완이의 효용은 a만큼 늘어나고 종호의 효용은 b만큼 줄어든다. 따라서 두 사람의 효용을 합한 크기는 a－b(수완이의 큰 이득에서 종호의 작은 손해를 뺀 값)만큼 늘어난다. 종호에서 수완에게 1원을 더 이전하면 결합 효용의 크기는 다시 늘어나지만, 앞에서보다는 더 작게 늘어난다. 종호로부터 수완으로의 소득 이전이 계속 진행되면 소득이 균등하게 분배되어 두 사람이 모두 500만 원을 받을 때까지 결합이윤도 계속 늘어난다. 이때가 되면 두 사람이 마지막 1원으로부터 얻는 한계효용(a'과 b')은 같아지며, 이미 이전된 250만 원보다 더 많은 금액이 재분배되면 불평등이 나타나기 시작하여 결합효용이 감소한다.

개인의 특정한 소득 수준까지의 MU 곡선 아래의 면적은 해당 소득에서 얻는 총효용을 나타낸다. 따라서 250만 원이 이전된 결과 수완은 MU_A 곡선 아래쪽 푸른색 면적만큼 효용이 늘어나고, 종호는 MU_B 곡선 아래쪽 붉은 색 면적만큼 효용이 줄어든다. 푸른색 면적이 붉은색 면적보다 더 큰 것이 분명하므로 소득이 평준화된 경우 불평등한 경우에 비해 총효용이 늘어난다.

불평등 옹호의 논거: 유인과 효율성

평등 옹호론의 논리가 상당히 단단한 것처럼 보이지만, 소득평등을 비판하는 사람들은 소득 평준화를 달성하기 위해 소득을 이전하는 것은 **불공정할 뿐 아니라 옳지 못한 판단**이라고 본다. 이들에 따르면 소득불평등 중 상당 부분이 개인들이 자신의 재능과 자원을 공급하면서 받는 대가가 다르기 때문에 나타나는 것으로 본다. 이들은 종호의 소득 중 일부를 빼앗아 수완에게 주는 것은 공정하지 못하다고 결론짓는다. 게다가 소득평등을 비판하는 사람들은 소득평등의 옹호자들이 분배될 수 있는 생산량 즉 소득의 크기가 고정되어 있다는 잘못된 가정에서 출발한다고 지적한다. 이들 비판자들은 **소득을 분배하는 방식이 생산량이나 소득의 총량을 결정하는 중요한 요인**이라고 주장한다.

그림 12.3에서 수완이 250만 원을 벌고 종호가 750만 원을 번다고 다시 한 번 가정해보자. 소득을 평준화하려면 사회(정부)는 종호의 소득에서 세금을 거두어 수완에게 지원하게 된다. 이러한 조세와 이전지출 과정에서 고소득자 종호에 대한 보상은 줄고 저소득자 수완에 대한 보상은 늘어나게 된다. 그렇게 되면, 두 사람 모두 소득을 늘리고자 하는 유인이 줄어들게 된다. 고소득자 종호는 열심히 일하고 저축하며 투자함으로써 얻는 보상이 조세로 인하여 줄어들게 된다면 그렇게 할 이유가 무엇이 있겠는가? 저소득자인 수완은 정부가 지원을 해주는데 소득을 늘릴 동기가 무엇이 있겠는가? 조세는 생산적인 노력으로부터 얻는 보상을 줄이고, 이전에 의한 재분배는 노력을 더 적게 하는 사람에게 보상을 제공한다.

극단적으로 정부가 소득에 100%의 세금을 부과하여 그로부터 얻은 수입을 모든 시민에게 균등하게 분배한다고 가정해보자. 이 경우 어느 누가 일을 열심히 하려 하겠는

사례연구: 피자 나누기

평등과 효율 간 상충관계를 잘 이해할 수 있도록 도와주는 비유를 하나 들어보자. 한 사회의 소득이 큰 피자 한 판이고, 이 피자는 한 해에 한 판씩 만들어지며, 사람들에게 돌아가는 피자 조각의 크기는 그들이 피자를 만드는 데 기여한 정도에 달려 있다고 가정하자. 그리고 해당 사회가 공정하게 분배한 결과 어떤 사람들은 너무 큰 조각을 갖게 되었고, 다른 사람들은 너무 작은 조각을 갖게 되었다고 하자. 그런데 사회가 피자를 재분배하여 피자 조각을 더 균등하게 만들면, 그 결과 피자의 크기가 예전보다 더 작아진다는 사실을 알게 되었다. 아무런 공헌 없이도 적당한 크기의 피자 조각을 얻을 수 있는데, 피자를 만드는 일에 무엇 하러 참여하겠는가? 피자 크기가 작아지는 것은 재분배가 근로, 저축, 투자 및 사업 위험 감수 등에 대한 유인에 악영향을 미침으로 인하여 발생하는 효율성 손실(생산과 소득의 감소)을 나타낸다. 피자 크기가 작아지는 것은 또한 해당 사회가 재분배 체계를 관리하는 관료조직에 더 많은 자원을 투입해야 한다는 사실도 반영한다.

해당 사회가 계속 재분배를 하면서도 수용할 수 있는 피자 크기의 감소폭은 어느 정도일까? 피자 조각 크기의 불균등성을 완화하기 위해 재분배하는 것이 피자의 크기를 줄인다면, 피자 크기가 어느 정도 작아질 때까지 이 사회가 용인할 수 있을 것인가? 10% 정도는 용납될 것인가? 25%는? 75%는? 바로 이것이 한 국가의 소득재분배 프로그램의 이상적인 크기를 결정하기 위한 논쟁에서 항상 제기되는 기본적인 질문인 것이다.

가? 심지어 일을 할 이유 자체가 없을 것이다. 또 누군가 사업상 위험을 감수할 이유가 어디에 있겠는가? 또는 투자를 위해 저축할(현재 소비를 희생할) 이유는 무엇이겠는가? '남들보다 앞서갈' 경제적 유인은 사라지고, 총생산과 총소득은 감소할 것이다. 즉 소득이 분배되는 방식은 소득의 크기에 영향을 미친다. 소득불평등을 옹호하는 주장의 기본적인 논거는 다음의 2가지다. (1) 소득불평등은 개인이 제공한 노동 및 기타 생산자원의 양과 질의 차이에서 비롯된 것이기 때문에 충분히 정당화될 수 있다. 그리고 (2) 소득불평등은 생산과 소득에 대한 동기 부여에 필수적인 유인을 계속 유지하기 위해 필요불가결한 것이다.

평등과 효율의 상충관계

평등과 효율 간 상충관계

소득불평등과 관련된 논쟁의 핵심에 자리 잡고 있는 이슈는 **평등과 효율 사이에 존재하는 근본적인 상충관계**이다. 이러한 **평등과 효율 간 상충관계**에서 소득 재분배에 의해 소득평등도가 커지면 생산과 소득의 감소라는 기회비용이 발생한다. 소득 재분배를 줄임으로써 생산과 소득이 증가하면 소득불평등이 악화된다. 이러한 상충관계가 존재하기 때문에 사회는 그 비용을 고려하여 재분배 수준을 선택하여야 한다. 해당 사회가 소득의 재분배를 원하는 경우, 공정성, 유인, 생산성, 경제적 효율성 등에 대한 역효과를 최소화하는 재분배 방식을 선택할 필요가 있다.

빈곤의 경제학

이제 소득재분배와 관련된 일반적인 문제에서 최소소득계층, 즉 '빈곤층'에 대한 문제로 관심을 돌려보도록 하자. 소득불평등도가 매우 높다고 하더라도 빈곤 수준은 높을 수도, 낮을 수도 있다. 따라서 빈곤 문제는 따로 살펴볼 필요가 있다.

빈곤의 정의

빈곤

빈곤은 한 개인이나 가족이 음식, 의복, 주거, 운송 등 기초 욕구를 충족할 수단을 지니지 못하는 상황을 의미한다. 이 수단은 경상소득, 이전소득, 과거 저축 및 소유 재산 등을 포함한다. 기초 욕구를 결정하는 요인은 가족 구성원 수 및 이들 구성원의 건강과 연령 등 여러 가지가 있다.

기준 중위소득
생계급여 수급자

한국에서는 빈곤선을 정하기 위해 '기준 중위소득'을 정하여 복지 급여의 기준 등에 활용하고 있다. **기준 중위소득**이란 국민 가구소득의 중위 값으로, 한국 국민의 총 가구의 소득을 조사하여 오름차순으로 배열한 뒤 정확히 중앙에 있는 값이다. 2015년 이전에는 보건복지부에서 결정한 최저생계비를 기준으로 수급자를 선정하였으나, 2015년부터는 기준 중위소득을 기준으로 수급자를 선정하고 있다. 최저생계비가 기준일 때에는 단순히 소늑인정액이 그에 미치지 못하는 경우에는 수급자가 되는 식이었으나, 기준 중위소득의 도입에 따라 **생계급여 수급자**는 '기준 중위소득의 100분의 30'을 기준으로 선정하고, 의료급여 수급자는 '기준 중위소득의 100분의 40'을 기준으로 선정하는 등 급여별 수급자 선정기순이 다층화되었다.

2015년 기준 중위소득은 1인 가구의 경우 월 1,562,337원이었다. 4인 가구는 4,222,533원이었으며, 6인 가구는 5,784,870원이었다. 가장 널리 통용되는 빈곤선은 기준 중위소득의 50%이다. 이 기준을 적용할 때 2015년 한국의 시장소득 기준 빈곤율(빈곤 인구의 비중)은 17.3%였다.

빈곤의 정도

빈곤층은 이질적으로 구성되어 있다. 이들은 전국 방방곡곡에 있으며, 도시든 농촌이든, 청년층이든 노년층이든, 남성이든 여성이든 어디든지 존재한다. 하지만 빈곤이 무작위로 분포되어 있는 것은 아니다. 예를 들어 가처분소득 기준으로 2015년 여성 가구주 가구의 빈곤율은 31.3%로 전체 평균에 비하여 현저하게 높았다.[7]

그림 12.4에서 확인할 수 있듯 **노인, 편부모(모자) 가구, 1인 가구, 여성가구주 가구 등의 경우에 빈곤율이 매우 높다**. 반면에 취업자의 빈곤율은 상대적으로 낮다는 것을 확인할 수 있다.

7) 한국보건사회연구원,『2016년 빈곤통계연보』

[그림 12.4] 인구집단별 빈곤율(2015년)

노인, 편부모(모자) 가구, 1인 가구, 여성가구주 가구 등의 경우에 빈곤비율이 매우 높다. 취업자의 빈곤율은 상대적으로 낮다.

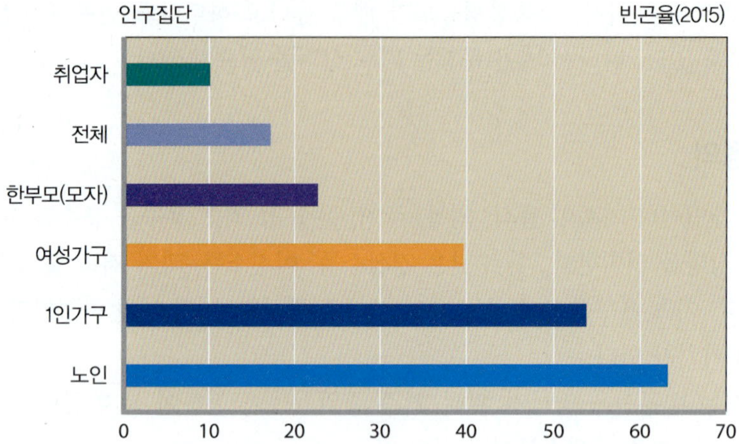

자료: 한국보건사회연구원, 『2016년 빈곤통계연보』, 정책자료 2016-04.

주: 해당 자료의 빈곤율은 통계청 공식 통계와는 약간의 차이가 있음

노인 빈곤율

노인 빈곤은 사회적으로 상당히 심각한 문제이다. 노인들이 다른 세대보다 가난한 이유는 소득이 없기 때문이다. 노인이 되면 일자리를 그만 두거나, 일자리가 있더라도 해당 일자리가 저임금 일자리일 가능성이 크다. 다른 선진국에 비하여 한국의 **노인 빈곤율**은 매우 높은 수준인데, 그 주된 이유는 공적 연금 등 노인에 대한 사회보장제도가 취약하기 때문이다.

한국에서 빈곤층의 절반가량이 1~2년 정도 빈곤 상태에 있다가 빈곤에서 벗어나는 단기 빈곤층이다. 하지만 특정 집단의 사람들은 다른 사람들보다 빈곤이 지속되는 기간이 더 길다. 특히 여성이 가구주인 가구, 노인 가구, 가구주 교육수준이 낮은 가구, 배우자 없는 가구, 가구주나 가구원이 미취업이거나 임시직 또는 일용직에 종사하는 가구는 다른 가구에 비해 빈곤 지속 기간이 더 긴 경향이 있다. 또 농어촌 가구가 대도시나 중소도시에 거주하는 가구에 비하여 빈곤 지속 기간이 더 긴 경향이 나타난다.

빈곤의 추이

도시가구의 빈곤율
여성가구주 가구의 빈곤율

그림 12.5에서 볼 수 있듯, 1990년 이후 한국의 2인 이상 **도시가구의 빈곤율**은 2009년까지 증가하는 추세를 보이다가 그 이후 약간 하락하는 경향을 보이고 있다. 2인 이상 도시가구의 빈곤율은 2009년 15.4%로 최고치에 달하였다. 특히 1997년 외환위기 이후 빈곤율이 갑자기 상승하였으며, 이후 2000년대 후반에 도달할 때까지 빈곤율은 꾸준히 상승하였다. 주목할 만한 사실은 **노인 빈곤율이 급격히 상승하여 왔다**는 사실이다. 2인 이상 도시가구의 노인 빈곤율은 1990년 14.4%에서 2015년 53.9%로 급격하게 상승하였다. 노인을 제외하고는 여성가구주 가구의 빈곤율이 2000년대 들어 눈에 띄게 상승하였음을 확인할 수 있다. **여성가구주 가구의 빈곤율**은 1990년 24.9%에서 2000년 17.7%까지 하락하였으나, 이후 꾸준히 상승하여 2015년에는 30.7%까지 상승하였다.

[그림 12.5] 1990년~2015년 빈곤율 추이

1990년 이후 한국의 2인 이상 도시가구의 빈곤율은 2009년까지 증가하는 추세를 보이다가 그 이후 약간 하락하는 경향을 보이고 있다. 노인과 여성가구주 가구의 빈곤율이 특히 가파르게 상승하였다.

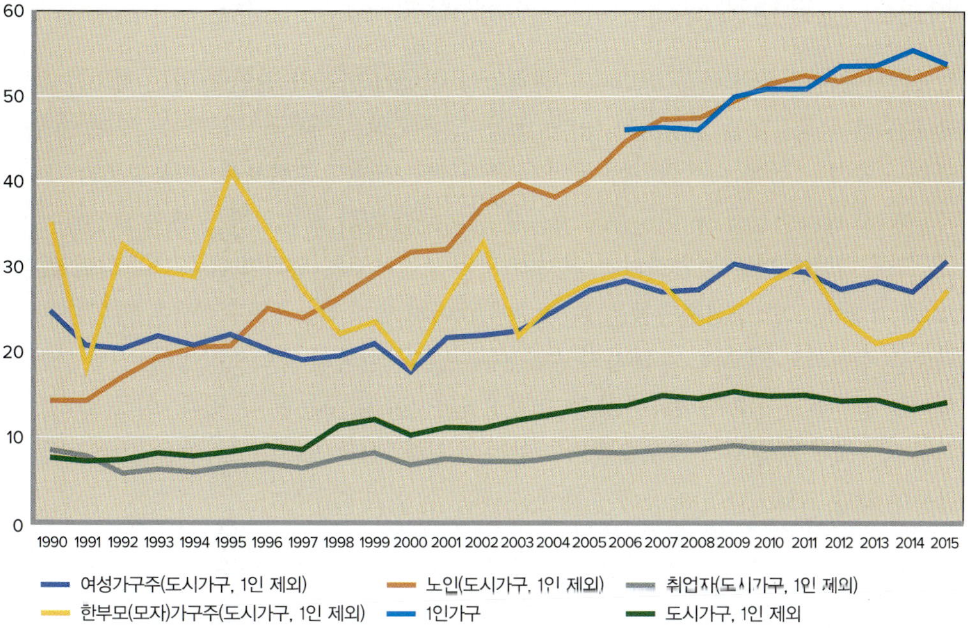

자료: 한국보건사회연구원, 『2016년 빈곤통계연보』, 정책자료 2016-04.

비농가 전국 1인 가구에 대한 빈곤율 자료는 2006년부터만 얻을 수 있는데, 1인가구의 빈곤율 역시 매우 높고 또 최근 가파르게 상승하고 있음을 확인할 수 있다. 이는 최근 1인 가구의 증가가 빈곤의 확대에서 큰 역할을 하고 있음을 보여준다.

측정 문제

그림 12.4와 12.5의 빈곤율과 그 추이를 해석할 때에는 주의해야 하는 점이 있다. 한국의 공식 빈곤선은 자의적일 수밖에 없으며, 따라서 실제 빈곤의 정도를 정확하게 측정하지 못할 가능성도 있다.

어떤 사람들은 대도시 지역에서는 생활비가 높기 때문에 공식적인 빈곤선을 따를 경우 빈곤선 바로 위에 위치한 수많은 가구가 음식, 주거, 의료 등 기본 욕구를 충족하기에는 소득이 부족함이 분명함에도 불구하고 빈곤으로 산정되지 않는다고 지적한다. 미국의 예를 들면 도시별로 '최저생계비'를 추정한 연구를 통해 빈곤이 공식적으로 발표된 것보다 훨씬 더 광범위한 현상임을 보여주는 연구들이 다수 존재한다.

어떤 경제학자들은 빈곤을 측정할 때 **소득을 활용하는 경우 공식적으로 빈곤층으로 분류된 사람들의 생활수준을 과소평가하게 된다**고 지적한다. 개인, 가구, 혹은 가정의 소득이 아니라 소비를 고려하는 경우, 빈곤비율은 더 낮아지게 된다. 저소득 가정 중 일부는 과거 저축을 인출하거나, 미래 소득 감소를 대가로 돈을 빌려 쓰거나, 또는 집을 파는 등의 방식으로 소비 수준을 어느 정도 유지한다. 게다가 사회서비스, 급식바우처, 임대료 지원 등 수많은 빈곤가정이 받는 비현금성지원 역시 이들의 생활수준을 더 높게 만든다. 이러한 '현물성' 급여는 공식적인 빈곤통계에 포함되어 있지 않다.

한국의 소득보장정책

수급자격 프로그램
한국의 소득보장정책

경제학자들은 빈곤의 측정 방법과는 관계없이 한국에 빈곤이 만연해 있는 정도는 상당하다는 점에 공감대를 형성하고 있다. 소득이 매우 낮은 계층을 지원하는 것이 공공정책의 목표라는 점에는 광범위한 동의가 존재한다. 교육 · 훈련체계, 고용보조금, 최저임금법 및 반차별정책 등 빈곤층의 소득을 증대하기 위한 광범위한 정책이 고안되어 있다. 그에 더하여 빈곤을 완화하기 위해 소득을 보전해주는 정책이 다수 개발되어 있다. 그 중 가장 중요한 정책수단들은 표 12.3에 주어져 있다. 이 프로그램들은 막대한 재정지출을 수반하고 있으며, 수혜자의 수도 매우 많다. **한국의 소득보장정책**은 (1) 사회보험, (2) 공공부조, (3) 사회서비스 등 크게 3개의 범주로 구분할 수 있다. 이들 3가지 정책범주는 모두 **수급자격 프로그램**으로 알려져 있다. 법적으로 수급자격을 갖춘 모든 사람들이 해당 프로그램이 제공하는 혜택을 받을 수 있기 때문이다.

〈표 12.3〉 주요 소득보장정책의 특징, 2016년 기준

프로그램	가입대상/수급자격	재원	급여 형태	지출규모 (십억 원)	수급인원 (만 명)
사회보험					
국민연금	국내거주 18~59세 국민	국민연금 보험료	현금	17,068	436만 명
건강보험	의료급여 수급권자 제외한 전 국민	건강보험료	의료비 공제	52,634	5,077만 명
고용보험	1인 이상 사업장 임금근로자 65세 이상 제외	고용보험료	현금	4,892	96만 명
산재보험	1인 이상 사업장 임금근로자	산재보험료	현금	4,079*	27만 명*
공공부조					
국민기초 생활보장	저소득 가구	정부수입	현금	4,017**	165만 명*
근로장려세제	저소득 가구	정부수입	현금	1,028*	138만 가구
자활지원사업	저소득 근로가구	정부수입	현금	–	–

* 2015년, ** 2011년
자료: 통계청, 국가통계포털, http://kosis.kr/ 고용노동부, 『2017년판 고용노동백서』 보건복지부, 『2016 보건복지백서』

사회보험제도

사회보험제도

사회보험제도는 은퇴, 장애, 질병 또는 일시적인 실업으로 인해 소득이 줄어드는 경우 이를 부분적으로 대체하거나 건강보험 등을 제공한다. 한국의 사회보험제도는 **국민연**

금, 건강보험, 고용보험, 산업재해보상보험, 노인 장기요양보험 등 5대 보험으로 구성되어 있다. 이들 프로그램에서 제공하는 혜택은 수혜자들이 스스로의 기여를 통해 그 권리를 취득한 것으로 간주되며, 공적 자선 수혜자라는 낙인을 부여하지 않는다. 사회보험은 주로 **소득에 부과되는 분담금에 의해 재정이 조달**된다. 이들 프로그램은 은퇴, 실업, 장애 또는 질병 등으로 인하여 개인이 소득을 상실할 위험을 전체 인구가 분담하는 것을 목적으로 한다. 근로자들(그리고 그들의 사용자들)이 일하는 동안 임금의 일부를 정부 기금에 분담금으로 납부한다. 그러면 이 근로자들은 은퇴하거나 또는 특정한 사고가 발생하였을 때 수급자격을 얻게 된다.

국민연금 국민연금제도는 소득이 있는 사람이 취업 중 보험료를 납부하였다가, 은퇴하거나 갑작스런 사고나 질병으로 소득 활동이 중단된 경우, 본인이나 유족의 소득을 보전하기 위한 제도이다. 2016년 현재 적립금이 558조3천억 원에 달할 정도로 방대한 이 제도는 사용자와 피용자 모두에게 보험료 납부를 의무화하여 재원을 조달한다. 국민연금 급여는 매월 정기적으로 연금급여의 방식으로 수급할 수도 있고 일시금 급여의 형태로 수급할 수도 있다. 근로자가 사망하면 수급권은 유가족에게 귀속된다. 장애등급 4급에 해당하는 자에게는 연금이 아닌 일시보상금을 지급한다.

2016년 기준 국민연금에는 약 2,183만여 명이 가입되어 있다. 노령연금은 국민연금에 10년 이상 가입하고 60세에 도달한 때부터 받게 된다. 다만 1953년생부터는 5년마다 1세씩 상향 조정되어 만 61세부터 만 65세까지 지급 연령이 변동된다. 2016년 12월 기준 노령연금 수급자의 급여액은 평균 약 37만 원인데, 이는 가입 기간이 짧은 특례노령연금 수급자가 많기 때문이다. 국민연금보험료는 기준 소득월액에 보험요율 9%를 곱하여 산정하는데, 사업장 가입자의 경우 피용자와 사용자가 각각 절반씩(4.5%) 부담하며 사업장가입자를 제외한 가입자는 본인이 전액 부담한다.

건강보험 및 노인 장기요양보험 국민건강보험제도는 예방. 진단. 치료. 재활과 출산. 사망 및 건강증진에 대하여 건강보험 급여를 제공한다. 건강보험의 가입자는 직장가입자 및 지역가입자로 구분된다. 보험료는 직장가입자의 경우에는 일정 기간 동안 지급받은 보수를 기준으로 산정한 보수월액에 보험료율을 적용하여 산정한 금액을 **가입자와 사용자에게 각각 1/2씩 부과**하며, 지역가입자의 경우에는 **소득, 재산, 생활수준 등을 고려하여 세대별로 부과**한다. 건강보험의 급여 형태는 의료 그 자체를 보장하는 현물급여와 의료비의 상환제도인 현금급여 2가지 형태가 있으며, 한국에서는 현물급여를 원칙으로 하되 현금급여를 병행하고 있다. 2016년 말 현재 전 국민의 97%인 5,077만 명이 국민건강보험제도의 적용을 받고 있으며, 나머지 3%인 151만 명이 기초생활보장 대상자 등으로 의료급여제도에 편입되어 있다.

노인 장기요양보험제도는 고령이나 노인성 질병 등의 사유로 일상생활을 혼자서 수행하기 어려운 노인 등의 생활안정 및 가족 부담 완화를 위해 운영하는 사회보험제도이다. 이 제도는 건강보험제도와는 별개로 운영되지만 효율적 운영을 위해 국민건강보험공단이 운영하고 있다. 이 제도는 국고지원이 가미된 사회보험방식을 채택하고 있다. 국민건강보험 가입자는 모두 장기요양보험의 가입자이다.

고용보험 한국의 고용보험제도는 실업보험제도를 통한 실직자에 대한 소득보전과 더불어, 실업자의 재취업 지원, 실업 예방 등 고용안정사업과 직업 능력개발 등 적극적 노동시장정책까지 지원하는 사회보험 제도로, 고용노동부가 고용보험기금을 통하여 운영한다. 고용보험의 재원은 피용자 월보수액의 일정비율을 피용자와 사용주가 분담(2016년에는 각각 보수월액의 0.65%)하며, 사용주는 추가로 고용안정기금 및 직업능력개발을 위한 보험료를 사업장 규모에 따라 차등하여 부담한다. 2016년 기준 피보험자 수는 약 1,266만 명, 고용보험 적용사업장은 약 218만 개소에 달한다. 실업급여는 구직급여, 상병급여, 취업촉진수당, 연장급여 등으로 구성되어 있으며, 구직급여는 2017년 4월 이후 이직자의 경우 상한액이 5만원, 하한액은 퇴직 당시 최저임금법상 시간급 최저임금의 90%×8시간으로 정해져 있다.

산업재해보상보험 산업재해보상보험은 근로자들이 업무상 재해를 당했을 때 신속하게 대응하기 위하여 근로기준법상 재해보상과 별도로 1964년부터 도입되었으며, 현재에는 근로복지공단이 위탁 운영하고 있다. 근로자를 1인 이상 고용하는 모든 사업장은 산업재해보상보험 가입이 의무화되어 있으며, 보험료는 사용자 부담으로 업종에 따라 0.7~9.0% 사이로 정해져 있다.

공공부조

공공부조제도

공공부조제도는 소득이 매우 작거나 없어서 스스로 생활유지능력이 없는 사람들에게 기본적인 생활을 영위할 수 있도록 지원하는 사회복지제도이다. 한국에서는 1999년 생활보호법이 폐지되고 기초생활보장법이 제정되어 현재의 체계를 갖추게 되었다. 이 제도는 일반 조세수입으로 재원이 조달되며, 공적 자선으로 간주된다. 이 제도는 개인 또는 가족이 **수혜자격이 될 만큼 소득이 작은지를 입증할 수 있도록 '자산조사(means test)'를 거쳐 실행**된다.

국민기초생활보장제도 가족이나 스스로의 힘으로 생계를 유지할 능력이 없는 최저생계비 이하의 빈곤층 국민에게 생계, 교육, 의료, 주거 등의 급여를 통해 기본적 생활을 국가가 보장해 주고 근로 능력이 있는 자에게는 체계적인 자활지원서비스를 제공하여 자활 · 자립을 지원해 주는 제도이다. 한국의 경우 2015년부터 기준 중위소득의 일정 비율을 기준으로 수급자를 선정하여 수급자 소득의 절대액이 증가하더라도 필요한 급여를 계속 지원받을 수 있게 하고 있다. 2016년 기준으로 생계급여는 기준 중위소득의 29%, 의료급여는 40%, 주거급여는 43%, 교육급여는 50% 이하의 소득인정액을 가진 경우, 해당 급여의 수급자로 선정된다.

생계급여는 최소 기준 중위소득의 29% 이상을 보장하고 있으며, **수급가구의 소득과 생계급여액을 합했을 때 생계급여의 최저보장수준이 되도록** 하고 있다. 의료급여 수급자는 급여 대상 의료비 중 본인 부담 금액을 제외한 전액을 지원받는다. 주거급여는 주택을 임차하고 있는 경우 일정한 상한 내에서 실질임대료를 지원하며, 자가 주택을 보유한 경우 주택의 수선비용을 지원한다. 교육급여는 초등학생에게는 부교재비, 중학생은 부교재비, 학용품비, 고등학생은 수업료, 입학금 전액과 교과서대, 학용품비를 지원하고 있다.

2016년 기준 국민기초생활보장제도의 수급자는 163만 명(생계급여 124만 명, 의료급여 141만 명, 주거급여 137만 명, 교육급여 38만 명)이었으며, 가구당 월 평균 현금 급여는 약 51만 원이었다.

근로장려세제 일정금액 이하의 저소득 근로자가구에 대하여 근로소득 금액에 따라 산정된 현금(근로 장려금)을 세금환급의 형태로 근로 장려금을 지급하는 **근로연계형 소득지원제도**이다. 이 제도는 저임금 소득자가 부담하는 사회보장세를 상쇄하여 '세금 때문에 가정이 빈곤해지는 것'을 방지하고자 하는 취지로 시행되고 있다. 근로 장려금은 거주자를 포함한 1세대의 가구원 구성에 따라 정한 부부합산 총급여액 등을 기준으로 지급되며, 연간 최대 지급액은 230만 원이다. 2015년 근로 장려금은 총 138만 가구를 대상으로 1조280억 원이 지급되었다.

근로연계형 소득지원제도

자활지원사업 근로능력이 있는 국민기초생활보장제도 수급자에게는 **자활에 필요한 사업에 참가할 것을 조건으로 생계급여를 지급하여 빈곤 탈출을 유도하기 위한 프로그램**들이다. 한국에서 즉시 취업이 부적합한 사람들을 대상으로 하는 사업은 보건복지부가 이를 주관하고 있으며, 즉시 취업이 적합한 사람들을 대상으로 하는 사업은 고용노동부가 이를 주관하고 있다.

보건복지부의 자활 지원사업은 자활의욕을 고취하기 위한 게이트웨이 사업과 자활능력을 개발하기 위한 자활근로사업 및 창업지원사업으로 구성되어 있다. 고용노동부가 주관하는 자활지원사업은 직업적응훈련, 자활직업훈련, 자활취업촉진사업 등이 있었으나, 2009년에 저소득층 취업성공패키지 사업으로 통합되었다.

그 외에 저소득층 임금소득자의 가구소득을 보충하고 근로의욕을 고취하기 위해 시행하는 다양한 근로유인형 급여제도들이 있다. '희망키움통장 I' 제도는 취업수급자가 일정 금액을 매월 저축(적립)하면, 정부 근로소득장려금을 추가로 지원하여 해당 근로자가 수급자격을 잃을 때 적립금을 한꺼번에 지급하는 제도이다. 아울러 '내일키움통장' 제도는 자활사업 참여자의 일반 시장 취업과 창업을 지원하고 있다.

표 12.3에는 사회서비스 프로그램들은 포함되어 있지 않다. 사회서비스 프로그램들은 저소득층을 비현금 이전지출 형태로 지원한다. 2016년 가사간병방문, 노인돌봄서비스, 산모신생아도우미, 장애인활동지원, 발달재활서비스, 언어발달서비스, 지역사회서비스, 발달장애인 부모상담지원 등 8대 전자바우처사업에 총 9,047억 원의 예산이 투입되어, 약 58만 명이 해당 서비스를 이용하였다.

차별의 경제학적 분석

미국의 예를 통해서보면, 소득 최저분위에 속한 사람들이나 빈곤에 처한 사람들 중 다수를 백인이 차지하고 있지만, 흑인계 및 히스패닉계가 이러한 범주에 속하는 비중이 상대적으로 더 크다. 그렇기 때문에 공적 부조 수혜자의 비중은 흑인계 및 히스패닉계의 경우 전체 인구에 비교하여 상대적으로 더 크게 나타난다. 이러한 사실로 인하여 어떤 사람의 임금은 낮고 어떤 사람의 임금이 높은데, 이 때 차별의 역할이 무엇인지에 대한 질문을 던질 수밖에 없다.

차별

차별은 인종, 성, 민족 등과 같은 요인들로 인하여 특정 사람들에 대하여 (예를 들면 채용, 직종 선택, 교육 및 훈련, 승진, 임금률, 근로조건 등에서) 더 나쁜 대우를 하는 관습을 말한다. 일반적으로 차별을 행하는 사람들은 차별받는 집단에 대해 편견을 갖고 있다고 여겨진다.

편견은 복잡하고 다면적이며 뿌리깊이 내재된 신념이나 태도를 반영한다. 따라서 경제학은 차별에 대해 약간의 직관을 줄 수 있을 뿐, 상세한 설명을 제공할 수는 없다. 이 점에 유의하면서 차별의 경제학을 좀 더 깊이 살펴보도록 하자.

차별선호모형

차별선호모형

차별선호모형은 감정이 배제된 수요이론의 언어를 사용하여 편견을 분석한다. 이 모형은 차별하는 사람이 지불할 용의가 있는 선호나 취향의 결과로 차별이 발생하는 것으로 본다. 이 모형은 그 이유가 무엇이던지 **편견을 가진 사람은 편견의 대상이 되는 사람을 만날 때마다 주관적이고 심리적인 비용(비효용)을 지불한다**고 본다. 따라서 이 사람들은 좋아하지 않는 집단과 접하는 것을 피하기 위해 일정한 '가격'을 지불할 용의가 있다. 이 가격의 크기는 편견의 정도에 직접적인 영향을 받는다.

차별선호모형은 학력, 인종, 성, 연령, 종교 등에 모두 적용될 수 있기 때문에 일반적인 모형이다. 하지만 여기서는 고용주들이 좋아하지 않은 근로자들을 차별하는 경우로, 고용주에 의한 차별에 초점을 맞춘다. 구체적인 논의를 위해 대졸 고용주가 고졸 근로자를 차별하는 경우를 살펴볼 것이다.

차별계수

차별계수 편견을 지닌 대졸 고용주는 고졸 근로자를 고용하면 비용이 더 발생한다고 믿고 행동한다. 이 비용(비효용)의 크기를 화폐단위로 측정된 **차별계수** d로 표시할 수 있다. 고용주는 대졸자에 대해서는 편견을 갖고 있지 않기 때문에 대졸 근로자를 고용하는 비용은 대졸자의 임금률이며, 이는 W_u으로 나타내기로 하자. 반대로 고졸자를 고용하는 경우 해당 고용주가 느끼는 '비용'은 고졸자의 임금률(W_h)에 고용주의 편견으로 인해 발생하는 비용 d가 더해져, W_h+d가 된다. 편견을 가진 대졸 고용주는 근로자 1인당 총비용이 같다면, 즉 $W_u=W_h+d$라면 대졸자와 고졸자 사이에 아무런 차이가 없다고 생각한다. 대졸자 시장 임금률이 10,000원이고, 고졸자를 고용할 때 고용주가 느끼는 비효용의 화폐가치가 2,000원(즉 d=2,000원)이라고 하자. 이 고용주가 대졸자를 고용하든 고졸자를 고용하든 상관이 없다고 생각할 때는 고졸자 임금률이 8,000원일 때뿐이다. 이 임금 수준에서 대졸자를 고용하든 고졸자를 고용하든 고용주가 느끼는 비용은 10,000원으로 같아지기 때문이다.

대졸자 임금 10,000원 = 고졸자 임금 8,000원 + 차별계수 2,000원

따라서 편견을 지닌 대졸 고용주는 고졸자 임금이 대졸자보다 충분히 낮은 경우에만 고졸자를 고용하려 할 것이다. 여기서 '충분히'라는 말은 최소한 차별계수의 크기는 되어야 한다는 것을 의미한다.

d 값의 크기로 나타나는 대졸자 고용주의 차별선호가 크면 클수록 대졸자와 고졸자 간 임금의 격차는 커지게 된다. 학력을 구별하지 않는 고용주는 d가 0원이므로 임금이 같다면 대졸자든 고졸자든 공평하게 채용할 것이다. 극심한 편견에 사로잡혀 있는 대졸 고용주는 고졸자의 임금이 0원이라고 하더라도 채용하지 않을 것이다.

편견이 있는 대졸 고용주 대다수는 무조건 고졸자의 채용을 거부하지는 않을 것이다. 사실 이들은 대졸 근로자들의 시장 임금이 고졸자보다 d 이상으로 더 크다면 고졸자 고용하는 것을 선호할 것이다. 여기서의 예에서 대졸자를 고용하기 위해서는 10,000원이 들고 생산성이 같은 고졸자를 고용하는 데에는 7,500원만 든다면, 편견이 있는 대졸 고용주라도 고졸자를 고용할 것이다. 이 고용주는 자신이 지닌 편향을 만족시키기 위해 시간당 2,000원까지의 차이는 지불할 용의가 있지만, 그 이상 지불하려 하지는 않는다. 지금처럼 임금의 차이가 2,500원이면 고용주는 고졸자를 고용할 것이다.

반대로, 대졸자는 10,000원에 고용할 수 있는데, 고졸자 임금률이 8,500원이라면, 대졸자가 채용될 것이다. 다시 한 번 말하지만 편견을 지닌 고용주는 대졸자에 대해 2,000원까지는 더 지불할 용의가 있지만, 지금은 1,500원밖에 차이가 나지 않기 때문에 대졸자를 고용하는 것이 이 고용주에게는 '남는 장사'인 것이다.

편견과 고졸–대졸 임금 비율 고졸 근로자들의 공급이 주어져 있을 때, 실제 대졸 및 고졸 간 임금의 비율(노동시장에서 결정된 비율)은 대졸 고용주들 전체의 집단적인 편견의 크기에 달려 있다. 이를 이해하기 위해 그림 12.6을 살펴보자. 그림 12.6은 고졸 근로자 노동시장을 보여주고 있다. 처음에는 노동수요곡선이 D_1으로 주어져, 고졸자의 균형임금은 8,000원이고, 고용량은 160만 명이라고 하자. 대졸자의 임금은 (그림에는 없지만) 10,000원이라고 하면, 최초 대졸자 대비 고졸자의 임금 비율은 0.8(=8,000원/10,000원)이다.

이제 고졸 근로자에 대한 편견이 더 커졌다고, 즉 대졸 고용주의 집단적인 차별계수 d가 더 커졌다고 가정하자. d의 증가는 고졸자의 모든 임금 수준에서 고졸자를 채용함으로 인해 고용주가 느끼는 비용이 상승했다는 것을 의미하며, 따라서 고졸 근로자에 대한 수요를 D_1에서 D_2로 줄이게 된다. 시장에서 고졸자의 임금률은 8,000원에서 6,000원으로 하락하고, 고졸자의 고용은 160만 명에서 120만 명으로 줄어들게 된다. 대졸 고용주의 편견이 커지면 고졸자의 임금률은 하락하고, 따라서 실제 대졸자 대비 고졸자의 임금 비율도 하락한다. 대졸자의 임금이 10,000원으로 그대로라면 새로이 결정된 대졸자 대비 고졸자의 임금 비율은 0.6(=6,000원/10,000원)이 된다.

역으로, 사회적 분위기가 변하여 대졸 고용주들의 편견이 줄어들고 그 결과 차별계수가 집단적으로 작아지게 된다고 가정해보자. 고졸 근로자의 모든 임금 수준에서 고졸

[그림 12.6] 차별선호모형에서 고졸자의 임금과 고용량

대졸 고용주의 편견이 증가하여 차별계수가 커지면 고졸 근로자에 대한 수요가 D_1에서 D_2로 감소하여, 고졸자의 임금이 하락하고 고용량도 감소한다. 그림에 나타나지는 않지만, 이러한 고졸자 임금의 감소로 인하여 대졸자 대비 고졸자 임금비율은 하락할 것이다. 반대로, 편견이 감소하여 고용주의 차별계수가 작아지면, 고졸 근로자에 대한 수요는 D_1에서 D_3로 증가하여, 고졸 근로자의 임금률은 상승하고 고용량은 증가한다. 고졸자의 임금률이 상승하면 대졸자 대비 고졸자의 임금비율은 상승할 것이다.

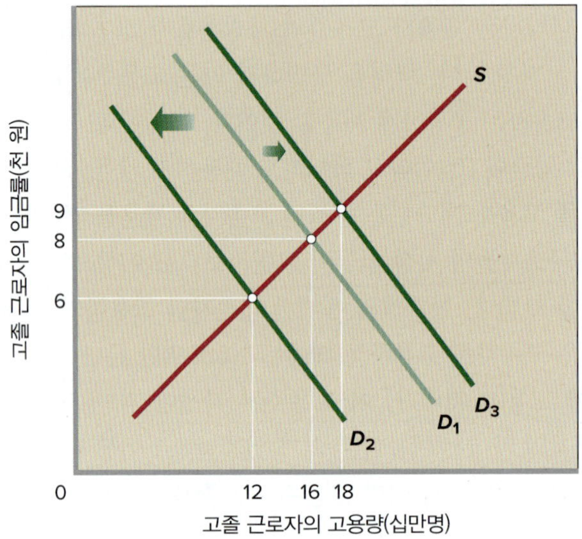

자를 채용할 때 느끼는 비용이 작아지면, 고졸 근로자에 대한 수요가 D_1에서 D_3로 증가한다. 이 경우, 고졸 근로자의 임금률은 9,000원으로 오르고, 고졸자 고용은 180만 명으로 늘어나게 된다. 대졸 고용주들의 편견이 줄어들면 고졸 근로자의 임금률이 상승하고 따라서 실제 대졸자 대비 고졸자의 임금 비율도 상승한다. 만약 대졸자의 임금률이 10,000원으로 그대로라면, 새로이 결정된 임금 비율은 0.9(=9,000원/10,000원)가 된다.

경쟁과 차별 차별선호모형은 장기에서는 다음과 같은 방식으로 **경쟁으로 인하여 차별이 줄어들 것**이라는 결론에 도달한다. 동일한 생산성을 지닌 근로자들에 대하여 실제 고졸–대졸 간 임금격차가 2,000원이라면, 그 결과 차별을 하지 않는 고용주는 고졸자를 대졸자보다 더 낮은 임금으로 채용할 수 있다. 따라서 고졸자를 채용하는 기업은 차별하는 기업보다 제품 한 단위당 임금비용과 총비용이 더 낮을 것이다. 차별하지 않는 기업은 이렇게 비용이 더 낮기 때문에 차별하는 기업보다 더 낮은 가격을 책정할 수 있어서 차별하는 기업들은 시장에서 내몰리게 될 것이다.

하지만, 차별선호모형의 이러한 결론에 대해 비판적인 사람들은 이모형이 새로운 기업에 대한 진입장벽을 간과하고 있다고 보고 있으며, 학력 간 차별의 해소는 매우 느리게 진전되어 왔음을 지적하고 있다. **학력 차별은 한국이나 다른 시장경제에서 수십 년간 지속되어온 현상**이다. 이에 대한 설명을 제공하기 위해 경제학자들은 또 다른 대안적인 모형을 제안한다.

통계적 차별

차별에 대한 두 번째 이론은 **통계적 차별**에 초점을 맞춘다. 사람들이 개인적 특성이나 생산성보다는 특정 집단의 평균적인 속성에 기초하여 판단을 내린다는 것이다. 예를 들어 10대 남성에 대한 보험요율은 10대 여성보다 더 높다. 이러한 차이는 평균적으로 젊은 남성이 젊은 여성보다 사고를 당할 확률이 더 크다는 사실에 기초한 통계에 바탕을 두고 있다. 하지만 실제로는 많은 젊은 남성들은 평균적인 젊은 여성들보다 사고를 당할 위험이 작으며, 이들은 더 높은 보험요율을 부담해야 한다는 점에서 차별을 당하고 있다. 통계적 차별 이론의 독창성은 **편견이 없는 경우에도 결과적으로 차별이 발생한다**는 결론을 도출하고 있다는 점에 있다.

통계적 차별

노동시장에서의 실례 노동시장에서 통계적 차별은 어떻게 나타나는가? 구인을 하고 있는 고용주는 가능한 한 가장 생산적인 근로자를 채용하기를 원한다. 이들은 인사부서에 나이, 교육수준, 경력 등 개개 구직자에 대한 정보를 취합하도록 한다. 이들은 이들 정보를 취업 시험으로 보완할 수도 있는데, 이는 이들의 잠재적 직무 능력에 대한 유용한 정보를 제공할 수 있다. 하지만, 구직자들에 대한 상세한 정보를 취합하는 것은 매우 비용이 많이 들고, 제한된 정보를 바탕으로 직무 능력을 예측하는 것은 어렵다. 따라서 **작은 비용으로 정보를 얻고자 하는 고용주들은 누구를 채용할지 결정할 때 여성이나 저학력자에 대한 평균적인 특징을 고려**하게 될 수 있다. 이렇게 할 때 고용주들은 사실상 통계적 차별을 행하는 것이다. 이들은 성, 인종, 민족, 지역 등의 배경을 생산성을 나타내는 대강의 지표로 활용하는 것이다.

예를 한 번 들어보자. 근로자 훈련에 많은 투자를 할 계획을 세우고 있는 어떤 고용주가 여성은 남성보다 경력에 관심이 적고, 자녀 양육을 위해 퇴직할 가능성이 크며, 또 지방 근무를 회피할 가능성이 더 크다는 사실을 알고 있다고 가정하자. 그렇다면 이 고용주의 훈련 투자의 수익률은 평균적으로 남성을 선택할 때보다 여성을 선택할 때 더 낮을 가능성이 크다. 다른 모든 조건이 동일하다면, 남성과 여성 두 구직자 사이에서 선택할 때 이 고용주는 남성을 채용할 가능성이 높다.

이 때 무슨 일이 벌어지고 있는지를 분명히 짚고 넘어가도록 하자. 특정 집단의 평균적인 속성이 이 집단에 속하는 개개인에 적용되고 있다. 고용주는 각각의 **모든 여성 근로자들이 평균적인 여성과 같은 경향을 지닐 것이라는 잘못된 가정을 하고 있는 것**이다. 이러한 정형화로 인하여 경력에 관심이 크고, 자녀 양육을 위해 퇴직할 의사가 없으며, 지방 근무에도 유연한 수많은 여성들이 차별을 당하게 된다.

이윤이 되고 악의는 없지만 바람직하지 않은 차별 통계적 차별을 행하는 기업은 채용에서 악의를 갖고 행동하는 것은 아니다. 하지만 이는 차별금지법에 저촉될 수 있다. 이 기업의 결정은 채용 결정이 평균적으로는 올바르기 때문에 합리적이고 수익성도 높다고 할 수 있다. 그럼에도 불구하고 많은 사람들이 통계적 차별로 인해 고통 받는다. 유능한 사람들이 경제적으로 출세할 기회를 봉쇄당하고 있기 때문이다. 또 통계적 차별은 이윤에 도움이 되기 때문에 계속 존속되는 경향이 있다.

직종분리: 편중모형

직종분리

한국에서는 **직종분리**의 관행(덜 선호되는 저임금 직종에 여성, 외국인 근로자, 저학력 근로자가 편중되는 현상)도 여전히 발견된다. 통계적으로 볼 때, 여성들은 교사, 간호사, 비서, 경리 등의 직종에 편중되어 있다. 외국인 근로자들이나 탈북 근로자들은 식당, 가사 도우미, 잡역부, 농업 근로자, 육체 근로자 등 저임금 일자리에 편중되어 있다.

직종분리모형을 남성과 여성을 예로 들어 살펴보도록 하자.

모형 직종 차별의 특징과 소득에 대한 영향은 노동 수요 · 공급 모형을 통해 보일 수 있다. 이를 위해 다음과 같은 가정을 한다.

- 노동력은 남녀 근로자 사이에 균등하게 배분되어 있다. 600만 명의 남성 근로자와 600만 명의 여성 근로자가 있다고 한다.
- 경제에는 X, Y, Z 3개 직종이 있으며, 이들 직종에 대한 수요곡선은 그림 12.7과 같이 동일하게 주어져 있다고 한다.
- 남성과 여성은 노동력으로서 동일한 특징을 지니며, 3개 직종은 남성, 여성 모두가 똑같이 일할 수 있는 직종이라고 한다.

편중의 효과 차별의 결과, 600만 명의 여성이 직종 X와 Y에서는 배제되어 직종 Z에 편중되어 있으며, 이 때 이들은 *W*의 임금을 받는다고 가정하자. 남성은 직종 X와 Y에 균등하게 분포되어, 두 직종에 각 300만 명씩 배치되어 동일한 임금 *M*을 받는다고 하자. 직종 X와 Y 사이에 이동하는 데 아무런 장벽이 없으면, 처음에 X와 Y에 배치된 남성의 수가 다르면 두 직종 사이에 임금의 차이가 발생하게 된다. 그 결과 노동은 임금이 낮은 직종에서 높은 직종으로 이동하여 결국에는 분포가 균등하게 될 것이다.

[그림 12.7] 직종분리의 경제학

(a) 100만 명의 여성이 직종 X로부터 배제되어 있기 때문에, 해당 직종에서 남성 임금률은 *B*가 아니라 *M*이 된다. (b) 또 다른 100만 명의 여성이 직종 Y에서 배제되어 있기 때문에 직종 Y에서 남성 임금률은 *B*가 아니라 *M*이 된다. (c) 직종 X와 Y에서 배제된 200만 명의 여성이 직종 Z에 편중되기 때문에 해당 직종 여성 임금률은 *B*가 아니라 *W*가 된다. 차별이 철폐되면 각각 100만 명의 여성이 직종 X와 Y에서 흘러나오게 될 것이다. 3개 직종 모두에서 임금률은 B로 균등화되고, 국내총생산은 2개의 푸른색 면적에서 1개 초록색 면적을 뺀 크기만큼 증가할 것이다.

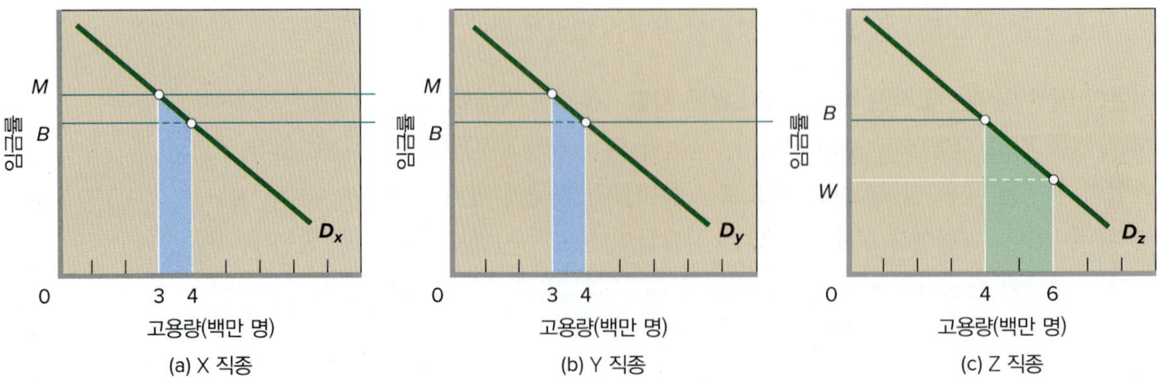

직종간 장벽

여성들은 직종 Z에 편중되어 있기 때문에, 여기서 보여주고 있지는 않지만 노동공급은 더 크고 이들의 임금률 W는 M보다 더 낮다. 차별로 인하여 편중이 발생하는 한 균형의 이러한 특징은 계속 존속할 것이다. **직종간 장벽**으로 인하여 여성은 더 높은 임금을 좇아 직종 X와 Y로는 옮겨가지 못한다.

그 결과 사회적으로는 생산량의 손실이 발생한다. 그 이유를 이해하기 위해서는 **노동수요는 노동의 한계수입생산을 반영한다**는 점을 명심하기 바란다. 여기에서 노동의 한계수입생산이란 노동의 한계생산에 생산물의 한계수입을 곱한 것이다. 즉 국내총생산에 노동이 기여한 정도를 나타낸다. 따라서 그림 12.7의 직종 X와 Y에 대해 그려진 푸른색 면적은 이들 직종에서 1백만 명의 여성을 제외함으로써 생겨나는 국내총생산(한계생산의 시장가치)의 감소분을 나타낸다. 이와 마찬가지로 직종 Z에 대해 그려진 초록색 면적은 2백만 명의 여성이 직종 Z로 옮겨감으로 인해 발생하는 국내총생산의 증가분을 나타낸다. 이 사회는 직종 Z에서 초록색 면적만큼의 생산량이 증가하지만, 직종 X와 Y에서 2개의 푸른 색 면적의 합만큼의 생산량을 잃는다. 생산량 감소분은 생산량 증가분보다 더 크기 때문에 사회 전체적으로는 생산의 순손실이 발생한다.

직종분리 해소 법률 제정이나 사회적 분위기 변화로 인하여 차별이 해소되었다고 해보자. 여성들은 더 높은 임금에 이끌려 직종을 Z에서 X나 Y로 옮아가게 된다. 여성 100만 명이 X로 옮아가고, 또 다른 여성 100만 명이 Y로 옮아간다고 하자. 직종 Z에는 이제 400만 명의 근로자들이 종사하고 직종분리는 해소된다. 이렇게 되면 각 직종에는 400만 명씩 종사하고, 3직종에서 임금률은 B에서 모두 같아진다. 임금이 같아졌기 때문에 노동이 더 이상 재 배분될 유인이 사라지게 된다.

이 새로운, 차별이 없는 균형에서 여성들은 더 높은 임금을 받게 되므로 더 유리해지는 것이 분명하다. 하지만 처음에는 차별 때문에 여성들이 손해를 보고 남성들은 이득을 보고 있었기 때문에, 차별 해소는 이러한 상황을 교정한 것으로 볼 수 있다.

사회 전체적으로도 이득이 된다. 직종분리가 해소되면 방금 논의한 순 생산손실이 사라진다. 그림 12.7에서 직종 X와 Y에 각각 여성 100만 명씩이 더 종사하게 되면 국내총생산은 2개 푸른색 면적의 합만큼 늘어난다. 200만 명의 여성이 직종 Z에서 빠져나감으로 인하여 발생하는 국내총생산의 감소분은 초록색 면적과 같다. X와 Y에서 국내총생산의 증가분의 합은 Z에서 국내총생산 감소분보다 더 크다. 차별이 사라지면서 200만 명의 여성 근로자들이 국내총생산에 대한 기여(한계수입생산)가 작은 직종 Z에서 빠져나와 기여가 큰 고임금 직종 X와 Y로 옮겨가게 된다. 따라서 차별이 해소되면 사회 전체적으로 자원 배분이 더 효율적이 된다.

예를 들면, 직종 간 장벽이 완화되면서 몇몇 고임금 직업에서 높은 직급을 갖는 여성들의 수가 급증하였다. 예를 들어 법학이나 의학 관련 학위를 취득한 여성의 비율이 1970년대 10% 미만에서 최근에는 50% 이상으로 늘어났다.

개인과 사회에 대한 비용

차별에 대한 3개 모형을 살펴보면 인종, 민족, 성, 연령, 학력 등과 같은 특징에 따른 차별은 차별을 당하는 사람들에게 비용을 발생시킨다. 차별 받는 사람들은 더 낮은 임금을 받거나 취업 기회가 더 작다. 특혜를 받는 근로자들은 취업을 위한 경쟁이 약하기 때문에 차별로 인하여 이득을 본다. 그런데 차별은 단순히 어떤 사람에게서 다른 사람에게로 소득을 이전하는 것 이상의 역할을 한다. 즉 소득불균형과 빈곤이 심화되는 결과를 낳는다. 이러한 관점에서 차별은 자유로운 경쟁을 방해하는 다른 장애 요인들과 같은 역할을 한다. 자격을 갖춘 개인들을 고생산성(따라서 고임금) 일자리에서 인위적으로 배제함으로써 차별은 차별 받는 사람들이 사회 전체의 총생산과 총소득에 최대한 기여하는 것을 못하게 한다. 생산가능성곡선을 통한 분석을 통해 보면, 차별로 인하여 해당 사회는 차별이 없었더라면 도달하였을 생산가능성곡선의 경계선보다 안쪽에 위치하게 된다.

차별로 인하여 재분배될 수 있는 소득의 총액은 줄어들게 된다.

미국 가정의 부와 분배

1995년과 2010년 사이, 미국에서 가정의 부는 부유층 가정뿐만 아니라 일반 가정에서도 급격하게 증가하였다. 하지만 2007~2009년 불황과 주택시장 거품의 붕괴로 인하여 일반 가정의 부의 수준은 심각하게 감소하였다.

미국 가정 부(순부=자산-부채)의 수준에 대한 가장 최근의 통계는 2014년에 대한 것이다. 이 자료는 『소비자금융조사 및 미국 근로의 현황(Survey of Consumer Finances and The State of Working)』에서 얻은 것이다. 이 자료는 미국 가정의 부의 중위수, 평균값 및 부의 분배 현황 등에 대한 정보를 제공한다. 가정의 부의 중위수는 부의 분포에서 한 가운데 위치한 가정의 부이다. 부의 평균값은 단순히 부의 총액을 가정의 수로 나눈 값이다.

표 1에서 볼 수 있듯, 인플레이션을 조정한 가정의 부의 중위수와 평균값은 1995년에서 2007년 사이에 급격하게 증가하였다. 하지만 그 이후 2007년에서 2009년 불황기를 거치면서 이들 두 값은 급작스럽게 하락하였다. 특히 부의 중위수의 하락이 커서 2010년 해당 값은 15년 전의 84,000달러보다 8% 가까이 하락한 77,300달러에 불과하였다.

〈표 1〉 1995~2010년 가구당 부의 중위수와 평균값(달러)

연도	중위수	평균값*
1995	84,000	307,900
1998	98,100	386,700
2001	106,100	487,000
2004	107,200	517,100
2007	126,400	584,600
2010	77,300	498,800
2013	76,000	500,400

* 소수의 가구가 큰 부를 가지고 있으면 평균값은 중위수보다 커진다.

〈표 2〉 1995~2010년 가구계층별 부의 분배율

연도	가구 계층별 부의 점유율		
	하위 90%	상위 10%	최상위 1%
1995	32.2	67.8	34.6
1998	31.4	68.6	33.9
2001	30.2	69.8	32.7
2004	30.4	69.5	33.4
2007	28.5	71.5	33.8
2010	23.3	76.7	35.4

이러한 하락은 대부분 불황의 진행 과정 및 그 이후에 주택의 평균가격이 30% 가량 하락한 것에 기인한다. 주택의 시장가치가 갚아야할 부채액 이하로 떨어짐으로 인해 주택 구입을 위해 대출 받았던 수백만 명의 사람들이 주택담보대출에 '잠겨버리는' 상황에 처하게 되었다. 이는 주택구매로 인하여 해당 사람들의 부가 잠식되었다는 것을 의미한다. 그 결과 전반적인 부의 수준은 급격히 하락하였다.

표 2는 가정의 부가 다양한 10분위 그룹들 사이에 어떻게 분배되어 있는지를 검토하고 있는데, 부의 분배가 매우 불균등하다는 것을 보여주고 있다. 2010년 최상위 10% 가정이 부 총액의 거의 77%를 차지하고 있으며, 상위 1%가 35% 가량을 보유하고 있다. 반대로 하위 90%는 부 총액의 23%만을 차지하고 있을 뿐이다. 게다가, 부의 불균등 분배는 점점 더 심화되는 것이 일반적인 추세이다. 부 총액에서 하위 90% 가정이 차지하는 비중은 1995년 32%에서 2010년 단 23%로 감소하였다.

표 1과 표 2는 여러 가지 흥미로운 질문을 낳는다. 부의 불평등은 미래에도 더 심화될 것인가? 만약 그렇다면 미래의 미국 사회는 어떤 특징을 지니게 될 것인가? 미래에 부의 재분배를 위한 정부의 역할은 더 커질 것인가, 아니면 더 작아질 것인가? 부의 재분배를 위한 새로운 정부 정책은 평균적인 미국인들의 부의 창출과 소득 증가를 위협하거나 둔화시킬 것인가? 2016년 기준 연방 부동산세(상속세)는 543만 달러까지는 0%이고 그 이상부터는 40%로 일률적으로 적용되고 있다. 부동산세율이 지나치게 높은 것인지, 아니면 지나치게 낮은 것인지에 대해서는 격렬한 논쟁이 이어지고 있다.

출처: "Changes in U.S. Family Finances from 2004 to 2007: Evidence from the Survey of Consumer Finances," Federal Reserve Bulletin, vol. 95 (February 2009); "Ponds and Streams: Wealth and Income in the U.S., 1989 to 2007," Survey of Consumer Finances working paper, January 2009, p. 35; Lawrence Mishel, Josh Bivens, Elise Gould, and Heidi Shierholz, The State of Working America, 12th ed., Economic Policy Institute (2012).

요약

1. **소득불평등의 측정**

한국에서 소득은 상당히 불평등하게 분포되어 있다. 최상위 20% 가구가 총소득의 38%를 점유하고 있는 반면, 최하위 20%는 6.6%밖에 차지하지 않는다.

로렌츠곡선은 각 가구 비중이 총소득에서 차지하는 백분율 비중을 보여준다. 로렌츠곡선과 완전 균등한 분배를 나타내는 대각선 간 격차의 크기가 소득불평등의 정도를 나타낸다.

지니계수는 소득 분포가 전체적으로 얼마나 분산되어 있는지에 대한 척도로 대각선과 로렌츠 곡선 사이의 면적을 대각선 아래 전체 면적으로 나누어 구한다. 지니계수는 0에서 1 사이에 위치하며, 그 값이 더 클수록 소득불평등이 더 크다는 것을 나타낸다.

2. **소득불평등의 현황과 원천**

소득분배에서 개별 가구의 지위는 시간이 흐름에 따라 변화한다는 사실을 인식하고 비현금 이전 및 조세의 효과를 고려한다면 소득불평등의 실제 크기는 표준적인 가계조사 데이터에서 구한 것보다 더 작을 것이다. 정부(현금 및 비현금) 이전지출은 소득불평등을 현저하게 완화한다. 조세 역시 불평등을 줄이지만, 이전지출보다는 그 효과가 작다.

소득불평등의 원인으로는 능력, 교육 · 훈련, 직업 선호 등에서의 차이와 더불어 차별, 부의 불평등한 분포, 시장지배력의 불균등한 분포 등이 있다.

3. **1990년 이후 소득불평등 추이**

가계조사 데이터에 따르면 1990년대 이후 소득불평등은 계속 심화되어왔다. 최근 소득불평등이 심화된 것은 고숙련 근로자에 대한 수요 증가로 인하여 이들의 소득이 크게 증가하였기 때문이다.

4. **소득불평등 찬반론**

소득평등을 옹호하는 주장의 기본 논리는 소득이 균등하게 분배될 때 특정 수준의 총소득으로부터 소비자 만족도(총효용)가 극대화된다는 것이다. 소득불평등을 옹호하는 주장의 기본 논리는 불평등이 근로, 투자, 위험감수 등을 위한 유인을 제공하며, 분배될 수 있는 소득을 창출하는 생산 활동에 반드시 필요하다는 것이다.

5. **빈곤의 측정과 근로자 특성별 현황**

최근 통계에 따르면, 한국 인구의 약 17.3% 정도가 빈곤에 빠져 있다. 노인, 한부모(모자) 가구, 1인 가구, 여성가구주 가구 등의 경우에 빈곤율이 특히 높다.

6. **한국에서의 소득보장정책**

한국에서 현재 시행되는 소득보장정책은 사회보험(국민연금, 건강보험, 노인장기요양보험, 고용보험, 산업재해보상보험), 공공부조제도(국민기초생활보장제도, 근로장려세제, 자활지원제도), 기타 사회서비스제도 등이다.

7. **노동시장에서 차별 및 차별이 고용과 임금에 미치는 영향**

노동시장과 관련한 차별은 여성이나 소수자가 남성이나 주류층과 능력, 교육, 훈련 및 경험 면에서 동일함에도 불구하고 채용, 직업 선택, 교육 · 훈련, 승진, 임금률 등에서 더 못한 대우를 받는 경우에 발생한다. 차별은 국민소득을 재분배할 뿐 아니라, 비효율성을 발생시켜 그 크기를 줄인다.

차별선호모형에서는 일부 대졸 고용주가 차별계수 d로 표현된 바와 같이 차별을 선호한다. 편견을 지닌 대졸 근로자는 고졸 근로자를 대졸자보다 d원 만큼 임금이 더 낮은 경우에만 채용하려 할 것이다. 이모형에서 고용주의 차별계수가 작아지면 고졸 근로자에 대한 수요가 증가하여 고졸자들의 임금 및 대졸자 대비 임금비율이 상승한다. 이모형에 따르면 또한 장기에서는 경쟁으로 인하여 차별이 제거될 수 있다.

통계적 차별은 고용주가 근로자 집단의 평균적 특징에 기초하여 개인에 대한 고용 결정을 내리는 경우에 발생한다. 이러한 차별은 편견이 없는 경우에도 개인을 차별하는 결과를 낳는다.

직종분리 편중모형은 특정 직종에만 접근이 제한되어 있는 여성 및 소수자의 희생 속에 남성이 더 높은 소득을 얻는 이유를 설명한다. 이모형에 따르면 차별은 또한 국내총생산의 순손실도 발생시킨다.

주요 용어와 개념

공공부조	빈곤율	차별
국민기초생활보장제도	사회보험	차별계수
국민연금	소득불평등	차별선호모형
근로 장려세제	소득의 계층이동	통계적 차별
기준중위소득	수급자격 프로그램	평등과 효율의 상충관계
로렌츠곡선	지니계수	5분위 분포
비 현금보조	직종분리	

연습문제

1. **한국의 지니계수는 0.41이고 스웨덴의 지니계수는 0.31이라고 하자. 두 나라 중 어느 나라에서 소득이 더 평등하게 분배되어 있는가?**

(1) 한국
(2) 스웨덴
(3) 두 나라의 소득불평등도는 동일하다.
(4) 가구 분포에 따라 다르다.
(5) 위의 정보로는 알 수 없다.

2. **소득불평등은 일부 차별의 결과일 수 있다. 다음 중 차별 이외에 소득불평등을 발생시키는 원인을 모두 골라라.**

(1) 능력과 재능의 차이
(2) 교육 · 훈련의 차이
(3) 노동과 여가에 대한 선호의 차이
(4) 임금이 낮지만 안전한 직업과 고소득이지만 위험한 직업 간 선호의 차이
(5) 남녀 성별의 차이

3. **어떤 사회가 변호사인 서연과 잡역부 재철 단 두 사람으로 구성되어 있다고 가정하자. 5년 전 서연은 1억 원, 재철은 5천만 원을 벌었다. 올해 서연은 3억 원을, 재철은 1억 원을 벌 예정이다. 이 사회의 소득분배에 대한 다음 서술 중 옳은 것을 모두 골라라.**

(1) 절대적 화폐금액으로 전체 소득은 증가하고 있다.
(2) 절대적 화폐금액으로 전체 소득은 정체해 있다.
(3) 상대적 소득분배는 더 평등해졌다.
(4) 상대적 소득분배는 덜 평등해졌다.
(5) 상대적 소득분배는 변화가 없다.
(6) 빈익빈 부익부가 발생하고 있다.
(7) 부유층의 소득이 빈곤층보다 더 빨리 증가하고 있다.

4. **유리가 버는 소득의 마지막 1원이 10유틸의 한계효용을 발생시키는 반면, 대현이 버는 소득의 마지막 1원은 15유틸의 한계효용을 발생시킨다고 가정하자. 유리와 대현이 총결합효용을 극대화하는 것이 목적이라면, 다음 중 어떤 조치를 취해야 하는가?**

(1) 소득을 유리에게서 대현에게로 재분배한다.
(2) 소득을 대현에게서 유리에게로 재분배한다.
(3) 현재 상황이 이미 총효용을 극대화하고 있으므로 소득 재분배가 필요 없다.
(4) 어떻게 재분배하든 총효용은 증가한다.
(5) 위 4개 보기 중 답이 없다.

5. **만약 여성들이 초등교육에 편중되어 있고 소방업무에서는 배척된다면, 여성들이 초등교육에 편중되어 있지 않은 경우와 비교하여 소방업무의 임금은 어떠할 것인가?**

(1) 더 높다. (2) 더 낮다.

6. **차별선호모형에서 고용주의 고졸 근로자에 대한 편견이 더 커지면 차별계수는 ________, 고졸 근로자에 대한 노동수요곡선은 ________ 이동한다.**

(1) 줄어들고; 오른쪽으로 (2) 줄어들고; 왼쪽으로
(3) 커지고; 오른쪽으로 (4) 커지고; 왼쪽으로
(5) 커지고; 아래쪽으로

7 **2015년 포브스지는 마이크로소프트의 창업자인 빌 게이츠를 미국에서 가장 부자로 꼽았다. 그의 개인 재산은 약 760억 달러에 이를 것으로 추정되었다. 같은 해 미국 인구가 약 3.22억 명이었다는 점을 감안하면, 빌 게이츠의 재산을 모든 미국 국민들에게 균등하게 나누어준다면 1인당 얼마나 받을 수 있을까?**

8. **단 두 사람이 살고 있는 경제를 생각해보자. 민상은 한 해 2천만 원, 석찬은 한 해 8천만 원을 번다. 이 2인 경제의 로렌츠곡선은 아래에 주어진 그림에서처럼 2개의 직선으로 구성되어 있다. 첫 번째 직선은 원점에서 점 a에 이르는 직선이고, 두 번째 직선은 점 a에서 점 b에 이르는 직선이다.**

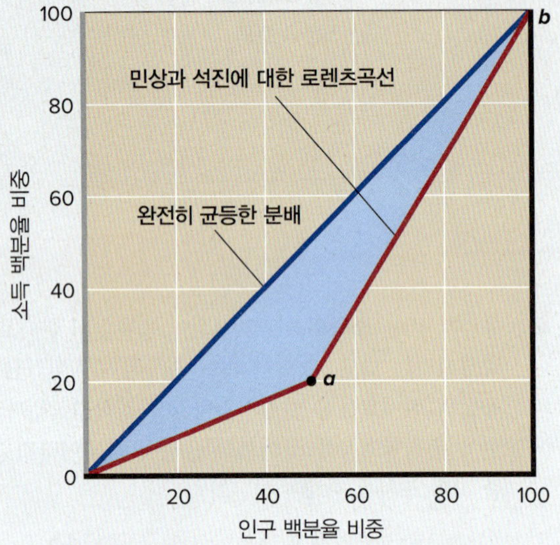

(1) 이 2인 경제의 지니계수를 구하라. 이 때 삼각형의 면적은 ($\frac{1}{2}$×밑변×높이), 그리고 사각형의 면적은 (밑변×높이)의 공식에 따라 구할 수 있음을 참고하라. (힌트: 점 a에서 점 b에 이르는 직선 아래쪽의 면적은 1개 삼각형 면적과 1개 사각형 면적의 합으로 구할 수 있다.)

(2) 정부가 석찬에게서 2천만 원을 징수하여 민상에게 준다면 지니계수는 어떻게 변하는가? (힌트: 그림이 바뀌게 된다.)

(3) 민상이 한 해 2천만 원, 석찬이 한 해 8천만 원을 버는 상황에서 출발하자. 두 사람 모두 소득이 2배로 증가하면 지니계수는 얼마가 되는가? 소득이 2배 증가하기 전과 후 지니계수는 얼마나 변화하였는가?

9. **2015년 미국의 비숙련 근로자들 중 다수가 1일 연방최저임금인 7.25다러를 받았다. 반면 2015년 평균임금은 시간당 23달러였고, 의사, 변호사 등 일부 고숙련 직종은 시간당 100달러 이상 벌었다.**

(1) 임금격차가 순전히 생산성 격차 때문에 발생하는 것으로 가정한다면, 평균적인 근로자는 연방 최저임금을 받는 근로자보다 생산성이 몇 배나 더 높은가? 시간당 100달러 이상을 받는 근로자들은 최저임금을 받는 근로자보다 생산성이 몇 배나 더 높은가?

(2) 해당 경제 내에 시간당 100달러를 받는 변호사 1인당 최저임금 근로자가 20명 있다고 가정하자. 또 변호사들과 최저임금 근로자들은 주당 근로시간이 똑같다고 하자. 만약 모든 사람들이 주당 40시간을 일한다면 시간당 100달러를 받는 변호사들은 1주에 얼마를 버는가? 최저임금 근로자는 1주에 얼마를 버는가?

(3) 정부가 시간당 100달러를 버는 변호사 한 사람마다 최저임금 근로자 20명씩 짝을 지워준다고 하자. 정부가 매주 모든 변호사의 소득에 대해 각 25%씩 세금을 부과하여 각 변호사에 배당된 20명의 최저임금 근로자들에게 균등하게 분배한다고 하면, 최저임금 근로자들은 매주 얼마나 받게 될 것인가? 각 주를 근로시간 수로 나누면 최저임금 근로자들이 매주 받는 이전소득은 시간당으로는 얼마가 되는가?

(4) 만약 정부가 변호사 소득에 100%의 세금을 부과하여 변호사 1인당 배당된 20명의 최저임금 근로자들 사이에 균등하게 재분배한다면 최저임금 근로자들은 매주 얼마를 받게 되는가? 이 금액을 시간당으로 환산하면 얼마인가?

10. **이윤극대화 추구는 인종차별이나 다른 형태의 차별들을 제어할 수 있다. 이를 이해하기 위해서 테드과 제라드라는 생산성이 동일한 2사람의 회계사를 생각해보자. 테드는 흑인이고 제라드는 백인이다. 두 사람은 모두 매달 10개의 회계감사 건을 두고 경쟁한다고 하자.**

(1) 테드나 제라드를 고용하는 회계법인들은 (테드나 제라드에 지불하는 보수를 제외하면) 회계감사 진행에 1건당 총 1,000달러가 든다고 가정하자. 회계사 채용을 위해 지불해야 하는 시중 보수는 월 7,000달러라고 할 때, 회계법인이 테드나 제라드를 고용하여 일을 시킨다면 회계감사 1건당 얼마의 비용이 드는가?

(2) 회계법인들이 회계감사 1건당 고객들에게 부과하는 시장가격이 1,800달러라면, 테드나 제라드 중 한 사람을 고용한 회계법인의 회계감사 1건당 회계적 이윤은 얼마인가? 이 회계법인의 이윤율을 백분율로 나타내면 얼마인가?

(3) 회계법인 A는 흑인 회계사를 고용하는 것을 싫어하는 반면, 회계법인 B는 흑인 회계사 채용에 거리낌이 없다고 가정하자. 결국 테드는 회계법인 A가 아니라 회계법인 B에 채용될 것이다. 만약 테드가 연간 11개월을 일한다면, 테드는 매년 회계법인 B를 위해 몇 건의 회계감사를 수행하게 될 것인가? 회계법인 B가 이 회계감사들로부터 매년 벌어들이는 회계적 이윤은 얼마인가?

(4) 회계법인 A가 테드가 흑인이라는 이유로 테드를 채용하지 않았다면, 회계법인 A는 테드를 고용함으로써 얻을 수 있었던 이윤을 포기하는 것이다. 해당 기업이 흑인 채용을 회피하기 위해 매년 5,000달러까지 포기할 용의가 있다면, 회계법인 A가 테드를 채용하지 않기로 결정함으로 인하여 회계법인 A가 체감하는 손해는 얼마인가?

13 Chapter

정부재정과 조세정책

학습내용

1. 정부부문과 소득순환
2. 정부지출과 정부수입
3. 조세의 유형
4. 조세부담의 배분
5. 조세의 귀착과 효율성 손실

2장에서 논의하였듯이 우리나라를 비롯하여 대부분의 국가는 주로 민간부문(가계와 기업)과 시장경제를 통해 무엇을 생산할지, 어떻게 생산할지, 그리고 어떻게 배분할지를 결정하고 있다. 그러나 민간부분만 이러한 의사결정을 하는 것은 아니다. 중앙정부 및 지방자치단체 등의 공공부분도 이러한 의사결정에 영향을 미친다.

정부는 민간 기업을 규제하는 법률을 통해서 뿐 아니라 국방, 교육 등의 상품을 직접 생산하여 경제적 의사결정에 영향을 준다. 5장에서 설명했듯이 정부가 생산하는 대부분의 상품은 공공재에 속한다. 민간부문은 무임승차로 인해 공공재를 생산하기 어렵기 때문에 정부가 이를 생산하는 것이다. 그리고 정부는 생산물의 배분에도 영향을 준다. 정부는 다양한 조세와 복지지출 그리고 이전지출을 통해서 부유층으로부터 빈곤층으로 소득을 재분배하기도 한다.

정부의 이전지출이나 상품공급에 필요한 재원은 조세나 차입으로 조달된다. 그리고 국립병원이나 국립박물관 같은 국영사업체나 한전이나 수자원공사 같은 공기업의 운영수입을 통해 마련되기도 한다.

재정학은 경제학의 한 분야로 정부의 다양한 재원조달과 지출을 연구한다. 이번 장은 재정학의 관점에서 경제를 살펴본다. 그래서 정부가 어떻게 조세와 이전지출을 통해 재화나 서비스의 공급에 필요한 재원을 조달하며 부유층과 저소득층의 소득을 재분배하는지를 주로 살펴보고자한다.

정부부문과 소득순환

그림 13.1은 그림 2.2의 경제순환도에 정부부문을 포함시켜 다시 그린 것이다. 여기에서 (1)~(4) 항목은 그림 2.2와 같은 흐름을 보여주고 있다. 흐름 (1)과 (2)는 가계로부터 공급받은 자원에 기업의 지출을 나타낸다. 이러한 지출은 기업의 비용이지만 가계의 소득이기도 하며 이는 임금, 지대, 이자 및 이윤 등으로 구성된다. 흐름 (3)과 (4)는 기업이 생산한 재화나 서비스에 대한 가계의 지출을 표시한다.

정부구입

이제 정부부문이 포함되었을 때를 살펴보자. 흐름 (5)~(8)은 생산물 시장과 생산요소 시장에서의 **정부구입**을 나타낸다. 흐름 (5)와 (6)은 정부가 민간 기업에서 구입하는 것들로 컴퓨터, 군사용 무기 등이 이에 속한다. 흐름 (7)과 (8)은 정부가 가계로부터 구입하는 생산요소를 나타낸다. 중앙정부는 국회의원, 군인, 판검사, 식품검사원 등을 고용하여 이들에게 급여를 지급한다. 지방자치단체는 지방의원, 지하철 직원을 고용하여 월급을 지급한다. 중앙정부는 군사기지의 확장에 필요한 부지를 구입하거나 임대하기도 하고, 지방자치단체는 새로운 공원이나 도로를 건설하는데 필요한 토지를 구입하기도 한다.

정부는 가계나 기업에 재화와 서비스를 공급하기도 하는데 이것을 보여주는 것이 흐름 (9)와 (10)이다. 정부는 이러한 재화나 서비스의 공급에 필요한 재원을 3가지 방법으

[그림 13.1] 정부와 소득순환도

정부는 생산물시장에서 상품을 구입한다. 그리고 생산요소시장에서 생산요소를 고용하여 기업과 가계에 재화와 서비스를 공급한다. 정부는 가계와 기업에 부과하는 순 조세(조세-이전지출)를 통해 재원을 조달한다.

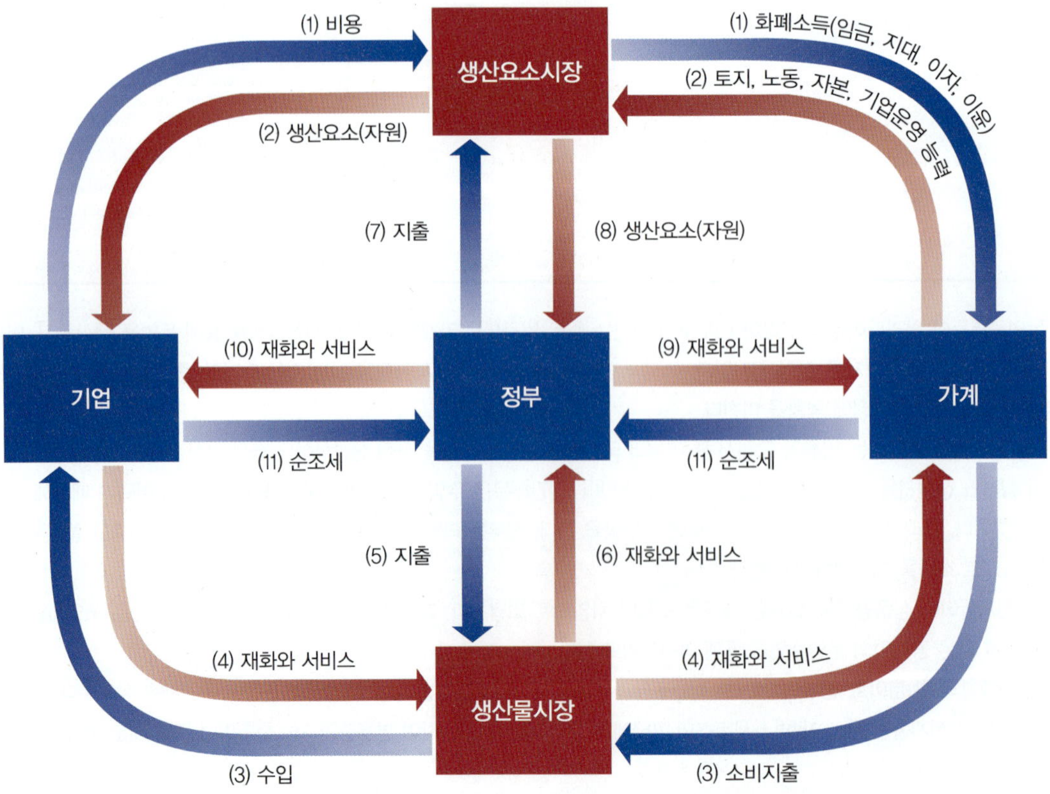

로 조달한다. 즉 조세와 차입, 정부자산의 운용수입이다. 흐름 (11)과 (12)은 정부가 가계나 기업에 재화나 서비스를 공급하고 얻은 수입을 나타낸다. 이것은 **순 조세**라고 표시되어 있는데 그것은 2가지 이유 때문에 그렇다. 첫째, 정부가 가계나 기업으로부터 얻는 수입은 차입이나 정부자산의 운용수입이 있기는 하지만 대부분 조세다. 그래서 이를 일괄하여 조세라는 하는 것은 틀린 말이 아니다. 둘째, '순' 조세라는 한 것은 가계에 대한 이전 지출이나 기업에 대한 보조금처럼 '역의 조세'가 포함되어 있기 때문이다. 그래서 흐름 (11)은 정부가 기업에 부과하는 법인세나 부가가치세뿐 아니라 정부가 조선업이나 환경산업에 지급하는 각종 보조금도 포함한다. 기업에 대한 보조금은 저금리 대출, 지급보증, 조세감면, 비용보다 낮은 지하철 요금 등 '감춰져' 지급된다. 마찬가지로 흐름 (12)는 정부가 가계에 부과하는 개인소득세나 재산세뿐 아니라 정부가 가계에게 지급하는 이전지출도 포함한다. 이러한 이전지출로 각종 복지지출, 국민연금 등이 있다.

순 조세

정부의 재정규모

우리나라의 공공부문은 규모는 어느 정도일까? 정부의 주요 지출항목은 무엇이고 이러한 지출에 대한 재원은 어떻게 조달되는가?

일반정부 지출

일반정부는 중앙정부와 지방자치단체(지방정부), 그리고 국민연금기금, 산업재해보상보험기금 등과 같은 사회보장기금으로 구성되어 있다. 그리고 한국개발연구원, 한국과학기술연구원 등과 같이 정부의 예산으로 운영되는 공공비영리기관도 일반정부에 포함된다.

정부의 규모, 즉 경제에 미치는 영향은 흔히 정부의 지출규모로 나타낸다. 표 13.1에는 2016년 중앙정부와 지방정부 그리고 사회보장기금의 지출이 나타나 있다. 이에 따르면 2016년 일반 정부지출은 약 529조7천억 원으로 GDP의 32.35%를 차지하고 있다. 국내생산의 1/3가량을 정부가 사용하고 있는 셈이다.

정부의 규모

〈표 13.1〉 일반정부 지출(2016) (단위: 십억 원)

	총지출	GDP 비중
중앙정부(A)	321,458.0	19.63
지방정부(B)	228,104.6	13.93
사회보장기금(C)	108,852.1	6.65
일반정부(A+B+C)	529,775.9	32.35
명목 GDP	1,637,420.8	100

자료: 한국은행 경제통계시스템

[그림 13.2] 정부의 규모

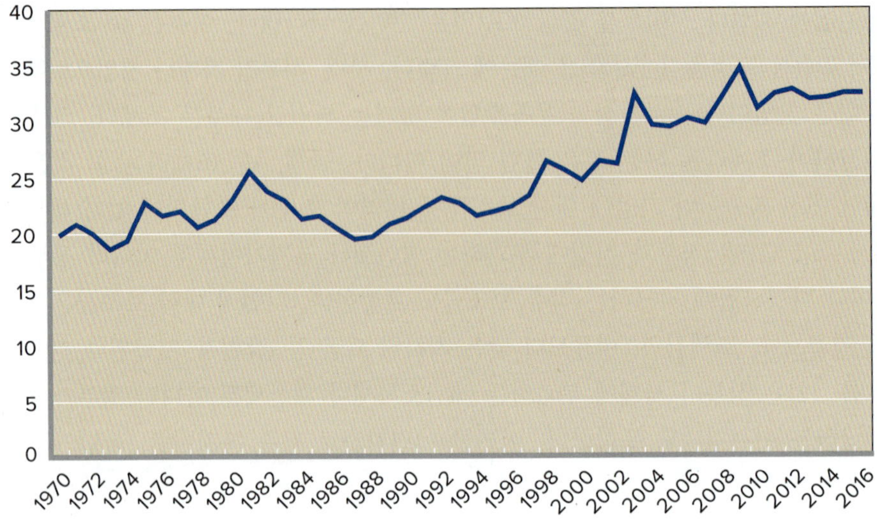

자료: 한국은행 경제자료 시스템

정부의 크기는 경제가 성장하면서 지속적으로 확대되고 있다. 1970년에는 일반정부의 지출이 GDP의 19.96%를 차지하였다. 그 후 80년대 중반까지 20% 내외를 유지하다가 그 후 정부의 규모는 지속적으로 증가하여 30% 초반수준을 유지하고 있다. 이를 보여주고 있는 것이 그림 13.2이다.

정부 지출은 크게 재화나 서비스에 대한 구매지출과 이전지출로 구분된다.

정부의 구매지출

- 정부의 구매지출 **정부의 구매지출**은 최종적 지출이다. 정부의 구매는 자원을 직접 고용하거나 민간부문에서 생산된 상품을 구입하는 형태로 이루어진다. 예를 들어 정부가 잠수함을 사들이면 정부는 건조에 투입되는 과학자나 기술자, 그리고 철강 등을 사용하는 셈이다.

정부의 이전지출

- 이전지출 **정부의 이전지출**은 비 최종적 지출이다. 이러한 지출로 자원이 직·간접적으로 사용되거나 생산이 이루어지는 것은 아니다. 국민연금이나 공무원연금 등이 이에 속한다. 이전지출의 수급자는 이전지출의 대가로 생산에 기여하지 않는다. 이 점이 정부의 구매지출과 크게 다른 점이다.

  2015년 일반정부의 지출에서 이전지출에 포함될 수 있는 것은 각종 보조금, 사회수혜지출(사회보장현물 수혜 포함) 그리고 기타경상이전이라고 할 수 있다. 이들 이전지출은 2015년 일반정부 지출의 42.1%를 차지하고 있다. 미국의 경우 2015년 일반정부의 이전지출은 국내소득의 33%를 차지하고 있다.

일반정부 수입

국공채의 발행

일반정부 지출은 조세와 차입, 그리고 정부자산의 운영수입으로 재원을 마련한다. 정부차입은 **국공채의 발행**을 통해 이루어지며 정부자산의 운용수입은 정부자산의 매각, 임대료, 수수료 등을 통해 조달된다.

정부차입과 적자재정 정부는 국공채의 발행을 통해 차입을 할 수 있다. 그래서 정부는 조세수입이나 정부자산의 운용수입을 통해 조달된 수입을 초과하여 지출을 할 수 있다. 이러한 재정의 신축성은 경기침체기에 유용하다. 경기침체로 조세수입이나 정부자산운용수입이 부진하더라도 차입을 통해 정부지출수준을 유지할 수 있기 때문이다

정부의 차입이 이루어지면 그에 해당하는 액수만큼 민간이 다른 곳에 사용할 수 없어 이에 따른 기회비용이 발생한다. 경기침체기에 이러한 기회비용은 크지 않다. 정부의 차입이 없더라도 정부차입에 쓰인 자금은 경제활동의 부진으로 유휴상태에 있었을 것이기 때문이다. 그러나 경기상승기에 정부 차입이 이루어지면 그에 따른 기회비용은 적지 않다. 특히 **정부차입은 민간투자를 구축**할 수 있다. 예를 들어 정부가 수천억 원의 국공채를 발행하여 도로를 건설하게 되면 자본설비의 확장이나 신기술의 개발에 필요한 민간 기업의 자금이 그만큼 줄어들 수 있다.

차입을 통해 이루어진 정부지출은 적자지출이라고 불린다. 정부지출이 조세수입이나 정부자산운용수입보다 크게 되면 정부예산은 '적자' 상태로 되기 때문이다.

지구촌 전망 13.1

각국의 조세 부담률(2014)*

각국의 조세부담률은 정부의 모든 조세수입을 국내생산(GDP)로 나눈 값이다. 한국의 조세부담률은 선진국에 비하면 낮은 편이다.

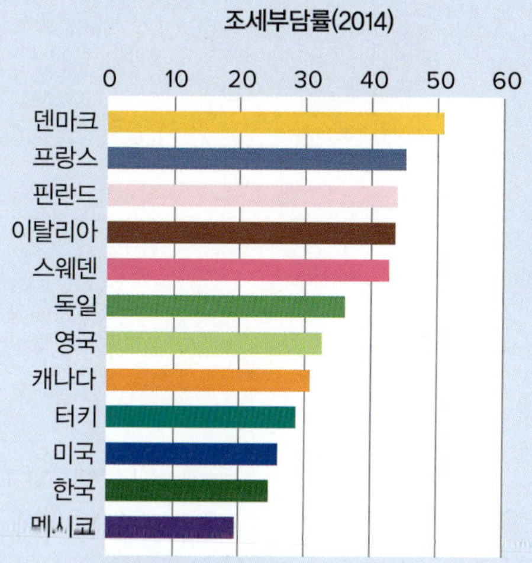

* 정부의 수입에는 수수료, 과태료, 벌금을 비롯하여 정부자산매각대금 등 조세이외의 모든 수입이 포함되어 있다.

자료: OECD 인터넷자료, Taxation: Key Tables from OECD, www.oecd-ilibrary.org. 2016년 4월 26일 접속. 2014년 데이터는 추정치임.

중앙정부 재정

이제 중앙정부와 지방정부의 재정을 각각 살펴보자.

중앙정부 지출

그림 13.3은 중앙정부의 지출을 분야별 예산을 기준으로 나타낸 것이다. 중앙정부 지출에서 가장 큰 부분을 차지하고 있는 것은 사회복지분야다. 여기에는 기초생활보장, 취약계층보호, 공적연금, 여성보육 등에 대한 지출이 포함되어 있다.

사회복지 다음으로 교육에 대한 지출이 큰 비중을 차지하고 있으며 국방에 9.97%를 지출하고 있다.

중앙정부 수입

중앙정부 수입에서 가장 큰 비중을 차지하고 있는 것은 **국세**이다. 국세란 소득세, 법인세, 상속세, 증여세, 종합부동산세, 부가가치세, 개별소비세, 교통 · 에너지 · 환경세, 국세

[그림 13.3] 중앙정부의 지출(2015년)

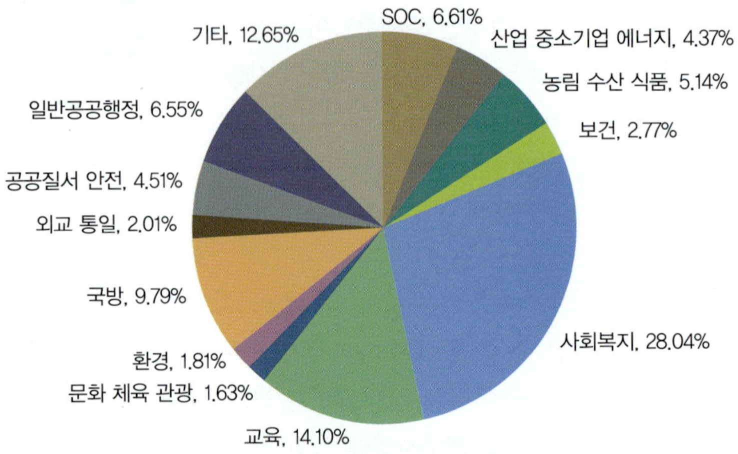

주: 1. 기타지출은 통신, 과학기술, 예비비의 합(박승준 · 윤용준, 2013의 분류체계 이용)
2. SOC는 교통 및 물류, 국토 및 지역개발 지출의 합
출처: 기획재정부 홈페이지, 재정통계, 한눈에 보는 재정, 분야별 예산 현황

주세, 인지세, 증권거래세, 교육세, 농어촌 특별세, 관세 등 국세청과 관세청을 통해 징수되는 총 14개의 세목을 말한다.

목적세

2015년 중앙정부의 총 국세수입은 217조9천억 원이었다. 국세수입 중에서 교통 · 에너지 · 환경세와 교육세, 농어촌 특별세는 사용 목적이 정해져 있는 **목적세**다. 이 중 일부는 특별회계에 포함되어 집행된다. 이러한 조세는 전체 국세의 3%를 차지하였다. 특별회계까지 포함하여 주요 세목별 비중을 나타낸 것이 그림 13.4이다. 그림에 나타나 있듯이 소득세가 국세의 28%를 차지하고 있으며 부가가치세, 법인세 순으로 비중이 높다. 이들 3가지 세목이 전체 국세의 84%를 차지하고 있다.

소득세

소득세 소득세는 개인의 소득에 대해 부과하는 조세를 말한다. **소득세**에는 근로소득뿐 아니라 이자소득과 배당소득, 사업소득에도 부과한다. 그리고 토지나 건물의 양도에

[그림 13.4] 국세의 세목별 비중(2015년)

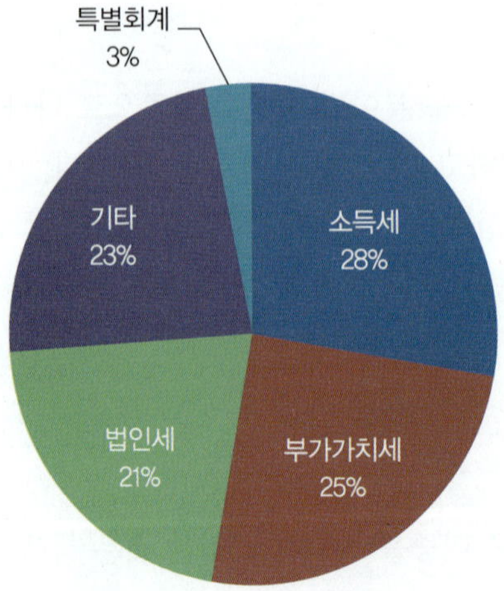

자료: 국가통계포털

따른 양도소득에도 부과한다. 소득세는 개인에게 발생한 모든 소득을 합산한 종합소득을 기초로 부과된다. 물론 개인에게 발생한 소득이라 하더라도 식량작물 농업에서 얻는 사업소득이나 1주택 소유자의 임대소득 그리고 근로자의 실업급여 등은 과세소득에서 제외된다. 이자소득이나 배당소득이 2천만 원 미만이면 종합소득에 포함되지 않고 별도로 분리하여 소득세가 부과된다.

과세표준
종합소득 공제

소득세의 세율은 개인의 종합소득에서 법이 정한 각종 공제를 제외한 **과세표준**에 따라 정해진다. 즉 종합소득에서 종합소득공제를 제한 종합소득과세표준에 따라 소득세율이 달라진다. **종합소득 공제**에는 배우자공제, 국민연금 개임부담금이나 건강보험료 등이 포함된다. 종합소득 과세표준에 따른 세율을 나타낸 것이 표 13.2이다.

표 13.2를 보면 알 수 있듯이 소득세는 누진세다. 종합소득의 과세표준이 1천2백만 원 미만이면 세율이 6%이지만 5억 원을 초과하는 금액에 대한 세율은 40%이다. 그래서 표에 나와 있는 세율은 과세표준의 구간에 따른 한계세율을 뜻한다. 즉 과세표준이 5억 원을 초과하더라도 그 미만의 금액에 대해서는 40%보다 낮은 세율이 적용된다.

세액공제

유의하여야 할 점은 1천2백만 원 이하의 소득에 대해서도 6%의 세율이 적용되지만 실제 근로소득이 1천2백만 원을 초과하더라도 소득세를 내지 않는 근로자가 적지 않다는 것이다. 그것은 종합소득 공제액이 실제 근로소득보다 클 수 있기 때문이기도 하지만 **세액공제**가 있기 때문이다.

근로소득자의 경우 종합소득과세표준에서 세율을 곱하여 구한 소득세액에서 근로소득 세액공제, 자녀세액공제, 보험료 세액공제, 교육비세액공제, 기부금세액공제 등을 제외한 금액이 실제 납부해야할 소득세가 된다. 2015년 국세통계자료에 따르면 근로소득과세 대상자는 17,333,394명인데 **이중 46.8%인 8,104,230명이 근로소득세를 한 푼도 납부하지 않았다**.

〈표 13.2〉 소득세율(2016년 기준)

종합소득과세표준	세율
1천200만 원 이하	과세표준의 100분의 6
1천200만 원 초과 4천600만 원 이하	72만 원+(1천200만 원을 초과하는 금액의 100분의 15)
4천600만 원 초과 8천800만 원 이하	582만 원+(4천600만 원을 초과하는 금액의 100분의 24)
8천800만 원 초과 1억5천만 원 이하	1천530만 원+(8천800만 원을 초과하는 금액의 100분의 35)
1억5천만 원 초과 5억 원 이하	3천760만 원+(1억5천만 원을 초과하는 금액의 100분의 38)
5억 원 초과	1억7천60만 원+(5억 원을 초과하는 금액의 100분의 40)

법인세

법인세 **법인세**는 법인의 소득에 부과되는 세금이다. 그래서 개인에게 부과되는 세금을 개인소득세, 법인의 소득에 부과되는 세금을 법인소득세로 부르기도 한다. 과세되는 기업소득은 익금에서 손금을 공제한 금액이다. 액면가 이상으로 주식을 발행하거나 주식의 교환 등을 통해 얻은 자본거래 수익은 익금에 포함되지 않는다. 그리고 감가상각비나 기부금, 접대비 등의 비용은 일정 수준 이상까지만 비용으로 인정된다.

법인세는 법인의 익금에서 손금을 제외한 과세표준에 따라 3단계로 나뉘어 부과되고 있다. 이를 보여주고 있는 것이 표 13.3이다. 표에서 알 수 있듯이 법인소득의 과세표준이 2억 원 이하이면 10%의 세율이 적용되며 200억 원을 초과하는 금액에 대해서는 22%의 세율이 적용된다.

〈표 13.3〉 법인세율(2016년 기준)

과세표준	세율
2억 원 이하	과세표준의 100분의 10
2억 원 초과 200억 원 이하	2천만 원+(2억 원을 초과하는 금액의 100분의 20)
200억 원 초과	39억8천만 원+(200억 원을 초과하는 금액의 100분의 22)

부가가치세

부가가치세와 개별소비세 **부가가치세**는 시장에서 거래되는 거의 모든 재화나 서비스에 부과되는 세금으로 세율은 공급가격의 10%다. 수입상품에 대해서는 부과되지만 수출상품의 부가가치세율은 0이다. 또한 가공되지 않은 채 공급되는 식료품을 비롯하여 의료보건서비스, 교육서비스, 책, 예술행사 등 에 대해서는 부가가치세가 면세된다. 부가가치세는 재화나 서비스를 공급자하는 사업자가 공급받는 사람으로부터 징수한다. 이 때 공급받는 사람에게 세금계산서를 발급하여야 한다.

개별소비세

개별소비세는 특정한 물품이나 서비스에 부과되는 세금이다. 부가가치세는 대부분의 상품에 부과되고 개별소비세는 특정 상품에 부과된다는 점이 다르다. 세율은 품목에 따라 달리 부과된다. 오락용품이나 오락용 사행기구에 대해서는 물품가격에 20%의 세율이 적용된다. 그리고 보석이나 귀금속은 1개당 500만 원, 고급시계나 고급가방은 1개당 200만 원을 초과하는 가격에 20%의 세율이 적용된다. 유류, 담배를 비롯하여 경마장이나 골프장, 카지노 등에 대해서는 정액의 세금이 부과된다. 예를 들어 휘발유의 경우 리터당 475원, 권련담배의 경우 20개비당 594원, 골프장의 경우 1인 1회 입장에 1만2천원이 부과된다.

지방정부 재정

지방정부는 서울특별시와 광역시, 도(道) 등으로 구성된 광역자치단체와 시, 군, 구 등으로 구성된 기초자치단체로 나누어진다. 이들 지방정부의 지출과 수입은 중앙정부와 여러 점에서 다르다. 지방정부는 국방, 항만, 국공립공원, 국도 등 국가사무를 처리할 수 없기 때문이다.

지방정부 지출

그림 13.5에 지방정부의 총지출의 항목별 구성비가 나타나 있다. 표에서 알 수 있듯이 2015년 지방정부 총지출에서 교육비의 비중이 28%로 제일 크다. 이것은 지방자치단체가 초·중등학교의 교원급여를 비롯하여 국공립 의무교육기관의 설립 및 교육청 등 교육행정기관의 운영에 필요한 재원을 지출하고 있기 때문이다. 그리고 경제관련 사업, 사회보호를 위한 지출이 각각 18%와 16%를 차지하고 있다.

[그림 13.5] 지방정부 총지출(2015년)의 구성비

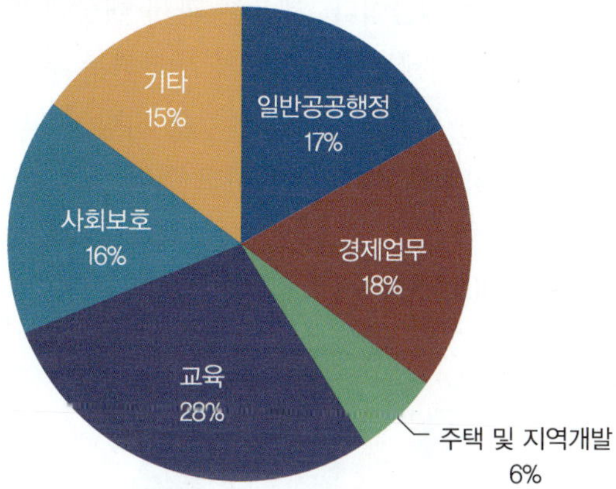

자료: 지방재정 통합공개시스템

지방정부 수입

지방정부의 수입은 지방세와 **중앙정부의 보조금**, 그리고 지방채 발행을 통한 부채 조달 등으로 구성되어 있다. 그림 13.6은 2015년 지방정부의 총수입을 나타내고 있다. 그림에 나타나 있듯이 지방정부의 수입에서 가장 큰 비중을 차지하고 있는 것은 중앙정부 등의 보조금으로 지방정부 수입의 36%를 차지하고 있다. 지방정부가 부과하는 지방세는 26%로 나타나있다. **지방채** 발행을 통한 수입은 전체 수입의 2%에 지나지 않는다.

중앙정부의 보조금
지방채

[그림 13.6] 지방정부 총수입의 항목별 구성비(2015년)

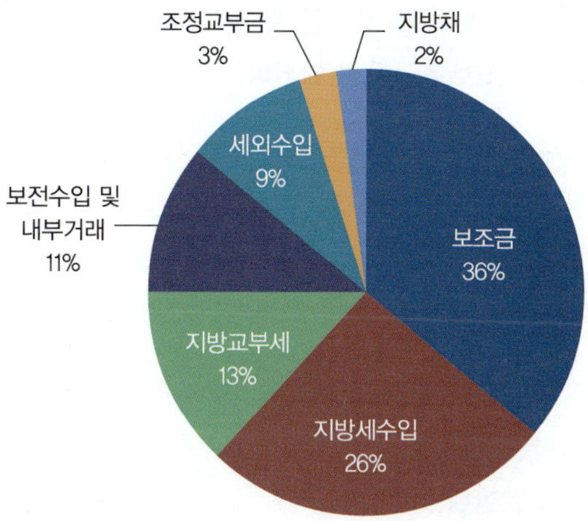

자료: 지방재정 통합공개시스템

지방세

지방세 **지방세**는 과세주체에 따라 특별시세와 광역시세, 도세 및 시군세로 구분된다. 지방세는 취득세, 등록면허세, 레저세, 담배소비세, 지방소비세, 주민세, 지방소득세, 재산세, 자동차세 등의 보통세와 지역자원 시설세, 지방교육세 등의 목적세로 이루어져 있다.

취득세

그림 13.7에 지방정부의 세목별 지방세 구성비가 주어져 있다. 지방세에서 가장 큰 비중을 차지하는 것은 취득세이다. **취득세**는 부동산을 비롯하여 차량, 선박 등을 취득할 때 부과되는 세금이다. 지방소득세는 국세인 소득세와 동일한 방식으로 부과하고 있다. 지방소득세의 세율은 국세인 소득세에 적용되는 세율의 10%이다. 재산세는 토지, 건물, 주택, 선박 등에 부과되는 세금이다. 세율은 과세 대상에 따라 과세표준의 0.1%에서 0.45까지 부과된다. 지방소비세는 중앙정부가 부과하는 부가가치세의 11%를 지방정부에 귀속시킨 것이다. 국세인 부가가치세의 일부를 지방정부의 세금으로 전환한 것이다. 이러한 지방소비세가 지방세의 8%를 차지하고 있다.

[그림 13.7] 지방세의 세목별 구성비(2015년)

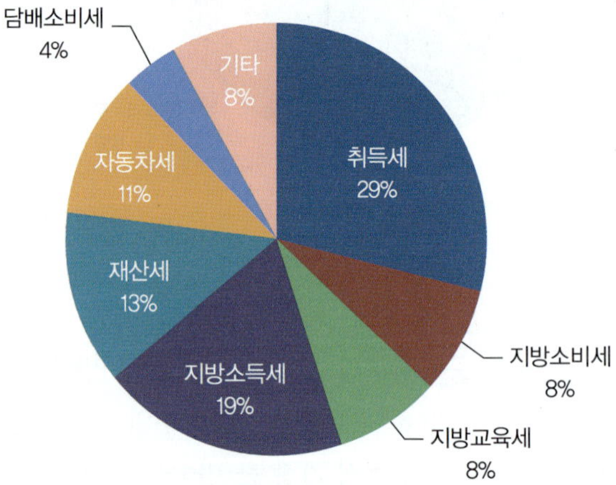

자료: 2016년 지방세 통계연감. 2015년 신규부과 기준

중앙정부 보조금 지방정부가 중앙정부로부터 받는 보조금은 다양하다. 지방정부가 위임된 국가사무나 사업을 시행하는데 따른 보조금을 비롯하여 지방정부가 시행하는 지하철 · 도로 · 항만 등의 사업에 대한 보조금 등이 있다. 나아가 재정이 취약한 지방자치단체에 대해서도 중앙정부의 보조금이 지원된다.

지방교부세

지방교부세 **지방교부세**는 재정이 어려운 지방자치단체에 중앙정부가 교부하는 지원액을 말한다. 중앙정부는 일부 국세의 일정비율을 지방교부세의 재원으로 삼아 교부한다. 지방교부세는 용도가 따러 지정되지 않은 보통교부세와 용도가 지정된 특별교부세로 구분된다. 특별교부세는 교부세재원의 3%를 차지하고 있다.

지방교육재정 교부금

지방교육재정 교부금 **지방교육재정 교부금**은 지방자치단체가 교육기관 및 교육행정기관을 설치 운영하는데 따른 비용을 중앙정부가 교부하는 것을 말한다. 교부금의 재원은 내국세의 20.27%으로 조달한다.

일반정부 고용

그림 13.8에 일반정부에 고용되어 있는 근로자의 비중이 나와 있다. 2015년 일반정부에 고용된 인원은 1백99만 명이었다. 이중 절반이 넘은 61%가 지방정부에 고용되어 있으며 중앙정부에 38%가 고용되어 있다.

이를 종사하고 있는 업무에 따라 분류하면 교육에 종사하는 인원이 가장 많다. 그리고 일반 행정업무에 종사하는 공무원이 31%이며 그밖에 국방이나 경찰업무 등에 종사하는 공무원이 각각 12%와 10%를 차지하고 있다. 이를 통해 **일반정부가 하는 일이 주로 교육, 국방 및 질서유지**라는 점을 알 수 있다.

[그림 13.8] 일반정부문의 고용(2015)

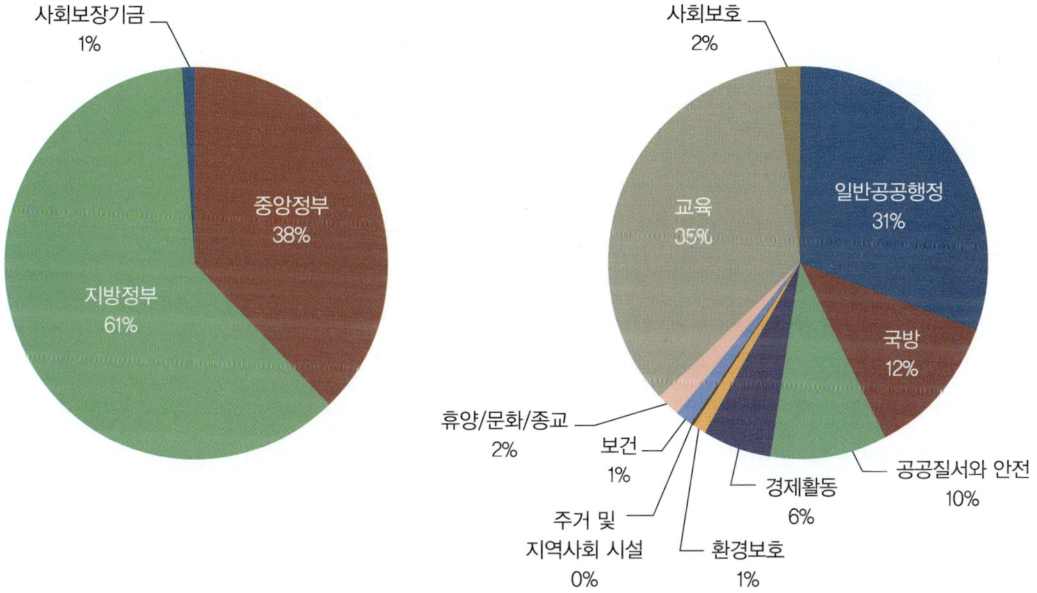

(a) 정부유형별 고용비중 (b) 정부기능별 고용비중

자료: 국가통계포털

조세부담의 배분

조세는 정부가 공급하는 재화와 서비스를 비롯하여 공무원 급여지불에 필요한 비용을 조달하는 주된 재원이다. 조세가 없다면 공립학교, 국방, 고속도로, 법원, 경찰뿐 아니라 공공재나 준공공재의 공급이 불가능하다. 미국의 연방 대법관을 지낸 올리버 웬델 홈즈가 말하였듯이, "조세는 문명사회가 지불해야 하는 대가다."

그러나 조세는 늘 논란거리다. 먼저 많은 사람들은 정부가 제공하는 재화와 서비스를 공짜로 누리려고 한다. 또 다른 많은 사람들은 조세가 이익보다 손실을 더 초래한다고 주장한다. 바람직한 경제활동을 저해하고 근로자나 투자자의 소득을 불공정하게 줄인다는 것이다. 그리고 수십만 명의 사람들은 너무 많은 종류의 세금에 대해 짜증을 낸다. 근로소득세, 부가가치세, 양도소득세, 재산세를 비롯하여 교통세, 주행세, 교육세, 농어촌 특별세, 개별소비세 등 조세의 종류가 너무 많다는 것이다.

앞에서처럼 **사람들은 정부가 제공하는 재화와 서비스를 전혀 고려하지 않고 조세의 전체 규모, 개인의 조세부담액 그리고 조세의 공평성만을 관심의 대상으로 삼는다.** 조세의 공평성도 대부분 자신의 입장에서 따진다.

조세의 사회적 부담

사람들이 대부분 조세의 이러한 측면에 관심을 두고 있어서 재정학은 조세의 규모, 조세의 분담을 비롯하여 조세의 사회적 총비용 즉 **조세의 사회적 부담** 등에 대해 상당한 연구를 수행하였다. 재정학자들의 연구는 조세부담의 규모를 비롯하여 조세부담의 소득계층별 분담 등을 명확히 보여준다.

그러나 이들의 연구결과가 보여주는 조세부담의 현실에 대한 평가는 어떤 조세분담과 조세부담이 공정한가에 대한 납세자 개인의 입장에 따라 크게 달라진다. 그래서 이들의 연구결과를 살펴보기 전에 먼저 조세에 관한 주요 철학적 견해들을 살펴보자.

'혜택만큼' 또는 '능력만큼' 부담

조세부담의 배분에 대해서는 기본적으로 2가지 철학이 대립하고 있다.

응익원칙

혜택만큼 세금을 내야(응익원칙) **응익원칙**이란 가계나 기업이 일반 상품을 구입할 때 대가를 지불하듯이 정부가 공급하는 재화나 서비스를 구입할 때에도 대가를 지불해야 하는 것을 말한다. 그래서 정부가 공급하는 재화나 서비스에서 **많은 편익을 얻는 사람이 재원조달을 위한 조세를 부담해야 한다**는 것이다. 일부 공공재는 이러한 원칙에 의해 재원이 조달된다. 예를 들어 휘발유세로 징수된 조세는 고속도로의 건설이나 유지를 위한 재원으로 쓰인다. 도로를 주로 이용하는 자동차 운행자가 휘발류세를 주로 부담한다. 따라서 도로개선으로 편익을 얻는 사람이 도로개선 비용을 지불하는 셈이다. 그러나 응익원칙을 널리 적용하려다 보면 여러 가지 어려움에 직면하게 된다.

- 가계나 기업이 국방, 교육, 사법체계, 경찰 및 소방업무와 같은 공공재에서 얻는 편익을 정부가 어떻게 알 수 있을까? 앞에서 논의한 바 있지만 공공재의 특징은 비경합성과 비배제성이다. 그래서 공공재의 편익은 특히 널리 분산되어 있기 마련이다. 고속도로 건설을 위한 재원조달 같은 단순하게 보이는 경우에서도 편익을 측정하는 것은 쉽지 않다. 도로개선이 자동차 소유자에게 주는 편익이 서로 다를 뿐 만 아니라 자동차 소유자가 아니더라도 편익을 얻는 사람이 존재한다. 예를 들어 도로개선으로 근로자나 고객이 몰려들면 기업은 편익을 얻게 된다.
- 논리적으로 보면 응익원칙을 '사회안전망' 같은 정부정책에는 적용할 수 없다. 저소득 가구의 복지재원 마련을 위해 복지혜택을 받는 그들에게 조세를 부담하라고 하는 것은 우스꽝스러운 일이다. 실업자의 실업수당 재원을 마련하기 위해 실업자에만 조세를 부과하는 것은 터무니없는 짓이다.

응능원칙

능력만큼 세금을 내야(응능원칙) **응능원칙**이란 납세자의 소득이나 부에 따라 조세부담을 배분하는 것을 말한다. 우리나라를 비롯하여 대부분의 나라에서 이 원칙은 **고소득의**

개인이나 기업이 절대적으로나 상대적으로나 더 많은 조세를 부담해야한다는 것을 의미한다.

이 원칙의 근거는 화폐소득의 한계효용이 체감한다는 명제다. 소비자는 합리적으로 행동하기 때문에 한계효용이 가장 큰 재화부터 소득을 지출하기 시작한다. 그리고 점차 필요성이 떨어지는 재화에 소득을 지출하고 마지막에는 사소한 재화나 서비스에 지출한다. 이것은 동일한 조세를 부과하였을 때 저소득층의 효용감소가 고소득층에 비해 크다는 것을 뜻한다. 조세로 소득생활자에게 부과되는 희생이 같아지려면 납세자가 받는 소득에 따라 조세부담이 달라져야 한다.

이러한 주장은 설득력이 있지만 이를 실제 적용하는 데 문제가 없지 않다. 매년 1억 원을 버는 가구의 납세능력이 1,000만 원을 버는 가구보다 크다는 점은 동의하겠지만 얼마만큼 조세를 더 부담해야 하는지에 대해서는 알 수 없다. 저소득층과 동일한 세율을 적용하더라도 고소득층은 조세부담을 많이 하게 되는 데 그것으로 충분한가? 아니면 저소득층보다 세율을 높여야하는가? 세율을 높인다면 얼마나 높여야 할까? 이것을 누가 결정해야 하는가?

개인 간의 효용을 비교할 수 있는 과학적 방법은 없다. 따라서 상대적인 조세부담능력을 측정하는 방법도 없다. 이것이 가장 큰 문제다. 그래서 **현실에서는 어림짐작이나 징세편의주의, 집권 정당의 조세에 대한 견해, 그리고 정부 세입의 긴박성에 따라 결정되고 만다**.

누진세, 역진세, 비례세

조세에 대한 모든 논의는 결국 세율의 문제로 귀착된다. **한계세율**이란 추가되는 소득에 부과되는 세율이다. 그리고 **평균세율**이란 총 조세를 소득으로 나눈 값을 백분율(%)로 나타낸 것을 말한다.

한계세율
평균세율

조세는 납세자의 소득과 평균세율이 어떤 관계에 있느냐에 따라 누진세, 비례세, 역진세로 구분된다. 이를 구분할 때 **소득만을 고려**하는데 그것은 조세가 소득 외에 생산물이나 건물, 토지 등에 부과되더라도 결국 누군가의 소득으로 귀착되기 때문이다.

- **누진세**란 소득이 증가하면 평균세율도 커지는 조세를 말한다. 즉 소득이 증가하면 조세부담의 절대적인 액수가 커질 뿐 아니라 소득에서 차지하는 조세의 비율도 높아진다. (누진세)
- **역진세**는 소득이 증가하면 평균세율이 하락하는 조세를 말한다. 즉 소득이 증가하면 소득에서 차지하는 조세의 비중이 낮아진다. 하지만 소득이 늘어났다고 해서 조세부담의 절대액수가 반드시 줄어드는 것은 아니다. 숫자의 예를 들어 이를 계산하면 쉽게 이해할 수 있을 것이다. (역진세)
- **비례세**는 소득의 크기와 무관하게 평균세율이 변하지 않는 조세를 말한다. 비례세는 정률세라고도 불린다. 소득수준과 무관하게 일정한 세율을 부과하기 때문이다. (비례세)

개인소득세로 이를 설명해 보자. 각 가구는 소득의 크기에 상관없이 소득의 10%를 소득세로 납부한다고 하자. 이것은 비례세다. 이제 조세구조가 바뀌어 과세소득이 1천만 원 미만인 가구의 소득세율은 5%, 1천만 원 이상 2천만 원 미만인 가구의 소득세율은 10%, 2천만 원 이상 3천만 원 미만인 가구의 소득세율은 15%라고 하자. 이것은 누진세다. 마지막으로 과세소득이 증가하면 세율이 낮아진다고 하자. 예를 들어 1천만 원 미만 가구의 소득세율이 15%, 1천만 원 이상 2천만 원 미만 가구의 소득세율은 10%, 2천만 원 이상 3천만 원 미만 가구의 소득세율이 5%라고 하자. 이것은 역진세다.

일반적으로 누진세에서 고소득자의 조세부담이 상대적으로 크고 역진세에서 저소득층의 조세부담이 상대적으로 더 크다.

조세의 귀착과 효율성 손실

조세의 귀착

어떤 조세가 누진적인지 아니면 비례적인지 또는 역진적인지를 파악하는 것은 생각보다 복잡하다. 조세를 납부하는 사람이 항상 조세를 부담하는 것은 아니다. 조세의 일부나 전부가 다른 사람에게 전가되기 때문이다. 그래서 **조세의 귀착**을 이해할 필요가 있다. 조세의 귀착은 특정 개인이나 집단이 최종적으로 조세를 어느 정도 부담하게 되는가를 나타낸다. 수요 · 공급의 탄력성은 이를 이해하는데 유용하다. 이제 피자 생산자에 물품세가 부과되는 가상의 예를 들어보자. 피자 생산자가 이러한 조세를 전부 부담하는가 아니면 일부를 소비자에게 전가하는가를 분석해보자.

탄력성과 조세의 귀착

그림 13.7에서 D와 S는 조세가 부과되기 전의 시장수요곡선과 공급곡선을 나타낸다. 이 때 시장균형가격은 8,000원이며 시장균형거래량은 1천5백만 개였다. 정부가 피자 1개에 2,000원의 물품세를 부과한다고 하자. 누가 이 조세를 부담하는가?

조세의 분담 정부가 생산자에게 조세를 부과하면 생산자의 한계비용은 조세부과액만큼 상승한다. 그래서 생산자는 피자1개에 2,000원을 더 받아야 조세부과 전의 이윤을 확보할 수 있다. 예를 들어 조세부과 전에 생산자는 4,000원에 5백만 개의 피자를 팔고자 하였다. 하지만 조세가 부과되면 생산자는 6,000원(4,000원+조세 2,000원)을 받아야 5백만 개의 피자를 공급하고자 할 것이다. 그래서 생산자의 공급곡선은 위로 2,000원만큼 이동한다. 이를 나타낸 것이 그림 13.7의 S_t 곡선으로 '조세 후' 공급곡선이다.

조세 후 피자의 균형가격은 9,000원으로 조세 전의 균형가격 8,000원보다 1,000원 상승하였다. 그래서 소비자는 조세부과액 2,000원의 절반만큼 부담하는 셈인데 그것은 소비자가 조세부과로 예전에 비해 1,000원만큼 비싼 값을 지불하기 때문이다. 그리고 생산자는 나머지 절반을 지불하는 셈이다. 생산자는 시장가격 9,000원에서 2,000원의 조세를 납부하면 피자 1개당 판매수입이 7,000원으로 예전에 비해 1,000원 감소하였기 때문이다. 이렇게 되면 소비자와 생산자는 2,000원의 조세를 1,000원씩 동일하게 부담하는 셈이다. 즉 2,000원의 조세를 생산자에게 부과하였지만 1,000원이 소비자에게 전가된 것이다.

[그림 13.7] 물품세의 귀착

2,000원의 물품세가 부과되면 공급곡선은 위쪽으로 2,000원만큼 수직 이동한다. 소비자가 지불하는 가격은 9,000원으로 상승하고 조세납부 후 생산자의 순수입은 7,000원이 된다. 생산자와 소비자는 조세를 나누어 분담한다.

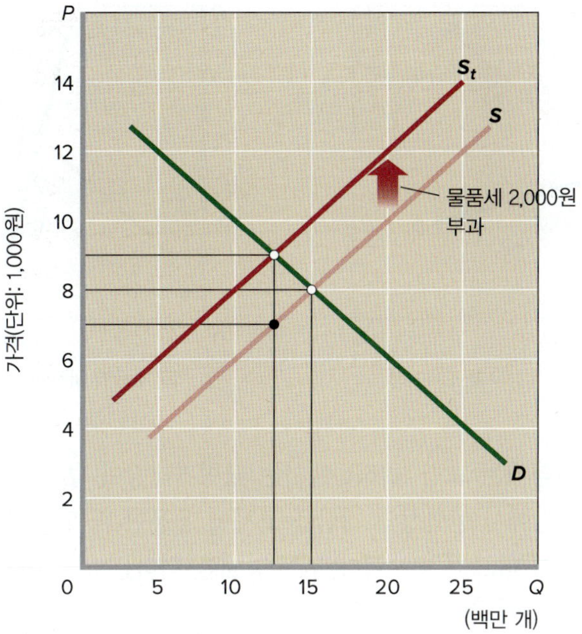

눈여겨 볼 점은 균형거래량이 감소한다는 점이다. 조세 부과로 소비자가 지불하는 가격이 상승하기 때문이다. 그림 13.7에 나타나 있듯이 균형거래량은 1천5백만 개에서 1천2백5십만 개로 줄어든다.

탄력성 수요 · 공급의 가격탄력성이 그림 13.7과 다르게 주어지면 조세의 귀착이 달라진다. 이와 관련하여 2가지 일반적인 결론이 가능하다.

첫째, 공급곡선이 주어져 있을 때 **수요곡선이 탄력적일수록 조세의 소비자 귀착부분이 작아진다**는 것이다. 이를 확인하려면 수요곡선이 완전 탄력적인 경우와 완전 비탄력적인 경우를 그래프로 그려보면 된다. 수요곡선이 완전 탄력적이면 조세는 모두 생산자에게 귀착된다. 그리고 수요곡선이 완전 비탄력적이면 조세는 모두 소비자에게 귀착된다.

그림 13.8은 보다 현실적인 경우로 수요곡선이 탄력적인 경우와 비탄력적인 경우를 비교하고 있다. 그림 13.8(a)는 수요곡선이 비교적 탄력적인 경우인데 소비자에게 귀착되는 부분(P_2-P_1)은 상대적으로 적고 생산자에게 귀착되는 부분(P_1-P_3)이 대부분을 차지하고 있다. 그림 13.8(b)는 수요곡선이 비교적 비탄력적인 경우인데 소비자에게 귀착되는 부분(P_5-P_4)이 대부분을 차지하고 생산자에게 귀착되는 부분 (P_4-P_6)은 상대적으로 적다. 어느 그래프에서나 피자1개에 부과된 조세는 S_t와 S의 수직 거리로 표시되어 있다.

유의할 점은 **수요가 비탄력적일수록 균형거래량의 감소가 적다**는 것이다. 수요가 탄력적인 경우를 나타내는 그림 13.8(a)에서 균형거래량은 Q_1에서 Q_2로 줄지만 수요가 비

[그림 13.8] 수요의 탄력성과 조세의 귀착

(a) 수요가 탄력적일 때 물품세가 부과되면 가격은 P_1에서 P_2로 조금 상승하고 생산자가 조세를 대부분 부담한다. (b) 수요가 비탄력적일 때 물품세가 부과되면 가격은 P_4에서 P_5로 크게 상승하고 소비자가 조세를 대부분 부담한다.

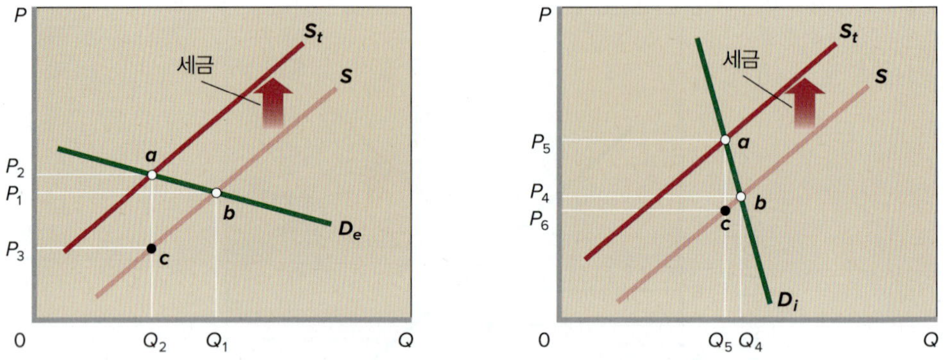

(a) 수요가 탄력적인 경우의 조세귀착

(b) 수요가 비탄력적인 경우의 조세귀착

탄력적인 경우를 나타내는 그림 13.6(b)에서는 균형거래량이 Q_4에서 Q_5로 상대적으로 적게 줄어들었다. 4장에서 탄력성의 개념을 조세에 응용한 바 있는데 그것은 탄력성에 따라 거래량의 감소가 다르기 때문이다. 세수증대를 꾀하는 입법자들은 주로 주류, 담배, 자동차 타이어, 스마트폰 등 수요가 비탄력적인 상품에 과다한 조세를 부과한다. 수요가 비탄력적이면 조세를 부과해도 시장거래량은 그리 줄지 않아 조세수입이 크게 늘어날 수 있기 때문이다.

둘째, 수요곡선이 주어져 있을 때 **공급곡선이 비탄력적일수록 조세의 생산자귀착부분이 커진다**는 것이다. 그림 13.9(a)는 공급곡선이 탄력적인 경우를 나타내는데 소비자에게 귀착되는 부분(P_2-P_1)이 대부분을 차지하고 생산자에게 귀착되는 부분(P_1-P_3)은 상대적으로 적다. 이에 비해 그림 13.9(b)는 공급곡선이 비교적 비탄력적인 경우인데

[그림 13.9] 공급의 탄력성과 조세의 귀착

(a) 공급이 탄력적일 때 물품세가 부과되면 가격은 P_1에서 P_2로 크게 상승하고 소비자가 조세를 대부분 부담한다. (b) 공급이 비탄력적일 때 물품세가 부과되면 가격은 P_4에서 P_5로 조금 상승하고 생산자가 조세를 대부분 부담한다.

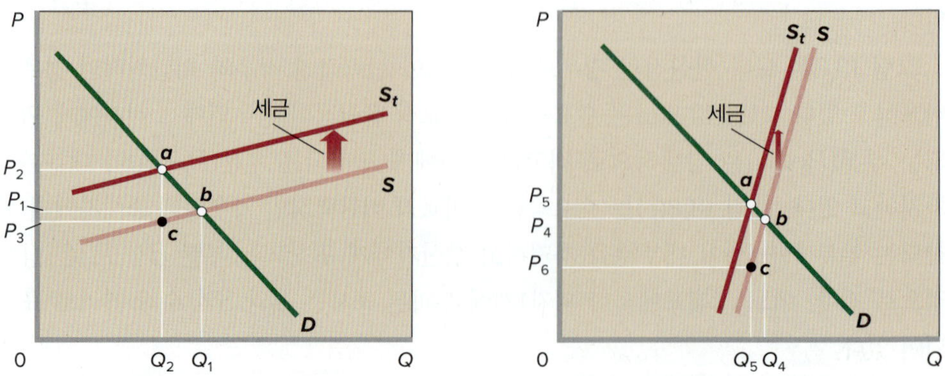

(a) 공급의 가격탄력성이 탄력적인 경우의 조세전가

(b) 공급의 가격탄력성이 비탄력적인 경우의 조세전가

소비자에게 귀착되는 부분(P_5-P_4)이 상대적으로 적고 생산자에게 귀착되는 부분(P_4-P_6)이 대부분을 차지한다. 그리고 **공급곡선이 비탄력적일수록 균형거래량의 감소는 상대적으로 적다**.

금의 공급곡선은 비교적 비탄력적이다. 그래서 금광에 광업세를 부과하면 이러한 조세는 대부분 생산자에게 귀착된다. 반면에 야구공의 공급곡선은 상당히 탄력적이다. 그래서 야구공에 조세를 부과하면 조세의 대부분은 소비자에게 귀착된다.

조세에 의한 효율성 손실

앞서 살펴본 바와 같이 생산자에게 물품세가 부과되더라도 소비자는 조세의 일부를 부담한다. 이제 보다 자세하게 물품세의 경제적 효과를 살펴보자. 그림 13.10은 그림 13.7과 동일하지만 여기에 논의에 필요한 몇 가지를 덧붙여 그린 것이다.

조세수입 앞의 사례에서 피자에 2,000원의 조세가 부과되면 시장가격이 8,000원에서 9,000원으로 상승하고 균형거래량은 1천5백만 개에서 1천2백5십만 개로 감소하였다. 그래서 정부의 조세수입은 250억 원(2,000원×1천2백5십만 개)이 된다. 이것은 그림 13.10에서 사각형 *efac*로 표시된다. 여기에서는 소비자와 생산자가 각각 조세의 절반인 125억 원을 부담하도록 수요 · 공급의 탄력성이 주어져 있다. 정부는 이러한 조세수입으로 공공재와 공공서비스를 공급한다. 생산자와 소비자로부터 정부로 이전된 조세는 그 자체로 효율성의 손실을 가져주는 것은 아니다.

효율성 손실 피자에 부과된 2,000원의 조세는 250억 원을 생산자와 소비자로부터 정

[그림 13.10] 조세의 효율성 손실

피자에 2,000원의 조세가 부과되면 가격은 8,000원에서 9,000원으로 상승하고 거래량은 1천5백만 개에서 1천2백5십만 개로 감소한다. 조세수입은 *efac*로 표시된 250억 원이다. 생산량이 250만 개 감소하여 효율성 손실이 초래되는데 이것은 삼각형 *abc* 면적으로 표시된다.

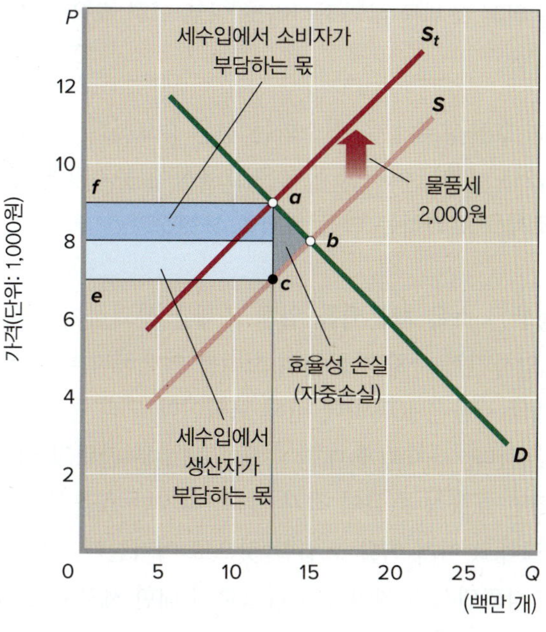

부로 이전시키는데 그치지 않고 다른 문제를 야기한다. 즉 피자의 균형 생산량과 균형 소비량을 2백5십만 개 줄이게 된다. 이렇게 줄어든 피자 2백5십만 개의 편익은 생산비용을 초과하고 있다. 조세가 부과되지 않았다면 편익이 생산비용을 초과하는 모든 피자가 생산되었겠지만 조세의 부과로 편익이 생산비용을 초과하는 2백5십만 개의 피자가 생산되지 못한 것이다. 이것은 아래의 분석을 통해 분명히 드러난다.

조세의 후생손실(자중손실)

그림 13.10에서 수요곡선 *D*의 선분 *ab*는 조세의 부과로 줄어든 2백5십만 개의 지불의사, 즉 한계편익을 나타낸다. 공급곡선 *S*의 선분 *cb*는 조세의 부과로 줄어든 2백5십만 개의 한계비용을 나타낸다. *b*점으로 표시된 피자의 한계편익은 한계비용과 같지만 그 점을 제외하면 조세로 줄어든 피자 2백5십만 개의 한계편익(선분 *ab*)은 한계비용(선분 *cb*)을 초과한다. 조세의 부과로 이러한 생산량이 감소하여 삼각형 *abc*만큼의 사회후생이 줄어든 것이다. 이 면적이 **조세의 후생손실(자중손실)**을 나타낸다. 이러한 손실은 조세가 부과되지 않았다면 누렸을 사회적 순편익이다. 조세가 부과되지 않았다면 한계편익과 한계비용이 일치하는 점에서 생산이 이루어져 경제적 효율이 달성되었을 것이다. 하지만 조세의 부과는 이보다 생산량과 소비량을 줄여 후생손실을 초래하게 된다.

탄력성의 역할 거의 모든 조세는 어떻든 효율성 손실을 초래한다. 그러나 손실의 크기는 수요 · 공급의 탄력성에 따라 다르다. **수요 · 공급이 탄력적일수록 효율성 손실이 커진다**. 그림 13.8로 되돌아가서 살펴보자. 그림 13.8(a)는 수요가 비교적 탄력적인 경우를 나타낸 것으로 그 때 효율성 손실은 *abc*이다. 이것은 수요가 비교적 비탄력적인 경우를 나타낸 13.8(b)의 효율성 손실 *abc*보다 크다. 공급의 탄력성도 마찬가지다. 공급이 탄력적인 그림 13.9(a)에서의 효율성 손실이 공급이 비탄력적인 그림 13.9(b)에서의 효율성 손실보다 크다는 점을 확인하기 바란다. 다른 여건에 변화가 없다면 탄력성이 클수록 특정 조세의 효율성 손실이 커지는 것이다.

서로 다른 조세가 동일한 조세수입을 가져다주더라도 이들 조세가 초래하는 사회적 비용은 다르다. 정부는 이점을 명심하여 조세체계를 마련해야한다. 사회적으로 바람직한 공공재의 공급을 위해 조세를 부과하더라도 이로 인한 효율성 손실은 최소화해야 하는 것이다.

한계점 조세로 인한 효율성 손실을 최소화는 것은 중요하다. 그러나 정부는 다른 목적으로 조세를 부과하기도 한다. 이러한 목적은 효율성에 못지않게 중요하다. 다음의 2가지 사례는 정부가 조세를 부과하는 다른 목적을 보여준다.

소득 재분배

- 소득 재분배 정부는 **소득 재분배**를 위해 조세를 부과하기도 한다. 1977년 정부는 부가가치세를 도입하면서 사치성 물품의 소비를 억제하기 위해 특별소비세를 마련하였다. 부가가치세의 세율은 10%인데 비해 보석이나 모피 등에 대한 특별소비세의 세율은 100%에 이르렀다. 사치품에 대한 수요는 대부분 탄력적이다. 따라서 이들 품목에 조세가 부과되면 효율성 손실이 적지 않다. 하지만 효율성손실보다 소득재분배에 따른 편익이 더 크다고 여겨 이를 도입한 것으로 여겨진다. 그런데 2008년에 개별소비세로 명칭이 변경되면서 보석이나 고급모피에 대한 세율이 20%로 낮아졌다. 세율

이 낮아진 것은 효율성 손실뿐 아니라 소비위축으로 인한 세수감소를 우려한 때문으로 여겨진다.

미국도 1990년에 일부 사치품에 대해 10%의 물품세를 새로 부과하였다. 하지만 1993년 개인항공기나 요트에 대한 사치세는 폐지되었다. 소비가 크게 줄어 이들 산업에 고용된 근로자가 대량으로 실직하였기 때문이다.

- **음(−)의 외부성 축소** 조세의 효율성 손실을 논의하면서 생산이나 소비에서 음(−)의 외부성이 없다고 가정하였다. 그러나 **음(−)의 외부성이 존재하면 조세의 부과는 효율성 손실을 초래하는 것이 아니라 효율성을 개선하게 된다**. 조세의 부과로 생산량이 줄어들면 음(−)의 외부성이 줄어들기 때문이다.

  예를 들어 정부는 주류에 대한 주세를 부과하고 있다. 주류에 따라 5%에서 72%의 세율을 부과한다. 이러한 주류에 조세부과는 조세수입을 얻고자하는 목적도 있지만 알코올 소비가 초래하는 음(−)의 외부효과 때문일 수 있다. 알코올 소비에 음(−)의 외부성이 존재하면 주류에 대한 조세의 부과는 때에 따라 효율성을 개선할 수 있다. 조세가 부과되면 그림 13.10의 공급곡선이 위로 이동하고 이에 따라 알코올의 소비가 감소한다. 그러면 음(−)의 외부효과가 줄어든다.

  음(−)의 외부효과를 줄이기 위한 조세는 **죄악세**라고도 불린다. 명칭이 말하고 있듯이 정부는 해악이나 죄악으로 여겨지는 행위를 줄이기 위해 이러한 조세를 부과한다는 것이다. 특히 담배나 주류에 대한 조세는 죄악세로 여겨지고 있다.

죄악세

세목별 조세 귀착의 추정

한국에서 주요 세목의 조세가 어떻게 귀착될 것인지 어림잡아 추정해보자.

소득세 소득세는 대부분 조세가 부과된 개인에게 귀착된다. 이를 전가할 다른 방법이 없기 때문이다. 개인에게 소득세가 부과되면 그만큼 개인이 지출할 수 여력이 줄어든다. 이것은 증여세나 상속세에도 해당된다.

법인세 법인세가 부과되면 법인세만큼 주주의 배당이 줄어들거나 기업의 유보이윤이 감소한다. 그래서 법인세는 단기적으로 주주에게 귀착된다. 그리고 소비자나 근로자에게 귀착되지는 않는다. 법인세가 부과되더라도 기업은 생산물의 가격이나 생산량, 그리고 임금을 변경하지 않는다. 법인세가 부과되더라도 이전의 가격이나 생산량에서 여전히 이윤이 극대화되기 때문이다. 법인세가 이윤의 일정비율로 부과되면 법인세 부과이후의 기업이윤(π)은 다음과 같이 된다.

$$\pi = (1 - \text{법인세율}) \times \text{법인세 부과 이전의 이윤}$$

즉 **법인세 부과 이전의 이윤을 극대화하는 것이 법인세 부과 이후의 이윤(π)을 극대화하는 방법이다**. 그래서 주주는 법인세를 소비자나 근로자에게 전가시킬 수 없다.

그러나 장기적으로 보면 법인세는 전가될 수 있다. 법인세는 임금상승률을 하락시켜

법인세의 부담이 적지 않게 근로자에게 전가된다. 법인세는 투자 수익률을 하락시켜 생산설비나 자본설비 같은 자본재의 축적을 둔화시킨다. 나아가 일부 기업은 법인세가 낮은 국가로 생산설비를 이전하기도 한다. 어떻든 자본축적이 둔화되면 근로자의 노동생산성 증가율은 점차 낮아진다. 그런데 노동생산성의 증가율은 노동에 대한 장기수요를 상승시키는 주요 요인이다. 법인세로 노동생산성의 증가율이 낮아지면 노동에 대한 수요와 임금의 증가율도 낮아지게 되는 것이다. 이처럼 **비교적 장기에 걸쳐 근로자는 법인세의 일부를 간접적으로 부담**하게 된다.

부가가치세와 개별 소비세 부가가치세는 거의 모든 재화나 서비스에 부과되는 조세다. 이에 비해 개별소비세는 특정 품목에 부과되는 조세다. 부가가치세는 소비자가 이를 쉽게 알아볼 수 있다. 영수증에 부가가치세가 표시되어 있는 경우가 대부분이기 때문이다. 이에 비해 개별소비세는 흔히 가격에 '숨겨져' 있다. 어떤 경우든 이들 조세의 일부 또는 대부분은 소비자에게 전가된다. 그림 13.7~그림 13.9에서 보여주었듯이 균형가격의 상승을 통해 전가된다. 그러나 전가되는 정도는 다르다. 부가가치세는 대부분의 품목에 부과되기 때문에 소비자가 이를 회피할 수 있는 방법이 거의 없다. 부가가치세가 부과되지 않아 가격이 낮은 품목으로 지출을 대체할 수 없기 때문이다. 따라서 **부가가치세는 생산자로부터 소비자로 전가**된다.

지구촌 전망 13.2

주요국의 소비세 비중(GDP 대비)

미국을 비롯한 많은 선진국은 판매세, 개별소비세, 부가가치세 등 소비에 대해 조세를 부과하고 있다. 미국은 부가가치세가 없다. 일반적인 부가가치세는 상품의 매입가격과 판매가격의 차이인 부가가치에 조세를 부과하는 것을 말한다. 대체로 부가가치세를 부과하는 국가의 소비세 비중이 높은 편이다.

자료: OECD, OECD Stat. Extracts, stat.oecd.org

그러나 개별 소비세는 일부 품목에만 부과된다. 그래서 소비자는 비교적 쉽게 개별소비세가 부과되지 않는 다른 품목으로 대체할 수 있다. 예를 들어 유흥음식점에 개별 소비세가 부과되더라도 유흥음식점은 가격상승을 통해 소비자에게 전가하기 쉽지 않다. 그것을 보여주는 것이 수요가 탄력적인 경우를 나타낸 그림 13.8(a)이다. 개별소비세가 부과되었을 때 유흥음식점이 가격을 인상하면 소비자는 다른 음식점을 찾게 된다. 그래서 가격상승으로 고객이 크게 줄 것을 우려하는 유흥음식점은 가격을 크게 올릴 수 없어 개별소비세의 상당부분을 부담하게 된다.

조세로 가격이 인상되더라도 소비가 크게 줄지 않는 품목이 있다. 주류나 담배가 대표적이다. 이들 품목의 가격이 상승하였을 때 소비자는 대체재를 찾기 어렵다. 그래서 조세가 부과되면 생산자는 이를 대부분 소비자에게 전가한다. 실제 몇 년 전 담배에 대한 조세가 크게 올라간 적이 있는 데 이 때 담배가격은 조세부과만큼 인상된 바 있다.

지구촌 전망 13.2를 보면 많은 선진국들이 소비세를 부과하고 있는 것을 알 수 있다.

재산세 재산세는 지방자치단체가 부과하는 조세다. 재산세는 대부분 소유자에게 귀착된다. 이를 전가할 대상이 없기 때문이다. 토지나 건물, 주택에 대한 재산세가 일반적으로 그렇다. 특정 지점의 토지나 건물, 주택에 대한 공급탄력성은 일반적으로 비탄력적이다. 그래서 이를 매도하더라도 재산세를 전가하기 힘들다. 미래에 재산세를 납부하게 되는 매수자는 그만큼 지불의사를 낮출 것이기 때문이다.

그러나 이들이 임대되거나 사업용으로 이용되고 있다면 다른 결과를 초래한다. 예를 들어 세입자가 거주하고 있는 아파트에 재산세가 부과되면 집주인은 임대료 인상을 통해 재산세의 일부나 전부를 세입자에게 전가시킬 수 있다. 그리고 사업용 건물에 재산세가 부과되면 그만큼 사업의 비용이 상승하여 재산세의 일부는 사업체의 고객에게 전가될 수 있다.

조세와 정부지출: 소득재분배인가 아니면 현상유지인가?

대부분의 사람들은 조세야말로 공정한 소득분배를 위한 최선의 방법이라고 여기지만 실제 이를 실현하는 것은 정부지출이다.

대부분의 정부는 경제적 성과를 공정하게 배분하라는 정치적 압력을 적지 않게 받고 있다. 대부분의 사람에게 공정한 소득분배란 고소득층에 대한 고율의 조세부과를 의미한다. 그래서 특정 조세가 부과될 때 그것이 누진적인가 또는 역진적인가에 주로 관심이 집중된다.

그러나 부유층에 대한 과세만으로 소득분배가 바뀌지 않는다. 다른 조건이 충족되어야 하는데 그것은 부유층에서 징수한 세금이 저소득층에 흘러가야 한다는 것이다. 특히 세금이 부유층보다 저소득층이 주로 이용하는 재화나 서비스, 정부 사업에 사용되어야 한다. 그렇지 않으면 부유층에서 징수한 세금이 저소득층에 재분배되기보다 다시 고소득층에 되돌아가 소득분배가 개선되기보다 그대로 유지될 수 있기 때문이다.

최근까지 조세와 정부지출이 부유층으로부터 저소득층으로 소득을 재분배하는지에 대한 실증적인 증거가 충분하지 않았다. 부유층이 저소득층에 비해 세금을 얼마나 많이 내는지에 대한 통계만 발표되고 있기 때문이다. 정부지출의 혜택이 누구에게 돌아가는지에 대한 통계는 존재하지 않는다.

다행히도 미국의 초당적인 싱크탱크인 텍스 파운데이션에서 일하는 2명의 경제학자가 그러한 통계를 만들어냈다. 제럴드 프란테와 스콧 호지는 설문조사를 통해 사람들이 어떤 재화와 서비스를 소비하는지 조사하여 이를 정부지출 자료와 연결시켰다. 그래서 이들은 정부가 부유층에서 저소득층으로 소득을 얼마나 이전시키는지에 대한 믿을만한 추정치를 얻을 수 있었다.[1)]

이들의 추정에 따르면 미국 정부는 부유층에서 저소득층으로 막대한 규모의 소득을 이전하고 있는 것으로 드러났다. 고소득층의 소득에서 차지하는 세금의 비율이 아주 높을 뿐만 아니라, 이렇게 징수된 세금이 대부분 저소득층이 주로 이용하는 정부사업에 지출되었다. 즉 각종 복지사업이나 의료보호, 공교육, 일자리 사업 등에 지출된 것이다. 저소득층은 공공도로, 깨끗한 수돗물, 국방 등과 같이 정부가 누구나 이용할 수 있게 제공하는 공공재에서도 편익을 얻고 있었다.

고소득층에서 저소득층으로 이전되는 소득의 크기와 영향력은 옆의 그림을 보면 분명해진다. 이 그림은 2012년 미국에 거주하는 1억3,300만 가구를 가구소득별로 5분위로 나누어 나타낸 것이다. 이것은 '최하위 20%'부터 '최상위 20%'까지 5구간의 소득계층으로 나누어져 있다. 각 소득계층에 표시된 노란색 막대는 해당 계층의 가구가 2012년에 평균적으로 낸 세금을 나타내며, 파란색 막대는 해당 계층의 가구가 정부지출로 얻은 혜택을 나타낸다.

먼저 최하위 20%가 자신이 낸 세금보다 얼마나 많은 정부지출의 혜택을 받았는지 살펴보자. 이들의 세금은 6,331달러였지만 정부지출의 혜택은 33,402달러로 27,071달러만큼의 이익을 보았다. 반면에 최상위층 20%의 가구가 납부한 세금은 정부지출의 혜택을 87,076달러 초과하였다.

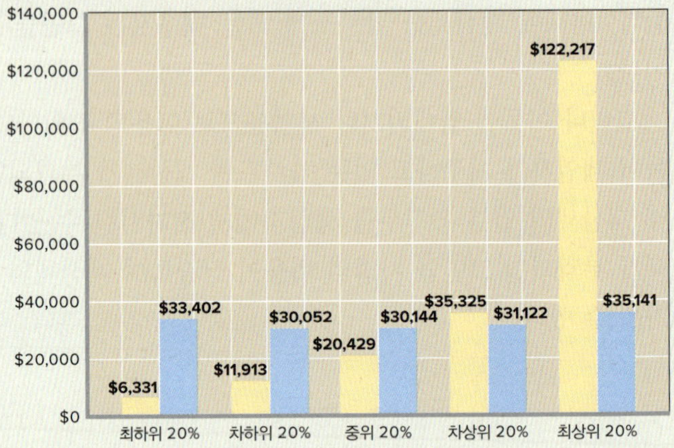

살펴보면 최상위층 20%와 그 다음 상위 20%의 가구가 정부지출을 초과하여 납부한 세금이 이들보다 하위계층에 속하는 가구에 배분되고 있다는 것을 알 수 있다. 전체적 보면 상위 2계층에서 하위 3계층으로 이전되는 소득은 2012년에 1조 달러를 넘고 있는데, 이것은 미국 전체 가구소득의 10%에 해당한다.

이들의 연구결과는 정부지출의 혜택을 소득에 포함시켰을 때 각 소득계층의 평균세율이 얼마나 되는지도 보여주고 있다. 최하위 소득계층은 14.7%, 그 다음 상위소득계층은 19.5%, 그 다음 상위소득계층은 23.5%, 그 다음 상위소득계층은 26.9%, 최상위 소득계층은 35.2%의 세율을 부담하는 것으로 드러났다. 즉 비록 역진적인 조세 종류가 많이 있지만 주로 연방 소득세 때문에 미국의 전반적인 조세체계는 매우 누진적이다.

그러나 중요한 것은 부유층에 대한 누진적인 조세체계보다 정부지출이다. 정부지출이 부유층에 다시 되돌아가기보다 저소득층에 크게 집중되어 있다는 점이다. 사실 최상위 계층이 1달러의 세금을 냈을 때 이들이 정부지출로 되돌려 받는 혜택은 29센트에 불과하다. 나머지 71센트는 가난한 가구로 이전되고 있다.

---

1) Gerald Prante and Scott A. Hodge, "The Distribution of Tax and Spending Policies in the United States", Tax Foundation Special Report No. 21, 2013.

요약

1. 정부부문과 소득순환

정부의 이전지출이나 상품공급에 필요한 재원은 조세나 차입으로 조달된다. 그리고 국립병원이나 국립박물관 같은 국영사업체나 한전이나 수자원공사 같은 공기업의 운영수입을 통해 마련되기도 한다.

정부는 생산물시장에서 상품을 구입한다. 그리고 생산요소시장에서 생산요소를 고용하여 기업과 가계에 재화와 서비스를 공급한다. 정부는 가계와 기업에 부과하는 순 조세(조세−이전지출)를 통해 재원을 조달한다.

2. 정부지출과 정부수입

정부 지출은 크게 재화나 서비스에 대한 구매지출과 이전지출로 구분된다. 정부의 구매지출은 최종적 지출이다. 정부의 구매는 자원을 직접 고용하거나 민간부문에서 생산된 상품을 구입하는 형태로 이루어진다. 정부의 이전지출은 비 최종적 지출이다. 이러한 지출로 자원이 직·간접적으로 사용되거나 생산이 이루어지는 것은 아니다. 이전지출의 수급자는 이전지출의 대가로 생산에 기여하지 않는다. 이 점이 정부의 구매지출과 크게 다른 점이다.

정부의 수입은 조세와 차입, 그리고 정부자산의 운영수입으로 재원을 마련한다. 정부차입은 국공채의 발행을 통해 이루어지며 정부자산의 운용수입은 정부자산의 매각, 임대료, 수수료 등을 통해 조달된다.

3. 조세의 유형

중앙정부 수입에서 가장 큰 비중을 차지하고 있는 것은 국세이다. 국세란 소득세, 법인세, 부가가치세, 상속·증여세, 부당이득세, 개별소비세, 주세, 인지세, 증권거래세, 관세, 교통세, 교육세, 농어촌특별세, 종합부동산세 등 국세청과 관세청을 통해 징수되는 총 14개 세목을 말한다.

지방정부가 부과하는 지방세는 과세주체에 따라 특별시세와 광역시세, 도세 및 시군세로 구분된다. 지방세는 취득세, 등록면허세, 레저세, 담배소비세, 지방소비세, 주민세, 지방소득세, 재산세, 자동차세 등의 보통세와 지역자원 시설세, 지방교육세 등의 목적세로 이루어져 있다.

4. 조세부담의 배분

응익원칙이란 가계나 기업이 일반 상품을 구입할 때 대가를 지불하듯이 정부가 공급하는 재화나 서비스를 구입할 때에도 대가를 지불해야 하는 것을 말한다. 그래서 정부가 공급하는 재화나 서비스에서 많은 편익을 얻는 사람이 재원조달을 위한 조세를 부담해야 한다는 것이다.

응능원칙이란 납세자의 소득이나 부에 따라 조세부담을 배분하는 것을 말한다. 우리나라를 비롯하여 대부분의 나라에서 이 원칙은 고소득의 개인이나 기업이 절대적으로나 상대적으로나 더 많은 조세를 부담해야한다는 것을 의미한다.

5. 조세의 귀착과 효율성

조세의 귀착은 특정 개인이나 집단이 최종적으로 조세를 어느 정도 부담하게 되는가를 나타낸다. 공급곡선이 주어져 있을 때 수요곡선이 탄력적일수록 조세의 소비자 귀착부분이 커진다. 수요곡선이 주어져 있을 때 공급곡선이 비탄력적일수록 조세의 생산자귀착부분이 커진다.

모든 조세는 어떻든 효율성 손실을 초래한다. 그러나 손실의 크기는 수요·공급의 탄력성에 따라 다르다. 수요·공급이 탄력적일수록 효율성 손실이 커진다.

주요 용어와 개념

개별소비세	소득세	조세의 귀착
누진세	역진세	조세의 효율성 손실
법인세	응능원칙	지방교부세
부가가치세	응익원칙	지방세
비례세	재산세	

연습문제

1. 다음에서 일반정부에 속하지 않는 것은?

(1) 중앙정부 (2) 지방정부
(3) 국민연금기금 (4) 교원공제 기금
(5) 한국개발연구원

2. 다음에서 중앙정부의 수입에 해당하지 않는 것은?

(1) 상속세 (2) 벌금
(3) KTX 여객운임 (4) 국채발행수입
(5) 국민건강보험료

3. 2015년 중앙정부의 조세수입 중에서 가장 큰 비중을 차지하는 것은?

(1) 소득세 (2) 법인세
(3) 부가가치세 (4) 주세
(5) 교통세

4. 2015년 지방정부의 수입 중에서 가장 큰 비중을 차지하는 것은?

(1) 지방세 (2) 지방채 발행수입
(3) 중앙정부 보조금 (4) 수수료
(5) 과태료

5. 세금을 능력에 따라 부과하는 것과 관련이 적은 것은?

(1) 고소득층의 조세부담이 커진다.
(2) 누진세가 이에 속한다.
(3) 고속도로 통행요금이 이에 속한다.
(4) 화폐소득의 한계효용이 체감하면 능력에 따른 부과는 효율성을 악화시킨다.
(5) 정부의 자의성이 개입할 여지가 크다.

6. 부가가치세는 상품의 판매가격에 10% 부과된다. 부가가치세는 소득에 대해 어떤 특징을 가지는가?

(1) 비례세
(2) 누진세
(3) 역진세
(4) 처음에는 비례세이지만 결국 역진세가 된다.
(5) 위의 자료만으로 이를 알 수 없다.

7. 정부가 생산자에게 물건을 하나 팔 때마다 100원의 세금을 부과한다. 틀리게 설명한 것은?

(1) 공급곡선이 위로 100원만큼 이동한다.
(2) 소비자가 지불하는 가격은 상승한다.
(3) 판매자가 받는 가격은 하락한다.
(4) 상품의 판매량이 감소한다.
(5) 시장균형가격은 100원 상승한다.

8. 수지는 피아노 수업을 한다. 수업 1회당 기회비용은 5만 원이고 수업료는 6만 원이다. 수지는 수영과 수애라는 2명의 학생을 가르친다. 수영은 7만 원을 지불할 용의가 있고 수애는 9만 원을 지불할 용의가 있다. 정부가 피아노 수업에 대해 2만 원의 세금을 부과하여 수지가 피아노 수업료를 8만 원으로 올린다면 경제적 손실은 만 원이고 조세수입은 만 원이다.

(1) 1, 2 (2) 1, 4
(3) 2, 2 (4) 2, 4
(5) 4, 4

9. 세율을 5%에서 6%로 인상하였다. 그랬더니 조세수입이 20% 증가하였다. 다음에서 바르게 설명한 것은?

(1) 상품의 가격에 변동이 없다.
(2) 상품의 소비량에 변동이 없다.
(3) 수요곡선이 탄력적이다.
(4) 공급곡선이 무한 탄력적이다.
(5) 수요곡선이 단위 탄력적이다.

10. 다음에서 다른 성격이 다른 조세는 무엇인가?

(1) 도로 통행료
(2) 국립공원 입장료
(3) 재산세
(4) 항공권 판매수입에 부과되는 세금
(5) 모두 동일한 성격의 조세이다.

11. 역 수요함수가 $P=10-0.2Q_d$, 역 공급함수가 $P=2+0.2Q_s$로 주어져있다. Q_d, Q_s, P는 각각 수요량, 공급량 그리고 가격을 표시한다.

(1) 정부가 생산자에게 판매할 때마다 1만큼의 판매세를 내도록 하였다. 균형가격을 구하시오. 그리고 1단위 판매로 얻는 생산자의 순수입과 1단위 구매에 따른 소비자의 실제부담액을 구하시오.

(2) 정부가 소비자에게 구매할 때마다 1만큼의 판매세를 내도록 하였다. 균형가격을 구하시오. 그리고 1단위 판매로 얻는 생산자의 순수입과 1단위 구매에 따른 소비자의 실제부담액을 구하시오. 단 소비자는 정부에 1만큼의 판매세를 내고 쿠폰을 구입하며 이러한 쿠폰을 판매자에게 제시하여야 상품을 구입할 수 있다.

(3) 정부의 조세부과에 따른 후생손실을 계산하시오.

12. **담배에 대한 수요는 가격에 대해 비탄력적이다. 담배에 대해 개별소비세를 부과하였을 때 가격과 거래량에 미치는 효과를 그래프로 설명하시오. 그리고 소비자와 생산자의 조세부담을 그래프에 표시하시오. 개별소비세의 부과로 정부의 담배에 대한 개별소비세의 수입은 어떻게 될 것인지 추론하시오.**

14 Chapter

정부의 실패와 공공선택이론

학습내용

1. 정부의 경제적 역할
2. 정부의 실패와 그 원인
3. 공공선택이론과 투표의 역설

시장경제에서 정부는 여러 가지 일을 행한다. 이 책의 여러 곳에서 논의한 바 있듯이 정부는 재산권의 범위를 정해 생산과 거래를 증진시키며, 계약을 집행하고 분쟁을 해결하며 경쟁을 유지하기 위한 법을 집행한다. 그리고 조세와 정부지출을 통해 소득분배를 개선하고 공공재의 공급과 외부성의 교정을 통해 자원을 재분배하며 경제성장과 완전고용을 촉진한다.

이 장은 시장경제에서 정부의 역할을 보다 자세히 논한다. 특히 민주주의에서 정부가 경제관련 입법을 할 때 직면하는 문제점을 검토한다. 이를 통해 정부가 때에 따라 비용이 편익을 초과하는 정책을 시행할 수 있음을 알 수 있다. 이러한 비효율적인 결과가 흔히 일어나기 때문에 시장실패에 못지않게 정부실패를 경계할 필요가 있다.

정부의 경제적 역할

시장경제질서

한국 경제는 헌법 제119조에 천명되어 있듯이 **시장경제질서**를 기본으로 한다. 시장경제는 개인과 기업의 경제적 자유와 창의를 바탕으로 하며 시장과 가격이 개인과 기업의 경제활동을 조정하는 역할을 한다. 그러나 정부는 시장의 작동에 여러 가지 역할을 하고 있다. 특히 경제활동을 규제하는 법률을 제정하여 민간 기업에 의해 과소 생산되는 재화와 서비스를 공급한다. 나아가 다양한 규제와 조정을 통해 균형 있는 경제 성장 및 안정과 적정한 소득분배를 유지하며 시장의 지배와 경제력의 남용을 방지하고 경제의 민주화를 달성하고자 노력한다.

정부의 합법적 강제력

합법적 강제력

정부와 시장의 다른 점은 시장은 기업과 개인의 자유로운 선택을 보장하지만 정부는 **합법적 강제력**을 가지고 있다는 것이다. 그래서 시장은 자발적 거래로 형성되지만 정부는 합법적 강제력을 통해 비자발적 거래를 강제할 수 있다. 예를 들어 개인이나 기업이 의도적으로 탈세를 행하면 정부는 그런 개인이나 기업의 대표자를 형사 처벌할 수 있다. 환경관련 법률이나 공정거래법을 위반하면 벌금을 물게 하거나 징역을 보내기도 한다.

강제력과 경제적 효율성 경제적 관점에서 보면 정부의 강제력은 경제적 효율성을 증대시키는데 사용될 때 합리화될 수 있다.

- **시장실패의 교정** 5장에서 살펴보았듯이 공공재나 외부성이 존재하면 시장의 실패가 발생하여 효율적 자원배분이 이루어지지 않는다. 공공재와 양(+)의 외부성이 존재할 때 민간 기업은 그러한 상품을 과소 생산한다. 그러한 상품이 제공한 편익의 대가를 일부 부과할 수 없기 때문이다. 그런 때 정부가 조세를 강제로 징수하여 생산에 보조금을 지급하면 경제적 효율성이 개선된다.
  반면에 음(−)의 외부성을 유발하는 상품은 민간 기업에 의해 과다 생산된다. 이들 상품이 초래한 대부분의 외부비용을 이를 생산한 기업이 아닌 제3자가 부담하기 때문이다. 이럴 때 정부가 직접 규제, 공해세의 부과, 배출권의 거래제도 등의 강제적인 정책을 시행하면 생산자의 비용이 상승하여 과다 생산이 개선되어 경제적 효율성이 커진다.
- **민간부문의 경제적 위험 축소** 정부의 강제력은 민간부문의 위험을 줄이는데 중요한 역할을 한다. 정부가 협박이나 사기 같은 사적 강제력 행사가 불법화되어야 상호 합의된 거래만이 이루어질 수 있다. 그리고 정부는 합법적 강제력을 이용하여 절도, 사기, 차별뿐 아니라 거래의 제한, 담합, 거래거절 등을 금지시킬 수 있다.
  이러한 법적 제약이 기업이나 개인의 거래에 안전성을 보장하여 경제활동이 증진된다. 정부가 범법자를 체포하여 처벌한다는 것을 알고 있기 때문에 기업이나 개인은 법을 어겨 이익 볼 생각을 덜하게 된다. 이로 인해 불확실성이 줄어들면 투자가 증진되고 새로운 사업이나 상품 개발이 가능해진다. 경제학용어로 말하자면 경제적 효율성이 증진된다.

사례연구: 큰 정부가 항상 나쁜 결과를 초래하는가?

정치인이나 주변 사람들이 큰 정부에 대해 불평하는 것을 가끔 듣게 된다. 이들은 큰 정부는 본질적으로 비효율적이며 무능하다고 여긴다.

경제학은 효율성에 관심을 갖기 때문에 이에 대한 경제학의 입장을 살펴볼 필요가 있다. 경제학의 관심은 정부지출의 규모 그자체가 아니라 이에 따른 한계편익과 한계비용이다. 즉 정부지출이 한계비용=한계편익에서 이루어져야 한다는 것이다. 그래서 어떤 사업에 지출은 적을 수 있고 어떤 사업에 대한 지출은 클 수 있다.

따라서 경제학자들은 '큰 정부'나 '작은 정부'에 대한 추상적인 논쟁에 관심이 별로 없다. 중요한 것은 배분의 효율과 생산의 효율이며 따라서 어떻게 하면 정부의 한정된 자원을 사회적 순편익이 높은 사업에 배분하느냐는 것이다.

그런 점에서 정부의 사업규모가 크다는 것만을 가지고 이를 비판할 수는 없다. 먼저 한계편익과 한계비용을 비교해보고 한계비용이 한계편익을 초과하는 정부사업을 줄이거나 폐지하여야 한다.

정부의 관리 문제

앞서 논의한 바와 같이 정부가 막강한 강제력을 이용하여 시장의 실패를 교정하고 경제환경의 불확실성을 줄일 수 있으면 배분의 효율과 생산의 효율이 개선된다. 그러나 최근에 이르러서야 민주적 정치기구들이 등장하여 정부의 강제력이 이러한 방향으로 행사될 수 있도록 만들었다. 그 이전에 대부분의 정부는 독재적이어서 강제력은 정부를 지배하는 소수의 이익을 위해 행사되었다.

현대의 민주정부는 예전과 달리 선거구민의 이익을 위해 광범위한 사회 편익을 가져다주는 경제정책을 시행할 가능성이 커졌다. 그러나 정부의 능력은 다양한 정부의 실패로 제약받기 때문에 경제정책이 최적의 결과를 가져다주지 않는다. 여기에서는 정부의 실패를 자세하게 다룰 것이다.

이를 논하기 전에 먼저 국가를 다스리는 일이 쉽지 않다는 것을 이해할 필요가 있다. 특히 정부는 백만 명이 넘는 공무원을 감독하여 수천 가지의 일을 시켜야하는 도전적 과제를 안고 있다. 우편업무나 쓰레기 처리를 비롯하여 암 치료를 위한 연구비의 지원까지 해야 한다. 이러한 일이 갖는 복잡성과 어려움을 이해해야 정부실패에 따른 문제가 있지만 대부분의 정부는 잘해나가고 있다는 점을 잘 이해할 수 있을 것이다.

보이지 않는 손의 부재 **정부정책은 스스로 교정되지 않는다.** 시장에서는 경쟁과 '보이지 않는 손'에 의해 자원이 최선의 용도에 자동적으로 배분된다. 그러나 정부의 정책이 잘못되었을 때 입법부나 정부관리가 '보이는 손'으로 적극적인 조치를 취하지 않으면 자원의 비효율적 배분이 한없이 지속된다.

막대한 규모와 범위 비효율적인 정부정책을 찾아내 이를 교정하기에 정부의 규모와 범위가 너무 막대하다. 2015년 정부는 백만 명이 넘는 공무원을 고용하고 있다. 대통령이 인사권을 행사하는 자리가 7,000곳이 넘는다고 할 정도로 정부가 영향력을 행사하는 기관의 범위는 무척 넓다. 이들 기관은 수많은 법령과 규제를 제각기 집행하고 있으며 이들이 지출하는 규모는 국민소득의 20%를 크게 상회한다.

대규모의 관료조직

불가피한 관료조직 법에 따르면 백만 명이 넘는 공무원은 선출직 공무원의 지휘 감독을 받는다. 선출직 공무원은 대통령과 국회의원을 비롯한 지방자치단체장, 그리고 지방의회의원들이다. 이들이 모든 공무원을 직접 지휘 감독할 수는 없다. 그래서 다양한 직급의 공무원을 두어 이를 통해 정책을 시행할 수밖에 없다. 그래서 직급 간 위계질서를 갖춘 **대규모의 관료조직**이 형성되는 것이다.

막대한 서류작업

불가피한 서류작업과 융통성의 부재 법이 차별 없이 집행되려면 공무원의 재량에 따라 법의 집행이 달라지면 안 된다. 그래서 관료조직은 공무원이 저지를 수 있는 거의 모든 행동을 규제하는 자세한 규칙을 마련하고 있다. 이러한 규칙과 규제를 통해 각종 법과 규제가 차별 없이 시행될 수 있다. 그러나 이것은 **막대한 서류작업**을 초래할 뿐 아니라 규정에 없는 일이나 민원이 발생하면 융통성을 발휘할 수 없어 신속한 처리를 어렵게 한다. 이에 따라 막대한 비용이 발생한다.

정보 집적의 문제 관료조직은 규모나 범위가 아주 커서 집적된 정보가 아래 직급에서 상위 직급으로 효과적으로 전달되기 어렵다. 그래서 정책 시행부서의 장이 비효율적 선택을 할 수 있게 된다. 정보가 부족하여 정책의 한계편익과 한계비용을 비교하기가 어렵기 때문이다. 그리고 정책의 기회비용을 평가하기 어렵고 다양한 정책의 어떤 분야에 투자해야 최선인지 알 수 없기 때문이다.

책임감의 부족

책임감의 부족 정부는 **책임감의 부족**에도 시달린다. 대통령이나 지방자치단체장은 선거를 통해 선출된다. 그러나 수많은 정부사업이 동시에 수행되기 때문에 유권자는 그때까지 정부가 행하고 있는 작은 규모의 사업에서조차 구체적 내용을 잘 알지 못한다. 그래서 수백 수천의 정부사업이 빈약한 성과를 보이더라도 이를 감독할 위치에 있었던 현직 정치인의 선거는 거의 영향을 받지 않는다.

정치인뿐 아니라 관료조직의 책임감도 부족하다. 대부분의 공무원들은 정년을 보장받는다. 정년보장은 정치적 압력으로부터 공무원을 보호하여 부패를 줄이는 면이 있다. 그러나 이것은 선출직 공무원이 잘못된 의사결정을 내린 공무원에게 책임을 물을 수 없게 하는 측면도 있다.

정부의 실패

정부의 실패
투표의 문제

정부의 실패란 공공부문의 문제로 인해 경제적으로 비효율적인 결과가 초래되는 것을 말한다. 정부의 실패는 **투표의 문제**로 초래되기도 하는데 이것은 유권자의 정확한 선호가 투표로 드러나지 않기 때문에 발생한다. 그러나 대부분의 정부실패는 정부 관료가 유권자의 선호를 잘 알고 있어도 등장한다.

투표의 문제가 없어도 정부 관료의 인센티브 구조가 잘못되면 정부의 실패가 등장한다. 인센티브가 잘못되어 공무원이 유권자보다 자신의 이익을 앞세우거나 다수보다 소

사례연구: 앙고라울과 집단행동의 문제

소규모집단이 대규모집단에 대항하여 정치적 승리를 거둘 때가 있다. 대규모집단이 소규모집단에 비해 조직화나 동기부여에 어려움을 겪기 때문이다. 이를 집단행동의 문제라고 한다.

대규모집단이 조직화나 동기부여에서 어려움을 겪는 이유는 2가지다. 첫째, 집단이 바라던 바를 성취하였을 때 집단이 커지면 개별 구성원에게 배분되는 몫이 줄어든다. 둘째, 집단이 커지면 조직비용이 증가한다. 안면이 없는 다수에게 이 메일이나 전화, 대량우편물을 보내거나 접촉하여 구성원을 모집해야하기 때문이다.

소규모집단이 추구하는 정책이 대규모집단의 구성원들에게 사소한 손해를 끼치는 것이라면 소규모집단은 대규모집단의 어려움을 이용하여 자신의 목적을 달성할 수 있다.

앙고라산양에서 얻는 앙고라울에 대한 잘못된 보조금은 이를 잘 보여준다. 미국의 연방정부는 텍사스, 애리조나, 뉴멕시코 등에서 앙고라산양을 기르는 농가에 대출보조금의 형태로 매년 수백만 달러를 지원하였다. 이 보조금은 1940년대 후반에 지원되기 시작하였다. 그 당시 항공기는 난방이 되지 않았는데 항공기 조종사나 승무원이 입는 방한조끼의 보온재로 앙고라울이 많이 필요하였기 때문이다.

이러한 보조금은 1950년대에 중단되었어야 한다. 기술개발로 항공기의 난방이 가능해졌기 때문이다. 하지만 이러한 보조금은 지속되었다. 납세자 개인이 부담하는 비용이 몇 센트 안 되었기 때문이다. 즉 보조금의 중지를 위해 납세자를 조직화하는데 드는 비용이 보조금의 중지로 얻는 이익보다 컸던 것이다.

일반적으로 집단행동의 문제는 특수이익의 효과와 관련되어 있다. 특수이익의 효과를 보여주는 대부분의 사례는 '집중된 편익과 분산된 비용'이라는 특징을 보인다. 집중된 편익은 지지자를 모으기 쉽게 만들고 분산된 비용은 반대자의 조직을 어렵게 만든다.

수의 유권자의 이익을 앞세울 수 있다. 이러한 상황을 경제이론은 어떻게 설명하는지 살펴보자.

대의민주주의와 주인 · 대리인 문제

대의민주주의의 장점은 상시적으로 우리를 위해 일하는 대표자를 뽑을 수 있다는 점이다. 이들은 법안에 대한 찬반의견을 잘 이해할 수 있고 평균적인 시민보다 많은 시간을 들여 법의 구체적인 내용을 들여다 볼 수 있다. 그러나 이로 인해 주인 · 대리인 문제가 발생한다.

주인 · 대리인문제

주인 · 대리인문제란 한 집단(주인)을 대리하여 다른 집단(대리인)이 일을 수행할 때 발생하는 이해의 상충을 말한다. 대리인의 이익이 주인의 이익과 다를 수 있기 때문이다. 그래서 대리인이 주인의 이익에 반하는 행동을 할 수 있다.

이해의 상충

기업에서 주인 · 대리인 문제는 흔히 발생한다. 기업의 경영자(대리인)는 주주(주인)의 이익을 위해 최선을 다하지 않을 수 있다. 예를 들어 경영자는 업무에 맞지 않는 제트여객기를 구입하거나 사무실을 호화롭게 꾸미기도하며 비싼 휴양지에서 회의를 열기도 한다. 이런 사치는 경영자에게 좋겠지만 주주의 이익에 도움이 되는 것은 아니다. 그런 돈으로 당장 주주들의 배당을 늘일 수 있으며 이를 기업에 재투자하면 미래의 이윤이 증가하기 때문이다. 경영자가 주주의 이익보다 자신의 이익을 자유롭게 추구할 수 있다면 실제 그런 일이 일어날 수 있고 그러면 주주의 이익은 줄어든다. 즉 **이해의 상충**이 발생한다.

대의민주주의에서 주인 · 대리인 문제는 흔히 발생한다. 정치인들은 다음 선거에서 승리하려는 목적을 가지고 있는데 그것이 유권자의 이익과 일치하지 않을 수 있다. 사실 현실에서 **'정치'를 잘한다는 것은 '경제'를 잘한다는 것과 다르다.** 경제를 잘한다는 것은 한계편익이 한계비용을 초과하는 다양한 공공사업을 시행한다는 것을 말한다. 그러나 **정치를 잘한다는 것은 더 많은 표를 얻을 수 있는 사업이나 정책을 시행한다는 것**을 말한다. 그래서 정부는 특수이익의 유권자 집단을 위해 다수의 이익에 손해를 끼치는 정책을 시행할 수 있다. 그 결과 경제적 비효율성이 초래될 수 있다.

특수이익의 효과

특수이익의 효과 공공부문에서는 특수이익의 효과가 존재하여 효율적 의사결정이 이루어지지 못할 때가 많다. **특수이익의 효과**란 다수의 사람에게는 개별적으로 적은 손실이 발생하지만 소수의 사람에게는 개별적으로 막대한 이익을 주는 정부정책이나 사업이 정치적으로 결정되어 그로 인해 나쁜 결과가 초래되는 것을 말한다.

소수의 이익집단은 이러한 정책과 관련된 사항을 잘 알고 있고 그 정책의 시행을 강력하게 주장하는 집단이다. 이들은 정치인에 선거자금을 기부하며 정책에 찬성하도록 압력을 가한다. 그리고 이에 찬성하는 전문가를 '로비스트'로 고용하여 정책의 정당성을 적극 알린다. 이에 비해 다수의 사람은 개별적인 손실이 적기 때문에 그러한 정책이 있는지조차 모를 때가 많다. 그래서 정치인들은 이러한 정책에 반대하면 정치자금을 비롯하여 특수이익집단의 표를 확실히 잃게 된다고 여긴다. 이에 비해 이를 잘 알지 못하는 다수의 유권자로부터 잃을 표는 거의 없다고 여긴다. 다수의 유권자는 자신이 중요하다고 여긴 정책에 대한 정치인의 입장을 보고 지지여부를 결정할 것이기 때문이다.

지역구 사업 챙기기

특수이익의 효과는 **지역구 사업 챙기기**에서 잘 드러난다. 사업시행의 혜택이 대부분 특정 지역구민이나 그 지역의 선출직 공무원에게 돌아가는 사업에 예산이 배정되는 것이다. 이 때 특수이익 집단은 그 지역구의 유권자들이다. 이에 비해 다수 대중은 그 사업을 잘 알지 못하는 납세자들로 여러 지역에 흩어져 있다. 그래서 정치인들은 지역구 유권자를 위한 사업에 예산을 배정하려는 강한 인센티브를 갖게 된다. 이러한 사업은 정치적 호의를 끌어낸다. **이러한 사업의 이익은 지역구 유권자들에게 매우 큰 반면에 비용은 여러 지역에 있는 다수의 납세자에게 분산**되기 때문이다.

국회가 정부 예산안을 심의할 때 지역구 예산 챙기기는 흔히 발생한다. 정부의 예산안이 국회에 제출되면 국회는 관련 상임위원회에서 예산안을 예비 심사한 다음 예산 · 결산 특별위원회에서 본격적인 종합심사를 하게 된다. 이 과정에서 관련 위원회에 참여한 국회의원들은 자신의 지역구와 관련된 사업예산을 확보하기 위해 애쓰게 된다. 또한 지방자치단체 관련자들도 관련 국회의원을 방문하여 지역사업에 대한 당위성을 설명하고 지역구 주민들은 지역민원을 제출한다.

쪽지 예산

그래서 예산 심의과정에 **쪽지 예산**이 등장한다. 이것은 국회의원들이 자신의 지역구 사업과 관련된 예산을 반영해달라는 쪽지를 예산심의를 담당하는 의원들에게 전달하고 이를 통해 배정된 예산을 말한다. 이러한 쪽지 예산은 국회의 예산심의 과정에 매년 등장하고 있다. 국회의원에게 지역구 사업 챙기기는 매우 중요하다. 그것은 특수이익의 효과를 통해 지역구 유권자의 표를 얻는데 도움을 주기 때문이다.

이러한 사정은 미국도 마찬가지다. 미국에서는 일반사업에 특정 유권자에게 혜택을 주는 사업을 끼워 넣는 일이 흔하다. 이를 **특정사업**이라고 부르는데 이런 사업은 경쟁입찰이나 흔한 평가도 받지 않고 지역구 내의 기업이나 조직에 혜택을 준다. 2015년 예산법안을 보면 105개의 특정사업이 끼워 넣어졌고 이에 따른 예산이 42조 달러에 달하고 있다.

특정사업

일부 지역구 사업은 편익이 비용을 초과하여 효율적일 수 있겠지만 대부분은 그렇지 않다. 대부분의 사업은 큰 가치에 쓰였을 희소한 자원을 가치가 낮은 곳에 배분한다. 이때 흔히 **교차투표**가 등장한다. 교차투표란 내 지역구사업을 지원하는 데 투표를 하면 당신의 지역구사업을 지원하는 데 투표를 하겠다는 것을 말한다. 이러한 전략은 지역구 예산을 확보하여 다음 선거에 승리하는데 도움이 된다.

교차투표

마지막으로 정치인이 소수의 특수이익집단의 이익을 위한 정책을 지지하는 것은 **정치자금** 때문이다. 이들 집단은 '진정한' 정치인이나 지역구를 '챙기는' 정치인의 선거자금을 기꺼이 지원한다. 그 결과 경제적 타당성은 떨어지지만 특수이익집단에 이익을 줄 수 있는 정부 정책이나 사업이 시행될 수 있다.

정치자금

지대추구 행위 납세자나 타인의 비용을 희생삼아 자신에게 특수 이익을 달라고 정부에 요구하는 것을 **지대추구**라 한다. 여기에서 지대란 자원에 초과 지출된 금액을 말한다. 즉 자원이 현재의 용도에 사용되려면 기회비용을 최소한 지불해야하는데 이를 초과한 금액이 지대이다. 이러한 지대를 추구하는 자는 자신이 정부에 공급한 상품이 받아야 할 최소금액을 초과하여 더 많은 대가를 받고자 정부의 영향력을 이용하려한다. 토지에 대한 지대는 흔히 기회비용(토지개량을 위한 투자가 없다면 사실상 0이다)을 초과하여 지불되는데 지대를 추구하는 자가 받는 초과분이 토지에 대한 지대와 비슷하다하여 지대로 불리는 것이다.

지대추구

기업은 이윤을 증대시키기 위하여 상품을 개선하고 비용을 절약하는 기술을 도입하며 생산량 수준을 조정하는데 지대추구는 정부의 영향력을 이용해 이러한 정상이윤을 넘어선 초과이윤을 얻으려는 것이다. **대기업, 노조, 전문가단체, 직종별 연합회 등은 막대한 자원을 투입하여 자신에게 유리한 정부정책을 얻고자 한다.** 이를 통해 지대 즉 정상적인 수준을 넘어선 이윤이나 소득을 올리게 된다. 정부는 각종 법률이나 규칙의 제정, 그리고 물자구입 나아가 고용을 통해 직 · 간접적으로 지대를 제공할 수 있다. 선출직 공무원은 이러한 지대 제공에 적극적이다. 자신의 선거에 도움을 줄 수 있는 주요 유권자에게 성의를 보이고 싶기 때문이다.

지대를 '제공'하는 법률이나 정책으로 다음과 같은 사례를 들 수 있다.

- 시장의 경쟁을 제한하여 소비자 가격을 상승시키는 수입상품에 대한 관세부과
- 특정 산업에 대한 각종 조세 감면혜택
- 일자리 창출을 위한 것이라지만 비용이 편익을 초과하는 각종 공공건설 사업
- 소비자 보호에 필요한 수준을 훨씬 넘어 시행되는 각종 면허증
- 농업에 대한 막대한 보조

이러한 것들은 경제적 효율성의 측면에서 정당성을 갖기 힘들다.

눈앞의 편익과 숨은 비용

일부는 정치인들이 표를 얻기 위해 경제적 합리성을 무시한다고 비판한다. 정부사업에 대한 예산을 배정할 때 비용과 편익을 객관적으로 비교하지 못한다는 것이다. 선출직의 임기는 정해져 있다. 그래서 이들은 **눈앞의 편익을 당장 보여주면서 비용을 숨기거나 늦출 수 있는 사업을 선호**한다. 반면에 이들은 눈앞의 비용을 당장 초래하지만 장기적으로는 매우 큰 이익을 주면서 이를 측정하기 어려운 사업에 반대한다.

이러한 편향성 때문에 정치인들은 경제적으로 타당한 사업을 배제하고 비합리적인 사업을 채택할 수 있다. 예를 들어 비용 · 편익분석에 의하면 대도시에 대중교통시설을 신설하거나 확충하는 것이 경제적으로 타당하다고 하자. 그러나 (1) 이 사업의 재원 조달을 위한 증세가 당장 눈에 뻔히 보이고 (2) 사업이 끝난 이후에야 편익이 발생한다면 표를 계산한 정치인들은 이 사업에 반대할 수 있다.

반면에 비용 · 편익분석에 의하면 복지수당의 신설이 경제적으로 타당하지 않다고 하자. 하지만 사업에 필요한 예산을 다른 사업을 줄여 조달할 수 있으면 편익은 적더라도 눈앞에 크게 보이기 때문에 이 사업은 채택될 수 있다.

유동국채

유동국채

정치인들은 편익이 당장 실현되고 비용은 나중에 발생하는 사업에 우선순위를 두기 때문에 정부사업은 **유동국채**의 문제를 초래한다. 유동국채란 지출에 필요한 조세를 확보하지 않고 사업을 벌여서 발생하는 정부부채를 말한다.

이러한 대표적인 사례가 국민연금이다. 국민연금은 노령, 장애 또는 사망에 대해 급여금을 지급하여 국민의 생활을 안정시키고자 마련되었다. 가입자에게 연금 보험료를 받고 있기는 하지만 연금 보험료는 미래에 발생할 지출을 모두 충당하지 못한다. 특히 평균수명이 늘어나고 노령인구가 증가하여 연금 수급자가 크게 늘어나면 국민연금기금은 빠른 속도로 고갈될 것이다. 그러면 **언제가 조세를 통해 연금을 지급하여야 한다**. 하지만 국민연금에 필요한 재원은 따로 마련되어 있지 않다. 미국의 사회보장에 따른 유동부채(미래의 시회보장 지출액−사회보장세 수입)는 약 20조5천억 달러에 달하는 것으로 추정되고 있다.

장기적 재정적자

정부의 조세수입이 지출을 초과하면 재정적자가 발생한다. 이를 메우려면 정부는 국채를 발행하여 자금을 차입해야한다. 어느 해에 재정적자가 발생하면 그만큼 정부부채가 증가한다. 정부부채는 그동안의 재정적자가 누적된 것이라고 할 수 있다.

장기적 재정적자

대부분의 국가는 거의 매년 재정적자를 보인다. 이러한 **장기적 재정적자**는 정치인들의 서로 다른 인센티브에서 발생한다. 대부분의 정부사업은 유권자에게 이익을 주므로 매년 지출을 유지하거나 확대하려는 정치적 압력이 존재한다. 하지만 누구나 세금이 늘어나는 것을 좋아하지 않는다. 그래서 항상 조세를 줄이려는 정치적 압력이 존재한다. 이러한 상반된 정치적 압력 때문에 **정치인들은 국채발행을 통해 조세수입을 초과하는 정부지출을 택하게 된다**.

장기적 재정적자가 문제인 것은 다음과 같은 이유 때문이다.

- **경제적 비효율성** 재정적자가 가능하면 정부는 자원의 상당량을 비효율적으로 사용할 수 있게 된다. 적자재정을 통해 민간부문에 자원이 과소 배분되고 정부부문에 과다 배분될수록 **사적재화는 과소 생산되고 공공재는 과다 생산**된다. 그렇게 되면 배분의 효율과 생산의 효율은 줄어든다.
- **재정위기** 정부의 누적부채가 커지면 투자자는 **정부의 부채상환능력**을 의심할 수 있다. 그러면 정부는 재정위기에 빠져 추가적으로 자금을 차입할 수 없게 된다. 정부는 차입을 줄이기 위해 지출을 급격히 줄이거나 조세를 크게 인상시킬 수밖에 없다. 이로 인해 경제는 경기침체에 빠져 실업이 증가하고 국민소득이 감소한다.

정부의 부채상환능력

정치인들이 표의 유혹에 빠져 재정적자가 초래되는 것을 방지하기 위해 국가재정법은 일정규모 이상의 대규모 사업에 대해 예비타당성 조사를 실시하도록 하고 있다. 총사업비가 500억 원 이상이고 국가의 재정지원규모가 300억 원 이상인 사업은 예산편성 전에 미리 예비타당성 조사를 행하여야 한다. 그리고 재정 부담을 수반하는 법률이 새로 제정되거나 개정되면 이에 필요한 재원조달방안을 법률안에 첨부하도록 하고 있다. 그리고 지방재정법은 지방자치단체의 지방채 발행을 제한하고 있다. 즉 지방재정법 제11조와 제11조의 2에 합당한 때에만 지방자치단체는 지방채를 발행할 수 있다. 하지만 중앙정부가 발행하는 국채에 대해서는 별다른 제한이 없다. 국회가 국채의 발행을 의결하면 정부는 국채를 얼마든지 발행할 수 있다. 그런 점에서 **국채발행을 통한 재원조달은 정치인들에게 매우 매력적이어서 장기적 재정적자가 초래될 수 있는 것**이다.

엉뚱한 방향의 경기안정화 정책

경제는 흔히 경기호황과 경기침체를 번갈아 겪는다. 한때는 경기호황이 찾아와 총산출이 증가하고 고용이 증가하며 생활수준이 상승한다. 이때를 지나면 경기침체가 등장해 총산출이 감소하고 고용이 감소하며 생활수준이 하락한다.

정부는 이러한 경기순환을 미세조정하려고 다음의 2가지 거시 안정화정책을 수행한다.

- **재정정책** 재정정책이란 경기순환을 완화시키려고 세율과 정부지출수준을 변경하는 것을 말한다. 예를 들어 경기침체가 찾아오면 정부는 경기활성화를 위해 세율을 낮추고 정부지출을 증가시킨다. 그러면 재화나 서비스에 대한 지출이 증가하여 기업은 생산을 늘리고 근로자의 고용은 증가한다.
- **통화정책** 통화정책이란 경기조정을 위해 이자율을 변경하는 것을 말한다. 특히 경

기침체가 발생하였을 때 정부는 통화량을 조정하여 이자율을 낮추려고 한다. 이자율이 낮아지면 기업이나 가계의 자금차입 비용이 낮아진다. 그러면 이들은 기계설비나 주택, 자동차 같은 자본재에 대한 지출을 증가시키게 된다. 이에 따라 기업은 생산을 늘리고 근로자의 고용은 증가한다.

재정 · 통화정책의 정치화 **재정 · 통화정책은 정치화되기 쉽다.** 재정정책을 살펴보자. 경기침체가 찾아와 세율을 낮추거나 정부지출을 늘릴 필요가 생기면 정치인들은 흔히 경제적 효과보다 특수이익의 유권자집단을 위한 세율인하와 정부지출확대에 신경을 더 쓴다. 또한 경기침체는 재정적자의 확대를 꾀하는 정치인에게 보호막을 제공한다.

통화정책도 쉽게 정치화된다. 선거 직전에 경기가 호황이면 현직 정치인이 선거에 유리하기 때문에 이들은 경기활성화를 위해 이자율을 낮추려한다. 이것이 가장 큰 문제다. 경기침체일 때 이자율하락은 경제에 도움을 줄 수 있지만 경기호황기에 이자율 하락이 이루어지면 사태를 악화시키기 때문이다. 즉 인플레이션이 초래되어 경제의 모든 물가가 상승한다. 이를 막기 위해 대부분의 국가에서 통화정책을 책임지는 중앙은행은 정치적으로 독립되어 있다. 우리나라의 한국은행을 비롯하여 미국의 연방 준비은행, 일본의 일본은행, 영국의 영란은행, 그리고 유럽연합의 유럽중앙은행이 이러한 역할을 수행한다. 이들 중앙은행은 정치적 압력에서 차단된 경제전문가들에 의해 운영되는데 이들은 전문적인 식견과 판단에 따라 독립적으로 통화정책의 방향을 결정한다.

제한되고 '패키지'로 제시된 정치적 선택

경제이론에 따르면 유권자나 선출직 공무원이 선택할 수 있는 공공재나 공공서비스의 범위는 시장보다 제한적이다. 정치과정이 복잡하기 때문이다.

소비자는 시장에서 자신의 선호를 정확히 충족시키는 상품을 구매하고 그렇지 않는 상품은 구매하지 않을 수 있다. 그러나 유권자는 선거에서 기껏 2~3명의 후보자 중에 1명을 선택할 수밖에 없다. 더구나 이들은 **서로 다른 여러 사업을 한 패키지로 제시**한다. 유권자는 이들이 제시한 패키지가 마음에 들지 않더라도 이 중 하나를 선택할 수밖에 없다. 예를 들어 지민의 선호에 가장 가까운 후보가 있다고 하자. 그는 건강보험의 적용 확대, 국민보험의 보험료 인상, 농가에 대한 지원금 인상, 자유무역의 확대 등을 패키지로 제시하였다고 하자. 지민은 국민보험의 보험료 인상에 반대하지만 그에게 투표할 수밖에 없을 것이다.

달리 말하면 유권자는 자신이 선호하는 것과 그렇지 않은 것을 함께 받아들일 수밖에 없다. 공공부문에서 **유권자는 자신이 원하지 않는 상품을 강제로 '구입'하게 되는 것**이다. 이것은 의류점에서 옷을 구입하려면 모자를 강제로 사야하는 것과 처지가 비슷하다. 이러한 상황이 되면 자원은 소비자가 원하지 않는 상품생산에 비효율적으로 배분된다. 이런 점에서 공공재와 공공서비스의 공급은 본질적으로 비효율적이다.

제한되고 '패키지'로 된 선택

국회도 유권자와 마찬가지로 **제한되고 '패키지'로 된 선택**에 직면한다. 예산안은 수백 · 수천의 사업을 포함하고 있다. 이들 사업의 일부가 마음에 들지 않더라도 국회의원이 할 수 있는 것은 전체 예산안에 대한 찬성이나 반대밖에 없다. 시장의 소비자와 달리 국회의원은 자신이 원하는 것만 따로 선택할 수 없는 것이다.

비효율적인 관료제

일부 경제학자들에 따르면 공무원은 일반적으로 기업가들보다 비효율적이다. 그것은 시장에 의욕적이고 뛰어난 능력의 기업가가 모이고 공공부문에 게으르고 무능력한 사람이 남게 되어서가 아니다. **시장에는 내적 효율성을 위한 인센티브가 존재하지만 공공부문에는 그러한 것이 없기 때문**이다. 민간 기업은 이윤이라는 분명한 목표를 가지고 있다. 경쟁시장이나 독점시장을 가릴 것 없이 효율적 경영이 이루어져야 비용이 낮아지고 이윤이 증가한다. 이윤이 증가하면 주주도 이익을 보지만 경영자의 승진기회도 많아진다. 게다가 경영자의 보수는 스톡옵션이나 성과 상여금 등을 통해 이윤과 연동되어 있을 수 있다. 그러나 정부기관에나 관리자에게는 이윤에 상응하는 개념이 없어서 효율성 증대를 위한 인센티브가 크지 않다.

시장에는 기업의 성과를 측정하는 분명한 기준 즉 이윤과 손실이라는 기준이 있다. 효율적인 기업은 이윤을 남기고 성공하게 된다. 그래서 이들 기업은 생존을 유지하며 성장하게 된다. 비효율적인 기업은 손실을 기록하고 뒤처지게 된다. 결국 이들 기업은 쇠락을 길을 걷다가 사라지게 된다. 그러나 공공부문에는 이처럼 효율성을 측정하는 명확한 기준이 없다. 국립대학, 소방서를 비롯하여 국방부나 외교부 등이 효율적으로 운영되고 있는지 누구도 알 수 없다.

비관론자들은 역설적으로 **비효율적인 공공기관이 유지되고 성장하기 쉽다**고 주장한다. 민간부문에서 비효율성이 발생하여 금전적 손실이 발생하면 이를 초래한 사업이나 상품, 기업은 사라진다. 그러나 정부부문에서 그러한 일이 발생하면 이를 포기하지 않고 오히려 예산과 인원에 대한 지원이 증가한다는 것이다. 그래서 **공공부문의 비효율성**

공공부문의 비효율성

사례연구: 정부기관의 준법정신

공기업은 정부실패를 보여주는 흥미로운 사례다. 미국에서 정부가 100% 소유하고 운영하는 공기업에서 민간 기업에 비해 법위반 사례가 높은 것으로 나타났다.

미국에서 1천 개의 병원, 3천 개의 발전소 그리고 4천2백 곳의 상수도업체를 조사 연구한 바 있다. 이에 따르면 공기업이 민간기업보다 환경이나 안전에 관련된 법을 잘 지키지 않는다는 것이다. 공공병원이나 공공발전소가 대기정화법의 중대규정을 위반하는 사례가 민간기업보다 20% 높았다. 그리고 공공 상수도업체가 민간업체보다 식수 안전법의 건강관련 규정을 위반하는 사례가 14% 높았을 뿐 아니라 주의규정을 위반하는 사례는 29%나 높았다.

물론 공기업은 납세자나 정치인들을 설득하여 정부의 재정지원을 얻어내야 하는데 그것이 힘들기 때문에 공기업이 법 규정의 준수에 필요한 시설을 갖추지 못한 것일 수 있다. 그러나 법이 공기업에 느슨하게 적용되는 측면도 없지 않다. 공기업이 대기정화법을 위반하였을 때 벌금을 낼 확률이 민간 기업에 비해 20%나 낮았기 때문이다. 게다가 공기업이 벌금을 내야 되는 경우에도 이를 연기하거나 아예 내지 않는 경우도 있었다. 그래서 공기업은 민간 기업보다 법 규정의 준수라는 압력을 상당히 덜 받는다고 할 수 있다.

은 사라지지 않고 더욱 커진다는 것이다.

게다가 정부부문의 고용은 특수이익집단에 이익을 주는 면이 있는데 경제학자들은 이들 특수집단의 정치적 영향력이 무시할 수 없는 수준이라고 단언한다. 그래서 이들이 공공기관의 규모를 줄이거나 없애려는 시도를 봉쇄한다는 것이다. 예를 들어 농업이나 교육, 보건복지, 국방에 관련된 부서를 줄이려는 정치인들은 정치적 위험을 감수해야 한다. 관료들은 특수이익집단과 힘을 합쳐 그러한 정치인의 시도를 좌절시킬 것이기 때문이다.

마지막으로 비판론자들에 따르면 **정부 관료들은 끊임없이 새로운 문제를 찾아내 자신이 속한 기관의 존재 이유를 정당화**한다. 그래서 정부가 말하는 사회적 '문제'가 사라지지 않고 오히려 커지고 있다는 것은 놀라운 일이 아니라는 것이다.

이 장의 뒤에 있는 '마지막 한마디'에 미국의 사례이기는 하지만 특수이익의 효과(지역구사업 챙기기 포함), 제한되고 패키지화된 정치적 선택, 관료제 등에 대한 최근의 언론보도가 나와 있다.

비효율적 규제와 경제개입

정부는 시장경제의 여러 부문을 규제하고 있다. 예를 들어 건강 및 안전규제, 환경규제, 은행감독, 독점규제, 임금과 가격규제 등을 행하고 있다. 이러한 경제개입의 목적은 경제성과를 개선하기 위한 것이지만 일부는 의도와 달리 별 성과를 내지 못하는 것으로 알려져 있다.

규제의 포획

규제의 포획 특정산업을 감독하는 정부기관은 **규제의 포획**에 시달리기도 한다. 규제의 포획이란 규제와 관련된 업무의 집행이 규제대상 산업의 영향력에 좌우되는 것을 말한다. 규제의 포획이 가능한 것은 규제대상 산업에 종사하는 사람이 이들 산업의 내막을 가장 잘 알기 때문이다. 예를 들어 규제기관이 새로 우수한 인재를 뽑는다고 하자. 그러면 새로운 인재는 대부분 규제대상산업에서 일하던 사람들 중에서 선발된다. 이들은 관료가 되어서도 예전의 견해를 그대로 가지고 있으며 일했던 기업에 애정을 가질 수 있다. 그래서 **많은 규제들이 규제대상기업에 우호적으로 이루어지는 것**이다.

- **규제의 포획: 미국 철도산업의 사례** 규제의 포획을 보여주는 고전적 사례는 19~20세기에 이루어진 미국의 철도산업에 대한 규제이다. 철도요금이 지나치게 비싸다는 대중의 불만이 높아지자 미국의 연방정부는 주간(州間) 통상위원회(ICC)라는 기관을 1887년에 설립한다. 이 기관은 철도산업의 요금과 경쟁에 대한 규제를 담당하였다.
  한 세대가 지나지 않아 철도산업의 경영자들은 규제의 포획을 얻어낸다. ICC로 하여금 이윤이 보장되는 수준에서 철도요금이 고정되어 철도회사 간의 경쟁이 사라지는 정책을 시행하게 만든 것이다. 이 정책을 시행한 표면적인 이유는 대규모 철도회사와의 경쟁으로 중소 철도회사가 망하는 것을 방지하여 대중을 착취하는 독점기업의 출현을 막겠다는 것이었다. 그러나 철도산업의 진정한 목적은 이러한 규제 방식을 통해 대기업이나 중소기업이 경쟁을 하지 않고서도 안정적인 이윤을 확보하는 것이었다.

요즘에 이르러 여러 정부기관이 규제의 포획에 취약하다고 목소리를 높이는 사람이 많다. 이들은 제약 산업을 규제하는 식품의약청이나 원자력 산업을 규제하는 원자력 위원회, 금융회사를 규제하는 금융위원회 등에 감시의 눈초리를 늦추지 않고 있다.

- **탈규제라는 대안** 경제학자들은 규제의 포획이 어느 정도이며 얼마나 비효율적인지 그리고 그 대안이 무엇인지에 대해서 서로 다른 견해를 가지고 있다. 그런데 이에 대한 대안의 하나로 탈규제가 제시되고 있다. 즉 산업에 대한 규제를 거의 또는 완전히 없애자는 것이다.

  탈규제는 규제의 포획 문제를 원천적으로 없앤다. 포획당할 규제기관이 아예 사라지기 때문이다. 그러나 탈규제로 시장이 경쟁적으로 되고 경쟁과 보이지 않는 손의 인도로 배분의 효율과 생산의 효율이 달성되어야 탈규제가 경제적 효율성의 측면에서 제대로 효과를 발휘한다. 그러나 규제대상 산업이 독점화되거나 상당한 부(−)의 외부성을 초래하면 규제를 유지하는 것이 바람직할 수 있다.

  탈규제

  탈규제에 대한 찬성론자들은 경쟁이 규제를 성공적으로 대체한 사례로 1970년대와 1980년대에 미국에서 이루어진 화물운송, 철도 및 항공 산업의 탈규제를 주로 지적한다. 이들 산업에서 규제가 사라지자 경쟁이 탄탄해지면서 가격이 하락하고 생산이 증가하였다. 그 결과 생산성이 높아지고 효율성이 개선되었던 것이다.

  그러나 환경보호, 안전, 금융규제 분야에서는 시장의 경쟁이 규제를 대체할 수 있는지에 대한 확신이 부족하다. 이들 산업에서는 규제가 불가피할지 모른다. 그렇다면 어느 정도 규제의 포획은 항상 나타날 수밖에 없다. 규제대상 기업은 항상 규제기관을 포획하려고 할 것이기 때문이다.

정부투자의 낮은 수익률 민간 기업이 은행 등 민간부문에서 자금을 차입할 수 없을 때 정부로 하여금 자신의 사업에 직접 투자해달라고 요청하는 때가 많다. 그러나 연구에 따르면 이러한 기업에 대한 **정부투자의 수익률**은 대부분 매우 낮거나 음(−)이다. 게다가 이러한 정부투자가 이루어지면 시장경쟁에서 사라졌을 비효율적 기업이 오랜 기간 살아남아 가치 있는 사업에 투자되었을 자원을 묶어 놓게 된다.

정부투자의 수익률

비판론자들이 또 지적하는 것은 이러한 정부투자에서 대부분 지대추구나 특수이익의 효과가 전형적으로 나타난다는 것이다. 특히 정부투자를 받은 기업이 영향력이 큰 정치인에게 재정적 도움을 주는 것으로 밝혀진 경우에 더욱 그렇다는 것이다. 많은 경우에 **정부의 투자결정이 사회적 편익보다 정치적 배경에 의해 이루어지는 것**으로 여겨지고 있다.

정부의 대출보증 정부가 대출보증을 통해 민간부문을 지원하면 정부는 매우 낮거나 음(−)인 수익을 얻기 쉽다. 이것이 얼마나 나쁜 결과를 초래하는지는 미국의 신생기업인 '솔린드라' 사례가 잘 보여준다.

- **솔린드라 보조금** 2009년 신기술의 태양광 판넬을 개발한 솔린드라는 민간투자자로부터 생산에 필요한 자금을 충분히 조달할 수 없었다. 민간투자자는 새로운 판넬이

너무 고가여서 기존 기업과 경쟁하기 어렵다고 우려하였는데 이는 나름대로 일리가 있었다.

이때쯤 솔린드라는 연방정부의 대출보증제도에 눈을 돌렸다. 에너지부는 솔린드라에 대한 모든 투자에 보증을 섰고 솔린드라가 파산하면 세금으로 대출을 대신 갚겠다고 투자자에게 약속하였다.

대출보증이 이루어지자 솔린드라를 외면하였던 민간투자자는 기꺼이 5억3천5백만 달러를 투자하였다. 이들에게 손실 대신 이익을 보는 일만 남았기 때문이다. 솔린드라가 파산하더라도 자신의 투자금을 정부로부터 회수할 수 있으며 솔린드라가 잘 되면 상당한 수익을 얻을 수 있기 때문이다.

불행하게도 투자자가 처음에 감지하였던 우려가 사실로 드러났다. 솔린드라는 기존 기업과의 경쟁에서 살아남을 수 없었고 결국 2011년 파산하였다. 결국 5억3천5백만 달러는 납세자의 부담으로 남게 되었다.

정부의 대출보증

- **손실은 사회로 이익은 나에게** 민간부문이 양(+)의 외부성을 가져다주는 상품을 과소생산할 때 **정부의 대출보증**으로 이러한 상품의 생산이 증가하면 사회적 순편익이 커질 수 있다. 그러나 정부의 대출보증은 무모한 투자를 부추길 수 있다. 민간투자자는 손실을 볼 가능성이 없기 때문이다.

  사실 **정부의 대출보증은 '손실은 사회로, 이익은 나에게'라는 나쁜 결과를 초래한다**고 비난을 받고 있다. 잘못되면 손실은 납세자가 부담하고 잘되면 이익은 투자자에게 돌아가기 때문이다. 나아가 정부의 대출보증 과정도 비난의 대상이다. **정치적 영향력이 작용하여 경제적 효율성이 높은 기업보다 정치적 배경이 든든한 기업에 대출보증이 흔히 이루어진다**는 것이다.

  물론 정부의 대출보증이 바람직한 경우도 있다. 정부의 대출보증을 이용할 수 없어서 사회적 순편익을 가져다줄 수 있는 신기술이 개발되지 못할 때다. 그래서 정부의 대출보증에 대한 찬성론자들은 대출보증 제도를 유지하되 지대추구와 특수이익의 효과가 발생하지 않도록 엄격히 심사해야 한다고 주장한다.

부패

정치적 부패

정치적 부패란 정부 관료가 위임된 권력을 남용하여 개인적 이익을 취하는 것을 말하는데 정치적 부패가 존재하면 정부의 자원과 활동이 불법적으로 오용된다. 예를 들어 세무서 직원이 뇌물을 받고 탈세를 눈감아줄 수 있다. 건축허가를 담당한 공무원이 적법하게 절차를 밟아 신청한 대규모 상가건물의 신축허가를 주변 상인들에게 '자발적 보상금'을 지불하지 않았다고 거절할 때도 마찬가지다.

우리나라의 정치적 부패는 요즘 들어 많이 줄었지만 아직도 많은 나라에서 정치적 부패는 일상적인 일이다. 지구촌 전망 14.1에 10개국의 사례가 나와 있다. 거기에는 지난 1년 사이에 뇌물을 제공한 가구의 비율이 조사되어 있다.

정치적 부패는 기본적으로 2가지 형태를 보인다. 첫째, 공무원이 **당연히 해야 할 일을 하면서 뇌물을 받는 경우**다. 이것은 적법하게 신청한 건축허가를 거절한 공무원의 사례가 이에 속한다. 둘째, 공무원이 **불법적인 업무처리의 대가로 뇌물을 요구하는 경우**다. 앞에서 뇌물을 요구한 세무공무원의 사례가 이에 속한다.

선거출마자가 특수이익집단으로부터 선거자금을 받고 당선된 후 그 집단에 유리한 입법을 추진하였다면 이것은 정치적 부패에 해당하는 것일까? 이에 대해 긍정과 부정의 의견이 팽팽한데 **특수이익집단의 선거자금 지원**이 뇌물에 해당되는지의 여부는 사안에 따라 다르다. 한편에서 보면 특수이익집단이 정치인의 입법 행위에 영향을 주려고 자금을 지원한 것일 수 있다. 다른 편에서 보면 선거출마자가 자신과 비슷한 생각을 가지고 있어서 이들이 당선되면 자신에 유리한 입법을 할 것으로 여겨 자금을 지원한 것일 수 있다.

양 쪽의 측면이 있지만 특수이익집단의 선거자금 지원에 대한 인식은 아직 부정적이다. 그래서 정치자금법은 후원회를 통한 개인의 정치자금 지원은 허용하지만 법인이나 단체의 정치자금 기부는 금지하고 있다. 그리고 후원회를 통한 개인의 기부한도도 제한하고 있다. 그리고 특정 후보나 정당을 지정하지 않고 선거관리위원회 통해 이루어지는 정치기탁금은 비록 정치후원금보다 상한은 높지만 역시 제한되어 있다.

지구촌 전망 14.1

지난 1년간 뇌물을 제공한 가구의 비중

국제투명성기구는 각국의 부패지수를 발표한다. 이것은 정부 관료의 부패와 관련된 사항을 경험한 적이 있는지를 설문조사하여 작성된다. 2013년의 설문조사는 107개국의 114,00명을 대상으로 행하여졌다. 여기에는 지난 1년간 자신이나 주변 가족이 누군가에게 어떤 형태의 뇌물을 제공한 적이 있는지를 묻는 설문도 있다. 다음은 10개국의 설문조사 결과다.

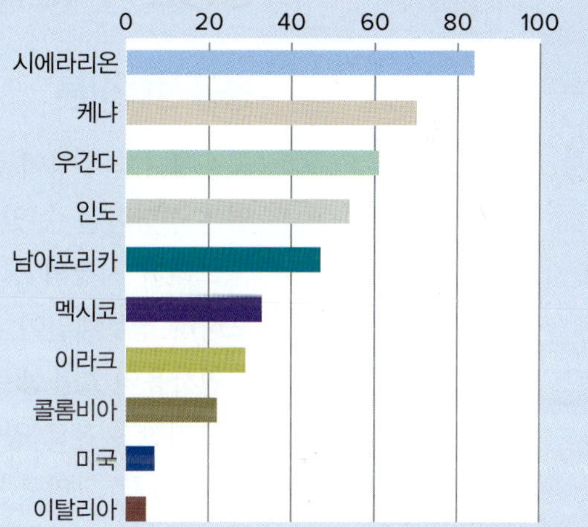

특수이익집단의 선거자금 지원

이러한 규제의 찬성론자는 정치자금에 어느 정도 균형이 필요하다고 여긴다. 즉 자신이 지지하는 출마자에게 어느 정도 도움을 줄 수는 있지만 누구도 정치인의 입법 활동에 영향을 주어서는 안 된다는 것이다.

불완전한 제도

이 장은 정부부문의 비효율성을 다양하게 비판하였는데 이러한 비판이 과장되었고 냉소적이라고 여길지 모른다. 물론 그럴 수 있다. 그러나 이러한 비판의 목적은 **유권자의 요구에 정확하고 효율적으로 반응하는 자애로운 정부라는 환상을 깨려는 것**이다. 시장경제는 완벽하게 효율적인 것은 아니다. 그래서 정부 경제정책은 주로 시장의 단점을 보완하려고 이루어진다. 그러나 정부는 이러한 목표의 달성에 마찬가지로 단점을 가지고 있다. "완전한 시장을 불완전한 정부와 비교하거나 불완전한 시장을 전지전능하고 합리적이며 자애로운 정부와 비교하는 것은 현실적이지 못하다. **현실적인 것은 필연적**

으로 불완전할 수밖에 없는 제도들을 비교하는 것이다."[1]

시장과 정부는 모두 불완전하다. 어떤 일을 민간부문이 잘 할지 아니면 공공부문이 잘할지 알 수 없을 때가 있다. 그리고 어느 한쪽이 잘 할 것이라고 쉽게 동의할 수 있는 사례도 있다. 즉 국방은 공공부문이 담당하고 자동차 생산은 민간부문이 담당하는 것이 최선이라는 것이다. 그러나 건강보험이나 교육을 비롯하여 공원관리, 주택, 쓰레기 수거, 화재 예방 등에서는 어떨까? 이들 재화나 서비스를 하나씩 평가하여 공공부문이나 민간부문에 전적으로 맡겨야한다고 말하기는 쉽지 않다. 이들 재화나 서비스를 미국의 민간기업과 공공기관이 함께 제공하고 있다는 사실을 보더라도 그렇다.

공공선택이론과 투표의 역설

공공선택이론

공공재나 외부성이 존재하면 시장의 실패로 비효율성이 초래되고 이러한 때 정부의 개입은 정당화될 수 있다.

그러나 시장의 실패에 따라 정부가 개입하더라도 문제나 함정이 없는 것은 아니다. 오히려 정부개입이 시장 실패보다 더 나쁜 결과를 초래할 때도 있다. 경제적 효율성과 자원사용의 효율성 측면에서 그렇다는 것이다.

공공선택이론

그러한 이유로 **공공선택이론**을 배우는 것은 중요하다. 공공선택이론은 정부의 의사결정, 정치, 그리고 선거에 대한 경제 분석을 행한다. 시장실패에 대한 탐구가 시장규제를 통해 어떻게 자원배분의 효율성이 증대될 수 있는가를 보여준다면 정부실패에 대한 탐구는 정부작동방식의 변화를 통해 정부가 어떻게 더 효율적으로 운영될 수 있는가를 보여준다.

다수결투표

다음에 짧게 언급하겠지만 **정부실패의 대부분은 인센티브의 문제에서 발생**한다. 즉 선출직 공무원들의 인센티브가 유권자의 선호에 불리한 정책을 시행하도록 작용한다는 것이다. 그러나 이보다 **근본적인 문제는 다수결 투표제도**에서 발생한다. **다수결투표**로 인해 유권자의 선호가 정확히 드러나지 않거나 아예 드러나지 않는다는 것이다. 그렇게 되면 정부는 유권자가 실제 원하는 바를 실행할 수 없게 된다.

투표를 통한 선호표출

사회는 어떤 방법을 사용해서라도 공공재의 종류와 수량을 결정해야 한다. 그리고 외부성이 존재하면 시장에 대한 개입의 범위도 정해야 한다. 그밖에 기업에 대한 규제의 범위와 정도, 달성하려는 소득 재분배의 수준, 비대칭적 정보에 대한 대책 등도 결정해야 한다. 나아가 재원조달을 위해 어떤 조세를 부과하는 것이 바람직하며 이런 조세를 누가 부담해야 할지도 정해야 한다.

1) Otto Eckstein, Public Finance, 3rd ed.(Englewood Cliffs, NJ: Prentice Hall, 1973), p. 17.

이러한 결정은 대부분 다수결투표라는 민주적 절차를 통해 결정된다. 후보자들은 다양한 정책 패키지를 공약으로 제시하고 유권자들은 자신을 잘 대변할 것으로 여기는 후보에 표를 던진다. 자신을 잘 대변하지 못하였던 현직 정치인을 '퇴출'시키고 새로운 인물을 선출하기도 한다. 물론 국민투표나 주민투표를 통하여 특정 사안에 대한 의견을 표출할 때도 한다.

민주적 절차는 사회적 선호를 합리적으로 표출하는 방법이기는 하지만 불완전하다. 공공선택이론은 **다수결투표가 비효율성과 비일관성을 초래할 수 있다**고 지적한다.

투표결과의 비효율성

정부가 공급하는 공공재의 총편익이 총비용을 초과하면 사회후생은 증가한다. 그러나 다수결투표가 항상 그러한 결과를 보장하는 것은 아니다.

공공재 공급: 부결이 비효율적인 사례 정부가 국방이라는 공공재를 공급하는데 총 90만 원의 비용이 든다고 하자. 그리고 유권자는 미경, 경수, 수미 3명만 있으며 이들은 공공재 공급에 대한 안건이 통과되면 각각 30만 원씩 조세를 부담한다고 하자. 그리고 그림 14.1(a)에 나타나있듯이 공공재의 공급으로 얻는 이익이 미경은 70만 원, 경수는 25만 원 그리고 수경은 20만 원이라고 하자.

공공재 공급에 대한 다수결 투표가 이루어졌을 때 그 결과는 쉽게 예측된다. 물론 유권자들이 항상 자신의 경제적 이익에 따라 투표하는 것은 아니다. 하지만 경수와 수경이 반대표를 던질 가능성이 큰 것은 사실이다. 이들이 얻는 이익은 25만 원, 20만 원인데 비해 조세액이 이보다 큰 30만 원이기 때문이다. 미경만이 찬성표를 던질 것이다. 결국 공공재의 공급은 부결되는데 이러한 공공재의 공급은 효율적이었다. 총편익이

[그림 14.1] 투표의 비효율성

다수결 투표는 비효율적인 결과를 초래할 수 있다. (a) 다수결 투표가 이루어지면 총편익이 총비용을 초과하는 공공재의 공급이 부결된다. (b) 다수결 투표가 이루어지면 총비용이 총편익을 초과하는 공공재의 공급이 공급된다.

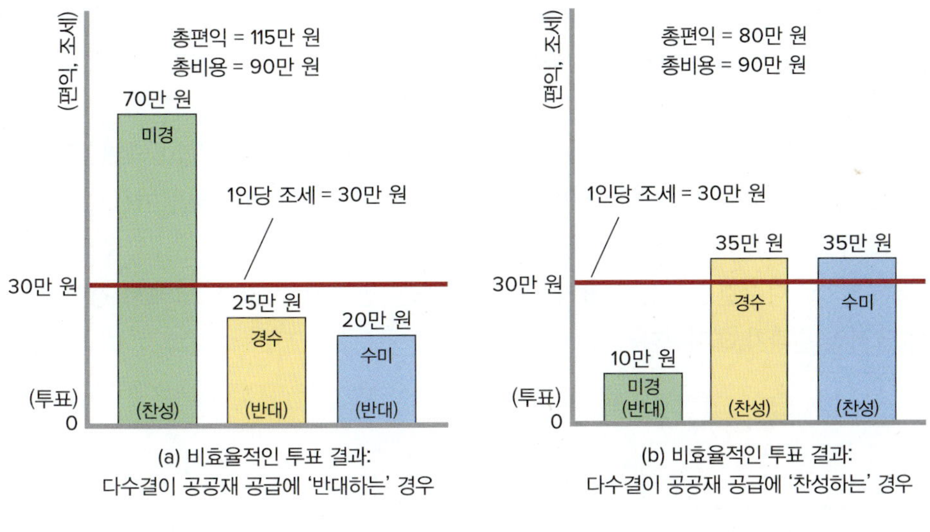

115만 원이고 총비용이 90만 원이기 때문이다. 이러한 공공재의 공급에 자원이 배분되어야 하지만 다수결 투표는 이를 부결시키고 만다. 그래서 이러한 공공재는 과소 생산된다.

공공재 공급: 가결이 비효율적인 사례 총비용이 총편익을 초과하지만 다수결투표로 공공재가 공급되는 사례를 살펴보자. 그림 14.1(b)는 그러한 사례를 나타낸다. 앞의 사례와 마찬가지로 미경, 경수, 수미는 공공재 공급에 대한 안건이 통과되면 각각 30만 원씩 조세를 부담한다. 달라진 것은 공공재 공급으로 얻는 편익이다. 미경은 10만 원의 편익밖에 얻지 못하므로 반대표를 던질 것이다. 반면에 경수와 수경은 35만 원의 편익을 얻으므로 찬성표를 던진다. 그래서 공공배의 공급은 가결되는데 이러한 공공재의 공급은 비효율적이다. 총편익이 80만 원이고 총비용이 90만 원이기 때문이다. 이러한 공공재의 공급에 대한 자원의 배분은 비효율적이어서 과다생산이 초래된다.

시사점 문제는 **다수결투표의 결과 특정 공공재가 과다 생산되거나 과소 생산될 수 있다**는 점이다. 그러면 그러한 용도에 자원이 과다 배분되거나 과소 배분된다. 4장에서 보았듯이 시장이 공공재를 공급하지 못할 때 정부가 이를 공급하면 효율성이 개선된다. 그러나 다수결 투표가 이루어지면 정부는 어떤 공공재를 공급하지 못하거나 과다 공급할 수 있음을 보았다. 어떤 경우든 공공재의 공급이 경제적으로 바람직하지 않은 수준에서 이루어진다.

투표권의 거래

앞의 사례에서 유권자는 공공재의 편익이나 비용부담의 정도에 무관하게 1인 1표를 행사하였다. 공공재 공급의 부결이 비효율적인 결과를 초래하였던 1번째 사례에서 **투표권의 거래**가 합법적이었다면 미경은 경수나 수미에게서 투표권을 사려고 하였을 것이다. 그렇게 하면 미경이 높은 가치를 부여하였던 국방이라는 공공재는 공급되었을 것이다. 그러나 투표권의 거래는 불법이므로 특정 공공재에 대한 선호가 매우 큰 사람은 이를 누릴 수 없게 된다.

시장에서는 소비자의 특정 사적 재화에 대한 선호가 매우 크면 그것이 다수 소비자에게 인기가 없더라도 소비자는 이를 구입할 수 있다. 예를 들어 다수의 소비자가 번데기를 혐오식품으로 싫어하더라도 이를 매우 선호하는 소수의 마니아가 있으면 시장은 이를 공급한다. 그러나 이러한 식품의 공급 여부가 다수결투표로 정해진다면 공급되는 일은 드물 것이다. 사실 국방이라는 공공재의 공급이 다수결로 부결되면 누구도 이를 '구입'할 수 없게 된다.

반면에 시장에서는 소비자는 다수가 선호하는 상품이라도 이를 싫어하면 구입하지 않을 수 있다. 그러나 다수결로 국방이라는 공공재의 공급이 결정되면 이를 반대한 유권자도 이를 '구입'하기 위해 세금을 지불해야 한다.

결론적으로 **다수결 투표는 투표자 선호의 강도를 반영할 수 없다**. 그래서 경제적으로 비효율적인 결과가 초래된다.

이익집단과 투표의 담합

다수결투표의 비효율성은 다음의 2사례에서처럼 투표과정에서 일부 해소될 수 있다.

이익집단 어떤 공공재에 대한 선호도가 매우 큰 사람들은 **이익집단**을 결성하여 광고나 선전을 비롯하여 지인에 대한 문자메시지의 발송, 권유 등을 통해 다른 사람에게 공공재의 장점을 알린다. 미경은 경수와 수미에게 국방의 가치가 이들이 느끼는 25만 원이나 20만 원보다 크다고 설득할 수 있다. 이러한 설득은 민주정치에서 흔히 나타나며 설득이 성공할 때도 있고 실패할 때도 있다.

이익집단

교차투표의 담합 **교차투표의 담합**이란 로그롤링이라고도 불리는데 투표권자가 원하는 결과를 얻기 위해 서로 교차투표하자고 담합하는 것을 말한다. 이것이 다수결 투표의 비효율성을 줄인다는 점을 예상하지 못하였을 것이다. 그림 14.1(a)의 사례에서 새로운 도로건설과 같은 공공재에 대한 투표가 추가된다고 하자. 경수는 이에 대한 선호가 크며 미경이나 수미는 이에 반대한다고 하자. 그러면 국방재의 공급에 높은 선호를 가진 미경과 새로운 도로 건설에 높은 선호를 가진 경수는 교차투표하자고 담합하려 할 것이다. 즉 경수는 국방이라는 공공재의 공급에 찬성하고 이에 대한 대가로 미경은 도로 건설이라는 공공재의 공급에 찬성하는 것이다. 그러면 국방이라는 공공재와 새로운 도로 건설이라는 공공재가 모두 공급된다. 교차투표의 담합이 없다면 이들 공공재에 대한 공급은 부결되었을 것이다. 이렇게 공급된 공공재의 총편익이 총비용보다 크다면 교차투표의 담합은 사회후생을 개선하게 된다.

교차투표의 담합

그러나 **교차투표의 담합이 항상 효율성을 개선하는 것은 아니다**. 교차투표의 담합으로 공급되는 공공재의 총비용이 총편익을 초과하면 오히려 사회후생이 나빠질 수 있다. 앞의 사례에서 국방이라는 공공재와 새로운 도로 건설이라는 공공재의 공급이 모두 비효율적이라고 하자. 그럼에도 미경과 경수가 교차투표의 담합으로 얻는 편익이 비용보다 크다면 이러한 공공재는 공급될 것이다. 이들의 이익은 수미의 희생을 통해 얻어진 것에 불과하다.

교차투표의 담합은 국회의 입법과정에서 흔히 볼 수 있다. 이것은 정당 간에 이루어지기도 하고 국회의원 간에 이루어지기도 한다. 그 결과는 효율성을 개선하기도 하지만 악화시키기도 한다.

투표의 역설

다수결 투표의 또 다른 문제는 **투표의 역설**을 초래한다는 것이다. 투표의 역설이란 의안을 짝을 지어 투표할 때 사회적 선호의 우선순서가 일관성을 갖지 못하는 것을 말한다.

투표의 역설

선호 미경, 경수, 수미라는 3사람의 유권자가 있으며 이들의 선호가 표 14.1처럼 주어져 있다고 하자. 이들이 선택할 수 있는 공공재는 3가지로 국방, 도로 그리고 일기예보이다. 모든 유권자는 각각의 공공재에 대한 우선순위를 가지고 있을 것이다. 예를 들어 누구는 도로보다 국방을 그리고 일기예보보다 도로를 우선순위에 둘 수 있다. 이 때 사회적 우선순위를 정하기 위해 2가지 공공재를 짝지어 다수결 투표에 맡긴다고 하자. 먼저 2가지 공공재에 대해 투표를 하고 여기에서 다수결을 얻은 공공재와 나머지 공공재에 대해 투표한다고 하자.

표 14.1에는 개별 유권자의 각 공공재에 대한 우선순위가 나와 있다. 미경은 국방, 도로, 일기예보 순으로 우선순위를 두고 있다. 따라서 미경이 국방을 일기예보보다 우선순위에 두고 있다는 명확하다. 경수는 도로, 일기예보, 국방의 순서대로 우선순위를 그리고 수미는 일기예보, 국방, 도로의 순서대로 우선순서를 가지고 있다.

〈표 14.1〉 투표의 역설

공공재	선호의 순서		
	미경	경수	수미
국방	1순위	3순위	2순위
도로	2순위	1순위	3순위
일기예보	3순위	2순위	1순위
투표 안건	**투표결과: 채택안건**		
1. 국방 대 도로	국방(미경과 수미의 표 획득)		
2. 국방 대 일기예보	일기예보(경수와 수미의 표 획득)		
3. 일기예보 대 도로	도로(미경과 경수의 표 획득)		

투표결과 표 14.1의 아래는 2가지 공공재를 짝을 지어 투표하였을 때 어떤 결과가 초래되는지를 보여주고 있다. 처음에 국방과 도로를 투표에 붙이면 국방이 채택된다. 미경과 수미가 국방에 표를 던져 국방이 다수의 표를 얻기 때문이다. 이제 국방과 일기예보를 투표에 붙이면 일기예보가 다수의 표를 얻게 된다. 경수와 수미가 일기예보에 표를 던질 것이기 때문이다.

다수결 투표를 통해 사회는 일기예보를 국방보다 그리고 국방을 도로보다 선호하는 것으로 드러났다. 그러면 사회가 일기예보를 도로보다 선호할 것이라고 여기는 것이 논리적이다. 하지만 그렇지 않다.

이를 알아보려면 일기예보와 도로를 투표에 붙이면 된다. 표 14.1의 마지막 행에 결과가 나와 있다. 미경과 경수가 도로에 표를 던져 도로가 일기예보보다 선호되는 것으로 드러난다. 이러한 투표결과는 사회적 선호가 비합리적이라는 것을 보여준다. 처음 투표결과는 사회가 일기예보를 국방보다 그리고 국방을 도로보다 선호하는 것으로 드러났는데 이제 일기예보와 도로를 투표에 붙인 결과 도로를 일기예보보다 선호하는 것으로 나타났기 때문이다.

사회적 선호

문제는 **사회적 선호**가 비합리적이라는데 있지 않다. 오히려 사회적 선호를 드러내는 방식에 문제가 있다. **짝을 지어 다수결 투표를 하면 어떤 순서로 투표를 하느냐에 따라 결과가 달라지는 것**이다. 그래서 투표결과는 유권자의 진정한 선호를 대부분 반영하지 못하는 것이다. 결과적으로 정부가 다수결에 따라 공공재를 공급하면 유권자가 원하는 공공재를 '제대로' 공급하기 어렵게 된다. 그렇다고 다수결보다 나은 방법이 있다는 것은 아니다. 다수결은 독재자의 결정이나 선출되지 않은 집단의 결정보다 사회의 선호를 잘 반영한다.

중위투표자 모형

중위투표자 모형

다수결투표는 현실에 존재하는 현상에 대한 통찰력을 제공하기도 한다. **중위투표자 모형**에 따르면 다수결투표가 행해지고 유권자가 일관된 선호를 유지한다면 중위투표자가 투표의 결과를 결정하게 된다는 것이다. 중위투표자란 어떤 이슈에 대해 중간의 위치를 차지하는 사람을 말한다. 유권자의 절반은 공공재의 공급이나 증세, 정부규제에 대해 지지하고 나머지 절반은 이를 반대한다고 하자. 이럴 때 양쪽의 유권자는 다른 극단의 정책이 선택되기보다 절충을 원한다. 그래서 **중위투표자의 선택이 투표의 결과와 대부분 일치**하게 된다.

사례 미경, 경수, 그리고 수미가 합의하여 일기예보제도를 도입하기로 하였다고 하자. 이들은 각자 일기예보에 필요한 총비용을 제안하고 제안이 채택되면 그 비용의 1/3씩 동일하게 조세를 부담한다고 하자. 이들이 제출한 제안 중 어떤 것을 택할지는 투표로 정한다. 누구나 자신이 제출한 총비용에 투표할 것이므로 모든 제안을 한꺼번에 투표에 붙이면 누구의 것도 다수의 표를 얻을 수 없다. 따라서 2개의 제안을 짝을 지어 투표한다고 하자. 먼저 2제안을 투표에 붙이고 그 다음 채택된 제안을 나머지 제안과 함께 투표에 붙인다.

제시된 3가지 제안은 다음과 같이 드러났다. 미경은 40만 원, 경수는 80만 원 그리고 수미는 30만 원이었다. 누구의 제안이 채택될까? 중위투표자 모형은 중위투표자인 미경의 제안인 40만 원이 채택될 것이라고 예측한다. 다른 한쪽은 더 많은 비용지출을 제안하였고 또 다른 한쪽은 더 적은 비용지출을 제안한 것이다. 다음과 같이 투표를 하면 40만 원의 제안이 채택된다는 것을 금방 알 수 있다.

먼저 40만 원의 제안과 80만 원의 제안을 짝지어 투표한다고 하자. 미경은 40만 원의 제안에 그리고 경수는 80만 원의 제안에 당연히 표를 던질 것이다. 그런데 30만 원을 제안한 수미는 40만 원의 제안에 표를 던질 것이다. 40만 원이 자신의 제안에 가깝기 때문이다. 그래서 중위투표자인 미경의 제안이 채택된다.

이제 40만 원의 제안과 30만 원의 제안을 짝지어 투표한다고 하자. 이때도 40만 원의 제안이 채택된다. 미경뿐 아니라 80만 원을 제안한 경수가 40만 원의 제안에 표를 던질 것이기 때문이다. 그래서 40만 원의 제안이 채택되는 것이다. 이 사례에서 미경이 중위투표자다. 그래서 어떤 의미에서는 중위투표자인 미경이 일기예보에 필요한 총비용을 결정하는 것처럼 보인다.

현실 세계의 응용 앞의 사례는 단순하지만 많은 것을 설명해준다. 주변을 살펴보면 **사회의 선택은 대부분 중간층의 견해를 반영**하는 것처럼 보인다. 예를 들어 선거후보자가 선거에 나가려면 정당의 지명이 필요하다고 하자. 그는 정당투표에서 지명을 받기 위해 정당 내 중위투표자의 입장을 취한다. 하지만 정당에서 지명된 후 다른 정당과의 선거에서는 전체 유권자의 중간 입장으로 선회한다. 즉 전체 유권자 중 중위투표자의 입장으로 방향을 바꾸는 셈이다. 이들은 상대방 후보에 대해 지나치게 급진적이라거나 보수적이라고 몰아붙이며 '민심'에서 벗어났다는 점을 부각시킨다. 그리고 여론조사 결과가 나오면 자신의 입장을 다시 바꾸기도 한다.

시사점 중위투표자 모형은 2가지 중요한 시사점을 가지고 있다.

- **대부분의 사람들은 언제나 정부의 개입정도에 불만이라는 것**이다. 정부의 개입정도는 주로 중위투표자의 선호에 의해 결정된다. 중위투표자를 제외한 대부분의 사람들은 지금보다 큰 정부개입을 원하거나 작은 정부를 원한다. 시장에서는 누구나 사고 싶은 상품을 원하는 만큼 구입할 수 있다. 그러나 공공부문에서는 대부분의 사람이 중위투표자가 선호하는 만큼의 교육이나 도로, 전투기를 '구입'할 수밖에 없다.
- 일부는 중위투표자의 선호가 자신과 비슷한 지방자치단체로 이사를 함으로써 '발'로 투표를 한다. 이들은 지방세가 낮은 지역을 찾아 대도시에서 대도시 인근지역으로 이사하기도 한다. 그리고 수업료는 비싸지만 교육의 질이 우수한 학교를 찾아 집을 옮기기도 한다. 아예 다른 국가로 이민을 떠나는 사람도 있다.

인구 이동이 이루어지고 공공재에 대한 개인의 선호도 변하기 때문에 시간이 지나면서 중위투표자의 선호는 바뀐다. 게다가 개인선호에 대한 정보는 불완전하다. 그래서 정치인들은 중위투표자의 입장이 무엇인지 정확히 알기 어렵다. 그래서 투표의 결과는 알기 어렵고 정치인들이 다수표를 얻는데 어려움을 겪는 것이다.

미국 언론에 등장한 '정부실패' 사례들

미국의 주요 언론들은 지역구 사업 챙기기, 제한되고 패키지로 제시된 정치적 선택, 그리고 관료제도의 비효율성 등을 보여주는 정부사업을 지속적으로 보도하고 있다.

- 2004년에 633페이지에 달하는 법인세 감세법안이 통과되었는데, 이 법안은 276개의 특별조항을 가지고 있다. 이들 조항은 '식당주인과 할리우드 영화제작자, 활 및 화살 제조업자, 낚시도구 상자 및 어군탐지기 제조업자, 자동차경주용 트랙 소유주, 알래스카 출신의 포경업자 뿐 아니라 중국산 부채 수입업자'에 혜택을 부여하고 있다.(Washington Post)
- 2009년에 통과된 미국경제재건 및 재투자법의 사업규모는 총 8790억 달러인데, 여기에는 효과가 의심스러운 다양한 사업이 포함되어 있다. 펜실베이니아의 엘리자베스 타운에 있는 기차역을 재개발하는데 천만 달러가 배정되었지만 그 역은 30년 동안 이용되지 않고 있었다. 오클라호마의 우드워드에 있는 인공호수에 난간을 설치하는데 115만 달러가 배정되었지만 그 호수에 물이 채워진 적은 없었다. 뉴욕 유니온의 부자지역에 노숙자문제를 해결하도록 587,661달러의 보조금이 주어졌지만 그 지역에는 노숙자가 없었다.(Lancaster Newspaper, newson6.com, Binghamton Press & Sun Union)
- 2011년 연방정부의 고속도로 건설예산에는 흰 다람쥐의 피난처, 골동품 자전거 박물관, 갓길의 거대 커피포트 등에 대한 지출이 포함되었다. 그리고 민간기업인 아이홉 레스토랑의 건축비용에 765,825달러를 보조하였고 비디오게임의 유물보존에 113,277달러를 지원하였다.(Human Events, Washington Examiner, Gamastra)
- 2011년의 회계감사에 따르면 연방정부는 지난 5년에 걸쳐 사망한 퇴직자에게 5억 달러의 퇴직연금을 지급하고 있었다. 이들 연금은 생존해 있는 친인척이 불법적으로 수령하였다. 아들이 1971년에 사망한 부친의 연금을 37년간 수령한 경우도 있었는데 그 금액이 51만5천 달러에 달하였다. 이러한 불법횡령은 아들이 사망한 2008년에 가서야 밝혀졌다.(Associate Press)

- 디즈니는 세계 10대 놀이공원 중 9개의 놀이공원을 운영하면서 매년 20억 달러를 넘는 이윤을 올리고 있다. 그런데 디즈니월드의 폴리네시아 리조트 확장공사를 맡은 건설업자는 2014년에 연방정부로부터 1백만4천 달러의 대출보증을 받았다.(Daily Mail)
- 2009년부터 2014년까지 미 농무부는 아프가니스탄 사람들의 콩 재배 및 소비촉진 사업에 3천4백만 달러를 지출하였다. 그러나 콩은 아프가니스탄에서 잘 자라지 않을뿐더러 주민들은 콩을 좋아하지 않았다.(NBC News)
- 2014년 연방의회는 1억9천4백만 달러를 특별 배정하여 미국육군으로 하여금 M1 아브람 탱크 전체를 보강하도록 하였다. 그러나 육군의 발표에 따르면 아브람 탱크는 미래전투에 적합하지 않다고 한다.(Fiscal Times)

요약

1. 정부의 경제적 역할

정부는 시장의 작동에 여러 가지 역할을 하고 있다. 정부는 법적 강제력을 이용하여 시장의 실패를 교정하면 경제적 효율성이 증대된다. 그리고 정부는 민간 기업에 의해 과소 생산되는 공공재를 직접 공급하기도 한다. 정부의 강제력은 민간부문의 위험을 줄이는데 중요한 역할을 한다. 이러한 법적 제약이 기업이나 개인의 거래에 안전성을 보장하여 경제활동이 증진된다. 나아가 다양한 규제와 조정을 통해 균형 있는 경제 성장 및 안정과 적정한 소득분배를 유지하며 시장의 지배와 경제력의 남용을 방지하고 경제의 민주화를 달성하고자 노력한다.

2. 정부의 실패와 그 원인

특수이익이 존재하면 대부분의 유권자가 반대하는 정책이 시행될 수 있다. 집단의 규모가 커질수록 조직화나 동기부여에 따른 비용이 커진다. 이러한 집단행동의 문제로 인해 인기가 별로 없는 정책이 시행될 수 있다는 것이다. 즉 반대자들을 조직화하는데 드는 비용이 이러한 정책으로 인한 일반대중의 손실보다 크다면 그럴 수 있다.

정치인들은 지대추구를 수용하고 특수이익 법안을 찬성하려는 강력한 인센티브를 가지고 있다.

유권자는 정부사업의 혜택은 받고 싶어 하지만 이에 필요한 세금은 내기 싫어한다. 그래서 정치인들은 눈앞에 편익을 당장 보여주면서 비용은 숨기거나 늦출 수 있는 사업을 선호한다. 이 때문에 국민연금 등의 유동부채나 장기적 재정적자의 문제가 발생한다.

경기침체가 찾아와 세율을 낮추거나 정부지출을 늘릴 필요가 생기면 정치인들은 흔히 경제적 효과보다 특수이익의 유권자집단을 위한 세율인하와 정부지출확대에 신경을 더 쓴다. 또한 경기침체는 재정적자를 확대를 꾀하는 정치인에게 보호막을 제공한다. 선거 직전에 경기가 호황이면 현직 정치인이 선거에 유리하기 때문에 이들은 경기활성화를 위해 이자율을 낮추려한다. 이를 막기 위해 대부분의 국가에서 통화정책을 책임지는 중앙은행은 정치적으로 독립되어 있다.

경제학자들은 공공재의 공급이 비효율적으로 이루어질 수 있는 여러 가지 원인을 제시하고 있다. (a) 유권자나 정치인들이 공공재의 공급을 결정할 때 이들은 제한되고 패키지로 제시된 선택에 직면한다. 이에 비해 시장에서 소비자는 자신의 선호를 정확히 충족시키는 상품을 구매하고 그렇지 않는 상품은 구매하지 않을 수 있다. (b) 공무원은 일반적으로 기업가들보다 비효율적이다. 이들에게 이윤에 상응하는 개념이 없어서 효율성 증대를 위한 인센티브가 크지 않기 때문이다. (c) 규제대상 산업이 감독기관을 포획하여 자신의 이익에 부합하는 정책이 시행되도록 만들 수 있다.

정부의 민간 기업에 대한 투자수익률은 매우 낮다. 이러한 정부투자의 수익률은 대부분 매우 낮거나 음(−)이다. 특히 정부투자를 받은 기업이 영향력이 큰 정치인에게 재정적 도움을 주는 것으로 밝혀진 경우에 더욱 그렇다.

정부는 민간투자를 촉진하기 위해 민간 기업에 대출보증을 제공하기도 한다. 그러면 성공가능성이 낮은 고위험 사업에 자원이 잘못 배분될 수 있다. 이것은 '손실은 사회로 이익은 나에게'라는 결과를 초래한다. 잘못되면 손실은 납세자가 부담하고 잘되면 이익은 투자자에게 돌아가기 때문이다.

정치적 부패가 존재하면 정부의 자원과 활동이 불법적으로 오용될 수 있다.

3. 공공선택이론과 투표의 역설

공공선택이론에 따르면 다수결투표로 인해 유권자의 선호가 정확히 드러나지 않아 시장의 실패가 발생한다. 공공재 공급이 다수결투표로 결정되면 (1) 공공재의 과소생산이나 과대생산이 나타날 수 있고 (2) 투표결과가 일관성을 잃어 유권자가 실제 원하는 것을 공급할 수 없게 된다.

중위투표자 모형에 따르면 다수결투표가 행해지고 유권자가 일관된 선호를 유지한다면 중위투표자가 투표의 결과를 결정하게 된다. 중위투표자란 어떤 이슈에 대해 중간의 위치를 차지하는 사람을 말한다.

시장뿐 아니라 정부도 약점을 가지고 있는 불완전 경제제도다. 따라서 시장이나 정부가 어떤 영역에서 잘 작동하거나 실패하는지를 항상 주의 깊게 살펴보아야 한다.

주요 용어와 개념

공공선택이론	정부의 대출보증	탈규제
규제의 포획	정부의 실패	통화정책
부패	주인 · 대리인 문제	투표의 담합
유동국채	중위투표자 모형	투표의 역설
재정위기	지대추구행위	특수이익의 효과
재정정책	지역구사업 챙기기	
적자예산	집단행동의 문제	

연습문제

1. 다음에서 대한민국 헌법에 규정된 정부의 경제적 역할이라고 할 수 없는 것은?

(1) 균형 있는 경제성장
(2) 적정한 소득분배
(3) 시장의 지배와 경제력 남용방지
(4) 적정한 통화의 공급
(5) 경제민주화

2. 경제적 효율성을 증대시키는 정부의 역할과 가장 거리가 먼 것은?

(1) 공공재의 공급
(2) 소득재분배
(3) 양(+)의 외부성이 존재할 때 보조금 지급
(4) 사기범의 검거
(5) 계약의 보호

3. 민주주의 정부가 겪는 어려움과 거리가 먼 것은?

(1) 정책의 자기교정 능력 부재
(2) 방대한 정부조직
(3) 관료화
(4) 지나친 융통성
(5) 책임감의 부족

4. 국회가 정부 예산안을 심의할 때 흔히 쪽지 예산이 등장한다. 이를 가장 잘 설명하는 용어는?

(1) 특수이익의 효과 (2) 지대추구
(3) 주인 대리인 문제 (4) 유동국채
(5) 숨은 비용

5. 관료제가 비효율적인 이유와 가장 거리가 먼 것은?

(1) 공무원은 민간부문의 근로자 보다 능력이 떨어진다.
(2) 공무원은 민간부문의 근로자 보다 인센티브가 부족하다.
(3) 공무원은 민간부문의 근로자 보다 성과를 측정하기 어렵다.
(4) 공무원은 민간부문의 근로자 보다 정치적 영향력에 취약하다.
(5) 공무원은 민간부문의 근로자 보다 고용이 안정되어 있다.

6. 정부 투자의 수익률은 민간기업보다 낮은 경우가 흔하다. 그 이유라고 할 수 없는 것은?

(1) 정부의 투자결정은 사회적 편익보다 정치적 배경에 의해 이루어진다.
(2) 정부의 투자는 잘못되더라도 책임을 지는 사람이 거의 없다.
(3) 투자의 수익률이 낮더라도 투자가 줄지 않고 오히려 증가한다.
(4) 정부 투자에 따라 특수이익을 얻는 집단이 예상 수익률을 과다 평가하여 홍보한다.
(5) 정부의 투자는 대부분 양(+)의 외부성을 유발시키므로 사후 수익률이 과소평가된다.

7. 2015년 일반정부에 고용된 인원은 200만 명이었다. 이 중에 관리직이 포함되어있지만 이들이 모두 최하위 직급에 속한다고 하자. 이들을 최종적으로 감독하는 것은 대통령이다. 하지만 대통령이 이들을 모두 감독할 수 없기 때문에 중간에 이들을 관리하는 감독자를 둔다고 하자. 상위 감독자가 관리할 수 있는 하위직급자가 10명이라고 하자.

(1) 200만 명을 관리하기 위해서는 대통령까지 포함한 몇 명의 상위감독자가 필요한가? 대통령까지 포함한 감독자도 공무원라고 하면 감독업무를 담당하는 공무원이 전체 공무원에서 차지하는 비중은 얼마인가?
(2) 200만 명을 관리하기 위해서는 대통령까지 포함하여 얼마나 많은 직급을 두어야 하는가?

8. **어떤 국가의 농민은 10만 명이며 전체 인구는 5,000만 명이다. 그런데 국회는 농업을 보호하기 위하여 1조 원에 달하는 보조금을 농민에 지급하려는 법안을 제출하였다. 농업 보조금은 농민을 포함하여 모든 국민이 동일하게 조세로 부담한다고 하자.**

(1) 농민에 대한 보조금으로 농민 1인이 얻는 이익은 얼마인가? 그리고 농민을 제외한 국민 1인이 부담하는 조세는 얼마인가?
(2) 법률의 통과는 보조금의 정당성을 어떻게 홍보하느냐에 달려 있다. 농민단체가 농민을 조직하여 홍보하려고 한다. 농민단체는 홍보에 따른 비용을 농민들의 자발적 기부금에 의존한다. 농민이 기부하는 최대의 기부금 규모는 얼마인가?
(3) 법률의 통과에 반대하는 시민단체가 있다고 하자. 이들 단체가 직면하는 문제는 무엇인가?

9. **국회의원이나 정치인들은 대중의 이해를 잘 반영하지 못한다는 주장이 있다. 그래서 유권자들이 직접 정부 정책의 시행여부를 결정하도록 하면 정부정책의 비효율성을 줄일 수 있다는 제안이 제기되었다. 그렇게 될 것인지 경제학적으로 설명하시오.**

10. **파랑새 국가는 민주주의국가이다. 오랫동안 2당이 경쟁적으로 정권을 잡아왔다.**

(1) 시간이 지나면서 2당의 정책은 유사해진다. 이를 설명하시오.
(2) 2당은 특정산업에 보조금을 지급하는 정책보다 이들 산업에 진입을 제한하는 정책을 선호한다. 그 이유를 설명하시오.

PART 5

미시경제학의 새로운 시각

15 Chapter

행동경제학

학습내용

1. 행동경제학과 주류 경제학
2. 인간두뇌 작용의 특징: 인지오류
3. 전망이론과 소비자 행동
4. 근시안적 행동과 시간비일관성
5. 공정성과 인간행동

이론의 가치는 이론이 현실을 얼마나 정확하게 예측하느냐에 달려 있다. 예를 들어 물리학은 인공위성을 쏘아 올리는 최적의 궤도를 찾거나 실내에서 휴대폰 통신이 가능하게 하는 최적의 주파수를 찾는데 이용된다. 이런 일에 해결하는데 물리학 시간에 배운 방정식이 쓸모없다면 아무도 물리학을 수강하지 않을 것이다.

주류 경제학 즉 신고전파 경제학은 많은 분야에서 인간의 행동을 비교적 정확하게 예측한다. 특히 금전적 인센티브나 가격변화에 대한 기업과 소비자의 반응을 잘 예측한다. 그러나 예측이 크게 벗어나는 일도 적지 않다. 예를 들어 위험과 불확실성에 대처하는 인간행동을 잘 예측하지 못한다. 위험과 불확실성이 존재할 때 선택을 하려면 의지력과 헌신이 필요하고 의사결정에는 공정성, 상호부조, 신뢰 등이 수반되는 게 일반적이다.

행동경제학은 경제학, 심리학 및 생물학의 통찰력을 종합하여 인간의 행동을 예측하려고 시도한다. 이 장에서는 인간의 경제행위에 대한 이해를 크게 증대시킨 행동경제학의 여러 분야를 소개한다. 이들 중 뛰어난 것이 전망이론으로 위험과 불확실성에 대처하는 인간행동을 이해하는데 크게 도움을 주었다. 그래서 이를 처음 개발한 Daniel Kahneman은 노벨 경제학상을 수상하게 되었다.

체계적 오류와 행동경제학의 등장

우리는 자신을 괜찮은 결정을 내리는 존재로 여긴다. 때로 실수를 하지만 자신감을 가지고 살아간다. 분별력을 가지고 반응하며 의사결정을 내려야 할 때는 언제나 합당한 선택을 할 수 있다고 굳게 믿고 있다. 경제학 용어로 표현하면 의사결정을 합리적으로 행해 자신의 욕구를 충족시킬 기회를 극대화한다고 믿고 있다.

체계적 오류

그러나 과학자들이 축적한 많은 증거들은 이와는 반대다. 사람들은 끊임없이 의사결정의 오류를 범해서 자신의 욕구를 충족시킬 기회를 높이기보다 줄이고 있다. 나아가 대부분의 오류는 **체계적 오류**이다. 즉 비슷한 상황에 계속 직면하더라도 동일한 오류를 반복적으로 저지른다는 것이다.

행동경제학
신고전파 경제학

행동경제학이 **신고전파 경제학**과 다른 길을 걷게 된 것은 수없이 저질러지는 인간의 체계적 오류를 신고전파 경제학이 잘 설명할 수 없기 때문이다. 이러한 문제는 **인간이 근본적으로 합리적이라고 가정**에서 초래된 것이다. 이러한 가정에서도 인간이 새로운 상황에 부딪히면 처음에는 오류를 범할 수 있다. 그러나 경험이 축적되면 학습을 통해 상황에 적응하게 된다. 그래서 의사결정 오류는 잘 일어나지 않는다. 즉 의사결정 오류는 계속 반복되지 않아 체계적 오류가 나타날 수 없다.

경험이 풍부한 사람도 체계적 오류를 저지른다는 증거가 20세기 후반에 축적되기 시작하였다. 이에 대해 신고전파 경제학은 사람들이 무엇이 최선인지에 대해 무지하기 때문이라고 여겼다. 어느 정도 교육이 이루어지면 모든 것이 해결될 것이라고 생각한 것이다. 그러나 사람들에게 자신의 행동이 스스로의 이익을 해친다고 알려주었음에도 사람들은 여전히 동일한 오류를 저질렀다.

결국 일부 학자들은 사람들이 근본적으로 합리적이라는 신고전파 경제학의 가정을 포기하게 되었다. 이를 통해 이들 경제학자들은 인간행동을 보다 정확하게 예측할 수 있는 다른 이론을 개발할 수 있었다. 인간이 어떤 상황에서는 체계적 오류를 저지를 수 있다는 점을 설명할 수 있게 된 것이다. 이러한 노력의 결과들이 지금에 이르러 행동경제학을 낳게 되었다. 행동경제학의 가장 큰 특징은 실제 많은 행동에서 **인간은 비합리적이며 체계적 오류에 빠지기 쉬우며 그러한 행동을 잘 수정하지 않는다**고 여기고 있는 점이다.

행동경제학과 신고전파 경제학의 비교

인간의 합리성

인간의 합리성에 대한 상반된 견해가 행동경제학과 신고전파 경제학의 가장 큰 차이이기는 하지만 그 밖의 점에서도 차이를 보인다. 행동경제학은 신고전파 경제학이 인간의 능력이나 동기에 대해 다음과 같이 아주 비현실적인 가정을 한다고 주장한다.

- 인간의 선호는 안정되어 있어서 상황의 영향을 받지 않는다.
- 인간은 계산에 몰두하며 기계처럼 정확하게 계산하는 존재이다.
- 인간은 강한 의지력을 가지고 계획을 잘 실천한다.
- 인간은 대부분 아주 이기적이며 자기중심적이다.

단순화 가정

위와 같은 가정들은 **단순화 가정**이라고 하는데 신고전파 경제학이 이렇게 가정하는 이유는 2가지 때문이다. 첫째, 이러한 가정이 있어야 신고전파 경제학의 모형은 수학적으로 우아하게 되며 이를 통해 답을 쉽게 구할 수 있다. 둘째, 이러한 가정을 바탕으로 신고전파 경제학모형은 인간행동을 정밀하게 예측할 수 있다.

그러나 불행하게도 정밀성이 정확성을 의미하는 것은 아니다. 저명한 행동경제학자인 Richard Thaler는 이점을 지적하고 있다. "우아하지만 분명 잘못된 것을 택할 것인가 아니면 어수선하지만 어렴풋하게 옳은 것을 택할 것인가?"

행동경제학은 지나치게 어수선하고 치밀함도 떨어진다. 결론적으로 행동경제학은 신고전파 경제학의 단순화 가정을 대체하여 인간의 능력, 동기 그리고 정신 과정에 대한 보다 현실적이고 복잡한 모형을 제시한다. 표 15.1은 신고전파 경제학과 행동경제학의 주요 차이점을 보여주고 있다.

〈표 15.1〉 신고전파 경제학과 행동경제학의 주요 차이점

주제	신고전파 경제학	행동경제학
합리성	사람은 기본적으로 합리적이며 자신의 목적을 달성하기 위해 선택과 행동을 조정한다. 결과적으로 체계적 오류를 저지르지 않는다.	사람들은 비합리적이며 자신의 목적을 달성할 수 있는 기회를 놓치는 오류를 저지른다. 일부 오류는 반복되는 체계적 오류이다.
선호의 안정성	사람들의 선호는 안정적이며 주변 상황에 따라 달라지지 않는다.	사람들의 선호는 불안정하며 일관성이 없을 때가 많다. 주변 상황의 영향(프레이밍 효과)을 받기 때문이다.
지적 계산 능력	사람들은 계산에 몰두하며 정확하게 계산하는 존재이다.	사람들은 수학에 약하며 되도록 어려운 계산을 피하려 한다.
미래에 대한 평가능력	사람들은 현재뿐 아니라 미래의 선택을 잘 평가한다.	사람들은 미래의 결과를 덜 중요시한다.
의지력	사람들은 유혹을 잘 이겨낸다.	사람들은 의지력이 약해 유혹에 잘 빠진다.
이기심	사람들은 대부분 아주 이기적이며 자기 중심적이다.	사람들은 공평무사하고 관대한 편이다.
공정성	사람들은 공정성에 관심이 없다. 이에 관심을 갖는 때는 그렇게 하면 자신이 원하는 것을 얻을 수 있을 때뿐이다.	사람들은 공정성에 큰 관심을 갖는다. 자기에게 이익이 안 될 때에도 다른 사람에게 베푼다.

정신 과정

의사결정에 영향을 주는 정신과정에 초점 행동경제학과 신고전파 경제학의 주요 차이점은 의사결정의 예측에 부여하는 비중이나 중요성에만 있는 것이 아니다. 이러한 결정에 도달하게 하는 **정신 과정**을 이해하는 방식에도 차이를 보인다. 신고전파 경제학은 거의 대부분 행동의 예측에 초점을 맞춘다. 그러나 행동경제학은 행동의 원동력인 정신과정도 중요하게 여긴다.

신고전파 경제학이 예측에 초점을 맞추는 것은 사람들이 합리적으로 행동한다는 가정 때문이다. 이러한 가정을 통해 어떤 행동을 하느냐는 것과 어떻게 그런 행동에 이르게 되느냐는 것은 완전히 분리될 수 있다. 예를 들어 완벽하게 합리적인 인간은 언제나

사례연구: Wannamaker의 한탄

마케팅 전문가들은 소비자행동에 대한 정보를 이용하여 매출을 늘리고자 하거나 신상품을 홍보한다. 이러한 사실을 알게 되는 사람들은 대부분 소름이 돋아서 정말 광고의 조정을 받아 원하지 않은 신상품을 구매하게 되었는지 놀라워한다. 그런데 마케팅 전문가들은 얼마나 알고 있을까?

이들의 성공률을 보면 그리 많이 알고 있지 않는 것 같다. 대부분의 광고는 매출에 별 영향을 주지 않는다. 신상품의 80%는 출시된 지 3개월 이내에 매출이 감소한다. 거의 대부분의 할리우드 영화는 시장조사와 광고에 매년 수십 억 달러를 쓰지만 흥행실패로 끝난다.

19세기 후반 John Wannamaker는 마케팅 전문가들이 겪는 어려움을 잘 표현하였다. 그는 광고의 천재였으며 백화점 경영자였는데 처음으로 가격표와 환불제도를 도입하였다. 그의 다음과 같은 불평은 유명하다. "내가 광고에 쓴 돈의 절반은 낭비였다. 문제는 어떤 반쪽이 낭비인지 모른다는 것이다."

Wannamaker의 한탄을 넘어서기 위해 최근에는 무엇이 매출을 늘릴 수 있는지에 대한 단순한 실험이 무수히 시행되고 있다. 아마존닷컴은 매달 수백 번씩 웹사이트의 구성이 달라지면 소비자집단별로 매출이 어떻게 달라지는지 체계적으로 살펴보고 있다. 라스베가스 카지노는 에어컨에 어떤 향기를 집어넣느냐에 따라 도박이 가장 크게 늘어나는지 체계적으로 알아보는 실험을 하고 있다. 바닐라 향이 가장 큰 효과를 발휘하여 일부 향기는 매출수입을 20%까지 늘리는 것으로 알려져 있다.

자신의 욕구를 가장 잘 충족시킬 수 있는 행동을 선택한다. 현실적으로 어떻게 그런 행동에 도달할 수 있느냐의 문제는 흥미롭기는 하지만 이를 알 필요가 없다. 이를 모르더라도 인간이 완벽하게 합리적이라면 그러한 행동을 선택할 것이기 때문이다. 즉 어떤 과정을 거치든 자신의 이익에 가장 부합하는 행동으로 끝을 맺는다. 결과적으로 신고전파 경제학은 의사결정의 배후에 있는 정신과정을 망설이지 않고 무시한다.

행동경제학자들은 정신과정을 무시하는 신고전파 경제학에 전혀 찬성하지 않는다. 인간의 합리성이 완전하지 않기 때문에 다음의 2가지 점에서 의사결정의 배후에 있는 정신과정을 이해할 필요가 있다는 것이다.

- 인간의 정신과정을 이해하면 인간 행동을 더 잘 예측할 수 있다.
- 더 나은 의사결정을 하게 하는 지침을 마련할 수 있다.

더 나은 의사결정을 통한 결과의 개선 신고전파 경제학과 행동경제학은 인간의 후생수준을 개선하는 방식에서 차이를 드러낸다. **신고전파 경제학의 관심은 인간의 선택 범위를 넓히는데 있다.** 완벽하게 합리적인 인간은 자신의 후생이 최대가 되는 선택을 할 것이므로 어떤 것이 주어진 상태에서는 추가적으로 후생을 증대시킬 수 있는 방법이 없다. 결국 인간의 행복을 증진시키는 유일한 방법은 주어진 상태를 확장시켜 추가적인 선택을 제공하는 길밖에 없다.

이에 비해 행동경제학은 추가적인 선택이 주어지지 않더라도 인간의 행복을 증진시킬 수 있다고 여긴다. 비합리적인 선택이 존재할 수 있음으로 보다 더 잘 선택하도록 개선하면 효용이나 행복수준이 증가할 수 있다는 것이다.

의사결정을 개선함으로써 결과를 개선할 수 있다고 강조하는 것이 행동경제학의 주요 특징 중의 하나다. 이 장 뒤편에 제시된 여러 사례들은 사람들로 하여금 더 나은 선택을 하도록 도와줌으로써 상당한 이익을 얻을 수 있다는 점을 보여주고 있다.

행동경제학과 신고전파 경제학의 상호보완 행동경제학과 신고전파 경제학이 근본적으로 대립한다거나 양립할 수 없다고 여기는 것은 성급한 결론이다. 오히려 많은 경제학자들은 이들이 상호보완적이며 함께 사용하면 인간행동을 이해하는데 도움이 된다고 생각한다.

이들이 상호보완적이라는 점은 지방에 있는 대형 매장에서의 소비자행동을 살펴보면 알 수 있다. 이들 2가지 접근방법을 동시에 사용하면 소비자의 행동을 잘 이해할 수 있다.

- 대형매장에서 신고전파 경제학의 설명 신고전파 경제학이 소비자 구매행위를 이해하는 방식은 '인센티브가 중요하다'는 말로 표현된다. 구체적으로 소비자들은 가격에 큰 관심을 갖는다. 가격이 상승하면 구매를 줄이고 가격이 하락하면 구매를 늘인다. 이러한 통찰은 소비자의 행동을 이해하는데 많은 도움을 준다. 그러나 사람들이 인센티브와 가격에 합리적으로 반응한다고 여기는 신고전파 경제학으로는 설명할 수 없는 소비자 행동도 있다. 이럴 때 행동경제학은 사람들이 행동을 이해하는데 도움을 줄 수 있다.
- 대형매장에서 행동경제학의 설명 신고전파 경제학이 잘 설명할 수 없는 소비자 행위의 예는 우연히 마주친 상품을 구매하는 경향이다. 이것은 **충동구매**라 할 수 있는데 소비자들이 구매를 할 때 한계효용과 가격을 신중히 비교한다는 신고전파 경제학의 가정과 모순된다. 하지만 이러한 충동구매는 주변에서 흔히 볼 수 있으며 판매사들은 이를 적극 활용하기도 한다.

  예를 들어 거의 모든 대형매장은 소비자의 충동구매를 활용하기 위해 우유나 달걀 같은 일상 식품을 매장의 끝부분에 진열한다. 그렇게 하면 소비자들이 이를 사기 위해서 수백 개의 다른 상품을 지나게 되어 이들의 충동구매를 자극할 수 있다. 일부 상품이 소비자의 눈길을 끌게 마련이고 그러면 소비자들은 처음 매장에 왔을 때 구매의사가 없었던 상품을 구매하게 되어 매출이 늘어나게 된다.

  마케팅 담당자도 진열대에 눈높이로 쌓여 있는 상품의 충동구매가 가장 크다는 것을 알고 있다. 그래서 식료품 제조업자들은 이 자리를 차지하기 위해 경쟁적으로 대형매장에 뒷돈을 준다고들 한다. 과자류를 판매하는 진열대에서 가장 비싼 곳은 어른의 눈높이에 있는 곳이 아니다. 이보다 낮은 곳으로 부모와 같이 온 아이들의 눈높이에 있는 곳이다. 아이들은 어른보다 충동구매의 경향이 커서 과자 제조업자들은 아이들의 눈높이에 있는 진열대를 차지하기 위해 기꺼이 비용을 지불한다.

충동구매

상호보완적 설명 행동경제학은 충동구매를 비롯한 비합리적 행위를 설명한다. 이러한 행위의 기저에는 인지적 편향, 휴리스틱, 정보처리를 두고 벌리는 두뇌영역 간 경쟁 등이 있다고 여긴다.

이러한 기저적 요인들을 이번 장에서 설명할 것이다. 그러나 우선 마음에 새겨야 할 것은 인간행동을 이해하기 위해서는 행동경제학뿐 아니라 주류 경제학의 방법도 함께 필요하다는 점이다. 구매자들의 인센티브와 가격에 대한 적극적 반응 등 일부 인간의 행동은 인간이 완벽하게 합리적이라고 여기는 신고전파 경제학모형에 의해 잘 설명된다. 그러나 충동구매처럼 일부 행동은 합리성과는 전혀 거리가 먼 것으로 이러한 행동은 행동경제학의 방법으로 더 잘 설명되는 것이다.

효율적이지만 오류를 범하기 쉬운 두뇌

인간의 두뇌는 우주에서 가장 복잡한 존재라 할 수 있다. 신경세포인 뉴런이 1천억 개이며 이들은 만개가 넘는 연결망을 가지고 있다. 이들의 상호 협력을 통해 우리는 주변을 인식하고 창의성을 발휘하며 주변의 사람 또는 사물과 상호작용을 한다.

눈의 착각

그러나 두뇌는 오류를 범하기 쉽다. 이러한 취약점은 **눈의 착각**에서 가장 잘 드러나는데 이를 보여주고 있는 것이 그림 15.1이다. 그림 15.1에 있는 지시사항을 따르다 보면 우리의 두뇌가 사물의 색채를 일관성 있게 인식하지 못한다는 점을 금방 깨달을 수 있다.

인간두뇌의 한계

시각정보가 왜곡된다는 것은 **인간두뇌의 한계**에 대해 시사하고 있는 바가 크다. 인간두뇌는 시각정보를 처리하고 해석하는데 가장 많은 신경세포를 이용하고 있기 때문이다. 그래서 두뇌가 시각정보의 처리에 오류를 범하고 있다면 다른 모든 분야에서도 오류를 범하고 있다고 여길 수 있다.

에너지를 절약하는 휴리스틱

정보처리과정에서 나타나는 **두뇌의 오류는 진화의 산물**이다. 인류의 조상이 충분한 식량을 구하기 어려웠던 것은 분명하다. 이것이 문제가 되는 것은 우리의 두뇌가 에너지를 지극히 많이 소비하기 때문이다. 실제 두뇌는 몸무게의 5%에 불과하지만 인간이 매일 소비하는 에너지의 20%를 필요로 한다. 인류의 조상이 생존을 위해 사냥하거나 쓰

[그림 15.1] 눈의 착각

인간의 두뇌는 시각정보 등을 처리할 때 다양한 휴리스틱(우회경로)을 사용한다. 대부분의 휴리스틱은 주변 상황을 활용하여 특정 정보를 해석한다. 주변 상황이 변하면 휴리스틱을 거치는 두뇌의 해석도 달라진다. 아래의 그림에서 중간 부분을 손가락으로 가리면 그림의 색깔이 달라진다.

레기 더미를 뒤지던 시절에는 생존에 필요한 에너지를 얻는 일은 쉽지 않았다.

이에 반응하여 인간의 두뇌는 진화하여 두뇌의 에너지 소모가 적도록 다양한 우회경로를 발전시킨다. 이를 **휴리스틱**이라고 한다. 이것은 어림짐작을 하는 것이므로 가장 정확한 두뇌 작용이라고 할 수 없다. 그러나 에너지를 구하기 어려울 때 어느 정도의 어림짐작은 에너지 소모가 적어서 비용이 많이 드는 완벽한 두뇌작용보다는 우월한 선택이었다.

휴리스틱

그림 15.1에서 두뇌가 시각정보를 처리할 때 오류를 범하기 쉽다는 점을 보여주었는데, 이러한 오류가 초래된 것은 두뇌가 시각정보를 처리할 때 다양한 휴리스틱을 사용하였기 때문이다. 일상생활에서는 그림 15.1에서 보여준 눈의 착각은 거의 발생하지 않는다. 그래서 이러한 눈의 착각을 줄이려고 두뇌를 더 사용하는 것은 자원을 낭비하는 것이다. 경제학 용어로 말하자면 두뇌 사용의 증가에 따른 수익은 체감한다. **정확성 증가에 따른 기회비용이 매우 크기 때문에 휴리스틱을 이용하는 것**이다.

일상적인 휴리스틱 사례 다음의 사례를 보면 두뇌가 우리의 거의 모든 행동이나 의사결정에 후리스틱을 사용하고 있다는 것을 알 수 있다.

- **야구공 잡기와 시선고정 휴리스틱** 야구장에서 외야수가 자기 쪽으로 날아오는 공을 잡고자 할 때 직면하는 문제를 살펴보자. 공을 잡기 위해 물리학을 법칙을 이용하여 공이 향하는 방향을 계산하고 그것으로 달려가는 것은 많은 두뇌작용을 필요로 한다.

  외야수가 실제 하는 것은 야구공에 시선을 고정시킨 다음에 공을 자신의 앞에서 잡을 수 있도록 자신의 위치를 조정한다. 이 때 그는 야구공에 시선을 처음 고정시켰을 때의 각도를 그대로 유지한다. 빨리 달릴 수만 있다면 이러한 **시각고정 휴리스틱**을 통해 공을 잡을 수 있는 정확한 위치를 항상 찾을 수 있다. 야구공을 잡기 위해 물리학을 배울 필요가 없는 것이다.

  시각고정 휴리스틱

- **자전거 타기와 방향조정 휴리스틱** 자전거를 탈 때 넘어지지 않기 위한 간단한 휴리스틱이 있다. 그것은 넘어지려고 하면 그 쪽으로 핸들을 돌리는 것이다. 이러한 **방향조정 휴리스틱**이 효과적인 것은 넘어지는 방향으로 핸들을 돌리면 원심력이 작용하여 넘어지기까지 어느 정도 시간이 걸리고 이틈을 이용하여 자전거의 균형을 다시 잡을 수 있기 때문이다. 이러한 방향조정 휴리스틱을 명시적으로 배울 기회는 거의 없지만 어린아이들은 자전거를 배울 때 이를 무의식적으로 배우게 된다.

  방향조정 휴리스틱

- **순위 추측과 인지 휴리스틱** 독일의 뮌헨과 슈투트가르트 중에서 인구가 많은 도시는? 독일에 대해 전혀 알지 못하는 사람도 정답을 곧잘 고른다. 즉 **인지 휴리스틱**을 이용하여 정답인 뮌헨이라고 추측한다. 인지 휴리스틱이란 익숙한 선택문항이 좀 더 중요하거나 순위가 높다고 여기는 것을 말한다.

  인지 휴리스틱

  인지 휴리스틱이 항상 정답을 말해주지 않지만 효과적인 측면이 있다. 주요 인물이나 장소가 언론에 더 자주 언급되기 때문이다. 따라서 보다 익숙한 선택문항이 순위가 높거나 더 중요하다고 여긴다.

  대부분의 **광고는 인지 휴리스틱을 활용**한다. 기업은 수조 원을 지출하여 소비자로

[그림 15.2] 그림자 휴리스틱

두뇌는 빛이 항상 위에서 비친다고 여기고 빛에 관한 정보를 휴리스틱을 이용하여 분석한다. 이러한 조건에서 표면에서 볼록 솟아난 것의 그림자는 아래쪽으로 나타나고 들어간 것의 그림자는 위쪽에 나타나기 마련이다. 따라서 아래의 그림에서 두뇌는 5개의 원을 볼록 솟아있는 것으로 인식하고 아래 줄의 가운데 원은 들어가 잇는 것으로 인식한다. 아래의 그림을 뒤집어보면 이제는 놀랍게도 반대의 결과가 나타난다.

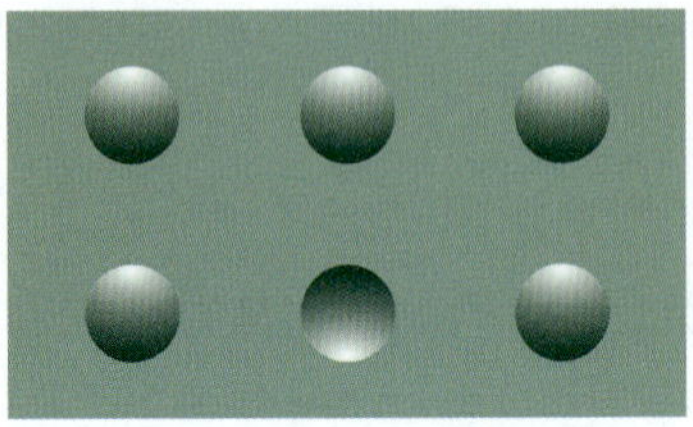

하여금 자신의 제품에 친숙하게 만든다. 소비자는 구매할 때 자신에게 친숙한 제품에 마음이 쏠리기 때문이다.

- **깊이 인식과 그림자 휴리스틱** 세상은 3차원이다. 그러나 우리 눈의 망막세포는 2차원으로 인식한다. 따라서 우리의 두뇌는 망막의 2차원 이미지를 해석할 때 여러 휴리스틱을 이용하여 깊이를 인식한다.

  그림 15.2는 그림자 휴리스틱이 그림자가 드리워진 2차원의 원을 어떻게 해석하는지 보여주고 있다. 즉 그림자가 위쪽에 있는지 또는 아래쪽에 있는지에 따라 원이 들어가 있거나 솟아 있다고 여긴다. 그림 15.2에서 몇 개의 원이 솟아 있는지 세어보자. 그리고 그림을 뒤집어 놓고 다시 세어보자. 보통의 시각을 가진 사람에게는 솟아있던 원이 이제는 들어가 있는 것처럼 보일 것이다.

  그림자 휴리스틱

  왜 이런 현상이 나타날까. 그림자 휴리스틱은 태양빛을 제외한 다른 빛이 거의 존재하지 않을 때 진화한 것이다. 따라서 그 시절에 빛은 항상 위에서 비추는 것으로 여겨졌다. 그런 경우에 표면에서 볼록 솟아난 것의 그림자는 아래쪽으로 나타나고 들어간 것의 그림자는 위쪽에 나타나기 마련이다. 두뇌는 모든 사물에 **그림자 휴리스틱**을 사용하므로 그림 15.2에 있는 원은 2차원 평면에 있는 것이지만 그림자가 있어서 이를 3차원의 사물로 인식하며 그림자가 위 또는 아래에 있느냐에 따라 들어가거나 솟아 있는 것으로 인식하는 것이다.

고착된 휴리스틱이 주는 시사점 이 장을 공부하면서 염두에 두어야 하는 것은 대부분의 휴리스틱이 두뇌에 고착되어 있다는 점이다. 따라서 이를 고의적으로 잊어버리거나 회피할 수 없다. 휴리스틱을 피할 수 없다는 것은 3가지 주요한 시사점을 던진다.

1. 잘못을 지적받더라도 자신에게 해로운 행동이나 습관을 고치기 어렵다.
2. 인간은 인간의 고착된 행동양식을 잘 이해하는 사람들의 먹잇감이 되기 쉽다.
3. 사람들의 행동을 긍정적으로 변화시키려면 휴리스틱이 작동하여 무의식적으로 바람직한 결과에 이를 수 있도록 환경을 만들어주어야 한다.

두뇌의 모듈

현대 인간의 두뇌는 모듈 형태로 작동한다. 그래서 두뇌의 특정부분이 시각, 호흡 그리고 분노 등 특정한 감각과 행동 그리고 감정을 담당한다.

이러한 모듈 구조는 현생 인류의 조상이 지녔던 단순한 두뇌로부터 진화하여 수백만 년 동안 점차 형성되었다. 두뇌에서 가장 오래된 부분은 두개골의 뒤쪽 즉 척추와 두개골의 연결부위에 위치하고 있다. 이에 비해 최근에 형성된 부분은 이마에 가까운 전두엽 부분이다.

오래전에 형성된 두뇌의 뒤쪽 부분은 호흡이나 땀의 배출과 같은 무의식적인 행동뿐 아니라 공포나 즐거움 같은 반사적인 정서적 반응을 지배한다. 최근에 형성된 앞쪽 부분은 창의적 사고, 미래에 대한 상상, 사회적 관계를 맺고 있는 인물에 대한 기억 등을 지배한다. 즉 대부분의 의식적인 행동을 지배한다.

시스템1과 시스템2 두뇌의 의사결정 체계는 시스템1과 시스템2라는 2가지 범주로 나누어진다고 보면 이해하기 쉽다. 시스템1은 오래전에 형성된 부분에 존재하는 수많은 휴리스틱을 이용하여 신속하면서도 무의식적인 반응을 이끌어낸다. '직감'을 경험한 적이 있다면 그것은 시스템1이 작동한 것이다. 이에 비해 시스템2는 최근에 형성된 두뇌부분을 이용하여 비용과 편익에 대한 느리지만 신중하고 의식적인 계산을 행한다. '심사숙고'한 적이 있다면 그것은 시스템2를 이용한 것이다.

때에 따라 무의식적인 시스템1의 직관이 의식적인 시스템2의 논리와 갈등을 빚기도 한다. 예를 들어 시스템1은 재빨리 모든 과자를 먹도록 지시하지만 시스템2는 하나만 먹고 다이어트를 하도록 주의를 준다. 그러나 많은 증거들에 따르면 **대부분의 의사결정은 시스템1의 직관이나 휴리스틱에 의해 거의 또는 전적으로 이루어진다**. 문제가 되는 것은 이러한 무의식적인 정신작용이 다양한 인지적 편향을 초래한다는 점이다.

인지적 편향 **인지적 편향**이란 체계적 오류를 초래하는 잘못된 인식이나 오해를 뜻한다. 인지적 오류는 다양하지만 크게 2가지 범주로 분류할 수 있다. 첫째는 잘못된 휴리스틱에서 초래되는 정신과정의 오류이다. 앞에서 설명하였듯이 잘못된 휴리스틱은 진화과정에서 신속함과 효율성을 위해 정확성이 희생된 결과 나타난 것이다.

인지적 편향

두 번째 범주는 두뇌가 지금껏 다루어보지 못하였던 문제에 적합하도록 진화하지 못해서 발생하는 정신과정의 오류이다. 즉 계산문제를 풀거나 컴퓨터 프로그램을 짜는 것처럼 현대적 문제나 도전을 해결할 수 있는 능력을 두뇌가 갖추지 못하였다는 것이다. 인류의 조상은 수학, 공학, 통계학 등을 접해보지 못하였다. 그래서 이러한 문제를 다루는 시스템1의 휴리스틱은 전혀 존재하지 않는다. 게다가 느리지만 의식적인 시스템2의 정신과정은 이러한 문제를 다루는데 크게 도움이 되지 못한다. 시스템2는 사회적 관계를 맺고 있는 인물을 기억하거나 어느 때 사냥을 하는 게 도움이 되는지 등 전혀 다른 문제를 다루도록 진화하였기 때문이다.

따라서 대부분의 사람들에게 수학이나 물리학처럼 최근에 발전한 지적 도전들은 매우 피곤하게 다가온다. 나아가 인지적 편향도 자주 발생하는데 그것은 다른 목적에 적합한 시스템2를 현대적 문제를 해결하는데 사용하면 원활하게 작동하지 않기 때문이다.

심리학자들은 수십 가지의 인지적 편향을 찾아냈다. 경제학이나 의사결정과 관련된 몇 가지 편향만을 살펴보자.

확증 편향

- 확증 편향 **확증 편향**이란 자신의 신념과 일치하는 정보에만 주의를 기울이는 경향을 말한다. 자신의 신념과 일치하지 않는 정보는 무시하거나 스스로 합리화하여 이를 배제한다. 확증 편향이 문제가 되는 것은 **의사결정이 잘못되었다는 객관적인 증거들이 쌓여도 잘못된 의사결정을 반복**할 수 있기 때문이다. 잘못된 정책이나 부정확한 견해를 포기하고 다른 대안을 찾아야 한다는 증거가 엄청나게 많음에도 이를 고집하는 사람이 있다면 그는 확증 편향에 빠져 있을 가능성이 크다.

자기위주 편향

- 자기위주 편향 **자기위주 편향**이란 자신의 성공은 자신의 노력이나 성격 때문이라고 여기는 반면 자신의 실패는 외부적 요인 때문이라고 여기는 경향을 말한다. 이러한 편향은 자존심을 유지하는데 도움이 되지만 실수를 그만두기 어렵게 만든다. 자신은 어떻게 할 수 없는 실수였다고 잘못 인식하기 때문이다.

과잉확신

- 과잉확신 **과잉확신**이란 자신의 판단이나 견해의 정확성에 대해 지나치게 확신하는 경향을 말한다. 예를 들어 어떤 질문에 대한 자신의 답을 '99% 정확하다'고 확신한 사람들의 40% 이상이 실제는 잘못된 답을 하였다. 이러한 과잉확신이 잘못된 의사결정을 초래하는 것은 처음의 예감이 실제 올바른지 조금도 검증하지 않고서 행동하도록 만들기 때문이다.

사후 과잉확신 편향

- 사후 과잉확신 편향 **사후 과잉확신 편향**이란 사건의 사후에 이를 사전에 예측할 수 있었다고 여기는 경향을 말한다. 예를 들어 철수와 수철이 선거에서 맞붙었다고 하자. 개표 전에는 많은 사람들이 철수가 질 것이라고 예측하였다. 그러나 철수가 승리한 것으로 판명된 다음에는 잘못 예측하였던 많은 사람들이 '그렇게 될 줄 알았다'고 스스로 생각한다. 이처럼 '그렇게 될 줄 알았다'는 식의 잘못된 인식은 자신의 예측력을 지나치게 과대평가하게 만든다.

가용성 휴리스틱

- 가용성 휴리스틱 **가용성 휴리스틱**이란 어떤 사건의 발생확률을 객관적 사실에 근거하여 평가하는 것이 아니라 유사한 사건이 얼마나 빨리 생각나느냐 즉 자신의 기억에서 얼마나 쉽게 가용한가에 따라 평가하는 것을 말한다. 격한 감정이 담긴 생생한 이미지가 가장 쉽게 떠오르기 때문에 사람들은 살인사건, 항공기사고, 어린이 유괴 사건 등이 실제보다 자주 발생한다고 여긴다. 반면에 기억나지 않는 사건들의 발생확률은 낮다고 여긴다.

  예를 들어 살해될 확률이 위암으로 죽을 확률보다 훨씬 낮지만 대부분의 사람들은 그 확률을 비슷하게 여긴다. 사람들은 실제 사건이나 미디어 등에서 살인을 자주 접해서 이를 생생하게 기억하지만 위암으로 죽은 사람들에 대한 기억은 거의 가지고 있지 않기 때문이다.

  가용성 휴리스틱 때문에 실제 **발생확률은 낮으나 눈에 띄는 위험에 대해서는 지나칠 정도로 대비**를 하지만 발생확률이 꽤 높은 둔감한 위험에 대해서는 이를 대비하는데

[그림 15.3] 프레이밍 효과에 따른 글자의 착각

위아래 줄의 가운데 글자는 동일하다. 그러나 A와 B 사이에 놓여 있으면 두뇌는 이를 B로 인식한다. 그리고 12와 14 사이에 놓여 있으면 이를 13으로 인식한다. 우리의 두뇌가 실제 보는 것은 주변 상황(프레임)에 크게 좌우된다.

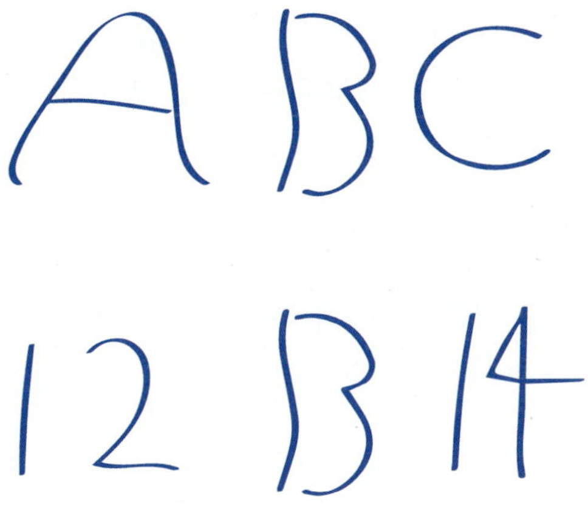

소홀히 하게 된다.

계획 오류

- 계획 오류 **계획 오류**란 작업의 완수에 걸리는 시간을 지나치게 과소평가하는 경향을 말한다. 정신없이 벼락치기로 시험공부를 하는 사례가 이를 잘 보여준다. 벼락치기로 시험공부를 하는 학생들은 시험 준비시간을 과소평가한 것이다. 계획오류는 건설공사나 사업계획을 비롯하여 정부의 개혁조치가 원래 계획보다 상당히 늦게 시행된다는 점을 잘 설명해준다.

프레이밍 효과

- 프레이밍 효과 **프레이밍 효과**란 전후사정 즉 프레임을 어떻게 달리하느냐에 따라 특정정보나 동일한 환경에 대한 반응이 달라지는 것을 말한다.

그림 15.3이 이를 보여주고 있다. 위아래 줄의 중간글씨는 동일하다. 그러나 주변의 글씨가 무엇이냐에 따라 달리 인식된다. 윗줄에서처럼 알파벳사이에 놓여있으면 두뇌는 이를 B로 인식하지만 아래 줄처럼 숫자사이에 놓이면 13으로 인식한다.

전후사정이 바뀌면 행동이 극적으로 달라질 수 있다. 실험에 따르면 정상적인 사람이라도 낙서와 쓰레기가 널려있는 장소에서는 쓰레기 무단투기와 절도 그리고 무단침입을 저지를 가능성이 2배로 증가한다. **깨끗하게 정돈된 지역을 허름하거나 무질서한 지역으로 바꾸어 놓으면 정상적인 사람도 무의식적으로 범죄를 저지를 수 있다**는 것이다.

프레이밍 효과는 소비자의 구매도 변화시킨다. 슈퍼마켓에서 예쁜 스티커를 붙여 놓은 사과는 비싼 값에 팔린다. 그리고 모양 좋은 플라스틱 용기에 담긴 고기는 빨리 팔린다. 명품상점에서 소비자는 고가의 포장용기에 쌓인 제품의 가치를 높게 여긴다. 쇼핑장소를 고급스럽게 꾸미는 것도 마찬가지의 효과를 가져다준다. 그래서 명품상점은 건물의 내부구조나 상품진열에 막대한 비용을 쓰는 것이다.

전망이론

신고전파 경제학의 관심은 주로 소비자의 선택에 집중하는데 이때 비 재화를 배제하고 재화의 선택만을 다룬다. 즉 돈을 어떻게 쓸 것인가를 결정할 때 소비자는 양(+)의 한계효용을 주는 재화만을 고려한다고 여긴다. 그 후에 효용극대화의 규칙에 따라 주어진 예산으로 각 재화를 얼마만큼 구입해야 효용을 극대화할 수 있는지 살핀다.

그러나 인생을 살다보면 비재화의 선택에 직면하는 경우도 흔하다. 주택에 화재가 날 수도 있다. 투자가 실패하기도 하고 빌려준 돈을 받지 못할 때도 있다.

행동경제학은 부정적 결과가 초래될 가능성이 있을 때 사람들이 어떤 선택을 하는지에 큰 관심을 가지고 있다. 재화뿐 아니라 비 재화를 선택해야 하는 전망이 존재할 때 사람들이 이에 어떻게 대처하는지에 대한 수많은 관찰 기록이 존재한다. 3가지 흥미로운 결과를 정리하면 다음과 같다.

- 사람들이 재화와 비재화를 판단하는 기준은 상대적인 것으로 **현재의 상태에 비추어 이익 또는 손해여부를 따진다**.
- 사람들이 경험하는 이익의 한계효용은 체감한다. 즉 이익이 증가하면 기분이 좋아지지만 이익이 증가할수록 예전만큼 기분이 좋아지지 않는다. 그리고 손실의 한계 비효용도 체감한다. 즉 손실이 증가하면 기분이 상하지만 손실이 증가할수록 예전만큼 기분이 상하지 않는다.
- 손실회피심리
  사람들은 손실회피 심리를 보인다. **손실회피심리**란 현재의 상태에서 동일한 크기의 손실 또는 이익이 발생하였을 때 손실로 인한 상실감이 이익으로 인한 행복감보다 훨씬 크다는 것이다. 실제 2.5배 정도 더 컸다. 즉 현재의 자산에서 1,000원의 손실이 발생하였을 때 투자자가 느끼는 고통은 1,000원의 이익을 보았을 때의 만족감보다 2.5배 정도 강렬하다는 것이다.

전망이론

사람들이 재화나 비재화에 대처하는 3가지 방식이 전망이론의 기초를 이룬다. 전망이론은 소비자들이 인생의 부침에 대해 어떻게 대처하는지를 설명해 주고 나아가 사람들이 왜 편협하며 '큰 그림'을 왜 보지 못하는지도 설명하여 준다. 전망이론은 대단한 설득력을 지니고 있다. 이 때문에 이를 처음 소개한 Daniel Kahneman은 노벨 경제학상을 받게 된다. 이제 **전망이론**이 아니면 설명하기 어려운 소비자행동을 몇 가지 살펴보자.

손실과 포장용량 줄이기

사람들은 자신들에게 익숙한 현재의 상태에 견주어 이익과 손해를 판단한다. 따라서 기업은 제품의 가격을 인상할 때 매우 주의를 기울인다. **현재의 가격에 익숙한 소비자들이 가격인상을 현재의 가격에 비추어 손해라고 여길 것**이기 때문이다.

소비자들이 가격인상을 손해로 여기지 않는다면 많은 식료품 회사들이 원가가 상승하였을 때 제품의 용량을 줄이는 현상을 달리 설명할 수 없다. 허쉬 초콜릿 회사는 용량을 줄이는 것으로 유명하다. 이 회사는 100년 전에 설립되었는데 초기 10년간은 초콜릿 바 하나에 항상 5센트의 가격을 매겼다. 하지만 크기는 원가에 따라 커지기도 하고 작아지기도 하였다. 원자재 가격이 오르면 가격은 5센트에 고정한 채 크기를 줄였다. 원자재 가격이 하락하면 가격을 5센트로 유지한 채 크기를 늘렸다.

이러한 전략이 묘한 것은 소비자들이 원가변동으로부터 전혀 보호받지 않기 때문이다. 소비자가 합리적이라면 관심의 대상은 초콜릿 바 10g당 지불하는 가격이다. 비록 가격이 고정되어 있더라도 크기가 변하면 10g당 지불하는 가격은 달라진다.

그런데 이점에서 소비자가 완전히 합리적인 것은 아니다. 소비자의 마음은 가격에 고착되어 있다. 가격이야말로 소비자가 구매를 결정할 때 주로 관심을 기울이는 익숙한 특성이기 때문이다. 5센트의 가격이 소비자가 익숙한 현재의 상태인 것이다. 그래서 허쉬 초콜릿 회사는 가격인상이 소비자의 마음에 손실로 여겨질 것을 우려한 것이다. 따라서 현명하게도 원가가 상승하였음에도 가격을 5센트로 유지하였던 것이다.

요즈음 여러 기업들이 이러한 전략을 사용하고 있다. 2007~2008년의 대침체기 이후 설탕, 콩, 옥수수 등의 원자재 가격이 크게 올랐었다. 이에 주요 대기업들은 제품의 가격을 올리지 않고 크기를 줄였던 것이다. 아이스크림 업체인 하겐다즈는 슈퍼마켓에 공급하는 아이스크림의 용량을 16온스에서 14온스로 줄였다. 치즈업체인 크라프트는 1팩에 든 슬라이스 치즈를 24개에서 22개로 줄였다. 오렌지주스 업체인 트로피카나는 오랫동안 공급하던 64온스의 용기를 59온스로 줄였다. 프록터앤드갬블은 종이타월의 개수를 60개에서 52개로 줄였다.

프레이밍 효과와 광고

사람들은 주어진 상황을 이익과 손실의 관점에서 평가한다. 따라서 의사결정은 이익과 손실을 평가하는데 이용하는 정신적 프레임에 따라 크게 달라진다. 몇 가지 사례를 통해 전후사정 즉 '프레임'의 변화가 어떻게 동일한 상황을 때에 따라서 이익 또는 손실로 달리 받아들이게 하는지 살펴보자. 아래의 질문에 스스로 답해보자.

- 연봉 1억 원에 만족하십니까? 대부분 그렇다고 답할 것이다. 그러나 작년의 연봉이 1억5천만 원이었어도 동일한 답을 하겠습니까? 작년에 비해 5천만 원의 연봉이 깎였다는 것을 알면서도 이전과 같이 만족한다는 답을 하겠습니까?
- 시간제 일자리를 가지고 있는데 사장이 급여를 10% 인상한다고 말하면 만족하겠습니까? 그러나 다른 사람의 급여가 모두 15% 인상되었어도 동일한 답을 하겠습니까? 아니면 다른 사람에 비해 손해를 보았다고 여길 것입니까?

전망이론이 고려하는 것은 **전후사정의 정보에 따라 어떤 상황을 이익 또는 손실로 받아들이는데 그 결과 사람들의 선호가 크게 달라진다**는 점이다. 이러한 프레이밍 효과를 깨닫는 것이 대단히 중요하다. 광고업자, 변호사, 정치인들이 이를 이용하여 사람들의 의사결정을 바꿀 수 있기 때문이다. 예를 들어 '99% 천연 식품'이라고 광고하는 게 나을까 아니면 '1% 인공첨가 식품'이라고 광고하는 게 나을까? 광고의 내용은 동일하지만 첫 번째 광고는 주어진 상황(99% 천연 식품)을 이익이라는 프레임으로 받아들이게 하고, 두 번째 광고는 주어진 상황(1% 인공첨가 식품)을 손실이라는 프레임으로 받아들이게 한다.

어떤 약을 복용하면 99.9% 생존한다는 약을 살 것인가 아니면 0.1%의 사람이 사망한다는 약을 살 것인가? 생존은 이익이고 사망은 분명 손실이다. 어떤 프레임이 바람직할까?

프레이밍 효과는 소비자 행동에 커다란 영향을 미친다. 이익 또는 손실을 판단하는데 이용되는 프레임을 바꾸어 소비자의 의사결정을 달라지게 만들기 때문이다.

기준점 효과와 신용카드 청구서

사람들이 이익과 손실을 평가하려면 이러한 평가의 기준이 되는 현재의 상태를 먼저 상정하여야 한다. 그런데 현재의 상태와 무관한 정보가 사람들의 기준에 무의식적인 영향을 준다는 점이 밝혀졌다. 아주 흥미로운 예를 들어 보자. 사람들에게 자신의 주민등록번호 뒤쪽 2자리를 쓰도록 한 다음 자신에게 보여준 무선키보드의 가치가 얼마나 될지 써보도록 하였다. 주민등록번호의 뒷자리가 큰 숫자인 사람 예를 들어 67이나 89인 사람이 18이나 37인 사람에 비해 무선키보드의 가치를 높게 평가하였다. 이러한 차이는 생각보다 크다. MIT 대학의 MBA 과정에 다니는 학생 중 뒤쪽 2자리 숫자가 80부터 99 사이에 있는 학생은 무선키보드에 대해 56,000원의 가치를 부여하였고 00에서 20 사이에 있는 학생은 16,000원의 가치를 부여하였다.

기준점 효과

심리학자와 행동경제학자들은 이러한 현상을 **기준점 효과**라고 한다. 주민등록번호의 뒤쪽 2자리라는 최근의 정보가 영향을 미쳐서 즉 기준점이 되어 무선키보드의 가치평가가 이루어졌기 때문이다. 현재의 상황과 전혀 무관한 정보가 무선키보드의 가치평가에서 기준점이 되는 원인은 아직 밝혀지지 않았다. 하지만 기준점 효과는 실제 존재하는 것으로 사람들이 여러 대안을 선택할 때 이들 대안의 평가를 무의식적으로 바뀌게 한다.

불행하게도 신용카드회사는 진작부터 이러한 현상을 알아차렸다. 이를 이용하여 이윤을 증가시킬 목적으로 신용카드회사는 신용카드청구서에 소액의 최소상환금액을 적어 보낸다. 최소상환금액을 높일 수도 있지만 이는 대부분 청구금액의 2%에 불과하다. 왜 이렇게 적은 금액을 정하였을까? 이 금액이 기준점이 되어 사람들은 무의식적으로 적은 금액만을 상환하기 때문이다. 이에 따라 카드사용금액의 상환기간이 크게 늘어나고 이들이 지불하는 이자도 증가한다. 카드사용대금이 1백만 원이고 미상환카드대금에 대한 년 이자율이 19%라고 하자. 그러면 미상환대금의 2%를 매달 상환하면 전체를 상환하는데 22년이 걸리고 이자를 포함한 총 상환금액은 3,398,120원이 된다. **아주 적은 최소상환금액을 보여줌으로써 카드회사는 고객들이 이를 기준점으로 삼아 비싼 이자를 지불하며 카드대금을 천천히 상환하도록 만들고 있는 것**이다.

심리적 회계와 보증에 대한 과대평가

심리적 회계

효용극대화 규칙이 가정하고 있는 것은 주어진 소득으로 총효용을 극대화하고자 할 때 소비자들은 모든 소비 대안을 동시에 고려한다는 것이다. 그러나 경제학자 Richard Thaler가 관찰한 바에 따르면 사람들은 소비 대안을 개별적으로 고려하며 그래서 전체 소비대안을 동시에 고려하지 않는 비합리적인 행동을 한다. 이러한 발견은 널리 알려졌으며 Richard Thaler는 이를 **심리적 회계**라고 이름 붙였다. 사람들이 일부 소비 대안을 임의로 별개의 '심리적 회계항목'으로 분류하여 이들 항목이외의 소비대안을 전혀 고려하지 않는 것처럼 행동하기 때문이다.

이러한 차선의 극대화가 어떤 결과를 초래하는지 수리 보증의 사례로 살펴보자. 소비자가 고가의 TV를 살 때 판매점은 흔히 보증기간의 연장을 제안한다. 전자제품은 거의 고장 나지 않기 때문에 연장된 보증의 가격은 아주 비싼 편이다. 금융전문가들은 이러한 보증연장을 사지 말도록 권고한다. 그러나 많은 사람들은 이를 구매하는데 그것은 심리적 회계 때문이다.

이들은 심리적으로 TV의 구매를 개별적이고 독립적인 거래로 여긴다. 그래서 이를 '새로운 TV 구매' 같은 독립된 심리적 항목으로 두뇌에 저장한다. 개별적 항목만을 살펴보면 TV의 고장으로 인한 손실 가능성은 과대평가된다. 개별 항목만으로 보면 1백만 원짜리의 TV가 고장 나면 1백만 원의 손실이 발생하여 전체 가치가 사라지는 것으로 여길 수 있기 때문이다. '이럴 수가! 1백만 원짜리를 샀는데 1백만 원의 손해를 볼 수 있다니!' 이에 비해 소비자가 전체 소득과 지출을 보게 된다면 1백만 원의 손실을 전체 미래소득과 비교해 볼 것이다. 그러면 잠재적 손실이 상대적으로 크지 않다고 여길 것이고 그래서 비싼 보증기간의 연장을 택하지 않을 것이다.

보유효과와 시장거래

보유효과

보유효과란 자신이 현재 보유하고 있는 것의 가치를 그렇지 않을 때보다 높게 평가하는 경향을 말하는데, 행동경제학은 이에 대한 설명을 제공해준다. 예를 들어 누군가에게 머그잔을 보여주며 얼마까지 지불할 용의가 있느냐고 물었을 때 1만 원이라고 답하였다고 하자. 그에게 머그잔을 주어 이를 소유하게 되었을 때 얼마까지 주면 머그잔을 팔 것인가를 물으면 처음보다 높은 가격인 15,000원이라고 답할 가능성이 크다는 것이다.

재미있는 것은 그것이 어떤 속임수나 흥정의 결과가 아니라는 것이다. 오히려 우리의 두뇌가 **자신이 소유한 것에 더 높은 가치를 부여하도록 고착**되어 있어서 그런 결과가 초래된다. 경제학자 John List가 보여준 바에 따르면 사람들이 되 팔기위한 상품구매에 익숙해지면 이러한 경향은 완화된다. 그러나 이러한 경험이 없으면 보유효과는 크게 작용한다. 그렇게 되면 시장에서 구매자와 판매자 간의 거래는 이루어지기 어렵다. 판매자가 팔려는 상품에 부여하는 가치가 구매자가 사려는 상품에 부여하는 가치보다 높을 수 있기 때문이다. 판매자는 '내 머그잔은 나에게 15,000원의 가치가 있다'고 여길 것이고 구매자는 '너의 머그잔은 나에게 10,000원의 가치밖에 없다'고 할 것이다.

여러 연구에 따르면 보유효과 즉 팔려는 상품에 대한 고평가는 손실회피심리에서 비롯된 것이다. 소유한 어떤 것을 판매로 상실하게 되면 이를 잠재적 손실로 여겨질 수 있다는 것이다. 따라서 소유한 것을 팔라고 요청하면 상실에 대한 보상으로 많은 것을 요구하게 된다. 반면에 어떤 것을 구매할 때는 상실감을 느끼지 않기 때문에 판매자가 요구하는 가치보다 낮은 가치로 평가하게 된다.

현상유지 편향

현상유지편향

현상유지편향이란 기본선택(현재의 상태)으로 제시된 문항을 선호하는 경향을 말하는데, 전망이론은 이를 잘 설명한다. 예로 지구촌 전망 15.1을 살펴보자. 여기에는 장기기증의사를 가진 일부 유럽국가들의 인구비율이 나타나 있다.

그림에서 알 수 있듯이 11개국 중에서 7개국의 장기기증의사를 가진 인구비율은 매우 높고 4개국은 대단히 낮다. 이를 문화적 차이에서 비롯된 것으로 여길지 모르지만 독일이나 오스트리아처럼 문화적으로 유사한 국가에서도 차이가 크게 난 것을 보면 문화적 차이 때문만은 아니다.

실제 이러한 차이는 **장기기증의사를 물을 때 제시된 기본선택이 달랐기 때문에 발생한 것**이다. 기증의사가 높은 국가에서 기본선택은 기증하는 것이었고 따라서 기증하고 싶지 않으면 기증을 원하지 않는다는 문항에 따로 표시를 하여야 했다. 이에 비해 기증의사가 낮은 국가의 기본선택은 기증하지 않는 것이었고 기증하고자 한다면 기증을 원한다는 문항에 따로 표시를 하여야 했던 것이다.

그래서 그림은 사람들의 정확한 장기기증의사를 보여주기보다 사람들이 기본 선택을 한다는 사실을 나타내주고 있다. 사람들은 별도의 항목에 따로 표시하는 번거로움을 택하지 않았다는 것이다. 결과적으로 대부분의 사람들은 기본선택의 내용이 무엇이든 이에 동의하는 셈이다. 이로 인해 전적으로 기본 선택이 무엇이냐에 따라 장기기증의사에 큰 차이가 발생하였다.

전망이론은 보유효과와 손실기피성향이 복합적으로 작용하여 현상유지 편향을 초래한다고 여긴다. 새로운 상황에 직면하였을 때 대부분의 사람들은 여러 선택에 대한 사전정보를 가지고 있지 않다. 따라서 선택지들이 어떤 프레임으로 주어지느냐가 대단히 중요하게 된다. 어떤 항목이 기본선택으로 주어지면 사람들은 이를 계속 유지하여야하는 소유물로 여기는 경향이 있다. 이와 함께 다른 선택 항목은 손실을 초래하는 것으로 전망한다. 여기에 손실기피심리가 끼어들면서 대부분의 사람들은 손실을 회피하기 위해 기본선택을 고수하게 되는 것이

지구촌 전망 15.1

장기기증 동의자의 인구 비중

사람들은 기본선택으로 제시된 문항이 무엇이든 이를 선호한다. 장기기증 동의자의 비율이 높은 7개 국가에서 기본선택은 장기를 기증하는 것이었다. 반면에 장기기증 동의자의 비율이 낮은 4개 국가에서 기본선택은 장기기증을 하지 않는 것이었다.

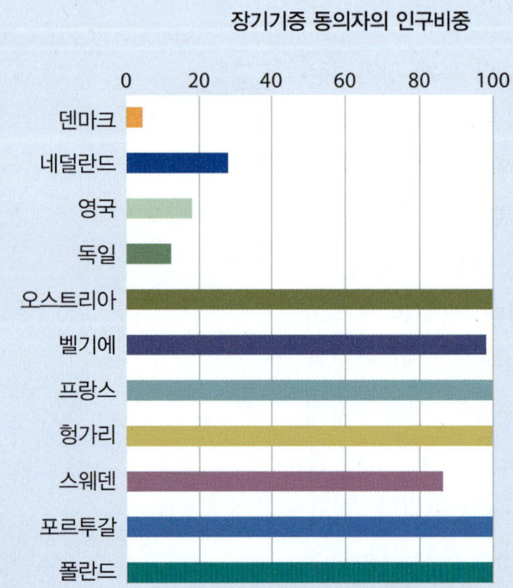

출처: Eric Johnson and Daniel Goldstein, "Defaults and Donation Decision," Transplantation 78, no.12, December 27, 2004. 저작권 센터를 통하여 Wolters Kluwer Health의 허락을 득함.

다. 결과적으로 현상유지편향이 나타난다.

현상유지편향은 일부 소비자 행동을 설명해준다. 예를 들어 브랜드 충성도를 살펴보자. 한번 삼성 스마트폰을 구입하고 나면 현상유지심리 때문에 다른 브랜드의 스마트폰을 구입하지 않으려한다. 다른 브랜드로 바꾸었을 때 겪게 되는 상실감을 경쟁회사가 이겨내기는 쉽지 않다. 그래서 경쟁회사는 기존브랜드에 맞서 대폭적인 할인행사를 하거나 자신의 제품을 써보도록 무료 샘플을 제공하기도 한다.

근시안과 시간 비일관성

인류의 조상은 먼 미래에 일어날 일을 걱정하며 살 겨를이 없었다. 전염병, 맹수 그리고 끊임없는 배고픔 등으로 삶은 지극히 불안정하였다. 따라서 대부분의 관심은 오늘을 어떻게 무사히 보내며 몇 주 혹은 몇 달 후까지 어떻게 견디느냐의 문제였다.

하지만 현재에 이르러 산업사회에 거주하는 대부분의 사람들은 전염병으로 죽은 일이 거의 없다. 맹수들은 동물원에서나 구경할 수 있고 굶주림으로 죽을 가능성도 거의 없다. 80세 이상까지 사는 일은 흔해졌고 대부분 노환으로 죽는다. 이로 인해 은퇴 후 실세나 자녀 교육비 마련처럼 장기적 과제가 거의 모든 사람들의 공통관심사가 되었다.

하지만 불행하게도 우리의 **두뇌는 우리의 조상들의 당면과제였던 단기적 문제에 적합하도록 진화**하였다. 그래서 우리는 현재와 미래 사이에 상충관계가 존재하기 마련인 장기계획을 세울 때 어려움을 겪는다. 여러 장애물이 있지만 그중에서 근시안적 행동과 시간 비일관성이 대표적인 장애물이다.

근시안

근시안

생물학에서 근시안이란 멀리 떨어진 사물이 초점을 벗어나 흐리게 보이거나 아예 보이지 않는 시력의 장애를 말한다. 이를 유추하여 경제학에서 **근시안**이란 두뇌가 미래를 개념화하는데 어려움을 겪는다는 사실을 뜻한다. 현재에 비해 미래는 초점을 벗어나 흐리게 보이거나 아예 보이지 않는다는 것이다.

예를 들어 우리의 두뇌는 현재의 편익과 비용을 잘 비교하여 즉각적인 의사결정을 내린다. 하지만 미래의 편익이나 비용을 개념화해야 할 때에 두뇌는 미래에 대해 거의 '눈가림' 수준이다. 그래서 몇 주나 몇 달보다 먼 미래에 발생할 사건의 가능성을 평가하는데 어려움을 겪는다.

근시안이 문제가 되는 것은 사람들이 즉각적인 편익과 장기적 편익 사이의 선택에 직면하였을 때이다. 이때 사람들은 **보다 가까운 편익을 훨씬 선호**한다. 예를 들어 태수가 100만 원을 가지고 있는데 이를 다음 달 휴가 때 모두 써버리거나 30년 후의 은퇴에 대비하여 저축하는 선택에 직면하였다고 하자.

근시안 때문에 저축으로 30년 후에 증가될 구매력이 주는 즐거움은 잘 떠오르지 않는다. 이에 비하여 다음 달 휴가를 갔을 때 얻게 될 즐거움은 쉽게 생각난다. 그래서 태수는 다음 달 휴가 때 돈을 쓰는 쪽으로 심하게 편향된다. 근시안은 장기적 선택이 주는

사례연구: 기발한 판매 전략

햇볕이 잘 드는 지역에 태양광 발전시설이 설치되면 몇 년 지나지 않아 설치가구가 절약하는 전기요금이 설치비용을 넘어서게 된다. 이 시점을 지나더라도 태양광시설이 제공하는 전기를 계속 무료로 사용할 수 있어서 큰 이득을 얻을 수 있다. 태양광시설의 유지비용이 거의 들지 않기 때문이다. 따라서 햇볕이 잘 드는 지역의 가구는 모두 태양광시설을 하는 것이 합리적일 것이다.

그러나 근시안의 문제 때문에 대부분의 사람들은 순이익을 주는 태양광시설의 설치를 꺼린다. 당장의 태양광 설치비용을 크게 느끼고 그것이 주는 장기적인 편익을 과소평가한다. 그래서 대부분의 가구가 태양광을 설치하지 않는 비효율적 결과가 초래된다.

쏠라 시티라는 회사는 사람들의 근시안을 이용하는 기발한 판매 전략을 생각해냈다. 이 회사는 태양광시설을 임대해주었기 때문에 소비자는 태양광 설치비용을 낼 필요가 없었다. 대신에 쏠라 시티는 절약된 전기요금의 일부를 임대료로 가져가 수익을 낼 수 있었다.

이러한 판매 전략은 통할 수 있었다. 소비자들이 초기의 설치비용보다 당장에 절약된 전기요금에 더 큰 관심을 보였기 때문이다. 이러한 판매 전략은 근시안의 문제로 잘 이루어지지 않는 여러 형태의 투자를 촉진하는데 쓰일 수 있다. 예를 들어 일정기간이 지나면 에너지 절감비용이 초기 비용을 초과하게 되는 화덕이나 에어컨을 비롯한 가전제품 등의 판매에 쓰일 수 있다.

편익을 흐리게 보이게 하여 단기적 선택을 훨씬 매력적인 것으로 보이게 한다.

또한 근시안은 다이어트를 유지하거나 운동계획을 실천하기 어렵게 만든다. 맛있는 삼겹살이나 친목 모임이 주는 즐거움은 바로 눈앞에 어른거리는데 비해 음식을 가려먹거나 꾸준히 운동한데 따른 미래의 편익은 흐릿하게 보일 뿐이어서 사람들의 마음을 사로잡지 못한다.

시간 비일관성

시간 비일관성

시간 비일관성이란 미래시점에 하고자 원하는 것을 현재 시점에서 체계적으로 잘못 판단하는 경향을 말한다. 이러한 잘못된 인식 때문에 **현재 시점에서 판단한 미래에 하고자 원하였던 것은 그 시점이 도래하였을 때 실제 행하는 것과 괴리**를 보인다.

예를 들어 아침 기상시간을 살펴보자. 어제 저녁에는 아침에 일찍 일어나 운동하는 것이 멋진 일이라고 생각하였다. 그래서 알람시계를 평소보다 1시간 30분 일찍 맞추어 놓았다. 그러나 다음 날 아침 알람이 울리면 아침에 일찍 일어나 운동한다는 것이 지겹다고 여겨진다. 그래서 알람시계를 집어던지고 다시 잠자리에 들고 만다. 하루 밤 사이에 선호가 달라진다는 점이 시간 비일관성의 핵심을 보여준다. 미래의 자아가 결국 현재의 자아와 불일치하고 있는 것이다.

자제력 문제

자제력 문제 시간 비일관성이 중요한 것은 그것이 **자제력 문제**를 초래하기 때문이다. 예를 들어 친구와 식당에 가기 전에는 다이어트를 지속하기 위해 샐러드 한 접시만을 먹기로 결심하였다고 하자. 실제 그 식당의 샐러드는 정말 맛있다. 그러나 그 식당에 도착한 후 후식 메뉴에 마음이 끌려 자신을 자제하지 못하고 치즈 케이크를 2조각 주문하고 만다.

시간 비일관성에 빠져 미래의 자신이 원하는 바를 이해하지 못하고 그만 다이어트를 지속하기 어려운 상황에 스스로를 몰아넣은 것이다. 미래의 자신이 원하는 바를 정확하게 예측할 수 있었다면 유혹에 빠질 수 있는 식당에 가기보다 집에 머무는 선택을 하였을 것이다. 식당에 가더라도 친구에게 미리 부탁하여 자신이 후식 주문하지 못하게 막아달라고 하였을 것이다.

시간 비일관성 때문에 많은 근로자들도 저축을 하지 못한다. 월급을 받기 전에는 미래의 자아가 되도록 많은 저축을 원한다고 생각하였다. 그러나 이것은 잘못된 생각이다. 월급날이 되면 미래의 자아는 결국 모든 것을 써버리고 전혀 저축을 하지 않게 된다.

사전 공약으로 자제심 문제 해결하기 시간 비일관성과 자제력 문제를 해결하는 열쇠는 미래의 자아가 무엇을 원하는지 잘 이해하는 것이다. 그런 후 **사전공약**을 통해 미래의 자아가 손해 보는 일을 하지 않도록 미리 조치를 취하는 것이다.

사전공약

- **알람시계 감추기** 아침 운동을 위해 평소보다 1시간 30분 일찍 일어나는 사례를 다시 살펴보자. 미래의 자아가 이를 지키지 않을 것을 안다면 미래의 자아가 잠에 곯아떨어지지 않도록 미리 조치를 취할 수 있다. 어떤 사람들은 알람시계를 여러 개 맞추어놓는다. 일부는 알람시계를 다른 방에 놓아두거나 여러 물건들의 제일 아래에 놓아두기도 한다. 알람을 끄려면 일어나 다른 방으로 가거나 물건을 치우도록 하는 것이다. 이러한 조치들의 핵심은 미래의 자아가 쉽게 다시 잠드는 것을 어렵게 하는 것이다. 즉 **미래의 자아로 하여금 현재의 자아가 원하는 것을 할 수밖에 없도록 상황을 설정해 놓는 것**이다.
- **자동이체** 사전공약 전략을 이용하여 급여의 일부를 자동 이체하도록 하면 미래의 자아로 하여금 저축을 더할 수 있게 만들 수 있다. 퇴직연금 등에 가입하면서 급여의 일부를 매달 자동 이체하면 급여를 받을 때마다 자동적으로 퇴직연금계좌에 저축이 이루어진다. 연금계좌에 자동 이체된 돈은 금방 찾아 쓸 수 없기 때문에 미래의 자아가 유혹에 빠져 이를 지출하는 일은 줄어들 것이다. 옛말처럼 '눈에 안보이면 마음도 멀어진다.'
- **분할지급** 미국의 중고등학교 교사나 대학교수는 자신의 급여지급방식을 선택할 수 있다. 즉 연봉을 학기가 열리는 9개월간 지급받거나 또는 1년 단위인 12개월로 나누어 지급받을 수 있다. 이들이 실제 택한 것을 보면 대부분이 12개월로 나누어 지급받는 것을 택하고 있다.

  그렇게 하는 이유는 자제력 문제 때문이다. 9개월로 나누어 지급받게 되면 일부를 저축하여 방학 때 써야하는데 자제력의 부족으로 이를 다 써버릴 수 있다. 이를 피하기 위해 12달로 나누어 지급받기를 원하는 것이다. 이러한 **사전공약 조치로 미래의 자아가 급여를 저축하지 않고 모두 써버릴 수 있는 기회를 원천적으로 차단**하고 있다.
- **사전인출 벌과금** 인지적 오류는 때에 따라 서로 상쇄될 수 있다. 그러한 사례로 퇴직연금을 사전 인출할 때 부과되는 벌과금을 들 수 있다. 그것은 시간 비일관성과 자제력 문제를 줄이기 위해 손실회피심리를 이용하고 있다.

  미국의 일부 퇴직연금은 사전 인출 때 25%의 벌과금을 부과한다. 즉 퇴직 이전에 1,000만 원을 찾으면 실제 손에 쥐는 것은 750만 원밖에 되지 않는다. 이 액수도 적지 않을 뿐 더러 손실회피심리가 작용하여 250만 원이 사라진다는 사실이 매우 고통스럽다. 그래서 사전에 인출하려는 사람이 적다.

- **다이어트 경쟁** 경쟁적으로 다이어트를 하면 손실회피심리가 작동하여 다이어트에 성공할 수 있다. 경쟁에 참여하는 사람은 경쟁에서 지는 것을 손실로 전망하기 때문에 다이어트 경쟁은 다이어트에 대한 확실한 동기를 부여한다. 손실회피심리는 현재의 자아뿐 아니라 미래의 자아도 가지고 있다. 즉 시간이 흘러 미래의 자아가 다이어트를 할 때도 손실의 전망은 피하려할 것이다. 따라서 현재의 자아가 원하는 바대로 미래의 자아도 다이어트의 목표를 달성하려는 동기를 분명히 갖게 된다.

공정성과 사익

신고전파 경제학은 사람들을 사익만을 추구하는 존재로 여긴다. 시장거래는 대부분 낯선 사람들 사이에서 이루어지기 때문에 감정이나 동정심이 개입할 가능성이 낮다는 것이다. 신고전파 경제학은 이러한 토대 위에서 많은 경제행위를 예측할 수 있다고 여긴다.

경제학의 토대를 놓은 아담스미스는 이러한 사고를 국부론에서 밝히고 있다. 이것은 가장 많이 인용되는 부분이기도 하다.

> "우리가 저녁식사를 걱정하지 않는 것은 푸줏간주인이나 술집주인, 빵집주인의 자비심 때문이 아니다. 그것은 그들의 사익 때문이다. 우리는 그들의 인간성이 아니라 자기 사랑에 호소한다. 우리에게 무엇이 필요하다고 말하지 않고 우리에게 파는 것이 그들에게 이익이라고 말하는 것이다."

그러나 아담스미스는 사람들이 자애심이나 사익에만 빠져 있다고 여기지는 않았다. 그는 **인간 행동이 자비심, 공평무사 등을 비롯하여 공공선을 위한 봉사 욕구 등에 크게 영향을 받는다**고 믿었다. 이러한 견해는 그의 잘 알려진 저서인 '도덕 감정론'에 자세히 설명되어 있다. 그 책의 유명한 구절은 다음과 같다.

> "인간은 대단히 이기적 존재라 할 수 있지만, 인간의 본성에는 또 다른 측면들이 있다. 그것은 다른 사람의 행복에 관심을 가지고 있으며 비록 다른 사람의 행복을 보는 즐거움에 그치더라도 다른 사람의 행복을 꼭 필요한 존재로 여긴다는 것이다."

행동경제학이 발견한 것은 그러한 성향이 모든 경제행동에서 나타난다는 것이다. 이기심이 존재하기는 하지만 대부분의 사람들은 다른 사람의 존재를 비롯하여 이들과의 교류에 깊은 관심을 가지고 있다. 따라서 경제거래는 도덕적 윤리적 요인에 의해 큰 영향을 받게 된다.

공정성에 대한 관찰 사례

경제 거래가 신념이나 가치의 영향을 크게 받는다는 주장은 현실세계의 많은 행동에서 확인된다. 이러한 '관찰사례'를 통해 행동경제학은 경제행동에 큰 영향을 미치는 도덕적 윤리적 요인들을 찾아냈다. 이들 중 공정성이 무엇보다 가장 중요한 요인이다.

공정성 공정성이란 어느 정도의 가격이나 임금, 분배 등이 도덕적 또는 윤리적으로 용납될 수 있는지에 대한 개인적 견해를 말한다. 공정성의 기준은 사람마다 다르다. 그래서 경제학은 사람들이 어떤 것을 정의롭게 여기는지에 대해서는 큰 관심을 갖지 않았다. 그러나 최근 들어 공정성에 대한 연구가 광범위하게 이루어지고 있는데 그것은 일상적인 경제행동에서 사람들이 자신의 목적을 극대화하는 일뿐 아니라 공정성에도 큰 관심을 보이기 때문이다.

공정성

다음의 사례들은 사익만을 추구하는 사람이라면 결코 추구하지 않을 행동들이다.

- 기부행위 미국에서 매년 3,000억 달러의 현금기부가 이루어지고 있고 80억 시간이 넘는 봉사활동이 행하여지고 있다. 시간과 돈의 기부는 인간이 자신의 이익에만 관심이 있다는 사고와 일치하지 않는다. 게다가 많은 현금기부가 익명으로 이루어지고 있다. 이를 보면 많은 기부들이 지극히 순수한 동기에서 비롯된 것이지 자신의 이름을 드러내기 위한 것이 아니다.
- 법률의 준수 많은 국가에서 대부분의 시민들은 법을 어기더라도 체포될 가능성이 거의 없지만 여전히 법을 순수한다. 또한 대부분의 납세의무지들은 편법을 저지르거나 소득을 누락시킬 수 있는 기회가 있더라도 성실히 소득신고를 한다.
- 가격인상 자제 태풍을 비롯하여 자연재해가 발생하면 식량이나 휘발유 같은 생필품이 부족해지는 일이 발생한다. 이로 인해 물자가 부족해지면 소매상인들은 가격을 인상할 수 있음에도 대부분 가격을 그대로 유지한다. 다른 사람의 곤경을 이용하여 이익을 챙기는 사람으로 인식되는 것을 원하지 않기 때문이다.
- '공정무역' 상품 구매 공정무역상품이란 근로자의 권리를 보장하고 환경에 우수한 제품을 생산하는 기업으로 인증된 기업에서 생산되는 제품이다. 소비자들은 이러한 상품을 구매하는데 기꺼이 더 높은 가격을 지불한다. 이들 소비자들은 분명 가장 낮은 가격의 제품을 구매하는 것 이상의 어떤 것에 관심을 가지고 있다.

공정무역상품

공정성에 대한 실험 사례

실험경제학의 연구는 공정성이란 무엇이며 그것이 경제거래에 어떤 영향을 미치는 가에 대한 이해를 크게 넓혔고 또한 이를 세밀하게 가다듬었다. 실험경제학은 인간의 공정성에 대한 감정을 검증하기 위한 실험적 게임을 정밀하게 설계하였다.

실험경제학

이들 실험의 가장 중요한 특징은 실제 돈이 오고간다는 것이다. 이점이 중요한 것은 사람들이 사익에 의해서만 움직인다면 게임에서 자신에게 이익이 큰 전략만을 사용할 것이기 때문이다.

그러나 현실에서 드러난 것은 자신의 이익만을 고려하여 행동하는 사람은 소수에 불과하였다. **대부분의 사람은 공정하고 자비로운 게임을 선택**하였다. 즉 강요가 없더라도 자신보다 불운한 사람과 몫을 나누기 위해 자신의 것을 포기하는 경우가 많았다. 나아가 친절함을 보이기까지 하였다. 누군가 이기적으로 행동하면 평균적인 사람은 그 사람과 협력을 거부하였고 보복하기까지 하였다.

독재자 게임

독재자 게임 **독재자 게임**을 통한 실험의 결과는 인간이 자기 것의 획득에만 관심을 갖는다는 사고를 강력하게 부정하고 있다.

- 게임의 규칙 게임에 두 사람이 참여하는데 이들은 서로를 알지 못한다. 이들 중 한 사람이 임의로 '독재자'로 지명되며 흔히 10,000원이 주어진다. 독재자는 돈을 2사람 사이에 배분하는 역할을 담당한다. 그는 자기 마음대로 돈을 나눌 수 있다. 자기가 만 원을 전부 가지거나 다른 사람에게 모두 줄 수도 있다. 아니면 7천 원을 가지고 3천 원을 다른 사람에게 줄 수도 있다. 두 사람은 서로 모르기 때문에 보복을 두려워할 필요도 없다. 이기적으로 행동하여 모든 돈을 갖고 떠날 수도 있다.
- 게임의 결과 이 게임에서 사람들은 실제 어떻게 행동하였을까? 여러 나라에서 수천 번의 게임을 실험한 결과 1/3의 독재자만이 모든 돈을 챙겼다. 2/3의 독재자는 관대하게도 자신이 다 가질 수 있었던 돈의 평균 42%를 다른 사람에게 주었다. 놀랍게도 독재자의 17%는 정확하게 절반씩 나누어 가졌으며 5%가 넘는 독재자는 모든 것을 다른 사람에게 주었다.
- 결과의 해석 독재자의 행동은 공정성에 대해 2가지 중요한 점을 시사한다.

  첫째, **대부분의 사람들은 진심으로 다른 사람을 공정하게 대접하는 데 관심을 갖고 있다.** 다른 사람도 무엇인가 가질 수 있도록 기꺼이 자기 몫을 줄인다는 것이다. 서로 알지 못하기 때문에 보복당할 걱정이 없음에도 적지 않은 몫을 기꺼이 상대방에게 넘겨준다.

  둘째, **자비심의 정도는 개인별로 큰 차이**를 보인다. 대부분의 사람들은 모든 것을 챙긴 1/3의 독재자와 모든 것을 줘버린 5%의 독재자 사이에 널리 분포하고 있었다. 이들의 돈 분배 방식은 제각각이었다. 이에 따라 행동경제학자들은 공정성에 대한 개인의 신념은 큰 편차를 보인다고 믿고 있다. 일부는 지나치게 이기적이고 일부는 지나치게 관대하다는 것이다.

  큰 편차를 보인 신념이 현실의 행동에 어떤 영향을 미치는지 알아보기 위해 실험경제학은 좀 더 복잡한 게임을 설계하였다.

최후통첩게임

최후통첩게임 독재자 게임에서처럼 **최후통첩게임**에서도 2사람은 서로를 알지 못한다. 그러나 이제 누구도 임의로 돈을 갖지 못하며 2사람이 합의하여야 몫을 나누어가질 수 있다. 어떤 사업이나 제안이 현실화되려면 당사자들의 동의나 지지를 얻어야 하는 현실을 반영한 것이다. 예를 들어 구매자와 판매자의 경제거래를 생각해보면 이해가 쉬울 것이다. 거래가 이루어지면 두 당사자에게 모두 이익을 주더라도 거래 가격에 합의하지 않으면 거래가 이루어질 수 없는 것이다.

- 게임의 규칙 독재자 게임처럼 나눌 돈이 주어진다. 이 돈은 구매자와 판매자가 가격

에 합의하면 이들이 얻게 될 전체 순이익과 유사하다. 물론 이것은 두 당사자가 합의에 이르지 못하면 포기해야하는 순이익이기도 하다. 게임이 시작되면 임의로 한사람은 '제안자'가 되고 다른 사람은 '반응자'가 된다. 그리고 제안자가 나누는 비율을 제안한다. 나누는 비율은 제안자가 마음대로 정할 수 있다. 자기가 전부 가지거나 상대방에서 모두 줄 수도 있다.

반응자는 나누는 비율을 살펴보고 이를 수락할 것인지 아니면 거절할 것인지를 결정한다. 반응자가 수락하면 제안된 비율대로 돈이 지불된다. 그렇지 않으면 돈은 지불되지 않고 두 사람은 아무 것도 얻지 못한다. 그래서 두 사람 모두 빈털터리로 집으로 돌아가야 한다. 이것은 흥정이 실패하면 당사자들이 얻을 수 있었을 이익이 모두 사라져버리는 것과 동일한 상황이다.

- **게임의 결과** 최후통첩게임을 시행한 결과 2가지 행동이 눈에 도드라졌다. 첫째, 제안자가 제시한 배분 비율은 독재자게임에서 제시된 것보다 훨씬 공평해졌다. 이를 잘 보여주는 것은 독재자게임에서는 독재자의 1/3이 모든 돈을 자기가 가졌지만 최후통첩게임에서 모든 돈을 가져가겠다고 한 제안자는 아무도 없었다는 점이다.

이처럼 행동이 크게 달라진 것은 최후통첩게임의 제안자가 매우 불공평하게 몫을 나누면 반응자의 공정성에 대한 정서를 크게 상하게 하여 틀림없이 제안이 거절될 것이라고 여기기 때문이다. 나아가 대부분의 제안자들은 약간 **불공정한 제안**을 하더라도 반응자의 감정이 상할 수 있다고 여기는 것 같다. 따라서 대부분의 제안자들은 몫을 완전히 똑같이 나누거나 제안자에게 약간만 유리한 몫 예를 들어 55대 45를 제안하고 있다.

불공정한 제안

둘째, 반응자들은 자신에게 불공정하다고 여기는 제안에 대해 **감정에 휩싸여 이를 단호하게 거절한다**는 것이다. 관심을 끄는 것은 제안을 거절하는 의사결정을 냉정하게 계산하여 내리지는 않는다는 점이다. 반응자는 불공정한 제안을 거절하는데 따른 비용과 편익을 냉정하게 비교하지 않았다. 그들은 매우 화를 내면서 제안자를 보복하는 심정으로 제안을 거절하였다. 이들은 자기 몫을 포기하는데 그치지 않고 복수심에서 제안자도 몫을 가져가지 못하도록 괴롭히고자 하였던 것이다.

반응자가 불공정한 제안에 어느 정도 화를 내는 지는 최후통첩게임에 걸린 돈의 정도로 측정할 수 있다. 게임에 걸린 돈이 수십만 원이나 수백만 원으로 많아지면 화가 나더라도 불공정한 제안을 수락할 가능성이 커질 수 있기 때문이다. 그러나 **돈이 많아지더라도 반응자는 불공정한 제안에 대해 여전히 거절**하였다. 이들은 공정한 대접에 대한 선호가 아주 강해서 비록 많은 돈을 포기하게 되더라도 불공정하다고 여기는 제안을 거절하였던 것이다.

- **거절의 위협이 협력을 증가시키는 이유** 일부 사람들은 강제가 아니라면 다른 사람에게 아무 것도 베풀지 않는다. 이것은 독재자 게임에서 독재자의 행동과 최후통첩게임에서 제안자의 행위를 비교하면 알 수 있다. 독재자 게임에서 독재자의 1/3은 모든 것을 자기가 갖고 다른 사람에게는 아무 것도 남겨놓지 않았다. 이에 비해 최후통첩게임에서는 거의 모든 제안자들이 반응자에게 상당한 몫을 떼어주었다.

물론 두 게임의 규칙이 달라서 자비심이나 공정성이 크게 달라진 측면이 있다. 한 사람에게 몫을 나눌 수 있는 권한이 주어지면 이기적 경향이 마음껏 발휘될 수 있다. 그러나 최후통첩게임처럼 상대방의 거절로 자기 몫이 사라지는 경우에는 분배비율을 정하는 사람은 이기심을 줄이고 상대방의 감정을 고려하게 된다. 이로 인해 이기적인 제안자도 후한 제안을 한다. 자기 몫을 챙기려면 거절되지 않는 제안을 해야 한다는 것을 금방 깨닫기 때문이다.

거절의 위협

- 시장경제의 효율성에 대한 시사점 **거절의 위협**이 존재할 때 제안자들이 기꺼이 후한 제안을 한다는 것은 보이지 않는 손이 작동한 가장 간단한 사례라고 볼 수 있다. 2장에서 논의하였듯이 보이지 않는 손이란 시장경제의 작동원리를 집약하여 보여주는 상징적 표현이다. 즉 사적 이익이 사회적 이익과 일치하며 사람들은 자신의 이익을 위해 행동할 뿐 아니라 이를 통해 다른 사람도 이익을 얻는다는 것이다.

 최후통첩게임에서 **거절의 위협은 사적 이익을 사회적 이익과 일치하게 만든다.** 그것은 이기적 인간으로 하여금 상당히 후한 제안을 하도록 함으로써 달성된다. 그 결과 당사자 간의 협력이 증진되고 제안의 수락으로 몫을 서로 나누어 가짐으로써 효용수준도 높아진다. 현실세계에서도 이러한 일이 진행되고 있다고 볼 수 있다. 2장에서 논의한 바 있듯이 소비자주권이란 소비자들이 자신이 기꺼이 구매하고자 하는 재화나 서비스에 소득을 지출할 수 있는 권리를 말한다. 중요한 것은 **소비자주권에 소비자의 기대에 어긋난 생산물의 구매를 거절할 수 있는 권리도 포함되어 있다**는 점이다.

 이러한 거절의 권리는 사회적 편익을 크게 증가시킨다. 생산자들로 하여금 열심히 노력하여 소비자가 수락할 수 있는 생산물을 만들도록 동기를 부여하기 때문이다. 이로 인해 점차 양질의 생산물이 낮은 가격에 생산되면서 배분의 효율과 생산의 효율이 개선되는 것이다.

마지막 한마디

행동개선 팀

연구자들이 인간행동의 편향을 이용하여 의사결정을 개선하는 틈새 방법(넛지)을 찾다.[1]

2010년 영국 정부는 행동개선 팀을 설치하였다. 이 기구의 임무는 돈이 적게 들면서 사람들로 하여금 더 나은 선택을 하도록 만드는 틈새 방법을 찾는 것이었다. 이 방법의 특징은 사람이 이를 감지하기 어렵다는 점이다. 이 때문에 사람들은 괴롭힘이나 강요받는다는 생각도 없이 자신의 행동을 큰 폭으로 변경한다. 새로운 규칙을 만들거나 금전적 인센티브나 불이익을 주지 않더라도 자신의 행동을 변경한다는 것이다.

세금을 걷는 경우를 생각해보자. 행동개선 팀은 영국의 소득세 수입을 매년 크게 늘일 수 있는 방법을 찾아냈다. 그것은 소득세를 납부하지 않은 사람들에게 대부분의 이웃들이 세금을 납부하였다는 사실을 우편으로 보내는 것이었다. 주변 사람의 눈치를 약간 보게 만드는 것만으로 많은 사람들이 세금을 납부하였다. 과테말라도 이와 유사한 시도를 하였는데 그 결과 세금 징수액이 3배나 늘었다.

흔히 개인에게 보내는 확인편지만으로 개인의 행동은 크게 변한다. 행동개선 팀은 성인문맹자를 위한 수업의 출석률을 높일 수 있는 방법을 찾았다. 수강생들에게 다음과 같은 문자를 일요일 저녁에 보내는 것만으로 출석률이 1/3이나 넘게 개선되었다. '편안한 휴식을 보내셨나요. 다음 주에도 뵙기를 바랍니다. 수업에 참석하는 것을 잊지 마세요.'

행동개선 팀은 찾아낸 방법이 실제 효과가 있는지 알아보기 위해 임의의 집단을 상대로 통제된 실험을 여러 번 시행하였다. 행동개선의 여지가 있는 방법이 발견되면 임의로 선택한 집단을 상대로 발견한 방법을 적용하여 이들의 실제 행동이 달라지는지 살펴보았다. 다른 임의의 통제집단(비교집단)에는 발견한 방법을 적용하지 않았다. 2집단이 어떻게 행동하는가를 살펴보고 발견한 방법이 적용된 집단의 의사결정만을 개선시킬 때 이를 효과적인 것으로 판단하였다.

필리핀 빈민지역주민의 저축행위를 변화시키고자 할 때도 마찬가지의 절차를 밟았다. 행동개선 팀은 필리핀의 연구자들과 함께 새로운 '약정'의 저축상품이 제공되면 지역주민들의 저축이 늘어나는지 살펴보았다. 그것은 저축이 일정 날짜나 일정액에 도달해야 인출이 가능한 상품이었다. 그리고 비교를 위해 통제집단은 인출에 제약이 없는 통상의 저축상품을 제공받았다.

실험의 결과는 놀라웠다. 1년이 지난 후 비교집단의 저축액은 12% 증가하는데 그친 반면에 새로운 약정의 저축상품에 가입한 집단의 저축액은 82%로 크게 증가하였다. 거의 7배의 차이가 난 것이다.

빈민층의 저축액이 크게 늘어난 것은 큰 의미를 가지고 있다. 빈곤을 탈출하는 확실한 방법은 빈곤층이 자신의 재산을 늘려 교육이나 조그만 사업을 시작하는 것이다. 그리고 저축은 경제적 어려움이 닥쳤을 때 생존에 큰 도움을 준다.

저축이 일정 날짜나 일정액에 도달해야 인출이 가능하도록 한 것은 사실상 예금자로 하여금 사전공약을 하게 만든 것이다. 빈곤지역 주민들에게 자제력 문제를 해결할 수 있는 사전공약 성격의 저축상품이 제공되어 저축이 크게 늘어나게 된 것이다. 그러나 주의할 점은 틈새 방법(넛지)이 일종의 심리조작으로 보일 수 있다는 것이다. 그 점이 신경에 거슬리는 것은 행동의 변화가 무의식적으로 이루어지기 때문이다. 틈새방법(넛지)을 이용하여 행동의 변화를 유도하는 것이 도덕적으로나 윤리적으로 허용될 수 있는지는 스스로 생각해보기 바란다.

1) 이러한 방법은 넛지(Nudge)라고 불리는데 이 용어는 Richard Thaler와 Cass Sunstein의 다음의 책에서 사용된 후 크게 유행하였다. Nudge: Improving Decisions about Haelthm, Wealth, and Happiness, Yale University Press, 2008.

요약

1. 행동경제학과 주류 경제학

주류 경제학은 인간행동에 대한 예측에 기반을 두고 있다. 이를 위해 인간의 의사결정은 합리적으로 이루어지며 이들의 계산능력에 문제가 없으며 편향에도 빠지지 않는다고 가정한다. 주류 경제학의 예측은 정확한 면이 많지만 그렇지 않은 예측도 많다.

주류 경제학이 직면한 핵심적 문제는 사람들이 체계적 오류에 빠진다는 점이다. 즉 사람들이 자신의 욕구를 충족시킬 기회를 오히려 줄이는 행동을 규칙적으로 그리고 반복적으로 저지른다는 것이다.

행동경제학은 경제학, 심리학 및 생물학의 통찰력을 종합하여 인간의 체계적 오류를 설명하려고 시도한다. 체계적 오류를 범하게 하는 두뇌작용을 살펴봄으로써 인간의 선택행위를 보다 정확하게 예측하는 것을 목표로 삼고 있다.

2. 인간두뇌 작용의 특징: 인지오류

인간의 두뇌가 체계적 오류를 범하는 이유는 2가지이다. 첫째, 우리의 두뇌는 현대적 문제 특히 수학, 물리학, 통계학 등에 적합하도록 진화하지 못하였다. 둘째, 우리의 뇌는 시각정보의 처리처럼 오랫동안 익숙해진 문제를 다룰 때 오류를 범하기도 한다. 그것은 영양의 부족 때문에 두뇌가 에너지 소비가 적은 우회적 방법인 휴리스틱을 이용할 수밖에 없었기 때문이다.

휴리스틱은 빠른 처리속도와 적은 에너지 소비를 위해 정확성을 희생시킨다. 정확성이 떨어지더라도 대부분 큰 문제는 되지 않는다. 이로 인한 오류가 사소하기 때문이다. 하지만 때에 따라서 이러한 오류는 인지편향을 초래하여 합리적 의사결정에 상당한 지장을 초래하기도 한다. 즉 확증편향, 과잉확신, 가용성 휴리스틱, 프레이밍 효과 등이 나타난다.

3. 전망이론과 소비자 행동

전망이론은 행동경제학이론으로 사람들이 위험과 불확실성에 어떻게 대처하는 지를 정확하게 파악하고자 한다. 즉 불확실한 결과에 대한 인간의 선호를 이론화하고 있는데 중요한 특징은 이익 또는 손해에 대한 인간의 선호가 자신에게 익숙한 현재의 상태를 기준으로 정해진다고 가정하고 있다는 점이다.

전망이론은 사람들의 손실회피 심리를 설명한다. 즉 대부분의 사람은 현재의 상태에서 동일하게 손실 또는 이익이 발생하였을 때 손실로 인한 상실감이 이익으로 인한 행복감보다 2.5배 정도 크다는 것이다.

4. 근시안적 행동과 시간비일관성

근시안이란 두뇌가 미래를 개념화하는데 어려움을 겪는다는 것을 말한다. 현재에 비해 미래는 초점을 벗어나 흐리게 보이거나 아예 보이지 않는다는 것이다. 그래서 사람들이 즉각적인 편익과 장기적 편익 사이의 의사결정을 할 때 사람들은 보다 가까운 편익을 훨씬 선호한다.

시간 비일관성이란 미래시점에 하고자 원하는 것을 현재 시점에서 체계적으로 잘못 판단하는 경향을 말한다. 시간 비일관성은 자제력 문제를 초래한다. 미래의 자아가 여러 가지 유혹에 빠질 가능성을 현재의 자아가 정확하게 예측할 수 없기 때문이다.

사람들은 때에 따라 사전공약을 통해 자제력 문제를 극복하기도 한다. 사전공약이란 미래의 자아가 변경하기 어려운 조치를 사전에 취하는 것을 말한다. 그래서 미래의 자아는 현재의 자아가 원하는 것을 어쩔 수 없이 하게 된다.

5. 공정성과 인간행동

행동경제학이 발견한 것은 사람들이 사익에만 몰두하지 않는다는 다수의 증거들이다. 오히려 사람들은 공정성에 상당한 관심을 기울이며 다른 사람의 편익을 위해 자신의 금전이나 소유물을 기꺼이 포기하는 일이 흔하다.

공정성에 대한 현실세계의 관찰 사례들로 기부행위, 법률의 준수, 자연재해 때의 가격인상 자제, 상대적으로 비싼 공정무역상품에 대한 자발적 구매 등을 들 수 있다.

독재자게임이나 최후통첩게임은 공정성에 대한 실험 사례를 제공한다. 이 게임은 두 사람에게 나누어 가질 수 있는 돈이 주어졌을 때 실제 어떻게 나누어지는 지를 보여준다. 독재자 게임에서는 한 사람이 몫을 나누는 전적인 권한을 가지며, 최후통첩게임에서는 두 사람이 나누는 몫에 합의해야 몫을 갖게 된다.

독재자게임에서는 익명성이 보장되어 자신이 모든 몫을 가져가는 이기심이 발휘될 수도 있음에도 대부분의 사람들은 상대방에게 몫의 일부를 나누어 주었다. 최후통첩게임에서 사람들은 공정한 대접에 매우 큰 가치를 부여하였다. 불공정한 제안을 받아들여 적은 몫이라도 챙기기보다 돈을 포기하더라도 불공정하다고 여기는 제안을 거절하였던 것이다.

주요 용어와 개념

공정성	시간 비일관성	최후통첩게임
근시안	신고전파 경제학	프레이밍 효과
기준점 효과	심리적 회계	합리적
독제자게임	인지오류	행동경제학
보유효과	자제력 문제	현상유지편향
사전공약	전망이론	현재의 상태
손실회피심리	체계적 오류	휴리스틱

연습문제

1. 다음에서 체계적 오류라고 할 수 없는 것은?

(1) 색맹인 사람이 신호를 반복적으로 위반하는 것
(2) 회계 담당 직원이 숫자를 가끔 잘못 옮겨 적는 것
(3) 사람들이 구름모양에서 자신이 좋아하는 것을 연상하는 것
(4) 철수가 속이 썩은 사과를 겉모양이 좋다고 사는 것
(5) 다이어트를 하겠다고 마음을 먹었지만 삼겹살을 먹고 후회하는 것

2. 다음에서 행동경제학의 주장과 다른 것은?

(1) 사람들의 선호는 불안정하다.
(2) 사람들은 미래를 잘 예측하지 못한다.
(3) 사람들은 대부분 자기중심적이다.
(4) 사람들은 어려운 계산을 피하려 한다.
(5) 사람들은 공정성에 큰 관심을 갖는다.

3. 가용성 휴리스틱과 관련된 것으로 볼 수 있는 것은?

(1) TV 광고에 자주 등장하는 상품에 마음이 간다.
(2) 미세먼지가 독감보다 건강에 더 나쁠 것 같다.
(3) 내가 하면 로맨스이지만 다른 사람이 하면 불륜이다.
(4) 하루 만에 끝낼 줄 알았던 숙제가 1주일 걸렸다.
(5) 백화점에서 파는 상품이 질이 좋을 것이라고 여긴다.

4. 저축을 결심하지만 월급날이 되면 돈을 다 써버리는 사람이 있다. 어떤 조언이 가장 바람직할까?

(1) 인간은 누구나 시간 비일관성에 빠지는 경향이 있으니 어쩔 수 없다고 위로한다.
(2) 자제력을 키울 수 있도록 마음을 수련해야 한다고 충고한다.
(3) 자동이체로 적금을 들도록 충고한다.
(4) 자신의 선호에 충실하게 살아가는 게 바람직하다고 위로한다.
(5) 나도 그랬지만 시간이 철이 들면 해결된다고 위로한다.

5. 인터넷 중고거래 시장에서 평소 사고자 하는 제품을 싸게 구입하였다. 그런데 주변에 이보다 싸게 구입한 사람들이 많았다. 이로 인해 자신이 손해를 보았다고 느꼈다. 이러한 현상을 잘 설명하는 것은?

(1) 보유효과　　(2) 현상유지 편향
(3) 기준점 효과　　(4) 프레이밍 효과
(5) 과잉확신

6. 최후통첩게임에 대한 다음의 설명에서 잘못된 것은?

(1) 돈을 모두 가져가겠다는 제안자는 거의 없다.
(2) 대부분의 제안자는 자신에게 약간 유리하지만 비교적 공평한 몫을 제시하였다.
(3) 반응자는 제안의 거절에 따른 비용과 편익을 냉정하게 계산하지 않았다.
(4) 게임이 걸린 돈이 커질수록 제안자는 자신에게 더 많은 몫을 나누었다.
(5) 시장에서 상인이 자신의 몫을 크게 챙기지 않는다는 사실을 시사한다.

7. 어떤 개인의 이익과 손실에 대한 가치함수가 다음과 같이 주어져 있다.

$V(x) = x^{0.88}$ 단, $x > 0$
$V(x) = -2.5(-x)^{0.88}$ 단, $x < 0$

여기에서 $x>0$은 이익을 의미하며 $x<0$은 손실을 의미한다. 따라서 동일한 액수의 손실은 이익보다 2.5배의 가치를 하락시킨다.

(1) 이익이 1원에서 2원으로 증가하였을 때 한계적 가치 증가는 얼마인가?

(2) 손실이 1원에서 2원으로 증가하였을 때 한계적 가치 감소는 얼마인가?

(3) 어떤 투자는 0.5의 확률로 2원의 이익이 발생하고 0.5의 확률로 1원의 손실이 발생한다. 이 투자자는 이러한 투자를 할 것인가?

8. **민지는 할인행사에 민감하다. 인근 마트에서 라면에 대한 할인 행사를 펼치고 있다. '우리상회'는 2개를 사면 1개는 공짜라는 할인행사를 하며, '가족마트'는 40% 할인행사를 한다.**

(1) 민지가 신고전파에서 말하는 합리적 소비자라면 어느 상점을 택할 것인가?

(2) 민지는 합리적 소비자와 다르게 행동하였다. 행동경제학은 이를 어떻게 설명할 수 있는가?

9. **어떤 쌀가게는 가끔 할인행사를 한다. 한번은 똑같은 가격에 30%를 더 주는 행사를 하였다. 다음에는 판매가격을 30% 할인하는 행사를 하였다. 쌀가게 주인에 따르면 똑같은 가격에 30%를 더 주는 할인행사에 매출이 더 컸다고 한다.**

(1) 쌀 구매자들은 체계적 오류에 빠진 것인가?

(2) 이를 어떻게 설명할 수 있는가?

10. **정치인들은 언론에 나쁘게 보도되는 것보다 아예 보도가 되지 않는 것을 두려워한다. 그러한 이유를 설명하시오.**

PART 6

국민소득과 거시불안정

16
Chapter

국민소득과 측정

학습내용

1. 국내총생산(GDP)의 정의와 그 측정 방법
2. 지출접근을 통한 GDP 계산
3. 생산접근을 통한 GDP 계산
4. GDP, 국내순생산, 국민소득, 개인소득, 가처분소득 간의 관계
5. GDP 물가지수와 명목 GDP 및 실질 GDP
6. GDP 지표가 갖는 한계점

'처분소득 그대로', '개인소비 급증', '투자지출 정체', 'GDP 4% 증가' 등 네이버라든지 경제신문들에서 전형적으로 찾아볼 수 있는 헤드라인들은 식견 있는 독자들에게 현 경제 상태에 대한 소중한 정보를 제공한다. 이 장은 이들 헤드라인들을 해석하고 그 아래의 기사를 이해하는 데 도움이 될 것이다. 구체적으로 말하면, 이 장은 국민계정과 관련된 용어와 측정방법을 이해하는 데 도움이 될 것이다. 경제학자들은 국민계정을 통해 장기 경제성장률을 측정하고 경기순환으로 알려진 경제활동의 확장국면과 수축국면을 식별할 수 있다. 이에 더하여 이 장에서 만나게 되는 용어와 아이디어들로부터 이후 장들에서 다룰 거시경제모형에 필요한 기초지식을 얻게 될 것이다.

경제적 성과의 평가

국민계정

국민계정은 경제의 전반적인 성과를 측정한다. **국민계정**은 전체 경제에 대하여 개별 기업이나 개별 가계에서의 민간부문 회계와 똑같은 역할을 수행한다.

기업들은 일반적으로 3달마다 또는 1년마다 한 번씩 정기적으로 자신의 수입과 지출의 흐름을 측정한다. 이 정보를 가지고 각 기업은 스스로의 경제적 건전성을 판단한다. 모든 것이 잘 진행되고 있고 이윤이 잘 나고 있다면, 회계 데이터는 비용절감, 생산증가, 시장가격 상승 등 그 성공 이유를 설명하는 데 사용될 것이다. 만약 상황이 좋지 않고 이윤이 작았다면, 이 기업은 몇 개 회계기간에 걸쳐 실적을 살펴봄으로써 그 이유를 알아낼 수 있을 것이다. 이 모든 정보들이 해당 기업 관리자들이 미래 전략을 짜는 데 유용하게 활용된다.

국민계정이 전체 경제에 대해서 하는 역할도 이와 유사하다. 한국은행 경제조사국은 한국 경제에 대해 『국민계정』을 작성하여 공표한다. 이 계정을 활용하여 경제학자들과 정책입안자들은 다음과 같은 것들을 할 수 있다.

- 일정 기간들 간의 생산 수준을 비교함으로써 경제의 건전성 평가
- 경제의 성장, 정체, 쇠퇴 등을 살펴보기 위한 경제 장기 추세 추적
- 경제의 건전성을 보장하고 개선하기 위한 정책 입안

국내총생산(GDP)

국내총생산

한 경제의 성과를 평가하는 가장 중요한 측정 지표는 그 경제 내 재화 및 서비스의 연간 전체 생산량 즉 총산출이다. 총산출을 측정하는 데에는 '경제'를 어떻게 정의하고자 하느냐에 따라 여러 가지 방법이 있다. 예를 들어, 오하이오의 토요타 공장에서 생산된 자동차의 가치는 미국에서 만들어졌으니까 미국 경제의 생산으로 보아야 하는가, 아니면 토요타가 일본 기업이니까 일본 경제에 속하는 것으로 보아야 하는가? **국내총생산**(GDP)은 총산출을 일정 기간(보통 1년) 동안 한 나라의 국경 내에서 생산된 모든 최종 재화 및 서비스의 화폐가치로 정의한다. 이 정의에 따르면 도요타 오하이오 공장에서 생산된 자동차는 일본의 총산출이 아니라, 미국의 총산출로 계산된다. 이들 자동차들이 미국 국경 내에서 생산되었기 때문이다.[1)]

화폐가치 척도

GDP는 **화폐가치로 측정**될 수밖에 없다. 이를 이해하기 위해, 해당 경제가 첫 해에는 소파 3개와 컴퓨터 2대, 2번째 해에는 소파 2개와 컴퓨터 3대를 생산했다고 하자. 어느 해의 생산량이 더 크다고 할 수 있을까? 두 제품 각각에 가격표를 부착하여 이들 제품의 가치를 사회가 어떻게 평가하는지 표시하지 않는다면 이에 대한 답을 할 수 없다.

1) GDP와 반대로, 국민총생산(GNP)는 그 나라 국민이 제공한 생산자원으로 생산된 모든 최종 재화 및 서비스의 총가치이다. 이 재화와 서비스들이 국내에서 생산되었는지 해외에서 생산되었는지는 중요하지 않다. 한국에서는 세계적으로 통용되는 방법에 맞추기 위해 1995년에 경제성장률의 중심지표를 GNP에서 GDP로 변경하였다.

GDP는 바로 이러한 역할을 수행한다. 즉 생산물의 가치를 화폐 단위로 측정한다. 이 측정 지표가 없다면 수없이 다양한 재화와 서비스의 생산량을 여러 해에 걸쳐 비교할 방법이 없을 것이다. 표 16.1에서 소파 가격은 50만 원이고 컴퓨터 가격은 200만 원이다. GDP는 2번째 해의 생산량(700만 원)이 첫 해 생산량(550만 원)보다 더 크다는 것을 보여준다. 2번째 해의 생산물에 대해 사회가 더 큰 화폐가치를 부여하고 있기 때문이다. 이 사회는 첫 해의 생산물 조합보다 2번째 해의 생산물 조합에 150만 원 더 지불할 용의가 있다.

〈표 16.1〉 화폐가격을 활용한 이질적 제품의 비교 (단위: 만 원)

연도	생산량	시장가치
1	소파 3, 컴퓨터 2	3×50+2×200=550
2	소파 2, 컴퓨터 3	3×50+3×200=700

중복계상 방지

총산출을 정확하게 측정하기 위해서는 특정 연도에 생산된 재화와 서비스가 **한 번만 계상**되어야 한다. 대부분의 제품들이 시장에 도달하기 전에 일련의 생산단계들을 거치는데, 그 부품들 중 일부는 수차례 사고 팔린다. 이들 부품이 거래할 때마다 계상되는 것을 피하기 위해, GDP는 최종재의 시장가치만을 포함하고 중간재는 모두 무시한다.

중간재란 재판매나 가공 및 조립을 목적으로 구매되는 생산물들을 말한다. **최종재**는 최종소비자들이 구매한 생산물이다. 원유는 중간재지만, 자가용 자동차에 쓰이는 휘발유는 최종재이다. 철재는 중간재이지만, 완공된 고층 아파트는 최종재이다. 식당에서 제공되는 샐러드에 들어간 상추, 당근, 식초 등은 중간재이지만, 식당에서 제공된 그 샐러드는 최종재이다. 소비자들이 구입한 선글라스, 기업이 구입한 조립기계, 정부가 구입한 정찰위성, 해외 구매자가 구입한 스마트폰 등이 모두 최종재의 또 다른 예들이다.

중간재
최종재

GDP에 최종재의 가치는 포함되고 중간재의 가치는 포함되지 않는 이유는 무엇인가? **최종재의 가치는 그 제품의 생산과정에 사용된 중간재의 가치를 이미 모두 포함**하고 있기 때문이다. 중간재 가치를 포함시키면 중복계상의 우를 범하게 되어, GDP를 잘못 측정하게 된다.

왜 그런지 살펴보기 위해, 모직코트를 제조하여 최종 사용자인 소비자에게까지 이르기까지 5단계가 필요하다고 가정해보자. 표 16.2에 따르면 기업 A(양 목장)는 기업 B(모직 가공업자)에 모직 12만 원어치를 팔았다. 기업 A는 이 12만 원을 임금, 임대료, 이자, 그리고 이윤 등으로 지불한다. 기업 B는 이 모직을 가공하여 기업 C(코트 제조업자)에 18만 원을 받고 팔았다. 기업 B는 이 18만 원으로 무엇을 하겠는가? 이 기업은 기업 A에 12만 원을 주고 나머지 6만 원을 코트 가공에 필요한 생산자원의 대가로 임금, 임대료, 이자, 이윤 등으로 지불한다. 기업 C는 기업 D(도매업자)에게 코트를 팔고, 기업 D는 이를 다시 기업 E(소매업자)에게 판다. 그러면 최종적으로 소비자(최종 사용자)가 와서 이 코트를 35만 원에 구입하는 것이다. 이들 액수 중 GDP 속에 코트 생산을 포함시키려면 얼마나 많은 액수를 포함시켜야 할까? 최종 생산물의 가치인 35만 원뿐이다. 이 35만 원은 해당 제품의 최종 판매에 이르기까지 발생한 모든 거래를 포함하고 있다. 이 중간재 매출을 모두 더한 값(114만 원)을 GDP에 포함시키면 중복계상의 우를 범하게 된다. 이 코트의 최종적인 생산액과 판매액은 35만 원이지 114만 원이 아니다.

〈표 16.2〉 생산과정 5단계의 부가가치 (단위: 천 원)

생산과정(1)	재료 또는 제품당 판매가격(2)	부가가치(3)
기업 A, 양목장	0	
기업 B, 울처리	120	120(=120−0)
기업 C, 코트제작	180	60(=180−120)
기업 D, 코트도매	220	40(=220−180)
기업 E, 코트소매	270	50(=270−220)
총판매가치	350	80(=350−270)
부가가치(총소득)	1140	350

부가가치

다른 방식으로 살펴보면, 각 단계의 부가가치만을 측정해 더해감으로써도 중복계상을 피할 수 있다. **부가가치**란 어떤 제품의 시장가치에서 그 제품 생산을 위해 다른 기업으로부터 구입한 투입재료의 가치를 뺀 값이다. 각 단계에서 해당 제품을 판매함으로써 벌어들인 돈과 투입재료에 대한 대가로 지불한 돈 사이의 차이가 임금, 임대료, 이자, 이윤 등에 지불된다. 표 16.2 (3)열에 따르면 기업 B의 부가가치는 6만 원으로, 자기 제품 가격 18만 원과 기업 A로부터 구입한 투입재료 값 12만 원 사이의 차이이다. 5개 기업의 부가가치를 모두 더하면 코트의 총가치를 구할 수 있다. 마찬가지로 경제 내 모든 기업들이 생산한 모든 재화 및 서비스의 부가가치를 계산하여 다 더하면 총산출(GDP)의 시장가치를 구할 수 있다.

비생산적 거래의 제외

비생산적 거래

경제 내 화폐 거래 중 다수가 최종 재화 및 서비스와 관련된 것이지만, 그렇지 않은 것도 많다. 이러한 비생산적 거래는 GDP에서 제외되어야 한다. 이들은 최종재 생산과 아무런 관련이 없기 때문이다. **비생산적 거래**는 순전한 금융거래와 중고품 판매, 2가지 형태를 띤다.

금융거래 순전한 금융거래는 다음과 같은 것들이다.

- **정부 이전지출** 정부가 가계에 직접 지급하는 사회보장지출, 복지지출, 군인연금지출 등이 이에 속한다. 수혜자들은 그 대가로 당기의 생산에 아무런 기여도 하지 않기

때문에 이를 GDP에 포함시키면 해당 연도의 산출을 과대평가하게 된다.

- **민간 이전지출** 예를 들어 부모가 자식에게 준 용돈이나 명절에 현금으로 한 선물 등이 이에 포함된다. 이 때 아무런 생산도 발생하지 않는다. 이는 단순히 한 개인과 다른 개인 사이 소득을 이전하는 것일 뿐이므로 GDP에 계상되지 않는다.
- **주식시장** 거래 주식(그리고 증권)을 사고파는 것은 종이쪼가리를 교환하는 것에 불과하다. 주식시장 거래는 거래가 이루어진 기간의 생산에 아무런 기여도 하지 않으므로 GDP에 포함되지 않는다. 그렇지만 **주식 중개자에게 서비스의 대가로 지불한 금액은 포함된다**. 이들의 서비스가 제공되었으므로 이것은 해당 경제의 재화 및 서비스의 생산에 포함된다.

중고품 판매 중고품 판매는 생산에 아무런 기여도 없으므로 GDP에서 제외된다. 여러분이 친구에게 2010년형 산타페 자동차를 팔았다고 하자. 올해 GDP를 계산할 때 이 거래는 무시되는데, 그 이유는 올해 생산이 발생한 것이 아니기 때문이다. 여러분이 신형 산타페를 구입 후 1주 후에 이웃에게 판매한 경우도 마찬가지다.

GDP 측정의 2가지 방법: 지출과 소득

총산출(또는 총산출을 구성하는 모든 단위)의 시장가치는 어떻게 측정되는지 살펴보자. 데이터가 표 16.2처럼 주어져 있다고 할 때, 코트의 시장가치는 어떻게 측정되는가? 1가지 방법은 최종 사용자가 거기에 얼마나 지불하였는가를 보는 것이다. 이는 최종 생산물의 시장가치를 보여준다. 다른 방법은 코트 생산에서 창출된 임금, 임대료, 이자, 이윤 등으로 발생한 소득을 모두 더하는 것이다. 이 2번째 방법은 표 16.2에 사용된 부가가치 방법이다. 최종생산 접근과 부가가치 접근은 동일한 현상을 살펴보는 2개의 다른 방법이다. 어떤 제품을 만드는 데 지출된 금액은 그것을 만드는 데 기여한 사람들의 소득과 같다. 코트 생산에 35만 원이 쓰였다면, 35만 원이 해당 생산으로부터 발생한 소득이다.

GDP도 똑같이 2가지 방식으로 볼 수 있다. 먼저 GDP는 국내 생산물을 구매하는 데 지불된 화폐금액의 총합으로 볼 수 있다. 이는 산출접근, 또는 **지출접근**이다. 아니면 GDP를 국내 생산에서 발생한(창출된) 소득의 관점에서 볼 수도 있다. 이는 **소득접근** 또는 분배접근이라 부른다.

지출접근
소득접근

그림 16.1이 보여주고 있듯, 특정 해의 GDP는 총생산물을 구매하는 데 지불한 금액을 모두 더하거나, 아니면 그것을 생산함으로써 발생한 소득의 화폐금액을 모두 더하여 구할 수 있다. 구매(화폐 지출)와 판매(소득 수령)은 동일한 거래의 2개 다른 측면이다. GDP의 지출 측면에서는 해당 경제에 의해 생산된 모든 최종재는 3개 국내부문(가계, 기업, 정부)이나 해외부문에서 구입된다. GDP의 소득 측면에서 총생산물을 판매함으로써 획득한 총수령액은 임금, 임대료, 이자, 이윤 등과 같은 행태로 생산자원의 공급자에게 분배된다.

[그림 16.1] GDP에 대한 지출접근법과 소득접근법

국내총생산을 측정하는 데 일반적으로 사용되는 접근은 2가지이다. 한편으로 생산물에 대한 지출을 모두 더하여 GDP 총액을 계산할 수 있다. 다른 방법으로 GDP는 생산에서 발생하는 소득의 모든 구성요소들을 다 더함으로써 구할 수도 있다.

지출접근법		소득접근법
가계소비지출 + 기업투자지출 + 정부지출 + 외국인지출 + 통계적조정	= GDP =	임 금 + 임대료 + 이 자 + 이 윤

표 16.3은 2016년 한국의 GDP를 지출접근법을 통해 보여주고 있고, 표 16.4는 이를 소득접근법으로 보여주고 있다. 예상한 바처럼 두 방법은 같은 결과를 보여준다. 2016년 한국 GDP는 1,637조 원이었다.

이제 이 2가지 접근법을 모두 자세히 살펴보도록 하자. 그렇게 함으로써 2가지 방법을 잘 이해할 수 있고, 또 표 16.4의 소득접근법이 그림 16.1에서 보여주었던 소득의 구성보다 훨씬 더 복잡한 이유를 이해할 수 있다.

〈표 16.3〉 지출접근법에 의한 한국의 국민계정 (조 원)

민간최종소비지출	798
민간총자본형성	405
정부구매	322
순수출	111
통계상불일치	0.0
국내총생산	1,637

〈표 16.4〉 소득접근법에 의한 한국의 국민계정 (조 원)

피용자보수	735
기업 및 재산소득 (임대료, 이자, 이윤)	413
생산 및 수입세	171
= 국민소득	1,318
국민소득	1,318
–국외순수취요소소득	2
+고정자본소모	321
= 국내총생산	1,637

* 반올림 때문에 총계가 일치하지 않을 수 있음

출처: 한국은행 경제통계시스템 http://ecos.bok.or.kr/

지출접근법

지출접근법을 활용해서 GDP를 구하기 위해서는 그 해에 이루어진 최종 재화 및 서비스에 대한 지출을 모두 더해야 한다. 국민계정은 그림 16.1의 왼쪽에 기록된 유형의 지출에 대해 아래와 같은 정확한 용어를 사용한다.

민간최종소비지출(C)

앞에서 '가계 소비지출'이라고 불렀던 것은 국민계정에서는 **민간최종소비지출**이라 한다. 이 용어는 가계가 행한 재화 및 서비스에 대한 지출을 모두 포괄한다.

민간최종소비지출

일반적인 경우 대략 민간소비지출의 10% 정도가 **내구재**(내구성이 3년 이상인 재화)에 대한 것이다. 내구재는 자동차, 가구, 냉장고 등과 같은 재화를 포함한다. 약 35% 정도는 **비내구재**(내구성이 3년 미만인 재화)에 지출된다. 비 내구재는 식료품, 의류, 휘발유 등을 포함한다. 민간소비지출의 약 55% 정도는 **서비스**(변호사, 미용사, 의사, 정비공, 기타 서비스 공급자들의 근로)에 대한 것이다. 서비스 지출 비중이 이렇게 높기 때문에 경제학자들은 종종 최근의 경제가 서비스화되고 있다고 말한다. 내구재, 비내구재 및 서비스에 대한 가계 지출을 모두 합쳐 GDP 중 민간최종지출을 지칭하기 위해 C라고 쓴다.

내구재
비내구재
서비스

민간 총자본형성(I_g)[2]

민간 총자본형성은 해당 기간 중 민간부문에 의해 이루어진 총투자를 의미하며, 다음과 같은 항목들을 포함한다.

민간 총자본형성

- 기업에 의한 기계, 장비, 도구들의 모든 최종 구매
- 모든 건설
- 재고의 증감
- 연구개발(R&D) 및 예술, 음악, 저작, 영화 등 창작에 대한 지출

이 목록에 첫 번째 항목을 제외하면 이제까지 '투자'라고 부르는 것 이외의 것들도 포함되어 있다는 점을 짚고 넘어가도록 하자. 2번째 항목은 신규 공장, 창고, 매장 등의 건설뿐만 아니라 주택 건설도 포함하고 있다. 주택건설은 왜 소비가 아니라 투자로 간주되는가? 그것은 아파트 건물이나 주택은 공장이나 매장과 마찬가지로 임대를 통해 소득을 벌어들일 수 있기 때문이다. 소유자가 직접 거주하는 주택도 그것이 임대되었다면 소득을 발생시킬 수 있었을 것이기 때문에 투자로 간주한다. 따라서 국민계정은 **모든 주택 건설을 투자로 간주**한다.

재고(미판매 재화) 증가도 투자로 간주된다. **재고**는 사실 '소비되지 않은 생산물'이기 때문이다. 경제학자들은 소비되지 않은 모든 새로운 생산물을 정의상 자본으로 간주한다. 재고 증가는 (그것이 일시적이라고 하더라도) 자본재 저량을 늘리고, 자본재 저량의 증가분은 정의 상 바로 투자인 것이다.

재고

2) 한국 국민계정의 경우, 한국은 총자본형성 항목에 민간과 정부를 나누어 기입하고 있다. 총자본형성은 '총고정자본형성'과 '재고품증감과 귀중품 순취득' 2항목을 더한 값이다. 정부 총자본형성은 아래에서 설명하고 있는 정부 구매에 포함된다.

한국의 GDP 통계를 작성하는 **한국은행은 2008년부터 연구개발이나 저작, 예술, 음악, 소프트웨어 등을 개발하기 위한 지출도 투자의 일종으로 보기 시작하였다.** 그 이유는 제품 생산에 유용한 '자본재' 저량은 광섬유네트워크나 공장처럼 손에 잡히는 물질적 자본뿐만 아니라, 해당 경제가 재화 및 서비스를 생산할 수 있는 능력을 배가하는 유용한 아이디어도 포함한다고 생각할 수 있기 때문이다.

소프트웨어가 이에 대한 좋은 예이다. 그것은 컴퓨터가 무엇을 해야 할지 알려주는 지시사항들을 모아놓은 것에 불과하다. 하지만 이런 지시사항이 없으면 컴퓨터는 쓸모없다. 따라서 소프트웨어, 연구개발 및 기타 지적 활동들에 대한 지출은 경제 전체의 '노하우' 저량을 늘리기 때문에 투자로 간주된다.

서로 다른 시점에서 GDP를 비교할 수 있도록, 국민계정 작성기관은 투자에 대한 새롭고 포괄적인 정의를 예전까지 소급하여 적용하고 있다. 이 장에서 사용하고 있는 2016년 GDP 데이터는 이 새로운 투자 정의를 적용한 것이다.

재고의 증감

재고 증감 **재고의 증감**은 좀 더 자세히 살펴볼 필요가 있다. 재고는 일정 기간 동안 증가할 수도 감소할 수도 있다. 2015년 12월과 2016년 12월 사이에 재고가 10억 원 증가했다고 하자. 2016년 이 경제는 사람들이 구매한 것보다 10억 원 더 많이 생산한 것이다. 2016년에 생산된 모든 산출물은 설령 그것이 연말에 팔리지 않고 남아있다고 하더라도 그 해의 GDP에 포함되어야 한다. 그러기 위해서는 10억 원의 재고 증가를 2016년의 투자에 포함시키면 된다. 그렇게 함으로써 2016년의 지출이 그 해에 생산된 산출을 정확히 측정할 수 있다.

반대로 재고가 2016년에 10억 원이 감소했다고 해보자. 이 '재고 감소'는 해당 경제가 생산한 것보다 10억 원어치의 제품을 더 팔았다는 것을 의미한다. 지난해에 생산된 재화(지난 해 GDP에 이미 계상된 재화)가 판매된 것이다. 조정이 되지 않는다면, 2016년 지출은 2016년의 GDP를 과대평가할 것이다. 따라서 2016년 10억 원의 재고 감소는 '음(−)의 투자'로 간주하여 그 해 총투자에서 제한다. 이렇게 하면 2016년의 지출은 2016년의 산출을 정확히 측정할 것이다.

투자가 아닌 거래 투자는 이렇게 많은 것들을 포함하고 있다. 그렇다면 투자가 아닌 것이 무엇인지도 알 필요가 있다. 주식 및 증권의 양도 또는 유형 자산(주택, 보석, 보트 등)의 재판매와 같은 거래는 투자에 포함되지 않는다. 이런 **금융거래들은 기존 자산의 소유권 이전**일 뿐이다. 국민계정에서 투자는 경제적 투자이다. 즉 새로운 자본을 창출하는 것이다. 단순히 기존 자본재의 소유권을 양도(판매)하는 것은 새로운 자본을 창출하지 않는다. 따라서 이런 종류의 거래(소위 금융투자)는 국민계정에서 투자에 포함되지 않는다.

총투자와 순투자 앞에서 살펴보았듯 민간 총자본형성 항목은 (1) 기계, 장비, 도구의 모든 최종 구매, (2) 모든 건설, (3) 재고변화, (4) 기술과 노하우의 저량을 늘리는 연구개발 및 기타 창작활동에 대한 지출 등을 포함한다.

이 때 '민간'이라는 말은 민간 기업에 의한 투자라는 것을 의미한다. '총'이란 표현

[그림 16.2] 총투자, 감가상각, 순투자 및 자본 저량

한 해 동안 총투자가 감가상각보다 크면 순투자가 발생한다. 연초부터 연말까지 민간 자본 저량의 양은 이 순투자만큼 늘어난다. 다른 조건이 일정하다면, 경제의 생산능력은 확대된다.

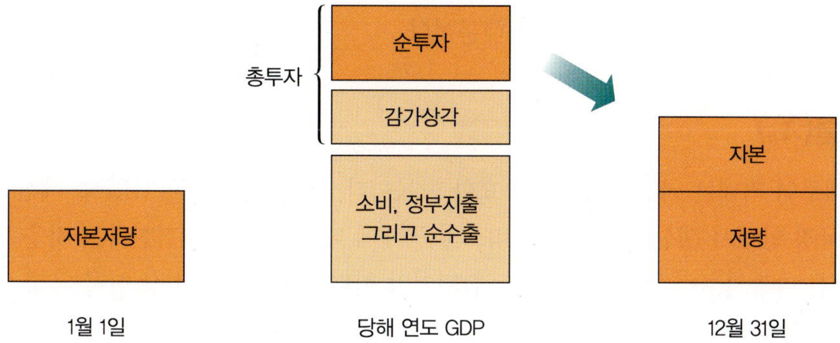

이 의미하는 바는 해당 연도 자본 저량의 순증뿐만 아니라 그 해의 생산에 사용된(마모되거나 노후화된) 기계, 장비 및 건물을 대체하기 위해 이루어진 지출을 포함하는 모든 투자라는 것이다. 총자본형성(**총투자**)은 대체하는 자본과 늘어난 자본을 모두 포함한다.

총투자

반대로 순 투자는 자본이 순증을 가져오는 투자만을 의미한다. 한 해 동안 사용되어 마모된 자본의 양은 **감가상각**이라 한다.[3] 따라서 다음과 같이 표현할 수 있다.

감가상각

$$\text{순투자} = \text{총투자} - \text{감가상각}$$

일반적으로 총투자는 감가상각보다 크다. 따라서 순투자는 양수이며, 한 국가의 자본 저량은 이 순투자 액수만큼 증가한다. 그림 16.2가 보여주듯, 연말의 자본 저량은 연초 자본 저량보다 순투자 액수만큼 더 크다.

하지만, 총투자가 항상 감가상각보다 커야 하는 것은 아니다. 총투자와 감가상각이 같다면, 순투자는 0이고 자본 저량의 크기에는 변화가 없다. 총투자가 감가상각보다 작다면, 순투자는 음수일 것이다. 이 경우 해당 경제에서는 자본 생산보다 소모가 더 많아, 자본 저량이 줄어든다. 실제 1930년 대공황 동안 그런 일이 일어난 바 있다.

민간 총자본형성은 I로 표시한다. 총투자와 순투자를 구분하기 위해서는 g와 n이라는 첨자를 붙인다. GDP를 기록할 때에는 총투자를 사용하므로 I_g라고 쓴다.

정부 구매(G)

국민계정의 3번째 범주는 **정부 구매**를 포함하고 있는데, 이는 '정부최종지출'과 '정부 총고정자본형성'을 포함한다. 이 지출은 (1) 공공 서비스를 제공하기 위해 정부가 소비하는 재화와 서비스에 대한 지출, (2) 내구성이 큰 학교, 고속도로 등 정부 소유 자본에 대한 지출, (3) 정부의 연구개발 및 기타 노하우 저량을 늘리는 활동에 대한 지출 등 3개

정부 구매

3) 한국 국민계정에서 이 순투자는 '총고정자본형성'이라는 항목으로 표시하고 있다.

요소로 구성되어 있다. 정부(중앙정부 및 지방정부) 구매는 최종재에 대한 지출과 노동을 포함한 생산자원의 직접 구매 등 정부의 모든 지출을 포함한다. **정부의 이전지출은 여기에 포함되지 않는다.** 앞에서 봤듯, 이는 정부 수입이 일부 가계에 이전된 것에 불과하며 어떤 종류의 생산도 하지 않기 때문이다.

순수출(X_n)

국제무역 거래는 국민계정에서 중요한 항목이다. 하지만, 한국의 GDP를 계산하려면 **한국 국경 안에서 생산된** 재화와 서비스의 구매에 대한 지출만 취합한다는 것을 명심해야 한다. 따라서 수출(X)은 여기에 포함되어야 한다. 수출은 정의 상 한국 국경 안에서 생산된 재화와 서비스이기 때문이다. 한국 수출품에 대한 지출은 외국인들에 의해 이루어졌다는 사실 때문에 혼란스러워 하지 말도록 하자. GDP의 정의에서 한국산 재화 및 서비스에 대한 지출을 누가 하는지에는 관심이 없다. 여기서 관심을 갖는 것은 그들이 구입하는 재화와 서비스가 한국 국경 내에서 생산되었다는 것뿐이다.

이 때 여러분은 GDP가 $C + I_g + G + X$와 같을 것이라고 잘못 생각할 수도 있다. 하지만 **이 합계치는 GDP를 과대평가한다.** 문제는 국내에서 생산된 재화와 서비스에 대한 지출만 고려해야 한다는 것이다. C, I_g, G 등은 관련 재화 및 서비스가 어디에서 생산되었는지는 관계없이 소비, 투자, 정부 구매 등에 대한 지출을 나타낸다. 중요한 사실은 C, I_g 및 G의 지출이 모두 국내에서 생산된 재화 및 서비스에 대한 것은 아니라는 점이다. 이들 지출 중 일부는 수입품(국외에서 생산된 재화 및 서비스)에 대해 이루어진 것이다. 이 때 C, I_g 및 G에서 국산 재화 및 서비스에 지출된 부분만 계산해야 하므로, 수입에 대해 이루어진 지출(M)은 빼야 한다. 이렇게 계산하면 GDP에 대한 정확한 공식을 도출할 수 있다.

$$\text{GDP} = C + I_g + G + X - M$$

순수출

이 공식은 다시 **순수출**(X_n) 정의를 도입하여 단순한 공식으로 만들 수 있다. 순수출은 수출에서 수입을 뺀 값으로 정의된다.

$$\text{순수출}(X_n) = \text{수출}(X) - \text{수입}(M)$$

순수출 개념을 활용하여 국내총생산 공식은 다음과 같이 단순화할 수 있다.

$$\text{GDP} = C + I_g + G + X_n$$

표 16.3을 보면 2016년 한국인들은 외국인이 한국 수출품에 지출한 것보다 111조 원 더 적게 외국으로부터의 수입에 지출했음을 확인할 수 있다. 즉 2016년 순수출은 111조 원이다.

사례연구: 저량과 유량

한 국가의 자본 저량, 투자 및 감가상각에 대해 이해하기 위해서는 저수지에 대한 비유가 도움이 될 것이다. 물이 강에서 유입된 후 터빈을 거쳐 배출구로 나가는 저수지를 한 번 그려보라. 특정 시점에서 저수지 물의 양은 '저량'이다. 반대로 강에서의 유입량과 배출구로 흘러나가는 배출량은 '유량'이다.

저수지 물의 양, 또는 저량은 주간 유입량이 주간 배출량보다 크다면 증가할 것이다. 유입량이 배출량보다 작다면 물의 양은 줄어들 것이다. 그리고 유입량과 배출량이 같다면 물의 양은 같은 수준을 유지할 것이다.

이제 이 비유를 자본 저량, 투자, 감가상각에 적용해보자. 자본 저량은 특정 시점에 가동 중인 총자본으로 저수지 물의 양에 비유할 수 있다. 일정 기간(예를 들어 1년) 동안 발생한 자본 저량이 얼마나 변화하는지는 총투자와 감가상각에 따라 달라진다. 저수지 물의 유입량에 비유될 수 있는 총투자는 자본재 증가분으로 자본 저량을 늘리는 반면, 저수지 물의 배출량에 비유될 수 있는 감가상각은 자본을 써서 없애므로 자본 저량에서 빠지게 된다. 자본 저량은 총투자가 감가상각보다 크면 증가하고, 총투자가 감가상각보다 작으면 감소하며, 총투자와 감가상각이 같으면 그대로 변화가 없다.

달리 표현하면, 자본 저량은 순투자(=총투자−감가상각)가 양의 값을 가지면 증가한다. 순투자가 음의 값을 가지면 자본 저량은 감소하고, 순투자가 0이면 자본 저량은 일정하다.

종합: GDP = $C + I_g + G + X_n$

종합하여 보면, 4개 범주의 지출이 특정 연도의 총산출의 시장가치 즉 GDP를 측정한다. 표 16.3에서 2016년 한국의 GDP(조 원)는 다음과 같이 집계될 수 있다.

$$\text{GDP} = 798\text{조 원} + 405\text{조 원} + 322\text{원} + 111\text{조 원}$$

소득접근법

표 16.4는 2016년 1,637조 원의 지출이 생산에 기여한 사람들의 소득으로 어떻게 분배되었는지를 보여준다. 이들 소득 총액이 임금, 임대료, 이자, 이윤으로 배당되어 그들에게 돌아갔다고 말할 수 있다면 매우 간단할 것이다. 그러나 일부 지출은 다른 수령자(예를 들면 정부)에게, 또는 다른 용도(해당년도 GDP 생산 과정에서 마모된 자본을 대체하는 투자)로 흘러들어간다. 국민계정의 지출과 소득의 균형을 맞추려면 이들이 고려되어야 한다. 먼저 국민소득을 구성하는 항목들부터 살펴보자.

피용자 보수

지금까지 국민소득의 가장 큰 부분(2016년에는 735조 원)은 기업이나 정부가 자신들이 고용한 근로자들에게 임금과 급여로 지급되었다. 이 수치는 사회부담금과 같은 임금보조성 지출도 포함한다.

임대료

임대료

임대료는 임대자산을 공급하는 가계나 기업이 수취하는 소득이다. 임대료는 임차인이 지불하는 월세나 기업이 사무실 공간에 대해 지불하는 리스비용 등을 포함한다. 국민계정에는 순임대료(=총임대료−임대자산의 감가상각)가 계상된다.

이자

이자

이자는 민간 기업이 자본을 구입하기 위해 이용한 대출의 공급자에게 지불하는 금액이다. 이는 가계가 저축예금, 정기적금, 회사채 등으로부터 받는 이자 등을 포함한다.

사업자소득

사업자소득

일반적으로 느슨하게 '이윤'이라고 부르는 것은 국민계정에서 사업자소득과 법인 이윤으로 구분할 수 있다. **사업자소득**은 개인사업자나 기타 비법인기업들의 순소득이다. 사업자소득은 자산의 소유자에게 흘러들어간다.

법인이윤

법인이윤

법인이윤은 법인이 얻는 소득이다. 국민계정은 법인이윤을 다음과 같은 3범주로 구분한다.

- 법인소득세 이 조세는 법인의 이윤에 부과되는 세금으로 정부로 흘러들어간다.
- 배당 법인이 세후 이윤 중 주주에게 지불하는, 또는 분배하는 부분이다. 이것은 따라서 가계(모든 법인의 최종 소유주)로 흘러들어간다.

유보이익

- 미배당 법인이윤 주주에게 분배되지 않은 세후 이윤은 법인이 나중에 새로운 공장이나 장비에 투자하기 위해 남겨두거나 저축한다. 미배당 법인이윤은 **유보이익**이라고 부르기도 한다.

생산 및 수입세

간접세

생산 및 수입세 계정은 일반 판매세, 내국소비세, 기업재산세, 면허세, 관세 등을 포함한다. 국민계정에서 국민소득을 계산하기 위해 임금, 임대료, 이자, 이윤 등에다가 이러한 기업의 **간접세**를 포함시키는 이유는 무엇인가? 그 대답은 '정부로 흘러간 지출을 고려하기 위해서'이다. 원래 1,000원에 팔렸을 물건이 정부가 5%의 판매세를 부가했기 때문에 1,050원으로 팔리는 품목을 생각해보자. 이 품목이 팔렸을 때, 소비자는 그 품목을 사기 위해 1,050원을 지불하였다. 그렇지만 판매자는 단 1,000원만 받는다. 판매자는 자원 제공자들에 대한 보수로 이 1,000원을 다시 임금, 임대료, 이자 및 이윤 형태의 소득을 분배할 것이다. 남은 50원은 정부수입으로 흘러들어간다. 국민계정에서 이 50원은 '생산 및 수입세' 항목에 계상되고, 느슨하게 볼 때 정부의 '소득'으로 간주된다.

국민소득에서 GDP로

바로 위에서 최종 재화 및 서비스에 대한 지출은 민간 소득 또는 정부 '소득' 둘 중 하나로 흘러들어간다는 것을 배웠다. 그 결과 국민소득은 모든 종류의 민간소득(피용자 보수, 임대료, 이자, 사업자소득 및 법인이윤)에 생산 및 수입에 대한 세금에서 발생하는 정부 수입을 더한 것이다. 국민소득은 그것이 국내에서건 해외에서건 상관없이 한국인이 제공한 생산자원에 흘러간 모든 소득에 생산 및 수입세를 더한 것이다. 하지만 표 16.4에서 보았던 국민소득 총액(1,318조 원)은 표 16.3에서 보았던 지출접근에 따라 구한 GDP(1,637조 원)보다 작다는 사실을 눈여겨보자. 이 2가지 형태(지출형태와 소득형태)는 국민소득에서 한 항목은 빼고 다른 한 항목은 더하면 같아진다.

국외순수취요소소득 먼저 '국민'소득과 '국내'소득 사이 약간의 조정이 필요하다. **국민소득은 국내든 해외든 내국인이 벌어들인 모든 소득**을 포함한다. 하지만 GDP는 국내생산(자원을 제공하는 사람들의 국적과 무관하게 국내에서 생산된 총산출)을 측정한다. 따라서 국민소득에서 GDP로 가기 위해서는 내국인들이 해외에 자원을 공급함으로써 번 금액을 빼고, 외국인이 국내에서 자원을 공급함으로써 번 금액을 더해야 한다. 이렇게 계산하는 과정에서 도출되는 것이 **국외순수취요소소득**이다. 2016년 한국의 국외순수취요소소득은 2조 원이었는데, 이는 한국인들이 외국에서 요소소득을 벌어들인 금액이 외국인이 한국에서 벌어들인 요소소득보다 2조 원이 더 많다는 것을 의미한다. 이 2조 원은 한국인들의 소득이므로 한국 국민소득에 포함된다. 그렇지만 이 소득은 한국 국내소득은 아니다. 다른 나라에서 이루어진 생산으로부터 발생한 소득을 반영하고 있기 때문이다. 따라서 한국 국내생산 총액을 결정하기 위해 소득접근을 사용할 때 제대로 계산하기 위해서는 국민소득에서 국외순수취요소소득을 제해야 한다.

국외순수취요소소득

고정자본소모 다음으로 제빵 오븐 혹은 자동차 조립라인 등과 같은 민간 자본재 장비들은 그것들이 생산된 그 한 해보다 훨씬 긴 시간에 걸쳐 사용된다. 이 장비들을 구입한 해의 이윤과 소득을 과소평가하거나 혹은 그 다음 연도들에서 이윤과 소득을 과대평가하는 것을 피하기 위해, 이들 자본에 들어간 비용은 그 수명에 해당하는 기간에 걸쳐 나누어 적용하여야 한다. 이 때 적용되는 금액은 해당 자본이 매년 얼마나 사용될 것인지에 대한 추정치로, 감가상각이라 부른다. 감가상각을 계상하면 매년 해당 경제의 이윤과 소득에 대한 훨씬 더 정확한 수치를 얻을 수 있다. 국립대학 건물이나 교량 등과 같이 정부가 소유한 자본도 국민소득 계정에서 감가상각을 허용해야 한다.

정부 및 민간이 소유한 자본에 적용되는 막대한 액수의 감가상각을 **고정자본소모**라고 부른다. 해당 년도 GDP를 생산하는 과정에서 '소비된' 자본에 대한 충당금이기 때문이다. 이는 GDP 중 일부를 이들 자본재를 궁극적으로 교체해야 할 때의 지출에 대비해 한 편에 따로 쌓아둔 것이다.

고정자본소모

고정자본소모에 배당된 화폐금액(**감가상각충당금**)은 생산비용이며, 따라서 생산의 총가치에 포함된다. 하지만, 이 화폐금액은 다른 생산비용과는 달리 다른 목적으로 사용할 수 없는 것이다. 이는 누군가의 소득에 속하지 않는다. 그래서 이것은 국민소득 계

감가상각충당금

정에 포함되지 않았던 것이다. 따라서 소득과 지출이 같아지게 하려면 국민소득에 고정자본소모를 더해야 한다.

통계적 불일치 GDP는 지출을 집계하거든 소득을 집계하든 둘 중 하나의 방법으로 계산할 수 있음을 배웠다. 2가지 방법 모두 같은 결과를 얻을 수밖에 없다.

그러나 실제로는 국민계정 작성기관이 양 접근 모두에 기록되어야 하는 모든 항목을 정확히 측정하는 것은 불가능하다. 사람들이 세금환급 신청에서 소득을 잘못 기록한다거나 아니면 감가상각을 정확하게 추정하는 것이 어렵다거나 하는 등의 다양한 요인들로 인하여 이런 어려움이 발생한다. 그 결과 소득접근을 통해 계산한 GDP는 지출접근을 통해 계산한 GDP와 약간의 차이가 생길 수밖에 없다.

통계적 불일치

한국은행은 이러한 어려움을 극복하기 위해 통계적으로 불일치하는 만큼을 지출 측면에 표시한다. 따라서 **통계적 불일치**를 지출에 더하면 지출접근과 소득접근 양 접근에서 얻은 결과가 같아진다. 2016년 한국 국민계정에서 이 통계적 불일치는 약 3,712억 원으로 GDP의 0.02%에 불과하다.

표 16.3은 GDP의 지출접근법을 요약한 반면, 표 16.4는 소득접근법을 요약하고 있다. 표 16.3은 2016년 한 해 동안 생산된 재화 및 서비스에 얼마나 많이 지출되었는지를 통해서 한국 경제의 생산을 보여주고 있다. 표 16.4는 이들 지출이 개인 소득, 정부 소득 혹은 자본 감가상각에 대한 지출 등으로 어떻게 배분되었는지를 보여주고 있다.

기타 국민계정

기타 몇 가지 다른 국민계정들도 경제의 성과에 대해 유용한 정보를 제공한다. 이들 계정은 GDP에 여러 가지 조정을 가함으로써 도출할 수 있다.

국내순생산(NDP)

국내순생산

GDP는 총산출의 측정 지표이기 때문에 매년 생산에 활용된 자본재를 대체하기 위한 충당금을 따로 떼어놓지 않는다. 그 결과 이 지표는 소비나 자본 저량 확대를 새로운 산출물이 얼마나 쓰일 수 있는지에 대해서는 정보를 주지 않는다. 이 정보를 얻기 위해서는 GDP에서 생산 과정에서 소모되어 대체되어야 하는 자본을 빼주어야 한다. 즉 GDP에서 고정자본소모를 제해야 한다. 그 결과 **국내순생산**(NDP)을 얻을 수 있다.

$$\text{국내순생산(NDP)} = \text{GDP} - \text{고정자본소모(감가상각)}$$

2016년 한국의 경우 다음과 같이 쓸 수 있다.

(단위: 조 원)

국내총생산(GDP)	1,637
− 고정자본소모	321
= 국내순생산(NDP)	1,317

NDP는 단순히 GDP에서 감가상각을 조정한 것이다. 이 지표는 경제 전체 즉 가계, 기업, 정부 및 해외부문이 다음 연도들의 생산능력에 지장이 없이 소비할 수 있는 연간 총산출을 측정한다.

국민소득(NI)

국민소득

때로는 내국인들이 토지, 노동, 자본 및 기업가적 능력 등에 기여한 대가로 얼마나 벌어들였는지를 아는 것이 유용할 때도 있다. **국민소득**(NI)은 내국인들이 소유한 자원을, 이 자원이 국내에 있는 외국에 있든 관계없이 활용함으로써 벌어들인 모든 소득을 포함한다. NDP에서 NI를 도출하기 위해서는 NDP에 국외순수취요소소득을 더해주어야 한다. 국외순수취소득은 내국인이 외국에서 벌어들인 소득에서 외국인이 국내에서 벌어들인 소득을 뺀 값이기 때문이다.

이를 2016년 한국에 적용하면 다음과 같다.

(단위: 조 원)

국내순생산(NDP)	1,317
+국외순수취요소소득	2
=국민소득(NI)	1,318

국민소득은 그저 피용자 보수, 임대료, 이자율, 사업자소득, 법인이윤, 생산 및 수입세를 모두 더하는 소득접근법을 통해서도 계산할 수 있나는 것은 이미 살펴본 바 있다.

개인소득(PI)

개인소득

개인소득(PI)은 가계가 직접 벌어들였든 그냥 받았던, 수령한 소득을 모두 포함한다. 이 지표는 국민소득(벌어들인 소득)과는 다른 값을 보일 것이다. 벌어들인 소득 중 일부(생산 및 수입세, 사회보장분담금, 법인소득세, 미배당 법인이윤 등)는 가계가 수령하지 않기 때문이다. 또 반대로, 수령한 소득 중 일부(사회보험수당, 실업수당, 복지수당, 개인연금수당 등)는 벌어들인 것이 아니기 때문이다. PI를 구하기 위해서는 이러한 이전지출들을 더해야 한다.

국민소득에서 개인소득으로 가기 위해서는, 벌어들였지만 수령하지 않은 소득을 빼고, 수령했지만 벌어들인 것이 아닌 소득은 더해야 한다.

처분가능소득(DI)

처분가능소득

처분가능소득은 개인소득에서 개인 조세를 뺀 값이다. 개인 조세는 개인소득세, 개인재산세, 증여세 등을 포함한다. 처분가능소득은 가계가 세금을 납부한 후 남은 소득의 총액이다. 개인들은 이 소득을 소비(C)와 저축(S) 중 하나에 배분한다.

$$\text{DI} = C + S$$

표 16.5는 GDP, NDP, NI, PI 및 DI 사이의 관계를 요약하고 있다.

〈표 16.5〉 GDP, NDP, NI, PI 및 DI의 관계

국내총생산(GDP)	국내총생산(GDP) − 고정자본소모 = 국내순생산(NDP)
국내순생산(NDP)	국내순생산(NDP) + 국내순수취 요소소득 = 국민소득(NI)
국민소득(NI)	국민소득(NI) − 생산 및 수입세 − 사회기여금 − 법인소득세 − 미배당 법인 이윤 + 이전 지출 = 개인소득(PI)
개인소득(PI)	개인소득(PI) − 개인조세 = 처분가능소득(DI)
처분가능소득(DI)	

국민경제순환도 다시 보기

그림 16.3은 경제의 4개 주요 부문을 GDP, NDP, NI 및 PI를 결정하는 지출과 배당의 흐름과 함께 보여주는 흐름도이다. 주황색 화살표는 국내총생산을 구성하는 지출($C+I_g+G+X_n$)의 흐름을 보여준다. GDP를 표시한 사각형의 오른쪽에 있는 초록색 화살표는 처음 GDP가 어떻게 배당되고, 그 다음 NDP, NI, PI 및 DI를 구하기 위해 어떤 조정이 필요한지를 보여준다.

이 그림은 각각의 국민소득계정을 구하는 데 어떤 조정이 필요한지 보여준다. 예를 들어 국내순생산을 구할 때 고정자본소모를 빼주어야 하므로 NDP는 GDP보다 작다. 또 처분가능소득을 구할 때에는 개인 조세가 PI에서 (정부로) 흘러나가기 때문에 DI는 PI보다 작다.

가계, 정부, 기업 등 경제의 3개 국내 부문을 주목하자. 가계에는 처분가능소득이 유입되고 소비지출과 저축이 가계로부터 유출된다. 정부부문에는 여러 유형의 조세가 정부수입으로 유입되고, 그로부터는 구매나 이전지출 형태의 지출들이 유출된다. 기업부문에는 기업 투자를 위한 3개 주요 자금 원천으로부터 유입이 발생하고, 투자지출이 유출된다.

또 이 흐름도에서 해외부문(다른 모든 나라들)을 살펴보자. 외국인이 국내 수출품에

[그림 16.3] 국내생산과 지출 및 소득의 흐름

이 그림은 GDP의 지출측면과 분배측면이 서로 일치하게끔 하는 순환을 보여준다. 지출의 흐름은 주황색으로 표시되어 있다. 분배(소득)의 흐름은 초록색으로 표시되어 있다. 소득과 지출의 흐름을 따라가면서, 이들을 국민계정의 5개 기본 측정치와 연관해서 생각해 보기 바란다.

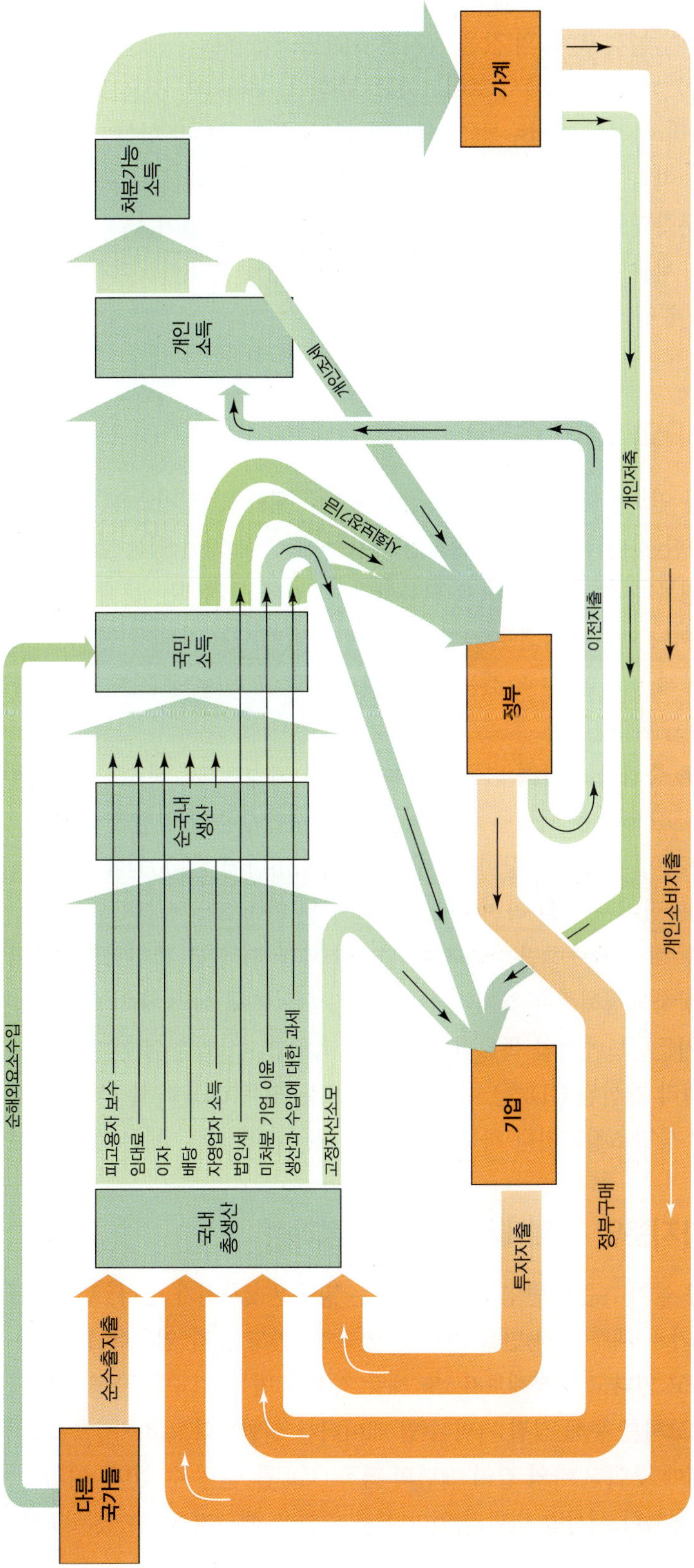

지출한 것은 한국 GDP에 추가되지만, 국내 소비지출, 정부지출, 투자지출 중 일부는 수입 제품을 구매하는 데 쓰인다. 외국 시장에서 흘러나오는 화살표를 보면, 순수출(=수출-수입)을 계산함으로써 이 때 발생하는 문제를 단순화할 수 있음을 알 수 있다. 순수출의 액수는 양의 값을 가질 수도 있고, 음의 값을 가질 수도 있는데, 양의 값을 가질 때에는 GDP를 늘리고, 음의 값을 가지면 GDP를 줄인다.

마지막으로, 그림 16.3에서 보이고 있는 순환은 동태적인 것으로, 일반적으로 경제가 성장함에 따라 시간이 지날수록 그 규모가 커진다. 그렇지만 항상 그런 것은 아니다! 앞에서 설명된 바와 같이 2007~2009년 사이의 대침체에 의해 주요 지출과 소득 흐름들이 급격히 둔화되었다. 특히, 미국과 같은 나라에서는 기업이 투자 지출을 급격하게 축소하였고, 가계들도 처음에는 개인소비지출 규모를 줄였다. 그 결과 GDP, NDP, NI 및 PI가 심각하게 감소하였다.

명목 GDP와 실질 GDP

GDP는 일정 연도에 경제에서 생산된 모든 최종 재화 및 서비스의 시장가치, 또는 화폐가치를 측정한 것이다. 이 때 이질적인 제품들에 대해 의미 있는 합계를 도출하기 위해 화폐 또는 명목가치를 공통분모로 활용한다. 그런데 여기에는 문제가 있다. 인플레이션(물가 상승)이나 디플레이션(물가 하락)에 따라 화폐가치 자체가 변하면 서로 다른 해의 GDP을 어떻게 비교할 수 있겠는가? 무엇보다도 GDP의 액수는 총생산량을 시장가격으로 곱해서 구한다.

생산이 5% 증가하고 가격 변동이 없는 경우나 가격이 5% 상승하고 생산이 변화가 없는 경우나 GDP 액수는 똑같을 것이다. 하지만 **생활수준에 영향을 미치는 것은 재화 및 서비스의 가격이 아니라 수량**이다. 예를 들어 2015년에 1,500원에 팔린 라면이나 1967년 100원에 팔렸던 똑같은 라면이나 거기서 얻는 만족도는 똑같다.

명목 GDP
실질 GDP

이 문제를 해결하는 방법은 가격이 상승할 때는 GDP를 하향조정해주고, 하락할 때는 GDP를 상향조정해주는 것이다. 이러한 조정을 통해 여러 해의 GDP를 마치 화폐 가치가 항상 기준년도에서와 똑같았던 것처럼 측정할 수 있는 것이다. 제품이 생산된 해의 가격에 따라 계산된 GDP를 미조정 GDP 또는 **명목 GDP**라고 한다. 물가수준의 변화를 반영하여 상향조정되거나 하향 조정된 GDP는 조정 GDP 또는 **실질 GDP**라고 한다.

제품이 1가지뿐인 경제에서의 물가조정과정

명목 GDP를 물가수준을 반영하여 조정하는 방법은 2가지가 있다. 단순화를 위해, 해당 경제가 단 1가지 재화(피자)만을 연도 1, 연도 2, 연도 3 각 연도에 표 16.6에 주어진 양만큼 생산하고 있다고 가정해보자. 또 해당 경제의 명목 GDP를 측정하기 위해 피자업체들의 재무보고서를 통해 직접 기업 수입 데이터를 취합했다고 하자. 그렇게 하고 나면 표 16.6의 (4)열에 주어진 바와 같이 매년의 명목 GDP를 얻을 수 있다. 이때는 명목 GDP의 증감에 가격변화나 생산량 변화가 얼마나 큰 역할을 했는지 알 수 있는 방법이 없다.

〈표 16.6〉 실질 GDP의 계산(기준년도=1)

연도	(1) 산출 단위	(2) 피자당 가격 (천 원)	(3) 물가지수 (1년도=100)	(4) 조정하지 않은 명목 GDP(1)×(2) (천 원)	(5) 조정된 실질 GDP (천 원)
1	5	10	100	50	50
2	7	20	200	140	70
3	8	25	250	200	80
4	10	30	—	—	—
5	11	28	—	—	—

GDP 물가지수 이 피자 경제에서 실질 GDP는 어떻게 구할 수 있겠는가? 1가지 방법은 여러 해에 걸친 가격 변화에 대한 데이터를 취합하여((2)열) 이를 기간 전체에 대한 전반적인 **물가지수**를 구하는 것이다. 그러고 나면 각 연도에 대해 구해진 이 지수를 사용하여 해당 년도의 명목 GDP를 실질 GDP로 조정할 수 있다.

물가지수

현실 경제에서는 가격지수는 **일정한 방식을 통해 구성한 재화 및 서비스 묶음(시장 바스켓)**의 비교년도 가격을, 동일한(또는 매우 비슷한) 재화 및 서비스 묶음의 기준년도 가격에 대비하여 측정한다. 이 기준점(또는 벤치마크)은 기준기간 또는 단순히 **기준년도**라고 부른다. 그것은 다음과 같이 표현할 수 있다.

기준년도

$$\text{비교년도의 물가지수} = \frac{\text{특정년도 시장바스켓의 가격}}{\text{기준년도의 시장바스켓의 가격}} \times 100 \qquad (1)$$

관례적으로 계산을 간편하도록 비교년도 가격과 기준년도 가격 간 비율에 100을 곱해준다. 예를 들어 가격의 비율이 2/1(=2)인 경우 물가지수는 200이라고 쓴다. 가격 비율이 1/3(=0.33)이라면 물가지수는 33이다.

여기서의 피자만 있는 경제의 예에서는 물론 **시장 바스켓**이 단 하나의 제품으로 구성된다. 표 16.6의 (2)열에서 피자 가격이 연도 1에서는 10,000원, 연도 2에서는 20,000원, 연도 3에는 25,000원 등과 같이 주어져 있다. 연도 1을 기준년도로 해보자. 이제 연도 2, 연도 3에서의 시장 바스켓의 가격을 연도 1의 시장 바스켓의 가격에 대비하여 표현할 수 있다.

시장 바스켓

$$\text{물가지수(연도 2)} = \frac{20{,}000\text{원}}{10{,}000\text{원}} \times 100 = 200$$

$$\text{물가지수(연도 3)} = \frac{25{,}000\text{원}}{10{,}000\text{원}} \times 100 = 250$$

연도 1에서 물가지수는 비교년도와 기준년도가 같기 때문에 100일 수밖에 없다.

위의 물가지수들을 통해 우리는 피자 가격이 연도 1에서 연도 2까지는

100%{=[(200−100)/100]×100}, 연도 1에서 연도 3까지는 150%{=[(250−100)/100]×100} 상승했다는 것을 확인할 수 있다.

명목 GDP / 물가지수 이제 (3)열에 주어진 물가지수를 활용하여 (4)열의 명목 GDP를 하향조정할 수 있다. 하향조정을 하는 가장 간단하고 직접적인 방법은 명목 GDP를 물가지수를 100을 곱하기 전의 값으로 나누어주는 것이다. 이렇게 하면 다음과 같이 실질 GDP를 구할 수 있다.

$$\text{실질 GDP} = \frac{\text{명목 GDP}}{\text{물가지수} \div 100} \tag{2}$$

(5)열은 이렇게 구한 실질 GDP를 보여준다. 이 실질 GDP 액수들은 연도 1, 2, 3에 생산된 피자의 시장가치를 피자 가격이 3년 내내 10,000원으로 일정했다는 가정 하에 측정한 것이다. 간단히 말하면, 실질 GDP는 각 연도 생산물의 시장가치를 화폐가치가 기준년도와 똑같다는 가정 하에서 측정한 것이다.

이러한 내용들을 잘 이해했는지 확인하기 위해, 등식 (1)과 등식 (2)을 활용하여 표 16.6의 연도 4, 연도 5에 확대적용해보라. 그런 다음에는 연도 3을 기준년도로 하여 모든 해들에 대해 실질 GDP를 계산해 보아라. 이번에는 똑같은 과정을 거친다고 하더라도 어떤 경우에는 명목 GDP를 상향조정해야 할 것이다.

GDP 물가지수를 구하는 다른 방법

실질 GDP를 구하는 다른 방법은 표 16.6에 주어진 수량((1)열)과 가격((2)열)에 대한 데이터를 따로 취합하는 것이다. 그러고 나면 **각 연도 생산물의 시장가치를 가격이 기준년도와 같다(10,000원)는 가정 하에서 계산**할 수 있다. 그러면 연도 2에서 피자 7단위는 70,000원(=7단위×10,000원)의 가치를 갖게 될 것이다. (5)열에서 확인할 수 있듯, 이 70,000원 어치에 해당하는 생산물의 양이 연도 2의 실질 GDP이다. 마찬가지로 연도 3의 실질 GDP는 그 해의 생산물 8단위를 기준년도의 가격 10,000원을 곱하여 구할 수 있다.

일단 이런 방식으로 실질 GDP를 구하고 나면, 명목 GDP를 실질 GDP로 나누어 특정 연도의 물가지수를 구할 수 있다.

$$\text{물가지수} = \frac{\text{명목 GDP}}{\text{실질 GDP}} \times 100 \tag{3}$$

예를 들어 보자. 연도 2 물가지수 200을 100으로 나눈 값은 2인데, 이는 명목 GDP 140,000원을 실질 GDP 70,000원으로 나눈 값과 같다. 등식 (3)은 등식 (2)을 다시 배열한 것에 불과하다. 표 16.7은 여기서의 단일 재화 경제에서 실질 GDP를 계산하는 2가지 방법을 요약하고 있다.

〈표 16.7〉 명목 GDP에서 실질 GDP를 계산하는 방법

방법 1	1. 매년 명목 GDP를 계산 2. GDP 물가지수를 계산 3. 매년의 명목 GDP를 해당 년도의 GDP 물가지수로 나누어 실질 GDP를 구함
방법 2	1. 매년의 명목 GDP를 실질 산출량과 가격으로 구분 2. 기준년도의 물가를 기준으로 이를 해당 년도의 실질 산출량에 곱하여 실질 GDP를 구함(해당 년도의 명목 GDP를 실질 GDP로 나눈 값이 GDP물가지수임)

실제 적용과 데이터

가중치
연쇄가중지수

수많은 재화와 서비스가 존재하는 현실에서 GDP를 계산하고 신뢰할 만한 물가지수를 만드는 것은 앞에서의 피자만 생산하는 경제에서보다 훨씬 더 복잡하다. 국민계정 작성기관들은 여러 범주의 재화 및 서비스가 총생산에서 차지하는 비중을 구한 후, 이에 기초하여 이들 각 범주의 재화 및 서비스에 **가중치**를 부여하여야 한다. 지출 구조가 변함에 따라 이 기관들은 매년 이 가중치를 새로 고치고, 한 해 한 해씩 지출구조의 이동평균을 활용하여 기준년도를 계속 변경하여야 한다. 한국에서 사용하는 GDP 물가지수(디플레이터)는 **연쇄가중지수**라고 한다. 이 명칭만 보아도 이 방법이 얼마나 복잡한 것인지 가늠할 수 있을 것이다. 여기서는 자세한 설명은 생략하도록 하자.

표 16.8은 몇 개 연도에 대하여 한국 명목 GDP, 실질 GDP 및 GDP 물가지수 사이의 관계를 보여주고 있다. 장기적으로 한국의 물가수준은 상승하여왔기 때문에, 2010년보다 이전 연도들의 실질 GDP((3)열)는 해당 연도의 명목 GDP((2)열)보다 더 큰 값을 갖는다. 이는 해당 연도의 물가수준이 2010년 이전 보다 낮아서 명목 GDP가 해당 연도들의 실질 생산량을 과소평가하므로, 다른 연도들과 적절하게 비교하기 위해서는 명목 GDP를 상향조정(인플레이트)해야 한다는 사실을 확인해주는 결과이다.

반대로 2016년의 물가수준은 기준년도인 2010년보다 더 높기 때문에 이 해의 명목 GDP는 실질 생산량을 과대평가한다. 따라서 국민계정 작성기관은 2016년에도 2010년의 물가수준이었다면 실질 GDP가 어떻게 될지 계산하기 위하여 명목 GDP를 하향조정(디플레이트)한다.

2010년 이전의 GDP 데이터를 상향조정하고, 2010년 이후 데이터를 하향조정함으

〈표 16.8〉 한국의 명목 GDP, 실질 GDP 및 GDP 물가지수

(1) 연도	(2) 명목 GDP (조 원)	(3) 실질 GDP (조 원)	(4) GDP물가지수 (2010=100)
1995	429	628	–
2000	635	–	77.4
2005	920	1,034	88.9
2010	1,265	–	100.0
2016	1,637	1,508	108.6

출처: 한국은행 경제통계시스템, http://ecos.bok.or.kr/

로써, 국민계정 작성기관은 연간 실질 GDP를 계산하는데, 이를 가지고 다른 해의 실질 GDP와 비교할 수 있게 된다. 따라서 (3)열의 실질 GDP 액수는 다른 연도의 실질 GDP와 직접 비교가 가능하다.

일단 명목 GDP와 실질 GDP를 구하고 나면, 물가지수를 계산할 수 있다. 그리고 명목 GDP와 물가지수를 구하고 나면, 실질 GDP를 구할 수 있다. 예를 들어 보자. 2016년의 명목 GDP는 약 1,637조 원이고 실질 GDP는 1,508조 원이다. 따라서 2016년의 물가수준은 108.6(=[1,637조 원/1,508조 원]×100)으로, 2010년에 비해 8.6% 더 높다. 만약 명목 GDP와 물가수준만을 알고 있다면, 2016년 명목 GDP 1,637조 원을 2016년 물가지수를 100으로 곱하기 전의 값(1.086)으로 나누어 2016년 실질 GDP를 구할 수 있다.

명목 GDP, 실질 GDP 및 물가수준 사이의 관계를 잘 이해했는지 확인하기 위하여 표 16.8에서 1995년의 물가지수 및 2000년과 2010년의 실질 GDP를 한 번 구해보아라. 표에서 이 수치들은 일부러 빈칸으로 남겨두었다.

GDP의 한계

GDP는 경제의 성과가 얼마나 좋은지 아니면 얼마나 나쁜지에 대해 상당히 정확하고 그 유용성이 매우 큰 측정 지표를 제공한다. 하지만 이 지표는 또한 총생산량과 후생(총효용)의 측정 지표로서 몇 가지 한계를 안고 있기도 하다.

비 시장 활동

어떤 생산적 활동들은 시장에서 이루어지지 않는 경우가 있다. 집안에서 부모님 모시기라든지, 자기 자신의 집을 직접 수리하는 목공의 근로 등이 이에 해당하는 예이다. **이런 활동들은 절대 GDP에 반영되지 않는다.** GDP를 집계하는 담당기관들은 시장 활동을 수반하는 경제적 거래 즉 생산물이나 자원이 돈과 교환되는 거래들에 대한 데이터만 얻을 수 있기 때문이다. 따라서 GDP는 한 나라의 총생산량을 과소평가한다. 대가를 받지 않은 근로를 포함하지 않기 때문이다. 여기에서 1가지 예외는 존재한다. 농부들이 자신이 생산한 것을 스스로 소비하는 경우 이는 GDP에 포함된다.

여가

1900년대 이후 많은 나라에서 근로시간은 단축되어 왔다. 게다가 유급휴가, 휴일, 휴직 등이 더 많아짐에 따라 근로일수 자체가 줄어들었다. 이러한 여가시간의 증가는 전반적인 후생수준 개선에 긍정적인 역할을 한 것이 틀림없다. 하지만 현행 **국민계정 체계는 여가의 가치를 무시하고 있기 때문에 후생수준을 과소평가**한다. 더군다나 이 체계는 많은 수의 사람들이 일로부터 느끼는 만족도('심리적 소득') 역시 제대로 반영하지 못한다.

제품 품질 개선

GDP는 질적 측정 지표가 아닌 양적 측정 지표이기 때문에 **제품 품질 개선의 가치를 완전히 포착하지 못한다**. 오늘 산 20만 원짜리 핸드폰은 10년 전에 구입한 20만 원짜리 핸드폰과 그 품질에서 큰 차이가 있다. 오늘날의 핸드폰은 디지털이고, 메모리 용량, 화면, 카메라, 음악재생장치 등이 모두 훨씬 뛰어나다.

품질 개선이 제품의 양만큼이나 경제적 후생에 큰 영향을 미친다는 것은 분명한 사실이다. 한국은행은 몇 가지 품목에 대해서는 품질 개선을 GDP에 반영하여 조정하지만, 재화 및 서비스 전체를 놓고 보면 대부분의 경우 품질 개선이 GDP에 반영되지 않는다.

지하경제

지하경제

현실 경제에는 생산성이 높은 **지하경제**가 번창하고 있다. 사업을 하는 사람들 중 일부는 도박, 밀수, 매춘, 장물거래, 마약 재배, 마약 거래 등에 종사하고 있다. 이들은 자신의 소득을 숨길 충분한 이유가 있다.

그러나 지하경제에 참여하는 대다수의 사람들은 전적으로 합법적인 활동에 종사하지만 국세청에 자신들의 소득을 불법적으로 누락하는 이들이다. 변호사들은 자신들의 수임료 중 일부만을 신고할 수 있다. 상점 주인들도 매출 수입 중 일부만을 신고할 수 있다. 실업급여를 계속 유지하고 싶은 근로자는 '비공식적인' 또는 '현금만 받는' 일자리를 얻을 수 있다. 벽돌공은 자신의 자동차를 수리해주는 것을 대가로 이웃에게 벽난로를 지어줄 수 있다. 이러한 거래들 중 어떤 것도 GDP에 포함되지 않는다.

한국에서 지하경제의 규모는 공식 GDP의 약 10% 정도를 차지하는 것으로 추정된다. 이는 2016년 GDP가 약 164조 원 정도 **과소평가되었다**는 것을 의미한다.

GDP와 환경

GDP 성장은 불가피하게 그 부산물로 대기오염, 수질오염, 유독성 폐기물, 교통체증, 소음 등을 발생시킨다. 이러한 부정적인 부산물들의 사회적 비용은 경제적 후생을 악화시킨다. 그리고 이러한 비용들을 총생산에서 빼지 않기 때문에 GDP는 국민경제의 후생을 과장하고 있다. 역설적인 것은 **오염을 줄이고 교통체증을 완화하기 위해 돈을 지출했을 때, 그 비용은 GDP에 계상된다!**

생산물의 구성과 분배

생산물의 구성이 경제적 후생에 중요하다는 것은 의심의 여지가 없다. 하지만 GDP를 통해서는 현재 생산된 재화 및 서비스의 구성이 사회를 풍요롭게 만드는지, 아니면 반대로 해를 끼칠 수 있는 것인지 알 수 없다. GDP는 인명살상용 자동화기와 백과사전 전집에 그것들이 같은 가격에 팔리는 한 똑같은 가중치를 준다. 게다가 GDP는 생산물이 어떻게 분배되는지에 대해서는 아무런 정보도 주지 않는다. 예를 들어 90%의 생산물이 단 10%의 가계로 가는지 아니면 더 균등하게 배분되는지 알 수 없다. 생산물이 어떻게 분배되는지에 따라 사회의 전반적이 후생은 크게 달라진다.

후생의 비경제적 원천

마지막으로 GDP와 후생 사이의 관계는 또 다른 이유로도 문제시될 수 있다. 마치 어떤 집이 소득이 많다고 항상 행복한 것은 아닌 것처럼, 한 국가의 GDP가 그 후생을 완전히 측정할 수 없다. GDP가 반드시 증가하지 않더라도 많은 것들이 사회 후생을 개선할 수 있다. 예를 들어 폭력 감소, 대외 관계에서의 평화 확대, 서로 간의 예의, 부모 자식 간 관계 개선, 마약 중독 및 알코올 중독 감소 등이 그 예이다.

중간산출물의 중요성

GDP가 최종 생산물에 초점을 맞춘다는 것은 생산과 유통의 초기 단계에서 발생하는 '기업 간' 경제활동을 모두 무시한다는 것을 의미한다. 이렇게 중간단계를 누락하는 것은 문제가 될 수 있다. 많은 사람들의 일자리와 많은 기업들의 수익성이 이러한 경제활동에 달려 있기 때문이다.

총생산(GO)

다행히도, 자원 채굴, 생산, 유통 및 최종생산(GDP)이라는 경제활동 4단계 각각에서 발생한 경제적 활동의 화폐가치를 모두 합쳐 계산하는 **총생산(GO)**이라는 통계가 있다. 이 4단계는 모든 경제활동을 포괄한다.

GO는 GDP(최종 단계)뿐만 아니라 앞의 3단계도 포함하므로 GDP보다 항상 큰 값을 갖는다. 미국의 경우, 2015년에 GDP는 17.9조 달러였던 반면, GO는 31.5조 달러였다. GO는 모든 단계의 경제활동을 모두 고려하기 때문에, 경제의 생산 측면을 전반적으로 표현하는 데 있어 GDP보다 낫다. 특히 **경기순환의 폭을 가늠하기 위해서는 GO가 매우 유용**하다. 2007~2009년 대침체에서 실질 GDP는 4.2% 감소한 반면, 실질 GO는 8.6% 감소하였다. 즉 총 경제활동은 최종 생산보다 두 배 이상 더 감소한 것이다. 실질 GDP와 실질 GO 사이에 이렇게 큰 차이가 존재하였다는 사실은 대침체기 동안, 그리고 그 이후에 고용이 왜 그렇게도 급격하게 감소하였는지를 이해하는 데 단초를 제공할 수도 있다.

통계자료는 마법처럼 얻어질까?

미국 상무성 산하 기구 경제분석국(BEA)은 미국 국민계정(NIPA)을 작성한다. 그 데이터는 어디서 얻을까?

국민계정과 관련하여 논의할 때에는 종종 그 원 자료가 어딘가 신비로운 곳에서 불쑥 나타난 것 같은 인상을 받는다. 경제학자들이 이들 데이터를 어디서 얻는지를 살펴보기 위해 한 바퀴 둘러보도록 하자.

소비 BEA는 GDP 계정의 소비 부문 데이터를 다음과 같은 4가지 출처로부터 얻는다.

- 서베이조사국(Census Bureau)의 소매거래조사(Retail Trade Survey): 22,000개 기업 표본으로부터 얻은 매출액 정보
- 서베이조사국의 제조업조사(Survey of Manufacrturers): 50,000개 사업장으로부터 모은 소비재 출하액 정보
- 서베이조사국의 서비스조사(Service Survey): 30,000개 서비스 업체로부터 수집한 매출액 데이터
- 기업거래와 관련된 출처: 예를 들면, 자동차 및 항공기 제조업체들로부터 직접 수집한 자동차 및 항공기 매출액 데이터

투자 GDP의 투자 부문에 대한 데이터 출처는 다음과 같다.

- 소비 추정에 사용된 모든 자료들: 소비재 구입과 별도로 자본재 구입을 취합한다. 예를 들어 장비 및 소프트웨어 투자의 추정치는 제조업조사, 서비스조사 및 기업출처들에 신고된 제조업체들의 출하액을 기초로 이루어진다.
- 건설관련 센서스조사: 서베이조사국의 주택착공조사(Housing Starts Survey)와 주택매매조사(Housing Sales Survey)는 주택 건설이 어느 정도 이루어지는지를 측정하기 위한 데이터를 생산한다. 그리고 건설동향조사(Construction Progress Reporting Survey)는 비주택 건설 관련 데이터의 출처이다. BEA는 재고거래조사(Retail Trade Survey), 7,100개 기업을 대상으로 한 도매거래조사(Wholesale Trade Survey), 그리고 제조업 조사를 통해 기업 재고변화를 계산한다.

정부 구매 정부 구매(공식적으로는 '정부 소비 및 투자지출') 관련 자료의 출처는 다음과 같다.

- 미연방 인사처(The U.S. Office of Personnel Management): 민간부문과 공공부문 둘로 나누어 임금 및 수당에 대한 데이터를 취합한다. 정부 피용자에 대한 임금 및 수당은 연방정부, 주정부 및 지방정부의 '구매' 중 가장 큰 비중을 차지한다.
- 서베이조사국의 건설산업 관련 조사들: 공공부문과 민간부문을 구분하여 건설 지출 관련 데이터를 취합한다.
- 서베이조사국의 정부재정조사(Survey of Government Finance): 정부 소비 및 투자 지출에 대한 데이터를 제공한다.

순수출 BEA가 순수출을 추정하기 위해 사용하는 데이터 출처는 다음과 같다.

- 미연방 세관: 상품의 수출입에 대한 데이터를 취합한다.
- BEA의 잠재적 서비스 수출업체와 수입업체에 대한 조사들: 서비스 수출입에 대한 데이터를 취합한다.

이제 알게 되었을 것이다. 마법적인 것은 아무것도 없다는 것을!

출처: Joseph A. Ritter, "Feeding the National Accounts," Federal Reserve Bank of St. Louis Review, March~April 2000, pp. 11.20.
이 논문은 국민계정의 소득접근데이터 출처와 관련한 정보도 제공한다. 관심 있는 사람들의 일독을 권한다.

요약

1. 국내총생산(GDP)의 정의와 그 측정 방법

경제의 경제적 성과에 대한 기본 측정 지표인 국내총생산(GDP)은 한 해 동안 한 국가의 국경 내에서 생산된 모든 최종 재화 및 서비스의 시장가치이다.

최종재는 최종 사용자가 구입한 재화이며, 중간재는 이후 재판매나 추가적인 가공 및 조립을 목적으로 구입한 재화이다. 중간재, 비생산적 거래 및 중고품 판매는 GDP 계산에서 의도적으로 제외되어 있다.

2. 지출접근을 통한 GDP 계산

GDP는 모든 최종 생산물에 대한 총지출을 더해서 구할 수도 있고, 그 생산에서 발생한 소득을 합하여 구할 수도 있다.

지출접근에 따르면 GDP는 소비자의 재화 및 서비스 구입, 기업의 총투자 지출, 정부 구매 및 순수출을 모두 더해서 구한다(GDP = $C + I_g + G + X_n$).

개인소비지출은 재화(내구재 및 비내구재) 및 서비스에 대한 지출이다. 한국에서는 소비자 지출의 약 55%가 서비스에 대한 것으로, 이 현상으로부터 경제학자는 한국 경제가 서비스화되었다고 말한다.

총투자는 (해당 국가의 자본 저량을 기존 수준으로 유지하기 위해 필요한) 대체투자와 (자본 저량의 순증인) 순투자로 구분된다. 대부분의 경우 순투자는 양의 값을 가지므로, 자본 저량과 생산능력은 증가한다.

3. 생산접근을 통한 GDP 계산

소득(분배)접근에 따르면 GDP는 피용자 보수, 임대료, 이자, 사업자소득, 법인이윤, 생산 및 수입세 등을 더한 값에서, 국외순수취요소소득을 빼고 고정자본소모를 더해서 구한다.

4. GDP, 국내순생산, 국민소득, 개인소득, 처분가능소득 등 사이의 관계

다른 국민계정은 GDP로부터 도출된다. 국내순생산(NDP)는 GDP에서 고정자본소모를 뺀 것이다. 국민소득(NI)는 자원공급자들이 벌어들인 총소득과 생산 및 수입세를 더한 것으로, NDP에 국외순수취요소소득을 더해서 구한다.

개인소득(PI)은 개인조세를 공제하기 전에 가계에 지급된 총소득이다. 처분가능소득(DI)은 가계가 소비나 저축에 쓸 수 있는 소득 금액을 의미한다.

5. GDP 물가지수의 성격 및 역할과 명목 GDP 및 실질 GDP 사이의 차이

가격지수는 한 해에 생산된 일정한 제품 묶음(시장 바스켓)의 가격을 기준연도 같은 시장 바스켓의 가격으로 나눈 후, 거기에 100을 곱해 구한다. GDP 물가지수는 경상 GDP를 인플레이션이나 디플레이션에 대해 조정하여 실질 GDP를 구하기 위해 활용된다.

명목(경상가격) GDP는 각 연도의 생산물을 그 해의 가격으로 평가한 가치이다. 실질(고정가격) GDP는 각 연도의 생산물을 기준연도의 가격으로 평가한 가치이다. 실질 GDP는 물가수준 변화에 대해 조정한 것이므로, 실질 GDP의 차이를 만들어내는 것은 생산 활동의 차이뿐이다.

6. GDP 지표가 갖는 한계점

GDP는 한 국가의 경제 성과에 대한 상당히 정확하고 유용성이 큰 지표이긴 하지만, 한계도 역시 존재한다. 이 지표는 비시장 및 불법 거래, 여가 및 제품 품질의 변화, 생산물 구성 및 분배, 공해의 환경훼손, 생산 및 유통 초기 단계의 경제적 활동 등을 고려할 수 없다. GDP를 후생의 완벽한 척도로 해석해서는 안 된다.

주요 용어와 개념

감가상각
개인소득(PI)
국내순생산(NDP)
국내총생산(GDP)
국민계정
국민소득(NI)
명목 GDP
물가지수
민간총자본형성(I_g)
민간최종소비지출
부가가치
소득접근법
순수출(X_n)
실질 GDP
재고
정부구매(G)
중간재
중복계상
지출접근법
지하경제
처분가능소득(DI)
총투자
최종재
통계적 불일치

연습문제

1. 승균이는 민성이가 운영하는 스포츠용품점에 들어가 테니스 공 10만 원어치를 구입하였다. 이 10만 원은 승균이에게는 __________(이)고, 민성이에게는 _______(이)다.

(1) 소득; 지출　(2) 부가가치; 중복계상
(3) 지출; 소득　(4) 지대; 이윤
(5) 이윤; 지대

2. 다음 거래 중 GDP에 계상되는 것은 무엇인가? 해당되는 것을 모두 고르시오.

(1) 혜인이가 올 겨울에 입을 새 스웨터를 구입하였다.
(2) 유정이가 최저생계비 생계수당을 지급받았다.
(3) 우석이가 자신의 딸에게 생일선물로 5만 원을 주었다.
(4) 민정이가 삼성전자 주식 100만 원어치를 팔았다.
(5) 다예가 새 차를 구입하였다.
(6) 지영이가 중고차를 구입하였다.

3. 어떤 소규모 경제가 연초 자본 저량이 10억 원이었다고 하자. 한 해 동안 총투자는 1억5천만 원이었고 감가상각은 5천만 원이었다. 연말 해당 경제의 자본 저량은 얼마인가?

(1) 1,150,000달러　(2) 1,100,000달러
(3) 1,000,000달러　(4) 850,000달러
(5) 800,000달러

4. 올해 어떤 소규모 경제의 GDP가 1,000억 원이라고 하자. 또 I_g = 300억 원, C = 600억 원, 그리고 X_n = 100억 원이라고 하자. G의 크기는 얼마인가?

(1) 0원　(2) 100억 원
(3) 200억 원　(4) 300억 원
(5) 1,000억 원

5. 정부가 모든 상품 및 서비스에 대해 10%의 판매세를 부과한다고 하자. 장훈이는 가전제품 가게에 들어가서 20만 원짜리 공기청정기를 구입하였다. 10%의 판매세로 인하여 장훈이 지불한 총액은 22만 원이다. 장훈이가 지불한 22만 원 중 국민소득 및 국민생산 계정에 사적 소득(종업원 보수, 임대료, 이자, 자산 소득, 법인 소득 등)으로 포함되는 것은 얼마인가?

(1) 22만 원　(2) 20만 원
(3) 18만 원　(4) 2만 원
(5) 위 4개 보기 중에는 답이 없다.

6. GDP가 16조 원이고, 이 중 10조 원은 소비, 2조 원은 총투자, 3.5조 원은 정부지출, 5,000억 원은 순수출이라고 하자. 경제 전체에서 감가상각(고정자본 소모)은 총 1조 원이라고 하자. 이 수치들로부터 볼 때 순국민생산은 얼마인가?

(1) 17조 원　(2) 16조 원
(3) 15.5조 원　(4) 12.5조 원
(5) 위 4개 보기 중에는 답이 없다.

7. GDP는 15조 원이고, 이 중 소비는 8조 원, 총투자는 2.5조 원, 정부지출은 3.5조 원, 순수출은 1조 원이라고 하자. 경제 전체의 개인소득은 12조 원이라고 하자. 정부가 개인들로부터 1.5조 원의 세금을 거두어들였다고 할 때, 가처분소득은 얼마인가?

(1) 13.5조 원 (2) 12조 원
(3) 10.5조 원 (4) 10조 원
(5) 위 4개 보기 중에는 답이 없다.

8. 올해 명목 GDP는 16조 원이라고 하자. 인플레이션의 효과를 고려하기 위해 5년 전 물가 수준을 100으로 하여 물가지수를 만들었다. 이 물가지수를 활용하여 계산한 올해 실질 GDP는 15조 원이었다. 이 수치들로 볼 때 올해의 물가지수는 어떤 값을 갖는가?

(1) 100보다 크다.
(2) 100보다 작다.
(3) 그대로 100이다.
(4) 정보가 충분하지 않아 알 수가 없다.
(5) 위 4개 보기 중에는 답이 없다.

9. 다음 항목 중 한국의 GDP 공식통계에 포함되는 것은 무엇인가? 해당되는 항목을 모두 골라라.

(1) 강원도에서 불법적으로 재배한 대마초로부터 발생한 수입
(2) 인천에서 지역 유독폐기물을 처리하기 위해 지출된 금액
(3) 부산에서 합법적인 의료용 대마초로부터 발생한 수입
(4) 제주도 공항 인근 주민들이 느낀 불편함의 화폐가치
(5) 서울에서 서연이 머리 손질을 하고 혜지에게 지불한 금액
(6) 광주에서 동훈이와 경은이가 서로 댄스 교습 1시간과 1회의 머리 손질을 서로 교환한 거래

10. GDP는 5조 원인데, 이 중 자원 채굴이 0.5조 원, 생산은 1.5조 원, 그리고 유통에서 1조 원이라고 하자.

(1) 총생산(GO)은 얼마인가?
(2) 총생산(GO)에서 GDP를 뺀 값은 얼마인가?

11. 3가지 재화가 있는 경제에서 연도 1의 연간 생산은 아이스크림 3리터, 샴푸 1병, 된장 3단지로 구성되어 있다고 하자. 연도 2에 생산물 구성은 아이스크림 5리터, 샴푸 2병, 된장 2단지로 변하였다. 2개 연도에서 물가수준은 아이스크림은 리터당 4,000원, 샴푸는 병당 3,000원, 된장은 단지당 2,000원으로 동일하다고 하자. 연도 1에 해당 경제의 GDP는 얼마인가? 연도 2의 GDP는 얼마인가?

12. 휴대폰 거치대 생산업자가 1년간 7천만 원어치의 제품을 인터넷 소매업자에게 판매하였다고 가정하자. 소매업자는 다시 이 제품을 최종 소비자에게 판매하여 1억6천만 원어치의 매출을 올렸다고 하자. 이 2번의 거래로 인하여 해당년도의 개인소비지출과 GDP는 얼마나 늘어나는가?

13. 어떤 나라에서 특정 연도의 개인소비지출이 500억 원이고, 주식 및 증권 구입이 300억 원, 순수출이 −100억 원, 정부구매가 200억 원, 중고품 매출이 80억 원, 그리고 총투자가 250억 원이라고 하자. 해당 연도 이 나라의 GDP는 얼마인가?

14. 아래에는 특정 연도 국내생산 및 국민소득 관련 수치들을 보여주고 있다. 모든 수치는 10억 원 단위로 표시되어 있다. 다음의 질문들은 지출접근법과 소득접근법에 따라 주요 국민소득 지표들을 계산하기 위한 것이다. 2개의 다른 방법을 통해 얻는 결과는 같아야 한다.

개인소비지출	245
국외순수취요소소득	4
이전지출	12
임대료	14
고정자산 소모(감가상각)	27
통계적 불일치	8
사회보험 분담금	20
이자	13
자산 소득	33
순수출	11
배당금	16
피용자 보수	223
생산세 및 수입세	18
미배당 법인이윤	21
개인 세금	26
기업소득세	19
법인 이윤	56
정부 구매	72
순민간국내투자	33
개인저축	20

(1) 위의 데이터를 활용하여 GDP를 지출접근법과 소득접근법에 따라 각각 계산하라. 그 다음에는 NDP를 계산하시오.

(2) 그 다음에는 NI를 다음 2가지 방법에 따라 계산하시오. 첫 번째 방법은 NDP에서 필요한 가감을 통해서 계산하는 방법이고, 두 번째 방법은 NI를 구성하는 여러 유형의 소득과 조세를 합하여 구하는 방법이다.

(3) ((2)에서 구한) NI로부터 PI를 구하시오.

(4) ((3)에서 구한) PI로부터 DI를 구하시오.

15. 아래 국민계정 데이터를 활용하여 (a) GDP, (b) NDP 및 (c) NI를 계산하시오. 모든 수치의 단위는 10억 원이다.

피용자 보수	194.2
상품 및 서비스 수출	17.8
고정자본 소모	11.8
정부구매	59.4
생산 및 수입세	14.4
순민간국내투자	52.1
이전지출	13.9
상품 및 서비스 수입	16.5
개인세	40.5
순해외요소수취소득	2.2
개인소비지출	219.1
통계적 불일치	0.0

16. 재화가 1개뿐인 경제에서 1984년의 총생산은 치킨 7,000박스였다고 가정하자. 또 1984년 치킨 1박스의 가격은 10,000원이었다고 하자. 마지막으로, 2005년 치킨 1박스의 가격은 16,000원이고 22,000박스가 생산되었다고 가정하자. 2005년을 기준년으로 하여 1984년의 GDP 물가지수를 계산하시오. 이 지수에 따르면 1984년과 2005년 사이 물가상승률은 얼마인가? 1984년과 2005년에 실질 GDP는 각각 얼마인가?

17. 아래 표는 명목 GDP와 몇 개 연도에 대한 물가지수를 보여주고 있다. 실질 GDP를 구하시오. 각각의 계산에서 명목 GDP를 인플레이트하고 있는지, 아니면 디플레이트하고 있는지를 명시하시오.

연도	명목 GDP, 10억 원	물가지수 (2005=100)	실질 GDP, 10억 원
1968	909.8	22.01	
1978	2,293.8	40.40	
1988	5,100.4	66.98	
1998	8,793.5	85.51	
2008	14,441.4	108.48	

18. 특정 연도 몽구스국의 순수출은 50조 원, 지하경제에서 생산된 재화 및 서비스의 가치는 75조 원, 개인소비지출은 300조 원, 부모들의 가사노동의 가치는 25조 원, 총국내투자는 100조 원, 정부구매는 50조 원이며, 이들 항목을 모두 더한 금액은 600조 원이라고 하자. 몽구스국의 GDP는 얼마인가? 지하경제의 규모는 GDP 대비 몇 %인가? 배우자의 가사노동의 가치를 GDP에 포함시킨다면 GDP는 몇 %나 증가하는가?

17 Chapter

경제성장

학습내용

1. 경제성장을 측정하는 2가지 방법
2. 현대적 경제성장과 제도
3. 경제성장의 공급요인, 수요요인 및 효율성요인
4. 성장회계
5. 1973년 이후 생산성의 평균성장률 변동추이
6. 성장에 대한 찬반론

부유한 나라의 사람들은 경제가 성장하고 생활수준이 향상되는 것을 당연하게 여기는 경향이 있다. 경기침체(생산이 감소하는 기간)는 잘 발생하지 않으며 발생하더라도 일시적인 현상에 그쳐 통상 1년 이상 지속되지 않는다. 현대 자본주의 경제에서 일단 경기침체가 지나가고 나면 다시 성장이 시작되고 생활수준은 계속 눈에 띄게 개선된다.

그러나 역사나 다른 나라의 예를 살펴보면, 경제성장과 생활수준 향상이 자동적이고 일상적으로 발생하는 것이라는 확신은 금방 사라지게 된다. 역사적으로 보면 생활수준이 꾸준히 향상된 것은 최근의 현상으로 지난 한두 세기로 국한된다. 그 이전에는 세대가 바뀌어도 생활수준이 거의 개선되지 않았다. 또 오늘날 여러 나라를 살펴보아도, 나라들 사이의 생활수준 차이가 매우 크다. 일부는 수십 년 간 나아가 수 세기 동안 1인당 소득수준이 꾸준히 상승한 반면, 거의 성장하지 못한 나라들도 많았기 때문이다.

이 장에서는 경제성장의 원인, 경제성장을 촉진하는 제도, 경제성장의 편익과 비용을 둘러싼 논쟁 등을 살펴볼 것이다. 나중에 살펴보겠지만, 경제성장은 아마도 역사상 가장 혁명적이고 강력하게 진행되어 왔다. 따라서 경제성장의 원인과 결과에 대한 면밀한 이해가 없이는 어떠한 경제학 연구도 불완전하다.

경제성장

경제성장

경제학자들은 **경제성장**을 다음 2가지 방식 중 하나로 정의하고 측정한다.

- 일정 기간에 걸쳐 발생한 실질 GDP의 증가
- 일정 기간에 걸쳐 발생한 1인당 실질 GDP의 증가

어떤 정의를 택하든지 간에 경제성장은 분기(3개월)별 혹은 연간 성장의 백분율로 계산된다. 예를 들어 1번째 정의를 따르면 한국의 실질 GDP는 2015년에는 1,467조 원, 2016년에는 1,508조 원이었다. 따라서 2016년 한국의 경제성장률은 2.8%{=[(1,508조 원−1,467조 원])/1,467조 원]×100}였다. 성장률은 일반적으로 양의 값을 갖지만, 항상 그런 것은 아니다. 예를 들어 외환위기를 겪었던 1998년 경기침체기의 한국 경제성장률은 −5.5%였다.

1인당 실질 GDP

앞에서 경제성장의 2번째 정의는 인구 규모를 고려한 것이다. **1인당 실질 GDP**(또는 1인당 산출)는 인구 1명당 생산한 실질생산량이다. 이는 다음과 같은 식에 따라 계산된다.

$$\text{1인당 실질 GDP} = \frac{\text{실질 GDP}}{\text{인구}}$$

예를 들어 2015년 한국의 실질 GDP는 1,467조 원이었고, 인구는 5,127만 명이었다. 따라서 같은 해 1인당 실질 GDP는 2,879만 원이었다. 2016년 1인당 실질 GDP는 2,951만 원으로 증가하였다. 따라서 2016년 1인당 실질 GDP의 성장률은 2.5%{=[(2,951만 원−2,879만 원)/2,879만 원]×100}였다. 반면 1998년 경기침체기 동안 1인당 실질 GDP는 6.2% 감소하였다.

군사적 힘이나 정치적 역량을 측정하는 데 있어서는 실질 GDP 성장을 살펴보는 것이 유용하다. 다른 설명이 없다면 뉴스나 국제기구에서 보고하는 성장률은 이 정의를 따른다. 그러나 생활수준을 비교하기 위해서는 2번째 정의가 더 낫다. 2015년 중국의 GDP는 109,830억 달러였고 덴마크는 2,950억 달러였던 반면, 중국의 1인당 실질 GDP는 8,211달러로 덴마크의 64,168달러보다 훨씬 낮다. 그리고 어떤 경우에는 실질 GDP 성장은 정확하게 계산된 것이라고 해도 잘못된 정보를 제공할 수 있다. 아프리카 에리트레아의 실질 GDP는 2000~2008년 사이 연간 1.3% 성장하였다. 하지만 같은 기간 동안 연간 인구증가율이 3.8%였으며, 따라서 1인당 실질 GDP는 연간 대략 2.5% 정도 감소하였다.

목표로서의 경제성장

경제성장은 경제적 목표로 널리 받아들여지고 있다. 총산출이 인구보다 빨리 확대되면 실질임금과 실질소득이 증가하고, 따라서 생활수준이 향상된다. 경제성장을 경험하는 경제는 사람들의 욕구를 더 잘 충족시켜줄 수 있고 사회경제적 문제들을 더 잘 풀

어나갈 수 있다. 실질임금과 실질소득이 증가하면 개인 및 가족들은 다른 기회나 즐거움을 희생하지 않고도 휴가 여행, 퍼스널 컴퓨터, 높은 교육 수준 등 훨씬 더 많은 것을 누릴 수 있다. 성장하는 경제에서는 소비, 투자, 공공재 생산 등을 현재 수준으로 유지하면서도 빈곤 완화, 다양성 포용, 예술 발전, 환경 보호 등 새로운 계획을 수행할 수 있다.

간단히 말해 **성장은 희소성의 부담을 완화**시켜준다. 정체에 머문 경제와는 달리 성장하는 경제는 미래 생산능력을 확대할 수 있고 동시에 현재 소비를 늘릴 수 있다. 경제성장으로 인하여 희소성의 부담이 줄어들어 즉 생산에서 사회가 직면한 제약이 완화되어 경제적 목표가 더 쉽게 달성되고, 추가적인 재화 및 서비스의 활용이 필요한 새로운 시도를 할 수 있게 된다.

경제성장의 계산

경제학자들이 경제성장률이 조금만 변해도 많은 관심을 기울이는 이유는 무엇인가? 자그마한 변화가 정말로 중요하기 때문이다! 2016년 명목 GDP가 약 1,637조 원에 달하는 한국의 경우 3%와 4%의 차이는 연간 생산이 약 16조 원이 달라짐을 의미한다. 가난한 나라의 경우 성장률 0.5%의 차이에 따라 단순히 배고픈 상태에 그치는 것이 아니라 기아 상태로 떨어질 수 있다.

70의 법칙이라 불리는 어림셈법을 통해 경제성장의 효과를 양적으로 가늠할 수 있다. 70의 법칙은 어떤 지표에 대해 백분율로 표시한 연간 증가율이 주어지면 70을 이 증가율로 나눔으로써 해당 지표가 2배가 되는 데 소요되는 햇수를 알 수 있음을 보여준다.

70의 법칙

$$\text{실질 GDP가 두 배가 되는 데 필요한 햇수} = \frac{70}{\text{연간 \% 성장률}}$$

예를 들어 경제의 연간성장률이 3%면 실질 GDP가 두 배가 되는 데 약 23년(=70÷3)이 걸린다. 경제가 연 8% 성장하면 약 9년(=70÷8) 후 실질 GDP가 두 배가 된다. 70의 법칙은 일반적으로 여러 곳에 적용될 수 있다. 예를 들어 물가상승률과 이자율이 백분율로 주어져 있으면 물가수준이나 저축이 두 배가 되는 데 얼마나 걸리는 지 계산하는 데 적용될 수 있다. 이렇듯 경제성장률이 외견상 작은 차이가 난다고 하더라도 여러 해에 걸쳐 복리로 계산하면 커다란 차이가 된다. 중국과 이탈리아가 동일한 GDP 수준에서 출발했지만, 중국은 연간 8퍼센트, 이탈리아는 연간 2퍼센트 성장한다고 가정하자. 중국의 GDP는 약 9년 후 두 배가 되는 반면, 이탈리아의 GDP는 약 35년 후 두 배가 된다.

한국의 경제성장

표 17.1은 1960년 이후 한국 경제성장의 개관을 보여준다. (2)열은 실질 GDP의 증가로

보아 한국에서 성장이 매우 빨랐음을 보여준다. 1960년에서 2016년 사이 실질 GDP는 약 55배 증가했음을 주목하라. 그런데 한국의 인구 역시 증가하였다. 그렇지만 (4)열에서 볼 수 있듯 1인당 실질 GDP도 이 기간 동안 30배 가까이 상승하였다.

한국의 경제성장률은 어떠한가? 1960년에서 2016년 사이 실질 GDP는 연평균 약 7.4% 증가하였다. 1인당 실질 GDP는 같은 기간 동안 연간 6.1% 증가하였다. 그러나 이들 수치들을 해석하는 데 다음과 같은 몇 가지 주의사항이 필요하다.

- **생산물과 서비스의 품질 개선** 표 17.1의 수치들은 생산물 및 서비스의 품질 개선을 완전히 고려하지 않고 있기 때문에 **경제적 후생이 성장한 정도를 과소평가**한다. 수량적으로만 주어진 데이터는 진공관 컴퓨터 및 저효율 V형 8기통 엔진 자동차가 존재하던 시대와 디지털 휴대전화망이나 연료절약형 하이브리드 자동차가 존재하는 시대를 온전하게 비교할 수 없다.
- **여가의 증가** 표 17.1에 나타나는 실질 GDP와 1인당 실질 GDP의 증가는 여가가 증가하였음에도 불구하고 달성된 것이다. 한 때 50시간을 넘었던 주당 법정근로시간은 이제 시간외 근무를 제외하면 약 40시간에 불과하다. 여기서도 성장률 수치 그 자체로만으로만 보면 경제적 후생의 개선이 과소평가된다.
- **다른 효과들** GDP 성장률은 성장이 환경이나 삶의 질에 미치는 효과를 고려하지 않는다. 성장이 환경 악화, 과도한 지구 온난화, 스트레스가 많은 근무환경의 창출 등을 야기한다면, 단순한 성장률 수치는 성장으로부터 발생하는 **후생 개선을 과대평가**할 것이다. 그리고 성장이 환경 보호를 강화한다거나 더욱 안전하고 스트레스가 없는 생활 스타일을 낳는다면 이 수치는 후생상의 이득을 과소평가할 것이다.

〈표 17.1〉 실질 GDP와 1인당 실질 GDP, 1960~2016

연도	실질 GDP (천억 원)	인구 (백만 명)	1인당 실질 GDP (십만 원)
1960	273	25	11
1970	677	32	21
1980	1,631	38	43
1990	4,195	43	98
2000	8,208	47	175
2010	12,653	50	255
2016	15,083	51	294

자료: 통계청, 국가통계포털

한국 경제성장률에 대해 다른 2가지 핵심 사항을 지적할 필요가 있다. 첫째, 한국의 경제성장이 시기별로 일정하지도 않았고 항상 순조롭지도 않았다. 여느 나라들에서처럼 한국의 경제성장률도 중요한 발명이나 경기순환 상의 위치 등 다양한 요인들에 따라 분기별, 연도별로 많은 변화가 있다. 둘째, 한국과 같이 지속적으로 양(+)의 경제성장률을 보이고 있는 나라들은 많이 있다. 그러나 지속적인 성장은 역사적으로도 새로운 현상이며 모든 나라들이 똑같이 경험하는 현상은 아니다.

현대적인 경제성장

우리는 현재 고속인터넷망, 유전공학 및 우주탐사 등이 존재하는 시대에 살고 있다. 새로운 발명과 신기술이 지속적인 경제성장과 꾸준한 생활수준의 향상을 추동한다. 그러나 항상 그랬던 것은 아니다. 경제성장과 생활수준의 꾸준한 향상은 18세기 후반 산업혁명과 함께 시작된, 역사적으로 새로운 현상이다. 산업혁명 이전에는 아주 오랜 기간 동안 기본적으로 생활수준의 큰 변화가 없었다. 그 결과 기원전 300년에 살던 그리스 농부는 기원후 1500년에 살던 그리스 농부와 물질적 생활수준이 거의 같았다. 반면 우리가 살고 있는 **현대적인 경제성장** 시대는 한 세대보다도 짧은 시간에 생활수준이 급격하게 향상될 만큼 꾸준하고 지속적인 생활수준의 향상이 이루어지고 있다는 특징을 보인다.

현대적인 경제성장

경제사학자들은 **산업혁명**이 시작된 시기를 비공식적으로 1776년으로 잡는다. 이 해는 스코틀랜드 발명가 제임스 와트가 강력하고 효율적인 증기엔진을 완성한 해이다. 이 증기엔진이 산업 공장 설비, 증기선 및 증기기관차 등을 가동하는 데 활용된 이래 현대가 시작되었다.

산업혁명

새로운 산업 공장들이 지어지면서 역사상 처음으로 **대량생산**이 시작되었다. 이는 제조업의 거의 대부분이 지역 내 장인들이 만들던 수제품에서 벗어나 원거리 공장의 대량생산 품목으로 옮겨갔음을 의미한다. 새로운 증기선과 증기기관차가 나타나면서 자원이 공장으로 쉽게 운송되었고 생산물이 저비용으로 원거리 소비자에게까지 배송될 수 있었다. 그 결과 장거리 교역이 급격히 증가하였고 사람들은 농장을 벗어나 새로운 공장이 밀집한 마을이나 도시로 일하러 떠나면서 대규모 인구 이동이 발생하였다.

대량생산

증기동력은 나중에 전기 동력으로 많이 대체되었고, 산업혁명을 발생시킨 증기엔진에 뒤이어 다른 발명들도 많이 나타났다. 철도, 자동차, 전화, 비행기, 컨테이너선, 컴퓨터, 인터넷 및 기타 다수가 여기에 해당한다. 그런데 여기서 핵심적인 사실은 지난 약 200년이 그 이전 시기와 근본적으로 전혀 달랐다는 점이다.

가장 큰 변화는 변화 그 자체였다. 이전에는 물질적 생활수준이나 사람들이 생산하고 소비하는 재화 및 서비스는 한 평생 별 변화가 없었지만, 오늘날 현대적인 경제성장을 경험하고 있는 나라에 사는 사람들은 신기술, 신제품, 새로운 서비스에 지속적으로 노출된다.

여기에 더해 현대적인 경제성장은 문화, 사회, 정치의 여러 측면에 광범위한 영향을 미쳤다.

- 문화적으로는 부와 생활수준이 빠르게 개선되어 역사상 처음으로 일반 사람들이 여가활동과 예술에 상당한 시간을 쓸 수 있게 되었다.
- 사회적으로는 현대적인 경제성장을 경험하는 나라들은 봉건제를 철폐하고, 보편적

공교육을 제도화하였으며, 사회적 구습이나 여성 및 소수자들의 특정 직업 및 지위에 대한 법적 제한을 대부분 제거하였다.
- 정치적으로는 현대적인 경제성장을 경험하는 나라들에서는 민주주의가 진전을 보았는데, 이러한 형태의 정부는 산업혁명이 막 시작되던 시기에는 극히 드물었다.

게다가 사람들의 평균 수명이 늘어나, 18세기 후반 현대적인 경제성장이 시작되기 이전에는 **평균 30년 미만이었던 것이 오늘날에는 전 세계 평균이 67년 이상**이 되었다. 따라서 세계 역사상 처음으로 보통 사람들이 노령까지 생존할 수 있게 되었다. 이를 포함한 다른 변화들은 경제성장이 지닌 진정한 혁명적인 힘을 증언하고 있다. 따라서 경제학자들이 경제성장의 원인과 이를 유지, 촉진하기 위해 추구해야하는 정책이 무엇인지를 알고 싶어 하는 것은 자연스런 일이다. 경제성장이 세계 여러 나라들 사이에 불균등하게 이루어진다는 사실로 인해 경제학자들의 이러한 궁금증은 한층 더 커지고 있다.

경제성장의 불균등성

현대적인 경제성장이 영국에서 처음 발생한 이후, 그 확산은 매우 느렸다. 처음 19세기 초반 프랑스, 독일 및 기타 서유럽 다른 지역으로 확산되었고, 19세기 중반에 미국, 캐나다, 오스트레일리아 등으로 퍼져나갔다. 일본은 1870년대에 산업화를 시작하였지만, 나머지 아시아 국가들은 20세기 초중반에 이르러서야 이를 뒤따랐는데, 이 시기 중동, 중미, 남미 등지의 많은 지역들도 현대적 경제성장을 경험하기 시작하였다. 가장 최근에 현대적 경제성장을 시작한 지역은 아프리카로, 이 대륙의 대부분 지역은 최근에 이르러서야 비로소 현대적인 경제성장을 경험하기 시작하였다. 주목할 만한 사실은 지구상 일부 지역은 아직도 현대적인 경제성장을 전혀 경험하지 못하고 있다는 점이다.

지역마다 현대적인 경제성장이 시작된 시기는 다른데, 바로 이 때문에 오늘날 1인당 GDP 수준에서 커다란 차이가 나타난다. 현재 미국이나 일본과 같은 부유한 나라들과 북한 및 부룬디와 같은 가난한 나라들 사이에 커다란 간극이 존재한다. 그러나 서로 다른 나라들이 상이한 시점에서 현대적인 경제성장을 시작했다는 사실로 인하여 생겨난 엄청난 생활수준의 차이는 그림 17.1이 가장 잘 보여주고 있다. 이 그림은 1820년 이래 미국, 서유럽, 라틴 아메리카, 아시아 및 아프리카에서 1인당 GDP가 어떻게 변화하여 왔는지를 보여준다.

생활수준을 쉽게 비교할 수 있도록, 모든 장소 모든 시점에서 소득수준은 1990년 기준의 미국 달러로 변환하였다. 이렇게 하면, 1820년에는 1인당 소득수준이 모든 지역에서 상당히 비슷했으며, 이 시기 세계에서 가장 부유한 지역은 서유럽으로, 1인당 평균소득이 1,232달러였다. 반면 이 시기 세계에서 가장 빈곤한 지역은 아프리카로, 1인당 평균 소득이 418달러였다. 따라서 **1820년에는 가장 부유한 지역의 평균 소득이 가장 빈곤한 지역의 약 3배에 불과**하였다.

그러나 세계 모든 지역에서 1인당 소득이 조금씩 증가하였지만 서유럽과 미국은 현대적 경제성장을 다른 지역들보다 빨리 경험하였기 때문에 결국에는 다른 지역들보다

[그림 17.1] 생활수준의 커다란 차이

1820년에 세계 여러 지역의 생활수준은 비슷하였다. 하지만 미국과 서유럽을 포함하는 일부 지역들이 현대적인 경제성장을 다른 지역들보다 더 빨리 경험하기 시작하여 지금은 생활수준에 큰 차이가 있다.

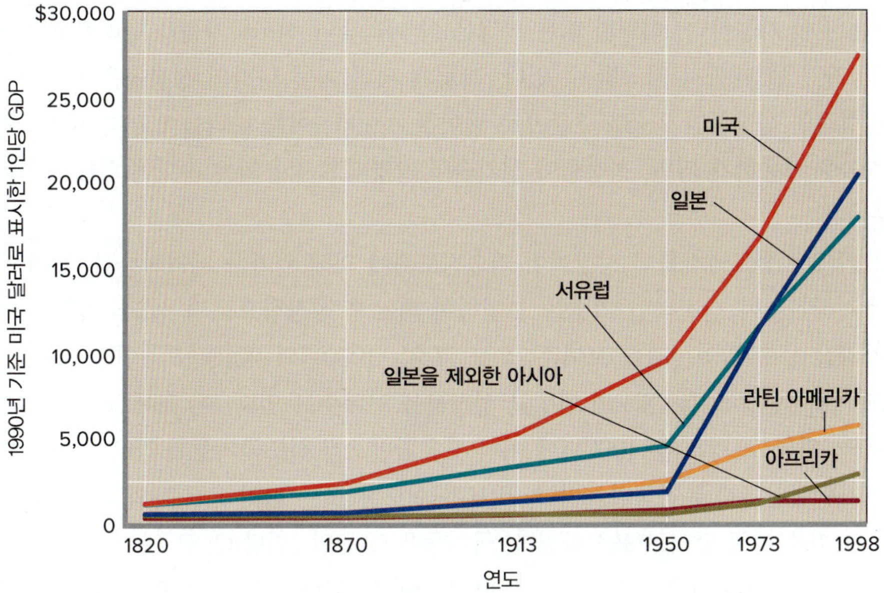

자료: Angus Maddison, The World Economy: A Millennial Perspective(Paris: OECD, 2001), p.264

훨씬 부유하게 되었다. 예를 들어 1998년 미국의 1인당 GDP는 27,331달러인 반면, 아프리카는 1,368달러에 불과하다. 이렇듯 미국은 현대적 경제성장을 거의 2세기 동안 경험하였지만 아프리카는 불과 몇 십 년밖에 경험하지 못하였기 때문에 **1998년 미국의 평균적인 생활수준은 아프리카보다 거의 20배** 높다.

추격 가능성

그림 17.1을 보고 잘못된 인상을 가질 필요는 없다. 현대적 경제성장을 최근에 경험하기 시작한 나라들이 현대적 경제성장을 빠른 시기에 시작한 나라들보다 영원히 가난할 수밖에 없는 것은 아니다. 사람들이 기술을 채택하는 것은 기술을 발명하는 것보다 빠르기 때문이다. 포괄적으로 표현하면 오늘날 부유한 나라들은 가장 선진적인 기술을 보유하고 있기 때문에 이러한 지위에 도달했다고 볼 수 있다. 그러나 이 나라들은 이미 가장 선진적인 기술을 보유하고 있기 때문에 더 부유해지기 위해서는 신기술을 발명하여야 한다. 신기술을 발명하고 적용하는 것은 매우 느리고 비용이 많이 들기 때문에, 부유한 **선도국가**들의 1인당 GDP는 겨우 연평균 2%에서 3%로 성장한다.

선도국가

반면 상대적으로 가난한 **추격국가**들은 부유한 선도국가들이 지닌 기술을 단순히 채택하기만 해도 훨씬 더 빨리 성장한다. 예를 들어, 오늘날 아프리카에서 대부분의 사람들이 평생 처음으로 사용해본 전화기는 휴대전화이다. 즉 이 나라들은 기본적으로 19세기 기술인 유선전화기에 필요한 배선을 설치할 필요가 없다. 대신 이들 나라는 21세기의 인터넷 기술을 이용한 이동통신망으로 바로 직행한다. 그래서 이들 나라는 과거 미

추격국가

국이나 현재 부유한 다른 나라들이 거쳐 왔던 기술 및 개발의 많은 단계들을 뛰어넘는다. 사실 이 나라들은 가장 현대적이고 가장 생산적인 기술로 바로 뛰어든다. 그 결과 올바른 환경이 갖추어져 있다면 **가난한 나라들이 극단적으로 빠른 생활수준 향상을 경험하는 것이 가능**하다. 이러한 빠른 성장은 이 나라들이 선도국가들을 따라잡고 스스로 선도국가가 될 때까지 지속될 수 있다. 그렇게 되면 이들 나라의 성장률은 선도국가들의 전형적인 성장률인 2~3% 수준으로 떨어질 것이다. 이들 나라들이 부유해지고 최첨단 기술을 사용하게 되면, 성장률이 신기술이 발명되고 적용되는 속도에 의해 제한되기 때문이다.

표 17.2는 선도국가들의 성장률이 기술진보율에 의해 얼마나 제약되는지, 그리고 일부 추격국가들이 선진적인 기술을 도입하여 빠르게 성장함으로써 선도국가들을 얼마나 따라잡을 수 있었는지를 보여준다. 표 17.2는 1960년과 2010년의 1인당 실질 GDP와 그 기간 1인당 실질 GDP의 연평균 성장률을 보여주고 있다. 이 표에 포함된 나라들은 미국, 영국, 프랑스 등 1960년에 이미 부유했던 3개 선도국가들과 같은 시기 상대적으로 가난했던 5개 추격국가들이다. 비교가 쉽도록 모든 나라의 GDP와 1인당 GDP는 2005년 기준 미국 달러로 표시하였다. 국가들은 1960년 1인당 GDP 순으로 배열되었으며, 당시 세계에서 가장 부유한 나라였던 미국이 맨 위에 오는 반면 당시 선택된 8개국 중 가장 가난한 나라였던 한국이 제일 끝에 온다.

첫째, 미국, 영국, 프랑스 등 3개 선도국가들의 연평균 성장률은 2.1~2.5% 사이였음을 주목하자. 이들 나라의 성장률은 새로운 기술이 얼마나 빨리 발명되어 활용되는지에 의해 제한받고 있기 때문이다. 반면 1960년 추격국가였던 5개국은 연간 3.3~5.4% 사이로 훨씬 더 빨리 성장할 수 있었다. 이 나라들이 빠르게 성장하여 이들의 선도국가 대비 생활수준은 주목할 만큼 개선되었다. 예를 들어 1960년 아일랜드의 1인당 GDP는 이웃 국가인 영국의 60%에 불과하였다. 그러나 영국은 그 이후 50년 동안 연평균 2.2%의

〈표 17.2〉 일부 국가들의 1960년 및 2010년 1인당 실질 GDP와 해당 기간 동안의 1인당 실질 GDP 평균 연간 성장률(수치들은 2005년 기준 달러로 표시되어 있음)

국가	1인당 실질 GDP (1960)	1인당 실질 GDP (2010)	연평균 성장률 (1960~2010)
미국	14,766	41,365	2.1
영국	11,257	34,268	2.2
프랑스	9,347	31,299	2.4
아일랜드	6,666	34,877	3.3
일본	5,472	31,477	3.5
싱가포르	4,149	55,862	5.2
홍콩	3,849	38,865	4.6
한국	1,765	26,609	5.4

주: 모든 나라들의 GDP 수치는 2005년 미국 달러와 같은 가치를 갖는 '국제 달러'로 측정되었다.

출처: Penn World Table 버전 6.3. pwt.econ.upenn.edu. 펜실베이니아대학 Center for International Comparison의 허가 하에 사용.

사례연구: 경제성장률은 중요하다!

수십 년에 걸쳐 복리로 계산하면 경제성장률의 작은 차이는 실질 GDP 및 생활수준의 커다란 차이로 나타날 수 있다. 슬로고, 숨고 및 스피도라는 가상적인 세 나라를 생각해보자. 2014년 이들 나라의 실질 GDP(6조 달러), 인구(2억 명) 및 1인당 실질 GDP(30,000달러)는 동일한 수준이라고 가정하자. 또한 연간 실질 GDP 성장률은 슬로고는 2%, 숨고는 3%, 스피도는 4%라고 가정하자.

이렇게 다른 성장률이 한 평생 정도에 해당하는 70년 정도가 지나면 실질 GDP 및 1인당 실질 GDP에 어떤 영향을 미칠까? 각 나라의 연평균 성장률이 2%, 3%, 4%라면 실질 GDP는 6조 달러에서 다음과 같은 액수로 변한다.

- 슬로고는 24조 달러
- 숨고는 47조 달러
- 스피도는 93조 달러

설명을 돕기 위해 모든 나라들이 70년 동안 연평균 1%의 인구성장을 경험했다고 하자. 그러면 2084년 세 나라의 1인당 실질 GDP는 대략 다음과 같을 될 것이다.

- 슬로고는 60,000달러
- 숨고는 118,000달러
- 스피도는 233,000달러

성장률은 매우 작은 차이조차도 중요하다!

속도로 성장하였지만 아일랜드는 연평균 3.3%의 속도로 성장하여 2010년에 이르러서는 아일랜드의 1인당 GDP는 영국의 1인당 GDP보다 더 크게 되었다. 아일랜드도 선도국가가 된 것이다.

1960년에 가난하였던 다른 4개국의 성장 경험은 이보다 훨씬 극적이다. 예를 들어 1960년 영국의 $\frac{1}{3}$에도 못 미쳤던 홍콩의 1인당 GDP는 2010년에는 13% 더 크게 되었다. '사례연구'는 성장률의 작은 차이가 1인당 실질 GDP의 수준과 국가 간 순위를 얼마나 빨리 변화시키는지를 잘 보여준다.

마지막으로 표 17.2에서 왜 미국의 1인당 GDP는 다른 부유한 선도국가들에 비해 그리도 큰 것인지 궁금할 수 있다. 예를 들어 미국의 1인당 GDP가 프랑스의 1인당 GDP보다 32% 더 크다. 1가지 중요한 이유는 **미국 사람들이 다른 선도국가들 사람들보다 훨씬 더 많은 노동 시간을 투입하고 있기 때문**이다. 첫째, 미국 인구 중 고용된 인구의 비중이 다른 부유한 선도국가들보다 훨씬 크다. 둘째, 미국 피고용자들의 연간 근로시간이 다른 부유한 선도국가들보다 훨씬 더 길다. 예를 들어 2010년 미국에서 근로연령 인구의 58%가 고용되어 있지만 프랑스에서는 51%에 불과하다. 여기서 약 14% 정도의 차이가 발생한다. 그리고 2010년 미국 피고용자들은 평균적으로 1,778시간을 일하지만 프랑스 근로자들은 평균적으로 1,478시간 일하였다. 여기서도 20% 정도 차이가 난다. 이 두 차이를 더하면 노동공급의 측면에서 미국과 프랑스 사이에 총 근로시간 수에서 약 34%가 차이난다는 것을 알 수 있다. 따라서 **노동공급의 차이로 인해 부유한 선도국가들 간 1인당 GDP 수준이 다른 것**이다.

그런데 미국의 노동공급이 프랑스나 다른 부유한 선도국가보다 큰 이유는 무엇인가? 경제학자들은 일과 여가 사이의 적정한 균형에 대한 문화적 차이, 프랑스와 다른 부유한 선도국가의 노동조합이 강력하다는 점, 그리고 이들 나라의 실업 및 복지제도가 관대하다는 점 등을 그 이유로 보고 있다. 프랑스와 다른 부유한 선도국가들의 세율이 미국보다 높은데, 이것이 고용을 현저하게 저해할 수 있다. 마지막으로, 몇몇 나라에서는 미국보다 법정 주 근로시간이 더 짧다는 점도 그 이유이기도 하다.

경제성장을 촉진하는 제도들

표 17.2는 가난한 추격국가들이 빠른 성장으로 따라잡기에 성공하여 부유한 선도국가가 될 수 있음을 증명하고 있다. 그러나 어떻게 이러한 과정을 시작하여 현대적인 경제성장으로 진입할 수 있을까? 그리고 일단 현대적인 경제성장을 시작되었다면 이 과정을 계속 유지할 수 있는 방법은 무엇일까?

경제성장을 촉진하는 제도

경제사학자들은 현대적인 경제성장을 촉진하고 유지하는 여러 제도들에 대한 연구를 계속하고 있다. 어떤 제도는 저축과 투자를 늘려 현대적인 경제성장에 소요되는 막대한 양의 사회간접자본 건설과 유지에 필요한 자금을 조달할 수 있게 한다. 어떤 제도는 신기술 개발을 촉진한다. 또 어떤 다른 제도들은 자원을 가장 생산적인 용도로 이동시켜 효율적 사용을 증대시킨다. 이와 같이 **경제성장을 촉진하는 제도**들의 사례는 다음과 같다.

- **소유권의 강력한 보호** 빠르고 지속적인 경제성장을 위해서 **소유권의 강력한 보호**는 절대적으로 필요하다. 사람들은 도둑이나 강도, 혹은 탐욕스럽고 압제적인 정부가 자신들의 투자나 예상 수익을 강탈할 것이라고 믿는다면 투자하려 하지 않을 것이다.
- **특허권과 저작권** 한 사회에서 혁신적인 신기술과 세련되고 새로운 아이디어가 끊임없이 생겨나기 위해서는 특허권과 저작권이 필요하다. 특허권과 저작권이 인정되어 집행되기 전까지 발명가들과 작가들은 이득도 보기 전에 자신의 아이디어를 도둑맞는 것을 보고 있을 수밖에 없었다. 특허권과 저작권은 발명가들과 작가들에게 자신들의 창작물을 시장에 내놓고 판매할 수 있는 독점적인 권한을 부여함으로써 **발명과 창작을 위한 강한 금전적 유인**을 창출한다.
- **효율적인 금융기관** 가계의 저축이 사회 전체 대부분의 투자와 발명을 담당하는 기업이나 기업가 또는 발명가들에게 이전되려면 효율적인 금융기관이 필요하다. 은행이나 주식 · 증권시장은 현대적인 경제성장을 위해서 필요불가결한 제도이다.
- **읽기 · 쓰기 능력과 보통교육** 발명가가 고등교육을 받을 수 없었다면 신기술이 개발되지 않았을 것이다. 그리고 좋은 교육을 받은 인력이 없다면 신기술을 적용하고 생산적인 용도로 활용하는 것이 불가능하다.
- **자유무역** 자유무역은 특화를 통해 다양한 생산물을 가장 효율적으로 만들 수 있는 나라가 이를 생산할 수 있게 하여 경제성장을 촉진한다. 게다가 **자유무역은 새로운 아이디어의 확산을 촉진하여 한 나라의 혁신을 빠르게 다른 나라로 전파**시킨다.
- **경쟁적인 시장시스템** 시장시스템에서 가격과 이윤은 기업들이 무엇을 얼마나 생산할지를 알려주는 신호 기능을 한다. 정부의 시장에 대한 규제정도에서 상당한 차이

사례연구: 특허권과 혁신

말 그대로 신약 개발이 1건 성공하였을 때 수천 건의 실패가 발생한다. 미국과 유럽 제약회사들은 1개의 신약을 연구하고, 특허를 얻고 또 안전성 검사를 시행하는 데 약 10억 달러의 비용을 지출한다. 이 비용을 회수하기 위해서 신약 개발자는 특허신청 이후 20년간 독점권을 부여하는 특허권 에 기댈 수밖에 없다. 이 기간 동안의 수입으로 잘하면 해당 신약의 개발 비용을 회수할 수 있고, 나아가 해당 약품이 인기를 얻으면 이윤을 얻을 수 있다.

그러나 특허 의약품과 관련하여 선두국가들과 추격국가들 사이에 심각한 갈등이 지속되어 왔다. 추격국가들이 부유한 국가의 제약회사에 부여된 특허권을 인정하지 않는 사례가 빈번하게 발생하였기 때문이다. 예를 들어 인도는 국내 제약회사들이 미국 회사들에 의해 개발되어 미국에서 여전히 특허권 보호를 받는 약품을 복제하여 판매하도록 허용하여 왔다.

이는 인도제약회사들 사이의 경쟁으로 가격이 특허권자들이 부과하였을 독점가격보다 낮아져 인도 소비자들에게 편익을 발생시켰다. 그러나 인도에서 특허권 보호가 약하다는 사실로 인하여 다른 부수적 결과가 생겨났다. 특허권 보호가 약하기 때문에 혁신적 신약을 개발하려 하는 인도 제약회사들은 수익성을 맞출 수 없게 되었다. 따라서 인도의 국내 제약회사들은 그냥 신약을 복제하여 아주 낮은 가격으로 판매하려 한다. 그래서 인도는 최근에 특허권 보호를 강화하기 시작하였는데, 이는 인도 제약회사들이 모방자에서 혁신가로 다시 태어나도록 금전적 유인을 제공하려는 것이었다. 그러나 특허권 보호 강화를 통해 혁신적 신약을 개발하는 데에는 비용이 따랐다. 인도 소비자들은 특허권 보호가 개선됨에 따라 더 이상 선도국가들의 약품을 복제한 값싼 국내 약품을 구할 수 없게 되었다.

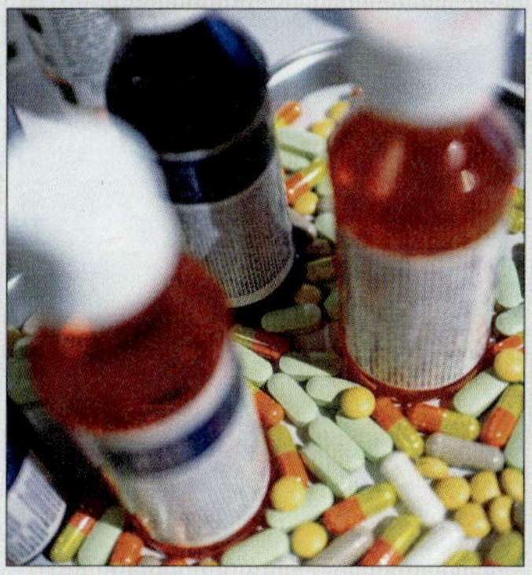

가 존재하지만, 모든 부유한 나라에서 기업들은 현재 생산을 결정하고 투자를 실행하는 데 시장 신호에 따라 자율적으로 행동한다.

경제적 자유
정치적 자유

기타 측정이 곤란한 몇 가지 요인들도 한 국가의 경제성장 능력에 영향을 미칠 수 있다. 예를 들어 미국의 전반적인 사회 · 문화 · 정치 환경은 경제성장을 촉진하여 왔다. 미국에서 시장시스템이 지배적이지만 미국의 정치제도 역시 민주적 원리, 질서 유지, 소유권, 기업의 법적 지위, 계약의 집행 등을 안정적으로 보장하고 있다. **경제적 자유**와 **정치적 자유**는 '성장 친화적'이다.

게다가 일부 국가와는 달리 미국에서는 생산과 물질적 진보와 관련하여 사회적, 도덕적 금기사항이 거의 없다. 미국의 사회철학은 부의 창출을 도달가능하고 바람직한 목적으로 받아들이고 있다. 그래서 발명가, 혁신자 및 기업가는 미국 사회에서 높은 명망과 존중을 얻고 있다. 마지막으로 미국인들은 근로나 위험을 무릅쓰는 행동을 긍정적으로 받아들이고 있어서 자발성이 강한 근로자들과 혁신적 기업가가 풍부하게 등장하고 있으며 활력 있는 이주근로자들의 유입도 크게 늘고 있다.

위의 '사례연구'는 인도와 같이 빠르게 성장하고 있는 추격국가들이 점점 더 부유해지면서 종종 자신들이 보유한 성장과 관련된 제도들을 바꾸게 되었던 과정을 논의하고 있다.

경제성장의 결정요인

앞에서는 현대적인 경제성장과 이를 촉진하는 제도에 대한 일반적 논의에 국한하였다. 이제 경제성장에 직접적으로 영향을 미치는 6개의 요인에 대한 논의에 초점을 맞추고자 한다. 이들 경제성장의 결정요인은 4개의 공급요인, 1개의 수요요인 그리고 1개의 효율성요인으로 구분할 수 있다.

공급요인

경제성장 결정요인 중 4가지는 경제가 물질적으로 확장할 수 있는 능력과 관련이 있다. 이들 요인은 다음과 같다.

- 자연자원 양과 질의 증가
- 인적자원 양과 질의 증가
- 자본재 공급 즉 자본저량의 증가
- 기술진보

공급요인

이들 4개의 **공급요인**들이 증가하거나 질적으로 개선되면 GDP의 잠재적인 크기가 커진다. 나머지 2개는 이렇게 결정된 GDP의 잠재적 크기가 양적, 질적으로 충분히 실현되기 위해, 그리고 사회적으로 가장 가치가 큰 품목들이 생산될 수 있기 위해 필요한 요인들이다.

수요요인

수요요인

경제성장의 5번째 결정요인은 **수요요인**이다.

- 공급요인 덕택에 더 커진 잠재적 생산능력이 정말로 실현되기 위해서는 가계, 기업, 정부 등의 재화 및 서비스 구매가 확대되어 늘어난 생산량에 대한 시장이 창출되어야 한다.

그렇게 된다면 계획되지 않은 재고 증가가 발생하지 않을 것이고 자원은 완전하게 고용될 것이다. 수요요인이 의미하는 바는 **생산능력 확대가 실제 생산의 증가로 이어지기 위해서는 지출이 확대되어야 한다**는 것이다.

효율성요인

효율성요인

경제성장의 6번째 결정요인은 **효율성요인**이다.

- 어떤 경제가 잠재적인 생산능력에 완전히 도달하기 위해서는 완전고용에 그치지 않고 경제적 효율성이 달성되어야 한다.

경제가 후생을 극대화하는 재화와 서비스의 특정 조합(배분의 효율성)으로 생산하기 위해서는 보유 자원을 최저비용으로 활용(생산의 효율성)하여야 한다. 최대한의 성장을 달성하기 위해서는 가용한 자원을 완전히 활용하고 생산을 확대할 수 있는 능력만으로는 충분하지 않다. 이에 더하여 이들 자원을 효율적으로 활용하는 것이 반드시 필요하다.

경제성장에서 공급요인, 수요요인 및 효율성요인은 서로 연관되어 있다. 총지출의 부족(수요요인)으로 인해 발생하는 실업은 새로운 자본의 축적속도(공급요인)를 느리게 하거나 연구개발(역시 공급요인)을 지연시킬 수 있다. 반대로 미약한 자본재 축적(공급요인)은 불충분한 투자지출(수요요인)과 실업을 야기할 수 있다. 자원 활용에서 광범위하게 존재하는 비효율성(효율성요인)은 재화 및 서비스 생산 비용을 높여 이윤을 줄일 수 있으며, 그 결과 다시 혁신의 지연과 자본 축적의 둔화(공급요인)를 발생시킬 수 있다. 경제성장은 공급요인, 수요요인 및 효율성요인이 서로서로 상호작용하는 동태적인 과정이다.

생산가능곡선 분석

경제성장률에 영향을 미치는 6개 요인을 보다 잘 살펴보기 위해, 제1장에서 도입되었던 생산가능곡선 분석을 활용해보자.

성장과 생산가능곡선 생산가능성곡선은 그림 17.2의 AB와 같은 곡선으로 주어짐을 기억하라. 이 곡선은 자연자원, 인적자원 및 자본의 양과 질, 그리고 기술지식의 저량이 주어져 있을 때 한 경제가 생산할 수 있는 최대 생산물의 다양한 조합을 보여준다. 공급요인들 중 무엇이든 한 요인이 개선되면 생산가능성곡선은, 예를 들어 *AB*에서 *CD*로의 이동과 같이, 바깥쪽으로 이동한다.

생산가능성곡선

[그림 17.2] 경제성장과 생산가능곡선

경제성장은 4개 공급요인이 생산가능곡선을, 예를 들어 *AB*에서 *CD*로의 이동과 같이, 바깥쪽으로 이동시킴으로써 가능한다. 수요요인과 효율성요인이 경제를 *a*점에서 *b*점으로 이동시킬 수 있어야 경제성장이 실현된다.

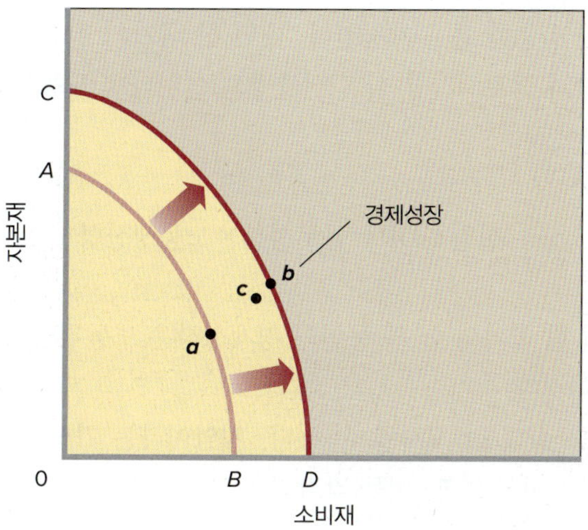

그러나 경제성장에 수요조건이 영향을 미친다는 점을 고려하면, 경제가 *AB* 곡선 위의 a와 같은 점에서 보다 바깥쪽에 위치한 *CD* 곡선 위의 어떤 점으로든지 이동하기 위해서는 총지출이 증가하여야 한다는 것을 명심할 필요가 있다. 그리고 경제성장에 효율성조건이 영향을 미친다는 점을 고려하면, 생산비용이 최소화되어야 하고 *CD* 곡선 위에서 자원의 총산출에 대한 기여를 최대화하는 최적의 점에 위치하여야 한다는 것을 명심할 필요가 있다. 1장에서 한계편익과 한계비용이 같아지는 점에서 생산할 때 이러한 '최적의 배분'이 달성된다는 것을 살펴본 바 있다. 여기서 우리는 이러한 소비재와 자본재의 최적 조합이 *b*점에서 이루어진다고 가정한다.

예를 들어, 최근 수년간 한국에서 노동력 규모는 연간 30만 명에서 60만 명 정도 증가하였다. 노동력의 이러한 증가는 한국 경제의 생산능력을 늘린다. 그러나 이렇게 늘어난 근로자들이 실제로 산출을 추가로 증가시키기 위해서는 이들이 성공적으로 일자리를 찾아야만 한다. 또한 기업 및 산업 내 일자리들이 근로자들의 재능을 충분하게 그리고 최적으로 활용하는 일자리인지, 그렇지 못한 일자리인지도 중요하다. 사회 전체로 볼 때 새롭게 노동력에 진입한 근로자들이 실업 상태에 놓이는 것은 바람직하지 않다. 또한 소아과의사가 배관공이나 서비스 근로자로 일함으로써 한계비용이 한계편익을 초과하는 것도 바람직하지 않다.

생산의 효율성
배분의 효율성

일반적으로는 총지출 증가는 생산능력의 증가만큼 이루어지며 따라서 경제는 이전의 생산가능곡선 위의 한 점에서 확장된 곡선 위의 한 점으로 이동하기 마련이다. 게다가 시장시스템이 경쟁적인 경우 경제는 **생산의 효율성**과 **배분의 효율성**을 달성하는 경향이 있다. 그러나 종종 경제가 그림 17.2의 *c*와 같은 점에 도달하는 것에 그치는 경우도 발생한다. 한국에서는 1997년 외환위기 이후 심각한 경기후퇴를 겪으면서 이러한 결과가 발생한 바 있다. 이 경우 생산 수준은 해당 경제가 완전고용을 달성하여 생산가능곡선 위에서 운영될 때에 비해 훨씬 작아진다.

노동생산성

노동과 생산성 수요요인이나 효율성요인이 중요하기는 하지만 경제성장과 관련된 논의는 대부분 공급요인에 초점을 맞추고 있다. 사회는 근본적으로 (1) 자원 투입을 늘리거나 (2) 이들 자원의 생산성을 개선하는 2가지 방식으로 실질산출과 실질소득을 늘릴 수 있다. 그림 17.3은 노동 투입에 초점을 맞추어 공급요인이 성장에 어떤 역할을 하는지 설명하기 위한 유용한 틀을 제공한다. 매년 한 국가의 실질 GDP는 근로시간으로 나타낸 노동 투입량과 근로시간당 실질 산출량으로 나타낸 **노동생산성**의 곱으로 결정된다.

$$\text{실질 GDP} = \text{근로시간} \times \text{노동생산성}$$

이렇게 생각하면 한 국가의 한 해 동안의 경제성장은 노동투입의 증가와 노동생산성의 상승에 따라 달라진다.

이는 다음의 예를 통해 잘 묘사될 수 있다. 지암이라는 가상적인 경제가 제1년도에 10명의 근로자를 보유하고 있고, 이들 각각의 근로자는 연간 2,000시간(주당 40시간×

[그림 17.3] 실질산출의 공급요인

실질 GDP를 노동투입(근로시간)과 노동생산성의 곱으로 살펴보는 것이 유용하다.

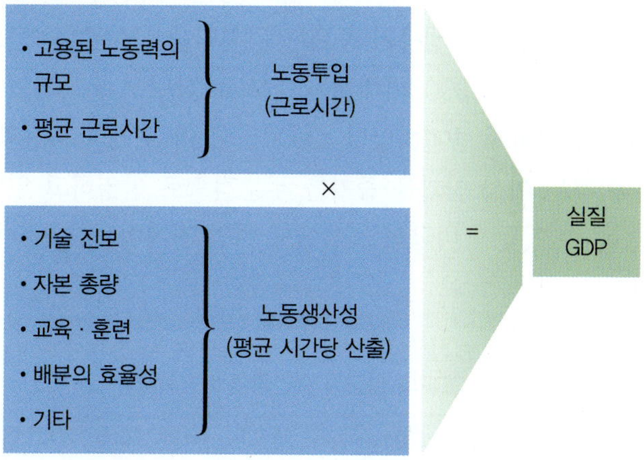

50주)을 일한다고 가정하자. 따라서 총 노동 투입량은 20,000시간이다. 만약 생산성(근로시간당 실질산출)이 10달러라면, 지암의 실질 GDP는 200,000달러(=20,000×10달러)일 것이다. 만약 근로시간이 20,200시간으로 늘고 노동생산성이 10.40달러로 상승한다면, 지암의 실질 GDP는 제2년도에 210,080달러로 늘어난다. 이 해 지암의 경제성장률은 약 5퍼센트[=(210,080달러−200,000달러)/200,000달러]이다.

근로연령 인구의 규모
경제활동참가율

- **근로시간** 근로시간을 결정하는 것은 무엇인가? 그림 17.3에서 볼 수 있듯, 노동 투입시간은 고용된 노동력의 규모와 평균 주당 근로시간에 의해 결정된다. 노동력의 규모는 **근로연령 인구의 규모**와 **경제활동참가율**(근로연령 인구 대비 실제 노동력에 참가하는 사람들의 비율)에 의해 결정된다. 평균 주당 근로시간은 법적 · 제도적 여건, 그리고 노사 간 교섭된 단체협약에 의해 결정된다.
- **노동생산성** 그림 17.3에서 노동생산성은 기술진보, 근로자들이 사용할 수 있는 자본의 양, 노동의 질, 그리고 투입요소의 배분 · 조합 · 관리의 효율성에 의해 결정된다는 것을 보여준다. 근로자들의 건강, 훈련, 교육, 열의 등에서 개선이 이루어질 때, 근로자들이 많은 양과 좋은 품질의 기계와 자연자원을 사용하여 일할 수 있을 때, 생산이 잘 조직되고 관리될 때, 그리고 노동이 상대적으로 비효율적인 산업에서 더 효율적인 산업으로 재배치될 때 생산성의 상승이 발생한다.

성장회계

성장회계

실질 GDP의 변화에 기여하는 공급요인들의 상대적 중요성을 평가하기 위해서는 **성장회계**(growth accounting)라는 방법을 활용한다. 이 방법은 이들 요인을 다음 2개의 주요 범주로 분류한다.

- 근로시간의 증가
- 노동생산성의 상승

노동투입과 노동생산성

표 17.3은 한국 경제의 6개 기간에 대한 자료를 제공하고 있다. 이 표는 노동량의 증가와 노동생산성 상승이 모두 경제성장의 중요한 원천임을 보여준다. 근로시간의 증가세는 1990년대 연평균 1.3%에서 2000년대에는 0.6%로 상당히 둔화되었다. 이 시기 **여성의 경제활동 참가가 급격하게 증가**하였다. 2000년대 이후 한국 노동력은 연평균 32만 명씩 증가하는데 이것은 여성 참가율 증가를 부분적으로 반영하고 있다. 다음의 '사례연구'를 통해 살펴볼 수 있듯이 미국의 경우에도 여성 경제활동참가율이 노동력 증가에 큰 기여를 하였다.

〈표 17.3〉 1980~2010년 한국 실질 GDP의 성장회계(연평균 %변화율)

항목	1981~1985	1986~1990	1991~1995	1996~2000	2001~2005	2006~2010
실질 GDP 성장율	8.5	9.7	7.4	4.9	4.5	3.9
노동투입 증가율	0.8	3.2	2.5	0.2	1.0	0.3
노동생산성 상승률	7.7	6.5	4.9	4.7	3.5	3.6

출처: 신석하, 『성장회계 분석방법 비교를 통한 2000년대 생산성 증가세 평가』, 한국개발연구원 정책연구시리즈 2013-15, 2013. p.20, 〈표 4.2〉에서 재구성

노동생산성의 상승 역시 경제성장에서 매우 중요하다. 사실 한국에서 노동생산성 상승은 모든 기간에서 총 노동시간 증가보다 훨씬 중요한 요인으로 작용하였다. 예를 들어 외환위기를 겪었던 1996년에서 2000년 사이에도 연평균 경제성장률은 4.9%였는데 이것은 거의 노동생산성 증가에 기인한 것이었다.

이렇듯 노동생산성 상승이 경제성장에서 매우 중요한 역할을 하므로 경제학자들은 노동생산성 증가에 기여하는 요인들의 상대적 중요성을 연구하고 평가하기 위해 고된 노력을 기울인다. 기술진보, 근로자 개인이 근무에 사용하는 자본의 양, 교육 · 훈련, 규모의 경제 및 자원배분 등 5가지 요인이 함께 어울려 생산성 성장률 변화를 설명하는 것으로 보인다. 이제 이들 요인을 차례로 검토하고, 이들 개별 요인들이 생산성 상승에 얼마나 기여하는 지를 살펴볼 것이다.

기술진보

경제학자 폴 로머는 "인류 역사는 우리에게 경제성장이 단순히 더 많은 양의 요리에 의해 달성되는 것이 아니라 더 좋은 조리법에 의해 달성되기도 한다는 점을 알려준다."고 말한 바 있다.

기술진보

기술진보는 혁신적 생산기술뿐만 아니라 **새로운 경영기법이나 기업조직 형태**를 포함한다. 일반적으로 기술진보는 자원을 새로운 방식으로 결합하여 생산량을 증가시킬 수 있게 하는 새로운 지식의 발견에서 시작된다. 새로운 지식이 일단 발견되어 적용되면 빠른 시일 내에 기업이나 기업가들이 이를 상대적으로 낮은 비용으로 사용할 수 있게 된다. 따라서 기술진보는 경제 전체로 확산되어 생산성과 경제의 성장을 촉진한다.

사례연구: 여성, 노동력 및 경제성장

미국에서 유급 인력으로 일하는 여성의 급격한 증가는 지난 50년 동안 노동시장에서 나타난 가장 중요한 추세 중 하나이다. 1960년에는 여성들 중 약 40%가 유급 직장에서 전일제, 혹은 시간제로 근무하였다. 오늘날 해당 수치는 약 60%이다.

직장에서 여성의 생산성은 크게 상승하였으며, 이는 대부분의 여성들이 학교 교육과 직업훈련을 많이 받았기 때문이다. 생산성이 상승하면서 여성들의 임금도 상승하였다. 임금의 상승으로 인하여 가정주부의 기회비용(예상 임금 소득)이 커졌다. 따라서 여성들은 전통적인 가정 활동을 포기하고 노동시장의 고용을 선택하게 되었다. 이러한 변화는 특히 기혼 여성들 사이에서 많이 발견된다. 독신 여성의 경제활동참가율은 예전에도 항상 높았다.

게다가 삶의 방식이 변화하고 출산 조절이 널리 활용됨에 따라 여성들은 경제활동에 참가할 수 있는 시간을 더 많이 갖게 되었다. 여성들은 더 적은 자녀를 갖게 되었을 뿐만 아니라, 자녀들의 연령 격차는 줄어들었다. 따라서 자녀가 어릴 때 직장을 그만둔 여성들이 곧 경제활동에 복귀하게 되었다.

또한 여성들의 취업기회 확대도 여성의 경제활동 참가를 증가시킨 요인이다. 예를 들면 교육, 간호, 사무직 등 전통적으로 여성을 많이 고용하는 서비스 산업이 지난 수십 년간 빠르게 확장하였다. 또한 전체적으로 인구가 농촌 지역에서 여성들의 직장이 더 풍부하고 지리적 접근성이 좋은 도시 지역으로 이동하였다. 이에 더하여 직업 간 장벽이 크게 줄어들어 훨씬 많은 수의 여성들이 기업 관리자, 법조인, 교수, 의사가 될 수 있게 되었다.

요약하면 미국에서 여성들은 과거보다 더 많은 교육을 받고, 더 생산적이며 더 효율적으로 고용되고 있다. 여성들의 더 많은 경제활동 참가는 미국 경제성장에 크게 기여하였다.

기술진보는 보통 새로운 기계 및 장비에 대한 투자를 촉진하므로, 기술진보와 자본형성(투자)은 서로 밀접하게 연관되어 있다. 사실, **기술진보는 흔히 새로운 자본 속에 체화**되어 있다. 예를 들어 새로운 컴퓨터의 구입은 신기술을 담고 있는 빠르고 강력한 컴퓨터가 해당 산업에 도입됨을 의미한다.

지금까지 기술진보는 급속하게 진행되었고 지대한 영향을 미쳤다. 과거에 이루어진 중요한 기술개발은 가스엔진과 디젤엔진, 컨베이어 벨트, 조립라인 등 이었다. 연료효율적인 상용비행기, 초소형 집적회로, 퍼스널 컴퓨터, 디지털 사진, 컨테이너 선적 등도 마찬가지이다. 최근에는 특히 컴퓨터, 영상, 무선통신 및 인터넷 등에서 기술진보가 계속 이루어지고 있다. 그 밖에 최근 혁신이 풍부하게 이루어지는 분야는 의학 및 생명공학이다.

자본의 양

한국에서 **생산성 상승에 가장 큰 기여를 하는 것은 자본 증가**로, 생산성 상승의 60% 이상을 설명한다. 더 많고 더 좋은 품질의 생산설비와 장비는 근로자들의 생산성을 향상시킨다. 그리고 한 국가가 많은 자본을 취득하는 방법은 소득 중 일부를 저축하고 이 저축을 활용하여 생산설비와 장비에 투자하는 것이다.

일부 자본은 노동을 대체하기도 하지만 대부분의 자본은 노동에 보완적으로 사용된다. 그래서 자본은 노동의 생산성을 향상시킨다. 노동생산성을 결정하는 핵심적 요인의 하나는 근로자 1인당 사용할 수 있는 자본재의 양이다. 일정 기간 동안 총 자본량과 노동력 규모가 함께 증가한다면, **근로자 1인당 자본재의 양**이 증가하지 않아 생산성이 상

근로자 1인당 자본재의 양

승하지 않을 수도 있다. 그러나 한국 근로자 1인당 사용할 수 있는 자본재의 양은 시간의 흐름에 따라 크게 증가하여 왔다.

사회간접자본

그리고 한국에서 **사회간접자본**(고속도로와 교량, 공공 교통수단, 오수 처리시설, 급수시설, 공항, 교육시설 등)에 대한 공공투자도 해가 갈수록 증가하여 왔다. 이들 공공부문의 자본재는 민간 자본을 보완한다. 새 고속도로에 대한 투자는 고속도로 변에 새 공장과 새 점포에 대한 민간 투자를 촉진한다. 지방 정부가 개발한 산업단지는 제조업 및 유통 기업을 끌어들인다.

사회간접자본에 대한 민간 투자도 경제성장에 큰 기여를 한다. 그 사례로 해를 거듭할수록 엄청나게 증가하고 있는 통신시스템 관련 민간 투자를 들 수 있다.

교육 · 훈련

인적자본
직장 내 훈련

벤저민 프랭클린은 "직업을 가진 자는 재산을 소유하고 있는 셈이다"고 한 바 있다. 이것은 교육과 훈련이 근로자 **인적자본**(근로자의 생산성을 높이는 지식과 숙련)의 축적에 기여한다는 것을 의미한다. 인적자본에 대한 투자는 공식 교육뿐만 아니라 **직장 내 훈련**도 포함한다. 물적 자본에 대한 투자와 마찬가지로, 인적자본에 대한 투자도 노동생산성과 소득을 늘리는 중요한 수단이다.

교육수준

노동력의 질을 측정하는 1가지 방법은 교육수준이다. 그림 17.4는 지난 수십 년 동안 한국의 **교육수준**이 크게 상승하였음을 보여준다. 1980년의 경우 15세 이상 인구의 25%만이 고졸 이상의 학력을 지니고 있었고, 5%만이 대학 이상의 교육을 받았다. 2014년에 이르러서는 해당 수치가 각각 73%와 34%로 상승하였다. 현재에 이르러 과거 어느 때보다도 많은 사람들이 더 좋은 교육을 받고 있다는 점은 분명하다.

그러나 한국의 교육이 마냥 낙관적인 것만은 아니다. 많은 사람들은 한국의 교육이 질적 수준에서 충분하지 않다고 생각한다. 예를 들어, 한국 학생은 과학과 수학에서 높은 점수를 얻고 있지만, 성인의 학습능력은 비교적 낮은 것으로 보고되고 있다. 교육의

[그림 17.4] 한국 15세 이상 인구 교육수준의 변화

15세 이상 한국 인구 중 고졸 및 대졸자의 비중은 지난 수십 년 동안 꾸준히 증가하여 왔다.

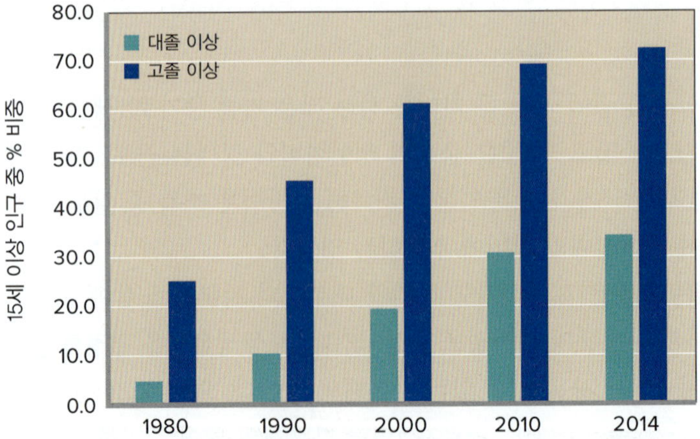

출처: 통계청, 국가통계포털, http://kosis.kr/

질적 수준 하락은 미국에서도 많은 우려를 낳고 있다. 미국에서 엔지니어와 과학자들이 상대적으로 적게 양성되고 있는데, 이러한 문제가 초래된 까닭은 초중등 교육에서 수학과 과학이 적절하게 교육되지 않기 때문이다. 그래서 미국은 교육·훈련시스템의 수준을 높이기 위해 이에 필요한 공공정책을 토론하고 이와 관련된 법안을 마련하고 있다.

규모의 경제와 자원배분

규모의 경제 산출수준이 증가하면서 단위 생산비용이 점차 감소해가는 현상을 **규모의 경제**라 한다. 시간이 흐름에 따라 시장규모가 커지면 기업들은 생산량을 늘리게 된다. 그러면 기업은 규모의 경제에 따른 이익을 누리게 된다. 기업의 규모가 커지고 생산량이 확대되면 기업은 생산성이 높은 거대 생산 장비를 사용할 수 있고 생산성을 개선시키는 제조방법이나 배송기법을 택할 수 있게 된다. 그리고 신제품과 새로운 생산 공정의 개발에 막대한 투자를 하더라도 이를 회수할 수 있다. 예를 들면 대형 자동차 생산업자는 전산화와 로봇을 갖춘 정교한 조립라인을 활용할 수 있다. 하지만 소규모 생산업자들은 상대적으로 많은 양의 노동을 투입하는 구식 기술에 만족해야 한다. 대형 제약회사는 생산량이 늘어나면 약 1알 생산에 투입되는 노동(연구자, 생산근로자)의 양을 대폭 줄일 수 있다. 따라서 규모의 경제는 실질 GDP를 증가시켜 경제성장에 기여한다.

규모의 경제

자원배분의 개선 자원배분이 개선되면 근로자들이 점차 저생산성의 일자리에서 고생산성의 일자리로 이동하게 된다. 역사적으로 보면 많은 근로자들이 노동생산성이 낮은 농업에서 노동생산성이 높은 제조업으로 이동하였다. 최근에는 노동이 일부 제조업에서 컴퓨터 소프트웨어, 기업 컨설팅, 바이오 등과 같은 생산성이 높은 산업으로 이동하고 있다. 이러한 이동으로 한국 근로자의 평균 생산성은 상승하였다.

또한 과거에는 교육과 노동시장에 존재하는 차별로 인해 일부 여성과 소수자들이 고생산성의 직장에 진입할 수 없었다. 시간이 흘러 이러한 차별이 사라지면서 많은 근로자들이 저생산성의 직장에서 고생산성의 직장으로 이동하였다. 그 결과 노동생산성이 전반적으로 향상되고 실질 GDP가 상승하였다.

마지막으로 관세, 수입쿼터를 비롯한 국제무역에 대한 장벽은 자원을 생산성이 낮은 곳으로 향하게 한다. 그런데 국제적 협정에 따라 국제무역의 자유화가 장기적으로 추진되면서 국내외적으로 자원배분의 개선, 노동생산성의 상승, 그리고 실질 산출의 증가 등이 이루어졌다.

미국의 평균 생산성 성장률의 변동추이

미국의 예를 들어 생산성 변동의 장기 추세를 살펴보자. 그림 17.5는 1973년에서 2015년까지 노동생산성의 성장률(노동생산성지수의 변화율로 표시)을 보여주고 있다. 그림은 1973~1995년, 1995~2010년, 2010~2015년 등 3개 기간의 추세를 각기 보여주고 있다. 민간부문의 노동생산성은 1973~1995년 기간에 연평균 1.5%밖에 상승하지 않았

[그림 17.5] 미국에서 노동생산성의 상승(1973~2015년)

1973~1995년 기간에 미국의 노동생산성은 연평균 1.5%밖에 상승하지 않았다(민간부문만 포함). 그러나 1995~2010년 기간에 노동생산성은 연평균 2.6% 상승한 후, 대침체 이후 2010~2015년 기간에 연간 0.4%로 하락하였다.

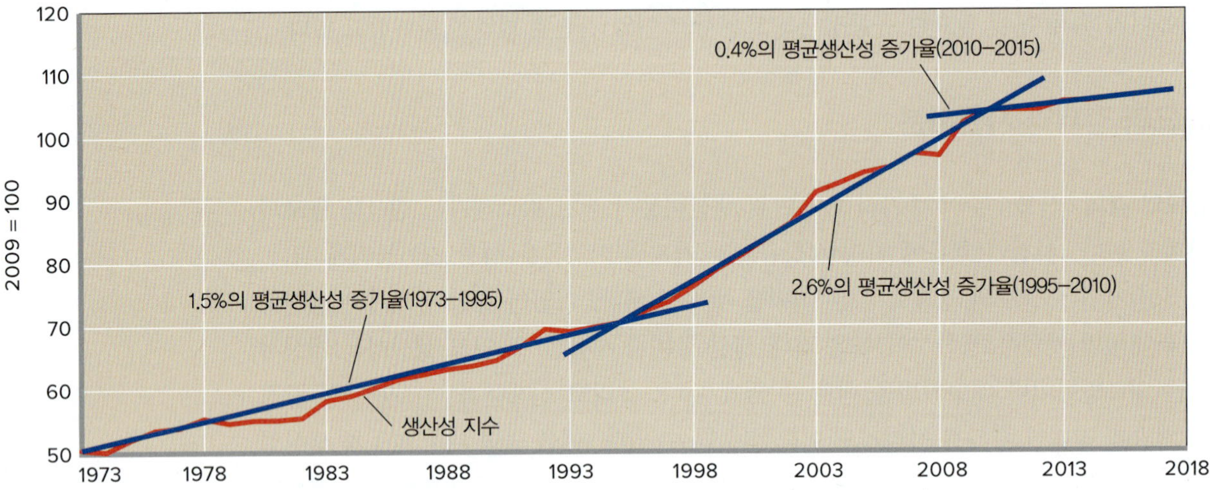

출처: U.S. Bureau of Labor Statistics, www.bls.gov.

다. 1995~2010년 기간에는 연평균 2.6%로 상승하였지만 2010~2015년 기간에는 연평균 성장률이 0.4%에 불과하였다. 다수의 경제학자들은 1995~2010년 기간에 생산성 성장률이 높았던 것은 새로운 기술진보의 물결이 몰려왔고 세계적 차원에서 경쟁이 치열해 진 때문으로 믿고 있다. 반면에 대침체 이후 2010~2015년 기간에 생산성 성장이 크게 둔화된 것은 고생산성의 신기술을 적용하는 속도가 느려졌기 때문으로 여겨진다.

시간당 실질임금

노동생산성의 안정적 성장이 중요한 것은 이에 따라 실질생산, 실질소득 및 실질임금 등이 달라지기 때문이다. 이해를 돕기 위해 수민이 무인도에 홀로 떨어져 있다고 가정하자. 수민이 1시간에 포획할 수 있는 물고기의 수나 수확할 수 있는 코코넛의 수는 수민의 생산성을 나타내는데 그것은 수민의 **시간당 실질임금**(혹은 실질소득)이기도 하다. 생산성이 상승하면 수민의 생활수준은 향상된다. 1시간 당 얻을 수 있는 물고기와 코코넛의 양이 증가하기 때문이다.

경제 전체적으로도 마찬가지다. 장기적으로 보면 **노동생산성이 시간당 실질임금의 평균치를 결정한다**. 여기에서 실질임금에는 건강보험 및 연금가입 등과 같은 부가 혜택이 포함된다. 그런데 시간당 실질소득은 시간당 총산출과 같다. 따라서 생산성 상승은 근로자들의 생활수준을 개선시키는 주요한 수단이다. 생산성이 상승하면 기업은 이윤을 줄이지 않고서도 임금을 더 많이 지불할 수 있다.

미국에서 1995~2010년 기간에 평균 생산성의 성장률이 상승한 이유

미국에서 1995년에서 2010년 사이에 이전에 비해 생산성의 성장률이 상승한 이유는 무엇일까?

마이크로칩과 정보기술 생산성이 빠르게 상승한 핵심적인 요소는 기업가 정신의 폭발적 증가와 마이크로칩을 기반으로 한 혁신이다. **마이크로칩**이란 여러 개의 트랜지스터를 1조각의 실리콘에 배열한 마이크로프로세서를 말한다. 일부 사람들은 마이크로칩의 발명의 중요성과 그것이 미친 파급효과를 전기, 자동차, 항공 여행, 전화, 텔레비전 등에 비견할 만한 하다고 생각한다.

마이크로칩

마이크로칩은 수천 가지 방식으로 이용된다. 마이크로칩의 등장으로 광범위한 종류의 새로운 제품과 서비스가 나타났고 새로운 방식의 기업 경영이 가능해졌다. 휴대용 계산기, 바코드 스캐너, 퍼스널 컴퓨터, 휴대용 컴퓨터 및 고성능의 업무용 컴퓨터 등은 마이크로칩의 직접적인 결과물이다. 나아가 전자회로를 소형화시켜 휴대전화 및 무선호출기, 컴퓨터지원 레이저, GPS, 에너지보존시스템, 도플러 레이더, 디지털 사진기 및 인간 게놈 해독장치 등과 같은 다른 많은 제품의 개발도 도왔다.

더욱 중요한 점은 퍼스널 컴퓨터와 휴대용 컴퓨터가 폭넓게 확산되면서 이들을 함께 연결하고자 하는 욕구가 강해졌다는 것이다. 그 결과 인터넷이나 B2C, B2B 같은 전자상거래의 발전이 촉발되었다. 컴퓨터, 광케이블, 무선통신 기술 및 인터넷 등은 **정보통신기술**의 극적인 발전을 가져와 세계의 모든 부분이 서로 연결되고 있다.

정보통신기술

새로운 기업과 수확체증 수백만 개의 새로운 창업기업들이 다방면에서 신정보기술의 발전을 가져왔다. 다수의 기업은 자신이 생산한 재화와 서비스보다 '과대포장'된 경우가 많아서 얼마 지나지 않아 역사의 뒤안길로 사라졌다. 그러나 일부 기업은 상당한 성공을 거두어 결국에는 미국에서 가장 규모가 큰 기업으로 자리 잡게 되었다. 인텔(마이크로칩), 애플과 델(퍼스널 컴퓨터), 마이크로소프트와 오라클(컴퓨터 소프트웨어), 시스코시스템스(인터넷 스위칭 시스템), 아메리카 온라인(인터넷 서비스), 야후와 구글(인터넷 탐색 엔진), 그리고 이베이와 페이팔, 아마존닷컴(전자상거래) 등이 바로 그러한 기업들이다. 이외에도 수십 개 기업이 더 있다! **이들 기업 중 대다수는 30년 전에는 '존재'하는지도 모르거나 '그러고 그런 존재'**로 여겨졌을 뿐이다. 오늘날 이들 기업은 모두 엄청난 액수의 연간 수입을 올리면서 수천 명의 종업원을 고용하고 있다.

새로운 기업들 중 성공한 기업들은 흔히 **수확체증**을 경험한다. 수확체증이란 투입요소의 양이 일정 비율로 증가할 때 생산량이 더 큰 비율로 증가하는 것을 말한다. 예를 들어 테크코라는 기업이 자사 서비스에 대한 수요가 증가하면서 이를 충족시키기 위해 영업활동을 2배로 늘리기로 결정했다고 하자. 생산설비와 장비를 2배로 늘리고 인력을 100명에서 200명으로 늘렸을 때 이 기업의 총산출이 8,000단위에서 24,000단위로 3배 늘었다고 하자. 그러면 테크코는 수확체증을 보이고 있다고 할 수 있다. 왜냐하면 이 기업의 투입은 100% 증가하였는데 생산량은 200% 증가하였기 때문이다. 즉 이 기업의 노동생산성은 근로자 1인당 80단위(=8,000단위/100명)에서 120단위(=24,000단위/200명)로 상승하였다. 수확체증은 노동생산성의 상승을 가져오고, 단위당 생산비용을 줄인다. 이러한 비용절감은 산출수준이 증가하면서 나타나므로 규모의 경제가 작용한 것으로 볼 수 있다.

수확체증

기존 기업과 신생 기업 모두 수확체증과 규모의 경제의 다양한 원천을 활용할 수 있다.

- **투입요소 전문화 심화** 기업의 영업활동이 확장되면 기업은 전문화되고 따라서 생산성이 높은 자본과 근로자를 활용할 수 있다. 예를 들어 전자상거래 기업이 성장하면 고도로 전문화된 재고관리시스템을 사용할 수 있을 뿐더러 회계사, 마케팅 책임자, 시스템관리 전문가 등 전문화된 직원들을 고용할 수 있다.
- **개발 비용의 분산** 기업의 산출량이 증가하면 제품개발에 따른 막대한 비용이 분산될 수 있다. 예를 들어, 새로운 소프트웨어의 개발에 1억 원이 소요되지만 이를 제조하고 판매하는 데 단위당 2,000원이 든다고 가정하자. 만약 이 기업이 소프트웨어 1,000개를 판매한다면 그 단위비용은 102,000원[=(1억 원+2백만 원)/1000]이지만, 5십만 개를 판매한다면 그 단위비용은 2,200원[=(1억 원+10억 원)/500,000]까지 하락한다.

동시 소비

- **동시 소비** 최근 개발된 많은 제품과 서비스는 **동시에 다수의 소비자들을 만족**시킬 수 있다. 휘발유는 구매자 한 사람 한 사람을 위해 따로 생산해야 하지만, 소프트웨어는 1번만 생산하면 된다. 그래서 수천 나아가 수백만의 구매자들이 매우 낮은 가격으로 소프트웨어를 구입할 수 있다. 전자책, DVD 영화, 인터넷 정보 등도 이런 경우에 해당한다.

네트워크 효과

- **네트워크 효과** 소프트웨어와 인터넷 서비스는 이를 구매하는 가계나 기업이 많아질수록 구매자의 혜택이 커진다. 다른 사람들이 인터넷 서비스를 사용하면, 여러분은 그들에게 e-메일을 보낼 수 있다. 다른 사람들이 문서나 사진을 읽을 수 있는 소프트웨어를 갖고 있으면, 여러분은 e-메일에 이러한 것들을 첨부할 수 있다. 이렇듯 상호연결성으로부터 생겨나는 이점을 **네트워크 효과**라 하는데 이는 사용자가 증가하면 기존 사용자들을 비롯한 모든 사용자들의 이익이 커져 제품 가치가 증가하는 현상을 말한다. 특히 인터넷의 사용이 국내외로 확산되면서 네트워크 효과가 발생하였고 휴대전화, 무선호출기, 태블릿 컴퓨터를 비롯한 무선통신 제품들도 마찬가지 효과를 가져다주었다. 이러한 네트워크 효과로 인해 산출의 가치는 투입 비용보다 훨씬 크게 증가하였다.

실행에 의한 학습

- **실행에 의한 학습** 마지막으로 신제품을 생산하거나 새로운 경영 방식을 개척하는 기업들은 **실행에 의한 학습**을 통해 수확체증을 경험한다. 방법이 완전히 숙달되면 처음에는 몇 시간이 걸려 했던 일들을 단 몇 분에 해치울 수 있다.

수확체증의 원천이 무엇이든 간에 그 결과는 생산성 상승으로 나타나며, 이는 제품 생산 및 배송의 단위비용 절감을 가져온다.

세계적 차원에서의 경쟁 정보기술이나 수확체증뿐만이 아니라, 세계적 차원에서 경쟁이 확대되는 현상도 최근의 경제가 보이는 특징이다. 시장경제가 성공하고 1980년대 말~1990년대 초에 사회주의 경제가 붕괴하면서 전 세계적으로 자본주의는 다시 고조되었다. 새로운 정보기술은 '지구촌'을 실현하였고, 기업들은 경쟁력 유지를 위해 비용과 가격을 절감하고 혁신을 나설 수밖에 없었다. 세계무역기구(WTO)를 통해 무역의 자유화가 이루어지고 북미자유무역협정(NAFTA)이나 유럽연합(EU) 등 자유무역지역들이 등장하면서 국내 기업의 보호 장벽이 제거되어 **국제적 경쟁**이 치열해졌다. 이렇게 지리적으로 시장의 규모가 확대됨에 따라 기업들은 국경을 넘어 확장할 수 있게 되었다.

국제적 경쟁

경제성장에 대한 시사점

다른 조건이 일정할 때 생산성 상승이 빨라지고 세계적 경쟁이 심화되면 경제성장률은 높아진다. 그림 17.2를 다시 살펴보면 이 점이 분명해 진다. 생산성 향상이 이루어지지 않고 통상적인 성장만이 이루어졌을 때 생산가능곡선이 AB에서 CD로 이동한다고 하자. 이제 생산성 상승이 가속화되면 성장률이 높아져 생산가능곡선은 AB에서 CD를 넘어 더 크게 이동할 것이다. 이와 함께 경제적 효율성 개선과 총지출 증가가 함께 이루어지면 실질 GDP는 그림에서 나타나는 것보다 훨씬 더 많이 증가할 것이다.

최근 생산성 성장 둔화

대침체 이후 생산성 성장이 크게 둔화되었는데 그것이 영구적인 것인지 아니면 일시적인 것인지는 불분명하다. 일부 경제학자들은 1995~2010년 기간에 관찰된 높은 생산성 성장은 정보기술혁명에 따른 1회성의 비정상적인 것이었다고 주장한다. 정보기술 덕택에 15년간 보통수준을 넘어서는 폭발적 성장이 나타났다고 하더라도, 2010년 이후 생산성 성장률이 아주 낮아진 것은 여전히 놀라운 일이다. 생산성의 성장이 정보기술혁명 이전 시기에 비해서도 매우 낮기 때문이다.

2010년대 중반에 이르러 생산성 성장률이 낮아진 이유에 대한 몇 가지 설명이 제시되었다. 대침체 이전까지 부채가 높은 수준으로 누적되었는데 그 때문에 생산성이 낮아졌다는 것이다. 이 가설에 따르면 개인이나 기업들이 빚을 갚는데 몰두하여 투자를 할 수 없었다는 것이다. 또한 기업가들은 대출을 받을 수 없어서 생산성 개선에 필요한 투자를 할 수 없었다. 은행들이 대침체 이전 시기에 부실대출을 많이 해서 대출을 꺼렸다는 것이다.

과잉투자도 생산성 성장 둔화의 또 다른 요인이다. 대침체 이전의 경기호황기에 많은 신규 공장들이 건설되어 전 세계적으로 생산능력이 크게 증가하였다. 그런데 생산능력의 증가로 늘어난 생산량이 소비자의 수요를 초과하였을 수도 있다. 그렇다면 기업은 이미 충분한 생산능력을 보유하고 있어서 대침체시기에 새로운 생산설비나 장비의 설치를 꺼리게 되었다는 것이다. 이 가설에 따르면 생산성의 정체는 기업이 기존의 낡은 생산설비나 장비로 생산하기 때문에 나타난 것이다.

과잉투자

생산성 성장의 둔화를 초래한 다른 요인은 **인터넷 애플리케이션과 같은 대부분의 신제품이 GDP에 큰 영향을 미치지 못한다**는 것이다. 페이스북, 유튜브, 인스타그램 등을 생각해보자. 이들은 대부분 소비자들에게 공짜로 제공된다. 따라서 수십억명의 사람들이 이를 사용하더라도 산출이 크게 늘어난 것으로 측정되지 않을 것이다. 사용자들이 이를 사용하면서 화폐를 지불하기 않기 때문이다. 이 가설에 따르면 상황은 그리 나쁘지 않다. 측정된 생산성 성장은 낮지만, 사실은 혁신적인 신제품이 엄청난 양의 소비자잉여를 가져다주기 때문이다. 이들 편익이 GDP와 생산성 통계에 포착되지 않았을 뿐이다.

마지막으로, 기술진보 자체가 멈추었을 가능성도 있다. 이 가설에 따르면 발명과 혁신이 다시 속도를 내기 전까지 생산성 성장은 여전히 정체된 채로 남아 있을 것이다.

성장은 지속될 수 있고 바람직한 것인가?

경제학자들은 보통 경제성장이 바람직하고 지속가능하다는 사실을 당연시한다. 하지만 모든 사람들이 이에 동의하는 것은 아니다.

성장 회의론

성장 비판론자들은 **산업화와 성장이 오염, 기후변화, 오존 감소 등 환경문제들을 초래**하였다고 주장한다. 이러한 음(–)의 외부성이 발생하는 것은 생산에 사용된 투입요소들이 나중에 폐기물이 되어 환경에 유입되기 때문이다. 성장이 빠르게 진행되고 생활수준이 개선될수록 환경에 유입되는 폐기물의 양은 많아진다. 이미 부유한 사회에서 성장은 사소한 욕구만을 충족시키는데 이에 대한 대가로 생태계에 대한 위협은 커진다는 것이다.

성장 비판론자들은 경제성장이 빈곤, 노숙, 차별 등과 같은 사회문제를 해결한다고 하지만 이 또한 설득력이 부족하다고 주장한다. 빈곤에 대해서 생각해보자. 성장 반대론의 입장에서 보면 빈곤은 분배의 문제이지 생산의 문제가 아니다. 이 문제를 해결하려면 부와 소득을 재분배하려는 굳건한 의지가 필요하지 생산의 증가가 필요한 것은 아니라는 것이다.

성장 반대론에 동조하는 이들은 **성장이 '삶의 풍족함'을 가져다주지만 '삶의 질'을 개선하지 않는다**고 주장한다. 생산이 많아졌지만 이를 즐기지 못할 수 있다는 것이다. 성장으로 인해 직장생활은 정신없이 바쁘고, 근로자들은 녹초가 되며 소외된다. 이들은 자신의 삶에 영향을 미치는 사안의 결정에 전혀 영향을 주지 못하기 때문이다. 경제성장의 핵심인 기술 변화는 직업의 불안정성이라는 새로운 근심거리를 발생시킨다. 새로운 기술이 쏟아져 나오면 고숙련 근로자나 미숙련 근로자가 힘겹게 획득한 기술과 경험이 쓸모없어질 수 있다. 고도성장 경제에서 스트레스는 매우 크며, 이러한 스트레스는 사람들의 육체적 · 정신적 건강을 해치게 된다.

성장의 지속가능성

마지막으로 성장 비판론자들은 **성장의 지속가능성**에 대해 회의적이다. 지구의 자연자원은 한정되어 있으며, 이들 자원의 소비속도가 우려스러울 정도로 빠르다. 경제성장률이 높아지면 지구의 자원이 더 빨리 고갈하고 소모될 뿐이다. 이러한 관점에서 보면 환경적으로 지속가능한 낮은 성장률이 높은 성장률보다 바람직하다.

성장 옹호론

경제성장 옹호론의 1번째 근거는 **성장이 대중 대다수가 원하는 물질적 풍요와 생활수준 향상의 길을 열어준다**는 데 있다. 산출과 소득이 증가하면 "사람들은 교육, 오락 및 여행, 의료, 통신, 숙련된 인력과 전문 서비스 등을 더 제공받을 수 있고, 디자인이 뛰어난 다양한 재화를 구매할 수 있다. 또한 예술, 음악, 시, 연극 및 드라마 등을 더 소비할 수 있다. 심지어 정신수양과 인간개발을 위해 더 많은 시간과 자원을 쓸 수 있다."[1)]

성장이 이루어지면 사회는 사회간접자본을 개선할 수 있고, 병자와 노인들을 더 잘 돌볼 수 있으며, 장애인들에게 더 나은 접근성을 제공하는 한편 경찰 및 소방 서비스를 더 많이 제공할 수 있다. 소득재분배의 강화는 정치적 지지를 얻기 어렵기 때문에, 성장은 빈곤을 완화할 수 있는 유일한 현실적인 수단일 수도 있다. **빈곤층의 경제적 지위를 개선하는 방법은 높은 생산성과 빠른 경제성장을 통해 가계 소득을 늘리는 것**이다. 또한 선진국이 성장을 추구하지 않으면 빈곤국의 성장이 심각하게 제약되는 결과가 초래될 수 있다. 이들 나라에 대한 해외투자와 개발원조가 감소하여 세계의 빈민들이 더 오래 빈곤 속에 머무르게 된다.

경제성장 비판론자들의 주장처럼 노동이 힘들어지고 위험해지지 않는다. 새로운 기계는 일반적으로 이전의 기계보다 덜 힘들고 덜 위험하다. 냉방시설을 갖춘 작업장은 후덥지근한 작업장보다 쾌적하다. 더군다나 경제성장이 멈추더라도 물질만능주의나 소외가 줄어들지 않는다. **물질만능주의를 반대하는 목소리는 현재 물질적 풍요를 가장 많이 누리는 나라나 집단에서 가장 시끄럽다!** 성장으로 생활수준이 높아져 여가시간이 늘어났으며 자기성찰과 자아실현을 위한 시간도 더 많아졌다.

공유재의 문제

성장이 환경을 위협하는가? 경제성장 옹호론자들은 성장과 환경은 별개라고 주장한다. 경제성장이 빨라진다고 반드시 오염이 늘어난다는 것은 아니다. 오염은 성장의 부산물이라기보다는 **공유재의 문제**에서 초래된다. 개울, 호수, 바다, 대기 등 대부분의 환경은 공유재이기 때문에 사용을 제한할 수 없거나 제한하더라도 불충분한 제한이 이루어질 뿐이다. 공유지에 누구나 함부로 쓰레기를 내다버린다. 공유재는 과다 사용되어 망가지기 마련이다. 환경오염은 음(−)의 외부성 때문에 발생하는 것으로 이를 해결하려면 법적 규제, 공해배출부과금과 같은 조세 즉 시장에 바탕을 둔 유인을 활용하여 환경 오용을 치유하여야 한다.

환경문제

성장 옹호론자들도 **환경문제**가 심각하다는 사실은 인정한다. 그러나 이들은 성장을 제한하는 것은 틀린 해법이라고 주장한다. 성장이 되어야 공해를 줄일 수 있고 환경을 더 배려한다는 것이다. 성장이 되어야 가계소득을 유지하면서 자연보전지역의 관리, 국립공원과 천연기념물의 지정, 유해폐기물의 정화 등을 할 수 있다는 것이다.

성장은 지속가능한가? 성장 옹호자들은 그렇다고 답한다. 만약 자연자원이 발견되는 것보다 더 빨리 소모된다면 이들 자연자원의 가격은 상승하게 될 것이다. 그러나 이런 일은 일어나지 않았고 오히려 자연자원의 가격은 대부분 하락하여 왔다. **어떤 자연자원이 지나치게 비싸지면 다른 대체자원이 개발**된다. 게다가 경제학자에 따르면 지하에 매장된 자연자원보다 인간 지식과 정보를 확대하고 응용하는 것이 경제성장에 더 중요하다. 이들에 따르면 경제성장을 제약하는 것은 인간의 상상력 부족뿐이다.

---

1) Alice M. Rivlin, Reviving the American Dream (Washington, D.C.: Brookings Institution, 1992), p.36.

경제성장은 인구 감소를 견딜 수 있는가?

많은 나라에서 인구구성의 변화로 고령화가 진행되고, 노동력이 감소하고 있으며 인구 자체가 줄어들고 있다. 이러한 상황에서 경제성장은 지속될 수 있을까?

이 장에서 배웠듯이, '실질 GDP = 노동시간 × 노동생산성'이다. 그런데 노동시간은 근로연령 인구의 규모에 따라 크게 다르다. 근로연령 인구가 줄어들면 노동시간도 줄어드는 경우가 대부분이다. 이 경우, 실질 GDP가 증가할 수 있는 유일한 방법은 노동생산성이 노동시간의 감소보다 빠르게 증가하는 것이다. 이제 인구감소와 노령화에 직면한 나라들에서 이러한 상황이 발생할 수 있는지 확인할 수 있는 단계에 이르렀다.

이에 대한 역사적 배경은 산업화가 진행되면서 산업구조가 농업에서 제조업으로 옮겨왔다는 사실과 관련이 깊다. 산업구조의 변화로 출산율은 곤두박질쳤다. 과거에 자녀들은 어릴 때부터 가족의 소득에 기여하는 일꾼이었다. 그러나 현대적 기술의 도입과 함께 이들은 자립할 때까지 수년간 많은 교육비가 드는 값비싼 투자재로 여겨지게 되었다.

사람들이 이러한 변화에 적응하면서 출산율은 상당히 빠르게 하락하는 추세에 있다. 이 현상의 핵심적인 지표는 합계출산율인데, 이 지표는 여성들이 일생동안 낳는 평균 자녀수를 의미한다. 현대 사회에서 인구의 안정적 유지를 위해 필요한 합계출산율은 2.1이다. 여성 1인당 평생 2.1명의 자녀를 낳아야 한다는 것이다. 즉 부모를 대체하기 위해 자녀 2명이 필요하며 아이를 낳지 못하는 사람 때문에 0.1명이 필요하다.

모든 부유한 선진국에서 합계출산율은 2.1보다 낮다. 일본이나 대부분의 동유럽 국가들에서 이 수치는 오랫동안 너무 낮아서 매년 신생아 수가 사망자 수보다 적은 형편이다. 그 결과 이들 나라에서 총인구는 감소하고 있다.

경제학자들은 이러한 추세가 보편적일 뿐더러 빠르게 진행되어 2050년에 이르면 대부분 국가들에서 인구가 감소할 것이라고 내다보고 있다. 그런데, 한 나라의 총인구가 줄어들기 수십 년 전부터 노동력은 감소하고 고령인구가 팽창하는 현상이 나타나기 시작한다.

이러한 패턴은 각 세대가 직전 세대보다 적어지기 때문에 나타난다. 예를 들어 1946년에서 1964년 사이 태어난 베이비붐 세대는 다음 세대인 '저출산' 세대보다 훨씬 많다. 따라서 베이비부머들이 다음 20년 간 은퇴함에 따라 근로연령 성인에 비해 은퇴자의 수가 커지게 될 것이다.

이러한 추세를 계량화한 것이 부양율의 역수이다. 부양율의 역수는 근로연령(20~64세) 인구를 피부양자(65세 이상 노인과 20세 미만 청소년) 수로 나눈 값이다. 미국에서 부양율의 역수는 2010년에 1.5명에서 2050년에는 1.16명으로 떨어질 것으로 추계되고 있다. 이는 심히 우려되는 현상이다. 피부양자 대비 근로자 수의 감소를 상쇄하려면 노동생산성이 급격하게 상승해야 한다. 생산성이 부양율의 역수가 떨어지는 속도보다 더 빨리 상승하지 못하면 생활수준은 하락하게 될 것이다. 근로연령 인구에 비해 일하지 않는 소비자들의 수가 더 많기 때문이다.

이 문제가 가장 먼저 드러날 곳은 사회보장제도이다. 현재 2.9명의 근로자가 사회보장세를 납부하여 1명의 은퇴자에게 사회보장 혜택을 주고 있다. 그런데 2030년에는 이 수치가 2.0으로 떨어질 것으로 예상된다. 따라서 사회보장세를 납부하는 근로자의 감소를 상쇄하려면 20년 동안 근로자의 생산성이 거의 1/3 정도 상승해야 한다.

경제학자들은 이렇게 빠른 생산성 상승이 실현될 수 있을지 확신하지 못하고 있다. 문제는 소비가 투자를 줄인다는 점이다. 피부양자의 비중이 커지면 총산출의 상당부분이 투자보다 소비에 투입되어야 한다. 그렇게 되면, 생산성 성장은 상당한 수준 둔화될 수밖에 없다.

또 다른 문제는 역사적으로 볼 때 획기적인 신기술과 신사업은 대부분 40세 미만의 열정적인 젊은이들에 의해 창출되었다는 점이다. 각 세대가 점차 줄어들면 이 연령층의 인구가 점차 적어질 것이고 따라서 혁신이 줄어들어 생산성 성장이 둔화될 가능성이 크다.

하지만 일부 경제학자들은 낙관적이다. 이들은 노령인구를 소비자이자 수요자로 여긴다. 이들이 늘어나면 발명가들은 젊은 층보다 노령 층을 위한 제품을 개발할 것이다. 그렇게 되면 생산성과 생활수준은 우리가 기대하는 만큼 계속 상승할 수 있다는 것이다.

요약

1. **경제성장을 측정하는 2가지 방법**
   한 나라의 경제성장은 일정 기간 동안 실질 GDP의 증가나 1인당 GDP의 증가로 측정된다. 미국의 실질 GDP는 1950년 이래 연평균 약 3.2%의 비율로 성장하였다. 1인당 GDP는 같은 기간 동안 연평균 약 2% 성장하였다.

2. **현대적 경제성장과 제도**
   1인당 실질 GDP의 지속적인 성장은 18세기에 이르러서야 시작되었는데, 2세기 동안 영국과 기타 국가들은 현대적 경제성장을 경험하기 시작하였다. 현대적 경제성장의 특징은 저축, 투자 및 신기술 개발 등을 촉진하는 제도가 갖추어져 있다는 것이다. 경제성장을 촉진하는 제도는 강한 소유권, 특허권, 효율적 금융시스템, 교육, 경쟁적인 시장시스템 등이다.
   어떤 나라들은 거의 2세기 동안 현대적인 경제성장을 경험하여 온 반면 다른 나라들은 최근에서야 현대적인 경제성장을 경험하기 시작하였기 때문에, 오늘날 일부 국가들이 다른 국가들보다 훨씬 부유하다.
   하지만 현재 빈곤한 국가들이 부유한 나라들보다 더 빨리 성장할 수 있다. 부유한 국가들의 1인당 실질 GDP의 성장률은 연간 2%에 불과하기 때문이다. 부유한 국가들이 성장하기 위해서는 신기술을 발명하고 적용해야 한다. 반대로, 빈곤한 국가들은 부유한 나라들이 이미 개발한 제도와 첨단기술을 채택하기만 하면 되므로 더 빨리 성장할 수 있다.

3. **경제성장의 공급요인, 수요요인, 효율성요인**
   성장률의 변화를 발생시키는 경제성장의 결정요인으로는 4개의 공급요인(자연자원 양과 질의 변화, 인적 자원 양과 질의 변화, 자본재량의 변화, 기술진보), 1개의 수요요인(총지출의 변화), 1개의 효율성요인(경제가 배분효율성과 생산효율성을 달성한 정도)이 있다.
   한 나라 생산능력의 성장은 그래프에서 생산가능성곡선이 바깥쪽으로 이동하는 것으로 나타난다.

4. **성장회계**
   성장회계는 실질 GDP의 증가분을 고용된 노동의 양 증가에 의한 것과 고용된 노동의 생산성 상승에 의한 것으로 구분한다. 한국에서 실질 GDP의 증가를 설명하는 큰 부분은 노동생산성 상승이다. 노동생산성의 상승은 기술진보, 근로자 1인당 생산량의 증가, 근로자 교육·훈련의 개선, 규모의 경제 활용, 그리고 여러 다른 산업들 사이 노동 배분의 개선 등에 의해 발생한다.

5. **1973년 이후 생산성의 평균성장률 변동추이**
   오랜 기간을 통해서 보면 노동생산성 상승은 한 경제의 실질임금과 생활수준 향상을 뒷받침한다. 예를 들어 미국의 생산성은 1973년에서 1995년 사이에는 연간 약 1.5% 상승한 반면, 1995년에서 2010년까지는 연간 약 2.8% 상승하였고, 2010년에서 2015년 사이에는 연간 0.4% 상승하였을 뿐이다.
   이렇듯 1995년에서 2010년 사이 연평균 증가율이 증가한 것은 (a) 마이크로칩과 정보기술의 형태로 나타난 빠른 기술변화, (b) 수확체증과 더 낮아진 단위 비용, (c) 가격 인하를 발생시킨 세계적 차원에서의 경쟁의 강화 등에 따른 것이다.
   수확체증의 주요 원천은 (a) 기업 성장에 따른 특화 심화, (b) 개발 비용의 분산, (c) 소비자들의 동시소비, (d) 네트워크 효과, (e) 실행에 의한 학습효과 등이다.
   2007~2008년 대침체 이후 생산성 성장 둔화를 설명할 수 있는 요인들은 과도한 부채 수준, 과잉투자, '무료' 인터넷 제품의 확산, 기술혁신의 둔화 등이다.

6. **성장에 대한 찬반론**
   회의론자들은 최근 평균 생산성 성장률이 상승한 현상이 영구적인 것인지에 대해 의문을 제기하며, 관망의 자세를 택할 것을 권한다. 이들은 과거에도 생산성과 실질 GDP가 빠르게 증가한 적이 있지만 반드시 장기간 지속되는 추세는 아니었음을 지적한다. 경제성장을 비판하는 사람들은 성장은 환경 파괴와 더불어 사람들의 스트레스를 증가시키고 지구의 한정된 자연자원을 고갈시킨다고 주장한다.
   경제성장을 옹호하는 사람들은 성장이 사람들이 보편적으로 갈망하는 생활수준의 향상에 도달하는 가장 중요한 방법이고, 반드시 환경을 파괴하는 것은 아니며, 또한 자원이 고갈되고 있다는 증거는 없다고 주장한다. 성장은 인간 지식의 확대와 적용에 기반을 둔 것이며, 성장을 제약할 수 있는 것은 인간 상상력의 부족밖에 없다.

주요 용어와 개념

경제성장	선도국가	창업 기업
경제활동참가율	성장회계	추격국가
공급요인	수요요인	현대적인 경제성장
규모의 경제	수확체증	효율성요인
네트워크 효과	실행에 의한 학습	1인당 실질 GDP
노동생산성	인적자본	70의 법칙
사회간접자본	정보기술	

연습문제

1. 실질 GDP가 연 7% 성장한다면, 실질 GDP가 2배가 되는 데에는 대략 몇 년 정도 걸릴 것인가?

(1) 70년 (2) 14년
(3) 10년 (4) 7년
(5) 3.5년

2. 1820년 세계 각지의 생활수준을 비교해보면 오는날에 비해 어떠하였는가?

(1) 지역간 격차가 훨씬 더 컸다.
(2) 지역간 격차가 오늘 날과 비슷하였다.
(3) 지역간 격차가 훨씬 더 작았다.

3. 다음 상황들이 성장을 촉진할 것인지, 아니면 성장을 억제할 것인지 판단하시오.

(1) 부패가 만연하여 정부 관료들이 국민들의 집을 빼앗아간다.
(2) 어떤 나라가 처음으로 특허법을 도입하였다.
(3) 법원 명령으로 모든 은행을 폐쇄하였다.
(4) 어떤 가난한 나라가 무상교육을 8년에서 12년으로 확대하였다.
(5) 어떤 나라가 무역개방정책을 채택하였다.
(6) 구공산주의 국가 중 하나가 자유시장정책을 채택하였다.

4. 실질 GDP는 ________와(과) ________를 곱한 값과 같다.

(1) 평균근로시간; 자본량
(2) 평균근로시간; 배분효율성
(3) 노동투입; 노동생산성
(4) 자연자원; 기술진보
(5) 노동투입; 자본량

5. 어떤 기업이 한 해 생산량을 2배로 늘리면 단위 생산비용은 30% 하락한다고 가정하자. 이는 다음 중 어느 것의 예인가?

(1) 규모의 경제 (2) 자원배분 개선
(3) 기술진보 (4) 수요요인
(5) 경제성장

6. 경제성장과 관련된 다음 주장들이 성장 찬성론인지 성장 반대론인지 판단하시오.

(1) 성장의 결과 근로자들의 노동 강도는 더 강해지고 피로도는 증가한다.
(2) 소득이 증가하면 사람들이 교육서비스, 의료서비스, 여가서비스 등을 더 많이 구매할 수 있다.
(3) 지구가 보유한 자연자원의 양은 한정되어 있다.
(4) 부유한 나라에서도 여전히 빈곤, 노숙, 차별 등이 존재한다.
(5) 부유한 나라들일수록 환경보호를 위해 더 많은 금액을 지출한다.
(6) 자연자원의 가격은 시간이 흐름에 따라 차츰 하락하여왔다.

7. 어떤 경제의 실질 GDP가 연도 1에는 3,000만 원이고, 연도 2에는 3,120만 원이라고 가정하자. 이 경제의 실질 GDP 성장률은 얼마인가? 인구가 연도 1에는 100, 연도 2에는 102라고 하자. 1인당 실질 GDP의 성장률은 얼마인가?

8. 7년 동안 한 국가의 산출이 2배가 되기 위해서 연간 성장률은 얼마이어야 하는가? 35년 동안 2배가 되기 위해서는 얼마이어야 하는가? 70년 동안 2배가 되기 위해서는 얼마이어야 하는가? 140년 동안 2배가 되기 위해서는 얼마이어야 하는가?

9. 어떤 '선도국가'의 1인당 실질 GDP가 40,000달러인 반면, 다른 '추격국가'의 1인당 실질 GDP는 20,000달러라고 가정하자. 그 다음 1인당 실질 GDP의 성장률이 선도국가에서는 0%로 하락하고 추격국가에서는 7%로 상승하였다고 가정하자. 이러한 성장률이 장기간 동안 지속된다고 할 때 추격국가가 선도국가의 생활수준을 따라잡는 데에는 몇 년이 걸리는가?

10. 그림 17.2에서 a, b, c 세 점이 표현하는 가치가 각각 100억 원, 200억 원, 180억 원이라고 가정하자. 만약 해당 경제가 10년에 걸쳐 a점에서 b점으로 이동했다면, 이 경제의 연평균 경제성장률은 얼마인가? 만약 10년에 걸쳐 b점이 아니라 c점으로 이동했다면, 이 경제가 지닌 생산능력의 몇 %가 제대로 활용되지 못하고 있는가?

11. 뉴좀비라는 나라에서 제1년도에 근로시간은 200시간, 생산성은 근로시간당 8달러라고 가정하자. 뉴좀비의 실질 GDP는 얼마인가? 제2년도에 근로시간이 210시간으로 늘어나고 생산성이 시간당 10달러로 상승하였다면, 뉴좀비의 경제성장률은 얼마인가?

12. 어떤 품목의 단위비용은 해당 품목의 평균총비용(=총비용/생산량)이다. 새로운 휴대폰 애플리케이션은 개발에 1억 원이 들지만 휴대폰을 소지한 개별 고객에게 배달하는 데에는 단위당 5,000원 밖에 들지 않는다고 하자. 100단위를 판매하는 경우 이 애플리케이션의 단위비용은 얼마인가? 1,000단위를 판매하는 경우에는 얼마인가? 1백만 단위를 판매하는 경우에는 얼마인가?

18 Chapter

경기순환, 실업 및 인플레이션

학습내용

1. 경기순환 및 그 주요 단계
2. '충격' 및 '가격경직성'으로 인한 생산과 고용의 단기적 변동
3. 실업의 측정 방법 및 여러 유형
4. 인플레이션 측정 방법, 비용인상 인플레이션 및 수요견인 인플레이션
5. 예측되지 못한 인플레이션과 실질소득의 재분배
6. 인플레이션이 경제의 실질 생산량 수준에 미치는 영향

17장에서 살펴본 바와 같이, 한국 경제는 지난 수십 년간 주목할 만한 경제성장을 경험하였다. 그러나 이러한 성장이 한 해 한 해 매끄럽고, 안정적이며, 예측가능하게 진행된 것은 아니었다. 한국은 여러 차례에 걸쳐 경기침체, 실업률 상승, 극심한 인플레이션 등을 경험하기도 하였다. 예를 들어 1997년 외환위기 당시 한국의 실업자 수는 149만 명까지 증가했고 실업률은 1997년 2.6%에서 1998년 7.0%까지 치솟았다.

다른 나라들도 한 때 고실업에 시달린 바 있다. 예를 들면, 그리스의 실업률은 2015년 25%가 넘었다. 또 인플레이션도 빈번하게 한국이나 다른 나라들을 괴롭혔다. 예를 들어 1980년 한국의 물가상승률은 28.7%였으며, 짐바브웨 같은 나라는 물가상승률이 26,000%까지도 치솟았다.

이 장의 목적은 거시경제 불안정성과 관련된 개념, 용어 및 현실을 검토하는 것이다. 구체적으로 말하면 이 장에서는 경기순환, 실업 및 인플레이션에 대해 논의할 것이다. 여기서 논의된 개념들은 경제 이론과 경제 정책과 관련된 이후 장들을 이해하는 데 매우 중요하다.

경기순환

경기순환

한국 경제의 가장 큰 특징은 **장기적으로 성장추세를 보이고 있다**는 점이다. 이것은 그림 18.1에서 '성장 추세선'이라고 표시된 우상향하는 직선으로 나타난다. 하지만 경기순환으로 인해 경제적으로 불안정한 시기가 성장과정에 끼어들곤 하였다. **경기순환**은 경제활동의 상승과 하강이 반복되는 것으로, 때로는 수년간 지속되기도 한다. 개별 주기(한 번의 '상승' 이후 한 번의 '하강'이 뒤따르는 기간)는 그 길이와 변동 폭에서 매우 다양하다.

경기순환 국면

그림 18.1은 일반적으로 나타나는 경기순환의 4국면을 보여준다.

정점

- 그림 18.1의 한 가운데 있는 **정점**에서는 기업 활동이 일시적으로 최대치에 달한다. 이 시점에서 경제는 완전고용에 가깝고, 생산은 해당 경제의 생산능력을 거의 활용하여 이루어진다. 이 기간 동안 물가수준이 상승할 가능성이 크다.

수축기

- **수축기**는 총생산, 소득 및 고용이 감소하는 시기이다. 이러한 경기침체기는 경제의 많은 부문에서 광범위하게 기업 활동이 수축되는 시기로 그것이 6개월 이상 지속되는 경우를 말한다. 실질 GDP의 감소와 함께 실업률이 급격히 상승하게 된다. 표 18.1은 1970년 이후 한국의 9개 경기침체기를 보여준다.

저점

- 수축기의 저점에서는 생산과 고용이 최저의 수준까지 '나락'에 빠진다. **저점**은 단기간일 수도 있고 상당히 긴 기간 지속되기도 한다.

확장기

- 보통 수축기에 뒤따라 **확장기**가 나타나는데, 이 기간 동안 실질 GDP, 소득 및 고용이 증가한다. 어느 시점이 되면 경제는 다시 완전고용에 가까워진다. 이 때 지출이 생산능력보다 더 빨리 확장되면 대부분의 재화와 서비스 가격이 상승한다. 다시 말해 인플레이션이 발생한다.

[그림 18.1] 경기순환
경제학자들은 경기순환을 4개의 국면으로 구분한다. 각 국면의 지속기간과 변동 폭은 다를 수 있다.

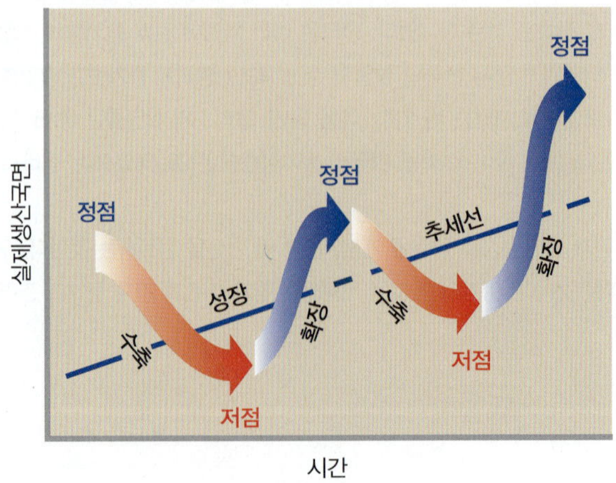

〈표 18.1〉 1970년 이후 한국의 경기순환

	기준순환일			지속기간(개월)		
	저점	정점	저점	확장기	수축기	순환주기
제1순환기	1972. 3	1974. 2	1975. 6	23	16	39
제2순환기	1975. 6	1979. 2	1980. 9	44	19	63
제3순환기	1980. 9	1984. 2	1985. 9	41	19	60
제4순환기	1985. 9	1988. 1	1989. 7	28	18	46
제5순환기	1989. 7	1992. 1	1993. 1	30	12	42
제6순환기	1993. 1	1996. 3	1998. 8	38	29	67
제7순환기	1998. 8	2000. 8	2001. 7	24	11	35
제8순환기	2001. 7	2002.12	2005. 4	17	28	45
제9순환기	2005. 4	2008. 1	2009. 2	33	13	46
제10순환기	2009. 2	2011. 8[1)]	2013. 3[1)]	30	19	49
제11순환기	2013. 3					
평균	–	–	–	31	18	49

1) 잠정치
출처: 통계청 보도자료 2016. 6. 30.

경기순환은 대부분 이러한 국면을 거치지만, 그 지속기간과 변동 폭에서 큰 차이가 있다. 다수 경제학자들은 경기 '순환'보다 경기 '변동'이라고 부르는 것을 선호한다. 순환이라는 표현은 규칙성이 있다는 것을 내포하지만, 변동은 그렇지 않기 때문이다. 1930년대 대공황의 결과 미국에서는 3년 동안 실질 GDP가 27% 감소하여 거의 10년 동안 기업 활동은 막대한 지장을 받았다. 한국의 경우 1997년 금융위기 때 수축기는 29개월 동안 지속되었으며, 1998년 한 해 동안 실질 GDP는 −5.5% 감소하였다. 이에 비하여 표 18.1에 제시된 한국의 다른 수축기들은 그 변동 폭과 길이에서 덜 심각하였다고 할 수 있다.

통계청은 수축기의 시작과 끝을 발표한다. 실질 산출의 감소와 고용 감소에 대한 실증자료를 바탕을 통계청은 가장 최근의 수축기가 종료된 시점은 2013년 3월로 잠정 추정하여 발표한 바 있다.

경기순환의 원인

한국 경제는 장기적으로 확장하고 성장하는 추세를 보이고 있다. 그림 18.1에서 경기순환과 대비하여 경제성장 추세선을 함께 보여준 것은 바로 이러한 이유에서이다. **경제가 완만하고 매끄럽게 성장하지 않고 경기순환에 따라 변동하는 이유가 무엇인지**를 살펴보는 것은 거시경제학의 핵심주제이다. 그림 18.1에 비추어 다시 표현하면, 생산이 매끄러운 성장 추세선 위에 머물러 있지 않고 위아래로 요동치는 것은 무슨 이유에서인가?

경제적 충격

경제학자들은 경기순환의 원인에 대해 몇 가지 설명을 제시하고 있다. 하지만 이들 설명을 구체적으로 살펴보기 전에 이 이론들은 변동이 **경제적 충격** 즉 개인들이나 기업이 적응하기에 곤란한 예상치 못한 사건 때문에 발생한다는 사고에 기반을 두고 있음을 명심하기 바란다. 또 **단기적인 가격의 경직성으로 경제가 충격에 대하여 재빠르게 적응하기 어렵다**는 점도 명심하기 바란다. 단기에서 가격이 경직적이면, 충격이 발생하였을 때 재화 및 서비스의 수요량이 가격 변화를 통해 공급량과 신속하게 같아지는 것이 어렵다. 그래서 경제는 단기에서 가격 변화가 아닌 수량 변화를 통해 충격에 대응할 수밖에 없다. 이 부분에 대해서는 이후에 다시 설명할 것이다.

충격의 발생이유

경제학자들은 경기순환을 유발하는 **충격의 발생이유**를 일반적으로 다음과 같이 보고 있다.

- **불규칙적인 혁신** 철도, 자동차, 컴퓨터 및 인터넷 등과 관련된 혁신처럼 완전히 새로운 제품이나 생산방법이 경제 전체에 빠르게 확산되면 투자, 소비, 생산 및 고용이 크게 증가할 수 있다. 혁신 효과가 해당 경제에 거의 반영되고 나면, 잠시 성장이 둔화되거나 침체가 발생할 수 있다. 이러한 혁신들은 불규칙하고 예기치 못하게 발생하기 때문에 경제활동의 변동성을 유발할 수 있다.
- **생산성 변화** 예상하지 못하게 생산성(투입요소 단위당 생산량)이 상승하면 경제는 호황을 누린다. 예기치 못한 생산성 하락이 발생하면 경제는 수축하게 된다. 예를 들어 원유나 농산품 원자재와 같은 자원이 예상치 못하게 증감하거나 기술 발전 속도가 예상치 못하게 변화하면 이로인해 예상하지 못한 생산성 변화가 초래된다.
- **화폐적 요인** 일부 경제학자들은 경기순환을 **순수한 화폐 현상**이라고 본다. 어떤 나라의 중앙은행이 사람들의 예상보다 화폐를 많이 발행하여 경제에 충격을 주면, 인플레이션을 동반한 생산 확대가 발생한다. 반대로 사람들의 예상보다 화폐 발행을 적게 하면 생산은 감소하고 결국에는 물가수준이 하락한다.
- **정치적 사건** 평화협정, 전쟁 발발, 대통령 탄핵 등 예상 밖의 정치적 사건이 발생하면 경제에서 새로운 기회가 생겨나거나 긴장이 발생할 수 있다. 이러한 충격에 적응하는 과정에서 경제는 경기상승이나 경기하강을 경험할 수 있다.
- **금융 불안정성** 예기치 못한 **금융시장의 거품**(급격한 자산 가격의 상승)이나 붕괴(급격한 자산 가격의 하락)가 발생하면 이는 대출 확대 · 축소, 소비자 및 기업의 신뢰도 증가 · 감소 등을 통해 해당부문의 전체로 확산될 수 있다. 경제의 나머지 부문들도 뒤이어 거품과 붕괴를 경험할 수 있다.

금융시장의 거품

저당증권

예를 들어 미국의 2007~2009년 대침체는 과도한 통화 공급과 금융시장 과열로 부동산 가격이 지나치게 상승하였고 그로 인해 담보대출 부채가 지나치게 확대되어 이를 유지할 수 없었기 때문에 발생하였다. 금융기관들은 이 부채를 묶어 **저당증권**(파생상품)을 발행하였고, 이 파생상품들은 투자자들에게 판매되었다. 일부 투자자는 증권의 손실에 대비하여 보험 상품을 구입하였다. 부동산 가격이 곤두박질치고 담보대출의 채무불이행이 예기치 못하게 급증하자, 증권시장과 보험시장이 얼어붙으며 거의 붕괴되고 말았다. 그 결과 대출시장이 냉각되고, 비관적 전망이 확산되었으며, 기업과 가계의 지출이 감소하였다.

경제 충격의 근원이 어디에 있던지 간에 대다수 경제학자들은 실질 생산 및 고용 수준의 주기적 변화를 촉발시키는 직접적인 원인이 대부분 **총지출 수준의 예기치 못한 변화**라는 데 공감하고 있다. 만약 총지출이 예상치 못하게 줄어들고 기업들이 가격을 내릴 수 없다면, 기업들은 판매량을 줄일 것이다. 가격이 변하지 않았을 때 지출 총액이 줄어들었다는 것은 제품 구매량이 줄어들었다는 것을 의미한다. 매출 둔화로 기업들은 생산을 축소하게 되고, 그로 인해 GDP는 감소한다. 생산량이 줄어들면 근로자가 덜 필요하게 되므로, 고용 역시 감소한다. 그래서 경제는 위축되고 수축기에 진입한다.

반대로 지출이 예기치 못하게 증가하면, 생산, 고용, 소득이 모두 증가한다. 가격이 경직적일 때 지출이 증가한다는 것은 소비자들이 더 많은 양의 재화와 서비스를 구매한다는 뜻이기 때문이다. 기업들은 이에 대응하여 생산량을 늘리고, 그 결과 GDP가 증가한다. 기업들은 생산을 늘리기 위해 더 많은 근로자를 고용해야 하므로 고용도 증가한다. 그래서 경제는 호황을 겪게 되고 확장하게 된다. 시간이 흘러 가격이 탄력적으로 변하면 결국에는 지출 증가로 가격이 오를 가능성이 크다.

경기순환의 영향: 내구재와 비내구재

경기순환은 경제 전체에 영향을 주지만, 경제 부문에 따라 영향의 방식이나 정도에서 차이가 있다.

주택, 상가, 중장비 및 농기구 등 자본재와 자동차, 퍼스널컴퓨터, 냉장고 등 내구소비재를 생산하는 기업들이나 산업은 경기순환의 영향을 가장 크게 받는다. 기업은 일정 한도 내에서 자본재 구입을 조정할 수 있다. 예를 들어 경제가 수축기에 들어가면 생산자들은 새 장비의 구입이나 새 공장의 건설을 미루게 된다. 자본총량이 항상 경기전망에 따라 달라지는 것은 아니다. 상황이 좋을 때 자본재는 보통 완전히 감가상각되기 전에 대체된다. 하지만 불경기가 닥치면 기업들은 오래된 장비들을 대충 수리하면서 버틴다. 그 결과 자본재 투자가 급격히 감소한다. 유휴설비가 남아 있는 기업들은 감가 상각된 자본을 전혀 대체하지 않을 수 있다. 그러면 이들의 순 투자는 음(−)의 값을 갖게 될 것이다. 자동차나 주요 가전기구 등 내구소비재도 거의 비슷하다. 불경기가 닥치면 가계는 예산을 조정하기 위해 흔히 이들 재화의 구입을 미루게 된다. 가계는 오래된 자동차나 가전제품을 새 것으로 바꾸기보다 이를 수리해서 쓴다. 그래서 이런 재화를 생산하는 기업들의 상황이 악화된다. 물론 경기 확장기에서는 자본재 및 내구소비재 생산자들이 혜택을 본다.

이에 비해 **서비스 산업이나 비내구성 소비재를 생산하는 산업들은 대부분 심각한 경기수축으로부터 어느 정도 격리되어 있다.** 예를 들어 당장 필요한 의료서비스나 법률서비스의 지출을 줄이는 것은 어려운 일이다. 그리고 경기침체는 전당포나 파산 전문 법률사무소 등 일부 서비스 기업들에게는 도움이 된다. 식품이나 의복 같은 비내구재의 구입을 미루는 것도 쉽지 않다. 비내구재의 구매가 양적, 질적으로 줄어들 수는 있지만, 자본재나 내구소비재만큼은 아니다.

불확실성, 기대 그리고 충격

불확실성

경기순환을 설명하는 데 **불확실성**은 매우 중요한 역할을 한다. 예를 들어, 저축 및 투자 결정이 어려운 것은 미래가 불확실하기 때문이다. 투자계획이 때로는 실망스런 결과를 낳거나 완전히 실패로 끝날 수 있다. 따라서 기업들은 가능하면 성공 가능성이 큰 프로젝트에 투자하기 위해 상당한 시간을 고민한다. 따라서 거시경제를 분석하기 위해서는 미래에 대한 기대를 반드시 고려해야 한다.

기대와 충격의 중요성

기대

기대는 2가지 이유로 매우 중요하다. 1번째 이유는 기대가 변화하면 분명히 현재의 행동이 바뀌기 때문이다. 기업들이 현재 투자의 미래 수익에 대해 점점 비관적으로 되면, 현재 투자는 기업이 낙관적 전망을 유지할 때보다 적을 것이다. 따라서 기대는 경제성장에 큰 영향을 미친다. 비관적 전망이 많아지면 현재 투자가 줄어들고 소비도 줄어들 것이기 때문이다.

2번째 이유는 쉽게 이해될 수 있는 것은 아니다. 2번째 이유는 기대가 어긋났을 때 무슨 일이 생길 것인지와 관련이 있다. 기업들은 충격 즉 어떤 일의 발생을 기대하였지만 이와 다른 것이 발생하는 상황에 항상 대처하여야 한다. 예를 들어, 어떤 기업이 부산과 광주 간 승객 운송을 위해 민자 철도를 건설하기로 결정했다고 하자. 이 기업은 철도의 인기가 높아 상당한 이윤을 창출할 것이라고 기대한 것이다. 그러나 인기가 없어 돈만 날리게 된다면, 이 철도회사는 이에 대응할 방법을 찾아야 한다. 그냥 퇴출을 택할 것인가? 승객 대신에 화물차를 운행하면 이윤을 낼 수 있을까? 은행으로부터 300억 원을 차입하여 대규모 광고를 하면 민자 철도는 성공할 수 있을까? 충격으로 인해 예상하지 못한 상황이 발생하면 이런 종류의 결정들이 반드시 필요하다.

수요충격
공급충격

경제에서는 수요충격과 공급충격이 발생한다. **수요충격**이란 재화 및 서비스에 대한 수요의 예상하지 못한 변화이다. **공급충격**이란 재화 및 서비스 공급의 예상치 못한 변화이다. 충격이라는 단어는 무언가 예상하지 못한 상황이 발생한 것을 의미할 뿐이지 그 예상치 못한 일이 좋은 일인지 나쁜 일인지를 나타내는 것은 아니다. 이를 구분하기 위해 경제학자들은 좀 더 구체적인 용어를 사용한다. 예를 들어 긍정적인 수요충격은 수요가 기대보다 더 큰 경우를 말하는 반면, 부정적인 수요충격은 수요가 기대보다 더 작은 경우를 말한다.

수요충격과 경직적인 가격

경제학자들은 GDP의 단기적 변동이나 경기순환은 **대부분 수요충격의 결과**라고 믿는다. 공급충격은 어쩌다 발생하지만, 한 번 발생하면 매우 심각한 결과를 낳는다. 일단 여기서는 수요충격에 초점을 맞추기로 하자.

수요충격이 그렇게도 중요한 이유는 무엇인가? 이에 대한 대답은 대부분의 재화 및 서비스의 가격이 단기적으로 경직적이기 때문이라는 것이다. 나중에 설명하겠지만, 이것이 의미하는 바는 가격이 수요량을 공급량에 신속하게 일치시키지 못한다는 것이다. **가격이 경직적이면 경제는 단기에서 가격이 아니라 주로 생산과 고용을 변화시켜 수요 충격에 대응**할 수밖에 없다.

수요충격과 가격경직성에 대한 단일 기업의 대응

경제 전체는 단일 기업보다 훨씬 더 복잡하지만, 단일 자동차 공장의 사례를 들어 설명해보자. 그러면 수요충격과 가격경직성이 대부분의 단기 변동을 설명할 때 왜 중요한 것인지를 이해할 수 있을 것이다. 빵빵 자동차라는 이름의 자동차 제조사를 생각해보자. 빵빵 자동차는 다른 회사들과 마찬가지로 이윤을 내기 위해 사업을 영위하고 있다. 이윤을 내려면 미래 시장조건에 대한 정확한 예측이 필요하다. 따라서 빵빵 자동차는 시장의 수요만큼 자동차를 생산하기 위해 시장조사를 통해 미래의 수요를 수시로 추정하고 있다.

기대 형성 광범위한 시장조사를 마친 후 빵빵 자동차는 적정 규모의 공장을 짓고 종업원을 채용하여 프라이온이라는 친환경 SUV를 생산하면 어느 정도 이윤을 낼 것이라고 결론을 내렸다. 빵빵 자동차의 마케팅 부서는 엔지니어들과 협력하여 1주당 900대를 최적 생산량으로 하는 공장을 지으면 이윤이 극대화될 것이라는 결론을 얻었나. 이 수준에서 공장을 운영하면 프라이온 1대당 3,650만 원에 생산할 수 있다. 수요 추정에 따라 900대를 1대당 3,700만 원에 판매할 수 있다면 이는 매우 만족스러운 것이다. 모든 것이 계획대로 된다면 빵빵 자동차는 프라이온 1대낭 50만 원의 회계 이윤을 얻을 수 있기 때문이다. 이러한 미래예측을 바탕으로 빵빵 자동차는 공장을 짓고, 종업원을 채용하여 프라이온을 생산하기 시작하였다.

그림 18.2(a)는 프라이온의 시장을 보여주고 있는데 공급곡선이 최적 생산량인 1주당 900대에서 수직으로 주어져 있다. 여기에서 수요곡선은 3개가 주어져 있다. D_L은 프라이온에 대한 수요가 작을 때, D_M은 마케팅 부서의 예측처럼 수요가 중간 정도일 때, D_H는 수요가 클 때를 나타낸다. 그림 18.2(a)에서 수요가 마케팅 부서의 예측과 일치한다고 하자. 모든 것이 계획대로 진행되고 실제 수요가 D_M이라면 균형가격은 프라이온 1대당 3,700만 원이 될 것이고 균형수요량은 1주당 900대일 것이다. 따라서 모든 것이 예상대로라면 이 공장의 규모는 1대당 3,700만 원의 판매 가격에서 예상 수요량을 정확히 충족시킬 수 있는 수준이다.

완전고용: 충격이 없을 때 핵심은 다음과 같다. 만약 **기대가 항상 그대로 실현된다면, 빵빵 자동차는 생산과 고용을 그대로 유지하여 경제의 단기 변동에 어떠한 영향도 주지 않는다.** 첫째, 모든 것이 계획대로 진행되고 빵빵 자동차의 예측이 항상 옳았다면, 이 공장은 항상 최적수준인 1주당 900대의 자동차를 생산하여 판매할 것이다. 즉 이 공장은 단기에서든 장기에서든 생산량을 변동시키지 않을 것이다. 동시에 1주당 900대를 일정하게 생산하면 근로자의 수가 언제나 같을 것이므로 이 공장의 노동수요와 고용은 변하지 않을 것이다. 따라서 모든 것이 계획대로 된다면 빵빵 자동차는 일정한 수의 근로

[그림 18.2] 경직적 가격과 신축적 가격에서 예상하지 못한 수요 변화의 효과

(a) 가격이 신축적이라면 수요가 어떠하든지 빵빵 자동차는 최적 생산량인 1주당 900대를 계속 생산할 수 있다. 균형가격이 수요량과 공급량을 일치시키도록 조정되기 때문이다.

(b) 반대로, 빵빵 자동차가 경직적인 가격을 유지한다면, 수요의 크기에 따라 생산량이 변한다. 고정된 가격 3,700만 원에서 수요가 D_L이라면 생산량은 1주당 700대이고, 수요가 D_H라면 생산량은 1주당 1,150대이다.

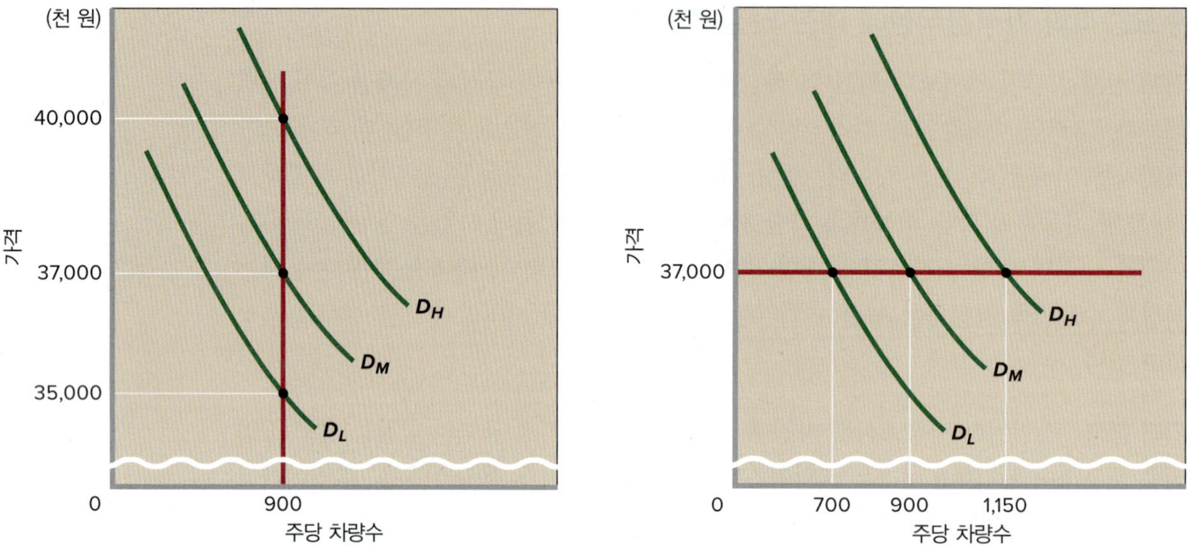

(a) 신축적 가격

(b) 경직적 가격

자를 고용할 것이므로 실업에 아무런 영향을 주지 않는다.

생산과 고용의 단기 변동

이렇게 보면 우리가 현실에서 목도하는 **생산과 고용의 단기 변동**은 계획대로 되지 않은 무언가의 결과라고 할 수 있다. 특히, 경기순환에 따른 변동은 실제 수요가 사람들의 기대보다 작거나 높기 때문에 흔히 발생한다. 실제 수요가 예상과 다르면 수요량과 공급량을 일치시키는 조정과정이 필요하다. 곧 설명하겠지만, 이러한 조정의 성격은 가격이 신축적인가 아니면 경직적인가에 따라 달라진다.

가격 변화: 수요충격과 신축적인 가격 그림 18.2(a)는 가격이 신축적일 때 예기치 못한 수요 변화에 대한 조정과정을 설명하고 있다. 수요가 예상보다 낮아 D_L이 되면, 시장가격은 하락하여 1대당 3,500만 원이 될 것이다. 이 가격에서 수요량은 이 공장의 최적 생산량인 1주당 900대와 같아진다. 만일 수요가 예상보다 많아 D_H이 되면, 시장가격은 상승하여 1대당 4,000만 원이 될 것이다. 이 가격에서 수요량은 여전히 이 공장의 최적 생산량인 1주당 900대와 같아진다. 이러한 조정과정이 의미하는 것은 프라이온의 가격이 수요 변화에 대응하여 새 균형가격으로 빠르게 조정될 수 있다면 이 공장은 항상 최적 생산량인 1주당 900대를 생산한다는 것이다.

이 논리를 경제 전체에 적용하면, **재화 및 서비스 가격이 수요의 변화에 항상 빠르게 조정될 때 경제는 항상 최적 규모에서 생산한다**는 것이다. 가격이 조정되어 재화 및 서비스의 수요량이 공급량과 일치할 것이기 때문이다. 단순하게 말하면 가격이 완전히 신축적이라면 생산의 단기 변동은 없을 것이다. 기업들이 언제나 일정한 생산량을 유지하게 되면 필요한 근로자의 수는 같을 것이므로 생산 수준은 그대로이고 실업도 변함이 없을 것이다.

생산 변화: 수요충격과 경직적인 가격 현실에서는 가격이 대부분 경직적이어서 수요가 예상과 다르더라도 가격은 신속하게 변하지 않는다. 그림 18.2(b)는 극단적인 경우를 보여준다. 이 그림에서 프라이온의 가격은 완전히 경직적이어서 1대당 3,700만 원으로 고정되어 있다. 이 때 수요가 예상과 달리 D_M에서 D_L로 하락하였을 때 가격이 3,700만 원으로 고정되어 있다면 수요량은 1주당 700대 밖에 되지 않는다. 이것은 공장의 최적 생산량인 1주당 900대에 비해 200대나 적다. 반면에 수요가 예상과 달리 D_H로 증가하였을 때 가격이 3,700백만 원으로 고정되어 있다면 수요량은 1주당 1,150대가 된다. 이것은 공장의 최적 생산량인 1주당 900대보다 250대가 더 많다.

가격이 경직적일 때 기업이 예상과 다른 수요에 대처하는 방법은 공장 생산량을 조정하는 것이다. 즉 수요가 예상보다 적을 때 빵빵 자동차는 프라이온을 700대만 생산하고, 수요가 예상보다 많을 때 1,150대를 생산하는 것이다. 그러나 생산량을 신축적으로 조정하는 전략은 적지 않은 비용을 지불한다. 최적 생산량에서 비용이 가장 낮은데 그보다 많거나 적은 양을 생산하면 단위 생산비용이 상승할 것이기 때문이다.[1]

기업들은 이를 알고 있어서 재고를 유지하며 예치기 못한 수요 변화에 대처하려 한다. 재고란 생산되었지만 아직 팔리지 않은 제품을 비축한 것이다. **수요가 예상보다 크거나 작으면 재고의 감소나 증가를 통해 이에 대응할 수 있다.** 그래서 수요가 변하더라도 **재고 조정**을 통해 생산은 그대로 유지될 수 있다. 앞의 예서 빵빵 자동차는 팔리지 않은 프라이온을 재고로 비축하려 할 것이다. 수요가 예상보다 적어 수요량이 공장의 최적 생산량보다 200대 적다면 재고는 200대 만큼 증가한다. 반면에 수요가 예상보다 많아 수요량이 공장의 최적 생산량보다 250대 많다면 재고는 250대 만큼 감소한다. 수요 변화에 따라 재고를 변동시킬 수 있으므로 빵빵 자동차는 생산량보다 재고수준을 먼저 조절하여 대처하게 된다. 게다가 운이 좋으면 시간이 흐름에 따라 예기치 못한 수요의 증가와 감소가 번갈아 나타나 재고가 일정하게 유지될 수도 있다.

재고 조정

그러나 예상보다 적은 수요가 오랫동안 계속된다면 어떤 일이 벌어질지 생각해보자. 그렇게 되면 이 기업의 프라이온 재고는 매주 200대씩 증가할 것이다. 이런 일이 1~2주에 그치면 경영자는 별다른 관심을 보이지 않는다. 하지만 **예상보다 적은 수요가 몇 달간 지속된다면 경영자는 생산을 줄일 수밖에 없다.** 무엇보다도 미판매 프라이온을 세워둘 곳이 없을 것이기 때문이다. 이보다 중요한 것은 많은 미판매 자동차를 재고로 유지하는 것은 수익성이 없다는 점이다. 자동차의 생산에는 비용이 들지만, 팔리지 않은 차는 어떤 수입도 가져다주지 않는다. 그래서 재고가 계속 증가하면 이윤은 줄어든다. 예상보다 적은 수요로 몇 주가 지나도 재고가 계속 증가하게 되면 경영자는 생산을 줄이게 된다.

1) 미시경제학을 공부하였다면 기업의 최적 생산량(1주당 900대)에서 프라이온의 1대당 평균총비용이 최소화된다는 것을 알고 있을 것이다. 그보다 많거나 적은 양을 생산하면 1대당 생산비용이 증가한다.

경제 전체로 일반화

예상치 못한 수요 변화
가격의 경직성

빵빵 자동차라는 단순한 사례를 통해 경제학자들이 **예상치 못한 수요 변화**와 **가격의 경직성**을 단기 변동을 초래하는 핵심요소라고 믿는 이유를 이해할 수 있을 것이다. 가격이 신축적이면 생산은 항상 공장의 최적 생산량 수준에서 이루어진다. 수요가 어떻게 변하든 가격이 조정되어 최적 생산량인 1주당 900대가 판매될 것이기 때문이다. 하지만 가격이 경직적일 때 예상치 못한 수요 감소가 발생하면 재고가 증가한다. 재고증가가 일정 기간 지속되면 결국 경영자들은 생산량을 최적수준 이하로 줄이게 된다. 그렇게 되면, 생산이 감소하면서 실업도 증가하게 된다. 줄어든 자동차의 생산에 예전보다 적은 종업원이 필요하므로 기업은 일부 근로자를 해고할 것이기 때문이다.

이 사례를 경제 전체로 일반화해보자. 경제 전체적으로 **재화 및 서비스에 대한 수요 감소가 오랫동안 지속되면 이를 생산하는 기업은 생산을 감축**할 수밖에 없다. 제조업체는 재고조정을 하겠지만 판매 부진으로 인해 재고가 누적되면 결국 생산을 줄인다. 서비스업체도 판매가 줄어들면 마찬가지로 생산을 줄인다. 제조업과 서비스업의 생산이 모두 감소하면 경기침체가 발생하여 GDP가 감소하고 실업은 증가하게 된다.

이와는 반대로 **기대보다 많은 수요가 장기간 지속되면 경제는 호황을 맞게 되고 실업은 감소**한다. 프라이온의 예에서 수요가 예상보다 많으면 재고는 매주 250대씩 줄어든다. 이것이 몇 주후까지 지속되면 재고는 바닥나기 시작할 것이고, 기업은 주문량을 맞추기 위해 생산을 최적 수준 이상으로 늘리고자 할 것이다. 그렇게 되면, 더 많은 자동차가 생산되므로 GDP는 증가하고 자동차 생산의 증가를 위해 더 많은 근로자가 고용되어 실업은 감소한다.

실업

실업

실업과 인플레이션은 경기순환의 과정에서 일어나는 2가지 문제이다. 먼저 **실업**부터 살펴보도록 하자.

실업의 측정

경제활동인구조사

통계청은 매월 약 33,000가구에 대해 전국적인 표본조사(**경제활동인구조사**)를 시행하여 누가 고용되어 있고, 누가 실업 상태에 있는지를 조사한다. 이 조사는 조사표에서 각 가구 구성원 중 고용된 사람은 누구고 실업인 사람은 누군지, 그리고 구직 중인 사람과 구직을 하고 있지 않은 사람이 누구인지 등에 대해 질문한다. 이에 대한 답변을 통해 전국의 실업률을 계산한다.

생산가능 인구

그림 18.3은 이를 위한 산술적 계산이 어떻게 이루어지는지를 보여준다. 통계청은 한국의 전 국민을 3개 집단으로 나눈다. 1번째 집단은 15세 미만 인구와 군인(직업군인, 상근예비역 포함), 사회복무요원, 의무경찰, 형이 확정된 교도소 수감자 등을 포함하며 이들은 **생산가능 인구**에서 제외된다.

비경제활동인구

비경제활동인구로 칭하는 2번째 집단은 잠재적으로는 근로자이지만 구직활동을 하

[그림 18.3] 한국의 경제활동인구, 고용, 실업(2016년)

경제활동인구는 15세 이상 인구로 (1) 고용되어 있거나 (2) 실업 상태이지만 구직 중인 사람들로 구성된다.

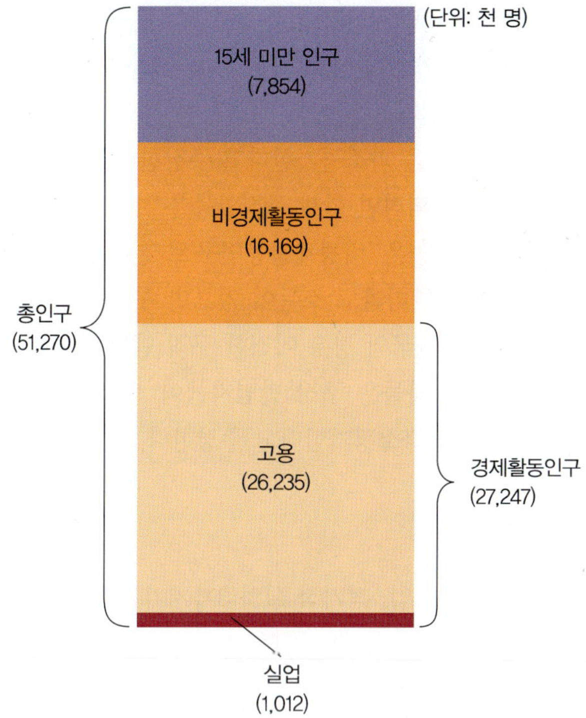

주 1) 15세 이상 인구 중 군인, 전투경찰, 공익근무요원, 형이 확정된 교도소 수감자 포함

출처: 통계청 국가통계포털, http://kosis.kr/

고 있지 않은 사람들로 구성된다. 예를 들어 전업주부, 전업 학생, 퇴직자 등이 이에 속한다.

3번째 집단은 **경제활동인구**로, 2016년 전체 인구의 50%를 약간 넘는다. 경제활동인구는 일할 능력과 의사가 있는 사람들로 구성된다. 이들은 고용된 사람(취업자)과 취업 상태에 있지 않지만 현재 구직을 하고 있는 사람(실업자)로 나누어진다. **실업률**은 경제활동인구 중 실업자의 비율이다.

경제활동인구
실업률

$$\text{실업률} = \frac{\text{실업자}}{\text{경제활동인구}} \times 100$$

그림 18.3에 표시된 통계치를 통해 2016년 실업률은 다음과 같이 계산할 수 있다.

$$\frac{1{,}012}{27{,}247} \times 100 = 3.7\%$$

이 조사는 과학적인 표본설계와 면접기술을 사용하고 있기는 하지만, 취합된 데이터에 대한 비판도 존재한다.

- **시간제 고용** 통계청은 **모든 시간제 근로자들을 완전히 고용**된 것으로 본다. 2016년에 약 150만 명이 자발적으로 시간제로 택하였다. 하지만 나머지 140만 명 정도가 전일제로 일하고는 싶지만 알맞은 일자리를 찾을 수 없거나 일시적인 매출부진으로 인하여 정규근로시간보다 적게 일한 사람들이었다. 이들은 부분적으로는 실업상태에 놓여 있다고 할 수 있다. 비판자들은 이들 근로자이 완전히 고용된 것으로 간주되어 통계청 공식 데이터가 실업률을 과소평가한다고 주장한다.

구직 단념자

- **구직 단념자** 실업자로 분류되려면 현재 구직활동을 하고 있어야 한다. 현재 구직활동을 하고 있지 않은 근로자들은 '비경제활동인구'로 분류된다. 문제는 많은 근로자들이 일정 기간 구직활동을 하더라도 소득이 없으면 구직을 단념하고 경제활동인구에서 빠져나간다는 것이다. 한국의 경우 이러한 **구직 단념자**는 2016년 기준 약 45만 명에 달하였다. 그런데 비판자들은 구직 단념자들이 실업자로 분류되지 않아 공식 통계청 데이터는 실업문제를 과소평가한다고 주장한다.

실업의 유형

실업에는 마찰적 실업, 구조적 실업, 경기적 실업 3가지가 있다.

마찰적 실업 일부 근로자들은 2가지 일자리 사이에서 전직하는 과정에 있을 수 있다. 이중 일부는 자발적으로 전직한 것이고, 다른 사람들은 해고되어 재취업하려고 한다. 일부 근로자들은 계절적 수요 변동으로 인하여 일시적으로 실직 상태에 있기도 한다. 이들 외에도 대부분의 청년 근로자들은 생애 첫 구직활동을 하게 된다.

이들이 일자리를 찾아 실직상태에서 벗어나면, 다른 구직자들과 해직자들이 이들을 대신하여 '실업자군'에 새로 들어오게 된다. 이 '실업자군'에 항상 새로운 실업자들이 유입되기 때문에 그 수준이 계속 유지된다. 하지만 **대부분 실업자들이 거기에 그리 오래 머물지 않는다**는 점에 유념할 필요가 있다. 실제로 경제가 나아지면 이들 실업자는 대부분 몇 달 안에 새 일자리를 찾는다. 이 '실업자군'의 규모가 달라지지 않았다고 이에 속한 실업자들이 영구히 거기에 머물러 있다고 오인하면 안 된다. 물론 때로는 수년이라는 오랜 기간 실업상태에 계속 머물러 있는 사람들도 있기는 하다. 실업의 유형에 대해 논의할 때 어떤 유형은 일시적이지만 다른 유형은 훨씬 더 장기적으로 지속된다는 것을 유념할 필요가 있다.

마찰적 실업

경제학자들은 구직활동을 하는 사람(탐색 실업)과 가까운 시일 내에 일자리를 구하려고 대기하고 있는 사람(대기 실업)에 대해 **마찰적 실업**이라는 용어를 사용한다. '마찰적'이라는 단어는 노동시장이 구직자와 구인자를 짝지어줄 때 마찰이 없는 것처럼 완전하고 즉각적으로 작동해야 하는데 실제로는 그렇지 못하다는 것을 의미한다.

마찰적 실업은 피할 수 없는 것이며 어쩌면 바람직하다고 할 수 있다. 자발적으로 전직하는 근로자들은 대부분 저임금, 저생산성의 일자리에서 고임금, 고생산성 일자리로 이동한다. 이는 근로자들의 소득이 증가하고, 노동이 더 잘 배분되며, 경제의 실질 GDP가 더 커진다는 것을 의미한다.

사례연구: 임금의 하방경직성과 실업

경기 수축기에 실업이 크게 상승하는 것은 노동시장이 갖는 중요한 특징에서 기인한다. 그 특징이란 임금은 상승할 때는 신축적이지만, 하락할 때에는 경직성을 띤다는 것이다.

근로자들은 임금인상에 대해서는 아무런 불만 없이 수용한다. 따라서 경제의 호황으로 기업들이 부족한 일손을 구하기 위해 경쟁하면 임금은 꽤 빠르게 상승한다. 하지만 근로자들은 임금 삭감에 대해서는 강력하게 저항한다. 그래서 경기가 침체되어 기업들이 노동비용을 줄여야 할 때에도 경영자들은 대부분 임금을 삭감하지 않는다. 임금을 줄이면 종업원들의 불만이 고조되어 생산성이 하락하고 근로자들이 원자재를 훔치거나 태업을 하는 극단적인 일도 발생할 수 있기 때문이다.

그래서 경영자들은 임금삭감보다 해고를 선택한다. 해고 통지를 받은 근로자들은 당연히 실업 상태에 놓이는 것을 좋아하지 않을 것이다. 하지만, 남은 사람들은 예전 수준의 임금을 받기 때문에 계속 생산적이고 협조적일 것이다.

이렇듯 기업들이 임금삭감보다 해고를 선호하기 때문에 임금의 하방경직성 즉 비공식적인 임금 하한제가 나타난다. 이로 인해 수축기에 실업이 크게 증가한다. 수축기에 노동 수요가 감소하면 이러한 비공식적 가격하한제로 인하여 임금하락이 억제된다. 그 결과 임금이 하락하였다면 최소한 일부 기업이라도 몇 명의 근로자들을 더 채용하였을 것인데 그것이 불가능해지는 것이다. 따라서 경기침체가 발생하면 고용은 임금이 신축적으로 하락할 수 있을 때에 비해 크게 감소한다.

구조적 실업 **구조적 실업**과 마찰적 실업을 구분하기는 쉽지 않다. 경제학자들은 '구조'라는 말을 '직업의 구성'이라는 뜻으로 사용한다. 시간이 흐름에 따라 소비자 선호와 기술이 변하면서 노동수요의 직업별, 지역별 구조도 바뀌게 된다.

구조적 실업

직업별로는 옷 재봉이나 농장일과 같은 특정 기술에 대한 수요는 점점 줄어들어 사라질 수 있다. 소프트웨어 디자인이나 컴퓨터 시스템 보수 · 유지 등 다른 기술에 대한 수요는 더 커질 수 있다. 경제활동인구의 구성이 신규 일자리의 구조에 따라 즉각적이고 완전하게 변하지 않으면 실업이 발생한다, 자신의 기술이나 경험이 쓸모가 없어진 근로자들은 자신을 필요로 하는 시장을 찾기 어렵다. 이들은 고용주들이 원하는 기술을 습득하고 계발하지 않으면 구조적 실업에 놓이게 된다.

노동수요는 지역별로도 시간에 따라 변한다. 예를 들어 지난 수십 년 동안 공장들의 수도권 이전이 계속되어 왔다. 또 다른 예로 도심의 공장들이 인근 산업단지로 이동하기도 하였다. 마지막 예는 특정 유형의 노동수요가 국내 기업에서 해외 기업으로 이동하면서 발생하는 **일자리의 해외이전**이다. 일자리가 한 장소에서 다른 장소로 이동하면 일부 근로자는 구조적 실업 상태에 놓이게 된다.

일자리의 해외이전

마찰적 실업과 구조적 실업의 차이는 정말로 모호하다. 가장 중요한 차이는 마찰적 실업에 빠진 근로자는 시장에 팔만한 기술을 지닌 채 일자리가 있는 지역에 살거나 그곳으로 이사할 수 있다는 점이다. 그러나 구조적 실업 상태에 놓인 근로자는 추가적인 교육 · 훈련을 받거나 다른 지역으로 이사하지 않으면 새 직장을 구하는 것이 어렵다. 마찰적 실업은 단기적이지만 **구조적 실업은 장기적이고 따라서 대부분 훨씬 심각하다**.

경기적 실업 총지출의 감소로 발생한 실업을 **경기적 실업**이라고 부르는데, 이는 보통 경기순환의 수축기에 발생한다. 재화 및 서비스 수요가 감소하면서, 고용이 감소하고

경기적 실업

실업률은 상승한다. 경기적 실업은 재화 및 서비스에 대한 수요가 부족하기 때문에 발생한다. 실업률이 1998년 외환위기 직후 7.8%까지 상승한 것이나 1980년 5.2%까지 상승한 것은 주로 경기적 실업 때문이었다. 경기적 실업은 발생하면 심각한 문제가 된다. 이러한 실업에 따른 비용은 나중에 더 살펴보겠지만 그 전에 먼저 '완전고용'을 정의할 필요가 있다.

완전고용의 정의

완전고용

경제를 동태적으로 볼 때 마찰적 실업과 구조적 실업은 거의 불가피하다. 그래서 모든 경제활동인구가 100% 고용된 상태를 완전고용이라고 하지 않는다. 경제학자들은 경제에 **마찰적 실업과 구조적 실업만 있을 때 '완전고용'이라고 한다**. 즉 경기적 실업이 없으면 **완전고용**이 달성된다.

자연실업률

경제학자들은 완전고용 상태의 실업률을 완전고용 실업률 또는 **자연실업률**이라 부른다. 자연실업률에서 경제는 잠재적 생산을 모두 실현하고 있다고 말한다. 잠재생산이란 경제가 '완전고용'일 때의 실질 GDP인 것이다.

완전고용이 달성되었다고 해서 실업률이 0%인 것은 아니다. 완전고용이 달성되었다고 해도, 마찰적 실업에 처한 사람들이 새 직장을 구할 때까지는 시간이 걸린다. 그래서 자연실업률은 작은 값이기는 하지만 양(+)의 값을 갖는다. 또한 구조적 실업에 처한 사람들이 새로운 기술을 습득하고 재취업이 될 수 있는 곳으로 이사하는데 시간이 걸린다. 그렇지만 자연실업률이라고 해서 경제가 언제나 자연적으로 자연실업률에 도달하고 따라서 잠재 생산이 모두 실현된다는 것은 아니다. 경기적 실업이 발생하면 실업률은 자연실업률보다 더 높다. 그리고 실업률이 일시적으로 자연실업률보다 낮아질 수도 있다. 노동수요가 너무 커서 기업들이 구조적 실업에 처한 사람들을 미리 고용하여 직업훈련을 시킬 수 있기 때문이다. 또한 수시로 시간제 일자리나 전일제 일자리를 찾던 일부 전업주부나 10대, 대학생 그리고 은퇴자 등(비경제활동인구)이 금방 일자리를 찾을 수도 있다. 그러면 **실업률이 일시적으로 자연실업률 이하로** 떨어지게 된다.

자연실업률은 시간이 흐르면서 인구요인, 구직 기법 및 정부 정책 등에 따라 달라지기도 한다. 한국의 경우 2008년 제1분기 3.09%였던 자연실업률이 2017년 제1분기에는 3.70%로 상승하였다.[2)]

실업의 경제적 비용

실업률이 높으면 경제적 · 사회적 비용이 크게 발생시킨다.

GDP갭과 오쿤의 법칙 실업이 초래하는 경제적 비용은 기본적으로 사라진 산출량이다. 일할 능력과 의지가 있는 모든 사람에게 일자리가 제공되지 못하면, 이들이 생산하였을

2) 여기에서 활용된 자료는 '물가상승을 일으키지 않는 자연실업률'이라는 의미의 NAIRU(nonaccelerating inflation rate of unemployment)라는 지표이다.http://biz.chosun.com/site/data/html_dir/2017/04/29/2017042901415.html

[그림 18.4] 실제 GDP와 잠재 GDP, 그리고 실업률

(a) 실제 GDP와 잠재 GDP 사이의 차이를 GDP갭이라 한다. 음의 GDP갭은 실제 GDP가 잠재 GDP보다 작을 때 경제가 희생해야 하는 생산 손실을 측정한다. 양의 GDP갭은 실제 GDP가 잠재 GDP보다 크다는 것을 의미한다.

(b) 실업률이 높다는 것은 음(−)의 GDP갭이 크다는 것을 의미하고, 실업률이 낮다는 것은 GDP갭이 작거나 양의 GDP갭이라는 것을 의미한다.

최근 우리나라 실질 GDP 성장률 및 잠재성장률 추이(전년대비)

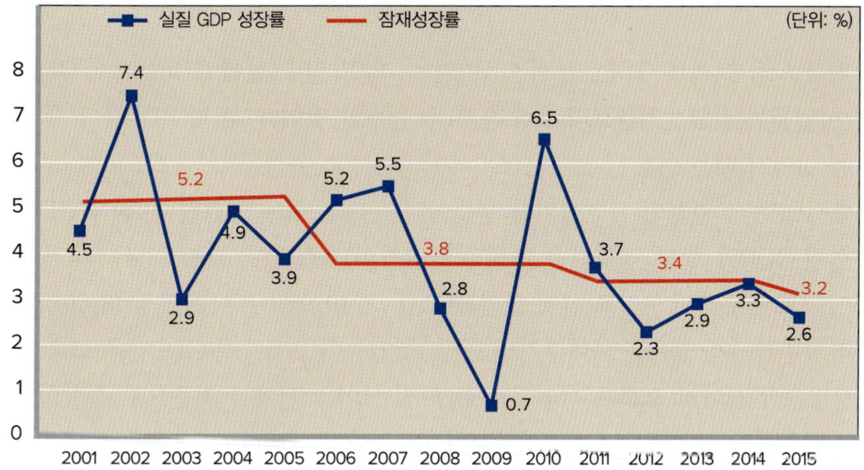

(a) GDP갭

주: 1) 잠재성장률은 한 나라의 경제가 현재의 여건 하에서 보유하고 있는 자본, 노동 등의 생산요소를 완전 고용하였을 경우에 물가상승을 유발하지 않으면서 달성할 수 있는 최대의 성장률을 말함

2) 잠재성장률 추정 자료는 강환구 외(2016)의 잠재성장률 추정결과 중 생산함수 모형을 활용한 추정치임. 생산함수 모형은 국내총생산을 노동, 자본, 총요소생산성 등의 생산요소 기여분으로 분해하여 잠재성장률을 산출함

자료: 한국은행(국민도득/각년도). 강환구 · 김도완 · 박재현 · 한진현, 「우리경제의 성장잠재력 추정결과」, 한국은행(2016)

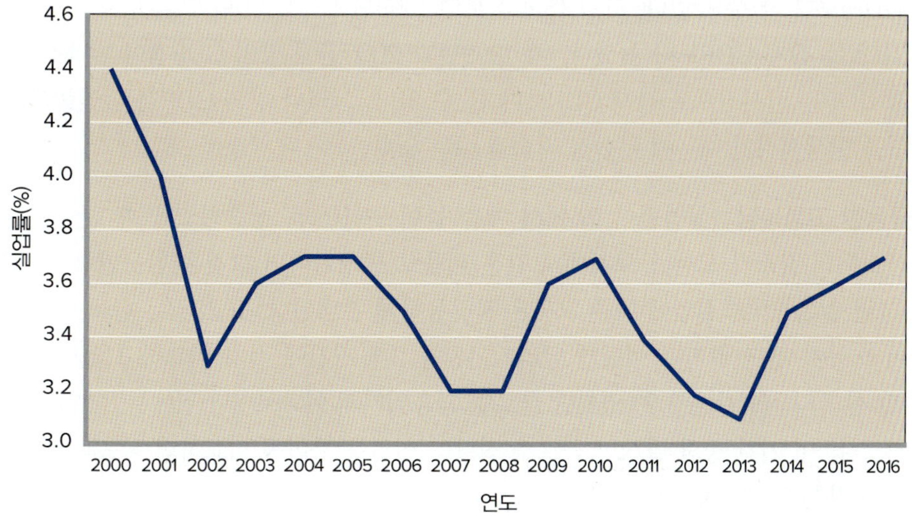

(b) 실업률

출처: 통계청 국가통계포털, http://kosis.kr/

GDP갭

재화나 서비스가 실제로는 생산되지 못한다. 1장의 분석틀로 보면, 실업률이 자연실업률보다 높다는 것은 생산이 생산가능성곡선 안쪽에서 이루어지고 있다는 것을 의미한다. 경제학자들은 이렇게 상실된 생산물을 **GDP갭**(실제 GDP와 잠재 GDP 사이의 차이)이라 부른다. GDP갭은 다음과 같이 정의된다.

$$\text{GDP갭} = \text{실제 GDP} - \text{잠재 GDP}$$

GDP갭은 음수(실제 GDP<잠재 GDP)일 수 있고 양수(실제 GDP>잠재 GDP)일 도 있다. 실업률이 자연실업률보다 높으면 이는 음수일 것이다. 실제 GDP가 잠재 GDP보다 작을 것이기 때문이다.

잠재 GDP

잠재 GDP는 실업률이 자연실업률 수준이라는 가정 하에 계산한다. 잠재 GDP 의 증가는 실질 GDP의 '정상' 성장률을 미래로 연장하여 추정한다. 그림 18.4는 최근 GDP갭의 추이를 보여준다.[3] 그리고 실제 실업률(그림 18.4(b))과 GDP갭(그림 18.4(a)) 사이에 밀접한 상관과계가 있음을 보여주기도 한다. 실업률이 높을수록 GDP갭은 크다.

오쿤의 법칙

거시경제학자 아서 오쿤은 실업률과 GDP갭 사이의 관계를 처음으로 수량화하였다. **오쿤의 법칙**이란 실업률이 자연실업률보다 1% 높아질 때마다 GDP갭이 2%씩 확대되는 것을 말한다. 이를 통해 자연실업률보다 높은 모든 실업률에 대하여 그와 관련된 생산상의 절대적 손실을 계산할 수 있다. 미국 경제의 예를 들어 보자. 2009년의 실업률이 9.3%로 자연실업률 5.0%보다 4.3%포인트 더 높았다. 그러면 4.3%에 오쿤의 법칙에 따른 2를 곱하면 2009년의 GDP갭은 잠재 GDP의 8.6%가 된다. 그래서 2009년의 잠재 GDP에 8.6%를 곱하면 자연실업률이 달성되지 않아 발생한 경제적 손실액을 실제 계산할 수 있다. 그림 18.4에서 볼 수 있듯이 때로는 경제의 실제생산이 잠재적 생산(완전고용 GDP)보다 클 수도 있다. 그림 18.4를 보면 1999년에서 2000년에 걸친 확장기 에 실제 GDP는 잠재 GDP보다 높았다. 즉 1999년과 2000년에 양의 GDP갭이 발생하였다. 실제 GDP는 일시적으로 잠재 GDP보다 클 수 있다. 그러나 양의 GDP갭은 인플레이션 압력을 발생시키기 때문에 무한정 지속될 수는 없다.

불균등한 고통분담 실업률이 5%에서 예를 들어 9~10%로 상승하였을 때 근로시간과 임금소득의 감소가 모든 근로자에게 같은 비율로 발생한다면 그것은 참을만하다. 하지만 그런 일은 없다. 실업에 따른 **고통은 불균등하게 분배**된다. 표 18.2는 한국에서 실업률이 노동자 집단에 따라 어떻게 달라지는지를 2개 기간에 걸쳐 비교하고 있다. 2007년 말 한국의 실업률은 3.2%였지만 글로벌 금융위기의 여파로 2년 뒤에는 3.6%까지 상승하였다. 이 기간 동안 발생한 근로자 집단의 실업률 차이를 비교하면 다음과 같은 일반적인 결론을 얻을 수 있다.

- **연령** 청년의 실업률이 성인보다 훨씬 높다. 청년들의 숙련도는 낮고, 이직이 심하

3) 그림 18.4는 자료의 한계상 GDP갭을 실제 GDP와 잠재 GDP의 차이가 아니라 실제 GDP 성장률과 잠재 GDP 성장률 사이의 차이로 정의하여 그린 것이다.

며, 해고가 빈번하고, 성인보다 거주 지역의 이전이 어렵다. 대부분의 청년 실업자는 노동시장에 처음으로 진입하여 1번째 직장을 찾고 있을 가능성이 높다. 경기 수축기에 이들의 실업률은 상승한다.

- **성** 경제가 정상적일 때 남성과 여성의 실업률은 매우 비슷하다. 하지만 수축기에 남성의 실업률이 여성보다 훨씬 높아진다.
- **교육** 저학력 근로자의 실업률이 평균적으로 고학력자보다 높다. 일반적으로 학력이 낮을수록 미숙련 · 비정규직에 종사할 가능성이 크다. 그리고 전직 시에 구직 기간이 더 길며, 이들의 일자리는 경기적 실업에 취약하다.
- **실업 기간** 경제활동인구 대비 **장기실업자**(15주 이상 실업자)의 비중은 전체 실업률보다 훨씬 낮다. 하지만, 이 비중은 수축기 동안 크게 상승한다. 표 18.2를 보면 한국 경제에서 장기실업자의 비중은 2007년 2.9%에서 2009년 3.3%로 크게 상승하였음을 확인할 수 있다.

장기실업자

- **직업** 표 18.2에 나타나 있지 않지만, 일용직 근로자처럼 미숙련 직종에 종사하는 근로자들의 실업률이 전문가와 같은 숙련 근로자들보다 높다. 미숙련 근로자는 숙련 근로자보다 구조적 실업에 빠지기 쉽고 그 기간도 길다. 이들은 또한 숙련 근로자에 비해 자영업에 종사하기도 힘들다. 게다가 미숙련 근로자들은 일반적으로 경기침체의 영향을 바로 받는다. 제조업, 건설, 광업 등이 경기침체의 영향을 크게 받는데 이들 산업의 기업은 일반적으로 숙련 근로자의 고용은 대부분 그대로 유지한다. 이들에게 훈련비용을 많이 투자했기 때문이다.
- **인종과 종족** 한국은 인종이나 종족에 따른 실업률차이에 큰 관심을 두지 않지만, 많은 선진국은 인종이나 종족에 따라 커다란 실업률 차이를 보이고 있다. 예를 들어 미국에서 흑인과 히스패닉의 실업률은 백인보다 높다. 이들의 실업률이 높은 이유는

〈표 18.2〉 근로자 속성별 실업율 추이: 2007년과 2009년 비교

전체		2007	2009
		3.2	3.6
연령	15~19	9.3	12.2
	남성, 20+	3.6	4.0
	여성, 20+	2.6	2.9
성	남성	3.7	4.1
	여성	2.6	3.0
학력	중졸 이하	2.1	2.5
	고졸	3.8	4.4
	대졸이상	3.2	3.5
기간	6개월 미만	0.4	0.3
	6개원 이상	2.9	3.3

출처: 통계청 국가통계포털, http://kosis.kr/

교육 수준이 낮고 미숙련 직종에 집중되어 있기도 하지만 노동시장에 차별이 존재하기 때문이기도 하다. 일반적으로 미국 흑인의 실업률은 백인보다 2배 높으며, 수축기 동안 전반적인 실업률보다 많이 상승한다.

비경제적 비용

심각한 수준의 경기적 실업은 경제적 문제에 그치지 않는다. 사회적으로 재앙을 초래할 수 있다. 실업이란 '버려져' 있다는 것을 의미한다. 버려져 있게 되면 기술의 상실, 자존감의 상실, 사기 저하, 가족의 해체뿐 아니라 사회 · 정치적 소요 등이 발생한다. 경제적으로 일자리가 부족하면 빈곤이 증가하고, 인종 · 종족 간 긴장이 고조되며, 물질적 풍요에 대한 희망이 사라지게 된다.

역사적으로 보면, 심각한 실업은 급격하고 때로는 폭력적인 사회 · 정치적 변동을 낳는다. 독일에서 히틀러는 높은 실업률을 이용하여 권력을 획득하였다. 게다가 소수인종이나 소수종족의 실업률이 높은 일부 미국 등의 도시에서는 주기적으로 소요와 폭력이 발생하고 있다. 연구에 따르면 실업률이 높아지면 개인적 수준에서 자살, 살인, 심근경색 및 심장마비, 정신병 등이 늘어난다.

국제비교

국가 간 실업률 차이는 어느 시점에서나 매우 크다. 그 이유 중 하나는 **국가마다 자연 실업률이 다르다**는 것이다. 또 다른 이유는 이들 국가의 경기순환이 다른 국면에 처

[그림 18.5] 한국 및 5개 선진국의 실업률(2000~2016)

다른 선진국에 비해 한국의 실업률은 비교적 낮은 수준을 유지하고 있다. 특히 2007~2009년 글로벌 금융위기 당시 미국과 프랑스의 실업률은 크게 상승하였지만, 한국의 실업률은 그리 많이 상승하지 않았다.

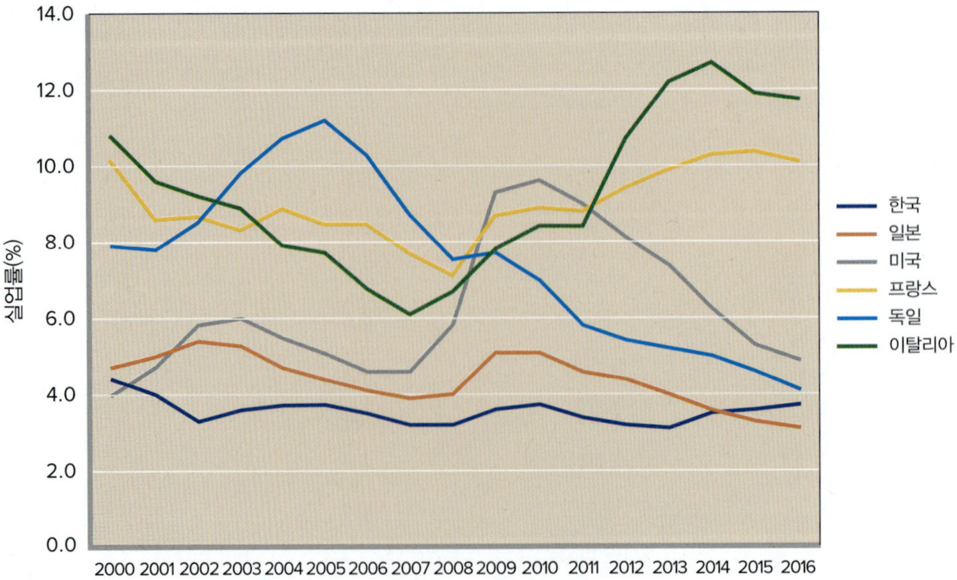

출처: 통계청 국가통계포털, http://kosis.kr/

해 있다는 것이다. 그림 18.5는 2004~2014년 한국을 포함한 6개 선진국의 실업률을 보여주고 있다. 이 기간 동안 한국의 실업률은 대부분의 선진국보다 낮았다. 특히 2007~2009년 세계적 금융위기 당시 미국이나 프랑스의 실업률은 크게 상승한 것에 비해 한국 실업률은 별로 상승하지 않았다.

인플레이션

이제 거시경제 불안정성의 또 다른 측면인 인플레이션을 살펴보도록 하자. 인플레이션의 문제는 실업의 경우에 비해 훨씬 더 미묘하다.

인플레이션의 정의

인플레이션이란 일반적인 물가수준의 상승을 의미한다. 인플레이션이 발생하면 화폐소득이 일정할 때 그것으로 구입할 수 있는 재화나 서비스의 양이 전보다 줄어들게 된다. 인플레이션이 발생하면 화폐의 '구매력'이 줄어든다. 하지만 인플레이션이 발생했다고 해서 모든 가격이 상승하는 것은 아니다. 급격한 인플레이션 시기에서 조차도 어떤 가격은 비교적 안정되어 있고, 어떤 가격은 심지어 하락하기도 한다. 미국의 예를 들면, 인플레이션이 아주 심했던 1970년대와 1980년대 초반에도 영상녹화기, 디지털시계, 퍼스널컴퓨터 등의 가격은 하락하였다.

인플레이션

인플레이션의 측정

가장 중요한 인플레이션 지표는 **소비자물가지수**인데 한국에서는 통계청이 이 지수를 작성한다. 정부는 이 지표를 사용하여 월별, 연도별 물가상승률을 발표한다. 그리고 정부는 소비자물가지수를 사회복지비나 최저임금 또는 소득세 구간 등을 조정하는 데 활용하기도 한다. 소비자물가지수는 도시 소비자들이 주로 구매하는 상품과 서비스 460개 품목으로 구성된 '시장 바스켓'의 가격이다. (17장의 GDP 물가지수는 소비재뿐만 아니라 자본재, 정부 구매품, 수출품 등도 포함하고 있어 인플레이션을 훨씬 폭넓게 측정한다.)

소비자물가지수

소비자물가지수 계산을 위한 **시장 바스켓**은 특정 연도(2015년) 도시 소비자들의 지출 구조를 고려하여 구성된다. 통계청은 시장 바스켓의 구성을 2~3년마다 갱신하여 가장 최근의 소비자 구매 패턴을 반영하며 이를 통해 소비자들이 현재 느끼고 있는 인플레이션을 최대한 포착하고 있다. 현재 통계청은 기준연도를 2015년으로 잡고 있으며, 따라서 2015년의 소비자물가지수는 100이다. 따라서 특정 연도의 소비자물가지수는 다음과 같이 표현할 수 있다.

시장 바스켓

$$\text{소비자물가지수} = \frac{\text{특정 연도 시장 바스켓 가격}}{\text{2015년 시장 바스켓 가격}} \times 100$$

물가상승률

물가상승률은 한 해와 그 다음 해 사이 소비자물가지수의 성장률을 백분율로 나타낸 것이다. 예를 들어 2014년 소비자물가지수는 99.298로 2013년 소비자물가지수 98.048보다 더 올랐다. 따라서 2014년 물가상승률은 다음과 같이 구할 수 있다.

$$\text{물가상승률} = \frac{99.298 - 98.048}{98.048} \times 100 = 1.3\%$$

디플레이션

드문 경우로 소비자물가지수가 전년보다 하락하기도 한다. 우리나라에서는 아직 사례를 찾아보기 힘들지만, 미국의 경우 소비자물가지수가 2008년 215.3에서 2009년 214.5로 하락한 바 있다. 따라서 미국의 2009년 물가상승률은 −0.4%였다. 이렇듯 물가수준이 하락하는 현상을 **디플레이션**이라고 한다.

17장에서 70의 법칙이라는 어림셈법에 대해 설명한 바 있다. 이 셈법에 따르면 어떤 지표의 연간 성장률이 주어져 있을 때 70을 그 성장률로 나누어 줌으로써 그 지표가 2배가 되는 데 걸리는 해수를 구할 수 있다. 따라서 연간 물가상승률이 3%라면 물가수준이 2배가 되는 데에는 23(=70÷3)년이 걸릴 것이다.

인플레이션의 실제

그림 18.6은 1966~2016년까지 한국의 연간 물가상승률을 보여주고 있다. 1970년대와 1980년대 초반에는 물가상승률이 2자리 수를 기록하였지만, 그 이후 하락하여 최근까지 비교적 안정적인 추세를 보이고 있음을 확인하고 넘어가도록 하자.

최근 한국의 인플레이션은 그림 18.7에서 볼 수 있듯이 다른 나라와 비교해서 그리 높은 편도 낮은 편도 아니다. 그림 18.7에 포함되지 않은 일부 나라는 최근에 2자리 또

[그림 18.6] 한국의 연간 물가상승률(1965~2016)

한국에서 인플레이션이 극심했던 시기는 1970년대와 1980년대 초였다.

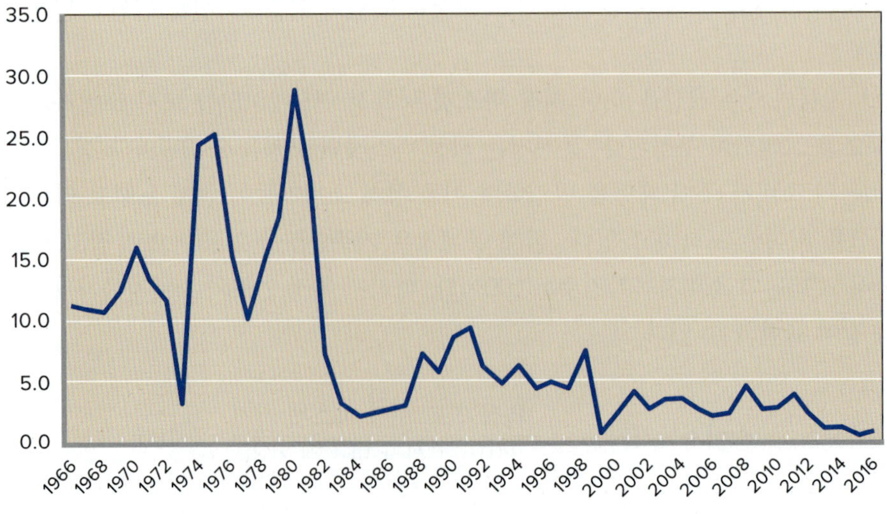

출처: 통계청 국가통계포털, http://kosis.kr/

[그림 18.7] 한국 및 5개 선진국의 물가상승률(2010~2016)

최근 한국의 물가상승률은 다른 선진국에 비해 특별히 높지도 낮지도 않았다.

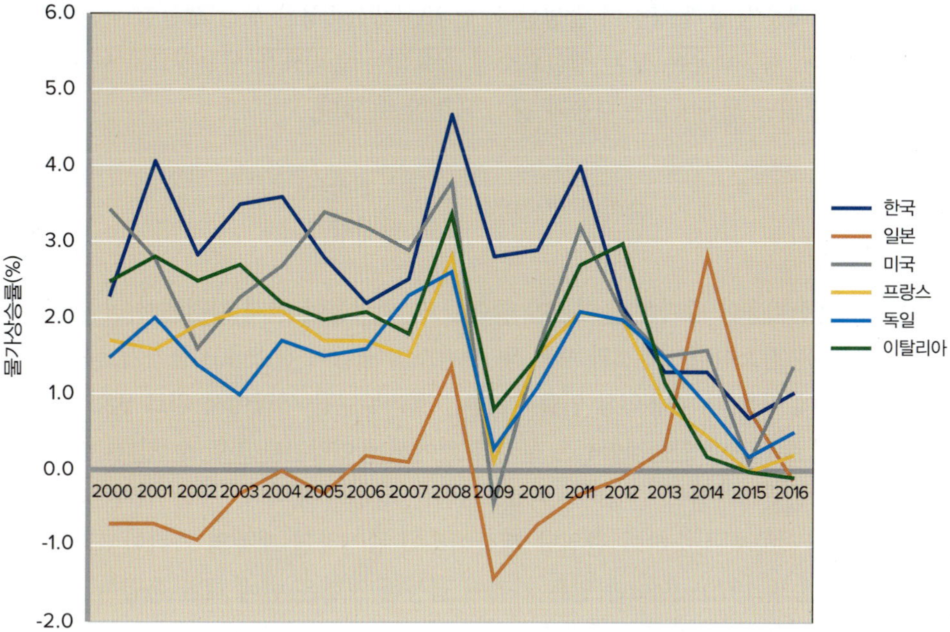

출처: 통계청 국가통계포털, http://kosis.kr/

는 그 이상의 물가상승률을 보이고 있다. 예를 들어 2015년 아르헨티나는 28%, 예멘은 30%, 시리아는 34%, 우크라이나는 49%, 베네수엘라는 275%의 물가상승률을 기록하였다. 짐바브웨는 2008년 물가상승률이 149억%를 기록하여 이듬해 통화개혁을 단행하였다.

인플레이션의 유형

대부분 모든 가격은 수요와 공급에 의해 결정된다. 그 결과 어떤 경제가 인플레이션을 겪으면서 전반적인 물가수준이 상승하면, 수요와 공급에서 그 이유를 찾아야 한다.

수요견인 인플레이션 보통 물가수준의 상승은 **경제의 생산능력보다 총지출이 더 클 때** 발생한다. 인플레이션이 빠르고 장기간 지속되는 것은 예외 없이 중앙은행(한국의 경우는 한국은행)이 통화를 과도하게 발행했기 때문이다. 생산자원이 이미 완전고용 상태에 도달해 있으면, 기업은 생산을 늘려 초과수요에 대응할 수 없다. 따라서 초과수요가 발생하면 생산물의 가격은 상승할 수밖에 없어, **수요견인 인플레이션**이 발생한다. 이 유형의 인플레이션이 나타나는 핵심적 이유는 '물건은 부족한데 돈은 넘쳐나기' 때문이다.

수요견인 인플레이션

비용인상 인플레이션 인플레이션은 또한 경제의 공급(비용) 측면에서 발생하기도 한다. 한국 경제에서도 과거 총지출과 무관하게 물가수준이 상승한 시기가 있었다. 대표적인 시기가 1970년대 중반과 1980년대 초이다. 이 기간 동안에 생산과 고용 증가가 모두 둔화되었다. 이것은 총지출이 과도하지 않았다는 증거다. 그럼에도 물가상승률은 증가하였던 것이다.

비용인상 인플레이션

비용인상 인플레이션에 관한 이론에 따르면 주어진 지출 수준에서 **단위당 생산비용이 증가하기 때문에 물가 상승이 발생**한다. 단위당 생산비용은 특정 생산량 수준에서의 평균비용이다. 평균비용은 모든 생산요소에 소요되는 총비용을 생산량으로 나눈 값이다. 따라서 단위당 생산비용은 다음과 같이 표현할 수 있다.

$$\text{단위당 생산비용} = \frac{\text{총요소비용}}{\text{생산량}}$$

단위당 생산비용이 증가하면 이윤이 줄어들고, 기업들이 현재 가격에서 공급하고자 하는 생산량은 감소한다. 그 결과 재화 및 서비스의 공급이 감소하고 물가가 상승한다. 이 시나리오에 따를 때 비용인상 인플레이션은 물가수준을 아래에서 위로 밀어 올리는 셈이다. 반면 수요견인 인플레이션은 물가를 위에서 끌어당긴다고 할 수 있다.

비용인상 인플레이션이 발생하는 주요 원인은 '공급충격'이다. 특히 원자재나 에너지 가격이 급격하게 상승하여 단위당 생산비용이 증가하면 제품의 가격이 상승한다. 1973~1974년 및 1979~1980년 원유 가격이 급등한 경험은 이에 대한 훌륭한 예이다. 이 기간 동안 에너지 가격이 솟아오르면서 거의 대부분의 제품들에서 생산 및 운송비용이 상승하였다. 그 결과 비용인상 인플레이션이 나타났다.

복잡한 문제들

인플레이션을 수요견인과 비용인상으로 간단히 구분할 수 있다고 여기겠지만 현실 세계는 훨씬 더 복잡하다. 인플레이션의 최초 원인을 모른다면 수요견인 인플레이션과 비용인상 인플레이션을 구분하는 것은 어렵다. 예를 들어 완전고용 경제에서 총지출이 급격하게 상승하여 수요견인 인플레이션이 발생했다고 가정해보자. 하지만 수요견인의 효과는 다양한 생산물시장 및 생산요소시장에 걸쳐 나타나기 때문에, 개별 기업들에게 있어서는 임금비용, 재료비, 연료비가 모두 증가하는 것으로 나타난다. 개별 기업의 관점에서는 생산비용(다른 기업 제품의 가격)이 증가했기 때문에 가격을 올릴 수밖에 없다. 이러한 인플레이션은 최초에는 수요견인이었지만, 기업과 정부에게는 비용인상으로 잘못 보일 수 있을 것이다. 정부와 중앙은행이 종종 총지출 과잉을 줄이기 위한 정책을 재빨리 시행하지 못하는 것은 **인플레이션의 근원이 어디에 있는지 적절하게 식별하지 못하고 있기 때문**일 수도 있다.

또 하나의 복잡한 문제는 비용인상 인플레이션과 수요견인 인플레이션이 지속되는 기간이 서로 다르다는 것이다. 수요견인 인플레이션은 총지출의 과잉이 존재하는 한 계속된다. 비용인상 인플레이션은 스스로에 의해 자동적으로 제한된다. 즉 스스로 소멸한다. 단위당 비용이 상승하면 공급이 감소하고, 그 결과 실질 생산과 고용이 감소한다. 실질 생산과 고용이 감소하면 단위당 비용이 증가하는 것이 억제된다. 다른 말로 표현하면 비용인상 인플레이션은 경기침체를 발생시킨다. 그리고 경기가 침체되면 가계와 기업은 스스로 활용하고 있는 생산자원을 유지하는 데 집중하고, 이들 생산자원의 가격

사례연구: 동전 깎기

수요견인 인플레이션과 관련하여, 9세기에서 15세기에 이르는 봉건제 하의 유럽에서 발생한 흥미로운 일화가 하나 있다. 봉건제에서 영주(또는 왕자)는 개인 소유 영지를 통치하였고, 그 봉신들(또는 소작농들)이 그 영지를 경작했다. 농부들은 처음에는 자신들의 수확물 중 일부를 영주에게 세금으로 납부하였다. 나중에 영주들이 '영지화폐'를 발행하기 시작하면서, 농부들은 세금을 금화로 지불하기 시작하였다.

영주들 중 일부는 곧 명시적으로 세금을 올리지 않고도 봉신들에게서 자신에게로 구매력을 이전시킬 수 있는 방법을 찾아내었다. 금화가 금고로 들어오면 영주들은 금화들 중 일부를 깎아내어 약간 더 작게 만들었다. 깎아낸 부분으로 그들은 새 동전을 만들었고, 그것들로 더 많은 물품을 구입할 수 있었다.

이렇게 동전을 깎아내는 행위는 세금을 부과하는 교묘한 방법이었다. 영지 내에서 생산된 재화의 양은 그대로이지만, 금화의 양은 증가하였다. '물건은 모자라는데 돈은 남아 넘쳐나는' 상황인지라 인플레이션이 발생하였다. 따라서 농부들이 벌어들인 금화 한 닢이 지니는 구매력은 가격이 더 높아졌기 때문에 전보다 작아졌다. 화폐공급의 증가로 인해 구매력이 농부들에게서 영주들에게로 이전되었는데, 이는 영주가 농부들에 대해 세금을 올린 것과 똑같은 결과를 낳았다.

최근에는 일부 독재자들이 그냥 화폐를 발생하여 자기 자신, 친족 그리고 핵심 측근들이 물건을 더 많이 살 수 있도록 하였다. 이들 독재자 역시 인플레이션을 창출함으로써 국민들에게 숨겨진 세금을 부과한 것이다.

이 이야기의 교훈은 단순하다. 물가수준의 안정성을 중요시한다면, 그 나라는 인플레이션으로부터 이득을 보는 사람들에게 통화 공급에 대한 통제권을 주어서는 안 된다는 것이다.

을 올리려고 하지는 않는다.

근원 인플레이션

인플레이션과 관련하여 또 다른 복잡한 문제가 있다는 점을 짚고 넘어갈 필요가 있다. 소비자물가지수를 구성하는 일부 품목들(특히, 식료품과 에너지)은 수요와 공급이 급격하게 변하여 매월, 매년 가격 변동성이 매우 크다. 예를 들어 곡물, 과일, 야채, 가축 등의 가격은 종종 위아래로 급격하게 변하는 경우가 많다. 그 결과 빵, 오렌지, 상추, 소고기 등 식품 품목의 가격이 크게 변하게 된다. 또한 휘발유와 천연가스 같은 에너지 품목들도 기간별로 등락이 심하게 발생할 수 있다. 식품 가격과 에너지 가격의 상승과 하락은 보통 일시적이며 장기에 걸쳐서는 서로 상쇄하는 경우가 많다.

일시적으로 급격한 가격 변동이 발생하면 인플레이션에 대한 인식이 잘못될 수 있다. 그래서 인플레이션을 추적할 때 정책입안자들은 그러한 오류를 피하고자 한다. 이들의 주된 관심사는 소비자물가지수를 구성하는 품목 중에서 일반적으로 안정적인 움직임을 보이는 품목의 가격이다. 정책입안자들은 변동성이 심한 식품 가격과 에너지 가격을 분리하여 이를 제외한 **근원 인플레이션**을 따로 계산한다. 근원 인플레이션이란 변동성이 심한 식품과 에너지의 가격을 제외한 소비자물가지수의 상승을 의미한다.

근원 인플레이션

근원 인플레이션이 낮고 안정적이면, 정책입안자들은 전체 소비자물가지수가 상승하더라도 현재 정책에 만족할 수 있다. 반대로 근원 인플레이션이 크게 상승하면 정책입안자들은 많은 우려를 하고 인플레이션을 멈추기 위해 면밀한 조치를 취하게 된다. 이러한 정책들에 대해서는 이후 장들에서 살펴보게 될 것이다.

인플레이션의 재분배 효과

인플레이션은 실질소득을 재분배한다. 이러한 재분배의 결과 일부 사람들은 이득을 보고, 다른 사람들은 손해를 보며, 또 다수의 다른 사람들은 별 영향을 받지 않는다. 누가 손해를 보고 누가 이득을 볼까? 이에 대답하기 위해서는 먼저 몇 가지 용어를 알아둘 필요가 있다.

명목소득과 실질소득

명목소득
실질소득

화폐소득(**명목소득**)과 실질소득은 다르다. 화폐소득은 임금, 임대료, 이자, 또는 이윤으로 수령한 화폐금액이다. **실질소득**은 명목소득으로 구입할 수 있는 재화 및 서비스의 양을 나타낸다. 실질소득은 명목소득의 구매력이다. 이는 또한 인플레이션으로 조정한 소득이라고 할 수도 있다.

$$\text{실질소득} = \frac{\text{명목소득}}{\dfrac{\text{물가지수}}{100}}$$

인플레이션이 발생하였다고 해서 경제의 전반적인 실질소득 즉 총구매력이 반드시 변하는 것은 아니다. 위의 등식에서 명목소득이 물가지수와 같은 비율로 상승하면 실질소득은 변하지 않는다.

그러나 인플레이션이 발생할 때 모든 사람들의 명목소득이 물가수준과 같은 비율로 증가하는 것은 아니다. 바로 이러한 이유로 실질소득이 한 사람에게서 다른 사람들에게로 재분배될 가능성이 있다. 특정 개인의 명목소득 변화율이 물가수준의 변화율과 다르면, 이 개인의 실질소득은 물가수준 변화의 영향을 받는다. 다음의 개략적 근사치(≅ 기호로 표시)를 활용하면 실질소득이 얼마나 변했는지 알 수 있다.

$$\text{실질소득의 변화율}(\%) \cong \text{명목소득의 변화율}(\%) - \text{물가지수의 변화율}(\%)$$

예를 들어, 특정 기간 동안 물가수준이 6% 상승하였다고 해보자. 이 때 장호의 명목소득이 6% 증가한다면, 그의 실질소득은 변함이 없을 것이다. 그러나 그의 명목소득이 10% 증가한다면, 그의 실질소득은 약 4% 증가할 것이다. 그리고 만약 장호의 명목소득이 2%만 증가하면, 그의 실질소득은 약 4% 정도 감소할 것이다.[4)]

4) 실질소득의 %변화율을 좀 더 정확하게 계산하기 위해서는 앞에서 살펴본 실질소득을 구하는 등식을 활용하면 된다. 앞의 예에서 명목소득이 10만 원에서 11만 원으로 10% 증가하고 물가지수가 100에서 106으로 6% 상승한다면, 실질소득은 다음과 같이 증가할 것이다.
110,000/1.06=103,770
본문에서 간단한 공식으로 계산한 4%의 실질소득 증가율은 여기서 정확한 산식을 통해 구한 3.77%의 증가율에 대한 나쁘지 않은 근사치로 생각할 수 있다.

예측

인플레이션의 재분배 효과는 그것이 예측된 것인지에 따라 달라진다. 먼저 **예기치 못한 인플레이션**을 살펴볼 것이다. 다음에 살펴보겠지만 **예상하지 못한 인플레이션은 실질 소득과 부의 재분배를 초래하며 그 결과 누군가는 이득을 보고 누군가는 손해**를 본다. 그 다음에 **예측된 인플레이션**을 살펴볼 것이다. 이는 사람들이 미리 인플레이션이 발생할 것이라는 것을 알고 있다는 것이다. 사람들은 인플레이션에 미리 대비할 수 있어서 재분배 효과를 피하거나 완화시킬 수 있다.

예기치 못한 인플레이션
예측된 인플레이션

누가 손해를 보나?

예기치 못한 인플레이션은 고정소득자, 저축자 및 채권자에게 손해를 준다. 예기치 못한 인플레이션으로 이들의 실질소득이 다른 사람들에게 재분배된다.

고정소득자 인플레이션이 발생하면 소득이 일정한 사람의 실질소득이 감소한다. 매달 일정한 금액의 사적연금에 의존하여 살아가는 노인 부부가 이에 대한 고전적인 예에 해당한다. 예를 들어 2010년 즈음 그들은 충분해 보이는 연금을 갖고 은퇴하였다고 하자. 그러나 인플레이션이 진행되면 그 연금의 연간 구매력(실질소득)은 계속 줄어든다.

이와 유사하게 일정한 금액의 집세를 받는 집주인도 인플레이션으로 손해를 본다. 집세의 가치가 시간이 지남에 따라 감소하기 때문이다. 마찬가지로 고정급여를 받는 공무원들도 인플레이션으로 피해를 입을 수 있다. 매년 인상되는 호봉상승분이 인플레이션을 따라잡지 못할 수 있기 때문이다. 최저임금 근로자나 일정 액수의 복지수당에 의존하는 가족도 역시 인플레이션의 피해를 본다.

저축자 예기치 못한 인플레이션은 저축자에게 손해를 끼친다. 물가가 상승하면 축적된 저축자산의 실질가치(즉 구매력)는 줄어든다. 저축예금, 보험증권, 연금 등 금융자산은 만일의 경우에 대비하거나 안락한 은퇴를 보장하려는 것이겠지만, 인플레이션이 발생하면 그 실질가치가 감소하게 된다. 가장 간단한 사례는 현금성 예금을 보유하고 있는 사람이다. 1백만 원의 현금성예금은 1995년에서 2016년 사이 그 가치가 절반 가까이 감소하였다. 물론 모든 형태의 저축은 이자를 얻는다. 하지만 물가상승률이 이자율보다 더 높다면 저축의 가치는 감소하게 된다.

구체적인 예를 들어보자. 어떤 가구가 6%의 이자율로 100만 원을 은행이나 신용협동조합에 저축했다고 하자. 그런데 물가상승률이 13%이면, 연말에 이 100만 원의 실질가치(구매력)은 약 938,000원으로 줄어든다. 이 저축자는 106만 원(=100만 원+이자 6만 원)을 수령하겠지만, 이 106만 원을 물가상승률 13%로 할인하면 그 실질가치는 단 938,000원(=106만 원÷1.13)밖에 되지 않는다.

채권자 예기치 못한 인플레이션은 채권자(대부자)들에게도 피해를 준다. 하나은행이 장호에게 2년 만기로 100만 원을 대출해주었다고 하자. 그동안 물가수준이 2배로 뛴다면 장호가 갚는 100만 원은 그가 빌렸던 100만 원의 실질가치에 비해 절반밖에 되지 않는다. 이자를 무시한다면 빌린 금액과 동일한 금액을 갚게 된다. 하지만 인플레이션으로 인해 똑같은 금액으로 구매할 수 있는 것은 대출 당시에 비해 절반밖에 되지 않는다. 가격이 상승하면 화폐의 구매력은 감소한다. 따라서 채무자는 채권자로부터 대출받은 금액보다 더 작은 가치를 지닌 돈을 갚는 것이다. 그래서 은행의 실질소득은 감소한다.

누가 영향을 받지 않거나 이득을 보나?

어떤 사람들은 인플레이션의 영향을 받지 않고, 어떤 사람들은 인플레이션의 이득을 본다. 인플레이션은 일부 사람들의 실질소득을 이득을 보는 사람들에게 이전한다.

변동소득자 소득이 고정되어 있지 않은 사람들은 인플레이션으로부터 피해를 입지 않고 오히려 이득을 볼 수 있다. 예를 들어, 소득을 오로지 사회복지급여에 의존하는 사람들은 대부분 인플레이션의 영향을 받지 않는다. 사회복지급여는 소비자물가지수에 연동되어 있기 때문이다. 소비자물가지수가 상승하면 사회복지급여도 자동적으로 증가하여 인플레이션으로 실질적 혜택이 줄어드는 것을 방지한다. 소비자물가지수가 상승할 때 미국 일부 노동조합 가입자들의 급여는 **생계비에 연동하여 자동적으로 조정**된다. 이러한 연동이 반드시 물가상승률을 완전히 반영하는 것은 아니지만 말이다.

일부 변동소득자는 예기치 못한 인플레이션으로부터 이득을 본다. 수요견인 인플레이션이 급속히 진행되면 일부 제품 수요와 노동력 부족이 크게 나타나 이들 부문의 명목소득이 물가수준보다 빨리 상승하고 그래서 실질소득이 증가할 수도 있다. 때에 따라 물가상승률이 2% 상승할 때 명목소득이 3% 상승하고 물가상승률이 5%일 때는 7% 상승할 수도 있다. 예를 들어 인플레이션으로 부동산 가격이 폭등할 때 건물 소유주들은 임대료를 물가상승률보다 크게 올릴 수도 있다. 또 일부 기업주도 인플레이션으로 이득을 볼 수 있다. 제품 가격이 생산요소의 가격보다 빨리 상승하면 기업의 수입은 비용보다 더 빨리 증가할 것이다. 이 경우 이윤의 증가율은 물가상승률보다 높을 것이다.

채무자 예기치 못한 인플레이션은 채무자에게 이득을 준다. 앞의 예에서 인플레이션으로 인한 하나은행의 손실은 장호의 이득이 된다. 채무자 장호는 '비싼' 가치의 돈을 차입하였지만, 인플레이션으로 인해 구매력이 줄어든 '값싼' 가치의 돈으로 원리금을 갚는다. 하나은행의 실질소득이 장호와 같은 채무자에게 이전된 것이다.

2015년 기준으로 약 590조 원의 국가채무를 가진 **한국 정부도 인플레이션으로 혜택**을 본다. 정부는 새로운 채무를 얻어 과거 채무의 갚기를 반복하여 왔다. 인플레이션이 진행되면 기획재정부는 처음에 빌렸던 것보다 구매력이 작은 돈으로 이를 갚을 수 있다. 인플레이션이 진행되면 명목국민소득이 증가하고 이에 따라 조세수입도 증가하지만 화폐로 표시된 국가부채 총액은 변하지 않는다. 따라서 인플레이션은 정부부채의 실질적인 부담을 줄여준다.

예측된 인플레이션

인플레이션의 재분배 효과

사람들이 인플레이션을 미리 예견하여 자신들의 명목소득을 예상 물가상승률에 맞추어 조정하면, **인플레이션의 재분배 효과**는 그리 심하지 않거나 아예 없을 수 있다. 미국의 경우 1960년대에 인플레이션이 장기간 지속되자 다수의 노동조합들이 1970년대에 들어서서 **생계비연동조항**을 노동계약에 포함시켰다.

생계비연동조항

마찬가지로 인플레이션이 예견되면 대부자로부터 차입자로 소득이 재분배되는 것도 달라질 것이다. 물가수준이 안정적이면 대출자(은행, 신용협동조합 등)와 차입자(가계)는 1년 만기 대출에 대한 5%의 이자율 부과를 적절한 것으로 여긴다고 하자. 하지만 인플레이션이 발생하여 다음 해에는 물가상승률이 6%일 것이라고 예상한다고 하자. 이때 은행이 가계에 5%의 이자율로 100만 원을 빌려준다면, 이 은행은 연말에 105만 원을 돌려받을 것이다. 하지만 그 해에 6%의 물가상승이 발생한다면 이 105만 원의 구매력은 99만 원으로 줄어든다. 사실상 대부자는 자기 돈을 1년 동안 사용해준 대가로 차입자에게 돈을 받는게 아니라 오히려 1만 원을 지불한 셈이다.

대부자는 **인플레이션 프리미엄**을 부과하여 차입자에게 대한 보조금 지불을 피할 수 있다. 예를 들어 이자율 5%에 예상 물가상승률인 6%를 더하여 받는 것이다. 대부자가 11%의 이자율을 부과하면 연말에 111만 원을 돌려받는다. 6%의 인플레이션을 조정하였으므로, 111만 원이라는 금액은 대출 당시 105만 원의 구매력과 비슷하다. 그 결과 1년 동안 100만 원을 사용한 것에 대해 5만 원(5%)의 구매력이 채무자에게서 채권자에게로 이전되어야 한다는, 쌍방이 모두 동의할 수 있는 결론이 도출될 수 있다. 금융기관들 또한 인플레이션의 역효과로부터 스스로를 보호하기 위해 변동금리 대출을 개발해왔다. 이 예에서 볼 수 있듯 명목이자율이 높은 것은 인플레이션의 원인이 아니라 그 결과일 뿐이다.

인플레이션 프리미엄

위의 예는 실질이자율과 명목이자율이 다르다는 것을 보여준다. **실질이자율**은 차입자들이 대부자들에게 갚는 구매력의 증가부분을 백분율로 표시한 것이다. 앞의 예에서 실질이자율은 5%이다. **명목이자율**은 차입자들이 대부자들에게 갚는 화폐 금액의 증가부분을 백분율로 표시한 것으로, 예상 인플레이션을 반영한 이자율의 변화를 포함하고 있다. 등식으로는 다음과 같이 표현할 수 있다.

실질이자율
명목이자율

명목이자율＝실질이자율＋인플레이션 프리미엄(기대 물가상승률)

그림 18.8이 보여주듯, 앞의 예에서 명목이자율은 11%이다.

[그림 18.8] 인플레이션 프리미엄과 명목 및 실질 이자율

인플레이션 프리미엄(기대 물가상승률)은 명목이자율에 산입된다. 그림에서 명목이자율 11%는 실질이자율 5%와 인플레이션 프리미엄 6%를 더한 것이다.

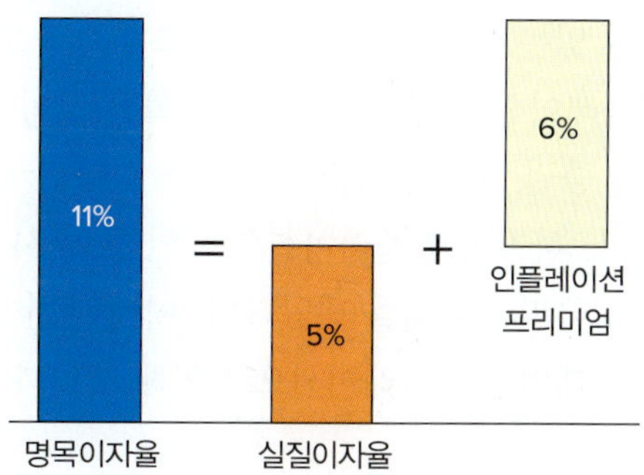

음(−)의 명목이자율

음의 단기 이자율

대침체 이후 경기의 회복이 느리게 진행되자 다수 국가들이 의도적으로 자국 경제의 활성화를 위해 단기 대출에 대한 명목이자율을 음의 값으로 유지하였다. 2016년 초반에 이르기까지 **음의 단기 이자율**은 덴마크, 일본, 스위스, 스웨덴 및 19개 유로국가들에서 유지되었다.

그림 18.8의 등식에 따르면 등호 왼쪽의 명목이자율이 음의 값을 가지려면 등호 오른쪽의 실질이자율과 인플레이션 프리미엄의 합이 0보다 작은 값을 가져야 한다. 즉 명목이자율이 음이 되려면 실질이자율이나 인플레이션 프리미엄 중의 하나(또는 둘 다!)는 음의 값을 가져야 한다.

명목이자율을 음의 값으로 유지하려는 나라들에서 물가상승률은 양(+)이며 앞으로도 양의 값을 계속 유지할 것으로 보인다. 따라서 인플레이션 프리미엄은 0보다 컸다. 따라서 단기 실질이자율이 음(−)의 값을 가져야 한다는 결론을 내릴 수 있다. 인플레이션 프리미엄이 양(+)일 때, 실질이자율과 인플레이션 프리미엄을 합해서 음(−)의 명목이자율이 되려면 실질이자율이 음수인 경우 밖에 없기 때문이다.

실질이자율이 음(−)이면 시간이 갈수록 저축자의 구매력은 줄어든다. 음(−)의 명목이자율을 선택한 정부가 기대한 것은 저축에 불이익을 주면 소비자들이 구매력이 줄어드는 저축보다 소비를 택한다는 것이다. 그래서 소비지출이 증가하면 경제활동이 활성화될 것이라 기대했다.

그런데 음(−)의 실질이자율은 역효과가 있어서 오히려 소비지출을 위축시킬 수 있다. 미래를 위해 저축을 하는 사람들은 음(−)의 이자율로 저축의 미래가치가 잠식될 것을 알기 때문에 오히려 이를 보충하기 위해 저축을 늘일 수 있기 때문이다. 따라서 음(−)의 이자율을 선택한 정부는 자기 발등을 찍는 꼴이 될 수 있다. 이 책의 발행일까지 음(−)의 이자율이 의도한바 대로 실제 경제활동을 활성화시켰는지는 불분명하다.

기타 재분배 문제

마지막으로 인플레이션의 재분배 효과에 대한 3가지 논점을 살펴보고 이에 대한 논의를 마치도록 하자.

- **디플레이션** 예기치 못한 디플레이션(물가수준의 하락)의 효과는 인플레이션과 반대이다. 고정소득자의 실질소득은 증가한다. 채권자는 이익을 보고 채무자는 손해를 본다. 그리고 저축자들의 예금이 갖는 구매력은 가격 하락으로 증가하게 된다.
- **혼합효과** 현금 소득이 있는 동시에 금융자산을 보유하고 또 채무자인 사람의 경우에는, 예기치 못한 인플레이션의 재분배효과가 완화될 것이다. 이 사람이 일정 가치의 화폐자산(저축예금, 증권, 보험 등)을 보유하고 있다면 인플레이션에 의해 이들 자산의 가치는 줄어든다. 하지만 인플레이션으로 인해 이 사람의 명목임금은 상승한다. 또한 이 사람이 고정금리의 대출을 받았다면, 이에 대한 실질적인 부담은 감소한다. 요약하면, 대부분의 개인은 인플레이션으로 인해 이익과 손해를 동시에 본다. 어

사례연구: 디플레이션의 망령

경기순환의 확장기에는 수요가 공급보다 빨리 상승하므로 물가상승률이 상승하는 것이 일반적이다. 그렇지만 일단 정점을 지나고 수축기에 진입하면 실업이 증가하고 재화 및 서비스에 대한 수요가 감소함에 따라 물가상승률은 하락하는 경향이 있다. 어떤 경우에는 수요의 감소가 워낙 급작스럽게 나타나 디플레이션(물가수준 하락)이 발생할 수 있다.

경제학자들은 디플레이션이 부채기업의 연쇄파산으로 이어지는 것을 우려한다. 물가가 하락하면 기업들은 대출을 상환하기에 충분한 수입을 얻기 힘들어진다. 기업들이 예전과 똑같은 양을 팔더라도 물가 하락으로 인하여 화폐수입이 줄어들게 된다. 이렇게 수입이 줄어들면 파산으로 이어질 수 있다. 기업의 파산이 증가하면 근로자들이 일자리를 잃어 수요가 더욱 위축되므로 디플레이션은 가속화된다. 소비자들이 가격의 하락을 예상하여 구매를 연기한다면 이러한 악순환은 한 층 더 악화될 것이다. 다음 달에 가격이 훨씬 쌀 것이라고 예상하는데 왜 오늘 구입하겠는가?

디플레이션의 악순환을 막기 위해 각국 중앙은행은 통화정책을 통해 물가상승률을 항상 양(+)의 수준에서 유지하려 한다. 이러한 정책들은 거의 대부분 성공적이어서 디플레이션이 실제로 발생하는 경우는 거의 없다. 2007~2009년 대침체 이후에서 조차 그렇다. 이는 좋은 소식이다. 물가상승률이 최소한 0보다는 크다면 악순환이 발생하지 않을 것이기 때문이다.

떤 특정 개인이 인플레이션으로 인해 최종적으로 이득을 본 것인지 손해를 볼 것인지는 이 모든 효과들을 살펴본 이후에야 가능하다.

- 자의성 인플레이션의 재분배 효과는 사회적 목표나 가치와 관계없이 발생한다. **인플레이션은 어떤 사회적 고려도 하지 않은 채 그냥 누군가에게서 빼앗아 다른 누군가에게 줄 뿐**이다. 그들이 부자건, 가난하건, 젊건, 늙었건, 건강하건 아니면 아프건 간에 말이다.

인플레이션이 생산에 미치는 영향

이제까지는 실질총소득이 변하지 않는다고 여기고 인플레이션이 실질소득을 어떻게 재분배하는지에 초점을 맞추었다. 그러나 인플레이션은 경제의 실질생산량 수준(즉 실질소득 수준)에도 영향을 미칠 수 있다. 이 영향의 방향과 크기는 인플레이션의 유형과 규모에 따라 다르다.

비용인상 인플레이션과 실질생산

원유 등 핵심 생산자원들의 가격이 갑작스럽고 예상치 못하게 상승하면 생산비용이 전체적으로 상승하여 비용인상 인플레이션이 나타난다. 물가가 상승하면 재화 및 서비스의 수요량은 감소한다. 따라서 기업들은 이에 대응하여 생산을 줄이고, 따라서 실업이 증가한다.

1970년대 발생했던 일련의 경제적 사건들은 인플레이션이 어떻게 실질생산을 줄이는지를 잘 보여준다. 1973년 말 석유수출국기구(OPEC)는 자신이 지닌 시장지배력을 이용하여 유가를 4배 이상 인상하였다. 그로 인해 비용인상 인플레이션이 발생하여

1973년의 물가수준이 급격히 상승하였다. 이 기간 미국의 실업률은 1973년 5%보다 약간 낮은 수준에서 1975년에는 8.5%로 뛰었다. 1979~1980년 사이 제2차 오일쇼크가 발생했을 때에도 비슷한 결과가 나타났다. 제1차 오일쇼크 동안 한국의 실업률은 크게 증가하지 않았으나, 제2차 오일쇼크가 발생하자 1979년 3.8%였던 실업률이 1980년에는 5.2%까지 상승한 바 있다.

요약컨대, 비용인상 인플레이션은 실질생산을 줄일 뿐 아니라 이렇게 줄어든 실질소득을 재분배한다.

수요견인 인플레이션과 실질생산

완만한 인플레이션

완만한 인플레이션(3% 미만)이 실질생산에 미치는 영향에 대해 경제학자들은 합의를 보지 못하고 있다. 어떤 관점에서 보면 사람들이 인플레이션에 따른 손실을 회피하기 위해 적지 않은 시간을 쓰게 되므로, 아무리 완만한 인플레이션이라도 실질생산을 줄인다. 이 논리는 다음과 같은 예로 설명할 수 있다.

- 기업들은 단순히 인플레이션을 반영하기 위해 진열대나 컴퓨터에 입력된 수천 개의 가격표를 바꾸게 되는 데 이에 따라 비용이 발생한다.
- 가계 및 기업은 가격, 임금, 이자율 등의 명목가치와 실질가치의 구분에 필요한 정보를 얻기 위해 상당한 시간과 노력을 들여야 한다.
- 인플레이션으로 인한 구매력 손실을 억제하기 위해 사람들은 현금 보유량이나 통화성 예금의 양을 최대한 줄이려 하고, 이자를 낳는 금융상품이나 주식, 채권 펀드 등에 더 많이 투자하려 한다. 그런데 가격이 상승한 재화나 서비스를 구입하려면 현금이나 통화성 예금이 더 많이 필요하다. 따라서 주식이나 채권을 팔아 현금이나 통화성 통화로 바꾸기 위해 직접 방문, 전화, 인터넷 등을 통해 금융기관을 더 많이 방문하게 된다. 인플레이션이 없었다면 금융기관 방문에 자원, 시간 및 노력 등을 투입하지 않았을 것이고 따라서 이들은 가치가 더 큰 재화나 서비스의 생산에 전용될 수 있었을 것이다. '0의 물가상승률' 정책을 옹호하는 사람들은 국가 간 비교연구를 통해 인플레이션이 낮은 나라가 높은 경제성장률을 보인다는 점을 지적하며 자신들의 주장을 뒷받침하고 있다. 이들은 인플레이션은 아무리 완만하다고 하더라도 경제성장에 해롭다고 주장한다.

반대로, 다른 경제학자들은 완전고용과 경제성장을 위해서는 총지출이 충분히 커야 한다고 주장한다. 총지출이 충분히 크면 이윤이 크고, 노동에 대한 수요가 크며, 따라서 기업들은 공장이나 장비를 확장할 강력한 유인을 갖게 된다. 이러한 관점에서 보면 완만한 인플레이션은 총지출이 충분히 클 때 나타나는 부산물일 뿐이며, 따라서 완만한 인플레이션은 완전고용과 지속적인 경제성장을 위해 지불해야 하는 작은 대가일 뿐이다.

게다가 완만한 인플레이션은 긍정적인 효과를 낳을 수 있다. 자사제품에 대한 수요가 감소할 때 기업들은 인플레이션을 통해 실질임금을 쉽게 하향조정할 수 있다. 인플레이션이 완만하다면 기업들은 명목임금을 천천히 인상함으로써 실질임금을 내릴 수 있다.

물가상승률이 0이라면 기업들은 명목임금을 삭감하여야 실질임금을 내릴 수 있다. 명목임금의 삭감은 눈에 쉽게 보이기 때문에 심각한 저항이나 노사분규를 낳을 수 있다.

마지막으로 완만한 인플레이션 지지자들은 똑 같은 정책의 오류라도, 과다한 지출, 완전고용, 경제성장, 완만한 인플레이션 등이 지출 부족, 실업, 경기침체, 디플레이션보다 훨씬 나은 일이라고 주장한다.

하이퍼인플레이션

하이퍼인플레이션

하이퍼인플레이션(매우 급격한 인플레이션)이 실질생산과 고용에 파국적인 결과를 초래할 수 있다는 것은 모든 경제학자들의 공통된 의견이다.

하이퍼인플레이션 동안에는 물가가 급격하고 불균등하게 치솟는다. 그래서 사람들은 물가의 급격한 추가적 상승을 기대하기 때문에 정상적인 경제적 관계가 유지될 수 없다. 기업 소유자들은 자사 제품의 가격을 어떻게 책정해야 할지 갈피를 잡을 수 없다. 자원 공급자들은 가치를 급격하게 잃어버리는 화폐 대신 생산물로 보수를 받기 원한다. 결국 **화폐는 거의 쓸모가 없어지게 되고 교환의 매개물이라는 역할을 하지 못하게 된다**. 기업은 가격상승을 예상하여 자재와 최종 제품을 팔지 않고 창고에 쌓아두는 것이 수익성이 크다고 생각할 수 있다. 개인 저축자들은 자본재의 구입에 필요한 대출사금을 공급하기보다 보석, 금 등의 귀금속이나 부동산 등 비생산적인 재화를 구입하려 할 것이다. 경제는 물물교환 상태가 되어버릴 것이고, 생산과 교환은 더 위축될 것이다. 그 결과 결국 경제가 붕괴하여 정치적 대혼란이 발생하기도 한다.

하이퍼인플레이션의 예로 제1차 세계대전 직후의 독일과 제2차 세계대전 직후의 일본을 들 수 있다. 독일에서는 "가격이 너무 빨리 올라서 식당 종업원들이 점심식사가 진행되는 도중에 몇 번이나 메뉴판의 가격을 바꾸곤 했다. 어떤 때에는 고객들이 자신들이 주문할 때보다 2배나 높은 가격을 지불해야 할 때도 있었다."[5] 1947년 전후 일본에서는 "어부들과 농부들은 … 돈을 세지 않고 저울로 재곤 하였다."[6]

최근의 예들도 있다. 1986년 6월에서 1991년 3월까지 니카라과의 누적 물가상승률은 11,895,866,143% 였다. 1993년 11월에서 1994년 12월까지 콩고민주공화국의 누적 물가상승률은 69,502%였다. 1993년 2월부터 1994년 1월까지 세르비아의 누적 물가상승률은 156,312,790%였다.[7]

이렇게 극적인 하이퍼인플레이션은 언제나 **정부가 너무 부주의하게 통화를 확장한 결과**로 나타난다. 통화 공급이 급격히 증가하면서 총지출이 미친 듯이 확대되고, 그 결과 심각한 수요견인 인플레이션이 발생한다. 2008년 짐바브웨에서 149억 %의 인플레이션이 발생한 것이 가장 최근의 사례다.

5) Theodore Morgan, Income and Employment, 2nd ed. (Englewood Cliffs, NJ: Prentice Hall, 1952), p. 361.

6) Raburn M. Williams, Inflation! Money, Jobs, and Politicians (Arlington Heights, IL: AHM Publishing, 1980), p. 2.

7) Stanley Fischer, Ratna Sahay, and Carlos Vegh, "Modern Hyper- and High Inflations," Journal of Economic Literature, September 2002, p. 840.

대침체 이후의 고용

대침체 이후 고용 증가는 느리게 진행되었고 그리 크지 않았다.

미국에서 대침체가 끝난 후 얼마 안 있어 일부 경제학자들은 경기침체에서 벗어난 후 성장 속도가 매우 느릴 것이라고 경고하였다. 이들은 모든 경기침체가 똑같은 것이 아니라는 점을 지적한다. 일반적인 경기침체는 회복에 2년에서 3년이면 충분하지만, 신용(대출)버블에 뒤이은 경기침체는 회복에 보통 7년에서 15년이 걸린다. 대침체는 역사상 가장 큰 신용버블에 뒤따라 발생했기 때문에 경제학자들이 경제성장이 느릴 것이라고 본 것이다.

이들의 걱정은 근거가 충분한 것이었다. GDP 성장뿐만 아니라 고용성장도 느렸다. 미국의 고용은 2007년 12월 (전일제와 시간제를 모두 포함하여) 139.5백만 개로 정점을 찍은 후 감소하기 시작하여 2010년 1월에는 127.8백만 개로 최저점에 도달했다. 그 후 미국 경제의 고용이 다시 139.5백만 개에 도달하기에는 4.5년이 걸렸다.

하지만, 전반적인 고용회복은 어쩌면 환상에 불과하다. 전일제 일자리가 비교적 드물고 수백만 개의 일자리가 전일제 고용에서 시간제 고용으로 바뀌어서 일자리의 구성이 바뀌었기 때문이다. 전일제 일자리 수는 2007년 121.8백만 개에서 2009년 12월에는 110.5백만 개로 감소하였다. 이와 함께 시간제 고용은 2007년 24.7백만 개에서 2009년 27.4백만 개로 증가하였다. 즉 11.3백만 개의 전일제 일자리가 사라진 대신, 시간제 일자리 2.7백만 개가 새로이 생긴 것이다. 시간제 일자리가 증가하면서 전일제 일자리가 감소한 것이 눈에 덜 띄게 되었다. 총고용(전일제와 시간제의 합)만을 살펴보면 단 8.6백만 개만 줄어들었기 때문이다.

또 하나 걱정스런 문제는 증가한 고용이 대부분 고령근로자들에게 돌아갔다는 것이다. 2007년 12월과 2009년 12월 사이에 54세 이하 고용 수는 100.5백만 개에서 94.0백만 개로 6.5% 감소하였다. 반대로 55세 이상 고용 수는 26.2백만 개에서 27.3백만 개로 4.2% 증가하였다.

경제학자들은 이렇게 고용의 연령별 구성이 변화한 것은 어려운 시기에는 고용주들이 경험 있는 근로자들을 선호하기 때문이라고 믿는다. 같은 급여를 주고 30년 경력의 근로자를 고용할 수 있는데 왜 5년 경력의 근로자를 채용하겠는가? 이렇게 생각하면 대침체 이후 회복 과정에서 왜 고령근로자들이 더 많이 고용되었는지 설명할 수 있다. 2009년 12월에서 2016년 3월 사이 고령 취업자 수는 28.2백만 명에서 34.2백만 명으로 약 21.2% 증가하였다. 반대로 같은 기간 동안 54세 이하 일자리 수는 94.0백만 개에서 98.0개로 약 4.3% 증가했을 뿐이다. 더 심각한 것은 2016년 3월의 54세 이하 일자리 수는 2007년 12월에 비해 여전히 2.5백만 개가 더 적다는 것이다.

고용율을 살펴보아도 대침체 이후 고용 증가가 더뎠다는 것은 분명해진다. 미국의 고용율은 전일제와 시간제를 모두 포함하여 16세 이상 고용 상태에 있는 사람들이 해당 연령대 인구에서 차지하는 비중으로 계산한다. 고용율은 대침체 이전 정점에 도달했던 2006년의 63.4%에서 2010년 11월 58.2%까지 떨어져 대침체 이후 최저점에 도달하였다. 고용율 회복은 느리게 이루어져 2016년 3월 고용율은 겨우 59.9%에 머물러 있다. 이는 16세 이상 인구 중 고용 상태에 있는 사람의 비중은 대침체가 발생했을 당시에 비해 여전히 3.5%포인트 더 낮다는 것을 의미한다.

고용과 관련하여 자주 활용되는 실업률 지표를 살펴볼 때 이러한 사실들을 반드시 염두에 두어야 한다. 2016년 3월에 이르러 실업률은 5.0%까지 하락했는데, 이는 2007년 말 대침체가 발생했던 당시와 같은 수준이다. 실업률만 살펴본다면 모든 것이 제자리로 돌아왔다고 결론내릴 수 있을 것이다. 그러나 시간제와 전일제, 연령별 고용 성장률, 고용율 등의 데이터를 살펴보면, 대침체가 끝나고 7년이 지난 지금도 고용시장은 여전히 어려움을 겪고 있다는 것을 알 수 있다.

요약

1. **경기순환 및 그 주요 단계**

   한국과 다른 선진국들은 실질 GDP, 고용 및 물가수준 등이 변동하는 여러 시기를 거쳐 왔다. 이 시기들 모두 정점, 수축기, 저점, 확장기 등 동일한 국면들이 나타나지만, 그 지속기간이나 변동 폭에서는 크게 차이가 난다.

   경제학자들은 경기순환을 주요 혁신, 생산성 충격, 통화창출, 금융위기 등 그 원인들에 초점을 맞추어 설명하지만, 총지출 수준의 변화가 실질생산 및 고용 변동의 직접적인 원인이라는 데 공감대를 형성하고 있다.

   경기순환은 그 방식과 정도는 다르지만 경제의 모든 부문에 영향을 준다. 경기순환은 서비스나 비내구재 산업보다 자본재 및 내구재 산업에 더 큰 영향을 준다.

2. **'충격' 및 '가격경직성'으로 인한 생산과 고용의 단기적 변동**

   기대는 2가지 이유로 경제에 중요한 영향을 미친다. 첫째, 사람들과 기업들은 미래에 대해 낙관적이면 저축과 투자를 더 많이 한다. 둘째, 개인들과 기업들은 충격(예상이 맞아떨어지지 않고 미래가 사람들이 예상한 바와 다른 것으로 드러난 경우)에 적응한다.

   특히 충격은 특정 재화나 서비스 공급량이 그 수요량과 일치하지 않는 상황을 수반한다. 만약 가격이 항상 신축적이고 신속한 조정이 가능하다면, 수요량과 공급량이 불일치하는 상황에 대처하는 것은 그리 어렵지 않다. 가격이 그냥 수요량과 공급량이 일치하는 시장 균형가격으로 조정되기 때문이다. 불행하게도, 현실의 가격은 단기에서 경직적이어서 경제가 이 상황에 대해 생산량 변화를 통해 조정하는 경우가 많다.

   경직적 가격이 충격과 결합하면 생산과 고용의 단기 변동이 발생한다. 수요가 예상 밖으로 작은, 부정적인 수요충격의 경우를 생각해보자. 가격이 일정하므로 예상보다 작은 수요의 결과 매출이 예상 외로 부진하게 된다. 그 결과 재고가 증가한다. 수요 약세가 장기간 동안 지속되면, 재고가 너무 많아져서 기업은 생산을 감축하고 근로자를 해고할 수밖에 없을 것이다. 따라서 가격이 경직적이면, 경제는 예상 밖의 수요 약세에 대해 가격이 아니라 생산과 고용의 변화를 통해 조정된다.

3. **실업의 측정 방법 및 여러 유형**

   경제학자들은 마찰적 실업, 구조적 실업 및 경기적 실업을 구분한다. 완전고용 또는 자연실업률은 마찰적 실업과 구조적 실업만 있는 경우로 한국의 경우 현재 3~4% 사이일 것으로 추정된다. 시간제 근로자와 구직단념자가 존재하므로 실업을 정확하게 측정하는 것은 어렵다. GDP갭은 양수일 수도 있고 음수일 수도 있는데, 실제 GDP에서 잠재 GDP를 빼서 계산한다. 실업의 경제적 비용은 GDP갭으로 측정되는데, 사회가 원하지 않게 재화 및 서비스를 놀리게 됨으로써 잃어버린 재화 및 서비스이다. 오쿤의 법칙은 실업률이 자연실업률에 비해 1%포인트 더 높을 때마다 2%포인트의 GDP갭이 추가적으로 발생한다는 것이다.

4. **인플레이션 측정 방법, 비용압박 인플레이션 및 수요견인 인플레이션**

   인플레이션은 일반적인 물가수준이 상승하는 것이며, 소비자물가지수를 통해 측정한다. 인플레이션이 발생하면 일정한 금액의 소득으로 구입할 수 있는 재화 및 서비스의 양이 예전보다 줄어든다. 즉 인플레이션은 화폐의 구매력을 약화시킨다. 디플레이션은 일반적인 물가수준이 하락하는 것이다.

   실업률과 인플레이션율의 국가 간 차이는 매우 크다. 실업률이 나라마다 다른 이유는 각자의 자연실업률이 다르기 때문이고, 또 경기순환에서 서로 다른 국면에 위치하고 있기 때문인 경우도 많다. 한국의 실업률은 다른 선진국에 비해서 비교적 낮은 편이며, 물가상승률은 다른 나라에 비해 높지도 낮지도 않다.

   경제학자들은 인플레이션이 수요견인 인플레이션이나 비용인상 인플레이션의 형태를 띤다고 생각한다. 수요견인 인플레이션은 총지출이 경제의 생산능력보다 더 크기 때문에 발생한다. 비용인상인플레이션이 발생하는 주된 이유는 핵심 생산자원 가격이 급격하고 가파르게 상승하기 때문이다. 이러한 공급충격으로 인하여 생산의 단위비용이 상승하며 결국에는 소비재 가격이 상승한다.

5. **예측되지 못한 인플레이션과 실질임금의 재분배**

   예측되지 못한 인플레이션이 발생하면 고정소득자, 채권자 및 저축자 등이 손해 보는 방식으로 자의적인 실질소득 재분배가 발생한다. 인플레이션이 예측된다면, 개인과 기업이 소득재분배의 불리한 효과를 완화하거나 제거하기 위해 조치를 취할 수 있다. 인플레이션이 예견되면, 채권자는 대출 이자율에 인플레이션 프리미엄을 부가한다. 따라서 명목이자율은 실질이자율에 인플레이션 프리미엄(기대 물가상승률)을 더한 것이다.

6. **인플레이션이 경제의 실질 생산량 수준에 미치는 영향** 비용인상 인플레이션이 발생하면 실질임금과 고용이 감소한다. '0의 물가상승률' 정책을 지지하는 사람들은 아무리 완만한 수요견인 인플레이션(1~3%)이라도 실질 생산은 감소한다고 주장한다. 다른 경제학자들은 완만한 인플레이션은 생산 증대, 완전고용 및 경제성장 등이 달성되는 과정에서 총지출이 확대됨으로 인해 발생하는 불가피한 부산물이라고 주장한다.

주요 용어와 개념

경기순환
경기적 실업
경제활동인구
경직적 가격
공급충격
구조적 실업
구직단념자
근원 인플레이션
기대
단위당 생산비용
디플레이션
마찰적 실업
명목소득
명목이자율
비용인상 인플레이션
생계비 연동
소비자물가지수
수요견인 인플레이션
수요충격
수축기
신축적 가격
실업률
실질소득
실질이자율
예측되지 못한 인플레이션
예측된 인플레이션
오쿤의 법칙
완전고용 실업률
인플레이션
자연실업률(NRU)
잠재 생산량
재고
저점
정점
충격
하이퍼인플레이션
확장기
GDP갭

연습문제

1. 다음 경기순환의 각 국면을 순서대로 나열하시오.

수축기	저점	정점	확장기

2. 대다수 경제학자들은 실질 생산 및 고용의 순환적 변동이 발생하는 직접적 원인은 대부분 ________의 예상하지 못한 변화라는 점에 동의한다.

(1) 총지출 수준
(2) 증권시장의 수준
(3) 무역적자의 수준
(4) 실업의 수준
(5) 투자의 수준

3. 어떤 경제에 전일제로 일하는 900만 명의 인구가 있다고 하자. 이 경제에는 또한 적극적으로 구직활동을 하고 있지만 현재 실업 상태에 있는 100만 명과 구직을 단념한 실망근로자 200만 명도 있다고 하자. 이 경제의 실업률은 얼마인가?

(1) 8.3%
(2) 10%
(3) 15%
(4) 20%
(5) 25%

4. 다음의 시나리오들이 마찰적 실업, 구조적 실업, 경기적 실업 중 어느 것에 해당하는지를 선택하시오.

(1) 우람이는 지금 막 졸업하여 직장을 구하고 있다.
(2) 불황으로 인하여 지역 공장이 30명의 근로자를 해고하였다.
(3) 컴퓨터로 작동하는 무인자동차 개발로 사람이 자동차를 운전할 필요가 없어짐에 따라 수천 명의 버스 및 트럭 기사들이 영구적으로 직장을 잃었다.

(4) 법률 업무의 상당 부분이 해외에 아웃소싱됨에 따라 서울 법률사무소 종사자들 수백 명이 영구적으로 직장을 잃었다.

5. 완전고용 상태에서의 실업률을 ______________라고 부른다.

(1) 자연실업률
(2) 현상유지실업률
(3) 경기적 실업
(4) 오쿤의 실업률
(5) 구조적 실업

6. 어떤 나라가 현재 실업률이 11%라고 하자. 경제학자들은 이 경제의 자연실업률을 6%로 추정한다. 이 경제의 부의 GDP갭은 얼마인가?

(1) 1%
(2) 3%
(3) 5%
(4) 6%
(5) 10%

7. 비용압박 인플레이션은 ______________가(이) 있을 때 발생한다.

(1) 과잉재고
(2) 무역적자
(3) 수요의 예상치 못한 증가
(4) 상품 및 서비스에 대한 초과수요
(5) 단위당 생산비용 상승

8. 단하의 명목소득은 내년에 10% 증가할 예정이다. 내년도 물가상승률은 −2%일 것으로 예측된다. 내년도 단하의 실질소득 변화율은 대략 얼마쯤인가?

(1) −2%
(2) 8%
(3) 10%
(4) 12%
(5) 알 수 없다.

9. 미란은 은행에 예금할 수 있는 돈 1,000만 원을 보유하고 있다. 미란은 최소 4% 이상의 실질 수익률을 얻기를 원하며, 물가상승률은 정확히 3%일 것으로 예상하고 있다. 미란은 은행으로부터 보장받기를 원하는 최소한의 명목이자율은 얼마인가?

(1) 3%
(2) 4%
(3) 5%
(4) 6%
(5) 7%

10. 경제학자들은 ______________ 인플레이션은 실질 생산을 줄인다는 점에 동의한다.

(1) 비용압박
(2) 수요견인
(3) 압박견인
(4) 예견된
(5) 위 4개 보기 중 답이 없다.

11. 어떤 나라의 지난 10년간 연간 성장률이 연도순으로 5%, 3%, 4%, −1%, −2%, 2%, 3%, 4%, 6% 및 3%였다고 하자. 해당 기간 동안 이 나라의 성장추세는 어떠한가? 경기순환의 확장국면이 가장 분명하게 드러나는 해는 어떤 연도들인가? 경기순환의 수축국면이 가장 분명하게 드러나는 해는 어떤 연도들인가?

12. 어떤 나라에 대한 데이터가 다음과 같이 주어져 있다고 가정하자.

- 총인구: 500
- 15세 미만이거나 군인, 전투경찰, 공익근무요원, 형이 확정된 교도소 수감자 등: 120
- 비경제활동인구: 150
- 실업: 23
- 전일제 직장을 찾고 있는 시간제 근로자들: 10

이 경제에서 경제활동인구는 몇 명인가? 공식 실업률은 얼마인가?

13. 특정 연도의 자연실업률이 5%이고, 실제 실업률은 9%라고 가정하자. 오쿤의 법칙을 활용하여 GDP갭의 크기를 %포인트로 구해보아라. 해당 연도의 잠재 GDP가 500조 원이라면 경기적 실업으로 인하여 줄어든 생산의 크기는 얼마인가?

14. 작년 소비자물가지수가 110이었고, 올해는 121이라면, 올해의 물가상승률은 얼마인가? 반대로 작년 소비자물가지수가 110이었는데, 올해는 108이라고 가정해보자. 올해 물가상승률은 얼마인가? 이 2번째 결과를 설명하기 위해 경제학자들이 사용하는 용어는 무엇인가?

15. 인플레이션이 (a) 연 2%, (b) 연 5%, (c) 연 10%로 지속된다면 물가수준이 2배가 되는 데 걸리는 시간은 각각 얼마인가?

16. 만약 어떤 해에 여러분의 소득이 5.3% 증가하고 물가가 3.8% 상승한다면, 여러분의 실질소득은 (대략) 몇 % 증가하였는가? 여러분의 명목소득이 2.8% 상승하고 실질임금이 1.1% 상승하였다면 물가상승률은 (대략) 몇 %이겠는가?

17. 명목 물가상승률이 4%이고 인플레이션 프리미엄이 2%라고 하자. 실질이자율은 얼마인가? 실질이자율이 1%이고 명목이자율이 6%라면, 인플레이션 프리미엄은 얼마인가?

18. 인플레이션 프리미엄이 2%이고 명목이자율이 1%라면, 실질이자율은 얼마인가? 인플레이션 프리미엄이 3%이고 명목이자율이 0.5%라면 실질이자율은 얼마인가?

PART 7

거시경제의 분석모형

19 Chapter

거시경제변수 간의 관계

학습내용

1. 국민소득의 변화와 소비 · 저축
2. 소비에 영향을 미치는 요인들
3. 실질이자율의 변화와 투자
4. 투자에 영향을 미치는 요인들
5. 승수효과

18장에서 단기적으로 발생하는 다양한 거시경제현상들 즉 경기변동, 실업 그리고 인플레이션 등을 살펴보았다. 이제 이러한 거시경제현상을 설명할 수 있는 경제모형을 만들고자 한다. 이를 위해 이 장은 논의의 출발점으로 다음과 같은 3가지 거시경제변수 간에 존재하는 기본적인 관계를 검토한다.

- 국민소득과 소비 · 저축의 관계
- 실질이자율과 투자의 관계
- 총지출의 변화가 국민소득 즉 GDP에 미치는 영향

국민소득이 변화했을 때 경제 전체의 소비와 저축은 어떻게 변화하는가? 실질이자율의 변화는 어떻게 투자에 영향을 주는가? 초기의 총지출 변화가 궁극적으로 몇 배만큼의 GDP 변화를 야기하는가? 이 장에서는 상기한 경제변수들 간의 기본적인 관계를 살펴봄으로써 이러한 질문에 대한 답을 하고자 한다.

소득 · 소비 및 소득 · 저축의 관계

다른 조건이 일정할 때 **국민소득과 소비는 정(+)의 관계에 있다**는 것은 거시경제학에서 잘 알려져 있다. 국민소득과 소비와의 관계를 통해 간접적으로 국민소득과 저축의 관계도 살펴볼 수 있다. 앞 장에서 언급한 대로 경제학에서 '저축'이란 '처분가능소득에서 소비되지 않은 부분'이기 때문이다. 다시 말해, 저축(S)은 처분가능소득(DI)에서 소비(C)를 뺀 것이다. 즉 $S=DI-C$이다.

경제에서 소비와 저축에 영향을 미치는 요인은 매우 다양한데 이 중 가장 중요한 것은 역시 처분가능소득이다. 그림 19.1은 1990~2016년 동안 우리나라 가계의 연간 처분가능소득(가로축)과 총소비(세로축)를 짝지어 점으로 표시한 것이다. 그림에서 소비추세선은 처분가능소득과 소비 간의 평균적인 관계를 나타낸다. 이를 통해 양자 간에는 밀접한 정(+)의 관계가 존재하며 가계는 처분가능소득의 대부분을 소비하고 있음을 알 수 있다.

45도 선

한편 그림의 **45도 선**은 추가적인 분석을 위해 그린 보조선이다. 45도 선 위의 모든 점은 가로축과 세로축으로부터 정확히 동일한 거리만큼 떨어져 있으므로 이 점들에서는 가계의 처분가능소득과 소비가 동일하다($C=DI$). 따라서 45도 선에 위치한 점과 가로축과의 수직거리는 특정 연도의 가계 처분가능소득의 크기를 나타낸다. 그 결과 그림 위의 한 점과 45도 선과의 수직거리는 해당 연도의 가계 처분가능소득과 소비와의 차이인 저축의 크기를 나타낸다.

예를 들어 2005년의 가계 처분가능소득(순 조정 처분가능소득 기준)은 573.3조 원이

[그림 19.1] 우리나라 가계의 처분가능소득과 총소비(1990~2016)

그림의 점은 1990~2016년 동안 각 연도별로 우리나라 가계의 처분가능소득(가로축)과 최종소비지출(세로축)을 표시한 것이다. 그림의 소비추세선은 처분가능소득과 소비 간의 평균적인 관계를 나타내는데, 이를 통해 양자 간에는 밀접한 정(+)의 관계가 존재하며 가계는 처분가능소득의 대부분을 소비하고 있음을 알 수 있다.

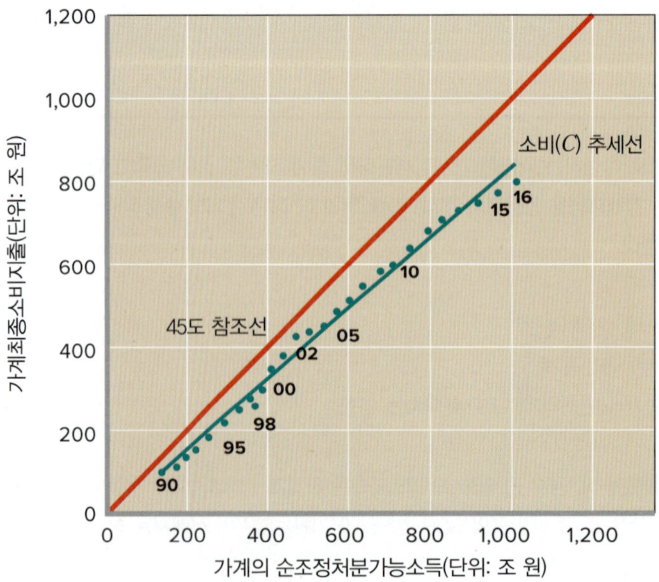

자료: 한국은행 경제통계시스템(www.ecos.bok.or.kr)

었는데 가계의 최종소비지출은 480.2조 원이었다. 따라서 이 둘 간의 차이인 93.1조 원이 2005년의 가계 저축액이다.[1] 또한 그림의 소비추세선은 가로축의 처분가능소득 수준에 따라 가계가 평균적으로 소비할 것으로 기대되는 금액을 나타내므로, 45도 선과 소비추세선의 차이는 처분가능소득 수준에 따른 가계의 평균 저축액을 나타낸다고 할 수 있다. 그림을 보면 외환위기 직후인 1998년도와 최근 2015~2016년에 자료점이 소비추세선 아래에 위치하고 있는데, 이는 우리나라 가계가 이 두 기간 중 처분가능소득 대비 과거 평균 소비액보다 덜 소비하고 평균 저축액보다 더 많이 저축했음을 가리킨다.

소비함수

소비함수

그림 19.1은 사후적으로 실현된 우리나라 가계의 과거 실제 처분가능소득, 소비 및 저축의 데이터를 그린 것이다. 그러나 우리가 이 절에서 살펴보고자 하는 **소비함수**는 다른 조건이 동일한 상황에서 가계의 처분가능소득이 변화할 때, **가계가 사전적으로 소비하고자 '계획'하는 금액**이 어떻게 변화하는지를 나타낸 것이다. 표 19.1의 (1)열, (2)열과 이를 그림으로 표현한 그림 19.2의 (a)는 하나의 가상적인 소비계획 즉 소비함수를 보여준다. 비록 가상적인 것이기는 하나 이 소비함수는 그림 19.1과 같은 실제 처분가능소득과 총소비의 관계뿐만 아니라 실제 데이터에서 나타나는 개별 가계의 소비행태를 잘 반영하고 있다. 예를 들어 그림 19.2의 (a)와 그림 19.1을 비교하면, 처분가능소득이 증가함에 따라 소비가 함께 증가할 뿐 아니라 소득수준이 높아질수록 소득 중 소비되는 부분의 비중이 모두 점점 작아지는 것을 알 수 있다.

〈표 19.1〉 소비 및 저축함수와 소비 및 저축 성향(단위: 조 원)

(1) 처분가능소득	(2) 소비 (C)	(3) 저축(S) (1)−(2)	(4) 평균소비성향 (APC) (2)/(1)	(5) 평균저축성향 (APS) (3)/(1)	(6) 한계소비성향 (MPC) Δ(2)/Δ(1)*	(7) 한계저축성향 (MPS) Δ(3)/Δ(1)*
(1) 370	375	−5	1.01	−0.1		
(2) 390	390	0	1	0	0.75	0.25
(3) 410	405	5	0.99	0.01	0.75	0.25
(4) 430	420	10	0.98	0.02	0.75	0.25
(5) 450	435	15	0.97	0.03	0.75	0.25
(6) 470	450	20	0.96	0.04	0.75	0.25
(7) 490	465	25	0.95	0.05	0.75	0.25
(8) 510	480	30	0.94	0.06	0.75	0.25
(9) 530	495	35	0.93	0.07	0.75	0.25
(10) 550	510	40	0.93	0.07	0.75	0.25

* Δ는 해당변수의 변화분을 의미한다.

1) 실제로 한국은행의 국민계정에서 가계순저축을 구할 때는 가계 순조정처분가능소득에서 본문과 같이 가계 최종소비지출이 아닌 실제최종소비를 차감하여 구한다. 가계의 실제최종소비는 최종소비지출에 가계가 수취하는 현물형태의 순이전(순사회적현물이전)을 더한 것이다.

저축함수

저축함수

일단 소비함수를 구하고 나면, **저축함수**를 유도하는 것은 비교적 쉽다. 저축은 정의상 처분가능소득에서 소비를 뺀 것과 같으므로($S=DI-C$) 처분가능소득인 표 19.1의 (1)열

[그림 19.2] 소비함수와 저축함수

두 그림은 표 19.1의 소득 · 소비, 소득 · 저축 간의 관계를 그림으로 나타낸 것이다. (a) 처분가능소득이 증가함에 따라 소비가 증가한다. 소비함수가 45도 선보다 위에 위치할 때 음(−)의 저축이 발생하고, 반대로 소비함수가 45도 선보다 아래에 위치할 때 양(+)의 저축이 발생한다. (b) 처분가능소득이 증가함에 따라 소비와 마찬가지로 저축도 증가한다. 저축함수는 그림 (a)의 45도 선과 소비함수 C간의 수직거리를 통해 구할 수 있다. 표 19.1에서 알 수 있듯이 이 그림에서는 처분가능소득이 370조 원일 때 저축은 −5조 원, 소득이 390조 원일 때 저축은 0원, 소득이 410조 원일 때 저축은 5조 원이다. 소비함수 C가 45도 선과 교차하는 점에서 소비는 처분가능소득과 일치하며, 이 때 저축은 0이다.

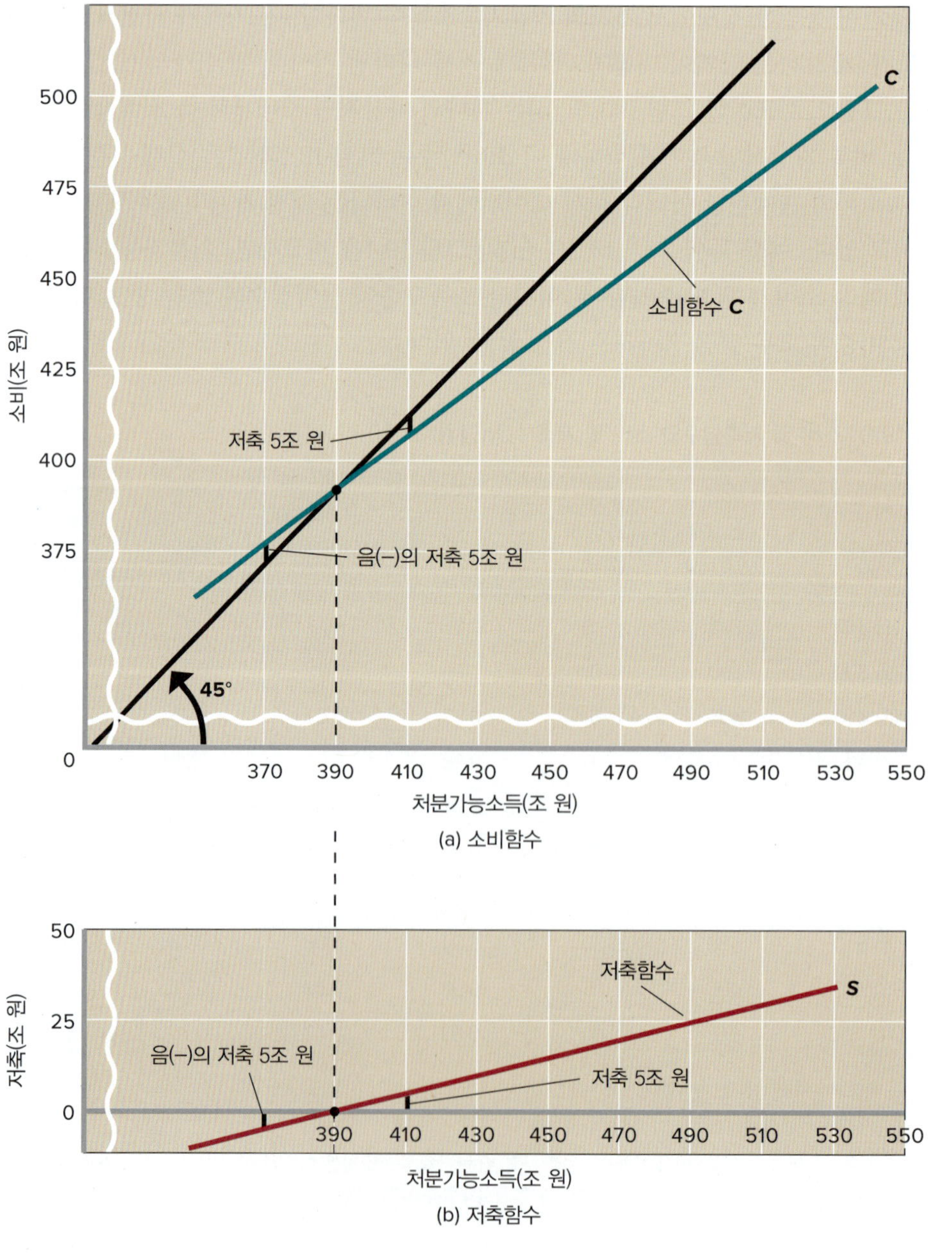

에서 소비금액인 (2)열을 빼주기만 하면 각각의 처분가능소득 수준에서의 저축액인 (3)열을 구할 수 있기 때문이다. 그러므로 표 19.1의 (1)열과 (3)열은 저축함수를 나타내며 이를 그림으로 나타낸 것이 그림 19.2의 (b)이다. 그림을 보면 처분가능소득이 증가함에 따라 저축이 함께 증가할 뿐만 아니라 소득수준이 높아질수록 소득 중 저축되는 부분의 비중이 점점 커짐을 알 수 있다. 이는 그림 19.2의 (a)에서 보듯이 소득수준이 높아질수록 소득 중 소비되는 부분의 비중이 점점 작아지기 때문이다.

앞에서 언급한 대로 45도 선에 위치한 모든 점에서 소비는 처분가능소득과 동일한 값을 가진다($C=DI$). 따라서 그림에서 보듯이 매우 낮은 수준의 처분가능소득에서는 실제 소비가 처분가능소득을 초과하여 음(−)의 저축이 발생함을 알 수 있다. 예를 들어, 표 19.1의 (1)행을 보면 처분가능소득이 370조 원일 때 소비는 이보다 많은 375조 원임을 알 수 있다. 경제 전체의 가계 총소비가 처분가능소득보다 많은 것은 현실에서는 거의 일어나지 않는 일이지만 충분히 이론적으로는 가능하다. 가계는 보유하고 있는 자산을 현금화하거나 차입을 통하여 현재 소득보다 더 많이 소비할 수 있기 때문이다. 음(−)의 저축의 크기는 그림 19.2(a)에서 소비함수 C와 45도 선 사이의 수직거리 또는 (b)에서 저축함수 S와 가로축 사이의 수직거리로 측정할 수 있다. 실제 두 그림에는 처분가능소득이 370조 원인 경우, 음(−)의 저축의 크기가 소비함수와 45도 선 또는 저축함수와 가로축 간의 수직거리인 5조 원으로 표시되어 있다.

손익분기 소득

표 19.1에서 가계가 처분가능소득을 전부 소비할 경우($C=DI$)의 소득 즉 **손익분기 소득**은 390조 원이다(표 19.1의 (2)행). 처분가능소득과 소비가 일치하므로 이 경우 저축액은 0이다. 그림 19.2을 보면 이러한 손익분기 소득수준에서 소비함수가 45도 선과 만나거나(그림 (a)) 저축함수가 가로축과 교차함(그림 (b))을 알 수 있다.

한편 처분가능소득이 손익분기 소득보다 높을 경우, 가계는 소득의 일부를 저축할 수 있다. 이러한 양(+)의 저축의 크기 역시 그림 19.2(a)에서 소비함수 C와 45도 선 사이의 수직거리 또는 (b)에서 저축함수 S와 가로축 사이의 수직거리로 측정할 수 있다. 예컨대 처분가능소득이 410조 원인 경우(표 19.1의 (3)행), 저축의 크기는 소비함수와 45도 선 또는 저축함수와 가로축 간의 수직거리인 5조 원이 된다.

평균 및 한계소비성향

표 19.1의 (4)열부터 (7)열까지는 소비 및 저축함수의 추가적인 특징을 보여준다.

평균소비성향(APC)
평균저축성향(APS)

평균소비성향과 평균저축성향 처분가능소득 중 소비되는 부분의 비율을 **평균소비성향(APC)**이라고 하며, 소득 중 저축되는 부분의 비율은 **평균저축성향(APS)**이라고 한다. 평균소비성향과 평균저축성향은 다음과 같이 구할 수 있다.

$$\text{평균소비성향} = \frac{\text{소비}}{\text{처분가능소득}}$$

$$\text{평균저축성향} = \frac{\text{저축}}{\text{처분가능소득}}$$

지구촌 전망 19.1

주요 국가의 평균소비성향

국가별로 평균소비성향에는 상당한 차이가 존재한다. 예컨대 2014년 기준으로 캐나다, 미국, 한국, 네덜란드 등은 모두 90%가 넘을 정도로 높은 평균소비성향(낮은 평균저축성향)을 보였다.

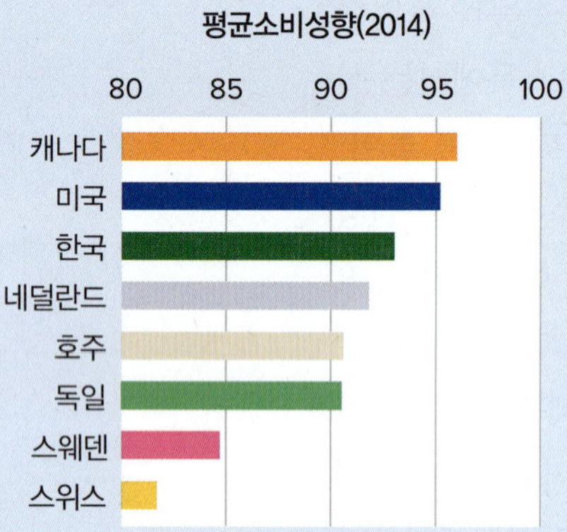

자료: OECD, www.oecd.org. Economic Outlook 98, Annex Table 23, 2016년 4월 자료 기준. 가계의 최종소비지출이 아닌 실제최종소비의 (순조정)처분가능소득 대비 비율을 나타내므로, 앞서 그림 19.1의 자료 값과는 차이가 있음에 유의

예컨대, 표 19.1의 (6)행에서 보듯이 소득이 470조 원인 경우, 평균소비성향은 소비 450조 원을 소득 470조 원으로 나눈 약 0.96(=96%)인 반면, 평균저축성향은 저축 20조 원을 소득 470조 원으로 나눈 약 0.04(=4%)가 된다. 표 19.1의 (4)열과 (5)열은 같은 방법으로, 다양한 처분가능소득 수준에서 평균소비성향과 평균저축성향을 구한 결과를 보여준다. 앞서도 언급했듯이 **처분가능소득이 증가할수록 평균소비성향은 하락하는 반면, 평균저축성향은 상승**한다.

처분가능소득은 소비되거나 저축되기 때문에 표 19.1의 (4)열과 (5)열을 비교하면 모든 처분가능소득 수준에서 **평균소비성향과 평균저축성향의 합은 1**이 됨을 알 수 있다. 예를 들어 표 19.1의 (6)행에서 보듯이 470조 원의 소득수준에서 평균소비성향이 0.96이라면 평균저축성향은 0.04가 된다. 지구촌 전망 19.1은 OECD 주요 국가들의 평균소비성향을 비교하여 보여주고 있다.

한계소비성향과 한계저축성향 평균소비성향은 전체 소득에 대한 소비의 비율을 나타내는데 비해, **한계소비성향(MPC)**은 소득의 변화분 중 소비되는 부분의 비율을 나타낸다. 여기서 '한계'란 용어는 어떤 변수의 '추가적인 변화'를 의미한다. 한계소비성향은 다음과 같이 구할 수 있다.

한계소비성향(MPC)

$$\text{한계소비성향} = \frac{\text{소비의 변화분}}{\text{처분가능소득의 변화분}}$$

한계저축성향(MPS)

마찬가지로 **한계저축성향(MPS)**은 소득의 변화분 중 저축되는 부분의 비율로 나타낸다.

$$\text{한계저축성향} = \frac{\text{저축의 변화분}}{\text{처분가능소득의 변화분}}$$

예를 들어 표 19.1의 (6)행에서 보듯이 처분가능소득이 470조 원일 때 소득이 490조 원으로 20조 원만큼 증가하면((7)행), 가계는 증가한 소득 20조 원 중 15조 원을 추가로 소비하고 나머지 5조 원은 저축함을 알 수 있다. 이 때 한계소비성향은 15/20 즉 0.75이고 한계저축성향은 5/20 즉 0.25가 된다. 이와 같은 방법으로 각각의 소득수준에서 한계소비성향과 한계저축성향을 구한 결과가 표 19.1의 (6)열과 (7)열에 표시되어 있다.

한계소비성향과 한계저축성향의 합은 항상 1이 된다. 소득의 변화분 중 소비되지 않은 부분이 저축이기 때문이다. 이것은 위의 예에서 추가로 증가한 처분가능소득의 75%가 소비된다면, 나머지 25%는 저축되어야 함을 의미한다.

$$한계소비성향 + 한계저축성향 = 1$$

소비 및 저축함수의 기울기 그림 19.2에서 **한계소비성향은 소비함수의 기울기를, 한계저축성향은 저축함수의 기울기를 나타낸다.** 우리는 어떤 함수를 나타내는 직선의 기울기는 그 선 위의 한 점으로부터 다른 한 점으로 이동할 경우의 수평방향 변화분에 대한 수직방향 변화분의 비율임을 알고 있다.

[그림 19.3] 한계소비성향과 한계저축성향

그림에서 Δ(델타)는 해당변수의 변화분을 의미한다. 상단 그림에서 소비함수의 기울기($\Delta C/\Delta DI$)는 한계소비성향과 동일하고, 하단 그림에서 저축함수의 기울기($\Delta S/\Delta DI$)는 한계저축성향과 동일함을 알 수 있다.

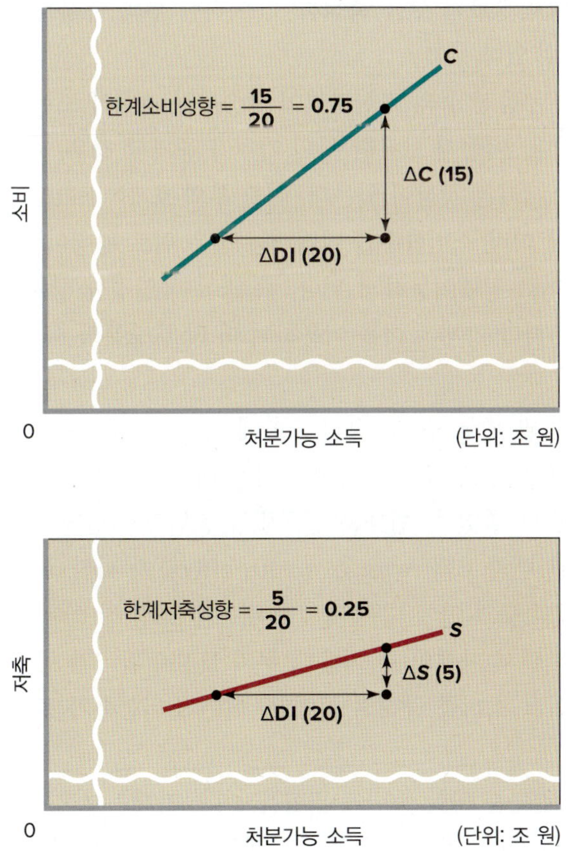

그림 19.3은 그림 19.2의 (a)와 (b)를 확대하여 그린 것인데, 소비함수와 저축함수를 나타내는 직선의 기울기를 어떻게 측정하는지 보여준다. 그림을 보면 처분가능소득이 수평방향으로 20조 원만큼 증가할 때 소비는 수직방향으로 15조 원만큼(상단의 그림), 저축은 수직방향으로 5조 원만큼 증가함(하단의 그림)을 알 수 있다. 따라서 소비

함수 C의 기울기는 0.75(=15조 원/20조 원)로서 한계소비성향과 동일한 값이며, 저축함수 S의 기울기는 0.25(=5조 원/20조 원)로서 한계저축성향과 동일한 값임을 알 수 있다.

소득을 제외한 소비 및 저축의 결정요인

지금까지 살펴본 대로 경제 전체의 처분가능소득의 크기는 전체 가계의 소비와 저축수준을 결정하는 가장 중요한 요인이다. 그러나 소득이 일정한 상황에서도 가계로 하여금 소비를 늘리거나 줄이도록 하는 다른 요인들이 존재한다. 이러한 요인들이 변화하면 앞서 그림으로 살펴본 소비 및 저축함수가 평행이동하게 된다. 소득 이외에 소비 및 저축에 영향을 주는 대표적 요인으로는 부, 차입, 미래에 대한 기대, 그리고 실질이자율을 들 수 있다.

- 부 가계의 부(wealth)는 가계가 보유한 자산에서 부채를 차감한 금액이다. 가계는 현재 소득을 저축함으로써 부를 축적하며, 이러한 부의 축적을 통해 현재와 미래에 더 많이 소비할 수 있다.

  부의 효과

  때때로 주식이나 부동산 등의 자산가격이 상승하면 가계가 보유한 부의 가치가 급격히 증가하기도한다. 이렇게 보유한 부의 가치가 증가할 경우, 가계는 소비를 증가시키고 저축을 감소시키는 경향이 있는데, 이를 **부의 효과**(wealth effect)라고 한다. 이러한 부의 효과에 따라 소비함수를 나타내는 선은 위로 평행이동하고 저축함수를 나타내는 선은 아래로 평행이동하게 된다. 즉 소득이 일정한 상황에서도 보유한 부의 가치가 증가함에 따라 가계는 이를 이용하여 더 많은 상품과 서비스를 소비하게 되는 것이다.

  예컨대 1990년대 말 미국 주식시장의 호황에 따라 가계가 보유한 주식의 가치가 급상승하였다. 이에 따라 '부의 효과'가 예측하는 대로 미국의 가계는 소비를 더 늘리고 저축을 덜 늘리거나 줄였다. 반대로 글로벌 금융위기가 한창이던 2008년에는 반대방향으로 '역전된 부의 효과(reverse wealth effect)'가 나타났다. 즉 서브프라임 주택담보대출 시장의 붕괴(이에 대한 자세한 내용은 22장 참조)에 따라 부동산 및 주식의 가격이 급락하면서 가계의 부 가운데 무려 11.2조 달러가 공중으로 사라졌다. 이에 따라 소비자들은 소비를 급격히 줄였고, 이는 소비함수가 큰 폭으로 하방 이동했음을 의미한다.

- 차입 가계의 차입수준 또한 소비에 영향을 준다. 가계는 차입을 통해 처분가능소득 이상을 소비할 수 있다. 이렇게 차입은 가계의 현재 소비여력을 늘림으로써 현재의 소비함수를 위쪽으로 이동시키는 효과를 가진다.

  그러나 늘 그렇듯이 "공짜 점심은 없다(There is no free lunch)." 지금 돈을 빌리면 현재는 소비를 늘릴 수 있지만, 미래에 빌린 돈을 갚아야 할 때는 오히려 소비를 제약하는 요인이 된다. 즉 가계가 현재 차입을 늘리면 부채가 증가하면서 가계의 부를 감소시키게 되는데, 이는 앞서 언급한대로 가계의 부가 자산에서 부채를 차감한 것이기 때문이다. 이렇게 가계의 부가 감소하면 미래의 소비여력이 줄어들면서, 다른 조건이 일정할 경우 가계는 미래 소비를 줄이게 된다.

앞서 언급한 자산 가격 하락에 따른 역전된 부의 효과와 마찬가지로 차입에 따른 부의 감소는 미래 소비에 부정적 영향을 주게 된다. 그러나 이를 두고 '역전된 부의 효과'라고 부르지는 않는다. 왜냐하면 **일반적으로 부의 효과라고 하면 예기치 못한 자산가격의 변동에 의해 가계의 부가 증가 또는 감소할 경우의 소비 반응**을 의미하기 때문이다. 따라서 가계가 차입을 통해 의도적으로 부를 감소시킨 결과, 나타나는 미래 소비의 반응은 부의 효과에 해당되지 않는다.

- **미래에 대한 기대** 가계는 미래 물가 및 소득수준에 대해 어떻게 기대하는가에 따라 현재의 소비와 저축을 변화시킨다. 예컨대 어떤 상품의 가격이 다음 달이 되면 크게 오를 것으로 예상될 경우, 사람들은 이번 달 가격이 오르기 전까지 이 상품을 미리 사두려고 할 것이다. 이에 따라 현재 시점의 소비함수는 상방 이동하는 반면 저축함수는 하방 이동한다. 또한 경기침체가 지속되어 미래 소득수준이 하락할 것으로 예상되는 경우, 가계는 소비를 줄이고 저축을 늘릴 것이다. 현재 저축을 통해 부를 늘려 놓으면, 미래 소득이 예상대로 감소할 경우에도 잘 버텨낼 수 있기 때문이다. 이 경우 소비함수는 하방 이동하는 반면 저축함수는 상방 이동한다.
- **실질이자율** 물가상승률로 조정한 실질이자율이 하락하면, 가계는 더 많이 차입하여 소비를 늘리고 저축은 줄일 것이다. 예컨대, 대출 또는 할부금융 이자율이 낮아지면 똑같은 돈을 빌려도 갚아야 할 이자부담이 줄어들기 때문에, 더 많은 사람들이 더 많은 대출을 받거나 할부를 통해 자동차 등 내구소비재를 매입하게 된다. 또한 예금 이자율이 하락하면 저축에 대해 지급되는 이자액이 줄어들면서 사람들은 저축을 이전보다 줄이게 된다.

  그러나 현실에서 **이자율의 소비 및 저축에 대한 효과는 대체로 미미한 편**이다. 실질 이자율의 변화는 가계의 소비 총량보다는 주로 소비 구성에 영향을 준다. 즉 이자율이 낮아지면 가계는 할부로 살 수 있는 상품의 소비를 늘리는 대신, 다른 상품의 소비를 줄인다는 것이다. 이 때문에 이자율의 하락은 기껏해야 소비함수를 소폭 상방 이동시키고 저축함수를 소폭 하방 이동시킨다.

추가적인 고려사항

소비와 저축함수의 형태 및 위치 변화에 있어 추가적으로 고려해야 할 사항들은 다음과 같다.

- **처분가능소득을 실질 GDP로 전환** 앞 장에서 살펴본 대로 거시경제이론에서 가장 중요한 변수는 실질 GDP로 측정되는 국민소득이다. 따라서 대부분의 거시경제이론들은 지금까지 살펴본 소비(또는 저축)와 처분가능소득의 관계보다는 실질 GDP와의 관계에 더욱 주목한다. 따라서 이후의 분석에서는 처분가능소득 대신 실질 GDP를 주된 분석 대상으로 할 것이다. 이를 반영하여 그림 19.4의 (a)와 (b)에서는 가로축 변수가 실질 GDP로 바뀌어 있음을 알 수 있다.

[그림 19.4] 소비함수와 저축함수의 이동

국민소득 즉 실질 GDP 수준이 일정한 상황에서 가계가 소비를 늘리기 위해서는 저축을 반드시 줄여야 한다. 이는 그림 (a)에서 소비함수가 상방 이동($C_0 \to C_1$)할 때, 그림 (b)의 저축함수는 하방 이동($S_0 \to S_1$)해야 함을 의미한다. 반대로 실질 GDP 수준이 일정한 상황에서 가계가 소비를 줄이면 저축이 반드시 늘어나게 된다. 이는 그림 (a)에서 소비함수가 하방 이동($C_0 \to C_2$)할 때, 그림 (b)의 저축함수는 상방 이동($S_0 \to S_2$)해야 함을 의미한다. 한편 세금의 변화는 소비함수와 저축함수를 같은 방향 즉 세금의 변화와 반대 방향으로 이동시킨다. 예컨대 세금이 증가하면 소비함수와 저축함수는 둘 다 하방 이동($C_0 \to C_2$와 $S_0 \to S_1$)하게 된다.

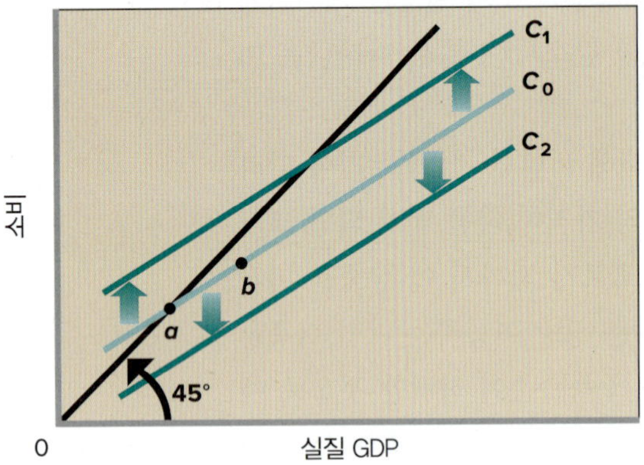

(a) 소비함수

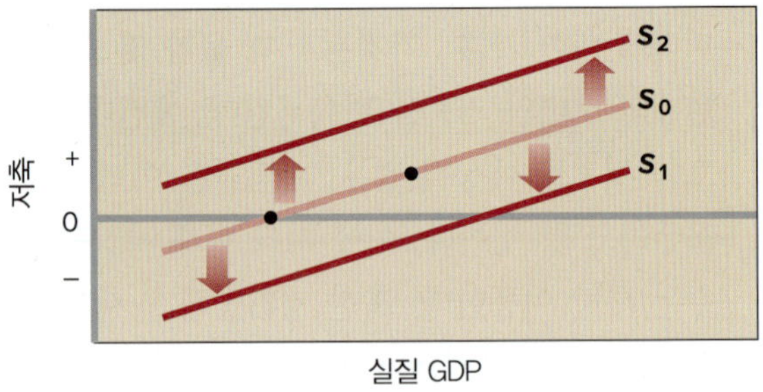

(b) 저축함수

- **소비 및 저축함수 위에서의 이동** 소비와 저축의 변화는 그 원인에 따라 소비 및 저축함수 위에서 균형점을 이동시키거나 아니면 소비 및 저축함수 자체를 상방 또는 하방 이동시킨다. 만일 소비와 저축이 순전히 실질 GDP에 따라서 변화한 것이라면, 이 변화는 그림 19.4(a)에서 점 a로부터 점 b로의 이동과 같이 소비 및 저축함수 위에서 점의 이동으로 나타난다. 반면 소비와 저축의 변화가 실질 GDP 이외에 앞서 언급한 여러 결정요인에 의한 것이라면, 이 변화는 (그림 19.4(a)에서 소비함수 C_0으로부터 C_1 또는 C_2로의 이동과 같이) 소비 및 저축함수 자체를 상방 또는 하방 이동시킨다.
- **소비 및 저축함수의 동시이동** 부와 차입수준, 미래에 대한 기대, 이자율 등 실질 GDP 이외에 소비와 저축에 영향을 주는 요인들이 변화할 경우, 소비함수와 저축함수는 서로 반대방향으로 동시에 이동한다. 이는 국민소득 즉 실질 GDP 수준이 일정한 상황에서 가계가 소비를 늘리기로 결정했다면 이들은 동시에 저축을 줄여야하기 때문이다. 만일 가계가 번 소득이 아닌 차입을 통해 소비를 늘릴 경우에도 차입한 금액만큼 저축은 줄어든다. 왜냐하면 차입이 곧 '음(−)의 저축'이기 때문이다. 그림 19.4의 (a)에서 소비함수가 만일 C_0에서 C_1으로 상방이동하면 (b)에서 저축함수는 S_0에서 S_1으로 하방 이동해야 한다. 반대로 C_0에서 C_2로 소비함수가 하방이동하면 S_0에서 S_2로 저축함수는 상방 이동해야 한다.
- **세금의 영향** 반면 다른 요인과 달리 세금의 변화는 소비와 저축함수를 동일한 방향으로 이동시킨다. 왜냐하면 실질 GDP가 일정한 상황에서 세금이 증가하면 가계는 이를 납부하기 위해 소비와 저축을 둘 다 조금씩 줄여야하기 때문이다. 따라서 세금의 증가는 소비와 저축 모두를 감소시키며, 그 결과 소비함수는 그림 19.4의 (a)에서 $C_0 \to C_2$로 저축함수는 그림 19.4(b)에서 $S_0 \to S_1$로 동시에 하방 이동한다. 반대로

사례연구: 글로벌 금융위기 이후의 대침체와 절약의 역설

2007년 발발한 금융위기 이후 2007~2009년 사이 미국 경제는 대공황 이후 최악의 경기침체를 경험한다. 이른바 대침체(The Great Recession)는 가계의 소비와 저축행태에 큰 변화를 야기하였다. 자산 가격 하락에 따라 가계의 부가 감소하는 가운데 위기 이전 부동산 거품기에 축적된 높은 부채수준과 경기침체로 인한 실직 위험 등을 감안하여 대부분의 가계들은 소득수준을 막론하고 공통적으로 소비를 줄이고 저축을 늘렸다. 이러한 변화는 그림 19.4(a)에서 소비함수가 하방 이동하는 동시에 (b)에서 저축함수가 상방 이동하는 것으로 표현할 수 있다.

이러한 금융위기 이후 가계의 소비·저축행태의 변화는 이른바 '절약의 역설'의 단적인 예라고 할 수 있다. **절약의 역설**(paradox of thrift)이란 경기불황기에 모든 가계가 소비를 줄이고 저축을 늘린 결과, 불황이 더욱 심화되면서 결과적으로 경제 전체의 총저축이 당초보다 오히려 줄어드는 현상을 말한다. 절약의 역설은 다음과 같은 2가지 의미에서 모순 또는 역설적인 현상이다.

첫째, 앞서의 장들에서 살펴본 대로 원래 저축의 증가는 장기 경제성장의 관점에서는 매우 긍정적인 현상이다. 저축의 증가가 투자 확대로 이어지면 미래의 경제성장을 촉진하기 때문이다. 그러나 단기적인 관점에서, 특히 경기 침체기에는 저축의 증가가 성장에 부정적으로 작용한다. 왜냐하면 경기 침체기에는 투자주체인 기업들이 대체로 미래의 업황에 대해 비관적으로 기대하기 때문에, 저축의 증가는 투자 확대로 연결되지 않고 현재의 소비지출만을 감소시키기 때문이다. 이렇게 투자가 위축된 상황에서 소비마저 감소하면 경기침체가 더욱 심화되면서 더 많은 노동자들이 해고되고 가계의 소득은 더욱 줄어든다.

둘째, 절약의 역설은 앞서 1장의 '마지막 한마디'에서 언급한 구성의 오류의 좋은 사례이다. 여기서 구성의 오류란 개별 경제주체의 입장에서 합리적이고 바람직한 판단이, 전체 경제에 대해서도 바람직한 것이라고 착각하는 오류를 의미한다. 만일 경기침체기에 모든 개별 가계들이 불안한 미래를 대비한다는 합리적인 이유로 저축을 늘리고자 한다면, 결과적으로 경제 전체적으로는 저축이 오히려 줄어들 수 있다. 왜냐하면 소득수준이 일정한 상황에서 가계가 저축을 늘리려면 소비를 줄여야 하는데, 이러한 소비의 감소는 고용과 소득의 감소로 이어져 전체 가계의 저축여력을 더욱 축소시키기 때문이다. 이와 같이 개별 가계의 입장에서는 바람직한 저축의 증가가 경제 전체적으로는 국민소득 및 총저축의 감소 등 좋지 않은 결과를 야기한다는 점에서, 절약의 역설은 구성의 오류의 전형적인 예라고 할 수 있다.

세금이 줄어들면 가계는 이 중 일부를 소비하고 일부를 저축할 것이므로 소비함수와 저축함수 모두 상방 이동한다.

- 소비 및 저축함수의 안정성 **소비함수와 저축함수는 조세제도가 대폭 변경되지 않는 한 대체로 안정적**이다. 즉 함수의 형태나 위치가 크게 변하지 않는다. 이러한 안정성은 가계의 소비·저축 의사결정이 미래의 질병, 실직 등 위험과 노후에 대비하는 등 장기적 고려요인에 의해 주로 영향 받는 것에 기인한다. 또한 앞서 언급한 소득 이외의 소비 및 저축 결정요인들이 종종 서로 반대방향으로 작용하는데, 이 경우 각각의 효과가 상쇄되어 소비 및 저축함수의 이동폭은 매우 미미할 수 있다.

이자율과 투자의 관계

다음으로 거시경제변수 가운데 실질이자율과 투자 사이에 어떤 관계가 있는지 알아보자. 여기서의 투자는 앞서의 장에서 정의한 대로 공장, 자본설비, 기계, 상품재고 등 새로운 자본재에 대한 지출을 의미한다. 경제학에서의 의사결정이 항상 그렇듯이 기업들은 투자의 한계편익과 한계비용을 비교함으로써 투자 여부 및 규모를 결정한다. 여기서 투자의 한계편익은 기업이 새로운 자본재에 1원만큼을 투자함으로써 미래에 추가적으로 얻을 수 있는 기대수익률을 의미한다. 한편 투자의 한계비용은 자본재에 1원만큼 투자하기 위해 새롭게 차입한 자금에 대해 추가로 지불해야 할 이자율을 의미한다. 기업은 투자의 한계편익을 나타내는 기대수익률이 차입비용인 이자율을 초과하는 한 투자를 늘릴 것이다. 따라서 투자의 수익성을 나타내는 기대수익률과 차입비용을 나타내는 이자율은 투자를 결정하는 가장 중요한 2요인이다.

투자의 기대수익률

투자의 기대수익률

기업들은 미래 이윤을 늘리기 위해 투자를 시행한다. 예컨대 목재가구를 제조하는 어떤 회사가 수명이 1년인 연삭기계를 100만 원을 주고 살지 말지를 고심하고 있다고 가정하자. 기계의 수명을 1년 이상으로 늘리면 투자의사결정이 좀 더 복잡해지기는 하지만 기본적인 분석의 틀은 동일하다. 이 기계를 매입하여 생산에 투입함으로써 추가로 발생하는 순 기대수입(발생할 것으로 기대되는 매출액에서 목재 등 재료비와 에너지 비용, 임금과 세금 등 생산 및 운영에 소요되는 제반 비용을 차감하여 구함)이 110만 원이라고 가정하자. 110만 원의 순 기대수입으로부터 기계 매입에 소요된 기계의 가격 100만 원을 차감한 10만 원이 바로 기계에 투자함으로써 추가로 발생하는 이익이다. 이 때 **투자의 기대수익률(r)**은 기대이익 10만 원을 투자금액 즉 기계의 가격 100만 원으로 나눈 10%(=10만 원/100만 원)가 되며, 이것이 바로 앞서 언급한 투자의 한계편익을 나타낸다.

1가지 주의할 것은 이렇게 구한 **투자의 기대수익률은 어디까지나 불확실한 미래 상황에서 '사전적으로 기대 가능한, 기대수익률**일 뿐 '확실하게 보장된' 수익률은 아니라는 점이다. 투자는 기본적으로 미래 이익에 영향을 미치는 것이므로, 미래가 불확실한 이상 투자의 수익률 역시 기대한 것보다 높거나 낮을 수 있다. 다시 말해, 투자는 위험을 수반한다.

실질이자율

위의 예에서 투자로부터의 순 기대수입을 구할 때, 미처 감안하지 않은 중요한 비용이 있다. 바로 실물 자본(연삭기계)을 매입하기 위해 필요한 100만 원의 화폐 자본을 차입함으로써 발생하는 이자비용 즉 투자의 한계비용이다.

이러한 이자비용의 크기는 차입금액 100만 원에 실질이자율(i)을 곱하여 계산할 수 있다. 예컨대 이자율이 7%라면, 연삭기계 매입에 소요되는 총 이자비용은 7만 원이다. 연삭기계 투자로부터 발생하는 기대이익이 투자금액의 10%인 10만 원이었으므로, 여기에 이자비용 7만 원을 차감한 3만 원이 바로 새롭게 증가하는 기대이윤이 된다. 이와 같이 투자를 통해 기대이윤이 증가하므로 이 기업은 연삭기계에 투자하는 것이 유리하다.

기업의 투자의사결정을 좀 더 일반화하여 설명하면 다음과 같다. 기업은 **투자의 기대수익률(r)과 실질이자율(i)을 서로 비교하여 투자 여부를 결정**한다. 예컨대 위의 예에서는 투자의 기대수익률(10%)이 실질이자율(7%)보다 높으므로 기업은 투자를 집행한다. 동일한 투자금액 100만 원으로부터 발생하는 기대이익 10만 원(=100만 원×10%)

이 이자비용 7만 원(=100만 원×7%)보다 많으므로 투자를 통해 3만 원만큼 기대이윤이 증가하기 때문이다. 동일한 원리로 만일 투자의 기대수익률(10%)이 실질이자율(예컨대 12%)보다 낮다면, 이러한 투자계획은 집행되지 않는다. 동일한 기대이익 10만 원(=100만 원×10%)에 대해 이자비용이 12만 원(=100만 원×12%)으로 증가하면서 투자를 통한 기대이윤이 오히려 2만 원만큼 감소하기 때문이다.

정리하면 기업은 어떤 투자계획의 기대수익률(r)과 실질이자율(i)을 비교하여 기대수익률이 실질이자율을 초과하는 한 투자를 집행한다. 따라서 기업의 전체 투자규모는 다음과 같은 방법으로 결정된다. 즉 기업은 여러 후보 투자계획을 기대수익률(r)이 가장 높은 것부터 차례대로 정렬한 후, 이 중 기대수익률이 실질이자율(i)를 초과하는 투자계획까지 실제로 집행한다는 것이다. 이와 같이 기업은 $r > i$인 모든 투자계획들을 집행하기 때문에 $r = i$ 즉 **투자의 기대수익률과 실질이자율이 동일해지는 점에서 기업의 전체 투자규모가 결정**된다.

지금까지는 기업이 투자금액을 전부 차입을 통해 조달한다고 가정하였다. 만일 기업이 차입하지 않고 과거 이윤을 저축한 돈 즉 자기자본으로 투자금액을 조달할 경우에는 투자의사결정 방법이 달라지는가? 정답은 "아니오."이다.

왜냐하면 투자자금 마련을 위해 차입을 할 때와 마찬가지로 기업이 기존에 저축한 자기자본을 투자에 사용할 경우에도 여전히 동일하게 이자율만큼의 비용이 발생하기 때문이다. 위의 예에서 만일 기업이 자기자본 100만 원을 투자에 사용하지 않고 누군가에게 빌려주었다면 이자율 7%만큼의 수입 7만 원을 얻을 수 있음에도 불구하고, 이를 연삭기계를 매입하는 데 사용했으므로 투자를 통해 7만 원의 기회비용이 발생했다고 볼 수 있다. 따라서 투자자금을 차입을 통해 조달하든 자기자본으로 충당하든 관계없이 실질이자율 7%는 투자의 한계비용을 측정하는 척도가 된다.

명목이자율
실질이자율

또 1가지 유의할 것은 투자의사결정 시 명목이자율과 실질이자율을 잘 구분하여 기대수익률과의 비교대상을 선택해야 한다는 점이다. 즉 실질 기대수익률은 실질이자율과, 명목 기대수익률은 명목이자율과 서로 비교하여야 한다. 앞서 18장에서 살펴본 대로 **명목이자율**은 현재 화폐가치 기준으로 이자율을 측정한 것인 반면, **실질이자율**은 구매력 기준 즉 인플레이션율에 의해 조정된 화폐가치 기준으로 이자율을 측정한 것이다. 따라서 실질이자율은 명목이자율에서 인플레이션 프리미엄(기대 물가상승률)을 차감하여 구할 수 있다. 앞서의 예에서는 암묵적으로 물가수준이 불변 즉 인플레이션율이 0이라고 가정했기 때문에 명목이자율(또는 명목 기대수익률)과 실질이자율(또는 실질 기대수익률)이 서로 동일하였다. 따라서 명목과 실질을 굳이 구분할 필요가 없었던 것이다.

그러나 앞서의 예에서 만일 '인플레이션이 발생한다면' 투자의사결정 과정은 어떻게 변화하는가? 예컨대 현재 경제의 기대 인플레이션율이 5%라고 하자. 이 때 앞서 예의 연삭기계를 매입하는 데 투자할 경우, 인플레이션율을 차감한 실질 기준의 기대수익률은 5%(=10%−5%)가 된다. 이 때 시장의 명목이자율이 앞서 예와 동일한 수준인 7%라고 가정하자(실질 및 명목이자율이 7%로 동일하였던 위의 예와 달리 여기서는 명목이자율만이 7%임에 유의하기 바람). 이 경우 언뜻 보면 실질 기대수익률 5%가 명목이자율 7%보다 낮으므로 기업은 연삭기계에 대한 투자를 집행하지 않을 것이라고 판단하기 쉽다.

그러나 상기한 대로 투자의사결정 시 실질 기대수익률은 명목이자율이 아니라 실질 이자율과 비교해야 한다. 이 경우 실질이자율은 명목이자율 7%에서 인플레이션율 5%를 차감한 2%가 된다. 즉 연삭기계를 매입하기 위해 100만 원을 차입할 경우, 화폐금액으로는(명목 기준) 7만 원의 이자를 지불해야 하나, 이를 구매력 기준(실질 기준)으로 환산하면 약 2만 원의 이자를 지불하는 것과 같다는 것이다. 따라서 투자의 실질 기대수익률 5%가 실질이자율 2%보다 높으므로 이 투자는 잠재적으로 이윤을 증가시킬 수 있으며, 따라서 기업은 연삭기계에 대한 투자를 집행할 것이다.

투자수요곡선

앞서 살펴본 개별 기업의 투자의사결정 방식을 통해 경제 전체의 투자수요함수를 도출해 보자. 경제 전체의 모든 기업들이 현재 존재하는 모든 투자계획의 기대수익률을 측정할 수 있고, 실제로 이를 측정하여 자료를 가지고 있다고 가정하자. 이 경우 예컨대 다음과 같은 질문을 통해 투자수요함수를 구할 수 있다. 먼저 투자의 기대수익률이 16% 또는 그 이상인 투자계획들에 소요되는 투자금액을 모두 더하면 얼마인가? 마찬가지로 14~16%인 경우는? 12~14%인 경우는?

그림 19.5의 우측에 있는 표는 이러한 각각의 질문에 대한 답을 누적하여 합계한 결과이다. 따라서 이 표는 각각의 기대수익률 수준(1번째 열)에 대해 그 이상의 기대수익률을 가진 투자계획들의 합계금액(2번째 열)을 표시한 것이다. 예컨대 표에 따르면 기대수익률이 16% 이상인 투자계획들의 금액 합계는 0원이다(표의 1번째 행). 다음으로 기대수익률이 14% 이상인 투자계획들의 금액 합계는 5조 원인데(표의 2번째 행), 이는 기대수익률 16% 이상인 투자계획들의 총금액 0원에 기대수익률이 14~16%인 투자계획들의 총금액 5조 원을 더한 것임을 알 수 있다. 마찬가지 방법으로 12~14%의 기대수익률을 가진 투자계획들의 총금액 역시 5조 원임을 추론할 수 있다. 표에서 보듯이 12% 이상의 기대수익률을 가진 투자계획들의 금액 합계가 10조 원이 되려면(표의 3번째 행), 기대수익률 14% 이상인 투자계획들의 총금액 5조 원에 기대수익률 12~14% 구간에서 추가적으로 5조 원만큼이 더해져야 하기 때문이다. 마찬가지 원리로 기대수익률 구간이 2%p씩 내려갈 때마다 매 구간에 포함되는 투자계획의 총금액은 5조 원임을 추론할 수 있다. 그림 19.5의 좌측 그림은 이러한 관계를 그림으로 표현한 것이다.

결론부터 먼저 말하면 그림 19.5의 좌측 그림이 바로 투자수요곡선이 된다. 그 이유는 다음과 같다. 앞서 예를 통해 살펴보았듯이 기업들은 어떤 투자계획의 기대수익률 r이 실질이자율 i와 같거나 그보다 높은 한 이 투자계획을 집행한다. 예컨대, i가 12%라고 가정해 보자. 기업들은 기대수익률 r이 12% 이상인 모든 투자계획을 집행할 것이다.

그림 19.5의 우측 표에서 보듯이 기대수익률 r이 12% 이상인 모든 투자계획들의 금액 합계는 10조 원이다. 따라서 실질이자율 i가 12%일 때 경제전체의 총투자액은 10조 원이 되며, 이는 그림 19.5의 좌측 그림에서 곡선 ID가 좌표평면 위의 점 (10조 원, 12%)을 지나는 것으로 표현된다. 다시 말해, 자본조달비용을 나타내는 실질이자율이 12%일 때, 경제전체의 자본재에 대한 수요 즉 투자수요가 10조 원이라는 의미이다.

[그림 19.5] 투자수요곡선

모든 후보 투자계획들을 기대수익률이 높은 순으로 투자금액을 누적 합계함으로써 투자수요곡선을 도출할 수 있다. 투자수요곡선의 기울기는 우하향하며, 이는 실질이자율(투자자본의 조달비용)과 투자수요 간에 역(–)의 관계가 있음을 의미한다.

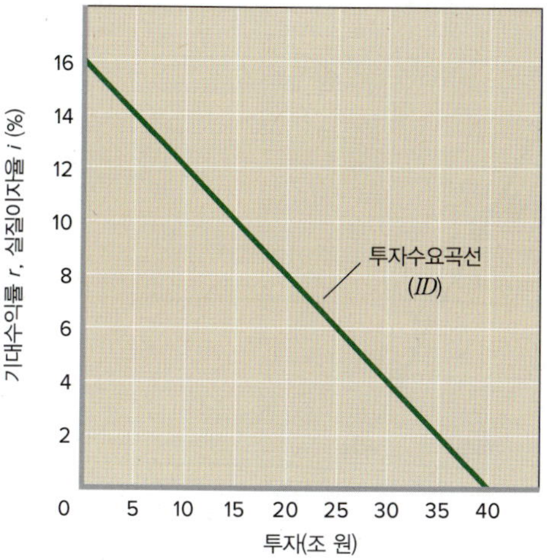

실질이자율(i) 또는 기대수익률(r) A	A값 이상의 기대수익률을 가지는 투자계획의 합계액(조 원)
16 %	0
14	5
12	10
10	15
8	20
6	25
4	30
2	35
0	40

만일 실질이자율이 8%로 낮아지면 그림 19.5의 우측 표에서 보듯이 기대수익률 r이 8% 이상인 모든 투자계획들의 금액 합계는 20조 원이므로 경제전체의 투자수요는 20조 원이 되며, 이 역시 그림 19.5의 좌측 그림에서 곡선 ID가 점 (20조 원, 8%)을 지나는 것으로 표현된다. 마찬가지 원리로 실질이자율이 6%로 낮아지면 경제전체의 투자수요는 25조 원이 되며, 따라서 곡선 ID는 점 (25조 원, 6%)을 지나게 된다.

정리하면 그림 19.5의 좌측 그림에서 곡선 ID는 다양한 실질이자율 i의 수준(세로축)에서 그에 상응하는 투자수요의 크기(가로축)를 나타낸다. 실질이자율은 결국 투자를 위한 자본의 조달비용이므로, 말하자면 투자의 가격으로 볼 수 있다. 따라서 우하향하는 곡선 ID는 앞서의 장에서 살펴본 수요의 법칙에 따라 투자의 가격인 이자율과 투자수요 간의 역(–)의 관계를 보여준다고 해석할 수 있다. 따라서 곡선 ID를 경제의 **투자수요곡선**(investment demand curve)이라고 한다. 이와 같이 경제전체의 투자수요는 실질이자율이 높아질수록 감소한다.

투자수요곡선

투자수요곡선의 이동

그림 19.5는 투자에 영향을 주는 다른 요인들이 일정할 경우의 실질이자율과 투자수요 간의 관계를 나타낸 것이다. 만일 다른 요인들이 변화하면 투자수요곡선은 좌우로 이동하게 된다. 어떤 요인에 따라 투자의 미래 수익률 상승이 기대될 경우, 기업들은 현재 투자를 늘린다. 이 경우 투자수요곡선은 그림 19.6에서와 같이 우측으로 평행 이동한다($ID_0 \rightarrow ID_1$). 반면 다른 요인에 따라 투자의 미래 수익률 하락이 기대될 경우, 기업들은 현재 투자를 줄인다. 이 경우 투자수요곡선은 그림 19.6에서와 같이 좌측으로 평행 이동한다($ID_0 \rightarrow ID_2$). 이자율 이외에 투자의 기대수익률을 통해 투자수요에 영향을 미치는 요인들은 다음과 같다.

[그림 19.6] 투자수요곡선의 이동
투자수요의 증가는 투자수요곡선을 우측으로 이동시킨다. 투자수요의 감소는 투자수요곡선을 좌측으로 이동시킨다.

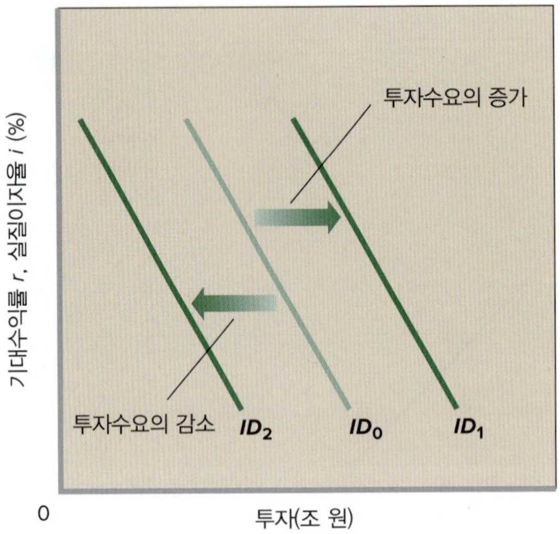

- **자본재 가격과 유지 및 운영비용** 투자는 새로운 자본재를 건설 또는 매입하는 것이다. 따라서 자본재의 매입가격이 비싸거나 자본재를 유지 및 운영하는 데 비용이 많이 소요될 경우, 해당 투자계획들의 기대수익률은 하락하게 된다. 그 결과 투자수요곡선은 좌측으로 이동하게 된다. 예컨대, 새롭게 설치한 기계를 사용하는 데 전기료 등 운영비용이 지나치게 많이 든다면, 이 기계에 대한 투자수요곡선은 좌측으로 이동한다. 물론 비용이 줄어든다면 투자수요곡선은 반대로 이동할 것이다.
- **세금** 기업들은 세전이 아닌 '세후(after-tax)' 기대수익률을 기준으로 투자 여부를 판단한다. 예컨대 법인세 등 세금의 증가는 투자의 세후 기대수익률을 낮추므로 투자수요곡선을 좌측으로 이동시킨다. 반면 투자세액공제 확대 등 세금의 인하는 곡선을 우측으로 이동시킨다.
- **기술 변화** 새로운 제품의 개발, 기존 제품의 품질개선, 그리고 생산설비 및 공정의 혁신과 같은 기술진보는 투자를 촉진하는 요인이다. 예컨대 효율이 높아진 새로운 기계를 생산과정에 도입하면 생산비용을 절감하고 품질을 개선함으로써 투자의 기대수익률을 증가시킬 수 있다. 또한 기술진보에 따라 수익성이 높은, 새로운 종류의 제품 예컨대 인터넷 서비스, 고해상도 TV, 스마트폰 등이 등장하면 새로운 제품 생산을 위한 투자의 기대수익률이 빠르게 상승하므로 관련 설비투자가 급격하게 증가한다. 이와 같이 기술진보의 속도가 빨라지면 투자수요곡선은 우측으로 이동한다.
- **기존 자본재 저량의 양** 기업들은 제품의 생산 또는 매출규모와 비교하여 생산에 투입된 기존 자본재 저량의 수준이 어느 정도인지에 따라 투자 여부 및 규모를 결정한다. 만일 매출규모에 비해 과다한 생산 자본저량 또는 재고자산이 존재할 경우, 추가적인 투자의 기대수익률은 낮아지게 된다. 이미 자본재 저량이 과잉인 상황에서 새롭게 투자되는 자본재 역시 한동안 놀릴 수밖에 없기 때문이다. 이 경우 이자율 수준과 관계없이 기업들은 투자를 줄이므로, 투자수요곡선이 좌측으로 이동하게 된다.

반면 매출규모에 비해 생산설비가 모자라거나 재고가 부족하여 제품을 만들자마자 팔려 나가는 상황이라면, 추가적인 투자에 대한 기대수익률이 높아지므로 투자수요곡선은 우측으로 이동한다.

- **계획된 재고변화** 앞서 16장에서 정의한대로 투자지출에는 팔리지 않은 제품 즉 재고의 변동이 포함된다. 따라서 재고가 증가하면 투자가 증가한 것으로 나타나는 반면, 재고가 감소하면 음(−)의 투자가 발생한 것으로 간주된다. 여기서 유의할 것은 모든 재고의 변동이 투자수요곡선을 이동시키는 것은 아니라는 점이다. 즉 재고의 변동은 크게 사전적으로 '계획된(planned)' 재고 변동과 의도하지 않게 발생한, '계획되지 않은(unplanned)' 재고 변동으로 나뉜다. 그런데 투자수요는 말 그대로 자본재에 대한 사전적으로 '계획된' 수요이므로, 재고 변동 중에서도 오직 '계획된' 재고 변동에 의해서만 영향을 받는다. 따라서 기업이 의도하지 않은 재고 변동 즉 **계획되지 않은 재고의 변동은 투자수요곡선의 위치에 아무런 영향을 미치지 못한다**.

  계획된 재고는 주로 기업의 미래 매출에 대한 기대에 따라 변동한다. 예컨대 내년에 매출이 두 배로 뛸 것으로 예측하는 기업은 지금 재고량을 대폭 늘리고자 할 것이다. 이 경우 투자가 증가하면서 투자수요곡선은 우측으로 이동한다. 반면 향후 매출이 크게 둔화될 것으로 예측하는 기업은 현재 재고량을 줄이고자 할 것이므로, 투자수요곡선은 좌측으로 이동한다.

  한편 경제 환경의 변화에 따라 종종 기업이 의도한 것보다 더 많은 재고가 쌓이기도 하고 소진되기도 한다. 이렇게 사후적으로 실현된 실제 재고량과 사전적으로 기업이 계획한 재고량의 차이가 계획되지 않은 재고 변동이다. 앞서 언급한대로 계획되지 않은 재고 변동은 투자수요에 포함되지 않으므로 그 자체는 투자수요곡선에 아무런 영향을 주지 않으나, 생산규모의 조정을 통해 경제전체의 균형국민소득을 결정하는 데 중요한 역할을 한다(자세한 내용은 20장 참조).

- **투자자의 기대 변화** 앞서 기업의 투자는 실질이자율과 비교한 투자의 미래 기대수익률 크기에 따라 결정됨을 알 수 있었다. 따라서 기업의 미래에 대한 기대 변화는 투자의 기대수익률을 통해 투자규모에 직접적으로 영향을 미친다. 특히 대부분의 자본재는 기대수명이 10~20년에 달하는 내구성을 가지고 있다. 따라서 매출, 유지 및 운영비용, 그리고 생산된 제품의 수익성에 대한 상당히 먼 미래의 기대까지 자본재 투자의 기대수익률에 영향을 줄 수 있다. 이러한 미래에 대한 기대는 미래의 경제 환경뿐만 아니라 예측이 어려운 비경제적 요인들, 예컨대 미래의 정치상황, 국제관계, 인구증가 추세 및 소비자 기호의 변화 같은 요인들에 의해서도 영향을 받는

지구촌 전망 19.2

주요 국가의 GDP 대비 총투자 비율

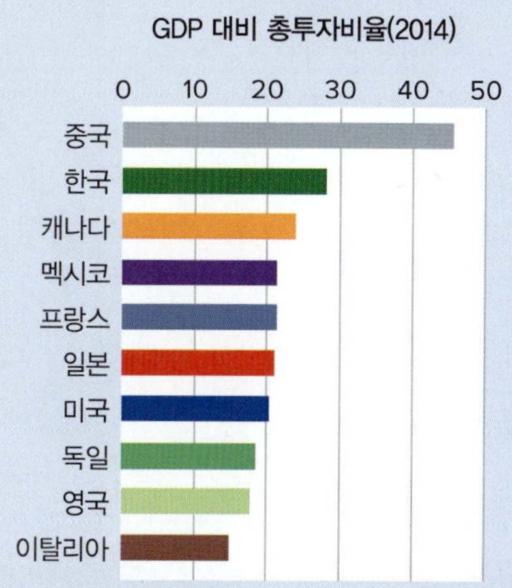

자료: 총고정자본형성(gross fixed capital formation) 기준. 출처는 IMF의 International Financial Statistics Database. www.imf.org

다. 만일 기업 경영진이 미래의 매출과 수익성에 대해 낙관적 기대를 가지게 되면 투자수요곡선은 우측으로 이동할 것이다. 반면 경영진이 미래에 대해 비관적이라면 투자수요곡선은 좌측으로 이동할 것이다.

지구촌 전망 19.2는 2014년 기준 우리나라를 포함한 주요 선진국의 GDP 대비 총투자의 비율을 보여주고 있다.

투자의 불안정성

소비와 달리 투자는 불안정하다. 즉 투자는 종종 매우 큰 폭으로 증가하거나 감소한다. 사실 투자는 소비, 정부지출(정부구매), 순수출 등 총지출을 구성하는 요소 가운데 가장 변동성이 큰 요소이다. 그러다 보니 많은 경제학자들은 현실에서 나타나는 **생산과 고용의 경기변동 가운데 상당 부분을 투자 충격으로 설명**하곤 한다. 그림 19.7은 우리나라 실제 데이터를 통해 GDP 대비 투자의 변동성이 얼마나 큰 지를 보여준다. 그림에서 보듯이 실질투자의 증가율은 실질 GDP 증가율에 비해 변동폭이 훨씬 큼을 알 수 있다. 앞서 투자의 결정요인에 대한 논의로부터 투자의 높은 변동성을 설명하는, 다음의 몇 가지 요인들을 유추할 수 있다.

- **기대의 가변성(variability)** 앞서 언급한대로 투자는 미래에 대한 주관적인 기대수익률에 의해 결정되므로, 기업의 미래에 대한 기대가 빈번하고 불안정하게 변화할수록 투자 역시 변동성이 커진다. 예컨대 미래의 환율 및 무역장벽, 경제정책 및 안보

[그림 19.7] 투자의 변동성(1980~2016)

실질투자의 연간 증가율은 실질 GDP 증가율에 비해 변동폭이 훨씬 크다(두 지표 모두 실질 기준이며 투자는 재고 변동을 포함한 총자본형성 기준임).

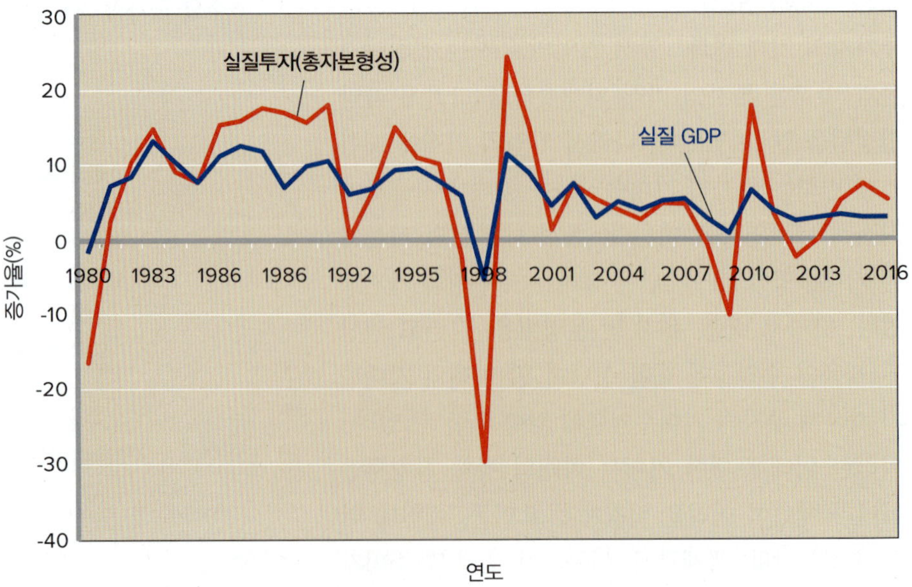

자료: 한국은행 경제통계시스템(www.ecos.bok.or.kr)

사례연구: 대침체와 투자의 수수께끼

글로벌 금융위기에 따른 2007~2009년 대침체 당시 미국의 실질이자율은 거의 제로수준으로 떨어졌다. 앞서 그림 19.5의 투자수요곡선에 따르면 이러한 초저금리는 투자를 증가시키는 요인이다. 그러나 대침체 기간 동안 미국의 투자는 오히려 큰 폭으로 감소했다. 투자가 2008년에는 전년대비 9%, 2009년에는 전년대비 26%나 감소한 것이다. 이런 사실을 그림 19.5의 투자수요곡선이 현실에서는 존재하지 않는다는 증거로 볼 수 있는가?

물론 정답은 "아니오."이다. 언뜻 투자수요곡선의 형태와 모순된 것처럼 보이는 실제 투자의 움직임은 이를 그림 19.6에서 투자수요곡선이 좌측으로 이동($ID_0 \rightarrow ID_2$) 한 결과로 보면 충분히 설명가능하다. 즉 초저금리에 의해 투자수요곡선을 따라 투자가 증가한 폭보다 투자수요곡선 자체가 좌측으로 이동하면서 투자가 감소한 폭이 훨씬 더 컸다는 것이다. 그 결과, 투자는 초저금리에도 불구하고 오히려 감소했다는 것이다.

대침체기 투자수요곡선의 좌측 이동은 궁극적으로 투자의 기대수익률이 하락한 것에 기인한 것이다. 투자의 기대수익률이 하락한 원인으로는 다음과 같은 요인을 들 수 있다. 먼저 당시 기업들은 매출규모 대비 상당 수준의 유휴 생산설비를 보유하고 있었으므로 투자를 늘릴 유인이 전혀 없었다. 이미 자본재 저량이 과잉인 상황에서 새롭게 투자되는 자본재 역시 당분간 놀릴 수밖에 없으므로, 투자의 기대수익률이 0이거나 음(−)이기 때문이다. 뿐만 아니라 경기침체가 지속되면서 기업들이 미래에 대해 비관적이었기 때문에 투자의 기대수익률은 이자율만큼이나 매우 낮은 수준에 머무를 수밖에 없었다.

한편 명목상의 이자율이 매우 낮았음에도 불구하고 채무불이행을 우려한 금융기관들이 대출 자체를 줄이면서, 투자자금을 조달하는 것이 여의치 않았다는 점 역시 투자를 감소시킨 요인 중 하나라고 할 수 있다.

상황, 노동쟁의 또는 반독점 소송에 대한 법원의 판결 등등 헤아릴 수 없이 많은 요인들이 기업의 미래 경영환경에 대한 기대를 변화시킴에 따라 투자는 크게 증가 또는 감소한다.

- **자본재의 내구성** 자본재는 상당한 정도의 내구성을 가지고 있으므로 그 사용가능한 연한이 상당히 가변적이다. 따라서 기존 자본재의 최대 사용가능 연한 내에서는 새로운 자본재에 투자하는 시기를 어느 정도 조정할 수 있다. 즉 오래된 설비와 건물을 바로 폐기하거나 대체할 수도 있지만, 한편으로는 그것들을 조금 수선하여 몇 년 더 사용할 수도 있다는 것이다. 예컨대 미래에 대해 낙관적인 기업은 오래된 설비를 새로운 것으로 바로 대체할 것이고, 그 결과 설비투자가 증가할 것이다. 반면 미래에 대해 비관적인 기업들은 오래된 설비를 대체하기보다는 조금 수선해서 계속 사용할 것이므로 설비투자는 거의 늘어나지 않거나 조금만 늘어날 것이다.
- **기술진보의 불규칙성** 앞서 언급한대로 새로운 상품개발이나 공정 혁신 등 기술진보는 투자를 촉진한다. 예컨대 과거 역사를 보면 철도, 전기, 비행기, 자동차, 컴퓨터, 인터넷과 휴대폰 등의 혁신적인 제품들이 등장하면서 관련된 투자지출이 급증했음을 알 수 있다. 그러나 기술진보 또는 혁신은 본질적으로 매우 불규칙적이므로, 이로 인해 유발된 투자 역시 매우 불규칙적으로 변동하게 된다.
- **기업이윤의 가변성** 기업의 현재 이윤수준은 투자 유인과 투자를 위한 자금조달 가능성 모두에 영향을 미친다. 어떤 기업이 현재 많은 이윤을 벌고 있다면 이 기업은

미래투자의 수익성에 대해 보다 긍정적 전망을 가질 뿐만 아니라 현재 벌고 있는 이윤의 일부를 투자자금으로 사용할 수 있기 때문이다. 이렇게 투자에 막대한 영향을 미치는 기업의 이윤 수준은 경제상황에 따라 크게 변동하므로, 이 역시 투자의 변동성을 확대시키는 또 다른 요인이 된다.

이와 같은 다양한 요인들에 의해 그림 19.6처럼 투자수요곡선은 종종 예상치 못하게 좌우로 이동하며, 그 결과 그림 19.7처럼 투자는 매우 빈번하게, 상당히 큰 폭으로 변동하게 된다. 이 때문에 많은 경제학자는 **투자에 대한 충격을 경기변동을 유발하고 증폭시키는 주된 요인**으로 본다.

승수효과

마지막으로 투자 등 총지출 구성요소의 변화와 실질 GDP의 관계에 대해 살펴보자. 경제에 유휴생산자본이 존재해서 수요만 존재하면 언제든 공급을 늘릴 수 있는 상황이라고 가정하자. 이 경우 소비, 투자 등 총지출 구성요소가 증가하면 당연히 실질생산이 늘면서 실질 GDP가 증가할 것이다. 반대로 총지출 구성요소가 감소하면 실질 GDP 역시 감소할 것이다.

승수

그러나 이것이 전부가 아니다. 더욱 중요한 것은 총지출 구성요소, 예컨대 투자가 증가하면 실질 GDP가 초기 투자 증가분의 몇 배만큼 증가한다는 점이다. 이렇게 소비, 투자, 정부지출 등 총지출 구성요소의 변화가 그보다 몇 배만큼의 실질 GDP 변화를 야기하는 것을 승수효과라 하며, 이때의 배수를 **승수**(multiplier)라고 부른다. 따라서 승수는 다음 식과 같이 총지출 구성요소의 초기 변화분과 이에 따른 실질 GDP 변화분의 비율로 구할 수 있다.

$$\text{승수} = \frac{\text{실질 GDP 변화분}}{\text{총지출 구성요소의 초기 변화분}}$$

이 식을 재배열하면 실질 GDP의 변화분을 다음과 같이 표현할 수 있다.

$$\text{실질 GDP 변화분} = \text{승수} \times \text{총지출 구성요소의 초기 변화분}$$

예컨대 어떤 경제에서 투자지출이 소득 변화와 관계없이 독립적인 이유로 30조 원만큼 증가했는데, 그 결과로 실질 GDP가 90조 원 증가했다고 하자. 위 식을 이용하여 계산하면 승수는 3(=90조 원/30조 원)이 된다.

총지출 구성요소 가운데 투자가 가장 변동성이 크기 때문에 흔히 승수효과를 일으키는 요인으로서 투자를 가장 널리 언급한다. 그러나 소비, 정부지출, 순수출 등 기타 총지출 구성요소의 경우에도 이들이 소득 변화와 관계없이 독립적인 이유로 증가하는 한 동일한 승수효과를 발생시킨다. 또한 승수효과는 양(+) 또는 음(−)의 방향으로 대칭적이다. 즉 총지출이 증가하면 실질 GDP가 승수 배만큼 증가하듯이 총지출이 감소하면 실질 GDP는 역시 승수 배만큼 감소한다.

승수효과의 작동원리

승수효과는 다음과 같은 2가지 원리에 기초하여 작용하게 된다. 첫째, 한 사람의 지출은 다른 사람의 소득이 되며, 이렇게 지출이 소득으로 전환되는 과정은 연쇄적, 지속적으로 반복된다는 점이다. 예컨대 A가 B로부터 상품과 서비스를 사면 A의 지출이 B의 소득이 된다. 그러나 여기서 그치지 않고 B가 C로부터 상품과 서비스를 사면 B의 지출이 C의 소득이 되며, 이러한 지출·소득의 전환과정은 연쇄적, 지속적으로 반복된다는 것이다.

둘째, 지출이 소득으로 전환될 뿐만 아니라 소득 역시 지출로 전환된다. 즉 앞서 예에서 A의 지출에 의해 B의 소득이 증가하면, B는 늘어난 소득의 일부를 소비로 지출하고 나머지는 저축한다. 다시 말해 어떤 경제주체의 소득이 변화하면, 이 경제주체는 소비와 저축을 소득 변화와 동일한 방향으로 변화시킨다는 것이다.

이러한 2가지 원리 즉 지출이 소득으로, 다시 소득이 지출로 전환되는 원리에 따라 초기 총지출의 변화는 연쇄적인 지출 사슬(spending chain)을 촉발시킨다(이러한 지출·소득의 연쇄반응을 통한 승수효과의 예는 이 장의 '마지막 한마디' 참조). 이러한 지출 사슬을 통해 투자 등 총지출 구성요소의 작은 변화가 전체 GDP의 큰 변화 즉 승수 배만큼의 변화로 이어지는 것이다.

그림 19.8의 표는 이러한 승수효과의 작동원리를 예를 통해 보여준다. 먼저 모든 경제주체의 한계소비성향이 0.75이고 한계저축성향이 0.25이라고 하자. 또한 물가는 총지출의 변화와 관계없이 일정하게 유지된다고 가정하자.[2)]

이러한 상황에서 초기 투자가 5억 원만큼 증가했다고 가정하자. 예컨대 A라는 사람이 건물을 짓는데 5억 원만큼의 비용을 지불했다고 하자. 이렇게 투자된 5억 원은 건물을 지은 건축업자 B의 소득이 된다.[3)] 즉 앞서 말한 첫 번째 원리대로 A의 지출이 B의 소득이 된다. 그러고 나면 건축업자 B는 늘어난 소득 5억 원 중 일부 즉 한계소비성향인 75%만큼을 소비하고 나머지 25% 즉 한계저축성향만큼을 저축할 것이다. 따라서 표의 (2)열과 (3)열에서 보는 것처럼 초기 5억 원의 소득 증가에 따라 소비가 3.75억 원(=0.75×5)만큼, 저축이 1.25억 원(=0.25×5)만큼 증가하게 된다. 즉 앞서 말한 두 번째 원리에 따라 B의 소득 증가가 지출(소비) 증가로 전환된 것이다.

이러한 지출·소득·지출의 연쇄과정은 계속 반복된다. B가 3.75억 원만큼을 C가 만든 최고급 자동차를 사는 데 소비했다고 하자. 이에 따라 자동차를 판 C의 소득이 3.75

2) 물론 이는 특수한 상황에서만 타당한 가정이다. 물가가 수급상황에 따라 변화할 경우, 경제의 총지출과 균형국민소득이 어떻게 결정되는지는 이후 21장에서 총수요·총공급 모형을 통해 살펴볼 것이다.

3) 물론 현실에서는 건축업자가 벌어들인 5억 원 중 일부가 공사인부들의 임금, 영업장 임대료, 공사비 대출이자, 주식회사의 경우 배당금 등으로 다른 경제주체에게 분배될 것이다. 그러나 본문에서처럼 모든 경제주체들의 한계소비성향이 동일하다고 가정하면, 본문의 분석 결과는 전혀 변하지 않는다. 따라서 여기서는 논의의 단순화를 위해 건물 신축비용 5억 원 전액이 건축업자 B의 소득이라고 가정한다.

억 원만큼 늘어난다(표의 2번째 행). 이제 C는 늘어난 3.75억 원의 소득 중 75%인 2.81억 원을 소비하고, 나머지 25%인 0.94억 원을 저축한다. 마찬가지로 C가 2.81억 원만큼 소비를 증가시키면 다른 가계 D의 소득이 같은 금액만큼 증가하면서, 이 중 일부가 소비되고 나머지는 저축된다(표의 3번째 행). 이와 같은 소비와 소득의 연쇄적, 반복적인 전환과정이 지속된다. 물론 표에서도 확인할 수 있듯이 이러한 과정의 매 단계마다 추가적으로 늘어나는 소비와 소득의 크기는 점점 줄어든다. 이에 따라 지출할 수 있는 추가 소득이 더 이상 존재하지 않는 단계에서 이 과정은 종료된다.

그림 19.8 하단의 막대그래프는 이와 같은 지출 · 소득 전환과정을 단계별로 그림으로 표현한 것이다. 그림에는 이러한 각각의 단계에서 국민소득 즉 GDP가 증가하는 폭을 파란 사각형의 높이로 표현하였다. 그림에서 알 수 있듯이 단계가 1단계에서 5단계로 경과할수록 파란 사각형의 높이는 점점 줄어듦을 알 수 있다. 그림에는 5단계까지만 표현되어 있지만(편의상 5단계 이후의 과정은 '나머지 모든 단계'의 범주로서 통틀어 하

[그림 19.8] 승수효과의 작동원리(한계소비성향이 0.75인 경우)

초기 투자지출이 5억 원만큼 증가하면 1단계로 같은 금액만큼 소득이 증가한다. 소득이 늘어난 가계는 이 중 3.75억 원(=0.75×5억 원)을 소비하므로 2단계로 같은 금액만큼 소득이 증가한다. 3단계에서 가계는 2단계에서 늘어난 소득 3.75억 원 중 2.81억 원(=0.75×3.75억 원)을 소비하며, 이는 다시 같은 금액만큼 다른 가계의 소득을 증가시킨다. 이러한 연쇄적인 과정은 반복적으로 지속되나 단계가 경과할수록 추가로 늘어나는 소득과 소비금액은 점차 줄어들며, 지출할 수 있는 추가 소득이 더 이상 존재하지 않는 단계에서 이 과정은 종료된다. 이러한 연쇄적 과정의 결과, 총 20억 원의 소득 즉 GDP가 증가하며, 이 경우 승수는 4(=20억 원/5억 원)가 된다.

단위(억 원)	(1) 소득의 변화	(2) 소비의 변화	(3) 저축의 변화
1단계: 초기투자증가분 5억 원	5.00	3.75	1.25
제2단계	3.75	2.81	0.94
제3단계	2.81	2.11	0.70
제4단계	2.11	1.58	0.53
제5단계	1.58	1.19	0.39
나머지 단계	4.75	3.56	1.19
총계	**20.00**	15.00	5.00

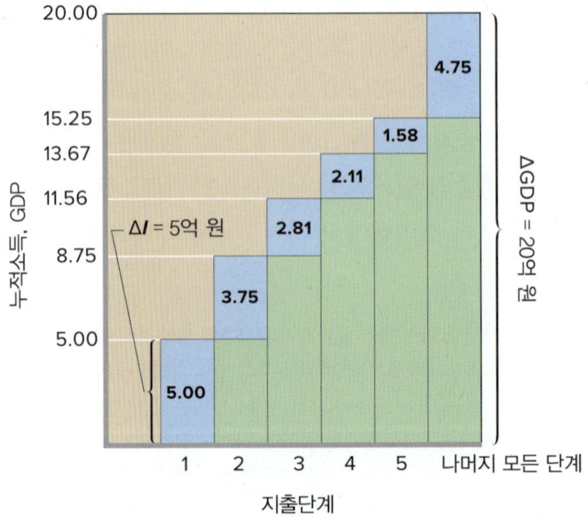

나의 사각형으로 표현하였음) 현실에서의 지출 · 소득 전환과정은 5단계를 넘어 수없이 지속된다. 매 단계 GDP의 증가폭(파란 사각형의 높이)을 모두 합한 값이 초기 5억 원의 투자 증가로 인한 국민소득 즉 GDP의 총 증가액이 된다. 그림에 따르면 GDP의 총 증가액은 20억 원이므로, 승수는 이를 초기 투자 증가액 5억 원으로 나눈 4(=20억 원/5억 원)가 된다.

승수와 한계소비성향의 관계

그림 19.8의 표를 통해 지출 · 소득의 반복되는 전환과정에서 한계소비성향과 한계저축성향이 승수의 크기를 결정하는 데 중요한 역할을 함을 유추할 수 있다. 증가한 소득 가운데 얼마만큼을 소비하느냐(한계소비성향)에 따라 초기 지출로부터 유발되는 이후의 지출규모가 결정되기 때문이다. 실제로 승수는 다음과 같이 한계소비성향과는 정(+)의 관계를, 한계저축성향과는 역(−)의 관계를 가진다.

$$승수 = \frac{1}{1-한계소비성향}$$

$$승수 = \frac{1}{한계저축성향}$$

앞서 정의한대로 한계소비성향과 한계저축성향의 합은 1이다. 따라서 한계저축성향은 1−한계소비성향과 같고, 이를 위의 식에 대입하여 나온 것이 바로 아래 식이다. 따라서 승수를 계산하기 위해 우리는 한계저축성향만을 알면 된다.

한계저축성향 즉 **늘어난 소득 중 저축되는 비중이 줄어들수록 앞서 지출 · 소득 전환과정의 각 단계에서 새롭게 소비되는 금액이 많아지고, 그 결과 승수가 커지게 된다.** 예컨대 앞서의 예에서처럼 한계저축성향이 0.25인 경우 승수는 4(=1/0.25)가 된다. 그러나 한계저축성향이 이보다 작은 0.2라면 승수는 5(=1/0.2)가 된다.

좀 더 구체적으로 한계저축성향이 0.2인 상황에서 앞서의 예와 같이 초기 투자가 5억 원 증가했다고 가정하자. 이제 그림 19.8 표의 1단계에서 저축이 1.25억 원이 아닌 1억 원(=0.2(한계저축성향)×5억 원)만큼 증가할 것이므로, 소비는 3.75억 원이 아닌 4억 원(=0.8(한계소비성향)×5억 원)만큼 증가하게 된다. 이와 같이 1단계에서 소비가 이전보다 더 많이 증가했으므로 2단계의 소득 및 소비증가액 역시 이전보다 더 증가한다. 동일한 원리가 매 단계 적용되므로 지출 · 소득 전환과정이 완료되었을 때 소득 증가분의 누적액은 표에서와 같이 20억 원이 아니라 이보다 더 많은 25억 원이 된다. 따라서 한계저축성향이 0.25에서 0.2로 감소하면, 승수는 4(=20억 원/5억 원)에서 5(=25억 원/5억 원)로 증가한다.

이와 같이 낮은 한계저축성향(또는 높은 한계소비성향)은 지출 · 소득 전환과정의 매 단계가 진행될수록 소비지출의 증가액이 상대적으로 천천히 감소함을 의미하므로, 결과적으로 더 많은 소득 증가로 이어진다. 반대로 높은 한계저축성향(또는 낮은 한계소

[그림 19.9] 한계소비 및 한계저축성향과 승수

한계저축성향이 작을수록(한계소비성향이 클수록) 승수는 커진다.

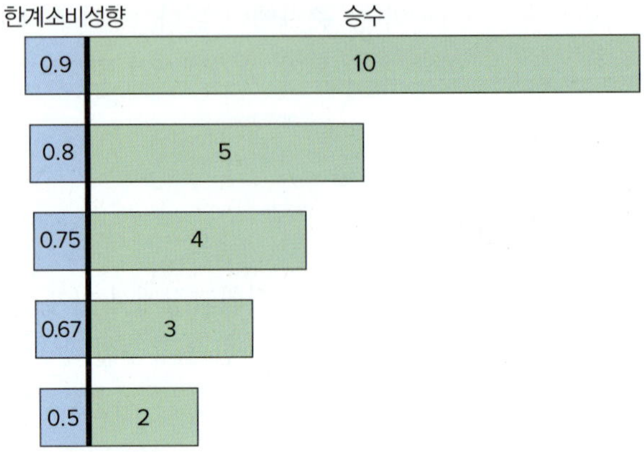

비성향)은 매 단계가 진행될수록 소비지출의 증가액이 상대적으로 빠르게 감소함을 의미하므로, 결과적으로 더 적은 소득 증가로 이어진다. 그림 19.9는 한계소비 및 한계저축성향과 승수의 관계를 예시를 통해 보여준다.

현실에서 승수효과의 크기는?

지금까지 설명한 승수효과의 작동과정은 다소 비현실적이고 단순한 가정에 기초하고 있다. 즉 이들 과정의 각 단계에서 경제주체들은 늘어난 전체 소득 가운데 저축하고 난 나머지를 모두 국내 제품을 소비하는 데 쓴다고 가정하였다. 그러나 현실에서 가계는 벌어들인 총소득의 상당 부분을 저축 또는 국내 제품의 소비 이외에 외국 수입제품을 소비하거나 세금을 내는 데 쓰기도 한다. 이렇게 수입제품 구매와 세금 납부에 쓰이는 금액만큼 국내 제품에 대한 소비는 줄어들게 되며, 그 결과 **현실에서 승수의 크기는 한계저축성향의 역수(1/MPS)보다 더 작은 것이 일반적**이다.

또한 우리는 승수효과의 작동원리를 살펴보기에 앞서 경제의 물가가 총지출의 변화와 관계없이 일정하게 유지된다고 가정하였다. 그러나 이후의 논의를 통해 살펴보겠지만 현실에서는 승수효과를 통해 증가한 지출이 모두 다른 경제주체의 소득 증가로 이어지기보다는, 부분적으로 물가의 상승 즉 인플레이션을 유발하게 된다. 이렇게 지출 증가에 따라 물가가 상승할 경우, 실제 승수의 크기는 크게 줄어들 수 있다. 왜냐하면 경제 전체의 상품과 서비스의 가격이 상승함에 따라 가계의 소비수요가 줄어들 뿐만 아니라, 똑같은 금액을 소비한다 해도 이전보다 구매할 수 있는 상품과 서비스의 양이 줄어들기 때문이다. 따라서 물가의 변화를 감안하면, 현실의 승수는 이론적으로 구한 크기보다 훨씬 작아질 수 있다.

이런 이유 때문에 실제 승수의 크기에 대해서는 경제학자들 사이에 합의된 결론이 존재하지 않는다. 다만, 여기서는 실제 현실의 승수가 앞서 살펴본 단순한 예에서보다 훨씬 더 작다는 점을 명심하자.

도미노 효과

유머를 통해 살펴본 승수효과

어제, 클리블랜드의 지역 경제는 세무사의 사소한 실수 때문에 단 6시간 만에 심각한 경기침체에 빠졌다.

문제의 발단은 정확히 9시 정각에 남성복 가게 사장 Ajani가 포드(Ford) 자동차 딜러인 Humbug로부터 전화를 받으면서 시작되었다.

"Ajani씨, 좋은 소식입니다! 기다리시던 새 모델이 입고되었네요. 말씀하시면 주문하겠습니다."

그러나 Ajani씨는 심란한 말투로 대답했다. "Humbug씨 어렵겠는데요? 제가 방금 예상한 것보다 훨씬 많은 액수의 세금고지서를 받았거든요. 세금 내느라 당분간은 새차를 살 여력이 없네요. 죄송"

Humbug가 전화를 끊고 나서 잠깐 있으니 조경업자 Tanaka로 부터 전화가 왔다. "Tanaka입니다. 언제 고객님 댁 정원공사를 시작할까요?"

"죄송합니다. Tanaka씨. 지금 당장은 공사를 시작하기 어렵겠어요." Humbug가 대답했다.

당황한 Tanaka가 말했다. "빨리 공사를 시작하길 바라시지 않으셨나요? 갑자기 무슨 일이신지?"

"제 고객 중 한명이 새 차 주문을 방금 취소하셨거든요. 생각보다 훨씬 많은 세금을 내게 돼서..." Humbug가 대답했다.

Tanaka는 두 시간 후 아내 Samantha로부터 전화를 받았다. "여보! Goldman씨네 가게에 지난번 주문했던 새 TV가 들어왔데요. 내일 설치하러 방문할 수 있다는데?"

"아쉽지만 환불해야 할 듯..." Tanaka가 대답했다.

"왜요?"

"Humbug씨가 예정중이던 정원 공사를 나중으로 미뤘어..." Tanaka가 대답했다.

통화 10분후 Samantha는 Goldman에게 전화를 걸어 TV 주문을 취소했다. 이를 들은 Goldman은 여행사 직원 Gonzales에게 전화를 걸었다.

"지난 번 예약 했던 스페인 여행 일정 기억하시죠?"

"네. 고객님. 예약확정되었고요. 결제하시겠습니까?" Gonzales가 대답했다.

"아니요. 죄송하지만 취소해야겠네요. 갑자기 가게 매출이 줄어서 여행 갈 형편이 못될 거 같습니다."

Gonzales는 바로 온라인에 접속해서 스페인 여행 일정을 취소 처리하였다. 그리고 나서 그는 거래은행의 대출담당자 Tightfist를 찾아갔다.

"Tightfist씨, 죄송한데 이번 달에는 대출금 상환을 못할 거 같습니다. 여행예약 취소 건 때문에 갚을 돈이 없어요. 죄송합니다."

이에 화가 난 Tightfist는 근방에서 빵집을 하는 Kozysic의 대출신청을 거부하였다. "Gonzales와 같은 차입자들의 연체가 늘어나고 있어서 신규대출은 어렵습니다."

낙담한 Kozysic은 인테리어 업자 Johnson에게 전화를 걸어 빵집 리모델링 공사를 취소하였고, Johnson은 곧바로 공사에 투입할 예정이던 인부 7명을 해고했다.

어느덧 점심시간을 지나 오후 2시가 되자, 포드사는 새로 출시한 모델에 대해 대폭 할인행사를 실시한다고 공표하였다. 이 소식을 전하기 위해 Humbug는 Ajani에게 바로 전화를 걸었다. "굿 뉴스가 있습니다! 고객님이 원하시던 신차 모델에 대해 본사에서 대폭 할인행사를 실시하여 이제 세금을 내시고도 충분히 여유있게 구매하실 수 있습니다."

"아! 다행히 그 세금고지서는 잘못된 것이었습니다. 제 세무사가 세금신고 시 뭔가 실수를 한 모양입니다." Ajani가 대답했다.

"다행이네요. 그럼 이제 새 차를 구매하시는 데 아무런 문제는 없으시겠네요" Humbug가 말했다.

"아뇨. 요즘 경기가 영 안 좋아서 아무래도 당분간 새 차 사는 건 미뤄야겠어요..." Ajani가 우울한 말투로 대답했다.

"아... 그렇군요. 요즘 무슨 일이 있나요? 왜 경기가..."

"Tanaka씨, Goldman씨, Gonzales씨, Tightfist씨, Kozysic씨 등등 우리 마을 사람들이 요 한달 새 통 가게에 오질 않네요. 이래서야 어디 가게 유지나 할 수 있을지 모르겠습니다. 허허..."

이 유머를 통해 승수효과가 구체적으로 어떻게 작용하며, 이로 인해 경제의 연쇄반응이 어떻게 일어나는지 실감할 수 있다.

자료: Art Buchwald, "Squaring the Economic Circle," Cleveland Plain Dealer, February 22, 1975.

요약

1. 국민소득의 변화와 소비 · 저축

다른 조건이 일정하다면 소득과 소비, 그리고 소득과 저축 간에는 정(+)의 관계가 성립한다. 한편 소비 또는 저축함수는 물가가 고정되었다는 가정에서 다양한 소득수준에 따라 가계가 소비 또는 저축하고자 하는 양이 어떻게 달라지는지를 나타낸 것이다.

평균소비성향과 평균저축성향은 각각 전체 소득에서 소비 또는 저축이 차지하는 비중을 의미한다.(평균소비성향+평균저축성향=1). 한편 한계소비성향과 한계저축성향은 각각 소득의 변화분에서 소비 또는 저축되는 부분이 차지하는 비중을 의미한다(한계소비성향+한계저축성향=1).

2. 소비에 영향을 미치는 요인들

소비함수와 저축함수의 위치나 이동방향은 (a) 가계가 보유한 부의 수준 (b) 미래의 가격과 소득수준에 대한 기대 (c) 실질이자율 (d) 가계부채 수준, 그리고 (e) 세금의 변화 등에 의해 결정된다. 소비함수와 저축함수는 대체로 안정적이다. 즉 함수의 형태나 위치가 시간에 따라 크게 변하지 않는다.

3. 실질이자율의 변화와 투자

투자를 직접적으로 결정하는 요인은 (a) 투자의 기대수익률과 (b) 실질이자율이다. 투자수요곡선은 다음과 같이 도출할 수 있다. 먼저 현재 존재하는 다양한 투자계획들을 기대수익률이 높은 순으로 정렬한 후, 각각의 기대수익률 수준에서 그 이상의 기대수익률을 가지는 투자안들의 투자금액을 합계하여 그래프로 표현한다. 실질이자율 i가 투자의 기대수익률 r과 같아지는 점까지 투자가 집행됨을 고려하면, 바로 이 그림이 실질이자율에 따른 투자수준을 나타내는 투자수요곡선임을 알 수 있다. 투자수요곡선은 실질이자율과 투자지출 사이에 역(−)의 관계가 성립함을 보여준다.

4. 투자에 영향을 미치는 요인들

(a) 자본재 가격과 유지 및 운영비용 (b) 기업에 대한 세금 (c) 기술 (d) 기존 자본재 저량의 양 (e) 투자자의 기대 등이 변화하면, 투자수요곡선이 이동하게 된다.

투자가 다른 총지출 구성요소들에 비해 변동성이 큰 것은 기대의 가변성, 자본재의 내구성, 기술진보의 불규칙성, 기업이윤의 가변성 등에 의해 투자수요곡선이 종종 예상치 못하게 대폭 좌우로 이동하기 때문이다.

5. 승수효과

소비, 투자, 정부지출, 순수출 등 총지출 구성요소의 변화는 승수효과를 통해 실질 GDP에 몇 배로 증폭된 영향을 미친다. 여기서 승수란 최종적인 실질 GDP 변화분을 초기 지출의 변화분으로 나누어 구한 배수를 말한다.

이론적인 승수는 한계저축성향의 역수로서 계산할 수 있다. 즉 한계저축성향이 클수록 승수는 작아진다. 반대로 한계소비성향이 클수록 승수는 커진다.

그러나 수입 또는 세금의 존재와 물가 변화 등에 따라 현실의 승수는 본문에서 제시한 단순한 예를 통해 계산한 이론적 승수보다 훨씬 작을 수 있다. 이 때문에 실제 승수의 크기에 대해서는 경제학자들 사이에 합의된 결론이 존재하지 않는다.

주요 용어와 개념

부의 효과	절약의 역설	한계소비성향
소비함수	투자수요곡선	한계저축성향
손익분기 소득	투자의 기대수익률	45도 선
승수	평균소비성향	
저축함수	평균저축성향	

연습문제

1. 어떤 가계가 1기에 100만 원을 벌고 이 중 10만 원을 저축하였다. 2기에 이 가계는 50만 원을 추가로 벌어 총 150만 원을 벌었고, 총소득 중 20만 원을 저축하였다. 2기에 이 가계의 한계소비성향은 얼마인가?

(1) 0.50　(2) 0.75
(3) 0.80　(4) 1.00
(5) 1.20

2. 다음 중 현재 소비함수의 이동방향이 올바르게 짝지어진 것을 모두 고르시오.

(1) 가계보유 주택의 가격 폭락–소비함수 상방이동
(2) 주식가격의 지속적인 상승–소비함수 하방이동
(3) 국민연금을 수령할 수 있는 최소연령 상승–소비함수 하방이동
(4) 자동차 구매를 위한 할부금융대출 급증–소비함수 상방이동
(5) 실질이자율의 하락–소비함수 하방이동

3. 어떤 엔터테인먼트 기업이 도심에 새로운 극장을 건설할지 고심하고 있다. 지금 극장을 지을 경우 투자의 기대수익률은 매년 15%이다. 또한 극장을 짓는 자금을 조달하기 위해 12%의 이자율로 대출을 받을 수 있다. (a) 이 기업은 극장을 지어야 하는가?

한편 시장이자율이 불변인 상황에서 지역 인구구조의 고령화로 인해 투자의 기대수익률이 연 10%로 하락하였다. (b) 이 경우 기업은 극장을 지어야 하는가? 위 (a), (b) 물음에 대한 답을 순서대로 바르게 나열한 것은?

(1) 그렇다, 그렇다　(2) 그렇다, 아니다
(3) 아니다, 그렇다　(4) 아니다, 아니다
(5) 위 보기 중 정답 없음

4. 다음 중 투자수요곡선을 우측으로 이동시키는 요인은? 보기로부터 모두 고르시오.

(1) 기업에 대한 세금의 증가
(2) 투자의 기대수익률 증가
(3) 유휴생산자본의 증가
(4) 기업의 계획된 재고 증가
(5) 자본재 가격의 상승

5. 초기에 50조 원의 투자 증가가 총 250조 원의 실질 GDP 증가를 유발한 경우, 승수는 얼마인가?

(1) 1.0　(2) 2.5
(3) 4.0　(4) 5.0
(5) 6.0

6. 아래 표를 참조하여 다음 물음에 답하시오.

(주: 단위는 만 원임)

(1) 실질 GDP 또는 처분가능소득	(2) 소비 (C)	(3) 저축(S)	(4) 평균소비성향 (APC)	(5) 평균저축성향 (APS)	(6) 한계소비성향 (MPC)	(7) 한계저축성향 (MPS)
240		−4				
260		0				
280		4				
300		8				
320		12				
340		16				
360		20				
380		24				
400		28				

(1) 표의 빈 칸을 채우시오.
(2) 손익분기 소득수준은 얼마인가?
(3) 다음 각각의 항목들이 소득수준에 따라 변화하는지 아니면 일정한지를 판별하시오. 한계저축성향, 평균저축성향, 한계소비성향, 평균소비성향

7. 작년에 어떤 경제의 처분가능소득, 총소비, 총저축이 각각 200조 원, 150조 원, 50조 원이었다고 한다. 올해가 되면서 처분가능소득이 20조 원, 소비가 18조 원, 저축이 2조 원만큼 증가했다고 한다. 올해 경제의 한계소비성향과 한계저축성향은 얼마인가? 작년 시점에서의 평균소비성향은 얼마이고, 올해는 얼마로 바뀌었는가?

8. (고급문제) 어떤 경제에서 가계의 소비함수가 식 $C=40+0.8Y$로 표현된다고 가정하자(여기서 Y는 처분가능소득, C는 총소비이며 단위는 만 원임). 또한 현재 소득(Y)는 400만 원이라고 가정한다. 다음 물음에 답하시오.

(1) 한계소비성향을 구하시오.
(2) 한계저축성향을 구하시오.
(3) 현재 소비 수준을 구하시오.
(4) 평균소비성향을 구하시오.
(5) 현재 저축 수준을 구하시오.
(6) 평균저축성향을 구하시오.

9. (고급문제) 어떤 경제의 소비 및 저축함수가 각각 다음과 같은 식으로 표현된다고 하자.

$$C=a+bY,\quad S=-a+(1-b)Y$$

여기서 C, S, Y는 각각 소비, 저축, 처분가능소득을 가리킨다. 또한 a는 소비함수의 세로축 절편을, b는 소비함수의 기울기를 나타낸다. 다음 물음에 답하시오.

(1) 다음 자료를 이용하여 a와 b의 값을 구하시오.

처분가능소득(Y)	소비(C)
0원	80만 원
100만 원	140만 원
200만 원	200만 원
300만 원	260만 원
400만 원	320만 원

(2) b와 $(1-b)$의 경제적 의미는 각각 무엇인가?
(3) (1)에서 구한 b와 $(1-b)$의 값이 불변인 상황에서, 어떤 경제적 충격에 의해 모든 소득수준에서 저축이 20만 원씩 감소했다고 가정하자. (1)의 표에 새롭게 변화한 저축의 값을 대입하여 소비 및 저축함수를 다시 구하시오. 이와 같은 변화를 유발하는 충격의 예는 어떤 것이 있는가?

10. 앞서 6번 문제의 표를 이용하여 다음 물음에 답하시오. 어떤 경제에서 다음과 같은 부의 효과(wealth effect)가 발생한다고 가정하자. 즉 가계의 부가 10만 원만큼 증가 또는 감소할 경우 모든 소득 수준에서 소비가 1만 원만큼 증가 또는 감소한다고 한다. 만일 부동산 가격의 하락으로 인해 모든 가계의 부가 80만 원만큼 감소했다고 하자. 이 경우 처분가능소득이 340만 원인 가계의 소비와 저축은 얼마가 되는가?

11. 어떤 인쇄소가 수명이 1년인 50만 원짜리 복사기를 구입할 것인지 고려하고 있다. 이 기계를 구입하면 연간 순수입이 55만 원만큼 증가할 것으로 기대된다. 복사기 투자의 기대수익률은 얼마인가? 기계 구입을 위해 자금을 차입할 때 적용되는 실질이자율이 8%라면, 이 인쇄소는 복사기를 구입할 것인가? 만일 실질이자율이 9%라면? 또는 실질이자율이 11%라면 어떻게 되는가?

12. 현재 어떤 경제에서 투자의 기대수익률이 25% 이상인 투자계획은 존재하지 않는다. 한편 20~25%의 기대수익률을 가지는 총 10조 원만큼의 투자계획이 존재한다. 또한 15~20%의 기대수익률을 가지는 또 다른 10조 원의 투자안이 존재한다. 이와 마찬가지로 10~15%의 기대수익률 구간에 또 다른 10조 원의 투자계획이, 5~10%의 기대수익률 구간에 또 다른 10조 원의 투자계획이 추가로 존재한다고 한다.

위의 조건하에서 세로축을 투자의 기대수익률 또는 실질이자율, 가로축을 투자량으로 하여 투자수요곡선을 그려 보시오. 이 때 경제의 실질이자율이 (a) 15% (b) 10% (c) 5%라면 균형에서의 투자지출 수준은 각각 얼마인가?

13. 한계저축성향이 각각 0, 0.4, 0.6, 1일 때 승수를 구하시오. 또한 한계소비성향이 각각 1, 0.90, 0.67, 0.50, 0일 때 승수를 구하시오. 한계소비성향이 0.80인 상황에서 초기 경제의 투자가 8조 원만큼 증가할 경우, 이후 실질 GDP는 얼마나 증가하는가? 만일 한계소비성향이 0.67이라면?

20 Chapter

총지출 모형

학습내용

1. 물가의 경직성과 총지출 모형
2. 투자함수의 도출
3. 총지출함수와 거시경제균형
4. 거시경제의 균형조건
5. 균형 GDP의 변화와 승수
6. 해외부문을 포함한 총지출 모형
7. 정부부문을 포함한 총지출 모형
8. 완전고용 GDP, 경기침체 갭과 인플레이션 갭

18장 이전까지 우리는 거시경제학이 다루는 2가지 중요한 질문 즉 (1) 경제의 실질생산 또는 국민소득을 어떻게 측정하는지 그리고 (2) 경제는 어떤 요인에 의해 장기적으로 성장하는지를 살펴본 바 있다. 그러나 이 장에서는 앞서 19장의 논의를 바탕으로 하여 다음과 같은 질문에 답하고자 한다. 하나는 경제의 생산능력이 일정한 상황에서 단기적으로 국민소득 즉 GDP는 어떻게 결정되는가의 문제(균형국민소득의 결정원리)이고, 다른 하나는 어떤 요인에 의해 단기적으로 GDP가 증가 혹은 감소하는가의 문제(경기변동의 원인)이다. 이 2문제에 대한 답변으로 경제학자 케인즈가 1936년 그의 저서 『일반이론』에서 제시한 이론이 바로 이 장에서 살펴볼 총지출 모형 즉 '케인지안 크로스(Keynesian Cross)' 모형이다. 총지출 모형에서는 말 그대로 경제의 총지출이 경제의 실질생산(국민소득)과 총고용 수준을 결정한다. 왜냐하면 기업들은 현재 고정된 가격에서 상품이나 서비스에 대한 수요가 있을 때에만 이를 생산하기 때문이다. 그래서 상품과 서비스에 대한 수요가 없다면 기업은 생산을 포기하고 노동과 자본을 유휴상태로 방치한다는 것이다.

총지출 모형의 기본 가정

총지출 모형의 기본 가정들은 대부분 이 모형이 제시된 1930년대 대공황 때의 경제상황을 반영하고 있다. 이장의 '마지막 한마디'에서 다시 논의하겠지만, 대공황이 왜 일어났고 어떻게 이를 극복할 수 있는가에 대한 대답으로 케인즈가 제시한 모형이 바로 총지출 모형이기 때문이다.

총지출 모형의 가장 기본적인 가정은 **경제의 물가수준이 고정되어 있다**는 것이다. 좀 더 구체적으로 총지출모형에서는 가격이 단순히 경직적인 것이 아니라 완전히 고정되어 있다고 가정한다. 즉 총지출 모형은 '경직적 가격'의 극단적인 사례에 해당하는 '고정된 가격'을 가정한다.

케인즈가 이렇게 물가가 고정되어 있다고 전제한 것은 대공황 기간 동안 경기침체에도 불구하고 경기회복을 가져다 줄만큼 가격이 하락하지 않았기 때문이다. 고전학파로 불리는 케인즈 이전의 주류 경제학자들에 따르면, 대공황과 같이 소비, 투자 등 총지출이 급격히 감소하는 경우에는 물가가 신속히 하락하여 다시 시장의 수요와 공급을 일치시켜야 정상이다. 그러나 대공황 때 실제 물가는 그만큼 하락하지 않았으며, 그 결과 총지출의 위축이 지속되고 경제의 실질생산과 고용은 완전고용수준 이하에 머물렀다. 1929년에서 1933년 사이 미국의 실질 GDP는 27%나 하락하였고 실업률은 25%까지 증가하였다. 현재의 가격수준에서 아무도 상품과 서비스를 사려고 하지 않았으므로, 수많은 공장들이 가동을 중단하거나 문을 닫았던 것이다.

케인즈는 이러한 대량실업과 공장의 가동률 위축이나 폐쇄가 경기침체에 따른 기업의 공급량 조정에 기인한다고 보았다. 경기침체에 따라 소비 및 투자가 위축되면서 기업들의 계획되지 않은 재고가 급증하기 시작하였다. 여러 가지 이유로 **가격이 하방경직적인 상황에서 기업들은 팔리지 않는 재고를 처분할 수 없어 생산을 줄일 수밖에 없었다.** 그 결과 노동자들이 대량 해고되고 공장 가동이 멈추거나 아예 폐쇄되기에 이른 것이다. 케인즈는 이러한 현상이 나타난 원인을 규명하고 이에 필요한 정책방안을 모색하기 위해 새로운 경제모형이 필요하다고 보았으며, 그 결과로 총지출 모형이 등장한 것이다.

총지출이 경제의 생산 및 고용수준을 결정한다는 총지출 모형은 단순히 대공황 등 과거 역사에 대한 설명뿐 아니라 여러 가지 경제 충격에 대한 현실 경제의 단기적 반응을 이해하는 데도 매우 유용하다. 왜냐하면 지금의 시장경제에서도 수많은 상품과 서비스의 가격이 적어도 단기적으로는 하방 경직적이기 때문이다. 따라서 총지출 모형은 예컨대 2007~2009년의 대침체 기간 동안 소비 및 투자의 위축이 왜 실질 GDP의 대폭 감소로 이어졌는지, 그리고 이에 대응하여 정부의 확장적 재정정책(감세와 정부지출 확대)이 왜 필요했는지를 효과적으로 설명할 수 있다.

새로운 경제 모형을 소개하거나 구축할 때는 늘 그렇듯이, 이 장에서는 총지출 모형을 단계별로 소개한다. 먼저 정부 및 해외부문 없이, 민간부문만이 존재하는 폐쇄경제에서 총지출과 균형국민소득이 어떻게 결정되는지 살펴본다. 그리고 나서 해외부문 즉 수출과 수입을 도입하여 이를 개방경제모형으로 확장한다. 마지막으로 여기에 정부부

사례연구: 대침체(The Great Recession)

2008년에서 2009년 사이에 미국은 1930년대 대공황 이후 최악의 금융적, 경제적 위기에 봉착하였다.

이 시기 경기수축은 너무나도 심각하여 '대침체'라고 불릴 정도였다. 경기수축을 촉발한 것은 주택 가격 하락과 주택담보대출 및 이에 기반한 금융증권들과 관련된 위기였다. 미국의 몇 개 주요 금융기관들이 붕괴하거나 파산 지경에 이르렀고, 대출시장은 크게 위축되었다. 정부의 구제금융 노력에도 불구하고 금융위기는 경제 전체로 확산되고 말았다. 2007년에서 2009년 말 사이에 일자리는 약 800만 개가 감소하였고, 실업률은 4.6%에서 10.1%로 상승하였다. 1995년에서 2007년 사이에는 연평균 2.7%를 기록하였던 경제성장률이 2008년에는 0.4%, 2009년에는 −2.4%까지 떨어졌다.

대침체에서 가격의 경직성이 매우 중요한 역할을 하였다. 지엠, 포드, 크라이슬러 등 자동차 생산자들과 그 외 다른 산업의 수많은 기업들이 평상시의 전망에 따라 생산규모를 정하고 수요 예측을 하였다. 그런데 소비자들의 경제전망이 비관적으로 바뀌어 향후 소득이 감소할 것이라는 예측 때문에, 이들 기업의 재화나 서비스에 대한 수요가 예상치 못하게 감소하였다. 그런데 경기수축이 한참 진행되었을 때도 미국 경제의 물가수준은 별로 하락하지 않았다. 그 결과 생산은 감소하고, 고용은 곤두박질쳤으며, 실업은 급증하였다.

문 즉 정부지출(정부구매)과 조세를 도입함으로써 가장 일반적인 형태의 총지출 모형을 제시한다.

모형의 추가적인 세부 가정은 다음과 같다. 우선 정부부문이 추가되기 전까지는 경제의 실질 GDP와 전체 가계의 처분가능소득(DI)이 동일하다고 가정한다. 예컨대, 어떤 경제의 연간 실질 GDP가 500조 원이라면 이 경제의 가계들이 소비 또는 저축할 수 있는 처분가능소득의 총액 역시 500조 원이라고 가정하는 것이다. 또한 경제에는 유휴생산설비와 실업자들이 충분히 존재한다고 가정한다. 이는 앞서 가격이 고정되었다는 가정과 밀접하게 관련된다. 유휴생산설비와 실업자들이 존재해야만 총지출 증가 시 임금이나 가격을 올리지 않고도 생산을 증가시키는 것이 가능하기 때문이다.

민간부문만이 존재하는 폐쇄경제의 총지출 모형

정부 및 해외부문이 존재하지 않고 가계와 기업만이 존재하는 폐쇄경제에서 경제의 총지출은 소비(C)와 총투자(I_g)(아래첨자 g는 gross investment의 첫 글자를 딴 것임)의 2요소로 구성된다. 실질 GDP수준에 따른 소비의 변화를 나타내는 소비함수에 대해서는 이미 앞 장에서 살펴보았으므로(그림 19.2의 (a) 참조) 여기서 반복할 필요는 없다. 그러나 이러한 소비함수에 투자를 더하여 총지출을 구하기 위해서는 투자함수의 형태를 조금 바꾸어야 한다. 왜냐하면 앞 장에서 살펴본 투자함수는 '실질이자율 수준에 따라' 기업들이 계획한 투자 총액이 어떻게 변화하는지를 나타낸 것이므로, '소득수준에 따른' 투자 변화를 나타낸 투자함수와는 그 성격이 다르기 때문이다. 따라서 여기에서는 각각의 실질 GDP 수준에서 기업들에 의해 '계획된 투자'의 총액을 나타내는 새로운 투자함수를 도출한다.

이를 위해 여기에서는 기업들이 계획한 투자수준이 현재의 처분가능소득 또는 실질 GDP와 독립적으로 결정된다고 가정한다. 예컨대 현재 경제의 투자수요곡선이 그림 20.1의 (a)와 같고 실질이자율은 8%라고 가정하자. 이 경우 기업들이 계획하는 투자 총

[그림 20.1] (a) 투자수요곡선과 (b) 새로운 투자함수

(a) 투자지출 수준(여기서는 20조 원)은 투자수요곡선 ID와 실질이자율(여기서는 8%)에 의해 결정된다.
(b) 새로운 총투자함수 I_g는 각각의 실질 GDP 수준에서의 투자지출을 나타내는데, 여기서는 투자지출 수준이 (a)에서 결정된 20조 원에서 일정함을 알 수 있다.

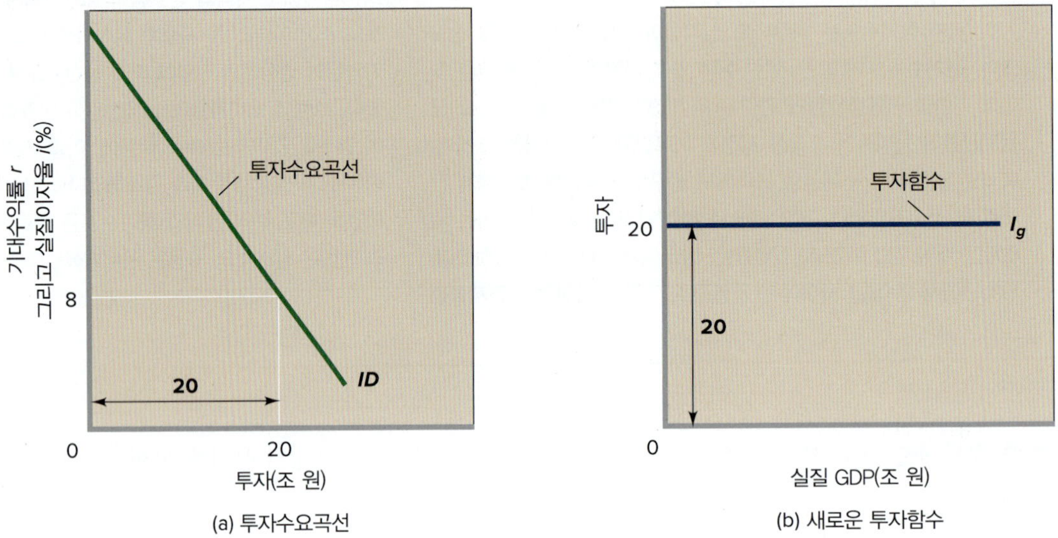

액은 그림에서 보듯이 투자수요곡선이 실질이자율 8%와 교차하는 수준인 20조 원이 되며, 앞서 가정에 의해 이러한 **투자금액은 실질 GDP 수준과 관계없이 일정**하다. 이를 가로축이 실질 GDP인 좌표평면에 표현한 것이 바로 그림 20.1의 (b)이다. 그림에서 보듯이 투자는 실질 GDP와 무관하게 투자수요곡선과 실질이자율에 의해 결정된 수준인 20조 원에서 일정함을 알 수 있다. 표 20.1은 이와 같은 새로운 투자함수를 표로 나타낸 것이다.

〈표 20.1〉 투자함수 (단위: 조 원)

(1) 실질 GDP	(2) 총투자(I_g)
370	20
390	20
410	20
430	20
450	20
470	20
490	20
510	20
530	20
550	20

균형 실질 GDP의 결정: $C+I_g=\text{GDP}$

이제 19장의 소비함수와 앞서 도출한 새로운 투자함수를 조합하여 전체 총지출 수준과 균형 실질 GDP가 어떻게 결정되는지 살펴보자.

표를 통한 분석

표 20.2의 (2)열부터 (5)열은 앞 장의 표 19.1(소비 및 저축함수)와 표 20.1의 새로운 투자함수를 통합하여 정리한 것이다.

실질 국내총생산 표 20.2의 (2)열에는 전체 민간부문에서 생산 가능한 실질 생산량 즉 실질 GDP 수준이 나열되어 있다. 기업들은 이렇게 가능한 10가지 실질생산량 수준 가운데 하나를 선택하게 되는데, 생산으로부터 발생하는 수입이 생산비용보다 많거나 동일할 때까지 생산을 늘리게 된다. 생산비용은 생산을 위해 필요한 생산요소들 즉 토지, 노동, 자본, 기업가 능력 등을 얻기 위해 각각에 대해 지불해야 할 보수를 의미한다. 따라서 임금, 임대료, 이자, 기업가 보수 등 생산에 소요된 비용의 총합이 370조 원보다 적거나 동일하면 기업의 실질생산량은 370조 원이 된다.

여기에서는 총지출 즉 수요가 존재하면 기업들은 표에 열거된 어떠한 실질 GDP 수준의 생산도 할 수 있다고 가정한다. 왜냐하면 경제에 유휴생산설비와 실업자들이 충분히 존재할 때 **총지출이 증가하면 기업은 추가적인 비용을 들이지 않고도 늘어난 수요만큼 생산**을 할 수 있기 때문이다.

〈표 20.2〉 민간부문만이 존재하는 폐쇄경제에서 균형 실질 GDP와 고용수준의 결정

(1) 고용가능 취업자수 (백만 명)	(2) 실질 GDP (조 원)	(3) 소비(C) (조 원)	(4) 저축(S) (조 원)	(5) (계획된) 총투자 (I_g) (조 원)	(6) 총지출 ($C+I_g$) (조 원)	(7) 계획되지 않은 재고 변동 (+ 또는 −)	(8) 실질 GDP 및 고용의 변화
(1) 40	370	375	−5	20	395	−25	증가
(2) 45	390	390	0	20	410	−20	증가
(3) 50	410	405	5	20	425	−15	증가
(4) 55	430	420	10	20	440	−10	증가
(5) 60	450	435	15	20	455	−5	증가
(6) 65	470	450	20	20	470	0	균형
(7) 70	490	465	25	20	485	+5	감소
(8) 75	510	480	30	20	500	+10	감소
(9) 80	530	495	35	20	515	+15	감소
(10) 85	550	510	40	20	530	+20	감소

총지출함수

총지출 언급한대로 민간부문만이 존재하는 폐쇄경제에서 경제의 총지출(표 20.2의 (6)열)은 (3)열에 있는 소비와 (5)열에 있는 투자의 합으로 결정된다. (2)열에 있는 실질 GDP 수준과 총지출($C+I_g$)의 관계를 나타낸 것이 **총지출함수**(aggregate expenditure function)다.

여기에서 유의할 점은 총지출의 구성요소인 총투자 I_g는 '사전적으로 계획된 투자'를 의미하므로, 계획되지 않은 재고 변동 등은 여기에 포함되지 않는다는 것이다. 이후 이에 대한 좀 더 자세한 논의를 다룰 것이다.

균형 GDP의 결정 표 20.2에 실질 GDP 수준이 10개 주어져 있는데 이중 어떤 것이 균형수준이 될 것인가? 다시 말해, 지속적으로 유지 가능한 실질생산량은 얼마인가?

균형 GDP

균형에서는 경제의 실질생산량 즉 실질 GDP가 생산된 상품 또는 서비스에 대한 총지출($C+I_g$)과 일치해야 한다. 즉 민간부문만이 존재하는 폐쇄경제에서 **균형 GDP**는 다음과 같이 결정된다.

$$C+I_g=\text{GDP}$$

표 20.2에서 (2)열의 실질 GDP와 (6)열의 총지출을 비교하면, 실질 GDP가 470조 원일 때 위 식이 성립함을 알 수 있다. 따라서 표의 사례에서 균형 실질 GDP는 바로 470조 원이다. 이 생산수준에서는 생산된 상품과 서비스가 모두 팔릴 만큼 충분한 수요가 있으므로, 계획되지 않은 재고가 쌓이거나 이로 인해 기업들이 생산량을 줄일 유인이 발생하지 않는다. 반대로 이 생산수준에서는 계획된 소비와 투자를 충족할 만큼 충분히 생산이 이루어지므로 계획되지 않은 재고 감소가 발생하지 않으며, 따라서 생산을 추가로 늘릴 유인 역시 존재하지 않는다. 요컨대, 470조 원의 GDP 수준에서는 기업들이 더 이상 실질생산량을 변경할 유인이 존재하지 않으므로, 이것이 바로 균형 실질 GDP 수준이 된다.

불균형 상태의 조정 만일 실질 GDP가 균형 수준인 470조 원과 다르면 어떤 일이 발생할까? 예컨대 기업들이 표 20.2의 (3)행처럼 균형 수준보다 낮은 410조 원만큼을 생산했다고 하자. 표의 (3)열을 보면 410조 원의 GDP 수준에서 총 소비지출은 405조 원이 된다. 여기에 (5)열에 있는 총투자지출 20조 원을 더한 425조 원이 바로 경제의 총지출($C+I_g$) 수준이 된다. 따라서 현재 GDP 수준에서는 경제의 총지출(425조 원)이 실질생산량(410조 원)를 초과하고 있다. 이는 말하자면 기업들이 생산하는 것보다 더 빠른 속도로 상품이 팔려나가는 상황이므로, 시간이 지날수록 (7)열에서 볼 수 있듯이 계획되지 않은 재고의 감소(−15조 원)가 나타난다. 이러한 **재고 감소에 대응하여 기업들은 생산량을 늘리고, 그 결과 고용과 국민소득이 함께 증가**한다. 이러한 생산의 증가는 실질 GDP가 균형 수준 즉 470조 원에 이르러 경제의 총지출과 실질생산량이 일치할 때까지 지속된다.

반대로 표 20.2의 (8)행에서처럼 기업들이 균형 수준보다 높은 510조 원만큼을 생산했다고 하자. 표에 따르면 510조 원의 GDP 수준에서 총 소비지출은 480조 원이 된다.

여기에 투자함수에 따른 총투자지출 20조 원을 더한 500조 원이 바로 경제의 총지출 수준이 된다. 따라서 현재 GDP 수준에서는 경제의 총지출(500조 원)이 실질생산량(510조 원)에 못 미치고 있다. 이는 기업들이 생산한 상품이 미처 다 팔리지 못하여 시간이 지날수록 (7)열에서 볼 수 있듯이 계획되지 않은 재고가 증가(+10조 원)한다. 이러한 **재고 증가에 대응하여 기업들은 생산량을 줄이고, 그 결과 고용과 국민소득이 감소**하는 것이다.

그래프를 통한 분석

그래프를 통해서도 마찬가지의 분석을 할 수 있다. 앞서 19장의 그림 19.2에서와 같이 그림 20.2에도 45도 선이 그려져 있다. 앞 장에서 언급한 바와 같이 이 45도 선 위의 어떤 점에서도 가로축 변수인 실질 GDP 값과 세로축 변수인 총지출($C+I_g$) 값은 동일하다. 그런데 앞서 살펴본 대로 총지출 $C+I_g$과 실질 GDP가 일치하는 점($C+I_g$= GDP)에서 경제의 균형이 성립됨을 감안하면, 그림 20.2의 45도 선은 결국 경제가 균형을 이룰 조건을 그림으로 표현한 것이라고 할 수 있다.

이제 그림 20.2의 총지출함수 $C+I_g$가 어떻게 그려진 것인지 살펴보자. 이는 앞 장의 그림 19.2(a)의 **소비함수 C에다가 그림 20.1(b)의 투자함수 I_g를 수직으로 더하여** 구

[그림 20.2] 민간부문만이 존재하는 폐쇄경제에서 균형 실질 GDP의 결정

총지출함수 $C+I_g$는 우상향하는 소비함수 C에 총투자함수 I_g를 수직으로 더하여 도출할 수 있다. 가정에 의해 모든 GDP 수준에서 총투자가 일정하기 때문에, 소비함수 C와 총지출함수 $C+I_g$ 간의 수직거리 역시 GDP 수준에 관계없이 일정하다. 균형 실질 GDP는 총지출함수가 45도 선과 교차하는 점에서 결정되는데, 아래 그림에서는 470조 원이다.

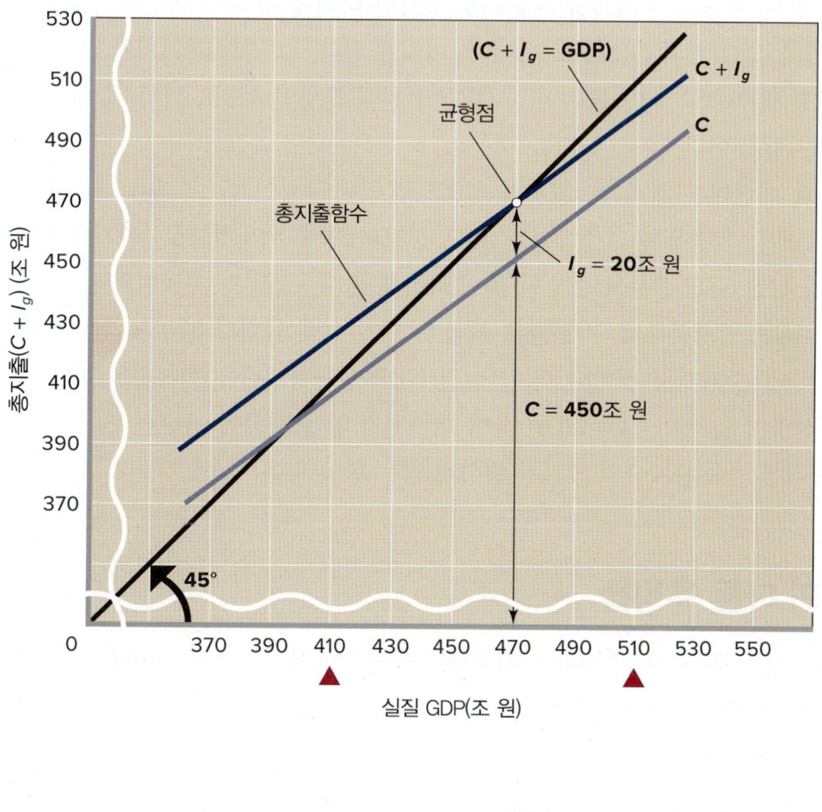

할 수 있다. 투자지출 수준이 실질 GDP와 관계없이 20조 원으로 일정하므로, 총지출함수 $C+I_g$와 소비함수 C의 수직거리 역시 20조 원으로 일정하다. 물론 이 외에도 표 20.2의 (6)열에 계산된 총지출함수 $C+I_g$의 값을 그래프에 그대로 옮김으로써 총지출함수를 그릴 수도 있다.

그림 20.2에서 총지출 $C+I_g$은 실질 GDP와 함께 증가하지만 증가폭은 실질 GDP보다 작음을 알 수 있다. 그 이유는 소비함수 C의 기울기를 나타내는 한계소비성향이 1보다 작기 때문이다. 즉 국민소득 또는 실질 GDP 증가분의 일부가 소비되지 않고 저축되기 때문이다. 총지출함수 $C+I_g$는 소비함수 C와 평행하므로 총지출함수의 기울기 역시 소비함수의 기울기인 한계소비성향과 같아지며, 따라서 1보다 작은 것이다. 총지출함수의 기울기는 다음과 같이 보다 직접적인 방법으로도 구할 수 있다. 표 20.2을 보면 실질 GDP가 20조 원씩 증가할 때마다 총지출은 15조 원씩 증가함을 알 수 있다. 이는 20조 원의 GDP 증가분 중 5조 원이 저축됨을 의미한다. 따라서 총지출함수의 기울기는 0.75(=15조 원/20조 원)가 된다.

균형 실질 GDP는 이렇게 구한 **총지출함수와 45도 선이 만나는 점**에서 결정된다. 왜냐하면 총지출함수와 45도 선이 교차하는 점에서만 세로축의 총지출 $C+I_g$와 가로축의 실질 GDP가 일치하여 균형조건($C+I_g=$GDP)을 만족하기 때문이다. 그림 20.2는 표 20.2의 자료를 그림으로 옮긴 것이므로 균형 실질 GDP는 470조 원으로 동일함을 알 수 있다. 또한 균형에서 소비지출이 450조 원이고 투자지출이 20조 원임도 확인할 수 있다.

그렇다면 이 균형은 안정적인가? 다시 말해, 실질 GDP가 균형 수준인 470조 원에서 벗어날 경우, 시간이 지나면 다시 균형을 회복하는 경향이 존재하는가? 정답은 '그렇다'이다. 예컨대 현재 실질 GDP가 510조 원으로 균형인 470조 원보다 높다고 하자. 그림 20.2을 보면 이 경우 총지출함수는 45도 선보다 아래에 위치하므로, 총지출 $C+I_g$(500조 원)가 실질 GDP 수준(510조 원)에 못 미치게 된다. 그 결과 계획되지 않은 재고가 증가(+10조 원)하므로, 기업들은 실질 GDP가 원래 균형인 470조 원이 될 때까지 생산량을 감소시킬 것이다.

반대로 예컨대 현재 실질 GDP가 410조 원으로 균형인 470조 원보다 낮다고 하자. 그림을 보면 이 경우 총지출함수는 45도 선보다 위에 위치하므로, 총지출 $C+I_g$(425조 원)가 실질 GDP 수준(410조 원)을 초과하게 된다. 그 결과 계획되지 않은 재고 감소(−15조 원)가 발생하므로, 기업들은 실질 GDP가 원래 균형인 470조 원을 회복할 때까지 생산량을 증가시킬 것이다. 일단 실질 GDP가 균형수준을 회복하고 나면 총지출과 실질생산량이 일치($C+I_g=$GDP)하여 계획되지 않은 재고에 아무런 변화가 없으므로, 다른 충격에 의해 총지출의 크기가 변하지 않는 한 균형은 지속된다.

균형의 다른 특징들

지금까지 민간부문만이 존재하는 폐쇄경제의 균형에서는 $C+I_g=$GDP가 성립함을 알 수 있었다. 그런데 표 20.2를 자세히 살펴보면 균형의 또 다른 특징을 포착할 수 있다.

- 저축과 투자가 일치한다($S=I_g$).
- 계획되지 않은 재고의 변동은 0이다.

저축 = 투자

표 20.2의 (6)행에서 보듯이 균형 실질 GDP 수준인 470조 원에서 저축(S)과 총투자(I_g)는 모두 20조 원으로 동일함을 알 수 있다.

앞서 정의한 대로 저축은 소득 가운데 소비되지 않은 나머지를 나타낸다. 따라서 저축은 전체 경제의 소득 및 지출의 순환흐름에서 **유출**(leakage)되는 지출이라고 할 수 있다. 저축의 존재 때문에 경제의 실질생산량(GDP)과 소비지출 사이에 괴리가 발생한다. 다시 말해, 저축이 존재하기 때문에 경제 전체적으로 생산된 상품과 서비스를 소비지출만으로는 다 써버릴 수 없다. 따라서 만일 소비 이외에 다른 지출항목이 없다면, 경제의 실질생산량은 점차 줄어들 수밖에 없다. 유출

투자가 바로 이러한 괴리를 메워주는 역할을 할 수 있다. 기업들은 소비자를 위해 소비재를 생산할 뿐 아니라 다른 기업들을 위해서 자본재를 생산한다. 이러한 자본재의 매입을 의미하는 투자는 기존 소득 및 지출의 순환흐름 밖에서부터 새롭게 **유입**(injection)되는 지출이라고 할 수 있다. 이러한 투자는 소비와 함께 총지출을 구성하는 요소로서, 저축으로 인해 발생한 GDP와 소비지출 간의 갭을 메워주는 역할을 할 수 있다. 유입

만약 특정 실질 GDP 수준에서 저축을 통한 유출이 투자를 통한 유입을 초과할 경우($S > I_g$), 총지출($C+I_g$)이 실질 GDP보다 적어 실질 GDP 역시 현재 수준을 유지하지 못하고 감소하게 된다. 예컨대 표 20.2의 (8)행과 같이 현재 실질 GDP가 510조 원이라고 가정하자. 표에서 보듯이 이 때 가계의 총저축은 30조 원이고 기업의 총투자는 20조 원으로서, 저축이 투자를 10조 원만큼 초과하게 된다. 즉 소득 및 지출의 순환흐름으로 유입되는 것보다 더 많은 양의 지출이 유출되는 것이다. 그 결과 총지출(500조 원)은 현재의 실질 GDP(510조 원)에 10조 원만큼 못 미치게 된다. 이와 같은 총지출의 부족은 계획되지 않은 재고 증가를 통해 실질 GDP를 감소시킨다.

반대로 특정 실질 GDP 수준에서 투자를 통한 유입이 저축을 통한 유출을 초과할 경우($I_g > S$), 총지출($C+I_g$)이 실질 GDP를 초과하여 실질 GDP 역시 현재 수준을 유지하지 못하고 증가하게 된다. 예컨대 표 20.2의 (3)행과 같이 현재 실질 GDP가 410조 원이라고 가정하자. 표에서 보듯이 이 때 가계의 총저축은 5조 원이고 기업의 총투자는 20조 원으로서, 투자가 저축을 15조 원만큼 초과하게 된다. 즉 소득 및 지출의 순환흐름으로부터 유출되는 것보다 더 많은 양의 지출이 유입되는 것이다. 그 결과 총지출(425조 원) 역시 현재의 실질 GDP(410조 원)를 15조 원만큼 초과하게 된다. 이와 같은 초과지출은 계획되지 않은 재고 감소를 통해 실질 GDP를 증가시킨다.

따라서 **저축(유출)과 투자(유입)가 일치**($S = I_g$)하는 경우 즉 표 20.2에서 저축과 투자가 20조 원으로 동일한 경우에만 총지출($C+I_g$)과 실질생산량(GDP)이 같아진다. 앞서 정의한대로 균형 실질 GDP는 이렇게 총지출과 실질생산량이 같아지는 점($C+I_g=$GDP)에서 결정된다.

계획되지 않은 재고의 변동 = 0

앞의 장들에서 정의한대로 기업의 투자에는 재고의 변동이 포함된다. 그런데 투자에 포함되는 재고의 변동은 '계획된' 재고 변동과 '계획되지 않은' 재고 변동으로 구성된다. 균형의 또 다른 특징은 표 20.2의 (6)행에서 보듯이 균형 GDP 수준에서는 **계획되지 않은 재고의 변동이 0**이라는 점이다. 이는 $C+I_g$=GDP 및 $S=I_g$와 함께, 민간부문만이 존재하는 폐쇄경제에서 균형일 때 나타나는 대표적 특징 가운데 하나이다.

계획되지 않은 재고의 변동이 0이 아닌 경우는 왜 균형이 될 수 없는가? 예컨대 표 20.2의 (7)행에서와 같이 현재 GDP가 균형 수준보다 높은 490조 원이라고 가정하자. 이 경우 가계는 490조 원의 소득 가운데 25조 원을 저축하고 465조 원을 소비한다. 또한 ('계획된' 재고 변동을 포함하는) '계획된' 총투자는 (5)열에서 보듯이 20조 원이다. 따라서 총지출 $C+I_g$는 485조 원이 되어 실질생산량 즉 실질 GDP 490조 원에 5조 원만큼 못 미치게 된다. 그 결과 기업은 (7)열에서 알 수 있듯이 5조 원만큼의 '계획되지 않은' 재고 증가를 경험하게 된다. 팔리지 않는 상품을 생산할수록 기업의 손실은 증가하므로 기업들은 생산량을 줄이게 되고, 그 결과 실질 GDP는 '계획되지 않은 재고 증가가 0이 될 때까지' 점차 감소하게 된다.

여기서 1가지 주의할 것은, 지금까지 우리가 살펴본 총투자 I_g가 '계획된' 재고 변동만을 포함하는, '계획된' 투자의 개념이라는 점이다. 반면 일반적으로 **국민계정 등 통계상의 실제 투자(actual investment)는 '계획된 총투자 I_g에 계획되지 않은 재고 변동을 더한 것'이다**. 위의 예 즉 현재 GDP가 490조 원인 경우, 계획된 총투자는 20조 원이나 실제 투자는 여기에 계획되지 않은 재고 증가 5조 원을 더한 25조 원이 된다. 따라서 실제 투자는 저축액 25조 원과 일치하게 된다. 그러나 계획된 총투자 I_g가 여전히 20조 원으로 저축액에 5조 원만큼 못 미치므로, 현재 상태는 균형이 될 수 없다. 즉 490조 원은 균형 GDP가 될 수 없다는 것이다.

반대로 표 20.2의 (5)행에서와 같이 현재 GDP가 '균형 수준보다 낮은' 450조 원이라고 가정하자. 이 경우 가계는 450조 원의 소득 가운데 15조 원을 저축하고 435조 원을 소비한다. 계획된 총투자가 (5)열에서 보듯이 20조 원이므로 총지출 $C+I_g$는 455조 원이 되어 실질 GDP 450조 원을 5조 원만큼 초과하게 된다. 그 결과 기업은 (7)열에서 알 수 있듯이 5조 원만큼 계획되지 않은 재고 감소를 경험하게 된다. 이러한 재고 감소에 대응하여 기업들은 생산량을 증가시키고, 그 결과 실질 GDP는 '계획되지 않은 재고 감소가 0이 될 때까지' 점차 증가하게 된다. 이 경우에도 실제 투자는 계획된 총투자(20조 원)에 계획되지 않은 재고 감소(−5조 원)를 더한 15조 원으로 (4)열에 있는 저축액 15조 원과 일치하게 된다. 그러나 계획된 총투자 20조 원이 저축액 15조 원을 5조 원만큼 초과하므로, 450조 원의 GDP는 균형 GDP가 될 수 없다.

지금까지 살펴본 것처럼 저축과 투자가 일치하는 점에서 경제의 균형이 달성된다고 할 때, 그때의 투자는 계획된 투자만을 의미한다. 즉 경제의 균형은 오직 **계획된 총투자와 저축이 일치할 경우($S=I_g$)에만 성립**하는 것이다. 그러나 경제의 **균형 여부와 관계없이 '국민계정상의 실제 투자와 저축은 항상 일치'**한다. 계획되지 않은 재고 변동은 실질생산(실질 GDP)과 총지출(소비와 계획된 투자의 합)의 차이로 결정되는데, 실제 투자는 계획된 투자뿐 아니라 이렇게 계획되지 않은 재고 변동을 함께 포함하기 때문이다.

균형 GDP의 변화와 승수효과

앞 장에서는 초기에 투자 등 독립적인 총지출의 변화가 실질 GDP에 승수 배만큼의 변화를 유발하는 과정을 살펴보았다(그림 19.8 참조). 즉 승수는 다음과 같이 정의된다.

$$\text{승수} = \frac{\text{실질 GDP 변화분}}{\text{총지출 구성요소의 초기 변화분}}$$

또한 승수의 크기는 한계저축성향의 크기에 따라 결정됨을 알 수 있었다.

$$\text{승수} = \frac{1}{\text{한계저축성향}}$$

민간부문만이 존재하는 폐쇄경제에서 총지출은 소비와 계획된 투자로 구성된다. 현실에서는 투자의 변화가 주로 경기변동을 초래하므로 여기서는 투자의 변화에 초점을 맞추어 살펴본다.

그림 20.3은 투자지출의 변화가 균형 실질 GDP에 미치는 영향을 보여준다. 예컨대 투자의 기대수익률이 상승하거나 실질이자율이 낮아져 투자지출이 5조 원만큼 증가했다고 가정하자. 그러면 그림 20.1(b)의 투자함수가 5조 원만큼 상방이동하게 된다. 그 결과 그림 20.3에서 총지출함수가 $(C + I_g)_0$ 에서 $(C + I_g)_1$ 로 상방이동하면서 균형 GDP 역시 470조 원에서 490조 원으로 증가한다. 반면 투자의 기대수익률이 감소하거나 실질이자율이 높아져 투자지출이 5조 원만큼 감소했다고 가정하자. 그러면 그림 20.1(b)의 투자함수가 5조 원만큼 하방이동하게 된다. 그 결과 그림 20.3에서 총지출함수가 $(C + I_g)_0$ 에서 $(C + I_g)_2$ 로 하방이동하면서 균형 GDP 역시 470조 원에서 450조 원으로 감소한다.

위의 예에서 5조 원의 투자지출 변화는 실질 GDP를 20조 원만큼 변화시켰다. 그러므로 이 경우 승수는 그림 19.8에서와 마찬가지로 4(=20조 원/5조 원)가 된다. 이는 그림 19.8과 표 20.2에서 한계저축성향을 0.25로 가정했기 때문이다.

그렇다면 이와 같은 승수에 따라 새롭게 변화한 GDP는 균형조건 $S = I_g$ 을 만족하는가? 정답은 '그렇다'이다. 한계저축성향이 0.25라는 것은 경제주체들의 소득이 1조 원만큼 증가할 경우, 이 중 0.25조 원만큼 저축이 증가함을 의미한다. 따라서 위의 예와 같이 계획된 투자가 5조 원만큼 증가할 때 소득이 20조 원만큼 증가해야 저축이 5조 원 증가한다. 그래야 저축과 투자가 다시 일치하게 된다. 이와 같은 예를 통해 우리는 왜 승수가 (1/한계저축성향)으로 결정되는지 알 수 있을 것이다.

[그림 20.3] 총지출함수의 변화와 승수효과

투자지출의 증가에 따라 $(C+I_g)_0$ 에서 $(C+I_g)_1$ 으로 총지출함수가 상방이동하면 균형 GDP가 증가한다. 반대로 투자지출의 감소에 따라 $(C+I_g)_0$ 에서 $(C+I_g)_2$ 로 총지출함수가 하방이동하면 균형 GDP가 감소한다. 균형 GDP가 변화하는 크기는 승수의 크기에 달려있다. 그림의 경우 승수는 4(=20조 원/5조 원)이고, 이는 1/한계저축성향(=0.25)과 같다.

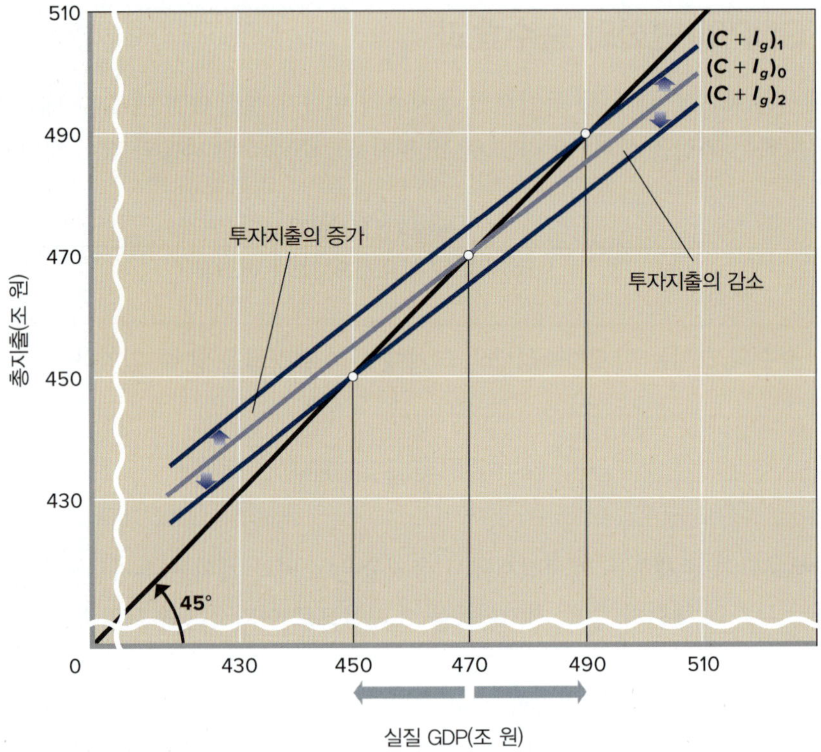

해외부문을 추가할 경우

이제 민간부문만이 존재하는 폐쇄경제에 해외부문 즉 수출(X)과 수입(M)을 도입하여 분석을 민간 개방경제로 확장하고자 한다. 특히 양(+) 또는 음(−)의 값을 가질 수 있는 순 수출(수출−수입)의 영향에 초점을 맞출 것이다.

순 수출과 총지출

소비 및 투자와 마찬가지로 수출 역시 국내에서 생산된 상품과 서비스에 대한 총지출의 구성요소다. 수출된 상품과 서비스는 비록 외국에서 소비나 투자되더라도 국내 생산물에 대한 지출이기 때문이다. 따라서 수출은 국내 생산, 고용, 소득을 증가시키는 요인이다.

반대로 총지출의 일부는 국내가 아닌 외국에서 생산된 상품과 서비스를 구입하는 데 사용된다. 따라서 국내에서 생산된 상품과 서비스에 대한 총지출을 구하기 위해서는 이러한 수입품에 대한 지출을 차감해야 한다. 수입은 국내가 아닌 외국의 생산, 고용, 소득을 증가시키는 요인이다.

요컨대 지금까지 살펴본 민간 폐쇄경제에서는 총지출이 소비와 투자의 합 즉 $C + I_g$로 표현되지만, 해외부문이 존재하는 민간 개방경제에서 총지출은 여기에 수출이 더해지고 수입이 차감된 $C + I_g + (X - M)$이 된다. 만일 X_n을 순수출로 정의하면 즉 $X_n = X - M$이면 민간 개방경제의 총지출은 $C + I_g + X_n$로 표현된다.

순 수출함수

순 수출함수란 각각의 GDP 수준과 순 수출의 관계를 나타낸 것이다. 표 20.3은 표 20.2로 주어진 가상의 경제에 존재하는 서로 다른 2가지의 순 수출함수를 나타낸 것이다. 1번째 순 수출함수 X_{n1}는 (2)열에 주어져있는데 이는 GDP 수준에 관계없이 수출이 수입을 5조 원만큼 초과하는 것으로 표시되어 있다. 예컨대 수입이 10조 원이라면 수출은 15조 원임을 의미한다. 한편 2번째 순 수출함수 X_{n2}는 (3)열에서 주어져 있는데 GDP 수준에 관계없이 수입이 수출을 5조 원만큼 초과하는 것으로 표시되어 있다. 예컨대 수출이 15조 원이라면 수입은 20조 원임을 의미한다. 여기서는 논의의 단순화를 위해, 순 수출이 GDP와 독립적으로 결정된다고 가정했음에 유의하자.[1)]

그림 20.4의 (a)는 표 20.3의 2가지 순 수출함수를 그래프로 나타낸 것이다. 1번째 순 수출함수 X_{n1}은 가로축 위(순 수출이 양(+)임을 의미)의 직선으로 표현되며, 이 때 X_{n1}과 가로축 사이의 수직거리는 GDP 수준과 관계없이 5조 원으로 일정하다. 반면 2번째 순 수출함수 X_{n2}는 가로축 아래(순 수출이 음(−)임을 의미)의 직선으로 표현되며, 이 때 X_{n2}와 가로축 사이의 수직거리 역시 GDP 수준과 관계없이 5조 원으로 일정하다.

〈표 20.3〉 순 수출함수 (단위: 조 원)

(1) 실질 GDP 수준	(2) 순수출, $X_{n1}(X > M)$	(3) 순수출, $X_{n2}(X < M)$
370	+5	−5
390	+5	−5
410	+5	−5
430	+5	−5
450	+5	−5
470	+5	−5
490	+5	−5
510	+5	−5
530	+5	−5
550	+5	−5

1) 그러나 현실에서는 해외 경기상황에 주로 의존하는 수출과 달리, 수입의 경우 국내 GDP 수준과 직접적인 정(+)의 관계를 가지는 것이 보통이다. 앞서 살펴본대로 소비가 실질 GDP와 정의 관계를 가지는 것처럼 수입품에 대한 소비 역시 GDP와 정의 관계를 가진다는 것이다. 그러나 여기서는 논의의 단순화를 위해 수입 역시 수출과 마찬가지로 GDP와 독립적으로 결정된다고 가정한다.

순 수출과 균형 GDP

그림 20.4의 (b)에서 직선 $C+I_g$는 민간부문만이 존재하는 폐쇄경제에서의 총지출함수를 나타낸다. 해외부문이 존재하지 않는 민간 폐쇄경제이므로 총지출은 소비와 투자만으로 구성되기 때문이다. 이 경우 균형 GDP는 앞서와 마찬가지로 470조 원임을 알 수 있다.

그러나 해외부문이 존재하는 민간 개방경제에서는 총지출의 구성요소에 순 수출이

[그림 20.4] 순 수출과 균형 GDP

(a) 순 수출은 양(+)(순수출함수 X_{n1} 의 경우) 또는 음(−)(순수출함수 X_{n2} 의 경우)의 값을 가질 수 있다.

(b) 순 수출 값이 양인 경우, 개방경제의 총지출함수는 폐쇄경제의 $C+I_g$ 를 상방 이동시킨 $C+I_g+X_{n1}$ 가 된다. 반면 순수출 값이 음인 경우, 개방경제의 총지출함수는 폐쇄경제의 $C+I_g$ 를 하방 이동시킨 $C+I_g+X_{n2}$ 가 된다.

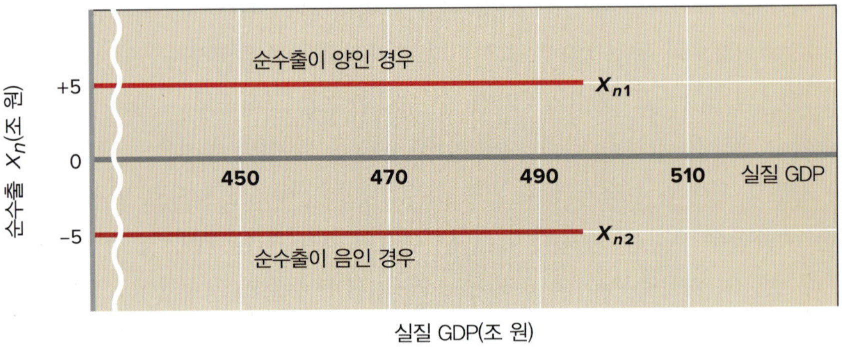

(a) 순 수출함수 X_n

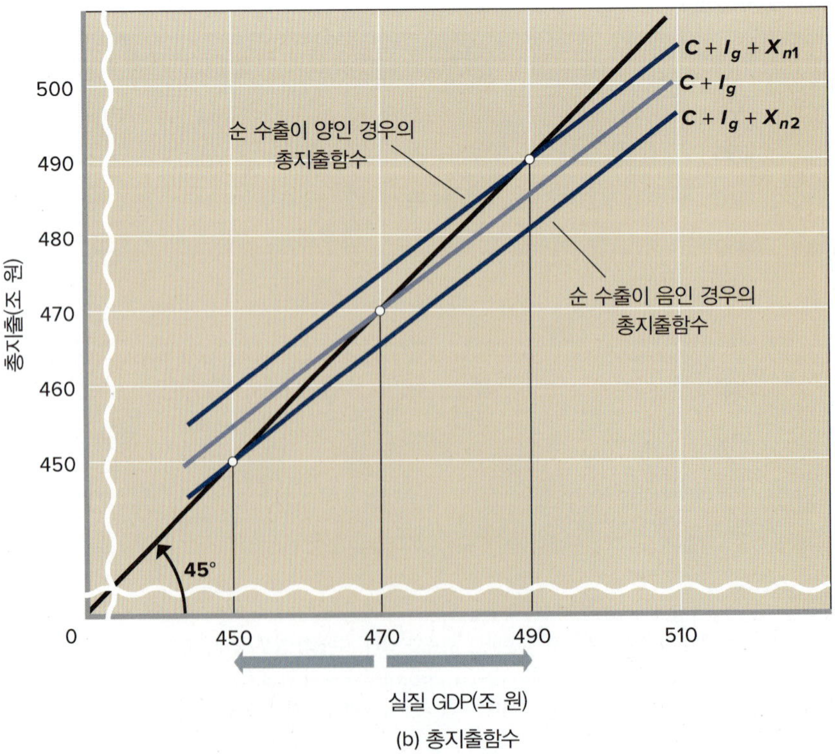

(b) 총지출함수

추가되며, 순 수출의 값은 양일 수도 있고 음일 수도 있다. 이제 순 수출함수가 앞서 살펴본 2가지 형태를 가지는 각각의 경우에 균형 GDP가 어떻게 달라지는지 살펴보자.

순 수출이 양(+)인 경우 순 수출함수가 X_{n1}인 경우 즉 국내 GDP 수준과 관계없이 순 수출이 5조 원이라면 국내에서 생산된 상품과 서비스에 대한 총지출은 폐쇄경제의 $C+I_g$보다 5조 원만큼 증가한다. 다시 말해, 국내에서 생산된 상품과 서비스에 대한 해외 지출(수출)이 해외에서 생산된 상품과 서비스에 대한 국내 지출(수입)보다 5조 원만큼 많으므로, 그만큼 국내에서 생산된 상품과 서비스에 대한 총지출이 증가한다는 것이다. 이에 따라 개방경제의 총지출함수는 $C + I_g + X_{n1}$이 된다. 그림 20.4의 (b)에서 보듯이 개방경제의 총지출함수는 폐쇄경제의 경우보다 위로 평행 이동한 지점에 위치하고 있음을 알 수 있다. 또한 총지출의 증가에 따라 개방경제의 균형 GDP는 폐쇄경제의 470조 원에서 490조 원으로 증가한다. 결과적으로 5조 원의 순 수출 증가가 GDP를 20조 원만큼 증가시켰으므로 이 경우도 승수는 4가 된다.

정리하면 다른 조건들이 동일한 경우, 순 수출이 양인 경제의 총지출과 실질 GDP는 해외부문이 존재하지 않는 폐쇄경제의 경우보다 더 높다.

순 수출이 음(−)인 경우 순 수출함수가 X_{n2}인 경우 즉 국내 GDP 수준과 관계없이 순 수출이 −5조 원이라면 국내에서 생산된 상품과 서비스에 대한 총지출은 폐쇄경제의 $C+I_g$보다 5조 원만큼 감소한다. 다시 말해, 국내에서 생산된 상품과 서비스에 대한 해외 지출(수출)보다 해외에서 생산된 상품과 서비스에 대한 국내 지출(수입)이 5조 원만큼 많으므로, 그만큼 국내에서 생산된 상품과 서비스에 대한 총지출이 감소한다는 것이다. 이에 따라 개방경제의 총지출함수는 $C + I_g + X_{n2}$가 된다. 이 경우 그림 20.4의 (b)에서 보듯이 개방경제의 총지출함수는 폐쇄경제의 경우보다 아래로 평행 이동한 지점에 위치하고 있음을 알 수 있다. 또한 총지출의 감소에 따라 개방경제의 균형 GDP는 폐쇄경제의 470조 원에서 450조 원으로 감소한다. 순 수출이 양인 경우와 마찬가지로 이 경우에도 5조 원의 순 수출 변화가 GDP를 20조 원만큼 변화시켰으므로 승수는 역시 4가 된다.

정리하면 다른 조건들이 동일한 경우, **순 수출이 음인 경제의 총지출과 실질 GDP는 해외부문이 존재하지 않는 폐쇄경제의 경우보다 더 낮다**. 지구촌 전망 20.1은 2015년 기준 주요 산업화된 국가들의 순 수출을 비교한 것이다. 이를 통해 국가별로 순수출의 크기와 부호가 다양함을 알 수 있다.

순 수출의 변화요인과 균형 GDP에의 영향

앞서 살펴본 순 수출과 균형 GDP의 관계를 바탕으로 해외 경제상황이나 정책의 변화가 우리나라의 GDP에 미칠 영향을 추론할 수 있다.

해외의 경기호황 우리나라와 무역을 하는 국가들의 실질생산과 소득이 경기호황에 따라 증가하면, 이 국가들이 우리나라의 제품을 더 많이 수입하게 된다. 그 결과 우리나라의 순 수출과 실질 GDP가 증가하게 된다. 우리가 교역 대상국의 경기상황에 관심을 가

지구촌 전망 20.1

주요 국가의 순 수출(2015년 기준)

중국과 독일 등에서는 순 수출이 양인 반면, 미국과 영국 등에서는 순수출이 음인 것으로 나타난다. 이와 같이 국가별로 순 수출의 크기와 부호는 다양하다.

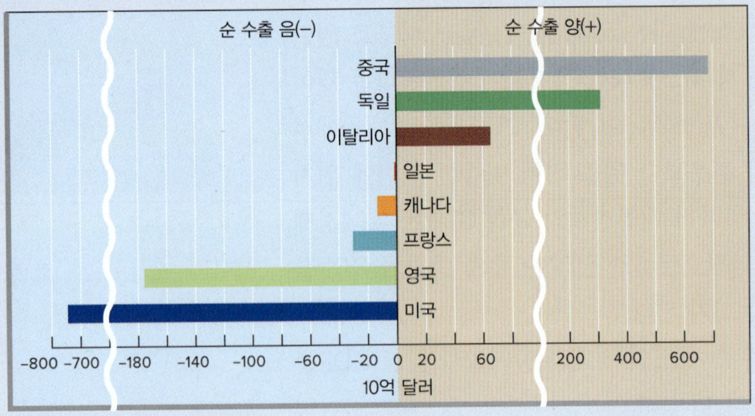

자료: The World Factbook, CIA, www.cia.gov

지는 이유가 바로 여기에 있다. 교역 대상국의 경기 호황은 우리나라의 수출 증가로 이어지고, 이렇게 번 소득을 통해 다른 교역 대상국으로부터 더 많은 제품을 수입할 수 있게 해준다. 이러한 경로를 통해 교역 대상국의 경기호황은 우리나라에게도 혜택을 줄 수 있다.

환율 예를 들어 달러 대비 원화의 환율이 달러당 1,000원에서 1,100원으로 상승했다고 가정하자. 이는 예전에 1,000원으로 바꿀 수 있던 1달러를 이제는 1,100원으로 바꿀 수 있음을 의미한다. 따라서 이 경우 원화의 가치는 달러에 비해 하락한 것이다.

이렇게 달러 대비 원화의 가치가 하락하면, 우리나라로부터 상품을 수입하는 국가의 입장에서는 이전과 동일한 달러금액으로 더 많은 상품을 수입할 수 있다. 다시 말해, 달러로 표시한 우리나라 수출품의 가격이 하락하므로 우리나라의 수출은 증가하게 된다. 한편 달러 대비 원화의 가치가 하락하면, 우리나라 소비자의 입장에서는 동일한 달러표시가격의 외국 상품을 수입하기 위해 이전보다 더 많은 원화를 확보해야 한다. 다시 말해, 원화로 표시한 수입품의 가격이 상승하므로 우리나라의 수입은 감소하게 된다. 이와 같이 원화가치 하락은 수출 증가 및 수입 감소를 통해 우리나라의 순 수출과 실질 GDP를 증가시키는 요인이 된다.

원화 환율의 하락 즉 원화가치의 상승이 우리나라의 순 수출과 실질 GDP에 어떤 영향을 미치는지는 같은 원리를 적용하여 스스로 연습해 보기 바란다.

관세 부가와 평가절하 이렇게 순 수출 증가는 실질 GDP를 상승시키는 요인이므로, 많은 국가들은 경기침체기를 극복하는 하나의 방편으로 수입을 줄이고 수출을 늘리려 노력한다. 이를 위해 일부 국가들은 수입에 대한 관세를 인상하거나, 자국 화폐를 외환시장에 대량으로 방출하여 자국 화폐의 가치를 인위적으로 낮추는 평가절하를 시행하기도 한다. 만일 이러한 개입조치들이 의도대로 수출을 증가시키고 수입을 감소시킨다면, 이에 따라 국내 생산과 고용이 증가하면서 경기침체로부터의 회복에 도움이 될 수 있다.

그러나 이러한 개입조치가 항상 긍정적으로 작용할 것이라는 생각은 지나치게 단순하고 비현실적인 가정 즉 다른 모든 조건이 불변이라는 가정에 입각한 것이다. 예컨대 우리나라가 경기침체를 극복하기 위해 수입제품에 높은 관세를 부과하는 동시에 원화의 가치를 평가 절하하였다고 가정하자. 다른 조건이 불변이라면 이러한 정책은 우리나라의 수입을 줄이고 수출을 늘리는 방향으로 작용할 것이다. 그러나 우리나라의 수입은 교역 대상국의 수출이고, 우리나라의 수출은 교역 대상국의 수입이다. 따라서 우리나라가 인위적인 무역장벽을 통해 수입을 줄이고 수출을 늘리면, 교역 대상국의 수출은 줄어들고 수입은 늘어나 순 수출이 감소할 것이다.

이러한 순 수출 감소를 막기 위해 우리나라의 교역 대상국들은 보복조치 즉 수입에 대한 관세 인상 및 자국 화폐의 평가절하 등을 실시할 것이다. 만일 상대 국가가 취한 보복조치가 당초 우리나라가 시행한 정책의 효과를 완전히 상쇄하거나 오히려 이를 압도할 경우, 우리나라의 순 수출은 거의 변화가 없거나 오히려 줄어들 수도 있다. 즉 경기부양을 위해 순 수출을 증가시키려고 시행한 정책이 오히려 순 수출을 감소시키는 결과를 초래할 수 있다.

이와 같은 현상은 1930년대 대공황 당시 실제로 발생했다. 당시 미국을 포함한 일부 국가들은 경기침체를 완화하고 실업을 해소하기 위해 관세를 인상하거나 자국 화폐를 평가절하하는 등 무역장벽을 높이기 시작하였다. 그러자 이러한 국가들의 교역 대상국들도 너도나도 앞 다투어 비슷한 종류의 보복 조치를 취하는 것으로 대응하였다. 이로 인해 당초 의도한 순 수출 증가는 고사하고, 오히려 전 세계 무역이 급속히 위축되면서 경기침체와 대량실업이 더욱 악화되는 결과를 초래했다. 특히나 각국의 경쟁적인 평가절하는 국제환율시스템을 붕괴시켜 국제무역을 더욱 위축시키는 요인으로 작용하였다. 이 때문에 대부분의 경제사학자들은 1930년대 대공황기의 관세 인상 및 평가절하 정책을 대표적인 정책실패의 사례로 들곤 한다.

앞서 설명한대로 다른 조건이 동일하다면, 수입에 대한 관세 인상이나 자국 화폐의 평가절하는 순 수출과 실질 GDP를 증가시킬 수 있다. 그러나 현실에서는 거의 항상, 다른 조건이 동일할 수 없음을 반드시 기억해야 한다. 즉 현실에서는 어떤 나라가 인위적으로 무역장벽을 높이면, 이 나라의 교역 대상국들은 십중팔구 동일한 조치를 통해 보복할 것이다. 이로 인해 처음 무역장벽을 높인 국가뿐만 아니라 모든 교역 대상국의 순 수출과 실질 GDP가 감소할 수 있다.

정부부문을 추가할 경우

총지출모형을 완성하기 위한 마지막 단계로서 지금까지 살펴본 민간 개방경제에 정부부문 즉 정부구매 또는 정부지출(G)과 조세(T)를 도입하여 분석대상을 정부부문이 포함된 개방경제로 확장하고자 한다.

논의의 단순화를 위해, 여기서는 정부지출이 실질 GDP 수준과 독립적으로 결정되며, 소비 및 투자함수에 아무런 영향을 주지 않는다고 가정한다. 또한 정부의 순조세수입 즉 총 조세수입에서 보조금 등 '음(−)의 세금'을 제외한 값 역시 GDP 수준과 독립적으로 결정되며, 세금은 오직 가계에 대해서만 부과된다고 가정한다.

정부지출과 균형 GDP

정부가 GDP 및 조세수입 수준과 관계없이 20조 원의 상품과 서비스를 구매하기로 결정했다고 가정하자.

표를 통한 분석 표 20.4는 정부지출의 증가가 균형 실질 GDP에 미치는 영향을 보여준다. 표의 (1)열부터 (4)열까지는 앞서 민간 폐쇄경제에 대한 표 20.2의 (2)열부터 (5)열까지를 그대로 옮긴 것이다. 새롭게 추가된 것은 (5)열의 수출과 수입, 그리고 (6)열의 정부지출인데, (5)열에서 보듯이 순 수출은 0이고 (6)열의 정부지출은 앞서의 가정에 따라 GDP 수준과 관계없이 20조 원으로 일정함을 알 수 있다. 정부부문이 포함된 개방경제의 총지출함수 $C + I_g + X_n + G$는 (7)열에서 보듯이 민간 개방경제의 총지출함수 $C + I_g + X_n$에 정부지출 G을 더하여 구할 수 있다.

실질생산 즉 실질 GDP를 나타내는 (1)열과 총지출함수를 나타내는 (7)열을 비교하면, 정부부문이 존재하는 경우의 균형 GDP 수준은 정부부문이 존재하지 않는 경우에 비해 더 높음을 알 수 있다. 즉 정부지출 20조 원이 존재하지 않는 경우, 총지출과 실질생산이 일치하는 균형 GDP는 (6)행에서 볼 수 있듯이 470조 원인 반면, 총지출 항목에 정부지출이 포함되면 균형 GDP는 (10)행에 나타나있듯이 550조 원이 된다. 이와 같이 정부지출의 증가는 투자 등 민간지출이 증가할 때와 마찬가지로 총지출함수를 상방 이동시키고, 그 결과 균형 GDP를 증가시킨다.

물론 **정부지출의 변화에 대해서도 승수효과가 적용된다**. 즉 방금 살펴본 대로 정부지출이 20조 원만큼 증가하면 균형 GDP는 80조 원만큼 증가한다(470조 원 → 550조 원). 따라서 승수는 앞서 표 20.2에서와 마찬가지로 4(=80조 원/20조 원)가 된다.

〈표 20.4〉 정부지출의 균형 GDP에 대한 영향

(1) 실질 GDP (조 원)	(2) 소비(C) (조 원)	(3) 저축(S) (조 원)	(4) 총투자 (I_g) (조 원)	(5) 순 수출(X_n) (조 원) 수출 (X)	수입 (M)	(6) 정부지출 (G) (조 원)	(7) 총지출 $(C + I_g + X_n + G)$ (조 원) (2)+(4)+(5)+(6)
(1) 370	375	−5	20	10	10	20	415
(2) 390	390	0	20	10	10	20	430
(3) 410	405	5	20	10	10	20	445
(4) 430	420	10	20	10	10	20	460
(5) 450	435	15	20	10	10	20	475
(6) 470	450	20	20	10	10	20	490
(7) 490	465	25	20	10	10	20	505
(8) 510	480	30	20	10	10	20	520
(9) 530	495	35	20	10	10	20	535
(10) 550	510	40	20	10	10	20	550

1가지 더 유의할 것은 지금까지 우리가 증가한 정부지출이 어떻게 조달되는지에 대해서는 아무런 가정을 하지 않았다는 것이다. 만일 정부가 지출을 늘리기 위한 재원을 세율 인상을 통해 조달한다면, 그렇지 않은 경우에 비해 정부지출 확대에 따른 GDP 증가 효과는 줄어들게 된다. 조세수입의 변화가 균형 GDP에 어떤 영향을 주는지에 대해서는 이후 곧 살펴볼 것이다.

그래프를 통한 분석 그림 20.5에서 보듯이 정부부문이 존재하는 경우의 총지출함수 $C + I_g + X_n + G$는 정부부문이 존재하지 않는 개방경제의 총지출함수 $C + I_g + X_n$에 정부지출 G를 수직으로 더하여 구할 수 있다. 위의 예에서는 정부지출 G가 GDP 수준과 관계없이 20조 원으로 일정하므로, 총지출함수는 20조 원만큼 위로 평행 이동한다. 이에 따라 균형 GDP가 기존의 470조 원에서 550조 원으로 80조 원만큼 증가했음을 알 수 있다.

한편 정부지출 G의 감소는 그림 20.5에서 총지출함수를 하방 이동시키며, 이에 따라 균형 GDP를 승수 배만큼 감소시킨다. 표 20.4를 통해 정부지출이 20조 원에서 10조 원으로 감소할 때 균형 GDP가 40조 원만큼 감소한다는 것을 스스로 확인해보기 바란다.

[그림 20.5] 정부지출과 균형 GDP

정부부문이 존재하는 경우의 총지출함수 $C + I_g + X_n + G$는 정부부문이 존재하지 않는 개방경제의 총지출함수 $C + I_g + X_n$에 정부지출 G를 수직으로 더하여 구할 수 있다. 정부지출 G의 증가는 C, I_g, 또는 X_n의 증가와 마찬가지로 총지출과 균형 GDP를 함께 증가시킨다.

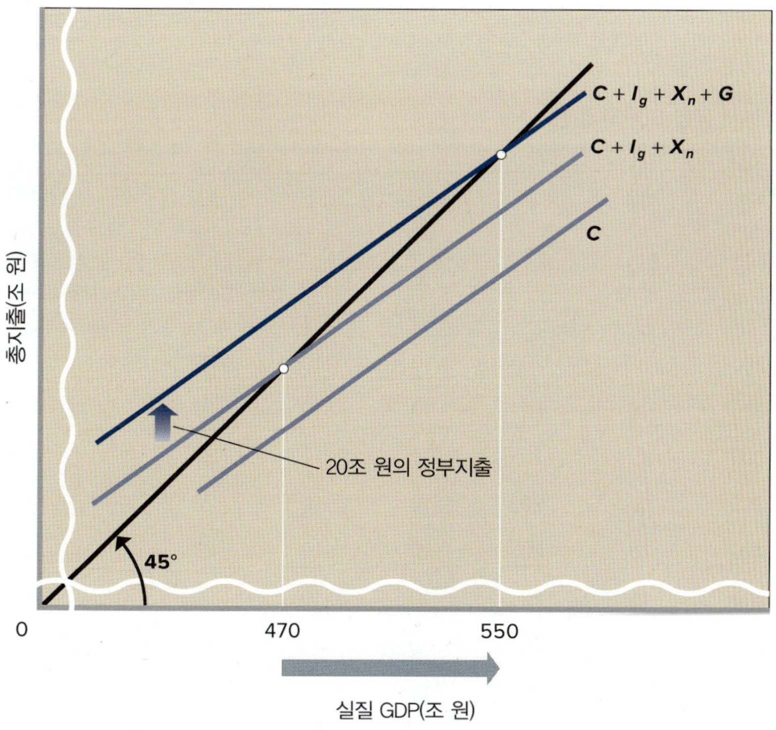

조세와 균형 GDP

정액세

정부는 지출을 위한 재원을 조달하기 위해 가계와 기업으로부터 세금을 거둔다. 여기서는 지금까지의 총지출 모형에 정부의 조세수입을 추가로 도입한다. 논의의 단순화를 위해 정부는 **정액세**(lump-sum tax)를 징수한다고 가정한다. 이는 조세수입이 정부지출은 물론이고 실질 GDP 수준과도 무관하게, 일정한 금액으로 정해져 있음을 의미한다. 정액세의 수준은 20조 원이라고 가정한다.

표를 통한 분석 표 20.5는 앞서 표 20.4에 정부의 조세수입을 추가한 것이다. 표의 (2)열에는 정액세를 통한 조세수입 20조 원이, (3)열에는 세후 처분가능소득이 기록되어 있는데, 처분가능소득이 (1)열의 실질 GDP에 비해 정액세 수입인 20조 원만큼 줄어들었음을 확인할 수 있다.

가계는 처분가능소득을 소비 또는 저축하므로, 세금의 증가는 처분가능소득을 줄여 소비와 저축 모두를 동시에 감소시키는 요인이다. 위의 예에서는 한계소비성향이 0.75이므로 조세 부과를 통해 20조 원만큼 처분가능소득이 감소하면, 가계의 소비는 15조 원(=20조 원×0.75)만큼 감소한다. 한편 한계저축성향이 0.25이므로, 저축은 5조 원(=20조 원×0.25)만큼 감소한다. 표 20.5의 (4)열과 (5)열에는 각각의 GDP 수준에서의 소비와 저축이 표시되어 있다. 이를 표 20.4와 비교하면, 조세 부과로 인해 모든 GDP 수준에서 소비와 저축이 각각 15조 원 및 5조 원만큼 줄어든 것으로 나타난다. GDP 수준과 관계없이 일정한 금액이 부과되는 정액세이므로, 소비와 저축의 감소폭도 모든 GDP 수준에서 동일함을 알 수 있다.

조세 부과가 균형 GDP에 미치는 영향을 살펴보기 위해, 표 20.5의 (9)열에 조세 부

〈표 20.5〉 정부부문이 포함된 개방경제에서 균형 GDP의 결정

(1) 실질 GDP (조 원)	(2) 정액세 (T) (조 원)	(3) 처분가능 소득 (DI) (조 원) (1)−(2)	(4) 세후 소비 (C_a) (조 원)	(5) 세후 저축 (S_a) (조 원)	(6) 총투자 (I_g) (조 원)	(7) 순수출(X_n) 수출 (X) (조 원)	수입 (M) (조 원)	(8) 정부 지출 (G) (조 원)	(9) 총지출 ($C+I_g+X_n+G$) (조 원) (4)+(6)+(7)+(8)
(1) 370	20	350	360	−10	20	10	10	20	400
(2) 390	20	370	375	−5	20	10	10	20	415
(3) 410	20	390	390	0	20	10	10	20	430
(4) 430	20	410	405	5	20	10	10	20	445
(5) 450	20	430	420	10	20	10	10	20	460
(6) 470	20	450	435	15	20	10	10	20	475
(7) 490	20	470	450	20	20	10	10	20	490
(8) 510	20	490	465	25	20	10	10	20	505
(9) 530	20	510	480	30	20	10	10	20	520
(10) 550	20	530	495	35	20	10	10	20	535

과 이후의 총지출을 계산한 결과를 표기하였다. 표 20.5을 표 20.4와 비교하면, 조세 부과 이후 모든 GDP 수준에서 총지출이 15조 원만큼 줄어들었음을 알 수 있다. 이는 두 표를 비교하면 알 수 있듯이 정액세 부과에 따라 세후 소비 C_a가 세전 소비 C에 비해 15조 원만큼 줄어든 것에 기인한다. 표 20.5의 (7)행을 보면 알 수 있듯이 (1)열의 실질 GDP와 (9)열의 총지출은 오직 GDP가 490조 원일 때만 서로 일치함을 알 수 있다. 이와 같이 20조 원의 정액세 부과는 균형 GDP를 표 20.4의 (10)행에 있는 정액세 부과 전의 550조 원에서 표 20.5의 (7)행에 있는 490조 원으로 60조 원만큼 감소시킴을 알 수 있다.

그래프를 통한 분석 그림 20.6에서 보듯이 20조 원만큼 정액세가 새롭게 부과되면 정부부문이 포함된 개방경제의 총지출함수 $C + I_g + X_n + G$는 15조 원(20조 원이 아님에 유의)만큼 아래로 평행 이동한다. 이 경우 총지출의 변화는 오로지 소비의 감소에만 기인하므로, 소비 감소분 15조 원만큼만 총지출이 감소한다. 그림에서 보듯이 이렇게 하방 이동한 총지출함수가 45도 선과 만나는 점에서 새로운 균형 GDP가 결정된다. 그 결과 균형 GDP는 기존의 550조 원에서 490조 원으로 감소한다.

반대로 만일 현재 부과되는 세금이 줄어들 경우, 가계의 처분가능소득이 증가하면서 모든 GDP 수준에서 세후 소비가 증가한다. 이에 따라 그림 20.6의 총지출함수가 상방 이동하므로 균형 GDP가 증가하게 된다. 독자들은 표 20.5를 통해 정액세가 기존 20조 원에서 10조 원으로 10조 원만큼 감소할 경우, 균형 GDP가 얼마만큼 증가하는지 스스로 연습해보기 바란다.

[그림 20.6] 조세와 균형 GDP

한계소비성향이 0.75일 때 20조 원의 정액세가 부과되면, 소비가 15조 원만큼 줄어들면서 균형 GDP가 승수 배인 60조 원만큼 감소한다. 이와 같이 정부부문이 포함된 개방경제에서 균형 GDP는 C_a(세후 소비) $+ I_g + X_n + G =$ GDP인 점에서 결정된다. 그림에서 균형 GDP는 490조 원이다.

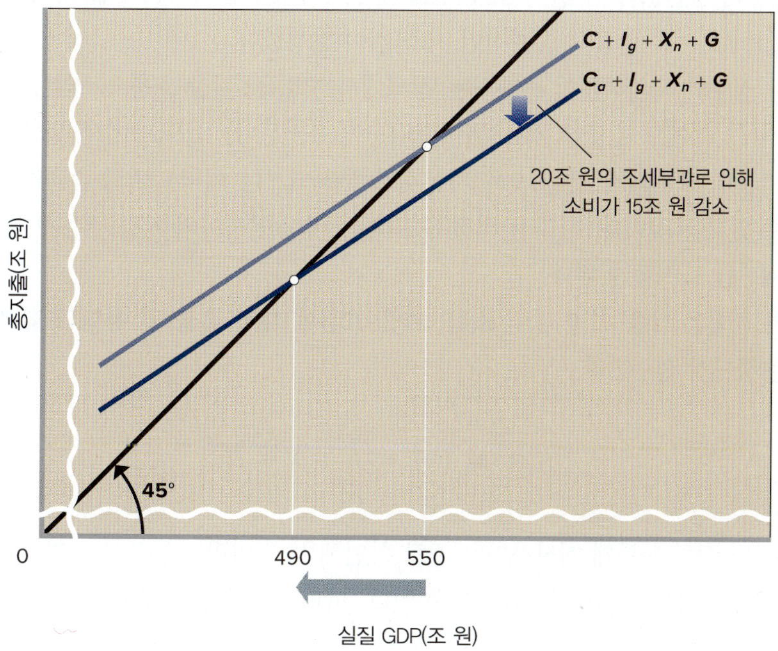

정부지출의 효과와 비교 지금까지의 논의를 통해 **정부지출과 조세가 동일한 금액(위의 예에서는 20조 원)만큼 변화할 경우에도 균형 GDP에 미치는 영향은 서로 차이가 있음**을 알 수 있다.

승수가 4인 상황에서 20조 원의 정부지출 증가는 실질 GDP를 80조 원만큼 증가시켰다. 그러나 앞서 살펴본 대로 20조 원의 조세 증가는 균형 GDP를 오직 60조 원만큼만 감소시켰다. 이는 한계소비성향이 0.75일 때 20조 원만큼 조세가 증가하면 소비는 오직 15조 원(20조 원이 아님에 유의)만 감소하고 나머지 5조 원은 저축의 감소로 흡수되기 때문이다. 이렇게 소비가 15조 원 감소하면 여기에 승수 4를 곱한 60조 원(80조 원이 아님에 주목)만큼만 GDP가 감소하는 것이다.

표 20.5와 그림 20.6은 정부부문이 포함된 개방경제 즉 가장 일반적인 경우의 총지출 모형을 나타내고 있다. 정부부문이 포함된 개방경제에서 균형 GDP는 다음과 같이 경제의 총지출과 실질생산이 일치하는 점에서 결정된다.

$$C_a + I_g + X_n + G = \text{GDP}$$

유입과 유출, 그리고 계획되지 않은 재고 변동 앞서 민간부문만이 존재하는 폐쇄경제에서 경제의 균형은 소득 및 지출의 순환흐름에 대한 유입(투자)과 유출(저축)이 일치하는 점에서 성립함을 알 수 있었다. 같은 원리가 정부가 포함된 개방경제에도 적용된다. 다만, 민간 폐쇄경제에서 소득–지출 흐름으로부터의 유출 항목으로는 저축만이 유일했으나, 정부와 해외부문이 존재하는 가장 일반적인 경제에서는 수입(M)과 조세(T)가 유출 항목으로 추가된다는 점이 다르다. 왜냐하면 가계는 벌어들인 소득을 국내에서 생산된 상품과 서비스를 소비하는 데 모두 지출할 수 있음에도 불구하고, 소득의 일부를 저축(S_a)하거나 외국제품을 수입(M)하거나 또는 세금(T)을 내는 용도로 사용하기 때문이다. 이 때문에 국민소득 즉 실질 GDP와 소비지출 사이에는 이러한 유출 항목을 모두 더한 것($S_a + M + T$)만큼의 잠재적인 지출 갭이 발생한다.

그러나 정부와 해외부문이 존재하는 경제에서는 소득–지출 흐름으로의 유입 항목으로서 투자(I_g) 외에도 수출(X)과 정부지출(G)이 추가된다. 즉 국내에서 생산된 상품과 서비스 가운데 소비되지 않은 것은 자본재로 투자되거나 외국으로 수출되거나 정부가 구매할 수 있다는 것이다. 따라서 실질 GDP와 소비지출 사이의 지출 갭은 이들 유입 항목의 합계만큼 줄어들게 된다.

경제의 균형은 다음 식과 같이 **소득–지출 흐름에 대한 유출 및 유입의 합계가 서로 일치하는 점**에서 성립한다.

$$S_a + M + T = I_g + X + G$$

표 20.5의 수치를 통해 계산하면(스스로 확인해 보기 바람), 실질 GDP가 490조 원인 경우에만 위 등식이 성립함을 확인할 수 있다. 따라서 490조 원이 유일한 균형 GDP가

된다.

앞서 언급한 균형의 또 다른 특징 즉 계획되지 않은 재고의 변동이 0이라는 특징은 정부와 해외부문이 존재하는, 보다 일반적인 경제에서도 역시 성립한다. 비록 표 20.5에 직접적으로 나타나지는 않지만, 우리는 GDP가 균형 수준인 490조 원일 때, 계획되지 않은 재고의 변동이 0임을 알 수 있다. 왜냐하면 균형에서는 총지출과 실질GDP가 일치($C_a + I_g + X_n + G = \text{GDP}$)하므로, 생산된 모든 상품과 서비스가 팔리기 때문이다. 그 결과 계획되지 않은 재고의 증감은 존재하지 않는다.

균형 GDP 대 완전고용 GDP

총지출 모형에서 결정되는 균형 GDP가 완전고용 또는 잠재 GDP와 반드시 일치할 필요는 없다(완전고용 또는 잠재 GDP의 개념에 대해서는 18장 참조). 실제로 케인즈가 총지출 모형을 고안한 것은 대공황과 같이 균형 GDP가 완전고용수준보다 훨씬 낮은 수준에서 지속적으로 머무는 현상을 설명하기 위함이었다. 뿐만 아니라 케인즈의 총지출 모형을 통해 균형 GDP가 완전고용수준을 회복하기 위해서 필요한 정책방안을 제시할 수도 있다.

이와 같이 균형 GDP와 완전고용 GDP가 서로 괴리되는 경우, 경제에는 실업 또는 수요견인 인플레이션이 발생하게 된다. 이 절에서는 먼저 균형 GDP와 완전고용 GDP가 괴리될 때 발생하는 '지출 갭(expenditure gap)'의 성격에 대해 살펴보고, 이를 통해 2007~2009년의 대침체와 이를 극복하기 위한 정부의 정책대응을 간략히 설명한다.

경기침체 갭

그림 20.7의 (a)에서 완전고용수준의 GDP가 510조 원이고 현재 총지출함수가 AE_1라고 가정하자. 총지출함수가 45도 선과 교차하는 점에서 결정되는 경제의 균형 GDP는 현재 490조 원으로서 완전고용 GDP인 510조 원에 20조 원만큼 못 미치고 있다.

균형 GDP가 완전고용 GDP보다 작다는 것은 현재의 고용량이 완전고용수준의 고용량에 못 미치고 있음을 의미한다. 즉 표 20.2의 (1)열을 보면 실질 GDP가 완전고용수준인 510조 원일 때의 고용량은 7,500만 명으로 나타난다. 그러나 그림 20.7의 (a)에서 GDP가 균형 수준인 490조 원일 경우, 고용량은 7,000만 명이다. 따라서 완전고용수준과 비교하면, 500만 명의 노동자가 일할 의사가 있음에도 불구하고 취업하지 못하는 상태 즉 실업상태에 놓이는 것이다. 이러한 과소고용에 따라 균형에서의 실질생산량 즉 균형 GDP는 완전고용수준보다 20조 원만큼 적은 것이다.

이렇게 균형 GDP가 완전고용 GDP에 못 미치는 경우에는 경기침체 갭이 발생한다. **경기침체 갭**(recessionary expenditure gap)이란 완전고용 GDP 수준에서 경제의 균형을 달성하기 위해 추가로 증가해야 하는 총지출의 크기를 의미한다. 예컨대 표 20.5를 보면 GDP가 완전고용수준인 510조 원일 때, 총지출은 (9)열에 나타나있듯이 505조 원에 불과하다. 따라서 완전고용수준에서 경제의 균형이 달성되기 위해서는 추가로 5

경기침체 갭

[그림 20.7] 경기침체 갭과 인플레이션 갭

균형 GDP와 완전고용 GDP가 일치하지 않을 경우, 경기침체 갭 또는 인플레이션 갭이 발생한다. (a) 경기침체 갭은 완전고용 GDP 수준에서 경제의 균형을 달성하기 위해 추가로 증가해야 하는 총지출의 크기를 의미한다. 그림에서 5조 원의 경기침체 갭은 20조 원의 음(–)의 GDP갭을 발생시킨다. (b) 인플레이션 갭은 완전고용 GDP 수준에서 경제의 균형을 달성하기 위해 추가로 감소해야 하는 총지출의 크기를 의미한다. 그림에서 인플레이션 갭의 크기는 5조 원이고, 이로 인해 수요견인 인플레이션이 유발될 수 있다.

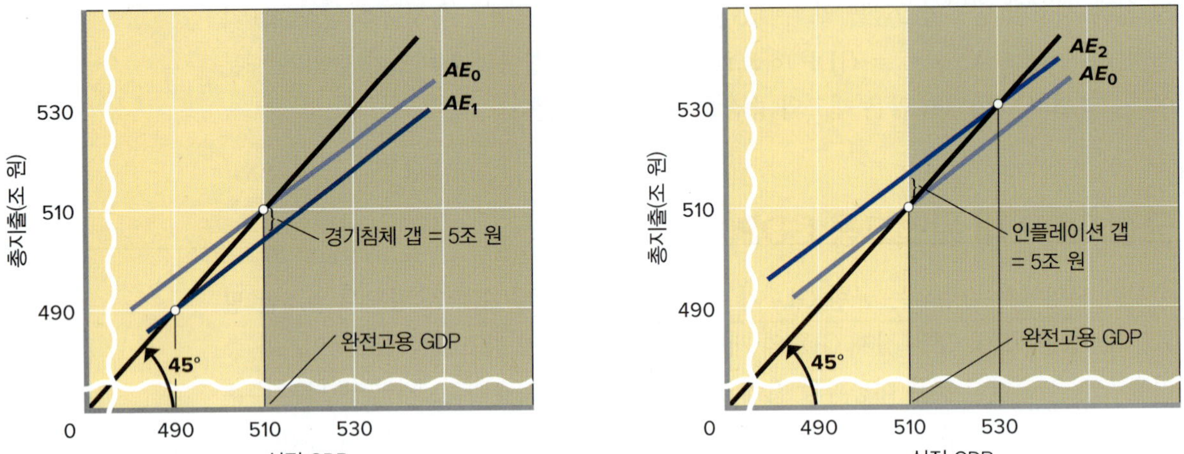

(a) 경기침체 갭　　(b) 인플레이션 갭

조 원만큼의 총지출이 증가해야 하는데, 이 5조 원이 바로 경기침체 갭이다. 그림에서 보듯이 경기침체 갭은 완전고용 GDP수준(510조 원)에서 균형을 달성하기 위해 필요한 가상적인 총지출 수준인 AE_0와 실제 총지출함수인 AE_1의 수직거리와 같다.

이러한 경기침체 갭으로부터 완전고용 GDP와 균형 GDP의 차이를 구할 수도 있다. 앞서 언급한대로 승수가 4이고 완전고용수준에서 균형을 달성하기 위한 총지출과 현재 균형 총지출의 차이인 경기침체 갭이 5조 원이므로, 완전고용 GDP와 균형 GDP의 차이는 20조 원(=경기침체 갭 5조 원×승수 4)이 된다. 이 경우 20조 원만큼 완전고용 GDP가 균형 GDP를 초과하므로, 18장의 논의에 따르면 '음(–)의 GDP갭'이 20조 원만큼 발생했다고 말할 수 있다.

경기침체 갭에 대한 케인즈의 해법 케인즈는 그림 20.7(a)에서와 같은 경기침체 갭을 해소하고 완전고용을 달성하는 방안으로서 다음과 같은 2가지 정책을 제시하였다. 첫째는 정부지출의 증가이고, 둘째는 조세 삭감 즉 감세이다. 앞서 설명한대로 둘 다 총지출을 증가시키는 요인이다.

다시 그림 20.5로 돌아가 보자. 그림을 통해 우리는 정부지출(G)의 증가가 총지출과 균형 GDP를 증가시키는 요인임을 알 수 있다. 이를 그림 20.7(a)의 상황에 적용하면, 경기침체 갭의 크기인 5조 원만큼 정부지출을 늘림으로써 음의 GDP갭 20조 원을 해소할 수 있음을 알 수 있다. 승수가 4인 상황에서 **정부지출을 5조 원만큼 늘리면 균형 GDP가 20조 원(=5조 원×4)만큼 증가**하면서 완전고용수준을 달성할 수 있기 때문이다.

정부는 감세를 통해서도 경기침체 갭과 음의 GDP갭을 해소할 수 있다. 그림 20.6으로 돌아가 보자. 그림을 통해 우리는 조세(T)의 증가가 세후 소비와 균형 GDP를 감소시키는 요인임을 알 수 있다. 거꾸로 보면 조세의 삭감이 세후 소비와 균형 GDP를 증가시키는 요인임을 의미한다. 즉 조세의 삭감은 가계의 처분가능소득을 늘리므로 결과적으로 더 많은 소비지출과 균형 GDP의 증가로 이어진다는 것이다.

그렇다면 음의 GDP갭을 해소하기 위해서는 세금을 얼마나 삭감해야 하는가? 정답은 약 6.67조 원 즉 6조 6,666억 원이다. 한계소비성향이 0.75인 상황에서 소비가 **경제침체 갭인 5조 원만큼 증가하기 위해서는 세금이 6.67조 원(=5조 원/0.75)만큼 줄어들어야하기 때문**이다. 세금 삭감에 따라 소비가 5조 원만큼 증가하면, 앞서 정부지출 증가의 경우와 마찬가지로 균형 GDP가 20조 원(=5조 원×4)만큼 증가하면서 완전고용수준인 510조 원을 달성할 수 있다.

그러나 여기서 주의할 점이 있다. 상기한 2가지 정책을 통해 균형 GDP를 완전고용 GDP에 가깝게 증가시킬 수 있으나, **경제가 완전고용수준에 가까워짐에 따라 총지출 모형의 기본 가정인 '고정된 가격' 또는 물가의 가정은 충족되기 어려워진다**는 점이다. 즉 경제가 완전고용수준에 접근하면서 음의 GDP갭이 사라진다면, 일자리를 원하는 거의 모든 노동자들이 고용되고 대부분의 공장들이 가능한 최대수준으로 가동될 것이다. 이런 상황에서는 정부의 재정정책에 따라 상품과 서비스에 대한 지출이 증가해도, 이에 대응하여 생산을 늘리는 것이 매우 어려워지므로 상품과 서비스의 가격 즉 물가가 상승하게 된다. 즉 정부지출의 증가나 세금 삭감이 균형 GDP를 증가시키기 보다는 물가를 상승시키는 데 그칠 수 있다는 것이다. 실제로 경제가 완전고용수준에 가까워질수록 물가가 보다 신축적으로 변화함을 많은 경제학자들은 데이터를 통해 확인한 바 있다.

이렇게 '고정된 가격' 가정의 비현실성은 총지출 모형의 중요한 한계이며, 이 책의 다음 장에서 물가의 변동을 감안하는 총수요 · 총공급 모형을 다루는 것도 바로 이런 한계 때문이다. 그러나 물가의 변동을 고려하지 못하는 한계에도 불구하고 총지출 모형은 여전히 현실의 많은 사례를 분석하는 데 유용한 도구가 될 수 있다. 왜냐하면 앞서 살펴본 것처럼 경제가 완전고용수준에 가까운 상황에서도 초단기 또는 단기적으로는 상당수의 상품과 서비스의 가격이 경직적이거나 심지어는 고정되기 때문이다. 이런 상황에서는 총지출모형을 통한 분석은 여전히 유효할 수 있다.

인플레이션 갭

인플레이션 갭(inflationary expenditure gap)이란 완전고용 GDP 수준에서 경제의 균형을 달성하기 위해 추가로 감소해야 하는 총지출의 크기를 의미한다. 인플레이션 갭

예컨대 그림 20.7의 (b)에서 인플레이션 갭은 완전고용 GDP수준(510조 원)에서 균형을 달성하기 위해 필요한 가상적인 총지출 수준인 AE_0와 실제 총지출함수인 AE_2의 수직거리와 같다. 그림에서 보듯이 인플레이션 갭의 값은 5조 원이며, 이는 완전고용 GDP수준에서 균형을 달성하기 위해서는 현재보다 5조 원만큼 총지출이 줄어들어야 함을 의미한다.

그렇다면 '인플레이션 갭'이라는 이름에 '인플레이션'이 포함된 이유는 무엇인가? 그 이유는 현실에서 그림 20.7의 (b)에서와 같이 경제의 총지출이 완전고용 GDP를 초과하게 되면 균형 GDP가 완전고용수준 이상으로 크게 증가하기 보다는 완전고용수준 근방

에 머무르면서 물가만 상승하기 때문이다. 즉 수요견인 인플레이션이 발생한다.

정의에 따라 완전고용상태에서는 경제 내 일할 의사를 가진 모든 노동자들이 고용되고 있다. 따라서 짧은 기간 동안에는 초과근무 등을 통해 완전고용수준보다 더 많이 생산할 수 있을지 몰라도, 장기적으로는 추가노동력 부족으로 인해 완전고용수준보다 많이 생산하는 것이 거의 불가능하다.

따라서 이미 경제가 완전고용상태인 상황에서 그림 20.7의 (b)에서와 같이 경제의 총지출이 완전고용 GDP 수준을 초과할 경우에는 다음과 같은 2가지 현상이 발생한다. 우선 노동 등 추가적인 생산요소의 부족으로 인해 경제의 실제 생산량 즉 실질 GDP는 완전고용 GDP 또는 이를 약간 상회하는 수준에 머무른다. 그 대신 경제의 물가수준이 지속적으로 상승하는 수요견인 인플레이션이 나타난다. 노동력 부족 등으로 공급이 제한된 상황에서, 상품과 서비스에 대한 수요 즉 총지출만 증가할 경우 필연적으로 가격이 상승할 수밖에 없기 때문이다. 이러한 물가 상승에 따라 완전고용수준에 머무른 실질 GDP와 달리 명목 GDP는 증가하게 된다.

이론의 적용: 2007~2009년의 대침체

2007년 말부터 미국 경제는 1930년대 대공황 이후 가장 길고도 심각한 경기침체 국면에 진입하였다. 이러한 경기침체를 야기한 글로벌 금융위기의 원인과 경과에 대해서는 이후의 장에서 보다 자세히 살펴볼 것이다. 따라서 여기서는 위기의 여파로 발생한 경기침체와 이에 대한 정책 대응을 총지출 모형을 통하여 설명해보고자 한다.

살펴본 대로 그림 20.7(a)의 총지출함수 AE_0는 각각의 실질 GDP 수준에서 세후 소비지출(C_a), 계획된 총투자지출(I_g), 정부지출(G), 그리고 순 수출(X_n)의 합계로 구성된다. 대침체 기간 동안 금융위기의 여파로 인해 세후 소비와 총투자지출이 대폭 감소하였으며, 이 중 민간투자의 감소폭이 특히 더 컸다.

이에 따라 미국 경제의 총지출함수는 그림 20.7의 (a)에서 AE_0가 AE_1로 이동하듯이 큰 폭으로 하방 이동하였다. 그 결과 경기침체 갭이 발생하면서 실질 GDP 역시 대폭 감소하여, 대공황 이후 가장 큰 폭의 음의 GDP갭이 나타난 것이다. 이에 따라 고용도 큰 타격을 받았다. 실제로 취업자 수가 800만 명 이상 감소하였고, 실업률은 한 때 10%를 넘어서기도 하였다.

이러한 경기침체 갭을 해소하기 위해 미 연방정부는 2008~2009년에 걸쳐 다양한 경기부양정책을 시행하였다. 먼저 감세정책을 시행하였는데, 2008년 연방정부는 민간소비 진작을 위해 납세자들에게 총 1,000억 달러에 달하는 세금을 환급해 주었다. 그러나 정책의도와 달리 많은 소비자들은 세금 환급액을 카드 또는 기타 대출을 갚는 데 썼다. 또한 연방정부는 정부지출을 확대하였는데, 2009년에는 총 7,870억 달러에 달하는 일련의 경기부양정책을 시행하였다. 이러한 확장적 재정정책들은 총지출을 증가시킴으로써 경기침체 갭을 줄이고, 승수효과를 통해 실질 GDP와 고용을 완전고용수준으로 끌어올리기 위한 시도였다. 이러한 시도는 그림 20.7의 (a)에서 총지출을 AE_1에서 AE_0으로 다시 상방이동시킴으로써 경기침체 갭과 음의 GDP갭을 동시에 해소하려는 노력으로 설명할 수 있다.

마지막 한마디

세이의 법칙, 대공황, 그리고 케인즈

총지출 분석은 고전학파 경제학에 대한 비판과 함께 대공황에 대한 이론적 설명을 시도하기 위해 등장하였다.

1930년대 대공황 이전까지 데이비드 리카도(1772~1823)와 존 스튜어트 밀(1806~1873) 등 시대를 대표하던 경제학자들은 시장시스템이 스스로의 힘에 따라 자원의 완전고용을 달성한다고 믿었다. 이른바 고전학파 경제학자로 분류되는 이들은 전쟁, 정치적 혼란, 극심한 가뭄, 금융위기와 같은 비정상적 상황에서는 때때로 경제가 완전고용상태로부터 이탈할 수 있음을 인정하였다. 그러나 이들은 완전고용상태로부터의 이탈이 시장의 자기교정기능에 따라 자동적으로 신속하게 해소되며, 그 결과 경제는 곧 완전고용수준을 회복한다고 믿었다. 예컨대, 불황기 소득과 고용의 감소는 물가, 임금, 이자율의 하락을 통해 소비, 고용, 투자를 다시 회복시키는 힘으로 작용하므로, 그 결과 상품과 노동의 초과공급이 신속하게 해소된다는 것이다.

고전학파 경제학자들은 경제전체적으로 총수요가 모자라서 생산이 완전고용수준에 못 미칠 가능성은 없다고 믿었다. 이렇게 고전학파 경제학자들이 총수요 부족의 가능성을 부정하는 것은 19세기 프랑스의 경제학자 장 바티스트 세이(1767~1832)의 견해, 이른바 세이의 법칙에서 유래한다. 세이의 법칙은 생산된 재화와 서비스의 가치만큼 생산자의 소득이 늘어난다는 단순한 생각에 기초한다. 즉 어떤 재화와 서비스를 생산하면 자동적으로 그 재화와 서비스를 살 수 있을 만큼의 소득이 발생한다는 것이다. 다시 말해, 공급은 스스로의 수요를 창출한다.

세이의 법칙의 의미는 물물교환경제에서 더 쉽게 이해될 수 있다. 예컨대 물물교환경제에서 목수는 가구를 만들어 농부가 재배한 식량이나 재단사가 만든 옷과 교환한다. 목수가 만들어 파는 가구의 가치(공급)는 그가 가구와 교환하여 사는 식량이나 옷의 가치(수요)와 정확히 일치한다. 물물교환경제이므로 이는 목수뿐만 아니라 모든 생산자에게 똑같이 적용되는 사실이다. 즉 물물교환경제에서 어떤 상품에 대한 수요는 곧 다른 상품의 공급이고, 반대로 어떤 상품의 공급은 곧 다른 상품에 대한 수요이다. 따라서 경제전체의 총수요와 총공급은 항상 같다!

이와 같이 전체 생산물 시장이 항상 균형일 뿐만 아니라 만일 생산되는 개별 재화와 서비스의 구성이 사람들의 각각에 대한 수요와 일치한다고 가정하면, 개별 재화와 서비스 시장 역시 모두 균형이 된다. 이 경우 기업들은 팔릴지 안 팔릴지에 대한 걱정 없이 가용한 자원을 동원하여 완전고용수준에서 재화와 서비스를 생산하기만 하면 된다. 세이의 법칙에 따르면, 생산된 재화와 서비스를 모두 구매할 만큼의 수요가 반드시 존재하기 때문이다.

그러나 1930년대 대공황을 계기로 세이의 법칙에 대한 의문이 제기되었다. 대공황 당시 미국의 실질 GDP는 약 27% 감소하였으며 실업률은 무려 25%까지 폭등하였다. 경기침체에 따른 대량 실업은 미국뿐만 아니라 전 세계적으로 공통된 현상이었으며, 거의 10년 넘게 지속되었다. 이러한 장기에 걸친 경기적 실업의 존재는 완전고용상태로부터의 이탈이 신속하게 해소된다는 고전학파의 믿음과는 양립하기 힘든 것이었다. 영국의 경제학자 케인즈(1883~1946)는 1936년 그의 대표작 『고용, 이자 및 화폐에 관한 일반이론』을 통해 시장경제에서 왜 대규모의 경기적 실업이 종종 발생하는지를 설명하고자 했다. 이 책에서 케인즈는 세이의 법칙 등 고전학파 이론의 토대를 비판하는 동시에, 본 장에서 살펴본 총지출 모형의 기본 얼개를 제시하였다.

케인즈는 물물교환경제와 달리 현대 화폐경제에서는 생산자의 모든 소득이 생산과 동시에 지출될 필요가 없으므로, 물물교환경제의 가정에 기초한 세이의 법칙은 성립하지 않는다고 주장하였다. 실제로 현대 화폐경제에서 소득의 상당부분은 소비되지 않고 저축된다. 평상시 경제가 완전고용상태에 가까운 상황에서는 이렇게 저축된 자금이 기업의 투자로 이어짐으로써 경제의 총수요 규모를 유지할 수 있다. 그러나 대공황과 같은 불황기에는 기업이 미래의 성장에 대해 비관적 기대를 형성하면서 투자를 줄이므로 저축의 많은 부분이 더 이상 지출로 연결되지 않는다. 이에 따라 경제 전체적으로 총수요가 부족해지면 팔리지 않은 상품의 재고가 쌓이게 되고, 기업들은 생산 및 고용 감소로 대응하게 된다. 그 결과, 경기적 실업이 만연하는 경기침체 또는 공황으로 이어지는 것이다. 뿐만 아니라 케인즈는 경기침체 또는 공황이 시장의 자기교정기능에 따라 저절로 해소된다는 고전학파의 자유방임적 견해를 반박하고, 경기침체 시 정부가 경제안정화를 위해 보다 적극적으로 개입해야 한다고 주장하였다.

요약

1. **물가의 경직성과 총지출 모형**

케인즈의 총지출 모형에서는 경제에서 생산되는 상품과 서비스에 대한 총지출이 균형 실질 GDP의 수준을 결정한다. 총지출 모형에서는 고정된 물가를 가정한다. 이러한 가정은 경기침체로 인한 매출 감소에 대해 기업들이 가격인하보다는 생산 및 고용 감소로 대응했던, 대공황 당시의 상황을 반영한 것이다.

2. **투자함수의 도출**

이 장에서 살펴본 새로운 투자함수는 실질 GDP 수준에 따른 경제전체의 계획된 총투자금액의 변화를 나타낸다. 이 장에서는 논의의 단순화를 위해 투자지출이 실질 GDP 수준과 관계없이 일정하다고 가정한다. 한편 투자지출의 수준은 경제의 실질이자율과 투자수요곡선으로부터 도출한다.

3. **총지출함수와 거시경제균형**

민간부문만이 존재하는 폐쇄경제에서 균형 GDP는 총지출과 실질생산이 일치하는 점에서 결정된다($C+I_g=$GDP). 그림에서는 총지출함수 $C+I_g$가 45도 선과 교차하는 점에서 균형이 이루어진다.

한편 만일 균형으로부터 이탈하여 실제 GDP가 균형 GDP보다 높은 경우, 실질생산이 총지출을 초과하면서 계획되지 않은 재고 증가가 발생하므로, 결과적으로 실질 GDP는 다시 감소하게 된다. 반면 실제 GDP가 균형 GDP보다 낮은 경우, 총지출이 실질생산을 초과하면서 계획되지 않은 재고 감소가 발생하므로, 결과적으로 실질 GDP는 다시 증가하게 된다. 즉 균형으로부터의 일시적인 이탈은 시간이 지나면서 점차 해소된다.

4. **거시경제의 균형조건**

민간부문만이 존재하는 폐쇄경제의 균형에서는 가계의 저축(소득-지출 순환흐름으로부터의 유출)과 기업의 계획된 투자(소득-지출 순환흐름으로의 유입)가 일치한다. 만일 저축이 계획된 투자를 초과할 경우, 총지출의 부족과 이로 인한 계획되지 않은 재고의 증가에 따라 실질 GDP가 감소한다. 반면 계획된 투자가 저축을 초과할 경우, 총지출의 과잉과 이로 인한 계획되지 않은 재고의 감소에 따라 실질 GDP가 증가한다. 이와 같이 저축과 계획된 투자 간의 불일치는 실질 GDP가 균형수준으로 조정되면서 점차 해소된다.

한편 GDP가 균형수준일 경우에는 계획되지 않은 재고의 변동은 0이다. 경제가 균형에서 벗어난 경우 즉 총지출이 실질 GDP와 일치하지 않을 때만 계획되지 않은 재고 변동이 발생한다. 예컨대 계획되지 않은 재고 증가가 발생하면, 기업들은 생산을 줄이므로 실질 GDP는 감소한다. 반면 계획되지 않은 재고 감소가 발생하면, 기업들은 생산을 늘리므로 실질 GDP는 증가한다.

경제의 균형 여부와 관계없이 국민계정상의 실제 투자와 저축은 항상 일치한다. 실제 투자는 계획된 투자뿐 아니라 계획되지 않은 재고 변동을 함께 포함하기 때문이다.

5. **균형 GDP의 변화와 승수**

(투자의 기대수익률 또는 실질이자율의 변화에 따른) 독립적인 투자(I_g)의 변화는 총지출함수를 이동시키고, 이에 따라 균형 실질 GDP를 변화시킨다. 이 때 실질 GDP는 투자의 초기 변화분의 승수($\Delta \text{GDP}/\Delta I_g$) 배만큼 변화한다. 이러한 승수효과는 총지출이 증가할 때나 감소할 때나 대칭적으로 작용하며, 투자뿐만 아니라 순수출(X_n) 또는 정부지출(G)의 변화에도 동일하게 적용된다.

6. **해외부문을 포함한 총지출 모형**

개방경제의 순수출 함수는 각각의 실질 GDP 수준에서 순수출(수출-수입)이 어떻게 변화하는지를 나타낸 것이다. 이 장에서는 논의의 단순화를 위해 순수출이 실질 GDP와 관계없이 일정한 값이라고 가정한다.

해외부문이 존재하는 개방경제에서 순수출이 양(+)이면, 해외부문이 존재하지 않는 폐쇄경제의 경우에 비해 경제의 총지출이 증가한다. 반면 순수출이 음(-)이면 폐쇄경제에 비해 총지출이 감소하고 감소분의 승수 배만큼 균형 GDP 역시 낮아진다. 따라서 수출 증가 또는 수입 감소는 실질 GDP를 증가시키는 효과가 있는 반면, 수출 감소 또는 수입 증가는 실질 GDP를 감소시키는 효과를 가진다.

7. **정부부문을 포함한 총지출 모형**

정부부문이 포함된 개방경제에서 정부지출(G)의 증가는 총지출함수를 상방이동시키고 균형 GDP를 증가시킨다. 한편 조세(T)의 부과는 가계의 처분가능소득을 줄여 소비와 저축을 동시에 감소시킨다. 이로 인해 총지출함수가 하방이동하고 균형 GDP가 감소한다.

정부부문이 포함된 개방경제 즉 가장 일반적인 경우의 총지출 모형에서 경제의 균형은 $C_a+I_g+X_n+G=$GDP가 성립하는 점에서 달성된다.

균형에서는 세후 저축(S_a), 수입(M), 조세(T) 등 유출 항목의 합계가 총투자(I_g), 수출(X), 정부지출(G) 등 유입 항목의 합계와 같다. 즉 $S_a+M+T=I_g+X_n+G$이 성립한다. 또한 균형에서는 계획되지 않은 재고 변동이 0이다.

8. **완전고용 GDP, 경기침체 갭과 인플레이션 갭**
균형 GDP와 완전고용 GDP는 서로 일치하지 않는 경우가 많다. 균형 GDP가 완전고용 GDP에 못 미치는 경우에는 경기침체 갭이 발생한다. 경기침체 갭이란 완전고용 GDP 수준에서 경제의 균형을 달성하기 위해 추가로 증가해야 하는 총지출의 크기를 의미한다. 경기침체 갭은 음(−)의 GDP갭(실제 GDP−완전고용 GDP)을 발생시키는 원인이다. 반면 균형 GDP가 완전고용 GDP를 초과할 경우에는 인플레이션 갭이 발생한다. 인플레이션 갭은 완전고용 GDP 수준에서 경제의 균형을 달성하기 위해 추가로 감소해야 하는 총지출의 크기를 의미한다. 인플레이션 갭이 존재하면 수요견인 인플레이션이 발생한다.

케인즈는 대공황과 같은 경기침체기에 발생한 음의 GDP갭을 해소하기 위해 정부가 재정정책을 통해 적극적으로 총지출을 증가시켜야 한다고 주장하였다. 이를 위한 구체적인 방법으로 정부지출(G)을 증가시키거나 조세(T)를 삭감하는 2가지 방법을 제시하였다. 대공황과 같은 경기침체기에는 대규모의 가용노동력과 유휴생산자본이 존재하므로, 이러한 정부의 확장적 재정정책이 인플레이션을 유발하지 않고도 총지출을 증가시킬 수 있다.

그러나 이러한 정책을 통해 경제가 완전고용수준에 가까워질수록 총지출 모형의 핵심 가정인 '고정된 가격' 또는 물가의 가정은 그 유효성이 떨어진다. 경제가 완전고용수준에 접근하면서 일자리를 원하는 거의 모든 노동자들이 고용되고 대부분의 공장들이 가능한 최대수준으로 가동되는 상황에서는 재정정책에 따라 상품과 서비스에 대한 지출이 증가해도, 이에 대응하여 생산을 늘리는 것이 매우 어려워지므로 상품과 서비스의 가격 즉 물가가 상승할 수밖에 없기 때문이다.

주요 용어와 개념

경기침체 갭	유출	총지출함수
균형 GDP	인플레이션 갭	
유입	정액세	

연습문제

1. 경제의 총지출이 경제에서 생산된 모든 재화와 서비스(최종재)를 정확히 구매할 수 있을 만큼만 존재한다면, 현재 경제는 어떤 상태인가?

(1) 경제는 균형을 이룬다.
(2) 경기침체 상황이다.
(3) 부채가 존재한다.
(4) 경기가 확장국면이다.
(5) 경제는 초과수요 상태이다.

2. 예상치 못하게 재고가 증가했다면, 실질생산은 매출을(에) ______, 이에 따라 기업들은 생산을 ______ 방향으로 대응할 것이다. 빈칸에 들어갈 말을 순서대로 바르게 나열한 것은?

(1) 못 미치며, 감소시키는
(2) 못 미치며, 증가시키는
(3) 초과하며, 증가시키는
(4) 초과하며, 감소시키는
(5) 위 보기 중 정답 없음

3. 민간부문만이 존재하는 폐쇄경제에서 승수가 5일 때, 투자가 3조 원만큼 증가한다면 균형 실질 GDP는 얼마나 증가하는가?

(1) 2조 원　(2) 3조 원
(3) 8조 원　(4) 15조 원
(5) 20조 원

4. 교역 대상국의 경기침체는 우리나라의 수출을 ______시키고, 이에 따라 순수출을 ______시킬 것이다. 그 결과 우리나라의 균형 실질 GDP는 ______ 할 것이다. 빈칸에 들어갈 말을 순서대로 바르게 나열한 것은?

(1) 감소, 감소, 감소　(2) 증가, 증가, 증가
(3) 감소, 증가, 증가　(4) 증가, 감소, 감소
(5) 감소, 증가, 감소

5. 민간부문만이 존재하는 폐쇄경제에서 균형 GDP가 780조 원이고 완전고용 GDP는 800조 원이라고 한다. 이 경제의 승수가 4라고 할 때, 현재 이 경제는 ______만큼의 ______ 갭에 직면해 있다. 빈칸에 들어갈 말을 순서대로 바르게 나열한 것은?

(1) 5조 원, 인플레이션　(2) 10조 원, 인플레이션
(3) 20조 원, 인플레이션　(4) 5조 원, 경기침체
(5) 10조 원, 경기침체

6. 현재 경제에 인플레이션 갭이 존재할 경우, 정부는 세금을 ______ 시키거나 정부지출을 ______ 시킴으로써 경제가 완전고용수준으로 복귀하도록 노력해야 한다. 빈칸에 들어갈 말을 순서대로 바르게 나열한 것은?

(1) 증가, 증가　(2) 증가, 감소
(3) 감소, 증가　(4) 감소, 감소
(5) 위 보기 중 정답 없음

7. 민간부문만이 존재하는 폐쇄경제에서 현재 계획된 총투자지출이 GDP수준과 관계없이 16조 원으로 일정하다고 할 때, 다음 표의 빈칸을 채우시오. 균형에서의 실질 GDP와 고용 수준은 얼마인가? 한계소비성향과 한계저축성향의 크기는 얼마인가?

(1) 고용가능취업자수 (백만 명)	(2) 실질 GDP 또는 처분가능소득 (조 원)	(3) 소비(C) (조 원)	(4) 저축(S) (조 원)
40	240	244	
45	260	260	
50	280	276	
55	300	292	
60	320	308	
65	340	324	
70	360	340	
75	380	356	
80	400	372	

8. 위 7번 문제의 도표를 이용하여 다음 물음에 답하시오. 현재 실질 GDP가 380조 원일 때, 저축과 계획된 투자 및 실제 투자지출은 각각 얼마인가? 만약 현재 실질 GDP가 300조 원이라면 저축과 계획된 투자 및 실제 투자지출은 각각 얼마인가? 만약 현재 GDP가 380조 원인 상황에서 경제가 균형을 회복하기 위해서는 계획되지 않은 재고가 얼마만큼 증가 또는 감소해야 하는가? 만약 현재 GDP가 300조 원이라면?

9. 민간부문만이 존재하는 폐쇄경제에서 한계소비성향이 0.80일 때, 투자지출이 8조 원만큼 증가하면 GDP는 어떻게 변하는가? 한계소비성향이 0.67이라면?

10. **민간부문만이 존재하는 폐쇄경제의 한계소비성향이 0.9이고 현재 실질 GDP가 400조 원이라고 한다. 이 때 투자지출이 4조 원만큼 감소한다면 실질 GDP는 얼마가 되는가?**

11. **아래 표를 이용하여 다음 물음에 답하시오.**

(1) 민간부문만이 존재하는 폐쇄경제(민간 폐쇄경제) 하에서 아래 표의 (1)열과 (2)열을 비교할 때, 균형 GDP는 얼마인가?

(2) 이제 해외부문에 대한 수출과 수입이 발생한다고 가정하자. 수출과 수입에 대한 (3)열과 (4)열의 자료를 이용하여 (5)열과 (6)열의 빈칸을 채우시오. 이러한 개방경제에서의 균형 GDP는 얼마인가? (1)의 경우와 비교할 때 균형 GDP는 얼마만큼 증가 또는 감소하였는가?

(3) 수출이 일정한 상황에서 수입이 모든 GDP수준에서 10조 원만큼 증가하였다면 순수출과 균형 GDP는 어떻게 변하는가?

(4) 아래 표를 통해 승수가 얼마인지 계산해보자.

(1) 실질 GDP 또는 처분 가능소득 (조 원)	(2) 총지출 (민간 폐쇄경제) (조 원)	(3) 수출 (조 원)	(4) 수입 (조 원)	(5) 순수출 (조 원)	(6) 총지출 (민간 개방경제) (조 원)
200	240	20	30		
250	280	20	30		
300	320	20	30		
350	360	20	30		
400	400	20	30		
450	440	20	30		
500	480	20	30		
550	520	20	30		

12. **조세가 없는 경우, 경제의 소비함수가 다음과 같다고 가정하자. 다음 물음에 답하시오.**

실질 GDP(조 원)	소비지출(조 원)
100	120
200	200
300	280
400	360
500	440
600	520
700	600

(1) 이 소비함수를 그림으로 그리고, 한계소비성향을 구하시오.

(2) GDP 수준과 관계없이 정부가 10조 원의 일정한 금액을 정액세로 부과한다고 가정하자. 한계소비성향이 불변이라고 할 때, 정액세 과세 이후의 소비함수를 그림으로 그리시오.

13. **(고급문제) 정부부문이 존재하지 않는 개방경제에서 소비함수가 $C=50+0.8Y$라고 한다(Y는 실질 GDP). 또한 계획된 총투자 I_g와 순수출 X_n은 $I_g=30$, $X_n=10$으로 일정하다고 한다. 다음 물음에 답하시오.**

(1) 이 경제의 균형 실질 GDP는 얼마인가?

(2) I_g 값이 10으로 줄어들면 균형 실질 GDP는 어떻게 변화하는가? 이 경우 승수는 얼마인가?

14. **아래 표를 이용하여 다음 물음에 답하시오.**

(1) 고용가능 취업자수 (백만 명)	(2) 실질 GDP (조 원)	(3) 총지출 $(C_a+I_g+X_n+G)$, (조 원)
90	500	520
100	550	560
110	600	600
120	650	640
130	700	680

(1) 완전고용수준에서의 취업자 수가 1억3,000만 명이라고 할 때, 현재 이 경제에는 인플레이션 갭이 존재하는가 아니면 경기침체 갭이 존재하는가? 현실에서 이러한 갭이 존재할 경우 어떤 현상이 발생하는가? 만일 인플레이션 갭이나 경기침체 갭을 없애기 위해, (3)열의 총지출을 조정한다면 얼마만큼 증가 또는 감소시켜야 하는가? 이 경우 승수는 얼마인가?

(2) 만일 완전고용 GDP가 500조 원이라면, 현재 이 경제에는 인플레이션 갭이 존재하는가 아니면 경기침체 갭이 존재하는가? 만일 인플레이션 갭이나 경기침체 갭을 없애기 위해, (3)열의 총지출을 조정한다

면 얼마만큼 증가 또는 감소시켜야 하는가? 이 경우 승수는 얼마인가?

(3) 이 경제의 총투자, 순수출, 정부지출은 실질 GDP와 무관하게 일정하다고 한다. 이 경제의 한계소비성향, 한계저축성향, 승수의 크기는 얼마인가?

15. 총지출 모형과 관련된 다음 물음에 답하시오.

(1) 경제의 세후 소비 C_a가 100조 원, 총투자 I_g는 50조 원, 순수출 X_n은 −10조 원, 그리고 정부지출 G는 30조 원이라면, 경제의 균형 GDP는 얼마인가?

(2) 현재 경제의 실질 GDP가 200조 원이라고 하자. C_a가 100조 원, I_g가 50조 원, X_n이 −10조 원, 그리고 G가 30조 원이라면, 앞으로 경제의 실질 GDP는 지금보다 증가할 것인가 아니면 감소할 것인가 아니면 동일한 수준을 유지할 것인가?

(3) 어떤 경제의 완전고용 GDP가 200조 원이라고 가정하자. 현재 C_a가 150조 원, I_g가 50조 원, X_n이 −10조 원, G는 30조 원이라면, 현재 이 경제에는 인플레이션 갭이 존재하는가 아니면 경기침체 갭이 존재하는가?

21 Chapter

총수요 · 총공급 모형

학습내용

1. 총수요의 정의와 총수요곡선의 형태
2. 총수요곡선의 이동요인
3. 총공급의 정의와 초단기, 단기, 장기의 총공급곡선
4. 총공급곡선의 이동요인
5. 균형 GDP와 균형물가수준
6. 수요견인 인플레이션, 비용인상 인플레이션, 그리고 경기침체
7. 총지출 모형으로부터 총수요곡선의 도출

글로벌 금융위기 이후 2007~2009년 대침체를 계기로 이전까지는 주로 경제학술지나 경제 교과서 등에만 등장하던 총수요와 총공급이라는 용어가 신문, 웹사이트, 라디오, TV 등 대중매체를 통해 빈번하게 등장하기 시작했다.

대중매체뿐만 아니라 일반인들도 다음과 같은 의문을 제기하였다. 예컨대, 대침체를 야기한 총수요 감소의 근본 원인은 무엇인가? 미 연준이 이자율을 제로수준까지 인하했음에도 불구하고 왜 총수요는 오랫동안 지지부진하였는가? 연방정부의 7,870억 달러에 달하는 대규모 경기부양조치는 과연 의도한 대로 총수요를 진작하고 실업을 감소시킬 것인가? 이 과정에 유가와 기타 에너지 가격이 다시 상승하면 총공급이 감소하고 경기회복이 지연될 것인가?

이 장에서는 총수요 · 총공급 모형(AD-AS 모형)을 통해 이러한 총수요와 총공급의 결정요인이 무엇이며 양자의 상호작용에 의해 어떻게 균형 GDP와 물가가 결정되는지를 살펴보고자 한다. 앞 장에서 살펴본 총지출 모형은 물가가 고정되어 있다는 가정에 기초하고 있다. 현실에서 이러한 가정은 초단기나 단기적인 경기침체 상황에만 주로 적용 가능하다. 반면, 이장의 AD-AS 모형은 실질 GDP는 물론이고 물가수준도 신축적으로 변할 수 있는 가능성을 고려하고 있다. 따라서 이모형은 초단기뿐만 아니라 단기 및 장기에 걸친 분석에도 적용가능하다. 이후의 장에서 살펴보겠지만 우리는 AD-AS 모형을 통해 이번 대침체 기간 중 시행되었던 다양한 재정 및 통화정책들의 의미를 이해하고 정책의 기대효과를 예측할 수 있다.

총수요

총수요곡선

총수요함수는 가능한 각각의 물가수준에서 경제주체들이 구매하기 원하는 국내 생산물의 총량(실질 GDP)을 나타내는 함수이다. 여기에서 경제주체는 국내의 가계, 기업, 정부는 물론 해외의 소비자(해외 가계, 기업, 정부)를 포함한다. 이러한 총수요함수를 좌표평면의 세로축에 물가, 가로축에 실질 GDP로 나타낸 것을 **총수요곡선**(aggregate demand curve)이라고 부른다.

결론부터 말하자면 물가수준과 실질 GDP 사이에는 역(−)의 관계가 존재한다. 즉 물가수준이 상승하면 경제주체들이 구매하기 원하는 생산물의 총량(실질 GDP)은 감소한다는 것이다. 따라서 총수요 곡선은 우하향하는 형태를 가진다.

총수요곡선

그림 21.1은 물가수준과 실질 GDP 사이의 역의 관계를 나타내는 총수요 곡선을 그린 것이다. 개별 상품에 대한 수요곡선이 우하향하는 것과 마찬가지로 총수요곡선(AD) 역시 우하향함을 알 수 있다.

총수요곡선이 우하향하는 것은 개별 상품에 대한 수요곡선이 우하향하는 것과는 완전히 다른 이유에서다. 미시경제학에서 개별 상품에 대한 수요곡선이 우하향하는 것은 소득효과와 대체효과에 기인한다. 어떤 '개별' 상품의 가격이 하락하면, 이전과 동일한 명목소득으로 소비자는 더 많은 상품을 구입할 수 있게 된다(소득효과). 따라서 상품에 대한 수요가 증가한다. 한편 '다른 상품의 가격이 일정한 상황에서' 어떤 상품의 가격이 하락하면, 소비자들은 그 상품이 다른 상품에 비해 상대적으로 저렴하기 때문에 더 많이 구입하려 할 것이다(대체효과). 이 역시 상품에 대한 수요를 증가시키는 요인이다.

그러나 **소득효과와 대체효과를 통해서는 총수요곡선이 우하향하는 것을 설명할 수 없다**. 예컨대 그림 21.1에서 총수요곡선을 따라 경제 전체의 물가가 하락하는 경우를 생

[그림 21.1] 총수요곡선

우하향하는 총수요곡선 AD는 물가수준과 실질 GDP에 대한 총수요 사이의 역의 관계를 나타낸다.

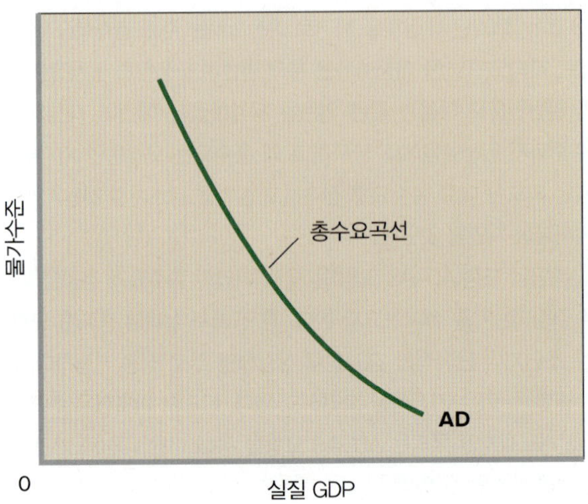

각해 보자. 이는 소비자가 이전과 동일한 상품과 서비스를 구입할 때, 이전보다 가격이 낮아서 더 적은 금액만을 지불함을 의미한다. 앞서 살펴본 국민경제순환도에 따르면 소비자의 지출이 감소하면 생산요소의 공급자에게 지불되는 임금, 지대, 이자 및 이윤 등 분배소득도 줄어든다. 그래서 물가수준이 하락하더라도 경제 전체의 소득이 증가한다고 할 수 없다. 즉 개별 상품의 가격이 하락하면 소비자는 이전과 동일한 명목소득으로 더 많은 상품을 살 수 있지만(소득효과), **경제 전체의 물가수준이 하락하면 소비자들의 명목소득이 함께 감소하므로 이러한 소득효과가 나타나지 않는 것**이다.

한편 대체효과는 정의상 어떤 상품의 가격이 다른 상품의 가격에 비해 '상대적으로 싸거나 비쌀 경우에' 발생하는 것이다. 따라서 경제 전체의 모든 상품과 서비스의 평균 가격 즉 일반 물가가 상승 또는 하락하는 경우에는 대체효과가 나타날 수 없다. 대체효과의 전제가 되는 상대가격의 변화가 발생하지 않기 때문이다.

이와 같이 소득효과와 대체효과를 통해서는 총수요곡선이 우하향하는 것을 설명할 수 없다. 그렇다면 진짜 이유는 무엇일까? 그 답은 다음과 같이 물가 변동이 초래하는 3가지 효과에서 찾을 수 있다.

실질잔고 효과 물가수준의 변동은 **실질잔고 효과**(real-balances effect)를 통해 소비지출에 영향을 미친다.

실질잔고 효과

실질잔고효과는 다음과 같은 원리를 통해 작동한다. 경제의 물가수준이 상승하면 가계가 보유한 자산의 실질가치 즉 구매력이 줄어든다. 특히 정기예금이나 채권처럼 화폐가치가 고정된 자산인 경우 물가가 상승하면 이들 자산의 실질가치는 하락하게 된다. 즉 보유 자산의 명목금액에 변화가 없어도 물가수준이 상승하면 가계의 실질구매력이 감소하므로, 이들은 소비를 줄이게 되는 것이다.

예컨대, 현재 어떤 가계가 보유한 금융자산의 잔고가 5,000만 원이라면 새 차 또는 초고해상도 TV를 구입할 용의가 있다고 하자. 그런데 갑작스런 인플레이션으로 인해 이 가계가 보유한 자산의 실질잔고 즉 구매력이 3,000만 원으로 줄어들었다고 하자. 그러면 '역전된 부의 효과'가 초래되어 가계는 이들 상품에 대한 소비를 미루거나 포기하게 된다. 이와 같은 이유로 물가수준의 상승은 소비지출을 줄이는 요인이 된다.

이자율 효과 물가가 상승하면 **이자율 효과**(interest-rate effect)를 통해 소비와 투자가 감소할 수 있다. 물가수준이 상승하면 소비자들은 상품과 서비스 소비를 위해, 기업은 임금 지불이나 기타 생산요소 구입을 위해 이전보다 더 많은 돈을 필요로 하게 된다. 어떤 상품의 가격이 10,000원이라면 이를 구입하기 위해서는 10,000원짜리 지폐 한 장만 있으면 된다. 그러나 가격이 11,000원으로 오르면 이제 이 상품을 사기 위해서는 10,000원짜리 한 장과 함께 1,000원짜리 한 장이 추가로 더 필요하다. 즉 물가의 상승은 경제주체의 화폐수요를 증가시킨다는 것이다.

이자율 효과

화폐공급이 일정할 때 물가 상승으로 화폐수요가 증가하면 화폐의 가격 즉 화폐를 사용하기 위해 지불해야 할 대가가 상승한다. 여기서 화폐의 가격은 바로 이자율을 의미한다.

이렇게 물가 상승에 따라 화폐의 가격 즉 이자율이 상승하면 가계와 기업은 소비와 투자지출을 줄이게 된다. 예컨대 어떤 투자계획의 기대수익률이 6%일 때 이자율이 5%

라면, 기업들은 이 투자계획을 채택하고 투자를 집행할 것이다. 그런데 만일 물가 상승에 따라 이자율이 7%로 상승하면 이 투자안은 더 이상 수익성이 없으므로 집행되지 않을 것이다. 마찬가지로 가계도 신차 구입을 위한 할부금융 이자율이 상승하면, 신차 구입을 하지 않거나 미룰 것이다. 이와 같이 물가수준이 상승하면 화폐수요의 증가로 이자율이 상승하며 이로 인해 소비와 투자가 감소한다.

순 수출 효과

순 수출 효과 물가수준의 상승은 **순 수출 효과**(foreign purchase effect)를 통해서도 총수요를 감소시킬 수 있다.

예컨대 환율이 경직적일 때 우리나라 상품과 서비스의 물가수준이 외국에 비해 높아졌다고 가정하자. 그러면 해외의 구매자들은 상대적으로 비싸진 우리나라의 상품과 서비스에 대한 지출을 줄이는 반면, 우리나라의 구매자들은 상대적으로 싸진 해외 제품에 대한 지출을 늘린다. 즉 우리나라의 수출은 감소하고 수입은 증가하면서 순 수출이 줄어든다. 이와 같이 물가수준의 상승은 우리나라 제품의 상대가격을 높여 총지출의 구성요소인 순 수출을 감소시키게 된다.

물론 상기한 3가지 효과는 물가수준이 하락할 경우에는 반대방향으로 작용한다. 즉 물가수준의 하락은 실질잔고 효과를 통해 소비를 증가시키고, 이자율 효과를 통해 소비와 투자를 증가시키며, 순 수출 효과를 통해 수출을 증가시키고 수입을 감소시킨다.

총수요곡선을 이동시키는 요인들

총수요 결정요인
총수요 이동요인

앞서 살펴본 대로 '다른 조건이 동일'할 때 물가수준의 변동은 소비, 투자 등 총지출 즉 총수요[1]의 변화를 통해 실질 GDP에 영향을 준다. 이러한 물가 변동에 따른 실질 GDP의 변화는 그림 21.1와 같이 '총수요곡선을 따라 균형점이 이동'하는 것으로 나타난다. 그러나 만약 물가 이외에 '다른 조건'이 변하면 '총수요곡선 자체가 이동'하게 된다. 이렇게 총수요곡선 자체를 이동시키는 요인들을 **총수요 결정요인**(determinants of aggregate demand) 또는 **총수요 이동요인**(aggregate demand shifter)이라고 부른다. 그림 21.2의 표는 총수요 결정요인들을 종류별로 분류해 놓은 것이다.

총수요 결정요인의 변동에 따른 총수요의 변화분은 다음과 같은 2부분으로 구성된다.

- 총수요 결정요인의 변동에 따라 직접적으로 총수요가 변화한 부분
- 승수효과로 인해 간접적, 추가적으로 총수요가 변화한 부분

그림 21.2는 AD_1에서 AD_2로의 총수요곡선의 우측 이동 즉 총수요 증가분을 상기한

1) 앞서 20장에서 살펴본 총지출 모형에서는 소비, 총투자, 정부지출, 순수출의 합계를 '총지출'로 정의하였다. 일반적으로 '총지출'과 '총수요'는 동일한 의미의 개념으로서 서로 구분없이 사용된다. 그러나 본서에서는 불필요한 혼동을 막기 위해, 총지출 모형에서와 같이 물가가 고정된 상황에서는 '총지출'로, 총수요 · 총공급 모형에서와 같이 물가가 가변적인 상황에서는 '총수요'로 구분하여 표현할 것이다. 따라서 이후 사용할 용어인 '총수요'는 지금까지 사용했던 '총지출'과 동일한 개념을 나타냄에 유의하기 바란다(역자 주).

[그림 21.2] 총수요곡선의 이동

오른쪽 표에 열거한 다양한 총수요 결정요인들이 변동하면 총수요곡선이 좌우로 이동한다. 만일 총수요곡선이 AD_1에서 AD_2와 같이 우측으로 이동하면 총수요가 증가했음을 나타내고, AD_1에서 AD_3와 같이 좌측으로 이동하면 총수요가 감소했음을 나타낸다. 초기 총수요곡선 AD_1과 점선으로 그려진 곡선 사이의 수평거리는 총수요 결정요인의 변동으로 인한 총수요의 초기 변화분을 나타낸다. 승수효과를 통해 총수요곡선은 점선으로 표현된 곡선으로부터 AD_2 또는 AD_3까지 추가적으로 이동하게 된다.

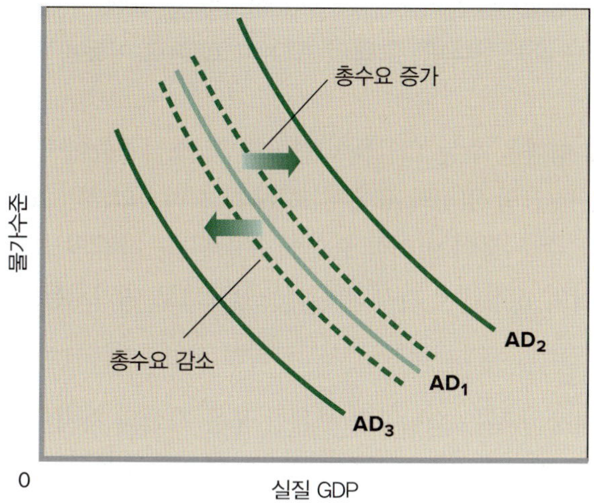

총수요 결정요인: 총수요곡선을 이동시키는 요인

1. 소비지출의 변화요인
   a. 부(wealth)
   b. 미래에 대한 기대
   c. 차입
   d. 세금
2. 투자지출의 변화요인
   a. 실질이자율
   b. 투자의기대수익률
      • 투자자의 기대 변화
      • 기술 변화
      • 생산설비의 과잉 정도
      • 기업에 대한 세금
3. 정부지출의 변화요인
4. 순 수출의 변화요인
   a. 교역대상국의 국민소득
   b. 환율

2요소로 분해할 수 있음을 보여준다. 즉 전체 이동폭 가운데 AD_1와 (우측의) 점선으로 그려진 곡선 간의 수평 거리는 전자의 구성요소 즉 총수요 결정요인의 변동에 따른 총수요의 초기 증가분을 나타낸다. 예컨대 투자의 기대수익률이 높아지면서 투자지출이 5조 원만큼 늘어난 경우, 이 5조 원이 바로 여기에 해당한다.

한편 점선으로 그려진 곡선과 새로운 총수요곡선 AD_2 사이의 수평 거리는 후자의 구성요소 즉 승수효과로 인해 간접적, 추가적으로 총수요가 변화한 부분을 나타낸다. 예컨대 앞 장의 예와 같이 경제의 한계소비성향이 0.75이고, 이에 따라 승수가 4라고 가정하자. 이 때 언급한 대로 초기에 투자지출이 5조 원만큼 증가했다면, 승수효과에 의해 총수요의 최종 증가분은 20조 원(=5조 원×4)이 된다. 따라서 초기의 총수요곡선 AD_1과 새로운 총수요곡선 AD_2의 수평 거리는 AD_1와 점선으로 그려진 곡선 간의 거리인 5조 원의 승수 배인 20조 원이 된다.

마찬가지 원리로 AD_1에서 AD_3로의 총수요곡선의 좌측 이동 즉 총수요 감소분 역시 상기한 2요소로 분해할 수 있다. 즉 전체 이동폭 가운데 AD_1와 (좌측의) 점선으로 그려진 곡선 간의 수평 거리는 전자의 구성요소 즉 총수요 결정요인의 변동에 따른 총수요의 초기 증가분을 나타낸다. 한편 점선으로 그려진 곡선과 새로운 총수요곡선 AD_3 사이의 수평 거리는 후자의 구성요소 즉 승수효과로 인해 간접적, 추가적으로 총수요가 변화한 부분을 나타낸다.

이제 그림 21.2의 표에 열거된 총수요 결정요인을 하나씩 살펴본다.

소비지출의 변화요인

앞서 19장에서 살펴본 대로 물가수준의 변동 이외에도 소비지출에 영향을 주는 요인들은 매우 다양하다. 예컨대 자산가격 상승에 따라 소비자들이 보유한 부의 가치가 상승하여 각 물가수준에서 소비자들이 이전보다 더 많이 소비한다면, 총수요곡선은 그림 21.2의 AD_1에서 AD_2로 우측으로 이동한다. 반면 자산가격의 하락으로 인해 각 물가수준에서 소비자들이 이전보다 더 적게 소비한다면, 그림의 AD_1이 AD_3로 이동하듯이 총수요곡선은 좌측으로 이동한다.

이와 같이 물가수준 이외에 소비에 영향을 주는 요인들이 변동하면, 소비지출이 변화하면서 총수요곡선이 좌우로 이동한다. 그림 21.2의 표에서 보듯이, 소비자의 부, 소비자의 미래에 대한 기대, 차입 및 세금 수준 등이 이러한 요인에 포함된다. 각각의 요인들이 소비에 어떤 영향을 주는지는 이미 19장에서 자세히 살펴보았으므로 여기서는 아주 간략히 설명할 것이다.

소비자의 부 앞서도 언급했듯이 소비자의 부는 소비자가 보유한 모든 자산의 가치에서 부채의 가치를 차감한 것이다. 여기서 자산의 예로는 주식, 채권, 그리고 부동산 등을 들 수 있고, 부채의 예로는 주택담보대출, 자동차 담보대출, 그리고 신용카드 미결제잔고 등을 들 수 있다.

때때로 자산 가격이 예상치 못하게 변할 경우, 소비자가 보유한 부의 가치도 변동하게 된다. 예컨대 주식시장의 호황으로 인해 가계가 보유한 주식의 가치가 갑자기 상승하는 경우가 대표적이다. 이와 같이 소비자의 부가 예상치 않게 증가하면, 소비자들은 주어진 소득수준에서 이전보다 더 적게 저축하고 더 많이 소비하게 된다. 이렇게 자산가격 상승에 따라 소비지출이 증가하는 현상을 부의 효과라고 함은 이미 앞서 살펴보았다. 이러한 부의 효과에 의해 각 물가수준에서 소비지출이 증가하면 총수요곡선은 오른쪽으로 이동한다.

반면 예상치 못한 자산가격의 하락은 소비자 부의 가치를 감소시킨다. 이에 따라 소비자들은 주어진 소득수준에서 이전보다 더 많이 저축하고 더 적게 소비하게 된다. 이른바 '역전된 부의 효과'가 나타나는 것이다. 이러한 역전된 부의 효과에 의해 각 물가수준에서 소비지출이 감소하면 총수요곡선은 왼쪽으로 이동한다.

소비자의 차입 소비자들은 소득이 부족할 경우 차입을 늘려 소비를 증가시킬 수 있다. 이 경우 총수요곡선은 오른쪽으로 이동한다. 따라서 현재소비를 늘리기 위한 차입의 증가는 총수요곡선을 우측으로 이동시키는 요인이다. 그러나 앞서도 언급한대로 지금 돈을 차입함으로써 현재소비를 늘릴 수 있지만, 미래에 빌린 돈을 갚을 때는 오히려 소비가 줄어든다. 따라서 소비자가 부채 상환을 위해 저축을 증가시키면 총수요곡선은 왼쪽으로 이동하게 된다.

소비자의 미래에 대한 기대 소비자들의 미래에 대한 기대가 변화하면 소비지출 역시 변할 수 있다. 예컨대 미래에 실질소득이 증가할 것으로 기대하는 소비자는 현재소득이 변하지 않더라도 소비를 늘리는 경향이 있다. 이 경우 현재 소비지출이 증가(현재 저축은 감소)하므로 총수요곡선은 오른쪽으로 이동한다. 또한 가까운 미래에 물가가 폭등할 것이라는 기대가 형성되면, 사람들은 가격이 오르기 전에 미리 상품을 구입하려 할 것이므로 현재소비가 증가할 것이다. 그 결과 총수요곡선이 오른쪽으로 이동하게 된다. 반대로 미래소득이 감소하거나 미래의 물가가 하락할 것이라는 기대가 형성되면, 현재소비가 감소하면서 총수요곡선은 왼쪽으로 이동하게 된다.

세금 세액공제나 감면을 통해 소득세 등 가계에 대한 세금이 감소하면 처분가능소득이 증가하면서 가계의 소비지출이 증가한다. 이 경우 각 물가수준에서 총수요가 증가하므로 총수요곡선은 오른쪽으로 이동한다. 반대로 증세를 통한 세금의 인상은 가계의 소비지출을 감소시켜 총수요곡선을 왼쪽으로 이동시킨다.

투자지출의 변화요인

투자지출(새로운 자본재의 구입)은 총수요의 구성요소 가운데 가장 변동성이 큰 항목이다. 각각의 물가수준에서 투자지출이 감소하면 총수요곡선은 왼쪽으로 이동하고, 투자지출이 증가하면 총수요곡선은 오른쪽으로 이동한다. 19장에서 살펴본 대로 투자지출의 규모는 실질이자율과 투자의 기대수익률에 따라 결정된다.

실질이자율 다른 조건이 동일할 경우, 실질이자율이 상승하면 투자에 따른 차입비용이 증가하여 투자지출이 줄고 총수요가 감소한다. 즉 총수요곡선이 왼쪽으로 이동한다. 그러나 앞서 살펴본 **'이자율 효과'에 따라 물가 변동이 이자율을 변화시킨 경우에는, 총수요곡선이 이동하는 것이 아니라 총수요곡선을 따라 총수요가 변화함에 유의**하기 바란다. 물가 이외에 이자율을 변화시키는 요인의 대표적 예로는 화폐공급의 변화를 들 수 있다. 예컨대 화폐수요가 일정한 상황에서 화폐공급이 증가하면, 화폐의 가격인 이자율이 하락하게 된다. 그 결과 투자지출이 증가하고 총수요곡선이 오른쪽으로 이동한다. 반면 화폐공급이 감소하면 이자율이 상승하면서 투자지출이 감소하고 총수요곡선이 왼쪽으로 이동한다.

투자의 기대수익률 투자의 기대수익률이 높을수록 기업들의 투자지출이 증가하고 총수요곡선은 오른쪽으로 이동하게 된다. 반면 기대수익률이 낮을수록 기업들의 투자지출이 감소하고 총수요곡선은 왼쪽으로 이동하게 된다. 앞서 살펴본 대로 투자의 기대수익률은 다음과 같은 몇 가지 요인들에 의해 결정된다.

- **미래 경제상황에 대한 기대 변화** 기업들이 미래의 경제상황을 낙관적으로 본다면 투자에 대한 기대수익률은 높아지고, 따라서 기업들은 투자를 늘릴 것이다. 그 결과 총수요곡선은 오른쪽으로 이동한다. 기업들이 미래의 경제상황을 비관적으로 본다면 투자에 대한 기대수익률은 낮아지고, 따라서 기업들은 투자를 줄일 것이다. 그 결과 총수요곡선은 왼쪽으로 이동한다.
- **기술 변화** 신제품 개발, 제조공정의 혁신 등 신기술의 등장은 투자에 대한 기대수익률을 높여 총수요를 증가시키는 대표적 요인이다. 예컨대, 최근 분자생물학에서의

기술진보는 제약회사들로 하여금 새로운 실험장비 또는 생산설비를 확충하게 하는 계기가 되었다.

- **생산설비의 과잉정도** 놀려두고 있는 자본재 즉 유휴생산자본의 증가는 신규 투자에 대한 기대수익률을 낮추어 총수요를 감소시키는 요인이다. 이미 상당 수준의 유휴설비를 보유한 상황에서는 놀려둘 것이 뻔한 새로운 설비를 도입할 유인이 전혀 없기 때문이다. 그러나 경기회복에 따라 앞으로 유휴설비의 규모가 점점 줄어들거나 완전히 사라질 것으로 예상될 경우, 기업의 입장에서 본 신규 투자의 기대수익률은 증가한다. 따라서 기업들은 투자지출을 증가시키고 총수요곡선은 오른쪽으로 이동한다.
- **기업에 대한 세금** 법인세 등 기업에 대한 세금이 증가하면 투자로부터 발생하는 세후 이윤이 감소하고, 그 결과 세후 기대수익률이 낮아진다. 따라서 투자지출과 총수요가 감소한다. 반면 기업에 대한 세금의 감소는 반대방향의 효과를 가진다.

이와 같이 다양한 요인들이 실질이자율과 기대수익률의 변화를 초래하여 투자지출의 변동성을 높인다. 또한 소비와 달리 투자지출은 실질 GDP 또는 처분가능소득의 변화와는 독립적으로 빈번히 증가 또는 감소한다. 이 때문에 투자는 앞서 언급한 대로 총수요 구성요소 가운데 가장 변동성이 큰 요소이다.

정부지출

조세수입이나 이자율 등 다른 조건이 일정하다면, 정부지출의 증가(예컨대 대중교통 인프라의 확충)는 총수요곡선을 오른쪽으로 이동시킨다. 반면 정부지출의 감소(예컨대 국방예산의 축소)는 총수요곡선을 왼쪽으로 이동시킨다.

순수출

마지막 총수요의 구성요소는 순수출이다. 다른 조건이 일정한 상황에서 순수출이 증가한다는 것은 우리나라 상품에 대한 해외의 수요가 해외 상품에 대한 우리나라의 수요에 비해 상대적으로 증가함을 의미한다. 따라서 순수출의 증가는 총수요곡선을 오른쪽으로 이동시킨다. 반면 순수출의 감소는 총수요곡선을 왼쪽으로 이동시킨다. 단, 앞서 살펴본 순수출 효과에 따라 물가 변동이 순수출을 변화시킨 경우에는 총수요곡선이 이동하는 것이 아니라 총수요곡선을 따라 총수요가 변화함에 유의하기 바란다.

물가 이외에 순수출을 변화시키는 요인은 무엇이 있는가? 대표적 예로 교역대상국의 국민소득과 환율의 변화를 들 수 있다.

교역대상국의 국민소득 교역대상국의 국민소득이 증가하면 그 국가의 가계는 소비를 늘리게 되고, 그 결과 우리나라로부터의 수입도 함께 증가하게 된다. 따라서 우리나라의 순수출이 증가하므로 총수요곡선은 오른쪽으로 이동한다. 반면 교역대상국의 국민소득이 감소하면, 반대로 우리나라의 순수출이 감소하고 총수요곡선은 왼쪽으로 이동한다.

환율 원화로 표시한 외국 화폐의 가격 즉 원화 환율의 변화는 우리나라의 순수출을 통해 총수요에 영향을 준다. 예컨대 달러당 원화 환율이 상승하였다고 가정하자. 이는 원화의 가치가 하락하고 상대적으로 달러의 가치는 상승했음을 의미한다. 이렇게 달러의 가치가 상승함에 따라 미국인들은 이제 동일한 달러를 주고도 이전보다 더 많은 원화를 얻을 수 있다. 따라서 미국인의 입장에서 볼 때, 우리나라의 상품과 서비스가 이전보다 저렴해지는 효과가 나타난다. 따라서 미국 소비자들은 우리나라 상품을 이전보다 더 많이 구입할 것이므로, 우리나라의 수출이 증가한다.

반면 원화의 가치가 달러에 비해 하락하면 우리나라 소비자들은 이제 동일한 원화를 주고도 이전보다 더 적은 달러를 얻게 된다. 따라서 우리나라 소비자의 입장에서 볼 때, 미국의 상품과 서비스는 이전보다 더 비싸지는 효과가 나타난다. 따라서 우리나라 소비자들은 미국 상품을 이전보다 더 적게 구입할 것이므로, 우리나라의 수입이 감소한다.

이와 같이 원화 환율이 상승(원화 가치의 하락)하면 순수출이 증가(수출의 증가, 수입의 감소)하므로 총수요곡선은 오른쪽으로 이동하게 된다. 반대로 원화 환율이 하락(원화 가치의 상승)하면 순수출이 감소(수출의 감소, 수입의 증가)하므로 총수요곡선은 왼쪽으로 이동하게 된다.

총공급

총공급곡선

총공급함수는 가능한 각각의 물가수준에서 경제 내의 기업들이 생산하고자 하는 생산물의 총량(실질 GDP)을 나타내는 함수이다. 이러한 총공급함수를 세로축은 물가, 가로축은 실질 GDP인 좌표평면에 그림으로 나타낸 것을 **총공급곡선**(aggregate supply curve)이라고 부른다. 총공급곡선의 형태는 분석 기간에 따라 달라지며, 분석 기간은 생산물 가격과 생산요소의 가격이 조정되는 속도에 따라 다음과 같이 초단기, 단기, 장기로 나뉜다.

- **초단기**(immediate short run)에서는 생산물 가격과 생산요소 가격이 모두 고정되어 있다.
- **단기**(short run)에서는 생산요소 가격은 고정되어 있으나, 생산물 가격은 신축적으로 변할 수 있다.
- **장기**(long run)에서는 생산물 가격과 생산요소 가격이 모두 신축적으로 변할 수 있다.

앞으로 살펴보겠지만 물가수준에 따라 기업들이 생산하고자 하는 생산물의 총량은 위의 3가지 분석 기간별로 서로 다른 형태로 반응한다. 왜냐하면 생산요소 가격과 생산물 가격은 서로 조정되는 속도가 상이하며, 일반적으로 생산요소 가격이 생산물 가격에 비해 더 경직적이기 때문이다. 다시 말해 분석 시간이 길어질수록 생산요소와 생산물 가격 둘 다 더 신축적이지만, 이 중 생산물 가격이 생산요소 가격보다 조정되는 속도가 더 빠르다는 것이다.

초단기 총공급곡선

여기서 말하는 초단기는 **생산물 가격과 생산요소 가격이 모두 고정**되어 있을 정도로 짧은 기간을 의미한다. 따라서 초단기의 길이는 기업이 생산하는 생산물의 성격에 따라 불과 몇 일이 될 수도 있고, 몇 개월이 될 수도 있다. 일반적으로 임금과 같은 생산요소의 가격은 수개월 혹은 수년 동안 유효한 고용계약에 의해 결정되므로, 종종 몇 일 또는 몇 개월 내에 변경되곤 하는 생산물 가격에 비해 좀 더 경직적이라고 할 수 있다. 따라서 이후 언급하겠지만 생산요소의 가격은 초단기는 물론 단기적으로도 고정되어 있는 것으로 가정한다.

한편 생산물 가격이 생산요소 가격에 비해 상대적으로 신축적인 것은 사실이지만, 이 역시 초단기와 같이 짧은 기간에서는 고정되어 있는 경우가 많다. 즉 현실에서 적어도 초단기적으로는, 미리 정해진 제품가격 수준에서 소비자들의 수요량만큼 생산하는 기업들이 다수 존재한다는 것이다. 예컨대 많은 가전제품 회사들은 연간 단위로 자사제품의 가격을 결정하며, 가격결정주기인 1년 이내에는 이전에 정해진 가격에서 제품을 수요에 맞춰 생산하곤 한다. 마찬가지로 많은 통신판매업자들 역시 일단 취급하는 제품에 대한 카탈로그를 제작하고 나면, 새로운 카탈로그를 작성하기 전까지는 이전 카탈로그에 적힌 가격대로 소비자들의 수요에 맞춰 제품을 판다.

초단기 총공급곡선

이렇게 기업들이 미리 정해진 고정가격에서 소비자들의 수요량만큼 제품을 생산할 경우, **초단기 총공급곡선**은 그림 21.3의 AS_{ISR}과 같이 미리 **정해진 물가수준에서 수평인 직선**이 된다. 이때 정해진 물가수준 P_1은 경제 내의 다양한 기업들이 설정한 모든 개별 가격을 평균하여 계산한 일반물가 수준을 의미한다. 초단기에서 총공급곡선이 수평선이라는 것은 균형 **실질 GDP가 고정된 물가수준에서 총지출의 크기에 의해 전적으로 결정**됨을 의미한다. 물론 이렇게 결정되는 균형 실질 GDP는 완전고용 GDP 수준인 Q_f

[그림 21.3] 초단기 총공급곡선

초단기 총공급곡선 AS_{ISR}은 P_1의 고정된 물가수준에서 수평인 직선이 된다. 이는 생산물 가격이 고정된 상황에서 기업들이 주어진 가격에 대한 수요량만큼 공급함을 의미한다.

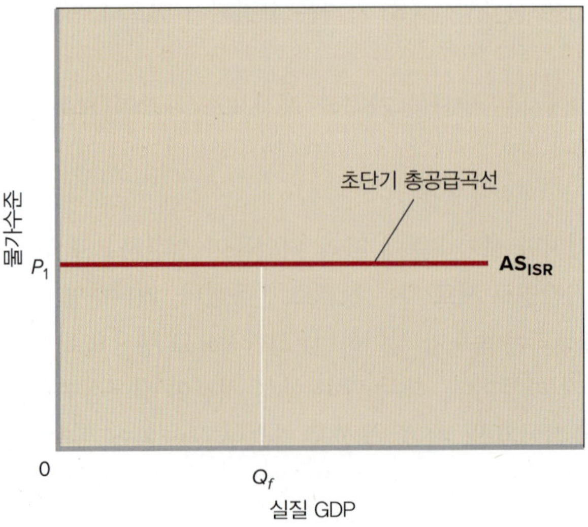

보다 높거나 낮을 수 있다.

그러나 이렇게 실질 GDP가 전적으로 총지출의 크기에 의해 결정된다는 사실은 생산물 가격이 고정되어 있는 초단기에만 유효한 것이다. 만일 생산물 가격이 변경 가능해지면, 기업들은 총지출 변화에 대해 생산량을 증가 또는 감소시키는 것 이외에도 가격을 높이거나 낮추는 방법으로 대응할 수 있다. 이 경우 총공급곡선의 형태는 수평이 아닌 우상향하는 모습을 띠게 된다.

단기 총공급곡선

거시경제학에서 단기란 **생산물 가격은 신축적으로 변할 수 있으나 생산요소 가격은 완전히 고정**되어 있거나 매우 경직적으로 움직이는 기간을 의미한다.

물론 현실에서는 단기적으로도 모든 생산요소의 가격이 일률적으로 경직적인 것은 아니며, 일부 생산요소의 가격은 매우 신축적인 경우도 존재한다. 예컨대 휘발유 가격은 원유 수입가격 등에 따라 매우 빈번하게 변동한다. 따라서 휘발유를 주된 생산요소로 사용하는 택배회사와 같은 물류회사의 입장에서는 생산요소의 가격이 경직적이라는 가정이 현실과 부합하지 않을지도 모른다.

그러나 물류회사의 입장에서 휘발유 등 연료는 다양한 생산요소 가운데 하나에 불과하다. 예컨대 UPS 같은 물류회사에서 가장 규모와 비중이 큰 생산요소는 바로 직원에 대한 인건비 즉 임금이다. 그런데 UPS와 같은 기업에서 고용된 트럭운전사의 임금은 해당 노조와의 협상을 통해 5년 단위로 결정된다. 이러한 인건비 즉 임금 부분을 감안하면 UPS 등 물류기업이 사용하는 생산요소의 가격은 대체로 경직적이라고 볼 수 있다. 또한 임금이 무려 5년 단위로 결정되므로, UPS와 같은 기업에게 '단기'는 꽤 오랜 기간임을 짐작할 수 있다. 전체 경제에 UPS와 유사한 기업이 많이 존재한다면, 경제 전체적으로도 '단기'는 상당히 긴 기간일 수 있다.

이제 전체 경제에 대한 단기총공급을 도출해보자. 결론부터 말하자면 **단기 총공급곡선**은 그림 21.4의 AS와 같이 우상향하는 형태를 가진다. 그 이유는 단기적으로 생산요소의 가격이 고정되어 있는 상황에서, 생산물의 가격 변화는 기업의 실질 이윤을 증가 또는 감소시키기 때문이다.

단기 총공급곡선

이를 보다 구체적으로 살펴보기 위해 다음과 같은 가상적인 경제를 생각해 보자. 이 경제에는 오직 하나의 기업만이 존재하며, 이 기업이 생산하는 '만나'라는 이름의 제품 이외에 다른 상품은 존재하지 않는다고 가정하자. 또한 이 경제의 완전고용 GDP 즉 완전고용수준의 실질생산량은 만나 100개이며 노동만이 만나를 생산하기 위한 유일한 생산요소라고 가정하자. 현재 이 기업은 완전고용수준인 100개의 만나를 생산하고, 총 20개의 만나에 해당하는 실질이윤을 얻고 있다고 한다.

보다 구체적으로 현재 이 기업은 100개의 만나를 생산하기 위해 10명의 노동자를 1인당 8만 원에 고용하고 있어 총 임금비용은 80만 원이다. 또한 이 기업은 100개의 만나를 1개당 1만 원에 판매하여 100만 원의 총수입을 얻고 있으며, 따라서 이 기업의 명목이윤은 20만 원(=100만 원−80만 원)이다. 만나의 가격이 1개당 1만 원이므로, 20만 원의 명목이윤은 실질 기준으로는 20개의 만나에 해당한다. 이 경우 완전고용수준에서 생산이 이루어지고 있으므로 경제의 실질 GDP는 완전고용 GDP(그림 21.4의 Q_f)와 일치한다.

이 때 만일 만나의 가격이 두 배로 즉 1만 원에서 2만 원으로 인상되면, 단기적으로 어떤 일이 벌어질까? 이 기업이 100개의 만나를 만들어 팔고 있으므로, 기업의 총수입은 100만 원에서 200만 원으로 역시 두 배만큼 증가한다. 그러나 단기적으로 생산요소의 가격은 고정되어 있으므로 노동자의 임금은 1인당 8만 원으로 일정하며, 10명을 고용하므로 총 임금비용은 여전히 80만 원이다. 따라서 명목이윤은 기존의 20만 원(=100만 원−80만 원)에서 120만 원(=200만 원−80만 원)으로 증가할 것이다. 새로운 만나의 가격이 1개당 2만 원이므로, 120만 원의 명목이윤은 실질 기준으로는 60개의 만나에 해당한다.

이와 같이 실질이윤이 증가하면 이 기업은 만나를 더 많이 생산하여 이윤의 크기를 늘리려 할 것이다. 그 결과 경제 전체의 만나 생산량 즉 실질 GDP는 증가하게 된다. 마찬가지 원리로 만일 만나의 가격이 인하되면, 단기적으로 기업의 실질이윤이 감소하고 경제 전체의 실질 GDP도 감소함을 추론할 수 있다.

정리하면 생산요소 가격이 경직적인 단기에서는 물가수준과 경제의 총공급 사이에 정(+)의 관계가 성립한다. 즉 물가수준이 상승하면 총공급이 증가하고 물가수준이 하락하면 총공급이 감소한다. 그러므로 **단기 총공급곡선은 우상향하는 형태를 가진다**.

한편 단기 총공급곡선의 기울기는 실질 GDP 수준에 따라 변화한다. 구체적으로 실질 GDP가 **완전고용수준인 Q_f 이하일 때는 기울기가 완만하고, Q_f 이상일 때는 기울기가 보다 가파르다**. 이는 생산량 증가에 따른 단위당 생산비용(per-unit production

[그림 21.4] 단기 총공급곡선

물가수준과 경제의 총공급 사이의 양(+)의 관계에 따라 단기 총공급곡선 AS는 우상향하는 형태를 가진다. 실질 GDP가 완전고용수준에 못 미칠 경우, AS곡선은 상대적으로 완만한 기울기를 가진다. 이는 많은 실업자 및 유휴생산자본의 존재로 인해 물가상승 시 기업들이 생산량을 신속하게 증가시킬 수 있기 때문이다. 반면 실질 GDP가 완전고용수준을 초과할 경우, AS곡선의 기울기는 상대적으로 가파르다. 이는 노동력 부족 및 유휴생산자본의 부재에 따라 물가상승 시 기업들이 생산량을 추가적으로 늘리는 것이 쉽지 않기 때문이다.

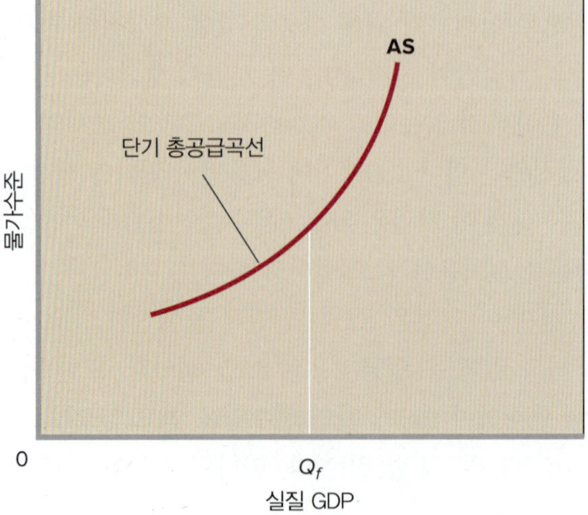

cost)의 변화와 관계된다. 앞서 살펴본 대로 어떤 기업의 단위당 생산비용은 다음과 같이 계산된다.

$$\text{단위당 생산비용} = \frac{\text{총투입비용(총요소비용)}}{\text{생산량}}$$

어떤 제품의 단위당 생산비용은 이 제품의 가격을 결정하는 중요한 요인이 된다. 왜냐하면 어떤 제품의 가격은 적어도 이 제품을 만들기 위해 소요된 평균비용(정상이윤 포함) 즉 단위당 생산비용보다는 커야하기 때문이다.

만일 현재 경제의 실질 GDP가 완전고용수준에 못 미치는 상황이라고 하자. 이 경우 상당 수준의 유휴생산자본과 실업자들이 존재하게 된다. 이런 상황에서 만일 수요가 증가하여 생산량을 늘려야 하는 경우, 기업들은 실업자를 싼 임금으로 고용하거나 놀고 있는 기계를 다시 생산에 투입함으로써 단위당 생산비용을 거의 상승시키지 않고도 생산을 확대할 수 있다. 따라서 실질 GDP가 완전고용수준 Q_f보다 낮은 구간에서는 그림 21.4에서와 같이 단기 총공급곡선의 기울기가 완만하게 된다.

반면, 현재 경제의 실질 GDP가 완전고용수준을 초과하는 상황에서는 사용 가능한 생산요소 대부분이 이미 사용되고 있으므로, 추가적으로 생산을 늘리면 생산의 효율성이 저하된다. 예컨대 100% 가동되고 있는 공장 또는 설비에 노동력을 추가로 투입하면 작업장이 혼잡해지고 노동생산성이 하락할 수밖에 없다. 또한 고용수준이 일정한 상황에서 추가적으로 기계장비를 투입하면 일부 장비를 놀릴 수밖에 없으므로 자본의 생산성 역시 하락한다. 뿐만 아니라 자본과 노동투입량이 고정된 상황에서 토지사용량을 높이면 토지의 생산성 역시 하락한다. 이렇게 생산요소 투입에 제약이 존재하는 상황에서는 생산을 늘릴수록 생산량보다 총투입비용이 더 빠르게 증가하게 된다. 그 결과 위 식에서 보듯이 단위당 생산비용이 빠르게 증가하게 된다. 정리하면 실질 GDP가 완전고용수준 Q_f를 초과하는 구간에서는 단위당 생산비용이 빠르게 증가하므로 그림 21.4에서와 같이 단기 총공급곡선의 기울기가 가팔라진다.

장기 총공급곡선

거시경제학에서 장기는 **생산물 가격뿐만 아니라 임금 등 생산요소의 가격이 모두 신축적으로 변할 수 있는 기간**이다. 물론 개별 기업이나 산업의 입장에서는 생산 및 비용구조에 따라 '장기'가 몇 주 혹은 몇 년으로 다양한 길이를 가질 수 있다. 그러나 경제전체적으로 '장기'라 하면 경제의 모든 생산물 가격과 임금을 포함한 모든 생산요소의 가격이 완전히 신축적이 될 정도로 충분히 긴 기간을 의미한다.

결론부터 이야기 하면, **장기 총공급곡선**은 그림 21.5의 AS_{LR}과 같이 완전고용 GDP 수준 Q_f에서 수직인 직선이 된다. 이는 장기적으로 **경제의 균형 GDP는 물가수준과 관계없이 완전고용수준에서 결정**됨을 의미한다. 어떻게 그럴 수 있을까? 생산물 가격 즉 물가수준이 상승하면 기업들은 생산을 늘리지 않을까? 장기에서 생산물 및 생산요소 가격이 완전히 신축적이므로, 물가상승에 따라 생산물 가격이 오른 만큼 생산요소 가격

장기 총공급곡선

[그림 21.5] 장기 총공급곡선

장기 총공급곡선 AS_{LR}은 완전고용 GDP 수준인 Q_f 에서 수직인 직선이 된다. 왜냐하면 장기에서는 생산물 가격뿐만 아니라 생산요소 가격이 완전히 신축적이므로 생산물 가격 즉 물가수준이 변동하는 만큼 생산요소 가격도 함께 상승 또는 하락하기 때문이다. 이에 따라 장기적으로 물가의 변동은 기업의 이윤수준에 영향을 미치지 못하므로, 기업은 완전고용 생산수준으로부터 이탈할 유인이 없다.

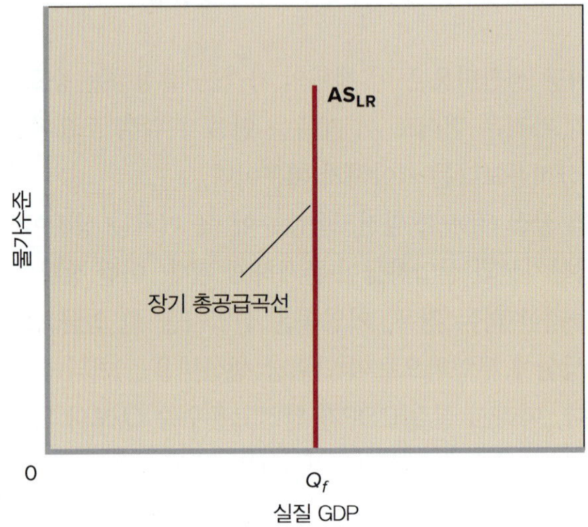

도 함께 상승한다. 결과적으로 당초 생산물 가격 상승에 따른 실질이윤의 증가분이 상쇄되어 사라지기 때문에 생산은 증가하지 않는다.

앞서의 예를 통해 좀 더 구체적으로 살펴보자. 그림 21.4에서 초기에 경제가 완전고용 GDP 수준 Q_f만큼 생산하고 있으며, 현재 물가수준 즉 만나의 가격이 1만 원(P=1)이라고 해보자. 이 때 앞서 예에서와 같이 만나의 가격이 두 배가 되면 즉 2만 원(P=2)이 되면, 단기적으로 실질이윤이 증가한다. 이에 따라 기업들은 만나의 생산을 늘리며, 그 결과 경제의 실질 GDP가 증가함을 확인할 수 있었다.

그러나 이렇게 물가상승에 따라 실질이윤과 실질생산량이 증가하는 것은 전적으로 단기에 생산요소 가격이 고정되어 있다는 가정에 기인한다. 이제 생산물뿐만 아니라 원재료 가격이나 임금 등 생산요소 가격도 신축적으로 변할 수 있는 장기에서는 결과가 어떻게 달라지는지 생각해보자.

물가상승에 따라 단기적으로 기업들이 완전고용 생산수준 이상으로 생산을 하려면 공장 가동률을 매우 높은 수준으로 유지해야 한다. 이에 따라 원재료 등 생산 투입요소에 대한 수요가 폭증하게 된다. 더구나 완전고용 생산수준 이상을 생산하기 위한 거의 유일한 방법은 노동자들을 초과로 근무시키는 것이므로, 이 경우 대규모의 노동력 부족 현상이 발생할 수 있다.

이와 같이 생산요소에 대한 초과수요가 발생하면, 생산요소 가격이 신축적인 장기에서는 생산요소 가격이 점차 상승하게 된다. 구체적으로 완전고용수준 이상을 생산하기 위해 초과근무를 하는 노동자들은 이전보다 더 높은 임금을 요구할 것이며, 노동력 부족 사태에 직면한 기업은 이러한 노동자들의 임금인상 요구를 수용할 것이다. 또한 원재료에 대한 초과수요가 발생함에 따라 원재료 가격 역시 이전보다 상승할 것이다. 이렇게 임금 및 원재료 가격 등 생산요소의 가격이 증가함에 따라 단기적으로 증가했던 기업의 실질이윤은 점차 감소하기 시작할 것이다.

이렇게 생산요소 가격의 상승에 따라 실질이윤이 감소하는 과정은 생산요소의 가격 상승이 생산물 가격 상승을 정확히 상쇄하여 실질이윤이 이전 수준으로 돌아갈 때까지 계속될 것이다. 즉 앞서의 예에서는 만나의 가격이 2배가 된 것처럼 유일한 생산요소인 노동의 가격 즉 임금이 2배가 되어 실질이윤이 당초 수준으로 돌아갈 때까지 임금이 계속 상승한다는 것이다(앞서의 예에서 임금이 1인당 8만 원에서 16만 원으로 2배가 될 경우, 기업의 실질이윤이 이전과 동일한 만나 20개가 됨을 확인해 보기 바람). 이렇게 실질이윤이 이전 수준으로 돌아오면 기업의 입장에서는 더 이상 완전고용 생산수준 이상을 생산할 유인이 존재하지 않는다. 그 결과 **장기적으로 경제의 GDP는 완전고용수준으로 복귀**하게 된다.

이러한 조정과정에 따라 장기적으로는 물가수준과 무관하게 즉 $P=1$이든 $P=2$이든 관계없이 경제의 실질 GDP는 완전고용 GDP와 일치하게 된다. 따라서 **장기 총공급곡선 ASLR은 완전고용 GDP 수준에서 수직인 직선**이 된다.

단기에 보다 주목

지금까지 살펴본 초단기, 단기, 장기 총공급곡선은 모두 다 현실의 거시경제를 분석하는 데 있어 중요한 의미를 가진다. 왜냐하면 생산요소 및 생산물 가격의 경직성 정도에 따라 이에 적합한 총공급곡선이 다르기 때문이다. 실제로 이 책의 이후 부분에서는 각각의 총공급곡선을 상황에 따라 선택하여 분석에 이용할 것이다.

그러나 이 장의 이후 부분과 그 다음 몇 개의 장에서는 주로 단기 총공급곡선 즉 그림 21.4의 AS곡선을 이용하여 논의를 전개할 것이다. 따라서 앞으로 별도의 언급이 없으면, '총공급곡선'은 모두 단기 총공급곡선을 가리킴에 유의하기 바란다.

단기 총공급곡선에 주로 주목하는 이유는 본서의 주된 목적이 현실의 경기변동을 이해하고 설명하는 데 있기 때문이다. 현실의 경기변동 과정에서는 경제에 어떤 충격이 주어질 때, 물가수준과 실질 GDP가 둘 다 동시에 변동하는 것이 일반적이다. 이렇게 두 변수가 동시에 변동하는 것을 설명하기 위해서는 반드시 우상향하는 단기 총공급곡선을 분석에 이용할 수밖에 없다. 왜냐하면 그림 21.3의 초단기 총공급곡선에 따르면 균형 물가수준이 현재 수준에서 항상 불변이고, 그림 21.5의 장기 총공급곡선에 따르면 균형 실질 GDP가 완전고용수준에서 불변이기 때문이다. 따라서 초단기 또는 장기 총공급곡선만으로는 현실의 경기변동과 이에 대처하는 단기적 거시경제정책을 설명하기 어렵다. 단기와 장기 총공급곡선이 서로 어떤 관계를 가지며, 그 관계가 경기변동과 거시경제정책의 효과에 어떤 의미를 가지는지는 이후의 장(27장)에서 설명할 것이다.

총공급곡선을 이동시키는 요인들

총공급곡선은 '다른 조건'이 동일한 상황에서 물가수준과 실질 GDP와의 관계를 나타낸다. 그러나 물가 이외에 '다른 조건'이 변할 경우에는 총공급곡선 자체가 이동하게 된다. 예컨대 그림 21.6에서 총공급곡선이 초기의 AS_1에서 AS_2으로 이동하는 것은, 동일하다고 여긴 어떤 조건이 변화함으로써 기업들이 각 물가수준에서 이전보다 더 많이 생산하고자 함을 의미한다. 반대로 총공급곡선이 AS_1에서 AS_3으로 이동하는 것은, 다른 조건이 변화함으로써 기업들이 각 물가수준에서 이전보다 더 적게 생산하고자 함을 의미한다.

총공급 결정요인
총공급 이동요인

이렇게 총공급곡선을 이동시키는 요인들을 **총공급 결정요인**(determinants of aggregate supply) 또는 **총공급 이동요인**(aggregate supply shifter)이라고 부른다. 그림 21.6의 표는 총공급 결정요인들을 종류별로 분류해 놓은 것이다.

총공급 결정요인들에 의해 총공급곡선의 위치가 정해지고, 이 요인들의 변화는 단위당 생산비용 변화를 통해 총공급곡선을 이동시킨다. 예컨대 국제 유가상승으로 인해 원료비가 증가하면서 기업의 단위당 생산비용이 증가했다고 하자. 생산물 가격이 일정한 상황에서 단위당 생산비용의 증가는 곧 기업 이윤의 감소로 이어지고, 따라서 기업들은 이전보다 더 적은 양을 생산하고자 할 것이다. 그 결과, 총공급곡선은 그림 21.6의 AS_1에서 AS_3로 왼쪽으로 이동하게 된다. 반대로 국제 유가가 하락하면, 마찬가지 원리로 총공급곡선은 그림 21.6의 AS_1에서 AS_2로 오른쪽으로 이동하게 된다. 이와 같이 총공급 결정요인 즉 물가 이외에 단위당 생산비용에 영향을 주는 요인들이 변화하면 총공급곡선은 좌우로 이동하게 된다.

이제 그림 21.6의 표에 열거된 총공급 결정요인들을 하나씩 자세히 살펴보자.

[그림 21.6] 총공급곡선의 이동

아래 표에 나열된 다양한 총공급 결정요인 중 1가지 이상이 변하게 되면, 총공급곡선은 좌우로 이동한다. 총공급이 증가하면 총공급곡선은 AS_1에서 AS_2로 우측이동하며, 총공급이 감소하면 총공급곡선은 AS_1에서 AS_3로 좌측 이동한다.

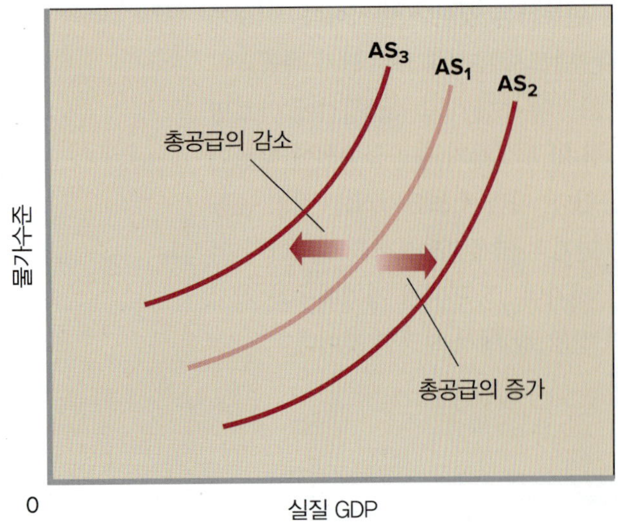

총공급 결정요인: 총공급곡선을 이동시키는 요인
1. 생산요소 가격의 변화 a. 국내 생산요소의 가격 b. 수입 생산요소의 가격 2. 생산성의 변화 3. 법적 · 제도적 환경의 변화 a. 기업에 대한 세금과 보조금 b. 정부의 규제

생산요소의 가격

단위당 생산비용을 결정하는 가장 중요한 요소는 생산에 투입되는 노동, 자본, 토지, 원재료 등 다양한 생산요소의 가격이다. 이러한 생산요소는 국내에서 생산된 것일 수도, 수입된 것일 수도 있다.

국내 생산요소의 가격 일반적으로 전체 생산비용 가운데 가장 큰 비중을 차지하는 것은 바로 임금 등 인건비이다. 따라서 임금의 변동은 총공급 결정요인 가운데 가장 중요한 것이라고 할 수 있다.

예컨대 다른 조건이 동일한 상황에서 어떤 요인에 의해 임금이 하락하면, 단위당 생산비용이 감소하면서 총공급곡선은 오른쪽으로 이동한다. 반대로 다른 요인에 의해 임금이 상승하면, 단위당 생산비용이 증가하면서 총공급곡선은 왼쪽으로 이동한다. 임금을 상승 또는 하락시키는 요인들의 구체적인 예를 들어보면 다음과 같다.

- 해외로부터 이민의 증가는 노동공급을 증가시킨다. 그 결과, 임금과 함께 단위당 생산비용이 감소하면서 총공급곡선은 오른쪽으로 이동한다.
- 고령자에 대한 연금소득 증가는 노동자들의 조기 퇴직을 촉진하여 노동공급을 감소시킨다. 그 결과 임금과 단위당 생산비용이 증가하면서 총공급곡선은 왼쪽으로 이동한다.

노동과 마찬가지로 다른 생산요소, 예컨대 자본이나 토지의 가격이 변할 때도 총공급곡선은 이동한다.

- 철강 또는 전자부품의 가격이 하락하면, 이를 원재료 또는 부품으로 하는 기계 또는 설비의 가격 역시 하락한다. 이와 같이 자본재 가격이 하락하면 단위당 생산비용이 하락하면서 총공급곡선이 오른쪽으로 이동한다.
- 간척 사업, 관개시설의 확충 등을 통해 토지의 공급이 증가하면 토지 가격이 하락한다. 이러한 토지가격의 하락은 단위당 생산비용을 감소시켜 총공급곡선을 오른쪽으로 이동시킨다.

수입 생산요소의 가격 우리나라 상품에 대한 해외수요 즉 수출의 변화가 총수요에 영향을 주는 것과 마찬가지로, 원유 등 해외로부터 수입된 원재료의 가격 변화는 국내 총공급에 영향을 준다. 예컨대 수입 생산요소의 가격이 하락하면 단위당 생산비용이 감소하면서 국내 총공급이 증가하는 반면, 수입 생산요소 가격이 상승하면 단위당 생산비용이 증가하면서 국내 총공급이 감소한다.

수입 생산요소의 가격변화가 총공급에 영향을 미친 대표적인 예로 1970년대의 원유 파동(oil shock)을 들 수 있다. 당시 주요 원유 생산국들의 연합체인 석유수출국기구(OPEC)는 원유가격을 올리기 위해 생산량을 줄이는 데 합의하였다. 그 결과 유가가 10배 가까이 폭등하면서 우리나라뿐만 아니라 모든 원유수입국들의 단위당 생산비용이 증가하고 총공급곡선이 대폭 왼쪽으로 이동하였다. 반면, 1980년대 들어서는 국제유가가 큰 폭으로 하락하면서 총공급곡선이 다시 오른쪽으로 이동하였다. 최근 2007년에는 유가가 다시 크게 상승하였는데, 이는 OPEC에 의한 원유공급 감소가 아니라 중국 등 신흥국들의 원유수요 증가에 기인했다는 점에서 이전과는 다른 성격을 가진다고 할 수 있다. 그러나 원인이 무엇이든 관계없이 수입되는 원유 또는 주요 원재료의 가격 상승은 수입국의 단위당 생산비용을 증가시키고 총공급을 감소시키는 요인이라는 점은 변함이 없다.

환율의 변동은 수입 생산요소의 가격을 변화시키는 또 다른 주요 요인이다. 예컨대 달러 대비 원화의 환율이 하락하면(원화의 가치 상승, 달러의 가치 하락), 우리나라 기업들은 동일한 원화로 이전보다 더 많은 달러를 교환할 수 있다. 이는 원화로 측정한 수입 원재료의 가격이 하락함을 의미한다. 수입 원재료 가격의 하락에 따라 국내 기업들은 수입 원재료로 대체하는 것을 증가시키게 되고 이에 따라 단위당 생산비용은 감소한다. 이러한 단위당 생산비용의 감소에 따라 총공급곡선은 오른쪽으로 이동하게 된다. 반면 달러 대비 원화의 환율이 상승하면(원화의 가치 하락, 달러의 가치 상승) 이와 반대로 총공급곡선은 왼쪽으로 이동할 것이다.

생산성

생산성

총공급의 또 다른 주요 결정요인은 생산성이다. **생산성**은 경제전체의 실질생산량과 이를 생산하는 데 투입된 생산요소의 양 사이의 비율을 나타낸다. 즉 생산성은 다음 식과 같이 투입 생산요소의 단위당 평균 생산량을 나타낸다.

$$\text{생산성} = \frac{\text{생산량}}{\text{생산요소 투입량}}$$

생산성의 증가는 이전과 동일한 생산요소를 투입하여 더 많은 실질생산량을 얻을 수 있음을 의미한다. 생산성 증가는 단위당 생산비용을 감소시킴으로써 총공급에 영향을 미친다. 생산성과 단위당 생산비용의 관계를 다음과 같은 예를 통해 살펴보자.

어떤 기업이 상품 10단위를 생산하기 위해서는 5단위의 생산요소가 필요하며, 생산요소의 단위당 가격은 2,000원이라고 하자. 이 경우 생산성과 단위당 생산비용은 다음과 같이 계산된다.

$$\text{생산성} = \frac{\text{생산량}}{\text{생산요소 투입량}} = \frac{10}{5} = 2$$

$$\text{단위당 생산비용} = \frac{\text{총투입비용}}{\text{생산량}} = \frac{2{,}000\text{원} \times 5}{10} = 1{,}000\text{원}$$

여기서 총투입비용은 생산요소의 단위당 가격에 생산요소의 투입량을 곱하여 구했음을 알 수 있다.

이제 생산요소의 단위당 가격과 투입량이 불변인 상황에서, 생산성 증가로 인해 생산량이 10단위에서 20단위로 2배 증가했다고 가정하자. 위 두 식을 이용하여 계산하면 이 기업의 생산성은 기존의 2에서 4로 증가하고, 단위당 생산비용은 1,000원에서 500원으로 감소함을 알 수 있다. 즉 생산성이 2배가 되면 단위당 생산비용은 절반으로 줄어든다. 이와 같이 다른 조건이 일정한 상황에서 생산성과 단위당 생산비용은 서로 반비례하는 관계를 가진다.

따라서 생산성 증가는 단위당 생산비용을 감소시켜 총공급곡선을 오른쪽으로 이동시킨다. 생산성을 증가시키는 요인들은 매우 다양하다. 대표적으로 새로운 기술이 체화된 장비의 도입, 노동력의 고숙련화, 기업경영방식의 혁신, 저생산성 부문에서 고생산성 부문으로의 노동력 재배치 등을 들 수 있다.

마찬가지 원리로 생산성 감소는 단위당 생산비용을 증가시켜 총공급곡선을 왼쪽으로 이동시킨다.

법적 · 제도적 환경

기업의 경영여건에 영향을 미치는 법적 · 제도적 환경의 변화는 총공급의 또 다른 중요한 결정요인이다. 이러한 환경 변화는 단위당 생산비용을 통해 총공급곡선을 이동시킬 수 있다. 법적 · 제도적 환경 변화의 대표적 예로는 기업에 대한 세금이나 보조금의 변동과 정부규제의 변화를 들 수 있다.

기업에 대한 세금과 보조금 법인세나 고용주가 납부하는 사회보장부담금 등 기업에 대한 조세 및 준조세 부담이 높아지면, 임금이 증가한 것과 마찬가지로 단위당 생산비용이 증가하므로 총공급이 감소한다. 따라서 총공급곡선은 왼쪽으로 이동하게 된다. 반면 정부가 기업에 직접적으로 보조금을 지급하거나 세금을 감면해주면, 단위당 생산비용이 낮아지면서 총공급곡선이 우측으로 이동한다. 예컨대 우리나라는 일정 조건을 충족하는 기업들의 연구개발비용에 대해 세액을 공제해 주고 있는데, 이러한 세금부담 완화는 단위당 생산비용을 낮추어 총공급곡선을 오른쪽으로 이동시킬 수 있다.

정부의 규제 기업들이 정부에 의해 부과된 영업관련 규제를 준수하는 과정에 다양한 비용이 수반된다. 따라서 기업의 영업활동에 대한 규제가 많아질수록 단위당 생산비용이 증가하면서 총공급곡선이 왼쪽으로 이동할 수 있다.

이후 27장에서 살펴볼 공급경제학(supply-side economics)을 지지하는 학자들은 규제 완화가 각종 행정비용 감소, 자원배분의 효율성 증대를 통해 단위당 비용을 감소시킴으로써 총공급곡선을 오른쪽으로 이동시킨다고 주장해 왔다. 그러나 일부 경제학자들은 이러한 효과가 확실하지 않다고 여긴다. 규제 완화가 분식회계, 독과점, 기업파산 등을 유발함으로써 총공급곡선을 오히려 왼쪽으로 이동시킬 수 있다는 것이다.

총수요 · 총공급 모형의 균형

지금까지 우리는 총수요곡선과 총공급곡선의 형태 및 이동요인에 대해 살펴보았다. 이

균형 실질 GDP
균형 물가

를 바탕으로 여기서는 경제의 균형 GDP와 물가수준이 단기적으로 어떻게 결정되는지 살펴본다. 그림 21.7을 통해 그 답을 찾을 수 있다. 결론부터 말하자면 경제의 균형은 경제전체의 기업들이 생산하고자 하는 생산물의 총량(총공급)과 경제주체들이 구매하기 원하는 생산물의 총량(총수요)를 일치시키는 물가수준에서 결정된다. 그림에서 보자면 총수요곡선 AD와 총공급곡선 AS가 교차하는 점에서 **균형 실질 GDP**와 **균형 물가**가 결정된다.

그림 21.7에서 균형 물가수준은 100이고, 균형 실질생산(실질 GDP)은 510조 원이다. 이 점이 균형인 이유를 살펴보기 위해, 물가수준이 100에서 92로 하락한 경우를 생각해 보자. 오른쪽 표에도 나타나 있듯이 물가수준이 92로 낮아지면, 기업들이 공급하고자 하는 실질생산량은 502조 원으로 줄어든다. 이는 그림의 AS곡선 위의 a점으로 표시된다. 한편 표에서 보듯이 물가수준이 92로 낮아지면 경제주체들이 구매하기 원하는 실질 생산량은 514조 원으로 늘어난다. 이는 그림의 AD곡선 위의 b점으로 표시된다. 정리하면 92의 물가수준에서는 총수요가 총공급보다 12조 원(=514조 원−502조 원)만큼 많은, 초과수요 상태가 나타나고 있음을 알 수 있다.

이러한 상태는 균형이 될 수 없다. 왜냐하면 공급이 모자란 초과수요 상태에서는 구매자들 사이에 물량을 확보하기 위한 경쟁이 일어나면서 물가수준이 다시 상승하기 때문이다. 그로 인해 물가는 원래 균형수준이었던 100을 회복할 때까지 지속적으로 상승할 것이다. 표와 그림에서 보듯이 물가수준이 92에서 100으로 상승해야만 총공급이 502조 원에서 510조 원으로 늘고, 총수요가 514조 원에서 510조 원으로 줄면서 초과수요가 해소되고 구매자들의 경쟁이 멈추기 때문이다. 따라서 총수요와 총공급이 일치하는 물가수준 100에서 다시 경제의 균형이 이루어지며, 이 때 균형 GDP는 510조 원이 된다. 또한 지금까지 살펴본 대로 **경제가 한번 균형으로부터 이탈하면 균형을 다시 회복하려는 힘이 작용**한다. 따라서 총수요 · 총공급 균형은 안정적이라고 할 수 있다.

[그림 21.7] 균형 실질 GDP와 물가수준의 결정

총수요곡선과 총공급곡선이 만나는 점에서 경제의 균형이 결정된다. 그림을 보면 물가수준 100에서 총수요와 총공급이 510조 원으로 일치함을 알 수 있다. 따라서 균형 물가수준은 100이고, 이 때의 실질생산 즉 균형 GDP는 510조 원이 된다.

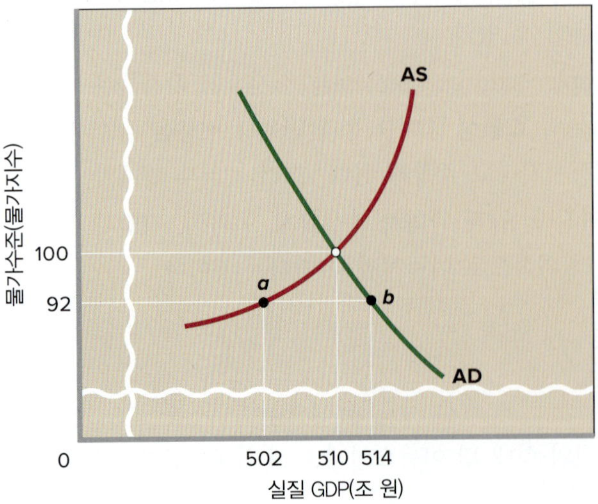

총수요 (조 원)	물가수준 (지수값)	총공급 (조 원)
506	108	513
508	104	512
510	100	510
512	96	507
514	92	502

총수요 · 총공급 균형의 변화

지금까지 살펴본 총수요 · 총공급 모형을 이용하여 다양한 경제현상을 설명해보자. 이후에서는 논의의 단순화를 위해 구체적인 수치 대신 변수 P와 Q를 사용하여 물가수준과 실질 GDP의 양을 표기하기로 한다.

총수요의 증가: 수요견인 인플레이션

초기에 경제의 GDP가 완전고용수준인 상황에서 기업과 정부가 투자 및 정부지출을 증가시키기로 결정했다고 가정하자. 그림 21.2의 총수요 결정요인으로부터 알 수 있듯이, 이러한 결정을 야기하는 원인은 매우 다양하다. 기업들은 새로운 설비 또는 자본장비의 투자로부터 향후 높은 기대수익률이 예상되기 때문에 투자지출을 증가시켰을 수 있다. 또한 정부는 국방예산을 확대하기 위해 정부지출을 증가시켰을 수 있다.

이유가 무엇이든 투자 및 정부지출의 확대는 총수요를 증가시켜 총수요곡선을 우측으로 이동시킨다. 그림 21.8에서 보듯이 총수요곡선의 우측이동은 물가수준을 P_1에서 P_2로 상승시켜 인플레이션을 유발한다. 인플레이션의 원인이 총수요 증가에 있다는 점에서, 이러한 인플레이션을 수요견인 인플레이션이라 한다. 총수요의 증가는 인플레이션을 유발하는 동시에 실질 GDP를 완전고용수준인 Q_f에서 Q_1으로 증가시킨다. Q_1과 Q_f의 차이가 양(+)의 GDP갭을 나타내며, 이 때 실제 GDP는 완전고용 GDP를 초과한다.

[그림 21.8] 총수요의 증가: 수요견인 인플레이션

총수요 증가에 따라 총수요곡선 AD_1이 AD_2로 우측이동하면 물가수준이 P_1에서 P_2로 상승하면서 수요견인 인플레이션이 발생한다. 또한 실질 GDP가 Q_f에서 Q_1으로 증가하면서 양(+)의 GDP갭(Q_1-Q_f)이 발생한다. 한편 물가수준의 상승은 승수효과의 크기를 감소시킨다. 만일 총수요 증가 이후에도 물가수준이 P_1에 머물러 있었다면, 실질 GDP가 Q_f에서 Q_2까지 증가하면서 완전한 승수효과가 나타났을 것이다. 그러나 실제로는 물가가 상승하면서 실질 GDP가 Q_f에서 Q_1까지만 증가하였다. 물가 상승이 승수효과를 감소시킨 것이다.

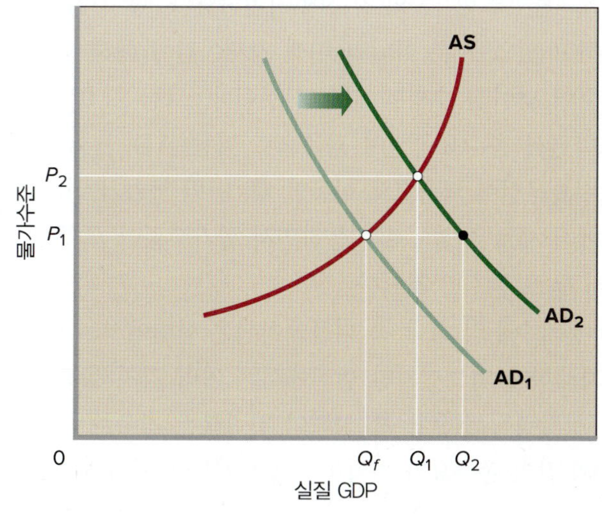

수요견인 인플레이션의 고전적인 예는 1960년 후반의 베트남 전쟁이다. 베트남 전쟁이 단계적으로 확전되면서 미 정부는 1965년과 1967년 사이 국방지출을 40% 증가시켰고, 1968년에는 추가적으로 15% 증가시켰다. 경제가 이미 완전고용수준에 가까운 상황에서, 이러한 정부지출의 급격한 증가는 총수요곡선을 큰 폭으로 우측 이동시켰고, 그 결과 20년 이래 최악의 인플레이션이 발생하였다. 인플레이션율이 1965년의 1.6%에서 1970년에는 5.7%까지 대폭 상승한 것이다.

한편 그림 21.8로부터 승수효과에 관한 1가지 흥미로운 점을 발견할 수 있다. 앞 장의 총지출 모형에서는 물가수준이 고정되어 있기 때문에, 총수요 증가 시 초기 지출 증가분의 승수 배만큼 실질 GDP가 증가했으나, 이 장의 **총수요 · 총공급 모형에서는 총수요 증가 시 물가가 상승하면서 승수효과의 크기가 총지출 모형에 비해 줄어든다**는 점이다.

구체적으로 그림 21.8에서 총지출 모형과 같이 물가수준이 P_1으로 고정되었다면, AD_1에서 AD_2로 총수요곡선이 이동했을 때 실질 GDP가 Q_f에서 Q_2까지 증가했을 것이다. 즉 앞서 총지출 모형에서 살펴본 완전한 승수효과가 나타났을 것이다. 그러나 물가가 신축적인 총수요 · 총공급 모형에서는 총수요 증가 시 물가수준이 P_1에서 P_2로 상승하면서, 실질 GDP가 Q_2가 아닌 Q_1까지만 증가한다. 물가가 상승함에 따라 앞서 살펴본 실질잔고, 이자율, 순수출 효과에 의해 소비, 투자, 순수출이 감소하면서, 초기 총지출의 증가가 상쇄되기 때문이다. 물가의 상승폭이 커질수록 이러한 상쇄효과는 더욱 확대될 것이다. 이와 같이 물가가 신축적인 총수요 · 총공급 모형에서 승수효과 크기는 물가가 고정된 총지출 모형에 비해 작다.

총수요의 감소: 경기침체와 경기적 실업

총수요의 증가가 수요견인 인플레이션을 유발한다면, 총수요의 감소는 정반대로 경기침체와 경기적 실업을 유발한다. 예컨대 2007~2009년의 대침체는 상당 부분 투자의 기대수익률 하락에 따른 투자지출의 감소에 기인하였다. 당시 기업들이 상당량의 유휴 생산자본을 보유하고 있었을 뿐 아니라 미래 경제여건에 대해 점점 비관적이 되면서, 투자의 기대수익률이 낮아질 수밖에 없었던 것이다. 그림 21.9는 이러한 요인에 의해 투자지출이 감소하면서 총수요곡선이 좌측으로 이동($AD_1 \rightarrow AD_2$)한 모습을 보여준다. 이와 같이 총수요곡선이 좌측으로 이동할 때, 만일 물가가 신축적으로 변한다면 균형점이 초기의 a에서 새로운 점 c로 이동하면서 물가수준이 P_1에서 P_2로 하락하고 실질 GDP는 Q_f에서 Q_2로 감소할 것이다.

그러나 이러한 물가수준의 하락 즉 디플레이션은 현실에서는 매우 드물게 나타나는 현상이다. 이후 자세히 살펴보겠지만 현실에서는 여러 가지 이유 때문에 많은 상품과 서비스의 가격이 하방경직적이다. 즉 가격이 하락하는 경우는 매우 드물다는 것이다. 따라서 그림 21.9와 같이 총수요가 하락하는 경우에도 물가가 떨어지지 않고 기존 수준을 유지하는 경우가 많다. 그림 21.9에서 총수요가 AD_1에서 AD_2로 감소했음에도 불구하고, 물가가 기존의 P_1에서 떨어지지 않으면, 경제의 균형은 초기의 점 a에서 점선

[그림 21.9] 총수요의 감소: 경기침체

AD_1에서 AD_2로 총수요가 감소할 때, 물가가 하방 경직적이면 경제의 균형은 P_1에서 수평인 점선을 따라 a점에서 b점으로 이동한다. 그 결과 실질 GDP가 Q_f에서 Q_1으로 감소하여 음(−)의 GDP갭이 발생하며, 유휴 생산설비와 경기적 실업이 증가한다. 반면, 물가가 신축적이라면 총수요의 감소는 경제를 a점에서 b점이 아닌 c점으로 이동시킨다.

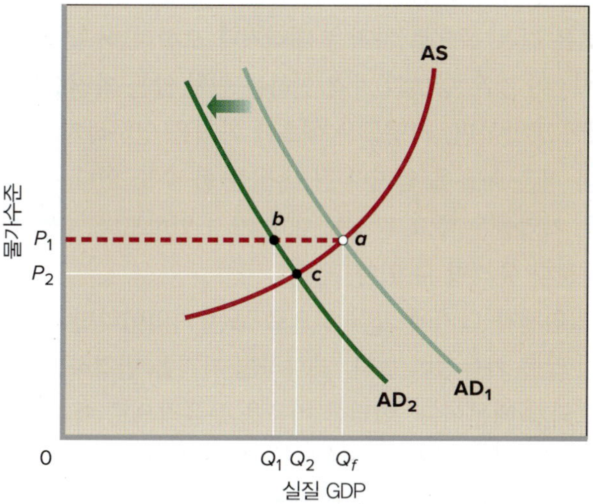

으로 표시된 수평선을 따라 점 b로 이동한다. 그 결과 실질 GDP는 Q_f에서 Q_1으로 감소한다. 말하자면 기존 물가수준 P_1에서 수평인 점선이 일시적인 총공급곡선의 역할을 한다고 말할 수 있다. 새로운 균형점 b에서는 실질 GDP가 완전고용 GDP 수준에 못 미치는 $Q_1 - Q_f$ 만큼 음(−)의 GDP갭이 나타나고 있으며, 실질생산 감소에 따라 노동수요가 감소하면서 경기적 실업이 발생한다.

그림 21.9를 자세히 보면, 물가수준이 고정된 상황에서는 완전한 승수효과가 나타남을 확인할 수 있다. 즉 총수요가 AD_1에서 AD_2로 감소할 때, 물가가 P_1으로 고정되면 실질 GDP는 $Q_f - Q_1$ 만큼 감소하는데, 이는 승수효과에 의한 총수요곡선의 총 이동폭과 일치한다. 따라서 총수요 · 총공급 모형에서도 물가가 하방 경직적이어서 그림 21.9의 점선과 같이 총공급곡선이 기존 물가수준에서 일시적으로 수평이 되는 경우에는 앞 장의 총지출 모형에서와 동일한 크기의 완전한 승수효과가 나타남을 알 수 있다.

글로벌 금융위기로 촉발된 우리나라와 미국의 경기침체는 그림 21.9에서와 같은 '디플레이션이 없는 음의 GDP갭'으로 설명할 수 있다. 즉 2007~2009년 대침체 당시 금융위기로 인해 가계소비와 기업투자가 감소함에 따라 미국경제의 실질 GDP는 2008년 약 3,000억 달러, 2009년 약 1조 달러만큼 완전고용 GDP 수준을 하회하였다(음의 GDP갭). 이에 따라 실업률은 2007년 12월 4.7%에서 2009년 10월에는 10.1%까지 상승하였다. 반면 물가상승률이 위기 이전에 비해 전반적으로 하락하였고(이렇게 물가수준이 아닌 물가상승률이 하락하는 현상을 디스인플레이션(disinflation)이라 함), 월별 기준으로는 종종 물가수준 자체가 하락하기도 하였으나, 대침체 전 기간에 걸쳐 물가수준의 하락 즉 디플레이션은 발생하지 않았다. 이는 우리나라의 경우도 마찬가지였다. 글로벌 금융위기 직후 실질 GDP가 감소하고 물가상승률이 하락하긴 했지만, 물가수준 자체가 지속적으로 하락하는 디플레이션은 일어나지 않았다.

그렇다면 현실에서 물가수준이 하방경직적인 이유는 무엇일까? 다음과 같은 몇가지 이유를 들 수 있다.

가격전쟁

- **가격전쟁에 대한 우려** 어떤 기업이 수요 감소에 대응하여 자사제품의 가격을 내릴 경우, 경쟁기업은 같은 폭으로 가격을 내리거나 오히려 더 낮은 가격을 책정하여 보복을 할 수 있다. 이 경우 당초의 가격 인하는 원치 않는 **가격전쟁**을 촉발할 수 있다. 만일 가격전쟁이 발발하면, 기업들은 애초에 가격을 인하하지 않고 그대로 유지했을 경우에 비해 더 적은 이윤을 얻거나 큰 손실을 볼 수도 있다. 이러한 가격전쟁의 폐해를 고려하면, 기업들은 수요 감소에 대해 가격 인하보다는 생산 및 고용 감축으로 대응하는 것이 보다 유리할 수 있다.

메뉴비용

- **메뉴비용** 경기침체가 단기에 그칠 것으로 보는 기업이라면 수요 감소에 대응해 가격 인하를 하지 않을 가능성이 높다. 왜냐하면 가격을 변경하는 데는 여러 가지 형태의 비용이 소요되기 때문이다. 이러한 비용을 은유적으로 **메뉴비용**(menu cost)이라 한다. 식당의 음식가격을 변경하면 새로운 메뉴판을 작성하고 인쇄하는 비용이 드는데, 여기에 착안해 가격변경의 비용을 메뉴비용이라 명명한 것이다. 그러나 메뉴 인쇄비용은 실제 가격변경 비용의 극히 사소한 일례에 불과하며, 현실에서 가격을 인하 또는 인상하는 데는 다양한 비용이 수반된다. 예컨대, (1) 가격 변경폭을 결정하기 위해 수요 변동의 규모 및 지속기간을 추정하고, (2) 현재 보유중인 재고품의 가격을 재설정하며, (3) 새로운 카탈로그를 인쇄 및 발송하고, (4) 새로운 가격을 알리는 광고를 집행하기 위한 비용 등이 소요된다. 이러한 메뉴비용 부담을 피하기 위해, 기업들은 수요 감소폭이 크고 지속적이지 않는 한 현재의 가격을 가급적 유지하고자 한다. 즉 기업들은 좀 더 기다렸다가 수요 감소가 매우 오래 지속될 것이라는 판단이 설 때만 가격을 인하한다는 것이다.
- **기간단위의 임금 계약** 수요 감소에 대응하여 가격을 인하했음에도 불구하고, 임금은 떨어지지 않는다면 기업의 이윤은 하락할 수밖에 없다. 그러나 앞서 단기 총공급곡선을 도출하는 과정에서 살펴본 대로, 대부분 노동자의 임금은 노동조합과의 단체협상을 통해 최소 1년 이상 단위로 계약한다(미국의 주요 산업에서는 단체협약의 유효기간이 3년인 경우도 많음). 뿐만 아니라 비조합원인 노동자의 임금 역시 통상 1년 단위로 계약이 갱신된다. 따라서 적어도 계약기간 중에는 임금 인하가 불가능하기 때문에, 단기적으로 임금은 하방경직적일 수밖에 없다. 이렇게 단기적으로 임금이 하방경직적임을 인식하는 기업들은 수요 감소에 대응하여 가격 인하를 꺼리게 된다.
- **업무의욕, 노력수준, 생산성** 종종 기업 또는 고용주들이 오히려 노동생산성 하락을 우려하여 노동자들의 임금 삭감을 반대하기도 한다. 이후의 장에서 효율임금(efficiency wage) 이론에 대한 논의를 통해 자세히 살펴보겠지만, 임금수준은 노동자의 업무의욕과 투입되는 노력수준을 통해 노동생산성에 영향을 줄 수 있다. 기업이 임금을 삭감하면 노동자들의 업무의욕과 투입 노력수준이 저하되면서 노동생산성이 하락하므로, 오히려 이윤이 감소할 수 있다는 것이다. 좀 더 구체적으로 노동생산성(노

사례연구: 톱니효과(ratchet effect)

총수요 변동에 따른 물가의 반응은 톱니의 작용과 흡사하다. 톱니(ratchet)는 바퀴를 앞으로는 돌아가게 하지만 뒤로는 돌아가지 못하게 제어하는 장치이다.

현실의 데이터를 보면 총수요가 증가할 경우에는 본문의 그림 21.8에서와 같이 물가와 임금수준, 그리고 단위당 생산비용이 매우 신축적으로 상승한다. 실제로 미국에서는 1950년 이래 62개 연도 가운데 무려 60개 연도에서 물가가 상승하였다.

그러나 총수요가 감소할 경우에는 본문의 그림 21.9에서와 같이 물가와 임금수준, 그리고 단위당 생산비용이 하방경직적인 모습을 보인다. 미국 경제는 1950년 이래 수차례의 경기침체를 겪으면서 실질 GDP가 감소한 적이 여러 번 있음에도 불구하고, 물가수준의 하락 즉 디플레이션을 경험한 것은 겨우 2개 연도(1955년과 2009년)에 불과하다.

이렇게 총수요의 증가는 물가수준을 상승시키지만, 총수요의 감소는 물가수준을 하락시키지 못한다는 점에서, 총수요 변동에 따른 물가의 반응은 톱니의 작동방식과 흡사하다. 즉 총수요 증가에 따라 물가수준이 일단 상승하고 나면, 이후 총수요가 감소할 때조차도 기존 물가수준이 그대로 유지되는 경향이 있다는 것이다.

동 투입량 즉 노동시간당 생산량)이 일정한 상황에서는 임금이 삭감되면 생산물 단위당 노동비용이 감소한다. 그러나 임금 인하가 노동자들의 업무의욕 및 노력수준 저하를 통해 노동생산성을 하락시킨다면, 이는 오히려 단위당 노동비용을 증가시키는 요인이 된다. 만일 임금 인하에 따른 직접적인 노동비용 절감효과가 노동생산성 하락에 기인하는 단위당 노동비용 증가효과보다 작다면, 임금 인하는 단위당 노동비용을 감소시키는 것이 아니라 오히려 증가시켜 기업 이윤에 부정적 영향을 준다. 이 경우 기업들은 수요 감소에 직면하여 임금을 삭감하기 보다는 신규채용 또는 노동시간을 줄이는 방향으로 대응하게 된다.

- **법정 최저임금** 법정 최저임금은 숙련도가 낮은 저임금 노동자들이 받아야 하는 최소한의 임금수준을 의미한다. 기업들은 제품에 대한 수요가 감소하는 상황에서도 최저임금 이하로는 임금을 인하할 수 없으므로, 제품 가격 역시 어느 수준 이하로 인하하는 것을 꺼리게 된다.

총공급의 감소: 비용인상 인플레이션

테러리스트가 중동의 원유 시추시설을 공격하여 세계 원유공급이 크게 줄어들고, 이로 인해 국제 원유가격이 크게 폭등하였다고 하자. 석유는 수많은 제품의 원료로 사용되고 연료로서 운송비의 상당 부분을 차지하므로, 원유가격의 폭등은 경제 전체의 단위당 생산 및 운송비용을 증가시킬 것이다. 이에 따라 그림 21.10에서 보듯이 단기 총공급곡선은 좌측으로 이동한다($AS_1 \rightarrow AS_2$). 이로 인해 물가수준이 P_1에서 P_2로 상승하면서 인플레이션이 발생하는데, 이를 비용인상 인플레이션이라 함은 이미 앞서 살펴본 바 있다.

위의 예와 같은 총공급 감소 즉 총공급곡선이 왼쪽으로 이동하는 것은 이중적인 의미

[그림 21.10] 총공급의 감소: 비용인상 인플레이션

총공급곡선이 AS_1에서 AS_2로 좌측이동하면, 물가수준이 P_1에서 P_2로 상승하면서 비용인상 인플레이션이 발생한다. 이와 동시에 실질 GDP가 감소하면서 음의 GDP갭($Q_1 - Q_f$)이 발생한다.

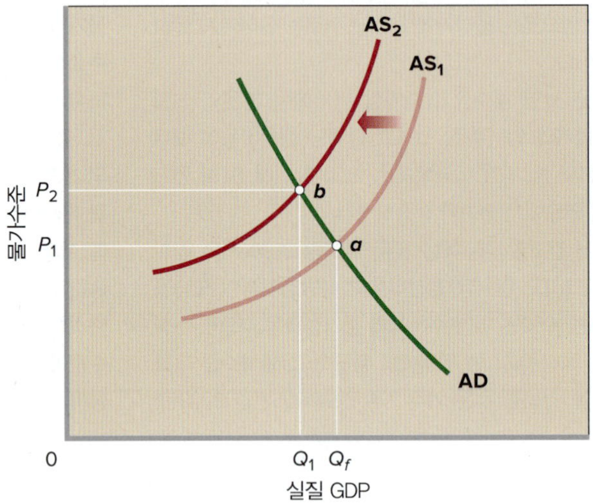

로 부정적인 현상이다. 총공급곡선이 AS_1에서 AS_2로 이동하면, 경제의 균형점은 점 a에서 점 b로 이동하는데, 이 경우 물가수준이 오를 뿐만 아니라 실질 GDP마저 Q_f에서 Q_1으로 감소하기 때문이다. 즉 비용인상 인플레이션이 경기침체(음의 GDP갭)를 동반한다는 것이다. 이것이 1970년대 원유파동으로 인해 우리나라를 포함한 많은 선진국들에서 고인플레이션을 동반한 경기침체 즉 스태그플레이션(stagflation)이 발생한 이유이다(스태그플레이션의 의미에 대한 보다 자세한 내용은 이후 27장 참조). 정리하면 총공급을 감소시키는, 부(−)의 총공급 충격(Adverse Aggregate Supply Shocks)은 비용인상 인플레이션과 함께 경기침체를 유발한다.

총공급의 증가: 물가안정과 완전고용

1996~2000년 기간 동안 미국 경제는 완전고용수준 또는 그보다 낮은 실업률, 높은 경제성장률, 낮은 인플레이션을 동시에 경험하였다. 구체적으로 당시 미국경제는 **인플레이션율이 2~3%대로 안정된 상황에서도 실업률이 4%까지 하락하고, 실질 GDP가 매년 4% 가까이 성장**하였다.

언뜻 보면 지금까지 살펴본 총수요 · 총공급 모형으로 이러한 현상을 설명하는 것은 쉽지 않아 보인다. 그림 21.8에서 보듯이 경제를 완전고용수준 또는 그 이상으로 부양하기 위해 총수요를 증가시키면 실질 GDP 증가율 즉 경제성장률은 높일 수 있으나 이 과정에서 물가가 함께 상승하기 때문이다. 말하자면 높은 인플레이션은 경제를 완전고용수준 이상으로 부양하기 위해서 반드시 치러야 할 대가인 것처럼 보인다.

그러나 1990년대 후반 미국 경제의 인플레이션율은 매우 안정된 수준이었다. 어떻게 실업률이 완전고용수준 또는 그보다 낮은 상황인데도 인플레이션이 안정될 수 있었을까? 그림 21.11이 그 이유를 보여준다. 먼저, 다른 조건이 불변인 상황에서 총수요가

[그림 21.11] 총공급의 증가: 물가안정과 완전고용

다른 조건이 불변인 상황에서 AD_1에서 AD_2로의 총수요 증가는 AS_1을 따라 경제의 균형점을 a점에서 b점으로 이동시킨다. 그 결과 실질생산이 Q_2로 증가하고 물가수준은 P_1에서 P_3로 상승한다. 그러나 1990년대 후반의 미국 경제와 같이 생산성이 뚜렷하게 향상될 경우, 총수요곡선과 함께 총공급곡선이 AS_1에서 AS_2로 우측이동하면서, 경제의 균형점은 b점이 아닌 c점으로 이동하게 된다. 이에 따라 당시 미국 경제는 급속한 경제성장($Q_1 \rightarrow Q_3$)과 완전고용, 그리고 완만한 인플레이션($P_1 \rightarrow P_2$)을 동시에 달성할 수 있었다.

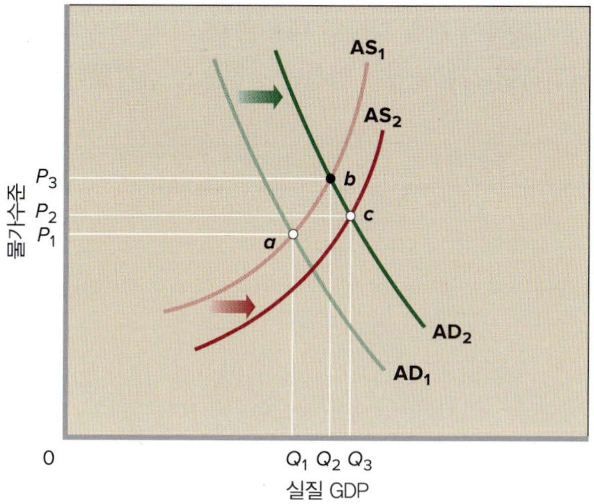

AD_1에서 AD_2로 증가하면, 경제의 균형점은 점 a에서 점 b로 이동할 것이다. 그 결과 실질 GDP는 기존의 완전고용수준인 Q_1에서 Q_2로 증가하고, 물가수준은 P_1에서 P_3로 증가하면서 수요견인 인플레이션이 발생할 것이다. 지금까지는 총수요 증가에 따른 수요견인 인플레이션을 설명한 그림 21.8과 다른 것이 없어 보인다.

그러나 1990년대 들어 비로소 상용화된 기술들, 예컨대 PC, 인터넷, 신 재고관리 시스템, 전자상거래 관련 기술이 빠르게 보급되면서, 이례적으로 큰 폭의 생산성 향상이 나타났다. 이에 따라 그림 21.11에서 보듯이 경제의 총공급곡선이 AS_1에서 AS_2로 대폭 우측이동하였다. 이에 따라 경제의 균형점은 점 a에서 점 b가 아닌 점 c로 이동하였고, 그 결과 실질 GDP는 Q_1에서 Q_3까지 더 큰 폭으로 증가한 반면, 물가수준은 P_1에서 P_2로 소폭 증가하는 데 그쳤다. 총공급의 증가가 총수요 증가압력을 상쇄하여 인플레이션을 완만하게 유지시킨 것이다. 이와 같이 급속한 생산성 향상에 힘입어 미국 경제가 빠른 성장세와 완전고용, 그리고 물가안정을 동시에 달성하자, 일부 사람들은 미국이 비로소 '신경제(New Economy)'로 변모했다고 선언하기도 하였다.

그러나 2001년 IT거품이 붕괴하고 경기가 후퇴국면에 접어들면서, 이른바 '신경제'는 전통적 의미의 위기에 직면하였다. IT거품이 붕괴하면서 과도했던 IT관련 투자지출이 대폭 감소하였고, 그 결과 총수요가 감소하면서 2001년 3월부터 미국 경제는 경기침체기에 접어든다. 게다가 2001년 9월 11일 뉴욕의 세계무역센터 테러로 인해 소비심리가 위축되면서 민간지출은 더욱 감소하여 2001년 내내 경기침체가 지속되었다. 실업률은 2001년 1월의 4.2%에서 2002년 12월에 6%까지 상승하였다.

경기가 차츰 회복되면서 2002~2007년 기간 동안 미국 경제는 실업률과 인플레이션율이 안정된 상태를 유지하게 된다. 이에 일부 경제학자들은 1982년 이후부터 글로벌 금융위기 이전까지의 기간을 '대안정기(The Great Moderation)'라고 명명하였는데, 이는 이 시기 경기침체의 빈도가 이전 기간에 비해 줄어들고 침체의 폭도 현저히 작았기 때문이다. 이들은 기업부문의 생산성 향상과 정부의 성공적인 경기안정화정책에 따라 경기변동의 폭이 완화된 것이라고 보았다. 그러나 이는 섣부른 판단이었다. 서브프라임 주택담보대출 시장의 붕괴로 촉발된 2007~2009년 대침체와 이후의 매우 더딘 경기회복(대침체와 이후 경기회복에 관한 자세한 내용은 이 장의 '마지막 한마디'를 참조)은 대안정기의 지속을 낙관하던 사람들에게 엄청난 충격으로 다가왔다.

경기부양책과 대침체

2007~2009년 글로벌 금융위기 이후 시행된 총수요 부양책은 금융위기가 또 다른 대공황으로 확산되는 것을 막는데 중요한 역할을 하였다. 그러나 왜 위기로부터의 회복세가 기대보다 미약하였는가?

돌이켜 보면, 글로벌 금융위기가 발발하기 직전인 2006년 당시 미국 경제는 이미 위태로운 상황에 처해 있었다. 주택가격이 지속적으로 오를 것이라는 기대에 따라 많은 사람들이 수조 달러의 돈을 차입하여 주택을 매입한 상황이었다. 기대에 따라 주택가격이 지속적으로 오르는 한 이러한 차입은 별 문제가 되지 않았다. 예컨대 20만 달러짜리 집을 전액 차입하여 매입한 후 1년 뒤에 주택가격이 22만 달러로 오를 경우, 집을 시가로 팔면 차입금을 갚고 나서도 상당한 차익을 남길 수 있었다.

그러나 불행하게도 2006년부터 주택가격은 하락하기 시작했다. 그러자 주택구입을 위해 차입을 했던 많은 사람들은 더 이상 돈을 갚을 능력이 없음을 깨달았다. 이에 따라 막대한 양의 주택담보대출이 부실화되고, 수많은 은행들이 파산 위기에 몰렸으며, 금융시장은 급격하게 경색되었다. 이러한 주택시장 붕괴의 여파로 인해 2007년 말부터는 실물경기의 침체가 가시화되었다.

2008년을 지나면서 상황이 더욱 악화되어 유례없는 대불황이 예상되자 미 정부는 이례적으로 강력한 총수요 부양책을 추진하기 시작한다. 통화정책 당국인 미 연준(the Federal Reserve)은 은행 간 단기자금거래에 적용되는 기준금리를 제로수준으로 낮춤으로써 소비와 투자를 촉진하여 총수요 곡선을 우측으로 이동시키고자 하였다. 한편 미 연방정부는 적자재정을 통해, 전쟁 기간을 제외한 역사상 최대 규모의 정부지출 확대 프로그램을 시행하였다. 이 역시 총수요 곡선을 우측으로 이동시키기 위한 정책이라고 할 수 있다.

이러한 일련의 총수요 부양책들은 금융위기의 확산과 심화를 막는 데 중요한 역할을 한 것으로 평가된다. 글로벌 금융위기 기간 중 실질 GDP는 최대 4.7% 감소하였고, 실업률은 위기 전 4.6%에서 10.1%까지 상승하였는데, 이는 1930년대 대공황 당시 GDP가 약 27% 감소하고 실업률이 약 25%까지 폭등한 것과 비교하면 매우 양호한 것이다.

그러나 시간이 지나면서 경기부양책의 효과가 애초 기대에는 다소 미치지 못하는 것으로 나타났다. 예컨대 위기 당시 백악관에 근무했던 한 경제학자는 2009년부터 실시된 경기부양책으로 인해 2012년에는 실업률이 5.2%까지 하락할 것으로 예측했으나, 실제 실업률은 8.1%에 머물렀다. 실업률은 2014년 말이 되어서야 6% 아래로 하락하였다. 실업률뿐만 아니라 성장 실적 역시 기대에 미치지 못했다. 2010년, 2011년, 2012년의 실질 GDP 성장률은 각각 2.4%, 1.8%, 1.6%로 점차 낮아졌으며, 2015년까지도 성장률은 매년 2.5%를 밑돌았다. 1980년대 초 불황으로부터의 회복기에 최대 7.2% 성장률을 기록한 것과 비교하면, 금융위기 이후의 성장세가 매우 미약함을 알 수 있다.

일각에서는 경기부양 효과가 기대에 미치지 못한 이유의 하나로 위기 직전의 부동산 거품기에 형성된 높은 부채수준을 꼽는다. 이미 가계의 부

채부담이 과중한 상황에서는 연준이 이자율을 낮추는 것이 가계의 신규 차입 및 소비 증가에 별 도움이 안 된다는 것이다. 이와 관련된 문제는 가계의 저축률이 높아진 점이다. 정부지출 확대를 통해 경기를 효과적으로 부양하기 위해서는 정부가 지출한 돈이 승수효과를 통해 소득 및 소비지출 증대로 이어져야 한다. 그러나 이미 과중한 부채를 안고 있던 가계는 정부지출 확대를 통해 증가한 소득의 대부분을 대출이자를 갚거나 대출을 상환하는 데 쓸 수밖에 없었다. 이렇게 가계가 소비보다는 빚을 갚기 위한 저축을 늘리면서, 정부지출 확대로 인한 승수효과가 원활히 작동할 수 없었다는 것이다.

또 다른 이유로 불황의 영향은 특정 부문에 편중되어 있는데 반해, 경기부양책은 대상범위가 지나치게 넓고 분산되었다는 점을 들 수 있다. 대침체에 따른 부정적 영향의 크기가 경제 부문별로 크게 다른 상황에서 일률적으로 총수요를 확대하는 경기부양책을 실시한 결과, 정작 수요 확대가 절실히 요구되는 부문에서는 제한적인 효과만을 발휘하였다는 것이다.

이와 관련된 문제는 일부 부문에서 경기부양에 따른 수요확대가 생산을 늘리기 보다는 가격을 상승시키는 결과로 이어졌다는 점이다. 이는 공급곡선의 기울기가 가파른 부문에서 뚜렷하게 나타나는데, 그 예로 의료 또는 법률서비스를 들 수 있다. 의사 또는 법률가를 양성하는 데는 시간이 오래 걸릴 뿐만 아니라 그 숫자도 제도적으로 제한되어 있다. 따라서 이러한 서비스의 공급량은 단기적으로 거의 고정되어 있으므로, 일시적인 수요 증가는 공급량 증가보다 서비스 가격의 상승으로 이어질 가능성이 높다. 이와 같이 공급곡선의 기울기가 가파른 부문에서는 경기부양책이 생산량 증가보다는 가격 상승을 야기할 수 있다.

요약

1. 총수요의 정의와 총수요곡선의 형태

총수요 · 총공급 모형(AD-AS 모형)을 통해 물가가 신축적인 상황에서 균형 실질 GDP와 물가수준이 어떻게 결정되고, 어떤 요인에 의해 변화하는지를 분석할 수 있다.

먼저 총수요곡선은 각각의 물가수준에서 경제주체들이 구매하기 원하는, 국내 생산물의 총량을 그림으로 나타낸 것이다. 총수요곡선이 우하향하는 원인은 실질잔고효과, 이자율 효과, 순수출 효과를 통해 설명할 수 있다. 실질잔고 효과에 따르면, 인플레이션은 고정된 명목금액을 지급하는 가계보유 자산의 실질가치 또는 실질구매력을 감소시킴으로써 가계소비를 줄이는 요인이 된다. 또한 이자율 효과에 의하면, 물가수준의 상승은 화폐공급이 일정한 상황에서 화폐수요를 늘림으로써 화폐의 가격인 이자율을 상승시키고, 그 결과 소비 및 투자지출을 감소시킨다. 한편 순수출 효과에 의하면, 인플레이션에 따라 우리나라의 물가수준이 교역대상국에 비해 상대적으로 상승할 경우, 수출이 줄고 수입이 늘면서 순수출이 감소한다.

2. 총수요곡선의 이동요인

총수요 결정요인은 크게 소비지출, 투자지출, 정부지출, 그리고 순수출을 변화시키는 요인들로 구분할 수 있다. 그림 21.2의 표에 열거된 총수요 결정요인들이 변화하면 소비, 투자, 정부지출, 그리고 순수출이 변화하면서 총수요곡선이 좌우로 이동한다. 총수요곡선의 이동폭은 초기 총지출의 변화폭과 승수의 크기에 의해 좌우된다.

3. 총공급의 정의와 초단기, 단기, 장기의 총공급곡선

총공급곡선은 각각의 물가수준에서 경제내의 기업들이 생산하고자 하는 생산물의 총량을 그림으로 나타낸 것이다. 총공급곡선의 기울기는 생산물 및 생산요소 가격의 경직성 정도에 의해 결정되며, 가격경직성 정도는 대상 기간의 길이에 따라 달라진다. 따라서 총공급곡선은 대상 기간에 따라 초단기, 단기, 장기 총공급곡선으로 구분할 수 있다.

거시경제학에서 초단기는 생산물 및 생산요소 가격이 모두 고정되어 있을 정도로 짧은 기간을 의미한다. 초단기에서는 생산물 가격이 고정되어 있으므로 총공급곡선은 현재의 물가수준에서 수평인 직선의 형태를 가진다. 한편 단기는 생산물의 가격은 신축적이나, 명목임금을 포함한 생산요소의 가격이 고정된 기간을 의미한다. 단기 총공급곡선은 우상향하는데, 이는 생산요소의 가격이 고정된 상황에서 생산물 가격 즉 물가가 상승하면 기업의 이윤이 증가하면서 기업들이 생산을 늘리기 때문이다. 단기 총공급곡선은 실질생산이 완전고용 GDP보다 높은 수준에서는 상대적으로 더 가파르고, 완전고용 GDP보다 낮은 수준에서는 더 완만하다. 장기에서는 생산물과 생산요소 가격 둘 다 신축적으로 변하므로, 명목임금 등 생산요소 가격이 생산물 가격과 같은 비율로 조정된다. 따라서 장기 총공급곡선은 완전고용 GDP수준에서 수직인 직선이 된다.

초단기, 단기, 장기 총공급곡선 가운데, 현실의 경기변동에서와 같이 물가수준과 실질 GDP가 동시에 변동하는 현상을 설명할 수 있는 것은 오직 우상향하는 단기 총공급곡선뿐이다. 따라서 이후의 분석에서는 주로 단기 총공급곡선을 기준으로 논의를 전개할 것이다.

4. 총공급곡선의 이동요인

그림 21.6에는 주요 총공급 결정요인들이 열거되어 있다. 생산요소 가격, 생산성, 법적 · 제도적 환경 등 총공급 결정요인이 변화하면, 각각의 생산수준에서 단위당 생산비용이 증가 또는 감소하면서 총공급곡선이 좌우로 이동하게 된다.

5. 균형 GDP와 균형물가수준

경제의 균형은 경제전체의 기업들이 생산하고자 하는 생산물의 총량(총공급)과 경제주체들이 구매하기 원하는 생산물의 총량(총수요)를 일치시키는 물가수준에서 결정된다. 즉 총수요곡선과 총공급곡선이 교차하는 점에서 균형 실질 GDP와 균형 물가가 결정된다.

6. 수요견인 인플레이션, 비용인상 인플레이션, 그리고 경기침체

초기의 완전고용 GDP 수준에서 총수요가 증가하면 수요견인 인플레이션과 양의 GDP갭(실제 GDP와 완전고용 GDP의 차이)이 발생한다. 이 경우 가파르게 우상향하는 단기 총공급곡선 때문에 총수요 증가에 따른 승수효과의 크기는 크게 약화된다. 물가가 빠르게 상승하면서 실질잔고, 이자율, 순수출 효과에 의해 초기 총지출의 증가가 상당부분 상쇄되기 때문이다.

한편 초기의 완전고용 GDP 수준에서 총수요가 감소하면 경기침체와 음의 GDP갭, 그리고 경기적 실업이 발생한다. 만일 생산물 가격의 하방경직성으로 인해 경기침체 상황에서도 물가가 떨어지지 않으면, 경기침체의 폭은 더욱 커진다. 이러한 하방경직성의 원인으로는 가격전쟁에 대한 우려, 메뉴비용, 기간단위의 임금 계약, 노동자의 업무효율 및 노력수준에 대한 고려, 그리고 법정 최저임금의 존재 등을 들 수 있다. 물가가 단기적으로 고정된 상황에서 총수요의 감소는 완전한 승수효과를 유발한다.

한편 원유가격 상승 등 부(−)의 총공급 충격은 단위당 생산비용 증가를 통해 총공급곡선을 좌측으로 이동시킨다. 그 결과, 비용인상 인플레이션과 음의 GDP갭이 동시에 발생한다.

반면, 경제의 생산성이 큰 폭으로 향상되면 총공급곡선이 우측으로 이동하면서 빠른 성장세와 완전고용, 그리고 물가안정을 동시에 달성할 수 있다. 1990년대 후반 미국의 장기호황이 그러한 조건을 충족하는 대표적인 예라고 할 수 있다. 2001년 경기가 후퇴국면에 접어들면서 장기 호황은 마감되었지만, 이후 2002~2007년 기간 동안 미국 경제는 실업률과 인플레이션율이 안정된 상태를 유지하였다. 그러나 이후 2007~2009년의 대침체로 인해 미국 경제는 대공황 이후 최악의 경기침체에 직면하였으며, 대규모 경기부양정책에도 불구하고 이후의 경기회복 속도는 매우 더뎠다.

주요 용어와 개념

균형 물가
균형 실질 GDP
단기 총공급곡선
메뉴비용
생산성
순수출 효과
실질잔고 효과
이자율 효과
장기 총공급곡선
초단기 총공급곡선
총공급 결정요인
총공급곡선
총수요 결정요인
총수요곡선

연습문제

1. 다음 보기 중 총수요곡선이 우하향하는 이유로 올바른 것을 모두 고르시오.

(1) 국내 물가수준이 상승하면, 우리나라에서 만든 상품의 가격이 외국산 상품에 비해 더 비싸진다.
(2) 정부지출이 증가하면 물가수준은 하락한다.
(3) 소비자의 미래에 대한 전망과 세금 부담 사이에는 역의 관계가 존재한다.
(4) 물가가 상승하면, 정기예금이나 채권 등 금융자산의 실질가치가 하락한다.
(5) 국제유가가 상승하면 단위당 생산비용이 증가한다.

2. 다음 중 총수요곡선이 좌측으로 이동하는 경우를 모두 고르시오.

(1) 정부가 소득세를 감면하였다.
(2) 실질이자율이 상승하였다.
(3) 정부가 법인세를 인상하였다.
(4) 교역대상국의 경기호황으로 인해 해외 가계의 소득이 증가하였다.
(5) 정부가 재정지출을 증가시켰다.

3. 다음 설명 중 올바른 것을 모두 고르시오.

(1) 장기 총공급곡선은 수직의 직선이다.
(2) 초단기에는 생산량이 고정되어 있다.
(3) 장기에서 생산물 가격은 신축적이지만 생산요소 가격은 고정되어 있다.
(4) 초단기 총공급곡선은 수평의 직선이다.
(5) 위 보기는 모두 옳지 않다.

4. 다음 중 단기 총공급곡선을 우측으로 이동시키는 요인은?

(1) 경제 전체의 생산성을 향상시키는 새로운 네트워킹 기술의 보급
(2) 국제 원유가격의 폭등
(3) 법인세의 인상
(4) 최저임금의 급격한 인상
(5) 수입원자재 가격의 상승

5. 현재 물가수준에서 경제의 모든 생산자들은 375조 원만큼의 최종재를 공급하려 하고, 구매자들은 355조 원만큼의 최종재를 구매하려 한다고 가정하자. 이 경우 실제 물가는?

(1) 균형 물가수준보다 높은 상태이다
(2) 균형 물가수준과 동일하다.
(3) 균형 물가수준보다 낮은 상태이다.
(4) 앞으로 점차 상승할 것이다.
(5) 위 보기는 모두 옳지 않다.

6. 다른 조건이 불변인 상황에서 다음 보기와 같은 변화가 발생할 경우, 균형 물가수준과 실질 GDP가 어떻게 변하는지를 총수요 및 총공급곡선의 그림을 통해 설명하시오. 단, 물가는 상하방 모두 신축적이라고 가정한다.

(1) 소비자들 사이에서 경기침체에 대한 우려가 확산
(2) 기업에 대해 새롭게 부가가치세를 부과할 경우
(3) 실질이자율의 하락
(4) 정부의 사회복지지출 증가
(5) 소비자들 사이에서 인플레이션 기대심리의 확산
(6) OPEC의 담합이 붕괴하면서 국제 원유가격이 절반으로 하락하는 경우
(7) 소득세율의 인하
(8) 명목임금이 불변인 상황에서 노동생산성이 큰 폭으로 향상되는 경우
(9) 노동생산성이 불변인 상황에서 명목임금이 대폭 상승하는 경우
(10) 순수출의 증가

7. (a) 물가수준이 하방경직적이고 (b) 경제가 현재 완전고용 GDP 수준을 달성하고 있다고 가정하자. 다른 조건이 불변인 상황에서 다음 보기와 같은 변화가 발생할 경우, 단기적으로 균형 물가수준과 균형 실질 GDP는 어떻게 변하는가?

(1) 총수요의 증가
(2) 총수요가 불변인 상황에서 총공급의 감소
(3) 총수요와 총공급이 동일한 폭으로 증가
(4) 총수요의 감소
(5) 총공급의 증가폭을 초과하는 총수요의 증가

8. 어떤 경제에서 가계의 부가 1% 증가할 때마다 부의 효과에 의해 소비지출이 5조 원씩 증가하고, 실질이자율이 1%p 하락할 때마다 투자지출이 20조 원씩 증가한다고 한다. 또한 경제의 승수는 4라고 한다.
만일 주택가격의 하락으로 인해 가계의 부가 5% 감소하고, 이와 동시에 이자율이 2%p 하락했다면, 승수효과가 일어나기 직전까지 총수요곡선은 어느 방향으로, 얼마나

이동하는가? 한편 승수효과까지 고려할 경우, 최종적으로 총수요곡선은 어느 방향으로, 얼마나 이동하는가?

9. 아래 3가지 경우의 자료를 보고 물음에 답하시오.

(A)		(B)		(C)	
물가수준	실질 GDP (조 원)	물가수준	실질 GDP (조 원)	물가수준	실질 GDP (조 원)
110	275	100	200	110	225
100	250	100	225	100	225
95	225	100	250	95	225
90	200	100	275	90	225

(1) (A), (B), (C) 세 경우가 초단기, 단기, 장기 총공급곡선 중 어느 것을 나타내는지 각각 짝지으시오.

(2) 노동시간이 불변인 상황에서 노동시간당 실질생산량이 10% 증가했다고 한다. 이 경우 (A)의 오른쪽 열은 어떻게 변화하는가? 이는 총공급의 증가를 의미하는가? 아니면 총공급의 감소를 의미하는가?

10. 어떤 가상 경제의 총수요와 총공급 함수가 다음 표와 같다고 한다. 물음에 답하시오.

총수요 (조 원)	물가수준 (지수값)	총공급 (조 원)
100	300	500
200	250	400
300	200	300
400	150	200
500	100	100

(1) 위의 자료를 이용하여 총수요곡선과 총공급곡선을 그리시오. 이 경제의 균형 물가수준과 균형 실질 GDP는 얼마인가?

(2) 현재 물가수준이 150이라면, 경제는 균형상태인가 아니면 초과수요 또는 초과공급 상태인가? 초과수요 또는 초과공급의 양은 얼마인가? 만일 현재 물가수준이 250이라면, 경제는 균형상태인가 아니면 초과수요 또는 초과공급 상태인가? 초과수요 또는 초과공급의 양은 얼마인가?

(3) 각각의 물가수준에서 경제의 총수요가 200조 원만큼 추가로 증가했다고 하자. 새로운 총수요곡선 AD_1을 그림으로 그리시오. 이 경우 새로운 균형 물가와 균형 실질 GDP는 얼마인가?

11. 다음의 표는 어떤 경제의 실질 생산량(실질 GDP)과 그만큼의 생산량을 생산하기 위해 필요한 생산요소 투입량 사이의 관계를 나타낸 것이다.

생산요소 투입량 (단위)	실질 GDP (조 원)
150.0	400
112.5	300
75.0	200

(1) 이 경제의 생산성을 계산하시오.

(2) 생산요소의 단위당 가격이 2조 원일 경우 단위당 생산비용을 구하시오.

(3) 생산성이 불변인 상황에서 생산요소 가격이 단위당 2조 원에서 3조 원으로 상승했다고 하자. 이 경우 새로운 단위당 생산비용은 얼마인가? 이러한 생산요소 가격의 상승은 총공급곡선을 어느 방향으로 이동시키는가? 또한 단기적으로 균형 물가수준과 균형 실질 GDP는 어떻게 변화하는가?

(4) 이번에는 생산요소의 가격이 2조 원으로 불변인 상황에서, 생산성이 2배 증가했다고 한다. 이 경우 새로운 단위당 생산비용은 얼마인가? 이러한 단위당 생산비용의 변화는 총공급곡선을 어느 방향으로 이동시키는가? 또한 단기적으로 균형 물가수준과 균형 실질 GDP는 어떻게 변화하는가?

12. 어떤 경제의 총공급곡선이 9번 문제의 표에서 (B)의 경우와 같다고 하자. 현재 균형 물가수준은 100이고, 균형 GDP는 225조 원이라고 한다.

(1) 현재 물가수준 100에서의 총수요 수준은?

(2) 현재 물가수준에서 총수요가 25조 원만큼 감소하였다고 한다. 새로운 균형 GDP는 얼마가 되는가?

부록: 총지출 모형과 총수요곡선의 관계

이 장에서 살펴본 총수요곡선은 앞 장의 총지출 모형을 통해서도 도출할 수 있다.

총지출 모형을 통한 총수요곡선의 도출

다양한 물가수준에 따른 총지출함수를 구함으로써 우하향하는 총수요곡선을 도출할 수 있다. 부록 그림 1은 분석 편의를 위해 총지출함수의 그림(그림 1(a))과 총수요곡선의 그림(그림 1(b))을 위 · 아래로 쌓아 배치한 것이다. 두 그림 모두 공통적으로 가로축이 실질 GDP를 나타냄을 확인할 수 있다. 이제 물가수준이 초기의 P_1에서부터 P_2, 그리고 P_3로 점차 상승한다고 가정하고, 총수요곡선을 단계적으로 도출해 보자.

[그림 1] 총지출 모형을 통한 총수요곡선의 도출

(a) 물가수준이 P_1에서 P_2, P_3로 상승하면 총지출곡선은 AE_1에서 AE_2, AE_3로 하방이동하며, 이에 따라 균형 실질 GDP는 Q_1에서 Q_2, Q_3로 감소한다. (b) 그림 (a)의 결과로부터 각각의 물가수준 P_1, P_2, P_3에 대응하는 균형 실질 GDP Q_1, Q_2, Q_3를 점으로 찍고 이들을 연결하면 총수요곡선 AD가 도출된다. 요약하면, 물가수준의 상승은 총지출함수를 하방이동시켜 균형 실질 GDP를 감소시키는 요인이다. 물가수준과 이에 상응하는 균형 GDP의 궤적을 점으로 표현하면 그림 (b)의 점 1′, 2′, 3′으로 나타난다. 이 점들을 이으면 우하향하는 총수요곡선을 도출할 수 있다.

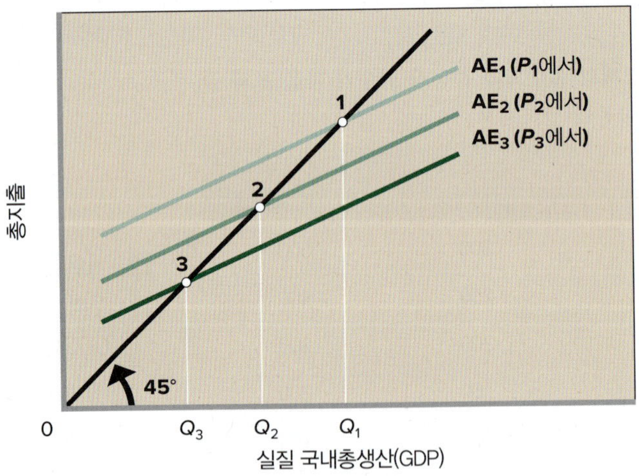

(a) 총지출 모형

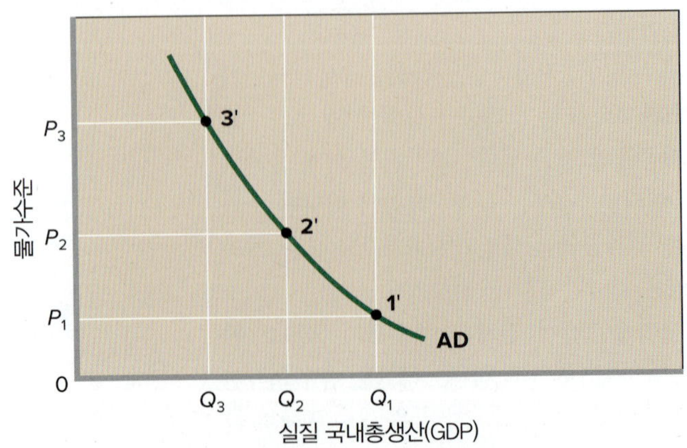

(b) 총수요 · 총공급 모형

- 초기에 물가수준이 P_1인 상황에서 이에 대응하는 총지출함수가 그림 (a)의 제일 위쪽에 위치한 AE_1이라고 하자. 이 때 경제의 균형은 그림의 점 1에서 성립하며, 균형 GDP는 Q_1임을 알 수 있다. 따라서 그림 (b)에 균형 GDP 수준 Q_1과 그에 상응하는 물가수준 P_1을 하나의 점으로 찍을 수 있는데, 이것이 바로 점 1′이다.
- 다음으로 물가수준이 P_1에서 P_2로 상승하였다고 가정하자. 다른 조건이 불변인 상황에서 물가가 상승하면 (1) 실질잔고 효과에 의해 가계 부의 가치가 하락하면서 소비가 감소하고, (2) 이자율 효과에 의해 이자율이 상승하면서 투자 및 내구재 소비가 감소하며, (3) 순수출 효과에 의해 수입이 증가하고 수출이 감소한다. 따라서 총지출이 감소하여 총지출함수가 그림 (a)의 AE_1에서 AE_2로 하방이동한 결과, 새로운 균형은 점 2에서 이루어지며 이 때의 균형 GDP는 Q_2가 된다. 새로운 물가수준과 균형 실질 GDP의 조합인 P_2와 Q_2는 그림 (b)에서 점 2′으로 표현된다.
- 마지막으로 물가수준이 P_2에서 P_3로 또 다시 상승하였다고 가정하자. 이러한 물가의 상승은 이전과 같은 이유로 총지출을 감소시킨다. 따라서 총지출함수는 그림 (a)의 AE_2에서 AE_3로 또 다시 하방이동하며, 그 결과 새로운 균형은 점 3에서 이루어지며 이 때의 균형 GDP는 Q_3가 된다. 새로운 물가수준과 균형 실질 GDP의 조합인 P_3와 Q_3는 그림 (b)에서 점 3′으로 표현된다.

총지출 모형과 총수요곡선의 이동

그림 21.2의 표에 정리된 총수요 결정요인은 다름이 아닌, 앞 장에서 논의한 총지출의 구성요소 즉 소비지출, 투자지출, 정부지출, 그리고 순수출을 변화시키는 요인들을 모아놓은 것임을 알 수 있다. 따라서 만일 총수요 결정요인 가운데 하나가 변화하면 총지출함수가 상방 또는 하방으로 이동한다. 이러한 총지출함수의 이동은 결국 총수요곡선의 이동을 야기한다.

초기에 물가수준이 P_1으로 일정한 상황에서 경제의 총지출함수가 그림 2(a)의 AE_1과 같다고 하자. 이 경우 균형 실질 GDP는 Q_1임을 알 수 있다. 이 때 만일 미래의 경제 여건에 대한 낙관적 기대가 확산되면서 투자의 기대수익률이 상승하고 이에 따라 투자지출이 증가했다고 하자. 그 결과 총지출함수는 AE_1에서 AE_2로 상방이동하고, 균형 GDP는 Q_1에서 Q_2로 증가함을 알 수 있다.

이러한 투자지출의 변화가 총수요곡선에 어떤 영향을 주는지 살펴보자. 그림 (b)에서 초기의 총수요곡선 AD_1은 우선 투자지출의 초기 증가분만큼만 우측으로 이동한다. 그 결과 총수요곡선은 점선으로 표기된 곡선까지만 이동한다. 그러나 시간이 지나면 승수효과에 따라 총지출이 초기 투자지출 증가분의 승수 배만큼 증가하게 된다. 그 결과 총수요곡선은 최종적으로 AD_2까지 우측으로 이동한다. 즉 그림 (a)에서와 같이 실질 GDP가 Q_2가 될 때까지 총수요곡선이 우측으로 이동한다는 것이다. 물론 이렇게 실질 GDP가 Q_2까지 증가하는 것은 어디까지나 물가수준이 P_1으로 일정하다는 가정하에서만 가능함에 유의하기 바란다.

결과적으로 최종적인 총수요곡선의 이동폭, Q_2-Q_1은 투자지출의 초기 증가분에 승

[그림 2] 총지출함수와 총수요곡선의 이동

(a) 미래 경제여건에 대한 낙관적 기대가 확산되면서 투자지출이 증가하면 총지출함수가 AE_1에서 AE_2로 이동하고, 승수효과에 따라 균형 실질 GDP가 Q_1에서 Q_2로 증가한다.

(b) 이에 따라 그림 (b)의 초기 총수요곡선 AD_1은 투자지출의 초기 증가분만큼 우측으로 이동한다(점선으로 표기된 곡선까지 이동). 그러나 최종적으로 총수요곡선은 승수효과에 따라 AD_2까지 이동한다. 즉 그림 (a)에서와 같이 실질 GDP가 Q_2가 될 때까지 총수요곡선이 우측으로 이동한다.

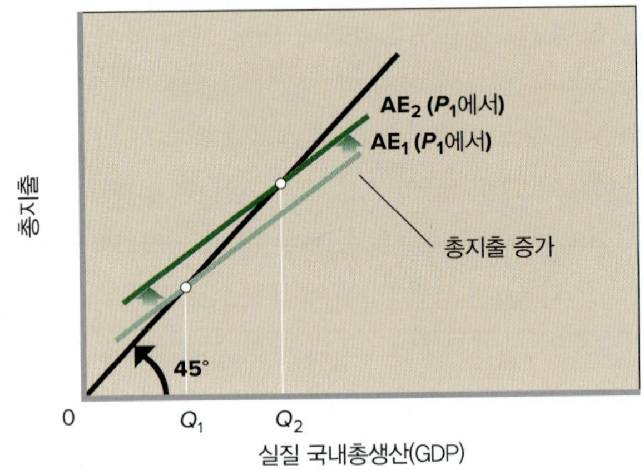

(a) 총지출 모형

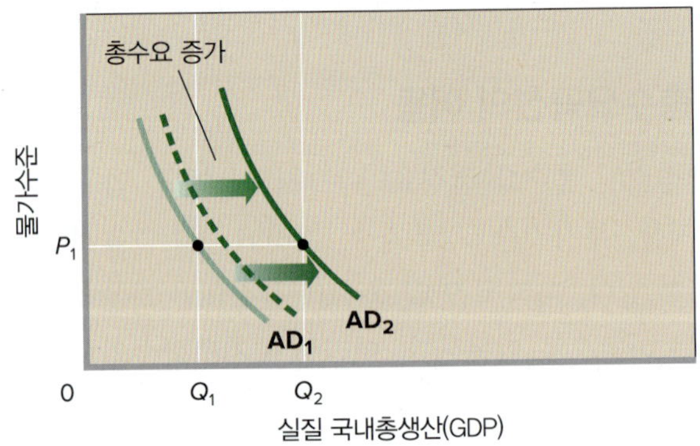

(b) 총수요 · 총공급 모형

수를 곱한 것과 같다. 이를 보다 일반적으로 표현하면 다음 식과 같다.

$$\text{총수요곡선의 이동폭} = (\text{총지출의 초기 변화분}) \times \text{승수}$$

부록 요약

1. **총지출 모형으로부터 총수요곡선의 도출**
물가수준의 변동은 실질잔고 효과, 이자율 효과, 순수출 효과를 통하여 총지출함수를 이동시킨다. 물가수준의 변동에 따른 총지출함수의 이동과 이에 따른 균형 GDP의 변화로부터 총수요곡선을 도출할 수 있다.

한편 물가 이외 다른 요인에 의하여 소비, 투자, 정부지출, 순수출이 증가하면 총지출함수가 상방이동하고 총수요곡선은 우측으로 이동한다. 반대로 같은 요인에 의하여 소비, 투자, 정부지출, 순수출이 감소하면 총지출함수가 하방이동하고 총수요곡선은 좌측으로 이동한다.

부록 연습문제

1. 정부지출이 감소하면 총지출함수는 ______으로 이동하고 총수요곡선은 ______으로 이동한다. 빈칸에 들어갈 말을 순서대로 바르게 나열한 것은?

(1) 아래쪽, 왼쪽　　(2) 아래쪽, 오른쪽
(3) 위쪽, 왼쪽　　(4) 위쪽, 오른쪽
(5) 위 보기 중 정답 없음

2. 부록 그림 1에서 Q_1은 300, Q_2는 200, Q_3는 100이고, P_3는 120, P_2는 100, P_1은 80이라고 하자. 그림 (b)에서 물가수준이 P_1에서 P_3로 상승할 경우, 실질 GDP는 얼마만큼 감소하는가? 이와 같이 실질 GDP를 변화시키기 위해서는 그림 (a)의 총지출함수 AE_1이 얼마만큼 아래로 이동해야 하는가?(단, 그림 (a)에서 총지출함수 AE의 기울기는 0.8로서 경제의 한계소비성향과 일치한다고 한다.) 이 경우 승수는 얼마인가?

3. 부록 그림 2에서 Q_1이 400, Q_2가 500이고 물가수준은 P_1으로 고정되어 있으며, 그림 (a)의 총지출함수 AE의 기울기가 0.75로서 경제의 한계소비성향과 동일하다고 한다. 그림 (b)의 총수요곡선을 AD_1에서 AD_2로 이동시키기 위해서는 그림 (a)에서 총지출함수가 어느 방향으로, 얼마만큼 이동해야 하는가? 이 경우 승수는 얼마인가? 또한 가격이 P_1인 상황에서 초기 총수요곡선 AD_1과 그 오른쪽에 위치한 점선 사이의 수평거리는 얼마인가?

PART 8

화폐와 금융

22 Chapter

화폐와 금융제도

학습내용

1. 화폐의 기능
2. 통화량의 구성요소
3. 화폐가치의 보증
4. 중앙은행 구조
5. 중앙은행의 주요 기능과 중앙은행의 독립성
6. 2007~2008년 미국 금융위기의 주요 원인
7. 2007~2008년 금융위기에 대한 미 연준과 재무부의 대응
8. 금융기관의 분류와 특징

"돈은 사람을 홀린다. 많은 사람들이 돈 때문에 애태우고 돈을 버느라 동분서주한다. 사람들은 돈을 벌기 위해서는 물론이고 돈을 쓰기 위해서도 여러 가지 기발한 방법들을 생각해 내려 노력한다. 돈은 써버려야만 쓸모가 있는 유일한 상품이다. 돈은 소비하거나 투자되지 않는 한, 그 자체는 먹을 수도, 입을 수도, 덮고 잘 수도 없고, 우리를 즐겁게 해주지도 않는다. 돈은 우리 손을 떠남으로써만 우리에게 가치가 있다. 사람들은 돈을 얻기 위해 무슨 짓이든지 다하고, 돈은 이를 가진 사람들에게 무엇이든지 다 해준다. 돈은 어디에나 존재하면서 사람을 홀리지만, 한편으로는 좀처럼 찾기 힘든 수수께끼 같은 존재이다."[1)]

이 장과 다음 장에서는 국민경제에 있어서 화폐와 금융제도가 수행하는 역할에 대해 살펴보도록 한다. 잘 작동하는 금융제도는 소득 및 지출의 순환흐름을 원활하게 해주는 필수 요소로서, 자원의 효율적 이용과 완전고용을 달성하도록 도와주는 중요한 역할을 한다. 반면 제대로 작동하지 않는 금융제도는 자원의 배분을 왜곡시키고 소득, 고용 그리고 물가의 극심한 변동을 야기할 수 있다.

1) "Creeping Inflation," Business Review, August 1957, p. 3. Federal Reserve Bank of Philadelphia. Used with permission.

화폐의 기능

화폐란 무엇인가? "화폐가 하는 일이 바로 화폐다(Money is what money does)"라는 격언이 말해주듯, 일반적으로 화폐의 기능을 하는 것은 어떤 것이든 화폐가 될 수 있다. 화폐의 기능은 다음과 같다.

교환의 매개물

- **교환의 매개물** 화폐의 가장 중요한 기능 가운데 하나는 **교환의 매개물**(medium of exchange)로서의 기능이다. 즉 화폐를 통해 언제든지 상품과 서비스를 사고팔 수 있다는 것이다. 마트 종업원이 월급을 20가마니의 쌀로 받고 싶지 않은 것처럼, 마트 사장도 쌀을 팔고 그 대가로 라면을 받고 싶지는 않을 것이다. 그러나 종업원이 화폐로 월급을 받고, 마트 사장도 쌀을 판 대가로 화폐를 받으면, 모두가 만족한다. 이는 앞서의 장에서 살펴본 대로 **화폐는 모든 사람들이 거래의 대가로서 인정하는 사회적 발명품**이기 때문이다. 화폐는 보편적인 수용성을 가지는 교환수단으로서 물물교환의 불편을 해소하고, 지리적 전문화 혹은 노동 분업의 이익을 누릴 수 있게 해준다.

계산의 단위

- **계산의 단위** 화폐는 **계산의 단위**(unit of account)이다. 다양한 종류의 상품, 서비스, 생산요소의 상대적인 가치를 측정하는 척도로서 우리는 화폐단위를 사용한다. 마치 거리를 킬로미터나 마일로 측정하는 것처럼 우리는 상품과 서비스의 가치를 화폐단위로 측정한다.

  일단 화폐가 계산의 단위로서 널리 통용되기 시작하면, 우리는 경제에 존재하는 수많은 상품과 서비스의 가격을 화폐단위로만 표시하면 된다. 즉 소 1마리의 가격을 쌀 몇 가마니, 짜장면 몇 그릇 등으로 표시할 필요가 없다는 것이다. 화폐는 구매자와 판매자들로 하여금 상품과 서비스, 그리고 생산요소의 가격을 손쉽게 비교하도록 함으로써 합리적인 의사결정을 도울 뿐 아니라, 대차관계에서 채무금액을 확정하고 내야할 세금을 결정하며 경제 전체의 국민소득 즉 GDP도 계산 가능하게 해준다.

가치의 저장

- **가치의 저장** 화폐는 **가치의 저장**(store of value) 수단으로서 사람들이 현재의 구매력을 미래로 이전하는 것을 가능하게 한다. 사람들은 대체적으로 소득을 벌면 그것을 당장 다 쓰지 않고 나중에 필요한 것을 사기 위해 일부를 화폐의 형태로 저축한다. 현금을 금고에 넣어 두거나 요구불 예금으로 맡겨두면 몇 주 혹은 몇 달 후, 필요할 때 언제든 사용할 수 있다. 물가가 안정된 상황에서는 화폐를 보유하는 것이 가치를 저장하는 비교적 안전한 방법이 된다.

물론 사람들은 그들의 부를 화폐 이외에 여러 가지 형태의 자산으로 보유할 수 있다. 이러한 자산에는 부동산, 주식, 채권, 귀금속은 물론, 심지어 희귀 예술품이나 우표와 같은 수집품들도 포함된다. 그러나 화폐가 이러한 자산들과 구별되는 장점은 그것이 최고의 유동성을 지녔다는 점이다.

유동성

어떤 자산의 **유동성**(liquidity)이란 이 자산이 구매력의 손실 없이 얼마나 쉽게 현금으로 전환될 수 있는가를 나타낸다. 즉 자산의 유동성이 높을수록 이를 보다 신속하게 현금으로 전환하여 상품과 서비스, 그리고 다른 자산을 구매하는 데 사용할 수 있다.

자산에 따라 유동성 수준은 천차만별이다. 정의상 현금은 최고로 유동적인 자산이다. 반면 주택은 매우 비유동적인 자산이다. 그 이유는 첫째, 우선 구매의사가 있는 상대방을 찾고 계약을 체결하기까지 상당한 시간이 걸린다. 둘째, 주택을 팔 때 상당 규모의 구매력 손실이 발생한다. 왜냐하면 거래를 성사시키기 위해 부동산 중개인 등 거래에 관련된 사람들에게 적지 않은 수수료를 지불하기 때문이다.

곧 살펴보겠지만 경제에는 다양한 형태의 화폐가 존재한다. 예컨대 중앙은행이 발행한 지폐 및 주화뿐만 아니라 요구불 예금, 저축성 예금, 그리고 심지어 MMF(money market fund)와 같은 독특한 형태도 존재한다. 독자들은 이러한 다양한 화폐의 유동성 정도를 스스로 비교해 보기 바란다. 또한 이들 화폐의 유동성을 주식, 채권, 부동산 등 다른 자산과도 비교해 보기 바란다.

통화량의 정의 및 구성요소

특정시점에 경제 전체에 존재하는 화폐의 양을 통화량 또는 화폐공급량이라고 한다. 통화량은 일정기간 동안의 변화량을 나타내는 유량(flow)변수가 아니라 특정시점의 양을 나타내는 저량(stock)변수이다.

역사적으로 보면 실로 다양한 종류의 상품들 예컨대 고래 이빨, 원형의 돌, 코끼리의 꼬리털, 금화, 모피, 종이로 된 증서 등이 화폐로 사용되어 왔다. 이는 앞서 살펴본 대로 교환의 매개물로 통용되는 것은 무엇이든 화폐라고 할 수 있기 때문이다. 따라서 화폐의 역할을 하는 것은 현금만이 아니다. 심지어 정부나 금융기관이 발행한 채무증서 역시 때때로 화폐로 사용될 수 있다.

통화량의 정의: M1(협의의 통화)

통화량을 가장 좁게 정의한 것이 M1이다. M1은 다음의 세 부분으로 구성되어 있다.

M1

- 민간에 유통중인 현금통화(주화와 지폐)
- 요구불 예금(은행 또는 비은행예금취급기관의 예금 중 예금주가 지급을 원하면 언제든 인출이 가능한 예금)
- 수시입출식 저축성예금

현금통화 즉 주화와 지폐는 우리나라의 한국은행과 같은 중앙은행이 발행한다(단, 미국의 경우 주화는 중앙은행이 아닌 재무부가 발행). 반면, 요구불예금과 수시입출식 저축성예금은 은행과 신용협동조합 등의 비은행예금취급기관에 의해 공급된다. 그림 22.1의 (a)는 2016년 기준 우리나라 M1의 구성비를 보여준다.

[그림 22.1] 협의통화 M1과 광의통화 M2의 구성(우리나라, 2016년 기준)

(a) M1은 현금통화와 요구불예금(수시 입출식 저축성예금 포함)만을 포함하는 가장 좁은 의미의 화폐 개념이다. (b) M2는 M1에 상대적으로 유동성이 높은 금융자산을 더한 보다 광의의 화폐 개념이다.

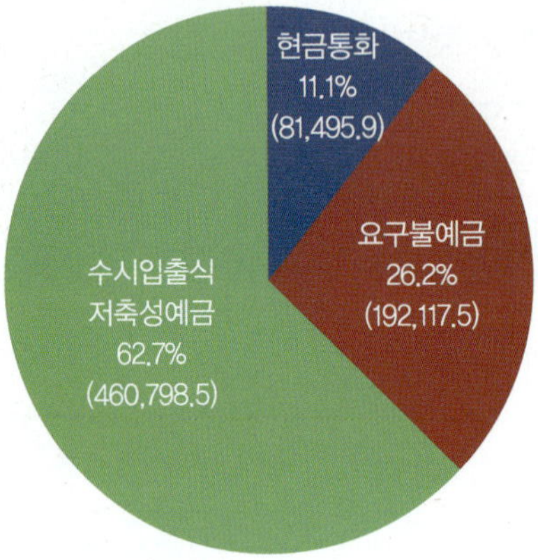

(a) 협의통화 M1 총 734.4조 원

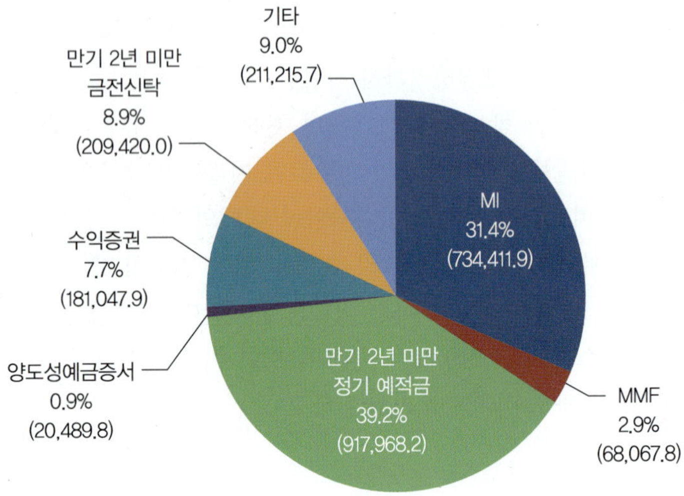

(b) 광의통화 M2 총 2,342.6조 원

현금통화: 주화와 지폐 현금통화는 주화와 지폐로 구성되는데, 이러한 현금통화는 중앙은행에 의해 독점적으로 발행된다. 즉 미국의 지폐인 연방준비은행권(Federal Reserve Notes)은 미국의 중앙은행인 연방준비제도에 의해 독점적으로 발행된다. 또한 우리나라의 주화와 지폐(한국은행권)는 한국은행법 제47조에 의해 중앙은행인 한국은행에서만 발행할 수 있다.

명목화폐

다른 나라의 화폐와 마찬가지로 우리나라의 한국은행권 역시 명목화폐이다. **명목화폐**(token money)란 화폐에 쓰여진 액면가치가 화폐의 소재 가치 즉 금속, 종이, 잉크 등 물리적인 화폐를 구성하는 소재의 가치와 아무런 관련이 없는 화폐를 의미한다. 명목화폐의 액면가치는 소재가치보다 항상 커야만 한다. 만일 그렇지 않으면 사람들이 화폐를 물리적으로 분해하여 그 소재를 가져다 팔 것이므로, 화폐가 더 이상 유통되지 못하기 때문이다. 예컨대 만일 10원짜리 동전에 있는 구리의 가치가 40원에 달한다고 하면, 사람들은 너도나도 10원짜리 동전을 녹여 얻은 구리를 내다팔아 이익을 챙기려 할 것이다.[2] 이 경우 10원짜리 동전은 더 이상 유통되지 않고 급속도로 사라질 것이다.

그림 22.1(a)을 보면, 2016년 기준 우리나라의 M1 가운데 현금통화가 차지하는 비중이 11.1%임을 알 수 있다. 이는 사람들이 일상에서 '화폐'라고 인식하는 현금이 사실은 경제전체의 통화량 중 매우 미미한 부분에 불과함을 의미한다.

요구불예금 언급한 대로 현금통화는 최고의 유동성을 가지지만, 분실 또는 도난의 우려와 운반이 용이하지 않은 점 때문에 사용에 여러 가지 제약이 존재한다. 이에 따라 대부분의 사람들은 현금을 직접 사용하기보다는 은행에 요구불예금으로 예치하여 이를

2) 실제로 2006년 이전에 발행된 10원짜리 동전의 금속가치는 액면가치의 3~4배에 달하였고, 때문에 이를 녹여 금속으로 팔려는 사람도 있었다고 한다.

기초로 계좌이체, 체크카드 또는 신용카드 결제, 수표 발행 등의 거래를 한다.

여기서 **요구불예금**이란 예금자가 원할 경우 언제든 인출할 수 있는 예금을 의미한다. 이러한 요구불예금에는 은행의 보통예금뿐만 아니라 당좌예금도 포함된다. **당좌예금**은 잔액을 기초로 수표를 발행할 수 있는 예금을 의미한다. 예컨대 어떤 기업이 발행한 수표가 은행에 제시되면, 수표 발행자의 당좌예금에서 발행액만큼의 금액이 인출된다.

요구불예금
당좌예금

요구불예금이 화폐의 하나로 간주된다는 것이 다소 이상하게 들릴지도 모른다. 그러나 화폐의 가장 핵심적인 기능이 '교환의 매개물'임을 감안하면 요구불예금이 화폐인 이유를 쉽게 이해할 수 있다. 즉 요구불예금은 말 그대로 언제든 필요하면 현금통화로 인출하여 상품과 서비스를 구매하는 데 사용할 수 있다는 것이다. 또한 현금으로 인출하지 않더라도, 요구불예금은 상기한 계좌이체, 체크카드 또는 신용카드 결제, 수표 발행을 통해 상품과 서비스의 구매대금을 결제하는 데 사용될 수 있다. 이렇게 현금통화와 비슷한 정도로 교환의 매개물로 기능하는 요구불예금이 화폐에 포함되는 것은 당연하다고 볼 수 있다.

수표는 현금에 비해 운반이 용이하고 신고만으로 분실 또는 도난에 따른 피해를 막을 수 있다는 점에서, 특히 고액거래나 기업간의 거래에서 지불수단으로 매우 널리 사용되고 있다. 이러한 여러 가지 장점들 때문에 사람들은 요구불예금을 현금통화보다 더 널리 거래에 사용한다. 그림 22.1의 (a)에서 보듯이 우리나라 전체 M1 가운데 요구불예금의 비중은 26.2%이며, 이는 현금통화의 비중보다 두 배 이상 높은 것이다.

이러한 요구불예금을 취급하는 기관은 크게 은행과 비은행예금취급기관으로 나눌 수 있다. 먼저 은행은 가장 대표적인 금융기관으로서 가계와 기업의 예금을 받아 안전하게 보관하다가, 이후 언제든 예금자가 인출을 요구하면 이를 지급한다. 물론 예금이 인출되기 전까지 은행은 이를 다양한 대출에 이용한다. 은행들은 대출을 통해 기업에 단기 설비자금을 제공하거나 자동차와 같은 내구재 구매를 위한 소비자금융을 수행한다. 미국에서는 이러한 일반적 의미의 은행을 **상업은행**이라고 부른다.

상업은행

은행 이외에 예금을 취급하는 금융기관들을 비은행예금취급기관이라 하는데, 우리나라의 경우 상호저축은행, 새마을금고, 신용협동조합 등이 여기에 포함된다. 미국에서는 비은행예금취급기관을 **저축기관**(thrift institution 또는 줄여서 thrifts)이라고 부르는데, 여기에는 저축대부조합(saving and loan associations), 상호저축은행(mutual savings banks), 신용협동조합(credit union) 등이 포함된다. 우리나라의 상호저축은행과 미국의 저축대부조합 등은 가계와 기업의 예금을 받아, 주로 가계 주택담보대출이나 기업의 부동산관련 대출 등으로 운용한다. 한편 우리나라와 미국의 신용협동조합은 주로 같은 회사의 구성원들로 이루어진 조합원들을 대상으로 예금을 받거나 대출을 해주는 기능을 한다.

저축기관

수시입출식 저축성 예금 **수시입출식 저축성 예금**이란 요구불예금과 같이 수시로 입출금이 가능하고 각종 이체와 결제가 가능하지만, 요구불예금보다 상대적으로 높은 금리를 보장하는 저축성예금을 말한다. 이러한 수시입출식 저축성 예금의 대표적 예로는 은행이 취급하는 MMDA(Money Market Deposit Account)를 들 수 있다. MMDA

수시입출식 저축성 예금

는 수시로 입출금이 가능하다는 점에서 요구불예금과 다르지 않지만, 시장실세금리 기준으로 요구불예금보다 더 높은 이자를 준다는 차이가 있다. 또한 MMDA는 예금금액별로 금리가 차등적으로 적용되며, 따라서 예금액이 많을수록 더 높은 금리를 받을 수 있다.

지금까지의 내용을 정리하면 협의의 통화 M1은 다음과 같이 구성된다.

협의의 통화(M1) = 민간이 보유한 현금통화 + 요구불예금 + 수시입출식 저축성 예금

두 가지 유의점 화폐의 양 즉 통화량을 정의함에 있어 다음과 같은 두 가지 사항을 유의해야 한다.

첫째, 은행과 비은행예금취급기관 등의 **금융기관이 보유하고 있는 현금은 통화량에 포함되지 않는다**. 예컨대 설현의 지갑 속에 있는 10,000원짜리 지폐는 당연히 통화량, 특히 M1에 포함된다. 그런데 설현이 10,000원을 요구불예금으로 주거래은행에 예금했다고 하자. 이 때 만일 주거래은행의 현금보유액이 통화량에 포함된다면, 통화량이 중복되어 계상되는 문제가 발생한다. 다시 말해 설현이 요구불예금으로 예치한 10,000원과 이를 금고에 보관하고 있는 주거래은행의 현금보유액 10,000원, 도합 20,000원으로 통화량이 계상되는 것이다. 이러한 중복계상의 문제를 피하기 위해서는 은행 등 금융기관이 보유한 현금이 통화량에서 제외되어야 한다.

둘째, **정부(보다 구체적으로 우리나라의 기획재정부 또는 미국의 재무부)나 중앙은행이 보유한 현금 및 요구불예금은 통화량에 포함되지 않는다**. 이는 민간부문이 지출에 사용할 수 있는 자금의 양을 보다 정확히 평가하기 위한 것이다. 왜냐하면 가계와 기업이 지출에 사용할 수 있는 화폐의 양이야말로 중앙은행이 통화정책을 수행하는 데 있어 관심을 가져야 할 가장 중요한 지표이기 때문이다.

통화량의 정의: M2(광의의 통화)

M2
준화폐

보다 넓은 의미의 통화량인 **M2**는 앞서의 M1에 여러 형태의 준화폐를 더한 것이다. 여기서 **준화폐**(Near-monies)란 그 자체가 직접 교환의 매개물로 기능하지는 않으나, 언제나, 그리고 쉽게 현금이나 요구불예금으로 전환이 가능한 금융상품을 의미한다. 준화폐 즉 M1 이외에 광의의 통화 M2에 포함되는 주요 금융상품으로는 다음과 같은 것들을 들 수 있다.

MMF

- MMF **MMF**(Money Market Fund)는 자산운용사가 취급하는 실적배당형 금융상품으로서 단기금융상품펀드라고도 불린다. 고객의 자금을 모아 기업어음이나 양도성예금증서 등 단기금융상품에 투자한 후, 이로부터 얻은 수익을 고객들에게 배당하는 상품이다. 유동성이 요구불예금에는 못 미치지만, 비교적 자유롭게 자금을 환매 · 인출하여 현금화할 수 있으므로 광의의 통화에 포함된다.
- 만기가 2년 미만인 정기 예 · 적금 및 부금 은행이나 비은행예금취급기관에 가입한 정기 예 · 적금과 부금의 경우, 예금자가 정해진 만기까지 예금을 유지해야만 약정된

높은 이자를 받을 수 있다. 그러나 이들 예금 역시 어느 정도의 이자율 손실을 감수하면, 언제든지 현금으로 찾아 거래에 사용할 수 있다. 이러한 점에서 정기 예·적금과 부금 역시 넓은 의미의 통화량에 포함된다. 단, 만기가 2년 이상인 정기 예·적금과 부금은 저축수단으로의 성격이 매우 강하므로 광의의 통화량에서 제외된다.

- **양도성예금증서** **양도성예금증서**(CD: Certificate of Deposit)는 말 그대로 양도가 가능한 예금증서이다. 즉 정기예금의 소유자에게 발행되는 증서로서 중도에 예금의 해지는 불가능하나, 만기 전에도 이를 시장에서 매각하여 현금화할 수 있다. 우리나라의 경우 양도성예금증서의 만기는 최소 30일 이상이며, 통상적으로 91일물이 주로 거래된다. 이렇게 양도성예금증서는 요구불예금에는 못 미치지만, 비교적 유동성이 높은 금융상품이므로 광의의 통화에 포함된다.

양도성예금증서

- **수익증권** **수익증권**은 흔히 펀드(fund)로 불리는 실적배당형 금융상품으로서, 자산운용사가 투자자들로부터 모집한 자금을 주식, 채권, 파생상품 등 다양한 상품에 대신 투자·운용하고, 이로부터 얻은 수익을 투자자들에게 실적대로 배당하는 상품을 말한다. 수익증권의 투자자들이 자산을 중도 인출하여 현금화하기 위해서는 일정 수준의 환매수수료를 지불해야 한다. 이렇게 환매수수료를 지불하면 언제든지 현금화가 가능하다는 점에서, 수익증권 역시 준화폐의 일종이라고 할 수 있다.

수익증권

- **만기가 2년 미만인 금전신탁** **금전신탁**이란 은행이나 증권사가 고객의 자금을 신탁받아 이를 대출하거나 회사채 등 금융상품에 투자한 후, 만기가 되면 원금과 함께 운용수익을 실적에 따라 배당하는 상품을 말한다. 금전신탁도 환매수수료를 지급하거나 사전에 약정된 높은 이자를 포기하면, 만기가 되기 전에 중도해지하여 현금화할 수 있다. 이런 의미에서 금전신탁 역시 넓은 의미의 통화량에 포함된다. 단, 만기가 2년 이상인 금전신탁은 저축수단으로의 성격이 매우 강하므로 광의의 통화량에서 제외된다.

금전신탁

지금까지의 내용을 정리하면 광의의 통화 M2는 다음과 같이 구성된다. 여기서 기타 금융상품에는 만기 2년 미만의 금융채와 CMA(Cash Management Account), 그리고 환매조건부채권, 표지어음 등 시장형 금융상품이 포함된다.

광의의 통화(M2) = M1 + MMF + 정기 예·적금 및 부금(만기 2년 미만) +
양도성예금증서 + 수익증권 + 금전신탁(만기 2년 미만) + 기타

그림 22.1의 (b)를 보면 광의의 통화 M2 가운데 협의의 통화 M1이 차지하는 비중은 31.4%에 불과하며, 나머지는 모두 준화폐로 구성되어 있음을 알 수 있다. 또한 준화폐 가운데 가장 비중이 큰 것은 바로 만기 2년 미만의 정기 예·적금과 부금임을 알 수 있다.

사례연구: 신용카드는 화폐인가?

독자들은 화폐의 양인 통화량에 왜 비자나 마스터 카드 같은 신용카드가 포함되지 않는지 의아해 할 것이다. 물론 신용카드가 물건을 사는 편리한 도구이고, 이 때문에 현대경제에서 신용카드를 통한 거래의 비중이 매우 크다는 점은 틀림없는 사실이다. 그럼에도 불구하고 신용카드는 화폐가 아니다. 신용카드는 카드를 발행한 금융기관으로부터 단기로 자금을 빌리는 하나의 수단 즉 단기대출수단에 불과하다.

사람들이 신용카드로 상품을 사고 나면, 배후에서 어떤 일들이 벌어지는가? 우선 카드사는 일정 수준의 거래수수료를 떼고 나서 상품의 판매자 즉 가맹점에게 물품대금을 대신 지급한다. 그리고 난 후 매달 결제일이 되면 카드사용자의 요구불예금 잔고에서 물품대금만큼이 카드사로 이체된다. 말하자면 물품을 사고 나서 결제일까지 카드사용자가 카드사로부터 단기대출을 받은 셈이다. 이러한 대출서비스의 대가로 카드사용자는 연회비를 내기도 하고, 만일 할부로 구매한 경우에는 상당한 수준의 할부이자를 내기도 한다. 이와 같이 신용카드는 단기대출을 통해 지불을 잠시 유예하는 수단에 불과하며, 따라서 카드 그 자체는 화폐가 아니다. 신용카드가 화폐인 것이 아니라, 결제일에 카드 대금을 지불하는 데 쓰이는 카드사용자의 예금잔고가 바로 화폐인 것이다.

비록 신용카드가 화폐는 아니지만 신용카드를 통해 사람들은 화폐를 '절약'할 수 있다. 즉 신용카드를 사용함으로써 통장이나 지갑에 돈이 없어도 거래를 할 수 있고, 급여지급일에 맞춰 지출을 조정할 수도 있다. 이와 같이 신용카드는 그 자체가 화폐는 아니지만, 화폐를 대신해 거래에 사용됨으로써 화폐 사용 빈도를 줄여주는 역할을 한다.

무엇이 화폐의 가치를 보증하는가?

사람들은 왜 종이 조각에 불과한 화폐를 거래의 대가로 거리낌 없이 주고받을 수 있는 것일까? 이는 화폐가 가치를 가진다고 모든 사람들이 믿기 때문이고, 사람들이 이렇게 화폐의 가치를 믿는 이유는 무언가가 화폐의 가치를 보증하기 때문이다. 그렇다면 과연 무엇이 화폐의 가치를 보증하는가?

매우 불가사의하게도 한 나라의 화폐가치를 보증하는 것은 오직 그 나라 정부의 약속, 보다 정확히 말하면 화폐가치를 안정적으로 유지하려는 정부의 의지와 능력뿐이다. 그밖에 어떤 것도 화폐의 가치를 보증하지 않는다.

앞서 살펴본 통화량의 구성요소들을 보면 어느 것도 그 자체로는 스스로 가치를 보증하지 못한다. 예컨대 지폐와 요구불예금 둘 다 소재가치는 0이다. 소재만 보면, 10,000원짜리 지폐는 글자가 적힌 종이조각에 불과하며, 요구불예금 역시 통장에 기록된 숫자에 불과하기 때문이다. 또한 주화 역시 액면가치에 비해 그 소재가치는 거의 무시할 만큼 작다. 그렇다고 정부나 중앙은행이 지폐를 금으로 바꿔주는 것도 아니다.

이렇게 **화폐의 가치를 보증하는 유형의 자산이 어디에도 존재하지 않는다**는 사실은 많은 사람들을 매우 곤혹스럽게 한다. 그러나 정부가 어떤 특정자산을 담보로 화폐의 가치를 보증하지 않는 것은 그럴만한 중요한 이유가 있다. 예컨대 정부가 화폐의 가치를 금을 담보로 보증한다고 하자. 이는 사람들이 화폐를 중앙은행에 제시하면 이를 일정량의 금으로 바꿔줌을 의미한다. 이 경우 경제전체의 화폐공급 즉 통화량은 정부가 보유한 금의 양에 의해 결정된다.

한편 정부가 이렇게 금을 담보로 화폐가치를 보증하는 것을 포기하면, 정부는 매우 값진 것을 얻게 된다. 즉 정부가 재량에 따라 화폐가치를 적정 수준으로 유지하면서도 국민경제의 필요에 부응하는 수준만큼 화폐를 공급할 수 있는 능력을 보유하게 된다. 정부가 화폐가치의 보증을 포기함으로써, 결과적으로 경제의 통화량을 자유롭게 '관리'할 수 있게 된 것이다. 이를 통해 중앙은행은 완전고용과 물가안정, 그리고 장기 경제성장을 달성하기 위해 국민경제가 필요로 하는 수준의 통화량을 공급할 수 있게 되었다.

대부분의 경제학자들은 금이나 다른 상품을 담보로 화폐가치를 보증하는 것보다는 통화량을 중앙은행의 재량에 따라 관리하는 것이 더 합리적이라는 데 동의한다. 예컨대 우리가 화폐의 가치를 금으로 보증하고, 따라서 금과 화폐사이의 교환이 언제든지 가능하다고 가정하자. 이 때 만일 새로운 금광의 발견 등으로 중앙은행의 금보유량이 크게 늘어난다면, 이에 따라 통화량도 크게 늘어나면서 급속한 인플레이션을 유발할 것이다. 반대로 금생산량이 지속적으로 감소한다면 경제의 통화량 역시 줄어들면서 경기침체와 실업이 발생할 수 있다.

정리하면, 현대 자본주의 경제에서 **화폐의 가치를 보증하는, 눈에 보이는 실체란 존재하지 않는다**. 따라서 사람들이 지폐를 중앙은행에 가져간다 해도 중앙은행은 이를 금이나 다른 유형자산으로 바꾸어주지 않으며, 기껏해야 다른 지폐로만 교환해 줄 뿐이다. 예컨대 만일 당신이 10,000원짜리 지폐를 한국은행에 가서 바꾸어 달라 하면, 당신이 얻을 수 있는 것은 일련번호만 다른 또 하나의 10,000원짜리 지폐뿐이다. 마찬가지로 당신의 예금계좌에 있는 잔액은 현금으로만 인출할 수 있고, 금으로는 바꿀 수 없다.

화폐의 가치

상기한 대로 화폐의 가치를 보증하는 실체가 어디에도 존재하지 않는다면, 도대체 무엇이 만 원짜리 지폐와 10만 원이 예치된 예금통장에 가치를 부여하는가? 또한 현금과 요구불예금은 화폐인 반면, 왜 온라인게임의 게임머니는 화폐가 아닌가? 이러한 질문의 답은 다음과 같은 화폐의 세 가지 속성에서 찾을 수 있다.

보편적 수용성(acceptability) 현금과 요구불예금이 화폐로서 기능할 수 있는 것은 사람들이 이를 화폐로서 받아들이기 때문이다. 관습에 따라 현금과 요구불예금은 보편적인 교환의 매개물로 받아들여져 왔다. 즉 사람들은 오랫동안 지폐를 가지고 상품과 서비스, 그리고 생산요소를 구입해 왔기 때문에, 앞으로도 그럴 것이라고 믿는다. 이러한 믿음 때문에 사람들은 상품과 서비스를 제공한 대가로 지폐를 기꺼이 받아들인다.

법화 정부가 지폐를 **법화**(legal tender)로 지정하면, 사람들은 이러한 지폐의 가치에 대해 더욱 신뢰하게 된다. 예컨대 우리나라의 법화는 한국은행권이다. 한국은행법 제48조에 따르면 "한국은행이 발행하는 한국은행권은 법화로서 모든 거래에 무제한 통용된다."라고 명시되어 있다. 이는 한국은행권이 국내에서 원화로 이루어지는 모든 거래의 유효하고 합법적인 지불수단임을 의미한다. 물론 이것이 민간 기업과 정부가 의무적

법화

으로 지폐만을 받아야 함을 의미하는 것은 아니다. 당좌수표나 자기앞수표로 기업 간에 거래를 결제하고 신용카드로 세금을 내는 것이 불법은 아니라는 것이다.

그러나 **어떤 지불수단이 화폐로서 기능하는가는 법화로의 지정 여부보다는 사람들이 일상의 거래에서 이를 화폐로 수용하는 정도에 의해 결정**된다. 예컨대 정부는 한 번도 수표를 법화로 지정한 적이 없지만, 수표는 오늘날 많은 거래에서 법화처럼 쓰이고 있다. 또한 요구불예금 역시 법화가 아니지만, 오늘날 많은 거래는 요구불예금으로부터 계좌를 이체하는 형태로 이루어지고 있다.

상대적 희소성 화폐의 가치는 다른 모든 상품의 가치와 마찬가지로 화폐의 수요와 공급에 의해 결정된다. 화폐의 유용성은 현재나 미래의 상품과 서비스 구입에 사용될 수 있다는 점에 있다. 따라서 경제 전체의 화폐수요는 현재 경제의 총거래규모뿐만 아니라 미래의 거래를 위해 경제주체들이 보유하기 원하는 화폐량에 따라 결정된다. 화폐의 가치는 이러한 화폐수요의 크기에 비해 상대적으로 화폐가 얼마나 희소한가에 달려있다. 따라서 만일 화폐수요가 단기적으로 불변이라면, 화폐의 가치 즉 화폐의 대내적인 구매력은 중앙은행이 공급하는 통화량에 의해 결정된다.

화폐와 물가

화폐의 구매력이란 일정 단위의 화폐로 구매할 수 있는 상품과 서비스의 양을 의미한다.

화폐의 구매력 화폐 1단위로 살 수 있는 상품과 서비스의 양은 물가수준에 반비례한다. 즉 일반적인 **가격수준과 화폐의 구매력 간에는 역(−)의 관계**가 존재한다는 것이다. 소비자물가지수로 측정한 물가수준이 높아지면, 화폐의 구매력은 감소한다. 왜냐하면 예전과 동일한 양의 상품과 서비스를 구매하기 위해, 이제는 더 많은 화폐가 필요하기 때문이다. 예컨대 소비자물가지수로 측정한 물가수준이 두 배만큼 오르면, 화폐의 구매력 즉 이전과 동일한 화폐를 가지고 살 수 있는 상품과 서비스의 양은 절반으로 감소한다.

반대로 물가수준이 낮아지면 화폐의 구매력은 증가한다. 왜냐하면 예전과 동일한 양의 상품과 서비스를 구매하기 위해, 이제는 더 적은 양의 화폐만 있어도 되기 때문이다. 예컨대 물가수준이 절반으로 하락하면, 화폐의 구매력은 두 배만큼 증가한다. 이러한 관계를 식으로 나타내면 다음과 같다.

$$V = \frac{1}{P}$$

즉 화폐의 구매력 V는 물가수준 P와 서로 반비례한다.

인플레이션과 화폐의 수용성 앞서 18장에서 우리는 한 나라의 화폐가치가 급격히 떨어지면서 화폐의 유통이 마비되는 현상인 하이퍼인플레이션에 대해 살펴본 바 있다. 이러한 하이퍼인플레이션은 대개 정부가 너무 많은 통화를 발행하여 화폐가 구매력을 상실하는 경우에 발생한다. 1차 대전 이후 독일에서 발생한 악명 높은 하이퍼인플레이션이 대표적인 예이다. 실제로 1919년 말 독일에서 유통된 통화량은 약 500억 마르크였는데, 그로부터 4년 후에는 무려 4,965,853,459,000억 마르크가 시중에 유통되었던 것이다! 이에 따라 1923년 독일 마르크의 가치는 4년 전에 비해 크게 폭락하여 거의 휴지조각과 다름이 없게 되어 버렸다.[3)]

이러한 하이퍼인플레이션이 발생하면 화폐의 가치가 단기간 내에 크게 떨어지기 때문에 화폐는 더 이상 교환의 매개물로서 기능할 수 없게 된다. 왜냐하면 화폐의 가치가 급속히 하락할 것을 예상한 가계와 기업들이 교환의 대가로서 화폐를 더 이상 받지 않기 때문이다(심지어 정부가 이 화폐를 법화로 지정했음에도 불구하고 말이다!). 이렇게 교환의 매개수단이 사라지고 나면, 물물교환을 통해 거래하거나 가치가 안정되어 있는 다른 나라의 화폐를 거래에 사용하게 된다. 실제로 아르헨티나 등 과거 하이퍼인플레이션을 경험한 몇몇 중남미 국가에서는 한 때 자국통화 대신 달러화가 거래수단으로 더 널리 쓰이기도 하였다.

한편 인플레이션으로 인해 화폐가치가 급격하게 하락하면, 화폐는 가치 저장수단으로서의 기능도 상실하게 된다. 화폐의 가치가 지속적으로 하락하는 상황에서는 어느 누구도 화폐 형태로 자산을 보유하려 하지 않기 때문이다. 게다가 구매력이 안정적이지 않은 화폐는 계산의 단위로서도 제 기능을 하지 못한다. 즉 화폐가 더 이상 구매력의 안정적인 척도가 되지 못하는 상황에서는 구매자나 판매자 모두 거래의 조건을 명확히 정할 수가 없다. 화폐의 구매력이 급격히 감소하는 상황에서는 구매자가 얼마에 사야할지, 판매자가 얼마에 팔아야 할지를 사전적으로 정하기 곤란하기 때문이다.

화폐의 구매력과 경제정책

급속한 인플레이션과 이에 따른 화폐 구매력의 급격한 감소는 방만한 경제정책에 기인하는 경우가 대부분이다. 상기한 대로 화폐의 구매력과 물가수준은 반비례 관계를 가지므로 화폐의 구매력을 안정시키기 위해서는 물가수준의 안정이 필수적이다. 이러한 물가수준의 안정(연간 2~3% 수준의 안정적인 인플레이션)을 위해서는 무엇보다도 우선적으로 중앙은행의 통화정책을 통한 통화량과 이자율의 신중한 관리 및 조절이 요구된다. 또한 이러한 통화정책이 인플레이션을 효과적으로 억제할 수 있도록 뒷받침하는 적절한 재정정책이 요구된다. 미 연준 또는 한국은행과 같은 중앙은행이 화폐의 구매력을 유지하기 위해 어떤 역할을 수행하는지에 대해서는 통화정책을 다룰 26장에서 자세히 살펴볼 것이므로, 여기서는 중앙은행이 화폐의 구매력 안정을 위해 여러 가지 수단을 통해 통화량을 조절한다는 점만을 언급해 둔다.

3) Frank G. Graham, Exchange, Prices, and Production in Hyperinflation Germany, 1920–1923 (Princeton, NJ: Princeton University Press, 1930), p. 13.

중앙은행과 은행제도

연방준비제도

어느 나라에서나 중앙은행은 은행 및 금융제도에서 중추적 역할을 담당한다. 우리나라의 중앙은행은 한국은행이다. 한편 미국의 중앙은행은 **연방준비제도**(Federal Reserve System)(이후 '연준'으로 약칭)를 의미한다. 각 나라 중앙은행의 형태와 구조는 조금씩 다르지만, 통화정책 등 중앙은행이 수행하는 경제적 기능들은 대동소이하다. 따라서 이 절에서는 미 연준을 중심으로 중앙은행의 구조와 특징 및 기능을 자세히 살펴본 후, 한국은행의 구조와 특징을 이와 간략히 비교해 본다.

그림 22.2에서 보듯이 미 연준은 실제 통화량 조절을 집행하고 은행과 저축기관의 대출활동 등을 감독하는 12개의 지역 연방준비은행과, 이러한 지역 연방준비은행의 주요 정책을 심의 · 의결하는 연준 이사회로 구성되어 있다. 연준의 가장 핵심적인 기능은 통화량을 조절하는 통화정책이지만, 상기한 대로 은행 등 금융기관이 취급하는 예금이 통화량 가운데 가장 큰 비중을 차지하고 있으므로, 전체 은행제도의 안정성을 유지하는 것 역시 연준의 주요 책무 중 하나이다.

이제 연준을 구성하는 요소와 이들 상호간의 관계에 대해 살펴보자.

연방준비제도 이사회

연준 이사회

연준 이사회(the Board of Governors of the Federal Reserve System)는 미국의 통화정책 및 은행제도에 대한 최고 의사결정기구라고 할 수 있다. 이사회는 대통령이 상원의 인준을 받아 임명한 7명의 이사로 구성된다. 이사의 임기는 14년이고, 매 2년마다 이사가 1명씩 교체된다. 대통령이 이사들 가운데 의장과 부의장을 임명하는데, 이들의

[그림 22.2] 연방준비제도의 구조

연방준비제도 이사회는 미국 경제의 통화정책과 은행제도에 관련된 주요 사항을 심의 · 의결한다. 12개의 지역 연방준비은행은 연준 이사회의 결정을 집행하며, 연방공개시장위원회는 이러한 의사결정 및 집행과정을 보완하는 역할을 한다.

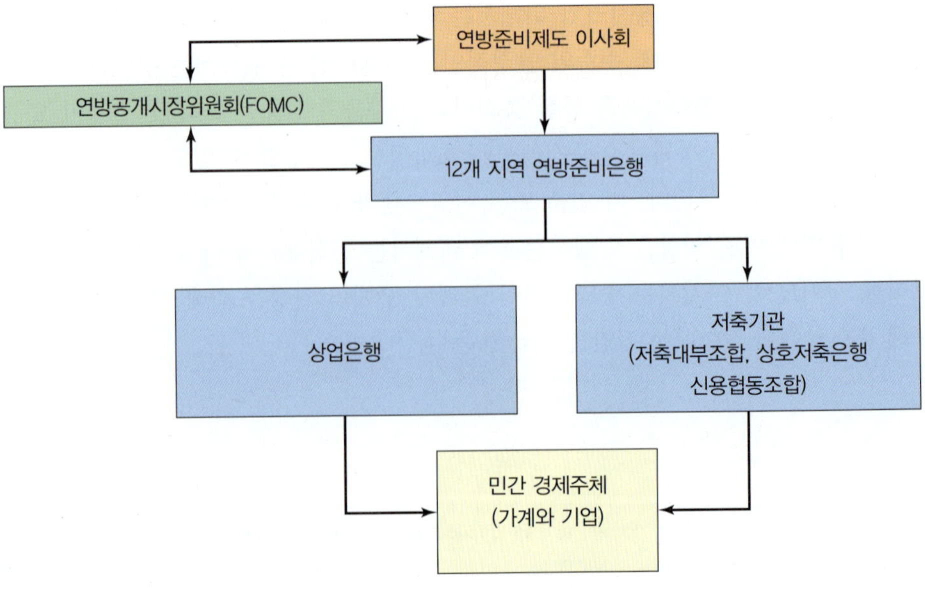

임기는 4년이고 연임이 가능하다. 이렇게 이사들의 임기가 상대적으로 긴 것은 정책의 연속성, 전문성, 정치적 압력으로부터의 독립성을 보장하기 위한 것이다.

12개의 지역 연방준비은행

미국에서는 12개의 지역 연방준비은행(이후 '지역 연준'으로 약칭)이 공동으로 '중앙은행'의 역할을 수행하고 있다. 이들은 민간소유이면서도 공적으로 통제되는 성격을 가지며, '은행의 은행'으로서의 역할도 담당한다.

중앙은행 우리나라를 포함하여 대부분 나라들의 중앙은행은 단일한 주체로 구성되어 있다. 예컨대 우리나라의 한국은행이나 영국의 영란은행(Bank of England), 일본의 일본은행(Bank of Japan)은 모두 경제적으로 단일한 주체이다. 반면 미국의 중앙은행은 12개의 별도의 주체 즉 지역 연준으로 구성되며, 이들의 정책은 연준 이사회에 의해 조정 · 감독 · 통제된다. 12개의 지역 연준은 각 지역의 지리적인 규모와 경제력 차이, 은행 등 금융기관의 분포 등을 감안하여 적절히 관할구역을 나누어 분담하고 있으며, 관할구역 내의 수많은 상업은행과 저축기관을 감독 · 통제한다.

그림 22.3은 12개 지역 연준의 위치와 관할구역을 지도로 나타내고 있다. 이들은 연준 이사회가 통화정책과 은행제도에 관해 심의 · 의결한 사항을 집행하는 기능을 담당한다.

준공공기관 12개의 지역 연준은 민간의 소유이면서도 공적으로 통제되는 혼합적인 성격을 가지고 있다. **각 지역 연준은 해당 관할구역의 민간은행에 의해 소유된다.** 연방정

[그림 22.3] 12개 지역 연방준비은행

연방준비제도는 미국을 12개의 지역으로 나누어, 각각의 지역에 이를 관할하는 지역 연방준비은행을 두고 있다.

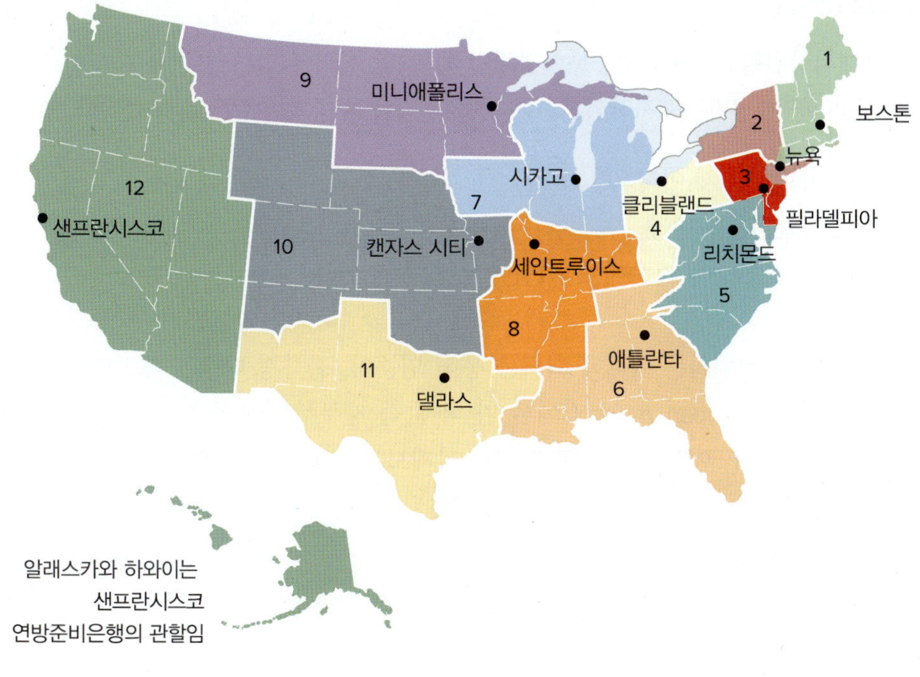

부가 민간은행을 인가하면서 소재지를 관할하는 지역 연준의 주식을 소유하도록 의무화하고 있기 때문이다.

이와 같이 연방준비은행은 비록 민간부문에 의해 소유됨에도 불구하고, 사실상 공적 기관이나 다름이 없다. 왜냐하면 각 지역 연준의 기본 정책방향은 정부기구인 연준 이사회에 의해 결정되기 때문이다. 또한 민간기업과 달리 이들은 이윤동기에 의해 운영되지 않는다. 실제로 지역 연준의 운영행태는 이윤동기와 종종 상충되곤 한다.[4] 또한 지역 연준은 일반은행과 경쟁하지 않는다. 왜냐하면 지역 연준은 일반 대중이 아니라 주로 정부와 상업은행, 그리고 저축기관을 대상으로 업무를 수행하기 때문이다.

은행의 은행 연방준비은행은 '은행의 은행'이기도 하다. 지역 연준은 일반은행이 일반대중을 상대로 하는 것과 동일한 기능을 은행과 저축기관을 대상으로 수행한다. 즉 상업은행과 저축기관이 일반대중을 대상으로 예금을 받아 대출하듯이, 지역 연준은 상업은행과 저축기관을 대상으로 예금을 받고 대출을 해준다. 특히 유사시에 연방준비은행은 전체 은행제도에 대한 '최종 대부자(lender of last resort)'로서, 상업은행과 저축기관들에게 현금인출요구를 감당할 수 있도록 막대한 양의 유동성을 공급하기도 한다. 실제로 9.11 뉴욕테러 다음날 연준은 무려 약 450억 달러(우리 돈으로 약 51조 원)를 은행과 저축기관에 대출했는데, 이는 불안한 안보상황이 국가적인 은행위기로 발전하지 않도록 하기 위한 것이었다.

특히 최근 2007~2008년 글로벌 금융위기를 통해 연준의 최종대부자 기능은 그 중요성이 한층 강화되었다. 글로벌 금융위기와 이에 대한 연준의 대응에 관해서는 이 장의 뒷부분에서 자세히 살펴볼 것이다.

한편 연방준비은행은 일반 상업은행이나 저축기관이 하지 않는 고유의 기능을 수행한다. 바로 현금통화를 발행하는 발권기능이 그것이다.

연방공개시장위원회

연방공개시장위원회(FOMC)

연방공개시장위원회(FOMC)는 통화정책의 입안 및 심의에 있어 연준 이사회를 보조하는 역할을 한다. 연방공개시장위원회는 다음과 같은 12명의 위원으로 구성된다.

- 연준 이사회의 전체 이사 7명
- 뉴욕 연방준비은행 총재
- 여타 지역 연준 총재 가운데 4명(1년마다 교대)

연방공개시장위원회는 정례적 회의를 통해 연준이, 불특정 다수가 매일매일 증권을 사고파는 공개시장(open market)에서 미 국채 즉 재무부 증권을 얼마만큼 매매 또는 대여할지 결정한다. 이후 26장에서 자세히 살펴보겠지만, 이렇게 연준이 공개시장에서

4) 지역 연준이 이윤동기에 따라 운영되는 것은 아니지만, 보유한 국채로부터의 수익 덕분에 실제로 연준은 상당한 순이익을 거둬들이고 있다. 발생한 순이익의 일부는 지역 연준의 주식을 보유한 상업은행들에게 6%의 연배당금으로 지급되고, 나머지는 모두 국고로 귀속된다.

재무부 증권을 거래하는 것을 공개시장조작이라고 하는데, 그 목적은 궁극적으로 통화량을 통제하고 이자율을 조절하기 위함이다. 지역 연준 가운데 뉴욕 연방준비은행이 전체 연준의 공개시장조작을 대부분 담당한다.

연준의 정책 대상: 상업은행과 저축기관

그림 22.2에서 보듯이 연준의 통화정책 관련 규제 및 감독 대상이 되는 금융기관은 상업은행과 저축기관이다. 이 중 저축기관의 대부분은 신용협동조합이며, 이들은 연준뿐만 아니라 별도의 다른 정부기관에 의해서 규제를 받는다. 예컨대 신용협동조합은 전국신용협동조합감독청(NCUA: National Credit Union Administration)의 규제와 감독을 받는다.

그러나 이들 저축기관 역시 통화정책과 관련해서는 연준의 규제와 감독 대상이 된다. 예컨대 저축기관은 상업은행과 마찬가지로 수취한 요구불예금의 일부를 지급준비를 위한 현금으로 보유할 의무가 있다. 그림 22.2의 화살표가 나타내듯이, 연준 이사회 및 지역 연준의 통화정책에 관한 의사결정은 상업은행과 함께 저축기관에도 중요한 영향을 미친다.

우리나라의 중앙은행

우리나라의 중앙은행은 한국은행이다. 미국의 중앙은행인 지역 연방준비은행이 연준 이사회의 지도와 감독을 받아 통화정책을 집행하듯이, 한국은행은 한국은행법에 의해 설치된 금융통화위원회의 지도와 감독을 받아 통화정책을 집행한다.

금융통화위원회

금융통화위원회는 우리나라의 통화정책에 관한 주요 사항을 심의 · 의결하는 정책결정기구로서, 당연직인 총재와 부총재를 포함한 총 7명의 위원으로 구성된다. 금융통화위원회 의장을 겸임하는 총재는 대통령이 임명하며, 당연직이 아닌 5인의 위원은 각각 기획재정부 장관, 한국은행 총재, 금융위원회 위원장, 대한상공회의소 회장, 전국 은행연합회 회장의 추천을 받아 대통령이 임명한다. 위원의 임기는 4년으로 연임할 수 있으며, 총재의 임기는 4년이고 1차에 한하여 연임할 수 있다. 부총재는 총재의 추천을 받아 대통령이 임명하며, 부총재의 임기는 3년이고 1차에 한하여 연임할 수 있다.

금융통화위원회의 본회의는 의장이 필요하다고 인정하는 때, 또는 위원 2인 이상의 요구가 있을 때 의장이 소집할 수 있는데, 현재는 매월 둘째 주, 넷째 주 목요일에 정기회의가 개최되고 있다. 본회의에 상정되는 안건을 심의 · 의결하기 위해서는 통상 7인의 위원 중 5인 이상의 출석과 출석위원 과반수의 찬성이 필요하다.

한국은행 집행부는 금융통화위원회에서 수립된 정책을 집행하는 역할을 담당한다. 한국은행 집행부의 간부는 총재 및 부총재와 5인 이내의 부총재보로 구성된다. 부총재보는 총재가 임명하며, 임기는 3년이고 1차에 한하여 연임할 수 있다.

중앙은행의 기능, 책임, 독립성

중앙은행은 다음과 같은 다양한 기능을 수행한다. 앞에서 언급한 대로 국가별로 중앙은행의 구조와 기관 형태는 조금씩 다르지만, 수행하는 경제적 기능은 대동소이하다. 따라서 여기서는 미국의 연준을 기준으로 중앙은행의 경제적 역할을 살펴본다.

- **발권기능** 연준은 미국의 현금통화 즉 연방준비은행권을 발행한다. 연방준비은행권에는 본권이 법화임을 명시하는 글귀와 함께, 재무부 장관의 서명이 들어있다. 한편 발행된 지폐의 앞면 왼쪽 상단에는 지폐를 발행한 지역 연준을 식별할 수 있는 번호가 표기되어 있다. 예컨대, A1은 보스톤 연준, B2는 뉴욕 연준에서 발행되었음을 의미한다.
- **법정지급준비율의 설정 및 지급준비금 예치** 연준은 법정지급준비율을 설정한다. 법정지급준비율이란 은행이 수취한 요구불예금 중에서 의무적으로 현금으로 보유해야 하는 금액 즉 법정지급준비금의 비율을 의미한다. 상업은행과 저축기관은 법정지급준비금 중 일부를 현금으로 보유(이를 시재금이라 함)하기도 하고 중앙은행 즉 연준에 예치하기도 한다.

최종대부자 기능

- **금융기관에 대한 대출** 때때로 연준은 상업은행과 저축기관을 상대로 대출을 하기도 한다. 이러한 대출에 적용되는 금리를 재할인율이라고 한다. 특히 2007~2008년과 같은 금융위기 상황에서 연준은 은행과 저축기관 등 예금취급기관뿐만 아니라 그 밖의 주요 금융기관에 긴급자금을 대출하기도 하는데, 이를 중앙은행의 **최종대부자 기능**이라고 한다.
- **은행 간 지급결제** 연준은 은행 간에 수표 등을 결제하는 수단을 제공한다. 예컨대 어떤 사람이 주거래은행인 A은행을 지급인으로 해서 수표를 발행하여 거래를 했는데, 이 수표를 받은 사람이 자신의 주거래은행인 B은행에 이를 예금했다고 하면, B은행은 어떻게 A은행으로부터 수표에 적힌 금액만큼을 회수할 수 있는가? 정답은 중앙은행이 두 은행의 지급준비금을 조정함으로써 가능하다는 것이다. 구체적으로 이 경우에는 연준에 예치된 A은행의 지급준비금을 줄이는 대신, 같은 금액만큼 B은행의 지급준비금을 늘리게 된다. 수표뿐만 아니라 타행 간 계좌이체의 경우에도 같은 방법으로 결제가 이루어진다.
- **정부의 은행** 연준과 같은 중앙은행은 '정부의 은행'으로서 정부의 각종 국고 및 재정관련 업무를 대행하기도 한다. 예컨대 정부는 조세 징수를 통해 막대한 자금을 수납하기도 하고, 이를 지출하기도 한다. 뿐만 아니라 재원조달을 위해 국채를 발행하거나 상환한다. 중앙은행은 이러한 정부의 재정활동, 예컨대 조세의 국고수납이나 국채발행 업무 등을 대행한다.
- **은행 감독** 연준은 은행에 대한 정기 검사를 통해 은행들의 재무건전성을 평가하고 규정을 준수하고 있는지를 감시하며, 각종 회계부정 등을 적발하기도 한다.[5] 우리나

5) 연준만이 은행감독 업무를 수행하는 것은 아니다. 개별 주정부는 그들이 인가한 은행에 대해 감독권을 가지고 있다. 또한 연방통화감독청(OCC: the Office of the Comptroller of the Currency) 역시 은행과 저축기관에 대한 별도의 감독권을 보유하고 있다. 또한 우리나라의 예금보험공사에 해당하는 연방예금보험공사(FDIC: Federal Deposit Insurance Corporation)도 예금보험에 가입한 은행과 저축기관을 감독한다.

라의 경우 은행에 대한 감독권은 한국은행이 아닌 금융감독원에 있으나, 한국은행은 필요할 경우 금융감독원에 검사를 요구하거나 공동검사를 할 수 있다.

- **통화량의 조절** 중앙은행의 가장 중요한 기능 가운데 하나는 통화정책 즉 경제의 통화량과 이자율을 조절하는 것이다. 다시 말해 통화정책의 목표, 예컨대 완전고용과 물가안정, 그리고 장기 경제성장에 부합하는 수준으로 통화량과 이자율을 적절히 조절하는 것이 연준의 주된 책임이자 의무라는 것이다. 앞서 살펴본 중앙은행의 다른 기능들은 대부분 일상적인 서비스를 제공하는 것인 데 반해, 통화량 및 이자율 조절은 고도의 정책적 판단을 요구한다는 점에서 그 성격이 많이 다르다(통화정책에 대한 보다 자세한 논의는 26장 참조).

중앙은행의 독립성

미국은 물론이고 우리나라에서도 중앙은행은 정치적 중립성과 자율성을 법적으로 보장받고 있다.[6] 이는 중앙은행이 정치적 압력으로부터 독립되어야만 효율적으로 이자율과 통화량을 조절함으로써 통화정책의 주요 목표인 물가안정을 달성할 수 있기 때문이다.

현실에서는 이익집단이 국회와 행정부에 정치적 압력을 행사하거나 로비를 함으로써 감세나 공공사업을 위한 지출 증가 등을 종종 요구한다. 이러한 요구가 실제로 관철되어 확장적 재정정책이 시행되면, 이는 때때로 인플레이션을 유발하기도 한다. 이러한 인플레이션 상황에서 만일 중앙은행의 통화정책이 국회와 행정부의 통제를 받게 되면, 이익단체 혹은 로비단체들은 이자율을 낮게 유지하기 위해 의회와 행정부에 정치적 압력을 행사할 가능성이 높다. 이러한 정치적 압력에 따라 인플레이션을 억제하기 위해 이자율 인상이 요구되는 시점에서조차 이자율이 낮게 유지될 수 있다.

따라서 통화정책 당국 즉 중앙은행이 정치적 압력으로부터 자유로워야만, 이러한 상황에서도 인플레이션에 대응하기 위해 과감하게 이자율을 인상할 수 있다. 여러 연구들에 따르면 중앙은행의 독립성이 보장되는 국가들의 인플레이션율이 그렇지 않은 국가들에 비해 평균적으로 낮은 것으로 나타난다.

2007~2008년 금융위기

한 나라의 금융제도가 적절하게 기능하면 경제의 소득 및 지출의 순환적 흐름이 원활하게 이루어지는 반면, 제대로 작동하지 못하면 금융시장을 심각하게 왜곡시킬 뿐만 아니라 국민소득, 고용, 물가의 극심한 변동을 야기할 수 있다.

사실 2007년 말에서 2008년 사이 미국의 금융제도는 제대로 작동하지 못한 정도가 아니라 거의 붕괴할 뻔 했다. 다시 말해, 당시 미국의 금융제도는 1930년대 대공황 이래 최악의 위기에 직면했고, 그 여파가 실물경제 전체로 확산되어 2007~2009년의 대

6) 한국은행법 제3조는 중앙은행의 정치적 중립성과 자율성이 존중되어야 함을 명시하고 있다. "한국은행의 통화신용정책은 중립적으로 수립되고 자율적으로 집행되도록 하여야 하며, 한국은행의 자주성은 존중되어야 한다."

침체를 초래하기에 이른다. 금융위기로 인해 촉발된 대침체에 대해서는 이미 이전 장에서 여러 번 언급한 바 있다. 따라서 여기서는 이러한 대침체를 유발한 금융위기에 대해 보다 자세히 살펴보고자 한다. 2007~2008년 미국 금융위기의 원인과 특징은 무엇인가? 또한 금융위기가 어떻게 미국 금융산업의 구조에 영향을 미쳤는가?

서브프라임 모기지 시장의 위기

서브프라임 모기지

2007~2008년 미국 금융위기를 촉발한 것은 바로 주택담보대출 즉 모기지 대출(mortgage loans)에 대한 채무불이행 사태였다. 2007년 들어 모기지 대출에 대한 채무불이행이 큰 폭으로 증가하면서 모기지 대출을 직접 해 준 금융기관은 물론이고 이에 직·간접적으로 투자한 수많은 금융기관의 재무건전성이 흔들리기 시작했다. 대부분의 채무불이행은 서브프라임 모기지에서 발생했는데, 여기서 **서브프라임 모기지**(sub-prime mortgage)란 신용도가 평균보다 낮은 주택구입자에게 이루어지는 고금리 대출을 말한다.

서브프라임 모기지 자체의 위험성도 문제지만, 더 중요한 문제는 미국의 많은 은행들이 서브프라임 모기지에 대규모의 간접투자를 했다는 점이다. 즉 당시 많은 투자은행이나 헤지펀드들이 서브프라임 모기지 대출을 직접 해 준 대출업자들로부터 대량의 모기지 채권을 인수하였는데, 이들 투자은행이나 헤지펀드에 인수자금을 대출한 것이 바로 미국과 유럽의 여러 대형은행들이었다. 그런데 인수한 서브프라임 모기지 대출이 잘 상환되지 않아 부실화되면서, 이를 인수한 투자은행이나 헤지펀드들이 유동성위기에 직면하게 되고, 그 결과 대형은행들로부터 빌린 돈을 갚을 수 없는 지경에 이르렀다. 이에 따라 은행들은 대출금 회수를 포기하고 채권을 장부에서 '떨어내기' 시작했고, 그 결과 은행의 지급준비금이 줄어들면서 대출여력이 크게 감소하였다. 이로 인한 은행의 재무건전성 저하는 이후 실물경제의 침체를 유발하는 주요 원인이 되었다. 가계와 기업이 소비와 투자에 필요한 자금조달을 은행대출에 크게 의존하고 있기 때문이다.

주택저당증권

흥미로운 점은 위기가 터지기 전까지만 해도 은행은 물론이고 규제당국까지도 주택저당증권의 발행을 통해 모기지 대출의 채무불이행 위험을 대부분 제거할 수 있다는 잘못된 믿음을 가지고 있었다는 것이다. **주택저당증권**(MBS: mortgage-backed security)이란 모기지 대출채권을 기초로 새롭게 발행되는 채권으로서, 모기지 대출의 상환금으로부터 원리금이 지급되는 채권을 말한다.

주택저당증권은 다음과 같은 원리로 발행된다. 어떤 은행이나 모기지 대출회사가 모기지 대출을 실시했다고 하자. 과거에는 이들이 만기까지 대출을 장부상 자산으로 보유하면서, 원리금을 상환받는 것이 보통이었다. 그러나 금융위기 이전 미국에서는 이와 다른 행태가 나타났다. 즉 은행과 모기지 대출회사들이 보유한 **수많은 모기지 대출채권을 하나의 펀드로 묶고, 이를 기초로 채권을 발행**하여 한꺼번에 팔아버린 것이다. 이 채권은 말하자면 펀드에 포함된 모기지 대출로부터 미래에 발생할 모든 상환금을 받을 수 있는 증서인 것이다. 이것이 바로 주택저당증권이다. 이렇게 주택저당증권이 발행되어 투자자들에게 팔리고 나면, 은행은 모기지 대출채권을 만기 전에 한꺼번에 회수하게 되고, 주택저당증권을 구입한 투자자는 모기지 대출의 상환금을 투자수익으로 얻게 된다.

이 모든 과정이 은행의 입장에서는 괜찮은 거래로 보일지 모른다. 왜냐하면 은행은 주택저당증권의 발행을 통해 모기지 대출의 채무불이행 위험을 전부 채권의 구매자에게 떠넘겼기 때문이다. 따라서 은행들은 자신들이 이제 모기지 대출로부터 발생하는 모든 위험에서 완전히 벗어났다고 생각했다. 그러나 이는 착각이었다. 왜냐하면 은행들은 주택저당증권을 팔아 회수한 자금 중 상당부분을 주택저당증권을 매입한 주요 투자자들 즉 투자은행이나 헤지펀드 등에 빌려줬기 때문이다. 뿐만 아니라 은행들은 스스로 많은 양의 주택저당증권을 사들이기도 했다. 주택저당증권을 매입하는 것이 규제당국이 요구하는 자기자본비율을 맞추는 데 도움이 되었기 때문이다.

다시 말해, 은행들은 주택저당증권의 발행을 통해 직접적으로는 모기지 대출의 채무불이행 위험으로부터 벗어났지만, 간접적으로는 여전히 위험에 노출되어 있었다는 것이다. 이 때문에 실제로 모기지 대출에 대한 채무불이행 사태가 발생했을 때, 은행들은 보유하고 있던 대출채권이 부실화되면서 직접적인 손실을 보았을 뿐만 아니라, 주택저당증권을 매입한 투자자들에 대한 대출과 은행이 스스로 매입했던 주택저당증권이 함께 부실화되면서 간접적으로도 엄청난 손실을 입게 된 것이다.

그렇다면 애초 위기의 발단이 된, 모기지 대출에 대한 채무불이행의 원인은 무엇일까? 세입자의 주택소유를 적극 장려하고 보조하던 정부의 주택정책과 갑자기 하락하기 시작한 부동산 가격이 부분적인 원인을 제공했을 것이다. 그러나 이에 못지않게 중요한 원인은 앞서 언급한 주택저당증권이 대출을 취급했던 금융기관들에게 잘못된 인센티브를 제공했다는 점이다. 즉 은행 등 대출금융기관들이 주택저당증권을 발행함으로써 모기지 대출의 채무불이행 위험에서 완전히 벗어날 수 있다고 착각하는 바람에, 도저히 빚을 갚을 능력이 없는 사람들에게까지 서브프라임 모기지 대출을 해줄 정도로 대출행태가 극도로 방만해진 것이다. 일부 모기지 대출회사들은 되도록 많은 모기지 대출을 한꺼번에 묶어서 채권으로 팔기 위해 대출신청자의 개인신용평가를 아예 하지 않거나, 신청자가 소득을 높여 허위로 신고하는 것을 묵인 또는 조장하기까지 하였다. 그 결과 상환능력이 없는 수많은 주택구입자들이 과도한 모기지 대출을 받았고, 그 결과 채무불이행 사태가 벌어진 것이다.

금융증권화

위에서 언급한 주택저당증권은 금융증권화 현상의 단적인 예라고 할 수 있다. 여기서 **금융증권화**(Securitization)란 수많은 종류의 대출채권, 모기지 대출채권, 회사채 등의 금융부채(기초자산)들을 쪼개거나 묶어서 다른 형태의 새로운 증권들로 변환시키는 과정을 의미한다. 사실 이러한 증권화가 과거에 없던 전혀 새로운 것은 아니며, 금융규제당국은 오히려 이러한 증권화를 장려하기까지 하였다. 왜냐하면 증권화를 통해 은행들이 위험을 분산시킴으로써 전체 금융제도의 안정성이 높아질 수 있다고 생각했기 때문이다.

금융증권화

앞서 주택저당증권의 예에서 보듯이, 증권화를 통해 새롭게 발행된 증권들은 그 기초자산으로부터 발생하는 이자와 원금상환액을 얻고자 하는, 다양한 금융투자자들에 의해 매입된다. 예컨대 여러 개의 서브프라임 모기지 대출을 하나의 기초자산으로 하여 새로운 주택저당증권이 발행되면, 이를 많은 개인투자자, 뮤추얼 펀드, 연기금 등이 매입하곤 하였다. 특히 서브프라임 모기지 대출을 기초자산으로 하는 주택저당증권은 보다 안전한 등급의 모기지 대출이나 다른 안전자산에 기초한 증권들보다 높은 수익을 제공했기 때문에, 개인투자자는 물론 금융기관들에게 아주 매력적인 상품으로 비춰졌다. 이러한 주택저당증권 등의 대출담보부 증권은 일단 발행되고 나면 주식이나 채권 등 다른 일반적인 증권과 같이 금융시장에서 자유롭게 유통된다. 이에 따라 금융위기 직전까지 이들 대출담보부 증권들은 전 세계의 개인투자자는 물론이고 은행, 저축기관, 보험회사, 연기금 등 기관투자자들에게 널리 팔렸던 것이다.

일부 대형보험회사들은 이러한 대출담보부 증권을 보유한 투자사가 직면하는 채무불이행 위험을 줄이기 위해, 새로운 증권을 개발하기도 하였다. 예컨대 대형보험회사인 AIG는 신용부도스왑(credit default swap)이라는 일종의 보험증권을 대규모로 발행하였다. 신용부도스왑은 대출담보부 증권의 기초자산에 채무불이행이 발생하는 경우, 대출담보부 증권의 보유자에게 그 손실을 보상하는 보험증서라고 할 수 있다. 그러다 보니 신용부도스왑을 발행한 AIG 같은 보험사는 모기지 대출의 채무불이행 사태가 발생하였을 때 엄청난 손실을 볼 수밖에 없었다.

금융증권화가 보편화되고 현대 금융제도에서 가지는 중요성이 커짐에 따라, 경제학자들은 이를 가리켜 그림자금융제도(shadow banking system)라고 부르기도 한다. 그림자금융제도 하에서는 온갖 종류의 대출 혹은 채권을 담보로 하는 증권들이 매일매일 발행되고 유통된다. 이를 통해 자금을 필요로 하는 가계와 기업에 신용이 원활히 제공될 수 있다. 이러한 본래의 취지에 따르면 금융증권화는 매우 바람직한 금융혁신이라고 할 수 있다. 그러나 위험을 분산한다고 알려진 일부 증권화 상품들, 특히 주택저당증권은 생각보다 훨씬 더 위험한 것으로 이후 판명되었다.

투자자들과 규제당국은 주택저당증권이 가지는 다음의 세 가지 잠재적 위험성을 인식하지 못했다. 첫째, 주택저당증권의 기초자산인 모기지 대출이 예기치 못하게 부실화되면 어떤 일이 벌어질 것인가? 둘째, 만일 부실화된 주택저당증권이 전체 금융제도의 안정성에 큰 영향을 미치는 주요 대형 금융기관에 의해 대부분 보유된다면? 셋째, 만일 이들 증권으로부터 발생한 손실을 보상해야 하는 보험회사가 미국뿐만 아니라 전 세계적으로 가장 큰 영향력을 가지는 보험회사라면?

2007~2008년 미국 금융위기는 도저히 실현될 것 같지 않던 이 세 가지 위험이 동시에 현실화된 사례라고 할 수 있다. 당시 대부분의 모기지 대출이 변동금리대출인 상황에서 시장이자율의 상승에 따라 모기지 대출이자율 역시 상승한 반면, 부동산 거품이 꺼지면서 주택가격은 폭락하기 시작하였다. 그 결과 집값에 거의 육박할 만큼 대출을 받아 집을 샀거나, 모기지 대출로 구입한 주택을 담보로 해서 추가대출을 받았던 차입자들은 이제 자신이 보유한 주택의 가치가 대출금에도 못 미치는 지경에 이르렀다. 말하자면 보유한 주택이 '깡통주택'이 된 셈인데, 이는 집을 팔아도 대출금을 갚을 수 없음

을 의미한다. 지속적으로 시장이자율이 상승하는 와중에 경기상황마저 악화되면서, 점점 더 많은 모기지 차입자들이 대출상환을 연체하기 시작했다. 이에 따라 은행 등 대출회사들은 점점 더 많은 집들을 압류하기 시작하였고, 수많은 차입자들이 대출상환을 포기하면서 집을 날리게 되었다.

금융회사의 파산

이렇게 주택저당증권의 기초가 되는 모기지 대출에서 광범위한 채무불이행이 발생하자, 이를 기초로 발행된 모든 증권들의 가치가 폭락하고 이를 보유하고 있던 금융기관들도 흔들리기 시작했다. 먼저 대규모로 부실화된 모기지 채권을 보유하고 있던 대형 모기지 대출회사들이 위기에 직면하였다. 업계에서 두 번째로 큰 회사였던 컨트리와이드는 뱅크오브아메리카에 인수되면서 겨우 파산 위기를 넘겼고, 업계 1위였던 워싱턴뮤추얼은행은 규제당국에 의해 자산이 일시 동결되었다가 이후 JP모건체이스에 인수되었다. 한편 와코비아은행은 자회사인 골든 웨스트의 모기지 대출관련 손실이 커지면서 파산 직전까지 몰렸다가 웰스파고에 의해 인수되었다.

모기지 대출의 채무불이행 사태가 확산되면서 직접적으로 대출을 해 준 대출회사들뿐만 아니라 주택저당증권을 비롯한 대출담보부 증권을 다량 보유하고 있었던 증권회사나 투자은행들 역시 막대한 손실을 입게 되었다. 대표적으로 주택저당증권의 대량 보유자중 하나였던 리만 브러더스가 2008년 9월 파산하였고, 메릴린치는 지난 십년동안 거두었던 수익보다도 더 많은 손실을 단 2년만에 내면서 결국 헐값으로 뱅크오브아메리카에 매각되었다. 한편 골드만 삭스, 모건 스탠리 등의 투자은행들은 주택저당증권과 신용부도스왑 거래를 통해 큰 손실을 보게 되자, 서둘러 은행지주회사로 전환하여 연준의 긴급대출을 받았다. 당시에는 우리나라의 일반은행에 해당하는 상업은행 또는 은행지주회사만이 연준의 대규모 긴급대출을 받을 수 있었기 때문이다. 시티은행 역시 연방정부의 대출에 의해 간신히 살아남았고, 보험회사인 AIG 역시 주택저당증권 관련 신용부도스왑의 대규모 손실에 따른 유동성 부족으로 파산 위기에 몰렸다가 연준의 지원으로 위기를 가까스로 모면하였다. 한때는 도저히 있을 수 없는 일로 여겨진 미국 금융시스템의 총체적 붕괴라는 시나리오가 실제로 현실화될 뻔했던 것이다.

정책적 대응

모기지 대출의 채무불이행으로 촉발된 금융위기에 대응하여 연준은 최종대부자로서 공격적으로 유동성을 제공하였으며, 미국 정부는 사상 최대 규모의 확장적 재정정책을 실시하였다.

재무부의 긴급구제금융: TARP

2008년 말 미 의회는 **부실자산 구제금융조치**(TARP: Troubled Asset Relief Program)를 통과시켰다. 이 조치의 주된 내용은 재무부가 주요 금융회사 또는 일반 대기업에게

부실자산 구제금융조치

약 7,000억 달러를 긴급구제금융자금으로 대출하도록 승인하는 것이었다. 이 중 4,150억 달러가 2010년 10월 구제금융조치가 만료되기 전까지 실제로 집행되었다. 대표적으로 AIG에만 약 1,800억 달러가 지원되었고, 시티은행, 뱅크오브아메리카, JP모건체이스, 골드만 삭스 등도 이 조치의 주요 대상이 되었다. 뿐만 아니라 GM이나 크라이슬러와 같은 비금융회사들도 수십억달러의 구제금융 자금을 수혈받았다.

도덕적 해이

TARP는 실제로 많은 금융기관들을 파산위기에서 구제함으로써, 경제전체의 신용경색과 금융기관의 연쇄도산 등 2차적 효과를 방지하는 데 크게 기여한 것이 사실이다. 그러나 다른 한편으로는 이러한 구제금융은 도덕적 해이의 원인이 될 수 있다. 금융투자에서 **도덕적 해이**(moral hazard)란 개인투자자 또는 금융기관들이 그들의 투자손실에 대해, 적어도 부분적으로 구제받을 수 있다는 믿음 때문에 과도한 위험을 부담하는 경향을 의미한다. 만일 TARP와 같은 구제금융조치가 없었다면 많은 금융회사들이 파산했을 것이고, 이에 따라 회사의 이해관계자들 즉 주주, 채권자, 경영자들이 막대한 개인적인 손실을 입었을 것이다. TARP를 통해 이들은 이러한 손실을 상당 부분 피할 수 있었던 것이다. 따라서 TARP와 같은 구제금융은 정부가 금융기관에 보험을 제공하는 것과 본질적으로 동일한 것이라고 할 수 있다. 다만 일반적인 보험과의 차이라면, 금융기관들이 보험료를 한 푼도 내지 않았음에도 불구하고 정부는 막대한 보험금 즉 구제금융 자금을 지급했다는 점이다.

대마불사

게다가 대규모 금융회사들은 자신들의 규모가 너무 커서 정부가 자신들을 망하게 놔두지 않을 것임을 정확히 간파하고 있었다. 이러한 **대마불사**(too-big-to-fail)에 대한 인식은 이들 대규모 금융회사로 하여금 과도하게 위험한 투자를 수행하도록 하는 유인을 제공하였다.

최종대부자로서 연준의 대응

앞서 중앙은행의 기능에 관한 절에서 언급한 대로, 금융위기 상황에서 중앙은행의 가장 중요한 역할 가운데 하나는 금융기관에 대한 최종대부자 기능이다. 상기한 대로 9.11 뉴욕테러 직후 연준은 이러한 기능을 훌륭히 수행한 바 있다. 2007~2008년 금융위기는 최종대부자로서 연준의 역할을 시험하는, 또 하나의 계기가 되었다고 할 수 있다. 당시 벤 버냉키(Ben Bernanke) 의장이 이끌던 연준은 신용경색에 빠져 있던 금융시스템에 유동성을 주입하기 위해, 여러 가지 새로운 대출제도를 고안하고 시행하였다. 이러한 새로운 대출제도들은 재무부의 TARP와 연준의 이자율 인하 등 전통적 통화정책 수단과 더불어 시행되면서, 신용경색을 완화하고 금융제도의 안정성을 유지하는 데 크게 기여하였다.

이러한 연준의 확장적 통화정책에 따라 연준의 총자산은 2008년 2월 약 8850억 달러에서 2009년 3월 약 1.9조 달러로 급격히 확대되었다(이후 자산규모가 약 4.5조 달러까지 증가하였다가 2018년부터 점차 축소됨). 이러한 자산규모의 확대는 연준이 재무부 증권과 함께 주택저당증권 등의 보유량을 크게 늘린 데 기인한다. 최종대부자 기능의 일환으로서 연준은 여러 금융기관으로부터 이들 채권을 대량으로 사들였는데, 이는 비유동적인 채권(유동성 위기 상황에서 금융회사들은 이들 채권을 현금화하기 어려웠음)을 가장 유동성이 높은 현금으로 교환해 줌으로써 금융시스템에 유동성을 증대하기 위한 것이었다.

많은 경제학자들은 재무부의 TARP와 더불어 연준의 이러한 정책적 대응이 금융위기가 제2의 대공황으로 확대되는 것을 막는 데 크게 기여했다고 생각한다. 그러나 일각에서는 연준의 이러한 정책이 재무부의 TARP와 마찬가지로 잘못된 투자의사결정이 야기할 수 있는 손실을 크게 제한함으로써, 도덕적 해이 문제를 악화시킬 수 있음을 우려하기도 한다. 금융위기 당시 연준이 수행한 최종대부자 기능에 대한 자세한 내용은 이장의 '마지막 한마디'를 참조하기 바란다.

금융위기 이후의 미국 금융산업

표 22.1은 미국의 금융기관을 유형별로 분류하고, 분류한 유형에 해당하는 회사의 예를 정리한 것이다.[7] 미국의 금융기관은 크게 우리나라의 일반은행 및 비은행예금취급기관에 해당하는 상업은행과 저축기관을 비롯하여 보험회사, 뮤추얼펀드 운용사, 연금기금, 증권회사, 투자은행 등으로 분류된다.

2007~2008년 금융위기 이전 미국의 금융산업은 점차 대형화, 겸업화되는 추세였다. 즉 금융기관들이 다양한 업무를 겸업하는 소수의 대규모 회사로 통합되는 추세였으며, 1999년 의회가 대공황 이후 지속되어온, 상업은행의 증권업무취급을 금지하는 규제를 철폐하면서 이러한 추세는 더욱 가속화되었다. 이러한 통합 및 겸업화 추세에 따라 금융산업 하위부문 간의 경계가 점차 모호해지기 시작하였다. 많은 상업은행들이 주식을 중개하는 증권회사 혹은 보험회사를 인수하여 업무영역을 확장하였다. 예컨대 과거에는 상업은행 업무만 영위했던 시티그룹이 대형 증권회사인 스미스 바니를 인수하였다. 또한 웰스파고 등의 대형 상업은행과 TIAA-CREF(미국의 교직원 연금기금) 등의 연금기금이 MMF를 포함한 다양한 펀드를 취급하는 것 역시 금융산업 부문 간 업무영역이 모호해지는 하나의 사례라고 할 수 있다.

2007~2008년 금융위기는 금융산업의 통합화를 보다 촉진시키고, 하위부문 간 경계를 더욱 모호하게 하는 계기가 되었다. 2007년 9월부터 2009년 9월까지 미국의 연방예금보험공사는 약 200여개의 은행을 폐쇄하고, 이들의 예금을 다른 대형 은행들로 이전하였다. 그 결과 2009년 현재 미국의 3대 은행(JP모건체이스, 뱅크오브아메리카, 웰스파고)가 미국 전체 예금의 약 30%를 보유하기에 이른다.

또한 금융위기 기간 동안 대형 투자은행인 골드만 삭스와 모건 스탠리는 연준의 긴급대출 등 구제금융을 받기 위해 상업은행 즉 은행지주회사로 전환하였다. 게다가 업계 1위의 저축기관이었던 워싱턴뮤추얼은 상업은행인 JP모건체이스에 인수 · 합병되기도 하였다.

7) 우리나라의 금융기관 분류 역시 미국의 경우와 대동소이하므로, 여기에서는 미국의 금융산업을 중심으로 금융기관을 분류하고 유형별 특징을 살펴본다.

〈표 22.1〉 미국 금융산업의 유형별 분류

기관	기능 및 특징	예
상업은행	요구불예금, 저축예금, CD 발행 등으로 자금을 조달하여, 주로 대출을 통해 자금을 운용하는 연방 또는 주은행을 지칭함. 연방예금보험공사는 이들 상업은행의 요구불예금 및 저축예금에 대해 25만달러 한도내에서 예금보험을 제공하고 있다.	JP모건 체이스, 뱅크오브아메리카, 시티은행, 웰스파고
저축기관	저축대부조합, 상호저축은행, 신용협동조합으로 구성되며, 요구불예금, 저축예금을 수취하고 대출을 통해 자금을 운용하는 상업은행 이외의 기관들을 총칭함. 과거 저축대부조합은 주로 모기지 대출을, 상호저축은행과 신용협동조합은 주로 자동차 대출과 같은 소액개인대출을 취급하였으나, 최근으로 올수록 저축기관과 상업은행의 업무 차이는 거의 없어지는 추세이다. 연방예금보험공사와 전국신용협동조합감독청은 저축기관의 요구불 및 저축예금에 대해 25만 달러 한도 내에서 예금보험을 제공하고 있다.	차터 원, 뉴욕커뮤니티뱅크, 펜타곤(미 국방부) 신용협동조합, 보잉 근로자 신용협동조합
보험회사	계약자가 낸 보험료를 바탕으로 장애나 사망 등으로 인한 손실에 대한 보험계약을 제공하는 회사. 일부 생명보험이나 연금보험은 보험료를 주식이나 채권 등으로 운용하고, 일정 계약기간이 만료되면 계약자에게 수익을 지급하는 등 저축 또는 투자성 상품의 성격을 가지기도 한다.	푸르덴셜, 뉴욕라이프, 노스웨스턴 뮤추얼, 하트포드, 메트라이프
뮤추얼 펀드 운용사	고객으로부터의 투자금을 모아서 주식이나 채권 등에 투자하는 회사. 이를 통해 투자자들은 예컨대 빠른 성장이 예상되는 회사의 주식(성장주 펀드)이나 주정부에 의해 발행되는 채권(지방채 펀드) 등 다양한 자산에 간접적으로 투자할 수 있다.	피델리티, 뱅가드, 퍼트넘, 야누스, 티 로우 프라이스
연금기금	근로자들(또는 이들을 대신한 고용주)의 저축을 근로기간 동안 적립해서 주식이나 채권 등에 투자한 후, 그 수익으로 은퇴 후 매월 연금을 지급하는 영리 혹은 비영리 기관	미국 교직원연금 팀스터즈 유니온 캘리포니아주 공무원연금(CalPERs)
증권회사	증권투자에 대한 자문을 제공하거나 고객을 위해 주식이나 채권의 매매 또는 매매의 중개를 담당하는 회사로 주식중개회사라고도 불린다.	메릴린치, TD 아메리트레이드, 찰스 슈왑
투자은행	기업과 정부 등의 자금조달을 위해 이들의 주식이나 채권을 인수, 매출하는 회사로, 투자자문 및 매매중개뿐만 아니라 기업 인수·합병에 대한 자문서비스를 제공한다.	골드만삭스, 모건 스탠리, 도이치 뱅크, 크레딧 스위스

이렇게 금융산업의 부문 간 경계가 모호해지는 추세에도 불구하고, 표 22.1의 금융산업 분류는 여전히 유효하다고 할 수 있다. 어떤 금융기관이 여러 업무를 겸업한다 하더라도, 그 중 가장 주된 업무는 표 22.1에 제시된 유형 중 하나에 속하기 때문이다. 예컨대, 골드만 삭스가 은행지주회사로 인가 및 규제를 받는다 하더라도, 여전히 골드만 삭스의 가장 주된 업무는 투자은행 업무이다. 또한 많은 보험회사와 연금기금이 원래 업무 이외에 다른 여러 가지 업무를 겸업하고 있지만, 그럼에도 불구하고 이들의 가장 주된 업무는 여전히 각각의 본래 업무 즉 보험업과 연금업이다.

2007~2008년 금융위기를 계기로 무엇이 잘못되었고, 어떻게 해야만 금융위기의 재발을 막을 수 있을 것인가에 대해 많은 반성이 이루어졌다. 의회와 금융당국은 기존의 방만한 대출기준을 강화함으로써, 금융기관이 주택저당증권을 통해 과도한 위험을 전

가하거나 원리금 상환능력이 없는 차입자에게 무분별하게 대출하는 것을 방지하고자 하였다. 또한 '깡통주택'을 소유한 사람들이 대출상환을 포기하면서 집을 잃는 일이 없도록 지원하기도 하였다.

2010년에 미 의회는 광범위한 금융개혁조치를 담은 월가 개혁 및 소비자 보호법(Wall Street Reform and Consumer Protection Act)을 통과시켰는데, 그 주요 내용은 다음과 같다.

- 재무부 산하의 저축기관 감독부서였던 저축기관감독청(Office of Thrift Supervision)을 폐지하고, 모든 대형 금융기관들을 규제할 수 있는 포괄적인 권한을 연준에 부여함
- 금융제도 전반의 시스템리스크 관리를 위해 금융안정감시위원회를 설립함
- 연방예금보험공사가 파산한 은행을 정리하는 것처럼, 연방정부가 파산한 비은행 금융기관을 정리하는 구체적인 절차를 마련함
- 주택저당증권과 기타 파생상품에 대한 연방정부 차원의 규제감독권을 부여하고, 이러한 파생상품을 거래소에서 공개적으로 거래하도록 의무화함
- 대출담보부 증권을 발행하는 금융회사가 스스로 그 중 일부를 보유하도록 함으로써 위험의 일부를 발행사에게 분담시킴
- 연준 산하에 금융소비자보호국을 설치하여 연준의 금융소비자 보호 역할을 강화함

이 법의 지지자들은 이 법이 금융위기를 초래한 과거의 잘못된 관행을 바로잡는 데 매우 중요한 역할을 할 것으로 기대한다. 그들은 특히 이 법이 대형금융회사의 주주, 채권자, 경영자들에게 강력한 경고의 메시지를 보낸다고 주장한다. 즉 과거의 잘못된 관행이 지속되어 금융위기가 재발할 경우, 이제는 회사뿐만 아니라 개인적으로도 큰 손실을 피할 수 없다는 것이다.

반면 이 법에 대해 회의적인 사람들은 제도 자체보다는 제도를 운영하는 방식에 문제가 있다고 지적한다 즉 **금융위기 이전에도 규제당국은 이미 위기를 방지하기 위해 필요한 모든 정책수단을 가지고 있었음에도 불구하고, 위기를 막지 못했다는 것**이다. 이들은 오히려 **정부의 주택소유 장려정책이 금융위기를 초래한 주요 원인**이라고 주장한다. 다시 말해, 준정부기관을 통해 주택저당증권 등을 대규모로 사들이는 등 주택소유 장려정책이 금융위기를 야기하는 데 중요한 역할을 했다는 것이다. 또한 이들 중 일부는 이 법이 금융산업에 무거운 규제비용만을 부담시킬 뿐, 위기를 초래한 금융기관들의 도덕적 해이를 방지하는 데는 실패할 것이라며 비판하기도 한다. 금융위기에 대한 정책당국의 대응과 도덕적 해이 사이의 관계에 대해서는 이 장의 '마지막 한마디'를 참조하기 바란다.

미국 금융위기와 연준의 최종대부자 기능

2007~2008년 미국 금융위기로 인한 금융시스템의 붕괴를 막기 위해 미 연준은 부채지급능력과 관계없이 금융기관을 지원하는 최종대부자 기능을 수행하였다.

어떤 개인이나 기업의 자산이 부채의 가치를 초과할 때, 우리는 그 개인과 기업은 지급능력이 있다고 말한다. 반대로 자산의 가치가 부채의 가치에 못 미칠 때 이러한 개인과 기업은 지급능력이 없다고 한다. 한편 지급능력이 있는 기업 가운데서도 일부는 유동성 문제에 노출된 경우가 있다. 여기서 유동성 문제란 기업의 보유자산이 주로 단기적으로 처분하여 현금화하기 어려운 비유동 자산인 경우를 의미한다. 예컨대 대규모의 공장설비를 보유한 제조업체의 경우, 자금 조달을 위해 공장을 매각하는 것은 단시일 내에는 거의 불가능하며 보통 수개월 혹은 몇 년이 걸리기도 한다. 이러한 업체는 지급능력이 있다고 해도 단기적으로는 유동성 문제에 노출해 있다고 볼 수 있다. 어떤 회사가 지급능력이 있다 해도 유동성 문제 때문에 부채를 제 때 상환하지 못할 경우, 이 회사는 부도 위기에 몰릴 수 있다. 즉 지급능력이 있는 회사의 경우 유동성 문제만 없었다면 보유한 자산을 현금화하여 부채를 상환할 수 있음에도 불구하고, 유동성 문제 때문에 부득이하게 부도가 날 수 있다는 것이다.

2007~2008년 금융위기 당시 미 연준은 이렇게 지급능력은 있으나 유동성 문제 때문에 부도위기에 몰린 은행 등 금융기관들을 구제하기 위해 최종대부자 기능을 수행하였다. 구체적으로 은행 등 금융기관들은 보유한 비유동 자산을 담보로 맡기고 연준으로부터 현금을 대출받을 수 있었다. 이를 통해 금융기관들은 당장 부채 상환에 필요한 유동성을 조달할 수 있었다. 이러한 거래는 중앙은행인 연준 입장에서도 이후 담보로 잡은 비유동 자산을 처분하여 대출을 회수할 수 있으므로 아무런 문제가 없다. 이렇게 중앙은행이 최종대부자의 기능을 담당할 수 있는 것은 스스로 돈을 찍어낼 수 있는 권한을 가지고 있어 그 자신은 부도 위기에서 완전히 자유롭기 때문에 가능한 것이다.

그러나 금융위기 당시 연준과 전 세계 대부분의 중앙은행들은 지급능력이 있는 금융기관뿐만 아니라 지급능력이 없는 금융기관에도 일률적으로 대출을 해주었다. 비록 지급능력이 없는 금융기관에 대해서도 자산을 담보로 잡아 대출하긴 했지만, 지급능력이 없는 기관의 채무불이행 위험은 매우 높다는 점에서 중앙은행의 이러한 대출행태는 이해하기 어려운 측면이 있다.

도대체 왜 연준과 다른 중앙은행들은 높은 채무불이행 위험을 무릅쓰고 지급능력이 없는 금융기관에까지 대출을 해준 것일까? 이는 금융위기 당시 연준 등 중앙은행들이 금융기관들의 연쇄부도사태를 우려했기 때문이다. 만일 연준이 지급능력이 없는 금융기관에 대한 대출을 거부하면 이들 기관은 필연적으로 파산하게 된다. 이 경우 이들 기관에 대출을 해준, 지급능력이 충분한 금융기관들까지도 빌려준 돈을 떼이면서 연쇄부도위기에 몰릴 수 있다는 것이다.

이러한 우려 때문에 연준을 포함한 주요 중앙은행은 주요 금융위기마다 지급능력과 관계없이 담보를 제공할 수 있는 모든 금융기관에 긴급구제금융을 제공한 것이다. 이렇게 지급능력과 관계없이 '무차별적'으로 대출을 제공함으로써 연준 등 중앙은행은 일종의 '연기'를 하는 것이라고 볼 수 있다.

즉 대출을 받는 모든 금융기관들은 지급능력이 존재하며, 연준이 대출을 통해 유동성 문제만 해결해주면 모두가 위기를 헤쳐 나갈 수 있다고 믿게끔 연기를 하는 것이다. 물론 이는 어디까지나 대외용 연기일 뿐이고, 대내적으로는 지급능력이 없는 금융기관들이 위기가 진정되는 국면에서 큰 부작용 없이 파산 처리되거나 싼 가격에 매각되길 바라고 있을 것이다.

이렇게 '무차별적'인 구제금융을 통한 '연기' 전략으로 요약되는 연준의 최종대부자 정책은 한편으로는 찬사를 받은 반면, 다른 한편으로는 강력한 비판의 대상이 되었다. 먼저 이를 옹호하는 쪽에서는 이러한 연준의 전략 덕분에 금융위기가 지급능력이 있는 금융기관의 연쇄부도사태로 확산되는 것을 막을 수 있었다고 평가한다. 반면, 비판적으로 바라보는 쪽에서는 연준의 정책이 잘못된 투자의사결정에 따라 부실해진 금융기관을 구제해 줌으로써 건전한 금융기관과의 형평성을 저해했을 뿐 아니라 향후 금융기관들의 도덕적 해이마저 부추겼다고 지적한다. 위기가 터지면 지급능력과 상관없이 무차별적으로 구제받을 수 있다는 기대가 형성되면서 금융기관들이 과도하게 위험한 대출 및 투자에 보다 적극적으로 나설 수 있다는 것이다.

요약

1. **화폐의 기능**
(a) 교환의 매개물, (b) 계산의 단위, (c) 가치의 저장수단으로 통용되는 것은 무엇이든지 화폐라고 할 수 있다.

2. **통화량의 구성요소**
협의의 통화 M1은 민간이 보유한 현금통화와 요구불 예금, 그리고 MMDA 등 수시입출식 저축성예금으로 구성된다. 한편 광의의 통화 M2는 M1에다가 MMF, 만기 2년 미만인 정기 예·적금 및 부금, 양도성예금증서, 수익증권, 만기 2년 미만의 금전신탁 등 준화폐를 더한 것이다.

3. **화폐가치의 보증**
화폐가 가치를 가지는 이유는 사람들이 이를 화폐로서 받아들이기 때문이다. 즉 모든 사람들이 상품과 서비스를 제공한 대가로 화폐를 기꺼이 받아들이기 때문에, 사람들은 그것으로 상품, 서비스, 생산요소를 살 수 있고, 따라서 화폐가 가치를 가지는 것이다. 화폐가 구매력을 유지하려면 중앙은행이 효율적이고 안정적으로 화폐공급을 조절해야 한다.

4. **중앙은행 구조**
미국의 중앙은행인 연방준비제도는 (a) 연준 이사회, (b) 연방공개시장위원회, 그리고 (c) 12개의 지역 연방준비은행으로 구성된다. 연준 이사회는 통화정책 및 은행제도에 대한 최고 의사결정기구이며, 연준 이사회와 연방공개시장위원회가 심의·결정한 사항은 12개의 지역 연방준비은행에 의해 집행된다. 지역 연방준비은행들은 공동으로 (a) 중앙은행의 역할을 담당하고, (b) 준공공기관의 성격을 가지며, (c) 은행의 은행으로서의 기능도 수행한다.

5. **중앙은행의 주요 기능과 중앙은행의 독립성**
중앙은행의 주요 기능으로는 (a) 발권 기능, (b) 법정지급준비율의 설정 및 지급준비금 예치, (c) 금융기관에 대한 대출, (d) 은행 간 지급결제, (e) 정부의 은행 기능, (f) 은행 감독, (g) 통화량 조절 기능 등을 들 수 있다.
미국은 물론이고 우리나라에서도 중앙은행은 정치적 중립성과 자율성을 법적으로 보장받고 있다. 이는 중앙은행이 정치적 압력으로부터 독립되어야만 효율적으로 이자율과 통화량을 조절함으로써 통화정책의 주요 목표인 완전고용과 물가안정을 달성할 수 있기 때문이다.

6. **2007~2008년 미국 금융위기의 주요 원인**
2007~2008년 미국 금융위기는 서브프라임 모기지 대출의 대규모 채무불이행 사태에 의해 촉발되어 여러 대형금융기관의 파산 또는 유동성 위기를 통해 널리 확산되었고, 결과적으로는 금융제도 전반에 걸친 신용경색으로 이어졌다. 즉 위기의 발단은 주택가격 하락에 따라 모기지 대출이 부실화된 데 있다. 모기지 대출이 부실화된 주원인은 은행과 모기지 대출회사, 그리고 금융투자자들이 주택저당증권에 내재된 위험을 과소평가한 데 있다. 아울러 이러한 위험을 회피하도록 설계된 신용부도스왑 역시 그 자체의 위험이 과소평가되어, 이를 발행한 AIG 등 대형보험회사를 파산위기에 처하게 한 주범이 되었다.

7. **2007~2008년 금융위기에 대한 미 연준과 재무부의 대응**
2008년 미 의회는 재무부로 하여금 신규대출 및 보증을 통해 약 7,000억 달러 규모의 구제금융을 제공하도록 하는 부실자산 구제금융조치(TARP)를 승인하였다. 이와 동시에 연준은 최종대부자로서 새로 고안된 다양한 대출제도를 통해 금융기관들에 풍부한 유동성을 제공함으로써, 이러한 재무부의 구제금융조치를 뒷받침하였다.
그러나 다른 한편, 재무부의 TARP와 연준의 적극적인 최종대부자 기능은 도덕적 해이 문제를 더욱 악화시켰다. 여기서 도덕적 해이란 금융투자자 또는 금융기관들이 그들의 투자손실에 대해, 적어도 부분적으로 구제받을 수 있다는 믿음 때문에 과도한 위험을 부담하는 경향을 의미한다.

8. **금융기관의 분류와 특징**
미국의 금융기관은 크게 상업은행, 저축기관, 보험회사, 뮤추얼펀드 운용사, 연금기금, 증권회사, 투자은행 등으로 분류된다. 2007~2008년 금융위기에 따른 금융회사의 구조조정 및 인수·합병에 따라 금융산업의 통합화가 보다 심화되고 금융산업 하위부문 간의 경계도 더욱 불분명해지는 추세이다.
금융위기의 재발을 방지하기 위해 미 의회는 2010년 월가 개혁 및 소비자 보호법을 제정하였다.

주요 용어와 개념

가치의 저장
계산의 단위
교환의 매개물
금융증권화
금융통화위원회
금전신탁
당좌예금
대마불사
도덕적 해이
명목화폐
법화
부실자산 구제금융조치(TARP)
상업은행
서브프라임 모기지
수시입출식 저축성 예금
수익증권
양도성예금증서(CD)
연방공개시장위원회(FOMC)
연방준비제도
연준 이사회
요구불예금
유동성
저축기관
주택저당증권(MBS)
준화폐
지역 연방준비은행
최종대부자 기능
M1
M2
MMF

연습문제

1. **다음 중 화폐의 세 가지 기능으로 올바른 것은?**

(1) 유동성, 가치의 저장, 선물 기능
(2) 교환의 매개물, 계산의 단위, 유동성 기능
(3) 유동성, 계산의 단위, 선물 기능
(4) 교환의 매개물, 계산의 단위, 가치의 저장 기능
(5) 교환의 매개물, 가치의 저장, 유동성 기능

2. **어떤 나라의 통화량이 다음과 같이 구성되어 있다고 가정하자. 즉 민간보유 현금통화가 40억 원, 요구불예금 및 수시입출식 저축성 예금이 60억 원, 만기 2년 미만인 정기 예·적금과 금전신탁이 2,400억 원, MMF와 양도성예금증서 및 수익증권이 300억 원이라고 하자. 이 때 이 나라의 협의통화 M1은 총 ______이고, 광의통화 M2는 총 ______이다. 빈칸에 들어갈 말을 순서대로 바르게 나열한 것은?**

(1) 40억 원, 2,500억 원
(2) 100억 원, 2,500억 원
(3) 100억 원, 2,800억 원
(4) 2,500억 원, 2,800억 원
(5) 2,760억 원, 2,800억 원

3. **V는 화폐의 구매력, P는 물가수준일 때, $V=1/P$임을 우리는 이미 알고 있다. 물가수준이 1에서 0.75로 하락할 때, 화폐의 구매력은 어떻게 변하는가?**

(1) 현재 수준의 1/3(33.3%)만큼 증가한다.
(2) 현재 수준의 1/4(25%)만큼 증가한다.
(3) 현재 수준의 1/4(25%)만큼 감소한다.
(4) 현재 수준의 1/3(33.3%)만큼 감소한다.
(5) 현재 수준과 동일하다.

4. **다음 중 중앙은행의 일반적인 기능에 속하지 않는 것은?**

(1) 법정지급준비율의 설정
(2) 재정정책에 대한 자문
(3) 통화정책을 통한 통화량 조절
(4) 최종대부자 기능
(5) 은행 간 지급결제

5. **영수는 A은행으로부터 3억 원의 주택담보대출 즉 모기지 대출을 받았다. 그리고 나서 A은행은 그 모기지 대출 채권을 B은행에 팔았다. B은행은 이 채권을 수많은 다른 채권들과 함께 묶은 후, 이를 기초로 주택저당증권을 발행하여 C은행에 모두 팔았다. C은행은 주택저당증권을 매입하는 동시에, 이러한 주택저당증권으로부터 채무불이행에 따른 손실이 발생하는 경우, 이를 전액 보상하는 신용부도스왑을 보험회사 BIG로부터 매입하였다. 이러한 상황에서 영수를 비롯한 모든 차입자들이 모기지 대출을 갚지 못하고 파산하였다면, 이로 인한 손실은 법적으로 누가 부담해야 하는가?**

(1) A은행 (2) B은행
(3) C은행 (4) 보험회사 BIG
(5) 영수

6. 물을 석유로 바꾸는 신기술에 대한 특허를 보유하고, 이를 상용화하려는 WaterOil이라는 기업이 있다. D은행은 이 기업에 500억 원을 대출할지 말지를 고심 중이다. 신기술의 상용화 성공 여부는 매우 불확실하다고 한다. 그럼에도 불구하고, D은행은 대출을 강행하였다. WaterOil이 파산하더라도 정부가 구제금융을 통해 자신을 구제해줄 것이라고 믿었기 때문이다. 경제학적으로 이러한 현상을 무엇이라고 하는가?

(1) 유동성함정 (2) 도덕적 해이
(3) 소마불사 (4) 금융증권화
(5) 역선택

7. 어떤 나라의 통화량이 다음과 같이 구성되어 있다고 한다.

민간보유 지폐=700조 원; MMF=400조 원; 회사채=300조 원; 은행이 보유한 현금=100조 원; 만기 2년 미만인 정기예금=140조 원; 요구불예금=1,500조 원; 양도성예금증서=100조 원; 민간보유 주화=40조 원

(1) 이 나라의 협의통화 M1은 얼마인가?
(2) 이 나라의 광의통화 M2는 얼마인가?

8. 어떤 나라의 통화량이 다음과 같이 구성되어 있다고 한다.

민간보유 지폐=700조 원; 은행의 MMDA=100조 원; MMF=400조 원; 국채=300조 원; 은행이 보유한 현금=50조 원; 만기 2년 미만인 정기예금=100조 원; 요구불예금=1,000조 원; 만기 2년 미만인 금전신탁=100조 원; 민간보유 주화=50조 원

(1) 이 나라의 협의통화 M1은 얼마인가?
(2) 이 나라의 광의통화 M2는 얼마인가?

9. 영수는 주거래은행인 E은행에 요구불예금 200만 원을 예금하고 있다. 영수가 E은행 ATM을 통해 20만 원을 이 요구불계좌로부터 인출하였다. 이 한 건의 거래로 인해 경제 전체의 M1은 얼마나 변화하는가?

10. 올해의 물가수준이 1이고, 따라서 화폐 1원의 구매력가치 역시 1이라고 한다. 만일 내년에 물가수준이 1.25로 상승하면 화폐 1원의 구매력가치는 어떻게 변화하는가? 만일 내년에 물가수준이 0.5로 하락하면?

11. 어떤 가수가 라스베가스의 카지노에서 도박을 한다고 하자. 그런데 그를 영입하려는 소속사가 그가 잃는 돈의 50%를 변상해 주겠다고 제안하였다. 이러한 제안을 받은 가수는 도박에 더 많은 돈을 걸 것인가 아니면 더 적은 돈을 걸 것인가? 경제학적으로 이러한 현상을 무엇이라고 하는가?

23 Chapter

화폐의 창조

학습내용

1. 부분지급준비제도의 의미와 특징
2. 은행 대차대조표의 구조와 실제 지급준비금, 법정지급준비금
3. 개별 은행의 화폐 창조
4. 은행시스템 전체의 화폐 창조
5. 통화승수의 정의, 계산방법, 경제적 의미

이전 장에서 살펴보았듯이 통화량의 정의 가운데 M1은 현금통화(지폐와 주화)와 요구불예금, 수시입출식 저축성예금으로 구성되어 있다. 그런데 이 중 현금통화 즉 지폐와 주화는 전체 M1의 10% 남짓에 불과하고, 나머지 90% 정도가 예금으로 이루어져 있다. 한편 우리는 이러한 지폐와 주화를 한국은행이 발행한다는 사실을 알고 있다. 그렇다면 M1의 대부분을 차지하는 요구불예금 등은 도대체 누가 만드는 것인가? 놀랍게도 정답은 은행이나 예금취급기관의 대출담당직원이다. 언뜻 생각하면 매우 놀라운 일처럼 보이지만 사실 한국은행이나 연준 등 통화당국은 이미 은행 등 예금취급기관이 대출을 통해 예금을 창조한다는 사실을 잘 알고 있을 뿐만 아니라, 통화량을 구성하는 핵심요소인 예금을 창조하기 위해 이들 민간 금융기관에 크게 의존하고 있다.

부분지급준비제도

부분지급준비제도

우리나라와 미국을 비롯한 대부분의 현대 자본주의 경제는 **부분지급준비제도**를 채택하고 있다. 부분지급준비제도 하에서 은행 등 예금취급기관은 전체 예금의 일부만을 금고에 현금으로 보유하거나 중앙은행에 예치하고 나머지를 대출 등으로 운용한다. 이 장에서는 이러한 부분지급준비제도의 특징에 대해 살펴보고, 이 제도 하에서 은행들이 어떻게 대출을 통해 화폐 즉 요구불예금을 창조하는지를 살펴볼 것이다.

앞으로는 통화량의 정의 가운데 협의통화 M1을 중심으로 논의를 전개할 것이다. 아울러 이후 논의는 주로 은행을 중심으로 전개되지만, 우리나라의 비은행 예금취급기관이나 미국의 저축기관의 업무 역시 일반적인 은행업무와 거의 유사하므로, 이 장의 분석결과는 이들 비은행 예금취급기관에도 그대로 적용된다.

부분지급준비제도의 기원: 금세공인

부분지급준비제도의 유래는 다음과 같다. 옛날 교환의 매개물로 금이 널리 사용되기 시작했을 때, 상인들은 매번 거래 때마다 금을 운반하고 무게를 달고 순도를 측정하는 것이 매우 성가시고 위험한 일임을 깨달았다. 이 때문에 16세기부터 상인들은 수수료를 주고 금세공인(the goldsmiths)의 금고에 금을 예치하기 시작했다. 또한 금세공인들은 금을 예치한 사람에게 금을 보관하고 있다는 증서인 영수증을 발행하였다. 재미있는 것은 시간이 지나면서 점점 더 많은 상인들이 금 현물 대신 금세공인의 영수증으로 거래를 하기 시작했다는 점이다. 말하자면 **금세공인의 영수증이 최초의 지폐**가 된 것이다.

이때까지만 해도 은행의 시초라고 할 수 있는 금세공업자들은 100% 완전지급준비제도를 준수하고 있었다. 즉 그들은 시중에 발행된 영수증만큼의 금을 금고에 '지급준비금'으로서 보관하고 있었다. 그러나 금세공인이 발행한 영수증이 오늘날 지폐와 같이 거래에 보편적으로 사용되면서, 금을 맡긴 사람들이 영수증을 제시하고 금을 인출하는 일은 매우 드물었다. 오히려 매달 새롭게 예치되는 금의 양이 인출되는 금의 양을 항상 초과하였다.

그러자 일부 영리한 금세공인들은 실제로 보관하고 있는 **금의 양을 초과해서 금보관 영수증을 발행**하기 시작했다. 왜냐하면 이렇게 영수증을 추가로 발행하여 상인들에게 대출해 줌으로써, 금보관 수수료 이외에도 이자수입을 얻을 수 있었기 때문이다. 물론 금보관 영수증이 이미 시장에서 교환의 매개물로 널리 통용되고 있었으므로, 차입자들은 금 현물이 아닌 영수증의 형태로 대출을 받을 용의가 있었다. 예컨대 금세공업자가 1,000만 원 어치의 금에 대한 영수증을 차입자들에게 빌려주면, 1년 후에 원금 1,000만 원과 이자 50만 원(5% 이자율)을 합한 1,050만 원 어치의 영수증을 돌려받는 식이었다.

이것이 바로 부분지급준비제도의 시작이었다. 부분지급준비제도하에서 은행들이 전체 예금의 일부만을 금고에 지급준비금의 형태로 보유하는 것처럼, 금세공인은 시중에 발행·유통되고 있는 금보관 영수증의 가치 가운데 일부에 해당하는 금만을 실제로 보유했기 때문이다. 예컨대 금세공인이 금고에 보관하고 있는 금 10억 원 어치에 대해 영수증을 발행하는 동시에, 대출의 형태로 10억 원 어치의 영수증을 추가로 발행할 경우,

경제 전체에 유통되는 영수증 즉 지폐의 양은 20억 원으로서 실제 보관중인 금 가치의 2배가 된다. 다시 말해, 실제 금의 형태로 보관된 지급준비금이 유통되는 영수증(지폐)의 절반에 불과한 것이다.

부분지급준비제도의 특징

상기한 금세공인의 예에서 우리는 부분지급준비제도의 2가지 중요한 특성을 파악할 수 있다. 첫째, 은행은 **대출을 통해 새로운 화폐를 창조**할 수 있다는 것이다. 금세공인들이 보관중인 금을 초과하는 영수증(지폐)을 발행하여 차입자들에게 대출하는 순간, 이들은 그만큼 새로운 지폐를 창조한 것이다. 이 때 금세공인이 창조할 수 있는 지폐의 양은 그들이 적정하다고 생각하는 금 준비금의 양에 달려 있다. 예컨대 금세공인이 인출 요구에 대비해 보유할 필요가 있다고 생각하는 금의 양이 적을수록, 이들은 더 많은 양의 영수증 즉 지폐를 발행할 수 있다.

오늘날의 은행들은 금 대신 현금을 지급준비금으로 보유하며, 금보관 영수증 대신 예금통장을 발행한다. 그러나 화폐가 창조되는 원리는 과거와 동일하다. 즉 은행들이 대출을 통해 창조할 수 있는 화폐 즉 요구불예금의 양은 은행이 현금으로 보유하는 지급준비금의 양에 따라 결정된다. 현실에서는 은행이 최소한 보유해야 할 지급준비금의 비율(법정지급준비율)이 법률로서 의무화되어 있다.

둘째, 부분지급준비제도 하에서 은행은 **언제나 예금인출사태의 위험에 노출**되어 있다는 것이다. 앞의 예와 같이 금세공인이 보유한 금의 두 배의 가치에 해당하는 영수증을 발행하였다고 가정하자. 만일 영수증을 가진 모든 사람들이 동시에 나타나 영수증을 제시하고 금 현물을 달라고 요구하면, 금세공인은 이러한 요구에 응할 수 없을 것이다. 왜냐하면 그만큼의 금을 가지고 있지 않기 때문이다.

이와 같은 예금인출사태가 실제로 과거 유럽과 미국의 많은 은행들에서 종종 발생하였다. 그러나 평상시에 은행이 지급준비금을 충분히 마련하고 대출의 건전성을 유지할 경우, 이러한 예금인출사태는 거의 일어나지 않는다. 한편 다른 산업에 비해 은행 및 금융산업을 대체로 더 엄격하게 규제하는 것 역시 이러한 예금인출사태를 사전적으로 방지하기 위함이다.

뱅크런

예금인출사태의 위험성은 금융당국이 예금보험제도를 시행하는 핵심 근거이기도 하다. 실제로 정부가 예금의 지급을 보증하는 예금보험제도가 세계 각국에서 시행된 이후, 이전에는 빈번하게 발생했던 예금인출사태가 상당히 줄어들었다. 과거 예금보험제도가 없을 때는, 어떤 은행이 파산위기나 준비금 부족을 겪고 있다는 식의 근거 없는 소문이 돌기 시작하면, 그 은행이 지급준비금을 충분히 보유하여 건전한 은행이었음에도 불구하고, 결국 파산하는 경우가 종종 있었다. 왜냐하면 예금인출사태로 인해 모든 예금자들이 은행으로 달려가 예금을 동시에 인출한다면, 부분지급준비제도하에서는 설사 건전한 은행일지라도 지급준비금이 고갈되어 일부 예금자에 대한 채무를 불이행할 수 밖에 없기 때문이다. 대규모 예금인출사태를 의미하는 **뱅크런**(bank run)이라는 용어도 예금자들이 은행의 지급준비금이 남아있는 동안 예금을 인출하기 위해, 서둘러 '은행으로 달려가는' 모습에서 유래한 것이다.

그러나 예금보험제도가 시행되어 은행이 파산해도 정부가 언제든지 예금을 대신 지급해준다면, 예금자들은 더 이상 다른 사람보다 빨리 예금을 인출하기 위해 은행으로 달려갈 필요가 없다. 따라서 예금보험제도의 시행을 통해 예금인출사태를 거의 대부분 예방할 수 있다.

은행의 대차대조표

부분지급준비제도에서 은행이 화폐를 어떻게 창조하는지를 살펴보려면, 먼저 은행의 대차대조표를 이해할 필요가 있다.

대차대조표

은행의 **대차대조표** 또는 재무상태표는 은행의 자산과 자산에 대한 청구권의 내역을 정리한 표로서, 일정 시점에서 은행의 재무상태를 요약하여 보여준다. 모든 대차대조표는 항상 좌변과 우변이 일치해야 하는데, 이것은 은행이 보유한 자산의 가치가 이 자산에 대한 청구권의 가치와 항상 같아야 함을 의미한다. 대차대조표에서 자산에 대한 청구권은 2가지로 구분된다. 하나는 은행의 소유주가 아닌 사람들의 은행자산에 대한 청구권으로서 이를 부채라고 하며, 다른 하나는 은행소유주들의 은행자산에 대한 청구권으로서 이를 순자산 또는 자기자본이라고 한다. 따라서 대차대조표의 좌우변은 다음과 같은 관계를 가진다.

$$\text{자산} = \text{부채} + \text{순자산}$$

대차대조표의 좌우변은 일치해야 하므로 만일 자산이 1,000원 증가하면 부채와 순자산의 합계도 1,000원만큼 증가해야 한다. 반대로 부채와 순자산의 합계가 1,000원 감소하면 자산도 동일한 금액만큼 감소해야 한다. 이제 개별 은행의 거래가 대차대조표에 구체적으로 어떻게 기록되는지 살펴보자. 이를 통해 은행이 어떻게 새로운 화폐를 창조하는지 보다 쉽게 이해할 수 있다.

거래 1: 은행의 설립

예컨대 어떤 지역의 주민들이 지역경제 활성화를 위해 미래은행이라는 이름의 새로운 지방은행을 주식회사 형태로 설립한다고 가정하자. 주민들로 구성된 은행의 설립자들은 정부로부터 은행설립인가를 받고 나서, 자본금 250억 원을 조달하기 위해 주식을 발행하여 투자자들에게 팔고 현금을 받았다. 이러한 거래는 미래은행의 대차대조표에 어떻게 기록되는가?

시재금

은행의 설립자들이 주식을 투자자들에게 팔고 나면, 은행의 발행주식이 250억 원만큼 증가하는 동시에, 같은 금액의 현금이 들어온다. 이러한 현금은 은행의 자산이 되는데, 이와 같이 은행이 금고에 보유한 현금을 **시재금**(vault cash)이라고 한다. 한편 250억 원의 발행주식은 은행의 소유자(주식보유자)가 은행의 자산에 대해 가지는 청구권이므로 은행의 순자산이 된다. 이러한 거래에 따라 미래은행의 대차대조표에는 다음과 같은 변화가 생긴다.

[대차대조표 1 은행의 설립]

은행의 설립			
자산		부채와 순자산	
현금	250억 원	자본금(주식발행액)	250억 원

위 표에서와 같이 대차대조표에 기록된 각각의 항목을 계정과목이라고 한다.

거래 2: 유형자산의 취득

미래은행이 구체적으로 영업을 개시하기 위해서는 영업에 필요한 각종 자산과 설비를 취득해야 한다. 미래은행 이사회에서 회사 건물매입에 220억 원, 사무실 집기 구입에 20억 원을 지출하기로 결정했다고 가정하자. 이 거래를 통해 은행 자산의 구성이 바뀌는데, 당초 250억 원이던 현금자산이 10억 원으로 줄고 대신 240억 원만큼 새로운 유형자산이 증가한다. 변경된 부분을 파란 글씨로 표시하면, 이 거래가 끝난 후 미래은행의 대차대조표는 다음과 같이 변화한다.

[대차대조표 2 유형자산의 취득]

유형자산의 취득			
자산		부채와 순자산	
현금	10억 원	자본금(주식발행액)	250억 원
유형자산	240억 원		

위 표에서 보듯이 대차대조표의 좌변과 우변의 합이 여전히 일치함을 알 수 있다.

거래 3: 예금의 수취

은행의 기본적인 기능을 2가지 꼽자면 역시 예금과 대출이다. 이제 미래은행의 영업이 본격화되면서 이 지역 주민과 기업들이 새롭게 100억 원을 미래은행에 요구불예금으로 예치했다고 한다. 이 경우 미래은행의 대차대조표는 어떻게 변하는가?

은행이 100억 원의 예금을 수취하면, 대차대조표 좌변의 현금 자산이 같은 금액만큼 늘어난다. 한편 새롭게 늘어난 요구불예금은 미래은행의 자산에 대한 예금자의 청구권을 의미하므로, 대차대조표에는 우변의 부채로 기록된다. 예금 거래 이후 미래은행의 대차대조표는 다음과 같이 변화한다.

[대차대조표 3 예금의 수취]

예금의 수취			
자산		부채와 순자산	
현금	110억 원	요구불예금	100억 원
유형자산	240억 원	자본금(주식발행액)	250억 원

이러한 거래가 일어나도 경제 전체의 통화량은 변하지 않는다. 단지 **통화량의 구성만 달라지게 된다**. 왜냐하면 은행의 요구불예금이 100억 원 증가한 대신, 같은 금액만큼 민간이 보유한 현금이 감소했기 때문이다. 한편, 이전 장에서 설명했듯이 은행이 금고에 보유한 현금 즉 시재금은 통화량에 포함되지 않는다는 점을 유의해야 한다.

만일 예금자가 현금을 인출하면, 위 거래와는 정반대의 현상이 발생한다. 즉 은행의 부채인 요구불예금과 은행의 자산인 현금이 동시에 인출된 금액만큼 감소한다. 물론 이 경우에도 전체 통화량은 변하지 않고 그 구성만 달라진다.

거래 4: 지급준비금의 중앙은행 예치

법정지급준비금

모든 은행과 예금취급기관들은 법령에 의해 수취한 요구불예금의 일정 비율을 현금으로 보유하도록 의무화되어 있는데, 이러한 현금을 **법정지급준비금**이라고 한다. 은행은 법정지급준비금을 중앙은행에 예치하거나(중앙은행 지준예치금) 은행의 금고에 시재금으로 보유할 수 있다. 여기서는 논의의 단순화를 위해 미래은행이 법정지급준비금을 전부 중앙은행에 예치한다고 가정한다. 그러나 현실에서는 은행의 시재금 역시 지급준비금에 포함되며, 따라서 많은 은행들이 지급준비금의 상당부분을 시재금의 형태로 보유한다는 것을 기억하기 바란다.

법정지급준비율

은행이 수취한 요구불예금 가운데 의무적으로 현금 즉 법정지급준비금으로 보유해야 하는 비율을 **법정지급준비율**이라고 한다. 다시 말해, 법정지급준비율은 은행의 요구불예금 잔액 대비 법정지급준비금의 비율을 의미한다.

$$\text{법정지급준비율} = \frac{\text{은행의 법정지급준비금}}{\text{은행의 요구불예금 잔액}}$$

만일 법정지급준비율이 0.1(10%)인 상황에서 은행이 민간으로부터 100억 원의 예금을 수취했을 경우, 은행은 이 중 최소 10억 원을 지급준비금으로 보유해야 한다. 만일 법정지급준비율이 0.2(20%)라고 하면 은행은 최소 20억 원을, 법정지급준비율이 0.5(50%)라고 하면 은행은 최소 50억 원을 지급준비금으로 보유해야 한다.

중앙은행은 법률이 정한 범위 내에서 법정지급준비율을 정하고, 이를 변경할 수 있다. 예컨대 한국은행법 제56조에 따르면 한국은행의 금융통화위원회는 법정지급준비율을 정하고, 필요할 경우 이를 변경할 수 있는 권한을 가진다. 다만, 법정지급준비율은 일부 예외 경우를 제외하고는 50%를 초과할 수 없다고 규정하고 있다. 2016년 현재 우리나라의 법정지급준비율은 예금의 종류에 따라 0~7%로 차등 적용되고 있다. 한편 미국에서는 중앙은행인 연준이 법정지급준비율을 정하는데, 2016년 현재 예금의 종류 및 요구불예금의 액수에 따라 0~10%로 차등 적용되고 있다.

여기서는 논의의 단순화를 위해서 요구불예금에 대한 법정지급준비율이 0.2 즉 20%라고 가정하자. 아울러 우리의 관심은 주로 M1의 주된 구성요소인 요구불예금에 집중되어 있으므로, 정기예금 등 유동성이 떨어지는 기타 저축성예금은 논의에서 제외한다. 중요한 것은 바로 부분지급준비제도 즉 법정지급준비율이 100%보다 낮다는 사실이다. 이 점이 바로 은행이 화폐를 창조할 수 있게 해주는 핵심적인 요소이다.

법정지급준비율이 20%이므로 미래은행은 수취한 100억 원의 예금 중 20억 원(=100억 원×0.2)을 중앙은행에 예치함으로써 법정지급준비율을 준수할 수 있다. 이렇게 중앙은행에 예치한 현금은 은행의 입장에서 보면 중앙은행에 일종의 '예금'을 한 것이지만, 민간이 은행에 예치한 예금과 구분하기 위해 '중앙은행 지준예치금'이라고 부른다.

만약 미래은행이 앞으로 예금이 지속적으로 늘어날 것으로 예상한다면, 최소한의 법정지급준비금인 20억 원보다 더 많은 현금, 예컨대 은행이 보유한 전체 현금인 110억 원을 중앙은행에 예치할 수도 있다. 이렇게 하면 수취하는 예금액이 늘어날 때마다 매번 중앙은행에 추가로 지급준비금을 예치하는 불편을 덜 수 있기 때문이다.

물론 현실의 은행들은 모든 현금을 중앙은행에 예치하지는 않는다. 그러나 현실에서 대부분의 은행들이 전체 자산의 극히 일부만을 시재금으로 보유한다는 점과 시재금 역시 중앙은행 지준예치금과 마찬가지로 지급준비금으로 간주된다는 점을 감안하여, 여기서는 단순하게 미래은행이 보유한 모든 현금을 중앙은행에 예치한다고 가정한다. 이렇게 단순화된 가정을 하면, 은행 대차대조표에서 지급준비금 총액을 구하기 위해 매번 현금(시재금)과 중앙은행 지준예치금을 더할 필요 없이, 중앙은행 지준예치금만 보면 된다.

가정대로 미래은행이 보유한 현금 110억 원을 전부 중앙은행에 예치할 경우의 대차대조표는 다음과 같다.

[대차대조표 4 지급준비금의 중앙은행 예치]

지급준비금의 중앙은행 예치			
자산		부채와 순자산	
현금	0원	요구불예금	100억 원
지급준비금	110억 원	자본금(주식발행액)	250억 원
유형자산	240억 원		

이 거래와 관련하여 다음의 3가지를 추가적으로 살펴볼 필요가 있다.

초과지급준비금 은행의 **초과지급준비금**은 **실제 지급준비금**에서 법정지급준비금을 차감하여 구할 수 있다.

초과지급준비금
실제 지급준비금

$$\text{초과지급준비금} = \text{실제 지급준비금} - \text{법정지급준비금}$$

미래은행의 예에서는 다음과 같이 초과지급준비금을 계산할 수 있다.

실제 지급준비금	110억 원
법정지급준비금	−20억 원
초과지급준비금	90억 원

위에서 보듯이 초과지급준비금을 계산하기 위해서는, 먼저 은행의 요구불예금 잔액에 법정지급준비율을 곱하여 법정지급준비금을 구하고(100억 원×20%=20억 원) 이를 대차대조표의 좌변(자산항목)에 기록된 실제 지급준비금(110억 원)에서 차감하면 된다.

독자들은 대차대조표 4에서 지급준비율이 10%, 30%, 50%인 경우, 미래은행의 초과지급준비금이 각각 얼마가 되는지 스스로 연습해 보기 바란다. 곧 살펴보겠지만 초과지급준비금의 수준에 따라 은행의 대출여력이 달라지므로, 은행이 대출을 통해 어떻게 화폐를 창조하는지 알기 위해서는 초과지급준비금의 개념을 이해하는 것이 매우 중요하다.

대출금액 조절수단으로서의 지급준비금 부분지급준비제도 하에서 은행이 법정지급준비금 이상을 의무적으로 보유하도록 하는 이유는 무엇일까? 아마 많은 사람들은 은행의 유동성을 확보함으로써 예금자의 잠재적 손실을 방지하기 위해서라고 생각할 것이다. 물론 지급준비금이 대규모의 예기치 못한 현금인출에 대비하여 은행이 준비하는 자금 가운데 핵심적인 부분을 차지하는 것은 사실이다.

그러나 현실을 살펴보면 이러한 생각은 잘못되었음을 알 수 있다. 역사적으로 볼 때, 지급준비금이 예금자의 인출요구에 대응하기 위한 유동성의 원천으로서 보유되기 시작한 것은 사실이다. 그러나 은행의 법정지급준비금만으로는 대규모의 급작스러운 현금인출을 감당하기에 턱없이 부족한 것 역시 사실이다. 만일 요구불예금을 보유한 모든 예금자들이 한꺼번에 나타나 예금을 인출해달라고 요구하는 상황이 현실화되면, 시재금 또는 중앙은행 예치금으로 구성된 지급준비금만으로는 이러한 요구를 충족하는 데 턱없이 모자라기 때문에, 은행들은 대규모 예금인출사태 즉 뱅크런의 위험에서 벗어날 수 없다. 이는 부분지급준비제도의 특성상 요구불예금 잔액은 은행이 보유한 지급준비금보다 훨씬 많기 때문에, 어찌 보면 지극히 당연한 사실이라고 할 수 있다.

따라서 은행의 예금자를 보호하기 위해서는 지급준비금 규제 이외에 다른 수단이 필요하다. 예컨대 금융감독당국은 정기적으로 은행을 검사함으로써 은행의 재무건전성을 유지 및 제고할 수 있다. 또한 예금보험제도를 통해 일정 한도의 금액까지 예금의 지급을 보장하는 것 역시 예금자의 잠재적 손실을 막고 뱅크런을 예방하는 중요한 수단이다.

지급준비금 규제의 목적이 예금자 보호가 아니라면, 도대체 지급준비금은 어떤 기능을 하는 것일까? 지급준비금의 가장 중요한 기능은 대출금액 조절수단으로서의 기능이다. 중앙은행은 법정지급준비율을 조정함으로써 은행의 대출여력에 영향을 줄 수 있다. 중앙은행이 은행의 지급준비금을 증가 혹은 감소시키면 은행이 대출에 사용할 수 있는 자금의 양이 줄거나 늘기 때문이다. 중앙은행은 이러한 지급준비금 조절을 통해 은행의 대출이 과다하게 증가하거나 지나치게 감소하는 것을 방지함으로써 경기변동의 진폭을 완화하고자 한다. 지급준비금의 또 다른 기능 중 하나는 수표 또는 자금이체 등을 통한 은행 간 결제를 원활하게 하는 기능이다.

자산과 부채 마지막으로 거래 4에 유의할 점이 있다. 앞의 대차대조표 4에 있는 지급준비금은 은행이 중앙은행에 대해 갖는 청구권 즉 자산이라는 점이다. 요구불예금은 이를 예치한 예금자에게는 자산이지만 은행에게는 예금자가 언제든지 인출을 요구하면 이를 지급해야하는 부채다. 마찬가지로 지급준비금은 이를 예치한 은행에게는 자산이지만 중앙은행에게는 이를 예치한 은행이 인출을 요구하면 이를 지급해야하는 부채인 것이다.

거래 5: 은행 간 수표의 결제

앞서 거래 3에서 미래은행에 100억 원이 예금된 바 있다. 100억 원의 예금 가운데 대부분은 이 지역의 사업가인 동건의 예금이라고 하자. 이제 동건이 제품생산을 위해 50억 원 어치의 원자재를 다른 지역의 회사인 믿음상사로부터 매입했다고 하자. 동건은 본인이 미래은행에 보유한 요구불예금을 기초로 50억 원의 수표를 발행하여 원자재 대금을 지불하였다.

믿음상사는 원자재 대금으로 받은 수표를 자신의 거래은행인 횡재은행에 예금했다고 한다. 이에 따라 횡재은행은 믿음상사의 요구불예금 잔액을 50억 원만큼 증가시킨다. 이렇게 거래가 완료된 이후, 미래은행의 대차대조표는 어떻게 변화하는지 살펴보자.

지금 횡재은행은 동건이 발행한 수표를 가지고 있다. 이 수표는 단지 미래은행에 예치된 동건의 자산에 대한 청구권에 불과하므로, 횡재은행은 이러한 청구권을 회수하고자 한다. 이를 위해 횡재은행은 중앙은행에 이 수표를 보낸다. 수표를 받은 중앙은행은 횡재은행이 중앙은행에 예치한 지급준비금을 50억 원만큼 증가시키는 한편, 미래은행이 중앙은행에 예치한 지급준비금을 같은 금액만큼 감소시킴으로써 수표를 결제한다. 이와 같이 두 은행 사이의 수표의 결제는 실제 현금이 오고가는 것이 아니라 장부상의 표기만으로 완료되는데, 그 결과 미래은행의 중앙은행 예치금이 50억 원 감소하는 대신, 횡재은행의 중앙은행 예치금이 50억 원 증가하게 된다.

마지막으로 중앙은행은 결제된 수표를 미래은행에 보냄으로써, 예금주 동건이 본인의 요구불예금에서 50억 원을 수표로 인출했다는 것과 이로 인해 중앙은행에 예치된 미래은행의 지급준비금이 같은 금액만큼 감소했음을 통지하게 된다. 이에 따라 미래은행의 대차대조표에서 요구불예금 잔액이 50억 원만큼 감소하는 동시에, 중앙은행에 예치된 지급준비금이 같은 금액만큼 감소한다.

여기서 중요한 것은 이 과정에서 모든 은행의 대차대조표는 좌우변이 항상 일치한다는 것이다. 즉 거래 결과 미래은행의 자산(지급준비금)과 부채(동건의 요구불예금)가 모두 50억 원 감소한 반면, 횡재은행의 자산(지급준비금)과 부채(믿음상사의 요구불예금)은 모두 50억 원 증가하였다. 이 과정에서 중앙은행에 예치된 지급준비금의 소유자 구성은 바뀌었지만(미래은행의 예치금이 50억 원 감소한 대신, 횡재은행의 예치금이 50억 원 증가함), 전체 지급준비금의 양은 불변이다.

이와 같이 한 은행에서 수표가 인출되어 다른 은행에 예금되는 경우, 수표가 인출된 은행의 지급준비금과 요구불예금은 수표 금액만큼 동시에 감소하는 반면, 수표를 받은 은행의 지급준비금과 요구불예금은 같은 금액만큼 동시에 증가한다. 이렇게 한 은행이 잃은 만큼 다른 은행이 얻는 식이므로, 은행 전체적으로 보면 지급준비금이나 요구불예금의 총량에 변화가 없다.

이러한 거래가 종료된 후, 미래은행의 대차대조표는 다음과 같이 변화한다.

[대차대조표 5 은행 간 수표의 결제]

은행 간 수표의 결제			
자 산		부채와 순자산	
지급준비금	60억 원	요구불예금	50억 원
유형자산	240억 원	자본금(주식발행액)	250억 원

법정지급준비율이 20%인 상황에서, 미래은행의 초과지급준비금은 거래 이전 90억 원에서 거래 이후 50억 원으로 줄어든다. 왜냐하면 현재 법정지급준비금이 10억 원(=50억 원×20%)이므로, 이를 실제 지급준비금 60억 원에서 차감한 50억 원이 초과지급준비금이 되기 때문이다.

개별 은행의 화폐창조

개별 은행은 대출을 하거나 민간으로부터 국채 등 채권을 매입함으로써 새로운 화폐를 창조할 수 있다.

거래 6: 대출

예금의 수취와 함께 또 다른 은행의 핵심 업무는 차입자에게 대출을 하는 것이다. 은행이 대출을 할 때, 은행의 대차대조표에는 어떤 변화가 나타나는가?

이 지역의 건설회사 마천루가 새로운 아파트를 지으려 한다. 이를 위해 필요한 자금이 50억 원이라고 하자. 이에 따라 마천루의 재무담당자는 미래은행에 가서 차용증서를 쓰고 50억 원 대출을 신청하였다.[1] 이에 대해 미래은행은 마천루의 재무상황을 심사한 결과, 이 회사가 대출을 상환할 능력이 있다고 판단하여 대출을 승인하였다. 한편 현금보다는 수표를 사용하여 거래를 하는 것이 더 편리하므로, 마천루의 재무담당자는 대출금 50억 원을 현금 다발 대신 요구불예금(또는 수시입출식 저축성예금)의 형태로 수령하기로 하였다. 즉 미래은행에 있는 마천루의 요구불예금 계좌에 50억 원이 입금된 것이다. 미래은행의 입장에서는 이자수익을 얻을 수 있는 대출자산을 취득하는 대신, 그 대가로 부채인 요구불예금을 늘린 셈이다. 따라서 대출이 실행된 직후 미래은행의 대차대조표는 다음과 같이 변화한다.

1) 대출금 50억 원이 공교롭게도 현재 미래은행의 초과지급준비금과 같은 금액임에 주목하기 바란다. 사실 이 경우 미래은행이 대출할 수 있는 최대금액은 50억 원이다. 그 이유에 대해서는 곧바로 논의할 것이다.

[대차대조표 6a 대출]

대출			
자산		부채와 순자산	
지급준비금	60억 원	요구불예금	100억 원
대출	50억 원	자본금(주식발행액)	250억 원
유형자산	240억 원		

이 과정에서 미래은행의 대차대조표를 자세히 살펴보면, 1가지 놀라운 사실을 발견할 수 있다. 바로 **미래은행이 대출을 하는 과정에서 새로운 돈 즉 화폐를 창조했다**는 점이다. 즉 미래은행의 요구불예금의 양이 대출 이전의 50억 원에서 대출 이후 100억 원으로 증가하면서 협의통화 M1 역시 같은 금액만큼 증가한 것이다.

대차대조표 6a를 대차대조표 3과 비교하면, 화폐 즉 요구불예금이 창조되는 과정이 일반적인 거래와 어떻게 다른지 알 수 있다. 즉 대차대조표 3의 거래에서도 미래은행의 요구불예금이 증가하긴 했지만, 이 경우 지역 주민과 기업들이 기존에 보유하고 있던 현금통화를 예금한 것이므로 전체 통화량은 변하지 않았다. 다만 **통화량의 구성만 현금통화가 요구불예금으로 바뀐 것**이다. 반면 대차대조표 6a의 거래에서는 미래은행이 대출을 통하여 어디에도 없던 **새로운 요구불예금을 스스로 창조**하고 있다. 이렇게 미래은행이 새롭게 창조한 요구불예금은 당연히 '화폐'에 포함된다. 왜냐하면 요구불예금을 기초로 수표를 발행하거나 계좌이체를 함으로써 경제의 모든 거래를 결제할 수 있기 때문이다. 다시 말해, 요구불예금이 경제전체적으로 널리 통용되는 교환의 매개물이기 때문이다. 앞 장에서 살펴본 대로 이러한 요구불예금은 협의통화 M1뿐 아니라 광의통화 M2의 주요 구성요소이다.

앞 장에서도 보았듯이 우리나라의 전체 통화량 M1 가운데 현금이 차지하는 비중은 10% 남짓에 불과하며, 나머지 90% 정도가 상기한 것처럼 은행 등 예금취급기관이 대출을 통해 새롭게 창조한 요구불예금 또는 수시입출식 저축성예금이다. 이렇게 대출을 통해 창조된 요구불예금은 대출을 시행한 은행의 '부채'가 된다. 왜냐하면 은행은 요구불예금의 예금자가 인출을 요구하면, 언제든지 지불해야 할 의무가 있기 때문이다.

그러나 개별 은행이 대출을 통해 요구불예금을 창조하는 능력에는 한계가 있다. 이러한 한계를 결정하는 요인이 무엇인지 살펴보자.

이제 마천루가 아파트의 시공을 발주하면서 시공사인 건설회사 반석에 50억 원의 계약금을 미래은행 요구불예금 계좌로부터 수표를 발행하여 지불했다고 하자. 반석은 받은 수표를 주거래 은행인 대박은행에 요구불예금 하였다. 앞서 살펴본 대로 이 수표가 결제되면 대차대조표 5에서와 같이 미래은행의 지급준비금과 요구불예금 잔액이 수표 금액인 50억 원만큼 감소하는 반면, 대박은행의 지급준비금과 요구불예금 잔액은 같은 금액만큼 증가하게 된다.

이와 같이 대출금(50억 원)이 전액 수표로 인출되어 결제된 이후, 미래은행의 대차대조표는 다음과 같이 변화한다.

[대차대조표 6b 대출금이 전액 수표로 인출 · 결제된 경우]

대출금이 전액 수표로 인출 · 결제된 경우			
자 산		부채와 순자산	
지급준비금	10억 원	요구불예금	50억 원
대출	50억 원	자본금(주식발행액)	250억 원
유형자산	240억 원		

위 대차대조표에서 보듯이 미래은행의 지급준비금은 10억 원으로서 법정지급준비율 20%에 따라 의무적으로 보유해야 하는 수준(10억 원=50억 원×20%)과 정확히 일치함을 알 수 있으며, 따라서 현재 초과지급준비금은 0원임을 알 수 있다.

여기서 1가지 중요한 의문이 제기된다. 상기한 대로 대출 이전 미래은행의 초과지급준비금은 50억 원이었다. 만일 미래은행이 이보다 많은 돈을 대출하고, 이렇게 대출한 돈이 전부 수표로 인출 · 결제되었다면, 미래은행은 과연 법정지급준비율 20%를 충족시킬 수 있었을까? 정답은 "아니다"이다. 이는 미래은행이 **최대로 대출할 수 있는 금액 즉 대출여력의 한도가 초과지급준비금 50억 원과 동일**함을 의미한다.

그 이유를 살펴보자. 만일 미래은행이 50억 원보다 많은 55억 원을 마천루에게 대출하고 마천루는 이를 전액 반석에게 수표로 지불했다고 하자. 이 수표가 결제되면 미래은행의 지급준비금은 5억 원으로 감소하고 요구불예금 잔액은 50억 원으로 감소한다. 즉 대출 전 60억 원이었던 지급준비금은 대출금 55억 원이 전액 인출 · 결제되면서, 이를 차감한 5억 원만 남게 된다. 한편 대차대조표 5에서 보듯이 대출 전 50억 원이었던 요구불예금은 대출에 따라 105억 원(=50억 원+55억 원)으로 잠시 늘어났다가 대출금 55억 원이 전액 인출 · 결제되면서, 다시 이를 차감한 50억 원이 된다. 따라서 수표가 결제되고 난 후 미래은행의 요구불예금 잔액 대비 실제 지급준비금의 비율은 겨우 10%(=5억 원/50억 원)로서, 법정지급준비율인 20%에 크게 못미친다. 따라서 미래은행은 55억 원을 대출할 수 없다.

55억 원 말고 50억 원을 초과하는 어떤 금액을 대출하든, 미래은행은 절대로 법정지급준비율을 충족할 수 없다. 따라서 미래은행이 대출할 수 있는 최대한도는 50억 원이며, 이는 바로 대출 전 은행이 보유하고 있던 초과지급준비금과 정확히 같은 금액이다.

지금까지의 논의를 요약하면, 개별 은행이 '최대로 대출할 수 있는 금액은 대출 당시의 초과지급준비금'이다. 은행은 대출 시 대출금 전액이 인출될 가능성에 대비한다. 만일 대출금 전액이 인출되면 은행의 지급준비금이 같은 금액만큼 감소하므로, 법정지급준비율을 충족시키지 못할 경우를 대비해서 은행은 초과지급준비금까지만 대출하게 된다.

지금까지 은행이 새로운 대출을 함으로써 화폐를 창조한다고 하였는데, 만일 반대로 사람들이 대출을 갚으면 화폐가 줄어드는가? 정답은 "그렇다"이다. 차입자가 대출을 상환하면 앞서의 모든 과정은 정확히 반대 방향으로 진행된다. 다시 말해, 은행의 요구불예금 잔액이 대출금 상환액만큼 줄어드는 것이다.

거래 7: 국채 등 채권의 매입

은행은 대출뿐만 아니라 **민간으로부터 국채 등 채권을 매입함으로써 새로운 화폐를 창조**할 수 있다.

예컨대 현재 미래은행의 대차대조표가 대차대조표 5와 같다고 하자. 이 때 미래은행이 50억 원만큼 증권딜러로부터 국채를 매입하였다고 가정하자. 또한 국채 매입대금은 딜러의 요구불예금 계좌로 예치되었다. 미래은행의 입장에서는 이자수익을 얻을 수 있는 자산인 '채권'을 취득하는 대신, 그 대가로 부채인 요구불예금을 늘린 셈이다. 따라서 국채를 매입한 후 미래은행의 대차대조표는 다음과 같이 변화한다.

[대차대조표 7 국채 등 채권의 매입]

국채 등 채권의 매입			
자 산		부채와 순자산	
지급준비금	60억 원	요구불예금	100억 원
채권	50억 원	자본금(주식발행액)	250억 원
유형자산	240억 원		

같은 금액만큼 대출이 늘어난 대차대조표 6a의 경우와 마찬가지로, 대차대조표 7에서도 요구불예금 잔액이 50억 원만큼 증가했음을 알 수 있다. 이와 같이 은행이 민간으로부터 채권을 매입하면 민간에 대출을 할 때와 마찬가지로 새로운 화폐인 요구불예금이 창조되고, 따라서 통화량이 증가한다.

한편 이 증권딜러가 자신의 요구불예금 계좌에서 채권 매각대금 50억 원을 전부 수표로 인출하여 결제하면, 미래은행의 지급준비금과 요구불예금이 각각 50억 원만큼 감소한다. 그 결과 미래은행의 지급준비금과 요구불예금은 각각 10억 원, 50억 원이 되어 지급준비율은 20%이므로 법정지급준비율을 정확히 충족하게 된다. 이 경우 미래은행의 대차대조표는 계정과목의 변화 즉 '대출'이 '채권'으로 바뀐 것을 제외하고는 정확히 대차대조표 6b와 일치하게 된다.

채권을 매입하는 경우와 정반대로 은행이 국채 등 채권을 민간에 매각하면, 상기한 것과 정반대의 과정이 진행되면서 요구불예금이 줄어들고 경제의 통화량이 감소한다. 채권을 매입한 사람이 본인의 요구불예금 잔액으로 매입대금을 지불하면, 은행의 대차대조표에서 좌변의 '채권'과 우변의 '요구불예금'이 동시에 매입대금만큼 감소하기 때문이다.

은행 전체의 화폐창조

지금까지의 논의를 통해 개별 은행이 최대로 대출할 수 있는 한도는 대출 당시 그 은행의 초과지급준비금과 같음을 알 수 있었다. 그러나 은행 전체로 보면 상황이 달라진다. 개별 은행과 달리 **은행 전체적으로는 초과지급준비금의 몇 배에 해당하는 금액이 대출**

될 수 있고, 그만큼 화폐를 더 많이 창조할 수 있다는 것이다. 즉 개별 은행은 초과지급준비금만큼만 대출할 수 있지만, 은행 전체적으로는 개별 은행의 초과지급준비금보다 훨씬 더 많은 대출이 이루어질 수 있다.

어떻게 이런 일이 가능한가? 그 이유를 살펴보자. 본격적인 논의에 앞서 분석의 단순화를 위해 다음과 같은 3가지 가정을 할 것이다.

- 법정지급준비율은 20%이다.
- 초기에 모든 은행은 법정지급준비율 20%를 정확히 충족하고 있다. 따라서 어떤 은행에도 초과지급준비금은 존재하지 않는다. 즉 초기에 모든 개별 은행의 대출여력은 소진된 상태이다.
- 어떤 은행에 초과지급준비금이 발생할 경우, 이는 전액 한 차입자에게 대출되며, 이 차입자는 대출금액 전부에 대해 수표를 발행하여 다른 사람에게 지급한다. 또한 수표를 지급받은 사람은 다른 은행에 이 수표를 예금한다. 이는 대출하는 은행에 대해 가장 최악의 상황을 전제한 것이다. 즉 대출금 전액이 인출되어 다른 은행에 예금되는 경우를 가정한 것이다.

은행 전체의 대출여력

고물상 사장 석규가 몇 년 동안 방치되어 있던 차를 폐차하다가, 그 안에서 우연히 5만원짜리 지폐 2장을 발견하였다. 석규는 이를 은행 A에 요구불예금하였고, 이에 따라 은행 A의 현금 즉 지급준비금은 10만 원 증가하였다. 지금부터는 새로운 거래에 따라 은행의 대차대조표가 변화한 부분만을 기록할 것이다. 석규가 예금을 하고 난 후 은행 A의 대차대조표의 변화는 (a_1) 항목으로 표기된다.

[대차대조표: 은행 A]

은행 A			
자 산		부채와 순자산	
지급준비금	+ 10만 원(a_1) − 8만 원(a_3)	요구불예금	+ 10만 원(a_1) + 8만 원(a_2) − 8만 원(a_3)
대출	+ 8만 원(a_2)		

앞서 대차대조표 3에서와 같이 석규가 10만 원을 예금해도 경제의 통화량은 변하지 않는다. 왜냐하며 요구불예금이 10만 원 증가하는 대신 석규가 가지고 있던 현금 10만 원이 줄어들기 때문이다. 그러나 은행 A의 입장에서는 이제 초과지급준비금이 8만 원만큼 증가한다. 늘어난 예금 10만 원 중 법정지급준비율 20%에 해당하는 2만 원을 제외하면 8만 원이 초과지급준비금이 되기 때문이다. 앞서 살펴본 대로 은행 A는 최대 초과지급준비금만큼만 대출할 수 있으므로, 은행 A의 최대 대출한도는 8만 원이 된다. 가정에 따라 은행 A가 초과지급준비금 8만 원을 전부 대출하면, 은행 A의 대출자산이 8만 원 증가하는 동시에 새로운 차입자 명의의 요구불예금이 같은 금액만큼 증가한다.

이러한 거래는 대차대조표의 (a_2)항목으로 표기되어 있다.

이제 앞서의 세 번째 가정에 따라 8만 원을 대출받은 새로운 차입자는 대출금 전액에 대해 수표를 발행하여 다른 사람에게 지급하고, 수표를 지급받은 사람은 이 수표를 은행 B에 예금한다. 수표가 결제되면 앞서 대차대조표 6b에서와 같이 은행 A의 지급준비금과 요구불예금이 동시에 8만 원만큼 감소한다. 이러한 거래는 대차대조표의 (a_3)항목으로 표기되어 있다. 거래가 완료된 후, 은행 A의 지급준비금은 2만 원(=10만 원−8만 원), 대출금은 8만 원, 요구불예금은 10만 원(=10만 원+8만 원−8만 원)이므로 은행 A는 법정지급준비율 20%를 정확히 맞추게 된다.

이제 은행 B의 대차대조표를 살펴보자. 발행된 수표가 은행 B에 예금되면 은행 B의 지급준비금과 요구불예금은 동시에 수표금액 8만 원만큼 증가하게 된다. 이는 다음 대차대조표의 (b_1)항목으로 표기된다.

[대차대조표: 은행 B]

은행 B			
자 산		부채와 순자산	
지급준비금	+ 8만 원(b_1)	요구불예금	+ 8만 원(b_1)
	− 6만4천 원(b_3)		+ 6만4천 원(b_2)
대출	+ 6만4천 원(b_2)		− 6만4천 원(b_3)

은행 B는 증가한 예금 8만 원 중 20%에 해당하는 1만6천 원을 법정지급준비금으로 보유해야 한다. 따라서 은행 B의 초과지급준비금은 6만4천 원(=8만 원−1만6천 원)이 되고, 은행 B는 앞서 세 번째 가정에 따라 이를 전액 대출한다. 이러한 거래는 대차대조표의 (b_2)항목으로 표기되어 있다. 은행 B로부터 대출을 받은 차입자는 앞서 세 번째 가정에 따라 대출금 전액에 대해 수표를 발행하여 다른 사람에게 지급하고, 수표를 지급받은 사람은 이 수표를 은행 C에 예금한다. 그 결과 은행 B의 지급준비금과 요구불예금은 모두 6만4천 원만큼 감소한다. 이러한 거래는 대차대조표의 (b_3)항목으로 표기되어 있다. 거래가 완료된 후, 은행 B의 지급준비금은 1만6천 원(=8만 원−6만4천 원), 대출금은 6만4천 원, 요구불예금은 8만 원(=8만 원+6만4천 원−6만4천 원)이 되어 은행 B 역시 은행 A와 마찬가지로 법정지급준비율 20%를 정확히 맞추게 된다.

이러한 과정은 계속 반복된다. 발행된 수표가 은행 C에 예금되면 은행 C의 지급준비금과 요구불예금은 동시에 수표금액 6만4천 원만큼 증가하게 된다. 이는 다음 대차대조표의 (c_1)항목으로 표기된다.

[대차대조표: 은행 C]

은행 C			
자 산		부채와 순자산	
지급준비금	+ 6만4천 원(c_1)	요구불예금	+ 6만4천 원(c_1)
	− 5만1천2백 원(c_3)		+ 5만1천2백 원(c_2)
대출	+ 5만1천2백 원(c_2)		− 5만1천2백 원(c_3)

이제 은행 C는 받은 예금액의 20%인 1만2천8백 원을 법정지급준비금으로 보유하고, 나머지 초과지급준비금 5만1천2백 원을 전액 대출한다. 이러한 거래는 대차대조표의 (c_2)항목으로 표기되어 있다. 그리고 나면 대출받은 차입자가 대출금 전액에 대해 수표를 발행하여 다른 사람에게 지급하고, 수표를 받은 사람은 또 다른 은행 D에 수표를 예금한다. 이러한 거래는 대차대조표의 (c_3)항목으로 표기되어 있다.

우리는 동일한 과정을 은행을 바꾸어가면서(은행 D, E, F, G 등) 계속 반복할 수 있다. 사실 이러한 과정은 은행이 대출할 수 있는 초과지급준비금이 단 1원이라도 남아있는 한, 무한히 반복될 수 있다. 이러한 과정에서 새로운 요구불예금 즉 화폐가 지속적으로 창조되는 것이다

표 23.1은 화폐가 반복적으로 창조되는 과정을 정리한 것이다. 우리는 이 표로부터 1가지 놀라운 사실을 발견하게 된다. 즉 초기에 8만 원(이는 석규가 10만 원을 은행 A에 예금하면서 비로소 발생한 것임)에 불과했던 초과지급준비금을 기초로 은행 전체적으

〈표 23.1〉 화폐창조과정: 요약

초기에 10만 원의 현금이 은행에 요구불예금되면, 같은 금액만큼 은행의 지급준비금이 늘어난다. 법정지급준비율이 20%인 경우 예금 10만 원에 대한 법정지급준비금은 2만 원이므로 나머지 8만 원이 새롭게 발생한 초과지급준비금이다. 통화승수가 5(=1/0.2)이므로 이 8만 원으로부터 은행 전체의 화폐창조과정을 통해 최대 40만 원(=8만 원×5)의 예금을 창조할 수 있다. 결과적으로 초기 10만 원의 예금으로부터 총 50만 원(=초기 요구불예금 10만 원+새롭게 창조된 요구불예금 40만 원)의 화폐가 창조된 셈이다.

(단위: 천 원)

은행	(1) 수취한 예금액	(2) 법정지급준비금 (지급준비율 = 0.2)	(3) 초과지급준비금 (1) − (2)	(4) 대출 가능액: 새로 창조된 화폐량 = (3)
은행 A	100,000(a_1)	20,000	80,000	80,000(a_2)
은행 B	80,000(a_3, b_1)	16,000	64,000	64,000(b_2)
은행 C	64,000(b_3, c_1)	12,800	51,200	51,200(c_2)
은행 D	51,200	10,240	40,960	40,960
은행 E	40,960	8,190	32,770	32,770
은행 F	32,770	6,550	26,210	26,210
은행 G	26,210	5,240	20,970	20,970
은행 H	20,970	4,200	16,780	16,780
은행 I	16,780	3,360	13,420	13,420
은행 J	13,420	2,680	10,740	10,740
은행 K	10,740	2,150	8,590	8,590
은행 L	8,590	1,720	6,870	6,870
은행 M	6,870	1,370	5,500	5,500
은행 N	5,500	1,100	4,400	4,400
나머지 은행	21,990	4,400	17,590	17,590
전체				400,000

로 무려 40만 원이나 대출이 증가하였던 것이다. 은행 전체의 대출금 합계는 (4)열의 맨 아래에 나와 있다. 즉 8만 원의 초기 초과지급준비금을 기초로 은행 전체적으로는 그의 5배(=40만 원/8만 원)에 해당하는 금액을 대출할 수 있다는 것이다. 이러한 과정에서도 개별 은행은 여전히 그 자신의 초과지급준비금만큼만 대출하고 있음을 알 수 있다. 이것이 어떻게 가능한가? 어째서 각각의 개별 은행은 초과지급준비금 이상을 대출할 수 없는데도 불구하고, 은행 전체적으로는 초과지급준비금의 몇 배에 해당하는 금액을 대출할 수 있는 것일까?

그 이유는 수표가 발행 및 결제될 때, 개별 은행의 입장에서는 지급준비금이 줄어들지만 **은행 전체적으로는 지급준비금이 줄어들지 않기 때문**이다. 앞서 예에서 보듯이 은행 A의 요구불예금으로부터 발행된 수표가 은행 B에 예금되면 은행 A의 지급준비금은 줄어들지만, 같은 금액만큼 은행 B의 지급준비금이 증가한다. 마찬가지로 은행 B의 지급준비금이 감소하면 같은 금액만큼 은행 C의 지급준비금이 증가한다. 이러한 과정은 은행 D, E, F, ... 에 대해서도 마찬가지로 반복된다. 즉 개별 은행의 입장에서는 지급준비금이 줄어들 수 있지만, 은행 전체적으로 볼 때는 지급준비금의 양이 변하지 않는다.

따라서 개별 은행은 자신의 초과지급준비금 한도 내에서만 대출할 수 있는 반면, 은행 전체적으로는 '초기 초과지급준비금의 몇 배에 해당하는 금액'을 대출할 수 있다. 이는 앞 장에서 언급했던 구성의 오류의 좋은 예라고 할 수 있다. 이와 같이 은행 전체적으로 화폐가 창조되는 방식은 개별 은행이 화폐를 창조하는 방식과 매우 다른 특징을 가진다.

통화승수

통화승수

통화승수(money multiplier)는 새롭게 은행의 초과지급준비금이 발생했을 때, 앞서의 화폐창조과정을 통해 은행 전체적으로 요구불예금이 몇 배나 증가하는지를 나타내는 배수를 의미한다.

이는 19장에서 언급했던, 지출과 소득 증가분의 비율을 나타내는 승수(이후 지출 · 소득 승수로 지칭)와 내용상으로는 전혀 별개의 개념이지만, 작동하는 수학적 원리는 매우 유사하다. 19장의 승수효과에 따르면 초기의 작은 지출 증가가 지출 · 소득 승수 배만큼 확대되어 GDP의 대폭 증가로 이어지게 된다. 그런데 이러한 승수효과가 발생하는 근본 원인은 한 가계의 지출 증가가 다른 가계의 소득 증가로 이어지기 때문이다. 이 때 지출 · 소득 승수의 크기는 매 지출단계에서 발생하는 저축으로의 누출 비율을 나타내는 한계저축성향의 역수가 된다.

이와 마찬가지로 통화승수 효과는 초기 초과지급준비금의 작은 증가가 통화승수 배만큼 확대되어 경제전체 예금량의 대폭 증가로 이어지는 것을 의미한다. 그런데 이러한 통화승수 효과가 발생하는 근본 원인은 한 은행의 대출 증가가 다른 은행의 지급준비금과 요구불예금의 증가로 이어지기 때문이다. 이 때 통화승수 m의 크기는 매 대출단계에서 발생하는 법정지급준비금으로의 누출 비율을 나타내는 **법정지급준비율 *R*의 역수**가 된다.

$$\text{통화승수} = \frac{1}{\text{법정지급준비율}}$$

이를 기호로 나타내면 다음과 같다.

$$m = \frac{1}{R}$$

여기서 통화승수 m은 법정지급준비율이 R로 주어진 상황에서 1원의 초과지급준비금으로부터 최대한 창조할 수 있는 요구불예금(화폐)의 양을 나타낸다. 따라서 통화승수(m)를 은행 전체의 초과지급준비금(E)에 곱하면 은행 전체적으로 창조할 수 있는 최대 예금액(D)을 구할 수 있다. 식으로 표현하면 다음과 같다.

$$\text{최대 예금 창조액} = \text{초과지급준비금} \times \text{통화승수}$$

이를 기호로 나타내면 다음과 같다.

$$D = E \times m$$

표 23.1의 예에서 R은 0.2, m은 5(=1/0.2)이므로, 최대 예금창조액 D는 다음과 같이 40만 원이 된다.

$$D = 8\text{만원} \times 5 = 40\text{만원}$$

그림 23.1은 앞서의 예를 통해 살펴본 화폐창조과정을 그림으로 정리한 것이다. 초기에 고물상 사장 석규가 10만 원을 요구불예금(그림의 오른쪽 하단)한 결과, 같은 금액만큼 지급준비금이 증가한다(그림의 가운데 상단). 법정지급준비율이 20%이므로 예금을 받은 은행은 10만 원의 요구불예금에 대해 2만 원만 법정지급준비금으로 보유하면 된다. 따라서 초과지급준비금은 8만 원이 된다. 이 때 통화승수가 법정지급준비율의 역수인 5이므로 초과지급준비금 8만 원을 기초로 은행 전체적으로 최대 40만 원까지 새로운 예금을 창조할 수 있다. 결과적으로 경제전체의 통화량은 당초 석규가 예금한 10만 원과 이로부터 새롭게 창조된 예금 40만 원을 합쳐 도합 50만 원만큼 증가하게 된다.

법정지급준비율이 높아지면 이의 역수인 통화승수는 작아지고, 따라서 대출을 통해 새롭게 창조할 수 있는 요구불예금 즉 화폐의 양이 줄어든다. 반대로 법정지급준비율이 낮아지면 통화승수가 커지고 따라서 대출을 통해 새롭게 창조할 수 있는 화폐의 양

[그림 23.1] 은행 전체의 화폐창조과정(단위: 천 원)

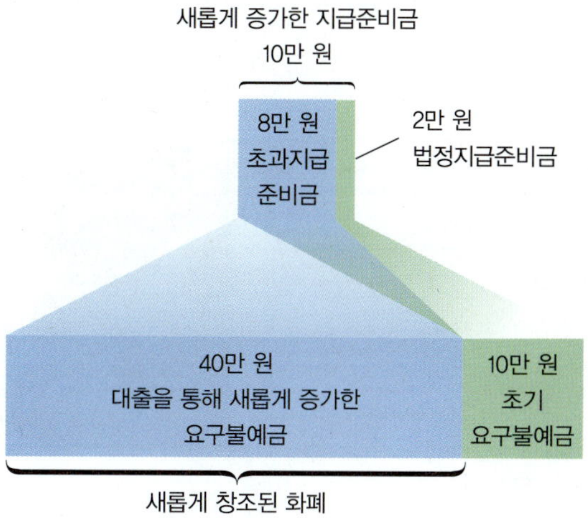

이 늘어난다. 예컨대 앞서의 예에서 법정지급준비율이 50%로 높아질 경우 통화승수는 2(=1/0.5)가 되고, 따라서 은행 전체적으로 창조할 수 있는 최대 예금액은 10만 원(=초과지급준비금 5만 원×2)으로 크게 줄어든다. 반면 법정지급준비율이 5%로 낮아질 경우, 통화승수는 20(=1/0.05)이 되므로 은행 전체적으로 창조할 수 있는 최대 예금액은 무려 190만 원(=초과지급준비금 9만5천 원×20)으로 크게 늘어난다.

화폐창조과정의 반대: 대출의 상환

앞에서 설명한 은행 전체의 화폐창조과정은 정반대 방향으로도 똑같이 작용한다. 다시 말해, 은행이 대출을 하면 새로운 예금 즉 화폐가 창조되듯이 대출이 상환되면 화폐가 사라진다. 통화승수 효과 역시 마찬가지다. 대출의 증가가 그 몇 배만큼 통화량을 증가시키듯이, 대출의 상환은 그 몇 배만큼 통화량을 감소시킨다.

따라서 다른 조건이 동일하다면 일정 기간 동안 통화량의 증감 여부는 대출 증가의 효과와 대출 상환의 효과 가운데 어느 것이 더 크냐에 달려 있다. 만일 어떤 기간 동안 신규대출액이 대출상환액을 초과할 경우, 경제 전체의 통화량은 증가한다. 반대로 만일 대출상환액이 신규대출액을 초과할 경우, 경제 전체의 통화량은 감소한다.

역사적으로 중앙은행은 주로 통화량의 조절을 통해 경제에 영향을 미치곤 하였다. 그러나 최근에는 통화량 조절 이외에 다른 방법을 주로 이용하는데, 이에 대한 자세한 논의는 이후의 장에서 할 것이다.

금융기관의 레버리지와 금융불안정

은행과 같은 금융기관의 레버리지 투자(차입 투자)는 수익성 제고의 원천이기도 하지만, 전체 금융시스템을 불안정하게 하는 주된 요인이다. 이제 레버리지를 줄여야 할 것인가?

레버리지(leverage) 또는 지렛대 효과는 자금을 차입하여 투자할 경우 투자이익이나 손실이 확대되는 현상을 가리킨다. 예컨대 성공하면 10%의 수익을, 실패하면 5%의 손실을 주는 투자계획이 있다고 하자. 따라서 어떤 투자자가 자기 돈 100만 원을 여기에 투자하면 성공 시 110만 원을, 실패하면 95만 원을 얻게 된다.

이러한 상황에서 투자자가 레버리지를 활용할 경우, 다시 말해 자금을 차입하여 투자할 경우 투자의 수익과 손실이 어떻게 확대되는지 살펴보자. 어떤 투자자가 자기 돈 10만 원에 차입한 돈 90만 원을 더해 앞서 언급한 투자안에 투자했다고 하자. 논의의 단순화를 위해 차입은 무이자라고 가정하자. 만일 투자가 성공하면 110만 원을 얻게 되는데, 이 중 차입한 돈 90만 원을 갚고 나면 투자자의 수중에는 20만 원이 남는다. 이 때 투자한 자기 돈 대비 수익률은 무려 100%(=(20만 원−10만 원)/10만 원×100)가 되는데, 이는 100만 원을 순전히 자기 돈만으로 투자한 상황에서 투자가 성공했을 때의 수익률 10%의 10배에 달하는 수익률이다. 레버리지 즉 우리말로 지렛대 효과라는 이름이 붙은 것도 바로 이와 같은 수익률의 확대 효과에 유래한 것이다.

그러나 만사가 그렇듯이 세상에 공짜 점심은 없는 법이다. 레버리지 효과는 반대 방향 즉 손실을 확대시키는 방향으로도 똑같이 작용한다. 앞서의 예에서 만일 투자가 실패하면 투자자는 95만 원을 얻게 되는데 여기서 차입한 돈 90만 원을 갚고 나면 투자자 수중에는 5만 원만이 남게 된다. 이 때 투자한 자기 돈 대비 수익률은 −50%(=(5만 원−10만 원)/10만 원×100)가 되는데, 이는 100만 원을 순전히 자기 돈만으로 투자한 상황에서 투자가 실패했을 때의 수익률 −5%의 10배에 달하는 수익률이다. 따라서 레버리지를 활용하면 자기 돈만으로 투자할 때에 비해 수익이나 손실률이 모두 확대되는 효과가 나타난다.

은행을 비롯한 많은 금융기관들은 이러한 레버리지를 대규모로 활용한다. 예컨대 미국의 대부분의 은행들은 대출 등 투자를 위한 자금의 대략 5% 정도만을 자기자본 즉 주주가 투자한 금액을 통해 조달한다. 다른 95%는 채권 발행(약 25%)이나 예금 수취(약 70%)를 통해 조달한다. 다시 말해, 은행들은 평균적으로 투자자금의 95%를 레버리지로 조달하며, 이 중 70%에 달하는 부분은 예금자들로부터 차입한 것임을 의미한다.

높은 레버리지 비율이 문제인 것은 작은 투자손실에 의해서도 은행의 지급능력이 위태로워 질 수 있기 때문이다. 예컨대 앞서 언급한 은행이 대출 등으로 총 100억 원을 투자했다고 가정하자. 그런데 투자가 실패하여 6%의 손실을 보고 남은 돈이 94억 원이라고 하면, 이 은행은 바로 부도위기에 당면한다. 왜냐하면, 현재 남은 돈 94억 원으로는 예금이나 채권 발행을 통해 빌린 돈 95억 원을 다 갚을 수 없기 때문이다.

이러한 위험에도 불구하고 은행 등 금융기관은 왜 대규모의 레버리지 투자를 하는가? 여러 가지 이유가 있지만 그 중 중요한 하나는 레버리지

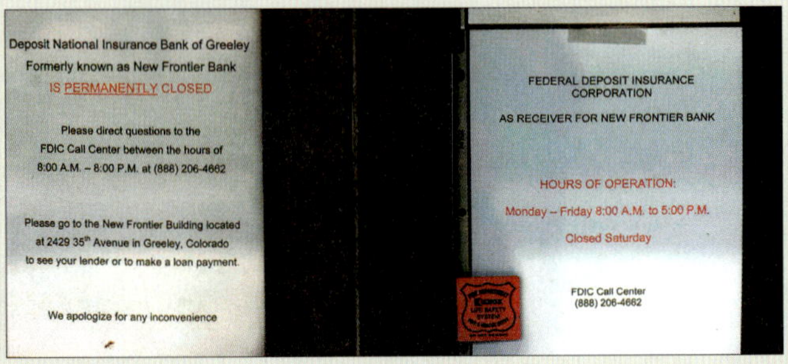

투자를 통한 수익성 제고가 은행 경영진에게 유리하기 때문이다. 만일 투자가 성공하면 은행의 이윤이 대폭 증가하고, 이에 따라 경영진은 보너스 또는 스톡옵션의 형태로 후한 보수를 받게 된다. 반면 투자가 실패할 경우에도 금융위기의 예에서 보듯이 중앙은행이나 정부의 구제금융을 통해 부도위기를 모면할 수 있으므로 은행 경영자 입장에서는 별로 문제될 것이 없다. 은행 경영자의 관점에서 이는 마치 동전을 던져 앞면이 나와 이익이 발생하면 내가 갖고 뒷면이 나와 손실이 발생하면 남이 부담하는 게임과 같다.

과도한 레버리지로 인한 금융불안정 문제를 해결하는 하나의 방법은 은행 등 금융기관에 대해 레버리지 비율의 한도를 설정하고 이를 제도적으로 강제하는 것이다. 예컨대 은행이 100억 원을 대출하고자 할 경우, 이 중 최소 30억 원은 자기자본으로 조달하고 나머지 70억 원만 채권 발행이나 예금 등을 통해 빌릴 수 있도록 법으로 강제하는 것이다. 이 경우 설사 채무불이행으로 인해 대출원금을 전부 회수하지 못하는 경우에도 회수한 금액이 70억 원만 넘으면, 은행은 부도를 모면할 수 있고 정부의 구제금융도 요청할 필요가 없다. 이렇게 적정 수준에서 레버리지 비율의 한도를 설정하면 금융시스템의 불안정을 어느 정도 예방할 수 있다.

그러나 현실에서는 이러한 규제가 잘 이루어지지 않는데, 이는 은행 경영자 등 금융권의 이해를 대변하는 이익단체가 의회와 정부를 상대로 레버리지 한도를 낮추는 규제가 입법되지 않도록 강력한 로비활동을 하고 있기 때문이다. 그로 인해 현행 미국의 금융규제시스템은 레버리지 비율에 대한 양적 규제보다는 대출의 질을 높이는 즉 부실채권의 발생 가능성을 줄이도록 감독을 강화하는 데 초점이 맞춰져 있다. 그러나 이러한 형태의 감독체계는 2007~2008년 글로벌 금융위기를 예방하는 데 실패한 바 있다. 게다가 많은 경제학자들은 금융기관의 레버리지 비율이 계속 높은 수준을 유지하는 한, 금융감독을 아무리 엄격히 강화한다 해도 또 다른 금융위기가 터지는 것을 막을 수 없다고 주장한다. 앞서 살펴본 대로 레버리지 비율이 과도한 상황에서는 작은 투자손실도 은행의 부도위기로 이어질 수 있기 때문이다.

요약

1. **부분지급준비제도의 의미와 특징**
현대의 은행제도는 부분지급준비제도를 그 주요 특징으로 한다. 따라서 은행들은 수취한 예금의 일부만을 현금으로 보유한다.

2. **은행 대차대조표의 구조와 실제 지급준비금, 법정지급준비금**
은행의 운영방식은 은행의 대차대조표를 통해 쉽게 이해할 수 있다. 대차대조표에서 좌변의 자산은 항상 우변의 부채 및 순자산의 합계와 일치한다.
은행은 수취한 예금의 일정 비율을 의무적으로 현금으로 보유해야 하는데, 이를 법정지급준비금이라 한다. 은행은 법정지급준비금을 중앙은행에 예치하거나 스스로 시재금으로서 보유한다. 초과지급준비금은 은행이 실제로 보유한 총현금 즉 실제 지급준비금에서 법정지급준비금을 차감한 것이다.
은행의 요구불예금으로부터 수표가 인출 · 결제되면 그 은행의 지급준비금과 요구불예금이 인출된 금액만큼 동시에 감소한다.

3. **개별 은행의 화폐 창조**
은행은 대출을 통하여 새로운 요구불예금 즉 화폐를 창조할 수 있다. 은행은 화폐가 아닌 차입자의 차용증서를 받는 대신, 화폐의 일종인 요구불예금을 증가시키기 때문이다. 반면 만일 차입자가 은행에 대출을 상환하면 화폐가 사라진다. 개별 은행이 대출을 통해 창조할 수 있는 화폐의 양은 그가 보유한 초과지급준비금의 크기로 인해 제한된다. 다시 말해, 개별 은행은 그가 보유한 초과지급준비금 이상을 대출할 수 없다. 은행이 초과지급준비금을 초과하여 대출한 상황에서 만일 차입자가 대출금액을 전부 수표로 인출하기라도 하면, 은행의 지급준비금과 요구불예금이 대출금액만큼 감소하면서 법정지급준비율을 충족할 수 없기 때문이다.
은행은 대출 이외에도 초과지급준비금으로 민간으로부터 국채 등 채권을 매입함으로써 화폐를 창조할 수 있다. 이 경우 은행은 채권을 판 사람의 요구불예금 잔액을 채권매입대금만큼 증가시킴으로써 새로운 화폐를 손쉽게 창조할 수 있다. 반대로 만일 은행이 민간에 채권을 매각하면, 채권을 산 사람들의 요구불예금 계좌에서 채권매각대금만큼이 인출되면서 그만큼 화폐가 사라지게 된다.

4. **은행시스템 전체의 화폐 창조**
개별 은행과 달리 은행 전체적으로는 초기에 발생한 초과지급준비금의 몇 배에 해당하는 양의 자금을 대출할 수 있다. 이는 개별 은행이 초과지급준비금만큼 대출하고 이것이 수표를 통해 인출되면, 대출한 은행의 입장에서는 지급준비금이 줄지만, 인출된 수표를 받은 다른 은행에서는 같은 금액만큼 지급준비금이 늘어나기 때문이다. 따라서 은행 전체적으로는 지급준비금의 크기에 변화가 없으므로 대출이 지속될 수 있다.

5. **통화승수의 정의, 계산방법, 경제적 의미**
은행 전체적으로는 초기에 발생한 초과지급준비금의 최대 통화승수 배에 해당하는 금액만큼 화폐를 창조할 수 있는데, 이 때 통화승수는 법정지급준비율의 역수가 된다. 이러한 화폐창조과정은 정반대 방향으로도 일어난다. 다시 말해, 대출이 상환되면 상환액의 통화승수 배만큼 통화량이 감소한다.

주요 용어와 개념

대차대조표	법정지급준비율	실제 지급준비금
뱅크런	부분지급준비제도	초과지급준비금
법정지급준비금	시재금	통화승수

연습문제

1. 금세공업자가 금고에 20억 원어치의 금을 가지고 있다. 그런데 그는 현재까지 50억 원어치의 금보관 영수증을 발행하였다. 그는 발행한 금보관 영수증 가치의 얼마만큼의 비율을 실제 금으로 보유하고 있는가?

(1) 1/10　(2) 1/5
(3) 2/5　(4) 3/5
(5) 4/5

2. 어떤 은행이 요구불예금 1,000억 원을 수취하고, 실제 지급준비금 120억 원을 보유하고 있다. 현재 법정지급준비율은 10%이다. 이 은행이 보유한 초과지급준비금은 얼마인가?

(1) 1,000억 원　(2) 880억 원
(3) 120억 원　(4) 20억 원
(5) 0원

3. 중앙은행이 은행들로 하여금 의무적으로 법정지급준비금을 보유하도록 하는 실질적인 이유로 적절한 것은?

(1) 은행의 유동성을 확보하고 뱅크런을 방지하기 위함이다.
(2) 예금보험을 제공하는 예금보험공사의 재원을 마련하기 위함이다.
(3) 중앙은행이 은행의 대출여력을 조절하는 것을 용이하게 하기 위함이다.
(4) 은행 대출 건수를 증가시키기 위함이다.
(5) 부실기업에 대한 은행 대출을 줄이기 위함이다.

4. 개별 은행이 대출할 수 있는 최대금액은 ________ 이내로 제한된다. 빈칸에 들어갈 말로 적절한 것은?

(1) 실제 지급준비금　(2) 초과지급준비금
(3) 요구불예금 총액　(4) 법정지급준비금
(5) 은행의 자산총액

5. A나라에서는 은행의 법정지급준비율이 10%이고 B나라에서는 법정지급준비율이 20%라고 한다. 두 나라에서 동일한 금액만큼 초과지급준비금이 증가했을 경우, 이후 통화량이 더 많이 증가하는 나라는?

(1) A나라　(2) B나라
(3) 같은 양만큼 통화량이 증가한다.
(4) 두 나라 모두 통화량이 감소한다.
(5) 위 보기 중 정답 없음

6. 법정지급준비율이 10%이고 현재 은행 전체의 초과지급준비금은 2조 원이라고 한다. 은행 전체적으로 새롭게 창조될 수 있는 요구불예금의 최대 금액은 얼마인가?

(1) 0원　(2) 2,000억 원
(3) 2조 원　(4) 20조 원
(5) 200조 원

7. 어느 날 A은행의 자산이 전날보다 1억 원만큼 증가하고, 순자산 역시 2천만 원만큼 증가하였다고 가정하자. 이 날 A은행의 부채는 전날에 비해 어떻게, 얼마나 변화하였는가?

8. B은행은 현재 1억5천만 원의 요구불예금을 수취하였고, 8백만 원의 초과지급준비금을 보유하고 있다. 법정지급준비율이 20%라면, B은행의 실제 지급준비금은 얼마인가?

9. C은행은 1억 원의 요구불예금을 수취하였고, 2천만 원의 실제 지급준비금을 보유하고 있다. 현재 법정지급준비율은 20%이다. 이 때 현금 5백만 원이 새로이 C은행의 요구불예금으로 예치되었다. C은행의 초과지급준비금은 얼마가 되는가?

10. D은행은 1억 원의 요구불예금을 수취하였고, 2천만 원의 실제 지급준비금을 보유하고 있다. 현재 법정지급준비율은 20%이다. 이 때 D은행은 중앙은행에 5백만 원어치의 국채를 팔았고, 그 대가로 D은행의 지급준비금이 5백만 원만큼 증가하였다. 이제 D은행의 초과지급준비금은 얼마가 되는가? 위 문제 9번의 경우와 초과지급준비금의 값이 같은가, 다른가? 다르다면 얼마나 다른가?

11. 다음은 (주)부자은행의 대차대조표이다(단위는 천 원). 법정지급준비율은 20%이다. 다음 물음에 답하시오.

자산		(1)	(2)	부채 및 순자산		(1′)	(2′)
지급준비금	22,000	____	____	요구불예금	100,000	____	____
채권	38,000	____	____				
대출	40,000	____	____				

(1) 현재 (주)부자은행이 새롭게 대출할 수 있는 최고금액은 얼마인가? 만일 (주)부자은행이 그만큼을 몽땅 대출하는 경우, 변화된 대차대조표를 열 (1)과 열 (1′)에 표기하라.
(2) (1)의 경우 통화량은 얼마나 증가 또는 감소하는가?
(3) (1)에서 대출된 금액이 전액 수표로 인출되어 결제된 경우에 변화된 대차대조표를 열 (2)와 열 (2′)에 표기하라.
(4) 이제 법정지급준비율이 15%인 경우를 가정하여 물음 (1), (2), (3)에 답하시오.

12. **어떤 경제에서 전체 은행의 연결대차대조표가 다음과 같다고 한다. 단위는 조 원이고 법정지급준비율은 25%이다. 다음 물음에 답하시오.**

자산			부채 및 순자산		
		(1)			(1′)
지급준비금	52	______	요구불예금	200	______
채권	48	______			
대출	100	______			

(1) 은행 전체의 초과지급준비금은 얼마인가? 은행 전체적으로 대출할 수 있는 최대금액은 얼마인가? 대출할 수 있는 최대금액이 대출된 이후, 변화된 대차대조표를 열 (1)과 열 (1′)에 표시하라. 통화승수는 얼마인가?
(2) 법정지급준비율이 20%인 경우를 가정하여 질문 (1)에 답하라. 그리고 두 경우의 차이를 비교하시오.

13. **법정지급준비율이 10%이면, 통화승수는 얼마인가? 만일 통화승수가 4이면, 법정지급준비율은 얼마인가?**

24 Chapter

재무경제학

학습내용

1. 경제적 투자와 재무적 투자
2. 화폐의 시간가치와 미래 금액의 현재가치
3. 주식, 채권, 펀드의 특징과 차이
4. 수익률과 자산가격의 역(−)관계
5 차익거래의 개념과 기능
6. 분산 가능한 위험과 분산 불가능한 위험
7. 투자 의사의 결정요인
8. 증권시장선과 균형수익률

재무경제학은 투자자들의 선호를 결정하는 요인과 이러한 선호가 주식, 채권, 부동산 등 다양한 자산의 거래행태 및 가격에 미치는 영향을 연구하는 분야이다. 투자자들의 선호에 영향을 미치는 가장 중요한 2요인은 자산의 기대수익률 수준과 위험과 불확실성 정도이다. 즉 투자자들은 누구나 높은 수익률과 낮은 위험수준을 선호한다. 이 장에서는 이러한 투자자의 선호로부터 자산의 위험과 수익률 간의 정(+)의 관계가 어떻게 유도되는지 살펴본다. 위험과 수익률 사이의 정의 관계에 따라 투자자들은 위험 부담에 대한 보상을 얻을 수 있다.

이러한 위험과 수익률 사이의 함수관계는 차익거래 매매를 통해 안정적인 균형으로 유지된다. 다시 말하면, 차익거래 매매를 통해 동일한 위험수준에 노출된 모든 자산 또는 포트폴리오는 동일한 기대수익률을 가지게 된다는 것이다. 이 때문에 개인투자자가 위험수준에 비해 높은 기대수익률을 가진 자산을 발굴하여 투자함으로써 시장 평균수익률을 초과하는 수익을 얻는 것은 매우 어려운 일이다.

이러한 위험과 수익률 사이의 정의 관계에 따라 투자자들은 고수익을 얻기 위해서는 고위험 자산에 투자해야 하는 상충관계에 직면한다. 물론 고위험 자산에 투자할 경우, 평균적으로는 높은 수익률을 기대할 수 있다. 그러나 이는 어디까지나 사전적인 평균일 뿐, 사후적으로는 큰 손실을 볼 수도 있다. 대표적 사례로 2007~2009년 글로벌 금융위기 기간 동안 다양한 고위험 자산에서 큰 손실이 발생한 것을 들 수 있다.

경제적 투자와 재무적 투자

재무경제학에서는 개인 또는 기관이 투자하는 다양한 유형의 자산들에 주목한다. 투자대상 자산의 범위에 따라 투자는 경제적 투자와 재무적 투자로 구분할 수 있다.

경제적 투자

경제적 투자는 새로운 자본재를 구입함으로써 낡은 자본재를 대체하거나 자본스톡의 양을 늘리는 행위를 의미한다. 여기서 중요한 것은 새로운 자본재를 구입한다는 점이다. 따라서 공장, 주택을 새로 짓거나 건설기계나 무선네트워크 장비를 새롭게 구입하는 행위 등은 모두 경제적 투자의 예라고 할 수 있다.

재무적 투자

반면 **재무적 투자**는 경제적 투자까지 포함하는, 보다 광의의 투자개념이라고 할 수 있다. 재무적 투자는 투자자가 재무적 이익을 취하기 위해 자산을 구입하는 모든 행위를 총칭하며, 이 때 구매대상 자산은 '새로운' 자본재일 수도 있고 '이미 존재하는' 자본재일 수도 있다. 즉 새로운 주택이나 공장을 매입하는 것뿐만 아니라 타인 소유의 기존 주택이나 공장을 매입하는 것 역시 재무적 투자의 범주에 속한다. 심지어 투자대상 자산이 반드시 실물 자본재일 필요도 없다. 즉 경제적 투자와 달리 재무적 투자의 대상에는 실물자산(주택, 공장 등)뿐만 아니라 금융자산 또는 금융상품(주식, 채권 등) 역시 포함된다.

경제학자 이외에 일반인들이 '투자'한다고 말할 때, 이는 대체로 협의의 경제적 투자가 아닌, 광의의 재무적 투자를 의미한다. 따라서 주로 경제적 투자를 논의대상으로 했던 지금까지와는 달리 이 장에서는 재무적 투자에 대해 주로 다룬다. 특히 재무적 투자 중에서도, 금융자산 또는 금융상품의 매입을 의미하는 금융투자를 주된 논의대상으로 할 것이다.

현재가치

화폐는 시간가치를 가진다. 이는 현재의 일정 금액의 화폐가 미래의 같은 금액의 화폐에 비해 더 가치가 높음을 의미한다. 따라서 만일 어떤 사람이 현재의 화폐를 포기하는 대신 미래에 화폐를 돌려받는다면, 이 사람에게는 포기한 화폐의 양에 더하여 추가적인 보상이 주어져야 한다. 이러한 보상이 바로 화폐의 시간가치에 해당한다.

현재가치

화폐의 시간가치로부터 재무경제학의 가장 중요한 개념 중 하나인 현재가치가 유도된다. **현재가치**란 미래에 발생할 것으로 예상되는 수익이나 비용의 현재시점에서의 가치를 의미한다. 이러한 현재가치로부터 금융자산의 적정 가격을 계산할 수 있다. 왜냐하면 모든 금융자산 또는 금융상품은 본질적으로 미래의 기대현금흐름에 대한 일종의 청구권이므로, 금융자산의 가격은 이러한 미래 기대현금흐름의 현재가치로 결정되기 때문이다.

이 장에서는 먼저 현재가치의 개념을 소개하고 이를 이용하여 무위험자산의 가격이 어떻게 결정되는지 살펴본다. 그리고 나서 위험을 어떻게 측정하는지 알아보고, 위험과 기대수익률 사이의 관계에 따라 위험자산의 가격이 결정되는 원리를 살펴본다.

복리계산과정

현재가치를 계산하려면 먼저 복리 계산과정에 대해 이해할 필요가 있다. **복리계산과정**은 초기 투자금이 시간이 지나 이자가 붙으면서 얼마까지 불어나는지를 계산하는 방법이다. 여기서 복리란 이자가 원금에만 붙는 것이 아니라 이전 기간에 늘어났던 이자에도 또 다시 이자가 붙음을 의미한다.

복리계산과정

표 24.1은 복리계산과정을 통해 초기 투자금이 어떻게 불어나는지를 보여준다. 여기서 초기 투자금 즉 원금은 1,000,000원이고 이자율 i는 연 8%로서 소수로 표현하면 $i=0.08$이다. 매년 투자금이 복리로 불어난다는 것은, 매 기간 초 주어진 금액이 기간 말이 되면 $1+i$배 만큼 불어남을 의미한다. 표 24.1의 예에서 초기에 1,000,000원을 투자한 경우, 1기간 말에는 원금과 이자합계가 1,000,000(1+0.08)원 즉 1,080,000원으로 불어남을 알 수 있다(표 24.1의 (1)행 참조).

같은 과정이 이후 기간에도 반복된다. 즉 2기간 초의 원금과 이자 합계 1,080,000원은 2기간 말이 되면 다시 (1+0.08)배만큼 불어난 1,080,000(1+0.08)원 즉 1,166,400원이 된다. 여기서 주목할 것은 2기간 동안 원금인 1,000,000원에 대해서만 이자가 붙는 것이 아니라 이전 기간 즉 1기간에 붙었던 이자 80,000원에 대해서도 다시 또 이자가 붙는다는 점이다. 이것이 바로 '복리'의 의미이다.

표 24.1에서 보듯이 이자는 일정한 패턴에 따라 불어난다. 즉 초기 투자금 1,000,000원은 1기간 말에는 1,000,000(1+0.08)원, 2기간 말에는 $1,000,000(1+0.08)^2$원, 3기간 말에는 $1,000,000(1+0.08)^3$원으로 불어나고 마찬가지로 t기간 말에는 $1,000,000(1+0.08)^t$원이 됨을 알 수 있다.

이를 일반적인 식으로 표현하면 다음과 같다. 즉 초기 투자금이 X_0원일 때 t기간 후의 원금과 이자 합계 X_t는 $X_0(1+i)^t$가 된다.

$$X_t = X_0(1+i)^t \tag{1}$$

식 (1)은 현재 시점에서 X_0원의 돈을 i의 이자율로 투자할 경우, t기간 후에 총투자금은 $X_0(1+i)^t$로 불어남을 나타낸다.

〈표 24.1〉 복리계산과정: 1,000,000원을 이자율 8%로 투자할 경우

(1) 투자기간	(2) 복리계산식	(3) 기간 말 금액
1	1,000,000(1+0.08)	1,080,000원
2	$1,000,000(1+0.08)^2$	1,166,400원
3	$1,000,000(1+0.08)^3$	1,259,712원
4	$1,000,000(1+0.08)^4$	1,360,489원
5	$1,000,000(1+0.08)^5$	1,469,328원
17	$1,000,000(1+0.08)^{17}$	3,700,018원

그러나 식 (1)을 거꾸로 해석할 수도 있다. 즉 t기간 후 미래시점에서 $X_0(1+i)^t$의 금액을 확보하기 위해서는 현재 X_0만큼의 돈을 i의 이자율로 투자해야 함을 의미한다. 예컨대 은행이 어떤 사람에게 현재 1,000,000만 원을 대출한다고 하자. 대출이자율이 8%이고 대출만기가 5년이라면 만기 시 은행이 돌려받을 돈은 식 (1)에 의해 $1,000,000(1+0.08)^5$원 즉 1,469,328원이 된다. 거꾸로 말하면, 은행이 5년 후 1,469,328원을 얻기 위해서는 현재 시점에서 1,000,000만 원을 8%의 이자율로 투자해야 함을 의미한다.

정리하면 식 (1)의 복리계산식은 현재시점의 일정금액이 미래시점에 얼마로 불어나는지를 알려주는 동시에, 미래시점의 일정금액이 현재시점의 가치로는 얼마에 해당하는지도 보여준다. 따라서 식 (1)을 통해 미래 현금흐름의 현재가치도 구할 수 있다.

현재가치 모형

미래시점에서 일정 금액의 현재가치를 구하는 식은 식 (1)의 양변을 $(1+i)^t$로 나누어 도출할 수 있다.

$$\frac{X_t}{(1+i)^t} = X_0 \tag{2}$$

식 (2)를 통해 **미래에 발생할 현금흐름의 현재가치**를 손쉽게 구할 수 있다. 앞서 언급한대로 모든 금융자산 또는 금융상품은 본질적으로 미래에 발생할 것으로 예상되는 현금흐름에 대해 청구할 수 있는 권리이므로, 금융자산의 가격은 이러한 '미래 현금흐름의 현재가치'로 결정된다. 따라서 식 (2)를 통해 특정 금융자산으로부터 미래에 발생할 현금흐름의 현재가치를 구하면, 이것이 바로 그 자산의 적정 가격이 된다. 만일 어떤 자산이 한번이 아닌 여러 번에 걸쳐 미래에 현금흐름을 발생시킬 경우(예컨대 연금 등), 이러한 자산의 가격은 각각의 현금흐름의 현재가치를 식 (2)를 통해 계산한 후, 이를 모두 합산함으로써 구할 수 있다.

식 (2)를 이용해서 금융자산의 가격을 어떻게 구할 수 있는지 예를 통해 살펴보자. 만기는 17년이고 만기가 되면 3,700,000원의 현금을 돌려주는 어떤 자산이 있다고 하자. 시장이자율이 8%라고 하면, 미래에 발생할 현금흐름 3,700,000원의 현재가치는 식 (2)에 의해 약 $3,700,000/(1+0.08)^{17}=1,000,000$원이 된다(이러한 관계는 표 24.1에서도 확인할 수 있음).

따라서 이 자산의 가격 즉 17년 후 3,700,000원을 지급하는 자산을 보유하기 위해 사람들이 지불할 금액은 대략 1,000,000원이 된다.

만일 이 자산의 가격이 1,000,000원보다 비싸거나 쌀 경우에는 어떤 일이 벌어지는가? 먼저 1,000,000원보다 비싼 경우에는 사람들은 이 자산을 전혀 매입하지 않을 것이다. 왜냐하면 굳이 이 자산을 사지 않더라도 1,000,000원을 이자율 8%로 은행에 예금하면 17년 후 동일한 금액 3,700,000원을 벌 수 있기 때문이다. 같은 만기에 동일한 금액을 받을 수 있는데 구태여 더 많은 돈을 투자할 리가 없다. 이 경우 아무도 이 자산을 사지 않으려 하므로 자산 가격은 1,000,000원을 향해 곧 하락하게 된다. 반대로 자산의 가격이 1,000,000원보다 싸다면, 모든 사람들이 이 자산을 매입하려 할 것이다. 왜냐하면 은행예금 등 다른 자산에 투자해서 17년 후 3,700,000원을 벌기 위해서는 최소한 1,000,000원 이상이 소요되기 때문이다. 이 경우 모든 사람들이 이 자산을 매입하려 하므로, 자산 가격은 1,000,000원을 향해 빠르게 상승한다. 정리하면, 균형에서 이 자산의 가격은 미래에 발생할 현금흐름 3,700,000원의 현재가치인 1,000,000원과 같아진다.

현재가치 모형의 응용

현재가치 개념은 금융자산의 가격결정 뿐만 아니라 다양한 분야에 응용될 수 있다. 다음의 2가지 예를 살펴보자.

연금의 일시불 전환 우리나라에서 연금복권에 당첨되면, 일시불로 받는 로또와 달리 20년 동안 매월 500만 원씩 연금방식으로 당첨금을 수령하게 된다(세금은 없다고 가정함). 예컨대 A라는 사람이 연금복권에 당첨되었다고 가정하자. 그런데 A는 여러 가지 이유로 연금 대신 일시불로 당첨금을 수령하고 싶어 한다. A는 나이가 많아 앞으로 20년 동안 연금을 받을 수 있을지가 불확실한 데다, 조만간 새로운 사업을 시작하기 위해 거액의 자본금이 필요한 상황이다.

이 때 다행히 A의 당첨금 수령 권리를 사들이겠다는 투자자 B가 나타났다고 가정하자. 즉 A가 앞으로 20년간 매월 500만 원씩 당첨금을 받을 권리를 B에게 넘기는 대신, 일시불로 그 권리에 대한 대가를 지급받는 것이다. 이 경우 과연 A는 얼마를 받을 수 있을까?

식 (2)의 현재가치 모형을 통해 A가 일시불로 받을 수 있는 금액을 계산할 수 있다. 즉 A가 일시불로 받을 수 있는 총금액은 연금형태로 매 기간 수령하는 당첨금 흐름의 현재가치를 식 (2)를 통해 계산한 후, 이를 모두 더한 것과 같다. 논의의 단순화를 위해 매월 500만 원씩 수령하는 것이 아니라, 매년 말 6,000만 원(=500만 원×12개월)씩 20년 동안 당첨금을 수령한다고 가정하자. 가령 이자율이 5%라고 할 때, 매년 6,000만 원씩 20년 동안 지급되는 당첨금 흐름의 현재가치 합계는 대략 7억4,773만 원이 된다. 따라서 A는 B에게 연금형태로 당첨금을 받을 권리를 파는 대신 최대 7억4,773만 원을 일시불로 받을 수 있다.

연봉상한과 지불 연기 현재가치가 유용하게 적용되는 또 다른 예로서 프로스포츠 업계의 연봉책정 행태를 들 수 있다. 예컨대 메이저 리그와 같은 프로야구의 경우 비슷한 실력을 가진 여러 구단이 막상막하의 경기를 벌여야만 흥행할 수 있다. 그런데 만일 다른 구단에 비해 재정여력이 월등한 한 팀이 시장에 나온 우수한 선수들을 싹쓸이 할 경우, 이 팀은 거의 매 시즌 우승을 할 수도 있다. 물론 이렇게 되면 전체 리그의 흥행은 매우 어려워질 것이다.

이러한 폐해를 방지하기 위해 일부 프로스포츠 리그에서는 선수들에 대한 연봉상한을 강제하기도 한다. 선수 개개인에 대한 상한이 있는 경우도 있고 한 시즌에 어떤 팀이 선수들에게 지급할 수 있는 총연봉 금액에 상한이 존재하는 경우도 있다. 예컨대, 미국의 한 프로농구 리그에서는 한 시즌 중 각 팀들이 선수들에 대한 연봉으로 최대 5,800만 달러(우리 돈으로 대략 640억 원)까지만 지급할 수 있도록 연봉상한을 적용하고 있다.

그러나 프로선수들의 연봉계약은 시즌별로 이루어지는 것이 아니라 여러 시즌에 걸쳐 장기로 이루어지는 경우가 대부분이다. 이러한 장기계약의 특징을 이용하여 프로팀들은 연봉상한 제약을 우회하기도 한다. 예를 들면 앞서 언급한 프로농구 리그에 속한 어떤 팀이 매우 뛰어난 기량을 가진 외국 선수인 조단을 2년 계약으로 입단시키려 한다고 가정하자. 그런데 이 팀은 이번 시즌에 이미 선수들의 연봉으로 5,300만 달러를 지급하기로 되어 있어 총연봉 상한까지는 500만 달러밖에 여유가 없다고 하자. 한편 조단은 지난 팀에서 받던 연봉수준과 비슷한 수준인, 시즌 당 1,000만 달러를 요구하고 있다고 한다.

이 팀은 다음과 같은 방법으로 연봉 상한을 위반하지 않으면서도 조단을 영입할 수 있다. 즉 이번 시즌은 총연봉 상한에 따른 최대금액인 500만 달러를 조단에게 지급하는 대신, 다음 시즌에는 조단이 요구하는 연봉 수준인 1,000만 달러에다가 첫 시즌에 받지 못한 500만 달러를 더 얹어주기로 계약하는 것이다. 단, 이번 시즌에 조단이 포기한 500만 달러는 다음 시즌이 되면 복리계산과정에 의해 그 가치가 불어나므로, 실제 조단에게 추가로 지급할 돈은 500만 달러보다 더 많아야 한다. 이자율이 8%인 상황에서 우리가 이미 배운 복리계산식 (1)을 통해 500만 달러의 내년시점에서의 가치를 계산하면 500(1+0.08)=540만 달러이다. 따라서 조단이 내년 시즌에 받을 총금액은 1,000+540=1,540만 달러가 된다. 이번 시즌에 조단이 포기한 500만 달러를 보상하기 위해서는 이와 현재가치가 동일한 540만 달러만큼을 다음 시즌에 추가로 지급해야 한다는 것이다.

대표적인 금융투자 상품들

지금까지는 현재가치 모형을 이용하여 무위험 금융자산의 가격이 어떻게 결정되는지 살펴보았다. 그러나 현실에서 수많은 투자자들은 주식, 채권, 펀드 등 다양한 종류의 위험을 가진 복잡한 구조의 금융상품들에 투자한다. 그러다 보니 우리가 지금까지 배운 복리계산 및 현재가치 식만으로는 이러한 금융상품들의 가격을 설명하는 것이 쉽지 않다. 그러나 다행스럽게도 이러한 금융상품들은 외관상 복잡 다양한 형태에도 불구하고, 다음과 같은 공통점을 가지고 있다.

- 투자자들이 이러한 금융상품을 매입하기 위해서는 시장에서 결정된 가격을 지불해야 한다.
- 이러한 금융상품을 매입하고 나면 미래시점에서 현금흐름을 지급받을 권리가 발생한다.

• 미래시점에서 지급받을 현금흐름의 크기와 지급 여부는 불확실하다.

이러한 3가지 특징 가운데 앞서 2가지는 사실 무위험자산을 포함한 모든 금융상품의 공통된 특징이다. 따라서 위험자산이 무위험 자산과 구별되는 특징은 바로 3번째 항목이라고 할 수 있다. 아울러 이러한 공통점 덕분에 이들 금융상품의 복잡 다양한 구조에도 불구하고 단일한 틀로서 그 가격을 설명할 수 있다.

이렇게 금융상품 가운데서도 미래시점에서 지급받을 현금흐름의 크기와 지급 여부가 불확실한 즉 위험에 노출된 상품을 금융투자 상품이라고 한다. 금융투자 상품 가운데 사람들에게 가장 친숙한 상품으로 주식, 채권, 펀드를 들 수 있다. 실제로 미국의 경우, 2014년 기준으로 가계의 전체 금융자산 가운데 주식은 34.1%, 채권은 4.7%, 펀드는 12.9%를 차지하여 이들이 전체 금융투자 상품에서 차지하는 비중은 약 51.7%에 이른다. 반면 우리나라의 경우 미국에 비해 전반적으로 금융투자 상품의 비중이 낮다. 2014년 기준으로 우리나라 가계의 전체 금융자산 가운데 주식은 15.6%, 채권은 6.4%, 펀드는 3.7%를 차지하여 이들이 전체 금융투자 상품에서 차지하는 비중은 겨우 25.7%에 그친 것으로 나타났다.

주식

주식

주식은 어떤 기업에 대한 소유권을 나타내는 증서이다. 어떤 투자자가 A라는 회사의 총 발행주식 중 1%를 보유한다면, 그는 A회사의 주주총회에 참석하여 경영진 신임 등 각종 안건에 대해 1%만큼의 투표권을 행사할 권리를 가질 뿐만 아니라 미래의 배당금 가운데 1%만큼을 수령할 수 있다. 물론 이는 회사가 흑자여서 배당금을 줄 수 있을 때에만 가능한 것이다.

그러나 주식을 발행한 회사 중 일부는 종종 빌린 돈을 갚지 못해 파산하기도 한다. 회사의 파산이 결정되면 공장, 부동산, 보유특허 등 잔여자산을 매각함으로써 이 회사에 돈을 빌려 준 채권자들에 대한 채무를 우선적으로 갚아나가게 된다. 만일 자산을 매각하여 조성한 자금이 채무를 모두 갚고도 남는다면, 남는 금액은 주식을 보유한 주주들에게 주식 보유비율에 따라 배당된다. 반면, 조성한 자금이 채무총액에 못 미칠 경우, 채권자들은 채권의 일부만을 상환 받고 나머지는 채권자의 손실로 처리된다.

유한책임원칙

여기서 중요한 것은 파산한 회사의 자산을 팔아 채권을 모두 갚지 못하는 경우에도 주식을 소유한 주주가 갚지 못한 채무를 떠안을 필요가 없다는 점이다. 이러한 주주의 **유한책임원칙**에 따라 회사 파산 시 주주들이 부담하는 최대손실은 당초 주주들이 해당 회사의 주식을 사기 위해 투자했던 금액 이내로 제한된다. 유한책임원칙은 주식투자에 따른 위험의 크기를 제한함으로써 투자자들의 주식투자 유인을 제고하는 효과를 가진다.

자본이득

반면 주식을 발행한 회사가 흑자를 기록한 경우, 주주들은 2가지 종류의 이익을 기대할 수 있다. 하나는 투자자가 주식을 매입한 가격보다 더 높은 가격으로 파는 경우 발생하는 **자본이득**이고, 다른 하나는 회사가 발생한 이익의 일부를 주주들에게 주식 보유비

배당금

율에 따라 분배하는 **배당금**이다. 이후 언급하겠지만 이론적으로 어떤 주식의 적정 가격은 그 주식으로부터 미래에 발생할 것으로 예상되는 배당금 흐름과 자본이득의 크기에 의해 결정된다.

채권

채권

채권은 정부나 지방자치단체 또는 기업들이 자금을 조달하기 위해 발행하는 채무계약 증서를 의미한다. 예컨대, 투자자가 어떤 기업이 발행한 10년 만기 채권(회사채)을 100만 원을 주고 샀다고 하자. 채권의 액면이자율이 연 6%이고 이자지급주기가 6개월이라면, 이 투자자는 채권을 발행한 기업으로부터 앞으로 10년 간 매 6개월마다 이자를 받을 뿐 아니라 만기인 10년 후에는 원금인 100만 원을 돌려받을 권리를 가지게 되는 것이다. 매년 100만 원의 6%를 이자로 받으므로 매 6개월마다 받는 이자액은 3만 원(=100만 원 × 6% × (6개월/12개월))이 된다.

투자자는 이 채권을 만기까지 보유할 수도 있지만 시장에서 채권을 팔 수도 있다. 채권을 팔 경우, 만기까지 남은 기간 동안 이자와 원금을 받을 권리는 새롭게 채권을 매입한 투자자에게로 이전된다. 물론 만기가 남아있는 채권을 사고 팔 때 적용되는 채권가격은 시장에서 결정되는데, 이 채권과 만기 및 위험도 등이 유사한 다른 금융상품의 수익률에 의해 영향을 받게 된다.

채무불이행 위험

채권투자자가 직면하는 가장 중요한 위험은 채권을 발행한 중앙 또는 지방정부나 기업이 약속한 원리금을 지급하지 못할 가능성 즉 **채무불이행 위험**이라고 할 수 있다. 정부는 세금을 거두거나 추가로 국공채를 발행하여 언제든지 부채를 상환할 능력이 있으므로 사기업에 비해 채무불이행 위험이 매우 낮다. 그러나 채무불이행 위험이 거의 없는 중앙정부와 달리 지방자치단체의 경우에는 어느 정도 채무불이행 가능성이 존재한다. 특히 부채를 상환할 만큼 지방세 수입을 확보하지 못하거나 경직성 재정지출을 줄이기 어려운 경우, 지방정부 또는 지방자치단체의 파산가능성은 매우 높아질 수 있다.

채권이 주식과 크게 다른 점은 채권으로부터 기대할 수 있는 미래 현금흐름이 사전적으로 정해져 있어 주식에 비해 예측가능성이 훨씬 높다는 점이다. 앞서의 예에서처럼 채권의 경우 발행주체가 채무불이행을 하지 않는 한 원리금의 지급 규모와 시기를 사전적으로 알 수 있다. 반면, 미래에 주식을 팔 때 받을 수 있는 주식의 가격과 그 때까지의 배당금 흐름은 매우 불확실할 뿐만 아니라 변동성도 크다. 주식의 시장가격과 배당금 규모는 일차적으로 기업의 실적에 의해 결정되며, 이러한 실적은 전체 경기상황과 산업적 요인은 물론, 조세 등 제도적 요인에 의해서도 크게 달라지기 때문이다.

이렇게 채권으로부터의 현금흐름이 주식에 비해 더 안정적이고 예측가능하기 때문에 즉 덜 위험하기 때문에 채권의 수익률은 대체로 주식수익률보다 낮은 경향이 있다. 실제로 1926년에서 2015년 사이 전 세계 주식의 평균수익률은 대략 연 11%였는데 반해 채권은 약 6%에 그쳤다.

펀드

펀드

펀드는 투자자들의 자금을 모아 전문가들이 대신 주식이나 채권 등에 투자를 하고, 여기서 나오는 수익을 투자자들에게 분배하는 간접투자 상품을 의미한다.[1] 현재 우리나라에서 운용 중인 펀드는 약 1만여 개에 이르는데, 표 24.2에서 보듯이 펀드는 투자대상 자산의 비중과 위험도에 따라 다양한 유형으로 구분할 수 있다. 예컨대, 향후 성장가능성이 높은 중소 또는 벤처 기술기업에 전체 자산의 70% 이상을 투자하면 주식형이면서 성장형 펀드이고, 반대로 포트폴리오에 주식을 전혀 편입하지 않고 채권만으로 운용할 경우에는 채권형 펀드가 된다.

인덱스 펀드
액티브 펀드

뿐만 아니라 펀드를 운용하는 방식에 따라 **인덱스 펀드**(index fund)와 **액티브 펀드**(actively managed fund)로 구분하기도 한다. 인덱스 펀드는 우리나라의 KOSPI 200이나 미국의 S&P 500과 같이 특정 그룹의 주식 또는 채권의 가격변동을 포착하는 지수를 기준으로 삼아, 이들 지수에 편입된 종목과 최대한 유사하게 포트폴리오를 구성하는 방식으로 운용되는 펀드를 의미한다. 따라서 인덱스 펀드의 수익률은 기초가 되는 지수의 수익률과 거의 유사하게 결정된다. 반면 액티브 펀드는 시장 평균보다 더 높은 수익률을 얻기 위해 펀드매니저가 적극적으로 주식이나 채권을 사고 팔아 포트폴리오를 조정하는 펀드이다. 따라서 액티브 펀드의 수익률은 상당 부분 펀드매니저의 역량에 달려 있다. 액티브 펀드와 인덱스 펀드의 차이 및 장단점에 대한 보다 자세한 내용은 이장의 '마지막 한마디'를 참조하기 바란다.

〈표 24.2〉 펀드의 종류

투자대상	주식형	펀드자산 총액의 60% 이상을 주식에 투자
	채권형	펀드자산 총액의 60% 이상을 채권에 투자하고 주식을 제외
	혼합형	펀드자산 총액의 60% 미만을 주식에 투자
	단기금융상품	기업어음, 양도성예금증서 등 단기금융상품에 투자
	파생상품	펀드자산 총액의 10%를 초과하여 위험회피 외의 목적으로 파생상품에 투자
위험도	성장형	펀드에 주식 편입 비율 70% 이상
	안정성장형	펀드에 주식 편입 비율 30% 초과 70% 미만
	안정형	펀드에 주식 편입 비율 30% 이하

1) 넓은 의미의 펀드는 수익증권으로 불리는 투자신탁형 펀드와 뮤추얼펀드(mutual fund)로 불리는 투자회사형 펀드로 분류된다. 원서에서는 이 중 뮤추얼펀드를 중심으로 소개하고 있으나 우리나라의 경우 미국과 달리 수익증권이 뮤추얼펀드보다 좀 더 보편적인 펀드 형태이므로, 번역서에서는 수익증권과 뮤추얼펀드를 포괄하는, 광의의 펀드 개념을 소개하였다.

투자수익률

투자수익률의 측정

투자자들은 미래의 현금흐름을 얻기 위해 자산을 매입한다. 이때 자산으로부터 발생하는 현금흐름의 형태는 일회성일 수도 있고 일정 기간 동안 지속되는 형태일 수도 있다. 예컨대 어떤 사람이 3억을 주고 산 집을 1년 후 3억6천만 원에 판 경우는 전자에 해당되고, 이 사람이 집을 팔지 않고 매달 30만 원씩 월세를 받는 경우는 후자에 해당된다.

그렇다면 이러한 다양한 형태의 현금흐름을 발생시키는 자산의 수익률을 어떻게 단일한 기준으로 측정할 수 있을까? 일반적으로 자산의 수익률은 특정 기간(주로 1년 단위) 동안 자산으로부터 발생한 수익 또는 손실이 자산의 매입가격 대비 몇 %인지로 측정한다. 예컨대 어떤 사람이 희귀한 우표를 100만 원에 샀다가 1년 후 125만 원에 팔았다면 우표에 대한 투자수익률은 25%(=(125−100)/100)가 된다. 반면 우표의 가치가 생각보다 낮아 1년 후 92만 원에 우표를 팔았다면, 우표의 투자수익률은 −8%(=(92−100)/100)가 된다.

자산으로부터 발생하는 미래의 현금흐름이 일회성이 아니라 지속적인 경우에도 마찬가지 방법으로 수익률을 측정할 수 있다. 예컨대 어떤 투자자가 3억짜리 오피스텔을 사서 임대를 통해 매월 300만 원씩 월세를 받고 있다면, 투자수익률은 12%가 된다. 매월 받는 월세는 1년 기준으로 3,600만 원이고 이를 오피스텔 매입가격 3억으로 나누면 12%가 되기 때문이다.

자산 가격과 투자수익률의 관계

지금까지 자산의 투자수익률을 계산하는 방법을 살펴보았다. 즉 자산의 수익률은 자산으로부터 발생하는 미래의 수익 또는 손실을 자산을 매입하기 위해 투자한 금액 즉 자산 가격으로 나누어 줌으로써 구할 수 있다는 것이다. 이러한 논의로부터 우리는 다음과 같은 사실을 추론할 수 있다. 즉 다른 조건이 일정한 상황에서 **자산의 수익률은 자산 가격과 역(−)의 관계를 가진다**는 것이다.

예컨대, 일단 매입하고 나면 매년 영구적으로 500만 원의 이자를 지급하는 채권이 있다고 하자. 그런데 어떤 투자자가 이러한 채권을 1억 원을 주고 매입했다고 하면, 이 투자자의 수익률은 연 5%(=500만 원/1억 원)가 된다. 반면 다른 투자자가 같은 조건의 채권을 2억 원을 주고 매입했다면, 이 투자자의 수익률은 연 2.5%(=500만 원/2억 원)가 되어 절반으로 줄어든다. 따라서 채권을 매입한 가격이 높을수록, 그 채권으로부터 발생하는 수익률은 낮아짐을 알 수 있다.

이러한 투자수익률과 자산 가격 간의 역의 관계는 채권뿐만 아니라 고정수익을 제공하는 모든 종류의 자산에 공통적으로 적용된다. 예컨대, 오피스텔을 매입하여 월세로 임대할 경우, 시장 임대료 수준이 정해져 있는 상황에서 오피스텔 매입가격이 높으면 높을수록 임대수익률은 하락하게 된다. 미래에 발생할 현금흐름이 고정된 상황에서 자산을 비싸게 살수록 자산의 투자수익률이 하락하는 것은 어찌 보면 당연한 원리이다.

사례연구: 기업 지배구조의 변화

Source: © Chris Stein/Getty Images

펀드 등 기관투자가를 통한 간접투자의 비중이 높아지면서 기업 지배구조의 성격이 변화하고 있다. 1970년대 이전까지만 해도 기업이 발행한 대부분의 주식은 개인투자자들에 의해 보유되었다. 특히 대부분의 개인투자자들은 장기투자자로서 주식을 장기 보유할 뿐만 아니라 주주총회 등을 통해 경영진을 감시 및 견제하는 등 적극적으로 주주권을 행사하였다.

반면, 액티브 혹은 인덱스 펀드 등 유형을 막론하고, 펀드를 운영하는 증권사, 자산운용사 등 기관투자가의 입장에서는 투자한 기업의 장기성과에 신경 쓸 유인이 거의 없다. 먼저 액티브 펀드의 경우, 펀드 매니저의 보수는 투자한 기업의 장기 성과보다는 운용하는 펀드의 단기 수익률에 의해 거의 전적으로 결정되기 때문에, 매니저 입장에서는 투자기업의 장기 경영전략이나 경영자의 능력 등에 대해 무관심할 수밖에 없다. 인덱스 펀드의 경우 역시 마찬가지다. 인덱스 펀드는 편입종목 기업의 성과와 관계없이 기초지수의 수익률을 추종하므로, 인덱스 펀드를 운용하는 매니저나 운용사 역시 기업 경영현안에 대해서는 무관심할 수밖에 없다.

펀드 등 기관투자가 비중의 확대에 따른 기업 감시기능의 약화는 여러 가지 부작용을 유발한다는 비판을 받고 있다. 예컨대 경영진의 과도한 보수 수준이나 기업의 장기적 성장보다는 단기적 주가 부양에만 치중하는 경영관행 등이 대표적 폐단의 예라고 하겠다.

차익거래

차익거래

재무경제학에서 **차익거래**란 투자자가 추가적인 위험을 전혀 부담하지 않고도 기대수익률을 높일 수 있는 투자전략을 의미한다. 2자산이 미래에 거의 동일한 현금흐름을 발생시키는 데도 불구하고, 현재 두 자산의 가격 또는 수익률이 다른 경우에 차익거래의 기회가 발생한다.

예컨대 T셔츠를 만들어 파는 2의류회사 A와 B가 있다고 하자. A와 B회사는 현재 재무 상태나 미래 수익전망 및 채무불이행 위험도 등 모든 측면에서 거의 동일한 회사지만, 주식시장에서 두 회사 주식의 기대수익률은 A가 10%, B가 15%로 차이가 난다고 가정하자. 위험도 등 다른 모든 조건이 동일하므로 투자자들은 기대수익률이 더 낮은 A회사의 주식을 팔고 기대수익률이 더 높은 B회사의 주식을 살 것이다. 이와 같이 위험도는 동일한 상황에서 기대수익률이 더 높은 주식을 매입했으므로 전체 포트폴리오의 기대수익률이 높아지게 되고, 그 결과 차익거래가 성립하는 것이다.

차익거래가 진행되는 과정 즉 A회사 주식을 팔고 B회사 주식을 사는 과정에서 두 회사 주식의 가격과 기대수익률이 변동하게 된다. 먼저 사람들이 A회사 주식을 팔면서 이 주식에 대한 공급이 증가하므로 A회사 주식의 시장가격이 하락한다. 이미 언급한대로 자산의 수익률과 자산 가격은 역의 관계를 가지므로 A회사 주식의 기대수익률은 10%에서부터 점차 상승하기 시작한다. 반면 사람들이 B회사 주식을 사기 시작하면서 이 주식에 대한 수요가 증가하므로 B회사 주식의 시장가격이 상승한다. 자산 수익률과 자산 가격의 역관계에 따라 B회사 주식의 기대수익률은 15%에서부터 점차 하락하기 시작한다.

이러한 차익거래 과정(기대수익률이 낮은 주식을 팔고 기대수익률이 높은 주식을 사는 과정)은 2회사 주식의 기대수익률에 차이가 존재하는 한 지속된다. 왜냐하면, 만일

A회사 주식의 수익률이 B회사 주식의 수익률에 비해 조금이라도 낮다면 투자자 입장에서는 차익거래를 지속하는 것 즉 A회사 주식을 팔고 B회사 주식을 사는 것이 유리하기 때문이다. 따라서 차익거래 과정은 두 회사 주식의 기대수익률이 같아질 때까지 지속되며, 그 결과 A회사와 B회사 주식의 기대수익률은 10%와 15% 사이의 어딘가에서 서로 동일하게 결정된다. 정리하면, 차익거래를 통해 위험도 등 다른 모든 조건이 동일한 두 주식의 기대수익률은 결국 같아지게 된다.

여기서 주목할 것은 **차익거래에 의한 수익률의 수렴과정에 소요되는 시간이 생각보다 매우 짧다**는 점이다. 예컨대 주식이나 채권과 같이 시장에서 빈번하게 거래가 이루어지는 금융자산의 경우, 차익거래 과정을 통해 유사한 종목의 수익률이 동일 수준으로 수렴하는 데는 불과 몇 분이나 심지어 몇 초만으로도 충분한 경우가 많다. 이러한 차익거래의 특징은 정보가 부족한 개인투자자들에게 유리하게 작용할 수 있다. 왜냐하면, 차익거래에 따라 비슷한 속성을 가진 자산의 수익률은 모두 유사한 수준으로 수렴하므로, 개인투자자들이 각 자산의 수익률을 비교하기 위해 모든 종목의 속성을 하나하나 검토하지 않아도 되기 때문이다. 다음 절에서 자세히 살펴보겠지만 수익률에 영향을 미치는 여러 가지 자산의 속성 가운데 가장 중요한 것은 바로 자산으로부터 발생할 미래 현금흐름의 불확실성 즉 자산의 위험이라고 할 수 있다.

위험

위험

투자자들은 미래의 현금흐름을 기대하고 자산을 매입한다. 재무경제학에서 **위험**이란 바로 이 미래 현금흐름의 발생 여부 및 규모가 불확실한 정도를 의미한다.

위험이 존재하는 근본적인 이유는 자산으로부터의 현금흐름이 미래에 발생하며, 미래는 언제나 불확실하기 때문이다. 미래의 현금흐름에 영향을 주는 요인은 매우 다양할 뿐만 아니라 대부분 사전적으로 불확실하다. 예컨대 어떤 사람이 오피스텔을 사서 월세로 임대를 한다고 가정하자. 과거 경험에 비추어 볼 때 오피스텔 투자의 평균 임대수익률이 연 6%라고 하자. 이는 1억짜리 오피스텔을 사면 매월 50만 원 정도를 월세로 받을 수 있음을 의미한다. 그러나 이는 어디까지나 평균적으로 그렇다는 것일 뿐, 부동산 경기와 인근지역 상황에 따라 임대수익률은 크게 변동할 수 있다.

만일 오피스텔 인근에 지하철 역사가 생긴다거나 학교 또는 산업단지가 들어오면 오피스텔에 대한 수요가 급증하면서 임대료가 상승할 것이다. 그 결과 임대수익률이 12%로 상승하면, 투자자는 이제 매월 100만 원의 월세를 받을 수 있다. 반대로, 금융위기 등으로 부동산 경기가 침체되면 임대수요가 줄고 공실이 늘면서 임대료가 하락할 것이다. 이에 따라 임대수익률이 3%로 하락하면, 투자자는 이제 매월 25만 원의 월세밖에 받지 못한다. 그러나 미래의 부동산 경기와 지역입지의 변화는 오피스텔에 투자할 당시에는 예측할 수 없다. 따라서 투자는 필연적으로 위험을 수반하는 것이다.

1가지 주의할 점은 재무경제학에서 말하는 위험은 일상적 의미의 위험과는 의미가 조금 다르다는 것이다. 일상적으로 위험은 주로 나쁜 결과가 일어날 가능성을 의미한다

(예컨대 "이 도박에서 지면 전 재산을 날릴 위험이 있다."고 말할 때의 위험). 반면 **재무경제학에서의 위험은 결과가 좋건 나쁘건 관계없이 단지 불확실한 정도만을 의미**한다. 즉 좋은 결과도 나쁜 결과도 발생할 수 있지만, 이 중 어떤 결과가 발생할지를 사전적으로 모르는 상황을 의미한다.

예컨대 어떤 사람이 한 달 후 추첨을 통해 당첨되면, 당첨금을 받는 복권을 공짜로 받았다고 하자. 당첨금은 당첨된 번호의 개수에 따라 10,000원, 100,000원, 1,000,000원이라고 하자. 이러한 복권을 가진 사람은 이익만을 볼 뿐 손해를 보는 일은 전혀 없다. 따라서 일상적 의미에서 이 복권에는 아무런 위험이 없다. 그러나 미래에 복권이 당첨될지, 당첨이 된다면 당첨금이 얼마가 될지를 확실히 알 수 없으므로, 재무경제학적 의미에서 이 복권은 위험자산의 일종이라고 할 수 있다.

분산투자

분산투자

많은 투자자들은 한두 가지 종류의 자산에 투자를 집중하기 보다는 다양한 종류의 자산에 조금씩 나누어 투자를 하곤 한다. 투자자들이 이렇게 많은 수의, 여러 종류의 자산에 **분산투자**하는 것은 이를 통해 전체 포트폴리오의 위험을 줄일 수 있기 때문이다. "계란을 한 바구니에 담지 마라."라는 속담은 이러한 분산투자의 위험감소효과를 비유적으로 표현한 것이다.

예컨대 어떤 투자자가 자신의 전 재산을 어떤 한 회사의 주식에 몽땅 투자했다고 하자. 이 회사의 실적이 좋아지고 주가가 오르면 큰 이익을 볼 수도 있지만, 만일 이 회사가 파산하거나 상장폐지라도 되는 날엔 전 재산을 날릴 수도 있다. 반면 분산투자를 통해 다양한 종목에 나누어 투자하면 어느 한 종목에서 손실이 나더라도 전체 포트폴리오에 대한 영향은 미미하게 된다. 뿐만 아니라 광범위하게 분산투자를 한 경우에는 어느 한 종목에서 난 손실이 다른 종목에서 난 이익을 통해 상쇄되면서 포트폴리오 전체의 수익률에는 거의 변화가 없을 수 있다. 이런 이유로 분산투자는 전체 포트폴리오의 위험을 감소시킨다.

그러나 분산투자를 한다고 해서 모든 위험이 다 사라지는 것은 아니다. 속담에서 말하듯 계란을 여러 바구니에 나누어 담는다 해도 이 바구니들을 실은 수레가 뒤집어지면, 안에 있던 계란은 몽땅 깨어질 수 있다. 다시 말해, 아무리 투자자가 광범위한 종목에 걸쳐 분산투자를 한다 해도, 투자한 모든 종목들에서 동시에 손실이 나는 경우는 종종 발생할 수 있다. 대표적 사례가 바로 2007~2009년 글로벌 금융위기이다. 금융위기로 야기된 심각한 경기침체 상황에서 주식시장에 상장된 거의 대부분 종목의 주가가 하락하였다. 이런 상황에서는 제 아무리 광범위하게 분산투자를 했다 해도 포트폴리오 전체의 수익률 하락은 피할 수 없었던 것이다.

분산가능한 위험
고유 위험

지금까지의 논의에 따라 재무경제학에서는 개별 자산의 위험을 분산 가능한 위험과 분산 불가능한 위험으로 구분한다. **분산가능한 위험**은 **고유 위험**이라고도 불리는데, 어떤 특정 자산에 고유하게 존재하는 위험으로서 다른 자산과 함께 분산투자할 경우 제거할 수 있는 위험을 의미한다. 예컨대 생수가 인기를 끌면서 사이다, 콜라 등 탄산음료에 대한 수요가 감소하면 탄산음료 제조회사의 주가는 떨어지게 된다. 그러나 투자자가 분산투자를 통해 탄산음료 제조회사뿐만 아니라 생수 제조회사의 주식을 동시에 보유한다면, 이러한 주가 하락은 별 문제가 되지 않는다. 왜냐하면 생수에 대한 선호가 증가함에 따라 탄산음료 제조회사의 주가는 하락하지만, 생수 제조회사의 주가가 상승하면서 이를 상쇄하므로 전체 포트폴리오의 수익률에는 별 영향이 없기 때문이다.

분산 불가능한 위험
체계적 위험

반면 **분산 불가능한 위험** 또는 **체계적 위험**은 어떤 특정 자산에 고유한 것이 아닌, 시장 전체에 대한 위험으로서 분산투자를 통해서도 제거할 수 없는 위험을 의미한다. 이러한 위험의 대표적 예는 바로 경기순환에 따른 전체 주식시장의 반응을 들 수 있다. 즉 경기가 확장하는 국면에서는 전반적으로 기업의 실적이 개선되므로 상장된 대부분 주식의 가격이 동시에 상승한다. 반대로 경기가 수축하는 국면에서는 대부분 주식의 가격이 동시에 하락한다. 따라서 아무리 광범위하게 분산투자를 한다 해도 경기순환국면에 따라 전체 포트폴리오의 수익률은 상당한 영향을 받을 수밖에 없다.

그럼에도 불구하고 여전히 분산투자를 하는 것은 필수적인 투자전략이다. 이를 통해 적어도 분산 가능한 위험만은 제거할 수 있기 때문이다. 충분한 분산투자를 통해 형성된 포트폴리오에는 이제 분산 불가능한 위험 즉 체계적 위험만이 남게 된다.

만일 이미 광범위한 분산투자를 하고 있는 투자자가 어떤 자산을 포트폴리오에 새롭게 추가할지 말지를 결정할 경우, 이 투자자는 그 자산의 고유 위험은 무시하고 체계적 위험만을 고려하면 된다. 자산의 고유 위험은 자산이 포트폴리오에 편입되는 순간 분산되어 제거되기 때문이다. 따라서 투자자는 이 자산을 포트폴리오에 편입할 경우 얼마나 체계적 위험이 증가하는지와 새로운 포트폴리오의 수익률이 어떻게 변화하는지를 비교하여 자산의 편입여부를 결정하면 된다. 다시 말해, 분산투자자의 입장에서 투자 의사결정 시 고려해야 할 진정한 위험은 고유 위험을 제외한 체계적 위험뿐이라는 것이다. 다음 절에서는 어떤 자산에 대한 투자 의사결정 시 비교해야 할 2요인 즉 자산의 체계적 위험정도와 수익률을 각각 어떻게 측정하는지 살펴본다.

기대수익률과 위험의 관계

투자 의사결정 시 가장 중요한 2요인으로 수익률과 위험(좀 더 정확히 말하면 체계적 위험) 정도를 꼽을 수 있다. 자산의 수익률과 위험을 서로 비교하기 위해서는 먼저 각각을 측정할 수 있어야 한다. 수익률과 위험을 측정하는 대표적인 척도로는 각각 기대수익률과 베타(β)값이 있다.

기대수익률

기대수익률

자산의 **기대수익률**은 어떤 상황이 발생할 경우 실현될 자산의 수익률에 각 상황이 발생할 확률을 곱한 값들의 합으로 구한다. 예컨대, 어떤 주식의 수익률이 75%의 확률로 연 11%가 되고, 나머지 25%의 확률로 연 15%가 된다고 하자. 현재 시점에서 이 주식을 산다면 기대할 수 있는 평균수익률은 12%(=0.75×11%+0.25×15%)가 된다. 달리 말하면, 자산의 기대수익률은 상황별 자산수익률을 각 상황이 발생할 확률로 가중평균 한 값이라고 할 수 있다. 따라서 일반적인 산술평균과 달리 발생할 확률이 높은 상황에 대한 가중치가 더 높음을 알 수 있다.

이런 방법으로 모든 자산의 기대수익률을 계산할 수 있다면, 투자자들은 단지 계산된 기대수익률이 가장 높은 자산을 선택하기만 하면 되는 것 아닌가? 정답은 '아니오.'이다. 왜냐하면 자산의 기대수익률만이 투자 결정의 유일한 기준은 아니기 때문이다. 아무리 평균 기대수익률이 높은 자산이라 할지라도 그 평균수준의 수익을 달성하는 데 엄청난 불확실성 즉 위험이 존재한다면 사람들은 투자를 하지 않거나 망설일 것이기 때문이다. 따라서 어떤 자산에 대한 투자여부를 결정하려면 기대수익률뿐 아니라 그 자산의 위험정도를 측정하는 척도가 필요하다.

베타

베타(β)
시장포트폴리오

투자 의사결정 시 사용되는 위험의 척도로서 가장 대표적인 것이 베타이다. **베타(β)**는 위험 중에서도 분산 불가능한 위험 즉 체계적 위험을 측정하는 척도이다. 베타는 어떤 자산 또는 포트폴리오의 체계적 위험이 시장포트폴리오와 비교해서 몇 배인지를 나타내는 척도이다. 여기서 **시장포트폴리오**(market portfolio)란 시장에 존재하는 모든 위험자산을 그 시장가치 비중대로 편입하여 만든 자산포트폴리오를 의미한다. 따라서 이러한 시장포트폴리오의 수익률은 주식시장으로 치면 시장 전체 주식의 평균수익률 즉 종합주가지수의 수익률에 해당된다.

시장포트폴리오는 시장에 존재하는 모든 위험자산을 포함하고 있으므로, 완벽하게 분산투자가 완료된 상황이다. 따라서 **시장포트폴리오에는 분산 가능한 위험 즉 고유 위험은 전혀 남지 않으며, 오직 분산 불가능한 위험 즉 체계적 위험만이 존재**한다. 이러한 특징 때문에 베타를 통해 체계적 위험을 측정할 때, 시장포트폴리오를 비교의 기준으로 삼는 것이다.

베타는 특정 자산이나 포트폴리오의 체계적 위험이 시장포트폴리오의 몇 배에 해당하는지를 측정한 것이다. 예컨대 어떤 회사 주식의 베타가 2라는 것은 시장포트폴리오에 비해 이 회사 주식의 체계적 위험이 2배에 달함을 의미한다. 보다 구체적으로 베타가 2라는 것은 시장포트폴리오의 수익률, 예컨대 종합주가지수의 수익률이 1%p만큼 등락할 때, 해당 주식의 수익률은 그 두 배인 2%p만큼 같은 방향으로 움직임을 의미한다. 따라서 이런 주식은 전체 시황이 좋을 때는 2배만큼 더 이익을 낼 수 있지만 시황이 나빠지면 역시 2배만큼 큰 손실이 나는, 경기에 다소 민감한 주식이라고 할 수 있다. 베타는 시장포트폴리오 뿐만 아니라 다른 자산과 위험정도를 비교하는 데도 활용될 수 있다. 예컨대 베타가 2인 주식은 베타가 0.5인 주식보다 체계적 위험의 정도 즉 전체 시황에 민감한 정도가 4배에 달한다고 말할 수 있다.

이러한 베타는 개별 자산뿐 아니라 자산의 집합인 포트폴리오에 대해서도 쉽게 계산할 수 있다. 이는 개별 자산에 투자하기 보다는 주로 포트폴리오의 형태로 자산을 운용하는 펀드매니저의 입장에서 매우 유용한 특징이라고 할 수 있다. 베타를 이용해서 현재 펀드의 포트폴리오와 목표하는 포트폴리오의 체계적 위험을 쉽게 비교할 수 있기 때문이다.

수익성의 척도인 기대수익률과 위험의 척도인 베타 값은 투자 의사결정 시 고려해야 할 가장 중요한 두 기준이라고 할 수 있다. 이후 살펴보겠지만 2가지 기준에 따라 포트폴리오를 선택하는 과정에서 재무경제학의 가장 근본적인 원리가 유도된다. 즉 위험한 자산일수록 수익률이 더 높아야 한다는, '고위험 고수익'의 원리가 그것이다.

기대수익률과 위험의 관계

투자자들은 본질적으로 위험을 회피하고자 한다. 그러다 보니 일반적으로 위험도가 낮은 자산은 위험도가 높은 자산에 비해 더 비싼 가격에 팔리게 된다. 앞서 살펴본 대로 자산의 수익률은 자산 가격과 역의 관계를 가지므로, 위험도가 낮은 자산은 위험도가 높은 자산에 비해 가격이 더 비싼 반면, 기대수익률은 더 낮아지게 된다. 이로부터 '고위험 고수익'의 원리가 도출된다. 즉 **자산 또는 포트폴리오의 위험도가 높을수록 기대수익률도 높아진다**는 것이다.

이러한 관계를 위험에 대한 보상의 측면으로 이해할 수도 있다. 다시 말해, 위험회피적인 투자자들로 하여금 위험도가 높은 자산에 투자하도록 유도하기 위해서는 높은 기대수익률을 보장해 줌으로써 추가적인 보상을 제공해야 한다는 것이다. 이에 따라 위험도가 높은 자산일수록 기대수익률이 높아지게 된다.

'고위험 고수익'의 원리는 주식, 채권, 부동산 등 자산의 유형과 관계없이 모든 위험자산에 보편적으로 적용되는 원리이다. 자산 유형이 무엇이든, 투자자들의 의사결정과정은 본질적으로 동일하기 때문이다. 즉 투자자들은 자산으로부터 미래에 발생할 기대현금흐름의 크기와 함께 이러한 현금흐름에 수반되는 위험의 정도를 감안하여 자산매입 시 지불할 가격을 결정하게 된다. 미래에 발생할 기대현금흐름이 동일한 상황에서, 투자자들은 위험도가 더 높은 자산에 대해 더 낮은 가격을 지불하려 할 것이므로, 이 자산의 기대수익률은 위험도가 낮은 자산에 비해 높아지게 된다. 그 결과 시장균형에서는 더 위험한 자산이 더 높은 수익률을 가지게 된다.

무위험 수익률

지금까지 우리는 위험자산을 대상으로 위험과 수익률의 관계에 대해 살펴보았다. 그러나 시장에서 거래되는 모든 자산이 위험자산인 것은 아니다. 미국 재무부 증권이나 우리나라 국고채와 같이 정부가 발행하는 채권의 경우 사실상 무위험 자산이라고 할 수 있다.

예컨대 투자자들이 미국의 단기 재무부 증권을 매입했다면 이는 미 연방정부에 단기(1년 미만)로 돈을 빌려주었음을 의미한다. 미 정부는 언제든지 돈을 갚을 수 있을 정도로 충분한 예산을 보유하고 있을 뿐 아니라, 필요하다면 추가적으로 세금을 징수하고 중앙은행인 연준으로부터도 돈을 차입할 수 있으므로 빌린 돈을 못 갚을 가능성은 거의 0이라고 할 수 있다. 물론 미국도 매우 오랜 시간이 지난 후에는 종국적으로 멸망할 수 있고, 따라서 미 정부가 빚을 갚지 못하는 상황이 언젠가는 도래할 수 있다. 그러나 적어도 이런 예외적 상황이 단기 재무부 증권의 최대 만기인 1년 이내에 벌어질 가능성은 0이다. 이렇게 미 정부가 빌린 돈을 제 때, 그리고 약속한 만큼 갚지 못할 확률이 0이기 때문에 우리는 재무부 증권을 무위험자산으로 간주할 수 있다.

앞서 고위험 고수익의 원리를 설명하면서 고위험자산의 높은 수익률이 위험에 대한 보상의 성격을 가진다고 하였다. 그렇다면 위험이 존재하지 않는 무위험자산의 경우에는 수익률이 0이 되어야 하는 것일까? 답은 '아니오'이다. 왜냐하면 모든 자산의 수익률에는 위험에 대한 보상뿐만 아니라 시간가치에 대한 보상이 함께 포함되어 있기 때문이다.

앞서 현재가치에 대한 논의에서 언급한대로 현재 일정 금액의 화폐는 미래의 같은 금액의 화폐에 비해 가치가 더 높다. 따라서 만일 어떤 사람이 현재의 화폐를 포기하고 누군가에게 빌려주었을 경우 미래에 이를 돌려받을 때는 화폐의 시간가치에 해당하는 추가적인 보상이 주어져야 한다. 때문에 모든 자산의 수익률에는 위험에 대한 보상과 함께 화폐의 시간가치에 대한 보상이 포함되는 것이다.

시간선호

화폐의 시간가치가 존재하는 원인 즉 현재의 화폐가 동일한 금액의 미래 화폐보다 가치가 더 높은 근본적인 원인은 사람들의 시간선호 때문이다. **시간선호**란 동일한 정도의 효용을 주는 재화와 서비스에 대해 사람들이 이를 미래에 소비하는 것보다 현재에 소비하는 것을 더 선호함을 의미한다. 말하자면 사람들은 똑같은 짜장면을 1년 후에 먹는 것보다는 바로 지금 먹는 것을 더 선호한다는 것이다.

시간선호의 존재는 자산수익률을 구성하는 요소인 이자가 발생하는 원인이 된다. 예컨대 영철이가 수진에게 1년 동안 10억 원을 빌리려 한다고 하자. 수진은 10억 원을 빌려주면 10억 원만큼 소비할 수 있는 기회를 미래로 미루어야 한다. 그러나 수진이 역시 시간선호를 가진 여느 사람들과 같이 현재에 소비하는 것을 미래에 소비하는 것보다 선호한다. 따라서 영철이가 수진에게 10억 원을 빌릴 수 있으려면, 수진이가 현재소비를 포기한 것에 대한 보상을 제공해야 한다. 현실에서 이러한 보상은 이자의 형태를 통해 나타난다. 즉 영철이가 지금 수진이로부터 10억 원을 빌리는 대신, 1년 후 돈을 갚을 때는 원금 10억 원과 함께 이자로 1억 원을 추가 지급하는 것이다.

여기서 주목할 것은 영철이가 추가로 지급하는 이자 수준이 수진이가 돈을 빌려주면서 부담하는 위험수준과는 전혀 관계없이 결정되었다는 점이다. 이는 영철이가 지급하는 이자 1억 원이 '순수하게' 수진이가 10억 원의 현재소비를 포기한 것에 대한 보상임을 의미하며, 따라서 가령 영철이가 돈을 못 갚을 확률이 제로여서 위험이 전혀 없는 경우에도 영철이가 지급할 이자 수준은 1억 원으로 변하지 않을 것이다.

무위험이자율

단기 재무부 증권과 같은 정부채권을 발행함으로써 정부가 사람들로부터 돈을 빌리는 경우도 이와 마찬가지라고 할 수 있다. 앞서 언급한대로 단기 재무부 증권은 위험이 0인 무위험자산인데도 불구하고, 이를 매입한 사람들에게 정부는 이자를 지급한다. 따라서 이 때 지급하는 이자는 '순수하게' 화폐의 시간가치에 대한 보상 즉 사람들이 현재소비 기회를 포기하고 정부에 돈을 빌려준 것에 대한 대가라고 할 수 있다. 이와 같이 단기 재무부 증권과 같은 무위험자산으로부터 발생하는 수익률을 **무위험이자율**(이후 i^f

로 표기)이라고 부른다.

1가지 명심할 것은 이러한 무위험이자율이 미 연준과 같은 중앙은행의 통화정책에 영향을 받는다는 점이다. 이후의 장에서 살펴보겠지만 미 연준 등 중앙은행은 통화정책을 통해 경제전체의 화폐공급을 조절함으로써 단기 재무부 증권의 이자율을 포함한 시장금리 전반에 영향을 줄 수 있다. 이는 미 연준과 같은 중앙은행이 어떤 경제의 무위험이자율 즉 순수하게 현재소비 기회를 포기한 것에 대한 보상의 수준을 간접적으로나마 결정할 수 있음을 의미한다. 이렇게 모든 자산의 수익률은 위험에 대한 보상과 함께 화폐의 시간가치에 대한 보상 즉 무위험이자율로 구성되므로, 중앙은행은 무위험이자율의 조정을 통해 경제 전체의 자산수익률과 자산가격에 영향을 줄 수 있다.

증권시장선

증권시장선

앞서 살펴본 대로 사람들은 투자를 통해 화폐의 시간가치에 대한 보상과 함께 위험에 대한 보상을 기대한다. 따라서 화폐의 시간가치에 대한 보상인 무위험이자율이 주어질 경우, '고위험 고수익'의 원리에 따라 자산의 위험도가 높을수록 자산의 기대수익률은 높아지게 된다. **증권시장선**은 자산의 위험도와 기대수익률 간의 이러한 정(+)의 관계를 구체적인 그래프로 표현한 것이다.

증권시장선의 구조는 다음과 같다. 언급한대로 투자자의 기대수익률은 다음과 같은 두 요소의 합으로 구성된다. 하나는 화폐의 시간가치에 대한 보상이고 다른 하나는 위험에 대한 보상이다. 이를 식으로 표현하면,

자산의 기대수익률＝화폐의 시간가치에 대한 보상률 ＋ 위험에 대한 보상률

위험 프리미엄

앞서 살펴본대로 화폐의 시간가치에 대한 보상률이 무위험이자율 i^f와 동일하고, 위험에 대한 보상률이 재무경제학적 용어로 **위험 프리미엄**이라 불리는 것을 감안하면 위 식은 다음과 같이 변형된다.

자산의 기대수익률＝i^f＋위험 프리미엄

물론 위험 프리미엄은 해당 자산의 위험도에 따라 결정되는 값이다. 여기서 중요한 것은 자산의 기대수익률을 구성하는 **위험프리미엄을 결정하는 것은 자산의 총위험이 아니라 자산의 체계적 위험**이라는 점이다. 앞서 살펴본 대로 자산의 고유 위험은 분산투자를 통해 언제든지 그리고 완벽하게 제거할 수 있으므로 분산투자자의 입장에서 투자 의사결정 시 고려해야 할 진정한 위험은 고유 위험을 제외한 체계적 위험뿐이기 때문이다.

따라서 **위험프리미엄을 결정하는 핵심 요인은 바로 체계적 위험의 정도를 나타내는 베타의 크기**라고 할 수 있다. 예컨대 자산 A의 베타가 자산 B에 비해 크면 자산 A에 대

[그림 24.1] 증권시장선

증권시장선은 경제에 존재하는 모든 자산 또는 포트폴리오의 기대수익률과 위험수준 간의 관계를 그림으로 나타낸 것이다. 증권시장선 상에서 자산의 기대수익률은 화폐의 시간가치에 대한 보상을 나타내는 무위험이자율과 위험부담에 대한 보상을 나타내는 위험프리미엄의 합으로 결정된다. '고위험 고수익'의 원리에 의해 증권시장선은 우상향하는 형태를 띠게 된다.

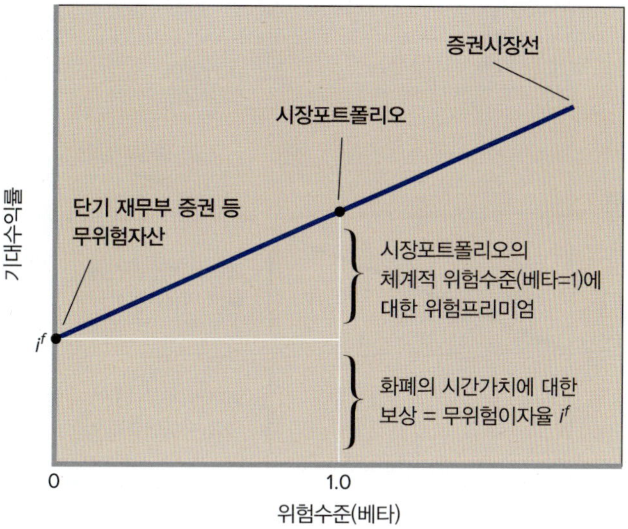

한 위험프리미엄 역시 자산 B보다 커진다는 것이다. 한편 단기 재무부 증권과 같은 무위험자산의 경우 체계적 위험을 나타내는 베타가 0이므로 위험프리미엄 역시 0이 되어 자산의 기대수익률은 무위험이자율 i^f과 같아진다.

위 식을 그림으로 나타낸 것이 바로 그림 24.1이다. 그림의 가로축은 베타로 측정되는 체계적 위험의 정도를, 세로축은 자산의 기대수익률을 나타낸다. 따라서 모든 자산은 그 자산의 베타와 기대수익률을 과거 자료를 통해 계산할 수 있는 한 좌표평면 위의 한 점으로 표현된다. 그림 24.1에는 2개의 점이 찍혀 있는데, 이 중 좌표평면의 왼쪽 아래의 세로축 상에 찍힌 점은 단기 재무부 증권과 같은 무위험자산을 나타내고, 오른쪽 위의 증권시장선 상에 찍힌 점은 앞 절에서 언급한 시장포트폴리오를 나타내고 있다.

무위험자산의 경우, 위험이 존재하지 않으므로 베타가 0이고 기대수익률은 무위험이자율 i^f과 일치하게 된다. 따라서 그림에서는 가로축 좌표가 0이고, 세로축 좌표가 i^f인 점에 위치하게 된다. 반면 시장포트폴리오는 무위험자산과 달리 미래의 현금흐름이 불확실한 위험에 노출되어 있으므로, 시장포트폴리오의 기대수익률은 무위험이자율뿐만 아니라 위험프리미엄을 포함하게 된다. 앞 절에서 살펴본 대로 시장포트폴리오의 베타값은 정의상 1이므로, 그림에서 시장포트폴리오는 가로축 좌표가 1, 세로축 좌표가 무위험이자율 i^f에 시장포트폴리오의 위험프리미엄을 더한 값인 점에 위치하게 된다.

그림에서 왼쪽 아래의 무위험자산에 해당하는 점과 오른쪽 위의 시장포트폴리오에 해당하는 점을 서로 이은 직선이 바로 증권시장선이다. 증권시장선은 자산의 기대수익률과 위험수준과의 관계를 명시적으로 보여주는 것으로서, 금융시장에 존재하는 모든 개별 자산과 포트폴리오들이 균형에서는 이 증권시장선 위에 위치한다는 점에서 매우

[그림 24.2] 위험수준과 기대수익률 간의 관계

증권시장선은 자산의 체계적 위험수준에 따라 자산의 기대수익률이 어떻게 결정되는지 보여준다. 그림의 증권시장선에 따르면 $\beta = X$ 만큼의 체계적 위험에 노출된 자산 또는 포트폴리오는 Y만큼의 기대수익률을 보장해야 한다. 기대수익률 Y는 화폐의 시간가치에 대한 보상인 무위험이자율 i^f 와 $\beta = X$ 만큼의 위험을 무릅쓰는 것에 대한 보상인 $Y - i^f$ 의 두 부분으로 분해된다.

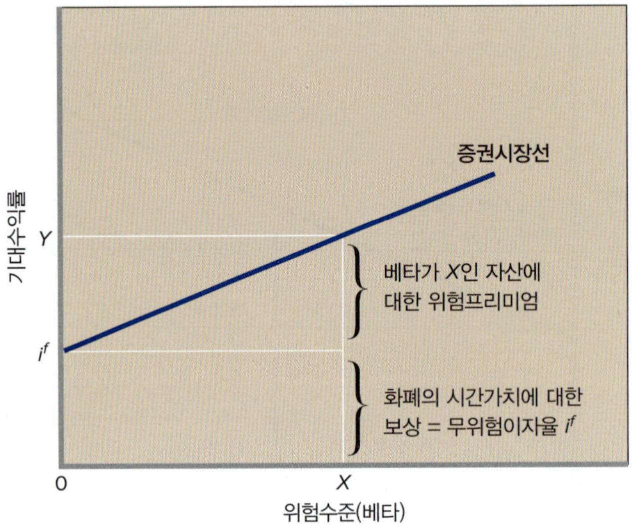

중요한 관계식이다. 증권시장선에 따르면 모든 자산의 기대수익률은 화폐의 시간가치에 대한 보상인 무위험이자율과 위험에 대한 보상인 위험프리미엄의 합으로 구성되며, 이 중 무위험이자율은 증권시장선의 세로축 절편을, 위험프리미엄은 증권시장선의 기울기를 결정한다.

앞서 언급한 바와 같이 연준과 같은 중앙은행의 통화정책은 무위험이자율에 간접적인 영향을 미친다. 따라서 증권시장선의 세로축 절편 역시 중앙은행의 통화정책에 의해 영향을 받는다. 반면, 위험프리미엄을 나타내는 증권시장선의 기울기는 금융시장에 참가하는 투자자들이 평균적으로 얼마나 위험을 기피하는지에 따라 결정된다. 예컨대 대부분의 투자자들이 위험을 무릅쓰는 것을 매우 기피하는 경우, 자산의 위험도가 그림의 가로축을 따라 높아질수록 위험을 감수하는 것에 대한 보상 즉 자산의 기대수익률은 그림의 세로축을 따라 더 크게 증가해야 한다. 따라서 증권시장선의 기울기는 투자자들이 위험을 기피할수록 더욱 가파르게 된다. 반대로 투자자들이 위험을 덜 기피하는 경우, 증권시장선의 기울기는 비교적 완만해진다.

중앙은행의 통화정책 및 투자자들의 위험기피성향 등에 따라 일단 세로축 절편과 기울기가 결정되면, 증권시장선은 '현존하는' 모든 자산의 기대수익률과 위험수준 간의 관계를 나타내는 함수가 된다. 예컨대 그림 24.2의 증권시장선에 따르면 $\beta = X$ 만큼의 체계적 위험수준에 노출된 '모든 자산 또는 포트폴리오'는 Y만큼의 기대수익률을 보장해야 한다. 이 때 기대수익률 수준 Y는 화폐의 시간가치에 대한 보상인 i^f 와 $\beta = X$ 만큼의 위험을 무릅쓰는 것에 대한 보상인 $Y - i^f$ 의 두 부분으로 분해된다.

증권시장선은 안정적인 균형인가? 다시 말해, 만일 어떤 자산이 증권시장선으로부터 일시적으로 이탈할 경우, 시간이 지나면 이자산은 증권시장선 위로 복귀할 수 있는가?

[그림 24.3] 차익거래와 증권시장선

어떤 자산이 증권시장선으로부터 일시적으로 이탈할 경우에도 시간이 지나면 투자자들의 차익거래를 통해 결국 증권시장선 위로 복귀하게 된다. 그림에서 투자자들은 점 A와 같은 자산을 매입하고자 하므로 자산 A의 가격이 상승하면서 기대수익률은 하락한다. 반면 투자자들은 점 B와 같은 자산을 매각하고자 하므로 자산 B의 가격이 하락하면서 기대수익률은 상승한다. 이러한 차익거래과정을 통해 A점과 C점은 점점 B점으로 접근하게 되며, 결과적으로 시장균형에서는 동일한 위험수준 $\beta = X$ 을 가지는 자산 A, 자산 B, 자산 C가 동일한 기대수익률 Y를 가지게 된다.

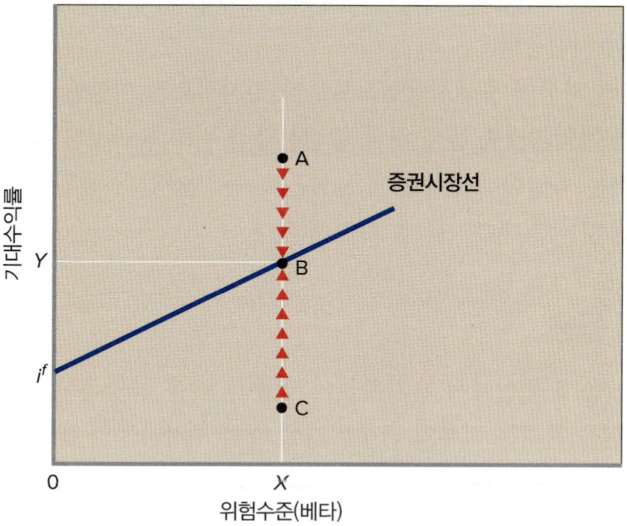

정답은 '그렇다'이다. 특히 이러한 균형으로의 복귀과정에서 앞서 살펴본 **차익거래가 핵심적인 역할**을 한다. 그림 24.3의 예를 통해 그 과정을 살펴보자.

그림 24.3은 동일한 위험수준에 노출된 3가지 자산을 점 A, B, C로 표현하고 있다. 세 자산은 위험수준이 모두 $\beta = X$ 로 동일하지만 증권시장선 위에 위치한 자산 B에 비해 자산 A는 기대수익률이 더 높은 반면, 자산 C는 기대수익률이 더 낮다. 이는 동일한 위험부담에 대해 자산 A는 증권시장선이 제시하는 수준보다 더 많은 보상을 하는 반면, 자산 C는 더 적은 보상을 하는 자산임을 의미한다.

이렇게 동일한 위험수준에 대한 보상이 다르기 때문에 투자자들은 차익거래의 유인을 가지게 된다. 먼저 자산 A에 대해 살펴보자. 투자자들은 자산 B 대신 자산 A를 매입함으로써 동일한 위험을 부담하면서도 더 높은 수익률을 기대할 수 있다. 따라서 자산 B를 파는 대신 자산 A를 매입하면 위험부담 수준에 아무런 변화 없이도 두 자산 간의 기대수익률 차이만큼을 차익으로 얻을 수 있다. 이러한 차익거래에 따라 자산 A에 대한 수요가 점차 늘어나고, 그 결과 자산 A의 가격이 상승하게 된다. 앞서 살펴본 대로 자산의 수익률과 자산 가격은 역의 관계를 가지므로 자산 A의 가격이 상승하면 자산 A의 기대수익률은 하락하게 된다. 이는 그림 24.3에서 A점이 수직선을 따라 화살표 방향 즉 아래쪽으로 이동하는 것으로 표현된다. 이러한 이동과정은 A점이 증권시장선 위의 B점보다 위에 위치하는 한 지속된다. 자산 A의 기대수익률이 증권시장선 위의 자산 B보다 높은 수준을 유지하는 한 차익거래 유인은 여전히 존재하기 때문이다.

다음으로 자산 C에 대해 살펴보자. 이 경우에는 차익거래가 반대방향으로 일어난다.

즉 투자자들은 자산 C를 파는 대신 자산 B를 매입하면 위험부담 수준에 아무런 변화 없이도 두 자산 간의 기대수익률 차이만큼을 차익으로 얻을 수 있다. 이러한 차익거래에 따라 시간이 지나면서 자산 C에 대한 공급이 점차 늘어나고, 그 결과 자산 C의 가격이 하락하게 된다. 자산수익률과 자산가격의 역의 관계에 따라 자산 C의 기대수익률은 점차 상승하게 되는데, 이는 그림 24.3에서 C점이 수직선을 따라 화살표 방향 즉 위쪽으로 이동하는 것으로 표현된다. 이러한 이동과정은 C점이 증권시장선 위의 B점보다 아래에 위치하는 한 지속된다.

이와 같이 **어떤 자산이 증권시장선으로부터 일시적으로 이탈할 경우에도 시간이 지나면 투자자들의 차익거래를 통해 결국 증권시장선 위로 복귀**하게 된다. 그 결과, 자산시장의 균형에서는 동일한 위험수준에 노출된 모든 자산들이 동일한 수준의 기대수익률(증권시장선에 따른 기대수익률)을 가지게 된다.

증권시장선의 응용

증권시장선을 통해 현실에서 투자자들이 연준과 같은 중앙은행의 통화정책기조 변화에 각별히 관심을 가지는 이유와 금융위기에 따른 투자자들의 행태 변화를 이해할 수 있다.

중앙은행의 통화정책에 따른 무위험이자율의 변화 앞서 설명한대로 증권시장선의 형태는 세로축 절편과 기울기의 2가지 요인에 의해 결정된다. 이 중 세로축 절편은 중앙은행의 통화정책 등에 영향을 받는 무위험이자율에 의해, 기울기는 위험프리미엄 즉 투자

[그림 24.4] 무위험이자율의 상승에 따른 증권시장선의 이동

증권시장선의 세로축 절편 값은 무위험이자율 수준에 의해 결정된다. 따라서 중앙은행이 긴축적 통화정책에 의해 무위험이자율을 상승시키면 증권시장선의 세로축 절편값도 증가한다. 다른 조건이 일정한 상황에서 무위험이자율이 상승하면 위험자산에 대한 수요가 줄면서 위험자산의 가격이 하락하고 기대수익률은 상승한다. 그 결과 증권시장선이 위쪽으로 평행이동하고($SML_1 \rightarrow SML_2$), 위험수준이 $\beta = X$ 인 자산 A의 기대수익률은 종전의 Y_1 에서 Y_2 로 상승하게 된다.

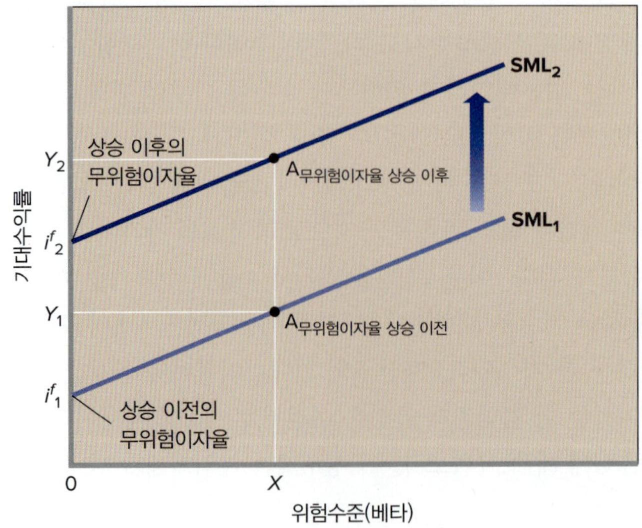

자들이 체계적 위험에 대한 보상으로 어느 정도의 수익을 요구하는지에 의해 결정된다. 이 2가지 요인 가운데 어느 것 하나만 변화해도 증권시장선의 형태가 바뀌면서 자산수익률과 자산 가격에 큰 영향을 미친다.

예컨대 중앙은행이 긴축적 통화정책을 통해 화폐공급을 줄이고, 그 결과 단기 재무부 증권의 이자율 등 무위험이자율이 상승했다고 하자(통화정책의 전달과정에 대한 자세한 내용은 26장을 참조). 무위험이자율의 상승은 그림 24.4에서와 같이 증권시장선의 세로축 절편값을 증가시키고, 이에 따라 증권시장선을 위쪽으로 평행 이동시킨다($SML_1 \rightarrow SML_2$). 기울기의 변화 없이 증권시장선이 평행 이동하는 것은 기울기를 결정하는 요인 즉 투자자들의 위험 기피도에는 아무런 변화가 없다고 가정했기 때문이다.

이렇게 증권시장선이 위쪽으로 평행이동하면 무위험이자율뿐만 아니라 모든 위험자산의 기대수익률이 상승하게 된다. 예컨대 그림 24.4에서 자산 A는 무위험이자율이 상승하기 전에는 Y_1의 기대수익률을 가졌으나, 증권시장선이 위쪽으로 평행이동하고 나면 기대수익률은 Y_2로 증가하게 된다.

이렇게 통화정책에 따른 무위험이자율의 변화가 모든 위험자산의 기대수익률에 영향을 미치는 이유를 직관적으로 설명하면 다음과 같다. 긴축적 통화정책을 통해 무위험이자율이 상승할 경우, 투자자들은 이전보다 수익률이 높아진 무위험자산에 더 많은 투자를 하도록 포트폴리오를 조정하게 된다. 이 과정에서 투자자들은 기존의 위험자산을 팔고 새롭게 무위험자산을 매입하게 되는데, 그 결과 위험자산의 공급이 늘어나면서 위험자산의 가격이 하락하는 동시에 자산 가격과 자산수익률의 역의 관계에 의해 기대수익률은 상승하게 된다. 이에 따라 그림 24.4에서 보듯이 자산 A와 같은 위험자산의 수익률이 무위험이자율과 함께 상승하는 것이다($Y_1 \rightarrow Y_2$).

이러한 이유 때문에 금융시장의 투자자들은 미 연준과 같은 중앙은행의 통화정책기조 변화에 각별한 주의를 기울인다. 살펴본 대로 통화정책기조의 변화는 무위험이자율을 통해 투자자들이 보유한 위험자산의 가격에 막대한 영향을 미치기 때문이다.

글로벌 금융위기와 증권시장선의 변화 2007~2009년 글로벌 금융위기는 통화정책에 따른 무위험이자율의 변화뿐만 아니라 **시간에 따라 변화하는 위험프리미엄**의 영향을 잘 보여주는 좋은 사례이다. 투자자들이 위험을 무릅쓰는 대가로서 요구하는 보상수준인 위험프리미엄은 그때그때의 경제 환경에 따라 변화하게 된다.

먼저 무위험이자율의 변화에 따른 영향을 살펴보자. 금융위기가 발발한 직후, 미 연준은 강력한 확장적 통화정책을 통해 화폐공급을 증가시켰고, 이에 따라 단기 재무부 증권 이자율과 같은 무위험이자율이 빠르게 하락하였다. 무위험이자율은 증권시장선의 세로축 절편을 나타내므로 금융위기 직후 무위험이자율의 하락은 증권시장선을 아래쪽으로 평행 이동시킨 요인이라고 할 수 있다. 이는 그림 24.4의 화살표와는 반대방향 즉 아래쪽으로 증권시장선이 평행 이동함을 의미하며, 그 결과 모든 위험자산의 수익률 역시 하락하게 된다. 자산 가격과 수익률 간의 역의 관계를 고려하면, 이렇게 위험자산의 수익률이 전반적으로 하락한다는 것은 반대로 위험자산의 가격이 상승함을 의미한다.

그러나 실제 금융시장 데이터를 보면 알 수 있듯이 금융위기 직후 2007~2008년에는 주식과 같은 위험자산의 가격이 오히려 대폭 폭락하였다. 이를 어떻게 설명할 것인가? 여기서 시간에 따라 변화하는 위험프리미엄의 영향을 확인할 수 있다. 즉 글로벌 금융위기와 같은 예외적인 상황에서는 투자자들이 평소보다 훨씬 위험을 기피하게 되므로 위험프리미엄 즉 위험을 무릅쓰는 것에 대한 보상의 수준이 높아진다. 위험프리미엄이 상승하면 그림 24.4에서 증권시장선의 기울기가 더욱 가팔라진다. 정리하면 글로벌 금융위기에 따라 증권시장선에는 다음과 같은 2가지 변화가 동시에 나타났다고 할 수 있다. 하나는 무위험이자율의 하락에 따른 세로축 절편의 감소이고, 다른 하나는 위험프리미엄 상승에 따른 증권시장선 기울기의 증가이다. 결과적으로 금융위기 직후 증권시장선은 이전보다 더 낮은 세로축 절편을 통과하는 대신 더 가파른 직선으로 변화한 것이다.

금융위기 직후 주식 등 위험자산의 가격이 하락한 것은 이러한 위험프리미엄 상승(기울기의 증가) 효과가 무위험이자율 하락(세로축 절편의 감소) 효과를 압도한 결과이다. 다시 말해, 무위험이자율의 하락에도 불구하고 금융위기에 따라 위험기피성향이 확대되면서 투자자들은 주식 등 위험자산을 팔아버린 것이다. 이에 따라 위험자산의 가격이 대폭 하락하였고, 그 결과 위험자산의 기대수익률은 시간이 지나면서 점점 상승한 것이다.

인덱스 펀드 vs. 액티브 펀드

액티브 펀드가 비슷한 위험도를 가진 인덱스펀드보다 투자성과가 우수할까?

본문에서 언급한대로 펀드는 크게 운용방식에 따라 액티브 펀드와 인덱스 펀드로 나뉜다. 구체적으로 액티브 펀드는 비슷한 위험수준을 가지는 다른 포트폴리오 대비 초과수익률을 얻기 위해 다양한 자산을 적극적으로 사고파는 방식으로 운용된다. 본문의 그림 24.3에서 포트폴리오 A는 포트폴리오 B와 같은 수준의 위험도를 가지면서도 평균수익률은 더 높은데, 액티브 펀드는 말하자면 A점과 같은 포트폴리오를 찾고자 노력하는 펀드이다. 반면, 인덱스 펀드는 예컨대 코스피200이나 S&P500과 같은 주가지수에 편입된 종목과 최대한 유사하게 포트폴리오를 구성함으로써 초과수익 없이 시장 평균수익률을 추구하는 방식으로 운용된다.

펀드의 정의만 놓고 보면, 적극적으로 초과수익을 추구하는 액티브 펀드의 수익률이 인덱스 펀드보다 더 높은 것이 당연할 것 같이 느껴진다. 그러나 놀랍게도 현실은 정반대이다. 운용보수 등 수수료를 감안하고 나면 인덱스 펀드의 평균수익률은 액티브 펀드에 비해 연 1%p 이상 높다. 1%p의 차이가 크지 않아 보일지 모른다. 그러나 본문의 복리계산식 식 (1)을 이용하여 서로 다른 펀드의 장기 수익률을 비교하면 엄청난 차이임을 실감할 수 있다. 예컨대 1,000만 원을 30년 동안 10%의 수익률로 운용하면 30년 후 대략 1억7천5백만 원이 된다. 반면 같은 금액을 같은 기간 동안 11%의 수익률로 운용하면 대략 2억2천9백만 원이나 된다. 따라서 노후를 대비한 연금과 같이 장기로 투자하는 경우, 연 수익률 1%p는 엄청난 차이라고 할 수 있다.

그렇다면 액티브 펀드의 성과가 인덱스 펀드에 비해 부진한 원인은 무엇인가? 원인은 크게 2가지이다. 첫째, 본문에서 언급한 차익거래가 활성화될수록 액티브 펀드의 매니저가 비슷한 위험을 가진 인덱스 펀드의 수익률을 능가하는 투자기회를 포착하는 것이 거의 불가능해 지기 때문이다. 그 결과, 수수료 차감 전 기준으로 액티브 펀드와 인덱스 펀드의 수익률은 거의 차이가 나지 않게 된다. 둘째, 액티브 펀드는 인덱스 펀드에 비해 수수료 수준이 훨씬 높다. 따라서 수수료 차감 후 기준으로 액티브 펀드의 수익률이 인덱스 펀드에 비해 1%p나 낮아지는 것이다.

각각의 원인을 좀 더 자세히 살펴보자. 먼저 첫 번째 원인은 동일한 위험을 가진 포트폴리오들의 평균수익률을 서로 수렴하게 만드는 '차익거래'의 기능에 기인한다. 그림 24.3에서 설명한 바와 같이, 개별 자산이나 포트폴리오의 수익률이 증권시장선 상의 기대수익률과 일시적으로 차이가 나게 되면, 차익거래 유인이 발생하면서 이러한 차이가 빠르게 해소된다. 그 결과 동일한 수준의 위험에 노출된 개별 자산이나 포트폴리오는 동일한 평균 기대수익률을 가지게 된다. 그 결과, 초과수익을 얻기 위한 액티브 펀드매니저의 노력에도 불구하고 액티브 펀드의 수익률이 동일한 위험을 가진 인덱스 펀드의 수익률과 장기적으로 거의 비슷해지는 것이다.

두 번째 원인 즉 액티브 펀드의 수수료 수준이 인덱스 펀드에 비해 높은 것은 액티브 펀드가 초과수익을 추구하는 과정에서 훨씬 많은 비용을 야기하기 때문이다. 액티브 펀드의 경우 펀드를 운용하는 펀드매니저에게 높은 보수를 지급해야 할 뿐 아니라, 이들이 초과수익을 얻기 위해 빈번하게 자산을 매매하는 과정에서 높은 수준의 거래세와 수수료가 발생한다. 반면 인덱스 펀드의 경우 이따금 펀드의 기초지수에 편입되는 종목이 바뀌는 경우에만 포트폴리오를 조정하므로 거래빈도가 낮아 거래세나 수수료가 훨씬 덜 들며, 특별한 펀드운용전략이 요구되지 않으므로 펀드매니저에 대한 보수를 지급할 필요도 없다. 그 결과, 순자산 규모가 큰 대형 인덱스 펀드의 수수료 수준이 대략 연 0.17% 정도인 반면, 액티브 펀드의 평균 수수료 수준은 대략 연 1.3%나 된다.

그렇다면 평균수익률이 낮은 액티브 펀드에 사람들은 왜 가입하는 것일까? 아마도 인덱스 펀드의 수익률만으로는 만족스럽지 않기 때문일 것이다. 인덱스 펀드는 상품의 정의상 기초지수의 수익률 즉 시장의 평균수익률만을 얻도록 설정되어 있다. 따라서 시장 평균수익률에 만족하지 못하는 투자자는 초과수익을 얻기 위해 액티브 펀드에 투자하거나 직접 투자를 하는 수밖에 없다.

요약

1. 경제적 투자와 재무적 투자

재무경제학은 투자자들의 선호를 결정하는 요인과 이러한 선호가 주식, 채권, 부동산 등 다양한 자산의 거래행태 및 가격에 미치는 영향을 연구하는 분야이다. 한편 경제적 투자는 새로운 자본재를 구입함으로써 낡은 자본재를 대체하거나 자본스톡의 양을 늘리는 행위를 의미하는 반면, 재무적 투자는 미래의 재무적 이익을 취하기 위해 새로운 자산뿐만 아니라 이미 존재하는 자산을 구입하는 모든 행위를 일컫는다.

2. 화폐의 시간가치와 미래 금액의 현재가치

복리계산과정에 따르면 초기의 X_0 원이 i의 이자율로 t년 동안 투자되면 t년 후에는 $X_0(1+i)^t$ 원이 된다. 현재가치는 이러한 복리계산과정을 역으로 환산하면 구할 수 있다. 즉 t년 후 X_0 원만큼의 금액을 얻기 위해서 현재시점에 투자해야 할 금액은 $X_0/(1+i)^t$ 가 되며, 이것이 t년 후 X_0 원의 현재가치이다.

모든 금융자산 또는 금융상품은 1가지 공통적 특징을 가진다. 즉 현재 자산가격에 해당하는 일정 금액만큼을 빌리는 대신에, 미래에 하나 혹은 복수의 현금흐름을 제공하겠다는 약속이라는 점이다. 따라서 자산의 적정 가격은 미래에 자산으로부터 발생할 것으로 예상되는 기대현금흐름의 현재가치로 결정된다.

3. 주식, 채권, 펀드의 특징과 차이

주식은 어떤 기업에 대한 소유권 즉 권리를 나타내는 증서이다. 따라서 어떤 기업의 주식을 보유하면 미래에 기업이 벌어들인 이윤의 일부를 배당금으로 받을 권리를 가진다. 그러나 미래에 발생할 이윤의 크기가 불확실하고 회사가 파산할 가능성도 있으므로 주식은 대표적인 위험자산이라고 할 수 있다. 한편 채권을 보유하면 미래에 정해진 시점에서, 정해진 금액을 원리금으로 돌려받게 된다. 받을 금액이 사전적으로 정해져 있다는 점에서 채권은 주식보다 위험도가 낮지만, 파산 등에 따라 약속한 원리금을 지급받지 못할 가능성 즉 채무불이행 위험은 채권의 경우에도 여전히 존재한다. 펀드는 투자자들을 대신하여 전문가들이 주식이나 채권 등에 투자를 하고, 여기서 나오는 수익을 투자자들에게 분배하는 것이다. 따라서 펀드의 위험도는 펀드가 보유하는 포트폴리오에 편입된 주식과 채권 등 개별자산의 위험수준에 의해 결정된다.

4. 수익률과 자산가격의 역관계

투자자들은 자산의 수익성을 평가하기 위해 자산의 수익률을 측정한다. 자산의 수익률은 특정 기간 동안 자산으로부터 발생한 수익 또는 손실이 자산의 매입가격 대비 몇 %인지로 측정한다. 한편 미래에 발생할 현금흐름이 고정된 모든 자산에 대해, 자산을 비싸게 살수록 자산의 투자수익률은 하락하므로 자산의 수익률은 자산가격과 역의 관계를 가진다.

5. 차익거래의 개념과 기능

차익거래 과정을 통해 동일한 수준의 위험에 노출된 자산은 동일한 기대수익률을 가지게 된다. 예컨대 어떤 두 자산이 위험수준은 동일한데 기대수익률이 다르다고 하면, 투자자들은 둘 중 기대수익률이 낮은 자산을 팔고 기대수익률이 높은 자산을 매입하는 차익거래를 하게 된다. 이에 따라 기대수익률이 낮은 자산에 대한 공급이 증가하여 자산 가격이 하락하고, 그 결과 자산수익률은 상승하게 된다. 반면 기대수익률이 높은 자산에 대한 수요가 증가하여 자산 가격이 상승하고, 그 결과 자산수익률은 하락하게 된다. 이러한 차익거래 과정은 두 자산의 기대수익률이 동일해질 때까지 지속된다.

6. 분산 가능한 위험과 분산 불가능한 위험

재무경제학에서 위험자산이란 그 자산으로부터 발생할 것으로 기대되는 미래의 현금흐름이 사전적으로 정해져 있지 않고 불확실함을 의미한다. 위험자산 여부를 판단함에 있어 발생하는 현금흐름의 많고 적음이나 이익 또는 손실 여부는 중요하지 않다. 한편 자산의 위험은 크게 분산투자를 통해 제거할 수 있는 분산 가능한 위험 또는 고유 위험과 제거가 불가능한 분산 불가능한 위험 또는 체계적 위험으로 나눌 수 있다.

7. 투자 의사의 결정요인

베타는 자산 또는 포트폴리오의 체계적 위험을 측정하는 척도이다. 베타는 시장포트폴리오의 체계적 위험을 1로 할 때, 해당 자산의 체계적 위험이 몇 배인지를 측정한다. 여기서 시장포트폴리오는 시장에 존재하는 모든 위험자산을 그 시장가치 비중대로 편입하여 만든 자산포트폴리오로서, 여기에는 분산 가능한 위험 즉 고유위험은 전혀 남지 않으며, 오직 분산 불가능한 위험 즉 체계적 위험만이 존재한다. 예컨대 베타가 0.5인 자산은 시장포트폴리오의 절반 정도에 해당하는 체계적 위험에 노출되었다고 말할 수 있다.

위험을 기피하는 투자자들은 부담한 위험에 대한 보상을 요구한다. 따라서 위험한 자산일수록 기대수익률이 더 높아야 한다('고위험 고수익'의 원리). 그런데 자산의 고유 위험은 분산투자를 통해 언제든지 그리고 완벽하게 제거할 수 있으므로, 분산투자자의 입장에서 보상받아야 할 진정한 위험은 바로 베타로 측정되는 체계적 위험이라고 할 수 있다. 이 때문에 투자자들은 기대수익률과 함께 위험의 척도로서 베타값을 기준으로 하여 투자의사결정을 하게 된다.

투자자들은 시간선호 즉 동일한 정도의 효용을 주는 재화와 서비스에 대해 미래에 소비하는 것보다는 현재에 소비하는 것을 더 선호하는 경향을 가진다. 따라서 모든 자산의 기대수익률에는 베타로 측정되는 체계적 위험에 대한 보상과 함께 현재소비를 포기하고 화폐를 빌려준 것에 대한 대가 즉 화폐의 시간가치에 대한 보상이 포함되어야 한다.

8. **증권시장선과 균형수익률**

단기 재무부 증권과 같이 빌린 돈을 제 때, 그리고 약속한 만큼 갚지 못할 확률이 제로인 자산을 무위험자산이라고 한다. 이와 같이 무위험자산에는 위험이 존재하지 않으므로 무위험자산의 수익률은 순수하게 현재소비를 포기한 것에 대한 대가 즉 화폐의 시간가치에 대한 보상만을 포함한다.

증권시장선은 현존하는 모든 자산 또는 포트폴리오의 기대수익률과 (베타로 측정되는) 체계적 위험정도 간의 관계를 우상향하는 직선으로 표현한 것이다. 어떤 자산 또는 포트폴리오가 증권시장선으로부터 일시적으로 이탈할 경우에도 시간이 지나면 투자자들의 차익거래를 통해 결국 증권시장선 위로 복귀하게 된다. 그 결과 차익거래에 의한 균형에서 경제 내의 모든 자산 또는 포트폴리오는 증권시장선 위에 위치하게 된다.

증권시장선의 기울기는 체계적 위험에 대한 투자자들의 기피 정도에 의해 결정되는데, 위험을 기피하는 정도가 심할수록 증권시장선은 더욱 가팔라진다. 한편 증권시장선의 세로축 절편은 단기 재무부 증권의 이자율과 같은 무위험이자율의 수준에 의해 결정된다. 미 연준 등 중앙은행은 통화정책을 통해 무위험이자율을 조정함으로써 증권시장선을 위 또는 아래로 평행이동시킬 수 있다. 이렇게 증권시장선이 평행이동하면 무위험이자율뿐만 아니라 모든 위험자산의 기대수익률이 변화한다. 자산의 기대수익률은 자산 가격과 역의 관계를 가지므로, 증권시장선이 평행이동하면 자산 가격 역시 변화하게 된다. 따라서 중앙은행은 무위험이자율의 조정을 통해 경제 전체의 자산 가격에도 상당한 영향을 줄 수 있다.

주요 용어와 개념

경제적 투자
기대수익률
무위험이자율
배당금
베타
복리계산과정
분산가능한 위험 또는 고유 위험
분산불가능한 위험 또는 체계적 위험
분산투자
시간선호
시장포트폴리오
액티브 펀드
위험
위험프리미엄
유한책임원칙
인덱스 펀드
자본이득
재무적 투자
주식
증권시장선
차익거래
채권
채무불이행 위험
펀드
현재가치

연습문제

1. 3년 후 받을 140,000원의 현재가치는 얼마인가? 단, 시장이자율은 연 12%이며, $(1+0.12)^3=1.40$이 성립한다고 한다.

(1) 140,000원 (2) 120,000원
(3) 100,000원 (4) 80,000원
(5) 60,000원

2. 무위험자산 X는 미래에 세 번에 걸쳐 현금흐름을 발생시키며, 각 현금흐름의 현재가치는 각각 100만 원, 200만 원, 700만 원이다. 한편 또 다른 무위험자산 Y는 총 10번에 걸쳐 미래 현금흐름을 발생시키며, 각 현금흐름의 현재가치는 모두 100만 원이다. 다음 보기 중 올바른 것은?

(1) 자산 X와 자산 Y의 현재 가격은 동일해야 한다.
(2) 자산 X의 현재 가격이 자산 Y보다 비싸야 한다.
(3) 자산 Y의 현재 가격이 자산 X보다 비싸야 한다.
(4) 문제의 정보만으로는 자산 X와 자산 Y 중 어느 것이 더 비싼지 알 수 없다.
(5) 위 보기는 모두 옳지 않다.

3. 어떤 주식의 수익률이 절반의 확률로 10%, 또 다른 절반의 확률로 16%가 된다고 할 때, 이 주식의 기대수익률은?

(1) 10% (2) 11%
(3) 12% (4) 13%
(5) 16%

4. 우리나라 종합주가지수의 수익률(시장포트폴리오의 수익률)이 1%p만큼 상승할 때, 어떤 상장기업 주식의 수익률은 평균적으로 2%p만큼 상승한다고 한다. 이러한 주식의 베타는 얼마인가?

(1) 20 (2) 2
(3) 0.2 (4) 0
(5) −2

5. 무위험이자율이 4%이고 $\beta = 1$인 자산의 위험프리미엄이 6%라고 할 때, 시장포트폴리오의 기대수익률은 대략 얼마인가?

(1) 0% (2) 4%
(3) 6% (4) 10%
(5) 12%

6. 증권시장선에 따르면 $\beta = 1.15$인 위험자산의 기대수익률이 12%라고 한다. β가 1.15인 A회사 주식의 평균 수익률이 현재 15%라고 할 때, A회사 주식의 가격은 앞으로 어떻게 변화할 것인가?

(1) A회사 주식의 가격은 앞으로 오를 것이다.
(2) A회사 주식의 가격은 앞으로 떨어질 것이다.
(3) A회사 주식의 가격은 현 수준을 유지할 것이다.
(4) 문제의 정보만으로는 알 수 없다.
(5) 위 보기 중 정답 없음

7. 중앙은행이 긴축적 통화정책을 통해 무위험이자율을 높이면, 증권시장선은 ______으로 평행이동하고 자산가격은 전반적으로 ______. 빈칸에 들어갈 말을 순서대로 바르게 나열한 것은?

(1) 아래쪽, 상승한다 (2) 아래쪽, 하락한다
(3) 위쪽, 상승한다 (4) 위쪽, 하락한다
(5) 위 보기 중 정답 없음

8. 이자율이 연 4%인 정기예금에 100,000원을 예금했다고 하자. 지금으로부터 4년 후 받을 정기예금의 원리금은 얼마가 되는가?(계산은 소수첫째자리에서 반올림한다.)

9. 지금으로부터 2년 후 어떤 사람이 오피스텔을 사기 위해 1억 원이 필요하다고 한다. 현재 무위험이자율이 10%라면 이 사람은 지금 얼마를 저축해야 하는가?(계산은 소수첫째자리에서 반올림한다.)

10. 어떤 무위험자산에 투자하면 앞으로 3년 동안 매년 말에 10만 원씩을 받는다고 한다. 무위험이자율이 8%로 고정된 상황에서 이러한 무위험자산의 현재 적정가격은 얼마인가? 만일 중앙은행이 통화정책을 통해 무위험이자율을 10%로 인상한다면 적정가격은 얼마가 되는가?(계산은 소수첫째자리에서 반올림한다.)

11. 당신은 올해 어떤 위험자산을 120,000원을 주고 매입하였다. 이 자산을 앞으로 1년 후 팔 예정이다. 그런데 앞으로 1년 후 이 자산의 가격은 25%의 확률로 100,000원, 25%의 확률로 115,000원, 나머지 50%의 확률로 140,000원이 될 것으로 예상된다. 이 자산의 기대수익률은 얼마인가? 만일 올해 매입한 가격이 130,000원이라면 기대수익률은 어떻게 변하는가? 기대수익률이 0%가 되려면 현재 이 자산의 가격은 얼마여야 하는가?

12. (고급문제) 증권시장선 식이 다음과 같다고 가정하자.

$$Y = 0.05 + 0.04X$$

여기서 Y는 자산 또는 포트폴리오의 기대수익률이고 X는 베타로 측정되는 체계적 위험수준이며, 0.05가 증권시장선의 세로축 절편, 0.04가 기울기이다. 위 증권시장선의 형태를 감안할 때, 무위험이자율은 몇 %인가? 베타가 1.5인 자산의 균형에서의 기대수익률은 얼마인가? 만일 균형에서 기대수익률이 7%인 자산이 있다면, 이 자산의 베타는 얼마인가?

PART 9

거시경제정책

25 Chapter

재정정책과 국가부채

학습내용

1. 재정정책의 목적, 수단, 한계
2. 자동안정화장치의 역할
3. 경기조정 예산과 재정정책의 기조 평가
4. 최근 미국과 우리나라의 재정정책 기조
5. 재정정책의 수립과 집행과정에 직면하는 다양한 문제들
6. 미국 및 우리나라의 국가부채 현황과 경제적 영향

앞서 21장에서 우리는 총수요의 과도한 증가가 수요견인 인플레이션을 초래하는 반면, 큰 폭의 총수요 감소는 경기침체와 경기적 실업을 초래함을 알 수 있었다. 이 때문에 정부는 종종 '경기 부양' 또는 '인플레이션 억제'를 목적으로 정부지출 또는 조세를 늘리거나 줄인다. 이러한 재정정책은 정부지출과 조세를 경기상황에 따라 의도적으로 변화시킴으로써 완전고용, 물가안정, 장기적 경제성장을 달성하는 것을 목적으로 한다.

이 장에서는 먼저 재정정책의 이론적 근거와 현황, 그리고 한계를 차례로 검토한다. 다음으로, 재정정책과 밀접하게 연관된 주제인 국가부채에 대해 미국과 우리나라의 부채규모 및 경제적 영향을 중심으로 살펴볼 것이다.

재정정책과 국가부채는 특히 미국을 비롯한 선진국 경제를 중심으로 매우 중요한 문제로 부각되고 있다. 이는 2007~2009년 글로벌 금융위기를 수습하는 과정에서 각국 정부의 재정적자가 크게 확대되면서 국가부채가 빠르게 누적되었고, 그 결과 2010년에 유럽 재정위기, 2013년에는 미 연방정부 일시폐쇄 위기 등이 발생하였기 때문이다. 구체적으로 미국의 경우, 2009년 경기부양을 위해 7,870억 달러에 달하는 경기부양조치를 시행하였는데, 그 결과 2009년 미국 연방정부의 재정적자는 1조4천억 달러로 늘어났고 미국의 국가부채는 11조9천억 달러에 달하였다. 그 이후에도 수년 간 재정적자가 지속되면서 2016년에는 급기야 국가부채가 19조 달러(우리 돈으로 약 2경2천조 원)를 넘어서기에 이르렀다.

재정정책과 총수요 · 총공급모형

대통령 경제자문위원회

위에서 언급한 재정정책은 좀 더 구체적으로 말하자면 재량적(discretionary) 재정정책을 가리킨다. 미국에서 재량적 재정정책은 종종 **대통령 경제자문위원회**(CEA: Council of Economic Advisers)의 권고에 따라 시행되곤 한다. 대통령 경제자문위원회는 대통령에 의해 임명된 저명한 경제학자들로 구성되며, 경제문제에 관해 대통령에게 자문과 조언을 제공하는 역할을 한다. 우리나라의 경우에는 기획재정부가 재정정책 수립 및 예산편성을 담당하며, 경제상황에 따라 정부지출의 집행시기를 조절하거나 긴급히 정부지출을 늘리고자 할 경우, '추가경정예산'을 편성하기도 한다. 이렇게 정부가 의도적으로 정부지출과 조세의 규모를 변경할 수 있다는 점에서 이를 재량적 재정정책이라고 하는 것이다.

그러나 미국이나 우리나라에서나 이러한 정책을 실제로 시행하기 위해서는 입법부 즉 국회의 승인을 거쳐야 하므로 정부의 재량에는 한계가 존재한다고 할 수 있다. 그럼에도 불구하고 몇몇 정책들은 의회의 승인을 거치지 않고 자동적으로 시행되기도 하는데, 이러한 재정정책을 비재량적(nondiscretionary) 또는 자동적(automatic) 재정정책이라고 한다.

확장적 재정정책

확장적 재정정책

정부는 경기침체에 대응하여 **확장적 재정정책**(expansionary fiscal policy)을 실시할 수 있다. 확장적 재정정책은 정부지출 증가, 감세 또는 양자의 결합을 통해 총수요를 확대함으로써, 궁극적으로 실질 GDP를 증가시키는 것을 목적으로 한다.

그림 25.1에서 경제의 완전고용 GDP가 510조 원이라고 가정하자. 이는 총공급곡선 AS와 초기 총수요곡선 AD_1이 만나는 점에서 완전고용 GDP가 달성됨을 의미한다. 이때 투자지출의 급격한 감소에 따라 경제의 총수요곡선이 AD_1에서 AD_2로 좌측이동했다고 하자. 앞 장에서 살펴본 대로 단기적으로 물가가 하방경직적이어서 물가가 기존 수준인 P_1으로 고정되어 있다면, 실질적인 총공급곡선은 점선으로 표시된 수평선이 된다. 따라서 이 경우 투자지출의 감소에 따라 총수요곡선이 좌측이동하면 경제의 실질 GDP는 510조 원에서 490조 원으로 감소한다. 따라서 −20조 원(=490조 원−510조 원)의 음의 GDP갭이 발생한다. 이러한 음의 GDP갭은 실업의 증가를 동반한다. 왜냐하면 실질 GDP가 완전고용 GDP에 미달하는 만큼 생산이 감소하므로 그만큼 노동에 대한 수요도 줄어들기 때문이다. 결국, 이 경제는 경기침체와 경기적 실업을 함께 경험하게 된다.

이 경우 정부는 경기침체로부터 경제를 부양하기 위해 어떤 형태의 재정정책을 시행할 수 있는가? 크게 3가지 선택지가 있는데, (1) 정부지출을 증가시키거나, (2) 조세를 감면(감세)하거나, (3) 혹은 양자를 적절히 조합하는 방식이 있다. 만약 최초에 정부의 예산이 균형 상태였다면, **확장적 재정정책은 재정적자를 초래**한다. 여기서 재정적자란 정부지출이 조세수입을 초과하는 것을 의미한다.

[그림 25.1] 확장적 재정정책

정부는 경기침체로부터 경기를 부양하기 위해 정부지출 증가 또는 감세를 통한 확장적 재정정책을 시행한다. 경제의 한계소비성향이 0.75일 때, 정부지출이 5조 원만큼 증가하거나 정액세 수입이 6.67조 원만큼 감소(이를 통해 최초 소비가 5조 원만큼 증가함)하면 총수요곡선은 1차적으로 오른쪽으로 즉 AD_2에서 점선으로 표시된 곡선까지 이동한다. 이후 승수효과에 의해 총수요곡선은 추가적으로 우측 이동하여 최종적으로는 AD_1까지 이동한다. 그 결과 실질 GDP는 점선으로 표시된 수평선을 따라 총 20조 원만큼 증가하게 된다.

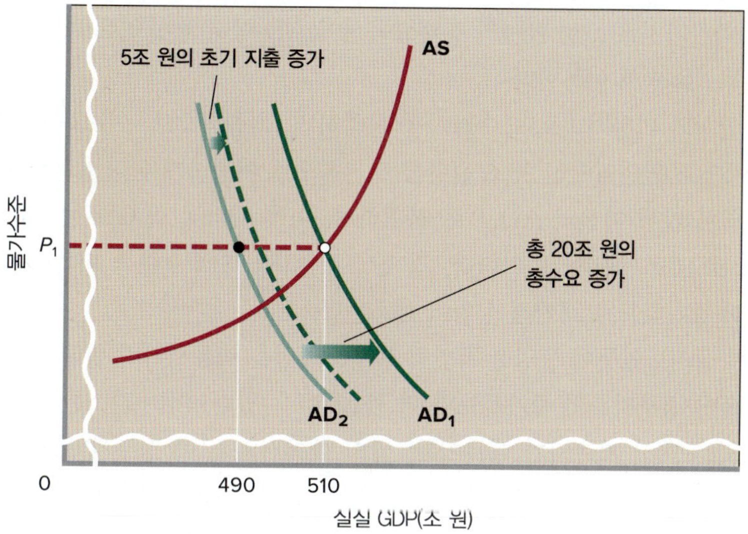

정부지출 증가 정부는 우선 정부지출을 충분히 증가시킴으로써 그림 25.1의 총수요곡선 AD_2를 AD_1까지 이동시킬 수 있다. 예컨대 정부가 경기부양을 위해 도로 등 사회간접자본 확충과 교육 · 보건관련 사업에 5조 원을 새롭게 지출했다고 하자. 이 경우 각각의 물가수준에서 총지출 규모가 5조 원씩 증가하면서 총수요곡선이 AD_2에서 점선으로 표시된 보조 곡선까지 오른쪽으로 평행 이동한다. 즉 AD_2와 점선으로 표시된 보조 곡선까지의 수평 거리가 바로 5조 원이 된다.

그러나 총수요의 증가는 여기서 멈추지 않는다. 바로 승수효과 때문이다. 만일 경제의 한계소비성향이 0.75라면, 승수는 4가 된다. 따라서 시간이 지나면 **승수효과에 따라 총수요곡선이 초기 이동폭 즉 AD_2와 점선으로 표시된 보조 곡선 간 거리의 4배인 20조 원만큼 오른쪽으로 이동**하게 된다. 그림에서는 이러한 승수효과에 따라 총수요곡선이 최종적으로 AD_1까지 이동하는 것으로 나타나 있다. 더구나 현재 물가가 P_1에서 고정된 상황에서 이러한 총수요곡선의 이동은 점선으로 표시된 수평선을 따라 실질 GDP를 증가시키는데, 이때의 GDP 증가폭은 총수요곡선의 총 이동폭 즉 20조 원과 동일하다. 다시 말해 완전한 승수효과가 나타나는 것이다.

결과적으로 정부지출의 증가에 따라 실질 GDP는 초기의 490조 원에서 20조 원만큼 증가한 510조 원이 된다. 이는 완전고용 GDP 수준과 일치하므로 기업들은 경기침체가 발생하기 이전의 완전고용수준까지 고용을 증가시키며, 그 결과 경기적 실업이 해소된다.

조세 감면 정부는 조세의 감면 즉 감세를 통해서도 총수요곡선을 AD_2에서 AD_1으로 이동시킬 수 있다. 예컨대 정부가 가계에 대한 조세 수입을 6.67조 원만큼 감소시킨다고 가정하자. 이에 따라 가계의 처분가능소득은 같은 금액만큼 증가한다. 한계소비성향이 0.75인 상황에서 이러한 소득의 증가는 소비를 5조 원(=한계소비성향 0.75×6.67조 원)만큼 증가시키고, 저축은 1.67조 원(=한계저축성향 0.25×6.67조 원)만큼 증가시킬 것이다. 이렇게 소비지출이 5조 원만큼 증가하면 앞서 같은 금액만큼 정부지출이 증가한 경우와 마찬가지로 그림 25.1의 총수요곡선이 AD_2에서 점선으로 표시된 보조 곡선까지 오른쪽으로 평행 이동한다.

그러나 앞서와 마찬가지로 승수효과를 감안하면, 최종적으로 총수요곡선은 초기 소비의 증가폭 5조 원의 4배인 20조 원만큼 오른쪽으로 이동하게 된다. 그 결과 총수요곡선은 경기침체 발생 이전의 AD_1으로 복귀하며, 이에 따라 실질 GDP는 490조 원에서 510조 원으로 20조 원만큼 증가한다. 경제가 완전고용 GDP수준을 회복하면서 고용도 그에 맞추어 증가하므로 경기적 실업이 해소된다.

이제까지 살펴보았듯이 **동일한 폭만큼 총수요곡선을 이동시키기 위해 필요한 조세수입의 감소폭이 정부지출의 증가폭보다 더 큼**을 알 수 있다. 이는 감소한 조세수입의 일부가 소비되는 대신 저축되기 때문이다. 앞서 예에서와 같이 정부가 초기 소비를 5조 원만큼 증가시키려면, 감세폭은 이보다 큰 6.67조 원이 되어야 한다. 왜냐하면 늘어난 처분가능소득 6.67조 원 가운데 1.67조 원은 소비되지 않고 저축되어 소득 · 지출 흐름으로부터 유출되기 때문이다. 만일 한계소비성향이 0.75가 아닌 0.6이라면 5조 원만큼 초기 소비를 증가시키기 위해서는 8.33조 원만큼의 감세가 필요하다. 이와 같이 한계소비성향이 작아질수록, 초기 소비지출을 증가시키거나 최종적으로 총수요를 증가시키기 위해서 필요한 감세폭은 점점 증가하게 된다.

정부지출 증가와 감세의 조합 정부는 의도한 만큼 총수요와 실질 GDP를 증가시키기 위해, 정부지출 증가와 감세를 동시에 시행할 수도 있다. 예컨대 그림 25.1의 예에서와 같이 20조 원만큼 총수요와 실질 GDP를 증가시키기 위해, 정부는 5조 원만큼 조세수입을 감소시키는 동시에 1.25조 원만큼 정부지출을 증가시킬 수 있다. 독자들은 이와 같이 2가지 정책을 조합하면, 왜 20조 원만큼 총수요와 실질 GDP가 증가하는지를 연습삼아 스스로 증명해 보기 바란다.

지금까지의 논의는 물가가 고정된 상황에서 완전고용 GDP수준을 회복하기 위해 필요한 총지출의 증가분을 계산한 것이라는 점에서, 20장의 총지출 모형에서 경기침체 갭을 측정하는 과정과 사실상 동일한 것임을 알 수 있다.

긴축적 재정정책

긴축적 재정정책

지금까지와 반대로 경제에 수요견인 인플레이션이 발생한 경우, 이를 억제하기 위해서는 총수요를 감소시키는 재정정책 즉 **긴축적 재정정책**(contractionary fiscal policy)이 필요하다. 긴축적 재정정책은 정부지출 감소, 증세 또는 양자의 결합을 통해 총수요를 축소시킴으로써, 궁극적으로 수요견인 인플레이션을 진정시키는 것을 목적으로 한다.

그림 25.2에서 초기 경제의 균형이 총수요곡선 AD_3와 총공급곡선 AS가 교차하는 *a*점에서 이루어지고 있었다고 가정하자. 또한 *a*점에서의 실질 GDP인 510조 원이 완전고용 GDP 수준과 일치한다고 하자. 이 때 순수출이 5조 원만큼 증가했다고 하면, 승수가 4인 상황에서 총수요곡선은 5조 원의 4배인 20조 원만큼 우측으로 이동하게 된다. 이는 그림에서 초기의 총수요곡선 AD_3이 AD_4로 이동하는 것으로 표현된다.

그러나 **총공급곡선 AS의 기울기가 우상향하기 때문에, 실질 GDP는 총수요 증가폭인 20조 원만큼 증가하지 않는다.** 즉 완전한 승수효과가 나타나지 않는다는 것이다. 그림에서 보듯이 총수요 곡선의 이동에 따라 경제의 균형점은 *a*점에서 *b*점으로 이동하고, 이에 따라 실질 GDP는 510조 원에서 522조 원으로 12조 원만큼만 증가한다. 즉 12조 원만큼 양의 GDP갭이 발생한다. 한편 이 과정에서 물가가 P_1에서 P_2로 상승하면서 수요견인 인플레이션이 발생하고 있음을 알 수 있다.

이러한 상황에서 정부가 별다른 대응을 하지 않을 경우, 양의 GDP갭은 물가상승 압력을 높여 인플레이션을 더욱 심화시킬 것이다. 왜냐하면 실질 GDP가 완전고용수준을 초과하므로 장기로 갈수록 임금 등 생산요소의 가격이 점차 상승하기 때문이다. 이에 정부가 재정정책을 통해 양의 GDP갭을 제거하고 수요견인 인플레이션을 진정시키려면, 다음과 같은 3가지 선택지 중 하나를 선택할 것이다. 즉 (1) 정부지출을 감소시키거나, (2) 조세를 인상(증세)하거나, (3) 혹은 양자를 적절히 조합하는 방식이 있다. 만일

[그림 25.2] 긴축적 재정정책

정부는 양의 GDP갭을 해소하고 수요견인 인플레이션을 진정시키기 위해 정부지출 감소 또는 증세를 통한 긴축적 재정정책을 시행한다. 초기에 총수요곡선의 우측이동($AD_3 \rightarrow AD_4$)에 따라 경제의 균형이 *a*점에서 *b*점으로 이동하고, 그 결과 물가가 P_1에서 P_2로 상승했다고 하자. 이 경우 12조 원(=522조 원−510조 원)만큼 양의 GDP갭이 발생한다. 경제의 한계소비성향과 승수가 각각 0.75와 4인 상황에서 정부는 정부지출을 3조 원만큼 감소시키거나, 조세수입을 4조 원만큼 증가(그 결과 소비는 3조 원만큼 감소함)시킴으로써 12조 원에 달하는 양의 GDP갭을 제거할 수 있다. 즉 언급한 긴축적 재정정책에 의해 총수요곡선은 AD_4에서 AD_5까지 좌측으로 이동하며, 물가의 하방경직성(톱니효과)으로 인해 물가가 P_2로 고정되어 있으므로 경제의 균형점은 *b*점에서 *c*점으로 이동한다. 그 결과 경제의 실질 GDP가 510조 원으로 감소하여 완전고용수준과 일치하게 되면서 양의 GDP갭은 완전히 사라진다.

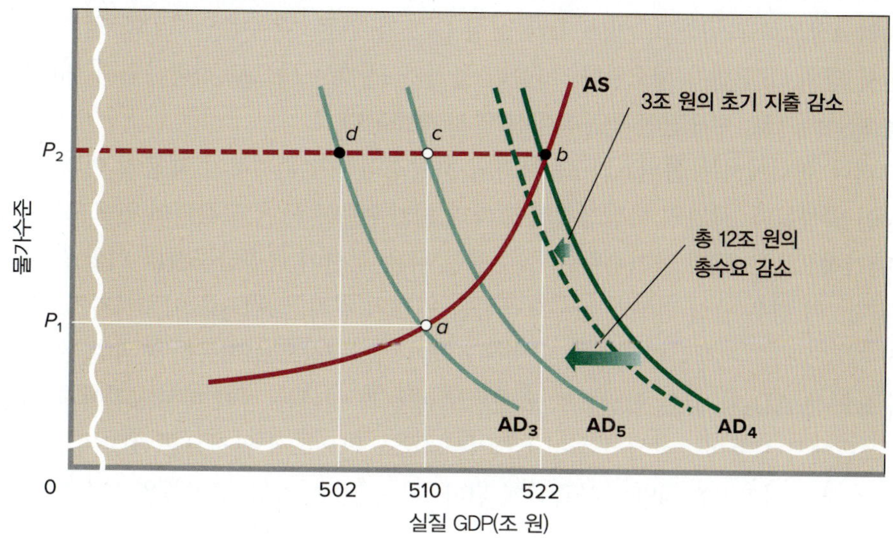

최초에 정부의 예산이 균형 상태였다면, 이와 같은 긴축적 재정정책은 재정흑자를 초래한다. 여기서 재정흑자란 조세수입이 정부지출을 초과하는 것을 의미한다.

그러나 정부가 구체적으로 어떻게 긴축적 재정정책을 수행하는지 논의하기에 앞서 1가지 명심할 것이 있다. 즉 신축적으로 증가 또는 감소할 수 있는 실질 GDP와 달리 물가는 적어도 단기적으로는 마치 톱니와 같이 하방 경직적으로 움직인다는 점이다(톱니효과의 의미에 대해서는 21장의 '사례연구: 톱니효과'를 참조). 따라서 순수출 등 총수요의 증가에 따라 물가가 일단 상승하고 나면, 정부가 긴축적 재정정책을 시행하더라도 단기적으로 물가가 이전 수준으로 감소하기는 힘들다는 것이다. 따라서 보다 현실적인 긴축적 재정정책의 목표는 물가를 이전 수준으로 감소시키는 것이 아니라, 현재 물가수준의 추가적 상승을 막는 것이라고 할 수 있다. 또한 정부가 긴축적 재정정책의 적정 규모를 결정하기 위해서는 이러한 톱니효과 즉 물가의 단기적인 하방경직성을 반드시 고려해야 한다.

정부지출 감소 수요견인 인플레이션을 진정시키기 위해 정부는 정부지출을 감소시키는 긴축적 재정정책을 실시할 수 있다. 이 과정에서 톱니효과 즉 물가의 하방경직성을 감안하는 것이 매우 중요하다. 그림 25.2를 통해 만약 정부가 톱니효과를 감안하지 않고, 발생한 양의 GDP갭을 몽땅 제거하려 한다면 어떤 결과가 초래되는지 살펴보기로 하자.

당초 12조 원만큼 양의 GDP갭이 발생한 것은 순수출 증가에 따라 총수요곡선이 AD_3에서 AD_4로 20조 원만큼 오른쪽으로 이동한 것에 기인한다. 따라서 정부는 총수요곡선을 왼쪽으로 20조 원만큼 즉 원래 있었던 곳으로 이동시키면 양의 GDP갭과 수요견인 인플레이션을 완전히 해소할 수 있다고 단순하게 판단할지도 모른다. 이를 위해 정부는 정부지출을 5조 원 감소시키는 긴축적 재정정책을 시행할 수 있다. 승수가 4인 상황에서 이러한 정부지출의 감소는 총수요곡선을 20조 원(=5조 원×4)만큼 좌측 이동시켜 총수요곡선을 원래의 위치인 AD_3로 이동시킨다.

만약 톱니효과가 존재하지 않아 가격이 하방 신축적이라면 이러한 긴축적 재정정책은 매우 적절할 수 있다. 즉 그러한 정책을 실시한 결과 경제의 균형은 b점에서 원래의 위치인 a점으로 복귀하고, 이에 따라 실질 GDP가 완전고용수준인 510조 원으로 감소하면서 양의 GDP갭이 해소된다. 아울러 물가가 P_2에서 P_1으로 하락하면서 원래의 수준을 회복하므로, 수요견인 인플레이션 역시 해소된다.

그러나 현실에서는 톱니효과 즉 물가의 하방경직성이 존재하기 때문에 이와는 다른 현상이 발생한다. 물가의 하방경직성에 따라 물가수준이 P_2에 고정되어 있으므로, 적어도 단기적으로는 P_2의 물가수준에서 수평인 굵은 점선이 총공급곡선의 역할을 대신하게 된다. 이 경우 만일 정부가 총수요곡선을 원래의 위치인 AD_3로 이동시키기 위해 긴축적 재정정책을 시행하면 새로운 균형은 a점이 아닌 d점으로 이동하게 된다. 왜냐하면 총수요곡선 AD_3가 굵은 점선으로 표시된 수평선과 만나는 점이 바로 d점이기 때문이다. 그림에서 보듯이 d점에서 실질 GDP는 502조 원으로서 완전고용 GDP수준인 510조 원보다 오히려 8조 원만큼 부족하게 된다. 다시 말해, 양의 GDP갭을 해소하기 위해 시행한 긴축적 재정정책이 오히려 8조 원(=502조 원−510조 원)만큼 음의 GDP갭을 발생시킨 것이다.

문제의 원인은 물가의 하방경직성에 있다. 물가수준이 P_2에 고정되어 있는 상황에서 총수요곡선이 20조 원만큼 좌측으로 이동하면, 완전한 승수효과가 나타나면서 실질 GDP 역시 같은 20조 원만큼 감소한다. 총수요가 감소해도 물가가 하락하지 않으므로, 감소폭을 상쇄하는 효과가 전혀 나타나지 않기 때문이다. 따라서 실질 GDP가 총수요 감소폭과 같은 20조 원만큼 감소하면서 502조 원이 되고, 그 결과 8조 원만큼 음의 GDP갭이 발생한 것이다. 이와 같이 **정부가 정책수행 시 톱니효과를 고려하지 않으면, 필요한 것보다 과다하게 정부지출을 감소시킬 수 있다.** 즉 당초 12조 원에 달했던 양의 GDP갭이 긴축적 재정정책 시행 결과 8조 원만큼의 음의 GDP갭으로 대체된 것이다. 물론 이는 정부가 당초 의도한 결과는 아닐 것이다.

그러면 정부는 어떻게 해야 할까? 먼저 정부는 해소하고자 하는 양의 GDP갭 크기를 정확히 파악해야 한다. 위의 예에서 그 값은 12조 원이다. 그러고 나서 정부는 단기적으로 물가수준이 하방 경직적이므로 총수요가 변화하면 같은 폭만큼 실질 GDP가 변화한다는 사실 즉 완전한 승수효과가 발생한다는 것을 인식해야 한다. 경제의 승수가 4인 상황에서, 이는 정부지출이 감소하면 감소분의 4배만큼 실질 GDP가 감소함을 의미한다.

이러한 사실로부터 12조 원에 달하는 양의 GDP갭을 해소하기 위해 정부가 감소시켜야 할 정부지출의 양은 5조 원이 아니라 3조 원임을 알 수 있다. 초기에 정부지출이 3조 원만큼 감소하면 이의 4배인 12조 원만큼 총수요가 감소할 것이고, 물가의 하방경직성으로 인해 완전한 승수효과가 나타나므로 실질 GDP 역시 총수요 감소폭 12조 원만큼 감소할 것이기 때문이다. 따라서 초기에 정부지출이 3조 원만큼만 감소하면 당초 12조 원에 달했던 양의 GDP갭이 정확히 상쇄되어 제거된다는 것이다.

이와 같이 정부가 정부지출을 3조 원만큼 감소시키면 그림 25.2에서 초기의 총수요곡선 AD_4는 점선으로 표시된 보조 곡선까지 좌측으로 이동하게 된다. 따라서 AD_4와 보조 곡선의 수평거리는 3조 원이 된다. 이후 승수효과에 따라 총수요곡선은 초기 정부지출 감소분의 승수배인 12조 원(=3조 원×4)만큼 좌측으로 이동할 것이므로, 총수요곡선은 최종적으로 AD_5까지 이동한다. 톱니효과에 의해 물가 수준이 P_2에 고정되어 있으므로 경제의 새로운 균형점은 c점이 되고, 그 결과 경제의 실질 GDP는 510조 원으로 완전고용수준과 일치하게 된다. 즉 양의 GDP갭이 사라진 것이다. GDP갭이 0이어서 추가적인 물가상승 압력이 존재하지 않으므로 수요견인 인플레이션 역시 진정된다. 이와 같이 정책수행 시 톱니효과를 고려하면 정부가 과도하게 총수요를 감소($AD_4 \rightarrow AD_3$)시켜 새로운 경기침체를 유발하는 사태를 방지할 수 있다.

조세 인상 정부가 확상석 재정정책의 일환으로 조세를 감면하는 것과 같은 원리로 정부는 긴축적 재정정책의 일환으로 조세 인상 즉 증세를 시행할 수 있다.

정부는 증세를 통해서도 앞서 정부지출을 3조 원만큼 감소시킨 것과 동일한 정책효과를 얻을 수 있다. 즉 경제의 한계소비성향이 0.75인 상황에서 정부가 4조 원만큼 조세를 더 거두면 소비지출은 3조 원(=4조 원×0.75)만큼 감소할 것이다. 이에 따라 그림 25.2에서 초기의 총수요곡선 AD_4가 점선으로 표시된 보조 곡선까지 좌측으로 이동하게 된다. 이후 승수효과에 따라 총수요곡선은 초기 소비지출 감소분의 승수배인 12조 원(=3조 원×4)만큼 좌측으로 이동하므로, 총수요곡선은 최종적으로 AD_5까지 이동한다. 톱니효과에 의해 물가 수준이 P_2에 고정되어 있으므로 경제의 새로운 균형점은 c점이 되고, 그 결과 양의 GDP갭이 사라지면서 수요견인 인플레이션이 멈추게 된다.

정부지출 감소와 증세의 조합 정부는 의도한 만큼 총수요를 감소시키고 인플레이션을 진정시키기 위해 정부지출 감소와 증세를 동시에 시행할 수도 있다. 예컨대 그림 25.2의 예에서와 같이 12조 원에 달하는 양의 GDP갭을 해소하기 위해, 정부는 2조 원만큼 조세수입을 증가시키는 동시에 1.5조 원만큼 정부지출을 감소시킬 수 있다. 독자들은 이와 같이 2가지 정책을 조합하면, 왜 12조 원만큼 총수요와 실질 GDP가 감소하는지를 연습 삼아 스스로 증명해 보기 바란다.

지금까지의 논의는 물가가 고정된 상황에서 완전고용 GDP수준을 회복하기 위해 필요한 총지출의 감소분을 계산한 것이라는 점에서, 20장의 총지출 모형에서 인플레이션갭을 측정하는 과정과 사실상 동일한 것임을 알 수 있다.

정부지출이냐? 조세냐?

경기침체 또는 인플레이션에 대응하기 위한 수단으로서 정부지출과 조세 가운데 어느 것을 사용하는 것이 바람직한가? 그 대답은 **정부의 경제적 적정 규모에 대한 사람들의 견해에 따라 달라진다**.

예컨대 경제에서 정부가 상당한 비중을 차지하면서 보다 적극적인 정책을 시행하는 것이 바람직하다고 여기는 사람들은 경기침체기에 감세보다 정부지출 증가를 통해 대응하는 것을 더 선호한다. 또한 이들은 수요견인 인플레이션에 대해 정부지출 감소보다는 증세를 통해 대응하는 것을 더 선호한다. 이 두 조치 모두 정부의 규모를 확대하거나 적어도 현재 규모를 그대로 유지시킨다는 공통점이 있다.

반면에 이미 정부의 규모가 너무 클 뿐만 아니라 정책이 비효율적이라고 보는 사람들은 경기침체기에 정부지출 증가보다 감세를 통해 대응하는 것을 더 선호한다. 또한 수요견인 인플레이션에 대해서는 증세보다 정부지출 감소를 통해 대응하는 것을 더 선호한다. 이 두 조치 모두 정부의 규모를 축소하거나 적어도 현 상태에서 더 이상 커지지 못하도록 제한한다는 공통점이 있다.

요컨대 경기안정화를 위한 재량적 재정정책은 정부 규모를 확대시킬 수도, 축소시킬 수도 있다.

재정의 자동안정성

지금까지 우리는 논의의 단순화를 위해 조세가 정액세의 형태를 띤다고 가정하였다. 즉 조세수입이 GDP 수준과 관계없이 일정하다고 본 것이다. 그러나 현실에서 정부의 순조세 수입은 일정하게 고정되어 있는 것이 아니라 경기상황 즉 GDP 수준과 정(+)의 관계를 가지면서 변동한다(여기서 순조세는 총조세에서 각종 이전지출과 보조금 등을 차감한 것을 의미한다. 이후 언급할 '조세'는 모두 '순조세'를 의미함에 유의하기 바람)

예컨대 실질 GDP가 증가하고 상품과 서비스의 거래액이 증가하면 기업의 매출과 가계의 소비가 늘어나면서 법인세, 부가가치세, 소비세 수입이 증가한다. 특히 개인 소득세에는 누진세율이 적용되므로, GDP와 가계소득이 증가하면 소득세 수입은 소득보다 더 큰 비율로 증가한다. 반면, GDP가 감소하면 이러한 모든 종류의 조세수입이 감소한다. 한편 각종 이전지출과 보조금(이른바 '음(−)의 조세')은 조세수입과는 반대로 GDP 수준과 역(−)의 관계를 가진다. 예컨대 실업급여나 각종 복지수당 등은 경기가 호황일 때는 감소하고, 불황일 때는 증가한다.

이렇게 순조세 수입은 경기와 정의 관계를 가지면서 변동하기 때문에, 자동으로 경기를 안정화시키는 효과를 가진다. 즉 호황기에는 저절로 증세 및 정부지출 감소, 불황기에는 저절로 감세 및 정부지출 증가의 효과가 나타난다는 것이다. 이와 같은 조세제도의 특징을 자동안정성(built−in stability)이라 하며, 이는 비재량적(자동적) 재정정책의 대표적 예라고 할 수 있다.

자동안정화장치

재정의 **자동안정화장치**(built−in stabilizer)란 재량적 재정정책의 변화 없이도 경기 침체기에는 자동적으로 재정적자를 증가(또는 재정흑자를 감소)시키고, 경기확장기에는 재정흑자를 증가(또는 재정적자를 감소)시키는 모든 종류의 조세 및 보조금 제도를 가리킨다. 거의 모든 국가에서 조세수입이 GDP와 정의 관계를 가지므로, 이들 국가의 조세 및 보조금 제도는 모두 자동안정화장치의 성격을 가진다고 할 수 있다.

자동안정화장치

그림 25.3은 자동안정화장치의 작동원리를 보여준다. 현실에서 정부는 정부지출의 수준(G)은 결정하지만, 조세수입의 크기(T)를 직접 결정하지는 않는다. 다만 세율만을 결정할 뿐이다. 이에 따라 그림에서 정부지출 G는 GDP 수준과 무관하게, 미리 결정된 수준에서 고정되어 있는 반면, 조세수입 T는 실질 GDP와 정의 관계를 가지면서 변동하는 것으로 나타나 있다.

자동안정화장치의 작동원리 GDP와 조세수입 T 사이의 정의 관계는 다음과 같은 두 가지 이유로 자동안정화 기능을 가진다.

- 증세(감세)는 소비지출과 총수요를 감소(증가)시킨다.
- 경제에 수요견인 인플레이션이 발생한 경우 총수요를 감소시키는 것이 바람직한 반면, 경제침체기에는 총수요를 증가시키는 것이 바람직하다.

그림 25.3에서 보듯이 경기확장기에 GDP가 증가하면 조세수입은 자동적으로 증가한다. 이러한 증세는 상기한 대로 소비지출과 총수요를 감소시키므로, 경기확장세를 어느 정도 상쇄시키는 작용을 하게 된다. 다시 말해 경기과열과 수요견인 인플레이션을

[그림 25.3] 재정의 자동안정성

정부지출(G)이 GDP와 무관하게, 미리 결정된 수준에서 고정되어 있다고 가정하자. 한편 조세 수입(T)은 실질 GDP와 정의 관계를 가지며 변동한다. 이 경우 경기침체에 따라 GDP가 감소하면, 자동적으로 조세 수입이 감소하면서 재정적자가 발생하며, 이로 인해 경기침체의 폭이 완화되는 효과가 있다. 반면 경기확장에 따라 GDP가 증가하면, 자동적으로 조세 수입이 증가하면서 재정흑자가 발생하며, 이로 인해 인플레이션 압력이 줄어들 수 있다.

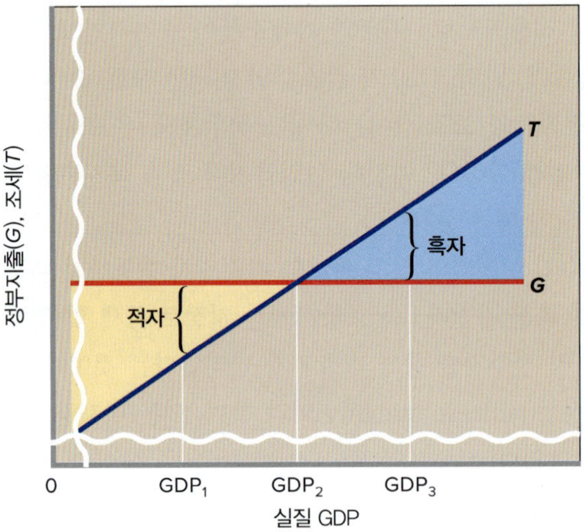

방지하는 자동적인 경기안정화 효과가 있다는 것이다. 또한 이 경우 정부지출이 고정된 상황에서 조세수입만 증가하므로, 정부의 예산은 자동적으로 재정흑자 기조를 띠게 된다. 그림에서 경기확장에 따라 실질 GDP가 완전고용수준인 GDP_2로부터 인플레이션을 유발하는 수준인 GDP_3로 증가할 경우, 정부 예산은 자동적으로 재정흑자 상태로 전환됨을 알 수 있다.

반대로 경기침체기에 GDP가 감소하면 그림 25.3에서 보듯이 조세수입은 자동적으로 감소한다. 이러한 감세는 위에서 언급한 대로 소비지출과 총수요를 증가시키므로, 경기침체의 폭을 어느 정도 완화하는 작용을 하게 된다. 다시 말해 경기침체의 심화를 방지하는 자동적인 경기안정화 효과가 있다는 것이다. 또한 정부지출이 고정된 상황에서 조세수입이 감소하므로, 정부의 예산은 자동적으로 재정적자 기조를 띠게 된다. 그림에서 경기침체에 따라 실질 GDP가 완전고용수준인 GDP_2로부터 GDP_1으로 감소할 경우, 정부 예산은 자동적으로 재정적자 상태로 전환됨을 알 수 있다.

누진적 조세구조의 효과 앞서 살펴본 대로 **재정의 자동안정성 정도는 GDP 변동에 따라 자동적으로 발생하는 재정흑자 또는 재정적자가 얼마나 큰 가에 의해 결정**된다. 그런데 그림 25.3을 보면, 자동적으로 발생하는 재정흑자 또는 재정적자의 크기는 GDP 변동에 따른 조세수입의 반응 정도 즉 T선의 기울기에 달려 있음을 알 수 있다. 만일 GDP 변동에 따라 조세수입이 급격하게 변화한다면 그림에서 T선의 기울기는 매우 가팔라질 것이고, 따라서 조세수입 T와 정부지출 G간의 수직 거리 즉 재정적자 또는 재정흑자의 크기는 더욱 확대될 것이다. 반면 GDP 변동에 따라 조세수입이 미미한 반응만을 보인다면 T선의 기울기는 보다 완만해질 것이고, 그 결과 재정적자 또는 재정흑자의 크기는 크게 줄어들 것이다.

현실에서 T선의 기울기는 조세제도의 누진성 정도에 따라 달라진다. 예컨대 **누진적 조세제도**에서는 GDP 대비 조세수입의 비율(=조세수입/GDP)이 GDP가 커질수록 증가한다. 따라서 그림 25.3에서 T선은 오른쪽으로 갈수록 기울기가 점점 더 가팔라지는 곡선의 형태를 띤다. 한편 **비례적 조세제도**에서는 GDP 대비 조세수입의 비율이 GDP 수준과 관계없이 일정하다. 따라서 T선은 GDP 수준과 관계없이 기울기가 일정한 직선의 형태를 띤다. 반면, **역진적 조세제도**에서는 GDP 대비 조세수입의 비율이 GDP가 커질수록 감소한다. 따라서 T선은 오른쪽으로 갈수록 기울기가 점점 더 완만해지는 곡선의 형태를 띤다. 즉 조세제도가 누진적일수록 T선의 기울기 즉 GDP 변동에 따른 조세수입의 반응 정도가 커지며, 이는 재정의 자동안정성이 더욱 강력해짐을 의미한다.

누진적 조세제도
비례적 조세제도
역진적 조세제도

한 연구에 따르면[1], 미국의 조세제도가 가지는 자동안정성은 실질 GDP의 변동폭을 평균 8~10% 정도 줄인 것으로 추정된다. 예컨대 글로벌 금융위기 이후 가장 큰 폭의 경기침체를 겪었던 2009년 당시 미국의 개인소득세 수입은 무려 22%나 감소하였다. 이러한 조세수입의 대규모 감소는 가계소비와 실질 GDP의 감소폭을 줄이는 데 매우 중요한 역할을 하였다. 그러나 이러한 조세제도를 통한 자동안정화장치는 경기변동을 소폭 완화할 수 있을 뿐, 완전히 제거하지는 못한다. 경기침체나 인플레이션을 보다 근원적으로 방지하기 위해서는 재량적 재정정책 또는 통화정책이 필요하다.

재정정책의 평가

지금까지 우리는 재정정책을 재량적 정책과 비재량적 정책(자동안정화장치)으로 나누어 살펴보았다. 여기에서는 정부의 재량적 재정정책의 기조를 평가하는 방법에 대해 살펴보고자 한다. 구체적으로 살펴보고자 하는 문제는 바로 이것이다. 만일 정부가 어떤 재량적 재정정책을 시행했을 때, 이것이 확장적 기조인지, 긴축적 기조인지를 어떻게 판단할 수 있는가?

우리는 단순히 현재 발생한, 실제 재정적자 또는 재정흑자의 크기만으로는 재정정책의 확장 또는 긴축 정도를 평가할 수 없다. 왜냐하면 앞서 살펴본 대로 관측되는 실제 재정적자 또는 재정흑자에는 GDP의 변동에 따라 자동적으로 발생하는 조세수입의 변화분이 포함되어 있기 때문이다. 게다가 재량적 재정정책의 확장 또는 긴축 효과의 크기는 재정적자 또는 재정흑자의 절대적 크기보다는 경제 규모 대비 상대적 크기에 달려 있다. 그러므로 재량적 재정정책의 확장 또는 긴축 여부를 평가하기 위해서는, 먼저 실제 재정적자 또는 재정흑자로부터 GDP 변동에 따라 조세수입이 자동적으로 변화한 부분을 제거·조정해야 하며, 이렇게 조정된 재정적자 또는 재정흑자의 크기를 완전고용 GDP수준과 비교해야 한다.

1) Alan J. Auerbach and Daniel Feenberg, "The Significance of Federal Taxes as Automatic Stabilizers", Journal of Economic Perspectives , Summer 2000, p.54 참조

경기조정 예산

경기조정 예산

실제 재정적자 또는 재정흑자에서 GDP 변동에 따라 조세수입이 자동적으로 변화한 부분을 조정한 것을 **경기조정 예산**(cyclically adjusted budget) 또는 완전고용 예산이라고 한다. 좀 더 구체적으로 경기조정 예산은 현재의 정부지출 및 세율 구조에서, 만일 경제가 완전고용 GDP(잠재 GDP) 수준을 달성할 경우에 실현될 재정적자 또는 재정흑자의 수준을 측정한 것이다. 즉 현재의 실제 정부지출 수준과 경제가 완전고용수준일 때에 실현될 것으로 예상되는 조세수입의 수준을 비교하여 가상적인 재정수지를 계산한 후, 이것이 적자이면 확장적 기조, 흑자이면 긴축적 기조라고 판단하는 것이다.

그림을 통해 좀 더 자세히 알아보자. 그림 25.4(a)에서 직선 G는 정부지출, 직선 T는 조세수입을 나타낸다. 1차 연도에 경제의 GDP는 완전고용수준인 GDP_1을 달성하고, 이 때 정부지출과 조세수입은 둘 다 500조 원으로 동일하다고 가정하자(그림의 a점). 이 경우 1차 연도의 경기조정 예산은 적자도 흑자도 아닌 균형상태 즉 0이 된다. 왜냐하면 1차 연도 현재 정부지출 수준과 완전고용수준에서 예상되는 조세수입이 둘 다 500조 원으로 동일하기 때문이다(1차 연도 현재 완전고용수준이 달성되고 있으므로, 현재 조세수입이 바로 완전고용수준에서 예상되는 조세수입과 일치함). 따라서 완전고용 GDP 대비 비율로 나타낸 경기조정 예산 역시 0이 된다. 1차 연도 현재 경기조정 예산이 0이므로 정부의 재정정책 기조는 확장적이거나 긴축적이지 않은, 중립적인 상태라고 할 수 있다.

경기적 적자

이제 2차 연도에 경기침체가 발생하면서 그림 25.4(a)에서 실질 GDP가 GDP_1에서 GDP_2로 감소했다고 하자. 그럼에도 불구하고 정부는 별다른 재량적 재정정책을 시행하지 않는다고 가정하자. 이는 그림에서 보듯이 G선과 T선이 2차 연도에도 변함없이 여전히 그대로 있음을 의미한다. 이에 따라 정부지출은 기존의 500조 원(그림의 b점)에 머물러 있는 반면, GDP가 감소하면서 조세수입은 자동적으로 450조 원(그림의 c점)으로 감소한다. 그 결과 50조 원의 재정적자(b점과 c점의 수직거리에 해당함)가 발생한다. 그러나 이러한 적자는 정부의 재량적 재정정책의 결과가 아니라, 단순히 경제가 경기침체에 빠짐으로 인해 부수적으로 발생한 것에 불과하다(이러한 의미에서 이를 **경기적 적자**라고 부름). 따라서 50조 원의 실제 재정적자만 보고, 재정정책이 확장적 기조를 취하고 있다고 결론내리는 것은 옳지 않다. 왜냐하면 가정한 바와 같이 정부의 재정정책은 기존의 중립적 기조에서 변한 것이 전혀 없기 때문이다.

이러한 사실 즉 2차 연도에도 중립적인 재정정책 기조에는 변함이 없다는 것은 경기조정 예산을 계산해 보면 쉽게 알 수 있다. 2차 연도 현재 정부지출은 여전히 500조 원(G선 위의 b점)으로 변함이 없는 상황에서, 현재의 세율 구조에서 만일 경제가 완전고용수준이라면(즉 실제 GDP가 GDP_1과 일치한다면) 얻을 수 있는 조세수입은 500조 원(T선 위의 a점)이 된다. 따라서 2차 연도 현재 경기조정 예산은 완전고용수준에서 실현될 수 있는 조세수입 수준 500조 원에서 현재 정부지출 수준 500조 원을 뺀 0이 되며, 이를 완전고용 GDP 대비 비율로 나타내도 역시 0이 된다. 이렇게 1차 연도와 2차 연도 모두 경기조정 예산이 0으로 동일하다는 것은, 비록 경기침체에 따라 50조 원의 재정적

[그림 25.4] 경기조정 예산

(a) 왼쪽 그림에서 1차 연도 현재 실제 GDP가 완전고용수준인 GDP_1과 일치하고, 이 때 정부지출과 조세수입이 500조 원으로 동일하므로 경기조정 예산은 적자도 흑자도 아닌 균형상태 즉 0이다. 뿐만 아니라 2차 연도 역시 경기침체에 따라 GDP가 GDP_2로 감소하면서 50조 원 만큼의 재정적자가 발생하였음에도 불구하고, 경기조정 예산은 여전히 0으로 변함이 없다. 왜냐하면 2차 연도의 정부지출 수준과 현재의 세율 구조에서 경제가 완전고용수준(GDP_1)이라면 얻을 수 있는 조세수입이 500조 원으로 서로 동일하기 때문이다. 이는 2차 연도에도 재정정책의 중립적 기조에는 변함이 없음을 의미한다.

(b) 오른쪽 그림에서 4차 연도에 정부가 세율을 인하하는 재량적 재정정책을 실시하면(조세수입선이 T_1에서 T_2로 하방이동) 4차 연도의 경기조정 예산은 25조 원만큼 적자가 된다. 이는 인하된 세율구조에서 만일 경제가 완전고용수준(GDP_3)이라면 얻을 수 있는 조세수입인 475조 원에서 4차 연도의 정부지출 500조 원을 빼줌으로써 구할 수 있다. 이와 같이 경기조정 예산이 4차 연도로 가면서 적자로 바뀌었다는 사실은 4차 연도에 재량적 재정정책이 확장적 기조로 전환되었음을 의미한다.

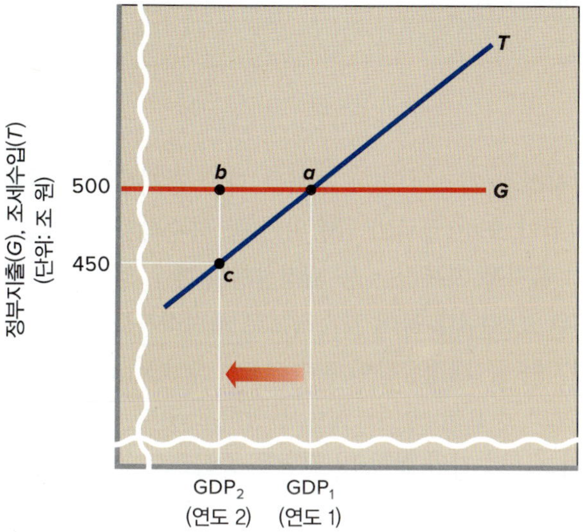

(a) 연도 1의 경기조정 예산 = 0
연도 2의 경기조정 예산 = 0

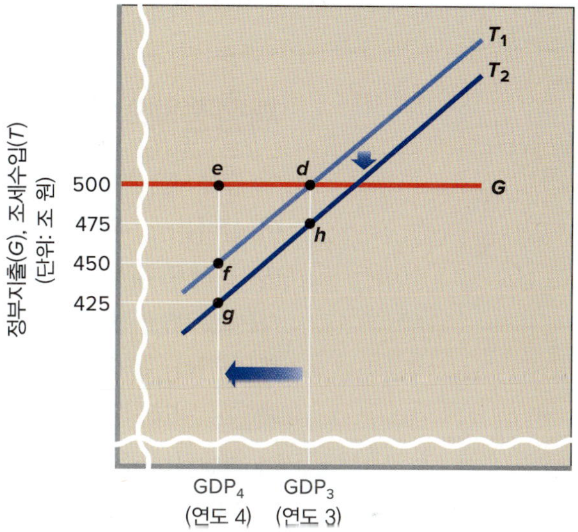

(b) 연도 3의 경기조정 예산 = 0
연도 4의 경기조정 예산 = −25(적자)

자가 발생했음에도 불구하고 재량적 재정정책의 기조에는 아무런 변화가 없었음을 의미한다.

다음으로 그림 25.4(b)를 살펴보자. 3차 연도에 경제의 GDP는 완전고용수준인 GDP_3을 달성하고, 이 때 정부지출과 조세수입은 둘 다 500조 원으로 동일하다고 가정하자(그림의 d점). 따라서 3차 연도의 경기조정 예산은 앞서 1차 연도와 마찬가지로 적자도 흑자도 아닌 균형상태 즉 0이 된다. 그런데 4차 연도로 가면서 경기침체에 따라 GDP가 GDP_4로 감소했다고 가정하자. 또한 4차 연도에는 정부가 경기침체에 대응하기 위해 일률적으로 세율을 인하(확장적 재정정책)하였다고 가정하자. 이러한 변화는 조세수입선이 T_1에서 T_2로 하방 이동한 것으로 표현된다.

4차 연도의 경기조정 예산은 어떻게 변하는가? 우선 4차 연도에 정부지출 수준은 여전히 500조 원으로 변함이 없다(그림의 e점). 그러나 인하된 세율 구조에서 만일 경제가 완전고용수준(GDP_3)이라면 얻을 수 있는 조세수입은 475조 원이다(그림의 h점). 따라서 4차 연도의 경기조정 예산은 h점에서의 가상적인 조세수입 475조 원에서 e점에서의 정부지출 500조 원을 뺀 −25조 원 즉 25조 원 적자가 된다. 물론 이를 완전고용 GDP 대비 비율(=(−25조 원/GDP_3)×100)로도 표시할 수 있다. 이와 같이 3차 연도에

0이었던 경기조정 예산이 4차 연도로 가면서 적자로 바뀌었다는 사실은 4차 연도에 재량적 재정정책이 확장적 기조로 전환되었음을 의미한다.

반대로 만약 어느 해에 (완전고용 GDP 대비 비율로서 표시한) 경기조정 예산이 0이었으나, 다음 연도에 이것이 흑자로 바뀌었다면, 이로부터 우리는 재량적 재정정책이 중립적 기조에서 긴축적 기조로 전환되었다고 판단할 수 있다. GDP에 따라 조세수입이 자동적으로 변화한 부분을 조정했음에도 불구하고, 경기조정 예산이 흑자로 전환되었다는 것은 곧 정부가 재량적으로 정부지출(G)을 감소시켰거나, 세율 인상을 통해 조세수입(T)을 증가시켰음을 의미하기 때문이다.

재정정책의 현황과 전망

이 절에서는 미국과 우리나라의 재정정책 기조의 변화 추이를 과거 경제상황에 비추어 살펴본다. 우리나라의 경우 외환위기 또는 글로벌 금융위기 등 특수상황을 제외하면, 대체로 재정이 균형 또는 소폭의 흑자를 기록하는 등 재정상황이 매우 양호한 편이다(그림 25.6 참조). 반면 미국의 경우 2000년대 들어 지속적으로 재정적자를 기록했을 뿐 아니라, 적자폭이 추세적으로 커지는 등 재정상황이 지속적으로 악화되고 있다. 이 때문에 미국의 경우 재정건전성 문제가 중요한 당면과제로 부상하고 있다. 이에 따라 이 절에서는 주로 미국의 재정정책과 재정수지의 현황 및 전망을 중심으로 논의를 전개하고자 한다.

표 25.1은 2000~2015년 기간 동안 미 연방정부의 실제 재정적자 또는 재정흑자((2)열)와 경기조정 예산((3)열)을 보여주고 있다. 여기서 실제 재정적자 또는 재정흑자는 실제 GDP 대비 비율로, 경기조정 예산은 완전고용 GDP 대비 비율로 표시되어 있다. 대부분의 기간에 걸쳐 재정적자를 보이는 가운데, 실제 적자의 폭보다는 경기조정 예산의 적자폭이 더 작음을 알 수 있다. 이는 완전고용수준 대비 GDP의 감소에 따라 자동적으로 발생한 경기적 적자 부분이 실제 적자에는 포함된 반면, 경기조정 예산에서는 빠져있기 때문이다. 이와 같이 경기변동에 따라 자동적으로 발생하는 조세수입 변화를 고려하는 경기조정 예산을 통해 재량적 재정정책 기조가 확장적, 긴축적, 중립적인지를 평가할 수 있다.

2000~2007년의 재정정책

표 25.1에서 2000년 미국의 실제 재정수지는 GDP의 2.4%만큼 흑자를 기록하였고, 경기조정 예산 역시 완전고용 GDP의 1.2%만큼 흑자를 기록하였다. 이로부터 당시 재정정책은 소폭 긴축적 기조이었음을 알 수 있다. 경기조정 예산의 흑자폭이 실제 흑자폭보다 작은 것은 당시 미국 경제가 완전고용수준 이상으로 과열되어 연방정부의 조세수입이 평상시보다 더 높은 수준이었음을 의미한다.

그러나 이 때 치솟아 오르던 IT기업들의 주가가 폭락하면서, 다시 말해 이른바 닷컴 거품이 붕괴하면서, 미국 경제는 2000년 후반부터 점차 성장세가 둔화되기 시작하였고, 2001년 3월부터는 본격적인 경기후퇴국면에 접어들었다.

이에 대응하기 위해 미 의회와 부시 행정부는 2001년 약 440억 달러, 2002년 추가적으로 약 520억 달러의 감세 정책을 추진하였다. 이러한 경기부양정책들은 경기침체의 폭을 줄이고, 특히 2001년 9월 11일에 발생한 뉴욕 테러에 따른 경제적 충격을 완화하는 데 크게 기여하였다. 또한 2002년 3월 미 의회는 이후 2년 동안 총 1,220억 달러에 달하는 대규모의 감세조치를 추가로 승인하였고, 이와 동시에 실업급여의 지급액과 지급기한을 연장하였다.

표 25.1에서 보듯이 이러한 잇따른 감세조치에 따라 2000년 완전고용 GDP 대비 1.2%의 흑자를 기록하였던 경기조정 예산은 2002년에는 −1.2%의 적자로 전환되었다. 즉 재정정책 기조가 긴축적 기조에서 확장적 기조로 바뀐 것이다. 이러한 확장적 재정정책에도 불구하고, 미국 경제는 2002~2003년 기간 동안에도 부진한 성장세를 벗어나지 못하였다. 이에 2003년 6월 미 의회는 추가로 감세를 단행하였는데, 수년에 걸쳐 약 3,500억 달러의 세금을 깎아주는 대규모의 감세조치였다. 구체적으로 이 감세조치를 통해, 미래에 실시하기로 예정되었던 한계세율의 인하를 앞당겨 실시하는 동시에,

〈표 25.1〉 미 연방정부의 재정수지(GDP 대비 비중, 2000~2015년)

(1) 연도	(2) 실제 재정적자(−) 또는 재정흑자(+)	(3) 경기조정 예산에 따른 적자(−) 또는 흑자(+)*
2000	+2.4	+1.2
2001	+1.3	+0.6
2002	−1.5	−1.2
2003	−3.4	−2.7
2004	−3.5	−3.2
2005	−2.6	−2.6
2006	−1.9	−2.2
2007	−1.2	−1.3
2008	−3.2	−2.9
2009	−10.1	−7.1
2010	−9.0	−5.7
2011	−8.7	−5.6
2012	−7.0	−4.3
2013	−4.1	−2.6
2014	−2.8	−1.6
2015	−2.4	−1.6

* 완전고용 GDP(또는 잠재 GDP)에 대한 비중임

자료: Congressional Budget Office, www.cbo.gov

배당소득과 자본이득에 대한 세율을 대폭 인하하였다. 또한 가계와 중소기업에 대한 세제 혜택을 확충하였다. 이러한 감세조치로 인해 경기조정 예산의 적자폭은 2003년에 −2.7%, 2004년에는 −3.2%까지 확대되었다. 그러나 2003년을 지나면서 미국 경제는 빠르게 회복되었고, 2003~2007년 사이 생산과 고용이 견조한 성장세를 유지하였다. 그 결과 2007년 무렵 미국 경제는 거의 완전고용수준을 회복하였으나(실제 적자폭과 경기조정 예산 적자폭이 거의 일치함을 의미), 이때에도 경기조정 예산은 여전히 −1.3%만큼 적자로서 재정정책이 소폭 확장적 기조를 유지하였다.

대침체기 이후의 재정정책

앞서 수차례 언급한 대로 글로벌 금융위기와 이로 인한 대침체는 2007년 여름 미국 주택담보대출(서브프라임 모기지) 시장의 위기로부터 시작되었다. 2007년 말 위기가 주택담보대출 시장에서 다른 금융시장으로 급속도로 확산되면서 몇몇 주요 금융기관들의 생존을 위협하였고, 마침내 2008년 9월에는 투자은행 리먼 브러더스가 파산하면서 미국의 금융시스템 전체가 거의 마비되는 지경에 이르렀다. 이렇게 금융 및 신용시장이 극도로 경색되면서, 향후 경제상황에 대한 비관적 기대가 금융시장을 넘어 경제 전체로 확산되었다. 그러자 기업들과 가계들은 차입과 지출을 크게 줄였고, 그 결과 미국의 실물경제는 2007년 12월부터 본격적인 경기침체에 빠져 들었다. 이후 대략 2년 동안 미국 경제는 1930년대 대공황 이후 최악의 경기침체인 '대침체'를 겪게 된다.

대침체가 한창이던 2008년 미 의회는 신속하게 총 1,520억 달러에 달하는 경기부양조치를 통과시켰다. 이 중 일부는 기업에 대한 세제혜택을 제공하는 데 할애되었으나, 대부분은 납세자들, 퇴역 군인들, 그리고 사회보장 수혜자들에 대해 조세환급 등의 형태로 현금을 지급하는 데 사용되었다.

이러한 세금환급 등 경기부양조치에 따라 미 정부의 실제 재정적자는 2007년 GDP 대비 −1.2%에서 2008년에는 −3.2%로 크게 확대되었다. 이러한 재정적자의 증가는 상기한 조세환급의 효과와 함께 경기침체에 따른 조세수입의 자동적인 감소에도 기인한다. 이는 표 25.1에서 2008년 경기조정 예산의 적자가 완전고용 GDP 대비 −2.9%로서 그 폭이 실제 재정적자에 못 미친다는 사실을 통해 확인할 수 있다. 또한 이렇게 경기조정 예산이 큰 폭의 적자를 기록했다는 것은 2008년 당시의 재정정책이 강한 확장적 기조를 띠었음을 의미한다.

미국 정부는 세금을 환급받은 가계들이 받은 돈을 소비지출에 주로 사용함으로써 총수요가 확대되기를 기대하였으나, 미국의 가계들은 환급받은 돈의 대부분을 소비하지 않고, 저축하거나 신용카드 대출을 상환하는 용도로 사용하였다. 이러한 부양조치에 힘입어 2008년 중반 성장세가 잠시 살아나는 듯하였으나, 이는 지속되지 못했다. 즉 경기부양조치의 효과는 기대했던 것보다 미약했고 지속적이지 못했던 것이다. 당시의 대침체는 이 정도 부양조치로 대응할 수 있을 만한 규모를 이미 넘어섰던 것이다.

경기침체국면이 지속되자 오바마(Barack Obama) 행정부와 미 의회는 마침내 2009년 미국 경제재건 및 재투자법이라는 이름의, 파격적인 경기부양책을 담은 법률을 제정하기에 이른다. 이 법은 예산규모가 무려 7,870억 달러에 달하였는데, 이는 주로 중 저소득층에 대한 조세환급과 사회간접자본, 교육, 보건관련 대규모 정부지출의 형태로 사용되었다. 이 법은 대규모 감세 및 정부지출 증가를 통해 소비와 투자를 촉진함으로써 생산과 고용을 늘리기 위한 것이었다.

이 법에 따른 조세환급의 주대상은 중 · 저소득 가계였는데, 이는 저소득층이 고소득층에 비해 환급받은 세금을 (저축하지 않고) 더 많이 소비하는 경향이 있다고 보았기 때문이다. 또한 2008년 경기부양조치의 경우, 정액의 환급액을 일시불로 지급하였으나, 이번에는 **환급액을 매월 근로자의 급여에 조금씩 나누어 지급**하였다. 2008년 당시 총 환급액을 한꺼번에 지급한 방식이 가계가 환급받은 돈을 소비보다는 저축을 늘리는 데 사용한 주원인이라고 보았기 때문이다. 미 정부는 환급액을 소액으로 나누어 지급함으로써 가계가 이를 저축하기보다 소비하는 데 주로 쓰도록 유도하고자 하였다.

또한 전체 예산의 60% 정도는 대중교통, 교육, 주(州)정부 지원 등 다양한 종류의 사업들에 대한 정부지출을 증가시키는 데 사용되었다. 2009년에 시행된 이러한 대규모 경기부양정책에 따라 표 25.1의 (3)열에서 보듯이 경기조정 예산의 적자폭은 2008년 완전고용 GDP 대비 －2.9%에서 2009년에는 무려 －7.1%까지 확대되었다.

2009년 여름(6월) 경기침체는 공식적으로 종료되었지만, 경제의 회복세는 여전히 매우 미약하였다. 실업률은 여전히 높은 수준에 머물러 있었고, 침체된 실물경기에 따라 조세수입의 증가세도 매우 더뎠다. 이 때문에 미 정부는 이후로도 상당기간 동안 확장적 재정정책 기조를 유지하였다. 이러한 사실은 표에서도 나타나는데, 2013년, 2014년, 2015년의 실제 재정수지는 각각 GDP의 −4.1%, −2.8%, −2.4%였고, 같은 기간 경기조정 예산수지는 각각 완전고용 GDP의 −2.6%, −1.6%, −1.6%를 기록하였다. 이러한 경기조정 예산 적자의 지속은 확장적 재정정책의 강도가 시간이 지남에 따라 점차 약화되었으나 확장적 기조 자체는 유지되었음을 의미한다. 대침체의 폭이 깊고 지속기간이 유난히 길었기 때문에, 이에 대응하는 재정정책의 기조 역시 유난히 오랫동안 지속되었던 것이다.

그림 25.5는 1997~2015년 기간 동안 미국의 실제 재정수지의 절대 규모를 그림으로 나타낸 것이다. 대침체의 절정이었던 2009년에 재정적자의 규모는 무려 1조4,130억 달러에 달했다. 또한 이 그림은 미 의회예산처(CBO)가 예측한 2021년까지의 재정수지 전망치도 보여준다. 이에 따르면 앞으로도 상당기간 미 정부의 재정수지는 현재의 적자 수준을 유지하거나, 적자폭이 더욱 확대될 것으로 전망된다.

대침체기에는 미국뿐만 아니라 우리나라를 포함한 많은 선진국들이 큰 폭의 경기침체를 경험하였다. 이들 국가 중 대다수는 이러한 경기침체를 극복하기 위해 확장적 재정정책을 시행하였다. 그림 25.6은 1990년부터 2015년까지 우리나라의 재정수지(통합재정수지 기준)를 GDP 대비 비율로 나타낸 것이다.

앞서 언급한대로 우리나라의 재정수지는 평상시 대체로 균형 또는 소폭의 흑자상태를 유지하였으나, 외환위기와 글로벌 금융위기 같은 경기침체 상황에서는 재정수지가 적자로 전환되었음을 알 수 있다. 특히 2009년 금융위기의 여파로 발생한 재정적자는

[그림 25.5] 미 연방정부의 재정수지(1997~2021년): 실제 및 전망치

1998에서 2001년 사이 미 연방정부의 재정수지는 1969년 이래 처음으로 흑자를 기록하였다. 그러나 2001년의 경기침체에 따라 재정수지는 다시 적자로 전환되었고, 특히 2007~2009년의 대침체 기간에는 적자규모가 대폭 확대되었다. 이후에도 상당기간 동안 재정적자가 높은 수준을 유지할 것으로 전망된다.

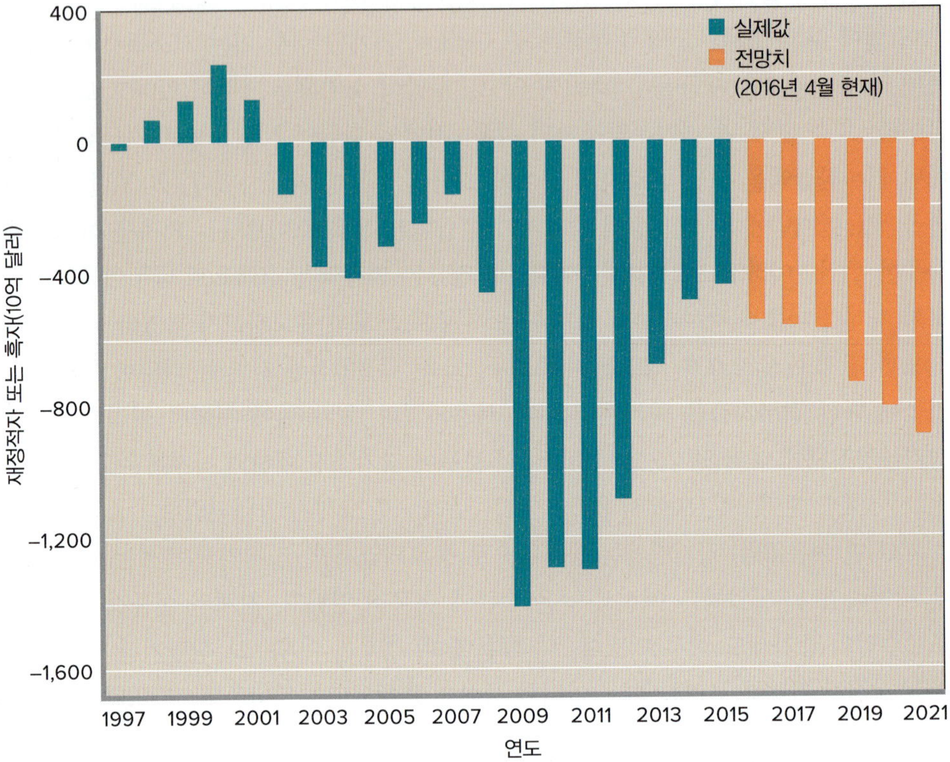

자료: 미 의회예산처, www.cbo.gov

[그림 25.6] 우리나라의 재정수지(통합재정수지 기준, 1990~2015년)

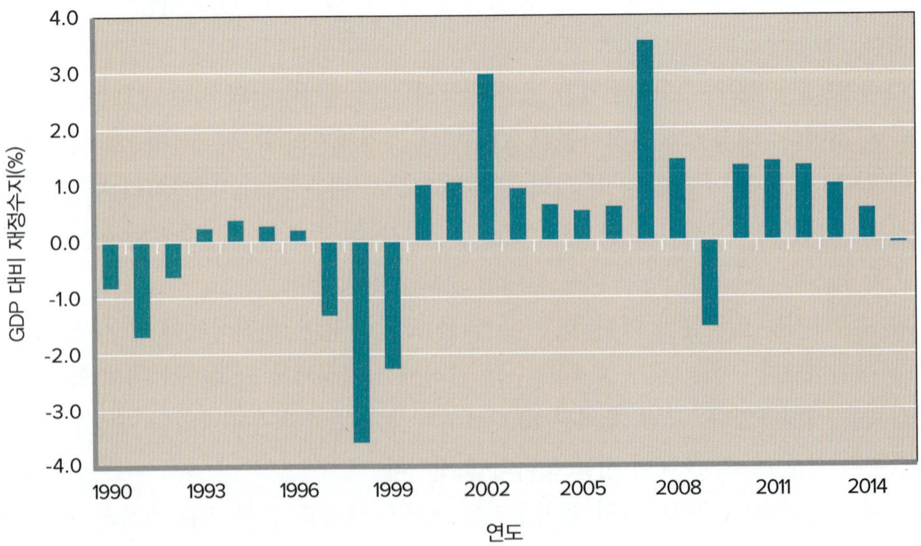

자료: 통계청 국가통계포털, http://kosis.kr/

경기침체에 따라 조세수입이 자동적으로 감소한 효과에도 일부 기인하나, 상당 부분은 세금환급과 정부지출 확대 등 정부의 확장적 재정정책 기조에 따른 것이다. 한편 '지구촌 전망 25.1'은 2014년 주요 선진국들의 완전고용 GDP 대비 경기조정 예산수지의 비율을 보여 주고 있다.

재정정책의 한계와 문제점

정부는 실제로 재정정책을 수립하고 집행하는 과정에서 다양한 문제에 직면하게 된다.

시차의 문제

재정정책이 수립되고 집행되어 효과를 나타내기까지는 단계별로 다양한 길이의 시차(lag)가 발생할 수 있다.

- **인식시차** 인식시차(recognition lag)란 경기침체 또는 인플레이션 등 경기변동에 따른 현상이 시작된 시점부터 정책당국이 이를 확실히 인식하는 시점까지의 시간을 의미한다. 이러한 인식시차는 본질적으로 경기변동의 불규칙성에 기인한다고 할 수 있다. 즉 경기확장기라고 해서 줄곧 생산과 고용이 증가하기만 하는 것도 아니고, 경기침체기라고 해서 줄곧 생산과 고용이 둔화 또는 감소하기만 하는 것도 아니라는 것이다. 따라서 정책당국은 적어도 수개월 동안 연속적으로 생산과 고용이 둔화 또는 감소하고 나서야, 경기침체가 발생했음을 확실히 인식할 수 있다.

  같은 이유로 인플레이션에 대해서도 인식시차가 발생한다. 장기적으로 인플레이션이 안정된 상태라 해도 줄곧 물가상승률이 낮게 유지되는 것은 아니며, 유가의 일시적 변동 등 공급측 충격에 의해 산발적으로 물가가 크게 오를 때가 있다. 따라서 정책당국은 적어도 수개월 동안 연속적으로 인플레이션율이 바람직한 목표수준을 상회하고 나서야, 인플레이션에 대한 정책적 대응이 필요함을 인식할 수 있다.

  물론 경기변동의 방향을 미리 예측할 수 있다면 인식시차의 길이를 크게 줄일 수 있겠으나, 경기변동을 예측하는 것은 매우 어려운 일이다. 그러므로 설사 미래 경제상황에 대한 예측통계를 기초로 경기를 판단한다 해도, 현실에서는 경기침체나 인플레이션이 이미 상당히 진행된 이후에나 이를 인식하

지구촌 전망 25.1

주요 선진국의 경기조정 예산수지(완전고용 GDP 대비 비중, 2014년 기준)

글로벌 금융위기에 따른 대침체가 공식적으로 종료된 지 5년 후인 2014년까지도 상당수의 선진국들은 확장적 재정정책 기조를 유지하였다. 이러한 사실은 아래 그림에서 많은 국가들의 경기조정 예산수지가 적자로 나타난 것을 통해 알 수 있다.

완전고용 GDP 대비 경기조정 예산수지의 비중(2014년 기준)

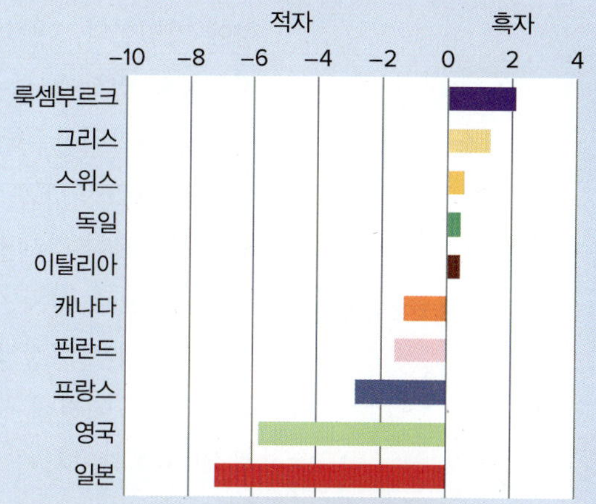

자료: OECD, Government at a Glance, 2015, http://www.oecd.org/eco/economicoutlook.htm

는 경우가 대부분이다. 이러한 인식시차의 존재는 정책당국이 경기침체 또는 인플레이션이 더욱 심화되기 전에 선제적으로 대응하는 것을 어렵게 만드는 요인이다.

- **집행시차** 집행시차(administrative lag)는 정책적 대응이 필요하다고 인식한 시점부터 실제로 정책이 집행되는 시점까지의 시간을 의미한다. 예컨대 2001년 9월 11일 뉴욕 테러 이후, 미 정부는 신속하게 경기부양조치를 시행하려 했다. 그러나 의회에서의 정치적 교착상태가 지속되면서 약 6개월이 지난 2002년 3월에서야 경기부양조치를 담은 법안이 통과될 수 있었다. 한편 집행시차의 길이는 정책의 종류에 따라 달라질 수 있다. 실제로 통화정책 당국인 미 연준은 9월 11일 뉴욕 테러가 발생한 바로 다음 주에 정책금리를 인하하였다.
- **외부시차** 외부시차(operational lag)란 정책이 시행된 시점부터 실제로 정책의 효과가 나타나는 시점까지의 시간을 의미한다. 같은 정책도 사용하는 정책수단에 따라 외부시차가 달라질 수 있다. 예컨대 정부가 각종 공공 토목사업에 대한 지출을 증가시키기로 결정한 경우, 실제로 이러한 결정에 따라 투자가 확대되기까지는 오랜 계획 및 건설기간이 소요된다. 통상적인 경기침체의 지속기간이 6~12개월로 짧은 상황에서, 이렇게 긴 기간이 소요되는 정책이 경기침체를 완화하는 데 도움이 될 수 있을지는 의문이다.

  반면 정부가 증세 또는 감세정책을 시행할 경우, 이를 위해서는 세법이 먼저 개정되어야 하므로, 법령을 입안, 심의, 의결하기까지 상당한 집행시차가 소요된다. 그러나 일단 세법이 통과되기만 하면 증세 또는 감세의 효과는 비교적 신속하게 나타난다. 이 때문에 최근 많은 정부들은 경기안정화를 위한 재량적 재정정책의 수단으로서 정부지출보다는 조세수입의 변화에 더 많이 의존하고 있다.

정치적 고려

재정정책은 정치적인 과정을 통해 수립 · 집행된다. 이 과정에서 정치적 고려가 재정정책의 입안, 심의, 집행을 지연시키기도 하고, 당초 목적과 어긋나게 정책 내용을 변질시키기도 한다. 이러한 현상은 정치인들이 자신의 이익에 부합하는 정책을 합리화하는 경향에 기인한다. 예컨대, 선거 기간 전후로 경기가 호황이 되면, 재선을 노리는 현역 정치인들의 입장에서는 호재가 아닐 수 없다. 이 때문에 정치인들, 예컨대 국회의원들은 선거가 가까워질수록, 경제적 타당성과 무관하게 본인 지역구의 공공사업에 대한 예산을 늘리려 노력하곤 한다. 또한 정치인들은 선거가 가까워질수록 경기활성화라는 미명하에 불필요한 감세정책과 같은 선심성 정책을 추진하기도 한다.

정치적 경기변동

극단적으로 정치인들 또는 정당이 순전히 정치적 목적으로 재정정책을 남용할 수 있으며, 이 경우 재정정책이 경기를 안정화시키는 것이 아니라 오히려 경기변동을 유발할 수도 있다. 예컨대 상기한대로 현역 정치인들은 선거가 가까워질수록 재선에 유리하도록 경기를 부양시키려 노력한다. 그러나 일단 선거가 끝나고 나면, 선거 전 시행된 부양조치에 의해 과열된 경기를 안정시키기 위해 긴축적 재정정책을 시행할 가능성이 높다. 이렇게 선거 전후의 정책 변화에 따라 인위적으로 유발되는 경기변동을 **정치적 경기변**

동이라고 한다. 데이터를 통해 정치적 경기변동이 실제로 존재하는지를 증명하기는 어렵지만, 1가지 확실한 사실은 재정정책이 수립되는 과정에서 다양한 정치적 고려가 깊숙이 개입된다는 점이다. 이러한 정치적 고려가 재정정책의 경제적 타당성을 저해할 경우, 이는 큰 문제가 아닐 수 없다.

미래의 정책변화에 대한 기대의 영향

재정정책의 효과는 현재의 정책 내용뿐만 아니라 기대되는 미래의 정책 변화에 의해서도 영향을 받는다. 만약 가계가 어떤 정책이 미래에 변경 또는 취소될 것으로 기대한다면, 이 정책은 당초 의도했던 목적을 달성하지 못할 수 있다.

예컨대 정부가 일시적으로 세금을 감면하는 조치를 취한 경우를 생각해 보자. 만약 이러한 감세가 일시적인 조치임을 납세자들이 알고 있다면, 이들은 줄어든 세금의 대부분을 소비하는 대신 저축할 가능성이 높다. 미래에 세금이 다시 이전 수준으로 인상될 것임을 알고 있는 납세자들은 현재 저축을 늘림으로써 미래에 세금이 실제로 인상된 경우에도 소비수준을 일정하게 유지하려 할 것이기 때문이다. 따라서 일시적인 세금 감면은 정책당국이 의도한 만큼 현재 소비와 총수요를 증가시키지 못할 것이다. 즉 일시적인 감세조치가 현재 소비지출과 총수요를 증가시키는 효과는 앞서 살펴본, 일반적인 확장적 재정정책의 효과(그림 25.1)에 크게 미치지 못할 가능성이 높다.

이렇게 재정정책의 효과가 당초 기대한 수준에 미치지 못하는 근본 원인은 소비자들이 시간에 따라 소비수준을 대체로 일정하게 유지(소비 평탄화: consumption smoothing)하고자하기 때문이다. 이 때문에 일시적인 감세조치는 가계 소비보다는 저축을 주로 변화시키며, 오직 지속적 또는 영구적인 감세조치만이 소비지출과 총수요에 유의미한 영향을 줄 수 있다.

지방정부의 상반된 재정정책

중앙정부와 달리 지방정부의 재정정책은 대체로 경기순응적(pro-cyclical)인 경우가 많다. 다시 말해 지방정부는 경기가 좋을 때 지출을 늘리고, 경기가 나쁠 때 지출을 줄임으로써 경기변동을 완화하기보다 오히려 증폭시키는 경향이 있다는 것이다. 이는 비교적 탄력적으로 재정을 운용할 수 있는 중앙정부와 달리, 지방정부는 여러 가지 법률적 제약과 상대적으로 높은 파산가능성 등에 따라 균형예산을 유지해야 하는 제약이 보다 엄격하기 때문이다. 이러한 균형예산제약 때문에 지방정부들은 마치 가계 또는 민간기업과 유사하게 경기호황기에는 지출을 늘리고, 경기 침체기에는 지출을 줄이거나 세금을 더 거둔다.

이러한 지방재정의 경기순응성은 중앙정부가 실시하는 재정정책의 효과를 상쇄하는 주요인이 되기도 한다. 예컨대 1930년대 대공황기, 미 연방정부는 대규모로 정부지출을 증가시키는 확장적 재정정책을 실시하였으나, 반대로 주(州)정부가 지출을 줄이는 바람에 확장적 정책의 효과가 상당 부분 상쇄되었다. 또한 2001년 경기 침체기에도 대부분의 주정부들은 경기침체에 따른 조세수입의 감소를 메꾸기 위해, 지출을 줄이고 세율을 인상하거나 새로운 조세를 도입하였다.

이러한 과거의 경험을 교훈삼아, 2009년 제정된 미국 경제재건 및 재투자법과 관련된 경기부양조치에는 주정부에 대한 상당 규모의 예산지원이 포함되었다. 연방정부로부터의 이러한 대규모 재정지원 덕분에 주정부들이 조세수입 감소에 대응하기 위해 조세를 인상하거나 지출을 감소시킬 필요가 크게 줄었다. 이러한 정책적 고려를 통해, 과거와 같이 연방정부가 시행한 확장적 재정정책의 효과가 주정부의 긴축적 조치에 의해 상쇄되는 부작용을 방지할 수 있었다.

구축효과

구축효과

재정정책의 효과를 반감시키는 또 하나의 중요한 부작용으로 이른바 구축효과를 들 수 있다. **구축효과**(crowding-out effect)란 확장적 재정정책(재정적자)에 따른 이자율의 상승이 민간투자를 감소시키는 효과를 의미한다. 이러한 민간투자의 감소는 확장적 재정정책의 경기부양효과를 크게 약화시킬 수 있다. 물론 이자율이 상승하면 투자뿐만 아니라 이자율 변화에 민감한 소비지출(예컨대, 자동차 등 내구소비재를 할부로 구입하는 경우) 역시 줄어들 수 있다. 그러나 투자지출이 총수요 구성요소 가운데 가장 변동성이 큰 요소이므로, 경기변동에 대한 영향 역시 소비지출에 비해 크다. 따라서 통상 구축효과라고 하면 소비보다는 주로 투자에 대한 영향을 의미한다.

확장적 재정정책에 따라 이자율이 왜 상승하는가? 우선 정부가 확장적 재정정책의 재원 조달을 위해 자금의 차입을 늘릴 경우, 화폐에 대한 수요가 증가한다. 중앙은행에 의해 경제의 화폐공급이 일정하게 유지되는 상황에서, 화폐수요가 증가하면 화폐를 빌리기 위해 지불해야 할 대가 즉 화폐의 가격인 이자율이 상승하는 것이다(화폐수요와 화폐공급의 균형에 의해 이자율이 결정되는 원리는 26장을 참조). 앞서 살펴본 대로 투자는 이자율과 역의 관계를 가지므로, 이자율이 상승하면 민간의 투자지출이 줄어들거나 '구축'된다.

구축효과의 크기에 대해 경제학자들은 저마다 서로 다른 견해들을 가지고 있다. 또한 구축효과의 크기는 경기변동의 국면에 따라서도 달라진다. 예컨대 **경기침체기에는 구축효과의 크기가 작을 것**으로 기대할 수 있다. 왜냐하면 경기침체 기에는 이자율 수준과 관계없이 투자수요가 원래 저조하기 때문이다. 경기침체에 따라 총수요와 생산이 줄어들면, 많은 공장들이 놀게 된다. 즉 기업들이 보유하는 유휴생산자본의 규모가 커진다는 것이다. 이 때문에 경기 침체기에는 기업들이 새로운 기계를 구입하거나 공장을 건설할 유인이 사라진다. 이미 존재하는 설비와 공장도 놀고 있는데, 굳이 새로운 설비를 구입하고 공장을 건설할 이유가 있겠는가?

이렇게 투자수요가 저조한 상황에서는 구축효과의 크기가 미미할 것이다. 왜냐하면 대부분의 기업들은 원래 투자를 할 생각이 없었기 때문에, 정부의 확장적 재정정책에 따라 이자율이 상승한다고 해서 투자가 더 줄 것도 없기 때문이다. 이 경우 정부의 재정정책이 경기를 부양시켜 미래의 투자환경에 긍정적 영향을 준다면, 민간투자가 오히려 늘 수도 있다.

반면 경제가 완전고용수준에 접근하여 남아있는 유휴생산자본이 거의 없는 경우에는 투자에 대한 수요가 매우 왕성할 것이다. 이 경우 구축효과는 민간투자를 매우 심각하게 저해할 수 있다. 경기확장기에는 다음과 같은 2가지 이유 때문에 기업의 투자수요가 증가한다. 첫째, 경기확장에 따라 생산설비가 거의 100% 가동되면, 기계와 장비가 더 많이 마모될 것이고, 따라서 기업들은 이렇게 마모 또는 감가상각되는 기계와 장비를 대체하기 위한 투자를 실행할 것이다. 둘째, 경기가 호전되면서 앞으로 생산물에 대한 수요가 증가할 것으로 예상하는 기업들은 생산능력을 추가로 확충하기 위해 신규 투자를 늘릴 것이다.

재정정책의 바람직한 역할

지금까지 살펴본 바와 같이 재정정책을 실제로 시행하는 데는 여러 가지 복잡한 문제들이 수반될 뿐만 아니라, 시행된 정책이 어느 정도의 효과를 가질 것인지 역시 불확실하다. 이 때문에 일부 경제학자들은 경기변동을 완화하기 위해 재량적 재정정책을 시행하는 것 자체를 반대하기도 한다. 따라서 이들은 경기안정화 수단으로서 재정정책보다는 (중앙은행의 이자율 조정을 통한) 통화정책이 보다 바람직하다고 주장하거나, 아니면 경제가 경기변동으로부터 스스로 회복하는 자기교정 기능을 가지고 있으므로 정책적 개입이 아예 불필요하다고 주장하기도 한다.

그러나 거의 대부분의 경제학자들은 재정정책이 여전히 매우 중요하고 유용한 거시경제정책 수단이라는 데 이견이 없다. 다만, **재정정책을 통해 경제를 특정한 방향으로 유도할 수는 있지만, 균형국민소득이나 균형물가의 목표치를 달성하도록 미세조정하는 것은 불가능**하다는 것이 최근의 지배적 견해이다. 이에 대부분의 경제학자들은 **단기적으로, 예컨대 1년 이내의 범위에서 경기를 안정화하는 수단으로서는 재정정책보다 통화정책이 훨씬 우월하다**고 생각한다. 이들에 따르면, 만일 통화정책이 단기적인 경기안정화 기능을 제대로 수행하고 있다면, 정부는 재정정책 기조를 중립적으로 유지하는 것이 바람직하다. 여기서 중립적 재정정책 기조는 경기조정 예산의 적자 또는 흑자폭이 완전고용 GDP의 2% 미만이 되도록 유지하는 것을 의미한다.

그러나 이들 역시 2008~2009년의 대침체기와 같이 경기침체의 폭이 깊고 침체가 장기적으로 지속될 우려가 있는 경우에는 재량적 재정정책을 통해 적극적으로 대응하는 것이 바람직하다고 본다. 물론 이들은 반대로 경기가 과열되어 인플레이션 압력이 누적되는 경우에는 긴축적 재정정책을 통해 총수요를 감소시키는 것이 바람직하다고 본다.

마지막으로 최근 대부분의 경제학자들은 재정정책의 공급측 효과 즉 장기적인 생산성에 미치는 효과에 주목한다. 단기적인 경기안정화를 위해 시행된 재정정책이 종종 경제에 장기적인 영향을 주기도 하는데, 이들에 따르면 이러한 단기적 재정정책이 장기적으로 총공급의 성장을 촉진(이는 그림 21.5의 장기 총공급곡선이 오른쪽으로 이동하는 것을 의미함)하거나 적어도 저해하지는 않도록 설계되어야 한다고 주장한다. 예컨대 감세정책은 단기적으로 소비를 촉진하는 것뿐만 아니라 노동자의 근로의욕 증진, 저축 및 투자 장려, 기술 혁신 등을 위한 유인을 제공하도록 고안되어야 한다는 것이다. 또한 정부지출의 증가는 주로 고속도로, 대중교통체계, 항만, 공항 등 경제적 타당성이 검증된 사회간접자본을 확충하는 데 쓰이는 것이 바람직하다. 왜냐하면 이러한 공공사업들은 민간투자를 대체하기보다는 주로 보완하는 역할을 함으로써, 장기적으로 자본을 축적하고 경제의 생산성을 제고하는 데 기여하기 때문이다.

국가부채

국가부채

국가부채(public debt)는 정부가 직접 상환의무를 지는 부채를 의미한다. 이러한 국가부채는 매 기간의 재정적자와 재정흑자가 누적되어 더해진 결과이다.

그림 25.7은 1997년부터 2015년 사이 우리나라 국가부채의 규모와 명목 GDP 대비 비율을 그림으로 나타낸 것이다. 그림에서 보듯이 우리나라의 국가부채(지방정부 순채무 포함)는 1997년 60조 원(GDP 대비 11.9%)에서 2015년 591조 원(GDP 대비 37.9%)으로 20년이 조금 안 되는 기간 동안 규모가 10배 정도 증가했고, GDP 대비 비율은 3배 정도로 커졌다. 또한 국가부채 규모는 대체로 경기변동과 무관하게 추세적으로 증가해 왔는데, 다만 글로벌 금융위기 극복을 위해 확장적 재정정책을 실시한 2009년에는 국가부채가 이전에 비해 큰 폭으로 증가했음을 알 수 있다.

이렇게 우리나라의 국가부채가 최근 들어 빠르게 증가하고 있는 추세이긴 하나, 지구촌 전망 25.2에서 보듯이 대부분의 선진국들과 비교하면 여전히 경제규모 대비 국가부채의 수준이 상당히 낮음을 알 수 있다. 예컨대 2015년 기준 우리나라의 GDP 대비 국가부채 비율은 37.9%로서 40%에도 못 미치는 데 반해, 같은 2015년 기준으로 지구촌

[그림 25.7] 우리나라의 국가부채(1997~2015년)

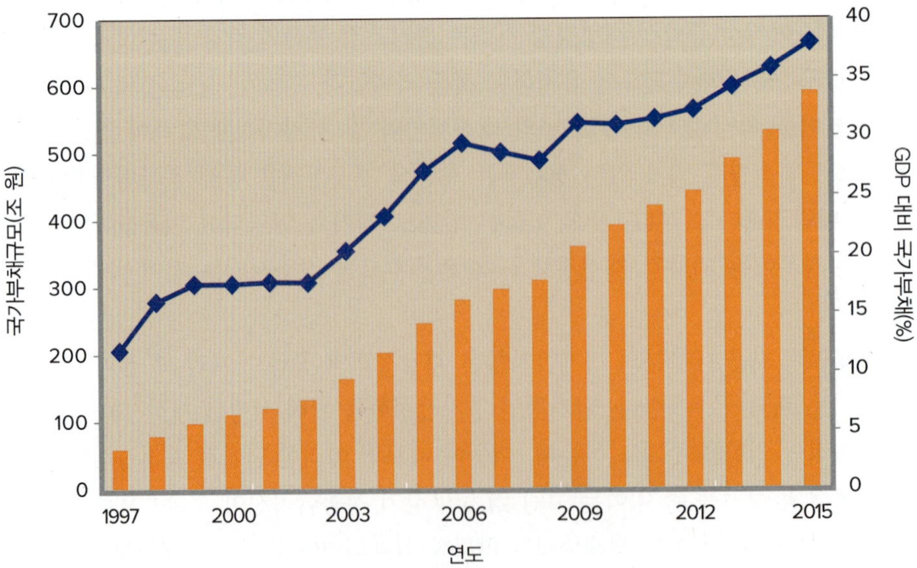

주: 꺾은 선 그래프는 명목 GDP 대비 국가부채의 비율, 막대 그래프는 국가부채 규모를 나타냄
자료: 통계청 국가통계포털, http://kosis.kr/

전망 25.2에 등장하는 모든 국가들의 국가부채 비율은 40%를 훌쩍 넘고 있다. 최근 우리나라의 국가 신용등급이 지속적으로 상승하여 일본보다도 높아진 것 역시 이러한 우리나라의 우수한 재정건전성에 기인한다. 이에 따라 본서에서는 우리나라보다 국가부채의 규모는 물론 GDP 대비 비율이 훨씬 높을 뿐 아니라, 최근 지속적인 재정적자에 따라 국가부채가 빠르게 증가하고 있는 미국을 대상으로 국가부채의 현황 및 관련 문제점을 살펴보고자 한다.

지구촌 전망 25.2

국가부채의 국제비교(2015년 기준)

절대 규모로 보면 미국이 전 세계에서 가장 큰 규모의 국가부채를 지고 있다. 그러나 GDP 대비 비율로는 미국보다 국가부채 비중이 더 높은 나라들이 상당수 존재한다.

GDP 대비 국가부채 비율(2015년 기준)

자료: The World Factbook, CIA, http://www.cia.gov/library/publications/the-world-factbook/.

주: 여기서 국가부채에는 연방정부는 물론 주정부, 지방정부, 공기업의 채무가 포함되었음. 따라서 연방정부의 채무만을 포함한 그림 25.9와는 포괄범위가 다름에 유의.

미국의 국가부채

미국의 경우, 과거 대체로 재정적자가 재정흑자를 크게 초과해 왔으며, 이러한 적자는 주로 전쟁비용 조달, 경기침체로 인한 조세수입 감소, 경기안정화를 위한 확장적 재정정책 등 다양한 요인에 의해 발생하였다. 그 결과 2015년 미국의 총 국가부채는 무려 18.2조 달러(우리 돈으로 2경원 남짓)에 달했다. 이 중에서 7.5조 달러는 중앙은행인 미 연준[2]과 연방정부 관련 기관(federal agencies)들에 대해 진 빚이므로, 나머지 10.7조 달러가 민간에 대해 진 빚으로서 진정한 의미의 연방정부 부채라고 할 수 있다. 특히 대침체기인 2007년에서 2009년 사이에만 국가부채가 2.9조달러나 증가하였는데, 이는 대규모 경기침체에 따라 연방정부의 조세수입은 급감한 반면, 금융기관에 대한 구제 금융과 대규모 경기부양조치로 인해 연방정부의 재정지출이 크게 증가한 것에 기인하였다.

대침체 이후에도 수년 동안 큰 폭의 재정적자가 지속되면서 국가부채가 현재의 수준에 이른 것이다. 대침체 이전과 비교하면, 국가부채는 2006년 말 8.5조 달러에서 2015년 말에는 18.2조 달러로 9년 동안 두 배 이상으로 불어난 셈이다.

부채의 구성

미국의 국가부채는 미 연방정부가 자신이 발행한 국채(U.S. government securities)의 보유자들에게 갚아야 할 부채를 의미한다. 연방정부는 조세수입을 초과한 재정지출을 충당하기 위해 국채를 발행하는데, 발행하는 국채의 유형은 만기에 따라 네 가지로 나

2) 앞의 22장에서 살펴본 대로 미 연준을 구성하는 연방준비은행은 형식적으로는 민간에 의해 소유되고 있으나, 공적인 통제를 통해 중앙은행으로서의 공적인 역할을 수행하고 있다. 따라서 대부분의 경제학자들은 미 연준을 민간부문이 아닌 연방정부의 일부분으로 간주한다. 이 때문에 여기서도 국가부채 가운데 연방정부 관련 기관 또는 연준이 보유한 채권을 민간부문이 보유한 것과 따로 구분하였다.

뉜다. 즉 단기 재무부 증권(Treasury Bill), 중기 재무부 증권(Treasury Note), 장기 재무부 증권(Treasury Bond), 그리고 미 저축채권(U.S. Savings Bond, 장기 채권으로서 시장에서 현금화가 불가능함) 등이 있다.

그림 25.8은 2015년 기준 미국 국채보유자의 구성비를 보여준다. 이에 따르면 2015년 연방정부의 전체 부채총액 18.2조 달러 가운데 연방정부 관련기관들과 연방준비제도가 41%를 소유하고 있고, 민간부문이 나머지 59%를 보유하고 있다. 연방정부 관련기관의 경우, 현금화가 용이한 무위험 자산의 일종으로서 주로 미 국채를 보유하고 있다. 한편 연준은 통화정책의 주요 수단으로서 공개시장조작을 원활히 수행하기 위해 주로 국채를 보유한다(공개시장조작에 대한 자세한 내용은 26장 참조).

연방정부 관련기관과 연준을 제외한 나머지 채권 보유자들을 통틀어 민간부문으로 보면, 민간부문은 미국의 가계와 금융기관, 주정부 및 지방정부, 그리고 해외 채권자 등으로 구성되어 있음을 알 수 있다. 특히 해외 채권자들은 미국의 총 국가부채 가운데 34%를 보유하고 있는데, 이는 **미국의 국가부채가 대부분 자국의 채권자에 의해 보유**되고 있음을 의미한다. 해외 채권자가 보유한 총 6.1조 달러의 부채 중에서 20%는 중국이, 18%는 일본이, 5%는 산유국들이 보유하고 있다.

[그림 25.8] 2015년 미국 국가부채의 보유자 구성비

국가부채 총액 18.2조달러 가운데 연방정부 관련기관과 연준이 41%를 보유하고 있으며, 나머지 59%가 민간부문에 의해 보유되고 있다. 특히 총부채 가운데 34%를 외국인들이 보유하고 있다.

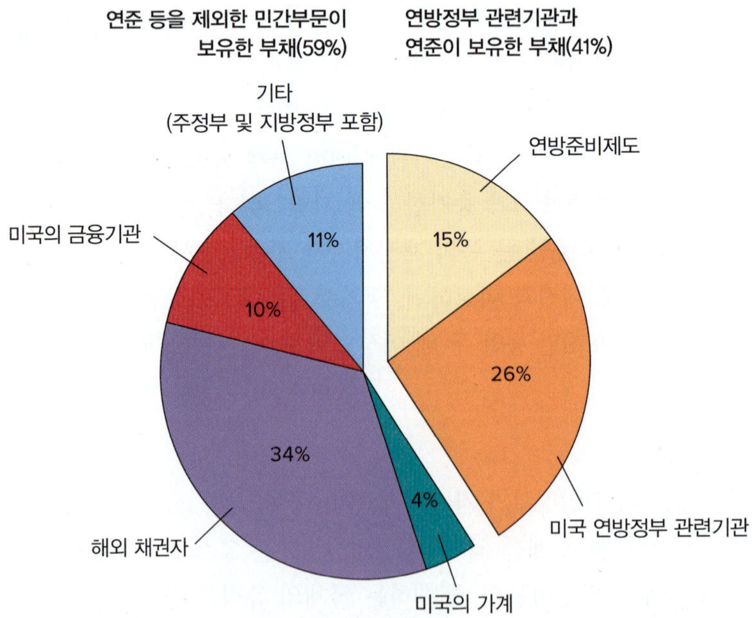

총 부채 : 18.2조 달러

자료: Economic Report of the President, 2016.
www.whitehouse.gov/sites/default/files/docs/ERP-2016_Book_Complete%20JA.pdf; 2015년 9월 위 사이트의 표 B-89를 바탕으로 계산한 결과임. 연준이 보유한 부채 비중은 미 재무부 자료로부터 구한 것임. www.fiscal.treasury.gov/fsreports/rpt/treasBulletin/treasBulletin_home.htm.

국가부채와 GDP

미국과 같이 경제 규모 즉 GDP가 큰 나라는 조세수입도 그만큼 규모가 크기 때문에 훨씬 더 많은 국가부채를 부담할 수 있다. 따라서 국가부채를 시간에 따라 혹은 국가별로 비교하기 위해서는 국가부채의 절대 규모보다는 GDP 대비 상대적 비율을 사용하는 것이 보다 합리적이다. 지구촌 전망 25.2에서 보듯이 실제로 부채의 절대 규모만을 보면 미국의 국가부채가 세계에서 가장 큰 규모이나, GDP 대비 비율로는 미국보다 부채 비중이 높은 나라가 다수 존재함을 알 수 있다.

그림 25.9는 1970~2015년 기간 동안 GDP 대비 미국 국가부채의 비율을 보여준다. 2015년 현재 GDP 대비 국가부채의 비율은 75%에 달한다. 그림을 통해 알 수 있듯이 국가부채의 비율은 2008년을 기점으로 급격히 증가하였는데, 이는 대침체에 따라 실질 GDP가 감소하는 가운데 확장적 재정정책의 시행으로 인해 대규모의 재정적자가 발생했기 때문이다.

국가부채의 이자부담

국가부채로 인하여 정부가 주로 부담하는 것은 발행된 국채에 대한 이자지급액이라고 할 수 있다. 2015년 현재 미국의 국가부채에 대한 총 이자지급액은 4,000억 달러(우리 돈으로 약 460조 원)에 이른다. 절대적 규모만 보면 금액이 큰 것 같지만 이는 2015년 미국 GDP의 2.2%에 불과하다. 즉 연방정부가 전체 부채에 대해 이자를 지급하기 위해

[그림 25.9] GDP 대비 미 연방정부의 부채 비율(1970~2015년)

미 연방정부 부채(연방정부 관련기관과 연준이 보유한 부채는 제외)의 GDP 대비 비율은 1980부터 1995년 사이에 급격히 증가했다가 1995~2001년 기간에는 다시 대폭 감소하였다. 그러나 2001년에 국가부채 비율은 증가세로 전환하였고, 2008년부터는 이전보다도 더 가파른 증가세를 보였다.

자료: FRED, Federal Reserve Bank of St. Louis
https://research.stlouisfed.org/fred2/series/FYGFDQ188S, May 3, 2016

서는, GDP의 2.2%만큼 추가적인 조세수입을 거두면 된다는 것이다. 그림 25.9에서 보듯이 2000년대 초부터 국가부채의 상대적 규모가 지속적으로 커져왔음에도 불구하고 GDP 대비 이자지급액의 비율은 대체로 현재와 비슷한 수준을 유지해 왔는데, 이는 대침체에 대응하여 연준이 오랫동안 초저금리 정책기조를 고수한 사실에 기인한다.

국가부채에 대한 '기우'

종종 대규모 국가부채로 인해 정부가 파산하거나, 파산하지는 않더라도 다음 세대에 엄청난 세금부담을 떠넘길 수 있음을 우려하는 사람들을 볼 수 있다. 그러나 결론부터 말하자면 이는 공연한 걱정 즉 '기우(false concerns, 杞憂)'에 불과하다. 과거에도 이런 걱정을 하는 사람들은 언제나 있었지만, 실제로 우려한 일은 벌어지지 않았다.

정부의 파산 가능성

후진국 또는 개발도상국이 과도한 외채(해외 채권자에게 진 빚)를 부담하는 경우가 아니라면, 일반적으로 국가부채가 아무리 크다 하더라도 정부가 파산하는 경우는 거의 없다. 왜냐하면 **정부는 신규차입 또는 조세징수를 통해 원하면 언제든 필요한 자금을 조달**할 수 있기 때문이다.

신규차입 투자자의 입장에서 어떤 국가의 공공부채가 관리 및 지속 가능한 수준이라고 판단되는 한, 정부는 신규 차입을 통해 손쉽게 현재 국가부채를 상환할 수 있다. 예컨대 미국 정부가 발행한 국채 즉 단기, 중기, 장기 재무부 증권의 만기가 도래하면, 미 정부는 이를 상환하기 위해 반드시 정부지출을 줄이거나 조세를 인상할 필요가 없다. 새로운 국채를 발행하여 조달한 자금으로 만기가 도래한 국채의 보유자들에게 원리금을 지불하면 되기 때문이다. 또한 정부가 재정위기에 처한 상황이 아니라면, 일반적으로 정부가 발행하는 국채에 대한 수요는 적지 않은 편이다. 정부가 파산할 위험은 거의 없기 때문에 국채는 기본적으로 무위험 자산이라고 할 수 있다. 따라서 투자자들은 국채에 투자함으로써 위험을 거의 부담하지 않고도 시장이자율 수준의 수익을 얻을 수 있으므로, 일정 수준 이상의 국채에 대한 수요는 거의 항상 존재한다.

물론 어떤 나라의 GDP 대비 국가부채 규모가 지나치게 큰 경우에는 투자자들이 정부의 부채상환능력에 의구심을 가질 수 있고, 따라서 정부가 국채를 신규로 발행하더라도 이에 대한 수요가 부족할 수 있다. 유럽 재정위기 당시 그리스가 바로 대표적인 사례라고 할 수 있다. 그러나 앞서 언급한 바와 같이 국가부채 비율이 다른 선진국에 비해 크게 낮은 우리나라는 물론이고, 미국 역시 경제의 장기적인 성장세와 금융시장의 발전 정도를 고려할 때 충분한 부채상환능력을 가진 것으로 판단할 수 있다. 따라서 우리나라와 미국을 포함한 대부분의 선진국에서, 정부가 발행한 국채가 팔리지 않을지도 모른다는 우려는 '기우'에 불과하다.

과세 정부는 조세를 부과하고 징수할 수 있는 헌법상의 권한을 가지고 있다. 따라서 정부는 국가부채에 대한 원리금을 갚기 위해 필요할 때는 언제나 증세를 통해 조세수입

사례연구: 국가부채와 미래세대의 부담

빚쟁이가 빚이 너무 많아져서 감당할 수 없는 지경에 이르면 파산하고 만다. 이런 논리로 정부도 채무가 과도하게 늘어나면 부도 위험이 증가하면서 재정위기가 올 수 있다. 하지만 자국화폐로 국채를 발행하면 부도가 날 위험은 전혀 없다. 화폐를 발행해서 갚으면 되기 때문이다. 일본의 경우를 보면 GDP 대비 정부부채가 세계에서 가장 높은데도 불구하고 매우 낮은 금리가 유지되고 있으며 재정위기나 외환위기의 조짐이 전혀 없다. 반면 일본보다 GDP 대비 정부부채의 규모가 훨씬 작은 남유럽 국가들은 심각한 재정위기를 겪었으며, 과거 남미 등 여러 개도국에서는 뼈아픈 외채위기를 겪어야 했다. 유로존의 일부인 남유럽 국가들은 유로화를 마음대로 찍어낼 수 없으며, 남미 등 개도국들은 외화로 자금을 조달했기 때문이다.

보수 정치인이 재정적자를 반대하며 가장 즐겨 쓰는 논리는 정부부채의 증가는 후손들에게 채무상환의 부담을 물려주게 된다는 것이다. 우리 세대가 흥청망청 돈을 쓰고 그 부담을 후대에게 물려주는 것은 도덕적으로 옳지 않다는 것이다. 이는 대단히 호소력이 있는 주장이지만, 논리적으로는 전혀 말이 안 되는 엉터리다. 이 주장이 호소력이 강한 까닭은 누구나 이해하기 쉽고 도덕적 어필까지 있기 때문이다. 빚을 내서 돈을 쓰면 나중에 빚 갚는 부담 때문에 고생하게 된다는 것을 모를 사람은 없을 터이고, 그 부담을 자식에게 물려주고 싶어 하는 부모는 더더욱 없을 터이다.

그러나 이런 생각은 개인의 사례를 시스템에 적용하여 발생하는 오류다. 우선 정부부채는 꼭 갚아야 할 이유가 없다. 기업도 사정이 어려워지지 않는 한 부채를 모두 갚는 경우는 거의 없다. 대출과 채권이 만기가 되면 자동적으로 재대출과 재발행을 하게 된다. 정부는 부도가 날 우려가 없기 때문에 (외화채무가 아닌 한) 당연히 국채 재발행이 가능하다. 더욱 중요한 것은 설사 정부가 추후에 채무를 줄이기 위해 일정부분 상환을 한다고 하더라도 그것이 후대의 부담이 되는 것은 아니라는 점이다. 그들이 채무상환 자금조달을 위한 세금을 부담하는 것은 사실이지만 그 세금은 채권을 소유한 자들에게 되돌아가게 된다. 따라서 채권상환 시점의 세대 안에서 그 세대 전체의 소득이 줄어드는 일은 전혀 없다.

물론 정부가 채무상환을 전혀 하지 않더라도 정부부채의 증가에 따른 이자비용의 증가는 피할 수 없다. 이는 분명 재정에 부담이 된다. 하지만 세금으로 조달하는 이자비용 역시 채권소유자에게 동일한 금액의 이자소득으로 돌아가므로 이는 후대의 부담이 아니다. 마치 한 집안 내에서 형제간에 발생한 채권-채무 관계가 미래에 그 집안의 소득 전체에 대해서는 아무런 영향을 미치지 않는 것과 마찬가지다. 정부부채가 후대에 빚 상환이나 이자지급의 부담을 물려주는 일이라는 주장은 얼핏 듣기에는 그럴 듯해도 논리적으로는 완벽한 오류에 불과하다.(이하 생략)

자료: "재정에 관한 열째 거짓말: 정부부채와 후손들의 부담", 유종일, KDI 국제정책대학원 교수, 허핑턴포스트, 2015.1.19., 일부 수정 및 생략함. (http://www.huffingtonpost.kr/jongil-you/story_b_6498828.html)

을 증가시킬 수 있다. 이것이 정부와 민간 경제주체(가계 및 기업) 사이의 차이점이다. 가계와 기업들은 세금을 부과할 수 없기 때문에 지출이 소득을 초과할 경우, 언제든 파산할 수 있다. 그러나 정부는 부채를 갚기 위해 필요할 경우, 새로운 조세를 부과하거나 기존의 세율을 인상할 수 있다. 물론 이러한 증세정책은 정치적으로 매우 인기가 없을 뿐만 아니라, 가계나 기업의 근로의욕 또는 투자 유인을 약화시킬 수 있다. 그럼에도 불구하고 조세 인상이 정부가 언제든 선택가능한 자금조달수단이라는 사실에는 변함이 없다.

미래세대에 대한 부담 전가

2015년 미국의 1인당 국가부채는 약 56,368달러이다. 이것이 2015년에 태어난 미국의 모든 신생아들이 1인당 56,368달러의 부채부담을 떠안는다는 것을 의미하는가? 정답은 "아니오."이다. 국가부채의 부담은 일부분을 제외하고는 미래 세대들에게 전가되는 것이 아니다.

왜냐하면 국가부채의 대부분은 미국 정부가 자국의 국내 채권자들에게 진 빚이기 때문이다. 앞서 살펴본 대로 2015년 기준으로 미국 연방정부 부채의 34%만이 해외 채권자들에 의해 보유되며, 나머지 66%는 미국의 가계와 기업, 지방정부, 연방정부 관련기관(연준 포함)들에 의해 보유되고 있다. 따라서 **국가부채의 66%만큼은 미국 납세자의 입장에서는 갚아야 할 부채이지만, 이와 동시에 국채(단기, 중기, 장기 재무부 증권 등)를 보유한 미국인의 입장에서는 자산이기도 하다.** 이렇게 동일한 크기의 자산과 부채가 서로 상쇄되므로, 국가부채 중 해외 채권자가 보유한 부분 즉 국가부채의 34%만이 미국인이 부담할 순부채에 해당된다고 볼 수 있다. 우리나라의 경우 외국인의 국채보유 비중(2016년 말 기준 약 14%)이 미국보다 훨씬 낮다는 점을 고려하면, 우리나라 국민의 실질 부채부담은 미국보다 훨씬 더 가벼울 것이다.

만일 미래의 어떤 시점에서 미국 정부가 국가부채 가운데 미국 채권자들이 보유한 부분(2015년 기준 국가부채의 66%)을 모두 갚는다고 하면, 막대한 규모의 자금이전이 발생할 것이다. 즉 미국의 납세자들이 더 많은 세금을 내는 동시에, 재무부 증권을 보유한 미국인들은 채권의 원리금으로서 같은 금액만큼을 돌려받을 것이다. 그러나 증가한 조세 납부액만큼, 돌려받는 채권의 원리금이 증가하므로 미 국민 전체적으로는 처분가능소득과 구매력 수준에 변화가 없을 것이다. 미국으로부터 빠져나가는 돈이 없기 때문이다. 오직 국가부채 가운데 해외 채권자들이 보유한 부분(2015년 기준 국가부채의 34%)만이 부채상환 시 미국민들의 구매력을 감소시킨다.

그렇다면 국가부채 가운데 국내 채권자들이 보유한 부분에 대한 부담은 도대체 누가 지는 것인가? 예컨대 제2차 세계대전 당시 국채를 발행하여 전쟁비용을 부담하는 과정에서 미국의 국가부채는 급격히 증가하였다. 미래세대가 아니라면 이렇게 늘어난 부채의 부담을 도대체 누가 지는 것인가?

정답부터 말하자면, **늘어난 국가부채의 부담을 짊어진 것은 바로 제2차 세계대전 당시 경제활동을 했던 사람들이라고 할 수 있다.** 왜냐하면 전쟁의 진정한 경제적 비용은 한정된 자원을 대포나 미사일과 같은 무기 등을 생산하는 데 사용하느라, 미처 생산하지 못했던 소비재 또는 자본재의 양으로 측정되기 때문이다. 다시 말해, 전쟁의 기회비용이야말로 진정한 경제적 비용이라고 할 수 있다. 따라서 이러한 전쟁의 경제적 비용을 부담한 것은 다름 아닌 전쟁 당시 경제활동을 했던 동시대인들이며, 실제 금전적 비용을 세금징수를 통해 조달했든지, 국채발행을 통해 조달했든지 관계없이 이러한 사실은 변하지 않는다.

물론 전비를 조달하기 위해 발행된 국채는 전후 세대로부터 세금을 거둬 상환해야 한다는 점에서, 전후 세대의 부채라고 할 수 있다. 그러나 다른 한편에서 상속 등의 형태로 국채를 물려받은 전후 세대의 입장에서는 이는 부채가 아닌 자산이 된다.

전후 세대가 전쟁으로부터 물려받은 자산은 이 뿐만이 아니다. 2차 대전의 승리로 인해 미국은 전쟁 비용과는 비교도 할 수 없을 정도로 엄청난 정치적, 경제적 혜택을 누릴 수 있었다. 즉 전후 세계 초강대국으로 부상하면서 미국의 정치 및 경제시스템이 국제표준이 되었고, 이를 바탕으로 미국은 전후 사반세기 가까이 지속된 '자본주의의 황금기'를 주도할 수 있었던 것이다.

'기우'가 아닌 문제들

언급한 대로 지금까지 살펴본 국가부채 관련 문제들은 대개 '기우'에 불과한 것이었다. 그러나 다음에서 살펴볼 문제들은 결코 '기우'가 아니다. 물론 각각의 문제에 부여되는 중요도는 학자들의 견해에 따라 다소 차이가 있다.

소득분배에의 영향

우리나라나 미국이나 직접적으로 국채를 보유한 사람은 전체 가계 중 소수에 불과하며, 이 중 대부분은 금융자산을 많이 보유한 부유층이다. 즉 국채 보유의 분포가 매우 불평등하다는 것이다. 그러다 보니 일부 부유층은 1인당 국가부채인 56,368달러보다 훨씬 큰 금액의 국채를 보유하지만, 대부분의 평범한 가계는 이보다 훨씬 적은 금액을 보유하거나 아예 국채를 보유하지 않는다.

국채의 대부분을 부유층이 보유하는 상황에서 미국과 같이 소득세제의 누진성이 낮은 나라에서는, 발행된 국채에 대한 이자지급이 늘어날수록 소득불평등 정도가 악화될 수 있다. 왜냐하면 누진성이 낮은 세제에서 세금을 거두어 부유층이 주로 보유한 국채에 대해 이자를 지급하는 것은 결국 소득이 평균적으로 더 낮은 계층으로부터 부유한 국채 보유자에게로 소득을 재분배하는 결과를 초래하기 때문이다. 만약 소득불평등을 완화하는 것이 바람직한 사회적 목표의 하나라면, 이러한 형태의 소득재분배는 결코 바람직하다고 볼 수 없을 것이다.

경제적 유인에 대한 악영향

우리나라의 통합재정수지에 따르면 2015년 정부는 약 14조 원(GDP 대비 0.9%)만큼을 부채에 대한 이자지급 용도로 지출하였다. 또한 미국의 경우에는 매년 4,000억 달러 가까이 부채에 대한 이자를 지급하고 있다. 이렇게 국가부채에 대한 막대한 이자지급액을 충당하기 위해서는, 앞서 언급한 대로 신규 차입을 하지 않는 한 조세를 더 거두어야 한다. 그러나 **세수 증대를 위한 세율 인상은 다양한 민간의 경제적 유인, 예컨대 위험을 감수하려는 유인, 혁신의 유인, 저축 및 투자의 유인, 근로 의욕 등을 위축**시킬 수 있다. 이와 같은 경로를 통해 대규모 국가부채는 경제성장을 저해할 수 있고, 그 결과 미래 세대들에게 간접적인 경제적 부담으로 작용할 수 있다.

대외 국가부채

대외 국가부채

앞서 살펴본 대로 2015년 미국 국가부채의 34%는 외국의 개인과 기관들에 의해 보유되고 있다. 이러한 **대외 국가부채**야말로 미국 정부가 자국민들에게 진 빚이 아니기 때문에, 미국민들이 실질적으로 부담해야 할 진정한 부채라고 할 수 있다.

일반적으로 대외 국가부채에 대해 우리나라 정부가 원리금을 지급하면, 이를 통해 외국인들은 국내에서 생산된 상품과 서비스를 구입할 수 있게 된다. 다시 말해 대외 국가부채를 상환하는 과정에서 우리나라의 구매력이 외국으로 이전되는 것이다. 물론, 외국의 국가부채 중 우리나라가 보유하는 부분도 있다. 이 경우에는 대외 국가부채를 상환하는 과정에서 외국의 구매력이 우리나라로 이전될 것이다. 정리하면, 대외 국가부채의 상환 부담은 궁극적으로 부채를 진 국가의 국민이 지게 된다.

구축효과의 재 고찰

대규모 국가부채를 상환하는 과정에서 발생할 수 있는 보다 심각한 문제는 바로 앞서 언급한 구축효과이다. 예컨대 정부가 현행 국가부채의 원리금을 갚기 위해 신규 국채를 발행하여 대규모 자금을 차입한다고 가정하자. 그러면 실질이자율이 상승하므로 민간의 투자지출이 감소(구축효과)하게 되고, 그 결과 미래 세대들에게 물려줄 자본스톡의 크기가 줄어들 것이다.

이러한 정부의 대규모 차입이 주로 경기침체 기간에만 이루어진다면, 구축효과는 별 문제가 되지 않는다. 경기 침체기에는 어차피 민간의 투자수요가 저조하기 때문에, 정부의 국채 발행에 의해 이자율이 상승하더라도 민간의 투자지출은 거의 감소하지 않을 것이기 때문이다.

반면 사회간접자본 건설 등 대규모 공공사업을 위한 자금조달을 위해 정부가 계속적으로 차입을 할 경우에는 문제가 심각해 질 수 있다. 특히 경제가 완전고용상태에 가까운 상황에서 정부의 국채 발행이 지속되면, 이로 인한 구축효과는 민간투자를 크게 저해할 수도 있다. 완전고용상태에서는 대체로 민간의 투자수요 역시 매우 높은 수준이므로, 대규모 국채 발행에 따라 이자율이 상승하면 민간의 투자수요가 크게 위축될 가능성이 높기 때문이다. 이렇게 민간투자가 위축되면 미래세대에게 물려줄 자본스톡의 크기가 줄어들며, 이는 장기적인 경제성장을 저해하는 요인이 된다.

구축효과: 그래프에 의한 설명 우리는 앞서 19장에서 투자수요가 실질이자율과 역(−)의 관계를 가지며, 이러한 관계를 그림으로 나타낸 것이 우하향하는 투자수요곡선임을 배운 바 있다. 그림 25.10의 ID_1와 ID_2는 이러한 투자수요곡선을 그린 것이다.

초기에 경제의 투자수요곡선이 ID_1였다고 가정하자. 이 때 정부가 사회간접자본 투자를 위해 대규모로 자금을 차입했다고 하자. 이 경우 구축효과에 의해 실질이자율이 상승하고 민간투자가 감소하게 된다. 이는 그림 25.10에서 경제의 균형이 a점에서 b점으로 이동하면서, 이자율이 6%에서 10%로 상승하고 투자지출은 25조 원에서 15조 원으로 감소하는 것으로 나타난다.

다시 말해 자금시장에서 정부의 자금수요가 투자를 위한 민간의 자금수요와 서로 경합하면서 이자율을 끌어올리고, 그 결과 10조 원만큼의 민간투자가 구축된 것이다. 이에 따라 미래 세대들에게 이전되는 민간 자본스톡은 정부의 차입이 없는 경우에 비해 10조 원만큼 줄어든다.

구축효과의 상쇄요인: 공공투자와 민간투자의 상호보완성 그러나 다음의 2가지 요인들이 구축효과를 완전히 또는 부분적으로 상쇄할 수 있다.

첫째, 구축효과에 의한 민간자본의 감소는 공공자본의 증가에 의해 완전히 또는 부분

[그림 25.10] 투자수요곡선과 구축효과

만약 투자수요곡선이 그림의 ID_1에서 고정되어 있다면, 구축효과로 인해 이자율이 6%에서 10%로 상승할 경우 경제의 균형은 투자수요곡선 상의 a점에서 b점으로 이동한다. 그 결과 10조 원만큼 민간투자가 감소하므로, 미래 세대들에게 이전되는 자본스톡의 양도 이만큼 줄어든다. 그러나 만약 정부가 차입한 자금으로 공공투자를 수행하면, 민간투자와 공공투자 간의 상호보완성에 따라 민간투자의 기대수익률이 높아질 수 있다. 이 경우 민간의 투자수요곡선은 ID_1에서 ID_2로 오른쪽으로 이동하며, 이에 따라 당초의 구축효과는 전부 또는 부분적으로 상쇄된다. 그림에서 경제의 균형이 a점에서 c점으로 이동하는 것은 구축효과가 전부 상쇄되는 경우를 나타낸다.

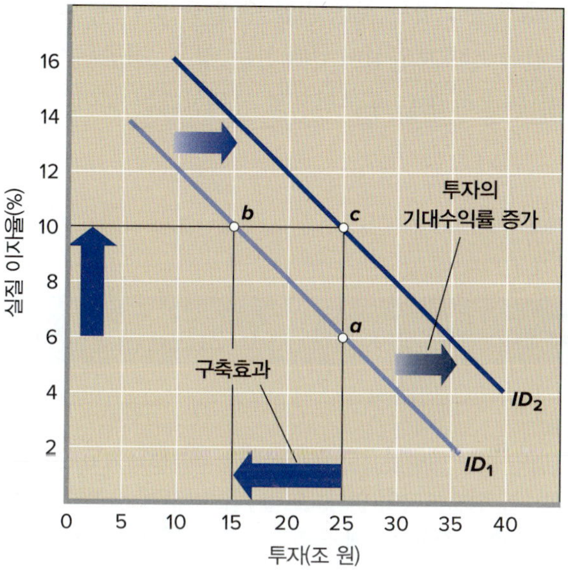

적으로 상쇄될 수 있다. 민간의 총지출을 소비와 투자지출로 나눌 수 있듯이 정부지출 역시 정부소비지출과 정부투자지출로 나누어진다. 이 중 정부투자지출은 주로 사회간접자본, 예컨대 도로, 항만, 대중교통체계, 전력시설의 구축 등과 같은 **공공투자**의 용도로 지출된다.

공공투자

기계 또는 장비에 대한 민간투자가 그렇듯이 이러한 공공투자 역시 경제의 미래 생산능력을 확대시킨다. 즉 정부가 차입한 돈으로 공공투자를 수행하면, 공공자본(public capital) 스톡이 증가하면서 미래의 생산능력이 증대되는 것이다. 따라서 구축효과로 인한 민간자본의 감소는 차입한 자금으로 새롭게 건설된 공공자본의 증가에 의해 부분적으로 상쇄될 수 있으며, 그 결과 경제 전체의 생산능력 즉 전체 자본스톡의 크기는 소폭 감소하는 데 그칠 수 있다.

둘째, 구축효과를 상쇄시키는 또 다른 요인은 공공투자와 민간투자 간의 상호보완성이다. 사회간접자본 건설과 같은 공공투자와 민간투자는 대체로 상호보완관계에 있다고 할 수 있다. 즉 공공투자를 통해 사회간접자본이 확충되면 민간투자의 기대수익률 역시 증가할 수 있다는 것이다. 이러한 민간투자의 기대수익률 상승은 민간투자를 촉진시킨다. 예컨대, 우리나라 정부가 세종시에 행정중심복합도시를 건설(공공투자)하자, 시간이 갈수록 세종시에 사무실, 상가, 식당 등 기반시설이 확대됨(민간투자)을 알 수 있다.

따라서 민간투자와 상호보완관계를 가지는 공공투자가 증가하면, 민간투자의 기대수익률이 증가하면서 민간의 투자수요도 증가하게 된다. 이는 그림 25.10에서 투자수요곡선이 초기의 ID_1에서 ID_2로 이동하는 것으로 나타난다. 이 경우 구축효과에 의해 이자율이 6%에서 10%로 상승할지라도 민간투자는 감소하지 않을 수 있다. 그림에서 보듯이 투자수요곡선이 ID_2로 이동하면 경제의 균형은 b점이 아닌 c점으로 이동하고, 이에 따라 민간투자는 초기의 25조 원으로 변하지 않음을 확인할 수 있다. 물론 투자수요곡선의 이동폭이 그림의 경우보다 작다면, 구축효과는 완전히 상쇄되지 않을 것이고, 따라서 민간투자가 어느 정도 감소하는 것은 피할 수 없을 것이다. 어찌됐건 중요한 것은 공공투자와 민간투자 간에 상호보완성이 존재하는 경우, 공공투자의 증가는 민간투자를 촉진하여 구축효과를 완전히 또는 부분적으로 상쇄한다는 점이다.

마지막 한마디

사회복지제도의 재원부족 문제

미국 또는 우리나라의 정부재정과 관련하여 가장 골칫거리는 정부 일반회계의 재정적자나 공공부채가 아니라 연금제도, 의료보험 등 각종 사회복지제도의 장기적인 재원조달 부족의 문제이다. 예컨대 미국의 연금제도인 사회보장(Social Security)과 노인대상 의료보험제도인 메디케어(Medicare) 프로그램은 가까운 장래에 엄청난 재원부족에 직면할 것으로 예상된다. 이 때문에 혹자는 이 프로그램들을 '정치적 시한폭탄'이라고 부르기도 한다.

최근 미국 인구는 빠르게 고령화되고 있다. 향후 수십 년간 62세 이상 인구 비중은 빠르게 증가할 전망이며, 그 중에서도 특히 75세 이상 최고령층 인구 비중의 증가폭이 가장 높을 것으로 예상된다. 이에 따라 미래에는 더 많은 사람들이 더 오랫동안 사회보장(노후 연금) 및 메디케어(노인에 대한 의료보장) 프로그램의 수혜자가 될 것이다. 반면 고령화에 따라 이들에게 혜택을 제공하기 위해 세금을 부담하는 근로자의 수는 점점 줄어들게 된다. 사회보장 및 메디케어 수혜자 1인당 근로자의 수는 1960년에는 약 5명이었으나 오늘날에는 약 3명이고, 2040년이 되면 약 2명으로 줄어들 전망이다. 그 결과, 사회보장프로그램을 운영하는 데 드는 총비용의 비율은 2014년 GDP 대비 8.5%였으나 2035년에는 GDP 대비 11.4%로, 2086년에는 GDP 대비 12.2%로 증가할 전망이다.*

사회보장 프로그램의 재원 부족 사회보장 프로그램은 가장 핵심적인 공공 노후복지제도이다. 현재 이 프로그램에는 매년 약 8,880억 달러의 비용이 소요되며, 이 비용은 일정 수준 이하의 근로소득(2016년 현재 118,500달러 이하)에 부과되는 세금을 통해 조달된다. 즉 상한소득인 118,500달러를 초과한 소득에는 사회보장세가 부과되지 않는다. 이러한 사회보장세의 세율은 12.4%인데, 이 중에서 절반(=6.2%)은 근로자가 부담하고, 나머지 절반(=6.2%)은 고용주가 부담한다. 사회보장제도는 부과방식(pay-as-you-go plan)으로 운영된다. 이는 사회보장세를 통해 징수되는 세수의 대부분이 현재의 은퇴자들에게 바로 지급됨을 의미한다.

2009년 초까지는 사회보장세 세수가 사회보장 지급액을 초과하였는데, 이는 인구의 상당수를 차지하는 베이비 붐 세대들이 은퇴하기 이전이었기 때문이다. 이러한 초과 세수는 미 재무부 채권의 형태로 사회보장신탁기금(Social Security Trust Fund)이라 불리는 정부 계정에 적립되었다. 그러나 2009년부터 사회보장세 수입이 사회보장 지급액보다 작아지면서 부족액은 사회보장신탁기금으로부터 충당되기 시작했다. 이러한 추세는 지속되어 마침내 2033년이 되면 사회보장신탁기금이 고갈될 전망이다. 이후 매년 사회보장세 수입은 사회보장 지급액의 75% 수준에 그칠 것으로 예상된다.

메디케어 프로그램의 재원 부족 메디케어 프로그램은 65세 이상 노인들에 대한 의료보장 프로그램이다. 현재 이 프로그램에는 매년 약 5,100억 달러의 비용이 소요되며, 비용규모는 최근 약 9%의 비율로 증가해 왔다. 사회보장 프로그램과 마찬가지로 메디케어 프로그램도 부과방식으로 운영되는데, 재원은 2.9%의 세율로 부과되는 메디케어세(Medicare tax)를 통해 주로 조달되며, 사회보장세와 마찬가지로 메디케어세의 절반(=1.45%)은 고용주가 부담하고, 나머지 절반은 근로자가 부담한다. 단, 오바마 대통령의 건강보험개혁법(the Affordable Care Act)이 시행되면서 2013년부터 도입된 3.8%의 투자소득 추가과세(investment surtax) 수입 역시 메디케어의 재원충당에 활용된다.

메디케어 프로그램의 재정 상태는 사회보장 프로그램보다 훨씬 더 심각한 상황이다. 메디케어 신탁기금(Medicare Trust Fund)은 2024년에 고갈될 예정인데, 이는 사회보장 신탁기금이 고갈될 예정시기인 2033년보다 9년이나 빠른 것이다. 2024년 이후, 메디케어 지급액 중 세금에 의해 충당가능한 부분의 비중은 2025년 97%에서, 2035년 72%, 2080년에는 69%까지 감소할 전망이다.

가능하지만, 실행하기 쉽지 않은 해결 방안들 장기적으로 사회보장 및 메디케어 프로그램의 수지(收支) 균형을 회복하는 방법은 언뜻 보면 매우 간단하지만, 이를 실행하기는 매우 어렵다. 즉 프로그램의 혜택을 줄이거나 조세수입을 늘리면 된다. 미 사회보장청(Social Security Administration)은 향후 75년 내에 사회보장 프로그램의 수입과 지출을 균형으로 맞추려면 사회보장 프로그램의 지급액을 약 16% 영구적으로 감소시키거나 사회보장세 수입을 약 13% 영구적으로 증가시켜야 한다고 전망했다. 또한 장기적으로 메디케어 프로그램의 수입과 지출을 균형으로 맞추려면 현 전망치와 비교해서 메디케어 지급액을 약 51% 감소시키거나 메디케어세 수입을 무려 122% 증가시켜야 한다고 전망했다.

사회보장 및 메디케어 프로그램의 수지 차이를 부분적으로 또는 완전히 해소하기 위한 여러 방안들이 존재하지만, 이들은 대부분 경제적 부작용뿐만 아니라 정치적 위험을 동반한다. 대부분 방안들이 특정 사회계층의 강한 반발에 직면할 가능성이 높기 때문이다. 다음은 몇 가지 사례를 든 것이다.

- 먼저 사회보장 또는 메디케어 프로그램의 혜택을 받기 시작하는 연령을 올리는 방법이 있다. 그러나 이는 은퇴가 얼마 남지 않은 근로자들의 엄청난 반발을 야기할 수 있다. 이들은 이제까지 사회보장세와 메디케어세를 꾸준히 납부해 왔음에도 불구하고, 그들이 예상한 것보다 더 늦게 혜택을 받게 되기 때문이다.
- 사회보장세의 과세대상 소득범위를 더 넓히는 방법이 있다. 그러나 이 방법은 숙련된 고소득층 근로자의 세금부담을 가중시킴으로써, 근로자의 인적자본 축적 및 경력개발 유인을 저해할 수 있다.
- 부유층을 사회보장 및 메디케어 수혜 대상에서 제외하는 방법이 있다. 이렇게 되면 두 제도는 사회보험이라기보다는 소득재분배 프로그램의 특성을 띠게 되는데, 이로 인해 두 제도의 정당성에 대한 정치적 합의가 훼손될 수 있다.
- 조세수입을 증가시키기 위해 이민정책 방향을 수정할 수 있다. 즉 소득이 낮은 저숙련 근로자 대신 소득 수준이 높은 고숙련 근로자를 이민자로 받아들이는 것이다. 그러나 이러한 이민정책은 경쟁심화를 우려하는 미국 출생의 고숙련 근로자들과 가족 재결합을 위한 이민을 옹호하는 많은 사람들로부터 커다란 반발을 살 가능성이 높다.
- 사회보장세로부터 징수된 수입을 정부가 아닌 은퇴자 개인의 계정에 넣어, 개인들이 스스로 노후연금을 운용, 관리, 상속할 수 있도록 하는 방법도 있다. 이 방법에 따르면 사회보장 및 메디케어 프로그램은 정부가 지급을 보장하는 기존의 확정급여제도(defined benefit plan)에서 은퇴자에게 자산운용위험을 전가하는 확정기여금제도(defined contribution plan)로 전환된다. 그러나 이러한 확정기여금제도하에서 개인이 노후연금재원을 주식 등 위험자산 위주로 운용할 경우, 투자실패에 따라 경제적으로 어려운 노후를 맞이할 수 있다.

이와 같이 사회보장 및 메디케어 프로그램의 재원부족 문제는 매우 심각한 상황이며 단기간에 해결되기도 어렵다. 최근 한 연구**에 따르면, 미래에 발생할 것으로 예상되는 사회보장 및 메디케어의 재원 부족액을 모두 합하면 현재 미국 국민이 보유한 부(순자산)의 총액보다 더 크다고 한다. 비록 이러한 추정치가 다소 과장된 면이 없지 않지만, 1가지 사실만은 분명하다. 미국 정부와 국민들은 조만간 '과도한 약속'(overpromising)이 초래한 '재원 부족'(underfunding) 문제에 직면할 것이며, 어떤 식으로든 이 문제를 해결해야 한다는 것이다.

* 자료: 사회보장 및 메디케어 수탁자 이사회(Social Security and Medicare Board of Trustee), "Status of the Social Security and Medicare Programs: A Summary of the 2015 Annual Reports," www.ssa.gov. 이후 언급한 통계수치들 역시 이 보고서로부터 인용한 것임.

** Bruce Bartlett, "The 81% Tax Increase," Forbes.com, August 8, 2009, www.forbes.com.

요약

1. **재정정책의 목적, 수단, 한계**

재정정책은 완전고용, 물가안정, 장기적 경제성장을 달성하기 위해 정부지출과 조세를 경기상황에 따라 의도적으로 변화시키는 정책이다. 정부는 경기침체를 완화하거나 극복하기 위해 정부지출을 증가시키거나 조세수입을 줄이는(감세) 확장적 재정정책을 실시한다. 반면 수요견인 인플레이션이 발생했을 때, 정부는 이를 진정시키기 위해 정부지출을 감소시키거나 조세수입을 늘리는(증세) 긴축적 재정정책을 실시한다.

2. **자동안정화장치의 역할**

재정의 자동안정성은 순조세 수입이 경기상황 즉 GDP 수준과 정(+)의 관계를 가지면서 변동하는 것에 기인한다. 재정의 자동안정성에 따라 경기침체기에는 저절로 순조세수입이 줄어들고 재정적자가 증가하면서, 경기침체의 폭을 어느 정도 완화한다. 반면 경기확장기에는 순조세수입이 늘어나고 재정적자가 감소하거나 재정흑자로 전환되면서 인플레이션 압력을 낮추게 된다.

3. **경기조정 예산과 재정정책의 기조 평가**

실제 재정적자 또는 흑자의 크기는 재정정책 기조뿐만 아니라 경기상황 즉 GDP의 변동에 의해서도 영향을 받는다. 경기조정 예산이란 이렇게 재정수지 가운데 GDP의 변동에 따라 자동적으로 변화하는 부분을 제거한 것을 의미한다. 보다 구체적으로 경기조정 예산이란 경제가 완전고용상태일 경우에 예상되는 재정적자 또는 흑자의 크기를 의미한다. 따라서 재량적 재정정책의 기조가 확장적, 중립적, 긴축적인지를 평가하기 위해서는, GDP 변동에 따라 자동적으로 변화하는 부분을 제외한 경기조정 예산을 기준으로 판단해야 한다.

4. **최근 미국과 우리나라의 재정정책 기조**

2001년 IT거품 붕괴로 인해 미국 경제가 침체기에 접어들자 부시 행정부는 한계세율을 인하하고 연방 상속세를 폐지하는 감세정책을 시행하였다. 그러나 9.11 뉴욕 테러가 발생하면서 경기침체가 심화되었을 뿐만 아니라 '테러와의 전쟁'을 수행하기 위해 연방정부의 지출이 증가하기 시작했다. 그 결과 2001년 1,280억 달러 흑자였던 미국의 재정수지는 2002년에 1,580억 달러 적자로 전환된다. 2003년 부시 행정부는 경기회복을 촉진하기 위해, 미래에 실시하기로 예정되었던 한계세율의 인하를 앞당겨 실시하는 동시에, 배당소득과 자본이득에 대한 세율을 대폭 인하하는 등 추가적인 감세정책을 시행하였다. 이에 따라 차츰 경기가 회복되어 마침내 2007년 무렵 미국 경제는 거의 완전고용상태에 도달하였다.

그러나 서브프라임 주택담보대출 위기로 인해 촉발된 2007~2009년 대침체에 대응하기 위해 미 정부는 대규모의 확장적 재정정책을 시행하게 된다. 2008년 미 정부와 의회는 7,000억 달러에 달하는 금융권 구제금융과 더불어 총 1,520억 달러에 달하는 경기부양조치를 통과시켰는데, 이 가운데 일부는 납세자들, 퇴역 군인들, 그리고 사회보장 수혜자들에게 조세환급의 형태로 1인당 600달러를 지급하는 데 사용되었다. 확장적 재정정책의 시행에 따라 2007년 완전고용 GDP 대비 −1.3% 적자였던 경기조정 예산은 2008년에는 −2.9%까지 적자폭이 확대되었다. 그럼에도 불구하고 경기침체가 지속되자 2009년 오바마 행정부는 이후 2년 반에 걸친, 총 7,870억 달러 규모의 경기부양조치를 시행하게 된다. 그 결과 미국의 경기조정 예산 적자는 2008년 완전고용 GDP 대비 −2.9%에서 2009년 −7.1%까지 확대되었으나, 이후 2015년에는 −1.6%로 적자폭이 예전 수준을 회복하였다.

한편 우리나라의 경우 외환위기 또는 글로벌 금융위기 등 특수상황을 제외하면, 대체로 재정이 균형 또는 소폭의 흑자를 기록하는 등 재정상황이 매우 양호한 편이다.

5. **재정정책의 수립과 집행과정에 직면하는 다양한 문제들**

정부는 재정정책을 수립하고 집행하는 과정에서 여러 가지 복잡한 문제에 직면하게 된다. 대표적인 문제로 (a) 인식시차, 집행시차 등 재정정책이 수립되고 집행되어 효과를 나타내기까지 상당한 시차가 존재한다는 점, (b) 재정정책이 정치적 목적으로 오용될 가능성, (c) 지방정부 재정의 경기순응성, (d) 경제주체들의 미래 정책 변화에 대한 기대에 따라 정책이 무력화될 가능성, (e) 구축효과 등을 들 수 있다.

대부분의 경제학자들은 재정정책을 통해 경제를 특정한 방향으로 유도할 수는 있지만, 균형국민소득이나 균형물가의 목표치를 달성하도록 미세조정하는 것은 불가능하다고 생각한다. 그럼에도 불구하고, 재정정책이 경기침체나 인플레이션이 심각한 상황에서 통화정책을 보완할 수 있는, 매우 유용한 거시경제정책 수단이라는 데는 이견이 없다.

6. 미국 및 우리나라의 국가부채 현황과 경제적 영향

국가부채는 정부가 자신이 발행한 국채의 보유자들에게 갚아야 할 부채총액을 의미하며, 과거 매 기간의 재정적자와 재정흑자가 누적되어 더해진 결과이다.

2015년 현재 미국의 국가부채 규모는 총 18.2조 달러로서, 이는 국민 1인당 56,368달러에 해당된다. 국가부채 가운데 약 59%를 민간부문(해외 채권자 포함)이 보유하는 반면, 나머지 41%는 연방준비제도와 연방정부 관련 기관들이 보유하고 있다. 또한 국가부채 가운데 34%는 해외 채권자에 의해 보유되고 있다. 한편 2015년 미국의 국가부채에 대한 이자지급액은 GDP 대비 약 2.2%에 이른다. 최근의 대침체와 이후 수년 간 재정적자가 누적되면서, 2015년 미국의 국가부채는 2005년과 비교해서 두 배 이상으로 증가하였다.

한편 우리나라의 국가부채는 최근 추세적으로 증가해 오긴 했지만 대부분의 선진국들과 비교하면 경제규모 대비 국가부채의 수준이 상당히 낮으며, 따라서 재정건전성이 매우 우수한 편에 속한다.

대규모 공공부채 때문에 정부가 파산할지도 모른다는 우려는 대개 공연한 걱정 즉 '기우'에 불과하다. 왜냐하면 재정위기 상황이 아닌 한, 정부는 원하는 만큼 신규로 차입하여 기존 부채의 원리금을 상환할 수 있기 때문이다. 또한 설사 신규차입이 여의치 않더라도 정부는 부채를 상환하기 위해 언제든 새로운 조세를 부과하거나 세율을 인상할 수 있기 때문이다.

통상적인 인식과 달리 국가부채의 대부분은 그 부담이 미래세대에게 전가되지 않는다. 물론 발행된 국채는 언젠가는 미래세대에게 세금을 부과하여 상환되어야 한다는 점에서 납세자에게는 부채이다. 그러나 이러한 국채의 대부분을 보유하고 있는, 국내 채권자의 입장에서 이는 바로 자산이다. 따라서 국가부채 가운데 국내 채권자가 보유한 부분을 제외한 것 즉 해외 채권자가 보유한 부분만이 미래세대에게 전가되는 부담분이라고 할 수 있다.

국가부채와 관련된 좀 더 실질적인 문제로는 (a) 국가부채에 대한 이자지급이 소득분배에 미칠 수 있는 악영향 (b) 세율 인상에 따른 경제적 유인의 왜곡, (c) 대외 국가부채의 상환에 따른 국내 구매력의 해외 이전, (d) 부채상환을 위해 정부가 차입하는 과정에서 발생하는 구축효과 등을 들 수 있다.

그러나 정부가 차입한 자금으로 공공투자 즉 공공자본에 대한 투자를 늘리면 구축효과에 따른 민간투자의 감소를 부분적으로 또는 완전히 상쇄할 수 있다. 아울러 공공투자와 민간투자 간에 상호보완성이 존재하는 경우, 공공투자의 증가는 민간투자를 촉진하여 구축효과를 완전히 또는 부분적으로 상쇄한다.

주요 용어와 개념

경기적 적자
경기조정 예산
공공투자
구축효과
국가부채
긴축적 재정정책
누진적 조세제도
대외 국가부채
대통령 경제자문위원회
비례적 조세제도
역진적 조세제도
자동안정화장치
재정적자
재정흑자
정치적 경기변동
확장적 재정정책

연습문제

1. **다음 중 인플레이션 갭을 줄이는 데 도움이 되는 정책을 모두 고르시오.**

(1) 증세 (2) 감세
(3) 정부지출의 증가 (4) 정부지출의 감소
(5) 재정적자의 확대

2. **어떤 정치가가 경기침체를 극복하기 위해 정부지출을 증가시키는 확장적 재정정책을 제안하였다. 그리고 정부지출 증가의 재원을 조달하기 위해 증가된 지출액만큼 세금을 추가로 거둘 것(증세)을 제안하였다. 이러한 정치가의 제안에 대한 평가 가운데 올바른 것은?**

(1) 같은 금액만큼 정부지출만을 증가시켰을 때보다, 균형국민소득이 더 크게 증가한다.
(2) 같은 금액만큼 증세만을 시행했을 때보다, 균형국민소득이 더 크게 감소한다.
(3) 정부지출 증가와 증세는 서로 반대방향으로 총수요곡선을 이동시킨다.
(4) 정부지출 증가와 증세는 둘 다 같은 방향으로 총수요곡선을 이동시킨다.
(5) 위 보기는 모두 옳지 않다.

3. **다음 중 자동안정화장치에 해당되는 것을 모두 고르시오.**

(1) 실업급여제도
(2) 투자세액공제제도
(3) 사회간접자본에 대한 정부지출 증가
(4) 누진적 조세제도
(5) 역진적 조세제도

4. **어떤 경제가 지난 해 경기침체에 빠져있었다고 한다. 지난 해의 실제 정부지출은 595조 원인 반면, 실제 조세수입은 505조 원이었다. 한편 경제학자들의 추정 결과, 만일 지난 해 경제가 완전고용상태였다면 정부지출은 555조 원, 조세수입은 550조 원에 달했을 것으로 추정된다. 다음 설명 중 올바른 것을 모두 고르시오.**

(1) 지난 해 정부의 실제 재정수지는 90조 원 적자였다.
(2) 지난 해 정부의 실제 재정수지는 90조 원 흑자였다.
(3) 지난 해 정부의 경기조정 예산은 5조 원 적자였다.
(4) 지난 해 정부의 경기조정 예산은 5조 원 흑자였다.
(5) 위 보기는 모두 옳지 않다.

5. **시장이자율이 5%였던 1월에 경제 전체의 민간기업들은 투자자금 조달을 위해 총 50조 원을 차입하였다. 그런데 2월에 정부가 25조 원에서 50조 원으로 두 배만큼 차입을 늘리자, 시장이자율이 7%로 높아졌다고 한다. 이후 민간기업들은 차입액을 월 30조 원까지 줄였다고 하자. 다음 보기 중 올바른 것은?**

(1) 정부의 차입 증가액이 민간기업들의 차입 감소액보다 많으므로, 구축효과는 발생하지 않았다.
(2) 구축효과의 크기는 20조 원이다.
(3) 정부의 차입 증가액이 민간기업들의 차입 감소액보다 많으므로, 역의 구축효과가 발생하였다.
(4) 구축효과의 크기는 25조 원이다.
(5) 위 보기는 모두 옳지 않다.

6. **한계소비성향이 0.8인 어떤 경제가 현재 심각한 경기침체를 겪고 있다고 한다. 이 경제의 총수요곡선을 우측으로 25조 원만큼 이동시키기 위해서는 정부지출을 얼마나 증가시켜야 하는가? 또한 똑같은 폭만큼 총수요곡선을 이동시키기 위해서는 세금을 얼마나 감면해야 하는가? 만일 총수요곡선을 우측으로 25조 원만큼 이동시키기 위해 정부지출과 조세수입을 동일한 금액만큼 늘린다면, 과연 얼마만큼을 늘려야 하는가?**

7. **21장의 그림 21.7을 참조하여 다음 물음에 답하시오.**

> 초기의 균형 GDP가 510조 원이라고 하자. 이 때 각각의 물가수준에서 경제의 총지출이 7조 원만큼 증가했을 경우, 균형물가는 몇 % 상승하는가? 이 때 발생하는 인플레이션은 수요견인 인플레이션인가, 비용인상 인플레이션인가? 이 때 만약 완전고용 GDP수준이 510조 원이라면, 양의 GDP갭의 크기는 얼마인가? 이 경우 정부가 인플레이션을 진정시키기 위해서는 정부지출을 증가시켜야 하는가 아니면 감소시켜야 하는가?

8. **다음 표는 어떤 경제의 소비함수(세금이 부과되지 않은 경우)를 나타낸다. 이 표를 이용하여 다음 물음에 답하시오.**

GDP (조 원)	소비 (조 원)
100	120
200	200

300	280
400	360
500	440
600	520
700	600

(1) 표의 소비함수를 그림으로 그리시오. 한계소비성향의 크기는 얼마인가?

(2) 이제 각각의 GDP 수준에서 10조 원만큼의 정액세가 부과된다고 가정하자. 이 경우 각 GDP 수준에서의 세율을 구하시오. 또한 새로운 소비함수를 표로 나타내시오.

(3) 이번에는 정액세가 아니라 각각의 GDP 수준에서 10%의 세율로 비례세가 부과된다고 가정하자. 이 경우 새로운 소비함수를 표로 나타내시오.

(4) 이번에는 정액세나 비례세가 아니라 다음과 같이 누진세가 부과된다고 가정하자. 즉 GDP가 100조 원일 때는 세율이 0%, GDP가 200조 원일 때는 세율이 5%, GDP가 300조 원일 때는 세율이 10%, GDP가 400조 원일 때는 세율이 15%로서, GDP가 100조 원씩 늘어날 때마다 세율이 5%씩 상승한다. 이 경우 새로운 소비함수를 표로 나타내시오.

(5) 위 (2), (3), (4)의 소비함수를 이용하여 비례세와 누진세는 자동안정화장치의 역할을 하는 반면, 정액세는 그렇지 못한 이유를 설명하시오.

9. **다음 표는 어떤 가상경제의 정부지출, 조세수입, 실질 GDP를 나타낸 것이다. 이 경제의 한계세율은 얼마인가? 또한 평균세율은 얼마인가? 이 경제의 조세제도는 비례적, 누진적, 역진적 조세제도 중 어디에 속하는가?**

정부지출 G (조 원)	조세수입 T (조 원)	실질 GDP (조 원)
160	100	500
160	120	600
160	140	700
160	160	800
160	180	900

10. **9번 문제의 표를 이용하여 다음 물음에 답하시오.**

> 현재 이 경제의 실제 GDP는 600조 원이며, 완전고용 GDP는 700조 원이라고 한다. 이 경제의 재정적자는 얼마인가? 이 경제의 경기조정 예산수지는 얼마인가? 완전고용 GDP 대비 경기조정 예산수지의 비율은 얼마인가? 경기조정 예산에 입각하여 판단할 때, 이 경제의 재정정책은 확장적인가, 긴축적인가, 아니면 중립적인가?

11. **1차연도 말에 어떤 경제의 국가부채는 0원이었다. 그러나 2차연도에 40조 원의 재정적자, 3차연도에 10조 원의 재정흑자, 4차연도에 2조 원의 재정적자가 발생하였다. 4차연도 말에 이 경제의 국가부채는 얼마인가?(단, 이자율은 0이라고 가정함) 만약 4차연도에 이 경제의 GDP가 128조 원이라면, 4차연도 말 GDP 대비 국가부채의 비율은 얼마인가?**

12. **어떤 경제의 투자수요곡선이 다음과 같은 형태를 가진다고 가정하자. 즉 실질이자율이 1%p 증가할 때마다 투자지출은 100조 원만큼 감소한다. 한편 투자의 기대수익률이 1%p 증가할 때마다 투자수요곡선이 150조 원만큼 우측으로 평행이동한다고 한다.**
이제 정부가 사회간접자본의 확충을 위해 국채를 발행하여 정부지출을 늘린 결과, 실질이자율이 2%p 상승하는 동시에 투자의 기대수익률도 1%p 상승했다고 가정하자. 이 경우 구축효과가 발생하는가? 발생한다면 구축효과의 크기는 얼마인가?

26
Chapter

이자율과 통화정책

학습내용

1. 화폐시장의 균형이자율 결정원리
2. 중앙은행의 대차대조표와 주요 구성요소
3. 통화정책의 수단과 의미
4. 기준금리의 의미와 중앙은행의 기준금리 조절원리
5. 통화정책의 전달경로
6. 통화정책의 장 · 단점

신문기사나 칼럼에서 종종 미국 연준 이사회의 의장(2017년 현재 옐런(J. Yellen)이 역임)은 미국 대통령 다음으로 영향력 있는 인사로 묘사되거나 심지어 경제대통령으로 불리기도 한다. 사실 연준 이사회 의장은 7인의 연준 이사회와 12인의 연방공개시장위원회의 구성원 중 한 명에 불과하므로 이러한 묘사는 다소 과장된 면이 없지 않다. 우리나라의 한국은행 총재 역시 마찬가지다. 한은 총재는 7인으로 구성된 금융통화위원회의 구성원 가운데 한명에 불과하지만, 언론에서는 우리나라 경제계에서 가장 영향력 있는 인사로 종종 묘사되곤 한다.

이는 그만큼 중앙은행이 수행하는 통화정책이 경제에 매우 중요한 영향을 미친다는 사실을 반영하는 것이다. 여기서 통화정책이란 이자율 조절을 통해 경제의 총수요 수준에 영향을 주기 위해 의도적으로 화폐공급을 변화시키는 정책을 의미한다. 일반적인 통화정책의 최종 목표는 물가 안정, 완전 고용, 그리고 장기적 경제성장의 달성 등이다.

이자율

이자

중앙은행은 화폐공급(M1 또는 M2 기준의 통화량)을 변화시켜 이자율을 조절함으로써 경제의 GDP와 물가수준 등에 영향을 미친다. 여기서 말하는 **이자**란 다른 사람의 화폐를 사용하기 위해 지불해야 할 가격 즉 화폐의 가격이다. 보다 구체적으로 이자는 돈을 빌려주는 사람이 현재의 소비를 포기하고 구매력을 미래로 이전하도록 유도하기 위해, 차입자가 지불해야 할 가격이다. 예컨대 연 이자율은 1원만큼의 화폐를 1년 동안 다른 사람으로부터 빌리기 위해 원금에 더해 추가로 지불해야 할 돈을 의미한다. 현실에서는 자금의 용도, 규모, 위험, 만기, 과세여부 등에 따라 다양한 종류의 이자율들이 존재하지만, 여기서는 논의의 단순화를 위해 경제에 오직 하나의 대표이자율만이 존재한다고 가정한다.

이제 이러한 대표이자율이 어떻게 결정되는지 살펴보자. 상기한 대로 이자율은 화폐의 가격이다. 따라서 다른 모든 상품의 가격이 그 상품에 대한 수요와 공급에 의해 결정되는 것처럼, 이자율 역시 화폐에 대한 수요와 공급에 의해 결정된다.

화폐수요

왜 사람들은 그들의 부의 일부를 화폐의 형태로 보유하려 하는가? 크게 2가지 이유가 있다. 하나는 화폐로 재화와 서비스를 구매하기 위해서이고, 다른 하나는 화폐를 하나의 자산으로서 보유하는 것이다.

화폐의 거래수요

화폐의 거래수요(D_t) 사람들은 상품과 서비스를 보다 편리하게 구매하기 위해 화폐를 보유한다. 가계의 소득이 발생하는 시점은 대개 1주에 한번, 또는 한 달에 한번 꼴로 규칙적인 반면, 가계의 지출시점은 이보다 빈번하고 불규칙적이다. 그러다 보니 필요할 때 식료품을 사고 대출금을 상환하고 각종 공과금을 내기 위해서, 가계는 화폐를 항상 어느 정도 보유하고 있어야 한다. 마찬가지로 기업 역시 수입과 지출이 시간적으로 일치하지 않기 때문에, 임금과 원재료, 에너지 등 생산비용을 제 때 지불하기 위해서는 항상 어느 정도의 화폐를 보유할 필요가 있다. 이렇게 상품과 서비스를 구매하기 위한, 교환의 매개물로서 화폐를 보유하는 것을 **화폐의 거래수요**(transactions demand for money)라고 한다.

명목 GDP의 크기는 화폐의 거래수요를 결정하는 가장 중요한 요인이 된다. 경제에서 거래되는 상품과 서비스의 화폐가치가 크면 클수록, 거래를 성사시키는 데 필요한 화폐의 양도 많아지기 때문이다. 따라서 명목 GDP는 화폐의 거래수요와 정(+)의 관계를 가진다. 여기서 **거래수요를 결정하는 것이 실질 GDP가 아닌 명목 GDP**임에 유의하기 바란다. 실질생산(실질 GDP)이 일정하더라도 물가가 상승하면, 거래를 위해 더 많은 화폐가 필요해지기 때문이다.

그림 26.1(a)는 화폐의 거래수요와 이자율의 관계를 나타낸다. 분석의 단순화를 위해 화폐의 거래수요는 이자율과는 무관하며 전적으로 명목 GDP에 의해 결정된다고 가정하였다(현실에서는 대체로 이자율이 높으면 화폐의 거래수요가 조금 줄어드는 것으로

[그림 26.1] 화폐수요, 화폐공급, 균형이자율

총화폐수요 D_m은 화폐의 자산수요 D_a와 화폐의 거래수요 D_t를 수평으로 더하면 구할 수 있다. 가정에 따라 화폐의 거래수요는 이자율과 무관하게 명목 GDP에 의해 전적으로 결정되므로, 화폐의 거래수요곡선은 이자율에 대해 수직인 직선으로 나타난다. 한편 화폐의 자산수요는 이자율과 역(−)의 관계를 가진다. 이는 이자율이 높을수록 현금 또는 이자가 붙지 않는 요구불예금을 보유할 때의 기회비용이 커지기 때문이다. 화폐시장의 균형 즉 총화폐공급 S_m과 총화폐수요 D_m이 일치하는 점에서 균형이자율 i_e이 결정된다.

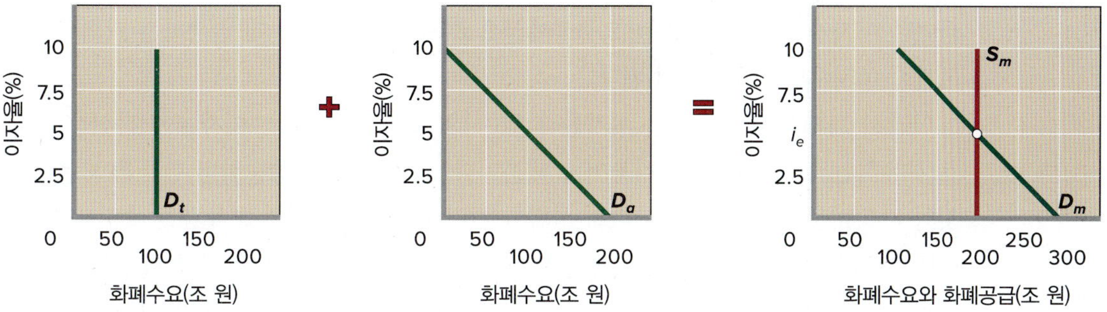

(a) 화폐의 거래수요(D_t) (b) 화폐의 자산수요(D_a) (c) 화폐수요($D_m = D_t + D_a$)와 화폐공급(S_m)

나타남에 유의). 이러한 가정에 따라 화폐의 거래수요 D_t는 그림에서 보듯이 이자율에 대해 수직인 직선으로 나타난다. 이제 명목 GDP가 300조 원이고 거래목적으로 보유된 화폐가 1년에 평균적으로 3번 지출된다고 가정하자. 이 경우 사람들이 1년 동안 명목 GDP만큼의 상품과 서비스를 거래하기 위해 필요한 화폐는 총 100조 원(=300조 원/3)이 된다. 이 때문에 그림에서 화폐의 거래수요곡선은 100조 원에서 수직인 직선으로 표현되어 있다.

화폐의 자산수요

화폐의 자산수요(D_a) 사람들이 자신의 부를 화폐로 보유하는 두 번째 이유는 화폐가 가치저장수단으로서 이용되기 때문이다. 사람들은 자산을 주식이나 회사채 등의 수익성 금융자산으로 보유하기도 하지만, 때로는 현금이나 예금 등 화폐의 형태로 보유하기도 한다. 이와 같이 사람들이 자산의 일종으로서 화폐를 보유하는 것을 **화폐의 자산수요**(asset demand for money)라고 한다.

사람들이 상품과 서비스를 구매하기 위해서가 아니라 자산으로서 화폐를 보유하는 것은 **화폐가 최고의 유동성을 가지는 자산**이기 때문이다. 즉 화폐를 보유하고 있으면 새로운 투자기회가 있을 때 언제든지 신속히 다른 자산으로 전환가능하다는 것이다. 특히 채권, 주식 등 화폐 이외 금융자산의 가격이 떨어질 것으로 예상되는 경우, 화폐는 보다 매력적인 자산이 된다. 예컨대 보유했던 채권을 만기일 이전에 파는 사람들은 채권가격이 떨어질 경우 손실(자본손실이라고 불림)을 볼 수 있다. 이러한 손실이 채권으로부터 발생하는 이자수입보다 오히려 클 수도 있다. 반면 화폐를 보유하면 이러한 자본손실의 위험에서 자유롭다.

한편 자산으로서 화폐를 보유하는 경우 가장 큰 단점은 화폐로부터 발생하는 이자수입이 아예 또는 거의 없다는 점이다. 예컨대 요구불예금에 자금을 예치하면 이자가 아예 없거나, 있더라도 채권에 비해서는 무시할 만큼 낮은 수준이다. 또한 현금에는 당연히 이자가 붙지 않는다.

사람들은 이러한 화폐보유의 장단점을 비교해서, 그들의 금융자산 중 얼마만큼을 채권 등 기타 자산 대신에 화폐로 보유할지 결정한다. 이러한 결정에 영향을 미치는 가장 중요한 요인이 바로 이자율이다. 가계나 기업이 화폐를 보유하면 그들은 일정 수준의 기회비용을 감수해야만 하는데, 화폐를 보유함으로써 포기하는 이자수입이 바로 이 기회비용에 해당한다. 예컨대 채권의 이자율이 연 6%인 상황에서 만일 100만 원을 현금이나 이자가 전혀 붙지 않는 요구불예금으로 보유한다면, 이 때 발생하는 기회비용은 포기한 이자수입인 6만 원이 된다.

따라서 **화폐의 자산수요는 이자율과 역(−)의 관계**를 가진다. 이자율이 자산을 화폐로 보유하는 것에 대한 기회비용이기 때문이다. 즉 이자율이 상승하면 현금을 보유하는 것의 기회비용이 높아진다. 따라서 사람들은 자산으로서 화폐의 보유량을 줄이게 된다. 반대로 이자율이 하락하면 현금보유의 기회비용이 낮아진다. 따라서 사람들은 그들의 금융자산 중 더 많은 부분을 화폐로 보유하게 된다. 화폐의 자산수요와 이자율 사이의 역의 관계는 그림 26.1(b)의 우하향하는 곡선 D_a로 표현되어 있다.

총화폐수요(D_m) 그림 26.1에서 보듯이 총화폐수요 D_m은 화폐의 거래수요와 자산수요를 더하여 구할 수 있다. 즉 화폐의 거래수요 D_t(그림 26.1(a))와 화폐의 자산수요 D_a(그림 26.1(b))를 수평으로 더하면 총화폐수요 D_m(그림 26.1(c))를 구할 수 있다. 그림 26.1(c)의 우하향하는 총화폐수요곡선 D_m은 각각의 이자율 수준에서 사람들이 거래목적으로 또는 자산으로서 보유하고자 하는 화폐의 총량을 나타낸다.

앞서 언급한 대로 화폐의 거래수요는 명목 GDP에 의해 결정되므로 명목 GDP의 변화는 화폐의 거래수요를 변화시킴으로써 총화폐수요곡선을 이동시킨다. 명목 GDP가 증가하면 사람들은 거래 목적으로 더 많은 화폐를 보유하고자 하므로, 이러한 거래수요의 증가로 인해 총화폐수요곡선이 오른쪽으로 이동한다. 반대로 명목 GDP의 감소는 총화폐수요곡선을 왼쪽으로 이동시킨다. 예를 들어 거래목적으로 보유된 화폐가 1년에 평균적으로 세 번 지출되는 상황에서, 명목 GDP가 300조 원에서 450조 원으로 증가했다고 가정하자. 이 경우 화폐의 거래수요는 100조 원(=300조 원/3)에서 150조 원(=450조 원/3)으로 증가하고, 그 결과 총화폐수요곡선은 모든 이자율 수준에서 거래수요의 증가분 50조 원만큼 오른쪽으로 이동하게 된다.

균형이자율

상기한 대로 이자율은 화폐의 가격이므로 균형이자율은 **화폐수요와 화폐공급이 일치하는 점에서 결정**된다. 그림 26.1(c)에서 수직의 직선 S_m이 바로 화폐공급곡선이다. 화폐공급곡선이 수직인 것은 경제의 화폐공급이 중앙은행과 금융기관들에 의해 이자율과 독립적으로 결정된다고 가정했기 때문이다. 이렇게 결정된 총화폐공급이 그림에서와 같이 200조 원이라고 가정하자.

어떤 상품의 균형가격은 그 상품에 대한 수요곡선과 공급곡선이 만나는 점에서 결정된다. 마찬가지로 화폐의 균형가격은 화폐수요곡선과 화폐공급곡선이 만나는 점에서 결정된다. 이렇게 결정된 화폐의 균형가격이 바로 균형이자율이다. 그림 26.1(c)에서 보듯이 균형이자율 i_e에서 총화폐수요와 총화폐공급이 200조 원으로 동일함을 알 수 있다. 균형이자율은 화폐의 시장가격으로서, 차입자가 다른 사람의 화폐를 일정 기간 동안 사용하기 위해 지불해야 하는 가격이라고 할 수 있다.

화폐수요나 화폐공급 중 어느 하나가 혹은 둘 다 변화하면 균형이자율 역시 변화하게 된다. 왜 그런지는 곧 밝혀지겠지만 그 중에서도 사람들은 화폐수요보다는 주로 화폐공급의 변화에 관심이 더 많다. 화폐공급 변화의 효과를 정리하면 다음과 같다. 즉 화폐공급의 증가는 균형이자율을 낮추는 반면, 화폐공급의 감소는 균형이자율을 높인다.

이자율과 채권가격

이자율과 채권가격은 역(−)의 관계를 가진다. 즉 이자율이 상승하면 채권가격이 떨어지고 이자율이 하락하면 채권가격이 올라간다는 것이다. 왜 그럴까? 그 이유를 알기 위해서는, 우선 채권의 가격이 시장에서 채권에 대한 수요와 공급에 의해 결정된다는 점을 이해해야 한다.

예컨대 매년 5만 원의 고정된 이자를 지급하는 만기가 없는 채권(영구채: 만기가 없어 원금은 상환하지 않고 매 기간 이자만 지급하는 채권을 의미함)이 있다고 하자. 현재 이 채권의 가격이 액면금액인 100만 원과 동일하다고 하자. 다음 식과 같이 이 채권으로부터의 연 수익률은 5%가 된다.

$$\frac{5\text{만 원}}{100\text{만 원}} = 5\%$$

이 때 만일 경제의 이자율이 5%에서 7.5%로 상승했다고 하자. 이는 사람들이 시장에서 100만 원을 빌려주면 7만5천 원을 이자로 얻을 수 있음을 의미한다. 따라서 겨우 5만 원만을 이자로 지급하는 이 채권을 100만 원이나 주고 사려고 하는 사람은 아무도 없을 것이다. 따라서 이러한 채권이 시장에서 팔리기 위해서는 채권의 가격이 적어도 66만7천 원 정도로 떨어져야 한다. 그래야만 아래 식과 같이 채권을 매입한 사람들이 시장이자율 수준인 7.5%의 수익률을 달성할 수 있기 때문이다.

$$\frac{5\text{만 원}}{66\text{만}7\text{천 원}} = 7.5\%$$

반대로 시장이자율이 5%에서 2.5%로 하락했다고 하자. 이는 사람들이 시장에서 100만 원을 빌려주면 이제 2만5천 원을 이자로 얻을 수 있음을 의미한다. 따라서 현재 가격이 100만 원이고 매년 5만 원을 이자로 지급하는 이 채권은 이제 매우 매력적인 투자대상이 된다. 그 결과 사람들은 앞다투어 이 채권을 살 것이고, 따라서 이 채권에 대한 수요가 크게 증가하면서 채권가격은 최대 200만 원까지 올라가게 될 것이다. 아래 식과 같이 200만 원을 주고 이 채권을 사더라도 채권매입자들은 여전히 시장이자율 수준인 2.5%의 수익을 달성할 수 있기 때문이다.

$$\frac{5\text{만 원}}{200\text{만 원}} = 2.5\%$$

위의 예에서 보듯이 이자율이 상승하면 채권가격은 떨어지고, 이자율이 하락하면 채권가격은 올라간다. 이와 같이 이자율과 채권가격 사이에는 역(−)의 관계가 성립한다.

중앙은행의 대차대조표

이제 이자율 조절을 통해 경제에 영향을 미치는 통화정책이 구체적으로 어떻게 이루어지는지를 미 연준의 예를 중심으로 살펴보자. 우리나라를 포함해 대부분 선진국이 거의 유사한 통화정책체계를 가지므로, 이후의 논의에서는 전 세계적으로 가장 영향력이 큰 중앙은행인 연준을 중심으로 통화정책의 수단, 전달경로, 운영방식 등을 살펴보려 한다. 다만, 필요한 경우에는 우리나라 중앙은행인 한국은행의 통화정책에 대해서도 때때로 언급하거나 관련 자료를 제시할 것이다.

중앙은행의 대차대조표를 살펴보는 것은 중앙은행이 어떻게 통화정책을 수행하는지를 이해하는 데 큰 도움이 된다. 표 26.1은 2016년 4월 현재 미국의 12개 지역 연방준비은행의 자산과 부채를 모두 더하여 정리한 대차대조표이다. 이와 더불어 표 26.2는 2016년 말 현재 한국은행의 대차대조표를 표 26.1과 같은 형식으로 알기 쉽게 정리한 것이다. 이러한 중앙은행의 대차대조표를 앞서 23장에서 살펴본 일반은행의 대차대조표와 비교하면, 자산과 부채의 구성항목에 상당한 차이가 있음을 알 수 있다.

〈표 26.1〉 연방준비은행의 대차대조표(2016년 4월 현재, 단위: 백만 달러)

자 산		부채와 순자산	
채권	4,243,689	은행 등 금융기관의 지준예치금	2,467,091
국내은행 등 금융기관 대출	37	정부예금	263,537
기타 국내외 자산	240,343	화폐발행액(연방준비은행권)	1,400,041
		기타 국내외 부채 및 순자산	353,400
합계	4,484,069	합계	4,484,069

자료: Federal Reserve Statistical Release, H.4.1, 2016.4.6. www.federalreserve.gov

〈표 26.2〉 한국은행의 대차대조표(2016년 말 잔액 기준, 단위: 조 원)

자 산		부채와 순자산	
채권	372.1	은행 등 금융기관의 지준예치금	44.2
국내은행 등 금융기관 대출	17.3	정부예금	7.2
기타 국내외 자산	90.9	화폐발행액(한국은행권 등)	97.4
		기타 국내외 부채 및 순자산	331.6
합계	480.3	합계	480.3

자료: 한국은행 경제통계시스템, http://ecos.bok.or.kr/

중앙은행의 자산

중앙은행의 자산 가운데 가장 큰 비중을 차지하는 2가지는 바로 국채 등 채권과 은행 등 예금취급기관(이 장에서는 이후 은행으로 통칭할 것임)에 대한 대출이다.

채권 표 26.1과 표 26.2에서 보듯이 우리나라를 비롯한 선진국 중앙은행이 보유한 자산 가운데 대체로 가장 큰 비중을 차지하는 것은 국채 등의 채권이다. 미 연준의 경우, 이들은 주로 재정적자를 조달하기 위한 목적으로 정부가 발행하는 채권들 즉 단기 재무부 증권, 중기 재무부 증권, 장기 재무부 증권 등으로 구성되어 있다. **중앙은행은 공개시장조작을 통해 은행이나 민간으로부터 이러한 국채 등의 채권을 매입**한다. 이들 채권으로부터의 이자수입은 중앙은행의 주요 수입원이기는 하나, 중앙은행이 이들 채권을 거래하는 주요 목적은 이자수입이 아닌 다른 데 있다. 즉 채권을 매입 또는 매각하여 은행의 지급준비금 규모를 조절함으로써, 은행의 대출여력과 경제의 통화량에 영향을 주기 위함이다.

은행에 대한 대출 은행들은 종종 중앙은행으로부터 자금을 빌리곤 한다. 이러한 대출은 중앙은행 대차대조표의 좌변에 '대출금'이라는 자산 항목으로 기록된다. 이는 중앙은행이 일반은행에 대해 가지는 청구권의 일종이므로, 중앙은행의 자산이 되기 때문이다. 반면 대출을 상환해야 하는 일반은행의 입장에서 이는 부채가 된다. 은행은 지급준비금이 법정수준에 모자랄 경우, 중앙은행으로부터의 대출을 통해 지급준비금을 늘릴 수 있다.

부채

중앙은행 대차대조표의 '부채와 순자산' 구성항목 가운데 비중이 크고 중요한 항목으로는 은행이 중앙은행에 예치한 지급준비금, 발행된 현금통화를 의미하는 화폐발행액, 그리고 정부가 중앙은행에 예치한 정부예금 등을 들 수 있다.

은행이 예치한 지급준비금 앞서 살펴본 대로 중앙은행은 일반은행들로 하여금 의무적으로 요구불예금의 일부를 현금으로 보유하도록 하고 있다. 현재 연준은 이렇게 의무적으로 보유해야 하는 법정지급준비금 뿐만 아니라 은행이 연준에 예치하는 초과지급준비금에 대해서 이자를 지급하고 있다.[1)]

2007~2009년의 대침체와 이후 매우 더딘 경기회복에 따라 은행들은 막대한 규모의 초과지급준비금을 대출하지 않고 그냥 연준에 쌓아두었다. 이는 은행들이 민간의 대출상환능력을 크게 우려하여 대출을 극도로 꺼렸기 때문이다. 은행이 보유한 현금 즉 지급준비금을 연준에 예치하는 경우, 이는 연준의 대차대조표에는 부채로, 은행의 대차대조표에는 자산으로 기록된다.

정부예금 앞서 22장에서 언급한 대로 중앙은행은 '정부의 은행'의 기능도 담당한다. 이

1) 이와 같이 중앙은행이 예치된 지급준비금에 대해 이자를 지급하는 것을 지준 부리(支準 附利)라고 하는데, 우리나라의 경우에도 글로벌 금융위기 직후 한시적으로 지준 부리를 시행한 바 있다.

과정에서 정부는 중앙은행에 일정 금액의 예금을 예치하고, 필요할 때마다 이 예금계좌에 대해 수표를 발행하는 형태로 정부지출을 집행하거나 채무를 갚는다. 또한 정부는 조세수입이나 국채매각으로 조성한 자금을 이 예금계좌에 예치한다. 이러한 정부의 예금은 정부의 입장에서는 자산인 반면 중앙은행의 입장에서는 부채가 된다.

화폐발행액 22장에서 언급한 대로 미국의 지폐는 연준이 발행한 연방준비은행권이고, 우리나라의 지폐는 한국은행이 발행한 한국은행권이다. 중앙은행으로부터 발행되어 유통되고 있는 현금통화 즉 지폐와 주화를 화폐발행액이라고 한다. 이렇게 중앙은행이 발행한 현금통화는 중앙은행의 자산에 대한 청구권이므로, 중앙은행의 입장에서는 부채가 된다.

통화정책의 수단

지금까지 학습한 내용을 바탕으로, 이제 중앙은행이 어떻게 경제 전체의 통화량을 조절하는지 살펴보자. 중앙은행은 은행 전체의 지급준비금과 경제의 통화량을 조절하기 위해 다음과 같은 네 가지 정책수단을 주로 사용한다.

- 공개시장조작
- 지급준비율 정책
- 재할인율 정책
- 지준부리

공개시장조작

국채나 회사채 등이 거래되는 일반적인 채권시장은 특정한 자격을 가진 기관뿐만 아니라 모든 투자자가 자유롭게 참가할 수 있다는 점에서 '공개시장'이라고 할 수 있다. 정부는 재정적자를 메우거나 각종 기금의 자금조달을 위하여 국채를 발행하는데, 금융기관들은 자기자금이나 고객의 자금을 운용하기 위해 이러한 국채뿐만 아니라 회사채 등 채권을 시장에서 빈번하게 사고판다.

공개시장 조작

공개시장 조작이란 중앙은행이 통화량 조절을 위해 공개된 채권시장에서 금융기관을 상대로 국채 등의 채권을 사고파는 것을 의미한다. 공개시장조작은 통화량 조절수단 가운데 가장 중요한 것으로서, 중앙은행이 평상시 가장 빈번하게 사용하는 정책수단이다.

공개시장조작을 시행하는 방식은 크게 두 가지로 나뉘는데, 하나는 국채 등 채권을 직접 매매(단순매매: outright sales and purchases)하는 것이고, 다른 하나는 환매조건부매매(RP: repurchase agreements)를 하는 것이다. 여기서 환매조건부매매 즉 RP란 현재 채권을 사고 판 다음에 일정 기간 이후 같은 채권을 되팔거나 되사는 것을 의미한다. 다시 말해, 채권을 담보로 돈을 빌려 주거나 빌리는 것을 말한다. **한국은행은 공개시장조작 시 단순매매보다는 RP 방식을 주로 활용**하고 있는데, 통상 7일 후에 다시 사고파는 조건으로 국채 등 채권을 매각(RP 매도) 또는 매수(RP 매수 또는 역(reverse)

RP)하고 있다. 한편 미국의 연준은 2008년 미국 금융위기가 발발하기 전까지는 주로 단순매매를 통해서만 공개시장조작을 시행하였으나, 위기 이후에는 RP 방식도 병행하고 있다.

미 연준의 공개시장조작은 단순매매의 경우, 뉴욕 연방준비은행이 '프라이머리 딜러(primary dealer)'라고 불리는 대략 23개 정도의 대형금융회사들과 채권을 거래함으로써 이루어진다. 이와 같이 일단 뉴욕 연방준비은행과 프라이머리 딜러 간의 거래가 이루어지고 나면, 이들 딜러들은 다시 일반은행과 민간을 상대로 국채 등을 사고팔게 된다. 한편 RP매매의 경우, 뉴욕 연방준비은행이 상대하는 금융기관의 범위가 좀 더 확대된다. 현재 대상금융기관은 총 61개 기관인데, 이는 뱅크오브아메리카, 골드만삭스 등 20개의 상업은행, 피델리티, 뱅가드 등 28개의 대형 자산운용사, 그리고 연방저당공사(Federal National Mortgage Association, Fannie Mae라고도 불림)를 포함한 13개 금융공기업으로 구성되어 있다.

채권의 매입 이제 중앙은행이 공개시장에서 국채를 1,000만 원어치 매입하기로 결정했다고 가정하자. 중앙은행은 은행 등 금융기관이나 민간으로부터 채권을 매입할 수 있는데, 두 경우 모두 은행의 지급준비금이 증가하게 된다.

- 은행으로부터의 매입 중앙은행이 은행으로부터 1,000만 원어치의 국채를 매입하면 우선 (a) 은행이 보유하던 자산인 국채가 중앙은행의 자산으로 전환되고, (b) 이에 대한 대가로 중앙은행은 해당 은행이 보유한 중앙은행 계좌에 채권의 매입대금 즉 1,000만 원만큼 새롭게 지급준비금을 증가시킨다. 이 경우 은행의 요구불예금에는 아무런 변동이 없으므로, 은행의 초과지급준비금이 1,000만 원만큼 증가하는 셈이 된다.

  우리는 (a)와 (b), 두 가지 거래의 결과를 중앙은행과 일반은행의 대차대조표에 다음과 같이 표시할 수 있다.

[대차대조표 1 중앙은행이 은행으로부터 국채를 매입하는 경우]

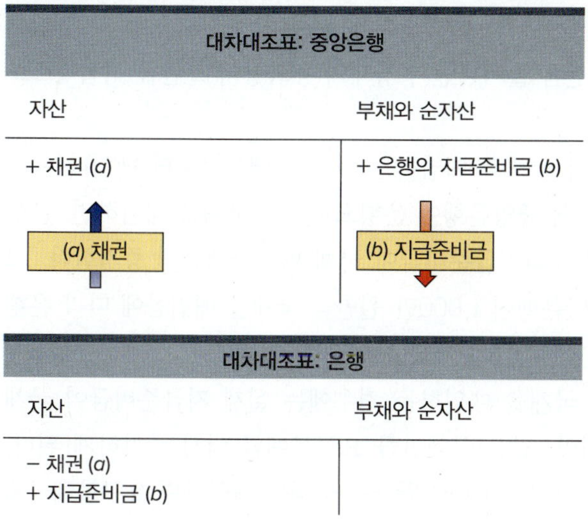

표에서 위쪽 방향의 화살표는 채권이 은행으로부터 중앙은행으로 인도되었음을 나타낸다. 이에 따라 은행 대차대조표의 좌변에 자산 항목으로 '−채권'(보유채권의 감소)이, 중앙은행 대차대조표의 좌변에 역시 자산 항목으로 '+채권'(보유채권의 증가)이 표기된 것이다.

반면 아래쪽 방향의 화살표는 중앙은행이 채권 매입의 대가로 은행의 지급준비금을 증가시켰음을 나타낸다. 이에 따라 은행 대차대조표의 좌변에는 자산 항목으로 '+지급준비금'이, 중앙은행 대차대조표의 우변에는 부채 항목으로 '+지급준비금'이 표기된다. 이와 같이 중앙은행의 부채가 증가하는 것은 지급준비금이 중앙은행에 예치되어 있기는 하나, 그 소유권은 일반은행에 있으므로 이러한 지급준비금의 증가는 곧 중앙은행의 부채 증가를 의미하기 때문이다.

이와 같이 중앙은행이 은행으로부터 채권을 매입하면 은행의 지급준비금이 증가하고, 따라서 은행의 대출여력과 경제의 통화량이 증가하게 된다.

- 민간으로부터의 매입 중앙은행이 은행이 아닌 민간으로부터 채권을 매입하는 경우에도 은행 지급준비금 및 경제의 통화량에 대한 영향은 은행으로부터 채권을 직접 매입하는 경우와 거의 동일하다. 예컨대 건설회사 '마천루'가 자신이 보유했던 1,000만 원어치의 국채를 공개시장에서 중앙은행에 팔았다고 하자. 이에 따라 다음과 같은 변화가 발생한다. 우선 (a) 마천루가 중앙은행에 국채를 인도하고, 중앙은행은 국채 매입의 대가로서 1,000만 원어치의 수표를 발행하여 마천루에게 교부한다. (b) 마천루는 받은 수표를 거래은행인 '미래은행'의 요구불예금 계좌에 예치한다. (c) 미래은행은 예치된 수표를 결제하기 위해 중앙은행에 수표를 보내고, 수표가 결제되면 미래은행의 지급준비금이 1,000만 원만큼 증가한다.

  이 거래에 대해서 주목해야 할 점이 2가지가 있다. 첫째, 중앙은행이 직접 은행으로부터 국채를 매입할 때와 마찬가지로, 민간으로부터 국채를 매입하는 경우에도 은행의 지급준비금이 증가하면서 대출여력이 확대되는 효과가 있다는 것이다. 둘째, 중앙은행이 민간으로부터 국채를 매입하면 은행의 지급준비금이 증가함에 따라 간접적으로 통화량이 증가하는 것을 별개로 하더라도 경제의 통화량이 직접적으로 늘어난다는 것이다. 즉 위의 예에서 중앙은행이 마천루가 보유한 국채를 매입하면, 마천루의 요구불예금이 국채 매입대금만큼 늘어나면서 경제의 통화량이 그만큼 직접적으로 증가함을 확인할 수 있다.

  그러나 중앙은행이 민간으로부터 국채를 매입하는 것은 은행으로부터 매입하는 것과 1가지 측면에서 다른 점이 있다. 중앙은행이 은행으로부터 국채를 매입하면, 은행의 실제 지급준비금뿐만 아니라 초과지급준비금이 국채 매입금액만큼 증가한다. 그림 26.2의 좌측 그림을 보면 중앙은행이 1,000만 원만큼 국채를 매입함에 따라 은행의 초과지급준비금 역시 1,000만 원만큼 증가했음을 알 수 있다.

  반면 중앙은행이 민간으로부터 국채를 매입하는 경우에는 실제 지급준비금이 국채 매입금액만큼 증가할 뿐만 아니라, 같은 금액만큼 요구불예금 역시 증가하게 된다. 다시 말해, 중앙은행이 민간으로부터 1,000만 원만큼 국채를 매입하면 요구불예금과 실제 지급준비금이 동시에 1,000만 원만큼 증가한다. 이 때 만일 법정지급준비율이

[그림 26.2] 중앙은행의 채권 매입에 따른 통화량의 변화

법정지급준비율이 20%인 상황에서 중앙은행이 1,000만 원어치의 국채를 은행이나 민간으로부터 매입하면 경제의 통화량은 총 5,000만 원만큼 증가하게 된다. 좌측 그림은 중앙은행이 은행으로부터 국채를 매입한 경우를 나타내며, 이러한 국채매입에 의해 은행의 초과지급준비금이 1,000만 원 증가하면 그 통화승수(5) 배인 5,000만 원만큼 통화량이 증가함을 보여주고 있다. 한편 우측 그림은 중앙은행이 민간으로부터 채권을 매입한 경우를 나타낸다. 이 경우 요구불예금이 1,000만 원 증가하는 동시에 초과지급준비금은 800만 원만큼만 증가하는데, 이는 늘어난 예금 가운데 200만 원(=1,000만 원×20%)이 법정지급준비금으로 적립되어야 하기 때문이다. 이렇게 초과지급준비금이 800만 원만큼 증가하면 그 통화승수 배인 4,000만 원(=800만 원×5)만큼 통화량이 증가한다. 여기에 초기 요구불예금 증가분 1,000만 원을 더하면 총 5,000만 원만큼 경제의 통화량이 증가하게 된다.

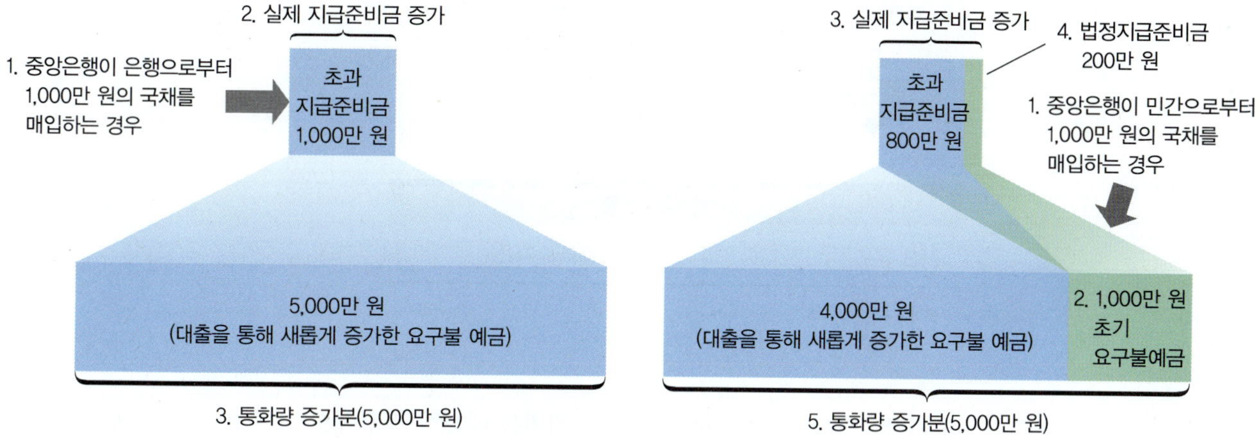

20%라면, 은행의 초과지급준비금은 늘어난 실제 지급준비금 1,000만 원에서 법정지급준비금 200만 원(=1,000만 원×20%)을 제외한 800만 원만큼만 증가하게 된다. 그러나 이러한 차이에도 불구하고 경제의 통화량에 미치는 영향은 두 경우가 동일하다. 그림 26.2의 좌측과 우측 그림을 서로 비교하면 **중앙은행이 1,000만 원만큼 국채를 매입할 때, 매입대상이 누구인지와 관계없이 경제의 통화량은 최대 5,000만 원만큼 동일하게 증가**함을 알 수 있다. 즉 중앙은행이 은행으로부터 국채를 매입할 경우에는 늘어난 초과지급준비금 1,000만 원에 법정지급준비율(20%)의 역수인 통화승수(5)를 곱한 5,000만 원만큼 통화량이 늘어난다. 한편 중앙은행이 민간으로부터 국채를 매입할 경우에는 늘어난 초과지급준비금 800만 원에 통화승수를 곱한 4,000만 원만큼 통화량이 늘어나는 동시에, 초기의 요구불예금 증가분 1,000만 원이 더해져 역시 총 5,000만 원만큼 통화량이 늘어난다.

채권의 매각 앞서와 반대로 중앙은행이 국채를 매각하면 은행의 지급준비금은 감소하게 된다. 왜 그런지 살펴보자.

- **은행에 매각** 중앙은행이 공개시장에서 은행에 1,000만 원어치의 국채를 매각했다고 가정하자. 이 경우 (a) 중앙은행이 보유하던 자산인 국채가 은행의 자산으로 전환되고, (b) 이에 대한 대가로 은행은 자신이 보유한 중앙은행 계좌에서 수표를 발행하여 채권의 매각대금 즉 1,000만 원만큼을 지급하며, 수표가 결제되면 중앙은행은 해당 은행의 지급준비금을 1,000만 원만큼 감소시킨다.

  우리는 (a)와 (b), 2가지 거래의 결과를 중앙은행과 일반은행의 대차대조표에 다음과 같이 표시할 수 있다. 여기서 '−지급준비금'은 거래 결과 은행의 지급준비금이 감소했음을 나타낸다.

[대차대조표 2 중앙은행이 은행에 국채를 매각하는 경우]

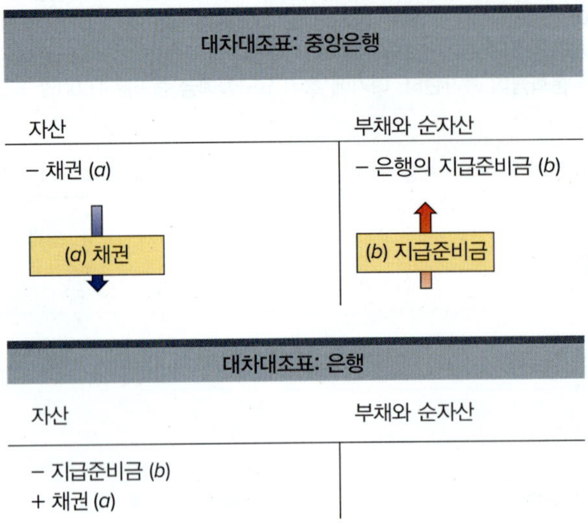

- 민간에 매각 중앙은행이 민간에 채권을 매각할 경우에도 그 효과는 은행에 매각하는 것과 거의 동일하다. 예컨대 중앙은행이 건설회사 마천루에 1,000만 원어치의 국채를 매각하는 경우를 살펴보자.

  이 경우 (a) 중앙은행에서 마천루에게 국채가 교부되면, 마천루는 그 대가로 미래은행의 자기 계좌에 대해 수표를 발행함으로써 중앙은행에 채권 매각대금 1,000만 원을 지급한다. (b) 수표를 받은 중앙은행은 미래은행의 중앙은행 계좌에서 1,000만 원만큼 지급준비금을 감소시킴으로써 이 수표를 결제한다. 수표가 결제되면 (c) 미래은행은 마천루의 미래은행 요구불예금 계좌에서 1,000만 원만큼을 감소시킨다.

  중앙은행이 은행에 1,000만 원만큼의 국채를 매각하면 은행의 실제 지급준비금과 초과지급준비금은 공통적으로 1,000만 원만큼 감소한다. 그러나 은행이 아닌 민간에 같은 금액의 국채를 매각하면 초과지급준비금은 800만 원만큼만 감소한다. 왜냐하면 채권 매각대금만큼 민간의 요구불예금이 감소하면서 이전보다 은행이 보유해야 할 법정지급준비금이 200만 원만큼 감소하기 때문이다.

  이러한 사소한 차이에도 불구하고 중앙은행이 국채를 은행에 매각하든, 민간에 매각하든 통화량에 대한 효과는 동일하다. **중앙은행이 공개시장에서 국채를 매각하면 매각 상대가 누구인지와 관계없이 은행의 실제 지급준비금은 감소한다.** 만일 현재 은행의 초과지급준비금이 전부 대출되어 0인 상황이라면, 실제 지급준비금 감소에 따라 법정지급준비율을 충족시키지 못하게 되고, 따라서 은행이 대출을 회수하면서 경제의 통화량은 감소하게 된다. 위의 예에서 중앙은행이 1,000만 원만큼 국채를 매각하면 매각 상대가 은행이든 민간이든 관계없이 결과적으로는 경제의 통화량이 최대 5,000만 원만큼 감소한다. 독자들은 그림 26.2와 정확히 반대의 경우를 생각해 보면, 왜 그런지 이해할 수 있을 것이다.

- RP 또는 역 RP 거래 앞서 언급한 대로 중앙은행은 국채 등 채권을 직접 매매(단순매

매)하는 것 이외에도, 채권을 담보로 돈을 빌리거나 빌려 주는 RP 또는 역 RP 거래를 통해 공개시장조작을 수행할 수 있다.

자산을 담보로 돈을 빌린다는 것은 빌리는 사람이 채무를 불이행할 경우를 대비하여, 빌려주는 사람에게 자산을 맡기는 것을 의미한다. 예컨대 주택을 담보로 한 대출 즉 모기지 대출의 경우, 만일 차입자가 대출을 갚지 못하면 담보 주택의 소유권이 대출을 해 준 은행에게 넘어간다. 은행은 담보 주택을 경매 등을 통해 팔아서 대출금을 회수하는 것이다.

비슷한 원리로 RP 또는 역 RP 거래는 국채 등 채권을 담보로 돈을 빌리거나 빌려주는 것을 말한다. 중앙은행이 일반은행을 상대로 **역 RP거래**를 한다는 것은 일반은행이 보유한 국채 등 채권을 담보로 하여 중앙은행이 일반은행에게 자금을 빌려 준다는 것을 의미한다. 예컨대 한국은행이 시중은행을 상대로 7일물 역 RP 거래를 할 경우, 한국은행은 시중은행이 보유한 국채 등 채권을 담보로 잡고 7일 동안 자금을 대출해 준다. 7일 후 시중은행이 한국은행에 대출 원금과 약정한 이자를 갚으면 한국은행은 담보로 잡았던 채권을 돌려준다. 그러나 만일 시중은행이 제 때 대출을 갚지 못하면 담보로 잡았던 채권은 계속 한국은행이 보유하게 되는 것이다. 반대로 중앙은행이 일반은행을 상대로 **RP거래**를 한다는 것은 중앙은행이 보유한 국채 등을 담보로 하여 중앙은행이 일반은행으로부터 자금을 빌린다는 것을 의미한다.

역 RP거래
RP거래

중요한 것은 중앙은행이 역 RP거래를 하면, 공개시장에서 중앙은행이 채권을 매입할 때와 마찬가지로 은행의 지급준비금이 늘어나면서 경제의 통화량이 증가한다는 것이다. 반면 중앙은행이 RP거래를 하면, 공개시장에서 중앙은행이 채권을 매각할 때와 마찬가지로 은행의 지급준비금이 줄어들면서 경제의 통화량이 감소한다는 것이다.

지급준비율 정책

중앙은행이 은행의 대출여력을 통해 경제의 통화량에 영향을 미치는 또 하나의 방법은 은행의 법정지급준비율을 조정하는 것이다. 예컨대 현재 어떤 은행의 실제 지급준비금이 500만 원이고 요구불예금 잔액은 2,000만 원이라고 가정하자. 만일 법정지급준비율이 20%라고 하면(표 26.3의 (2)행 참조), 이 은행이 보유해야 할 법정지급준비금은

〈표 26.3〉 지급준비율 변경의 효과(단위: 만 원)

(1) 법정 지급준비율 (%)	(2) 요구불예금	(3) 실제 지급준비금	(4) 법정 지급준비금	(5) 초과 지급준비금 (3)−(4)	(6) 개별 은행이 창조할 수 있는 통화량 =(5)와 동일	(7) 은행 전체적으로 창조할 수 있는 통화량
(1) 10	2,000	500	200	300	300	3,000
(2) 20	2,000	500	400	100	100	500
(3) 25	2,000	500	500	0	0	0
(4) 30	2,000	500	600	−100	−100	−333

400만 원이 된다. 은행의 실제 지급준비금이 500만 원이므로 여기에서 법정지급준비금 400만 원을 차감한 100만 원이 초과지급준비금이다. 따라서 이 은행이 최대한 대출할 수 있는 금액은 초과지급준비금 100만 원에 불과하지만, 은행 전체적으로는 이를 기초로 해서 최대 500만 원(=100만 원×5)까지 요구불예금을 창조할 수 있다(표 26.3의 (7)열).

법정지급준비율의 인상 위의 예에서 만일 중앙은행이 법정지급준비율을 20%에서 25%로 인상했다고 하자((3)행 참조). 이제 법정지급준비금이 400만 원에서 500만 원으로 증가하므로 초과지급준비금은 100만 원에서 0원으로 감소하게 된다. 이와 같이 법정지급준비율이 인상되면 은행이 보유해야 할 법정지급준비금이 증가한다. 그 결과 은행의 초과지급준비금이 줄면서 은행의 대출여력이 줄어들거나, 법정지급준비율을 충족시키지 못하는 은행의 경우에는 기존 대출을 회수하면서 경제의 통화량이 감소하게 된다. 표 26.3의 예에서 보듯이 법정지급준비율이 25%로 인상되면 초과지급준비금이 전부 법정지급준비금으로 전환되면서 개별 은행이 대출가능한 자금의 양은 100만 원에서 0원으로 감소한다((6)열). 이에 따라 은행 전체적으로 창조할 수 있는 요구불예금의 양 즉 경제의 통화량 역시 500만 원에서 0원으로 급격히 감소한다((7)열).

만일 중앙은행이 법정지급준비율을 30%로 인상하면 어떻게 되는가?(표 26.3의 (4)행 참조) 은행은 높아진 법정지급준비율 수준을 충족하기 위해 예금을 줄이거나 지급준비금을 늘려야만 한다. 이를 위해 은행은 만기가 돌아온 대출을 연장하지 않고 회수하거나 보유하고 있는 채권을 민간에 매각하여 매각대금을 지급준비금으로 적립하게 된다. 두 경우 모두 경제의 통화량을 줄이는 요인이다.

법정지급준비율의 인하 반대로 중앙은행이 20%였던 법정지급준비율을 10%로 인하했다고 가정하자(표 26.3의 (1)행 참조). 이 경우 법정지급준비금이 400만 원에서 200만 원으로 감소하므로 초과지급준비금은 100만 원에서 300만 원으로 증가하게 된다. 이에 따라 개별 은행이 최대로 대출가능한 금액은 100만 원에서 300만 원으로 증가하고((6)열), 은행 전체적으로 창조할 수 있는 통화량은 500만 원에서 무려 3,000만 원으로 급격히 증가한다((7)열). 이와 같이 법정지급준비율을 인하하면 법정지급준비금의 일부가 초과지급준비금으로 전환되면서 은행의 대출여력이 확대되고 따라서 경제의 통화량이 증가한다.

표 26.3에서 알 수 있듯이, 법정지급준비율의 변화는 다음과 같은 2가지 경로를 통해 경제의 통화량에 영향을 미친다.

- 법정지급준비율의 변화는 초과지급준비금의 양을 변화시킨다.
- 법정지급준비율의 변화는 통화승수의 크기를 변화시킨다.

위의 예에서 법정지급준비율이 10%에서 20%로 인상될 경우, 초과지급준비금이 300만 원에서 100만 원으로 감소하는 동시에, 통화승수가 10(=1/0.1)에서 5(=1/0.2)로 감소한다. 이에 따라 은행 전체적으로 최대로 창조할 수 있는 요구불예금 즉 경제의 통화량은 3,000만 원(=300만 원×10)에서 500만 원(=100만 원×5)으로 크게 줄어든다. 이와 같이 법정지급준비율의 인상은 초과지급준비금의 양을 줄이는 동시에, 통화승수를 낮추어 경제의 통화량을 감소시킨다.

재할인율 정책

재할인율

앞서 언급한 대로 중앙은행의 중요한 기능 중 하나는 바로 최종대부자의 기능이다. 종종 은행들은 유동성 부족으로 인해 예기치 못하게 긴급자금을 필요로 할 때가 있다. 이 경우 은행들은 중앙은행으로부터 단기 대출을 받을 수 있다. 은행이 고객에게 대출이자를 부과하는 것과 마찬가지로, 중앙은행은 은행에 대한 대출에 이자를 부과하는데, 이 때 적용되는 이자율을 **재할인율**(rediscount rate)이라고 한다.

은행이 중앙은행으로부터 차입을 하면, 중앙은행의 입장에서 은행의 자산에 대한 청구권이 발생한 것이므로, 중앙은행 대차대조표의 자산(좌변) 항목으로 '은행 대출'이 표기된다. 반면 은행의 입장에서 이 대출은 부채에 해당하므로, 은행 대차대조표의 부채(우변) 항목으로 '중앙은행 대출'이 표기된다(대차대조표 3의 (a) 참조).

[대차대조표 3 은행이 중앙은행으로부터 대출을 받은 경우]

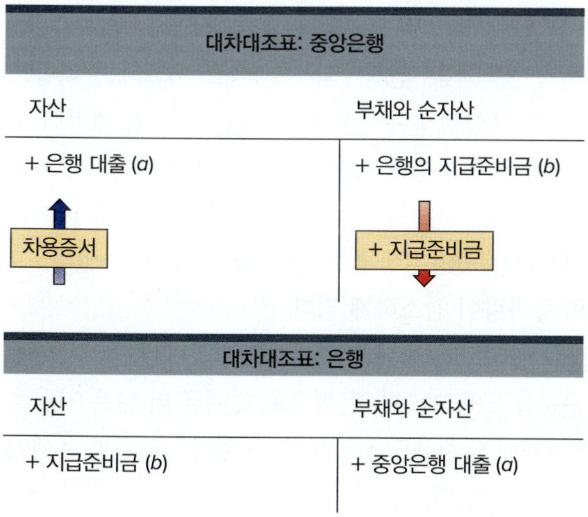

은행이 중앙은행으로부터 대출을 받으면, 중앙은행은 은행의 계좌에서 지급준비금을 증가시킨다. 중앙은행으로부터의 대출에 대해서는 법정지급준비금을 적립할 필요가 없기 때문에 증가한 지급준비금은 전액 초과지급준비금이 된다(대차대조표 3의 (b) 참조). 따라서 중앙은행이 은행에게 대출을 해주면, 지급준비금이 증가하면서 은행의 대출여력이 확대된다.

중앙은행으로부터 대출을 받을 때 적용되는 이자율인 재할인율은 대출받는 은행의 입장에서는 지급준비금을 조달하는 데 드는 비용이라고 할 수 있다. 따라서 중앙은행이 재할인율을 낮추면 은행은 지급준비금을 늘리기 위해 중앙은행으로부터 대출을 더 많이 받고자 한다. 이렇게 늘어난 지급준비금을 은행이 대출하면 경제의 통화량은 증가하게 된다.

반면 **중앙은행이 재할인율을 높이면 은행은 중앙은행으로부터의 대출을 줄이게 되고, 따라서 은행의 지급준비금도 감소**한다. 지급준비금 감소에 따라 은행이 대출을 줄이면 경제의 통화량은 감소하게 된다. 이와 같이 재할인율을 높이거나 낮춤으로써 통화량에 영향을 미치는 정책을 재할인율 정책이라고 한다. 한국은행은 시중은행에 대해 국채 등을 담보로 하여 하루짜리 단기대출을 종종 실시하는데, 이 때 대출금리로는 한국은행 기준금리에 1%를 더한 금리가 적용된다. 이것이 바로 재할인율에 해당한다.

지준부리

지준부리

2008년 미국의 연준은 역사상 처음으로 중앙은행에 예치된 은행들의 지급준비금(중앙은행 지준예치금)에 대해 이자를 지급하기 시작하였다. 이와 같이 은행이 중앙은행에 예치한 지급준비금에 대해 이자를 지급하는 것을 **지준부리**(支準附利, interest on reserves)라고 한다.

연준은 초과지급준비금 뿐만 아니라 법정지급준비금에 대해서도 정해진 수준의 이자를 지급하였으며, 제도가 실시된 이후부터 2015년 12월까지는 0.25%, 그 이후부터는 기준금리 인상에 맞춰 함께 인상되었다. 우리나라의 경우에도, 글로벌 금융위기 직후인 2008년 은행들의 자본 확충을 위해 한시적으로 지준부리를 시행한 바 있다.

지준부리는 유동성 위기 상황에서 은행의 재무건전성과 수익성을 제고하는 역할도 하지만, 다른 한편으로는 또 다른 종류의 통화정책 수단으로 기능할 수 있다. 예컨대 중앙은행이 은행대출을 억제함으로써 시중의 통화량을 줄이고자 한다고 가정하자. 이 경우 중앙은행은 은행의 지급준비금에 대한 이자율 수준을 높임으로써, 은행으로 하여금 더 많은 자금을 위험자산에 대출하기보다는 중앙은행에 예치하도록 유도할 수 있다. 그 결과 은행이 대출을 줄이면서 경제의 통화량이 감소하게 된다.

반대로 중앙은행이 시중의 통화량을 늘리고자 한다고 가정하자. 이 경우 중앙은행은 은행의 지급준비금에 대한 이자율 수준을 낮춤으로써, 은행으로 하여금 더 많은 자금을 중앙은행에 예치하기보다는 가계와 기업에 대출하도록 유도할 수 있다. 그 결과 은행이 대출을 늘리면서 경제의 통화량이 증가하게 된다.

통화정책 수단의 상대적 중요성

이상 네 가지 통화정책의 수단들은 각각의 경제상황에 따라 나름대로의 유용성을 가진다. 그러나 **평상시의 경기변동과정에서는 이 가운데 공개시장조작이 가장 널리 사용된다.** 공개시장조작의 경우, 중앙은행이 국채 등 채권을 언제든지 원하는 만큼 사고 팔 수 있으므로 유연하고 신속한 정책수행이 가능할 뿐만 아니라, 채권 거래를 통해 은행의 지급준비금에 직접적으로 영향을 줄 수 있다는 장점을 가지고 있다. 또한 지급준비율 정책이 강제적, 직접적 수단인 것과 달리, 공개시장조작은 시장을 통해 간접적으로 작용한다는 점에서 보다 시장 친화적이라는 장점이 있다. 더구나 채권시장의 규모와 중앙은행의 자산 규모를 감안할 때, 중앙은행이 공개시장조작을 통해 은행의 지급준비금을 얼마든지 원하는 수준으로 조절할 수 있다는 것은 의심할 나위 없는 사실이다. 실제로 미 연준은 2016년 초 기준 약 2.3조 달러에 달하는 엄청난 규모의 국채를 보유하고 있으며, 따라서 연준이 원하기만 하면 이러한 국채의 매각을 통해 미국의 은행 전체의 지급준비금을 0으로 만드는 것도 가능하다.

지급준비율 정책은 잠재적으로 매우 강력한 통화정책 수단이지만, 선진국 중앙은행들은 이를 거의 사용하지 않는다. 평상시에는 공개시장조작만으로도 손쉽게 통화량을 조절할 수 있기 때문이다. 실제로 미 연준이 가장 최근에 법정지급준비율을 변경한 것은 1992년인데, 당시 연준은 법정지급준비율을 12%에서 10%로 인하하였다. 한국은행의 경우, 2006년에 마지막으로 법정지급준비율을 변경한 이후 현재까지 이를 유지하고 있다.

한편 글로벌 금융위기 이전까지 미국을 포함한 대부분의 선진국에서 재할인율 정책은 다른 정책수단에 비해 보조적, 수동적 역할만을 수행하였다. 예컨대 많은 나라에서 재할인율은 기준금리에 사실상 연동되어 있어, 기준금리가 변하면 이에 맞추어 수동적으로 변화하는 구조를 가지고 있었다. 그러나 2007~2008년 금융위기 당시 미 연준은 기준금리의 변동과 무관하게 재할인율을 신속하게 큰 폭으로 인하하였다. 이를 통해 모기지 대출의 부실에 따라 지급준비금이 급격하게 감소한 은행들에게 낮은 재할인율로 풍부한 유동성을 제공할 수 있었다. 그 결과 은행들은 위기상황에서도 법정지급준비율을 충족하는 동시에 대출여력을 어느 정도 유지할 수 있었다.

통화정책의 운용목표: 기준금리

기준금리

대부분의 중앙은행들은 무작정 통화량을 늘리거나 줄이는 것이 아니라, 통화정책의 운용목표로서 기준금리를 설정하고 이의 목표치를 제시하는 방식으로 통화정책을 수행한다. 여기서 **기준금리**란 중앙은행이 통화량을 조절하는 과정에서 달성하고자 하는 목표 이자율이다.

대개 중앙은행이 직접적으로 통제가능한 초단기 또는 단기 이자율을 기준금리로 설정하는 것이 일반적인데, 미국과 일본의 경우 은행 간 초단기 자금거래에 적용되는 이자율을 기준금리로 활용한다. 이를 흔히 콜금리라고 하는데, 미국에서는 이를 특별히 연방기금금리라고 부른다. 한편 한국은행의 경우에도 1999년부터 콜금리를 기준금리로 활용해 왔으나, 2008년 3월부터는 7일 만기의 환매조건부채권(RP) 금리로 기준금리를 변경하였다.

미국의 경우를 중심으로, 중앙은행이 기준금리를 통해 어떻게 통화정책을 수행하는지 좀 더 자세히 살펴보자. 영업과정에서 어떤 은행은 초과지급준비금이 많이 남아도는 반면, 어떤 은행은 지급준비금이 법정수준에 미달할 수 있다. 이 때 지급준비금이 부족한 은행들은 초과지급준비금이 남아도는 은행들로부터 초단기로 자금을 차입하게 되는데, 이렇게 은행 간에 1일물 등 초단기 자금의 거래가 일어나는 시장을 연방기금시장이라고 한다(연준에 의해 요구되는 법정지급준비금 수준을 충족하기 위한 자금이 거래되

연방기금금리

는 시장이므로 이러한 이름이 붙었음). 이러한 연방기금시장에서 은행 간 1일물 대출에 적용되는 금리를 **연방기금금리**(federal funds rate)라고 한다. 즉 은행들의 초과지급준비금이 거래되는 시장이 연방기금시장이고, 이 시장에서의 균형이자율이 바로 연방기금금리가 된다.

2007~2008년 금융위기 이전까지 미 연준은 공개시장조작을 통해 지급준비금의 공급을 조절함으로써 기준금리인 연방기금금리를 목표 수준으로 맞추는 방식으로 통화정책을 수행하였다. 예컨대 통화량을 줄이는 긴축적 통화정책을 수행할 경우, 먼저 연준은 기준금리 즉 연방기금금리의 목표치를 인상한다고 공표한다. 그러고 나서 연준은 공개시장에서 채권을 매각함으로써 은행의 지급준비금을 감소시킨다. 이에 따라 연방기금시장에서 초과지급준비금의 공급이 줄어들면 기준금리인 연방기금금리가 목표수준으로 상승하게 된다.

반면 연준이 통화량을 늘리는 확장적 통화정책을 수행할 경우, 먼저 연준은 기준금리 목표치를 인하한다고 공표한다. 그러고 나서 연준은 공개시장에서 채권을 매입함으로써 은행의 지급준비금을 증가시킨다. 이에 따라 연방기금시장에서 초과지급준비금의 공급이 늘어나면 기준금리인 연방기금금리가 목표수준으로 하락하게 된다. 기준금리 목표치는 연방공개시장위원회(FOMC)의 정기 회의를 통해 결정되며, 여기서 결정된 기준금리 목표치를 달성하고 유지하기 위한 공개시장조작은 뉴욕 연방준비은행이 담당한다.

그러나 이러한 통화정책 운영방식은 금융위기를 거치면서 상당한 변화를 겪게 된다. 금융위기의 확산을 방지하기 위해 대규모 유동성을 제공하는 과정에서 연준은 엄청난 규모의 채권을 매입하였고, 그 결과 은행들의 초과지급준비금이 위기 이전에 비해 크게 늘어났다. 예컨대 미국 은행들의 초과지급준비금은 2008년 8월 19억 달러에서 2016년 초에는 무려 2.3조 달러까지 증가하였다. 이와 같이 초과지급준비금의 공급이 천문학적으로 증가한 반면, 경기침체에 따라 대출수요가 줄면서 초과지급준비금에 대한 수요는 감소하였다. 그 결과 연방기금시장에는 다음과 같은 현상이 나타났다.

- 연방기금금리가 거의 제로수준으로 하락하였다.
- 연방기금시장에서 거래건수가 크게 감소하였다. 초과지급준비금이 넘쳐나는 상황에서는 어떤 은행도 연방기금시장에서 돈을 빌릴 필요가 없었기 때문이다.

초과지급준비금의 과잉에 따라, 연준이 공개시장조작을 통해 초과지급준비금 공급을 조절함으로써 연방기금금리의 목표치를 달성하던 기존 방식은 더 이상 작동하지 않게 되었다. 예컨대 2016년 초 현재 은행 전체적으로 2.3조 달러의 초과지급준비금이 존재하는 상황에서, 연준이 공개시장조작을 통해 기껏해야 수백억 달러만큼 채권을 매각한다고 한들 연방기금금리가 변화할 리 만무하다. 즉 기준금리는 제로수준에서 꿈쩍도 하지 않을 것이다.

이렇게 제로금리 상황에서 더 이상 기존 방식으로 통화정책을 운영할 수 없게 되면서, 연준은 통화정책을 수행하는 새로운 방식(비전통적 통화정책)을 고안하지 않을 수 없었다. 이제 금융위기 이전과 이후로 나누어 연준의 통화정책 운영방식을 보다 자세히 살펴보자.

확장적 통화정책

확장적 통화정책

2007~2009년과 같은 경기침체 및 고실업 상황에 대응하기 위해 중앙은행은 **확장적 통화정책**(expansionary monetary policy)을 시행한다. 전통적 의미의 확장적 통화정책은 통화량을 늘리고 이자율을 낮춤으로써 총수요와 실질 GDP를 증가시키는 정책을 의미한다.

금융위기 이전의 확장적 통화정책 2007~2008년 금융위기 이전에는 은행제도 전체의 초과지급준비금 수준이 위기 이후에 비해 크게 낮았을 뿐 아니라, 초과지급준비금의 거래에 적용되는 균형이자율인 연방기금금리가 3~10% 정도로 높은 수준을 유지하였다. 이처럼 은행 전체적으로 초과지급준비금의 양이 적었기 때문에, 연준은 공개시장조작 등을 통해 지급준비금의 양을 늘리거나 줄임으로써 통화량과 이자율을 조절할 수 있었다. 또한 위기 이전에는 연방기금금리가 대체로 3% 이상의 수준을 유지하였으므로 경기침체 시, 연준은 금리를 인하할 여지를 어느 정도 확보할 수 있었다. 게다가 위기 이전까지는 지준부리 즉 중앙은행에 예치된 지급준비금에 대해 이자를 지급하는 제도가 시행되지 않았으므로, 은행들이 확장적 통화정책에 따라 늘어난 지급준비금을 중앙은행에 예치하기보다는 가계 및 기업에 적극적으로 대출할 유인이 있었다.

이러한 상황에서 금융위기 이전의 연준은 다음과 같은 전통적인 방법으로 확장적 통화정책을 실시하였다. 우선 연준은 통화정책 기준금리인 연방기금금리의 목표치를 인하한다고 공표한다. 낮아진 목표 기준금리를 달성하기 위해 연준은 은행과 민간으로부터 국채 등 채권을 매입하는 공개시장조작을 실시하며, 이에 따라 은행 전체적으로 지급준비금의 양이 증가하면서 연방기금금리가 점차 목표수준으로 하락하게 된다. 물론 연준은 채권매입 이외에도 법정지급준비율 인하와 재할인율 인하 등 은행 전체의 지급준비금을 확대하기 위한 다양한 정책수단을 가지고 있으나, 현실에서는 공개시장조작만으로도 충분했기 때문에 이러한 여타 수단을 사용할 일이 거의 없었다.

이렇게 공개시장조작에 따라 은행 전체의 지급준비금이 늘어나면 다음과 같은 2가지 효과가 나타난다.

- 연방기금시장에 초과지급준비금의 공급이 증가하면서 연방기금금리가 목표수준으로 점차 하락한다.
- 초과지급준비금의 증가는 앞서 살펴본 화폐창조과정을 통해 경제의 화폐공급 즉 통화량을 증가시킨다. 이 장의 서두에서 살펴본 대로 화폐수요가 일정한 상황에서 화폐공급이 증가하면 연방기금금리 이외의 시상이자율이 하락하며, 그 결과 투자지출 등 총수요와 실질 GDP가 증가한다.

연준이 이와 같이 연방기금금리를 기준금리로 하여 통화정책을 운영하는 이유는 여

우대이자율

타 시장이자율들이 연방기금금리의 움직임에 따라 유사하게 변동하기 때문이다. 미국의 경우 이러한 시장이자율의 대표적 예가 바로 **우대이자율**(prime interest rate)[2]이다. 우대이자율은 기업과 가계대출에 적용되는 다양한 이자율들의 준거가 되는 벤치마크 이자율이다. 우대이자율은 연방기금시장에서 거래되는 은행간 1일물 대출에 비해 만기가 길고 보다 위험도가 높은 대출에 적용되므로, 그 수준이 연방기금금리보다 높다.

[그림 26.3] 미국의 연방기금금리와 우대이자율(1998~2016)

대표적 시장이자율인 은행의 우대이자율은 기준금리인 연방기금금리와 거의 유사한 움직임을 보인다.

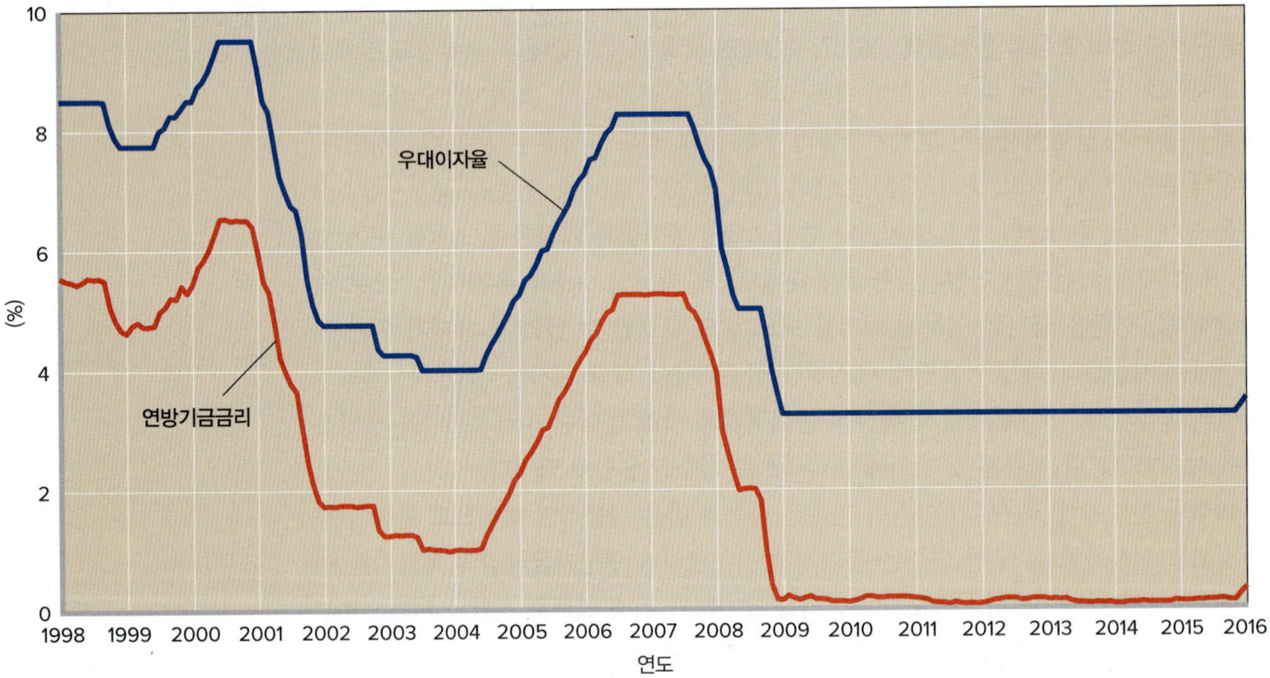

자료: Federal Reserve Statistical Release, Historical Data, H.15, www.federalreserve.gov.

[그림 26.4] 우리나라의 기준금리와 시장이자율(2000~2016)

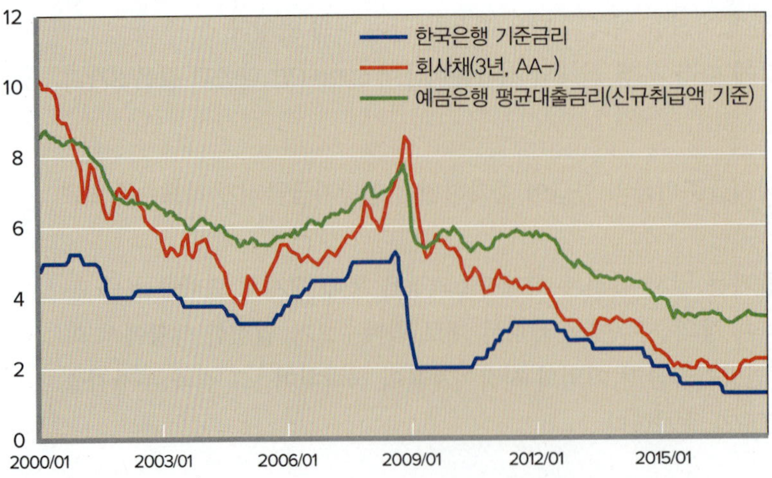

자료: 한국은행 경제통계시스템, http://ecos.bok.or.kr/

2) 미국의 대형은행이 가장 신용도가 높은 기업에 대한 무담보 단기사업자금 대출에 적용하는 최우대 대출금리이다.

그러나 그림 26.3에서 보듯이 우대이자율은 기준금리인 연방기금금리와 시간에 따라 거의 유사한 움직임을 보인다. 특히 모기지 대출의 채무불이행 사태가 가장 심각했던 2008년에 연방기금금리와 우대이자율이 나란히 하락하고 있음을 알 수 있다. 시장이자율이 기준금리와 나란히 움직이는 것은 미국뿐만이 아니다. 우리나라의 경우에도 그림 26.4에서 보듯이 기준금리(콜금리 또는 7일물 RP금리)는 3년 만기 회사채 금리 또는 예금은행의 평균대출금리와 같은 시장이자율과 유사한 움직임을 보인다.

금융위기 이후의 확장적 통화정책 앞서 언급한 대로 금융위기 직후 연준이 대규모 유동성을 제공하는 과정에서 은행의 초과지급준비금이 천문학적인 규모로 증가하였고, 이 때문에 기존의 전통적인 방법으로는 더 이상 통화정책을 운영할 수 없는 상황에 이르렀다. 확장적 통화정책 시행과 관련하여, 금융위기 이후 연준은 다음과 같은 2가지 문제에 직면하였다.

- 더 이상 공개시장조작을 통해 기준금리 즉 연방기금금리를 조절하는 것이 불가능해졌다. 왜냐하면 은행 전체적으로 수조 달러 규모의 초과지급준비금이 존재하는 상황에서 연준이 수십억 달러의 채권을 매입 또는 매각한다 해도, 초과지급준비금의 초과공급이 해소되지 않으므로 연방기금금리는 제로 수준에서 꼼짝도 안 하기 때문이다.
- 이른바 **제로금리하한의 문제**(zero lower bound problem)로서, 이미 **제로금리인 상황에서는 연준이 더 이상 금리를 낮추지 못하므로 전통적 방법으로 확장적 통화정책을 시행할 여지가 더 이상 존재하지 않는다.** 만일 연준이 기준금리를 제로 이하로 인하할 경우(마이너스 또는 음(–)의 금리)에는 예금자들이 은행으로부터 예금을 대규모로 인출하면서 은행의 대출여력이 오히려 감소하는 문제가 발생할 수 있다.

제로금리하한의 문제

첫 번째 문제는 이미 앞서 언급하였으므로 두 번째 문제에 대해 예를 들어 살펴보자. 만일 연준이 기준금리인 연방기금금리를 마이너스로 낮추면(이는 한 은행이 다른 은행에 초단기 자금을 빌려줄 경우, 이자를 받는 것이 아니라 오히려 내야 함을 의미함), 은행들이 남는 예금을 운용하여 벌 수 있는 수익이 음(–)이 되므로 은행들은 요구불예금 금리를 마이너스로 인하할 수 있다.

이와 같이 요구불예금 금리가 마이너스가 되면 예금자 입장에서는 이제 더 이상 은행에 예금을 할 유인이 없게 된다. 왜냐하면 예금에 이자가 붙기는커녕 오히려 이자를 내야 하므로, 시간이 갈수록 예금액이 점차 감소하기 때문이다. 이에 따라 만일 예금자들이 은행으로부터 예금을 대거 인출한다면, 은행들의 지급준비금과 대출여력이 급격히 감소하면서 경제의 통화량이 줄어들고, 그 결과 총수요와 실질 GDP에 부정적 영향을 주게 된다.

이러한 제로금리하한의 문제에 직면한 연준은 통화정책을 수행하는 비전통적 방법으로서 **양적완화정책**(QE: Quantitative Easing)을 실시하게 된다. 양적완화정책은 형식적으로는 확장적 통화정책을 수행하는 기존의 전통적 방법 즉 공개시장조작을 통해 국채 등 채권을 매입하는 것과 다를 바가 없다. 그러나 기존의 공개시장 매입과 양적완화

양적완화정책

정책의 차이는 바로 그 목적에 있다. 기존 공개시장에서 채권매입의 목적은 은행의 지급준비금을 늘려 기준금리(연방기금금리)를 목표 수준으로 낮추는 것이다. 반면, 양적완화정책은 기준금리는 그대로 두되, 은행의 지급준비금을 증가시키는 것 자체를 목표로 한다. 왜냐하면 이미 기준금리가 제로인 상황에서 이를 추가로 낮추면 상기한 대로 예금 인출 및 통화량 감소 등의 문제가 발생하기 때문이다. 이와 같이 양적완화정책은 **기준금리를 그대로 둔 상황에서, 장기국채 등 채권의 대규모 매입을 통해 은행의 지급준비금과 대출여력을 크게 확대**함으로써 경제의 통화량을 증가시키고 총수요를 부양하기 위한 정책이라고 할 수 있다.

양적완화정책과 기존 공개시장에서 채권매입의 또 다른 차이는 양적완화정책을 통해 매입하는 채권의 종류가 훨씬 더 다양하다는 점이다. 기존 공개시장에서의 매입 대상은 국공채로만 제한되었으나, 양적완화 정책에서 매입대상 채권은 정부관련 공공기관 또는 정부지원 공기업 등(GSE: government-sponsored entities)이 발행한 채권도 포함한다.

2009년 3월부터 실시된 1차 양적완화정책에 따라 연준은 총 1.75조 달러만큼의 채권을 매입하였다. 이 중 1.45조 달러가 정부관련 공공기관 또는 모기지 대출관련 정부지원 공기업(Freddie Mac, Fannie Mae 등)이 발행한 채권이었고 나머지 3,000억 달러가 국채였다. 2차 양적완화정책('QE2')은 2010년 11월부터 실시되었으며, 이를 통해 연준은 총 6,000억 달러의 국채 등을 매입하였다. 한편 3차이자 마지막 양적완화정책('QE3')은 2012~2014년에 실시되었는데, 이 기간 동안 연준은 총 1.6조 달러의 채권을 매입하였다. 이와 같은 양적완화정책을 통해 연준은 이미 시장에 유동성 즉 지급준비금이 넘치는 상황에서 추가적인 유동성을 투입함으로써 통화량을 늘리고 경기를 부양하고자 시도하였다.

긴축적 통화정책

긴축적 통화정책

앞서와 반대로 경기가 과열되거나 인플레이션 압력이 높아지는 상황에 대응하기 위해 중앙은행은 **긴축적 통화정책**(restrictive monetary policy)을 시행한다. 전통적 의미의 긴축적 통화정책은 통화량을 줄이고 이자율을 높임으로써 총수요와 실질 GDP를 감소시키는 정책을 의미한다. 금융위기 이전에 긴축적 통화정책이 어떻게 수행되었는지는 앞서 이미 설명하였으므로(기준금리 목표치 인상 → 공개시장에서 채권매각 → 은행 지급준비금 및 통화량 감소), 여기서는 금융위기 이후 통화정책을 정상화하는 과정에서 연준이 어떻게 긴축적 통화정책을 수행해왔는지를 중심으로 살펴볼 것이다.

금융위기 이후의 긴축적 통화정책 금융위기와 뒤따른 대침체에 대응하기 위해 강력한 확장적 통화정책기조를 유지하던 연준은 2015년 말에서야 과거 수준으로의 기준금리 정상화를 위해 비로소 금리를 인상하기 시작하였다. 그러나 앞서 언급한 대로 은행이 산더미같이 초과지급준비금을 쌓아두고 있고, 따라서 연방기금시장이 전혀 작동하지 않는 상황에서는 더 이상 공개시장에서 채권매각 등 이전의 전통적인 방법으로 긴축적 통화정책을 수행할 수 없었다. 따라서 기준금리의 정상화를 위해서 연준은 새로운 방법을 고안해야 했다.

금융위기 이후 연준의 긴축적 통화정책 즉 기준금리의 정상화는 다음과 같은 2가지 새로운 장치를 통해 실행될 수 있다. 하나는 2008년부터 실시된 지준부리제도를 활용하는 것이다. 앞서 언급한 대로 2008년부터 연준은 은행이 연준에 예치한 법정 또는 초과지급준비금에 대해 이자를 지급하기 시작하였다.

그렇다면 지준부리제도를 활용하여 어떻게 기준금리를 정상화 즉 인상할 수 있다는 것인가? 예컨대 지준부리의 적용이자율이 1%라고 가정하자. 이는 은행들이 중앙은행에 초과지급준비금을 예치함으로써 1%의 이자를 얻을 수 있음을 의미한다. 이러한 상황에서 은행들은 1% 아래로는 어디에도 대출을 하려 하지 않을 것이다. 왜냐하면 단순히 중앙은행에 지급준비금을 안전하게 예치하기만 해도 1%의 이자를 얻을 수 있는데, 구태여 그보다도 낮은 이자율로 위험을 무릅쓰고 대출할 이유가 없기 때문이다. 따라서 중앙은행이 예치된 지급준비금에 대한 이자율을 높이면, 기준금리인 연방기금금리는 물론 은행 대출이자율 등의 시장이자율이 함께 상승하게 된다.

다음으로 기준금리 정상화를 위해 연준이 활용한 또 하나의 장치는 바로 RP거래이다. 원래 은행 간 단기자금시장의 성격이 강했던 연방기금시장은 2008년 금융위기를 거치면서 주로 비은행-은행 간의 거래에 의해 주도되는 시장으로 성격이 변화하였다. 특히 펀드를 운용하는 대형자산운용사나 정부지원 공기업 등의 비은행 금융기관들이 연방기금시장에서 은행들에 자금을 대출하는 경우가 많아졌다.

그런데 문제는 연준에 예치된 지급준비금에 이자를 지급할 수 있는 대상에서 비은행 금융기관들이 제외되었다는 점이다. 상기한 대로 은행들에 대해서는 지급준비금에 이자를 지급하는 것이 허용되었으므로, 연준은 지급준비금에 대한 이자율을 높임으로써 자연스럽게 은행들로 하여금 이보다 더 높은 이자율로 대출하도록 유도할 수 있었다. 그러나 비은행 금융기관들은 지준부리의 대상에서 제외되었으므로, 이러한 이자율 조정 메커니즘이 작동하지 않았다. 다시 말해, 비은행 금융기관들은 연준에 자금을 예치해도 이자를 얻을 수 없었기 때문에, 지준부리에 적용되는 이자율보다도 더 낮은 수준에서 자금을 빌려줄 유인이 여전히 존재했다는 것이다. 이 때문에 2009년 여름에서 2015년 12월 사이 지준부리에 적용된 금리가 0.25%였음에도 불구하고, 실제 연방기금금리는 이보다 훨씬 낮은 평균 0.12% 수준으로 나타났다. 비은행 금융기관은 지준부리의 대상에서 제외되었으므로, 이들의 입장에서는 0.12%의 낮은 금리를 받고도 연방기금시장에서 자금을 대출할 용의가 있었던 것이다.

이는 연준이 지준부리제도를 활용하더라도 연방기금금리를 원하는 만큼 인상할 수 없음을 의미하므로, 기준금리를 정상화하려는 연준에게는 큰 장애가 아닐 수 없었다. 따라서 연준은 지준부리제도 이외에 연방기금시장에서 비은행 금융기관의 대출을 흡수하기 위한 방안을 따로 마련해야 했다. 그 대안이 바로 RP거래를 통해 비은행 금융기관의 자금을 흡수하는 것이다. 다시 말해 연준은 연방기금시장에서 비은행 금융기관을 상대로 채권을 매각(RP 매도)함으로써, 그렇지 않으면 낮은 금리로 은행에 대출될 뻔한 자금을 흡수한 것이다. 이러한 RP매매를 통해 연준은 실제 기준금리가 지준부리 적용금리를 대폭 하회하는 현상을 방지함으로써 기준금리에 대한 통제력을 확보할 수 있었다.

이와 같이 **지준부리제도와 RP매매를 함께 활용함으로써 연준은 은행 전체적으로 엄청난 양의 초과지급준비금이 넘쳐나는 상황에서도 기준금리를 점진적으로 인상**할 수 있었다. 또한 이를 통해 은행의 대출량을 줄임으로써 경제의 통화량을 감소시키고 과도한 수준의 총수요 및 인플레이션을 억제할 수 있다.

테일러 준칙

거의 대부분의 선진국에서 중앙은행은 정책결정자의 재량적 판단에 따라 기준금리의 적정수준을 결정한다. 예컨대 미국의 경우, 정례적으로 개최되는 연방공개시장위원회에서 위원회 위원들이 그때그때의 경제상황을 평가하여 적정 기준금리 즉 연방기금금리의 목표치를 결정한다. 만일 대부분의 위원들이 목표치 변경이 필요하다고 판단하면, 위원회는 새로운 기준금리 목표치를 설정한다. 여기서 중요한 것은 기준금리 목표치의 결정이 전적으로 위원회의 재량에 근거하며, 어떤 특정한 '인플레이션 목표'나 '통화정책 준칙'도 여기에 개입되지 않는다는 것이다. 다시 말해, 연방공개시장위원회는 위원들이 현 경제상황에서 가장 적절하다고 판단하는 수준으로 기준금리의 목표치를 설정한다.

테일러 준칙

그럼에도 불구하고 경제학자 존 테일러(J. Taylor)는 일종의 통화정책 준칙을 제시한 바 있는데, 이 준칙은 오랜 기간에 걸친 연준의 기준금리 결정행태를 비교적 잘 설명하는 것으로 알려져 왔다. 이러한 통화정책 준칙을 **테일러 준칙**(Taylor rule)이라고 한다. 테일러 준칙은 완전고용수준의 실질 GDP를 달성하기 위해 연준이 어느 정도 양(+)의 인플레이션을 용인할 의사가 있음을 전제한다. 테일러 준칙에 따르면 연준은 인플레이션율 목표를 2%로 설정한 상황에서 다음과 같은 3가지 규칙에 따라 연방기금금리 목표치를 설정한다.

- 실질 GDP가 완전고용 GDP와 일치하고 실제 인플레이션율이 목표 수준인 2%인 경우, 연방기금금리의 목표치는 4%가 되어야 한다. 이 경우 실질 기준금리는 2%(=명목 연방기금금리 4%−실제 인플레이션율 2%)가 된다.
- 실질 GDP가 완전고용 GDP보다 1%씩 커질 때마다 연준은 실질 연방기금금리 목표치를 0.5%p씩 인상해야 한다.
- 실제 인플레이션율이 목표치인 2%보다 1%p씩 커질 때마다 연준은 실질 연방기금금리 목표치를 0.5%p씩 인상해야 한다. 이 경우 실질 연방기금금리를 0.5%p 높이기 위해서는 명목 연방기금금리 목표치를 0.5%p가 아닌 1.5%p만큼 인상해야 함에 유의하기 바란다. 명목 금리 조정시에는 실제 인플레이션율이 목표 대비 1%p만큼 증가한 것을 추가로 감안해야 하기 때문이다.

위의 3가지 규칙 가운데 마지막 2가지는 서로 독립적으로 적용된다. 다시 말해, 만일 실질 GDP가 완전고용수준보다 높은 동시에, 실제 인플레이션율도 목표치인 2%보다 높은 경우, 연준은 마지막 2가지 규칙을 동시에 적용하여 실질 연방기금금리를 인상하게 된다. 예컨대 실질 GDP가 완전고용수준보다 1% 높은 동시에 실제 인플레이션율도 목표치인 2%보다 1%p 높은 3%일 때, 테일러 준칙에 따르면 연준은 실질 연방기금금리 목표치를 총 1%p(=GDP가 완전고용수준을 초과한 것에 따른 인상분 0.5%p+인플레이션율이 목표수준을 초과한 것에 따른 인상분 0.5%p) 인상해야 한다. 물론 이 경우에도 실제 인플레이션율이 목표 대비 1%p만큼 증가한 것을 감안하여, 명목 연방기금금리는 총 2%p(=실질 연방기금금리 목표치의 인상분 1%p+실제 인플레이션율의 목표치 초과분 1%p)만큼 인상해야 한다.

또한 마지막 2가지 규칙은 반대 방향으로도 마찬가지로 적용된다. 즉 실질 GDP가 완전고용수준 대비 1%씩 작아지거나 실제 인플레이션율이 목표치(2%) 대비 1%p씩 낮아질 때마다 연준은 실질 연방기금금리 목표치를 0.5%p씩 인하해야 한다는 것이다.

여기서 1가지 주의할 것이 있다. 지금까지 연준은 테일러 준칙은 물론이고 어떤 형태의 준칙도 따른다고 인정한 바가 없다는 것이다. 따라서 공식적으로 연방기금금리 목표치는 순전히 연준의 재량적 판단에 따라 결정된다. 실제로 연준이 결정한 기준금리 경로가 테일러 준칙에 따른 예상치로부터 크게 벗어난 사례가 다수 존재한다.

통화정책의 효과

지금까지 우리는 확장적 혹은 긴축적 통화정책을 수행하기 위한 수단과 구체적인 수행 방법에 대해 살펴보았다. 이제 중앙은행의 통화정책이 경제의 투자지출, 총수요, 실질 GDP 및 물가 수준에 어떻게 영향을 미치는지 살펴보자.

통화정책의 전달경로

그림 26.5를 통해 통화정책이 어떤 경로를 거쳐 실질 GDP와 물가수준에 영향을 주는지 단계적으로 살펴보자.

화폐시장 그림 26.5의 (a)는 화폐시장의 균형을 보여준다. 앞서 살펴본 대로 총화폐수요곡선 D_m은 화폐의 거래수요와 자산수요의 합을 나타낸다. 또한 3가지 화폐공급곡선 S_{m1}, S_{m2}, S_{m3}이 그려져 있는데, 경제의 통화량이 중앙은행에 의해 이자율과 무관하게 결정된다는 가정에 따라 모두 수직선의 형태를 띠고 있다.

이 장의 서두에서 살펴본 바와 같이 균형이자율은 화폐의 수요와 공급이 일치하는 점에서 결정된다. 그림 26.5(a)에서 보듯이 총화폐수요곡선 D_m이 주어진 상황에서 통화량이 125조 원이면(화폐공급곡선 S_{m1}) 균형이자율이 10%가 되는 반면, 통화량이 150조 원(화폐공급곡선 S_{m2}) 또는 175조 원(화폐공급곡선 S_{m3})로 증가하면 균형이자율은 각각 8% 또는 6%로 하락한다.

19장에서 살펴본 대로 투자결정에 있어서 중요한 것은 명목이자율이 아니라 실질이자율이다. 따라서 이후의 분석에서는 그림 26.5(a)에서 결정되는 이자율이 실질이자율이라고 간주하고 논의를 전개할 것이다.

투자지출의 결정 그림 26.5(b)는 각각의 실질이자율 수준에서 투자지출이 어떻게 결정되는지를 보여준다. 앞장에서 살펴본 대로 투자자금의 조달비용을 나타내는 실질이자율은 투자지출과 역(−)의 관계를 가진다. 이러한 관계는 그림의 우하향하는 곡선으로 표현되며, 이 곡선을 통해 각각의 이자율 수준에 대응한 투자지출의 크기를 알 수 있다. 즉 실질이자율이 10%일 때는 투자지출이 15조 원이지만, 실질이자율이 8%, 6%로 낮아질수록 투자지출은 각각 20조 원, 25조 원으로 증가하게 된다.

물론 실질이자율의 변화는 총수요 구성항목 가운데 투자뿐만 아니라 소비에도 영향을 미칠 수 있다. 예컨대 자동차와 같이 주로 할부로 구매하는 내구소비재에 대한 지출 역시 이자율의 영향을 받는다. 그러나 투자 즉 새로운 자본재의 구입에는 막대한 비용이 든다는 점과 투자가 매우 장기에 걸쳐 이루어짐을 감안하면, 이자율 변화가 소비보다는 투자에 미치는 영향이 훨씬 더 클 수밖에 없다.

예컨대 자본설비, 공장건물, 창고 등 투자의 대상이 되는 자본재들은 소비재에 비해 대체로 가격이 매우 비싸므로, 이를 구매하기 위한 차입비용은 이자율이 조금만 변해도 큰 폭으로 변화하기 때문이다. 마찬가지로 주택담보대출과 같이 장기에 걸친 대출을 받아 투자한 경우, 소요되는 이자비용의 규모가 상당히 크다. 따라서 만일 여기에 적용되는 이자율이 아주 조금만 변한다 해도, 전체 투자비용 즉 주택구입비용은 큰 폭으로 변화할 수 있다.

정리하면 **실질이자율의 변화는 주로 투자지출을 통해 총수요와 실질 GDP 및 물가수준에 영향**을 미친다. 한편 그림 26.5의 (b)에서 보듯이 투자지출은 실질이자율과 역의 관계를 가진다.

균형 GDP의 결정 그림 26.5(c)는 서로 다른 수준의 실질이자율과 투자지출에 따라 총수요가 어떻게 달라지는지를 보여준다. 그림에 표시된 대로 총수요곡선 AD_1은 투자지출 수준이 15조 원, 총수요곡선 AD_2는 20조 원, 총수요곡선 AD_3는 25조 원일 때의 총수요 수준을 나타낸다. 다른 총수요 구성항목들이 일정한 상황에서 투자지출이 클수록 총수요곡선은 우측으로 이동하게 된다.

만일 경제의 통화량이 150조 원인 경우(화폐공급곡선 S_{m2}), 그림 26.5(a)에서 보듯이 화폐시장의 균형이자율은 8%가 된다. 한편 그림 26.5(b)에 따르면 8%의 실질이자율 수준에서 투자지출은 20조 원이 된다. 여기에 소비지출, 순수출, 정부지출 등 여타 총수요 구성요소들의 값을 더하면 그림 26.5(c)의 총수요곡선 AD_2가 도출된다. 따라서 경제의 균형은 총수요곡선 AD_2와 총공급곡선 AS가 만나는 점에서 결정되며, 균형에서의 실질 GDP와 물가수준은 각각 Q_f(=900조 원)와 P_2가 된다.

이제 그림 26.5를 이용하여 중앙은행이 확장적 또는 긴축적 통화정책을 실시할 경우, 경제의 균형이 어떻게 변화하는지 살펴보자.

[그림 26.5] 통화정책의 전달경로

그림 (a)에서 확장적 통화정책에 의해 화폐공급곡선이 S_{m1}에서 S_{m2}로 우측이동하면, 균형이자율은 10%에서 8%로 낮아진다. 이에 따라 그림 (b)에서 투자지출(I)이 15조 원에서 20조 원으로 증가하면서, 그림 (c)에서 총수요곡선은 $\mathrm{AD_1}$에서 $\mathrm{AD_2}$로 이동한다. 그 결과 실질 GDP는 이전의 880조 원에서 완전고용수준인 Q_f=900조 원으로 증가하게 된다.

한편 그림 (d)의 초기 균형점 a에서는 양(+)의 GDP갭이 발생하는데, 이는 a점에서의 실질 GDP 910조 원이 완전고용수준인 Q_f=900조 원을 10조 원만큼 초과하고 있기 때문이다. 이 경우 중앙은행이 긴축적 통화정책을 통해 화폐공급량을 현재의 S_{m3}=175조 원에서 162.5조 원으로 감소시키면 이자율이 6%에서 7%로 상승한다. 이에 따라 그림 (b)에서 투자지출은 25조 원에서 22.5조 원으로 2.5조 원만큼 감소하며, 승수효과(승수는 4로 가정)에 의해 그림 (d)의 총수요곡선은 투자 감소액의 4배인 10조 원만큼 좌측으로 이동하게 된다($\mathrm{AD_3} \rightarrow \mathrm{AD_4}$). 그 결과 경제의 균형이 수평의 점선을 따라 a에서 b로 이동하면서 실질 GDP는 완전고용수준을 회복하고 양(+)의 GDP갭은 사라지게 된다.

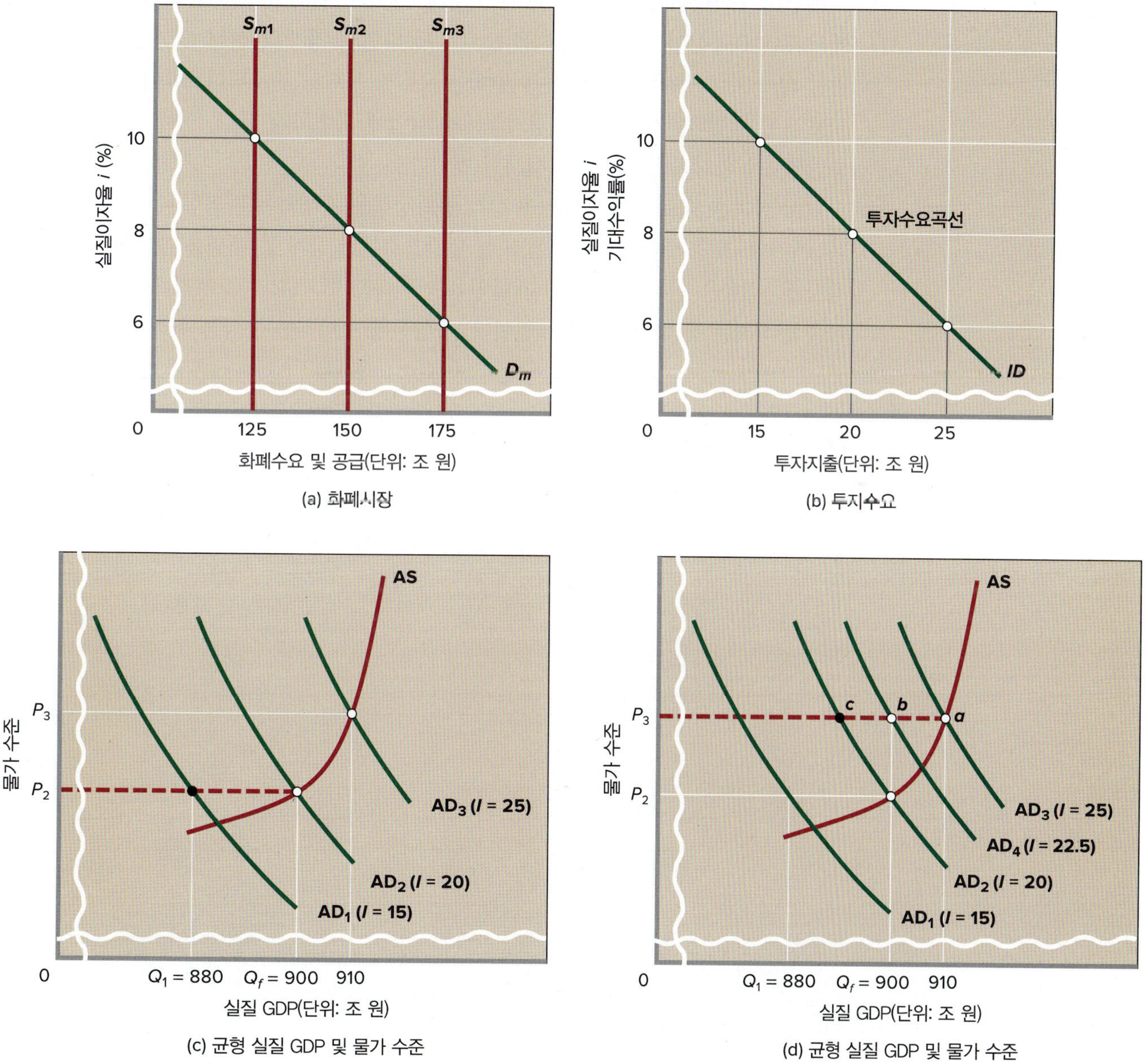

(a) 화폐시장

(b) 투자수요

(c) 균형 실질 GDP 및 물가 수준

(d) 균형 실질 GDP 및 물가 수준

확장적 통화정책의 효과

21장의 톱니효과에 대한 논의에서 알 수 있듯이, 현실의 물가수준은 어느 정도 하방경직적인 특징을 가진다. 따라서 초기에 경제가 AD_2와 AS곡선이 만나는 점에서 균형을 이루고 물가가 현재 수준인 P_2에서 하방 경직적이라면, 이 때 경제의 총공급곡선은 그림 (c)의 수평인 점선이 된다. 이 상황에서 만일 어떤 이유로 총수요가 감소하면, 경제의 균형은 그림 (c)의 수평인 점선을 따라 좌측으로 이동하게 된다.

예컨대 통화량이 원래의 150조 원(S_{m2})에서 125조 원(S_{m1})으로 감소했다면, 그림 (c)에서 총수요곡선이 AD_2에서 AD_1으로 이동하면서 경제의 실질 GDP는 완전고용수준인 Q_f(=900조 원)에 20조 원 미달하는 880조 원으로 감소한다. 이에 따라 음(−)의 GDP갭이 발생하면서, 경제는 경기침체와 실업에 직면하게 된다. 이에 대응하기 위해 중앙은행은 확장적 통화정책을 실시할 것이다.

앞서 살펴본 대로 중앙은행은 확장적 통화정책을 시행하는 다양한 수단을 가지고 있다. 예컨대 (1) 공개시장에서 은행 또는 민간으로부터 국채 등 채권을 매입하거나 (2) 법정지급준비율을 인하하거나 (3) 재할인율을 인하하거나 (4) 지준부리에 적용되는 이자율을 인하하는 등의 방법들이 그것이다. 중앙은행이 이러한 조치를 취하면 은행의 지급

〈표 26.4〉 통화정책의 전달경로

(1) 확장적 통화정책	(2) 긴축적 통화정책
정책의 배경: 실업과 경기침체	정책의 배경: 인플레이션
↓	↓
공개시장 채권매입 법정지급준비율 인하 재할인율 인하 지준부리 금리인하	공개시장 채권매각 법정지급준비율 인상 재할인율 인상 지준부리 금리인상
↓	↓
초과지급준비금 증가	초과지급준비금 감소
↓	↓
기준금리 하락	기준금리 상승
↓	↓
통화량 증가	통화량 감소
↓	↓
시장이자율 하락	시장이자율 상승
↓	↓
투자지출 증가	투자지출 감소
↓	↓
총수요 증가	총수요 감소
↓	↓
실질 GDP 증가	인플레이션율 하락

준비금이 증가하고 기준금리가 하락하면서 경제의 통화량이 증가하게 된다. 이러한 **통화량의 증가는 시장이자율을 하락시키고, 그 결과 투자지출이 증가하면서 총수요 및 균형 GDP가 증가**하게 된다.

예컨대 중앙은행이 상기한 수단을 통해 통화량을 125조 원(S_{m1})에서 150조 원(S_{m2})으로 증가시키면, 이자율이 10%에서 8%로 하락하면서(그림 26.5(a)) 투자지출은 15조 원에서 20조 원으로 증가한다(그림 26.5(b)). 그 결과 총수요곡선이 우측으로 이동하는데, 승수효과에 따라 총수요곡선의 이동폭은 투자 증가액인 5조 원보다 커진다. 만일 경제의 한계소비성향(MPC)이 0.75라면 지출-소득 승수는 4(=1/(1-0.75))가 되므로, 5조 원만큼 투자가 증가할 때 총수요곡선이 20조 원(=4×5조 원)만큼 우측으로 이동한다. 이에 따라 그림 26.5(c)에서 총수요곡선이 AD_1에서 AD_2으로 이동하면, 실질 GDP가 880조 원에서 완전고용수준인 900조 원으로 증가하면서 음(-)의 GDP갭이 사라짐을 알 수 있다.[3)]

표 26.4의 (1)열은 확장적 통화정책의 전달경로를 요약하고 있다

긴축적 통화정책의 효과

이제 긴축적 통화정책의 효과에 대해 살펴보자. 그림 26.5의 (a), (b), (d)는 긴축적 통화정책의 경제적 효과를 보여준다. 그림 26.5(d)는 긴축적 통화정책의 효과를 설명하기 위해 몇 개의 보조곡선이 추가된 것을 제외하고는, 기본적으로 그림 26.5(c)와 동일한 경제를 나타낸 그림임에 유의하기 바란다.

경제가 초기에 완전고용수준에 있었다고 가정하자. 즉 그림 (d)의 총수요곡선 AD_2와 총공급곡선 AS곡선이 만나는 점에서 경제의 균형이 이루어지고 있었다고 가정하자. 이 때 갑자기 화폐공급이 150조 원(S_{m2})에서 175조 원(S_{m3})으로 증가했다고 하자. 이에 따라 실질이자율은 8%에서 6%로 하락하고 투자지출은 20조 원에서 25조 원으로 증가한다. 그 결과 그림 (d)에서 총수요곡선이 AD_2에서 AD_3으로 우측이동하면서 AD_3와 AS가 교차하는 점 a에서 새로운 균형이 이루어진다. 새로운 균형에서 물가수준은 P_3까지 상승하며 실질 GDP가 910조 원으로 증가하면서 10조 원(=910조 원-900조 원)만큼의 양(+)의 GDP갭이 발생한다. 즉 경제의 총수요 AD_3가 완전고용 GDP 수준인 Q_f 즉 900조 원을 초과하므로, 중앙은행은 총수요를 억제하는 긴축적 통화정책을 시행하게 된다.

앞서 살펴본 대로 중앙은행은 긴축적 통화정책을 시행하기 위해 다음과 같은 조치들을 취할 수 있다. (1) 공개시장에서 은행이나 민간에 국채 등 채권을 매각하거나 (2) 법정지급준비율을 인상하거나 (3) 재할인율을 인상하거나 (4) 지준부리에 적용되는 이자율을 인상하는 등의 조치들이 그것이다. 이들 조치에 따라 은행의 지급준비금은 줄어들고 기준금리는 상승하게 된다. 이에 따라 은행들은 지급준비금의 확보를 위해 기존 대

3) 여기서는 논의의 단순화를 위해서 실질 GDP의 증가가 화폐수요에 영향을 미치지 않는다고 가정한다. 그러나 현실에서는 GDP가 증가하면 화폐의 거래수요도 함께 증가하므로, 확장적 통화정책에 따른 이자율의 하락폭은 그림 26.5의 (a)에서보다 작아진다.

출을 회수하거나 신규대출을 축소하게 되고, 그 결과 경제의 통화량이 줄어든다. **통화량 감소에 따른 시장이자율의 상승은 투자를 위축시키고 총수요를 감소시켜 수요견인 인플레이션을 억제하는 방향으로 작용**한다.

그러나 **중앙은행은 긴축적 통화정책의 강도 즉 통화량을 얼마나 감소시킬지에 대해 매우 신중해야 한다.** 특히 문제가 되는 것은 앞서 언급한 톱니효과에 따라 물가가 하방경직성을 가지는 경우이다. 만일 새로운 균형점 a에서 물가가 하방경직적이어서 P_3 수준에서 고정되는 경우, 경제의 총공급곡선은 단기균형점 a로부터 왼쪽으로 그어진 수평의 점선이 된다. 이러한 상황에서 만일 중앙은행이 긴축적 통화정책을 통해 통화량을 원래 수준인 150조 원(S_{m2})으로 감소시키면, 투자지출이 다시 20조 원으로 줄어들고 총수요곡선도 원래 위치인 AD_2로 돌아가게 된다. 그러나 물가가 P_3로 고정되어 있으므로 새로운 균형점은 총수요곡선 AD_2와 수평인 점선이 만나는 점 c가 된다. 이 때의 균형 실질 GDP는 완전고용 GDP수준인 Q_f(=900조 원)에 못 미치므로 음(−)의 GDP갭이 발생하며, 따라서 경제는 침체에 빠지게 된다.

따라서 경제가 다시 완전고용을 달성하기 위해서는 총수요곡선을 AD_2가 아니라 AD_4까지만 이동시켜 새로운 균형이 점 b에서 이루어지도록 정책을 수행해야 한다. 이를 위해서는 총수요가 10조 원만큼만 감소해야 한다. 그래야만 균형 GDP가 910조 원에서 900조 원으로 감소하면서 완전고용 GDP수준과 일치하게 되기 때문이다. 결론부터 말하면 중앙은행은 통화량을 현재의 175조 원에서 162.5조 원으로 줄임으로써, 점 b에서 완전고용 GDP수준을 달성할 수 있다. 왜 그런지 보다 구체적으로 살펴보자.

이해를 돕기 위해 그림 26.5의 (a)에 가로축의 통화량이 162.5조 원인 점에서 수직의 화폐공급곡선을 그린 후 이를 S_{m4}라고 부르자. 화폐공급곡선 S_{m4}은 정확히 S_{m2}와 S_{m3}의 중간지점에 있게 된다. 따라서 새로운 화폐공급곡선 S_{m4}와 총화폐수요곡선 D_m이 만나는 점에서 결정되는 새로운 균형이자율은 7%가 된다. 또한 새로운 균형이자율 7%는 8%와 6% 사이의 정확히 중간 값이므로, 그림 (b)에서 추론할 수 있듯이 7%의 이자율에서 투자지출은 20조 원과 25조 원의 정확히 중간 값인 22.5조 원이 된다.[4] 즉 중앙은행이 통화량을 175조 원에서 162.5조 원으로 줄임에 따라 투자지출은 25조 원에서 22.5조 원으로 2.5조 원만큼 감소하게 된다. 앞서 언급한 바와 같이 경제의 지출-소득 승수가 4이므로, 2.5조 원만큼의 투자지출 감소는 승수효과에 따라 총수요곡선을 10조 원(=4×2.5조 원)만큼 좌측으로 이동시킨다. 이에 따라 그림 (d)에서 총수요곡선이 AD_3에서 AD_4로 이동하면서 점 b에서 새로운 균형이 이루어진다. 그 결과 경제가 완전고용 GDP수준을 회복하고 양의 GDP갭은 사라진다.

표 26.4의 (2)열은 긴축적 통화정책의 전달경로를 요약하고 있다.

---

4) 지금의 논의는 암묵적으로 총화폐수요곡선과 투자수요곡선이 우하향하는 '직선'임을 가정했기 때문에 성립하는 것이다. 만일 총화폐수요곡선 또는 투자수요곡선이 직선이 아니고 구부러진 '곡선'인 경우에는 이러한 결론이 성립하지 않는다(역자주).

통화정책의 장단점

오늘날 대부분의 선진국들은 경기안정화 목적으로 통화정책을 재정정책보다 더 보편적으로 활용한다. 재정정책과 비교해서 통화정책은 다음과 같은 상대적 장점을 가진다.

- 신속하고 유연한 정책집행이 가능함
- 정치적 압력으로부터 상대적으로 자유로움

우선 재정정책과 비교해서 **통화정책은 정책의 시행이나 변경이 상대적으로 용이**하다. 재정정책의 경우, 국회의 동의나 심의가 필요하기 때문에 정책이 입안되어 시행되기까지 상당한 시간이 걸리는 반면, 통화정책의 경우에는 중앙은행이 공개시장조작 등을 통해 수시로 지급준비금과 기준금리를 조절할 수 있다.

또한 **재정정책에 비해 통화정책의 의사결정은 비교적 정치적 압력으로부터 자유로운 특징이 있다.** 예컨대 미국의 경우, 연준 이사회의 구성원들은 모두 선출직이 아닌 임명직이고, 14년에 이르는 긴 임기를 법적으로 보장받기 때문에 정치인들과 달리 상대적으로 이익집단의 로비로부터 자유롭고 유권자들의 인기에 연연할 필요가 없다. 이 때문에 연준 이사회는 정치적으로 인기는 없으나 경제의 장기적인 건전성 유지를 위해 꼭 필요한 정책들(예컨대 인플레이션 억제를 위한 금리 인상)을 소신있게 수행할 수 있다. 우리나라의 경우 역시 한국은행 금융통화위원회 위원은 모두 임명직으로서 4년의 임기를 법적으로 보장받고 있다.

또 다른 장점으로 **통화정책은 재정정책에 비해 효과가 보다 간접적이고, 따라서 정치적으로 보다 중립적인 수단**이라는 점을 들 수 있다. 예컨대 정부지출의 변화는 자원배분에 보다 직접적인 영향을 미치며, 조세제도의 변화 역시 매우 광범위한 정치적 파급효과를 가진다. 반면 통화정책의 경우, 그 효과가 시장을 통해 간접적으로 나타나기 때문에 정책에 따른 정치적 부담도 재정정책에 비해 낮은 편이다.

최근 미국의 통화정책

여기서는 미국 국내뿐만 아니라 전 세계적으로 가장 큰 파급효과를 가지는 미국의 통화정책이 금융위기 이후 어떻게 전개되어 왔는지 간략히 살펴본다. 최근 수년간 미 연준은 경기안정화 및 금융안정을 위해 통화정책을 매우 적극적으로 활용해 왔다.

2007~2009년 대침체기의 통화정책 2007년 늦여름부터 시작된 모기지 대출의 채무불이행 사태는 미국의 금융시장은 물론 실물경기에도 엄청난 악영향을 미쳤다. 이에 대응하여 연준은 다양한 확장적 통화정책 조치를 취하였다. 우선 2007년 8월 재할인율을 0.5%p 인하한 것을 시작으로, 2007년 9월부터 2008년 4월까지 기준금리인 연방기금금리 목표치를 5.25%에서 2%까지 인하하였다. 그밖에도 연준은 주요 금융회사들의 파산을 막기 위해 앞서 22장에서 논의한 것과 같은 여러 가지 이례적인 조치들을 내놓았다.

2008년 10월에 연준은 1.5%로 기준금리 목표치를 낮추었다가 같은 달에 다시 이를

1%까지 인하하였다. 급기야 2008년 12월부터는 기준금리 목표치가 0~0.25% 범위까지 낮아졌다. 바야흐로 제로금리 기간이 시작된 것인데, 이는 연준 역사상 최저의 금리 수준이었다. 이러한 연준의 확장적 통화정책 및 최종대부자 기능의 수행은 전체 은행제도를 안정화하고 신용경색을 방지함으로써 금융위기가 확산되는 것을 막는 데 크게 기여하였다.

이와 같이 기준금리가 제로금리까지 떨어지면서 앞서 언급했던 은행의 우대이자율도 그에 따라 대폭 하락하였는데(그림 26.3 참조), 2007년 12월 7.3%이던 우대이자율은 2009년 1월에 3.25%까지 하락하였고 2015년 말까지 그 수준을 유지하였다.

많은 사람들은 금융위기와 이후의 대침체 상황에서 연준이 보여준 신속하고 파격적인 정책대응에 대해 아낌없는 찬사를 보낸다. 그러나 다른 한편에서는 연준이 IT 거품붕괴에 이은 2001년의 경기침체에 대응하는 과정에서, 너무 오랫동안 저금리 기조를 유지한 것이 2007년 금융위기를 초래한 원인이었다고 지적하기도 한다. 이들에 따르면 오랜 기간에 걸친 인위적인 저금리정책 때문에 모기지 대출을 비롯한 여타 대출의 차입비용이 지나치게 하락하였고, 이것이 주택소유자 및 금융투자자들의 무분별한 차입을 부추겼다는 것이다. 이에 대해 다른 한편에서는 모기지 대출의 금리가 낮아진 것이 연준의 저금리정책 때문이라기보다는 중국 등 경상수지 흑자국들의 과잉저축이 미국 금융시장에 유입되면서 발생한 현상이라고 반박하기도 한다.

대침체 이후의 통화정책 연준의 파격적인 기준금리 인하와 미 정부의 확장적 재정정책에도 불구하고, 실물경제의 회복은, 특히 고용을 중심으로 매우 더디게 진행되었다. 이에 연준은 기준금리 조절에 기반한 기존의 전통적 통화정책 대신, 다양한 형태의 새로운 비전통적 통화정책 수단을 고안하고 실행하였다.

제로금리 통화정책기조

앞서 언급한대로 2008년 12월부터 연준은 기준금리 목표치를 제로금리 수준으로 낮추면서 **제로금리 통화정책기조**(zero interest rate policy)로 들어선다. 이 기조에서 연준은 기준금리를 제로수준에서 지속적으로 유지하는 동시에, 최종대부자로서 금융기관의 유동성 위기를 해소하기 위해 국채뿐만 아니라 다양한 형태의 채권을 은행과 여타 금융기관으로부터 대량으로 매입하였다.

이렇게 연준이 금융기관을 상대로 대량의 채권을 매입한 결과, 은행 전체적으로 천문학적 규모의 초과지급준비금이 쌓이기 시작했다. 이는 연준을 곤경에 빠뜨리는 요인이었다. 앞서 설명한 대로 초과지급준비금의 과잉으로 인해 이미 기준금리가 제로수준에 가까운 상황에서는, 공개시장 매입을 통해 기준금리를 인하하는 전통적인 방법을 더 이상 사용할 수 없었기 때문이다. 그렇다고 기준금리를 음(−)의 수준까지 내릴 수도 없었다. 앞서 설명한 제로금리하한의 문제 때문이다. 따라서 연준은 금리를 제로수준으로 유지하면서도 통화량을 늘리는 새로운 대안을 고안해야 했다.

그 대안이 바로 양적완화정책 즉 QE이다. 앞서 설명한 대로 양적완화정책은 공개시장조작과 달리 기준금리를 그대로 두면서, 은행의 지급준비금을 증가시키는 것을 목표로 한다. 이를 위해 양적완화 정책에서는 기준금리에 영향을 줄 수 있는 단기국채 대신, 주로 장기국채 등을 대규모로 매입하게 된다. 이를 통해 은행의 지급준비금과 대출여력을 크게 확대함으로써 경제의 통화량을 증가시키고 총수요를 부양하는 것이 바로 양적 완화정책의 목적이라고 할 수 있다. 앞서 언급한 대로 연준은 세 차례에 걸친 양적완화 정책을 통해 총 4조 달러(1차 양적완화: 1.75조 달러, 2차 양적완화: 0.6조 달러, 3차 양적완화: 1.61조 달러)에 육박하는 장기 채권을 매입하였다.

점차 경제가 회복되면서, 2015년 말이 되면 연준은 비로소 그 동안의 제로금리 통화 정책기조를 마감하고 기준금리 정상화를 추진하기 시작한다. 그도 그럴 것이 2009년 10%에 육박하던 실업률이 2015년 말에는 5% 수준까지 하락했기 때문이다. 이에 연준은 2015년 12월 기준금리 목표범위를 기존의 0~0.25%에서 0.25~0.5%로 인상하는 동시에, 지준부리 적용금리를 기존의 0.25%에서 0.5%로 인상하였다. 이와 함께 연준은 지준부리 적용대상에서 제외된 비은행 금융기관들을 상대로 채권을 매각(RP 매도)하였는데, 이는 RP 매매를 통해 비은행 금융기관의 남아도는 유동성을 흡수함으로써 실제 기준금리가 지준부리 적용금리인 0.5%에 접근하도록 유도하기 위한 것이었다.

이러한 조치들을 통해 연준은 엄청난 양의 초과지급준비금이 넘쳐나는 상황에서도 기준금리 및 은행의 대출여력에 대한 통제력을 확보할 수 있었다.

통화정책의 한계

앞서 언급한 많은 장점에도 불구하고, 통화정책은 실제 적용에 있어서 몇 가지 한계를 가진다.

정책 시차 앞서 재정정책이 효과를 발휘하기까지는 인식시차, 집행시차, 외부시차와 같은 다양한 정책 시차가 존재함을 앞서 배운 바 있다. 마찬가지로 통화정책의 경우에도 3가지 시차가 존재한다. 다만, 중앙은행은 필요하다면 언제든 통화정책 기조를 변경하고 이를 실행에 옮길 수 있으므로, 재정정책에 비해 통화정책의 집행시차는 훨씬 짧다고 할 수 있다.

반면 통화정책의 인식시차도 재정정책만큼이나 긴 편인데, 이는 보통의 상황에서는 월별 경제활동이나 물가수준의 변동만을 보고 경기의 후퇴시점이나 인플레이션율의 상승시점을 신속하게 파악하는 것이 매우 어렵기 때문이다. 또한 **통화정책은 최소 3~6개월의 외부시차**를 가지는데, 이는 통화정책에 따른 이자율 변화가 투자지출, 총수요, 실질 GDP, 그리고 물가수준에 충분한 영향을 미치기까지는 상당한 시간이 소요되기 때문이다. 이러한 인식시차와 외부시차는 통화정책의 시행 시기를 결정하기 어렵게 하는 요인들이다.

통화정책의 경기비대칭성

통화정책의 경기비대칭성과 유동성함정 통상적으로 **통화정책은 경기과열 및 인플레이션을 억제하는 데는 매우 효과적이지만, 경기침체에 빠진 경제를 부양하는 데는 비교적 덜 효과적**인 것으로 알려져 있다. 경제학자들은 이를 가리켜 **통화정책의 경기비대칭성**(cyclical asymmetry)이라고 부른다. 경제학자들은 종종 통화정책의 경기비대칭성을 '줄을 당기거나 미는 것'에 비유하곤 한다.

예컨대 통화당국인 중앙은행이 그림 26.5(d)의 왼쪽에 서 있다고 가정하자. 중앙은행은 '통화정책이라는 줄'의 한쪽 끝을 잡고 있고, 이 줄의 다른 쪽 끝에는 총수요곡선(AD)이 묶여 있다고 하자. 이 때 중앙은행이 줄을 왼편으로 잡아당기면 줄이 팽팽해진다. 따라서 통화정책은 총수요를 왼쪽으로 끌어내릴 때(총수요곡선의 좌측이동), 매우 효과적이다. 그러나 반대로 중앙은행이 줄을 오른쪽으로 밀어내면 줄은 느슨해진다. 따라서 통화정책을 통해 총수요를 오른쪽으로 끌어올리는 것(총수요곡선의 우측이동)은 상대적으로 어렵다.

이러한 비대칭성은 경제주체들이 통화정책에 따른 은행 지급준비금의 변화에 대해 비대칭적으로 반응하기 때문에 나타난다. 예컨대 중앙은행이 매우 강력한 긴축적 통화정책을 시행하여 지급준비금이 고갈되면, 은행은 어떻게든 대출을 줄이지 않을 수 없게 된다. 이에 따라 경제의 통화량이 줄고 이자율이 상승하며 총수요는 위축된다. 앞서 살펴본 중앙은행 대차대조표를 통해서도 알 수 있듯이, 중앙은행은 언제든지, 필요한 만큼 은행의 지급준비금을 흡수할 능력을 보유하고 있다.

유동성함정

반면 중앙은행이 확장적 통화정책을 통해 은행의 지급준비금을 증가시키더라도, 이른바 유동성함정 상황에서는 정책이 효과를 발휘하기 어렵다. 여기서 **유동성함정**(liquidity trap)이란 중앙은행이 은행의 유동성 즉 지급준비금을 증가시킴에도 불구하고, 은행의 대출, 투자지출, 총수요가 거의 증가하지 않는 현상을 가리킨다.

유동성함정의 대표적 예가 바로 금융위기 이후의 미국 경제이다. 앞서 살펴본 대로 금융위기 기간 동안 연준이 은행에 엄청난 규모의 초과지급준비금을 공급하면서 연방기금금리가 제로수준까지 떨어지고, 은행의 우대이자율 역시 대폭 하락하였다(2007년 12월 7.3%에서 2009년 3월 3.25%로 하락). 그러나 이렇게 초과지급준비금이 급증하는 상황에서도, 은행의 대출은 경기침체가 시작된 후 15개월이 지나도록 꿈쩍도 하지 않았다. 더구나 이후 5년간 양적완화정책이 시행되면서 초과지급준비금이 더욱 빠르게 증가했음에도 불구하고, 은행 대출은 여전히 지지부진하였다. 이는 가계와 기업이 대출을 상환하지 못할 것을 두려워한 나머지, 은행들이 증가하는 초과지급준비금을 그냥 연준에 예치해 두었기 때문이다.

확장적 통화정책의 효과를 달리 비유하자면, "말을 물가로 데려갈 수는 있지만 물을 마시게 할 수는 없다."는 것이다. **중앙은행이 확장적 통화정책을 통해 초과지급준비금을 증가시킬 수는 있어도, 은행들이 이를 통해 대출을 늘리도록 강제할 수는 없다**는 것이다. 따라서 중앙은행이 아무리 지급준비금을 늘린다 하더라도, 만일 은행들이 위험관리와 유동성 확보를 위해 대출을 꺼린다면 확장적 통화정책은 별 소용이 없게 된다. 또한 은행들이 늘어난 초과지급준비금을 대출할 용의가 있다 해도 가계와 기업들이 대출을 받으려 하지 않으면, 확장적 통화정책은 효과를 발휘할 수 없다. 물론 중앙은행이 민간으로부터 채권을 매입하면 경제의 통화량이 늘어날 수 있다. 그러나 이 경우에도 민간이 늘어난 현금을 지출을 늘리기보다 기존 대출을 상환하는 데 사용할 경우, 확장적 통화정책의 효과는 크게 약화될 수밖에 없다.

또한 극심한 경기침체 상황에서는 기업의 투자심리가 악화되어 그림 26.5(b)의 투자수요곡선 자체가 좌측으로 이동할 수 있다. 이로 인한 투자의 감소 효과가 확장적 통화정책에 따른 이자율 하락의 효과를 압도할 경우, 확장적 통화정책의 시행에도 불구하고 투자가 거의 변화가 없거나 오히려 감소할 수도 있다. 금융위기 이후 대침체기에 바로 이 같은 현상이 나타났다. 연준의 확장적 통화정책을 통해 실질이자율이 거의 제로수준으로 떨어졌음에도 불구하고, 투자는 저조했고 경기도 침체국면을 벗어나지 못했던 것이다. 이러한 경험은 적극적 통화정책이 결코 경기변동에 대한 만병통치약이 아님을 상기시켜 주는 사례라고 할 수 있다. 상황에 따라서는 통화정책이 '줄을 미는 것(pushing on a string)'처럼 아무런 효과를 발휘하지 못할 수 있다는 것이다.

이러한 이유 때문에 미국에서는 2009년부터 경기안정화를 위해 통화정책뿐만 아니라 재정정책이 동원되기 시작하였다. 대표적인 예가 약 7,870억 달러 규모의 감세와 정부지출을 승인한『미국 경제재건 및 재투자법』의 제정이다.

그림을 통해서 보는 거시경제의 구조

그림 26.6은 지금까지 논의되었던 내용을 바탕으로 거시경제의 구조를 그림으로 정리한 것이다. 이 그림을 통해 거시경제의 GDP, 물가수준, 고용 등이 결국 총수요와 총공급의 상호 작용에 의해 결정된다는 것을 알 수 있을 것이다. 여기서 붉은 글씨로 나타낸 부분은 정부나 중앙은행의 경제정책에 의해 결정되는 부분이다.

[그림 26.6] 총수요 · 총공급 모형을 통해 본 거시경제의 구조

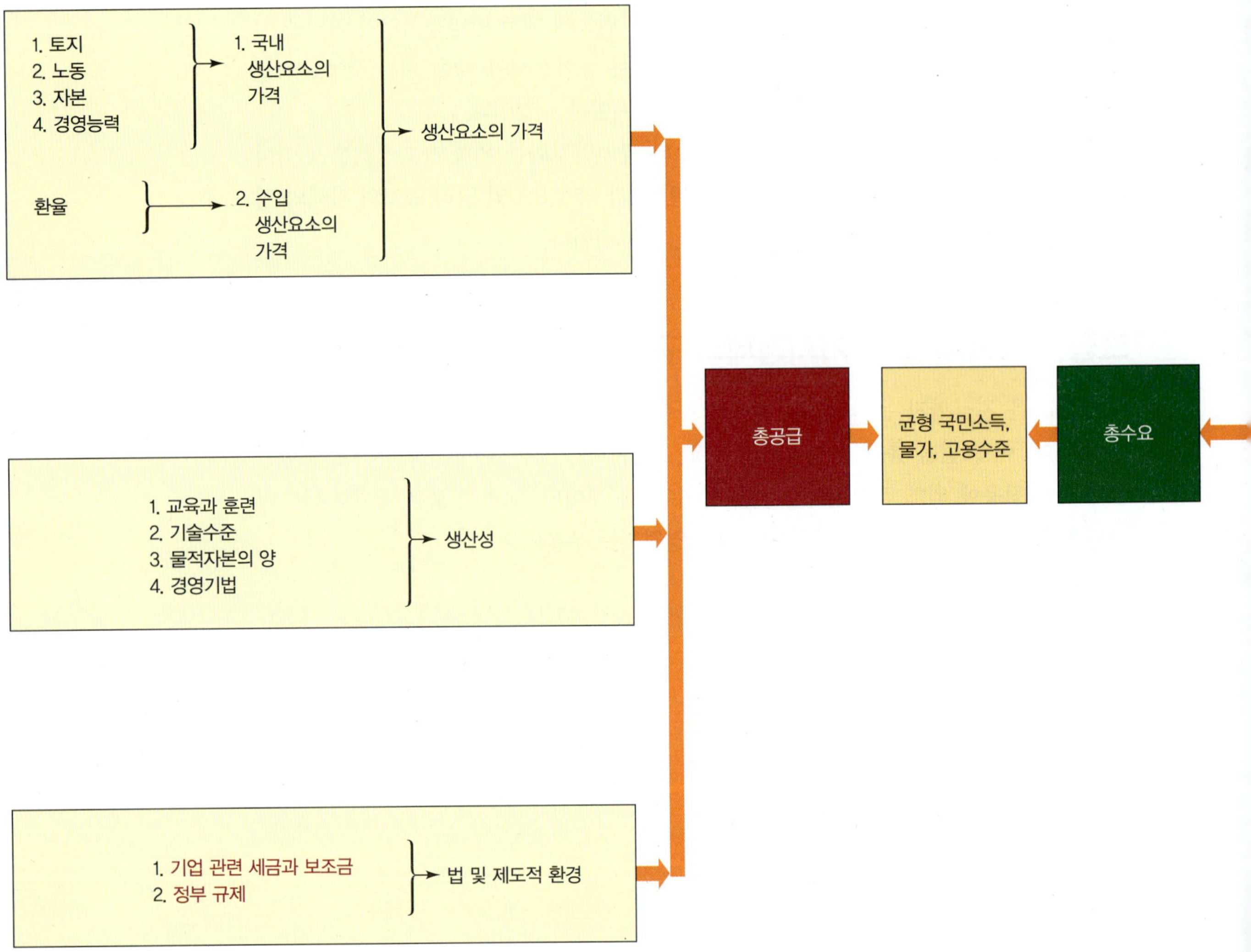

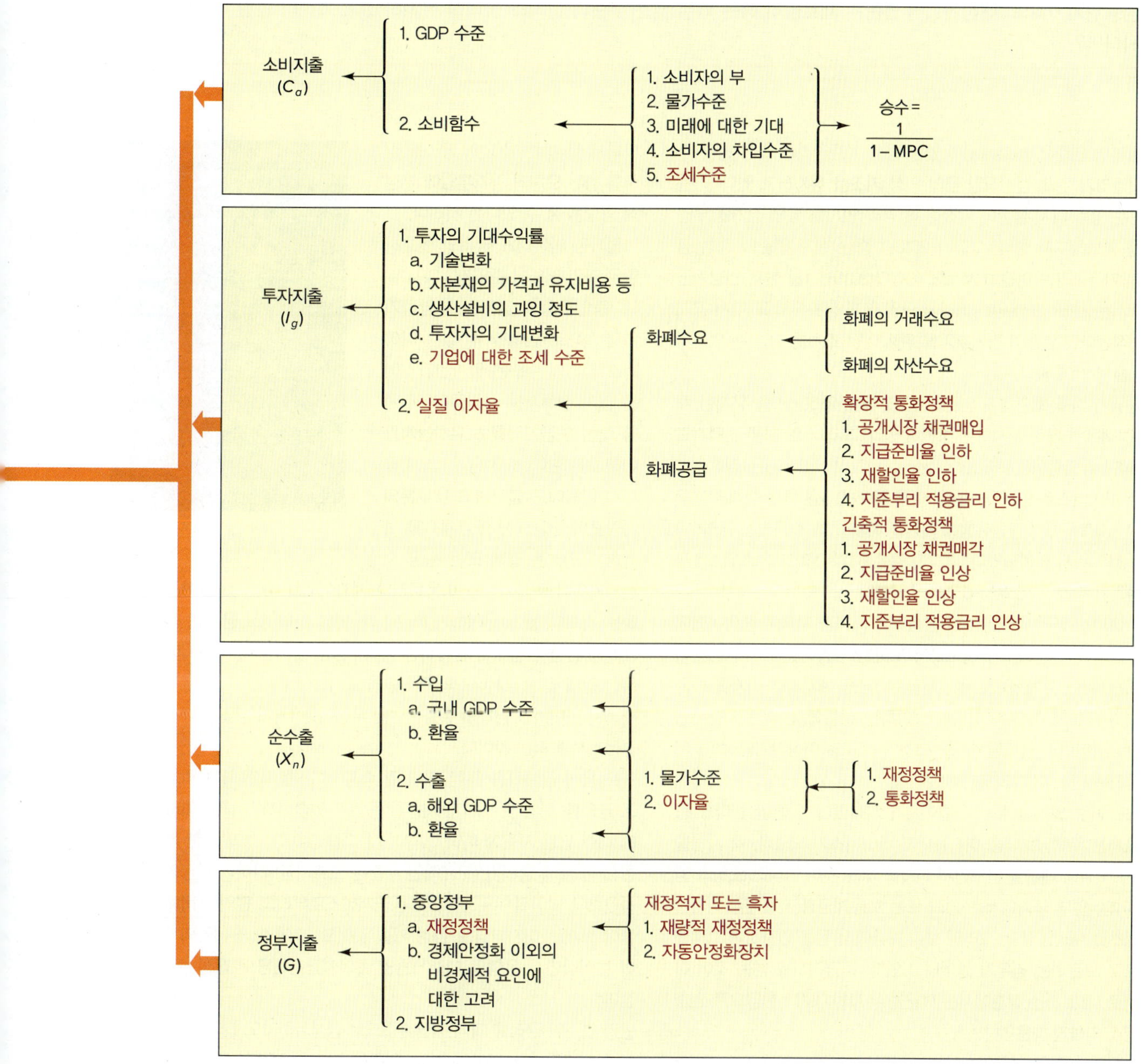
소비지출
(C_a)
1. GDP 수준
2. 소비함수
1. 소비자의 부
2. 물가수준
3. 미래에 대한 기대
4. 소비자의 차입수준
5. 조세수준
승수 = $\frac{1}{1-MPC}$
투자지출
(I_g)
1. 투자의 기대수익률
a. 기술변화
b. 자본재의 가격과 유지비용 등
c. 생산설비의 과잉 정도
d. 투자자의 기대변화
e. 기업에 대한 조세 수준
2. 실질 이자율
화폐수요
화폐의 거래수요
화폐의 자산수요
화폐공급
확장적 통화정책
1. 공개시장 채권매입
2. 지급준비율 인하
3. 재할인율 인하
4. 지준부리 적용금리 인하
긴축적 통화정책
1. 공개시장 채권매각
2. 지급준비율 인상
3. 재할인율 인상
4. 지준부리 적용금리 인상
순수출
(X_n)
1. 수입
a. 국내 GDP 수준
b. 환율
2. 수출
a. 해외 GDP 수준
b. 환율
1. 물가수준
2. 이자율
1. 재정정책
2. 통화정책
정부지출
(G)
1. 중앙정부
a. 재정정책
b. 경제안정화 이외의
비경제적 요인에
대한 고려
2. 지방정부
재정적자 또는 흑자
1. 재량적 재정정책
2. 자동안정화장치

마이너스 금리

글로벌 금융위기 이후의 대침체기에 연준은 제로금리 혹은 매우 낮은 수준의 플러스 금리를 유지하였다. 그러나 만일 마이너스 금리가 가능하다면?

2015년 말부터 연준은 제로 수준이었던 정책 기준금리를 과거 평균 수준으로 되돌리기 위해 점진적인 금리 인상 기조를 유지하고 있다. 이를 통해 연준은 향후 다시 불황이 닥쳤을 때 금리 인하를 통해 경기를 부양할 여지를 확보하고자 한다. 그러나 2016년 중반 현재 연준의 정책 금리 즉 연방기금금리는 여전히 제로에 가깝다(2019년 1월 현재 연방기금금리 목표치는 2.25~2.5%임). 따라서 만일 현재 상황에서 또 다시 경기침체가 시작된다면 연준이 경기부양을 위해 어떤 조치를 취할 수 있을지 의구심이 들 수밖에 없다.

물론 금융위기 이후 최근까지 연준이 한 것처럼, 제로금리를 유지한 채 양적완화정책을 추가로 실시하는 방안이 있다. 그러나 또 다른 선택지도 있다. 2014년 유럽중앙은행(ECB: European Central Bank)은 정책금리를 최초로 마이너스로 인하하였는데, 이후 2016년 3월 현재 정책금리(구체적으로는 시중은행이 중앙은행에 자금을 예치할 때 적용되는 금리: 역자주)는 –0.4%까지 인하되었다. 게다가 같은 시기 덴마크와 스위스에서도 정책금리가 각각 –0.65%, –0.75%에 달했다.

ECB의 마이너스 금리 시행은 시중은행들로 하여금 자금을 중앙은행에 예치하기 보다는 민간에 대출하도록 유도하기 위함이었다. 시중은행이 ECB에 자금, 보다 구체적으로 초과지급준비금을 예치하면 이자를 받는 것이 아니라 오히려 0.4%의 이자를 내야하는 상황에서, 이제 시중은행 입장에서는 마이너스 금리일지라도 그것이 –0.4% 이상이기만 하면 어디든 대출하는 편이 더 유리하기 때문이다.

기이하게도 이런 일들이 실제로 벌어지기 시작했다. 언급한 덴마크 등의 나라에서는 주택담보대출 이자율마저 마이너스가 되었다. 즉 사람들이 집을 사기 위해 대출을 받으면서 이자를 내는 것이 아니라 오히려 받게 된 것이다. 일부 국가에서는 당좌 또는 보통예금과 저축예금 이자율도 마이너스로 내려앉았다. 그러다 보니 예금에서 돈을 인출하여 고액권 등 현금으로 보관하는 경우가 늘어나고 있다. 예금이자를 받는 것이 아니라 반대로 내야 하는 상황에서는 예금을 유지하기보다 현금으로 인출하는 것이 유리하기 때문이다.

마이너스 금리로 인한 현금인출이 늘어나면서 ECB는 정책적 딜레마에 빠졌다. 마이너스 금리 폭이 커지면 은행들은 정책 의도대로 초과지급준비금 가운데 더 많은 부분을 대출할 것이지만, 이와 동시에 예금자들의 현금인출이 늘어나면서 초과지급준비금의 규모 즉 은행이 대출할 수 있는 재원은 오히려 줄어들기 때문이다.

이에 따라 많은 경제학자들은 마이너스 금리의 실효하한(negative lower bound)이 존재하는지에 대해 연구하기 시작했다. 여기서 말하는 실효하한이란 추가적인 금리 인하가 경기부양효과를 가지는, 금리의 최저수준을 의미한다. 학자들에 따르면 실제 금리가 이러한 실효하한보다 낮아질 경우, 현금으로 인출되는 예금의 양이 추가적인 금리 인하로 인해 대출이 증가하는 폭을 초과하면서 결과적으로 총대출량이 감소할 수 있다. 따라서 실효하한을 넘어 금리를 인하할 경우 오히려 경기부양에 부정적 영향을 줄 수 있다는 것이다.

그렇다면 마이너스 금리의 실효하한은 과연 어느 수준인가? 다시 말해, 중앙은행이 경기를 부양하기 위해 최대로 인하할 수 있는 마이너스 금리의 수준은 얼마인가? 이를 알기 위해서는 사람들이 왜 현금 대신 예금계좌를 보유하는지를 이해해야 한다. 이자를 거의 지급하지 않음에도 불구하고 대부분의 사람들이 현금대신 예금계좌를 보유하는 까닭은 결제 또는 송금 시 신용카드나 체크카드를 이용하거나 계좌이체를 하는 것이 현금을 사용하는 것보다 훨씬 편리하기 때문이다. 만일 마이너스 금리에 따라 예금계좌의 돈을 현금으로 인출하면 금리부담은 줄지만 이와 동시에 계좌를 통한 결제 및 송금서비스의 편리함을 포기해야 한다.

따라서 마이너스 금리의 실효하한을 추정하는 1가지 방법은 다음과 같은 설문조사를 하는 것이다.

"당신은 예금계좌를 통한 결제 및 송금서비스를 이용하기 위해 마이너스 금리를 최대 몇 %까지 지불할 용의가 있습니까?" 물론 이러한 설문에 대한 답은 사람에 따라 제각기 다 다를 것이다. 그러나 한 가지 확실한 것은 실제 금리가 (구체적인 수준은 모르지만) 마이너스 금리의 실효하한보다 낮아질수록, 결제 및 송금서비스로부터의 편익에 비해 예금자들이 느끼는 이자부담은 점점 커질 것이고, 그에 따라 예금의 현금인출이 늘어나면서 은행의 대출재원인 초과지급준비금도 점점 줄어든다는 점이다.

만일 연준이 금리를 과거 평균수준으로 정상화하기도 전에 경기가 또 다시 침체국면으로 접어들 경우, 연준은 이러한 정책적 딜레마를 충분히 고려하여 경기부양책을 실시해야 할 것이다.

요약

1. **화폐시장의 균형이자율 결정원리**
총화폐수요는 화폐의 거래수요와 자산수요의 합으로 구성된다. 화폐의 거래수요는 명목 GDP와 정의 관계를 가지는 반면, 화폐의 자산수요는 이자율과 역의 관계를 가진다. 총화폐수요와 총화폐공급이 일치하는 점에서 균형이자율이 결정된다.
이자율과 채권가격은 역의 관계를 가진다.

2. **중앙은행의 대차대조표와 주요 구성요소**
중앙은행의 자산(대차대조표의 좌변) 가운데 가장 큰 비중을 차지하는 것은 국채 등의 채권이다. 반면, 중앙은행의 주요 부채(대차대조표의 우변) 항목으로는 은행이 예치한 지급준비금, 정부의 예금, 지폐 등 화폐발행액을 들 수 있다. 중앙은행 대차대조표의 변화를 통해 통화정책을 보다 잘 이해할 수 있다.

3. **통화정책의 수단과 의미**
통화정책의 최종목표로서 물가안정, 완전고용, 장기 경제성장을 들 수 있다. 한편 통화정책의 주요 수단으로서 (a) 공개시장조작, (b) 지급준비율 정책, (c) 재할인율 정책, (d) 지준부리제도 등을 들 수 있다.

4. **기준금리의 의미와 중앙은행의 기준금리 조절원리**
기준금리란 중앙은행이 통화량을 조절하는 과정에서 달성하고자 하는 목표 이자율이다. 대개 중앙은행이 직접적으로 통제가능한 초단기 또는 단기 이자율을 기준금리로 설정하는 것이 일반적인데, 미국의 경우 은행 간 초단기 자금거래에 적용되는 이자율 즉 연방기금금리를 기준금리로 활용하며, 우리나라의 경우에는 1999년부터 콜금리를 기준금리로 활용해 왔으나, 2008년부터는 7일 만기의 환매조건부채권(RP) 금리로 기준금리를 변경하였다. 중앙은행은 기준금리를 경제상황에 따라 적절한 수준으로 조절한다. 확장적 통화정책을 수행하기 위해 중앙은행은 기준금리의 목표치를 인하하고, 은행이나 민간으로부터 채권을 매입(공개시장 매입)함으로써 은행의 지급준비금을 증가시킨다. 그 결과 실제 기준금리가 점차 목표 수준으로 하락하는 동시에, 경제의 통화량이 증가하면서 다른 시장이자율들도 하락한다. 반면 긴축적 통화정책을 시행하기 위해 중앙은행은 기준금리의 목표치를 인상하고, 은행이나 민간에 채권을 매각(공개시장 매각)함으로써 은행의 지급준비금을 감소시킨다. 그 결과 실제 기준금리가 점차 목표 수준으로 상승하는 동시에, 경제의 통화량이 감소하면서 다른 시장이자율들도 상승한다.
그러나 금융위기 이후 미국에서는 이러한 전통적 방법에 의한 통화정책의 수행이 더 이상 불가능하였다. 왜냐하면 금융위기의 확산을 막기 위해 연준이 대규모의 유동성을 제공한 결과, 시중에 엄청난 규모의 지급준비금이 누적되면서 기준금리인 연방기금금리가 제로수준으로 떨어졌기 때문이다. 연준은 추가적인 부양을 위해 기준금리를 음(−)으로 인하할 수도 없었다. 왜냐하면 이자율이 음(−)이 되면서 은행으로부터 대량의 예금이 인출될 경우, 은행의 대출이 늘기는커녕 오히려 줄 수도 있기 때문이다.
이러한 제로금리하한의 문제를 회피하면서 통화량을 늘리기 위해 연준이 선택한 대안이 바로 양적완화정책(QE)이다. 연준은 양적완화정책을 통해 장기채권을 매입함으로써 기준금리는 그대로 두되, 은행의 지급준비금을 늘려 대출을 촉진하고 총수요를 부양하고자 하였다.
미국 경제의 회복세가 완연해지면서 연준은 2015년 말부터 기준금리의 정상화에 나선다. 시중에 지급준비금이 넘쳐나는 상황에서 기준금리를 인상하기 위해, 연준은 우선 (a) 지준부리에 적용되는 금리를 점진적으로 인상하는 동시에, (b) RP 매도를 통해 비은행 금융기관의 남아도는 유동성을 흡수하였다.

5. **통화정책의 전달경로**
통화정책의 효과는 다음과 같은 전달과정을 거쳐 경제에 파급된다. 확장적 통화정책을 예로 들면 (a) 먼저 중앙은행은 공개시장조작 등을 통해 은행의 지급준비금 규모를 증가시킨다. (b) 은행의 지급준비금이 증가하면서 경제의 통화량이 증가한다. (c) 통화량이 늘어남에 따라 실질이자율이 하락한다. (d) 이자율이 하락하면 투자지출이 증가한다. (e) 투자지출이 증가하면서 총수요가 확대된다. (f) 총수요 확대에 따라 실질 GDP가 증가하고 물가수준이 상승한다. 표 26.4는 통화정책의 효과가 파급되는 과정 즉 통화정책의 전달경로를 보여준다.

6. 통화정책의 장 · 단점

통화정책은 재정정책에 비해 신속하고 유연한 집행이 가능하고, 그 시행절차 및 효과가 정치적으로 중립적이라는 장점을 가진다. 금융위기 이후 미 연준은 금융 안정을 도모하고 2007~2009년 대침체로부터의 회복을 촉진하기 위해 확장적인 통화정책기조를 유지해 왔다. 금융위기의 확산 방지와 대침체로부터의 회복에 중앙은행의 통화정책이 큰 기여를 했다는 점에 대해서는 대부분의 경제학자들이 동의하고 있다. 그러나 통화정책은 다음과 같은 중요한 한계를 가진다. 첫째, (a) 인식 및 외부시차의 존재로 인해 정책 수행의 적절한 타이밍을 포착하기 쉽지 않다. (b) 극심한 경기침체 상황에서 은행들이 남아도는 초과지급준비금의 대출을 꺼리거나(유동성함정), 가계와 기업들이 자금을 차입하지 않을 경우, 확장적 통화정책이 무력해 질 수 있다.

주요 용어와 개념

공개시장조작
기준금리
긴축적 통화정책
양적완화정책
역 RP거래
연방기금금리
우대이자율
유동성함정
이자
재할인율
제로금리 통화정책기조
제로금리하한의 문제
지준부리
테일러 준칙
통화정책의 경기비대칭성
화폐의 거래수요
화폐의 자산수요
확장적 통화정책
RP거래

연습문제

1. 은행이 중앙은행에 국채 1억 원어치를 팔았다고 하자. 다른 조건이 불변인 상황에서, 이 거래로 인해 은행의 지급준비금은 어떻게 변하는가?

(1) 1억 원만큼 증가한다. (2) 1억 원만큼 감소한다.
(3) 2억 원만큼 증가한다. (4) 2억 원만큼 감소한다.
(5) 불변이다.

2. 어떤 은행이 현재 100억 원의 요구불예금을 수취하고, 20억 원의 실제 지급준비금을 보유하고 있다고 한다. 만일 법정지급준비율이 20%라면 이 은행이 현재 대출가능한 최대금액은 ______이다. 한편 만일 법정지급준비율이 10%라면 이 은행이 대출가능한 최대금액은 ______이다. 빈칸에 들어갈 말을 순서대로 바르게 나열한 것은?

(1) 20억 원, 10억 원 (2) 20억 원, 30억 원
(3) 20억 원, 50억 원 (4) 0원, 5억 원
(5) 0원, 10억 원

3. 어떤 은행이 국채를 담보로 하여 중앙은행으로부터 100억 원을 차입하였다. 차입 시 적용된 이자율은 4%이며, 현재 법정지급준비율은 10%라고 한다. 은행은 차입한 100억 원 가운데 얼마만큼을 법정지급준비금으로서 의무적으로 보유해야 하는가?

(1) 0원 (2) 5억 원
(3) 10억 원 (4) 50억 원
(5) 100억 원

4. 다음 중 은행의 대출여력이 증가하는 경우를 모두 고르시오.

(1) 중앙은행이 재할인율을 5%에서 6%로 인상한 경우
(2) 중앙은행이 법정지급준비율을 10%에서 11%로 인상한 경우
(3) 중앙은행이 은행으로부터 국채를 100억 원만큼 매입한 경우

(4) 중앙은행이 재할인율을 4%에서 2%로 인하한 경우

(5) 중앙은행이 법정지급준비율을 10%에서 8%로 인하한 경우

5. **중앙은행이 공개시장조작을 통해 기준금리를 인상하고자 할 경우 중앙은행은 _______를 시행해야 한다. 한편 기준금리를 인하하고자 할 경우 중앙은행은 _______를 시행해야 한다. 빈칸에 들어갈 말을 순서대로 바르게 나열한 것은?**

(1) RP 매수, RP 매수 (2) RP 매도, RP 매수

(3) RP 매수, RP 매도 (4) RP 매도, RP 매도

(5) 위 보기 중 정답 없음

6. **다음과 같은 가상의 경제가 있다.**

> 이 경제의 총화폐공급은 200조 원, 화폐의 거래수요는 150조 원이다. 한편 화폐의 자산수요는 이자율이 12%일 때 10조 원이고, 이자율이 2%p씩 떨어질 때마다 10조 원씩 증가한다.

(1) 이 경제의 균형이자율은 얼마인가?

(2) 균형에서 총화폐공급과 총화폐수요는 얼마인가? 또한 균형에서 화폐의 거래수요 및 자산수요는 얼마인가?

7. **어떤 만기가 없는 채권(영구채)의 액면금액이 1,000만 원이고, 이 채권은 매년 일정하게 80만 원의 이자를 지급한다고 하자. 아래의 표에서 각각의 채권가격에 대응하는 이자율과 각각의 이자율에 대응하는 채권가격을 계산하여 빈칸을 채우시오. 완성된 표를 바탕으로 채권가격과 이자율 사이의 관계에 대해 어떤 일반적인 결론을 도출할 수 있는가?**

채권가격 (단위: 만 원)	시장이자율 (%)
800	_____
_____	8.9
1,000	_____
1,100	_____
_____	6.2

8. **다음은 어떤 경제에서 은행 전체의 대차대조표와 중앙은행의 대차대조표를 나타낸다. 다음 (1)~(3)의 거래에 따라 대차대조표가 어떻게 변화하는지를 각각 표의 (1)~(3)열에 기록하여 표를 완성하시오. 단, 모든 거래는 누적되지 않는다. 즉 (1)~(3)의 거래가 일어나기 직전의 대차대조표는 항상 표에 주어진 수치대로임에 유의하기 바란다. 금액의 단위는 조 원이다.**

		은행 전체의 대차대조표		
		(1)	(2)	(3)
자산				
지급준비금	33	_____	_____	_____
채권	60	_____	_____	_____
대출	60	_____	_____	_____
부채 및 순자산				
요구불예금	150	_____	_____	_____
중앙은행으로부터의 대출	3	_____	_____	_____

		중앙은행의 대차대조표		
		(1)	(2)	(3)
자산				
채권	60	_____	_____	_____
은행에 대한 대출	3	_____	_____	_____
부채 및 순자산				
은행의 지급준비금	33	_____	_____	_____
정부예금	3	_____	_____	_____
화폐발행액	27	_____	_____	_____

(1) 중앙은행이 재할인율을 인하함에 따라 은행이 중앙은행으로부터 1조 원을 차입하였다. 이러한 거래 후 변화된 대차대조표를 (1)열에 기록하시오.

(2) 중앙은행이 3조 원만큼의 채권을 비은행 민간에 매각하고, 매각대금은 수표로 결제되었다. 이러한 거래 후 변화된 대차대조표를 (2)열에 기록하시오.

(3) 중앙은행이 은행으로부터 2조 원만큼의 국채를 매입하였다. 이러한 거래 후 변화된 대차대조표를 (3)열에 기록하시오.

(4) (1)~(3)의 거래에 대한 다음 질문에 답하시오.

① 각 거래에 따라 통화량은 직접적으로 얼마만큼 변화하는가?

② 각 거래에 따라 은행의 지급준비금은 얼마만큼 변화하는가?

③ 법정지급준비율이 20%일 때, 각 거래에 따라 은행 전체적으로 최대로 창조할 수 있는 예금의 양은 어떻게 변화하는가?

9. 본문의 표 26.3을 이용하여 다음 물음에 답하시오.

> 법정지급준비율이 10%인 상황(표 26.3의 (1)행 참조)에서, 현재 경제가 경기침체에 빠져있다고 가정하자. 은행들은 향후 있을지 모르는 채무불이행 사태를 우려하여, 현재 모든 초과지급준비금을 대출하지 않고 그대로 현금으로 보유하고 있다고 한다. 반면 중앙은행은 향후 경기가 회복될 때, 은행들이 현재 남아도는 초과지급준비금을 마구 대출함으로써 인플레이션을 자극하지나 않을까 우려하고 있다.

(1) 현재 상황에서 은행 전체의 초과지급준비금 가운데 1/3만큼을 줄이려면, 중앙은행은 법정지급준비율을 얼마로 인상해야 하는가?

(2) (1)에 따른 법정지급준비율의 인상에 따라 통화승수는 얼마가 되는가?

(3) (1)에 따른 법정지급준비율의 인상에 따라 은행 전체적으로 최대로 창조할 수 있는 예금의 양은 얼마나 감소하는가?

10. 현재 미국 경제의 실제 인플레이션율이 2%이고, 실질 GDP가 완전고용 GDP 대비 2%만큼 낮은 수준이라고 가정하자. 이 경우 테일러 준칙에 따르면 연준은 실질 연방기금금리의 목표치를 얼마만큼 인상 또는 인하해야 하는가?

11. 다음 표를 이용하여 물음에 답하시오.

화폐공급 (조 원)	화폐수요 (조 원)	이자율 (%)	투자지출 (조 원)	완전고용 GDP (조 원)	실제 GDP (조 원)
500	800	2	50	350	390
500	700	3	40	350	370
500	600	4	30	350	350
500	500	5	20	350	330
500	400	6	10	350	310

(1) 이 경제의 균형이자율과 균형에서의 투자지출 수준은 얼마인가?

(2) 균형에서 GDP갭은 양(+)인가 아니면 음(−)인가? GDP갭의 크기는 얼마인가?

(3) 이 경제의 중앙은행이 GDP갭을 0으로 만들기 위해서는 화폐공급을 얼마만큼 변화시켜야 하는가?

(4) 이 경제의 지출−소득 승수는 얼마인가?

PART 10

거시경제모형의 확장과 쟁점

27
Chapter

총공급 분석의 확장

학습내용

1. 단기 총공급곡선과 장기 총공급곡선의 관계
2. 장기 총수요 · 총공급 모형
3. 필립스곡선과 인플레이션–실업률의 단기적 상충관계
4. 인플레이션과 실업률의 장기적 관계
5. 세율과 조세수입, 그리고 경제의 총공급과의 관계

사상 최악의 경기침체였던 대공황 당시, 대부분의 고전학파 경제학자들은 장기적으로 경제가 균형을 스스로 회복할 것이므로 불황 극복을 위해 정부는 개입할 필요가 없다고 주장했다. 이러한 주장에 대해 경제학자 케인즈는 다음과 같이 대꾸했다. "장기에는 우린 모두 죽는다!(In the long run we are all dead!)"

대공황 이후 수십 년 간 케인즈 학파를 중심으로 거시경제학자들은 정교한 재정 및 통화정책을 통해 경기변동을 완화하고, 실업과 인플레이션에 대응하고자 노력했다. 따라서 이 시기 경제학자들의 논의는 단기적인 경기변동의 문제와 이를 완화하기 위한 정책들에 초점이 맞추어져 있었다.

그러나 경제의 장기적 측면은 현 세대는 물론 미래 세대의 일생에 걸친 생활수준을 궁극적으로 결정한다는 점에서 매우 중요하다. 그래서 거시경제학자들은 거시경제의 장기적 조정과정과 그 의미에 다시금 주목하게 되었다. 이렇게 경제의 장기적 측면의 중요성이 부각되면서, 80년대부터 총공급과 경제성장에 관한 다양한 이론들이 본격적으로 제시되기 시작하였다.

이 장에서는 먼저 기존의 단기 모형을 장기로 확장한 장기 총수요 · 총공급 모형의 구조를 살펴보고, 이를 통해 다양한 경제현상을 설명한다. 아울러 장단기 필립스곡선을 통해 인플레이션과 실업률 간의 관계를 검토한다. 마지막으로는 이른바 공급경제학의 핵심 주제 가운데 하나인 조세가 총공급에 미치는 영향에 대해 살펴본다.

단기에서 장기로

앞서 21장에서 살펴본 대로 거시경제학에서 **장기**와 **단기**의 차이는 생산요소 가격의 경직성 여부에 의해 결정된다. 즉 단기적으로는 생산요소 가격이 매우 경직적이거나 고정된 반면, 장기적으로는 완전히 신축적으로 움직인다. 반면, 생산요소가 아닌 생산물의 가격은 단기와 장기, 모두에 걸쳐 완전히 신축적이라고 가정한다.

이와 같이 생산요소 가격이 오직 장기에만 신축적이라는 가정에 따라, 장기와 단기 총공급곡선은 서로 다른 형태와 위치를 가지게 된다. 즉 21장에서 설명했듯이 단기 총공급곡선은 우상향하는 곡선인 반면, 장기 총공급곡선은 경제의 완전고용 GDP수준에서 수직인 직선이 된다.

이 장에서는 먼저 단기에서 장기로 가면서 총공급곡선의 형태가 변화하는 과정을 논의한다. 다음으로 장기와 단기 총공급곡선, 그리고 총수요곡선을 결합하여 장기 총수요 · 총공급 모형을 구축한다. 이 모형을 통해 거시경제의 충격 및 재정 · 통화정책의 변화에 따라 경제가 단기뿐만 아니라 장기에 걸쳐 어떻게 조정되는지를 살펴본다. 또한 이 모형을 통해 우리는 경제성장과 장기 총공급 간의 관계 및 인플레이션과 장단기 총공급 간의 관계를 파악할 수 있다.

단기 총공급곡선

여기서는 단기 총공급곡선과 장기 총공급곡선의 관계를 예를 통해 살펴본다. 먼저 단기 총공급곡선에 대해 앞 장에서 살펴본 내용을 간단히 복습해 보자.

그림 27.1(a)의 단기 총공급곡선 AS_1는 다음 3가지 가정에 기초하여 유도된 것이다. (1) 경제의 초기 물가수준은 P_1이고, (2) 단기적으로 명목임금을 비롯한 생산요소의 가격은 고정되어 있으며, (3) 물가수준은 상 · 하방 양쪽으로 신축적이다. 물가수준이 P_1일 때의 총공급은 완전고용 GDP수준 Q_f와 같고, 이것은 AS_1상의 a_1 점으로 표시되어 있다. 이때의 실업률을 자연실업률이라고 함은 이미 앞서 언급한 바 있다.

이제 그림 27.1(a)에서 물가수준이 상승했을 때, 단기적으로 경제에 나타나는 변화를 살펴보자. 예컨대 물가가 P_1에서 P_2로 상승하면, 생산물 가격 상승에 따라 기업들의 수입은 증가하는 반면, 명목임금과 기타 생산요소의 가격은 단기적으로 고정되어 있으므로 기업들의 이윤이 증가한다. 이윤이 상승함에 따라 기업들은 생산량을 Q_f에서 Q_2로 늘리고, 그 결과 경제는 단기 총공급곡선 AS_1을 따라 점 a_1에서 점 a_2로 이동한다. 이때의 생산량 Q_2는 완전고용 GDP수준을 초과하므로, 경제의 실업률은 자연실업률 수준 아래로 떨어지게 된다.

반대로 물가수준이 떨어지면, 가령 그림 27.1(a)에서 물가수준이 P_1에서 P_3로 하락하면 기업들은 어떻게 반응하는가? 이 경우 단기적으로 명목임금이 고정된 상황에서, 물가하락으로 인해 기업들이 생산하는 생산물의 가격이 하락하므로 기업의 수입과 이윤이 동시에 감소한다. 이에 따라 기업들은 생산을 줄이므로 경제전체의 실질 GDP는 Q_f에서 Q_3로 감소한다. 이는 단기 총공급곡선 AS_1 위의 점 a_1에서 점 a_3로의 이동으로 표현된다. 이러한 실질 GDP의 감소는 실업률 증가를 수반한다. 즉 새로운 GDP수준

[그림 27.1] 단기 및 장기 총공급곡선

(a) 단기에서는 명목임금 및 기타 생산요소의 가격이 고정되어 있으므로, 만일 생산물 가격인 물가가 P_1에서 P_2로 상승하면 기업의 이윤과 생산량이 늘어난다. 이에 따라 경제는 점 a_1에서 점 a_2로 이동한다. 반면 P_1에서 P_3로 물가가 하락하면 기업의 이윤과 생산량이 감소하면서, 경제는 점 a_1에서 점 a_3로 이동한다. 따라서 단기 총공급곡선은 우상향한다.

(b) 반면 장기에서는 생산요소의 가격이 신축적이므로, 물가 상승에 따라 명목임금과 기타 생산요소의 가격이 나란히 상승한다. 이에 따라 단기 총공급곡선은 좌측으로 이동한다($AS_1 \rightarrow AS_2$). 반대로 물가가 하락하면 장기적으로 명목임금과 기타 생산요소 가격이 나란히 하락하면서, 단기 총공급곡선이 우측으로 이동한다($AS_1 \rightarrow AS_3$). 이와 같은 조정과정을 거쳐, 경제의 새로운 균형은 각각 b_1과 c_1에서 달성된다. 따라서 장기 총공급곡선은 완전고용 GDP수준에서 수직인 직선이다.

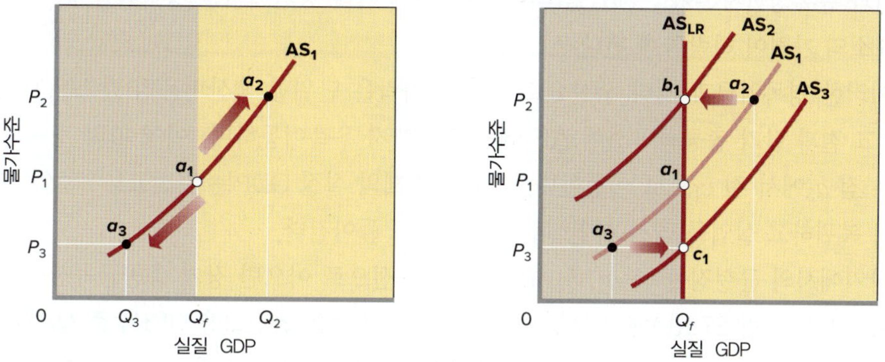

(a) 단기 총공급 (b) 장기 총공급

Q_3에서의 실업률은 완전고용 GDP수준 Q_f에서의 실업률 즉 자연실업률보다 높아진다.

장기 총공급

그러나 장기에서는 단기와 다른 결과가 나타난다. 왜 그런지 살펴보기 위해서는 물가 변화에 따른 명목임금의 변화를 추가로 고려하여, 장기 총공급곡선을 도출해야 한다.

초기에 경제가 그림 27.1(b)의 점 a_1(이 때의 물가수준은 P_1, 실질 GDP는 Q_f)에 위치해 있다고 가정하자. 앞서와 마찬가지로 P_1에서 P_2로 물가가 상승하면 경제는 점 a_1에서 점 a_2로 단기 총공급곡선 AS_1을 따라 이동한다. 그런데 점 a_2에서 경제는 완전고용 GDP수준을 초과하여 생산하고 있음을 알 수 있다. 이는 노동 등 생산요소에 대한 초과수요가 존재함을 의미하며, 이에 따라 장기에서는 명목임금 및 기타 생산요소의 가격이 상승하게 된다. 단기와 달리 장기에서는 명목임금 등 생산요소의 가격이 신축적이기 때문이다.

이러한 명목임금과 기타 생산요소 가격의 상승은 단위당 생산비용의 증가를 야기한다. 그 결과 단기 총공급곡선이 AS_1에서 AS_2까지 좌측 이동하는데, 여기서 AS_2는 물가수준의 상승($P_1 \rightarrow P_2$)에 따라 명목임금이 물가상승률과 같은 비율로 상승한 경우를 나타낸다.[1] 이러한 단기 총공급곡선의 좌측이동에 따라 경제의 균형은 점 a_2에서 점 b_1으로 이동한다. 따라서 경제의 실질 GDP는 완전고용수준인 Q_f로 다시 복귀하고 실업

1) 명목임금이 물가상승률과 같은 비율로 상승해야만 실질임금이 이전과 동일해지고, 그래야만 실업률이 초기의 자연실업률을 회복할 수 있다. 이와 같이 실업률이 자연실업률과 일치할 때, 비로소 경제는 그림의 점 b_1에서와 같이 완전고용 GDP수준을 달성할 수 있다.

률 역시 자연실업률 수준으로 돌아간다.

물가수준이 하락하는 경우는 어떨까? 결론부터 말하자면 물가수준이 상승한 경우와 정반대의 결과가 나타난다. 예컨대 그림 27.1(b)에서 만일 물가수준이 초기의 P_1에서 P_3로 하락하면, 단기적으로 경제는 점 a_1에서 점 a_3로 AS_1을 따라 이동한다. 단기적으로 명목임금 등 생산요소 가격이 고정된 상황에서 생산물 가격이 하락하면 기업의 이윤이 감소하므로 기업들이 생산량을 줄이기 때문이다. 그런데 점 a_3에서 경제는 완전고용 GDP수준보다 적게 생산하고 있음을 알 수 있다. 이는 노동 등 생산요소의 초과공급 즉 실업과 유휴생산자본이 존재함을 의미하며, 이에 따라 장기에서는 명목임금 및 기타 생산요소의 가격이 하락하게 된다.

이러한 명목임금과 기타 생산요소 가격의 하락은 단위당 생산비용의 감소를 야기한다. 그 결과 단기 총공급곡선이 AS_1에서 AS_3까지 우측이동하며, 이에 따라 경제의 균형은 점 a_3에서 점 c_1으로 이동한다. 따라서 경제의 실질 GDP는 완전고용수준인 Q_f로 다시 복귀하고 실업률 역시 자연실업률 수준으로 돌아간다.

장기에서의 균형점들 즉 a_1, b_1, c_1을 하나의 선으로 이으면 장기 총공급곡선을 도출할 수 있다. 그림 27.1(b)에서 보듯이 **장기 총공급곡선은 완전고용 GDP수준 Q_f에서 수직인 직선**이 된다. 이는 장기적으로 명목임금과 기타 생산요소의 가격이 조정되고 나면, 경제의 실질 GDP는 물가수준과 무관하게 항상 완전고용수준에서 결정됨을 의미한다.

장기 총수요 · 총공급 모형

그림 27.2는 기존의 총수요 · 총공급 모형에 장기 총공급곡선을 추가함으로써 경제의 장기균형이 어떻게 결정되는지를 보여준다. 따라서 이후 분석에서는 그림 27.2의 모형을 장기 총수요 · 총공급 모형이라고 부를 것이다.

우리가 지금까지 살펴본 총수요 · 총공급 모형에서의 균형은 바로 단기균형이다. 즉 단기에서 경제의 균형은 우하향하는 총수요곡선과 우상향하는 단기 총공급곡선이 만나는 점에서 성립한다. 이러한 단기균형에서의 실질 GDP는 완전고용 GDP수준과 일치하지 않을 수 있다. 즉 단기적으로는 양(+)또는 음(−)의 GDP갭이 발생할 수 있다.

그러나 장기적으로는 앞에서 설명한 대로 단기 총공급곡선이 이동하면서, 경제의 단기균형이 점차 조정된다. 이러한 조정과정을 거친 후, 경제의 장기균형은 총수요곡선, 수직의 장기 총공급곡선, 그리고 우상향하는 단기 총공급곡선이 모두 만나는 점에서 결정된다. 그림 27.2에서 총수요곡선 AD_1이 장기 총공급곡선 AS_{LR} 및 단기 총공급곡선 AS_1과 동시에 만나는 점 a가 바로 경제의 장기균형점이다. 이러한 장기균형에서 경제의 실질 GDP는 완전고용 GDP수준인 Q_f와 일치함을 알 수 있으며, 따라서 장기균형에서의 GDP갭은 0이 된다. 또한 이 때의 실업률은 자연실업률 수준에서 결정되며, 이는 경제가 완전고용을 달성하고 있음을 의미한다.

자연실업률 수준은 측정기간이나 국가에 따라 크게 달라질 수 있다. 예컨대 미국에서는 통상적으로 실업률이 4~5%이면 자연실업률 수준을 달성했다고 본다. 최근 우리나

[그림 27.2] 장기 총수요 · 총공급 모형에서의 균형

총수요곡선 AD_1, 장기 총공급곡선 AS_{LR}, 단기 총공급곡선 AS_1이 동시에 만나는 점에서 경제의 장기균형이 이루어지며, 이 때의 균형 물가수준은 P_1, 균형 실질 GDP는 완전고용수준인 Q_f가 된다.

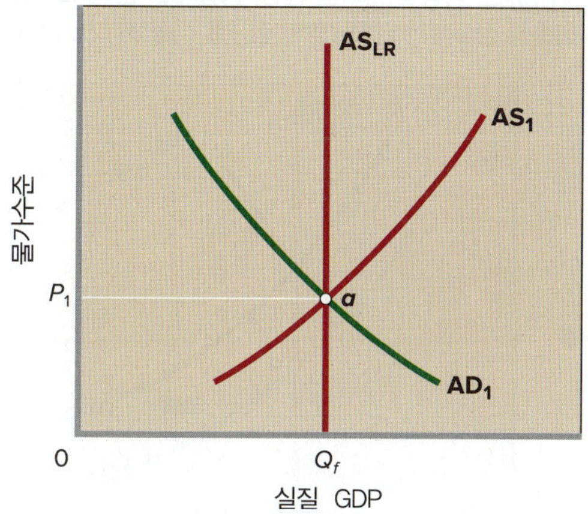

라의 경우에는 자연실업률 수준을 이보다 낮은 3%대 중반으로 추정하기도 한다. 구체적인 자연실업률의 값이 얼마든 간에 실제 실업률이 자연실업률과 일치할 때 경제의 실질 GDP는 완전고용수준을 달성하며, 그 수준이 장기 총공급곡선의 위치를 결정한다는 사실에는 변함이 없다.

장기 총수요 · 총공급 모형의 응용

장기 총수요 · 총공급 모형을 통해 수요견인 및 비용인상 인플레이션과 경기침체의 장기적 효과를 보다 명확히 이해할 수 있다.

수요견인 인플레이션과 장기 총수요 · 총공급 모형

수요견인 인플레이션은 총수요의 증가에 따라 물가가 상승할 때 발생한다. 즉 앞서 우리는 수요견인 인플레이션을 총공급곡선이 고정된 상태에서 총수요곡선이 우측으로 이동하여 발생하는 현상으로 묘사하였다(그림 21.8 참조).

그러나 장기 총수요 · 총공급 모형에서는 수요견인 인플레이션이 장기적으로 명목임금의 상승을 초래하여 단기 총공급곡선을 좌측으로 이동시키므로, 장기균형과 단기균형이 달라진다. 그림 27.3을 통해 좀 더 자세히 살펴보자. 그림에서 경제의 초기 균형점이 점 a라고 가정하자. 이 점에서 총수요곡선 AD_1과 단기 총공급곡선 AS_1, 그리고 장기 총공급곡선 AS_{LR}이 모두 만나고 있으며, 이 때의 물가수준은 P_1, 실질 GDP는 완전고용수준인 Q_f와 일치하고 있음을 알 수 있다.

이 때 총수요곡선이 AD_1에서 AD_2로 이동하면 수요견인 인플레이션이 발생하면서 물가수준이 P_1에서 P_2로 상승하고, 경제의 단기균형은 점 a에서 점 b로 이동한다. 또한 실질 GDP가 Q_f에서 Q_2로 증가하면서 $Q_2 - Q_f$ 만큼 양(+)의 GDP갭이 발생한다.

[그림 27.3] 장기 총수요 · 총공급 모형에서의 수요견인 인플레이션

초기 경제의 균형이 점 *a*인 상황에서 총수요곡선이 AD_1에서 AD_2로 이동하면 단기적으로 물가수준이 상승하고 실질 GDP가 증가한다. 그러나 장기적으로는 명목임금이 상승하면서 단기 총공급곡선이 AS_1에서 AS_2로 좌측이동한다. 그 결과 물가수준은 더욱 상승하는 반면, 실질 GDP는 수요견인 인플레이션 이전 수준으로 감소한다. 정리하면, 경제는 최초의 점 *a*에서 단기균형인 점 *b*로 이동했다가, 장기적으로는 점 *c*로 이동한다.

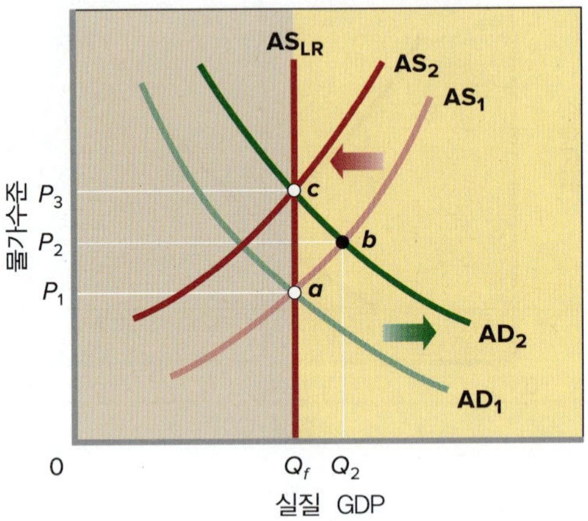

여기까지는 이미 우리가 앞서 배운 내용이다. 그러나 시간이 지나 장기가 되면 추가적인 변화가 일어난다. 단기균형인 점 *b*에서는 경제가 완전고용 GDP수준을 초과하여 생산하고 있다. 이는 노동 등 생산요소에 대한 초과수요가 존재함을 의미하며, 따라서 장기에서는 명목임금 및 기타 생산요소의 가격이 상승하게 된다. 이에 따라 단기 총공급곡선이 점차 좌측으로 이동하는데($AS_1 \rightarrow AS_2$), 그 결과 경제의 새로운 장기균형은 점 *c*에서 결정된다. 오직 점 *c*에서만 새로운 총수요곡선 AD_2가 단기 총공급곡선 AS_2 및 장기 총공급곡선 AS_{LR}과 동시에 교차할 수 있기 때문이다. 이러한 장기균형점 *c*에서 균형 물가수준과 실질 GDP는 각각 P_3와 Q_f임을 알 수 있다.

정리하면, **단기적으로는 수요견인 인플레이션이 물가상승과 함께 실질 GDP를 증가시키지만, 장기적으로는 오직 물가수준만 상승**시킴을 알 수 있다. 장기에서는 총수요가 증가할 경우, 경제의 균형이 수직의 장기 총공급곡선 AS_{LR}을 따라 위로 이동하기 때문이다. 명목임금 등 생산요소의 가격이 경직적인 단기에는 총수요의 증가에 따라 실질 GDP가 완전고용수준을 일시적으로 초과할 수 있다. 그러나 장기적으로는 수요견인 인플레이션에 따라 명목임금이 상승하면서, 경제가 완전고용 GDP수준으로 복귀하게 된다.

비용인상 인플레이션과 장기 총수요 · 총공급 모형

앞서 살펴본 대로 비용인상 인플레이션은 단위당 생산비용의 증가에 따라 총공급곡선이 좌측으로 이동하여 물가가 상승할 때 발생한다. 우리는 앞서 단기 총공급곡선만을 이용하여 비용인상 인플레이션의 단기효과에 대해 살펴본 바 있다(그림 21.10 참조). 여기서는 장기 총수요 · 총공급 모형을 통해 비용인상 인플레이션의 장기효과를 살펴볼 것이다.

그림 27.4에서 최초에 경제의 균형이 점 *a*에서 이루어지고 있었다고 가정하자(균형

[그림 27.4] 장기 총수요 · 총공급 모형에서의 비용인상 인플레이션

단기 총공급곡선이 AS_1에서 AS_2로 좌측이동하면 경제의 단기균형이 점 a에서 점 b로 이동하면서 비용인상 인플레이션이 발생한다. 이 때 만약 정책당국이 경기침체를 막기 위해 총수요곡선을 AD_2로 우측이동시키면 경제의 균형점이 점 b에서 점 c로 이동하면서 물가수준은 한층 더 상승한다. 반면 정책당국이 경기침체를 방관한다면 상당 기간 경기침체가 지속되지만, 장기적으로는 명목임금이 하락하면서 단기 총공급곡선이 우측으로 이동하여 원래의 위치(AS_1)로 돌아오게 된다. 그 결과 경제의 균형은 점 b에서 다시 원래의 점 a로 되돌아간다.

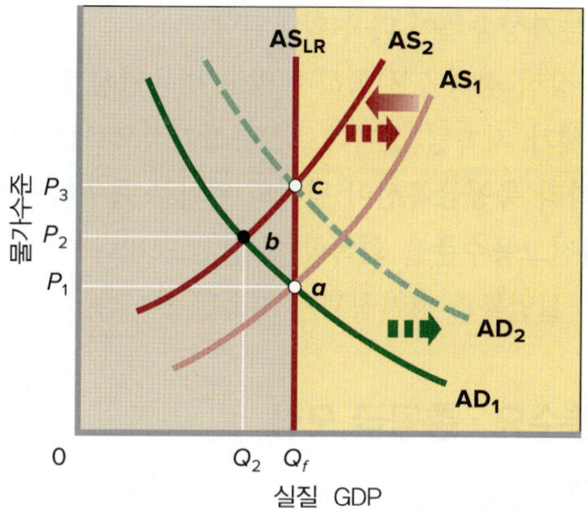

물가는 P_1, 균형 실질 GDP는 Q_f임). 이 때 산유국들이 원유 생산량을 대폭 줄이기로 합의하면서 국제 유가가 폭등했다고 하자. 이에 따라 원유를 원재료로 사용하는 상품과 서비스의 단위당 생산비용 및 운송비용이 크게 증가한다. 이러한 단위당 비용의 증가는 그림 27.4에서 단기 총공급곡선을 AS_1에서 AS_2로 좌측이동시키고, 이에 따라 단기 균형점이 점 a에서 점 b로 이동한다. 그 결과 물가수준이 P_1에서 P_2로 상승하면서 비용인상 인플레이션이 발생한다. 여기까지가 비용인상 인플레이션에 대해 앞서 배운 내용이다.

비용인상 인플레이션의 장기효과를 살펴보기에 앞서, 1가지 짚고 넘어갈 것이 있다. 이는 비용인상 인플레이션이 정책당국에게 골치아픈 딜레마를 제기한다는 점이다.

비용인상 인플레이션에 따라 경제의 단기균형이 점 b로 이동할 경우, 물가만 오르는 것이 아니라 실질 GDP가 Q_f에서 Q_2로 감소하면서 음(−)의 GDP갭이 발생한다. 이 때 정책당국은 음의 GDP갭을 해소하기 위해 확장적 재정 또는 통화정책을 통해 총수요곡선을 AD_2로 이동시킬 수 있다. 그러나 이 경우 음의 GDP갭을 해소할 수는 있지만, 다른 한편으로 경제의 균형이 점 b에서 점 c로 이동하면서 물가수준이 P_2에서 P_3까지 더욱 상승하게 된다. 이 때문에 당국은 이러지도 저러지도 못하는 딜레마 상황에 빠지게 된다.

만일 정책당국이 총수요를 AD_1에서 AD_2로 늘리지 않고 경기침체를 그냥 방치한다면 어떤 일이 벌어질까? 물론 단기적으로는 경기침체에 따라 노동자들이 해고되고 일부 공장은 문을 닫을 것이며, 일부 기업은 도산할 수 있다. 그러나 경기침체가 지속되면 장기적으로는 노동수요와 원유를 포함한 원재료 등의 생산요소에 대한 수요가 크게 줄면서, 결국 명목임금과 원재료 가격이 하락하기 시작할 것이다. 이로 인해 단위당 생산비용이 점차 하락하면서, 당초 좌측으로 이동했던 단기 총공급곡선은 다시 본래의 위치로 돌아갈 것이다. 즉 장기적으로 단기 총공급곡선이 AS_2에서 AS_1으로 복귀하는 것이다. 그 결과 물가수준은 다시 원래 수준인 P_1이 되고, 실질 GDP 또한 원래의 완전고용수준 Q_f를 회복하게 된다.

지금까지의 논의를 요약하면 다음과 같다.

- 비용인상 인플레이션이 발생한 상황에서 정책당국이 확장적 정책을 통해 완전고용을 유지하려 할 경우, 물가상승폭이 더욱 확대된다.
- 반면 정책당국이 확장적 정책을 시행하지 않고 비용인상 인플레이션을 방치할 경우, 단기적으로 경기침체가 지속될 것이다. 한편 **장기적으로는 경기침체에 따른 생산요소 가격의 하락에 따라 총공급곡선이 원래의 위치로 복귀하면서 물가가 다시 하락하고, 실질 GDP가 완전고용수준을 회복할 것**이다. 그러나 이러한 장기 조정과정이 완료될 때까지는 높은 실업률과 경기침체가 지속될 것이다.

경기침체와 장기 총수요 · 총공급 모형

총수요 감소로 인한 경기침체의 경우는 장기 총수요 · 총공급 모형을 적용하는 데 있어 가장 논란이 많은 부분이다. 다음 장에서 관련된 논쟁을 자세히 살펴보도록 하고, 여기서는 논쟁의 핵심에 대해서만 간단히 살펴보자.

그림 27.5에서 초기에 경제의 총수요곡선이 AD_1이고 단기 총공급곡선과 장기 총공급곡선이 각각 AS_1과 AS_{LR}이라고 가정하자. 따라서 초기 경제의 균형점은 점 a이고, 균형 물가수준 및 실질 GDP는 각각 P_1과 Q_f이다. 그런데 갑자기 투자지출이 급격하게 위축되면서 총수요가 AD_2로 감소했다고 가정해보자. 이 경우 만약 생산물 가격 즉 물가가 단기적으로 신축적이라고 가정하면, 경제의 균형점은 점 a에서 점 b로 이동하게 된다. 이에 따라 경제의 실질 GDP는 Q_f에서 Q_1으로 감소하고 물가수준은 P_1에서 P_2로 하락한다.

현재 경제의 단기균형점 b에서는 경제가 완전고용 GDP수준보다 적게 생산하고 있음을 알 수 있다. 이는 노동 등 생산요소의 초과공급 즉 실업과 유휴생산자본이 존재함을 의미하며, 이에 따라 장기적으로는 명목임금 및 기타 생산요소의 가격이 점차 하락하게 된다. 그 결과 단기 총공급곡선이 AS_1에서 AS_2로 우측이동하면서 경제의 균형점이 점 b에서 점 c로 이동하고, 그 과정에서 실질 GDP가 Q_1에서 다시 Q_f로 증가한다. 즉 당국의 확장적 정책 없이도 음의 GDP갭이 사라진 것이다. 또한 이 과정에서 물가수준은 P_2에서 P_3로 추가적으로 하락한다.

그러나 현실에서 이러한 시나리오가 성립하는가에 대해서는 논란의 여지가 많다. 논쟁의 핵심은 명목임금 등 생산요소의 가격과 물가수준이 단기적으로 얼마나 경직적인지, 그리고 위 시나리오대로 경제가 경기침체에서 벗어나 완전고용수준을 회복하기까지 얼마나 오랜 시간이 걸리는지에 있다. 논쟁의 구체적 내용은 다음 장에서 살펴보겠지만, 대체로 많은 경제학자들은 **경제가 스스로 완전고용수준을 회복하기까지 상당한 시간이 걸리며, 그 동안 지속적인 경기침체와 이에 따른 실업률 상승 및 실질 GDP의 감소가 불가피하다**고 생각한다. 특히 2007~2009년 대침체기의 길고 심각했던 불황은

[그림 27.5] 장기 총수요 · 총공급 모형에서의 경기침체

투자 부진으로 인해 총수요곡선이 AD_1에서 AD_2로 좌측이동하면 경기침체가 발생한다. 이 때 만약 단기적으로 생산물 가격이 신축적이라면 경제의 균형이 점 a에서 점 b로 이동함에 따라 물가가 P_1에서 P_2로 하락한다. 그러나 경기침체가 지속되면서 장기적으로는 명목임금과 기타 생산요소의 가격이 하락하게 되고, 이에 따라 총공급곡선은 AS_1에서 AS_2로 우측이동한다. 그 결과 물가수준은 P_3로 더욱 하락하고 실질 GDP는 원래의 완전고용수준인 Q_f를 회복한다. 요약하면, 경제의 균형은 최초의 점 a에서 단기적으로 점 b로 이동했다가 장기적으로는 점 c로 이동한다.

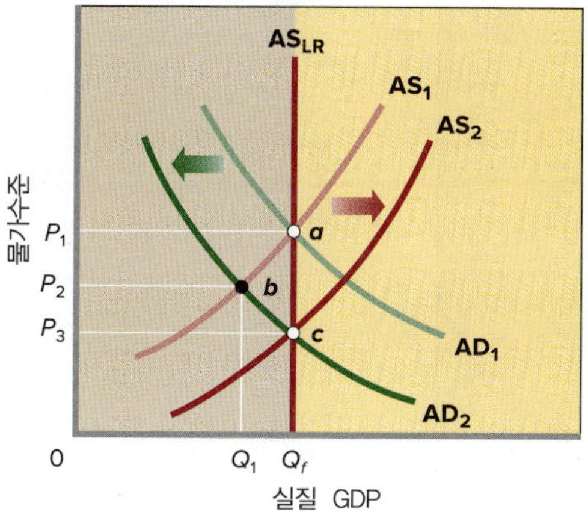

이러한 견해를 뒷받침하는 계기가 되었다. 이런 이유로 많은 경제학자들은 정책당국이 경기침체에 대응하여 보다 적극적인 재정 또는 통화정책을 수행해야 한다고 주장한다.

장기 경제성장과 완만한 인플레이션

지금까지 우리는 수요 및 공급측면의 다양한 충격에 따라 수요견인 및 비용인상 인플레이션이 어떻게 발생하고, 그 장단기 효과가 무엇인지 살펴보았다. 그러나 지금까지 우리가 살펴본 인플레이션은 모두 '일회적 현상'이라는 공통점을 가진다. 이는 지금까지 우리가 수요 또는 공급충격에 따른 총수요 또는 총공급곡선의 이동을 일회적인 것으로 가정했기 때문이다.

예컨대 앞서 그림 27.3에서 총수요곡선은 AD_1에서 AD_2로 딱 한번만 이동한다. 이에 따라 경제의 균형은 점 a에서 점 b를 거쳐 점 c로 이동하고, 이 과정에서 물가수준은 P_1에서 P_2를 거쳐 P_3까지 상승하면서 수요견인 인플레이션이 발생한다. 그러나 일단 경제가 새로운 장기균형점 c에 도달하고 나면 물가수준은 P_3에서 더 이상 변하지 않고, 따라서 더 이상 인플레이션도 발생하지 않는다. 즉 총수요가 일회적으로 증가하면 인플레이션은 일시적 현상에 그치게 된다.

그러나 과거 역사를 통해 알 수 있듯이 우리나라를 비롯하여 대부분의 자본주의 경제는 완만하지만, 지속적인 인플레이션을 경험해 왔다. 이러한 지속적인 인플레이션은 총수요 또는 총공급곡선의 지속적인 이동을 통해서만 설명할 수 있다. 살펴본 대로 총수요 혹은 총공급곡선의 일회적인 이동은 일시적인 인플레이션만을 발생시키기 때문이다. 또한 과거 대부분의 선진국 경제는 지속적인 인플레이션과 장기적 경제성장을 동시에 경험하였다. 이는 경제성장에 따라 총수요 및 총공급이 둘 다 지속적으로 증가하는

[그림 27.6] 생산가능곡선과 장기 총공급곡선

(a) 기술진보 또는 생산요소의 양적 증가와 같은 공급측 요인에 따라 경제가 장기적으로 성장할 경우, 경제의 생산가능곡선은 바깥쪽으로 이동한다($AB \rightarrow CD$).

(b) 한편 공급 측 요인에 의한 경제성장은 총수요 · 총공급 모형에서 장기 총공급곡선이 우측 이동하는 것으로 표현된다($AS_{LR1} \rightarrow AS_{LR2}$).

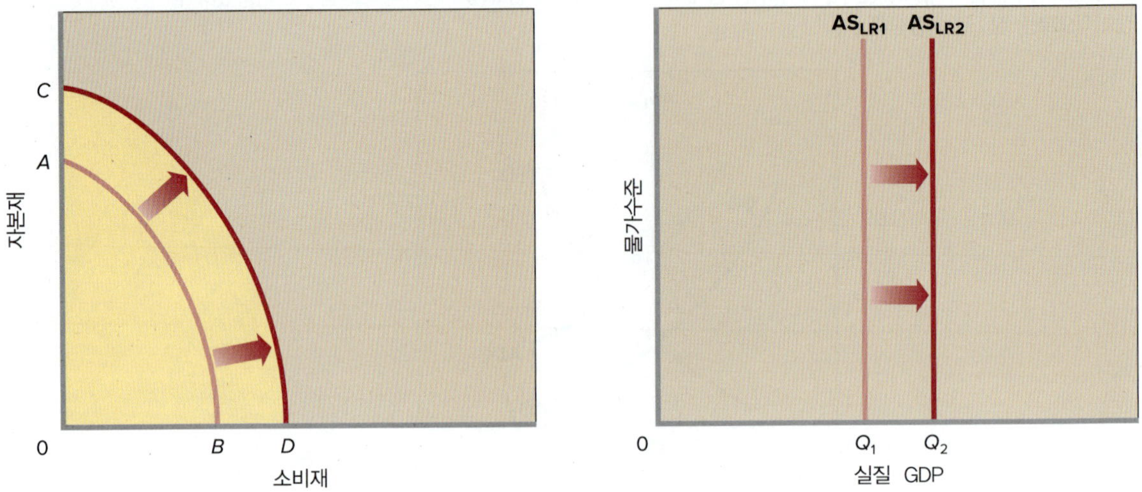

(a) 생산가능곡선의 확장　　(b) 장기 총공급의 증가

가운데, 총수요 증가폭이 총공급 증가폭을 소폭 상회하면서 지속적인 인플레이션이 발생하는 것으로 설명 가능하다. 이제 장기 총수요 · 총공급 모형을 통해 경제성장과 지속적인 인플레이션이 동시에 발생하는 현상을 그림으로 설명해 보자.

장기 총공급의 증가　앞서 17장에서 살펴본 바와 같이 장기적인 경제성장을 이끄는 주된 원동력은 기술진보, 생산요소의 양적 증가 등의 공급측 요인이라고 할 수 있다. 또한 앞에서 살펴보았듯이 경제학자들은 장기 경제성장을 생산가능곡선이 바깥쪽으로 이동하는 것으로 표현하곤 한다. 이러한 생산가능곡선의 이동은 총수요 · 총공급 모형에서는 장기 총공급곡선이 우측 이동하는 것으로 나타난다. 즉 그림 27.6(a)에서 생산가능곡선이 AB에서 CD로 이동하는 것은 (b)에서 장기 총공급곡선이 AS_{LR1}에서 AS_{LR2}로 우측 이동하는 것으로 표현될 수 있다.

이제 그림 27.7로 넘어가서 장기 총수요 · 총공급 모형에 따라 장기적 경제성장을 설명해 보자. 최초의 장기 총공급곡선이 AS_{LR1}이고 총수요 및 단기 총공급곡선은 각각 AD_1과 AS_1이라고 가정하자. 이 때 균형 물가수준은 P_1, 균형 실질 GDP는 Q_1임을 알 수 있다.

이제 총수요곡선이 고정된 상태에서, 공급측 요인의 변화(기술진보 또는 생산요소의 양적, 질적 증가)에 따라 장기 총공급곡선이 AS_{LR1}에서 AS_{LR2}로 우측이동했다고 하자. 이에 따라 경제의 완전고용 GDP수준은 Q_1에서 Q_2로 증가한다. 또한 총수요곡선이 AD_1으로 불변인 상황에서, 장기적으로는 생산물과 생산요소 가격이 신축적이므로 장기 물가수준은 P_1에서 P_3로 하락하게 된다. 이와 같이 다른 조건이 일정한 상황에서, 공급측 요인에 의한 경제성장에 따라 장기 총공급곡선이 우측으로 이동하면 물가수준이 하락하는 현상 즉 디플레이션이 발생한다.

[그림 27.7] 장기 총수요 · 총공급 모형에서의 경제성장

장기 경제성장과정에서 장기 총공급곡선은 AS_{LR1} 에서 AS_{LR2} 로 우측 이동한다. 이와 동시에 중앙은행의 통화량 조절로 인해 총수요곡선 역시 AD_1에서 AD_2로 우측 이동한다. 그 결과 우리나라와 선진국의 과거 성장과정에서와 같이 완만한 인플레이션($P_1 \rightarrow P_2$)과 경제성장($Q_1 \rightarrow Q_2$)이 동시에 나타난다.

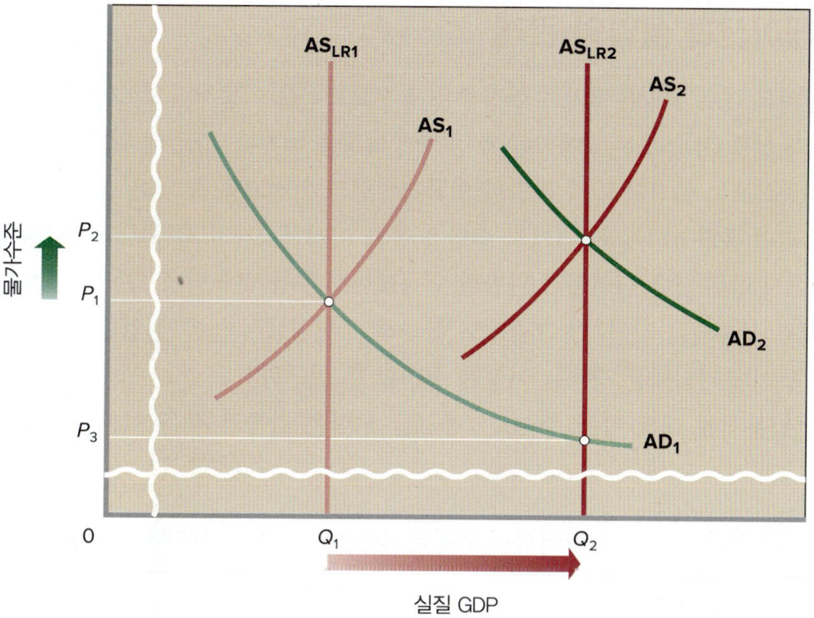

총수요의 증가와 인플레이션 그러나 실제 선진국의 경제성장과정에서 물가수준이 하락하는 디플레이션이 나타나는 경우는 찾아보기 힘들다. 이는 연준이나 한국은행과 같은 각국의 중앙은행이 물가안정을 위해 통화량을 꾸준히 늘림으로써 총수요곡선을 지속적으로 우측이동시키기 때문이다.

그림 27.7을 보면 기술진보 등 공급측 요인에 따라 장기 총공급곡선이 AS_{LR1}에서 AS_{LR2}로 이동하는 동시에, 중앙은행의 통화량 증가에 따라 총수요곡선 역시 AD_1에서 AD_2로 우측이동하였다. 이에 따라 새로운 총수요곡선 AD_2와 장기 총공급곡선 AS_{LR2}가 만나는 점에서 새로운 장기균형이 이루어진다. 그 결과 균형 실질 GDP는 Q_1에서 Q_2로 증가하고 물가수준은 P_1에서 P_2로 상승한다. 즉 경제성장이 디플레이션이 아닌 인플레이션을 동반하는 것이다. 이는 미국 등 선진국과 우리나라의 경제성장과정에서 완만하고 지속적인 인플레이션이 나타났던 사실과 잘 부합한다. 예컨대 미국의 경우, 지난 수십 년 간 연평균 3%대의 경제성장률과 2~3% 정도의 물가상승률을 유지해 왔다. 또한 우리나라의 경우 외환위기 이후 2000년부터 최근까지 연평균 4.2%의 경제성장률과 2.6%의 물가상승률을 기록하였다.

물론 장기 총공급곡선과 총수요곡선의 상대적인 이동폭에 따라, 경제성장과 동시에 디플레이션이나 제로 인플레이션, 혹은 매우 급속한 인플레이션이 나타날 수도 있다. 그러나 대부분의 선진국 중앙은행들은 **경제성장에 따라 장기 총공급곡선이 우측으로 이동하는 속도에 맞추어, 총수요곡선을 적절히 이동시킴으로써 완만한 수준의 인플레이션을 유지**해 왔다.

정리하면 장기 경제성장과 인플레이션이 함께 나타나는 현상은 장기 총공급곡선과 총수요곡선이 동시에 우측으로 이동하는 것을 통해 설명할 수 있다.

인플레이션과 실업의 관계

앞서 살펴본 대로 중앙은행의 통화정책은 총수요곡선을 이동시킴으로써 경제의 인플레이션율과 실질 GDP 또는 고용수준에 동시에 영향을 미친다. 그런데 일반적으로 중앙은행의 최종목표는 물가안정 즉 완만한 인플레이션과 완전고용 즉 낮은 실업률이다. 중앙은행은 과연 통화정책이라는 1가지 수단을 통해 이러한 2가지 최종목표를 달성할 수 있을까? 다시 말해 낮은 실업률과 완만한 인플레이션은 동시에 달성 가능한 목표인가, 아니면 서로 상충되는 것인가? 그럼에도 불구하고 현실에서 높은 실업률과 높은 인플레이션이 동시에 나타나는 경우는 어떻게 설명할 수 있을까?

이러한 문제에 대해 장기 총수요 · 총공급 모형은 다음과 같은 이론적 명제를 제시한다.

- 총공급충격이 부재한 상황에서는 인플레이션율과 실업률 사이에 단기적으로 상충관계가 존재한다.
- 유가 상승 등 총공급충격에 따라 높은 실업률과 높은 인플레이션율이 동시에 나타날 수 있다.
- 장기적으로는 인플레이션율과 실업률 사이에 상충관계가 존재하지 않는다.

이제 각각의 명제가 가지는 의미를 하나하나 검토해보자.

필립스곡선

필립스곡선

필립스곡선(the Phillips Curve)은 인플레이션율과 실업률 사이의 단기적인 상충관계를 나타내는 그래프이다. '필립스곡선'이라는 명칭은 처음으로 이를 발견한 경제학자 A.W. Phillips의 이름을 딴 것이다. 그림 27.8(a)는 필립스곡선의 일반적인 형태를 그린 것으로서, 인플레이션율과 실업률 사이의 상충관계 즉 역(−)의 관계를 보여준다. 다시 말해, 우하향하는 필립스곡선은 가로축으로 측정되는 실업률이 하락하면 세로축으로 측정되는 인플레이션율이 상승하는 관계를 나타내고 있다.

그림 27.9를 이용하여 간단한 사고실험(mental experiment)을 해보면 필립스곡선의 원리를 보다 명확하게 이해할 수 있다. 초기에 경제의 총수요곡선이 AD_0인 상황에서 기업의 투자와 정부지출이 증가하면서 총수요곡선이 AD_2로 증가했다고 가정하자. 이에 따라 단기적으로 물가수준은 P_0에서 P_2로 증가하고 실질 GDP는 Q_0에서 Q_2로 증가한다. 이와 같이 실질 GDP가 증가함에 따라 경제의 실업률은 하락할 것이다.

만일 총수요곡선이 AD_0에서 AD_3로 더 큰 폭으로 증가하면 물가수준은 P_3, 실질 GDP는 Q_3까지 증가하므로 인플레이션율과 실질 GDP의 증가폭은 총수요곡선이 AD_2인 경우보다 더욱 커진다. 이에 따라 실업률의 하락폭도 이전보다 더 커진다. 반면, 총

[그림 27.8] 필립스곡선의 이론적 및 실증적 형태

(a) 필립스곡선은 인플레이션율과 실업률 사이의 상충관계 즉 역(−)의 관계를 나타낸다. (b) 1960년대 미국의 연간 자료는 이러한 필립스곡선의 존재를 지지하는 것처럼 보인다.

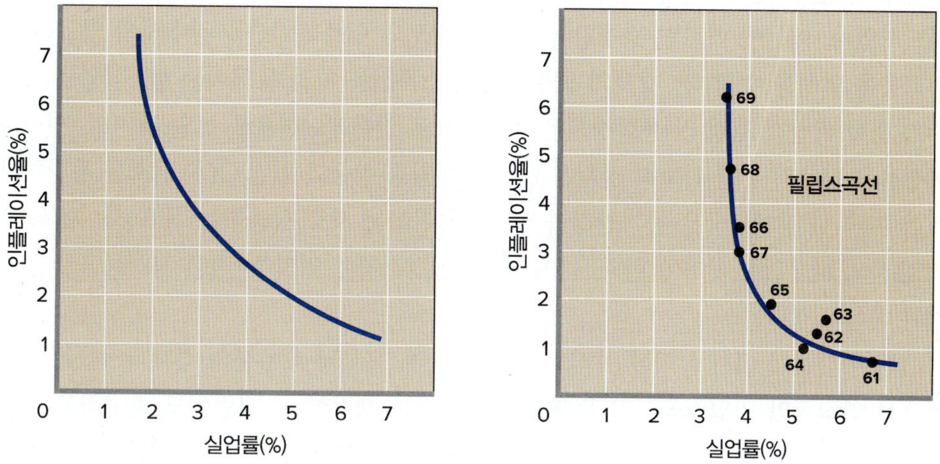

(a) 필립스곡선의 이론적 형태

(b) 1960년대 미국의 자료

수요곡선이 AD_0에서 AD_1으로 소폭 이동하면 AD_2까지 이동한 경우와 비교할 때, 인플레이션율과 실질 GDP 증가폭, 그리고 실업률의 하락폭이 더 작아질 것이다.

이러한 사고실험을 통해 우리는 다음과 같은 사실을 알 수 있다. 즉 **단기 총공급곡선이 고정되어 있는 상황에서, 인플레이션율이 높아지면 실업률은 이전보다 낮아지고, 인플레이션율이 낮아지면 실업률은 이전보다 높아진다**는 것이다. 이러한 관계를 그림으로 표현하면 그림 27.8(a)와 같이 나타난다.

그림 27.8(b)는 1960년대 미국의 연간 인플레이션율과 실업률 자료를 보여준다. 그림에서 보듯이 당시의 자료가 우하향하는 필립스곡선의 존재를 지지하는 것처럼 보인다. 실제로 1960년대 말 많은 경제학자들은 미국을 비롯한 여러 국가를 대상으로 실증

[그림 27.9] 총수요곡선의 이동에 따른 실질 GDP와 물가수준의 단기적 변화

총수요 · 총공급 모형을 통해 총수요곡선의 증가폭이 클수록 인플레이션율과 실질 GDP의 증가폭이 더 커짐을 알 수 있다. 실질 GDP와 실업률 사이의 역의 관계를 감안하면, 단기 총공급곡선이 고정된 상황에서 인플레이션율이 높아지면 실업률은 낮아짐을 알 수 있다.

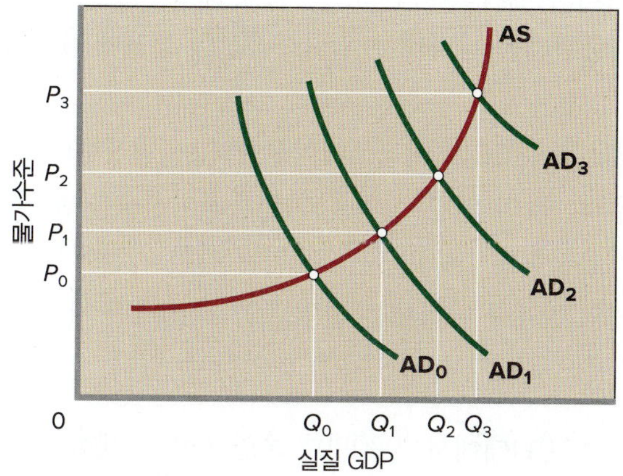

분석을 수행한 결과, 실업률과 인플레이션율 사이에 그림 27.8(a)와 같은 안정적인 역의 관계가 존재한다고 결론지었다.

일부 경제학자들은 여기서 더 나아가 추정된 필립스곡선을 경제정책에 활용하고자 시도하였다. 이들에 따르면 정책당국은 어느 정도의 인플레이션을 감수하지 않고는 완전고용을 달성할 수 없다. 경제의 균형이 필립스곡선을 따라 움직이는 한, 실업률을 낮추기 위한 확장적 재정 및 통화정책은 필연적으로 인플레이션율을 높일 것이며, 인플레이션율을 낮추기 위한 긴축적 정책은 반드시 실업률 상승과 실질 GDP 감소를 동반하게 된다. 따라서 정책당국은 물가안정과 완전고용이라는 서로 상충하는 목표 사이에서 적정 수준의 타협점을 찾아야 한다. 다시 말해, 필립스곡선 위의 한 점을 정책목표로 선택해야 하는 것이다.

그러나 다음 절에서 살펴볼 여러 이유들로 인해, 오늘날 대부분의 경제학자들은 **장기적으로 안정적인 필립스곡선이 존재하지 않는다**고 생각한다. 그럼에도 불구하고 그들 역시 적어도 단기적으로는 인플레이션율과 실업률 간의 상충관계가 존재한다는 데 동의한다. 즉 단기 총공급곡선이 고정된 상황에서 총수요의 증가에 따라 실업률이 자연실업률수준 아래로 하락하면, 총수요가 완전고용 GDP수준을 초과하면서 수요견인 인플레이션이 발생한다. 반대로 경기침체에 따라 실업률이 상승하면, 경기침체를 야기한 총수요 부진에 따라 인플레이션율이 낮아진다는 것이다.

총공급충격과 필립스곡선

1970년대에서 1980년대 초반까지 미국을 비롯한 여러 선진국 경제에서 고인플레이션과 고실업이 동시에 나타나면서, 필립스곡선의 안정성에 대한 경제학자들의 믿음은 산산조각 나고 말았다.

스태그플레이션

그림 27.10은 1960년대 미국의 필립스곡선을 나타낸 그림 27.8(b)에다가 1970년부터 2015년까지의 자료를 추가한 것이다. 그림을 보면 1970년부터 1980년대 초반 사이에 미국 경제는 1960년대에 비해 훨씬 높은 수준의 인플레이션율과 실업률을 동시에 경험했음을 알 수 있다. 이와 같이 인플레이션율과 실업률이 동시에 상승하는 현상을 **스태그플레이션**이라고 한다(스태그플레이션은 침체를 의미하는 단어 stagnation과 인플레이션 inflation을 합성한 용어임). 따라서 스태그플레이션이 발생하면 인플레이션과 실업률 사이에 정(+)의 관계가 나타난다. 이 때문에 1970년대를 기점으로 인플레이션과 실업률 사이의 상충관계를 나타내는 필립스곡선의 존재에 대해 근본적인 의문이 제기되었다.

비슷한 시기 우리나라에서도 스태그플레이션 현상이 발생했다. 그림 27.11은 1971년에서 2016년까지 우리나라의 연간 실업률과 인플레이션율을 보여준다. 그림 27.10에 있는 미국의 경우와 유사하게 1970년대를 제외한 다른 기간에서는 실업률과 인플레이션율이 대체로 역(−)의 관계를 나타내는 반면, 1971~1981년 기간에는 실업률과 인플레이션율이 동시에 큰 폭으로 상승하고 있음을 확인할 수 있다.

부(−)의 총공급충격 1970년대에서 1980년대 초반 사이 발생했던 스태그플레이션은 앞

[그림 27.10] 미국의 인플레이션율과 실업률(1960~2015)

1970년대 발생한 대규모 총공급충격은 미국의 인플레이션율과 실업률을 동시에 큰 폭으로 상승시켰다. 이에 따라 1970년대와 1980년대의 자료를 표시한 점들은 대체로 1960년대의 필립스곡선(파란색 곡선)보다 우측 상단에 위치하고 있음을 알 수 있다. 1990년대 들어 스태그플레이션이 해소되면서 1990년대의 자료를 표시한 점들이 점차 1960년대의 필립스곡선 쪽으로 접근하기 시작하였다. 1990년대 후반과 2000년대 초중반의 값들은 1960년대와 거의 비슷한 수준임을 알 수 있다.
한편 금융위기에 따른 대침체로 인해 2009년에는 실업률(9.3%)이 폭등한 반면, 인플레이션율(−0.4%)이 음(−)이 되는 디플레이션이 발생하였다. 이에 따라 2009년의 자료점은 그림의 우측 하단 끝에 위치하고 있음을 알 수 있다. 한편 대침체로부터 점차 회복되었던 2011~2015년 기간 동안에는 일반적인 필립스곡선의 예측과 달리 실업률과 인플레이션율이 동시에 하락하였다(회색 음영으로 표시된 자료점 참조).

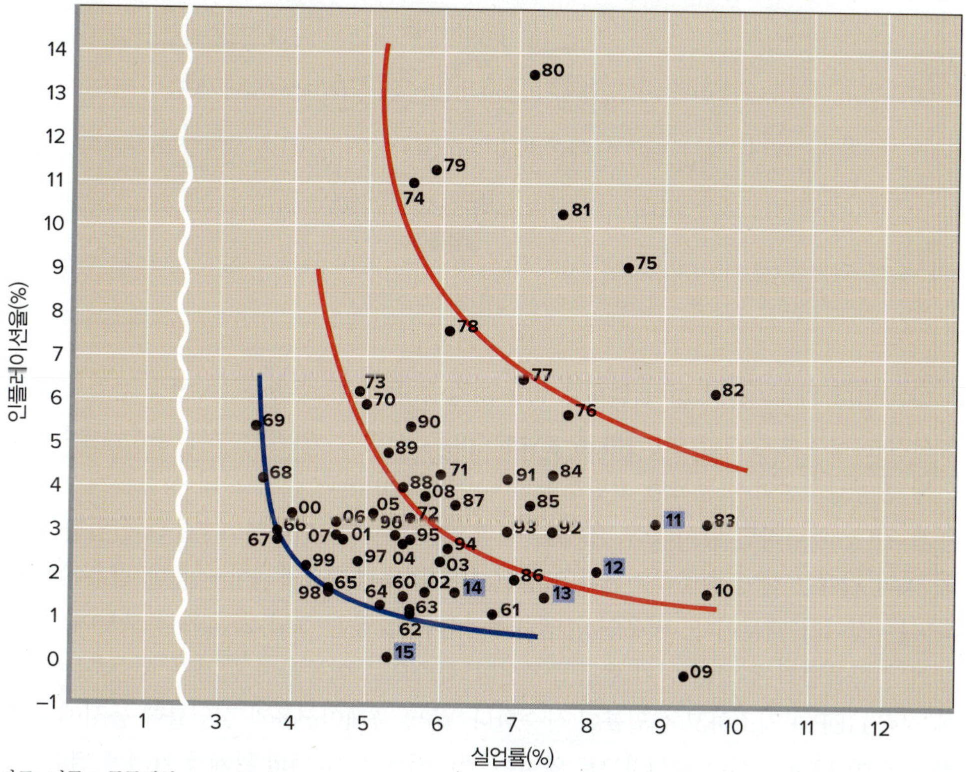

자료: 미국 노동통계청, www.bls.gov

서의 두 번째 명제 즉 총공급충격에 따라 높은 실업률과 높은 인플레이션율이 동시에 나타날 수 있음을 입증하는 강력한 증거라고 할 수 있다.

실제로 1970년대와 1980년대 초반까지 전 세계 원자재 가격이 급등하는 현상이 나타났다. 그 발단은 석유수출국기구(OPEC)가 1973~1974년에 원유가격을 무려 4배로 인상한 데서 비롯되었다. 이를 제1차 원유파동이라고 한다. 이와 유사한 사건이 1978~1979년에 한 번 더 있었는데, 이를 제2차 원유파동이라고 한다. 원유는 다양한 상품과 서비스의 원재료로 쓰일 뿐만 아니라 생산 및 운송을 위한 에너지원으로 사용되므로, 이러한 두 차례에 걸친 원유파동은 거의 모든 상품과 서비스의 생산 및 유통비용을 급속하게 상승시켰다.[2)]

2) 1970년대 미국의 경우, 원유파동 이외에도 생산비용을 증가시킨 몇 가지 다른 요인이 존재하였다. 예컨대 흉작에 따른 농업생산 부진, 1960년대 정부의 통제에 따라 인위적으로 억제되었던 임금의 폭등, 생산성 증가세 둔화, 달러화의 가치하락 등을 들 수 있다.

[그림 27.11] 우리나라의 인플레이션율과 실업률(1971~2016)

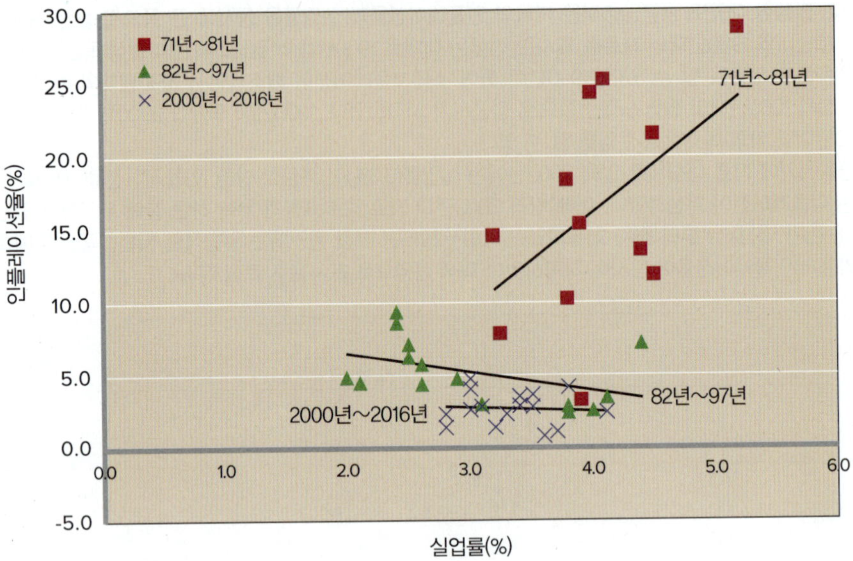

자료: 통계청 국가통계포털, http://kosis.kr.

주: 연간 자료이며, 인플레이션율은 소비자물가 총지수의 전년 대비 상승률임.

부(−)의 총공급충격

1970년대 원유파동과 같이 원재료 비용의 상승 등을 통해 총공급곡선을 좌측으로 이동시키는 경제적 충격을 **부(−)의 총공급충격**이라고 한다. 이러한 부의 총공급충격으로 인해 총공급곡선이 이동하면 필립스곡선 즉 인플레이션과 실업 간의 상충관계가 사라지게 된다. 왜냐하면 앞서 그림 27.9를 통해 설명했듯이, 인플레이션율과 실업률 사이의 역의 관계는 단기 총공급곡선이 고정된 상황에서 총수요곡선이 이동할 경우에만 나타나는 것이기 때문이다. 비용인상 인플레이션을 설명한 그림 27.4에서 보듯이, 만일 부의 총공급충격에 의해 단기 총공급곡선이 좌측으로 이동하면 물가가 상승하는 동시에 실질 GDP가 감소하고 실업률이 상승한다. 즉 인플레이션율과 실업률이 동시에 상승하는 스태그플레이션이 발생하므로 양자는 일시적으로 정(+)의 관계를 가지게 된다.

그림 27.10을 통해 실제로 두 차례의 원유파동 기간 동안 실업률과 인플레이션율이 동시에 상승했음을 확인할 수 있다. 먼저 제1차 원유파동 기간인 1973년에서 1975년 사이 미국의 실업률은 4.9%에서 8.5%로 상승하였고, 같은 기간 물가상승률은 6%대 초반에서 9%까지 상승하였다. 한편 제2차 원유파동 기간인 1978년에서 1980년 사이 실업률은 6.1%에서 7.2%로 상승하였고, 물가상승률은 7%대 중반에서 13%대 중반까지 급격하게 상승하였다.

그림 27.11을 통해 같은 시기 우리나라의 경우도 실업률과 물가상승률이 동시에 상승했음을 알 수 있다. 그림의 직선은 각각의 표본기간에 대해 자료들의 추세를 나타낸 것인데, 1970년대(71~81년)의 경우 직선이 우상향하는 것으로 나타나 실업률과 인플레이션율 사이에 정(+)의 관계가 존재함을 알 수 있다.

스태그플레이션의 종말 그림 27.10에서 1982~1989년의 자료를 표시한 점들을 보면 시간이 갈수록 그림의 안쪽 즉 원점 방향으로 이동하고 있음을 알 수 있다. 이는 1970년대 절정이었던 스태그플레이션이 1980년대를 지나면서 점차 약화되었음을 의미한다.

스태그플레이션이 해소되기 시작한 계기는 1981~1982년의 경기침체이다. 당시의 경기침체는 70년대 후반에 나타난 두 자릿수의 높은 인플레이션을 억제하기 위해 미 연준이 매우 강력한 긴축적 통화정책을 시행하면서 촉발되었다. 경기침체에 따라 1982년 실업률은 9.7%까지 상승하였다. 이렇게 실업이 크게 증가하면서 고용이 불안해진 취업자들은 보다 낮은 명목임금 인상률 나아가 임금 삭감까지도 수용하지 않을 수 없었다. 기업 또한 경기침체에 따라 크게 위축된 시장에서 자사의 점유율을 지키기 위해 가격인상을 자제하였다.

미국의 경우, 그밖에 산업 구조적 요인들도 인플레이션의 완화에 기여하였다. 자동차와 철강 등 기간산업에서 외국기업과의 경쟁이 치열해지면서 기업들은 임금 및 가격상승을 억제할 수밖에 없었다. 또한 항공업과 운수업 등에서의 규제완화는 임금의 삭감 또는 반납으로 이어졌다. 아울러 원유파동을 일으켰던 석유수출국기구의 독점력이 크게 약화되고, 원재료 또는 에너지원으로서 석유에 대한 의존도가 점차 줄어들면서 원유와 가솔린 등 관련 상품의 가격이 폭락하였다.

이러한 여러 요인들에 의해 단위당 생산비용이 감소하면서 단기 총공급곡선이 우측으로 이동한 것이다(그림 27.4의 $AS_2 \rightarrow AS_1$). 그 결과 고용과 생산이 확대되면서 실업률은 1983년 9.6%에서 1989년 5.3%로 대폭 하락하였다. 이러한 저실업 · 저인플레이션율 조합은 이후 2007년 금융위기가 발발하기 전까지 비교적 안정적으로 지속되었다. 그림 27.10에서 1990년대와 2000년대 중반까지의 자료를 표시한 점들은 1970년대~1980년대 초의 필립스곡선보다는 1960년대의 필립스곡선에 보다 가깝게 위치함을 알 수 있다.

2007~2008년 미국 금융위기와 2007~2009년의 대침체 역시 필립스곡선의 예측과 다른 방향으로 실업률과 인플레이션율에 영향을 미쳤다. 2008년에 실업률이 5.8%, 인플레이션율이 3.8%이었다가, 2009년 들어 실업률이 무려 9.3%로 상승한 반면 인플레이션율은 −0.4%로 하락하였다. 이에 따라 그림 27.10에서 보듯이 2009년의 자료점은 2008년 대비 우측 하방으로 큰 폭으로 이동하였다. 한편 2010년에는 실업률이 9.6%로 정점에 이르고 인플레이션율은 1.6%으로 회복되었다. 그 결과 2010년의 자료점은 2009년 대비 우측 상방으로 이동하였음을 알 수 있다. 2011년에는 실업률이 하락하기 시작하고 인플레이션율이 3.2%까지 상승하면서 자료점이 2010년 대비 좌측 상방으로 이동하였다. 이후 점진적으로 경기가 회복된 2012~2015년에는 실업률과 함께 인플레이션율이 동시에 하락하면서 자료점이 점차 좌측 하방 즉 원점 쪽으로 접근하였다(회색 음영으로 표시된 자료점 참조). 이렇게 **실업률과 인플레이션율이 동시에 하락한 것은 우하향하는 전통적인 필립스곡선의 형태와 부합하지 않는** 것이다.

실업과 인플레이션은 둘 다 이를 경험하는 경제주체들에게 여러 가지 경제적 어려움을 유발한다. 그러다 보니 사람들은 종종 경제주체가 느끼는 경제적 어려움을 측정하는 지표로서 실업률과 인플레이션율의 합을 사용하기도 하는데, 이러한 지표를 고통지수(misery index)라고 한다. 예컨대 특정 시점에서 어떤 나라의 실업률이 5%이고 인플레이션율이 5%일 경우, 이 나라의 고통지수는 10이 된다. 지구촌 전망 27.1은 2004년에서 2014년 사이 주요 선진국의 고통지수를 그린 것이다.

지구촌 전망 27.1

주요 국가들의 고통지수(2004~2014)

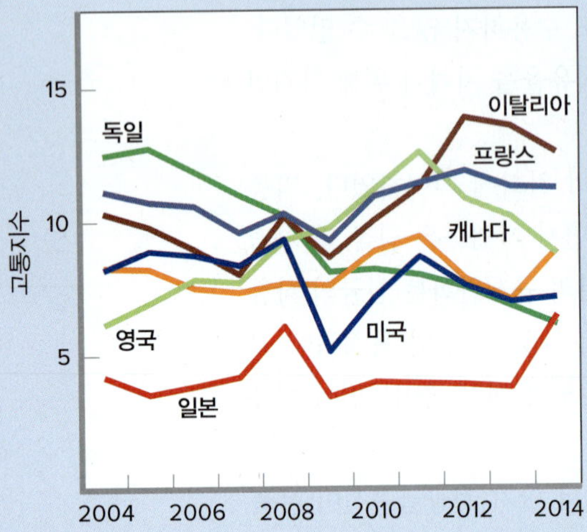

자료: The World Bank(data.worldbank.org), International Labour Organization(ilo.org).

주: 인플레이션율과 실업률은 모두 연평균 기준임.

다른 선진국들과 비교했을 때 미국의 고통지수는 대략 중간 정도에 해당함을 알 수 있다. 한편 우리나라의 고통지수는 2014년 연평균 기준으로 4.5(=실업률 3.2%+소비자물가 상승률 1.3%)로서 지구촌 전망 27.1의 그림에 수록된 선진국들의 같은 시기의 지수 값과 비교할 때, 가장 낮은 것으로 나타났다.

그러나 유의할 것은 대부분의 경제학자들이 고통지수에 그다지 큰 의미를 부여하지 않는다는 점이다. 고통지수는 실업률과 인플레이션율을 단순 합계한 것으로서, 양자에 암묵적으로 동일한 가중치를 부여하고 있다. 그러나 현실에서는 실업률의 1%p 상승과 인플레이션율의 1%p 상승이 서로 동일한 정도의 경제적 고통을 유발한다고 볼 근거가 전혀 없다. 또한 고통지수는 특히 경기침체기의 경제적 고통을 과소평가할 가능성이 높다. 경기침체에 따른 실업 증가는 큰 폭의 소득 감소와 다양한 형태의 경제적 고통을 초래함에도 불구하고, 경기침체로 인한 인플레이션율 하락이 실업률 상승에 따른 고통지수의 증가 효과를 상당 부분 상쇄할 수 있기 때문이다.

장기 필립스곡선

그림 27.10을 전반적으로 살펴보면 장기적으로 인플레이션과 실업률 사이에는 별다른 관계가 없는 것처럼 보인다. 즉 그림 27.10은 앞서의 3번째 명제 즉 장기적으로 인플레이션율과 실업률 사이에 상충관계가 존재하지 않는다는 사실을 뒷받침한다.

통화주의자(통화주의 경제학에 대한 구체적 내용은 다음 장에서 살펴볼 것임)들을 비롯한 많은 경제학자들은 장기적으로는 인플레이션율이 실업률과 안정적인 관계를 가지지 않는다고 생각한다. 보다 구체적으로 **장기에서는 인플레이션율이 크게 변동함에도 불구하고, 경제의 실업률은 자연실업률 수준을 유지한다**는 것이다. 여기서 자연실업률이란 앞서 언급한 대로 완전고용 GDP수준에서의 실업률 또는 경기적 실업이 존재하지 않는 경우의 실업률을 의미한다.

그렇다면 도대체 왜 단기적으로 존재하는 인플레이션과 실업률 간의 상충관계가 장기에서는 존재하지 않는가? 그 해답은 그림 27.12를 통해 얻을 수 있다.

단기 필립스곡선

그림 27.12에서 경제의 자연실업률은 5%이며, 최초에 경제의 균형점이 a_1에 있었다고 가정하자. 이때의 인플레이션율은 3%이고, 실업률은 5%로서 자연실업률과 일치함을

알 수 있다. 또한 점 a_1에서 노동자들은 앞으로도 물가가 현재와 같이 매년 3%씩 상승할 것으로 기대하며, 이러한 물가상승으로 인한 실질임금의 하락을 상쇄하기 위해 매년 3%만큼의 명목임금 인상을 요구한다고 가정하자.

이러한 상황에서 중앙은행의 확장적 통화정책에 따라 총수요곡선이 예전보다 더 큰 폭으로 우측이동하면서, 인플레이션율이 이전보다 높은 6%로 상승했다고 가정하자. 이렇게 생산물 가격의 상승폭이 확대되었음에도 불구하고, 단기에서 경직적인 명목임금의 상승률은 여전히 이전 수준인 3%를 유지하므로 기업들의 실질이윤이 점차 증가하게 된다. 이에 따라 기업들은 생산을 확대하고 고용을 늘린다. 그 결과 그림 27.12에서 경제의 단기균형이 단기 필립스곡선 PC_1을 따라 점 a_1에서 점 b_1으로 이동하면서 인플레이션율은 6%로 상승하고 실업률은 4%로 하락한다. 이와 같이 단기적으로는 전통적인 필립스곡선의 예측대로 인플레이션과 실업률 간에 역(−)의 관계가 성립할 수 있다. 다시 말해, '단기 필립스곡선은 우하향한다'는 것이다.

수직의 장기 필립스곡선

그러나 장기적으로 점 b_1은 안정적인 균형이 될 수 없다. 시간이 지날수록 노동자들은 자신들의 임금이 경제의 인플레이션율보다 느리게 증가하고 있음을 인식할 뿐만 아니라, 장기적으로는 명목임금이 신축적으로 변할 수 있기 때문이다. 따라서 노동자들은

[그림 27.12] 단기 필립스곡선과 장기 필립스곡선의 관계

총수요가 완전고용 GDP수준을 초과하여 증가할 경우, 임금과 기타 생산요소의 가격이 경직적인 단기에서는 물가지수가 상승하고 기업의 이윤이 증가하면서 경제의 GDP와 고용이 증가한다(점 a_1에서 점 b_1으로의 이동). 그러나 장기적으로는 명목임금이 기존 실질임금을 회복하는 수준까지 상승하면서 기업의 이윤이 줄어들고, 이에 따라 경제의 GDP 및 고용이 다시 원래 수준으로 감소한다(점 b_1에서 점 a_2로 이동). 결과적으로 장기에서는 더 이상 인플레이션율과 실업률 사이에 상충관계가 존재하지 않는다. 이는 장기 필립스곡선이 경제의 자연실업률 수준에서 수직인 직선임을 의미한다.

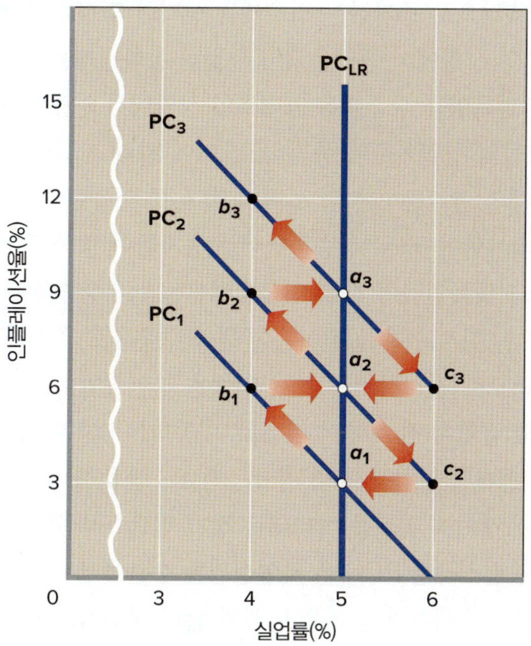

임금 재협상을 통해 현재 인플레이션율과 동일한 6%만큼의 명목임금 인상을 요구할 것이다. 이에 따라 장기적으로 명목임금 상승률이 인상되면 노동자들의 구매력 즉 실질임금이 원래 수준으로 회복되지만 단기적으로 증가했던 기업의 실질이윤 역시 원래 수준으로 감소한다. 그 결과 단기적으로 생산과 고용을 늘렸던 기업들은 이를 원래 수준으로 되돌리게 된다.

이는 그림 27.12에서 경제의 균형이 장기적으로 점 b_1에서 점 a_2로 이동함을 의미한다. 이에 따라 경제의 실업률은 자연실업률 수준인 5%로 복귀한다. 초기 균형인 점 a_1과 비교하면 실업률은 그대로인 상황에서 인플레이션율만 3%에서 6%로 증가했음을 알 수 있다. 여기서 1가지 주목할 것은 이러한 인플레이션율의 증가가 일시적인 현상이 아니라 이후로도 계속 지속되는 현상이라는 점이다. 앞서 언급한 대로 실제 물가가 6%만큼 상승했음을 인식한 노동자들(노동자의 기대 인플레이션율이 6%로 상승했음을 의미)은 실질임금 수준을 유지하기 위해 새로운 임금협상을 통해 역시 6%만큼의 명목임금 인상을 요구하게 된다. 생산비용의 가장 중요한 부분을 차지하는 임금이 이전보다 더 빠르게 상승하면, 기업들은 이에 대응하여 생산물 가격을 인상할 수밖에 없다. 요컨대, 최초의 인플레이션율 상승이 장기적으로 임금의 재협상으로 이어지고, 이에 따른 명목임금 상승이 다시 높은 인플레이션을 고착화시키는 요인이 된다.

그림 27.12에서 경제의 균형이 점 b_1에서 점 a_2로 이동한다는 것은 장기적으로 단기 필립스곡선 자체가 PC_1에서 PC_2로 상방 이동했음을 의미한다. 따라서 PC_1 위의 점 a_1에서 점 b_1로의 이동과 같은 '필립스곡선 위'에서의 이동은 노동자의 기대인플레이션이 과거 수준인 3%에 머물러 있거나 명목임금이 경직적인 단기에서만 나타나는 현상이다. 장기적으로는 노동자의 기대인플레이션이 실제 인플레이션율인 6%로 상승하고, 이로 인해 명목임금이 실제 인플레이션율만큼 상승하면서 경제의 균형은 점 a_2로 이동하며, 그 결과 단기 필립스곡선이 PC_2로 이동하게 된다.

만일 앞서 언급한 중앙은행의 확장적 통화정책이 일회적인 것이 아니라 지속적인 것이어서 총수요가 계속적으로 증가하는 경우에는 상기한 과정이 반복된다. 예컨대 초기 경제의 균형이 점 a_2인 상황에서 중앙은행이 확장적 통화정책을 재차 실시했다고 하자. 이 경우 단기적으로 명목임금 상승률은 그대로인 상황에서 인플레이션율이 6%에서 9%로 상승하면서 기업들의 실질이윤이 증가하고, 이에 따라 기업들은 생산 및 고용을 확대한다. 그 결과 경제의 단기균형은 점 a_2에서 점 b_2로 이동한다. 그러나 장기적으로는 노동자의 기대인플레이션이 9%로 상승하면서 노동자들이 더 높은 명목임금 인상을 요구하게 되고, 그 결과 명목임금이 실제 인플레이션율만큼 상승하면서 실질임금이 원래 수준을 회복하게 된다. 이로 인해 실질이윤이 원래 수준으로 감소하면서 기업들은 생산 및 고용을 이전 수준으로 감소시키므로, 실업률은 자연실업률 수준으로 복귀한다. 즉 장기적으로는 경제의 균형이 점 b_2에서 점 a_3로 이동하는 것이다.

장기 필립스곡선

지금까지 나타난 경제의 장기균형 즉 점 a_1, 점 a_2, 점 a_3를 이은 것이 바로 실업률과 인플레이션율 사이의 장기적 관계를 나타내는 **장기 필립스곡선**이 된다. 그림 27.12에서 알 수 있듯이 **장기 필립스곡선 PC_{LR}은 자연실업률 수준에서 수직인 직선**임을 알 수 있다. 장기 필립스곡선이 수직이라는 것은 단기와 달리 장기적으로는 실업률과 인플레이션율 사이에 상충관계가 존재하지 않음을 의미한다. 또한 장기 필립스곡선을 살펴보면, 장기균형에서 실업률은 자연실업률 수준에서 일정한 데 비해, 인플레이션율은 그 수준이 매우 다양할 수 있음을 알 수 있다. 이는 어차피 장기적으로 실업률이 자연실업률 수준에 머물러 있다면, 가급적 낮은 수준의 인플레이션율을 유지하는 것이 보다 현명한 정책임을 시사한다.

조세정책과 총공급

총공급 분석과 관련하여 다룰 마지막 주제는 조세정책이다. 이는 이른바 **공급경제학**(supply-side economics)의 핵심적인 주제인데, 공급경제학을 지지하는 학자들(이후 공급경제학자로 지칭)은 총수요보다는 총공급의 변화가 인플레이션과 실업 및 경제성장률을 결정하는 데 있어 더 중요한 역할을 한다고 주장한다. 이들에 따르면 정부는 다양한 정책을 통해 총공급곡선이 우측으로 이동하는 것을 촉진 또는 저해할 수 있는데, 그 중 가장 중요한 것이 바로 조세정책이라고 주장한다.

공급경제학

1980년대 등장한 공급경제학자들은 과거 미국 등 선진국의 높은 조세부담이 노동자와 생산자의 세후(after-tax) 소득을 줄임으로써 근로의욕과 저축 및 투자유인을 현저히 감소시켰다고 주장한다. 이 때문에 **높은 세율이 생산성 저하를 통해 장기 총공급의 증가를 저해했다**는 것이다.

공급경제학자들은 추가적인 소득 한 단위에 대한 세율을 의미하는 한계세율에 특히 주목한다. 추가로 일을 할 것인지 또는 저축과 투자를 더 할 것인지에 영향을 미치는 것은 법으로 정해진 세율이 아니라 바로 한계세율이기 때문이다.

조세와 근로의욕

공급경제학자들은 노동시간 및 근로의욕은 노동자들이 노동을 통해 추가적으로 버는 세후 소득의 크기에 의해 주로 결정된다고 믿는다. 따라서 이들은 근로소득에 낮은 한계세율을 적용하면 노동시간이 늘어나면서 총 노동투입량이 증가한다고 주장한다. 낮은 한계세율은 세후 임금을 높여 여가를 상대적으로 비싸게 함으로써 노동자로 하여금 더 많이 일할 유인을 제공하기 때문이다. 이러한 노동투입의 증가는 다양한 형태로 이루어진다. 노동자가 1일 또는 주당 노동시간을 늘리거나, 더 열심히 일하거나, 은퇴시점을 미룰 수 있다. 또한 일을 하지 않던 비경제활동인구나 장기 실업자가 새롭게 구직을 하거나 취업을 하는 형태로 나타날 수도 있다.

조세와 저축 및 투자 유인

높은 한계세율은 저축과 투자로부터 발생하는 세후 수익률을 낮춘다. 가령 지성이가 8%의 이자율로 1,000만 원을 저축하여 매년 80만 원의 이자소득을 번다고 가정하자. 만약 이자소득에 대한 한계세율이 40%라면 그의 세후 이자소득은 80만 원이 아닌 48만 원이 되므로 세후 이자율은 4.8%에 불과하다. 지성은 8%의 이자율에서는 현재소비를 포기하고 그 돈을 저축할 용의가 있었으나, 이자율이 4.8%에 불과하다면 그는 저축하기 보다는 그냥 1,000만 원을 소비해 버릴지도 모른다.

투자는 상당부분 저축으로부터 조달되므로, 공급경제학자들은 투자 촉진을 위해 저축으로부터 발생하는 이자소득에 대한 한계세율을 낮출 것을 권고한다. 뿐만 아니라 이들은 자본소득 전반에 대한 세율을 낮춤으로써, 저축이 투자로 원활히 이어지도록 장려해야 한다고 주장한다. 앞서 19장에서 살펴본 대로 기업들은 세전이 아닌 세후기대수익률을 기준으로 투자지출 여부를 결정하기 때문이다.

요컨대 낮은 한계세율은 저축과 투자를 촉진한다. 이로 인해 투자가 증가하면 노동자들은 더 많은 우수한 기계와 장비를 갖추게 되어 노동생산성이 증가한다. 노동생산성의 증가로 인해 장기 총공급이 증가하면 장기 경제성장이 촉진될 뿐만 아니라, 단기적으로는 실업률과 인플레이션율을 동시에 낮출 수 있다.

래퍼곡선

공급경제학에 따르면 한계세율의 인하는 경제의 총공급을 증가시키므로, 정부가 세율을 낮출지라도 국가의 조세수입은 이전과 별 차이가 없거나 오히려 증가할 수도 있다. 즉 세금 감면이 재정적자를 초래하지 않을 수도 있다는 것이다.

래퍼곡선

이러한 아이디어를 구체화한 것이 이른바 **래퍼곡선**(Laffer Curve)이다. 이 명칭은 이 곡선을 처음 제시하고 대중화시킨 경제학자 아서 래퍼(Arthur Laffer)의 이름을 딴 것이다. 그림 27.13의 래퍼곡선은 세율과 조세수입의 관계를 나타내고 있다. 그림을 보면 세율이 0%에서 100%로 증가함에 따라, 조세수입은 0에서부터 증가하여 특정 세율 수준 m에서 최대치에 이르렀다가 다시 0까지 감소한다. 따라서 조세수입은 세율이 m을 넘어서면서부터 줄어들기 시작하는데, 이는 높은 세율이 경제활동을 위축시켜 국민소득 수준에 의해 결정되는 세원(tax base)의 규모를 줄이기 때문이다. 세율이 일정 수준을 넘어 높아질수록 조세수입이 줄어드는 이유는 세율이 100%인 극단적인 경우를 생각해 보면 쉽게 알 수 있다. 세율이 100%라는 것은 발생한 소득이 정부에 의해 전부 압수되는 것을 의미한다. 따라서 이 경우 누구도 소득을 벌기 위한 활동을 하지 않을 것이다. 따라서 세원이 되는 소득이 0이 되고, 소득이 없으므로 조세수입 역시 0이 된다. 세원이 0인 상황에서 100%의 세율을 적용해봤자 조세수입은 0이기 때문이다.

래퍼는 1980년대 초의 미국 경제가 그림 27.13의 점 n과 같은 위치에 있다고 주장하였다. 그림에서 보듯이 점 n에서는 세율이 지나치게 높아 생산 활동이 위축되고, 그 결과 조세수입이 점 m에서의 최대치에 미치지 못하고 있음을 알 수 있다. 따라서 현재 경제가 점 n에 위치하는 상황에서 세율을 낮춘다면 정부는 조세수입을 지금보다 늘리거나, 적어도 유지할 수 있다. 예컨대 점 n에서 세율을 점 l까지 낮추면, 근로의욕이 높아지고 저축 및 투자유인이 증가하면서 세율 인하에도 불구하고 정부가 거두는 조세수입은 예전과 동일한 수준을 유지할 수 있다는 것이다. 또한 점 n과 점 m 사이의 구간에서는 세율이 낮아질수록 조세수입은 오히려 늘어난다.

게다가 세율이 낮아지면 합법적인 조세 회피와 불법적인 탈세가 줄어들면서 조세수입을 증가시킬 수 있다. 예컨대 한계세율이 높으면 납세자들은 비과세 금융상품을 매입

[그림 27.13] 래퍼곡선

래퍼곡선에 따르면 세율이 0에서 m에 이르기까지는 세율이 높을수록 조세수입이 늘어난다. 그러나 세율이 m을 넘어서는 경우에는 사람들의 근로의욕과 생산 및 투자유인이 줄어들면서 경제활동이 위축되므로, 세원의 규모를 나타내는 국민소득이 감소한다. 그 결과 높은 세율에도 불구하고 조세수입은 오히려 감소한다. 반대로 세율이 m보다 높은 상황에서 세율을 인하하면 조세수입은 오히려 증가한다.

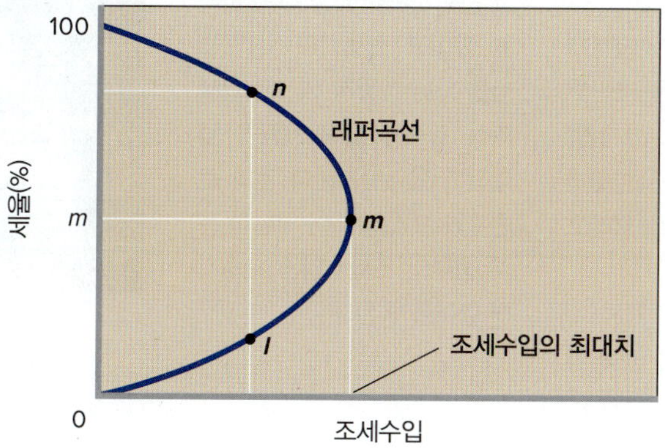

하거나 조세피난처로 자금을 송금하는 등의 다양한 방법으로 납세를 회피하려 한다. 또한 세율이 높을수록 납세자들이 국세청에 소득을 축소해서 보고할 유인이 커진다. 따라서 세율이 낮아지면 조세 회피 혹은 탈세를 통해 누출되는 금액이 줄어들면서 조세수입이 증가할 수 있다.

래퍼곡선에 따르면 정부가 똑같은 양의 조세수입을 거두기 위해 부과할 수 있는 세율 수준은 하나가 아니라 둘 이상이다. 예컨대 그림 27.13에서 점 n과 점 l을 비교하면, 점 n에서의 세율이 점 l의 경우에 비해 훨씬 높음에도 불구하고 두 경우의 조세수입은 동일함을 알 수 있다. 이와 같이 둘 이상의 세율에 대해 정부가 동일한 수준의 조세수입을 거둘 수 있다면, 정부는 이 중 가장 낮은 세율을 부과해야 한다고 래퍼는 주장하였다. 즉 조세수입이 동일하다면 점 n보다는 점 l에 해당하는 세율을 부과하는 것이 바람직하다는 것이다. 이와 같이 **낮은 세율을 부과함으로써 정부는 동일한 조세수입을 거둬들이면서도, 조세부과로 인한 자원배분의 왜곡을 최소화**할 수 있기 때문이다.

래퍼곡선에 대한 비판

래퍼곡선은 다음과 같은 다양한 비판을 받고 있다.

조세와 경제적 유인 래퍼곡선에 대한 비판의 핵심은 **경제적 유인이 세율 변화에 과연 얼마나 민감하게 반응하느냐**에 관한 것이다. 래퍼곡선에 대해 회의적인, 대부분의 학자들은 다양한 실증적 근거를 바탕으로 세율 변화가 경제적 유인에 미치는 영향이 그 크기가 매우 작을 뿐만 아니라 방향이 불분명하며, 그 효과도 매우 점진적으로 나타난다고 주장한다.

예컨대 근로의욕 또는 노동시간과 관련된 실증 연구들에 따르면 세율 인하로 인해 일부 사람들은 일을 더 많이 하는 반면, 일부 사람들은 일을 오히려 덜 하는 것으로 나타났다. 일을 더 많이 한 사람들은 세후 임금 즉 여가의 기회비용이 높아짐에 따라 여가를 노동으로 대체한 사람들이었다. 반면 일을 덜 한 사람들은 높아진 세후 임금으로 인해

사례연구: 셔우드 숲

세율 인하가 조세수입의 증가로 이어진다는 래퍼곡선의 아이디어는 3년 동안 개인 소득세율을 25%나 인하하였던 레이건 행정부(1981~1989) 경제정책의 핵심이 되었다.

래퍼는 한 강연에서 로빈훗 이야기에 대한 비유를 통해 공급경제학의 주요 아이디어를 설명한 바 있다. 래퍼는 납세자들을 로빈훗 일당의 근거지인 셔우드 숲을 지나는 여행자들로, 로빈훗과 그 일당들을 정부에 비유했다. 여행자들(납세자)이 숲을 지나갈 때 로빈훗과 그 일당들(정부)은 그들의 앞길을 가로막고 돈(세금)을 내놓으라고 요구한다. 래퍼는 강연의 청중들에게 이렇게 물었다.

"이런 상황에서 여행자들이 계속 셔우드 숲을 지나갈까요?"

답은 물론 "아니오."였다. 여행자들은 가능한 한 셔우드 숲을 피하려 할 것이다. 마찬가지로 납세자들은 노동시간을 줄이고 은퇴시기를 앞당기며, 저축을 줄이고 조세회피 및 탈세 등을 통해 어떻게 해서든 과세대상 소득을 줄여 세금을 덜 내려고 할 것이다. 그 결과 로빈훗과 그 일당들이 약탈한 돈 즉 정부의 조세수입은 오히려 더 줄어들게 된다.

늘어난 구매력을 더 많은 여가를 누리는 데 사용하였다. 세율 인하로 인해 그들은 전보다 적게 일하면서도 동일한 수준의 세후 임금을 벌 수 있었기 때문이다.

인플레이션 또는 실질이자율의 상승 대부분의 경제학자들은 세율 인하가 총수요를 부양하는 효과가 장기적으로 총공급을 늘리는 효과보다 훨씬 더 신속하고 확실하게 나타난다고 생각한다. 따라서 만일 경제가 완전고용수준 혹은 그 근방에 있을 때, 세율 인하 등 감세정책을 시행하면 총수요가 총공급보다 더 빠르게 증가하면서 인플레이션이 발생할 수 있고, 또한 이를 방지하기 위한 긴축적 통화정책이 필요하게 될 것이다. 만일 긴축적 통화정책이 시행되면 실질이자율이 상승하면서 투자가 감소하므로, 이는 결국 애초 의도했던 세율 인하의 투자촉진 효과를 무력화시킬 수 있다.

래퍼곡선상의 위치 래퍼곡선에 대한 회의론자들은 래퍼곡선이 지극히 당연한 논리적 명제에 불과하므로, 그 자체만으로는 정책에 아무런 시사점을 가지지 않는다고 주장한다. 즉 이들은 0~100% 사이의 어느 한 점에서 조세수입을 극대화하는 세율수준이 존재한다는 것은 이론적으로 너무도 당연한 것이며, 정작 중요한 것은 현재 경제가 과연 래퍼곡선 위의 어디에 위치하는가를 실증적으로 규명하는 것이라고 주장한다. 만약 경제가 그림 27.13의 점 n에 위치한다면 세율을 인하함으로써 조세수입을 늘릴 수 있을 것이다. 그러나 만약 경제가 점 m보다 아래의 곡선 어딘가에 위치한다고 하면 세율 인하는 조세수입을 감소시킬 것이다.

공급경제학에 대한 평가

이러한 회의론자들의 비판을 반박하기 위해, 공급경제학자들은 1980년대 미국의 레이건 행정부가 시행한 감세정책이 래퍼가 예측한대로 효과를 발휘했다고 주장한다. 실제로 레이건의 임기 동안 소득에 대한 최고 한계세율이 50%에서 28%까지 인하되었음에도 불구하고, 1980년대 말 미국의 실질 GDP와 조세수입은 레이건의 임기가 시작된 1980년대 초에 비해 큰 폭으로 증가하였다.

그러나 대부분의 경제학자들은 심각한 불황기에 시행된 레이건 행정부의 감세정책이 총공급을 증가시키기보다는 총수요를 부양하는 데 더 크게 기여했다고 주장한다. 그 결과 총수요 확대에 따른 경제성장이 조세수입을 늘리는 효과가 세율 인하에 따른 조세수입의 감소효과를 압도하면서, 낮아진 세율에도 불구하고 조세수입이 증가할 수 있었다는 것이다. 즉 세율 인하에 따라 그림 27.13의 래퍼곡선 자체가 우측으로 이동하면서 조세수입이 늘어날 수 있었다는 것이다. 반면, 공급경제학자들의 예측과 달리 세율 인하가 장기 총공급에는 별다른 영향을 미치지 못한 것으로 보인다. 왜냐하면 1980년대에 걸쳐 개인소득 대비 저축의 비중은 감소했고, 경제전반의 생산성 증가속도 역시 둔화되었기 때문이다. 1980년대 초의 경기침체로부터 실질 GDP가 빠르게 회복되었지만, 얼마 지나지 않아 성장률은 곧 과거 장기 평균수준으로 떨어졌다.

한편 1980년대 내내 정부지출이 조세수입보다 더 빠르게 증가함에 따라, 대규모의 재정적자가 발생하였다. 누적된 재정적자에 대응하기 위해 1993년 클린턴 행정부는 최고 한계세율을 31%에서 39.6%로 인상했다. 1990년대 중후반의 장기호황에 따라 조세수입이 빠르게 증가하면서 1990년대 말 수년간 미국의 정부재정은 흑자를 기록하였다. 그러나 2000년대 들어 집권한 부시 행정부는 '남아도는 세금수입을 납세자들에게 돌려준다'는 명분 아래 한계세율을 몇 년에 걸쳐 지속적으로 낮췄고, 그 결과 2003년에는 최고 한계세율이 35%까지 떨어졌다. 뿐만 아니라 자본이득과 배당금에 대한 세율도 15%까지 인하되었다.

대부분의 경제학자들은 이러한 부시 정부의 감세정책이 2000년대 초의 확장적 통화정책과 더불어 2001년의 경기침체로부터 경제를 회복시키는 데 많은 기여를 했다는 점에 동의한다. 그러나 이 경우에도 역시 공급경제학자들의 예측 즉 세율 인하가 장기 총공급 증가를 통해 오히려 조세수입을 증가시킨다는 예측은 빗나갔다. 2004~2005년이 되면 경기가 회복되어 본격적으로 경제가 성장하였음에도 불구하고 여전히 큰 폭의 재정적자가 지속되었던 것이다. 2004년의 재정적자는 4,130억 달러, 2005년도에는 3,180억 달러를 기록하였다. 그 뒤 2년간 재정적자 규모는 소폭 감소하여 2007년 1,620억 달러까지 떨어졌다. 그러나 2007년 금융위기가 발발하면서 경제는 대침체의 나락으로 빠졌고, 이로 인해 국민소득이 감소하고 조세수입이 급감하였다. 게다가 경기침체에 대응하기 위해 정부가 대규모의 확장적 재정정책을 시행하면서 재정적자는 2008년에 4,590억 달러, 2009년에는 1조4,000억 달러까지 급증하였다.

이러한 과거 경험에 비추어, 대부분의 경제학자들은 오늘날의 미국 경제가 그림 27.13의 래퍼곡선에서 점 m의 위보다는 아래에 위치할 가능성이 높다고 판단한다. 그림에서 알 수 있듯이 점 m의 아래 영역에서 세율의 인상은 조세수입을 늘리고 세율의 인하는 조세수입을 줄인다. 그러나 다른 한편으로 대부분의 경제학자들은 세율을 인하(인상)하면 인하(인상)된 폭보다는 조세수입이 더 작게 감소(증가)한다는 점을 잘 알고 있다. 이는 공급경제학자들의 주장대로 한계세율의 변화가 납세자들의 행태를 변화시켜 과세대상 소득의 크기에 영향을 주기 때문이다. 비록 그 영향이 경험적으로 그다지 크지 않다 하더라도, 조세정책을 설계하는 정책당국은 이를 반드시 고려하여 정책을 수행해야 한다.

증세가 실질 GDP를 감소시키는가?*

조세정책과 실질 GDP의 관계를 파악하는 것은 매우 복잡하고 어려운 문제이다. 캘리포니아 버클리대의 경제학자 크리스티나 로머(Christina Romer)와 데이비드 로머(David Romer)는 최근 이 문제를 분석하기 위한 참신한 접근방법을 제시했다. 그들의 연구 결과에 따르면 증세는 실질 GDP를 감소시킨다.

조세의 변화는 경제활동 수준에 어떤 영향을 주는가? 단순히 양자 간의 상관관계를 살펴보면, 대체로 경제활동이 활발할 때 조세수입이 증가하는 경향이 있음을 알 수 있다. 그러나 이러한 양(+)의 상관관계가 세금을 많이 거두면 실질 GDP가 증가한다는 인과관계를 의미하는 것은 아니다. 그보다는 실질 GDP가 증가하면 소득이 늘어나고, 이에 따라 조세수입이 증가하는 것으로 이해하는 것이 맞을 것이다.

크리스티나 로머와 데이비드 로머는 그들의 논문[3]에서 조세와 경제활동 수준 간의 관계를 규명하는 것이 어려운 이유를 다음과 같이 설명한다. 즉 조세수준의 변화를 야기하는 요인에는 여러 가지가 있으며 이러한 요인들은 보통 경제의 다른 변화요인과도 밀접하게 연관되어 있기 때문에, 이러한 다양한 요인들의 효과를 제외하고 순수하게 외생적인 조세변화가 미치는 영향을 구분해내는 것은 본질적으로 매우 어려운 일이라는 것이다.

이러한 문제를 해결하기 위해 두 로머(사실 두 경제학자는 부부임)는 대통령의 연설, 행정부의 문서들, 의회 보고서 등 서사적 기록(narrative record)들을 활용하여 2차 세계대전 이후 미국에서 있었던 주요 조세정책 변화의 규모와 시기 및 추진 목적을 세세히 분류하였다. 이들은 이러한 서사적 분석을 통해 법령의 제·개정 등 진정한 의미의 정책 변화로 인한 조세의 변화와 기타 요인에 의한 변화를 구분할 수 있었다. 뿐만 아니라 이 분석을 통해 조세정책의 변화를 정책 목적별로 분류할 수 있게 되었다.

두 로머의 연구에 따르면 입법과정의 복잡성에도 불구하고 조세정책 변화의 목적은 다음과 같은 4가지 유형으로 구분할 수 있다고 한다. 조세정책 이외의 다른 경제적 요인에 의한 변화를 상쇄시키려는 목적, 정부지출 증가에 따른 재원조달 목적, 누적된 재정적자를 줄이기 위한 목적, 장기 경제성장을 촉진하기 위한 목적 등이 그것이다. 이들에 따르면 다른 요인에 의한 변화를 상쇄하거나 정부지출 증가에 따른 재원을 충당하기 위한 목적의 조세정책 변화는 진정한 의미의 외생적 변화라기보다는 다른 경제적 요인에 의해 내생적으로 결정된 조세 변화일 가능성이 높다. 따라서 이러한 유형의 조세정책 변화까지 표본에 포함하여 조세정책의 효과를 추정할 경우, 신뢰성 있는 추정치를 얻기 어려울 것이다.

반면 장기 경제성장을 촉진하거나 누적된 재정적자 규모를 줄이기 위한 조세정책의 변화는 GDP에 영향을 주는 여타 경제적 요인들과 본질적으로 무관한 즉 외생적 변화일 가능성이 높다. 그러므로 이러한 유형의 정책 변화에 따라 GDP가 어떻게 변동하는지를 측정함으로써 조세정책의 효과에 대한 보다 신뢰성 있는 추정치를 얻을 수 있을 것이다. 이러한 방법에 따른 분석 결과에 의하면, 조세정책 변화의 효과는 상당히 큰 것으로 나타난다. 구체적으로 GDP의 1%만큼 조세가 증가하면 실질 GDP는 대략 2~3% 감소한다. 이러한 조세 인상에 따른 GDP 변화는 상당히 오랜 기간 동안 지속된다.

또 다른 주목할 결과로 실질 GDP가 미래의 조세정책 변화에 대한 기대보다는 실제 조세수준의 변화에 더 민감하게 반응한다는 점과 조세 인상 시 GDP 구성요소 가운데서도 특히 투자가 크게 감소한다는 점을 들 수 있다. 투자의 민감한 반응은 조세정책의 GDP 효과를 증폭시키는 중요한 요인이라고 할 수 있다.

또한 두 로머는 누적된 재정적자를 줄이기 위한 증세의 경우, 여타 목적의 조세 인상에 비해 GDP에 미치는 부정적 영향이 상대적으로 작음을 발견했다. 이러한 결과는 증세를 통한 재정적자 해소가 장기이자율 하락과 경제 기대심리의 개선 등을 통해 어느 정도 경기확장효과를 가질 수 있다는 기존 견해와도 부합하는 것이다.

* 자료: Les Picker, "Tax Increases Reduce GDP," The NBER Digest, February/March, 2008.

3) Christina Romer and David Romer, "The Macroeconomic Effects of Tax Changes: Estimates Based on a New Measure of Fiscal Shocks," American Economic Review, June 2010, pp. 763-801.

요약

1. 단기 총공급곡선과 장기 총공급곡선의 관계

거시경제학에서 단기란 생산물의 물가수준은 신축적인데 반해, 명목임금과 기타 생산요소의 가격이 경직적으로 유지되는 기간을 의미한다. 반면 장기에서는 물가뿐만 아니라 명목임금과 기타 생산요소 가격이 완전히 신축적으로 움직인다.

따라서 단기 총공급곡선은 우상향한다. 단기적으로 명목임금 등 생산요소의 가격이 경직적인 상황에서 물가수준의 상승은 기업의 이윤을 증가시켜 실질 GDP와 고용을 늘리기 때문이다. 반대로 물가수준의 하락은 이윤과 실질 GDP의 감소를 초래한다. 반면 장기 총공급곡선은 완전고용 GDP수준에서 수직이다. 장기에서 명목임금은 물가수준과 동일한 비율로 신축적으로 조정되므로, 경제의 장기균형 GDP는 완전고용 GDP 수준을 유지하기 때문이다. 즉 경제의 장기균형은 완전고용 GDP 수준에서 수직인 직선을 따라 움직이게 된다.

2. 장기 총수요 · 총공급 모형

수요견인 인플레이션이 발생하면 단기적으로 물가수준과 실질 GDP가 동시에 증가한다. 그러나 장기적으로는 물가 상승에 따라 명목임금이 오르면서 단기 총공급곡선이 좌측이동하고, 그 결과 실질 GDP는 원래의 완전고용수준으로 복귀한다.

비용인상 인플레이션이 발생하면 단기적으로 물가수준이 상승하고 실질 GDP가 감소한다. 이 때 만일 정부가 확장적 정책을 실시하지 않으면, 장기적으로 경기침체에 따라 명목임금이 하락하면서 단기 총공급곡선이 서서히 우측이동하면서 원래의 위치로 돌아간다. 그 결과 경제의 물가수준과 실질 GDP도 원래의 수준으로 복귀한다.

단기적으로 생산물 가격이 신축적인 경우, 경기침체에 따른 총수요의 감소는 물가수준을 하락시키고 실질 GDP를 감소시킨다. 한편 장기에서는 경기침체에 따라 물가수준이 하락한 만큼 명목임금도 하락하고, 이에 따라 단기 총공급곡선이 서서히 우측이동한다. 그 결과 장기적으로 실질 GDP는 완전고용수준을 회복한다.

총수요와 총공급의 일회적 변화만으로는 지속적인 인플레이션을 설명할 수 없다. 선진국의 경제성장과정에서 완만하고 지속적인 인플레이션이 나타난 원인은 총수요곡선이 (경제성장에 따라 우측으로 이동하는) 장기 총공급곡선보다 약간 더 빠른 속도로 우측이동하도록 중앙은행이 의도적 · 지속적으로 총수요를 조절하였기 때문이다.

3. 필립스곡선과 인플레이션과 실업률 사이의 단기적 상충관계

우상향하는 단기 총공급곡선이 고정되어 있는 상황에서, 인플레이션율이 높아지면 실업률은 이전보다 낮아지고, 인플레이션율이 낮아지면 실업률은 이전보다 높아진다. 이러한 인플레이션율과 실업률 간의 역(−)의 관계를 그림으로 나타낸 것이 우하향하는 필립스곡선이다.

1960년대까지만 해도 미국 등 선진국의 자료는 우하향하는 필립스곡선과 잘 부합하였다. 그러나 1970년대 두 차례의 원유파동(부(−)의 총공급충격)에 따라 인플레이션율과 실업률이 동시에 상승하는 현상 즉 스태그플레이션이 발생하면서 이 시기 인플레이션과 실업률 사이에 정(+)의 관계가 나타났다. 이로 인해 우하향하는 필립스곡선의 존재에 대한 근본적인 의문이 제기되었다.

그러나 1980년대 들어 스태그플레이션이 진정국면에 들어서면서, 1990년대 중반에서 금융위기가 발발하기 이전인 2000년대 초중반까지 저실업 · 저인플레이션율 기조가 비교적 안정적으로 유지되었다. 그러나 2007~2008년 미국 금융위기가 발발하면서 실업률이 큰 폭으로 상승하고 인플레이션율이 한 때 마이너스를 기록할 정도로 하락하였다. 이후 2012~2015년에는 점진적으로 경기가 회복되면서 실업률과 인플레이션율이 동시에 하락하였는데, 이 역시 우하향하는 전통적인 필립스곡선의 예측과는 부합하지 않는 것이다.

4. 인플레이션과 실업률의 장기적 관계

단기적으로는 인플레이션과 실업 간의 상충관계 즉 우하향하는 필립스곡선이 존재하나 장기적으로는 이러한 상충관계가 존재하지 않는다. 장기적으로 명목임금이 신축적인 상황에서 노동자들은 실제 인플레이션의 변화에 따라 명목임금을 조정하도록 요구할 것이기 때문이다. 이렇게 장기적으로 명목임금이 물가수준과 같은 비율로 상승 또는 하락하면 실질임금이 원래 수준을 회복하며, 따라서 실업률은 자연실업률 수준으로 복귀하게 된다. 그 결과 장기 필립스곡선은 자연실업률 수준에서 수직이 된다. 이는 확장적 정책을 통해 장기적으로 실업률을 자연실업률 수준 이하로 낮추는 것은 불가능함을 의미한다.

5. 세율과 조세수입, 그리고 경제의 총공급과의 관계
공급경제학자들은 감세정책을 통해 총공급을 확대시킴으로써 인플레이션을 억제하고 지속적인 경제성장을 달성할 수 있다고 주장하였다. 예컨대 세율과 조세수입의 관계를 나타내는 래퍼곡선에 따르면 세율의 인하가 세원 즉 과세대상 소득의 규모를 증가시킴으로써 조세수입을 오히려 증대시킬 수 있음을 시사한다. 그러나 오늘날 대부분의 경제학자들은 래퍼의 주장과 달리 세율과 조세수입이 대체로 같은 방향으로 움직일 것이라고 예측한다.

주요 용어와 개념

공급경제학
단기
래퍼곡선
부(−)의 총공급충격
스태그플레이션
장기
장기 필립스곡선
필립스곡선

연습문제

1. **현재 총수요곡선과 단기 총공급곡선이 완전고용수준보다 높은 GDP 수준에서 교차하고 있다고 한다. 장기적으로 이 경제의 물가수준은 어떻게 변할 것인가?**

(1) 지금보다 상승한다.
(2) 지금보다 하락한다.
(3) 지금과 동일하다.
(4) 바로 이전의 장기균형 수준으로 복귀한다.
(5) 문제의 정보만으로는 알 수 없다.

2. **어떤 경제가 초기에 완전고용 GDP 수준을 달성하고 있었다고 하자. 그런데 갑자기 이 경제의 물가수준이 하락하는 동시에 실질 GDP가 감소하였다. 이러한 변화는 총수요곡선과 총공급곡선 가운데 어느 하나의 이동에 의해 야기되었다고 한다. 이러한 변화의 원인은 무엇인가?**

(1) 총수요곡선의 우측이동 (2) 총공급곡선의 우측이동
(3) 총수요곡선의 좌측이동 (4) 총공급곡선의 좌측이동
(5) 위 보기 중 정답 없음

3. **부(−)의 총공급충격은 인플레이션율을 ________ 동시에, 실업률을 ______. 빈칸에 들어갈 말을 순서대로 바르게 나열한 것은?**

(1) 높이는, 높인다 (2) 높이는, 낮춘다
(3) 낮추는, 높인다 (4) 낮추는, 낮춘다
(5) 위 보기 중 정답 없음

4. **어떤 회사에서 내년도 임금상승률을 결정하는 협상이 진행되고 있다. 회사측은 내년도 물가상승률을 6%로, 노동자측은 9%로 예측한다. 이 경우 노동자가 현재의 실질임금 수준을 유지하기 위해서는, 내년도에 얼마만큼 명목임금을 인상하도록 요구해야 하는가?**

(1) 0% (2) 3%
(3) 6% (4) 9%
(5) 12%

5. **작년 임금협상 시 회사측과 노동자측 모두 올해 물가상승률을 3%로 예측하였고, 이에 따라 올해 명목임금을 3%만큼 인상하기로 했다고 하자. 그런데 실제 올해의 인플레이션율이 7%였다면 올해 기업의 이윤은?**

(1) 예상치보다 작아진다. (2) 예상치보다 커진다.
(3) 예상치와 같아진다. (4) 작년보다 줄어든다.
(5) 작년보다 늘어난다.

6. **어떤 경제의 완전고용 GDP수준이 250조 원이고 현재 물가수준이 100이라고 가정하자. 단기 총공급곡선을 나타낸 다음 표(단위는 조 원)를 이용하여 다음 물음에 답하시오.**

P=100일 때의 총공급		P=125일 때의 총공급		P=75일 때의 총공급	
P	총공급	P	총공급	P	총공급
125	280	125	250	125	310
100	250	100	220	100	280
75	220	75	190	75	250

(1) 예기치 못한 총수요 증가에 따라 물가수준이 현재의 100에서 125로 상승한 경우, 단기적으로 총공급은 얼마가 되는가? 반대로 예기치 못한 총수요 감소에 따라 물가수준이 100에서 75로 하락한 경우, 단기적으로 총공급은 얼마가 되는가?

(2) 물가수준이 100에서 125로 상승한 경우, 장기적으로는 총공급이 얼마가 되는가? 물가수준이 100에서 75로 하락한 경우, 장기적으로는 총공급이 얼마가 되는가?

(3) 위 문제 (1)과 (2)의 상황을 그림으로 나타내고, 이로부터 장기 총공급곡선을 도출하시오.

7. **최초에 경제의 물가수준이 120이고 실질 GDP는 870조 원이라고 가정하자. 이 경제의 완전고용 GDP수준 역시 870조 원이라고 한다. 아래 그림을 참조하여 다음 물음에 답하시오.**

(1) 물가수준이 120에서 130으로 상승할 경우, 단기적으로 총공급은 얼마가 되는가? 장기적으로는 총공급이 얼마가 되는가?

(2) 물가수준이 120에서 110으로 하락할 경우, 단기적으로 총공급은 얼마가 되는가? 장기적으로는 총공급이 얼마가 되는가?

(3) 그림에 나타난 3가지 물가수준(110, 120, 130)에 대응하는 장기 총공급은 각각 얼마인가?

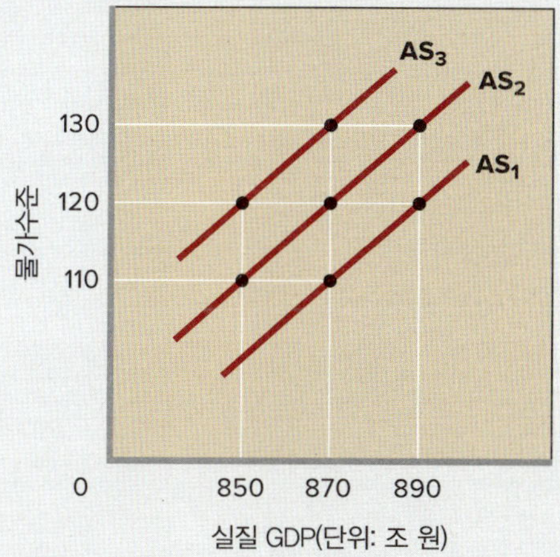

8. **(고급문제) 현재 어떤 경제의 단기 총공급곡선의 식이 $P=20+0.5Q$(P는 물가수준, Q는 총공급 또는 실질 GDP(단위는 조 원))라고 한다. 다음 물음에 답하시오.**

(1) 만일 현재 물가가 120이면 경제의 총공급은 얼마인가?

(2) (1)의 정답이 바로 이 경제의 완전고용 GDP 수준이라고 가정하자. 이 때 만일 경제의 물가가 120에서 132로 상승할 경우, 단기적으로 경제의 총공급 Q는 얼마가 되는가? 한편 장기적으로는 경제의 총공급 Q가 얼마가 되는가?

9. **다음 보기의 사건들이 경제에 미치는 단기 및 장기 효과를 장기 총수요 · 총공급 모형을 통해 그림으로 설명하시오. 단, 초기에 경제는 완전고용 GDP 수준을 달성하고 있었으며, 재정 또는 통화정책의 변화는 없다고 가정한다.**

(1) 중동에서 전쟁이 발발하여 원유공급이 줄어든 결과, 국제 원유가격이 폭등하였나.

(2) 부동산시장의 호황으로 인해 건설투자가 급증하였다.

(3) 해외 경기침체로 인해 수출이 급감하였다.

10. **지난 30년 동안 어떤 경제의 물가수준이 72에서 138로 증가하였고, 실질 GDP는 1,200조 원에서 2,100조 원으로 증가하였다고 한다. 이 경제의 지난 30년 동안의 연평균 경제성장률은 얼마인가?(소수 첫째자리까지 반올림하여 구한다.) 또한 이 경제의 지난 30년 동안의 연평균 인플레이션율은 얼마인가?(소수 첫째자리까지 반올림하여 구한다.) 이 경제의 장기 총공급곡선과 총수요곡선 가운데 지난 30년 동안 더 많이 우측으로 이동한 것은?**

11. **과거에 어떤 경제의 단기 필립스곡선이 다음과 같은 형태를 가졌다고 가정하자. 즉 실업률이 1%p씩 증가할 때마다 인플레이션율은 2%p씩 하락했다고 한다. 그런데 최근 이 경제의 단기 필립스곡선이 평행이동하면서, 실업률이 1%p 감소할 때, 인플레이션율이 3%p 상승하였다고 한다. 최근 이 경제의 단기 필립스곡선은 위로 이동하였는가 아니면 아래로 이동하였는가?**

28 Chapter

거시경제정책의 쟁점

학습내용

1. 경기변동의 원인에 대한 각 경제학파의 견해
2. 경제의 자기교정에 대한 새 고전학파의 견해
3. '준칙' 또는 '재량'에 기초한 경기안정화정책
4. 다양한 경제학파의 경제인식과 정책적 시사점의 차이

학문의 발전과정에서는 다양한 의견들이 등장하고 서로 충돌하기도 한다. 경제학도 예외가 아니다. 이 장에서는 거시경제이론과 정책에 대한 여러 학파의 견해를 검토하고 비교한다.

특히 우리는 다음과 같은 3가지 논점에 대한 학파별 견해의 차이에 주목한다.

첫째, 경기변동을 야기하는 원인이 무엇인가?

둘째, 경제가 균형에서 일시적으로 이탈할 경우 균형을 회복하는 힘이 존재하는가?

셋째, 정책당국은 경기안정화정책을 준칙에 의거해야 하는가 아니면 재량에 따라 수행해야 하는가?

무엇이 경기변동을 야기하는가?

이전 장들에서 살펴본 바와 같이, 20세기 들어 자본주의 경제는 다양한 형태의 경기변동(경기순환)을 경험하였다. 대표적인 예로 미국은 1930년대 대공황 이후 1960년대까지 여러 차례 크고 작은 경기침체를 겪었고, 1970년대에는 기록적인 인플레이션을 경험하기도 하였다. 그러나 1980년대 들어 '대안정기'를 거치면서 불황의 폭이 줄어들고 낮은 인플레이션율을 유지하는 등 전반적으로 거시경제가 안정된 모습을 보였다. 그러나 2007~2009년 글로벌 금융위기가 발발하면서 대공황 이후 최악의 경기침체를 경험하게 된다. 우리나라 역시 1970년대 원유파동과 1990년대 말 외환위기, 그리고 2000년대 말 글로벌 금융위기 등을 겪으면서 크고 작은 경기침체와 인플레이션을 경험하였다. 다양한 학파의 경제학자들은 이러한 경기변동이 발생하는 원인에 대해 서로 다른 견해를 보이고 있다.

주류 거시경제학계의 견해

설명의 편의를 위해 여기서는 대다수의 거시경제학자 또는 거시경제정책 담당자들이 동의하는 견해를 주류 거시경제학계의 견해로 간주할 것이다. 이 견해에 따르면 경기변동은 다음과 같은 2가지 요인에 의해 야기된다. (1) 생산물과 생산요소 가격의 경직성 (2) 예상치 못한 총수요 또는 총공급 충격

앞 장에서 설명한대로 장기에서는 생산물과 생산요소의 가격이 모두 신축적이어서 단기적인 총수요 또는 총공급 충격에 대해 충분한 가격조정이 일어나므로 결국 경제의 총생산은 완전고용수준을 회복하게 된다. 그러나 단기 또는 초단기에서는 생산요소 또는 생산물의 가격이 경직적이므로 총수요 또는 총공급 충격은 생산과 고용에 영향을 주게 된다. 이하의 내용은 이미 앞서 살펴본 것이지만, 경기변동의 원인으로서 총수요 및 총공급 충격의 의미를 간략히 다시 검토해 보자.

총수요 충격 많은 거시경제학자들과 대부분의 경제정책 담당자들은 경기변동의 원인으로서 총공급 충격보다는 총수요 충격의 역할에 특히 주목한다. 앞서 살펴본 총지출모형에서 균형조건은 다음과 같다.

$$C_a + I_g + X_n + G = \text{GDP}$$

이 식은 좌변 즉 세후 민간소비와 총투자, 순수출 및 정부지출의 합이 우변의 국내총생산 즉 GDP를 결정함을 의미한다. 다시 말해, 좌변의 총지출 또는 총수요 $C_a + I_g + X_n + G$가 우변의 총공급 GDP와 같을 때 경제의 균형이 이루어진다는 것이다. 위 식 좌변의 각 항목을 증가시키거나 감소시키는, 예상치 못한 경제적 변화요인을 총수요 충격이라고 한다. 앞서 21장의 부록에서 살펴본 대로 위 식 좌변의 총지출 항목 가운데 어느 것이라도 변화시키는 총수요 충격이 발생하면, 총수요 곡선이 좌우로 이동하면서 GDP뿐만 아니라 물가수준도 변화하게 된다. 즉 경기변동이 유발되는 것이다.

특히 총지출 항목 가운데서도 투자는 그 변동폭이 상대적으로 커서 경기변동의 주요 인으로 주목받는 항목이다. 게다가 19장에서 살펴본 것처럼 독립적인 투자지출의 변화는 승수효과를 통해 총지출을 더 큰 폭으로 증가 또는 감소시킨다. 예컨대 투자심리 호조로 기업투자가 증가할 경우 시간이 지나면 초기 증가분의 승수 배만큼 총수요가 확대되면서 수요견인 인플레이션을 유발할 수 있다. 반면 투자심리 악화로 기업투자가 감소할 경우 역시 시간이 지나면 초기 감소분의 승수 배만큼 총수요가 위축되면서 경기침체를 유발할 수 있다.

총공급 충격 경기변동을 야기하는 2번째 원인은 총공급 충격이다. 예컨대 중동에서 전쟁이 발발하거나 석유수출국기구(OPEC) 회원국들이 원유 감산에 합의하는 등 인위적으로 생산요소의 공급을 제약하는 사건들이 발생하면, 원유 등 주요 생산요소의 가격이 상승하면서 단위 생산비용이 상승하게 된다. 그 결과 총공급이 감소하면서 총공급곡선이 좌측으로 이동하면 비용인상 인플레이션과 경기침체가 동시에 발생할 수 있다.

통화주의자의 견해

통화주의(Monetarism) 학파의 거시경제에 대한 견해는 다음과 같은 3가지 특징을 가진다. 첫째, 화폐공급의 경제적 영향을 중요시 한다. 둘째, 시장의 구조가 매우 경쟁적이라고 본다. 셋째, '정부의 개입 없이도' 경쟁적 시장경제는 거시경제의 안정성을 달성할 수 있다고 본다.

통화주의

통화주의자들에 따르면 매우 **경쟁적인 시장에서 생산물 및 생산요소의 가격은 신축적으로 움직이므로 총수요 충격이 가격을 주로 변화시킬 뿐 생산과 고용에는 별 영향을 주지 않는다**. 이 때문에 통화주의자들은 시장경제가 정부의 개입이 없이도 매우 안정적인 체제라고 본다.

따라서 통화주의자들은 현실에서 발생하는 **경기변동이 시장 자체의 속성보다는 주로 정부의 정책적 개입으로부터 기인한다**고 본다. 예컨대 정부는 최저임금제, 친 노조 정책, 농산물 최저가격제, 독과점 기업에 유리한 정책 등을 시행함으로써 시장경쟁을 저해하고 임금과 가격의 경직성을 조장한다는 것이다. 통화주의자들에 따르면 본래 경쟁적 시장경제는 거시적으로 매우 안정적인 체제이지만, 정부의 정책적 개입이 당초의 좋은 취지에도 불구하고 이러한 거시경제적 안정성을 훼손한다는 것이다. 뿐만 아니라 통화주의자들은 중앙은행 등 정책당국이 경기변동을 완화하기 위한 통화정책을 미숙하게 운용함으로써, 오히려 경기변동을 유발하거나 증폭시키는 결과를 초래한다고 지적하였다.

교환방정식 거시경제이론 및 정책에 대한 통화주의자들의 견해는 다음과 같은 **교환방정식**에 근거하고 있다.

교환방정식

$$MV = PQ$$

화폐의 유통속도

여기서 Q는 경제 전체적으로 단위 기간, 예컨대 1년 동안 생산된 최종재의 물량을 의미하며, P는 이러한 최종재의 평균적인 가격수준 즉 일반물가를 나타낸다. 따라서 현실경제에서 Q는 실질 GDP에 해당하며, 여기에 물가수준을 곱한 $P \times Q$는 명목 GDP에 해당한다고 볼 수 있다. 한편 M은 화폐공급량(통화량), V는 화폐의 유통속도이다. 여기서 **화폐의 유통속도**(velocity)란 1년 동안 화폐 1단위가 평균적으로 몇 번 최종재의 거래에 사용되었는지를 나타낸다.

위 식의 좌변인 MV은 1년 동안 생산된 최종재에 대해 구매자가 지불한 총지출액이고, 우변인 PQ는 최종재의 판매자가 수취한 총판매액으로서 최종재의 시장가치인 명목 GDP에 해당한다. 따라서 위 식은 좌변의 총지출액이 우변의 총판매액과 항상 일치함을 의미한다.

유통속도의 안정성 통화주의자들은 화폐의 유통속도가 상당히 '안정적'이라고 주장한다. 여기서 '안정적'이라는 것은 유통속도가 반드시 시간에 따라 고정되어 있음을 의미하는 것은 아니다. 실제로 지난 수십 년 간 거의 모든 선진국에서 화폐의 유통속도는 지속적으로 상승해 왔고, 이를 통화주의자들도 잘 알고 있다. 신용카드의 보급, 다양하고 신속한 결제수단의 등장에 따라 현금이나 월급통장 잔고를 많이 보유할 필요가 사라졌고, 그 결과 명목 GDP 대비 화폐보유비율이 감소하면서 화폐의 유통속도 $V(=PQ/M)$가 빠르게 증가해 온 것이다.

통화주의자들이 화폐의 유통속도가 안정적이라고 할 때, 이는 유통속도가 고정되어 있음이 아니라 유통속도에 영향을 주는 요인들이 점진적으로, 예측가능하게 변화하므로 유통속도의 변화 역시 쉽게 예측 가능함을 의미하는 것이다. 통화주의자들에 따르면 사람들은 금융자산이나 부동산과 같은 실물자산 등 다양한 형태로 보유하고 있는 부 가운데 얼마만큼의 비율을 화폐로 보유할지에 대해 비교적 안정적인 선호를 가지고 있다. 이렇게 화폐보유비율이 대체로 일정하게 정해진 상황에서 사람들이 보유하고자 하는 화폐의 양은 결국 보유한 부의 크기에 의해 결정되는데, 이러한 부의 크기를 결정하는 핵심변수는 바로 소득수준이며 이를 경제전체로 확대하면 국민소득 즉 명목 GDP 수준이 된다. 그 결과 명목 GDP와 보유하고자 하는 화폐량의 비율로 결정되는 화폐의 유통속도($V = PQ/M$)는 시간에 따라 비교적 안정적이라는 것이다.

이제 화폐의 유통속도가 안정적이라는 것이 어떤 경제적 시사점을 가지는지 살펴보자. 예컨대 어떤 경제의 명목 GDP가 400조 원인 상황에서 민간부문이 이 만큼의 재화와 서비스를 거래하기 위해 필요로 하는 화폐수요량이 100조 원이라고 가정하자. 이는 현재 화폐의 유통속도 V가 4(=명목 GDP 400조 원/화폐수요량 100조 원)임을 의미한다. 다시 말해 경제주체들이 100조 원의 화폐를 가지고 1년 동안 400조 원만큼의 재화와 서비스를 구매하기 위해서는 화폐 1단위가 1년 동안 평균적으로 4번 거래에 사용되어야 한다는 의미이다. 한편 현재 화폐시장은 균형상태라고 가정하자. 이는 현재 경제의 화폐공급량이 화폐수요량과 같은 100조 원임을 의미한다.

이러한 상황에서 **화폐의 유통속도(V)가 안정적이라면 교환방정식에 따라 화폐공급량(M)의 변화는 명목 GDP(PQ)에 직접적으로 영향을 줄 수 있다.** 예컨대 중앙은행의 확장적 통화정책에 따라 경제의 화폐공급량이 100조 원에서 110조 원으로 10조 원만큼 증가했다고 하자. 그 결과 화폐시장은 초과공급상태가 된다. 다시 말해 가계나 기업이 보유하고자 하는 화폐량(100조 원)보다 실제로 보유하고 있는 화폐량(110조 원)이 더 많아진다. 이 경우 화폐의 유통속도가 안정적이므로 경제주체들은 필요한 것보다 초과해서 보유하고 있는 화폐 10조 원을 소비하거나 다른 실물 또는 금융자산에 투자함으로써 원래의 화폐잔고 수준을 회복하고자 할 것이다. 물론 이렇게 개별 경제주체가 초과로 보유한 화폐를 '써버린다'고 해도 중앙은행이 화폐를 회수하지 않는 한 경제전체의 화폐 보유량이 110조 원인 것은 변하지 않는다. 왜냐하면, 어떤 사람이 화폐를 써버리면 다른 사람의 입장에서는 수입이 증가하여 화폐량이 그만큼 늘어나기 때문이다.

그러나 이렇게 경제주체들이 화폐보유량을 조정하는 과정에서 소비와 투자를 늘리므로 총수요가 증가하고, 그 결과 국민소득 즉 명목 GDP가 증가하게 된다. 현재 화폐의 유통속도가 4로 안정적이기 때문에 경제주체들이 초과로 보유한 화폐 10조 원을 모두 소비 또는 투자에 써버리면 1년 동안 평균적으로 4번 거래가 일어나면서 명목금액으로 총 40조 원만큼 총수요가 증가한다. 그 결과 명목 GDP는 40조 원 늘어난 440조 원이 되고, 화폐수요량 역시 110조 원(=명목 GDP 440조 원/화폐의 유통속도 4)으로 증가하면서 당초 늘어난 화폐공급량 110조와 같아지므로 화폐시장은 균형을 다시 회복한다. 그래서 화폐의 유통속도가 4로 안정적인 상황에서 10조만큼 화폐공급이 늘어나면 명목 GDP가 40조 원만큼 증가한다는 것이다.

지금까지의 논의를 정리하면 다음과 같다. 교환방정식에 의해 화폐의 유통속도 V는 명목 GDP를 화폐공급량으로 나눈 비율(PQ/M)로 결정된다. 통화주의자들에 따르면 **화폐의 유통속도가 안정적이므로 화폐공급량은 명목 GDP와 비례관계**를 가지게 된다. 즉 화폐공급량 M이 두 배로 늘어나면 물가수준 P나 실질 GDP Q가 각각 또는 둘 다 증가하면서 명목 GDP PQ 역시 두 배 만큼 증가한다는 것이다.

경기변동의 원인으로서 통화정책 통화주의자들은 **경기변동의 유일하면서도 중요한 원인으로 중앙은행의 부적절한 통화정책**을 꼽는다. 예컨대 중앙은행이 확장적 통화정책을 통해 화폐공급을 늘리면 앞서 살펴본 대로 경제주체들이 화폐보유량을 조정하는 과정에서 총수요가 증가한다. 완전고용상태에서 총수요가 확대되면 생산물 가격이 상승한다. 그래서 단기적으로는 기업들이 생산과 고용을 늘리고, 그 결과 실업률도 자연실업률 수준보다 일시적으로 낮아진다. 한편 장기적으로는 물가가 상승하면 명목임금이 물가와 같은 비율로 상승하여 실질임금이 이전 수준을 회복하고, 그 결과 생산이 완전고용수준으로 복귀하며, 실업률도 자연실업률 수준을 회복한다. 물론 이 과정에서 물가는 이전보다 더욱 상승하게 된다. 이와 같이 중앙은행의 부적절한 확장적 통화정책은 장단기에 걸쳐 인플레이션과 생산 및 고용의 불안정을 유발한다.

반면 중앙은행이 부적절한 긴축적 통화정책을 통해 화폐공급을 줄이면 총수요는 감소한다. 이에 따라 단기적으로 생산과 고용이 감소하고 실업률이 자연실업률을 상회하게 된다. 이 경우에도 장기적으로는 임금이 물가와 같은 비율로 하락하면서 생산이 완전고용수준으로 복귀하게 된다. 물론 이 과정에서 물가는 지속적으로 하락하게 된다.

이와 같이 중앙은행의 긴축적 통화정책은 장단기에 걸쳐 디플레이션과 생산 및 고용의 불안정을 유발한다. 특히 이미 경기가 후퇴하는 상황에서 부적절한 정책판단에 따라 긴축적 통화정책이 시행되면 불황의 폭이 더욱 증폭되는 부작용을 유발하기도 한다.

이와 같이 경기변동의 원인에 대한 주류 거시경제학계와 통화주의자들의 견해는 뚜렷이 대조된다. 앞서 살펴본 대로 대다수의 거시경제학자들은 총수요 충격, 그 중에서도 특히 투자에 대한 충격을 경기변동의 주원인으로 본다. 한편 중앙은행이 수행하는 통화정책은 이러한 경기변동을 완화하는 역할을 한다고 본다. 즉 확장적 또는 긴축적 통화정책을 통해 화폐공급과 이자율을 조절함으로써 투자지출의 변동폭을 완화할 수 있다는 것이다.

반대로 통화주의자들은 **통화정책 자체가 경기변동을 초래하는 주원인**이라고 주장한다. 예컨대 통화주의의 창시자인 프리드먼(Milton Friedman)은 대공황 당시 미 연준이 통화량을 1/3만큼 감소하도록 방치한 것을 대공황의 주된 원인으로 꼽는다.

> 대공황 당시 시중의 통화량이 급격히 감소한 것은 차입자들이 대출을 받지 않아서가 아니라 연준이 화폐공급을 직접적으로 줄이거나 적어도 화폐공급의 감소를 묵인하였기 때문이다. 이러한 연준의 행태는 은행시스템이 위기에 처했을 때 충분한 유동성을 제공해야 한다는 연방준비제도법 상의 책무를 등한시한 결과라고 할 수 있다. 따라서 대공황은 케인즈나 케인즈학파 경제학자들이 주장하듯이 통화정책의 무력함을 보여주는 것이 아니라 오히려 통화정책의 가공할 위력을 반증하는 매우 비극적인 예라고 할 수 있다.[1)]

실물적 경기변동이론의 견해

실물적 경기변동이론

실물적 경기변동이론(real-business-cycle theory)에 따르면 경기변동은 기술 진보 또는 원재료 가격의 변화와 같은 총공급 충격에 의해 유발된다. 이는 경기변동의 원인으로서 투자지출의 변화나 통화정책 등 총수요 충격에 주목하는 주류적 견해 또는 통화주의적 견해와 뚜렷이 대조되는 것이다. 원유 등 원재료 가격 또는 생산기술이 변화하면 이전과 동일한 생산요소를 투입하여도 생산량이 달라지므로 생산성이 변화하게 된다. 실물적 경기변동이론에 따르면 이러한 생산성 변동이 장기 총공급곡선을 이동시켜 생산, 고용 등의 경기변동을 유발한다는 것이다.

예컨대 OPEC의 감산 합의 등으로 원유가격이 급격히 상승하는 부(−)의 총공급 충격이 발생했다고 가정하자. 이 경우 비용수준이 일정한 상황에서 동일한 노동과 자본을 투입하여 공장을 가동해도, 가격이 오른 원유를 비롯한 원재료를 이전만큼 충분히 투입하지 못하므로 생산량은 이전보다 줄게 된다. 이렇게 생산성이 하락하면 주어진 물가수준에서 경제의 생산능력이 감소하면서 그림 28.1에서 보듯이 장기 총공급곡선이 좌측으로 이동하게 된다($AS_{LR1} \rightarrow AS_{LR2}$).[2)]

이에 따라 총생산이 Q_1에서 Q_2로 감소하면 경제전체적으로 생산활동이 위축되면서 기업들의 대출수요가 감소하게 된다. 그 결과 은행이 대출을 통해 화폐를 창조하는 과

1) Milton Friedman, The Optimum Quantity of Money and Other Essays(Chicago: Aldine, 1969), p. 97.

2) 물론 이는 부(−)의 총공급 충격이 장기에서도 지속되는 즉 영구적 충격이라는 가정 하에서만 성립하는 것이다.

[그림 28.1] 실물적 경기변동이론

실물적 경기변동이론에 따르면 영구적인 부(−)의 총공급충격이 발생할 경우, 장기 총공급곡선이 AS_{LR1}에서 AS_{LR2}로 좌측이동한다. 이에 따라 실질 GDP가 Q_1에서 Q_2로 감소하면서 생산 활동이 위축되고, 그 결과 대출수요가 줄어들면서 화폐공급이 감소하게 된다. 이에 따라 총수요곡선이 AD_1에서 AD_2로 좌측이동하면서, 물가가 원래의 수준인 P_1으로 하락한다.

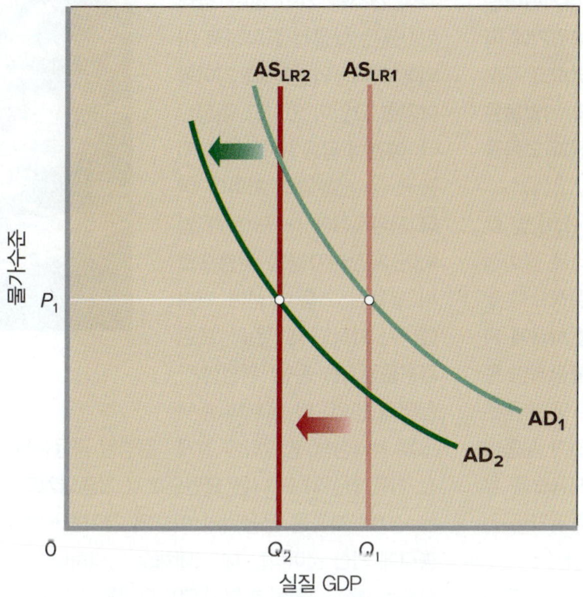

징에서 창출되는 화폐의 양이 줄어들면서 경제 전체의 화폐공급이 감소하게 된다. 화폐공급의 감소는 이자율 상승을 통해 투자 등 총수요를 위축시키므로 그림에서 총수요곡선을 좌측으로 이동시키고($AD_1 \rightarrow AD_2$) 그 결과 물가수준은 점차 하락하게 된다. 그림 28.1은 부(−)의 총공급 충격에 따른 경제의 새로운 장기균형에서 GDP가 Q_1에서 Q_2로 감소하고 물가수준은 이전과 동일한 수준을 유지하는 경우를 보여 준다.[3)]

반면 생산과정의 혁신 등 기술진보에 따라 장기적으로 생산성이 상승하면 장기 총공급곡선이 우측으로 이동하게 된다. 이에 따라 총생산이 증가하여 생산 활동이 활발해지면 기업의 대출수요가 증가하므로 경제의 화폐공급도 증가한다. 그 결과 총수요곡선이 우측으로 이동하면서 물가가 점차 상승하는데, 총공급 및 총수요곡선 이동폭의 상대적 크기에 따라 장기균형에서의 물가는 이전보다 상승 또는 하락할 수 있다. 이러한 변화과정이 그림으로 어떻게 표현되는지는 그림 28.1을 기초로 스스로 연습해보기 바란다.

실물적 경기변동이론에 따르면 **경기변동은 말하자면 총수요가 아닌 총공급 측면의 현상**이라고 할 수 있다. 이는 경기변동을 투자지출 또는 통화정책 변화 등에 기인하는 총수요 측면의 현상으로 보는 주류적 견해나 통화주의적 견해와 뚜렷이 대조된다.

3) 그림 28.1은 부(−)의 총공급 충격으로 인한 총공급곡선의 이동폭과 화폐공급 감소로 인한 총수요곡선의 이동폭이 동일할 때만 성립하는, 매우 특수한 경우를 보여준다. 현실에서는 총공급 및 총수요곡선 이동폭의 상대적 크기에 따라 물가수준은 이전보다 상승 또는 하락할 수 있다.

사례연구: 화폐가 지나치게 많은가?

2007~2009년 글로벌 금융위기 직후 나타난 급격한 경기침체는 경기변동의 원인으로서 총공급 충격에 주목하는 실물적 경기변동이론보다는 주류적 견해 즉 총수요충격에 의해 경기변동이 야기된다는 견해와 더욱 잘 부합하는 것으로 판단된다. 왜냐하면 금융위기에 따른 소비 및 투자의 급격한 위축이 이후의 경기침체를 유발하고 주도하였기 때문이다. 경기침체가 심화되면서 재고가 쌓이자 기업들은 투자를 더욱 줄였고, 이는 다시 총수요 위축을 통해 생산과 고용을 감소시키는 악순환을 야기했다.

그러나 통화주의적 견해를 가진 경제학자들은 이렇게 소비 및 투자의 총수요 위축을 야기한 금융위기의 근본적 원인은 바로 통화정책에 있다고 본다. 이들에 따르면 글로벌 금융위기는 본질적으로 부동산 시장의 거품이 일거에 터지면서 발생한 채무불이행 사태에 기인하는데, 이러한 부동산 거품의 형성 원인은 지나치게 확장적인 통화정책과 이로 인한 초저금리에 있다는 것이다. 실제로 미 연준은 2001년 주식시장의 IT거품이 터지면서 자산가격이 폭락하자 시중에 엄청난 양의 유동성을 공급하는 동시에 지속적으로 초저금리를 유지하였다. 이러한 확장적 통화정책으로 인해 글로벌 금융위기 직전까지 부동산 시장의 거품이 대규모로 형성되었다는 것이다.

부동산 거품의 붕괴가 글로벌 금융위기와 이후 경기침체의 직접적 원인이고, 과도한 확장적 통화정책이 부동산 거품의 형성에 크게 기여했다는 데 대부분의 경제학자들은 동의한다. 다만 주류적 견해를 가진 많은 경제학자들은 확장적 통화정책 이외에도 거품의 형성에 기여한 다양한 요인이 있다고 주장한다. 예컨대 금융위기 이전까지 중국 등 신흥국의 저축이 미국 자본시장에 대규모로 유입되어 시장이자율을 낮춤으로써 부동산 거품 형성에 기여했다는 지적도 제기된다. 또한 금융증권화를 통한 '위험전가' 행태의 만연, 미 정부의 주택소유 장려정책, 방만하게 설계 · 운영된 금융감독 및 규제 등이 부동산 거품 형성의 또 다른 요인으로서 거론되기도 한다. 이와 같이 많은 경제학자들은 금융위기 이후의 경기침체가 기본적으로 총수요충격에 의한 것이라는 데는 대체로 동의하나, 금융위기의 근본 원인으로는 매우 다양하고 복합적인 요인들을 들고 있다.

조정실패이론의 견해

조정실패

조정실패이론에 따르면 경기변동은 주로 경제주체 간의 **조정실패**(coordination failure)에 의해 야기된다. 여기서 조정실패란 모든 경제주체들의 후생이 증가하는 더 나은 균형이 존재함에도 불구하고, 개별 경제주체들의 행동을 조정하는 적절한 수단이 없어서 후생수준이 낮은 열등한 균형에 머무르는 현상을 의미한다.

비경제적인 예 먼저 일상생활에서 조정실패의 예를 살펴보자. 영수는 한 친구로부터 미리 공지되진 않았지만, 조만간 학과 친구들이 여행을 갈 것이라는 소식을 비공식으로 듣고 함께 갈지 말지를 고민하고 있다. 그러나 일정 숫자 이상 친구들이 안 모이면 여행 계획은 취소된다. 그런데 마침 여행 당일 비가 올 것이라는 예보가 있어 친구들이 얼마나 참석할지 그리고 여행을 갈 수 있을지가 현재 불투명한 상황이다.

이런 상황에서 영수는 학과 친구 서너 명에게 전화를 걸어 참석여부를 물어보고 그에 따라 본인의 참석여부를 결정할 것이다. 만일 영수가 전화를 건 친구들이 우연히 모두 참석할 예정이었다면, 영수도 이 여행에 동참할 것이고, 반대로 아무도 참석을 하지 않는다고 대답했다면 영수 역시 참석하지 않을 것이다. 영수뿐만 아니라 다른 모든 친구들도 이와 마찬가지로 행동할 것이므로, 결국 여행의 성사 여부와 참석인원은 다른 친구들이 몇 명이나 여행에 참석할 것인지에 대한 개개인의 기대에 따라 결정된다.

예컨대 영수의 학과 친구들이 자신을 제외한 모든 다른 친구들은 여행에 참석할거라 기대한다면, 결국 모두가 여행에 참석하여 즐거운 시간을 보낼 수 있을 것이다. 반면 자신을 제외한 모든 다른 친구들이 여행을 가지 않을거라 기대한다면, 결국 아무도 여행에 참석하지 않으므로 여행 자체가 무산될 것이다. 이 경우 만일 여행이 성사되면 참석하는 모두의 후생이 증가함에도 불구하고, 사람들의 부정적 기대에 따라 여행이 무산되었으므로 조정실패가 발생했다고 말할 수 있다.

거시경제적인 예 현실에서 경기침체가 발생하고 지속되는 현상 역시 조정실패로 설명할 수 있다. 예컨대, 어떤 경제에서 대부분의 가계와 기업들이 미래에 대해 비관적 기대를 가지고 있다고 하자. 즉 미래에 경제전체의 소비 및 투자가 줄어들 것으로 예상한다고 가정하자. 이러한 상황에서 기업들은 미래에 공장 가동률이 낮아질 것으로 판단하여, 자본투자를 축소하고 인력채용도 줄일 것이다. 가계 역시 미래에 일감이 줄어들어 소득이 감소하거나 해고될 것을 우려하여 소비를 줄이고 저축을 늘릴 것이다.

이러한 상황에서는 경제주체들의 미래에 대한 **비관적 기대가 실제로 실현**된다. 즉 대부분의 가계와 기업이 미래에 총수요가 위축될 것으로 기대하면, 상기한 대로 현재의 소비와 투자를 줄이므로 경제전체의 총수요가 실제로 감소하여 경기침체에 빠지는 것이다. 이 때 비관적 기대는 말하자면 **자기실현적 예언**인 셈이다. 더구나 일단 경기침체가 발생하여 완전고용보다 낮은 수준에서 균형이 이루어지면, 이러한 침체는 한동안 지속될 가능성이 높다. 왜냐하면, 미래에 대해 비관적 기대를 형성한 개별 가계와 기업의 입장에서는 소비와 투자를 늘릴 유인이 없기 때문이다. 만일 어떤 이유에서든 모든 개별 가계와 기업이 갑자기 소비와 투자를 동시에 늘린다면, 총수요와 생산 및 소득이 완전고용수준을 향해 증가하면서 모든 경제주체의 후생이 높아질 수 있다. 그러나 이렇게 더 나은 균형 상태를 달성하는 것은 매우 어렵다. 개별 가계와 기업으로 하여금 동시에 소비와 투자를 늘리도록 조정하는 메커니즘이 시장에 존재하지 않기 때문이다.

조정실패이론에서는 이러한 경우를 가리켜 경제가 실업 균형에 빠졌다고 한다. 이와 반대로 경제주체들이 미래에 대해 과도하게 낙관적 기대를 가짐으로써 소비와 투자를 완전고용수준 이상으로 과도하게 증가시킬 경우에는 경제가 인플레이션 균형에 빠졌다고 표현한다. 이와 같이 조정실패이론에 따르면 경제는 단일한 균형이 아니라 다양한 총수요 수준에 대응하는 복수의 균형 상태에 빠질 수 있으며, 이 중 **어떤 균형이 실현될지는 경제주체들의 미래에 대한 기대양상에 따라 결정**된다. 경제주체들의 미래에 대한 기대가 변화함에 따라 경제는 하나의 균형에서 다른 균형으로 이동하는데, 이러한 이동과정에서 경기변동이 유발된다는 것이 조정실패이론의 결론이다.

경제는 스스로 자기교정을 할 수 있는가?

경기변동에 따라 경제가 완전고용수준에서 이탈했을 때, 경제가 스스로 이를 회복할 수 있는가 즉 자기교정을 할 수 있는가에 대해서도 경제학파들 사이에 많은 논쟁이 있어 왔다. 이러한 경제의 자기교정 여부뿐만 아니라 자기교정에 얼마만큼의 시간이 걸리는지에 대해서도 학파 간 이견이 존재한다.

경제의 자기교정에 대한 새 고전학파의 견해

새 고전학파 경제학
합리적 기대이론

본서에서 말하는 **새 고전학파 경제학**에는 통화주의와 함께 **합리적 기대이론**이 포함된다. 합리적 기대이론에 따르면 기업, 노동자, 소비자 등 경제주체는 가용한 모든 정보를 이용하여 경제여건이나 정책 변화가 경제에 미치는 영향을 예상하고, 이러한 예상에 근거하여 자신의 이익을 극대화하는 방향으로 행동한다.

이에 근거하여 새 고전학파 경제학자들은 총수요 충격으로 인해 때때로 **경제가 완전고용수준에서 이탈하더라도, 시간이 지나면 스스로 원래의 수준으로 회복하는 자기교정기능을 가지고 있다**고 주장한다. 그러므로 경제가 완전고용수준에서 이탈했을 경우, 정책당국은 적극적인 재정 또는 통화정책을 통해 억지로 완전고용수준을 달성하려 하기 보다는 이러한 경제의 자기교정기능이 스스로 작동하도록 기다리는 것이 바람직하다고 보았다. 여기에서는 27장의 장기 총수요 · 총공급 모형을 이용하여 경제의 자기교정기능에 대한 새 고전학파의 견해를 좀 더 자세히 살펴보자.

그림을 통한 분석 먼저 장기 총수요 · 총공급모형에서 자기교정이 일어나는 원리를 복습해보자. 그림 28.2(a)에서 초기에 경제가 장기균형점 a에 위치했다고 가정하자. 이때 총수요를 증가시키는 충격이 발생하면 총수요곡선 AD_1는 AD_2로 우측 이동하고, 그 결과 경제의 단기 균형은 총공급곡선 AS_1을 따라 점 a에서 점 b로 이동한다. 단기 균형이 이동하면서 물가가 상승하고 실질 GDP가 증가함을 알 수 있다. 이러한 단기 균형에서는 경제의 실질 GDP가 완전고용 또는 잠재 생산수준을 초과하므로 시간이 갈수록 임금과 기타 생산요소의 가격이 상승한다. 이에 따라 생산성이 일정하다면 단위당 생산비용이 상승하며, 이에 따라 단기 총공급곡선 AS_1이 AS_2로 좌측 이동한다. 결국 장기적으로는 경제의 균형이 점 b에서 새로운 장기균형점 c로 이동하면서 실질 GDP가 완전고용수준을 회복하게 된다. 이를 통해 장기 총공급곡선 AS_{LR}은 앞 장에서 살펴본 대로 완전고용 GDP수준에서 수직인 직선임을 확인할 수 있다.

반면 그림 28.2(b)에서 초기에 경제가 장기균형점 a에 위치했을 때 총수요를 감소시키는 충격이 발생했다고 가정하자. 이에 따라 총수요곡선 AD_1는 AD_3로 좌측 이동하고, 그 결과 경제의 단기 균형은 총공급곡선 AS_1을 따라 점 a에서 점 d로 이동한다. 단기 균형이 이동하면서 물가가 하락하고 실질 GDP가 감소함을 알 수 있다. 그러나 이러한 단기 균형에서는 경제의 실질 GDP가 완전고용 또는 잠재 생산수준에 못 미치므로 시간이 갈수록 임금과 기타 생산요소의 가격과 단위당 생산비용이 하락하며, 이에 따라 단기 총공급곡선 AS_1이 AS_3로 우측 이동한다. 결과적으로 장기에서는 경제의 균형이 새로운 장기균형점 e로 이동하면서 실질 GDP가 완전고용수준을 회복하게 된다. 따라서 그림 28.2(a)의 경우와 마찬가지로 (b)에서도 경제는 장기적으로 완전고용 GDP수준

[그림 28.2] 경제의 자기교정기능에 대한 새 고전학파의 견해

새 고전학파, 특히 합리적 기대이론에 따르면 그림 (a)에서 예상치 못한 충격에 의해 총수요곡선이 AD_1에서 AD_2로 우측이동하면 경제의 균형점이 일시적으로 점 a에서 점 b로 이동한다. 그러나 발생한 총수요 충격이 경제주체의 합리적 기대에 반영되는 순간, 경제의 균형점은 점 c로 신속하게 이동하여 자기교정된다. 반면 미리 예상된 충격에 의해 총수요곡선이 우측이동한 경우에는 경제의 균형점이 점 a에서 점 c로 바로 이동한다.

마찬가지로 합리적 기대이론에 따르면 그림 (b)에서 예상치 못한 충격에 의해 총수요곡선이 AD_1에서 AD_3로 좌측 이동할 경우, 경제의 균형점은 일시적으로 점 a에서 점 d로 이동했다가 총수요 충격이 기대에 반영되는 순간, 점 e로 이동하여 자기교정된다. 그러나 미리 예상된 충격에 의해 총수요곡선이 좌측 이동한 경우에는 경제의 균형점이 점 a에서 점 e로 바로 이동한다.

한편 주류적 견해에 따라 생산물 가격이 초단기 또는 단기적으로 하방 경직적이라면(물가가 P_1으로 고정) 총수요곡선이 AD_1에서 AD_3로 좌측 이동할 경우, 경제의 균형점은 점 d나 점 e가 아닌 점 f로 이동하게 된다. 그러나 시간이 지나 물가가 P_4까지 하락한다 해도 임금 등 생산요소 가격의 단기적인 경직성에 의해 경제의 균형점은 점 e가 아닌 점 d에 상당기간 머무르게 된다.

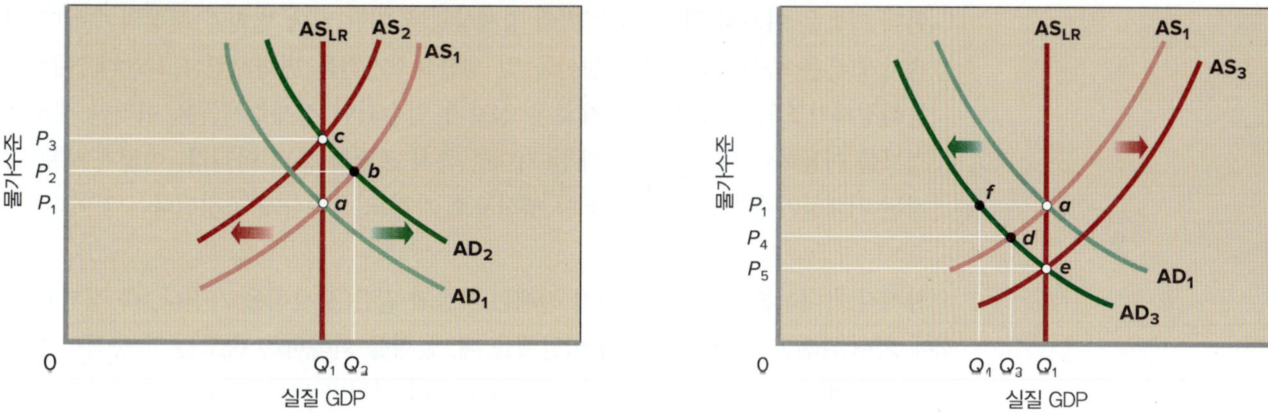

(a) 총수요곡선의 우측이동 (b) 총수요곡선의 좌측이동

및 자연실업률을 회복한다. 즉 **경제는 자기교정 기능을 가진다**는 것이다.

조정속도 지금까지 말한 '장기'는 과연 얼마나 긴 시간인가? 다시 말해 경제가 자기교정기능을 통해 완전고용 생산수준을 회복하기까지는 얼마나 긴 시간이 걸리는가? 이에 대해 새 고전학파 내에서도 통화주의자들과 합리적 기대론자들 사이에 이견이 존재한다.

앞서 그림에서 살펴본 대로 균형의 조정속도는 임금 및 기타 생산요소의 가격이 얼마나 빠르게 조정되느냐에 달려 있는데, 임금 등 생산요소의 가격은 결국 생산물 가격 즉 물가수준에 대한 경제주체의 기대에 의해 결정된다. 따라서 **경제주체들이 어떤 방식으로 물가수준에 대한 기대를 형성하느냐에 따라 균형의 조정속도가 결정된다**고 할 수 있다.

먼저 **통화주의자들은 경제주체들이 적응적 기대를 통해 물가수준에 대한 기대를 형성한다고 가정**한다. 경제주체들이 적응적 기대를 한다는 것은 과거의 물가변화 추이를 기초로 하여 미래 물가수준에 대한 기대를 매우 점진적으로 변경함을 의미한다. 따라서 적응적 기대 하에서는 그림 28.2(a)에서와 같이 양(+)의 총수요 충격이 발생한 경우에도 물가수준에 대한 기대가 점진적으로만 조정되므로, 임금과 기타 생산요소의 가격도 이에 맞춰 천천히 상승하게 된다. 그 결과, 단기 총공급곡선이 AS_1에서 AS_2로 이동하기까지 수년에 걸쳐 상당한 시간이 소요될 수 있다.

반면 새 고전학파 가운데서도 **합리적 기대이론을 수용하는 학자들은 경제주체들이 합리적 기대를 통해 미래 물가수준에 대한 기대를 형성한다고 본다**. 이들에 따르면 경제주체들이 합리적 기대를 한다는 가정은 다음과 같은 2가지 의미를 가진다.

- 경제주체들은 미래 물가와 같이 경제적 후생에 영향을 주는 변수를 예측하기 위해, '가용한 모든 정보를 수집 · 가공하여 신속하게' 반영한다. 따라서 예컨대 통화정책기조의 변경과 같이 미래 물가에 영향을 줄 수 있는 새로운 정보가 입수되면, 경제주체들은 이러한 새로운 정보를 이용하여 미래 물가에 대한 기대를 즉시 조정한다.
- 합리적 기대이론에 기반한 새 고전학파 경제학자들은 **생산물 가격뿐만 아니라 임금 등 생산요소의 가격이 시장의 수급상황에 따라 신축적으로 변화한다고 가정**한다. 그런데 이들은 여기서 더 나아가 '미래 경제상황에 대한 기대 변화가 시장의 수급에 신속하게(혹은 즉시) 반영'되어 생산물 및 생산요소가격을 변화시킨다고 본다. 예컨대 통화정책기조의 변경에 대한 새로운 정보가 입수되면 경제주체들은 이러한 새로운 정보를 이용하여 미래 물가에 대한 기대를 즉시 조정할 뿐만 아니라, 이렇게 새로 변경된 기대물가수준에 따라 임금 등 생산요소 가격도 신속하게 조정된다는 것이다.

합리적 기대이론의 이러한 2가지 전제는 다음과 같은 시사점을 가진다. 즉 경제가 충격에 의해 완전고용균형으로부터 이탈했을 때, 균형을 회복하는 속도는 그 충격이 미리 예상된 것인지 아니면 예상치 못한 것인지에 따라 차이가 난다는 것이다. 각각의 경우를 나누어 살펴보자.

예상치 못한 충격에 의한 물가수준의 변화 사실 그림 28.2에서 장기적으로 경제가 스스로 완전고용수준을 회복한다는 것은 앞 장의 장기 총공급곡선을 도출하는 과정에서 이미 살펴본 사실이다. 따라서 장기적으로 경제가 스스로 완전고용수준을 회복한다는 것은 새 고전학파의 새로운 주장이 아니다. 이들이 새롭게 주장한 것은 단순히 경제가 자기교정기능을 가진다는 것이 아니라, 이러한 **자기교정과정이 장기 총수요 · 총공급 모형이 예측하는 것보다 훨씬 더 신속하게 일어난다는** 점이다. 즉 새 고전학파에 따르면 장기가 생각보다 훨씬 짧은 기간일 수 있다는 것이다.

예컨대, 우리나라 제품에 대한 외국수요가 예상치 못하게 갑자기 늘어나면서 수출이 증가하여 그림 28.2(a)에서와 같이 총수요곡선이 우측으로 이동했다고 하자 ($AD_1 \rightarrow AD_2$). 이렇게 예상치 못한 총수요 충격은 '일시적으로' 실질 GDP를 완전고용수준 이상으로 증가시키고 물가도 P_1에서 P_2로 상승시킨다.

여기서 1가지 의문이 생긴다. 만일 총수요 충격에 대해 임금과 기타 생산요소 가격이 물가와 같은 비율로 즉시 상승한다면, 단기 총공급곡선이 좌측으로 이동($AS_1 \rightarrow AS_2$) 하면서 균형점이 점 c로 바로 이동하므로 실질 GDP는 단기적으로도 아무런 변화가 없을 것이다. 그렇다면 앞서 언급한 합리적 기대론자의 2가지 가정에 따라 경제주체들이 물가에 대해 합리적 기대를 하고 생산요소 가격이 모두 신축적인데도 불구하고, 임금과 기타 생산요소 가격은 왜 즉시 물가를 따라 상승하지 않는 것일까? 다시 말해 경제의 단기 균형점은 왜 점 c로 바로 이동하지 않고 점 b로 이동하여 일시적으로 실질 GDP를 증가시키는가?

그 이유는 물가를 상승시킨 총수요 충격이 예상치 못한 충격이기 때문이다. 먼저 개별 기업은 예상치 못한 총수요 충격에 의해 자신이 생산하는 제품의 가격이 상승하면, 가격상승분 중 일부는 소비자들이 자사제품에 대해서만 수요를 늘린 것에 기인한다고 판단한다. 총수요 충격이 예상치 못한 것이었으므로 물가에 대해 합리적 기대를 하는 기업이라도 자사제품뿐만 아니라 다른 모든 상품에 대한 수요가 동시에 증가하여 전체 물가가 상승했음을 미처 알지 못하기 때문이다. 이렇게 전체 물가 대비 자사제품의 상대가격이 상승했다고 '착각'한 기업은 이윤증가를 위해 자사제품의 생산량을 늘리게 된다.

한편 예상치 못한 총수요 충격에 의해 노동수요가 늘면서 어떤 노동자가 받는 명목임금이 상승했다면, 이 노동자는 자신의 명목임금뿐만 아니라 실질임금도 상승했다고 '착각'하게 된다. 왜냐하면 총수요 충격이 예상치 못한 것이었으므로 물가에 대해 합리적 기대를 하는 노동자라도 총수요 충격에 의해 본인의 임금뿐만 아니라 전체 물가가 상승했음을 미처 알지 못하기 때문이다. 이렇게 실질임금이 상승했다고 판단한 노동자는 현재 명목임금 수준에서 과거보다 더 많은 노동을 공급할 것이므로 경제전체의 생산량 역시 늘어난다.

그러나 기업이나 노동자 모두 물가에 대해 합리적 기대를 형성하는 상황에서 이러한 **착각에 따른 완전고용수준으로부터의 이탈은 매우 짧은 시간 동안만 유지**될 수 있다. 개별 기업이나 노동자가 자사제품의 가격 또는 명목임금만 상승한 것이 아니라 전체 물가가 총수요 충격으로 인해 동시에 상승한 것임을 깨닫는 순간, 기업은 생산량을, 노동자들은 노동공급을 원래 수준으로 줄일 것이기 때문이다. 그 결과 단기 총공급곡선이 신속하게 좌측으로 이동($\mathrm{AS}_1 \rightarrow \mathrm{AS}_2$)하면서 경제는 새로운 장기균형점 c로 이동하고 실질 GDP는 완전고용수준을 회복한다. 이와 같이 경제주체들이 물가에 대해 합리적 기대를 형성하는 경우에는 총수요 충격에 대한 정보가 입수되는 즉시 단기 총공급곡선이 이동하면서 경제가 완전고용수준으로 신속하게 복귀한다.

그림 28.2(b)에서와 같이 예상치 못한 총수요 충격에 의해 총수요곡선이 좌측으로 이동한 경우($\mathrm{AD}_1 \rightarrow \mathrm{AD}_3$)에도 같은 원리가 적용된다. 이렇게 예상치 못한 총수요 충격은 일시적으로 실질 GDP를 완전고용수준 이하로 감소시키고 물가도 P_1에서 P_4로 하락시킨다. 즉 경제의 단기 균형점이 점 a에서 점 d로 일시적으로 이동한다. 그러나 이러한 단기 균형은 개별 기업과 노동자들이 자사제품의 가격 또는 본인의 명목임금뿐만 아니라 전체 물가가 동시에 하락했음을 미처 깨닫지 못하는 동안만 유지될 수 있다. 총수요 충격에 의해 전체 물가가 하락했음을 깨닫는 순간, 기업은 생산량을, 노동자들은 노동공급을 원래 수준으로 늘릴 것이기 때문이다. 그 결과 단기 총공급곡선이 즉시 우측으로 이동($\mathrm{AS}_1 \rightarrow \mathrm{AS}_3$)하면서 경제는 새로운 장기균형점 e로 이동하고 실질 GDP는 신속하게 완전고용수준을 회복한다.

예상된 충격에 의한 물가수준의 변화 합리적 기대이론에 따르면 **경제주체들이 물가에 대해 합리적 기대를 형성하는 상황에서 미리 예상된 총수요 충격에 의해 물가가 변화할 경우에는 심지어 '단기에서조차' 실질 GDP가 변하지 않는다.**

예컨대 중앙은행이 확장적 통화정책의 시행을 미리 공표하고, 이에 따라 정책을 시행했다고 하자. 정책 시행과 동시에 그림 28.2(a)에서와 같이 총수요곡선은 우측으로 이동한다.($AD_1 \rightarrow AD_2$) 이 경우 모든 개별 기업과 노동자들은 확장적 통화정책의 시행 사실을 미리 알고 있고, 따라서 자사제품의 가격 또는 본인의 명목임금뿐만 아니라 전체 물가가 통화량 증가에 따라 동시에 상승했음을 인식하고 있다. 그러므로 제품가격 또는 명목임금 상승에도 불구하고 기업은 생산량을, 노동자들은 노동공급을 이전과 동일한 수준으로 유지하므로, 경제의 실질생산량(실질 GDP) 역시 이전 수준 즉 완전고용 수준을 유지한다. 이는 그림 28.2(a)에서 경제의 균형점이 초기의 점 a에서 새로운 장기균형점 c로 곧바로 이동함을 의미한다. 그 결과 물가수준은 경제주체들이 기대했던 대로 상승하는 반면($P_1 \rightarrow P_3$), 실질 GDP는 원래의 완전고용수준 Q_1을 유지한다.

한편 그림 28.2(b)에서와 같이 미리 예상된 총수요 충격에 의해 총수요곡선이 좌측으로 이동한 경우($AD_1 \rightarrow AD_3$)에도 마찬가지 결과가 나타난다. 예컨대 중앙은행이 긴축적 통화정책의 시행을 미리 공표하고, 이에 따라 정책을 시행했다고 하자. 모든 개별 기업과 노동자들은 자사제품의 가격 또는 본인의 명목임금뿐만 아니라 전체 물가가 통화량 감소에 따라 동시에 하락했음을 인식하고 있다. 따라서 기업은 생산량을, 노동자들은 노동공급을 이전과 동일한 수준으로 유지하므로, 경제의 실질 GDP 역시 이전 수준 즉 완전고용수준을 유지한다. 이는 그림 28.2(b)에서 경제의 균형점이 초기의 점 a에서 새로운 장기균형점 e로 곧바로 이동함을 의미한다. 그 결과 물가수준은 경제주체들이 기대했던 대로 하락하는 반면($P_1 \rightarrow P_5$), 실질 GDP는 원래의 완전고용수준 Q_1을 유지한다.

요컨대 **합리적 기대이론에 따르면 미리 예상된 충격에 의해 총수요가 변화할 경우, 장기는 물론 단기에서도 실질 GDP가 변하지 않는다**.

경제의 자기교정에 대한 주류적 견해

대부분의 경제학자들은 합리적 기대이론을 비롯한 새 고전학파의 이론이 앞 장에서 살펴본 총수요 · 총공급 모형에서 장기 총공급곡선의 형태를 설명하는 데 지대한 공헌을 했음을 인정한다. 이에 따라 많은 주류 거시경제학자들은 새 고전학파의 이론 가운데, 특히 합리적 기대를 기존 경제모형에 새롭게 도입하여 거시경제를 분석하기 시작하였다. 그러나 이들은 합리적 기대를 수용하면서도 앞서 언급한 합리적 기대이론의 전제 가운데 하나인 생산물 및 임금 등 생산요소 가격의 신축성에 대해서는 대체로 동의하지 않는다. 주식, 외환이나 원유 등 원자재와 같이 시장수급에 따라 시시각각으로 가격이 변화하는 상품이 있는 반면, 노동의 가격인 임금과 일부 상품 및 서비스 가격의 경우 매우 경직적으로 결정되기 때문이다. 실제로 많은 실증 연구를 통해 잡지 등 일부 상품 가격과 공공서비스 요금, 그리고 명목임금 등은 오랜 기간 동안 고정되거나 하방 경직적으로 결정되는 경향이 뚜렷한 것으로 알려져 있다. 이렇게 일부 상품 및 서비스와 임금 등 생산요소의 가격이 경직적으로 결정될 경우, 총수요 감소로 인한 경기침체 상황에서 벗어나 완전고용수준을 회복하기까지 걸리는 시간은 새 고전학파 경제학자들이 생각하는 것보다 훨씬 길어질 수 있다. 따라서 많은 경제학자들은 불황 극복을 위해 보다 적극적인 재정 또는 통화정책이 필요하다고 주장한다.

그림을 통한 분석 그림 28.2(b)에서 투자심리 악화로 인해 투자가 줄어들면서 총수요곡선이 좌측으로 이동했다고 하자($AD_1 \rightarrow AD_3$). 만일 생산물 가격이 초단기에서 고정되었거나 단기적으로 하방 경직적이라면, 총수요 감소에도 불구하고 생산물 가격은 P_1으로 고정된다. 따라서 경제의 균형은 초기 균형점 a에서 합리적 기대이론이 예측하는 것처럼 d나 e로 이동하는 것이 아니라, 초기 물가수준 P_1에서 수평인 선을 따라 점 f로 이동한다. 그 결과 물가수준은 불변인 상황에서 경제의 실질 GDP는 Q_4까지 감소하여 완전고용수준 Q_1을 크게 하회하게 된다.

이제 시간이 지나 수요 부족으로 인해 재고가 쌓이면서 기업들이 생산물 가격을 P_4까지 하락시켰다고 하자. 그 결과 경제의 균형점은 점 f에서 점 d까지 이동한다. 새 고전학파의 합리적 기대이론에 따르면 이제 개별 경제주체들이 총수요 감소로 인해 전체 물가가 하락했음을 인지하므로, 경제의 실질 GDP는 즉시 이전의 완전고용수준을 회복해야 한다. 즉 단기 총공급곡선이 신속하게 우측으로 이동($AS_1 \rightarrow AS_3$)하면서 경제의 균형점이 점 e로 즉시 이동한다는 것이다.

그러나 많은 경제학자들은 적어도 단기에서는 이런 일이 벌어지지 않는다고 본다. 단기적으로 명목임금 등 생산요소 가격은 하방경직적인 경우가 대부분일 뿐만 아니라 경직성의 정도가 생산물 가격에 비해서도 훨씬 강하기 때문이다. 총수요 감소에 따라 물가수준이 하락했음에도 불구하고 명목임금이 이와 함께 하락하지 않으면, 기업들은 생산을 늘릴 유인이 없으므로 단기 총공급곡선이 우측으로 이동하지 않는다. 그 결과, 새 고전학파의 예측과 달리 경제의 균형이 상당 기간 점 d에 머무르면서 실질 GDP가 완전고용수준을 하회하고 실업률은 자연실업률을 상회하게 된다.

임금의 하방경직성 우리는 앞서 21장에서 현실의 기업들이 단기적으로 명목임금을 낮추지 못하는 이유를 살펴본 바 있다. 대표적인 이유로서 장기 단위의 임금계약과 법정 최저임금 등을 들었다. 그러나 기업들은 명목임금을 낮출 수 있는 경우에도 이를 꺼리기도 한다. 노동자의 업무의욕과 노력수준 및 업무효율을 감안할 때, 임금 삭감이 오히려 기업의 이윤에 부정적 영향을 줄 수 있기 때문이다.

다음에 소개하는 2이론 즉 효율임금 이론과 내부자 · 외부자 이론은 왜 기업이 임금을 낮추는 것을 꺼리는지를 기업 이윤극대화의 관점에서 설명하는 이론이다.

효율임금 이론 앞서 21장에서 언급한 **효율임금**이란 생산물 단위당 노동비용을 최소화하는 임금수준을 의미한다. 만일 임금수준이 노동자의 업무의욕 및 효율과 전혀 관련이 없다면, 현재의 시장임금이 바로 효율임금수준과 일치할 것이다. 왜냐하면 노동시장이 완전경쟁인 상황에서 시장임금은 기업들이 필요한 인력을 구하기 위해 지불해야 할 최소한의 임금수준이기 때문이다. 그러나 효율임금 이론이 전제하는 것처럼 노동자의 임금수준이 업무의욕 및 효율에 영향을 미친다면, 효율임금은 시장임금보다도 높은 수준이 될 수 있다. 다시 말해, 기업들이 시장임금보다 더 높은 임금을 지불함으로써 생산물 단위당 노동비용을 줄일 수 있다는 것이다.

효율임금

예를 통해 살펴보자. 어떤 회사에서 한 노동자가 시장임금 수준인 시급 9천 원을 받고 일하면, 평균적으로 한 시간에 8개의 제품을 생산한다고 한다. 그런데 만일 노동자가 시장임금보다 높은 시급 1만 원을 받고 일하면 업무효율이 향상되어 한 시간에 10개의 제품을 생산한다고 하자. 이 경우 효율임금은 시장임금수준인 시급 9천 원이 아닌 시급 1만 원이 된다. 왜냐하면, 노동자가 시급 1만 원을 받고 일할 때 생산물 단위당 노동비용은 1천 원(=1만 원/제품 10단위)이지만, 시장임금인 시급 9천 원을 받고 일할 경우에는 1,120원(=9천 원/제품 8단위)으로 높아지기 때문이다.

그렇다면 왜 임금수준이 높아지면 노동자의 업무효율이 향상되는가? 다음과 같은 3가지 요인을 들 수 있다.

- **노력수준의 향상** 만일 어떤 노동자가 시장임금보다 높은 효율임금을 받고 일하다가 성과가 안 좋아 해고되었다고 하자. 해고 시 시장임금보다 높은 임금을 포기해야 하므로 해고의 기회비용은 매우 커진다. 따라서 이 노동자는 해고되지 않기 위해 시장임금을 받고 일하는 노동자들에 비해 더 열심히 일할 가능성이 높다. 이를 알고 있는 기업은 노동자의 업무노력 향상을 위해 의도적으로 시장임금 이상의 효율임금을 지급하게 된다. 시장임금 이상의 효율임금을 지급하면 직접적인 노동비용은 상승하나, 업무노력 향상으로 인한 노동생산성 증가에 따라 기업의 이윤이 오히려 증가할 수 있기 때문이다.
- **감독비용의 감소** 앞서 설명한 대로 시장임금보다 높은 효율임금을 받는 노동자의 입장에서는 해고의 비용이 매우 크므로 일을 게을리 할 유인이 없다. 따라서 기업은 노동자의 업무를 감독할 관리자를 많이 고용할 필요가 없게 된다. 관리감독비용 역시 넓은 의미의 노동비용에 포함되므로 시장임금보다 높은 효율임금을 지급함으로써 생산물 단위당 노동비용을 절감할 수 있다.
- **이직률의 하락** 기업들은 시장임금보다 높은 효율임금을 지급함으로써 노동자가 다른 직장으로 자발적으로 이직할 가능성을 낮출 수 있다. 노동자의 이직률이 낮아지면 이를 대체할 신규 인력을 채용하거나 기존 인력을 새롭게 훈련시키는 데 드는 비용도 줄어든다. 또한 노동자의 근속연수가 길어지면서 숙련도가 높아지면 업무효율 및 노동생산성이 더욱 향상된다.

보다 많은 **기업들이 시장임금보다 높은 수준의 효율임금을 지급할수록, 경제 전체의 평균임금의 경직성은 더욱 강화된다.** 총수요 감소로 인해 경기가 침체된 상황에서도 기업들은 업무노력 수준 저하, 관리감독비용 상승, 이직률 상승 등을 우려하여 기존의 효율임금 수준을 고수하고 임금 삭감을 꺼릴 것이기 때문이다. 그 결과 단기 총공급곡선의 이동을 통해 경제의 실질 GDP가 완전고용수준을 회복하기까지 걸리는 시간은 더욱 길어지게 된다.

내부자 · 외부자 이론

내부자 · 외부자 이론 임금의 하방경직성을 설명하는 또 다른 이론으로서 **내부자 · 외부자 이론**을 들 수 있다. 여기서 '내부자'란 현재 직장을 가지고 일하고 있는 취업자를 의미하며, '외부자'란 현재 시장임금을 받고 일할 의사가 있는 실업자를 의미한다.

노동시장이 이렇게 내부자와 외부자로 양분된 상황에서 총수요 감소에 따라 경기 침체가 발생했다고 하자. 이 경우 노동시장이 일반적인 경쟁시장이라면 임금이 신속하게 낮아져야 정상이다. 왜냐하면 경기 침체로 인해 해고된 외부자들이 다른 직장을 구하기 위해 현행 시장임금보다 더 낮은 임금에서 일하겠다고 경쟁적으로 구직활동을 하고, 기업들은 노동비용을 줄이기 위해 이러한 외부자들을 지금보다 낮은 임금으로 채용할 것이기 때문이다.

그러나 내부자 · 외부자 이론에 따르면, 이 경우에도 기업들은 외부자들을 채용하기 쉽지 않다. 왜냐하면 외부자들을 고용할 경우 임금은 낮아질지 모르지만 임금 이외의 상당한 비용이 추가로 발생할 수 있기 때문이다. 우선 기존에 일하고 있던 내부자의 노동시간을 늘리는 것과 비교할 때, 외부자를 새롭게 고용하고 업무에 투입하기 위해서는 상당 수준의 채용 및 훈련비용이 추가로 든다. 이렇게 추가적으로 발생하는 채용 및 훈련비용을 감안하면 **임금이 낮은 외부자를 신규채용하는 것보다 기존 내부자의 노동시간을 늘리는 것이 더 유리**할 수 있다. 뿐만 아니라 기업이 외부자를 채용할 경우, 내부자들이 그들의 독점적 협상력을 이용하여 외부자와의 업무협조를 집단적으로 거부하면 생산성이 낮아지고 단위당 노동비용이 오히려 높아질 수 있다. 이러한 가능성을 감안하면 기업의 입장에서 임금이 낮더라도 외부자를 고용하는 것은 바람직하지 않을 수 있다. 게다가 외부자의 입장에서도 취업 시 발생할 수 있는 내부자들과의 갈등을 고려하면, 낮은 임금을 받고 취업하는 것이 바람직하지 않을 수 있다. 이러한 여러가지 이유 때문에 기업들은 현행 내부자들에게 주는 임금보다 낮은 수준의 시장임금을 지불할 수 있음에도 불구하고 선뜻 외부자들을 고용하지 못하는 것이다.

효율임금 이론과 마찬가지로 내부자 · 외부자 이론에 따르면 총수요가 감소하더라도 임금은 하방 경직성을 보이게 된다. 총수요 감소로 인해 경기가 침체된 상황에서도 기업들은 낮은 시장임금을 주고 외부자를 고용하는 대신, 기존의 높은 임금수준에서 내부자들을 계속 고용할 것이기 때문이다. 그 결과 경제가 경기 침체에서 벗어나 완전고용 생산수준을 회복하기까지 걸리는 시간은 새 고전학파 경제학자들이 생각하는 것보다 훨씬 더 길어지게 된다.

준칙이냐? 재량이냐?

앞서 살펴본 대로 경기변동의 원인과 경제의 자기교정 속도에 대한 견해는 학파별로 상당한 차이가 있다. 경기변동에 대한 이러한 학파별 견해 차이는 바람직한 경기안정화 정책 방향에 대한 논쟁으로 이어졌다. 통화주의자들이 주장하듯이 시장경제는 기본적으로 매우 안정적인 체제이므로 정부는 개입을 최소화하고 정책 준칙을 고수해야 하는가? 아니면 경기변동을 완화하기 위해 필요할 경우 당국의 재량에 따라 재정 또는 통화정책을 시행해야 하는가?

준칙에 기초한 경기안정화정책이 바람직한 이유

앞서 살펴본 대로 통화주의자를 비롯한 **대부분의 새 고전학파 경제학자들은 재정 또는 통화정책과 같이 경기변동을 완화하려는 경기안정화정책이 오히려 경기변동을 유발하거나 증폭시키는 주요인이라고 주장**한다. 즉 이들은 총수요 조절을 통한 경기안정화정책이 경기변동에 대한 대응책이라기보다 그 자체가 경기변동을 유발하는 원인이라고 보는 것이다. 그러다 보니 이들은 경기안정화정책을 굳이 시행한다면 당국의 재량보다는 준칙에 기초하여 시행하는 것이 바람직하다고 본다. 정책 준칙을 부여함으로써 당국이 섣불리 총수요 조절을 통해 경기안정화정책을 시행하는 것을 방지할 수 있기 때문이다.

화폐공급 준칙

화폐공급 준칙 새 고전학파 경제학자들 가운데서도 특히 통화주의자들은 부적절한 통화정책을 경기변동의 주원인으로 본다. 따라서 준칙 가운데서도 통화정책에 대한 준칙 즉 **화폐공급 준칙**을 수립하여 시행하는 것이 가장 중요하다고 주장한다.

화폐공급 준칙의 대표적 예로 통화주의의 창시자인 프리드먼이 제안한 *k*% 준칙을 들 수 있다. 이는 완전고용 또는 잠재 GDP의 평균적 성장률(평균 잠재성장률)을 구하여, 매년 이와 동일한 증가율로 화폐공급을 늘리는 것이다. 따라서 일단 경제의 평균 잠재성장률이 정해지면, 이후의 화폐공급은 경제 상황과 관계없이 정해진 증가율에 따라 매년 증가하게 된다. 이러한 준칙 하에서 통화정책당국인 중앙은행의 재량은 거의 사라진다. 왜냐하면 동 준칙하에서 중앙은행의 역할은 기존의 통화정책수단(공개시장조작, 재할인율 정책, 지급준비율 정책, 지급준비금에 대한 이자 지불 등)을 동원하여 화폐공급을 미리 정해진 증가율대로 늘리는 것에 국한되기 때문이다.

k% 준칙의 유용성에 대해 프리드먼은 다음과 같이 언급하였다.

> 이러한 준칙을 부여함으로써 경기안정화를 위한 통화정책이 경제에 변덕스럽고 예측 불가능한 영향을 미침으로써 경기변동을 오히려 유발하는 부작용을 원천적으로 방지할 수 있다. 준칙에 따라 경제의 화폐공급이 예컨대 3~5%의 정해진 비율로 증가할 경우, 경기 침체는 단기적 현상으로 그칠 것이다. 잠재성장률과 동일하게 정해진 비율로 통화량이 꾸준히 늘어나면 총수요가 장기적으로 총공급과 보조를 맞춰 확대되기 때문이다. 한편 경기 상황과 관계없이 화폐공급 증가율이 일정 수준 이내로 제한되므로, 일시적인 총수요 부양책이 장기적인 인플레이션 압력으로 작용하는 것을 미연에 방지할 수 있다.[4]

그림 28.3은 이러한 *k*% 준칙의 작동원리를 보여준다. 초기에 경제의 균형이 총수요곡선 AD_1와 장기 총공급곡선 AS_{LR1}이 만나는 점에서 완전고용 생산수준 Q_1를 달성하고 있었다고 가정하자. 또한 이 경제의 장기 총공급곡선이 매년 잠재성장률만큼 우측으로 이동한다고 하자($AS_{LR1} \rightarrow AS_{LR2}$). 이러한 장기적인 완전고용 생산수준의 변화는

4) Lawrence S. Ritter and William L. Silber, Money, 5th ed.(New York: Basic Books, 1984), pp. 141-142에서 재인용.

앞 장에서 언급한 대로 기술진보나 더 많은 그리고 더 효율적인 생산요소의 투입 등에 기인한다.

$k\%$ 준칙에 따르면 경제의 **화폐공급은 잠재성장률 즉 장기 총공급곡선의 이동속도에 맞춰 매년 증가**하게 된다. 앞서 살펴본 교환방정식을 통해 알 수 있듯이, 통화주의자들에 따르면 경제의 화폐공급량과 총수요 간에는 매우 밀접한 비례관계가 존재한다. 따라서 화폐공급이 장기 총공급과 동일한 비율로 증가하면, 총수요곡선 역시 장기 총공급곡선과 동일한 비율로 우측으로 이동하게 된다($AD_1 \rightarrow AD_2$). 그 결과 경제의 실질 GDP가 지속적으로 증가($Q_1 \rightarrow Q_2$)함에도 불구하고, 물가는 이전과 동일한 수준 P_1에서 변하지 않는다. 통화주의자들에 따르면 이와 같이 $k\%$ 준칙을 준수함으로써 물가수준을 안정시키면서도 지속적인 경제성장을 달성할 수 있다.

한편 새 고전학파 가운데 합리적 기대론자들 역시 이러한 화폐공급 준칙을 대체로 지지하는 편이다. 그 이유는 다음과 같다. 앞서 살펴본 대로 합리적 기대이론에 따르면 통화정책은 그것이 예상된 정책이든 예상치 못한 정책이든 간에 실질 GDP에는 거의 영향이 없거나 매우 일시적인 효과만을 가지며, 장기적으로는 오직 물가수준이나 인플레이션에만 영향을 미친다. 만일 합리적 기대론자들이 주장하는 대로 중앙은행의 확장적 통화정책이 물가수준만 높이고 생산량 증대에 거의 효과가 없다면, 중앙은행으로 하여금 재량에 따라 통화정책을 수행하도록 놔두는 것보다는 물가안정목표와 부합하는 화폐공급 준칙을 의회에서 정해 이를 준수하도록 하는 것이 더 합리적인 방안일 것이다.

그러나 오늘날 $k\%$ 준칙과 같은 극단적인 화폐공급 준칙을 지지하는 경제학자들은 거의 없다. 대신 미 연준은 2012년에 좀 더 유연한 형태의 통화정책 준칙을 도입했다. 즉 목표 인플레이션율을 미리 공표하고 이를 달성하도록 통화정책을 운영하는 **인플레이션**

인플레이션 타게팅

[그림 28.3] $k\%$ 준칙의 작동원리

$k\%$ 준칙에 따르면 경제의 화폐공급은 잠재성장률 즉 장기 총공급곡선의 이동속도($AS_{LR1} \rightarrow AS_{LR2}$)에 맞춰 매년 증가하게 된다. 이에 따라 총수요곡선이 장기 총공급곡선과 동일한 비율로 우측으로 이동하면($AD_1 \rightarrow AD_2$), 경제의 실질 GDP가 지속적으로 증가($Q_1 \rightarrow Q_2$)함에도 불구하고, 물가는 이전과 동일한 수준 P_1을 유지할 수 있다.

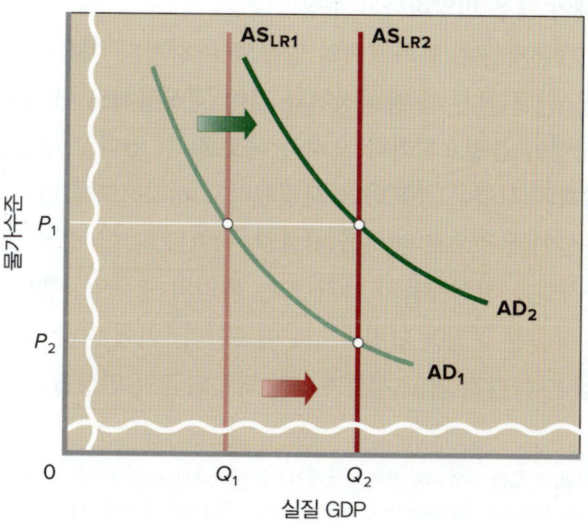

타게팅(inflation targeting)이 그것이다.[5] 연준이 설정한 목표 인플레이션율은 2%로 이는 비슷한 시기 유럽중앙은행, 영국 중앙은행인 잉글랜드은행, 일본은행이 목표로 정한 인플레이션율과 동일하다.

통화정책의 운영원리로서 보다 엄격한 의미의 인플레이션 타게팅을 적용할 경우, 중앙은행의 유일한 정책목표는 물가안정이 되고, 따라서 물가안정을 위해서는 통화정책의 경기안정화 기능을 어느 정도 포기할 수밖에 없다. 물론 새 고전학파와 같이 엄격한 의미의 인플레이션 타게팅을 지지하는 학자들은 중앙은행이 인플레이션 목표를 달성하는 데 정책역량을 집중함으로써 부수적으로 경기안정화 효과도 얻을 수 있다고 주장한다. 그러나 현재 미 연준은 보다 신축적인 형태의 인플레이션 타게팅을 운영하고 있다. 즉 2%의 목표 인플레이션율에서 다소 벗어나더라도 실업률 등 경기상황에 따라 확장적 또는 긴축적 통화정책을 시행할 수 있도록 연준에 일정 수준의 재량을 허용한 것이다.

k% 준칙이나 인플레이션 타게팅 외에도 다양한 형태의 통화정책 준칙이 존재한다. 그 중 26장에서 살펴본 테일러 준칙은 중앙은행이 경제성장률과 인플레이션율 등 경제여건의 변화에 따라 정책금리를 어떻게 조정해야 하는지를 규정한 준칙이었다. 또 다른 대안적 통화정책 준칙으로 이 장의 '마지막 한마디'에서는 명목 GDP를 타게팅하는 준칙을 소개하고 있다.

균형예산 통화주의자를 비롯한 새 고전학파 경제학자들은 **재정정책의 유효성에 대해 근본적으로 회의적**인 편이다. 예컨대 통화주의자들은 경기안정화를 위해 시행하는 확장적 재정정책의 효과가 매우 불확실하거나 영향이 기껏해야 미약하다고 주장한다. 가장 중요한 이유는 앞서 살펴본 구축효과 때문이다. 즉 정부가 확장적 재정정책에 소요되는 재원을 조달하기 위해 국채를 발행하여 차입을 늘리면 화폐수요가 증가하면서 시장이자율이 상승하고, 그 결과 민간투자가 줄어들게 된다. 다시 말해, 정부의 자금수요가 민간투자를 위한 자금수요와 서로 경쟁하면서 시장이자율을 상승시키고, 이에 따라 낮은 이자율에서는 실행되었을 투자계획들이 상당 부분 취소될 수 있다는 것이다. 그 결과, **통화주의자들은 적자재정을 통한 확장적 재정정책의 총수요에 대한 순효과가 불확실하거나 기껏해야 매우 미약하다고 주장**한다.

또한 합리적 기대론자들은 통화정책의 경우와 마찬가지 이유로 경기안정화를 위한 재정정책의 시행을 반대한다. 즉 **통화정책과 같이 재정정책도 단기에서조차 거의 효과가 없기 때문에 시행이 불필요하거나 오히려 해로울 수 있다**고 주장한다. 예컨대 정부가 확장적 재정정책의 시행을 공표하고 시행했다고 하자. 그에 따라 그림 28.2(a)에서와 같이 총수요곡선이 우측으로 이동한다($AD_1 \rightarrow AD_2$). 이 경우 합리적 기대를 하는 개별 기업과 노동자들은 자사제품의 가격 또는 본인의 명목임금뿐만 아니라 경제 전체의 물가가 동시에 상승할 것임을 합리적으로 예측한다. 이에 따라 기업과 노동자들은 생산량이나 노동공급을 늘리지 않고 제품가격과 명목임금의 인상을 요구하게 된다. 그 결

5) 보다 구체적으로 말하면, 연준은 실업률과 함께 인플레이션율이 공표한 목표수준에 가까워 질 때까지 현행 제로금리(2012년 말 당시 연준의 정책금리 목표치는 0~0.25%였음)를 유지한다고 선언하였다.

사례연구: 경기변동과 도로운전의 비유

경제학자 러너(Abba Lerner, 1903~1982)는 시장경제를 양쪽에 난간이 있는 좁은 도로를 따라 달리는 자동차에 비유한 바 있다. 근데 이 자동차의 문제는 '핸들'이 없다는 것이다. 그러다 보니 차가 한 쪽 난간에 부딪히면 바로 다른 쪽 난간으로 튕겨 나가는 등 불안정한 상태 즉 큰 폭의 경기변동이 지속된다는 것이다. 러너는 자동차(경제)가 도로의 양쪽 난간(경기침체와 수요견인 인플레이션)을 피해 안전하게 여행하기 위해서는, 정부가 자동차에 핸들을 설치하여 재량적인 재정정책과 통화정책을 수행함으로써 불안정한 경기변동을 적극적으로 완화해야 한다고 비유적으로 말했다.

반면 통화주의를 창시한 경제학자 프리드먼(Milton Friedman, 1912~2006)은 러너의 비유를 변형하여 경기변동이 발생하는 원인을 설명하였다. 프리드먼에 따르면 자동차가 종종 난간에 부딪히는 것은 핸들이 없거나 운전사가 유능하지 않아서가 아니다. 그보다는 오히려 자동차에 탄 '통화당국'이라는 승객이 때때로 몸을 한쪽으로 심하게 기울이거나 핸들을 확 돌리기 때문에 발생하는 문제라는 것이다. '통화당국'이 인위적으로 이러한 불안정 요소를 야기하는 것을 삼가는 한 자동차는 난간에 부딪히지 않고 순항할 수 있다는 것이다.

러너의 비유는 좌충우돌하는 자동차와 같이 시장경제가 내재적으로 불안정함을 암시한다. 따라서 러너에 따르면 정책당국이 재량에 따른 경기안정화정책을 수행함으로써 경기변동을 보다 적극적으로 완화할 필요가 있다. 반면 프리드먼의 변형된 비유는 시장경제가 본질적으로 안정적이며, 통화당국의 부적절한 경기안정화정책이 오히려 경기변동을 유발함을 암시한다. 따라서 프리드먼은 경기안정화를 위해 통화당국이 적정 수준에서 미리 정해진 증가율로 화폐공급을 꾸준히 늘리도록 하는 화폐공급 준칙이 반드시 필요하다고 주장한다.

과 확장적 재정정책을 시행하는 즉시 총공급곡선은 좌측으로 이동하고($AS_1 \rightarrow AS_2$), 경제의 균형점은 초기의 점 a에서 수직의 장기 총공급곡선을 따라 점 c로 바로 이동한다. 이와 같이 공표된 확장적 재정정책은 단기에서조차 실질 GDP에 아무런 영향을 주지 못하고 물가만을 상승시킨다.

새 고전학파 경제학자들은 이렇게 재정정책의 실질 GDP에 대한 효과가 없거나 있어도 매우 미약한 반면, 인플레이션에 악영향만을 줄 수 있다고 보기 때문에 경기안정화를 위한 재량적 재정정책을 적극 반대한다. 대신 이들은 **법률을 개정하여 정부가 매년 균형예산을 달성하도록 강제하거나, 적어도 정부가 수동적인 재정정책 기조를 유지해야 한다**고 주장한다. 여기서 수동적 재정정책이란 정부가 의도적으로 재정적자나 재정흑자를 유발하지 않고 경기상황에 따른 재정수지 변화를 수용하는 정책기조를 의미한다. 새 고전학파 경제학자들은 경제가 비교적 신속하게 완전고용수준을 회복한다고 믿기 때문에, 수동적 재정정책 기조하에서도 경기변동에 따른 재정적자나 재정흑자는 매우 일시적인 현상에 그칠 것이라고 주장한다.

재량에 기초한 경기안정화정책이 바람직한 이유

대부분의 거시경제학자들은 k% 준칙이나 엄격한 균형예산과 같이 극단적으로 경직적인 준칙에 기초한 경기안정화정책을 반대한다. 이러한 주류적 견해에 따르면 재량에 기초한 재정 및 통화정책은 완전고용 및 물가안정을 유지하고 장기적 경제성장을 지속하기 위해 필수적인 정책수단이다.

재량에 기초한 통화정책 주류적 견해에 따르면 k% 준칙은 그 전제 자체가 잘못되어 있어, 현실에서는 프리드먼이 의도한 대로 작동하지 않는다고 반박한다. 앞서 살펴본 통화주의자의 교환방정식에서와 같이 화폐공급과 명목 GDP는 서로 밀접한 상관관계를 가지는 것이 사실이나, 이는 어디까지나 장기적으로 성립하는 것이고 단기적으로는 양자 간 관계에 다양한 교란요인이 존재한다.

대표적인 교란요인은 바로 화폐의 유통속도 V이다. 앞서도 언급한 것처럼 데이터로 측정한 실제 유통속도는 추세적으로 증가해 왔다. 뿐만 아니라 통화주의자의 주장과는 달리 현실의 유통속도는 추세적으로 뿐만 아니라 경기변동에 따라서도 매우 불규칙적으로 변동한다. 대부분의 경제학자들은 이러한 유통속도의 불안정성을 근거로 프리드먼의 주장 즉 k% 준칙에 따라 화폐공급을 일정한 증가율로 늘림으로써 경기변동에 따른 총수요의 불안정한 움직임을 제거할 수 있다는 주장을 반박한다. 즉 교환방정식 $MV=PQ$에서 화폐공급 M을 일정한 비율로 증가시킨다고 해서 명목 GDP PQ로 측정되는 총수요 역시 일정한 비율로 증가하는 것은 아니라는 것이다. 왜냐하면 현실에서는 경제주체들이 화폐를 사용하는 빈도를 나타내는 유통속도 V가 불규칙적으로 변동하기 때문이다.

k% 준칙의 작동원리를 보여주는 그림 28.3을 통해 좀 더 자세히 살펴보자. k% 준칙에 따라 매년 잠재성장률과 동일한 증가율로 화폐공급을 늘리는 상황에서, 새로운 시장개척 등 외부적 충격에 의해 투자심리가 개선되면서 경제주체들이 투자를 위해 화폐를 더 자주 사용하게 되었다고 하자(유통속도 V의 증가). 이 경우 k% 준칙에 따른 화폐공급 증가로 인해 총수요곡선이 이동하는 부분($AD_1 \rightarrow AD_2$)에 더하여, 투자 증가로 인해 총수요곡선이 우측으로 추가 이동하게 된다. 따라서 새로운 총수요곡선은 AD_2보다 더 오른쪽에 위치하게 된다. 이해를 돕기 위해 새로운 총수요곡선 AD_3를 연필로 그려보기 바란다. 그 결과 물가수준은 투자충격이 없었을 경우의 P_1보다 더 높아지므로 경제에는 수요견인 인플레이션이 발생한다. 정책당국이 경제상황과 무관하게 k% 준칙을 고수할 경우 물가안정이라는 당초의 정책목표를 달성할 수 없다는 것이다. 이 때문에 대부분의 거시경제학자들은 경제상황 변화에 따라 정책당국이 재량적인 통화정책을 수행함으로써 보다 적극적으로 물가안정과 완전고용을 추구해야 한다고 주장한다. 예컨대 위의 예에서 통화당국은 수요견인 인플레이션을 방지하기 위해 총수요곡선이 AD_2에 머물도록 긴축적 통화정책을 수행해야 한다는 것이다.

부(−)의 투자충격 즉 투자심리 악화로 인해 경제주체들이 투자를 위해 화폐를 덜 사용하게 된 경우(유통속도 V의 감소)에도 마찬가지 문제가 발생한다. 즉 그림 28.3에서 k% 준칙에 따라 총수요곡선은 AD_1에서 AD_2까지 이동해야 하지만, 투자의 감소에 따라 이동폭이 이에 미치지 못하게 된다. 따라서 새로운 총수요곡선은 AD_2보다 더 왼쪽에 위치하게 된다. 이해를 돕기 위해 새로운 총수요곡선 AD_4를 연필로 그려보기 바란다. 그 결과 물가수준은 부의 투자충격이 없었을 경우의 P_1보다 더 낮아지므로 경제에는 디플레이션이 발생한다. 한편 만일 물가가 단기적으로 P_1에서 하방경직적이라면 총수요가 완전고용수준에 못 미치므로 실업률이 자연실업률 수준보다 높아지게 된다. 어느 경우든지 당초 통화정책의 목적이었던 물가안정과 완전고용을 달성하지 못하게 된다. 이 경우 대부분의 거시경제학자들은 디플레이션이나 실업률 상승을 막기 위해서 통화당국의 재량에 따라 확장적 통화정책을 시행해야 한다고 주장한다.

재량에 기초한 재정정책 주류적 견해를 가진 많은 경제학자들은 경기침체 또는 수요견인 인플레이션이 심화되는 것을 방지하기 위해 재량적 재정정책이 어느 정도 필요하다고 주장한다. 물론 이들도 확장적 재정정책이 구축효과를 통해 민간투자를 저해할 가능성을 인정한다. 그러나 확장적 재정정책이 요구되는 경기침체 상황에서는 일반적으로 민간의 차입 및 투자수요가 저조하기 때문에 구축효과의 크기는 무시할 만하다고 주장한다. 다만 정치인들에 의해 재정정책이 오 · 남용될 위험성이 있으므로, 대부분의 경제학자들은 통화정책이 무력하거나 효과가 나타나기까지 지나치게 오랜 시간이 걸릴 경우에만 보완적으로 재정정책을 시행하는 것이 바람직하다고 주장한다.

또한 대다수 경제학자들은 매년 균형예산을 유지해야 한다는 일부 새 고전학파의 극단적 주장에 반대한다. 통상적으로 경기침체기에는 조세수입이 감소하고 수요견인 인플레이션이 발생하는 경기과열기에는 조세수입이 증가한다. 따라서 만일 법령을 통해 매년 균형예산을 유지하도록 강제할 경우, 정부는 경기침체기에는 세율을 인상하거나 정부지출을 줄여야 하고 경기과열기에는 세율을 인하하거나 정부지출을 늘려야 한다. 이러한 정책반응은 침체된 경기를 더욱 위축시키고, 경기과열로 인한 수요견인 인플레이션을 더욱 심화시킨다. 이 때문에 대부분의 거시경제학자들은 매년 균형예산을 강제하는 것에 적극 반대한다.

재량적 경기안정화정책의 성공 사례

주류적 견해를 가진 경제학자들은 다음과 같은 미국의 사례를 들어 재량적 경기안정화정책이 현실에서 충분히 적용 가능할 뿐만 아니라 바람직할 수 있다고 주장한다.

- 1980년대 초반 미 연준은 매우 강력한 긴축적 통화정책을 실시하였는데, 이를 통해 1980년 13.5%에 달했던 인플레이션율을 1983년에는 3.2%까지 낮출 수 있었다.
- 이러한 긴축적 통화정책에 따라 1980년대 초중반 미국의 실업률이 높은 수준으로 상승하였으나, 미국 정부가 추진한 확장적 재정정책에 의해 1982년 9.7%에 달하던 실업률은 1988년 5.5%까지 하락하였다.
- 1990년대 초 연준의 확장적 통화정책 기조는 1990~1991년의 경기침체를 극복하는 데 크게 기여하였다.
- 1990년대 중반 이후 미국 경제는 이른바 '신경제'라고 불릴 정도로 장기호황을 누렸다. 1990년 중반과 후반에 걸쳐 연준은 다소 완만한 긴축적 통화정책 기조를 통해 과도한 인플레이션을 방지하고 완전고용 생산수준을 지속적으로 유지하는 데 중요한 역할을 하였다.
- 2001년부터 미국 경제는 주식시장의 IT거품 붕괴에 따라 수많은 IT벤처회사가 파산

하고 관련 투자가 급감함으로써 급속히 경기후퇴 국면에 접어들었다. 게다가 9.11 테러의 여파까지 겹쳐 경기상황이 더욱 악화되었다. 이에 미국 정부와 연준은 정부지출 확대 및 정책금리 대폭 인하 등 확장적 재정 및 통화정책을 통해 경기침체가 심화되는 것을 막을 수 있었다.

- IT거품 붕괴로 시작된 경기침체 국면이 진정되고 경기가 회복국면에 접어들자 연준은 2004년부터 정책금리를 점진적으로 인상하는 등 완만한 긴축적 통화정책 기조로 서서히 전환하기 시작하였다. 이러한 긴축 기조는 2006년까지 지속되었는데, 그 결과 2004년 초 1%에 불과했던 연준의 정책금리는 2006년 말에는 5.25%까지 인상되었다. 이러한 긴축적 통화정책을 통해 국제 원유가격이 2002년 배럴당 24달러에서 2007년 말 배럴당 99달러까지 가파르게 상승하는 와중에서도 미국 경제의 인플레이션율은 안정적인 수준에서 유지될 수 있었다.
- 2007년 서브프라임 주택담보대출 시장이 붕괴하기 시작하면서 연준은 즉각적으로 금융시스템에 유동성을 대량으로 공급하기 시작했다. 정책금리를 2007년 중반 5.25%에서 2008년 4월 2%까지 인하하는 한편, 기간입찰대출(term auction facility)와 같은 비전통적 통화정책수단을 활용하여 금융기관의 지급준비금을 크게 확충하는 등 신용경색을 완화하고 금융시스템의 붕괴를 막기 위한 최종대부자의 역할을 충실히 수행하였다. 또한 금융위기 이후 2007~2009년의 대침체 기간 동안 연준은 정책금리를 제로금리 수준까지 추가적으로 인하하고, 양적완화정책 등 새로운 비전통적 통화정책수단을 개발 및 적용함으로써 금융시장의 안정과 경기회복에 크게 기여하였다.

이러한 재량적 재정 및 통화정책의 성공 사례는 우리나라에서도 발견된다. 대표적으로 글로벌 금융위기 이후 전 세계 금융시장의 신용경색과 대외경기의 침체에 대응하여 추경 편성 및 정책금리 대폭 인하 등 확장적 재정정책과 통화정책을 시행함으로써 위기를 단기간에 극복한 사례를 들 수 있다.

요약: 거시경제이론 및 정책에 대한 학파별 견해

표 28.1은 지금까지 우리가 살펴본 주류 거시경제학계와 통화주의자, 그리고 합리적 기대론자의 거시경제이론 및 정책적 시사점의 차이를 일목요연하게 요약·정리한 것이다. 앞에서 논의한 대로 표 28.1에서 통화주의자와 합리적 기대론자는 함께 새 고전학파로 분류되었다. 이는 2이론이 경제가 본질적으로 안정적이며, 완전고용균형으로부터 이탈한 경우에도 신속하게 원래 수준으로 복귀한다는 공통적인 신념을 공유하고 있기 때문이다.

이렇게 서로 다른 견해를 가진 학파 간의 활발한 논쟁은 거시경제학 이론을 발전시키는 밑거름이 되어왔다. 예컨대 오늘날 주류적 견해를 가진 많은 경제학자들은 통화주의자들이 말하는 것처럼 화폐공급이 경기변동의 유일한 원인이라고 믿지는 않지만, 적어도 경기변동에 있어 "화폐의 역할이 매우 중요하다(money matters)."는 점에는 동의한다. 뿐만 아니라 통화주의자의 주장과 같이 과다한 화폐공급이 지속적으로 높은 인플레이션의 주된 원인이라는 점에는 거의 모든 경제학자들이 동의한다. 또한 오늘날 대부분의 경제학자들은 합리적 기대이론이나 조정실패이론에서 강조하는 것처럼 경제주체들의 기대가 경제주체들의 행동과 정책의 효과를 설명하는 데 매우 중요한 요인임을 인정한다. 예컨대 경제주체들이 정책당국을 신뢰하고 당국이 향후 물가안정 및 완전고용 생산수준을 달성할 수 있다는 기대를 가지게 되면, 경제주체들은 이러한 기대가 실현되는 방향으로 행동한다는 것이다. 이와 같이 경제학파들 간의 견해 차이는 거시경제이론과 정책을 발전시키는 원동력이 될 수 있다.

〈표 28.1〉 경제학파별 견해 차이 정리

쟁점	주류적 견해	새 고전학파적 견해	
		통화주의	합리적 기대이론
시장경제의 안정성	잠재적으로 불안정	장기적으로 완전고용 수준에서 안정적	장기적으로는 물론 예상된 충격에 대해서도 완전고용 수준에서 안정적
경기변동의 원인	총수요(특히 투자) 또는 총공급 충격	부적절한 통화정책	단기적으로 예상치 못한 총수요 또는 총공급 충격
생산요소(임금 포함) 및 생산물 가격에 대한 가정	초단기: 생산물 및 생산요소 가격 고정 단기: 생산요소 가격은 경직적이나 생산물 가격은 신축적(단, 하방으로는 다소 경직적일 수 있음)	단기: 생산요소 가격은 경직적이나 생산물 가격은 신축적 장기: 생산물 및 생산요소 가격 모두 신축적	단기에서도 생산물 및 생산요소 가격 모두 신축적
바람직한 거시경제정책 운영체제	재량적인 재정 및 통화정책	화폐공급 준칙	화폐공급 준칙, 균형예산
화폐공급 변화(통화정책)의 효과	화폐공급 변화 → 이자율 변화 → 투자 및 GDP 변화	화폐공급 변화는 총수요와 GDP에 직접적으로 영향을 미침	미리 예상된 화폐공급의 변화는 단기적으로도 GDP에 아무런 영향 없음
화폐 유통속도의 안정성	변동성이 크고 불안정적	예측가능하고 대체로 안정적	합의된 견해가 없음
재정정책의 효과	승수효과를 통해 총수요와 GDP에 상당한 영향을 미침	화폐공급이 불변일 경우 아무런 효과 없음 (완전한 구축효과)	미리 예상된 재정정책은 단기적으로도 GDP에 아무런 영향 없음
비용인상 인플레이션에 대한 견해	총공급 충격에 의해 발생 가능	단기적으로 총공급 충격에 의해 발생할 수 있으나, 장기적으로는 화폐공급의 지속적 증가가 인플레이션의 유일한 원인임	단기적으로 총공급 충격에 의해 발생할 수 있으나, 장기적으로는 화폐공급의 지속적 증가가 인플레이션의 유일한 원인임

시장 통화주의(Market Monetarism)

시장 통화주의자들은 새로운 형태의 통화준칙을 도입하자고 주장한다.

2007~2008년의 대침체 이후 시장 통화주의자로 불리는 일군의 학자들은 연준을 포함한 중앙은행이 통화정책 수행 시 전망시장(prediction market)으로부터의 정보를 활용해야 한다고 주장하였다. 여기서 전망시장이란 사람들이 특정한 정치적 또는 경제적 사건이 발생할지에 대해 돈을 걸 수 있는 시장을 의미한다. 비슷한 예로 시장참가자들이 미래의 원유, 구리 등 원자재 상품의 가격에 베팅할 수 있는 선물시장을 들 수 있다.

많은 연구들에 따르면 전망시장에 따른 미래 예측은 전망 전문가 개인이나 그룹의 예측보다 훨씬 정확도가 우월한 것으로 알려져 있다. 이는 전망시장이 모든 시장 참가자들의 정보와 노하우를 효율적으로 통합하기 때문이다. 따라서 극소수의 비전문가에게만 알려진 정보조차 전망시장을 통해 예측에 반영될 수 있다.

물론 전망시장이 완벽한 것은 아니다. 예컨대, 다음 대통령 선거에서 당선될 후보를 잘못 예측하거나 3개월 후 원유가격을 틀리게 전망하는 것은 다반사로 일어나는 일이다. 그러나 시장의 순기능을 신봉하는 시장 통화주의자들에 따르면 전망시장은 미래를 예측하는 사용가능한, 가장 최선의 방법이기 때문에 이를 이용하면 연준의 통화정책 수행에 큰 도움이 될 수 있다는 것이다. 구체적으로 시장 통화주의자들은 연준이 스스로 미래 명목 GDP에 대한 전망시장을 개설하고, 이 시장으로부터의 GDP 예측치를 이용하여 통화정책을 수행할 것을 권장한다.

주지하다시피, 명목 GDP 증가율은 물가수준의 변화율 즉 인플레이션율과 실질 GDP 성장률의 합으로 결정된다. 과거 미국 데이터에서 명목 GDP의 평균 증가율은 약 5%였는데, 이 중 3%는 실질 GDP 성장률, 나머지 2%는 인플레이션율로 구성된다. 시장 통화주의자들은, 예컨대 명목 GDP 증가율의 과거 평균값 5%를 목표치로 하여 만일 명목 GDP 전망시장에서의 예측치가 목표에서 벗어나면 이를 다시 목표수준으로 되돌리는 방향으로 확장적 또는 긴축적 통화정책을 시행해야 한다고 주장한다.

가령 현재 내년 명목 GDP에 대한 전망시장의 예측치가 4%라고 하자. 시장 통화주의자들에 따르면 이는 현재 사용가능한 모든 정보를 최대한 활용하여 도출한, 내년에 실현될 가능성이 가장 높은 예측치이다. 그런데 동 예측값이 목표수준인 5%에 미달하므로 연준은 확장적 통화정책을 시행해야 한다는 것이다. 정책 시행에 따라 전망시장의 명목 GDP 예측치가 점차 상승하여 마침내 목표치인 5%에 이를 때까지 확장적 통화정책은 지속되어야 한다. 반대로 현재 전망시장의 예측치가 7%라고 하자. 이 경우 시장 통화주의자들에 따르면 예측치가 목표치인 5%를 초과하므로 연준은 긴축적 통화정책을 시행해야 한다. 정책 시행에 따라 전망시장의 명목 GDP 예측치가 점차 하락하여 마침내 목표치인 5%에 이를 때까지 긴축적 통화정책은 지속되어야 한다. 정책 시행 결과 전망시장의 예측치가 목표치에 도달하고 나면, 이제 정책당국은 중립적인 정책기조를 유지하면 된다.

시장 통화주의자들의 주장은 격렬한 찬반 논쟁을 불러일으켰다. 명목 GDP를 타게팅하자는 시장 통화주의자의 주장은 노벨 경제학상 수상자인 Paul Krugman이나 오바마 정부의 대통령 경제자문위원회 의장이었던 Christina Romer 등에 의해 지지를 받기도 하였다. 그러나 일각에서는 금융위기와 같은 유사 시 '예측치의 타게팅'은 정책당국의 재량을 과도하게 제한할 뿐만 아니라, 명목 GDP 증가율의 목표치가 사실상 실질 GDP 성장률의 상한으로 작용할 수 있다는 점을 들어 반대하고 있다. 이와 같이 최적 통화정책 준칙에 대한 논쟁은 여전히 진행 중이다.

요약

1. 경기변동의 원인에 대한 각 경제학파의 견해

주류적 견해에 따르면 경기변동은 단기적으로 임금을 포함한 생산요소 가격 또는 생산물 가격이 경직적인 상황에서 총수요 또는 총공급 충격에 의해 야기된다. 초단기 또는 단기에서는 생산물 또는 생산요소의 가격이 경직적이므로, 충격에 따른 총수요나 총공급의 변화는 필연적으로 생산과 고용의 변화를 일으킨다. 그러나 생산물 및 생산요소의 가격이 모두 신축적이 되는 장기에서는 생산과 고용이 완전고용 및 자연실업률 수준을 회복한다.

반면 통화주의에 따르면 화폐의 유통속도 V가 안정적인 상황에서 화폐공급 M의 변화는 교환방정식 $MV=PQ$을 통해 명목 GDP PQ에 직접적이고 강력한 영향을 미친다. 이러한 관계에 입각하여 통화주의자들은 통화당국의 부적절한 통화정책을 경기변동의 주원인으로 본다. 예컨대 통화주의자들은 1930년대 대공황의 주원인으로 통화량을 1/3만큼 감소하도록 방치한 연준의 긴축적 통화정책 기조를 꼽는다.

한편 실물적 경기변동이론에 따르면 경기변동의 주된 원인은 원자재 등 생산요소 가격의 변화 또는 기술진보와 같이 생산성에 영향을 주는 실물적 요인이라고 본다. 경기변동은 이러한 실물적 요인에 따른 생산성 변화에 의해 장기 총공급곡선이 좌우로 이동하는 과정에서 발생한다는 것이다. 이렇게 총공급곡선이 이동하는 과정에서 대출수요의 변화 등을 통해 화폐공급이 변화하며, 이에 따라 총수요곡선 역시 총공급곡선과 같은 방향으로 이동하게 된다. 그 결과 경제의 실질 GDP가 크게 변동하는 가운데서도 물가수준은 비교적 안정적일 수 있다고 실물적 경기변동론자들은 주장한다.

한편 조정실패란 모든 경제주체들의 후생이 증가하는 더 나은 균형이 존재함에도 불구하고, 개별 경제주체들의 행동을 조정하는 데 실패하여 후생수준이 낮은 열등한 균형에 머무르는 현상을 의미한다. 조정실패이론에 따르면 경기변동은 조정실패의 대표적인 예라고 할 수 있다. 즉 경제주체들의 기대 양상에 따라 경제는 후생적으로 우월한 균형(완전고용 생산수준)을 달성하거나 열등한 균형(실질 GDP가 완전고용수준에 못 미치거나 경기가 과열되어 수요견인 인플레이션이 발생하는 상황)에 머물 수 있는데, 경제주체 간의 조정실패는 경제가 열등한 균형에 머물게 하는 주된 이유라는 것이다.

마지막으로 새 고전학파 중 합리적 기대론자들은 다음과 같은 2가지 전제에 기반하여 경기변동을 분석한다. (1) 합리적 기대를 형성하는 경제주체들은 미래 물가와 같이 경제적 후생에 영향을 주는 변수를 예측하기 위해, 가용한 모든 정보를 수집 · 가공하여 신속하게 반영한다. (2) 생산물 가격뿐만 아니라 임금 등 생산요소의 가격은 시장의 수급상황에 따라 신축적으로 변화한다. 따라서 합리적 기대를 하는 경제주체들의 미래 경제상황에 대한 기대 변화는 시장의 수급에 신속하게 반영되어 생산물 및 생산요소 가격을 변화시킨다.

2. 경제의 자기교정에 대한 새 고전학파의 견해

통화주의자와 합리적 기대론자를 포함하는 새 고전학파 경제학자들은 경제가 완전고용균형으로부터 일시적으로 이탈할 경우에도 자기교정기능에 의해 비교적 신속하게 원래의 균형을 회복한다고 주장한다. 합리적 기대이론에 따르면 예상치 못한 총수요 충격에 따라 생산물 가격이 상승하면, 기업과 노동자들이 생산량과 노동공급을 늘리면서 일시적으로 경제의 실질 GDP가 증가하게 된다. 그러나 합리적 기대를 하는 경제주체들이 자사 제품의 가격이나 명목임금뿐 아니라 총수요 충격에 따라 전체 경제의 물가가 동시에 상승했음을 인식하고 나면, 그 즉시 경제의 실질 GDP는 원래 수준으로 복귀하게 된다. 같은 원리에 입각하여 합리적 기대론자들은 미리 공표된 통화정책과 같은 예상된 총수요충격은 단기에서조차 실질 GDP를 변화시키지 못하고 물가수준에만 영향을 준다고 주장한다.

반면 주류적 견해를 가진 대부분의 경제학자들은 단기 또는 초단기에서 임금과 생산물 가격의 경직성에 근거하여 이러한 새고전학파의 주장을 반박한다. 특히 이들은 임금이 단기적으로 하방경직적인 이유로서 장기 임금계약관행, 효율임금, 내부자-외부자 관계 등을 제시하고 있다. 주류적 견해에 따르면 임금이 이렇게 하방경직적인 상황에서 총수요가 감소하는 충격이 발생하면, 생산물 가격이 점차 하락하고 실질 GDP가 감소한다.

3. '준칙' 또는 '재량'에 기초한 경기안정화정책

새 고전학파(통화주의 및 합리적 기대이론 포함) 경제학자들은 연준 등 통화당국이 재량보다는 화폐공급 준칙에 따라 통화정책을 수행하는 것이 바람직하다고 주장한다. 예컨대 통화주의자인 프리드먼이 제안한 $k\%$ 준칙에 따르면, 중앙은행은 경제상황과 무관하게 경제의 평균적인 잠재성장률과 동일한 비율로 매년 화폐공급을 증가시켜야 한다. 이보다 좀 더 유연한 형태의 통화정책 준칙으로서 미 연준은 2012년부터 인플레이션 타게팅을 도입하였다. 이는 목표 인플레이션율(2%)을 미리 공표하고 이를 달성하도록 통화정책을 운영하는 것인데, 목표 인플레이션율에서 다소 벗어나더라도 실업률 등 경기상황에 따라 확장적 또는 긴축적 통화정책을 시행할 수 있도록 일정 수준의 재량을 허용하고 있다는 점에서 *k*% 준칙 등에 비해 훨씬 신축적인 형태의 준칙이라고 할 수 있다.

또한 경기안정화를 위해 재량에 따른 확장적 또는 긴축적 재정정책이 필요하다는 주류적 견해와 달리, 새 고전학파는 재정정책이 '수동적' 또는 '중립적'인 기조를 유지해야 한다고 주장한다. 심지어 일부 극단적인 새 고전학파 경제학자들은 법령 개정을 통해 정부가 매년 균형예산을 유지하도록 강제하는 것이 바람직하다고 주장하기도 한다.

그러나 대부분의 거시경제학자들은 *k*% 준칙이나 매년 균형예산과 같은 극단적인 정책 준칙을 단호히 반대한다. 또한 이들은 여러 가지 이론적, 실증적 근거를 들어 재량에 기초한 재정 및 통화정책이 완전고용, 물가안정, 그리고 장기 경제성장을 달성하는 데 꼭 필요하다고 주장한다.

4. 다양한 경제학파의 경제인식과 정책적 시사점의 차이

거시경제학은 주류적 견해뿐 아니라 통화주의와 합리적 기대이론 등 여러 경제학파 간의 끊임없는 이론적 · 정책적 논쟁을 통해 진화해 왔다.

주류적 견해에 따르면 시장경제는 잠재적으로 불안정하다. 즉 임금과 생산물 가격이 경직적인 상황에서 총수요 및 총공급 충격에 따라 발생하는 경기변동의 위험에 항상 노출되어 있다. 따라서 이들은 경기안정화를 위해 재량에 따라 재정 및 통화정책을 시행하는 것이 유효하다고 본다. 즉 재정정책은 승수효과에 따라 총수요에 영향을 줄 수 있고, 통화정책 역시 이자율 변화를 통해 투자 및 총수요를 변화시킨다는 것이다. 또한 이들은 통화주의자와 달리 화폐의 유통속도가 근본적으로 매우 불안정하며, 단기뿐만 아니라 장기적으로도 총공급 충격에 따라 비용인상 인플레이션이 발생할 수 있다고 생각한다.

반면 통화주의자는 부적절한 통화정책적 개입만 없으면 시장경제가 근본적으로 안정적이라고 본다. 이들은 (단기적으로 임금이 다소 경직적인 것을 제외하면) 생산물 및 생산요소 가격이 매우 신축적이므로, 이러한 가격 변화에 의해 경제는 비교적 신속하게 원래의 균형으로 복귀한다고 주장한다. 이들은 또한 경기변동의 주된 원인이 과도하게 확장적이거나 긴축적인 통화정책에 있으며, 따라서 경기안정화를 위해서는 이러한 부적절한 통화정책을 사전적으로 방지할 수 있는 통화정책 준칙이 필요하다고 생각한다.

한편 통화주의자들은 화폐의 유통속도가 비교적 예측가능하고 안정적으로 변동한다고 보며, 인플레이션은 근본적으로 "화폐적 현상"이므로 화폐공급의 지속적인 증가 없이는 장기적인 인플레이션이 발생할 수 없다고 생각한다. 또한 통화주의자들은 구축효과로 인해 화폐공급 증가 없는 재정정책만으로는 총수요와 GDP에 영향을 줄 수 없다고 본다. 반면 통화정책을 통한 화폐공급의 변화는 총수요에 직접적 영향을 줌으로써 GDP를 변화시킨다고 주장한다.

새 고전학파 가운데 합리적 기대론자들은 장기뿐만 아니라 단기에서도 임금 등 생산요소 가격과 생산물 가격이 모두 신축적으로 움직인다고 가정한다. 따라서 이들은 경제가 일시적으로 완전고용균형으로부터 이탈할 경우, 매우 신속하게 원래의 균형을 회복한다고 본다. 그럼에도 불구하고 단기적으로 경기침체나 수요견인 인플레이션이 발생하는 것은 총수요나 총공급 충격이 예상치 못한 것이기 때문이다. 이들에 따르면 이러한 충격이 경제주체들의 기대에 반영되는 즉시, 경제는 완전고용 생산수준을 회복한다. 합리적 기대론자들은 이렇게 예상치 못한 충격이 경기변동을 유발하므로 경기안정화를 위해서는 화폐공급 준칙을 부과하여 경제주체들의 기대를 안정시켜야 한다고 주장한다.

이들에 따르면 미리 공표된 재정 또는 통화정책은 물가만을 변화시킬 뿐 GDP에 아무런 영향을 미칠 수 없다. 예상치 못한 충격만이 경기변동을 야기하는 것과 마찬가지로, 재정 또는 통화정책 역시 그 정책이 예상치 못한 것일 때만 GDP를 변화시킬 수 있기 때문이다. 아울러 합리적 기대론자들은 통화주의자와 마찬가지로 화폐공급의 지속적인 증가 없이는 장기적인 인플레이션이 발생할 수 없다고 생각한다.

주요 용어와 개념

교환방정식
내부자 · 외부자 이론
새 고전학파 경제학
실물적 경기변동이론
인플레이션 타게팅
조정실패
통화주의
합리적 기대이론
화폐공급 준칙
화폐의 유통속도
효율임금

연습문제

1. 합리적 기대이론에 따르면 완전고용 GDP 수준에서 예상치 못한 충격에 의해 투자지출이 증가할 경우, 총수요곡선이 ______으로 이동하면서 일시적으로 GDP가 증가하고 물가가 상승한다. 그러나 경제주체들이 전체 물가의 상승을 인식하고 나면 즉각적으로 총공급곡선이 ______으로 이동하면서, 완전고용 GDP 수준을 회복하게 된다. 빈칸에 들어갈 말을 순서대로 바르게 나열한 것은?

(1) 오른쪽; 오른쪽　　(2) 오른쪽; 왼쪽
(3) 왼쪽; 오른쪽　　(4) 왼쪽; 왼쪽
(5) 위 보기 중 정답 없음

2. 경제 전체의 화폐공급량이 1,000조 원이고 화폐의 유통속도가 4라고 한다. 교환방정식에 따르면 이 경제의 명목 GDP는 대략 얼마인가?

(1) 1,000조 원　　(2) 2,000조 원
(3) 3,000조 원　　(4) 4,000조 원
(5) 5,000조 원

3. 통화주의에 따르면 경제의 화폐공급량이 10% ______할 경우 명목 GDP는 ______할 것이다. 빈칸에 들어갈 말을 순서대로 바르게 나열한 것은?

(1) 증가, 감소　　(2) 감소, 증가
(3) 증가, 증가　　(4) 증가, 불변
(5) 감소, 불변

4. 초기에 경제가 완전고용 GDP 수준을 달성하고 있는 상황에서 예상치 못한 총수요충격에 의해 총수요곡선이 ______으로 이동했다고 하자. 새고전학파에 따르면 경제가 완전고용 GDP 수준을 회복하는 과정에서 물가수준이 ______할 것이다. 빈칸에 들어갈 말을 순서대로 바르게 나열한 것은?

(1) 좌측, 상승　　(2) 좌측, 하락
(3) 좌측, 불변　　(4) 우측, 불변
(5) 우측, 하락

5. 다음 중 올바른 것을 모두 고르시오.

(1) 합리적 기대이론에 따르면 미리 예상된 총수요충격은 물가수준만 변화시킬 뿐 실질 GDP에는 아무런 영향이 없다.
(2) 합리적 기대이론에 따르면 임금의 하방경직성으로 인해 총수요 감소는 상당히 오랜 기간에 걸쳐 경기침체를 야기할 수 있다.
(3) 합리적 기대이론에 따르면 재량적 재정 및 통화정책을 통해 경기변동을 완화할 수 있다.
(4) 통화주의에 따르면 중앙은행은 매년 일정한 증가율로 화폐공급을 증가시켜야 한다.
(5) 통화주의에 따르면 중앙은행은 경제상황에 따라 재량적으로 화폐공급을 증가시켜야 한다.

6. 다음 물음에 답하시오.

(1) 생산물 및 생산요소의 가격이 둘 다 고정되었다고 가정하자. 이 경우 총공급곡선은 어떤 형태를 가지는가? 이러한 상황에서 만일 총수요가 감소하는 충격이 발생했다고 하자. 균형 실질 GDP와 물가수준은 어떻게 변하는가?('21장 총수요 · 총공급 모형'의 그림 21.3 참조)
(2) 이제 생산요소 가격은 여전히 고정된 상황에서 생산물 가격이 신축적으로 변한다고 가정하자. 이 경우 총공급곡선은 어떤 형태를 가지는가? 이러한 상황에서 만일 총수요가 감소하는 충격이 발생했다고 하자. 균형 실질 GDP와 물가수준은 어떻게 변하는

가?(그림 21.4 참조)

(3) 이제 생산요소 및 생산물 가격이 모두 신축적이라고 가정하자. 이 경우 총공급곡선은 어떤 형태를 가지는가? 이러한 상황에서 만일 총수요가 감소하는 충격이 발생했다고 하자. 균형 실질 GDP와 물가수준은 어떻게 변하는가?(그림 21.5 참조)

7. 현재 어떤 경제의 화폐공급량과 명목 GDP가 각각 96조 원과 336조 원이라고 하자. 이 경제에서 화폐의 유통속도는 얼마인가? 화폐의 유통속도가 고정된 상황에서 만일 중앙은행이 화폐공급을 20조 원만큼 줄인다면, 경제주체들은 어떻게 반응할 것인가? 통화주의에 따르면 이러한 상황에서 경제가 다시 균형을 회복하기 위해서는 명목 GDP가 얼마만큼 감소해야 하는가?

8. 어떤 경제가 초기에 다음과 같은 상태에 있다고 하자.

> 화폐공급량 = 400조 원; 완전고용 GDP의 성장률(잠재성장률) = 3%; 화폐의 유통속도 = 4
> 화폐의 유통속도는 시간에 따라 고정되어 있으며, 이 경제는 현재 완전고용 GDP수준을 달성하고 있다고 한다. 또한 은행 전체적으로 초과지급준비금은 0이며 법정지급준비율은 10%이다.

(1) 초기에 이 경제의 명목 GDP는 얼마인가?

(2) 중앙은행은 경제의 명목 GDP 성장률이 잠재성장률인 3%를 달성하도록 매년 일정한 비율로 화폐공급을 증가시킨다고 한다. 이를 위해 중앙은행은 올해부터 내년까지 얼마만큼의 채권을 공개시장조작을 통해 매입 또는 매각해야 하는가?

9. 올해 어떤 경제의 화폐공급량은 800조 원이고, 화폐의 유통속도는 4로서 시간에 따라 일정하게 고정되어 있다. 이 경제는 올해 완전고용 GDP 수준을 달성하였으며, 내년의 실질 GDP 성장률은 3%가 될 것으로 예상된다. 한편, 이 경제의 법정지급준비율은 10%이며, 현재 은행 전체적으로 존재하는 초과지급준비금의 총액은 0이라고 한다. 다음 물음에 답하시오.

(1) 이 경제의 올해 명목 GDP는 얼마인가?

(2) 이 경제의 중앙은행이 *k*% 준칙에 따라 매년 통화량 증가율을 5%로 일정하게 유지하고자 한다면, 올해부터 내년 사이 중앙은행은 공개시장조작을 통해 채권을 얼마나 매입 또는 매각해야 하는가?

(3) (2)에서와 같이 중앙은행이 공개시장조작을 실시하였다면, 이 경제의 내년도 명목 GDP는 얼마가 되는가?

(4) (3)으로부터 계산된 내년도 명목 GDP 성장률은 실질 GDP 성장률에 비해 높은가 아니면 낮은가? 이 경우 경제의 물가는 어떻게 변화하는가?

10. 초기에 경제가 완전고용 GDP 수준을 달성하고 있는 상황에서, 미리 예상된 총수요 충격에 의해 총수요곡선이 좌측으로 이동했다고 하자. 본문의 그림 28.2와 같은 총수요 · 총공급 그래프를 이용하여 다음 물음에 답하시오.

(1) 새 고전학파의 합리적 기대이론에 따르면 물가수준과 실질 GDP가 어떻게 변화하는가?

(2) 주류적 견해에 따르면 물가수준과 실질 GDP가 어떻게 변화하는가?

PART 11

국제경제학

29 Chapter

국제무역

학습내용

1. 국제무역 관련 주요 현황
2. 비교우위의 정의 및 특화와 무역의 이득
3. 세계가격과 국내가격의 차이가 수출입에 미치는 영향
4. 관세 및 수입할당제의 경제적 효과
5. 보호무역 옹호론에 대한 타당성 검토
6. GATT, WTO, 유로존, NAFTA의 목적과 오프쇼어링 및 무역조정지원제도

야생으로 떠나는 배낭여행자들은 스스로 "세상을 등지고 떠난다."고 생각하고 싶어 하지만, 그들은 실제로는 그리스 신화의 아틀라스처럼 온 세상을 어깨에 짊어지고 있다. 그들이 등에 지고 가는 장비 대부분은 수입품이다. 등산칼은 스위스에서, 카메라는 일본에서, 알루미늄 주전자는 영국에서, 침낭은 중국에서, 나침반은 핀란드에서 수입되었다. 더구나 그들은 브라질에서 온 커피를 홀짝이거나 온두라스에서 온 바나나 스낵을 먹으며 일제 토요타나 독일제 BMW를 운전하여 출발점까지 갔을 수도 있다.

국제무역과 글로벌경제는 야외에서 하이킹을 하든, 운전을 하든, 식료품을 구매하든 아니면 직장에서 일을 하든, 일상적으로 우리 모두에게 영향을 끼치고 있다. 세상을 등지고 떠나는 것은 불가능하다. 우리는 재화와 서비스의 무역, 다국적 기업, 다양한 국적의 기업 간 합작 벤처기업, 세계 금융시장의 결합 등 경제적 관계로 얽힌 전 지구적 연결망 속에 꼼짝없이 갇혀있다.

이 장의 초점은 재화와 서비스의 무역이다. 다음 장에서는 국제수지, 환율, 무역적자 등을 살펴볼 것이다.

국제무역의 몇 가지 현황

다음은 국제무역 관련 주요 현황이다.

- 한국에서 수출입이 GDP에서 차지하는 비중은 1970년 이래 3배 가까이 증가하였으며, 최근에는 이 비중이 약간 하락하는 추세를 보이고 있다.
- 수입액이 수출액을 초과하면 무역수지 적자가 발생한다. 한국에서는 1970년 이후 1980년대 후반을 제외하고는 만성적인 무역수지 적자를 기록하다가 1997년 금융위기 이후 흑자로 전환되었다. 2016년 한국의 상품 수출액은 상품 수입액보다 1,204억 달러 더 컸다.
- 수출액이 수입액을 초과하면 무역수지 적자가 발생한다. 한국은 운송서비스, 금융서비스 등 서비스 무역에서 적자를 보고 있다. 2016년 한국의 서비스 수입액은 수출액보다 약 176억 달러 더 컸다.
- 한국의 주요 수출 품목은 전기기기, 자동차, 원자로 보일러와 기계류, 선박과 수상구조물, 플라스틱 및 그 제품 등이며, 주요 수입 품목은 광물성 연료, 전기기기, 원자로, 보일러와 기계류, 광학 및 정밀 기기, 자동차 등이다.
- 다른 선진국과 마찬가지로 한국은 자신이 수출하는 제품과 같은 범주에 속하는 제품을 수입하는 경우도 있다. 전기기기, 자동차, 컴퓨터, 화학제품 등이 이에 속한다.
- 중국은 양적으로 한국의 가장 중요한 무역 상대국이다. 2016년 한국 수출의 약 25%, 그리고 수입의 약 21%가 중국을 상대로 이루어졌다.
- 한국은 중국에 대해 상당한 정도의 무역수지 흑자를 보고 있다. 2016년 이 흑자의 크기는 약 375억 달러에 달했다.
- 2015년 현재 달러 표시 수출입 총액이 가장 큰 나라는 중국이며, 미국, 독일, 일본, 영국 등이 5대 수출국에 포함된다. 2015년 기준 한국은 달러 표시 수출입 총액이 세계에서 9번째로 크다.
- 2015년 기준 한국의 총수출은 세계 수출의 약 3.2%를 차지한다.
- 국민계정을 기준으로 2016년 상품 및 서비스 수출 총액은 한국 GDP의 약 77.7%를 차지한다. 이 비중은 다른 선진국에 비해 매우 높은 편이다.
- 2015년 중국은 수출총액이 약 2.2조 달러로 추정되는 중요한 무역국가로 떠올랐다. 한국, 대만, 싱가포르 등 그 외 아시아 국가들도 국제무역에서 매우 활발한 역할을 하고 있다. 이들 국가들의 수출을 합하면 프랑스, 영국 또는 이탈리아의 수출보다 더 크다.
- 국제무역은 세계 여러 나라의 경제를 연계시킨다. 무역을 통해 지구 상 한 장소에서의 경제적 조건의 변화가 즉각 다른 장소에 영향을 미치게 된다.
- 국제무역은 국내외에서 경제정책과 관련하여 논쟁의 중심이 되는 경우가 빈번하다.

이 정보들을 염두에 둔 채 이하에서는 국제무역의 경제학을 살펴보도록 하자.

무역의 경제적 기초

개인이나 지역과 마찬가지로 국가도 상대적으로 더 큰 효율성을 지닌 제품에 특화하여 이를 효율적 생산이 어려운 재화와 교환함으로써 이득을 얻을 수 있다. "국가들은 왜 무역을 하는가?"라는 질문에 대한 간단한 대답은 "그것이 이득이 되기 때문이다." 이 이득은 다음과 같은 3가지 사실로 인해 발생한다.

- 국가 간에 자연자원, 인적자원 및 자본이 불균등하게 배치되어 있다. 국가들은 경제적 자원의 보유량에서 차이가 있다.
- 여러 가지 재화를 효율적으로 생산하기 위해서는 여러 가지 다른 기술이 필요한데, 모든 국가들이 기술적 전문성에서 서로 다르다.
- 제품들은 품질 및 여러 속성에서 차별화되어 있으며, 일부 사람들은 국내에서 생산된 비슷한 재화보다 해외에서 수입된 제품을 더 좋아 할 수도 있다.

노동집약적 재화

이들 3가지 측면들이 어떤 특징을 지니고 서로 어떻게 연관되는지 확인하기 위해 중국의 예를 생각해보자. 중국은 노동력이 풍부하고 값이 싸다. 그 결과 중국은 섬유, 전자, 의류, 완구, 스포츠용품 등 다양한 종류의 **노동집약적 재화**를 생산하는데, 이 때 이를 생산하기 위해 포기해야 하는 다른 재화들의 양은 상대적으로 작다.

토지집약적인 재화
사본집약적 재화

반대로, 오스트레일리아는 광활한 토지를 보유하고 있어 소고기, 모직, 육류 등 **토지집약적인 재화**를 값싸게 생산할 수 있다. 멕시코는 비옥한 토지, 아열대 기후, 강우량, 풍부한 비숙련 노동 등의 소건 덕택에 채소를 낮은 비용으로 생산할 수 있다. 상대적으로 많은 자본을 보유하고 있는 미국이나 독일과 같은 선진국들은 항공기, 자동차, 농기계, 기계류, 화학제품 등 **자본집약적 재화**를 포함하여, 대규모 자본을 필요로 하는 재화를 값싸게 생산한다.

국가들은 또한 자원보유량과 관계없이 스스로의 재주에 힘입어 세계적으로 수요가 많은 개별 제품들을 개발하기도 한다. 이탈리아의 패션, 벨기에의 초콜릿, 미국의 소프트웨어, 스위스의 시계 등이 그러한 예이다.

국가들 간에 자원, 기술, 제품의 차별성 등은 짧은 기간에는 비교적 안정적으로 분포되어 있지만 시간이 흐름에 따라 변할 수 있다는 것도 분명한 사실이다. 이러한 분포가 변하면 재화 생산과 판매에서 해당 국가들이 누리던 상대적 효율성과 성과도 변하게 된다. 예를 들어, 지난 수십 년간 한국은 자본스톡이 큰 수준으로 증가하였다. 반세기 전만 하더라도 한국은 농산품과 1차 제품 수출국이었지만 이제는 제조업 제품의 수출대국이 되었다. 마찬가지로 합성섬유 및 합성고무와 관련한 신기술들로 인하여 섬유 및 고무 생산에 요구되는 자원 구성의 조합이 급격하게 변화한 결과 이들 제품 생산국들의 상대적 효율성도 변화하였다.

국민경제가 성장함에 따라 노동력의 양과 질이 변하고, 자본스톡의 양과 구성이 달라지며, 신기술이 나타날 수 있고, 나아가 토지의 질과 자연자원의 양도 변할 수 있다. 이런 변화들이 발생하면 개별 국가가 특정 재화의 생산에서 누리던 상대적 효율성도 변한다. 이를 두고 경제학자들은 비교우위는 변할 수 있으며, 종종 변화한다고 얘기한다.

비교우위

해외부문이 있는 개방경제는 무역이 없는 상태에 비해 어떤 재화는 더 많이 생산하고, 어떤 재화는 더 적게 생산하게 된다. 이들 2종류의 재화들이 각각 수출재와 수입재가 된다. 따라서 이 국가는 노동 및 기타 자원을 수출산업에 더 많이 투입하고 이를 수입산업에서는 빼내오게 된다. 예를 들어 국제무역 덕택에 한국은 자동차나 전자제품 생산에 더 많은 자원을 사용하고, 신발이나 농산물을 생산하는 데에는 자원을 더 적게 투입한다. 이때 다음과 같은 질문이 떠오른다. 이러한 자원의 이동이 경제적으로 볼 때 타당한 것인가? 이것이 한국의 총생산 증가, 따라서 생활수준의 향상을 촉진하는가?

절대 우위

답은 "그렇다"이다. 특화와 국제무역은 자원의 생산성을 개선하여 국제무역이 없을 때에 비해 총생산을 증가시킨다. 이러한 편익은 절대 우위와 비교우위를 모두 활용했기에 가능한 것이다. 특정 제품의 가장 효율적인 생산자일 때 이 국가는 다른 국가들에 대해 **절대 우위**를 갖는다고 한다. 가장 효율적이라는 것은 동일한 양의 자원을 투입했을 때 다른 국가들보다 더 많은 양을 생산할 수 있다는 것을 의미한다. 이에 비해 특정 제품을 보다 낮은 기회비용으로 생산할 수 있을 때 이 국가는 다른 국가들에 대해 비교우위를 갖는다고 말한다. 기회비용이 더 낮다는 것은 해당 제품을 생산하기 위해 생산자원을 배분할 때 그로 인해 포기해야 하는 다른 제품의 양이 더 적다는 것을 의미한다.

1776년 아담 스미스는 국가 간 특화와 무역의 필요성을 주장하기 위해 절대 우위 개념을 활용하였다. 그의 주장은 각국이 자신이 절대우위를 지니고 있어 가장 효율적인 생산자가 되는 제품의 생산에 특화하면 후생이 개선이 된다는 것이다.

> 신중한 가장이라면 누구나 제조비용이 구입비용보다 많이 드는 물건을 집에서 직접 만들지 말아야 한다는 것을 금과옥조로 여긴다. 양복재단사는 자기 신발을 만들지 않고 제화공으로부터 사들인다. 제화공은 자기 옷을 직접 만들지 않고 재단사를 활용한다. 농부는 옷도 신발도 만들지 않고 이들과 같은 여러 기능공들을 활용한다……
>
> 모든 개별 가정에서 취하는 신중한 행동들이 대영제국 차원에서 어리석은 짓일 리는 없다. 어떤 다른 나라가 어떤 재화를 우리가 직접 만드는 것보다 더 싸게 공급할 수 있다면, 이를 우리가 이점을 지닌 우리 산업의 생산품과 교환하여 구입하는 것이 더 낫다.[1]

18세기 초반 데이비드 리카도는 어떤 나라가 다른 나라보다 모든 제품에서 생산성이 더 높다고 하더라도 특화하여 무역을 하는 것이 더 이롭다는 것을 증명함으로써 아담 스미스의 아이디어를 확장하였다. 더 딱딱하게 표현하면 특화와 무역으로부터 이득을 얻기 위해서 반드시 아담 스미스의 절대우위(생산 제품에 대한 효율성의 완전한 우위)가 필요한 것은 아니라는 것이다.

비교우위

다음에 제시되어 있는 공인회계사와 페인트업자에 대한 '사례연구'는 리카도의 **비교**

1) Adam Smith, The Wealth of Nations (originally published, 1776; New York: Modern Library, 1937), p. 424.

사례연구: 공인회계사와 도장업자

공인회계사인 유리는 그녀가 고용할까 고민하고 있는 전문 페인트업자인 대현이보다 페인트칠이 더 빠르다고 하자. 또 유리는 공인회계사로서 시간당 5만 원 벌고, 대현에게는 시간당 1만5천 원을 지불해야 한다고 하자. 유리가 그녀의 집 도색을 다 마치려면 30시간이 걸리는 반면, 대현은 40시간이 걸린다고 하자.

유리는 공인회계사 업무에서 시간을 조금 빼서 자기 집 도색을 해야 할 것인가, 아니면 페인트업자를 고용해야 할 것인가? 유리가 자기 집 도색을 하는 것의 기회비용은 150만 원(=공인회계사 업무에서 뺀 30시간×공인회계사 시간당 보수 5만 원)이다. 대현을 고용하는 데에는 단 60만 원(=도색 작업시간 40시간×페인트공 시간당 보수 1만5천 원) 밖에 들지 않는다. 유리가 회계와 도색 모두에 더 능하다고 하더라도, 회계에 전문화하여 그로부터 얻은 수입 중 일부를 페인트업자를 고용하는 데 사용함으로써 집을 더 낮은 비용으로 칠할 수 있다.

마찬가지로 대현은 페인트업에 전문화하고 그로부터 얻은 소득 중 일부로 유리를 고용하여 소득세 신고서를 작성하게 함으로써 회계서비스 비용을 줄일 수 있다. 대현이 소득세 신고서 작성에 10시간이 필요한 반면, 유리는 이 업무를 2시간에 끝낼 수 있다고 하자. 유리를 고용하면 10만 원(=공인회계사 업무 2시간×공인회계사 시간당 보수 5만 원)이면 끝날 일을, 대현 스스로 직접 한다면 15만 원(=도색 작업시간 10시간×시간당 1만5천 원)을 희생하게 된다. 페인트업에 전문화하고 소득세환급을 유리에게 맡김으로써, 대현은 세금환급을 준비하는 데 필요한 비용을 낮출 수 있다.

이하에서 공인회계사와 페인트업자에게 적용되는 것이 국가들 사이에서도 적용됨을 살펴 볼 것이다. 비교우위에 기초하여 특화(전문화)함으로써, 국가들은 그들이 원하는 재화와 서비스를 얻는 데 드는 비용을 줄일 수 있다.

우위 원리에 대하여 2사람 경우의 예로써 간난한 설명을 제공하고 있다. 이 내용은 이하 그림을 통한 분석을 이해하는 데 많은 도움이 될 것이므로 반드시 읽고 지나가도록 하자.

2개의 고립된 국가

우리의 목적은 비교우위의 아이디어를 국가 간 무역에 접목시키는 것이다. 여기서는 이미 우리에게 친숙한 생산가능성곡선 개념을 활용한 간단한 모형을 만든다. 세계가 한국과 중국, 2개의 국가로 구성되어 있다고 하자. 또 단순화를 위하여 한국과 중국이 보유한 노동력 규모가 같다고 가정하자. 각 국가는 쇠고기(B)와 채소(V)를 생산하는데, 그 효율성은 서로 다르다고 하자. 쇠고기와 채소에 대한 한국 및 중국의 국내 **생산가능성곡선**은 그림 29.1(a)와 그림 29.1(b)에 주어져 있다. 2국가의 생산가능성곡선과 관련하여 다음과 같은 3가지를 짚고 넘어가도록 하자.

생산가능성곡선

- **비용불변** 생산가능성곡선은 표 29.1의 데이터로부터 도출하였는데, 1장에서 살펴보았던 바깥쪽으로 휘어진 형태의 생산가능곡선과 달리 직선으로 그려진다. 이는 기회비용체증의 법칙을 기회비용불변의 가정으로 대체했음을 의미한다. 그로 인해 논의는 간단해지지만, 그렇다고 해서 여기서의 분석과 결론의 타당성을 해치지는 않는다. 기회비용이 체증하면 어떻게 되는지는 나중에 살펴볼 것이다.
- **서로 다른 비용** 한국과 중국의 생산가능성곡선에는 생산자원의 조합과 기술수준이

[그림 29.1] 한국과 중국의 생산가능곡선

2개의 생산가능성곡선은 한국과 중국이 국내에서 생산할 수 있는 채소와 쇠고기의 조합을 보여준다. 여기서는 기회비용불변을 가정하고 있으므로 2 나라의 생산가능선곡선은 직선이다. (a) 왼쪽 그림의 *VB*의 기울기가 보여주듯, 한국의 기회비용은 1채소≡1쇠고기이다. (b) 오른쪽 그림의 생산가능성곡선 *vb*는 중국의 기회비용이 2채소≡1쇠고기로 *VB*와 다르다는 점을 반영하여 기울기가 더 가파르다. 두 나라 사이 기회비용의 차이가 비교우위를 결정하며, 특화 및 국제무역의 기초가 된다.

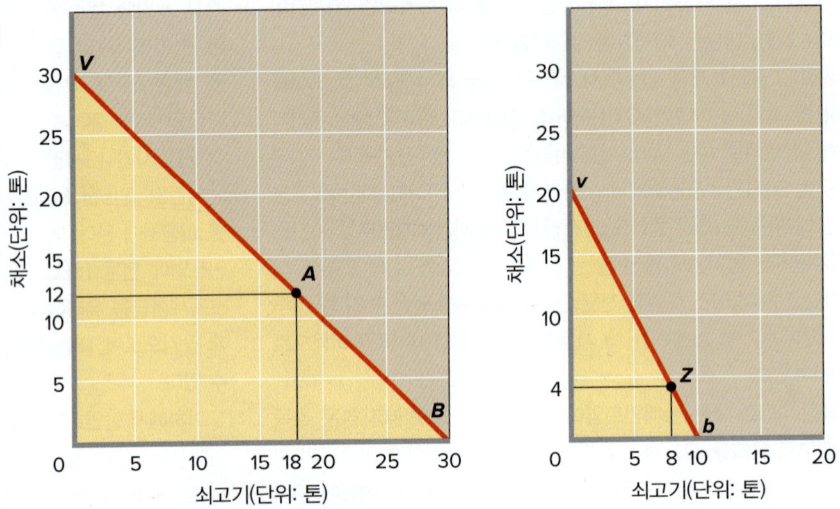

(a) 한국의 생산가능곡선 (b) 중국의 생산가능곡선

다르다는 점이 반영되어 있다. 구체적으로 말해 두 곡선의 기울기가 다르다는 사실은 그림에 있는 수치들을 반영하여 쇠고기 및 채소 생산에서의 기회비용이 두 국가에서 서로 다르다는 것을 나타낸다.

- **두 재화 모두에서 한국의 절대 우위** 특정한 생산자(개인, 기업, 국가)는 그가 같은 양의 자원을 사용하여 다른 생산자보다 더 많은 양의 제품을 만들어 낼 수 있을 때 절대우위를 지닌다. 편의상 한국과 중국의 노동력 규모가 같다고 가정했기 때문에, 2개의 생산가능성곡선은 한국이 2제품 모두에서 절대우위를 지닌다는 것을 보여준다. 한국과 중국이 보유한 노동력을 소고기나 채소 생산에 모두 완전히 활용한다면 한국이 중국보다 2제품을 모두 더 많이 생산할 수 있다. 한국은 중국과 같은 수의 근로자를 쓰고 있지만 생산할 수 있는 양이 더 많다. 따라서 한국의 근로자 1인당 생산량(노동생산성)은 두 제품 모두에서 중국보다 더 크다.

한국의 기회비용 그림 29.1(a)에서 한국이 완전고용을 달성하고 있으면 생산가능성곡선 위의 어느 한 점에서 생산하게 된다. 이 곡선 위에서 한국은 소고기 생산을 0톤에서 30톤으로 늘리면 채소 생산을 30톤 포기해야 한다. 따라서 생산가능성곡선의 기울기는 1(=30톤의 채소/30톤의 쇠고기)이며, 이는 쇠고기 1톤을 추가로 생산하기 위해서는 채소 1톤을 반드시 희생해야 한다는 것을 의미한다. 한국에서 이 2재화의 기회비용(국내교환비율)은 쇠고기 1톤에 채소 1톤이며, 이를 다음과 같이 표현하기로 하자.

$$\text{한국: } 1V \equiv 1B \text{ ('}\equiv\text{' 표시는 단순히 '등가'를 의미함)}$$

한국은 국경 내에서 국산 채소 1톤과 국산 쇠고기 1톤을 '교환'할 수 있다. 여기서는 비용불변을 가정하고 있기 때문에 이 교환비율(기회비용)은 한국 생산가능성곡선 위에 서라면 어디에서도 똑같다.

〈표 29.1〉 비교우위에 따른 국제무역과 무역의 이득

국가	(1) 특화 전 생산량	(2) 특화 후 생산량	(3) 수출량(−)과 수입량(+)	(4) 무역 후 구매가능한 양	(5) 특화와 무역의 이익 (4)−(1)
한국	쇠고기 18톤	쇠고기 30톤	쇠고기 −10톤	쇠고기 20톤	쇠고기 2톤
	채소 12톤	채소 0톤	채소 +15톤	채소 15톤	채소 3톤
중국	쇠고기 8톤	쇠고기 0톤	쇠고기 +10톤	쇠고기 10톤	쇠고기 2톤
	채소 4톤	채소 20톤	채소 −15톤	채소 5톤	채소 1톤

중국의 기회비용 그림 29.1(b)의 중국의 생산가능성곡선은 완전고용 상태에서 기회비용이 한국과 다르다는 것을 보여준다. 중국에서는 쇠고기 10톤을 얻기 위해 20톤의 채소를 포기해야 한다. 생산가능곡선의 기울기는 2(=채소 20톤/쇠고기 10톤)다. 이는 두 재화에 대한 중국의 기회비용은 채소 2톤에 쇠고기 1톤으로, 이 관계를 나음과 같이 표현힐 수 있다.

$$\text{중국: } 2V \equiv 1B$$

자급자족 상태에서의 생산량 조합 한국과 중국이 고립되어 자급자족을 하고 있다면 두 나라는 모두 **자국 생산가능성곡선 위의 어딘가에서 생산량의 조합을 선택**할 것이다. 각국은 총효용 또는 총 만족도의 크기를 극대화하는 생산량 조합을 선택할 것이다. 그림 29.1(a)의 A점이 한국에서 최적의 생산량 조합이라고 가정해보자. 즉 한국은 쇠고기 18톤과 채소 12톤을 생산하는 것을 생산가능성곡선 위 다른 어떤 점보다도 더 낫다고 여기고 있다. 중국의 최적 생산량 조합은 그림 29.1(b) Z점의 쇠고기 8톤과 채소 4톤이라고 가정하자. 2나라의 이러한 선택은 표 29.1의 (1)열에 반영되어 있다.

비교우위에 기초한 특화

특정한 생산자(개인, 기업, 또는 국가)가 특정 제품을 생산할 때 다른 생산자보다 너 낮은 기회비용으로 생산할 수 있다면 이 생산자는 그 제품 생산에서 비교우위를 갖는다. 비교우위는 국가들이 특화와 무역으로부터 이득을 얻을 수 있는지 아닌지를 결정하는 핵심 요소이다. 사실 여기서 절대우위는 별 상관이 없다.

예를 들어 우리가 다루고 있는 예에서 한국이 중국에 대해 쇠고기 생산과 채소 생산 모두에서 절대 우위를 지니고 있다. 하지만 한국은 특화하여 중국과 무역함으로써 이득을 얻을 수 있다. 실제 중요한 것은 2나라 사이에 2제품(쇠고기와 채소) 생산의 기회비용이 다른지 아닌지 하는 것이다. 기회비용이 다르다면 각국은 여러 제품 중 하나에서 비교우위를 지니게 된다. 이는 해당 국가가 다른 나라보다 더 낮은 기회비용으로 해당 제품을 생산할 수 있음을 의미한다. 그 결과 각국이 기회비용이 더 낮은 재화 생산에 특화하면 총생산량은 증가한다.

이러한 아이디어가 비교우위의 원리 속에 요약되어 있다. 이에 따르면 **모든 재화를 기회비용이 가장 낮은 나라가 각각 생산할 때 총생산량이 가장 커진다**. 여기 2국가의 예에서 한국은 쇠고기에 대하여 국내 기회비용이 더 낮다. 한국은 소고기 1톤을 생산하기 위해 채소 1톤을 포기해야 하는 반면, 중국은 쇠고기 1톤을 생산하기 위해 채소 2톤을 포기해야하기 때문이다. 한국은 쇠고기에 비교우위(비용우위)를 지니므로 쇠고기 생산에 특화해야 한다. 이 예에서 저비용 생산자(한국)가 생산할 수 있는 특정 제품(쇠고기)을 고비용 생산자(중국)가 생산한다면 이 '세계경제'(한국과 중국)의 자원 활용은 그리 경제적이지 않음이 분명하다. 중국이 쇠고기를 생산한다면 세계경제가 쇠고기 1톤을 생산하기 위해 더 많은 양의 채소를 포기해야 한다는 것을 의미하기 때문이다.

중국은 채소에 대해 국내 기회비용이 더 낮다. 한국은 채소 1톤 생산을 위해 쇠고기 1톤을 포기해야하지만, 중국은 채소 1톤을 생산하기 위해 쇠고기 1/2톤만 희생하면 된다. 중국은 채소 생산에 비교우위를 가지며 채소 생산에 특화해야 한다. 채소가 저비용 생산자(중국)이 아닌 고비용 생산자(한국)에 의해 생산된다면 마찬가지로 세계경제는 자원을 효율적으로 활용하지 않는 것이다. 한국이 채소를 생산한다면 세계경제는 채소 1톤을 더 얻을 때마다 필요한 것보다 더 많은 양의 쇠고기를 포기해야하기 때문이다. 생산이 경제적으로 이루어지려면 해당 재화 생산을 위한 국내 기회비용이 가장 낮은 국가(해당 재화에 대해 비교우위를 지닌 국가)가 그 재화를 생산해야 한다. 한국은 쇠고기를, 중국은 채소를 생산해야 한다. 표 29.2는 이 상황을 요약하고 있다.

〈표 29.2〉 비교우위의 예 : 요약

쇠고기	채소
중국: 쇠고기 1톤 생산을 위해 채소 2톤을 포기해야 함	중국: 채소 1톤 생산을 위해 쇠고기 0.5톤을 포기해야 함
한국: 쇠고기 1톤 생산을 위해 채소 1톤을 포기해야 함	한국: 채소 1톤 생산을 위해 쇠고기 1톤을 포기해야 함
비교우위: 한국	비교우위: 중국

표 29.1의 (1)열과 (2)열을 비교하면 **생산의 특화를 통해 세계경제는 일정한 자원으로 더 많은 양의 제품을 생산할 수 있다**는 것을 확인할 수 있다. 한국은 쇠고기에 완전 특화함으로써 쇠고기 30톤을 생산하고 채소는 전혀 생산하지 않는다. 중국은 채소에 완전 특화하여 채소 20톤을 생산하고 쇠고기는 전혀 생산하지 않는다. 두 재화의 총생산량은 특화가 일어나지 않았을 때의 생산량 즉 쇠고기 26톤(=한국 18톤+중국 8톤) 및 채

소 16톤(=한국 12톤+중국 4톤)에 비해 더 커졌다. 특화의 결과 세계경제는 특화가 없이 자급자족이 이루어질 때에 비해 쇠고기 생산이 4톤(=30톤−26톤), 채소생산이 4톤(=20톤−16톤) 더 늘어났다.

교역조건

교역조건

생산의 특화가 이루어지면 쇠고기와 채소를 더 많이 생산할 수 있다는 것을 이제 확인하였다. 그러나 각국이 단 1개 품목에 특화한다면 중국만 생산하는 채소와 한국만 생산하는 소고기는 두 나라의 소비자들에게 어떻게 나누어지게 될 것인가? 여기서 핵심적인 개념은 **교역조건**이다. 교역조건은 한국과 중국이 쇠고기와 채소를 교환하는 비율을 뜻한다.

교역조건 개념이 정말 중요한 이유는 그것으로 **각국이 특화로 얻은 이득의 크기가 정해지기 때문이다.** 교역조건에 따라 각국이 자급자족을 선택하는 대신 특화하여 무역함으로써 '더 좋은 조건을 얻을 수 있는지'가 결정된다. 그 이유를 확인하기 위해 한국에서는 $1B \equiv 1V(1V \equiv 1B)$이므로 쇠고기 1톤을 수출하려면 채소 1톤 이상을 얻을 수 있어야 한다는 점을 명심하기 바란다. 그렇지 않다면 쇠고기를 수출하여 중국산 채소와 교환하여 이득을 보지 못할 것이다. 한국은 국제무역을 통해 쇠고기에 대해 국내 교환에서보다 더 좋은 '가격'(더 많은 양의 채소)을 적용받을 수 있어야 한다. 그렇지 않다면 무역의 이득은 없을 것이고, 그런 무역은 생겨나지도 않을 것이다.

마찬가지로 중국에서는 $1B \equiv 2V(2V \equiv 1B)$이므로, 중국은 2톤보나 석은 양의 채소를 수출하여 쇠고기 1톤을 얻을 수 있어야 한다. 중국은 세계 시장에서 쇠고기에 대해 국내에서보다 즉 무역을 하지 않을 때보다 더 낮은 '가격'을 지불할 수 있어야 한다. 따라서 국제교환비율 또는 교역조건은 $1B \equiv 1V$(한국의 비용조건)와 $1B \equiv 2V$(중국의 비용조건) 사이 어딘가에서 결정되어야 한다.

세계 교환비율은 이 2개 극단 사이 정확히 어디에서 결정될 것인가? 한국은 ($1B \equiv 1\frac{4}{3}V$와 같이) $1B \equiv 2V$에 가까운 비율을 더 좋아할 것이다. 한국은 쇠고기 1톤을 수출하여 가능한 한 많은 양의 채소를 얻기를 원할 것이기 때문이다. 중국은 ($1B \equiv 1\frac{1}{4}V$와 같이) $1B \equiv 1V$에 가까운 비율을 원할 것이다. 중국은 교환을 통해 얻는 쇠고기 1톤에 대해 가능한 한 적은 양의 채소를 지불하기를 원할 것이기 때문이다.

실제 **교환비율은 두 제품의 세계 공급과 수요에 의해 결정**된다. 채소의 세계 수요가 그 공급에 비해 작고 소고기에 대한 수요가 공급에 비해 크다면, 채소 가격은 낮고 쇠고기 가격은 높게 결정될 것이다. 교환비율은 한국에 유리하게 $1B \equiv 2V$에 가까운 수치에서 결정될 것이다. 채소에 대한 세계 수요가 공급에 비해 크고 쇠고기에 대한 수요는 공급에 비해 작다면, 교환비율은 중국에 유리하게 $1B \equiv 1V$에 가까운 수준에서 결정될 것이다. 이와 같이 세계 공급과 수요에 의해 실제 교환비율이 어떻게 결정되는지에 따라 국가 간 특화 및 무역으로 이한 이득이 두 나라 사이에 어떻게 분할되는지, 그리고 한국에서 전부 생산된 쇠고기와 중국에서 전부 생산된 채소가 두 나라 소비자들 사이에 어떻게 분배되는지가 달라진다. (세계 균형가격에 대해서는 나중에 설명한다.)

무역의 이득

무역가능선

국제 교역조건이 $1B \equiv 1\frac{1}{2}V$라고 하자. 이 조건으로 무역할 수 있다면 각국은 그림 29.2에서 보여주고 있는 바와 같이, 국내 생산가능성곡선을 **무역가능선**(곡선)으로 대체할 수 있게 된다. 생산가능곡선이 자원을 한 제품생산에서 다른 제품생산으로 이동시킬 때 얻을 수 있는 다른 제품들의 양을 보여주고 있는 것처럼, 무역가능선은 한 나라가 한 제품에 특화하여 다른 제품과 교환함으로써 얻을 수 있는 해당 제품들의 양을 보여주고 있다. 그림 29.2의 무역가능선은 각국이 비교우위에 따라 특화한다는 가정을 반영하고 있다. 한국은 그림 29.2(a)의 B점에서 소고기에 완전히 특화하고 있으며, 중국은 그림 29.2(b)의 v점에서 채소에 완전히 특화하고 있다.

선택 가능성의 확대 특화와 무역이 발생하면 한국은 더 이상 **국내 생산가능곡선에 의해 제약을 받지 않는다**. 국내 생산가능곡선에서는 예를 들어 B점으로부터 위쪽으로 옮겨가기를 원한다면 채소 1톤을 더 생산할 때마다 쇠고기 1톤을 포기해야 하였다. 하지만, 한국은 중국과의 무역을 통해, 중국이 수출할 채소가 남아 있는 한, 중국에 쇠고기 1톤을 수출할 때마다 $1\frac{1}{2}$톤의 채소를 얻을 수 있다. 무역가능선 BV'는 따라서 $1B \equiv 1\frac{1}{2}V$라는 교환비율을 표현하고 있다.

마찬가지로, 중국은 v점에서 출발하여 자신의 국내 생산가능성곡선을 따라 아래쪽으로 이동하면서 원하는 쇠고기 1톤을 생산할 때마다 2톤의 채소를 포기할 필요가 없어졌

[그림 29.2] 무역가능선과 무역의 이득

특화와 무역의 결과 한국과 중국은 모두 국내 생산가능성곡선이 도달할 수 있는 생산량보다 더 많은 양을 생산할 수 있다. (a) 한국은 국내 생산가능성곡선 위의 A점으로부터 무역가능선 위의 A'과 같은 점으로 이동할 수 있다. (b) 중국은 Z점에서 Z'점으로 이동할 수 있다.

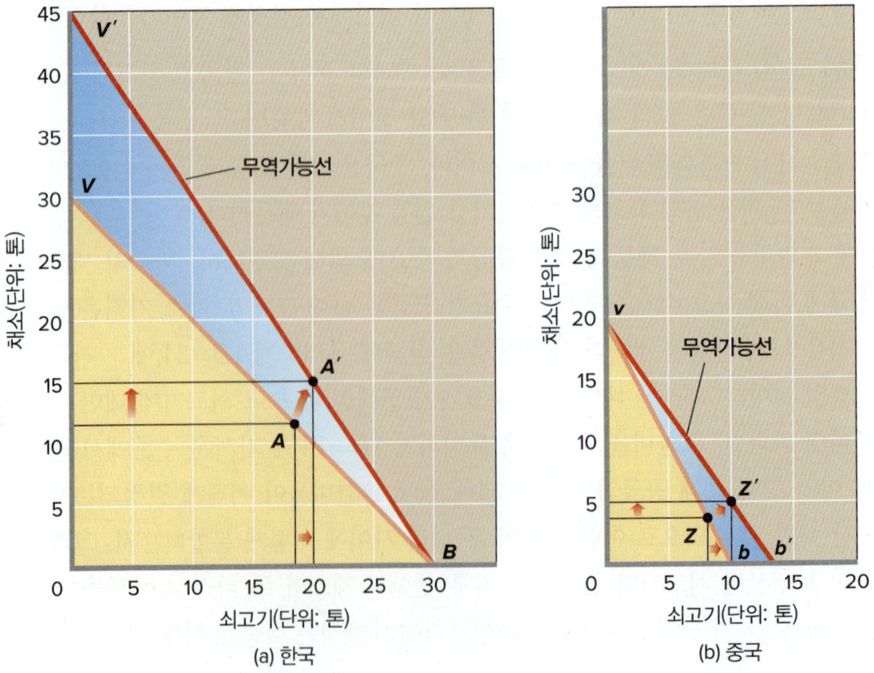

다. 중국은 이제 원하는 쇠고기 1톤을 얻기 위해서 무역가능선 vb'를 따라 아래쪽으로 이동하면서 단 $1\frac{1}{2}$톤의 채소만을 수출하면 된다.

특화와 무역은 쇠고기와 채소 사이 새로운 교환비율을 만들어내고, 이 비율은 각국 무역가능선에 반영되어 있다. 두 나라 모두에서 이 교환비율은 각자의 생산가능곡선에 반영된 자급자족 때의 교환비율보다 더 크다.

한국은 쇠고기에 특화하여 중국산 채소와 교환함으로써 쇠고기 1톤당 채소 1톤보다 더 많은 양을 얻을 수 있다. 중국은 채소에 특화하여 한국산 쇠고기 1톤과 교환함으로써 2톤보다 더 적은 양의 채소로 쇠고기 1톤을 얻을 수 있다. 어느 경우에나 자급자족은 비효율적이므로 바람직하지 않다.

생산량 증가 비교우위에 기초하여 특화한 뒤 더 효율적으로 생산하여 교환함으로써, 한국과 중국은 각국의 개별 생산가능곡선을 넘어선 수준에서 쇠고기와 채소의 생산량 조합을 달성할 수 있다. 비교우위에 따른 특화의 결과 세계의 자원은 더 효율적으로 배분되고 두 나라는 2재화를 더 많이 얻을 수 있게 된다.

교역조건이 $1B \equiv 1\frac{1}{2}V$일 때, 한국은 쇠고기 10톤을 중국에 수출하고 중국은 채소 15톤을 한국에 수출하고 있다고 가정하자. 특화와 무역이 발생하기 전 두 나라이 최적 생산량 조합에 비교해 볼 때, 이 두 나라는 어떻게 해서 이러한 수량의 쇠고기와 채소를 새롭게 얻을 수 있게 되었을까? 그림 29.2(a)의 A점은 한국이 처음에는 18톤의 쇠고기와 12톤의 채소를 선택하고 있었다는 것을 상기시킨다. 하지만 채소를 전혀 생산하지 않고 쇠고기 30톤을 생산하여, 그 중 10톤을 채소 15톤과 교환함으로써, 한국은 쇠고기 20톤과 채소 15톤을 얻을 수 있다. 이렇게 얻은 이전보다 더 우월한, 새로운 쇠고기와 채소의 조합은 그림 29.2(b)의 A'점이 나타내고 있다. 무역이 없었을 때의 18톤의 쇠고기 및 12톤의 채소와 비교하면 무역으로부터 한국이 얻은 이득은 쇠고기 2톤과 채소 3톤이다.

마찬가지로, 특화와 무역이 발생하기 전 중국의 최적 생산량 조합은 채소 4톤과 쇠고기 8톤(Z점)이었음을 상기하자. 중국은 이제 채소에 특화하여 쇠고기와 교환함으로써 채소 5톤과 쇠고기 10톤을 얻게 되었다. 이는 쇠고기를 생산하지 않고 채소만 20톤을 생산하여 그 중 15톤을 한국산 쇠고기 10톤과 교환함으로써 가능해진다. 이 새로운 상황은 그림 29.2(b)의 Z'점으로 표현되어 있다. 중국이 무역으로부터 얻는 이득은 채소 1톤과 쇠고기 2톤이다.

그림 29.2의 A'점과 Z'점은 A점과 Z점보다 경제적으로 더 우월한 점이다. 이 사실은 정말 중요하다! 앞에서 우리는 특정 국가가 생산가능곡선을 확장하는 방법은 (1) 보유하고 있는 생산자원의 양을 늘리고 그 질을 제고하든지, 아니면 (2) 기술진보를 이루어내든지 둘 중 하나의 방법을 통해 이루어진다는 것을 배운 바 있다. 이제 여기서 **국제무역을 통해 생산가능곡선으로 묘사된 생산의 제약을 우회할 수 있다는** 것을 알게 되었다. 국제무역을 확대하면 경제가 성장할 수 있다. 국가 간 특화와 무역은 자원의 양과 질이 개선되거나 아니면 생산기술을 개선하고 적용하는 것과 같은 결과를 낳는다.

표 29.1은 앞에서의 분석에서 보여준 거래와 그 결과를 요약하고 있다. 마지막으로 한 번 더 유심히 살펴보기 바란다.

사례연구: 무역의 이득에 대한 오해

국제무역으로부터 발생하는 가장 큰 편익은 국내 수출부문에서 고용이 증가하는 것이라고 여기는 것은 잘못된 오해다. 이 관념은 수출이 국내 고용을 창출하기 때문에 '좋은 것'인 반면, 수입은 국내 일자리를 줄이기 때문에 '나쁜 것'이라고 전제한다. 앞에서 살펴보았듯, 국제무역의 진정한 편익은 특화와 교환을 통해 구매가능한 제품의 양이 더 커진다는 데 있다.

어떤 나라가 생산가능곡선 위에서 생산을 할 때 국제무역이 꼭 필요한 것은 아니다. 무역이 있든 없든 노동을 포함한 생산자원을 완전히 고용할 수 있다. 그런데 국제무역을 하면 이 나라는 국내 생산가능곡선 밖으로 소비를 확장할 수 있다. 무역의 이득은 외국으로부터 추가로 얻은 생산물 즉 스스로 국내에서 생산할 때보다 더 작은 희생으로 얻게 되는 수입품으로부터 나온다.

비용체증 하에서의 무역

이제까지는 무역의 배후에 있는 기본 원리들을 설명하기 위해 몇 가지 방식으로 분석을 단순화하였다. 예를 들어 이제까지는 2개 제품과 2개 국가에 한정하여 논의하였다. 하지만 다수재 분석이나 다 국가 분석을 도입한다고 하더라도 결론은 동일하다. 또 이제까지 기회비용이 불변이라고 즉 생산가능곡선이 직선이라고 가정하였는데, 이는 매우 단순한 가정이다. 이제 기회비용이 체증한다는 가정 즉 생산가능곡선이 원점에서 볼 때 오목하다는 가정을 도입하면 어떤 일이 발생하는지 살펴보도록 하자.

한국과 중국이 처음에 오목한 생산가능곡선 위에서, 비용불변 가정 하에서 분석할 때와 같이, 각자 국내 생산비 비율이 $1B \equiv 1V$ 및 $1B \equiv 2V$인 점에 위치하고 있다고 가정하자. 앞에서와 같이 비교우위에 따르면 한국은 쇠고기에, 중국은 채소에 특화하여야 한다. 하지만 이제는 한국이 쇠고기 생산량을 늘리면 그 기회비용이 체증한다. 즉 이제는 쇠고기 1톤을 더 얻기 위해서는 1톤보다 많은 양의 채소를 희생해야 한다. 생산자원들은 더 이상 비용불변 가정이 함축하고 있었던 바와 같이 여러 대안적인 용도들 사이에 완전하게 대체될 수 있는 것이 아니다. 한국이 쇠고기 생산을 늘릴수록 한국 쇠고기 산업에는 점점 더 부적합한 자원들이 배분될 수밖에 없다. 이는 쇠고기 생산의 생산비가 체증함(쇠고기 1톤이 추가적으로 생산될 때마다 매 단위에 대해 점점 더 많은 양의 채소가 희생되어야 함)을 의미한다.

마찬가지로 중국이 생산비 비율을 $1B \equiv 2V$로 표시할 수 있는 점에서 출발하여 채소 생산을 늘린다고 가정해보자. 채소 생산이 증가함에 따라 $1B \equiv 2V$라는 생산비 비율도 상승하게 될 것이다. 쇠고기 1톤을 희생하면 그로부터 방출되는 생산자원은 이제 2톤에 못 미치는 양의 채소를 생산한다. 이렇게 이전된 자원들은 채소 생산에 덜 적합하기 때문이다.

한국의 생산비 비율이 $1B \equiv 1V$에서 하락하고 중국의 생산비 비율이 $1B \equiv 2V$에서 상승함에 따라, ($1B \equiv 1\frac{3}{4}V$처럼) 두 나라에서 생산비 비율이 같아지는 어떤 점에 도달하게 될 것이다. 이 점에서 특화와 무역이 계속 더 증가할 이유 즉 생산비 비율의 차이가 소멸하므로, 특화가 그 이상으로 진전되는 것은 경제적이지 못하다. 그리고 가장 중요한 점은 한국이 여전히 쇠고기와 함께 어느 정도 채소를 생산하고 있고, 중국도 여전히 채소와 함께 어느 정도 쇠고기를 생산하고 있는 상태에서 이렇게 생산비 비율이 같아지는 점에 도달한다는 것이다. **기회비용 체증이 만들어 내는 가장 중요한 효과는 완전 특화가 발생하지 않는다는 것이다.** 바로 이러한 이유 때문에 국내에서 생산된 제품들이 동질적이거나 유사한 수입품과 직접 경쟁하는 것을 빈번하게 목도할 수 있다.

자유무역 옹호론

자유무역에 대한 옹호론은 단 하나의 설득력 있는 주장으로 요약될 수 있다. 즉 **비교우위에 기초를 둔 자유무역을 통해 세계 경제는 자유무역이 없을 때 보다 더 효율적인 자원배분과 더 높은 수준의 물질적 후생을 누릴 수 있다**는 것이다.

세계 각국이 보유하고 있는 자원의 조합과 기술적 지식은 서로 다르기 때문에 각국은 특정 제품을 서로 다른 비용으로 생산한다. 각국은 국내 기회비용이 다른 나라보다 낮은 재화를 생산하여 국내 기회비용이 다른 나라보다 높은 재화와 교환하여야 한다. 모든 국가들이 이렇게 하면 세계경제는 지리적, 인적 특화의 혜택을 보게 될 것이다. 세계경제와 자유무역에 참가하는 모든 국가들은 자신들이 보유한 일정한 크기의 자원으로부터 더 큰 실질소득을 얻을 수 있을 것이다.

정부가 만들어낸 **무역장벽은 특화로부터 발생하는 이득을 줄이거나 없앤다.** 자유롭게 무역할 수 없다면, 해당 국가들은 다양한 욕구를 충족하기 위해 자원을 효율적(저비용의) 용도에서 비효율적(고비용의) 용도로 옮겨야 한다. 최근의 한 연구는 미국의 경우 제2차 세계대전 이후 무역장벽이 제거됨으로 인해 평균적인 가구의 소득이 적어도 7,000달러 이상, 최대 13,000달러 늘어났음을 보인 바 있다. 이러한 소득 증가는 1회성에 그치는 것이 아니라, 해마다 발생하는 것이다.[2)]

자유무역이 발생시키는 또 하나의 부수적 이득은 **경쟁을 촉진하고 독점을 억제한다**는 것이다. 해외기업과의 경쟁이 치열해짐으로 인해 국내 기업들은 최대한 낮은 비용으로 생산하는 기술을 개발하고 활용해야 한다. 자유무역은 또한 국내 기업들이 제품 품질과 생산기술에서 혁신적일 수밖에 없게 함으로써 경제성장에 기여한다. 또 자유무역은 소비자들이 더 넓은 범위의 제품을 선택할 수 있게끔 한다. 자유무역을 옹호하는 이유는 경쟁이 필요하다고 주장하는 이유와 동일하다.

자유무역의 혜택 중 2번째 측면은 그것이 국가 간의 이해관계를 서로 일치시켜, 국가 간 반목을 약화시킨다는 것이다. 정치적 불화가 발생할 때 무역 상대국들은 전쟁을 벌이기보다 협상하려 할 것이다.

---

2) Scott C. Bradford, Paul L. E. Grieco, and Gary C. Hufbauer, "The Payoff to America from Globalization," The World Economy, July 2006, pp. 893–916.

수출 및 수입의 수요 · 공급 분석

수요 · 공급 분석은 세계 가격과 수출입량이 어떻게 결정되는지를 보여준다. 한 국가가 수출하거나 수입하는 재화나 서비스의 양은 세계 균형가격과 국내 균형가격의 차이에 의해 결정된다. 세계적 수요 · 공급은 세계 균형가격(전 세계에서 공급량과 수요량을 일치시키는 가격)을 결정한다. 국내 수요 · 공급은 국내 균형가격(국제무역에 참가하지 않는 폐쇄경제였다면 성립하였을 가격)을 결정한다. 이 가격에서 국내 시장의 공급량과 수요량은 같아진다.

무역이 없는 폐쇄경제의 국내 가격은 세계 균형가격과 같을 수도 있고, 다를 수도 있다. 개방경제에서는 세계 가격과 국내 가격 사이의 차이로 인해 수출과 수입이 발생한다. 왜 그런지 살펴보기 위해 한국과 일본만이 존재하는, 단순한 2국가 세계에서 이러한 가격 차이가 어떤 효과를 갖는지 살펴보기로 하자. 두 나라는 모두 알루미늄을 생산하고 있으며 관세나 수입할당 같은 무역장벽이 없고 국가 간 운송비용도 없다고 가정한다.

한국의 수요 · 공급

한국 알루미늄 산업에서 국내 공급곡선 S_d와 국내 수요곡선 D_d가 그림 29.3(a)와 같이 주어져 있다고 하자. 당분간 한국은 폐쇄경제라고 하자. S_d와 D_d가 만나는 곳에서 국내

[그림 29.3] 한국의 수출 공급과 수입수요

(a) 국내 공급 S_d와 국내 수요 D_d로부터 알루미늄의 국내 균형가격은 kg당 1,000원으로 결정된다. 세계 가격이 1,000원보다 높으면 국내 시장에서는 알루미늄 잉여가 발생한다. 가격이 1,000원보다 낮으면 국내 시장에서 물자부족이 발생한다. (b) 잉여분은 수출되고(위쪽 곡선), 부족분은 알루미늄을 수입하여 충족시킨다(아래쪽 곡선). 수출공급곡선은 세계 가격과 한국 수출량 사이의 정의 관계를 보여주고, 수입수요곡선은 세계가격과 한국 수입량 사이의 역의 관계를 묘사한다.

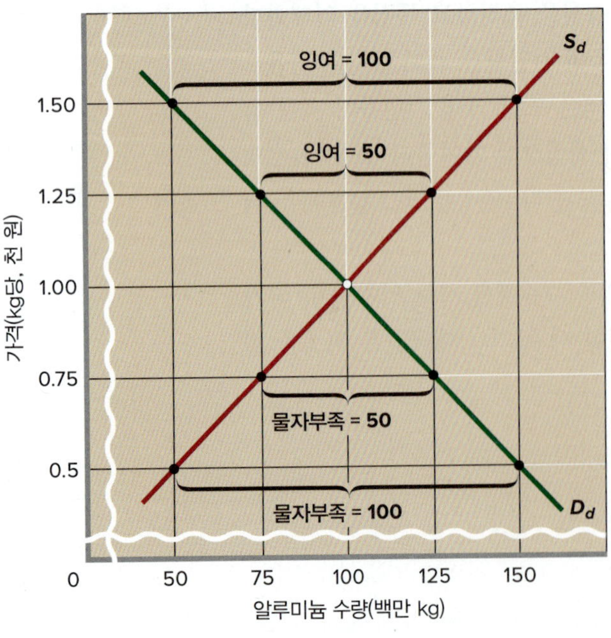

(a) 한국 국내 알루미늄 시장

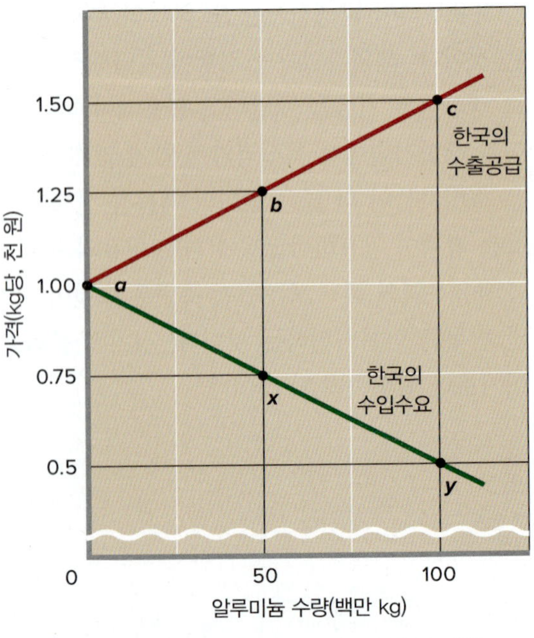

(b) 한국의 수출공급곡선과 수입수요곡선

균형가격과 균형거래량이 결정되며, 이때 균형가격은 1kg당 1,000원, 균형거래량은 1억kg이다. 국내 생산자들은 알루미늄 1억kg을 생산하여 모두 kg당 1,000원에 판매한다. 따라서 국내 알루미늄시장에서 잉여도 물자부족도 없다.

그런데 한국이 시장을 개방하여 알루미늄 세계 가격이 국내 가격 1,000원보다 높거나 낮으면 어떤 일이 일어나는가?

한국의 수출 공급 다른 나라(일본)의 알루미늄 가격이 1,000원이 넘는다면, 한국 기업들은 1억kg보다 더 많은 양의 알루미늄을 생산하여 국내 생산량 중 초과분을 수출할 것이다. 먼저, 세계가격이 1,250원이라고 해보자. 공급곡선 S_d로부터 한국 알루미늄 기업들은 그 가격에 알루미늄을 1.25억kg 생산할 것이라는 점을 확인할 수 있다. 수요곡선 D_d에 따르면 가격이 1,250원이면 알루미늄이 단 0.75억kg만 팔릴 것이다. 그 결과 국내 시장에서 0.5억kg의 잉여가 발생한다. 한국 알루미늄 생산자들은 이 0.5억kg의 알루미늄을 세계 가격 1,250원에 수출할 것이다.

세계 가격이 1,500원이면 어떠한가? 공급곡선에 의하면 한국 기업은 1.5억kg의 알루미늄을 생산하는 반면, 수요곡선에 따르면 한국 소비자들은 그 중 0.5억kg만 구입할 것이다. 따라서 한국 생산자들은 1억kg에 해당하는 국내 잉여를 수출할 것이다.

그림 29.3(b)에서는 위쪽으로 이동하면서 세계 가격이 국내 균형가격 1,000원보다 높을 때의 국내 잉여(한국의 수출)를 추적하여 그리고 있다. 세계 가격과 국내 가격이 같아지면(=1,000원), 수출 공급량은 0이 된다(*a*점). 이때에는 수출할 수 있는 국내 생산량 잉여가 없다. 하지만 세계 가격이 1,250원이 되면 한국 기업들은 남은 알루미늄 0.5억kg을 수출한다(*b*점). 세계가격이 1,500원이면, 남은 1억kg이 수출된다(*c*점).

*a*점, *b*점, *c*점을 모두 연결하면 한국의 **수출 공급곡선**이 도출되는데, 이는 세계 가격이 1,000원보다 높을 때 각 가격 수준에서 한국 생산자들이 수출하고자 하는 알루미늄의 양을 보여준다. 이 곡선은 우상향하며, 이는 세계 가격과 한국의 수출량 사이에 직접적인 양의 관계가 존재함을 의미한다. 국내 가격에 비해 세계 가격이 상승하면 한국의 수출은 증가한다.

수출 공급곡선

한국의 수입수요 세계가격이 국내가격 1,000원보다 낮다면, 한국은 알루미늄을 수입할 것이다. 세계가격이 750원이라고 해보자. 그림 29.3(a)의 공급곡선에 의하면 이 가격에서 한국 기업들은 알루미늄을 0.75억kg만 생산할 것이다. 하지만 수요곡선에 의하면 한국 소비자들은 그 가격에 1.25억kg을 구입하길 원한다. 그 결과 국내 시장에서 0.5억kg의 물자부족이 발생한다. 이러한 부족을 충족시키기 위해 한국은 알루미늄 0.5억kg을 수입할 것이다.

세계 가격이 더 낮아져 500원이 된다면, 한국 생산자들은 0.5억kg만 생산할 것이다. 한국 소비자들은 그 가격에서 1.5억kg을 구입하기를 원하므로, 국내 시장에서 1억kg의 물자부족이 발생한다. 이 차이를 메우기 위해 한국 시장으로 수입이 발생할 것이다. 즉 세계가격이 500원일 때 한국 기업들은 0.5억kg을 공급하고 1억kg은 수입될 것이다.

그림 29.3(b)는 이 데이터에 기초해서 한국의 수입수요곡선을 그리고 있다. 우하향하는 이 곡선은 세계 가격이 한국 국내 가격 1,000원보다 낮을 때 알루미늄의 수입량을

수입수요곡선

보여준다. 세계 가격과 수입량 사이에는 역의 관계 즉 음(−)의 상관관계가 존재한다. 세계 가격이 1,000원이면 국내 생산량이 한국의 수요를 모두 충족시켜 수입이 0이 될 것이다(a점). 하지만 세계 가격이 750원이면 한국은 0.5억kg의 알루미늄을 수입할 것이며(x점), 세계 가격이 500원이면 1억kg을 수입할 것이다(y점). a점, x점, y점을 모두 연결하면 우하향하는 한국의 **수입수요곡선**을 얻을 수 있다. 이 곡선은 세계 가격이 한국 국내 가격에 비해 낮아지면 낮아질수록 한국의 수입은 증가할 것이라는 것을 보여준다.

일본의 수요 · 공급

그림 29.4에서는 앞에서의 분석을 일본의 관점에서 반복한다. (일본 엔화는 환율을 적용하여 한화 원 단위로 표시하였다.) 일본 알루미늄 산업에서 국내 공급곡선이 S_d, 국내 수요곡선이 D_d로 주어지면, 국내 가격은 750원이 되는데, 이는 한국 국내 가격 1,000원보다 250원 더 낮은 수준이다.

여기서 국내 가격이 이제는 일본의 국내 가격이라는 점을 제외하면 앞에서와 똑같이 분석을 진행할 수 있다. 세계 가격이 750원이라면, 일본 사람들은 알루미늄을 수출하지도, 수입하지도 않는다. 이때에는 그림 29.4(b)의 q점에 위치하게 된다. 세계 가격이 750원보다 높으면 일본 기업들은 일본 소비자들이 구매하고자 하는 양보다 더 많은 양의 알루미늄을 생산하게 된다. 일본 기업들은 이렇게 발생한 잉여를 수출할 것이다. 세

[그림 29.4] 일본의 수출 공급과 수입수요

(a) 세계 가격이 국내 가격 750원보다 높다면, 일본의 생산량은 국내 소비량보다 크다. 세계 가격이 750원보다 낮다면, 국내 시장에서 물자부족이 발생한다. (b) 잉여가 존재하면 수출이, 물자부족이 있으면 수입이 발생한다. 일본의 수출 공급곡선과 수입수요곡선은 세계 가격과 수출입 사이의 관계를 나타낸다.

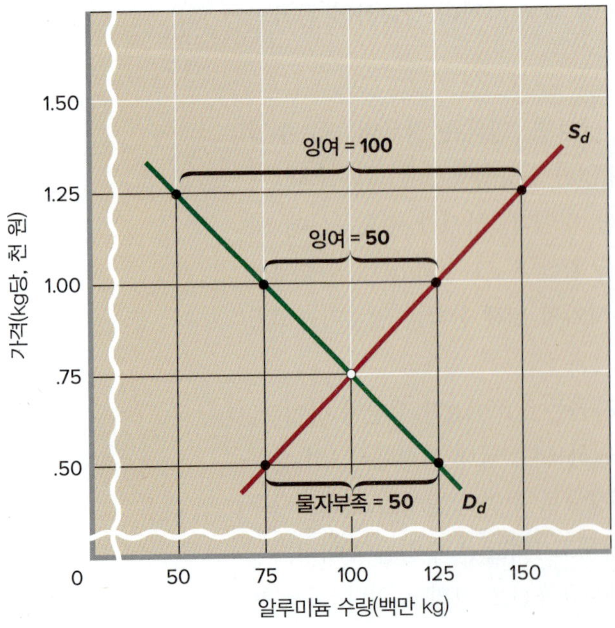

(a) 일본 국내 알루미늄 시장

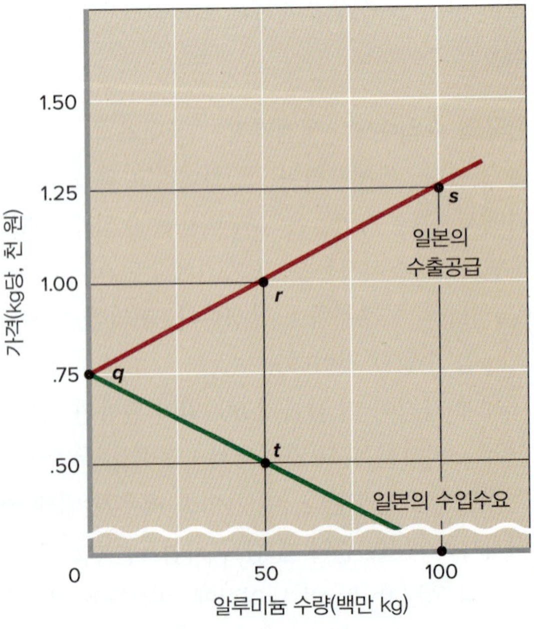

(b) 일본의 수출공급곡선과 수입수요곡선

계 가격이 1,000원이라면, 그림 29.4(b)로부터 일본이 국내에서 0.5억kg의 잉여가 발생하여 수출하게 된다는 것(r점)을 알 수 있다. 세계 가격이 1,250원이라면, 1억kg의 잉여가 발생하여 이를 수출한다(s점). 이 점들을 연결하면 우상향하는 일본의 **수출 공급곡선**을 도출할 수 있는데, 이는 세계 가격이 일본 국내 가격 750원보다 높을 때 생겨나는 국내 잉여 따라서 수출의 크기를 나타낸다.

수출 공급곡선

세계 가격이 750원보다 낮다면, 일본 국내 시장에서 물자부족이 발생한다. 세계 가격이 500원이면, 그림 29.4(a)에 따라 일본 소비자들은 알루미늄을 1.25억kg 사기를 원하지만, 일본 기업들은 0.75억kg 밖에 생산하지 않는다는 것을 알 수 있다. 이러한 물자부족으로 인하여 일본은 0.5억kg의 알루미늄을 수입하게 된다(그림 29.4(b) t점). 이 그림에서 일본의 **수입수요곡선**은 알루미늄 세계 가격이 일본 국내가격 750원보다 낮을 때 일본의 알루미늄 수입량을 보여준다.

수입수요곡선

세계 균형가격, 수출 및 수입

이제 세계 시장이 개방되었을 때 알루미늄의 **세계 균형가격**과 **세계 균형거래량**이 어떻게 결정되는지를 살펴볼 수 있는 도구가 모두 마련되었다. 그림 29.5는 그림 29.3(b)에서 도출한 한국의 수출 공급곡선 및 수입수요곡선 그리고 그림 29.4(b)의 일본의 수출 공급곡선 및 수입수요곡선을 결합하여 보여주고 있다. 한국의 2곡선은 한국 국내 가격 1,000원에서 출발하여 오른쪽을 향해 그려지고, 일본의 두 곡선은 일본 국내 가격 750원으로부터 오른쪽을 향해 그려진다.

세계 균형가격
세계 균형거래량

2국가 모형에서 **세계시장 균형은 한 국가의 수입수요곡선이 다른 나라의 수출 공급**

[그림 29.5] 세계 균형가격과 수출입량

2국가 세계에서 세계 균형가격(=880원)은 한 나라의 수출 공급곡선과 다른 나라의 수입수요곡선이 만나는 점에서 결정된다. 또한 균형 수출입량도 이 점에서 결정된다. 이 그림에서 일본은 0.25억kg의 알루미늄을 한국에 수출한다.

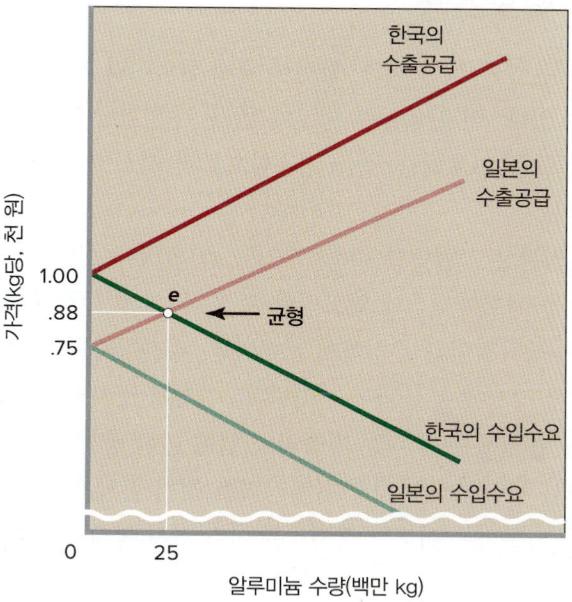

곡선과 만날 때 달성된다. 이 경우 한국 수입수요곡선은 일본 수출 공급곡선과 e점에서 만난다. 이때의 알루미늄 세계 가격은 880원이다. 일본 수출 공급곡선에 따르면 일본은 이 가격에서 0.25억kg의 알루미늄을 수출할 것이다. 또 이 가격에서 한국은 일본으로부터 0.25억kg을 수입할 것이다. 세계 가격이 880원일 때, 수입수요량과 수출 공급량은 (0.25억kg으로) 일치한다. 따라서 kg당 880원의 가격에 알루미늄 0.25억kg 만큼의 세계무역이 발생할 것이다.

무역이 발생한 이후에는 일본과 한국에서 모두 880원이라는 단일한 세계 가격만이 적용된다는 것을 기억하기 바란다. 경쟁이 치열한 세계시장에서 표준화된 상품에 대해서는 단 하나의 가격만이 존재한다. 무역이 이루어지면, 모든 소비자들이 알루미늄을 880원에 구입할 수 있으며, 생산자들도 모두 이 가격에 판매할 수 있다. 세계 가격이 이렇게 결정되면, 일본 사람들은 무역이 없을 때의 가격(750원)보다 무역이 있을 때 더 높은 가격(880원)을 지불해야 한다. 무역으로 인하여 일본에서 알루미늄 생산이 증가하여, 생산의 단위비용이 상승하고 그 결과 일본에서 알루미늄의 가격이 오르는 것이다. 반대로 한국에서는 무역이 없을 때의 가격(1,000원)보다 무역이 있을 때 알루미늄에 더 낮은 가격(880원)을 지불한다. 한국이 얻는 이러한 이득은 알루미늄 생산에서 일본이 갖는 비용 상 비교우위 덕택에 발생한다.

일본이 이렇듯 자발적으로 0.25억kg의 알루미늄을 한국 시장에서의 소비를 위해 보내주는 이유는 무엇인가? 무엇보다도 이들을 생산하기 위해서는 일본의 희소한 자원을 써야하고, 일본에서 알루미늄 가격의 인상을 촉발한다. 일본 사람들이 한국에 알루미늄을 수출할 용의가 있는 이유는 그를 통해 한국으로부터 소프트웨어와 같은 다른 재화들을 수입할 수 있는 수단인 원화를 얻기 때문이다. 수출함으로써 일본사람들은 수출된 알루미늄보다 더 큰 가치를 갖는 수입품들을 획득할 수 있게 된다. 일본은 한국에 수출함으로써 한국으로부터 수입하기 위한 재원을 확보한다.

무역장벽과 수출보조금

무역장벽

무역은 국가 전체에는 이득을 주지만, 특정한 국내 산업이나 거기에 종사하는 근로자들에게는 해가 될 수 있다. 이 산업들은 정부에 관세, 수입할당 및 기타 **무역장벽**을 통해 수입으로부터 자신들을 보호해줄 것을 설득함으로써 자신들이 누리는 경제적 지위를 유지하려 할 것이다.

게다가 여론이 외관상 그럴듯한 주장("수입을 줄여 국내 실업을 방지하라.")이나 애국적 호소("국산품을 애호하자.")에 압도당할 수 있다. 흔히 주장하는 바와 같은 관세의 편익은 대중들에게 즉각적이고 분명하게 보이지만, 경제학자들이 말하는 그 부정적 효과는 모호하고 전체 경제에 분산되어 나타난다. 여기에 정치적 타협("의류산업에 대한 우리나라의 관세를 용인해주면, 나는 자동차 산업에 대한 당신 나라의 관세를 용인해주겠소!")이 가미되면, 무역장벽을 지지하는 강력한 정치적 네트워크가 형성될 수 있다. 세계 무역자유화를 가로막는 이러한 장벽들은 여러 가지 형태를 띤다.

관세란 수입된 재화의 화폐금액이나 물리적 양에 대해 부과하는 소비세이다. 관세는 재정수입을 위해 부과될 수도 있고 국내 기업을 보호하기 위해 부과될 수도 있다. 재정수입을 위해 부과되는 수익관세는 한국의 경우 주석, 커피 등과 같이 보통 국내에서 생산되지 않는 품목들에 적용된다. 보통 이들 품목의 수입관세율은 낮게 책정되는 경향이 있으며 중앙정부의 재정수입원이 된다. **보호관세**는 국내 생산자들을 해외경쟁으로부터 보호하는 방어막을 치기 위해 부과된다. 이러한 관세는 수입품의 가격을 올려 자유무역을 방해하고, 따라서 국산 제품을 더 많이 구매하도록 한다. 보호관세가 외제 상품의 수입을 완전히 가로막을 만큼 높지는 않은 것이 보통이긴 하지만, 그래도 이는 해외 생산자들이 경쟁상 불이익을 겪도록 한다. 예를 들어 수입 자동차에 관세를 부과하면 소비자들의 국산차에 대한 선호도는 더 커지게 된다.

관세
보호관세

수입할당은 특정 수입 품목의 양이나 수입액을 제한하는 것이다. 할당량이 일단 채워지면, 해당 품목은 더 이상 수입할 수 없다. 수입할당은 국제무역을 제한하는 데 있어 관세보다 더 실효성이 크다. 관세가 부과된 품목은 여전히 수입이 될 수 있다. 그러나 수입할당이 적용된 품목은 할당량이 일단 채워지면 모든 수입이 금지된다.

수입할당

비관세장벽은 까다로운 허가조건, 품질과 관련된 비상식적인 표준, 혹은 단순한 관료주의적 절차나 통관 지연 등을 포함한다. 어떤 나라는 외제 상품 수입업자에게 면허를 받도록 요구하고 면허 발급의 수를 제한하기도 한다. 많은 나라들이 해충이 유입되는 것을 막기 위해 면밀한 심사를 시행하고 있기는 하지만, 어떤 나라들은 수입을 방해하기 위해 절차를 길게 끄는 경우도 있다. 실제 일본과 유럽 국가들의 수입업자들은 면허를 받아야 한다. 발급 면허 수를 제한함으로써 정부는 수입을 제한할 수 있다.

비관세장벽

수출자율규제는 외국 기업들이 '자발적으로' 특정 국가에 대한 자신들의 수출량을 제한하는 형태의 무역장벽이다. 수출자율규제는 수입할당제와 같은 효과가 있으며, 수출업자들은 관세나 수입할당이 훨씬 더 가혹하게 적용되는 것을 우려하여 이에 동의한다. 예를 들어 1990년대 말에 캐나다의 전나무, 가문비나무, 향나무, 소나무 등 침엽수 목재 생산업자들이 미국이 관세를 영구적으로 더 올릴 것이라는 위협에 직면하여 미국으로의 수출에 수출자율규제를 적용할 것에 합의한 바 있다.

수출자율규제

수출보조금은 정부가 국내 수출업자를 지원하기 위해 일정 금액을 지급하는 것이다. 수출보조금은 국내기업들의 생산비용을 줄여줌으로써 이들이 세계 시장에서 더 낮은 가격을 책정하여 더 많이 수출할 수 있게끔 해준다. 이에 대해 2가지 예를 들 수 있다. 일부 유럽 국가들은 유럽의 항공기 제조사인 에어버스에 상당한 액수의 보조금을 지급해 왔다. 이 보조금 덕택에 에어버스는 미국 기업인 보잉과 경쟁할 수 있게 되었다. 미국과 그 외 몇몇 나라들은 국산 식품 공급을 늘리기 위해 국내 농가에 보조금을 지급하여왔다. 이 보조금들로 인하여 농산물의 수출가격이 인위적으로 낮아지게 되었다.

수출보조금

이 장 뒷부분에서 보호를 정당화하기 위한 주장 들 중 몇 가지에 대해 논의하게 될 것이다.

사례연구: 국산품을 애용하자?

미국에서 '국산품 애용'은 미국 국민들의 후생을 개선시킬까? 댈러스 연방 준비은행의 경제학자 마이클 콕스는 그렇지 않다고 답한다.

돈을 외국에서 쓰는 것보다 국내에서 쓰는 것이 미국 국민들에게 더 낫다는 생각은 흔히 범하는 오해이다. 이 주장의 오류를 드러내는 제일 좋은 방법은 그것을 논리적 극단까지 끌고 가는 것이다.

돈을 외국보다 국내에서 쓰는 것이 나에게 더 좋은 일이라면, 뉴욕보다 텍사스에서 구매하는 것은 더 좋고, 휴스턴보다는 댈러스에서 구매하는 것이 더 좋을 것이다. 이렇게 계속 하면 내 이웃으로부터 사는 것이 더 좋고, 내 가족으로부터 사는 것이 더 좋고, 결국에는 내가 생산하는 것만 소비하는 것이 더 좋을 것이라는 결론에 도달하게 된다. 결국 혼자서 가난하게 되고 만다.

자료: W. Michael Cox and Richard Alm, "The Fruits of Free Trade," 2002. Annual Report, Federal Reserve Bank of Dallas.

관세의 경제적 효과

무역장벽의 효과

무역장벽의 효과에 대한 깊이 있는 분석은 관세와 수입할당이라는 2개의 가장 일반적인 형태에 국한하기로 한다. 여기서 수요와 공급의 분석으로 다시 돌아가도록 하자. 그림 29.6의 D_d와 S_d는 한 국가(한국)가 마늘과 같이 비교우위가 없는 제품에 대한 국내 수요와 공급을 보여주고 있다. 일단은 S_d+Q로 표시된 곡선은 무시하도록 하자. 무역이 없다면 국내 가격과 생산량은 각각 P_d와 q일 것이다.

이제 국내시장이 개방되어 마늘에 비교우위를 지니는 중국이 한국에 마늘을 판매하기 시작했다고 하자. 자유무역 하에서 국내 가격과 세계 가격은 다를 수 없다고 가정한다. 여기서 이 가격은 P_w이다. 가격이 P_w일 때, 국내 소비는 d이고 국내 생산은 a이다. 가격이 P_w일 때 국내 공급곡선과 수요곡선 사이의 수평적 거리인 ad만큼 수입된다는 것을 알 수 있다. 여기까지 분석은 그림 29.3의 세계 가격 분석과 비슷하다.

직접 효과 이제 한국이 수입되는 모든 마늘에 대해 관세를 부과한다고 가정하자. 관세는 수입 마늘의 가격을 P_w에서 P_t로 올리고, 다음과 같은 4가지 효과를 갖는다.

- 소비 감소 가격이 상승하여 소비자들이 수요곡선을 따라 왼쪽 위편으로 이동함에 따라 한국에서 마늘 소비량이 d에서 c로 감소한다. 관세로 인하여 소비자들은 더 적은 양의 마늘을 구입하게 되고 마늘에 대한 지출 중 일부를 비교적 덜 원하는 대체재로 돌리게 된다. 한국의 소비자들은 관세로 인해 손해를 보았다. 이제 마늘 값으로 P_t를 지불하면서 c단위 각각에 대해 (P_t-P_w)만큼 더 많이 내야하기 때문이다.
- 국내 생산 증가 한국의 마늘 생산자들은 관세를 지불하지 않아도 되므로 이제 더 높은 가격인 단위당 P_t를 받게 된다. 이 새 가격은 관세 부과 이전의 세계 가격 P_w보다 높기 때문에, 국내 마늘산업은 공급곡선 S_d을 따라 오른쪽 위편으로 이동하여 국내 생산량은 a에서 b로 증가한다. 따라서 국내 생산자들은 더 높은 가격에 더 많은 양을 판매할 수 있게 된다. 바로 이러한 이유로 국내 생산자들은 보호관세를 위해 로비한다. 하지만, 사회적 관점에서 보면 국내 생산이 a에서 b로 증가함으로 인하여, 국내의 효율적인 산업으로부터 마늘 산업으로 자원이 빠져나오게 된다.

[그림 29.6] 보호관세 및 수입할당의 경제적 효과

관세를 부과하면 재화 가격이 P_w에서 P_t로 상승하여 국내 소비는 d에서 c로 줄어든다. 국내 생산자는 더 높은 가격(P_w가 아닌 P_t)에 더 많은 양(a가 아닌 b)을 생산할 수 있다. 외국 수출기업은 판매량이 줄어들기 때문에(ad가 아닌 bc) 피해를 보게 된다. 노란색 면적은 국내 소비자들이 지불한 관세 총액을 표시한다. 수입할당을 bc로 제한하면 단 1가지 예외를 빼면 관세와 똑같은 효과를 낳는다. 그 예외란 노란색 면적으로 표시된 금액이 자국 정부가 아닌 외국 생산자에게 귀속된다는 것이다.

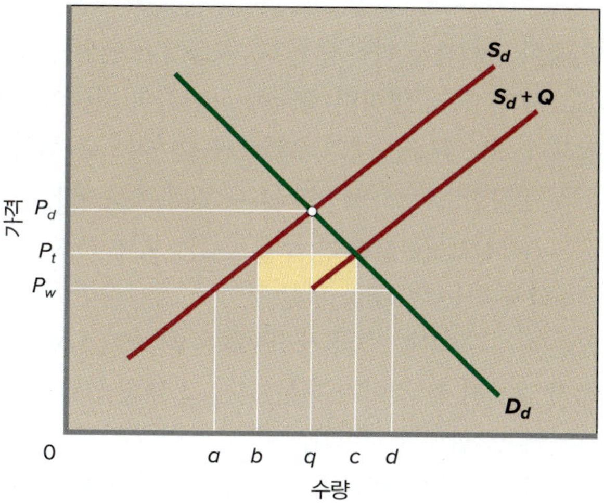

- **수입 감소** 중국 생산자들은 손해를 본다. 마늘의 판매 가격이 $P_t - P_w$ 만큼 상승하지만, 이 상승분은 한국 정부에 귀속되는 것이지 중국 생산자들이 갖는 것이 아니다. 관세 후 세계 가격(중국 생산자들의 단위당 수입)은 P_w로 그대로이지만, 한국의 수입량(중국의 수출량)은 ad에서 bc로 감소한다.
- **관세 수입** 노란색 사각형의 면적은 관세 수입액을 표시한다. 관세로부터 나오는 총수입은 관세액($P_t - P_w$)에 마늘 수입량(bc)을 곱하여 구할 수 있다. 이 관세 수입은 소비자들에게서 정부로 이전된 수입이며, 그 나라의 경제적 후생에는 어떤 변화도 발생시키지 않는다. 그 결과 소비자가 마늘에 더 높은 값을 지불함으로써 손해 보는 만큼 정부가 이득을 보게 되는 것이다.

간접효과 관세는 앞의 수요 · 공급곡선이 보여줄 수 있는 바 이상의 미묘한 효과를 발생시킨다. 중국은 한국에 마늘을 더 적게 판매하므로 외화를 더 적게 벌어들이게 되고, 따라서 한국산 수출품을 더 적게 구입하게 될 것이다. 따라서 한국 수출산업들은 생산을 줄이고 자원을 다른 산업으로 방출하게 된다. 이 수출산업들은 비교우위가 있고 세계시장에 물건을 팔 수 있는 능력이 있다는 점에서 볼 수 있듯이 매우 효율적인 산업들이다.

관세는 직접적으로는 비교우위가 없는 비효율적 산업들의 확장을 촉진한다. 관세는 또한 비교우위를 가진 비교적 효율적인 산업의 수축을 야기하기도 한다. 직실적으로 표현하면 관세는 자원을 옳지 못한 방향으로 이동시킨다. 그리고 이는 전혀 놀라운 일이 아니다. 우리는 이미 특화와 무역의 결과 세계 자원이 더 효율적으로 사용되고 세계 생산량이 더 커진다는 것을 배운 바 있다. 그런데 보호관세는 세계무역을 줄인다. 따라서 관세는 효율성을 저하시키고, 세계의 실질 산출량을 줄이게 된다.

수입할당의 경제적 효과

앞에서 수입할당이란 1년 동안 특정 재화의 수입량을 법적으로 제한하는 것임을 배웠다. 수입할당은 관세와 그 경제적 효과가 거의 모든 점에서 똑같지만, 단 1가지가 다르다. **관세는 국내 정부에 관세수입을 발생시키지만, 수입할당에서는 수입이 해외 생산자에게 이전된다.**

그림 29.6에서 한국이 관세를 부과하지 않고, 마늘이 bc단위를 넘는 경우 그 이상의 수입을 금지하였다고 하자. 달리 말하면 중국에 bc만큼의 마늘이 할당되었다. 여기서 할당량은 일부러 관세가 $(P_t - P_w)$일 때의 수입량과 같아지도록 선택하였다. 그렇게 함으로써 관세의 경우와 '동등한' 조건으로 비교할 수 있기 때문이다. 수입할당의 결과, 한국에서 마늘의 공급은 S_d+Q가 된다. 이는 국내 공급에 국내 가격이 무엇이든 수입자들이 일정량으로 공급하고자 하는 양(Q)을 더한 것이다. 공급곡선 S_w+Q는 가격 P_w 이하까지는 연장되지 않는다. 그 이유는 중국 생산자들은 P_w보다 낮은 어떤 가격에서도 한국에 마늘을 수출하지 않으려 할 것이기 때문이다. 그 대신 그들은 세계 시장 가격 P_w로 다른 나라에 그 마늘들을 판매할 것이다.

대부분의 경제적 결과는 관세의 경우와 같다. 수입이 ad에서 bc로 줄었기 때문에 마늘 가격은 P_w에서 P_t로 올라갈 것이다. 마늘에 대한 국내 소비는 d에서 c로 줄어들 것이다. 한국 생산자들은 더 높은 가격 즉 P_w가 아닌 P_t에서 더 많은 양(a가 아닌 b)을 판매할 것이다.

차이점은 bc만큼의 수입에 한국 소비자들이 지불하는 가격인상분 $(P_t - P_w)$(노란색 면적)이 이제는 더 이상 한국 정부에 관세 수입으로 귀속되지 않고, 한국에서 마늘을 판매할 수 있도록 할당받은 중국 기업으로 흘러들어갈 것이라는 점이다. 한국 소비자의 입장에서는 관세가 수입할당보다 더 나은 경제적 결과를 가져온다. 관세가 발생시킨 정부 수입은 다른 세금을 줄이거나 한국을 이롭게 하는 공공재를 생산하기 위한 재원으로 활용될 수 있다. 반대로 수입할당으로 인해 인상된 가격은 해외 생산자의 수입을 늘리는 결과를 낳는다.

관세와 수입할당의 순 비용

그림 29.6은 관세와 수입할당이 국내 소비자에게는 비용을 발생시키지만, 국내 생산자에게는 이득을 발생시키고, 관세의 경우에는 정부 수입도 발생시킨다는 것을 보여준다. 무역 제한으로 인해 소비자들이 지불하는 비용의 크기는 무역 제한으로 인해 소비자 가격이 얼마나 변했는지를 통해 계산할 수 있다. 무역제한은 다음과 같은 3가지 경로를 통해 제품 가격을 상승시킨다. (1) 수입재 가격이 오른다. (2) 수입품 가격이 오르면 일부 소비자들은 수입품 대신 가격이 비싸진 국산품을 구입하게 된다. 그리고 (3) 수입경쟁이 약해졌기 때문에 국산품의 가격이 상승한다.

많은 연구를 통해 소비자들이 부담하는 비용이 생산자와 정부가 얻는 이득보다 훨씬 크다는 사실이 확인되었다. 보호무역은 사회에 상당한 크기의 순비용 또는 효율성 손실을 발생시킨다. 게다가 산업계는 보호주의적 법안을 통과시키고 유지할 목적으로 의회에 영향을 미치기 위해 엄청난 액수의 경제적 자원을 동원한다. 이러한 지대추구행위는 자원을 사회적으로 바람직한 용도에서 빼내어온다는 점을 생각하면, 무역 제한은 사회에 이와 관련된 비용도 추가로 발생시킨다고 할 수 있다.

결론은 **무역장벽은 보호받는 산업과 거기에 종사하는 근로자들에게 이득을 주지만, 이는 전체 경제에서의 훨씬 더 큰 손실을 대가로 지불한다**는 것이다. 그 결과 경제적 비효율이 발생하고, 소비가 위축되며, 생활수준이 후퇴한다.

보호무역 옹호론: 비판적 검토

특화와 무역이 이렇듯 논리적인 타당성을 지님에도 불구하고, 일부 협회, 기업 이사회, 국회 등에서 여전히 보호무역 주의자들을 찾아볼 수 있다. 보호무역 주의자들은 무역장벽을 정당화하기 위해 어떤 주장을 하는가? 이 주장들은 얼마나 타당성이 있는가?

안보 자급자족론

여기서 다루는 주장은 경제적인 것이 아니라, 정치 · 안보적인 것이다. 국가안보에 필수적인 자재를 생산하는 산업들을 보호하고 장려하기 위해 보호관세가 필요하다는 것이다. 불확실한 세계정세 속에서 정치 · 안보적 목적들(자급자족)은 종종 경제적 목표(세계 자원의 효율적 활용)보다 우선시된다.

불행하게도 보호관세가 부과되었을 때의 경제적 비효율성이라는 비용과 국가안보 확대라는 편익을 측정하고 비교하는 것은 어렵다. 경제학자들이 지적할 수 있는 것은 안보 상 자급자족을 위해 관세를 부과하면 경제적 비용이 발생한다는 것뿐이다.

모든 국민들은 필수적인 군사 장비를 적대적인 국가에 의존하는 것은 좋은 생각이 아니라는 데 동의할 것이다. 하지만 자급자족론은 심각하게 남용될 가능성이 매우 크다. 거의 모든 산업이 국가안보에 직간접적으로 기여하므로 보호받아야 한다고 주장할 수 있다.

안정성 확보를 위한 다각화론

사우디아라비아(석유)나 쿠바(설탕)와 같이 특화의 정도가 매우 큰 경제는 국제 시장에 대한 의존도가 매우 크다. 이러한 경제들의 경우에는 전쟁, 국제 정세의 변화, 외국의 경기후퇴, 1~2개 특정 품목의 세계수요 및 공급의 무작위적 변동 등에 의해 수출액이 줄어들면 국내 소득이 크게 감소할 수 있다. 이러한 국가들은 산업구조를 다각화하기 위해 관세나 수입할당 등을 통한 보호가 필요하다고 생각할 수 있다. 그리하여 이 경제들은 다른 재화를 얻기 위해 1~2개 주력 수출품에 의존하는 것을 피할 수 있을 것이다. 이 재화들은 국내에서 생산될 것이므로 더 큰 안정성을 얻을 수 있다.

이러한 안정성 확보를 위한 다각화론은 일부 사실이긴 하다. 하지만 이 주장은 대다수 산업화된 국가와는 무관한 이야기이다. 또한 다각화의 경제적 비용은 매우 클 수 있다. 예를 들어 1개 곡물만을 생산하는 경제는 제조업에서는 매우 비효율적일 것이다.

유치산업보호론

유치산업 보호론은 새로운 국내 산업이 자생력을 얻도록 하기 위해 보호관세가 필요하다고 주장한다. 훨씬 더 성숙하고 효율적인 외국 기업들과의 치열한 경쟁으로부터 국내의 신생 기업들을 일시적으로 보호함으로써 유치산업이 발전하여 효율적인 생산자가 될 수 있는 기회를 제공하자는 것이다.

이 보호론은 자유무역 옹호론이 빼먹고 있는 예외적인 상황이 있다고 주장하면서, 이러한 상황에 의존하여 주장을 전개하고 있다. 그 예외적인 상황이란 신생 기업들은 규모를 확대하여 더 높은 효율성을 달성하는 데 필요한 장기조정의 기회를 누리지 못한다는 것이다. 특히 성숙한 외국 기업들과 경쟁하는 경우 이러한 기회는 오지도 않을 것이고 본다. 이러한 관점에서는 유치산업을 관세로 보호하여야 역사적으로 국내 산업과 외국 산업 간 발전 수준의 차이로 인해 영속화되어온 잘못된 자원배분을 교정할 수 있다고 본다.

유치산업 보호론과 관련해서는 몇 가지 논리적 문제가 있다. 개발도상국에서 어떤 산업이 경제적으로 성숙해질 가능성이 있고 따라서 보호의 필요가 있는 유치산업인지 식별하는 것이 어렵다. 또한 보호관세는 해당 산업이 성숙한 이후에도 여전히 지속될 가능성이 있다

대부분의 경제학자들은 유치산업이 지원받을 필요가 있다고 하더라도 관세보다 더 나은 수단이 있다고 믿는다. 예를 들어 직접보조금은 어떤 산업이 어느 정도 지원받는지 분명하게 할 수 있다는 장점이 있다.

반덤핑보호론

덤핑

반덤핑 보호론은 국내 기업들을 해외 생산자들의 '덤핑'으로부터 보호하기 위해 관세가 필요하다고 주장한다. **덤핑**이란 기업이 자국 내에서 부과하는 가격 또는 비용에 미치지 못하는 가격으로 수출하는 것을 말한다.

경제학자들은 기업들이 덤핑을 하는 이유로 다음과 같은 2가지를 든다. 첫째, 비용보다 낮은 덤핑의 경우, A국의 기업들이 B국의 경쟁사들을 시장에서 몰아내기 위해 B국에서 비용 이하로 덤핑을 한다는 것이다. 일단 A국 기업이 B국 경쟁사들을 몰아내는 데 성공하면, 이 기업은 그 후 B국에서 판매하는 제품에 대하여 독점력을 지니게 되어, 독점가격을 부과할 수 있어서 독점이윤을 얻을 수 있게 될 것이다. 이 기업들이 희망하는 바는 그렇게 얻은 장기 독점이윤이 B국의 경쟁사들을 시장에서 몰아내기 위해 비용보다 낮은 수준에서 판매함으로써 발생한 손실을 상쇄하고도 남을 정도가 되리라는 것이다.

둘째, 외국에서 자국 내에서 일반적으로 부과하는 것보다 낮은 가격이지만 생산비용보다는 여전히 높은 가격에서 판매하는 형태의 **덤핑은 가격차별의 한 형태일 수 있다**는 것이다. 가격차별이란 서로 다른 고객 집단에 서로 다른 가격을 부과하는 것이다. 예를 들어, 국내 시장에서 독점인 기업이 독점화된 국내 시장에서는 높은 가격을 책정하는 반면, 미국 생산자들과 경쟁해야 하는 미국 시장에서는 낮은 가격을 책정함으로써 전체 이윤을 극대화할 수 있다. 흥미로운 점은 이 기업이 경쟁가격을 책정해야하는 미

국 시장에서는 전혀 이윤을 얻지 못함에도 불구하고 이 전략을 고수하기도 한다는 점이다. 왜 그토록 미국시장에서 판매하려 하는가? 그 이유는 미국에 수출하여 전반적인 생산량이 증가하면 대량생산에 따른 단위비용 절감 효과를 거둘 수 있다는 점이다. 이러한 비용절감 효과 덕분에 독점화된 국내 시장에서는 더 큰 이윤을 얻을 수 있다.

덤핑은 **불공정무역행위**이므로 대부분의 국가에서 금지되어 있다. 예를 들어 덤핑이 미국 기업들에 피해를 입혔다는 것이 발견되면, 미국 연방정부는 해당 품목에 대해 반덤핑관세를 부과한다. 그러나 매년 덤핑의 사례는 비교적 적으며, 특정한 불공정무역행위가 있더라도 그것이 광범위하고 지속적으로 적용되는 관세를 정당화할 수 없다. 게다가 반덤핑관세는 남용될 수 있다. 덤핑처럼 보이는 것이 단순히 비교우위가 작동한 결과인 경우도 많다.

불공정무역행위

국내고용증가론

'국내 일자리의 보호'를 위해 관세가 필요하다는 주장은 미국의 경우 2007년에서 2008년에 걸친 심각한 경기후퇴기에 인기를 얻었다. 국제무역에 참가하는 경제에서, 수출은 국산품에 대한 지출을 발생시키고, 수입은 다른 국가의 제품을 취득하기 위한 지출을 발생시킨다. 따라서 이 주장에 따르면 수입을 줄이면 지출이 다른 나라 제품에서 국산품으로 옮겨갈 것이다. 그 결과 국내생산과 고용이 증가한다. 하지만 이 주장에는 여러 가지 문제점이 존재한다.

수입은 국내의 일자리를 일부 없앨 수도 있지만, 또한 다른 일자리를 창출하기도 한다. 예를 들어 미국에서 수입은 최근 철강 근로자나 섬유 근로자들의 일자리를 빼앗아 갔지만, 하역, 수입 항공기 운항, 수입 전자제품 판매 등에서는 새로운 일자리가 생기기도 하였다. 수입을 제한하면 일자리의 구성이 달라질 수는 있지만, 고용의 양 그 자체에는 영향이 아예 없거나, 있더라도 아주 작을 뿐이다.

국내고용증가론에는 구성의 오류(부분에 대해 참인 것이 반드시 전체에 대해서도 참이라는 잘못된 생각)도 존재한다. 모든 국가들이 동시에 수출을 유지하면서 수입을 제한하는 데 성공할 수는 없다. 한 국가에 대해 참인 것이 항상 모든 국가들에 대해 참인 것은 아니다. 한 국가의 수출은 반드시 다른 국가의 수입이다. 한 국가가 수입보다 수출을 더 많이 함으로써 성장할 수 있다면, 다른 나라에서는 수입이 수출을 초과하여 실업 문제가 발생한다. 국내 완전고용을 달성하기 위해 도입된 관세와 수입할당이 '인근궁핍화' 정책이라고 불리는 것은 결코 이상한 일이 아니다. 해당 국가는 국내의 단기적 목표를 달성하기 위해 무역상대국의 후생을 악화시킨다.

게다가, 관세와 수입할당으로 피해를 본 국가들은 보복할 가능성이 크며, 그 결과 **무역전쟁**(더 정확히 표현하면 무역장벽전쟁)을 초래하여 세계 무역을 질식시키고 결국에는 모든 국가들의 후생이 감소할 것이다. 1930년 미국에서 채택된 **스무트-홀리 관세법**이 그 고전적인 예이다. 이 법은 수입을 줄이고 미국 국내생산을 장려하기 위한 것이었지만, 관세율이 너무 높아 피해를 입은 나라들이 같은 수준의 관세율을 적용하여 보복하는 결과를 낳았다. 세계 무역량은 감소하였고, 모든 나라의 생산량과 소득이 감소하

무역전쟁
스무트-홀리 관세법

였다. 대부분의 경제사학자들은 **스무트-홀리 관세법이 대공황을 일으킨 원인 중의 하나**라는 데 동의한다.

마지막으로 인위적으로 수출이 수입을 초과하도록 한다고 해서 국내 고용이 장기적으로 늘어나는 것은 아니다. 외국이 한국 수출품의 구입에 필요한 외환을 벌기 위해서는 한국이 수입해야 한다. 장기적으로는 수출이 이루어지려면 수입 또한 이루어져야 한다. 관세는 장기적으로 국내 고용의 증가를 가져오는 것이 아니라, 기껏해야 근로자들을 수출산업에서 보호받고 있는 국내 산업으로 재배치할 뿐이다. 이러한 재배치는 자원이 비효율적으로 배분됨을 의미한다.

값싼 해외 노동력 관련 주장

값싼 해외 노동력과 관련된 주장은 국내 기업들과 근로자들이 임금이 낮은 나라들과의 파멸적인 경쟁으로부터 보호받아야 한다는 것이다. 보호가 없으면, 국내 시장에 값싼 수입품들이 넘쳐날 것이고 국내 근로자들의 임금과 함께 국산품 가격이 하락할 것이라는 것이다. 즉 국내 생활수준은 하락한다는 것이다.

이 주장은 여러 가지 방식으로 반박할 수 있다. 이 주장의 논리는 부유한 사람과 가난한 사람이 서로 간 교환을 통해 함께 이득을 볼 수 없다는 것이다. 그러나 이는 사실이 아니다. 저소득 농장근로자가 부유한 농장주를 위해 상추나 토마토를 수확하는 노동을 제공하면, 이 거래에서 둘 다 이득을 얻을 수 있다. 그리고 한국 소비자들과 중국의 근로자가 운동화 1켤레를 3만 원에 교환하는 것은 한국 소비자들이 비슷한 운동화를 6만 원을 주고 사는 것과 비교하면, 분명히 **한국 소비자와 중국 근로자 모두에게 이득**이다.

또한 무역으로부터의 이익은 절대 우위가 아니라 비교우위에 기초하고 있다는 사실을 상기하자. 그림 29.1을 다시 돌아보자. 이 그림에서 한국과 중국의 노동력 규모는 정확히 똑같다고 가정하였다. 생산가능곡선의 위치로 보아, 한국 근로자는 두 재화를 모두 다 더 많이 생산할 수 있다. 따라서 한국 근로자는 생산성이 더 높다. 이렇듯 생산성이 더 높기 때문에, 한국 근로자들의 임금과 생활수준이 더 높을 것으로 예상할 수 있다. 생산성이 더 낮은 중국 근로자들은 더 낮은 임금을 받을 것이다.

값싼 해외 노동력 관련 주장은 생활수준을 유지하기 위해서 한국은 저임금의 중국과 무역하지 말아야 한다는 것을 의미한다. 중국과 무역을 하지 않는다면 어떻게 될 것인가? 그 결과 한국의 임금과 생활수준은 높아질까? 그렇지 않다. 한국은 채소를 얻기 위해 노동력 일부를 비교적 더 효율적인 소고기 산업에서 비교적 덜 효율적인 채소 산업으로 재배치해야 한다. 그 결과 한국 근로자들의 평균생산성은 하락하여, 실질임금과 생활수준도 하락할 것이다. 2 나라 모두 근로자들의 생활수준이 하락할 것이다. 특화와 무역이 없이는 이들이 더 적은 양의 재화를 얻을 수밖에 없기 때문이다. 이를 확인하기 위해서는 표 29.1의 (4)열을 (1)열과 비교해보라. 또는 그림 29.2의 A'점 및 Z'점을 A점 및 Z점과 비교해보라.

값싼 해외 노동력 관련 주장의 또 다른 문제점은 정말로 **중요한 것은 생산물 한 단위당 노동비용임에도 시간당 노동비용에 초점을 맞추는 우를 범하고 있다**는 것이다. 그 예로, 한국 공장에서 근로자에게 시간당 20,000원을 지불하는 반면, 다른 개발도상국 공장에서는 시간당 4,000원을 지급하고 있다고 가정해보자. 값싼 해외 노동력 관련 보호론을 펼치는 사람들은 이 수치들을 보고 한국 공장이 발전도상국의 공장들과 경쟁할 수 없다는 잘못된 결론을 내리고 있다. 이 결론은 다음과 같은 2가지 아주 중요한 사실을 간과하고 있다.

- 진짜로 중요한 것은 생산물 한 단위당 노동비용이지 시간당 노동비용이 아니다.
- 생산성에서 차이가 있으면 시간당 노동비용은 차이가 나겠지만 생산물 한 단위당 노동비용은 보통 거의 비슷하다.

이 점들이 왜 그렇게 중요한지 살펴보기 위해 2개 공장의 생산성을 생각해보자. 한국 공장은 첨단 기술과 숙련된 근로자들을 보유하고 있으면서 근로자 1인당 자본의 양도 더 크므로, 1시간에 1명의 근로자는 제품 20단위를 생산할 수 있다고 하자. 한국의 근로자들은 시간당 20,000원을 받으므로, 한국 공장에서 제품 한 단위당 노동비용은 1,000원이다. 개발도상국의 공장은 기술의 효율성도 떨어지고 근로자들의 숙련도도 낮으며, 이들과 결합하는 기계 및 장비의 양도 작기 때문이 생산성이 훨씬 더 낮다. 여기서는 한 사람의 근로자가 시간당 4단위밖에 생산하지 못한다. 이 공장 근로자의 임금이 시간당 4,000원이므로, 개발도상국에서 제품 한 단위당 노동비용은 1,000원이다.

여기서 볼 수 있듯이, 개발도상국 공장에서 **시간당 임금이 낮다는 사실이 반드시 단위당 노동비용이 더 낮다는 것으로 귀결되는 않는다.** 이는 근로자가 시간당 더 낮은 임금을 받는다고 해서 한국 경쟁사들보다 더 낮은 가격으로 팔 수 있다는 것을 의미하지는 않는다는 것이다.

값싼 해외 노동력 관련 주장을 펼치는 사람들은 시간 당 노동비용의 차이가 크다는 점에만 주목한다. 이들은 이러한 시간당 노동비용의 차이가 대부분 생산성 차이에 기인하는 것이며, 이러한 생산성 차이가 단위당 노동비용을 균등화시킨다는 사실을 간과하고 있다. 그 결과, 개발도상국의 기업들은 항상 단위당 노동비용의 측면에서 우위를 점하는 것은 아니다. 그들이 우위를 점하는지 그렇지 못하는지는 산업이나 기업에 따라 다르고, 시간당 노동비용 차이뿐만 아니라 생산성 차이에 따라서도 많이 달라질 것이다. 많은 품목에서 고임금 국가의 노동생산성이 저임금 국가들보다 워낙 높아서, 실제로는 이들 품목이 고임금 국가에서 생산될 수 있을 정도로 단위당 비용은 낮다. 바로 이러한 이유로 인텔은 여전히 미국에서 마이크로칩을 생산하고 있고, 대부분의 자동차들이 저임금 국가가 아니라 미국, 일본, 유럽 등에서 생산되고 있는 것이다.

다자간 무역협정과 자유무역지대

무역 전쟁이 낳는 파괴적인 결과와 보호무역론의 허점에 대한 인식으로 세계 많은 나라들이 관세를 낮추기 위해 노력해왔다. 전통적으로 관세와 수입할당을 지지해온 뿌리 깊은 특수이익집단에 맞서는 새로운 특수이익집단이 발생하여 자유무역을 추구하는 노력은 탄력을 받고 있다. 구체적으로 말해 재화와 서비스 수출업자들, '국내' 생산에 활용되는 부품의 수입업자들, 그리고 수입품 국내 판매자 등이 이제 관세율 인하를 지지하고 있다.

관세와 무역에 관한 일반협정(GATT)

관세와 무역에 관한 일반협정(GATT)

1947년 미국을 포함한 23개국이 **관세와 무역에 관한 일반협정(GATT)**을 체결하였다. GATT는 (1) 무역에 있어 모든 회원국에 대한 평등하고 비차별적인 대우, (2) 다자간 협상을 통한 관세 인하, 그리고 (3) 수입할당의 폐지 등 3가지 원칙에 기초를 두고 있다. 근본적으로 GATT는 관세장벽을 낮추기 위한 다자간 협상의 공개적인 장을 제공하였다.

GATT 협상 라운드

제2차 세계대전 이후 회원국들은 관세장벽을 낮추기 위해 8개의 **GATT 협상 라운드**를 진행하였다. 제8차 라운드는 1986년 우루과이에서 시작되었다. 7년간의 복잡한 토론 끝에 1993년에 당시 회원국이었던 128개국이 새로운 협정에 도달하였다. 우루과이 라운드 협약은 1995년 1월 1일 발효하였으며, 그것이 포함하고 있는 조항들은 2005년까지 단계적으로 시행되었다.

이 협약 하에서 수천 개 품목에 대한 관세가 폐지되거나 삭감되어 평균 관세율은 33%가 인하되었다. 이 협약은 또한 과거에 광고, 법률서비스, 관광서비스 및 금융서비스 등 서비스 부문의 세계시장 확대를 가로막고 있던 정부 규제들을 완화하였다. 섬유 및 의류에 대한 수입할당이 단계적으로 폐지되고 관세로 대체되었다. 농가에 지급되는 농업보조금을 축소하고 저작권 침해에 맞서 특허권, 상표권 및 저작권 등 지적소유권을 보호하기 위한 조치들도 이루어졌다.

세계무역기구(WTO)

세계무역기구(WTO)

우루과이라운드 협약에 의해 GATT를 계승하는 **세계무역기구(WTO)**가 설립되었다. 2015년에는 161개국이 WTO에 가입되어 있다. WTO는 회원국들 간에 이루어진 무역협정들을 감독하고, 그들 간 무역분쟁을 중재한다. WTO는 또한 새로운 무역협정을 위한 논의의 장을 제공하기도 한다. 가장 최근에 이루어진 제9차 라운드(도하개발 아젠다)는 2001년 말 카타르 도하에서 출범하였다. 무역 라운드는 수년에 걸쳐 여러 장소에서 이루어지지만, 그것이 시작된 도시나 나라의 이름을 따서 부른다. 협상의 목적은 무역을 왜곡시키는 관세, 수입할당, 그리고 농업보조금을 더 줄이는 것이었다. 이렇게 복잡한 협상의 최근 동향과 관련된 정보는 www.wto.org에서 얻을 수 있다.

GATT와 WTO는 세계무역을 자유화하는 데 긍정적인 역할을 하였다. 회원국 간에 합의된 무역 규칙들은 여러 나라의 특수이익집단들에 의해 제기된 보호무역주의에 대항한 강력하고 필수적인 방어벽을 제공해주었다.

여러 가지 이유로, WTO에 대한 논쟁은 상당히 많다. 비판자들은 국제무역과 국가간 투자를 확대하기 위해 고안된 규칙들로 인해 기업들이 근로자와 환경을 보호하기 위한 국내법을 우회할 수 있게 되었다고 우려한다. 비판자들은 기업들이 법적 규제가 약한

다른 나라로 공장을 쉽게 옮길 수 있거나 소비자들이 그런 나라에서 생산된 제품들을 구입할 수 있다면, 최저임금법, 근로기준법, 단체교섭권, 환경법 등이 무슨 소용이 있을 것인지 의문을 제기한다.

WTO 옹호자들은 노동과 환경은 직접적으로는 그 기준이 낮은 나라들에서, 그리고 WTO와는 다른 국제기구들을 통해 보호되어야 한다고 대답한다. 이들 이슈가 모든 나라에 광범위하게 경제적 편익을 발생시키는 무역자유화와 연계되어서는 안 된다는 것이다. WTO 옹호자들은 게다가 노동 및 환경과 관련된 많은 우려들이 상당히 과장된 것이라고 주장한다. 세계무역 대부분은 선진산업국가들 사이에서 이루어지지, 선진국과 환경 및 노동 기준이 낮은 국가들 사이에서 이루어지는 것은 아니라는 것이다. 나아가 재화와 자원의 자유로운 흐름으로 인하여 개발도상국의 생산과 소득이 증가한다. 역사적 경험에 비추어보면, 그렇게 생활수준이 향상되면 환경과 노동의 보호가 강화되지, 약화되는 것은 아니라는 것이다.

유럽연합(EU)

많은 나라들이 자유무역지대를 창출하여 관세를 낮추고자 하여왔다. 가장 극적인 예가 **유럽연합**(EU)이다. 1958년 공동시장의 형태로 출발하여 2003년에 EU는 오스트리아, 벨기에, 덴마크, 핀란드, 프랑스, 독일, 그리스, 아일랜드, 이탈리아, 룩셈부르크, 네덜란드, 포르투갈, 스페인, 스웨덴, 영국 등의 15개 유럽 국가를 회원국으로 두게 되었다. 2004년에는 사이프러스, 체크공화국, 에스토니아, 헝가리, 라트비아, 리투아니아, 몰타, 폴란드, 슬로바키아, 슬로베니아 등 10개 유럽 국가를 추가로 받아들이면서 확장하였다. 2007년에는 불가리아와 루마니아가 추가로 가입하였고, 2013년에는 크로아티아가 신규 가입하여 EU는 28개국으로 확대되었다.

유럽연합

또는 회원국들 간에 거래되는 거의 모든 품목들에 대해 관세와 수입할당을 철폐하였고, 역외 국가들로부터 수입되는 모든 재화에 적용되는 공동의 관세시스템을 확립하였다. 또 EU 역내에서 자본과 노동의 이동을 자유화하였고, 농업, 운송, 기업 활동 등 경제적 공통 관심사에 대해 공동정책을 만들어 내었다.

EU 통합은 미국에서 개별 주들 간의 거래에 대한 관세설정을 연방헌법으로 금지한 것과 비슷한 결과를 유럽 내에 가져다주었다. 지역 특화가 확대되었으며, 생산성이 제고되었고, 생산이 늘어났으며, 경제성장이 가속화되었다. 재화와 서비스의 자유로운 이동으로 인해 EU 산업을 위한 거대한 시장이 창출되었다. 그 결과 생겨난 규모의 경제 덕택에 EU의 산업들은 그들이 작은 일국 시장이었을 때에 비해 훨씬 더 비용을 낮출 수 있었다.

EU의 가장 중요한 업적 중 하나는 2000년대 초반 소위 **유로존** 즉 유로화 지역을 창출한 것이다. 2015년에 현재 EU 회원국들 중 19개국(오스트리아, 벨기에, 사이프러스, 에스토니아, 핀란드, 프랑스, 독일, 그리스, 아일랜드, 이탈리아, 라트비아, 리투아니아, 룩셈부르크, 몰타, 네덜란드, 포르투갈, 슬로베니아, 슬로바키아, 스페인)이 유로화를 공동화폐로 활용하고 있다. 주목할 사항은 영국, 덴마크, 스웨덴 등이 적어도 현재

유로존

까지는 이 공동화폐를 선택하지 않고 있다는 점이다. 하지만 유로존 국가들이 한 때 사용하였던 프랑스 프랑, 독일 마르크, 이탈리아 리라 및 여타 국민국가의 통화들은 사라졌다.

경제학자들은 유로화의 도입이 시간이 지날수록 유로존 국가들의 생활수준을 향상시킬 것이라고 기대한다. 통화를 교환하는 데 드는 불편함과 비용을 없앰으로써, 유로화는 유로존 회원국들 간 재화, 서비스 및 자원의 자유로운 이동을 촉진하여왔다. 과거에는 1~2개 유럽 국가들에 제품을 판매하던 회사들이 유로존 19개국 모두에서 가격을 매기고 판매하는 것이 더 용이해졌다. 유로화는 또한 소비자들이나 기업들이 제품과 투입요소들을 서로 비교할 수 있도록 하였고, 그 결과 경쟁이 치열해지고, 가격이 하락하였으며, 비용이 절감되었다.

북미자유무역협정(NAFTA)

북미자유무역협정

1993년 캐나다, 멕시코, 미국 등 3개국은 거대한 자유무역지대를 창출하였다. **북미자유무역협정**(NAFTA)은 전체 생산량에서는 EU에 필적하지만, 지리적 면적은 그보다 훨씬 더 넓은 자유무역지대를 만들어 내었다. NAFTA는 캐나다, 멕시코, 미국 사이에 대부분의 재화 및 서비스에 대한 관세 및 기타 무역장벽을 철폐하였다.

NAFTA 비판론자들은 그로 인하여 기업들이 임금이 더 싸고 공해 및 작업장 안전 관련 규제가 더 낮다는 이점을 활용하기 위해 멕시코로 이전하여 미국에서는 대량의 실업이 발생할 것이라고 우려하였다. 또한 일본이나 한국이 멕시코에 공장을 지어 자신들의 제품을 비관세로 미국 시장에 판매함으로써, 미국 기업들과 근로자들에게 더 한층 큰 피해를 가져올 것이라고 우려하였다.

돌이켜보면 비판론자들은 지나치게 비관적이었음이 밝혀졌다. 1993년 NAFTA가 통과된 이후, 미국에서 고용은 2,500만개가 넘게 증가하였다. NAFTA는 캐나다, 멕시코, 미국 사이에 무역을 늘려 3개 나라 모두에서 생활수준 향상을 가져왔다.

자유무역으로 인해 손해를 보는 사람들을 인식할 것

비교우위 패턴이 변하고 오랫동안 유지되어왔던 무역보호가 제거되면 특정 그룹의 근로자들은 피해를 입게 된다. 예를 들어, 한 때 미국이 누렸던 철강에서의 비교우위가 잠식되면서 미국 철강 산업에서는 생산 공장의 조업중단과 해고가 발생하였다. 미국 섬유산업과 의류산업도 비슷한 어려움을 겪고 있다. 자유무역으로부터 모든 사람이 이득을 보지 못한다는 점은 분명하다. 어떤 근로자들은 손해를 본다.

무역조정지원제도

미국에서 2002년의 무역조정지원법은 국제무역의 패턴이 변화함에 따라 피해를 본 사람들을 돕기 위한 혁신적인 정책들을 담고 있다. 이 법은 수입이나 공장 해외이전으로 인해 일자리를 잃은 근로자들을 대상으로 최대 78주까지 실업보험에 더하여 현금부조

무역조정지원 제도

를 제공한다. 이 부조를 취득하기 위해서 근로자는 구직활동, 직업훈련 및 재교육 과정에 참가해야 한다. 또 실직한 근로자들이 미국 내 다른 지역에서 새 일자리를 찾아 이동하는 것을 지원하기 위해 재배치수당을 지급한다. 건강보험에 대한 세금공제는 재훈련 및 구직 중에 있는 근로자들의 보험유지를 지원하였다. 50세 이상 근로자들에 대해서는 '임금보험'에 가입이 가능한데, 이 보험은 예전 직장과 새 직장 사이에 보수의 차이가 나면, 그 일부를 지원해주는 제도이다. **무역조정지원 제도**는 국제무역으로 인해 피해를 본 근로자들을 지원할 뿐 아니라, 무역장벽과 수출보조금을 줄이는 데 필요한 정치적 지지도 창출하기 때문에 다수 경제학자들이 이를 지지하고 있다.

그러나 모든 경제학자들이 무역조정 지원제도에 찬성하는 것은 아니다. 수입, 일부 직무의 해외 배치, 다른 나라로의 공장 이전 등으로 인한 일자리 감소는 연간 미국에서 발생하는 일자리 감소분의 아주 작은 부분(최근에는 약 4% 정도)만을 차지할 뿐이다. 수많은 근로자들이 수요패턴의 변화, 기술변화, 경영 상 과오, 기타 시장경제의 동태적인 측면들 때문에 일자리를 잃는다. 어떤 비판자들은 "기술변화나 국내 경쟁 등과 같이 다른 이유로 일자리를 잃는 것에 비해 국제무역 때문에 일자리를 잃은 사람들을 이렇게 특별하게 대우해야 하는 이유는 무엇인가?"라고 질문한다. 경제학자들은 이에 대해 완전히 만족스러운 대답을 찾지 못하고 있다.

일자리 오프쇼어링

오프쇼어링

미국과 같은 나라의 경우, 일자리 감소 중 일부는 국제무역 때문에 발생하지만, 자원시장의 세계화에 기인하는 일자리 감소도 있다. 최근 미국 기업들은 직무를 해외로 외주화하는 것이 수익성을 높인다는 것을 알게 되었다. 경제학자들은 기업들의 이러한 행동을 **오프쇼어링**(과거 국내 근로자들에 의해 행해지던 직무를 외국에 있는 근로자들에게 넘기는 것)이라 부른다. 오프쇼어링은 새로운 것이 아니라, 전통적으로 제조업 부품에서 이미 이루어지던 관행이다. 예를 들어 보잉은 '미국제' 비행기를 만들기 위해 오랫동안 그 주요 부품을 해외에서 생산하여왔다.

컴퓨터 및 통신기술에서의 최근의 발전 덕택에 미국 기업들은 데이터 입력, 책자 조판, 소프트웨어 코딩, 콜센터, 의약 처방, 클레임 처리 등을 인도와 같은 나라에 외주화하는 것이 가능하게 되었다. 오프쇼어링이 일어나면, 생산과정 중 창출되는 부가가치 중 일부가 미국이 아니라 외국에 귀속되게 된다. 따라서 미국 제품을 생산하여 창출되는 소득의 일부가 미국 근로자가 아닌 외국인 근로자에게 지불되게 된다.

오프쇼어링은 다수의 미국 실직자들에게는 고통스러운 경험이지만, 전체 경제를 위해서는 반드시 나쁜 것은 아니다. 오프쇼어링은 특화와 서비스(또는 '직무')의 국제무역이 확대되고 있다는 사실만을 반영할 뿐이다. 이러한 성장은 최근의 무역협정과 새로운 정보통신기술 덕택에 가능하게 되었다. 상품 무역에서와 마찬가지로 서비스 무역도 비교우위를 반영하며, 무역에 참가하는 2나라를 모두 이롭게 한다. 게다가 미국은 다른 나라들과의 서비스 무역에서 상당한 크기의 흑자를 보고 있다. 미국은 자신이 여전히 비교우위를 지니고 있는, 운송서비스, 회계서비스, 법률서비스, 광고서비스 등의 고부가가치 서비스에 특화함으로써 이득을 얻는다. 미국은 이러한 고부가가치서비스를 제공하고 비교우위가 외국으로 옮겨간 콜센터나 데이터입력과 같은 저부가가치 서비스를 얻는 것이다.

오프쇼어링은 또한 미국 내에 그와 보완적인 일자리에 대한 수요를 증가시켰다. 미국 내 오프쇼어링과 대체 관계에 있는 일자리들은 줄어들고, 이를 보완하는 일자리들은 확대되었다. 예를 들어 인도에서 소프트웨어 코딩을 하는 것은 소프트웨어의 생산비용이 낮아졌다는 것을 의미하며, 그 결과 소프트웨어 설계자, 영업사원, 판매자 등의 일자리가 미국 내에 더 많이 창출될 수도 있다. 게다가 미국 기업들은 오프쇼어링 덕택에 생산비용을 절감하여 세계 시장에서 경쟁력을 유지할 수 있게 되어, 국내에서 기업을 확장하고 투자를 늘리게 될 수도 있다. '일자리 오프쇼어링'은 어떤 경우에는 '수입으로 발생하는 경쟁력'과 같은 말일 수도 있다. 전체가 해외로 이전해야 했을 수도 있었던 기업이 미국 내에 수익을 내면서 남아 있을 수 있었던 것은, 이 기업이 직무의 일부를 해외에 오프쇼어링할 수 있었기 때문에야 가능한 것이기 때문이다.

양초 제조업자들의 청원, 1845

프랑스 경제학자 프레데릭 바스티아(1801~1850)는 보호무역주의 옹호자들의 추론을 논리적 귀결의 황당함을 풍자함으로써 논박하였다.

초, 양초, 램프, 촛대, 가로등, 심지 가위, 소화기 제조업자들과 공업용우지, 로진, 알코올, 그리고, 일반적으로는, 조명과 관련된 모든 생산자들의 청원

존경하는 국회의원 여러분께

여러분. 여러분은 올바른 길을 가고 계십니다. 여러분은 추상적 이론을 반대하며, 물가를 낮게 유지한다거나 아니면 풍족한 물자를 제공하는 것에 대해서는 거의 신경을 쓰지 않고 계십니다. 여러분이 가장 중요하게 생각하는 것은 생산자들의 이해입니다. 여러분은 그들을 외부 경쟁으로부터 해방시키고 우리나라 시장을 우리나라 산업을 위해 남겨두길 갈망하고 있습니다.

저희는 당신들의... 그 뭐죠? 어쨌든 그것을 적용해 볼 수 있는 감탄스런 기회를 제공하고자 합니다. 그걸 뭐라 해야 하나요? 이론? 아닙니다. 이론처럼 실망스러운 것은 없습니다. 독트린? 체제? 원리? 그렇지만 여러분은 독트린을 싫어하고, 체제를 혐오합니다. 원리에 관해서는, 여러분은 국민경제의 어떤 원리도 부정합니다. 그래서 우리는 여러분의 실천에 관해 말할 것입니다. 이론도 원리도 없는 실천 말입니다.

우리는 외부 경쟁자로부터의 가차 없는 경쟁으로 고통 받고 있습니다. 이 경쟁자는 조명 생산에서 우리보다 한참 우월한 조건을 지니고 있어 엄청나게 싼 가격으로 우리 시장에 밀려들어올 것처럼 보입니다. 그가 모습을 드러내면 우리가 거래할 것이 남아나질 않을 것입니다. 모든 소비자들은 그에게만 달려갈 것이고, 우리 산업의 한 부문이 단숨에 완전히 정체될 것입니다. 그로 인해 수없이 많은 복잡한 문제들이 발생할 것입니다. 이 경쟁자는...... 다름 아닌 태양입니다.

우리의 청원은 여러분이 모든 창문, 채광창, 지붕창, 내부 및 외부 셔터, 커튼, 블라인드, 볼록렌즈 각등 등 모든 것을 닫도록 하는 법안을 통과시켜 주실 수 있는지에 대한 것입니다. 한마디로 말하면 구멍, 커튼 사이 틈, 돌 사이 틈, 벽 균열 등 햇볕이 집안으로 들어올 수 있는 모든 틈을 닫도록 해 달라는 것입니다. 이 틈들은 우리 스스로 나라에 봉사했다고 자랑하는 훌륭한 제조업자들에 피해를 줍니다. 이러한 봉사에 대한 보답으로 이 나라는 우리가 이처럼 불공정한 투쟁에서 벗어날 수 있도록 해주어야 할 것입니다.

여러분이 자연조명에 대한 접근을 가능한 한 최대한 봉쇄하여 인공조명에 대한 시장을 창출한다면, 프랑스 제조업자 중 혜택을 받지 않는 이가 누가 있겠습니까? 양초수지가 더 많이 소비되면, 황소와 양도 더 많이 생산될 것입니다. 그리고 그 결과 우리는 목초지, 육류, 모직, 가죽, 그리고 무엇보다도 모든 농업 생산의 기초가 되는 거름을 넘쳐나도록 보유할 수 있게 될 것입니다.

항해업에 대해서도 같은 얘기를 할 수 있습니다. 수천 대의 배가 고래 포획에 나서게 되어, 단시일 내에 우리는 프랑스의 영광을 유지해 줄 수 있고 양조제조업자 등 청원에 참여한 사람들의 애국적 열망에 부응하는 해군을 갖게 될 것입니다.

여러분, 여러분이 오직 선의만을 좇는다면, 부유한 탄광주에서 가난한 성냥팔이까지, 우리의 이 청원이 성공하면 득을 보지 않은 사람을 없을 것이라는 것을 확신하게 될 것입니다.

자료: Frédéric Bastiat, Economic Sophisms (Irvington-on-Hudson, NY: The Foundation for Economic Education, Inc., 1996), abridged, www.FEE.org.

요약

1. 국제무역 관련 주요 현황

세계 주요 무역국은 미국, 독일, 일본, 서유럽 국가들, 그리고 중국, 한국, 대만, 싱가포르 등 아시아 국가들을 들 수 있다. 한국의 무역 규모는 세계 10위 내에 들어간다. 한국의 주요 수출 품목은 전기기기, 자동차, 원자로 보일러와 기계류, 선박과 수상구조물, 플라스틱 제품 등이며, 주요 수입 품목은 광물성 연료, 전기기기, 원자로, 보일러와 기계류, 광학 및 정밀 기기, 자동차 등이다.

2. 비교우위의 정의 및 특화와 무역의 이득

세계 무역은 다음과 같은 3가지 사실에 기초를 두고 있다. 첫째, 국가 간 자원이 불균등하게 분포되어 있다. 둘째, 재화를 효율적으로 생산하기 위해서는 특정한 기술과 생산자원의 조합이 필요하다. 셋째, 국가들 간 제품은 차별화되어 있다.

두 나라가 두 제품에 대하여 국내 기회비용이 서로 다르다면 두 나라가 모두 이득을 보는 특화와 무역이 가능하다. 비교우위에 따라 특화함으로써 국가들은 일정한 양의 자원으로 더 큰 실질소득을 얻을 수 있다. 교역조건은 세계 생산량 증가분을 무역 참가국들이 어떻게 나누어 갖는지를 결정한다. 기회비용이 불변이 아니라 체증하는 경우 특화와 무역은 제한된다.

3. 세계가격과 국내가격 사이의 차이가 수출입에 미치는 영향

한 국가의 수출공급곡선은 세계 가격이 국내 가격(국제무역이 없는 폐쇄경제에서의 가격)보다 높을 때 그 국가가 수출하고자 하는 제품의 양을 보여준다. 한 국가의 수입수요곡선은 세계 가격이 국내 가격보다 낮을 때 그 국가가 수입하고자 하는 제품의 양을 보여준다.

2국가 모형에서 세계 균형가격과 균형 수출입량은 한 나라의 수출 공급곡선이 다른 나라의 수입수요곡선과 만나는 점에서 결정된다. 한 국가는 특정 재화의 세계 가격이 국내 가격보다 높을 때 그 재화를 수출한다. 세계 가격이 국내 가격보다 낮으면 그 재화를 수입한다. 생산비용이 작은 나라가 수출국이 되고, 생산비용이 큰 나라가 수입국이 된다.

4. 관세 및 수입할당제의 경제적 효과

무역장벽은 보호관세, 수입할당, 비관세장벽, 수출'자율'규제 등의 형태를 띤다. 수출보조금도 국제무역을 왜곡한다. 수요 · 공급 분석에 따르면 보호관세와 수입할당의 결과 해당 재화의 가격은 상승하고 수요량은 감소한다. 외국 수출기업의 매출은 감소하지만, 국내 생산자들은 더 높은 가격에 더 많은 양을 판매할 수 있게 된다. 무역 제한은 그로 인한 소비자 손실의 크기는 생산자 및 정부의 이득의 크기보다 훨씬 크기 때문에, 사회에 효율성 손실을 발생시킨다.

5. 가장 많이 활용되는 보호무역론의 타당성

가장 강력한 보호무역 옹호론은 유치산업보호론과 안보자급자족론이다. 다른 보호무역 옹호론은 생산자의 이해를 소비자의 이해보다 더 강조하는 편향적 주장이거나 논리적 오류를 지니고 있으며, 장기적인 결과를 무시하면서 즉각적인 효과만을 강조한다.

값싼 해외 노동력과 관련한 보호론은 정말로 중요한 제품 한 단위당 노동비용이 아니라 시간당 노동비용에 초점을 맞춘다는 점에서 틀렸다. 미국과 같은 고임금 국가의 기업들도 생산성이 높기 때문에 저임금 국가의 경쟁사들 보다 단위당 임금비용이 더 낮을 수 있다. 실제로 그러한지는 그들의 임금이나 생산성이 저임금 국가의 기업들과 비교하여 어떤 수준인지에 달려 있다.

6. GATT, WTO, 유로존, NAFTA의 목적과 오프쇼어링 및 무역조정지원제도

1947년에 모든 회원국에 대한 차별 없는 대우, 관세 인하, 수입할당 폐지 등을 촉진하기 위해 무역과 관세에 관한 일반협정(GATT)이 체결되었다. GATT의 우루과이라운드 협상(1993)은 관세 및 수입할당 축소, 서비스 무역 자유화, 농업보조금 축소, 지적재산권 침해 축소, 섬유에 대한 수입할당의 점진적 폐지 등의 성과를 얻었다.

GATT를 계승한 세계무역기구(WTO)는 2015년 현재 161개국을 회원국으로 보유하고 있다. 이 기구는 WTO 협정을 집행하고, 회원국 간 무역분쟁을 중재하며, 무역자유화 논의를 계속하기 위한 공개적인 장을 제공한다. 가장 최근에 이루어진 무역협상 라운드는 도하개발 아젠다로 2001년 말에 시작하여 2016년 현재까지도 진행 중이다.

자유무역지대는 지역 내 무역을 자유화한다. 자유무역협정의 가장 중요한 2개의 예는 28개국이 가입한 유럽연합(EU)과 캐나다, 멕시코 및 미국 사이에 체결된 북미자유무역협정(NAFTA)이다. 19개 EU 국가들은 자국 통화를 포기하고 유로화라는 공동화폐를 활용하고 있다.

미국에서 2002년 무역조정지원법은 무역자유화와 국제무역의 확대로 인해 다수 근로자가 실직할 수 있다는 사실에 대한 인식을 담고 있다. 이 법은 따라서 수입이나 해외 공장이전으로 인하여 실직한 근로자들 중 적격자를 대상으로 현금부조, 교육훈련 제공, 건강보험 보조 및 50세 이상 근로자에 대해 임금보조금 등의 지원을 제공한다.

오프쇼어링은 과거 국내에서 담당했던 직무를 외국에 사는 근로자들에게 옮기는 행동을 말한다. 미국에서 오프쇼어링으로 인해 일부 일자리가 없어진 것은 사실이지만, 동시에 그로 인해 생산비용이 낮아지고 매출이 증가하여 다른 일자리들이 창출되었다. 미국에서 수입, 오프쇼어링, 해외 공장이전 등에 의해 유발된 일자리 손실은 전체 일자리 손실의 4% 미만에 불과하다.

주요 용어와 개념

관세
관세와 무역에 관한 일반협정(GATT)
교역조건
국내 가격
기회비용
노동집약적 재화
덤핑
도하개발아젠다
무역가능선
무역의 이득
무역조정지원법
보호관세
북미자유무역협정(NAFTA)
비관세장벽(NTB)
비교우위
비교우위원리
세계 가격
세계 균형가격
세계무역기구(WTO)
수익관세
수입수요곡선
수입할당
수출공급곡선
수출보조금
수출자율규제(VER)
스무트-홀리 관세법
오프쇼어링
유럽연합(EU)
유로존
자본집약적 재화
토지집약적 재화

연습문제

1. A국에서 근로자들은 시간당 5대의 자전거를 생산한다. B국 근로자들은 시간당 7대의 자전거를 생산한다. 자전거 제조에 절대우위를 지닌 나라는 어느 나라인가?

2. A국에서 자전거 1대를 생산하기 위해서는 램프를 생산하였다면 11개를 생산할 수 있을 만큼의 자원이 소요된다. B국에서 자전거 1대를 생산하는 데 있어서는 램프를 생산하였다면 15대를 생산할 수 있을 만큼의 자원이 소요된다. 자전거 제조에 비교우위를 지닌 나라는 어느 나라인가?

3. (○, × 문제) B국이 A국에 대하여 자전거 생산에 절대우위를 지니고 있다면, B국은 동시에 A국에 대하여 자전거 생산에서 비교우위도 지니고 있다.

4. 베트남에서 설탕(S)과 아몬드(A) 사이 기회비용은 $4S \equiv 1A$인 반면, 한국에서는 $1S \equiv 2A$라고 하자. 아몬드 생산에서 비교우위를 가진 것은 어느 나라인가?

(1) 베트남
(2) 한국
(3) 두 나라 모두 비교우위가 없다.
(4) 두 나라 모두 비교우위를 지닌다.
(5) 알 수 없다.

5. 생선(F)과 목재(L) 사이 기회비용이 캐나다에서는 $1F \equiv 1L$인 반면, 아이슬란드에서는 $2F \equiv 1L$라고 하자. 그러면 ________는 생선 생산에 특화해야 하고, ________는 목재 생산에 특화해야 한다.

(1) 캐나다; 아이슬란드
(2) 아이슬란드; 캐나다
(3) 캐나다; 캐나다
(4) 아이슬란드; 아이슬란드
(5) 알 수 없다.

6. 시계(W)와 치즈(C) 사이 기회비용이 스위스에서는 $1C \equiv 1W$인 반면, 일본에서는 $1C \equiv 4W$라고 하자. 다음 국제 교환비율(교역조건) 중 스위스와 일본이 특화를 통해 서로 무역을 할 수 있는 조건은 무엇인가? 해당되는 답을 모두 고르시오.

(1) $1C \equiv 3W$ (2) $1C \equiv 12W$
(3) $1C \equiv 5W$ (4) $12C \equiv 1W$
(5) $2C \equiv 1W$

7. 현실에서는 이론이 예측하는 바처럼 국제무역량이 많지 않다. 그리고 무역은 특화를 통해 이루어진다. 예를 들어 한국은 세계 자동차 전량을 생산하고 중국은 핸드폰 전량을 생산하는 것처럼, 실제로는 완전특화가 발생하지 않는 이유는 무엇인가? 다음 중 가장 근접한 대답을 선택하시오.

(1) 높은 관세율
(2) 광범위하게 적용되는 수입할당제
(3) 기회비용 체증
(4) 수확체증
(5) 한계생산체감

8. 다음 중 국제무역이 가져다주는 편익은 무엇인가? 해당되는 것을 모두 선택하시오.

(1) 더 효율적인 자원배분 (2) 물질적 후생 수준 개선
(3) 특화를 통한 이득 (4) 경쟁 촉진
(5) 독점 억제 (6) 전쟁 위협 억제

9. 현행 국제 밀 가격이 kg당 6달러이고, 미국은 현재 연간 3천만 kg의 밀을 수출한다고 하자. 미국이 갑자기 밀 시장을 완전히 폐쇄한다면, 미국의 밀 가격은 현재 6달러보다 낮아질 것인가, 높아질 것인가?

(1) 높아진다. (2) 낮아진다.
(3) 변화가 없다. (4) 알 수 없다.

10. 아이슬란드와 일본 두 나라 모두 무역을 하지 않을 경우 생선의 국내 가격은 아이슬란드에서는 톤당 100달러이고 일본에서는 톤당 90달러라고 가정하자. 두 나라 모두 서로 시장을 개방한다면, 무역이 시작된 후 생선의 국제 균형가격은 다음 중 얼마이겠는가?

(1) 75달러 (2) 85달러
(3) 95달러 (4) 105달러
(5) 190달러

11. 캔스위키와 투나타 두 나라에서 이유식 및 참치 두 제품의 생산비용의 상대적 비율이 다음과 같다고 가정하자.

> 캔스위키: 이유식 1캔≡참차 2캔
> 투나타: 이유식 1캔≡참치 4캔

두 나라는 각각 어떤 재화에 특화하겠는가? 다음 교역조건 중 두 나라 모두 받아들일 수 있는 조건은 무엇인가?

(1) 이유식 1캔≡참치 0.5캔
2) 이유식 1캔≡참치 1캔
(3) 이유식 1캔≡참치 2캔 반
(4) 이유식 1캔≡참치 5캔
(5) 이유식 1캔≡참치 6캔

12. 한국이 비교우위를 갖고 있지 못한 제품에 대한 국내 수요·공급곡선을 그려보아라. 해외로부터의 수입이 국내 가격 및 생산량에 미치는 영향은 무엇인가? 그림에서 수입량의 1/2 정도를 줄이는 보호관세는 어느 정도인지 표시해보아라. 이 관세가 (a) 국내 소비자의 소비, (b) 국내 생산자의 생산 및 (c) 외국 수출자의 수출 등에 적용되는 가격과 수량 효과는 어떠한가? 이 관세와 수입량이 똑 같도록 수입할당제를 시행한다면 관세를 적용할 때와 효과 면에서 어떤 차이가 있는가?

13. 한국 의류제조업자들이 국회에서 중국과의 경쟁으로 인한 피해를 호소하였다고 하자. 국회는 중국으로부터 수입되는 의류에 관세나 수입할당제를 적용하기로 결정하였다고 하자. 중국 의류 제조업자들은 관세와 수입할당제 중 어떤 정책을 선호할 것인가?

14. 뉴질랜드와 스페인의 가상적 생산가능성곡선 데이터가 다음과 같이 주어져 있다고 하자. 두 나라는 모두 사과와 자두를 생산한다. 두 나라의 생산가능성곡선을 각각 따로 그려라. 그 다음 그림을 참조하여 다음 질문에 답하시오.

뉴질랜드의 생산가능성곡선 데이터(100만 kg)

제품	가능한 생산물 조합			
	A	B	C	D
사과	0	20	40	60
자두	15	10	5	0

스페인의 생산가능성곡선 데이터(100만 kg)

제품	가능한 생산물 조합			
	R	S	T	U
사과	0	20	40	60
자두	60	40	20	0

(1) 두 나라에서 자두와 사과 생산비용 간 비율은 각각 얼마인가?
(2) 어떤 나라가 어떤 제품에 특화하는가?
(3) 교역조건이 사과 2개 당 자두 1개일 때 두 나라의 무역가능선을 그리시오. (위에 그린 그림 위에 선을 그려라.)
(4) 무역과 특화가 발생하기 이전 최적의 생산물 조합이 뉴질랜드에서는 B이고 스페인에서는 S라고 하자. 무역과 특화로부터 발생하는 이득은 무엇인가?

15. 아래에는 중국과 미국의 가상적인 생산가능성곡선 데이터가 주어져 있다. 무역과 특화가 발생하기 전 최적의 생산물 조합은 중국은 B, 미국은 U라고 하자.

(1) 이러한 상대적인 비용조건 하에서 두 나라는 특화를 할 것인가? 그렇다면 어느 나라가 어떤 제품을 생산하는가?
(2) 이러한 특화의 결과 일어난 의류와 화학제품 생산량의 증가분은 얼마인가?
(3) 교역조건은 어떤 범위 내에서 결정되는가? 현재 교역조건은 화학제품 1단위당 의류 1단위이고 의류 4단위는 화학제품 1단위와 교환된다고 가정하자. 두 나라에서 무역과 특화로 인한 이득은 얼마인가?

제품	중국의 생산가능성					
	A	B	C	D	E	F
의류(1,000벌)	30	24	18	12	6	0
화학제품(톤)	0	6	12	18	24	30

제품	미국의 생산가능성					
	R	S	T	U	V	W
의류(1,000벌)	10	8	6	4	2	0
화학제품(톤)	0	4	8	12	16	20

16. 미니미니국은 국내 수요량과 공급량의 변화가 세계시장에 영향을 미치지 않는 작은 나라라고 가정하자. 미니미니국이 외국으로부터 밀가루를 수입하는 데 대해 관세를 부과하지 않았을 때의 시장 상황이 아래의 표와 같이 주어져 있고, 국내 공급곡선과 수요곡선은 직선이라고 하자. 미니미니국 이외에 세계에는 A, B 2나라밖에 없다고 하자. 다음 질문에 답하시오.

시장개방 후 관세가 없을 때	
A국으로부터의 수입가격(원/g)	20
B국으로부터의 수입가격(원/g)	22
국내가격(원/g)	20
국내소비(10억g)	44
국내생산(10억g)	12
밀가루 수입을 금지했을 때	
국내생산(10억g)	28
국내가격(원/g)	36

(1) 미니미니국이 어떠한 경제통합협정도 맺지 않고 두 나라 모두에 대하여 g당 2원의 관세를 부과하는 경우 국내시장의 균형은 어떻게 되는가? 그래프를 통해 설명하라. 이 때 미니미니국 국내시장의 가격, 국내생산량, 국내소비량, 밀가루 수입량은 어떻게 되는가? 미니미니국은 어느 나라로부터 밀가루를 수입하는가?

(2) (1)의 결과에서 출발하자. 이제 미니미니국이 B국과는 자유무역협정을 맺어 B국으로부터는 관세 없이 수입되는 반면, A국의 밀가루에는 여전히 관세가 부과된다고 하자. 이 경우, 밀가루 국내시장 가격, 국내생산량, 국내소비량, 수입량은 각각 어떻게 되는가? 이 때 자유무역협정이 체결되기 전과 비교하여 생산자잉여, 소비자잉여, 경제전체의 총이익의 크기는 어떻게 변하였는가?

30 Chapter

환율과 국제수지

학습내용

1. 국제거래에서 서로 다른 국가들 사이 통화의 교환
2. 한국의 국제수지표
3. 변동환율 통화시장에서 환율의 결정
4. 변동환율과 고정환율의 차이
5. 관리변동환율제도

여러분들이 원화 1,000원을 들고 은행에 가서 한국 돈과 바꾸어 달라고 하면, 창구 직원은 여러분을 이상하게 쳐다볼 것이다. 여러분이 계속 고집을 부리면 창구 직원은 1,000원의 가치에 해당하는 돈으로 바꾸어줄 것이다. 1,000원은 1,000원이고 그 이상도 그 이하도 아니다. 그렇지만, 2017년 9월 27일 기준으로 원화 1,146.5원을 줘야 미국 달러 1달러를 살 수 있고, 유럽연합 1유로는 1,356.02원, 일본 1엔은 10.2115원, 중국 1위안은 172.64원, 영국 1파운드는 1,537.11원을 주어야 살 수 있다. 환율이 이렇게 외관상 들쭉날쭉 결정되어 있는 이유는 무엇일까?

29장에서는 세계 무역의 경제적 기초를 제공하는 비교우위를 분석하고 무역장벽의 효과에 대해 논의하였다. 이제 국제무역의 다른 매우 중요한 부분인 화폐적, 금융적 측면들을 살펴보도록 하자.

국제금융거래

국제금융거래

이 장은 국제금융거래에 초점을 맞춘다. 대부분의 **국제금융거래**는 국제무역이든지 아니면 국제자산거래이든지 둘 중 한 범주에 들어간다. 국제무역은 생산된 재화나 서비스를 국경을 넘어 사고파는 것이다. 이집트 기업이 한국에 면을 수출한다든지, 한국 기업이 필리핀 콜센터에 전화 응답을 맡긴다든지 하는 것이 여기에 포함된다. 국제자산거래는 실물자산이나 금융자산의 소유권을 서로 다른 두 나라 국민들 사이에 이전하는 것이다.

이 국제금융거래의 2범주는 개인이나 기업들이 서로 같은 나라에 살든 다른 나라에 살든 서로 교환할 수 있는 것은 2가지뿐이라는 사실을 반영한다. 즉 지금 생산된 재화나 서비스이거나, 아니면 자산이다. 그런데 자산에 대해 말하자면, 현재까지 가장 빈번하게 교환되는 자산은 화폐다. 한 종류의 비 화폐자산을 직접 다른 종류의 비 화폐자산과 교환하는 말하자면 자동차 1대를 삼성전자 주식 500주와 교환한다든지, 아니면 닭 30마리를 디젤연료 1탱크와 교환한다든지 하는 물물교환의 상황은 거의 발생하지 않는다.

그 결과 2개의 기본적인 거래 유형이 존재한다.

- 재화나 서비스를 화폐와 교환하는 것
- 자산을 화폐와 교환하는 것

2경우 모두 화폐가 재화, 서비스 및 자산의 구매자로부터 흘러나오고, 자산은 그 판매자로부터 흘러나온다. 국제무역에서는 수입기업이 구매자이고 수출기업이 판매자이다. 그 결과 수입은 화폐의 유출을 발생시키는 반면, 수출은 화폐의 유입을 발생시킨다.

구매자와 판매자가 둘 다 같은 통화를 사용하는 장소에 산다면 어떤 돈을 사용해야 되는지에 대해 혼란스러울 것이 전혀 없다. 서울에 살건 제주도에 살건 한국인들은 모두 원화라는 동일한 통화를 사용한다. 프랑스와 독일에 사는 사람들은 공동화폐인 유로화를 쓰면 된다. 하지만, 구매자와 판매자가 서로 다른 통화를 사용하는 장소에 살고 있다면, 이를 중개하는 자산거래가 이루어져야 한다. 즉 구매자는 자국 통화를 판매자가 사용하거나 수용하는 통화로 바꾸어야 한다.

예를 들어, 한국 소프트웨어 회사가 미국 회사가 만든 슈퍼컴퓨터를 구입하려는 경우를 생각해보자. 미국 회사는 이 고성능 기계를 300,000달러에 판다. 기계 값을 내기 위해 한국 회사는 자신들이 보유한 화폐(한국 원화) 중 일부를 미국 회사가 수용하는 화폐(달러)로 바꾸어야 한다. 이 과정은 그리 어려운 것이 아니다. 아래에서 곧 상세하게 설명하겠지만, 원화를 팔아 달러를 구입하려는 사람이 달러를 팔고 원화를 구입하려는 사람을 만날 수 있는, 손쉽게 이용할 수 있는 외환시장은 많이 있다. 이 2집단에 의해 창출된 수요와 공급이 균형 환율을 결정하고, 그에 따라 한국 회사가 슈퍼컴퓨터를 구입하기 위해 얼마나 많은 양의 원화를 환전할지가 결정된다. 예를 들어 환율이 1,000원=2달러라면, 한국 회사는 컴퓨터를 사기 위해 필요한 300,000달러를 얻기 위해 1억5천만원을 환전해야 한다.

국제수지

한 국가의 국제수지는 그 국가 내 거주자와 외국 거주자 사이에 발생한 모든 금융거래를 합한 것이다. 이들 거래 대부분은 바로 앞에서 논의했던 국제무역과 국제자산거래라는 2개 주요 범주에 포함된다. 그 결과 국제수지에 포함되는 거의 대부분의 항목들은 재화의 수출과 수입, 서비스의 수출과 수입, 금융 및 실물 자산의 국가 간 구매 및 판매 등과 같은 것이다. 그런데 국제수지는 또한 관광 지출, 해외로부터 받거나 해외로 지불한 이자와 배당, 채무면제, 이주자들이 고국의 친지에게 한 송금 등, 2개 주요 범주 밖에 있는 것도 포함한다.

한국은행 경제 통계국은 매년 **국제수지표**를 작성한다. 이 표는 한국 내 개인과 기업들이 외국으로부터 받은 금액과 외국에 지불한 금액을 모두 집계한 것이다. 이 표는 국내에서 수취한 화폐금액과 해외로 지불된 화폐금액의 '유량'을 보여준다. 편의를 위해, 이 모든 화폐 지불이 미국달러로 이루어진다고 하자. 실제로는 거래 중 일부는 한국 기업이 이탈리아 기업으로부터 무언가를 사기 위해 유로로 환전하여 거래한 경우처럼 다른 통화로 이루어진다고 하더라도 문제가 없다. 외국으로의 이러한 지출을 표에 포함시키기 위해, 국제수지표 작성 담당자는 실제 구매에 사용된 유로화가 아니라 그것을 달러로 전환한 금액을 사용한다.

국제수지표

표 30.1은 2016년 한국의 국제수지표를 간단하게 정리한 것이다. 대부분의 국제금융거래는 국제무역이나 국제자산거래, 2가지 범주에 포함되므로, 국제수지표는 2개의 대분류로 구성된다. 표의 꼭대기에 있는 경상계정은 국제무역을 다룬다. 표 아래쪽의 자본 및 금융계정은 국제자산거래를 다룬다.

경상계정

한국의 재화 및 서비스 무역을 주로 요약하고 있는 표 30.1의 윗부분은 **경상 계정**이라 한다. 항목 (1)과 (2)는 2016년 한국의 재화(상품) 수출과 수입을 보여주고 있다. 한국의 수출은 대변(수출은 국내로의 화폐 유입을 유발)에 기록되므로 (+) 부호로 표시되어 있다. 한국의 수입은 차변(수입은 국외로의 화폐 유출을 유발)에 기록되므로 (–) 부호로 표시되어 있다.

경상 계정

상품수지 표 30.1의 항목 (1)과 (2)에 의하면 2016년 한국의 수출 총액 5,118억 달러는 수입총액 3,913억 달러보다 더 크다. 한 나라의 **상품수지**는 상품 수출액과 수입액 사이의 차이이다. 수출액이 수입액보다 크면, 상품수지 흑자가 발생한다. 수입액이 수출액보다 크면 상품수지에서 무역흑자가 발생한다. 항목 (3)에서 2016년 한국은 1,204억 달러의 흑자가 발생했음을 알 수 있다.

상품수지

서비스수지 한국은 자동차, 핸드폰 등 상품만 수출하는 것이 아니라, 운송, 건설, 정보서비스 등 외국의 거주자에게 서비스도 수출한다. 표 30.1의 항목(4)는 이러한 서비스 수출액이 2016년 총 928억 달러였음을 보여준다. 서비스 수출은 국내로 화폐 유입을 유발하므로 대변(따라서 + 부호)에 기록된다. 항목 (5)는 한국이 비슷한 서비스를 외

서비스수지

국으로부터 수입했음을 나타낸다. 2016년 서비스 수입액은 1,104억 달러였고, 이는 국외로의 화폐의 유출을 유발하므로 차변(따라서 – 부호)에 기록된다. 서비스 수출과 수입을 함께 살펴보면, 항목 (4)와 항목 (5)로부터 2016년 한국의 **서비스수지**(항목 (6))는 176억 달러 적자를 기록했음을 알 수 있다. 항목 (7)에 주어진 상품 및 서비스수지는 한국 상품 및 서비스의 수출(항목 (1)과 (4))과 상품 및 서비스의 수입(항목 (2)와 (5)) 사이의 차이이다. 2016년 한국의 상품 및 서비스의 수출은 상품 및 서비스의 수입보다 1,028억 달러 더 컸다. 따라서 해당 액수만큼의 무역 흑자가 발생하였다. 반대로 무역 적자는 상품 및 서비스의 수입액이 상품 및 서비스의 수출액보다 클 때 발생한다.

본원소득수지

경상수지 항목 (8)과 (9)는 상품 및 서비스의 국제무역과 직접적으로 연관이 없다. 하지만 이들도 대부분 재화 및 서비스의 국제무역에 관련된 경상계정의 일부로 기록된다. 이들은 어떤 의미에서는 개념적으로 상품이나 재화의 국제무역과 비슷하게 생각할 수도 있는 거래에서 나타나는 국가 간 자금의 흐름이기 때문이다. 예를 들어 항목 (8)의 **본원소득수지**에 포함되어 있는 투자소득수지는 (1) 외국인이 한국 국민 및 기업이 해

〈표 30.1〉 한국 국제수지표, 2016 (단위: 10억 달러)

경상계정		
(1) 상품수출	511.8	
(2) 상품수입(FOB)	−391.3	
(3) 상품수지		120.4
(4) 서비스수입	92.8	
(5) 서비스지급	−110.4	
(6) 서비스 수지		−17.6
(7) 상품및서비스수지		102.8
(8) 본원소득수지	1.5	
(9) 이전소득수지	−5.6	
(10) 경상수지		98.7
자본 및 금융계정		
자본계정		
(11) 자본수지		0.0
금융계정		
(12) 외국의 국내자산 구매	−42.3	
(13) 외국 자산 구매	−56.3	
(14) 금융수지		−98.6
(15) 자본 및 금융수지		−98.7
		0.0

출처: 통계청, 국가통계포털 http://kosis.kr/

* 국제수지표의 데이터는 보통 국민계정에서 기록된 수출입 액수와 다르다.

외에 투자한 자본(자본 '수출')에 대해 지불한 이자와 배당금과 (2) 한국 국민 및 기업이 외국으로부터 국내에 투자한 자본(자본 '수입')에 대해 지불한 이자와 배당금 사이의 차이를 나타낸다. 본원소득수지는 투자소득수지 이외에도 급료 및 임금수지도 포함한다. 2016년 한국의 본원소득수지는 15억 달러 흑자를 기록하였음을 알 수 있다.

항목 (9)는 공적이전이든 사적이전이든 한국과 외국 사이에 이루어진 **이전거래의 수지**를 보여주고 있다. 이 항목에는 해외원조, 외국 거주 한국 국민에 지급된 연금, 해외 친지들에게 한 송금 등이 포함되어 있다. 한국의 순 이전거래 유출금액은 56억 달러로, 표 30.1에 음(−)의 수치로 주어져 있다. 이 거래는 경상계정에 기록되는데, 그 이유는 '자선'을 수출하고 '감사편지'를 수입하는 데 수반되는 금융거래로 간주될 수 있기 때문이다.

이전거래의 수지

경상계정의 모든 거래를 취합하여 항목 (10)에 제시된 **경상수지**를 얻을 수 있다. 2016년 한국의 경상수지 흑자는 987억 달러였다. 이는 한국의 경상계정 거래에서 해외에서 벌어들인 수입액이 해외로 지출한 액수보다 더 크다는 것을 의미한다.

경상수지

자본계정과 금융계정

경상계정 아래쪽 부분은 한국의 국제자산거래를 요약하고 있다. 이는 **자본 및 금융계정**으로 불리는데, 이는 다시 자본개정 및 금융계정 2개의 분리된 계정으로 구성되어 있다.

자본 및 금융계정

자본계정 **자본계정**은 주로 채무면제를 기록하는데, **채무면제**란 본질적으로 채무를 면제해주는 사람이 채무자에게 차용증서를 돌려주는 행위이므로 자산거래에 속한다. 이는 '순'금액으로 표시되며, (+) 부호와 (−) 부호 모두 가질 수 있다. 항목 (11)에 0.0억 달러가 기록되어 있다는 것은 외국인들이 한국인들에게 면제해준 채무와 한국인이 외국인에게 면제해준 채무가 거의 비슷하다는 것을 의미한다.[1] 항목 (11)에 (+) 부호를 지닌 수치가 적히면 이는 채무면제 받은 금액이 채무면제 해 준 금액보다 큼에 따라 '문서상'으로 벌어들인 순수입이 발생했음을 의미한다.

자본계정
채무면제

금융계정 **금융계정**은 국가 간 실물자산이나 금융자산의 구매 및 판매와 관련된 국제자산거래를 요약하고 있다. 항목 (12)는 한국에서 외국인이 구매한 자산의 순 매입금액을 보여준다. 외국인이 국내 자산을 매입하면 그 액수는 항상 (+)로 기입되는데, 그 이유는 외국인이 국내 자산을 매입하면 국내로는 외환이 유입되기 때문이다. 반대로 외국인이 국내 자산을 매도하면 이는 (−)로 기록된다. 표 30.1에서 외국인의 자산 순 매입금액이 (−) 부호를 갖는 이유는 2016년에 한국 자산에 대한 외국인의 매입금액보다 매도액이 더 컸기 때문이다. 항목 (13)은 한국인의 해외자산에 대한 순 매입금액을 나타낸다. 한국인이 외국 자산을 매입하면 그 액수는 (−)로 기록되는데, 그 이유는 해외 자산 매입으로 인하여 화폐가 현지 자산 판매자에게 흘러가기 때문이다. 반대로 해외 자산 매도는 (+)로 표기된다. 표 30.1에서 한국인의 해외자산 순매도액이 (−)로 표시된 것은

금융계정

1) 실제로는 0.36억 달러의 적자가 발생했는데, 표 30.1은 반올림에 의해 0.0억 달러로 표시되었다.

한국인의 해외자산 매입이 매도보다 더 많았다는 것을 의미한다.

항목 (12)와 (13)을 더하면 2016년 금융계정에서 986억 달러의 적자가 발생하였음을 알 수 있다(항목 (14)). 2016년 한국의 실물 및 금융자산의 '순 수출'은 −423억 달러였으며, '순수입'은 563억 달러였다.

자본 및 금융수지

이를 다른 각도에서 생각해보면, 금융계정에서 발생한 적자는 한국으로부터 986억 달러의 소득이 해외로 유출되었다는 것을 의미한다. **자본 및 금융수지**(항목 (15))는 987억 달러이다. 이는 자본수지에서의 적자와 금융수지에서의 적자를 합한 값이다.[2] 자본 및 금융수지의 987억 원의 적자가 경상수지에서의 987억 원의 흑자와 일치함을 주목하라. 이는 우연이 아니다. 이 두 수치는 항상 같을 수밖에 없다. 왜 그런지 한 번 살펴보자.

경상수지와 자본 및 금융수지의 균형

경상수지와 자본 및 금융수지를 더하면 항상 0이 되어야 한다. 경상수지에서 흑자나 적자가 발생하면 언제나 자동적으로 자본 및 금융수지에 이를 상쇄하는 수치가 기입되기 때문이다. 사람들은 지금 생산된 상품 및 서비스와 기보유 하고 있는 자산을 서로 교환한다. 따라서 무역참가국들 간 지금 생산된 상품 및 서비스의 무역에서 불균형이 발생했다면, 이 불균형을 치유할 수 있는 유일한 방법은 자산이 한 국가에서 다른 국가로 순 이전되는 것뿐이다.

왜 그런지 살펴보기 위해, 한진(한국인)은 신발을 만들고 앙리(스위스인)는 시계를 만드는데, 둘 사이에서만 거래가 발생한다고 가정하자. 그들이 보유하고 있는 금융자산은 화폐뿐이며 연 초에 각자 은행계좌에 1,000달러를 갖고 있었다고 하자. 올해 한진은 300달러어치의 신발을 앙리에게 수출하고 앙리로부터 500달러어치 시계를 수입했다고 하자. 따라서 한진은 연말에 앙리와의 거래에서 200달러만큼의 상품수지 적자를 보았다.

그런데 한진과 앙리의 상품 거래는 자산 교환으로 이어진다. 이 교환에서 한진이 앙리와의 거래에서 본 200달러에 달하는 적자와 같은 크기의 자산이 한진에게서 앙리에게로 순 이전된다. 앙리는 한진에게 신발값으로 300달러를 지불한 반면, 한진은 앙리에게 500달러를 지불하였기 때문이다. 이렇듯 상품과 반대 방향으로 발생하는 자산이 이동한 결과 최종적으로 한진이 처음 보유하고 있던 1,000달러 중 200달러가 앙리에게 이전되었다. 한진이 수출을 통해 벌어들인 300달러는 수입을 위해 지불하는 500달러 중 처음 300달러 밖에 감당할 수 없기 때문에 이는 불가피한 결과이다. 한진이 수입품에 대해 나머지 200달러를 지불할 수 있는 유일한 방법은 자신이 처음 보유하고 있던 자산 중 200달러를 앙리에게 이전시키는 것이다. 결국 한진의 자산은 1,000달러에서 200달러 감소하여 800달러가 되고, 앙리의 자산은 1,000달러에서 1,200달러로 증가한다.

다른 조건이 일정하다고 할 때, 한진과 앙리의 이 거래가 한국의 국제수지표(표 30.1)

2) 표 30.1에서 자본수지와 금융수지의 합이 자본 및 금융수지와 일치하지 않는데, 이는 반올림을 했다는 사실에 기인한다.

에는 어떻게 반영되는지 생각해보자. 한진이 앙리한테 본 200달러의 적자는 한국 국제수지표 상품수지(항목 (3))에 −200달러로 나타나고, 또 경상수지(항목 (10))에도 −200달러로 기입된다.

자본 및 금융계정에서 이 200달러는 해외의 국내 자산 구입이라고 이름 붙은 항목(항목 (12))에 +200달러로 기록된다. 이 +200달러는 자본 및 금융수지(항목 (15))에 다시 기입된다. 이를 다음과 같은 방식으로 생각해 볼 수 있다. 즉 본질적으로 앙리는 200달러 가치의 시계로 한진의 최초 보유 자산 1,000달러 중 200달러를 구입하였다고 할 수 있다. 항목 (12)(해외의 국내 자산 구입)에 기입된 +200달러는 단순히 이 사실을 인정하는 것이다. 이 +200달러는 경상계정의 −200달러를 정확하게 상쇄한다.

따라서 **국제수지표는 항상 균형**이다. 국제수지표 상단에 표시되는 경상계정에서 흑자나 적자가 발생하면 그 결과 자동적으로 그 표 하단에 표시되는 자본 및 금융계정에 이를 상쇄하는 국제자산거래가 발생할 수밖에 없다. 더 구체적으로 말하면, 경상수수지 적자는 그와 동시에 외국으로의 자산 이전을 발생시키는 반면, 경상수지 흑자는 자동적으로 해외로부터 국내로의 자산 이전을 발생시킨다.

변동환율

환율제도의 가장 순수한 2가지 형태는 아래와 같다.

- 수요와 공급이 환율을 결정하며 정부가 전혀 개입하지 않는 변동환율제도
- 정부가 환율을 결정한 후 그 환율을 유지하기 위해 필요한 조치들을 취하는 고정환율제도

먼저 **변동환율 제도**부터 살펴보도록 하자. 외환시장에서 한국 원화가 미국 달러와 교환되는 비율(가격)에 대해 알아보자. 그림 30.1은 달러화에 대한 수요 D_1과 공급 S_1을 보여주고 있다. 달러에 대한 수요와 공급 모두 원화로 표시되어 있음을 명심하자. 이 수요와 공급의 상호작용에 의해 달러화의 균형가격이 결정되는데, 이는 1달러를 구입하기 위해 몇 원이 필요한지를 표현한다.

변동환율 제도

달러 수요곡선 D_1은 우 하향한다. 달러가 더 싸지면 모든 미국 상품 및 서비스가 한국 사람들에게 더 싸질 것이기 때문이다. 즉 원화표시 달러 가격이 더 낮아지면, 한국 사람들은 1,000원으로 달러를 더 많이 바꿀 수 있고 그 결과 미국 상품과 서비스도 더 많이 살 수 있다. 한국 소비자들은 이렇게 값이 싸진 미국 상품을 구입하기 위해 달러에 대한 수요량을 늘리게 될 것이다.

구체적인 예를 들면, 여러분이 미국에 휴가를 가는 한국 국민이라고 가정하자. 1달러를 사기 위해 500원만 필요하다면, 여러분은 1날러를 사기 위해 1,500원이 필요할 때에 비해 기념품을 훨씬 더 사들고 오게 될 것이다. 1달러를 구입하는 데 필요한 원화표시 가격이 낮으면 낮을수록 여러분은 미국 상품과 서비스를 더 싸다고 느낄 것이고 '값싼' 미국 제품들을 얻기 위해 더 많은 원화를 달러와 교환하려 할 것이다. 따라서 **달러에 대**

달러에 대한 수요곡선

[그림 30.1] 외환시장(달러)

달러 수요곡선 D_1과 달러 공급곡선 S_1이 만나는 점에서 원화표시 달러의 균형가격(2,000원)이 결정된다. 이는 환율이 2,000원=1달러임을 의미한다. 이 그림이 보여주지는 않고 있지만, 달러 수요가 증가하거나 공급이 감소하면 원화표시 달라 가격이 상승하여 달러의 가치가 평가절상된다. 달러 수요가 감소하거나 공급이 증가하면 원화표시 달러 가격이 하락하여 달러가 평가절하된다.

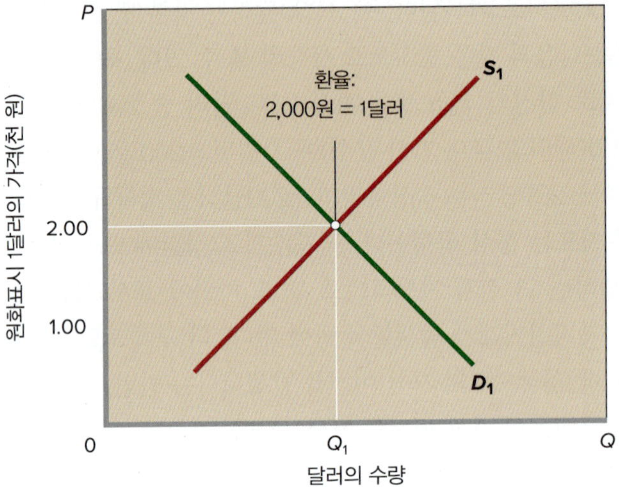

한 수요곡선은 우하향한다.

달러 공급곡선

달러 공급곡선 S_1은 우상향한다. 원화표시 달러 가격이 상승하면(즉 달러표시 원화 가격이 하락하면) 미국 사람들은 한국 제품을 더 많이 구입하려 할 것이기 때문이다. 미국 사람들이 한국 제품을 더 많이 구입하면 외환시장에서는 더 많은 양의 달러를 공급한다. 다시 말하면, 한국 제품을 구입하기 위해 달러를 원화로 교환해야 한다. 따라서 원화 표시 달러의 가격이 상승하면 달러의 공급량도 증가한다.

구체적인 예를 들면, 미국에 있는 페이스북 친구가 삼성전자 주식을 사고 싶어 한다고 하자. 삼성전자는 한국기업이므로, 삼성전자 주식을 사기 위해서는 원화가 필요할 것이다. 1달러를 3,000원으로 바꿀 수 있다면, 그는 1달러가 1,750원만 바꿀 수 있을 때에 비해서 삼성전자 주식을 훨씬 더 많이 구입하려 할 것이다. 1달러를 팔아 얻을 수 있는 원화의 액수가 크면 클수록 그는 삼성전자 주식이 더 싸다고 느낄 것이고, '값싼' 삼성전자 주식을 사기 위해 더 많은 양의 달러를 팔려 할 것이다. 따라서 달러 공급곡선은 우 상향한다.

수요와 공급의 상호작용에 의해 원화표시 달러의 가격이 결정된다. 그림 30.1에서 이 가격(환율)은 1달러 당 2,000원이다. 이 환율에서 달러의 공급량과 수요량은 일치한다. 즉 달러의 잉여도 부족도 발생하지 않는다.

평가절하와 평가절상

평가절하

시장에 의해 결정되는 환율은 주가나 증권가격처럼 매일 변화할 수 있으며, 실제로 그런 일이 빈번히 일어난다. 원화표시 달러의 가격이 상승하면, 예를 들어 1달러=2,000원에서 1달러=3,000원으로 상승하면, 원화는 달러 대비 **평가절하**(달러는 원화에 비해 평가절상)되었다고 한다. 어떤 통화가 평가절하되면, 다른 통화 1단위(1달러)를 구입하기 위해 해당 통화(원화)를 더 많이 지불해야 한다.

평가절상

원화표시 달러의 가격이 하락하면, 예를 들어 1달러=2,000원에서 1달러=1,000원으로 하락하면, 원화는 달러 대비 **평가절상**되었다고 한다. 어떤 통화가 평가절상되면, 다른 통화 1단위(1달러)를 구입하기 위해 필요한 해당 통화(원화)의 액수는 줄어든다.

여기의 예에서, 원화의 평가절하는 달러의 평가절상을 뜻하며, 그 반대도 마찬가지다. 원화표시 달러의 가격이 1달러=2,000원에서 1달러=3,000원으로 뛰어오르면, 달러는 원화 대비 평가절상되었다. 더 작은 액수의 달러로 1,000원을 구입할 수 있기 때문이다. 1달러=2,000원에서 1,000원을 구입하는 데 1/2달러가 들었지만, 1달러=3,000원일 때는 1,000원을 구입하는 데 단 1/3달러만 있으면 된다. 반대로, 달러 대비 원화가 평가절상되면, 달러는 원화 대비 평가절하된다. 1,000원을 구입하기 위해 더 많은 달러가 필요하다.

일반적으로 말할 때, 한국 원화와 다른 통화 사이에 적용되는 용어와 관계들은 다음이 정리할 수 있다. (이 때 '≡' 부호는 '~와 등치이다'를 의미한다.)

- 원화표시 외환의 가격 상승≡외환 대비 원화의 평가절하≡외환표시 원화의 가격 하락≡원화 대비 외환의 평가절상
- 원화표시 외환의 가격 하락≡외환 대비 원화의 평가절상≡외환표시 원화의 가격 상승≡원화 대비 외환의 평가절하

변동환율의 결정요인

외환시장에서 한 국가 통화의 평가절상이나 평가절하를 결정하는 요인은 무엇인가? 이에 대한 일반적 결론은 다음과 같은 3가지로 정리할 수 있다.

- 다른 조건이 일정하다면 한 국가의 통화에 대한 수요가 증가하면, 그 통화는 평가절상된다. 수요가 감소하면 그 통화는 평가절하된다.
- 한 국가의 통화의 공급이 증가하면, 그 통화는 평가절하된다. 공급이 감소하면 그 통화는 평가절상된다.
- 한 국가의 통화가 평가절상되면 일부 외환은 해당 통화 대비 평가절하된다.

환율의 결정요인

이들 일반화된 결론을 염두에 둔 채 **환율의 결정요인** 즉 특정 통화의 수요곡선과 공급곡선을 이동시키는 요인이 무엇인지 알아보도록 하자. 이 때, 항상 '다른 조건이 일정하다면'이라는 가정을 적용하고 있다는 것을 명심하기 바란다. 또 여기서 다루는 것은 환율을 변화시키는 요인이지, 환율 변화의 결과로 변하는 것들이 아님에 주의하도록 하자.

취향의 변화 외국 제품에 대한 소비자 취향이나 선호가 변하면 언제나 그 나라 통화에 대한 수요가 바뀌어 환율이 변한다. 한국 스마트폰 산업에서 기술이 진보하면, 미국의 소비자들과 기업들은 한국 스마트폰을 더 좋아하게 되어, 미국 사람들은 한국 스마트폰

을 더 많이 구입하기 위해 외환시장에서 더 많은 달러를 공급하게 될 것이다. 달러 공급곡선은 오른쪽으로 이동하여, 달러가 평가절하되고 원화가 평가절상된다.

반대로 미국의 소프트웨어가 한국에서 유행하게 되면, 한국의 달러 수요곡선이 오른쪽으로 이동할 것이다. 따라서 달러는 평가절상되고 원화는 평가절하될 것이다.

상대적인 소득 변화 한 나라의 국민소득이 다른 나라들보다 더 빨리 성장한다면, 이 나라의 통화는 평가절하될 가능성이 크다. 특정 나라의 소득수준이 변하면 그 나라의 수입도 즉각 변화한다. 한국에서 국민소득이 늘어나면, 한국인들은 국내외 제품들을 더 많이 구입하게 될 것이다. 한국 경제가 빠르게 성장하는 반면 미국 경제는 정체해 있다면, 한국의 미국 제품 수입, 따라서 한국의 달러 수요가 증가할 것이다. 원화표시 달러가격은 상승하고, 따라서 원화는 평가절하될 것이다.

상대적인 물가상승률 변화 다른 조건들이 일정할 때, 두 나라의 물가상승률이 다르면, 상대적 물가수준이 변화하고 따라서 두 통화 간 환율이 변화한다. 물가상승률이 더 높은(물가수준이 더 빨리 상승하는) 나라의 통화는 평가절하된다. 예를 들어 미국에서는 물가상승률이 0%이고 한국의 물가상승률을 5%라고 해보자. 그러면 한국에서는 물가가 연평균 5% 더 비싸진 반면, 미국에서는 물가수준의 변동이 없다. 한국 소비자들은 이제 상대적으로 값이 싸진 미국 제품들을 찾게 될 것이고, 따라서 달러에 대한 수요가 증가한다. 미국 소비자들은 이제 상대적으로 더 비싸진 한국 제품을 덜 구입하게 될 것이고, 따라서 달러의 공급은 감소한다. 이렇듯 달러 수요의 증가와 공급의 감소가 동시에 발생하면 달러는 평가절상되고 원화는 평가절하된다.

구매력 평가설

구매력 평가설에 따르면, 환율은 결국에는 여러 통화의 구매력이 일치하는 수준으로 조정되어야 한다. 상품구성이 똑같은 장바구니가 한국에서는 10,000,000원이고 미국에서는 5,000달러라면 환율은 2,000원=1달러가 되어야 한다. 환율이 이와 같이 결정되면 한국에서 지출된 1천 원을 달러로 환전(2,000원=1달러)하여 미국에서 같은 물건을 산다고 하더라도 똑같은 양의 물건을 살 수 있다.

이 예에서 한국에서 물가가 5% 상승하면 같은 장바구니가 10,000,000원에서 10,500,000원으로 오를 것이고, 미국에서는 물가상승률이 0%이므로 같은 장바구니는 그대로 5,000달러일 것이다. 구매력 평가설이 성립하려면, 환율은 2,000원=1달러에서 2,100원=1달러로 변해야 한다. 따라서 원화는 평가절하되고 달러는 평가절상되어야 한다. 그러나 현실에서는 환율이 항상 여러 통화의 구매력을 정확히 일치하는 수준에서 결정되는 것은 아니며, 따라서 구매력평가설도 항상 성립하는 것이 아니다. 장기에서도 말이다.

상대 이자율 변화 두 나라 사이 상대이자율이 변하는 경우에도 환율이 변할 수 있다. 실질이자율이 한국에서는 상승하였지만 미국에서는 그대로인 경우를 생각해보자. 그러면 미국 사람들은 직접 돈을 빌려주거나 아니면 증권을 구매하는 형태로 한국에 돈을 빌려주려고 할 것이다. 이렇게 돈을 빌려주려면 그들은 외환시장에서 원화를 구입하기 위해 달러를 공급해야 할 것이다. 달러 공급의 증가는 달러 평가절하와 원화 평가절상으로 이어질 것이다.

주식, 부동산 및 생산설비의 상대적 기대수익률 변화 국제투자는 단순히 외국 증권을 사는 것만을 말하지 않는다. 다른 나라의 주식 및 부동산에 투자하거나 외국에 있는 공장 및 생산설비를 구입하는 것도 이에 속한다. 다른 조건이 일정하다면, 이러한 해외투자가 얼마나 이루어지는지는 상대적인 기대수익률에 달려 있다. 한 나라의 투자자들이 해외에 투자하려면, 거기에 필요한 외환을 구입하기 위해 자국 통화를 팔아야 한다.

예를 들어, 갑자기 미국에서 주식, 부동산, 생산설비 등의 수익률이 앞으로 높아질 것이라는 전망이 주를 이루어 미국에 투자하는 것이 유행이 되었다고 하자. 한국 투자자들은 따라서 미국에서 더 많은 자산을 매입하기 위해 한국 자산을 팔게 될 것이다. 한국 자산은 원화로 팔릴 것이므로, 외환시장에서 미국 자산 매입에 쓰일 달러와 교환되어야 할 것이다. 이렇게 외환시장에서 달러에 대한 수요가 증가하면 달러는 평가절상되고 원화는 달러 대비 평가절하된다.

투기 환투기꾼들은 통화를 매입하거나 매도한 후 다시 재매도하거나 재매입해서 이윤을 얻으려는 사람들이다. 투기꾼들이 한국이 (1) 미국보다 더 빨리 성장하고, (2) 미국의 물가보다 더 빨리 상승할 것이라고 예상한다고 가정하자. 이들은 달러가 평가절상되고 원화는 평가절하될 것이라고 여길 것이다. 원화를 보유한 투기꾼들은 따라서 원화를 달

〈표 30.2〉 환율의 결정: 특정 통화의 수요와 공급을 바꾸어 환율이 변하게 하는 요인들

결정요인	사례	결과
기호의 변화	• 미국에서 일본의 전자 부품에 대한 인기(수요)가 하락한 경우 • 유럽 여행객들의 미국 여행이 감소한 경우	• 일본 엔화의 가치는 하락하고, 미국 달러화의 가치는 상승함 • 미국 달러화의 가치는 하락하고, 유럽 유로화의 가치는 상승함
국가 간의 상대 소득의 변화	영국에서 경기침체가 발생하여 영국의 수입이 감소하고, 반면에 미국의 실질 산출물과 실질 소득이 증가하여 미국의 수입이 증가한 경우	영국 파운드화의 가치는 상승하고, 미국 달러화의 가치는 하락함
국가 간의 상대 인플레이션율의 변화	스위스의 인플레이션율은 3%이고, 캐나다의 인플레이션율은 10%인 경우	스위스 프랑화의 가치는 상승하고, 캐나다 달러화의 가치는 하락함
국가 간의 상대 실질 이자율의 변화	미 연방준비제도가 미국의 이자율을 인상하였지만, 영국의 중앙은행은 이자율을 변동시키지 않은 경우	미국 달러화의 가치는 상승하고, 영국 파운드화의 가치는 하락함
국가 간의 주식, 부동산, 생산시설 등에 대한 상대적 기대수익의 변화	미국의 법인세 인하가 유럽에 비해 미국에서의 세금 부과 후 투자의 기대수익을 증가시키는 경우	미국 달러화의 가치는 상승하고, 유럽 유로화의 가치는 하락함
투기	• 외환딜러들이 대만에 비해 한국의 인플레이션이 더 높을 것이라고 기대하는 경우 • 외환딜러들이 덴마크에 비해 노르웨이의 이자율이 급격히 하락할 것이라고 기대하는 경우	• 한국 원화의 가치는 하락하고, 대만 달러화의 가치는 상승함 • 노르웨이 크로네화의 가치는 하락하고, 덴마크 크로네화의 가치는 상승함

투기

러로 환전하려 할 것이다. 그 결과 달러에 대한 수요는 증가하고 원화표시 달러 가격은 상승할 것이다. 즉 원화는 평가절하될 것이다. 이때 예언의 자기실현이 이루어진다. 즉 투기꾼들이 달러가 평가절상되고 원화가 평가절하될 것이라는 믿음 속에서 행동하였기 때문에 그 믿음과 똑같은 결과가 발생한 것이다. 이와 같이 **투기**도 환율의 변화를 발생시킬 수 있다.

표 30.2는 환율의 결정에 더 상세한 설명을 제시하고 있으며, 이를 면밀하게 살펴보고 넘어갈 필요가 있다.

변동환율의 단점

변동환율

변동환율은 몇 가지 심각한 문제를 발생시킬 수 있다. 이 문제들은 변동환율이 불안정하여 단 몇 주 혹은 단 몇 달 만에 큰 폭으로 변하는 일이 잦다는 사실과 연관된다. 게다가 변동환율은 심하게 요동칠 때가 많으며, 이러한 요동은 수 년 혹은 그보다 더 오래 지속될 수도 있다.

그림 30.2에서 이를 확인할 수 있다. 그림 30.2는 1970년에서 2016년까지 미국 달러 · 영국 파운드의 환율변동을 보여주고 있다. 여러분은 주요국 통화의 원화대비 환율 및 달러대비 환율을 한국은행 경제통계시스템 웹사이트(http://ecos.bok.or.kr/)에서 살펴볼 수 있다. 웹페이지에서 '통계검색'을 선택한 후, 간편 검색 시스템에서 먼저 '8. 국제수지/외채/환율'을 선택하고, 그 다음 하위 메뉴에서 '8.8 환율', 또 그 다음 하위 메

[그림 30.2] 달러 · 파운드 환율, 1970~2015

1971년 이전에는 달러 · 파운드 환율이 2.40달러=1파운드로 고정되어 있었다. 1971년 이래로는 이 환율은 거의 완전히 시장에서 결정되었으며, 몇 차례의 정부 개입이 있었을 뿐이다. 이렇듯 거의 변동환율에 가까운 환경에서, 달러 · 파운드 환율은 상당한 변동을 경험하였다. 예를 들어 1981년에는 1파운드를 사기 위해 2.02달러가 들었는데, 1985년에는 1파운드에 단 1.50달러면 되었다. 반대로 2001년에서 2007년 사이 달러표시 파운드 가격이 1.44달러에서 2.00달러로 상승하였는데, 이는 달러가 파운드 대비 평가절하되었음을 의미한다. 달러는 그 이후 2009년 파운드에 1당 1.57달러로 하락하여 2015년까지 대략 그 수준을 유지하고 있다.

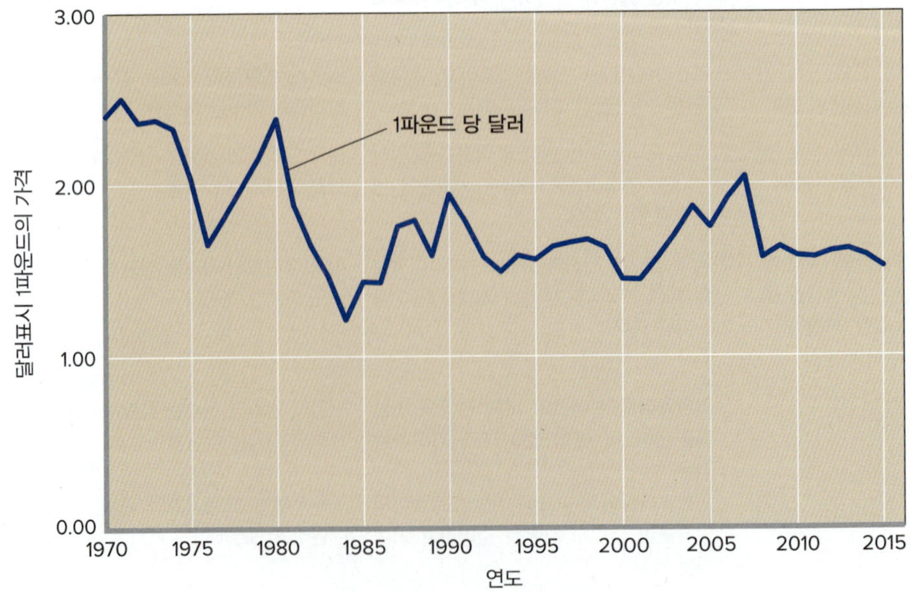

뉴에서 '8.8.2 평균 환율, 기말환율'을 선택하면 된다.

불확실성과 무역 감소 **변동환율에 따른 위험과 불확실성으로 인하여 무역량이 감소할 수 있다.** 한국의 자동차 딜러가 미국 자동차를 150,000달러에 10대를 구입하기로 했다고 하자. 현행 환율이 2,000원=1달러라면, 한국 딜러는 이 거래를 위해 3억 원을 지불해야 한다고 생각하고 있다. 그런데 3개월의 배송기간 중에 환율이 3,000원=1달러로 변하면, 한국 수입업자가 계약한 150,000달러는 4억5천만 원이 되어버릴 것이다.

따라서 원화표시 달러 가격이 이렇게 상승하면 한국 수입업자는 이윤을 남길 것으로 예상하고 있다가 심각한 손실을 볼 수 있다. 한국 수입업자는 환율에서 이렇게 불리한 변화가 발생할 수 있음을 알고 있기 때문에 그런 위험을 감수하려 하지 않을 수도 있다. 이 한국 수입업자는 국산 자동차만 다루려 할 것이고, 따라서 자동차 국제무역은 일어나지 않을 것이다.

투자와 관련해서도 같은 일이 일어날 수 있다. 환율이 3,000원=1달러일 때, 한국 기업들은 미국 기업에 3천만 원(또는 10,000달러)을 투자한다고 가정하자. 수익률은 10% 정도 될 것이라고 추정하고 있다. 즉 이 투자로부터 연간 3백만 원 또는 1,000달러의 수익을 얻을 수 있을 것이라고 예상하고 있다. 첫 해 이 미국 기업에 10,000달러를 투자하여 1,000달러를 벌어 그러한 기대가 옳았음이 증명되었다고 하자. 그런데 그 해 동안 원화가 평가절상되어 환율이 2,000원=1달러가 되었다고 하자. 수익의 절대금액은 이제 3백만 원이 아니라 단 2백만 원이며 수익률은 기대했던 10%에서 단 6.66%(=2백만 원/3천만 원)으로 떨어진다. 투자에는 어쨌든 위험이 따른다. 환율 변동으로 덧붙여진 위험으로 인해 한국 투자자들은 해외에 투자하는 것을 꺼릴 수도 있다.

교역조건의 변동 자국 통화의 국제가치가 하락하면 그 나라의 **교역조건**은 악화된다. 예를 들어, 원화표시 달러 가격이 상승하면 한국은 미국으로부터의 수입을 일정 수준으로 유지하기 위해서는 더 많은 양이 재화와 서비스를 수출해야 한다. 교역조건

불안정성 환율의 심한 변동으로 인해 수출재 산업의 확장과 수축이 반복되므로 변동환율은 국내 경제의 불안정성을 야기할 수 있다. 한국 경제가 완전고용 상태에서 원화가 평가절하되면, 그 결과 다음과 같은 2가지 이유에서 인플레이션이 발생할 수 있다. (1) 한국 제품에 대한 해외 수요가 증가하여, 총지출이 증가하고 한국 물가가 상승할 수 있다. (2) 수입 물가의 상승으로 물가수준이 높아질 수 있다.

이와 반대로 원화의 평가절상은 원화가 평가절상되면 한국의 수출은 감소하고 수입이 증가하여 실업이 발생할 수 있다.

변동환율은 또한 완전고용과 물가안정이라는 국내 안정화정책의 효력을 반감시킬 수도 있다. 수출입 부문이 국내총생산에 비해 큰 나라의 경우 특히 그러할 것이다.

고정환율

변동환율의 단점을 회피하기 위해, 각국 정부는 한 때 **고정환율**(페그제도)을 활용하기 고정환율

도 하였다. 고정환율 하에서 정부는 공표된 일정 수준의 (고정)환율에서 언제든지 외환을 수요만큼 즉시 매도하고 공급만큼 즉시 매입할 준비가 되어 있다.

고정환율이 실제로 어떻게 작동하는지 이해하기 위해 한국 정부가 원 · 달러 환율을 2,000원=1달러 수준에서 고정하기로 결정하였다고 하자. 환율이 여기에 고정되려면, 한국 정부는 2,000원=1달러라는 고정된 비율로 언제든지 달러를 원화로, 또 원화를 달러로 교환해주어야 한다. 한국 사람들이 20조 원을 달러로 교환하기를 원한다면, 한국 정부는 100억 달러(2,000원=1달러의 환율에서 필요한 달러 액수)를 마련해야 할 것이다. 그리고 미국사람들이 60억 달러를 원화로 교환하길 원한다면 한국 정부는 12조 원(2,000원=1달러에서 필요한 원화 금액)을 마련해야 할 것이다.

정부 책정 환율에 의한 외환시장 대체

한국 정부가 달러 교환 요구를 충족시키기 위해 달러를 필요한 액수만큼 마련할 능력이 유지되는 한, **고정환율은 외환시장의 기능을 대신할 것이다**. 달러를 원화로, 또는 원화를 달러로 교환하는 모든 거래는 한국 정부와 하게 되는 셈이다. 즉 한국 정부가 원 · 달러 외환시장의 역할을 하게 된다.

원 · 달러가 교환되는 다른 시장은 존재할 수 없다. 한국 정부가 고정환율을 유지하는 한, 구매자와 판매자가 다른 환율로 거래하는 일은 없으며, 따라서 특정 구매자와 특정 판매자가 다른 환율로 원화를 달러로 교환하는 것에 자발적으로 동의하는 일은 절대로 없을 것이기 때문이다. 그 이유를 살펴보기 위해, 고정환율이 2,000원=1달러라고 해보자. 달러를 원화로 환전하기를 원하는 미국인은 한국 정부가 정한 2,000원=1달러일 때보다 3,000원=1달러일 때를 더 선호할 것이다. 자신들이 보유한 달러화가 1달러마다 2,000원이 아니라 3,000원과 교환될 수 있기 때문이다. 하지만 이 미국인은 3,000원=1달러의 환율에서 원화를 달러로 기꺼이 교환해줄 거래 상대방을 찾을 수 있을까? 그렇지 않다. 원화를 달러로 환전하길 원하는 사람들은 누구나 한국 정부에 2,000원=1달러의 비율로 환전해 달라고 요구할 수 있기 때문이다. 이 경우 이 사람들은 1달러를 구입하기 위해 3,000원이 아니라 2,000원만 포기하면 된다. 따라서 미국인들은 한국 정부가 정한 2,000원=1달러에서 보다 1달러당 더 많은 액수의 원화를 얻을 수 있는 환율을 선호하지만, 그 환율에서는 돈을 바꾸어줄 사람을 아무도 찾을 수 없을 것이다. 따라서 달러를 원화로 환전하기를 원하는 사람들은 누구라고 결국에는 2,000원=1달러의 고정된 환율로 한국 정부와 거래할 수밖에 없을 것이다.

그 반대의 경우도 마찬가지라는 점을 확인하고 넘어가도록 하자. 한국인들이 1달러를 구입하기 위해 2,000원=1달러의 환율에서보다 더 적은 액수의 원화를 포기해도 되는 환율을 선호한다고 하지만, 어떤 미국인들도 1달러=2,000원보다 낮은 비율을 수용하려 하지 않을 것이다. 그렇게 하면 한국 정부가 정한 1달러=2,000원의 환율로 교환하는 것보다 1달러당 받는 원화 액수가 더 작을 것이기 때문이다. 따라서 마찬가지로 원화를 달러로 환전하길 원하는 사람들은 누구나 결국 한국 정부와 거래하여 1달러=2,000원의 고정환율로 환전하는 수밖에 없을 것이다.

그렇지만, 일단 한국 정부가 원 · 달러를 항상 1달러=2,000원으로 교환해주겠다는 약속을 어기게 되면 즉시 민간 외환시장이 다시 생겨나 원화와 달러의 구매자와 판매자를 연결해 주게 될 것이라는 점을 명심하자. 이때는 환율은 수요와 공급에 의해 결정되기 때문에, 방금 포기한 고정환율과는 상당히 다른 수준에서 균형가격이 결정되고 말 것이다.

공식 준비자산

고정환율을 선택한 정부는 대부분 그 일상적인 운용을 중앙은행에 맡긴다. 따라서 고정환율을 유지하기 위해 매일 필요한 만큼 외환을 자국 통화로, 자국 통화를 외환으로 교환해주는 일은 중앙은행의 업무가 된다.

외환을 자국 화폐로 교환해달라는 요구를 충족시키는 것은 쉬운 일이다. 중앙은행은 원하는 만큼 자국 통화를 발행할 수 있는 법적 권한이 있기 때문이다. 그러나 자국 통화를 외환으로 교환하려는 요구를 충족시키기 위해서는, 중앙은행은 일정한 수준의 **외환 보유고(외환잔고)**을 유지해야만 한다. 다른 나라 통화를 발행할 수 있는 법적 권한이 없기 때문이다.

외환 보유고(외환잔고)

고정환율을 유지하기 위해 보유하는 특정 외환은 중앙은행이 유지하고 있는 공식 준비자산의 일부분에 불과하다. 공식 준비자산에는 여러 외환의 보유고뿐만 아니라, 여러 외국 국채 보유고, 금 보유고 및 국제 통화기금(IMF)에 예치한 특별 준비금 등도 포함한다. 외환보유고는 **외환 준비자산**(FX reserves)이라 한다.

외환 준비자산

통화 매수 및 매도의 규모

중앙은행이 날마다 사거나 팔아야 하는 외환과 자국 통화의 양은 수요와 공급에 의해 결정된다. 그림 30.3을 보자. 여기서 한국은행은 원 · 달러 환율을 1달러=2,000원으로 고정해 놓았다고 하자. 먼저 수요곡선 D_1과 공급곡선 S_1이 만나는 점을 살펴보자. 자유로운 시장이었다면 균형 환율이 (D_1과 S_1이 만나는 점에서) 1달러=2,000원으로 결정되었을 것이다. 그런데 여기서는 자유로운 외환시장이 형성되지 못한다. 정부가 시장 대신 1달러=2,000원으로 거래할 용의가 있는 사람들은 누구든지 그들이 원하는 만큼 원화를 달러로, 달러를 원화로 교환해줄 것을 보장하고 있기 때문이다. 물론 여기서는 한국은행이 정부를 대신해 모든 외환거래에서 독점 외환 딜러(중개자)로 행동할 것이다. 중앙은행이 매도를 원하는 사람들로부터 매수하여, 매수를 원하는 사람들에게 매도할 것이다.

이러한 거래를 수행하는 와중에 중앙은행의 달러 준비자산은 수요곡선과 공급곡선의 위치에 따라 늘어나기도 하고, 줄어들기도 하고, 그대로 유지되기도 할 것이다.

매수액과 매도액이 같으면 외환준비자산은 그대로이다. 달러에 대한 수요곡선과 공급곡선이 1달러=2,000원의 고정환율에서 만난다면, 중앙은행의 달러 준비자산 규모는 그대로일 것이다. 이 상황은 그림 30.3에 묘사되어 있다. 이 때 수요곡선 D_1은 고정환율인 1

[그림 30.3] 외환 준비자산이 증가할 때의 고정환율

1달러=2,000원의 고정환율을 유지하기 위해 중앙은행은 그 환율에서 달러 매도자들의 공급량을 전액 매입하고 구매자들의 수요량만큼 전액 매도하여야 한다. 달러에 대한 수요곡선이 왼쪽으로 이동하여 D_0가 되면, 중앙은행이 정해진 고정환율에서 팔아야 하는 a점에서의 달러 양은 중앙은행이 그 가격에 매도자들에게 사들여야 하는 b점에서의 달러 양보다 작다. 따라서 중앙은행의 달러 준비자산은 ab만큼 증가한다. 여기서 보이고 있지는 않지만, 달러 준비자산이 증가하면 국내 원화 통화의 공급도 증가한다.

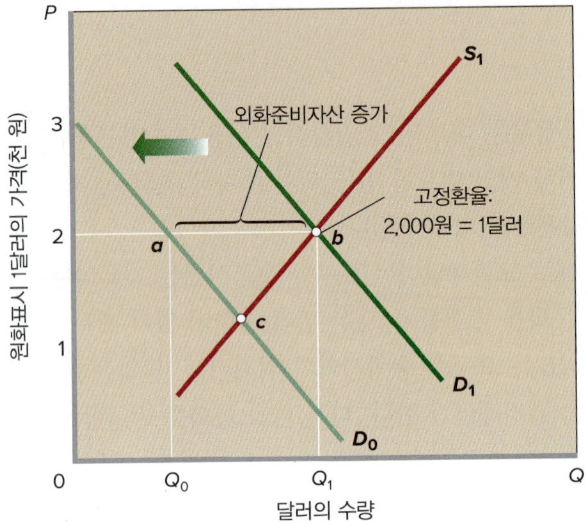

달러=2,000원일 때 공급곡선 S_1과 만난다. 이것은 달러 공급량과 달러 수요량이 고정환율 1달러=2,000원에서 즉 b점에서 일치함을 의미한다. 따라서 중앙은행은 같은 양의 달러를 사고 팔 것이기 때문에 달러 준비자산은 그대로 남아 있을 것이다.

매수액이 매도액보다 크면 외환 준비자산은 늘어난다. 그 다음으로 해당 고정환율에서 달러 수요량이 달러 공급량보다 적은 경우를 생각해보자. 그림 30.3에서 공급곡선이 그대로 S_1인데 수요곡선이 왼쪽으로 이동하여 D_0가 되는 때가 바로 이 경우이다. 이 상황에서 한국은행은 원화를 달러로 교환할 때와 달러를 원화로 교환할 때 그 액수가 서로 다르다. 고정되어 있는 1달러=2,000원의 환율에서 수요곡선 D_0 위에서 달러 수요량은 a점에서 결정되는 반면, 공급곡선 S_1 위에서 달러 공급량은 b점에서 결정된다. 따라서 ab만큼 달러의 초과공급이 발생하는데, 이 초과 공급분은 결국 한국은행이 갖게 될 것이다.

그렇게 되는 이유는 한국은행이 a만큼의 달러를 매입하려는 매수자들과 b만큼의 달러를 매도하려는 매도자들의 욕구를 모두 충족시켜 주어야 하기 때문이다. 양측의 욕구를 모두 충족시켰다면, 한국의 달러 보유고는 ab만큼 증가하였을 것이다. 매도자들로부터 구입한 달러의 양이 매수자들에게 판매한 양보다 더 많기 때문이다. 일반적인 규칙은 다음과 같다. **고정환율에서 외환 공급량이 수요량보다 더 크다면 한국은행은 초과공급을 처리해야 하므로 외환 준비자산을 축적하게 된다.**

외환 준비자산 증가=국내 화폐공급 증가 외환 준비자산이 축적되면 별로 바람직하지 못한 결과도 초래한다. 즉 **자국 통화량도 결국 증가하게 된다**는 것이다. 한국은행이 자

[그림 30.4] 외환 준비자산이 감소할 때의 고정환율

1달러=2,000원의 고정환율을 유지하기 위해 중앙은행은 그 환율에서 달러 매도자들의 공급량을 전액 매입하고 구매자들의 수요량만큼 전액 매도하여야 한다. 달러에 대한 수요곡선이 오른쪽으로 이동하여 D_2가 되면, 중앙은행이 정해진 고정환율에서 팔아야 하는 d점에서의 달러의 양은 중앙은행이 그 가격에 매도자들에게 사들여야 하는 b점에서의 달러의 양보다 크다. 따라서 중앙은행의 달러 준비자산은 bd만큼 감소한다. 여기서 보이고 있지는 않지만, 달러 준비자산이 감소하면 국내 원화 통화 공급도 감소한다.

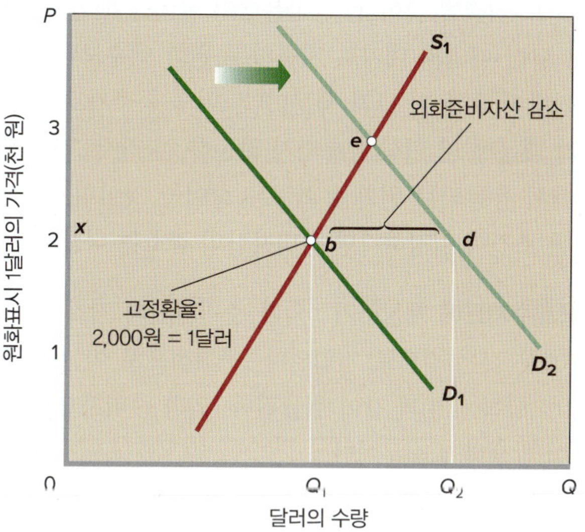

신이 매도한 것보다 ab만큼 더 많은 양의 달러를 사들인다면, 이 ab만큼의 달러와 교환할 원화를 더 발행해야 할 것이다. 이렇게 신규 발행된 원화는 처음에는 달러를 원화로 교환한 사람들의 손에 들어간다. 하지만 이 사람들은 신규 발행된 원화를 한국 상품, 서비스 및 자산을 구입하는 데 지출하기 때문에, 전반적인 물가수준이 상승할 것이다. **다른 조건이 일정하다면 외환 준비자산이 증가하면 인플레이션이 발생한다.**

준비자산 증가를 국제수지표에 계상하기 외환 준비자산 증가는 표 30.1의 국제수지표에서 양(+)의 부호를 갖는 것으로 기입된다. 정확히 말하면 외국인에 의한 국내자산 구입(표 30.1 항목 (12))과 같이 취급된다. 외환 준비자산 증가는 달러화의 유입을 의미하므로 대변에 기록된다.

그림 30.3에서처럼 고정환율제도를 운용하는 과정에서 외환 준비자산이 증가할 수 있지만, 각국 중앙은행과 정부가 고정환율을 채택하든 안 하든 외환자산을 매입하면 외환 준비자산이 증가할 수 있다. 그렇게 외환 준비자산이 증가하면 그것도 항목 (12)에 양의 부호를 갖는 수치로 기입된다.

매수액이 매도액보다 적으면 외환 준비자산은 감소한다. 그림 30.4를 살펴보자. 이 그림은 그림 30.3의 수요곡선 D_1과 공급곡선 S_1을 그대로 활용하고 있지만, 이제 수요곡선이 D_1에서 D_2로 오른쪽으로 이동했다고 가정한다. 고정환율 1달러=2,000원에서 이제는 d점에서 수요하고자 하는 달러의 양이 b점에서 공급되는 달러의 양보다 더 크다. 이러한 달러 부족의 결과, 한국은행 달러 준비자산은 bd만큼 감소할 것이다. 원화를 구매하려는 달러의 양(공급곡선 S_1 위 b점)보다 원화를 주고 사고자 하는 달러의 양(수요곡선 D_2 위 d점)이 더 클 것이기 때문이다. 일반적인 규칙은 다음과 같다. 즉 **고정환율에서 외환수요량이 외환 공급량보다 더 크다면 중앙은행은 초과수요에 대처하기 위해 외환 준비자산을 방출해야 할 것이다.**

준비자산 감소 = 국내 통화공급 감소 달러 준비자산의 감소는 자동적으로 한국 경제에서 **통화 공급의 감소**로 귀결될 것이다. 한국은행이 달러를 매입하는 양보다 더 많이 매도한다면, b점에서 달러 매입의 대가로 지불하는 원화 액수보다 d점에서 달러 매도의 대가로 회수하는 원화 액수가 더 크기 때문이다. 이렇게 추가로 회수된 원화는 한국은행 금고로 들어가기 때문에 더 이상 유통되지 않는다. 따라서 그림 30.3에서와 같은 상황에서 한국 경제에서 유통되는 원화 통화량은 줄어들 것이며, 따라서 물가수준은 더 낮아질 것이다. **다른 조건이 일정하다면 준비자산의 감소는 디플레이션을 가져온다.**

준비자산 감소를 국제수지표에 계상하기 외환 준비자산의 감소는 표 30.1의 국제수지표에서 음(−)의 부호를 갖는 것으로 기입된다. 구체적으로 이는 내국인들이 해외 자산을 구입한 것(표 30.1 항목 (13))과 같이 취급된다. 외환 준비자산의 감소는 차변에 기록된다. 달러의 유출이 발생하기 때문이다.

그림 30.4에서처럼 고정환율제도 운용 과정에서 외환 지불준비금이 감소하는 것 이외에, 각국 정부와 중앙은행은 고정환율을 채택하든 안 하든 간에 외환 준비자산을 팔게 되면 외환 준비자산이 감소할 수 있다. 이렇게 발생하는 외환 준비자산 감소 역시 항목 (13)에 음의 부호를 갖는 것으로 기입될 수 있다.

외환 준비자산 소폭 증감 반복과 국내 통화공급

그림 30.3에서 ab만큼 초과매입하는 기간이 그림 30.4의 bd만큼 초과매도하는 기간만큼 충분히 반복되면 한국은행은 인플레이션이나 디플레이션을 너무 걱정할 필요가 없다. 매도보다 매입이 많아 발생하는 인플레이션 압력이 매입보다 매도가 많아 발생하는 디플레이션 압력에 의해 상쇄될 것이기 때문이다. 이러한 반복이 충분히 자주 일어나고 증감분이 충분히 작다면, 외환 준비금 증감에 따른 국내 통화공급 변동은 국내 물가수준에 거의 영향을 미치지 않을 것이다.

마찬가지로 달러 매입 및 매도에 따른 흑자 기간과 적자 기간이 충분히 자주 반복되고 그 양이 충분히 작다면, 한국은행은 달러 준비자산의 장기적인 증감에 대해서도 걱정하지 않아도 될 것이다. 달러를 더 많이 매입하는 기간이 달러를 더 많이 매도하는 기간을 상쇄하여, 달러 준비자산의 전반적 규모는 시간이 흘러도 그대로 유지될 것이기 때문이다.

대략 말하자면, 고정환율이 시장에서 자유로이 결정되는 균형환율과 비슷한 수준이라면 국내 통화량과 중앙은행 외환 준비자산의 규모는 변동이 작을 것이고 이를 변동시키는 요인들이 서로 상쇄될 것이다. 고정환율이 균형 환율에 가까울 때에는 달러 매도 총액과 달러 매입 총액이 작을 것이고, 그 결과 국내 통화공급이나 외환 준비자산에 영향을 거의 미치지 않을 것이기 때문이다.

외환 준비자산의 지속적이고 대폭적인 변동과 국내 통화공급

고정환율이 오랜 기간 동안 균형 환율보다 매우 높거나 매우 낮게 유지되면 심각한 경제적 어려움이 발생할 수 있다.

외환 준비자산의 지속적이고 대폭적인 증가와 국내 통화공급 먼저 그림 30.3의 불균형이 몇 달 간, 혹은 심지어 몇 년 간 지속된다고 가정해보자. 고정환율이 수요곡선 D_0와 공급곡선 S_1이 만나는 균형 환율에 비해 너무 높아서 외환 준비자산과 국내통화 공급은 대폭 증가하게 될 것이다. 국내통화 공급이 지속적으로 증가하면 인플레이션이 발생할 수밖에 없다.

만약 인플레이션이 그리 심하지 않을 것으로 예상한다면, 중앙은행은 별다른 조치를 취하지 않고 그냥 인플레이션이 진행되도록 둘 것이다. 하지만 원화의 신규 발행으로 인플레이션이 너무 심하게 발생할 것으로 생각된다면, 중앙은행은 다음과 같은 조치들 중 하나를 취해야 한다.

- 고정환율을 더 낮은 수준(예를 들어 그림 30.3에서 1달러=1,900원)으로 조정하여 균형 환율에 더 가깝게 만들어 원화 신규 발행의 규모를 줄이는 조치
- 고정환율의 포기를 통해 균형 환율(그림 30.3의 c점)을 달성하며 따라서 원화 신규 발행이 중단되도록 하는 조치
- 고정환율을 그대로 유지하면서, 그림 30.3에서 ab에 해당하는 만큼의 국내통화 공급을 상쇄하는 조치. 이러한 **불임화정책**은 채권을 내다 파는 공개시장정책이나, 시중은행의 지불준비금을 올리는 등의 방식으로 이루어질 수 있다. 불임화 정책의 강도는 중앙은행의 선호에 따라 달라진다. 그냥 얼마 정도의 금액만 시행할 수도 있고 ab를 충분히 상쇄할 정도로 시행할 수도 있다. 불임화정책의 적용 예로 '사례연구'를 참조하기 바란다.

불임화정책

외환 준비자산의 지속적이고 대폭적인 감소와 국내 통화공급 외환 준비자산과 국내 통화공급이 지속적이고 대폭적으로 증가하는 경우(그림 30.3)와 지속적이고 대폭적으로 하락하는 경우(그림 30.4) 사이에는 중요한 차이가 있다. 이 차이는 한 나라의 중앙은행이 합법적으로 발행할 수 있는 것은 자국 통화뿐이라는 사실 때문에 발생한다. 다른 어떤 나라의 통화도 발행할 수 없다. 따라서 외환 준비자산이 감소하면 그를 시정하기 위해 외환을 발행할 수 없다.

중앙은행이 지속적으로 그림 30.4와 같은 상황에 처한다면, 외환 보유자산이 곧 고갈될 수도 있다는 현실에 직면해야 한다. 그런 일이 벌어지면, 해당 국가는 고정환율을 포기하고 환율이 시장에 의해 자유로이 결정되도록 해야 할 것이다. 그것이 반드시 재난이라고 할 수는 없지만, 이제 이 경제는 변동환율에 따른 변동성과 위험에 마주해야 한다. 중앙은행이 이런 문제들을 회피하고자 한다면, 외환 준비자산이 감소하는 것을 멈추게 하거나, 최소한 그 속도를 늦출 수 있는 방법을 찾아내어야 할 것이다. 중앙은행이 외환 준비자산의 고갈속도를 줄일 수 있는 하나의 방법은 고정환율을 예를 들면 그림 30.4에서 1달러=2,250원으로 상향조정하는 것이다. 고정환율을 상향조정하면

사례연구: 인플레이션을 낳은 중국 고정환율

중국경제는 공산주의를 포기하고 시장기반 경제로 이행한 후 1990년대와 2000년대에 걸쳐 호황을 경험하였다. 중국은 또한 수출기업 및 투자자들을 환율 변동으로부터 보호하기 위해 달러 및 기타 외환에 대한 위안화의 가치를 고정시켰다.

중국이 선택한 고정환율은 2000년대 내내 시장 균형가격보다 낮았으며, 그 결과 중국의 외환 준비자산은 2000년 1,650억 달러에서 2014년 정점에서는 4조 달러가 넘을 정도로 폭발적으로 늘어났다.

중국은 2000년대 초반 1달러=8.3위안에서 2014년 1달러=6.2위안까지 환율을 내리면서, 고정환율을 점진적으로 조정하려 하였다. 하지만 달러의 가격이 여전히 균형보다 높게 유지되었으므로, 중국은 다른 나라들로부터 위안화 가치를 인위적으로 낮게 유지함으로써 중국 수출산업에 보조금을 지급하는 불공정한 행위를 범하고 있다는 비난을 자초하였다.

중국은 또한 외환 준비자산이 쌓여감에 따라 위안화 통화량이 폭발적으로 증가하여 자국 내에서 심각한 수준의 인플레이션 압력을 경험하였다. 불임화 정책이 강력하게 시행되었고 은행대부 지급준비율을 6%에서 21.5%로 올렸음에도 불구하고 인플레이션은 8%까지 치솟았다. 그 결과 중국은 주요 경제들 중 지급준비율이 가장 높은 나라가 되었다.

환율이 균형 환율에 가까워져 중앙은행의 외환 준비자산이 감소하는 속도를 줄여줄 수 있다.

하지만 고정환율을 상향조정한다고 한다고 하더라도 새 환율이 시장 균형 환율보다 여전히 낮게 유지되는 한, 외환 준비자산 감소는 그 속도만 느려질 뿐 여전히 계속될 것이라는 점을 명심하도록 하자. 따라서 고정환율을 시장 균형환율 수준까지 상향조정할 수 없다면, 외환 준비자산이 완전히 고갈되는 것을 막을 수 있는 다른 정책수단을 생각해보는 것이 중요하다.

- **무역정책** 고정환율제도를 유지하기 위해 무역과 금융의 흐름을 통제하는 방법을 쓸 수 있다. 예를 들어 한국은 달러 부족에 직면하면서 수입을 억제하여 달러에 대한 수요를 줄이고 수출을 장려하여 달러 공급을 늘림으로써 환율을 1달러=2,000원으로 유지할 수 있다. 수입은 관세를 올리거나 수입할당을 시행하면 줄일 수 있다. 달러 유출을 막기 위해 한국 금융 투자자들이 해외투자로부터 벌어들이는 이자 및 배당금에 특별세를 부과할 수도 있다. 또, 한국 정부는 달러의 공급을 늘리기 위해 특정 수출품목에 보조금을 지급할 수도 있다.

  근본적인 문제는 이들 정책이 세계 무역량을 줄이고 경제적으로 바람직한 결과에서 멀어질 수 있다는 것이다. 관세, 수입할당 및 그와 유사한 수단들을 활용하면, 자유로운 무역으로부터 발생하는 경제적 편익 중 일부를 잃어버린다. 이러한 손실을 과소평가해서는 안 된다. 한 나라에 의한 무역장벽은 다른 나라의 보복적 대응을 불러오기 때문에 손실을 더 키울 것이다.

- **외환 통제와 할당** 다른 선택지는 종종 자본 통제로 간주되는 **외환 통제**를 통한 할당 제도를 채택하는 것이다. 외환 통제 하에서 한국 정부는 한국 수출업자들이 취득한 모든 달러를 정부에 팔도록 강제함으로써 달러 부족 문제에 대처할 수 있다. 그 다음 정부는 그림 30.4의 xb만큼의 달러 공급을 xd만큼의 양을 필요로 하는 한국 수입업자들 사이에 배분(할당)할 수 있다. 이러한 정책은 한국의 수입액을 수출에서 벌어들인 외환의 금액을 넘지 못하도록 제한할 것이다. 자본 및 금융계정에서 수지균형이 이루어져 있다고 가정하면, 경상수지 적자도 없을 것이다. 이 때 bd만큼의 한국의 수입수요는 채워지지 않을 것이다.

  외환 통제에 대한 주요 비판은 다음과 같다.

  외환 통제

  - **무역 왜곡** 무역 통제(관세, 수입할당, 수출보조금)와 마찬가지로 외환 통제도 세계 무역의 패턴을 왜곡하여 비교우위에 따른 무역패턴에서 멀어지게 할 것이다.
  - **특혜** 희소한 외환을 할당하는 과정에서 정부가 일부 선별적인 수입업자들 예를 들어 재선에 도움이 되는 사람들에게 특혜를 줄 수 있다.
  - **선택 제한** 통제는 소비자 선택의 자유를 제한할 수 있다. 아이폰을 사고 싶은 한국 소비자가 갤럭시8을 살 수밖에 없을 수도 있다. 정부가 수입을 제한하면 한국의 일부 수입업자들의 사업기회가 훼손될 수 있다.
  - **암시장** 외환 통제 하에서는 법집행의 문제가 생겨날 수 있다. 한국 수입업자가 외환이 너무 필요해서 공식 환율 1달러=2,000원보다 더 많이 지불하려 할 수도 있고, 그 결과 수입업자와 불법적인 외환 판매자 사이에 **암시장**이 만들어질 수도 있다.

  암시장

- **국내 거시경제조정** 고정환율을 유지하는 마지막 수단은 외환 부족을 제거하기 위해 화폐정책이나 재정정책 등 **국내 안정화정책을 활용**하는 것이다. 세금 인상, 정부지출 축소 및 이자율인상정책 등은 한국 경제의 총지출, 따라서 소득을 줄일 수 있다. 국내 소득은 즉각 수입량에 영향을 미치므로, 미국 제품에 대한 수요, 따라서 달러에 대한 수요가 억제될 것이다. 이들 '긴축적' 정책들이 국내 물가 수준을 미국보다 더 낮게 만든다면, 소비재와 생산재의 한국 내 구매자들의 수요가 미국 제품에서 한국 제품으로 옮아와 달러에 대한 수요가 줄어들게 될 것이다. 게다가 이자율인상정책은 한국의 이자율을 미국보다 더 높게 만들 것이다.

한국 제품의 가격이 더 낮아지고 한국 이자율이 더 높아지면 미국은 한국 제품을 더 많이 수입하게 될 것이고, 미국으로부터의 금융투자가 증가할 것이다. 이 2가지 변화가 모두 달러 공급 증가를 가져올 것이다. 달러 수요 감소와 달러 공급 증가가 결합하여 한국이 처음에 겪었던 국제수지 적자를 줄이거나 해소하게 될 것이다. 그림 30.4에서 새로운 수요곡선과 공급곡선이 직선 bd 위 어딘가 새로운 균형에서 만날 것이며, 이 때 환율은 여전히 1달러=2,000원으로 유지될 것이다.

이들 수단을 통해 고정환율을 유지하는 것은 그리 설득력이 없다. 한국에서 환율 안정의 대가는 생산 및 고용의 감소, 그리고 물가수준의 하락이며, 이를 달리 말하면 불황이다. 국제수지 적자를 해소하고 국내 시장 안정성을 달성하는 것은 국민경제의 중요한 목표지만, 단순히 고정환율을 방어하기 위해 거시안정성을 희생하는 것은 주객이 전도된 것이다. 이 장의 '마지막 한마디'는 유럽화폐연합의 예를 통해 이러한 문제들에 대해 검토한다. 유럽연합은 영구적인 고정환율 체제라고 볼 수 있다.

국제수지와 관련된 용어의 혼란

한 나라의 국제수지는 항상 균형이 맞아야 한다는 사실은 이미 배운 바 있다. 따라서 경제학자들이나 언론이 고정환율을 채택하고 있는 나라에서 외환 준비자산 감소를 '국제수지 적자', 또는 외환 준비자산 증가를 '국제수지 흑자'라고 부르는 것을 보고 혼란스러워 하는 것은 이해할만한 일이다. 이 유감스러운 표현으로 인해 잘못된 해석이 생기는 일이 빈번하다.

중앙은행이 환율을 고정하면, 무역, 서비스, 자산, 송금 등을 위한 모든 국제결제는 중앙은행을 통하게 될 것이다. 외환 수요량과 공급량이 일치하지 않는다면, 중앙은행의 외환 준비자산은, 그림 30.3과 30.4로부터 이미 알고 있듯이, 늘거나 줄 수밖에 없다.

외환 준비자산이 증가할 때, '국제수지 흑자'라는 용어로 인해 일부 사람들은 한국이 국제결제 전쟁에서 무언가 "이기고 있다."고 잘못된 결론을 내린다. 무엇보다도 외환 준비자산이라는 형태로 한국은 부를 더 크게 축적하게 되었다고 여기는 것이다.

이 잘못된 해석이 놓치고 있는 것은 외환 준비자산의 증가가 공짜가 아니라는 것이다. 한 나라에서 **외환 준비자산이 증가하려면 반드시 같은 가치를 갖는 자산, 재화 및 서비스의 포기라는 대가를 치러야 한다.** 여기서 무언가 달성된 것처럼 보이는 것(국제수지 흑자)은 외환 준비자산의 증가를 위해 포기해야 했던 품목들을 고려하지 않았기 때문이다. 이러한 해석상 실수는 동전 딜러가 희귀한 로마 동전을 유로화와 교환하면서 자기 현금 통에 유로화가 늘어난 것만 생각하는 오류와 같다. 이 동전 딜러는 자신이 보유하고 있던 희귀 로마 동전이 더 적어졌다는 사실을 생각하지 못하고 있기 때문에 바보 같다는 것이다. 유로는 더 얻었지만, 로마 동전은 잃었다.

그러니까 이런 혼란스런 용어를 듣거나 읽더라도 이런 오류를 저지르지 말도록 하자. 국제수지 적자는 고정환율을 채택한 한 나라에서 현재 환율을 유지하기 위해 외환 준비자산을 팔 때 나타나는 외환 준비자산의 감소를 의미할 뿐이다. 국제수지 흑자는 고정환율을 채택한 한 나라에서 현재 환율을 유지하기 위해 외환자산을 사들일 때 나타나는 외환 준비자산의 증가를 의미할 뿐이다. 표 30.1의 자본 및 금융계정의 항목 (12)와 (13)에 표시되어 있는 외환 준비자산 증감은 경상계정 항목 (1)에서 (9) 사이의 어디엔가 계상된 동일한 액수의 거래와 정확하게 상쇄될 것이다. 재화, 서비스 및 이전거래의 흐름이 외환 준비자산의 증감을 완전히 상쇄한다는 것이다.

현행 환율제도: 관리변동환율제도

금본위제

과거 130여 년 동안 세계 각국은 3개의 다른 환율 제도를 사용해왔다. 1879년에서 1934년까지는 대부분의 나라들이 암묵적인 고정환율제도인 **금본위제**를 채택하였다. 1944년

브레튼우즈 체제
관리변동환율제도

에서 1971년까지는 대부분의 나라들이 **브레튼우즈 체제**에 참여하고 있었는데, 이는 간접적으로 **금 가격에 고정된 고정환율제도**였다. 1971년 이후에는 대부분의 나라들이 **관리변동환율제도**를 채택하여왔는데, 이는 근본적으로는 변동환율제도지만 때때로 외환시장 개입을 결합한 제도이다. 이 때 정부는 수요 및 공급에 영향을 주기 위해 외환시장에서 외환을 매입하거나 매도함으로써, 환율을 정부가 원하는 방향으로 움직이려 시도한다. 자연스럽게 여기서의 초점은 현행 환율제도에 맞추어져 있다. 하지만, 과거 환율제도의 역사와 이들이 무너진 이유에 대해 살펴보는 것도 상당히 흥미롭다.

현행 국제환율제도(1971~현재)는 관리변동환율제도라고 불리는, 변동환율제도에 매우 가까운 제도이다. 주요 통화들 간 환율은 균형 시장 환율에 수렴하면서 자유롭게 변동하지만, 시장 환율을 안정화시키거나 변화시키기 위해 정부가 때때로 외환시장에 개입한다.

보통 주요 무역국들은 자국 환율이 외환시장의 수요와 공급에 기초하여 균형 수준에 수렴하면서 등락하도록 놓아둔다. 이들 국가는 국가들 간 경제적 조건의 변화로 인하여 균형 환율이 계속 변할 필요가 있다는 사실을 인정한다. 이들은 조정이 필요한 경우 이를 자유롭게 작동하는 외환시장이 그러한 조정을 수행하도록 맡겨둔다. 그 결과 브레튼우드 시대와 비교해 환율 변동이 상당히 심하였다.

그렇지만 세계 각국은 또한 균형 환율의 어떤 움직임이 때에 따라 국민경제와 세계경제의 목표와 상치될 수도 있음을 인식하고 있다. 따라서 각국은 종종 특정 통화들을 다량으로 매입 또는 매도함으로써 외환시장에 개입하기도 한다. 각국은 이러한 방식으로 수요와 공급에 영향을 미쳐 환율을 관리하거나 안정시킬 수 있다. 어떤 경우에는 이러한 개입에 따른 국내 통화 공급의 변화를 억제하기 위해 공개시장조작을 통해 이를 상쇄시키기도 한다.

현행 환율제도는 따라서 '거의' 변동환율제도이다. '거의'란 표현은 종종 정부가 행하는 통화개입 때문에 그렇게 말하는 것이기는 하지만, 현행 제도가 앞에서 설명한 것보다는 훨씬 더 복잡하다는 사실을 반영하는 것이기도 하다. 달러, 유로, 파운드, 엔 등 주요 통화는 수요 · 공급에 따라 변동하는 반면, 일부 개발도상국들은 자국 통화를 달러에 고정시켜두고 다른 통화들에 대해서는 변동하도록 한다. 또 일부 국가들은 자국 통화를 일군의 다른 통화들, 혹은 통화 '바스켓'에 고정시키기도 한다.

관리변동환율제도는 얼마나 잘 작동되어 왔는가? 여기에는 찬반이 모두 존재한다.

관리변동환율제도 지지론 관리변동환율제도 지지론자들은 이 제도가 전문가들의 예측보다 훨씬 더 잘 작동하여 왔다고 주장한다. 비판자들은 변동환율제도는 세계 무역과 금융거래를 위축시킬 것이라고 예측해왔다. 그러나 실제로는 관리변동환율제도 하에서 세계 무역은 지난 수십 년 간 엄청난 성장을 경험하였다. 이 제도 지지자들은 게다가 1990년대 후반 멕시코와 동남아시아 등지에서 발생한 통화위기들은 변동환율제도 그 자체에 기인한 것은 아니라고 강조한다. 오히려 그러한 위기들은 해당 국가들의 내부적 문제들에 기인한 급작스런 평가절하나 해당 국가들의 통화가 달러나 통화바스켓에 연동하고 있었다는 사실에 기인한다는 것이다. 그들은 어떤 경우에는 이 나라들이 변동환율을 채택하고 있었다면 조정과정이 더 점진적으로 이루어졌을 것이라고 주장한다.

지지론자들은 또한 **관리변동환율제도는 고정환율제도가 유지되었다면 이를 붕괴시킬 수도 있었던 심각한 경제위기들을 해쳐나가게 해주었다**고 주장한다. 1973~1974년, 그리고 다시 1981~1983년에 발생했던 유가급등, 1970년대 여러 나라에서 발생했던 인플레이션을 동반한 불황, 1980년대 초반 여러 나라들이 경험한 불황, 그리고 1980년대 및 1990년대 초반 미국의 재정적자 등과 같은 사건들은 모두 국제무역과 국제금융에 심각한 불균형을 초래하였다. 2000년대 초반 미국 재정적자와 세계 유가 급등도 마찬가지다. 2007~2009년 발생한 미국 금융위기와 그에 따른 불황은 세계무역을 심각하게 교란하였다. 변동환율은 이 모든 사건들에서 시스템이 잘 적응하도록 해 주었고, 고정환율제도였다면 동일한 사건들로 인해 견디기 힘든 압박을 받았을 것이라는 주장이다.

환율의 지나친 변동성
IMF 구제 금융

변동환율제도에 대한 우려 아직도 환율 안정성을 더 높일 필요가 있다는 주장에 동의하는 사람들이 많이 있다. 환율이 더 안정적이어야 한다고 생각하는 사람들은 현행 제도에 문제가 있다고 본다. 그들은 관리변동환율제도에서 **환율의 지나친 변동성**은 수출에 크게 의존하고 있는 경제들의 성장을 위협한다고 주장한다. 몇몇 개별 국가들 예를 들어 멕시코, 한국, 인도네시아, 태국, 러시아, 브라질 등에서는 금융위기가 환율 급변으로 인해 더 악화된 바 있다는 것이다. 이 위기들의 결과 국제통화 기금(IMF)의 대출을 통한 대규모 '구제금융'이 이루어지기도 하였다. 하지만 **IMF 구제 금융**을 받을 수 있다는 사실로 인하여 도덕적 해이가 발생할 수 있다. 각국에 문제가 생기면 IMF가 구제해줄 것이라는 기대 때문에 위험하고 부적절한 경제 정책이 시행될 수 있다는 것이다. 게다가 어떤 경우에는 경제적, 재정적 조건이 비교적 안정적이었는데도 환율 불안정성이 나타난 경우도 있다. 이는 환율 결정에서 투기가 너무 큰 역할을 하고 있음을 의미한다.

비관론자들은 관리변동환율제도는 근본적으로 '준비되지 않은 시스템'이라고 말한다. 각국이 자국 환율과 관련하여 무엇을 하고 무엇을 하지 말아야 하는지에 대한 지침이 이 제도가 장기적으로도 계속 작동할 수 있을 정도로 충분히 잘 준비되어 있지 못하다는 것이다. 각국은 환율의 단기적인 변동을 완화할 목적뿐만 아니라, 자국 통화가 만성적으로 약세일 때 이를 지지하기 위해서라든지 아니면 국내 시장의 안정화 목표를 달성하기 위해 환율을 조작한다든지 등의 목적으로도 외환시장에 개입하려는 유혹을 받을 것이다.

그렇다면 결론은 무엇인가? 변동환율이 완벽하게 잘 작동한 것은 아니지만, 그렇다고 해서 참담하게 실패한 것도 아니다. 이 제도는 지금까지는 잘 버텨왔고, 국제무역체제에 발생했던 몇몇 주요 충격들을 상당히 완화하였다는 데에도 의문의 여지가 없다. 그러면서 이 변동환율제도의 '관리'된 부분으로 인해 각국은 자국의 경제적 목적을 추구하기 위한 일종의 통제수단을 유지할 수 있었다. 종합적으로 볼 때, 대부분의 경제학자들은 현행의 '거의 변동환율에 가까운 제도'를 계속 유지하는 것에 찬성한다.

공동화폐는 일반 상식에 부합하는가?

통화를 공유하면 통화정책 독립성과 대외조정 능력을 상실한다.

각국이 서로 다른 통화를 사용하면 환전비용이라든지, 가격이 여러 가지 단위로 주어지기 때문에 발생하는 비용 비교의 어려움이라든지, 혹은 환율 위험 등에서 발생하는 무거운 부담 때문에 국제무역이 방해받을 수 있다.

이들 문제를 한꺼번에 해결할 간단한 방법이 있을 수도 있다. 동일한 통화를 사용하면 어떻겠는가?

유로존의 19개 회원국들은 자국 화폐를 폐지하고 유로화를 도입하여 정확히 그렇게 하였다. 그렇게 함으로써, 국경 간 무역과 투자가 급증하였고, 모든 회원국의 경제 전망이 개선되었다. 그런데 불행하게도 인생에는 편익만 있는 것이 아니라 비용들로도 가득 차 있다. 유로존 국가들이 회원국들 간 국제 무역 및 투자의 극적인 성장을 경험하였음에도 불구하고, 2가지 중요한 비용이 발생하였다.

통화정책의 독립성 상실 한 나라가 유럽화폐동맹에 가입하면, 자국 중앙은행을 그대로 유지하기는 하지만 통화정책 통제권을 유럽중앙은행(ECB)이라는 중앙당국에 양도해야 한다. 이것이 왜 심각한 문제인지를 살펴보기 위해서, 유로존 회원국 슬로바키아가 다른 모든 회원국들이 호황을 겪고 있는 와중에 홀로 불황을 겪고 있는 상황을 생각해보자. ECB는 모든 회원국들에 대해 단일한 정책을 정해야 한다. 대부분의 나라가 호황이므로, ECB는 이자율을 그대로 유지하거나 심지어는 올리기를 선택할 것이다. 이는 불황에 빠진 슬로바키아가 필요한 바와는 완전히 반대인 정책이다.

짐바브웨, 파나마, 엘살바도르 등처럼 미국 달러화를 사용하기를 선택한 나라들도 비슷한 문제에 봉착한다. 이 나라들은 달러화로 전환함으로써 통화정책에 대한 통제권을 미국 연방 준비은행에 양도한 것이지만, 미국 연방 준비은행은 미국을 대상으로 통화정책과 이자율을 정하면서 이 나라들에서 나타나는 여러 형태의 경기순환을 전혀 고려하지 않는다.

대외조정 능력 상실 통화동맹에 가입하는 나라는 경상수지에 대한 '대외조정'을 통해 국제무역에서의 경쟁력을 유지할 능력을 상실한다. 예를 들어 그리스는 엄격한 노동법, 낮은 산업생산성, 불필요하게 높은 세금, 비대하고 부패한 공공부문 등의 이유로 인해 자국 재화와 서비스가 다른 회원국보다 비싸다고 가정해보자. 이렇게 비용이 커지면 그리스에서는 무역 적자와 경상수지 적자가 발생할 것이다. 그리스 소비자들은 값싼 외제를 선호할 것이고, 동시에 그리스 수출업자들은 높은 생산비용에 가로막혀 있을 것이기 때문이다.

그리스 경제가 성장하고 있다면 이러한 상황은 아주 심각하지는 않을 것이다. 그렇지만 경기후퇴가 발생하면 그리스는 국제 무역에서 경쟁력을 강화하여 자국 재화 및 서비스에 대한 총수요를 증대할 방법을 찾아야 할 것이다.

만약 그리스가 자국 고유의 통화를 유지하고 있었더라면, 그리스 정부는 외환시장에 개입하여 그리스 통화를 평가절하하기만 하면 될 것이다. 이 평가절하는 모든 그리스 상품 및 서비스를 한꺼번에 할인 판매하는 것과 같아, 그리스 상품 및 서비스가 외국 소비자들에게 더 많이 팔리게 될 것이다. 동시에, 그리스에서 외제품의 가격은 상승하여 국내 소비자들은 수입품 대신 국산 상품과 서비스를 구매하게 될 것이다. 그리스 총수요가 증가하고, 경상수지는 흑자로 돌아서게 될 것이다. 평가절하의 '대외조정'은 그리스를 불황에서 건져낼 것이다.

그런데 그리스는 평가절하할 수 없다. 더 이상 자국 고유의 화폐가 없기 때문이다. 고비용과 경쟁력 상실에 대처하기 위해 평가절하에 의한 대외조정을 활용할 수 없다. 남은 유일한 방법은 '내부조정'으로, 국내 경제의 변화를 통해 그리스의 비용구조를 낮추어 그 제품의 국제 경쟁력을 회복하도록 하는 방법뿐이다.

그리스 정부는 세금을 감면하고, 노동규제를 완화하고, 비대하고 부패한 공공부문을 개혁하는 등의 시도를 할 수 있다. 하지만 대다수 나라들에서 이러한 종류의 '구조변화'는 특수이익집단의 저항이나 과거의 약속 때문에 실행이 매우 어렵다. 이러한 구조변화가 실행될 수 없다면 그리스와 같은 나라는 가장 고통스런 형태의 내부조정 이외에는 선택의 여지가 없다. 그것은 총수요 감소로 인해 국내 가격수준 하락이 발생하는, 불황에 의한 디플레이션이다. 이 불황은 언젠가는 끝나겠지만, 그것은 가격의 하방경직성이 사라지고 물가수준이 충분히 하락하여 그리스 국내외에서 소비자들이 그리스 제품을 더 많이 구매하게 된 후에야 가능하다.

요약

1. 국제거래에서 서로 다른 국가들 사이 통화의 교환

국제금융거래는 지금 생산된 재화 및 서비스 거래와 기존 자산의 거래 모두를 포함한다. 재화, 서비스 및 자산의 수출은 화폐 유입을, 그 수입은 화폐 유출을 발생시킨다. 판매자와 구매자가 서로 다른 통화를 사용하면, 외환거래가 발생하여 수출업자가 자국 통화로 대금을 받을 수 있게 된다.

2. 한국의 국제수지표

국제수지표는 한 나라와 다른 나라들 사이에 발생한 모든 국제무역 및 금융거래를 기입한다. 재화 및 서비스 수지(무역 수지)는 재화 및 서비스의 수입과 수출을 비교한다. 경상수지는 재화 및 서비스 거래뿐만 아니라 본원소득과 이전거래도 포함한다.

자본 및 금융계정은 (a) 그 나라의 순 채무면제, 그리고 (b) 외국인에 대한 실물자산 및 금융자산의 매도에서 외국으로부터의 실물자산 및 금융자산의 구매를 뺀 값을 포함한다.

경상계정과 자본 및 금융계정은 그 합이 항상 0이 되어야 한다. 경상수지 적자는 항상 자본 및 금융수지 흑자에 의해 상쇄된다. 반대로 경상수지 흑자는 항상 자본 및 금융수지 적자에 의해 상쇄된다.

3. 변동환율 통화시장에서 환율의 결정

여러 통화들 사이 변동환율은 해당 통화들의 수요와 공급에 의해 결정된다. 변동환율 하에서는 취향 변화, 상대소득의 변화, 상대적인 물가상승률 변화, 상대 실질이자율 변화, 투기 등의 요인에 의해 통화가 평가절하되거나 평가절상된다. 그러나 변동환율제도 하에서 발생하는 환율 변동은 불확실성을 발생시켜, 세계 무역량을 줄이고 국가 경제를 불안정성하게 만들 수 있다.

4. 변동환율과 고정환율의 차이

일부 나라들은 변동환율제도 하에서 발생하는 미래 환율 변동의 불확실성을 제거하기 위하여 중앙정부로 하여금 환율을 일정 가치에 고정시켜 두도록 한다. 환율을 고정하기 위해서는 외환 매수와 매도가 필요하므로, 중앙은행은 여러 가지 외환의 준비자산(보유고)을 유지한다. 이 외환 준비자산은 금, 외국 증권, IMF 예치 특별 준비금 등을 포함하는 해당 국가의 전체 공식 준비자산의 일부이다.

고정환율을 유지하기 위해서, 중앙은행은 즉시 정해진 환율에서 매수자들이 수요하는 만큼 외환을 팔고 매도자들이 공급하기를 원하는 만큼 외환을 매입할 수 있어야 한다. 이 2개 금액은 정해진 고정환율이 변동환율 하에서 결정되는 시장 환율과 일치할 때에만 서로 같아진다. 그렇지 않다면 중앙은행이 보유하고 있는 외환 준비자산이 증가하거나 감소한다.

외환 준비자산이 지속적으로 감소하면, 결국에는 고갈될 수 있다. 그런 상황이 오면, 해당 국가는 고정환율을 포기하거나, 고정환율을 변경하거나, 보호주의적 무역 정책에 의지하거나, 외환 통제를 시행하거나, 아니면 바람직하지 못한 국내 거시경제 조정을 겪어야 한다.

고정환율을 운영하는 나라들은 고정환율이 시장에서 자유로이 결정되는 환율과 다르다면 언제나 국내통화 공급과 외환 준비자산이 함께 증가하거나 함께 하락한다는 사실과 씨름해야 한다. 국내통화 공급의 증감은 인플레이션 압력이나 디플레이션 압력을 발생시키는데, 이에 대해 정책입안자들은 이들을 그냥 받아들이거나, 아니면 공개시장조작 불임화 정책(증권 매입 또는 매도), 은행 지급준비금 변경 등을 통해 상쇄하려 할 것이다.

5. 관리변동환율제도

1971년 이래 세계 주요국들은 관리변동환율제도를 채택하고 있다. 통상적으로는 시장이 환율을 결정하지만, 각국 정부는 서로 다른 빈도로 환율을 변경하기 위해 시장에 개입하기도 한다.

주요 용어와 개념

경상계정
경상수지
고정환율제도
공식 준비자산
관리변동환율제도
구매력평가설
국제수지
국제수지 적자
국제수지 흑자
무역 적자
무역 흑자
변동환율제도
불임화 정책
상품 및 서비스 수지
외환 준비자산
외환 통제
자본 및 금융계정
자본 및 금융수지
통화시장 개입

연습문제

1. 미국의 어떤 회사가 한국 기업으로부터 텔레비전을 구입하려 한다. 해당 한국 기업은 자사 텔레비전을 대당 240만 원에 판매한다. 현행 원 · 달러 환율이 1달러=1,200원이라고 하자. 해당 미국 기업은 텔레비전 값을 지불하기 위해 얼마를 원화로 환전하여야 하는가?

(1) 28,800달러 (2) 12,000달러
(3) 2,000달러 (4) 1,000달러
(5) 500달러

2. 어떤 나라의 무역흑자가 500억 달러, 자본수지는 100억 달러, 경상수지는 −2,000억 달러라고 하자. 이 나라의 자본 및 금융계정의 수지는 얼마인가?

(1) 100억 달러 (2) 500억 달러
(3) 2,000억 달러 (4) −2,000억 달러
(5) −500억 달러

3. 한국 원화와 미국 달러 간 환율이 1달러=500원에서 출발하여, 나중에 1달러=750원으로 변하였다. 이러한 변화에 의하면 한국 원화는 ______ , 미국 달러는 ________.

(1) 평가절하되었고; 평가절상되었다.
(2) 평가절하되었고; 평가절하되었다.
(3) 평가절상되었고; 평가절하되었다.
(4) 평가절상되었고; 평가절상되었다.
(5) 위 4개 보기 중 답이 없다.

4. 서울에 있는 맥도널드 햄버거의 가격은 ₩8,000이다. 런던에 있는 맥도널드 가게의 같은 햄버거 가격은 £4이다. 구매력평가설에 따르면 한국 원화와 영국 파운드 간 환율은 다음 중 어디에 수렴하겠는가?

(1) £1=₩2,000 (2) £2=₩1,000
(3) £1=₩4,000 (4) £4=₩1,000
(5) £1=₩1,000

5. 중국 정부는 현재 미국 달러와 중국 위안 간 환율을 $1=6위안으로 고정시켜두었다고 가정하자. 또 이 환율에서 달러를 위안으로 환전하려는 사람들은 매일 100억 달러를 위안으로 환전해주길 요구하고 있다고 가정하자. 중국의 공식 달러 보유고의 크기는 어떻게 변하겠는가?

(1) 증가한다. (2) 감소한다.
(3) 그대로이다. (4) 알 수 없다.

6. 한국은행이 원 · 달러 환율을 $1=₩1,000으로 고정시켜 두었다고 하자. 한국은행의 달러화 잔고가 5억 달러 감소한다면, 다른 조건이 일정할 때 달러의 공급은 어떻게 되겠는가?

7. 가상의 화폐 제트코인(Z) 1단위의 원화표시 균형가격이 ₩5,000(즉 환율이 Z1=₩5,000)인 외환시장의 상황을 그래프로 그리시오. 이 그래프에 제트코인에 대한 수요가 줄어들었을 때의 상황을 그림 위에 나타내시오.

(1) 이 그림을 참조하여, 고정환율 하에서 한국 정부가 환율을 Z1=₩5,000로 유지하기 위해 한국 정부가 취할 수 있는 조정방안이 무엇이 있는지 설명하시오.
(2) 수요 감소의 결과 한국은행의 외환 준비자산이

4,000만 제트코인 증가하였다고 하자. 한국은행이 그로 인해 발생한 국내 화폐공급 증가를 불임화하기 위해서 팔아야 하는 증권의 총액은 얼마인가?

8. 어떤 나라가 관리변동환율제도를 채택하고 있지만, 지금 현재는 환율이 자유롭게 변동하고 있다고 가정하자. 또한 이 나라는 막대한 액수의 경상수지 적자를 기록하고 있다고 가정하자. 다른 조건이 일정하다면, 이 나라의 공식 외환보유고는 증가하겠는가, 감소하겠는가, 아니면 그대로일 것인가? 이 나라가 경상수지 적자의 규모를 줄이기 위해 외환시장에 개입하기로 하였다면, 자국 화폐를 매수할 것인가, 아니면 매도할 것인가? 이 때 공식 외환보유고는 증가할까, 아니면 감소할까?

9. 2016년도 알파국의 국제수지 데이터는 아래와 같이 주어져 있다. 모든 수치는 10억 달러로 표시되어 있다. (a) 상품수지, (b) 상품 및 서비스 수지, (c) 경상수지, (d) 자본 및 금융계정 수지는 각각 얼마인가?

상품 수출	$+40
상품 수입	−30
서비스 수출	+15
서비스 수입	−10
순투자소득	−5
순 이전	+10
자본수지	0
외국인에 의한 알파국 자산 구매	+20
알파국 국민에 의한 해외자산 구매	−40

10. 2012년 중국의 경상수지 흑자는 총 2,140억 달러에 이르렀다. 2012년 중국의 순채무면제가 0이라고 가정하면 (즉 자본수지가 0이라고 가정하면), 중국인들의 해외 금융 및 실물 자산 취득액은 외국인의 중국 금융 및 실물 자산 취득액보다 얼마나 더 큰가?

11. 다음 표를 참조하라. 표에서 Q_d는 캐나다 달러 수요량이고, P는 미국 달러 표시 캐나다 달러의 가격이다. Q_s는 연도 1에 공급된 캐나다 달러의 양이고 $Q_{s'}$는 연도 2의 캐나다 달러 공급량이다. 모든 양은 10억 달러 단위로 표시되어 있으며, 미국 달러와 캐나다 달러 간 환율은 완전한 변동환율이다.

Q_d	P	Q_s	$Q_{s'}$
10	125	30	20
15	120	25	15
20	115	20	10
25	110	15	5

(1) 연도 1에 캐나다 달러의 미국 달러 표시 균형가격은 얼마인가?

(2) 연도 2에 캐나다 달러의 미국 달러 표시 균형가격은 얼마인가?

(3) 연도 1과 연도 2 사이에 캐나다 달러는 미국 달러에 대하여 평가절상되었는가, 아니면 평가절하되었는가?

(4) 연도 1과 연도 2 사이에 미국 달러는 캐나다 달러에 대하여 평가절상되었는가, 아니면 평가절하되었는가?

(5) 다음 중 연도 1과 연도 2 사이에 미국 달러와 캐나다 달러 사이 상대적 가치의 변화를 발생시킨 원인은 무엇인가?

a. 물가상승률이 캐나다에서보다 미국에서 더 높았다.

b. 실질이자율은 미국에서는 상승하였지만 캐나다에서는 상승하지 않았다.

c. 소득이 캐나다에서보다 미국에서 더 빨리 증가하였다.

12. 현재 캐나다 달러의 대 미국 달러 환율은 $0.85 CAD=$1 US이고, 애플 아이폰의 미국 달러 가격은 $300이라고 하자. 아이폰의 캐나다 달러 가격은 얼마인가? 그 다음 캐나다 달러의 대 미국 달러 환율이 $0.96 CAD=$1 US로 변하였다면, 아이폰의 캐나다 달러 가격은 어떻게 변하는가? 다른 조건이 일정하다면, 새로운 환율에서 캐나다는 아이폰을 더 많이 수입하겠는가, 아니면 더 적게 수입하겠는가?

찾아보기

역자 소개

박강우
서울대 경제학박사(거시경제학 전공)
현) 한국방송통신대학 경제학과 교수
전) 한국은행 경제연구원, 조사국, 경제통계국 근무

저서와 논문

〈거시경제학〉, 〈금융시장과 금융투자의 이해〉, "소비반응의 비대칭성과 유동성제약"(2015)(경제학연구), "Efficiency Wage and Cyclical Asymmetry"(2015)(Journal of Economic Theory and Econometrics), "Employment Responses to Aggregate and Sectoral Technology Shocks"(2012)(Journal of Macroeconomics) 등 다수

옥우석
프랑스 고등사회과학대학원(EHESS) 박사(경제학전공)
현) 인천대학교 무역학부 교수
전) OECD Economist

저서와 논문

〈유럽지역경제론〉, 〈아시아 자본주의의 다양성과 전환〉, "The Korean exception: service outsourcing by manufacturing firms and the role of institutions"(2016)(Evolutionary and Institutional Economics Review), "Service-led Catch-Up in the Indian Economy: Alternative Hypotheses on Tertiarization and the Leapfrogging Thesis"(2014)(Seoul Journal of Economics) 등 다수

정기화
서울대 경제학박사(법 경제학 전공)
현) 전남대학교 경영대학 경제학부 교수, 삼성미소금융이사
전) 한국경제학회 부회장

저서와 논문

〈알기 쉬운 경제학〉, 〈법 경제학〉, 〈지적재산권법의 경제구조〉, 〈한국헌법 무엇이 문제인가〉 등 다수

저자 소개

Campbell R. McConnell
코넬 칼리지(아이오와 주 마운트버넌 소재)와 일리노이 대학교에서 공부한 뒤 아이오와 대학교에서 박사 학위를 받았다. 네브라스카 대학교(링컨 소재)에서 1953년부터 강의하다가 1990년 은퇴했다. 교수 시절 명강의상과 제임스 레이크 학문의 자유상을 수상한 바 있고, 미국 중서부경제학회 회장을 역임했다. 코넬 칼리지에서 1973년 명예 법학박사 학위를, 1994년에는 업적상을 받았다. 주된 연구 분야는 노동경제학과 경제교육이다. 방대한 양의 재즈 음반을 소장하고 있으며, 재즈의 역사에 관한 책을 즐겨 읽는다.

Stanley L. Brue
오거스타나 칼리지(사우스다코다 주 소재)에서 학부를 마친 뒤, 네브라스카 대학교에서 박사 학위를 받았다. 퍼시픽 루터란 대학교에서 오랫동안 강의하다가 은퇴하였다. 벌링턴 노던 교수 업적상을 받았으며, 경제교육 분야에서의 활약으로 리비상을 수상했다. 여행과 스포츠 경기관람, 그리고 가족과 친구들과 함께 스키를 즐긴다.

Sean M. Flynn
서던 캘리포니아 대학교에서 학부를 마친 뒤, 캘리포니아 수립대학교(버클리)에서 박사 학위를 받았다. 현재 클레어몬트 대학교 스크립스 칼리지에서 강의하고 있다. 주요 연구분야는 재무론과 행동경제학이다. 무술 유단자로 미국 국가대표선수로 국제대회에 참가했으며, 쇼도칸(昭道館) 합기도에 관한 책을 쓰기도 했다. 달리기와 여행을 즐기고, 여러 나라의 민속음식을 즐기는 식도락가이기도 하다.